CORRESPONDANCE

DES

CONTRÔLEURS GÉNÉRAUX

DES FINANCES.

Par arrêté en date du 19 juillet 1884, M. Arthur de Boislisle a été chargé de publier dans la Collection des Documents inédits sur l'Histoire de France le tome III de la *Correspondance des Contrôleurs généraux avec les intendants des provinces.*

Par le même arrêté, M. Aucoc a été nommé commissaire responsable de cette publication.

SE TROUVE À PARIS

À LA LIBRAIRIE ERNEST LEROUX,

Rue Bonaparte, 28.

CORRESPONDANCE

DES

CONTRÔLEURS GÉNÉRAUX

DES FINANCES

AVEC LES INTENDANTS DES PROVINCES,

PUBLIÉE

PAR ORDRE DU MINISTRE DES FINANCES,

D'APRÈS LES DOCUMENTS CONSERVÉS AUX ARCHIVES NATIONALES,

PAR

A. M. DE BOISLISLE,

MEMBRE DE L'INSTITUT,

ET

P. DE BROTONNE,

ANCIEN ÉLÈVE DE L'ÉCOLE POLYTECHNIQUE.

TOME TROISIÈME.

1708 À 1715.

PARIS.

IMPRIMERIE NATIONALE.

M. DCCC XCVII.

AVANT-PROPOS.

Le présent volume, de dimensions à peu près égales à celles des deux premiers, comprend le ministère entier de Nicolas Desmaretz, cinquième et dernier contrôleur général des finances de Louis XIV, et s'arrête à la mort de ce roi, ainsi que nous l'avions annoncé en commençant la publication.

Si le lecteur veut bien se reporter à l'Avant-propos du tome Ier, il verra que la date de septembre 1715 est aussi celle où le fonds principal qu'il s'agissait d'inventorier cesse d'avoir l'homogénéité qui fait son prix.

Cette fois, nous avons analysé ou reproduit près de onze mille pièces, tirées de cent quatre-vingt-trois cartons. Un petit nombre appartiennent à des séries autres que les Intendances, telles que les Blés, la Police, les Parlements, les Chambres des comptes, Cours des aides, Monnaies, Secrétaires d'État, etc.; nous avons eu soin de donner la cote et le numéro des cartons spéciaux, ainsi que cela avait déjà été fait dans le tome II.

L'Appendice, également, est à peu près l'équivalent de ceux qui terminent le tome Ier et le tome II. Toutefois on constatera, sans doute avec regret, l'absence presque complète de tableaux budgétaires, déjà bien moins complets et nombreux dans le deuxième volume que dans le premier. Desmaretz avait fait dresser chaque année la récapitulation des recettes et des dépenses de l'exercice terminé; mais ces registres, auxquels il fait allusion dans son fameux *Compte rendu*, semblent avoir disparu. Rétablir les calculs à l'aide de la masse énorme de papiers que comprend la série Trésor royal eût été une entreprise plus qu'aléatoire, et même réellement impraticable. On ne pourra suppléer que bien insuffisamment à cette lacune par les mémoires du Ministre qui forment le n° II de l'Appendice, et par le *Compte rendu* reproduit sous le n° VIII.

Sous le n° V, nous avons placé la fin de la correspondance de Boisguilbert, qui, ainsi, aura été reproduite intégralement.

Mon intention était d'ajouter à cet Avant-propos l'énumération des cartons qui composent l'ensemble proprement dit des Papiers du Contrôle général; mais cette énumération se trouve déjà, plus ou moins complète, dans les trois Inventaires sommaires ou méthodiques que l'Administration des Archives nationales a livrés successivement, en 1867, 1871 et 1891, au public. De plus, l'Administration actuelle se propose de comprendre la série G7, avec toutes ses subdivisions, dans les inventaires strictement numériques qu'elle fait imprimer ou autographier. Notre système de classement méthodique ayant été expliqué dès l'origine, dans le tome Ier, il sera facile au demandeur muni de l'inventaire numérique d'indiquer les cotes des cartons où il désirerait retrouver les pièces analysées dans la *Correspondance*, et cela sans même recourir aux bureaux.

Nous voici donc arrivés au terme de la première partie de la tâche qui m'avait été confiée il y a trente-deux ans, mais dont l'étendue n'avait pu être exactement évaluée dans les premiers temps, puisqu'il ne s'agissait d'abord que de donner un seul volume d'inventaire analytique, puis deux, et que le second a fini encore par se dédoubler de manière à laisser aux ministères de Chamillart et de Desmaretz toute l'ampleur que l'un et l'autre exigeaient.

Il resterait maintenant à tenir la promesse faite de joindre à chaque volume de l'Inventaire une introduction spéciale comprenant l'histoire raisonnée des Finances pendant la période correspondante, et de mettre en tête une préface générale sur les attributions et le fonctionnement du Contrôle. A supposer même qu'il ne me soit pas donné de mener à bonne fin cette seconde partie de notre entreprise, les matériaux que je n'ai jamais cessé de réunir à cet effet, et dont une partie déjà est mise en œuvre pour le ministère de Claude le Peletier, me permettent d'espérer qu'à mon défaut quelque successeur aura pour moi cette satisfaction, et je veux d'autant mieux y compter que, depuis la publication de nos deux premiers volumes, les documents qu'ils révélaient aux érudits curieux d'histoire administrative ont été rapidement mis à contribution. Non seulement en France, mais en Allemagne, mais jusque dans les Universités russes les plus éloignées, plusieurs thèses importantes ont été rédigées à l'aide de ces documents, soit sur le Contrôle général lui-même, soit sur nos plus grands intendants, et celles-ci ont fait rendre une justice tardive à une institution longtemps méconnue et calomniée. D'autres travaux, non moins intéressants, ont porté sur diverses branches de l'administration concentrée entre les mains du Contrôleur, ou bien sur des sujets d'un intérêt régional ou local plus circonscrit.

La faveur toute nouvelle que ces études ont value à l'histoire des anciennes administrations autorise à croire que l'ensemble de nos Papiers, étudié patiemment, utilisé consciencieusement grâce à la classification des séries et des documents, finira par fournir la matière d'un travail digne de l'importance du sujet et qui puisse compléter, pour la dernière partie du règne de Louis XIV, l'œuvre commencée par mon maître feu M. Pierre Clément.

Ce nom, en me reportant aux origines de la mission dont j'ai été honoré, provoque en moi bien des regrets, et ma satisfaction d'avoir pu toucher le but se mélange d'amertume.

De tant de protecteurs bienveillants qui avaient pris l'initiative de cette entreprise, ou qui m'ont aidé, encouragé à la poursuivre à travers une si longue période de temps, combien ont disparu :

Au Ministère des Finances, l'historien de Colbert, celui qui me mit généreusement sur la voie; les ministres Achille Fould, Eugène Rouher, Pierre Magne, Léon Say, qui, successivement, honorèrent de leur protection une entreprise dont leur esprit éclairé comprenait l'intérêt et la portée; le secrétaire général Haudry de Janvry, sur les rapports duquel MM. Fould et Rouher décidèrent l'exécution de l'Inventaire, puis la publication analytique de la Correspondance;

Aux Archives nationales, les directeurs généraux Léon de Laborde et Alfred Maury, dont l'accueil hospitalier, les conseils, l'appui et la sympathie ont été essentiellement utiles à l'éditeur admis par eux dans le palais Soubise; les chefs de section Goschler, Dupont, Boutaric et Tardif, qui, tour à tour, voulurent bien faire office de commissaire à l'impression, et dont les enseignements et les exemples ont initié l'hôte de leur maison aux principes de l'érudition historique et aux règles d'une science toute spéciale.

J'ai eu aussi le regret de voir se rompre les liens qui m'attachaient, en même temps que notre entreprise, au Ministère des Finances.

Dès 1883, dans l'Avant-propos du tome II, j'avais annoncé que le Ministère de l'Instruction publique se chargeait, au lieu et place des Finances, d'assurer la terminaison de la publication, et en confierait la haute surveillance au Comité des Travaux historiques. C'est dans ces conditions nouvelles que le tome III a pu être préparé et imprimé, les Archives nationales et leur nouveau directeur continuant d'ailleurs à me faciliter la tâche comme par le passé. Au moins de ce côté puis-je faire agréer l'expression d'une gratitude profonde à M. Xavier Charmes, de qui relevaient alors et les Archives et le Comité; à M. Gustave Servois, directeur actuel des Archives; à mon éminent confrère M. Léon Aucoc, que le Comité a chargé de suivre l'impression en qualité de commissaire responsable.

La rupture de mes liens personnels avec le Ministère des Finances, et par suite avec les auxiliaires qu'il m'avait adjoints, m'eût mis dans une impossibilité presque absolue de continuer la préparation et l'impression de la Correspondance, si l'un de ces dévoués auxiliaires, M. Pierre de Brotonne, n'était resté fidèle au travail dans lequel il avait acquis une rare expérience depuis 1876, et s'il n'avait tenu à me donner, jusqu'au bout, son concours bénévole.

M. de Brotonne a pris une part si active à l'établissement du tome III, à l'analyse et à la mise en œuvre des documents, à la confection de la Table, à l'impression enfin, qu'il est de toute justice que son nom figure sur le titre de ce volume, consacrant ainsi le souvenir d'une collaboration dont je resterai d'autant plus reconnaissant qu'elle n'est venue que d'un sincère attachement à l'œuvre commune.

31 décembre 1897.

A. M. DE BOISLISLE.

CORRESPONDANCE

DES CONTRÔLEURS GÉNÉRAUX

AVEC

LES INTENDANTS DES PROVINCES.

IV

NICOLAS DESMARETZ,

CONTRÔLEUR GÉNÉRAL

DU 20 FÉVRIER 1708 AU 15 SEPTEMBRE 1715.

1. *LE CONTRÔLEUR GÉNÉRAL,*
à M. ROUILLÉ DE FONTAINE, intendant à Limoges.

20 Février 1708.

« M. Chamillart m'a remis la lettre que vous lui aviez écrite le 16 du mois passé, au sujet des pièces de 10 s. fausses qui se sont répandues dans votre département. »

Il rend compte de l'examen et de l'essai des pièces envoyées à la Monnaie de Paris, demande qu'il soit fait des perquisitions soigneuses, soit dans la généralité, soit dans les départements voisins, et annonce l'envoi d'une commission à l'intendant pour procéder dans l'affaire ou ratifier les procédures déjà faites.

2. *M. LEBRET fils, intendant en Provence,*
AU CONTRÔLEUR GÉNÉRAL.

20, 23 et 25 Février 1708.

Le lieutenant criminel de Castellane ayant fait arrêter le curé de Châteauvieux, pour faux monnayage, et deux ou trois individus accusés d'être ses complices, une troupe de cinquante hommes armés est venue les délivrer nuitamment, et a même fait dresser un procès-verbal à leur décharge.

3. *M. TRUDAINE, intendant à Lyon,*
AU CONTRÔLEUR GÉNÉRAL.

25 Février 1708.

« Quoique le fardeau que le Roi vient de vous remettre en vous donnant l'entière administration des finances soit un des plus pesants dont un homme puisse être chargé dans la disposition où elles se trouvent, je prends néanmoins la liberté de vous marquer que personne n'y est plus sensible que moi, bien moins par la protection dont vous m'avez toujours honoré, et que je vous supplie de me faire la grâce de me continuer, que par l'avantage qui en reviendra et au Roi et à l'État. Je n'ose vous marquer la joie qui s'est répandue sur la place de Lyon lorsqu'on y a appris cette nouvelle; mais j'espère que vous en verrez bientôt des effets par la confiance que l'on prendra à traiter avec ceux qui manient les affaires du Roi. Je crois que ce sera la marque la plus certaine de la satisfaction publique de ce que le Roi vient de faire en vous remettant les finances. Comme je dois dorénavant agir encore plus immédiatement sous vos ordres, je redoublerai mes soins, s'il est possible, pour vous rendre mes services agréables et mériter la continuation de votre protection*. . . . . »

* M. de Bouville, intendant à Orléans, écrit, le 29 février : « Je ne puis m'empêcher de vous rendre compte de la joie publique que je vois ici. J'avois cru d'abord que l'aversion mal fondée qu'on y a contre M. l'évêque et le mépris pour M. d'Armenonville y avoient plus de part qu'aucune autre raison; mais je fus hier détrompé par quantité de nos plus gros marchands, qui vinrent me dire qu'ils

voyoient avec grand plaisir revivre l'esprit de feu M. Colbert, protecteur du commerce; que le premier pas que vous avez fait est une preuve certaine que vous voulez suivre ses maximes. Enfin, l'arrêt que vous avez donné sur les billets de monnoie leur a donné une joie infinie, et on m'a dit que l'argent, qui ne paroissoit plus du tout, commence à remuer. Il paroît, dans tout le peuple d'ici, une confiance en vous qui fait plaisir. Si cela est partout de même, comme je le crois, les choses changeront bien de face.....»

M. de la Chétardye, curé de l'église Saint-Sulpice de Paris, écrit, le 15 mars : «Si je m'étois cru un homme assez important, je n'aurois pas manqué d'aller vous témoigner la part que je prends à la joie publique de vous savoir à la tête des affaires. Mais, n'osant, par moi-même, vous rendre ce juste devoir, agréez que je le fasse au nom des pauvres qui vous réclament. Nous avions accoutumé de recevoir une aumône du Roi chaque année, d'autant plus que nous avons huit compagnies des gardes françoises dans cette paroisse, et que nous sommes chargés du soulagement de la plupart de leurs femmes et enfants, sans parler de plus de treize à quatorze mille pauvres honteux, de sept cents enfants à qui il faut donner de la bouillie tous les jours en hiver, de six-vingts autres en nourrice, des écoles charitables, qui nous coûtent 13,000# par an. Enfin, nous sommes accablés. Cependant, depuis quelques années, nous ne recevons plus rien, ni argent, ni du moins billets de monnoie. Attirez la bénédiction de Dieu sur votre emploi et sur les affaires de S. M. en ordonnant qu'on nous continue cette aumône ordinaire, sans laquelle tout ira en confusion dans cette grande paroisse, par l'abandon des pauvres et des bonnes œuvres. Nous attendons cette grâce de votre bonté; nous prierons et ferons prier pour votre salut et prospérité.....»

---

4. *M. Trudaine, intendant à Lyon,*
au Contrôleur général.

25 et 28 Février, 26 Juin 1708.

Il croit que la création d'un office de commissaire-inspecteur général de l'argue serait inutile et surchargerait la matière d'un droit nouveau, qui provoquerait la contrebande.

«Ce droit de 4 deniers par marc pourroit produire 12 ou 1,500# par an. Je sais que M. de Saint-Maurice a perdu beaucoup de son revenu par la création de la Cour des monnoies; il faisoit toutes les instructions des procès : ce qui lui produisoit considérablement, et, comme la Cour des monnoies fait présentement ces instructions, il n'a plus que les appointements de sa commission. Il seroit à souhaiter qu'on le pût dédommager par quelque autre manière qu'en chargeant les matières d'or et d'argent.»

Il propose de modifier l'édit de juillet 1706 et l'arrêt du 27 septembre 1707 concernant la création de maîtrises dans la communauté des tireurs d'or : suppression des lettres nouvelles de maîtrise, qui ne peuvent se vendre, et de l'hérédité des anciennes maîtrises; concession de la faculté de porter à la forge et à l'argue pour tous les maîtres qui payeront leur part de la taxe.

Il demande que, pour perfectionner la fabrication des dorures, liberté entière soit donnée de porter les matières d'argent aux affinages.

---

5. *M. de Bernage, intendant en Franche-Comté,*
au Contrôleur général.

26 Février, 4 et 18 Mars, 8 et 22 Mai 1708.

Il demande à être nommé intendant de la généralité d'Amiens, comme M. Chamillart le lui avait promis en récompense de services rendus dans une affaire secrète, qui nécessite son éloignement de la Franche-Comté, ou bien à être pourvu d'une des charges d'intendant des finances *.

* M. Rouillé de Fontaine, intendant à Limoges, fut nommé intendant du commerce, et remplacé dans sa généralité par M. de Montgeron; voir sa lettre de remercîments du 22 juin.

---

6. *M. de Harouys, intendant en Champagne,*
au Contrôleur général.

27 Février et 27 Novembre 1708.

Contestation entre les maîtres drapiers et tondeurs et les compagnons tondeurs de Sedan, relative au nombre d'apprentis que chaque maître est autorisé à avoir suivant le nombre de tables qu'il emploie *.

* Voir une lettre du contrôleur général, 4 février 1709.

---

7. *M. de Grignan, lieutenant général en Provence,*
au Contrôleur général.

29 Février 1708.

«Je vous supplie d'agréer mes très humbles compliments sur le choix que S. M. a fait de votre personne pour la charge de contrôleur général des finances, et que je vous assure que personne ne ressent plus de plaisir que moi de vous voir dans le ministère et d'espérer de recevoir vos ordres. Je ne vous rappellerai pas le souvenir de mon attachement particulier pour feu M. Colbert, et des bontés dont ce grand homme m'honoroit, puisque j'ai déjà éprouvé les vôtres *.»

* Il écrit encore, le 9 mai : «J'ai su par ma fille de Simiane que vous voulez bien m'honorer de vos bontés. Je devois à la protection de M. Colbert et de M. de Seignelay l'établissement d'une gratification annuelle de 12,000#; je vous en dois la continuation, et je vous supplie d'en agréer mes très humbles remercîments.»

---

8. *M. de Bâville, intendant en Languedoc,*
au Contrôleur général.

1er Mars, 17 Avril, 19 Juin, 29 Juillet, 9 et 28 Septembre 1708; 11 Janvier et 22 Novembre 1709.

Exécution de travaux aux salins de Peccais et aux chaussées du Rhône; mesures prises pour jeter dans le grand Rhône une partie des eaux du petit et pour assurer l'entretien des ouvrages par les propriétaires riverains*.

* Voir une lettre de l'ingénieur de Fère, du 26 juillet 1708, et un mémoire des fermiers généraux, du 8 novembre 1709.

Sur les travaux faits au cours du petit Rhône, ou brassière de Fourques, voir, à la date du 14 mai 1708, une protestation des maire et consuls d'Arles, prétendant que le changement de l'embouchure fera inonder Arles et Tarascon, et, joints à leur lettre, un plan et un mémoire de l'ingénieur Niquet. Voir aussi une lettre de M. Lebret fils, intendant en Provence, du 27 juin suivant.

M. l'archevêque de Narbonne écrit, le 28 décembre : «.....Vous avez été informé que la brassière, qu'on passoit à gué il y a cinquante ans, a si fort augmenté qu'elle a présentement vingt-cinq pieds de profondeur, et, comme elle croît tous les jours, il y a lieu de craindre que toute la rivière du Rhône n'abandonne son ancien lit. Quoique les chaussées qui sont le long de cette brassière viennent d'être réparées, on ne doit pas espérer qu'elles puissent soutenir un si grand poids d'eau, et le Rhône a déjà commencé à les saper par le pied. Lorsqu'elles seront rompues, cinq ou six lieues des meilleurs fonds de cette province seront submergées, et, ce qu'il y a encore de plus considérable, les salins de Peccais courent risque d'être inondés. Pour prévenir tant de maux, les ingénieurs conviennent que, sans perdre de temps, il faudroit faire quelque ouvrage à l'entrée de la brassière, afin qu'elle ne reçoive pas autant d'eau qu'elle en reçoit présentement. Mais il ne s'agit pas ici d'examiner les différentes propositions qui ont été faites pour cela : la seule chose qui arrête est l'opposition de quelques habitants de la ville d'Arles qui, pour leur intérêt particulier et sous prétexte de celui de la Provence, souhaiteroient que le Rhône s'éloignât de plus en plus de leur terroir, pour agrandir leurs héritages; mais ils ne sont pas fondés à nous empêcher de retenir la rivière du Rhône dans son lit ordinaire, cette rivière ayant toujours passé aux portes de la ville d'Arles, et l'on ne fera tort à personne lorsqu'on empêchera qu'elle ne prenne un autre cours. Le Roi et le public sont intéressés à ce que la navigation se continue de ce côté-là. On ne doit pas croire que le Languedoc cherche à incommoder la Provence en lui renvoyant toutes les eaux de la brassière de Fourques, puisqu'elle nous est absolument nécessaire pour le transport des sels; et la seule chose que nous prétendons est d'en empêcher l'agrandissement, ou tout au plus de la remettre en l'état où elle étoit il n'y a pas longtemps.....»

Le Roi ordonna la construction d'un épi à Fourques, par l'ingénieur Niquet. (Lettres du contrôleur général à M. l'archevêque de Narbonne et à MM. de Bâville et Lebret, 12 janvier et 18 novembre 1709; lettres de M. de Bâville, 22 novembre 1709 et 3 janvier 1710, et de M. Lebret, 24 novembre et 16 décembre 1709.)

L'archevêque d'Arles avait été autorisé à payer, par le moyen d'un emprunt remboursable en dix ans, les frais de construction du pont de Fourques. (Lettre de M. de Bâville, 13 juin 1708.)

---

9. *M. de la Houssaye, intendant en Alsace,*
au Contrôleur général.

2 Mars 1708.

«J'ai reçu ce matin la lettre que vous m'avez fait l'honneur de m'écrire le 24 du mois passé, au sujet de la vérification des espèces dans les caisses de ce département. J'y avois employé hier, suivant l'usage précédent, les commissaires des guerres, et, comme vous m'avez témoigné que vous souhaitiez que je fisse moi-même cette vérification, je me suis transporté aussitôt chez tous les comptables domiciliés à Strasbourg, où j'ai trouvé leurs caisses dans l'état que lesdits commissaires des guerres les avoient inventoriées : ce dont j'aurai l'honneur de vous envoyer incessamment les procès-verbaux.»

---

10. *M. de Bernage, intendant en Franche-Comté,*
au Contrôleur général.

2 et 18 Mars, 6, 10, 15 et 17 Avril,
13 et 20 Mai 1708.

Travaux exécutés aux salines de Salins; réformes dans l'administration des sauneries; mesures prises pour l'approvisionnement de bois destiné aux cuites.

Concession d'une indemnité annuelle de 600 #, pendant les sept années de durée du bail, au chevalier de Verpel, chargé de la direction des travaux*.

* Voir une lettre du chevalier, en date du 4 mars.

---

11. *M. de Saint-Macary, subdélégué général*
en Béarn,
au Contrôleur général.

3, 6 et 17 Mars, 15 Mai 1708.

Il rend compte des mesures prises pour garantir la caisse de la Monnaie pendant la maladie du directeur*.

* La mort de ce directeur donna lieu à des conflits entre M. de Saint-Macary, le Parlement et la Chambre des comptes. (Lettres des 19, 20 et 23 juillet, 10 et 31 août, 3 et 10 septembre 1709.)

---

12. *M. Bégon, intendant à la Rochelle,*
au Contrôleur général.

6 Mars 1708.

«Le tonnerre tomba, le mois passé, sur la tour de Cordouan, à l'embouchure de la Garonne, qui est, sans contredit, l'ouvrage le plus magnifique et le mieux fini du royaume, situé sur un rocher isolé de la mer; elle sert de fanal pour éclairer les vaisseaux et leur faire éviter les écueils qui environnent cette embouchure. Il a fait une brèche de dix à douze pieds de longueur à la galerie de la chapelle, et en a brisé les pierres, abattu une boule de l'une des pyramides, brisé le tiers de la galerie du fanal, renversé les garde-corps de l'escalier qui conduit audit fanal, et enlevé son dôme; il a aussi rompu six pièces du cordon de sa première enceinte, et entièrement ruiné la chaloupe avec laquelle on conduisoit les choses nécessaires à ladite tour. Tout ce désordre n'empêche pas que les feux ne s'allument à l'ordinaire; mais, comme il pourroit devenir beaucoup plus grand, s'il n'étoit réparé, aussitôt que la mer sera praticable en ce quartier-là, j'y envoierai le sieur Buisson, ingénieur, pour faire une juste estimation de la dépense à y faire, et j'aurai l'honneur de vous l'envoyer *. »

* A la lettre du 21 août suivant est joint le mémoire des réparations nécessaires.

Le 21 mars 1713, M. de Beauharnais, successeur de M. Bégon, envoie un plan de profil et d'élévation de la tour, avec l'état des brèches ouvertes par une tempête.

13. *M.* de Grignan, *lieutenant général en Provence,* au Contrôleur général.

6 Mars 1708.

« J'eus l'honneur d'écrire à M. de Chamillart en faveur du sieur de Moissac, directeur des fermes en Provence, après la mort de M. de Saint-Amans, fermier général, son oncle, père de ma belle-fille, et ce ministre me fit la grâce de me répondre que, tant que ledit sieur de Moissac s'acquitteroit bien de ses devoirs, il pourroit s'assurer de sa protection. Je vous supplie très humblement d'agréer que je vous demande pour lui la vôtre, sous cette même condition, que je suis persuadé qu'il continuera de bien remplir, comme il a toujours fait depuis trente ans qu'il est dans l'emploi *. »

* En apostille : « Je n'aurai pas moins d'attention pour M. de Moissac, auquel il s'intéresse, que M. Chamillart lui en avoit promis (?). Je sais qu'il s'est toujours bien acquitté de son emploi; il n'a qu'à continuer. »

14. *M.* de Bâville, *intendant en Languedoc,* au Contrôleur général.

6 Mars 1708.

« Il arrive ici très souvent une difficulté sur laquelle je crois devoir recevoir vos ordres. Le fonds manque pour payer les troupes qui sont en cette province; il n'y a aucun magasin ni entrepreneur de vivres comme en Roussillon. Ce pays, qui a été fort ému, n'est tranquille que par la disposition des troupes qui le gardent dans des postes qui ne peuvent être abandonnés : ce qui fait qu'on ne peut se servir du secours des grandes villes pour faire vivre le soldat. De là dépend le repos de cette province, et peut-être des voisines, car, si les troupes, faute de subsistance, désertoient dans les Cévennes et le Vivarois, il y arriveroit de très grands désordres. Ces raisons ont déterminé M. Chamillart à trouver bon que, dans la dernière nécessité, je prisse, ou du fonds des gabelles, ou du Don gratuit et de la capitation, ce qui seroit indispensable pour la subsistance des troupes, qui est ensuite remplacé. Je l'ai fait avec beaucoup de répugnance, après avoir tenté tous autres moyens et avoir emprunté autant que j'ai pu sur le crédit que j'ai eu. Je ne me suis même servi de ce pouvoir qu'avec beaucoup de réserve, pour payer quelquefois le prêt seul des soldats, quelquefois pour y ajouter un abonompte aux officiers, dont ils ne pouvoient se passer : en sorte qu'il est dû encore aux troupes qui ont servi en cette province plus de 600,000 # de l'année dernière. Je crains de me trouver dans la même situation : on m'a donné du fonds, pour ce mois et le mois prochain, sur les traités que j'ai faits ici, aux États derniers, des contrôleurs des tailles et des officiers de finance; je souhaite qu'on en envoie pour les mois de mai et suivants. Je sais combien il est important de ne pas déranger les assignations que vous donnez, ni de ne pas toucher aux gabelles destinées pour payer les rentes de l'hôtel de ville; mais ce seroit encore un plus grand inconvénient de laisser renouveler les désordres de cette province par la désertion des troupes : elle est maintenant tranquille; il faut tâcher de la conserver en cet état, et en même temps les secours qu'elle donne au Roi, qui seroient bien difficiles à lever, si les mouvements qui y sont assoupis recommençoient. J'attendrai les ordres qu'il vous plaira m'envoyer *. »

* Dans une autre lettre du 25 mars, il discute les objections de la ferme des gabelles et un projet de continuer pendant six ans la crue de 5 sols par minot de sel.

15. *M.* Ferrand, *intendant en Bretagne,* au Contrôleur général.

7 Mars et 18 Novembre 1708; 15 Août et 27 Septembre 1710.

Visite et réparation des corps de garde et batteries placés sur les côtes de Bretagne. Construction d'ouvrages dans l'île du Pilier, pour protéger la rivière de Nantes contre les corsaires ennemis *.

* Sur ces derniers travaux, voir les lettres des 25 janvier, 7 et 23 novembre 1713, et deux lettres du contrôleur général à M. Ferrand et à M. de Pontchartrain, secrétaire d'État de la marine, 3 et 16 novembre 1713.

16. *M.* Ravat, *prévôt des marchands de Lyon,* au Contrôleur général.

8 Mars et 11 Avril 1708.

Il expose, de la part des négociants, deux difficultés qu'il y aurait lieu de régler à propos du payement des Rois.

« De tous les devoirs auxquels je suis engagé, un des plus essentiels est celui de vous rendre un compte exact de tout ce qui se passe sur notre place pendant le cours de chaque payement. Celui que nous venons de finir, qui est le payement des Rois, a été facile pour tous nos négociants : les écritures ont été abondantes; personne n'a reculé à donner ses rencontres. Le comptant, qui commence le 3 de ce mois, n'a fait aucune peine à ceux qui devoient des soudes; l'on n'a demandé aucune prolongation, si contraire au crédit de cette place et à l'exactitude de nos payements *. Si ces heureux commencements, que nous vous devons par la liberté que vous avez donnée des stipulations, se soutiennent au payement de Pâques prochain, l'on doit espérer que notre place prendra sa première faveur dans les pays étrangers. Le dérangement que causoient les billets de monnoie et les fréquentes prolongations qui se sont faites dans des payements, et qu'il faut espérer qui ne seront pas à l'avenir, a causé une crainte insurmontable dans l'esprit des étrangers, et particulièrement parmi les Italiens. Le peu de confiance qu'ils avoient à notre place est cause que, dans la dernière foire tenue à Novi au commencement du mois de février dernier, ils n'ont voulu faire aucune traite, ni tirer aucune lettre de change sur Lyon, ni de pur arbitrage, ni pour avoir le payement des soies envoyées en France. Cette interruption de commerce a été d'un grand préjudice, puisque les lettres tirées de Novi pour des millions étoient envoyées de Gênes à Livourne, Venise, Milan, Bologne et autres villes, même à Amsterdam et à Londres, où elles étoient négociées pour Lyon : ce que l'on peut appeler un manquement de fonds très considérable, qui a cessé sur notre place et l'avoit rendue stérile en argent et en bon papier. Les attentions perpétuelles que vous donnez pour rétablir le commerce ne permettront pas que vous laissiez revenir ces désordres. Vous les éloignerez autant que vous le pourrez, et, lorsque les temps vous le permettront, vous éteindrez dans les villes de négoce les billets de monnoie, qui ont été sur le point de renverser les négociants les plus affermis. Les stipulations ont diminué certainement le mal; mais elles ne l'ont pas détruit *.

«J'ai eu l'honneur d'écrire à M. de Torcy pour les passeports de ceux de la plaine d'Italie et des Piémontois que le prévôt des marchands de Lyon avoit coutume de donner pour la facilité du commerce. Cette défense, qui a été faite seulement à la fin de l'année dernière, ôte encore bien de l'argent que ces étrangers apporteroient en France, au lieu qu'ils vont faire leurs emplettes à Genève. Plusieurs de nos négociants m'ont fait comprendre l'importance de cette facilité, qui ne peut être d'aucune conséquence pour l'État, puisqu'ils ne demandent aucuns passeports qu'en se rendant cautions et responsables de la bonne conduite des étrangers.

«Les voituriers de Marseille à Tarascon, chargés de voiturer les huiles, les savons et autres marchandises qui viennent de Marseille pour nos marchands de Lyon et du reste du royaume, ne peuvent presque plus entreprendre ces sortes de voitures, à cause que les chemins, depuis Marseille jusqu'à Tarascon, sont devenus impraticables, et particulièrement dans les endroits de Salon à Saint-Gabriel et de Saint-Gabriel à Tarascon. Nos marchands épiciers m'ont demandé de vous faire leurs très humbles remontrances pour vous supplier qu'après avoir été informé de la nécessité des réparations de ces chemins par M. l'intendant de Provence, qu'il vous plût de donner les ordres nécessaires pour leur rétablissement, afin que ce négoce, qui est considérable, se soutienne, et qu'il se fasse avec la même facilité qu'il se faisoit ci-devant. Le bien du commerce me donne la liberté de vous faire ces représentations : je suis autorisé par votre lettre du 5 mars dernier, par laquelle vous m'avez permis de vous proposer ce que je croirois convenable au bien du commerce en général et en particulier.»

* M. Samuel Bernard, ayant été empêché, par le départ subit du banquier Lullin, de payer 15 ou 16 millions qu'il devait pour le terme de Pâques, demanda, le 24 juin suivant, une prolongation éventuelle du payement jusqu'au 10 au 15 juillet, pour ne s'en servir qu'en cas d'absolue nécessité. M. Ravat, consulté sur cette demande, répondit que la prolongation n'avait été demandée par personne, pas même par le correspondant de M. Bernard, et que les payements s'étaient régulièrement effectués : régularité des plus favorables au rétablissement des relations avec le commerce étranger, et que confirmait la cessation de toute crainte au sujet des billets de monnaie. Néanmoins, la prorogation fut ordonnée jusqu'au 20 juillet. (Lettres des 30 juin, 1er, 5, 10 et 24 juillet.)

** Au sujet de la faculté qui venait d'être donnée de stipuler que le payement des billets, promesses, lettres de change et obligations se ferait en espèces ou en billets de monnaie, à volonté, M. Rouillé de Fontaine, intendant à Limoges, écrit aussi, le 8 mars, que cette mesure est excellente pour remettre en circulation l'argent, et qu'il serait essentiel d'assurer le payement de l'intérêt des billets de monnaie, fût-ce même avec une réduction, en attendant leur retrait.

---

17. *M. Dalon, premier président du Parlement de Bordeaux,*
au Contrôleur général.

10 Mars 1708.

Il demande pour son frère une des pensions qui avaient été accordées, après les guerres civiles, aux membres fidèles du Parlement *.

* En apostille : «Monseigneur a visé les lettres : 10 avril 1708. — M. le marquis de la Vrillière a rempli la date du 20 mars 1708, parce qu'il y a quelque temps que le Roi a accordé cette grâce.»

---

18. *M. le Guerchoys, intendant à Alençon,*
au Contrôleur général.

10 Mars 1708.

Le procureur du Roi au grenier à sel de Laigle, qui se plaint d'avoir été porté sur les rôles des collecteurs des tailles, habite dans le ressort de son grenier et ne fait pas valoir plus de terres que n'en comporte son privilège, ou bien il en paye la taille. D'autre part, il ne fait le commerce de moutons qu'en gros; mais, comme il se charge aussi de faire des charrois pour le premier venu, c'est là une véritable dérogeance : sa requête doit donc être rejetée, et le rôle exécuté, à moins qu'il ne cesse d'agir ainsi *.

* Voir une lettre de M. de la Bourdonnaye, intendant à Orléans, 27 novembre 1709, sur le maire de Châtillon, qui exemptait de la collecte son frère, son beau-frère et son métayer.

---

19. *S. A. S. M. le duc de Vendôme, gouverneur de Provence,*
au Contrôleur général.

11 Mars 1708.

(*Autographe.*) «Je ne puis me dispenser de vous recommander avec toute l'instance possible d'appuyer de votre protection auprès de S. M. les demandes de MM. les procureurs du pays de Provence. Toute cette province est ruinée à jamais, si vous ne lui faites accorder quelque soulagement. C'est l'unique moyen d'en tirer tous les ans des secours certains : sans quoi je sais positivement que vous n'y devez plus compter, par l'impuissance absolue où elle se trouvera d'en fournir. D'ailleurs, j'ose vous dire que S. M. doit quelque marque solide et éclatante de sa satisfaction à la fidélité et au zèle à toute épreuve que les peuples de ce pays ont fait paroître, et qui les confirme dans les mêmes sentiments, s'il arrivoit jamais quelque autre occasion de les témoigner. Enfin, c'est le plus sensible plaisir que vous me puissiez faire, et duquel je serai le plus touché par l'affection que j'ai pour les Provençaux et la part que je prends à leurs intérêts. Je me flatte que vous ne refuserez pas cette grâce à leur gouverneur, et je l'attends de votre amitié et de votre justice. »

20. *M. le Gendre, intendant à Montauban,*
au Contrôleur général.

14 Mars, 11 Avril, 9 Mai et 17 Juin 1708.

Situation des affaires extraordinaires*.

* Voir les états envoyés par M. de Bouville fils, intendant à Alençon, le 6 février 1709; par M. Turgot, intendant à Tours, le 12 janvier 1709, etc.

Sur le rachat ou la réunion des places de barbiers-perruquiers et de syndics aux communautés de barbiers-perruquiers, voir une lettre de M. de Montgeron, intendant en Berry, 9 mai 1708. — Sur la réunion des offices de conservateurs des offices, voir les lettres des trésoriers de France de Bretagne, 5, 6, 7, 9, 14, 16 et 17 décembre 1709, 17 janvier et 8 février 1710, de M. le Chancelier, 26 décembre 1709, et de M. Jouault, avocat général en la Chambre des comptes de Bretagne, 5 et 24 décembre 1709; des trésoriers de France de Soissons au contrôleur général et à M. de la Garde, 11 et 12 janvier, 24 mai, 3, 21 et 26 juin, 5 juillet, 12 août, 18 décembre 1709, et de M. d'Ormesson, intendant à Soissons, 18 mai 1709. — Sur la réunion des offices de contrôleurs des actes des greffes, une lettre de M. le Blanc, intendant en Auvergne, 1er juin 1708. — Sur celle des offices d'économes-séquestres et de leurs contrôleurs alternatifs et triennaux, une lettre de M. de Saint-Macary, subdélégué général en Béarn, 16 avril 1709. — Sur celle des offices d'essayeurs d'eau-de-vie, une lettre de M. Bégon, intendant à la Rochelle, 8 avril 1708. — Sur celle des offices de gardes des archives, une lettre de M. Ferrand, intendant en Bretagne, 4 juillet 1710. — Sur celle des offices d'inspecteurs des bâtiments, une lettre de M. d'Ormesson, intendant à Soissons, 8 mai 1708; une lettre de M. Turgot, intendant à Tours, 2 mai 1708; une lettre de M. de Saint-Contest, intendant à Metz, 17 juillet 1709. — Sur celle des offices d'inspecteurs des manufactures, les lettres de M. Bignon, intendant à Amiens, 10 juin 1708; de M. de Saint-Macary, en Béarn, 8 septembre 1708, et du sieur Renoir, traitant en Béarn, 11 mai 1709; du contrôleur général à M. Trudaine, intendant à Lyon, 8 novembre 1708; de M. Trudaine, 22 novembre 1708 et 1er avril 1710; de M. Méliand, successeur de M. Trudaine, 31 mai, 19 juin et 18 août 1710; de M. le Gendre, intendant à Montauban, 9 avril 1710, 7 janvier 1711 et 25 avril 1712; des marchands de Rodez et de Saint-Geniès, 18 août 1711; des marchands de toiles d'Orléans, 12 août 1708; de M. de Beauharnais, intendant à la Rochelle, 8 octobre 1711; de M. Turgot, intendant à Tours, 10 mars, 20 avril et 27 juillet 1708, et de M. Chauvelin, son successeur, 15 mai 1710. — Sur celle des offices de jurés priseurs-vendeurs de meubles, une lettre de M. d'Ormesson, intendant à Soissons, 17 août 1710. — Sur celle de l'office de lieutenant général de police à Angers, deux lettres de M. Turgot, intendant, 2 et 16 mai 1708. — Sur celle des offices de notaires, une lettre de M. Barrillon, intendant en Roussillon, 20 août 1710. — Sur celle des offices de receveurs des consignations, une lettre de M. Chauvelin, intendant à Tours, du 12 août 1710. — Sur celle du tabellionnage de la prévôté de Valenciennes, une lettre de M. de Bernières, intendant en Flandre, 28 septembre 1708. — Sur celle des charges rachetées par l'élection de la Rochelle, une lettre de M. Bégon, 3 octobre 1709. — Sur la réunion des offices de police alternatifs, une lettre de M. Turgot, intendant à Tours, 23 avril 1709, et des lettres de M. le duc de Luxembourg, gouverneur de Normandie, de M. de Richebourg, intendant à Rouen, du sieur Martin, et des maire et échevins de Rouen, 13 et 20 janvier, 11 et 14 mai, 2 septembre 1710.

21. *M. Turgot, intendant à Tours,*
au Contrôleur général.

17 Mars 1708.

Il appuie plusieurs demandes de rejet ou de diminution sur l'impôt du sel*.

* Voir sa lettre du 12 décembre suivant. Le 17 avril 1709, il écrit : « . . . . . J'ai toujours soin de recommander aux receveurs des greniers d'être très retenus à demander des solidités sur les paroisses sans avoir auparavant discuté exactement les facultés de tous les collecteurs, pour ne pas donner sans nécessité cette nouvelle charge de rejets aux paroisses. . . . . »

22. *Le Contrôleur général*
aux Intendants.

18 Mars 1708.

Il les consulte sur l'opportunité de donner, moyennant finance, de nouveaux statuts aux communautés d'arts et métiers*.

* M. le Guerchoys, intendant à Alençon, répond, le 14 avril : « Il n'y a point de communautés d'arts et métiers, dans mon département, qui souhaitent d'obtenir de nouveaux statuts. Elles seroient bien plutôt disposées à demander la décharge de ce qu'elles doivent encore de plusieurs taxes qu'elles n'ont pu acquitter jusqu'à présent. La plus grande partie des artisans de ma généralité ont beaucoup de peine à gagner leur vie. . . . . »

M. de Saint-Macary, subdélégué général en Béarn, écrit, le 3 avril : « Nous n'avons dans ce petit département aucunes communautés d'arts et métiers, puisque chaque marchand ou artisan y font leur profession librement et sans dépendance. Il est vrai que nous y avons quelques manufactures, comme à Nay et Bruges, où l'on fait des bayettes et des cadis, sans statuts; à Oloron, des bas, des cordeillats, des bures et des serges; à Sainte-Marie, Moumour et Aren, où l'on fabrique aussi des cordeillats, bures et serges; à Pontacq, Bourdettes et Arros, des capes et des couvertes de lit; et à la Bastide-Clairence, en Navarre, des bas et des bonnets de paysan. Cette dernière ville n'a point de statuts; mais les manufactures d'Oloron, Sainte-Marie et Moumour en ont, et ils ont été confirmés par les lettres patentes des anciens princes de Navarre, par Henry le Grand et Louis le Juste, et divers arrêts du Parlement; mais ces statuts sont très mal observés, et, bien que la sagesse humaine n'arrive guère jamais au devoir qu'elle-même se prescrit, par le dérèglement des mœurs des particuliers, et souvent par l'opinion contraire et la contrariété des humeurs et des volontés, qui font que le profit des uns est le dommage des autres, néanmoins, si vous voulies donner des statuts à Nay, Bruges et la Bastide-Clairence, il seroit, ce me semble, juste de les entendre, afin que les règles que vous pourries leur donner pussent convenir aux étoffes qu'ils font passer en Espagne pour y être débitées, et auxquelles il ne convient pas trop d'appliquer les règlements du royaume sans quelque exception. Et si vous trouvez à propos de confirmer de nouveau les statuts des manufactures d'Oloron, Sainte-Marie, Moumour et Aren, vous n'aures qu'à les demander, afin que, si les manufacturiers ont rien à y ajouter, ils puissent vous faire observer ce qu'ils croiront devoir y être ajouté pour le bien public, et éviter bien de contreventions qui font souvent de l'éclat dans les audiences du Parlement; car, pour ce qui est des capes et des couvertes de lit, dont on fait un assez grand commerce à Pontacq, Bourdettes et Arros, il n'y a jamais eu aucun règlement pour la fabrication de ces étoffes : de sorte que, si elles en doivent recevoir, peut-être seroit-il nécessaire aussi de prendre des mesures avec ceux qui les fabriquent, pour ne tomber pas dans l'inconvénient du Politique : *Amplius exigendum est quam satis est, ut præstetur quantum satis est.*»

M. de Montgeron, intendant en Berry, écrit, le 27 avril : «.....Je vois, par tous les mémoires qui m'ont été fournis par la plupart des corps de métiers et par les éclaircissements que j'ai tirés d'ailleurs, que Bourges et Issoudun sont les seules villes de la province où les arts et métiers sont réglés par corps et communautés. La première partie de ces communautés n'y observe point d'autres règlements que ceux des maîtres de leur profession à Paris; la seconde a des statuts qui ont été confirmés par des lettres patentes, dont les plus récentes sont de l'année 1669; et enfin la dernière est gouvernée par d'anciens statuts, qu'il y a plus d'un siècle qui n'ont été renouvelés, et que l'usage, pour mieux dire, conduit plutôt que ces statuts. Dans les villes de Châteauroux, la Charité, la Châtre, le Blanc, Saint-Amand, Châtillon, Vierzon, Aubigny et quelques autres moins considérables, il n'y a que de certains métiers qui soient en communautés et dans lesquels il y ait des maîtrises et des jurés. Les ouvriers qui les composent ne suivent point d'autres statuts, ni d'autres règlements, que ceux qu'ont les communautés des mêmes arts à Bourges et à Issoudun. Le surplus des artisans, ne se trouvant pas en assez grand nombre dans chaque espèce de métier, ne se font point recevoir maîtres et n'ont aucune communauté, parce qu'il n'y a souvent que deux ou trois personnes de ces métiers. Les très petites villes, bourgs et villages de cette généralité n'ont point des ouvriers de chaque espèce, et, comme, dans celles qui s'y trouvent, il n'y a presque toujours qu'un ou deux artisans au plus, cela ne compose aucune communauté ni maîtrise. Les nouveaux statuts qu'on propose d'accorder à toutes les communautés, dans toutes les villes et bourgs du royaume, ne peuvent convenir qu'aux ouvriers des villes de cette généralité qui sont en assez grand nombre pour composer une communauté; les autres, qui ne sont point maîtres, et qui sont pour la plupart des apprentis des grandes villes qui se sont établis dans les petites et dans les bourgs où ils ont cru pouvoir gagner leur vie, n'ont point besoin de statuts, parce que, n'étant qu'un, deux ou trois au plus de chaque espèce, ils ne peuvent faire de syndic et de jurés pour l'observation des statuts qu'on leur accorderoit. Il seroit assez utile cependant que les communautés et corps d'arts et métiers en eussent de nouveaux; mais tous les ouvriers ont si peu d'occupation en ce temps-ci, particulièrement dans une province où il n'y a point de commerce, et ils supportent tant de charges, qu'ils ne sont pas en état d'offrir quoi que ce soit pour les obtenir. Permettez-moi de vous représenter que la difficulté que l'on a eue à lever l'imposition qui a été faite sur la plupart d'eux de la finance des contrôleurs des poids et mesures et des greffiers des brevets d'apprentissage m'a engagé à vous demander des arrêts pour avoir la permission d'imposer sur tous les contribuables celle des offices d'inspecteurs des manufactures et d'inspecteurs des bâtiments; et pour peu que la finance à laquelle chacune de ces communautés seroit fixée pour les statuts qu'on leur accorderoit fût considérable, on seroit dans la nécessité de l'imposer sur le général, comme les dernières : sans quoi le recouvrement en seroit presque impossible.»

M. de la Bourdonnaye, intendant à Bordeaux, écrit, le 7 avril : «.....Les arts et métiers sont actuellement chargés des taxes des poids et mesures et des brevets d'apprentissage, qui ont suivi celles de l'hérédité des anciens offices. Quand ils auront payé ces deux dernières, on pourra songer à leur demander celle qui vous a été proposée.»

M. Pinon, intendant en Bourgogne, écrit, le 14 avril : «.....Il n'y a quasi point de ces communautés auxquelles il ait été accordé de ces statuts, et, dans cette ville de Dijon, les marchands, les apothicaires, les orfèvres et les chirurgiens sont les seuls qui en aient. En l'année 1600 ou environ, il fut permis aux maires et échevins d'en donner aux communautés; mais, en 1617, cette concession fut révoquée, et les choses ont demeuré dans l'état que j'ai l'honneur de vous le marquer. Il n'est pas possible d'engager volontairement ces sortes de communautés à prendre des statuts moyennant finance, et j'aurai l'honneur de vous dire que, si la nécessité présente de secours obligeoit de se servir de ce moyen pour leur faire payer quelque finance, il sembleroit qu'elle ne devroit être portée qu'à une somme peu considérable, par rapport aux autres taxes que ces corps viennent d'essuyer pour différentes réunions et suppressions, et, en dernier lieu, pour celles des commissaires-inspecteurs et contrôleurs des manufactures, visiteurs des poids et mesures, et des greffiers de brevets d'apprentissage, celle-ci n'étant pas même payée par la plupart de ces communautés.»

M. de Harouys, intendant en Champagne, écrit, le 30 mars : «.....Dans cette proposition qui vous est faite, on ne doit envisager, en Champagne, que les cinq villes franches qui y sont, Châlons, Reims, Troyes, Chaumont et Langres, dans lesquelles il y a des communautés d'arts et métiers qui sont déjà érigées en jurande, ou qui peuvent l'être; mais, outre que les principales ont presque toutes fait renouveler et confirmer leurs statuts depuis quelques années, il est certain, après toutes les taxes qu'elles ont payées pendant cette guerre, pour confirmation d'hérédité, rachat de la redevance des poids et mesures et réunion des offices de trésorier des bourses communes, inspecteurs des manufactures et greffiers des arts et métiers, et les arrérages qu'elles payent tous les ans des emprunts qu'elles ont faits, sitôt qu'on leur laissera la liberté de demander ou de refuser ces nouveaux statuts, il ne s'en présentera point, ou très peu, pour en obtenir. D'un autre côté, si on rend ce recouvrement forcé sur les communautés de ces cinq villes franches, et sur celles des villes taillables et des bourgs de cette généralité, elles sont toutes si fort épuisées par toutes ces taxes, dont les dernières, qui regardent les poids et mesures et les greffiers, ne sont point encore consommées, qu'on aura bien de la peine d'en venir à bout. Ainsi, en envisageant cette affaire dans ces deux faces, il faut s'attendre à n'en pas tirer un grand secours, ou se résoudre à de violentes poursuites contre ces communautés, que la cessation du commerce a réduites à un point de misère que ceux qui en composent une grande partie ont peine à subsister.»

M. de Bernières, intendant en Flandre maritime, écrit, le 5 avril : «.....Je ne crois pas que cet avis puisse avoir lieu pour la Flandre, où les maîtrises et communautés des arts et métiers, qui sont en très petit nombre, ont des statuts très authentiques et quantité de priviléges accordés par les rois catholiques et souverains des Pays-Bas; car vous savez que c'étoit avec quoi Charles-Quint conduisoit ses peuples comme il vouloit, en leur accordant beaucoup d'apparences de franchises et de libertés. De plus, les Magistrats ne manqueroient pas d'objecter que la finance qu'on demanderoit pour ces nouveaux statuts, et qui, certainement, ne seroit pas volontaire en ce pays, se trouveroit contraire à leur abonnement. Enfin, je trouve qu'en 1698, dans le temps que la province n'étoit pas abonnée, elle a payé au Roi une somme de 100,000#, ainsi que vous pourrez connoître par la copie de l'arrêt du Conseil d'État ci-joint, pour la finance des offices de maîtres et gardes-jurés syndics, et d'auditeurs des comptes des corps des marchands et communautés d'arts et métiers. Toutes ces raisons, jointes ensemble, me donnent lieu de croire que vous n'écouterez pas cette proposition pour ce qui a rapport à cette frontière.»

M. de Bernage, intendant en Franche-Comté, écrit, le 1er avril : «.....Cette province étant, comme vous savez, abonnée, les communautés des arts et métiers n'y goûteroient pas, à coup sûr, la proposition de leur accorder de nouveaux statuts moyennant finance. Je n'ai pas même jugé à propos de les sonder sur cela, parce que je suis assez certain de leurs dispositions, et qu'il ne convient pas de leur donner sujet de craindre qu'on puisse penser à contrevenir en rien à la loi de leur abonnement. S'il m'est permis, après cela, de sortir de ma sphère pour vous marquer ma pensée sur le moyen dont il s'agit, par rapport aux autres provinces, j'aurai l'honneur de vous dire que j'ai toujours reconnu qu'il n'y avoit point de corps dont on pût tirer plus facilement et plus utilement des secours, dans les besoins pressants, que les communautés des marchands et des artisans, particulièrement dans les grosses villes franches ou tarifées, et qu'il n'est question que de prétextes pour parvenir à la voie forcée, car il ne faut pas s'attendre que la volontaire puisse réussir avec eux, principalement hors Paris; mais il faut encore faire attention si les recouvrements que les affaires passées ont produits sur ces communautés sont assez avancés pour en commencer de nouveaux, rien ne nuisant si fort à leur succès que d'en accumuler trop à la fois. Il me paroît donc que l'examen doit se réduire à deux points par ceux de MM. les intendants qui sont dans les provinces sujettes aux affaires extraordinaires : le premier, si la proposition d'accorder des nouveaux statuts moyennant finance peut aboutir aisément à un prétexte de taxes sur les communautés qui refuseront d'en acquérir, comme elles feront toutes; le second, s'il est temps de mettre ce moyen en pratique.»

M. Roujault, intendant en *Hainaut*, écrit, le 25 juin : «Il n'y a aucune maîtrise dans toutes les villes du Hainaut, qui ne sont proprement que des bourgs qui ont été originairement fermés et fortifiés, et sont de très petite étendue et d'un fort petit commerce. Les mayeurs et échevins observent que des statuts y seroient fort préjudiciables en ce que les artisans, pour y pouvoir subsister, sont obligés de faire plusieurs métiers à la fois, un seul n'étant pas capable de leur faire un gain ni une occupation suffisante; en sorte que, si on vouloit assujettir ces artisans à prendre des statuts et à se renfermer dans leur exécution, ce seroit donner lieu à les faire déserter et les contraindre de passer dans les villes occupées par l'Espagne ou les puissances ennemies dont ils sont voisins et à portée. Ils observent encore que, pour prévenir les suites de cet inconvénient, lors de la taxe des arts et métiers que l'on fit payer en 1698, les habitants qui n'étoient d'aucuns métiers furent contraints d'en payer moitié, les artisans ne l'ayant pu faire. Enfin, ils représentent l'état où ces villes sont réduites par le payement, avec la capitation, de la contribution aux ennemis, à laquelle elles sont toutes soumises, et par le logement perpétuel des troupes, ce pays, par le reculement de la frontière, étant devenu le théâtre de la guerre. A quoi, ils ajoutent que, les troupes n'ayant pas été régulièrement payées jusqu'à présent, les cabaretiers et aubergistes qui ont donné à manger aux officiers, les marchands qui leur ont vendu des marchandises, et les ouvriers qui ont travaillé pour eux n'ont pu en être payés qu'en billets des trésoriers des troupes ou des majors, dont ils sont porteurs sans en pouvoir faire aucun usage, par le manquement de fonds au Trésor : ce qui les met dans de grandes extrémités et hors d'état de payer leurs impositions ordinaires.....»

M. de Bâville, intendant en Languedoc, écrit, le 22 avril, que les communautés de son département sont contentes des statuts qu'elles possèdent, et n'en veulent point d'autres.

M. Rouillé de Fontaine, intendant à Limoges, écrit, le 10 avril, que les marchands et artisans sont chargés de taxes pour des réunions et suppressions d'offices; qu'en même temps le commerce est anéanti et les banqueroutes fréquentes; que, par conséquent, ils ne se porteraient pas volontairement à payer la nouvelle taxe, et qu'il serait difficile de les y contraindre.

M. Bégon, intendant à la Rochelle, écrit, le 8 avril, dans le même sens, et ajoute que très peu de communautés d'arts et métiers de son département ont maîtrises et jurandes.

M. Phélypeaux, intendant à Paris, écrit, le 11 avril : «.....Il n'y a pas, dans la généralité de Paris, cinquante communautés qui en demandent..... Par l'édit du mois de mars 1673 pour l'établissement des arts et métiers en communauté, il a été accordé de nouveaux statuts, moyennant finance, à toutes les communautés qui en ont demandé, et depuis, par autre édit du mois de mars 1691 pour la création des jurés en titre d'office, on leur a promis des statuts sans finance, en considération de celles qu'ils payeroient pour ces offices. Les communautés de la généralité de Paris ont payé 300,000# pour ces offices; en conséquence de ce payement, elles demandent ces statuts sans aucune finance, et, conformément à ce dernier édit, elles y sont bien fondées. J'ajouterai à ces considérations que ces communautés sont beaucoup diminuées par les taxes qu'elles ont payées de jurés, de celles d'auditeurs et de celles de trésoriers, dont elles doivent encore plus de la moitié, sans y comprendre les poids et mesures; il y a même des greffiers des enregistrements, des brevets d'apprentissage et lettres de maîtrises qui ont été sursis jusqu'à ce que les offices des trésoriers soient payés.....»

M. Doujat, intendant à Poitiers, écrit, le 4 avril : «Il y a dans la généralité de Poitou vingt-sept villes dans lesquelles on peut astreindre les communautés à prendre de nouveaux statuts. Il y en a douze dans l'élection de Poitiers, y compris la ville de Poitiers. Ces douze sont : Poitiers, Montmorillon, Civray, Chauvigny, Lusignan, Parthenay, Vivonne, Charroux, Lussac, Rochechouart, Airvault, Saint-Loup. A l'égard des communautés de la ville de Poitiers, il y en a soixante-cinq auxquelles on pourroit accorder des statuts; desquelles soixante-cinq, il y en a trente-cinq qui sont en jurande et qui ont déjà des statuts, dont les uns sont autorisés par des lettres patentes de S. M., et les autres sont seulement approuvés par les maire et échevins de Poitiers. Dans le nombre des trente communautés qui n'ont point encore de statuts est celle des marchands, qui, comme fort considérable, recevroit avec plaisir des statuts pour faire cesser les différends qui se trouvent souvent entre les communautés qui n'ont point de statuts et celles qui en ont. On a même appris que cette communauté des marchands étoit sur le point d'en demander au Conseil. Les onze autres villes de l'élection de Poitiers sont de peu de conséquence, et il faut beaucoup de temps pour savoir combien il peut y avoir de communautés en état de demander, de recevoir et de payer ce qu'il faudroit pour les statuts qu'on voudroit leur accorder; mais ce qu'on peut remarquer pour donner quelque notion sur ce qui concerne ces onze villes, c'est que, dans les impositions qui ont été faites sur ces communautés pour l'extinction des brevets d'apprentissage, des auditeurs des comptes, et pour les autres taxes établies sur ces communautés, ces onze villes ont payé toutes ensemble un peu plus d'un quart de finance que la ville de Poitiers n'en a payé seule. On peut obliger les communautés qui ont des statuts autorisés par des lettres patentes de prendre des lettres de confirmation. Celles qui n'ont que des statuts approuvés par les maire et échevins peuvent être contraintes d'obtenir des lettres de S. M., et on peut obliger les communautés qui n'ont point de statuts à en recevoir. Comme ces communautés sont déjà fort épuisées, on croiroit que tout ce qu'on pourroit demander à l'élection de Poitiers pour les droits ci-dessus pourroit monter à la somme de 5,000#, qui seroit régalée par l'intendant sur les communautés à proportion de leur force; de laquelle somme de 5,000#, celles de Poitiers pourroient porter celle de 3,600#. Par exemple, les soixante-cinq communautés de la ville de Poitiers composent en tout quinze cents personnes : de ces quinze cents personnes, il y en auroit le quart qui pourroit porter 4# chacun; le second quart, 3#; le troisième quart, 30 sols, et le quatrième quart, 20 sols : ce qui feroit, conformément à ce qu'on vient de marquer ci-dessus, 3,600#; et ainsi il n'y auroit plus que 1,400# à faire porter aux onze villes de l'élection de Poitiers, pour faire celle de 5,000#. On pourroit tirer de l'élection de Niort 2,000#; de l'élection de Fontenay, 1,800#; de l'élection de Saint-Maixent, 1,500#; de l'élection de Thouars, 1,400#; de l'élection de Châtelleràult, 1,500#; de l'élection des Sables, 300#; de l'élection de Mauléon, 200#. Somme totale des huit élections : 13,700#. On croit encore nécessaire de remarquer que, si on a la bonté de fixer l'expédition des lettres, sceau et enregistrement à une somme modique, les communautés seront hors d'état de payer la finance qu'on leur demandera.»

M. Lebret fils, intendant en Provence, écrit, le 8 juillet, que les artisans sont trop complètement ruinés par les taxes et par le service de la marine pour demander de nouveaux statuts.

M. de Courson, intendant à Rouen, écrit, le 29 mars : «.....Les communautés de cette généralité ont été si fort tourmentées par les différentes taxes qu'on leur a demandées et qu'on leur demande encore actuellement, qu'il n'y en a pas une qui n'aimât mieux renoncer à ses statuts que de donner la moindre chose pour les renouveler.» Autre lettre du 23 mai : «.....Il me paroît qu'il est inutile de renouveler les anciens règlements quand ils s'expliquent assez; cela ne produit rien, et ne fait que donner occasion de tourmenter les ouvriers.»

M. d'Albaret, intendant en Roussillon, écrit, le 4 avril : «.....Il n'y a, dans tout mon département, qu'à Perpignan seul où il y ait des maîtrises ou corps des métiers, et c'est la ville de Perpignan qui, suivant les anciens priviléges, a accordé auxdits corps leurs statuts et priviléges, lesquels sont enregistrés à la maison de ville, et l'on y a recours au besoin. Outre cela, chaque corps de métier a son livre, où les statuts y sont écrits en parchemin, et ensuite toutes les délibérations qui se font, année par année, pour les règlements de leurs affaires; et ils dépendent tellement de la maison de ville, que le baille, qui est le chef, est celui qui leur donne la permission de s'assembler lorsqu'ils veulent délibérer sur quelque fait, dont ils doivent préalablement donner connoissance audit baille.»

M. d'Ormesson, intendant à Soissons, écrit, le 17 avril, que les communautés considérables ont reçu des statuts en 1673 et 1691; que la taxe retomberait ainsi uniquement sur les petites, et n'aurait plus aucune importance; que d'ailleurs, les petits marchands ne subsistant que parce qu'ils vendent indistinctement toutes sortes de marchandises, ils seraient ruinés, si on les en empêchait; qu'enfin cette nouvelle taxe entraverait encore le recouvrement de la taille, de la capitation et de l'ustensile.

M. Turgot, intendant à Tours, écrit, le 7 avril : «.....Cela ne seroit pas sans quelque inconvénient, et peut plutôt leur faire naître des procès que les prévenir; car vous savez que ces sortes de statuts ne sont expédiés au sceau qu'après de grandes formalités : on demande les avis des officiers de police devant qui ils sont digérés; M. le Chancelier nous les renvoie ensuite, pour les examiner avec les juges de police et les officiers de l'hôtel de ville, pour recevoir les oppositions des personnes et des autres corps qui peuvent y avoir intérêt, et pour examiner si l'intérêt du public et celui du commerce ne recevront point quelque préjudice des articles qui y sont employés, et lui en donner notre avis. Toutes ces formalités s'observent lorsque les communautés qui n'ont point de statuts en proposent, ou que celles qui en ont en demandent de nouveaux et y proposent quelque changement. Il faudroit des précautions pour abréger ces formalités, et cependant prendre garde qu'il n'y fût rien inséré qui pût porter quelque préjudice à d'autres corps; et c'est ce qui feroit craindre qu'au lieu d'entretenir la paix, si précieuse dans ces communautés, cela ne pût la troubler et y faire naître des incidents.....»

---

23. *M. Foucault de Magny, intendant à Caen,*
au Contrôleur général.

21 Mars, 11 Avril, 24 Mai et 8 Décembre 1708.

Un abus, presque général dans toutes les paroisses de la généralité qui ont le privilége d'user de sel blanc, consiste en ce que les particuliers se font employer dans les rôles du sel pour un plus grand nombre de personnes que leurs maisons n'en comptent, et qu'ils peuvent vendre l'excédent de leur fourniture à d'autres personnes, qui vont débiter ce sel dans le ressort des greniers de sel gris. D'une première vérification faite en dix-neuf paroisses avec le concours des collecteurs, il résulte que près de neuf mille personnes ont été portées en trop sur les rôles, et qu'on a par conséquent tiré des salines quatre mille cinq cents boisseaux ou ruches de sel blanc (valant communément 30 s.) de plus qu'elles n'eussent dû en délivrer. Les vérifications suivantes, dans les élections de Vire, Condé, Avranches et Domfront ont fait réduire les rôles, de 279,136 personnes, à 206,857. Les officiers du quart-bouillon et les privilégiés de toute classe n'ont pas moins de part que les taillables à cet abus, un des principaux dont profite le faux-saunage, qui revend la ruche de 15 à 16# en pays de gabelles.

---

24. *M. l'Évêque de Périgueux*
au Contrôleur général.

23 Mars 1708.

Mémoire sur l'état du diocèse de Périgueux.

«Le diocèse de Périgueux ne manque d'aucune chose nécessaire à la vie; les pauvres y sont en petit nombre, et, dans les temps ici, on a trouvé moyen d'ôter dans la ville la mendicité et de soulager les pauvres qui ne pouvoient pas être renfermés. Il sort du diocèse environ, tous les ans, tant pour le Roi que pour les particuliers, environ 2,000,000#. Le vin y vaut environ 100 s. le muid, le froment 3 liards la livre, le seigle un liard et demi. Tout cela se consomme dans la province, et rien quasi ne se vend au dehors. Voici par où l'argent rentre dans la province : les cochons, qui est le plus grand commerce (le lard y vaut au plus 3 s. la livre); du blé pour Bordeaux, mais très peu, car cela ne se tire que d'une extrémité du diocèse; des châtaignes pour la Hollande et des planches de noyer; des bœufs que l'on échange contre des veaux avec les Limousins, parce qu'il n'y a point de vaches dans ce diocèse; quelques bœufs que l'on vend environ dans la troisième partie du diocèse, car, dans les autres trois quarts ou environ, ils sont si petits qu'on ne peut point les débiter, si ce n'est dans le pays même, et cela faute de pâturages; quelques eaux-de-vie et quelques vins blancs du côté de Bergerac, pour la Hollande. Mais tout cela maintenant est à très vil prix, par l'intelligence des marchands de Bordeaux, à ce que l'on dit ici. Un petit canton du diocèse qui va faire les vignes à Bordeaux; mais la plus grande partie de ceux qui y vont s'y établissent, parce qu'on y vit plus commodément qu'ici.

«La plus grande partie de la noblesse et beaucoup d'autres du diocèse sont dans le service : c'est ce qui tire encore beaucoup d'argent de la province. Le vin qui y croît n'est pas bon, ne se garde pas, et ne peut point être débité dehors.

«Cela supposé, et je crois que MM. les receveurs généraux de la province en conviendront aisément, il paroît évident qu'il n'y a point d'amas d'argent dans la province, et que, sortant beaucoup plus d'espèces qu'il n'y en entre, le Roi, malgré la bonne volonté des habitants, ne pourra pas être payé à moins que vous ne jugiez à propos, par votre zèle pour le bien public, de faire vider le trop-plein de la province : 1° en achetant des cochons pour le Roi, car, comme la vente est incertaine, et parce que le paysan et le cochon vivent la plupart du temps de châtaignes, ils ne sont pas beaucoup encouragés à nourrir beaucoup de cochons, s'ils ne sont certains de la vente; 2° en facilitant le débit avec la Hollande des grosses châtaignes, des eaux-de-vie, des vins blancs et des planches de noyer; 3° en procurant la vente des petits bœufs dans les lieux où il n'y a pas de droits considérables; ils sont trop petits pour être transférés dans ces sortes d'endroits; 4° en prohibant d'amener les blés étrangers dans la province, afin qu'on puisse consommer le trop-plein des blés à Bordeaux, car la Guyenne en a assez et plus qu'il ne lui en faut pour se nourrir dans les années ordinaires. Voilà ce que j'ai toujours entendu dire dans ce pays-ci à gens expérimentés dans ces sortes de matières; voilà ce qui m'a paru évident; voilà ce que je crois des choses, dont MM. les fermiers généraux conviendront. Je n'en sais rien cependant; ce que je puis vous assurer avec vérité est que les espèces y manquent absolument, et que, de particuliers à particuliers, il n'y a quasi plus que des échanges. Je ne sais pas si j'ai raison de me donner l'honneur de vous écrire ce que je vous écris; mais j'ai cru qu'il étoit du service du Roi et de mon devoir de me donner cette liberté. Ce n'est pas mon intention de dire quelque chose qui blesse, et je ne crois pas le faire; en tout cas, on peut regarder ceci comme non arrivé, si vous avez la bonté de le faire*.»

* Apostille en marge : «Le mémoire qu'il m'a envoyé m'a paru parfaitement bien et bien détaillé, et, étant aussi nécessaire de faire usage de tout ce qui peut favoriser le débit des denrées que chaque pays produit, et les vues qu'il propose devant être fort bonnes, on s'en servira autant qu'il sera possible.»

---

25. *M. DE HAROUYS, intendant en Champagne,*
AU CONTRÔLEUR GÉNÉRAL.

25 Mars 1708.

Procès au sujet des droits et corvées dus par les habitants du village de Renneville à leur nouveau seigneur.

---

26. *Le sieur DE LA HOUSSAYE,*
prévôt de Châteauneuf-en-Thimerais,
AU CONTRÔLEUR GÉNÉRAL.

25 Mars 1708.

Publication de la foire franche établie à Maillebois.

«Quoique votre mouvance féodale et censuelle soit de grande étendue, je connois néanmoins que vos receveurs n'en touchent pas les deux tiers, et que c'est une cause principale de la diminution de vos greffes de Châteauneuf et Champrond, parce qu'il y a plus de six à sept-vingts ans qu'il n'y a eu ni terrier, ni aveux rendus..... L'établissement d'une élection et d'un grenier à sel, avec quelques foires, causeroit une grande consommation et débit de tous fruits*.....»

* Voir, sur une terre de Sort, qu'on offrait de vendre au contrôleur général, une lettre de celui-ci à M. de Couvron, 7 septembre 1708.

---

27. *LE CONTRÔLEUR GÉNÉRAL*
aux Fermiers généraux.

27 Mars 1708.

«Étant important que le double travail qui se fait pour connoître l'état du commerce du royaume soit continué, il est nécessaire que vous renouveliez les ordres qui ont été donnés aux directeurs des fermes, de m'envoyer exactement, tous les trois mois, des états alphabétiques des marchandises étrangères qui seront entrées et des marchandises du royaume qui seront sorties par les bureaux de l'extrémité du royaume, tant par la voie de la mer que par la voie de terre, suivant les instructions qui leur ont été données à ce sujet; et aux receveurs et contrôleurs des mêmes bureaux, de m'adresser, toutes les semaines, copies des déclarations qui y auront été faites des marchandises entrées et des marchandises sorties. Vous recommanderez à ceux-ci de ne pas manquer de rendre compte de leur bureau toutes les semaines, quand même ils n'auroient rien à envoyer, et que ce ne seroit que pour dire qu'il ne seroit rien entré ni sorti pendant la semaine.»

---

28. *LE CONTRÔLEUR GÉNÉRAL*
aux Inspecteurs des manufactures.

27 Mars 1708.

«Étant chargé du soin du commerce et des manufactures du

royaume, et de faire exécuter les règlements et arrêts rendus sur ces matières, vous m'adresserez dorénavant les lettres, mémoires et procès-verbaux que vous ferez sur les affaires du commerce et des manufactures en exécution desdits règlements et arrêts, et, suivant vos instructions, vous redoublerez votre application pour empêcher les abus qui se pourroient glisser dans les fabriques, et pour procurer la perfection des marchandises qui se font dans l'étendue de votre département, et pour en augmenter, par ce moyen, le commerce [*].»

* Il écrit, le 11 septembre suivant, aux inspecteurs des manufactures de draperies : «.....Vous travaillerez, aussitôt après que vous aurez reçu cette lettre, à dresser un mémoire qui contiendra les noms des villes et lieux dans lesquels il y a des fabriques, la qualité de ces fabriques, leur prix ordinaire, et combien il y a de maîtres et de métiers travaillant en chaque lieu, la quantité de marchandise qui s'y fait ordinairement, et s'il s'y en fabrique autant en temps de guerre qu'en temps de paix. Vous marquerez aussi quelles matières il s'emploie en chaque fabrique, et, en cas que ce soit de la laine, si c'est de la laine du pays ou de quelque autre province du royaume, ou de la laine étrangère, et de quelle nation et qualité. S'il s'y emploie d'autres matières, vous en ferez aussi mention et marquerez d'où on les tire. Vous marquerez encore si les étoffes qui se fabriquent sont de pure laine, ou mêlées d'autres matières, et quelles sont ces matières. S'il s'est glissé des abus dans les fabriques, vous en ferez les observations, avec les moyens d'y remédier et de porter les manufactures à leur perfection. Vous m'informerez aussi si les fabricants observent exactement les règlements généraux de l'année 1669, tant pour la fabrication des étoffes que pour les teintures et les apprêts, et si les visites ordonnées par ces règlements se font bien régulièrement. Vous marquerez encore si les fabricants ont des statuts particuliers pour leurs communautés, et s'ils sont différents des règlements généraux, s'ils sont plus ou moins anciens, et lesquels ils suivent. Vous observerez de marquer en quels lieux de fabriques il y a des bureaux établis et des jurés-gardes pour la visite et marque des étoffes, et pour l'apposition du premier plomb appelé *plomb de fabrique*, et les autres petits lieux qui répondent à chaque bureau. Vous expliquerez aussi les provinces, villes et lieux où se portent les étoffes fabriquées dans votre département pour y être débitées et consommées ou envoyées dans les pays étrangers, et, en cas qu'elles sortent du royaume, en quels pays étrangers elles sont transportées. Vous y ajouterez les villes et lieux de commerce de votre département dans lesquels il y a des bureaux établis et des gardes-marchands pour la visite et marque des étoffes et pour l'apposition du second plomb que l'on appelle *plomb de vue* ou *de contrôle*. Vous marquerez les villes où il n'y a point de bureaux de gardes-marchands, et celles où il y a un assez grand nombre de marchands pour y faire faire ces établissements et y procurer l'exécution des règlements, et observerez de marquer le nombre des marchands qu'il y a en chaque ville faisant le commerce de draperies. Vous m'informerez encore si l'on tient des registres exacts de la visite et marque des étoffes, soit pour l'apposition du plomb de fabrique, soit pour celle du plomb de vue, comme aussi de quelle manière vos appointements vous sont payés, de tous les lieux qui y contribuent, et de la somme que chaque lieu de fabrique et chaque ville de commerce vous paye par an; si c'est un seul payement ou par quartiers; si vous avez une répartition générale faite par M. l'intendant, ou si vous prenez tous les trois mois des ordonnances pour être payé sur le produit du sol pour pièce provenant de la marque des étoffes. Vous lirez exactement tous les articles, tant des règlements généraux de 1669 que des règlements particuliers qui peuvent être intervenus pour les fabriques de votre département, et ferez les observations des dispositions qui ne sont point exécutées, pour les employer dans votre mémoire, avec les raisons de cette inexécution et les remèdes qu'il convient d'y apporter. S'il y a quelques autres abus dans les manufactures qui n'aient point été prévus par les règlements, vous en ferez aussi mention et marquerez les moyens par lesquels vous jugerez qu'on y pourra pourvoir. Vous m'envoierez ce travail incessamment, et, au plus tard, avant la Saint-Martin prochaine.»

Le même jour, une circulaire analogue est adressée aux inspecteurs des manufactures de toiles : «.....Vous marquerez, dans le mémoire, d'où se tire le fil qui s'emploie dans les fabriques et où se fait le débit et la consommation des toiles; vous y marquerez aussi les lieux où il y a des fabriques de treillis, de coutils, et de futaines ou basins, d'où se tirent les cotons et les fils qui s'y emploient, et où se fait le débit et la consommation de ces marchandises. Vous y marquerez encore quels règlements servent pour ces fabriques, et si les fabricants s'y conforment; s'il ne s'est point glissé d'abus dans ces fabriques, les moyens d'y remédier, et ce qu'il y auroit à faire pour porter les manufactures à la perfection et en augmenter le commerce.....»

---

29. *M. LE GENDRE, intendant à Montauban,*
AU CONTRÔLEUR GÉNÉRAL.

28 Mars 1708.

«Plus les temps sont difficiles, et plus les bons sujets du Roi et ceux qui veulent mériter votre protection et vos bontés doivent s'empresser à vous donner des marques de leur zèle et de leur attachement. L'honneur que j'ai de servir depuis neuf ans dans cette province, sous les ordres de M. de Chamillart et sous les vôtres, m'ont attiré le cœur et la confiance de bien des gens, qui m'en ont donné des marques dans plusieurs occasions, en m'ouvrant leurs bourses lorsque M. de Chamillart a bien voulu me mettre en œuvre dans des temps que le Roi avoit besoin d'un prompt secours. Comme il pourroit encore arriver que vous voudriez faire passer diligemment quelque fonds, soit en Espagne, soit en Catalogne ou ailleurs, pour quelque expédition pressée, je prends la liberté de vous offrir toute ma petite fortune, que je sacrifierai avec joie pour le service du Roi et pour vous plaire. Quoique je ne sois pas riche, pourvu que vous m'avertissiez huit jours à l'avance, vous pouvez compter que je trouverai toujours 100,000#, et peut-être davantage, dans la bourse de mes amis. Il faudroit que les choses que vous souhaitez fussent bien difficiles, si je ne vous donnois pas des marques d'une soumission parfaite à vos volontés.»

---

30. *M. PINON, intendant en Bourgogne,*
AU CONTRÔLEUR GÉNÉRAL.

29 Mars 1708.

Il demande, contrairement à la requête des trésoriers généraux de France en Bourgogne et Bresse, datée du 15 mars, que les parties prenantes sur l'état du Roi supportent les conséquences de la diminution des espèces, comme cela s'est toujours pratiqué dans le payement des gages, appointements et autres charges de la province, où le fonds de la recette générale est entièrement employé.

---

31. *M. de Bâville, intendant en Languedoc,*
au Contrôleur général.

29 Mars, 1er, 15 et 20 Avril, 18, 26 et 27 Août, 1er, 2, 6 et 21 Septembre, 28 Octobre 1708.

Il proteste contre les enlèvements de blés que les Génois viennent faire, l'état de la récolte exigeant qu'on soit maître de la sortie des grains, et par conséquent qu'on ne permette pas ces exportations, destinées probablement au duc de Savoie ou aux armées d'Espagne*.

* Le 9 avril, le contrôleur général lui répond que sans doute les achats sont faits pour remplir les magasins du duc de Savoie, mais que ce prince aurait facilement des grains d'autres pays, et qu'on ne doit pas perdre une occasion avantageuse de débiter les blés du Languedoc et d'en tirer de l'argent.

Le 24 août : «.....Il faut absolument empêcher les étrangers d'enlever les grains de la province de Languedoc, nonobstant l'arrêt qui en permet la sortie jusqu'au 1er octobre. Mais..... il est très important d'éviter que les mesures qui seront prises pour empêcher cette sortie ne marquent trop d'inquiétude ou de crainte d'une disette..... Il est donc nécessaire..... que vous prétextiez ou les achats qui doivent être faits pour le compte du Roi, ou d'autres motifs....., pour éloigner les idées de la cherté et de la disette. Il est même à souhaiter que les peuples de chaque province soient informés qu'il y en a dans la plupart des provinces beaucoup au delà de la consommation, et qu'à l'exception de quelques cantons de la Guyenne, de la Provence et du Lyonnois, qui sont des provinces qui n'en ont jamais beaucoup et où il est facile d'en faire passer, tout le reste du royaume en est pourvu plus que suffisamment.....»

En apostille de la lettre du 1er septembre : «J'ai lu sa lettre au Roi. Qu'il ne laisse sortir aucuns blés du Languedoc que pour la Guyenne et le Lyonnois ou les autres provinces du royaume qui peuvent en avoir besoin. Que si les Génois en demandent, il faut le leur refuser sous différents prétextes, comme je lui ai ci-devant marqué; et que la principale attention doit être, quant à présent, à fournir les provinces qui en ont besoin. Qu'il ne convient pas de rendre d'arrêt pour défendre la sortie, parce qu'en premier lieu, le temps pendant lequel le Roi l'a permise expirant dans la fin de ce mois-ci, à peine auroit-on le temps d'envoyer les expéditions; et que d'ailleurs ces défenses publiques ne contribueroient pas peu à faire encore resserrer les blés et à les rendre plus chers.»

Le contrôleur général lui écrit encore, le 9 septembre, de ne laisser sortir de blé que pour les provinces du royaume : voir aussi les lettres à M. Ravat, prévôt des marchands de Lyon, 9 septembre, et au maréchal de Villeroy, 11 septembre.

Les 29 août, 30 novembre et 26 décembre, M. Lebret fils, intendant en Provence, écrit que cette province sera affamée, si le Languedoc ne réserve pour elle ses blés; qu'en conséquence il faut empêcher le transport des blés achetés par les Génois, qui viennent en enlever jusqu'en Provence. Le contrôleur général lui répond, le 5 septembre, de faire les mêmes défenses que M. de Bâville.

Les Génois ne purent même exécuter les marchés qu'ils avaient déjà passés (lettres à M. de Bâville et à M. de Pontchartrain, secrétaire d'État de la marine, du 14 septembre, et à M. Lebret, du 11 novembre); ils durent revendre leurs blés à la ville de Montpellier, et, pour le payement, reçurent, au lieu d'argent comptant, une lettre de change de Sartre, qui fut comprise, comme toutes les autres créances chirographaires, dans la banqueroute de ce trésorier. (Lettre de M. de Bâville, 7 janvier 1710.)

En Béarn, M. de Saint-Macary, craignant que les enlèvements de grains, devenus très considérables, n'épuisassent les ressources des garnisons et celles des forges royales de Baïgorry, rendit un arrêt pour prohiber provisoirement la sortie. (Lettres des 14 avril et 1er mai 1708.)

---

32. *M. RouJault, intendant en Hainaut,*
au Contrôleur général.

30 Mars 1708.

Il expose ses raisons de repousser l'offre de 30,000# faite par quelques gens d'affaires pour jouir à perpétuité des droits de brasseurs de bière et de gardes et gourmets en Hainaut.

«L'une [est] la situation du pays. Ces peuples, nouvellement conquis, ont toujours une peine infinie à s'accoutumer aux droits nouveaux. On les a flattés que ces droits n'auroient lieu que pour un temps et pendant la guerre; ils regarderont comme un joug dur et difficile à supporter que les droits sur les boissons, qui ont déjà souffert une extension infinie de toutes sortes de manières, soient encore, pour toute leur vie, presque doublés de ce que portent les criées du Hainaut, qui sont le titre qui les assujettit, et la comparaison de ce qui se passe en Flandre fera concevoir encore davantage au Hainaut le malheur de sa condition. Il y a un abonnement en Flandre, au moyen duquel aucune affaire extraordinaire n'y a lieu. Cet abonnement cessant à la paix, la Flandre sera exempte de toutes les charges établies à cause de la guerre, pendant que, dans le Hainaut, les droits sur les boissons devant durer à perpétuité, les peuples continueront toujours de les payer comme ils faisoient pendant la guerre et dans le temps de leur établissement. Cette raison regarde le pays et mérite beaucoup de réflexion. L'autre raison regarde la personne des fermiers qui sont présentement en possession des droits, et, dans les circonstances présentes, elle ne mérite pas moins de considération. Ces fermiers sont les entrepreneurs des fourrages de ce département, qui, depuis deux ans, sont toujours en avance pour le Roi de trois millions au moins. Ils sont actuellement dans cette avance; c'est une chose que je ne conçois pas moi-même, comment ces entrepreneurs sont en état de soutenir, on peut dire sans argent, une entreprise de cette considération. Le crédit seul est ce qui les entretient, et les droits dont il s'agit, qui leur sont dus dans toutes les villes et dans chaque paroisse de ce département, sont la base et le fondement de ce crédit, en même temps qu'ils produisent le seul argent comptant qu'ils touchent pour payer leurs ouvriers et subvenir aux dépenses les plus pressées. En un mot, comme nous n'avons rien de plus important dans ce département, après le payement des troupes, que l'entreprise des fourrages, trouvez bon que je vous dise qu'il est de la dernière conséquence d'entretenir cette entreprise, bien loin d'y donner atteinte; et quoique je me garde bien de répondre du service à cet égard, si ces entrepreneurs ne sont pas mieux payés, je le ferai bien moins, si, en ne les payant pas, on leur ôte encore la seule chose qui soutient leur crédit et qui leur donne quelque facilité.»

---

33. *Le Contrôleur général aux Intendants.*

(Mois de Mars 1708.)

«Je vous prie de m'envoyer le plus tôt que vous le pourrez les états que je vous demande de la province concernant votre intendance, département par département, conformément à l'instruction suivante :

«Un état général de ses dettes, un autre des arrérages qu'elle en paye, un autre des revenus et des sommes qu'elle s'impose pour y satisfaire : le tout détaillé et circonstancié, pour que je sache ses dettes et à quels deniers elle a fait ses emprunts;

«Un autre état des dettes particulières de chaque ville et bourg, département par département, et un autre de leurs revenus, dans lesquels vous comprendrez les octrois patrimoniaux que S. M. leur a accordés il y a environ vingt-trois ans, avec un formule des droits qui se lèvent dans icelles; vous m'informerez pareillement de leurs valeurs, du jour de la levée d'iceux, de l'emploi qu'elles en ont fait et qu'elles en font actuellement, des autres octrois qu'on y a levés, l'emploi qu'on en a fait, et, s'ils se lèvent, de l'emploi que l'on en fait;

«Un autre de toutes les dettes des corps de métiers, des revenus qu'ils ont pour satisfaire aux arrérages qu'ils en payent, ou s'ils se l'imposent entre eux pour y satisfaire, et à quels deniers ils ont fait leurs emprunts.

«Surtout, vous prendrez bien garde que les élus de la province, que les maires et échevins des villes, et que les corps de métier ne renflent leurs dettes et ne dissimulent leurs revenus; vous leur enjoindrez de les reconnoître avec vos subdélégués, et de vous en envoyer un état au vrai et fidèle, à peine de 1,000# d'amende contre chacun des magistrats contrevenants qui les certifieront et qui les signeront, pour qu'en cas de désobéissance ils y soient contraints en leurs propres et privés noms, sans répétition; de laquelle peine vous les avertirez, pour qu'ils exécutent religieusement les intentions du Roi, et qu'ils n'y contreviennent point. Vous ferez toutes diligences possible pour m'informer au plus tôt de toutes ces choses.»

---

34. *Le Contrôleur général à M. de Pontchartrain, secrétaire d'État de la marine.*

2 Avril 1708.

«J'ai rendu compte au Roi de la lettre que vous m'avez fait l'honneur de m'écrire le 28 du mois passé au sujet de la permission demandée par un marchand de la Rochelle d'envoyer un chargement de blés en Portugal, et des motifs qui avoient engagé S. M. à révoquer, à l'égard du Portugal, de Gibraltar, de Mayorque et autres lieux occupés par les ennemis, celle qu'elle avoit ci-devant donnée pour la sortie des blés du royaume. Comme je m'étois trouvé au Conseil de commerce lorsque l'affaire y fut proposée et agitée, je n'ai pu changer de sentiment, ni être d'un autre avis que celui dont j'avois été alors, persuadé que les défenses du transport ne mettroient point le Portugal, ni les autres pays ennemis, dans une disette absolue des grains nécessaires pour leur subsistance, et qu'elles ne produiroient guère d'autre effet que de priver le royaume d'un secours d'argent considérable, pendant que les provinces qui ont des blés en beaucoup plus grande quantité qu'elles n'en peuvent consommer ou débiter dans les pays neutres, seroient exposées à voir perdre et corrompre ces blés par le temps, sans en tirer aucun soulagement pour le payement de leurs impositions : de sorte que, l'incommodité que causeroient aux ennemis les défenses du transport de nos grains ne pouvant être comparée au dommage que souffriroient les peuples de France qui en sont surchargés, ces raisons me déterminent à persister dans mon sentiment et à penser qu'il est très avantageux pour le royaume de laisser la sortie des grains entièrement libre. S. M. m'en a paru touchée, et je crois que, à la réserve de la Catalogne, elle approuvera de lever les défenses*.»

* Le même registre contient (fol. 69 v° et 70) deux mémoires sur le transport des grains en Portugal.

Le 26 juillet suivant, le contrôleur général écrit à M. Daguesseau, conseiller au Conseil royal : «Je vous envoie l'état des passeports qui ont été expédiés par M. des Haguais pour la sortie des grains du royaume depuis qu'il a été permis de les transporter en Portugal. Je traite, de ma part, cette affaire avec tout le secret qu'elle demande, pour éviter de donner au public des craintes qui ne pourroient être que fort préjudiciables aux affaires; mais il m'est revenu qu'après la dernière assemblée du Conseil de commerce, un des nouveaux intendants, qui y avoit été présent et qui avoit entendu l'avis des députés contre la sortie des grains, se chargea de donner l'ordre à M. des Haguais de ne plus expédier de passeports. Il y a deux choses à dire sur cela : la première, c'est que les fonctions des intendants du commerce ne s'étendent point à donner aucuns ordres sur les délibérations de ce Conseil, et qu'elles se renferment à rendre compte au contrôleur général du résultat de ces délibérations, qui en fait ensuite son rapport au Roi, pour prendre les ordres de S. M. et faire savoir ses intentions à ceux qui doivent les exécuter. D'ailleurs, cette manière de traiter en plein Conseil la question qui regarde la sortie des grains ne convient point au secret qui paroît nécessaire sur cette matière, ainsi que vous l'avez observé vous-même.»

---

35. *M. Ravat, prévôt des marchands de Lyon, au Contrôleur général.*

3 Avril 1708.

Tentatives d'enlèvement violent et illégal dirigées contre un négociant suisse établi à Lyon.

---

36. *Le Contrôleur général à M. de Torcy, secrétaire d'État des affaires étrangères.*

5 Avril 1708.

«Sur le rapport que j'ai fait au Roi du zèle que le sieur Ollivier, de Lyon, a fait paroître pour le service de S. M. dans plusieurs affaires dont il a été chargé, elle a trouvé bon de le gratifier d'une croix dans l'ordre de Saint-Michel.....»

---

37. *M. de la Houssaye, intendant en Alsace,*
au Contrôleur général.

5 Avril 1708.

«J'ai reçu la lettre que vous m'avez fait l'honneur de m'écrire le 21 du mois passé en m'envoyant le mémoire ci-joint qui regarde les impositions de l'Alsace, et par lequel on vous a proposé de créer deux offices d'auditeurs-rapporteurs des comptes et revenus des deniers patrimoniaux et d'octroi dans les principales villes de cette province, et un de ces offices dans chacune des autres villes moins considérables, avec attribution de 2 s. pour livre du produit de ces revenus, pour tenir lieu de gages.

«Celui qui vous a présenté ce mémoire n'est pas apparemment informé qu'à la fin de l'année dernière, 1707, j'ai engagé les villes de tout ce département à payer extraordinairement, pour une fois seulement, au Roi, un don gratuit de 500,000#, en quatre termes, dans le courant de l'année présente, et sous la promesse qu'elles seroient conservées dans leurs anciens usages et privilèges : ce qui a été agréé et s'exécute.

«L'auteur du mémoire n'est pas mieux au fait de la situation de cette province lorsqu'il l'estime mieux traitée dans la présente guerre que pendant la précédente, terminée par le traité de Ryswyk; et, comme je prévois que cette proposition ne sera pas la seule que les traitants vous feront pour introduire de nouvelles affaires de finances en Alsace, je vous supplie de trouver bon que j'aie l'honneur de vous informer pleinement de ce que cette province a souffert depuis six ans, et que je vous demande en grâce de lire cette lettre d'un bout à l'autre, quoiqu'elle puisse vous paroître longue, tout ce qu'elle contient méritant votre attention.

«Les faits des impositions précédentes et actuelles articulés dans le mémoire sont véritables, et la conclusion que l'on en tire est qu'elle paye annuellement 399,000# de moins dans la présente guerre que dans la précédente : c'est donc l'objet de cette diminution prétendue qu'il faut éclaircir.

«Avant le traité de Ryswyk, l'Alsace avoit quarante-cinq lieues de long depuis Belfort jusqu'à Landau; sa largeur où elle est le plus étendue est de dix à douze lieues, et cette traverse, en plusieurs endroits, se réduit à six et sept lieues. Alors le duché de Deux-Ponts et le grand bailliage de Germersheim, ainsi que ceux de Lauterbourg, d'Altenstadt et de Lemberg, entre Haguenau et Landau, étoient de sa dépendance; le Roi tenoit Philipsbourg et Fribourg; la Lorraine étoit sous la souveraineté de S. M. : si bien que l'Alsace ne fournissoit que de très légères corvées, étant aidée d'abord de tout ce qui l'environnoit. L'armée s'assembloit toujours au dehors, et ne campoit jamais dans cette province, d'où cependant l'on tiroit à prix d'argent la plupart des denrées nécessaires : ce qui faisoit sa richesse. L'ennemi n'a jamais été alors en état d'imposer la moindre contribution. Les ouvrages de fortification se faisoient par les troupes, qui en étoient bien payées par le Roi.

«Lorsque la guerre présente a commencé, les Impériaux se sont d'abord saisis de Wissembourg et de Lauterbourg, et ont pris Landau. Dès ce temps-là, tout le pays entre la Queich et la Loutre a été à leur disposition, et nous n'en avons rien pu tirer. Ils ont établi une ligne sur la Loutre, pour laquelle ils ont commandé plus de deux mille paysans de la basse Alsace, sous peine d'exécutions militaires, et les chariots nécessaires pour voiturer les fascines, piquets, palissades et bois de charpente qu'il falloit pour ces ouvrages.

«Comme les ennemis tenoient tout l'autre côté du Rhin, l'on jugea à propos d'assurer en deçà, depuis Huningue jusqu'au-dessous du Fort-Louis, les bords de ce fleuve par des redoutes de demi-lieue en demi-lieue, poussées pour la plupart dans des îles, avec des communications des unes aux autres, de manière qu'il fallut un grand nombre de ponts, que l'on voulut assez solides pour y faire passer de la cavalerie et du canon. L'on construisit en même temps beaucoup de digues et de chaussées pour ces communications. Ce fut un travail immense, exécuté par corvées d'hommes et de chariots, entièrement aux dépens de la province.

«Pendant la campagne de la même année 1702, l'armée du Roi campa toujours dans la basse Alsace, qui fut entièrement fourragée jusqu'aux portes de Strasbourg, où il y eut deux camps consécutifs, avec des pillages affreux. Cette même armée reçut ensuite ordre de marcher dans toute la longueur de l'Alsace, en remontant à Huningue. Le pays lui fournit tous les fourrages nécessaires. L'on força un passage sur le Rhin vis-à-vis d'Huningue, la bataille de Friedlingen fut donnée et gagnée, l'on occupa Neubourg, et l'armée revint encore, traversant toute l'Alsace, se cantonner à la hauteur de Saverne, pour soutenir en cas de besoin les troupes qui avoient ordre de s'emparer de Nancy. La province fournit encore de ce côté-là tous les fourrages nécessaires. L'armée ne fut séparée que le 14 de décembre, et l'on mit en quartier d'hiver en Alsace plus de troupes qu'il n'y en avoit jamais hiverné.

«Il est à remarquer que, dans l'incertitude de l'événement de la bataille de Friedlingen, qui déconcerta les projets des ennemis, et dans la crainte qu'ils ne vinssent s'établir aux portes de Strasbourg, l'on avoit enlevé tous les foins du plat pays, pour les mettre en provision dans les places. Il n'y eut pas ensuite deux mois de repos, pendant lesquels il fallut fortifier Neubourg, où l'on employa un très grand nombre de pionniers d'Alsace commandés par corvées, et des chariots à proportion.

«Au mois de février suivant de l'année 1703, il fut question du siège de Kehl. Il n'y avoit pas dans ce département un cheval des vivres, ni d'artillerie; cependant il fallut aller passer le Rhin, avec l'armée, à Neubourg et à Huningue, pour donner de la jalousie sur les villes Forestières. Le nombre de chariots, de chevaux de trait pour l'artillerie et pour les vivres commandés pour cette exécution fut très considérable. Tout se relaya jusqu'à trois fois. L'on revint de l'autre côté du Rhin par une marche des plus hardies entre Fribourg et Brisach, que les ennemis occupoient. La terreur fut tellement répandue dans le Brisgau que l'on ne put en tirer un seul chariot, tout ayant abandonné et pris la fuite. Ainsi, toutes les manœuvres du siège de Kehl se firent par des corvées tirées de l'Alsace. Aussitôt que

Kehl fut pris, il fallut d'autres corvées pour les réparations de la place.

«Il n'y eut que le mois de mars de tranquille, et, au mois d'avril, M. le maréchal de Villars reçut ordre d'assembler l'armée pour passer en Bavière. L'on mit à sa suite un très grand nombre de chariots de paysans, pour porter les subsistances nécessaires. Une autre armée, commandée par M. le maréchal de Tallard, étoit déjà arrivée pour remplacer celle-là. Il fallut la faire subsister, d'abord avec les fourrages jetés dans Strasbourg, et ensuite par d'autres répartitions. Mgr le duc de Bourgogne vint après commander cette armée, laquelle s'avança vers la Loutre. Elle subsista toujours en fourrageant l'Alsace. Il fut question de raser les lignes de la Loutre, que les ennemis avoient construites contre nous, et leurs fortifications de Lauterbourg : ce qui fut encore exécuté par les paysans de ce département. De là, l'on revint, en fourrageant de nouveau l'Alsace, jusqu'à Strasbourg, où l'armée passa le Rhin, et, au mois d'août, l'on entreprit le siège de Brisach. Il y eut plus de quinze cents chariots de cette province commandés pour les convois, et plus de dix mille pionniers pour les lignes de circonvallation. Ce siège ne fut pas plus tôt fini, que l'on entreprit celui de Landau, et, depuis que l'armée eut repassé le Rhin à Strasbourg, elle marcha encore, toujours en fourrageant l'Alsace. Mais une corvée immense fut celle des chariots et des pionniers commandés pour cette exécution : il y eut jusqu'à trois mille chariots d'Alsace, attelés de six chevaux à cause de l'arrière-saison, employés à porter toutes les munitions de bouche et d'artillerie, et douze mille pionniers pour les lignes de circonvallation et de contrevallation.

«Landau rendu et la bataille de Spire gagnée dans un même jour, le 15 de novembre, M. le maréchal de Tallard et M. de Laubanie pressant le rétablissement de la place, et le pays des environs, presque entièrement dévasté, ne fournissant point les pionniers qui y étoient commandés, l'on fut encore obligé de les prendre dans l'Alsace.

«Au commencement de l'ouverture de la campagne de l'année suivante, 1704, il fallut envoyer en Bavière, avec les recrues et les chevaux de remonte, des habillements, des armements, de la poudre, et faire un convoi prodigieux, tant pour ces convois que pour la subsistance de l'armée, qui conduisoit ces recrues jusqu'au lieu où S. A. É. et M. le maréchal de Marsin les vinrent recevoir. Il s'y perdit un très grand nombre de chevaux et de chariots, dont le dédommagement fut payé aux propriétaires aux dépens de la province.

«Ce passage ne fut pas plus tôt exécuté, que M. le maréchal de Tallard eut en vue de prendre à revers les lignes que les ennemis avoient fait construire à Bihl et Stolhofen. Il marcha dans ce dessein à Lauterbourg, fourrageant toujours l'Alsace depuis son passage en deçà du Rhin à Strasbourg. Le seul convoi d'un pont de bateaux portatifs sur des haquets, avec leur attirail de chevalets, poutrelles, madriers, cordages, ancres, crocs et rames, occupa trois mille cinq cents chevaux de paysans, commandés par corvée.

«M. le maréchal de Villeroy arriva ensuite avec une autre armée, et vint camper auprès de Lauterbourg, d'où M. le maréchal de Tallard eut ordre de marcher tout au travers de l'Alsace, avec son armée, pour passer le Rhin à Brisach, et il voulut avoir à sa suite pour six semaines de subsistance en pain, biscuit et farine : ce qui fit un convoi immense de chariots de paysans, pris en Alsace comme plus sûrs et plus fidèles. L'on en perdit près de la moitié, dont les propriétaires furent dédommagés aux dépens de la province. L'armée de M. le maréchal de Villeroy vint, peu de temps après, passer le Rhin à Strasbourg, fourrageant jusque-là la basse Alsace, et feu M. le comte de Coigny la traversa pareillement avec un camp volant. L'on espéroit à l'avenir un peu plus de tranquillité; mais le coup imprévu de la malheureuse journée d'Hochstedt ramena subitement les débris de l'armée de M. le maréchal de Tallard, celle de M. le maréchal de Marsin, celle de M. le maréchal de Villeroy, et le camp volant de M. de Coigny. Tout vint ensemble camper ou cantonner en cette province, vivant de fourragement ou de répartitions de foins et de paille, avec des pillages épouvantables. Les ennemis, en même temps, entreprirent le siège de Landau, et commandèrent en Alsace un grand nombre de pionniers et de chariots, que la crainte des exécutions militaires obligea les communautés exposées de leur fournir pour cette entreprise. Les lignes de la Motter furent en même temps résolues. Elles avoient dix lieues de long depuis le Rhin jusqu'à la montagne, en en suivant les flancs et les contours : ç'a été une corvée immense en pionniers et chariots, de même que pour la fortification de Drusenheim, d'Haguenau, les retranchements de Benheim et des deux parties, supérieure et inférieure, de l'île du Fort-Louis du Rhin. L'on entreprit aussitôt, de même par corvée, la construction d'une citadelle à Saverne.

«En 1705, à peine les lignes de la Motter furent-elles achevées, que les ennemis les pénétrèrent : de manière que, presque pendant toute la campagne, leur armée et celle du Roi vécurent en fourrageant l'Alsace jusqu'au canal de la Brusch, avec des pillages extraordinaires.

«J'ai omis de parler de plusieurs redoutes que l'on avoit faites précédemment le long de ce canal, par corvées, pour tâcher de garder ce passage contre les partis ennemis.

«En 1706, les lignes de la Motter furent heureusement reprises. M. le maréchal de Marsin vint, avec une armée (qui retourna après en Flandres), joindre M. le maréchal de Villars, qui commandoit l'armée du Rhin, et, à l'entrée de campagne, ces deux armées fourragèrent l'Alsace. Dès que l'on eut ensuite marché en avant après avoir débloqué le Fort-Louis, il fut question d'établir les belles et fortes lignes de la Loutre que nous gardons présentement, dont la gauche s'appuie à la montagne à Wissembourg, et la droite au Rhin à Lauterbourg. Le travail en a été immense, par corvées de pionniers et de chariots d'Alsace, ainsi que pour les ouvrages de Lauterbourg, dont la fortification est régulière et la plus étendue des places de cette frontière, après celle de Strasbourg.

«Les ennemis ayant Landau et M. de Thungen étant venu se camper à Hagenbach, l'on n'a pu tirer des pionniers du pays ennemi pour le travail desdites lignes, et l'armée du Roi, campée derrière pour les soutenir, ou cantonnée en deçà, a encore vécu du fourragement de l'Alsace.

«Dans le même temps, l'on a retranché les bords du Rhin depuis l'île de Dalhund jusqu'à Lauterbourg, pour se mettre à couvert de la surprise d'un passage de ce fleuve, les mouvements des ennemis ne pouvant être connus dans l'intérieur de leurs lignes de Stolhofen, qui répondoient à cette partie; ces ouvrages ont encore été faits par corvées, et la province a été obligée de fournir par répartition le foin nécessaire pour la subsistance d'un corps de cavalerie considérable cantonné derrière ces retranchements du Rhin pour les soutenir. Il est vrai que, pendant la même campagne, l'on a pris l'île du Marquisat; mais cela ne fut pas plus tôt fait, qu'il fallut y construire un grand ouvrage à cornes, où il y eut encore un très grand nombre de paysans commandés, de même que pour les autres ouvrages avancés et nécessaires à la défense de cette île.

«Dans la même campagne, l'on fit les sièges d'Haguenau et de Drusenheim, que les ennemis occupoient, et, comme ces sièges ne se faisoient que par des détachements de l'armée portée en avant par delà la Loutre, toute leur manœuvre fut exécutée par des corvées de chariots de paysans.

«La campagne suivante de l'année 1707 a été ouverte par l'attaque des lignes de Stolhofen, si heureusement exécutée; mais il a fallu, d'un seul article, trois mille cinq cents chevaux, commandés par corvée, pour le convoi des bateaux d'un pont portatif et de tout l'attirail de ce pont.

«Lorsque, après, l'on a pénétré dans le pays de Wurtemberg, il a fallu mettre à la suite de l'armée une prodigieuse quantité de chariots de paysans, pour porter des farines, les fours de ceintres, les meubles et ustensiles d'un hôpital, et pour aider plusieurs officiers généraux et autres que leurs équipages n'avoient encore pu joindre. La terreur s'étoit tellement répandue dans tout le pays ennemi, trouvé désert et abandonné par les habitants, à l'exception des lieux fermés, qu'il a fallu encore tirer d'Alsace le plus grand nombre des chariots de ce convoi. Lorsque, ensuite, les ennemis ont surmarché l'armée du Roi en passant à Heilbronn, un détachement considérable qui a été fait et envoyé derrière les lignes de la Loutre a fourragé la partie de la basse Alsace depuis le Fort-Louis du Rhin jusqu'à Lauterbourg. Les lignes de Stolhofen étant pénétrées et l'armée marchant en avant dans le Wurtemberg, comme je l'ai déjà dit, un nouvel ouvrage à cornes très spacieux, avec beaucoup d'autres ouvrages détachés qui en dépendent, a été ordonné au delà du Rhin, proche de Sellingen, où il a fallu employer des paysans d'Alsace, ceux des terres de l'Empire du voisinage étant suffisamment occupés à raser les lignes de Stolhofen prises sur les ennemis, où on les a commandés. L'on travaille même encore actuellement à ces ouvrages, et il a fallu de plus, pendant cet hiver, raser, suivant les ordres de S. M., les fortifications de Bischweiler et l'ouvrage couronné d'Haguenau : ce qui s'est fait aux dépens de la province.

«Je n'ai point encore parlé d'un canal parallèle au Rhin, de la longueur de dix lieues, depuis la Wanzenau jusqu'à Seltz, entrepris par corvées pour suppléer à la navigation de ce fleuve, interrompue pendant que les ennemis ont occupé l'île de Dalhund, qui communiquoit à leurs lignes de Stolhofen. Ce canal a été fait pour épargner à l'avenir à l'Alsace des voitures par terre, qu'elle n'étoit plus en état de fournir.

«Il est de plus à remarquer que, les troupes, depuis cette guerre, ayant cessé d'être employées aux ouvrages de fortification des places, il a fallu y suppléer par des paysans, que l'autre côté du Rhin n'a pu suffisamment fournir. Ainsi, l'on a été obligé d'avoir recours à ceux d'Alsace, et il y a eu, outre cela, une garde continuelle des redoutes dont j'ai parlé ci-dessus, le long de ce fleuve, où actuellement cinq cent vingt-huit paysans sont commandés chaque jour, à raison de huit hommes par redoute, y en ayant encore soixante-six où l'on fait cette garde.

«Si je n'étois pas entré dans ce détail, vous n'auriez jamais pu croire ce que je vais cependant avoir l'honneur de vous assurer très positivement : que, depuis que la guerre présente est commencée, il y a eu, l'un portant l'autre, chaque jour, cinq mille paysans d'Alsace commandés par corvée, et au moins cent cinquante chariots; et en estimant à 10 s. la corvée des hommes, et à 4 # celle des chariots attelés de quatre chevaux, y compris le salaire des paysans qui les conduisent, qui sont au moins au nombre de deux par chariot, cela va, pour les paysans, à 915,000 #, et pour les chariots, à 219,600 #, par an : ce qui fait ensemble 1,134,600 # par chacune année. Je ne mets point dans ce calcul les pertes des chevaux qui crèvent dans ce travail continuel, et il n'y auroit pas moins d'attention à faire aux maladies que les paysans contractent dans ces corvées par la mauvaise nourriture et le manque des commodités pour les coucher. De plus, y ayant, dans tous ces différents ouvrages du plat pays ou de nouveaux postes, des dépenses de charpentiers, de serruriers et de maçons, qui sont payés sur les états et toisés des ingénieurs aux dépens de la province, ainsi que des appointements des inspecteurs et commis pour conduire les travailleurs, il a été imposé extraordinairement, pour subvenir à ces frais : en 1702, 90,000 #; en 1703, 60,000 #; en 1704, pareille somme, 60,000 #; en 1705, 150,000 #; en 1706, pareille somme de 150,000 #; en 1707, 180,000 #, et, en la présente année 1708, déjà 90,000 #, qui sont presque consommées.

«Depuis que les ennemis ont pris Landau la première fois, les contributions que l'Alsace leur a payées, l'un portant l'autre, chaque année, ont été à 250,000 #; ce qui n'étoit point arrivé pendant la guerre précédente.

«Les quartiers d'hiver ont été plus forts du double dans la présente guerre que dans celle qui a précédé le traité de Ryswyk, par la raison, que j'ai ci-dessus expliquée, qu'il a fallu beaucoup plus de troupes sur cette frontière et que l'on n'a pu les étendre dans la Lorraine, dans le duché de Deux-Ponts et dans les bailliages de Germersheim, Lauterbourg, Altenstadt et Lemberg, ainsi qu'on le pratiquoit dans la précédente guerre, lorsque ces pays étoient sous la domination de S. M. et que nous tenions Landau. Cette augmentation de surcharge du quartier d'hiver ne peut être évaluée à moins de 200,000 # par chacun an.

«Il résulte de ce que je viens d'avoir l'honneur de vous expliquer que, tant en corvées qu'en impositions extraordinaires pour les ouvrages du plat pays et de nouvelles places, en contributions aux ennemis, en surcharge de quartiers d'hiver, en répartitions de fourrage pour la subsistance des corps laissés en Alsace, il a coûté extraordinairement à cette province plus de 1,800,000 # par an; et si l'on vouloit évaluer les fourragements des foins et des grains, soit en vert, soit dans les granges, avec les pillages et maraudes, cela iroit encore à plus de 700,000 # par chaque année : de sorte que, bien que l'Alsace paroisse soulagée de 399,000 # par an d'impositions ordinaires dans cette guerre plus que dans la précédente, il se trouve, cette déduction faite, qu'il lui a coûté plus de deux millions, par chacun an, [plus] que dans la guerre qui a précédé le traité de Ryswyk.

«Toute autre province du royaume d'une aussi petite étendue seroit abîmée et déserte par d'aussi grandes souffrances, et la patience, même la bonne volonté des gens d'Alsace, doit être admirée. Rien ne contribue davantage à leur conserver cette bonne volonté, que de les dispenser des nouvelles affaires de finances, qui leur font une peine incroyable; et de plus il est certain que les ressources que l'on en pourroit tirer seroient peu considérables, et nullement à comparer au préjudice que cela porteroit d'ailleurs au service du Roi.

«La ville de Strasbourg, qui fait le plus grand objet, a des privilèges si particuliers et si précis, par sa capitulation exactement observée, que l'on ne pourroit pas y rien introduire; et d'ailleurs elle est comprise pour 300,000 # dans le don gratuit de 500,000 # que les villes d'Alsace payent dans le courant de cette année. Elle a payé un autre don gratuit de 200,000 # en l'année 1704.

«Le Roi me fit l'honneur de me dire, lorsqu'il m'envoya en cette province, que ce que j'y verrois étoit tout différent des départements de Soissons et de Montauban, où j'avois été intendant, et j'ai reconnu depuis que S. M. vouloit bien toujours se souvenir de cette différence, laquelle, bien loin de diminuer l'utilité de son service, produit des ressources que l'on ne pourroit trouver ailleurs. Par ces raisons, j'espère que vous voudrez bien ne point écouter la proposition qui vous a été faite, d'une création d'offices d'auditeurs-rapporteurs des comptes et revenus des deniers patrimoniaux et d'octroi dans les villes de cette province, et que vous la dispenserez pareillement, à l'avenir, des établissements de cette nature dont l'on pourroit vous donner des mémoires*.»

* Apostille du contrôleur général : «J'ai lu avec grande attention toute la lettre que vous m'avez écrite le 5 de ce mois, par laquelle vous m'avez fait connoître toutes les dettes dont la province d'Alsace s'est trouvée chargée depuis plusieurs années. Ce détail fait voir qu'on ne doit pas s'attendre d'en pouvoir tirer d'autres secours que les impositions ordinaires et ceux que vous saurez ménager pour le service de la guerre. Au surplus, vous devez être persuadé que je vous communiquerai toujours toutes les propositions qui pourroient regarder votre département, et qu'il ne se fera rien sans avoir lu votre avis.»

Le 15 juillet suivant, l'intendant écrit, au sujet de la création proposée d'un préteur royal à Schelestadt, dont on offrait 15,000 # : «La ville de Schelestadt paye actuellement, dans le courant de cette année, un don gratuit de 40,000 #, moyennant quoi le Roi lui a promis de la maintenir dans ses anciens usages et privilèges. La création d'un préteur royal qui n'y a jamais été établi seroit une nouveauté à charge et désagréable aux autres magistrats, lesquels tour à tour ont la régence de cette juridiction; cela donneroit même une inquiétude préjudiciable au service dans les villes principales de Strasbourg et de Colmar, où il y a des préteurs royaux que le Roi s'est réservé de pourvoir en choisissant, en cas de vacances, ceux qui se sont distingués par leur capacité, leur application et leur zèle pour le service de S. M.; ce qui entretient une émulation avantageuse, qui diminueroit par la vénalité de ces places.»

38. LE CONTRÔLEUR GÉNÉRAL
à M. DE PONTCHARTRAIN, *secrétaire d'État de la marine.*

7 Avril 1708.

Contrairement à l'arrêt du 8 février 1707, qui a défendu d'éloigner les matières métalliques des lieux où il y a une Monnaie ouverte, le Roi permet de laisser aux Espagnols arrivés à la Rochelle la libre disposition de leurs pistoles, et de faire passer en Espagne les 16,000 piastres envoyées par l'inquisiteur général de Lima*.

* Le 24 mai 1709, il donne avis au sieur Clairambault, commissaire-ordonnateur de la marine au Port-Louis, que le Roi a permis de faire passer en Espagne, pour le service de la Compagnie de Jésus, 13,000 écus, en piastres, apportés du Pérou par deux Pères, sur l'escadre de M. Chabert.

39. LE CONTRÔLEUR GÉNÉRAL
à M. LEBRET *fils, intendant en Provence,*
et au sieur CAURIÈRE,
inspecteur des manufactures à Marseille.

12 Avril 1708.

Il leur renvoie un projet de règlement pour la fabrication des draps destinés au Levant, avec les observations des personnes compétentes consultées par M. d'Argenson, et demande que le projet soit également soumis aux fabricants, marchands, inspecteurs des manufactures, etc., ainsi qu'aux échevins de Marseille. Provisoirement, les draps déjà fabriqués qui ne présenteront pas toute la perfection requise ne devront point être envoyés dans le Levant.

40. M. DE BÂVILLE, *intendant en Languedoc,*
AU CONTRÔLEUR GÉNÉRAL.

12 Avril 1708.

«Je satisfais à ce que vous désirez de moi et à ce que vous m'avez demandé par la lettre que vous m'avez fait l'honneur de m'écrire le 5 de ce mois; et quand je ne l'aurois pas reçue, je n'aurois pas manqué de vous rendre compte de l'état de cette province. J'ai cru devoir seulement attendre que vous pussiez avoir le loisir de faire quelque réflexion sur ce... étant débarrassé de l'accablement où l'on est dans les commencements d'un aussi grand emploi que le vôtre. Il y a longtemps que je m'aperçois des désordres qu'il contient, mais la difficulté d'y remédier dans une conjoncture comme celle-ci, où il semble qu'on ne doit penser qu'aux moyens de finir la guerre et de parvenir à la paix, m'a obligé de différer à l'envoyer. J'avoue même que j'ai été retenu par la considération de M. de Pennautier, avec qui j'ai toujours bien vécu. C'est un officier reçu dans la commission qu'il exerce en 1654, qui a toujours bien servi, en ce qu'il a toujours bien payé au Roi les subsides de cette province. Son crédit n'a point dû être altéré par un bruit de dé-

IMPRIMERIE NATIONALE.

possession; il n'est pas l'auteur des abus qui sont dans cette province : il y a suivi la forme du recouvrement qui y étoit établi. Il a été peut-être bien embarrassé, et l'est encore, à trouver les fonds qui lui sont nécessaires pour ses avances. Enfin, je ne crois pas que, personnellement, on puisse rien lui imputer; mais la force de la vérité et le danger où je vois cette province m'obligent de vous dire avec sincérité tout ce qu'une longue expérience m'a appris de l'état où elle est, et, comme ce n'est pas assez de remarquer les inconvénients, si on ne trouve des expédients, je n'en ai pas trouvé de plus efficace que celui que je vous ai proposé, que j'ai rejeté dans d'autres temps, croyant qu'à la fin de la guerre ou d'autres conjonctures, on pourroit trouver d'autres moyens. Il y a même cette réflexion à faire que M. de Pennautier prendra peut-être le parti qui a été proposé, et il seroit juste qu'il en eût la préférence. Souvent, en lui parlant de ces grands abus que je remarquois, je lui ai dit qu'on devoit penser à faire un autre marché avec lui, et d'établir le même ordre qui est dans les généralités voisines. Il convient assez du mauvais recouvrement; mais son intérêt ne le porte pas à faire aucun changement. J'ai conféré plus d'une fois de cette matière avec M. l'archevêque de Narbonne : il connoît comme moi les désordres et le danger où est la province; mais il est arrêté par la même considération qui m'a retenu longtemps, et le crédit que M. de Pennautier a acquis dans les États par ses longs services les empêchera toujours de suivre l'exemple des États de Bretagne, qui ont demandé eux-mêmes le secours que je propose.

«Je vous ai demandé que ce projet fût secret, afin que, si vous ne le croyez pas bon, ni praticable maintenant, la bonne intelligence qui a toujours été entre nous ne soit pas altérée. Quoi qu'il en arrive, il vous importe de connoître à fond l'état de cette province, et, M. de Pennautier étant beaucoup plus âgé qu'il ne paroît, quand ce projet ne seroit exécuté que lorsqu'il viendra à manquer, ce sera toujours un grand bien pour cette province.

«Quant au sieur Crozat, je ne sais autre chose que ce que M. de Chamillart m'en a écrit de lui-même par sa lettre ci-jointe. Il est bien vrai qu'il ne peut manquer de faire un gain très considérable, puisqu'il paye au Trésor royal un quart en billets de monnoie, et qu'il reçoit tous les revenus de cette province en argent; il gagne ce qu'il sait profiter en achetant des billets de monnoie. La proposition est véritable que, d'un côté, le commis du trésorier de la Bourse dit qu'il n'est tenu à rien, qu'il agit comme son ami, sans qu'on puisse lui rien demander, quoique tout l'argent de la province pour les deniers du Roi passe par ses mains, et que, d'un autre côté, le trésorier de la Bourse tient à peu près le même langage aux États, en disant qu'il n'est aussi obligé à rien pour tout ce qui regarde les recouvrements.

«J'ai cru devoir vous envoyer dans un autre paquet un mémoire qui peut être montré à qui il vous plaira, et que tout le monde a désiré de moi pour vous faire connoître les grandes charges de cette province, et principalement les besoins pressants qu'ont les diocèses de Narbonne, d'Albi, du Puy, et la ville de Toulouse, de quelque secours présent*.»

* Copie du mémoire : «Le seul récit de l'état présent du Languedoc fait connoître combien il a besoin d'un prompt secours. Ses impositions, qui n'étoient, en 1653, qu'à 2,564,421 #, sont maintenant de 11,237,613 #, comme il paroît par l'état ci-joint. Il est aisé tout d'un coup de comprendre par là ce que cette province souffre par une si forte augmentation. Elle doit 25,786,529 # 19s, savoir : par le général de la province, 9,498,174 #; par les sénéchaussées de Toulouse et de Carcassonne, 1,135,729 #; par les diocèses, 9,596,491 #, et par les villes et communautés, 5,556,135 # 19s.

«Toutes ces dettes ont été contractées pour le service du Roi et pour racheter un très grand nombre d'édits. Il a fallu emprunter pour soulager les impositions, et, nonobstant ce soulagement, elles sont venues au point qu'il vient d'être marqué.

«Bien que ce fût autrefois le pays du royaume où la taille se payoit avec le plus de facilité, elle y est si fort augmentée, qu'il n'en est pas de même maintenant. La capitation ne s'y paye qu'avec une peine extrême; il a fallu y envoyer des troupes les dernières années. C'est un remède violent et très fâcheux, qui ne convient ni au service du Roi, ni au bien de la province. Mais ce qui la menace d'une prochaine ruine, c'est l'état où se trouvent les diocèses de Narbonne, d'Albi, du Puy, et la ville de Toulouse, qui doivent des sommes excessives et qu'ils sont hors d'état de payer. Narbonne doit de reste, pour la taille, 32,700 #, et pour la capitation, 143,926. La misère de ce diocèse vient d'une longue suite de malheurs : les récoltes y manquent depuis plusieurs années; la rivière d'Aude, dont le lit s'est rehaussé, inonde tout ce qu'il y a de meilleur dans ce canton, et les paysans y sont devenus très misérables. Le Puy a payé la taille, et doit de la capitation 318,324 #. Il n'y a sortes de malheurs qui n'y soient arrivés, soit par les gelées, soit par les grêles et les inondations. Le commerce des dentelles y a presque péri, aussi bien que celui des bestiaux, et les restes de la capitation sont si fort au-dessus des forces de ce pays, qu'ils ne peuvent être payés sans l'abîmer entièrement. On y a même remarqué qu'elle est plus forte qu'elle n'y devroit être; il n'a pas été possible d'y remédier, parce que, la capitation étant devenue un abonnement avec la province, en 1695, moyennant 1,800,000 #, et les États l'imposant, ils n'ont point voulu se faire justice à eux-mêmes, ni soulager les diocèses trop chargés. Ils ont voulu s'en tenir à la première imposition, qui ne peut être tout d'un coup aussi exacte qu'elle le pourroit être dans la suite, et qui fut faite avec trop de précipitation pour être d'abord dans sa perfection. Le diocèse d'Albi doit de taille 217,659 # 15s, et de capitation 63,969. Il n'a pu se remettre de la mortalité qu'il souffrit en 1693, et n'a plus le nombre suffisant d'hommes pour cultiver les terres. Il a essuyé plusieurs mauvaises récoltes, et sa ruine principale vient du canal Royal, qui apporte une très grande quantité de blé et de Guyenne et des environs de ce canal : ce qui prive le diocèse d'Albi de ce commerce, qu'il faisoit autrefois par voiture jusqu'aux bords de la mer, d'où il rapportoit des sels. Quant à la ville de Toulouse, elle doit pour la taille 56,178 # 15s, et pour la capitation 294,007 # 7s. Cette ville, qui est la seconde du royaume, est peut-être la plus pauvre par la paresse de ses habitants, par le peu de génie qu'ils y ont pour le commerce. Le mauvais gouvernement qui s'y trouve par des capitouls qui changent tous les ans, qui ne pensent qu'à acquérir la noblesse, y rend encore le recouvrement difficile et languissant. Cette ville avoit, il y a vingt ans, ses charges payées, plus de 100,000 # de rentes, qu'elle employoit à diminuer les impositions; mais tout son revenu n'est pas maintenant suffisant pour payer les arrérages de ses dettes, ayant donné au Roi, depuis ce temps, plus de 1,400,000 #, qu'il a fallu emprunter, soit pour des dons extraordinaires, soit pour racheter des édits; elle est même réduite, maintenant, pour trouver le fonds des deniers, n'ayant plus de crédit, de donner les places des capitouls à ceux qui veulent lui prêter, et vend ainsi, en quelque manière, l'ancien privilège de la noblesse dont elle jouit pour ses capitouls.

«Il faut observer que, l'impuissance étant maintenant dans ces trois diocèses de Narbonne, d'Albi, le Puy, et à Toulouse, on prétend que les autres diocèses doivent payer subsidiairement ce que ceux-là ne peuvent plus porter, la taille et la capitation étant comme solidaires en Languedoc; et si cela avoit lieu, tous les autres diocèses seroient bientôt absolument ruinés.

«Il n'est rien dû, à la vérité, de toutes ces impositions au Roi, parce que le trésorier de la Bourse les a avancées; mais, comme il en a emprunté le fonds, il faut lui en payer les intérêts à 10 p. o/o. Ils sont rejetés tous les ans sur les redevables, et augmentent encore les impositions à un point qu'elles ne sont plus supportables. De là vient qu'en beaucoup d'endroits les terres sont abandonnées, parce qu'il n'y a plus de proportion entre le travail du laboureur et ce qui lui revient de son travail, les charges payées de la terre qu'il laboure.

«Quel expédient donc prendre pour ces pays entièrement désolés? Ce seroit qu'il plût au Roi de les regarder comme des pays de son royaume qui ne peuvent plus subsister sans leur donner quelque secours considérable. Il vaudroit mieux les soutenir en leur remettant une partie des grands restes qu'ils doivent, que de les laisser périr. Les pays sont bons par eux-mêmes, et peuvent se rétablir; mais ce ne peut être qu'en les soulageant et les laissant un peu respirer. S. M., en leur faisant une remise un peu forte, n'y perdra rien, parce qu'il sera impossible de les faire payer entièrement. Elle gagnera non seulement les bénédictions qu'elle en retirera; mais ces pays soulagés reprendront courage, qui est comme abattu, et feront de nouveaux efforts pour parvenir, en payant ce qui ne seroit pas au-dessus de leurs forces, jusqu'à la paix, temps auquel ils attendront de plus grands soulagements. S'il étoit possible d'espérer un secours présent, il seroit facile de marquer ce qui conviendroit à chaque diocèse et à la ville de Toulouse.

«Un des grands malheurs de cette province est de voir des subventions sur toutes les denrées, qu'il a fallu encore établir pour payer tout ce qui a été emprunté pour le Roi. Ce fonds des subventions suffit à peine à payer les arrérages des dettes, et ne peut plus être une ressource à l'avenir pour les rembourser et les éteindre.

«Si les impositions sont excessives, la diminution du commerce de la province n'est pas une cause moins fâcheuse de ses malheurs. Les blés et les vins, dont il y a eu peu de consommation, ont été, jusqu'à présent, à vil prix. Celui des blés est un peu augmenté depuis quelque temps, par l'enlèvement que les Génois en ont fait; mais ce n'est que depuis peu de jours. La Guyenne semble avoir plus profité du canal Royal pour débiter ses blés, que le Languedoc, parce que, y étant à meilleur marché, on observe que ce canal est toujours rempli des blés de la Guyenne.

«Les manufactures sont sur le point de tomber. Celle des draps du Levant, qui, depuis quarante ans, s'est perfectionnée et est devenue très belle, court beaucoup de risque par l'interdiction de la navigation depuis plus d'un an : en telle sorte que, les marchandises s'accumulant et le débit ne s'en faisant pas, il est impossible qu'elles puissent se maintenir. Les marchands-fabricants ont demandé de faire la dépense de l'armement d'un vaisseau du Roi, ce qui fait bien voir à quel point ils sont pressés de vendre, et, si on ne leur permet pas d'aller en Levant et qu'on ne leur donne pas les moyens d'y aller sûrement, il faut s'attendre que ce commerce ne pourra plus se soutenir. On sait les avances immenses que les marchands doivent faire dans ce commerce, dont ils ne rapportent point d'argent, mais seulement des marchandises pour les revendre, et, si on le tient dans une longue interruption, ils assurent tous qu'ils l'abandonneront. Pour les autres manufactures, les laines étant à vil prix, c'est une marque qu'elles diminuent tous les jours.

«On n'entrera pas dans un plus grand détail par ce mémoire; on en donnera, de temps en temps, sur chaque matière, et il suffit, pour celui-ci, de faire connoître en gros l'état présent de cette province, et en quoi elle auroit plus besoin de secours.»

---

41. *M. Bignon, intendant à Amiens,*
au Contrôleur général.

15 Avril 1708.

Il combat une proposition d'établir à Saint-Quentin le droit de marque sur les doublets et d'y créer un courtier pour le commerce de ces étoffes, les courtiers étant déjà trop nombreux.

---

42. *La sœur Marie de Bellefont, abbesse de Montmartre,*
au Contrôleur général.

18 Avril 1708.

Elle lui demande sa protection pour faire maintenir dans leurs droits et juridiction les officiers de la haute justice de l'abbaye*.

* A cette lettre est jointe une lettre de la sœur Élisabeth Desmarets à M. de la Garde, pour recommander l'affaire. Voir aussi une autre lettre de l'abbesse, en date du 14 janvier 1709.

Le 1er mai 1708, M. de Pontchartrain, secrétaire d'État, transmet de la part du Roi une requête analogue de la supérieure du monastère de la Visitation de Sainte-Marie de Chaillot, appuyée par la reine d'Angleterre et par Mme de Maintenon.

---

43. *M. de Bagnols, intendant en Flandre,*
au Contrôleur général.

20 Avril 1708.

«M. de Chamillart me mande si positivement qu'il me rendra de mauvais offices auprès du Roi, que je ne puis m'empêcher de vous dire qu'il n'a voulu rien voir de tout ce qui pouvoit servir à la justification du trésorier qui est employé sous mes ordres en ce pays. C'est lui qui a été attaqué le premier. M. de Chamillart m'a dit, dans le commencement, qu'il n'étoit pas content de lui, et que cela ne me regardoit de près ni de loin; depuis, il a changé de discours et m'a écrit la lettre que je prends la liberté de joindre ici*. Il a chassé non seulement ce commis, mais ceux qui pouvoient avoir quelque relation avec moi dans les affaires, sans marquer aux uns ni aux autres en quoi ils avoient manqué. Il m'a assuré plusieurs fois qu'il avoit envoyé en ce pays de quoi empêcher le soldat de se mutiner et de quoi payer l'officier, à peu de chose de près : je lui ai fait voir que, de la seule année 1708, il étoit dû près de deux millions, quoiqu'elle ne soit commencée que depuis quatre mois; il est dû 1,200,000# de chacune des années 1706 et 1707; mais il m'a dit plus d'une fois que ce n'étoit plus son affaire. Je ne crains rien : ma conduite a toujours été irréprochable; il n'y a rien à me dire sur l'intérêt ni sur l'application. J'ai envoyé mes comptes il y a déjà du temps, et presque tous ceux de mes voisins, bien loin d'être examinés et arrêtés, n'ont pas encore été présentés. Je ne demande que des juges non prévenus et qui veuillent m'écouter; je ne suis pas en peine du reste**.»

* Copie de la lettre de M. Chamillart, du 17 avril: «Il n'a pas tenu à moi d'assurer la preuve de la capacité du sieur Héron; rien n'est plus affligeant pour moi que d'être obligé de vous avouer que je ne suis pas plus content de lui que je l'étois lorsque je vous ai quitté à Lille, et qu'il ne se peut rien, en tous genres, de moins éclairci que l'emploi qu'il a fait de l'argent comptant qui a été remis dans sa caisse depuis le 1er janvier. Je vous avoue, de bonne foi, que je ne puis changer de sentiment à son égard, et qu'incontinent après mon retour à Versailles, j'ordonnerai au trésorier en exercice de nommer un autre commis à sa place. Je vous envoie, en attendant, un ordre pour faire faire la recette des contributions par le beau-frère du sieur de Carqueville, à qui elle avoit été ôtée pour donner audit sieur Héron. Je me suis assez expliqué avec vous pour vous faire connoître que j'avois moins de part à ce qui étoit revenu au Roi de votre département, que ceux qui l'ont connu avant mon arrivée à Lille. Il n'étoit pas impossible, dans le manque de fonds qu'il y a eu depuis quelque temps à Lille, de conserver le même ordre, qui ne doit jamais changer pour ce qui regarde les registres des commis, et je ne saurois comprendre que quelques-uns de MM. les intendants se chargent personnellement de rendre raison de leurs maniements. Dans les temps que j'ai été à Rouen, et depuis que j'ai eu l'honneur de remplir les deux places de secrétaire d'État de la guerre et de contrôleur général des finances, je n'ai nommé aucun commis chargé d'une recette. Je ne doute point que le Roi ne soit surpris lorsque S. M. apprendra le désordre qu'il y a dans votre département, et je ne saurois croire que vous eussiez attendu à me le faire connoître jusqu'à ce moment, si vous aviez été dans les mêmes sentiments à mon égard que je vous ai connus. Les longs services que vous avez rendus, la réputation que vous vous étiez acquise et les liaisons particulières que j'ai toujours conservées avec vous m'obligent de vous dire que j'ai peine à me persuader qu'il soit possible de désabuser S. M. des premières impressions qui lui ont été données du peu d'attention que vous avez eu à prévenir les désordres qui sont arrivés dans plusieurs places de votre département. C'est à vous à prendre les mesures que vous croirez les plus convenables pour finir honorablement votre carrière, et à moi à m'affliger avec vous de la part que j'ai eue dans tout le dérangement que j'ai trouvé, sans y avoir contribué en rien, puisque, de tous les départements dans lesquels j'ai passé, le vôtre est presque le seul dans lequel les fonds en argent comptant ont été entièrement remplis pour payer les prêts jusques et compris le 15 avril. Le sieur Héron, qui est un petit babillard, pourra, avec le temps, s'instruire et se mettre en état de faire usage de la protection que vous lui donnez. Je sais que son père étoit un bon et digne sujet; il n'a pas assez vécu pour lui apprendre à suivre ses traces. J'attends ici les derniers ordres du Roi. J'ai lieu de croire que S. M. m'ordonnera de me rendre auprès d'elle dans les premiers jours de la semaine prochaine. Je ne saurois assez vous répéter la peine que j'ai de me trouver dans la nécessité de vous rendre de mauvais offices en rendant témoignage à la vérité; rien n'est plus contraire à mon caractère et aux sentiments dans lesquels j'ai vécu jusqu'à présent.»

** Le 20 mai, il écrit: «Je devois partir aujourd'hui pour me rendre à Paris; Mgr le duc de Bourgogne, à qui j'ai rendu compte de la dernière lettre que j'ai reçue de M. Chamillart, a cru qu'il étoit nécessaire que je différasse mon voyage jusqu'après son départ pour l'armée. Ce sera pour moi un retardement de quatre ou cinq jours; je le mande à M. Chamillart.»

---

44. *M. l'Archevêque de Bordeaux*
au Contrôleur général.

21 Avril 1708.

Il transmet un mémoire des bourgeois de Bordeaux, qui demandent le rétablissement de leurs privilèges*.

* Voir une lettre du maréchal de Montrevel, en date du 15 mai suivant.

---

45. *Le Contrôleur général*
à M. de Courson, intendant à Rouen.

26 Avril 1708.

«Je vous envoie le placet d'un particulier qui prétend avoir le secret de mettre la couleur rouge sur la porcelaine et sur la faïence d'une manière singulière, et que cela feroit un ornement aux faïences fines qui se font à Rouen, qui les rendroit plus belles et en feroit augmenter le commerce. Vous prendrez la peine de l'entendre sur cela, avec les maîtres des faïenceries.....»

---

46. *M. Ferrand, intendant en Bretagne,*
au Contrôleur général.

26 Avril 1708.

«J'ai reçu la lettre que vous m'avez [envoyée], avec l'extrait du placet que M. de Lanjamet, gouverneur de Guérande, a présenté au Roi, par lequel il demande à S. M. que le revenant-bon du fonds de 100,000# fait pour les garnisons de la province de Bretagne soit joint à son gouvernement de Guérande. Le fonds des garnisons de cette province est de la somme de 100,000# par an; il se lève par autorité du Roi, sans la participation des États et sur les mandements des généraux des finances; il passe par les mains du receveur général des finances, et ensuite à l'extraordinaire des guerres..... M. de Lanjamet est employé dans cet état pour 3,000#, comme gouverneur de Guérande et du Croisic. Le revenant-bon de cet état est de 1,720# par an. Lorsque j'eus l'honneur de travailler aux dispositions des derniers États, j'avois proposé d'employer ce revenant-bon au payement de partie des appointements.....»

---

47. *M. Pinon, intendant en Bourgogne,*
au Contrôleur général.

28 Avril et 14 Mai 1708.

Contestation entre les élus généraux de la province, le Parlement et le bureau des finances pour la connaissance des litiges relatifs aux réparations des grands chemins, ponts et chaussées ordonnées par les élus.

Mémoires sur les titres et pièces produits de part et d'autre dans l'instance pendante au Conseil.

---

48. *M. de Bernières, intendant en Flandre maritime,*
au Contrôleur général.

30 Avril 1708.

Mémoire de la Chambre de commerce de Dunkerque et avis de l'intendant sur une requête par laquelle les marchands et armateurs demandent qu'on rende à leur port sa franchise entière, comme étant réputé ville étrangère par son commerce et ayant été affranchi de tous droits lors du rachat de 1662, et, particulièrement, qu'on les dispense de l'inspection des marchandises étrangères, qu'ils subissent indûment depuis 1704, par suite d'une fausse interprétation.

«Il m'a paru que les Dunkerquois ont servi si utilement le Roi depuis le commencement de cette guerre et apporté un si grand préjudice à ses ennemis, qu'on ne sauroit trop leur accorder de grâces, surtout lorsqu'elles peuvent les exciter à redoubler leur zèle et leurs armements.....»

49. *M. de la Houssaye, intendant en Alsace,*
au Contrôleur général.

30 Avril 1708.

«J'ai reçu la lettre que vous m'avez fait l'honneur de m'écrire le 20 de ce mois au sujet de la prorogation jusques au 1er du mois de juin prochain de la diminution sur les espèces qui avoit été indiquée pour demain, 1er du mois de mai, par l'arrêt du 14 février dernier. J'ai pris toutes les mesures nécessaires pour que cette prorogation soit sue demain et exécutée avant l'arrivée des exemplaires de l'arrêt que vous avez fait rendre sur ce sujet, et, comme il étoit important de se servir de la crainte de cette diminution pour se ménager quelque fonds dans la caisse de l'extraordinaire de la guerre, ce qui devoit se négocier dans la journée d'hier, j'ai cru devoir prier M. le maréchal de Villars de dire au directeur de la poste de différer jusques à aujourd'hui de remettre les lettres qu'il recevroit ledit jour d'hier, dimanche, pour les bourgeois et gens d'affaires, par l'ordinaire de Metz, plus prompt que celui qui est arrivé aujourd'hui, lundi, par la Franche-Comté, où il y avoit d'autant moins d'inconvénients qu'il ne vient point de lettres de la cour par cet ordinaire, à cause du risque des partis ennemis, qui ont pris ci-devant quelques-uns des postillons de ladite route de Metz, et qu'il ne part point de poste d'ici ce jour-là. Cela a été ainsi exécuté; mais je vois que le secret de cette prorogation a été si bien gardé, que personne n'en sait encore rien par les lettres dudit ordinaire d'hier et de celui de ce matin, qui sont présentement toutes rendues. Ce qui m'a obligé le plus à cette précaution étoit la négociation de M. Valtrin, receveur général des finances de la Rochelle, arrivé ici avec un juif de Metz venu pareillement en cette ville, qui ne s'est déterminé à remettre son argent au sieur le Bas, commis principal de l'extraordinaire de la guerre, que par la crainte de cette diminution. Personne presque ne s'est aperçu du retardement desdites lettres, dont la date est la même de celles écrites en même temps et arrivées aujourd'hui par l'ordinaire de Franche-Comté, plus tardif d'un jour.»

50. *M. de Bâville, intendant en Languedoc,*
au Contrôleur général.

1er Mai 1708.

«Il n'y a rien, dans le mémoire ci-joint, qui ne soit véritable et que je n'aie vérifié. On ne peut assez représenter l'extrémité où est réduit le présidial de Carcassonne, et il est fort triste de voir une des plus anciennes sénéchaussées du royaume presque hors d'état de pouvoir exercer la justice. De vingt-six officiers qui doivent composer cette compagnie, il n'en reste que neuf, dont quelques-uns ne peuvent plus servir par leur âge et par leurs infirmités; le reste est aux parties casuelles, à l'exception de deux offices de conseiller qui ont été abandonnés. Ce qu'il y a de singulier est que les charges de lieutenant criminel, lieutenant particulier, conseiller garde de[s] sceaux, procureur et avocat du Roi sont de ce nombre. La cause de ce désordre vient de ce que ce présidial doit, en principal et intérêts, plus de 100,000#. Ces dettes ont été contractées pour le service de S. M. en différentes occasions où il a fallu financer, dont le mémoire est ci-joint. Comme on ne peut plus entrer dans ce présidial sans être obligé aux dettes, et par conséquent à une ruine évidente, personne ne pense à en lever les charges. C'est ce qui rend le mal sans remède, si le Roi n'a la bonté d'y pourvoir, et il est très certain qu'à mesure que les neuf officiers qui restent viendront à mourir, ce seront autant de charges aux parties casuelles qu'on ne lèvera point, et, par cette raison, l'exercice de la justice y cessera bientôt. On ne peut, dès à cette heure, très souvent, y juger présidialement, parce qu'on ne peut y rassembler le nombre de sept juges. Les créanciers poursuivent vivement les officiers qui restent et les héritiers de ceux qui l'ont été lors des emprunts : ce qui cause beaucoup de procès et la ruine de plusieurs familles. Il y a de ces charges vacantes aux parties casuelles depuis plus de quinze ans, et, depuis ce temps-là, personne ne s'est présenté pour en lever aucune. Les expédients que ces officiers proposent sont que le Roi ait la bonté de leur donner les charges vacantes aux parties casuelles; ils feront un effort pour trouver des acquéreurs et en payer leurs créanciers. Cet expédient paroît extraordinaire, et a, à la vérité, peu d'exemples. Si je voyois que ces offices pussent jamais être levés aux parties casuelles, je ne croirois pas qu'on pût écouter cette proposition; mais il est évident qu'on ne trouvera pas un homme dans cette province qui veuille lever une charge, à quelque prix que ce soit, pour voir, le lendemain, tout son bien saisi, et passer sa vie dans de contraintes continuelles de la part des créanciers de cette compagnie. Ainsi, il est certain que S. M. ne retirera jamais rien de ces offices que la plus grande partie au moins des dettes de cette compagnie ne soient payées; au lieu que, si elle pouvoit se rétablir par une pareille grâce, quoique fort extraordinaire, cette compagnie étant remise, les offices qui vaqueront à l'avenir aux parties casuelles rentreroient dans le commerce et pourroient être levés, s'ils venoient à vaquer. Je compte, en même temps, pour beaucoup, de rétablir la justice dans cette sénéchaussée, qui y est en grand désordre.

«L'autre expédient que ces officiers proposent est de diminuer l'évaluation de leurs offices et du droit annuel. Ils fondent cette prétention sur ce que les présidiaux de Béziers et Limoux ont été autrefois distraits du présidial de Carcassonne, et, quoiqu'ils aient beaucoup perdu par cette distraction et qu'ils n'en aient jamais eu aucune indemnité, leurs offices ont toujours demeuré sur le même pied; ils demandent qu'on en diminue la moitié. Pareille grâce a été accordée, depuis trois ans, au présidial de Toulouse, à cause de la distraction qui en avoit été faite du présidial de Villefranche.

«La troisième grâce que ce présidial demande est que le Roi ait agréable de donner un arrêt d'attribution qui me commette pour faire la répartition du payement de leurs dettes, soit entre les officiers existants ou les héritiers de ceux qui sont morts; ils sont, sur cela, dans une grande division et en procès au Parlement d'Aix : ce qui achève de les ruiner.»

---

51. *Le sieur* DE LALIVE DE BELLEGARDE, *directeur général des fermes en Flandre,* AU CONTRÔLEUR GÉNÉRAL.

2 Mai 1708.

«..... J'ose vous assurer que j'ai toute l'attention possible à contenir les commis là-dessus (sur les saisies), et que je les fais compter de tout régulièrement, à moins que les choses saisies ne se trouvent de pures bagatelles, que j'abandonne en ce cas aux commis saisissants, pour les encourager ou pour les indemniser de frais extraordinaires qu'ils sont obligés de faire dans l'ambulance; mais, quelque précaution que je prenne, je n'oserois répondre que tout vienne généralement à ma connoissance. Il est bien difficile qu'un directeur ait des gens de confiance dans tous les bureaux, surtout depuis qu'il y a des titulaires. Il est vrai qu'il y a souvent des saisies pour lesquelles on fait des accommodements; je crois même qu'il est de mon devoir, pour l'intérêt de la ferme, d'y donner la main, pour éviter des procès qui sont toujours fort incertains, quelque bon droit que le fermier puisse avoir devant des juges des traites, gens altérés de procédures, qui, pour la plupart, ne savent ni les ordonnances ni la régie, ou qui consomment le tout en frais inutiles, lorsqu'ils donnent gain de cause. C'est un abus auquel il me paroît qu'il seroit bien nécessaire de remédier dans ce département, soit en supprimant ces jurisdictions pour donner la compétence des affaires des fermes à MM. les intendants, soit en ordonnant à ces juges de se conformer, pour leurs droits et vacations, au règlement du Conseil du 17 février 1688, auquel ils prétendent n'être point assujettis, sous prétexte que leur édit de création est postérieur. Je vais travailler incessamment à l'état général des saisies de la troisième et quatrième années de ce bail, et j'aurai l'honneur de vous l'adresser dans la forme que vous le souhaitez.»

---

52. *M. l'Archevêque de Bordeaux* AU CONTRÔLEUR GÉNÉRAL.

4 Mai 1708.

Il demande, pour le cas où M. le Blanc serait envoyé en Espagne comme intendant de l'armée, que le contrôleur général lui conserve néanmoins une intendance dans le royaume.

---

53. *M.* DE BERNAGE, *intendant en Franche-Comté,* AU CONTRÔLEUR GÉNÉRAL.

4 Mai 1708.

Il propose de maintenir la prohibition d'exporter hors de la province les vieux drapeaux destinés à faire du papier.

«La sortie en est défendue, même pour transporter dans les autres du royaume. Comme cette défense n'a été faite que par de solides raisons, fondées sur le maintien des papeteries de la province, qui manqueroient d'aliments par la disette des vieux drapeaux, qui sont considérablement renchéris depuis les derniers temps, il me paroît à propos de continuer à conserver la matière de leur fabrique et de refuser la permission demandée par le sieur Pierre Caprony, dont la papeterie qu'il a à Divonne s'est soutenue jusqu'à présent sans ce secours, et qui pourroit même, peut-être, en abuser en faisant transporter partie des vieux drapeaux qu'il tireroit pour cette papeterie dans d'autres qu'on soutient lui appartenir hors du royaume *.»

* Voir la requête et les mémoires joints à la lettre.

---

54. *M.* ROUILLÉ DE FONTAINE, *intendant à Limoges,* AU CONTRÔLEUR GÉNÉRAL.

7 Mai 1708.

Il examine une plainte portée contre le vicomte de Sédière, qui, pour punir un de ses vassaux de lui avoir porté un coup de couteau, a fait saisir les meubles et les biens de la femme de cet homme. Il propose une transaction *.

* Voir la lettre à M. de Torcy, secrétaire d'État, jointe à celle-ci, et une lettre de M. de Montgeron, successeur de M. Rouillé, en date du 29 octobre suivant.

Par d'autres lettres, M. Foucault de Magny, intendant à Caen, le 18 mai 1708; M. d'Angervilliers, intendant en Dauphiné, le 22 mai 1708; M. de la Bourdonnaye, intendant à Bordeaux, le 11 août 1708; les maire et jurats d'Orthez et M. de Saint-Macary, subdélégué général en Béarn, les 18 août et 8 septembre 1708; M. de Montgeron, intendant à Limoges, les 27 août, 7 novembre et 24 décembre 1709, rendent compte de violences attribuées à des gentilshommes ou à des officiers du Roi.

M. de la Bourdonnaye et l'avocat du Roi au présidial de Condom envoient, les 11 mai et 6 juin 1709, la procédure suivie contre deux gentilshommes de l'élection de Condom, le père et le fils, coupables de l'assassinat d'un collecteur de la paroisse de Fauguerolles.

M. de Harouys, intendant en Champagne, envoie, le 25 juillet 1709, une information sur les violences imputées au sieur de Gondrecourt, son subdélégué à Chaumont et président du présidial. Dans un temps fâcheux comme celui-ci, dit-il, si les subdélégués, qui sont continuellement chargés de fonctions fort tristes, voient faire le procès à un de leurs confrères pour un fait qui les intéresse tous, leur zèle pourrait bien en être refroidi. Voir ses lettres des 13 octobre et 15 décembre suivants.

55. *M. de Saint-Macary, subdélégué général en Béarn,*
au Contrôleur général.

8 Mai 1708.

«Je viens d'apprendre que M. de Lons, lieutenant de Roi de cette province, a convoqué les États de Béarn à Lescar pour le 26 de ce mois, sans me faire savoir si, par l'absence de M. Méliand, le Roi entend que j'y assiste, puisque je n'ai d'autre droit d'y aller que lorsqu'il plaît au Roi de me nommer pour son commissaire. J'ai bien l'honneur d'y être appelé comme étant depuis près de vingt ans de ce corps; mais ce n'est que comme possesseur des fiefs qui me donnent ce droit, et, s'il faut que j'y assiste comme faisant les fonctions de l'intendance, j'en dois recevoir le droit par la commission que S. M. fait expédier, de laquelle je n'ai aucune connoissance; et on n'a pas même jugé à propos de me le faire savoir, peut-être par quelque faux fondement de vengeance*.....»

* Sur les sessions de ces États et de la junte de Navarre, voir d'autres lettres de M. de Saint-Macary, 2 juin, 14 juillet et 22 septembre 1708, 23 février, 17 septembre, 1er, 8 et 19 octobre, 17 et 20 décembre 1709, 4 mars 1710; de M. de Navailles, syndic général de Béarn, 24 septembre 1709, et de M. Bergeron, président du tiers état et subdélégué de l'intendant dans la sénéchaussée de Pau, 8 octobre.

56. *M. le Guerchoys, intendant à Alençon,*
au Contrôleur général.

9 et 14 Mai 1708.

Recouvrement de la finance exigée des lieutenants généraux de bailliages.

57. *M. d'Angervilliers, intendant en Dauphiné,*
au Contrôleur général.

9 et 20 Mai 1708.

Il annonce que le duc de Savoie se prépare à envahir la province.

«Dans ces circonstances, j'ai cru devoir proposer à M. de Médavy d'interrompre pour quelques jours le passage par le Mont-Cenis des voituriers ordinaires, afin d'ôter par là à M. de Savoie la faculté d'être instruit exactement des forces que nous pouvons avoir en Maurienne. Je sais bien que la ville de Lyon ne peut se passer de ce commerce, qui lui procure la plus grande partie des soies qui y sont travaillées, et que c'est par cette raison qu'on l'a toujours toléré malgré la rupture avec M. le duc de Savoie*.....»

* Le 27 juillet, M. de Flandy, procureur général à la Chambre des comptes de Grenoble, demande ce qu'il faudrait faire, en cas d'invasion, des titres originaux contenus dans les archives de cette Chambre. Le contrôleur général répond en marge : «Les laisser.»

M. d'Angervilliers donne avis, le 9 août, que le duc de Savoie a fait incendier totalement le bourg du Mont-Genèvre et une partie de celui de Césanne, dont les habitants se sont retirés à Briançon et manquent de pain. Le 22 août et le 2 septembre, il annonce le siège et la reddition de Fenestrelles : «Les ennemis nous ont pris, dans cette place, Exiles et la Pérouse, environ quinze cents hommes. Je ne puis m'empêcher de regretter les Vallées, parce que je prévois que, quoi qu'en disent quelques gens, notre frontière sera, l'année prochaine, d'une garde beaucoup plus périlleuse et difficile que cette année, et nous aurons à Briançon tout autant de cols et de passages, et même plus, que lorsque nous tenions Exiles et Fenestrelles. Les peuples du pays que nous quittons sont dans une désolation que je ne puis vous exprimer : outre l'affection que je leur ai toujours remarquée pour le service, ils craignent extrêmement la domination de M. le duc de Savoie, qui a fait piller et brûler quelques communautés et mettre en prison les principaux des Vallées, sous prétextes de contribution ou d'intelligence avec nous. Il y a d'ailleurs beaucoup de familles qui n'auront pas de quoi subsister cet hiver, parce que leur récolte est perdue. C'est ce qui m'a donné la pensée de proposer à M. de Chamillart de lever, dans les Vallées, cinq ou six cents hommes portant les armes, et de les mettre en compagnies franches : ce seroit un soulagement pour les familles nombreuses, et le Roi en tireroit une très grande utilité la campagne prochaine. Les ennemis ont décampé ce matin : quelques avis portent qu'ils marchent du côté du col de Tende, dans le dessein d'assiéger Villefranche; mais j'ai peine à croire qu'ils hasardent leurs conquêtes en s'en éloignant. A tout hasard, M. le maréchal vient de commander qu'on fasse venir du gros canon de Grenoble, et l'on prend pour cet effet, deux cents paires de bœufs des environs de cette ville. Je crois vous avoir mandé qu'il y a plusieurs indices de trahison contre le commandant d'Exiles; il est, du moins, convaincu d'une lâcheté d'autant plus condamnable qu'elle coûte au Roi les Vallées.»

58. *M. d'Ormesson, intendant à Soissons,*
au Contrôleur général.

13 Mai 1708.

«.....Je vous demande [votre protection] à l'occasion d'un placet qui a dû être présenté au Roi, en mon nom, par M. le procureur général, pour obtenir une dispense d'âge pour une charge de conseiller au Parlement en faveur de mon fils, qui entrera dans sa vingt-troisième année le 1er octobre prochain, et qui fait depuis un an la profession d'avocat. J'espère que les services de mes père et grands-pères, et ceux que je rends depuis quinze ans dans les intendances, me procureront cette grâce. Je vous prie de m'aider pour ce succès et de me continuer vos bontés ordinaires pour moi et pour les miens.»

59. *M. de Bouville, intendant à Orléans,*
au Contrôleur général.

13 Mai 1708.

Il repousse d'avance les imputations que pourrait lancer contre lui M. Durand, receveur général des finances.

60. *M. de Courson, intendant à Rouen,*
au Contrôleur général.

20 Mai 1708.

«J'ai examiné, suivant vos ordres, la requête que vous m'avez fait l'honneur de m'adresser des habitants de la ville de Dieppe, qui demandent une prorogation pour dix années des exemptions et priviléges qui leur ont été accordés à l'occasion du bombardement de leur ville. J'ai aussi discuté les raisons que les fermiers généraux, et en particulier celui des aides, proposent par leurs mémoires pour s'y opposer, et j'ai entendu les uns et les autres. Les principaux motifs sur lesquels ces habitants excitent le Conseil à leur accorder cette grâce, est sur la situation avantageuse de leur ville pour le commerce, où l'on pourroit faire un port capable de contenir les plus grands vaisseaux de guerre, leur fidélité inviolable, dont ils ont reçu des marques honorables de la satisfaction du Roi en l'année 1650, les pertes qu'ils ont faites par le bombardement de 1694, le peu qu'ils ont profité des priviléges, parce qu'ils ont été trois ans à ramasser leurs effets dissipés pour rentrer dans la ville et la rebâtir, et parce qu'il n'y a eu que quatre années de paix; que, dans la paix même, ils n'ont pu commercer avec l'Angleterre, parce qu'il n'y avoit point de traité qui réglât le tarif des droits, et que l'Angleterre en prenoit de violents sur les marchandises de France; qu'ils ont aussi peu profité du commerce de la Hollande et de l'Amérique, parce que les drogueries et épiceries ne peuvent entrer en France que par de certains ports où les droits sont payés et d'où ils les tirent, ainsi que la plupart des autres marchandises qu'ils détaillent, qu'ils tirent de Paris, Rouen et autres villes où ces droits sont payés : en sorte que leurs exemptions se réduisent presque aux denrées et vivres de leur consommation, et que cette exemption est renfermée dans la ville, qui est de peu d'étendue; qu'ils n'ont pas même profité beaucoup de la dernière prorogation, parce qu'après avoir fait beaucoup de dépenses pour bâtir quantité de barques, la guerre qui a continué a fait que les corsaires ennemis leur en ont pris plus de six cents; la perte de la Flandre espagnole les a privés de commercer à Ostende; la permission accordée aux Suédois et Danois de naviguer de port en port dans les côtes du royaume les a privés du transport des sels, vins et autres marchandises; enfin, que, si les priviléges ne subsistent, la cherté des vivres fera déserter les peuples et empêchera de rebâtir un tiers de la ville qui reste encore en emplacements; qu'il sera impossible, avec les droits que le Roi rétablira, de soutenir la continuation des octrois que S. M. avoit eu la bonté de leur accorder, dont ils ont encore besoin pour bâtir l'hôtel de ville et faire d'autres ouvrages publics, dont les plans et dessins, dressés par le sieur Ventabren, ingénieur, ont été approuvés du Roi, et pour payer plus de 80,000# qu'ils doivent encore, et dont ils payent 4,200# d'intérêt par an, pour les fonds pris des particuliers pour l'élargissement des rues, n'ayant pu acquitter le principal, les deniers ayant été divertis pour la défense de la ville et en charges extraordinaires pendant la guerre.»

Quoique la perte de droits doive être considérable pour le Roi et que les fermiers des aides aient promis une augmentation de 20,000# sur leur bail le jour où les priviléges de Dieppe seraient supprimés, l'intendant estime qu'on pourrait accorder une prorogation qui compense les années de guerre pendant lesquelles la ville n'a pu profiter des avantages qui lui étaient faits. Elle permettrait surtout d'y attirer, par le bon marché de la vie, une population nécessaire pour le développement de la pêche et pour la construction des maisons, sans que la campagne environnante en souffrît.

«Ainsi, il me semble qu'il y a lieu d'accorder la continuation des priviléges; mais je voudrois fixer les bornes de cette grâce à six ans : je ne doute pas que ce temps-là ne suffise pour qu'elle soit entièrement rétablie. Comme cette grâce ne doit lui être accordée principalement que dans la vue du rétablissement de ce qui reste de maisons, et surtout des édifices publics, je crois qu'il est absolument nécessaire d'engager ces habitants à rendre compte tous les ans de leurs octrois et de leur patrimoine, non seulement pour l'avenir, mais de l'emploi qu'ils en ont fait depuis qu'ils ont joui des priviléges. Ces octrois sont considérables, et je ne vois pas qu'ils en aient fait encore aucun usage utile, et il sera très avantageux pour le bien de cette ville que je sois plus autorisé encore que je ne le suis, soit par l'arrêt du Conseil qui leur accordera la continuation de leurs priviléges, soit par ordre particulier, à examiner les comptes, à faire revenir l'argent qui auroit pu être détourné, et à me faire rendre compte tous les ans de l'emploi qu'ils en font*.»

* En marge, de la main du contrôleur général : «Bon. Pour deux années. Écrire à M. de Courson que le Roi voudra bien continuer, s'ils en font un bon usage. Le commettre pour faire rendre compte des deniers patrimoniaux et d'octroi, et vérifier s'ils ont été employés suivant leur destination. Revoir les dessins de l'hôtel de ville, et retrancher tous les ornements d'architecture.» Le sieur de Ventabren, annonce, le 20 novembre, que quatre-vingt-quinze maisons ont été reconstruites dans l'année, et il réclame une gratification.

A l'expiration de la prorogation, une nouvelle continuation d'une année fut accordée. Voir les lettres de M. de Ventabren, 29 novembre 1709; du comte de Manneville et de sa mère, la duchesse de Luynes, 3 et 26 mai 1710; de M. l'archevêque de Rouen, 30 mai, et du duc de Luxembourg, 19 juin; réponse du contrôleur général à M. de Luxembourg, 17 juillet.

M. de Ventabren expose encore, dans une lettre du 26 mars 1710, ses travaux et ses services, et demande une pension.

---

61. *M. Bignon, intendant à Amiens,*
au Contrôleur général.

22 Mai 1708.

«J'ai l'honneur de vous renvoyer le placet ci-joint de M. de Quès de Valcour, capitaine de carabiniers, au sujet des poursuites que les États d'Artois font contre lui pour le payement d'une somme de 80# à laquelle ils l'ont imposé pour son contingent de l'abonnement de 40,000# et les 2 s. pour livre, pour être dispensé de la recherche de la noblesse.

«L'arrêt du Conseil qui a accepté les offres des États autorise les députés de répartir les 40,000# et les 2 s. pour livre sur tous les gentilshommes de la province ou qui y possèdent des biens, sans distinction, même sur les ecclésiastiques et le tiers état, qui sont aussi entrés dans l'abonnement. Les familles les plus illustres du pays n'en sont point exemptes. Chaque contingent est de 80 ᵗᵗ. M. de Valcour, s'étant marié à Béthune et possédant des biens dans l'Artois, ne peut pas se dispenser d'entrer dans cette contribution, qui est générale. On ne doute point de sa noblesse; mais ce n'est point une raison de décharge, puisque les plus qualifiés du pays se sont soumis de payer ce petit contingent.»

62. *Le sieur* Besnier, *intéressé des fermes en Flandre*,
au Contrôleur général.

23 Mai 1708.

Introduction frauduleuse du brandevin par les soldats, officiers et autres personnes.

63. M. Bignon, *intendant à Amiens*,
au Contrôleur général.

24 Mai 1708.

«.....Rien n'est plus nécessaire, plus avantageux pour le commerce des deux provinces d'Artois et de Picardie, que la permission de sortir des orges et autres menus et ronds grains, aussi bien que pour les blés; mais il suffira, en prorogeant l'arrêt du 21 décembre 1707 jusqu'au dernier septembre prochain, de les comprendre dans le dispositif, et vous renouvellerez très certainement ce même arrêt le terme échu.

«Nous avons de grandes espérances d'une pleine récolte cette année: les dernières pluies ont fait beaucoup de bien aux terres; mais, si on ne facilitoit le commerce des grains, on succomberoit, en quelque manière, sous l'abondance. Les habitants de la campagne ne pourroient payer les subsides, faute d'argent. Nous avons des denrées de reste, les espèces manquent absolument, et à peine peut-on faire payer la taille à force de contraintes et d'exécutions*.»

* Le 13 mai et le 27 juin, M. Doujat, intendant à Poitiers; le 17 mai, M. Bégon, intendant à la Rochelle, et, le 14 mai, M. de Courson, intendant à Rouen, demandent que l'exportation des grains soit autorisée, comme étant de nécessité urgente; toutefois, M. de Courson en exclut les orges et autres menus grains. M. Bégon dit: «Il n'y a rien de plus ruineux que la trop grande abondance, qui réduit les laboureurs aux dernières extrémités, aussi bien que les propriétaires des terres, qui ne sont point payés depuis trois ans du prix de leurs fermes, parce que les grains ne valent pas le tiers de ce qu'ils devroient valoir.....»

64. M. de Bâville, *intendant en Languedoc*,
au Contrôleur général.

26 Mai 1708.

Il demande le maintien et l'homologation définitive d'une transaction qui avait été acceptée, en 1682, par les créanciers du sieur Durantet, receveur des tailles du diocèse de Narbonne, condamné à mort par contumace comme banqueroutier.

65. M. de Bernage, *intendant en Franche-Comté*,
au Contrôleur général.

29 Mai 1708.

Essai des produits d'une mine indiquée par le forçat Pierre Maillard, à Charquemont*.

* Il fut reconnu, par la suite, que tout l'argent donné par les épreuves provenait de pièces de monnaie introduites d'avance dans le creuset. (Lettres de M. de Bernage, 3 juin; de M. le Guerchoys, son successeur, 18 juin, 5 et 7 septembre, 5 octobre; du contrôleur général à M. de Pontchartrain, secrétaire d'État, 15 juillet; de M. de Pontchartrain, 16 janvier 1709.)

66. Le Contrôleur général
à M. Lebret *fils*, *intendant en Provence*.

30 Mai, 6 Juin et 21 Novembre 1708.

Gratification de 1,000 ᵗᵗ donnée par l'assemblée des communautés à M. d'Antelmy, ancien procureur du pays, en considération de ses services passés et de la perte de sa vue.

67. M. Chamillart, *secrétaire d'État de la guerre*,
au Contrôleur général.

2 juin 1708; 24 mars et 16 avril 1709.

Mesures prises pour empêcher les dégradations que les garnisons de Landrecies, du Quesnoy, de Bavay, etc., commettent dans la forêt de Mormal*.

* Voir plusieurs lettres de M. Voysin, successeur de M. Chamillart, 4 septembre et 20 octobre 1709, 16 janvier 1710, 26 janvier, 10 mars et 24 mai 1711, 5 avril et 9 septembre 1713; et, sur les coupes de hêtres destinées à la fabrication des rames pour les galères, deux lettres de M. de Pontchartrain, secrétaire d'État de la marine, 16 et 23 janvier 1709.

68. M. le Gendre, *intendant à Montauban*,
au Contrôleur général.

3 Juin, 4 Juillet, 1ᵉʳ, 8 et 26 Août, 12 Septembre 1708.

Il rend compte du trouble apporté dans l'administration de la ville de Moissac par la lutte du sieur de la Volvène, avocat du Roi au présidial de Montauban, et de ses partisans, contre le subdélégué de l'intendance*.

* Voir de nombreuses lettres des habitants de Moissac, du sieur de

la Velvène, de M. de la Houssaye, ancien intendant, des maire et échevins, du subdélégué, etc., des 18 et 19 avril, 8, 12 et 18 août, 6 septembre, 4 novembre 1708. M. de la Vrillière fit révoquer le subdélégué malgré les protestations de M. le Gendre; mais les réclamations et les plaintes se renouvelèrent encore : lettres des 28 août, 2 et 30 octobre 1709, 9 juillet 1710, 29 octobre 1711, 5, 10 et 12 janvier 1713.

69. *M. le baron* DE SAINTE-MARGUERITE *et* DE LA GARDE *AU* CONTRÔLEUR GÉNÉRAL.

5 Juin 1708.

Il demande une indemnité pour ses châteaux et propriétés dévastés pendant le siège de Toulon*.

* A la fin de l'année, M. Lebret fils, intendant en Provence, fut chargé de faire faire par un architecte l'estimation des dommages causés par le camp de Sainte-Anne, près de Toulon, et de régler l'indemnité à payer par le Roi, si les États ne voulaient pas s'en charger. Il obtint aussi le remboursement de 14,000# de vaisselle prêtée par lui, en 1707, au commis de l'extraordinaire des guerres, et demanda celui de 45,000# que l'évêque de Riez avait avancés ou fait avancer par divers particuliers, dans la même occasion, pour la subsistance des troupes qui devaient occuper le camp retranché sous Toulon. (Lettre du 3 décembre, à M. Lebret; lettres de M. Lebret, 19 décembre 1708 et 12 juillet 1711; lettre de M. de Grignan, 18 février 1714.)

70. M. D'ARGENSON, *lieutenant général de police à Paris*, *AU* CONTRÔLEUR GÉNÉRAL.

5 Juin 1708.

«Je n'avois pas su que nos colporteurs (quoique gens fort brutaux et fort indociles) eussent eu l'insolence de crier l'arrêt de prorogation des monnoies deux jours avant la fin du mois passé. Si j'en avois été informé, je les aurois envoyés sur-le-champ dans une prison très sévère, et je n'aurois pu même m'empêcher de soupçonner que quelques personnes mal intentionnées leur avoient inspiré ce dessein. J'ai chargé des gens de confiance de faire une recherche exacte dans tous les quartiers, pour découvrir si l'on n'y pourroit point reconnoître quelqu'un de ces colporteurs; mais ç'a été sans aucun succès. Cependant je ne dois pas vous dissimuler que leur licence a souvent causé de grands dérangements dans l'ordre public, et que le service du Roi en a souffert aussi un préjudice très sensible; mais l'abus vient de plus loin, et, la première fois que j'aurai l'honneur de vous voir, je prendrai la liberté de vous proposer les remèdes qui m'ont paru les plus praticables pour le faire cesser*.»

* Il écrit, le 27 juin : «Je prends la liberté de vous envoyer un projet de lettre pour le sieur Léonard, pour l'obliger à mettre en règle les colporteurs qui publient si souvent à contretemps et sous de faux titres les arrêts de finance, qu'il est seul en droit d'imprimer. Si vous voulez bien signer cette lettre et me la renvoyer, je lui proposerai le nouvel arrangement que vous m'avez paru agréer pour réduire le nombre des colporteurs de cette espèce d'arrêts au nombre de vingt, dont il n'y aura qu'un pour chaque quartier, avec défense d'en admettre aucun qui ne sache écrire. Il sera bon même que leur demeure soit connue et que leurs noms soient inscrits dans un catalogue signé du sieur Léonard, et que vous voudrez bien parapher, afin qu'il n'y puisse faire aucun changement sans votre ordre. Enfin, je pense que ce catalogue doit être double : l'un, pour servir de règle au sieur Léonard, et l'autre, qui me sera mis entre les mains, pour me mettre à portée de faire arrêter d'un moment à l'autre les colporteurs qui auront commis quelque faute, par la connoissance qu'il me donnera de leur domicile et du quartier qui leur aura été assigné.»

Les propositions de M. d'Argenson furent approuvées. (Lettres du contrôleur général au sieur Léonard, 1er juillet, et à M. d'Argenson, 2 juillet.)

71. M. DE PONTCHARTRAIN, *secrétaire d'État de la marine*, *AU* CONTRÔLEUR GÉNÉRAL.

6 juin 1708.

«J'ai l'honneur de vous envoyer copie d'un arrêt du Conseil qui a été rendu pour arrêter les chicanes que les maîtres perruquiers de Marseille faisoient aux forçats qui travaillent en baraque, et de vous en demander un pareil contre les cordonniers, desquels on vient d'essuyer de nouvelles chicanes et procédures. Vous savez que les forçats n'ont qu'une médiocre subsistance dans le port, et qu'on leur laisse la liberté d'exercer les métiers qu'ils savent en galère ou dans les baraques qu'ils ont le long du port à Marseille, pour trouver dans le petit profit qu'ils font quelques commodités qui les aident à supporter la misère et les fatigues de leur état. C'est un usage observé depuis qu'il y a des galères, et qui a été troublé dans les derniers temps par les intrigues de quelques jurés séditieux. Le Roi a bien voulu y remédier pour les perruquiers, et je vous prie de nous donner le même titre contre les autres.

«Les officiers de l'amirauté de Bayonne m'écrivent qu'ils ont commencé le déchargement des deux bâtiments portant pavillon de Suède sur lesquels on vous a mandé qu'on a embarqué des pièces de 20 s. fabriquées en Hollande.»

72. LE CONTRÔLEUR GÉNÉRAL *aux Intendants.*

8 Juin 1708.

«Le Roi voulant être exactement informé de la quantité et du prix des grains qui sont dans le royaume, pour en permettre ou en défendre la sortie selon que S. M. le jugera plus avantageux pour ses sujets, il est nécessaire que vous preniez la peine de m'envoyer, tous les quinze jours, un état conforme au modèle ci-joint, qui contienne le prix auquel les grains auront été vendus pendant la quinzaine dans les principaux lieux de votre département. La quantité des grains qui s'y trouveront actuellement n'est point mentionnée dans ce modèle, parce qu'il auroit fallu trop de colonnes; mais vous pourrez m'en informer par des états séparés, que vous ferez dresser sur ceux que vos subdélégués vous envoieront. Je vous prie de joindre à ces états vos observations et votre avis sur tout ce qui vous paroîtra de plus convenable et de plus utile sur cette matière*.»

* Le 24 juillet, le contrôleur général écrit à M. de Sagonne, inten-

dant à Moulins : «.....Je vois qu'il seroit bien difficile d'être exactement instruit de la quantité qu'il peut y avoir de ces grains dans chaque endroit, et il ne conviendroit nullement de s'en informer par des visites, ni par aucune voie marquée.....»

Les 19 et 22 octobre suivant, il écrit à plusieurs intendants d'ajouter, pour servir de terme de comparaison, les prix de la première quinzaine du mois de mai, et de relever, dans chaque état, les différences avec la quinzaine précédente.

Plusieurs lettres de rappel furent également adressées à des intendants : 15 décembre 1708, à M. Turgot, intendant en Auvergne; 25 janvier 1709, à M. Foullé, intendant en Berry; 14 septembre 1708, à M. Pinon, intendant en Bourgogne; 25 janvier 1709, à MM. Ferrand, intendant en Bretagne, Foucault de Magny, intendant à Caen, Roujault, intendant à Poitiers, de Courson, intendant à Rouen, Turgot, intendant à Tours, etc.

Voir, aux années 1708, 1709, 1710, les états envoyés d'Alsace, d'Amiens, de Bordeaux, de la Bourgogne, de la Bretagne, de Caen, de la Champagne, du Dauphiné, de la Franche-Comté, du Hainaut, du Languedoc, de la Rochelle, de Lyon, de Metz, de Montauban, de Poitiers, de Soissons, de Tours.

---

73. *M. le Blanc, intendant en Auvergne,*
au Contrôleur général.

8 juin 1708.

Projet d'arrêt réglant les contestations entre les propriétaires des moulins de la ville de Thiers.

---

74. *Le Contrôleur général*
au sieur Watier, inspecteur des manufactures à Aumale.

9 Juin 1708.

«J'apprends que les serges de bas prix qui se fabriquent dans le département d'Aumale sont de très mauvaise qualité, qu'elles sont mal tissues et très peu frappées, et qu'il se trouve dans l'étendue des pièces un grand nombre de fils rompus et courants que les fabricants négligent de renouer : en sorte que ces étoffes ne peuvent être que d'un très mauvais usage. Comme c'est de ces étoffes que se font presque toutes les doublures des habits des soldats, il est très important qu'elles soient de bonne qualité et bien fabriquées. Vous aurez donc attention à faire cesser ces défauts, et vous redoublerez vos soins et votre application pour obliger les fabricants à être plus exacts à renouer les fils de leurs chaînes quand ils rompent, à n'employer que de bonnes laines, et à frapper davantage leurs étoffes sur le métier, afin que je ne reçoive plus de semblables plaintes. Vous vous trouverez le plus souvent qu'il sera possible à la visite qui se fait de ces étoffes dans le bureau de la fabrique, pour y faire saisir et arrêter par les jurés fabricants les étoffes qui ne seront pas de la qualité requise, et pour condamner aux peines portées par les règlements les ouvriers qui auront travaillé en contravention. Si vous trouvez quelques ouvriers obstinés qui ne se portent pas volontiers à se corriger et à mieux faire, vous en informerez M. l'intendant, afin qu'il y pourvoie par son autorité, ainsi que le cas le requerra *.»

* Même lettre au sieur Prévost, pour la fabrique de Grandvilliers.

Autres lettres, du même jour, au sieur Barolet, inspecteur des manufactures en Champagne, sur les défauts de fabrication constatés dans les ras de Châlons, et à plusieurs autres inspecteurs, les sieurs de Creil, le Chéron de Freneuse, de la Salle-Dubois et le Cluseau.

Voir aussi, sur la fabrication défectueuse des toiles et des coutils, trois lettres à M. le Guerchoys, intendant à Alençon, à M. de Courson, intendant à Rouen, et au sieur Bonneval, inspecteur des manufactures en Poitou et Aunis, 8 et 23 mai.

---

75. *M. le Gendre, intendant à Montauban,*
au Contrôleur général.

9 Juin et 30 Juillet 1708.

Il demande, vu la violence habituelle de M. de la Peyrière, nouvel acquéreur d'une charge de conseiller en la Cour des aides de Montauban, et la coutume où il est de blasphémer, que l'on surseoie pendant six mois ou un an à sceller ses provisions, ou, si elles sont déjà délivrées, que M. le Chancelier fasse différer la réception *.

* La surséance à la réception fut ordonnée. M. le Gendre ayant écrit de nouveau, mais pour intercéder en faveur de M. de la Peyrière, reçut des reproches du contrôleur général. (Lettres du 15 août et du 2 septembre.)

---

76. *M. Doujat, intendant à Poitiers,*
au Contrôleur général.

15 et 26 Juin 1708.

«J'apprends..... que le Roi m'a fait l'honneur de me nommer à l'intendance de Maubeuge..... M. Roujault me [mande] qu'il croit plus convenable que nous nous rendions tous deux à Paris pour recevoir réciproquement les papiers, les lumières et les instructions des intendances que vous nous avez destinées *.....»

* Voir ses lettres des 6 et 18 juillet et 4 août suivants.

---

77. *M. d'Angervilliers, intendant en Dauphiné,*
au Contrôleur général.

18 Juin 1708.

«J'ai pris la liberté, avant mon départ de Paris, de vous représenter l'intérêt que toute ma famille avoit de finir l'affaire de la dernière taxe des gens d'affaires, dans laquelle elle est comprise. Vous avez bien voulu entrer dans nos raisons, et je vous ai trouvé favorable, moins par la connoissance que vous avez du peu de biens que mon père a laissés, que par les bontés dont vous nous avez toujours honorés. Mme d'Angervilliers, qui part pour Paris, vous suppliera de consommer cette affaire. Elle vous fera même une demande, peut-être indiscrète, sur laquelle, néanmoins, je vous ai prévenu : c'est au sujet de 24,000 # payées sur la taxe, sur le simple récépissé du sieur de la Cour. Il ne paroît par aucune autre pièce que cette somme ait été payée; ainsi, il vous est libre de porter aussi loin que vous voudrez, à cet égard, vos bontés pour nous. Je ne rappelle point ici tout ce que mon père a souffert injustement sous le ministère de M. le Peletier, ni plusieurs autres raisons dont je pourrois me servir pour obtenir de vous cette grâce : je ne la devrai qu'à vous-même. Ce qui me donne quelque assurance pour vous presser là-dessus, c'est que je ne parle point ici pour moi : c'est la cause de mes sœurs que je plaide; elles n'ont pour tout bien qu'un contrat de 20,000ᵗᵗ sur l'hôtel de ville, chacune, et les 24,000ᵗᵗ dont je parle les regardent uniquement, et je déclare que je n'y prétends rien. Je sens bien que des raisons supérieures peuvent vous empêcher de faire, dans cette occasion, ce que je me flatte que vous voudriez; ainsi, nous nous restreignons à vous supplier de nous traiter dans cette occasion avec vos bontés ordinaires. Notre requête a été mise, de votre agrément, entre les mains de M. Bignon*. »

* M. d'Angervilliers et sa mère furent déchargés de la dernière taxe : lettres des 9 et 10 novembre.

---

78. *M. Chamillart, secrétaire d'État de la guerre,*
au Contrôleur général.

22 Juin 1708.

Saisie de ballots de chapeaux dans la vallée de Barcelonnette.

« Le Roi a donné ses ordres..... pour laisser passer toutes les marchandises qui ne seront point à l'usage des troupes, en justifiant qu'elles ont payé les droits de sortie du royaume, sans en exiger de nouveaux sous prétexte de ceux qui se levoient au profit de M. le duc de Savoie..... Mais....., l'intention de S. M. est que ce commerce se fasse par entrepôt entre les mains d'habitants de la vallée de Barcelonnette domiciliés depuis longtemps, dont la fidélité ne puisse être suspecte, et qu'il ne passe aucun Piémontois au travers des postes qui sont gardés par ses troupes..... »

---

79. *M. Chamillart, secrétaire d'État de la guerre,*
au Contrôleur général.

22 Juin et 1ᵉʳ Juillet 1708.

Payement de quatre mille bœufs nécessaires pour l'entretien de l'armée d'Espagne.

Envoi des fonds du prêt, qui est sur le point de manquer partout.

« Je mande à MM. les intendants de ne prendre aucun fonds dans les recettes, à moins qu'ils ne soient destinés par vous, ou qu'ils n'aient reçu vos ordres particuliers. »

La subsistance en grains étant assurée par le munitionnaire et par M. le chevalier d'Asfeld, ceux qu'on devait diriger sur Peniscola resteront dans le royaume, et une partie servira à secourir la Provence et Marseille.

---

80. *Le Contrôleur général*
à M. l'Évêque d'Angers et à Mᵐᵉ l'Abbesse de Fontevrault.

23 juin 1708.

Il demande pourquoi le monastère de Fontevrault et le couvent de Saint-François, à la Flèche, ont refusé de permettre que les employés des fermes pussent s'assurer s'il avait été planté beaucoup de tabac dans ces deux maisons*.

* Voir, sur des plantations de tabacs faites chez les religieux Picpus de Condé, près Château-Thierry, une lettre de M. d'Ormesson, 30 octobre, exposant que les religieux disent ne pouvoir se passer de tabac et n'avoir pas d'argent pour en acheter, et deux lettres du contrôleur général à cet intendant et à M. Maynon, fermier général, du 3 novembre.

Le 5 septembre, le contrôleur général prie M. le prince de Condé de surveiller les plantations frauduleuses qui se font à Chantilly.

Le 20 août, M. de Bernage, intendant à Amiens, rend compte d'une visite faite par les commis de la ferme dans une communauté qui n'avait eu que trop tard connaissance des défenses de planter, et il propose de ne pas arracher les plantations frauduleuses, parce que cela ruinerait le pays.

---

81. *M. de Torcy, secrétaire d'État des affaires étrangères,*
au Contrôleur général.

25 juin 1708; 26 mars 1709; 24 décembre 1711.

Service des fournitures de sel que le Roi fait aux cantons suisses alliés du roi d'Espagne, depuis la cessation du commerce avec le Milanais.

---

82. *M. Trudaine, intendant à Lyon,*
au Contrôleur général.

26 Juin 1708.

Il examine les attaques portées contre l'inspecteur de la manufacture des toiles en Beaujolais, et rend compte de l'état de cette industrie.

---

83. *M. de Courson, intendant à Rouen,*
au Contrôleur général.

26 Juin 1708.

« Le..... directeur du tabac [de Rouen] a fait retirer d'un vaisseau hollandois qui est arrivé dans le port une balle de livres qu'il a eu permission de faire venir par un passeport du Roi daté du 26 mars 1708, le nom en blanc. Par la visite que mon subdélégué et les gardes libraires en ont faite, elle s'est trouvée contenir des livres de privilège et de religion qu'il ne seroit pas permis de laisser passer; mais, comme il a déclaré la retirer en votre nom et pour vous être envoyée, j'ai fait laisser la balle dans le bureau de la Douane jusqu'à ce que j'aie eu l'honneur de vous en écrire pour savoir sur cela vos intentions et recevoir vos ordres*.»

* Le 3 juillet, il annonce le départ du ballot. Le 13 novembre suivant, ordre est donné aux fermiers généraux de laisser passer en franchise, à l'adresse du P. Chamillart, deux douzaines d'exemplaires de l'ouvrage de numismatique du P. Hardouin, réimprimé chez le libraire de Lormes, à Amsterdam.

84. *M. Chamillart, secrétaire d'État de la guerre,*
au Contrôleur général.

26 juin et 14 juillet 1708.

Payement des fournitures de munitions, pièces d'artillerie, etc., faites par la manufacture du sieur Titon. Demande d'exemption des droits pour les fers et aciers qu'il transporte sur la Saône*.

* Sur cette même manufacture, voir les lettres de M. Voysin, successeur de M. Chamillart, 24 août 1709, 23 février 1710 et 16 mars 1712.

85. *M. Ferrand, intendant en Bretagne,*
au Contrôleur général.

28 Juin 1708.

Décharge de l'imposition des maisons des villes et gros bourgs pour l'enclos et le parc que la compagnie des Indes orientales possède à Lorient.

86. *M. d'Angervilliers, intendant en Dauphiné,*
au Contrôleur général.

28 Juin 1708.

«.....La question est de savoir si les biens que les Suisses possèdent dans le Dauphiné doivent être exempts des impositions faites dans le *cas de droit;* on nomme ainsi, dans cette province, les impositions auxquelles sont assujettis les fonds des ecclésiastiques, des nobles et des roturiers. Les fonds roturiers possédés par les Suisses payent, en Dauphiné, la taille, l'ustensile, et généralement tout ce qui est imposé sur les fonds taillables; mais les Suisses sont exempts de toutes les impositions personnelles, c'est-à-dire de la huitième partie de la taille, qui est imposée suivant un règlement de 1639 sur l'industrie. Ils ne payent pas même la capitation..... J'ai parcouru tous les privilèges des Suisses : j'y ai trouvé les exemptions des charges personnelles parfaitement bien établies; mais je vous avoue que je n'y ai rien vu de contraire à l'usage, jusqu'ici observé, de leur faire payer leur part des impositions réelles*.....»

* Sur les privilèges des Suisses, voir une lettre du contrôleur général à M. d'Argenson, lieutenant général de police à Paris, 31 octobre 1708, et deux lettres de M. de Saint-Contest, intendant à Metz, 24 novembre 1708 et 5 juillet 1709. «On a toujours exempté, dit M. de Saint-Contest, ceux qui vivoient de leur bien ou qui, après de longs services, venoient passer tranquillement leurs jours, jouissant de ce qu'ils y avoient amassé; mais, pour les Suisses qui tiennent cabaret, font commerce ou ont une profession de métier, on les a toujours assujettis aux impositions, sans même qu'ils s'en soient plaints, que depuis un an ou deux.....»

87. *M. de la Bourdonnaye, intendant à Bordeaux,*
au Contrôleur général.

28 Juin, 10 et 14 Juillet, 4, 18 et 25 Août, 4, 10, 18, 21 et 23 Septembre, 9 et 29 Octobre, 1er, 4, 18 et 29 Décembre 1708.

Rapports sur l'état des récoltes et sur leur insuffisance presque générale.

Détails sur les ressources particulières et sur les besoins de chacune des élections, sur les voies par lesquelles elles peuvent être secourues, et sur les mesures prises en ce sens.

«Il faut que toute l'élection de Bordeaux cherche sa subsistance du côté de la mer. Cette ville consomme ordinairement, par année, six-vingt mille boisseaux de froment, le boisseau du poids de cent trente livres. Il faut doubler au moins cette consommation une année comme celle-ci, parce que la campagne viendra prendre son blé à Bordeaux, et même son pain, et l'on peut compter sur deux cent cinquante mille boisseaux de froment..... Cependant il n'y a pas de blé pour quinze jours.»

C'est la Bretagne qui devrait envoyer ses blés à Bordeaux, en échange des vins qu'elle en tire; plusieurs négociants offrent aussi d'en faire venir de l'étranger, et même de Hollande, sous passeports, par les navires qui viendront chercher des vins à la prochaine foire. On garderait cet approvisionnement pour parer à l'avenir*.

* Sur les blés à tirer des provinces, voir les lettres de M. Ferrand, intendant en Bretagne, 4 et 14 septembre, et du sieur le Bartz, ancien maire de Vannes, 11 septembre; une lettre du contrôleur général à M. Roujault, intendant à Poitiers, 15 novembre, et trois lettres à M. le Gendre, intendant à Montauban, 24 août, 1er septembre et 21 novembre.

Ce dernier intendant avait écrit, le 11 juillet et le 12 août, que la moisson était très mauvaise et les blés remplis d'herbes; que néanmoins, comme il restait cinquante mille sacs de blé vieux, cette récolte pourrait suffire au pays, et même fournir quelques ressources aux autres provinces, si l'on empêchait les Génois et autres étrangers de faire de trop grands enlèvements.

M. Roujault annonce, le 30 septembre, qu'il y a une demi-année de froment et deux tiers de menus grains; que, malgré la ressource de blés vieux assez abondants, les prix s'élèveront, surtout si la prochaine récolte prend mauvaise apparence vers Pâques et la Pentecôte; qu'autrement, comme une bonne année suffit pour nourrir la province pendant trois ans, on pourrait fournir, sans trop de scrupules, quelque chose aux généralités voisines; mais que, si l'on est obligé d'agir ainsi, il sera prudent de ne donner que des quantités peu considérables et d'éviter soigneusement tout ce qui pourrait provoquer des émotions populaires.

M. Turgot, intendant à Tours, annonce, le 31 juillet, que les récoltes de grains, auxquelles les herbes et l'humidité font un grand tort, seront sans doute d'un tiers au-dessous des récoltes de 1707; que celles de menus grains, de chanvres, de légumes, de fruits, de châtaignes et de noix, ainsi que celles de foin, ont été ou seront assez abondantes; que les vins, dont il y avait eu des récoltes extraordinaires les années précédentes, se vendent beaucoup plus pour en faire de l'eau-de-vie depuis que les propriétaires y trouvent un peu mieux leur profit.

---

88. *M. Lebret fils, intendant en Provence,*
au Contrôleur général.

29 Juin 1708; 5 Janvier et 28 Octobre 1709.

Conflits entre le nouveau maire alternatif et les consuls de Draguignan*.

* Voir une lettre du lieutenant général de la ville, 5 mai 1708, et une lettre du contrôleur général à M. Lebret, 13 novembre 1709. Un consul fut relégué à Béziers, un autre envoyé à cinquante lieues de Draguignan, pendant sept ou huit mois.

---

89. *Le Contrôleur général*
à M. le Rebours, intendant des finances.

1er Juillet 1708.

«Je reçois des avis qui peuvent faire craindre qu'on ne paye deux fois les intérêts d'une même assignation par la facilité que trouvent ceux qui en sont porteurs, et principalement les agents de change, d'en faire expédier des ordonnances sur les mémoires qu'ils donnent. Pour éviter cet inconvénient, je crois qu'il est à propos de renvoyer le détail de ces intérêts au sieur Hallée, et de n'en expédier les ordonnances, à l'avenir, que sur des mémoires certifiés de lui, afin que, toute cette affaire passant par une seule personne, on puisse toujours en avoir un compte exact et certain. S'il y avoit même quelques ordonnances de cette nature actuellement expédiées et qui n'eussent pas encore été délivrées, il seroit bon de les renvoyer au sieur Hallée.»

---

90. *Le Contrôleur général*
à M. de Harouys, intendant en Champagne.

1er Juillet 1708.

«L'élection d'un abbé pour l'abbaye de Pontigny devant se faire incessamment, Madame la Duchesse a souhaité que je vous fisse savoir qu'elle honore de sa protection dom Robinet, oncle d'un de ses aumôniers et le plus ancien religieux de cette abbaye. S. A. S. témoigne qu'elle sera très sensible aux bons offices que vous rendrez à ce religieux pour procurer son élection, et vous m'obligerez particulièrement en me mettant en état de rendre compte à cette princesse de votre attention pour sa recommandation*.»

* Dom Robinet ne fut pas élu. (Lettres de M. de Harouys, des 4 et 10 juillet.)

---

91. *M. Mansart de Sagonne, intendant à Moulins,*
au Contrôleur général.

1er Juillet 1708.

Il rend compte de la résistance opposée par les bouchers de Moulins à la perception des droits des inspecteurs des boucheries*.

* Au dos, de la main du contrôleur général: «Approuver ce qu'il a fait. Qu'il prenne des mesures justes, en cas qu'il survienne de nouveaux mouvements, pour s'assurer des mutins; qu'il observe, en prenant ses précautions, d'agir de manière qu'il ne paroisse aucune appréhension ni foiblesse.»

Des rébellions semblables empêchèrent l'établissement des droits dans le port de Lorient, et il fallut accorder une indemnité aux fermiers. (Lettre de M. Ferrand, intendant en Bretagne, avec pièces jointes, 5 août 1709.) M. Ferrand fit encore repousser en 1714 (lettre du 3 mars) une requête des habitants tendant à être déchargés des droits de boucherie, ainsi que des fouages ordinaires et extraordinaires.

Un privilège particulier d'exemption fut établi au profit des bouchers des munitionnaires et des hôpitaux de la marine. (Lettres de M. de Pontchartrain, secrétaire d'État, et de M. Ferrand, 13 février et 13 juin 1709.)

On proposa aux États bretons un abonnement pour le rachat de traité. (Lettres de M. Ferrand, des 14 mars et 16 juillet 1710, et de MM. le maréchal de Château-Renault et l'évêque de Saint-Malo, 24 mars 1710.)

A Caen, ce furent les soldats de la garnison qui résistèrent à la perception des droits: lettre de M. Voysin, secrétaire d'État, 10 décembre 1709.

A Paris, M. Bignon, prévôt des marchands, demanda, au nom du corps de ville, à rembourser le propriétaire des droits: lettre du 15 janvier 1714.

---

92. *Le Contrôleur général*
à M. de Bernières, intendant en Flandre.

2 Juillet 1708.

«Il m'est revenu, par les receveurs généraux des finances de Flandres, qu'en plusieurs occasions vous avez disposé, de votre seule autorité, des fonds de leurs recettes générales, et que vous prétendiez même, à l'avenir, d'en user de la même manière. J'en suis d'autant plus surpris, que vous ne devez pas ignorer qu'il ne vous est pas permis de disposer de ces fonds, qui ont tous leurs destinations pour le service du Roi, autant ou même plus pressées que celle sur laquelle vous vous fondez. En un mot, rien n'est plus contraire au service de S. M. que le dérangement que vous y apportez..... J'ai d'ailleurs toute l'attention nécessaire à faire fournir les fonds de l'extraordinaire des guerres, et, lorsque ceux destinés pour votre département ne s'y trouveront pas, c'est un détail qui ne me regarde point, et sur lequel vous devez vous adresser à M. Chamillart*.»

* M. de Bernières répond, le 11, que c'est pour le bien du Roi et

ayant en main l'autorisation de M. Chamillart, comme contrôleur général, qu'il a employé les fonds à la solde des troupes, qui, autrement, auraient fait du désordre et seraient passées à l'ennemi : « . . . . . Rien n'est si essentiel que de payer les prêts des troupes, et on ne peut répondre de rien toutes fois et quantes qu'ils manqueront; car comment voulez-vous que fasse un intendant qui a vingt ou trente mille hommes, plus ou moins, dans son département, lorsque les trésoriers généraux de l'extraordinaire des guerres n'y remettent aucuns fonds, s'étant souvent écoulé des mois entiers sans qu'ils y en aient remis? Et, de ma connoissance, nous sommes, actuellement, dans ce cas pour les départements de Lille et d'Ypres. J'ai soutenu le crédit du Roi plus qu'aucun autre; j'ai emprunté des sommes considérables en mon propre et privé nom; je suis épuisé et j'ai manqué de parole, parce que les trésoriers généraux m'en ont manqué. Souffrirai-je des émotions dans des places de guerre? Que dira-t-on, s'il en arrive, et quels mauvais inconvénients n'en peut-il pas naître? Cependant cela peut arriver tous les jours, si les trésoriers généraux ne remettent pas de quoi payer et si, en ce cas, il n'est pas permis de se servir de l'argent des recettes générales, que je vous dirai plus, qui ne seroit pas en sûreté chez les receveurs, si les troupes étoient plusieurs jours sans être payées et si elles voyoient cet argent transporté ailleurs. Ne seroit-il pas bien plus naturel que les receveurs généraux des finances s'accommodassent avec les trésoriers généraux de l'extraordinaire des guerres? Mais il faudroit, pour cela, que ces derniers eussent de la bonne foi avec eux, au lieu qu'ils en manquent tous les jours, comme ils font à l'égard de tout le monde : à quoi un mot de votre part peut remédier. Je ne mérite point de réprimande par les raisons que j'ai eu l'honneur de vous expliquer, dont toutes les troupes et toute la frontière sont témoins. . . . . »

Le 15, le contrôleur général réplique : « . . . . . Sur ce qui regarde le fonds des caisses de la recette générale de Flandres, . . . vous n'êtes pas ordonnateur de ces fonds, et, [en] aucun cas, vous n'avez autorité d'en disposer. . . . . Comme contrôleur général des finances, je fais tous les fonds pour les dépenses des troupes; ils sont remis entre les mains du trésorier de l'extraordinaire des guerres : après quoi, je n'entre plus en connoissance de ce que deviennent ces fonds. . . . . »

Le 6 juillet, il écrit de même à M. Trudaine, intendant à Lyon : « Je fais réponse moi-même à votre lettre du 30. Je vous dirai d'abord que rien n'est plus essentiel, pour établir un ordre utile et nécessaire, que de ne prendre jamais aucuns fonds dans les caisses royales. Je ne puis m'en départir sans exposer à une confusion capable de tout renverser. Les fonds des caisses n'en doivent sortir que pour les destinations faites par le contrôleur général pour acquitter les dépenses ordonnées par le Roi. C'est un principe que je soutiendrai avec une fermeté inébranlable. Je conviens qu'il peut arriver des besoins pressants, et je n'ignore pas que les fonds nécessaires pour l'armée du Dauphiné ne sont pas remis avec toute l'exactitude qui seroit à désirer. . . . . »

Mêmes lettres, ou analogues, à M. Lebret, intendant en Provence (10 juillet), à M. le Blanc, intendant en Flandre maritime (23 et 27 juillet), à M. de Bâville, intendant en Languedoc (28 juillet). Cependant il écrit à M. de Rancy, receveur général en Flandre, le 27 juillet : « . . . . . Il est néanmoins à propos, dans un temps aussi difficile, et où l'on ne peut pas toujours agir avec le même ordre qu'on observeroit dans un temps paisible, que vous écriviez à vos commis en Flandre de s'accommoder avec ceux du trésorier de l'extraordinaire des guerres : ce qui peut se faire avec d'autant plus de facilité que tous les fonds de votre recette générale lui sont assignés. »

M. le Blanc répond, le 4 août, qu'il suffira de lui donner une permission de faire convenir le commis de l'extraordinaire des guerres avec la recette générale : « Si, dans ce commencement, vous avez trouvé quelque difficulté de ma part, je vous demande en grâce de considérer que, le jour que je suis arrivé ici, je me suis trouvé chargé de tous les débris de l'affaire d'Oudenarde, ayant deux mille soldats et un nombre infini d'officiers dépouillés par les ennemis, qu'il a fallu habiller et faire subsister, aussi bien que les troupes que l'on a jetées dans cette place, beaucoup de blessés dont il a fallu prendre soin, l'armée ennemie qui nous environne, et qui, pouvant faire le siège, m'a obligé de faire les provisions et toutes les dépenses nécessaires pour le soutenir, des convois considérables à faire passer à l'armée de Mgr le duc de Bourgogne, à laquelle il a fallu même envoyer quelque argent, parce qu'ils manquoient du nécessaire au commencement, M. de Bernières ne pouvant leur rien faire passer. Dans cet état, il est bien difficile de se tenir dans une règle exacte, puisque, quand même M. de Chamillart m'auroit envoyé des fonds, je ne pouvois les recevoir. »

---

93. *M. de Bouville, intendant à Orléans,*
au Contrôleur général.

3 Juillet 1708.

Il demande, si la chose peut s'éviter, que l'abbé de Saint-Mesmin ne soit pas autorisé à couper les allées de son abbaye, qui sont un ornement pour celle-ci et un lieu de promenade pour les Orléanais.

---

94. *M. Lebret fils, intendant en Provence,*
au Contrôleur général.

3 Juillet, 16 et 25 Novembre, 13 Décembre 1708.

Il propose que les communautés qui sont contraintes d'avancer des sommes d'argent aux régiments non payés de leur prêt par l'extraordinaire de la guerre puissent convertir les reçus en billets de l'extraordinaire des guerres et faire accepter ces billets aux traitants par qui elles sont poursuivies, ou bien qu'elles soient remboursées par le commis de l'extraordinaire *.

* Le 5 décembre, le contrôleur général lui écrit : « . . . . . Les deux régiments de dragons qui sont en Provence [ont] commencé, en arrivant dans leurs quartiers, par se faire fournir par les communautés le prêt, qui monte environ à 20,000 écus par mois. Je ne puis vous dissimuler que le Roi a été fort surpris que vous ayez souffert que les officiers des troupes prennent la licence de se faire payer sur les fonds qui lui appartiennent, ou à la province, avant que la destination en eût été faite, et que le premier mouvement de S. M. a été de vous en faire connoître tout son mécontentement. . . . . »

Le contrôleur général écrit, le même jour, à M. Chamillart, secrétaire d'État de la guerre : « . . . . . Si les officiers des troupes, outre le fourrage, le bien-vivre et tout ce qu'ils tirent des sujets du Roi pendant le quartier d'hiver, prennent de leur autorité les deniers du Roi dans les provinces, sous le prétexte de se faire fournir le prêt par les communautés, je crois que c'est le comble de la licence et le moyen d'abîmer les provinces, qui ne peuvent fournir à tant de charges. Je crois que les officiers qui se sont donné cette autorité mériteroient d'être punis, et que des exemples, en quelques occasions, conserveroient plus de discipline dans les troupes. . . . . »

Voir deux autres lettres de M. Lebret, 20 mars et 16 août 1709.

95. *Le Contrôleur général à M. Daguesseau, conseiller au Conseil royal.*

5 Juillet 1708.

«Les maire, échevins et négociants de la ville de la Rochelle m'ont écrit plusieurs lettres pour avoir la liberté de nommer au Conseil de commerce un autre député que le sieur Héron. Ils font bien des plaintes de la négligence avec laquelle il traite les affaires qui regardent le commerce de leur ville; ils ajoutent une raison plus pressante, qui est que, les octrois de leur ville étant extrêmement chargés, ils ne sont plus en état de continuer le sieur Héron, ni de lui payer les appointements de 6,000# qu'ils lui avoient réglés lorsqu'ils le députèrent en exécution de l'arrêt du 29 juin 1700, et ils prétendent qu'ils pourroient trouver un député qui se contenteroit de 3,000# d'appointements. Outre toutes ces raisons, il est certain qu'aux termes de l'arrêt de 1700, ils ont la liberté de choisir un député. Je n'ai pas cru devoir répondre à leur lettre sans vous en avoir donné part et vous demander votre avis. Je crois que vous penserez, comme moi, qu'on ne peut leur refuser d'user de la liberté qu'ils ont de nommer un autre député*.»

* Voir les lettres de M. Bégon, intendant à la Rochelle, des 21 juin et 28 juillet. Le contrôleur général lui écrit, le 18 juillet : «[Le sieur Héron] a beaucoup travaillé au projet du nouveau tarif, lequel n'est pas encore achevé, et, comme il est plus instruit qu'un autre, il ne convient pas de le renvoyer présentement ; quand l'ouvrage sera achevé, on pourra le renvoyer à la Rochelle.....» En 1710, le maréchal de Chamilly ayant transmis, le 1er juin, une nouvelle requête, le contrôleur général répond, le 24, que Héron est prêt à partir pourvu qu'on lui paye ses appointements en retard. Le 21 octobre suivant, M. de Beauharnais, successeur de M. Bégon, renvoie, avec avis favorable, un placet des maire et échevins de la Rochelle, demandant à ne pas donner de successeur à Héron et à employer les fonds destinés pour les frais de la députation à la construction d'un corps de casernes pour les officiers de la garnison, dont le logement est fort à charge à la ville. «Il est certain, dit-il, que, dans une ville de commerce comme la Rochelle, il convient à tous égards que les troupes et les officiers qui les commandent soient dans un quartier séparé : ce qui éviteroit une infinité de plaintes et de discussions, et contenteroit tous les habitants de cette ville, qui croient qu'il leur est plus avantageux de consommer les deniers d'octroi dans un fonds utile, que de les employer à une députation infructueuse et qui ne leur paroît plus de saison.....»

Voir, au sujet du payement des appointements arriérés dus au sieur Fénellon, député du commerce de Bordeaux, les lettres du 11 septembre 1708 à M. de la Bourdonnaye et aux jurats de Bordeaux.

Le 1er septembre 1708, le contrôleur général envoie permission au sieur Pion, député de la ville de Nantes, d'aller dans cette ville, mais à condition de n'y rester que le temps nécessaire pour finir ses affaires, et de revenir au premier avis.

96. *Le Contrôleur général à Mme de Leuville.*

6 Juillet 1708.

«M. de Coulanges m'a rendu la lettre que vous m'avez fait l'honneur de m'écrire. Je ne vois pas d'apparence à un assez grand changement dans les intéressés aux fermes générales pour pouvoir vous promettre de lui donner une place au préjudice de plusieurs personnes à qui on en a promis, et je crois qu'en attendant il ne peut mieux faire que d'entrer dans les traités de finances qui se feront. Lorsque j'aurai l'honneur de vous voir, je vous expliquerai quelques détails par rapport à ce qui le regarde : cependant, je vous supplie d'être toujours persuadée de la vive attention pour tous ceux auxquels vous prenez quelque intérêt*.»

* Voir deux lettres du 27 décembre suivant, à M. de Pontchartrain, secrétaire d'État de la marine, et à M. de Coulanges, sur le peu d'assiduité que celui-ci montrait dans ses fonctions comme commis de l'amirauté de Saint-Malo.

97. *Le Contrôleur général à M. Pajot, contrôleur général des postes.*

6 Juillet 1708.

«Je vous prie de faire venir deux fois la semaine l'imprimé d'Amsterdam qui fixe le change de toutes les places de l'Europe, et de me l'envoyer avec les gazettes de Hollande.»

98. *Le Contrôleur général à M. Ravat, prévôt des marchands de Lyon.*

9 et 10 Juillet 1708.

Avis que tout commerce va être interdit avec la Savoie, mais qu'on accordera cependant des passeports aux négociants non suspects qui demanderont à venir à Lyon, pourvu qu'ils donnent caution et s'engagent expressément à venir en personne*.

* Pour les précautions à prendre contre l'abus de ces passeports, voir une lettre du 9, à M. Chamillart, secrétaire d'État.

Sur la reprise du commerce avec le Piémont, voir une lettre de M. Ravat, du 10 juillet, accompagnée d'une lettre de M. Chamillart, du 13, et de deux lettres du même à M. d'Angervilliers, en date des 4 janvier et 24 février de l'année 1707.

Le 26 février 1709, M. d'Angervilliers appuie une demande en mainlevée d'une saisie de deniers indûment faite sur un marchand allant de Grenoble à Chambéry. «La Savoie, dit-il, étant au Roi, il y a une nécessité de commerce d'une province à l'autre qui semble exiger, à cet égard, quelque relâchement sur la rigueur de la défense de sortir des espèces du royaume. Je ne sais même si l'on peut regarder la Savoie, dans le temps présent, comme pays étranger.....»

99. *Le Contrôleur général à M. de Pontchartrain, secrétaire d'État de la marine.*

11 Juillet 1708.

«J'ai rendu compte au Roi du nouveau mémoire que vous m'avez adressé, par lequel la Noue propose de faire revenir à S. M. une somme de 100,000# d'un traité dans lequel il a eu intérêt, moyennant que sa liberté lui soit rendue après le payement de moitié de cette somme. S. M. n'a point voulu entrer dans cette proposition, et elle a témoigné qu'elle n'en écouteroit aucune pour rappeler la Noue des galères.»

100. *Le Contrôleur général au sieur Noette, inspecteur des manufactures à Beauvais.*

12 Juillet 1708.

«Les négociants qui envoient en Espagne et aux Indes les bayettes et les sempiternes qu'ils font fabriquer dans la manufacture de Boufflers ont représenté que le nom de Boufflers qui se met au chef de ces étoffes en rend la vente plus difficile, parce que cela fait connoître aux peuples qui sont accoutumés aux étoffes d'Angleterre que celles que l'on leur envoie n'en sont pas, et qu'elles proviennent des fabriques de France, qui ne sont pas encore bien formées pour ce travail. Ces mêmes négociants ont demandé, pour favoriser la vente des étoffes de Boufflers, que les entrepreneurs de cette manufacture soient dispensés de l'observation des règlements à cet égard, et qu'ils ne soient point obligés de mettre le nom de fabrique au chef des pièces de ces deux sortes d'étoffes, mais seulement la première lettre, c'est-à-dire un *B*. Vous examinerez s'il n'y auroit point d'inconvénient à accorder cette dispense, qui n'a point encore été demandée par les marchands de Beauvais qui font faire des étoffes de semblables qualités dans la ville de Beauvais, pour la fabrication desquelles les drapiers et les sergers de Beauvais observent tout ce qui est prescrit par les règlements. Vous vous informerez d'eux si la connoissance que les Espagnols ont eue que les étoffes des fabriques de Beauvais qu'ils leur ont envoyées étoient des manufactures de France a empêché leur commerce et la vente de ces mêmes étoffes, et si, en les déguisant, la vente en seroit plus facile et plus avantageuse. Vous examinerez aussi s'il ne seroit pas à craindre qu'à la faveur de cette dispense on ne fît venir en fraude des étoffes fabriquées en Angleterre, que l'on feroit passer en Espagne pour des étoffes de Boufflers en y ajoutant un *B*. Vous m'envoierez ces éclaircissements le plus tôt qu'il vous sera possible*.»

* La permission ne fut accordée que pour les bayettes et sempiternes. Des étoffes pareilles, qui se fabriquaient en Béarn, étaient fort appréciées des Espagnols. (Lettres du 24 juillet et du 22 août.)

M. Bignon de Blanzy, intendant à Paris, rend compte, le 25 avril 1710, de la situation de la manufacture de Boufflers : «Quarante métiers travaillent actuellement; il pourra y en avoir davantage dans un temps plus favorable. Les étoffes sont d'une très bonne qualité. On ne faisoit d'abord que des serges façon de Londres; mais, le débit en étant devenu difficile, l'entrepreneur a préféré d'y faire fabriquer des sempiternes, qui réussissent bien; presque tout ce que l'on y fait est destiné pour la compagnie de Saint-Domingue, qui les fait passer dans les pays étrangers, où elles sont autant estimées que celles d'Angleterre.....»

101. *Le Contrôleur général à M. Delafons, procureur général en la Cour des monnaies de Paris.*

12 Juillet 1708.

Il ordonne la conversion d'anciens billets de monnaie saisis en billets des receveurs généraux des finances, pour éviter qu'ils ne rentrent dans la circulation.

102. *M. Turgot, intendant à Tours, au Contrôleur général.*

12 Juillet 1708.

«Je me conformerai, en exécution de votre lettre du 9 de ce mois, à ce que vous nous faites l'honneur de nous marquer des intentions de S. M. pour avoir relation directe avec MM. les directeurs des finances pour les affaires de leurs départements dont nous serons instruits, et pour conserver la relation que nous avons l'avantage d'avoir avec vous pour les affaires générales, comme impositions, état de la récolte, prix des grains, et autres qui ne seront pas de leurs départements ou qui mériteront que vous en ayez directement connoissance; et je m'étudierai, dans les commencements, à me conformer de mon mieux à ce nouvel ordre.»

103. *Le Contrôleur général à M. le Camus, lieutenant civil à Paris.*

12 et 26 Juillet 1708.

Ordre de faire remettre au curé de l'église Saint-Sulpice, pour les pauvres, la succession vacante par droit d'aubaine d'un jeune Turc qui avait élevé dans la religion chrétienne, et qui est mort prisonnier de guerre en Allemagne*.

* Voir une lettre de M. Lebret fils, intendant en Provence, sur l'aubaine d'un gentilhomme messinois, 13 juillet.

104. *M. Lebret fils, intendant en Provence, au Contrôleur général.*

12 Juillet 1708; 21 Janvier, 15 et 28 Mars, 7 Octobre 1709; 9 et 13 Janvier, 6 Février et 13 Juillet 1710; 21 Juillet 1711; 14 Janvier, 29 Avril et 10 Août 1714.

Travaux de fortification ou de surveillance aux salins d'Hyères, et réparation des dommages causés par les ennemis ou par les faux-sauniers*.

* Voir les lettres des maire et consuls d'Hyères, en date des 4 août 1708 et 2 janvier 1709; du comte d'Artagnan, 12 février et 24 mars 1709; du contrôleur général à M. de Pontchartrain, 26 février 1709, et réponse de M. de Pontchartrain, 8 mars 1709; du comte de Grignan, 12 et 31 janvier 1710, 22 juillet 1711; de M. de Chalmazel, commandant à Toulon, 9, 16 et 19 janvier 1710; du chevalier Bernard, commandant à Hyères, 21 et 31 mars 1709, 10, 11, 15 et 23 janvier, 2 février, 26 avril, 20, 21 et 27 mai, 27 juin 1710, 19 juillet et 9 septembre 1711, etc.

105. *Le Contrôleur général à M. Amelot, conseiller d'État, ambassadeur extraordinaire en Espagne.*

15 Juillet 1708.

Nouvelles de la guerre d'Espagne et des arrivages de matières métalliques.

«J'ai trouvé dans votre paquet une lettre du sieur de Quenneville, qui demande des rentes pour les 10,000# qu'il a payées pour un brevet de traitant général. Ceux qui sont dans le même cas m'ont demandé d'ajouter 6,000# aux 10,000# qu'ils ont payées, pour avoir des rentes au denier seize. Cela s'est fait volontairement de leur part et sur leur réquisition; et comme le sieur de Quenneville ne paroît ni en état ni en volonté de faire la même chose, on lui donnera des rentes au denier vingt pour les 10,000# qu'il a payées*.»

* M. Clautrier (?) écrivait, le 11 juin précédent, au sieur Claveau, directeur des fermes à Valence : «.....[M. Desmarets] a décidé que tous ceux qui ont financé pour des brevets seront tenus de faire un supplément de finance pour convertir celle des brevets, du denier vingt porté par l'édit, au denier seize, chacun à proportion de ce qu'il a payé : en sorte que vous, qui avez payé 20,000#, devez faire un supplément de 12,000#, pour faire en tout 32,000#, qui produiront, au denier seize, 2,000# de rentes.»

106. *M. de Bâville, intendant en Languedoc, au Contrôleur général.*

15 Juillet 1708.

Tableau et mémoire relatifs au projet d'établissement d'une manufacture de tabac à Tonneins et à Clérac*.

* Le 18 juin précédent, M. de la Bourdonnaye, intendant à Bordeaux, avait envoyé ce mémoire : «Il se recueille du tabac dans dix-sept jurisdictions de la généralité de Bordeaux, qui produisent, année commune, cinquante ou soixante mille quintaux. Il y a quatre sortes de fabriques : l'une, de feuilles suées, pour les fermiers, qui se portent ordinairement à Morlaix, à Dieppe et autres lieux, dans des tonneaux d'environ huit à neuf cents pesant; la seconde, du tabac sans côtes, qui est de deux espèces : l'une, du prin ou briquet, qui se consomme dans la Guyenne et à la Rochelle; l'autre, de gros tabac pressé, qui se consomme, outre ces deux provinces, dans celles de Languedoc, de Provence, et en Italie; la troisième, de tabacs expresses, inférieurs à ceux ci-dessus; ils se filent comme le briquet, et on le charge pour l'Italie. La quatrième est du tabac commun, dont il se fait une grande quantité; on y emploie la moitié de la récolte : ce tabac va presque tout en Italie. On assure que la qualité des tabacs de Guyenne est très bonne, et que les Italiens les préfèrent à tous les autres, et l'on ne voit de difficultés, pour établir à Tonneins et à Clérac des manufactures considérables, qu'en ce qu'on risque beaucoup lorsqu'on veut transporter les tabacs en feuilles d'un lieu à un autre. La fabrique s'en fait dans la mauvaise saison : si ces feuilles étoient surprises en chemin par le mauvais temps, elles se gâteroient infailliblement, ce qui fait qu'on ne peut guère compter de faire transporter en feuilles dans un lieu ou deux les tabacs qui se recueillent dans quinze lieux différents. Le sieur du Clos avoit établi à Tonneins, il y a sept à huit ans, une manufacture de tabac à la manière de Brésil : son entreprise a échoué. Il seroit bon, si on en faisoit une nouvelle, d'éviter les inconvénients qui ont empêché celle-là de réussir.»

Le 25 octobre, le contrôleur général recommande à M. Maynon, pour le bureau de tabac de Tonneins, un protégé du duc de Lauzun.

107. *M. d'Angervilliers, intendant en Dauphiné, au Contrôleur général.*

18 Juillet 1708.

«Il y a très longtemps que la ville de Vienne souffre du continuel logement de troupes auquel elle est exposée. Sur les instances réitérées de M. l'archevêque et des magistrats, j'y ai fait, depuis peu, deux voyages. J'ai trouvé que, par l'abandonnement de plusieurs habitants, les faubourgs sont presque déserts, et que beaucoup de maisons, dans l'enceinte de la ville, restent sans être louées. Il passe au milieu de cette ville une rivière, nommée le Gère, qui ne gèle ni ne tarit jamais. Cette commodité avoit donné lieu à des établissements très florissants de toutes sortes d'artifices et manufactures, comme de laines, d'épées, d'ancres de vaisseaux, de couteaux, de moulins à papier, à soie et à draps; mais la plupart ont été abandonnés par le manque d'ouvriers, que le logement de gens de guerre éloigne, et ce qui reste de ces artifices ou manufactures languit absolument. Comme la ville de Vienne est la plus considérable, après Grenoble, de la province de Dauphiné, et se trouve dans une situation très favorable pour le commerce, j'ai cru devoir donner attention aux moyens qui m'ont été proposés par les trois ordres de cette ville pour ôter la source du mal, c'est-à-dire le logement des gens de guerre. Je les ai écoutés d'autant plus volontiers, que les expédients dont il s'agit peuvent être mis à exécution sans qu'il en coûte rien à S. M.

«Les ecclésiastiques, les nobles et les bourgeois qui composent la ville de Vienne se sont assemblés en la forme ordinaire, les 10 février et 4 mai de la présente année. Ils ont délibéré de supplier S. M. de faire construire un corps de casernes pour loger toutes les recrues et régiments qui passeront en cette ville, ou qui y seront en quartier. La dépense de la construction des casernes est estimée 90,000# suivant les plans et devis qui en ont été dressés par le sieur Duplessis, ingénieur chargé de la direction des ouvrages publics de ce département. Il faudra, de plus, un ameublement, qui consiste aux lits et ustensiles nécessaires pour la commodité des officiers et soldats; on prétend que cet ameublement coûtera 30,000# au moins. Cette dépense, jointe à celle de la construction, monte à la somme de 120,000#. Les trois ordres de la ville de Vienne offrent d'y contribuer de la moitié, et, pour cet effet, demandent à S. M. de leur permettre de lever, pendant quatre années, à commencer au 1er septembre prochain, 10 s. sur chaque charge de vin, tant du cru des habitants qu'étranger, qui entrera dans la ville pour y être consommé, soit par les ecclésiastiques, nobles ou roturiers. On estime la consommation de vin qui se fait dans cette ville à trente mille charges par an, et que le produit du droit, sur le pied de 10 s. par charge, sera, déduction faite de tous frais, de 10,000# chaque année : ce qui fera, en quatre ans, la somme de 40,000#.

«L'on propose, de plus, qu'il plaise à S. M. d'accorder le

doublement du droit de pontonnage. Ce droit consiste en 2 s. sur chaque charge de quatre quintaux des marchandises qui passent dans la ville de Vienne, soit par terre ou par eau. La ville en jouit de temps immémorial, au moyen des lettres patentes que S. M. en accorde tous les neuf ans; les dernières sont du 13 octobre 1700, et voici le temps que la ville en doit demander à S. M. le renouvellement. Ce droit est affermé 6,000# et fait partie des octrois. Si le doublement est accordé, on espère tirer de l'augmentation au moins 5,000# par an: ce qui feroit 20,000# en quatre années. Cette somme, jointe à celle [de] 40,000# du nouveau droit sur le vin, produira les 60,000# dont la ville offre de contribuer pour la construction et ameublement des casernes.

«Il me paroît, à l'égard du droit sur le vin, que, comme il n'intéresse que les habitants de la ville de Vienne, qui offrent de le lever sur eux-mêmes, il ne peut y avoir aucun inconvénient de leur en accorder la permission. Je crois même devoir faire ici une réflexion: c'est que rien ne prouve tant l'état pressant où se trouve cette ville, que le consentement donné par les ecclésiastiques et les nobles d'être assujettis au payement de ce droit, quoique, par leur condition, ils soient exempts du logement de gens de guerre. Il est vrai qu'il y a eu quelqu'opposition de la part du Chapitre de Saint-Pierre de cette ville, et il en est fait mention dans la délibération; mais M. l'archevêque de Vienne a fait voir, dans cette occasion, tant de charité pour son peuple, que, par son exemple et ses discours, il a enfin déterminé Messieurs de Saint-Pierre, aussi bien que tous les autres membres du clergé, à donner leur voix à l'établissement du droit. Ils se sont seulement restreints à demander que, dans l'arrêt qui interviendra, il soit expressément porté qu'après le terme fixé, ce droit ne pourra être continué sous quelque prétexte que ce soit, et que le consentement que le clergé donne dans cette occasion ne pourra jamais être tiré à conséquence pour d'autres impositions. Je puis vous assurer qu'avec cette réserve, qu'il est juste d'accorder, l'établissement du droit sera fait sans aucune contradiction, et même avec applaudissement de la part du peuple par rapport à la destination du fonds qui en proviendra.»

Quant au doublement du droit de pontonnage, le commerce de Lyon, qui, seul, pourrait s'en plaindre, est directement intéressé à ce que la ville de Vienne se rétablisse, et il ne pourra se plaindre d'une surcharge minime.

Pour parfaire la seconde moitié de la dépense des casernes, on demande qu'il soit prélevé, pendant cinq ans, une somme de 12,000# sur celle de 50,000# que le Roi accorde chaque année à la province, comme diminution sur les tailles, en exécution de l'édit de la revision des feux. Il semble de toute justice que la province contribue à une mesure dont elle ressentira les effets, de même qu'elle a fourni 160,000# pour la construction d'une nouvelle église à Briançon*.

* Ces propositions furent approuvées. Il semblait préférable, comme le porte l'apostille autographe du contrôleur général, d'acheter des maisons à bon marché, au lieu de construire des casernes; mais on n'en trouva point qui convinssent. (Lettre du contrôleur général à M. l'archevêque de Vienne, 15 octobre; lettres de M. d'Angervilliers et de l'archevêque au contrôleur général, 18 septembre et 7 octobre.) Malgré l'opposition de la ville de Lyon (lettres de M. Trudaine, intendant, et de M. Ravat, prévôt des marchands, 5 avril 1709), l'adjudication des droits eut lieu (lettres de M. d'Angervilliers, 17 mars, 7 juin et 6 septembre 1709). Le 2 février 1713, le contrôleur général écrit à l'intendant que, pour achever la construction, il faudrait que le clergé consentît à la continuation du droit de 10 s. par charge de vin.

A la fin de 1710, M. de Bernage, intendant à Amiens, propose de faire construire à Doullens des écuries pour loger la cavalerie, et de couvrir les frais par une nouvelle levée sur les entrées et sur le détail des boissons (lettre du 19 novembre 1710). Un arrêt est expédié en conséquence le 25 novembre.

---

108. *M.* de Bernage, *intendant à Amiens,* au Contrôleur général.

20, 23 et 29 Juillet, 4 et 12 Août 1708.

Invasion des ennemis.

(*4 août.*) «J'ai l'honneur de vous envoyer la copie du traité de contribution de l'Artois et de quelques articles subséquents. Il en coûtera à cette province plus de 1,800,000# en argent, sans compter les pillages, l'incendie et les fourragements que l'armée des ennemis y a faits. Ils vouloient aussi tirer trente mille sacs de blé de contribution; mais je m'y suis formellement opposé, alléguant que les paysans avoient réfugié presque tout leur blé dans les villes et places, et que le Roi ne permettroit pas qu'ils en sortissent. Ils ont été obligés de se relâcher de cet article. Vous aurez su sans doute qu'ils ont fait une course jusqu'aux portes de Doullens, où ils ont brûlé le faubourg, et quelques villages de Picardie; mais, comme ils se sont retirés dans leurs camps de Werwick et Warneton, nous espérons qu'ils ne reviendront plus.

«.....J'avois fort excité les députés des États à ne consentir qu'à l'extrémité aux dures conditions des alliés, et je leur avois même conseillé de quitter le camp, si les ennemis s'obstinoient à cette rigueur, étant persuadé qu'ils ne vouloient que tirer de l'argent de cette province, et non pas la détruire; mais la terreur qu'inspire une menaçante armée au milieu d'un pays où ceux qui vont traiter avec elle ont toutes leurs maisons et leurs terres, ne leur a pu permettre de courir risque de voir le fer et la flamme accompagner leur retraite..... Il seroit bien à désirer qu'on pût faire une compensation de la contribution de l'île de Cadsand et des autres pays où les armes de S. M. auront pu l'établir, avec celle d'Artois*.....»

* Pour se procurer le million destiné au payement de cette contribution, les États imposèrent un droit de 15 s. par tonneau de forte bière et de 5 s. par tonneau de petite (lettre du 5 septembre). De plus, ils cherchèrent à faire un emprunt à Paris et demandèrent la permission d'y envoyer des affiches; mais M. d'Argenson s'opposa à un affichage qui pouvait inquiéter la population sur l'état des provinces envahies, et estima qu'il devait suffire de distribuer des exemplaires aux syndics des notaires et aux principaux agents de change (lettre de M. d'Argenson, 20 octobre).

---

109. *M. Lebret fils, intendant en Provence,*
au Contrôleur général.

21 Juillet 1708.

Il réfute un mémoire anonyme qui propose, pour aider les communautés à acquitter leurs dettes et les particuliers à payer leur capitation, de permettre de retenir le quint de l'intérêt payé aux créanciers.

---

110. *M. Trudaine, intendant à Lyon,*
au Contrôleur général.

21 Juillet, 21 Août, 27 et 28 Octobre, 18 Décembre 1708.

Il se plaint du transport des espèces en Suisse, en Espagne ou en Italie, et expose quelles sont ses raisons pour ne pas accorder de passeports d'argent aux négociants étrangers, et de quels moyens il se sert pour éluder leurs réclamations*.

* Voir encore les lettres des 12 janvier, 14 et 23 juillet 1709, 12 janvier 1710, etc.

Le 31 octobre 1708, le contrôleur général lui répond : «Vous ne déférez pas aux avis des négociants de Lyon qui proposent l'augmentation du prix des monnoies pour empêcher le transport..... Vous avez raison de croire que le remède seroit pire que le mal, et que le seul moyen [est] d'augmenter notre commerce et de procurer le débit de nos marchandises.....»

On ne permit aux Suisses de remporter que des petites espèces en payement des marchandises qu'ils venaient vendre en France. (Lettres de M. de Torcy, secrétaire d'État des affaires étrangères, 2 septembre 1708, 3 avril 1709 et 24 décembre 1711.)

Vanrobais, d'Abbeville, ayant été accusé de faire des exportations considérables, il fut répondu qu'il ne faisait sortir que ce qu'il fallait pour les besoins de son commerce. (Lettre de M. de Pontchartrain, secrétaire d'État, 5 septembre 1708, avec apostille.)

Le 26 décembre 1708, M. le Gendre, intendant à Montauban, se plaint aussi que tout l'or soit transporté à Genève. M. le Guerchoys, intendant en Franche-Comté, rend compte également des exportations frauduleuses faites en Suisse, et des mesures inutilement prises pour y remédier. (Lettres des 8 septembre 1708, 12 janvier, 18 et 28 mars 1710.)

---

111. *M. Lebret fils, intendant en Provence,*
au Contrôleur général.

23 Juillet 1708.

Il rend compte de l'adjudication de la ferme de la boucherie à Marseille, et propose d'en continuer le bail par un arrêt du Conseil, aux conditions précédentes, qui sont très avantageuses pour la ville*.

* Voir, sur la même ferme, ses lettres des 14 février et 26 avril 1709, et 6 novembre 1711; les lettres des maire et échevins, 3 et 10 juin 1711; une lettre du subdélégué Rigord, 31 juillet 1712.

---

112. *Le Contrôleur général*
à M. de Bouville fils, intendant à Alençon.

24 Juillet 1708.

«La foire de Guibray étant une des plus considérables du royaume, il est important que les draps et autres étoffes et les toiles des manufactures du royaume qui y seront portées soient exactement visitées, pour connoître si elles sont des qualités prescrites par les règlements. Il est nécessaire aussi que l'on soit assuré qu'il n'y sera exposé aucune marchandise venant des pays étrangers dont l'entrée et la consommation dans le royaume sont prohibées. Je donne ordre aux deux inspecteurs des manufactures de votre département et aux deux inspecteurs de la généralité de Caen de s'y rendre quelques jours avant l'ouverture de la foire, pour faire les visites accoutumées, et de vous informer de l'état où ils trouveront toutes choses. Vous y donnerez, de votre part, toute l'attention que vous pourrez, et vous les aiderez de votre protection dans les occasions où ils en auront besoin pour bien remplir les fonctions de leurs emplois. Vous prendrez ensuite, s'il vous plaît, la peine de m'envoyer votre sentiment sur les observations qu'ils auront faites et qu'ils vous remettront sur l'état des marchandises qui seront apportées à cette foire*.»

* Lettres du même jour aux sieurs de la Fosse, Boréo, Bocquet et Niort, inspecteurs des manufactures. — M. de Bouville, en envoyant, le 14 septembre, l'état des marchandises apportées à la foire, dit : «.....Je puis vous assurer qu'il y avoit longtemps qu'on n'avoit vu à cette foire autant d'argent rouler dans le commerce. Tout s'y est vendu, et presque généralement payé comptant. On a attribué cela au décri qui avoit été indiqué au 1er septembre.»

---

113. *Le Contrôleur général*
à MM. Phélypeaux et de Bouville fils, intendants
à Paris et à Alençon.

24 Juillet, 14 et 15 Août 1708.

Exemption des tailles accordée aux employés des fabriques de dentelles du sieur Mathieu Guiard, marchand mercier à Paris*.

* Voir la lettre écrite par M. Phélypeaux, le 10 août.

Autre lettre, du 23 mai 1713, à M. Bignon de Blanzy, successeur de M. Phélypeaux, sur une réclamation faite en faveur du dessinateur de la même fabrique.

Le 22 juin 1714, M. d'Argenson rend compte d'un procès soutenu par Guiard contre ses associés de la manufacture d'Argentan.

---

114. *Le Contrôleur général*
au marquis de la Fare,
capitaine des gardes de S. A. R. Monsieur.

25 Juillet 1708.

«J'ai écrit à M. Bellanger comme vous l'avez souhaité, et je souhaite fort qu'il puisse faire trouver l'argent dont vous avez besoin. L'affaire proposée par Mme du Bois est grande et difficile, et la confiance qu'elle a eue d'un succès certain de sa proposition ne me rend pas plus hardi à l'entreprendre. Ainsi, je vous prie, dispensez-moi de proposer une matière sur laquelle on ne sauroit faire trop de réflexion, et qu'il est même très dangereux d'introduire.

«Vous m'avez écrit en faveur du sieur de la Combe, qui souhaite d'entrer dans les traités: il seroit bon qu'il se lie avec ceux qui proposent les affaires, parce que, ne pouvant, quant à présent, penser à autre chose qu'à en rendre l'exécution bonne et sûre, je laisse à la compagnie la liberté de choisir les sujets qui sont bons et qui lui conviennent, et je me réserve seulement celles qui ne pourroient pas convenir.»

---

115. *Le Contrôleur général à M. d'Argenson, lieutenant général de police à Paris.*

25 Juillet 1708.

«On m'a donné avis que la création des cinquante charges de jurés-contrôleurs de fruits à Paris fait beaucoup murmurer. J'avoue que j'ai fait cette affaire avec répugnance, et que je ne m'y suis déterminé que sur vos mémoires, qui m'ont persuadé que cet établissement pouvoit être fait sans appréhender aucun inconvénient. Si cependant l'affaire est aussi onéreuse au public qu'on le publie, il seroit peut-être à propos d'en suspendre l'établissement. C'est à vous, qui en avez une parfaite connoissance et qui voyez de plus près les mauvais effets qu'elle peut causer, à juger s'il y auroit lieu d'y faire quelque changement. Je vous prie d'y donner une attention particulière, et de me donner les avis que vous croirez convenables pour prévenir tout inconvénient *.»

* M. d'Argenson répond, le jour suivant, que l'établissement des nouveaux officiers s'est fait sans opposition, et il expose les raisons qui lui en ont fait proposer la création, mais demande que l'on substitue aux visites chez les commerçants des déclarations volontaires, avec des facilités pour payer le demi-droit au traitant.

Voir, aux 30 septembre et 16 octobre suivants, ses rapports sur des projets de création d'autres officiers de police: «Il seroit fort à désirer en général que [les créations] qu'il vous plaira d'ordonner sur Paris se rédnisissent en fermes, et ne fussent pas attachées à des offices qu'on ne vend jamais qu'à vil prix ou à des titulaires supposés. Le Roi tireroit, par ce moyen, une augmentation de revenus sans aucun retranchement, et le public pourroit espérer que la paix l'affranchiroit un jour de ces nouvelles redevances; au lieu que des créations d'offices héréditaires et perpétuels ne lui laissent aucune espérance à cet égard. Après cette respectueuse remontrance, que je vous supplie de pardonner à mon zèle, j'exécuterai fidèlement tous les ordres qu'il vous plaira de m'adresser, et j'en ménagerai le succès avec toute l'attention et toute la diligence dont je suis capable..... La proposition de créer un directeur-indicateur des garçons et compagnons dans chaque corps et communauté de marchands et d'artisans tend à autoriser un abus que nos règlements de police défendent très expressément. Ainsi, toutes les fois qu'il m'est revenu que les clercs des communautés vouloient s'attribuer un droit pour placer les garçons et compagnons, et leur ôter la liberté de se choisir un maître, je les ai toujours condamnés à des amendes très sévères. Si l'usage contraire prévaloit, les maîtres n'auroient plus l'autorité nécessaire, et il n'y auroit plus, parmi les ouvriers, aucune subordination. D'ailleurs, ce n'est que parmi les tapissiers, les menuisiers, les tailleurs, les pâtissiers, les cordonniers et les savetiers que les indicateurs qu'on propose d'établir pourroient avoir quelques fonctions et y trouver quelque utilité. Ainsi, ce ne seroit pas un objet, et, si la nécessité demande qu'on exige de nouveaux secours des communautés d'arts et métiers, quoique absolument épuisées, on ne sauroit choisir un plus mauvais prétexte que celui-là, parmi tant d'autres que l'on peut prendre. Au reste, nos communautés doivent encore, sur les affaires des trésoriers, des contrôleurs des poids et mesures et des enregistrements des brevets d'apprentissage, plus de 100,000 écus, et j'ai commencé de mettre en mouvement la réunion des paraphes, dont le sieur de Bourvallais, qui est chargé du traité général, prétend tirer 900,000^{tt}. Il semble donc qu'il est absolument impossible de penser maintenant à aucune affaire de cette espèce, et que celle-ci est encore plus impraticable qu'aucune autre.»

---

116. *Le Contrôleur général au sieur Duboys de Crancé, receveur des tailles de l'élection de Châlons.*

26 Juillet 1708.

«Le sieur Duboys de Crancé..... est averti que, s'il ne paye régulièrement ce qu'il doit des impositions de son élection, je donnerai un arrêt pour permettre au receveur général des finances de Champagne de commettre à l'exercice de sa charge.»

---

117. *M. Pinon, intendant en Bourgogne, au Contrôleur général.*

27 Juillet 1708.

«J'ai examiné..... le mémoire..... par lequel on propose de faire prendre des gages aux échevins, consuls et jurats électifs. J'aurai l'honneur de vous dire que, dans cette province, le secours que S. M. pourroit en tirer seroit d'un objet peu considérable, n'y ayant que huit ou neuf principales villes où ceux qui sont dans ces places-là soient en état de financer pour l'acquisition de ces gages, ces fonctions, dans les autres endroits, n'étant qu'à charge à ceux qui les remplissent et n'étant ordinairement occupées que par des personnes qui ne sont point en état de faire de pareilles avances. Et je vous ajouterai que, dans les villes mêmes où ces places d'échevins peuvent être occupées par des particuliers aisés, il se présentera très peu de sujets pour remplir ces places, lorsqu'il sera question de financer.....»

Il propose d'attendre la réunion des États pour offrir un abonnement.

«Je crois être obligé de vous dire sur cela que, quoique S. A. S. ait accoutumé de laisser le suffrage des habitants libre dans ces sortes d'élections, cependant, dans le temps qu'elles se doivent faire, les maires et ceux qui sont à la tête des maisons de ville n'y procèdent guère qu'après qu'ils ont demandé sur cela, suivant l'usage, les ordres de S. A. S.....»

Il croit que la proposition peut être acceptée pour les juridictions consulaires, qui sont au nombre de sept ou huit.

---

118. *M. Trudaine, intendant à Lyon,*
au Contrôleur général.

28 Juillet 1708.

Projet de travaux à exécuter pour la fortification de Lyon, préparé par le comte de Dillon; attribution des dépenses au compte de la ville*.

* Voir, sur le même sujet, deux lettres de M. Ravat, prévôt des marchands, 28 juillet et 7 août.

119. *M. de Harouys, intendant en Champagne,*
au Contrôleur général.

28 Juillet 1708.

«J'apprends par plusieurs endroits que, sur le bruit qui s'est répandu de ma mort, l'intendance de Champagne vous a été bien demandée, et que vous n'avez point voulu en disposer. Je vous supplie de me permettre de vous rendre mille très humbles grâces de la bonté que vous avez eue de me conserver ce poste, qui me fera toujours plaisir tant que je pourrai me flatter que mon zèle pour l'exécution de vos ordres et mes bonnes intentions vous seront agréables. Je ne sais point pourquoi on a imaginé de me tuer; je n'ai pas été un instant malade, ni séparé de mes fonctions, qui me livrent tous les jours au public et rendent beaucoup de gens témoins de mon existence. Ma taille grosse et courte est bien faite pour les apoplexies; cependant je ne me suis encore aperçu de rien qui y tende, et je suis arrivé à ma quarante-septième année, dans laquelle je suis, avec une parfaite santé, qui me laisse fort en état de soutenir le travail de mon emploi*.

«Un sergent du régiment de Touraine est venu ici prendre sept hommes accusés de faux-saunage, bien faits et propres pour le service. Je les ai fait escorter par des archers jusqu'à Givet, où M. le marquis de Maillebois les envoiera prendre.»

* Déjà de mauvais offices avaient été rendus à M. de Harouys; dans une lettre du 15 avril, il protestait de son zèle pour le contrôleur général : «.....Je suis accoutumé dès ma jeunesse à vous respecter infiniment; mon père, qui a logé longtemps vis-à-vis de votre hôtel, y alloit souvent, et vous étoit très attaché. Il étoit oncle à la mode de Bretagne de Mme de Maulévrier, et dans de fort grandes liaisons avec M. de Maulévrier; il étoit aussi fort protégé par M. Colbert.....»

120. *M. de la Bourdonnaye, intendant à Bordeaux,*
au Contrôleur général.

28 Juillet 1708 et 20 Juillet 1709.

Il n'est pas d'avis qu'on accorde une remise de taxe à la ville de Bergerac, remplie de religionnaires opiniâtres, qui sont mal intentionnés pour la plupart, et qu'on est obligé de contenir, ainsi que ceux de Sainte-Foy et de Mussidan, par la présence permanente de compagnies de cavalerie.

121. *M. de Bâville, intendant en Languedoc,*
au Contrôleur général.

30 Juillet 1708.

«Je crois que la véritable raison pour laquelle les droits attribués aux offices de contrôleurs, marqueurs et visiteurs des cuirs ne sont pas levés en Languedoc, non plus qu'en Guyenne, Dauphiné et Provence, est que ces droits ont fait partie de la ferme des aides pour le droit de parisis de 12 et 6 deniers, le principal des mêmes droits ayant été abandonné aux propriétaires des offices; et comme les droits d'aides n'ont point eu lieu en Languedoc, les cuirs sont demeurés exempts des droits qui ont été levés ailleurs. C'est la première idée que les États auront sur cette affaire, et ils croiront que c'est un commencement d'établissement des droits d'aides dans cette province. Sur cela, l'assemblée ne manquera pas de rappeler ses anciens principes; qu'elle impose tous les ans 120,000# sous le nom d'aide, et 69,500# sous le nom de préciput de l'équivalent. Elle ajoutera que tous les droits du Roi ne sont pas établis également partout, quoiqu'ils émanent de la même autorité; que chaque pays a ses droits et ses charges; que le Languedoc ne peut avoir commerce avec d'autres provinces qu'il ne soit obligé de payer la douane de Lyon, celle de Valence, la foraine, la traite domaniale, le denier Saint-André, les 2 p. o/o d'Arles, les droits de droguerie et épicerie, la table de la mer, la bouille de Roussillon, le convoi et comptablie de Bordeaux, et les droits des cinq grosses fermes; que c'est sans doute en considération de tous ces droits qu'il est réputé province étrangère et que les droits sur les cuirs n'ont point été établis.

«Il ne faut pas douter que, sur cette idée, les États ne fassent de grandes remontrances et ne soient très sensibles à cet établissement, dont ils demanderont la révocation, et cela pourroit se tourner en traité et en accommodement. C'est, à mon sens, le bon parti qu'il y auroit à prendre, car l'établissement en sera toujours difficile et dangereux, le peuple étant fort susceptible de grands mouvements pour n'être pas assujetti à un nouveau droit de cette nature, qui paroît tirer à conséquence; qu'il croit devoir être suivi d'autres encore plus fâcheux.

«Quant aux autres provinces, qui sont la Guyenne, la Provence et le Dauphiné, je crois qu'on n'y trouvera pas moins d'opposition. On n'y trouvera peut-être pas les mêmes facilités pour en traiter qu'en Languedoc. Il me semble que la difficulté de l'extension de ce droit aux quatre provinces doit beaucoup dépendre de la somme qu'elle produira au Roi et du secours qu'on en retirera. Si elle est peu considérable, je ne croirois pas qu'il fallût penser à cette affaire: mais, si elle produit beaucoup, je crois qu'on peut y penser, principalement en donnant une nouvelle forme à ces droits, qui sera de les réunir en un seul où ils sont établis, et de les répandre dans tout le royaume. Il faut bien trouver des affaires extraordinaires dans les besoins où l'on se trouve, puisque les revenus ordinaires ne suffisent pas pour soutenir le poids de la guerre. C'est la réponse à la lettre que vous m'avez fait l'honneur de m'écrire le 23 de ce mois.»

122. *Le Contrôleur général aux Fermiers généraux.*

Mois de Juillet 1708.

«Sur la question de savoir comment la vanille doit être regardée dans les bureaux des fermes du Roi lorsqu'elle sort pour être transportée aux pays étrangers, je dois vous dire que, nonobstant l'usage qui s'est établi à Rouen de la traiter comme marchandise, il n'y a pas de difficulté qu'elle doit être traitée comme droguerie, et, s'il avoit été fait mention de la vanille dans le tarif de 1664, elle auroit été mise sans doute au rang des drogueries, puisque c'est en effet une drogue qui entre dans la composition du chocolat avec d'autres drogues, et qui sert encore, avec d'autres drogues, à faire diverses compositions.....»

123. *M. d'Argenson, lieutenant général de police à Paris, au Contrôleur général.*

3 et 20 Août, 11 Septembre, 22 Octobre, 27 Novembre et 28 Décembre 1708.

Saisies de toiles peintes dans l'enclos de l'Arsenal, au Palais-Royal, à Versailles, Senlis, etc.*.

* Voir les lettres du contrôleur général à M. d'Argenson, 27 août et 12 septembre, et à M. Terrat, chancelier du duc d'Orléans, 27 août.

Une saisie de toiles ayant été faite chez une marchande de Rouen, elles furent confisquées et brûlées publiquement, et la marchande condamnée à une amende de 1,000 écus, que le contrôleur général modéra à 200#. (Lettre de M. de Courson, avec apostille du contrôleur général, 26 octobre.)

Dans d'autres cas, un quart seulement des toiles dut être brûlé sur place, et le reste envoyé au bureau du dépôt de Paris, pour que la destruction en fût plus certaine. (Lettres du contrôleur général à M. de Bâville, intendant en Languedoc, 2 et 19 novembre.)

Les marchands et ouvriers en soie de Tours ayant fait réclamer une nouvelle prohibition de l'importation, du débit et du port des toiles des Indes, le contrôleur général répondit que ces défenses avaient déjà été faites et réitérées, et que c'était aux intendants à prescrire des recherches exactes et à prononcer les peines édictées. (Lettre de M. Turgot, avec apostille, 17 décembre 1708.) Voir aussi une lettre du contrôleur général à M. de Harouys, intendant en Champagne, du 24 avril 1708, et une autre lettre du 28 décembre suivant, par laquelle il demande à M. de Pontchartrain, secrétaire d'État, les ordres nécessaires pour faire faire une perquisition dans la ville de Senlis.

Le jugement des cas de saisie était contesté par les juges des traites aux intendants, quoique ceux-ci eussent été appelés à en prendre connaissance par les arrêts des 13 juillet 1700, 24 décembre 1701, 11 avril 1702, etc. (Lettre de M. Pinon, intendant en Bourgogne, 2 juillet 1708.)

124. *Le Contrôleur général à M. Guyet, intendant des finances.*

5 Août 1708.

«Les précédents fermiers des octrois de la Saône ont une affaire contre les habitants de Chalon pour raison de ces droits. Vous en êtes chargé, et vous avez pu remarquer l'inquiétude de ces fermiers sur le crédit qu'ils se sont imaginé que leurs parties avoient auprès de vous. Quoique je sois bien persuadé que ces sortes de préventions ont ordinairement peu de fondement et qu'en tout cas vous rendriez aux parties toute la justice qu'elles doivent attendre, je crois que vous penserez, comme moi, qu'il est désagréable de se trouver juge en pareil cas. C'est à vous néanmoins à suivre en cela le parti que vous croirez le plus convenable, et je ne douterai point que celui que vous aurez pris ne soit le meilleur.»

125. *Le Contrôleur général aux Fermiers généraux.*

7 Août 1708.

«Ayant été informé des abus qui se sont commis en quelques ports sur la sortie des marchandises de France pour le retour et l'équivalent de celles qui y ont été apportées des pays étrangers, j'ai cru devoir prendre des précautions pour prévenir de semblables malversations à l'avenir. Vous envoierez donc incessamment des ordres très exprès aux directeurs des fermes et aux principaux commis dans les ports de mer et dans les bureaux de terre, de tenir des registres particuliers de toutes les marchandises qui entreront par la voie de mer en vertu des passeports du Roi ou autrement, et par la voie de terre en vertu des permissions particulières; ensemble, des marchandises qui sortiront pour équivalent, avec les estimations de chacune espèce, tant d'entrée que de sortie. Vous leur ordonnerez pareillement qu'aussitôt après que chaque vaisseau étranger qui sera arrivé dans un port aura pris sa charge et sera parti, ils m'envoient des extraits, signés d'eux, de leurs registres, contenant le nom et la nation du vaisseau, la date des passeports, s'il y en a aucuns, les noms des négociants qui les auront obtenus, les qualités et quantités, valeur et estimation, tant des marchandises étrangères qu'il aura apportées que de celles du royaume qu'il aura chargées. Et à l'égard des permissions pour les marchandises qui viendront des pays étrangers par terre, vos directeurs ou principaux commis m'envoieront, aussitôt après la sortie des marchandises de France renvoyées pour équivalent, des extraits pareils de leurs registres; et en cas que l'équivalent ne soit pas sorti dans le temps qui sera porté par les permissions, ils m'en adresseront les extraits des marchandises d'entrée, avec leur certificat que ceux qui les ont fait venir n'ont point satisfait à la condition de l'équivalent. Vous ne manquerez pas de me rendre compte de ce que vous aurez fait en exécution du présent ordre*.»

* Voir, dans le même registre de minutes, fol. 90, une lettre de M. Daguesseau, conseiller au Conseil royal, du 13 août.

Le 13 décembre 1710, M. de Richebourg, intendant à Rouen, fit observer qu'il était impossible aux vaisseaux venus de Hollande sur passeports de remporter exactement l'équivalent de ce qu'ils avaient apporté, par la raison qu'il ne venait de Hollande que des marchandises fines et de très petit volume, tandis qu'on y envoyait, au contraire, des marchandises de très gros volume.

126. *M. Bégon, intendant de la Rochelle,*
au Contrôleur général.

7 Août 1708.

«Dans la place où je suis, je crois être obligé d'examiner avec attention les causes principales de la misère extrême où cette province est réduite, et d'y apporter tous les remèdes qui peuvent dépendre de mes soins; et comme l'élection de Marennes et une partie de celles de Saintes et de la Rochelle tirent leur principale subsistance des marais salants qui y sont, qui avoient accoutumé de produire à ceux qui les possèdent un revenu suffisant pour payer la taille et autres impositions, et que je m'aperçois que, depuis quatre ans, plusieurs paroisses dans lesquelles il y a des marais qui étoient les plus riches de la province sont tombées en non-valeurs, et que presque tous les habitants les abandonnent, j'ai fait faire un mémoire par des personnes très intelligentes, dans lequel vous verrez que ce qui a causé et causera encore à l'avenir la ruine entière du plus riche pays du royaume est l'abus qui s'est introduit dans la régie des gabelles de faire des marchés particuliers pour l'achat et voiture des sels: ce qui a enrichi ceux qui en ont été chargés et a empêché le débit des sels, qui sont restés sur les marais ou ont été vendus à ce fournisseur général à un si bas prix, que les propriétaires et ceux qui cultivent les marais en ont à peine retiré les frais nécessaires pour la culture et le transport à bord des vaisseaux. Si vous avez agréable de faire examiner ce mémoire par des personnes intelligentes en ces matières, vous connoîtrez qu'il ne se peut rien faire de plus avantageux pour le bien de la ferme générale, et pour mettre les habitants en état de se relever de l'extrême pauvreté où ils sont tombés, que de rétablir l'ancien usage de faire des enchères publiques, tant pour les achats que pour les voitures des sels, afin que tout le monde y soit reçu et qu'un seul homme ne profite pas de tous les profits qui se doivent répandre sur toute la province. S'il y a quelque éclaircissement à vous donner, je ne manquerai pas de répondre très exactement à tout ce que vous me ferez l'honneur de m'écrire sur ce sujet*.»

* Voir, en 1710, un procès-verbal d'adjudication de la voiture des sels par l'Isère, le Rhône et la Saône, envoyé par M. Méliand, intendant à Lyon. (Lettres des 1er, 5 et 26 novembre 1710; lettre du sieur Baugier, 7 novembre.)

127. *M. de Bouville fils, intendant à Alençon,*
au Contrôleur général.

8 Août 1708.

Il envoie une sentence rendue contre des faux-sauniers par le présidial d'Alençon, sous sa présidence, mais se plaint de cabales qui ont fait prononcer cette sentence contre son propre avis et sans tenir compte des règles*.

* Apostille en marge de l'analyse, de la main du contrôleur général: «Savoir celui qui a ouvert l'avis de condamner à servir neuf ans dans une citadelle, et un autre qui a appuyé le même avis; les faire venir à Paris, pour rendre raison de leur conduite. Envoyer le sieur de Launay-Gassart dans une citadelle, d'où le commandant ne pourra lui donner congé sans la permission du Roi, et lui fera faire le service et les factions comme aux soldats. Pour les faux-sauniers de Lassay, permettre par l'arrêt de juger avec des gradués.» Le 4 septembre, M. de Bouville envoie la liste des juges, avec le vote de chacun d'eux, en marquant celui qui a ouvert l'avis et celui qui l'a appuyé: «Si, en leur pardonnant leur faute, vous leur faisiez écrire une lettre pleine de menaces en cas de récidive dans la suite, j'ose vous assurer que la consternation dans laquelle ils sont depuis qu'ils ont connoissance que vous m'avez fait l'honneur de m'écrire, jointe au chagrin que cette lettre leur donneroit, vaudroit pour eux la punition dont vous les menacez.» Le condamné de Launay-Gassart fut envoyé à la citadelle d'Oleron (lettre de M. Chamillart, secrétaire d'État de la guerre, 20 août 1708).

M. d'Ormesson, intendant à Soissons, en rendant compte d'un jugement prononcé contre des paysans et des soldats, annonce que les paysans, n'étant point munis d'armes, n'ont été condamnés qu'à neuf ans de galères et 500# d'amende. (Lettres des 6 et 13 août 1708.)

L'amende non payée au bout d'un mois ne pouvait être convertie en peine afflictive que sur la demande du fermier, qui cessait dès lors de pourvoir à la nourriture du condamné. (Lettre du contrôleur général à M. Quarré, avocat général au Parlement de Dijon, 17 janvier 1709.)

128. *M. Ferrand, intendant en Bretagne,*
au Contrôleur général.

9 Août 1708.

«J'ai l'honneur de vous envoyer la délibération qui a été prise aux États derniers, par laquelle ils ont accordé à dom Lobineau, religieux bénédictin, sous le bon plaisir du Roi, une pension viagère de 300#, en qualité d'historiographe de Bretagne, pour vous supplier de l'autoriser par un arrêt du Conseil*.....»

* Le contrôleur général écrit, le 14, que le Roi a approuvé cette délibération.

Le 23 et le 27, en réponse à une lettre de M. l'évêque de Léon, du 20 juillet, il dit que l'usage, pour les députés des États, est de venir présenter les cahiers de remontrances à la cour dans les mois de septembre et d'octobre, et qu'il fera son possible pour hâter l'expédition de la réponse et ne pas retenir trop longtemps les députés. M. de Montaran avait donné avis, à ce propos, que les députés manifestaient toujours aussi peu d'empressement à remplir leurs fonctions qu'ils avaient eu d'impatience d'obtenir la nomination; que M. le comte de Toulouse n'exigeait plus leur présence à Paris pendant toute la durée de leur mandat de deux ans, et qu'ils avaient pris l'habitude de n'y rester que huit ou neuf mois, pour présenter les cahiers et recevoir la réponse.

129. *M. d'Orsay, prévôt des marchands de Paris,*
au Contrôleur général.

9 Août 1708.

L'emprunt de 500,000# ayant été insuffisant pour payer les dettes de la ville de Paris et fournir aux dépenses des ouvrages publics, on demande l'autorisation d'en faire un nouveau*.

* A cette lettre sont joints: 1° un état de l'emploi des fonds appliqués

aux travaux qui suivent : «Réparations aux maisons et bâtiments de la Ville; remboursements pour maisons et héritages pris pour l'élargissement des rues et pour former le Cours; parachèvement du quai des Théatins; rachat des boues et lanternes pour les maisons dépendant de la Ville; payement des trois quarts du prix de l'île Louviers; construction du nouveau quai des Célestins et de la chaussée qui conduit du port Saint-Paul au pont de l'île Louviers; palées de pieux et pavé neuf du port Saint-Paul; rétablissement de l'abreuvoir du même port; rétablissement du quai des Augustins depuis le Pont-Neuf jusqu'au pont Saint-Michel; nouveaux bâtiments aux machines des pompes du pont Notre-Dame; curage de la rivière depuis le port aux Vins de la Tournelle jusqu'au pont de l'Hôtel-Dieu; curage général du grand égout de Montmartre, avec rétablissement des murs et voûtes; rétablissement à neuf des égouts des rues du Bout-du-Monde, du Croissant, Saint-Joseph, des Jeux-Neufs et du Petit-Muse; curage et rétablissement de l'égout de Saint-Benoît et de ceux de la Joaillerie et de la Petite-Sonnerie, de Seine et de Conti; suppression de l'égout près de l'hôtel Saint-Chaumont, et conduite dans la nouvelle rue Saint-Denis; revêtement de l'égout de Gaillon, des Tuileries et du Louvre; abreuvoirs de la Conférence, du guichet de Bourbon et de la place Maubert; trottoirs du quai Malaquais, des Quatre-Nations, de Conti et de Guénegaud; descentes à la rivière du quai de l'Horloge; cramponnement et relèvement des murs des parapets de l'île Notre-Dame, avec rétablissement des descentes et de celles des quais Neuf, de la Mégisserie et autres; construction de la fontaine Sainte-Catherine, devant les Jésuites, avec renouvellement de toutes ses conduites et de celles de plusieurs autres fontaines.» — 2° Un état des travaux qui restent à faire : «Curage et rétablissement du grand égout du Marais, rue Saint-Louis; celui de la Vieille rue du Temple; celui du grand canal ou égout qui est hors le rempart, depuis le Calvaire jusqu'à la Savonnerie; égout du caignart et de la chaussée pour conduire à la rivière le long de la culée du pont Saint-Michel; égout de la place Maubert; pavé restant à mettre au port au Bois, au port au Charbon et au Foin du quartier de la Tournelle; ouvrages à faire au port devant la galerie du Louvre, depuis le port Saint-Nicolas jusqu'au pont Royal; curage de l'atterrissement de ce port; trottoirs et parapets du quai des Orfèvres; rétablissement des fontaines de la cour du Palais, de Saint-Côme, des Blancs-Manteaux et des Haudriettes; établissement d'une fontaine rue Saint-Louis, près le Palais; élargissement de la rue des Blancs-Manteaux; regard de la fontaine des Petits-Carreaux; suppression des trois grandes descentes le long du quai de l'École, et construction de trois autres descentes au dedans du bassin de la rivière; rétablissement et relèvement des murs du parapet de ce même quai; rétablissement des descentes qui sont sur ce même quai, depuis le Pont-Neuf jusqu'à l'arche Bourbon; rétablissement du port aux Meuniers et de l'abreuvoir Pépin, quai de la Mégisserie; conduites de plomb pour quatre fontaines à faire au faubourg Saint-Antoine; acquisition de plusieurs maisons et emplacements au même faubourg pour l'ouverture d'une rue au-devant de la principale porte de l'hôtel des Mousquetaires; ouvrages à faire pour rendre les bâtiments d'une symétrie uniforme; une nouvelle conduite de plomb dans cet hôtel; achèvement du Cours; payement des lods et ventes des places qui restent à vendre dans la place Louis-le-Grand, et qui se trouveront dans la censive de l'Archevêché, etc.»

---

130. *M. Daguesseau, conseiller au Conseil royal,*
au Contrôleur général.

12 Août 1708.

Il repousse, de concert avec le député de Bordeaux au Conseil de commerce, une proposition de tirer des blés de Dantzick pour Bordeaux, par les vaisseaux hollandais, munis de passeports, et d'assurer les chargements de retour en châtaignes.

«Sur la supposition, que j'ai lieu de faire jusques à la certitude du contraire, que la Bretagne et le Poitou abondent au moins en blés vieux, il est bien plus naturel et plus convenable de les tirer de ces deux provinces du royaume, pour secourir la Guyenne, que de les faire venir de Dantzick et autres pays étrangers. Les blés de Pologne sont toujours à beaucoup meilleur marché que ceux de France, et c'est ce qui fait que les négociants de Bordeaux insistent auprès de M. de la Bourdonnaye pour faire donner la préférence aux premiers, par l'espérance qu'ils ont d'y faire un plus grand profit; mais l'intérêt du royaume y résiste par deux raisons : l'une, qu'il vaut bien mieux que la valeur de ces blés y reste, que de la laisser aller au dehors; l'autre, que le bas prix des grains du Nord, venant par passeports et sans risques ni droits d'assurance, pourroit faire trop baisser le prix des grains de nos provinces, où il est important de le maintenir autant qu'il se peut sur un certain pied qui suffise aux frais de la culture et au payement des charges. Sur ces principes, et en attendant les éclaircissements de l'état de la récolte dans la Bretagne et dans le Poitou, je crois que vous pourriez promettre à M. de la Bourdonnaye des passeports en faveur des vaisseaux hollandois pour apporter à Bordeaux, non pas des blés du Nord, mais de ceux de Bretagne et de Poitou. On peut opposer à cela, et je m'en fais moi-même l'objection, que c'est accorder aux Hollandois la permission de faire le commerce du royaume de port en port, chose qu'on ne sauroit trop éviter, comme absolument ruineuse pour notre navigation, et dont, par conséquent, l'introduction est très dangereuse; mais je réponds à cet inconvénient, qui est véritable en soi et très bien fondé : 1° que je ne vous fais cette proposition que dans la conjoncture d'une nécessité pressante, telle que M. de la Bourdonnaye vous l'a représentée par plusieurs lettres réitérées, dans une saison où les approches de la foire de Bordeaux du mois d'octobre pourront faciliter ce transport et apporter un secours prompt à la Guyenne, et enfin dans un temps où nos propres vaisseaux ne sauroient le faire qu'avec de grands risques et de gros droits de fret et d'assurance, qui augmenteroient considérablement le prix des blés; 2° que mon sentiment, en accordant des passeports aux vaisseaux hollandois pour ce commerce, est de les limiter à une petite quantité, pour subvenir seulement aux besoins les plus pressants de la Guyenne, y empêcher une trop grande augmentation du prix des blés, qui pourroit arriver si on n'y avoit pas l'espérance d'un secours prochain, et attendre les réponses qui vous doivent venir de MM. les intendants de Bretagne et de Poitou. D'ailleurs, les vaisseaux hollandois qui porteront des blés de Bretagne et de Poitou à Bordeaux y trouveront des retours en vins et eaux-de-vie et autres denrées qui font la matière de leur commerce ordinaire; il n'en est pas tout à fait de même des vaisseaux françois. Il est vrai qu'ils pourront charger des vins à Bordeaux pour la Bretagne; mais ils n'y trouveront presque pas de retour pour le Poitou, et c'est ce qui fait qu'il n'y a pas un commerce réglé et ordinaire de la Guyenne en Poitou comme il y en a de la Guyenne en Bretagne. Quant à la quantité jusqu'à laquelle vous pourriez promettre des passeports à M. de la Bourdonnaye, je ne crois pas qu'elle doive excéder quant à présent dix mille setiers mesure de Paris, du poids de deux cent quarante livres chacun; dix de ces setiers font le tonneau de mer, du poids de deux mille quatre cents. Ainsi, dix mille setiers feroient le chargement de dix vaisseaux de cent tonneaux chacun.....

«Les châtaignes sont d'un grand secours pour la nourriture des peuples de certaines provinces, et particulièrement des pauvres, qui en subsistent pendant plusieurs mois de l'année. C'est d'ailleurs un fruit très délicat, dont la récolte n'est assurée qu'au mois d'octobre, et qui périt souvent par des brouillards et autres accidents pendant le mois de septembre et jusqu'au moment qu'on le recueille. Il faut donc bien se garder présentement de prendre des engagements pour en envoyer dans les pays étrangers, et il n'y a, sur cela, qu'à attendre le temps de la récolte. S'il y en a peu, il n'en sortira pas, et les peuples les conserveront pour leur usage; et s'il y en a beaucoup, le superflu se chargera sur des vaisseaux à Bordeaux, comme il a accoutumé dans les années d'abondance. Il suffit donc, maintenant, de permettre les retours des vaisseaux hollandois en Hollande en vins, eaux-de-vie et autres denrées, en termes généraux. Voilà tout ce que j'ai pu imaginer de mieux sur cette matière en attendant que vous soyez en état de vous déterminer avec plus de connoissance *.»

* Voir les lettres écrites par le contrôleur général à M. de la Bourdonnaye, intendant à Bordeaux, et à M. Bégon, intendant à la Rochelle, 17 et 24 août, 2 et 30 octobre, 21 novembre; à M. de Montgeron, intendant à Limoges, 9 novembre.

131. *Le sieur* Coulon, *grand maître des eaux et forêts à Charleville,*
au Contrôleur général.

14 Août 1708.

Contestation entre M. le Prince et le duc de Lorraine au sujet de la souveraineté de Charleville. Saisie d'effets appartenant au feu duc de Mantoue et réclamés par la duchesse douairière.

132. Le Contrôleur général
au marquis de Mézières, *gouverneur d'Amiens.*

15 Août 1780.

«Je crois vous avoir écrit que M. Daguesseau, dont la droiture et la probité sont reconnues de tout le monde, m'a assuré que vous aviez fait offrir par M. Daramon, avocat, le denier trente du revenu de la charge de grand bailli d'Amiens. Je vous crois trop homme d'honneur pour disconvenir de la vérité, si le fait est tel. En ce cas, ce seroit faire une injustice à M. l'abbé Juliard de ne lui payer que 7,000# pour une charge dont on lui offre 18,000#. Cependant je ne puis m'empêcher de vous dire que le Roi m'a expliqué que l'agrément qu'il vous avoit donné n'excluoit point les héritiers de M. de Bar de la vendre le prix qu'ils voudroient, pourvu que ce fût à un sujet qui lui fût agréable.»

133. Le Contrôleur général
à M. de Vaubourg, *conseiller d'État.*

16 Août 1708.

«J'ai reçu la lettre que vous m'avez écrite pour le sieur de Bartelat, qui, après avoir servi vingt ans, a perdu les yeux au combat de Calcinato. L'état malheureux où il est rend la demande qu'il fait d'être employé sur l'état de la recette générale des finances très favorable; mais je n'ose le proposer parce qu'encore qu'il y ait eu anciennement un ou deux exemples, il y a eu tant d'autres officiers dans le même cas, que la grâce qu'il demande tireroit fort à conséquence, et je suis persuadé que le Roi ne la voudroit point accorder.»

134. Le Contrôleur général
au sieur Paparel, *trésorier général de l'ordinaire des guerres.*

17 Août 1708.

Le Roi ne veut point aliéner la forêt de Rochefort.

135. Le Contrôleur général
à M. de Pontchartrain, *secrétaire d'État de la marine.*

17 Août 1708.

«Le sieur Hocquart, commissaire de marine, est fils d'un homme qui a été longtemps attaché à la famille de M. Colbert, et a travaillé lui-même longtemps auprès de M. Colbert et de M. de Seignelay. Il a toujours eu la conduite d'un honnête homme, et se trouve présentement chargé d'une nombreuse famille sans presque aucun bien. Trouvez bon que je vous parle en sa faveur et que je vous supplie de l'avancer. L'on m'a assuré que vous en étiez content, et je suis persuadé que vous le serez toujours. Le bien que vous lui ferez me sera très sensible. Mme de Chevreuse, Mme de Beauvillier et bien d'autres personnes pour lesquelles je suis persuadé que vous avez de la considération en partageront avec moi la reconnoissance.»

136. *M.* Lebret *fils, intendant en Provence,*
au Contrôleur général.

17 Août 1708.

«Sur l'avis que M. le marquis du Muy me donna du refus que les habitants dudit lieu faisoient d'imposer, j'écrivis au sieur de la Garde, subdélégué, d'y aller pour voir de quoi il s'agissoit et tâcher de faire entendre raison à ceux qui s'en écartoient. Il y a été, et il a trouvé une délibération de laquelle il paroît que quelques bourgeois avoient été d'avis d'imposer, et que les paysans, qui sont en bien plus grand nombre, avoient déclaré hautement qu'ils ne vouloient rien imposer. Il a fait inutilement tout ce qu'il a pu pour faire rétracter cette délibération, et il lui a été même impossible de faire assembler un Conseil assez nombreux pour parvenir à cette révocation. On a même mis en prison deux paysans des plus mutins, pour tâcher d'obliger les autres de venir dans la maison commune. Il croit que ces paysans doivent être condamnés en de grosses amendes; mais je crois qu'auparavant il faut que, sur son procès-verbal, je casse la délibération, et que j'ordonne qu'il en sera fait une autre pour imposer en la manière ordinaire, enjoignant à ceux qui doivent composer le Conseil de la communauté de se trouver à l'assemblée qui sera convoquée à cet effet, à peine d'une amende en laquelle on condamnera effectivement les plus mutins, en cas qu'ils persistent dans leur refus d'imposer. C'est ce que je ferai sous votre bon plaisir*.»

* En marge, de la main du contrôleur général : «Casser la délibération; ordonner une assemblée nouvelle, pour y délibérer suivant l'usage ordinaire. Ordonner que, par l'intendant, il sera informé contre ceux qui ont déclaré ne vouloir point imposer, pour, l'information vue et rapportée au Conseil, être ordonné ce qu'il appartiendra.» La communauté se soumit (lettre du 13 septembre).

---

137. *M. Ravat, prévôt des marchands de Lyon,*
au Contrôleur général.

18 Août 1708.

Il se plaint que l'intendant de Bourgogne ait interdit la sortie des blés de la Bresse, et que cette nouvelle fasse augmenter le prix du pain*.

«[L'artisan et le pauvre] commencent à murmurer, dans la crainte où ils sont d'une augmentation. Vous savez que nos provinces sont très stériles : elles ne produisent que très peu de blé, et que nous ne pouvons jamais compter, pour notre subsistance, sur celui que nous recueillons. Le Lyonnois est un pays ingrat, qui ne fournit que du vin, et presque point de blé; le Forez n'en a que pour lui, et le Beaujolois en a encore moins que le Lyonnois : ce qui est si parfaitement connu, que l'on a toujours donné toute sorte de liberté pour tirer des blés de Bourgogne, qui est le seul endroit d'où nous en pouvons avoir. Si la porte nous en étoit fermée, nous serions réduits à la famine, parce qu'il ne faut pas espérer d'en tirer de Provence ni de Languedoc; car, outre le temps et les longueurs et la grande dépense qu'il faut encore pour le remonter par le Rhône, c'est qu'il est, pour l'ordinaire, beaucoup plus cher que celui de Bourgogne; et il ne faudroit pas s'attendre au blé d'en bas pour procurer un secours aussi prompt que nous en avons besoin. Une populace nombreuse comme celle de Lyon ne souffre pas de retardement dans ses besoins sans que l'on ne soit exposé à des malheurs, qui sont inévitables, si, par la prévoyance, l'on n'y remédie longtemps par avance. Le bruit de la cherté du blé est venu tout d'un coup. Je suis persuadé que M. l'intendant de Lyon vous aura écrit ce qui étoit arrivé dans les villes de Villefranche, Belleville et Roanne, de son département. Il seroit bien fâcheux qu'il en arrivât ici de même : les désordres ne seroient pas si faciles à apaiser que dans des endroits où il n'y a que quinze cents ou deux mille personnes. Je me flatte que vous me ferez la grâce de donner incessamment vos ordres afin qu'en Bourgogne l'on nous donne les facilités nécessaires, et que l'on nous a toujours données, pour avoir des blés. Nous en avons environ quatre mille cinq cents ânées dans nos greniers, que nous donnerons aux boulangers dès que nous serons assurés de les pouvoir remplacer par d'autres, afin de n'être pas exposés à l'avidité du marchand, qui, n'étant retenu par aucun endroit, porteroit son avarice à un prix infini. Nous avons été sur le point de fixer le prix du blé; mais les conséquences d'une pareille fixation nous ont paru importantes; nous avons même appréhendé qu'elles ne le rendissent encore plus rare : le marchand ne s'en pourvoit que pour y gagner, et, s'il ne trouve pas des profits, il demeure les bras croisés, sans rien faire. Nous nous servirons de ce moyen dans la dernière extrémité. J'espère que vous ne souffrirez pas plus longtemps ces défenses, ni tout ce qui peut en empêcher le commerce, et que la liberté sera rétablie, afin que nous ne soyons pas exposés aux malheurs que nous ne pourrions pas éviter **.»

* M. Chamillart, secrétaire d'État de la guerre, avait prié le contrôleur général, le 27 juillet précédent, d'empêcher une exportation qui ne pouvait profiter qu'au duc de Savoie et risquait d'amener la famine.

** M. Pinon écrit de son côté, le 19 août, que la défense est restreinte aux pays de Bresse et de Bugey, où les grains sont nécessaires pour les milices et les troupes; mais le contrôleur général lui répond que de pareilles défenses ont de grands inconvénients, et qu'il ne faut mettre aucun empêchement à la sortie des blés. (Lettres du contrôleur général à M. Pinon, intendant en Bourgogne, à M. Ravat et à M. Trudaine, intendant à Lyon, 23 et 29 août, 8 septembre.) Des ordres analogues sont adressés à M. de Sagonne, intendant à Moulins, ainsi qu'à MM. de la Houssaye, le Guerchoys et de Saint-Contest, en Alsace, en Franche-Comté et à Metz.

M. Ravat donne des renseignements, le 13 septembre, sur la reprise des achats, et il ajoute : «La consommation que nous faisons de leurs denrées est un soulagement pour eux, dont ils ne peuvent pas se passer; et si la mauvaise conduite que l'on a pu tenir dans ces provinces a donné vigueur à l'avidité de ceux qui veulent se prévaloir des malheurs publics, une abondance véritable ou apparente donnera le calme à tous les mouvements.....»

---

138. *M. de Bâville, intendant en Languedoc,*
au Contrôleur général.

18 Août 1708.

Décri et suppression des louis d'or légers.

«La question est de savoir s'il convient, dans les conjonctures présentes, au service du Roi et au bien de la province, d'introduire qu'on y pèse les louis d'or. C'est un fait constant qu'en Languedoc, communément, les louis d'or ne se sont point pesés dans le commerce ni dans les recettes; c'est un usage suivant lequel on a toujours vécu. Comme il y en a maintenant beaucoup de légers, si on vient à les peser, ce sera une très grande perte, non seulement pour les receveurs des deniers du Roi, mais pour les particuliers, et il est fort à craindre que cela ne rende l'argent fort rare dans un temps où il est fort à désirer qu'il soit plus abondant. Outre la disette de cette espèce que cela pourra produire, il arrivera que tous les louis d'or légers ne seront point portés à la Monnoie, mais envoyés à Genève et le long de la rivière de Gênes, d'où l'espèce passera au pays étranger. Les receveurs des deniers du Roi demanderont qu'on leur tienne compte de la perte qu'ils feront en envoyant les louis d'or légers à la Monnoie, fondés sur leur bonne foi et sur l'usage. Mais, d'un autre côté, j'ai su que l'on pèse à Lyon, à Marseille et à Avignon; et si, dans les provinces voisines de Languedoc, on en use ainsi sans qu'on y observe la même chose, il est fort à craindre que toutes les espèces légères n'y viennent de toutes parts, et que le mal, qui est déjà grand, n'y augmente à l'excès. C'est d'ailleurs donner une grande facilité à cet abus de le souffrir impunément, et rien n'est plus capable d'augmenter le nombre des rogneurs et faux-réformateurs. Il est sans difficulté qu'il faudra tôt ou tard que ces mauvaises espèces soient portées à la Monnoie; mais la difficulté est de savoir s'il le faut faire maintenant. . . . .

«Cette affaire n'est pas nouvelle : je fus obligé d'en écrire à M. Chamillart au mois d'avril 1705; je vous supplie d'avoir agréable de lire ce qu'il m'en a écrit, et ce que je lui répondis alors. Cela finit par différer encore quelque temps le remède à un si grand mal, de crainte qu'il n'en produisît un plus considérable; mais ce qu'il y a de nouveau, depuis ce temps-là, est que l'on pèse les louis d'or à Marseille, en Provence et à Avignon : ce qui ne se faisoit pas alors. J'attendrai les ordres qu'il vous plaira de m'envoyer. Je prendrai la liberté de vous dire que je crois qu'il seroit bon d'entendre M. de Pennautier sur cette importante affaire : il sait mieux que personne les suites qu'elle pourra avoir et toutes les réflexions qu'on y peut faire*.»

* En apostille, de la main du contrôleur général : «Attendre et ne rien innover. Écrire à M. de Bâville de faire examiner par des personnes sûres et avec secret si les banquiers et les receveurs trouvent dans les payements en or grand nombre de louis légers. Écrire au procureur général de la Cour des monnoies de faire surseoir jusqu'à nouvel ordre la réquisition du procureur du Roi en la Monnoie de Montpellier.»

A une lettre de M. Lebret fils, intendant en Provence, du 15 septembre, sur le même sujet, le contrôleur général répond : «. . . . . La difficulté s'est déjà présentée pour le Languedoc, et, après avoir été examinée, il a fallu se déterminer à laisser sur cela la liberté, sans rien décider par aucun règlement. Ainsi, je crois que vous devez éviter de vous expliquer sur les difficultés qui vous seront proposées sur cette matière, jusqu'à ce qu'un temps plus heureux puisse permettre d'y apporter les remèdes convenables.»

---

139. M. ROBERT DE LA CHARTRE, intendant des turcies et levées de la Loire, AU CONTRÔLEUR GÉNÉRAL.

(De Saint-Dié,) 21 Août 1708; (d'Orléans,) 24 Août, (d'Angers,) 3 Septembre et (de Tours,) 29 Décembre 1709.

Rapports sur les inondations produites par l'ouverture de plusieurs brèches dans les levées de la Loire* et sur les travaux de réparation**.

* Des diminutions d'impôts avaient été accordées aux pays inondés : voir deux lettres de M. de Bouville, intendant à Orléans, 6 juillet et 19 août 1708.

** M. de Bercy fut envoyé sur les lieux en 1709, pour hâter les travaux, et il en assura le payement par des arrangements passés avec les receveurs des tailles des deux généralités pour le recouvrement des impositions arriérées : voir sa lettre du 7 août 1709, et les lettres de M. de Bouville, 18 octobre 1708 et 26 août 1709, et de M. Taschereau de Baudry, chanoine de Saint-Martin de Tours, 19 juin 1709.

---

140. LE CONTRÔLEUR GÉNÉRAL à M. DAGUESSEAU, conseiller au Conseil royal.

22 Août 1708.

«On fait souvent des propositions de finances qui portent sur le commerce. Je les rejette autant que je puis; mais il s'en présente de temps en temps qu'on ne peut se dispenser d'écouter. On m'en a donné une, depuis deux mois, pour des lotisseurs d'étoffes de laine, de soie et de toiles. Je vous l'envoie, et je vous supplie de la faire examiner par les plus habiles députés au Conseil de commerce, afin qu'ils donnent leur avis par écrit et que vous ayez agréable de me l'envoyer avec la proposition*.»

* La veille, il avait chargé M. de Nointel, conseiller au Conseil de commerce, de communiquer à M. Daguesseau un projet de création de directeurs particuliers du commerce, avec des commis, trésoriers de bourse commune, contrôleurs, etc., dont on offrait quatre millions, mais qui ne semblait pas agréer aux députés du commerce.

Le 24, il écrit à M. du Buisson, intendant des finances : «Je vous envoie une lettre que M. de Pontchartrain m'a écrite en m'adressant un projet d'édit pour la création de commissaires des bois de la marine. Je vous prie de l'examiner avec soin, et de vous souvenir de l'apporter un des premiers jours que nous travaillerons ensemble, pour en discuter en détail toutes les dispositions, vous et moi. Il seroit même nécessaire que vous fissiez un mémoire de toutes les difficultés que vous y trouverez, afin que, s'il est possible de faire sur cela un établissement convenable à la marine sans diminuer l'inspection et la direction que le contrôleur général des finances et les officiers ordinaires doivent avoir sur les bois du Roi, on prenne une dernière résolution, qui finisse pour toujours les différentes tentatives que l'on a faites depuis plusieurs années pour entamer cette partie du domaine, qu'on a tant de peine à maintenir contre les entreprises qu'on y fait journellement.»

---

141. LE CONTRÔLEUR GÉNÉRAL au sieur POUDEVIGNE, écrivain du Roi au port de Dunkerque.

22 Août 1708.

«Pour répondre au mémoire que vous avez fait présenter à Mgr le duc de Bourgogne, que vous aviez envoyé à M. Chamillart l'année dernière, et que, depuis, vous avez présenté à M. de Pontchartrain, avant que de m'en envoyer un semblable, je vous dirai qu'il seroit bon, quand on présente des mémoires de si grande importance à des personnes de cette considération, d'être plus instruit que vous ne le paroissez de la matière que vous avez proposée. Je n'en puis faire aucun usage, par des raisons qui seroient très longues à déduire, mais dont il vous sera facile de vous instruire quand vous en conférerez avec des gens de bon sens et versés dans le commerce.»

---

142. *M. Daguesseau, conseiller au Conseil royal, au Contrôleur général.*

22 Août 1708.

«J'ai l'honneur de vous renvoyer toutes les lettres de MM. les intendants qui me sont venues de votre part sur le sujet des blés, avec l'extrait qui en a été fait. Jusqu'ici, nous n'avions été en peine que pour la Guyenne, sur les lettres de M. de la Bourdonnaye, et ce qui a redoublé l'inquiétude à cet égard est qu'on n'a point encore de nouvelles de l'état de la récolte de la Bretagne et du Poitou, qui sont les deux provinces d'où celle de Guyenne peut recevoir le plus de secours. Dans cette incertitude, j'ai eu l'honneur de vous mander, par mes lettres des 12 et 14 de ce mois, mon sentiment sur ce que je croyois qu'il y avoit lieu de faire à cet égard par provision et en attendant les éclaircissements que MM. les intendants de Bretagne et de Poitou doivent vous donner. Vous m'avez fait savoir que vous aviez approuvé mes avis, et que vous aviez donné vos ordres en conformité. Il n'est rien survenu de nouveau pour cet égard, et je ne vois rien à faire, quant à présent, de plus que ce que je vous ai proposé.

«Mais les deux lettres qu'il vous a plu de m'envoyer, l'une de M. le Gendre et l'autre de M. Trudaine, demandent de nouvelles et sérieuses réflexions.

«La première lettre de M. le Gendre ne m'avoit pas paru si forte que la dernière. Je ferois beaucoup de difficultés de rendre l'arrêt général qu'il vous propose pour défendre la sortie des blés hors du royaume, et je craindrois qu'il ne fît plus de mal que de bien, par l'inquiétude qu'il donneroit et par l'alarme qu'il répandroit partout. La liberté de la sortie finira au 1er octobre: jusque-là, je crois qu'il faut se contenter de la restreindre par des ordres secrets, et qu'il seroit bon d'adresser les vôtres par une lettre à M. de Bâville, afin que, sous divers prétextes autres que la crainte d'une disette, il suspende toutes permissions de sortir des blés hors du royaume jusques à ce que le Roi ait pris une résolution sur sa réponse à la dernière lettre que vous lui avez écrite sur ce sujet. Cette suspension arrêtera le mouvement de ceux de la généralité de Montauban.

«La lettre de M. Trudaine me fait encore plus de peine; car, si la récolte avoit manqué en Bourgogne, les suites en seroient très fâcheuses, et les remèdes très difficiles. Mais je ne puis vous rien dire sur cela, parce que, dans toutes les lettres que vous m'avez envoyées, il n'y en a aucune de M. Pinon. Je crois qu'il est très important qu'il vous plaise de lui écrire qu'il vous informe de l'état de la récolte dans la Bourgogne, la Bresse et le Mâconnois; qu'il examine d'où procèdent les difficultés dont se plaint M. Trudaine du transport ordinaire des blés de la Bourgogne à Lyon, et, si elles ne proviennent que de la crainte que les pauvres ont d'en manquer et de l'envie que les riches ont d'y profiter, qu'il prenne, avec les officiers des lieux, les mesures nécessaires pour rétablir la liberté publique du passage des grains d'une province à une autre, sans rendre aucune ordonnance par écrit, jusqu'à ce que, sur le compte qu'il vous en aura rendu, il ait reçu vos ordres. Je ne sais si, dans la manière dont la Bourgogne se gouverne, il ne seroit pas nécessaire de prendre aussi quelque précaution auprès de MM. les élus de la province, afin qu'ils s'entendent sur cela avec M. l'intendant et agissent en conformité. Peut-être même seroit-il bon d'en écrire à Mgr le Prince, ou à Mgr le Duc, à même fin: c'est ce que vous saurez mieux que moi.

«Je crois qu'il conviendroit aussi que vous eussiez agréable d'écrire à MM. les intendants de Metz, de Franche-Comté et d'Alsace qu'ils vous informent de l'état des récoltes dans leur département, qu'ils empêchent sous divers prétextes la sortie des blés par terre dans les pays étrangers, et qu'ils examinent les moyens d'en pouvoir tirer de la Lorraine et ailleurs pour la ville de Lyon; le tout, sans rendre aucune ordonnance par écrit.

«Je ne sais s'il ne seroit pas bon de prévenir le zèle indiscret et prématuré de quelques officiers des Parlements, qui, sur les mouvements qui commencent à s'exciter dans les provinces, voudront peut-être rendre des arrêts pour y pourvoir; et comme ces arrêts pourroient faire un effet contraire à leurs intentions, en augmentant le mal au lieu de le diminuer, je vous supplie d'examiner s'il ne conviendroit pas d'écrire à MM. les premiers présidents de Bordeaux et de Dijon de suspendre toutes délibérations sur cette matière jusques à ce qu'ils aient reçu les ordres du Roi sur les avis qu'ils vous donneront. Il ne paroît pas encore nécessaire de faire la même chose pour les autres Parlements; cela dépendra néanmoins de votre prudence. Au surplus, les mouvements généraux que je vois en beaucoup de provinces sur le fait des blés me font croire qu'outre les petites précautions que j'ai l'honneur de vous proposer, il est bon de porter encore la prévoyance plus loin. Je ne saurois m'imaginer que, quelque mauvaise qu'ait été la récolte en plusieurs endroits, on manque de blés en France; le bas prix où ils étoient il n'y a que deux mois, l'abondance qu'il y en avoit, le peu qui en est sorti, doivent nous rassurer contre cette crainte; mais l'opinion des peuples, l'avidité du gain, les amas et magasins particuliers peuvent faire les mêmes effets qu'une véritable disette, et, sur ce fondement, il me semble qu'il est de la prudence de disposer au moins à l'avance le grand et solide moyen de faire cesser ces inconvénients: c'est de songer à avoir quelques blés qu'on puisse faire débiter sous des noms interposés, à diminution de prix. Vous pourriez, pour cela, charger quelque négociant de confiance d'écrire, comme de lui-même et pour son commerce particulier, à Dantzick, pour demander à son correspondant le prix des blés, les quantités qu'on en pourroit tirer, la saison propre pour les faire venir, et les vaisseaux neutres, comme suédois ou autres, dont on pourroit se servir, et ce qu'en coûteroit le fret. Vous pourriez faire la même chose pour l'Irlande, où l'on dit qu'il y a des blés. Mais, comme ces blés ne peuvent servir pour le Lyonnois, qui est l'endroit le plus difficile à secourir, j'ai pensé que vous pourriez faire charger quelques-uns des plus anciens et fidèles commis des munitionnaires, dressés à ce manège, d'acheter secrètement dans les provinces circonvoisines de Lyon quelques blés, par petites quantités, pour en faire l'usage que vous jugerez à propos dans la suite; mais tout cela a besoin d'un grand secret.

«Parmi les lettres que vous m'avez envoyées, il y en a une anonyme, très mal conçue, par laquelle on vous mande qu'il sort tous les jours de l'Auvergne une très grande quantité de blés, qu'on fait passer par le Dauphiné en Piémont. Quoique cette lettre ne paroisse pas mériter aucune créance, néanmoins, pour ne rien négliger, vous pourriez l'envoyer à M. l'intendant de Dauphiné, avec ordre d'en examiner la vérité et, en cas que cet avis se trouve vrai, de faire arrêter ces blés sous prétexte du besoin que les troupes du Roi peuvent en avoir, d'interroger les conducteurs sur toutes les circonstances de ce commerce, et vous informer de tout ce qu'il en découvrira, en faisant cependant garder ces blés, qui pourront être envoyés à Lyon en cas de nécessité.

«Je ne croyois pas, quand j'ai commencé cette lettre, la devoir faire si longue. Je vous en demande pardon; mais il vaut mieux, en cette matière, en dire trop que de ne pas en dire assez. J'y ai mis les premières pensées qui se sont présentées à mon esprit, et, comme je ne veux pas perdre le courrier d'aujourd'hui, je n'ai pas le temps d'y repasser, ni d'en faire le discernement.....

«Je viens de recevoir deux nouvelles lettres de votre part, l'une de M. Pinon, l'autre de M. Trudaine. Je suis persuadé que les défenses que M. Pinon vous propose feroient un effet contraire à celui qu'il en espère..... Il vaudroit mieux, ce me semble, que M. Pinon donnât des ordres, par des lettres à ses subdélégués et aux officiers des lieux, d'observer tous ceux qui font des amas et des magasins et lui en mander les noms. Cela contiendra ceux qui auroient envie d'en faire, et on saura du moins où sont les blés. Tout ce que pense M. Trudaine et tout ce qu'il vous propose me paroît bon; je voudrois lui ajouter qu'après qu'il aura reçu des nouvelles de M. Turgot, il cherche de son côté des marchands à Lyon, qui se chargent de tirer des blés de l'Auvergne. A l'égard du partage qu'il fait des provinces pour la subsistance des armées du Roi, c'est une chose sur laquelle je crois que vous jugerez à propos d'entendre ceux qui sont chargés de cette fourniture*.»

* Dans une autre lettre du 24 août, il annonce que le rapport de M. d'Albaret, sur le Roussillon, est arrivé, avec une demande de permission d'exporter.

143. M. Lebret fils, intendant en Provence, au Contrôleur général.

22 Août 1708; 20 Août, 3 et 21 Octobre, 14 Décembre 1709; 5 et 22 Janvier 1710.

Il rend compte des travaux exécutés au canal de submersion des Lônes, qui avait été creusé par les soins des fermiers généraux pour inonder les salins et empêcher la contrebande du sel*.

* Voir une lettre de l'ingénieur Niquet et une autre du fermier général de Grandval, 26 septembre 1709 et 23 janvier 1710.

Le sieur Honnoré, d'Aix, écrit le 1er novembre 1709, au sujet d'un canal à ouvrir entre Arles et Port-de-Bouc.

En 1711, l'ingénieur Niquet fit accepter un projet de canal à ouvrir sur le Rhône, au lieu dit le Bras-de-Fer, malgré l'opposition de la ville d'Arles, qui utilisait les eaux du petit bras du Rhône pour transporter ses sels, et qui redoutait d'être inondée par suite des nouveaux travaux. La dépense de cette entreprise dut être fournie en partie par les provinces de Languedoc, de Dauphiné et de Provence. En 1712, le canal du Bras-de-Fer fut abandonné pour reprendre celui des Lônes et le continuer jusqu'à la mer; les travaux furent faits par adjudication, et les fonds pris sur les caisses de la direction des gabelles. (Lettres de M. de Bâville, intendant en Languedoc, 8 mars et 22 novembre 1711, 11 janvier, 17 avril et 19 mai 1712; lettres de M. Lebret, 4 février, 1er mars, 28 juillet, 20 et 28 août, 7 septembre 1711, 8 février, 21 mars, 4, 9 et 29 octobre, 16 décembre 1712, 6 et 25 janvier, 6 février, 21 mars et 5 juillet 1713, 14 mai, 1er et 14 août, 30 septembre, 19 et 30 novembre, 7 décembre 1714, 19 mai 1715; lettres de M. l'évêque de Saint-Paul-Trois-Châteaux, dont les terres se trouvaient ruinées par les inondations, 16 mars et 26 septembre 1712; lettres de M. l'archevêque de Reims, appuyant de semblables réclamations, 22 octobre 1712 et 22 juin 1713; lettres de M. l'archevêque de Narbonne, 18 juin 1712; de l'ingénieur Niquet, 11 octobre 1712; du sieur Bruand, 1er janvier 1713; mémoire sur la construction d'une martelière destinée à protéger le canal contre les ensablements du Rhône, par l'ingénieur Vallon, 23 juin 1714, etc.; — lettres du contrôleur général à M. de Bâville et à M. l'évêque de Saint-Paul, 1er janvier 1712; à M. Lebret et à M. l'évêque de Saint-Paul, 30 janvier et 5 mars 1712; à l'ingénieur Niquet, à M. Lebret et à M. de Bâville, 30 mars 1712; à MM. de Bâville et Lebret, à M. d'Angervilliers, intendant en Dauphiné, à M. l'archevêque de Narbonne et au sieur Niquet, 4 juin 1712; à M. d'Angervilliers, 27 juin 1712; aux fermiers généraux, 16 août et 8 novembre 1712; à M. Lebret, 19, 22, 25 et 29 octobre 1712, 10 et 26 février 1713; au sieur Niquet, 22 octobre 1712, etc.)

Le 27 août 1712, M. de Pontchartrain, secrétaire d'État de la marine, écrit : «.....J'apprends qu'on a formé le projet d'un canal pour changer la navigation du Rhône depuis Arles jusqu'à la mer..... Je sais..... qu'il ne peut y avoir rien de plus utile..... J'aurois souhaité que, dans la pensée de l'exécuter, vous eussiez eu agréable de m'en faire part..... Je puis présumer qu'on aura prévu à tout; mais j'espère que vous voudrez bien pardonner à ma crainte que, si on manquoit à quelque partie, il en arriveroit des inconvénients très fâcheux, au service de la marine en particulier.....»

144. M. Daguesseau fils, procureur général au Parlement de Paris, au Contrôleur général.

23 Août 1708 et 4 Février 1709.

Prorogation au profit de l'Hôtel-Dieu et de l'hôpital général du droit de 30 sols par muid de vin entrant à Paris et du droit sur les carrosses de louage, abonné à la somme de 10,000# par an*.

* Au sujet du privilège des voitures de place, voir une lettre et un mémoire de M. Bignon, intendant, 21 février 1709.

Le 29 mai suivant, en demandant des ordres pour la ferme générale en faveur de l'hôpital général, M. Daguesseau dit que la situation de cet établissement est presque désespérée : il a à sa charge 9,763 pauvres, y compris 1,500 enfants trouvés de plus de trois ans, dont il paye l'entretien à la campagne et qui en reviennent tous les jours, à cause de l'extrême misère des paysans qui en étaient chargés; chaque semaine, 350 à 400 pauvres se présentent volontairement pour entrer à l'hôpital, et les archers arrêtent au moins 50 mendiants par jour. «Ce n'est point ici seulement une œuvre de charité; c'est un bien tellement nécessaire au public, qu'on ne pourroit répondre un moment de la tranquillité et de la sûreté de Paris, si l'on étoit forcé d'ouvrir les portes de l'hôpital, comme cela arriveroit infailliblement, si vous n'aviez la bonté de lui accorder un secours qui lui est absolument nécessaire.....» Voir aussi ses lettres des 20 février, 18 mars, 29 octobre et 19 novembre de la même année.

Le Roi approuva un projet de déclaration préparé par le procureur général et réglant la part contributive des habitants de Paris pour la subsistance des pauvres de l'hôpital général, de l'Hôtel-Dieu et des paroisses. (Lettre à M. Daguesseau, 3 septembre 1709.)

---

145. *Le Contrôleur général à M. le Gendre, intendant à Montauban.*

24 Août 1708.

«.....J'attendois quelques éclaircissements des provinces voisines du Languedoc sur l'état de la récolte. Il est vrai qu'il ne convient pas de permettre aux étrangers de continuer à faire sortir des blés du royaume; mais il est en même temps bien important de ne point faire voir d'inquiétudes, ni de crainte d'en manquer. Ainsi, l'arrêt et les défenses publiques que vous proposez pour empêcher cette sortie ne peuvent convenir, parce qu'en jetant la méfiance et la crainte dans les esprits, il en arriveroit certainement que les grains seroient resserrés, et que le prix en deviendroit de jour en jour plus excessif. Il doit donc suffire de mettre obstacle, sans affectation, à la sortie des grains, jusqu'au 1er octobre prochain, qu'expirera la permission générale que le Roi en avoit accordée, et prétexter pour cela ou les achats que le Roi veut faire faire pour la subsistance de ses armées, ou d'autres motifs convenables aux temps et aux occasions pour éloigner toute idée de disette. Il est même à propos que les peuples de chaque province soient informés que les autres provinces du royaume qui ont eu la plus mauvaise récolte ont néanmoins des grains suffisamment pour leur subsistance, et que la plupart en abondent*.....»

* Il est écrit dans ce sens, le même jour, à M. de Bâville, intendant en Languedoc; le 29 août, à M. Pinon, intendant en Bourgogne; le 5 septembre, à M. Turgot, intendant à Tours; le 9, à M. Ferrand, intendant en Bretagne; le 17, à M. Bégon, intendant à la Rochelle, etc.

---

146. *M. d'Argenson, lieutenant général de police à Paris, au Contrôleur général.*

24 Août 1708.

Il se plaint que les geôliers du For-l'Évêque aient laissé s'évader les sieurs de Lorgerie, ancien directeur de la Monnaie de Nantes, et Alart, receveur des tailles d'Orléans.

---

147. *M. Foucault de Magny, intendant à Caen, au Contrôleur général.*

25, 26 et 29 Août, 5 et 8 Septembre 1708.

Tentatives de descente de la flotte ennemie.

«Les troupes qui sont campées le long des côtes de la Hougue, à la vue des ennemis, au nombre de vingt-quatre bataillons*, y étant très mal et manquant de toutes choses, à l'exception du pain et de la solde, que je leur ai fait donner jusqu'à présent moyennant les emprunts que j'ai faits en mon nom, personne ne voulant des billets du trésorier, je suis obligé de leur faire fournir du bois comme aux troupes réglées, pour qu'ils puissent faire cuire ce qu'ils peuvent avoir, et pour éviter en même temps qu'ils ne coupent les haies et les bois des environs. Je suis aussi obligé de leur faire voiturer quelques tonneaux de cidre pour leurs boissons, sur lesquels je suis persuadé que vous trouverez bon que l'on ne prenne point de droit de quatrième, parce que, si on les y assujettit, leur solde ne sera pas suffisante pour qu'ils en puissent acheter, et que vous voudrez bien leur continuer ces adoucissements, pour leur usage seulement, tant qu'ils seront campés, y ayant à craindre, si ce petit secours leur manque, qu'ils ne désertent; outre qu'il est hors d'usage que les troupes, quand elles sont campées, payent aucun de ces droits. Ils sont encore, malgré tout cela, fort à plaindre, les moissons de ceux qui ont quelques fermes ou biens demeurant imparfaites, et ceux qui n'ont rien perdant leurs journées, qui sont plus chères dans cette saison que dans d'autres. Je crois devoir vous observer, en passant, qu'outre que le long temps que l'on retient ces milices sur la côte et la quantité d'abus et de vexations qu'on ne peut empêcher achèvent de ruiner la province, il y auroit du profit pour le Roi si, au lieu de ces milices, qui, au fond, sont toujours de mauvaises troupes, on pouvoit faire agréer à M. Chamillart d'envoyer ici deux ou trois régiments d'infanterie pendant la campagne, avec un régiment de cavalerie et un autre de dragons. Tout le monde convient qu'il n'en faudroit pas davantage pour mettre cette province en sûreté**.....»

* Sur la convocation des milices gardes-côtes, voir deux lettres de MM. Ferrand et de Courson, intendants en Bretagne et à Rouen, 5 et 17 août 1708, deux lettres du contrôleur général à M. Chamillart et à M. Ferrand, 25 octobre, et une lettre de M. Ferrand, 29 juin 1709.

** Voir d'autres lettres du même intendant, 4 octobre 1708, 2 février et 3 mars 1709.

---

148. *M. Lebret fils, intendant en Provence, au Contrôleur général.*

26 Août 1708.

«Je prends la liberté de vous adresser la relation qu'on m'a envoyée des tremblements de terre qui ont renversé, ces jours-ci, la ville de Manosque, et qui n'ont peut-être pas encore entièrement cessé*.»

* Copie de la relation : «Le premier tremblement de terre, qui arriva le 14 du mois d'août, sur les six à sept heures du matin,

a été le plus violent, puisqu'il a renversé plus de cent maisons et endommagé très considérablement toutes les autres, sans exception, même celles de la campagne, et toutes les églises. La secousse du même tremblement fut si grande, qu'elle fit crouler la plus grande partie du château de Messieurs de Malte, dont les murailles sont toutes terrassées et ont plus d'une toise d'épaisseur. Les maisons de la ville furent tellement secouées, qu'elles penchoient les unes sur les autres et se touchoient presque. Nous sentîmes encore, sur les trois heures après midi du même jour, un second tremblement, un peu moins violent que le premier, mais qui renversa néanmoins ce qui avoit été le plus ébranlé. Nous en fûmes exempts le 15, pendant toute la journée; mais il en survint un troisième, à onze heures du soir, qui causa d'autant plus de frayeur qu'il arriva pendant la nuit. Le jeudi 16, la terre trembla encore sur les deux heures après midi. Le vendredi 17, nous fûmes effrayés par une secousse assez violente. Le samedi 18, nous n'en fûmes pas quittes, puisque, sur les trois heures du matin, il en arriva un. Le dimanche 19, nous fûmes assez paisibles; mais, le lundi 20, entre six à sept heures du matin, nous sentîmes un autre tremblement de terre très violent, qui renversa une grande partie des murailles de la ville. A deux heures après midi du même jour, il en survint un autre, qui ne fut pas moindre que le premier de tous; et ce qui épouvanta davantage tous les habitants, c'est qu'il redoubla un demi-quart d'heure après. Ce fut pour lors que tous abandonnèrent la ville, avec tant de précipitation que la plupart s'enfuirent sans fermer leur maison. Les femmes en couche et les malades sortirent en chemise et se traînèrent comme ils purent hors la ville, où il ne resta aucune religieuse, et, depuis ce temps-là, personne n'y est encore rentré pour y demeurer, aimant mieux souffrir les chaleurs de la saison sous des tentes, que de s'exposer à périr dans leurs maisons. Le mardi 21, à sept heures du matin, le tremblement continua, et fut suivi de plusieurs autres dans le même jour, principalement d'un assez rude sur les neuf heures du soir. Le mercredi 22, nous en fûmes exempts jusqu'au jeudi 23, sur les neuf heures du soir, beaucoup moindre que les autres : nous n'en avons pas senti depuis.»

Il écrit encore, le 24 septembre : «Je satisfais à l'ordre que vous m'avez donné le 5 de ce mois, de vous informer de la suite qu'ont eue les tremblements de terre qui se sont fait sentir à Manosque. Depuis le 24 d'août, ils ont recommencé et se sont fait sentir jusqu'au 30, trois ou quatre fois par jour : ce qui avoit fait sortir tous les habitants de la ville, même les religieux et les religieuses. La plus grande partie est revenue le 8 de ce mois, et, depuis, on a rapporté les effets qu'on avoit transportés ailleurs. Il y en a cependant encore beaucoup qui n'osent revenir à Manosque, et dix ou douze familles des plus considérables ont résolu de ne plus retourner dans cette ville-là. D'ailleurs, le commerce reprend son train, et ceux qui ont le moyen de faire réparer leurs maisons y travaillent autant que le peu de maçons, la grande quantité d'ouvrage et le défaut de matériaux le permettent. Le dommage a paru plus grand qu'on ne le croyoit après les pluies, qui ont fait tomber beaucoup de toits et de murailles ébranlées. On m'assure qu'il n'y a pas une maison qui ne soit endommagée, tant aux toits qu'aux planchers et aux murs de refend et aux gros murs des derrières, les façades, qui sont bâties avec plus de soin, s'étant conservées en assez bon état. Cette ville contient environ douze cents maisons. Les consuls demandent qu'il soit sursis aux exécutions que l'on continue pour la capitation, tant contre les habitants qui sont revenus, que contre ceux qui sont encore dispersés dans les différents lieux de la province où ils ont pu trouver des retraites. Je crois qu'il seroit juste de leur accorder du temps, et même une décharge. Le rôle monte à 8,076# 11s.»

En marge : «Bon. Surseoir.»

En réponse à une autre lettre du 30 novembre, le contrôleur général écrit, le 11 décembre, que le Roi accorde surséance pour le payement de la capitation aux habitants de Pierrevert, éprouvés par le tremblement de terre de Manosque.

---

149. *Le Contrôleur général*
à M. Dalon,
premier président du Parlement de Bordeaux,
et à M. Bouchu,
premier président du Parlement de Dijon.

27 Août 1708.

«Quoique les blés de la dernière récolte, joints à ceux qui restoient des précédentes, soient bien plus que suffisants pour la consommation du royaume, et même que plusieurs provinces se plaignissent, il n'y a pas deux mois, de la trop grande abondance qu'il y en avoit, le Roi a été informé que des particuliers, excités par l'avidité du gain, resserroient leurs blés, en faisoient des amas, et n'oublioient rien pour en faire craindre la disette et en porter le prix à une cherté excessive. S. M., qui a des moyens assurés pour faire retomber le prix des blés au même point qu'il étoit il y a six mois, n'a différé jusqu'à présent de s'en servir que dans la vue d'épargner à la plus grande partie de ses sujets une perte qui ne devroit regarder, s'il étoit possible, que ceux qui abusent de tous les temps et de toutes les conjonctures pour leur intérêt particulier; mais elle se trouvera obligée de prendre bientôt une résolution, si le mal continue, et cependant elle m'a ordonné de vous écrire qu'il est à propos que vous suspendiez toutes délibérations et que vous évitiez de donner aucun arrêt sur cette question en général jusqu'à ce qu'elle vous ait fait savoir ses intentions sur les avis que vous donnerez de ce qui se passera à cet égard dans l'étendue du ressort de votre Compagnie.»

---

150. *M. le duc de Gramont, gouverneur de Bayonne,*
au Contrôleur général.

27 Août 1708.

«Je crois que je ne me brouillerai point du tout avec vous en vous annonçant l'heureuse arrivée de Ducasse, qui vient d'entrer dans le port du Passage, avec la flotte des Indes, au moment qu'on s'y attendoit le moins et après avoir passé par maintes tribulations, ayant nombre de lévriers à ses trousses; mais, grâces à Dieu, il s'est tiré d'intrigue avec beaucoup de savoir et de fermeté. La flotte est riche de 36 à 40 millions de livres, qui sont trop près de Bayonne pour que tout reste en Espagne et qu'il n'en passe pas un peu en France, pour que vous vous en puissiez un peu aider dans la situation présente et peineuse de nos affaires*. Les galions, qui sont encore plus riches que ladite flotte, n'ont pu venir; Ducasse en mande les raisons. L'affaire est maintenant de les envoyer chercher, et de se servir toujours de ce que nous avons en main, qui ne laisse pas d'avoir son mérite et son utilité. Cette bonne nouvelle me donne lieu d'espérer que nous en aurons bientôt une autre de Flandres, qui ne sera pas moins fortunée, et que Mgr le duc de Bourgogne forcera les ennemis à lever honteusement le siège de Lille, après les avoir battus. C'est ce que je souhaite plus que de vivre, par l'intérêt vif et sensible que je prends à tout ce qui a rapport au Roi et à l'État.»

* Il écrit encore, le 1er septembre : «.....Si, sans faire du tort aux intérêts de S. M., vous croyez pouvoir donner, dans les Monnoies, une valeur au marc d'argent sur laquelle les négociants puissent trouver leur compte, je vous réponds que plus de la moitié de la cargaison de cette flotte entrera dans le royaume..... J'ai par-devers moi un exemple bien convaincant : le dernier vaisseau venu des Indes et arrivé au Passage, où est maintenant toute la flotte du Mexique, avoit une cargaison d'argent très considérable : la valeur du marc fut rabaissée dans nos Monnoies, et tout l'argent, qu'on ne demandoit pas mieux d'envoyer à Bayonne, passa dans l'instant dans les pays étrangers.....»

Le 2 novembre suivant, le contrôleur général écrit à M. Amelot, en Espagne : «.....Vous me donnez avis que le roi d'Espagne avoit accordé aux négociants français la liberté de faire venir à droiture en France l'argent qui leur appartenoit dans la flotte arrivée au port du Passage, aux conditions de payer 1 p. o/o seulement et de rapporter des certificats authentiques pour justifier de la remise de cet argent en France aux propriétaires françois. S. M. a paru fort satisfaite des offices que vous avez faits sur ce sujet à la cour d'Espagne, aussi bien que des mesures que vous avez prises pour empêcher qu'une partie des richesses venues par la flotte ne passent aux ennemis par les vaisseaux espagnols ou neutres qui portent des laines et autres fruits du pays en Angleterre et en Hollande.....»

---

151. LE CONTRÔLEUR GÉNÉRAL
à M. DE BÂVILLE, *intendant en Languedoc.*

Du 27 Août au 6 Décembre 1708; du 3 Janvier au 2 Juin 1709.

Achats de blés en Languedoc pour l'approvisionnement des armées, de la Provence, du Lyonnais, de la Guyenne, du comté de Nice et du Dauphiné*.

* Voir les lettres de M. de Bâville, 16 septembre, 1, 14, 21 et 28 octobre, 16 novembre, 4 et 18 décembre 1708, etc.
Voir aussi les lettres du contrôleur général à M. d'Albaret, intendant en Roussillon, qui fournissait des blés pour la Provence, 10 et 16 septembre et 6 octobre 1708, 6 janvier, 7 et 14 avril, 20 juin et 13 juillet 1709.

---

152. LE CONTRÔLEUR GÉNÉRAL
à M. ROUJAULT, *intendant à Limoges.*

28 Août 1708.

«Je vous envoie une lettre qui m'a été écrite par le lieutenant général de Niort, avec un procès-verbal qu'il a fait sur la plainte de plusieurs femmes et enfants blessés de coups de fusils qui avoient été tirés sur eux par deux commis aux aides de cette ville, accompagnés de six soldats, sous prétexte de l'enlèvement d'une barrique de vin qui étoit chez un particulier, que ces commis prétendoient avoir surprise en fraude. Je ne doute point que vous n'ayez déjà été informé de cette affaire, et que vous n'ayez donné tous les ordres nécessaires pour faire arrêter ces commis et leur faire subir la peine qu'ils ont méritée, si le fait qu'on leur impute se trouve véritable, n'étant pas moins important de punir les employés qui tombent dans ces sortes d'excès, que de réprimer les fraudes qui se commettent*.»

* Le mois précédent, il écrivait à M. de Sagonne, intendant à Moulins, et à M. de Courson, intendant à Rouen, de protéger les commis des aides contre les violences dont ils étaient l'objet. (Lettres des 16 et 17 juillet.) Dans une lettre du 22 décembre suivant, aux officiers de l'élection de Châlons, qui refusaient des permissions de visiter les maisons soupçonnées de faire des ventes en fraude, il dit : «S'il est de votre devoir d'empêcher les vexations qu'on pourroit faire aux sujets du Roi, il n'en est pas moins de donner aux fermiers les secours et la protection dont ils ont besoin pour pouvoir exploiter leurs fermes. J'espère que cette lettre suffira pour empêcher qu'il ne vienne de nouvelles plaintes contre vous, en attendant que j'aie pu vous faire savoir plus particulièrement les intentions de S. M.»

---

153. M. DE BOISGUILBERT, *lieutenant général de police à Rouen,*
AU CONTRÔLEUR GÉNÉRAL.

30 Août 1708.

«Je me donne l'honneur de vous écrire au sujet d'une question qui se présente devant moi, qui me paroît de la dernière conséquence, et que je crois que vous seul pouvez décider, d'autant plus que vos lumières vous ont tiré, à ce que j'ai connu, de l'erreur commune, savoir : que les grains ne pouvoient jamais être à trop bas prix, M. de Harlay, ci-devant premier président de Paris, ayant écrit, il y a trois ans, au lieutenant général de Chartres que, quand le blé ne vaudroit qu'un sol le setier, il ne souffrît pas que les laboureurs et marchands pussent remporter leurs sacs du marché. Vous saurez donc, s'il vous plaît, que l'avilissement où cette denrée a été depuis six à sept ans, dont le prix, même au-dessous des frais du labourage, a fait abandonner la culture de quantité de terre dans la plupart des provinces du royaume et mis presque tous les propriétaires hors de pouvoir de rien recevoir de leur revenu, ce déchet, dis-je, auroit été encore plus grand, et les suites fâcheuses par conséquent, si quelques particuliers, pour faire valoir leur argent, n'en avoient fait des magasins en achetant dans les marchés et métairies. Or, un receveur des tailles du Pont-de-l'Arche qui est dans ce genre, ayant vendu cent cinquante setiers ou [en]viron de blé à des boulangers de Rouen, et la livraison faite dans les greniers, les marchands de grains, érigés en métier, avec des statuts du Conseil, depuis dix à douze ans, les ont approchés à la police et en demandent la confiscation, prétendant, sous prétexte de quelques anciennes ordonnances, que cette vente ne peut être faite qu'en plein marché et qu'après que la denrée y a posé. Ces mesures, qui semblent excellentes dans un temps de cherté, produisent un effet tout contraire dans la conjoncture opposée, et porter les choses à la rigueur seroit une interdiction générale aux particuliers d'acheter pour plus que leur provision, et par ainsi une hausse des causes du trop grand avilissement de cette denrée et du désordre du labourage, dont les conséquences sont sans nombre. Comme j'espère avoir l'honneur de vous rendre mes respects en personne dans cinq ou six jours, je recevrai vos ordres, ayant pris la hardiesse de vous en donner avis*.»

* M. de Vaubourg, conseiller d'État, écrit, le 8 septembre : «M. le lieutenant général de Rouen, qui me vint voir hier à son retour de Versailles, m'avoit dit que je recevrois la lettre que vous m'avez effectivement écrite; mais il est parti dès aujourd'hui pour Rouen, et son intention est d'envoyer de là ses mémoires touchant les blés, et même de vous les adresser, pour sauver le port, car il a fait cette attention. Si vous avez agréable de me les renvoyer, je les examinerai pour vous en rendre compte.....»

M. de Boisguilbert écrit en effet, le 16 novembre : «Le lendemain de l'audience que vous eûtes la bonté de m'accorder, j'eus l'honneur d'entretenir longtemps M. de Vaubourg, et je convins avec lui que je lui envoierois, sous votre agrément, que je lui envoierois par parties détachées, les unes après les autres, le modèle d'édit que M. de Chamillart me fit composer, il y a trois ans, avec M. de Chamlay, qui travailla pendant trois mois, sans discontinuation, sur mes mémoires, [et] en a gardé les pièces et l'extrait, qu'il vous rapportera, quand il vous plaira. Le tout même auroit eu son effet dès la même année, et de l'agrément des peuples, ainsi qu'il fut vérifié dans la généralité d'Orléans, en présence de M. de Bouville, sans que M. d'Harlay, premier président, sapa le fondement auprès du Roi, en empêchant formellement que l'on n'établit et maintînt un prix aux blés qui permît de labourer toutes les terres, en satisfaisant sans pertes à toutes les charges. Comme c'est de tous points *conditio sine qua non*, il fallut tout abandonner. Or, pour le bonheur de la France, vous ayant trouvé il y a quatre à cinq ans, lorsque j'eus l'honneur de vous voir chez M. de Chamillart, prévenu, quoique presque uniquement parmi les personnes d'élévation, d'autres principes, j'ose dire que la réussite est aujourd'hui un coup sûr; mais je suis convenu avec M. de Vaubourg qu'avant de lui faire tenir ce mémoire ou modèle, je ferois précéder, sous l'enveloppe de votre nom, pour sauver le port, des pièces originales pour justifier que je ne suis point assez téméraire pour croire pouvoir faire de nouvelles découvertes sur une matière qui a fait l'attention et l'étude des plus grands hommes. J'ai seulement fourni de mon travail dans la compilation, article par article, des ministères de MM. de Sully et de Richelieu, surtout du premier : ce qui vous mettra extrêmement au large à l'égard des objections, qui ne vous manqueront pas de la part des personnes qui auront peine à comprendre que l'autorité, la naissance et la faveur ne sont point de titres légitimes pour s'exempter de sa juste contribution aux impôts et besoins de l'État, quelque usage qui se soit établi au contraire. Ainsi ce n'est point mon projet, mais celui d'abord de la justice et de la raison, exactement pratiquées par M. de Sully, l'erreur au fait y ayant apporté une extrême dérogeance depuis vingt ans, quelque sincères que fussent les intentions de MM. vos prédécesseurs. Tout mon extrait se réduit en deux parties : par la première, le Roi, ou vous, rétablissez la consommation; et par l'autre, vous redemandez au peuple une partie de ce que vous leur aurez redonné. M. de Sully fit cinq articles capitaux de sa politique : les blés toujours soutenus par un commerce libre à un prix qui permette l'exploitation de toutes sortes de terres, puisque c'est le plus grand revenu du Roi et des peuples; les chemins libres d'un bout du royaume à l'autre; les impôts justement répartis, tant sur les personnes que sur les denrées; les douanes, aides et gabelles point excessives, de peur de causer une perte au Roi, bien loin de lui apporter du profit; et enfin, les immeubles sacrés. Il déclare même que le manque d'attention à ces principes feroit périr le royaume. Sur quoi, il semble que, si, depuis vingt ans, on avoit eu envie de vérifier la certitude de cette prédiction, on n'auroit pas pu agir autrement. Cependant vous avez encore un exemple en sa personne que la conjoncture présente n'est point un obstacle au rétablissement qu'il pratiqua de son temps avec avantage, puisqu'il doubla le bien du Roi en en faisant autant de celui des peuples, ayant trouvé le royaume en un état plus pitoyable, le Roi nullement obéi en quatre provinces, et seulement presque par bénéfice d'inventaire dans toutes les autres, en suite d'une guerre civile de cinquante ans qui avoit tout désolé, et les ennemis étrangers ayant pris Amiens, Calais et Doullens, et en surtout toute la cour déclarée contre lui. Cela ne le découragea point, et la France en espère autant de vous, et seroit trompée, si, par impossible, cela n'arrivoit pas. Vous la confirmez même dans cette idée depuis six mois, ayant fait ressentir plus de repos que l'on n'en avoit éprouvé depuis vingt ans. On dit même que vous avez pris le parti de faire faire la fonte des espèces nouvellement arrivées aux dépens du Roi, par où vous laissez comprendre que vous n'estimez pas la semence que l'on jette dans la terre perdue, mais, au contraire, mise à usure, et que l'avenir vous est aussi cher que le présent. Avec de simples lettres, vous maintiendrez le prix des blés, et ferez par conséquent labourer une très grande partie du royaume entièrement en friche, y ayant dans la seule contrée de Bourbon cent cinquante domaines ou fermes abandonnées aux corbeaux et aux hiboux. Il ne vous en coûtera pas beaucoup davantage pour empêcher que les deux tiers de la France ne boive que de l'eau pendant que l'on arrache les vignes de tous côtés. M. de Chamlay me dit, à mon dernier voyage à Versailles, qu'au territoire d'Auxerre la mesure de vin ne vaut que 6 d., et moi, je lui appris que l'on la vend à Caen et aux environs 24 s. Tout de même de la taille, au moins en Normandie : j'ai un[e] liste des plus grands seigneurs dont les fermiers ne payent rien ou approchant, pendant que l'on ravage tout dans la maison d'un malheureux. M. de Sully avoit encore une maxime fondamentale, de rendre ceux qui travailloient sous lui garants du succès, au moins à l'égard du payement, et il falloit que le Roi eût tout reçu auparavant que qui que ce soit touchât un sou. Par ce moyen, il n'avoit jamais de non-valeurs. Il n'estimoit non plus le mérite des personnes que par le succès, dont le manque n'étoit jamais remplacé par la faveur ou la naissance. Je ferai tenir à M. de Vaubourg tout son ministère, à pages pliées et surlignées, en six petits tomes, les uns après les autres, où tout ce que je viens d'avoir l'honneur de vous marquer et ce que je débite depuis si longtemps est marqué. Je n'aurois pas pris la hardiesse de vous adresser immédiatement ce mémoire, si ce n'avoit été pour ôter l'énigme de l'envoi de tant de volumes qui doivent passer par les mains de vos commis. Si vous trouviez à propos de les ouvrir dans le passage, pour vous en donner une première vue, qui ne vous coûtera qu'un moment, les choses se trouveroient avancées lorsque M. de Vaubourg vous feroit son rapport. Du tout, je vous demande très humblement pardon, ou de mon zèle, ou de mon indiscrétion.

«Il me semble que vous aviez eu la bonté de me dire que vous écririez à M. de Courson de marquer aux marchands de blés de cette ville qu'ils eussent à demeurer en repos dans un procès qu'ils font aux boulangers pour avoir acheté des grains dans des greniers, et non dans le marché.»

De même que M. de Boisguilbert, M. de Courson, intendant à Rouen, insistait pour qu'on ne laissât pas le prix des blés baisser par trop : voir ses lettres des 16 juillet, 10 août, 14 et 22 novembre. Dans la troisième, il dit qu'après une hausse inquiétante, le taux est retombé et n'est plus trop fort : «Il seroit à souhaiter même qu'il pût se soutenir comme il est; mais il seroit dangereux qu'il augmentât. Il y a plus de blé qu'il ne faut dans cette généralité; mais plusieurs choses ont contribué à le faire monter au prix où il a été. Les laboureurs n'avoient pas encore fini leurs semences : ce qui faisoit que les marchés ne pouvoient être remplis. Les peuples s'étoient formé une idée, depuis la prise de Lille, que l'Artois et la Picardie seroient sujets à la contribution et qu'on seroit obligé d'en venir chercher en ce pays-ci. La vilité du prix du blé qui a été jusqu'à présent a empêché qu'on eût attention à faire observer tous les règlements de police; il s'est introduit un abus d'acheter les blés dans les greniers ou dans les cabarets, sans qu'ils eussent été portés au marché; plusieurs personnes commençoient même à en faire des magasins. Je crois qu'il est très dangereux de rien statuer sur cette matière, qu'il suffit d'empêcher les principaux abus, et que le seul remède qu'on peut apporter à présent est d'écrire à tous les subdélégués de veiller à ce qu'il ne se vende point de blé autre part que dans les marchés, et d'avertir les juges de police de renouveler leur attention sur cela, et que, s'ils y manquoient, qu'on pourroit s'en prendre à eux. J'en ai conféré avec M. le premier président, qui, de son côté, fera écrire pareille chose par M. le procureur général à ses substituts. J'aurai l'honneur de vous informer régulièrement de tout ce qui se passera sur cela.» Cependant il dit encore, le 22 novembre : «Le prix du blé, qui avoit augmenté considérablement, est diminué tout aussi vite..... Il seroit à souhaiter qu'il ne diminuât pas davantage.....»

---

154. *M. de Saint-Maurice, commissaire général de la Cour des monnaies à Lyon,* au Contrôleur général.

30 Août 1708.

Il propose, de la part du directeur de la Monnaie de Lyon, d'employer à une fabrication de liards les ouvriers et les chevaux de la Monnaie, en attendant que le travail de l'argent puisse être repris*.

* Réponse en apostille : «Je crois que rien ne convient moins au service du Roi et de l'État que de faire fabriquer des liards. La disette de ces espèces n'est point effective, et, quand elle le seroit, on y pourroit remédier avec grande facilité; en changeant d'autres espèces courantes dans les provinces où il y en a beaucoup, on en fourniroit pour 10 ou 20,000 ᵗᵗ; on en fournira plus qu'il n'en faut pour le Lyonnois.»

L'année suivante, M. de la Houssaye, intendant en Alsace, proposa également, pendant que la Monnaie de Strasbourg chômait de matières d'argent, de reprendre la fabrication des sous d'Allemagne ordonnée par l'arrêt du 20 septembre 1701, et de faire fabriquer cent mille marcs de pièces de cuivre de 4 et 2 deniers, dites phennins et hellers. (Lettre du 23 septembre 1709.)

---

155. *M. Daguesseau, conseiller au Conseil royal,* au Contrôleur général.

30 Août 1708.

«Le sieur de Fénellon, député de Bordeaux, vient de me remettre un mémoire présenté à la Chambre du commerce de la même ville par quelques marchands originaires de Dantzick qui y sont établis; j'ai l'honneur de vous l'envoyer. Vous y verrez l'offre qu'ils font de faire venir des blés de Dantzick pourvu qu'on lève l'obstacle des représailles de M. l'abbé de Polignac. J'apprends du même député de Bordeaux que le blé y renchérit, et qu'il y vaut présentement 16 ᵗᵗ le setier de Paris, et l'on craint qu'il n'y augmente encore de jour en jour. Je crois qu'on ne pouvoit rien souhaiter ni espérer de plus heureux pour le secours de la Guyenne que la proposition de ces Dantziquois : elle est incomparablement meilleure que toutes celles qui ont été faites de faire venir par des vaisseaux hollandois des blés, soit de Dantzick, soit de la Bretagne ou du Poitou, parce qu'elle donne lieu de les tirer de la première main et de ne point dégarnir les provinces du royaume dont on ne sait point encore l'état. J'apprends même d'ailleurs que le blé a doublé de prix en ces deux provinces : ainsi, il ne convient pas, dans cette conjoncture, d'y en aller charger, parce que, d'un côté, il reviendroit à un prix trop haut rendu à Bordeaux, et que, de l'autre, cette traite le feroit encore augmenter dans les provinces d'où on le tireroit. Mais les blés venant de Dantzick en feront d'abord diminuer le prix à Bordeaux et dans tout ce qu'on appelle le *haut pays*, qui est la généralité de Montauban. Le bruit qui s'en répandra dans le Poitou et dans la Bretagne y produira sans doute le même effet, et fera apparemment cesser dans toutes les autres provinces, ou du moins dans celles qui sont du côté de l'Océan, le trouble et l'agitation que la crainte d'une disette commence d'y exciter. Il n'est plus question que de la précaution que demandent ces Dantziquois par rapport aux représailles de M. l'abbé de Polignac. Il y a quelques jours que, dans la vue des blés qu'on pourroit tirer de Dantzick, je m'informai des négociants si ces représailles duroient encore : le sieur Bernard m'assura qu'elles ne subsistoient plus et que l'affaire avoit été accommodée. D'autres m'ont dit depuis que cet accommodement étoit véritable, mais qu'il avoit été fait moyennant certaines sommes que M. l'abbé de Polignac avoit permission de tirer des vaisseaux à qui le Roi accorderoit des passeports..... Mais, quand ce dernier fait qu'on m'a dit seroit véritable, comme il y a beaucoup d'apparence, je prendrai la liberté de vous dire qu'il ne faut pas balancer à donner une liberté entière à ces vaisseaux et à les affranchir, tant des lettres de représailles que des droits auxquels elles peuvent avoir donné lieu. Quelque avantageuse que me paroisse la proposition de faire venir des blés par des vaisseaux dantziquois, j'ai cru néanmoins qu'elle devoit avoir ses bornes et sa mesure, parce qu'une trop grande quantité pourroit nous faire presque autant de mal, dans un autre genre, qu'une quantité médiocre pourra nous faire de bien..... Ainsi, nous tiendrons, comme l'on dit, notre cheval par la bride, et vous serez en état de faire cesser ce commerce lorsque vous le jugerez à propos. Si vous vous déterminez, par toutes les raisons que j'ai eu l'honneur de vous dire, à accepter cette proposition, il n'y a pas un moment à perdre pour l'exécution, par rapport, soit à l'état présent de la Guyenne, soit à l'éloignement de Dantzick à Bordeaux, soit à la proximité de la saison dans laquelle les vaisseaux ne pourront sortir de Dantzick à cause des glaces. C'est pourquoi il sera nécessaire que vous ayez agréable d'écrire, par l'ordinaire de demain, votre résolution sur cela à M. de la Bourdonnaye, afin qu'il la fasse savoir à ces Dantziquois, et que ceux-ci prennent des mesures pour accomplir leurs offres avec le plus de diligence qu'il se pourra*.»

* En apostille : «Bon, à condition qu'ils rapporteront les deux tiers de blés sur les vaisseaux pour lesquels le Roi accordera des passeports. Examiner pour quelle quantité de blés on expédiera des passeports.» Des lettres furent écrites en conformité à M. de la Bourdonnaye, intendant à Bordeaux, 1er septembre, et à M. des Haguais, 11 et 30 septembre.

Le 2 novembre, lettre à M. de Bonnac, envoyé du Roi en Pologue: «..... Le trop grand empressement que font paroître les négociants françois dans les achats des blés du Nord pour les faire passer à Bordeaux peut en augmenter le prix; mais c'est un inconvénient qu'il n'est presque pas possible de prévenir dans le besoin pressant où l'on est de tirer ces blés pour la Guyenne, et l'on doit souhaiter que ces négociants trouvent d'ailleurs toutes les facilités nécessaires pour en charger une quantité suffisante. Je vous prie d'y contribuer en tout ce qui pourra dépendre de vous.....»

Le 21 novembre, lettre à M. de la Bourdonnaye: «.....Pour peu que la ville de Bordeaux en tirât (des blés) du Nord, soit de Dantzick, soit par les vaisseaux hollandois auxquels le Roi a accordé des passeports, il est certain que le royaume se trouveroit dans une abondance telle qu'on ne s'apercevroit pas de la médiocrité de la dernière récolte. Je vous dirai, sur le sujet de la traite des blés du Nord, qu'il me paroît que la ville de Bordeaux ne s'est guère donné de mouvement en cette occasion. La disette qu'elle a tant appréhendée devoit, ce me semble, engager les jurats et les officiers de ville à prendre des mesures pour s'assurer des secours du dehors et pour en donner à toute la province. Ils n'avoient, en cela, qu'à suivre l'exemple de la ville de Lyon, qui n'a point hésité à faire un fonds très considérable pour envoyer chercher des grains jusque dans l'Archipel. Si les jurats de Bordeaux en avoient usé de la même manière, et qu'ils eussent traité, dès il y a deux mois, avec les marchands, pour des blés de Dantzick et de la Hollande, à un certain prix, ils en auroient à présent une quantité suffisante et pour la ville de Bordeaux et pour une grande partie de la Guyenne. On auroit pu en tirer de Dantzick à un prix assez bon, suivant les mémoires que je vous envoie. Il seroit à souhaiter qu'on n'eût point négligé ces vues, et il faut encore mettre tout en usage pour en tirer les secours qu'elles peuvent donner.» Il l'engage en outre à faire venir, malgré l'opposition de l'intendant de la marine, les trois mille tonneaux de seigle offerts par le maire de Vannes, et des blés, en quantité déterminée, du Poitou ou de la généralité de Montauban.

---

156. *M. Ferrand, intendant en Bretagne,*
au Contrôleur général.

31 Août 1708.

Le bourg de Saint-Servan payant taille, fouages et subsides comme une paroisse de la campagne, et ne participant en rien aux délibérations et actions de la ville de Saint-Malo, ni à ses priviléges, il conviendrait d'empêcher que celle-ci ne comprît les habitants de Saint-Servan dans le rôle de ses impositions et charges, et de laisser à l'intendant le soin de faire le partage dans le cas où les deux lieux seraient portés ensemble pour le payement d'une imposition*.

* M. de Harouys, intendant en Champagne, examine et repousse, le 16 juillet 1708, une requête des habitants des faubourgs de Troyes tendant à faire fixer leur état, soit comme faubourgs francs, soit comme faubourgs taillables.

---

157. *M. Chamillart, secrétaire d'État de la guerre,*
au Contrôleur général.

5 Septembre 1708.

«Dans le temps que j'étois chargé des finances, sur les différentes lettres de MM. les intendants, je leur procurois les mêmes remèdes pour la dysenterie qui se donnent dans les hôpitaux des armées; je proportionnois cette dépense au nombre de malades qu'il pouvoit y avoir dans leurs départements, ou à la crainte qu'ils avoient d'une augmentation. Cette charité, qui provenoit des libéralités de S. M., et dont le fonds se faisoit au Trésor royal, lui a conservé un grand nombre de sujets. Je me suis persuadé que je ne pouvois faire un meilleur usage de la lettre que je reçois de M. Ferrand sur cette maladie, qu'il me mande qui se renouvelle en Bretagne, qu'en vous en envoyant la copie*.»

* Voir les lettres de MM. Bégon, intendant à la Rochelle (3 novembre), de Bouville, intendant à Orléans (22 septembre et 11 octobre), Turgot, à Tours (18 septembre et 26 novembre), par lesquelles ces intendants demandent l'envoi des remèdes du médecin Helvétius; et les lettres du contrôleur général à Helvétius, des 16 et 25 septembre, 10, 14, 23 et 25 octobre, 8 et 11 novembre, 9 décembre, par lesquelles il lui prescrit d'envoyer des remèdes en Artois, Béarn, Berry, Bretagne, Guyenne, Hainaut, Navarre, Picardie, Touraine, et dans les généralités de Montauban, d'Orléans et de la Rochelle.

---

158. *Le Contrôleur général*
à M. Daguesseau, conseiller au Conseil royal.

6 Septembre 1708.

«J'ai reçu votre lettre du 30 du mois passé, avec l'état des marchandises que les députés au Conseil de commerce estiment qu'on peut permettre de tirer de Hollande par mer et par les canaux jusqu'à ce qu'on soit absolument déterminé sur le parti qui conviendra le mieux, ou de permettre l'entrée de toutes sortes de marchandises, à l'exception de quelques-unes, ainsi qu'il se pratiquoit dans la dernière guerre, ou de continuer à prohiber toutes les marchandises du cru ou du commerce des États avec lesquels le Roi est en guerre, à l'exception de celles qu'on jugeroit à propos de permettre. S. M. approuve qu'on expédie des passeports, conformément à cet état, aux négociants qui en demanderont pour les marchandises qui y sont exprimées, jusqu'à ce qu'elle prenne une autre résolution sur le rapport que je lui ferai de l'avis du Conseil de commerce, lorsque la question générale de l'exclusion ou de l'entrée des marchandises étrangères y aura été examinée*.»

* Le 6 décembre suivant, le contrôleur général envoie à M. de Pontchartrain, secrétaire d'État, un état des marchandises et denrées que les négociants pourront tirer des pays ennemis par mer, avec des passeports.

Le même jour, il écrit à M. Daguesseau: «J'ai reconnu, par les différents mémoires qui me sont présentés de la part des négociants et que j'ai accoutumé d'envoyer au Conseil de commerce, et par les avis qui m'en reviennent, qu'une des plus importantes affaires qui s'y traitent est celle des passeports que le Roi trouve bon d'accorder aux vaisseaux ennemis, dans la conjoncture de la guerre présente, pour apporter des marchandises en France. J'ai cru devoir aussi y apporter une application particulière, afin d'y établir un ordre certain, de prévenir la confusion qui naîtroit infailliblement si elles passoient par diverses personnes, et d'abréger autant qu'il est possible, dans l'expédition des passeports, les longueurs et les formalités dont les négociants se sont souvent plaints, et qui rompent quelquefois les mesures de leur commerce. Pour parvenir à ces fins, j'ai cru qu'il étoit nécessaire de faire deux choses que je vais vous expliquer dans la suite de cette lettre. Je me suis fait rapporter les états qui ont été arrêtés dans le Conseil de commerce des denrées et marchandises qui pouvoient être tirées de Hollande, Écosse, Irlande et Portugal, par les vaisseaux de chacune de ces nations, et, après en avoir rendu compte au Roi, qui les a approuvés, j'ai envoyé ces mêmes états à M. de Pontchartrain, secrétaire d'État ayant le département de la marine, afin qu'il ait agréable d'expédier à l'avenir les passeports qui seront demandés par les négociants pour les denrées et marchandises contenues en ces états : ce qui épargnera tout le temps qui s'étoit employé jusqu'ici à m'en présenter les mémoires particuliers, à les examiner au Conseil de commerce, à me les rapporter ensuite avec les délibérations qui y avoient été prises, et à écrire ensuite des lettres particulières à M. de Pontchartrain sur chacune de ces demandes. Je vous prie de faire part de cette résolution aux députés du Conseil de commerce, et de leur recommander de faire savoir aux négociants qui voudront obtenir des passeports pour ces sortes de denrées et de marchandises qu'ils n'auront qu'à s'adresser directement à M. de Pontchartrain ou à ceux qui seront chargés à Paris de ses ordres sur cette matière. Et quoique l'intention du Roi ne soit pas d'accorder des passeports pour d'autres denrées et marchandises que celles mentionnées en ces états, néanmoins, comme il peut arriver des cas singuliers et imprévus où il conviendroit d'en accorder pour le besoin de nos manufactures ou autres nécessités, je continuerai de renvoyer au Conseil de commerce les lettres et mémoires qui me seront adressés sur cela. Mais j'ai considéré qu'il seroit difficile de suivre exactement en cette matière la distribution portée par le département fait entre les intendants du commerce; que, le pays ennemi d'où partent les marchandises et le port de leur destination en France se trouvant souvent de différents départements, ce seroit un embarras de savoir lequel des deux intendants de commerce en devroit faire le rapport, et que d'ailleurs il est important de faire en sorte que ces expéditions ne passent, autant qu'il sera possible, que par la même main. Sur le compte que j'ai rendu au Roi de ces difficultés, S. M. a jugé à propos de ne faire que deux classes des passeports, par rapport aux deux mers sur lesquelles les ports du royaume sont situés : l'une, pour tous les passeports qui seront demandés pour venir de quelque pays que ce soit dans l'un des ports de la mer Océane depuis Dunkerque jusqu'à Bayonne et Saint-Jean-de-Luz; et l'autre pour tous les ports du Roussillon, Languedoc et Provence sur la mer Méditerranée. L'intention de S. M. est aussi que tous les mémoires et lettres de la première classe soient distribués à M. Lescalopier, et ceux de la seconde à M. de Machault, pour en faire rapport au Conseil de commerce et m'informer des avis qui y auront été arrêtés, afin que, sur ce qu'ils m'auront remis, je puisse recevoir les ordres de S. M. A l'égard des permissions qui seront demandées par des négociants pour faire entrer dans quelque province que ce soit du royaume les denrées et marchandises venant par terre des pays ennemis, S. M. veut encore qu'il n'y ait qu'un seul des intendants du commerce qui en soit chargé, et que les lettres et mémoires en soient distribués à M. de Machault pour en faire le même usage. Vous aurez, s'il vous plaît, soin de faire part au Conseil de commerce de cette seconde partie de ma lettre, aussi bien que de la première, afin qu'on s'y conforme dans la suite.»

---

159. *Le sieur* LE ROY, *à Orléans,*
au CONTRÔLEUR GÉNÉRAL.

6 septembre 1708.

Projet de taxes à établir sur les laquais, les voitures, les chevaux de selle, les habits des bourgeois et bourgeoises, etc.

---

160. LE CONTRÔLEUR GÉNÉRAL
à M. POULLETIER, *intendant des finances.*

7 Septembre 1708.

«Après avoir examiné de nouveau l'édit pour la création des quarante nouveaux offices d'agents de change que je vous renvoie, il m'a paru que la clause qui leur donne, à l'exclusion de tous autres, la faculté de se mêler des négociations d'argent ou de marchandises est de trop grande conséquence pour la laisser subsister. Le commerce en souffriroit infiniment, et il faut absolument retrancher cette faculté exclusive. Vous pouvez même vous souvenir que, lorsque j'examinai cet édit avec vous, je vous remarquai que je ne consentirois point à cette clause. On a donc refait un nouveau projet d'édit, que je vous envoie, et qui me paroît devoir être suivi. En cas que la compagnie qui a proposé le premier refuse de se charger de l'exécution de celui-ci, j'ai une autre compagnie fort solvable qui s'en chargera *.»

* Sur d'autres créations projetées d'offices, voir les lettres de M. de Corberon, premier président du Conseil supérieur d'Alsace, 15 décembre 1709 (charges d'avocat général et de notaires-secrétaires en chef du Conseil); de M. Pinon, intendant en Bourgogne, 10 mars 1708, de M. de Montgeron, intendant en Berry, 9 mars, et de M. d'Angervilliers, intendant en Dauphiné, 19 mars (procureurs postulants près les bureaux des finances); de M. l'évêque de Saint-Malo, 21 février 1708 (présidents aux enquêtes du Parlement de Rennes); de M. Ferrand, intendant en Bretagne, 1er avril 1710 (inspecteurs-visiteurs et conservateurs des marais salants) et 4 août 1710 (receveurs des octrois et inspecteurs des boucheries et des boissons); de M. Boisot, premier président du Parlement de Besançon, 1er et 27 juillet et 17 août 1708 (substitution d'une charge de conseiller laïc à une charge de conseiller clerc); de M. le Gendre, intendant à Montauban, 5 septembre 1708 (sixième charge de président à la Cour des aides); de M. de Beauharnais, intendant à la Rochelle, 12 août 1710 (interprètes-courtiers et conducteurs des maîtres de navires); de M. de Bouville, intendant à Orléans, et de diverses personnes de cette généralité, 11 et 13 mai, 22 août, 6 septembre et 16 novembre 1708 (présidents des présidiaux, gardes-minutes des exploits, contrôleurs des quittances, etc.); du corps des marchands de draps de Sedan, 10 janvier 1709 (commissaires et autres officiers à la Halle aux draps de Paris); du sieur Frison, apothicaire à Montdidier, 8 octobre 1709 (président-conservateur de l'état de médecine, lieutenant-maître et conservateur des apothicaires et chirurgiens); de M. de la Bourdonnaye, intendant à Bordeaux, 19 février, 21 mai, 29 juin et 31 août 1709 (office de capitaine ou maître des ports de Bordeaux), etc.

---

161. *Le sieur* SOUTISON, *marchand de blés*
à Chalon-sur-Saône,
au CONTRÔLEUR GÉNÉRAL.

7 Septembre 1708.

Les blés valent 10# le quintal, au lieu de 3#, qui est

le prix ordinaire. Cette augmentation, présage de famine, est due en partie aux accaparements des marchands et des bourgeois, aussi bien qu'aux deux dernières mauvaises récoltes. Il est donc urgent de défendre de faire sortir aucun grain d'une province à l'autre, d'interdire à personne d'en acheter plus que ce qui est nécessaire pour sa consommation, et, au besoin, de faire visiter les greniers et magasins particuliers, et de distribuer l'excédent qui s'y trouvera sur le pied de 5 ₶ le quintal. Pour la fourniture des grains nécessaires à l'armée de Piémont et de Dauphiné, il est facile d'en faire l'imposition sur les bourgs et villages du duché et du comté de Bourgogne, qui devront les verser aux magasins des villes situées le long de la Saône.

«Ce sera, si l'on veut, une espèce de dîme royale, qui n'incommodera point du tout les peuples dans le grand nombre, n'étant pas un quintal de grains par chaque laboureur. Si l'on veut payer sur le pied de 5 ₶ le quintal, on dira par l'édit que l'on pourvoira incessamment au fonds pour les payements suivant l'état qui en sera arrêté, qui ne sera qu'après la paix, ou en billets de monnoie, si on veut. Si cela convient, je prie Votre Grandeur de m'en donner la régie et la direction; je ne cherche aucun bien ni récompense, que l'honneur de vivre et de mourir à votre service. Pareille chose a déjà été observée, la dernière chère année; mais on s'y prit trop tard. Je compte que le Roi et le public en ressentiront de grands avantages, parce que les munitionnaires de l'armée, traitants ou sous-traitants augmentent toujours leurs achats et fournitures du double, qu'ils passent en commerce à cause de la facilité de leurs passeports, où ils gagnent. Je parle en connoissance de cause, ayant toute ma vie toujours vendu des quantités considérables de blé aux munitionnaires de l'armée, notamment l'année dernière, dont je ne suis pas encore payé, sinon en assignations sur le traité des chancelleries. Si je pouvois prétendre à l'honneur de vous faire la révérence en personne, je m'expliquerois peut-être mieux.....»

---

162. *M. d'Ormesson, intendant à Soissons,*
au Contrôleur général.

15 Septembre 1708.

Il le remercie d'avoir obtenu pour lui la permission de vendre sa charge de maître des requêtes.

---

163. *M. d'Angervilliers, intendant en Dauphiné,*
au Contrôleur général.

16 Septembre 1708.

«Il est revenu à M. de Duchy qu'on vous avoit dit qu'il avoit de l'éloignement de prendre intérêt dans le nouveau traité des vivres que vous allez faire pour le Dauphiné. Je lui dois la justice de vous assurer qu'il est dans des sentiments tout contraires. J'ai vu, dans un mémoire qui doit vous avoir été présenté par M. de Pléneuf, il y a environ deux mois, que M. de Duchy offre sa personne pour l'emploi qu'il remplit actuellement dans cette armée, et se rapporte à vous, avec soumission, de lui donner intérêt ou non dans le nouveau traité. Je ne puis me dispenser, par rapport au service, et sans aucune complaisance, de vous dire que M. de Duchy est peut-être le seul, dans le royaume, capable de conduire les vivres dans ce département avec la justesse nécessaire au service, dont les difficultés sont infiniment au-dessus de celles qu'un munitionnaire peut trouver en Flandre et en Allemagne, et même partout ailleurs. M. de Duchy sent en honnête homme l'obligation où il est de continuer ses services, s'ils vous sont agréables, et je puis vous répondre qu'il est très affligé d'avoir été nécessité de vendre la charge de receveur général.....»

---

164. *M. de Harouys, intendant en Champagne,*
au Contrôleur général.

16 Septembre 1708.

«.....Le commerce des clous se fait dans Charleville et aux environs par toutes sortes de personnes indistinctement, sans qu'il soit nécessaire d'en avoir la permission; il n'y a aucune jurande parmi ceux qui s'en mêlent, et, jusqu'à présent, on ne s'étoit pas avisé d'inquiéter les particuliers qui avoient voulu l'entreprendre. On a commencé par ce sieur Joubert, et les marchands de Charleville, qui se sont effrayés de ce qu'il donnoit trop d'étendue à son commerce, l'ont traversé en toutes occasions; mais je ne crois pas qu'ils puissent l'empêcher de faire fabriquer des clous pour son compte ou celui d'autrui. Il n'a pas fait son établissement dans Charleville; sa manufacture est dans le village de Nouzon, sur lequel les juges de Charleville n'ont aucune juridiction..... Si les ouvriers vont à lui plutôt qu'à d'autres, c'est apparemment qu'ils y trouvent mieux leur compte, et, s'il donne les clous à meilleur marché, le public y trouvera un avantage dont on ne doit pas le priver*.....»

* Joubert prétendait que, reçu maître à Paris, il avait le droit d'exercer partout.

---

165. *M. de la Bourdonnaye, intendant à Bordeaux,*
au Contrôleur général.

16 Septembre 1708.

Perception du droit en nature dû aux fermes par les bateaux de moules arrivant à Bordeaux; fixation de la grandeur du panier à prélever sur les chargements.

---

166. *M. d'Ormesson, intendant à Soissons,*
au Contrôleur général.

20 Septembre et 17 Novembre 1708.

Il examine les plaintes portées contre les divers officiers étrangers qui sont internés à Château-Thierry.

«Le nommé Guethem, partisan qui avoit arrêté M. de Beringhen et qui a la ville de Reims pour prison, est venu à Château-Thierry pour se faire panser d'une vieille blessure par Taillefert, qui a de la réputation dans son métier de chirurgien....; mais on m'a assuré qu'il avoit fait ce voyage sans aucun autre dessein.

«Pour ce qui est de Taillefert, il étoit anciennement de la R. P. R., et soupçonné de l'être encore à présent. Il est assez insolent et parle souvent imprudemment; mais il me paroît que ce qu'il peut avoir dit ne mérite pas que l'on sévisse quant à présent contre lui. Je l'ai mandé, et lui ai fait une sévère réprimande.....»

---

167. *Le Contrôleur général à M. Turgot, intendant en Auvergne.*

21 Septembre 1708.

«J'ai reçu vos deux lettres des 10 et 14 de ce mois au sujet de l'émeute que quelques particuliers du voisinage d'Issoire avoient excitée contre des muletiers qui avoient chargé du blé dans ces cantons et à Sauxillanges. Vous m'écriviez, par votre première lettre, que vous aviez mandé à votre subdélégué d'Issoire de découvrir où ces muletiers alloient porter le blé, afin de connoître si ce n'étoit point pour favoriser quelques amas préjudiciables à la province; mais je vois, par votre dernière, que le juge des lieux a aussi informé du même fait, que le grand prévôt de la province en a pareillement informé, a décrété contre un grand nombre de particuliers, et en a même mené dans les prisons pour raison de ce fait.

«Le parti que vous avez pris d'engager le grand prévôt à vous apporter ces informations me paroît bon, parce qu'il convient beaucoup mieux que vos subdélégués prennent connoissance de ces matières, que de les laisser aux juges ordinaires, dont les procédures ne manqueroient pas d'apporter beaucoup d'interruption et de troubles au commerce des blés, qu'il est important de conserver libre d'une province à l'autre. Si vous avez besoin de quelque arrêt d'attribution sur ce sujet, vous n'avez qu'à m'en envoyer le projet, et je le ferai expédier aussitôt. Il est à propos cependant de ne précipiter aucun jugement de condamnation, et la principale attention doit être de découvrir, autant qu'il sera possible, s'il se fait des amas de grains pour le compte de quelques particuliers, et, en ce cas, de vous assurer des lieux où se font ces amas. C'est à quoi je vous prie de veiller, et de m'informer régulièrement de tout ce qui se passera sur ce sujet*.»

* Le 29, il lui écrit encore : «.....S. M. a jugé à propos de vous attribuer la connoissance des affaires de cette nature, et j'en ferai expédier l'arrêt d'attribution..... Le grand prévôt ne devoit pas aller si vite dans sa procédure, ni mettre en prison des sept ou huit personnes pour des faits de [cette] qualité..... [Avertissez] vos subdélégués dans la basse Auvergne que, s'il arrive encore quelque chose de pareil...., ils se contentent de faire mettre en prison sur-le-champ quelqu'un des plus échauffés, homme ou femme, et d'apaiser le reste par des paroles.....»

---

168. *M. de Bérulle, premier président du Parlement de Grenoble, au Contrôleur général.*

21 Septembre 1708.

Il rend compte de l'attaque, par cent contrebandiers armés, d'une recrue de vingt-sept hommes, conduite par deux officiers.

---

169. *M. de Saint-Contest, intendant à Metz, au Contrôleur général.*

21 Septembre, 20 et 22 Octobre, 9 Novembre et 1er Décembre 1708.

État des récoltes et des approvisionnements existants en blés vieux; supputation de ce que le pays pourrait fournir à la Champagne, à la Flandre, à l'Alsace, à la Franche-Comté, et même à la Bourgogne et au Lyonnais*.

* Voir différentes lettres du contrôleur général à cet intendant, 18 et 24 octobre 1708, 15 novembre, etc., jusqu'au 28 mai 1709.

Il y avait, entre la Lorraine et les Trois-Évêchés, des concordats garantissant la libre circulation des blés et autres denrées, et qui permettaient, chaque année, de compléter l'approvisionnement des Évêchés. On réclama vivement l'exécution de ces traités : voir les lettres de M. de Saint-Contest, 14, 27 et 29 mai, 19 septembre 1709; des maire, échevins et gens des trois ordres de Metz, 15 septembre. Une lettre fut écrite dans ce sens à M. de Barrois, résident du duc de Lorraine, le 2 octobre.

L'intendant repoussa, le 9 septembre 1709, une proposition de tirer des blés des Ardennes et du pays de Juliers, par voie de répartition forcée sur les terres espagnoles.

---

170. *Le Contrôleur général à M. Amelot, conseiller d'État, ambassadeur en Espagne.*

23 Septembre 1708.

Des négociants espagnols se sont plaints de ce qu'on a cessé de payer les matières d'argent, dans les Monnaies, sur le pied de 33# le marc de piastres. Le Roi ne pouvait continuer à le faire sans perdre, depuis la réduction des espèces à leur prix actuel; de plus, il a été ordonné de ne fabriquer que des louis d'or et des écus, et de rembourser toutes les matières en ces espèces, titre pour titre et poids pour poids, sans retenir ni droits ni frais de fabrication*.

* Le 18 septembre, M. Ferrand avait rendu compte d'une difficulté survenue à la Monnaie de Rennes à propos de ces termes : *titre pour titre et poids pour poids.*

Le contrôleur général écrit, le 30 septembre, à M. Trudaine, intendant à Lyon : «....Il paroît nécessaire, pour la facilité du commerce, de déterminer précisément si les piastres doivent être reçues comme les autres matières, c'est-à-dire à l'essai, et payées à proportion de ce qu'elles tiendront de fin, ou si elles seront reçues purement et simplement, comme matières, au titre des écus. Ce dernier parti, que tous les négociants désirent, seroit fort onéreux aux Monnoies du Roi, si ces piastres ne tiennent de fin, l'une dans l'autre, que dix marcs vingt à vingt et un grains tout au plus, comme le prétendent la plupart des directeurs des Monnoies, et comme il résulte même de quelques essais particuliers qui en ont été faits depuis peu. La seule raison de douter de ces derniers essais pourroit être qu'ils ont été faits sur une trop petite quantité de matières..... Il est donc nécessaire, pour ne plus laisser aucun doute sur cette matière, que vous preniez la peine de faire un essai devant vous, qui se tireroit d'une fonte de piastres de deux ou trois cents marcs..... Je crois que vous jugerez aisément qu'il n'est pas à propos de trop prévenir les officiers de la Monnoie du véritable motif de cet essai.....» M. Trudaine envoie, le 6 novembre, le résultat des épreuves faites à Lyon; M. Ferrand et M. Bégon, les 13 et 23 octobre, celui des épreuves faites à Rennes et à la Rochelle.

171. *Le Contrôleur général au sieur Charles Bouchaud, marchand à Nantes.*

23 Septembre 1708.

«J'ai reçu la lettre par laquelle vous demandez permission de faire passer à Bordeaux mille muids, mesure de Paris, de froment et fèves que vous aviez fait acheter dans les provinces d'Anjou, Touraine et Orléanois, en vue de les envoyer en Espagne. Vous pouvez d'autant mieux remettre ces grains à Bordeaux, que le Roi vient de rendre un arrêt pour en permettre le transport d'une province à l'autre dans toute l'étendue de son royaume sans payer aucuns droits, à commencer du premier jour d'octobre prochain, jusqu'au premier jour de janvier aussi prochain, inclusivement, en donnant, conformément audit arrêt, votre déclaration de la quantité de ces grains à l'intendant de la province d'où vous ferez l'envoi, et votre soumission de rapporter, au plus tard dans trois mois, un certificat de la décharge desdits grains à Bordeaux*.»

* Le 5 décembre suivant, à propos de farines que le bureau de Marans refusait de laisser transporter en franchise à Bordeaux, le contrôleur général écrit aux fermiers généraux qu'elles doivent, comme les grains, être exemptées de tout droit, conformément à l'arrêt du 22 septembre.

Marseille étant considérée comme ville étrangère, les commis exigeaient 11 s. 6 d. de droits de sortie par setier de blé qu'on y transportait par mer: sur les réclamations de M. Lebret, il fut ordonné de traiter Marseille comme les autres villes du royaume. (Lettres de M. Lebret, 11 octobre 1708 et 1er janvier 1709; de M. d'Albaret, intendant en Roussillon, 19 décembre 1708; du contrôleur général aux fermiers généraux et à M. d'Albaret, 6 janvier 1709.)

172. *M. Turgot, intendant en Auvergne, au Contrôleur général.*

24 Septembre 1708.

Il annonce qu'un incendie a détruit, dans la maison de l'adjudicataire des étapes, toutes les pièces justificatives du compte des étapes de 1707, et le compte même, déjà arrêté par les trésoriers de France de Riom.

173. *Le Contrôleur général à MM. Maynon et de Grandval, fermiers généraux.*

26 Septembre 1708.

«Je vous envoie un mémoire concernant la succession de M. de la Frette, qui doit appartenir pour la plus grande partie à M. le duc de Beauvillier. Vous connoissez sa délicatesse sur tout ce qui regarde les intérêts du Roi et de ses fermiers. Il m'a prié de faire examiner ce mémoire par quelques personnes de votre compagnie, avec son intendant, et j'ai cru ne pouvoir le remettre entre meilleures mains qu'entre les vôtres. Prenez donc soin de vous assembler tous deux avec son intendant, et de concerter avec lui ce qui se peut faire pour les intérêts de M. de Beauvillier, et de me faire savoir ensuite ce dont vous serez convenu avec lui.»

174. *M. Lebret fils, intendant en Provence, au Contrôleur général.*

27 Septembre 1708; 27 Mars et 27 Septembre 1709; 4 Octobre 1710; 13 avril, 11 Octobre et 27 Décembre 1711.

Rétablissement d'une foire franche de quinze jours à Toulon; payement des droits dus sur les marchandises; juridiction des maire et consuls*.

* Voir les lettres du contrôleur général à M. Lebret, 26 février 1709; des maire, consuls et lieutenant de Roi de Toulon, 29 septembre et 12 novembre; de M. le comte de Toulouse, 6 décembre 1710 et 22 septembre 1711; des procureurs des gens des trois états de Provence, 25 juillet 1710. M. de Grandval, fermier général, joint à une lettre de M. Lebret, en date du 9 juin 1712, un projet d'arrêt et un état de marchandises.

175. *Le Contrôleur général à M. Chamillart, secrétaire d'État de la guerre.*

29 Septembre 1708.

Le Roi autorise les employés des fermes, pour réprimer la contrebande sur les frontières du Dauphiné, à faire des visites jusqu'en Savoie et à arrêter les fraudeurs qui y ont leurs entrepôts*.

* Voir une autre lettre écrite en conséquence, le 2 octobre, à M. de Bérulle, premier président du Parlement de Grenoble.

176. *Le Contrôleur général à Mme de Bouville.*

30 Septembre 1708.

«J'ai reçu votre lettre du 28 de ce mois, par laquelle vous m'écrivez que vous avez été fort sollicitée pour me demander l'emploi d'inspecteur des manufactures au département d'Orléans qui a été exercé depuis longtemps par M. de Creil. Ces sortes d'emplois sont entièrement à la disposition du contrôleur général; mais je ne puis donner celui d'Orléans, en cas que M. de Creil, qu'on dit présentement hydropique, vienne à mourir, qu'à un parent d'une femme de chambre de Mme de Maintenon auquel on a promis le premier qui viendroit à vaquer à la place d'un emploi semblable qu'il avoit dans un autre département, dans lequel on a mis une personne qui étoit protégée de même par Mme de Maintenon, et j'ai dit à cet homme qui attend un emploi que, si M. de Creil meurt, il aura sa place. Vous voyez par ce détail que je ne suis point libre de donner à un autre l'inspection du département d'Orléans. J'aurois bien souhaité d'en être assez maître pour le confier à celui que vous vouliez me proposer, persuadé que vous n'auriez pas voulu proposer un mauvais sujet*.»

* Le 22 précédent, M. de Bouville écrivait : «Je commencerai, s'il vous plaît, ma lettre par vous marquer ma joie de tout ce qu'on me mande de bien, et de la bravoure de M. de Maillebois à la défense de Lille, et en même temps de la justice que le Roi vient de lui rendre. Il est bien doux à un père de votre crédit d'avoir des enfants dont le mérite seul doit les avancer. Que ne doivent-ils point espérer dans la suite? Je ne sais si vous avez pris votre parti sur le fonds nécessaire pour la perfection de la navigation de la rivière d'Eure; mais, comme j'ai trouvé une personne qui veut bien se charger de le faire moyennant quinze années de jouissance, et que Mme de Maintenon m'a fait l'honneur de me dire que je lui ferois plaisir de trouver quelqu'un qui s'en voulût charger en lui donnant tel nombre d'années de jouissance que je trouverois à propos, j'ai cru n'en devoir point écrire à Mme de Maintenon sans savoir auparavant ce que vous désirez que je fasse. J'attendrai vos ordres sur cela à Châteaudun, où je vais commencer le département.....»

---

177. M. d'Argenson, lieutenant général de police à Paris, au Contrôleur général.

30 Septembre 1708.

«Je ne vous envoie pas encore l'état des loteries commencées, parce que ceux qui en ont la direction, prévoyant bien que ce détail ne leur fera pas beaucoup d'honneur, ont différé de m'en remettre le bordereau. Je puis cependant vous assurer que celle des religieuses de la Présentation n'est que de 62 ou 63,000 #; celle de Poissy, à peu près d'autant; celle de Port-Royal de Paris, de 35 à 40,000 #, et celle de la princesse d'Angleterre, de 12,000 # : ce qui ne fait pas un total de 200,000 #, quoique le fonds de chacune de ces loteries doive être de 4 ou 600,000 #. J'ajouterai même qu'on ne doit pas s'attendre qu'il s'en remplisse aucune, ni qu'on s'empresse d'y mettre, tandis qu'elles seront en concurrence et qu'on ne pourra espérer d'en voir la fin : il faudroit donc, ou leur fixer un temps pour chacune, ou les réunir dans la même caisse*.....»

* On décida de fixer une date irrévocable pour le tirage de ces loteries; mais M. d'Argenson écrivait encore, le 7 novembre : «.....Je ne vois pas qu'on s'empresse fort d'y mettre, et je suis persuadé qu'il faudra, dans la suite, employer de nouveaux moyens pour ranimer la confiance à cet égard.»

Le contrôleur général lui écrit, le 28 décembre suivant : «Les religieuses ursulines de Gex demandent la permission de rouvrir au 1er janvier prochain une loterie qui leur avoit été accordée en l'année 1705, et que M. Chamillart fit surseoir, par ordre du Roi, au mois d'avril 1706..... Une attention fort nécessaire est celle d'examiner l'ordre qui est observé dans la recette de ces sortes de loteries particulières, soit à Paris, soit dans les provinces, quel compte les receveurs en rendent, et enfin qui est-ce qui est chargé de la direction générale de chacune de ces loteries et de l'administration des deniers qui en proviennent.»

Les Bénédictines irlandaises d'Ypres, qui avaient une loterie de 600,000 #, obtinrent, sur la demande de la reine d'Angleterre et malgré la clôture des loteries particulières dans Paris, une permission de laisser leurs registres de recette ouverts, à charge de les déposer chez M. d'Argenson. (Lettres à M. d'Argenson, 28 et 31 décembre, et au P. Pulton, chapelain de la reine d'Angleterre, 31 décembre.)

Les religieuses de Sainte-Claire de Bourges demandant à ouvrir une loterie, le contrôleur général écrivit, le 24 octobre, à l'intendant, M. de Montgeron : «.....S. M. veut être informée de l'état de cette maison, et si le fonds de la loterie pourroit se recevoir dans la seule province de Berry....., S. M. ne jugeant point à propos d'en permettre la recette dans Paris, où il y a déjà plusieurs loteries ouvertes qui ne se remplissent point.»

L'archevêque de Narbonne obtint permission d'ouvrir en Languedoc une loterie de 300,000 #, à 20 s. le billet, et de prélever 15 p. o/o pour achever son église. (Lettre du contrôleur général, 20 octobre.)

Les dames de la Visitation de Tours ouvrirent aussi une loterie de quatre cent mille billets; mais elle ne put se remplir, même à moitié, et on résolut, en 1710, de la tirer dans l'état où elle se trouverait le 1er mai 1711. Le revenant-bon en fut réservé aux créanciers. On demanda tout aussitôt à en ouvrir une nouvelle. (Lettres de M. Chauvelin, intendant à Tours, 11 septembre 1710, 13 février et 5 octobre 1712.)

---

178. M. de la Bourdonnaye, intendant à Bordeaux, au Contrôleur général.

30 Septembre 1708.

«Après avoir cherché les moyens de soutenir l'élection d'Agen dans la cruelle situation où elle se trouve, et en avoir conféré avec M. l'évêque, il nous a paru qu'il y a trois choses absolument nécessaires pour empêcher les peuples de mourir de faim pendant l'hiver.

«La plus grande partie des habitants n'a pas de quoi ensemencer ses terres; on n'a pas jugé à propos de s'engager à fournir des semences, parce que cela nous auroit conduits trop loin : ceux qui en ont en auroient demandé, et d'ailleurs on est persuadé que chacun fera ses efforts pour en trouver, dans l'espérance de voir le prix du blé se soutenir encore l'année prochaine, comme il y a de l'apparence. Si quelques habitants manquent de cultiver leurs terres, les consuls et collecteurs les feront ensemencer, pour recueillir de quoi payer la taille, qui est réelle en ce pays-ci, et j'ai cru devoir rendre une ordonnance pour le leur permettre. Nous nous sommes flattés, par ces raisons, que les terres seront ensemencées. Mais ce projet-là seroit entièrement troublé, si les receveurs des tailles suivoient leur recouvrement avec la même vivacité qu'ils ont fait depuis quelque temps, en y employant des troupes : les habitants qui ont de quoi ensemencer vendroient ce grain-là même pour se délivrer d'une garnison pressante, et ceux qui seroient réduits à acheter la semence faute d'en avoir recueilli, et qui

IMPRIMERIE NATIONALE.

auroient assemblé pour cela un peu d'argent, le donneroient préférablement au porteur de contrainte. Pour éviter ces inconvénients, je croirois absolument nécessaire que vous ordonnassiez aux deux receveurs généraux de ralentir leurs recouvrements pendant l'hiver, au moins à l'égard des pauvres; cela n'empêchera pas que les receveurs des tailles ne fassent payer les habitants qui se trouveront en état de satisfaire. On compte de tirer des blés pour ce pays-ci du Languedoc et du Quercy, et l'on a lieu de croire que l'on n'en manquera pas; mais l'on a deux choses à craindre: l'une, l'avidité des marchands, qui, se voyant les maîtres du prix par la misère publique, le rehausseront à un point que le mal sera presque aussi grand que si l'on n'en avoit pas; l'autre, que les artisans et le menu peuple, se voyant à la merci des marchands, ne causent des tumultes et des émotions. Pour s'en garantir, il me paroîtroit à propos de faire deux petits magasins, l'un à Agen, pour la Garonne, l'autre à Villeneuve, pour le Lot. Il suffiroit de 10,000 écus pour chacun. On seroit en état, par là, d'empêcher secrètement la grande augmentation du prix et de pourvoir aux accidents que l'impatience des peuples pourroit causer en quelques occasions.

«La troisième chose qui mérite attention est la subsistance de ces sortes de pauvres qui mendient, et même de ceux qui n'ont de ressource que leur travail, et qui, par le peu d'occupation qu'ils auront, seront bientôt réduits à la faim. Il faudroit établir des ateliers publics pour les faire travailler, comme on fit en 1693 et 1694; je choisirois les ouvrages les plus utiles, et dans les lieux où il y auroit un plus grand nombre de pauvres à faire subsister. Par ce moyen, on se délivreroit de ceux qui voudroient éviter le travail, et l'on assureroit aux autres une subsistance modique. Pour les ateliers, il faudroit environ 40,000 #; le tout feroit 100,000 #, que le receveur des tailles d'Agen pourroit avancer. Il retireroit bientôt après les 60,000 # des magasins. J'attendrai sur tout l'honneur de vos ordres *.»

* En apostille: «Surseoir les poursuites pour le recouvrement de la taille. Établir les deux magasins; observer de grandes précautions pour en faire un bon usage. Les intérêts de l'avance seront payés par le Roi. S. M. veut bien établir des ateliers publics pour les pauvres valides, et y employer jusqu'à 40,000 # pendant cet hiver.»

Le 4 décembre, l'intendant demande l'argent comptant nécessaire pour ces ateliers.

M. le Gendre, intendant à Montauban, écrit, le 3 octobre: «J'arrive de ma tournée de Rouergue, où j'ai trouvé partout une misère extrême, causée par la mauvaise récolte, les inondations et la mortalité des bestiaux. J'ai donné toutes les consolations qui ont pu dépendre de moi au pauvre peuple, à qui j'ai bien fait valoir la diminution des 100,000 écus sur les tailles que vous avez bien voulu procurer à cette généralité. Malgré cette extrême misère et le nombre de nouveaux convertis mal intentionnés dont ce pays est rempli, tout y est dans une tranquillité parfaite. J'ai recommandé, sur toutes choses, à mes subdélégués et aux receveurs, d'avoir une grande attention que toutes les terres soient ensemencées et que l'on prenne pour cela, par préférence à tout, ce qui est nécessaire sur les fruits saisis. J'en fais de même présentement en Quercy, où la misère n'est pas moins grande qu'en Rouergue.....»

M. de Rosel, d'Agen, ayant demandé, le 22 novembre, qu'on cessât les poursuites contre un receveur des tailles qui avait fait l'avance de blés de semence aux laboureurs, le contrôleur général répond en apostille: «J'ai éclairci ce qui a donné lieu au sieur Lugat de faire les avances qu'il a faites pour favoriser les semences des terres dans quelques cantons de l'Agenois. Il a fait en cela une chose louable et fort à propos; mais il n'a pas dû prendre de là occasion de différer le payement d'une somme très considérable qu'il doit à M. Dodun, receveur général des finances. Vous voulez bien que je vous dise qu'il est fort important pour le bien du service du Roi que ce qui regarde les intérêts qui sont à démêler entre les receveurs généraux des finances et les receveurs des tailles des départements soit traité par des personnes instruites bien à fond des intérêts des uns et des autres, ce qui ne peut guère être connu que par les intendants des provinces.»

---

179. *M. de Bernières, intendant en Flandre,*
au Contrôleur général.

1er Octobre 1708.

Il expose la misère du Tournaisis, et demande pour ce pays la permission d'emprunter 100,000 florins *.

* Voir une lettre des États de Tournaisis, appuyée par l'évêque de Tournay, en date du 31 août.

---

180. *M. de Bouville, intendant à Orléans,*
au Contrôleur général.

2 Octobre 1708.

Il transmet une requête de l'évêque d'Orléans pour faire réparer une partie du château de Meung qui pourrait lui servir de maison de campagne, et où il suffirait de dépenser la somme de 2,000 # qu'on emploie actuellement à l'évêché, déjà trop grand *.

* Voir deux lettres du contrôleur général, approuvant l'attribution, 27 octobre et 6 novembre.

---

181. *M. d'Angervilliers, intendant en Dauphiné,*
au Contrôleur général.

2 Octobre, 7 Novembre, 11 et 23 Décembre 1708.

Il rend compte de l'arrestation de faux monnayeurs découverts en Savoie, et des conflits que suscite leur jugement *.

* Le contrôleur général répond, le 5 janvier 1709: «Il y avoit eu plusieurs raisons pour ne point mettre dans l'arrêt concernant les faux monnoyeurs arrêtés près de Chambéry la clause ordinaire de pouvoir les juger avec des officiers ou gradués. La première est que, dans le nombre des accusés, il y a deux gentilshommes, dont le procès doit, ce semble, être instruit avec un peu plus de solennité que celui des simples particuliers; la seconde, que le sieur Joubert, que vous avez proposé de commettre pour l'instruction, a pris, dans les procédures qu'il a commencées, la qualité de lieutenant général civil et criminel au siège royal et présidial de Grésivaudan: ce qui a fait croire qu'il y avoit véritablement un présidial. Mais, sur ce que vous marquez, par votre lettre du 11 du mois dernier, qu'il n'y a dans tout le Dauphiné qu'un seul présidial, qui est celui de Valence, il a été résolu de donner un nouvel arrêt, avec l'alternatif de pouvoir juger le

procès dans un présidial, ou avec le nombre d'officiers ou gradués requis par les ordonnances. Je vous en enverrai incessamment l'expédition.»

M. d'Angervilliers écrit encore, les 18 et 15 décembre 1709 : «.....On n'apporte autre chose dans les recettes que des louis d'or marqués d'un faux coin. Tous les receveurs me consultent pour savoir s'ils doivent les recevoir. Je crois qu'on ne peut les refuser quand ils sont au poids et au titre, et qu'ils n'ont d'autre défaut que celui de n'être point fabriqués dans les Monnoies du Roi. Ce seroit réduire les peuples à l'impossible, que de leur laisser en pure perte un si grand nombre d'espèces qu'ils ont reçues dans la bonne foi.» Le contrôleur général répond, le 24 décembre, que le cas est délicat; que, selon toute apparence, le Roi ordonnera de porter les espèces aux Monnaies, pour y être converties et le prix en être rendu aux porteurs de bonne foi : «Il faut compatir au malheur où se trouveroient les peuples, si on refusoit de prendre ces espèces. Il faut faire quelque chose de plus, car il est bien nécessaire de découvrir le lieu de la fabrique, afin de se saisir des auteurs.»

182. M. LE GENDRE, *intendant à Montauban*, AU CONTRÔLEUR GÉNÉRAL.

3 Octobre 1708.

Il croit très difficile d'obtenir que les communautés qui sont ravagées par la grêle et les inondations lui remettent leurs procès-verbaux, au lieu de les envoyer directement, avec leurs demandes de secours, au contrôleur général*.

* Voir, au 29 août, une demande en diminution envoyée par les officiers de l'élection de Bourges.

Le 27 juin précédent, M. d'Ormesson, intendant à Soissons, avait obtenu, selon l'usage, pour quatre fermiers de l'abbaye d'Igny, une remise de leur taille arriérée et une modération pendant les cinq années suivantes.

Plusieurs incendies ayant été allumés en Briançonnais par la négligence des troupes ou autrement, on donna des secours d'argent aux particuliers qui rebâtissaient : voir les lettres de M. d'Angervilliers, intendant en Dauphiné, 25 décembre 1708, 30 octobre, 1er, 16 et 28 décembre 1709; 3 juillet et 12 octobre 1710.

183. M. LEBRET *fils*, *intendant en Provence*, AU CONTRÔLEUR GÉNÉRAL.

3 Octobre 1708.

Adjudication et payement des travaux d'un entrepôt de poudres construit à Toulon par le fermier, pour l'usage des particuliers.

184. LE CONTRÔLEUR GÉNÉRAL à M. LE PILLEUR, *trésorier de la maison du Roi*.

4 Octobre 1708.

«Le Roi a été informé [que] quelques officiers de sa maison sont en demeure de payer leur capitation de plusieurs années, et S. M. voulant qu'il y ait plus d'ordre à l'avenir dans ce recouvrement, il est nécessaire que vous remettiez à M. le Febvre, qui en est chargé, l'état des officiers que vous payez pour les quartiers de janvier et d'avril de cette année, afin qu'il vous fournisse ses quittances de leur capitation, et que vous puissiez leur en faire la retenue et lui en remettre le fonds de quartier en quartier. Vous lui donnerez cependant votre reconnoissance de ces quittances au bas d'un état dans lequel elles seront énoncées*.»

* Des lettres analogues sont écrites le même jour aux trésoriers de M. le duc d'Orléans, de Madame, des menus plaisirs, de la vénerie et fauconnerie, et des écuries.

Le 22, M. d'Argenson se plaint, au nom de la communauté des maîtres peintres, sculpteurs et doreurs, qu'il y a quatre maîtres, dans l'enclos du Louvre, qui, sans respect pour le lieu qu'ils habitent et se croyant à couvert de toutes poursuites, n'ont pas payé leur capitation depuis trois ans. Le contrôleur général répond à M. d'Argenson le 28, et écrit le même jour à M. d'Antin, surintendant des bâtiments.

185. M. TURGOT, *intendant en Auvergne*, AU CONTRÔLEUR GÉNÉRAL.

4 Octobre 1708.

Il rend compte des propos séditieux tenus en plein prône par le sieur Michel Villevauld, prêtre, curé de Saint-Maurice et archiprêtre de Souvigny, en Bourbonnais, contre trois archers de la maréchaussée et gardes des gabelles en tournée qui étaient venus entendre la messe, et même contre la propre personne du Roi*.

* Le 12 octobre, le contrôleur général demanda à M. de la Vrillière une lettre de cachet pour reléguer à Tours ce prêtre, qui, malgré ses réclamations, ne fut renvoyé dans sa cure que le 4 juin suivant. (Lettres de l'intendant et de M. l'évêque de Clermont, 1er et 4 mars 1709; du curé, avec mémoires imprimés, 26 avril; de l'intendant, 24 mai.)

M. l'évêque de Die écrit, le 12 avril 1710 : «Je suis vivement touché d'avoir appris, par la lettre que vous avez pris la peine d'écrire à M. l'évêque de Saint-Paul, qu'un de mes curés ait osé préférer les prétendus intérêts de quelques-uns de ses paroissiens à ceux de S. M. J'ai déjà châtié ce malheureux en l'enfermant dans mon séminaire et en lui interdisant la sainte messe, qui sont les peines canoniques que je puis lui imposer; mais, pour la durée de ces peines, j'attendrai que vous m'honoriez de vos ordres, qui me sont très respectables.»

La même année (lettres des 18 mai et 3 juillet), M. le Guerchoys, intendant en Franche-Comté, demande la relégation d'un religieux de l'abbaye de Theuley convaincu, pour la seconde fois, de dénonciations calomnieuses.

186. LE CONTRÔLEUR GÉNÉRAL à M. LEBRET, *intendant en Provence*.

5 Octobre 1708.

Ordre de faire verser régulièrement, par les procureurs du pays, les fonds de l'imposition du taillon, destinés au payement de la gendarmerie, qui ne peut souffrir aucun retardement.

187. LE CONTRÔLEUR GÉNÉRAL
à M. DE PONTCHARTRAIN, *secrétaire d'État de la marine.*

8 Octobre 1708.

«Depuis le 19 septembre, que vous m'avez fait l'honneur de m'écrire sur l'état fâcheux où sont les munitionnaires de la marine, je n'ai pu encore disposer d'aucun fonds pour les aider; je prévois même qu'il ne sera pas aisé d'en trouver d'aussi considérables, d'aussi prompts, pour les soutenir, qu'il seroit à souhaiter. On a trop négligé, dans les temps passés, d'établir des fonds proportionnés aux dépenses; elles sont montées à un tel excès, qu'il n'est pas possible de pourvoir à tout en si peu de temps. Tout ce que je puis faire de ma part, après les secours que je leur ai donnés, est qu'à mesure qu'il rentrera des fonds, je leur en ferai part, pour les aider à soutenir le service. A l'égard des assignations que vous me demandez sur le traité des hérédités, il sera bien difficile d'y satisfaire, parce que ce traité est déjà consommé, et que ce seroit vous donner des assignations doubles sur le même fonds : chose qui décrédite infiniment les affaires et que je dois éviter pour ne pas tomber dans les mêmes inconvénients du passé.»

---

188. *Le sieur* GIRARD, *avocat de M.* DESMARETZ *à Chartres,*
AU CONTRÔLEUR GÉNÉRAL.

9 Octobre 1708.

Il propose de détacher la paroisse de Nonvilliers de l'élection de Mortagne, dont elle est distante de dix lieues, et de la réunir à l'élection de Chartres, dont le siège n'est qu'à cinq lieues. On se plaint que les laboureurs et fermiers appelés à Mortagne pour les affaires du Roi sont obligés de faire un long voyage; que les courses des huissiers coûtent doubles frais; que, pour se rendre à la recette, soit à Mortagne, soit à Nogent-le-Rotrou, les contribuables ont à traverser des bois très dangereux, et que toutes ces raisons détournent les fermiers et laboureurs de venir s'établir dans la paroisse.

On pourrait, en revanche, donner la paroisse de Béthonvilliers à l'élection de Mortagne.

---

189. M. DE SAINT-MACARY, *subdélégué général en Béarn,*
AU CONTRÔLEUR GÉNÉRAL.

13 Octobre 1708.

Il rend compte de l'arrestation de deux prêtres-prébendiers de la ville d'Orthez, qui recélaient des instruments propres à faire la fausse monnaie.

«J'avoue que j'eus de la peine à croire que ces prêtres fussent assez hardis pour faire la fausse monnoie; je craignois même d'offenser le caractère et de causer du scandale à la satisfaction des nouveaux convertis, qui ne songent qu'à rendre le caractère méprisable..... Ces prêtres ont été traduits dans la Conciergerie du Parlement, avec trois autres forgerons ou chaudronniers..... Bien qu'en qualité de doyen de la Compagnie, je doive croire qu'on fera justice, je ne dois pas vous taire que celui qui a donné l'avis m'en donne un autre, que je prends la liberté de vous envoyer afin qu'il vous plaise d'écrire au sieur président d'Esquille qu'ayant été informé de cette fabrication, vous entendez qu'il..... tienne la main à ce qu'un crime de cette nature soit puni..... La lettre que vous prendrez la peine d'écrire au sieur d'Esquille ne peut être que d'un bon effet, parce que cette procédure sera vraisemblablement portée à la Tournelle, à moins que les prêtres accusés demandent leur renvoi en grand'chambre, pour y être jugés avec la Tournelle, conformément à l'ordonnance, et c'est à la Tournelle où le sieur d'Esquille présidera l'année prochaine. Ces prévenus ne sont pas sans appui; c'est même assez le sort des petites provinces, où les prévenus n'en manquent point, parce que nous nous tenons presque tous par les pieds ou par la tête *.....»

* A la suite de nouvelles recherches (lettres des 20 et 28 octobre et 13 novembre), M. de Saint-Macary écrit, le 17 novembre : «On fit le département des chambres le lendemain de la Saint-Martin, et, le procès des prêtres accusés de fausse monnoie ayant été porté à la Tournelle, je prends la liberté de vous envoyer la liste des juges qui y ont été distribués pour y servir cette année. Je n'oserois vous faire le tableau de chacun des juges, parce qu'il n'appartient pas au doyen de le faire que par force et en vertu d'un ordre supérieur, et que d'ailleurs il me suffit de vous dire que ce Parlement n'est plus composé que de beaucoup de jeunesse presque sans expérience et sans littérature; mais, si vous prenez la peine d'en conférer avec M. de Guyet, qui en a connu une bonne partie avant que leurs pères fussent morts, il vous fera comprendre, si sa charité peut le permettre, que, le président d'Esquille étant aujourd'hui à la grand'chambre durant l'absence de M. de Bertier, premier président, il est comme certain que ces coupables sont en sûreté. L'un de ces prêtres a été précepteur du baron de Laur; ce dernier et un de ses frères, appelé le chevalier, sont actuellement en ville pour solliciter la cause de leur précepteur, et les sieurs de Candau-Péborde, Borderen et Blair sont leurs proches parents. Labourt est un jeune ecclésiastique qui a été nommé par l'évêque diocésain pour instruire la procédure avec Hereter, un de nos conseillers. Ce dernier a passé lors de l'union de la Chambre au Parlement : je ne sais pas trop s'il entend bien les finances; mais, pour la procédure criminelle, il ne lui est guère permis d'en connoître les règles. Le sieur de Bonnecaze est un jeune homme qui a été aussi disciple de ce prêtre : de sorte qu'il n'y a aucune sûreté pour l'État ni le public..... On ne doit pas attendre que ces prêtres demandent leur renvoi à la grand'chambre, parce qu'ils sont trop contents des juges de la Tournelle. Mais, comme M. de Bertier me mande qu'il sera ici le 25, et que d'ailleurs toutes les matières édictales sont jugées dans tous les Parlements du royaume en grand'chambre, et notamment les crimes d'État, il faut nécessairement que vous preniez la peine d'en parler au Roi, afin que, dans cette occasion, il donne du moins une attribution à la grand'chambre pour connoître de ce crime à l'exclusion de la Tournelle, d'autant mieux que l'accusation a commencé en chambre de vacations, qui semble nantir la grand'chambre; ou autrement, j'ai raison de croire, le répétant encore, que ce crime demeurera impuni.....»

L'affaire fut évoquée à la grand'chambre, mais les deux prisonniers s'évadèrent. (Lettres de M. de Saint-Macary, 20 et 27 novembre, 4, 11 et 15 décembre 1708, 12 février 1709; de M. de Bertier, 15 décembre 1708; du contrôleur général à M. de Casaus, 6 mars

1709.) Ils furent repris en Espagne, fabriquant encore des espèces, et emprisonnés à Pampelune (lettre du maire d'Orthez, 20 juillet 1709). M. de Saint-Macary écrivait à ce propos, le 23 juillet : «.....Faisant de la fausse monnoie en Espagne, il semble que cette monarchie soit en droit de les retenir. Il est vrai que, comme ils sont condamnés à mort en France par défaut, et qu'ils ne sont entrés en Espagne que par les bris de prison, S. M. auroit été en droit de les réclamer; mais..... la fabrication faite en Espagne varie le cas, et le Parlement de Pampelune ne lâche point volontiers prise.....» Le contrôleur général répond en marge : «Laisser juger. Savoir si on a saisi et fait vendre les effets des deux prêtres.»

---

190. *M. Lebret fils, intendant en Provence,*
au Contrôleur général.

14 Octobre et 5 Décembre 1708; 16 Janvier et 18 Mars 1709.

Envoi de secours de grains à la ville et au comté de Nice et à l'État de Monaco*.

* Voir les lettres de M. Chamillart, secrétaire d'État de la guerre, 16 octobre et 17 décembre; de M. Lebret père, premier président du Parlement de Provence, 28 décembre; de M. d'Artagnan, 29 décembre; de M. Gayot, commissaire-ordonnateur à Nice, et des consuls de cette ville, 21 novembre 1708, 16 et 26 janvier, 27 et 30 mars 1709; et les lettres du contrôleur général à M. Chamillart, 18 décembre 1708; à M. de Pontchartrain, secrétaire d'État de la marine, 25 octobre; à M. Lebret, 27 octobre et 15 décembre; à M. de Bâville, intendant en Languedoc, 24 octobre, 11 novembre et 6 décembre 1708, 4 février 1709; au prince de Monaco, 5 avril 1709, etc. Le 17 février, il écrit à M. Chamillart que M. de Bâville, seul, peut faire passer des blés aux troupes qui sont dans le comté de Nice, mais que les prix augmentent tellement en Languedoc, et que, d'autre part, les villes de Toulon et de Marseille sont dans un tel dénûment, qu'il faut agir avec une grande circonspection, sous peine de voir les blés au double de ce qu'ils étaient en 1693 et 1694, et d'en manquer partout. M. Gayot put tirer des grains de Gênes : voir ses lettres des 6, 13 et 18 mai, et 17 juillet 1709.

Sollicité par l'intendant de Dauphiné, M. Chamillart avait demandé que la Savoie et le pays de Maurienne pussent tirer de Marseille ou d'ailleurs les blés nécessaires pour compléter leur consommation, que le Dauphiné et la Bresse leur fournissaient d'ordinaire. (Lettre de M. Chamillart, 29 décembre 1708, avec lettres de M. d'Angervilliers.)

---

191. *Le Contrôleur général*
à M. Turgot, intendant à Tours.

15 Octobre 1708.

«Le sieur Boucault, président au grenier à sel de Château-Gontier, me donne avis que, dans le courant de cette année, il a été arrêté plus de soixante femmes ou filles pour faux-saunage, dont il y en a encore actuellement treize dans les prisons; que la plupart de ces filles, qui n'ont pas plus de treize ans, sont, pour l'ordinaire, engagées dans ce mauvais commerce par des faux-saunières de profession. Pour punir celles-ci comme elles le méritent, en faisant grâce aux autres en faveur de leur jeunesse, il propose de les envoyer, ou du moins quelques-unes d'elles, à la tour de Saumur, ou dans quelque autre endroit sûr, comme on fit, il y a environ dix ans, à l'égard de deux femmes de cette qualité : ce qui produisit un si bon effet que, pendant l'espace de quinze mois, il n'y eut qu'une seule femme arrêtée pour faux-saunage. Dans le nombre de celles qui sont en prison, il y en a une, nommée la Mauviet, qui a été reprise pour la quatrième fois; il croit qu'il seroit très à propos de la faire renfermer.

«Il finit sa lettre par une observation sur le prix du pain fourni aux prisonniers, en cas qu'on l'ait fait payer au Roi plus de 6 deniers la livre, qui est tout ce qu'il a valu depuis trois ans, le boisseau de blé pesant soixante-dix livres n'ayant coûté que 20 s. Je vous prie, quand vous aurez été informé de la vérité et fait, sur ce que propose le sieur Boucault, les réflexions que l'affaire peut mériter, de vouloir bien me marquer votre avis sur l'usage qu'on en pourroit faire.»

---

192. *Le Contrôleur général*
à M. Amelot, conseiller d'État, en Espagne.

15 Octobre 1708.

«Le mémoire que je joins à cette lettre m'a été remis par le sieur Mesnager; il m'a paru mériter beaucoup d'attention par rapport au préjudice que reçoit le commerce de France de l'augmentation considérable des droits qui se lèvent sur les marchandises de ce royaume qui entrent en Espagne, et je vous avoue que je n'ai pu voir sans étonnement qu'on ait ainsi abandonné, en Espagne, les intérêts de ce commerce à l'avidité d'un fermier. Je suis bien persuadé qu'on n'auroit pas osé faire une semblable entreprise pendant votre ambassade; mais le mal étoit fait, et vous ne pouvez, à présent, que concourir aux moyens qui peuvent y remédier. Je crois qu'ils seront d'autant plus faciles que le sieur Mesnager m'a assuré, au mois d'avril 1706, [qu']il avoit été reconnu, par une junte formée à Madrid par vos soins pour examiner cette matière, que le tarif nouveau devoit être rejeté, n'ayant pas été alors autorisé par le roi d'Espagne, et que les droits qu'il avoit donné lieu de percevoir étoient sujets à restitution. Vous savez mieux que personne combien il est important de confirmer les Castillans dans le goût qu'ils font paroître pour nos modes et nos ouvrages. La vue d'augmenter par ce moyen notre commerce avec l'Espagne et les Indes occidentales est un motif assez pressant pour ne rien négliger de tout ce qui peut établir le bon marché de nos manufactures à Madrid*.....»

* Le 23 novembre, il écrit encore à M. Amelot, et, le 17 décembre, à M. de Quenneville : «.....Au sujet du décret que le roi d'Espagne a rendu le 9 novembre pour décharger les marchandises et denrées de France du droit d'*alcavalas et cientos* dans la première vente qui en sera faite lors de leur entrée en Espagne, il est certain qu'il convenoit beaucoup mieux..... de procurer la décharge de ce droit aux marchandises de France en général, qu'aux marchands en particulier qui la sollicitoient. Il s'agit présentement de veiller à ce que le fermier ne fasse pas de mauvaises contestations aux marchands, pour augmenter le produit de sa ferme, en prétendant que les marchandises seroient d'Hollande, d'Angleterre ou des autres pays neutres ou ennemis.....»

Voir aussi deux lettres des 5 et 20 juillet précédent, à M. Mesnager, cette dernière au sujet de l'introduction des habillements à la française en Espagne.

193. LE CONTRÔLEUR GÉNÉRAL
à M. DE LA BOURDONNAYE, intendant à Bordeaux.

16 Octobre 1708.

«Je vous envoie la copie d'une lettre qui m'a été écrite par le sieur Bardin, principal du collège de Guyenne. Elle regarde, entre autres choses, les deux classes étrangères que le Roi a établies dans le collège pour y enseigner la langue hollandoise dans l'espérance que cet établissement pourroit détourner les marchands d'envoyer leurs enfants en Angleterre et en Hollande pour y apprendre ces langues. Le sieur Bardin représente, d'un côté, que cette vue n'a pas réussi, et, de l'autre, qu'en retranchant 300 # à chacun des régents de ces deux classes, à qui le Roi fait donner 600 #, il leur resteroit encore 300 # de gages, dont de bons sujets pourroient se contenter; et les 600 # retranchées à ces deux professeurs des langues angloise et hollandoise seroient plus utilement distribuées aux autres régents des basses classes, jusques à la seconde, qui n'ont pas 200 # chacun*.....»

* Voir un placet des professeurs des Facultés de droit et de médecine de l'Université de Bordeaux, du 7 mai 1708. Le 7 mai suivant, 1709, le principal Bardin se plaint que le payeur n'acquitte pas les gages à l'échéance de chaque quartier.

Le 22 juillet 1710, l'évêque de Montpellier, en remerciant pour l'envoi d'un ordre aux fermiers généraux de payer les professeurs en droit de l'Université de Montpellier, ajoute : «Trouvez bon que je demande la même chose pour les professeurs en médecine, qui m'ont menacé de tant de maladies en 10, s'ils n'étoient pas payés, qu'il seroit impossible que j'y pusse résister.....»

194. M. D'ARGENSON, lieutenant général de police
à Paris,
AU CONTRÔLEUR GÉNÉRAL.

16 Octobre 1708.

Il justifie une sentence par laquelle il a interdit aux particuliers de vendre de la farine ou du blé dans leurs maisons, avec injonction de tout porter sur les marchés*.

* Le 4 octobre, ordre lui avait été donné d'inviter les laboureurs qui, au lieu de porter leurs blés au marché banal de Gonesse, les livraient directement dans les boulangeries de Bonneuil, du Thillay et de Goussainville, à cesser cette opération, sous peine d'être taxés d'office à la taille, ou même mis en prison.

Le 17 novembre, M. Daguesseau, procureur général au Parlement, écrit : «Vous êtes informé sans doute de l'augmentation du prix du blé..... Entre les différentes causes de cette cherté...., plusieurs officiers des plus expérimentés mettent l'arrêt du 16 octobre dernier que la ville de Paris vous a demandé. Ce n'est pas qu'il faille suivre le zèle souvent indiscret de plusieurs lieutenants de police qui voudroient faire toujours observer à la rigueur la défense de vendre du blé ailleurs qu'aux marchés : je sais quelle est la faveur de la provision de Paris, et, d'ailleurs, suivant les ordonnances mêmes qui ont établi cette règle, elle ne doit être mise en pratique que dans les temps de disette, et, malgré l'émotion que je vois dans bien des esprits, je suis bien éloigné de croire que nous ayons le malheur d'être dans ce cas. Ainsi, ce n'est pas la liberté accordée par l'arrêt du Conseil, prise en elle-même, qui peut faire de la peine; c'est l'éclat avec lequel cette liberté est accordée aux marchands et aux laboureurs. Si cela s'étoit fait par des ordres secrets adressés aux lieutenants de police des environs de Paris dont la vivacité auroit été trop grande (car il y en a plusieurs de ce caractère, et j'ai été obligé d'en contenir quelques-uns avant l'arrêt même dont il s'agit), je crois que cela n'auroit pu faire qu'un bon effet; mais je commence à craindre qu'il n'ait été dangereux d'affranchir par un arrêt les marchands de blé et les laboureurs de la crainte des ordonnances et des magistrats. Il est bon qu'ils aient une certaine liberté; mais il y a bien des choses, surtout dans cette espèce de commerce, où une simple tolérance vaut mieux qu'une permission expresse. Quoi qu'il en soit, on se plaint en beaucoup d'endroits que, depuis cet arrêt, le prix du blé croît sans mesure, parce que les marchands de Paris en enlèvent ou en arrhent de tous côtés, et que les laboureurs, assurés d'un débit qui ne peut leur manquer, négligent absolument d'en garnir les marchés..... Peut-être ne seroit-il pas impossible de rendre un second arrêt qui, sans révoquer le premier, mît quelques bornes à la liberté des marchands de blé et à celle des laboureurs. Je sais que ce milieu est difficile à trouver; mais il seroit néanmoins fort important de prendre quelques précautions contre l'abus que l'on fera sans doute de l'arrêt du 16 octobre, si cet arrêt subsiste dans toute son étendue. Il y a encore un autre point de la même matière qui mérite aussi votre attention. Vous savez qu'en l'année 1699 le Roi ordonna par une déclaration que tous ceux qui voudroient faire le commerce de blé seroient tenus d'en faire leur déclaration au greffe du lieu de leur résidence. Cette loi a été exécutée à la rigueur pendant quelque temps. L'abondance et le grand marché du blé l'a fait oublier en plusieurs endroits; il y en a même, comme dans la Beauce et dans le Perche, où, par des raisons singulières et propres à ces provinces, le Roi n'a pas jugé à propos qu'elle fût observée, et où j'ai écrit, par ordre de S. M., aux lieutenants de police, de fermer les yeux sur les contraventions dans lesquelles on tomberoit sur ce sujet; mais cela étoit sans conséquence, parce qu'il n'y avoit pas assez de profit à faire dans le commerce de blé pour inviter un grand nombre de personnes à s'en mêler. Il n'en est pas de même depuis que le blé recommence à enchérir. On m'écrit de divers endroits que toutes sortes de personnes, même des artisans des métiers les plus vils, achètent et revendent du blé, en sorte qu'un sac est à peine ouvert, qu'il trouve d'abord un acheteur. Comme je sais que, dans le temps de la dernière cherté, on prétendit qu'une des plus grandes causes du désordre qui régnoit alors venoit de ce que, tout le monde voulant être marchand de blé, chacun faisoit des amas, qui introduisoient nécessairement la disette, je vous supplie de vouloir bien me faire savoir si le Roi juge à propos, sur le compte que vous lui en rendrez, qu'on fasse observer à la rigueur la déclaration de 1699, excepté dans la Beauce et dans le Perche. Il n'y aura point, en ce cas, ni de déclaration à faire, ni d'arrêt à rendre : une simple lettre suffira pour obliger les lieutenants de police à renouveler les défenses portées par cette déclaration, supposé que vous croyiez qu'il y ait lieu de le faire.»

195. M. DE LA BOURDONNAYE, intendant à Bordeaux,
AU CONTRÔLEUR GÉNÉRAL.

16 Octobre 1708.

«Vous m'avez fait l'honneur de me renvoyer, le 30 septembre, un mémoire présenté par M. le marquis de Richelieu sur la nécessité qu'il y a de permettre que les offices de lieutenants et procureurs du Roi de l'Agenois et du Condomois soient possédés par des non-gradués. Il est constant qu'il y a dans l'Agenois et dans le Condomois beaucoup de justices royales dans lesquelles les offices de lieutenants et de procureurs du Roi sont vacants, et la nécessité qu'il y a eu, jusques à présent, d'être gradué pour les remplir a produit une partie de ce désordre. On ne croit pas néanmoins que c'en ait été la seule cause : la misère publique, le peu d'argent qu'il y a dans les provinces, ce qu'il en faut pour avoir l'agrément de M. le marquis de Richelieu et des provisions du Roi, et la cessation entière des émoluments de ces offices pendant la guerre empêchent beaucoup de gens d'y songer. Je croirois qu'il ne faudroit se relâcher que pour les petits endroits de la loi qu'on s'est faite jusques à présent de n'admettre que des gradués dans ces offices*. »

* Le 8 décembre, il envoie un état des petites juridictions de l'Agenois et du Condomois dans lesquelles on pourroit établir des officiers non gradués.

196. *Le Contrôleur général à M. l'Évêque de Toul.*

17 Octobre 1708.

« J'ai reçu la lettre que vous avez pris la peine de m'écrire au sujet de la décharge des droits d'amortissement que le curé de Lucey demande sur les fonds qu'il a donnés pour la fondation d'une école de filles dans sa paroisse, et de l'exemption de tailles, subventions et autres impositions et charges publiques en faveur des deux personnes que vous choisirez pour enseigner dans cette école. A l'égard du droit d'amortissement, j'examinerai la modération qu'on peut en accorder; mais, pour l'exemption. . . . , ce n'est point un cas dans lequel le Roi accorde, et tout ce que je puis faire, c'est d'écrire à M. de Saint-Contest de procurer à ces maîtresses d'école toute la faveur que mérite leur établissement. »

197. *Le Contrôleur général à S. A. S. M. le duc de Vendôme.*

17 Octobre 1708.

« J'ai reçu la lettre que vous m'avez fait l'honneur de m'écrire le 11 de ce mois en faveur des sieurs Paris. J'en avois toujours ouï parler avec estime par tous ceux qui les ont vus dans le service. L'honneur que vous leur faites de les protéger est une nouvelle raison qui m'engagera de leur procurer tous les avantages qu'ils pourront attendre dans les occasions que je rencontrerai de faire valoir leurs services*. . . . . »

* Voir une autre lettre du 25 novembre, relative à un fonds de 500,000# que Paris était chargé de faire parvenir à l'armée de M. le duc de Bourgogne. « Vous savez, dit le contrôleur général, que les fonds ont été fournis bien régulièrement pendant la campagne. La fin devient un peu plus difficile, et, avec une vive attention, il n'est presque pas possible de fournir à tout ce qui est nécessaire pour la subsistance d'une si grande armée. »

198. *M. de Montgeron, intendant à Limoges, au Contrôleur général.*

18 Octobre 1708.

« J'observerai exactement ce que vous m'avez fait l'honneur de me prescrire, par votre lettre du 29 septembre dernier, au sujet de la permission accordée à MM. les intendants, par l'arrêt du 5 juillet 1707, de nommer des commissaires pour assister à la confection des rôles des tailles des paroisses où ils trouveroient nécessaire de prendre cette précaution. Quelques plaintes qu'elle excite de la part des officiers des élections, elle fait un bien infini à tous les contribuables : c'est l'unique moyen de prévenir l'injustice et la vexation de certains habitants des paroisses qui, par leur crédit, se veulent dispenser des charges, et d'empêcher les procès qu'ils font aux collecteurs qui ont assez de fermeté pour augmenter leurs taux, sous prétexte des abus qu'ils prétendent que ces derniers commettent dans la confection des rôles. Une légère diminution qu'un collecteur fait à un de ses parents, souvent par l'appréhension qu'il a de perdre un taux de taille considérable qu'il lui donneroit à cause de sa pauvreté, donne occasion à un habitant dont le taux a été augmenté de faire un procès au collecteur; il excite même d'autres à se plaindre comme lui, et cela jette les collecteurs dans des frais qu'ils ne sont pas en état de supporter, et trouble toute la paroisse. Lorsque le rôle est fait par l'intendant ou par une personne qu'il a commis, ces riches habitants qu'on a cotisés aux sommes qu'ils doivent porter sont moins vifs, et enfin, s'ils forment des oppositions au rôle, comme elles doivent être portées devant MM. les intendants, ils examinent si, en effet, il y a quelqu'abus; ils y remédient, et éteignent, par un ajustement, les procès dans leur source. Il est vrai que ces expédients ôtent quelques affaires aux élections; mais cette considération ne doit pas l'emporter sur le bien d'une infinité de malheureux que ces procès ruinent, ou qui se laissent contumacer par le défaut de facultés pour les soutenir. Je fis, l'année passée, moi-même, en Berry, plusieurs des rôles des tailles, particulièrement dans les paroisses où je connoissois de la division et de ces bourgeois riches que les collecteurs n'osent cotiser qu'à des sommes très modiques, et ce travail me fit encore mieux connoître l'utilité de la permission qu'on a accordée à MM. les intendants. Si j'avois voulu écouter les collecteurs, j'en aurois fait encore davantage; ils m'avouèrent naturellement qu'ils n'osoient toucher à de certains taux, et qu'ils craignoient qu'on ne les ruinât, si une autorité supérieure ne chargeoit ces gens-là par proportion à leur bien. Je sais qu'il ne faut confier la confection de ces rôles qu'à des personnes dont la probité est connue, et je suis si difficile sur ce choix, que j'aime mieux souvent m'en donner la peine que de l'abandonner à des gens sur qui on peut avoir le moindre soupçon. J'y serai encore plus circonspect dans cette généralité, et je m'instruirai parfaitement de l'état des paroisses et des habitants qui y sont, avant que de commettre quelqu'un pour travailler à la confection d'aucun rôle, et je ne viserai point de ces rôles, que je ne sois pleinement informé si les personnes qu'on augmentera peuvent supporter la charge qu'on leur donnera, et si la faveur n'aura point de part aux diminutions que je trouverai*. »

* Voir des lettres de M. de Harouys, intendant en Champagne, 16 juillet 1708; de M. Bégon, à la Rochelle, 9 octobre 1708, et de M. Trudaine, à Lyon, 11 janvier 1709.

199. *S. A. R. M. le comte* DE TOULOUSE, *gouverneur de Bretagne,* AU CONTRÔLEUR GÉNÉRAL.

21 Octobre 1708.

«.....Lorsque le gouverneur de Bretagne est dans la province, il doit toujours avoir à sa suite le grand prévôt, pour faire exécuter les ordres, soit dans les lieux où il se trouve, soit dans tous les différents endroits de la province : ce qui se fait aisément de la manière dont cela est établi jusqu'à présent, parce qu'il est aisé au grand prévôt de faire exécuter ses ordres en quelque endroit qu'ils doivent être portés; ce qui changeroit entièrement, si son autorité et ses fonctions venoient à être restreintes dans le seul présidial de Rennes. Et, s'il falloit que j'eusse à ma suite tous les petits prévôts particuliers qu'on propose d'établir en chef, vous conviendrez que je serois exposé à être environné d'assez mauvaise compagnie. Je sais pourtant bien que, cet édit ayant été fait pour procurer au Roi quelque secours, il faut commencer, préférablement à toutes sortes d'autres égards et de considérations, par mettre S. M. hors d'intérêt là-dessus; et je crois que vous jugerez que cela se peut faire en créant, au lieu de prévôts en chef, des lieutenants qui soient subordonnés au grand prévôt. Celui qui remplit cette place présentement est un homme sage et de bon esprit, et, si vous voulez bien prendre la peine de marquer bien précisément au sieur Bourvallais que vous désirez qu'on cherche et qu'on trouve des tempéraments à cet égard, je ne doute pas qu'il ne vienne à bout d'en trouver. Le grand prévôt m'en a même voulu proposer quelques-uns, dans lesquels je n'ai point cru devoir entrer, parce que je ne saurois les juger bons qu'autant que vous les approuverez*.»

* Voir une autre lettre du 19 février 1709, en faveur du grand prévôt, qui poursuivait la liquidation de sa charge, supprimée par les nouveaux édits.

200. LE CONTRÔLEUR GÉNÉRAL *à M.* DE LA CASSAIGNE, *lieutenant-colonel du régiment de Touraine.*

30 Octobre 1708.

«J'ai reçu votre lettre du 26, par laquelle j'ai appris votre blessure, dont je n'avois point été informé auparavant. Je juge, par la manière dont vous m'écrivez, que vous êtes hors de danger; pensez à vous bien rétablir, afin que vous puissiez, pendant que M. de Maillebois demeurera dans la citadelle de Lille, travailler à remettre le régiment. Le quartier d'hiver qui lui est destiné est la ville d'Amiens, où vous pourrez faire conduire les soldats de recrues qui étoient restés à Douay, avec les malades et les blessés, lorsqu'ils seront en état d'être transportés. J'ai laissé hier un mémoire à M. Chamillart pour faire expédier une route pour trois cents hommes, avec les officiers mentionnés dans le mémoire que vous lui envoyez, laquelle M. Clautrier se chargera de retirer et de vous envoyer incessamment. Pour ce qui regarde le fonds des recrues, je vous le ferai délivrer dans le commencement du mois prochain, à raison de 300# pour compagnie; mais je vous avertis qu'il est bien nécessaire de garder le secret, parce qu'on ne peut pas faire le même traitement à tous les autres régiments.

«M. Chamillart m'a dit hier, avant de partir pour Flandre, que le régiment de Châteauneuf seroit en quartier d'hiver à Amiens, avec celui de Touraine : faites-moi le plaisir de travailler, avec les officiers qui sont sortis de Douay, pour le rétablir.

«J'ai eu occasion, en parlant au Roi du régiment de Touraine, de lui expliquer vos services. S. M. m'a paru très contente des relations que M. le maréchal de Boufflers lui en a faites, et disposée à vous en donner des marques*.»

* Le contrôleur général écrit le même jour à M. de Pomereu, commandant à Douai : «.....Je vois que je vous ai l'obligation d'avoir donné retraite aux débris des équipages de mes enfants qui sont sortis de Lille après la capitulation. Je vous en remercie, aussi bien que de la conservation des soldats de recrues que vous avez gardés depuis le commencement du siège. J'espère que vous serez bientôt débarrassé de tout ce qui regarde les régiments de Touraine et de Châteauneuf, et qu'on les envoiera incessamment dans les lieux destinés pour leur quartier d'hiver. Je vous supplie cependant de m'envoyer un mémoire de la dépense qu'ont pu faire les soldats de recrues, n'étant pas juste qu'après les avoir gardés et nourris si longtemps, vous demeuriez chargé de la dépense.»

M. de la Cassaigne étant mort, M. de Saint-Victor le remplaça comme lieutenant-colonel, et fut lui-même remplacé par M. de Santis. (Lettres à M. de Saint-Victor et à M. de Santis, 12 novembre et 28 décembre.)

Sur le travail de recrutement, voir deux lettres à M. de Saint-Victor et au subdélégué de l'intendance de Paris à Pontoise, 25 novembre et 9 décembre 1708, et, dans l'intendance de Rouen, 21 février 1709 et 24 avril 1710, des lettres de M. de Boisville, capitaine au régiment de Touraine, et du sieur Beaufils, lieutenant de police à Nonancourt, sur des émeutes survenues dans cette ville à l'occasion du recrutement.

M. de Lussé, receveur général des finances à Bordeaux, écrit, le 11 décembre 1708 : «Les lettres que j'ai écrites dans la généralité de Bordeaux à mes amis que j'ai cru propres à faire des soldats, ont toutes réussi, et chacun me promet de faire de son mieux dans cette occasion. Même l'on commence à me demander des routes de douze ou quinze hommes commandés par un lieutenant et un sergent, afin de contenir les nouveaux soldats dans leur devoir et les amener en ce pays-ci à mesure qu'il y en auroit un nombre compétent. J'ai fait réponse que l'on y satisferoit incessamment, et qu'en attendant on se servît de porteurs de contraintes un peu vigoureux pour avoir l'œil sur ces gens-là, et de mettre même ceux que l'on fera à Bordeaux, à Blaye, à Dax, et dans le voisinage de ces villes, dans les châteaux ou citadelles de ces mêmes places, afin d'en éviter la désertion. L'on m'écrit aussi que l'on me trouvera de jeunes gentilshommes pour être officiers, et, comme il me paroît qu'il s'en présentera peut-être plus qu'il n'y aura de places à donner, j'ai écrit que l'on s'attachât à choisir les mieux faits et ceux qui, par là et par leur naissance, pourroient faire plus d'honneur aux régiments pour lesquels ils sont destinés. M. de Villecour, votre écuyer, m'ayant écrit que vous l'aviez chargé du détail de cette affaire, je me concerterai avec lui de manière qu'elle puisse avoir une fin qui vous soit agréable.»

M. le Gendre, intendant à Montauban, écrit, le 23 janvier 1709 : «Après la capitulation de Lille, où Messieurs vos enfants ont acquis tant de gloire, je crus ne pouvoir rien faire de plus utile pour le service du Roi que de travailler à rétablir leurs régiments. Pour cela, j'écrivis à mes subdélégués de lever tous les hommes qu'ils pourroient, chacun dans leur département..... Il y aura bien du malheur si je n'en fais pas quarante ou cinquante, ne voulant rien épargner, dans le cours de ma vie, pour vous plaire. Je ne crois pas que M. de Maillebois doive compter sur ceux du sieur Ogier, receveur général, n'en ayant pas pu faire encore un seul, quelque soin qu'il se soit donné pour cela.» Et, le 17 février : «Je fis partir hier cinquante soldats pour le régiment de Touraine, dont il y en a au moins trente qui pourroient entrer au régiment des gardes. J'ai donné au capitaine qui les conduit deux hommes de confiance pour escorter cette belle recrue jusques au régiment, afin qu'il n'en déserte point en chemin. J'espère en faire encore au moins une vingtaine pour M. le baron de Châteauneuf. Je m'estimerois trop heureux si je pouvois trouver des occasions plus essentielles pour vous donner des marques de la fidélité de mon attachement.» Le 3 avril, il annonce quinze beaux soldats pour le régiment du baron de Châteauneuf.

Pour les mêmes régiments de Touraine et de Châteauneuf, M. de Harouys, intendant en Champagne, fournit des vagabonds et des condamnés faux-sauniers (lettres des 13, 14, 19 et 30 mai, 4 et 16 juin, 28 juillet et 24 septembre 1708; réponses du contrôleur général, 1er septembre et 3 octobre), ainsi que M. de Sagonne, intendant à Moulins (lettres du 8 juin 1708 et du 3 mai 1709); et M. Roujault, intendant à Poitiers (8 mars 1709). Ce dernier écrivait : «.....Je me suis offert avec bien du plaisir pour aider les recrues des régiments de Touraine et de Châteauneuf, sur le premier avis que M. de Lalive m'a donné que vous l'aviez chargé de lui faire quelques hommes par la voie des receveurs des tailles, qui sont, par eux-mêmes, assez peu propres à une semblable commission. J'ai actuellement plusieurs personnes qui y travaillent, et je me flatte de vous fournir un assez bon nombre d'hommes. Il me reste de prendre la liberté de vous demander quand vous désirez de les faire partir. Comme nous sommes chargés de trois cents hommes de recrue pour les régiments d'Espagne, que les officiers ont été trois semaines sans faire un homme, et qu'ils n'en seroient jamais venus à bout, si je n'avois usé d'expédient, qui est d'employer autant de personnes que j'ai besoin d'hommes pour m'en enrôler chacun un, cet expédient étant le même dont je me sers pour les régiments de Touraine et de Châteauneuf, ayant même affecté de les confondre, s'il vous étoit indifférent que nous commençassions par faire partir les recrues d'Espagne, nous travaillerions bien plus efficacement et à meilleur marché, dans la suite, pour les régiments de Touraine et de Châteauneuf. Si, au contraire, vous avez besoin que ces recrues partent incessamment, je destinerai un canton entier aux régiments de Touraine et de Châteauneuf, afin que le travail des recrues ou milice ne nuise point aux autres. De quelque manière que ce soit, je serois très fâché que quelqu'un pût me disputer le zèle pour faire réussir les choses auxquelles vous vous intéressez.»

M. le Gendre fournit encore des recrues pour le régiment de Touraine en 1711 : voir ses lettres des 20 janvier et 11 février.

---

201. *LE CONTRÔLEUR GÉNÉRAL*
à M. GRUYN, garde du Trésor royal.

31 Octobre 1708.

«M. de Bourvallais doit faire porter au Trésor royal jusqu'à la concurrence de 800,000#, qui sont destinés pour le trésorier de l'extraordinaire des guerres. Prenez soin de faire garder ce fonds sans le confondre avec les autres recettes du Trésor royal, pour le délivrer au trésorier de l'extraordinaire des guerres suivant l'ordre particulier que j'en donnerai.»

---

202. *LE CONTRÔLEUR GÉNÉRAL*
à M. DE PONTCHARTRAIN, secrétaire d'État de la marine.

31 Octobre 1708.

«Je ne doute pas que vous ne soyez informé que le Lyonnois et la Provence manquent absolument de grains pour la subsistance de leurs habitants. Les maire et consuls de Toulon m'écrivent qu'ils n'ont d'autre ressource que le secours qu'ils peuvent tirer du Languedoc, dont M. de Bâville leur a permis la traite, à la prière de M. l'évêque de Toulon, pour vingt-quatre mille quintaux poids de marc. Il est certain que le Languedoc ne peut pas fournir, à beaucoup près, ce qui est nécessaire pour la subsistance du Lyonnois et de la Provence, que le Lyonnois n'a pas les mêmes facilités pour tirer des blés du dehors. Cependant le consulat de Lyon, après avoir épuisé tous les secours qu'ils peuvent tirer de la Bourgogne, du Languedoc, et même de la Lorraine, a donné commission pour faire acheter des blés dans l'Archipel. On ne peut, comme vous voyez, porter plus loin toute l'attention nécessaire pour ménager les provinces voisines et pourvoir à la subsistance d'un aussi grand peuple que celui de Lyon. La Provence cependant a bien d'autres ressources; mais on m'a donné avis que la compagnie d'Afrique, au préjudice des paroles que le sieur Chavignot, l'un des associés, avoit données de ne point faire transporter des blés de Barbarie qu'à Marseille, en a vendu une quantité considérable pour être transportés en Espagne. On m'a donné avis en même temps que le sieur Roze, négociant de Marseille qui est aussi intéressé dans la même compagnie, pour la justifier, prend pour un ordre positif de transporter des blés en Espagne une lettre que vous lui avez écrite, par laquelle vous lui mandez simplement que vous êtes bien aise qu'elle ait envoyé des fonds considérables en Barbarie pour faire des achats de blés, parce que ce commerce sera avantageux pour la Provence, l'Espagne et Gênes. La conduite de cette compagnie semble obliger à prendre le parti de lui défendre de vendre ses blés ailleurs qu'à Marseille. Ce sera un moyen pour la rendre utile dans les temps qu'elle le peut être, puisqu'on souffre tant de son commerce en d'autres temps. Sur le compte que j'ai rendu au Roi de l'état de ces provinces et des différents avis qui m'ont été donnés, S. M. a trouvé bon de concerter avec vous ce qu'il y auroit de mieux à faire. Je vous prie de me faire savoir si vous y trouvez quelque inconvénient*.»

* Le 7 novembre, M. de Pontchartrain répond qu'il n'a pas cru pouvoir refuser un faible secours aux sujets du roi d'Espagne, privés de toute ressource par la perte de la Sardaigne. Il ajoute que, depuis 1691, la compagnie a été d'une utilité infinie à la Provence. Le 9 novembre, le contrôleur général transmet ces explications à M. Lebret fils, et ajoute : «.....Comme j'ai observé de ne vous point nommer..... à M. de Pontchartrain, vous pouvez continuer à me marquer avec confiance ce que vous penserez sur cette matière.....» M. Lebret répond, le 26 novembre, qu'il ignore en quoi la compagnie a rendu service, ayant, de 1693 à 1703, fait sortir 9,000,000# du royaume,

pour des marchandises qu'on se serait procurées en Levant par voie d'échange; quant au blé, elle n'en a jamais fourni que peu à la fois, pour le maintenir à un haut prix, et ce peu aurait pu être apporté sans qu'elle s'en mêlât.

---

203. *M.* de la Houssaye, *intendant en Alsace,*
au Contrôleur général.

31 Octobre 1708.

«J'ai reçu la lettre que vous m'avez fait l'honneur de m'écrire le 25 de ce mois au sujet des gens de la religion luthérienne qui se présentent pour lever des offices de secrétaires du Roi dans la chancellerie servant près le Conseil supérieur d'Alsace. La mi-partialité des charges entre les deux religions a seulement été permise pour les magistratures des corps de ville, principalement de Strasbourg, de Colmar et de Wissembourg; mais jamais cela ne s'est étendu aux officiers du Conseil supérieur d'Alsace, et même, suivant les règlements du Roi, tous les baillis et prévôts des villages de cette province doivent être de la religion catholique. Ainsi, je ne crois pas que lesdits offices de secrétaires du Roi puissent être levés par des luthériens.»

---

204. *M.* le Blanc, *intendant en Flandre maritime,*
au Contrôleur général.

31 Octobre et 17 Novembre 1708.

Il demande si l'on peut permettre aux marchands de son département de tirer de la ville de Lille les marchandises françaises ou du cru même de la ville qu'ils y avaient achetées avant le siège, ou si Lille doit être désormais considéré comme ville étrangère, quoique la citadelle appartienne encore au Roi*. Du jour où celle-ci aurait succombé, il serait nécessaire d'interdire tout commerce, sous peine de laisser introduire par cette voie toutes les marchandises de Hollande et d'Angleterre**.

* Sur la lettre du 31 octobre, le contrôleur général a écrit : «Bon pour cette fois seulement, et sans tirer à conséquence.» A celle du 17 novembre, il répond, le 2 décembre : «.....Ces marchandises..... doivent être regardées comme marchandises de France et traitées sur le même pied, soit qu'elles aient été fabriquées dans les villes du royaume, ou dans celle de Lille.....»

** Le 24 décembre suivant, M. de Bernières, intendant en Flandre, expose quels inconvénients il y aurait pour les adjudicataires de la forêt de Nieppe et pour le Roi à ne pas faciliter la vente des bois dans la ville de Lille, qui en fait ordinairement toute la consommation.

Les États d'Artois s'étant opposés à ce que l'on rétablît sur leur frontière les bureaux pour les droits d'entrée et de sortie qui étaient auparavant dans la châtellenie de Lille, on se borna à y mettre quelques brigades, pour empêcher l'exportation des blés à destination de Lille, et l'organisation des bureaux fut remise à un temps où «les choses seroient dans un état de stabilité.» (Lettres de M. de Bernage, intendant à Amiens, et mémoires des 20 janvier, 5, 13 et 28 février, 2 mars 1709, 3 octobre et 21 novembre 1710.)

---

205. *M. le comte* de Beauregard, *à Châtellerault,*
au Contrôleur général.

1er Novembre 1708.

«J'ai cru devoir informer Votre Grandeur de ce que j'appris hier par un matelot françois qui s'est sauvé de Plymouth il y a douze jours. Il m'a dit qu'il y avoit une fort grande disette de blé en Hollande et en Angleterre; que, lorsqu'il en est parti, le pain y valoit 10 et 11 s. la livre; que les blés que ces nations avoient achetés en France, il y a quatre à cinq mois, n'en avoient que fort peu diminué la cherté, quoiqu'ils les eussent eus à un bas prix, par la disette générale qui est dans ces pays-là. Comme vous trouvâtes bon que j'eusse l'honneur de vous entretenir de quelques événements arrivés sous le ministère de M. Colbert, de qui je sais que la mémoire vous est toujours chère, j'espère que vous ne serez pas fâché que je vous parle de certaines maximes qu'il eut dans les occasions des ouvertures de commerce, qui lui réussirent toujours, pour que les Anglois et Hollandois, quoique gens fins dans le commerce, fussent toujours ses dupes et achetassent les blés et autres denrées de France à un prix cher, ou du moins raisonnable. Comme il savoit qu'ils attendent toujours qu'elles soient à un bas prix pour proposer le commerce, M. Colbert, du jour qu'ils lui en faisoient faire les propositions, il le publioit partout : ce qui a plusieurs fois suffi pour en faire beaucoup augmenter le prix. Si elles n'augmentoient pas au point qui lui paroissoit raisonnable, il obligeoit les munitionnaires et étapiers de faire leurs provisions, les faisant avertir d'un enlèvement considérable de blés. Quelquefois, il en faisoit acheter, pour prévenir des disettes : en sorte que, lorsque le commerce se concluoit, les denrées se trouvoient au double du prix qu'elles étoient lorsque ces gens-là l'avoient proposé. Plusieurs fois, il leur a refusé pour un plus grand avantage, ainsi qu'il fit en 1677 : ce qui obligea les Hollandois de consentir à la paix de Nimègue, qu'ils firent l'année d'après, qui fut des plus glorieuses à la France, et proprement son ouvrage. M. Colbert n'eut pas des maximes moins sévères dans la disette : comme il savoit que ce n'est presque jamais par le manque d'espèces qu'elle arrive, mais par des mauvaises menées de ceux qui font commerce de blé, il les détruisoit et dissipoit, sans néanmoins se servir jamais d'aucun moyen qui pût alarmer le public, ni lui laisser soupçonner que le blé manquoit. Quand le cas arriva, ainsi qu'en 79, il ne voulut jamais faire établir des bureaux à Paris pour distribuer du pain au peuple et aux pauvres sur le compte du Roi, non plus que d'envoyer visiter dans les greniers des particuliers, et encore moins de forcer les gens de porter du blé au marché : ce que M. le premier président précédent fit néanmoins en 1693, et qui causa tant de troubles dans le public pendant deux ans. M. Colbert, dans une pareille conjoncture, n'eut besoin que d'un mois et six semaines pour tout rétablir dans son état ordinaire; les moyens qu'il employa furent de faire acheter des blés et les faire porter aux marchés par des particuliers qui les vendoient à 2 s. moins que les autres, d'empêcher qu'il n'en descendît par les rivières de la Vienne, Charente et la Loire, de parler lui-même aux principaux marchands de blé de Paris, auxquels il disoit que, s'il apprenoit qu'ils achetassent davantage du blé que ceux qu'ils se trouvoient avoir, qu'il les obligeroit d'en fournir au Roi pour ses magasins sur le pied qu'ils les avoient achetés dans le commencement; qu'il en avoit fait acheter et qu'il les feroit vendre avant les leurs. Il faisoit contrefaire des lettres, comme s'il en venoit de Dantzick et autres endroits; il y joignoit de la ruse et faisoit remonter peu après des bateaux par la Loire, chargés de blé à moitié et d'autres choses dessous, afin qu'on en crût la quantité plus grande, qu'il faisoit aussi vendre de ville en ville à moindre prix que les autres. Votre Grandeur comprend qu'en le faisant donner à 2 s. meilleur marché, que 20 et 30,000# alloient loin; mais tout cela s'exécutoit, de la part de ceux qu'il y préposoit, avec un fort grand secret, parce qu'il disoit qu'il est du commerce comme de la guerre, que les événements ne réussissent que par le secret. Il empêchoit qu'il ne se voiturât du blé dans des tonneaux ou autrement par fraude : ce qui se fait actuellement en ce pays-ci, par la cherté dont il devient, étant au double de ce qu'il étoit il y a six semaines. Il donnoit des ordres pour qu'il n'en sortît point aussi par la mer contre ses intentions: ce qui étoit exactement exécuté. Mais il faut vous dire qu'aujourd'hui il n'est pas possible de l'empêcher, parce que, depuis quelques années, on a armé tous les huguenots de la côte de Poitou, pays d'Aunis et Saintonge, qui en font passer incessamment, et qu'on a aussi rendu vénales les charges de commissaires et gardes-côtes, qui favorisent eux-mêmes ces friponneries par l'argent qu'ils en retirent. Ce même matelot françois m'a dit en avoir mené lui-même, depuis la cessation du commerce, à des vaisseaux hollandois qui se tiennent à deux et trois lieues à la mer. Comme tout ce que j'ai l'honneur de vous dire vient de M. Colbert et étoit ses maximes, contenues dans des mémoires que j'ai vus de lui, entre les mains d'un homme en qui il se confioit entièrement, j'ai cru que cette lettre qui en contenoit une partie vous seroit agréable..... Ces mémoires de M. Colbert regardoient non seulement les affaires de finances, mais encore celles de la guerre contre l'Italie et la Hollande, qu'il disoit qu'il falloit éviter sur toute chose. Ses conseils, dans l'un et dans l'autre, étoient d'autant plus admirables, qu'ils ont répondu aux événements.....»

---

206. *M. Godefroy, procureur du Roi en la Chambre des comptes de Lille,* au Contrôleur général.

1er Novembre 1708.

«Je suis obligé de vous rendre compte des démarches que j'ai faites pour obtenir une capitulation pour la Chambre des comptes suivant qu'il s'est fait en 1667. J'ai donné, pour cela, un mémoire de trois articles à M. le maréchal de Boufflers, qui a chargé M. de Saint-Martin, commissaire des guerres, de le faire répondre. J'ai demandé, par le premier, que les papiers concernant les pays appartenant au Roi lui soient remis dans six mois; par le second, que les autres papiers de la Chambre n'en pourront être enlevés; et par le troisième, que je serai maintenu dans l'office de garde des chartes, avec faculté de me retirer dans deux ans.

«Il a été répondu aux deux premiers articles que les papiers concernant les comptes de S. M. T. C. et de ses receveurs seront rendus, et que les autres resteront; et, au troisième, que l'on pourroit avoir égard au mérite du garde des chartes.

«M. le maréchal de Boufflers, ayant vu ces réponses, m'a envoyé deux fois vers les députés des États généraux, pour les faire signer, et il a même écrit au prince Eugène pour cela; mais, au lieu d'exécuter ce qui avoit été résolu, ils en ont remis la décision à un autre temps. J'ai fait connoître ma peine à M. le marquis de Maillebois, qui m'a promis d'en parler au prince Eugène; mais la chose n'a pas été, pour cela, expédiée, et je ne suis pas plus avancé que le premier jour.

«Il n'y a que les deux premiers articles qui me tiennent à cœur. Il est juste que les papiers qui concernent l'Artois, la Flandre et le Hainaut, qui appartiennent au Roi, lui soient remis, et que les autres papiers ne soient point enlevés de la Chambre.

«Je prends la liberté de vous supplier très humblement de me vouloir honorer de vos ordres, à ce sujet, directement, si cela se peut sans risque, ou par mon frère, qui aura l'honneur de vous rendre cette lettre*.»

* En apostille : «Le 15 novembre 1708, donné un mémoire à M. le Cousturier pour faire avertir le frère du sieur Godefroy, qu'il connoît. Il m'a dit, le 16, qu'il en avoit parlé à Monseigneur.»

Le 2 décembre, Godefroy écrit : «On trouve si rarement des occasions de faire passer sûrement les lettres, que j'espère que Votre Grandeur ne me saura pas mauvais gré de ce que je ne vous ai pas informé plus tôt de ce qui s'est passé au sujet de la Chambre des comptes de cette ville. Les officiers de celle de Bruxelles avoient nommé deux personnes de leur corps pour venir ici prendre inspection des registres qui y sont; mais MM. les députés des États généraux ne leur ont pas voulu permettre de venir exécuter leur dessein. Au lieu de cela, trois de ces députés, savoir : MM. le comte de Rectheren, de Goslinga et de Geldermalsen, ont pris la peine de venir eux-mêmes visiter cette Chambre. Ils l'ont trouvée en bon état, et, après en avoir examiné l'ordre et quelques principaux titres, ils se sont attachés à visiter ce qui concerne les provinces de Hollande, Zélande et Frise, et m'en ont demandé des mémoires. M. de Goslinga, en sortant, m'a dit, avec beaucoup d'honnêteté, qu'ils n'étoient pas venus pour faire déplaisir à personne, ni enlever les titres de cette Chambre, quoiqu'on eût enlevé autrefois ceux qui étoient à Utrecht. J'ai assuré ces Messieurs que, si cet enlèvement a été fait, ce n'a pas été de la part de la France, puisque, quelques prétentions qu'elle ait eues, les titres d'Utrecht lui ont été très inutiles pour les soutenir. Je ne sais pas quel parti ces Messieurs prendront au sujet de cette Chambre; ils gardent toujours le mémoire des articles que j'ai proposés lors de la capitulation, et en remettent la décision à un autre temps. Comme ils agissent avec beaucoup de modération et de justice, je dois croire qu'à la fin ils accorderont ce que je leur ai demandé. Agréez, s'il vous plaît, la liberté que je prends de me servir de cette occasion pour témoigner à Votre Grandeur combien j'ai été sensible à la dignité qui vient de vous être donnée; les obligations que je vous ai, et à toute votre maison, doivent vous persuader en cela de la sincérité de mes sentiments.»

Le bureau des finances ayant été transféré de Lille à Douay, et Godefroy ayant eu ordre de rester à Lille pour garder ses archives, il fut suppléé par un des officiers du bureau dans ses fonctions de procureur du Roi. (Lettres des trésoriers de France, 24 février 1709, et de Godefroy, 16 février.)

La réinstallation à Lille eut lieu en 1713. (Lettre de M. de Bernières, intendant en Flandre, 25 avril.)

---

207. *Le Contrôleur général à M. de Charmont, secrétaire des commandements de Mgr le duc de Bourgogne.*

2 Novembre 1708.

«J'ai différé longtemps à vous faire réponse au sujet de la décharge que vous me demandez des droits d'entrée de deux tentures de tapisserie de Bruxelles et de sept cents aunes de tripe de velours, parce que je voulois vérifier à quoi pouvoient monter ces droits. Ils ne se perçoivent point au profit des fermiers, mais viennent directement au Roi, les cinq grosses fermes étant régies pour le compte de S. M. : de sorte que, ces droits montant à 1,320# ainsi que vous le verrez par le mémoire ci-joint, je vous avoue que la somme m'a paru un peu trop forte pour prendre sur moi d'en donner la décharge, comme j'aurois pu faire, s'il ne se fût agi que de 200 à 300#. Je vous en laisse à juger vous-même.»

---

208. *M. de Bâville, intendant en Languedoc, au Contrôleur général.*

2 Novembre 1708.

«J'ai examiné la requête du syndic de Languedoc que vous m'avez envoyée, par laquelle il se plaint de deux arrêts de la Cour des aides des 5 mars et 15 mai 1705. Il est certain que, par ces deux arrêts, la Cour des aides est allée au delà de ce qui avoit été réglé par l'arrêt du Conseil du 20 septembre 1689; ce qui produit deux inconvénients considérables. Le premier est que les collecteurs des tailles se sont imaginé qu'ils étoient déchargés de la quotité des tailles de ceux qui ne voudroient pas la payer, en donnant un état de ces cotes au syndic des diocèses. De cette manière, il n'y auroit aucun collecteur qui fît la moindre diligence pour se faire payer, et les syndics des diocèses ne pourroient pas suffire à faire seuls la fonction de tous les collecteurs. C'est un des grands abus qu'il y ait dans le recouvrement des tailles de cette province : les collecteurs se croient déchargés de faire leur recette, sous prétexte qu'il s'agit d'un gentilhomme ou autre personne de main-forte. Ce collecteur doit faire saisir et faire les diligences de la même manière que contre les autres redevables, et, s'ils font la moindre résistance ou violence, on doit en avertir ceux qui ont l'autorité en main pour l'empêcher. Cet abus cause beaucoup de confusion dans le recouvrement, et il est très à propos de l'abolir. Le second inconvénient est qu'en assujettissant les publications de la taille au contrôle des exploits, on expose les communautés à faire des frais considérables, non seulement parce qu'il faut faire trois publications, mais encore parce que les bureaux du contrôle ne sont pas établis dans chaque lieu.....»

---

209. *Le Contrôleur général à M. d'Iberville, envoyé du Roi à Gênes.*

3 Novembre 1708.

«.....Vous me ferez beaucoup de plaisir de continuer à me faire part de tous les avis que vous croyez mériter quelque attention, rien n'étant plus nécessaire que de bien connoître la disposition des esprits sur toutes les choses qui ont rapport aux affaires publiques. Quant à l'opinion que certaines gens cherchent à fomenter en insinuant que les diminutions faites depuis quelque temps ne sont qu'une préparation à une nouvelle augmentation du prix des espèces, il est aisé de juger que ces personnes n'ont d'autre vue, en cela, que leur intérêt particulier. Cette opinion est contraire à la vérité, ne l'étant pas moins aux intérêts du royaume et n'ayant d'ailleurs aucune vraisemblance, pour peu qu'on veuille faire attention à la lenteur (?) avec laquelle les diminutions d'espèces sont dirigées.»

---

210. *M. Turgot, intendant à Tours, au Contrôleur général.*

4, 17 et 26 Novembre 1708; 5 Janvier, 6, 12 et 22 Février, 29 et 31 Mars 1709.

Il rend compte de ce qu'il a accordé de passeports pour enlever des grains à destination de Nantes et de la Guyenne ou des îles d'Amérique*, et demande à en restreindre le nombre, la généralité n'ayant plus que très peu de blés.

* Sur le commerce de blé avec les îles, voir sa lettre du 31 août 1708, un mémoire du 1er septembre, et les pièces jointes.

---

211. *Le Contrôleur général à M. le Rebours, intendant des finances.*

5 Novembre 1708.

«Quoique l'état que vous m'avez donné contienne tous les fonds qu'on a pu rassembler pour fournir aux dépenses de l'année 1708 et l'emploi qui en a été fait, j'aurois besoin encore d'un état pareil à celui que vous m'avez donné, il y a environ un mois ou six semaines, en deux pages, dont l'une contenoit en abrégé tous les fonds reçus, et l'autre l'application qui en avoit été faite en gros, par nature de dépense; et vous me ferez plaisir de me l'envoyer mercredi, dans toute la journée.»

---

212. *M. d'Argenson, lieutenant général de police à Paris, au Contrôleur général.*

7 Novembre 1708.

Il demande à mettre au Châtelet, pour un mois ou deux, une aubergiste qui excite à la résistance les maîtresses de chambres garnies et essaye d'entraver le recouvrement du droit imposé sur les aubergistes et logeurs en garni.

«J'ai fait venir chez moi, suivant vos ordres, les maîtres et gardes des marchands bonnetiers et les jurés de la communauté des fabricants des bas au métier, pour leur faire la réprimande que méritoient leur attroupement séditieux et leur députation tumultueuse*. Ils l'ont reçue, les uns et les autres, avec beaucoup de docilité, à la réserve du nommé Mirebaut, juré fabricant, qui eut l'insolence de me dire qu'il ne feroit point travailler ses ouvriers puisque je ne les payerois pas pour lui. Cette réponse, jointe aux ordres particuliers qu'il vous a plu de me donner, me fit prendre la résolution de l'envoyer au Châtelet à la vue de tous ses confrères, qui me promirent de donner incessamment du travail à tous les métiers qu'ils avoient fait cesser depuis quelques jours par une espèce de complot, et j'ai appris qu'ils m'ont tenu parole. Cette soumission m'a empêché d'en faire arrêter un plus grand nombre, et j'espère que l'exemple de celui-ci suffira pour les mettre tous en règle. Le prisonnier s'y est mis lui-même, et, après vous avoir demandé pardon de sa faute par la lettre que j'ai l'honneur de vous envoyer, il vous supplie de vouloir bien le rendre à ses affaires et à sa famille, qui, certainement, ont grand besoin de sa présence. Cette considération m'oblige de joindre ma très humble supplication à la sienne, pour obtenir la sortie de ce fabricant avant la fin de la semaine.»

* Le contrôleur général lui avoit écrit, le 31 octobre : «Hier, près de huit cents ouvriers fabricants de bas au métier vinrent ici (à Versailles); quatre d'entre eux me donnèrent le placet que je vous envoie; je les renvoyai à Paris, et je leur fis une réprimande sur une assemblée si nombreuse. Ils suivirent le Roi sur son chemin de Marly, et le grand prévôt les dissipa. Je juge que cette cabale est excitée par une cabale formée par de mauvais esprits qui sont du nombre des maîtres fabricants. J'en ai parlé au Roi ce matin, et S. M. m'a donné ses ordres.....»

213. *M. de Bâville, intendant en Languedoc,* *au Contrôleur général.*

8 Novembre 1708.

«Je suis persuadé qu'il ne convient point d'augmenter les droits sur les vins de cette province qui passent à l'étranger, ou, pour mieux dire, de ne pas continuer la diminution qui a été accordée du tiers. Il est vrai qu'il y a eu fort peu de vin dans tout le royaume, qu'il y en a eu aussi beaucoup moins en Languedoc qu'à l'ordinaire; mais il sera toujours fort difficile qu'il en puisse passer dans les autres provinces, parce que la grande difficulté vient des droits exorbitants qu'il faut payer, dont l'état est ci-joint; et c'est ce qu'il faudroit diminuer pour cette année, supposé que vous voulussiez en attirer dans le cœur du royaume. Quant aux étrangers, il me semble qu'il est de la dernière conséquence de ne les point détourner d'en venir prendre dans cette province dans le temps qu'on leur refuse des blés; ce seroit, pour ainsi dire, rompre tout commerce avec eux, et rien n'est plus important que de les accoutumer à venir prendre les vins du bas Languedoc, qui sera toujours assez riche, pourvu que le prix en soit un peu considérable, à cause de la grande quantité de vignes qui ont été plantées depuis vingt ans, ce qui va au delà de ce qu'on peut croire, et les peuples de ces cantons n'ont pas un moyen plus sûr ni plus facile pour payer les impositions. Ainsi, je suis persuadé que cette augmentation de droit par rapport au temps présent feroit un très petit profit au Roi, et causeroit dans la suite un grand dommage, parce qu'elle détourneroit tous les habitants de la côte d'Italie, et même d'Espagne, d'en venir prendre comme ils ont accoutumé*.»

* Voir une lettre de M. Lebret fils, intendant en Provence, du 12 du même mois; il dit, en terminant, que les procureurs du pays ont raison de demander le maintien des modérations de droits prononcées par l'arrêt du 20 mars : «Ils ne sont pas assez considérables pour empêcher les enlèvements des étrangers, s'ils venoient à en avoir un besoin pressant.»

L'année suivante, M. de Bâville demanda encore, quoique la récolte fût nulle dans le haut Languedoc et de moitié seulement dans le bas, que le commerce des vins avec les Génois, seul moyen pour le Languedoc de payer ses impositions, ne fût pas entravé, quand même il en devrait résulter que les marchands de Paris payassent leurs achats un peu plus cher. (Lettre du 15 octobre 1709.)

214. *Le Contrôleur général* *à M. Lebret,* *premier président du Parlement de Provence.*

9 Novembre 1708.

«Le Roi ayant nommé M. de Matignon, ancien évêque de Condom, à l'abbaye de Saint-Victor de Marseille, sous la réserve de tous les revenus, pendant douze années, en faveur de M. le Grand Prieur, il désire d'obtenir de votre Compagnie la remise du droit de bonnet, pour lequel on lui demandoit 900#, et dont elle s'est déjà portée à lui remettre la moitié.....»

215. *Le Contrôleur général* *à M. de Soubeyran,* *garde des registres du Contrôle général.*

9 Novembre 1708.

«Si le contrôle est en état, je pourrai contrôler aujourd'hui, à six heures précises.»

216. *Le Contrôleur général* *à M. de Montgeron, intendant à Limoges.*

9 Novembre 1708.

«.....Il est vrai qu'il est bon d'user des précautions qui peuvent être mises en usage sans inconvénient pour prévenir un mal qui a quelque apparence; mais l'attention générale que demandent toutes les provinces du royaume devant prévaloir sur celle que vous avez pour votre département particulier, il faut observer que, comme il ne conviendroit pas de se servir d'aucune voie extraordinaire pour faire sortir les grains du Limousin et les faire passer dans une autre province, si vous n'en avez que la quantité juste qui vous est nécessaire, aussi conviendroit-il encore moins de gêner sur cela la liberté du commerce. Il n'y a que cette liberté qui puisse produire les deux effets qui sont à désirer dans cette denrée, c'est-à-dire lui donner une valeur proportionnée à la quantité qu'il y en a, et, en même temps, la répandre partout avec une espèce d'égalité qui ne laisse aucune province en disette. Ç'a été le principal motif de l'arrêt du 22 septembre dernier, par lequel le Roi, en accordant la décharge de ses droits sur les grains qui seroient transportés d'une province à l'autre de son royaume, a voulu procurer les secours nécessaires aux provinces qui en avoient le plus souffert de la mauvaise récolte, et donner à celles qui avoient abondance de grains les moyens d'en secourir les autres avec avantage. Il faut donc maintenir cette liberté, sans laquelle plusieurs provinces souffriroient de la disette pendant que d'autres garderoient inutilement leurs grains. Il est certain, en général, qu'il y a dans le royaume beaucoup plus de grains qu'on n'en peut consommer, et qu'ainsi, la sortie au dehors en étant exactement empêchée, la libre circulation d'une province à l'autre doit n'en laisser manquer aucune. Il ne s'agit que de la favoriser, et, au surplus, laisser agir les laboureurs et les marchands. Les grains se porteront toujours dans les lieux où il y en aura le moins, parce que c'est où ils se vendent le mieux. Il ne faut pas pourtant souffrir que quelques particuliers malintentionnés abusent de cette liberté pour faire des amas trop considérables, ou pour enlever avec affectation tous les blés des marchés au préjudice des peuples. Il faut, en ce cas, discerner avec prudence, et sur de bons avis, ceux qui peuvent être suspects de monopole, et, sans autre formalité, les faire venir devant vous et les menacer d'un châtiment sévère, s'ils ne mettent leurs grains dans le commerce. Mais il faut éviter surtout les procédures sur cette matière, parce qu'elles ne peuvent causer que des mouvements fâcheux *.....»

* Le 24 octobre précédent, à M. de Bernières, qui demandait qu'on interdît le transport et la sortie des blés sans permission, il répondait : «Nous avons vu que, toutes les fois qu'on a pris de semblables précautions, elles ont produit un effet tout contraire à celui qu'on en espéroit. Les marchands, et en général tous les particuliers, regardent ces sortes de défenses comme une marque de stérilité, et elles ne manquent jamais d'être suivies d'un grand empressement de la part des particuliers pour faire leurs provisions, et d'une augmentation excessive du prix des grains. Ces réflexions me font croire qu'il seroit à propos de se servir de quelque autre expédient, et que, si on est absolument obligé d'avoir recours aux défenses, il faut que ce soit avec beaucoup de ménagements....»

Le 12 novembre, à M. Turgot, intendant à Tours, on adressa une lettre presque exactement conforme à celle qui avait été écrite le 9 pour M. de Montgeron, mais précédée de cette première partie : «J'ai reçu la lettre que vous avez pris la peine de m'écrire le 4 de ce mois, qui contient toutes les raisons qui vous ont fait juger de la nécessité d'empêcher qu'il ne sorte des grains de votre département pour être portés en Guyenne. Ces raisons se réduisent, ce me semble, à deux principales : l'une est l'augmentation que vous craignez du prix des grains; l'autre, que ces grains, qui descendront la Loire jusqu'à Nantes pour être ensuite embarqués pour Bordeaux, sortent effectivement du royaume pour n'y pas rentrer, que les marchands ne s'entendent sur cela avec les étrangers, et ne se fassent prendre même dans le trajet par les ennemis. Sur le premier article, il faut observer que l'abondance ou la disette d'une province ne doit pas avoir d'objet au préjudice de toutes les autres : si la Guyenne ne souffroit pas encore plus que votre département, et si les blés n'y étoient pas de beaucoup plus chers, les marchands n'auroient pas grand empressement à vous demander des permissions pour y en porter..... Quant à la seconde raison qui vous détermine à croire qu'il ne faut point permettre aux marchands le transport des grains par la Loire en descendant, parce qu'ils pourroient en abuser pour faire sortir les blés du royaume, et même se faire prendre par les ennemis dans le trajet de mer qu'ils auroient à faire en supposant le transport de ces blés à Bordeaux, il est vrai que ce seroit un grand inconvénient, et qui pourroit même déterminer absolument à défendre le transport des grains d'une province à l'autre par cette voie, s'il n'étoit facile d'en empêcher l'abus : l'arrêt du 22 septembre y a déjà pourvu en partie en obligeant les marchands et négociants de vous donner une déclaration de la quantité des grains qu'ils voudront faire sortir de votre département pour une autre province du royaume, et de faire leur soumission par-devant vous de rapporter, au plus tard dans trois mois, des certificats de la décharge de ces grains dans le lieu de sa destination qui aura été déclaré, à peine de confiscation de la valeur de ces mêmes grains au profit du Roi, et de 500 # d'amende. On peut ajouter, à l'égard des marchands qui feront descendre leurs grains par la Loire pour être transportés de Nantes à Bordeaux par mer, la précaution de leur faire donner une soumission d'encourir la peine de l'amende et de payer la valeur du prix des grains en cas qu'ils soient pris par les ennemis.....»

Le 21, il lui écrit encore : «.....Votre réponse du 17 m'oblige de vous réitérer qu'il est absolument nécessaire que vous suiviez ce que je vous ai marqué sur ce sujet. C'est une foible ressource que celle d'attendre que les particuliers qui ont des blés renfermés dans des châteaux, comme vous me le marquez, soient obligés de les porter au marché par les empêchements qu'ils trouveroient à les faire sortir de la province. Je vous ai déjà fait connoître que ces vues particulières ne conviennent en aucune manière à celle qu'il faut avoir de secourir toutes les provinces qui sont dans le besoin. Il seroit bien plus utile d'obliger ces particuliers qui ont de si grands amas de grains à les porter dès à présent dans les marchés, ou de leur laisser la liberté d'en faire passer à Bordeaux en prenant leur soumission, que de souffrir qu'ils les tinssent renfermés, puisqu'en ce cas, non seulement ils sont inutiles à tout le royaume, mais n'ont pas moins de part à la cherté que s'ils étoient transportés au dehors. Il faudroit d'ailleurs vous appliquer à connoître ces particuliers qui renferment leurs blés dans des châteaux. Si ce sont de simples laboureurs, il doit vous être facile de les obliger à les porter aux marchés et dans les lieux où vous jugerez qu'il est le plus nécessaire d'en faire baisser le prix. Si ce sont d'autres personnes plus considérables, vous n'avez qu'à me le faire savoir, après vous être exactement informé de la vérité des faits.....»

Le 11 novembre, même lettre à M. Lebret, intendant en Provence, qu'à MM. de Montgeron et Turgot, pour favoriser le transport des blés de Provence dans le Lyonnais. Elle est confirmée par une autre lettre du 2 décembre.

M. de Bernières ayant répondu, le 12 novembre, à la lettre du 24 octobre, que l'exportation prenait un développement effrayant, et qu'il était passé à Liège, par la Sambre, plus de deux cent mille sacs, des ordres lui furent envoyés en conséquence, le 17, ainsi qu'à MM. le Blanc, intendant en Flandre maritime, et Doujat, intendant en Hainaut.

---

217. *M. Lebret fils, intendant en Provence,*
au Contrôleur général.

9 Novembre 1708.

Règlement de conflits de préséance entre M. le comte de Grignan, les officiers du Parlement et de la Cour des comptes, et le Chapitre d'Aix.

---

218. *Le Contrôleur général aux Fermiers généraux.*

10 Novembre 1708.

Ordre d'envoyer immédiatement M. de la Porte en Champagne, M. Berthelot de Saint-Laurent et M. Thiroux en Picardie, pour conférer avec les intendants sur les moyens d'empêcher que le faux-saunage ne recommence sur ces frontières*.

* M. de Harouys, intendant en Champagne, annonçait depuis six mois que les faux-sauniers recommençaient leurs courses, et que, les habitants des paroisses frontières ne pouvant ou n'osant les poursuivre, il était nécessaire d'envoyer des dragons et des fusiliers au secours des gardes des gabelles, trop peu nombreux pour attaquer des bandes bien armées. (Lettres des 9 mai, 10 juin et 16 novembre 1708.)

Les 11 février, 6 mars et 8 avril 1709, le même intendant rend compte des mesures prises par lui de concert avec le fermier général de la Porte, et des combats livrés aux bandes par de petits détachements de troupes réglées.

Le 11 novembre suivant, le directeur des fermes à Langres envoie un état des captures de faux-sauniers et des saisies de faux sel effectuées dans son département du 1er octobre 1708 au 30 septembre 1709 : «Cent quarante-neuf hommes, dont deux tués sur le lieu de la saisie; quatre condamnés à mort; vingt condamnés aux galères et conduits à la Conciergerie de Dijon, pour être attachés à la chaîne, à la réserve de trois qui ont interjeté appel; soixante-quinze qui ont subi la peine du fouet et la marque du *G*. — Vingt-neuf femmes, dont quelques-unes ont été condamnées au bannissement, et une qui a été tuée sur le lieu de la saisie. — Deux petits garçons et deux petites filles, non poursuivis attendu le bas âge. — Cent quarante-six chevaux, trois bourriques et quatorze charrettes. — Trois cent trois minots de sel blanc de Lorraine. — Trois mille soixante-huit pains de sel du comté de Bourgogne, du poids de deux livres et demie chaque pain.»

219. *Le Contrôleur général à M. de Pontchartrain, secrétaire d'État de la marine.*

10 Novembre 1708.

«Je me rends aux raisons qui vous font juger la nécessité d'accorder une surséance à la compagnie des Indes orientales, quoique je ne connoisse que trop le préjudice que portent aux affaires les défenses de faire des poursuites contre les débiteurs des billets ou de lettres de change. Il est à désirer que celles-ci n'aient pas de suites aussi fâcheuses que je le crains pour le crédit de la place.»

220. *Le Contrôleur général à M. l'Évêque de Châlons.*

11 Novembre 1708.

«J'ai reçu la lettre que vous m'avez fait l'honneur de m'écrire le 5 de ce mois sur les dispositions dans lesquelles vous avez trouvé les officiers de ville de Châlons à l'égard de la finance qu'on a proposé de leur demander pour une attribution de gages. Je n'ai pas douté que l'exécution de cette affaire ne reçût quelques difficultés; je ne sais même si la plupart des raisons que les officiers de ville de Châlons peuvent y opposer ne seroient point communes à toutes les autres villes du royaume; mais une attention plus grande, quoique médiocre ordinairement, de la part de ceux auxquels le Roi est obligé de demander des secours, est la nécessité indispensable de trouver des fonds suffisants pour soutenir les affaires. Il y a longtemps que les moyens aisés en sont épuisés, et il est presque impossible de rejeter, dans un pressant besoin, ceux mêmes qui paroissent susceptibles de beaucoup d'inconvénients. Je ne laisse pas de donner toute l'attention que vous pouvez désirer aux raisons que vous avez pris la peine de m'expliquer.»

221. *M. de Vaubourg, conseiller d'État, au Contrôleur général.*

13 Novembre 1708.

Mémoire sur l'approvisionnement de Paris.

«Comme le prix des blés augmente de jour en jour à Paris, et qu'au dernier marché il a été vendu jusqu'à 20# le setier du plus beau froment, il semble qu'il est temps d'avoir recours au moyen proposé par un précédent mémoire, qui est d'engager les marchands de blé de Paris, ou au moins les principaux, et ceux des villes de Chartres, Soissons, Noyon, Amiens, Châlons, Vitry et autres villes situées dans les provinces et pays qui fournissent ordinairement la ville de Paris, à tenir les marchés fournis suffisamment jusqu'au mois de juillet prochain, en diminuant le prix jusqu'à 17# 10 s. par setier, et sans pouvoir excéder ce prix pendant tout ce temps-là. On peut, pour cela, ou leur dire qu'ils achètent de tous côtés et qu'ils vendent même à perte, et que le Roi leur tiendra compte de la perte, avec quelque bénéfice pour eux, ou (ce qui seroit moins difficile dans ce temps-ci) leur faire fournir à un prix proportionné à celui de 17# 10 s. tous les blés des magasins et greniers des provinces qui ont accoutumé de fournir Paris : pour quoi les intendants auront ordre d'agir de concert avec eux, et sans rendre aucune ordonnance ni faire aucun éclat.....

«On croit bien..... qu'il peut y avoir quelque monopole de la part des marchands de Paris et d'autres villes pour faire augmenter le prix du blé; mais, pour faire cesser ce monopole, il faut nécessairement se servir de leur ministère, car, si l'on prend le contre-pied, comme on a fait en 1694 et 1699, ce qui est arrivé dans ces deux années arrivera encore infailliblement : on affamera Paris et les marchés des environs, mais particulièrement Paris; car ce n'est pas moi, ni tout autre particulier qui envoie au marché six, huit ou dix setiers, qui entretient l'abondance et qui cause la diminution du prix, suite nécessaire de l'abondance, comme l'augmentation est une suite nécessaire de la pénurie; c'est uniquement ce gros marchand qui fait arriver tout d'un coup à Paris trois, quatre, cinq et six bateaux de blé. D'un autre côté, si, sans interdire tout commerce aux marchands de blé comme on a fait en 1694 et 1699, on prétend se passer d'eux et ne point se servir de leur ministère pour procurer la diminution, et ensuite empêcher l'augmentation du prix, on leur laissera une entière liberté de continuer leurs monopoles.»

222. *Le Contrôleur général à M. Chamillart, secrétaire d'État de la guerre.*

15 Novembre 1708.

«Le Roi me fit l'honneur de me dire, après la capitulation de Lille, que M. le maréchal de Boufflers devoit une somme assez considérable, que je visse ce que je pouvois faire pour la faire payer. Je vous en parlai la veille de votre départ pour le dernier voyage que vous venez de faire en Flandre, et vous me répondîtes qu'il devoit venir un commissaire qui apporteroit un état de ce qui étoit dû. Mme la maréchale de Boufflers m'en a parlé et sollicité pressamment. Depuis qu'il a été question de ces dettes, on ne m'a donné aucun mémoire ni état de ce qui étoit dû, ni de ceux auxquels il est dû. Je vois seulement, par votre lettre datée d'hier, que j'ai reçue ce matin, que ces dettes montent à 462,932 #, sans que je sache à qui ni comment. Vous me dites que vous priez M. Poulletier de parler à ceux des créanciers qui seront les plus traitables, pour voir s'il y auroit quelque ajustement à prendre avec eux; il est bien propre à une négociation de cette nature, et, quand il m'aura informé des mesures qu'on pourra prendre sur les dispositions où il aura trouvé les créanciers, je ferai ce qui sera possible dans un temps où les mauvais événements de la guerre rendent le commerce d'argent très difficile*.»

* Voir deux lettres de M. Chamillart, des 14 et 15 novembre.

223. *M. Turgot, intendant à Tours, au Contrôleur général.*

15 Novembre 1708.

Partage des cinq minots de sel de gratification attribués à la garnison du château d'Angers et au major qui la commande.

224. *M. Mansart de Sagonne, intendant à Moulins, au Contrôleur général.*

18 Novembre 1708.

«J'ai reçu avec un très profond respect et avec la plus grande soumission les avis que vous me donnez de la part de S. M. dans la lettre que vous m'avez fait l'honneur de m'écrire le 14 de ce mois*. L'impression qu'ils ont faite sur mon esprit est si vive, que je les aurai toujours présents et que je les regarderai comme des principes certains sur lesquels je dois régler et assurer toutes mes actions contre ce que l'on pourroit dire au Roi sur ma conduite. Après cette déclaration, qui est des plus sincères, je vous prie très humblement de me permettre de vous rendre un compte fidèle de mes actions et de me justifier sur les choses dont on m'accuse. Depuis que j'ai l'honneur d'être dans cette généralité, je n'ai fait que deux parties de chasse, et je n'ai joué que très rarement à la paume, plutôt par raison et par remède que par divertissement, et cela sur la fin du jour et après avoir expédié toutes les affaires. Telle malice qu'il y ait dans ce pays, je ne crains pas que l'on puisse m'accuser d'aimer le jeu, car on sait fort bien ici que je ne l'aime nullement. Quoique l'on ait pris plaisir à exagérer ces deux chefs, ils m'affligent cependant beaucoup moins que les autres que l'on m'impute : plus ils sont de conséquence, plus je suis pénétré de douleur d'apprendre que l'on ait fait entendre au Roi que je donnois peu d'application aux affaires de mon département; que je faisois languir les parties; que, donnant trop de créances à quelques personnes, j'avois rendu des ordonnances sans rien consulter, lesquelles avoient excité des plaintes et des murmures, d'où il étoit arrivé que plusieurs de mes ordonnances étoient demeurées sans exécution; et qu'enfin ma trop grande facilité et beaucoup de négligence nuisoient entièrement aux affaires. Je vous avoue que je serois tout à fait indigne des bontés que le Roi a eues pour moi, et de celles que S. M. veut bien me continuer, si j'étois assez malheureux pour oublier si fort mes devoirs; mais je vous proteste que mon unique application est de tâcher de les remplir dans toutes leurs étendues. Loin de consommer le temps en des choses inutiles, je l'emploie tout entier aux affaires; j'expédie sur-le-champ celles qui ne souffrent point de difficulté, et je prends un peu de temps pour méditer et pour réfléchir mûrement sur celles qui me paroissent de conséquence. Cela est si vrai, que je vous serois infiniment obligé si vous vouliez bien vous en informer à des personnes d'une probité reconnue et éprouvée : je suis sûr qu'elles vous diroient que je ne sors pas de chez moi, que j'y suis continuellement occupé ou à écouter tous ceux qui se présentent, ou à expédier les affaires dont on m'a parlé. Je puis même vous assurer que je me fais un vrai scrupule de faire attendre qui que ce soit. Voilà la conduite que j'ai toujours gardée depuis que je suis ici, et surtout dans le département des tailles, que je viens de faire, où, malgré mon indisposition, je me suis entièrement appliqué à en faire une répartition juste et équitable. Il ne me convient pas de vous faire ressouvenir de la vivacité avec laquelle j'ai apaisé la révolte des bouchers de cette ville, et celle avec laquelle j'ai maintenu les intérêts du Roi contre plusieurs personnes mal intentionnées. C'est ce qui a donné lieu aux ordonnances dont vous me faites l'honneur de me parler; je ne les ai rendues qu'après une mûre délibération, et surtout pour prévenir de plus grandes suites. Je vous conjure de vouloir bien désabuser le Roi des fâcheuses impressions qu'on lui a données contre moi, et de suspendre votre jugement sur tout ce que l'on pourra vous mander. Je sais que les lettres anonymes sont fort fréquentes dans ce pays-ci, et que, de tout temps, on s'est fait un plaisir d'écrire contre les personnes qui étoient en place; mais, heureusement pour celles qui y sont aujourd'hui, elles ont à répondre à un ministre éclairé et incapable de se laisser surprendre : sans cela, il ne seroit pas possible de se garantir de la malice de plusieurs habitants de cette ville et de la province, dont le caractère est d'être inquiets, turbulents, et même opposés fort souvent au service du Roi. C'est pour cela que je ne saurois trop vous demander l'honneur de votre protection, sur les assurances que je prends la liberté de vous donner d'une attention toute nouvelle aux affaires et à ma conduite. Vous ne la pouvez accorder à personne qui en conserve plus de reconnoissance**.»

* Le 16 mai précédent, il avait écrit cette première lettre : «Oserois-je espérer qu'une voix entrecoupée de sanglots et de soupirs puisse parvenir jusqu'à vous? De toutes celles que vous entendez, il n'y en a pas dont les plaintes soient plus justes ni plus légitimes. J'ai [eu] le malheur de perdre mon père dans les premiers temps de mon établissement dans cette généralité; je ne m'y suis soutenu jusqu'à présent que par les secours qu'il a bien voulu me donner : les bontés infinies que S. M. avoit pour lui le mettoient en état de le faire; mais, aujourd'hui, toutes ces sources sont arrêtées par la plus cruelle de toutes les morts, si vous ne les faites ouvrir tout de nouveau en voulant bien représenter au Roi le triste état dans lequel je suis réduit. Il est à un point que je ne puis vous l'exprimer. Ne refusez pas, je vous supplie, cette grâce à la mémoire de mon père, que vous honoriez de votre amitié, et à l'attachement inviolable du fils.»

** Le contrôleur général écrit, le 28 du même mois, à M. Turgot de Saint-Clair, intendant en Auvergne : «..... La paroisse de Biozat est de la généralité de Moulins, en Bourbonnois, et cette affaire devroit par conséquent regarder M. de Sagonne; mais, les habitants de Biozat faisant entendre qu'ils se sont déjà adressés à lui inutilement, S. M. a bien voulu leur donner la satisfaction de vous renvoyer la connoissance de leurs plaintes.....»

---

225. *M. Lebret fils, intendant en Provence,*
au Contrôleur général.

19 Novembre 1708 et 3 Janvier 1709.

Construction d'une nouvelle église paroissiale à Toulon; répartition des dépenses entre l'évêque, le Chapitre et la ville.

---

226. *M. de Harouys, intendant en Champagne,*
au Contrôleur général.

20 Novembre 1708.

«.....Il est certain que, de toutes les élections de cette province, celles de Langres et de Chaumont sont les plus abondantes en blé et dans lesquelles il s'en fait un plus grand commerce; mais, immédiatement après la dernière récolte, dans un temps encore qu'on ne croyoit pas qu'il dût enchérir au point qu'il est, il en est sorti une si grande quantité pour conduire sur la Saône, qu'il y est à présent aussi rare qu'ailleurs. Le sac du poids de deux cents se donnoit, au mois de juillet, à 5# 10 s., et, dans les premiers jours de celui-ci, il s'est vendu jusqu'à 12# 10 s.; il y a même tout sujet de croire que, si je n'avois pas pris des mesures pour entretenir l'abondance dans les marchés et avoir connoissance des grains que l'on voudroit faire sortir de cette province, ils seroient encore beaucoup plus chers qu'ils ne sont. Vous n'ignorez pas qu'à l'exception de ces deux élections de Langres et de Chaumont, et de celle de Vitry, où il y a du froment, toutes les autres ne sont que pays de seigle et de vignes, où il ne s'est fait cette année aucune récolte. Les habitants de Reims, d'Épernay, et ceux de la frontière, comme Sedan et Mézières, sont obligés de venir chercher des blés jusqu'à Vitry, et même plus loin; les villes de Troyes, Bar-sur-Aube et Sézanne s'en fournissent aux environs de Chaumont et de Langres; et si on ôtoit cette ressource aux uns et aux autres en permettant d'en enlever pour les provinces voisines, il iroit certainement à un prix que les peuples de ces cantons auroient peine à soutenir. Vous pourrez voir, par le fragment que je prends la liberté de vous envoyer d'une lettre que je viens de recevoir du subdélégué de Chaumont, qu'on y murmure déjà sur la cherté des grains, et je craindrois fort, si on faisoit des levées, qu'on n'excitât quelque émotion. Cela est déjà arrivé à Châlons et dans quelques autres villes de ce département; mais, à cause des marchés qui sont assez bien fournis, tout est à présent assez tranquille*.....»

* Le 29, le contrôleur général écrit au sieur de Poiresson, lieutenant de police à Chaumont-en-Bassigny, que les visites chez les boulangers sont inutiles et pleines d'inconvénients; qu'il eût fallu dissiper les attroupements de femmes par les remontrances convenables, et, au besoin, en emprisonner une ou deux des plus séditieuses pour vingt-quatre heures; qu'en tout cas, il doit n'agir que sur les ordres de l'intendant, qui connaît les intentions du Roi.

Le 30, M. de Harouys écrit encore : «J'ai reçu les mêmes avis [qui vous ont été] donnés sur l'avidité de plusieurs marchands, non seulement de Châlons et de Vitry, mais de toute la province, qui achetoient journellement des blés sans les déplacer et les revendoient de même, ce qui en augmentoit considérablement le prix. Je n'ai point cru qu'il me fût permis, ni qu'il convînt de rendre sur cela une ordonnance; mais il m'a paru nécessaire, aussitôt que ce désordre a commencé, d'écrire à tous les subdélégués, pour que chacun, dans son département, empêchât ces ventes et reventes, en avertissant les marchands que, s'ils les continuoient, ils en seroient sévèrement punis. Il y avoit encore un autre abus de la part de ces marchands, qui couroient la campagne pour acheter des grains et en faire de gros amas : ce qui faisoit qu'il ne s'en trouvoit presque plus dans les marchés. J'y ai remédié en faisant défendre à ces marchands de faire aucuns nouveaux amas de grains. Ces soins ont déjà produit quelque diminution, et les marchés sont bien pourvus de grains. J'ai cru encore que, pour avoir plus de connoissance de tout ce qui a rapport au commerce des blés dans ce département, on n'en devoit point laisser voiturer aux marchands sans passeports. J'en ai adressé aux subdélégués pour tous les grains qui ne feront que circuler dans la province, et je me suis réservé à moi seul d'en donner pour ceux qui sortiront de la province pour Paris ou pour d'autres endroits.....»

Le contrôleur général répond en apostille : «J'approuve fort sa lettre, et je le prie de continuer à donner toutes les attentions nécessaires sur la sortie des [blés], et qu'il prenne garde aussi que l'obligation de prendre de ses passeports pour Paris ne fasse quelque préjudice à la facilité du commerce qu'il est nécessaire d'entretenir pour le transport des blés du Perthois et des autres endroits de la Champagne qui viennent pour la provision de Paris.»

On lui écrivit aussi, les 27 et 29 novembre et 5 décembre, d'empêcher que les particuliers n'achetassent pour revendre et qu'ils ne fissent des amas de blé, de les avertir de tout porter aux marchés, et, s'ils ne tenaient compte de cet avis, de les menacer de la prison et de faire vendre leurs grains à un prix fixé.

Le 13 décembre, les mêmes avis furent adressés à M. d'Ormesson, intendant à Soissons. Celui-ci répondit, le 24 : «.....J'ose vous assurer que les abus dont on vous a donné avis sont sans fondement. Le commerce sans déplacer ne se pratique point à Soissons et on ne connoît personne qui achète des blés avec le dessein de les garder dans l'espérance que le prix en augmentera. Les blés qui se vendent et enlèvent à Soissons sont pour Paris, Beaumont, Pont-Sainte-Maxence, Pontoise et autres lieux voisins, où ils sont convertis en farine pour la provision de Paris. L'usage est que les marchands qui achètent et font acheter des bourgeois laissent les blés dans les greniers de ceux qui les leur ont vendus jusqu'à ce qu'il y en ait assez pour charger un bateau, afin d'éviter les frais d'un double remuage et transport et des loyers de greniers, les marchands n'en ayant pas, à beaucoup près, pour y tenir ce qui entre dans un bateau..... Permettez-moi de vous représenter qu'il est important de laisser le commerce libre et d'agir dans cette occasion avec beaucoup de précaution et de ménagement, parce qu'il arrive ordinairement que des précautions éclatantes sur le fait des blés en font augmenter le prix, le public se persuadant toujours que c'est l'effet d'une connoissance certaine que l'on a du peu de grains qui se trouvent dans les provinces. C'est ce qui arriva en 1693. On a soin, à Soissons, d'obliger tous ceux qui enlèvent des blés, soit par bateau ou par charrois, de faire leur déclaration au greffe de la quantité des grains et du lieu de leur destination. Le prix du blé n'y est point encore trop cher; il diminua même, au dernier marché, de 3 écus par muid. Il y en a beaucoup, et la confiance d'une récolte heureuse qu'il y a lieu d'espérer pour l'année prochaine, les blés étant parfaitement bien levés, en fera sans doute encore baisser le prix.....»

Voir, touchant les manœuvres des blatiers, une autre lettre du 26 décembre.

Voir aussi, pour la généralité de Rouen, une lettre écrite par M. de Courson, le 23 octobre précédent, au sujet de deux particuliers ou boulangers de Darnetal que les marchands de blé poursuivaient pour avoir acheté dans le grenier cinq cents mines de blé et empêché ainsi l'approvisionnement des quatre marchés de Rouen.

---

227. *M. Foullé de Martangis, intendant en Berry,*
au Contrôleur général.

25 Novembre 1708.

«Vous m'avez fait l'honneur de m'envoyer le mémoire qui vous avoit été remis par Mme la duchesse de Portsmouth au sujet des impositions des terres qu'elle a en Berry. J'ai l'honneur de vous renvoyer ce mémoire, avec un état des diminutions que j'ai cru juste d'accorder à ses paroisses. J'estime qu'elles sont proportionnées au besoin qu'elles en avoient et à ce que Mme la duchesse de Portsmouth avoit sujet d'espérer.

«J'ai trouvé, en faisant mon département, une paroisse appartenante à M. l'évêque de Riez. J'ai fait en sorte qu'elle s'est ressentie, comme il étoit juste, de la diminution que vous avez eu la bonté de nous procurer. Je désirerois fort qu'il eût des ordres à me donner dans ce pays-ci: je les exécuterois avec grand plaisir. Je m'estimerois bien heureux si, par mon exactitude à exécuter les vôtres, je pouvois vous faire connoître toute ma reconnoissance.»

---

228. *Le Contrôleur général*
à S. A. R. M. le comte de Toulouse,
amiral de France,
et à M. de Valincour,
secrétaire général de l'Amirauté.

26 Novembre 1708; 16 et 17 Janvier 1709.

Règlement des attributions respectives des officiers des amirautés et des juges des traites.

---

229. *Le Contrôleur général*
à M. Amelot, ambassadeur en Espagne.

29 Novembre 1708.

«La dernière prorogation du décret par lequel le roi d'Espagne défend à ses sujets de courir sur les vaisseaux ennemis qui seroient munis de passeports de France expirant à la fin du mois prochain, sur le compte que j'en ai rendu au Roi, S. M. m'a ordonné de vous écrire qu'elle souhaite que vous fassiez les démarches nécessaires auprès du roi d'Espagne, son petit-fils, pour obtenir une prorogation nouvelle de ce décret pour six mois. Je vous prie de me faire part de l'expédition qui en sera accordée, et d'en donner avis en même temps à M. de la Bourdonnaye, afin qu'il puisse en être informé avant le dernier décembre.»

---

230. *Les Officiers de l'hôtel de ville de Sedan*
au Contrôleur général.

29 Novembre 1708.

Procès entre la ville de Sedan et M. de Malézieux, ancien intendant, poursuivi en restitution d'un prêt de 13,000 ††.

---

231. *M. Ferrand, intendant en Bretagne,*
au Contrôleur général.

30 Novembre 1708.

Indemnité de logement du premier président du Parlement prise par la ville de Rennes à sa charge*.

* Voir deux lettres de M. de Brilhac, premier président, du 23 août et du 9 novembre, et les pièces y jointes.

Sur le logement attribué au gouverneur de Normandie, sur son chauffage et sur l'exemption dont il jouissait, ainsi que les autres gouverneurs, pour sa provision de vin, voir les lettres de M. le duc de Luxembourg à M. de la Garde, 23 et 28 mai, 7 août, 2 octobre, 6, 14 et 26 novembre 1710, 15 et 27 janvier 1711, et de M. de Richebourg, intendant à Rouen, 3 mai et 23 octobre 1710; sur le logement réclamé par le gouverneur d'Auvergne (duc de Bouillon) dans la ville de Riom, une lettre des maire et consuls de cette ville, du mois de décembre 1711. Le comte de Médavy réclamant 600 †† pour son logement comme gouverneur du Nivernais, il lui fut répondu que le Roi n'estimait pas que ces indemnités fussent dues par la province (lettres de M. Turgot, intendant à Moulins, 1er et 12 septembre 1711); mais le lieutenant de Roi de Limousin obtint une pension annuelle de 500 †† (lettres du marquis de Saint-Aulaire et de M. d'Orsay, intendant à Limoges, 14 février et 11 août 1713).

Les 19 juin et 30 août 1710, M. d'Angervilliers, intendant en Dauphiné, examine la demande du sieur Expilly, juge-garde de la Monnaie de Grenoble, tendant à obtenir une indemnité de logement en argent.

Le 27 mars 1710, M. de la Briffe, intendant à Caen, propose de répartir sur toute l'élection de Valognes les frais de logement du commissaire aux classes, du capitaine garde-côtes et du commissaire aux revues en résidence à la Hougue-Saint-Vaast, ce lieu ne pouvant supporter de pareilles charges.

M. Ferrand, intendant en Bretagne, fut autorisé à faire payer par imposition, dans les villes qui n'avaient pas d'octroi, le logement des commissaires et capitaines gardes-côtes, et, par imposition sur les paroisses les plus considérables de chaque capitainerie, le logement des capitaines généraux gardes-côtes et des commissaires des milices gardes-côtes. (Lettres des 4 janvier et 11 septembre 1711.)

M. le Blanc fit décharger la ville de Dunkerque de l'obligation de payer le logement aux commissaires, inspecteurs et officiers de marine (lettres du 5 février 1711 et du 20 octobre 1714). Sur la charge que ces logements imposaient à la Provence, voir une lettre de M. de Pontchartrain, secrétaire d'État, 12 décembre 1709.

Voir aussi plusieurs lettres de M. de Courson, intendant à Bordeaux, 19 janvier et 12 mars 1715; de M. de Bâville, intendant en Languedoc, 18 février 1711, 18 septembre, 21 octobre et 20 novembre 1714; de M. l'archevêque de Narbonne, mois de novembre 1714.

---

232. *Le Contrôleur général aux Grands maîtres des eaux et forêts.*

Mois de Novembre 1708.

Ordre de payer promptement la finance demandée pour le rachat des offices de premiers commis-secrétaires.

---

233. *Le Contrôleur général au P. Colbert, jésuite, à la Martinique.*

2 Décembre 1708.

«J'ai reçu la lettre que vous avez pris la peine de m'écrire, le 24 du mois d'août dernier, pour l'expédition d'une lettre de cachet que vous estimez un remède nécessaire au scandale que cause la personne dont vous parlez. Les affaires de cette nature ne me regardent point, et c'est à M. de Pontchartrain que vous devez vous adresser pour celle-ci, parce qu'il a le département de la marine et des Îles.»

---

234. *Le Contrôleur général à M. Lebret fils, intendant en Provence.*

2, 5, 15 et 25 Décembre 1708; 6 Janvier 1709.

La Provence ne pouvant compter sur des secours de blé du Languedoc, quoique le transport des grains reste libre d'une province à l'autre*, et devant au contraire, non seulement s'approvisionner elle-même à l'étranger par mer, mais aussi fournir plusieurs autres provinces du royaume, le Roi approuve une décharge de l'imposition de 1 1/2 p. o/o qui se lève au profit de la Chambre de commerce et l'offre de donner une gratification par charge de blé qui sera apportée du Levant et vendue en détail sur le port de Marseille**.

Armement de vaisseaux du Roi pour escorter les convois.

«Connoissant l'éloignement que les Provençaux ont pour les escortes des vaisseaux ou frégates du Roi et pour les officiers de marine entretenus par S. M., parce qu'ils n'en sont jamais les maîtres, que les commandants les retiennent longtemps dans les ports et consomment ordinairement toute la dépense de l'armement sans aucun fruit, il est de votre prudence d'entrer dans ces considérations en traitant..... avec ceux qui voudroient se charger de l'entreprise que je vous ai expliquée, et de les laisser entièrement les maîtres de choisir tels commandants et tels équipages qu'ils jugeront à propos***.....»

* Voir les lettres de M. Lebret, 26 septembre, 6, 15 et 28 octobre, 2, 3, 5, 21 et 30 novembre, 9, 14, 21 et 26 décembre 1708.

Le 7 janvier 1709, on dressa un mémoire pour établir quelles ressources la Provence pouvait tirer des provinces intérieures du royaume, à défaut du Languedoc, du Roussillon et de la Bourgogne, dont les grains, ou étaient déjà fort chers, ou devaient servir exclusivement à l'alimentation du Lyonnais, et quelle voie serait préférable pour le transport, soit en remontant la Loire jusqu'à Roanne et gagnant la Saône par charrois, soit en envoyant les blés par mer jusqu'à Bordeaux, remontant la Garonne jusqu'au canal de communication des deux mers et suivant celui-ci jusqu'au port de Cette. Les besoins des villes de Marseille, Toulon, Aix, etc., étaient évalués à plus de cent mille quintaux. — Le 12 du même mois, le contrôleur général écrivait à M. de Bouville, intendant à Orléans, que, malgré l'éloignement et la dépense, on pourrait envoyer jusqu'en Provence des blés de l'Orléanais, du Poitou et de l'Aunis, et qu'il était urgent de réunir sur ce projet des informations positives; le 12 mars suivant, à M. d'Angervilliers, intendant en Dauphiné, qui réclamait aussi les mêmes secours, que le quintal de blé froment acheté à Orléans pourrait coûter de 100 à 110 s., la voiture, par la Loire jusqu'à Roanne, 20 s., et, par terre de Roanne à Lyon, 30 s.

** Sur les arrivages venus par convois, soit de la côte de Roussillon, soit du Levant et du cap Nègre, avec garantie d'un *minimum* de prix de vente pour les armateurs, voir les lettres de M. Lebret, 11, 24 et 26 janvier, 1er, 8, 18 et 24 février, 1er, 11, 12, 22, 25 et 27 mars, 12, 14, 17, 19, 24 et 26 avril, 9, 10 et 12 juin 1709, etc.; de M. d'Albaret, intendant en Roussillon, 19 décembre 1708, 3, 12, 17 et 23 avril, 22 mai et 14 juin 1709; des échevins de Marseille, 9 et 14 janvier, 4 février et 21 août 1709.

Afin d'éviter que ces chargements ne fussent débarqués ailleurs qu'à Marseille, fût-ce même à Toulon et à la Tour-de-Bouc, M. de Pontchartrain fit édicter la peine de mort contre les patrons coupables d'infraction aux défenses. Des ordres furent donnés également pour faire relâcher des bâtiments qui se trouvaient retenus, soit à Malte, soit en Sicile ou en Espagne. Voir les lettres de M. Lebret et des échevins de Marseille, des 18 février, 5 mars, 3, 8 et 24 avril, 13 mai, etc.

*** Le 19 décembre 1708, en annonçant à M. Lebret père, premier président du Parlement d'Aix, qu'on va expédier une permission de porter en Levant 100,000 piastres, pour des achats de blé, il ajoute, au sujet des escortes : «M. Daguesseau, en travaillant sur cette matière, m'a fait remarquer qu'il y a toujours en Provence, mais particulièrement à Marseille, deux cabales et deux partis opposés, qui se croisent en toutes choses et qui, par des vues et des intérêts contraires au bien public, ou par envie et chagrin, traversent assez souvent les meilleures résolutions; qu'il pourroit arriver qu'encore que les deux partis soient également intéressés à pourvoir, autant qu'il est en eux, aux besoins pressants et des villes et de la campagne, cependant l'un ou l'autre feroit, dans cette affaire si importante, le même manège qu'il fait en plusieurs, et s'opposeroit de tout son pouvoir à ce que le parti contraire pourroit faire de bien. M. Daguesseau a ajouté que vous êtes parfaitement au fait de toutes les intrigues de ces deux cabales, que vous lui en avez parlé plusieurs fois, et qu'il seroit à propos de vous prier..... d'aider M. votre fils de vos lumières pour prévenir le mal que leurs différents intérêts pourroient causer..... Si vous craignez..... que ce qu'il vous plaira m'écrire sur cette matière ne vienne à la connoissance des cabales qui partagent ou la Provence ou la ville de Marseille, vous pourrez adresser vos lettres ou à M. Daguesseau, ou à M. de Vaubourg, mon frère, que j'ai chargé de travailler sur cette matière.»

L'année suivante, on accorda aux procureurs du pays de Provence deux vaisseaux d'escorte; mais ils refusèrent, ainsi que les échevins de Marseille, de contribuer à l'armement de quelques frégates. Selon M. Lebret père, c'étaient tous gens de cabale, ainsi que les conseillers de ville, sans considération, sans crédit, incapables de trouver les fonds nécessaires pour la dépense et de prendre des mesures de prévoyance. Selon M. Lebret fils, la Chambre d'abondance et les négociants de Marseille regardaient la dépense comme inutile à moins qu'on ne pût armer toute une escadre supérieure aux forces entretenues par les Anglais dans la Méditerranée, et ils prétendaient d'ailleurs que, même capturés par l'ennemi, les chargements finissaient toujours par revenir à Marseille sur des navires neutres ou autres, qu'attirait l'appât du haut prix. On conclut enfin avec Cassart un traité pour convoyer les bâtiments chargés de grains (lettre de M. Lebret père, 26 juillet 1709; lettres de M. Lebret fils, 8 mars, 12 avril, 12 juin, 17 et 24 juillet, 19 septembre 1709; lettres de M. de Pontchartrain, secrétaire d'État, 4, 9 et 19 septembre 1709; lettres de M. de Grignan, 6, 8, 13 et 15 janvier 1710, sur l'entrée d'un convoi à Toulon); mais il y eut plus tard contestation et procès pour le payement des frais d'escorte, s'élevant à 60,000 #, et ce fut seulement à la fin de 1711 que Cassart obtint une condamnation personnelle contre les maire et échevins de Marseille (lettre du contrôleur général à M. Lebret, 5 septembre 1711, et lettre de Cassart, 14 décembre 1711).

235. *Le Contrôleur général à M. de Saint-Contest, intendant à Metz.*

3 Décembre 1708.

Acquisition des bois du comté de Réchicourt pour le service de la saline de Moyenvic*.

* Voir deux lettres de M. de Saint-Contest, 22 décembre 1708 et 12 février 1709. Le 11 mai 1713, il rend compte du remboursement des frais faits par le fermier pour le flottage et le transport des bois de Réchicourt, et pour la construction d'une cinquième poêle.

Le contrôleur général donne ordre, le 14 février 1709, à M. le Guerchoys, intendant en Franche-Comté, de faire délivrer aux fermiers des gabelles un canton soigneusement limité de la forêt de Chaux, en le leur adjugeant au prix ordinaire, sauf à les indemniser plus tard, si ce prix dépasse celui qu'ils doivent payer, d'après leur bail, pour les bois de particuliers.

236. *M. de la Houssaye, intendant en Alsace, au Contrôleur général.*

3 Décembre 1708.

Il transmet une lettre écrite à M. Klinglin par un officier du prince de Saxe-Eisenach, et relative aux manœuvres du banqueroutier Huguetan*.

* Sur ce même Huguetan, voir une lettre du contrôleur général à M. le duc de Tresmes, 15 mai 1712. Plus tard, M. de Pontchartrain, secrétaire d'État, offrit de le faire saisir à l'étranger; mais le contrôleur général répondit qu'un tel procédé ne pouvait convenir à la dignité du Roi, qui, d'ailleurs, n'avait plus d'intérêts engagés dans l'affaire (lettres de M. de Pontchartrain, 8 mars et 5 juillet 1713, 28 février 1714; lettre du contrôleur général, 15 mars 1713).

237. *M. Ravat, prévôt des marchands de Lyon, au Contrôleur général.*

4 Décembre 1708.

«.....Chaque semaine, permettez-moi de le répéter, nous mangeons de quatorze à quinze cents ânées de blé, c'est-à-dire de quatre mille deux cents à quatre mille cinq cents quintaux. Nous avons huit mois tout entiers jusqu'à la nouvelle récolte : c'est donc quarante-huit mille ânées pour les huit mois, ou cent quarante-quatre mille quintaux. M. de Saint-Contest nous assure qu'il nous fournira incessamment quinze mille sacs, ou trente mille quintaux. Vous nous avez accordé pour le Languedoc un passeport de six mille salmées, pesant dix-huit mille quintaux. Nous avons permission de M. le vice-légat pour douze cents salmées, c'est-à-dire trois mille quintaux. Nous ne devons pas compter sur les blés de la compagnie du cap Nègre, à cause des changements arrivés par la prise de Port-Mahon. Les Marseillois s'opposent fortement à la sortie de douze à quinze mille quintaux que cette compagnie nous avoit vendus; je n'oserois pas même vous demander des ordres pour les sortir, par la crainte où je serois de causer quelques désordres. Cette ville n'a pas la même liberté de tirer des blés d'outre-mer qu'elle avoit auparavant; ses habitants ne s'aventurent pas d'envoyer si facilement des barques à l'Archipel : ils se tiennent à chercher leur nécessaire, sans envie de commercer les denrées et autres effets qu'ils tirent de la mer. Mais, pour suppléer à la quantité que nous pouvions espérer de tirer du cap Nègre, nous en avons d'achetés et payés à Arles et à Tarascon, que les consuls ne veulent pas laisser sortir de leurs villes, quoique les denrées soient abondantes dans la campagne et que la noblesse et les paysans, n'ayant pas le débit de leurs denrées, crient et ne peuvent pas payer les droits dus à S. M. Des ordres que vous pourriez donner à M. Lebret, intendant en Provence, faciliteroient la sortie de ces blés, que l'on ne veut ni nous laisser sortir, ni nous rendre notre argent. Nous pourrions compter, si nous avions la facilité de les faire remonter, sur dix-huit à vingt mille quintaux. Nous avons quelques marchés de faits en Bourgogne; mais, comme ceux qui ont fait des traités avec nous ont fait des achats à Langres, à Bourbonne et en quelques autres endroits de la Champagne, pour environ six mille quintaux, qu'ils ne peuvent pas sortir, nous craignons qu'ils ne nous opposent les défenses de M. d'Harouys pour nous demander la résolution de leurs traités : de manière que, quoique nous ayons des traités pour près de trente mille quintaux, nous aurons bien de la peine à nous en faire délivrer la moitié. Dans les greniers de l'Abondance, nous n'en avons que trois mille et quelques ânées, qui produisent neuf mille quintaux; ce blé se consomme à tous moments, et on ne le compte jamais. C'est une avance qui est nécessaire, et qui se trouve dans des temps que l'on ne peut pas prévoir. En sorte que, présupposant que tous ces blés nous puissent facilement entrer, l'on peut compter sur quatre-vingt-six mille quintaux, qui distraits sur la quantité de cent quarante-quatre mille, il nous en faudroit encore d'assurés cinquante-huit mille pour nous conduire jusqu'à la fin du mois de juillet. La plus grande [partie] de tous les blés de Languedoc, Provence et Bourgogne sont payés: ce qui nous jette dans des avances très considérables, sans que nous puissions même jouir de notre bien. Pour vous faire connoître dans un instant ce long détail, je prends la liberté de joindre ici un compterau qui vous éclaircira bien promptement de tout ce que j'ai l'honneur de vous écrire. Avant que de finir cette longue et ennuyeuse lettre, permettez-moi que j'aie l'honneur de vous représenter qu'il y a beaucoup de blés en Languedoc, du côté de Narbonne et de Saint-Gilles, et l'on m'écrit que l'on ne seroit pas embarrassé d'y acheter cent mille setiers sans incommoder la province. J'ai cru qu'il vous seroit agréable d'être informé de l'abondance qui est dans cette partie du Languedoc*.»

* Le contrôleur général lui avait recommandé à plusieurs reprises (lettres du 27 septembre et du 26 novembre) de bien déterminer quelle quantité on tirerait de chaque département et d'éviter, de la part des commissaires, toute imprudence qui pût faire craindre aux provinces de se laisser épuiser.

Le 15 décembre, il lui répond de nouveau que les blés achetés en Provence vont arriver; que, quant au complément demandé, on pourra tirer quarante mille quintaux de la Bourgogne, de la Franche-Comté et de l'Auvergne, en envoyant un commissionnaire dans chaque province pour y négocier sous les ordres de l'intendant, en fixant les termes et délais convenables, et en promettant de ne point faire d'autres enlèvements; qu'il conviendrait, en outre, d'accepter l'offre très avantageuse que M. de Bâville a faite de procurer des seigles du Vivarais, mais qu'il ne faut pas tirer de Marseille les blés achetés à la compagnie du cap Nègre.

Le 11 décembre, M. Ravat se plaignit que, contrairement aux engagements pris, les voituriers du Rhône refusaient de transporter les grains de Provence et de Languedoc pour Lyon, de préférence à toutes autres marchandises, et il annonça qu'il venait de rendre une ordonnance pour les y contraindre, de peur que la gelée ne survînt; mais, M. de Bouville ayant fait observer que cette mesure gênait les marchands d'huiles d'Orléans, le contrôleur général écrivit, le 19 janvier, à M. Ravat, qu'il était nécessaire de prendre des tempéraments qui ne fissent pas souffrir le commerce.

---

238. *M. Nicolay, premier président de la Chambre des comptes de Paris,* *au Contrôleur général.*

(Chambre des comptes de Paris, G⁷ 1761.)

4, 6 et 25 Décembre 1708; 23 Mai, 21 Août et 6 Novembre 1709.

Création d'offices de trésoriers-receveurs généraux et de contrôleurs généraux des épices, façons et vacations des comptes.

Quoique la Chambre ait déjà versé plus de sept millions et demi depuis le commencement de la guerre, et que, notamment, elle ait racheté deux fois des offices de même nature depuis 1691, elle consent encore à se racheter de cette nouvelle création, qui serait sa ruine complète, mais avec l'espoir qu'on payera régulièrement les gages et augmentations de gages*.

* Voir une lettre précédente, du 16 novembre 1708. La réunion fut accordée moyennant 650,000#, à condition que les épices ne seraient plus payées qu'après jugement des comptes. La Chambre ayant consenti que les gages et taxations des offices fussent réglés sur le pied du denier quatorze, au lieu du denier douze, le revenant-bon fut affecté à des pensions pour les six présidents qui servaient au grand bureau. (Lettres du président de Paris de la Brosse et de M. Nicolay, 29 avril, 27 mai et 8 septembre 1709; lettre du président Gilbert, 7 septembre 1711.)

---

239. *Le Contrôleur général* *à M. Daguesseau fils, procureur général au Parlement de Paris.*

7 Décembre 1708.

«Sur le compte que j'ai rendu au Roi de la lettre que vous avez pris la peine de m'écrire le 6 de ce mois, au sujet des perquisitions de blés que votre substitut en la prévôté de Corbeil a faites en différents endroits, et de la saisie qui s'en est ensuivie de trente muids de froment sur un meunier qui en avoit en plusieurs endroits, S. M. a fort approuvé le tempérament que vous proposez pour éviter l'éclat des procédures ordinaires, qui ne peut être que nuisible en pareil cas, ménager en même temps le crédit et l'autorité d'un officier, quoiqu'il n'eût pas dû agir sans des ordres particuliers, et faire sentir au meunier et à tous ceux qui font un commerce de blé préjudiciable au public qu'on aura grande attention à ne le pas souffrir et à les en punir; mais je vous ajouterai que l'intention de S. M. est que vous enjoigniez de nouveau à vos substituts de ne rien faire de leur chef sur cette matière.»

---

240. *Le sieur Le Bartz, intéressé aux affaires du Roi,* *au Contrôleur général.*

7 Décembre 1708.

«J'ai entretenu le sieur Romez, banquier, sur l'établissement de la nouvelle Bourse que je propose à Votre Grandeur. Je me suis adressé plus volontiers à lui qu'à un autre, parce qu'il est de mes amis, qu'il a été dans la plupart des bonnes villes de l'Europe, et qu'il fait un très grand commerce de change, si bien qu'il a fourni cette année au sieur Bernard pour 8,000,000# de lettres sur l'Espagne. Jugez de là des autres négociations qu'il doit avoir faites pour ailleurs. Il m'a dit qu'il souhaiteroit de tout son cœur qu'il y eût une Bourse à Paris, et qu'il étoit persuadé qu'elle deviendroit une des plus considérables de l'Europe, et qu'il est impossible, sans cela, qu'on puisse donner aucun mouvement à ce commerce, ni à celui de l'argent, parce que les banquiers ne peuvent négocier ensemble que par le ministère des agents de change, desquels ils seront toujours trompés : ce qui donne lieu de croire aux étrangers que c'est leurs correspondants qui les trompent, et les rebute de négocier en cette ville; au lieu que, s'il y avoit une Bourse, la bonne foi s'y établiroit, les banquiers négocieroient directement les uns avec les autres, sans passer par les mains des agents de change, et on arrêteroit à la fin de la Bourse le prix fixe du change sur chacune place, qu'on feroit imprimer pour que chacun en envoie à ses correspondants, comme il se pratique en Hollande : ce qui donneroit de l'émulation aux étrangers de négocier en France en change et marchandises. Enfin, il porte ses vues si loin, qu'il croit qu'on ne sauroit rien faire de plus heureux pour l'État. Cela donnera à Votre Grandeur un nouveau mérite auprès des négociants du royaume, et de la jalousie aux étrangers, parce qu'à mesure que cette Bourse augmentera en négociations, les autres diminueront.»

241. *M. de Bâville, intendant en Languedoc, au Contrôleur général.*

7, 23 et 28 Décembre 1708.

«Il est certain que le commerce du Levant, que feu M. Colbert a établi dans cette province avec beaucoup de succès, a grand besoin d'être soutenu maintenant, parce que, le commerce de la mer n'étant plus libre, les maîtres des manufactures ne peuvent avoir le débit de leurs draps sans beaucoup hasarder; et comme ce commerce demande de très grandes avances, ils sont, pour la plupart, assez découragés. C'est un bon moyen pour les soutenir dans cette situation, de renouveler les baux qui expirent en 1709, afin qu'ils prennent leurs mesures de loin et que l'incertitude où ils pourroient être du traitement que les États leur feront ne les détermine pas encore à quitter ce commerce. Il m'a paru que les syndics de la province et plusieurs membres des États avoient des vues trop bornées sur l'utilité de ce beau commerce, qui commence d'être dans sa perfection, et qu'en voulant faire des épargnes à contretemps, ils y donnent souvent des atteintes fâcheuses. Je crois, toutes choses bien considérées, qu'il est très à propos de renouveler les baux pour dix ans et de continuer la gratification d'une pistole, qui doit être égale dans toutes les manufactures royales. Ce sera le moyen de faire fleurir ce commerce, principalement si on y ajoute le règlement dont tous les marchands sont convenus, sur lequel il a été envoyé de grands mémoires, et que l'on attend depuis longtemps. Ce règlement remédie à tous les inconvénients et abus qu'on a observés. Les États auront peut-être de la peine à prendre cette résolution : c'est pourquoi je crois qu'il est à propos que vous ayez la bonté de m'envoyer une lettre incessamment, qui porte que le Roi, ayant examiné l'état de ce commerce, a jugé à propos que les baux soient renouvelés pour dix ans et qu'on accorde la pistole également à toutes les manufactures royales, et la continuation des autres avantages qu'on a faits par le passé à ceux qui se mêlent de ce commerce pour le Levant. Votre lettre viendra encore à temps, et j'aurai soin que cette affaire ne soit pas traitée avant qu'elle soit arrivée*.»

Il n'en est pas de même des manufacturiers qui se sont établis à leurs risques et périls, sans faire avec les États aucun traité analogue à celui de la fabrique des Saptes; ceux-là n'ont droit à aucune subvention.

* Le contrôleur général ayant répondu en conformité de cette proposition à M. de Bâville, 20 et 31 décembre, et à M. l'archevêque de Narbonne, 20 décembre, les États consentirent à ce que demandait M. de Bâville : voir sa lettre et celle de M. l'archevêque de Narbonne en date du 27 janvier 1709.

Voir aussi, au sujet de la subvention accordée à la manufacture royale de Conques et des surséances successives que les entrepreneurs, Vitalis et Jean Poussonnel, obtinrent pour l'acquittement de leurs dettes, les requêtes de ces entrepreneurs, 19 août et 20 novembre 1708, trois lettres de M. de Bâville, 1er avril 1708, 1er mars 1709 et 19 janvier 1710, un arrêt du 26 avril 1711, une lettre de Poussonnel en date du 18 septembre suivant, et un dossier classé au 23 février 1712.

Sur l'inspection des étoffes destinées au Levant, voir deux lettres de M. de Bâville, 24 août 1711 et 3 octobre 1712; sur l'apposition du plomb de contrôle, trois lettres des 3 octobre, 22 novembre et 3 décembre 1714, et un arrêt des États, 12 décembre 1714; sur l'exemption des droits sur la cochenille pour la teinture des draps, trois lettres des 11 octobre, 13 novembre et 22 décembre 1712; sur les subventions et gratifications accordées aux fabricants, une lettre de M. l'archevêque de Narbonne, 21 décembre 1713, une lettre du sieur Roussel, manufacturier, 18 novembre 1714, et une lettre de M. de Bâville, 13 décembre 1714.

242. *Le Contrôleur général à M. de Grignan, lieutenant général en Provence.*

8 Décembre 1708.

«Les sommes considérables que la Provence doit au Roi, celles qui sont dues à la province par la plupart des communautés, et enfin le désordre qu'il y a dans ses affaires et dans le recouvrement de ses deniers sont des raisons bien sérieuses d'examiner sa situation, et doivent, ce me semble, faire un des principaux objets de l'assemblée qui se tient actuellement*.

«L'intérêt du Roi et celui de la province demandent également qu'on établisse un meilleur ordre, et je suis persuadé que l'attachement que vous avez pour l'un et pour l'autre vous engagera de concourir à tous les moyens qui pourront y contribuer. Il n'y a pas lieu de s'étonner que quelques communautés qui ont le plus souffert du passage des ennemis pendant l'année dernière se trouvent arriérées; mais il n'en devroit pas être de même de celles qui ne sont point dans ce cas. On voit cependant que ces dernières, et même les plus considérables d'entre elles, ne sont pas plus avancées que les autres. Il est bien difficile de croire que celui qui est chargé des recouvrements y ait apporté tous les soins et toute la vigilance nécessaire, et l'on peut juger, au contraire, que le peu d'intérêt qu'il a de les avancer est une des principales raisons de l'état où ils se trouvent aujourd'hui. Une personne bien solvable, et qui seroit chargée à ses risques de ces mêmes recouvrements, y apporteroit sans doute plus d'exactitude et de diligence, et procureroit de grandes utilités à la province, en lui sauvant seulement les non-valeurs auxquelles elle est journellement exposée de la part d'un commis qui ne se croit obligé de compter que de ce qu'il reçoit. Ne conviendroit-il pas mieux d'établir un trésorier qui fût garant de ses recouvrements et qui fût obligé de justifier de ses diligences? Je suis persuadé que ce sera l'avis de la plupart de ceux qui voudront bien examiner la situation des affaires de la province et la principale cause de leur désordre. J'en ai écrit mon sentiment à M. Lebret; vous pourrez, si vous le jugez à propos, en conférer avec lui et concerter ce qui vous paroîtra le plus convenable sur ce sujet**.»

* Voir deux lettres et un mémoire sur l'état de la province, de M. l'archevêque d'Aix, 16 et 23 novembre.

** Voir la réponse de M. de Grignan, en date du 21 décembre, et deux autres lettres des 22 et 31 janvier; au 14 décembre, une lettre du sieur d'Ormancey, qui offre de faire les fonctions de trésorier général de la province à moitié d'appointements, sous la surveillance d'un contrôleur et des procureurs du pays, avec un cautionnement de 100,000# en biens-fonds; plusieurs lettres de M. l'archevêque d'Aix, 7, 18 et 30 janvier, 15 février, 18 mars, 8 avril et 21 juin 1709; de M. Lebret fils, intendant en Provence, 22 mars 1709; du sieur d'Ormancey, 19 mai.

Le 29 janvier 1710, M. Lebret fils écrit : «..... Tous les soins qu'on a pris jusqu'à présent sont encore, pour ainsi dire, inutiles..... Enfin, le sieur de Mazade, que j'avois autrefois vu dans le dessein de se charger de la trésorerie des États, a été remis sur les rangs..... Il offre de fournir 200,000# comptant pour tenir lieu de cautionnement, et de se charger de recouvrer les impositions du pays et d'acquitter les charges jusqu'au montant desdites impositions, quartier par quartier, aux termes ordinaires, sans pouvoir donner aucune reprise. Ledit sieur de Mazade ne veut point se charger de faire la même chose pour la capitation : c'est ce qui nous déplaît de sa proposition; mais, comme le recouvrement des impositions du pays et celui de la capitation sont présentement dérangés, nous croirions toujours avoir fait quelque chose d'utile, si nous avions pourvu à l'un des deux; après quoi, on tâcheroit, ou par le trésorier de la province, ou par un autre receveur général, de mettre la capitation en règle.....» Il ajoute que la solution est encore en suspens parce que l'on cherche une garantie plus sûre que le cautionnement en argent, et parce que, le sieur de Mazade ayant été commis des trésoriers de la marine et des galères, on veut connaître bien sa situation vis-à-vis d'eux. «Il faut espérer, dit-il, que l'assemblée, que l'on sera obligé de convoquer de nouveau, conclura quelque chose; car il me paroît que la plupart de ceux qui la composent le désirent fort; il ne paroît pas même que ceux qui s'opposoient à l'établissement d'un trésorier, et qui faisoient semblant de croire que, par le moyen des receveurs des vigueries, on pourroit mettre les affaires de la province en règle, insistent davantage sur ce chimérique projet, dont ils avoient cependant persuadé M. de Grignan, auquel ils avoient fait entendre que ces receveurs offriroient des conditions avantageuses, dont je n'ai cependant jamais pu avoir la moindre connoissance.....»

---

243. *Le Contrôleur général à M. le Peletier, premier président du Parlement de Paris.*

10 Décembre 1708.

«J'ai reçu la lettre que vous m'avez fait l'honneur de m'écrire pour M. de Graville, afin d'obtenir du Roi, en sa faveur, des lettres de conseiller honoraire au Parlement. Les augmentations de gages qu'il propose d'acquérir peuvent disposer S. M. à se relâcher pour lui au delà de ce que je lui ai entendu décider pour d'autres. Je vous informerai de ses intentions quand j'aurai eu l'honneur de lui en rendre compte.»

---

244. *M. Trudaine, intendant à Lyon, au Contrôleur général.*

11 Décembre 1708.

Il propose de supprimer ou de réduire considérablement les quatre taxes de finance que le traitant veut tirer des communautés des notaires et des procureurs de la ville de Lyon, qui sont très misérables.

---

245. *M. Turgot, intendant à Tours, au Contrôleur général.*

12 Décembre 1708.

Il appuie une délibération prise par les habitants de Montreuil-Bellay, avec le consentement de M. l'évêque de Poitiers et du duc de Brissac, leur seigneur, pour l'établissement d'un maître d'école et pour l'assignation de ses gages sur les octrois, avec certaines exemptions*.

* Les appointements furent arrêtés à 100# et les frais de logement à 20#, mais sans privilège de fixation de la taille et de l'impôt du sel. (Lettre du contrôleur général, 12 janvier 1709.)

---

246. *Le Contrôleur général à S. A. R. M. le duc d'Orléans, commandant l'armée du Roi en Espagne.*

15 Décembre 1708.

«Il est juste que les assignations qui ont été données par V. A. R. soient payées, et j'y tiendrai exactement la main; mais permettez-moi de vous demander que ce qui regarde ces assignations ne soit point confondu avec ce qui regarde la recette des fermes du Roi à Bayonne. Il est si capital que les droits des fermes soient voiturés à Paris pour payer les rentes de la ville, que je ne puis, sans exposer les rentes à un décrédit total, trouver aucun accommodement. Je vais dire aux fermiers de prendre des mesures avec le sieur Hariague, receveur de Bayonne, pour se payer de son débet à mesure que les assignations rentreront, afin que vous ayez lieu d'être content. J'espère qu'à l'avenir le sieur Hariague sera plus exact à payer ce qu'il doit.»

---

247. *Le Contrôleur général à M. de Courson, intendant à Rouen.*

19 Décembre 1708.

Achats des bois de bourdaine nécessaires pour le service du moulin à poudre de Maromme.

---

248. *Le Contrôleur général aux Intendants.*

21 Décembre 1708.

«Il revient au Roi, de plusieurs provinces, que les précautions que S. M. avoit prises par ses édits du mois d'août 1705 et du mois de septembre 1706 sont inutiles, et que cela n'empêche pas qu'il n'y ait beaucoup d'officiers qui jouissent de toutes sortes d'exemptions et de privilèges, quoiqu'ils n'aient aucun droit de le faire. On se plaint aussi que les fermiers de S. M. et les traitants ont tellement multiplié le nombre des commis, qu'ils en ont établi sans nécessité dans plusieurs paroisses. Cet abus cause un très grand désordre, parce que ce sont d'ordinaire les plus riches habitants qui obtiennent des commissions, de sorte qu'ils s'exemptent par là des charges publiques, et qu'ils les font retomber sur les plus foibles. S. M. m'a ordonné de vous faire savoir qu'elle désire que vous remettiez en vigueur ces édits dans votre département. Et à l'égard de l'abus qui s'est glissé sur les commissions que les fermiers et les traitants ont données mal à propos, il faut que vous suiviez exactement le mémoire que je vous envoie: c'est le moyen de remettre les choses dans l'ordre naturel et de soulager les peuples. Vous me donnerez avis de ce que vous aurez fait, afin que j'en rende compte à S. M.*.»

* M. Ferrand, intendant en Bretagne, répond, le 22 mars 1709: «.....Dans les nouvelles créations, les directeurs des recouvrements prétendent être en droit de donner autant de commissions qu'il y a de titres..... Il arrivera que, dans la même ville, cinq ou six commis, plus ou moins, jouiront des privilèges attribués au titre; au lieu qu'il paroîtroit juste, pour éviter cette multiplicité inutile et à charge, et remplir vos intentions, que les directeurs des recouvrements donnassent leur commission à la même personne pour toutes les juridictions d'une ville.....»

249. M. le Guerchoys, *intendant en Franche-Comté, au Contrôleur général.*

21 Décembre 1708.

Il rend compte de l'exportation des terres ou cendres provenant des coupelles d'affinage, dont les commerçants de Genève tirent du plomb et de l'argent. Ces cendres passent à la frontière comme terre à vernir les pots, venant du Vivarais ou du Velay*.

* M. Trudaine, intendant à Lyon, écrit, le 5 janvier suivant, que ces cendres doivent provenir de l'affinage fait en fraude à Trévoux ou ailleurs.

250. M. Ravat, *prévôt des marchands de Lyon, au Contrôleur général.*

22 Décembre 1708.

L'évêque de Viviers ne consent qu'à réduire de moitié les droits de péage dus à son évêché sur les blés qu'on fait remonter à Lyon*.

* Le contrôleur général lui avait écrit, le 16: «.....[M. l'évêque de Viviers] paroît d'autant mieux fondé à demander quelque justice en cette occasion, qu'en pareil cas, la ville de Lyon n'en a rien voulu rabattre et s'est fait payer à la rigueur son droit de péage de 20 s. par ânée sur des blés qui furent tirés de la Bourgogne, il y a quelques années.....» Mais, à la même date, il écrivait à l'évêque d'accommoder cette affaire avec le prévôt des marchands.

Le 2 du même mois, M. de Bérulle, premier président du Parlement de Grenoble, demande la restitution des droits que les fermiers généraux ont fait payer à Valence aux marchands qui apportaient d'Avignon et d'ailleurs du blé pour la subsistance de Grenoble. Le contrôleur général lui répond qu'on a accordé exemption des droits de passeport aux blés, sauf réserve des péages dus sur le Rhône aux seigneurs particuliers.

M. Ravat écrit, le 28 septembre 1709: «.....Le droit [de péage sur les blés] qui se lève dans un lieu appelé Mornas ou au Paty, sur le Rhône, pour le Pape, est un ancien droit, et il n'y a aucune nouveauté dans la perception. L'on ne peut demander à M. le vice-légat d'en suspendre l'exécution que par un droit de retour, parce que tous les blés que le Pape envoie pour la subsistance des peuples de sa ville et principauté sont exempts de tous les péages du Roi..... Il y a un autre péage que l'on paye pour Orange, où l'on a introduit un doublement; c'est une nouveauté qui tourne au profit des fermiers.....» Voir aussi sa lettre du 18 octobre suivant.

Les 30 mars et 2 mai 1710, l'archevêque d'Arles représente qu'il ne possède que son péage pour tout revenu, qu'il a consenti à en faire le sacrifice pour le bien du Roi et des nationaux, mais que ce privilège ne doit pas profiter aux habitants d'Avignon, qui ne contribuent en rien aux dépenses du royaume. Voir, sur ce point, un mémoire des habitants d'Avignon, joint à la lettre du 2 mai, et une lettre de M. Lebret fils, intendant en Provence, du 16 avril.

251. *Les Maître-échevin et Gens des trois ordres de la ville de Metz au Contrôleur général.*

22 Décembre 1708.

«L'extrémité fâcheuse où toute cette province se voit réduite par la chute de son commerce et par l'impossibilité de soutenir les charges qui lui sont imposées nous oblige d'avoir recours à Votre Grandeur pour la supplier très humblement de vouloir bien remédier au mal qui cause sa ruine, et qui semble être parvenu à son plus haut point. Le Roi ayant fait fabriquer des pièces de 10 s. dans la ville de Metz, l'usage de cette espèce étant interdit dans tout le royaume, et ayant cours dans la Lorraine et dans toute la frontière sur un pied égal, le commerce s'y est maintenu également; mais, S. M. ayant jugé à propos de réduire ces pièces de 10 s. à 8 s. moins un liard, M. le duc de Lorraine, par une politique qu'il a crue plus convenable au bien de ses sujets, en a fixé le cours à 8 s.: ce qui fait une différence très sensible; en sorte qu'à la faveur des concordats qui établissent entre les États de ce prince et les Trois-Évêchés un droit de réciprocité de liberté de commerce, de capacité de succéder, et donnent aux contrats passés indifféremment dans l'une ou l'autre souveraineté une hypothèque égale sur tous les biens qui y sont situés, les sujets du Roi, conviés par un bénéfice considérable qu'ils ont trouvé dans la différence de valeur de ces espèces, ont, par une infinité d'acquisitions, de contrats de constitution et d'établissements nouveaux, transporté dans la province de Lorraine tout l'argent qui circuloit dans la nôtre. D'ailleurs, l'électorat de Trèves, la Hollande, les frontières d'Allemagne et le pays qui est au delà de la Sarre se pourvoyoient autrefois à Metz et dans les Évêchés, qui sont leurs voisins, de draps, d'étoffes de soie, d'huiles, de fruits, et généralement de toutes les marchandises qui se tirent de Provence, de Paris, de Tours, de Lyon et des autres villes du royaume; au lieu qu'aujourd'hui il est de notoriété qu'ils font toutes leurs provisions dans la Lorraine, où ils trouvent à employer leur argent sur un pied plus fort, et où ils portent l'abondance, tandis que nous gémissons dans la disette. Il n'y a pas un sou dans la province, ni aucun secours à espérer du côté des emprunts pour satisfaire aux charges extraordinaires qui nous sont journellement demandées. Les trésoriers n'ont pas un denier pour payer les troupes, et, quelques créations nouvelles que l'on puisse faire, aucun particulier ne se trouvera en état de financer le moindre office. Mais ce qui empêche encore pour toujours le retour de nos pièces de 10 s. qui entrent en Lorraine, c'est que le prince les convertit en petites pièces de 5 liards, qui est la seule espèce que l'on voit à présent dans les Évêchés, où elles ont cours, et sur lesquelles, au moyen de cette conversion, il tire un bénéfice de plus du quart en sus. Il n'y a qu'une uniformité de valeur de ces pièces de 10 s. dans la Lorraine, dans les Évêchés et dans les places frontières qui puisse en ranimer la circulation et nous tirer de la situation fâcheuse où nous sommes*.....»

* Apostille du contrôleur général : «A M. de Saint-Contest. — Examiner. Je vous envoie une lettre que j'ai reçue du corps de ville de Metz..... Ce qui me paroît mériter plus d'attention, c'est l'interdiction des espèces de bas aloi que M. le duc de Lorraine a fait fabriquer depuis peu, et dont il est parlé dans cette lettre.»

M. de Saint-Contest, intendant à Metz, répond, le 11 février 1709 : «.....Je ne dois rien dire sur la première partie, parce que c'est à vous à mettre les monnoies sur le pied que vous jugez à propos par rapport à leur valeur intrinsèque et au niveau des autres monnoies du royaume, suivant la connoissance que vous avez de la valeur des espèces chez les puissances voisines et de l'utilité que l'État peut retirer des règlements que vous faites à ce sujet. Pour la seconde partie, j'ai toujours cru qu'il seroit à désirer que, la Lorraine étant située entre l'Alsace, la Franche-Comté et les Trois-Évêchés, les monnoies eussent cours en Lorraine sur le pied de France; mais M. le duc de Lorraine a toujours tenu ces espèces plus hautes que les nôtres en France, se réglant pourtant par proportion sur nos diminutions, et je crois que M. de Chamillart n'a pas pu obtenir que M. le duc de Lorraine en usât autrement : au moins, je sais qu'on lui a donné là-dessus plusieurs avis sans que cela ait changé. Pour les sols de Lorraine, j'en ai fait faire ici l'essai : j'en joins ici le mémoire, avec de ces sols, afin que vous en puissiez faire faire l'essai à Paris.....»

Voir encore une lettre de M. Voysin, secrétaire d'État de la guerre, 1er décembre 1709, une lettre du contrôleur général à M. de Saint-Contest et à M. de la Houssaye, intendant en Alsace, 29 décembre, et deux lettres de M. de Saint-Contest au contrôleur général, 31 décembre 1709 et 20 janvier 1710.

Le 19 septembre 1708, M. de Bernières, intendant en Flandre, avait demandé que les espèces fabriquées dans les Monnaies de Metz et de Strasbourg, et apportées en Flandre lors du retour des troupes d'Allemagne, fussent retirées des caisses des receveurs des fermes des villes, où elles se trouvaient presque toutes, et reversées en Lorraine et en Alsace par les soins de l'extraordinaire des guerres. Il renouvela ses plaintes le 11 janvier 1709.

---

252. *LE CONTRÔLEUR GÉNÉRAL à M. le marquis DE CASTELLANE-ESPARRON, procureur du pays de Provence.*

23 Décembre 1708.

«Les affaires qui regardent le domaine du Roi étant de mon département, M. Chamillart m'a remis la lettre que vous lui aviez écrite le 7 du mois passé pour obtenir l'agrément de rentrer en possession de la baronnie de Castellane. Sur le rapport que j'en ai fait à S. M., elle a bien voulu agréer votre demande et ordonner que cette partie de son domaine fût publiée, afin que vous puissiez vous en rendre adjudicataire. C'est une formalité absolument nécessaire, et sans laquelle vous ne pourriez pas y rentrer avec sûreté*.....»

* Sur la lettre de M. Chamillart (11 décembre), le contrôleur général a écrit en apostille : «Un billet à M. des Forts pour faire publier ce domaine.»

---

253. *M. DE BÂVILLE, intendant en Languedoc, AU CONTRÔLEUR GÉNÉRAL.*

23 Décembre 1708.

«J'ai appris que le sieur marquis de Montfrin, voyant que le temps alloit expirer pour faire juger à Toulouse l'inscription de faux contre le titre des habitants de Valabrègue, qui marque évidemment l'usurpation que son père et lui ont faite depuis cinquante ans du bien de cette communauté, est allé à Paris pour faire révoquer l'arrêt que vous avez rendu, par lequel le faux est renvoyé au Parlement de Toulouse, et le reste pardevant les juges nommés par attribution du Conseil, sur les remontrances de M. Daguesseau, il y a vingt-six ans. J'ai cru être obligé de vous en donner avis, afin que la dextérité de ce gentilhomme, qui passe pour le plus habile homme du royaume en procédures, ne puisse pas prévaloir sur la justice. Personne ne sait mieux cette affaire que M. Daguesseau, qui la connoît à fond, et je me contenterai seulement de vous faire souvenir que tout ce procès consiste dans une transaction de l'année 1445, qui porte un plantement de bornes, par lequel le terroir qui appartient au sieur de Montfrin est marqué, et celui qu'il a usurpé à la communauté; et, depuis cinquante ans, il n'a pas été possible à ces habitants, que je puis dire dans la dernière pauvreté, d'obtenir un jugement, qui a été toujours éludé par toutes les chicanes que l'esprit humain peut inventer. La connoissance que j'ai de cette extrême injustice, la misère de ces habitants, dont le Rhône vient encore d'emporter le peu de bien qui leur restoit, et l'impuissance où ils sont de se défendre par la voie ordinaire sont les seuls motifs qui m'ont obligé d'avoir l'honneur de vous écrire encore sur cette affaire, qui demande certainement les voies extraordinaires, si l'on veut que l'iniquité ne l'emporte pas sur le bon droit, et l'autorité sur la

IMPRIMERIE NATIONALE.

foiblesse d'une malheureuse communauté qui n'a d'autre ressource pour se rétablir que ce qui lui reviendra par le jugement de ce procès, qu'elle ne peut poursuivre au Parlement par les frais de descente sur les lieux et autres qu'elle ne peut supporter, au lieu que MM. les présidents de Boucaud, de Moulceau et Bécherant, les trois juges sans contredit les plus distingués de ce pays par leur probité et par leur capacité, nommés par arrêt du Conseil, ont eu la charité, autrefois, de se transporter eux-mêmes sur les lieux sans frais, et même d'y faire convenir le propre expert du sieur de Montfrin de tous les faits : ce qui est demeuré inutile par toutes les chicanes qu'il a faites, lorsqu'il a vu qu'il alloit être jugé et perdre son procès, qui est insoutenable*.»

* Voir une précédente lettre du 26 juillet 1708.

Le 8 février 1709, le contrôleur général consulte M. de Bâville sur les avantages ou les inconvénients d'un nouveau renvoi devant les arbitres déjà nommés par des arrêts de 1679, 1683 et 1686, et sur la recevabilité de l'opposition introduite par M. de Montfrin.

Voir, pour la suite de cette affaire, à laquelle prirent part, outre la communauté de Valabrègue, celles de Montfrin et de Meynes, les lettres et pièces de l'intendance des 15 et 27 février 1709, 9 février, 27 mai, 17 juin, 8 juillet et 28 octobre 1710, 3 mars, 12 et 15 avril, 19 septembre 1711, 16 février, 12 avril et 23 août 1712, 22 janvier, 3 et 4 février, 3 mars, 13 mai, 13 juin, 9, 11 et 28 juillet, 5 et 15 août, 17 et 28 septembre, 10 octobre 1713, 24 et 27 janvier, 20 février, 10 et 29 mai, 16 juin 1714; et les lettres du contrôleur général, 10 janvier, 24 avril, 3 juin et 14 juillet 1713, 11 juin et 21 juillet 1714.

Le 2 juillet 1714, M. de Bâville écrit : «Je croyois pouvoir faire craindre à M. de Montfrin l'événement du procès de la nobilité de ses biens depuis que vous m'avez écrit qu'il ne doit pas espérer de faire révoquer la déclaration de S. M. du 5 avril 1712, qui déclare roturières toutes les îles et créments situés sur des fonds encadastrés. Il se flatte à présent que la nobilité de ses biens a été déjà jugée diffinitivement, et que cette déclaration ne déroge pas à ce qui a été déjà jugé. Mais, lorsque j'ai voulu examiner ces arrêts, je les ai trouvés tous interlocutoires et rendus par provision et sans préjudice des droits des parties : ce qui suppose nécessairement que la question de la nobilité est encore indécise. C'est ce que la Cour des aides a bien reconnu par le dernier arrêt qu'elle a rendu le 7 mai dernier, par lequel elle a renvoyé les parties au Roi pour prononcer, selon son bon plaisir, sur la nobilité ou roture des îles et des créments des îles de M. de Montfrin : ce qu'elle n'auroit pas fait, si elles avoient été déclarées diffinitivement nobles. M. de Montfrin ne disconvient pas, d'ailleurs, que ses îles ne soient situées sur des fonds encadastrés, puisqu'elles faisoient autrefois une partie de la terre ferme du terroir de Montfrin; je croyois donc l'émouvoir par une crainte plus que raisonnable qu'il perdroit son procès, et par l'offre que lui fait la communauté de lui céder tous les arrérages des tailles qui lui sont dues depuis vingt-neuf ans avant l'introduction de l'instance, qui a commencé en 1614, par le don du terroir du Plan en pleine propriété et par le don de la restitution des fruits de ce terroir depuis soixante ans, qui ont été liquidés à 72,000#; mais il a refusé toutes ces propositions : en sorte que, pour terminer cette affaire, il faudroit que la communauté de Montfrin consentît que les biens de M. de Montfrin fussent déclarés nobles, ou de ne traiter seulement que de l'affaire du terroir du Plan : à quoi elle n'a pas voulu consentir. Et comme il n'y a pas de milieu entre la nobilité et la roture, et entre accommoder deux affaires ou n'en accommoder qu'une, j'avoue, malgré moi, que je n'ai pu parvenir à les accommoder. M. de Montfrin y étoit si peu disposé, qu'avant de venir ici en dernier lieu, il avoit déjà fait assigner les consuls de Montfrin au Conseil, sur le renvoi de la Cour des aides, pour l'affaire de la nobilité. C'est donc au Conseil à décider si les biens de M. de Montfrin ont été déclarés nobles diffinitivement par les arrêts qui ont été rendus jusqu'à présent, ou s'ils ne l'ont pas été, et de finir cette affaire, qui ne peut l'être autrement, au moyen du renvoi et du refus de M. de Montfrin d'entrer à cet égard dans aucune proposition..... Il y a déjà plus de quatre-vingts ans que ces deux procès durent. La communauté de Montfrin doit plus de 100,000#, qu'elle a empruntés pour la poursuite de ces procès; M. de Montfrin doit en avoir dépensé autant. Cependant vous connoissez assez de cette affaire pour voir que M. de Montfrin ne voudroit ni s'accommoder, ni être jugé; mais je ne crois pas que ce soit votre intention que les choses demeurent en cet état après tous les arrêts que vous avez fait rendre pour les faire finir, et je suis persuadé que c'est le plus grand service qu'on puisse rendre à M. de Montfrin.»

Dans une lettre du 10 août 1714, il annonce encore un nouvel incident soulevé par M. de Montfrin.

---

254. *Les Prévôt des marchands et Échevins de Lyon* *au* CONTRÔLEUR GÉNÉRAL.

24 Décembre 1708.

«Nous prenons la liberté de joindre ici la délibération que nous avons prise d'offrir à S. M. 1,040,000# pour contribuer aux besoins de l'État et pour faire une chose qui vous soit agréable. Vous nous avez donné mille marques de bontés dans la discussion de cette affaire; mais la plus essentielle sera de faire agréer à S. M. ce témoignage de notre zèle et de notre soumission. Ce n'est que par ces sentiments que nous voulons essayer de vous marquer notre reconnoissance, et par l'attention que nous donnerons à satisfaire avec exactitude à cet engagement. Il est si considérable par rapport à nous, que nous avons lieu d'espérer que votre protection nous garantira pendant quelque temps des nouvelles demandes que vous pourrez faire aux autres communautés. Vous connoissez la véritable situation de nos affaires, et nous nous flattons qu'en proposant nos offres à S. M., vous voudrez bien lui représenter qu'elles sont fort au-dessous de notre bonne volonté et de notre empressement à nous distinguer dans toutes les occasions pour le service du Roi et à servir d'exemple à toutes les autres villes du royaume. Il n'en est point où vous trouviez des sujets plus fidèles, ni des administrateurs plus parfaitement attachés au bien de l'État et à tout ce qui peut vous marquer la soumission et le respect infini*.....»

* Apostille, de la main du contrôleur général : «*Committimus* au grand sceau pour le prévôt des marchands, quatre échevins, un procureur du Roi, le secrétaire et le receveur de la ville. Qualité de conseiller d'État pour le prévôt des marchands.» Voir, en date du 18 avril 1709, la lettre de remerciements du prévôt des marchands et des échevins.

---

255. LE CONTRÔLEUR GÉNÉRAL *à M.* FOUCAULT, *conseiller d'État.*

27 Décembre 1708.

«Je vous envoie une lettre de M. de la Porte, fermier général, par laquelle vous verrez que, quelque opinion que vous ayez du sieur de la Brosse, il n'est nullement propre à l'emploi qu'il exerce. Il n'est pas possible de soutenir de semblables commis sans abandonner en même temps les fermes du Roi : ce qui ne convient guère dans un temps où la conservation des droits de S. M. est si nécessaire. Faites-y, je vous supplie, l'attention que la chose mérite.»

256. *Le Contrôleur général à M. le Guerchoys, intendant en Franche-Comté.*

27 Décembre 1708.

«Le sieur Casseau, avocat et docteur en droit à Besançon, sollicite une chaire de professeur vacante parce que celui qui la remplissoit s'est fait pourvoir d'une charge de conseiller au Parlement de Besançon. Le sieur Casseau a concouru et a été choisi, pour la seconde fois, un des trois dont on a envoyé les noms à la cour, et il est persuadé qu'un avis favorable de votre part lui procureroit cette chaire. Je vous prie de lui rendre les bons offices qui peuvent dépendre de vous, et qu'il paroît fort mériter suivant ce qui en est revenu *.»

* M. le Guerchoys répond, le 1er mars 1709 : «.....Quelque envie que j'aie de faire ce qui peut vous plaire, je n'ai pas cru pouvoir trahir la vérité et la justice en donnant un avis qui lui soit favorable au préjudice du sieur des Potots, qui a été nommé le premier des trois concurrents, comme plus savant que les autres et ayant toutes les qualités nécessaires pour remplir dignement les fonctions de professeur. D'ailleurs, il est d'une noble et ancienne famille de ce pays-ci : on trouve, dans ses aïeux, un président du Parlement de Bourgogne et maître des requêtes du duc Philippe le Bon, un maître des requêtes de Charles VIII, roi de France, qui l'a honoré de trois fleurs de lis dans ses armes, et un gouverneur de Besançon. Le sieur Casseau n'a été nommé que le troisième, et son extraction n'a rien de comparable à celle du sieur des Potots, puisque son père est un marchand vendant des étoffes à Poligny, petite ville de cette province. Il seroit nécessaire que j'eusse des raisons très essentielles pour détruire tout ce qui est pour le sieur des Potots, ses bonnes qualités personnelles, sa réputation et sa famille. Je dois ajouter à cela qu'il est généralement estimé et souhaité par les distributeurs et les professeurs de l'Université, même par les personnes considérables de la province, parmi lesquelles il a un grand nombre de parents et d'alliés. Si néanmoins vous désirez que le sieur Casseau obtienne la chaire de professeur vacante, vous aurez agréable, s'il vous plaît, d'en dire un mot à M. Chamillart, à qui je rends compte de la nomination des concurrents.....»

Le contrôleur général répond en apostille sur cette lettre : «La recommandation que je lui avois faite en faveur du sieur Casseau m'avoit été demandée par une personne à laquelle je n'ai pu la refuser, et [il] ne seroit pas juste qu'elle pût nuire au sieur des Potots, qui me paroît un sujet zélé et qui mérite bien la préférence sur ses concurrents.»

257. *M. de Bâville, intendant en Languedoc, au Contrôleur général.*

30 Décembre 1708.

Les îles que les habitants de Donzère possèdent dans le Rhône et le lit du fleuve, d'un bord à l'autre, sont considérées comme étant du royaume, et par conséquent du Languedoc, où la taille doit être payée. En tout cas, et quand même les Parlements donneraient gain de cause à ces habitants, ils ne sauraient réclamer la restitution des sommes payées par eux sur le rôle des tailles de la paroisse de Saint-Montan.

258. *Le Contrôleur général à M. le Haguais.*

31 Décembre 1708.

«Je vous renvoie le volume des *Us et coutumes de la mer* que vous m'avez envoyé : c'est un livre que je connois assez, qui est dans ma bibliothèque, et qu'il ne seroit pas juste que j'ôtasse de la vôtre. Je me suis même souvenu d'avoir lu autrefois tout le chapitre concernant les ordonnances de la ville de Wisby; mais les idées m'en étoient absolument échappées.»

259. *Les Maire, Échevins et principaux habitants de Rochefort au Contrôleur général.*

1er Janvier 1709.

Ils se plaignent que les lettres qui leur sont adressées passent par la Rochelle, et que la distribution s'en trouve retardée par la fermeture des portes de cette ville *.

* Une réponse du fermier des postes est jointe au placet qui accompagne la lettre.

Le 24 février suivant, les maire et échevins de la Rochelle se plaignent également du commis des postes et des messageries, que M. Bégon défend dans une lettre du 10 mars.

260. *M. Turgot, intendant à Tours, au Contrôleur général.*

2 Janvier 1709.

«Par un arrêt du Conseil, dont je joins une copie, il a été ordonné au sieur le Merle, lieutenant criminel du bailliage de Baugé, et au sieur Bouchard, procureur du Roi de ladite ville, de se rendre à la suite du Conseil pour rendre raison d'une ou deux assemblées tumultueuses des habitants dans lesquelles ils avoient formé opposition à la perception des droits d'inspecteurs des vins, interjeté appel de deux ordonnances que j'avois rendues pour les établir, et fait plusieurs procédures irrégulières et frivoles pour empêcher la perception de ces droits et l'inventaire des vins chez les bourgeois. Cet arrêt leur a été signifié, avec mon attache, depuis deux mois, et je leur ai fait connoître la nécessité indispensable de satisfaire à cette punition exemplaire, qu'ils s'étoient justement attirée. Ces deux officiers ont eu des excuses assez légitimes : le premier, par sa mauvaise santé, et l'autre, par l'extrémité où est sa mère, qui les ont empêchés jusqu'ici d'y satisfaire; mais ils sont venus m'assurer à Tours de la disposition où ils sont d'obéir à vos ordres dès que vous le jugerez à propos. Après leur avoir inspiré l'obéissance qu'ils y doivent, et à tout ce qui regarde les droits du Roi, j'ose vous représenter, sans prévention, que ces deux officiers ont très peu de moyens et que le voyage qu'ils feroient à la suite du Conseil leur seroit très onéreux; j'ose y ajouter aussi que cet arrêt a produit tout l'effet qu'on en devoit attendre et que le directeur des traitants m'assure que les inventaires des vins ont été faits fort tranquillement dans toutes les caves et celliers des bourgeois, en présence de M. Deschamps, lieutenant général, qui y a tenu la main dans tous les temps, et qui, aujourd'hui, intercède pour eux. En cet état, j'ose vous proposer un tempérament d'indulgence par rapport à leurs facultés, et, si vous voulez bien me faire l'honneur de m'adresser deux lettres, par la première desquelles vous me marquerez de leur mander d'exécuter l'arrêt, et, par la seconde, que je réserverai, vous voudrez bien me faire la grâce de me permettre de les renvoyer chez eux et de leur faire connoître les réprimandes qu'ils ont méritées, j'espère que, si vous voulez bien accorder cette grâce à ma prière et sur les témoignages que M. le lieutenant général de Baugé, qui a donné des marques de son zèle, veut bien rendre pour eux qu'ils se comporteront avec plus de zèle et de docilité pour le service du Roi, j'espère que cela leur fera un effet suffisant pour autoriser les officiers bien intentionnés pour l'exécution des ordres du Roi dans cette petite ville. Le bon exemple a déjà passé dans les autres voisines*.»

* Sur une nouvelle lettre, du 23 février, le contrôleur général répond en marge : «Bon. Écrire à M. Turgot que le Roi trouve bon qu'ils retournent chez eux.»

---

261. *M. de Bernage, intendant à Amiens,*
au Contrôleur général.

3 Janvier 1709.

«M. de Chamillart m'ordonna, il y a quelques jours, de faire provision de six mille fusils et six mille baïonnettes, pour armer la Picardie en cas de besoin, et d'en imposer le prix sur la province. J'ai fait un marché à la charge de payer le prix en deux années, qui se trouve monter à la somme de 92,843#, à quoi je projette de joindre une petite imposition de 1,500# pour des logements d'officiers d'artillerie. Mais, comme il est ordinaire, pour la forme, de ne faire des impositions sur les pays de généralité qu'en vertu d'arrêts du Conseil, j'en ai envoyé un projet à M. de Chamillart, en lui rendant compte de ce que j'avois fait en exécution de ses ordres, afin qu'il en fasse l'usage qu'il jugera à propos. J'ai cru devoir aussi me donner l'honneur de vous en informer, comme j'ai accoutumé de le faire de tout ce qui se passe dans mon département. Ce sera une augmentation de charges pour la Picardie, qui en supporte déjà de grandes, tant pour la taille, ustensile, capitation et recouvrements extraordinaires de finance, que pour les revenants-bons du quartier d'hiver de neuf escadrons*.»

* En marge, de la main du contrôleur général : «Bon. En deux années.»

---

262. *M. Foullé de Martangis, intendant en Berry,*
au Contrôleur général.

3 Janvier 1709.

Il demande des indications précises et des ordres pour fournir aux troupes les avances habituelles du quartier d'hiver et mettre les officiers en état de rétablir leurs compagnies sans retard. Au cas où l'un des deux régiments désignés pour venir dans la généralité resterait sur la frontière, sera-t-on obligé de donner aux officiers leur part du quartier d'hiver, comme s'ils étoient dans la province*?

* Réponse en apostille : «Je ne puis lui donner aucun éclaircissement ni ordre sur ce qui regarde l'ustensile et l'imposition des fourrages. C'est une imposition militaire, pour laquelle M. Chamillart lui doit faire savoir les intentions du Roi. Les receveurs généraux des finances, auxquels j'ai parlé, m'ont représenté qu'ils ne pourroient avancer ces impositions qu'au moyen des emprunts qu'ils feroient à Paris, sur la place, dans lesquels se trouvant obligés de recevoir une partie considérable en billets de monnoie, ils seroient dans l'impossibilité de faire les avances autrement que suivant la déclaration du mois d'octobre 1707 : un quart en billets de monnoie, et les trois quarts en espèces.»

---

263. *M. de Pontchartrain, secrétaire d'État*
de la marine,
au Contrôleur général.

4 Janvier 1709.

M. Mesnager est désigné pour aller tenir des conférences avec le gouvernement hollandais sur la liberté du commerce de poisson salé, sur la pêche et sur l'échange de certaines marchandises*.

* En donnant avis de ces conférences, le 24 décembre précédent, M. le Blanc, intendant en Flandre maritime, disait que, selon les commissaires hollandais, elles pourraient ouvrir la voie à des négociations de paix.

---

264. *Le Contrôleur général*
à M. de la Houssaye, intendant en Alsace.

5 Janvier 1709.

Le Roi ayant besoin du canton de Bâle pour le recrutement de ses troupes, il faut tolérer les achats de blé que les Suisses font en Alsace*.

* Voir, sur l'exportation d'Alsace en Lorraine et en Allemagne, deux lettres de M. de la Houssaye, 14 septembre et 2 novembre, et, sur le transport hors du royaume des récoltes faites par les Suisses dans les terres françaises leur appartenant, d'autres lettres du contrôleur général, du 13 janvier, à M. Pinon, intendant en Bourgogne; du 5 mars, à M. le Guerchoys, intendant en Franche-Comté; du 15 décembre, à M. d'Angervilliers, intendant en Dauphiné.

265. *M. de Forville, gouverneur de Marseille,*
au Contrôleur général.

9 Janvier 1709.

« Je ne vous parlerai point ici de la conséquence dont est la Provence, et Toulon en particulier, pour l'État; vous le savez mieux que moi. Je me contenterai, s'il vous plaît, de me donner l'honneur de vous rendre compte de la ville de Marseille, qui est sous mes ordres. C'est une des plus importantes du royaume par son port, par sa situation, par son gros peuple et par son commerce. Elle est composée de gens de toutes les nations, ouverte de tous les côtés, sans guet ni garde ni police. Les murailles, seulement commencées, et non achevées, sont tournées de manière à donner beaucoup plus d'avantage à ceux qui les attaqueroient qu'à ceux qui les défendroient. Le terroir de cette ville, composé de plus de dix mille maisons, qu'on nomme *bastides habitées*, font comme une seconde ville, tournée de manière, par la quantité de murailles et de chemins coupés qui s'y trouvent, que l'on pourroit s'y défendre, si l'on avoit des troupes réglées proportionnées aux forces de celles des ennemis. Ce pays est impraticable pour la cavalerie, et l'on peut en défendre les avenues dans des endroits assez étroits, hormis deux, dont l'un est du côté d'Aubagne et l'autre du côté d'Aix, où il faudroit nécessairement partager nos forces. Les paysans de ce terroir que j'avois mis autrefois sous les armes, et, en dernier lieu, au nombre d'environ quatre mille hommes, pourroient être d'un grand secours aux troupes réglées, soit en occupant les hauteurs ou en harcelant les ennemis, toujours sûrs d'une retraite auprès de nos troupes en cas qu'ils fussent poussés; car, hors de cela, je ne voudrois pas répondre qu'ils ne missent armes bas d'abord que les ennemis leur feroient savoir que les premiers qui seroient pris seroient pendus. Il y a encore un inconvénient parmi eux : c'est qu'ils étoient autrefois armés, et que la misère du temps leur a fait vendre presque toutes les armes qu'ils avoient. Et quant à la ville, en voici un plan encore bien fidèle : les habitants, que j'avois pareillement fait mettre sous les armes et en état de marcher pour occuper les postes que je leur avois assignés, étoient alors au nombre d'environ trois mille, presque tous artisans et de toutes sortes de métiers et de pays, sans armes, que je ne mis en état principalement que par celles qui sont dans les arsenaux du Roi. Tout ce peuple, que la misère a abattu et qui se croit abandonné, me paroît beaucoup moins vif qu'il n'étoit autrefois pour sa défense, la regardant comme inutile et disant parmi eux qu'elle ne pourroit servir qu'à les faire piller, brûler et exposer à toutes les suites d'un pareil malheur; et, sans compter sur tout ce que l'armée de M. le duc de Savoie peut entreprendre, il me paroît de conséquence encore de me donner l'honneur de vous informer de la situation où nous sommes du côté de la mer, où, indubitablement, avec un très petit nombre de vaisseaux et de troupes, les ennemis s'empareroient des places du château d'If, qui sont dans le plus méchant état du monde, et que l'on peut facilement réparer. Les ennemis étant maîtres de la mer, ils garderoient ces îles, et, par ce moyen, ils fermeroient la porte de Marseille de ce côté-là, de manière qu'il n'entreroit plus aucune denrée dans cette ville, et particulièrement du blé, dont la disette commence déjà à m'inquiéter. Les pêcheurs ne pourroient plus aller à la pêche, qui fait une consommation de poisson assez importante pour nourrir la plus grande partie des habitants, et qui va à environ 1,000 écus par jour. Que pourroit donc faire le gouverneur dans l'extrémité d'une famine manifeste, sans secours, sans troupes, et sans des officiers capables d'exécuter ses ordres et de le soulager? N'est-il pas évident que je courrois grand risque de voir livrer malgré moi cette ville aux ennemis, avec bien des millions qui s'y trouvent en marchandises, qu'ils pourroient embarquer sur leur flotte? Les places du château d'If me paroissent d'une si grande conséquence, que rien ne sembleroit plus indispensable que de les mettre, à quelque prix que ce fût, en l'état que demande le marquis de Piles, qui en est gouverneur, ainsi que vous aurez, s'il vous plaît, la bonté de voir par le mémoire qu'il se doit donner l'honneur de vous envoyer, et dont vous pouvez encore vous informer par M. de Chamarande, qui les visita l'année dernière. Aussi je crois que la présence du gouverneur y est plus que nécessaire dans un temps comme celui-ci. Je ne vous parle point des méchantes places des citadelles de Marseille, qui ont été plutôt faites pour s'assurer de cette ville que pour se défendre contre les ennemis, non plus que de ce que les ennemis pourroient faire, s'ils y étoient une fois, leur étant alors très facile de renverser la tour de Saint-Jean, à l'entrée du port, pour le combler, et de brûler tous les arsenaux du Roi. Ce sont des justes craintes qui méritent réflexion, et, dans ma petite connoissance, j'appréhende bien que M. le duc de Savoie, voulant profiter de l'armée navale de ses alliés, qu'il commandera sans doute, ne tourne ses entreprises du côté de la Provence*..... »

* Voir une lettre des échevins de Marseille en date du 14 mars.

---

266. *M. de Bernières, intendant en Flandre,*
au Contrôleur général.

11 Janvier 1709.

Il annonce que la dernière diminution des louis et des écus donne lieu à une exportation considérable, principalement du côté de Lille, et dit qu'il aurait fallu, au contraire, sur la frontière, porter les louis jusqu'à 14#, et les écus à proportion*.

* M. le Blanc, intendant en Flandre maritime, fait la même observation le 9 janvier. Voir aussi ses lettres des 19 janvier, 1er février, 10 mars, 12 et 19 octobre et 12 novembre 1709; celles de M. Mesnager, à Ypres, 1er février, 10 mars et 11 avril 1709, et celles de M. de Bernières, 4 et 20 janvier, 8, 9, 21 et 22 février, 5, 8, 18 et 29 avril 1710.

---

267. *M. Lebret fils, intendant en Provence,*
au Contrôleur général.

13 Janvier 1709.

« ..... Je veux croire qu'on tireroit de l'argent de ce qu'on appelle le corps de la noblesse, auquel le nom de *possédants-*

fiefs conviendroit mieux, puisqu'en France la noblesse ne fait point de corps, si ce n'est dans l'assemblée des États, et que celui dont on veut parler n'est composé que des nobles qui possèdent des fiefs, à l'exclusion de ceux qui n'en possèdent point, et qu'on y admet les roturiers lorsqu'ils ont la propriété de quelques fiefs. Mais, quand on en tireroit 100,000 ᵗᵗ, ce seroit un secours bien foible par rapport au préjudice que le Roi souffriroit de l'assistance aux assemblées des États de deux gentilshommes qui y feroient mille contestations sur toutes les affaires qui auroient rapport au service de S. M. Cela a été si bien reconnu, que, le corps des possédants-fiefs ayant obtenu un arrêt du Conseil qui lui attribuoit le choix des procureurs du pays joints pour la noblesse, cette prérogative lui fut sur-le-champ ôtée, en sorte qu'il n'en a jamais joui. Nous avons à présent, outre M. l'archevêque d'Aix et M. l'évêque de Riez, deux hommes de la première qualité qui remplissent depuis longtemps les deux places de procureur du pays joint pour la noblesse avec tout le zèle qu'on peut désirer pour le service du Roi et le bien public, et j'ose vous assurer qu'avec le secours de ces chefs de l'assemblée, qui montrent leurs bonnes intentions en toutes sortes de rencontres, je suis presque toujours fort en peine de faire réussir les affaires dont vous me chargez, parce qu'il arrive assez souvent que les consuls d'Aix sont opposés à ce que vous pouvez souhaiter, et qu'ils entraînent les députés des communautés. Ce n'est pas par mauvaise intention qu'ils prennent quelquefois le contrepied de ce qu'on désire, mais pour mériter l'approbation de ces sortes de gens dont le nombre est grand à Aix et qui, faute d'occupation, passent leur vie à gloser sur ce qui se fait dans la province. Jugez, s'il vous plaît, de quelle difficulté les affaires seroient, si l'on joignoit aux consuls d'Aix deux gentilshommes nommés par les possédants-fiefs, qui, n'étant qu'une année en place, seroient toujours d'accord avec les consuls d'Aix pour renvoyer les affaires à l'année suivante, et qui, étant, aussi bien que les consuls, habitants d'Aix, parce que les assemblées des possédants-fiefs ne sont presque jamais composées que de ceux qui se trouvent en cette ville, n'auroient uniquement en vue que de mériter les louanges de leurs compatriotes, qui ne les accordent jamais qu'à l'opiniâtreté invincible sur toutes les affaires qui ont rapport au service du Roi. Celui-là seul est réputé homme d'honneur, qui n'engage point la province, et, pourvu qu'il ne passe point de contrats de constitution, il leur importe peu que le Roi soit mal payé. . . . . »

---

268. *M. de Bernage, intendant à Amiens,*
au Contrôleur général.

Du 13 Janvier au 24 Juillet 1709.

Mesures prises pour fournir de blé, d'orge et de farine l'armée et les garnisons du département, pour en faire la recherche en tous endroits, et pour assurer les transports par convois de corvée.

État des vivres en magasin.

---

269. *M. Ravat, prévôt des marchands de Lyon,*
au Contrôleur général.

15 Janvier 1709.

Il exprime l'inquiétude de la Chambre de commerce au sujet du doublement des péages, particulièrement désastreux pour la ville de Lyon, qui, placée sur deux rivières, paye déjà plus de 30 p. o/o pour les marchandises venant d'Arles et plus de 40 p. o/o pour les marchandises y descendant.

---

270. *M. de Bernage, intendant à Amiens,*
au Contrôleur général.

15 et 26 Janvier, 12 et 27 Février,
8 Mars et 19 Juillet 1709.

Plans et devis pour la fortification de la ville de Saint-Venant et pour les adjudications à faire en conséquence dans la forêt de Nieppe *.

* Sur les coupes faites à cette occasion dans la forêt, voir les lettres de M. le Blanc, intendant en Flandre maritime, 23 novembre et 18 décembre 1709, 9 février 1710, et une réponse du contrôleur général, 6 décembre 1709.

---

271. *Le Contrôleur général*
à M. de la Faluère, grand maître des eaux et forêts
de l'Île-de-France au département de Paris.

16 Janvier 1709.

Le Roi ayant ratifié la vente faite au sieur de Bourvallais, par les religieux de Saint-Martin-des-Champs, des bois de Noisy-le-Grand, ces bois sont devenus séculiers, et l'acquéreur a tout droit de les exploiter conformément aux règlements *.

* Un avis semblable avait été donné dès le 10 novembre 1708.

---

272. *M. le Gendre, intendant à Montauban,*
au Contrôleur général.

16 Janvier 1709.

Contestation entre deux gentilshommes du Quercy et un receveur de la foraine.

« C'est une vraie calomnie d'avancer que [ces gentilhommes] sont les auteurs du désordre du Quercy. . . . . Ce qui a donné lieu à cette calomnie, c'est que, ce pauvre commis. . . . . ayant eu sa maison entièrement brûlée par les Tardavisés et ne sachant à qui s'en prendre, il crut que [ces gentilshommes] pouvoient, par leur crédit, empêcher ce désordre, et que, par animosité contre lui, ils ne s'étoient pas donné les mouvements nécessaires...... Les auteurs de tous les tristes mouvements du Quercy ne seroient pas difficiles à trouver, ayant tous leurs noms bien écrits dans mon portefeuille; mais ils sont en si grand nombre, qu'il seroit dangereux d'en vouloir faire des exemples sans s'exposer à renouveler ces terribles désordres, calmés avec tant de promptitude et de bonheur. Il y en eut neuf des plus coupables que je fis pendre sur-le-champ; cela produisit son effet. Comme les autres complices savent que je les connois, cela les tient en bride. Je ne saurois penser sans frémir que j'ai vu trente mille hommes armés en Quercy, Cahors assiégé pendant dix jours, et moi investi dans ma chaise par un détachement de cette bonne compagnie, dont je me tirai par miracle*.»

* M. de Courson, intendant à Bordeaux, demande, le 4 janvier 1710, un ordre du Roi pour relâcher quelques paysans arrêtés lors de l'émeute des Tardavisés (*Tartavisa*), en Agenais: «Depuis deux ans, ces malheureux sont dans les prisons sans que leur procès ait été jugé. Je ne crois pas qu'il soit à propos, à présent, de renouveler cette affaire par un jugement dans les formes; il me semble qu'il suffiroit d'un ordre du Roi pour les faire sortir de prison. J'en avois écrit à M. de la Vrillière, qui m'a mandé que, l'arrêt [d'attribution] ayant été rendu dans un Conseil de finance, il étoit nécessaire que j'eusse l'honneur de m'adresser à vous pour cela.»

---

273. *M. de Verthamon*, *premier président du Grand Conseil* AU CONTRÔLEUR GÉNÉRAL.

(Grand Conseil, G7 1766.)

17 janvier 1709.

Il fait valoir les avantages que la Compagnie trouverait à louer l'appartement de la princesse de Carignan, dans l'hôtel de Soissons, plutôt qu'à accepter les propositions du Chapitre de Saint-Germain-l'Auxerrois, qui offre de faire construire un bâtiment tout exprès dans son cloître et de le donner en location.

L'hôtel de Soissons permettrait de disposer, pour la salle d'audience et les autres pièces, d'un plain-pied de vingt-cinq toises environ, sur une hauteur de vingt-un pieds dedans œuvre, avec des abords commodes et une séparation complète des magistrats et du public. De plus, cet emplacement est tout voisin de l'hôtel d'Aligre, où le Grand Conseil est installé en location depuis vingt-trois ans, et il présente toutes garanties de calme et de tranquillité*.

* Le comte Picon, qui offrait de traiter pour l'hôtel de Soissons, ayant retiré sa parole en vue de louer l'hôtel entier à la Banque royale dont l'établissement était projeté, et un autre projet d'acheter l'ancien hôtel des chanceliers d'Aligre n'ayant pas abouti, le loyer de l'hôtel fut renouvelé au prix de 4,000#. (Lettres du premier président, 24 janvier, 31 mars, avec plan de l'ancien hôtel d'Aligre, 31 juillet et 5 août; du président d'Aligre, 18 et 25 juillet, 2, 8, 11 et 17 août 1709, et 26 janvier 1710; lettre du contrôleur général au président, 26 juillet 1709.)

---

274. *M. Daguesseau fils*, *procureur général au Parlement de Paris*, AU CONTRÔLEUR GÉNÉRAL.

19 janvier 1709.

Entretien et nourriture des pauvres de l'Hôtel-Dieu; secours accordés à l'Hôpital général.

«Vous n'ignorez pas sans doute l'augmentation soudaine et prodigieuse du nombre des malades que la rigueur extrême du froid a causée dans l'Hôtel-Dieu: il y a actuellement deux mille six cent soixante et quinze malades dans cette maison, et il y en aura encore plus demain, car le nombre en augmente tous les jours; et, pour cette multitude de malades, il n'y a que 30,000# d'argent comptant, pendant qu'on y garde inutilement pour 100,000# de billets de monnoie. Il est vrai que l'on va toucher le quartier des rentes sur l'hôtel de ville; mais il est destiné tout entier au payement des rentes viagères dont l'Hôtel-Dieu est chargé.

«On ne peut avoir l'honneur de vous parler de misère et de pauvres, sans penser au secours que ceux de Paris vont recevoir par le bois que le Roi a la bonté de leur faire fournir, et, comme je ne doute pas que vous n'ayez eu beaucoup de part à une si bonne œuvre, trouvez bon que je prenne la liberté de vous en féliciter*.....»

* Voir d'autres lettres des 19 mars, 21 avril et 29 mai, et une lettre du premier président le Peletier, 11 avril.

---

275. *M. de Vaubourg*, *conseiller d'État*, AU CONTRÔLEUR GÉNÉRAL.

19 Janvier 1709.

«J'ai vu ce matin le sieur Paris, qui attendoit aujourd'hui de Hollande réponse sur le prix des grains et sur le passeport des États, et qui écrira, sans y manquer, par le premier ordinaire, pour donner les commissions à ses correspondants jusqu'à concurrence de deux cent mille sacs, deux tiers froment et un tiers seigle, suivant l'usage ordinaire des vivres. Il doit se rendre demain à votre lever, tant pour vous faire voir les réponses de Hollande, qu'il espéroit recevoir aujourd'hui, que pour savoir si vous désirez qu'il fasse venir aussi des avoines pour remplir les magasins de nos places (c'est une chose qui regarde plutôt le ministre de la guerre que vous), et pour vous proposer quelque affaire extraordinaire qui pourroit faciliter le payement des blés. Il assure si positivement que toute cette quantité sera rendue dans nos ports en mars, avril, mai, et peut-être en mars et avril, qu'il semble qu'on peut être en repos de ce côté-là. Quant au payement, il compte que l'affaire qu'il a à vous proposer étendroit son crédit un peu plus loin que deux ou trois usances. Pour moi, je crois que vous n'en pouvez faire aucune qui soit meilleure, plus douce et plus aisée que celle des banalités, et qu'elle vous donneroit au moins de quoi payer ces deux cent mille sacs de blé*.»

* Le 18 février, le contrôleur général écrit à M. Lebret fils, intendant en Provence, que les passeports déjà accordés à divers négociants

n'ont rien produit, le blé étant fort cher en Hollande. Cependant des fonds furent avancés au sieur Hélissant pour faire venir six mille six cents quintaux d'Amsterdam, où il n'y avait aucune défense de diriger les cargaisons sur Dunkerque ou Nieuport. (Lettres de Hélissant, 4 et 20 février, et 2 mars; lettre de M. de Vaubourg, 18 mars.)

---

276. *M. Phélypeaux, intendant à Paris,*
au Contrôleur général.

19 Janvier 1709.

Rétablissement, aux frais et profit des habitants de Nogent-sur-Seine, du coche d'eau de Nogent à Paris; mise en déchéance des anciens propriétaires et fermiers*.

* M. l'archevêque de Rouen sollicitait la permission d'établir un coche d'eau de Rouen à Louviers, ne prétendant pas empêcher que les particuliers ne se servissent de tous les autres moyens, lorsqu'ils le jugeraient à propos, et ne voulant les engager à prendre cette voie que par le bon marché et la commodité qu'ils y trouveraient. Le droit exclusif qu'il demandait n'avait d'autre but que d'éviter que d'autres particuliers n'établissent une pareille voiture. (Lettres de M. de Courson, intendant à Rouen, 1er novembre et 17 décembre 1708; lettre de l'archevêque, 10 décembre 1708, et lettre des syndics du commerce de Normandie, qui donnent un avis favorable, comme l'intendant, 18 septembre 1709.)

---

277. *M. Trudaine, intendant à Lyon,*
au Contrôleur général.

19 Janvier 1709.

«Il n'y a pas grande nouveauté depuis avant-hier sur les billets de monnoie*; ils se négocient toujours à 19 de perte Rois pour Rois, et à 25 pour comptant; et même ceux qui en ont ne veulent plus les donner qu'à 18 de perte; mais l'on n'en prend point encore à ce prix. Je n'ai pas appris qu'il s'y soit fait aucune négociation; l'on croit qu'il s'en fera incessamment, et même au-dessous. Il se répand depuis avant-hier le bruit d'un autre projet que ceux dont j'ai eu l'honneur de vous rendre compte dans ma lettre du 17 de ce mois. L'on dit que vous avez formé une compagnie, à la tête de laquelle sont les sieurs Bernard, Nicolas, Croisat (*sic*), Prondre et autres, qui doivent faire pour 20,000,000# de petits billets de 100#, que l'on dénommera *billets de la Banque royale;* que l'on retirera, avec ces billets de banque, autant de billets de monnoie; que ces billets de banque se prendront dans toute sorte de payements pour argent; que le Roi les recevra dans toutes ses recettes et les donnera de même; qu'il en payera les rentes de l'hôtel de ville; enfin, qu'ils ne seront point différents de la monnoie, parce que la compagnie qui les fait aura un fonds prêt pour rembourser ceux qui en voudront la valeur en espèces à 5 p. o/o de perte. Ceux ici qui se croient les mieux avertis sont persuadés que c'est là le projet qui a produit le rabais subit de la perte des billets de monnoie. L'on ajoute même que l'on payera au public les intérêts de ces billets de 100# par une espèce de loterie, et que le sort décidera en faveur de quelques porteurs de ces billets pour leur donner la part qui devroit être répandue sur chaque billet.

«Il y a environ deux ans que j'ai vu une idée de ce projet. À l'égard de la loterie, cela me paroît si puéril dans une affaire d'aussi grande conséquence que celle-ci, que je n'y ajoute aucune foi. Il conviendroit beaucoup mieux de ne point donner au public d'intérêts de ces billets, que de lui en donner par ce moyen, auquel l'on n'aura jamais nulle confiance. Je ne m'étendrai pas davantage sur cet article, contre lequel l'on pourroit proposer plusieurs bonnes et solides raisons. Mais, revenant au fond du projet, si, d'un côté, il facilite pour un temps la diminution de la perte des billets de monnoie, l'on peut légitimement craindre qu'il ne fasse extrêmement resserrer l'argent, et, par la suite, augmenter la perte des billets. Il faudroit, pour en marquer tous les inconvénients, avoir le projet devant soi, et, sur chaque article, faire les observations que l'on jugeroit à propos; mais, en général, il tombera à tout le monde dans l'esprit qu'aussitôt que la Banque sera ouverte, que chacun s'empressera à aller prendre les billets de banque pour des billets de monnoie, et que, du même pas, l'on ira à la caisse où on les doit rembourser à 5 p. o/o de perte, en prendre la valeur en espèces, que l'on enfouira en terre, jusqu'à ce que l'on ait pris quelque confiance en ces billets, qui retourneront incessamment dans la Banque d'où ils sont sortis; et les banquiers, ayant une fois consommé le premier fonds qu'ils auront fait pour le remboursement de leurs billets, ne seront pas en état de les remettre dans le public en retirant d'autres billets de monnoie, parce que l'on ne présumera pas aisément qu'ils soient toujours en état de faire des fonds nouveaux pour les payer tout autant de fois qu'on leur rapportera. Cet inconvénient paroît assez certain; il s'en rencontrera encore d'autres par rapport au commerce étranger et à celui du dedans du royaume : les étrangers traiteront ces nouveaux billets de papillottes, et donneront ordre d'en retirer la valeur en argent aussitôt que leurs correspondants en auront pour leur compte. Il faut encore ajouter, de la manière qu'on parle de l'arrangement de ce projet, qu'il en coûtera plus cher au Roi qu'il ne lui en coûte présentement pour l'intérêt des billets de monnoie. Il est spécieux de dire qu'il vaut mieux qu'il en coûte 2 1/2 p. o/o de plus au Roi pour faire baisser une perte sur les billets de monnoie, dont il souffre un bien plus grand dommage qu'il ne lui en coûtera par cette augmentation. Il est vrai qu'il faut savoir perdre un peu pour gagner beaucoup; mais il faut que le gain soit assuré. De la manière dont on parle de la tournure de cette affaire, il est à craindre que, dans peu, la perte sur les billets de monnoie n'augmente et que l'argent ne se resserre : il ne restera, de toute cette affaire, que la perte effective que le Roi fera de l'augmentation que l'on peut donner aux banquiers au-dessus de l'intérêt des billets de monnoie. Tous ces raisonnements sont faits un peu à tâtons, puisque ce n'est que sur ce que l'on me dit d'un projet qui n'est peut-être pas réel, ou dont on me rapporte mal les clauses; mais, de la manière qu'on m'en a parlé, il s'est présenté à mon idée une foule de raisons qui le combattent. Cela m'a fait prendre la liberté de vous en exposer quelques-unes, que vous voudrez bien me pardonner, et prendre mes bonnes intentions pour excuse de m'exposer à vous marquer mon sentiment sur une affaire d'une aussi grande conséquence, que vous avez pesée et retournée de tous les côtés avant que de l'entreprendre[**].»

[*] Voir ses lettres des 1er, 12, 15 et 17 janvier. Dans cette dernière, il disait : «L'on croit avoir pénétré que ce sont les sieurs Bernard et Nicolas qui, instruits de vos desseins, ont donné des ordres pour prendre les billets de monnoie au prix bas de perte où ils sont présentement; et chacun, sur cela, fait ses almanachs : les uns disent que, les sieurs Bernard et Nicolas ayant besoin de billets, ils n'ont pu mieux faire que d'en prendre à moindre perte dans Lyon, où ils ont trouvé un crédit qu'ils n'avoient pas eu à Paris, où ils auroient pu avoir les billets à bien meilleur compte pour eux; d'autres publient qu'il y a une déclaration sous la presse qui révoque les stipulations et astreint de prendre dans toutes sortes de payements moitié de billets de monnoie, au lieu du quart; d'autres disent que vous allez faire une nouvelle réforme des espèces, dont l'augmentation sera considérable, que vous fixerez en même temps le prix des matières à un prix haut, et que l'on recevra dans les hôtels des Monnoies les quatre quints d'espèces anciennes ou de matières, avec un quint de billets de monnoie, pour être le tout remboursé en espèces de la nouvelle réforme, et que l'augmentation forte que vous ferez des espèces de cette nouvelle réforme suffira pour acquitter les billets de monnoie. Ils donnent pour preuve de ce projet la diminution annoncée pour le 1er février, dont ils ne doutent point, et que l'augmentation ne se publiera qu'au 15 février. Je crois devoir vous mander tout ce qui se fait et dit ici sur une affaire d'une aussi grande importance que celle des billets de monnoie. Quant à moi, je crois que la conjoncture est assez favorable pour faire quelque chose qui puisse continuer à en faire baisser la perte; je ne puis me persuader que vous vouliez vous servir d'une augmentation d'espèces pour y parvenir. Il me paroît que le remède tiré de cet expédient seroit, par la suite, pire que le mal; mais, en suivant une ancienne idée que je pris la liberté de vous communiquer il y a environ un an, je crois qu'en diminuant l'intérêt des billets de monnoie et le réduisant à 5 p. o/o, l'on pourroit se servir utilement des 2 1/2 p. o/o qu'on en retrancheroit de ce que l'on paye aujourd'hui, pour en faire le remboursement, qui, quoique d'une très petite partie par année, ne laisseroit pas de persuader le public que l'on pense sérieusement à les acquitter. L'on pourroit même donner telle tournure à cette affaire, et telles sûretés, que le public en seroit fort content et y prendroit toute confiance; et il n'en coûteroit au Roi que les 7 1/2 qu'il en paye présentement, dont une petite partie serviroit à acquitter une dette dont il faut qu'il sorte tôt ou tard.»

Le contrôleur général avait répondu en apostille : «.....Vous devez être éclairci présentement de la cause qui a fait diminuer la perte; c'est une Banque qui a été projetée, et qui, si elle peut avoir lieu, produiroit au moins l'avantage de faire diminuer la perte des billets de monnoie jusqu'à ce qu'on puisse y apporter un remède plus efficace. Je ne puis encore parler affirmativement sur le succès : dans peu de jours, on verra sûrement ce qu'on en peut espérer. Au reste, je ne sais sur quoi on fonde qu'il y aura une augmentation des espèces ou une refonte, et je crois qu'il n'y a que des gens ignorants ou mal intentionnés qui puissent formuler une si mauvaise opinion.»

Le 13 août précédent, 1708, le contrôleur général écrivait à M. Bernard : «Je n'ai point fait de réponse à la grande lettre que vous m'avez écrite concernant la proposition de la Banque. Les nouvelles réflexions que j'y ai faites m'ont fait découvrir des difficultés que je n'avois point prévues.....»

Le 30 octobre 1708, de Paris, le sieur Rochon écrivait au contrôleur général : «Le sieur Jaquetty m'est venu dire que la proposition qui avoit été faite par le sieur Pélissier et sa compagnie, de 29 millions pour l'établissement d'une Banque générale en France, a été acceptée. Si cela étoit, je serois obligé de vous supplier très humblement de vous souvenir que, outre cette somme, le sieur Pélissier et ses associés doivent fournir à S. M. un ouvrage de pierres précieuses pour faire le retable de la chapelle de Versailles, et que vous avez eu agréable d'en voir l'échantillon lorsque j'eus l'honneur de vous présenter ledit sieur Jaquetty; que le sieur Pélissier et ses associés en doivent payer 210,000[#] audit sieur Jaquetty, suivant leur traité, dont je joins une copie. Le sieur Jaquetty ajoute que, feu M. Mansart ayant fait la proposition au Roi, S. M. vous la renvoya le 23 mars dernier, en suite de quoi le sieur Jaquetty eut l'honneur de vous présenter son placet. Mais il n'osoit pas ajouter aussi, en ce temps-là, qu'il avait donné en même temps un billet audit sieur Pélissier, par lequel il s'étoit obligé de lui fournir sur le marché une boîte de pendule montée d'agates d'Orient, rubis, saphirs, émeraudes et autres pierres précieuses qu'il estime 10,000 écus, destinée pour M. Mansart, et cette destination secrète, qui doit être changée, m'a d'autant plus attaché à cette affaire, que je suis persuadé que le sieur Pélissier et ses associés ne vous en ont point parlé, et que le sieur Jaquetty veut avec bonne foi exécuter toutes leurs conventions. Cet excellent ouvrier n'est venu en France que sur les ordres de feu M. Colbert : il a consommé son bien et son temps à faire ces grands ouvrages pour le Roi, qui lui restent depuis tant d'années sur les bras. C'est ce qui le rend si attentif au succès de la proposition du sieur Pélissier et de ses associés, et qui me fait prendre la liberté de vous écrire.»

[**] A cette lettre en est jointe une de M. de Caumartin, qui, après avoir examiné les observations de M. Trudaine, répond qu'un si grand changement ne pourrait être accueilli que par des clameurs de toutes parts : «Les négociants appréhendent que les stipulations ne soient pas permises..... Vous savez que ce n'est pas votre intention de les défendre. Les agents de change et les caissiers ne peuvent veurer comme ils font, et crient par eux ou leurs émissaires. Les financiers sont transportés de joie, hors ceux qui mettent la main dans les caisses pour partager le profit. Les receveurs généraux, qui emploient souvent leur argent en achat de billets à perte, sont pareillement au désespoir.» Il dit que M. Bernard et ses associés cherchent les fonds qu'il est indispensable de réunir avant l'ouverture de la Banque. «Je vous répéterai, ajoute-t-il, ce que j'ai eu l'honneur de vous dire plusieurs fois : ne faites point cette affaire, que vous ne soyez bien convaincu de sa possibilité et qu'il y aura des fonds pour soutenir la Banque..... Hénault, fermier général, sort d'ici : il m'a tant fait d'objections, qu'enfin je lui ai fait lire l'édit, et il est convenu que, pourvu que vous vous expliquiez sur les stipulations, c'est la plus belle affaire que l'on puisse imaginer. J'avoue que j'ai eu créance en Bernard; depuis que je le connois, je me suis toujours défié de ses idées, et il les a toutes exécutées. Étant encore peu accrédité, il entreprit, par mon moyen, les remises de Pologne pour la royauté de M. le prince de Conti, et les exécuta contre toute apparence. Vous avez vu de plus près que moi ce qu'il a fait pour payer les armées pour M. Chamillart : tout cela peut faire croire qu'il soutiendroit la Banque comme il le dit; mais il est plus prudent de ne s'en pas fier à lui.....»

M. Trudaine écrit encore, les 22 et 24 janvier, que le bruit du prochain établissement et la crainte d'être remboursé en billets de monnoie ont arrêté toute circulation. «L'on se retient fort aussi, dit-il dans la dernière lettre, sur les négociations de billets de monnoie; l'on veut voir et connoître l'événement de la Banque; tout va rester en léthargie pendant quelque temps. Il s'est fait pour plus de huit millions de négociations de billets de monnoie, tant ici qu'à Marseille, que les intéressés dans la Banque y ont pris. Il pourra arriver qu'on ne leur fournira pas tous les billets de monnoie qu'on s'est engagé de leur fournir en Rois, parce qu'il y a bien des gens, qui ont fait avec eux ces négociations, à qui le crédit manquera pour en trouver pour leur fournir, et qui pourront faire banqueroute par là. J'en connois ici qui ont fait de ces négociations, qui sont des va-nu-pieds qui n'ont pas de quoi répondre de la différence qu'il y a du prix auquel ils se sont engagés à fournir les billets à celui auquel il se trouvera diminué par l'établissement de la Banque. Il faudra qu'ils se retirent; il pourra même se faire des procès à la Conservation pour annuler ces négociations, sur le prétexte que ceux qui ont pris les billets avoient connoissance de la Banque et du rabais nécessaire qu'elle doit produire. L'on a toujours annulé à la Conservation les négociations qui se sont faites dans les temps des rehaussements de monnoie, lorsqu'on a justifié que le preneur d'argent ne pouvoit être informé; l'on admet sur cette matière la règle de chancellerie *de verisimili notitia*.»

Le 26, il écrit : «Entre toutes les clauses de l'édit d'établissement de la nouvelle Banque pour retirer les billets de monnoie que l'on publie ici, l'on n'entend point parler d'une qui paroît néanmoins nécessaire et de grande conséquence, qui est celle qui doit décider des stipulations ci-devant faites de payer tout en argent sonnant, et s'il sera permis à l'avenir de continuer de pareilles stipulations. Comme il faut soutenir la Banque que vous établissez, il me paroît qu'un des plus sûrs moyens est de permettre les stipulations à l'avenir et de faire observer fidèlement celles qui ont été faites par le passé. Non seulement le crédit ne peut se soutenir que par cette fidélité pour le passé et par cette permission pour l'avenir, mais je crois encore que le soutien de la Banque en dépend, la principale vue devant être d'empêcher que l'on ne s'empresse de se faire rembourser des billets de banque, afin de ne pas épuiser le fonds destiné à ce remboursement. S'il étoit une fois épuisé, il ne seroit pas aisé d'en faire un second, et les billets de banque tomberoient pour lors dans un grand discrédit, si, manque de fonds, l'on ne pouvoit plus les rembourser. Je crois donc que ce qui peut contribuer à empêcher l'empressement de se faire rembourser est la liberté de la stipulation, en mettant une clause que ceux qui auront stipulé de payer tout argent sonnant pourront payer avec des billets de banque en faisant bon aux créanciers 5 p. o/o de diminution sur cet argent de banque, que les créanciers ne pourront refuser. Pour lors, personne n'aura plus d'intérêt de retirer de l'argent de la Banque; il se servira des billets comme de l'argent comptant. Si vous ne permettez point les stipulations, et que vous annuliez celles qui ont été faites ci-devant : 1° il se trouvera des débiteurs de bonne foi qui ne voudront pas se servir de l'annulation de la stipulation, et qui iront retirer l'argent comptant de la Banque pour payer leurs créanciers en espèces sonnantes, et aimeront mieux perdre 5 p. o/o que de manquer à leur engagement, qui soutient leur crédit; 2° ceux qui se trouveront avoir été trompés dans la précaution de la stipulation qu'ils croyoient avoir prise en conséquence de l'arrêt qui les permet retireront leur argent et le serreront, et le mauvais exemple qu'ils donneront en fera encore retirer d'autres. Le tout ensemble épuisera la Banque. Je prendrai la liberté de vous parler encore sur la loterie des intérêts des billets de banque. Quand vous la feriez tirer par un ange venu du ciel exprès, personne n'ajoutera foi à sa fidélité, et, outre le peu de confiance qu'on y prendra, personne ne regardera comme un objet pour se déterminer à garder ces billets de banque l'heureux hasard qui peut lui procurer un lot; ceux qui s'en trouveront pour des sommes considérables ne tarderont pas un instant à en disposer pour en tirer un intérêt plus solide et plus assuré que celui de la loterie, et ceux qui en auront peu les emploieront à l'usage ordinaire de la vie, sans faire attention au hasard de la loterie. Comme le plus grand nombre de ces billets de banque seront dans les caisses des trésoriers ou dans la main du Roi, que l'on ne payera plus en autre espèce, il y auroit lieu de croire que le Roi pourroit souvent profiter de partie de ces lots. Il faut avoir une grande confiance en la bonne foi des trésoriers, de leurs commis et sous-commis, pour ne pas craindre qu'ils ne supposent un autre billet de banque dans la caisse à la place de celui qui aura eu la fortune favorable. Cela va bien faire faire de la friponnerie, sans que le public en tire aucune utilité, ni sans que cela puisse accréditer les billets, ni empêcher qu'on en retire la valeur en argent. Ainsi, c'est une perte sans profit pour le Roi, qui n'attire nulle confiance dans le public, et qui peut servir de raillerie aux étrangers. Mais, comme j'ai pour principe que, dans l'affaire des billets de monnoie et de banque, l'on ne peut rien faire d'avantageux au Roi et à l'État, ni qui attire la confiance publique, que par un remboursement actuel d'une partie de ces billets, qui en promette la fin dans un certain temps, il me paroît que l'on pourroit employer les 3,600,000 " de la loterie à rembourser les billets de banque. En vingt ans, le Roi se trouveroit quitte du principal et des intérêts; le public en profiteroit, parce que la libération du Roi est toujours la sienne, et je compterois que ce seroit, par cette manière, lui payer les intérêts des billets de banque bien plus utilement que par la loterie. Les banquiers de la Banque royale s'attireront, par ce remboursement actuel, une confiance et un crédit qui pourront leur manquer, si l'on ne voit de débouchement du principal. La novation qui se fait des billets de monnoie en billets de banque peut mettre dans l'esprit du public que l'on veut faire des billets de monnoie, qui étoient la dette du Roi, une dette de particuliers. Quel désordre ne produiroit pas cette méfiance, quoique mal fondée, puisque, soit qu'on les appelle billets de monnoie ou billets de banque, c'est toujours le Roi qui les doit! Quand on verra des fonds très assurés pour le remboursement actuel, avec un gain considérable pour les banquiers, je suis persuadé qu'ils auront un grand crédit, qui leur procurera tout l'argent comptant dont ils auront besoin; et quand le succès de l'affaire commencera à se faire connoître de tout le monde par la facilité du remboursement des billets de banque, ne pourra-t-on point pousser les 72 millions jusques à 100, remboursables de même en vingt ans? Mais, sans toucher à cette corde, qui peut être fort délicate, j'en reviens toujours à croire qu'il faut un remboursement actuel pour accréditer la Banque, et que le fonds destiné à la loterie sera bien plus utilement employé à ce remboursement. Je vous demande pardon de continuer de vous marquer mes sentiments sur une affaire de si grande importance : dès que vous m'aurez imposé silence, je n'y retournerai plus. La seule intention de proposer ce qui me paroît utile au Roi et à l'État me fait prendre cette liberté.»

Le 29, le sieur Ollivier, banquier à Lyon, annonce aussi qu'il ne se fait plus de négociations et qu'on ne trouve de l'argent à aucune condition.

M. de Courson, intendant à Rouen, écrit, de même que M. Trudaine, que le bruit de l'établissement d'une Banque a fait fermer toutes les bourses, suspendre les négociations, et même contremander des achats de marchandises, tant le public est persuadé que cette Banque ne pourrait jamais rembourser ses propres billets : autrement, pourquoi ne pas offrir le même remboursement sur les billets de monnaie? En outre, le commerce de la province, qui s'élève à plus de trente millions par an, ne pourrait s'accommoder des billets pour payer les petites sommes dues journellement aux ouvriers. (Lettre du 27 janvier.)

Dès que l'insuccès du projet fut connu, la perte sur les billets de monnaie augmenta, et le cours de l'argent baissa. «Voici, écrivait M. Trudaine, une crise de la dernière conséquence : si la Banque ne s'établit point, et que les billets de monnoie retombent en grosse perte, les sieurs Bernard et Nicolas ne pourront faire leur payement des Rois; si la Banque s'établit, et qu'elle ne se puisse soutenir, c'est un renversement total. Il est également nécessaire de procurer des moyens au sieur Bernard de payer et de soutenir le crédit de la Banque, ou d'empêcher l'augmentation de la perte des billets de monnoie, et même de les faire encore baisser de perte, s'il est possible. La difficulté est d'en trouver les moyens. Je suis toujours persuadé qu'il n'y a qu'un remboursement actuel qui puisse produire cet effet.....» Il envoya peu après un projet pour faire le remboursement. (Lettres des 2, 8, 12, 14, 15 et 16 février 1709.)

278. *M. d'Argenson, lieutenant général de police à Paris,*

AU CONTRÔLEUR GÉNÉRAL.

20 Janvier 1709.

«Il sera nécessaire que, pour éloigner tout soupçon, les blés que vous avez la bonté de faire venir de l'Orléanois * et de la généralité d'Amiens soient conduits directement à la Halle, et que la lettre de voiture soit remplie du nom de Pierre du Touillet, qui est un bon picard peu connu de nos marchands ordinaires, et qui pourra être présumé avoir la confiance des laboureurs ou des fermiers qui feront les envois. Il pourra même se dire leur parent avec assez de vraisemblance, et son adresse, qu'il faudra insérer aussi dans la lettre de voiture, sera : rue de la Vannerie, près la Grève, à *la Barbe-Blanche*, où les voituriers le trouveront à quelque heure qu'ils puissent arriver.

«Je ne sais pas ce que nous ferions sans vos soins attentifs et continuels, qui pourvoient à tout..... Je continue de faire distribuer du bois au nom du Roi, et je suis ravi des bénédictions qu'il attire au prince et à son fidèle ministre.»

* Sur les envois de blés faits par cette généralité, voir les lettres de M. de Bouville, 26 décembre 1708 et 16 avril 1709, et plusieurs lettres du contrôleur général à cet intendant, du 6 janvier au 29 mai 1709. Dans la lettre du 26 décembre 1708, M. de Bouville donnait ces renseignements sur les prix de revient : «Le froment vaut ici 80 à 33# le muid, mesure d'Orléans, suivant la pureté et bonté dont il est; la voiture par eau coûtera environ 110 s., et 16 s. pour le porter au bateau; et, si vous voulez le faire voiturer par terre, la voiture reviendra, y compris le chargement, à 7# 10s ou environ. Il faut cinq muids, mesure d'Orléans, pour faire un muid de Paris à la Grève et quatre muids dix mines à la Halle. La raison de cette différence est que les blés voiturés par eau sont toujours moins secs. Ainsi, le muid de Paris, voituré par eau, coûtera, rendu à Paris, 196# 10s, et il ne reviendra à guère davantage à la Halle voituré par terre, parce qu'il n'en faut que quatre muids dix mines, mesure d'Orléans, à la Halle, pour faire le muid de Paris. Voilà le prix des plus purs froments, qu'on appelle *lise*, dont on voit peu en ce canton-ci; ainsi, il semble qu'il faudroit se retrancher à prendre des méteils et des passe-méteils, qui coûteront moins, à proportion du seigle qui s'y trouvera.....» Le contrôleur général avait répondu, le 6 janvier, que rien n'était encore urgent pour le transport, mais qu'on devait s'assurer de cinq cents muids, qui paraissaient nécessaires.

279. *M. d'Ormesson, intendant à Soissons,*

AU CONTRÔLEUR GÉNÉRAL.

20 Janvier 1709.

«J'ai eu l'honneur de vous renvoyer, avec ma lettre du 14 décembre dernier, le placet du sieur de Clamecy, ancien exempt des Cent-Suisses, lequel, comme vétéran, a été taxé à 1,000# pour continuer de jouir de ses privilèges en la ville de Laon, où il s'est retiré depuis longtemps. Permettez-moi de vous dire que je crois cet officier dans le cas des édits et déclarations du Roi, et que je ne connois en lui aucune raison qui l'en puisse exempter, n'étant point gentilhomme, à moins que, par considération, vous ne vouliez bien le dispenser de la règle générale. Il est homme riche et n'a qu'une fille; il ne contribue à aucune des impositions ordinaires, si ce n'est à la capitation : ainsi, il me paroît qu'il peut, aisément et sans s'incommoder, payer ladite taxe de 1,000# et les 2 s. pour livre. Le sieur Pernost, qui agit ici pour le traitant, ne convient point de la décharge du sieur de Clamecy.»

280. *Le Contrôleur général à M. de Bernage, intendant à Amiens.*

21 Janvier 1709.

Il le prie d'obliger les fermiers des aides, selon la coutume des places de guerre où il n'y a point de cantine établie, à avoir à Amiens du vin et de la bière que la garnison puisse acheter à un prix fixé par l'intendant. Au prix actuel des boissons, les officiers et soldats seraient réduits à ne boire que de l'eau, qui est de mauvaise qualité *.

* Voir une lettre de M. le Blanc, intendant en Flandre maritime, 22 mai, sur les cantines et l'eau-de-vie.

281. *M. l'Évêque d'Angers*

AU CONTRÔLEUR GÉNÉRAL.

23 Janvier 1709.

Il lui renvoie, avec sa réponse, un mémoire sur l'état du Craonnais *.

* Texte du mémoire : «On a été averti que, dans la province d'Anjou, proche de Craon, il y a plusieurs paroisses qui confinent à la Bretagne et où la misère est extrême; et quoique ce soit présentement un mal assez général, néanmoins on en a appris des particularités si extraordinaires, par la faim et la nudité où les peuples de ces paroisses sont réduits, qu'on a cru devoir en faire examiner la vérité par des personnes sages et sur le témoignage desquelles on puisse s'assurer. On leur a recommandé principalement deux choses : l'une, de bien connoître par eux-mêmes si le mal est aussi grand qu'on l'a représenté, et l'autre, de s'informer quelles peuvent être les causes d'une nécessité si extrême. Les réponses qu'on en a reçues ne confirment que trop la vérité et l'excès du mal. Il n'y a, dans ces paroisses, que des misérables, qui n'ont ni les choses nécessaires à la vie pour se nourrir, ni de paille pour se coucher, ni d'habits ni de toile pour se couvrir. On marque même un fait particulier, qui est qu'un curé ayant porté les sacrements à une pauvre femme malade qui étoit toute nue, il fallut aller emprunter un tablier pour la couvrir et la mettre en état de les recevoir avec moins d'indécence. Les causes qu'on rend de cette misère sont : 1° que les meilleurs habitants de ces lieux, étant surchargés de tailles et autres impositions, ont passé en Bretagne ou autres paroisses, en sorte qu'il n'y est resté que des misérables, que les collectes et les contraintes et exécutions ont achevé de ruiner. L'autre cause procède des saisies qu'on a faites des lins de ces pauvres gens pour le payement des impositions. Une des principales récoltes de ces paroisses est le lin, que les paysans portent au marché de Craon, où les fabricants de Laval, Château-Gontier et autres villes et lieux des environs le vont acheter pour en faire des toiles. C'est de la vente de ces lins que les habitants de ces paroisses tirent de quoi subsister et payer les tailles : de sorte que, quand ils sont privés de ce secours, ils sont réduits à la dernière extrémité. Or, ils en sont privés depuis quelques années par les saisies que l'on fait de ces lins dans le temps qu'on les a recueillis. Ces saisies ont produit l'abandonnement et la perte des lins que les paysans n'ont pu faire seriner ni

rouir à l'eau, et que l'on a mis dans des granges, où ils sont gâtés ou ont été mangés des rats. Les paroisses où cette misère est plus commune sont celles de Fontainecouverte, Brain-sur-les-Marches, la Rue, Saint-Michel, Saint-Aignan, Laubrières et autres des environs, qui composent un petit pays vulgairement appelé *le Craonnois*.»

Réponse au mémoire : «La misère du canton de l'Anjou qu'on appelle le Craonnois n'est point exagérée dans le mémoire qui a été envoyé. Elle est à un point qu'il est difficile d'exprimer; elle s'étend presque sur tous les fermiers et métayers. L'évêque d'Angers, qui a fait depuis peu sa visite dans cette partie de son diocèse, a été lui-même témoin de l'extrémité où elle est réduite..... 5° Les collecteurs saisissent non seulement les lins, mais aussi les habits, linges, etc., de sorte que ce canton est rempli de misérables dont la nudité fait horreur. Celui qui dresse ce mémoire a racheté des collecteurs des habits qu'il avoit donnés à de pauvres enfants, et quelques mauvais lits qu'on avoit cru nécessaires pour qu'ils couchassent séparément. 6° Comme il n'est pas permis de saisir les bestiaux pour les tailles, mais pour l'ustensile et la capitation, les collecteurs ont soin de recevoir d'abord les tailles, de sorte que les bestiaux sont saisissables presque comme pour le tout, car ceux qui sont saisis n'ont point de décharge que tout ne soit payé; c'est ce qui fait que ce qu'on appelle le *nourri* ne produit rien, ce qui ruine le plus grand nombre des fermiers. Il est certain que le remède le plus essentiel pour tous ces maux seroit que S. M. voulût bien, pendant quelque temps, accorder à ce canton une diminution considérable sur les charges qu'il est obligé de payer; mais il semble que, pour que ces grâces se répandissent avec équité, il ne faudroit pas s'en fier aux collecteurs, ni à plusieurs officiers. On pourroit s'en rapporter à quelques personnes exactes et désintéressées qui, ne cherchant que le soulagement des malheureux, ne se laissassent point aller à des vues particulières, et sussent résister à la séduction des recommandations. La raison de ceci est que les collecteurs profitent autant qu'ils peuvent de la diminution, et l'appliquent pour l'ordinaire à ceux qu'ils craignent ou qu'ils prévoient devoir être, à leur tour, chargés de la collecte. A l'égard de plusieurs officiers, ils ne font pas mystère de dire qu'ils n'achètent des charges que pour soutenir leurs fermiers et ceux de leurs amis. On ne croit pas que la raison qu'on donne dans le mémoire qui a été envoyé, fondée sur ce que plusieurs se retirent en Bretagne, mérite beaucoup d'attention : il n'y a presque que ceux qui font banqueroute ou qui sont à demi ruinés qui prennent ce parti; car, pour ceux qui ont quelque bien, ils trouvent mieux leur compte à demeurer en Anjou, sur les confins de la Bretagne. Il seroit fort avantageux si l'on n'enlevoit pas par les saisies tout le lin à rouir et tout le blé : cela mettroit les pauvres gens en état de travailler, et ils prendroient courage. On croit aussi qu'il seroit à propos que les saisies ne s'étendissent pas sur les habits, les lits et autres choses absolument nécessaires : cela ne vaut pas les frais, et, par là cependant, un grand nombre de personnes sont réduites dans un état infiniment digne de pitié. Si S. M. avoit la bonté de faire quelque aumône considérable à ce canton, on pourroit la diviser en trois parties : la première pourroit être employée pour les besoins les plus pressants; on pourroit se servir de la seconde pour acheter du lin, le faire filer, et, du profit, en nourrir les fileuses; la troisième partie pourroit être prêtée à plusieurs particuliers qui pourroient la rendre quelque temps après, et qui, faute d'un secours présent, se trouvent au moment d'être ruinés. Cette charité, étant ménagée par deux ou trois personnes zélées et attentives, feroit un petit fonds qui soutiendroit plusieurs familles et les tireroit de la consternation où elles se trouvent. Voilà les idées que la connoissance des besoins pressants du Craonnois a pu donner; mais on peut dire encore qu'il faut les voir, pour en être touché au point qu'ils le méritent.»

---

282. *M. d'Ormesson, intendant à Soissons,*
au Contrôleur général.

23 Janvier 1709.

«J'ai reçu la lettre que vous m'avez fait l'honneur de m'écrire le 18 de ce mois, par laquelle vous me marquez d'examiner sans bruit et sans éclat quelle quantité de grains le munitionnaire de l'armée de Flandre pourroit tirer de la généralité de Soissons sans y causer une trop grande augmentation de prix. Je dois commencer par vous observer que Soissons, Noyon et les lieux circonvoisins ont toujours été réservés pour la fourniture de la ville de Paris, où les marchands font tout leur commerce, et qu'il ne seroit peut-être pas de la prudence d'y prendre des blés pour les transporter ailleurs, à moins que l'on n'ait une connoissance certaine qu'il y en a assez dans la Beauce, dans la Brie et dans le plat pays du voisinage de Paris pour la consommation de ladite ville. En ce cas, on en pourra trouver dans la généralité de Soissons douze ou quinze mille sacs;..... mais, pour pouvoir réussir dans cette entreprise et ne pas causer une augmentation considérable au prix courant, il est d'une précaution indispensable d'en faire faire l'achat secrètement et par des gens du pays qui ont accoutumé d'acheter des blés, lesquels connoissent les lieux où on en peut trouver et sont en usage de faire ce commerce, afin que le public n'en conçoive aucune mauvaise idée et n'en sache pas même la destination. La dernière circonstance, et la plus essentielle à observer, est de payer comptant et en espèces sonnantes : sans quoi, tous les greniers se trouveroient fermés, et il seroit impossible d'en avoir que par autorité et la force à la main, ce qui mettroit dans la nécessité de faire des actions éclatantes, qui gâteroient tout et feroient monter le prix du blé à une somme excessive. Si vous prenez la résolution de faire prendre des blés dans mon département, je trouverai gens du pays qui sont au fait de ce commerce, lesquels, sans éclat, en achèteront la quantité que je viens de vous marquer. Si, au contraire, l'on y employoit des gens inconnus, ils causeroient de la défiance et une augmentation considérable dans le prix du blé : ce qui seroit d'une dangereuse conséquence. Je vous répéterai encore que, sans argent comptant, cette entreprise échouera, et qu'elle causera un fracas terrible, contraire aux intérêts du Roi*.»

* Voir ses lettres des 18, 26 et 30 avril, 4, 9, 11, 12, 15, 17, 20 et 25 mai; celles du contrôleur général, 18 janvier, 4 février, 23 avril, 6 et 18 mai, et deux lettres au sieur Lallemand, receveur général des finances à Soissons, 23 mai et 7 juin. Le 30 avril, le contrôleur général écrivait à l'évêque de cette ville : «Je répondrai à votre lettre avec la même ouverture et la même confiance avec laquelle vous m'écrivez. Les achats faits par le nommé Panier ont été faits par ordre du Roi et regardent un service, ou plutôt un approvisionnement si privilégié, qu'il n'y a point de considération qui n'y doive céder. Je vous dirai de vive voix, dans notre première entrevue, de quoi il est question. Je vous prie donc de rassurer autant qu'il est en vous les esprits que ces enlèvements effraient. J'ajouterai que la quantité est limitée, et n'est pas même si considérable qu'on croit; qu'une bonne partie des blés a été achetée, non dans la ville de Soissons, mais dans le pays aux environs, et enfin que tous les achats sont faits il y a plus de trois mois, par conséquent antérieurs à l'inquiétude que la perte de toute espérance pour la récolte prochaine a

répandue dans le Soissonnois comme dans plusieurs autres provinces. Au surplus, le Roi n'omet aucun des soins et aucune des précautions que l'on doit attendre de la prévoyance la plus étendue pour prévenir le mal dont plusieurs provinces du royaume sont menacées par le manquement absolu de la récolte.»

On ne trouva que six mille sacs dans les élections de Soissons, Laon et Guise, et encore les peuples s'opposaient-ils par la force à ce qu'on fît l'enlèvement. L'argent manquant dans les caisses publiques pour payer les achats, le contrôleur général écrivit à M. d'Ormesson, le 23 mai : «..... Il faut vous dire que, depuis plusieurs années, on n'a pas d'autres fonds à donner pour les entrepreneurs qui font les fournitures pour les armées, et pour les munitionnaires, que des assignations sur les affaires extraordinaires. On a trouvé, par le passé, des facilités à négocier ces assignations et à les convertir en argent; depuis quatre mois, les recouvrements sont devenus si difficiles, que toutes les négociations ont été interrompues, et les munitionnaires ne trouvent aucune facilité à faire ni emprunts ni négociations. C'est ce qui m'a déterminé à vous écrire que vous pourriez vous servir des fonds qui seroient dans les recettes de votre département. Je suis surpris au delà de ce que je puis l'exprimer d'apprendre que vous les trouvez si dépourvues. Dans cet état, je ne vois point d'autres ressources, pour satisfaire à la nécessité absolue d'avoir des blés pour l'armée de Flandre, que de donner des rescriptions sur la recette générale des finances et la capitation de la généralité de Soissons, que je ferai acquitter à mesure que les recouvrements se feront.»

Le 31 mai, en rendant compte des désastres qui ont arrêté la marche d'un convoi de blé à destination de Landrecies, M. d'Ormesson dit : «.....Je me dispose à en faire partir un nouveau au premier jour, et de continuer tant qu'il sera possible d'avoir des blés à crédit; mais je dois vous représenter que ceux-ci coûteront des sommes immenses, et pour l'achat et pour le transport, chaque sac revenant à plus de 36# pris dans le grenier. Par-dessus cela, il y a une infinité de faux frais, soit pour ceux que j'ai employés pour les ramasser et faire ensacher sur les lieux, pour les amener dans les entrepôts, que pour les voiturer à Landrecies, M. Chamillart ayant trouvé bon que je fisse donner l'étape aux charretiers et à leurs chevaux : ce que j'ai évalué en argent, n'étant pas possible de faire fournir l'étape en nature sur la route de ces voituriers. D'ailleurs, ces convois achèvent de ruiner les laboureurs : ce qui fera demeurer une partie des terres incultes, et augmentera par la suite la disette où l'on est à présent. Comme ceux de qui je prends des blés me demandent de l'argent ou de bonnes assurances, d'autant plus que la plupart sont fermiers pressés par leurs maîtres et par leurs créanciers, permettez-moi de vous demander ce que je puis ordonner : si, en conformité de votre lettre du 11 mai, je donnerai des délégations sur les fonds des caisses du Roi, à mesure qu'il y en tombera, jusqu'à concurrence du payement de ces grains; ou si je donnerai seulement des ordonnances à prendre sur les recouvrements de la taille et de la capitation de cette généralité de l'année 1709, ainsi que vous m'avez fait l'honneur de me le mander le 23 de ce mois. S'il n'y a que ce dernier expédient à pratiquer, ces blés ne seront pas sitôt payés, et il me paroît juste, en ce cas, d'accorder aux personnes qui les livrent, et principalement à ceux qui en donnent le plus, des surséances aux poursuites de leurs maîtres et de leurs créanciers, lesquels redoublent leurs diligences, voyant enlever l'effet sur lequel ils comptoient pour leur payement..... Je me sers du régiment Royal-Roussillon, qui reste dans la province, pour l'escorte de ces convois.»

Le 9 juin, il écrit : «J'ai eu l'honneur de vous marquer que, nonobstant les ordres que vous aviez donnés pour que les laboureurs de mon département ne transportassent les blés du Roi que jusqu'à Landrecies, on avoit obligé le premier convoi, de huit cents sacs, d'aller jusqu'à Valenciennes; mais, quand il y a été, les voituriers ont été forcés de passer au Quesnoy, et de là à Douay : ce qui a tellement outré les chevaux, que la plupart sont morts, et les chariots et charrettes abandonnés; cinq sacs de blé ont même été volés à Valenciennes, soit par les bourgeois, soit par les soldats de la garnison, où il arriva une confusion dans laquelle il pouvoit s'en prendre bien davantage..... Voilà déjà deux mille quatre cent trente-quatre sacs de fournis..... Permettez-moi de vous demander si vous n'accorderez pas quelque indemnité aux laboureurs, auxquels ces convois coûtent infiniment, et qui ont perdu leurs chevaux. L'on pourroit leur payer, pour chaque cheval mort, une somme de 50#, et donner une pistole à chacun des autres charretiers. Je joins ici la pancarte du prix des grains vendus sur les marchés pendant la dernière quinzaine de mai; il est beaucoup plus cher présentement, et principalement dans les greniers.»

Les 28 mai, 27 juin et 7 juillet, il rend compte du pillage d'un bateau à destination de Paris.

Voir d'autres lettres des 18, 20, 23 et 26 juin, 3 et 10 juillet, 23 et 26 août, 3, 7, 14, 23, 24 et 30 septembre, 17 octobre, 10, 23 et 28 novembre, etc., avec les états qui y sont joints.

---

283. *Le Contrôleur général à M. Turgot, intendant à Tours.*

25 Janvier 1709.

Il lui reproche d'avoir fourni un état incomplet et mal rédigé du prix des blés, où on lit, écrit de sa propre main, que les cent *fournitures*, qui font cent cinquante *muids* mesure de Paris, valaient 190# à Saumur, voulant sans doute dire *setiers*, et non *muids*, puisque le muid, qui fait douze setiers, vaut 192# et plus.

On le prie d'envoyer sans délai l'état des prix de la première quinzaine de janvier, qu'il a eu le temps de recevoir des subdélégués ou des officiers de police, et de ne plus manquer d'expédier avant le 10 et le 25 de chaque mois l'état de la dernière quinzaine, conforme au modèle qu'il a reçu*.

* Lettres analogues à MM. Foullé de Martangis, Mansart de Sagonne, Trudaine, Roujault, de Courson, Foucault de Magny, Carré de Montgeron et Ferrand, intendants en Berry, à Moulins, Lyon, Poitiers, Rouen, Caen, Limoges, et en Bretagne, 25 janvier; à MM. le Guerchoys et Pinon, intendants en Franche-Comté et en Bourgogne, 26 janvier.

---

284. *M. de Harouys, intendant en Champagne, au Contrôleur général.*

26 Janvier 1709.

Il justifie le sieur Soret, directeur des postes à Sedan, qu'on avait accusé de se livrer au jeu, mais dénonce le sieur le Gaudier, commis à la régie des biens des religionnaires, comme joueur et débauché.

---

285. *M. le Guerchoys, intendant en Franche-Comté, au Contrôleur général.*

27 Janvier 1709.

«La grande quantité de forges qu'il y a dans cette province

et le peu de débit qu'on trouve des fers est la seule chose qui me fait croire qu'il est du bien public d'accorder à M. de Cheverny la permission qu'il demande de faire transporter en Lorraine, pour une fois seulement, trois cents milliers de fer et autant de fonte, provenant de la forge de Vauconcourt, située à trois lieues de la Saône, supposé que S. M. n'en ait pas besoin pour la marine ou autrement. Il y a d'autant moins d'inconvénient que Mme de Cheverny, qui étoit ici il y a deux jours, m'a assuré qu'elle ne se servira point de la permission, si elle peut convenir de prix avec des marchands du royaume. Elle croit que, si elle avoit en main cette permission, elle leur feroit venir l'envie d'acheter les fers de cette forge, qui sont assurément meilleurs que tous les autres. J'ai entendu sur cela le contrôleur général des fermes en cette province, qui n'y a pas trouvé de matière à faire aucune remontrance*. . . . . »

* Il obtint des permissions analogues, les 15 avril suivant et 11 mars 1710, pour les forges du marquis de la Baume-Montrevel et de M. Jobelot de Montureux; le 12 novembre 1712, pour les produits des forges du comte de Tavannes et du prince de Montbéliard; le 23 mars 1713, pour M. de Raincourt.

286. *M.* DE LA BOURDONNAYE, *intendant à Bordeaux*, AU CONTRÔLEUR GÉNÉRAL.

29 Janvier 1709.

Confiscation, par les jurats de Bordeaux, de blés amassés par un bourgeois; confirmation de la sentence par le Parlement*.

* L'arrêt du Parlement fut approuvé par le Roi, mais non l'ordre de vérifier sur les livres du marchand s'il n'avait pas écrit en Hollande et ailleurs pour empêcher le transport des grains en Guyenne: voir les lettres des maire et jurats, 25 décembre 1708 et 29 janvier 1709; de M. Dalon, premier président du Parlement, 30 janvier et 26 mars, et de M. du Vigier, procureur général, 2 et 25 février, 9, 16 et 23 mars. Le 21 mai 1712, M. Dalon insiste encore pour que le jugement soit maintenu, malgré une demande en cassation.

287. *M.* LEBRET *fils, intendant en Provence*, AU CONTRÔLEUR GÉNÉRAL.

29 Janvier, 20 Mars, 26 Juillet, 6 Novembre et 9 Décembre 1709.

Procès intentés par la province aux sieurs Silvy et Creyssel, anciens trésoriers des États*.

* Voir les lettres de M. de Pontchartrain, secrétaire d'État, 1er mars; de M. l'archevêque d'Aix, 27 mars, et de MM. de Séguiran et du Bourguet, procureurs du pays de Provence, 28 janvier, 19 février, 21 août et 7 novembre 1709; de M. d'Albertas, premier président de la Cour des comptes d'Aix, 6 novembre; du sieur Silvy, 11 novembre 1709 et 3 février 1710; des créanciers de Creyssel, 15 janvier 1710; des procureurs des trois états de Provence, 15 juillet 1710; de M. Flour, avocat général en la Cour des comptes d'Aix, 25 octobre 1711; de la Cour des comptes, 6 mars 1714; de M. de Gaumont, 1er mai 1714; de divers, 17 février, 16 octobre et 11 décembre 1714, 28 mai et 23 juillet 1715, etc.

288. *M.* DE LA HOUSSAYE, *intendant en Alsace*, AU CONTRÔLEUR GÉNÉRAL.

31 Janvier 1709.

« J'ai reçu la lettre que vous m'avez fait l'honneur de m'écrire le 1er de ce mois en m'envoyant celle ci-jointe de M. de Corberon, premier président du Conseil supérieur d'Alsace, par laquelle il demande d'être assigné pour une somme de 4,000^#^ sur les revenus de la ville de Colmar, au lieu de deux pensions de 2,000^#^ chacune qui sont attachées à sa charge et dont le fonds se fait ordinairement au Trésor royal. L'idée de M. de Corberon est, sur cela, assez singulière et sans exemple en Alsace, où le revenant-bon des revenus patrimoniaux des villes s'emploie à des dépenses militaires, comme d'acquisitions pour les logements des officiers des états-majors, entretien des maisons et édifices pour les magasins, bien-vivre des quartiers d'hiver des troupes, et autres choses de cette nature : ce que je lui aurois fait connoître, s'il m'en avoit parlé, pour le détourner de faire une pareille demande, qui me paroît n'être aucunement convenable*. »

* Voir la lettre de M. de Corberon en date du 17 décembre 1708.

289. *M.* RAVAT, *prévôt des marchands de Lyon*, AU CONTRÔLEUR GÉNÉRAL.

31 Janvier 1709.

Il annonce que l'archevêque, se rendant à des remontrances très vives sur l'impossibilité d'observer les prescriptions du carême dans un hiver aussi extraordinairement rigoureux, va accorder la permission de faire gras quatre jours de la semaine*.

* M. Trudaine envoie le mandement rendu en conséquence, le 3 février.

290. *M.* DE BÂVILLE, *intendant en Languedoc*, AU CONTRÔLEUR GÉNÉRAL.

1er et 17 Février, 3, 15 et 31 Mars 1709.

Il rend compte des alternatives successives de gelée et de dégel, de leur influence sur l'état des récoltes, sur le prix des blés et sur l'élevage du bétail, et des mesures prises pour calmer les esprits et pour assurer les approvisionnements.

Il propose, de la part des frères Gilly, l'armement de deux vaisseaux et de plusieurs barques, pour aller chercher des blés dans le Levant*.

* Le 8 avril, M. de Bâville et M. de Pontchartrain, secrétaire d'État, sont prévenus que le Roi veut bien faire les frais de l'armement des deux vaisseaux.

291. *M. Daguesseau fils,*
procureur général au Parlement de Paris,
au Contrôleur général.

3 Février 1709.

Il se plaint que le subdélégué de Sézanne se soit permis de faire casser par l'intendant de Champagne une sentence rendue en premier lieu par le substitut à la police de cette ville, puis par le lieutenant de police, contre un mesureur de grains convaincu d'avoir fait le commerce du blé.

«Il n'y a rien qui soit plus défendu aux mesureurs de blé que d'acheter des grains pour leur compte et d'en faire commerce : c'est une maxime aussi ancienne que la police même; vous en concevez aisément toutes les raisons, et il est inutile de vous les expliquer. Un arrêt célèbre de règlement que le Parlement fit en l'année 1661, sur le commerce des blés, contient des défenses très claires et très précises sur ce point. La déclaration du mois d'août 1699 a été faite dans le même esprit, et certainement l'exécution de ces défenses n'a rien, ni qui puisse effrayer le peuple par un bruit de disette, ni donner lieu aux laboureurs et aux marchands de resserrer leurs grains, ni faire, en un mot, aucun des mauvais effets que nous avons tâché de prévenir en retenant le zèle, souvent indiscret, des officiers subalternes.

«..... M. l'intendant de Champagne a rendu l'ordonnance dont je joins la copie à cette lettre, par laquelle, en exécution des ordres du Roi portés par une lettre du 29 novembre que vous lui avez fait l'honneur de lui écrire, il déclare la sentence du lieutenant de police de Sézanne nulle et de nul effet, décharge le mesureur de toutes les condamnations portées contre lui, à la charge de se conformer aux ordres particuliers qui ont été donnés à son subdélégué, et fait défense aux officiers de police de Sézanne de prendre aucune connoissance du commerce des blés, à peine de désobéissance aux ordres du Roi. J'avoue que j'ai été surpris et affligé de voir qu'un intendant dont j'honore particulièrement le mérite ait pu rendre une ordonnance de cette qualité. S'il trouvoit que la sentence du lieutenant de police de Sézanne étoit capable de faire quelque préjudice à l'exécution des ordres que vous lui avez adressés (ce que néanmoins je ne puis absolument concevoir), il pouvoit avoir l'honneur de vous en informer et vous prier d'y remédier, ou par l'autorité du Roi, si cela eût été nécessaire, ou par celle de ceux qui sont établis pour réformer les sentences des juges de Sézanne; mais de s'attribuer à lui-même, dans une matière de pure police, l'autorité d'annuler de plein droit une sentence rendue par des juges ordinaires, et d'interdire expressément à ces juges le pouvoir de connoître en général de tout ce qui regarde les blés, contre le titre même de leurs charges, c'est ce que je suis persuadé que vous n'approuverez pas, et cela me paroît même si contraire au caractère de sagesse et de modération qui m'a toujours paru être celui de M. l'intendant de Champagne, qu'il faut apparemment qu'il y ait eu quelque surprise dans cette affaire; car il n'y a personne qui puisse se flatter d'en être absolument exempt. On a autorisé cette ordonnance d'une lettre que vous lui avez écrite; mais, sans l'avoir vue, j'oserois assurer, connoissant comme je fais la prudence et la sagesse qui dictent toutes celles que vous écrivez, qu'elle n'a point d'application au fait dont il s'agit, et que d'ailleurs vous n'avez point eu intention qu'on en fît l'usage qu'on en a fait en prononçant, sur le fondement de cette lettre, des défenses publiques à des officiers de police de connoître du commerce des blés. Il y a bien de la différence entre une lettre secrète écrite à un intendant, dont on est persuadé qu'il se servira avec discrétion et ménagement, et une ordonnance publique accordée sur la requête d'une partie, qui, avec une pièce de cette qualité, vient insulter à ses juges et apprendre à toute une ville, ou plutôt à toute une province, qu'il est défendu aux juges ordinaires de police de prendre aucune connoissance du commerce des grains. Quand même cela seroit vrai, il ne faudroit pas le dire, et il seroit bon que le public fût toujours dans l'erreur sur ce point, afin que la crainte des magistrats ordinaires le retînt toujours dans son devoir..... J'espère donc que vous voudrez bien protéger et la justice et ses ministres en cette occasion, en prévenant les conséquences dangereuses d'un tel exemple, et il me semble qu'on pourroit le faire doucement et sans beaucoup de bruit, par deux voies que je crois devoir vous proposer. La première seroit que M. de Harouys réformât lui-même son ordonnance : ce qu'il lui seroit facile de faire en disant que les officiers de police l'ont instruit, depuis qu'il l'a rendue, des circonstances particulières du fait, et en ordonnant ensuite que le mesureur se pourvoiroit au Parlement ainsi qu'il le jugeroit à propos, sur l'appel de la sentence du lieutenant de police de Sézanne. La deuxième seroit que, sans faire aucune mention de l'ordonnance de M. de Harouys, que nous pouvons fort bien ignorer, j'interjetasse appel de la sentence du lieutenant de police de Sézanne à cause de la modicité des peines qu'elle prononce, et que le Parlement, sur mon appel, rendît un arrêt, qui couvriroit, pour ainsi dire, la sentence de M. de Harouys, et que vous lui écririez de laisser pleinement exécuter. Je voudrois pouvoir trouver des expédients plus doux et plus modérés pour concilier ce que je dois à la défense de l'ordre public avec la considération parfaite que j'ai pour M. l'intendant de Champagne; mais je crois au moins que vous jugerez que les choses ne peuvent demeurer dans l'état où elles sont, et qu'il y faut nécessairement apporter quelque remède. M. le premier président doit aussi avoir l'honneur de vous écrire dans le même sens*.

* Voir la lettre écrite le 2 février par M. le Peletier, premier président du Parlement.

Le 7 et le 28 février, le contrôleur général écrit à M. de Harouys, pour blâmer sa conduite. Celui-ci, qui s'était justifié, dès le 13 février, comme n'ayant fait que suivre les recommandations de ne pas s'en tenir à la procédure ordinaire, dit encore, dans une lettre du 21 juin suivant, que son subdélégué, homme sage et très sensé, n'est pas coupable, et il accuse les juges de police de poursuivre «une infinité de malheureux, plutôt pour avoir des droits de prestation de serment que pour l'avantage qui en peut revenir au public.» Il ajoute que, sans avoir l'autorité de réformer les sentences rendues par eux, l'intendant est «en droit d'examiner leur conduite et de les contenir dans la règle,» mais que, «depuis la déclaration du Roi du 27 avril, ils se sont rendus tellement maîtres de toutes les matières qui ont rapport aux grains, qu'ils les règlent toutes à leur volonté, en faisant des grâces aux uns, et en punissant très sévèrement les autres.»

292. *M. Roujault, intendant à Poitiers,*
au Contrôleur général.

3 Février 1709.

Il demande l'éloignement du sieur Roquemont, commis ambulant au contrôle des actes des notaires, convaincu de concussions, de prévarications et de détournements de diverses natures *.

* Le contrôleur général répond en apostille que, si ce commis vient à paraître dans le pays, on le fasse arrêter et juger.

293. *Les Officiers du Parlement de Besançon*
au Contrôleur général.

3 Février 1709.

Ils se plaignent de plusieurs arrêts du Conseil qui donnent atteinte à la juridiction de la chambre des eaux et forêts du Parlement *.

* Réponse en marge, de la main du contrôleur général : «Les commissions particulières ne diminuent point la juridiction et n'y donnent aucune atteinte. Le Roi ne s'est point obligé à renvoyer toutes les affaires à cette chambre, et il y a des occasions dans lesquelles il ne convient pas de renvoyer les affaires aux juridictions ordinaires.»

294. *Le Contrôleur général*
à M. de Harouys, intendant en Champagne.

4 Février 1709.

Le subdélégué de Langres a eu tort de défendre la sortie des grains sans passeports ou permissions de l'intendant. Quoique les élections de Troyes, Sézanne et Bar-sur-Aube ne soient point dans l'abondance, il n'y a pas grand inconvénient à laisser continuer le commerce ordinaire des grains avec la Bourgogne, sans que d'ailleurs cette province ait besoin d'envoyer des commissionnaires faire ses achats en Champagne *.

* Le 22 décembre précédent, il avait chargé M. Mansart de Sagonne, intendant à Moulins, de réprimander fortement le subdélégué de Decize, qui avait arrêté sur la Loire des blés d'Orléanais destinés à la Bourgogne, de l'avertir que, si pareil fait se renouvelait, il serait interdit de sa charge ou même puni plus sévèrement, et de défendre également aux officiers municipaux d'arrêter les blés ou de faire aucune procédure sans l'autorisation de l'intendant. Voir la lettre écrite, sur ce sujet, à M. Pinon, intendant en Bourgogne, le 2 mars 1709.

295. *M. de Bâville, intendant en Languedoc,*
au Contrôleur général.

5 Février 1709.

Établissement d'un bac sur le Rhône, à Roquemaure.

296. *M. le duc de Luxembourg, gouverneur de Normandie,*
au Contrôleur général.

5 Février 1709.

Il obtient que les appointements du sieur Abeille ou de ceux qui lui succéderont comme secrétaires de la province de Normandie, à la nomination du gouverneur, soient portés pour une somme de 3,600# sur les états de finances de la généralité de Rouen.

297. *Le Contrôleur général*
à M. de Bâville, intendant en Languedoc.

6 Février 1709.

«Encore qu'il eût été nécessaire, pour remplir les traités des affaires extraordinaires, que les États eussent donné jusques à la somme de 500,000# pour l'abonnement des édits, néanmoins, ne voyant pas qu'il eût été possible de porter l'assemblée d'aller jusqu'à cette somme, je ne doute pas que S. M. n'en soit contente. Je vois bien que, de votre part, vous y avez fait tout ce que vous avez accoutumé pour le service du Roi; mais, si j'avois prévu qu'on n'eût pu aller jusques aux 500,000#, il auroit été plus à propos de ne point porter l'affaire des départeurs jusqu'à un million, et de tirer davantage pour l'abonnement, par la raison que, suivant un mauvais usage que l'embarras des affaires présentes ne me permet pas encore de changer, chaque traité, au moment qu'il est fait, est consommé par les assignations qu'on tire sur ce qui en revient de net : de sorte que, si le dernier traité nuit ou diminue l'exécution des précédents, il faut donner des réassignations, qui causent toujours de nouveaux dérangements *.»

* Voir les lettres de M. de Bâville, 7 décembre 1708, 8 et 13 janvier et 12 février 1709 (celle-ci accompagnée de l'état annuel des impositions), celles de M. l'archevêque de Narbonne, 8, 13 et 27 janvier, et les réponses du contrôleur général, 20 décembre 1708, 14 et 15 janvier 1709. Le 19 avril suivant, M. de Bâville écrit que la création d'un procureur général au bureau des commissaires des États, avec le droit perpétuel d'entrer à l'assemblée, tandis que les commissaires n'y ont que des pouvoirs annuels et que le gouverneur et l'intendant n'y entrent qu'en vertu d'une commission royale, rencontrera des difficultés de la part des États, qui, en outre, donneront avec peine 2,000# de gages réglés, et que l'office de substitut sera inutile pour le bien public; mais, «si on peut tirer 20,000 écus du procureur du Roi et 8 ou 10,000# du substitut, il aura son utilité pour donner un secours présent.....»

298. *M. Ferrand, intendant en Bretagne,*
au Contrôleur général.

6 Février 1709.

«.....Vous savez que les grains sont extrêmement chers par les enlèvements continuels que l'on en fait pour la basse Guyenne et pour Bordeaux. S'ils continuent à se tenir sur le même pied, nous courrons peut-être le même risque d'en manquer que plusieurs autres provinces du royaume. Les seigles ne sont pas abondants en Bretagne; au défaut des blés noirs, qui ont manqué en plusieurs cantons, le peuple en use pour sa subsistance. S'il falloit en fournir [pour les armées de Flandres*], et que vous ne pussiez absolument vous en passer, je ne voudrois pas répondre que l'on en pût trouver mille tonneaux de la plus grande mesure, ou vingt-quatre mille quintaux, et que cette quantité n'épuisât considérablement les endroits où elle seroit prise. L'achat en seroit d'ailleurs très difficile par la manière dont le commerce des grains se fait en Bretagne. C'est ce qu'il faut avoir l'honneur de vous expliquer. Toutes les fermes de cette province sont à grains; il y en a très peu en argent : par cet usage, on ne trouve point, ou très peu, de grains dans les campagnes comme ailleurs; presque tout est porté dans les greniers des personnes aisées et des propriétaires des terres; le reste sert pour la culture des terres et pour la subsistance des villes et communautés. Tous les achats se font dans ces greniers, qui sont fermés autant qu'il plaît aux propriétaires; la plupart, et les plus considérables, étant aisés, ne vendent leurs grains que lorsqu'ils sont chers, qu'à des personnes connues, et à des conditions d'argent comptant ou de sûretés..... La Guyenne nous épuise, soit pour sa propre subsistance, ou qu'elle serve de prétexte aux grands enlèvements que l'on fait, et qu'il est très difficile d'empêcher, si la marine n'agit de concert, puisque tout s'enlève par mer et qu'il ne sort aucun bâtiment sans la permission des commissaires de marine qui sont répandus sur les côtes.»

* Voir, sur l'achat et le transport de ces grains jusqu'aux côtes de Picardie et d'Artois, ses lettres des 14, 19, 21, 24 et 29 mai, 2 et 9 juin, 3, 7, 14 et 28 juillet, 6 et 10 août, 19 novembre; et celles de M. des Grassières, 8 octobre; du sieur Bouchaud, marchand à Nantes, 27 juillet; du sieur Lempereur, 13 octobre et 15 novembre; du sieur Ralet, fermier des devoirs de Saint-Brieuc, 3 octobre.

299. *M. Foucault de Magny, intendant à Caen,*

au Contrôleur général.

7 Février 1709.

«Les difficultés que j'ai trouvées au recouvrement des impositions ordinaires et extraordinaires de l'élection de Carentan m'ont engagé d'en rechercher la cause, d'autant plus que cette élection est dans le meilleur fonds de cette généralité et que j'ai été informé que les contribuables payoient, il y a vingt ans, presque sans aucuns frais. J'ai appris des receveurs des tailles, ainsi que des officiers de l'élection et de plusieurs personnes de distinction de ce pays, que ce qui y donnoit lieu étoit les inondations fréquentes d'une grande quantité d'héritages et de marais communs, lesquels faisoient la meilleure partie du revenu de cette élection et étoient devenus presque en non-valeur par ces inondations. Ce fait m'a été rendu si sensible, et j'ai été tellement persuadé de la conséquence d'apporter remède à un si grand mal, qui cause la ruine de cette élection et réduit à la mendicité la plupart des peuples, qui faisoient subsister leurs familles et payoient leurs impositions au moyen des bestiaux qu'ils mettoient dans lesdits marais, que j'ai conseillé les intéressés de vous présenter un placet pour vous faire connoître l'état des choses et vous supplier d'y vouloir pourvoir. L'importance en est si grande, que j'ai même jugé devoir vous l'adresser et vous demander vos ordres. J'ajouterai qu'il y a une si grande étendue de pays intéressée aux ouvrages nécessaires pour l'asséchement, que, quelque dépense qu'il y convienne faire, ils n'en coûtera pas 20 s. par arpent, dont les propriétaires seront récompensés au triple dès la première année : ce qui vous fera juger de la nécessité qu'il y a de ne plus différer à procurer à cette élection un si grand avantage, qui n'a été jusques à présent négligé que parce que c'est une affaire commune, et qui demeureroit encore au même état par cette raison, si je n'avois pas cru devoir vous en rendre compte*.»

* En marge, de la main du contrôleur général : «Bon. Pour faire visiter et examiner par le sieur de Combes, ingénieur de la province, et experts. Donner son avis sur les travaux qu'il convient de faire, etc., et sur la manière de lever les sommes nécessaires pour en payer la dépense.» Sur la suite de cette affaire, voir trois lettres de M. de la Briffe, successeur de M. de Magny, 2 mars, 1er et 28 avril 1710. Le 8 mars, il appuie une demande de desséchements à faire le long de la rivière de Dives.

300. *M. de Bâville, intendant en Languedoc,*

au Contrôleur général.

8 Février 1709; 4 Février et 7 Mars 1710.

Règlement des dépenses faites à l'occasion du passage de la reine douairière d'Espagne et pour la nourriture des prisonniers espagnols internés à Nîmes et à Montpellier.

301. *M. Lebret fils, intendant en Provence,*

au Contrôleur général.

9 et 12 Février, 22 Mars, 10 et 24 Avril, 2 Mai 1709.

Mesures prises, soit pour empêcher les transports clandestins de grains dans le Comtat d'Avignon, soit pour l'associer aux achats faits par la Provence, soit enfin pour faciliter le passage des blés envoyés par le Pape à ses sujets*.

* Voir les lettres des consuls d'Avignon, 12 avril; du chevalier de Velleron, 13 avril; du contrôleur général à M. Lebret, 19 février, 5 mars, 16 avril et 27 juillet.

Le marquis d'Oppède réclama le droit accordé par Louis XII à ses ancêtres, de fournir de blés de Provence sa seigneurie d'Oppède, en terre du Pape; quoique combattue par M. l'archevêque d'Aix (lettre du 17 juillet), cette réclamation fut admise, mais moyennant remplacement de pareille quantité en blés étrangers (lettre de M. de Grignan, 22 août).

Le 25 octobre suivant, M. Lebret présenta une semblable requête des Célestins d'Avignon, mais en déclarant suspectes les pièces qu'ils produisaient, notamment de prétendues lettres patentes de Louis II, roi de Sicile et de Jérusalem, et de la reine Yolande.

IMPRIMERIE NATIONALE.

Le 8 décembre, M. de Grignan écrit qu'il a congédié les troupes employées à la garde des passages, que le prix des grains est équivalent dans les deux pays, que les terres du Comtat sont ensemencées, et que d'ailleurs on a toujours obtenu d'excellents effets de la liberté du commerce.

---

302. *S. A. R. M. le comte* DE TOULOUSE, *gouverneur de Bretagne*, AU CONTRÔLEUR GÉNÉRAL.

10 Février 1709.

«.....Quoique la commodité du lieu [où le Roi désire que les États de Bretagne se tiennent] doive être comptée pour beaucoup dans ce choix, cependant l'évêque, qui doit présider, doit être compté pour beaucoup davantage. Il seroit à souhaiter, par bien des raisons, que M. de Saint-Malo y puisse présider à toutes les tenues; mais, comme il aime mieux donner ses soins aux affaires particulières de son diocèse, et que l'usage, jusqu'à présent, a été de changer de lieu à chaque tenue, je ne crois pas que nous en puissions trouver aucun autre qui convienne mieux que Saint-Brieuc, par rapport à la commodité du lieu et au caractère de l'esprit de l'évêque, qui, dans la dernière tenue, a marqué beaucoup d'application, de sagesse et de capacité dans les affaires où il a été employé.....»

---

303. *M.* D'ANGERVILLIERS, *intendant en Dauphiné*, AU CONTRÔLEUR GÉNÉRAL.

10 Février 1709.

Il transmet les réclamations des entrepreneurs du transport des grains, dont les voitures n'ont pas été payées*.

* En apostille, réponse du contrôleur général : «Tous les inconvénients qui arrivent du défaut de payement des sommes dues [à l'entrepreneur] lui sont communs avec une infinité d'autres qui sont dans un cas semblable. Vous n'ignorez pas que, par le passé, on n'a eu d'attention que de fournir au service et d'engager une infinité de personnes, sans s'embarrasser des moyens qu'on auroit de les en tirer ou de les soutenir. Le nombre en est si grand, que tout ce que j'ai pu faire, a été de pourvoir au nécessaire et au plus pressé. L'entrepreneur y a eu part comme les autres; mais il est difficile que je puisse présentement lui donner de nouveaux secours.»

Le 12 septembre suivant, M. d'Angervilliers écrit encore : «.....Je ne puis me dispenser de vous parler en particulier des voitures. Il est impossible que les peuples y puissent suffire cet hiver, s'ils ne reçoivent point quelque payement du passé, et les paysans vendront certainement leurs chevaux et leurs mulets, qu'ils regardent comme les instruments de leurs malheurs, sans compter qu'on ne peut pas se flatter que la taille et la capitation s'acquittent tant qu'il leur sera dû des sommes si considérables.....» Le 6 octobre, il annonce qu'on doit 280,000# aux communautés de Dauphiné pour les voitures d'une année, sans compter plus de 300,000# d'arriéré sur les marchés de 1707. Le règlement ne se fit que trois ans plus tard : lettre du 9 novembre 1712.

---

304. *M.* RAVAT, *prévôt des marchands de Lyon*, AU CONTRÔLEUR GÉNÉRAL.

15 Février 1709.

«J'ai fort balancé dans moi-même si j'aurois l'honneur de vous écrire sur les bruits qui se sont répandus parmi la plus grande partie de ceux qui sont engagés d'affaires avec MM. Bernard et Nicolas; mais l'attention que j'ai faite qu'un ministre dont les vues sont si étendues que les vôtres devoit être informé de tout, cette dernière considération l'a emporté sur le reste et m'a déterminé à croire qu'il étoit de mon devoir de ne vous rien cacher de ce qui s'est dit ici. Mercredi au soir, au Change, l'on se parloit à l'oreille, et l'on se disoit que MM. Bernard et Nicolas s'étoient retirés, qu'ils avoient prévu leur retraite par des sommes très considérables qu'ils avoient fait passer dans les pays étrangers, et que vous les aviez abandonnés. Cette nouvelle fut bientôt ébruitée parmi un certain nombre de personnes : elle produisit une consternation terrible, elle les mit dans un étonnement qu'il n'est pas facile d'exprimer. Ce triste coup fut un peu diminué par un de leurs amis qui, ayant su ce qui se passoit sur la place, s'y rendit sur-le-champ pour désabuser ceux à qui l'on avoit débité cette fausse nouvelle. Il fit voir des lettres, et enfin il fit connoître le peu d'apparence de vérité de tout ce que l'on s'étoit dit les uns aux autres. Les auteurs de pareils discours ne sont jamais connus, et l'on ne peut pas aller facilement à la source. Les réflexions que vous ferez sur ces discours vous conduiront à voir la nécessité où vous vous trouvez de soutenir le crédit de MM. Bernard et Nicolas : pour peu qu'il soit chancelant pour le payement des Rois prochains et qu'ils n'aient pas des fonds à satisfaction pour faire front à leurs créanciers, il sera impossible qu'ils puissent se rétablir; s'ils ne tombent pas dans une déroute, ils ne feront que languir, et ils ne seront plus en état de se faire une réputation telle qu'ils l'avoient. C'est un grand mal pour eux, qui se rendra commun non seulement avec tous les négociants de Paris, de Marseille et de cette ville, mais qui entraînera le bien de tous les particuliers qui leur est confié et, par un contre-coup, un désordre général et une perte entière à tous nos négociants et citoyens, qui s'y trouveront indirectement enveloppés, s'ils ne le sont pas à droiture. Les sommes qu'ils doivent à cette place sont trop considérables pour ne pas connoître la situation où elle seroit. La prolongation des payements prochains peut bien aider et donner du temps pour attendre des remises et tirer des fonds qui sont préparés; mais elle sera inutile et ne produira aucun effet, si ces Messieurs n'ont pas des écritures, des bons papiers et de l'argent pour souder leur bilan. Sans ces précautions, aucun négociant ne pourra payer ses dettes; la circulation des sommes dues par ces Messieurs étant interrompue, l'on entrera en payement sans pouvoir s'ajuster; ils se trouveront partout sans donner aucuns rencontres : l'on sera obligé de faire protester toutes les lettres, et enfin de finir le payement comme il aura été commencé. Ce ne sera pas l'étranger qui souffrira de ce désordre : ils ont trop bien pris leurs mesures et leurs sûretés pour se trouver à découvert; toute la tempête tombera sur les François et sur les sujets de S. M., et le plus grand mal, ce sera celui du désordre connu de la place de Lyon, qui ne sera à l'avenir d'aucun secours au bien du service et de l'État, par le décrédit où elle tombera dans l'esprit des autres nations, qui se prévaudront de nos malheurs pour établir une place et des payements, comme ils l'ont déjà voulu tenter dans des temps où l'exactitude, la régularité et le bon ordre étoient si bien observés. Quoique je sois persuadé qu'il n'arrivera rien de semblable dans ce payement, permettez-moi (après vous avoir fait connoître mes craintes et ce que je prévois) de vous demander vos ordres pour la conduite que je dois tenir pour les prolongations et pour tout ce qui peut concerner MM. Bernard et Nicolas, que j'ai toujours considérés comme des personnes à vous et qui ne font qu'exécuter vos ordres. Nous avons plus de trois semaines avant que d'entrer en bilan; vous pourrez, pendant cet intervalle, percer le nombre infini des affaires dont vous êtes chargé, pour me faire part de vos volontés*.»

* M. Bernard obtint que les payements des Rois fussent remis au 1er avril. (Lettres de l'intendant Trudaine et de M. Ravat, 28 février, 5, 7 et 16 mars.) Le 27 mars, M. Trudaine écrivit que les affaires pourraient s'arranger, si la perte sur les billets de monnaie diminuait, mais que leur discrédit augmentait au contraire, parce qu'on craignait que le Roi n'en pût pas payer les intérêts, et qu'il serait essentiel, à quelque prix que ce fût, d'avoir des fonds pour y pourvoir : le jour où les billets perdraient très peu ou ne perdraient plus rien, l'argent se remettrait en mouvement et les billets rendraient des services réels.

L'exactitude de Bernard à remplir ses engagements et le retour du sieur Castan et du sieur Lullin, ses correspondants, rassurèrent le commerce; mais, au commencement d'avril, le refus d'accepter les lettres de Bernard exposa les places de Lyon et de Marseille à un péril si imminent, que M. Ravat demanda à l'intendant d'aller proposer au contrôleur général les mesures les plus urgentes. Les billets de monnaie perdant alors 50 p. o/o et les contrats de rente sur le contrôle des actes ne pouvant se négocier en argent ou en papier, les créanciers offraient de couper leurs créances en cinq ou six payements, pourvu qu'on leur donnât des effets négociables. Voir les lettres de M. Ravat, 8, 11 et 18 avril, et une lettre de M. le maréchal de Villeroy, gouverneur de Lyon, 10 avril. Le 12 du même mois, les échevins et le député du commerce de Marseille rendent compte du contre-coup éprouvé sur leur place.

---

305. *M. de Bernage, intendant à Amiens,*
au Contrôleur général.

16 Février 1709.

«J'ai l'honneur de continuer à vous donner avis de ce qui se passe sur le payement des troupes. Il n'y a point eu de fonds envoyés ici pour le dernier prêt du mois passé, et voici le quatrième de celui-ci qui n'est pas payé. Vous jugez bien que cinq prêts de garnison ne sont pas dus sans grand murmure, et il seroit arrivé bien des désordres, si je n'avois pourvu du mieux que j'ai pu, par quelques sommes que j'ai empruntées avec promesse de les rendre sur la première voiture, à apaiser la fureur des soldats et des cavaliers. Cela n'a pas empêché que quelques-uns ne se soient échappés à commencer un pillage dans le marché de la ville d'Aire, qui n'a pas eu de suite par les ordres que les commandants y ont apportés. D'autres ont déserté de la garnison d'Arras, laissant des billets de fort mauvais exemple. Ce qu'il y a de plus triste pour moi dans cette conjoncture difficile, c'est que mes confrères des départements voisins ne sont pas si dépourvus et que les troupes y sont mieux payées. J'espère que, par les bons soins que vous aurez pour agréable de prendre de munir le trésorier général de l'extraordinaire de la guerre de nouveaux fonds, et la destination qu'il plaira à M. de Chamillart d'en faire pour les départements d'Artois et de Picardie, je sortirai bientôt de la fâcheuse et périlleuse situation où je me trouve. Si j'avois à y demeurer encore quelque temps, je vous supplierois d'agréer que j'allasse, pour si peu de jours qu'il vous plairoit et que M. de Chamillart trouveroit bon, à Paris, pour vous y faire connoître par moi-même, aussi bien qu'à lui, les différents besoins où il seroit nécessaire de pourvoir, tant pour le présent que pour l'avenir*.»

* En apostille : «Je ne suis pas absolument surpris de la triste situation où il se trouve par rapport au fonds nécessaire pour les troupes. Ce n'est pas faute d'avoir donné aux trésoriers de l'extraordinaire des guerres les fonds réels et les assignations sur les fonds les plus libres et les plus liquides des finances; mais la dépense est si grande, et on a chargé la frontière d'une si excessive quantité de troupes, qu'on s'est vu dans une impossibilité presque absolue de fournir à tout. Je suis convenu, depuis deux jours, avec M. Chamillart, de préposer une personne pour suivre de près les assignations, de sorte que je serai instruit de ce qui entrera en fonds réels dans la caisse des trésoriers de l'extraordinaire des guerres, et si les envois sont faits avec assez d'égalité pour partager les fonds dans tous les départements. Ce que je vous explique par ce dernier article ne doit point passer à d'autres : ce n'est qu'un éclaircissement pour vous faire voir que, de ma part, je n'omets rien pour le soulagement de ceux qui sont chargés.»

Le 9 avril, l'intendant écrit encore, de sa propre main : «Il y a quinze jours que les troupes ne touchent, dans mon département, aucun argent. J'ai épuisé le reste de mon industrie et de mon crédit. J'ai redoublé mes instances auprès de M. de Chamillart; j'en ai écrit plusieurs fois à M. Poulletier et à M. de Mongelas. Je suis à la veille des plus terribles désordres, si cette situation dure encore quelques jours; cependant je n'ai ni avis ni réponse.....»

---

306. *M. de Saint-Macary, subdélégué général en Béarn,*
au Contrôleur général.

16 Février 1709.

Il se plaint que le corps de ville de Navarrenx n'ait pas voulu attendre les ordres du Roi pour procéder à l'élection du maire ancien, et que le lieutenant de maire se soit fait élire au lieu du jurat que ses services et l'agrément du Roi désignaient pour cette fonction.

«Je me serois contenté de leur représenter combien il importe que l'affection des sujets de S. M. soit distinguée, sans violenter personne, ni user d'autre droit que d'empêcher la cabale et la brigue*.....»

* Voir, au 20 août précédent, une lettre de M. Turgot, intendant à Tours, sur les délibérations secrètes et les manœuvres de l'échevinage de cette ville.

---

307. *M. de la Bourdonnaye, intendant à Bordeaux,*
au Contrôleur général.

19 Février 1709.

Il repousse un projet de création qui achèverait de ruiner les habitants des Landes exploitant le produit du pin à résine*.

* Mémoire joint : «Les landes de Bordeaux produisent des arbres qui jettent un bitume de couleur jaune, appelé *poix-résine*, et un autre, de couleur noire, appelé *bray*. Ces bitumes servent à faire de petites chandelles et autres usages. On propose de créer une charge de courtier-inspecteur de ces poix-résines et brays, avec attribution, pour toutes choses, d'un droit de 10 s. par quintal ou cent pesant, payable par l'acheteur; à l'effet de quoi il sera permis à l'acquéreur dudit office de mettre des commis aux portes et entrées des villes et lieux de la généralité de Bordeaux.»

---

308. *M. Bignon, prévôt des marchands de Paris,*
au Contrôleur général.

20 Février 1709.

Il annonce qu'une sédition a éclaté à Clamecy, dont les habitants se sont opposés par la violence au passage de trois flots de bois destinés à Paris, et prétendent avoir le droit exclusif de faire ces transports.

«Les marchands ont eu de tout temps la liberté de disposer de leurs bois, de les faire tirer et conduire dans les lieux qui leur conviennent le plus, soit pour diminuer les frais, soit pour accélérer le transport à Paris; au lieu que, s'ils étoient assujettis à se servir des habitants de Clamecy seuls, la dépense seroit plus grande, et ils perdroient un temps infini, parce que ces habitants ne pourroient pas suffire au travail que plusieurs flots de bois exigent*.....»

* Voir les lettres de M. de Bouville, intendant à Orléans, 27 février, avec apostille, et du contrôleur général à M. Chamillart, secrétaire d'État de la guerre, à M. Bignon et à M. de Bouville, 24 février. M. Chamillart autorisa M. de Bouville, le 25, à requérir l'aide des troupes qui étaient dans son département.

Le 22 mars suivant, M. le Guerchoys, intendant en Franche-Comté, annonce qu'il a fait convenir le grand maître des eaux et forêts qu'on ne pouvait interdire de faire flotter sur le Doubs les bois destinés à l'approvisionnement de Besançon, ce commerce étant aussi nécessaire pour la ville elle-même que pour les communautés riveraines, qui tiraient de leurs bois de quoi payer les impositions.

---

309. *M. Foullé de Martangis, intendant en Berry,*
au Contrôleur général.

21 Février 1709.

Rachat de la capitation*.

«J'ai fait tout au monde..... pour engager le bureau des finances à faire sa soumission.....; je n'ai jamais pu les y engager..... A l'égard des particuliers que je puisse comprendre dans mes états, quelques soins et quelques mouvements que je me sois donnés pour en trouver à acquérir l'affranchissement volontairement, je puis vous assurer, avec la vérité dont je fais profession et que je vous dois, que je n'en connois presque pas que j'y puisse comprendre qui soient en pouvoir et en volonté de s'affranchir. Il n'y a presque que le plat pays qui paye un peu régulièrement; car, pour les officiers et la noblesse, ils doivent pour la plupart deux et trois années, pour quoi ils se laissent exécuter faute de pouvoir payer; et quand je suis arrivé à Bourges, la ville devoit cinq années de sa capitation. Je ne connois pas dix personnes dans la ville de Bourges en pouvoir de racheter la capitation, et ce sont ceux qui sont le moins en volonté de le faire qui feront ce qu'ils pourront pour s'en défendre..... Toutes ces raisons me feroient prendre la liberté de vous proposer un expédient..... Ce seroit de vouloir bien donner un arrêt qui augmentât la capitation d'une somme de 30,000 # et les 2 s. pour livre, que je pourrois imposer dès cette année, et 30,000 # de même l'année prochaine, pour être dispensé du rachat de la capitation. Par là, la même somme reviendroit au Roi, et, étant répandue sur toute la généralité pendant deux ans, l'augmentation seroit presque imperceptible sur chaque particulier. Le Roi n'auroit point de rentes à payer, et le receveur général des finances seroit plus en état d'en faire l'avance, étant plus sûr d'en être payé**.»

* M. de Harouys, intendant en Champagne, écrivait, le 3 décembre précédent, après avoir traité la question des blés : «.....Vous m'avez recommandé [l'affaire] du rachat de la capitation; elle est fort avancée, et j'espère de vous en envoyer incessamment l'état, dans lequel je n'ai trouvé personne qui se présentât pour y entrer volontairement; mais ma grande intention a été de n'y comprendre que gens réputés solvables. Je travaille à la capitation de 1709 sur le même pied que l'année passée, et j'y comprends les 2 s. pour livre, quoique je n'en aie pas encore reçu l'arrêt, qui suit ordinairement de près l'ordre de cette imposition.....»

** Voir les lettres de M. de Bâville, intendant en Languedoc, 19 octobre 1708, 17 janvier et 1er février 1709; du duc de Roquelaure et de M. de Pennautier, trésorier des États de Languedoc, 18 janvier 1709; du sieur Mailly du Breuil, receveur général de la généralité de Tours, 6 mars 1709; de M. le Laboureur de la Vertepierre, conseiller, et de M. de la Porte, premier président du Parlement de Metz, 19 novembre 1708 et 10 février 1709; de M. Boisot, premier président du Parlement de Besançon, 29 mars 1709; de M. de Montbrun, président au Parlement de Toulouse, 23 janvier 1709; de M. de Bouville, intendant à Orléans, 17 octobre et 7 novembre 1708.

Ce dernier intendant écrivait, le 10 décembre 1708 : «Je trouve quantité de petits officiers des maisons royales qui ne payent quasi rien de capitation, et qui sont fort riches. Ne trouveriez-vous pas à propos que je les taxasse suivant leurs facultés pour 1709, et que, dans la suite, on les obligeât de racheter leur capitation? Ils ne portent aucune charge de l'État, et ils ont des petites charges qui leur ont coûté très peu de chose; et, entre autres, il y a dans Orléans des gardes de S. A. R. qui sont d'une richesse étonnante; il y a aussi des secrétaires du Roi, et, entre autres, M. Fontaine des Montées, qui a plus de quatre millions de bien.» Le contrôleur général répond en apostille : «Tout ce qu'il propose me paraît bon; taxer ces gens-là selon leurs facultés; même ne les point admettre quant à présent au rachat de la capitation.» La minute de cette réponse est datée du 21 décembre.

Sur le rachat par certains bureaux des finances, voir les lettres des trésoriers de France à Moulins, 23 janvier 1709, et des trésoriers de France à Soissons, 12 décembre 1708 et 11 janvier 1709, avec cette réponse du contrôleur général (16 décembre 1708) : «Si vous aviez réfléchi sérieusement sur l'état présent des affaires, je suis persuadé que vous eussiez reconnu qu'il n'a jamais été plus nécessaire de secourir S. M. et de la mettre en état d'opposer aux ennemis, la campagne prochaine, une armée qui puisse empêcher leurs progrès : à quoi vous avez intérêt, plus que personne, de contribuer, puisque les grands efforts que S. M. fait ne tendent qu'à conserver vos biens et vos personnes.....»

310. *M.* Le Gendre, *intendant à Montauban,*
au Contrôleur général.

21 Février 1709.

Il rend compte des mesures qu'il a prises contre les faux-sauniers, et qui ont déjà amené l'arrestation de plus de vingt d'entre eux et de leur chef.

«J'ai envoyé mon premier secrétaire à M. le premier président de la Cour des aides, pour l'avertir de faire sur cela ses diligences, ces sortes d'affaires méritant toute l'attention de sa Compagnie. Je ne doute point qu'il ne remplisse sur cela parfaitement bien ses devoirs. Je prendrai néanmoins la liberté de vous dire que, quand le faux-saunage éclate à un certain point, il faut sortir ces sortes d'affaires des justices réglées, dont les démarches sont lentes et rarement suivies d'exemple, n'en ayant pas vu faire un seul depuis dix ans que je suis ici; et voilà ce qui cause tant de désordres *.»

* Le 1er avril, il accuse réception de l'arrêt d'attribution pour juger cette affaire. Voir ses lettres des 4 septembre, 21 octobre et 8 décembre suivants, et une lettre du contrôleur général, du 8 novembre.

En faisant attribuer aux intendants la connaissance des faits de faux-saunage, le contrôleur général écrivit cependant aux Cours des aides que l'intention du Roi n'était point de détruire leur juridiction. «S. M. a cru, disait-il, que, dans des temps aussi difficiles, il étoit important de faire des exemples prompts et capables de réprimer le faux-saunage, qui augmente de jour en jour. Vous pouvez assurer votre Compagnie que S. M. aura attention à lui conserver la connoissance de toutes les affaires qui sont de sa jurisdiction.» (Lettre à M. Dauphin, procureur général en la Cour des aides de Clermont, 27 novembre.) Le 14 mai 1710, la Cour de Montauban, en protestant contre l'attribution à M. le Gendre de tous les faits de faux-saunage commis dans le Rouergue, dit : «Si nous sommes privés d'en connoître, nous pouvons dire qu'il ne nous reste plus que le regret de devenir inutiles au service du Roi. Le commissaire départi a déjà la moitié de notre jurisdiction; il trouve le moyen de prendre tous les jours sur ce qui nous reste, et il ne faudroit que cette dernière attribution pour nous réduire à rien....»

311. *M.* Ferrand, *intendant en Bretagne,*
au Contrôleur général.

22 Février 1709.

Organisation d'un service de tombereaux pour enlever les boues et immondices de la ville de Nantes.

312. *M.* de Montgeron, *intendant à Limoges,*
au Contrôleur général.

22 Février 1709.

«Le sieur de la Mazé, lieutenant général de la sénéchaussée d'Uzerche, en cette généralité, a acquis le titre de noble, et, comme il ne se mettoit point en devoir de payer la somme à laquelle il a été taxé pour la confirmation de cette noblesse, je l'ai taxé d'office pour la taille à une somme de 50 #. Il me représente aujourd'hui que c'est par impuissance qu'il ne paye point cette confirmation, et que les autres taxes dont il est sorti à cause des charges qu'il possède l'ont épuisé; que quand ses lettres de noblesse seroient révoquées par le défaut de payement de la confirmation, qu'il a d'autres privilèges qui subsistent, qui le dispensent de la taille : qu'en qualité de lieutenant général, il a payé une somme de 700 # pour en être affranchi; que la charge de maire de la même ville d'Uzerche, pour laquelle il a payé les finances de l'hérédité et des augmentations de gages, lui donne encore une exemption de taille, et qu'enfin il ne doit pas être dans une condition plus malheureuse que tous ses confrères, et même des officiers de son siège qui jouissent paisiblement de l'affranchissement de la taille. Il ajoute encore à ces considérations celle des services qu'il a rendus sous MM. les intendants de Limoges, en qualité de leur subdélégué, et ceux qu'il rend actuellement dans un pays difficile, éloigné de la demeure des subdélégués en titre, sur lesquels je ne puis lui refuser le témoignage de son désintéressement dans les affaires où je l'ai employé depuis que je suis en cette province. Je lui ai fait entendre qu'étant au nombre de ceux qui sont en demeure de payer la confirmation de leur noblesse, je n'avois pu me dispenser de le taxer d'office comme vous me l'avez prescrit, et que je ne pouvois faire autre chose en faveur de l'exemption qu'il allègue, que d'avoir l'honneur de vous en écrire.»

313. *M.* Daguesseau *fils, procureur général au Parlement de Paris,*
au Contrôleur général.

24 Février 1709.

«La rigueur excessive de l'hiver, la cherté du pain, et l'opinion, vraie ou fausse, qu'il y a beaucoup de blés gelés, répandue avec soin par les laboureurs, et reçue peut-être trop légèrement par le peuple, le jettent dans une si grande inquiétude et inspirent une telle avidité aux marchands de blé, que je vois, par les avis que je reçois de tous côtés, qu'il est fort à craindre que le prix du blé n'augmente excessivement et qu'il n'arrive des émotions populaires, dont on ne peut prévoir quelles seroient les suites dans la conjoncture présente. Vous verrez, par trois lettres, choisies entre plusieurs autres, que je joins ici, qu'il [y] a déjà eu des commencements d'émeute et de violence dans quelques villes, au sujet des achats et des enlèvements de blé que les marchands y font. Je ne doute pas que vous n'ayez déjà reçu de semblables avis de tous côtés, et j'ose dire qu'il n'y a que vous qui, par la place que vous remplissez, et encore plus par votre prudence, soyez en état de prévenir les suites d'un mouvement si dangereux. Il est certain qu'il y faut apporter quelques remèdes; mais, comme la matière est si délicate que les remèdes ne font souvent qu'aigrir le mal, on ne peut vous proposer qu'en tremblant quelques-unes des précautions qu'il semble qu'on pourroit prendre pour rassurer l'esprit du peuple et calmer un peu son inquiétude.

«La première, et la plus essentielle de toutes, est celle que vous avez déjà prise par les ordres que vous avez donnés de suppléer à l'indigence d'une province par l'abondance de l'autre. Mais vous savez beaucoup mieux que moi que cela doit être conduit avec une grande prudence et une extrême attention de la part de MM. les intendants pour savoir exactement l'état des choses, et pour ne rien prendre sur le nécessaire d'une province sous prétexte de pourvoir à la nécessité d'une autre province.... Vous pourrez vous en faire rendre compte et vous en instruire plus sûrement; mais il est certain que c'est un des points que vous jugerez sans doute les plus dignes de votre attention.

«La seconde précaution, aussi importante que la première, est que vous vouliez bien continuer encore, autant que l'état des affaires du Roi pourra vous le permettre, de secourir la ville de Paris et de faire en sorte, par des voies d'autant plus utiles qu'elles sont plus secrètes, que l'abondance s'y maintienne et que le prix du blé y diminue de quelque chose. C'est la ville de Paris qui met, pour ainsi dire, le taux au blé d'une grande partie des provinces du royaume : quand Paris en est suffisamment fourni et que le blé y est à un prix raisonnable, il en sort moins des provinces, et elles suivent à peu près le prix de Paris dans la proportion qui peut être entre cette grande ville et les autres villes du royaume. Ainsi, il paroît de la dernière conséquence qu'il y ait dans Paris une main secrète et invisible qui mette des bornes, sans qu'on s'en aperçoive, à l'avidité du marchand, qui se prépare plus que jamais à profiter du malheur public. Vous seul pouvez rendre ce grand service à Paris et à toute la France. Dieu veuille que la conjoncture présente vous permette de suivre sur cela vos bonnes intentions!

«A ces deux premières précautions générales, dans lesquelles nous n'avons qu'à laisser agir votre prudence, je ne sais si l'on ne pourroit point y en ajouter de particulières par rapport aux villes où le peuple commence à se plaindre hautement. Une des plus simples seroit de faire savoir aux lieutenants de police qu'ils peuvent tenir la main à l'exécution des ordonnances qui défendent aux marchands de blé d'acheter des blés dans l'étendue de deux lieues entières de la ville où ils font leur résidence. Les marchés en seroient plus garnis, et le peuple auroit la consolation d'acheter plus de blé de la première main que je crois qu'il ne le fait à présent dans plusieurs villes du royaume. La proposition que fait le lieutenant de police de Mantes de défendre au moins pour un temps, aux marchands de cette ville, d'en fournir les marchands forains et d'en vendre ailleurs qu'au marché de la ville, pourroit aller trop loin quant à présent; mais je ne sais si on ne pourroit pas prendre le tempérament d'obliger ces marchands à en exposer toujours une certaine quantité au marché de leur ville, en les menaçant de leur interdire absolument la liberté d'en vendre aux marchands forains ailleurs qu'au marché, s'ils ne se soumettoient pas à l'ordre qui seroit établi à cet égard. La seconde chose que propose le même officier, et qui est de défendre aux marchands forains d'enlever le blé pendant la nuit, peut aussi mériter quelque attention. Si les forains pouvoient tromper absolument la vigilance du peuple, il n'y auroit pas un grand inconvénient à tolérer ces enlèvements nocturnes, en prenant néanmoins les précautions nécessaires pour en empêcher l'excès; mais, comme des gens qui ont faim sont ordinairement éveillés de bon matin, et qu'il n'est presque pas possible qu'ils ne soient instruits de ces enlèvements, il est à craindre que ce ne soit une occasion prochaine d'attroupements et de séditions difficiles à réprimer, au lieu que, lorsque l'enlèvement se fait en plein jour, le magistrat peut prévenir le mal par sa présence; et d'ailleurs, le marchand, qui sait qu'on le voit et qu'on l'observe, est plus retenu et moins hardi à faire des enlèvements de blé excessifs. Enfin, la dernière précaution, et la plus utile de toutes celles que l'on peut prendre, et qui dépend encore uniquement de votre autorité, c'est que MM. les intendants se fassent informer par des gens sûrs, fidèles et discrets de ceux qui font des amas suspects, afin de les obliger ensuite à faire porter successivement une certaine quantité de blés aux marchés voisins de leur résidence. Je crois avoir entendu dire que vous aviez déjà donné cet ordre, et, si cela est, nous n'avons qu'à vous en demander la continuation.....»

---

314. *M. de Bouville, intendant à Orléans,*
au Contrôleur général.

26 Février 1709.

«La marque sur les bas et bonnets faits au métier cause ici bien du bruit; il vint hier dans ma cour, et ensuite à l'hôtel de ville, plus de quatre cents cardeurs et autres petites gens que cette manufacture fait subsister, demandant qu'on leur donnât du pain et du travail. Ils parloient dans les rues fort séditieusement, disant qu'ils reviendroient plus de trois mille aujourd'hui. Je les fis retirer en les assurant que j'allois donner ordre aux maîtres bonnetiers et au métier de leur donner à travailler; et en effet, je fis venir ces maîtres, que je vis bien avoir donné lieu à ce tumulte, et je leur parlai de manière que je crois qu'ils donneront aujourd'hui du travail à tous ces pauvres gens; et s'ils ne le font pas, j'informerai contre quelques-uns d'entre eux qui, je crois, y ont plus de part que les autres, et je les ferai emprisonner, car les suites de cette émeute pourroient être dangereuses dans une ville comme celle-ci, où il y a une infinité de pauvres gens, et surtout sur le port. Je crois qu'il seroit bon de vendre les charges auxquelles ce droit est attribué. Si vous vouliez les fixer un peu bas, nous pourrions mettre sur le tarif la somme que vous ordonnerez. J'en parlai hier aux maire et échevins, qui sont de cet avis, dans la crainte que, dans les suites, il n'arrive quelque chose de fâcheux; car vous ne sauriez croire la quantité de petites gens que ce travail fait subsister dans la ville et dans la campagne *.»

* M. de Bouville s'étant offert à obtenir le rachat des droits par la ville, le contrôleur général fit dresser un projet de fixation de la finance par M. de Caumartin. «Le mémoire, dit-il en l'envoyant, vous paroîtra peut-être un peu fort; mais je vous prie de considérer les besoins du service présent. On ne laissera pas d'en diminuer quelque chose par proportion à ce que vous croyez nécessaire pour faciliter le

recouvrement de cette finance.....» (Lettre de M. de Bouville, mars, avec apostille.)

315. *M. de Pontchartrain*, *secrétaire d'État de la marine*, au Contrôleur général.

27 Février 1709.

«Le prêt des soldats est cessé à Toulon, et on a été obligé d'emprunter pour pousser le temps jusqu'à ce qu'on ait eu ma réponse. Il n'y a plus de journaliers, parce qu'on ne peut les payer, et l'impossibilité de caréner les vaisseaux oblige à demander la permission de les mettre sous l'eau. Il n'y a point d'officier auquel il ne soit dû plus de dix-huit mois d'appointements, et, comme on ne peut aider aucun fournisseur, les magasins sont dépourvus de toutes choses, et même celles de la moindre valeur. De trois barques destinées pour la garde de la côte vers Antibes et pour soutenir le commerce de Provence à Gênes, deux sont encore armées, quoiqu'il soit dû sept mois de solde à leurs équipages; la troisième étant rentrée pour prendre des vivres, on a été contraint de la désarmer parce que les matelots ont refusé de servir, si on ne leur donnoit de l'argent pour acheter des hardes. Ce même défaut d'argent empêche d'armer deux tartanes qu'on demande avec empressement pour maintenir la communication avec Roses, sans laquelle cette place se perdra infailliblement; et deux autres bâtiments destinés pour la garde de la côte du Languedoc restent dans le port de Cette, ne pouvant agir faute de vivres et de fonds, pendant que les petits corsaires ennemis viennent sur le cap de Leucate, enlever les tartanes qui vont à Peniscola. Il n'y a ni biscuit, ni salaisons, ni vin, dans les magasins du munitionnaire. L'arsenal des galères est dans le même état pour les officiers, les équipages et les fournisseurs; mais il y a deux parties de leur service qui méritent une attention particulière. L'une est la subsistance des chiourmes, à laquelle on a pourvu jusqu'au 12 ou au 15 par finesse et en promettant des fonds aux marchands qui ont bien voulu se confier à la parole de M. de Montmort et des autres officiers, lesquels se plaignant d'avoir été trompés, on n'a plus rien à en attendre; et il n'y a ni blé, ni farine, ni viandes salées, dans les magasins du munitionnaire, ni aucunes mesures prises de sa part pour s'en pourvoir. La seconde est l'hôpital des forçats, où, depuis plus de douze jours, on ne peut fournir ni bouillons, ni panades, ni vin aux malades et aux convalescents. On y manque aussi de remèdes et de linges, en sorte que les malades y meurent par le pur défaut des choses nécessaires pour leur guérison. On n'a pas même de cierges pour dire la messe ou pour porter devant le Saint-Sacrement. On ajoute que cet hôpital est dans un tel état, qu'il est prêt de tomber, et que, si ce malheur arrive, on aura besoin de sommes considérables pour le rétablir.

«J'aurois bien voulu pouvoir épargner au Roi et à vous ce récit triste et ennuyeux de notre situation dans deux des arsenaux de S. M.; mais je me serois cru responsable des événements par mon silence, ne doutant point que vous ne vous sentiez pressé d'y apporter incessamment le remède convenable. Je sais qu'il est difficile, et j'ai observé à S. M. que le mal ne seroit pas si grand, s'il ne venoit de plus loin, et que j'étois bien certain que la bonne volonté ne vous manquoit point. Je vous prie de la mettre en œuvre et d'être bien persuadé que je n'oublierai aucun soin pour vous être moins à charge, et que, si je vous fatigue, ce n'est que dans la dernière extrémité.....

«Les intendants de la marine à Rochefort, Brest, le Havre, Dunkerque, et les commissaires ordonnateurs à Lorient, Bayonne, Saint-Malo et Nantes continuent de m'écrire tous les ordinaires, des dans termes très pressants et très touchants, sur l'état fâcheux où se trouvent réduits les officiers, ouvriers, matelots et fournisseurs qui ne sont pas payés des sommes considérables qui leur sont dues. Ils assurent que les aubergistes qui ont nourri et logé jusqu'à présent les officiers leur ont déclaré qu'ils ne le pouvoient faire davantage; que les ouvriers, matelots et leurs familles, qui ont vendu leurs meubles et le peu de bien qu'ils avoient pour subsister, meurent à présent de faim et de froid, ne trouvant plus de crédit chez les boulangers, ni de hardes chez les marchands. Ces intendants ajoutent que les adjudicataires des marchandises et munitions nécessaires pour les arsenaux de la marine refusent d'exécuter leurs marchés, et que les bouchers, boulangers et autres qui fournissent pour les hôpitaux de la marine, sont du nombre; que le munitionnaire n'a plus de vivres dans ses magasins, en sorte que les frégates gardes-côtes employées à convoyer les bâtiments chargés de ces munitions sont obligées de rester dans les ports, sans pouvoir aller à leur destination : ce qui retardera le départ d'une escadre que le Roi m'a ordonné de faire réparer à Brest pour un service très important et très pressé.

«La flûte *l'Élisabeth*, qui doit aller charger des munitions dans la rivière de Bordeaux pour le port de Rochefort, est actuellement retenue dans ce port parce que le trésorier n'est pas en état de donner un ou deux mois à l'équipage, qui est tout nu et qui ne peut partir sans hardes. M. de Saint-Clair, qui commande la marine à Dunkerque, m'écrit, depuis deux jours, que les gardes de la marine qui sont en ce port sont tout nus, et qu'un de ces gardes lui étoit venu dire qu'il y avoit vingt-quatre heures qu'il n'avoit mangé. M. du Guay, intendant de la marine, me mande que les boulangers qui fournissent du pain aux prisonniers de guerre anglois pris sur mer ont déclaré à M. le chevalier de Molé, qui commande en cette ville, que, passé le 20 de ce mois, ils n'en fourniroient plus absolument; que les geôliers des prisons de Dunkerque et de Calais veulent abandonner les prisons et les prisonniers, et que les administrateurs des hôpitaux de ces villes ont déclaré qu'ils n'y recevroient plus les malades qui leur seroient envoyés par la marine, à moins qu'on ne leur fît donner quelque argent. M. Lempereur m'écrit qu'il y a actuellement deux paquebots anglois à Saint-Malo qui y ont amené des prisonniers françois qui étoient en Angleterre, que les maîtres de ces bâtiments demandent à être payés de ce qui leur est dû pour leur fret, et que le trésorier n'a point d'argent pour pouvoir les renvoyer avec les prisonniers de leur nation qu'on leur doit remettre, et que leur retardement en ce port causera des dépenses très considérables*.

«Enfin, ces intendants et ordonnateurs représentent qu'ils ont, depuis le matin jusqu'au soir, chez eux, plusieurs malheureux qui sont au désespoir de n'être pas en état, avec ce qui leur est dû, de subvenir aux besoins de leurs familles, et que la misère et les plaintes sont jusqu'à un tel point qu'on ne peut trop tôt y remédier. Sur le compte que j'en ai rendu à S. M., elle m'a commandé de vous écrire que vous ayez agréable d'y faire attention en faisant remettre des fonds à nos trésoriers, afin de pouvoir soutenir le service de la marine**. »

* Voir une autre lettre du 20 avril 1712.

** Voir deux précédentes lettres, des 30 janvier et 6 février.

---

316. *M. le Gendre, intendant à Montauban,*
au Contrôleur général.

27 Février 1709.

« . . . . . Il est survenu une gelée qui a fait perdre toutes les espérances que l'on avoit d'une belle récolte dans ce département*. Cette gelée a été si forte, que, trouvant encore les terres pleines d'eau du premier dégel, elle a fait mourir la moitié du blé qui étoit semé dans les bonnes terres, en sorte que l'on est obligé de les labourer présentement et de resemer de menus grains. Cela a fait considérablement enchérir le blé, et il ne faut pas douter que cette année ne soit fort dure à passer pour le peuple. Il y a déjà plusieurs communautés où les habitants se sont attroupés pour empêcher la sortie des blés. J'ai calmé le mieux qu'il m'a été possible tous ces petits orages; mais j'appréhende qu'il n'en arrive souvent de pareils. Pour les prévenir, je crois qu'il est à propos d'empêcher dans ce département, comme M. de Bâville a fait dans le sien, qu'il ne sorte de blé que par la permission des intendants : cela empêchera les usuriers de faire des magasins et le peuple de crier. Je n'ai pourtant pas encore voulu, sur cela, rendre d'ordonnance publique, de crainte d'effaroucher le peuple, qui l'a été dans les provinces voisines sur de pareilles défenses; j'ai seulement fait fermer les écluses et les passelis des rivières, afin qu'il ne descende aucun bateau de blé, que je n'en sois informé. Cette précaution est d'autant plus nécessaire, que, la généralité de Bordeaux ayant coutume de tirer une partie de ses blés de Languedoc, dont M. de Bâville, par une sage précaution, ne veut pas les laisser sortir, on nous affameroit en un mois de temps, si on tiroit de ce département tout le blé qu'il faut pour la généralité de Bordeaux. J'agirai sur tout cela de concert avec M. de Bâville et M. de la Bourdonnaye, afin que chacun aide son voisin par rapport à leur besoin et à son pouvoir, en observant une grande égalité. Je fais néanmoins toujours distribuer, toutes les semaines, une certaine quantité de blé dans les marchés, afin que le prix n'en augmente pas autant qu'il pourroit le faire sans cela**. . . . . »

* Le 16 janvier précédent, il écrivait : « . . . . . Ce qui fait présentement le plus souffrir les pauvres, c'est le froid extrême qu'il fait ici depuis quinze jours. On n'en a jamais senti un pareil. Toutes les rivières sont prises, et il y a trois pieds de neige sur la terre. . . . . »

** Le contrôleur général répond, le 12 mars : « . . . . . J'ai peine à croire que le mal soit aussi grand qu'on vous l'a fait entendre, et qu'il soit général dans un département aussi étendu que le vôtre. Il faut espérer, au contraire, que, si le bas Quercy a un peu souffert, le haut Quercy, le Rouergue, l'Armagnac et tout le reste du département, où, selon les apparences, il sera tombé de la neige, n'auront pas été si maltraités. Je vous prie de vous en informer exactement et de me faire savoir ce que vous en aurez appris. En plusieurs provinces, et même aux environs de Paris, où l'on avoit cru d'abord la perte de la récolte prochaine certaine et entière, on revient présentement de cette frayeur. Au surplus, vous ne pouvez mieux faire que de continuer vos soins pour empêcher la trop grande augmentation du prix des blés et pour prévenir les émotions et les attroupements; mais, si vous défendez totalement le passage des blés sur les rivières de votre département, la basse Guyenne et l'Agenois, qui sont dans une grande disette, et qui ne laissent pas de tirer quelques secours par les rivières de Garonne, du Tarn et du Lot, se trouveront dans un dénuement qu'il faut éviter. Après tout, la dernière récolte n'a pas été absolument mauvaise dans votre département, et le bas Quercy est, pour l'ordinaire, si abondant en blé, qu'il semble qu'on ne doit pas, sans une grande connoissance de cause et sans une certitude entière qu'il n'est plus en état de rien fournir à ses voisins, leur interdire cette ressource. Il seroit donc à propos que, sans bruit et sans rendre d'ordonnance, vous vous informassiez, par des personnes sûres, fidèles et discrètes, de ce qu'il peut y avoir de blé de reste des années dernières et des précédentes, particulièrement dans cette partie de la généralité de Montauban qui, par sa situation, peut facilement aider l'Agenois et le Bordelois, et, à moins que vous ne voyiez clairement qu'elle n'a précisément que ce qui est nécessaire pour sa consommation jusques à la récolte prochaine, vous n'apportassiez que le moins que vous pourrez d'obstacles au commerce ordinaire d'une province ou généralité à l'autre. . . . . »

---

317. *M. Ferrand, intendant en Bretagne,*
au Contrôleur général.

28 Février 1709.

Il donne son avis sur l'exploitation des mines d'étain et de plomb de la paroisse de Carnoët, en Cornouailles, et sur la contestation dont elles sont l'objet entre l'héritière du premier concessionnaire, les cessionnaires ultérieurs du privilège et les détenteurs actuels, lesquels demandent à étendre leur travail sur les terrains adjacents et à faire proroger le privilège *.

* Voir les lettres des détenteurs, qui étaient des gentilshommes de la maison du roi d'Angleterre recommandés par le maréchal de Berwick, 16 juillet et 20 octobre 1708, et une lettre du contrôleur général à M. Ferrand, 21 octobre. Sur la première lettre, apostille de la main du contrôleur général : « Bon, à condition que, dans l'année, on justifiera de l'ouverture et du travail des mines, et qu'ils n'emploieront que des ouvriers catholiques. »

Le 30 mai 1709, M. Ferrand écrit au contrôleur général : « J'ai fait venir de la mine de Carnoët. . . . . On trouve le plomb très bon pour mettre en table : ce qui est le plus essentiel; vous en trouverez aussi une épreuve en petit plomb. Je ne doute pas que l'on n'en fasse le même jugement à Paris, et que l'utilité que l'on peut espérer de cette mine ne vous porte à accorder au sieur Porter le privilège qu'il demande. . . . . Il n'est pas également facile de vous rendre compte du produit des registres du sieur Porter, qui n'en a tenu aucun; il m'a fait dire qu'il n'a que des feuilles volantes. . . . . » Le 26 avril 1710, M. Porter demande, suivant l'usage, la remise du dixième accordé au Roi sur les produits de la mine. En marge : « Bon. »

Sur l'exploitation et sur les privilèges accordés aux concessionnaires ou aux ouvriers, voir encore une lettre du contrôleur général à M. Ferrand, 3 juillet 1713, plusieurs lettres de celui-ci, 22 avril

1712, et du duc de Melfort, 16 février et 12 juin 1713, et une lettre du sieur Richardson, directeur des mines, 15 mai 1715.

318. *M. de Bâville, intendant en Languedoc,*
au Contrôleur général.

1er Mars 1709.

«Le mémoire anonyme ci-joint qui vous a été donné n'est pas sans fondement; mais il n'est pas tout à fait dans le fait. Les matériaux de l'ancien pont d'Avignon, qui consistent en deux ou trois arches qui sont à sec maintenant, ont été accordés par arrêt du Conseil du 10 septembre 1707 à M. de Caderousse, pour s'en servir seulement à l'entretènement de la chaussée qui est dans l'île de la Bartalasse, par où est le passage de Villeneuve à Avignon; mais il n'est pas permis de les vendre, ni de les employer à un autre usage. Étant averti qu'on vouloit les vendre, j'ai donné une ordonnance, conforme à l'arrêt du Conseil, pour le défendre.»

319. *M. d'Angervilliers, intendant en Dauphiné,*
au Contrôleur général.

1er Mars 1709.

Règlement des attributions respectives du Sénat et de la Chambre des comptes de Chambéry en matière de fausse monnaie.

320. *M. Doujat, intendant en Hainaut,*
au Contrôleur général.

2 Mars 1709.

«.....Quoique nous ayons été obligés, à cause du grand nombre de troupes que nous avons dans ce département, de loger les officiers chez plusieurs exempts, nous avons toujours ménagé avec justice ceux qui reçoivent les deniers du Roi, étant fort dangereux de laisser ces receveurs exposés à l'avidité des soldats que ces officiers sont obligés de recevoir tous les jours chez eux*.»

* Le 24 octobre suivant, en s'excusant de ce qu'une garnison a été mise par le traitant, pendant un jour ou deux, chez le directeur de la poste de Landrecies, il dit : «A l'égard de ce qui concerne l'affranchissement dont il prétend s'exempter, j'ai cru, en le faisant mettre sur le rôle, qu'il n'étoit pas question d'examiner ce qu'il a d'appointements comme maître de poste, mais que cela se devoit régler par rapport à son bien et à ses facultés, qui le mettent en état, plus qu'aucun autre de la ville, de payer cet affranchissement. Et si ce particulier en est exempt, il n'y a point, en bonne justice, de bourgeois de mon intendance qui doivent le payer. Je suivrai cependant les ordres que vous me ferez l'honneur de me donner dans cette occasion.»

Sur les exemptions de logement, voir des lettres de M. le Gendre, intendant à Montauban, 29 août 1708; de M. de Courson, intendant à Rouen, 7 mars et 31 mai 1709; de M. de Bouville fils, intendant à Alençon, 27 juillet 1709; de M. de Bernage, intendant à Amiens, 10 mars 1710, à propos de la ville de Péronne, qui avait en garnison treize compagnies d'infanterie et huit de cavalerie.

Le 26 novembre 1708, le contrôleur général écrivait à M. Despres, commissaire des guerres à Douay : «J'ai appris que vous refusiez le logement à un sergent et à des soldats qui sont revenus blessés après la capitulation de Lille. J'aurois cru vous rendre un mauvais office d'en parler à M. Chamillart; mais je ne pourrai me dispenser de m'en plaindre, si vous continuez à refuser ce logement, et je ne doute point qu'il ne vous en écrive de manière à vous faire connoître qu'il ne convenoit point de traiter avec cette dureté et de laisser périr une troupe qui a aussi bien servi.»

321. *M. de Bernières, intendant en Flandre,*
au Contrôleur général.

2 Mars 1709.

«J'ai reçu la lettre que vous m'avez fait l'honneur de m'écrire le 25 du mois passé. Je ne vous ai point importuné, jusqu'à présent, à vous représenter les malheurs de cette frontière, la triste situation où elle se trouve par rapport à tout ce qui nous y manque, surtout par la grande misère des troupes et le défaut de payement, parce que je sais les efforts infinis que vous faites pour y pourvoir autant que la conjoncture des temps le peut permettre; et, de plus, je n'ai pas ignoré que M. de Chamillart vous faisoit part régulièrement de ce que nous lui écrivions à cet égard : sur quoi je ne flatte certainement pas, et ne suis peut-être que trop naturel et trop vrai; mais je suis persuadé que, quand le mal est venu à un certain point, il ne faut rien dissimuler, et qu'il seroit aussi dangereux de le cacher que de l'augmenter sans raison.

«Sans rien répéter, j'aurai l'honneur de vous dire, en passant, puisque la lettre dont vous m'avez honoré m'en donne l'occasion, que toutes les troupes qui sont sur la frontière sont réduites à la dernière misère; qu'il est dû une infinité de prêts aux soldats, tant de l'année présente que de la dernière; que les officiers ne sont pas dans une meilleure situation, ayant tous vendu et mis en gage jusques à leurs habits, et plusieurs ne sortant point de leur chambre faute de souliers, y ayant un temps infini que la plupart ne touchent aucun argent et que le peu qu'ils peuvent avoir sur les billets des trésoriers de l'extraordinaire des guerres leur coûte jusqu'à 30 et 40 p. o/o à négocier. Dans cette triste situation, le cœur est abattu, les discours sont mauvais, et la misère fait quelquefois grand tort à l'honneur. Il y a déjà longtemps que je ne vois que trop qu'il ne faut pas attendre grande chose, dans l'occasion, de gens qui ne font que se plaindre et déplorer leur situation.

«De crédit, il n'y en a plus aucun, et, comme il n'y a marchand ni aubergiste qui, depuis la bataille de Ramillies, ait rien pu recevoir de ses avances, y en ayant même quantité, sur la frontière, de ruinés par les crédits considérables, il n'est plus possible aux troupes de rien trouver, même le plus nécessaire.

«Nous ne sommes pas dans un meilleur prédicament, et il n'y a point d'intendant sur la frontière, à commencer par moi, qui n'ait involontairement trompé et affronté le public. J'ai eu la confiance des peuples dans les différents départements où j'ai servi, j'en ai tiré des secours immenses, et, par cette raison, les troupes ont été, pendant plusieurs années, beaucoup mieux dans mon département que partout ailleurs; mais, quelques assurances que j'aie données en suite des lettres très précises que j'avois reçues, toutes mes signatures sont devenues inutiles, et jamais trésorier général ne m'a mis en état de rien acquitter de mes emprunts.

«C'est par cette raison qu'il n'est pas possible de pouvoir se flatter de faire aucun usage de ce que M. de Chamillart nous a écrit par sa lettre du 22 février. J'ai tenté inutilement, et qui que ce soit ne veut entendre parler de lettres ou de rescriptions sur le trésorier général. Je connois assez toute la frontière, depuis la mer jusques à la Meuse, pour vous assurer qu'on ne trouvera pas un sol par cette voie.

«A l'égard du secours des Magistrats des villes où il y a des troupes, qui est le second moyen que nous indique M. de Chamillart, il y a longtemps que nous nous en servons, du moins pour ce qui est de moi, et j'en ai tiré des secours si considérables, que les dépenses les plus privilégiées en ont été suspendues. J'en tirerai encore ce que je pourrai; mais la situation où se trouvent les villes est devenue presque égale à celle de l'extraordinaire des guerres, et les garnisons sont si nombreuses, que, quand l'argent des revenus desdites villes seroit bien liquide et ne seroit pas partagé pour des besoins pressants et journaliers, qui regardent également le service du Roi, on ne pourroit pas aller bien loin avec pareil secours*.»

* M. le Blanc, intendant en Flandre maritime, annonce, dans ses lettres des 7, 16, 18 et 26 février, 2 mars et 11 avril, que tout crédit est épuisé et que le pain va manquer. M. Doujat, intendant en Hainaut, dit, le 2 mars, qu'on a ruiné le crédit en ne tenant pas les paroles données et en ne payant exactement ni marchands, ni aubergistes, ni officiers.

322. *Le Contrôleur général à MM. de Bernage, d'Ormesson, de Courson, de Bouville fils et de Harouys, intendants à Amiens, Soissons, Rouen, Alençon, et en Champagne.*

3 Mars 1709.

«La rigueur du dernier froid, la cherté du blé et du pain qu'elle a causée, et l'opinion vraie ou fausse qu'il y avoit beaucoup de blés gâtés par la gelée sont des raisons qui obligent de redoubler les soins et l'attention qu'on a eue jusqu'à présent à faire fournir la ville de Paris, qui met, pour ainsi dire, le taux au blé dans une bonne partie des provinces du royaume; et comme il est impossible que Paris soit tranquille sur le fait des blés, s'il paroît quelque rumeur telle qu'il y en a déjà eu dans certaines villes des provinces dont la ville de Paris tire sa principale subsistance, l'intention du Roi est que, sans faire aucune procédure, visite, ni recherche en forme, et sans rendre d'ordonnances qui pourroient effrayer les peuples et augmenter le mal au lieu de le diminuer, vous fassiez informer par des gens sûrs, fidèles et discrets, non seulement de ceux qui font des amas de blés dans l'étendue de votre département, mais même de tous ceux, soit laboureurs ou autres, qui en ont des greniers et magasins, et qui diffèrent de les ouvrir jusqu'à ce que le prix du blé soit monté à l'excès. Il faut que vous obligiez ensuite les uns et les autres, non par des ordonnances, mais par voies d'exhortation et de remontrances, accompagnées même, si besoin est, de quelques menaces en termes mesurés et placés bien à propos, à faire porter successivement une certaine quantité de blés aux marchés voisins de leur résidence, afin qu'ils soient suffisamment fournis. Je vous prie de considérer l'exécution de cet ordre du Roi comme une affaire très importante et qui demande de votre part une application continuelle et non interrompue, jusqu'à ce que le retour du temps convenable pour les biens de la terre et de l'espérance d'une bonne récolte aient dissipé la crainte et la frayeur*.....»

* Le 22 et le 30 avril, nouvelles lettres à MM. de Harouys, d'Ormesson et Turgot, intendant à Tours, leur recommandant d'assurer par les moyens qui sont en leur pouvoir le transport des grains que les marchands voudraient envoyer à Paris, et de calmer l'esprit des peuples à ce sujet: «Bien loin que l'arrêt du Conseil du 2 de ce mois, par lequel le Roi a ordonné que vous prendriez connoissance des grains qui seroient achetés dans votre département pour d'autres provinces, puisse vous autoriser à faire aucun obstacle aux marchands de Paris,.... je ne puis vous dissimuler que, si vous n'employiez pas utilement toutes ces dispositions à rendre la fourniture de Paris certaine du côté de votre département, S. M. s'en prendroit à vous de tout ce qui pourroit en arriver. Je vous ajouterai qu'il est nécessaire que vous entriez, pour cela, en relation avec M. le prévôt des marchands de Paris, et que vous agissiez de concert avec lui.»

Le 5 mai, à M. de Harouys: «..... Il faut se contenter de garder dans chaque ville sa provision pour quatre ou cinq mois, et non pas pour six ou sept. La campagne ne laissera pas de donner quelque chose cette année; il viendra des blés étrangers; les orges et autres menus grains, semés en abondance dans les terres qui devoient porter des blés, seront un secours considérable. Les déclarations et les visites nouvelles faites dans les villages feront, selon les apparences, trouver plus de blés qu'il n'en paroît par les visites faites de votre ordonnance..... Entrez dans tous les détails, non avec un esprit borné à la circonférence du pays dont l'administration vous est confiée, mais avec un esprit supérieur et qui porte ses vues sur l'État en général, et sur Paris en particulier, qui en est la capitale et dont les mouvements méritent d'autant plus d'attention qu'ils règlent ceux de toutes les autres villes du royaume.»

323. *M. l'Archevêque d'Embrun au Contrôleur général.*

4 Mars 1709.

«Je prends la liberté d'accompagner de cette lettre celle que le syndic de notre clergé se donne l'honneur de vous écrire; j'en ai fait la lecture, et je ne suis que trop convaincu de la vérité des faits qui y sont rapportés. Quelques-uns de mes curés ont déjà déserté pour aller chercher du pain ailleurs, tant la campagne est désolée; nos receveurs des décimes nous présentent des requêtes pour être déchargés des cotes devenues illiquides par la guerre. En l'année 1710, il y aura une assemblée générale: il faudra en imposer les frais; mais, pour peu que les affaires empirent cette campagne dans le diocèse, le clergé ne pourra faire aucune nouvelle imposition. Il faut être sur les lieux pour être convaincu de l'insolvabilité des débiteurs, de la rareté des denrées et de l'accablement où se trouvent les peuples. Il est encore, aujourd'hui, passé des familles entières qui vont demandant la charité, leurs paroisses, situées au delà de la ville de Briançon et dans mon diocèse, ayant été ravagées par les ennemis. Je suis au désespoir d'être obligé de vous faire une si affreuse peinture; l'on connoît votre zèle et votre extrême application à chercher tous les moyens les plus efficaces pour apporter quelque remède à des maux si pressants; mais on doute que le Dieu des armées soit autrement apaisé que par la punition des blasphèmes, des impuretés, des duels et des autres crimes qui se commettent parmi les troupes*.»

* Réponse en apostille : «M. de Caumartin est commissaire du Conseil pour les nouvelles finances des greffiers des domaines des gens de mainmorte et des insinuations ecclésiastiques. Je lui ai renvoyé le mémoire; il prendra soin de vous informer de ce qui se pourra faire à cet égard. Le Roi n'ignore pas l'état fâcheux où sont les provinces et le surcroît de mal qui arrive cette année par la mauvaise récolte de la précédente. S. M. donne toute son attention pour les aider, et il faut espérer que Dieu accordera la paix aux prières des gens de bien, et qu'on pourra en faire ressentir les effets aux peuples.»

---

324. *M. d'Argenson, lieutenant général de police à Paris,*

au Contrôleur général.

4 Mars 1709.

«Quelque chose que le Roi ait pu dire à M. de Pontchartrain, il n'y a point de jour qu'il ne parle à S. M. du pain et des blés, ni qu'il ne m'en écrive deux ou trois lettres. Il semble, à les lire, que tout Paris soit en mouvement, que le peuple crie à la faim, et que nous soyons à la veille de revoir les barricades. Je sais même qu'il parle comme il écrit, et ses discours font de très méchants effets*. Cependant nous avons du pain à 2 sols pour les pauvres, et j'ai deux hommes dans chaque quartier qui n'ont d'autre soin que d'en faire donner sur ce pied-là à tous ceux qui en veulent**. Je prends la liberté de vous envoyer la copie d'un placet séditieux que quelques femmes se proposoient, dit-on, de présenter à Monseigneur, et dont M. de Pontchartrain m'a fait dire, par le commandant de la brigade de Sève, qu'il avoit remis ce matin l'original entre les mains du Roi. Je joins à cette copie un duplicata de la réponse que j'y ai faite, afin que vous soyez informé de toutes les circonstances de cette aventure. J'ai envoyé l'écrivain en prison, et je pense qu'il sera bon qu'il y reste au moins jusqu'à Pâques. Le concours d'autorité gâteroit tout dans une matière aussi importante, et, comme c'est de vous seul que nous pouvons espérer les secours dont nous avons besoin, c'est par vous seul aussi que nous devons recevoir les ordres du Roi. La dernière lettre dont vous m'avez honoré suffit pour mon assurance et pour mon instruction. Ainsi, j'essuierai courageusement les reproches et les gronderies que chaque courrier m'apportera de jour en jour***.»

* Au sujet d'une émeute arrivée à Lagny, le contrôleur général écrivait à M. Daguesseau fils, procureur général au Parlement de Paris, le 5 octobre 1708 : «.....S. M. jugeant à propos d'éviter tout ce qui pourroit donner de l'inquiétude aux peuples et faire resserrer les blés, ce qui seroit très fâcheux dans la conjoncture présente, elle m'a ordonné de vous écrire que son intention est que vous ne fassiez rien sur ce sujet sans ses ordres particuliers et sans m'en avoir donné avis.» Des émeutes eurent lieu aussi en 1709 (lettres à M. Phélypeaux, intendant à Paris, 10 avril et 5 mai); des blés achetés pour Paris et Versailles ne purent être enlevés des marchés (lettres aux officiers de police de Chartres, de Saint-Arnoult, de Melun, d'Étampes, de Rambouillet et de Chevreuse, du 2 et du 3 mai).

** Sur les mesures prises pour assurer l'approvisionnement en pain bis, voir deux lettres des 25 février et 16 mars.

*** Le même jour, 4 mars, il écrit à M. de Pontchartrain : «Le sieur Douaire m'a ramené ce matin une douzaine de femmes qui disoient aller à Meudon porter un placet à Monseigneur, sur la cherté du pain. Je leur ai parlé, et, après m'avoir demandé pardon de leur insolence et rejeté sur l'écrivain les termes séditieux dont ce placet est rempli, elles m'ont dit que ce n'étoit pas la cherté du pain qui les embarrassoit, mais de ce qu'elles étoient hors d'état d'en acheter à quelque prix qu'il pût être. La plupart sont même convenues qu'elles en avoient encore chez elles du marché de samedi, où j'en fis donner sur le pied de 2 s. la livre à tous ceux qui en voulurent. Ainsi, le seul motif de leur voyage est sans doute l'espérance de recueillir quelques charités, qu'elles auroient employées à acheter de l'eau-de-vie et à se divertir en leurs manières. Je leur ai déclaré encore qu'elles auroient du pain à 2 s. tant qu'il leur plairoit, et même à 2 s. moins un liard, dans leurs propres quartiers, et je leur ai fait entendre que je les enverrois visiter dans leurs maisons pour savoir le nombre et l'état de leurs enfants, à qui je ferai fournir ensuite les secours nécessaires. Elles se sont retirées fort tranquillement, m'ont demandé pardon de leur faute, et m'ont bien promis de n'en plus commettre de semblables. Au reste, j'ai vérifié qu'aucunes de ces femmes n'étoient femmes de soldats, quoique leur placet le porte expressément, et j'ai donné ordre que l'écrivain, dont elles m'ont indiqué le nom et la place, fût incessamment conduit dans les prisons du Châtelet, comme il le mérite. L'écrivain, nommé Maranguin, vient d'être arrêté, convaincu par les femmes dont il a écrit le placet d'avoir excédé leurs intentions, et conduit en prison sur-le-champ.»

Le 30 mars, il écrit encore au contrôleur général : «.....M. de Pontchartrain m'écrit sans cesse d'informer de certains discours insolents qu'on lui a dit s'y être tenus (dans nos marchés publics); il m'ordonne même, par sa dernière lettre, de faire emprisonner les coupables; mais, outre que la plupart de ces prétendus discours sont imaginaires, il y auroit, ce me semble, beaucoup d'inconvénient à traiter avec toute la régularité d'une procédure de semblables accusations, quand elles seroient bien fondées, et ce seroit avec beaucoup de raison que vous blâmeriez mon imprudence..... On dit que les deux grandes revues du régiment des gardes sont indiquées pour le mercredi et pour le samedi de la semaine prochaine, qui sont deux jours de marché, et si, sans déranger le service du Roi, elles pouvoient se faire un autre jour, ce changement nous seroit fort utile par deux raisons : la première, qu'au lieu des soldats, il nous faudra essuyer les impatiences et les murmures de leurs femmes, qui entendent encore moins raison; la seconde, que les sergents de confiance qui sont répandus dans les marchés et ne contribuent pas peu à les rendre paisibles, ou du moins à défendre les boulangers contre les empressements tumultueux du menu peuple, n'y pourront être ces jours-là. Je m'accoutume insensiblement à vous exposer ainsi toutes mes peines.....»

Sur une nouvelle lettre, du 4 avril, le contrôleur général répond, le jour suivant, que le Roi veut bien laisser un sergent par compagnie du régiment des gardes françaises. En le remerciant le même jour, M. d'Argenson ajoute : «Il a été affiché, la nuit dernière, quelques placards; mais, comme ils ne regardent que moi, je m'en embarrasse fort peu. Je suis persuadé que nos facteurs de la Halle, que je fais observer de près, en sont les auteurs, et, peu sensible aux louanges outrées que le peuple m'a données quelquefois, je ne le suis pas davantage à ses imprécations ni à ses reproches. Je plains les pauvres, quelque injustes qu'ils puissent être, et je continuerai de les servir de tout mon cœur, malgré leurs murmures.»

---

325. *M. de Bâville, intendant en Languedoc,*
au Contrôleur général.

5 Mars 1709.

Il envoie son avis et celui des trésoriers de France sur la saunaison à faire dans les salins de Peccais *.

* Il rend compte, le 14 février 1710, des frais faits pour le curage, pendant l'hiver, des canaux par lesquels le sel se voiture jusqu'au Rhône.

326. *M. de Quinson, lieutenant général en Roussillon,*
au Contrôleur général.

6 Mars 1709.

Il annonce avoir donné un passeport à deux négociants de Barcelone pour aller à Montpellier et y employer en marchandises 6 ou 7,000 pistoles d'or. Dans les guerres précédentes, M. de Barbezieux et M. de Pontchartrain l'avaient engagé à favoriser ces relations entre la Catalogne et le Languedoc, Lyon, etc.

327. *Le Contrôleur général*
à M. Turgot de Saint-Clair, intendant en Auvergne.

8 Mars 1709.

« J'ai rendu compte au Roi de vos lettres au sujet des pauvres qui se sont retirés dans la ville de Clermont pour y chercher leur subsistance. S. M. a fort approuvé les mesures que vous aviez prises avec M. l'évêque de Clermont pour procurer du soulagement à ces mendiants par des aumônes volontaires; mais, avant toutes choses, il faudroit examiner si tous ces mendiants, que vous me marquez monter à deux mille, sont de pauvres familles de la ville, ou des gens de la montagne qui y descendent, comme il est ordinaire dans les années de disette. Si ce sont des familles de la ville, il est sans difficulté que tous les bons habitants doivent chercher les moyens de pourvoir à leur subsistance, ou par une aumône volontaire, ou autrement; mais, si ce sont des gens de la montagne, l'intention de S. M. est qu'on les oblige de retourner dans les lieux de leur résidence et que ses ordonnances soient exécutées à cet égard, parce qu'autrement il arriveroit que les aumônes qu'on feroit dans la ville de Clermont y attireroient un si grand nombre de mendiants du dehors, que, la ville se trouvant hors d'état de les assister suffisamment, cette foule de gens mal nourris ne manqueroit pas d'infecter l'air et de causer quelque maladie populaire.

« Il est donc plus à propos de les obliger à retourner chez eux et de leur faire distribuer dans leurs paroisses et villages, par le ministère des curés et doyens ruraux, quelques grains, soit méteil, orge ou blé noir, qui seroient achetés au moyen des aumônes et contributions volontaires. Peut-être même qu'après avoir pourvu à donner de l'assistance à ces pauvres chez eux, il faudroit, pour l'exemple, faire mettre en prison quelques-uns de ceux qui s'opiniâtreroient à rester dans la ville *..... »

* Les mesures prises par l'intendant furent approuvées le 17 avril. M. l'évêque de Saint-Flour écrivait, le 15 mai suivant, qu'au lieu de chasser les pauvres étrangers, il serait plus humain de laisser la liberté de les nourrir après avoir pourvu à la subsistance des pauvres du pays même.

328. *M. le cardinal Le Camus, évêque de Grenoble,*
au Contrôleur général.

8 Mars 1709.

« J'ai cru qu'il étoit de mon devoir de vous donner part d'un projet qui se répand dans cette province, de se marier sans faire contrôler ses bans. En voilà un exemple qui arriva hier en cette ville, dont il est nécessaire de prévenir les suites. J'ai fait ce que l'Église ordonne de faire contre ceux qui profanent ainsi les sacrements; mais, comme ces malheureux craignent fort peu les excommunications et les censures de l'Église, peut-être l'autorité du Roi sera plus capable de les contenir.

« Je ne vous dissimulerai pas que les taxes qu'on met sur les baptêmes pour les extraits, contrôle des extraits de mariage et contrôle de sépulture des femmes pour les veufs, et le contrôle des insinuations des bans, dont les taxes et les tarifs sont très violents et au delà de ce que les peuples peuvent supporter, les mettent en état de tout faire pour se garantir de ces taxes. Un paysan qui n'a que 60 # en devra plus que cela pour se marier. Les nouveaux convertis vont se marier à Genève; les autres se marient à *le Gaumineq*. Ainsi, les règlements du Concile et les ordonnances des Rois seront éludées, il y aura mille mariages clandestins; les parents se marieront sans dispenses, les autres se marieront, après avoir abusé d'une fille sous promesse de mariage, à une autre; les pères ne pourront plus s'opposer aux mariages irréguliers de leurs enfants. C'est assez de vous représenter ces choses, afin que, par votre autorité et votre pénétration, vous y apportiez le remède en modérant les taxes, ou par d'autres voies *. »

* Sur le payement des droits de contrôle des registres paroissiaux que le traitant voulait faire acquitter d'avance par les curés, alors même qu'ils n'avaient rien que leur portion congrue de 240#, voir une lettre de M. Milon, syndic du diocèse de Tulle, 30 mai 1708.

329. *M. Lebret fils, intendant en Provence,*
au Contrôleur général.

8 et 12 Mars, 10, 12 et 29 Avril 1709.

Il rend compte des progrès du renchérissement des blés, des mouvements populaires qui se sont produits en plusieurs endroits, et de la difficulté de garantir la liberté du commerce.

État des ressources des principales villes.

Organisation, à Marseille, d'un Bureau d'abondance, composé de douze gentilshommes et gros négociants, pour seconder les échevins.

Précautions prises contre les accaparements; visite des greniers *.

* Voir les lettres qui lui avaient été écrites les 6 janvier, 4 et 28 février précédents.

330. *Le Contrôleur général à M. de la Vrillière, secrétaire d'État.*

9 Mars 1709.

Il conteste l'exactitude des bruits alarmants recueillis à propos des derniers froids, et annonce que plusieurs intendants ont déjà donné des renseignements très rassurants.

«Il eût été à désirer que ceux qui ont le plus exagéré le mal qui paroissoit à craindre dans cette fâcheuse conjoncture, et qui peut-être n'ont pas peu contribué aux mouvements qu'on a vus en de certains endroits, eussent donné autant d'attention à vérifier les faits pour rassurer les peuples, qu'ils ont eu, on peut le dire, de légèreté à jeter l'épouvante partout.....»

331. *Le Contrôleur général aux Intendants.*

11 Mars 1709.

Ordre d'empêcher les attroupements de jour ou de nuit des pauvres des villes et de la campagne, qui, sous prétexte de mendier, arrêtent les porteurs de blé et pillent les chargements, quand on refuse de leur donner du grain *.

* Voir une lettre de M. Daguesseau fils, procureur général au Parlement de Paris, 7 mars, dans laquelle il demande des récompenses pour les prévôts des maréchaux les plus actifs.

332. *M. de Bernières, intendant en Flandre, au Contrôleur général.*

11 Mars, 2 et 10 Avril 1709.

Occupation de la forêt de Phalempin par les Hollandais; mesures prises pour qu'ils n'outrepassent pas leurs droits en allant jusqu'à faire des dégradations et des coupes anticipées *.

* Le 27 janvier 1710, il proteste contre leurs prétentions d'inquiéter le Roi dans la jouissance de la forêt de Mormal.

333. *Le Contrôleur général à M. Lebret fils, intendant en Provence.*

14 Mars 1709.

«Lorsqu'on fit la création des intendants du commerce, MM. les maîtres des requêtes, par la médiation de M. le Chancelier, obtinrent qu'au lieu de faire une crue de maîtres des requêtes avec la qualité d'intendant du commerce, on feroit simplement des commissions d'intendant du commerce qui seroient possédées par des maîtres des requêtes, et ils offrirent alors de prendre en corps pour 500,000# d'augmentations de gages. Et comme ils n'ont pu, jusqu'à présent, fournir qu'une partie de cette somme, ils se sont déterminés de s'engager chacun en particulier d'y contribuer pour sa part. C'est ce que M. de la Salle vous a demandé.....»

334. *M. de la Bourdonnaye, intendant à Bordeaux, au Contrôleur général.*

16 Mars 1709.

«Avant de partir pour Agen, j'ai cru devoir finir ici deux choses qui m'ont paru fort importantes : l'une, le renfermement des pauvres jusques à la récolte, auquel j'ai engagé les jurats de penser sérieusement de concert avec le Parlement. J'ai entré deux fois dans cette Compagnie pour procurer l'avancement de cette affaire. Hier, elle délibéra de contribuer d'une certaine somme à l'entretien de ces pauvres renfermés. Les jurats vont consommer cet ouvrage en mon absence, en excitant les autres corps et les particuliers à une aumône volontaire, dont ils espèrent tirer le fonds dont ils auront besoin. L'autre affaire est l'établissement de quatre fours que les jurats ont fait faire dans un lieu commode, de concert encore avec le Parlement, où j'ai pris ma place en cette occasion, pour assurer la subsistance du peuple. Les boulangers menaçoient de l'en laisser manquer, sous prétexte qu'ils perdoient sur cette sorte de grain, qui est propre pour les pauvres, et ils demandoient une augmentation considérable sur le prix de ce pain-là. Il auroit été fort dangereux de permettre tout d'un coup une pareille augmentation dans une ville comme Bordeaux, où le peuple murmure aisément. Nous avons trouvé l'expédient de faire faire tous les jours, par le moyen de ces fours, à un prix raisonnable, douze mille livres de pain composé de froment et de seigle, dont le peuple est fort content. J'aurois fait établir un plus grand nombre de fours, si je n'avois appréhendé de n'avoir pas de quoi les soutenir, les provinces voisines, et particulièrement le Poitou, qui a beaucoup de blés, nous en refusant absolument, ainsi que j'ai eu l'honneur de vous le mander *.»

* Le contrôleur général répond, le 25 mars, que le Roi a approuvé ces mesures.

Le 29 avril, M. Dalon, premier président du Parlement, annonce que l'on a commencé, le jour même, à renfermer une partie des mendiants et vagabonds, mais qu'il y aurait à pourvoir aux paysans qui affluent en foule depuis que les propriétaires ne peuvent plus les faire travailler. Les vignes étant gelées et devant toutes être coupées au pied, il n'y aura point de récolte de vin, et, comme c'est la seule ressource du pays, il sera nécessaire que le Roi fasse faire des distributions de blé ou de légumes. Le contrôleur général répond à cette lettre le 12 mai. Voir aussi une lettre de l'archevêque de Bordeaux, en date du 27 avril, et une du maréchal de Montrevel, en date du 7 mai.

Le 19 mai, le contrôleur général écrit à M. de la Bourdonnaye qu'il lui paraît étonnant que les vignerons des magistrats du Parlement et de la Cour des aides soient réduits à mendier ou à vivre de mauvaises herbes, et qu'il y aurait lieu d'examiner avec le premier président et le procureur général, dont l'entente n'est pas aussi grande qu'elle devrait l'être dans de pareilles circonstances, si les dispositions de l'arrêt pour la nourriture des pauvres sont suffisantes.

Outre les fours où l'on fabriquait le pain de mesture, on en établit d'autres pour faire du pain de seigle. (Lettres de M. de la Bourdonnaye et de M. du Vigier, procureur général au Parlement, 18 mai.)

Il fut décidé plus tard de tenir les pauvres renfermés encore pendant trois autres mois, et ces mesures furent renouvelées encore en 1710 : voir les lettres de M. l'archevêque de Bordeaux, 24 et 31 août, 24 septembre et 30 novembre; de M. du Vigier, 31 août et 6 octobre; de M. de la Bourdonnaye, passé intendant à Orléans, 18 octobre; de M. de Courson, son successeur à Bordeaux, 30 novembre 1709 et 8 février 1710; des trésoriers de France à Bordeaux, 22 novembre 1709, et du premier président Dalon, 7 février 1710.

335. *M. de Saint-Macary, subdélégué général en Béarn,*
au Contrôleur général.

16 et 19 Mars, 16 Avril, 4 Juin 1709.

Il annonce que, malgré le refus des États de la haute Navarre de laisser passer les blés nécessaires à la consommation de la basse Navarre, il maintient la liberté d'exporter les bœufs qu'ils tirent de celle-ci et qui font leur ressource unique en viande; mais on doit craindre que, si la récolte du blé d'Inde se trouve définitivement compromise par les pluies continuelles, les peuples basques ne finissent par perdre patience et par se porter à quelque extrémité fâcheuse envers leurs voisins, d'autant plus que rien ne leur vient des généralités de Bordeaux et de Montauban, à cause des prohibitions des intendants.

336. *M. Roujault, intendant à Poitiers,*
au Contrôleur général.

17 Mars, 19 Avril, 2 et 9 Juin 1709.

État des récoltes dans les diverses parties du département. Le haut Poitou est surtout maltraité, et n'aura pas moitié de ses semences en froment*.

«Le soin que l'on prend des pauvres, dont il y a deux mille trois ou quatre cents actuellement dans les hôpitaux, à la charge de la ville, nous attire [la] tranquillité, autant que les exemples qui ont été faits.....

«(9 juin.) On compte seulement, à tout prendre, sur toute l'élection de Fontenay, qu'il y aura quelque chose au delà des semences. Il y a beaucoup d'endroits où les seigles sont gelés et ont autant de mal que les froments, où ils sont plus mal traités. Ces cantons sont petits; mais, en beaucoup, il n'y aura que le quart ou demi-année, au plus, en seigles, et il n'y a point de canton entier où on puisse dire qu'il y ait abondance. Orges, avoines d'hiver, noyers, châtaigniers, amandiers, tout est gelé et n'a plus d'espérance. Les vignes sont aussi gelées presque partout..... Les baillarges et petits blés étoient beaux et promettoient beaucoup; les pluies commencent à faire beaucoup craindre qu'ils n'aient leur part du dérangement des saisons..... Il ne manquoit, pour achever de désoler les peuples, que de perdre les bestiaux : il en est mort une infinité.....»

* Le 5 avril, M. l'évêque de Limoges écrit que, malgré la mauvaise récolte de grains et de châtaignes, il y aurait encore des ressources suffisantes dans les greniers, si on les administrait avec prudence et qu'on ne laissât rien sortir du pays.

337. *M. le Blanc, intendant en Flandre maritime,*
au Contrôleur général.

18 Mars 1709.

Il envoie, avec avis favorable, une requête par laquelle les Magistrats de la ville de Dunkerque demandent la continuation des droits d'octroi pour six ans*.

* Apostille : «Bon.»

Le 11 mars 1710, l'intendant appuie une requête analogue, faite par la même ville, pour le nouvel octroi sur l'eau-de-vie et le vin consommés en détail.

Le 18 avril 1709, il propose la continuation pour douze ans d'un octroi accordé à la ville de Hondschoote, et, le 20 avril, le maintien de la ville de Bailleul dans la possession de son droit d'issue.

338. *M. Ravat, prévôt des marchands de Lyon,*
au Contrôleur général.

19, 23 et 26 Mars, 3, 4, 9, 11, 16, 18, 21, 24 et 27 Avril 1709.

Des empêchements ont été mis, en Provence et en Languedoc, le long du cours du Rhône, au transport des blés achetés pour le compte de la ville de Lyon. Certaines barques, parvenues au port de Tain, ont été arrêtées par ordre du commandant du pays de Vivarais, et leur contenu distribué aux habitants de Tournon; cet exemple a été imité à Valence, en suite d'une délibération régulière du consulat.

Sur la Saône, l'opposition des habitants et la conduite des consuls sont les mêmes.

«(9 avril.) M. l'évêque de Mâcon me fait l'honneur de m'écrire, le 7, qu'il a fait ce qu'il a pu jusques à présent pour nous faire donner liberté de passage, mais qu'il craint à l'avenir de n'être pas le maître, et qu'il ne pourra pas prévenir les désordres qui ne manqueront pas d'arriver par les violences des gens que la faim presse, à moins que nous ne remettions à Mâcon le dixième des blés qui descendront pour Lyon, comme si Mâcon n'étoit pas dans un port plus près de la Bourgogne que nous, et qu'il fût en droit de nous faire composer et nous ôter la subsistance que vous nous avez accordée. C'est un désordre si grand dans tous les endroits le long de la Saône, que l'on ne peut plus aller en sûreté : les paysans s'attroupent, ils enlèvent tout ce qu'ils peuvent, et rien ne les contient. Je ne doute pas que MM. les intendants ne vous informent de tous les maux, qui deviendront bien plus grands, si les peuples ne sont pas retenus par la crainte et par les exemples. L'artisan, dans les villes, quitte avec plaisir son métier, et le paysan la charrue, pour se mettre à piller; personne ne sera en sûreté dans les villes, ni dans la campagne; ce sera une guerre intérieure dans le royaume, bien plus à craindre que celle que nous avons contre les ennemis de l'État. La liberté du commerce des grains est trop nécessaire, et la sûreté de leur conduite trop importante, pour n'être pas assuré que vous y donnerez toutes vos attentions dès que vous en serez informé, et qu'il vous sera facile d'y apporter des ordres qui feront cesser la licence des peuples. Par ce moyen, nous aurons la liberté de tirer les blés de Lorraine, de Champagne, de Bourgogne, que vous nous destinez, étant inutile de compter sur ceux que nous avons achetés en Provence.»

Il demande que des ordres précis soient donnés, et leur exécution assurée, pour la délivrance des quantités de grains que, suivant les conventions arrêtées à la fin de 1708, chaque province doit envoyer à Lyon, à savoir : la Lorraine, vingt-deux mille neuf cents quintaux; la Champagne, dix mille; la Bourgogne, quinze mille.

«Nous ne pouvons plus compter sur le Languedoc par la dernière lettre que j'ai reçue de M. de Bâville, que tout est impossible et que l'état de leurs affaires est tel qu'il ne sait s'il y aura du blé dans quinze jours pour Montpellier et pour Nîmes : en sorte qu'il nous manqueroit quatorze mille quintaux pour remplir les soixante et un mille neuf cents que vous croyez qui nous sont nécessaires pour attendre jusqu'à la nouvelle récolte.

«.....J'ai eu l'honneur de vous informer, par ma lettre du 19 de ce mois dernier, que nous n'avions des blés que pour cinq semaines, non par manque de prévoyance et de dépense, mais par tous les contretemps fâcheux qui continuent de nous arriver, qui nous empêchent la sortie, la remonte et la descente de nos blés.

«(*18 avril.*) Je renouvelle auprès de vous mes très humbles et très instantes prières pour vous supplier de nous donner des prompts secours pour retirer nos blés. MM. les intendants en disposent contre les ordres de la cour, les distribuent et les font consommer par les peuples, quoique nous n'ayons pas acheté ceux qui nous sont arrêtés en Bourgogne dans leurs provinces. Il n'est pas question de discuter les droits; nous n'en avons pas le temps : nous sommes à la famine, si vous n'avez pas pitié de nous. Le mal est grand, et il augmente tous les jours.

«.....Cette ville est bien malheureuse de se voir couper ses vivres de tous côtés après toutes les précautions qu'elle a prises pour faire subsister ses habitants en tirant des blés des endroits les plus éloignés, et qu'il faille qu'elle périsse par les enlèvements cruels et injustes que l'on lui en fait. C'est ce que l'on aura de la peine à croire, et que MM. les intendants fassent naître à tous moments des difficultés pour nous mettre à la faim sous des prétextes qui ne peuvent jamais être approuvés, puisqu'ils vont à détruire la seconde ville du royaume; et j'ose dire qu'il est du bien de l'État de ne le pas souffrir *.....»

* Voir les réponses du contrôleur général, 30 mars, 2, 3, 14 et 16 avril. Le 30 mars, il écrit à M. l'évêque de Valence, en Dauphiné : «.....Le Roi a résolu de faire rendre les blés de la ville de Lyon, de condamner les consuls de Valence aux dommages et intérêts, et d'ordonner que le maire et un des consuls qui ont assisté à la délibération viendroient à la suite du Conseil, pour rendre compte de leur conduite.....» L'évêque répond, le 10 avril : «Les officiers de cette ville avoient prévenu vos ordres..... et rendu à la ville de Lyon, conformément aux intentions de M. notre intendant, les barques de blé qu'ils avoient arrêtées avec trop de précipitation. Cependant l'état où nous sommes..... ne sembleroit que trop pouvoir justifier leur entreprise..... Il ne fut jamais de plus extrême disette..... Nos marchés ne suffisent pas à la moitié de ceux qui demandent du blé....., et la visite des greniers et des fermes de la campagne, qui a été faite par un commissaire député du Parlement à cet effet, nous a fait voir qu'en le distribuant avec la plus grande économie, il est impossible qu'il suffise, même pour un mois; après quoi il faut absolument que la moitié des personnes de cette ville et de son voisinage périssent de faim, s'il n'y est pourvu de quelque secours étranger..... Les paysans de la campagne commencent à s'attrouper et à piller partout. La récolte prochaine est absolument perdue.....»

Pour les blés retenus à Arles, voir deux lettres du contrôleur général à M. Ravat, 14 mars et 2 avril. Pour ceux que les habitants de Tournon avaient arrêtés, voir la lettre du 30 mars à M. de Bâville, intendant en Languedoc. Celui-ci répond, le 9 avril, que tous les grains avaient été chargés en Languedoc, sans passeport de lui, que d'ailleurs la ville de Tournon était à la faim, et que Lyon, si souvent secouru par le Languedoc, devait lui rendre service à son tour. Le même jour, M. Chamillart, secrétaire d'État à la guerre, annonce qu'il a adressé des reproches à M. de Courten, commandant en Vivarais. Celui-ci cependant, de concert avec M. de Rochepierre, syndic du Vivarais, et le sieur Dumoulard, subdélégué, arrêta encore d'autres blés. (Lettre de M. Ravat, 18 avril, et lettres du contrôleur général à M. de Bâville, 8 et 19 avril.)

Le 15 avril, le contrôleur général écrit à M. le Guerchoys, intendant en Franche-Comté : «Je ne saurois trop vous marquer mon étonnement sur ce que vous m'écrivez par votre lettre du 12 de ce mois, concernant les blés achetés pour l'Abondance de Lyon, qui ont été déposés à Gray pendant le temps que les glaces en ont empêché l'enlèvement, et je comprends encore moins que vous vouliez ôter la subsistance à une ville aussi considérable qu'est Lyon, pour vous décharger du soin de pourvoir aux villes de votre département. Je lirai demain votre lettre au Roi, et je ne doute pas que S. M. n'ait lieu d'être fort mal satisfaite quand elle verra que vous n'avez point d'autres ressources pour pourvoir à une ville de votre département.»

Mais, la veille (14 avril), il avait écrit à M. Trudaine, intendant à Lyon : «.....Vous aurez facilement compris le peu de secours que votre département doit attendre des provinces circonvoisines, et particulièrement de l'Auvergne et du Bourbonnois. M. de Sagonne m'écrit des lettres très pressantes pour faire défendre la sortie des blés de son département, où il n'est pas moins cher que dans le vôtre. M. Pinon et M. de Harouys m'écrivent dans le même esprit et dans le même sens; et en effet la cherté est encore plus grande dans plusieurs bailliages et contrées de la Bourgogne que dans le Lyonnois. Dans cette extrémité, je ne vois que deux ressources : l'une, de faire promptement et sans aucun délai ouvrir les greniers et magasins qu'il y a certainement en plusieurs châteaux, abbayes et autres lieux des villes et de la campagne, par les voies que mes précédentes lettres vous indiquent; l'autre, mais je ne vous la propose qu'avec peine, parce qu'on s'y jette de tous côtés, d'avoir recours à l'Orléanois par la Loire. Si vous prenez ce parti, adressez-vous à M. de Bouville et ne faites rien que par ses avis, car il est chargé en même temps de Paris, de l'armée et de la province de Dauphiné, et d'une partie de la Bourgogne, et le blé devient cher dans son département par les grandes traites qui commencent à l'épuiser.....»

---

339. *Le Contrôleur général à M. de la Bourdonnaye, intendant à Bordeaux.*

22 Mars 1709.

«.....Vous m'informez des avis que vous avez reçus du mal que les derniers froids ont causé aux vignes du Bordelois, aux châtaignes du Périgord, aux pins et aux mouches à miel des landes de Bordeaux, et même aux blés, et vous me parlez des difficultés que vous trouvez à tirer des secours de la généralité de Montauban, du Languedoc, du Poitou et de la Touraine*. Il y a tout lieu d'espérer qu'au printemps, et lorsqu'un temps plus doux aura permis de reconnoître l'état des choses, le mal ne se trouvera pas tel, ni aussi général qu'on vous l'a fait entendre. On sait déjà que les vignes n'ont point souffert dans les grands vignobles des provinces de Bourgogne, Champagne, Orléanois et autres de ce côté-ci; il y a beaucoup moins lieu d'appréhender pour celles des pays plus méridionaux, et en particulier de la Guyenne. A l'égard des blés, on est fort revenu de la frayeur dans laquelle on étoit, et on est bien informé que, dans les bonnes terres, ils n'ont point souffert. Ainsi, vous devez examiner plus attentivement la vérité des rapports qu'on vous a faits jusqu'à présent, et ne pas ajouter foi avec trop de facilité aux discours pleins d'exagération qui sont assez ordinaires dans les années et les conjonctures pareilles à celles-ci. Quant aux blés qui sont à Marans, j'écris à M. Bégon afin qu'il aide par son autorité ceux qui seront chargés de les enlever et embarquer, et qu'il prenne les mesures et les précautions qu'il jugera nécessaires pour éviter les désordres et les émotions dont il a paru quelque commencement.

«J'écris aussi à M. Roujault; mais, comme il y a eu quelque bruit en Poitou au sujet des blés, il est à propos que ceux qui agissent par votre ordre se conduisent sagement et ne fassent rien à cet égard que de concert avec M. Roujault et de son ordre exprès. A l'égard des blés de l'Anjou, M. Turgot, à qui j'ai envoyé copie des apostilles que vous aviez mises sur l'état des permissions accordées pour Bordeaux, ne manquera pas de tenir la main à ce que ceux qui ont obtenu ces permissions satisfassent à leurs soumissions. Je lui en écris encore un mot; mais il n'est pas étonnant que la rigueur du temps, le froid et les glaces aient retardé toutes les affaires de cette nature.

«J'ai vu, par une de vos lettres du 12, que vous vous disposiez à partir pour Agen, et vous m'avez envoyé par la même un projet d'arrêt pour faire faire des visites dans tous les greniers et obliger les particuliers d'en porter de certaines quantités aux marchés. A l'égard de votre voyage à Agen, il ne peut produire qu'un bon effet, et vous serez, sur les lieux, beaucoup plus à portée de prendre, conjointement avec M. l'évêque d'Agen et les officiers de police ou autres qui sont capables et obligés par le devoir de leurs charges d'entrer dans une affaire si importante, les mesures les plus convenables. Mais je ne juge pas de même du projet d'arrêt que vous m'envoyez, lequel, au lieu de produire un bon effet, ne pourroit qu'augmenter l'alarme et la consternation des peuples, et en même temps le prix des grains. Il vaut donc mieux que, sans arrêt ni ordonnances, vous fassiez informer, par des personnes fidèles, sûres et discrètes, de tout ce qu'il peut y avoir de greniers et magasins dans l'Agenois, et même dans tout le reste de votre département, appartenant à des particuliers, et que, sans aucune procédure, vous les engagiez par des remontrances et exhortations verbales, mais vives et pressantes, accompagnées même, si besoin est, de quelques menaces en termes mesurés et placés bien à propos, à faire vendre successivement une certaine quantité de blés aux marchés de votre résidence ou les plus prochains. C'est ainsi qu'on a jugé à propos d'en user dans les provinces et généralités dont la ville de Paris tire ordinairement sa principale subsistance.

«Vous aurez déjà appris que M. le Gendre a rendu une ordonnance pour fermer les écluses et passelis du Lot et de la Garonne, et empêcher par ce moyen le transport des blés de son département. Quoiqu'on ne puisse absolument blâmer sa conduite, ayant eu de bonnes raisons pour rendre cette ordonnance, je ne laisse pas de lui écrire que, vu le besoin pressant de l'Agenois, il doit, de concert avec vous, faire les derniers efforts pour effectuer ce qu'il avoit ci-devant promis et vous donner les secours sur lesquels M. l'évêque d'Agen et vous avez compté dès l'automne dernier**.»

* Voir les lettres de M. de la Bourdonnaye, 19, 26 et 29 janvier, 2, 9, 16 et 24 mars, 4, 13, 18, 20, 24 et 28 avril, 2, 6, 11, 14, 18, 21 et 28 mai, 1er, 4, 8 et 15 juin, 9, 14, 17, 24 et 30 juillet, 7, 13, 17, 27 et 31 août, 3 et 10 septembre, etc.; du maréchal de Montrevel, commandant général en Guyenne, 30 avril, 14 et 25 mai; des habitants de Villefranche-en-Périgord, 1er mai; des maire et consuls de Condom, 2 mai; des directeurs de la Chambre de commerce de Guyenne, 3 août; et les autres lettres du contrôleur général à M. de la Bourdonnaye, 6, 12 et 15 janvier, 4 février, 19 et 28 mai, 2 et 9 juin, et à M. Roujault, intendant à Poitiers, 6 et 12 janvier, 14, 22 et 25 mars.

** Sur les moyens de subsistance donnés à l'Agenais, voir les lettres du contrôleur général à M. le Gendre, intendant à Montauban, et à M. l'évêque d'Agen, 22 et 25 mars. M. le Gendre reçut ordre de révoquer les deux ordonnances par lesquelles il avait voulu obliger les détenteurs de grains à en faire la déclaration, permis aux consuls de faire des visites chez les particuliers et empêché le transport des blés par eau. Dans une lettre du 3 avril, il justifie les mesures prohibitives : «L'on ne manque point de blé dans toutes ces provinces ; mais il faut un peu d'ordre et d'arrangement. Il y a deux mois que l'Agenois ne subsiste que par l'attention que j'ai à y faire passer du blé; j'en fis encore acheter hier pour 10,000 ₶, que j'ai fait partir sur-le-champ, et, afin de prendre des justes mesures pour l'avenir, je m'en vais exprès à Agen, pour conférer avec M. l'évêque, M. du Rosel et M. de la Bourdonnaye, qui y est présentement. Je saurai précisément par moi-même ce qu'il faut pour la subsistance des peuples jusques à la récolte, et j'arrangerai sur cela mon affaire. Je ne sais qui a pu vous dire que je laissois manquer ce pays-là : quoiqu'il ne soit pas de mon département, j'y ai une attention égale. Vous en jugerez par la lettre ci-jointe, que je viens de recevoir de M. l'évêque d'Agen. Si je ne vous l'ai pas mandé plus souvent, c'est que je ne cherche point à me faire valoir. Pendant que le blé enchérit partout, il y a deux mois que je le tiens à peu près sur le même pied dans toute la généralité de Montauban, au moyen des magasins que j'ai faits, de mon argent et sur mon crédit, dans les principales villes. Je ne saurois m'empêcher d'avoir l'honneur de vous dire que le sieur Langlois, receveur général, m'a été, sur cela comme en toute autre chose, d'un grand secours. Je trouve toujours sa bourse ouverte, et jamais de difficulté sur rien. Je vous supplie de vouloir bien lui en marquer quelque chose dans l'occasion. Il seroit à souhaiter, pour le bien de la généralité, que le sieur Ogier lui ressemblât : aussi l'un est-il aimé et estimé de tout le monde, et il s'en faut bien que l'on ait pour l'autre les mêmes sentiments. C'est un petit homme vif et brillant en apparence, dont il faut se servir dans les temps difficiles, mais toujours s'en méfier. Je suis persuadé que vous les connoissez l'un et l'autre mieux que moi; mais je ne saurois m'empêcher de rendre justice à la vérité. Reposez [-vous], je vous conjure, sur moi pour ce qui regarde les blés. Je connois la conséquence de cette affaire : je la suivrai de près; j'ose vous assurer que, quand la disette viendroit plus grande, ce département souffrira moins qu'un autre.»

Une somme de 40,000 ₶ avait été donnée pour ouvrir des ateliers publics : lettres de M. de la Bourdonnaye, 12 février et 20 avril; lettre du contrôleur général à M. de Lussé, receveur général des finances à Bordeaux, 18 février.

340. *M. Bégon, intendant à la Rochelle,*
au Contrôleur général.

23 et 31 Mars, 14 Avril, 26 et 30 Mai, 22 Juin 1709.

Travail de la Monnaie de la Rochelle; réparation des dommages causés par un incendie*.

«Si le Roi n'avoit pas cédé son droit de seigneuriage, et si S. M. ne se fût pas chargée des frais de brassage et des déchets qui se trouvent sur la fabrication à sa pure perte, on pourroit, en travaillant, payer à mesure et retirer ses billets; mais, à la fin, il en resteroit qu'on ne pourroit payer, à cause de cette dépense à laquelle le Roi est obligé : ce qui fait qu'il est absolument nécessaire qu'il y ait toujours un fonds certain à la Monnoie, sans quoi elle manqueroit d'aliment pour se soutenir.»

Demande d'autorisation pour emprunter 40 ou 50,000 ₶ au receveur général des fermes, en vue de fournir au travail**.

* Voir plusieurs lettres du maréchal de Chamilly, commandant de la province, 25 mai, 6, 18, 22 et 29 juin, 7 juillet.

** Sur les opérations des Monnaies de Bayonne, Caen, Bourges, Strasbourg, Metz et Aix, voir les lettres de MM. le duc de Gramont, 12 juin 1709; de la Briffe, 13 novembre 1710; Foullé de Martangis, 16 janvier et 16 juin 1710; de la Houssaye, 15 mai 1709; de Saint-Contest, 18 octobre 1709; Lebret fils, 26 juillet, 29 août et 25 novembre 1710.

Les Monnaies de Reims et de Troyes avaient été fermées : lettre de M. de Harouys, 9 décembre 1708.

La Monnaie de Rennes fut incendiée en partie : lettres de M. de Brilhac, premier président du Parlement, 30 octobre et 10 novembre 1710; lettre de M. Ferrand, 15 novembre.

341. *Le Contrôleur général*
à M. de Montgeron, intendant à Limoges.

25 Mars 1709.

«J'ai reçu [la] lettre par laquelle vous m'informez de l'état du Limousin et de l'Angoumois par rapport aux blés. Le voyage que vous vous proposez de faire en Angoumois ne peut être que très utile, et je ne suis pas sans espérance que vous ne reconnoissiez sur les lieux qu'il y a beaucoup d'exagération dans tout ce qu'on dit du dommage causé aux blés par le froid. On a eu des frayeurs pareilles en plusieurs provinces; mais on en revient tous les jours de plus en plus. Après tout, si le mal se trouve tel qu'on vous l'a fait entendre, vous avez, par l'argent qui reste de la loterie et par le legs du feu sieur Fermée, le remède pour les terres qu'il faudroit semer de nouveau; et d'un autre côté, si les blés se portent à un prix exorbitant par l'avarice de ceux qui ont des greniers et magasins, puisque vous êtes bien assuré que le blé ne manque pas, vous pouvez mettre en pratique un remède dont on a jugé à propos de se servir dans les provinces en deçà de la Loire, et même en quelques provinces situées au delà : c'est de vous faire informer par des personnes sûres, fidèles et discrètes, sans rendre d'ordonnance et sans aucune procédure, visite, ni recherche dans les formes, de tous les greniers et magasins qu'il peut y avoir, et ensuite, par des remontrances et exhortations verbales, accompagnées même, si besoin est, de quelques menaces en termes mesurés et placés bien à propos, engager ceux à qui ils appartiennent à envoyer successivement une certaine quantité de blés aux marchés*.....»

* Voir la lettre du même jour à M. Roujault, intendant à Poitiers.

Le 7 précédent, M. de Harouys, intendant en Champagne, écrivait que, depuis quatre mois, il s'était appliqué à faire fournir les marchés, mais sans rendre aucune ordonnance qui pût effrayer les peuples et leur faire croire à une disette; avant d'en recevoir l'ordre par la lettre du 3 mars, il avait vérifié, sans procédure et sans éclat, ce que le département possédait de grains, soit chez les marchands, soit dans les greniers des chapitres, abbayes, fermiers et laboureurs. Mais, les 1er et 14 avril suivant, il annonce que les mesures prises ne suffisent plus contre l'épouvante générale et l'opiniâtreté de gens qui ne veulent point vendre leurs grains.

342. *Le Contrôleur général*
aux Intendants.

25 Mars 1709.

«La plupart des avis que je reçois des provinces me font juger que le dommage que les derniers froids ont pu causer aux grains qui sont sur terre n'est pas, à beaucoup près, aussi grand que les peuples l'ont appréhendé, et qu'en beaucoup d'endroits on n'en aura eu que la peur*. Il y auroit néanmoins de justes sujets de craindre que le mal ne devînt réel et considérable, si l'on ne s'opposoit fortement à l'empressement inconsidéré de quelques laboureurs de labourer derechef leurs terres déjà semées en blé, pour y semer de l'orge ou d'autres menus grains. L'intention du Roi est que vous empêchiez cet abus avec beaucoup de soin et par de sévères défenses dans toute l'étendue de votre département, en sorte qu'on n'y resème aucune des terres qui l'ont été en blé depuis la récolte dernière,

IMPRIMERIE NATIONALE.

à moins qu'on ne soit pleinement assuré que les blés en aient été gelés : ce qui se trouvera en bien peu d'endroits **.»

* Dès le 7, il écrivait à M. Foullé de Martangis, intendant en Berry, que, presque partout, on était revenu des craintes provoquées par la rigueur du froid alternant avec des demi-dégels, et qu'il ne convenait pas d'ajouter foi légèrement aux discours de gens du peuple mal instruits, peu éclairés, et enclins toujours à exagérer le mal.

** Voir une autre lettre du 2 avril, à M. le Peletier, premier président du Parlement de Paris, et les réponses faites à la circulaire par MM. de Bernage, intendant à Amiens, 31 mars; Turgot de Saint-Clair, en Auvergne, 3 et 5 avril (réponse du contrôleur général, 15 avril); de la Bourdonnaye, à Bordeaux, 7 avril; Foucault de Magny, à Caen, 1er avril (réponse du contrôleur général, 10 avril); de Harouys, en Champagne, 14 avril; de Bâville, en Languedoc, 7 avril; Bégon, à la Rochelle, 9 avril; d'Ormesson, à Soissons, 10 avril; Turgot, à Tours, 31 mars (réponse du contrôleur général, 10 avril), etc. Le 16 avril, le contrôleur général écrit à M. de Courson, intendant à Rouen, de permettre de resemer quand on ne pourra plus compter que rien sorte de terre. Le 30, à M. Pinon, intendant en Bourgogne : «.....S'il n'y a plus d'espérance de voir paroître les froments, et même partie des seigles, autant qu'il étoit à propos de retenir l'empressement inconsidéré des laboureurs pendant qu'il restoit quelque espérance, autant est-il nécessaire de les exciter présentement à profiter du temps qui reste jusqu'au 15 mai pour semer des orges et autres grains......»

Le 20 avril, M. de Vaubourg envoie ce mémoire sur les secondes semences : «Dans plusieurs provinces, les habitants demandent la permission d'ensemencer en orge ou autres menus grains les terres qui ont été gâtées par les gelées ou les inondations. Il se présente des particuliers qui offrent de prêter, à ceux qui n'en ont point, des orges pour faire lesdites semailles, mais à condition qu'ils auront un privilège sur les récoltes qui en proviendront, jusqu'à concurrence de la valeur. On propose de donner sur cela un arrêt. — Observations. Ce privilège en faveur de ceux qui prêtent les semailles ne peut pas, ce semble, être refusé; mais il est à craindre qu'il ne serve de prétexte à quelques abus : les laboureurs supposeront avoir emprunté les orges qu'ils auront semées, afin de se mettre, par ces emprunts feints et simulés, à couvert des saisies et exécutions pour le payement de la taille et de leurs autres dettes. D'un autre côté, si on met sur cela quelque restriction dans l'arrêt, cela pourra empêcher ceux qui ont véritablement de l'orge d'en prêter, ce qui retarderoit et feroit perdre le temps qui est fort précieux, les semailles d'orge ne pouvant se faire que jusqu'au 8 de mai au plus tard.» Voir les réponses de MM. de la Bourdonnaye, intendant à Bordeaux, et du Vigier, procureur général au Parlement de Guyenne, 6 et 18 mai; d'Albaret, intendant en Roussillon, 8 mai; d'Ormesson, intendant à Soissons, 29 et 30 avril; de M. l'archevêque de Rouen, 2 mai, etc.

M. de Saint-Macary, subdélégué général en Béarn, écrit, le 7 mai : «.....L'arrêt du Conseil du 23 avril est venu à propos, parce que la semaille de la dernière récolte, consistant en petit millet et en des blés d'Inde, n'est pas encore finie, et on avoit de la peine à trouver de l'argent pour acheter la semence, encore bien que le Parlement eût donné un arrêt par lequel on permettoit aux particuliers qui avoient besoin d'argent pour acheter la semence d'emprunter à la charge de la préférence sur leurs dots, qui sont ici inaliénables jusqu'à la troisième génération, et parce que l'arrêt du Conseil donne un privilège plus étendu aux prêteurs des deniers.....»

M. Foucault de Magny, intendant à Caen, écrit, le 9 mai, que la publication de l'arrêt qui permet d'emprunter des grains de semence a produit un très bon effet; mais, pour assurer le privilège du créancier sur la récolte, l'acte notarié coûte plus de 20 sols, à cause des droits de contrôle, et il demande décharge de ces droits. Il écrit encore le 28 mai, qu'il est trop tard pour les seigles et méteils, qu'on a déjà resemé de l'orge, que l'on peut semer du sarrasin ou blé noir jusqu'au 15 juin, et qu'on en met beaucoup dans les terres froides et ingrates. Il ajoute : «Le laboureur normand est fort avisé et attentif à tout ce qui peut lui procurer le revenu et produit de sa terre, et, lorsqu'elle n'est pas bien cultivée, ce n'est que par impuissance et manque d'engrais par le défaut de bestiaux, dont il reste peu dans les paroisses, la plupart ayant été vendus pour le payement des impositions.....»

On déchargea des droits de contrôle, de sceaux, etc., les contrats de prêt pour semences, et cette faveur fut prorogée jusqu'au 10 mars 1710 pour les menus grains qui se semaient en janvier et février : lettres de M. Daguesseau fils, procureur général au Parlement de Paris, 30 avril et 6 mai 1709; lettre de M. de Bâville, 17 janvier 1710.

---

343. *M. Phélypeaux, intendant à Paris,* AU CONTRÔLEUR GÉNÉRAL.

26 Mars 1709.

«En exécution des ordres que vous m'avez fait l'honneur de me donner par votre lettre du 29 décembre dernier, j'ai mandé à tous les subdélégués de chaque élection de la généralité de Paris de se faire représenter les récépissés des traitants qui pouvoient y être répandus, d'en dresser des états exacts, distingués par nature d'affaires, et de me les envoyer. Ils m'ont tous unanimement marqué qu'ils n'avoient pu obliger aucunes personnes à les leur représenter, quoiqu'ils l'eussent même fait publier et afficher. Quelques-uns m'ont mandé que, l'ayant demandé à ceux qu'ils avoient cru qui en pouvoient avoir, qu'ils leur avoient dit qu'il y avoit quelque autre mystère là-dessous, que cette représentation pourroit leur attirer quelques nouvelles taxes, ou donner lieu à quelque augmentation ou supplément de finance; d'autres, qu'ils aimoient autant de simples récépissés qu'une quittance de finance, dont l'expédition et le contrôle leur coûteroit 4 # 10 s.; et d'autres, qu'ils appréhendoient qu'on ne leur redemandât les sommes dont ils étoient demeurés en reste de leurs taxes. Ainsi, sans quelque autre moyen, on n'en viendra jamais à bout. Je joins ici le seul extrait que j'ai reçu, d'un récépissé qui m'a été envoyé par le subdélégué de Dreux, qui est en son nom *.»

* M. Trudaine, intendant à Dijon, demande encore, le 14 août 1710, que des mesures sévères soient prises contre les traitants qui sont en retard pour délivrer les quittances des finances versées entre leurs mains, même avec les 2 s. pour livre.

Voir d'autres lettres de M. de Bâville, intendant en Languedoc, et de M. Bonnier, trésorier des États, 13 janvier 1709 et 11 octobre 1710; du contrôleur général à M. Gruyn, garde du Trésor royal, 3 décembre 1708.

---

344. *M. Ravat, prévôt des marchands de Lyon,* AU CONTRÔLEUR GÉNÉRAL.

26 Mars 1709.

Il rend compte des mouvements séditieux de la populace de Lyon, qui a pillé plusieurs boutiques de boulangers, et des mesures prises par le consulat d'accord avec l'intendant.

«Premièrement, nous crûmes qu'il étoit à propos de faire faire une recherche exacte, pendant la nuit, de tous les mendiants et vagabonds qui se sont jetés dans cette ville, et qui ont été les principaux auteurs de ce désordre; que nous établirions dès demain aux portes de la ville des espèces de notables pour empêcher l'entrée de ces gueux et la sortie de nos blés; que l'on distribueroit aux boulangers, des blés de l'Abondance, quinze cents quintaux par semaine de plus que l'on avoit coutume de leur donner, et que, moyennant cette quantité, ils s'engageroient de fournir leurs boutiques. Nous examinâmes ensuite si l'on augmenteroit le prix du pain; mais, après avoir connu que c'étoit la grande misère qui causoit le désordre, il n'y avoit nulle apparence à une augmentation; au contraire, qu'il faudroit, s'il étoit possible, prendre le parti opposé. Le lieutenant général de police travaille à faire le procès à ceux qui ont été arrêtés comme chefs de tout ce tumulte; la procédure sera parfaite. Il seroit à désirer, pour contenir le peuple dans son devoir, que la punition pût être faite plus promptement; mais, quoique le lieutenant général de police ait le droit de juger les attroupements, tumultes et émotions populaires, il n'a pas celui de les juger en dernier ressort : il faut qu'il fasse confirmer par arrêt ses jugements, et la sévérité que le peuple pourroit appréhender, s'il y avoit plus de promptitude dans la punition, ne peut pas être mise en usage sans un pouvoir de S. M. L'espérance que j'ai que l'espèce ne nous manquera pas, par les ordres que vous donnerez et par les prompts secours que vous nous accorderez, me fait croire que ce peuple, mutiné par misère plutôt que par manque de pain, se contiendra facilement dans son devoir, lorsqu'il n'aura aucun prétexte de se jeter sur le boulanger*.

«Nous avons du blé pour cinq semaines; j'ai écrit à M. de Saint-Contest pour le prier de nous faire délivrer promptement le surplus de celui de Lorraine. Quatre barques de ceux du Languedoc ont passé les terres du Pape et font chemin. Celles qui ont été arrêtées très injustement par ceux qui ordonnent à Tournon, à Valence et à Vienne, nous seront rendues, et vous ne souffrirez que ceux de ces villes en usent avec tant de hardiesse.»

* M. Trudaine, intendant à Lyon, fut chargé de juger ces séditieux : voir ses lettres des 9 et 16 avril.

Le 13 mai, en racontant une autre sédition, au cours de laquelle plusieurs des coupables arrêtés avaient été délivrés par la foule, M. Ravat ajoute : «J'espère que le peuple, qui est dans la dernière misère, parce que le travail cesse et que le marchand n'a pas de quoi payer l'ouvrier, s'accoutumera à manger le pain un peu plus chèrement; cependant, pour le tenir dans son devoir, les exemples prompts et sévères seroient de la dernière conséquence..... Il a plu au Roi de rendre un arrêt qui attribue à M. l'intendant de Lyon la connoissance de ces émotions populaires, pour les juger en dernier ressort avec le lieutenant général de police; mais la peine est limitée au fouet et au carcan, et c'est ce qui ne convient pas dans des cas de cette qualité : il faut des exemples plus parlants et qui impriment la crainte parmi quarante ou cinquante mille artisans, dont il y en a la moitié qui sont réduits à l'aumône. Celui qui est prisonnier (un ouvrier en soie) a voulu forcer les corps de garde établis dans les places de Bellecour et des Jacobins, qui barroient les avenues de la rue où je demeure. Vous êtes informé que, par attribution accordée de tout temps au consulat, confirmée par arrêt du Conseil, il a droit de juger en dernier ressort de tous les cas qui peuvent concerner les faits militaires. L'on pourroit bien se servir de ce privilège pour donner un exemple : la procédure se fera par l'auditeur de camp; elle servira autant que vous l'ordonnerez; sinon, l'on en sera quitte pour ne le pas poursuivre et garder ce malheureux pendant un certain temps prisonnier, pour le punir du mal qu'il a fait et voulu faire.....» Réponse au dos, de la main du contrôleur général : «Garder en prison celui qui est arrêté. Un arrêt d'attribution à M. Trudaine pour juger en dernier ressort et avec des gradués tirés du présidial ou du consulat, pendant trois mois.»

---

345. *M. Trudaine, intendant à Lyon,*
au Contrôleur général.

26 Mars et 6 Avril 1709.

Il remontre quelles difficultés les receveurs des tailles ont à faire d'une part leurs recouvrements, d'autre part leurs avances, tous les contribuables se trouvant surchargés et réduits aux dernières extrémités, et les collecteurs ne pouvant même pas dresser leurs rôles.

«J'ai assemblé tous les receveurs des tailles pour les engager à traiter avec le receveur général..... Ils ne veulent s'engager à rien avant que de voir si les blés sortiront de terre. En tout autre temps, les conditions qu'ils proposent m'auroient paru ridicules. Ils demandent : 1° deux ans pour payer toutes les impositions, qu'ils confondent, quoiqu'on ait toujours distingué les fourrages et l'ustensile pour en faire le payement plus promptement que de la taille, pendant lesquels ils feront leurs payements de trois en trois mois; 2° ils demandent un sol pour livre de remise de toutes impositions; 3° de payer un tiers en billets de monnoie et les deux tiers en argent. Quoique toutes ces conditions paroissent dures pour le receveur général, je crois qu'après y avoir bien réfléchi, qu'il faut les accepter, et ils auront encore bien de la peine à y satisfaire, si la misère continue comme elle est présentement. Les receveurs des tailles m'ont dit qu'ils faisoient ces propositions pour vous obéir, mais qu'ils comptoient d'en être ruinés, par l'impossibilité où ils seront de faire leur recouvrement. Je les ai assurés que vous soulageriez les peuples, afin de les mettre en état de pouvoir payer. La misère est extrême : il vient tous les jours chez moi des troupes de paysans de différentes paroisses, et des plus éloignées comme des proches, pour demander du pain. Les consuls-collecteurs des tailles ne veulent point faire les rôles; il paroît dans l'esprit des paysans un dessein de tout abandonner, par le peu d'espérance de la récolte et à cause de la surcharge des impositions. Ils percent le cœur à les voir et à les entendre, et tout ce qu'ils disent est vrai. Ils s'attroupent même déjà en plusieurs endroits et vont enfoncer les portes des maisons pour y prendre la subsistance. Les maréchaussées sont toutes en campagne; elles ne seront pas assez fortes incessamment pour calmer les désordres. Tout le monde dit ici que la misère est infiniment plus grande présentement qu'elle n'étoit en 1693 et 1694. Ceci devient trop difficile et trop sérieux : si l'on ne soulage les peuples considérablement, l'on perdra tout*.....»

* Le 27 août, il écrit : «J'ai reçu la lettre..... par où vous me mandez que le Roi accorde 200,000# de diminution sur la taille..... Cette généralité est dans un état affreux : tout y manque en même temps; elle n'a jamais de grains suffisamment pour sa subsistance, et

elle est obligée de l'acheter très cher cette année et hors de la généralité. C'est le vignoble qui produit ordinairement quelque chose, dont on ne tirera rien du tout; il ne faut pas dire qu'on en tirera un quart, un sixième ou un dixième : c'est rien du tout. Il y avoit les manufactures des toiles en Beaujolois, des armes et de quincaille du côté de Saint-Étienne, des rubans et de la soie dans le même canton de Saint-Étienne, qui sont absolument à bas. Je vous supplie de croire, non seulement que je ne vous exagère pas, mais que je ne vous représente pas assez vivement la situation où est le peuple. Ainsi, diminuez, et diminuez beaucoup plus que je ne vous demande, si vous ne voulez pas absolument voir périr cette province : vous n'en tirerez pas davantage en faisant beaucoup imposer, et, tout au contraire, je crois que vous en tirerez beaucoup plus en les soulageant extrêmement. Cela les obligera à faire des efforts, qu'ils ne feront point, s'ils ne se trouvent pas soulagés jusqu'à concurrence de ce qu'ils peuvent payer. Ils abandonneront tout; on voudra pour lors les soulager : il n'en sera plus temps, et, avec tout ce que vous ferez et ce que vous leur accorderez, je doute fort que le receveur général, ni les receveurs des tailles puissent rien recevoir, ou fort peu de chose. Je vous ai demandé 100,000 écus de diminution ci-devant; je vous demande aujourd'hui 500,000#, et je ne vous demande pas assez. Vous entendrez parler de ce pays-ci aux mois de janvier et février; la moitié du peuple y périra. Dieu nous assiste! car, pour les hommes, je ne vois pas qu'ils puissent y apporter du secours. Après vous avoir représenté ces vérités, vous en ferez tout ce que vous jugerez à propos; mais j'en suis quitte devant Dieu et devant les hommes. Je suis outré de douleur de voir ce que je vois tous les jours : l'humanité, je ne dis pas le christianisme, ne le peut pas supporter. »

---

346. *M. Turgot, intendant à Tours,*

AU CONTRÔLEUR GÉNÉRAL.

29, 30 et 31 Mars, 2, 5, 8, 10, 13, 15, 21 et 30 Avril, 6, 7, 10, 14 et 19 Mai, 19 et 28 Juillet, 5 et 16 Août 1709.

Il rend compte des émeutes survenues en divers endroits à propos du passage de bateaux de blé destinés à Nantes et à Bordeaux, et des mesures prises pour réprimer ces mouvements et assurer la circulation*.

* Voir les lettres du contrôleur général à M. Turgot, 25 janvier, 18 février, 17 et 25 mars, 2, 4, 9, 10, 14 et 22 avril, 7 et 15 mai; à M. l'évêque d'Angers, 23 mars; à M. d'Autichamp, 3 avril et 24 juillet; à M. de Fleins, maire d'Angers, 30 mars; et les lettres de MM. de Fleins, 24 juillet; Trochon, lieutenant général de police à Angers, 20 mars; Taschereau de Baudry, lieutenant général de police à Tours, 30 mars et 1er avril; d'Autichamp, lieutenant de Roi à Angers, 27 mars et 19 mai, etc. Dans la lettre du 10 avril à M. Turgot, il dit : « Le sieur de Baudry, lieutenant de police à Tours, m'a déjà écrit deux fois sur l'état des blés et sur ce qui se passe aux marchés de la ville. Je crains qu'il ne soit un peu trop effrayé et qu'il n'effraie les autres. Les avis sur l'état des blés qui sont en terre ne cadrent pas tout à fait avec les vôtres : ayez agréable de conférer avec lui sur cette matière, et de voir si les choses qu'il propose peuvent être de quelque utilité. »

Sur les séditions ou mouvements provoqués par le transport des grains dans l'intendance d'Amiens, à Abbeville, Saint-Quentin, Arras, voir les lettres de M. de Bernage, 14 et 16 avril, 7 et 30 mai, 15 novembre; du munitionnaire Duchauffour, 6 mai, etc.

Le 9 avril, M. de Montrevel, commandant général en Guyenne, écrit que les dispositions générales du pays sont mauvaises, qu'il a pu apaiser les premiers mouvements, mais qu'on en doit craindre le renouvellement de plus en plus, à cause de la misère; en Médoc, beaucoup d'habitants ne vivent que de bestiaux morts de faim. Le 28 mai, M. de la Bourdonnaye, intendant à Bordeaux, annonce une émeute de deux cents femmes, à qui on a fini par distribuer du blé et du pain. Voir encore les lettres de MM. Dalon, premier président, et du Vigier, procureur général au Parlement de Bordeaux, 28 mai, et celles de l'intendant et des maire et jurats de Bordeaux, 1er juin.

MM. Ferrand, intendant en Bretagne (15 juillet et 5 octobre), et de Brilhac, premier président du Parlement de Rennes (8 octobre), annoncent des émeutes causées en divers lieux par les enlèvements de blés.

M. de Magny, intendant à Caen (13 juin, 18 et 21 juillet, et 8 août), et son successeur, M. de la Briffe (30 septembre, 1er et 11 décembre), donnent des nouvelles analogues.

M. de Harouys, intendant en Champagne, rend compte de divers soulèvements et pillages, dans ses lettres des 2 et 15 mars, 12 et 18 mai, ainsi que les officiers et notables de Troyes, le 8 mai, et le procureur général Daguesseau, dans une lettre du 12 mai, relative à une ligue faite entre dix ou douze villages des environs de Troyes pour s'opposer à tout transport de grains.

Le 22 mai, M. le Blanc, intendant en Flandre maritime, demande à être chargé de faire le procès de séditieux qui ont pillé un marché à Hazebrouck. Le 6 juin, les prévôt, juré et échevins de Valenciennes annoncent une sédition grave occasionnée par l'enlèvement des blés pour l'armée.

M. de Bâville, intendant en Languedoc, écrit, le 9 avril : « . . . . Tous les peuples sont si alarmés de voir le mauvais état de la récolte, qui ne paroît point, qu'ils entrent en fureur quand on veut sortir les blés de leur canton, voulant les conserver, ou pour vivre dans le cours de cette année, ou pour resemer; et quand on a découvert des greniers ou des amas, il faut livrer des combats pour les faire sortir des lieux. Voici deux exemples principaux qui sont arrivés, qui ont été suivis de beaucoup d'autres moins considérables. J'ai fait acheter trois mille setiers de blé qui étoient à Béziers, que les Génois avoient achetés, et que je n'ai point voulu leur laisser emporter. Ce blé est en dépôt dans les casernes. Quand on a voulu l'enlever, le peuple de Béziers s'est attroupé et s'y est opposé; il a fallu y envoyer M. de Margon et M. de Caylus, brigadiers qui servent dans cette province, avec des ordres pour arrêter quatre bataillons qui viennent d'Espagne et pour y faire marcher des dragons, afin de ne pas souffrir un si mauvais exemple. J'attends maintenant l'événement des ordres que M. le duc de Roquelaure a donnés. D'un autre côté, le bas Vivarois n'ayant plus de quoi se nourrir, et ayant accoutumé de tirer sa subsistance, dans cette saison, du pays de la montagne où il y a des blés, voyant que ce commerce a absolument cessé, on a envoyé des mulets à Pradelles pour prendre des blés de M. le comte de Bonne, qu'il avoit vendus. Le peuple, excité par quelques[-uns] de ce pays qui sont en grand nombre, s'est attroupé, a fort maltraité le conducteur des mulets, qui a eu peine à sauver sa vie, a battu les muletiers, tué et blessé des mulets, et cependant a sonné le tocsin. Sur cette rébellion, qui seroit d'un très dangereux exemple, M. le duc de Roquelaure a envoyé M. [de] Gourten à Pradelles, avec un bataillon du régiment d'Hessy-suisse, pour mettre ces mutins à la raison et établir le commerce de la montagne à la plaine. . . . . . »

Sur l'annonce de désordres survenus à Castelnaudary (lettre du 28 avril), le contrôleur général répond, le 9 mai : « . . . . Il faut s'attendre à voir souvent de pareilles émotions jusqu'à ce que les peuples soient un peu revenus de l'extrême inquiétude que leur cause le manquement absolu de la récolte prochaine. Je ne doute pas que vous ne preniez toutes les précautions possibles pour les prévenir, et que vous n'employiez avec prudence la force et la sévérité pour faire en sorte que les peuples, trop disposés à la mutinerie et au soulèvement, ne se flattent pas d'une entière impunité. C'est tout ce qu'on peut faire en attendant le grand remède au mal, qui est la traite la plus abondante qu'il sera possible de blés de Barbarie et du Levant, à laquelle je vous invite toujours de travailler avec toute l'application que la chose mérite. Une autre attention qu'il faut avoir est que, si toute espérance est perdue pour les froments, les laboureurs ou même les propriétaires des terres profitent du temps qui reste pour semer quelque autre espèce de grains ou quelque légume, et ne pas laisser les terres inutiles. On sème de ce côté-ci, en quelques endroits, des blés sarrasins, connus en d'autres provinces sous le nom de *blés noirs*. Je ne sais s'il y en a en Languedoc; apparemment il s'en trouvera dans les pays de montagne, comme les Cévennes et les Boutières, dans le Gévaudan et le Velay. Il y a apparence que les terres à froment du haut Languedoc rendroient abondamment de cette espèce de semence, et ce seroit au moins la nourriture des peuples de la campagne pendant l'année prochaine et une partie de celle-ci. On prétend que le blé noir se peut semer jusqu'au 15 juin. Peut-être cette pensée ne convient-elle point au Languedoc; mais quelque autre y conviendra pour réparer en partie la perte des froments. Après tout, je sais que vous êtes assez occupé de tout ce qu'on peut faire dans une si fâcheuse conjoncture, et que vous n'omettrez rien pour éviter autant qu'il sera possible tous les maux que nous avons lieu de craindre.....» M. de Bâville écrit encore, le 13 août : «.....L'état de cette province est tel qu'il n'y a pas la dixième partie de ce qu'il faut de blé pour ensemencer les terres; que les villes du bas Languedoc sont réduites au pain de paumoule, seigle et autres menus grains; que le froment est communément à 15# le quintal; la paumoule, qui valoit ordinairement 14# la salmée, vaut maintenant 32#, et tout le reste à proportion. Trop heureux si on pouvoit avoir de ces menus grains autant qu'on en souhaite. Les diocèses commencent à ne vouloir plus qu'on en laisse sortir, ni les habitants de la campagne qu'on en porte aux villes.» Il ajoute qu'un brouillard vient de ruiner les récoltes du haut Languedoc et la moitié de celles du bas Languedoc.

M. Bégon, intendant à la Rochelle, écrit, le 2 avril, qu'une sédition à Marans a été calmée avec l'aide d'une compagnie franche, et que les principaux habitants se sont portés solidaires, par acte public, de tous les pillages qui pourraient se faire à l'avenir. «.....On fait le procès à quatre personnes, ce qui suffit pour l'exemple. Les mouvements de Saintonge et d'Angoumois ne sont pas encore entièrement calmés, y ayant deux troupes de bandits qui se sont embusqués dans des bois, où les prévôts n'ont pas été assez hardis pour les attaquer; cependant ils en ont arrêté dix-huit ou vingt, auxquels on fait le procès à Saintes, et, si la punition qu'on en fera ne les oblige pas à se retirer dans leurs maisons, il y faudra envoyer des troupes réglées : ce que l'on ne fera que le plus tard qu'on pourra, à cause des suites et des inconvénients qui en pourroient arriver.....»

M. de Saint-Aulaire, lieutenant de Roi à Limoges, annonce, le 7 août, une sédition survenue la veille.

M. le Gendre, intendant à Montauban, écrit, le 24 avril : «J'ai reçu la lettre que vous m'avez fait l'honneur de m'écrire le 9 de ce mois, par laquelle vous m'ordonnez de me transporter dans tous les lieux où il pourroit arriver le moindre désordre au sujet du blé, afin d'y remédier dans le commencement, et, pour cela, de me faire accompagner des maréchaussées. Dans le temps des fanatiques et des Tardavisés du Quercy, je ne me suis jamais servi de ces foibles secours. J'ai le bonheur d'être accompagné dans tous mes voyages de la noblesse la plus considérable de la province : cela, joint à la confiance du peuple, vaut mieux que toutes les maréchaussées du royaume. Reposez-vous, je vous conjure, sur mes soins; il faudra que le mal soit bien grand, s'il gagne cette province. Je suis souvent en campagne et présent partout, comme vous me l'ordonnez : en sorte qu'il n'arrive pas le moindre désordre que, dans le moment, je n'y remédie. Des onze élections et des pays d'États dont ce département est composé, j'ai táché de mettre les choses en règle dans huit élections, où j'espère qu'il ne manquera pas de blé; mais je suis encore fort embarrassé pour le haut Comminges, l'Armagnac et le Quercy, où la disette est extrême. Je travaille à y faire passer du blé, ce qui est très difficile, faute de rivières navigables; j'espère néanmoins en venir à bout. Comme Montauban sert d'exemple à toute la généralité, et que le peuple étoit un peu alarmé de ce qu'il n'y avoit de blés que pour six semaines, j'en ai fait acheter huit mille sacs; j'ai emprunté, pour cela, 10,000 écus, que j'ai prêtés à la ville, et je me suis obligé en mon nom pour tout le reste, afin de n'être point obligé de boursiller tous les habitants, comme l'on a fait dans plusieurs provinces, cela produisant un très mauvais effet et étant très contraire aux recouvrements.....» Le 22 mai, il annonce qu'une bande de mille individus, après avoir assiégé à main armée le château de Briac, appartenant à l'abbé de Benneval, a pillé plusieurs communautés du comte de Chambonas; on les fait poursuivre par quatre compagnies de cavalerie.

Sur les enlèvements de blés dans la généralité de Moulins et sur les émeutes qu'ils causèrent, voir les lettres du contrôleur général à M. Mansart de Sagonne, intendant, 27 août et 31 octobre 1708, 8 mars, 5, 13 et 22 avril, et 24 mai 1709, et celles de M. de Sagonne, 3 mai, 2 et 16 juin 1709.

Le 6 avril, M. de Bouville, intendant à Orléans, écrit : «Toutes les femmes qui sont en prison pour le pillage du blé..... sont des pauvres que l'extrême misère a engagés à faire cette mauvaise action; je vous avoue que la compassion m'oblige de vous demander la grâce pour elles.....» L'évêque d'Orléans écrit, le même jour : «.....Il y a eu quelques blés de pillés dans cette ville; il y a onze femmes prisonnières, auxquelles on fait le procès. On dit que, par l'interrogatoire de plusieurs, il y en avoit qui n'avoient pas mangé de pain depuis plusieurs jours : quelque nécessité qu'il y ait de faire un exemple, l'état de ces pauvres malheureuses paroît déplorable, et en quelque façon excusable..... J'espère que vous aurez la bonté d'écouter favorablement la prière d'un évêque qui supplie pour ses diocésaines.» M. de Bouville écrit encore d'Orléans, le 10 avril : «Il me revient de tous les côtés de la généralité que les habitants des paroisses, non seulement n'en veulent pas laisser sortir les blés, mais même qu'ils vont dans les maisons où ils croient en trouver, et qu'ils se le font donner au prix qu'ils jugent à propos. Il se mêle aussi parmi eux des canailles, qui le prennent pour rien, et qui, sur le refus de leur en donner, menacent de mettre le feu..... J'ai donné des ordres à tous les prévôts des maréchaux; mais le mal est si répandu partout, et leurs compagnies si foibles, que c'est une très médiocre ressource.....»

M. Roujault, intendant à Poitiers, écrit, le 29 mars : «.....La suite de cette cherté [du blé] est que les attroupements recommencent, particulièrement dès que l'on peut s'apercevoir que c'est pour d'autres provinces que les enlèvements se font; il n'y a point de jour que je ne rende plusieurs ordonnances pour informer de ces émeutes, qui, dans ces environs, n'ont encore causé que quelques blés perdus. J'attends impatiemment les troupes qui nous arrivent, dont j'espère tout sur la réputation seule de leur arrivée. Cependant je me dispose à faire ouvrir les greniers pour procurer l'abondance aux marchés..... Dans cette matière, je ne compte point perdus les jours que l'on passe sans rien faire; il y a tant de temps d'ici à la récolte prochaine, et peut-être jusqu'à la suivante, qu'on n'aura que trop de loisir d'user de toutes sortes d'expédients, sans les précipiter dans ces commencements. Trop de lenteur peut aussi être très dangereuse; toute mon attention est de prendre un milieu bien difficile à trouver.....» Voir encore ses lettres des 3, 7 et 10 mars, 3, 19 et 24 avril, 26 mai; les lettres du contrôleur général à M. Roujault, 7, 14, 15 et 25 mars, 2 mai, 7 juin, et une lettre du maréchal de Chamilly, 12 mai. Le contrôleur général répond, le 17, à ce dernier : «.....Je ne crois pas qu'il soit possible de venir à bout [des attroupements et pillages de grains] sans faire quelque exemple de sévérité.

Le présidial de Tours a fait faire depuis peu deux exécutions très justes contre des séditieux qui avoient pillé des boutiques de boulangers. Cet exemple de justice a produit deux bons effets : en ce qu'il a rétabli la tranquillité et fait diminuer le prix des grains, dont il y a en abondance dans les marchés qui ont suivi l'exécution..... »

347. *M. Pinon, intendant en Bourgogne,*
au Contrôleur général.

30 Mars, 6 Avril et 20 Mai 1709.

Arrestation et emprisonnement d'un receveur des consignations accusé d'avoir présenté un acte faux au greffe du Conseil et fabriqué diverses pièces*.

* M. d'Argenson, lieutenant général de police à Paris, demande, le 13 octobre 1710, la relégation à Saint-Dizier d'un faussaire détenu à l'Hôpital général de Paris depuis deux ans, sur son refus de s'enrôler, et devenu valétudinaire.

348. *M. de Bernage, intendant à Amiens,*
au Contrôleur général.

Mois de Mars 1709.

Il estime impraticable le projet de tirer des États d'Artois un emprunt de 1,030,000#.

« L'auteur de la proposition établit d'abord un faux principe en alléguant que le centième qu'il propose d'engager pour sûreté du prêt fait partie du domaine du Roi, car les centièmes qui se lèvent sur cette province, en quelque nombre qu'ils soient, sont des impositions faites par permission de S. M. pour acquitter les Dons gratuits et subsides accordés par les États et fournir à leurs besoins particuliers, ainsi que leurs autres revenus. La forme qu'il indique pour le recouvrement n'est autre qu'une imposition des mêmes centièmes sur chaque communauté, avec faculté à elles d'emprunter pour s'acquitter de leur quotité. L'expérience a fait assez connoître que cette faculté leur seroit inutile, puisque les États, même en corps, ne trouvent pas actuellement les sommes que le Roi leur a permis d'emprunter pour payer leur contribution : ainsi, il faudroit de nécessité que chaque communauté fît sa répartition sur les contribuables par forme de centièmes. Comment imaginer qu'elles puissent les payer, puisque plus d'un quart sont tombées en non-valeur par les pillages et les campements des armées des ennemis et des nôtres, et qu'elles ne peuvent satisfaire aux impositions qui ont été faites, tant pour les Don gratuit et subside accordés au Roi, que pour la contribution aux ennemis : ce qui a obligé S. M. d'accorder des indemnités considérables sur l'année dernière et sur la présente? Enfin, comment concevoir que, dans le temps que l'Artois est obéré d'une manière à ne pouvoir soutenir le service courant, et particulièrement la fourniture immense de fourrage que les troupes y ont consommée et consomment actuellement, qu'elle est dans des avances excessives pour les grains qu'on a tirés, surchargée par les chariots et pionniers qu'elle a fournis, et à la veille d'en fournir un bien plus grand nombre, en un mot le théâtre actuel de la guerre, on puisse en tirer, par une imposition extraordinaire, un secours de plus d'un million, qu'à peine pourroit-on demander, si cette province étoit aussi éloignée de la guerre qu'elle en est près, et aussi opulente qu'elle est épuisée, particulièrement après le traité d'abonnement qu'on a fait avec elle pour être déchargée de toute affaire extraordinaire, pendant la présente guerre, au moyen d'un subside extraordinaire et annuel de 650,000#? Si celui qui a fait une semblable proposition pouvoit former une compagnie assez forte pour avancer au Roi le million qu'il propose, et même plus, à la charge d'en être remboursé, avec la remise qui lui seroit accordée, au moyen de l'aliénation qui lui seroit faite de 150 ou 200,000# à prendre annuellement sur le premier centième imposé dans l'Artois pour le Don gratuit que les États accordent, la situation présente des affaires rendroit cette proposition recevable et également avantageuse pour S. M. et pour le traitant. »

349. *Le Contrôleur général*
aux Intendants.

1er Avril 1709.

« ..... La consternation que la rigueur et la longue durée de l'hiver avoient jetée dans la plupart des esprits, n'a pas peu contribué aux bruits qui se sont répandus en certaines provinces que les grains y avoient beaucoup souffert et qu'il y en auroit une grande quantité de perdus. On peut même dire que rien n'a été plus fâcheux, dans cette conjoncture, que l'épouvante ou la prévention de personnes de province même au-dessus du commun, lesquelles ont augmenté la frayeur des autres en exagérant le mal, et ont peut-être donné lieu à la plupart des désordres qui sont arrivés, quoique de peu de durée par les remèdes prompts qu'on y a apportés. Cependant, comme il est très important d'être exactement informé de la situation présente..... l'intention du Roi est que vous chargiez diverses personnes fidèles et expérimentées sur cette matière de vous rendre un compte juste de l'état où sont à présent les blés et les autres grains qui sont sur terre dans toute l'étendue de votre département, afin de m'en donner avis*..... »

* Voir les réponses de M. de la Houssaye, intendant en Alsace, 19 avril : récolte des seigles manquée, récolte des froments très médiocre, sauf entre Belfort et Huningue; de M. de Bernage, intendant à Amiens, 10 et 24 avril : récolte compromise partout, ou même absolument perdue, d'où la nécessité d'autoriser à resemer, de fixer le prix de l'orge et de la pamelle au même taux que le blé, et probablement de défendre la fabrication de la bière; de M. Foucault de Magny, intendant à Caen, 30 avril : les seigles et avoines, ainsi que les blés de l'élection de Caen, étant perdus, on a resemé en orge, avoine et sarrasin; de M. de Saint-Contest, intendant à Metz, 7 mai : la récolte en blés évaluée à la moitié des semences, la subsistance en blé vieux à peine assurée pour quatre mois, nécessité d'employer deux tiers d'avoine dans le blé des pauvres; de M. de Courson, intendant à Rouen, 28 avril; de M. d'Albaret, intendant en Roussillon, 10 et 12 mai : si la récolte tient ses promesses, on pourra faire subsister le département; de M. d'Ormesson, intendant à Soissons, 16 avril : aucun blé ne reparaît malgré le beau temps; de M. Turgot, intendant à Tours, et de M. Taschereau de Baudry, lieutenant général de police, 3 mai et 10 juin, etc.

350. *M. d'Argenson,*
lieutenant général de police à Paris,
au Contrôleur général.

1er et 14 Avril, 3 Juillet 1709.

Il examine une demande de prorogation de surséance présentée par le sieur Mortier, ancien agent de change, et conclut favorablement, pour amener le payement des derniers créanciers*.

Demandes analogues du drapier Paul Constant, non payé de fournitures faites à plusieurs régiments, et de plusieurs épiciers chargés de la fourniture de la maison du Roi.

* En marge: «Bon pour un an.»

351. *M. le maréchal de Montrevel, commandant général en Guyenne,*
au Contrôleur général.

2 Avril 1709.

«Les marques de bonté dont vous avez bien voulu m'honorer me donnent la confiance d'avoir recours à vous sur l'état où je me trouve dans la place où je suis, en vous informant que je n'ai nul autre bien que ce que le Roi me donne, qui consiste au gouvernement de Montroyal, pour lequel il m'a conservé 20,000# d'appointements, qui me sont dus depuis près de deux ans, et ceux de commandant général dans la province de Guyenne, dont je n'ai rien reçu depuis sept mois entiers, sans compter ce qui m'est dû pour mes émoluments de maréchal de France. Cela a si fort épuisé toutes mes ressources et mon crédit, que je me trouve dans le dernier embarras, si vous ne me faites la grâce d'y pourvoir. J'ose vous faire remarquer que vous n'aurez pas à craindre que ce qu'il vous plaira de faire en cette occasion puisse tirer à conséquence, parce qu'il est certain qu'il n'y a aucun de ceux qui sont en place principale qui soit dans ce même cas que moi. Je recevrai cependant cette faveur, que je vous demande instamment, comme une grâce que je n'oublierai jamais, et de laquelle je ne perdrai aucune occasion de vous donner toutes les marques qui dépendront de moi*.»

* Le 29 mai précédent, M. de la Bourdonnaye, intendant à Bordeaux, écrivait: «.....M. le maréchal de Montrevel, arrivant dans cette ville, il y a quatre ans, fit faire beaucoup de dépense aux jurats pour les changements qu'il souhaita aux appartements de la maison qu'ils fournissent ordinairement à MM. les commandants et pour la fourniture des nouveaux meubles qu'il demanda. Les mandements que donnent les jurats dans ces occasions doivent être visés par l'intendant: je visai les premiers sans difficulté; mais, m'apercevant dans la suite que cette dépense devenoit très considérable et qu'elle passoit 30,000#, je priai M. l'archevêque de Bordeaux, il y a plus d'un an et demi, de représenter à M. le maréchal de Montrevel que les jurats ne lui refuseroient jamais ce qu'il souhaiteroit de leur part, mais que, l'hôtel de ville n'étant pas en état de soutenir de si grosses dépenses et de fournir en même temps les secours que le Roi lui demandoit tous les jours, il étoit du bien du service que M. le maréchal de Montrevel voulût bien mettre lui-même des bornes à ce qu'il demandoit à l'hôtel de ville. J'avois donné à M. l'archevêque des copies de tous les mémoires, pour qu'il pût justifier à M. le maréchal de Montrevel l'excès de cette dépense. Il douta d'abord que tous ces meubles lui eussent été fournis, et prit les mémoires pour le vérifier. Il n'a rien répondu depuis ce temps-là à M. l'archevêque; il s'est beaucoup plus observé sur ces sortes de dépenses, et j'ai visé la plus grande partie des mandements. Celui qui a été donné à Fournier monte à plus de 800 écus et roule sur des miroirs, au nombre de plus de vingt, et sur des consoles. Ces meubles-là me paroissent fort peu nécessaires; cependant j'ai dit souvent à Fournier de me rapporter au bas de son mémoire un certificat seulement du maître d'hôtel de M. le maréchal de Montrevel, portant que ce qui y est contenu a été fourni pour l'usage de sa maison de Bordeaux; et je prenois cette précaution par deux raisons: l'une, que M. le maréchal de Montrevel ne convient pas que tous ces meubles lui aient été fournis; l'autre, qu'il a une maison de campagne près de la ville, dont on prétend qu'une partie des meubles sont du nombre de ceux que la ville a fournis; et je ne crois pas que les communautés soient tenues de meubler les maisons de campagne de MM. les commandants.....»

352. *M. Ferrand, intendant en Bretagne,*
au Contrôleur général.

2 et 24 Avril, 29 Mai et 6 Septembre 1709.

Approvisionnements de blés pour les villes de Nantes et de Rennes. La province a été épuisée par les grands enlèvements faits pour la Guyenne, les armées et les flottes*; mais la situation de Nantes est particulièrement inquiétante: on y consomme cinquante tonneaux par jour, et le comté ne produit point de blé; de plus, celui qui vient par terre est arrêté par les populations, et celui qu'on amène par mer, enlevé par les corsaires ennemis. Il faudrait empêcher tout transport hors de la province, surveiller les sorties clandestines mieux que ne le font les commissaires de marine, et tirer des évêchés de Quimper et de Vannes ce qui est nécessaire pour Nantes**.

* Voir les lettres du contrôleur général, 9 et 17 septembre, 20 octobre et 12 novembre 1708, 10, 27 et 29 janvier 1709, 16 février, 14 avril, etc.

** Voir les lettres du sieur Bouchaud, 9 mai 1709; de M. de Brilhac, premier président du Parlement, 18 septembre; de M. l'évêque de Nantes, 8 mai.

Les habitants, réunis en assemblée générale, décidèrent la formation d'une société charitable chargée de faire venir des blés pour la subsistance des pauvres. (Lettres de M. Ferrand et de M. des Casaux du Hallay, 26 septembre.)

353. *Le Contrôleur général*
à M. Mansart de Sagonne, intendant à Moulins.

3 Avril 1709.

«J'ai reçu la lettre que vous avez pris la peine de m'écrire le 27 mars, sur la trop grande traite des blés de votre département à laquelle donne lieu l'arrêt du Conseil qui décharge de tous droits les blés qui sont transportés d'une province dans une autre. Le Roi a jugé à propos, sur les plaintes qui ont été faites de plusieurs provinces sur le même sujet, de faire rendre un arrêt qui établit une règle uniforme en ordonnant que les achats ne pourront être faits que de la participation de MM. les intendants et jusqu'à concurrence des quantités qu'ils croiront pouvoir permettre, pour ne point excéder la juste mesure des secours qu'une province peut donner à une autre. Cet arrêt, qui vous sera envoyé, vous met en droit de prendre connoissance de tous les achats qui seront faits dans votre département et de les limiter comme vous jugerez à propos, entrant néanmoins dans l'esprit de procurer, autant qu'il est possible, le bien général, et de ne point s'attacher de telle manière au bien particulier de la province dont on a l'administration, que toutes les autres paroissent de nulle considération en comparaison d'elle.....»

---

354. *M. Daguesseau fils, procureur général au Parlement de Paris,*

au Contrôleur général.

(De Fresne,) 3 Avril 1709.

«Le séjour que je fais depuis deux jours à la campagne me donne tout le loisir de m'instruire par moi-même de l'état des blés, et je vous avoue que l'on ne le peut voir de près sans en être effrayé. J'étois venu ici plein de bonnes espérances et fort affermi contre tous les mauvais discours que je me préparois à entendre; mais, après avoir bien examiné la chose, après avoir entendu les laboureurs les plus expérimentés, après avoir fait ouvrir et remuer la terre en plusieurs endroits, en ma présence, je ne sais en vérité s'il reste encore quelque sujet d'espérer, au moins pour ce pays-ci, et si, au contraire, il n'y a pas tout à craindre. Les laboureurs demandent de tous côtés, aux environs de Meaux, qu'il leur soit permis de resemer leurs terres en orge; et ce qu'il y a de plus fâcheux, c'est que l'inquiétude où l'on est dans ces quartiers a tellement fait monter le prix de l'orge, qu'elle s'est vendue, aux derniers marchés de Meaux, jusqu'à 40# le setier, mesure de Paris. Il est impossible que la plupart des laboureurs en puissent approcher à ce prix; et ainsi, quand même on seroit forcé de resemer les terres en orge, il faut compter qu'il n'y en aura qu'une médiocre partie où l'on profite de cette dernière ressource. Je n'ai pas cru devoir différer de vous informer de l'état de ce pays jusqu'à mon retour à Paris. La saison commence à nous presser, et il est à craindre que, en attendant le blé, qui ne viendra peut-être point, on laisse passer le temps de semer de l'orge, qui pourroit venir. D'un autre côté, j'avoue que j'ai une extrême peine à me détacher de l'espérance du blé. Ainsi, dans une conjoncture si délicate et si embarrassante, instruit comme je le suis qu'il y a bien d'autres pays aux environs de Paris où l'on n'a pas plus de sujet d'espérer que dans celui-ci, je prends la liberté de vous proposer le seul expédient par lequel il me semble qu'on puisse prendre sûrement son parti dans le peu de temps qui reste à la délibération : ce seroit que vous voulussiez bien faire partir incessamment deux ou trois personnes de confiance qui allassent visiter toute la campagne des environs de Paris, jusqu'à quinze ou vingt lieues, et qui vous envoyassent des mémoires exacts de tout ce qu'ils auroient appris de l'état des blés, afin que, d'ici au 15 ou 20 de ce mois, on pût, avec une entière connoissance de cause, prendre une dernière résolution sur une matière si importante, et cependant s'assurer de la plus grande quantité d'orge qu'il seroit possible. On en pourroit faire venir, par les ordres du Roi, des provinces où le blé paroît et où l'on a une espèce d'assurance d'une récolte certaine. On pourroit aussi, par la même autorité, s'assurer de toute l'orge qui est actuellement dans les greniers des brasseurs, et empêcher qu'ils ne la consomment avant que l'état des blés soit plus certain. Mais, si l'on a à faire quelque chose sur ce point, on ne sauroit, ce semble, le faire trop promptement. Vos lumières et votre prudence consommée iront au delà de tout ce que je puis prévoir et penser sur cette matière*.....»

* En apostille, de la main du contrôleur général : «Bon. Choisir de concert avec M. Phélypeaux, M. Bignon et M. d'Argenson des personnes pour faire cette visite.»

---

355. *M. le Gendre, intendant à Montauban,*

au Contrôleur général.

3 Avril 1709.

«La lettre qui vous a été écrite par le sieur Dubois de Boutarie, au sujet de sa capitation, dont j'ai vu la copie, ne m'a point surpris, étant fort digne de l'auteur; mais je vous avoue que je n'ai pu m'empêcher de rire en lisant les faits qu'elle contient, de voir qu'un mari soit assez simple pour mettre sa femme en jeu dans une affaire de cette nature. J'avois ignoré jusque-là d'avoir eu quelque penchant pour cette dame, et encore plus d'avoir été la trouver seule à minuit, ne lui ayant pas parlé six fois depuis quatre ans. Je n'ai jamais pu découvrir ce qui avoit donné lieu à l'idée extravagante de ce mari, qui est fort extraordinaire et qui donne souvent des scènes au public. Je ne saurois m'imaginer que, sur une telle lettre, vous accusiez un homme qui fait profession d'une justice fort exacte, d'avoir eu de la vivacité en comprenant le sieur de Boutaric dans le rôle de la capitation de Montauban. Si j'étois capable d'une pareille chose, je mériterois qu'on me fît mon procès. Quoiqu'il soit fort dur à un honnête homme de se défendre contre une pareille lettre, je crois être obligé de vous rendre compte du fait.

«Le sieur de Boutaric a payé la capitation, jusqu'en 1708, en Languedoc, parce qu'il y a toujours demeuré. Au mois de janvier 1708, il change de domicile et loue une maison à Montauban, où il s'étoit marié l'année précédente. Les consuls, en étant avertis, m'en donnèrent avis au mois de juillet, et me demandèrent permission de le comprendre, par un supplément, comme un de leurs habitants. Comme, suivant tous les principes de la capitation, le domicile doit la régler, je ne fis aucune difficulté de signer ce supplément de rôle; ce sont choses qui arrivent cent fois dans le cours de l'année, suivant les translations des domiciles, et nous agissons toujours, sur cela, de concert, M. de Bâville et moi. Le sieur de Boutaric, étant averti par le receveur qu'il étoit taxé pour 40 écus, ne réclama point de payer à Montauban, parce que cela étoit juste; mais il me demanda seulement de le réduire à 80#, comme il étoit taxé en Languedoc. Je ne crus pas devoir lui accorder de modération, étant riche et aisé. La chose est demeurée dans cet état jusqu'au mois de février, que le receveur, pressé de rendre ses comptes, lui envoya un logement, qui lui échauffa si fort la bile, qu'il maltraita les archers, sans vouloir seulement leur payer leurs journées, et assura le receveur qu'il ne payeroit jamais à Montauban; et en effet il alla payer sur-le-champ sa capitation de 1708 au receveur de Languedoc, et alla porter le montant de son affranchissement au subdélégué de M. de Bâville, qui vint aussitôt me demander ce qu'il avoit à faire. J'écrivis, devant lui, la lettre ci-jointe à M. de Bâville, pour m'en rapporter entièrement à sa décision. Voilà la réponse qu'il m'a faite et l'état de l'affaire. Je ne sais si vous trouvez en cela quelque vivacité ou passion de ma part; je n'en ai, grâce à Dieu, que pour le service du Roi et pour vous plaire. Je me flatte d'avoir le cœur et la confiance de la noblesse et du peuple; il peut y avoir une vingtaine de personnes, à Montauban ou dans la généralité, qui ne me veulent pas de bien, parce que j'ai examiné de trop près leur conduite; mais je m'en glorifie, et serois bien fâché qu'ils fussent dans d'autres sentiments, parce que le Roi ne seroit pas si bien servi, et vos ordres moins bien exécutés*.»

* Voir, entre autres dénonciations, une lettre de M. Geniès, vicaire général, du 1er août suivant.

---

356. *M. le Guerchoys, intendant en Franche-Comté,*
au Contrôleur général.

3 Avril 1709.

Il envoie un devis de travaux à faire au fort de Joux, pour surveiller l'entrée et la sortie des marchandises.

---

357. *M. Ferrand, intendant en Bretagne,*
au Contrôleur général.

3, 5, 9, 12, 19, 21, 23 et 28 Avril, 12, 15 et 24 Mai, 9 et 26 Juin 1709.

Les intéressés au chargement de la flotte qui vient d'arriver de la mer du Sud, et sur laquelle un arrêt de saisie a été prononcé, consentent à faire porter leurs matières métalliques aux Monnaies de Rennes et de Nantes, sur le pied de 32# le marc de piastres, dont une moitié à reprendre en écus aussitôt après la conversion, et l'autre moitié payable en assignations sur des fonds certains, avec les intérêts au cours de la place de Paris.

Une partie des matières est envoyée directement à Paris.

---

358. *Le Contrôleur général*
aux Intendants.

5 ou 10 Avril 1709.

«Le Roi m'ordonne d'ajouter à toutes les lettres que je vous ai écrites par son ordre, depuis cinq ou six mois, sur la cherté des blés et sur les moyens d'empêcher qu'ils ne soient portés à un prix excessif, que, suivant tous les avis et éclaircissements que S. M. a reçus des différentes provinces de son royaume, elle a tout sujet d'être persuadée : premièrement, que, dans la plus grande partie (on pourroit même dire dans toutes, à l'exception d'une ou deux), l'espèce ne manque point; et, en second lieu, que l'inquiétude dans laquelle on est pour les blés qui sont en terre, fomentée et entretenue avec grand soin par les avaricieux qui espèrent d'en profiter, est la principale cause, et des mouvements qui commencent de tous côtés, et de l'augmentation du prix dont on s'aperçoit de jour en jour. A l'égard de l'inquiétude, il faut espérer qu'elle cessera d'elle-même aussitôt qu'on sera bien assuré, comme on l'est déjà en quelques provinces, que les blés paroissent, qu'il n'y en a que peu d'endommagés par le grand froid de l'hiver, et que tous ceux qui n'en ont point souffert promettent une bonne et abondante récolte; mais, comme, jusques à ce que cette assurance ait pris la place de l'inquiétude et agitation présente, il faut s'attendre à voir des attroupements et émotions populaires fréquentes, S. M. estime, que, pour les prévenir ou pour les apaiser, lorsqu'elles seront survenues, il est d'une nécessité indispensable que MM. les intendants fassent deux choses : l'une, d'exécuter à la lettre, avec beaucoup d'exactitude et sans aucune distinction, faveur ni considération, l'ordre que S. M. leur a donné d'obliger, en s'expliquant de vive voix seulement, tous ceux qui ont des greniers et magasins à vendre aux marchés de leur résidence ou les plus proches. Un ordre verbal, qui sera suivi, à l'égard des refusants, ou d'une lettre de cachet pour aller dans une province éloignée de cent lieues de leur demeure et y rester jusqu'à nouvel ordre, ou d'un *veniat* à la suite du Conseil, ou même d'emprisonnement et de la vente forcée, à un prix modique, de tous les grains qu'on aura refusé de vendre au premier avertissement, fera beaucoup plus d'effet que toutes les procédures qui pourroient être faites d'autorité des juges ordinaires ou des Parlements. La seconde est que MM. les intendants soient fort alertes et fort attentifs à tout ce qui se passera pendant ce temps de trouble et d'agitation dans tout leur département, qu'ils se portent sans délai partout où leur présence sera nécessaire, et, en un mot, qu'ils soient, pour ainsi dire, présents partout pour contenir les peuples, pour faire cesser les mauvais manèges des avaricieux, ou même des marchands de blés, et d'autres gens qui veulent faire ce commerce dans une année de disette quoique ce ne soit point leur profession ordinaire, et pour apporter sur-le-champ le remède le plus convenable aux premières apparences d'attroupements et de séditions, qui sont toujours faciles à apaiser dans les commencements, mais qui deviennent fort embarrassantes pour peu qu'on les néglige ou qu'on diffère. Il sera bon que MM. les intendants se fassent toujours accompagner des maréchaussées dans les voyages qu'ils feront à l'occasion de ces mouvements ou du besoin que les villes auront de leur présence pour faire suffisamment fournir les marchés*.»

* En renouvelant ces recommandations, le 14, à M. Foullé de Martangis, intendant en Berry, il ajoute : «La voie de l'augmentation aux rôles de la capitation et des autres charges n'est pas si convenable que celles dont je vous ai fait l'ouverture, lesquelles seront d'un plus grand éclat et plus capables de faire impression sur les avaricieux et usuriers. Quant à la frayeur qu'on a sur les blés qui sont en terre, elle se dissipera d'elle-même, et se dissipe de jour en jour en

IMPRIMERIE NATIONALE.

plusieurs provinces. La perte des bêtes à laine est certainement un mal beaucoup plus grand pour le Berry; le Roi y aura égard en réglant les impositions pour l'année prochaine. En attendant, je verrai avec le receveur général des finances ce qu'on peut faire pour procurer quelque soulagement aux contribuables. Vous ne pouvez mieux faire que de diminuer autant qu'il est possible les frais de tous les recouvrements ordinaires et extraordinaires, et ménager de telle manière les esprits que, sans rien outrer comme vous prétendez qu'on a fait jusqu'à présent, et sans que les traitants aient aucun sujet raisonnable de se plaindre, le Roi puisse tirer les secours dont S. M. a besoin.»

Le 14, à M. Ferrand, intendant en Bretagne : «.....J'ai peine à croire que la Bretagne, dans laquelle on est persuadé qu'il y avoit des blés pour trois ans, puisse être épuisée au point qu'il n'en reste plus pour quatre mois. Tous les avis que nous avons ici, même par des gens du pays, disent au contraire qu'il y en a une très grande quantité, et suffisante pour nourrir les peuples plus d'un an, dans les châteaux des gentilshommes, dans les abbayes et dans plusieurs autres lieux des villes et de la campagne. Je vous prie d'approfondir cet avis, et surtout de faire ouvrir sans aucun délai tous les greniers et magasins. Servez-vous pour cela de l'autorité du Roi qui vous est confiée, conformément à ce que je vous ai expliqué par mes précédentes. Deux ou trois exemples que vous ferez bien à propos, ou que le Roi fera sur vos avis, contre les avaricieux qui ne sont pas contents du prix excessif auquel les blés sont à présent, et qui veulent encore différer de vendre, feront certainement diminuer le prix et fournir suffisamment les marchés.....»

Le 21, à M. le Gendre, qui disait ne plus pouvoir douter que la moitié des grains semés avant l'hiver n'eût été gelée dans la généralité de Montauban, il répond : «.....J'ai peine à m'empêcher de douter encore que le mal soit si grand. Le temps, qui s'est remis au beau depuis le 15, a fait revivre les espérances. Est-il possible que la haute Guyenne, et surtout les environs des rivières de Garonne, de Tarn et autres, l'un des pays du royaume le plus fertile et le plus abondant, soit aussi maltraitée qu'on vous le fait entendre? Examinez la chose à fond, et faites-moi savoir ce qui vous paroîtra sûr et incontestable.»

---

359. *LE CONTRÔLEUR GÉNÉRAL à M. D'IBERVILLE, envoyé du Roi à Gênes.*

6 Avril 1709.

«Quoique la médiocrité de la récolte de l'année dernière et la rigueur de l'hiver qui vient de finir ne dussent pas faire craindre de manquer de blé en France, puisqu'il n'y a pas un an que personne ne doutoit qu'il n'y en eût au moins pour quatre années, et que les grains qui sont sur terre commencent à donner de très bonnes espérances pour la récolte prochaine, on ne peut néanmoins rassurer les peuples, et surtout dans quelques provinces naturellement moins pourvues de grains que les autres, qu'en leur procurant une abondance beaucoup au delà du nécessaire, et en tirant pour cet effet des blés étrangers. Le Levant et la Barbarie en peuvent fournir une quantité considérable, pourvu qu'on se serve des nations neutres pour les faire arriver en sûreté jusque dans nos ports; et je crois qu'on y réussiroit aisément par la voie des négociants de Gênes, et en se servant de vaisseaux génois. Vous êtes à portée de connoître mieux qu'un autre ce qu'on doit attendre de cette vue et les secours qu'elle pourroit produire, et d'ailleurs je suis persuadé que vous vous emploierez volontiers dans une négociation dont les suites peuvent être aussi utiles à l'État. Je m'adresse donc à vous avec confiance, et je vous prie d'examiner, soit par vous-même, soit par le secours de gens entendus sur cette matière, mais sans qu'il paroisse que je vous en aie écrit, les quantités de blé, et même de ris, qu'on pourroit faire venir par des vaisseaux génois dans les ports de Toulon, de Marseille et d'Agde, dans quel temps ils pourroient y arriver (sur quoi je vous observerai que la diligence est à désirer), et enfin à quel prix ils reviendroient rendus dans ces ports, en les payant comptant ou en bonnes assignations.....»

* Les 8, 18 et 25 mai suivant, M. d'Anneville, chargé des affaires à Gênes, propose de faire acheter des blés par l'entremise des sieurs Sacerdotti et du marquis de Monteleone, et de tirer ces blés, non pas de Gênes même, mais du Levant, où les négociants génois enverront des vaisseaux, sur lesquels, pour éviter les avanies, il serait bon de mettre un capitaine et quelques matelots français, avec le pavillon du Roi. Le contrôleur général répond, les 8, 16 et 18 juin, que ces propositions sont agréées et qu'il a ordonné d'envoyer de la Provence et de Lyon des députés et des commissionnaires, munis de pouvoirs suffisants et de lettres de change.

M. de Ferriol, ambassadeur à Constantinople, annonçait, le 7 avril précédent, que, le blé étant très abondant en Turquie, la charge ne reviendrait qu'à 2# 14 s. Par ses lettres du 26 août et du 12 novembre, il rend compte des mesures prises pour faire des envois : «.....J'ai un commandement, pour Rodosto et pour les environs à quinze lieues de Constantinople, de cinquante mille mesures, avec lequel j'en ferai charger deux cent mille, et elles ne seront pas plus tôt enlevées, que le visir m'a promis un autre commandement pour cinquante mille au golfe de Salonique ou dans d'autres lieux à mon choix..... Indépendamment de ces commandements, on charge en plusieurs endroits de cet empire et presque dans tout l'Archipel et sur les côtes d'Albanie. Le blé est, à la vérité, un peu plus cher où l'on charge sans commandement, par les présents qu'il faut faire aux puissances du pays, et parce que les vendeurs, qui s'exposent à quelque punition, s'en prévalent. Je puis vous assurer que, depuis dix ans que je suis ambassadeur, nos François ont chargé dans cet empire plus de cinq mille bâtiments de blé, et, depuis le commencement de cette année, plus de huit cents. La Provence devroit en être pleine.....»

Le contrôleur général écrivit au légat de Romagne, le cardinal Gualterio, pour faire acheter des blés dans ce pays (lettre du 31 mai), et l'abbé de Pomponne eut ordre de trouver en Dalmatie et en Calabre des négociants qui pussent apporter du blé et des huiles : voir ses lettres des 4 mai, 15 juillet et 17 août (il demandait des passeports en blanc ou la permission de donner des certificats de police), une lettre du contrôleur général à cet abbé, 1er juin, et une autre, du 10 décembre, à M. de Pontchartrain. M. de Pontchartrain, secrétaire d'État de la marine, écrivait, le 12 juin, que le Roi accorderait des passeports, quoique réellement inutiles, aucune rencontre d'armateurs français n'étant à prévoir sur le littoral, pour les bâtiments qui apporteraient des blés de Gênes ou de Livourne, et il ajoutait : «La demande que vous font les échevins de Marseille de cent passeports en blanc pour autant de navires anglois et hollandois, pour s'en servir à la traite des blés, a paru fort extraordinaire au Roi..... Si ces navires viennent d'Angleterre ou d'Hollande à droiture en Levant pour en rapporter des blés, comme ils seront sans doute chargés de marchandises, c'est un grand tiers du commerce des ennemis qu'on assure totalement ; rien ne les empêchera d'entrer à Lisbonne, à Gibraltar, à Barcelone, et partout où ils voudront dans la Méditerranée, sans aucun risque, et on ne voit point de précautions suffisantes pour les en empêcher et assurer le retour du blé. S'ils viennent à Marseille, ils y apporteront des marchandises prohibées, et le Conseil de commerce s'oppose depuis longtemps à cette navigation. S'il s'agit d'apporter des blés du Nord à Marseille, pour de là retourner en Angleterre ou en Hollande, les échevins n'ont qu'à nommer ceux qui entreprendront ce commerce, et les passeports seront expédiés sans difficulté.....»

Voir deux autres lettres du 20 juillet et du 21 août, sur les passeports demandés sans indication de destination pour faire venir des grains d'Angleterre et d'Irlande, par les navires hollandais. Le 10 septembre, le secrétaire d'État proteste contre le projet d'aller chercher des blés en Turquie sous pavillon génois.

Des blés de Gênes furent apportés à la fin de l'année par une escadre de huit bâtiments malouins, dont le principal intéressé était le sieur de Blampignon-Baillon. Voir une lettre du contrôleur général à M. Lebret fils, intendant en Provence, 9 septembre 1709; les lettres de M. Lebret, 4, 26, 30 et 31 octobre, 5 et 6 novembre 1709, 1er, 4 et 29 janvier, 1er et 5 février, 2 mars 1710; les lettres du sieur de Blampignon, des 19 octobre 1709, 8 janvier, 2, 9 et 23 février 1710; les lettres du contrôleur général au même, 18 et 27 janvier, 17 février, 15 mars et 24 mai 1710; celles du sieur de la Chipaudière-Magon, négociant à Saint-Malo, 27 avril et 4 mai 1710; de M. de Vaubourg, conseiller d'État, 7 juin 1710, etc. A la fin de cette année, Blampignon demanda, en récompense de ses services, une croix de l'ordre de Saint-Michel et des lettres de noblesse.

---

360. M. de Vaubourg, conseiller d'État, au Contrôleur général.

(De Paris,) 6 Avril 1709.

«Il se passe ici une chose dont je crois qu'il est important que vous soyez informé; elle mérite autant l'attention du Roi que l'affaire des blés. Il y a actuellement à l'Hôtel-Dieu plus de mille scorbutiques; il y en a aussi grand nombre aux Invalides, et ce mal commence à gagner les maisons des gens aisés. On a délibéré, dans une assemblée tenue chez M. le cardinal de Noailles, si l'on envoieroit ceux de l'Hôtel-Dieu à la maison de Saint-Louis des pestiférés. Les médecins en étoient d'avis; ils disoient même que le scorbut est une demi-peste, que le grand nombre des malades et des mourants, dans un lieu serré comme l'Hôtel-Dieu, infecteroit l'air et causeroit infailliblement la peste dans ce quartier-là, et ensuite dans tout Paris. Les religieuses de l'Hôtel-Dieu, qui ne craignent point le mauvais air, demandoient aussi avec instances qu'on transférât à Saint-Louis ceux qui sont attaqués du scorbut. M. le cardinal de Noailles et MM. les administrateurs supérieurs, comme les premiers présidents des Compagnies, ne s'en éloignoient pas. Cependant deux ou trois des administrateurs inférieurs, gens qui vont toujours au ménage et qui ne portent pas leurs vues plus loin, l'ont emporté. Ils ont dit, pour raison, que l'Hôtel-Dieu est hors d'état de faire la dépense qu'il conviendroit pour l'établissement dans la maison de Saint-Louis; qu'il est chargé de 50,000 écus de billets de monnoie, dont il ne peut s'aider. En un mot, il a passé à la pluralité qu'on ne transféreroit point les scorbutiques à Saint-Louis; on fait seulement accommoder des greniers à l'Hôtel-Dieu pour les y mettre et les séparer des autres malades. Une partie y est déjà; il en meurt trente et quarante par jour. On a représenté en vain à MM. les administrateurs que les malades ne peuvent guérir que dans un grand air, et moins renfermé que celui de l'Hôtel-Dieu; que, dans un besoin pressant, il ne faut pas balancer à négocier les 50,000 écus de billets de monnoie, quand on devroit y perdre 30 et 40 p. o/o; que la dépense à faire pour accommoder les greniers de l'Hôtel-Dieu va au quart ou au tiers de celle qui seroit nécessaire pour l'établissement à Saint-Louis; qu'un seul mandement de M. le cardinal de Noailles, à l'occasion du grand froid du mois de janvier, a produit à l'Hôtel-Dieu 20,000 écus d'aumônes extraordinaires; qu'une quête qui seroit faite dans les paroisses, ou même un mandement pareil à celui du grand froid, produiroit autant, et peut-être davantage, et par conséquent plus qu'il ne faut pour l'établissement à Saint-Louis: tout cela n'a point été écouté. Il me paroît d'une nécessité indispensable que l'autorité du Roi intervienne; autrement, on est à la veille de voir quelque maladie populaire et une grande désolation dans Paris*.....»

* M. le Camus, premier président de la Cour des aides, proposa d'employer pour les scorbutiques les revenants-bons des comptes des boues et lanternes. (Cour des aides de Paris, G7 1766, 13, 17 et 21 avril.)

---

361. M. d'Argenson, lieutenant général de police à Paris, au Contrôleur général.

6 Avril 1709.

«Les marchés d'aujourd'hui ont été très rudes, par l'augmentation du prix du pain, qui n'a été néanmoins que de 2 deniers par livre, et par les plaintes séditieuses de quelques femmes de soldats du régiment des gardes, qui y sont venues en l'absence de leurs maris, partis dès le matin pour la revue du Roi. Il n'y a eu cependant aucun tumulte formé, si ce n'est dans celui du faubourg Saint-Germain, où une troupe de femmes emportées, dont les maris sont, dit-on, pour la plupart d'une des compagnies de grenadiers et de celle de Chardon, ont pillé la place d'un boulanger du faubourg Saint-Marcel, nommé Guenée, sans que le sergent d'affaires, nommé Marcadé, s'y opposât comme il devoit; il est même parti pour la revue avant que le tumulte fût fini, et les autres sergents qui étoient distribués dans les autres marchés les ont quittés aussi un peu après neuf heures, pour aller à Versailles : ce qui a rendu toutes ces femmes plus insolentes et plus odieuses qu'elles n'étoient encore. Le mouvement séditieux de celles du faubourg Saint-Germain n'étoit pas calmé, quand trois brigades du guet, à qui j'avois donné ordre de se tenir prêtes pour accourir aux besoins pressants, y sont accourues : celui qui les commandoit a même arrêté une de ces femmes dont les cris, les imprécations et les fureurs excitoient les autres à la révolte; mais, après l'avoir obligée d'en demander pardon à genoux au milieu du marché, il l'a relâchée sans m'en avertir, et je pense qu'il a mal fait..... Cet incident fait assez connoître combien la présence des sergents nous est nécessaire, qu'il est à propos d'en augmenter le nombre, qu'il seroit bon que les soldats défendissent à leurs femmes de se trouver aux marchés et qu'ils y vinssent plutôt eux-mêmes, en préférant toujours celui qui est le plus proche de leur quartier..... Je pense aussi qu'il est nécessaire, pour l'exemple, de faire entendre d'abord aux capitaines des compagnies qui ont eu part à ce désordre que le remboursement du boulanger sera pris sur leur masse.....

«M. de Pontchartrain me fait de grands reproches de ne l'avoir pas informé des placards injurieux qui me regardent..... Le placard que ce ministre dit être revenu au Roi est apparemment celui trouvé dans la place de Grève, que le major des archers de la ville remit vendredi matin à M. le prévôt des marchands;

mais il y auroit beaucoup plus d'apparence à croire que ce magistrat l'a envoyé à M. de Pontchartrain, qu'à s'imaginer qu'il l'ait remis à S. M. directement. Quoi qu'il en soit, je pense, et je penserai toujours que de pareilles insultes ne méritent que du mépris, et que tout autre parti ne convient pas*.....»

* Voir une lettre écrite le même jour par M. Robert, procureur du Roi au Châtelet, et, sur des émeutes postérieures, diverses lettres de M. d'Argenson, des 1er, 4 et 8 mai, 24 juillet, 20 août (où il donne un état des postes des gardes françaises et indique les mesures prises pour la sûreté de la Monnaie et de la Douane) et 30 décembre; deux lettres du procureur général Daguesseau, 29 avril et 4 mai, et cinq de M. du Montcel, lieutenant criminel de robe courte, 1er, 4, 6, 7 et 8 mai.

Douze compagnies du régiment des gardes et un bataillon suisse furent établis à Paris, des sergents et des caporaux en armes placés dans chaque marché. Sur la solde particulière et l'emploi de ces troupes, voir les lettres de M. d'Argenson, 18, 19 et 23 mai 1709, 17 avril, 5 juin, 5 juillet, 16 et 26 octobre 1710.

---

362. M. DE BERNIÈRES, *intendant en Flandre*, AU CONTRÔLEUR GÉNÉRAL.

8, 15, 19 et 24 Avril 1709.

Il rend compte du dénûment du pays, au point de vue, soit des grains, soit de l'argent, et de l'impossibilité d'assurer la subsistance des garnisons, qui consomment vingt-deux mille sacs par mois.

«Il n'y a pas, dans tout le pays, de quoi faire vivre les peuples jusques à la récolte prochaine, qui ne donne encore aucune espérance..... La ville de Douay, qui y est la mieux fournie, n'a que pour faire vivre ses bourgeois et habitants de sa dépendance pendant dix-neuf semaines, à raison d'une livre et demie de pain par tête pour chacun jour. Je ne vois, en grande connoissance de cause, aucune ressource que neuf mille sacs de blés dont M. de Chamillart s'est assuré auprès de M. l'archevêque de Cambray, tant des siens que de quelques abbayes qui sont dans ladite ville..... Vous voudrez bien faire attention que toute cette frontière a été absolument fourragée, tant par l'armée ennemie que par celle du Roi, et qu'il n'y est rien resté que ce qui a pu être réfugié dans les places..... Il est à craindre que telle ville qui pourroit être assiégée pendant la campagne, comme par exemple celle-ci (Tournay), qui est des plus exposées, ne puisse pas faire une longue résistance, faute de subsistance de toutes manières, n'y ayant pas actuellement de blés pour trois mois. Je vous avoue que tout ce que je vois de bien près me fait transir, l'État me paroissant en l'air et ne tenir à rien, puisque la frontière est entièrement dépourvue et que les troupes, quoique passablement rétablies, et mieux que je n'aurois osé l'espérer, sont presque hors d'état de pouvoir sortir de leurs garnisons, les officiers se trouvant tous sans équipages, ayant vendu leurs chevaux et mis ce qu'ils avoient en gage pour vivre, et la plupart des soldats étant nu-pieds*.....»

* M. Mesnager, député au Conseil de commerce, écrivait d'Ypres, le 9 avril : «J'ai l'honneur de vous entretenir d'une matière qui n'est de ma compétence qu'autant que le zèle du service l'exige des sujets, et principalement de ceux qui se trouvent honorés, comme moi, de vos ordres, quand il parvient à leur connoissance choses qui tirent à conséquence. J'ose donc vous remontrer très humblement que la rasière de blé pesant cent quatre-vingt-dix livres vient d'être vendue 34 #; que le paysan en manque absolument, et même d'orge pour semer; que déjà la populace s'est attroupée, et que les femmes en nombre se sont présentées deux fois à M. l'intendant pour lui représenter que le prix exorbitant des grains étoit causé par la cupidité de quelques-uns, lesquels les gardoient pour les vendre plus cher : prétexte qui s'est trouvé très faux après que la vérification a été faite des faits qu'elles ont articulés. Ayez agréable de réfléchir pour un moment où l'on en seroit dans des places aussi frontières que celles-ci, dans lesquelles il n'y a pas un sac de blé, où le pain auroit déjà manqué aux troupes, si M. le Blanc ne s'étoit pas rendu garant par endossement de lettres de change tirées de Dunkerque sur Paris, pour une somme d'environ 20,000 écus, qui ont servi à payer le blé d'une prise et quelque quantité achetée dans les marchés voisins. Il est temps de prévenir la mutinerie du peuple et des troupes qui pourroit survenir à l'occasion de la disette, et de donner les secours nécessaires à M. le Blanc, que je vois souvent très embarrassé et dans une situation violente, quoique sa fermeté et son courage soient inébranlables. Je prends la liberté de vous remontrer que l'on ne doit point espérer de ressource chez les particuliers de ce pays-ci : premièrement, les commandants des villes frontières de l'Artois, soit qu'ils craignent eux-mêmes la disette, soit qu'ils aient quelque autre motif particulier, refusent absolument la sortie et le passage des grains, qu'on pourroit tirer des lieux plus éloignés; ceux qui en pourroient faire venir du Nord et d'Hollande sont dans la crainte qu'on ne prenne leur blé pour les troupes, voyant qu'elles ne subsistent que par industrie et que les munitionnaires laissent les magasins vides. Il est nécessaire que MM. les ministres du Roi (pardonnez, s'il vous plaît, la liberté que je prends de vous le représenter) s'unissent pour trouver les moyens de secourir ce pays-ci par mer, par les canaux, ou par terre. Autrement, il est menacé de quelque fâcheux événement, qu'on n'ose envisager. Il s'agiroit donc de faire examiner dans l'Artois et dans la Picardie le blé qui en pourroit sortir, et donner la permission de l'apporter ici avec des précautions convenables : il se trouvera, en ce cas là, des Flamands qui se chargeront de l'acheter et de le faire voiturer ici. Un autre moyen seroit de fréter des navires hollandois à Bordeaux et dans les autres ports du royaume où il s'en trouveroit, pour charger en Poitou, en Bretagne et ailleurs du blé, et le transporter à Dunkerque. Il n'est plus question de conserver la navigation de port en port, quand la nécessité est aussi pressante. Un troisième moyen seroit d'en tirer d'Hollande par les canaux. On ne sauroit assez promptement appliquer le remède au mal qui menace cette basse Flandre. Soyez persuadé, s'il vous plaît, que l'exagération n'est pas mon talent, et que ce que j'ai l'honneur de vous dire est la pure vérité.»

Le 13 avril, le contrôleur général écrit à M. le Blanc, intendant en Flandre maritime : «..... Dès que j'ai vu augmenter les blés, j'ai pensé à en faire venir des pays étrangers, car je puis vous assurer que la disette est générale dans toutes les provinces du royaume. J'ai même commencé à faire quelques avances..... L'argent est si difficile à trouver pour le Roi, qu'on a des peines infinies à rassembler une petite partie des fonds nécessaires. On a poussé si loin le crédit, et les dettes sont montées à un tel excès, qu'on ne trouve presque plus personne qui veuille faire des avances.....» Voir la réponse du 21.

---

363. LE CONTRÔLEUR GÉNÉRAL *aux Intendants*.

12 Avril 1709.

«Les différents avis qui sont venus depuis quelques jours, d'assemblées dans les marchés et du peu de liberté qu'il y a pour transporter des grains d'une province à une autre, même pour les voiturer dans les lieux où ils doivent être exposés en vente, ont déterminé S. M. à me donner ses ordres pour empêcher à l'avenir ce dangereux commerce..... S. M. désire que vous vous serviez à cet effet des troupes qui sont ou qui passeront incessamment dans votre département, que vous établissiez des corps de garde partout où vous le jugerez à propos, que vous fassiez arrêter ceux qui seront coupables et qui auront donné lieu auxdits attroupements, que vous fassiez instruire leur procès, et qu'ils soient condamnés au dernier supplice, comme perturbateurs du repos public. Elle désire même que vous enjoigniez aux gens bien intentionnés de leur courre sus et de prêter main-forte aux troupes en cas de besoin. Le Roi trouvera même bon qu'en cas de nécessité pressante ou absolue, vous suspendiez de quelques jours la marche des troupes, et que vous m'en donniez avis..... Je vous envoie un ordre général pour tous les commandants des troupes qui sont ou qui passeront dans votre département, afin qu'ils ne fassent aucune difficulté d'exécuter ceux qu'ils recevront de votre part *.»

* Voir une lettre du contrôleur général à M. Chamillart, 8 avril, et celles de M. Chamillart, 9 et 13 avril, 21 mai.

On se servit, non seulement de dragons, mais de soldats de la maréchaussée, des gardes ou de la marine, pour escorter les convois de grains. Parfois ces troupes excitaient les peuples à piller les marchands qui ne recouraient pas à elles : voir des lettres du contrôleur général à M. de Bouville, intendant à Orléans, à M. de Luzancy et à M. des Casaux du Hallay, 21 juin; deux lettres de M. Voysin, secrétaire d'État de la guerre, 14 et 22 juin; une lettre de M. de Richebourg, intendant à Rouen, 12 octobre.

---

364. *Le Contrôleur général à M. l'Évêque de Mâcon.*

12 Avril 1709.

«..... L'inquiétude où sont les peuples à l'occasion des blés est un mal général, auquel on a donné tous les ordres possibles; mais je puis vous assurer qu'en beaucoup d'endroits, les blés paroissent, et que, jusqu'au 25, on ne doit point prendre le parti de retourner les terres *.....»

* L'évêque écrit, le 2 juin : «..... J'ai jugé qu'on vous avoit dissimulé l'état où se trouvoient les terres après l'hiver. Si vous aviez su la vérité, vous n'auriez pas cru qu'il convenoit d'attendre d'y toucher avant le 25 avril : ce qui a fait un grand tort au royaume en retardant les secours que les peuples auroient reçus des petits grains. Plus de la moitié ne vit que d'herbes et de pain de fougère, et tous croient que le Roi ne leur demandera rien des tailles. Je viens de faire un tour, où j'ai trouvé une misère extrême : le paysan consomme son bétail pour sa subsistance, et la moitié des terres demeurent abandonnées. Les bénéficiers ne savent comment se conduire pour la dîme des petits grains; ils proposent qu'il plaise au Roi ordonner qu'ils les dîmeront à la quotité des blés pour trois ans, sans préjudice des usages contraires, ledit temps passé. Ceux qui payent les portions congrues disent qu'ils ne payeront rien, ne recueillant rien. Tout cela a besoin d'un règlement; autrement, je ne sais comment les ecclésiastiques payeront. Nos receveurs ne reçoivent rien. Permettez-moi de vous représenter qu'il faut pourvoir à la semence : je vois peu de personnes en état de la faire; si elle manque, à quelle extrémité le royaume sera-t-il réduit? Les petits grains ont belle apparence, sans avancer; ce temps les retarde, et la terre est froide. Les vignes sont perdues en ce pays, et une perte considérable encore pour cette province, ce sont les noyers, qui sont tous gelés; de quarante ans, cela ne se rétablira. Il faut qu'une personne à votre place sache la vérité afin qu'elle puisse pourvoir aux besoins d'un royaume..... Chacun fait son devoir..... Nous sommes accablés des étrangers; quel moyen de pourvoir à leur subsistance dans les villages où il n'y a qu'une personne ou deux qui aient du blé? Les curés les assistent il y a cinq mois, et sont eux-mêmes réduits à n'en avoir plus. C'est avec peine que je vous entretiens de tant de misères.....»

---

365. *M. de Bouville, intendant à Orléans, au Contrôleur général.*

13 Avril 1709.

«Le sieur de Rouverolles va tous les jours par les rues tout seul, et le sieur Levassor aussi. Il est vrai qu'ils ont été fort effrayés l'un et l'autre des discours que tenoient des femmes; mais il me paroît que leur crainte est présentement dissipée. Il ne faut pas s'étonner que les entrepreneurs des vivres de Dauphiné ne croient pas ledit sieur de Rouverolles en sûreté, puisqu'on me mande de Paris qu'il y a ici tout à craindre pour moi, et qu'on a dit que je n'osois aller à la messe qu'accompagné de cinquante hommes armés. Cependant je sors tous les jours tout seul, comme à mon ordinaire, et je crois que ceux qui me menacent ont plus de peur que moi.»

---

366. *Le Contrôleur général à M. de Montgeron, intendant à Limoges.*

15 Avril 1709.

L'arrêt rendu par le Parlement de Bordeaux pour faire faire la déclaration des grains et l'ouverture des greniers est contraire aux intentions du Roi, qui préfère, par l'intervention directe des intendants, éviter les longueurs, formalités et autres inconvénients; mais c'est à l'intendant lui-même d'examiner s'il convient mieux pour le bien général qu'il se substitue à l'autorité des magistrats et suspende l'exécution de l'arrêt rendu, en en référant toutefois au Parlement*.

* La volonté du Roi fut notifiée au Parlement et à l'intendant de Bordeaux, M. de la Bourdonnaye, par lettres des 10, 14, 15 et 17 avril.

Dès le 26 janvier, M. Pinon, intendant en Bourgogne, avait été averti qu'au lieu de faire faire des visites chez les particuliers, il valait mieux n'user que de remontrances et d'exhortations vis-à-vis de ceux que l'on savait avoir des approvisionnements de grains. Le même intendant ayant annoncé que le Parlement de Dijon, malgré la résistance de son premier président, venait d'ordonner une visite générale dans la ville et projetait d'étendre cette mesure à toute la province (lettres du 20 au 22 avril), le contrôleur général donne l'ordre au président de Migieu, promoteur de l'arrêt, de venir rendre compte de sa conduite à la suite du Roi, et le président n'eut permission de retourner à Dijon qu'après un certain temps, et à condition qu'il n'agirait plus que de concert avec le premier président et l'intendant : voir ses lettres, 22 et 25 avril, 4 et 14 mai, 6 juin.

Le Parlement de Grenoble ayant également envoyé des commissaires et des experts pour visiter les magasins ou greniers, prendre la déclaration des grains qui s'y trouvaient, et les faire porter au marché (lettres de M. de Grammont, second président, 19 mars, 14 avril, 27 mai et 30 juin), le contrôleur général écrivit à M. d'Angervilliers que le Parlement avait eu tort. Toutefois, comme ces commissaires avaient fait exactement la visite, sans trouver de résistance, on n'en envoya pas d'autres dans le ressort (lettres des 7 et 17 avril), et ils continuèrent leurs opérations jusqu'à la fin du mois de juin. Il en fut de même pour la Bourgogne : lettres du 17 avril, à MM. Pinon, intendant, et Bouchu, premier président.

---

367. *M. Daguesseau fils, procureur général au Parlement de Paris,*

au Contrôleur général.

15 Avril 1709.

Il propose de forcer par arrêt les particuliers qui ont des provisions d'orge à vendre dans les marchés, avant le 8 mai, tout ce qui ne leur est pas nécessaire pour leurs maisons et leurs semailles, sous peine d'amende et de confiscation.

Il demande des mesures immédiates pour ce qui concerne le commerce des blés.

«Il y a huit jours que je ne puis presque faire aucune réponse aux officiers du ressort du Parlement sur tout ce qu'ils me proposent, de peur de me tromper dans les règles que je dois leur marquer. Cependant le mal s'augmente en beaucoup d'endroits, la saison s'avance, et les moments d'agir peuvent se passer*.....»

* Le contrôleur général écrit, le 17, à M. d'Argenson, lieutenant général de police à Paris : «..... Lorsque les mémoires de M. le procureur général furent examinés, il fut résolu de ne point faire de visites générales, par la raison des inconvénients qu'elles attirent presque toujours : de sorte que, quand M. le Chancelier a signé l'arrêt qui commet M. du Montcel suivant le projet que vous m'avez donné, il en a paru surpris, et m'en a parlé ce matin comme d'une chose qui lui paroissoit contraire à ce qui avoit été résolu. Je lui ai dit que tout se feroit sous votre inspection, et que j'espérois qu'il n'en arriveroit aucun inconvénient. Je crois même qu'il ne faut point que l'arrêt qui commet le sieur du Montcel soit imprimé, et qu'il suffit qu'il l'ait pour en faire l'usage que vous jugerez à propos.....»

M. d'Argenson répond, le 18 : «..... M. le procureur général m'a parlé aujourd'hui d'un arrêt du Parlement qui doit ordonner de porter les blés dans les marchés voisins et défendre d'en vendre ailleurs. Cet arrêt ne feroit que du bien, si l'on y ajoutoit la clause qui suit : «sans préjudice de la provision de Paris»; car, autrement, tous les juges des lieux se croiront en droit d'arrêter par eau ou par terre toutes les voitures qui seront destinées pour cette ville, et cette défense donnera un nouveau prétexte aux attroupements et aux violences des peuples qui empêchent le transport des blés dont Paris a si grand besoin..... L'arrêt qui commet M. du Montcel n'ordonne point expressément des visites générales, qui pourroient être susceptibles de plusieurs inconvénients; son principal objet est de donner à l'officier commis une inspection sur les lieux d'où Paris tire sa subsistance et sur tous les juges qui doivent y maintenir la police.....» L'addition demandée par M. d'Argenson fut faite au projet : voir sa lettre du 20 avril.

---

368. *M. Portail, président au Parlement de Paris,*

au Contrôleur général.

15 Avril et 17 Décembre 1709.

Il expose quels sont ses droits à la propriété du pont de Chatou, droits que le Conseil a reconnus à diverses reprises, et quels inconvénients aurait le doublement de la taxe de passage, au profit des traitants, sur ce pont et sur celui du Pecq*.

* Les 9 et 23 octobre 1711, il se plaint encore des effets du doublement, qui ont diminué la circulation, et dit qu'ayant été obligé d'aliéner ses droits sur les deux ponts pendant trois ans, pour réparer les ravages de l'hiver de 1709, il se trouve sans ressources pour réparer ceux de l'hiver suivant.

---

369. *M. de Bouville, intendant à Orléans,*

au Contrôleur général.

15 et 19 Avril 1709.

«.....Je fais ouvrir après-demain trois ateliers publics pour faire travailler les pauvres de cette ville, qui sont en grand nombre, quoique l'hôpital général en ait reçu six cents depuis quinze jours, et j'en ferai sortir les étrangers, qui peuvent aller travailler aux levées.....

«Tous les tumultes qui se font ne proviennent que des pauvres, auxquels se joignent quelques vauriens. Ne trouveriez-vous pas à propos d'ordonner que chaque paroisse fourniroit du travail à ses pauvres, ou les nourriroit en faisant un rôle sur les propriétaires et laboureurs? Cela paroît d'autant plus nécessaire, que la quantité de pauvres est fort grande et qu'il en mourra une infinité de faim, si on ne leur donne du travail ou l'aumône; et il est même à craindre que la misère extrême n'engendre de très dangereuses maladies : nous voyons même déjà des gens attaqués du scorbut*.....»

* M. de Bernage, intendant à Amiens, écrit, le 5 juillet, à propos d'une lettre sur la misère d'Amiens : «.....Pour faire travailler les pauvres, il faut une distribution plus forte en subsistance et en argent que lorsqu'elle est faite purement pour soutenir la vie de ceux qui sont hors d'état de la gagner. Il faut aussi que ces travaux publics soient conduits par des ouvriers principaux, qu'il est nécessaire de payer. Enfin, il faut des fonds clairs et plus forts que les simples aumônes les comportent, et qu'on ne peut lever..... Il paroît par cette lettre qu'elle tend à rendre les ecclésiastiques absolument maîtres des distributions; mais, comme les déclarations et arrêts en ont disposé autrement et ont statué avec sagesse que les officiers de justice en seroient les principaux ordonnateurs, il n'y a pas lieu de faire une loi nouvelle pour la ville d'Amiens.....»

---

370. *M. d'Angervilliers, intendant en Dauphiné,*

au Contrôleur général.

16 Avril 1709.

Il estime que huit à dix mille quintaux de blés de la Barbarie ou du Levant suffiraient pour assurer la subsistance des peuples jusqu'au temps de la récolte*.

«Je prévois que la plus grande partie des communautés des élections de Vienne, Romans, Valence et Montélimart ne recueilleront pas de quoi semer : ce qui me fait croire qu'on ne sauroit chercher trop tôt à leur procurer de l'espèce. Les plus pauvres de ces communautés sont réduits déjà à vivre d'herbes; on assure que, s'ils avoient un peu de sel, qu'ils ne peuvent acheter, ils corrigeroient, par là, la crudité de cette nourriture : ce qui éviteroit les maladies. Messieurs du Parlement m'ont invité de vous écrire pour vous proposer d'obtenir de S. M. une aumône de mille minots de sel, qu'on feroit distribuer dans les communautés les plus nécessiteuses, et pour l'usage des pauvres seulement; ils m'ont même dit que, si le Roi ne jugeoit pas à propos que cette libéralité fût gratuite, ils se restreindroient de vous supplier d'en ordonner aux fermiers l'avance sous la condition d'en imposer le prix l'année prochaine sur les trois ordres. Je crois que cette proposition doit être écoutée; ce secours sera sans doute très utile, et, au moins, le pauvre mettroit en pain tout le peu d'argent qu'il peut ramasser**.»

Par le fait de la lenteur des étapiers généraux à traiter avec les sous-étapiers, ceux-ci n'ont pu faire leurs approvisionnements***. L'avoine manque surtout, parce que le menu peuple s'en nourrit en beaucoup d'endroits, et il a fallu en réduire la ration à un demi-boisseau, mesure de Paris, à condition de donner une demi-ration de foin en plus et 4 sols par place à l'officier, mais sans permission de substituer du seigle à l'avoine, comme le porte le résultat du Conseil****.

«Je vois avec douleur qu'il est impossible que le receveur général soit payé des recettes de Vienne, Romans, Valence et Montélimart avant la récolte. Je vous réitère la prière que je vous ai faite, de me laisser la liberté d'empêcher les frais que les receveurs particuliers pourroient faire dans les communautés que je croirai les plus malheureuses; je vous dirai même que ce seroit risquer des séditions que d'envoyer des huissiers chez des habitants qui n'ont pas de quoi vivre. Vous connoissez mieux que moi que le peuple, dans cette situation, n'est pas traitable, et il me paroît de conséquence de prévenir le désordre.»

* Voir deux autres lettres des 28 et 30 mai.

** Voir une lettre de M. de Grandval, du 4, une du président de Grammont, du 12 mai, et une de M. l'évêque de Valence, du 14.

*** Le 23 avril précédent, le contrôleur général se plaignait au président de Grammont que le Parlement eût fait enlever et vendre publiquement à Vienne des blés amassés par les entrepreneurs des étapes, et il exigeait une réparation immédiate.

**** Le contrôleur général lui écrit, le 23 mai : «.....Sur ce qui regarde la compagnie des vivres...., je ne puis donner d'autres fonds que des assignations sur des traités ou sur les revenus courants. L'extraordinaire des guerres a toujours l'élite des fonds. J'ai donné aux vivres, et en particulier à la compagnie de Dauphiné, les plus solides dont j'ai pu disposer. L'armée dernière, on auroit trouvé avec grande facilité à négocier les assignations; depuis le commencement de la courante, les négociations sont devenues difficiles, et on n'en fait plus aucune qu'avec une extrême peine. C'est ce qui retarde et embarrasse le service partout. En un mot, c'est un mal auquel je ne puis remédier qu'avec le changement des affaires générales.....»

Des expériences de fabrication d'un pain d'avoine par les boulangers des vivres prouvèrent qu'il n'y avait pas moyen de l'employer pour les troupes. M. d'Angervilliers en rend compte les 2, 7 et 9 juin. Dans la dernière lettre, il ajoute : «M. Lebret..... me mande que je ne puis pas compter qu'il trouve moyen de nous faire remettre un sac de Marseille à Sisteron sans argent; et, par ce que vous m'avez mandé plusieurs fois, et par ce que j'apprends des lettres particulières du sieur de Duchy, je ne vois aucune espérance qu'il en vienne dans la caisse des vivres, ni que la compagnie en veuille ou puisse faire des effets qui y sont. Je vous avoue que, dans cet état, je ne vois pas ce que l'armée du Roi, et par conséquent les provinces en deçà du Rhône, deviendront avant le 8 de juillet. Tous MM. les intendants des provinces voisines, à qui j'ai écrit, paroissent peu disposés à nous aider. La compagnie des vivres a absolument abandonné le service. Toutes sortes d'autres entreprises, comme d'étapes et d'hôpitaux, sont de même tombées. Je n'ai pas un sol pour faire payer le prêt aux troupes; les peuples sont presque à la famine. Je vous répète encore qu'avant qu'il soit trois semaines, il arrivera une catastrophe funeste sur cette frontière..... Tous ces malheurs eussent été prévenus il y a deux mois, si le munitionnaire eût remis des fonds, puisque, en payant, on eût trouvé des blés en Auvergne, et qu'on en eût tiré, par les négociations de M. Lebret, de Gênes et de Livourne. Si les ennemis vont aux portes de Marseille et de Lyon, ces deux villes trouveront plusieurs millions pour se racheter du pillage; n'auroit-on pas pu leur demander 200,000 écus, qui nous auroient tirés d'affaire dans le temps? Mais je ne sais s'il en resteroit assez pour mettre ces moyens extrêmes en usage.....»

Le 27 juin, il écrit qu'on ne donne plus à l'armée qu'un jour de pain chaque fois, et que, pour faire un marché de quatre mille quintaux de blé, il a dû emprunter de l'argent à Grenoble, et même en prendre dans les caisses de la recette de l'élection de Gap et de la ferme des gabelles de Savoie. «Je vous supplie, dit-il, de ne pas désapprouver l'espèce de divertissement que je fais des deniers de la taille. Je connois que cela peut vous causer quelque dérangement; mais rien n'égale celui de la perte de tout un pays. Il ne vous est peut-être pas impossible d'obliger le munitionnaire à en faire le remplacement au receveur général; en tout cas, comme j'ai imposé au commencement de l'hiver, par ordre de M. de Chamillart, une somme d'environ 250,000 ll, pour rembourser aux particuliers et communautés les fourrages consommés par l'armée pendant la campagne dernière, le pis-aller sera d'imputer sur ce fonds les sommes dont je viens de disposer pour acheter des blés; et alors ce seroit la province qui seroit censée en faire l'avance au munitionnaire. Si, une fois, nous gagnons le mois d'août, les secours nous viendront de toutes parts, et, quand même il n'en viendroit point, la seule récolte des montagnes suffiroit pour nous faire vivre longtemps; mais, d'ici là, nous aurons bien à souffrir. Comme les effets sur lesquels nous vivons actuellement ne sont remis dans les magasins de Gap qu'à mesure qu'ils sont achetés, il ne s'y en trouve jamais une assez grande abondance pour en envoyer à Briançon beaucoup à la fois. Les voitures du pays, qui travaillent depuis trois mois sans argent, commençent aussi à être bien fatiguées. Tout cela me fait craindre que l'armée, malgré toutes mes précautions, ne soit, en plusieurs reprises, pendant quelques jours, sans pain. Je tremble même quand je songe qu'au premier mouvement des ennemis, l'armée du Roi peut être obligée à marcher sans qu'il soit praticable de lui donner du pain pour quatre jours, et encore moins de lui en faire trouver sur sa route, si elle marche de tout autre côté que celui de Provence.....»

Sur les grains tirés d'Auvergne, de Bourgogne, de Languedoc, de Lyon, d'Orléans, de la Provence, et même de Gênes et de la Dalmatie, pour la subsistance de cette armée, voir les lettres du contrôleur général à M. d'Angervilliers, 3, 6, 14, 21, 23 et 28 mai; une lettre de M. Voysin, secrétaire d'État de la guerre, au contrôleur général, 29 août, et celles de M. d'Angervilliers au contrôleur général, des

17, 21 et 23 juin, 8, 18 et 23 juillet, 8 et 14 août, 9 septembre, 10, 14, 26 et 31 octobre, 6, 7, 16 et 28 novembre, et 13 décembre; celles de M. Turgot, intendant en Auvergne, 1er et 3 mai, 3 juillet et 30 décembre; de M. l'évêque de Langres, 19 juillet; de M. le Gendre, intendant à Montauban, 29 mai, 19 juin et 20 août; de M. de Bouville, intendant à Orléans, 20 janvier, 19 février, 24 mars, 1er, 22 et 27 avril, et 15 mai; de M. Lebret fils, intendant en Provence, 22 et 30 mai, 11 et 14 juillet, 22 et 28 août, 23 septembre, 4 octobre et 6 novembre.

371. *Le Contrôleur général à M. Foullé de Martangis, intendant en Berry.*

18 Avril 1709.

Ordre de favoriser les achats et les transports destinés à l'armée de Dauphiné, ce qui est un service privilégié et indispensable, et, au besoin, de fournir des escortes de cavalerie ou de maréchaussée.

«La dureté de ceux qui ont des greniers ne doit point vous arrêter; faites des exemples d'éclat. Vingt mille quintaux de blé ne sont pas une quantité considérable; je suis persuadé que vous les trouverez facilement dans trois ou quatre magasins. Faites mettre en prison les propriétaires, s'ils refusent de les ouvrir au premier ordre verbal que vous leur donnerez, et ensuite distribuez moitié de leurs blés au peuple et aux pauvres du lieu et des environs à un quart moins que le prix du 1er mars, et l'autre moitié aux agents du munitionnaire, au prix du 1er d'avril. Vous n'aurez pas sitôt fait deux ou trois exemples de cette nature, que vous verrez les marchés fournis abondamment, le prix diminuer, et la tranquillité rétablie. Ces sortes d'exemples seront beaucoup plus utiles que la défense de vendre dans les greniers et la fixation du prix des blés. Aussitôt qu'on craindra un traitement pareil à celui qu'auront subi les avaricieux et usuriers dont vous me parlez, tous ceux qui ont des blés à vendre envoieront d'eux-mêmes aux marchés. A l'égard des personnes que vous croirez devoir ménager, comme les ecclésiastiques et gentilshommes, sur l'avis que vous me donnerez du refus par eux fait de vendre leurs grains, le Roi vous envoiera des ordres ou lettres de cachet pour les faire venir rendre compte de leur conduite, ou pour les reléguer dans des provinces éloignées.....»

372. *Le Contrôleur général au Vice-bailli de Chartres.*

20 Avril 1709.

«On m'a donné avis que vous aviez emmené dans les prisons de Chartres le nommé Satin, habitant de la paroisse de Sainte-Mesme, qui m'appartient, sans autre sujet que celui de vous avoir représenté que son frère, que vous aviez précédemment arrêté, n'étoit point coupable d'une émotion arrivée au marché de la Loupe. Le fait m'a paru si extraordinaire....., que j'ai cru devoir vous en demander raison à vous-même, afin de savoir sur quel fondement vous vous étiez porté à arrêter ce particulier après avoir reconnu qu'il se plaignoit avec justice que vous eussiez arrêté son frère, que vous avez depuis relâché.....»

373. *Le sieur des Casaux du Hallay, négociant à Nantes, au Contrôleur général.*

20 Avril 1709.

«.....L'arrêt du Conseil d'État qui ordonne de lever 6 p. 0/0 de droit d'indult au profit du roi d'Espagne sur tous nos retours de la mer du Sud est bien accablant sur un commerce aussi peu fructueux que celui-là. Si on le regarde par l'utilité que les vaisseaux marchands ont retirée de l'escorte de M. Chabert, il seroit aisé de faire connoître qu'au contraire ils en ont très souffert par les retardements considérables et les difficultés essentielles qu'il leur a causées au Pérou. Les juges des lieux où on a négocié n'ont d'ailleurs pas manqué de se faire payer des droits dus au roi d'Espagne : on devroit se croire exempt en France d'en payer de nouveaux au profit d'un autre souverain.....

«On avoit, au commencement de ces voyages, rendu un arrêt qui établissoit 10 p. 0/0 d'indult : il fut laissé à l'écart, sans exécution. On se flatte qu'il en sera de même de celui-ci par la protection que vous voudrez bien donner au commerce en cette occasion*.»

* Voir les lettres de M. Ferrand, intendant en Bretagne, 24 et 26 avril, 24 mai; de M. de Pontchartrain, secrétaire d'État de la marine, 30 avril, 22 mai, 17 juin et 7 août; de M. Bégon, intendant à la Rochelle, 23 juillet, et du sieur Moreau aîné, négociant de la même ville, 5 novembre.

L'année précédente, M. Bégon avait déjà représenté l'inconvénient de laisser prélever un droit d'indult sur les matières importées en France. (Lettres des 16 et 26 juin 1708.)

374. *M. de Bernage, intendant à Amiens, au Contrôleur général.*

20 Avril, 7 et 8 Mai 1709.

Il se plaint que les sous-étapiers, abandonnés par les étapiers généraux et manquant de toutes ressources, sont dans l'impuissance absolue de remplir leurs obligations, à cause de l'extrême cherté du blé et des fourrages, et désertent leurs postes l'un après l'autre : ce qui contraint les communautés à faire elles-mêmes les fournitures en nature, sous peine d'être pillées par les troupes.

«Je ne crois pas que jamais il y ait eu d'entrepreneurs si dignes qu'eux de toute la rigueur qu'on peut exercer contre des gens qui abandonnent absolument un si important service*.....»

* Réponses en marge de la première lettre : «1° Je suis convenu avec M. Poulletier d'entrer en connoissance de la grande augmentation du prix des denrées; 2° au surplus, je leur ai parlé très fortement, et qu'à quelque prix [que ce fût], que le service se fît et qu'on dût se rendre sur les lieux; 3° s'ils n'y satisfont pas, qu'il ait à me le faire savoir.»

Voir des lettres de M. de Harouys, intendant en Champagne, 19 avril et 12 octobre; de M. de Saint-Contest, intendant à Metz, 5 mai et 19 décembre; de M. d'Ormesson, intendant à Soissons, 2 mai, 28 juin, 14 et 24 juillet, 9 septembre.

375. *M. Foucault de Magny, intendant à Caen,*
au Contrôleur général.

21 Avril, 11, 18, 25 et 31 Mai 1709.

Approvisionnement des marchés; mesures prises pour empêcher le transport clandestin des grains.

«Les religieux Bénédictins de cette ville, que j'avois avertis de porter du blé au marché, n'y en ayant fait porter qu'un sac par manière d'acquit, j'en envoyai sur-le-champ prendre dans leur abbaye douze sacs, que je fis vendre à moitié de diminution du prix du marché, pour les punir du mauvais exemple qu'ils donnoient et de leur désobéissance. Je me suis encore servi, pour faire diminuer le prix du grain dans quelques marchés, d'un moyen que j'ai ouï dire que feu M. Colbert pratiquoit : j'ai obligé quelques personnes sûres et affidées d'exposer en vente dans les marchés plusieurs boisseaux de blé à quelque chose de moins que le prix courant; ce qui m'a si bien réussi, que j'ai fait baisser le prix du blé dans le dernier marché, tant dans cette ville qu'aux environs. Je me transporte souvent moi-même dans les lieux où se tiennent les marchés, pour voir ce qui s'y passe, et j'ai été assez heureux pour empêcher jusques à présent les troubles et les émotions populaires. Il me seroit fort triste qu'après tous ces soins, qui sont connus de tout le public, S. M. ne crût pas avoir lieu d'en être contente. Permettez-moi, avant de finir cette lettre, d'avoir l'honneur de vous dire que je ne puis croire qu'on ait embarqué des blés à Granville sans que j'en eusse été averti, après le dernier arrêt que vous m'avez fait l'honneur de m'envoyer et qui y a été publié, d'autant que le peuple, qui y est le plus intéressé, est fort alerte là-dessus.

«(*11 mai.*)..... Les terres des environs de Granville produisent à peine des grains pour la subsistance des habitants : en sorte que, pour faire des embarquements, il faudroit venir enlever les grains de ces côtés-ci, c'est-à-dire à quinze ou vingt lieues dans les terres, où la populace souffre difficilement qu'il en soit transporté d'un marché à l'autre. Celle des côtes n'est pas moins attentive à l'égard des embarquements. Il y a dans le port de Cherbourg une prise de seize à dix-sept cents boisseaux de blé; des marchands de Calais à qui elle appartient ayant voulu l'enlever, il y a environ un mois, quoique ce grain ne soit pas du cru du pays, les habitants s'y opposèrent. Comme ces marchands n'avoient point fait leur soumission en conformité des arrêts du Conseil, je crus devoir passer sous silence l'entreprise du peuple.....

«(*18 mai.*) J'ai cru ne devoir pas borner mes soins au seul dedans de mon département, et, quoique nous n'eussions pas beaucoup plus de blé qu'il nous en falloit, pour faciliter aux habitants du pays d'Auge et du côté du Pont-l'Évêque, qui sont nos voisins, qu'on m'a assuré être dans une disette encore plus grande, le moyen de subsister, j'ai augmenté un jour de marché au bourg de Trouard et à Argences, lieux à l'extrémité de mon département et qui séparent les généralités, et j'ai facilité, autant qu'il m'a été possible, le transport des grains, tant du côté de Rouen que du côté de Paris. Mais je crois être obligé de vous représenter que ces enlèvements se font avec tant de force et de rapidité, que nous n'y saurions fournir. Les blatiers viennent en nombre considérable, avec des quatre-vingts et cent chevaux, enlever tous les blés dans nos marchés, et y mettent un prix si excessif, que le menu peuple n'y peut atteindre : ce qui cause déjà des rumeurs et des attroupements fréquents. J'en dissipai deux hier par ma présence, et j'empêchai qu'ils n'eussent aucunes suites.

«Je me crois aussi obligé de vous donner avis que la plupart des officiers des bailliages ont mal pris et mal entendu la déclaration du 27 avril dernier, qui borne simplement leurs fonctions, par rapport aux blés, à recevoir les déclarations des grains des particuliers. Ils se sont persuadé que cette déclaration leur attribuoit la police générale des blés : en sorte qu'ils donnent des ordonnances à tort et à travers, et renversent ce que nos subdélégués font par nos ordres et suivant les instructions que nous leur donnons. Le mauvais effet que ce contre-balancement d'autorité fait, s'il est permis de parler ainsi, a été très sensible, car le blé a augmenté généralement partout en même temps, et pour ainsi dire en un instant.....

Je crois qu'on ne peut mieux comparer les marchés qu'à des flots qui se doivent pousser les uns les autres, et qu'ainsi la plus grande attention qu'on doive avoir est de faire passer le blé de marché en marché successivement, autant qu'il est possible. La ville de Caen est séparée du canton d'Argences et de Trouard par la rivière d'Orne; le pays qui est en delà de cette rivière, qui contient environ sept à huit lieues, et qui produit plus de grains que le reste de l'élection, porte directement aux marchés de Trouard et d'Argences, qui sont, ainsi que j'ai eu l'honneur de vous le marquer ci-dessus, immédiatement sur la lisière des départements de Rouen et d'Alençon, lesquels, seuls, profitent de ces marchés. Ce qui est en deçà de la rivière, j'oblige de le porter au marché de Caen avant de pouvoir aller à ceux d'Argences et de Trouard, et je me sers pour cela de la situation de la rivière qui en fait la séparation : je fais garder les bacs et passages qui sont sur cette rivière, afin de mettre les habitants qui sont en deçà dans la nécessité de passer par Caen.»

Il se plaint que le sieur de Coutranville, lieutenant général de Caen, usurpe les fonctions de police et traverse, par ses entreprises et ses usurpations, toutes les mesures prises pour garnir les marchés.

«Je vous supplie aussi de me donner vos ordres par rapport aux trop grands enlèvements de blés que les blatiers font en ce pays-ci, qui, comme vous savez, n'est qu'un petit canton, qui n'en fournit guère plus qu'il lui en faut pour la nourriture de ses habitants, le Cotentin, qui fait la meilleure partie de cette généralité, étant un pays presque tout d'herbages. Afin de vous rendre un compte exact de tout, je crois devoir aussi vous informer des mesures que j'ai prises pour le soulagement des pauvres; sur chaque somme de blé qu'on apporte dans les marchés, je fais prendre un demi-boisseau ou le quart d'un boisseau, selon le plus ou le moins de nécessité, que je fais payer à un prix fixe et modique, et je fais délivrer ce blé à des boulangers préposés pour cela dans chaque lieu, qui, par ce moyen, sont obligés de fournir du pain, sur le certificat du curé et de deux habitants, aux pauvres de la paroisse, à bon marché*.....»

* Dans une autre lettre du 20 juin, il écrit : «.....Les laboureurs

et autres gens des campagnes abandonnent la culture des terres, et les artisans leur profession, pour faire commerce de blés : en sorte qu'il s'en est tiré chaque jour cent, et quelquefois cent cinquante charges de cheval..... Ce pays, tout entouré de la mer, ne peut tirer aucuns secours des autres provinces; il n'a de ressource que dans les fruits qu'il produit : si l'on les enlève, il ne pourra se soutenir. C'est ce qui me fait vous supplier d'avoir agréable, en attendant le règlement général qui sera fait pour la fourniture des grains d'une province à l'autre, de donner vos ordres, ou même de faire rendre un arrêt du Conseil pour empêcher du moins que ceux qui ne sont pas marchands de blés ou blatiers de profession, et qui n'auront point été reçus en exécution de la déclaration du Roi, fassent des enlèvements de grains, et qu'à l'égard des blatiers de profession, [ils] n'en fassent aucuns sans, au préalable, avoir fait leurs déclarations de la quantité qu'ils en veulent enlever et du lieu où ils prétendent la transporter, afin que ces enlèvements soient faits en connoissance de cause et qu'ils ne puissent excéder une juste proportion, et enfin pour éviter les abus qui se peuvent commettre par des amas que les blatiers pourroient faire sous prétexte de transport de grains d'un marché à l'autre. Je joins ici un projet de cet arrêt, duquel vous ferez tel usage que vous jugerez à propos.»

---

376. *Le Contrôleur général aux Intendants.*

23 Avril 1709.

Il annonce que les offices des inspecteurs des fermes ne seront point supprimés, et qu'au contraire des ordres ont été donnés pour assurer le payement de leurs gages par les receveurs des fermes, et pour leur faciliter la communication des registres qu'ils sont chargés de vérifier.

«Comme ces ordres assurent l'état des inspecteurs et les remettent en crédit, il y a lieu d'espérer que vous trouverez plus facilement des sujets capables et en état d'acquérir les charges qui restent à vendre dans votre département, pour achever de procurer à S. M. le secours qu'elle s'est promis de la finance de ces charges et parvenir au bon ordre que l'on pourra rétablir dans la régie des fermes par les soins de ces inspecteurs. Je vous prie de renouveler votre attention pour la vente de ces charges, de m'informer des sujets que vous trouverez et des propositions qui vous seront faites pour cela.»

---

377. *Le Contrôleur général à M. le Guerchoys, intendant en Franche-Comté.*

23 Avril 1709.

Il l'invite à obtenir du Parlement de Besançon un arrêt analogue à celui que le Parlement de Paris vient de rendre par ordre du Roi pour faire mettre en vente les approvisionnements d'orge, sous peine de confiscation et d'une amende de 3,000 ††. La même mesure pourrait être prise à l'égard des particuliers qui ont plus de blé qu'il ne leur en faut pour leur consommation jusqu'au 1er novembre.

«Cette injonction, qui n'a point paru nécessaire jusqu'à présent, et qui ne l'auroit point été sans l'inquiétude dans laquelle on est pour la récolte prochaine, peut être mise en usage présentement pour essayer de calmer l'esprit des peuples et faire cesser, s'il est possible, l'agitation dans laquelle ils sont dans la Comté, comme partout ailleurs*.»

* Dans l'arrêt que le Parlement rendit en conséquence, le Roi désapprouva une défense, en termes généraux, de faire sortir des blés de la province et un ordre de faire visiter les greniers et magasins. «Cette défense, écrivait le contrôleur général,.... est absolument contraire aux intentions du Roi, qui veut que les provinces de son royaume se secourent mutuellement, autant qu'il est possible.» Du reste, le Roi approuvait «les autres précautions prises, soit pour rendre publiques les déclarations, afin qu'on ait lieu d'appréhender les dénonciateurs, soit pour empêcher les vente et achat des blés en vert, ou pour la conservation des fruits qui sont sur terre jusqu'à la prochaine récolte.....» (Lettres du contrôleur général à MM. Doroz, procureur général, et Boisot, premier président du Parlement, 22 mai, et au Parlement, 12 juin; lettres de M. Doroz, 7 et 28 mai, 5 juin; lettre de M. Boisot, 6 juin; lettre du Parlement, 4 juin.)

---

378. *M. de Bâville, intendant en Languedoc, au Contrôleur général.*

28 Avril 1709.

Il rend compte des progrès de la disette*.

«La difficulté pour le transport des blés augmente tous les jours par la terreur panique des peuples, qui n'ont, en beaucoup d'endroits, que le mal qu'ils se causent eux-mêmes en empêchant le commerce et la circulation des blés. Ce qu'il y a de singulier est que les personnes principales de cette province, à commencer par MM. les évêques, s'abandonnent à cette peur : chacun se cantonne dans son diocèse et fait ce qu'il peut pour que rien n'en sorte.»

L'alarme est particulièrement grande à Toulouse.

La ressource unique étant de faire venir des blés du Levant, un traité a été conclu avec des marchands, qui y enverront des barques, sous la condition que les villes de Montpellier, Nîmes et Carcassonne assureront le corps de ces barques contre les risques de prise ou de naufrage, et qu'il leur sera permis de faire venir des piastres d'Espagne. On essayera de fixer le prix de vente des grains**.

* Le 13 avril, M. l'archevêque de Narbonne avait envoyé un mémoire des syndics généraux du Languedoc sur l'état des terres et sur l'impossibilité de faire le recouvrement des tailles, de la capitation et des dîmes. Il demandait une surséance du premier terme de la capitation et une réduction des autres impositions. En marge, de la main du contrôleur général : «Attendre. Faire réponse que le Roi aura attention à l'état de la province et y pourvoira.»

Le 18, M. l'évêque de Carcassonne écrivait : «.....Nous avons travaillé aux rôles de la capitation; ils ne sont remplis que de mendiants déclarés et affirmés tels par des suffrages unanimes. Il n'est pas malaisé de le croire : on a déjà essuyé trois ou quatre années sans récolte; la cherté excessive du blé fait qu'il n'est plus à la portée du menu peuple. Sa ressource ordinaire étoit les millets : on n'en porte plus dans le marché depuis quelque temps, et ils étoient auparavant plus chers à proportion que le blé. Le dernier hiver, renouvelé trois fois dans la même année, a achevé de ruiner toutes les communautés; les semences sont entièrement pourries dans la terre; j'en ai fait faire l'expérience en plusieurs endroits, je l'ai fait moi-même en d'autres : elle ne justifie que trop qu'il n'y a plus d'espérance sur la récolte, et que les hivers aussi rudes que le dernier ne contribuent pas à l'abondance. Les fèves et les autres grains grossiers sont entièrement perdus. Le peu d'oliviers qu'on a ici sont presque tous morts dans la racine; quand on aura coupé les branches de ceux qui ont échappé, comme on ne peut l'éviter, on ne sauroit en rien attendre de plus de dix ans. Beaucoup de vignes taillées avant les derniers froids en ont tellement souffert, qu'on n'en attend aucun secours, et qu'on est prêt à les arracher. Il est certain que, généralement, dans toutes les communautés, bourgs et villages, il ne paroît non plus de récolte que dans une chambre. Quoique tous ces malheurs soient bien grands, en voici de plus grands encore. La plupart des paroisses où il y a des stations d'avent et de carême n'ont pas eu de quoi payer leur prédicateur. Ces ouvriers évangéliques, après une longue et pénible carrière, pendant laquelle ils n'ont eu presque que du pain pour vivre, sont retournés chez eux sans salaire. Mais ce qui m'embarrasse et qui m'afflige bien plus que cela, c'est que plusieurs curés, obligés et accoutumés à tenir des vicaires, me déclarent tous les jours qu'ils sont forcés de les renvoyer, ne pouvant les entretenir parce qu'ils n'ont pas eux-mêmes de quoi vivre. Je vois par là les secours spirituels retranchés, et ce qui m'effraye et me fait frémir, c'est que j'ai lieu de craindre que ce retranchement n'arrive malheureusement dans des temps où, selon les raisonnements de la médecine, on doit présumer raisonnablement qu'il y aura quantité de maladies et qu'elles deviendront plus générales et plus contagieuses. Quel malheur et quelle affliction pour moi et pour les peuples, de n'avoir qu'un seul homme dans une paroisse pour consoler plusieurs malades! S'il le devient lui-même, que deviendront les autres? Ne me doit-il pas être bien douloureux d'envisager en quelque façon une cessation, ou du moins une grande diminution de culte et de tout exercice de religion? C'est néanmoins ce que je suis peut-être à la veille de voir dans mon diocèse. La perte des bestiaux qu'on appelle ici *cabaux*, et par conséquent de la richesse du pays, est une autre suite des malheurs du dernier hiver; on demande aujourd'hui 10 francs d'un mouton, comme on en demandoit 4 il y a six mois. Les champs et les chemins sont semés de carcasses des bêtes mortes. Les troupeaux avoient déjà diminué de près des deux tiers : l'autre devient sujet à des maladies si nouvelles et si pressantes, que je distribue tous les jours des permissions de faire des prières publiques sur les animaux, sur leurs pâturages et sur les écuries et étables qui les contiennent. Quelques-unes de ces bêtes ont les maladies des années précédentes, qui venoient à la langue; on a trouvé dans d'autres, que j'ai fait ouvrir, de petits vermisseaux formés dans la mâchoire, qui montent jusqu'à la cervelle de l'animal et le font mourir en peu de temps. Ce malheur doit être regardé comme le plus grand dans le rang des choses temporelles : sans cabaux et sans bestiaux, on ne peut fumer ni cultiver les terres. De la plaine, cette contagion passe à la montagne; les cabaux s'y étoient conservés jusqu'ici : ils y meurent comme ailleurs. On s'y aperçoit encore qu'il y est mort une grande quantité de châtaigniers : c'étoit un secours et une subsistance qui n'est plus. Les chênes verts, qui résistent au feu, sont presque tous morts : ils fournissoient du gland pour les cochons et pour d'autres animaux; c'est autant de retranché. Il faut conclure de tout cela qu'il n'y a que peu de chose à espérer des paroisses de la montagne, et rien du tout absolument des paroisses de la plaine. Il en faut encore conclure qu'il n'y aura point de laine; c'est néanmoins une des meilleures denrées de ce pays : le peu qu'on en aura sauvé sera si cher et si rare, que les manufactures ne pourront plus se soutenir; effectivement, les marchands ne font plus travailler, et les artisans meurent de faim. C'est néanmoins de la manufacture que tire sa subsistance un diocèse où à peine sait-on labourer. Et d'ailleurs comment labourer sans cabaux et sans fourrages, car il n'y a pas un brin de paille qui ne soit excessivement cher? Après cette représentation naïve et fidèle, il ne faut pas s'étonner si, par des actes en forme, non mendiés et qu'on vous représentera quand vous voudrez, toutes les communautés de ce diocèse, sans en excepter aucune, ont déclaré au syndic qu'elles n'étoient pas en état de payer la taille ni la capitation. On penche d'abord à croire que chacun se flatte et exagère, que les articles de cette capitation sont outrés, et qu'ils cachent la moitié des choses; mais, en vérité, vous devez comprendre que, dans un petit pays comme celui-ci, il n'y a pas un village dont on ne connoisse par nom et surnom ceux qui le composent et leurs facultés jusqu'à un écu. Ainsi, les qualifications de pauvres et de mendiants ne sont que trop avérées. Qu'avons-nous donc fait en travaillant à la capitation? Nous avons bien griffonné, bien calculé; nous avons mis au bas de chaque rôle des sommes considérables : la question est de savoir qui les payera. Ce n'est point une exagération, la chose est sérieuse et solide : ces peuples n'ont pas du pain à manger. Oserai-je vous représenter, dans une conjoncture si pressante, qu'il seroit digne de la charité, de la justice, de l'humanité compatissante du Roi, et de sa gloire, de remettre au peuple de ce diocèse, par forme de don et d'aumône, ce que sa puissance entière n'en sauroit retirer? Qui donne à propos donne deux fois. Une telle charité, dans cette conjoncture, soutiendroit l'âme et le courage de ceux qui croient mourir de faim. L'assurance de ne pas entendre parler, cette année, de collecteur ni de sergent seroit une nourriture solide; mais, qui plus est, et ce que je trouve de plus essentiel pour le service du Roi, elle tranquilliseroit les esprits et calmeroit des mouvements excités par la faim, difficiles à calmer dès qu'ils ont paru, et très dangereux dans leurs suites. Le Roi a besoin d'argent, à la vérité; mais cette raison n'en fait pas trouver quand il n'y en a pas, et qu'au contraire on n'a pas de quoi vivre. Si je ne connoissois votre charité naturelle et la bonté du Roi, je ne parlerois pas avec cette confiance. Quand je le fais, je songe à conserver à S. M. un diocèse à qui la soumission, la fidélité et l'exactitude à payer ses charges doit attirer une attention et une protection particulière, quand il est sur le penchant de sa ruine irrévocable...»

** Le contrôleur général, par une lettre du 3 mai, approuva ce projet, en insistant sur la fixation du prix.

Le 9 juin, M. de Bâville annonce que quarante barques sont parties et que les blés qu'elles rapporteront, étant peu propres à faire des semences, permettront de réserver ceux du pays pour cet usage; que les États ont traité pour l'armement de deux flûtes, outre les deux vaisseaux accordés par le Roi. Le 23, M. l'archevêque de Narbonne envoie le texte du traité passé par les États avec des marchands de Montpellier et de Carcassonne.

---

379. LE CONTRÔLEUR GÉNÉRAL
à M. DE BERNAGE, intendant à Amiens.

23 et 25 Avril, 5 Mai 1709.

Approvisionnement de l'armée de Flandre et des galères de Dunkerque; subsistance des prisonniers de guerre.

«Je vous avoue que je suis dans une peine extrême de voir l'état où est la frontière sur ce qui regarde les approvisionnements nécessaires pour les vivres et la subsistance des armées. Toute mon attention ne peut aller qu'à disposer les recouvrements des deniers ordinaires pour trouver de la matière sur laquelle on puisse donner des assignations. Je puis dire qu'en cela j'ai rempli pleinement tout ce qui a été possible dans les circonstances si fâcheuses; mais le désordre que les billets de monnoie causent dans le commerce de l'argent, et l'état chancelant où se trouve le sieur Bernard, et le crédit immense qu'il a trouvé étant près à manquer, la place de Paris et celle de Lyon se trouvent totalement dérangées, et le commerce d'argent absolument interrompu : de sorte qu'avec les meilleures assignations on ne peut rassembler qu'une très petite partie des espèces qui seroient nécessaires pour faire les achats de blé dont on a besoin; et si vous jugés qu'il soit impossible de trouver des blés dans votre département autrement qu'en les payant actuellement, je ne vois d'autre ressource que de faire une imposition de blé dans les généralités d'Amiens, Châlons et Soissons, jusqu'à la concurrence de soixante mille sacs, dont on tiendroit compte sur le payement de la taille.

«La ressource de tirer des blés des provinces éloignées, et entre autres de la Bretagne, n'est point telle qu'on peut l'imaginer : le blé est, à proportion, aussi cher dans cette province que dans les autres, et, si on vouloit en tirer quelques secours, tous les peuples se soulèveroient pour empêcher l'extraction des blés.

«Plus je pense à la situation où vous êtes, et moins je trouve de matière pour l'ouverture de la campagne, que dans les blés des gros greniers de votre département, tels que sont ceux de Mme de Mailly, de M. de Sailly et de M. l'archevêque de Cambray; et je ne doute pas que, par la perquisition que vous ferez, vous n'en trouviez encore d'autres qui donneroient le moyen d'attendre les blés qu'on peut faire venir des pays étrangers. Faites vos réflexions sur tout ce que je vous écris, et jugez de ce que je puis faire. Si j'avois pu prévoir des événements aussi surprenants et aussi extraordinaires, j'aurois pu prendre quelques mesures au mois de janvier dernier, qui auroient prévenu une partie du mal présent; mais il faut avouer, en même temps, que je n'aurois pu, à beaucoup près, remplir tous les besoins *.»

* Le 16 mai, il écrit encore au même intendant : «. . . . . Vous croyez qu'il ne faut plus compter sur des achats volontaires, et qu'il ne reste pour unique ressource que celle des impositions sur les généralités de Champagne, Soissons, Amiens et Rouen; et pour ce qui regarde la généralité d'Amiens, votre sentiment est qu'au lieu de faire des impositions sur les villes et bourgs, comme vous l'aviez proposé par votre lettre du 7 de ce mois, qu'elles doivent être étendues aux fermiers, censiers et gros laboureurs, pourvu qu'on ne taxe point les villages du plat pays en corps de communauté, mais seulement les particuliers nommément, parce qu'autrement ce seroit achever de soulever les pauvres habitants des villages, qui, n'ayant pas de blé, seroient obligés de l'acheter à un prix exorbitant des fermiers et laboureurs ou de ceux qui en ont dans les villes : ce qui seroit même d'une exécution impossible. Je vous avoue que j'avois beaucoup résisté à ce que vous aviez proposé par votre lettre du 7, et je ne puis vous dissimuler que le Roi m'avoit paru fort éloigné d'accepter cet expédient; mais, ayant lu aujourd'hui à S. M. votre lettre du 10, elle m'a ordonné de vous faire savoir qu'elle étoit résolue à faire faire l'imposition sur les généralités, sur les villes et les personnes, conformément à l'idée que vous m'expliquez . . . . . Par votre lettre du 12, vous écrivez que les ecclésiastiques et privilégiés doivent être compris dans cette imposition : à quoi je puis répondre que, dans un besoin aussi pressant, il est permis de sortir des règles, et principalement quand on ne veut point faire d'injustice.»

Le 15 mai, il écrit à M. le Blanc, intendant en Flandre maritime : «. . . . . On fait les derniers efforts pour lever des grains et pour envoyer des provisions pour la subsistance de l'armée. Je ne puis vous exprimer les difficultés qui s'y rencontrent et le mal que causent la cherté et la disette des grains. Il faut convenir que l'ordre et l'arrangement, tels qu'ils puissent être, ne peuvent forcer tous les obstacles et toutes les manœuvres qui nous sont arrivés depuis un an. La paix seule peut rétablir tout ce que la guerre et la disette des grains font souffrir présentement.» Au même intendant, qui exprime des inquiétudes pour la ville d'Ypres, le 24 mai, il répond en apostille : «Je ne puis vous dire, sur cela, que ce que je vous ai déjà écrit plusieurs fois, qui est que toutes les opérations qu'on a pu mettre en usage pour établir le crédit et procurer des fonds pour la guerre n'ont pu vaincre la défiance et l'appréhension que cause l'état présent des affaires. J'emploie toutes les ressources imaginables pour envoyer des voitures en Flandres; et, en effet, il s'en est fait depuis un mois plusieurs, mais elles ne suffisent pas pour la consommation immense de ce département. S'il avoit été possible de trouver de plus grandes ressources, on auroit pourvu plus abondamment à vos besoins, et je puis dire avec vérité qu'il n'a pas été possible de faire mieux.»

Le 30 mai, il demande à M. de Bernage d'unir ses efforts et son crédit à ceux de MM. le Blanc et de Bernières pour faire fournir au munitionnaire vingt-cinq mille sacs de blé, contre un nantissement de 7 ou 800,000^tt^ en bonnes assignations et une parole positive d'acquitter le prix en trois termes, en juillet, août et septembre. «Vous pouvez compter, dit-il, et assurer MM. le Blanc et de Bernières que cela ne manquera pas. Ce n'est point au munitionnaire que vous aurez affaire, mais à moi. Faites donc, je vous prie, en sorte que ce projet réussisse, et surtout que le service de l'armée soit en sûreté au moins pour quelque temps. Il me paroît, par les précautions que j'ai prises et que je prends actuellement, que, dans peu, les choses changeront de face par rapport au crédit et aux fonds, qui deviendront plus aisés à trouver bien assurément . . . . .»

Plus tard, il l'autorisa à faire une compensation des grains que fournirait le gouvernement de Boulogne avec le montant de la capitation. «Quelques inconvénients, disait le contrôleur général, qui puissent arriver de la consommation prématurée de ces fonds, il n'y en a pas d'aussi grand que celui de laisser manquer les troupes de subsistance. . . . . Le Roi l'approuve, pourvu que la chose se fasse avec beaucoup d'ordre et de connoissance. . . . . afin de ne pas tomber dans le cas de donner de doubles assignations sur le même fonds; mais, à l'égard du quartier d'hiver, cette compensation ne peut avoir lieu, parce que vous savez que ce fonds est destiné pour les troupes et consommé par sa propre destination. . . . .» (Lettre du 14 juillet.)

Voir les lettres de M. de Bernières, intendant en Flandre, 9 et 30 mai, 1er, 3, 7 et 22 juin. Le 1er juin, il dit que le maréchal de Villars a dû envoyer des troupes à Cambray pour assurer l'enlèvement des blés destinés à l'armée. «Ce n'est pas, dit-il, manque d'affection des peuples; mais ils meurent de faim et on leur prend, depuis six mois, le peu qu'ils auroient pour vivre pendant quelque temps, même sans les payer et sans qu'ils voient arriver un sac de blé d'aucune autre province. De plus, quand vous me parlerez de la sûreté des assignations que vous donnez, j'y aurai une foi entière; mais nos Flamands n'en veulent point, et n'en voudront jamais, parce que, depuis quatre ans, on ne leur a tenu aucune parole, à commencer par moi, dont je suis très fâché, qui que ce soit n'étant payé, depuis ce temps-là, de tout ce qu'il a fourni ou prêté de bonne foi, et toutes les villes étant remplies de gens ruinés pour avoir rendu service. . . . .»

380. *M. Daguesseau père, conseiller au Conseil royal, au Contrôleur général.*

24 Avril 1709.

«Le royaume est affligé de deux grands maux : la guerre et la cherté du pain. Le Roi fait ce qu'il peut pour extirper la première au moyen de la paix qu'il fait traiter; il est de la prudence et de la charité de S. M. de mettre tout en œuvre pour remédier à l'autre. Je sais bien que, dans un temps difficile comme celui-ci, il est plus aisé de faire cette dernière proposition que de l'exécuter, et je ne prétends pas même assurer que ce que je vais avancer soit fort bon; mais il servira du moins à ouvrir l'esprit à quelqu'un qui le rectifiera et lui substituera quelque meilleur expédient.

«Rien n'est si terrible, ni si dangereux, que de laisser le blé au prix excessif où il est, et de souffrir que le commerce s'en fasse avec autant de désordre et de confusion qu'il se fait. Les magistrats des villes ne veulent pas en laisser sortir du blé pour la campagne, et la campagne ne veut pas en laisser sortir des villages pour le transporter dans les villes. Ceux qui sont possesseurs des blés et autres grains n'en sont pas les maîtres; les peuples attroupés en disposent comme ils veulent et les enlèvent de force dans les greniers des villes et de la campagne et sur les grands chemins, même, en quelques endroits, ceux qui ont été achetés pour le Roi : de sorte que tout le monde est dans un état très incertain et très violent. Ce qu'il y a de plus fâcheux, c'est que l'impuissance du gros des peuples d'acheter le blé au prix où il est est la principale cause de tous ces désordres, qui pourroient avoir de dangereuses suites, si on ne trouvoit pas le moyen d'y remédier au plus tôt. Le Parlement de Paris vient de rendre un arrêt qui ordonne l'exécution des anciennes ordonnances du Roi touchant la mise des blés dans le commerce. Cela seroit bon en quelque façon, particulièrement si cela étoit bien exécuté; mais cela ne va pas au fond du mal, qui ne peut se guérir qu'en procurant le baissement du prix du blé, et en remettant, par ce moyen, le calme dans l'esprit des peuples. L'opposition du blé à plus bas prix à du blé plus cher a été, de tout temps, le moyen le plus certain et le plus efficace pour faire baisser les blés de prix; on l'a pratiqué diverses fois en France, et on s'en est toujours fort bien trouvé. Ce blé à opposer (n'y ayant point présentement de magasins de grains en France) doit être tiré des pays étrangers ou du cru du royaume, ou en partie des uns et en partie de l'autre. Si l'on peut en tirer beaucoup des pays étrangers (nonobstant la circonstance du temps et la disette que l'on assure être en Pologne et presque partout, la gelée ayant détruit les blés de la plus grande partie de l'Europe), à la bonne heure; on ne sauroit rien faire de mieux, et cette traite de grains étrangers conjointement avec les blés de France fera indubitablement baisser les blés de prix. L'achat de ces blés se doit faire nécessairement par le Roi ou par des compagnies de gens les plus riches de Paris et des plus grosses villes du royaume, auxquels on donnera un intérêt convenable pour l'avance de leur argent, et on assurera sur de bons fonds le remboursement des pertes qu'ils pourront faire pour le baissement du prix du blé qu'ils auront acheté plus cher qu'ils ne le vendront. Il y a peu d'apparence, dans l'état où sont les choses, que le Roi, chargé comme il est des dépenses excessives de la guerre, puisse fournir de son Trésor les sommes qui seront nécessaires pour l'achat de ces blés à opposer, tant étrangers que du cru de France. Il faut donc, au défaut du Roi, avoir recours à des compagnies, et les former au plus tôt de la qualité et des moyens dont on a parlé ci-dessus; et comme il s'agit d'une œuvre de charité, c'est-à-dire de sauver le peuple de la disette et même de la famine, à quoi les ecclésiastiques ont autant d'intérêt que les laïques, par rapport non seulement au principe de conscience, mais encore à leurs intérêts et à la jouissance de leurs biens, qui consistent pour la plupart en fonds de terre, et comme il s'agit, dis-je, d'une œuvre de charité outre le bien en général de l'État, le Roi pourroit inviter le clergé de France de contribuer de son côté, ou par province ecclésiastique ou en corps, pour l'achat d'une certaine quantité de blés, suivant son pouvoir. Si l'on ne peut pas tirer facilement des blés des pays étrangers, il faut avoir recours à ceux de France, où il y en a certainement encore beaucoup, quoique plus dans une province que dans une autre. Pour savoir la quantité qu'on pourra en acheter dans chaque province, il faut préalablement connoître celle qui y est; et pour la connoître, il faut, par une ordonnance du Roi, obliger, sous de grosses peines afflictives et pécuniaires, tous les particuliers possesseurs de grains d'en faire, dans le chef-lieu des élections, vigueries ou mandements dont ils sont, une déclaration juste de la quantité de blés qu'ils ont, ainsi que M. le duc de Savoie vient de le faire en Piémont sous peine de la vie, par où il a connu qu'il y avoit pour deux ans de blé dans le pays. La déclaration susdite étant faite et la connoissance de la quantité des blés étant acquise par là, on fera le plan de la quantité qu'on achètera dans chaque province, et qu'on fera remettre dans Paris, dans les grandes villes et dans celles qu'on croira les mieux situées pour le commerce du blé, et par conséquent pour le faire baisser de prix. Bien entendu que les greniers où ces blés seront remis seront gardés par les principaux bourgeois des villes, afin d'empêcher que le peuple ne les enlève. Pour ôter aux propriétaires des blés de qui on en achètera tout lieu de murmurer, il faudra les acheter au prix courant, et on les baissera ensuite dans le débit ainsi qu'on le jugera à propos : ce qui entraînera infailliblement le baissement du prix des autres. Mais, pour faire l'achat et le transport des blés dont il est question, et dont, à ce qu'on croit, il résultera un grand bien, il faut être appuyé de quelques troupes qui imposent aux peuples et les contiennent dans le devoir. Je sais bien qu'on ne manquera pas de m'objecter, sur cet article, que, le Roi ayant sur les bras autant d'ennemis qu'il en a, il ne sera pas en état de tenir, pendant l'été, des troupes dans son royaume. L'objection seroit juste, si j'en demandois beaucoup; mais, quand le Roi répandra dans son royaume quinze ou seize escadrons tirés de ses armées et distribués par compagnies par province, plus ou moins suivant l'étendue de chaque province, son service n'en souffrira pas beaucoup, ses ennemis ne pourront pas en tirer un grand avantage, et cela imposera aux peuples et les contiendra certainement dans le devoir. Il n'est pas compréhensible combien les peuples, et particulièrement ceux du dedans du royaume, craignent les troupes, et comme ils sont souples et obéissants quand ils en voient ou qu'ils craignent d'en voir. Mais, pour tirer un bon service de ces compagnies répandues dans les provinces, il faudroit qu'elles fussent commandées et conduites par des officiers sages et intelligents. Le Roi pourroit employer à cela MM. les lieutenants généraux de ses provinces, qui agiroient de concert avec MM. les intendants desdites provinces, lorsque la compagnie chargée de l'achat des blés dont on vient de parler le requerroit. Ce n'est pas seulement l'affaire des blés (quoique principale, puisqu'il s'agit de la vie des hommes) qui doit engager le Roi à répandre quelques troupes dans ses provinces : l'intérêt de la levée des tailles et autres tributs, qui ne se payent point pendant ce temps de trouble, et celui d'empêcher l'attroupement des peuples, qui détruit entièrement tout le commerce et qui est fort scandaleux dans un temps comme celui-ci où l'on négocie pour la paix, donnant aux ennemis une idée, quoique grossie, des désordres et de la confusion qu'il y a dans le royaume, et les rendant plus difficiles et moins traitables sur les conditions de la paix, ces intérêts, dis-je, doivent inviter S. M. à le faire, et à remettre par là l'ordre et le calme parmi ses sujets, surtout de la campagne, qui, sans cela, se mettront à voler ou à mendier, et ne cultiveront pas les terres. Si l'expédient que je viens de proposer, et que je soumets avec un profond respect, n'est pas trouvé bon, il faut, indispensablement, lui en substituer un autre meilleur, et cela au plus tôt, y ayant un grand péril au retardement et s'agissant de diminuer la disette de blé, qui, par l'état futur de la récolte prochaine, doit durer quinze mois. Je sais bien qu'on recueillera cette année beaucoup de menus grains; mais ce bénéfice, quoique considérable, ne fera pas baisser de beaucoup le prix des blés, parce que, outre la consommation qui s'en fera entre ci et la moisson, les semailles prochaines en consommeront beaucoup. Le Roi pourroit tirer des compagnies formées dont on vient de parler une partie des blés qui lui sont nécessaires pour la subsistance de ses armées. Il importe que ces compagnies soient composées de gens les plus riches des grandes villes; il ne sera pas difficile d'en former une excellente à Paris, et, en y faisant baisser de prix les grains, elle fera un grand bien, qui rejaillira sur les provinces qui ont commerce pour les denrées avec cette grande ville, qui en règle ordinairement les prix dans lesdites provinces. Quelques gens sont persuadés que, si, après avoir connu la quantité des blés qu'il y a dans le royaume par les déclarations que l'on obligeroit les propriétaires desdits blés d'en faire, on taxoit ces blés à un bon prix pour plusieurs années, cela feroit un bon effet, diminueroit le prix du blé, et par conséquent la disette, et remettroit en partie l'abondance. On a toujours cru, en France, qu'il falloit laisser le commerce du blé libre, et on n'a jamais (du moins que je sache) osé le taxer. On pourroit faire examiner cette proposition par gens capables et intelligents sur cette matière. Pour moi, je craindrois que la taxe du blé ne fît un mauvais effet et n'en produisît le resserrement; et je suis persuadé que des compagnies qui achèteront le blé au prix courant, et qui le donneront à meilleur marché, feront naturellement baisser les blés de prix. Après cela, comme ceci n'est qu'une première idée, il faut, si elle ne choque pas, la mieux digérer et tâcher d'en faire un bon usage pour le royaume. Si plusieurs gens habiles vouloient mettre par écrit leurs sentiments sur cette importante matière, on en tireroit peut-être à la fin un bon tout.

25 Avril.

«Depuis que le mémoire ci-joint a été fait, j'ai reçu des lettres de trois endroits, par lesquelles on me mande que, sur le bruit qui s'étoit répandu que le Roi avoit taxé le blé à un certain prix, les marchés de ces endroits s'étoient trouvés plus fournis de blé qu'à l'ordinaire, et que le blés y avoit baissé de 40 s. sur 10 # en argent. Suivant ce que j'ai appris de quelques endroits, et particulièrement du côté de Joigny et d'Auxerre, il y a plusieurs terres ensemencées de blé, et gâtées par la gelée, que les paysans ne se mettent point en devoir de retourner et de r'ensemencer de menus grains, soit par impuissance d'avoir les semences nécessaires, ou par négligence. Si, conformément à la déclaration de 1693, qui permit alors de s'emparer des terres en friche pourvu qu'on les semât, le Roi vouloit ordonner présentement la même chose, cela feroit, à ce qu'on croit, un bon effet, au moyen de la multiplication des menus grains que cela produiroit à la récolte prochaine; et cela feroit indubitablement baisser alors les blés de prix.»

---

381. *M. Boisot, premier président du Parlement de Besançon,*
AU CONTRÔLEUR GÉNÉRAL.

26 Avril 1709.

La ville de Besançon a résolu de demander des blés à l'Alsace.

«Quel désordre, si les troupes n'ont point de pain! Quelle émotion, si les pauvres familles n'en trouvent point au marché! Le peuple est vif en ce pays, et principalement en cette ville, et ses premières émotions peuvent faire beaucoup de mal..... Les pauvres sont, ici, soulagés plus abondamment que dans des temps plus heureux; les malades sont tous reçus à l'hôpital, ou nourris dans des maisons particulières, par les charités et les soins des dames des paroisses..... Les mendiants reçoivent le dimanche le pain qu'il leur faut pour la subsistance de leur famille pendant la semaine. Chaque jour, outre cela, on distribue dans les paroisses un bouillon à ceux qui sont reconnus en avoir besoin; et, pour bannir la fainéantise, il y a un fonds pour payer comptant autant de fagots que ces pauvres apportent du bois*.....»

* A cette lettre en est jointe une des maire et échevins de Besançon, et M. Doroz, procureur général au Parlement, écrit le même jour.

---

382. *M. d'Argenson, lieutenant général de police à Paris,*
AU CONTRÔLEUR GÉNÉRAL.

27 Avril 1709.

«.....M. le procureur général me communiqua hier, suivant vos ordres, le projet de la nouvelle déclaration. Je lui proposai plusieurs observations, qu'il parut agréer; mais j'y en ajouterai deux autres : la première, que, pour faire connoître à MM. les intendants et au public que vous ne perdrez pas de vue cette importante affaire, il seroit bon que toutes les déclarations qui seront faites par les fermiers, laboureurs ou propriétaires, etc., vous fussent remises, et que la loi même qui les ordonne le portât ainsi; la seconde, que les peines ne sauroient être trop précises, ni trop sévères, non seulement contre les particuliers contrevenants, mais aussi contre les officiers mesureurs de grains qui colluderoient avec eux*.....»

* Voir une lettre du 29 mars précédent, à M. de Bernage, intendant à Amiens, sur les amas énormes de blé qu'on prétendait exister dans son département, et notamment dans les abbayes de Corbie, de Saint-Jean d'Amiens et autres.

Le 4 mai, M. Daguesseau fils, procureur général au Parlement de Paris, écrit : «.....Par la déclaration du Roi du 27 avril dernier, on n'avoit pas obligé expressément ceux qui avoient des farines à les déclarer; cependant cela étoit de conséquence, parce que les farines se gardent un an, et que ceux qui voudroient éluder l'exécution de cette loi pourroient faire convertir en farines une partie de leurs grains, pour se dispenser de les déclarer. J'ai dressé, suivant cette idée, un projet d'article..... La Providence nous offre une occasion naturelle [de faire quelque diminution dans le prix du blé]. Une communauté de cette ville (de Paris), craignant de se rendre odieuse au peuple en déclarant la quantité de cent muids de blé qu'elle a, aime mieux le vendre incessamment : si vous voulez bien le faire acheter, et le laisser vendre ensuite, sous le nom d'un marchand, à quelque chose de moins que le prix présent du blé, je ne doute pas que cela ne produise un très bon effet.....»

Le 5 mai, M. le Blanc, intendant en Flandre maritime, annonce qu'un religieux augustin, de l'abbaye de Choque et prévôt de Doulieu, chez qui, après deux fausses déclarations, on a trouvé quarante-huit razières de blé dans une cache murée, a été arrêté et menacé de la peine de mort, conformément à la déclaration du 27 avril, quoique celle-ci n'eût pas encore été enregistrée au Parlement de Tournay. «Mais comme, en Flandre, les abbayes régulières, qui sont fort riches, font valoir toutes leurs terres par leurs mains et ont dans leurs censes des religieux, lesquels, la plupart, font commerce de grain et croient n'être pas assujettis à la rigueur des ordonnances, il m'a paru qu'il étoit à propos, trouvant un fait entièrement et clairement prouvé, d'en user de manière que la punition fit de l'éclat et fût sue partout..... J'ai cependant engagé MM. les grands vicaires d'Ypres d'écrire à tous les ecclésiastiques séculiers et réguliers et aux supérieurs des couvents de religieuses, pour les avertir de ce qui s'étoit passé à l'égard de ce prévôt de Doulieu, et leur faire savoir que, s'ils tomboient dans ce même cas, ils seroient punis à la dernière rigueur.....» Le contrôleur général l'approuve, par une lettre du 2 juin, et lui recommande de faire connaître à tout le clergé cette mesure de rigueur, et de relâcher le religieux lorsqu'il croira la punition suffisante.

Le 10 juin, le procureur général propose de frapper les fausses affirmations des mêmes peines que les fausses déclarations, afin d'atteindre les particuliers qui dispersent leurs grains dans les maisons étrangères, ou qui affirment les avoir achetés depuis leur déclaration faite.

---

383. *M. le maréchal* DE VILLEROY, *gouverneur de Lyon,* AU CONTRÔLEUR GÉNÉRAL.

28 Avril 1709.

«.....Il est bien nécessaire que Lyon soit secouru. Par la recherche qu'on a faite des peuples, il se trouve dans la ville plus de quatre-vingt-cinq mille âmes, sans la déclaration des maisons religieuses et des étrangers : c'est une grande consommation. Il ne s'est trouvé, suivant les déclarations, que je ne saurois croire fidèles, que trente-six mille bichets de blé chez les particuliers : ce qui ne compose que six mille ânées. Il est arrivé des nouvelles de Marseille, qui donnent quelque consolation; j'ai l'honneur de vous en envoyer l'extrait. Nos magistrats ont fait partir sur-le-champ un de nos principaux négociants, ex-consul, nommé Bouchage, pour y prendre les mesures les plus promptes et les plus sûres pour avoir diligemment du blé. Ce qui se pourra faire par cette voie-là préviendra tous les inconvénients; mais toutes les prévoyances deviendront inutiles, si, lorsque nous aurons des blés à la Tour-de-Bouc, vous n'avez pas la bonté de nous accorder tous les ordres qui seront nécessaires pour les faire remonter à Lyon sans avoir à essuyer les faux prétextes et les chicanes qu'on trouvera dans la route. A toute extrémité, il faudroit y employer la force. La prévoyance de laisser quelques troupes dans les provinces est bien nécessaire. Faites-moi l'honneur de me mander si vous approuvez, comme je n'en doute pas, les emplettes que nous allons essayer de faire avec la compagnie d'Afrique, ou les autres expédients que nous pourrons prendre pour tirer des blés de ce pays-là, et marquez-moi, s'il vous plaît, si je ne puis pas assurer le Magistrat de Lyon que le Roi aura la bonté de leur donner toute sorte de protection pour faire remonter leurs blés jusque dans la ville*.

«M. Trudaine prit la peine de me venir voir hier au matin. Il me paroît bien de la droiture et beaucoup de zèle pour le service du public; mais il me semble qu'il se flatte un peu dans les choses qu'il se propose, et que ses vues ont besoin de vos réflexions. Je suis encore plus instruit que je ne l'étois de l'affaire de Bernard par un de nos Lyonnois qui est arrivé. Vous le sortirez d'affaire; mais il faut que vous essayiez de lui donner des effets plus commerçables, et que vous ne suspendiez pas d'un moment les secours que vous pourrez lui accorder. Le départ de l'intendant a fait baisser les billets de monnoie; les négociants commencent à écrire et à faire des conventions, remettant la moitié de ce qui leur est dû au payement de Pâques. Il ne faut pas douter, si l'affaire de la Monnoie réussit, que vous ne voyiez un changement considérable dans les affaires.

«Oserois-je vous supplier d'ordonner la distraction du doublement des péages de Corbeil, suivant le mémoire ci-joint, sur le pied de la finance de 3 ou 4,000 #, à quoi je satisferai?»

* Le 16 mai, le contrôleur général avisa M. Ravat, prévôt des marchands, que le Roi approuvait le projet d'association avec Marseille. Le 24, il lui envoya, pour être communiquée aux commissaires de l'Abondance, cette lettre adressée aux intendants de Champagne, de Bourgogne et de Franche-Comté : «Vous savez tout ce que je vous ai écrit par ordre du Roi sur les besoins de la ville de Lyon. Le porteur de ma lettre se rend à N., avec un détachement du régiment N., pour y faire voiturer les blés contenus dans l'état ci-joint. S'ils sont encore en nature, le Roi veut que, sans aucune excuse et sans délai, vous les fassiez délivrer à ce porteur, et, s'ils ont été pris et enlevés par les magistrats de quelque ville de votre département, vous les obligiez par toutes voies, même par emprisonnement, à remplacer, de leurs grains ou d'autres qu'ils pourront trouver, la même quantité, et de même nature que celle qu'ils ont enlevée. Je dois ajouter que cet ordre est si sérieux, et que le Roi est si las d'entendre parler de toutes les peines et difficultés qu'on a faites aux commissionnaires de la ville de Lyon, que vous feriez très mal de vous dispenser de l'exécuter.»

Voir les lettres de M. Ravat, des 18, 19 et 21 mai, 13, 25 et 27 juillet, 27 août, 13 et 27 septembre. Les dernières ont trait à des achats faits en Italie et aux premiers arrivages, que l'Abondance fit revendre à perte. Lyon n'avait plus de grains, à cette époque, que pour quinze jours, et les ouvriers, réduits à la dernière misère, n'étaient soutenus et contenus qu'à force d'expédients.

Voir aussi, au 8 mai, une lettre de M. l'évêque de Chalon-sur-Saône sur les mesures prises dans son diocèse pour concourir à l'approvisionnement de Lyon malgré l'excès de la misère.

Le 4 du même mois, M. Quarré, procureur général au Parlement de Dijon, écrit que les Lyonnais profitent de la déclaration contre les attroupements et contre les empêchements mis au transport des grains pour tirer de la Bourgogne jusqu'au blé nécessaire pour l'ensemencement. C'est assurer par avance la famine. «Cependant, dit-il, on ne pense point à cet inconvénient. Plusieurs villages sont dans une disette affreuse : les habitants ne se soutiennent que par des herbes et des racines qu'ils font bouillir, et les enfants de quatre à cinq ans, auxquels les mères ne peuvent donner du pain, se nourrissent dans les prairies comme des moutons..... Les peuples..... croient que la fourniture de l'armée de Dauphiné et de la ville de Lyon a été un prétexte pour enlever une prodigieuse quantité de grains, que plusieurs marchands ont abusé des passeports qui leur ont été accordés, ou de la liberté du commerce, et une voix publique, et presque générale, se plaint que les sujets du Roi languissent aujourd'hui à cause de l'abondance qu'on a portée chez les étrangers.....» Le contrôleur général répond, le 10, que la Bourgogne a moins fourni à Lyon que le Languedoc ou la Franche-Comté, ou même que la Lorraine et les Évêchés, et que la disette ne vient point du transport des grains de province à province.

Les 22 mars, 17 juin et 31 octobre, M. Lebret fils, intendant en Provence, rend compte des mesures qu'il a prises pour assurer la liberté de la circulation des blés achetés pour Lyon. Le 8 mai, il raconte une émeute arrivée à Barbentane au passage d'un convoi, malgré la présence d'une compagnie de dragons.

Les localités de Languedoc et de Vivarais qui avaient arrêté au passage les blés destinés à Lyon voulurent en rendre l'équivalent en nature; mais le contrôleur général les força de restituer en argent le montant des prix d'achat. (Lettres de M. de Bâville, intendant en Languedoc, 25 avril et 16 mai 1710; du syndic général Joubert, 23 mai).

---

384. *M. Daguesseau fils, procureur général au Parlement de Paris,*

au Contrôleur général.

29 Avril 1709.

«..... Depuis longtemps, on n'a point vu si peu de blé dans Paris qu'il en reste à présent. Ainsi, la proposition que j'eus l'honneur de vous faire hier, d'envoyer incessamment des commissaires du Châtelet pour faire voiturer des blés à Paris, hâter les marchands et mettre la matière en mouvement, sans néanmoins rien faire qui puisse prévenir les fonctions des commissaires que le Roi enverra dans les provinces, me paroît plus pressée et plus nécessaire que jamais *.»

Il demande qu'une circulaire soit adressée aux intendants des généralités environnantes pour leur défendre d'entraver les transports autrement que par l'obligation de rapporter des certificats de déchargement et de vente.

«Nous travaillerons cependant à consoler le peuple en exécutant dans Paris l'arrêt que le Parlement a rendu pour les pauvres..... Enfin, il est de la dernière conséquence d'établir promptement des ateliers publics..... Je verrai avec M. le prévôt des marchands quels fonds on pourroit trouver pour cela.....»

* M. d'Argenson, lieutenant général de police, écrit, le jour suivant : «.....[Ce projet] paroît demander trois différentes précautions : la première, de concilier le mouvement de ces commissaires, qui seroient du moins au nombre de six, avec la tournée de M. du Montcel et les ordres dont il est chargé; la seconde, de donner mainforte pour la sûreté des chemins et pour contenir les peuples, qui semblent résolus de s'opposer aux transports des grains et de n'entendre sur ce sujet ni remontrance ni raison; la troisième, d'avancer aux commissaires que j'aurai nommés les frais nécessaires pour leur tournée.....»

Voir, au 27 avril, le rapport de M. du Montcel sur l'état du marché de Brie-Comte-Robert.

Le 30, le contrôleur général écrit à M. de Courson, intendant à Rouen : «.....Je compte que vous favoriserez plus que jamais cette provision si importante et si nécessaire [de Paris], que vous donnerez toute protection à ceux qui voudront y contribuer, et que, si l'on envoyoit dans la généralité commise à vos soins quelques commissaires chargés des ordres du Roi ou subdélégués de M. d'Argenson, lieutenant général de police, ils trouveroient dans votre autorité tous les secours dont ils pourroient avoir besoin.»

Les 29 avril et 1er mai, M. Bignon, prévôt des marchands de Paris, demande le secours des gardes françaises contre la turbulence des paysans qui, mêlés de soldats, viennent dans chaque marché, par centaines à la fois. Le 5 mai, le contrôleur général lui écrit, ainsi qu'à M. d'Ormesson, intendant à Soissons, et à M. Phélypeaux, intendant à Paris, de prendre toutes les mesures nécessaires pour faire escorter les convois de blé par la maréchaussée jusqu'à leur remise entre les mains des archers de la ville. Le 12, le sieur Peltier, lieutenant en la prévôté et maréchaussée de l'Île-de-France, écrit à M. de Pontchartrain, secrétaire d'État : «Je me suis rendu, avec toutes les brigades, au départ des soldats; il ne s'y est rien passé. J'ai conduit les boulangers de Saint-Germain et des villages des environs dans les marchés, et ensuite les ai tous visités, pour voir si les brigades auxquelles j'avois donné ordre de les conduire et de s'y rendre, y étoient; je les ai tous trouvés à leur devoir. Les marchés ont été assez tranquilles; il est resté beaucoup de pain, parce que plusieurs personnes, dans la crainte qu'il n'augmentât, en avoient fait leurs provisions et en avoient été acheter dans les villages des environs, et que beaucoup de bourgeois ont acheté du blé et de la farine, et cuisent à présent : ce qui fait que les boulangers se plaignent du peu de débit qu'ils font de leur pain.....» Il donne ensuite des détails sur divers individus des généralités de Caen et de Paris soupçonnés d'avoir de grandes quantités de blés.

Le 31 août, M. Bignon envoie un projet de lettres patentes pour la nomination des commissaires chargés de pourvoir à l'approvisionnement de Paris, et, le 3 septembre, le procureur général Daguesseau expose les demandes d'appui et de protection présentées par les marchands.

Des grains furent tirés de Bretagne, et particulièrement des côtes du Nord, avec toutes sortes de précautions pour en cacher la destination, par l'intermédiaire du sieur Kermabon-Allanic, à qui le connétable de Saint-Malo et MM. Éon et de la Lande-Magon firent une avance de 300,000#, sur l'instigation de l'évêque de Saint-Malo. Voir les lettres de M. Ferrand, intendant en Bretagne, 12 mai, 18, 25 et 28 juin, 8 et 25 août, 23 novembre; de M. l'évêque de Saint-Malo, 14 et 16 juin; de M. de Brilhac, premier président du Parlement de Rennes, 15 mai; de M. et Mme des Casaux du Hallay, 22 et 25 juin, 13 et 16 juillet, 3, 22 et 27 août; du sieur Kermabon, 7 et 10 septembre, 8 octobre, 5, 9 et 19 novembre; et du contrôleur général à M. l'évêque de Saint-Malo, 26 juin.

---

385. *M. Turgot, intendant à Tours,*
au Contrôleur général.

30 Avril 1709.

Il rend compte de l'état du commerce des grains dans les dix plus fortes villes et demande qu'on lui donne des troupes pour assurer la tranquillité pendant l'été.

« Il me reste à vous parler des impositions. Dans tous les lieux, j'ai désabusé les peuples des instantes prières qu'ils feroient pour être soulagés des impositions pour cette année, et surtout de l'ustensile et capitation. J'ai même envoyé arrêter, à dix lieues d'Angers, des gens d'une paroisse de Jallais qui avoient renvoyé avec hardiesse leurs commissions d'ustensile et capitation; j'en avois fait autant à Tours auparavant, pour deux ou trois paroisses. Bien qu'ils eussent besoin de soulagement et que j'en désirasse quelqu'un, je crois que l'ordre des finances ne le peut permettre pour cette année. Je leur ai fait espérer tous mes offices dans les suivantes, et que S. M. les écouteroit avec bonté; mais je leur ai recommandé de ne point interrompre ses secours, et j'ai averti les officiers des élections de protéger avec soin les collecteurs et de réprimer sévèrement la moindre licence que l'on prendroit à cet égard. Je n'aurai plus besoin de me jeter à l'avenir dans d'aussi grands détails; mais il est bon de vous faire connoître l'état des choses. Je n'omets rien pour avancer de les ramener à l'ordre : les recouvrements recevroient un préjudice infini du retardement *..... »

* Voir encore une lettre du 28 mai.

Le 14 avril, M. Brunot, receveur général des finances à Tours, écrivait : « ..... A proportion que la saison avance, les espérances de la récolte prochaine diminuent, et j'ose assurer Votre Grandeur qu'elle ne produira tout au plus que les semences dans cette province, où les mendiants sont en si grand nombre qu'ils vont par troupes de quatre à cinq cents, hommes, femmes et enfants, qui abandonnent leurs demeures faute de subsistance et se répandent dans la campagne et dans les villes, où ils ne menacent pas moins que de piller et brûler les maisons, et de commencer par les bureaux de recette du Roi; et il n'y a point de jours de marchés qu'il n'arrive des émotions populaires, d'autant plus à craindre que ces sortes de gens n'ont rien à perdre et que le manquement de pain les réduit au désespoir. Je n'ai pas cru, dans cette conjoncture, devoir décerner des contraintes pour le recouvrement de mes restes de la taille de 1708, qui montent à plus de 250,000 ᵗᵗ, sur lesquelles ma présence et toutes mes exhortations ne m'ont produit que 10,000 ᵗᵗ, au lieu de 100,000 ᵗᵗ que je comptois de recevoir comme en 1707 en cette saison, outre que j'exposerois les huissiers des tailles à être massacrés et d'animer des gens qui ne le sont déjà que trop. »

M. d'Ormesson, intendant à Soissons, annonce, le 25 avril, que l'on prend des mesures pour dissiper les attroupements séditieux formés à l'occasion de la rareté des grains, et il ajoute : « Les receveurs des tailles m'écrivent que la plupart des collecteurs rapportent leurs rôles, ne pouvant plus rien recouvrer dans les paroisses; les receveurs des greniers d'impôts pour le sel me mandent aussi que les collecteurs refusent de venir lever celui qui leur est destiné, alléguant qu'une partie des habitants quittent et abandonnent leurs domiciles pour aller chercher leur vie ailleurs. J'ai dit à tous ceux de ces collecteurs qui sont venus m'apporter des placets qu'ils ne devoient pas compter que la cherté des grains les dispensât de faire leurs recouvrements en la manière accoutumée; j'y prévois néanmoins une impossibilité, puisque la plupart des peuples ont dès à présent bien de la peine à pouvoir subsister..... »

---

386. *Le Contrôleur général*
à M. Bosc,
procureur général en la Cour des aides de Paris.

1er Mai 1709.

Le temps de service des fraudeurs de tabac condamnés aux galères sans fixation de durée de la peine sera réglé à trois ans, comme on le fait pour les faux-sauniers lorsque l'amende de 300 ᵗᵗ est convertie en peine afflictive faute de payement. On aura soin que la déclaration puisse avoir son effet pour le passé.

---

387. *M. le Peletier, premier président du Parlement de Paris,*
au Contrôleur général.

(De Villeneuve-le-Roi,) 1er Mai 1709.

« En me promenant ici dans mes allées, il m'est venu une pensée, qui peut-être ne réussiroit pas, mais sur laquelle je ne veux rien faire que je ne sache si le Roi le trouveroit bon. Comme j'ai appris que plusieurs négociants croient pouvoir faire venir des blés étrangers dans le royaume, et que je sais le Roi si accablé d'autres dépenses nécessaires d'ailleurs, qu'il seroit raisonnable de tâcher de le soulager de celle-là, j'ai imaginé s'il ne seroit pas possible que, la ville de Paris et toutes les principales Compagnies qui la composent s'obligeant solidairement, l'on ne pourroit pas trouver à emprunter trois ou quatre millions pour faire venir des blés. Je tâcherois, sans répondre du succès, si le Roi le trouvoit bon, d'exciter, autant que je le pourrois, et les Compagnies et le corps de ville d'entrer dans cette vue. Aidé de l'autorité du Roi, peut-être pourroit-on trouver le crédit pour faire réussir cet emprunt. J'attendrai votre réponse avant que de rien dire de cette vue *. »

* Le 2, M. de Vaubourg annonce qu'on s'est décidé à faire une contribution volontaire, chaque corps ou compagnie se cotisant séparément, sans qu'il y ait lieu d'organiser des assemblées générales comme en 1693. Le 5, le contrôleur général répond au premier président que le Roi a approuvé son projet.

---

388. *M. le Blanc, intendant en Flandre maritime,*
au Contrôleur général.

1er Mai 1709.

La ville de Dunkerque n'ayant aucun territoire qui produise des blés, et les villes voisines réservant tout pour leurs propres marchés, il demande pour les habi-

IMPRIMERIE NATIONALE.

tants l'autorisation d'aller faire leurs achats à Saint-Omer, Ardres et Calais.

«Je sais que M. de Bernage vous représentera avec raison tous les inconvénients qu'il y a présentement et les inquiétudes des peuples quand on sort le grain d'une ville pour transporter dans une autre; mais enfin Dunkerque n'est pas une place que l'on puisse absolument abandonner. Tout le menu peuple est composé de matelots et de soldats corsaires; ces sortes de gens ne sont pas aisés à contenir quand le pain leur manque, et ils sont à l'extrémité *.....»

* Voir, au 28 avril, une supplique des Magistrats de cette province.

---

389. *M. Lebret fils, intendant en Provence,*
au Contrôleur général.

1er, 2 et 6 Mai 1709.

État des approvisionnements de blé. Les échevins de Marseille, qui se disent en droit, de par les statuts de leur ville, d'empêcher ou de permettre l'exportation à leur gré *, demandent que les armateurs soient obligés de venir décharger tous les blés du cap Nègre dans leur port, et que les autres provinces ne puissent faire des associations pour tirer des grains de l'étranger.

«Je viens de conférer avec mon père sur la société de négociants que vous avez en vue de former pour la traite des blés. Sur cela, il est à remarquer que l'opinion générale est que les blés durs ne valent rien pour semer : ainsi, il faudroit, pour bien faire, garder les blés de la récolte prochaine pour les semences, et se nourrir du blé de Barbarie. Les gens entendus en agriculture croient que tout ce qu'on recueillera en Provence ne suffira pas pour semer, parce que, Arles et Tarascon ne donnant aucune espérance, on ne pourra semer ces deux grands territoires que des blés des autres lieux de la province, où l'on n'en recueille qu'en petite quantité.»

Il se peut que le directeur de la compagnie d'Afrique ait envoyé des grains en Italie et en Espagne, de préférence à la Provence; mais l'élévation actuelle des prix fait que son intérêt est maintenant d'apporter à Marseille tout ce qu'il pourra tirer de Barbarie, et il se rend dans ce pays afin d'apaiser un différend entre le bey de Tunis et celui d'Alger, qui aurait de grands inconvénients pour son commerce.

«La société que M. Trudaine doit former à Lyon pour tirer des blés du Levant, de Barbarie, d'Italie et de tous les endroits possibles peut avoir un inconvénient par rapport aux États du Grand-Seigneur, où la sortie est toujours défendue, en sorte que le commerce des blés ne s'y fait en tout temps que par contrebande et dans de petits ports ou mouillages. Si l'on fait de trop grandes traites et que le blé enchérisse dans le pays, les défenses seront immanquablement renouvelées, et exécutées avec une exactitude qui priveroit la société entière de tout secours. Cet inconvénient est certain; mais j'ignore les moyens de l'éviter, et je vois bien que nous ne pouvons pas être aussi discrets dans nos achats qu'il le faudroit pour prévenir la mauvaise humeur des Turcs. Ainsi, malgré ma réflexion, il faudra suivre les ordres qu'il vous plaira de donner sur cette société, qui ne sera apparemment composée que des villes que vous trouverez à propos d'y admettre; mais il est, ce me semble, très important que vous ayez la bonté de n'y faire entrer que celles qui n'auront absolument aucune autre ressource, parce que le Levant doit être ménagé avec toutes les précautions possibles, à peine de privation entière.....

«L'on a choisi à Marseille douze personnes pour former un Bureau d'abondance, qui pourront régir ce commerce suivant le pouvoir que vous leur en donnerez; on y pourra joindre, si vous l'ordonnez, encore quelques autres négociants, de ceux qui font le commerce d'Italie et des autres pays d'où l'on croira pouvoir tirer des blés. Conduisant ainsi cette affaire par un même esprit, on réussira peut-être à ce que vous vous proposez; car je doute fort qu'une société de Lyonnois et de Marseillois puisse réussir. Les Marseillois entre eux ne peuvent presque jamais s'accorder, et ils sentent si bien que leur humeur ne s'accommode pas aisément avec celle des autres, qu'ils fuient tant qu'ils peuvent les sociétés. Je ne trouve pas qu'ils aient tort, car on n'a pas d'exemple qu'aucune compagnie ait bien réussi à Marseille.

«.....L'état où nous sommes est bien différent de celui où on étoit en 1693 et 1694 : la disette n'étoit ni si grande ni si générale, nous étions les maîtres de la mer, et nous avions du crédit chez les Turcs et les Barbares. Je doute qu'avec toute l'attention et la sagesse possibles, on évite un bouleversement général; cette province en est à la veille, et il n'y a qu'un miracle qui puisse nous en garantir. Je ne prends point la liberté de vous rendre compte de ce qu'on fait ici pour soulager le peuple, ou du moins de ce qu'on voudroit faire. Comme on se conduit du jour à la journée, il seroit inutile de vous en fatiguer. Ce qu'il y a de certain est qu'on fait tout de son mieux **.»

* Voir ses lettres des 28 novembre, 10 et 28 décembre 1708.

** Le 7 mai, répondant aux lettres du 1er et du 2, le contrôleur général annonce que la Provence pourra prendre un quart de tous les blés qui arriveront soit pour la compagnie du cap Nègre, soit pour le compte de la ville de Marseille, à condition de participer aux frais dans la même proportion; que, quant aux mesures sanitaires, M. de Pontchartrain fera connaître les intentions du Roi; enfin, que le Roi fournira deux vaisseaux d'escorte, à charge, par le pays, de les armer et entretenir. Par la suite, on accorda aux bâtiments la permission de ne point faire quarantaine à Marseille. (Lettres de M. de Pontchartrain, 19 et 26 juin.) Sur les conditions de partage des retours, voir les lettres de M. Lebret, 29 mai, 2, 3 et 4 juin.

Le 27 mai, le contrôleur général écrit à M. Lebret : «.....J'insiste à deux choses : l'une, que les Marseillois ne se bornent pas à tirer des blés pour la seule Provence, et qu'ils se mettent fortement en tête qu'il faut secourir le Languedoc, le Dauphiné, le Lyonnois et la Bourgogne; l'autre, que, s'il ne leur convient pas de faire des sociétés avec les négociants de Lyon, ils pourroient au moins s'aider de leurs fonds et de leur crédit.....» Le 29, il écrit aux maire et échevins de Marseille : «.....On pourroit laisser à vos négociants toute la direction de la traite des blés du Levant, puisqu'ils entendent mieux que tout autre ce commerce.....; mais [il ne faut] pas que les Marseillois se bornent à la seule provision de leur ville, ou tout au plus de la Provence..... Il sera juste même que Marseille et la Provence soient les premiers fournis et partagés; mais, en même temps, les Marseillois doivent aider..... les sujets du Roi des autres provinces..... Le Roi ne vous maintiendra dans vos priviléges qu'autant que vous travaillerez à rendre utiles à tous ses sujets votre situation et les facilités que vous donne la mer......»

Le 31 mai, il écrit à M. Trudaine, intendant à Lyon : «.....Je vois que les négociants de Lyon sont de même sentiment que ceux de Marseille sur la difficulté de former une société entre eux..... Il faut laisser aux Marseillois la direction entière de la traite des blés, mais faire avec eux une espèce d'association, suivant laquelle les provinces de Languedoc, Provence, Dauphiné et Lyonnois, et en particulier la ville de Lyon, comme aussi la province de Bourgogne....., auroient leur part du retour des blés, chacune à proportion de ce qu'elle auroit contribué.....» Il lui écrit encore, le 14 juin : «.....Comme je juge qu'il sera difficile qu'il y ait une assez grande correspondance entre les villes de Lyon et de Marseille et les provinces de Languedoc, Provence, Dauphiné et Bourgogne pour conduire cette affaire par elles-mêmes comme il conviendroit, mon dessein est de proposer au Roi d'en donner la direction générale à un sujet propre et capable que S. M. choisiroit, et qu'elle pourroit même envoyer dans tous les pays d'où l'on fait état de tirer des blés, en sorte que les deux villes et les quatre provinces n'auroient qu'à faire et fournir chacun[e] son fonds et recevoir la portion de blés qui leur reviendra des retours. Je juge que, si le Roi laisse agir chaque ville et chaque province à sa manière et comme elle jugera à propos, la concurrence et le peu d'intelligence ne manqueront pas de rompre toutes les mesures que nous voulons prendre, feront enchérir les blés de tous côtés, donneront de la défiance aux Turcs.....»

Le 9 juin, M. de Bâville, intendant en Languedoc, écrit : «.....Messieurs de Marseille représentent qu'ils doivent faire seuls le commerce des blés en Levant; qu'il faut passer par leurs mains; que, sans cela, on les fera renchérir, on alarmera les Turcs, qui pourront empêcher l'évacuation de leur pays, et qu'enfin on tombera dans beaucoup de fautes.» Il expose les inconvénients ou les impossibilités que présenterait un projet d'association du Languedoc, du Dauphiné, de la Bourgogne et de Lyon avec Marseille et la Provence, et représente, que, tout au moins, en attendant la préparation de ce projet, on doit profiter de ce que les marchands de Languedoc veulent bien donner leur argent pour rapporter immédiatement quarante-cinq mille quintaux de blé, qu'ils auront soin de prendre en divers endroits. Le contrôleur général répond en apostille : «Le Roi approuve que, dans une conjoncture pressante et difficile comme celle où l'on se trouve, la province de Languedoc prenne toutes les mesures nécessaires pour tirer des blés du Levant indépendamment de la ville de Marseille. Observez de ménager les achats en Levant, et que le trop grand empressement des François ne fasse excessivement enchérir les blés, ou n'attire quelque ordre de la Porte qui en empêche l'extraction.» Dans la lettre expédiée en conséquence le 24, il dit qu'on propose d'envoyer un homme sous prétexte de visiter les échelles du Levant, pour diriger tout ce commerce suivant les circonstances.

Le 23 juin, M. l'archevêque de Narbonne dit que le Languedoc ne pourra entrer dans la société en formation.

Le 24 juillet, M. Lebret fait entendre que l'association eût eu des avantages, mais qu'elle pouvait bien difficilement se faire, toutes les parties intéressées ayant manifesté une répugnance irréfléchie, ou des intentions inacceptables, et ayant changé brusquement d'avis sans propos ni raison.

Les blés de la compagnie d'Afrique furent trouvés très mauvais et ne firent qu'un pain détestable (lettre de M. Lebret, 9 juillet; lettres de M. Voysin, secrétaire d'État de la guerre, 31 août et 18 septembre 1710).

---

390. *M. Daguesseau fils, procureur général au Parlement de Paris,*

au Contrôleur général.

(Intendance de Champagne.)

2 Mai 1709.

Il transmet une lettre des officiers de la ville de Reims sur la misère de cette ville *.

* Texte de la lettre : «Nous nous sentons obligés indispensablement par le devoir de nos charges de vous informer de la famine qui est dans Reims et dans tous les villages circonvoisins. En conséquence de l'ordre de M. de Harouys, notre intendant, on a mis le taux aux grains, visité toutes les maisons et fait le dépouillement de toutes sortes de grains qui y sont renfermés. On a trouvé plus de trente mille personnes, dont les trois quarts sont dans une misère affreuse, et vingt-deux mille setiers de tous grains. Aussitôt les laboureurs ont cessé d'amener leurs grains en cette ville. Au précédent marché, il n'y avoit que huit setiers de grains, et, au dernier, il n'y en avoit point du tout : c'est ce qui a été cause que nous avons été obligés de lever le taux. Outre le peuple de Reims, il y avoit, de la campagne, quatre mille personnes, qui demandoient des grains avec rumeur et fureur; mais les laboureurs ne viennent plus, appréhendant d'être pillés sur les chemins. Les bourgeois sont tellement alarmés, qu'il y est arrivé une émotion populaire le jeudi 18 du présent mois : on a escaladé les murailles chez les Dominicains et les Cordeliers; on y a pillé tout le grain qu'on y avoit mis de la part de l'hôtel de ville; il y a eu une fille d'étouffée et deux autres personnes blessées à mort. Nous avons député vers S. M., au nom de tous les ordres, pour la supplier très humblement d'avoir la bonté de nous envoyer promptement des grains; sinon, la ville abîmera, et nous ne serons plus maîtres d'empêcher que le peuple ne s'égorge et ne brûle les églises et les maisons, ainsi qu'il a menacé hautement. Nous avons établi une Chambre extraordinaire de police générale, composée de tous les ordres, même du clergé séculier et régulier. Chacun y contribue de son mieux; mais les grains manquent absolument, et, pour surcroît de désolation, c'est qu'il n'y aura, à la moisson prochaine, aucun froment ni seigle. Des commissaires, au nombre de trente, sont partis, avec tous les huissiers, archers et sergents, pour visiter toute l'élection et savoir le nombre des personnes de chaque village et la quantité de grain qu'il y a. Ils ont trouvé une rébellion et les paysans sous les armes. On redouble les aumônes, et chacun s'épuise pour soulager les pauvres; mais toutes ces peines et ces dépenses sont inutiles, n'y ayant point de grain. Les pauvres qui sont au pain du bureau de la Miséricorde, au nombre de plus de douze mille, meurent sur le pavé. On leur donne du pain d'avoine; encore ne pourra-t-on plus leur en donner sans un prompt secours. On en fait de même pour les paysans et gens de la campagne, et Reims en est rempli tous les jours. Les juridictions sont cessées, les maisons désolées; les boutiques des marchands et artisans sont fermées, crainte d'insulte, et les boulangers ne font plus de pain, faute de grains; et on ne voit plus dans les rues que les personnes qui composent la Chambre générale de la police, les pauvres et les paysans. Nous avons eu l'honneur d'écrire hier tous ces malheurs à M. le premier président; mais, depuis, la calamité augmentant à vue d'œil, il a été conclu en l'assemblée générale que toutes les personnes de la campagne qui se sont venues établir à Reims depuis quelques années (*sic*), que tous les religieux surnuméraires à leur fondation seront envoyés par leurs supérieurs dans d'autres couvents, les étudiants du dehors aux quatre facultés; les

écoliers des petites écoles retourneront chez leurs pères; que les prisonniers civils, jusqu'à la somme de 100 #, qui ne sont point de la ville, seront élargis; et leur taxe pour le pain est de 10 s. par jour. Pardonnez-nous si nous prenons la liberté de vous décrire avec sanglots un état si triste et si déplorable; le spectacle fait frémir, et, sans un prompt secours, que nous attendons, il faut tous nous résoudre à mourir de faim.»

391. *Le R. P. Megret,*
principal du collège de Louis-le-Grand, à Paris,
AU CONTRÔLEUR GÉNÉRAL.

2 Mai 1709.

Il expose les besoins du collège, qui a sept cents personnes à nourrir, dont quatre cents appartenant à des familles très considérables, et consomme plus de cinquante boisseaux de farine fine par jour, cent vingt muids par an. L'intendant de la généralité de Soissons exige un ordre exprès du contrôleur général pour laisser enlever quatre-vingts muids de blé à la mesure de Soissons, valant cinquante-deux muids à la mesure de Paris, qui ont été achetés et payés bien avant les défenses, par le commissionnaire ordinaire du collège.

392. *M. de Courson, intendant à Rouen,*
AU CONTRÔLEUR GÉNÉRAL.

2 Mai 1709.

Il se plaint d'être traversé et gêné par une partie du Parlement dans tout ce qui concerne la police des blés, et particulièrement les déclarations de grains. Le procureur général a même envoyé partout un avis qu'on n'eût plus à s'adresser à l'intendant, mais seulement aux juges ordinaires et au Parlement. Ce conflit pouvant détruire l'effet des mesures prises pour entretenir l'abondance sur les marchés, il demande une décision immédiate, de crainte que de pareilles excitations ne provoquent un soulèvement dans le peuple.

«J'ai eu plus de peine que vous ne pouvez l'imaginer à contenir cette généralité, et j'en aurai encore plus à la contenir dans les suites : ainsi, je remettrai volontiers ce détail à qui vous voudrez le confier, et j'aiderai de mon autorité et de mes lumières, non seulement le Parlement, mais le dernier juge de la généralité. Mais, si vous souhaitez que j'en réponde à S. M., à vous et au public, je ne le puis faire sans autorité*.....»

* Par ses lettres des 15, 17, 19, 25, 26 et 29 avril, il avait rendu compte de sa tournée dans les marchés et des mesures prises pour en assurer l'approvisionnement sans cependant faire tellement baisser les prix que cela attirât des acheteurs de la campagne. Quelques attroupements, et même en armes, commençaient à se montrer; mais les troupes avaient ordre de les dissiper. La compagnie des gendarmes écossais était particulièrement chargée de protéger le commerce des blatiers contre les ouvriers de Bolbec. Enfin, les subdélégués de l'intendance avaient reçu des instructions pour rompre un projet concerté entre les laboureurs du Vexin de ne point ensemencer, si les propriétaires des terres ne les aidaient.

Dans une lettre du 3 mai, le premier président du Parlement, M. de Pontcarré, tout en établissant que la police des blés appartient, d'une façon indiscutable, aux juges ordinaires en première instance, et au Parlement en appel, reconnaît que les mesures prises par M. de Courson pendant les vacances de Pâques, probablement d'après l'ordre du contrôleur général, sont justes et utiles. Il ajoute : «Je me suis seulement contenté de dire à M. de Courson, comme je crois encore que c'est le seul bon parti qu'il y a à prendre en cette occasion, qu'il fît de sa part agir vigoureusement les officiers de police, que je lui aiderois en cela de toute mon autorité et de tout ce qui dépendroit de moi; qu'il prît garde, comme on s'en plaignoit, de ne se point servir de commissaire, ni d'autres subalternes dont la conduite fût suspecte au public; qu'il fît rendre toutes les ordonnances sous le nom des officiers de police, et que le sien n'y parût point; et que, de ma part, il pouvoit compter que, la police sur l'appel appartenant de droit à la grand'chambre, dont j'ai l'honneur d'être le chef, on ne traverseroit point des ordonnances rendues dans cette forme et avec de telles précautions par de mauvais appels, ou du moins que ceux qui entreprendroient de le faire n'en viendroient pas aisément à bout. Il avoit d'abord suivi mon conseil; mais ce qui a extrêmement soulevé le Parlement et le public est que, depuis quelques jours, il a rendu quelques ordonnances en son nom et les a fait exécuter et afficher, sans y employer en rien le nom des juges ordinaires; et comme cela seroit d'une extrême conséquence pour l'avenir, le Parlement, à qui cette compétence appartient de droit, et qui d'ailleurs n'a rien fait qui puisse donner lieu à l'en priver, m'a su fort bien représenter qu'il n'appartenoit pas plus à l'intendant de donner des ordonnances en cette matière, qu'il appartenoit au Parlement d'en donner sur l'exécution des traités dont la connoissance est de droit renvoyée à l'intendant, et qu'étant fondé sur toutes les anciennes et nouvelles ordonnances registrées en son greffe, si l'intendant en donnoit à l'avenir de semblables, il en recevroit l'appel comme d'un juge ordinaire.....»

Le contrôleur général répondit, le 6 mai, à M. de Courson : «J'ai fait attendre votre courrier parce qu'avant de faire réponse à votre lettre, il étoit nécessaire que j'eusse reçu les ordres du Roi sur ce qu'elle contient..... Le Roi m'a ordonné d'écrire à M. le premier président qu'il approuvoit fort l'union et le concert dont vous étiez sur tout ce qui regarde l'affaire des blés..... Vous jugez bien que le désordre général que l'inquiétude de la perte entière de la récolte prochaine a causé dans tout le royaume exigeoit nécessairement quelques règlements; il n'étoit pas possible d'ôter aux Parlements toute la juridiction et toute la police, qui leur appartient sans contredit sur cette marchandise; mais, comme S. M. juge nécessaire d'appuyer de son autorité l'exécution des déclarations qu'elle a envoyées et enverra aux Parlements, elle veut que MM. les intendants agissent de concert avec les officiers des Parlements.....»

Le même jour, il écrivait au président de Motteville, dénoncé par M. de Courson, avec M. de Bernières de Bautot, procureur général, comme les plus hostiles et les plus échauffés : «.....L'intention de S. M. n'est pas de dépouiller les Parlements de l'inspection de la police, qui leur appartient; mais, comme son attention pour ce qui regarde la subsistance de ses peuples redouble dans un temps aussi fâcheux, elle veut que les Parlements et les intendants agissent d'un grand concert et avec une grande union sur cette matière, et vous devez, de votre part, être d'autant plus exact à suivre en cela sa volonté, qu'on lui a rapporté que vous avez plusieurs terres, dans le ressort du Parlement, dont les fermiers ont des amas de blés qu'ils gardent dans ce temps de cherté nonobstant les règlements de police, et que tout ce que vous avez fait n'est que dans la vue de favoriser vos fermiers, vos parents et vos amis.....»

Il avait déjà répondu, en apostille à une lettre du procureur général, du 28 avril, accompagnant l'envoi de l'arrêt rendu sur sa requête par le Parlement : «.....L'attention que le Roi donne à ce qui regarde l'affaire des blés est si grande et si connue, que le Parlement de Rouen auroit beaucoup mieux fait d'attendre les ordres de S. M. que de les *prévenir*. Je ne puis trop vous exciter à agir de concert avec M. de Courson sur une matière aussi importante et aussi délicate, dans laquelle l'autorité seule des Parlements ne suffit pas, et il faut que l'autorité que le Roi confie aux intendants y soit jointe.»

Le 7 mai, on envoya à M. de Courson une commission pour poursuivre les laboureurs du Vexin. Le contrôleur général lui écrivit, le jour suivant et le 9, que, malgré son désir de régler et de restreindre les enlèvements des blatiers qui fréquentaient les marchés d'Évreux, Vernon, Bizy, Gisors, Magny et Étrépagny, la nécessité de favoriser l'approvisionnement de Paris exigeait qu'on leur laissât liberté entière et qu'on cherchât d'autres expédients pour éviter l'augmentation des prix. «Vous avez bien fait de vous opposer aux cabales et assemblées des laboureurs du Vexin : si leurs députés paroissent ici, le Roi les fera conduire dans les prisons de Magny, comme vous le proposez.» (Lettre classée au milieu de celles du 6 mai.)

Au sujet des mesures prises pour l'alimentation des pauvres (voir une lettre du procureur général, en date du 1er mai), M. de Courson écrit encore, le 11 mai : «Lorsque j'eus l'honneur de vous envoyer hier l'arrêt du Parlement qui ordonne la cotisation, je ne faisois que de le recevoir, et, comme je n'en avois eu aucune connoissance avant qu'il eût été imprimé, je n'avois pu faire sur cela toutes les réflexions nécessaires. Il me paroît qu'il seroit très dangereux qu'il fût exécuté, surtout dans la ville de Rouen, où, le peuple étant depuis dix jours, comme j'ai eu l'honneur de vous le mander, fort tranquille et si accoutumé au prix du blé, que les deux derniers marchés se sont passés comme ils auroient pu faire il y a un an, dès que la cotisation paroîtra, comme elle est gratuite, tout le peuple va se remettre en mouvement pour avoir des aumônes. Cela l'accoutumera à la fainéantise et au désordre, au lieu qu'à présent il est obligé de s'occuper et de travailler pour gagner sa vie. D'ailleurs, je crois qu'il est très dangereux d'assembler dans ces temps-ci tous les pauvres pour avoir les distributions gratuites d'argent, de blé ou de pain : il ne faut qu'une cervelle échauffée qui leur fasse faire du désordre. Il y a plusieurs paroisses dans Rouen où il faudra assembler plus de trois mille personnes : on en a vu l'expérience cet hiver. J'ai eu beaucoup de peine à soutenir les manufactures et à engager les fabricants à continuer leur travail : ce sera là un moyen sûr de les faire abandonner, car les ouvriers qui auront leur vie assurée aimeront mieux une aumône que la peine de travailler, et les fabricants même, que j'ai engagés de les soutenir par des considérations particulières, seront fort aises de se servir de ce prétexte pour renvoyer leurs ouvriers. Le prix du blé est diminué ; il s'en est vendu hier de fort bon depuis 3[#] jusqu'à 4[#] le boisseau pesant trente-cinq livres et faisant au moins quarante livres de pain. Le meilleur n'a pas été vendu 100 s. ; le pain bis ne coûte que 2 s. 6 d. chez le boulanger ; il y en a si grande abondance qu'il en reste, et ils ne sont plus tourmentés comme ils étoient pour en livrer. Comme Rouen est le lieu où le blé se vend le plus cher, le peuple a encore plus de soulagement dans les campagnes. Il est vrai que le pain se vend ce qu'on veut, parce qu'il n'y a nulle police dans la campagne ; mais il est aisé d'y remédier, et le paysan n'achète guère ordinairement du pain. D'ailleurs, on touche à la saison où tout le monde va travailler. En un mot, tout est, en ce pays-ci, aussi tranquille qu'il ait jamais été, et je crois que, quand même ce seroit un bien que la cotisation, qu'il faut bien se donner de garde de rien faire qui puisse réveiller le peuple et le remettre dans la situation où il étoit il y a dix ou douze jours. Je crois qu'il seroit plus à propos, si l'on vouloit faire des charités, de les faire en argent, pour être employées à des travaux publics ou à acheter du blé, qu'on pourroit faire distribuer à meilleur marché qu'il ne se vend, ou qu'on garderoit dans les magasins de la ville, en cas que le mal devînt plus grand qu'il n'est.»

---

393. M. DE SAINT-MAURICE, *commissaire général de la Cour des monnaies à Lyon*, AU CONTRÔLEUR GÉNÉRAL.

2 Mai 1709.

«Je prends la liberté de vous supplier de trouver bon que je sois mis sur la liste de ceux auxquels vous faites envoyer des imprimés des édits, déclarations et arrêts du Conseil touchant les monnoies. Vous me faisiez toujours l'honneur de m'en faire envoyer ci-devant : cet usage n'a pas été continué ; cependant j'en avois fait depuis longtemps un recueil fort exact, qui se trouve interrompu. Je remettois même de ces imprimés aux autres officiers de la Monnoie, qui les ramassoient aussi bien que moi. Cela m'est absolument nécessaire, étant obligé souvent de donner des éclaircissements aux particuliers qui viennent s'informer des circonstances qui y sont reprises..... A présent, nous n'en avons jamais connoissance qu'un mois ou six semaines après qu'ils sont rendus publics.

«.....J'aurai l'honneur de vous faire une observation sur le nouvel édit de la fabrication des pièces de 4[#] 8^s et des louis de 16[#] 10^s. J'ai remarqué que le millésime du louis d'or se trouve coupé par la lettre de la Monnoie de la ville où il se fabriquera : ce qui pourra, par la suite, faire une équivoque pour les Monnoies de Limoges et de Riom, dont les lettres sont I et O, qui, étant insérées au milieu du millésime, feront 17I09 et 17O09.....

«L'on dit que vous allez faire ouvrir la Monnoie de Riom ; je fus déjà chargé, en 1700, de la mettre en état.

«Le bruit est ici grand que vous allez faire retirer les billets de monnoie par la fabrication nouvelle. J'ose espérer qu'ayant l'honneur d'être le commissaire du Conseil dans la Monnoie, au cas qu'il faille vérifier les billets de monnoie et en tenir un contrôle, vous voudrez bien m'accorder cette commission.»

---

394. LE CONTRÔLEUR GÉNÉRAL à M. D'ANGERVILLIERS, *intendant en Dauphiné*.

3 Mai 1709.

«.....Il n'est pas d'usage d'expédier des lettres de cachet le nom en blanc ; mais S. M. m'a ordonné de vous faire savoir que vous n'aviez qu'à me nommer ceux [des gentilshommes de Dauphiné] qui vous étoient suspects [d'accaparement], et que les lettres de cachet vous seroient envoyées remplies de leurs noms.....»

---

395. M. DE COURSON, *intendant à Rouen*, AU CONTRÔLEUR GÉNÉRAL.

3, 5, 6 et 12 Mai 1709.

Rapports sur le prix des grains et sur l'état des manufactures de Rouen, Darnetal, Elbeuf et Louviers, qui ont peine à faire travailler leurs quarante mille ouvriers depuis que les commandes de fourniture de draps leur ont été retirées*.

* Il écrit encore, le 11 juin, sur les manufactures : «.....Il me vint hier deux cents ouvriers de Darnetal pour me dire que, voyant bien que les fabricants les alloient congédier, n'ayant plus de quoi vivre, qu'ils ne pouvoient se dispenser de se porter aux plus grandes extrémités. Ceux de Rouen sont venus aujourd'hui; je ne doute pas que ceux d'Elbeuf et de Louviers n'y viennent à tous moments. Les fabricants sont absolument hors d'état de pouvoir les soutenir davantage, parce que tous les billets qu'ils ont sur les marchands drapiers de Paris sont tous protestés, ou que les poursuites en sont arrêtées par des lettres d'État : ce qui fait qu'ils ne peuvent recevoir de l'argent à Paris, ni trouver ici à négocier ces billets. Je ne vois que deux expédients pour remédier à ce mal, dont l'un me paroît difficile en ce temps-ci, qui est que, comme le prétexte dont se servent les marchands de Paris pour avoir des lettres d'État ou pour arrêter l'exécution des sentences consulaires est ce qui est dû à ces mêmes marchands pour la fourniture des troupes, que le Roi envoyât ici des fonds pour tirer ces billets. Mais, comme je ne crois pas que les temps puissent permettre qu'on se serve de ce remède, je crois qu'il seroit plus aisé d'obliger les marchands de Paris de payer les billets qu'ils ont faits aux fabricants pour marchandise qui leur a été livrée. Ces billets sont faciles à distinguer, étant conçus : « Valeur reçue en marchandise »; et cela n'empêcheroit pas le répit que le Roi veut bien accorder aux marchands pour leurs autres engagements.»

A cette lettre de M. de Courson est jointe celle qui suit, de M. Daguesseau père, conseiller au Conseil royal des finances, en date du 16 juin : «Il n'y a rien de plus fâcheux, et dont les conséquences soient plus dangereuses, que l'état où M. de Courson vous mande, par sa lettre que vous m'avez fait l'honneur de m'envoyer, que sont les maîtres des fabriques des draps et autres étoffes de Normandie, par le défaut de payement des billets des marchands de Paris. L'expédient qui m'est venu dans l'esprit, après y avoir fait quelque réflexion, est de répondre à M. de Courson qu'il vous envoie le plus promptement qu'il lui sera possible un état de tous les billets faits par les marchands de Paris aux fabricants de Normandie, ensemble des sommes contenues en chacun de ces billets, et des termes auxquels ils sont payables. Il faudroit que cet état fût distribué de manière que, sous le nom de chaque marchand de Paris, on mît tout de suite les billets qu'il a tirés. Quand vous aurez reçu cet état, on verra qui sont ceux de ces marchands débiteurs de ces billets auxquels il est dû par le Roi ou par les troupes, et on examinera, avec eux et avec les autres marchands qui n'ont pas la même excuse, ce qu'ils pourront faire pour satisfaire présentement à une partie au moins de ces billets, et le reste en d'autres temps. (*En marge :* Il y a peut-être plusieurs marchands qui, pour ne pas payer ces billets, se servent du prétexte qu'il leur est dû par les troupes quoique cela ne soit pas vrai.) Cependant il sera important que M. de Courson encourage les fabricants à continuer leur travail, en les assurant qu'on va travailler à leur procurer le payement de ces billets. Je n'ai pas voulu, dans une matière si délicate, m'en rapporter à moi seul; je n'ai pas cru aussi devoir la porter dans le Conseil de commerce, parce que, outre qu'il ne m'a point paru convenable de la rendre trop publique, ce Conseil ne peut se tenir plus tôt que samedi prochain, et ce retardement seroit trop grand dans une conjoncture aussi pressante. Mais j'ai consulté les sieurs Anisson et Mesnager, qui m'ont paru les plus capables de donner un bon avis sur une chose de cette qualité, et je leur ai communiqué ma pensée. Voici le mémoire qu'ils m'ont donné sur cela, et que j'ai l'honneur de vous envoyer. Vous aurez agréable de faire sur le tout vos réflexions, pour prendre le parti que vous jugerez le meilleur. Je prends la liberté de vous envoyer aussi un autre mémoire que ces Messieurs m'ont donné sur la perte présente que souffrent ceux qui envoient des espèces à la Monnoie, et sur le remède qu'ils jugeroient à propos d'y apporter, afin d'exciter le public à y porter plus abondamment les espèces. Je vous renvoie la lettre de M. de Courson.»

M. Mesnager, député du commerce de Rouen, écrit, le 5 juillet suivant : «J'ose vous représenter qu'il convient, pour calmer les ouvriers de Rouen, de leur faire entrevoir que les entrepreneurs des manufactures recevront leurs dettes, et qu'ils seront en état de payer le salaire des travaillants. Il paroît, pour cela, nécessaire que vous ayez agréable de faire connoître au public, par un arrêt, que les lettres de répit ou les arrêts de surséance qui sont accordés, ou qui pourront l'être dans la suite, n'auront aucun effet pendant la guerre pour arrêter le payement des billets valeur en marchandise. Les marchands drapiers de Paris en magasin, après avoir fait des profits immenses sur les fournitures pour le service, ont grand tort de ne pas satisfaire tant de malheureux ouvriers qui leur ont confié pendant six mois le fruit du travail de leurs bras. L'espérance la plus vaine émousse souvent le chagrin, et, si vous n'aviez la bonté de donner des témoignages de votre protection, dans cette rencontre, aux marchands, qui sont déjà découragés, il seroit à craindre que les ouvriers de Darnetal, d'Elbeuf, de Louviers, et même du pays de Caux, qui travaillent aux coutils et aux ouvrages de fil et coton, ne composassent un très grand nombre de gens oisifs et nécessiteux, dont l'insolence pourroit donner de la peine à réprimer. J'ose encore vous supplier de faire voiturer à la Monnoie de Rouen, s'il est possible, deux mille marcs de matières, outre la même quantité qu'il vous a plu déjà d'y envoyer, afin qu'on rende plus tôt que par le passé le montant des vieilles espèces et des matières qu'on y porte, et que, par là, on soit en état de payer plus couramment la journée aux ouvriers. Mettez-moi, s'il vous plaît, en état d'écrire aux syndics du commerce que vous êtes résolu d'accorder ces grâces, lesquelles, je vous assure, feront un bon effet et apporteront plus de tranquillité que d'autres moyens qui paroîtroient d'abord plus efficaces. J'ai l'honneur aussi de me servir de cette occasion pour vous dire que, sur le pied où se trouve aujourd'hui le commerce de la France, il est bien difficile de ne se pas servir du secours des Hollandois pour avoir quelques matières premières qui entrent dans la composition des manufactures. Je croirois (puisque vous m'avez permis de dire mon sentiment) qu'il seroit convenable de dissimuler la délibération des États Généraux au sujet de l'interdiction de commerce avec la France et de celui des lettres missives, puisque les villes de Dordrecht et de Rotterdam s'y sont opposées. Je croirois encore qu'il seroit dangereux de faire courir aucuns bruits de ressentiment sur cette démarche de la part des États Généraux, étant à craindre que cela ne fournît aux Anglois un nouveau motif de proposer encore une fois cette interdiction de commerce et la faire réussir, lorsque, probablement, cette entreprise n'aura pas lieu, et que, sans bruit, vous pouvez interdire en France le commerce des Hollandois en refusant les passeports du Roi qu'on donne à leurs vaisseaux. Ces mouvements en Hollande, contre les intérêts mêmes de la République, font voir que les Anglois y ont plus de pouvoir que les véritables républicains et que, pour mettre ces derniers en état de parler en souverains sur la paix, il faut, de longue main, convenir des conditions qui seront sur cela nécessaires.»

Le 4 octobre suivant, le sieur le Chéron, inspecteur des manufactures à Rouen, écrit : «Je prends la liberté de remontrer à Votre Grandeur que ce n'est pas seulement la grande cherté du pain et la rareté de l'argent qui sont cause que nos manufactures sont presque entièrement tombées; cela vient aussi de ce que les femmes qui s'habilloient ci-devant des étoffes de ces manufactures ne s'habillent presque plus aujourd'hui que de toiles peintes; et ce qui les autorise encore davantage, c'est que les personnes de qualité, et même ceux qui devroient, par leur exemple, l'empêcher, sont ceux qui en portent le plus, y ayant des dames qui en ont des robes de chambre qui leur coûte[nt] presque aussi cher que celles d'étoffes d'or et d'argent : tellement que cela s'est si fort répandu dans le peuple, qui, non content de porter des toiles peintes, s'est avisé de faire teindre des toiles en bleu et en rouge, sur lesquelles ils font des fleurs et autres figures; et pour qu'elles y restent dans la teinture, ils mettent sur ces fleurs de la cire, qui y conserve le blanc de la toile, tellement que ce sont des fleurs blanches et autres figures sur des fonds bleus et rouges : ce qui fait encore plus de tort à ces manufactures que les toiles peintes, en ce que cela va beaucoup plus vite à faire; et de plus, c'est que cela pourroit bien, dans la suite, faire un tort considérable à la réputation que nos toiles blancardes se sont acquise dans les pays étrangers, en ce qu'ils prennent les meilleures de ces toiles pour cela, c'est-à-dire les fleurets que l'on met à la tête des ballots. Toutes ces considérations me font espérer que Votre Grandeur aura la bonté de donner ses ordres pour que les arrêts rendus sur le fait des toiles peintes soient exécutés à la rigueur sur ceux qui seront trouvés en contravention, et que cette nouvelle invention de toile teinte soit également défendue comme les toiles peintes. Cela étant, j'ose l'assurer que, si nos manufactures ne reprennent pas leur ancienne vigueur, du moins augmenteront-elles considérablement.»

Le même jour, l'intendant, M. de Richebourg, successeur de M. de Courson, transmet une délibération prise par les syndics du commerce de Normandie contre le projet d'établissement d'une fabrique de toiles peintes ou imprimées à Rouen.

396. *Le Contrôleur général à M. de Courson, intendant à Rouen.*

4 Mai 1709.

«.....La proposition qui vous a été faite par quelques marchands de Rouen pour faire venir des blés étrangers* n'est point à rejeter; mais j'estime qu'il faut la rectifier, et voici ma pensée. J'avoue de bonne foi que, dans la conjoncture présente, et dans l'état où sont les affaires, on n'aura nulle foi pour une déclaration du Roi. Il faudroit donc que les bonnes villes du royaume, comme Paris, Rouen et autres, fissent des délibérations pour donner 80# pour muid, mesure de Paris, à ceux qui y apporteroient des blés étrangers en état d'être vendus, et qu'ensuite elles présentassent des requêtes au Roi et obtinssent des arrêts du Conseil qui leur permissent d'exécuter les délibérations et de disposer de leurs deniers d'octroi et autres revenus, même d'emprunter, à l'effet de payer les sommes auxquelles se trouveront monter ces sortes de gratifications**.....»

* Voir les lettres de M. de Courson, 25 mars, 10 et 22 avril et 3 mai, et une réponse précédente du contrôleur général, du 15 avril, promettant pour les vaisseaux hollandais la décharge du droit de 50 s. et des autres droits d'entrée, avec dispense de remporter l'équivalent. Plusieurs négociants, entre autres les sieurs le Couteulx et le Gendre jeune, offraient de faire venir des grains du Nord moyennant un faible profit.

A une lettre de Pierre le Gendre, proposant d'assurer aux négociants de la mer Baltique : 1° l'exemption des droits d'entrée, du droit de fret et de l'équivalent; 2° des passeports gratuits; 3° l'assurance de pouvoir réexporter librement et sans droits les blés qui ne trouveraient pas emploi, le contrôleur général avait répondu, le 17 avril, que ces conditions étaient agréées, et que, si le projet se réalisait, il pouvait compter, lui et ses amis, sur les bonnes grâces du Roi.

** Cette lettre, préparée le 4, ne fut expédiée que le 7.

Les 14 et 22 mai, M. de Courson envoie des délibérations conformes des villes de Rouen, du Havre et de Dieppe. Le 15 juin, le contrôleur général lui écrit : «.....Il ne faut pas que les premières difficultés fassent abandonner cette pensée. Si les pratiques des commissaires de l'Empereur à Hambourg rendent la traite impossible de ce côté-là, elle ne sera point impossible à Dantzick, à Riga, et dans les autres ports de la mer Baltique. Il faudroit seulement observer de fréter des navires suédois et de les faire passer par le nord de l'Écosse. A l'égard du prix, quoique les achats faits par les Hollandois à Dantzick l'aient fait augmenter considérablement, il y aura encore du profit pour ceux qui en feront venir en France. Vous feriez une chose bien agréable au Roi, si vous pouviez établir à Rouen une espèce de Chambre d'abondance qui fît d'abord un fonds considérable, qu'on pourroit confier aux principaux négociants pour employer au plus tôt en achat de blés dans le Nord. La ville de Rouen devroit s'aider et fournir la première une bonne somme..... Les Compagnies de la ville, les corps de marchands et tous les gens aisés devroient aussi contribuer.....»

Voir d'autres lettres de M. de Courson, 12 mai, 1er, 10, 20 et 28 juin, 17 et 19 juillet, 2 août; de M. le duc de Luxembourg, gouverneur de Rouen, 17 juillet; du sieur le Gendre, 12 juillet; de M. de Richebourg, successeur de M. de Courson, 10 septembre.

397. *M. de Vaubourg, conseiller d'État, au Contrôleur général.*

4, 6, 12, 14 et 15 Mai 1709.

Établissement d'une Chambre d'abondance à Paris, proposé par M. Éon de la Baronnie.

«Ce projet est bien pensé; il fera, selon moi, beaucoup mieux qu'une compagnie de banquiers et vous tirera d'un grand embarras. M. de la Baronnie et M. des Haguais croient que, dans peu, l'on rassemblera jusqu'à un million de fonds, prêté sans intérêt par des personnes charitables et bien intentionnées, lequel sera suffisant, parce que le prompt débit des blés redonnera bientôt un fonds pareil; et ainsi, de l'un à l'autre, on trouvera moyen de gagner la récolte de 1710*.....»

* M. Nicolay, premier président de la Chambre des comptes de Paris, ayant envoyé un autre projet (lettres des 13 et 14 mai) et demandé que sa Compagnie fût représentée dans la future Chambre d'abondance, le contrôleur général lui répondit, de sa propre main, le 14 mai : «J'ai lu au Roi la lettre que vous avez pris la peine de m'écrire sur le projet d'établir une Chambre d'abondance à Paris. La proposition en avoit déjà été faite à S. M., et elle avoit résolu, en cas que cet établissement eût lieu, de se réserver la nomination des personnes qu'elle jugeroit à propos de choisir dans les Cours supérieures pour directeurs de la Chambre d'abondance. S. M. n'a pas jugé à propos de rien changer à ce qu'elle avoit déterminé.»

Le 18 mai, le procureur général Daguesseau envoie les lettres patentes d'établissement et propose de réunir tous les membres de la Chambre chez le premier président du Parlement, pour leur en donner connaissance et recevoir leurs observations avant l'enregistrement.

Le 31, M. le Camus, premier président de la Cour des aides, demande à avoir connaissance de la correspondance relative à la Chambre (Cour des aides de Paris, G7 1766).

M. d'Argenson écrit, le 1er juin : «.....La proposition de l'établissement d'une Chambre d'abondance ne s'accrédite pas dans le public. Plusieurs marchands à qui l'on avoit proposé d'en être s'en sont excusés. Ils paroissent fort se défier de ceux qui sont à la tête de ce projet, depuis qu'ils ont reconnu que les fonds que la Chambre des comptes et M. le prévôt des marchands avoient fait espérer étoient de belles chimères. M. le premier président, qui paroissoit disposé à y concourir, déclara, dans la dernière assemblée, que ses affaires ne le lui permettoient pas, et il est comme impossible de réunir des personnes qui sont encore plus divisées par leurs maximes que par l'antipathie naturelle des Compagnies dont elles sont tirées. Les magistrats veulent tout mettre en règle, et les marchands veulent tout laisser à la liberté. Les officiers du Parlement seroient bien fâchés que la Chambre de l'abondance eût la moindre juridiction, parce qu'ils craignent que la leur n'en souffrît; cependant les secrétaires du roi et les négociants qu'on a dessein d'y admettre désirent qu'elle soit indépendante de tout tribunal et que les membres qui la composeront soient censés égaux. L'expérience de quelques mois et l'attention des supérieurs concilieroient peut-être des sentiments si opposés; mais, si M. le premier président veut perpétuellement parler tout seul, n'écouter ni remontrances ni contredits, et répondre du succès de toutes ses vues sans permettre qu'on les examine, comme il fit dans la dernière assemblée, celles qu'il tiendra dans la suite se trouveront bientôt désertes. J'ai l'honneur de vous envoyer l'imprimé dont je vous parlai jeudi au soir; j'y joins une copie du billet de M. le président Nicolay pour défendre aux boulangers de son village de Goussainville de nous apporter leur pain bis, ou plutôt pour les affranchir de la loi commune, dont l'observation est si nécessaire et si importante pour conserver le peu de tranquillité qui nous reste. La lecture de cet écrit vous fera juger qu'il est général, et non pas dans le cas particulier d'un pauvre habitant qu'il auroit eu dessein de secourir par une exception favorable, comme il l'avoit dit à M. de Vaubourg. La juste crainte qu'ont les boulangers de se voir réduits à ne vendre que de deux sortes de pain les a rendus beaucoup plus traitables, et j'attribue principalement à ce motif l'abondance de nos deux derniers marchés.»

Le 10 juin, M. Daguesseau écrit que la rupture des négociations pour la paix déconcerte tous les projets faits pour la Chambre d'abondance et qu'on ne sait où prendre des fonds. Il propose d'attribuer à cet objet le quart de la vaisselle d'argent envoyée à la Monnoie.

---

398. *M.* de Bâville, *intendant en Languedoc,*
au Contrôleur général.

5 Mai 1709.

«.....J'ai fait acheter quinze cents quintaux de riz, et, comme cela est destiné pour les plus pauvres, je ne sais si je pourrois vous demander l'exemption des droits d'entrée à Agde ou à Cette, qui sont de 10 s. par quintal*.....»

* Réponse en apostille : «Observations des fermiers généraux. — La destination de ces riz est si digne de l'attention que Monseigneur fait paroître en toute rencontre pour le soulagement des pauvres, que les fermiers généraux osent dire à Monseigneur qu'il est, non seulement de sa charité, mais même de nécessité, d'accorder l'entrée de ces riz en Languedoc sans en payer aucuns droits.»

Voir les mémoires du sieur Bruny, négociant à Marseille, demandant une récompense honorifique pour avoir importé le riz à ses frais et indiqué la manière de l'employer : 27 décembre 1709, 5 février et 24 avril 1710.

---

399. *M. l'Archevêque de Sens*
au Contrôleur général.

5 Mai 1709.

«En exécution des ordres de S. M. et de l'arrêt du Parlement du 19 du mois d'avril, j'assemblai, mercredi dernier, à l'Archevêché, toutes les compagnies ecclésiastiques, séculières et régulières, de cette ville; nous fîmes la lecture de l'arrêt, et, quoiqu'on prévît plusieurs difficultés qui en rendront dans les suites l'exécution très difficile, pour ne pas dire impossible, nous nous mîmes en devoir d'obéir, et nous nous disposâmes à faire un Bureau général pour pourvoir à la subsistance des pauvres de cette ville. Pour les mieux connoître, il fut résolu que MM. les curés feroient des visites exactes dans leurs paroisses et qu'ils feroient trois classes de leurs paroissiens : la première, de ceux qui peuvent contribuer à la subsistance des pauvres plus ou moins suivant leurs facultés; la seconde, de ceux qui n'y peuvent contribuer, mais qui peuvent subsister par eux-mêmes; et la troisième, qui sera la plus nombreuse, des pauvres qui seront entretenus aux frais du Bureau. Pour faire ces visites plus exactement, nous avons nommé quelques habitants des principaux de chaque paroisse, qui accompagneront MM. les curés dans toutes les maisons. Il leur faut huit jours pour faire cette visite et mettre au net leur travail; ils en rendront compte dans l'assemblée générale, où on pourra juger encore plus sainement des facultés d'un chacun et retrancher ou y ajouter en connoissance de cause. Les pauvres vivront toujours pendant ce temps-là, car la ville est fort charitable et on continuera les aumônes publiques qui se sont faites depuis six mois, en attendant que le Bureau soit formé, que nous établirons sur le modèle de celui que nous fîmes depuis la fin de 1693 jusqu'à la récolte de 1694. On pourra venir à bout d'établir de pareils bureaux dans les petites villes et dans les gros bourgs du diocèse, parce que, dans ces lieux-là, il y a quelques gens qui ont du bien et de l'autorité sur les autres, et qui pourront régler la quote-part des contribuables et les obliger de payer; mais, d'en établir dans tous les villages, la chose paroît tout à fait impossible, car les principaux habitants des paroisses de campagne sont le curé et le procureur d'office, qui est ordinairement un honnête paysan (les juges ne résidant presque jamais dans le lieu). Comment régleront-ils leur bureau? Comment exigeront-ils les sommes des contribuables? N'est-ce point trop compromettre les seigneurs avec les paysans? Qui sera le dépositaire de l'argent ou du pain qu'on doit distribuer aux pauvres? Sera-t-il en sûreté dans leurs maisons, qui ne ferment presque pas? Les curés sont obligés de chercher leur sûreté dans les villes les plus prochaines de leurs cures, parce qu'ils sont très souvent attaqués la nuit dans leurs maisons, quoiqu'elles soient vides : à plus forte raison quand ces pauvres affamés sauront qu'il y a du pain ou de l'argent, car vous devez compter que presque tous les paysans sont à l'aumône et mendient leur pain. Les curés sont presque aussi pauvres que leurs habitants, et, s'il y a dans les villages quelques gentilshommes, bien loin qu'ils soient en état d'assister les pauvres, si ils l'osoient, ils tendroient eux-mêmes la main pour qu'on leur fît la charité.....

«Autre difficulté, qui est encore plus grande : l'arrêt ordonne que ceux qui ne payent point de taille contribueront à la somme qui sera levée sur chaque paroisse au sol la livre des deux tiers de ce qu'ils possèdent de bien affermé dans lesdites paroisses, et que leurs fermiers seront obligés de payer de quinze en quinze jours la cote à laquelle leurs maîtres seront taxés, et que, faute de la payer régulièrement, ils payeront le double dans la quinzaine suivante. La plupart de ces fermiers doivent deux ou trois anniées de leurs fermes à leurs maîtres; presque tous les menacent d'abandonner leurs terres. Si on exige d'eux quelques payements, et si on ne leur donne du grain pour les ensemencer, et quittance de la récolte prochaine, comment satisferont-ils donc à leurs taxes? C'est pourtant le fonds le plus certain de la subsistance des pauvres, qui, voyant manquer ce secours, s'en prendront à ces fermiers, brûleront leurs maisons et les pilleront, les accusant de mauvaise volonté, aussi bien que les seigneurs et autres particuliers qui auront du bien dans lesdites paroisses. Dans la cherté de 1693 et 1694, on établit seulement des bureaux dans les villes principales; les pauvres subsistèrent parce qu'on avoit encore quelque ressource; ceux qui avoient du bien s'évertuèrent, voyant devant eux une bonne récolte. Mais, aujourd'hui, ils ne fourniront les cotes auxquelles ils seront taxés qu'en tremblant: ils craindront de mourir eux-mêmes de faim l'année prochaine, surtout s'ils sont taxés, non seulement dans les villes, mais encore dans les paroisses de la campagne où ils ont du bien. Je prends pour exemple Messieurs de notre Chapitre, dont les canonicats valoient, il y a trente ans, 900# de rente; ils ont été réduits depuis à 700#, et ne valent présentement que 300 ou 400#, mal payées. Ils ont quantité de terres: si ils sont obligés de payer dans chaque paroisse au prorata de ce qu'ils y possèdent de bien, leur revenu n'y suffira pas. Comment pourront-ils payer, outre cela, la cote à laquelle ils seront imposés à Sens, ou comment s'en pourront-ils dispenser? Ils y font le service; c'est le lieu de leur résidence, dans lequel ils sont principalement obligés de donner l'exemple.

«Messieurs du Parlement ordonnent qu'on pourvoira à la subsistance des pauvres jusqu'au 1er décembre prochain; n'eût-il pas été aussi bon de n'imposer cette obligation que jusqu'au 1er août et à l'ouverture de la moisson, pour deux raisons: l'une, qui regarde ceux qui doivent contribuer, lesquels, ayant déjà été chargés de la nourriture des pauvres pendant tout l'hiver, craindront qu'on ne fasse subsister ces bureaux jusqu'à la moisson de 1710, comme ils croiront l'entrevoir dans ledit arrêt; l'autre raison, qui regarde les pauvres même, dont on autorise pour ainsi dire la fainéantise, et qui se serviront de ce prétexte spécieux pour ne point travailler, se voyant assurés de leur nourriture jusqu'au 1er décembre? On eût pu donner un second arrêt, après la moisson, pour pourvoir à leur subsistance*.....»

* Voir deux autres lettres du 10 et du 13 mai, et les lettres de M. l'évêque d'Amiens, 1er mai; de M. l'évêque de Toul, 7 et 10 mai; de M. l'évêque de Cahors, 22 mai; de M. l'évêque de Soissons, 4 mai; de M. l'évêque d'Angers, 8 mai; de M. l'évêque du Mans, 15 mai; de M. l'évêque de Nîmes, 18 mai.

M. l'évêque de Sarlat écrit, le 15 mai: «.....J'ai été presque dans tous les endroits les plus considérables de mon diocèse, pour exhorter les ecclésiastiques et les peuples à fournir aux besoins des pauvres: ce qui a été exécuté, par la miséricorde de Dieu, avec quelque succès jusques ici; mais les années à venir nous font trembler. Les curés de mon diocèse sont presque tous à portion congrue; les chanoines de mon église n'ont tout au plus que 3 à 400# de revenu, et les revenus de tout ce clergé consistent en dîmes, qui, par conséquent, est presque tout perdu par les rigueurs de la dernière saison. Ainsi, nous sommes tous, et les uns et les autres, presque sans aucune ressource. Cependant on nous presse pour le payement des dernières charges créées de contrôleurs des greffes des insinuations et des gens de mainmorte..... Permettez-moi de vous supplier de vouloir ordonner au traitant de nous donner du temps..... J'ai établi, avant sortir de Sarlat, un ordre pour l'entretien des pauvres, qui n'y souffrent pas présentement. J'ai été dans les principaux endroits pour y établir le même ordre, et je suis venu ici (à Beaumont), à l'extrémité de mon diocèse, pour y faire la même chose. Je continuerai le même soin jusques au temps de la récolte; j'ai même exigé des marchands de blé de diminuer le prix de leur marchandise en faveur des pauvres: quelques-uns me l'ont accordé; mais la plupart me l'ont refusé, et j'ai fait, par mon industrie, vendre des grains aux marchés sur un plus bas pied que le courant du marché, dans l'intention que cela pourroit produire la diminution du blé.....»

Le 3 mai, M. l'évêque de Langres écrit: «Les évêques seroient bien indignes de l'honneur de leur caractère et du choix que le Roi a bien voulu faire d'eux pour gouverner les églises de son royaume, s'ils ne s'oublioient pas eux-mêmes pour soulager les peuples dans l'extrême misère où ils sont, et s'ils n'imaginoient tous les moyens qu'une prudence chrétienne peut trouver pour subvenir à des besoins si pressants. Chargés d'instruire les autres, serions-nous assez malheureux pour ne nous pas instruire nous-mêmes, et pouvons-nous ignorer que nous devons édifier et consoler les peuples par des aumônes abondantes, où nous consultions moins ce que nous pouvons faire que ce que la charité la plus vive exige de nous? Nous sommes les pères des pauvres, et nous leur devons tous nos soins, et nous sommes administrateurs de biens dont le fonds leur appartient et sur le revenu desquels nous n'avons qu'une simple subsistance, que la cupidité fait quelquefois porter trop loin, et que la charité ne doit régler, dans les temps misérables, que quand, en vendant tout ce que nous avons, nous aurons l'honneur et la consolation de nous savoir aussi pauvres qu'eux.....» Il ajoute qu'il a reçu avec joie l'arrêt du Parlement de Paris, et envoie un mémoire de ce qui a déjà été fait pour les pauvres dans la ville de Langres.

Le 6 mai, M. l'évêque de Troyes écrit: «.....Parmi les curés, ceux qui ont été assez heureux pour avoir du blé donnent beaucoup; ils y sont même forcés, et plusieurs ont, jusqu'à présent, fait subsister leurs paroissiens; d'autres ont été volés et pillés, et sont fort à plaindre, n'y ayant plus aucune sûreté à la campagne. La plupart, ou n'ayant que portion congrue, ou ayant été obligés de vendre le peu de blé qu'ils avoient pour payer leurs taxes, qui sont très fortes, manquent eux-mêmes de tout, et me demandent tous les jours de quoi les faire subsister. Les plus gros laboureurs vivent tous d'avoine. Les propriétaires n'ont presque rien reçu l'année dernière, qui a été stérile; ils sont sans aucune espérance pour la présente, et ne savent comment ils pourront semer pour la prochaine: sans quoi, tous les fermiers quittent et refusent de labourer..... Cette ville est sans magasins; le peu qu'il y avoit de blé est épuisé. On a pris, jusqu'à présent, toutes les précautions les plus sages; mais nous sommes à bout. On n'amène presque plus que de l'avoine aux marchés. Outre la provision de quelques bourgeois, qui en ont même peu, il n'y a pas de blé à vendre pour faire subsister le peuple quinze jours; il est même d'un prix excessif: le froment passe 7#, et le seigle 4#, le boisseau pesant trente-six livres: ce qui augmente tous les jours le nombre des pauvres à l'infini, et les paysans des villages voisins, manquant de tout, y abordent en foule. On fait les plus grands efforts pour faire venir des blés de tous côtés, du moins du froment, car, du seigle, il n'y en a presque plus. Nous avons fait plusieurs achats; mais M. l'intendant, qui est sans doute bien embarrassé, a eu de la peine à nous donner des passeports, parce qu'il est pressé pour la fourniture de Paris. On en enlève beaucoup de Vitry et du Perthois, d'où nous espérions en tirer et où il n'y en a pas tant qu'on croit; et cela va achever d'affamer la Champagne. De plus, les traites sont difficiles par l'émotion des villages. Si la paix se fait, on sera peut-être bien obligé d'envoyer quelques compagnies dans les provinces,

IMPRIMERIE NATIONALE.

pour empêcher les rébellions populaires et les émeutes...... Les menues graines ont une très belle apparence : on en a fait une très grande quantité; si Dieu y donne sa bénédiction, ce sera une ressource abondante. Nous tâchons d'accoutumer notre peuple de ville, qui n'en avoit pas l'usage, de manger du pain d'avoine un peu mêlé de froment. On dit qu'en Angleterre on mange communément du pain d'avoine, qui est assez bon; il faudroit que l'on eût partout la recette de le bien faire...... Tout ce mal vient en partie de la défense qui fut faite, il y a quelques années, d'acheter des blés pour en faire des magasins : cela a fait un grand tort dans l'abondance, en ce que ceux qui avoient besoin d'argent ne pouvoient pas trouver 30 s. de chaque setier de blé......» Il ajoute que les blés sont abîmés par les chalandes, et qu'on ferait sans doute bien de ne manger que de l'avoine pendant les trois mois qui s'écouleront jusqu'aux semences. Voir aussi une autre lettre du 8 mai. Celle-ci porte la minute de réponse en apostille : «......Le Roi prend toutes les mesures possibles pour faire venir des blés étrangers par l'Océan et la Méditerranée. On examinera dans la suite l'inconvénient causé par la défense contenue dans la déclaration de 1699, sur le fait des achats de blés......»

M. l'évêque de Nevers écrit, le 5 mai : «Aussitôt que j'ai reçu la lettre que vous m'avez fait l'honneur de m'écrire, j'ai assemblé tous les curés de cette ville pour savoir au juste le nombre des pauvres. Il s'en trouve neuf cent cinquante habitués à Nevers, dont il n'y en a aucun qui ne soit dans la nécessité, sans y comprendre la plupart des journaliers et vignerons, qui ne trouvent pas à travailler à cause qu'il n'y a que très peu de chose dans les vignes : les bourgeois s'en tiendront à la taille des vignes et ne feront point faire les autres façons accoutumées, ce qui, dans la suite, réduira ces pauvres gens au même état que les autres; et Messieurs de la police, qui travaillent conjointement avec moi pour trouver les moyens de les faire subsister, m'assurent qu'il en passe bien tous les jours par ici environ cent cinquante, et cela est fort probable par rapport au grand passage où nous sommes. Pour la campagne, le nombre est infini, soit par rapport aux vignes, où l'on ne fait plus travailler, soit par rapport aux forges et fourneaux et aux bois, qui font le commerce du Nivernois, et dans lesquels on ne travaille plus aussi, faute d'argent et de blé pour faire vivre les ouvriers : ce qui réduit de part et d'autre à la mendicité plus de quatre mille, tant journaliers que forgerons, coupeurs de bois, fendeurs, charbonniers, tireurs de mines, lesquels, n'ayant pas d'ouvrage, courent les paroisses, volent et pillent impunément. Je vous avoue qu'il est bien difficile de trouver dans la province des fonds suffisants pour remédier à une misère universelle. L'Église, en général et en particulier, est abîmée; l'évêché ne vaut pas 6,000 # de rente, et les emprunts que j'ai faits pour mes bulles et pour mon sacre me rendent aujourd'hui le plus pauvre des évêques. Cependant, malgré l'état où je suis, je ferai assurément mon devoir en père des pauvres. Les canonicats ne valent pas 50 écus, frais faits, et assurément ils n'en vaudront pas la moitié l'année prochaine. Les communautés religieuses sont misérables, et il y en a de filles que je ne sais comme elles subsistent. Les curés seroient heureux, s'ils avoient la portion congrue; et pour ce qui est du séculier, les gentilshommes, à la réserve de huit ou dix dans toute la province, tout le reste est pauvre, et la plupart des bourgeois sont dans le même état, soit parce qu'ils n'ont rien recueilli, soit parce que le commerce ne va pas, soit parce qu'ils sont obligés de nourrir leurs métayers et de semer pour eux. Ainsi, je ne doute pas que vous ne soyez touché, aussi bien que moi, de la situation où nous sommes. Mais à la misère se joint un brigandage hardi et fréquent, qui menace tout le monde, et chacun est aujourd'hui, soit à la ville, soit à la campagne, cantonné chez soi. Tous mes curés vouloient quitter et abandonner leur cure, n'y étant pas en sûreté, les uns même ayant déjà été volés ou insultés, et un égorgé depuis huit jours; mais je leur ai écrit que c'étoit en ce temps ici où ils devoient, aux dépens de leur vie, montrer qu'ils étoient de bons pasteurs, et que moi-même j'allois leur donner l'exemple en parcourant la campagne pour consoler les uns et retenir les autres. Cependant, malgré l'état des choses, nous sommes en mouvement pour engager les honnêtes gens à s'efforcer volontairement pour faire subsister les pauvres, qui n'ont pas encore souffert dans cette ville, où tout le monde s'est efforcé de les secourir; mais ce qu'on ne pourra pas faire par la voie d'exhortation, Messieurs de la police le feront par la voie de la contrainte......»

Le 13 mai, M. l'archevêque d'Auch écrit : «......Le Parlement de Toulouse ordonne que les archevêques, évêques, abbés et autres bénéficiers fourniront et remettront entre les mains des maires et consuls le sixième de leurs revenus, et que leurs fermiers y seront contraints, même par corps. Nous faisions, ici, avant cet arrêt, subsister nos pauvres, quoique au nombre de huit cents; nous en avions déjà fait la répartition, et j'avois envoyé des départements sur tous les décimateurs, et sur moi le premier, dans les autres lieux de ce diocèse. Il n'étoit pas nécessaire que le Parlement de Toulouse y mît la main pour exciter notre charité; il me paroît même qu'il l'a fait d'une manière bien vive et bien injurieuse au clergé. Cet arrêt produit de très mauvais effets; les plus petits maires et consuls de village viennent ici nous menacer de faire saisir nos meubles, d'emprisonner nos receveurs. On ne voit que ces sortes de gens à nos portes et dans les rues. Ils exercent la même chose à l'égard de nos curés. Cela a été si loin à l'égard d'un de nos meilleurs sujets, qui avoit gouverné le séminaire pendant la vie de feu M. de la Mothe, un de mes prédécesseurs, que ce pauvre homme en a perdu la raison; tout cela pendant que nous faisions les derniers efforts pour faire subsister les pauvres. Nous nourrissons actuellement, dans cette ville, le Chapitre et moi, les deux tiers; les bourgeois nourrissent l'autre tiers. Nous leur donnons deux fois le jour à manger. Si nous n'étions pas aussi portés que nous sommes pour faire l'aumône, tous ces incidents nous rebuteroient, et, pendant que ces consuls travailleroient à faire exécuter l'arrêt, les pauvres mourroient de faim. Notre charité continue, et continuera autant qu'il sera nécessaire et qu'il plaira à S. M., et que nous aurons du blé.» Il ajoute qu'il soutient plusieurs communautés religieuses et consacre à cet objet plus du tiers de son revenu.

M. l'archevêque de Narbonne écrit, le 16 mai : «...... Depuis, a paru un arrêt du Parlement de Toulouse, qui, sans égard aux droits du clergé, ni aux mesures que le Parlement de Paris a prises avec tant de précaution à l'égard de toute sorte d'états, taxe les ecclésiastiques au sixième de leur revenu, laissant à douter si l'on a eu plus en vue de donner atteinte aux privilèges du clergé que de soulager efficacement les pauvres. C'est une chose que je ne serai pas le seul à vous représenter, comme aussi que de semblables arrêts de Toulouse ont souvent été cassés par le Conseil. Vous jugerez mieux que personne, par un imprimé de cet arrêt, de tout ce que l'Église a à se plaindre en cette occasion; mais, en même temps, je vous supplie de croire que ce n'est point du tout des sommes à quoi pourroit monter cette prétendue taxe que le clergé réclame si justement, et qui est disposé à ne rien épargner pour les pauvres, et qu'il se plaint seulement de la manière de procéder du Parlement de Toulouse, si peu conforme à celle du Parlement de Paris dont votre lettre fait mention......»

Voir aussi les lettres des évêques d'Agde et de Tarbes, 11 et 27 mai.

Le 9 mai, M. l'évêque de Condom écrit : «Les évêques ne peuvent secourir leur diocèse que par l'attention qu'ils ont à exhorter les curés et les ecclésiastiques de porter les peuples, par leur exemple, à secourir les pauvres. Je ne sais quelle autorité le Parlement de Paris aura donnée aux évêques. Celui de Bordeaux l'a donnée assez grande dans les villes épiscopales; ce n'est pas assez. Mon sentiment seroit qu'on la donnât pour leur ville épiscopale et pour tous les autres siéges présidiaux, et, dans leur absence, une place honnête aux grands vicaires; ce sont, d'ordinaire, des personnes de distinction, ou par leur naissance, ou par leur mérite. Il conviendroit aussi qu'ils tinssent la première place au-dessus des juges ordinaires dans les autres siéges. Il faudroit qu'un évêque fût partout, ou par lui-même, ou par son grand vicaire. Mais qu'y feroient-ils? Ont-ils le droit de faire assembler une communauté? Cependant sa présence seroit nécessaire. Le peu que j'ai fait dans mon diocèse, je l'ai fait dans mon cabinet, hors pour la ville de Condom, où, le mois de février, dans huit jours, nous tînmes seize bureaux, de trois ou quatre heures chacun. On ne peut être plus édifié que je suis de cette ville, qui, naturellement, n'est pas libérale. M. l'évêque de Toul, en 1691, fit des prodiges dans le diocèse de Toul, qui est immense; mais qu'auroit pu son zèle, si M. de Bissy, son père, n'avoit pas commandé dans la province? Il y a des temps où il nous faut donner de l'autorité, et qu'elle émane immédiatement de celle du Roi. Nos diocèses sont situés dans le ressort de plusieurs Parlements; chacun pense différemment et craint de commettre son autorité. Le pays de Condomois est fort bon, et une partie très fertile en blés et en vin. On est, cette année, hors d'espérance de récolte de blés. Les vignes sont entièrement perdues: ainsi, les gens qui ont des revenus en fonds de terre souffriront. Il y a une espérance pour le petit peuple, qui sont les menus grains, dont on a semé une grande quantité; et si Dieu y donne sa bénédiction, les pauvres seront entièrement soulagés. Les noyers sont tous morts, la plupart des arbres fruitiers le sont. Et comme il est à propos que vous soyez informé de tout, il y a dans mon diocèse un petit pays de sable, presque aride, situé entre Nérac et Casteljaloux, et une petite ville nommée Mézin, ce qui peut faire huit ou dix lieues de tour, où il vient des arbres qui portent le liége. C'est une espèce de chêne vert, qui porte beaucoup de gland; on écorce la tige tous les sept ans. C'est le seul lieu dans le royaume où il y en a, et dont on tiroit un argent considérable, tant de la vente de l'écorce de ce bois, qui se vend très cher, que dans le nourrissage d'un grand nombre de cochons. Ils sont tous morts, et ce canton de pays est perdu. Cet arbre est cinquante ans à venir auparavant que le liége commence à être bon, et il faut qu'il en ait quatre-vingts pour qu'il soit dans sa perfection. Je ne saurois assez me louer du clergé de mon diocèse, lequel est pauvre, les curés d'un petit revenu, les Chapitres d'un petit revenu aussi, les charges outrées de plus de la moitié par rapport aux autres diocèses. Il est surprenant les efforts qu'on a faits. Assurément, les chanoines de la cathédrale de Condom ont donné plus de la moitié de leur revenu, et, quoique les blés aient été d'une cherté prodigieuse, il ne leur est pas resté 300 # à chacun. Je vous avoue que cela a animé les laïques d'une manière que j'en ai été édifié. Je suis honteux de n'avoir rien fait à proportion des autres : un défaut d'une pareille et triste expérience m'a empêché de pourvoir à une infinité de besoins auxquels j'aurois pu remédier. Je finis par vous représenter qu'il faut un peu plus d'autorité aux évêques dans des cas pareils, surtout pour ceux qui sont hors du ressort du Parlement de Paris, et la donner de bonne heure. Je ne saurois assez vous dire combien votre lettre nous console et nous encourage.»

Enfin, le 1er juin, M. l'évêque d'Apt écrit : «..... On ne peut en effet rien voir de plus beau que ce projet; mais vous me permettrez de vous dire qu'on ne sauroit l'exécuter dans cette province, et surtout dans mon canton, sans porter un notable préjudice aux pauvres que S. M. a intention de soulager dans ce temps de misère. Ce sont eux-mêmes qui possèdent presque tous les biens allivrés, sous des pensions qu'ils font à ceux qui en étoient autrefois propriétaires. Vous concevrez facilement par là qu'en exécutant cet arrêt, nous les accablerions, au lieu de pourvoir à leurs pressants besoins. Ainsi, nous avons cru que S. M. ne trouveroit pas mauvais que nous prissions des voies aussi sûres et moins surchargeantes : c'est ce qui nous a obligés de faire payer les 2 s. pour livre à tous ceux qui sont soumis à la capitation au-dessus d'un écu par an; et ce moyen-là nous a tirés d'un embarras que les Chapitres et les bénéficiers avoient fait naître : comme la plupart n'avoient point des biens allivrés, ils prétendoient n'être pas compris dans l'arrêt pour leur dîme, dont il n'est point parlé. Maintenant, vous agréerez aussi que je vous dise que, comme il y a apparence que la misère publique deviendra toujours plus grande, si le Seigneur n'exauce pas nos prières et ne se laisse fléchir à nos pleurs, nous sommes par là en état de pourvoir toujours aux besoins des pauvres sans faire de nouvelles assemblées, ni perdre le temps en délibérations. Il n'y a qu'une chose à ajouter à ce projet, c'est qu'il faudroit que S. M. nous permît de ne pas faire prêcher le carême cette année dans toutes les paroisses de nos diocèses, à la réserve de la ville capitale. La rétribution du prédicateur seroit remise aux recteurs des bureaux de charité qui y sont établis, ou distribuée par les prêtres et les consuls dans les lieux où ces œuvres ne se trouvent pas. Ce petit secours, joint aux aumônes que les gros-décimateurs sont obligés, presque en tous lieux, ou par arrêt ou par transaction, de faire tous les ans; joint encore aux sommes qu'ils sont contraints de donner par ces mêmes actes pour les ornements des églises, argent qu'il faudroit aussi appliquer à soulager la misère publique, d'autant mieux que les consuls qui le retirent ne l'emploient pas tous les ans à ce à quoi il est destiné; joint encore à ce que le décimateur est en coutume de donner le jour de la fête du lieu pour prix du saut, de la danse, du palet et d'autres exercices indécents qui devroient être abolis, et l'argent destiné converti au soulagement des pauvres; tous ces secours, dis-je, les empêcheroient de mourir de faim. S. M. ne doit pas se faire un scrupule de suspendre pour un an les prédications du carême : outre que les curés rempliroient plus efficacement ce devoir en ce temps-là, je puis vous assurer que ces sermons ne font guère de fruit, parce que la plupart des prédicateurs qu'on envoie ne savent pas parler le patois, et que les paysans et les artisans ne les entendent pas quand ils prêchent en françois......»

L'arrêt du Parlement de Toulouse qui avait soulevé de vives réclamations fut cassé par le Conseil. (Lettres de M. l'abbé de Maulévrier, agent du clergé, 5, 9 et 15 juin, et de M. l'archevêque de Toulouse, 7, 9 et 19 juin.) En remerciant le contrôleur général, le 17 juin, M. l'évêque de Montpellier dit : «Je voudrois bien que S. M. eût, en même temps, donné quelqu'autorité aux évêques, ainsi qu'ont fait ses prédécesseurs, pour remédier au peu de charité de quelques bénéficiers qui ne font pas leur devoir. J'en ai, dans mon diocèse, qui sont un peu durs, particulièrement des moines et des commandeurs de Malte, qui ne donnent rien. Peut-être que l'arrêt qui casse celui du Parlement de Toulouse y aura pourvu......» Le 29, M. l'évêque de Mende écrit : «......J'ai tâché de faire exécuter l'arrêt par les décimateurs ecclésiastiques de mon diocèse. Quoiqu'il m'ait paru tout à fait dur pour eux et, en quelque façon, injurieux à l'épiscopat, j'ai cru qu'après avoir reçu les ordres du Roi par vous....., il ne falloit y donner aucune difficulté, et se contenter d'en prendre seulement ce qu'il y avoit de bon..... Il n'a pas laissé de nous procurer bien des secours pour les pauvres de ce diocèse.....» Le 30, M. le Mazuyer, procureur général, en justifiant le Parlement pour ses bonnes intentions, dit : «A l'exception de quelques-uns de MM. les prélats et de quelques saintes communautés et charitables ecclésiastiques, la nouvelle de cet arrêt (de cassation) a suspendu toutes les aumônes, et les villes sont inondées de pauvres étrangers, lesquels, ayant souffert et étant épuisés depuis trois semaines, meurent à nos pieds.....» Le 12 du même mois, il écrit qu'une troupe de femmes vient d'arrêter au passage un des grands vicaires de l'archevêque de Toulouse et l'a forcé de donner, outre l'argent qu'il avait sur lui, un billet payable chez le curé d'un village voisin.

400. *M. de Bâville, intendant en Languedoc,*
au Contrôleur général.

5 Mai 1709.

«Je me suis aperçu que quelques mauvais esprits du diocèse de Toulouse travailloient à concerter les communautés pour m'envoyer des délibérations portant qu'ils ne pouvoient plus payer à l'avenir la taille et la capitation, et qu'il falloit même me demander de quoi semer les terres..... J'ai fait dire à toutes ces communautés que, si elles m'envoyoient encore de pareilles délibérations, je leur envoierois la réponse par deux compagnies de cavalerie qui seroient mises en pure perte dans leurs lieux. Il faut observer, en cette affaire, que ce ne sont point les paysans, dans le diocèse de Toulouse, qui payent la taille, ce ne sont que des métayers ou des valets qui font valoir, et que ce sont presque tous les habitants de Toulouse qui payent effectivement la taille, qui est réelle. Ainsi, il est aisé de voir d'où vient ce concert..... Ils ont d'autant plus de tort que toutes les denrées de l'année dernière, qui doivent payer le premier terme de la taille de celle-ci, s'y sont vendues au poids de l'or.....»

401. *M. Bégon, intendant à la Rochelle,*
au Contrôleur général.

5 Mai, 6 Juin, 28 Septembre et 3 Octobre 1709.

Approvisionnement de la province en blés du Poitou. Marchés passés pour la subsistance de vingt-huit compagnies de cavalerie en quartier d'hiver et pour la fourniture des étapes.

402. *Le Contrôleur général*
aux Procureurs généraux près les Parlements.

6 Mai 1709.

«Quoique les lettres qu'on a reçues de plusieurs provinces marquent beaucoup d'empressement pour la fixation du prix de l'orge, le Roi n'a pas jugé à propos de donner directement atteinte à la règle ordinaire, qui est contraire à la fixation du prix d'aucune espèce de grains; et comme le Parlement de Paris avoit rendu, le 19 du mois passé, un arrêt qui portoit que toute l'orge seroit exposée aux marchés avant le 8e de ce mois, à peine de confiscation et de 3,000 # d'amende, et qu'il a paru convenable qu'il en rendit un nouveau pour ordonner que, faute par ceux qui ont de l'orge d'avoir satisfait au premier, ils ne pourront plus vendre leur orge que 40 # au premier marché, 30 # à la huitaine, et 20 # huitaine après, l'intention de S. M. seroit que cette disposition, qui doit produire le même soulagement pour les peuples qu'on eût pu espérer de la fixation, fût ordonnée par les autres Parlements autant que le temps et l'usage particulier de chaque province le pourroient permettre; et elle m'a ordonné de vous le faire savoir, afin que vous fassiez toutes les réquisitions nécessaires dans cette vue. Vous me donnerez avis de ce qui aura été déterminé sur ce sujet par votre Compagnie*.

«Je vous ajouterai que, le Roi jugeant nécessaire d'appuyer de son autorité l'exécution des déclarations qu'il a envoyées et qu'il enverra dans les Parlements, S. M. veut que les officiers des Parlements agissent de concert avec les intendants sur tout ce qui regardera cette matière, en sorte que tous concourent unanimement au bien et soulagement des peuples**.»

* Voir une lettre de M. de Vaubourg, conseiller d'État, du 2 mai, et, sur la nécessité de fixer le prix de tous les grains, diverses lettres de M. l'évêque de Chalon-sur-Saône, 12 et 22 avril; de M. l'archevêque de Sens, 19 avril; de M. d'Ormesson, intendant à Soissons, 10 et 16 avril; de M. Taschereau de Baudry, lieutenant général de police à Tours, 30 mars et 1er avril, etc.

Le 7 mai (lettre expédiée le 9), le contrôleur général répond à l'évêque de Chalon que le Roi ne veut pas se déterminer à la fixation du prix du blé avant d'avoir le résultat des visites et des déclarations.

** Le 7, une lettre est écrite en ce sens aux premiers présidents des Parlements.

403. *Le Contrôleur général*
à M. Foullé de Martangis, intendant en Berry.

6 Mai 1709.

«Je vous envoie un mémoire que le nommé Pierre Bourdier, boulanger à Châteauroux, m'a fait remettre par son parent, qui est depuis fort longtemps chez moi et qui est mon maître d'hôtel. Je vous prie de vous faire rendre compte du contenu en ce mémoire, par lequel il paroît que le nommé Bourdier a été traité bien rigoureusement, si ce qu'il expose est véritable; et en tout cas, il semble qu'il n'y a pas lieu de le retenir en prison pour raison de la fourniture du pain aux prisonniers de la bataille d'Almanza qui sont à Châteauroux, qu'on l'accuse d'avoir refusée, puisqu'il offre d'y donner son temps et son travail.»

404. *Le Contrôleur général*
à M. le bailli de Noailles, ambassadeur
de l'ordre de Malte en France.

6 Mai 1709.

«Le Roi ayant été informé de la difficulté qu'on faisoit de recevoir chevalier de Malte un des enfants de M. Vallier, président au Parlement de Paris, à cause de l'intérêt qu'il a eu ci-devant dans les fermes générales, S. M. m'a ordonné de vous envoyer le mémoire ci-joint, qui vous fera connoître que cette qualité ne déroge point; qu'actuellement, dans le nombre de ceux qui composent la compagnie des fermiers généraux, il y en a plusieurs qui jouissent des privilèges et des prérogatives de la noblesse, non par des charges, mais par leurs ancêtres. Dans les autres États, bien loin que la fonction de fermier général du souverain ait été regardée comme une chose incompatible avec la noblesse, elle s'est trouvée souvent remplie et exercée par des personnes les plus qualifiées. S. M. ne doute pas que, lorsque Messieurs de Malte auront fait sur cela leurs réflexions, ils ne rendent audit sieur Vallier la justice qui lui est due, supposé qu'il rapporte d'ailleurs les preuves ordinaires*.»

* Le 30 décembre 1710, le *bon* fut donné au sieur Pierre le

Juge, héritier d'un fermier général et ancien directeur des gabelles à Orléans, pour se faire recevoir en un office de maître à la Chambre des comptes de Paris. Le récipiendaire faisait valoir que ses comptes, comme directeur, n'étaient que de pure administration, sans recettes ni dépenses; que, quant aux comptes des fermes, leur jugement était une pure formalité, puisque le prix du bail se versait au Trésor dans le courant de chaque année; que tous les autres trente-neuf associés du fermier général défunt restaient garants de l'apurement de sa comptabilité, et que son successeur et beau-frère, M. Grimod, agréé par le Roi, avait déjà fait ses soumissions au greffe du Conseil. D'ailleurs, pareil cas s'était déjà présenté en 1691, pour M. Ricoul. (Chambre des comptes de Paris, G[7] 1761.)

---

405. *Instruction pour les Commissaires à la visite des blés.*

« Lu au Conseil royal et approuvé par le Roi, le 7 Mai 1709.

« Les commissaires nommés par le Roi sur le fait des blés se rendront d'abord auprès de MM. les intendants dans la généralité desquels ils doivent faire leurs visites. Ils leur représenteront leur commission, avec les lettres dont ils seront chargés pour eux, recevront d'eux toutes les instructions que lesdits intendants croiront devoir leur donner, apprendront d'eux les noms des officiers et autres personnes des villes et lieux de leur département en qui ils pourront prendre confiance, et concerteront avec eux tout ce qu'il sera nécessaire de faire pour l'exécution de leur commission.

« Quand ils seront arrivés dans les villes où est le siège des bailliages et sénéchaussées, ils verront les lieutenants généraux desdits sièges et les lieutenants généraux de police, et conféreront avec eux et avec les procureurs du Roi et autres officiers des mêmes sièges ou des villes, ou autres personnes intelligentes et expérimentées, de tout ce qui pourra contribuer à l'exécution des intentions du Roi pour le soulagement de ses peuples.

« Ils verront aussi MM. les évêques et, en leur absence, MM. leurs vicaires généraux, et les prieront de commettre dans chaque lieu de leur diocèse un ecclésiastique pour les accompagner dans la visite qu'ils feront dans les maisons et monastères des communautés ecclésiastiques, dans lesquelles, et principalement dans celles où la clôture est observée, ils y feront leur visite avec toute la prudence et la circonspection convenables.

« Ils se feront donner par le greffier du bailliage ou de la sénéchaussée un extrait, signé de lui, de toutes les déclarations qui auront été faites par-devant le lieutenant général du siège ou déposées en son greffe, et ils se transporteront ensuite dans tous les lieux du bailliage ou de la sénéchaussée, autant qu'il leur sera possible, pour y faire leur visite. Ils n'useront que le plus rarement qu'ils pourront du pouvoir de subdéléguer, et ils ne se serviront pour cela que de personnes de la probité desquelles ils soient entièrement assurés, et qui ne seront pas, s'il se peut, des lieux qu'ils les chargeront de visiter, ni subdélégués de MM. les intendants dans ces lieux; et le voyage de ceux qu'ils subdélégueront sera payé par les ordres de MM. les intendants, sur le compte qui leur en sera rendu par lesdits commissaires. Ils ne se contenteront pas de visiter les lieux qui leur seront indiqués par les déclarations dont l'extrait leur aura été délivré par le greffier de chaque bailliage ou sénéchaussée; mais ils recevront encore les avis que l'on voudra leur donner ou les dénonciations qui leur seront faites, et ils prendront d'office des mémoires secrets de tous les lieux où il peut y avoir quelques amas de grains.

« En cas qu'ils craignent de trouver quelque résistance dans la visite des châteaux et maisons seigneuriales des gentilshommes et autres personnes qualifiées, ils s'adresseront à MM. les intendants, qui y pourvoiront par leur autorité. Ils se feront accompagner, autant qu'ils le pourront, dans leurs visites, de quelques-uns des officiers des lieux ou des principaux bourgeois et habitants.

« En réglant la quantité de blé qu'on obligera chacun de ceux qui en ont à porter au marché, les commissaires auront attention de laisser à chacun ce qui lui sera nécessaire pour sa provision jusqu'à la récolte de l'année 1710, et, en outre, la quantité de blé de l'année dernière dont il aura besoin pour semer ses terres dans la saison convenable, et ils distribueront ce qui restera en telle sorte que chacun en envoie aux marchés une certaine quantité par semaine ou par mois jusqu'à la récolte de l'année 1710. Pour parvenir plus sûrement à la fixation de cette quantité, ils s'informeront, dans chaque lieu de marché, de celle qui s'y débite communément par chacun jour de marché, et des lieux d'où l'on a accoutumé d'y apporter des blés; et après avoir fait la visite de tous ces lieux, ils régleront la quantité que chacun des habitants desdits lieux devra porter auxdits marchés jusqu'à la récolte de l'année 1710, par proportion à la vente qui s'y fait ordinairement. Ils prendront garde néanmoins, en faisant cette répartition, qu'il reste dans chaque territoire une quantité de grains suffisante pour le semer au mois d'octobre prochain, de peur que, si on épuisoit excessivement ceux des laboureurs qui ont du blé au delà de leur nécessaire, ils ne fussent plus en état d'en vendre ou d'en prêter aux autres laboureurs qui en manqueront pour semer.

« Ceux desdits commissaires qui seront nommés pour aller dans les généralités de Châlons, d'Amiens, de Soissons, de Paris, d'Orléans et de Touraine auront un grand soin de s'informer de tout ce qui peut regarder la sûreté et la facilité de la provision de Paris, et de donner tous les ordres nécessaires pour faire en sorte qu'elle ne souffre aucun retardement. En faisant leurs tournées, ils feront en sorte qu'ils puissent se trouver quelquefois dans les lieux des principaux marchés aux jours qu'ils s'y tiennent, et observeront exactement si les ordonnances et règlements de police sur le fait des blés y sont bien exécutés, et surtout les ordonnances de l'année 1567 et 1577, la déclaration du 31 août 1699 et l'arrêt du Parlement du 19 avril dernier. Dans cet examen, ils s'informeront principalement si l'on expose aux marchés tout le blé qu'on y vend, ou si l'on n'y apporte que des montres; si l'on ne resserre point les blés dans les cabarets, dans les hôtelleries ou dans les maisons des bourgeois en telle sorte qu'il n'en paroisse qu'une petite quantité au marché; si l'on ne souffre point que l'on n'expose le même blé plus de trois fois, ou si l'on est exact à le faire vendre au rabais à la troisième exposition; si ceux qui vendent des blés ne les font pas acheter eux-mêmes sous des noms interposés, pour les faire représenter plusieurs fois de suite et ne les vendre sérieusement qu'à la dernière extrémité; si les marchands du lieu même n'achètent point dans le marché et dans les deux lieues aux environs; s'il ne se fait point de surenchères dans le même marché, et si ceux qui vendent du blé n'en augmentent pas le prix du matin à l'après-midi et d'une heure à l'autre; s'il n'y a point de gens qui achètent pour revendre dans le même marché et dans les marchés suivants; si l'on observe exactement de laisser passer l'heure du bourgeois avant que les marchands et les boulangers se présentent pour acheter, et si l'on ne souffre point que les laboureurs s'entendent avec les marchands ou autres pour ne commencer à vendre qu'après l'heure du bourgeois; s'il n'y a point des personnes qui aillent au-devant des blés pour les acheter avant qu'ils soient arrivés au marché, ou qui ne les y laissent arriver que pour la forme, ayant un prix fait avec un marchand auquel ils le livrent après le marché; si l'on ne vend point de blé chez les laboureurs ou chez les bourgeois ou autres ailleurs qu'au marché. Enfin, ils se feront aussi rendre compte exactement de la conduite des meuniers, boulangers, laboureurs, fermiers, et en général de tous ceux qui se mêlent directement ou indirectement du commerce des grains.

«Mais, surtout, ils auront une grande attention sur ce qui regarde les officiers de police, même sur ceux des présidiaux et des bailliages, lesquels font assez ordinairement une sorte de commerce de grains, achetant dans les temps qu'il est à bas prix pour y profiter lorsqu'il enchérit, sans rien faire néanmoins extérieurement qui puisse décrier ces officiers ou leur ôter l'autorité qu'il est nécessaire qu'ils aient sur le peuple pendant qu'on les souffre dans les places où ils sont.

«Quoiqu'on leur attribue le pouvoir de faire des procédures contre les contrevenants, ils ne feront néanmoins que celles qui leur paroîtront absolument nécessaires, de peur de se détourner de leur principal objet; et, par la même raison, ils n'assisteront aux jugements qui seront rendus sur leurs procès-verbaux qu'en cas qu'il s'agisse de faire quelque exemple considérable ou qu'ils jugent que leur présence y soit fort nécessaire.

«Ils dresseront un état exact, dans chaque lieu, du nombre des feux qui y sont, de la quantité des terres où il y a espérance de récolte de blé, et de celles qui ont été semées en orge ou autres menus grains dans les mois de mars ou avril, comme aussi de ce que les terres qui en composent le territoire ont accoutumé de rapporter par chacun an*.»

* A cette instruction sont joints : 1° un mémoire sur l'entrée des commissaires dans les présidiaux; 2° des états de présentation pour le choix de ces commissaires, avec les annotations du contrôleur général en marge; 3° des lettres patentes en date du 25 juin, réglementant l'envoi et la fonction des commissaires; 4° des modèles de commission; 5° un état des payements à faire aux commissaires.

Voir les propositions de commissaires faites par MM. de Bouville fils, intendant à Alençon, 20 mai; de la Houssaye, en Alsace, 24 mai et 1er juin; de Bernage, à Amiens, 30 mai; de Saint-Macary, en Béarn, 18 mai; de la Bourdonnaye, à Bordeaux, 21 mai; Ferrand, en Bretagne, 22 mai; Foucault de Magny, à Caen, 16 mai; de Harouys, en Champagne, 15 mai; de Bernières, en Flandre, 16 mai; le Gendre, à Montauban, 22 mai; de Bouville, à Orléans, 13 et 20 mai; de Courson, à Rouen, 22 mai.

A Paris, M. Daguesseau fils, procureur général au Parlement, avait exprimé la pensée que, si l'on choisissait des commissaires dans les Cours supérieures, ce devait être au Parlement plutôt qu'à la Cour des aides (lettre du 6 mai), et il proposa de prendre deux conseillers pour chaque généralité, avec pouvoir de subdéléguer des commissaires de rang secondaire qu'on leur indiquerait soigneusement (lettre du 13 mai, et lettre du premier président le Peletier, même jour); mais le contrôleur général répondit que le Roi ne voulait que des commissaires d'un rang inférieur. M. d'Argenson obtint que le commissaire Nicolas Delamare fût du nombre des commissaires pour la généralité même. Sur le choix de ceux-ci et sur le nombre à nommer dans les autres généralités selon l'étendue du pays, voir les lettres de M. de Vaubourg, 24 mai, 22 juin et 3 juillet.

Les 14 et 22 mai, M. Turgot, intendant à Tours, écrit que, parmi les trésoriers de France qu'il a proposés pour commissaires, quelques-uns ne sont pas gradués, mais qu'ils ont tous serment en justice comme officiers et peuvent dresser des procès-verbaux, informer, arrêter des états pour la police, peut-être même rendre des ordonnances de police et des condamnations pécuniaires; que cependant les officiers du présidial se refusent à remplir ces fonctions conjointement avec les trésoriers.

Sur l'avantage qu'il pouvait y avoir, pour la Provence, à nommer des commissaires désignés par l'intendant, ou à laisser l'affaire entre les mains des procureurs du pays, ou bien à établir une assemblée de représentants du Parlement, de la Chambre des comptes, du bureau des finances, du Bureau d'abondance et des trois ordres, voir les lettres de M. Lebret fils, 31 mai, 16 juin, 10 et 17 juillet, 19 août; de M. l'archevêque d'Aix, 19 juillet; du contrôleur général à M. Lebret, 29 juin et 31 juillet.

M. d'Albaret, intendant en Roussillon, demanda qu'il n'y eût pas de commissaires dans son département : «Si, disait-il le 19 mai, l'on fait une recherche dans les maisons des particuliers, ils croiront, comme ils l'ont déjà dit sur les nouvelles qu'ils ont eues d'ailleurs, que c'est pour leur prendre le blé pour les troupes ou pour l'envoyer dans d'autres provinces en ôtant la subsistance nécessaire au pays, ce qui pourroit attirer des plaintes..... Mon département n'est pas si grand que je ne puisse, par moi-même, dans une tournée, voir ce qu'il y a ou n'y est pas, et je suis persuadé que l'on me dira de bonne foi ce qui en est lorsqu'on n'y sera pas forcé.»

406. M. de Bertier, premier président du Parlement de Pau, au Contrôleur général.

7 Mai 1709.

«.....Quant à notre arrêt concernant les pauvres, nous l'avons donné par rapport à ce qu'il convient de faire dans ce pays pour les soulager*. La petite étendue de ce ressort fait que nous sommes à portée de savoir tout ce qui se passe dans toutes les villes et bourgs qui en dépendent, et que les jurats desdites communautés, par qui, suivant l'usage, tout se fait et se règle dans cette province, peuvent venir aisément nous consulter suivant l'exigence des cas; il n'y a quasi point de paysan qui n'ait quelque fonds, et, par les assurances que nous donnons par notre arrêt aux acheteurs et prêteurs, il y a lieu d'espérer qu'ils ne manqueront pas de secours. Le nombre des mendiants est ordinairement très petit dans le Béarn, et il y en a encore moins dans la Navarre et la Soule; il faut cependant convenir que l'on souffre dans quelques cantons de ce ressort, car cela même n'est pas général. La dernière récolte fut très modique, et les grandes gelées ont gâté quasi toutes les semences; mais on a semé quantité de menus grains, et surtout du gros millet, et l'on va semer du petit. C'est ce qui fait subsister tout le peuple.

Tous les habitants des montagnes et des vallées ne subsistent qu'avec du lait et quelque peu de farine, de millet et d'avoine; vous seriez cependant enchanté de voir leur fraîcheur et leur bonne santé. On recueillit ordinairement peu de blé, car, quoiqu'il n'y ait pas le quart des habitants de ce ressort qui usent de ce grain pour leur ordinaire, les années les plus abondantes n'en fournissent pas pour la moitié de l'année, et nous ne saurions nous passer du secours de nos voisins pour cette sorte de grain.»

Il se plaint des défenses de M. de la Bourdonnaye, qui retient les grains dans son département, et il demande la liberté d'en tirer des ports de Navarre et d'Aragon**.

* M. Quarré, procureur général au Parlement de Dijon, le 11 mai; M. Doroz, procureur général au Parlement de Besançon, les 10 et 18 mai; M. de la Porte, premier président du Parlement de Metz, les 8 et 7 mai, et M. de Pollinchove, premier président du Parlement de Tournay, le 18 mai, exposent les mesures prises par leurs Compagnies.

** En marge, de la main de M. Vaubourg: «Cette lettre est bonne; elle mérite d'être lue au Roi.»

407. *M. le Gendre, intendant à Montauban,*

au Contrôleur général.

8 Mai 1709.

«.....Vous rendriez un grand service à M. de Gontaut de le dissuader d'acheter le gouvernement [de Figeac], qui ne lui donnera jamais que du chagrin, soit de la part de la noblesse, soit de celle du peuple. La ville se rachètera en pure perte, et trouvera des gens qui prêteront pour ce rachat, et qui ne lui prêteroient pas également pour d'autres affaires. Je vous supplie de ne montrer cette lettre qu'à M. de Caumartin, et de n'en point parler à M. de Gontaut*.»

* En apostille, de la main du contrôleur général: «J'ai fait tout ce qui m'a paru convenable pour dissuader M. de Gontaut de se faire pourvoir du gouvernement de Figeac, mais inutilement, M. de Gontaut m'ayant fait prier de lui laisser la liberté d'agir et d'en poursuivre les provisions. On demande à traiter du gouvernement des villes de Cahors et de Montauban, à quoi il ne doit pas s'opposer.»

Voir les lettres des consuls de Figeac, 10 juillet; du député de la communauté à Paris, 18 août; des habitants, 18 septembre, et du maire, 7 novembre. L'intendant parvint à amener un compromis, à condition que le nouveau gouverneur ne troublerait plus la ville dans les affaires qui n'étaient point de son ressort. (Lettre du 22 octobre.)

408. *Le Contrôleur général*

à M. de Pontchartrain, secrétaire d'État de la marine.

10 Mai 1709.

Il demande des bâtiments de charge et d'escorte afin de faire passer en sûreté, par mer, de la Bretagne et de la Normandie à Dunkerque et à Calais, ce qu'on pourra trouver d'avoines pour la subsistance de l'armée de Flandre*.

* M. de Pontchartrain répond, le 15 mai, que l'état présent de la marine ne permettra pas de fournir des escortes à ces transports, qui seraient d'ailleurs difficiles à réunir en convoi. Voir aussi ses lettres des 22, 24 et 29 mai; celles du contrôleur général à M. de Bouville fils, intendant à Alençon, 10 mai et 6 juin; à M. Ferrand, intendant en Bretagne, 10 et 17 mai; à M. Chamillart, secrétaire d'État, 19 mai; à M. Foucault de Magny, intendant à Caen, 10 et 31 mai, 7 juin, et à M. de Courson, intendant à Rouen, 10, 21 et 25 mai, 12 juillet; et celles de MM. de Bouville, 5, 13, 16 et 20 juin, 5 et 19 juillet, 20 septembre; de Bernage, intendant à Amiens, 4, 9 et 14 juin; de Magny, à Caen, 12 et 31 mai, 27 et 30 juin; Duhallier, de Granville, 18 août; de Courson, 12, 13, 15, 25 et 30 mai, 4, 7, 11, 14 et 19 juin 1709.

409. *M. Turgot, intendant à Tours,*

au Contrôleur général.

10 Mai 1709.

Il se plaint de ce que l'intendant de Berry, son beau-frère, a rendu une ordonnance fixant le prix du blé et prohibant la sortie des grains, qui, seuls, pourraient sauver de la famine la généralité de Tours*.

* En apostille: «A M. de Vaubourg. Je le prie de voir cette lettre avec attention et de faire une instruction à M. Foullé, qui en a bien besoin.» Dès la veille, on avait écrit à M. Turgot: «.....Je suis étonné de voir dans vos lettres que le Berry et le Poitou sont fermés. Rien n'est plus directement opposé aux intentions et à tous les ordres du Roi que cette interdiction de tout commerce de blés entre les provinces de son royaume, et je ne puis comprendre, comme je vous l'ai déjà écrit, que l'arrêt du 2 avril ait été si mal entendu. Je sais d'ailleurs que l'alarme générale des peuples contribue encore plus que les ordres de MM. les intendants à cette interdiction.....»

Même réponse à M. de Bouville, intendant à Orléans (15 mai): «.....J'ai été bien surpris d'apprendre que M. Foullé ait voulu prendre sur lui de faire cette fixation, sujette à beaucoup d'inconvénients..... Il pourroit être cependant dangereux de rien changer à ce qu'il a fait sur cela, ou du moins de le faire sans avoir pris toutes les mesures convenables; mais j'ai été encore plus surpris de la défense du transport des grains, parce qu'elle est absolument contraire à toutes les instructions.....»

Le 20 mai, à M. Foullé: «.....Ce que vous avez fait en cela est si contraire aux intentions du Roi, et il revient tous les jours tant d'avis différents des inconvénients qui en arrivent, que, si vous n'y remédiez incessamment, S. M. se portera à quelque parti désagréable pour vous.»

Le 14 mai, M. Bégon, intendant à la Rochelle, écrivait: «J'ai reçu la lettre que vous m'avez fait l'honneur de m'écrire le 4 de ce mois, sur les défenses qui ont été faites par quelques-uns de MM. les intendants de transporter des grains de leurs départements dans les provinces voisines, et je n'ai pas manqué de vous rendre compte dans le temps que, si le commerce des grains étoit libre de Saintonge en Guyenne, cette première province seroit bientôt affamée; et vous avez approuvé que je refusasse les permissions qui me seroient demandées en exécution des arrêts du Conseil qui ont été rendus à ce sujet; ce que je me suis contenté de faire, sans publier aucunes défenses; ce qui n'a pas empêché qu'on n'en ait transporté une quantité très considérable, en sorte que, par les visites que je fais faire actuellement dans mon département, il s'y trouve si peu de grains qu'on en manque déjà dans plus des trois quarts des paroisses. Je vous avois mandé à même temps que je ne voyois point d'inconvénient de laisser sortir du Poitou, par Marans, des blés pour Bordeaux; mais on y en a acheté une quantité si considérable, que les peuples en ont été alarmés et que, depuis cinq semaines, il n'en est pas descendu un boisseau à Marans; ce qui a fait enchérir les blés et les farines si excessivement, qu'on a bien de la peine à en trouver à 260# le tonneau, qui ne coûtoit auparavant que 180#. J'en ai écrit plusieurs fois à M. Roujault, qui m'a mandé qu'il n'avoit point défendu le transport des grains à Marans, et qu'il conviendroit avec moi des sûretés qu'il y auroit à prendre pour empêcher les abus qui se pourroient commettre. Cependant, comme on est réduit, dans l'île de Ré, à la Rochelle, ici et dans tout le pays plat d'Aunis, à la dernière extrémité, j'en ai informé M. le maréchal de Chamilly, que je crois arrivé à Poitiers, et je l'ai prié de convenir avec M. Roujault de ce qu'il y auroit à faire pour rétablir ce commerce, dont l'interruption est ruineuse à cette province; et j'espère que je recevrai, par l'ordinaire de demain, des nouvelles de l'un et de l'autre. Cependant, le lieutenant général de la Rochelle, en exécution des arrêts du Parlement, s'étant transporté à Marans avec le procureur du Roi, ils ont dressé procès-verbal des grains qui se sont trouvés dans les magasins, dont la plus grande partie étant destinée pour Bordeaux, ils en ont sursis le transport jusques à ce qu'on sache à quoi s'en tenir sur les secours qu'on peut avoir du Poitou : ce qui n'est d'aucune conséquence, parce que les rivières de Marans et de Gironde sont actuellement bloquées, la première par neuf, et l'autre par cinq corsaires, qui prennent ou rançonnent tous les bâtiments qui sortent ou qui entrent; et il seroit très fâcheux que, dans un besoin aussi pressant que celui où nous sommes, on risquât de perdre une quantité considérable de grains. M. de Mannevillette, gouverneur de Ré, m'écrit que son île est à la dernière extrémité par l'impossibilité qu'il y a eu, depuis cinq semaines, de tirer des grains de Poitou. Le munitionnaire des armées de terre me fait les mêmes plaintes, se trouvant hors d'état de fournir le pain aux troupes qui sont en garnison dans les places de mon département. Nous sommes dans le même embarras pour les vivres de la marine. Je ne manquerai pas, par l'ordinaire prochain, de vous rendre compte des ordres que M. le maréchal de Chamilly et M. Roujault auront donnés sur ce sujet, n'y ayant rien à présent dans mon département de plus grande considération.»

Voir les lettres des 6 et 11 juin, 13 juillet, 17 et 31 août, sur le même sujet.

---

410. *M.* DE LA BOURDONNAYE, *intendant à Bordeaux*, AU CONTRÔLEUR GÉNÉRAL.

11 Mai 1709.

Il demande un secours de 40,000# pour l'élection de Bordeaux, comme pour celle d'Agen.

«J'ai trouvé, en arrivant ici [à Bordeaux], le mal beaucoup plus grand que je n'ai pu vous l'exprimer. Les paysans de la campagne, privés de toute sorte de travail, sont dans les rues, foibles et languissants, le visage pâle, décharné, et ne trouvant point d'aumônes. Les plus riches les leur refusent sous prétexte qu'ils contribuent à la subsistance des pauvres qui sont renfermés. Ils ne peuvent donc attendre de secours que de S. M. Si j'avois celui que j'ai eu l'honneur de vous demander, j'occuperois ces vignerons journaliers à quelques ouvrages utiles, et je leur sauverois la vie en les faisant subsister jusqu'à la récolte*.»

* Voir une lettre du maréchal de Montrevel, 25 mai, et une supplique des habitants de Rouffignac, 31 mai, ainsi conçue : «..... Le grand et inouï froid de l'hiver dernier nous gela entièrement tous nos arbres, châtaigniers et noyers, portant fruit. Les pommiers, poiriers, cerisiers et pruniers ne sont pas tous morts, mais sont sans fruit, et il y a deux ans, et voici le troisième qu'ils n'en ont pas produit. Les vieilles vignes sont entièrement perdues; il n'y a que quelques jeunes qui y aient résisté. Ce même froid a perdu la majeure partie des blés d'hiver. A la vue de tous ces malheurs, nous nous étions épuisés pour ensemencer du gros et petit millet et quelques légumages; ces grandes pluies ou les insectes ont tout perdu..... Nous ne devons pas attendre une seule goutte de l'huile de noix pour faire un morceau de soupe, et, si nous pouvons trouver des arbrisseaux, il en faut planter pour donner quelque espérance à nos descendants. Ce n'est pas notre plus grand malheur : la châtaigne étoit tout notre secours; nous en sommes privés pour l'avenir. La feuille du châtaignier nous faisoit du fumier; nous bonifiions nos terres, de leur nature extrêmement maigres; elles nous produisoient quelque peu de blé. La châtaigne étoit notre principal aliment, toujours bienfaisant; nous en nourrissions nos familles, nos domestiques, tous nos animaux, bestiaux et volaille, sans en excepter pas une espèce, mais principalement nos pourceaux, l'essentiel de nos revenus pour payer la taille au Roi, la rente au seigneur, l'intérêt de nos dettes passives.....»

---

411. *M.* DE BÂVILLE, *intendant en Languedoc*, AU CONTRÔLEUR GÉNÉRAL.

12 Mai 1709.

Il expose qu'un achat de dix mille quintaux de blé qu'il a fait faire dans le haut Languedoc pour soutenir les deux villes de Montpellier et de Nîmes, réduites aux dernières extrémités, a provoqué des terreurs sans fondement dans le Parlement de Toulouse, et que celui-ci a voulu l'empêcher de faire des transports d'un point à l'autre de la province, ou du moins se réserver la préférence pour l'approvisionnement de la ville de Toulouse, où cependant il y a abondance*.

* Le contrôleur général lui écrivait, le 14, en réponse à une lettre du 5, de prendre, de concert avec le Parlement, les expédients les plus propres à calmer les inquiétudes. Le 23, il blâme le premier président, M. Morant, de ce que le Parlement a envoyé des commissaires dans plusieurs lieux du Quercy pour y saisir des blés et les faire apporter à Toulouse. Voir deux autres lettres à M. de Bâville, 22 mai, et à M. Morant, 5 juin, ainsi que les lettres de M. de Bâville, 14, 17, 20, 24 et 31 mai, 9 juin; de M. Morant, 17 et 22 mai; de M. Riquet, second président, 24 avril, 8, 16, 23, 24 et 29 mai.

M. le Gendre, intendant à Montauban, se plaignant des embarras que lui causent tout à la fois les achats de MM. de Bâville et de Roquelaure et les mesures violentes prises par le Parlement de Toulouse, le contrôleur général lui répond, le 23 mai : «..... Il est bien nécessaire d'observer qu'il ne faut jamais tirer d'un côté pour en mettre un autre dans l'abondance, mais qu'il est à propos d'apporter toute l'égalité possible pour les uns et pour les autres.....»

Le 30 mars précédent, M. de Médavy, lieutenant général en Dauphiné, se plaignait que les intendants de Languedoc, de Provence et Bourgogne ne permissent pas de tirer un sac de grains de chez eux. «Toutes les provinces étant au même maître, disait-il, il me paroît qu'elles doivent se secourir mutuellement, et qu'on doit laisser à ses sujets la liberté de commerce entre eux.....»

---

412. *Le Contrôleur général à M. de la Houssaye, intendant en Alsace.*

12, 28 et 29 Mai 1709.

Ordre d'établir une imposition de trente-six mille sacs de blé, froment, méteil ou seigle, du poids de deux cents livres le sac.

«L'impossibilité d'assurer la subsistance de l'armée pendant la campagne prochaine a déterminé le Roi à prendre un parti dont S. M. connoît les inconvénients; mais il est devenu nécessaire *.....»

* Voir, aux 8, 12 et 15 mai, les rapports de l'intendant sur la situation du pays au point de vue de la subsistance des troupes et des approvisionnements existant dans les principales villes, et sur la fabrication d'un pain de munition fait de farine de seigle, sans son. Cette fabrication fut immédiatement approuvée.

413. *Le Contrôleur général aux Fermiers généraux.*

13 Mai 1709.

«Le Roi a trouvé bon que le sieur Tobie Bernard, marchand à Rouen, fasse venir de Hollande, sur un ou plusieurs navires ayant passeport, les meubles dont l'état est ci-après, savoir :

«Trente marcs pesant, ou environ, de vaisselle d'argent et vermeil doré, ouvrages de filigrane et autres petits bijoux au poinçon de France;

«Une vieille tenture de tapisserie fabrique d'Auvergne;

«Deux tentures de vieux droguet de Rouen;

«Deux vieux miroirs fabriqués en France;

«Deux vieux lustres de même fabrique;

«Quatre vieux coffres et bahuts, dont un à bandes de fer, fermants à clef;

«Deux vieux matelas couverts de futaine et toile;

«Deux vieux lits de coutil, garnis de plumes;

«Deux vieux traversins de même;

«Deux vieilles courtes-pointes de différentes sortes;

«Un vieux lit de damas, sa courte-pointe, et les couvertures de douze chaises à l'ancienne mode;

«Deux lits de futaine, avec leurs courtes-pointes, et les couvertures de vingt-quatre chaises;

«Deux vieilles tentures de lit de ligature;

«Deux vieilles tables de différents bois;

«Deux vieilles couches de bois, leurs verges de fer, pommes de lit, et tout ce qui en dépend;

«Une garniture de cheminée dorée très ancienne;

«Un vieux coffre de bois de noyer en très mauvais état;

«Quatre vieux guéridons de bois en mauvais état;

«Trois vieux fauteuils de différentes façons;

«Deux tabourets de tripe rouge très anciens;

«Six futailles ou ballots de vieux linges de toutes sortes, dont partie avec dentelles et points très anciens;

«Plusieurs hardes, habits, bas, mules et souliers à homme et femme, très anciens;

«Trois caisses de vieux tableaux et portraits de famille, dont six à cadre doré;

«Deux grands portraits de famille de hauteur d'homme;

«Une futaille et un coffre de livres non défendus.

«Les fermiers généraux donneront les ordres en conformité aux commis du bureau de Rouen.»

414. *M. Daguesseau fils, procureur général au Parlement de Paris, au Contrôleur général.*

13 Mai 1709.

Conversion du droit de minage et des autres droits de marché, mesurage, étalage, plaçage, tonlieu, ou analogues, en une somme d'argent à fixer en chaque lieu d'après le prix des grains relevé au premier marché de l'année *.

* Le droit de minage consistait dans le prélèvement d'une certaine mesure de grains par chaque boisseau, que les fermiers du domaine ou des seigneurs prenaient sur le marché même : voir une lettre de M. Roujault, intendant à Poitiers, 3 mai, avec réponse en apostille, et une lettre du 6 juillet, de M. de Saint-Contest, intendant à Metz, où ce droit se levait sous le nom de *coupillon*, moitié pour la ville, moitié pour l'hôpital.

Sur le droit de havage que prélevait l'exécuteur des sentences criminelles, voir une lettre du sieur Lucas, président du présidial d'Évreux, 3 juillet.

415. *M. de Bouville, intendant à Orléans, au Contrôleur général.*

13 Mai 1709.

«La grande misère dans laquelle les vignerons et autres petites gens se trouvent réduits engage les receveurs des greniers à sel à ne leur plus prêter de sel. Cependant, lorsque les pois et autres légumes seront bons à manger, ils en feront leur principale nourriture, et il seroit fort à craindre que, les mangeant sans sel, ils ne leur causassent bien des maladies. Il semble qu'on pourroit leur faire prêter du sel en donnant le privilège sur leur récolte après ceux qui auront prêté les grains qu'ils auront semés. Il paroît déjà quelques maladies en plusieurs endroits, pour lesquelles on me demande des remèdes d'Helvétius, qui firent beaucoup de bien l'année dernière *.»

* Il écrit encore, le 23 mai : «Plusieurs receveurs de greniers à sel prétendent ne pouvoir pas prêter du sel aux vignerons et autres, sous prétexte que ces pauvres gens, étant dans la misère, ne pourront les payer dans la suite, et qu'ainsi, aux termes d'une délibération des fermiers généraux, autorisée par un arrêt du Conseil du 27 octobre dernier, ce seroit autant de perdu pour eux. Vous jugez bien que, sur ce pied-là, ils ne voudront jamais prêter qu'à gens qu'ils connoîtront bons et solvables, et que les pauvres gens n'auront point de sel. D'un autre côté, si vous leur permettez de prêter indifféremment à tout le monde qui a besoin, il est certain qu'ils vous feront passer une infinité de non-valeurs, vraies ou fausses. Il m'est venu une pensée, que d'abord je n'ai pas crue bonne dans la crainte qu'elle ne donnât

IMPRIMERIE NATIONALE.

lieu au public de croire que vous voudriez introduire l'impôt du sel; mais il m'a paru ensuite qu'en y apportant certaines modifications, elle produiroit un grand bien pour le public, et même pour la ferme. Ce seroit de voir la quantité de personnes dont chaque paroisse de campagne est composée, et y faire délivrer du sel à proportion de leur besoin jusqu'au 1er décembre prochain, jour auquel la nourriture des pauvres finit, et en imposer le prix au département prochain, et même des droits manuels. Par ce moyen, tous les pauvres gens auront du sel, le faux-saunage se détruira, les ventes augmenteront, et la ferme n'aura point de non-valeurs, parce qu'en donnant une remise un peu raisonnable aux receveurs des tailles, ils payeront dans les termes que vous ordonnerez. Le public ne pourra pas se mettre dans l'esprit que vous ayez dessein d'établir l'impôt du sel, puisque vous n'en donnerez qu'autant de temps que la nourriture des pauvres est ordonnée; et d'ailleurs, si vous voulez bien en diminuer le prix, on regardera cela comme une charité que le Roi veut faire, et une attention particulière qu'il a à la conservation de ses sujets. Je crois que les villes et bourgs pourroient n'être point comprises dans cette espèce de prêt de sel, et qu'il faudroit les laisser aller en lever au grenier, tant en argent comptant qu'à crédit. Quelque parti que vous preniez sur cela, il est très nécessaire d'en presser l'exécution, afin que les pauvres gens puissent avoir du sel avant les chaleurs.»

Des demandes de sel sont faites par MM. Foullé de Martangis, intendant en Berry, et Turgot, intendant à Tours, le 3 mai; par M. d'Ormesson, intendant à Soissons, le 7 mai.

Le 25, le contrôleur général écrit aux intendants des pays de gabelles : «Vous trouverez dans ce paquet des exemplaires de deux arrêts du Conseil, l'un pour faire distribuer du sel aux pauvres, l'autre pour faire délivrer sans retardement celui qui est destiné pour les habitants des paroisses sujettes à l'impôt. La lecture du premier vous fera connoître de quelle importance il est d'en avancer l'exécution pour le soulagement des pauvres, mais, en même temps, de faire en sorte que la distribution ne soit faite qu'à ceux qui se trouveront véritablement hors d'état d'acheter du blé ou d'en prendre à crédit suivant l'usage des prêts, qu'il faut conserver autant qu'il sera possible. Les directeurs et receveurs des gabelles ont ordre des fermiers généraux de recevoir les vôtres sur ce qui vous paroîtra nécessaire, tant par rapport à la diligence qu'à la forme dans laquelle les rôles doivent être arrêtés. A l'égard du second arrêt, en cas que vous ayez des greniers d'impôt dans votre département, en faisant connoître aux collecteurs qu'on apportera sur les payements tous les ménagements convenables, il est nécessaire de le faire de manière qu'ils ne puissent pas se flatter d'une surséance entière, afin de les obliger à faire leurs diligences pour avancer les recouvrements.»

Sur l'exécution de cette mesure, voir les lettres de M. Foullé de Martangis, 2 juin; de M. d'Ormesson, 30 mai, et de M. Turgot, 4 juin. M. d'Ormesson écrit encore, le 27 juin : «.....L'arrêt du 21 mai n'a aucune exécution, les principaux habitants refusant, de même que les curés, de donner les états des pauvres de leurs paroisses et de faire la soumission ordonnée par cet arrêt, parce qu'ils prévoient que le prix de ce sel tomberoit sur eux, l'arrêt ordonnant qu'il sera imposé sur la paroisse avec la taille de 1710, et qu'ainsi cette charité seroit à leurs dépens, les pauvres n'étant pas en état d'y contribuer.»

M. de Bouville écrit, le 15 juillet : «L'arrêt que vous avez bien voulu donner pour faciliter aux pauvres gens les moyens d'avoir du sel ne produit aucun effet; les curés et les principaux habitants de la plus grande partie des paroisses n'y satisfont pas, quelqu'empressement que je leur marque pour cela, et même les pauvres disent tout haut qu'ils y renoncent, dans la crainte qu'ils ont que ceux qui les assistent cessent de leur donner du pain. Je n'ai pas les états de vingt paroisses, et cependant le temps se passe. Heureusement, on ne voit point de maladies : les pauvres souffrent, mais il n'en meurt pas, ce que j'attribue à la fraîcheur du temps.» — En marge de cette lettre, de la main du contrôleur général : «Lui faire réponse que la récolte donne de bonnes espérances et que, les pauvres n'ayant pas besoin de sel, il ne paroît plus nécessaire de presser l'exécution de l'arrêt pour le prêt du sel.»

M. de Séraucourt, vicaire général à Reims, demanda encore, le 28 juin, pour assaisonner les soupes de dix ou onze mille pauvres, le don d'une quantité de faux sel saisie par les gabelles et destinée à être détruite. Le 25 janvier 1710, M. l'évêque de Troyes, adressant une demande analogue, dit : «.....On fait ce que l'on peut pour soulager les pauvres par une contribution générale sur toute la ville, dont on emploie une partie à donner du potage sur les paroisses. Il y en a telle qui en donne à plus de cinq cents familles..... C'est ce secours qui leur conserve la vie et sauve une infinité d'enfants....., mais la dépense est excessive, surtout par la consommation du sel.....»

---

416. *L'Avocat général du Sénat et le Procureur général de la Chambre des comptes de Savoie*
AU CONTRÔLEUR GÉNÉRAL.

13 Mai 1709.

Ils représentent l'extrême misère du pays et se plaignent de ne recevoir que des refus de secours de l'intendant de Dauphiné*.

«Les peuples n'ont plus de forces pour porter les charges dont ils sont accablés, la plupart des paysans ne vivant que de l'herbe et ressemblant à des squelettes..... Quoique les peuples de la Savoie n'aient jamais manqué de fidélité au Roi, ils sont réduits à vivre du pâturage des animaux.»

Ils proposent une compensation de ce qui est dû pour les fournitures aux troupes avec l'arriéré dû par les communautés, et une diminution des impositions.

* M. d'Angervilliers et M. Chamillart avaient demandé que la Savoie et le pays de Maurienne pussent tirer de Marseille ou d'ailleurs les blés nécessaires pour compléter leur approvisionnement, qu'ils recevaient d'ordinaire du Dauphiné et de la Bresse. (Lettre de M. Chamillart, 29 décembre 1708, avec lettres de M. d'Angervilliers.)

---

417. M. FERRAND, *intendant en Bretagne*,
AU CONTRÔLEUR GÉNÉRAL.

15 Mai et 25 Août 1709.

Il rend compte de l'armement de vaisseaux marchands et de vaisseaux du Roi, frétés par des particuliers, pour aller chercher des blés dans le Nord*.

* L'évêque de Saint-Malo fut chargé d'engager les négociants malouins la Lande-Magon, Éon, Lépine-Danycan, de Grandville-Loquet, etc., à entrer dans une compagnie formée à Paris, au capital d'un million, pour l'achat des blés du Nord; mais ils préférèrent agir pour leur compte particulier, quoique sans vues de profit. Le Roi s'engagea à leur faire une avance de 400,000 # et accorda l'exemption du droit de 50 s. par tonneau, non seulement pour leurs bâtiments, mais pour tous les navires étrangers qui apporteraient des blés en France jusqu'au mois d'août 1710. Voir les lettres du contrôleur général à l'évêque et aux négociants de Saint-Malo, 18 mai, 22 et 26 juin, 29 juillet et

10 août; et celles du chevalier Danycan, 17 mai; du sieur de Blampignon-Baillon, 15 mai, 21 juillet et 25 septembre; du sieur de Grandville-Loquet, 22 mai et 8 juin; du sieur Géraldin, 5 juin; du sieur Louis Yon, 21 mai, et du sieur Bouchaud, 18 mai, 29 août et 3 septembre. — La lettre de M. de Grandville-Loquet du 8 juin porte cette apostille, de la main de M. de Vaubourg : «Engager l'envoyé de Suède d'écrire au roi son maître et au Sénat de Stockholm afin qu'ils se déclarent hautement pour la liberté de la navigation des navires suédois dans les ports de France et du transport de toutes marchandises, même du blé, en France.»

418. *Les Procureurs des trois états du pays de Provence* AU CONTRÔLEUR GÉNÉRAL.

17 Mai 1709.

«.....Tous les oliviers, orangers, figuiers et arbres fruitiers étant morts, aussi bien que partie des vignes, la levée des impositions que la dernière assemblée des communautés a faites pour payer le Don gratuit, charges et pensions qu'elle fait, est tout à fait impossible, si l'article 13 de la déclaration que le Roi a faite le 27 avril dernier a effet en ce pays, portant défenses à toutes personnes de saisir ou faire saisir aucuns grains pour quelque cause et sous quel prétexte que ce soit, même pour tailles et autres deniers royaux, jusques au dernier décembre prochain, parce que ce sont uniquement des pareilles saisies qui pourront donner moyen aux trésoriers des communautés, aux receveurs des vigueries et au caissier de la province de pouvoir faire leur recette. Si cela ne leur est pas permis, la province en corps, et toutes les communautés en particulier, et même chaque habitant ne peut, en aucune manière, se faire payer, parce que ceux qui auront le bonheur de recueillir des grains ne payeront pas volontairement leurs tailles ni leurs autres dettes. Les fermiers refuseront de payer leur rente aux propriétaires des biens, étant les maîtres de tous les grains qu'ils auront recueillis, sans appréhender qu'on puisse les leur saisir pour aucune sorte de dette. Ils cabaleront, comme le font présentement ceux qui en ont, pour ne les vendre qu'à des prix excessifs, même à leurs propres créanciers, et les fermiers aux propriétaires des biens dans lesquels ils les auront recueillis, en sorte qu'ils leur feront acheter très chèrement les grains que leurs baux les obligent de leur expédier. L'impossibilité qu'il y aura à avoir des grains, par l'excès du prix, donnera sans doute lieu à des pilleries et enlèvements des grains, soit en les coupant avant leur maturité, les enlevant en gerbes clandestinement, ou à main armée et avec attroupement, dans les aires, lorsqu'ils seront en état d'être enfermés et mis dans les granges et bastides, où il faut nécessairement les reposer avant que de les pouvoir transporter. Cela est d'autant plus à appréhender que nous voyons actuellement enlever sur les grands chemins, en plein jour, les grains que nous achetons dans la province et faisons voiturer en cette ville d'Aix, et ceux que les autres villes et lieux font pareillement voiturer*.....»

* En apostille : «.....L'observation que vous avez faite sur l'inconvénient que cause l'exécution de l'article 13 de la déclaration concernant les grains n'est pas particulière pour la Provence. Le Roi en a reçu des représentations de plusieurs autres lieux, et S. M. a résolu d'examiner les moyens d'y pourvoir, et, dans peu de jours, elle donnera les ordres qu'elle jugera convenables pour faire cesser les inconvénients que vous avez représentés pour la Provence.»

Voir une autre lettre des procureurs du pays, du 27 juin, et une lettre de M. l'archevêque d'Aix, du 31 mai.

Voir aussi deux lettres de M. de Bernières de Bautot, procureur général au Parlement de Rouen, 7 mai et 16 juillet, et deux lettres de M. le Gendre, intendant à Montauban, 29 mai et 12 juin.

Le 2 juillet, M. Daguesseau fils, procureur général au Parlement de Paris, écrit : «J'ai examiné le mémoire présenté par MM. les agents généraux du clergé sur la permission de saisir les grains pour le payement des décimes. Il auroit été fort à souhaiter que les défenses générales portées par l'article 13 de la déclaration du 27 avril eussent pu subsister en leur entier, à la réserve de ce qui regarde le propriétaire. Les mêmes défenses furent faites en l'année 1693, et, quoiqu'il s'en fallût beaucoup que le mal ne fût aussi grand qu'il l'est aujourd'hui, on ne voit pas néanmoins que l'on ait dérogé alors à ces défenses, même pour l'intérêt du Roi. Mais il n'est plus temps de délibérer sur ce sujet, puisque la déclaration du 11 juin a dérogé, pour les tailles, à l'article 13 de la déclaration du 27 avril; et comme les décimes se lèvent également pour l'intérêt du Roi, et qu'elles se lèvent sur des personnes qui sont, en un sens, moins à ménager dans la conjoncture présente que les fermiers et les laboureurs, il semble qu'il est difficile de refuser au clergé ce qu'il demande aux conditions qu'il propose lui-même, c'est-à-dire suivant ce qui a été réglé pour le propriétaire par l'article 10 de la déclaration du 14 mai, et qu'il seroit à souhaiter que l'on eût répété dans celle du 11 juin sur la levée des tailles. A l'égard des curés qui jouissent des dîmes, et qui prétendent profiter de la défense de saisir les grains, dès le moment que le Roi aura dérogé aux défenses pour faciliter la perception des décimes, ils seront compris dans la dérogation comme les autres ecclésiastiques et dans les conditions sous lesquelles cette dérogation sera accordée au clergé, c'est-à-dire qu'il faudra leur laisser toujours ce qui leur sera nécessaire pour vivre et pour semer leurs terres, s'ils en ont. Ainsi, il ne paroît pas qu'il y ait rien de particulier à faire à leur égard.»

419. *M. le comte* D'ONGNYES, *grand bailli de l'Île-de-France,* AU CONTRÔLEUR GÉNÉRAL.

(Intendance de Soissons.)

19 Mai 1709.

«La tranquillité continue dans cette province depuis que j'ai fait avertir toutes les paroisses de faire garde, de courir au secours de ceux qui en auront besoin, et de ne donner aucun quartier aux attroupés*. J'ai fait savoir à tous les gentilshommes de laisser pêcher, hors dans les étangs, et de laisser aller au bois sec et aux oseilles dans les prés, et que cette liberté continuera pour les cerises qui viennent dans les bois.»

Il propose de taxer le blé, la bisaille, l'avoine et le sarrasin, comme on l'a fait pour l'orge d'après ses propres mémoires.

Il conseille de désarmer les paysans, en indiquant dans quel ordre cela pourrait se faire, et de leur donner du sel à bas prix.

* Voir la lettre qui lui avait été écrite, le 22 avril précédent, sur les mesures à prendre pour le maintien de l'ordre.

420. *Le Contrôleur général*
à M. de Bernage, intendant à Amiens.

22 Mai 1709.

«J'ai fait partir avant-hier une voiture de 340,000#, en nouvelles espèces, pour votre département; j'en ferai partir encore une cette semaine, et j'espère que, pendant le reste du mois et tout le mois prochain, il ne se passera pas de semaines que vous n'en receviez quelqu'une. Je ne puis vous dissimuler que toutes les recettes sont interrompues par la disette des grains et la licence des peuples, que la crainte de mourir de faim autorise et fait tolérer. Dans un état si affligeant, auquel il n'y a point de remède, tout le secours consiste dans le crédit que j'ai trouvé auprès des négociants qui veulent bien prêter pendant quinze mois la moitié des matières d'argent que les vaisseaux des Indes leur ont apportées.»

421. *Le Contrôleur général*
à M. Chamillart, secrétaire d'État de la guerre.

23 Mai 1709.

«J'ai l'honneur de vous envoyer le mémoire des fermiers généraux sur quelques lettres qui vous ont été écrites par M. de la Grange, dans lequel vous trouverez les raisons qui les obligent à demander qu'il soit défendu à ses soldats de se mêler à l'avenir des affaires concernant les fermes, que lorsqu'ils en seront requis par les fermiers ou par leurs commis, dans les occasions où ils auront besoin de secours : auquel cas ils s'obligent de les récompenser d'une manière convenable aux services qu'ils rendront. Je crois que ce tempérament est en effet le plus propre pour éviter les différends qui ne manqueroient pas de survenir journellement pendant qu'il seroit permis à ses soldats d'agir de leur chef et indépendamment des employés*.»

* Le 3 décembre suivant, il demande à M. Voysin de mettre fin aux désordres causés par les troupes dans la perception des droits des fermes à Amiens.

422. *M. Samuel Bernard, banquier à Paris,*
au Contrôleur général.
(Intendance de Lyon.)

(De Paris,) 23 Mai 1709.

«Je suis au désespoir de ne pouvoir me rendre à vos ordres à Versailles. Je suis alité depuis dimanche, avec une fièvre et une dysenterie; le médecin me fait espérer bientôt le retour de ma santé. J'ai reçu une lettre de M. Trudaine, du 19 : il m'écrit que ceux qui ont des nantissements ne veulent point entendre à prendre les billets de monnoie sans perte, et qu'ils les vendront au cours de la place. Je supplie Votre Grandeur de remarquer que presque tous ces billets sont en fiction; mais, quand ils seroient réels, il ne leur est pas permis de les vendre, pour plusieurs raisons. La première, c'est qu'il n'y en a presque point qui en aient réellement; c'est un fonds imaginaire, qu'ils ont fait valoir avec une usure non permise. Lorsque M. Trudaine étoit ici, il me parut qu'il comprenoit parfaitement la manière dont ils avoient tous ces nantissements, et me dit qu'il se serviroit de son autorité pour les faire rapporter. S'il avoit bien voulu prendre ce chemin-là, le payement auroit pu se solder sans prolongation; car tous ceux qui n'ont point pratiqué l'usure comme l'ont fait ceux qui ont des billets de monnoie sont contents du projet, et ce sont justement ceux-là qui me font de la peine, et que je dédommagerai de tout mon cœur sitôt que Dieu me fera la grâce d'être en état de le faire. Mais je puis vous jurer que ceux qui ont des billets en nantissement ont non seulement gagné avec moi les sommes qu'ils prétendent; mais, par-dessus cela, je n'ai reçu d'eux que des billets de monnoie par le moyen des continuations. Je puis vous assurer encore que c'est le sieur Lullin qui met le feu partout. Vous savez que ce fut lui qui vous proposa de donner des rentes sur le contrôle des actes et 20 p. 0/0 en rentes sur l'hôtel de ville pour la perte sur les billets de monnoie, se faisant fort de solder mon bilan avec ces effets-là, et que chacun seroit content. Dès qu'il eut obtenu ce qu'il demandoit, il retourna à Lyon; mais, dans l'espérance d'obtenir de meilleures conditions que celles que Votre Grandeur lui avoit accordées, il anima tous les créanciers à ne s'en pas contenter. J'eus l'honneur de vous le faire savoir. Vous donnâtes des ordres : s'ils avoient été exécutés, je suis persuadé que tout se seroit fini tranquillement. C'est le même Lullin qui a excité mes créanciers à demander à M. l'intendant de venir ici pour vous faire d'autres propositions, dont j'ai eu lieu d'être content, puisqu'elles ont été de votre goût; mais je me suis toujours bien douté que, quand le sieur Lullin seroit retourné à Lyon avec la liberté de parler aux uns et aux autres, il ne manqueroit pas de mettre le feu partout et de faire quelque nouvelle proposition. Si vous ordonniez à tous ceux qui disent avoir des billets de monnoie en nantissement de les représenter dans vingt-quatre heures par-devant M. l'intendant et M. le prévôt des marchands, au lieu de 18 à 19 millions, il ne s'en trouveroit pas pour 2 millions, et, faute par eux de les représenter, ils seroient tenus de rendre pour autant de mes lettres de change, et que, ceux qui les représenteroient, on retireroit lesdits billets de leurs mains et on leur donneroit des assignations à longs termes, avec les intérêts, aux lieu et place. C'est le seul chemin par où on puisse barrer toutes les subtilités du sieur Lullin, qui seul empêche mon payement d'être soldé. Celui que j'ai envoyé pour faire mes affaires à Lyon m'écrit que plusieurs sont venus à lui pour d'assez fortes parties, pour finir suivant le projet qui a été fait, mais que M. l'intendant lui a défendu d'en payer aucun. Il a sans doute de bonnes raisons, qu'il ne me dit pas; cependant je croirois qu'il ne pourroit être que très bon de finir avec ceux qui acceptent le projet. M. Trudaine m'écrit encore d'envoyer quelqu'un qui puisse traiter. Il sait bien que j'ai envoyé un homme sur les lieux, fort intelligent; il n'a qu'à vouloir un peu l'écouter : il sera persuadé de son mérite. Il a plusieurs fois prié M. l'intendant d'ordonner que les sieurs Lullin et Castan restituent quatre millions de lettres de change qu'ils ont de trop : sur quoi M. Trudaine ne lui a encore rien répondu, et ne m'en écrit rien. Cependant rien n'est si important, puisqu'il paroîtroit d'autant moins de lettres sur la place de Lyon. M. Trudaine me dit encore que ceux qui ont des billets de monnoie demandent que je perde 20 p. o/o, ce qui se monte à 4 millions, et que mes créanciers se contenteront, pour ces 4 millions, de mes lettres de change pour payement des Saints. Je ne crois pas qu'il y ait fait attention, car il faudroit encore succomber au payement des Saints : je ne suis pas en état de supporter de pareilles pertes, et d'ailleurs c'est justement ceux qui le demandent qui ne doivent pas le demander. S'il est de votre goût d'ordonner que ceux qui ont des billets en nantissement, comme je viens de dire, soient tenus de les représenter dans vingt-quatre heures par-devant M. l'intendant et M. le prévôt des marchands, et que, faute par eux de représenter lesdits billets en nature, ils seront obligés de rapporter de mes lettres de change pour ce qui en manquera, et que le peu de billets de monnoie qu'ils auront rapportés leur seront échangés avec des assignations à longs termes avec les intérêts, et que, faute par eux de rapporter lesdits billets de monnoie et lettres de change pour le montant, je serai déchargé des lettres de change pour les mêmes sommes qu'ils ont de billets de monnoie, je suis sûr que, dès le moment qu'une pareille ordonnance paroîtra, chacun rendra mes lettres de change et ne rapportera point de billets de monnoie; car ils aiment beaucoup mieux les billets de monnoie que les assignations longues. Mais, pour bien réussir, il faut commencer par contraindre le sieur Lullin et ne le pas laisser échapper, étant celui qui en a le plus et sur qui tous mes créanciers se règlent, le connoissant pour le plus fin de tous les hommes. Si vous souhaitez m'envoyer votre ordre et que j'expédie un courrier exprès pour Lyon, je le ferai *.»

* Par une lettre du jour précédent, il se plaignait que M. Trudaine eût fait arrêter secrètement, puis relâché sous caution son correspondant Lullin, sans lui faire rendre les sept millions qu'il avait en dépôt de Bernard : «C'est un méchant homme qui met le feu sous le ventre de toute la ville de Lyon, et qui révolte tous les esprits en faisant semblant d'avoir beaucoup de douceur. La manière dont le sieur Lullin en a usé avec moi dans toutes les négociations est si épouvantable, que je suis sûr, s'il y avoit une dénonciation, que le ministère public l'entreprendroit. En un mot, il a fait valoir un fonds qu'il n'avoit point, un fonds imaginaire, depuis plusieurs payements, et m'a fait supporter des pertes immenses sur des ventes de billets de monnoie qui n'ont jamais existé. Il faut être aussi hardi qu'il l'est pour ne pas craindre la suite d'une pareille conduite et être le seul qui excite les autres à en mal user. C'est lui qui a toujours mené le sieur Castan comme un petit garçon. Par compte arrêté avec le sieur Castan, étant ici, il devoit me rendre pour près de 7 millions de mes lettres de change, comme nulles, qu'il avoit de trop. Il dit à M. Trudaine, avant qu'il partît pour venir à Paris, qu'il y avoit un article qui regardoit mon associé en particulier, qui étoit cause qu'il ne me rendroit plus que pour 3,500,000# d'une part et 400,000# d'autre part, pour le sieur Lullin, que ledit sieur Lullin convenoit aussi avoir de trop. Présentement que je fais redemander ces lettres, afin qu'il y en ait d'autant moins sur la place, ils refusent l'un et l'autre de les donner, sous prétexte de vouloir compter de nouveau. Les comptes sont arrêtés avec eux; ils sont l'un et l'autre mes commissionnaires; s'ils trouvent quelques choses à redire, ils sont obligés de venir compter chez leur commettant, et non pas leur commettant chez eux. Cela est partout d'usage dans le commerce, et à plus forte raison lorsque les comptes ont été arrêtés ici, où ils étoient venus tout exprès pour compter, avec les pièces dont ils avoient besoin.....»

Voir les lettres de M. Trudaine, 16, 19, 21, 23 et 27 mai, 6, 8 et 27 juin, 25 juillet, 9, 15, 16 et 17 août; de M. Ravat, prévôt des marchands de Lyon, 1er et 30 mai, 18 juin; du sieur de Sartine, banquier à Lyon, 9 juin.

423. M. Lebret fils, intendant en Provence,
au Contrôleur général.

24 Mai 1709.

Le Parlement et la Cour des comptes d'Aix, déjà atteints par des amoindrissements de leur juridiction, se plaignent vivement de n'être point payés de leurs gages*.

* Lettres des commissaires du Parlement et des officiers de la Cour des comptes, 27 mai, 5 et 19 août, 22 novembre; de M. d'Albertas, premier président de la Cour, 24 et 27 mai, 24 août, 2 décembre; de M. de Foresta, 25 août; des officiers du siège général d'Aix, 9 octobre.

424. M. Daguesseau fils, procureur général au Parlement de Paris,
au Contrôleur général.

26 Mai 1709.

«J'apprends par mon père que l'on a examiné hier au Conseil un projet de déclaration pour la levée de la taille, dans lequel on a inséré quelques dispositions pour exciter les propriétaires et les fermiers à la culture des terres. Il y a plusieurs jours que, sur les lettres et les mémoires que j'ai reçus de tous côtés sur ce dernier point, je travaille à dresser un projet de déclaration sur une matière si importante, et je compte d'avoir l'honneur de vous l'envoyer ce soir, ou demain au plus tard. Comme il y a plusieurs choses dans mon projet qui ne sont pas, à ce que mon père m'a dit, dans celui qu'on a eu l'honneur de vous proposer, je crois devoir vous supplier de vouloir bien faire différer l'expédition de la déclaration qui fut lue hier au Conseil jusqu'à ce que vous ayez pris la peine d'examiner ce qui est dans mon projet. Je comprends d'ailleurs, par ce que mon père m'a dit de l'autre projet, qu'il semble avoir plus en vue la facilité et la sûreté de la levée de la taille que la culture des terres, quoiqu'on y ait mêlé quelques articles qui regardent ce dernier point. Le projet, au contraire, que je dois avoir l'honneur de vous envoyer, n'a pour objet que le bien des peuples, sans aucun mélange de l'intérêt du Roi, et je ne sais s'il ne seroit pas mieux en effet de séparer ces deux vues et d'en faire la matière de deux déclarations différentes, dont celle qui ne regarderoit que le bien des peuples paroîtroit la première; et lorsqu'on les auroit remplis, par là, de meilleures espérances pour l'année prochaine, on pourroit alors, sans aucun inconvénient, prendre, dans une déclaration postérieure, les précautions nécessaires pour la levée de la taille. Mais je crains bien que, si on joint ces deux vues dans une même loi, une ne nuise à l'autre, et qu'on ne dise que les privilèges qu'on accordera pour engager à cultiver les terres ne tendent qu'à assurer la perception de la taille; et je ne sais s'il convient, non seulement au bien de l'État, mais aux intérêts du Roi même, que le peuple saisisse cette idée. Cette réflexion m'a paru assez importante pour mériter que j'eusse l'honneur de vous la proposer dès aujourd'hui, en attendant que le projet que je vous dois envoyer vous ait mis encore plus en état de prendre une dernière résolution sur ce sujet *. »

* Voir une autre lettre du jour suivant.

La faculté de saisir les grains pour le payement des impositions ne fut rendue aux receveurs et collecteurs qu'au bout d'un an passé : lettre du syndic général de Languedoc, avec réponse en apostille, 24 juin 1710.

---

425. *M. Bochs, curé de Coulaures, près Périgueux,* AU CONTRÔLEUR GÉNÉRAL.

26 Mai 1709.

« On a fait en Périgord, par ordre de la cour, le verbal de chaque paroisse, pour représenter au Roi le dommage extrême que le mauvais temps a causé. Quoique S. M. ait eu particulièrement en vue les travailleurs de terre, qui sont les plus nécessaires à l'État, il n'y aura pourtant que les riches qui en profiteront, si le zèle de Votre Grandeur n'y pourvoit. Les collecteurs ne suivent ordinairement d'autre règle, pour la cotisation, que leur caprice, leurs passions et les rôles précédents, qui sont toujours mal faits, parce que le riche fainéant y est épargné par son crédit, et le pauvre travailleur accablé. Voilà ce qui multiplie les mendiants, qui font présentement le nombre de plus de quatre cents dans cette paroisse, située sur les petites rivières du Loup et de l'Isle, à une lieue au-dessous d'Excideuil et à quatre lieues au-dessus de Périgueux. Cette cotisation est une source de concussions, de malédictions, d'injures, de disputes, de querelles, de haines, de vengeances et d'autres désordres. Les plus grands, je parle en pasteur, sont la ruine et la damnation de mes paroissiens. Les tailles étant ici personnelles, on ne peut suivre aucune règle certaine pour contenter les taillables par la proportion exacte qui devroit être entre les charges et les facultés. Les collecteurs n'ont point d'égard aux métiers, qui sont peu de chose dans la campagne, que pour charger les pauvres. Ce n'est pas que les riches, tout considéré, ne soient bien assez chargés, et, cette année, ils ont beaucoup de peine à vivre; mais ils sont moins chargés que les autres à proportion, car la plupart des travailleurs ont plus de taille que de revenu, et, pour la pouvoir payer, ils font demander l'aumône à leurs familles. Il y a douze maisons privilégiées dans cette paroisse, appelée de Coulaures, qui possèdent tous les meilleurs fonds : leur autorité empêche les collecteurs de surcharger leurs gens, assez chargés d'ailleurs. Cette multitude de privilégiés possédant les principaux biens exempts de charges cause en partie la misère des travailleurs de cette paroisse, qui passe pour riche et pour grande, et n'a tout au plus que deux cent trente feux. Elle est toujours obérée d'impôts, et toujours une des plus misérables qui soient dans la province, sans compter les inondations fréquentes des rivières susdites et le froid de janvier dernier, qui a fait périr les arbres, les vignes et les blés d'hiver. Pour rendre la ruine plus complète, les porteurs de contrainte sont tous les jours dans ce pays-ci, pour faire payer les tailles. Ils sont à présent dans cette paroisse, à 54 s. par jour, et ils y étoient le 15e du courant. Ils saisirent même le peu de blé qu'ils trouvèrent dans une pauvre maison. Ils enlèvent les portes, quand ils ne trouvent autre chose. On n'observe aucune loi, parce que la pauvreté ne permet pas de faire les avances pour demander justice. Pour remédier à tous ces maux, on souhaiteroit fort que le Roi ordonnât l'exécution du projet de M. le maréchal de Vauban touchant la dîme royale. On trouve ce projet admirable pour tenir lieu de tous les subsides et pour établir de la proportion autant qu'il se peut entre les biens et les charges. Ceux qui en ont fait la lecture ne croient pas qu'il ait besoin d'être corrigé, que sur les maisons qui ne portent pas de revenu et sur la taxe du sel : les particuliers désireroient qu'il fût sur le pied du blé, disant que le Roi pourroit en prendre la dîme sur les salines comme de tous les autres fruits et revenus. En ce cas, on regarderoit ce siècle, tout misérable qu'il est, comme un siècle d'or. Il seroit facile aux receveurs d'en établir des fermiers dans chaque paroisse. On peut tout espérer, en faveur du public, du plus grand roi du monde et de la sagesse de votre ministère. La France peut vous regarder comme son Joseph, étant comme une Égypte désolée et affamée. Les larmes de mes paroissiens m'ont forcé à écrire à Votre Grandeur. Je les exhorterai de prier Dieu pour la prospérité de votre personne. »

---

426. LE CONTRÔLEUR GÉNÉRAL *à M. LE PELETIER, premier président du Parlement de Paris.*

27 Mai 1709.

« (*Autographe.*) Vous êtes informé de tous les ordres que le Roi a donnés pour réprimer les mouvements que la cherté des blés a causés, et des secours que S. M. a fait fournir, tant en argent qu'en grains, pour soulager les pauvres et empêcher que le prix des grains ne fût porté à un trop grand excès, et vous avez eu trop de part à tous les règlements que S. M. a faits, pour n'être pas plus persuadé que tout autre de la vive attention qu'elle donne à un sujet si important. C'est cette même attention qui a obligé S. M. de me dire qu'elle souhaitoit d'être informée de ce qui se résout et de ce qui s'exécute sur les délibérations qui se prennent dans les assemblées qui se tiennent chez vous, où M. le procureur général, M. le prévôt des marchands, M. d'Argenson, M. Robert se trouvent, et auxquelles M. Phélypeaux a été appelé. Je ne savois rien de ces assemblées; c'est le Roi qui m'a fait l'honneur de m'en parler. S. M. m'a paru ne les pas désapprouver; elle m'a seulement ordonné de vous prier de m'écrire ce qui s'y propose, ce qui s'y résout et ce qui s'exécute en conséquence, et de lui rendre compte de tout ce que vous aurez agréable de m'en instruire *.

« On a proposé de faire un règlement pour obliger les boulangers de Paris à ne cuire que du pain blanc et du pain bis. En 1436, il y eut un règlement de police du Châtelet qui l'ordonna. S. M. m'a encore ordonné de vous écrire sur cette proposition ** : c'est un fait purement de police, et elle se remet à ce que vous jugerez le plus convenable dans la conjoncture présente après avoir entendu les magistrats qui en sont chargés plus particulièrement, et pris leurs avis ***. »

* Le premier président répond, le même jour, qu'il n'a jamais pris de résolution, d'après ce qui avait été délibéré dans ces réunions, sans en avoir eu auparavant l'ordre du Roi ou des ministres.

** Le 11 du même mois, le sieur du Cherray, président au présidial de Verdun, avait envoyé ce mémoire : «Dans la conjoncture de la disette du blé, on n'en sauroit trop ménager la consommation pour n'en rien perdre et multiplier le pain, et conserver l'espèce pour la semence. Outre les défenses aux brasseurs de faire de la bière, aux amidonniers de faire de l'amidon, aux perruquiers de la poudre à poudrer, aux distillateurs d'eau-de-vie d'en faire de grain, il faudroit faire défense de donner aucuns grains ni sons aux chevaux, bêtes à cornes et moutons et porcs, détruire partie des pigeons, volaille et chiens. Un grand moyen d'épargne du froment, et de n'en rien perdre, ce seroit de ne faire que d'une sorte de pain, composé de la farine telle qu'elle tombe du moulin : cette sorte de pain seroit bonne pour les domestiques des personnes de qualité et pour le peuple, sans qu'il lui [soit] loisible de faire aucune pâtisserie ni pain blanc; d'inviter les communautés ecclésiastiques de l'un et l'autre sexe et toutes personnes de piété à n'en pas manger d'autre : le soldat est fort content lorsque l'on lui en donne de cette qualité et qu'il est fait de bon froment. Outre la décharge que S. M. a faite des impositions sur les blés et moulage, il faut encore empêcher les supercheries qui s'exercent, tant aux marchés aux blés qu'aux moulins; et comme la rareté de l'argent est une seconde stérilité pour les pauvres, il faudroit taxer les denrées modérément, en ce qu'elles ont rapport au pain, parce qu'on en mange moins. Un autre moyen plus important seroit de faire du pain d'avoine composé de manière qu'il n'y a pas de table, si délicate qu'elle soit, qui n'en fût bien servie. Le secret consiste dans la préparation : ce n'est pas une magie noire; les meuniers et boulangers auxquels on l'aura dit et montré enchériront sur la facilité; on pourroit faire un mémoire imprimé, contenant la méthode. Ce pain se trouve blanc, sain, de bon goût et de bonne subsistance. On peut encore faire, de la farine d'avoine dite *bruie*, une bouillie très bonne; en la mangeant, on se peut passer de pain et, d'une livre de cette farine cuite dans l'eau avec un peu de beurre et de sel, en rassasier dix personnes. On en fait encore un manger en forme de riz ou d'orge mondée, qui est très bon. On y peut hacher de l'oignon, des ciboulettes, cerfeuil et persil. Pour rendre cette bouillie plus délicate, on la fait cuire dans du lait, beurre frais, un peu de sel et de fleur d'orange.» Le 23 juin, il envoie un autre mémoire pour faire du pain et de la bouillie d'avoine.

Le 12 avril précédent, M. Lebret fils, intendant en Provence, rendant compte de ce que l'on estimait que les particuliers de Marseille devaient avoir dans leurs greniers douze ou treize mille charges de blé, ajoutait : «J'ai dit aux échevins qu'il falloit entièrement négliger les riches, qui ne mourront de faim que par leur faute, et qui ne feront point de désordre quand ils viendront à manquer de pain, mais qu'il falloit s'attacher à en fournir aux pauvres, dont l'émotion seroit à craindre; que, pour cela, je ne voyois point de meilleur expédient que celui de faire du pain semblable au pain de munition, et de n'en point faire d'autre. Il y a un cinquième d'épargne sur l'espèce, et les riches, accoutumés à du pain blanc, se serviront de leurs farines, s'ils en ont, et n'iront plus chez le boulanger. Les difficultés que l'on oppose à cela ne me paroissent pas considérables; car, quoique quelques personnes de considération, n'ayant point de provision de farine, paroissent embarrassées d'être réduites au pain de munition, elles chercheront des expédients, et en trouveront sans doute.....»

*** Le 26 mai, M. d'Argenson écrit : «.....M. le procureur général me parut hier dans la résolution de réduire le pain au bis-blanc et au bis, malgré l'opposition des boulangers de Gonesse et des seigneurs qui les protègent; mais, si l'on n'assure l'effet de cette nouvelle loi par des peines très rigoureuses, l'intérêt des uns et des autres, soutenu par la délicatesse de quelques bourgeois qui voudront absolument manger du pain blanc malgré les défenses, prévaudra sur cette nouvelle loi et nous en fera perdre tout le fruit.....»

Le Parlement ayant décidé qu'il n'y aurait que deux espèces de pain, même pour les malades, des protestations et des difficultés se produisirent : lettres de M. le Peletier et de M. Daguesseau fils, 27 et 31 mai, 3, 4 et 7 juin, 22 juillet; de M. d'Argenson, 1er, 5, 6, 15 et 20 juin; de M. Nicolay, premier président de la Chambre des comptes, 5 juillet, et du contrôleur général à M. le Peletier, 2 et 5 juin, et à M. Nicolay, 14 juillet.

Le 19 juillet, M. de Vaubourg, conseiller d'État, écrit : «.....On ne vous parla point hier des deux sortes de pains, parce que M. le procureur général nous avoit dit qu'il vous en avoit parlé la veille; je vois que la chose va à faire lundi une nouvelle assemblée au Parlement et accorder aux boulangers, tant de Paris que de Gonesse, la faculté de faire une troisième sorte de pains. M. le procureur général assure que M. le président Nicolay et les autres intéressés aux moulins de Gonesse seront contents, et que ce sont eux-mêmes qui l'ont proposé : je doute que cet expédient fasse cesser les plaintes. On ne veut point convenir d'un fait qui est certain : c'est que la dernière espèce de pain, qui est celle des pauvres, est plus chère, depuis qu'on n'en fait que de deux sortes, qu'elle n'étoit auparavant, et elle sera toujours plus chère tant qu'on ne laissera pas aux boulangers la liberté de faire autant de sortes de pain qu'ils avoient accoutumé, afin que, vendant plus cher le pain des riches, ils se dédommagent de la perte qu'ils font sur celui des pauvres.»

Le 23 juillet, cette troisième sorte de pain fut accordée (lettres de MM. le Peletier et Daguesseau), après une discussion où M. d'Argenson insulta M. Robert, procureur du Roi au Châtelet (lettre de M. Robert, du même jour).

---

427. *M. Bégon, intendant à la Rochelle,*
au Contrôleur général.

28 Mai 1709.

«.....Il me revient de toutes parts des plaintes contre les fermiers des moulins et fours banaux, qui, non contents du profit extraordinaire qu'ils trouvent sur le prix des grains, exigent beaucoup au delà de ce qui devroit légitimement leur appartenir : en sorte qu'on m'a certifié qu'en plusieurs lieux où les droits de minage et de mesurage se levoient ci-devant en espèces, ces quatre droits, joints ensemble, consommoient la moitié des grains; ce qui est si criant que je crois que, dans une conjoncture telle que celle-ci, il seroit juste que le Roi fît à cet égard le même règlement que celui que S. M. vient de faire pour le minage. Cependant tout ce que j'ai pu faire à cet égard a été de recommander très fortement aux juges de condamner à de fortes amendes les meuniers et fourniers qui seront convaincus d'avoir exigé de plus forts droits que ceux qui leur appartiennent légitimement *.»

* La lettre anonyme qui suit fut adressée le 8 juin au contrôleur général et au procureur général Daguesseau : «S. M., ayant bien voulu gratifier son pauvre peuple par sa déclaration du 14 mai dernier, en le déchargeant des droits de stellage en nature, dans un temps si misérable, pourroit bien lui faire une grâce plus avantageuse en lui diminuant le droit de mouture que prennent les meuniers sur les grains, qui est un seizième en nature;.... car il est vrai qu'il ne coûte pas plus à moudre un setier de blé quand il est cher, que quand il est bon marché, et le meunier n'en rend pas plus de droit à son maître quand il paye sa redevance en argent. Cependant l'on voit aujourd'hui que les meuniers profitent du malheur et de la misère des pauvres de douze fois au moins plus qu'à l'ordinaire, sans que, en argent, ils en rendent davantage de redevance, étant vrai que le seizième d'un

setier, à présent, vaut presque autant qu'un setier de blé de l'année passée. Et parce que, par l'autorité tyrannique des seigneurs, les meuniers veulent rendre leurs moulins à vent banaux, quoique sans titre et que, par plusieurs arrêts, il n'y en ait aucuns, les meuniers, se prévalant de ce prétendu devoir, empêchent la liberté d'aller moudre ailleurs qu'à leurs moulins et, abusant de cette servitude, font de méchante farine et volent les peuples, ne rendant pas compte du blé qu'on leur porte. Il seroit très à propos de fixer en argent la mouture des grains, et d'obliger les meuniers de recevoir le blé et autres grains au poids, et rendre la farine de même, et, quand elle ne sera pas de la qualité requise, obliger les officiers d'en rendre justice; sinon, qu'il y sera pourvu par juges supérieurs.....»

Le 14 juillet, M. de Bernage, intendant à Amiens, écrit que le droit de mouture doit être considéré comme le salaire en nature d'un travail pénible. Le contrôleur général lui répond, le 20 juillet, dans ce sens, et ajoute que, d'ailleurs, la conversion en argent pourrait exaspérer les meuniers. Le 19 août, M. Doujat, intendant en Hainaut, écrit que le peuple demande cette conversion.

---

428. *M. Turgot, intendant à Tours,*
au Contrôleur général.

28 Mai 1709.

Prorogation de la jouissance de la partie du château et des terres du Plessis-lez-Tours concédée au sieur Taschereau des Pictières.

«Il est certain qu'il y a eu des mûriers plantés depuis quinze ou seize ans, et des pépinières toujours entretenues, qui deviennent un peu fortes; peu de curiosité, de la part des habitants indifférents du pays, d'en acheter pour planter dans leurs terres, peut-être parce que le difficile n'est pas d'avoir des mûriers, quoique exposés à divers hasards dans ces climats, mais de prendre tout le soin qu'il faut pour la nourriture des vers, comme on fait dans d'autres climats encore plus chauds. Ils auroient aussi une juste crainte qu'on ne les forçât à prendre ces arbres. Je ne vois pas que celui même qui a la jouissance de ces terres fasse de ces arbres un aussi grand usage qu'il pourroit peut-être pour la nourriture des vers et pour le bien de la manufacture en général, ni qu'elles produisent assez de soie pour inviter les autres à en faire le même usage. Il y en a bien quelques essais; mais cette application, à la vérité, est plus difficile que la culture des terres, dont le rapport est très bon. Néanmoins, comme il y a eu des défrichements, et que cette affaire, depuis vingt années, si elle n'a pas encore produit le fruit de la soie pour celui même qui l'a entreprise, peut n'être pas désespérée en s'y appliquant, l'essai en peut être encore continué, et les personnes qui y sont intéressées veulent bien y consentir.»

Il propose une prorogation de dix ans.

«Pour la demande d'avoir des gardes aux livrées du Roi pour garder les portes du parc, où très peu de gens vont, je n'estimerois pas qu'il fallût innover. Le sieur des Pictières, qui fait valoir ces terres, a, par son privilège, l'exemption de contribuer à la taille pour cette exploitation; tous les colons habitants du lieu sont censés ses valets, qui labourent pour son compte: en cet état, ils ne sont pas sujets à la taille pour ces exploitations, mais ils le sont pour leurs personnes, à la décharge d'une paroisse pauvre et nombreuse. J'appréhenderois que l'on ne voulût étendre cela jusqu'à une exemption personnelle pour eux, qui passeroit les justes bornes. Voilà toutes les réflexions que le seul intérêt public m'oblige de vous faire. Je n'ai point voulu communiquer cette demande, ni à l'hôtel de ville, ni au corps des marchands et ouvriers en soie: ces derniers y formeroient beaucoup plus d'oppositions.....»

---

429. *M. de la Houssaye, intendant en Alsace,*
au Contrôleur général.

28 Mai 1709.

«.....Il y a longtemps que les Suisses du canton de Bâle ont inutilement fait de semblables remontrances contre la grâce particulière que le Roi a accordée à la ville de Strasbourg, au commencement de l'année 1705, en y permettant l'entrée des marchandises étrangères défendues dans le reste du royaume jusques à concurrence de 1,650,000# par an, à condition de la sortie de denrées du crû et fabrique d'Alsace à envoyer dans les pays étrangers pour la valeur de 1,850,000#.

«Cette permission fut accordée bien moins par une distinction gracieuse pour la ville de Strasbourg, que pour arrêter les versements qui se faisoient en contrebande de ces mêmes marchandises venant de la Suisse, du Porrentruy, de la Lorraine, du Palatinat et des pays de l'Empire de l'autre côté du Rhin, dont cette province est absolument entourée à l'exception de deux langues de terre très étroites par où l'on passe des Trois-Évêchés à Saverne et du comté de Bourgogne à Belfort. La facilité qu'ont eue depuis les négociants de Strasbourg, par la situation de cette ville, de pouvoir débiter ces marchandises à un meilleur prix que les étrangers du voisinage, lesquels seroient de plus exposés aux risques de la confiscation et des amendes, a certainement arrêté cet abus pour la plus grande partie; et c'est ce qui cause sur cela la mauvaise humeur des Suisses, lesquels ne font pas assez de réflexions sur la bonté que le Roi a de leur permettre d'emporter l'argent comptant de la vente des marchandises qu'ils débitent aux deux grandes foires qui se tiennent chaque année, dans l'hiver et dans l'été, en la ville de Strasbourg, ni à la grâce que S. M. fait à ceux du canton de Bâle en leur permettant de tirer toutes les semaines cent soixante-huit sacs de blé d'Alsace, nonobstant la disette des grains.

«Ils peuvent même, s'ils le veulent, s'accommoder comme les autres, de gré à gré, avec les marchands de Strasbourg, pour faire entrer dans cette ville des marchandises étrangères et les aider dans la sortie de l'équivalent. Mais, qu'ils prétendent être fondés à obliger S. M. d'admettre dans son royaume des marchandises étrangères venant d'eux de la première main, cela est autant et même plus contre les règles, que si le Roi vouloit les contraindre de recevoir dans leurs États des denrées dont l'usage y seroit interdit, et ne pas souffrir qu'ils dérogeassent à cette interdiction pour quelques villes du corps helvétique qu'ils voudroient en excepter.

«La permission ou la défense des entrées ou des sorties des marchandises et denrées étrangères est un des principaux attributs de la souveraineté, et chaque État me paroît devoir jouir de la liberté de se conduire à cet égard à son gré et sans contrainte réciproque entre les voisins les mieux unis. Je ne crois pas que Messieurs de Bâle s'accommodassent qu'on leur proposât dans leur ville un bureau de la part du Roi pour contrôler l'entrée des marchandises étrangères et la sortie de celles de l'équivalent d'Alsace, comme cela se pratique dans Strasbourg, ni qu'ils voulussent, à une telle condition, être admis au partage du commerce des marchands de cette ville.....

«J'ai fait la vérification que, depuis le 1er avril 1705, que l'entrée des marchandises étrangères a eu lieu dans Strasbourg suivant la permission du Roi, il y en est entré pour 2,949,151 #, et qu'il en est sorti, dans le même espace de temps, pour l'étranger, du cru et fabrique d'Alsace, pour 2,682,748 #, et je compte que, tant dans l'année dernière que dans la courante, l'équivalent sera mis dans la juste balance des proportions ordonnées*.»

* En marge, de la main du contrôleur général : «Laisser jouir les habitants de Strasbourg.»

---

430. M. FERRAND, intendant en Bretagne, AU CONTRÔLEUR GÉNÉRAL.

30 Mai 1709.

«.....Je me suis..... informé de l'usage qui se pratique dans les..... sièges des amirautés de cette province au sujet des deniers qui proviennent des prises. Dans les uns, on les laisse aux armateurs, quand ils sont solvables; en d'autres, on les fait déposer entre les mains du greffier de l'amirauté ou de quelque notable bourgeois. Les receveurs des consignations n'ont point prétendu que ces deniers leurs fussent remis; quelques-uns se sont pourvus au Conseil, où ils n'ont pu obtenir d'arrêt, ou ont été déboutés de leur prétention dans les amirautés mêmes et n'ont point réclamé contre leurs jugements.»

---

431. M. DE SAINT-MAURICE, commissaire général de la Cour des monnaies à Lyon, AU CONTRÔLEUR GÉNÉRAL.

31 Mai 1709.

Il rend compte de l'ouverture d'un petit change à la Monnaie de Lyon pour faire payer et recevoir les parties de moins de 100 #, conformément à l'arrêt du 14 mai*.

* Une réponse de M. Hosdier, premier président de la Cour des monnaies, est jointe à cette lettre.

Les 21 et 23 du même mois, M. Trudaine, intendant, avait renouvelé ses instances pour qu'on payât les intérêts des billets de monnaie à mesure qu'ils seraient apportés à détruire, et que le bénéfice de la refonte des espèces et matières, qui devait dépasser 400 millions, fût employé à cet usage.

Voir aussi, aux 17 et 23 octobre suivant, diverses lettres sur un projet de remplacer les billets de monnaie par des espèces de cuivre sans valeur intrinsèque.

---

432. M. QUARRÉ, procureur général au Parlement de Dijon, AU CONTRÔLEUR GÉNÉRAL.

1er Juin 1709.

«.....Pour rendre utiles vos ordres qui doivent fixer le prix du blé et faciliter les moyens de semer, oserois-je vous représenter qu'il seroit très important de défendre pendant quatre ou cinq mois le commerce du blé hors de la province, d'avancer la visite des grains chez les particuliers, pour les obliger à ne réserver que la quantité nécessaire pour ensemencer les fonds qu'ils auront cultivés? Si, dans la réserve, on laissoit comprendre la nourriture des laboureurs, des domestiques, et même des maîtres, on ne trouveroit pas du blé pour ensemencer les terres de ceux qui n'en sont pas fournis; et il y a plus d'inconvénient à laisser les terres sans culture que de vivre de pain d'orge : le premier intéresse le public, et perpétueroit la disette; le second ne concerne que les particuliers, et, en les affligeant pendant une année, rétabliroit l'abondance.

«Les syndics de Bresse* se sont adressés au Parlement pour avoir un règlement qui diminue la prestation des cens ou *servis* en froment et en seigle qui sont dus par les particuliers. Ils voudroient qu'à l'égard des cens échus à la Saint-Michel du mois de septembre dernier, les débiteurs puissent les payer aujourd'hui en argent, conformément au taux des grains dans ce temps-là; et il est vrai de dire que les seigneurs, qui alors auroient reçu volontiers de l'argent comme du blé, tireront tout le profit qu'ils auroient eu, si le payement avoit été prompt et exact. Pour les cens qui sont dus cette année, ils demandent qu'il soit permis de donner, au lieu du blé et du seigle, pareille quantité d'orge ou autres menus grains qu'on recueillera dans les fonds chargés de cens et *servis*. Si la qualité des grains est différente, on peut dire que l'orge, le blé de Turquie, etc., seront, cette année, d'un prix plus considérable que le froment les années précédentes : en sorte que les seigneurs, quoique privés d'une augmentation considérable de leurs droits, ne souffriront pas une diminution réelle et véritable de leurs revenus.

«Plusieurs curés ont aussi présenté une requête pour avoir la permission de prendre la dîme sur les menus grains. Ils conviennent de n'en avoir pas le droit; mais la perte entière des froments et seigles paroît exiger qu'on supplée par une autre voie à leur entretien et à leur subsistance. Cependant cette demande réveille déjà tous les gros-décimateurs, qui ont des ressources que les curés ne peuvent trouver dans leur patrimoine, ni dans les revenus trop modiques de leur bénéfice; et si la prétention devenoit générale, elle seroit fort à charge aux gens de la campagne. Seroit-il permis de distinguer les curés des gros-décimateurs, et, parce que chacun ne doit pas penser à s'engraisser et s'enrichir dans un temps aussi fâcheux, ne suffiroit-il pas d'accorder aux curés, sur les grains qui ne doivent pas la dîme, la moitié de celle qu'ils auroient perçue dans les gerbes de froment et de seigle? Je n'ai pas cru qu'il fût permis de se déterminer dans une matière aussi importante, et qui intéresse tous les sujets du Roi, sans avoir eu vos ordres, afin que la loi que vous me ferez l'honneur de m'envoyer soit une loi uniforme et la loi de tout le royaume**.

«En proposant au Parlement des moyens pour conserver les

IMPRIMERIE NATIONALE.

fonds ensemencés de menus grains, où des particuliers laissent aller leur bétail, et que des pauvres mangent aussitôt que le grain commence à se former, je demanderai que l'arrêt pour la subsistance des pauvres soit prorogé jusques au 1er septembre. Il y a des seigneurs qui ont refusé de la fournir. Les ecclésiastiques prétendent n'y être pas assujettis, et se veulent taxer séparément : ce qui est une occasion de plainte pour le public, qui les soupçonne de ménager leurs intérêts. L'exemple du Parlement devoit avoir plus de succès. Tous les officiers ont été cotisés dans l'assemblée des notables; cependant les officiers de la Chambre des comptes et du Trésor ne voudroient pas s'y soumettre. Enfin, dans les campagnes comme à la ville, plusieurs refusent de payer ce à quoi ils ont été imposés, et les frais du papier marqué et du contrôle arrêtent ceux qui sont chargés des poursuites. Sera-t-il permis de les faire sans observer ces formalités, pour éviter les frais? Je n'ai pas osé en laisser la liberté, et cette incertitude apporte, en plusieurs endroits, du retardement à l'exécution de l'arrêt. »

* M. Pinon ayant écrit, le 21 mars, que l'aggravation de la disette et l'élévation des prix, plus sensible dans la Bresse et le Bugey que dans la Bourgogne (à Bourg, 2 lt 17 s. la coupe de vingt-quatre livres, et à Belley, 3 lt 12 s. la bichette de trente et une livres), exigeaient, non pas une défense publique de faire sortir des grains de ces deux pays, mais des mesures secrètes pour les arrêter au passage, le contrôleur général avait répondu, le 30 mars, que, malgré la volonté du Roi de maintenir le commerce libre entre les provinces, il était bon et facile de prendre, d'accord avec les syndics généraux et les maires et échevins connus pour sages et discrets, toutes les mesures convenables. On ajouta à cette lettre, sur le vu d'un rapport du présidial de Bourg, que, comme l'extrême cherté devait venir de l'avidité des gens qui avaient des greniers et des amas de grains, il fallait s'en informer secrètement, et ensuite, sans ordonnance, sans procédure aucune, forcer ces gens-là à faire des envois sur les marchés.

** Le contrôleur général répond, le 26 juin : « . . . . . Quant à la demande faite par plusieurs curés tendant à ce qu'il leur soit permis de percevoir cette année la dîme des menus grains attendu la perte des seigles et froments, comme cette demande a été faite en plusieurs provinces, le Roi l'a fait examiner avec attention. C'est un principe incontestable, et dont toute sorte de personnes conviennent, qu'il faut pourvoir à la subsistance des ministres de l'Église; et par conséquent on ne peut refuser la dîme des menus grains à tous ceux qui n'ont point d'autre subsistance que le produit de leurs dîmes de blé. Quant à ceux qui ont d'autres revenus, soit en fonds, soit en casuels, il semble qu'il y auroit quelque distinction à faire; mais la distinction est difficile. La proposition que vous faites de distinguer les curés des gros-décimateurs, qui ont des ressources que les curés ne peuvent avoir, mérite encore quelque réflexion. Les gros-décimateurs sont obligés de donner la portion congrue aux curés; et comment pourroient-ils donner la portion congrue, si on ne leur accordoit la faculté de percevoir, au défaut des blés, la dîme des menus grains? La pensée d'accorder aux curés, sur les grains qui ne doivent pas la dîme, la moitié de celle qu'ils auroient perçue dans les gerbes de froment et de seigle, est encore une autre difficulté, qu'on ne peut résoudre en général, et qu'il faut examiner par rapport aux usages de chaque province. Tout bien considéré, le Roi a résolu de remettre l'affaire à la prudence des Parlements dans le ressort desquels il n'est point d'usage de percevoir la dîme des menus grains, afin que chacun fasse, pour cette année-ci seulement, le règlement qu'il jugera convenir . . . . . »

M. Quarré annonce, le 17 août, que la requête des curés de Bresse a excité une réprobation générale, et que presque tout le Parlement a été d'avis de la rejeter : « On a appréhendé de décourager les laboureurs, si on chargeoit d'un droit nouveau des grains qu'ils ont semés avec tant de dépense, et on a estimé que les villageois auroient encore plus de peine à payer la taille et les autres charges ordinaires, que les ecclésiastiques n'en auront à payer les décimes . . . . . » Voir deux autres lettres des 15 mai et 3 juillet précédents.

---

433. *Le Contrôleur général à M. l'Évêque de Verdun.*

2 Juin 1709.

« Je n'ai pu répondre plus tôt à la lettre que vous m'avez fait l'honneur de m'écrire le 5 du mois passé *. Le Roi, qui étoit informé de la grande quantité des blés que vous avez conservés dans vos greniers, a été fort aise d'apprendre le bon usage que vous comptez d'en faire pour le soulagement des pauvres de votre diocèse; M. le duc de Beauvillier vous fera connoître combien S. M. attend de votre charité pastorale et de votre zèle. Il est juste que les Chapitres, les communautés régulières, les gentilshommes et les bourgeois aisés concourent avec vous et contribuent suivant leurs facultés. Je ne doute pas que le bon exemple que vous donnez n'engage un chacun à faire son devoir dans un besoin aussi pressant et une conjoncture aussi touchante que celle-ci **. »

* Cette lettre était du 6 mai.

** A M. l'évêque de Metz, qui se plaignait, le 23 du même mois, qu'à côté d'un grand nombre de personnes charitables, il y en avait, surtout dans le clergé, qui résistaient et ne suivaient pas le bon exemple, et qu'il conviendrait d'avoir raison d'elles par des menaces de taxe rigoureuse, le contrôleur général répond, le 3 juillet : « . . . . . S. M. ne croit pas qu'il puisse y avoir aucun ecclésiastique capable de résister à vos exhortations et au bon exemple que vous leur donnez; cependant, s'il y en avoit quelqu'un qui ne donnât pas selon ses forces, S. M. enverroit ses ordres à M. de Saint-Contest, intendant, pour, de concert avec vous et avec trois ou quatre des principaux de votre clergé que vous auriez agréable de choisir, arbitrer ce que ces personnes dures et difficiles doivent raisonnablement contribuer pour la subsistance des pauvres, et ensuite les contraindre au payement par les voies ordinaires en cas pareil . . . . . »

---

434. *M. de Bernage, intendant à Amiens, au Contrôleur général.*

2 Juin 1709.

« J'appris hier que M. le marquis de Torcy porte des conditions de paix bien difficiles. Il est à souhaiter qu'elles ne soient que dures, sans être impossibles, car je crois devoir vous dire que, plus j'approfondis notre situation, et moins je trouve qu'il y ait d'espérance et de ressource pour tenir l'armée du Roi assemblée. Il est certain qu'entre tout ce que je puis fournir de blés, ce que M. de Bernières en peut avoir et ce qu'on attend de M. d'Ormesson, il n'y aura tout au plus de subsistance que pour ce mois, et il est de la dernière impossibilité de rien tirer des derrières, soit Picardie, soit ailleurs, sans des corps de troupes considérables, à cause des révoltes perpétuelles sur les mouvements de blé, particulièrement lorsqu'il faut les lever d'autorité, outre que, très certainement, l'espèce du blé devient très rare. Les blés étrangers ne peuvent venir et être convertis en farine de plus de deux à trois mois : il faudra donc, par nécessité, que toutes les troupes se séparent dans la fin de ce mois, pour se jeter dans toutes les villes et y arracher le pain des habitants, jusques à ce que l'épuisement soit tel que les uns et les autres n'aient plus de quoi vivre. Je ne sais si, pendant ce temps, les ennemis, qui deviendront les maîtres absolus de la campagne, ne trouveront pas quelque obstacle à leurs grands progrès par le même défaut de subsistance; mais ce qui est de sûr, c'est que, marchant le flambeau à la main, ils tireront jusques au dernier grain, et trouveront, par conséquent, à subsister dans les mêmes pays où les troupes de S. M. mourront de faim. J'ai cru devoir à mon zèle pour le service du Roi et de l'État le portrait triste, mais naturel, que je vous fais, dans la crainte que des gens qui pourroient concevoir des espérances frivoles, faute d'avoir approfondi la matière, ne vous trompassent en se trompant eux-mêmes, et ne fissent croire à S. M. qu'il n'est pas de la dernière nécessité de faire la paix, d'autant plus que les ennemis, qui connoissent notre extrémité, se garderont bien de se livrer à une bataille, puisqu'ils n'ont qu'à nous laisser consommer pour nous défaire.

«Cette lettre est de nature à convenir de l'écrire de ma main; mais je me suis trouvé incommodé, et celui qui l'a écrite est sûr*.»

* Voir les lettres des 11, 17, 20 et 26.

---

435. *Le Contrôleur général à M. l'Archevêque de Rouen.*

3 Juin 1709.

«La multitude des affaires m'a empêché de répondre plus tôt à la lettre que vous m'avez fait l'honneur de m'écrire de Gournay, le 2 du mois passé. Le Roi connoît tout le mal dont vous me faites une peinture très vive, et S. M. prend toutes les mesures qu'on peut attendre de la prévoyance la plus étendue pour y remédier. Le point capital est d'assurer la subsistance des pauvres : l'arrêt que le Parlement de Paris a rendu à cet effet s'exécute dans son ressort avec assez de facilité, et, pour peu que les juges subalternes fassent leur devoir, l'exécution de celui du Parlement de Rouen ne sera pas impossible, les seigneurs, les décimateurs, les fermiers et autres gens ou aisés, ou, si vous voulez, moins malaisés que les autres, n'étant pas réduits à une si grande extrémité qu'ils ne puissent contribuer ou blé ou argent pour nourrir les pauvres de leurs paroisses. C'est même le sentiment des principales personnes de la province.

«Quant aux attroupements, il est bien certain que, s'ils se font la nuit, les troupes du Roi ne peuvent pas les empêcher, et la pensée de faire faire, comme vous dites, une patrouille la nuit dans tous les villages n'est pas dans l'esprit de M. de Courson. Ceux qui s'attroupent la nuit ne peuvent être que quelques malfaiteurs en petit nombre; il faut que les curés et les bons habitants de chaque village soient sur leurs gardes, qu'ils s'avertissent et qu'ils se donnent la main les uns aux autres, qu'ils déferent les voleurs connus dans leur voisinage aux juges royaux et aux officiers des maréchaussées, et, en cas que ceux-ci ne fassent pas leur devoir, qu'ils en informent les supérieurs; en un mot, qu'ils prennent toutes les précautions qu'il est permis de prendre pour repousser la force et la violence. Au surplus, le Roi attend beaucoup de votre zèle, de votre charité pastorale, et du bon exemple que vous donnerez dans votre diocèse et dans la province.»

---

436. *Le Contrôleur général à M. Ferrand, intendant en Bretagne.*

3 Juin 1709.

«M. l'évêque de Tréguier m'écrit une chose sur laquelle je vous prie de voir s'il y auroit quelque ordre à donner, ou quelque expédient à prendre pour l'éviter. Les riches paysans de son diocèse renvoient, à cause de la cherté du pain et du fil, la plus grande partie de leurs domestiques, et particulièrement les filandières : ce qui fait autant de mendiants. Si ces paysans sont absolument dans l'impuissance, je comprends qu'il n'est pas possible de les obliger à conserver leurs domestiques et les filandières; mais M. l'évêque de Tréguier dit expressément : *les paysans riches;* et, par conséquent, je juge qu'ils sont en état d'en conserver au moins une partie. Vous savez de quelle importance il est premièrement d'empêcher la multiplication du nombre des mendiants, et, en second lieu, de ne pas laisser tomber ni diminuer la manufacture des toiles. Ainsi, j'espère de votre vigilance et de votre attention que, si l'on peut, par quelque moyen que vous imaginerez plus facilement dans la province que je ne puis le faire ici, faire en sorte que les paysans qui sont en pouvoir retiennent et leurs domestiques et les filandières, et continuent de leur donner de l'occupation à l'ordinaire, vous ne manquerez pas de le mettre en usage.»

---

437. *M. Daguesseau fils, procureur général au Parlement de Paris, au Contrôleur général.*

3 Juin 1709.

«. . . . . J'ai reçu plusieurs lettres, surtout des provinces où les rentes et redevances foncières sont considérables, dans lesquelles on demande avec instance qu'il plaise au Roi d'ordonner non seulement que ces rentes ne puissent être exigées qu'en argent, mais encore qu'elles soient évaluées sur un pied moins fort que la valeur présente des grains : sans quoi des laboureurs affligés par la perte des grains qu'ils avoient semés se trouveroient hors d'état, en plusieurs endroits, de satisfaire à ce qu'ils doivent*. . . . .

«J'ai été averti aussi que l'on commençoit à faire des achats et des arrhements de grains en vert, en sorte qu'on m'assure qu'aux environs de Troyes il n'y a presque pas un champ dont les orges et les avoines ne soient déjà vendues. Le Roi fit, en l'année 1694, une déclaration pour prévenir un semblable abus; et je ne sais si S. M. ne jugera pas à propos de renouveler cette déclaration, et d'ajouter même aux peines d'amende et de confiscation de grains qu'elle prononçoit des peines corporelles et afflictives, dont la nécessité est plus grande que jamais pour contenir ou pour punir l'avidité excessive des usuriers de blé, plus dangereux encore, s'il est possible, dans la conjoncture présente, que les usuriers d'argent. Je joins aussi ici un projet d'article qu'on pourroit ajouter à la nouvelle déclaration du Roi pour réprimer cet abus. Il y a enfin quelques personnes qui croient que, pour exciter encore plus ceux qui entreprendront de semer les terres d'autrui à le faire avec confiance, il faudroit accorder deux ou trois années de jouissance, pour les dédommager de la perte à laquelle ils seroient plus certainement exposés, s'ils ne devoient jouir qu'une année; à quoi l'on ajoute que les propriétaires, animés par la crainte de perdre deux ou trois années de leur revenu, se porteroient bien plus sûrement à faire des efforts extraordinaires pour cultiver leurs terres. Mais, d'un autre côté, comme ce ne sera ni par mauvaise volonté, ni par négligence que les terres de plusieurs propriétaires demeureront incultes, mais seulement par un effet de leur impuissance, il paroît dur de les priver pour plus d'une année de la jouissance de leur bien*.... »

* Le 10 avril précédent, le contrôleur général écrivait à M. de Harouys, intendant en Champagne : « .....Il y auroit beaucoup d'inconvénients à ce que vous proposez de surseoir jusqu'à la récolte prochaine la livraison des grains que les fermiers et laboureurs doivent à leurs maîtres. Il y en auroit peut-être moins à ordonner une surséance pour les blés qu'ils doivent à des usuriers qui leur ont prêté ou pour vivre ou pour semer. Mais, en général, c'est une voie à laquelle on n'a jamais eu recours, qui donneroit lieu à des plaintes infinies de la part de tous les maîtres et propriétaires des héritages, qui ont intérêt par eux-mêmes à ménager leurs fermiers (à quoi tous ceux qui sont sages et bien avisés ne manquent pas), et qui serviroit d'un prétexte assez plausible pour s'exempter de payer et la capitation et les autres charges, puisqu'il ne seroit pas juste de contraindre ceux qui les doivent pendant qu'on leur lieroit les mains et qu'on les empêcheroit de faire payer leurs fermiers.... »

438. *M. Lebret fils, intendant en Provence,*
au Contrôleur général.

3 Juin 1709.

« Nous sommes parvenus à la fin du mois de mai, et je vois que la recette des impositions des États va très mal, en sorte qu'il me paroît absolument nécessaire d'y mettre ordre : ce que M. l'archevêque d'Aix m'a dit ne pouvoir faire par lui-même. En effet, je conçois aisément que, dans la disette où nous sommes, et après la perte des oliviers et de la plupart des vignes, les recouvrements sont trop difficiles pour qu'on puisse trouver des trésoriers et des receveurs qui veuillent se charger de payer à des échéances certaines, puisque j'en ai inutilement cherché lorsque le temps étoit moins mauvais. Ainsi, M. l'archevêque d'Aix, ne trouvant point d'expédient pour mettre les recettes en meilleur ordre, a trouvé indispensable d'avoir recours à vous pour que vous ayez la bonté d'y pourvoir. Je ne vois pas de meilleur moyen de le faire que celui de créer des receveurs généraux des finances : ce qui suppose la suppression du receveur général des finances d'ancienne création, dont le remboursement n'excédera pas, à ce que je crois, 150 ou 160,000#. Cet ancien receveur général des finances n'exige rien que le fouage et subside, qui monte à 46,000#; et si vous ordonniez que les receveurs généraux recevroient du trésorier de la province, lorsque les États jugeroient à propos d'en établir, les deniers qui auroient été imposés par lesdits États, pour en porter le montant au Trésor royal, ces nouvelles charges seroient considérables. Si vous y joignez encore la recette du taillon, cela pourra vous engager au remboursement de l'office de receveur de cette imposition, dont l'ancien receveur général des finances est pourvu. Pour bien régler le maniement des receveurs généraux des finances que je prends la liberté de vous proposer, il paroît nécessaire de vous faire le détail des impositions du pays de Provence, afin que vous voyiez celles dont les deniers pourront être remis aux receveurs généraux, et celles dont le produit devra demeurer entre les mains du caissier de la province.

« Elle impose ordinairement : 17# par feu pour les appointements de M. le gouverneur de la province.... 51,000#

« 6#	pour les appointements de M. le lieutenant général.	18,000
« 5#	pour l'entretènement de la maréchaussée.	15,000
« 20#	pour les gages des officiers de la province, frais de procès, dépenses imprévues, indemnités des propriétaires dont les fonds ont été occupés par les fortifications.	60,000
« 100#	pour les rentes constituées par la province	300,000
« 1# 5s	pour la compensation des tailles des officiers des Cours.	3,750
« 12#	pour l'abonnement payable au Roi des vieux droits domaniaux.	36,000
« 235#	pour le Don gratuit.	705,000
« 36#	pour l'ustensile de la cavalerie.	108,000
« 2#	pour l'abonnement des droits du commissaire aux saisies réelles et l'augmentation des gages de maîtres de poste	6,000
« 237#	pour la dépense des étapes, ustensiles, fastigages, etc.	711,000
« 6#	pour les frais du compte.	18,000
« 10#	pour la réparation des ponts et chemins.	30,000
« 7# 15s	pour les frais de l'assemblée générale.	22,500
« 5#	pour le remboursement des ports de lettres et paquets que les commandants font passer de communauté en communauté.	15,000
« 700#	Total.	2,100,000
« Le fouage et subside.		46,000
« Le taillon.		70,000
« Impositions sur les Terres adjacentes, dont la levée se fait par le receveur que M. le gouverneur de la province commet chaque année..		37,500
		2,253,500

« En cas que la province ne trouve point, ou ne juge pas à propos d'établir un trésorier pour faire le recouvrement de ses impositions, il paroît nécessaire d'obliger les receveurs généraux d'en faire les fonctions aux conditions du bail passé par la province au sieur Silvy, dernier trésorier, qui sont de se payer par ses mains de 12,500# de gages, dont 2,000# à distribuer aux receveurs des vigueries pour les engager à payer régulièrement et faire les deniers bons, et 8# par jour en cas de voyage; de faire la recette de toutes les impositions et payer jusqu'à concurrence de ces mêmes impositions, sans pouvoir donner de reprises; recevoir pareillement toutes les sommes qui seront empruntées et dont les procureurs du pays ordonneront le recouvrement; de faire la recette des restes des précédents trésoriers suivant l'état qui en seroit fourni; de payer au 1er du troisième mois de chaque quartier jusqu'à concurrence du quart des sommes imposées; de rendre compte en la Chambre aux frais du pays, six mois après l'année finie; de donner un compte abrégé tous les trois mois aux procureurs du pays, et plus souvent, s'ils le désirent; en cas de guerre, d'être déchargé de la cote des communautés occupées par l'ennemi; en cas de peste, de ne demeurer responsable des impositions des lieux infectés du mal contagieux que deux mois après que la liberté du commerce y auroit été rétablie. En cas que le trésorier se trouvât créancier par le *finito* de son compte, le pays en devoit payer l'intérêt au denier vingt, et le trésorier devoit payer pareil intérêt de son débet. Il devoit compter des augmentations, et il lui devoit être tenu compte des diminutions d'espèces. Il devoit avancer jusqu'à 25,000# par mois, en recevant l'intérêt de ces avances au denier vingt. Toutes les sommes que le trésorier recevoit et toutes celles qu'il payoit devoient être exprimées dans le livre de caisse qu'il étoit obligé de représenter aux procureurs du pays. Ce sont là les principales clauses de ce bail. Elles sont assez avantageuses; mais les intérêts que les receveurs des vigueries payent pour les sommes qu'ils sont en retardement de compter à l'échéance augmentent beaucoup les profits de cette charge, ces intérêts étant réglés par l'usage, sans titre à la vérité, au denier seize. Comme le receveur général feroit sans doute des avances, il est certain que, la province ne pouvant les rembourser, il demeureroit toujours chargé des fonctions de trésorier : ce qui rendroit sa charge beaucoup plus lucrative. Et quoique les États semblassent être dans la liberté d'établir un trésorier, il n'y a pas d'apparence que, si les receveurs généraux en usoient avec les ménagements convenables, on pensât jamais à leur ôter les fonctions de trésorier, que la province auroit raison de leur laisser pour éviter les pertes qu'elle a souvent faites dans les faillites de presque tous ses trésoriers.

«La recette de la capitation, tant du pays de Provence que de Marseille, Arles et les Terres adjacentes, montant à 900,000#, est encore d'un objet assez considérable, et il est difficile que ce recouvrement, entre les mains d'un receveur qui ne soit pas obligé de payer aux termes fixés par les arrêts du Conseil, soit jamais fait avec exactitude. Tous les soins que je me suis donnés depuis cinq ans pour trouver un receveur qui voulût s'engager à faire les deniers bons du montant des rôles de la capitation ont été inutiles, et ceux qu'on prendroit à présent le seroient encore bien davantage.

«Pour recouvrer tant les impositions que la capitation, les vingt-deux vigueries du pays de Provence sont en usage de choisir chacune un receveur, et, faute par la viguerie de l'établir dans un mois, les États permettoient à leur trésorier de commettre un receveur, avec lequel il faisoit ses conventions. Lorsque la viguerie le choisissoit, ce receveur étoit obligé de payer le montant des impositions de sa viguerie au dernier du second mois de chaque quartier, et il étoit en droit d'exiger la cote de chaque communauté dès le 15 de ce même mois : en sorte que, en cas de retardement, il recevoit l'intérêt au denier seize à compter depuis le 15 du second mois, moyennant quoi il étoit obligé de faire l'avance à la caisse du trésorier. Pendant la dernière guerre, l'on créa, par l'édit du mois d'avril 1691, dont copie est ci-jointe, des offices de receveurs ou trésoriers généraux des vigueries, auxquels l'on attribua 3 d. pour livre de tous les deniers de leur maniement et 10# par communauté pour droit d'avertissement, de quittance et autres. Le même édit portoit création de trésoriers particuliers des communautés, dont les offices ont été réunis par chacune desdites communautés. Ceux de trésorier des vigueries furent acquis par la province, qui imposa, pour les payer, 118# par feu, en sorte que cette réunion lui coûta environ 400,000#. Il seroit à souhaiter qu'elle les eût laissé acheter par des particuliers, qui se trouveroient aujourd'hui obligés de faire la recette de ses impositions, dont personne ne veut se charger. Lorsque j'ai pris la liberté de vous proposer l'affranchissement général de la capitation, je comptois que la revente de ces charges produiroit à la province un fonds présent pour aider au payement de la finance de ce rachat; mais le Seigneur a bien dérangé d'autres projets que les miens. Ayez agréable d'examiner ce qui peut être fait pour donner à la province des receveurs, afin qu'elle puisse être payée et payer ses dettes*.»

* Le 27 du même mois, les procureurs du pays écrivent : «.....Nous ne pouvons plus, en aucune manière, faire aucun payement du Don gratuit, ni de la capitation, dont la levée est impossible par l'extrême misère de nos citoyens, et encore moins continuer de remplir le devoir du trésorier extraordinaire de la guerre, du munitionnaire des troupes et des fortifications. M. de Châteaurenard, notre collègue, qui est depuis longtemps auprès de M. d'Artaignan, avec un boursier, un secrétaire et autres personnes, pour faire exécuter tout ce qui est nécessaire pour le bien du service du Roi et la défense de la province, est nécessité de se retirer, parce que nous ne pouvons plus lui mander aucun argent. Les receveurs des vigueries qui sont à portée ne pouvant point lui en compter, il a taxé les communautés voisines; mais ces taxes n'ont rien produit, par l'impuissance morale où sont lesdites communautés.....»

---

439. *M. Turgot, intendant à Tours,*
au Contrôleur général.

5 Juin 1709.

Procédure d'une affaire de fabrication de fausse poudre et de transport de cette poudre dans les Cévennes.

---

440. *Le Contrôleur général*
à M. le baron de Besenval, envoyé extraordinaire
en Suède.

8 Juin 1709.

«Les Dantziquois qui viendront avec leurs chargements de

blés dans les ports du royaume jouiront de l'exemption du droit de 50 s. par tonneau et de tous les autres droits appartenant au Roi *. Leurs bâtiments chargés de grains pour le royaume seront exempts des lettres de représailles en venant ou en se retournant chez eux, ou en passant de France dans tous autres ports, amis ou ennemis. Ils pourront, à leur gré, après qu'ils auront déchargé leurs grains, faire leur chargement dans un ou plusieurs ports du royaume, ou sortir avec leur lest seulement, pour retourner soit à Dantzick, soit dans quelques ports neutres ou en pays ennemis, de même sans être sujets aux lettres de représailles. S'ils ne trouvoient point de chargement dans les ports du royaume pour leur retour, ils pourroient aller en chercher dans les ports ennemis, pour retourner ensuite à Dantzick ou dans quelque autre port neutre à leur gré, sans être sujets aux lettres de représailles. Les propriétaires des grains pourront les vendre librement, pour leur plus grand avantage et aux prix courants, dans les ports où ils arriveront. L'on donnera une gratification honnête aux maîtres des navires de Dantzick qui viendront chargés de grains dans les ports du royaume conformément à leur destination. L'on entend que les vaisseaux de Dantzick qui jouiront des avantages que l'on explique par ce mémoire observeront, sur le reste, les ordonnances de la marine; que, sortant de France, ils ne pourront faire leur commerce de port ennemi en port ennemi, et qu'ils ne pourront aussi se charger de contrebande, le tout conformément au règlement de la marine de l'année 1704 **. . . . . »

* Voir les lettres de M. le Blanc, intendant en Flandre maritime, 24, 27 et 30 avril, 9 mai.

** Malgré les instances de M. le Blanc, on se borna à l'exemption spéciale des représailles, sans en accorder la révocation générale, «S. M. étant persuadée que les Dantziquois y insistent moins pour envoyer des blés avec sûreté que pour se rendre maîtres de ce commerce et mettre ensuite tel prix qu'ils voudroient à leurs blés.» (Lettres à M. le Blanc, 5 et 15 mai, et à M. de Pontchartrain, secrétaire d'État de la marine, 1er juin; lettres de M. le Blanc, 5 mai et 16 juillet, et de M. Bégon, intendant à la Rochelle, 24 août.)

Sur les négociations et traités, voir plusieurs lettres de M. de Pontchartrain, du 26 juin au 2 octobre, et celles de M. le Blanc, 9 mai, 1er, 4, 10 et 11 juin, 28 juillet et 27 août, et une lettre du contrôleur général aux directeurs de la Chambre de commerce de Dunkerque, 13 juillet.

Sur les arrivages, voir les lettres du sieur Hélissant, 1er, 7, 9, 14 et 22 juin, 1er, 2, 25 et 27 juillet; du sieur Piécourt, 20 mai; de M. le Haguais, 26 juin; de M. de Besenval, 4 et 15 mai, etc. Des bruits de contagion étant venus de Dantzick, on prit des mesures sanitaires pour la réception des chargements à Dunkerque : lettres de M. le Blanc, avec apostilles du contrôleur général, 31 août, 23 et 24 septembre.

441. LE CONTRÔLEUR GÉNÉRAL à M. LEBRET fils, intendant en Provence.

10 Juin 1709.

« . . . . . Le Roi a attribué aux lieutenants généraux civils, et non aux criminels, de connoître des cas concernant l'exécution des déclarations que S. M. a rendues sur le fait des blés *. »

* Le 27 mai précédent, les commissaires de la Chambre de police des grains établie à Chaumont-en-Bassigny demandaient ce que cette attribution de juridiction leur laissait à faire en matière de police. En marge : «Cette lettre ne mérite pas de réponse.»

442. M. LE PELETIER, premier président du Parlement de Paris, AU CONTRÔLEUR GÉNÉRAL.

10 Juin 1709.

«Je croirois manquer à mon devoir envers le Roi, si je ne me donnois pas l'honneur de vous marquer (pour en faire l'usage que vous jugerez à propos) les réflexions que j'ai faites et ce que j'ai ouï dire, tant au Palais que dans le public, sur la nouvelle chambre que l'on a proposé au Roi d'établir pour juger les procès criminels sur les instructions qui seront faites par les commissaires que l'on envoie dans les provinces sur le fait des blés. Comme il paroît que le but de cet établissement est d'accélérer l'expédition de ces sortes d'affaires et de les faire juger avec plus de règle et de discipline que dans les présidiaux, il paroitroit aussi naturel, sans recourir à un établissement nouveau et extraordinaire, de donner cette attribution à la Tournelle criminelle du Parlement de Paris, en première instance. Elle manque d'affaires : ainsi, l'expédition de celles qui concerneroient les blés, qui seroient toujours privilégiées, ne seroit en rien retardée. D'ailleurs, en veillant au choix des conseillers des enquêtes qui doivent venir servir à la Tournelle tous les trois mois, et dont on rendroit compte au Roi avant que de les choisir, l'on seroit sûr de n'avoir que de bons sujets. J'ai conféré sur cela avec M. le président de Maisons, qui m'a paru être dans les mêmes sentiments que j'ai l'honneur de vous marquer; et en cas que l'on établisse la chambre, MM. les anciens présidents de la grand'chambre m'ont paru (avec toute la soumission néanmoins qu'ils doivent aux ordres du Roi) fort peinés que l'on choisit d'autres qu'eux pour y présider *. Si l'on fait l'établissement de cette chambre, j'oserois prendre la liberté de vous prier de proposer au Roi, pour y remplir une place de conseiller, M. d'Argouges de Ranes, mon neveu, qui est conseiller en la cinquième chambre des enquêtes **. . . . . »

* M. Daguesseau fils, procureur général, écrit, le même jour : « . . . . . Il est vrai qu'il m'est revenu que l'on avoit dit dans la Compagnie, avec beaucoup de respect et de ménagement, que le mélange de MM. les maîtres des requêtes avec les conseillers au Parlement, pour juger des procès criminels, étoit contraire à l'usage qui s'observe depuis longtemps, et que d'ailleurs il n'étoit ici nullement nécessaire, puisque des conseillers au Parlement, choisis dans toutes les chambres par leur mérite, seroient fort en état de juger ces procès sans aucun autre secours; il est encore vrai que la préférence de M. le président de Maisons a fait aussi de la peine, comme vous l'aviez bien prévu, à ceux de MM. les présidents qui sont plus anciens que lui, et c'est en partie pour faire cesser cette plainte que l'on propose d'attribuer à la chambre de la Tournelle le même pouvoir que l'on vouloit donner à la nouvelle chambre. Il est certain que, si cela convenoit également au bien de la chose, la forme en seroit plus simple et plus conforme aux règles ordinaires. C'est au Roi de décider, après cela, par sa prudence et sur vos avis, de ce qui sera le plus utile pour le bien public dans la conjoncture présente, et à nous de nous conformer ensuite aux intentions du Roi, aussitôt qu'elles nous seront connues, avec le respect et la soumission qui

leur sont dus..... Je vous supplie de vouloir bien que ce que j'ai l'honneur de vous écrire dans cette lettre ne soit que pour vous seul.»

** Dans une autre lettre du 10, M. Daguesseau dit : «.....M. le premier président a paru souhaiter que M. d'Argouges de Ranes, qui est un très digne sujet, fût ajouté. Comme il est de la même chambre que M. de Nointel et que mon frère, et qu'ainsi il faut qu'il y en ait un des trois qui soit retranché de la liste, parce qu'il ne doit y avoir que deux conseillers de chaque chambre des enquêtes, mon frère vous supplie de vouloir bien qu'il cède cet honneur, quelque précieux qu'il lui soit, à M. d'Argouges et à M. de Nointel, et qu'il vous rende de très humbles actions de grâces de la bonté que vous aviez eue de le mettre de vous-même sur cette liste.»

La chambre fut ouverte le 10 juillet. (Lettres de M. Daguesseau, 18, 22 et 23 juin; lettres de M. le président de Maisons, 3 juin et 10 juillet.)

443. M. le Peletier, premier président du Parlement de Paris, au Contrôleur général.

10 Juin 1709.

«.....J'apprends que la plupart de Messieurs de la Cour font porter leur vaisselle d'argent à la Monnoie : je souhaiterois en avoir davantage que je n'en ai, pour pouvoir procurer par là un secours plus considérable aux affaires du Roi; mais j'ai cru, en cela comme en toute autre chose, devoir profiter des exemples de modestie que j'ai reçus de mon père : ainsi, j'en ai très peu. Dès que vous croirez que les démarches que je ferai là-dessus pourront servir de quelque chose à exciter tous MM. les officiers de Paris à en faire autant, je puis vous assurer que le peu que j'en ai sera tout prêt à porter à la Monnoie dès le lendemain que vous aurez eu la bonté de me marquer que vous le jugerez à propos et que cela pourra contribuer en quelque chose au service du Roi*.»

* Réponse, 12 juin : «.....Le Roi a répondu qu'il connoissoit trop votre zèle pour douter que, dans cette occasion, vous ne preniez le parti que vous jugerez vous-même nécessaire dans une conjoncture où les personnes distinguées par leurs emplois l'ont donnée volontairement. La place que vous tenez semble vous engager à donner l'exemple aux autres.» Voir une autre lettre au maréchal de Joyeuse, du 18.

Le 13 juin, le contrôleur général écrit à M. Taschereau de Baudry, lieutenant de police à Tours : «.....Quant à ce que vous me marquez que les habitants de la ville de Tours paroissent disposés à porter leur vaisselle à la Monnoie, je vous dirai que tous les seigneurs de la cour ont pris ce parti, et que peut-être l'abondance de l'argent sera, dans peu, plus grande qu'on ne l'aura jamais vue.»

Le 22 juin, M. de Saint-Maurice, commissaire général de la Cour des monnaies à Lyon, écrit : «M. le prince d'Harcourt a commencé à donner l'exemple en ce pays, et a apporté hier sa vaisselle d'argent à l'hôtel de la Monnoie. Il me dit, en ces mêmes termes, qu'il souhaiteroit être en état de faire comme tous les autres grands seigneurs du royaume qui la prêtoient au Roi, mais que, l'état de ses affaires ne répondant pas à son cœur, il vouloit au moins être le premier à donner l'exemple.....»

Le 6 juillet, il annonce que le maréchal de Villeroy a envoyé sa vaisselle.

M. l'archevêque d'Arles écrit, le 13 juillet, qu'il vient de donner sa vaisselle pour contribuer aux achats de blés en Levant.

Voir aussi les lettres de M. d'Angervilliers, intendant en Dauphiné, 18 août; de M. Trudaine, intendant à Lyon, 11 juillet, et de M. le Gendre, intendant à Montauban, 23 juin.

M. de la Bourdonnaye, intendant à Bordeaux, ayant envoyé fondre sa vaisselle d'argent, qui produisit 10,000#, employa cette somme à payer le prêt des soldats des garnisons et un aboncompte pour les officiers. Il fut remboursé plus tard : voir sa lettre du 23 juillet 1709 et celles qu'il écrivit les 16 novembre et 16 décembre 1710, étant alors intendant à Orléans.

Le prince de Monaco et l'ambassadeur de Venise firent fondre aussi leur vaisselle : voir les lettres de M. Voysin, secrétaire d'État de la guerre, 25 et 30 juillet, et de M. de Torcy, secrétaire d'État des affaires étrangères, 25 novembre.

Lorsque les particuliers apportaient volontairement leur vaisselle à la fonte, on la recevait comme matières de commerce, avec un sixième de plus en billets de monnaie; mais, s'il s'agissait de vaisselle vendue par autorité de justice ou trouvée dans une succession, l'addition de billets de monnaie n'était pas admise. (Réponse en apostille à une lettre de M. de Courson, intendant à Rouen, du 15 juin 1709.)

444. M. de la Bourdonnaye, intendant à Bordeaux, au Contrôleur général.

11 Juin 1709.

Les négociants de Bordeaux refusent de contribuer à l'armement de quelques frégates d'escorte pour défendre leurs bâtiments de commerce, qui amènent des blés, contre les corsaires ennemis qui inquiètent les côtes du royaume, parce que la saison leur paraît trop avancée, qu'ils n'ont aucune confiance dans les officiers de la marine royale pour protéger le commerce, et que la paix semble prochaine. D'ailleurs, ils craindraient que cette contribution volontaire ne finît par devenir une imposition forcée*.

* Voir une lettre du contrôleur général à cet intendant, du 1er juin, et plusieurs lettres de M. de Pontchartrain, secrétaire d'État de la marine, au contrôleur général, 27 mars, 29 mai, 26 juin, 4, 9, 11, 19 et 25 septembre, sur la résistance que les propositions d'escorte rencontraient partout.

445. M. de Bâville, intendant en Languedoc, au Contrôleur général.

11 Juin 1709.

«On découvrit, il y a trois jours, à une demi-lieue de Nîmes, à cinq heures du soir, auprès d'un bois, plus de trois cents nouveaux convertis, presque tous de la ville de Nîmes, du plus bas peuple, qui chantoient des psaumes, sans armes. M. de Sandricourt en fut averti, et y envoya une compagnie de dragons, qui dissipa l'assemblée et arrêta près de soixante hommes ou femmes. Je travaille pour savoir qui est le prédicant qui leur a prêché, que je crois être un nommé Duplan, qui est sorti du royaume avec Cavalier et qui est revenu. Je n'ai pu encore bien démêler cette affaire, dont je vous rendrai compte plus en détail. D'un autre côté, on m'a mandé que le nombre des attroupés de Vals, en Vivarois, s'est augmenté, et qu'on les a vus jusqu'au nombre de cent; mais cet avis est encore incertain. M. de Courten est sur les lieux et dans les montagnes des Boutières, qui le vérifie avec le subdélégué que j'ai en ce pays. Il a fait venir une compagnie franche de deux cents suisses, qui étoient au Saint-Esprit et que M. le duc de Roquelaure lui a permis de prendre, s'il en avoit besoin. Je saurai par le premier ordinaire, plus certainement, si cet avis est véritable. J'entrevois dans tous ces mouvements, qui sont encore peu considérables, que les religionnaires ont quelque dessein; et ce qui me surprend le plus est qu'ils l'aient fait paroître dans le temps que tout le monde croyoit qu'on auroit la paix : ce qui pourroit bien marquer qu'ils étoient avertis d'ailleurs qu'elle ne se feroit pas, n'étant pas à présumer qu'ils osassent faire paroître leurs mauvaises intentions à la veille de la paix. L'assassinat de M. de Vocance, en Vivarois, cette assemblée de Nîmes, quelqu'autres encore dont on a eu des soupçons sans preuve, et la conjoncture de l'ouverture de la campagne, sont des indices de quelque mouvement prochain. Nous redoublons nos soins et notre attention pour le prévenir; mais, comme le régiment de dragons de Languedoc, que nous avions dans cette province, a ordre de passer en Dauphiné, aussi bien qu'une compagnie de suisses du régiment d'Hessy, qui est en Vivarois, si ce commencement de trouble avoit quelque suite, il seroit très à propos que M. le duc de Roquelaure pût avoir des ordres pour tirer quelque régiment ou du Dauphiné ou du Roussillon; et l'on ne s'en serviroit que dans la dernière nécessité. En pareil cas, il est très important de pouvoir gagner du temps. J'en écris à M. de Chamillart. J'ai cru devoir vous rendre compte de ce mouvement, qui peut avoir des suites; ce que nous tâcherons d'empêcher*. »

* M. le duc de Roquelaure annonce, le 14 juin, son départ pour le Pont-Saint-Esprit, d'où il pourra se porter soit en Vivarais, soit du côté de Nîmes.

M. de Bâville envoie, le même jour, au contrôleur général, la copie de sa lettre à M. Chamillart, avec les pièces suivantes :

1° Copie d'une lettre écrite par les Camisards au commandant du détachement suisse envoyé contre eux : «Je suis fâché d'avoir pris la peine de sortir; car, dès que j'ai su que vous étiez des suisses protestants, j'ai défendu de tirer : je ne m'en prends que contre les persécuteurs de l'Église; et pouvez compter que mes gens ne feront mal qu'à ceux qui viendront contre. Camisard pour la vie. »

2° Déclaration des Camisards : «Dieu bénisse notre entreprise et préside en nos conseils, afin que nous ne puissions jamais rien entreprendre qui ne soit pour sa gloire, pour l'édification de nos prochains, et pour l'avancement de son règne. *Amen.* Vous ne serez pas surpris, Messieurs du clergé, de ce qui vous arrive aujourd'hui, après avoir servi de langues emiélées et de boute-feu, nous ayant fraudé la foi, vous qui seuls êtes la cause de la ruine totale du royaume et qui avez mis tout le peuple dans un état à n'en pouvoir jamais relever. Je vous avertis de la part de Dieu, de quel ordre que puissiez être, que je m'en prends à vous en personne et à tous vos émissaires, comme étant les seuls perturbateurs du repos public, pour vous faire rendre tout ce que vous et vos ancêtres nous avez usurpé et à nos pères, vous déclarant que nous prétendons et que nous voulons être remis dans nos anciens privilèges et voulons notre liberté, qui est les édits de Nantes de la manière qu'ils étoient lorsque vous les avez violés par vos enchantements diaboliques, ne prétendant rien payer à l'avenir que les deniers qui seront légitimement dus. Nous voulons aussi absolument l'élargissement de tous les prisonniers, galériens et exilés, en un mot tous ceux et celles qui souffrent pour cause de religion, sans distinction de personnes. Je déclare, et nous déclarons, avec une promesse inviolable, à tous les anciens catholiques, qu'il ne leur sera fait aucun tort préjudiciable, ni tout autre sexe et religion, à la réserve qu'ils ne viennent en armes contre nous; car, s'il y en avoit qui fussent assez foibles que de se laisser persuader aux émissaires, je veux dire aux ennemis du repos public, nous leur déclarons qu'ils n'ont point de grâce à espérer, ni tous ceux qui seront contre nous, de quelle religion qu'ils soient. Nous voulons aussi servir Dieu, chanter ses immortelles louanges, et faire annoncer sa parole partout là où nous passerons. Je remonte à la source de notre mal; parlant à tous les vicaires, prieurs, prêtres et autres qui causent la désunion et veulent détruire l'empire de notre seigneur Jésus-Christ, qu'ils aient à se retirer de parmi nous, sur peine de la vie et, aux paroissiens qui les garderont dans leurs communautés, d'être traités suivant les lois militaires, qui sont d'être pillés et brûlés faute d'obéissance; assurant à tous les peuples qui liront ou qui entendront parler de la susdite entreprise que nous avons jeté les fourreaux de nos épées en arrière, avec promesse de ne les plus remettre que les demandes ci-dessus ne nous soient accordées. Fait au Désert, le 12 mai 1709. Abraham.»

La compagnie suisse et une compagnie franche qui poursuivaient ces Camisards fuirent honteusement devant eux : voir les lettres des 20, 22 et 27 juin, 2, 5, 9, 10, 18, 20, 22 et 25 juillet. A celle du 9 est jointe copie de cette nouvelle déclaration aux curés du Vivarais : «Dieu, qui écoute les siens, ayant béni jusqu'ici nos entreprises, nous continuons son œuvre pour le salut de nos frères. *Amen.* Vous ne serez pas surpris, Messieurs du clergé, et vos émissaires, que nous vous donnions le présent avis de sortir incessamment de vos paroisses afin de ne pas exposer le public à nos exploits militaires, que nous avons suspendus jusqu'à présent pour leur marquer que ce n'est qu'à vous seuls que nous en voulons avec justice. Nous vous avons donné assez de temps pour y songer; et si, jusqu'ici et après nos premiers avis, on a été surpris de notre humanité, je déclare, nous déclarons que tous ceux qui contreviendront, j'entends parler de vos émissaires, aux demandes que nous avons mises au jour, il n'y a plus de grâce à espérer, ni pour tous ceux qui viendront s'y opposer en armes. Nous promettons, avec une promesse inviolable, qu'il ne sera fait aucun mal ni tort à ceux qui garderont la neutralité, assurant quelques particuliers honnêtes gens dont nous avons des mémoires fidèles, d'eux et de leurs ancêtres, comme ils ne nous ont jamais été contraires, ni à nos pères : sur quoi, nous donnons notre parole d'honneur que nous saurons les distinguer dans nos faits, auxquels la persécution irritante nous a engagés et nous engage encore; sur quoi, j'assure, et nous assurons à tous ceux qui liront ces présentes, que nous ne cesserons point que nous ne soyons arrivés à la fin de notre course, dont Dieu nous a déjà donné des assurances malgré les forces qu'on a voulu nous opposer. Fait au camp du Désert, le 2 juillet 1709. Daniel, second chef des enfants de Dieu.»

Le 15 juillet, M. de Bâville écrit : «..... Il y a grande apparence que le dessein de cette révolte est de faire paroître, si l'on peut, Cavalier, avec quelque troupe, peut-être de religionnaires du Dauphiné, qui s'assembleront tout d'un coup, et qui pourroient se saisir de quelque passage du Rhône, ou par quelque descente du côté de la mer. La preuve de ce dessein est dans deux lettres que j'ai interceptées, l'une de Cavalier, et l'autre d'un de ses amis, par lesquelles ils mandent que Cavalier a envoyé Daniel et Dupont, et qu'il les suivra bientôt après. Ces deux hommes sont en effet deux des chefs et les grands amis de Cavalier. J'espère qu'il sera désabusé de son projet par la destruction entière de ses émissaires et lieutenants; et l'on veillera d'ailleurs pour se rendre maîtres du passage du Rhône ou du côté de la mer, où il seroit très nécessaire d'envoyer deux galères à Cette, qui n'y ont jamais été plus utiles qu'elles le seroient maintenant.»

Voir aussi des lettres de M. Trudaine, intendant à Lyon, 28 juin, et de M. de Grignan, lieutenant général en Provence, 16 août.

---

446. *M. de Bernage, intendant à Amiens,*
au Contrôleur général.

12 Juin 1709.

«M. de Chamillart m'a mandé que le Roi avoit bien voulu que M. de Nointel vous soulageât dans le détail des vivres. Je commence dès aujourd'hui à lui expliquer ce que j'ai cru qu'il étoit bon de lui faire connoître sur cette matière importante. Je me rapporte de tout ce que je lui mande au compte qu'il vous en rendra*.....»

* Réponse en apostille : «Lui faire réponse qu'il me fera plaisir d'informer M. de Nointel de tout ce qui regarde les vivres et d'entretenir correspondance avec lui.»

---

447. *M. Ferrand, intendant en Bretagne,*
au Contrôleur général.

12 Juin 1709.

Les ordres transmis pour faire ouvrir les greniers ont eu un bon effet. Seul, le marquis de Coëtmadeuc, qui laisse les grains dépérir dans ses greniers d'Hennebont et du Port-Louis, ne s'est pas exécuté, même sur une signification particulière de l'intendant; celui-ci demande qu'avant de signaler cette désobéissance au Roi, on lui écrive une lettre un peu sévère.

«Ce seroit un exemple pour les autres, d'autant plus nécessaire contre ce gentilhomme qu'il a 50,000 écus de revenu, dont il ne se sert pas même pour se fournir de ce qui lui est le plus nécessaire, et que les pauvres n'en tirent aucun secours*.»

* En marge : «Écrire fortement.»

---

448. *M. Trudaine, intendant à Lyon,*
au Contrôleur général.

13 Juin 1709.

Il expose le triste état où la ville de Lyon se trouve par suite de l'interruption du travail des manufactures de soieries*.

* M. Ravat écrit, le 23 juillet : «..... Le nombre des métiers à qui l'on ne fournit pas de l'œuvre augmente tous les jours. Cette cessation fait des pauvres, qui, avec leurs familles, demandent l'aumône; ils bordent nos rues de bout en bout; lorsque l'on donne une aumône, il y a cent mains qui sont prêtes à la recevoir. Ces malheureux, qui, dans le commencement, demandent avec quelque sorte de pudeur, n'ont pas fait ce métier pendant quelques jours, qu'ils deviennent insolents, hardis jusqu'à obliger nos négociants à ne pas aller au Change, pour éviter les discours et les propos qu'ils tiennent. Le désespoir les rend tels : ils sont chargés de famille, ils se sont consommés peu à peu, ils sont couchés sur la paille, et tout ce qu'ils avoient est mangé; leurs meubles et leurs métiers ont été vendus pour avoir du pain et pour payer le louage; la plupart sont réduits à coucher à la rue. Enfin, ayez la bonté de vous représenter des gens qui se trouvent à n'avoir aucune chose et qui sont dépouillés de tout. Il y en a de cette qualité plus de trois mille présentement, et, comme j'ai eu l'honneur de vous le dire dans le commencement de cette lettre, le nombre en augmente tous les jours. Je n'ai point eu l'honneur de vous en écrire aussitôt que M. Trudaine; plusieurs raisons m'ont engagé à suspendre : premièrement, si l'on ne pourroit point prendre quelques mesures avec les marchands-fabricants pour faire donner de l'occupation à ces pauvres gens; secondement, pour chercher les moyens de les soulager; et enfin, connoître la cause de cette cessation de travail. J'ai parlé aux principaux fabricants. Ils sont de différents sentiments sur la cessation du travail : les uns l'attribuent au défaut de consommation; mais la plus grande partie, et presque tous, conviennent que la rareté de l'argent y contribue plus que tout le reste, parce que le marchand-fabricant, ne pouvant pas être payé, ni trouver de l'argent qu'à des prix excessifs, aime mieux demeurer sans rien faire que de consommer son bien à soutenir les ouvriers. Comme la plupart ont des soies, ils seroient bien aises de les employer, s'ils n'étoient retenus par la rareté de l'argent, je puis dire par l'impossibilité d'en avoir, même en le prenant à des 7 et 8 p. o/o pour en être payé sur-le-champ en écritures; qu'on ne peut prendre aucunes mesures pour faire travailler ces ouvriers, ni pour leur donner de l'occupation, parce que, le fonds manquant, l'on ne peut le suppléer par aucun endroit. Le nombre est si grand, qu'il est très difficile de trouver le moyen de les soulager dans les quêtes que l'on a faites pour soulager les pauvres dans chaque paroisse; celles où il y a des personnes riches et aisées, à peine a-t-on trouvé 16 s. par mois pour chaque pauvre. L'on se lasse de donner, et les plus riches sont ceux qui, souvent, se font demander plus d'une fois avant que de payer. Ces sortes d'aumônes ne donnent pas un soulagement suffisant : elles se font avec peine; elles se ramassent si lentement, qu'elles ne peuvent pas satisfaire aux plus petits secours. Ces ouvriers, abandonnés à leur propre sort, prendront le parti d'hasarder de sortir du royaume pour aller dans les pays étrangers, où ils seront reçus à mains ouvertes; ils y porteront nos manufactures. Ceux qui resteront dans cette ville périront de misère : ce qui fera que les fabriques ne pourront jamais se relever. Il faut regarder la ville de Lyon à deux doigts de sa perte, si, par votre protection ou par votre prévoyance, vous n'y donnez pas les secours nécessaires. L'argent plus abondant dans le commerce étant un moyen aux marchands-fabricants d'entretenir aisément leurs ouvriers, il faudroit en empêcher la sortie et le transport pour quelque endroit du royaume que ce fût, du moins jusqu'à ce que nous les vissions rouler, et que chacun en pût avoir à un prix assez raisonnable pour que les fabriques et les marchandises pussent le supporter. Et comme la consommation est moins grande, il seroit nécessaire de chercher quelque fonds pour fournir la subsistance aux ouvriers qui n'auroient pas du travail. Ce fonds ne se pourroit pas faire par les aumônes ou par les charités des personnes qui sont en état de donner; il seroit bon d'en chercher quelque autre qui fût supporté également par tout le monde. J'avois d'abord eu en pensée de vous proposer de donner quelque augmentation sur les entrées du vin, pour une année seulement; mais elles sont déjà si chargées, qu'il n'est pas à propos d'en augmenter le prix. D'ailleurs, la gelée a ruiné toutes les vignes de ce gouvernement, et cette augmentation ne serviroit de rien. Les douanes sont si fort remplies de droits, qu'il est impossible d'en trouver de nouveaux. Il ne nous reste d'autre moyen que celui de faire vendre le pain des personnes riches un peu plus cher que celui des pauvres, c'est-à-dire 3 deniers la livre de plus que ce qu'il se vend ordinairement, pour employer

le produit au soulagement de ces pauvres malheureux, en leur fournissant leur simple subsistance, ou en remettant les fonds aux marchands-fabricants pour les faire travailler. L'on concerteroit encore plus parfaitement ce qui conviendroit le mieux à leur bien et à leur avantage; mais, dans tous sens, l'on les obligeroit de se retirer chez eux sous de rigoureuses peines; l'on seroit en droit de le faire, au lieu que, présentement, il y auroit de la cruauté de les y contraindre. N'ayant pas de quoi vivre, il est juste de leur laisser la liberté de chercher leurs vies. Les aumônes ordonnées par arrêt du Parlement en ce cas ne devroient plus être exigées, parce que tous ceux qui sont en état de donner feroient une aumône certaine. Il n'y auroit plus que les gueux de profession, qui trouvent toujours les moyens de se faire assister; ceux-ci ne souffrent pas : leur industrie leur fait un métier qui leur fournit de quoi vivre.»

Le 12 novembre suivant, M. Trudaine (voir aussi une lettre des entrepreneurs, en date du 27 janvier précédent, et un mémoire du sieur Titon, joint à une lettre de M. Prondre, du 2 juin) demande des secours pour les ouvriers de la manufacture d'armes de Saint-Étienne, dont une nombreuse députation est venue jusqu'à Lyon. Le contrôleur général répond, le 1er décembre : «Je le prie de faire des réflexions sérieuses sur l'état de la fabrique de Saint-Étienne, et comment il veut qu'on envoie des fonds de Paris quand on ne peut recevoir ceux de la généralité, qui devroient être employés par préférence à payer cette dépense. Si vous ne voulez comprendre dans quel état fâcheux vous nous faites tomber par la cessation entière de ces recouvrements, et prendre de justes mesures pour faire payer la taille et la capitation, vous me réduirez à la nécessité de soutenir (?) et la manufacture et les autres dépenses de l'État.» Voir une lettre de M. Méliand, successeur de M. Trudaine, du 8 août 1710.

---

449. *Le Contrôleur général aux Intendants.*

14 Juin 1709.

«Comme le principal objet des déclarations ordonnées par le règlement général du 27 avril dernier doit être d'avoir une connoissance autant exacte qu'il est possible des provinces et généralités qui ont suffisamment de grains pour la nourriture de leurs habitants, de celles qui en ont trop et qui peuvent fournir aux autres, et de celles, au contraire, qui manquent, comme aussi des quantités que les unes peuvent donner et que les autres doivent recevoir, et qu'on ne peut parvenir à cette connoissance sans savoir à peu près ce qu'il y a de peuple dans chaque province et généralité, le Roi m'a ordonné de vous écrire que vous fassiez faire au plus tôt, par des personnes de confiance, vos subdélégués ou autres, des dénombrements exacts de ce qu'il y a d'habitants dans chaque ville, bourg ou village de votre département, conformément au modèle ci-joint. Les rôles des tailles, dans les pays taillables, et ceux de la capitation donnent une facilité pour ces dénombrements. Il n'est question que d'y ajouter les enfants, les prêtres, les religieux et religieuses; car je suppose : 1° que les nobles et exempts et les bourgeois et habitants des villes franches ou abonnées sont compris dans les rôles de la capitation, outre que les nobles et exempts doivent être, par un chapitre séparé, à la fin du rôle des tailles; et en second lieu, que les valets et servantes sont aussi compris dans les rôles de la capitation. A l'égard des pays d'État ou de conquêtes, les rôles de la capitation avanceront beaucoup le travail, et MM. les intendants qui sont sur les lieux trouveront, suivant l'usage de chaque pays et les différentes manières de lever les impositions, des moyens assez semblables à ceux qu'on peut avoir dans les pays taillables. Il ne me reste donc qu'à vous recommander la diligence et l'exactitude, afin que, sur ces dénombrements et sur le résultat des déclarations, le Roi puisse former un plan général à suivre jusqu'à la récolte de 1710.

«En même temps que vous ferez travailler à ces dénombrements, il sera bien nécessaire que, de concert avec les lieutenants généraux des bailliages et sénéchaussées, et sans intervertir l'ordre qu'il a plu au Roi d'établir par sa déclaration du 27 avril, vous fassiez faire un précis de toutes les déclarations fournies, par lequel on puisse connoître ce qu'il y a de grains de toute espèce dans chaque lieu, observant de réduire toutes les différentes mesures au quintal pesant cent livres, poids de marc. Il faudra ensuite faire des états en forme de table, divisés par élections, diocèses, bailliages, sénéchaussées, vigueries ou prévôtés, comme les dénombrements *.....»

* Des modèles d'états sont joints à la minute.

Voir les réponses de M. de Saint-Macary, subdélégué général en Béarn, 22 juin, 20 et 23 juillet, 27 août et 12 octobre; de M. de la Bourdonnaye, intendant à Bordeaux, 3 et 22 juin; de M. le Gendre, intendant à Montauban, 3 juillet; de M. de Courson, intendant à Rouen, 17 juin; de M. d'Albaret, intendant en Roussillon, 23 juin et 19 juillet.

Dans sa lettre du 3 juillet, M. le Gendre dit : «.....Vous me marquez que l'objet de ce travail est d'avoir une connoissance exacte de la quantité des grains qui peuvent être dans chaque généralité et de celle qui y est nécessaire pour la nourriture des habitants et pour les semences. Je pourrois, si vous le trouviez à propos, et sans rien changer à l'ordre établi par la déclaration du 27 avril, parvenir à cette connoissance dans toute cette généralité; la chose ne seroit même pas difficile : la dîme de chaque espèce de grains s'y paye en gerbes, et, presque partout, c'est sur le pied du onzième des gerbes; et comme l'on fait actuellement la récolte, il n'y auroit qu'à faire vérifier en même temps, et par les mêmes personnes qui feront l'autre travail, sur quel pied la dîme se paye dans chaque communauté et combien de gerbes elle y aura produit cette année. On vérifieroit ensuite combien de quintaux de grains le cent des gerbes produira communément : avec cela, on sauroit en peu de temps le produit de la récolte de toute la généralité, et l'on pourroit savoir de même, par l'avis de gens experts, de combien de grains les habitants auront besoin pour leur nourriture et pour les semences, et ce qui en restera pour secourir les provinces qui en manqueront ou pour le service du Roi.»

M. Turgot, intendant à Tours, écrit, le 25 juin : «.....Pour le dénombrement des personnes, je joins copie de l'instruction imprimée que j'envoie [à mes subdélégués], dans laquelle je leur observe tout ce que vous me prescrivez pour y parvenir, soit par eux-mêmes dans les paroisses de la campagne, soit par le secours des maires et échevins dans les grosses villes et chefs-lieux. J'espère qu'ils y satisferont et m'envoieront leur état par élection dans quinzaine. Comme ce travail est étendu, et qu'il faut l'accélérer, je prendrai pour règle le nombre de feux ou de cotisés aux tailles ou à l'ustensile, pour les villes, calculés exactement. Il ne seroit pas possible, dans seize cents paroisses, de distinguer les hommes, les femmes et les enfants ou domestiques, sans entrer dans des détails très longs, et qui pourroient alarmer le peuple, au lieu que cette règle sera sûre, prompte et secrète. J'ai estimé l'évaluation d'un feu à raison de six personnes pour chacun, par pied commun, dans toute la campagne, le mari, la femme, une sœur, et trois enfants ou domestiques. Dans les villes et chefs-lieux, où il y a plus d'officiers et de domestiques, j'ai évalué chaque feu à sept personnes : cela ne peut pas aller au delà, et il sera aisé d'en tirer le fruit et de juger en gros de la consommation. Pour le second article, qui est l'état des grains, tous MM. les procureurs du Roi ont dû travailler, en exécution d'une lettre de M. le procureur général du 29 mai dernier, à un état des grains par paroisses disposé comme vous le demandez. J'ai chargé mes subdélégués de demander sous le secret une copie de cet état à MM. les procureurs du Roi, et de me l'envoyer. Il est vrai qu'il sera par bailliage; mais il sera aisé d'y rapporter le dénombrement que j'aurai par élection et par ordre alphabétique, et dont on donnera copie à MM. les commissaires. Dans la table générale, que je vous envoierai, distinguée par ces trois provinces, le total des élections et des bailliages se rapporteront à la même chose pour chaque province. Pour le troisième article, d'évaluer ce qu'il faut pour les semences de l'année prochaine, de déduire les blés de 1708, et de voir ce qui reste à suppléer ou de superflu, j'envoie un modèle à mes subdélégués pour en faire l'estimation par chacune paroisse de leur élection, ou pour m'en faire une observation juste pour le général. La déduction des blés de 1708 dépendra de l'exactitude de MM. les procureurs du Roi à suivre les ordres de M. le procureur général..... Depuis ce temps, j'ai ajouté à la lettre que j'écris à mes subdélégués pour accompagner la lettre et instruction imprimée pour le dénombrement et leur expliquer les deux autres chefs, que, comme il me paroîtroit très utile de réduire l'état des grains à l'ordre des paroisses des élections, toutes les mesures qu'ils doivent prendre pour le réduire à cet ordre, et se servir pour cela des mémoires qui leur seront fournis par MM. les procureurs du Roi des bailliages. Ce sera un second travail à faire après le leur, et assez difficile; mais, comme il n'est pas impossible, je les exhorte à y donner tous leurs soins pour y réussir, et je vais le faire faire ici de cette manière pour le bailliage et province de Touraine.»

Le contrôleur général écrit à M. d'Angervilliers, intendant en Dauphiné, le 6 juillet : «.....Le dénombrement des peuples nous est presque inutile, si, en même temps, nous ne savons à peu près ce qu'il peut y avoir de blés et autres grains dans chaque province. Cependant, si vous trouvez tant de difficultés à connoître exactement ce qu'il en reste dans le Dauphiné, les commissaires du Parlement de Grenoble s'étant particulièrement attachés à faire circuler le blé dans la province, qui étoit le principal objet de leur mission, et les déclarations en conséquence du règlement général du 27 avril n'ayant pas été faites bien régulièrement, vous pouvez vous contenter de prendre des mémoires, les plus exacts que vous pourrez, par le moyen de vos subdélégués ou autres personnes de confiance, de ce qui peut rester de blés de 1708 et années précédentes : à quoi vous joindrez, au moyen d'une nouvelle déclaration du Roi à laquelle on travaille, la connoissance de ce qu'on aura recueilli cette année, soit en blés, soit en menus grains; et sur le tout, vous ferez un plan sur lequel nous puissions compter pour être hors d'inquiétude, et pour les semences de l'automne prochain, et pour la subsistance des peuples jusqu'à la récolte de 1710.»

---

450. *M. Turgot, intendant à Tours,*
au Contrôleur général.

14 Juin 1709.

Il envoie des échantillons d'une racine d'asphodèle qui se trouve dans les forêts et que les habitants de la campagne mélangent avec du blé, dans la proportion de plus d'un quart, pour en faire un pain dont l'usage ne paraît pas être nuisible*.

* Le contrôleur général répond, le 20, que M. Fagon a jugé que cette racine n'était point malfaisante. «Il est fâcheux, dit-il, de voir les peuples réduits à la nécessité de se servir de cette racine; mais, dans le besoin pressant...., il faut leur laisser la liberté d'en user.»

Le 31 juillet, M. le Gendre, intendant à Montauban, écrit : «.....La misère est devenue si grande, que les habitants du Rouergue, n'ayant plus ni noix ni châtaignes, ont cherché dans les racines celle qui pouvoit être propre à soutenir leur pauvre vie. Ils en ont trouvé une, qu'on appelle *asphodèle* ou *aphrodille*, qui, mêlée avec un quart d'orge, fait du pain qui est aussi bon que celui de seigle. On la fait sécher et moudre comme du blé.....»

Voir, sur l'emploi de la même racine, des lettres de M. de la Bourdonnaye, intendant à Bordeaux, de M. Dalon, premier président du Parlement, et de M. du Vigier, procureur général, 7 et 24 septembre et 17 octobre. A la lettre de M. Dalon, du 7 septembre, est joint un fragment de Pline sur l'asphodèle, et à celles de M. du Vigier et de M. l'archevêque de Bordeaux, du 24 septembre, un rapport de médecin.

Le 30 août, M. de Bâville, intendant en Languedoc, envoie des morceaux d'un pain fait avec du blé et diverses racines, entre autres celle du chiendent.

---

451. *Le Contrôleur général*
au sieur Féloneau, receveur du paulet à Nantes.

15 Juin 1709.

«Que, sur l'avis qu'on a eu qu'il avoit depuis longtemps fait des achats de blé pour les vivres de la marine, ce qui lui a donné une connoissance entière des lieux où l'on en pourra trouver dans les évêchés de Vannes et de Quimper, on a jeté les yeux sur lui pour en faire un achat jusques à mille tonneaux de froment. Qu'il est nécessaire qu'il garde sur cela un grand secret et qu'il fasse ses achats sur le pied du service de la marine, et qu'il dise qu'il n'a ordre d'en acheter qu'une petite quantité, afin de n'en pas faire augmenter le prix. Qu'il se transporte sur les lieux, s'il le juge nécessaire, à moins qu'il n'ait des gens fidèles et entendus qu'il puisse charger de faire ces achats avec toute la précaution nécessaire. Qu'il peut promettre de les payer argent comptant lorsqu'on les lui livrera, et qu'on lui fera fournir les fonds nécessaires par les Monnoies de Rennes et de Nantes. Qu'il prenne la précaution d'éviter, autant qu'il pourra, la concurrence avec le sieur Kermabon, marchand à Auray, qui est chargé d'en acheter pour Paris. Que, comme on a dessein de faire charger ces froments, autant qu'on le pourra, dans les ports de l'évêché de Saint-Brieuc, il sera bon qu'il fasse ses achats dans les lieux les plus proches, pour éviter la difficulté du transport par terre. Que le Roi a chargé M. des Grassières de lui aider les secours nécessaires pour l'embarquement de ces grains; [qu']il ait soin de s'entendre avec lui, tant sur les achats qu'il aura faits que sur ce qui regarde l'embarquement; que ledit sieur des Grassières se rendra pour ce service incessamment à Nantes. Qu'il jugera aisément par lui-même de l'importance de ce service-là, qui demande et beaucoup de diligence et beaucoup de secret, et qu'il ménage le prix des blés le mieux qu'il lui sera possible, et ait soin de me rendre compte tous les ordinaires de ce qu'il fera *.»

* Le même jour, le sieur Barraly, directeur de la Monnaie de Rennes, est averti que, faute d'une compagnie pour faire les achats de blé nécessaires au service des vivres, on a résolu d'acheter tout ce qui se trouvera de froments dans les évêchés de Saint-Brieuc et de Tréguier, et qu'on veut charger de ce soin le sieur Ralet, qui est sous ses ordres pour la direction des devoirs dans l'évêché de Saint-Brieuc, homme fort entendu et instruit de ce qu'il peut y avoir de grains dans les deux évêchés. L'opération doit être menée secrètement et avec une grande diligence. «On a eu avis que M. le président de Cucé a, dans l'évêché de Saint-Brieuc, la quantité de cent vingt mille boisseaux de froment, et il est à propos qu'il en fasse le marché avec lui, observant de stipuler que les blés seront bien conditionnés, et de ne pas marquer audit sieur président de Cucé pour qui il les achète.» Les fonds de la Monnaie furent employés à ces achats : lettre du 1er juillet.

Sur les démarches faites pour trouver des compagnies ou des particuliers qui pussent faire les avances, à recouvrer sur le Don gratuit et la capitation de 1710, voir les lettres du contrôleur général à M. Ferrand, intendant en Bretagne, 22 et 25 mai.

---

452. *M. l'Évêque de Bayonne*
au Contrôleur général.

15 Juin 1709.

«.....Le mauvais temps nous faisant craindre avec raison que la récolte prochaine ne périt, j'employai la plus sûre ressource que nous ayons contre de pareils malheurs, qui est de s'adresser à Dieu : j'ordonnai des prières, j'exhortai à un jeûne général dans mon diocèse, qui se fit lundi dernier avec la même exactitude que s'il avoit été de précepte, et, pour exciter autant qu'il est en moi la dévotion des Bayonnois et attirer leurs aumônes, je fis, dimanche, l'ouverture des prières publiques par un sermon *, auquel la reine douairière d'Espagne assista. Mardi, nous avons vu le temps se mettre au beau, et, depuis qu'il y est, la campagne se rétablit..... J'ai vu avec un extrême plaisir l'indignation dans laquelle on est généralement entré lorsqu'on a appris les conditions de paix que proposoient les ennemis du Roi. Nous espérons que Dieu confondra leur insolence. Si S. M. jugeoit à propos de la faire connoître à ses sujets par un manifeste, il me semble que cela ne pourroit produire que de bons effets **.....»

* Le texte d'un mandement est joint à la lettre.

** Des lettres de M. l'évêque de Bayeux, 13 mai, et de M. l'archevêque d'Aix, 22 mai, annoncent l'ouverture de prières publiques, conformément aux ordres du Roi.

---

453. Le Contrôleur général
aux Intendants.

16 Juin 1709.

«On a proposé * au Roi d'ordonner par un arrêt du Conseil, à tous «propriétaires ou fermiers de terres labourables», de travailler dès à présent à donner aux terres la seconde et la troisième façon, laquelle plusieurs négligent de donner à cause de l'impuissance dans laquelle ils sont d'avoir des blés pour semer l'automne prochain. S. M. a jugé qu'il y auroit beaucoup d'inconvénients à cette alternative de *propriétaires ou fermiers*, laquelle feroit croire aux laboureurs qu'il est décidé que c'est aux propriétaires à faire labourer, si mieux ils n'aiment assurer dès à présent leurs fermiers et laboureurs de leur fournir l'automne prochain les grains nécessaires pour les semences. Or, il n'est pas possible de faire sur cela une règle générale, puisque quelques laboureurs recueilleront de quoi semer, d'autres auront un quart, un tiers, moitié, ou plus ou moins. Il pourra aussi arriver que quelques-uns ne recueilleront rien. Il seroit donc bien à propos que vous entendissiez quelques-uns des meilleurs esprits, soit officiers ou autres de chaque élection ou district de votre généralité, que vous prissiez leurs avis, et que, sur le tout, vous fissiez un projet ou mémoire de ce qui peut convenir en général pour la province **.»

* Voir la lettre de M. de Harouys, intendant en Champagne, du 8 juin précédent, à laquelle le contrôleur général répond, le 16, par une lettre particulière, dont le commencement diffère du texte de la circulaire.

** Il écrit, le 2 juillet, à M. Turgot, intendant en Auvergne : «.....La déclaration du 11 juin, qui doit avoir été envoyée dans les bailliages et sénéchaussées d'Auvergne, établit bien quelques règles pour assurer la culture des terres; mais il y a quelque chose de plus à faire, qui consiste à examiner de quelle manière on pourroit se défendre de la mauvaise volonté des laboureurs, qui semblent avoir comploté tous ensemble de ne point labourer les terres de leurs fermes et exploitations à moins que leurs maîtres ne les assurent de leur fournir la semence l'automne prochain et ne les déchargent dès à présent de la redevance de la présente année.....» L'intendant envoie, le 31, ses observations sur un projet de faire faire une seconde visite et d'imposer le prêt obligatoire des grains aux détenteurs qui en auraient de disponibles.

Le 16 août, M. Boisot, premier président du Parlement de Besançon, envoie un mémoire sur la difficulté de faire faire les semences à cause de la rareté du froment nouveau et de sa cherté. «L'idée commune, dans les lieux où le froment a manqué, dit-il, est de semer, pendant l'automne, peu de terres de froment, si les blés propres à semer sont chers, et de semer d'orge, au printemps prochain, les terres qu'ils n'auront pu semer de froment en automne : ce qu'ils feront sans doute, s'il n'y a un prix modéré sur les semences; d'où il s'ensuivra que le froment sera longtemps rare et cher, parce qu'on n'en aura pas suffisamment resemé cette année. Ces raisons font dire qu'il faut faciliter autant qu'il est possible, et que l'équité le permet, les semailles de cet automne. Le moyen le plus sûr est de faire mettre dans Besançon cinquante mille mesures de froment nouveau par une répartition qui sera faite sur plus de cinq cents communautés de la Montagne qui ont, cette année, abondance de blé, pour être lesdits blés vendus, au prix qui sera réglé, à ceux qui voudront le semer cet automne.....» Il dit que ce plan, qui aura en outre l'avantage de régler, dans certaines limites, le prix du blé, pourra être facilement exécuté en portant contrainte par corps et par biens contre les deux échevins et les six plus riches habitants de chaque communauté. Le contrôleur général répond, le 6 septembre : «.....Le Roi est persuadé qu'il suffit qu'une grande partie du Comté ait assez de froment pour en fournir au surplus du pays qui n'en a point; qu'il faut laisser agir l'industrie des particuliers, lesquels ne manqueront pas d'aller dans la Montagne chercher les blés de semence dont ils ont besoin; qu'on s'est aperçu et qu'on s'aperçoit tous les jours que, plus on a gêné et contraint les laboureurs et ceux qui ont du blé à vendre, et plus on a voulu prendre de précautions pour les obliger à diminuer les prix, plus ils ont trouvé d'expédients pour l'augmenter; et enfin qu'il ne convient point de faire dans Besançon le magasin que vous proposez.....»

Le 5 septembre, M. Roujault, intendant à Poitiers, blâme le projet d'étendre le privilège des ecclésiastiques, gentilshommes, etc., qui rétabliront leurs métairies : «.....Presque toutes les métairies vacantes de cette province appartiennent à des gentilshommes qui, par pique contre les paroisses, à cause de la prétendue surcharge de leurs métairies aux impositions, en ont ôté les bestiaux et chassé les métayers. En fixant le taux de ces métairies et empêchant qu'on puisse saisir les bestiaux et les foins et pacages, on redonne aux paroisses les deux tiers de ce que ces métairies portoient avant l'abandonnement; mais, si, au lieu de mettre des laboureurs dans ces métairies, on les donne par augmentation aux privilèges des gentilshommes pour les faire valoir sans payer de taille, c'est faire perdre aux paroisses les procès qu'elles ont avec ces gentilshommes. Mais il y a plus : ces métairies, quoique abandonnées, ne laissent pas d'etre à la taille actuellement, parce qu'on ne peut faire autrement et qu'on ne sait sur qui asseoir les impositions dans les paroisses..... Si vous donnez présentement toutes ces métairies aux gentilshommes, même par extension à leurs privilèges, ce sont autant de taux de l'année 1709 que vous allez ôter, pendant trois ans, des paroisses, et il y en aura beaucoup où il sera absolument impossible de payer la taille.....» Il avait proposé, pour exciter les gentilshommes à mettre des métayers taillables dans les lieux qu'ils faisaient valoir par leurs mains, de faire jouir ces lieux, pendant trois années, du privilège offert aux métairies abandonnées, en ne payant que moitié de la taille qu'ils portaient auparavant; mais, cette proposition n'agréant pas, il la retire.

Sur la préparation des déclarations qui furent rendues pour assurer l'ensemencement des terres, et sur les mesures prises pour éviter des conflits ou des défauts d'entente entre les propriétaires et les fermiers, ainsi que sur la déclaration relative aux rentes payables en grains, voir diverses lettres du procureur général Daguesseau, chargé d'en rédiger la teneur, 24 juillet, 3 août, 6, 8 et 16 octobre, et une lettre de M. le président de Maisons, 6 août.

---

454. *M. de Bouville, intendant à Orléans,*

au Contrôleur général.

16, 23, 26, 27 et 28 Juin 1709.

Débordement de la Loire*.

* Voir les lettres des officiers du présidial de Tours, 21 juin, et de l'intendant, M. Turgot, 29 juin; de M. Aubry, lieutenant général de Tours, 17 juin et 17 juillet, et des maire et échevins, 20 juin; de M. l'évêque d'Angers, 23 juin; de M. Chauvelin, successeur de M. Turgot, 22 novembre.

En 1711, de nouveaux débordements ayant eu lieu à la suite de la rupture des rochers qui se trouvaient dans le lit du fleuve entre Saint-Rambert et Roanne, on résolut de faire construire des digues aux piles de Pinay, au château de la Roche et à l'ancien pont de Saint-Maurice : voir les lettres de M. Méliand, intendant à Lyon, 27 juin et 24 septembre 1711, et de M. de Bercy, intendant des finances chargé de la direction des travaux, 23 septembre. Dans cette dernière lettre, M. de Bercy dit : «J'ai séjourné lundi à Moulins, où j'ai vu les débris du plus bel ouvrage qui ait jamais été fait. J'y mis en règle tout ce qui pouvoit regarder les prétentions de l'entrepreneur.....»

---

455. *M. Daguesseau fils, procureur général au Parlement de Paris,*

au Contrôleur général.

17 Juin 1709.

«On se plaint, de tous côtés, du grand tort que les cerfs, les biches et les sangliers font aux biens de la terre, et il n'y a que l'autorité du Roi qui puisse remédier à ce désordre. Il y auroit, sans doute, beaucoup de danger à autoriser la liberté, que les paysans se donnent déjà en plusieurs endroits, de tuer les bêtes fauves et autres qui leur causent un dommage considérable : ce seroit les accoutumer aux attroupements et aux armes, et ils n'y ont déjà que trop de disposition; mais je ne sais si le Roi ne jugeroit pas à propos d'adresser à MM. les intendants un certain nombre de permissions, qu'ils remettroient entre les mains de gentilshommes sages et incapables d'en abuser, qui, en prenant le divertissement de la chasse, rendroient un service très sérieux et très réel au public. Si cette voie vous paroît pouvoir être mise en usage, j'espère que vous voudrez bien la proposer au Roi et recevoir les ordres de S. M., pour la faire exécuter incessamment*.»

* Une lettre anonyme, écrite des environs de Rouen, en 1709, dit : «Les habitants du Bois-d'Annebourg, Bois-l'Évêque, Saint-Jacques, Quévreville, Rencherolles, Fontaine, Isneauville, ...voisins de la terre de Préaux, [ont] le malheur de voir leurs grains mangés et désolés tous les jours par la quantité des bêtes fauves dont la forêt de Préaux est remplie..... On voit aujourd'hui des douzaines de biches courir dans les grains..... Le médiocre prix du grain a été cause qu'on a souffert son mal avec plus de patience..... Les temps sont bien changés : ce qui valoit 20 s. coûtera plus d'une pistole; il est bien fâcheux de voir ravager des pièces de blé assez bonnes pour l'année, parce qu'elles ont été à l'abri des bois, sans oser s'y opposer..... [On pourroit remédier] en permettant aux particuliers de faire main basse sur les bêtes fauves, quand ils feront du dégât, et en ordonnant des chasses publiques pour les exterminer..... [Ce] qui seroit tué seroit distribué aux pauvres du pays.....»

Le 29 novembre, le sieur de Grandpont, de Langres, propose d'accorder aux bourgeois et gens aisés, moyennant une taxe, le droit de porter des armes et de chasser dans certaines conditions.

Le 17 août, M. d'Ormesson, intendant à Soissons, examinant une autre lettre anonyme relative aux dégâts commis dans les champs par les pigeons des colombiers seigneuriaux, conclut à ce qu'on ne les renferme point, ce qui serait contraire aux droits des seigneurs et causerait la mort de ces pigeons et la cessation de la consommation qui s'en fait. M. de Harouys, intendant en Champagne, se plaint, le 13 août, que le lieutenant général de Senlis se soit permis, sans consulter l'intendance, dont quatre élections sont de son ressort, de rendre un règlement sur les pigeons, qui paraît général pour toute la Champagne.

---

456. *Le Contrôleur général à M. Trudaine, intendant à Lyon.*

19 Juin 1709.

«Le Roi ayant jugé à propos de choisir pour commissaires à la visite des blés, en exécution de la déclaration du 27 avril dernier, des personnes qui ne fussent point du pays dans lequel leur commission doit s'exercer, afin que nulle considération et nulle crainte ne puissent les empêcher de faire tout ce qu'ils doivent pour tirer de cette commission le fruit qu'on en doit attendre, S. M. a choisi, pour votre généralité, le sieur Bolacre, lieutenant général au bailliage de Moulins, qui part pour se rendre auprès de vous. Comme une personne ne suffit pas pour une aussi grande étendue de pays, il est nécessaire qu'il subdélègue, suivant la faculté qui lui en est donnée par la déclaration du 7 mai. Vous devez lui indiquer des sujets propres et en qui il puisse prendre confiance, observant de dépayser ceux que vous indiquerez, en sorte que chacun aille à huit ou dix lieues de chez soi, dans un canton où il n'ait que peu ou point d'habitudes. Vous donnerez ensuite audit sieur Bolacre tous les avis et toutes les lumières dont vous jugerez qu'il peut avoir besoin*..... »

* Une lettre semblable avait été adressée, du 8 au 19 juin, aux autres intendants. Voir les propositions faites par MM. de la Houssaye, intendant en Alsace, 8 juillet; de la Bourdonnaye, à Bordeaux, 14 juillet; de Courson, à Rouen, 28 juin et 19 juillet; Turgot, à Tours, 12 et 31 juillet; de Pontcarré, premier président du Parlement de Rouen, 19 juillet, etc.

Le 18 juin, le contrôleur général écrit à M. Daguesseau que les commissaires doivent, avant tout, ne point se commettre avec les intendants, ne demander des ordres qu'à lui-même, contrôleur général, ou à M. de Vaubourg, et garder un secret inviolable sur les quantités de blé qu'ils trouveront.

Voir encore, au sujet de la nomination et des attributions de ces commissaires, les lettres du contrôleur général, du 19 juin, à M. de Harouys, intendant en Champagne, et du 28 juin, à M. de Bernières-Bautot, procureur général au Parlement de Rouen.

Le contrôleur général ayant écrit, le 29 juin, aux évêques et archevêques du ressort du Parlement de Paris qu'ils eussent à commettre des dignitaires ecclésiastiques pour assister les commissaires dans la visite des maisons religieuses, l'évêque de Châlons répond, le 8 juillet : « ..... J'écris une lettre circulaire à tous les doyens et promoteurs ruraux de mon diocèse, de donner aux commissaires toutes les lumières qu'ils pourront dans leurs cantons. J'ai aussi indiqué à ces Messieurs d'autres curés que je connois être au fait des grains et des besoins de la campagne, afin qu'ils s'en servent, s'ils en ont besoin. Je leur ai remis des déclarations fort détaillées des huit plus grands doyennés de mon diocèse, dans lesquelles est marqué avec assez d'exactitude le nombre des terres labourables de chaque terroir, le nombre des feux, des bouches et des communiants..... »

M. l'archevêque de Paris écrit, le 5 juillet : « ..... C'est une nouvelle marque de la piété du Roi de vouloir que les commissaires pour la visite des blés qui seront obligés d'entrer dans les maisons religieuses ou communautés ecclésiastiques soient assistés dans cette fonction par quelques personnes constituées en dignité ecclésiastique. Il y a des gens qui ne voudroient pas cette cérémonie, quelque convenable qu'elle soit. Je ferai avec grand plaisir ce que S. M. m'ordonne sur cela; mais il faudroit que je susse qui sont ces commissaires et dans quelles maisons de ma juridiction ils désireront d'entrer. D'abord que je le saurai, je nommerai des ecclésiastiques pour les accompagner, qui porteront tous les pouvoirs nécessaires..... »

M. l'évêque du Mans écrit, le 14 juillet : « ..... J'ai envoyé, dans toutes les villes de mon diocèse où il y a des monastères de religieuses, mes ordres à ceux à qui j'ai donné la direction et la conduite de ces religieuses, de faire ouvrir la porte à MM. les commissaires et de les accompagner au dedans pour faire cette visite et ouvrir tous les lieux. A l'égard des couvents qui sont en cette ville, il n'y aura point d'autre commissaire que moi..... »

---

457. *M. Phélypeaux, intendant à Paris,*
au Contrôleur général.

19 Juin 1709.

Il examine une requête par laquelle l'abbé et les chanoines réguliers de Saint-Quentin* de Beauvais demandent à consacrer aux réparations de leur église la somme qu'ils devraient porter au Trésor royal, provenant de la vente de leurs bois, et, si besoin est, celle qu'ils retireraient d'une coupe des bois réservés. Comme les dégradations de l'église ne proviennent point d'un manque d'entretien, mais des inondations, cette requête doit être accueillie*.

* Le 2 janvier 1710, le contrôleur général écrit à M. Bignon de Blanzy, successeur de M. Phélypeaux, au sujet d'une demande analogue faite par M. l'abbé de Lorraine et les religieux de l'abbaye de Royaumont : « ..... S. M. a jugé à propos de vous renvoyer [cette demande] pour faire vérifier et estimer ces réparations, en observant de n'y comprendre que celles qui sont causées par des accidents, et non point les autres qui peuvent provenir de caducité ou de défaut d'entretien, qui, comme vous savez, doivent être à la charge des bénéficiers et prises sur les revenus ordinaires..... »

Le 25 février 1709, M. de Harouys, intendant en Champagne, fait son rapport sur une demande des habitants de Grand-en-Ornois tendant à vendre le quart de réserve de leurs bois communaux pour fournir aux réparations de l'église, de la maison curiale et de l'abreuvoir public.

---

458. *M. Lebret fils, intendant en Provence,*
au Contrôleur général.

19 Juin 1709.

Précautions à prendre contre la peste qui règne dans les Échelles du Levant, et que les convois de blé pourraient introduire à Marseille*.

* Voir une lettre de M. de Grignan, lieutenant général en Provence, 8 août 1708, au sujet d'une épidémie de *rose* qui régnait alors en Sardaigne.

---

459. *M. de Brilhac,*
premier président du Parlement de Bretagne,
au Contrôleur général.

19, 21, 26 et 30 Juin, 21 Juillet 1709.

Le Parlement de Rennes rachète sa capitation, en partie au moyen d'un emprunt, et en partie par une compensation de l'arriéré des augmentations de gages*.

* En apostille à la lettre du 21 juillet : « ..... Je n'ai pu croire que vous et votre Compagnie eussiez effectivement dessein de penser à affranchir votre capitation, quand j'ai vu, par toutes les lettres qui me sont revenues des provinces et dont je vous envoie l'extrait de quelques-unes, que cette prétendue lettre que j'ai écrite au Parlement de Rennes, qui, par l'éclaircissement, s'est trouvée la méprise d'un commis, lequel a envoyé au Parlement de Rennes la lettre qui avoit été destinée pour les trésoriers de France d'un bureau des finances

qui refusoit d'exécuter les engagements qu'il avoit pris pour le rachat de sa capitation, que cette prétendue lettre, dis-je, avec les copies de la réponse, avoit été envoyée à Paris à un nombre infini de personnes; qu'elle a de plus été envoyée *à tous les autres Parlements*, et que les copies qui en ont été envoyées à Rouen ont contribué à la sédition qui y est arrivée, en sorte qu'on a eu lieu de croire que le Parlement de Rennes avoit cherché à soulever tous les autres Parlements afin de faire cesser la bonne volonté qu'ils avoient témoignée d'affranchir leur capitation. Je ne dois pas omettre de vous dire que tout Paris a publié que c'étoit vous qui aviez fait la réponse, et que la plupart des officiers m'ont affirmé n'y avoir aucune part..... Cette lettre n'a pas laissé de faire un mauvais effet pour le service du Roi; mais je n'ai point voulu relever tout ce qui s'étoit passé, dont S. M. auroit eu lieu de n'être pas satisfaite, persuadé qu'il est plus sage et plus prudent de laisser tomber de pareils incidents que de les relever. Je finis en vous disant que l'affranchissement de la capitation est libre, que le Parlement de Rennes peut prendre sur cela le parti qui conviendra le mieux à ses intérêts, s'il est déterminé à racheter......»

Voir deux lettres de l'intendant, M. Ferrand, 25 septembre et 3 novembre.

---

460. *M.* D'ARGENSON, *lieutenant général de police à Paris,*
AU CONTRÔLEUR GÉNÉRAL.

22 Juin 1709.

«Nos marchés se sont un peu mieux passés aujourd'hui qu'ils ne se passèrent mercredi dernier; mais le pain bis n'y est jamais assez abondant, et l'autre, qui est toujours plus blanc que ne l'ordonne l'arrêt, dure jusqu'au soir. Le concours des bourgeois, des domestiques et des pauvres qui veulent avoir du pain bis (dont je maintiens toujours le prix à 3 s., pendant que le bis-blanc est à 5 s. 6 d.) donne lieu à cette vente si précipitée, et, si je ne fournissois des suppléments à la fin de la vente pour consoler les pauvres femmes qui ne peuvent acheter de ce dernier pain, ce seroient des cris, des larmes et des plaintes séditieuses, qui les porteroient peut-être jusqu'au désespoir. Je suis même obligé d'avoir une attention continuelle dans tous les quartiers, pour consoler de malheureuses personnes accablées d'enfants et d'infirmités, qui manquent de tout secours, et les empêcher de périr; vous jugez bien que 1,000# ne vont pas loin pour suppléer à tant de besoins, et, si je pouvois trouver dans mes revenus particuliers une plus grande partie de ces suppléments, je me garderois bien de vous être à charge par mes demandes. J'aurai l'honneur de vous présenter tous mes comptes mercredi ou jeudi prochain*.....»

* La distribution de ces suppléments d'argent se continua jusqu'à la Saint-Martin de l'année suivante: lettres des 18 et 22 mai, et 16 juin 1709; 12 janvier, 6 février, 5 juin, 5 juillet et 16 octobre 1710.

---

461. *M.* DE BÂVILLE, *intendant en Languedoc,*
AU CONTRÔLEUR GÉNÉRAL.

22 Juin 1709.

«J'ai jugé, avant de partir de Montpellier, le nommé Duffour, ci-devant receveur des gabelles, qui avoit altéré l'état du Roi et s'étoit fait payer par le commis à la recette générale 10,000# plus qu'il n'étoit *porté par l'état*. Il a été, selon moi, assez mal jugé par contumace, n'ayant été condamné qu'à un bannissement perpétuel hors du royaume; il passa *in meliorem* à cet avis, les autres juges ayant pris celui de la mort, que le crime sembloit mériter, puisque c'étoit une fausseté et un vol fait par un officier dans la fonction de sa charge. Mais c'étoit un homme de Montpellier, pour lequel il m'a paru qu'on avoit eu trop d'indulgence. Le jugement de cette affaire m'a fait connoître beaucoup d'abus dans la manière de disposer des deniers assignés sur les gabelles. Le commis payoit sur la copie de l'état du Roi, non signée des trésoriers de France, qu'il est très facile de falsifier; il payoit encore sans que les récépissés fussent visés par le directeur des fermes, et donnoit des rescriptions sur les receveurs particuliers sans qu'il en eût aucune connoissance: d'où il arrive que ce receveur général peut faire des deniers de la ferme ce qu'il veut, sans que le directeur en ait aucune connoissance.....»

---

462. *M. l'Évêque d'Auxerre*
AU CONTRÔLEUR GÉNÉRAL.

23 Juin 1709.

«.....Nous nourrissons plus de treize cents malheureux, à qui nous donnons tous les jours des potages. Le clergé en a pris sur son compte la quatrième partie; j'en ai sur le mien cent cinquante. Ce n'est point pour mériter vos louanges, quoiqu'assurément j'en fasse grand cas, que j'ai l'honneur de vous faire ce récit, mais seulement pour faire connoître au Roi mon empressement à exécuter ses ordres. Je me suis réduit à la grosse viande et au pain bis pour pouvoir faire des efforts pour les pauvres. Je n'ai plus d'autre ressource que dans une partie de ma vaisselle d'argent: l'autre est déjà hypothéquée. Je l'envoierai au premier jour à Paris, pour la vendre. Je crois que le Roi aimera autant que j'emploie ce qui pourra m'en revenir à lui conserver des sujets*.....»

* Le 29 mai précédent, M. de Foresta-Colongue, prévôt de l'église cathédrale de Marseille et vicaire général de l'évêché, avait proposé de consacrer au soulagement des pauvres la valeur des ornements de plusieurs images de la Vierge et une fondation de 3,600# de rente appartenant à une chapelle qui ne l'employait qu'en décorations et en luminaire.

Le 14 juillet, répondant aux questions ou propositions de M. l'évêque d'Apt, le contrôleur général dit: «Quoique le Roi trouve quelque espèce d'indécence à retrancher cette année les prédications du carême *dans toutes vos paroisses* à l'exception de la ville épiscopale, néanmoins, comme c'est une chose qui dépend de vous, et que le retranchement sera fait pour un bon motif, S. M. se remet à vous de concerter avec MM. Lebret père et fils et de faire ce que, tous trois ensemble, vous aurez estimé convenable. Le Roi trouvera bon que vous en usiez de même à l'égard des deniers destinés aux ornements des églises, lesquels sont entre les mains des consuls, et à l'égard du prix de la danse, du saut, du palet et autres exercices, duquel prix, suivant l'usage de la province, le décimateur est chargé.»

---

463. *M. le Guerchoys, intendant en Franche-Comté,*
AU CONTRÔLEUR GÉNÉRAL.

23 Juin 1709.

Il se plaint que les Suisses, connaissant le mauvais état des vignes, presque toutes gelées pendant l'hiver, et prévoyant une hausse certaine des prix, enlèvent tous les vins de la Franche-Comté, et demande s'il n'y aurait pas lieu, en revanche, de leur imposer d'apporter du blé ou de l'orge*.

* Dès le 9 juillet, un arrêt ayant été rendu pour défendre la sortie des vins, il ne fut plus accordé que des permissions extraordinaires et nominales. (Lettres des 8 septembre, 22 octobre, 1er et 8 décembre suivants.)

464. LE CONTRÔLEUR GÉNÉRAL
à *M. de la Croix, receveur général des finances.*

24 Juin 1709.

« Il me revient que le désordre recommence dans les assignations qui sont tirées sur les receveurs généraux : ce qui influe sur tous les billets, et par conséquent sur le crédit général. Voyez, je vous prie, avec cinq ou six de vos confrères des plus affectionnés au service, s'il n'y auroit point quelque expédient à trouver pour tâcher d'empêcher le discrédit général. Vous savez que j'ai fait de mon côté tout ce qui a dépendu de moi pour vous mettre tous en règle. Je vous ai abandonné tous les fonds des recettes générales pour retirer vos billets; si les temps avoient répondu à mon attente, vous auriez été tous remboursés cette année; mais, les malheurs qui sont arrivés n'ayant fait que suspendre mes bonnes intentions, je vous prie de dire à tous vos confrères que je leur demande instamment de concourir avec moi à soutenir ce choc, et surtout qu'ils n'effarouchent point les porteurs d'assignations et de billets. Je sais qu'il y en a plusieurs qui ne demanderont pas mieux que de continuer en leur payant les intérêts comptant du retardement et en faisant leurs billets pour retirer les assignations. J'ai déterminé le Roi à faire raison à ceux qui seront de bonne volonté de ce qui pourra leur en coûter pour les avances extraordinaires. Ainsi, vous voyez que je prévois à tout en vous laissant les fonds de vos recettes générales, qui ne peuvent point manquer de revenir tôt au tard, et en vous dédommageant de ce qui vous en aura coûté pour contribuer à soutenir le service dans un temps aussi difficile. Je vous prie, venez jeudi matin me rendre compte de ce que vous aurez fait en conséquence de ma lettre. Je suis absolument à vous. »

465. *M. Bignon de Blanzy, intendant à Paris,*
AU CONTRÔLEUR GÉNÉRAL.

24 Juin 1709.

Mise en liberté, sous simple caution, des collecteurs qui ne sont point accusés de détournement de recettes.

466. *M. le Blanc, intendant en Flandre maritime,*
AU CONTRÔLEUR GÉNÉRAL.

27 Juin 1709.

Il expose que, si les navires neutres avaient permission d'introduire à Dunkerque des sels, des vins et des eaux-de-vie, cette importation serait très préjudiciable aux marchands de la ville qui ont de pareilles denrées en magasin ou qui pourraient en faire venir de Bretagne. Tout au moins faudrait-il exiger que ces neutres commençassent par apporter un chargement de blé*.

* Selon une lettre de M. de Pontchartrain, du 5 du même mois, M. le Blanc avait demandé qu'on ordonnât aux armateurs français d'amener à Dunkerque tous les navires neutres qu'ils rencontreraient chargés de grains pour les pays ennemis.

467. *M. de Grignan, lieutenant général en Provence,*
AU CONTRÔLEUR GÉNÉRAL.

27 Juin 1709.

« Par les dernières lettres que j'ai eues d'Italie, je vois que, quoiqu'il se fasse des mouvements d'artillerie et de munitions de Finale en Piémont, les Génois ne croient pas que les véritables desseins de M. le duc de Savoie cessent de les regarder. Ils craignent toujours pour Savone, et tâchent de mettre leur pays en état de défense. L'investiture du Vigevanois accordée enfin à M. le duc de Savoie faisoit juger aux Italiens que ce prince s'étoit de nouveau fortement attaché aux intérêts de la cour de Vienne. Les mêmes avis que j'ai eus d'Italie dans ces derniers temps parloient du dessein que les Camisards des Cévennes avoient de faire du mouvement : ce qui confirme toujours qu'ils sont excités par des puissances étrangères. Je continue, de ces côtés ici, de prendre les mêmes précautions dont j'ai eu l'honneur de vous informer; et les mêmes établissements que j'ai faits en divers endroits pour empêcher le transport de grains de Provence à Avignon et dans le Comtat, servent à cette autre fin, d'empêcher la communication, par ce pays-là et par la principauté d'Orange, des nouveaux convertis de Dauphiné et de Provence avec les Camisards de Languedoc*..... »

* Voir une autre lettre, du 29 juillet, sur les opérations militaires du duc de Savoie.

468. *M. Bignon, prévôt des marchands de Paris,*
AU CONTRÔLEUR GÉNÉRAL.

28 Juin 1709.

Il appuie une requête des marchands épiciers de la ville de Paris demandant que le droit de 10 s. qu'il leur a été permis de lever sur les marchandises déchargées aux ports de l'École, de Saint-Nicolas et du guichet du Louvre, soit augmenté de pareille somme de 10 s. aussi bien au-dessus qu'au-dessous du pont Royal.

469. *M. Bignon, prévôt des marchands de Paris,*
au Contrôleur général.

28 Juin 1709.

Contestation entre l'évêque d'Auxerre et les fermiers généraux, touchant les réparations faites au pertuis de Régennes.

470. *M. de Bernage, intendant à Amiens,*
au Contrôleur général.

28 Juin 1709.

« J'espère que vous recevrez avec la même bonté que vous m'avez toujours témoignée ce que je prends la liberté de vous écrire aujourd'hui pour mes intérêts. Il y a près de seize ans que j'ai l'honneur de servir le Roi dans les provinces, et tous les autres intendants des frontières et des armées non encore récompensés sont beaucoup moins anciens que moi, soit de réception au Conseil, soit de commission. J'ai vu avec bien de la joie M. de Vaubourg monter à une dignité qu'il avoit méritée depuis longtemps indépendamment de la proximité qui est entre vous et lui, et je regarderai toujours d'ailleurs comme une justice due à vos services les grâces qui tomberont sur ceux que le sang unit à vous; mais je vous avoue que je ne pourrois voir avec insensibilité que mes cadets qui n'ont pas cet avantage obtinssent, à mon exclusion, le titre que nous regardons comme la seule marque honorable de la satisfaction de nos services. Je ne prétends pas faire un portrait trop avantageux des miens; mais je crois du moins que vous êtes persuadé de mon zèle et de mon application, particulièrement dans cette conjoncture difficile. Je dois vous ajouter aussi que les dépenses que j'ai faites pour soutenir mon caractère avec dignité ont considérablement altéré mon patrimoine, et que mes enfants auront besoin que je sois secouru. Quoiqu'il n'y ait point actuellement de places vacantes, l'incertitude des morts et la promptitude des choix m'ont fait croire qu'il étoit de la prudence de les prévenir. C'est de vous seul que j'attends de la protection; c'est elle seule aussi que j'implore, et sans détour. Si on peut la mériter par dévouement pour vous, je n'en suis certainement pas indigne. Je vous supplie donc très instamment de vous souvenir et de faire souvenir le Roi, dans les occasions, que je le sers depuis plus longtemps que les autres, et que je ne le sers point dans des vues d'autres récompenses que celles de l'honneur. J'espère tout de vos bons offices *. »

* La place de conseiller ordinaire que la mort de M. de la Reynie laissoit vacante fut donnée à M. de Bouville, intendant à Orléans : voir ses lettres des 15 et 18 juin. M. d'Ormesson, intendant à Soissons, écrivait, à la même occasion, le 11 juillet : « . . . . . Il y a plus de vingt-cinq ans que j'ai exercé la charge de maître des requêtes, et plus de dix-huit ans que j'ai l'honneur d'exécuter les ordres de S. M., tant dans les commissions pour la réformation des aides et gabelles et celle de la justice, que dans les intendances; et si, après cela, il manque encore quelque chose à mes services, j'espère que vous voudrez bien que ceux de mes pères y suppléent, et que l'honneur que mon grand-père et M. de Lézeau, son frère et mon grand-oncle, ont eu tous les deux d'être doyens du Conseil, me soit compté. Je ne puis avoir aucune confiance de ces avantages qu'autant que vous aurez la bonté de les appuyer de votre protection. »

Voir des demandes semblables d'une place de conseiller d'État faites par M. de Saint-Contest, intendant à Metz, les 4 avril et 10 mai 1708, 29 juillet et 25 octobre 1709; par M. Trudaine, intendant à Lyon, les 18 juin, 17 août et 15 octobre 1709, et par M. Méliand, son successeur, les 13, 24 et 28 juillet et 3 octobre 1711.

Les 27 et 28 janvier 1712, M. de Bernage écrit que, tout en aspirant à une place au Conseil, comme le plus ancien intendant des provinces frontières, il est obligé par l'état de sa fortune de demander la gratification de 6,000 #.

471. *M. de Bâville, intendant en Languedoc,*
au Contrôleur général.

29 Juin 1709.

« . . . . . Il seroit inutile de s'étendre sur l'état de cette province, dont je vous ai envoyé un grand détail qui en marque toutes les pertes. Dans cette malheureuse situation, il faut toujours considérer ce qui peut être le plus avantageux au Roi : c'est certainement de tirer ce que les peuples peuvent payer, et même avec beaucoup de peine; car, quand on demande l'impossible, ils tombent dans le désespoir et ne payent rien, au lieu qu'ils font de grands efforts quand leur charge est diminuée, et qu'ils ne sont plus dans l'impossibilité absolue de payer ce qu'on exige d'eux. C'est précisément l'état de cette province : elle peut encore donner des secours au Roi; mais elle ne peut plus les fournir tels qu'elle les a donnés par le passé, au moins cette année, étant accablée de toute sorte de malheurs et ne pouvant retirer les fruits de la terre pour payer les subsides ordinaires. Plusieurs diocèses payoient entièrement la taille par la vente des huiles; comment pourront-ils faire maintenant que les oliviers sont entièrement perdus? Cependant le compoix de ces diocèses et la proportion de ce qu'ils doivent a été fait par rapport à ses fruits. Dans les autres pays, où les terres sont bonnes, la taille se payoit par la vente des blés, et les paysans se nourrissoient des menus grains; plusieurs diocèses n'auront pas de quoi semer. La nourriture des bestiaux étoit encore un grand secours pour le payement de la taille et de la capitation : il est certain qu'il en est mort plus de la moitié dans toute la province. Dans cette triste conjoncture, il faut donc examiner ce que les peuples peuvent payer. Si nous étions dans d'autres temps, il faudroit une diminution qui fût tout à fait proportionnée aux besoins. Je crois que le Roi auroit la bonté de faire ce que fera cette année la plus grande partie des seigneurs de son royaume, qui seront contraints de remettre presque tout le revenu de leurs terres à leurs fermiers, pour ne pas les laisser tomber en non-valeurs; mais, comme un si grand soulagement ne peut convenir à l'état des affaires présentes, il faut se réduire à une remise qui puisse encourager les peuples; je crois qu'elle ne peut être trop tôt déclarée, afin que chacun se détermine à payer. On a pris de fausses impressions sur la déclaration mal entendue en ce qu'elle porte que les grains ne pourroient être saisis, qui font que personne ne veut payer, et on n'est que trop persuadé qu'étant impossible de payer tout ce qu'on doit, on ne sera obligé à rien : d'où vient même que les plus riches ne payent ni taille ni capitation. Il faut tirer les peuples de cette léthargie, et, quand ils sauront ce que le Roi a la bonté de leur remettre, ils feront des efforts qu'ils ne veulent pas faire maintenant. Après avoir bien examiné ce qui paroît indispensable, puisque vous m'ordonnez de le dire, je crois que le tiers des impositions ne seroit pas une remise trop forte pour pouvoir retirer le reste; et il vaudroit mieux avoir les deux tiers bien nettement, que de ne pouvoir rien exiger qu'avec des violences excessives, qui sont sujettes à de grands inconvénients. J'ai l'honneur encore de vous répéter que, si le Roi veut faire cette remise, il ne peut la faire trop tôt, étant très important que chacun connoisse à quoi il doit s'arrêter et ne se flatte plus de vaine espérance fondée sur la misère du temps; mais, supposé que S. M. veuille accorder une aussi grande grâce, elle doit être distribuée avec beaucoup de précaution, parce que, certainement, il y a grande inégalité dans les diocèses, et même dans les communautés, les unes pouvant tout payer, qui sont en petit nombre, et les autres presque rien. J'entre dans un détail de toutes les communautés que je saurai parfaitement, pour pouvoir appliquer cette remise avec beaucoup de connoissance et de justice. Je sens toute la répugnance sur cette proposition que les besoins de l'État doivent faire naître en moi; mais je crois que c'est le plus grand bien de prendre maintenant ce parti, par les raisons que je viens de vous expliquer*.....»

* On accorda surséance d'un million sur les impositions de la province. (Lettres des 30 juillet, 6 août et 8 septembre.)

---

472. *M. l'Évêque d'Agen*
AU CONTRÔLEUR GÉNÉRAL.

30 Juin 1709.

Mémoire du clergé diocésain sur les inconvénients de la déclaration royale qui porte que les dîmes seront acquittées en argent, et non plus en nature.

«1° Les dîmes vont, par cette déclaration, devenir, en quelque manière, arbitraires. 2° Le clergé de cette province tire beaucoup de dîmes sur les nouveaux et mal convertis, qui ne manqueront pas de se prévaloir de cette déclaration pour n'en payer que ce qu'ils voudront. 3° Les revenus du clergé vont être réduits à si peu de chose, qu'il ne sera pas possible de payer les charges; celles des Chapitres doivent être payées, pour la plupart, en blés et en grains, ce qu'ils ne pourront faire, s'ils ne les reçoivent en nature : aussi déjà les prébendiers disent qu'ils vont quitter, s'ils ne sont payés selon l'usage. 4° Il sera impossible de payer les décimes et les autres impositions faites sur le clergé, qui est d'ailleurs très épuisé; l'évaluation des grains se faisant par argent, elle ne pourra pas monter à la moitié de ce que les bénéficiers en retireroient, s'ils prenoient la dîme selon la coutume. 5° Les fermiers sont résolus, ou de faire casser leurs baux, ou d'en faire considérablement diminuer le prix; nous dirons inutilement à nos fermiers que nous ne sommes point responsables des faits du Prince, car la perte qu'ils feront sera si considérable qu'on ne pourra se dispenser de leur rendre justice, puisque nous sommes à la garantie des traités que nous avons faits avec eux. 6° Comment pourra-t-on être payé en argent; car, outre qu'il est très rare en province, c'est que les propriétaires des fonds diront qu'ils n'en pourront donner que lorsqu'ils vendront leurs denrées, ce que plusieurs diffèrent jusqu'à l'année prochaine? 7° Cette déclaration va être une source infinie de procès et de disputes; car comment pourra-t-on savoir ce que les particuliers auront cueilli de grains? Ne leur sera-t-il pas facile de tromper, comme ils n'y sont déjà que trop portés? 8° Cette déclaration est signifiée dans un temps où on commence, en ce pays, à couper les seigles..... 9° Tous les revenus du clergé de cette province sont en dîmes : dès qu'on y donnera atteinte, il faut qu'il soit anéanti, principalement les cures d'une valeur modique, dont les bénéficiers ont déjà beaucoup de peine à subsister*.»

* Le 1er juillet, M. l'évêque de Condom envoie un mémoire analogue : «.....L'usage constant et immémorial de la province de Guyenne est de lever les grosses dîmes, comme froment, seigle, orge et avoine, dans les champs, avec défense aux propriétaires de lever leurs gerbes avant qu'elles soient dîmées; au lieu que les menues dîmes, comme pois, fèves et millet, ne se dîment communément que dans les greniers. De cette différente manière de dîmer ces deux sortes des fruits décimaux vient qu'on est exactement payé des grosses dîmes, et si mal de la dîme des menus grains, que, quelque soin qu'on se donne, on n'a jamais le quart de ce qui en est dû légitimement. Or, si le susdit article de la déclaration est exécuté à la lettre, il en sera des grosses dîmes comme des menues : ce qui réduira tous les bénéfices au quart de leur juste valeur, et mettra par conséquent les bénéficiers hors d'état de servir leurs bénéfices et d'en payer les charges; car tous les revenus des bénéfices de cette province consistent en dîmes, les bénéficiers n'y possédant aucune sorte de revenu.....»

Le 30 juin, M. l'évêque d'Angoulême écrit : «.....Dans cette province, presque tous les seigneurs ont pour tout revenu des droits seigneuriaux d'*agrier* ou *terrage* sur les champs d'autrui, ou bien des rentes seigneuriales en grains, sans aucun domaine. La dîme sur les grains s'y lève par les décimateurs, et à leurs frais, sur la terre qui y est sujette : de manière que le décimateur fait couper par ses dîmeurs le sillon qui lui appartient et en fait emporter chez lui les gerbes, quand il est coupé, sans jamais qu'elles soient portées en la grange du paysan. La même chose se fait par le seigneur pour lever ses agriers de grains, qui n'entrent jamais en la grange du tenancier..... Quand le paysan aura enlevé et porté chez lui les droits d'agrier et de dîme, il ne sera pas aisé de démêler à quoi alloit la récolte du sillon du seigneur ou du décimateur, ni, par conséquent d'en faire l'évaluation en argent..... Tout le revenu des seigneurs et des décimateurs passeroit entre les mains et seroit à la discrétion de paysans : on pourroit le compter comme perdu sans ressource, tant par la mauvaise disposition du paysan à payer ces droits, que par la diligence des collecteurs des tailles, qui ne manqueront jamais, étant pressés par les receveurs, de faire saisir et enlever tout chez le paysan, au préjudice du seigneur et du gros-décimateur...... Les seigneurs qui ont pour tout revenu des rentes seigneuriales en grains se plaignent, non point de l'évaluation qui en a été faite pour les arrérages du passé, mais de ce que les tenanciers qui jouissent de leur fonds à la charge de cette rente seigneuriale sont dispensés de la payer pour l'année courante en nature, quand ils recueillent sur la terre l'espèce en laquelle ils la doivent.....»

M. Magnon, syndic du clergé de Grenoble, écrit, le 4 juillet : «La déclaration du Roi du mois de juin dernier, concernant l'évaluation des grains provenant de la dîme, vient d'être publiée et enregistrée par le Parlement de cette province. Elle a alarmé tout le clergé de cette ville et de ce diocèse, parce que, si elle a lieu, on ne sauroit exiger la dîme ni en grain, ni en argent, à cause que l'évaluation et l'estimation en sont impraticables et impossibles, la dîme se levant, en ce diocèse, en gerbes, que l'on fait grosses ou petites suivant la coutume des lieux : ce qui empêcheroit MM. les commissaires de faire aucune évaluation. D'ailleurs, il faudroit autant de commissaires qu'il y a des paroisses, et encore ne pourroient-ils pas suffire, parce qu'on lève les blés presque partout en même temps, les décimateurs étant obligés de mettre six à huit hommes, qu'on appelle ici *cinquaneurs*, pour pouvoir lever la dîme et empêcher qu'il ne s'en perde. Nous convenons que, si la dîme se prenoit à l'aire et en grains, la déclaration pourroit être exécutée sans faire tort aux décimateurs; mais ici l'impossibilité se trouve de tous côtés. On vous pourroit aussi représenter que cette évaluation en grains ou en argent ne soulagera point le laboureur, parce qu'il y en a peu qui possèdent quelque héritage en propre, n'étant presque tous que fermiers des seigneurs, gentilshommes et bourgeois des lieux. On peut encore ajouter qu'aucun n'a ni blé vieux, ni argent pour payer l'évaluation de cette dîme, quand même elle seroit praticable, et que cela nous rendroit le payement des portions congrues, des décimes et subventions impossible.....»

Voir aussi, pour cette province, les lettres de M. l'archevêque de Vienne, 18 décembre; de M. l'évêque de Grenoble, 14 juin, et de ceux de Die et de Gap, 17 et 29 juillet; de M. Canel, conseiller clerc au Parlement de Grenoble, 28 octobre; — pour les autres provinces, des lettres de protestation de M. de la Bourdonnaye, intendant à Bordeaux, et de MM. Dalon et du Vigier, premier président et procureur général du Parlement, 9 et 23 juillet; de M. Roujault, intendant à Poitiers, 7 juillet, avec réponse du contrôleur général datée du 19; de MM. Boisot, premier président, et Doroz, procureur général du Parlement de Besançon, 19 et 21 juillet; de M. l'évêque de Montpellier, 19 et 20 juillet; de M. l'évêque de Sarlat, 10 juillet; de l'abbé de Loubanie, prieur de Brive, 11 juillet; de M. l'archevêque de Besançon, 19 juillet; de M. l'archevêque d'Aix, 17 juillet; de M. l'abbé de Bragelongne, chanoine du Chapitre de Brioude, 26 août, et de M. le marquis du Terrail, même province, 12 septembre; de M. l'évêque de Châlons, 8 juillet; du sieur Marcadet, procureur du Roi à Béthune, en Flandre, 10 septembre, etc.

---

473. *Les Maire et Consuls de Toulon*
AU CONTRÔLEUR GÉNÉRAL.

30 Juin 1709.

Ils annoncent que, même en réduisant la consommation journalière de chaque habitant à une seule livre de pain, le total représente cent soixante-dix charges, de treize boisseaux et demi, par jour, et qu'il ne leur en reste plus, au 30 juin, que deux mille quatre cent cinquante*.

* Le contrôleur général répond en apostille que M. Lebret les secourra de son mieux, mais que leurs prédécesseurs au consulat ont été bien négligents ou imprudents de compter sur l'aide et la générosité du Languedoc, au lieu de tirer des blés par mer. Ils écrivent, le 9 et le 28 juillet, des lettres de justification et rendent compte des arrivages.

Dès la fin de 1708, le consulat avait obtenu l'autorisation de faire des magasins : voir les lettres des maire et consuls, 21 octobre 1708 et 28 avril 1709; de M. Lebret fils, intendant en Provence, 26 novembre 1708, 28 mars, 29 avril et 3 juin 1709; de M. de Pontchartrain, 27 mars; du contrôleur général à M. Lebret, 15 décembre 1708.

---

474. LE CONTRÔLEUR GÉNÉRAL
à M. DE PONTCHARTRAIN, secrétaire d'État de la marine.

3 Juillet 1709.

«J'ai examiné les avis qui vous ont été donnés par M. de Campredon, résident pour le Roi à Stockholm, et par le sieur Abensur, résident pour le roi Stanislas de Pologne à Hambourg. Le premier se réduit à ce qu'on pourroit tirer des blés de Suède, mais que les négociants qui voudroient en envoyer sont retenus par l'ordre que les Anglois et Hollandois ont donné à leurs armateurs d'arrêter les vaisseaux chargés de blé pour France, de quelque nation qu'ils soient, et qu'il faudroit obtenir des passeports ou permissions des deux puissances. La seconde, qu'on peut avoir des blés à Dantzick, et même, par Hambourg, des blés de Magdebourg et du Holstein; que la destination seroit faite pour Lisbonne, à l'adresse du consul polonois qui y réside, et qu'à une certaine hauteur le capitaine prendroit son temps pour gagner le lieu de sa véritable destination en France; et que l'emplette se peut faire ou par voie de commission à 3 p. 0/0, ou par des traités à forfait avec quelques négociants*. Tous ces avis ne nous sont pas nouveaux; mais vous savez mieux que moi s'il est possible d'obtenir des Anglois et Hollandois des passeports pour des navires suédois qui porteroient du blé en France et si, dans l'état où sont les affaires, on peut envoyer de l'argent, ou même faire des remises, à Hambourg et Dantzick, soit pour des commissions, soit pour des traités d'achats de blé. Je ne laisse pas de garder les avis, afin que, si la Chambre d'abondance qu'on projette d'établir à Paris peut une fois avoir lieu, elle examine quel usage elle en pourroit faire au moyen des fonds qui seroient remis dans la caisse.....»

* L'expédient de diriger les armements sur Lisbonne avait été proposé par les sieurs Morgan, marchands à Amiens. (Lettre de M. de Bernage, intendant à Amiens, 9 mai, et réponse du contrôleur général, 12 mai.)

---

475. *M. DE COURSON, intendant à Rouen,*
AU CONTRÔLEUR GÉNÉRAL.

(De Rouen,) 3 Juillet 1709.

«Pendant que j'étois allé au Havre pour faire mettre dans la citadelle quatorze à quinze cents boisseaux de blé et les autres provisions nécessaires, sur les ordres que j'ai reçus de M. Voysin, il s'est passé ici une émeute des plus considérables. Elle a commencé par plusieurs femmes qui avoient accoutumé de s'assembler à une maison où on leur faisoit l'aumône, contre laquelle je m'étois toujours récrié. On leur a dit qu'on ne leur en feroit plus, et qu'ils vinssent à moi, me demander de l'ouvrage. Ils y sont venus hier, à leur ordinaire, et, ne m'ayant point trouvé, ils se retirèrent. Ils y sont revenus aujourd'hui, à midi, et, ne me trouvant point, ils ont cru que je ne voulois pas leur parler. A cette troupe s'en est jointe une autre, et je ne sais quel esprit nouveau de mutinerie s'est répandu parmi eux. Ils ont jeté des pierres à ma porte. M. le président de Motteville et M. de Varneville, conseiller au Parlement, les ont emmenés chez M. le premier président. Il n'y avoit pour lors qu'un grand nombre de femmes, et fort peu d'hommes mêlés. On leur a fait distribuer quelque argent. Deux heures après, il en est revenu une plus grande quantité, parmi lesquelles il y avoit beaucoup d'hommes. Ils ont jeté des pierres aux fenêtres. On les a emmenés à l'hôtel de ville, où on leur a donné 2 s. à chacun. De là, ils ont tous été dans la maison d'un commissaire dont M. le premier président et moi nous servons ordinairement, et dans celle du sieur Broust, qu'ils ont pillé[es]. Vous ne devez pas douter que la troupe ne se soit grossie en chemin. Je suis persuadé que, si j'avois été à Rouen pour parler à la première troupe qui est venue, je l'aurois dissipée, comme j'ai fait toutes les autres; mais, quand ils ont eu une fois la tête échauffée, il n'a pas été question de leur faire entendre raison, surtout depuis qu'ils ont pillé les deux maisons, où ils ont bu beaucoup de vin. Je suis arrivé ce soir; mais, comme ils étoient fort échauffés et qu'ils n'entendoient plus rien, M. l'archevêque et M. le premier président ont envoyé au-devant de moi, pour me faire entrer au Vieux-Palais jusqu'à ce qu'on ait vu ce qui se passeroit demain. De la manière dont ils m'ont conté la chose, la sédition a été des plus considérables. Je ne puis encore vous mander précisément quelle en a été la cause.

«Le marché de lundi s'étoit passé très tranquillement; il y a eu au marché d'aujourd'hui une grande abondance de blé, qui n'est point augmenté. Tous les fabricants en draps ont soutenu leurs métiers, dans l'espérance que vous les aiderez dès que vous aurez reçu l'état que vous m'avez demandé et qui doit être fait à présent, n'ayant pu l'être plus tôt parce qu'il a fallu ramasser les mémoires de tous les fabricants. Les toiliers et passementiers, qui entretiennent encore beaucoup d'ouvriers, n'en ont encore renvoyé que fort peu; mais ils comptoient de les renvoyer la semaine qui vient et leur avoient dit, et cela en a pu être la cause. Presque tous les chapeliers, qui composent un corps d'ouvriers fort considérable, ne travaillent plus, et, pendant l'émeute, plusieurs bourgeois se sont joints. Ce qui m'étonne le plus est qu'il est venu plusieurs lettres aujourd'hui de Paris, par lesquelles on a mandé qu'il y avoit eu une sédition à Rouen, ou qu'il devoit y en avoir une. Je serai demain mieux informé de tout ce qui s'est passé, et j'aurai l'honneur de vous le mander et de vous informer des précautions qu'on aura pris pour la dissiper. Tous les mauvais discours que les gens mal intentionnés ont fait courir de moi, que je faisois enlever une grande quantité de blé pour Paris, et plusieurs autres choses pareilles dont j'ai déjà eu l'honneur de vous avertir, n'ont pas peu contribué à faire assembler le peuple. Vous voyez la nécessité qu'il y a qu'il y ait au moins un régiment de dragons dans cette généralité *.»

* M. de Pontcarré, premier président du Parlement, écrivant, les 2 et 3 juillet, que l'émeute est faite par les ouvriers sans ouvrage, à cause de la dureté avec laquelle on a procédé au rachat de la capitation, le contrôleur général répond, le 4 : «.....A l'égard des exécutions faites pour l'affranchissement de la capitation, j'avois toujours pensé qu'on n'en feroit aucune, parce que la condition sous laquelle je fais cet affranchissement est assez avantageuse pour exciter chaque particulier qui est en état de s'en libérer de s'y porter volontairement et sans contrainte; et comme rien n'oblige de faire de semblables exécutions, il sera facile de faire cesser la cause qui a aigri quelques esprits. Quant aux ouvriers, ils n'ont point encore manqué absolument de travail, puisque les maîtres ne les avoient point encore actuellement congédiés. On m'écrit que M. de Courson s'est servi des 20,000 # procédant de l'affranchissement de la capitation du Parlement pour prêter aux marchands et faire travailler les manufacturiers; il y a lieu d'espérer que ce secours rétablira le calme parmi ce peuple. Le Roi a donné les ordres pour envoyer des troupes, qui vous mettront en état de réprimer les séditieux, s'ils osoient recommencer les violences qu'ils ont commises. Je crois que, n'ayant point des forces suffisantes pour faire quelque exemple sur les plus séditieux, vous avez bien fait de prendre le parti de la douceur; mais je crois aussi que, lorsque vous aurez des troupes, il sera bon d'en faire quelque exemple qui puisse contenir chacun dans l'obéissance qu'il doit, en cas qu'il y ait quelque nouveau mouvement..... Depuis ma lettre écrite, le Roi m'a dit qu'il avoit donné ordre à M. le duc de Luxembourg de se rendre à Rouen, et il doit partir incessamment.»

M. de Courson écrit, le même jour, 4 juillet, que ce mouvement séditieux a été excité par des gens jaloux de ce que l'affaire des blés lui a été confiée, et que le peuple a fini par croire tout ce qu'on lui suggérait : «C'est de M. le procureur général dont on s'est servi pour aller débiter tous ces mauvais contes, et qui les faisoit bonnement, sans en voir les conséquences.....»

Le 6, il dit : «.....L'arrivée de M. de Luxembourg, jointe à celle des dragons, achèvera de rétablir le calme. [Le prétexte des exécutions pour le rachat de la capitation dont on s'est servi n'est pas véritable; les rôles ont été signifiés seulement; il n'y a eu dans toute la généralité que vingt-cinq ou trente saisies, qui n'ont été suivies d'aucune autre diligence, et aucune chez les manufacturiers, les villes d'Elbeuf, Louviers et Darnetal s'étant rachetées en corps. A l'égard de Rouen, les plus gros ont fait leurs soumissions dès le commencement et ont payé volontairement. Il n'y a eu que quelques bourgeois et quelques marchands détailleurs qui ont été compris dans les rôles forcés, et il n'étoit point question, dans la ville, du rachat de la capitation que depuis que la lettre du Parlement de Bretagne a été rendue publique. On a prétendu qu'elle avoit exempté la Bretagne du rachat de la capitation, et on s'est servi de cela pour arrêter le recouvrement sur ceux qui n'avoient point payé, et aigrir ceux qui volontairement étoient entrés en payement.]» La partie comprise entre crochets fut transcrite pour le contrôleur général et par son ordre, mais sans qu'il fût fait mention du nom de l'intendant de Rouen.

Le 7 juillet, il annonce que l'apaisement semble se faire, grâce aux mesures prises par lui, et il envoie un état justificatif du recouvrement du rachat de la capitation. Il accuse deux conseillers au Parlement d'avoir excité le public, en pleine halle, en faisant entendre que la hausse du prix des blés était due aux manœuvres de l'intendant; le tout à l'instigation du procureur général.

Le 8 et le 10, il avertit qu'une émeute est survenue à Elbeuf, et M. le duc de Luxembourg rend compte de la bonne conduite des bourgeois de Rouen, qui néanmoins commencent à être fatigués de faire le service de garde : voir, au sujet du remboursement, par la ville et par l'élection, des blés pillés en cette occasion, une lettre de M. de Richebourg, intendant à Rouen, du 27 octobre 1711, et une lettre du contrôleur général, 15 mai 1712.

Le 18 juillet 1709, aux demandes de renseignements du contrôleur général, le premier président répond que, le vendredi 5, à la halle de Rouen, «l'abbé de Canapeville, conseiller au Parlement, s'y étant trouvé comme quelques autres qui y venoient dans l'intention plutôt d'apaiser le bruit que de le fomenter, demanda assez imprudemment où étoit le blé de l'intendant. Or, ce qu'il appeloit le *blé de l'intendant*, ainsi que le peuple, est du blé que M. de Courson avoit très sagement fait serrer dans les greniers de la ville, pour suppléer à la halle lorsque celui des blatiers et des marchands de grains n'y suffiroit pas, et qu'il y faisoit porter de temps en temps, lorsqu'il voyoit que la halle n'étoit pas abondante. Ce discours fut suivi d'un autre, qui ne fut pas plus sage. L'abbé de Canapeville, qui est un directeur de religieuses rempli de zèle, assez souvent fort indiscret, entendit un particulier qui se plaignoit qu'on vouloit vendre du blé 100 s. le boisseau : il mit la main dans le sac de blé, et dit que, par charité, il le falloit donner aux pauvres à 4 ᵗᵗ. Il entendit encore une quantité de peuple qui se plaignoit qu'on leur avoit vendu le pain 2 s. 6 d. la livre, quoique j'eusse, à ce qu'ils alléguoient faussement, ordonné qu'on le donnât à 18 d. Ce même zèle lui fit encore dire qu'il auroit fallu donner le pain au prix que les pauvres le demandoient, et qu'il se trouveroit des personnes de piété qui suppléeroient aux boulangers le surplus du prix. Voilà uniquement, et mot pour mot, tout ce que j'ai ouï dire du sieur de Canapeville. A l'égard du sieur de Brotonne, conseiller aux enquêtes, qui se trouva aussi à la halle, il ne parla point qu'une seule fois, où, dans le discours, il lui échappa de nommer le *blé de l'intendant*; mais je puis, à son égard, vous assurer que cet homme est d'un caractère fort doux et nullement séditieux. Pour le premier, il est d'un caractère tel que je vous le viens [de] dépeindre, c'est-à-dire plus imprudent que mal intentionné, parlant beaucoup à tort et à travers, sans savoir bien souvent les conséquences de ce qu'il dit. Mais, puisque vous me permettez de vous dire mon sentiment en honneur et en conscience, je me crois obligé de vous avertir qu'il y en a, dans la Compagnie, et dans des places plus élevées et plus considérables, qui mériteroient bien que vous leur écrivissiez de la part du Roi pour les contenir. J'en essuie tous les jours à quoi je ne fais pas semblant de prendre garde, et le procureur général, le premier, autant par bêtise, je crois, que par malice, et poussé par des gens plus dangereux, en deux ou trois occasions qui se sont présentées dans l'intérieur de la Compagnie depuis l'émeute arrivée, est un de ceux qui s'y est distingué le mieux; et je puis vous assurer que, par ses discours, on le prendra bien moins pour un procureur général du Roi que pour un procureur général du parti opposé au Roi. Je serois cependant au désespoir que ce que j'ai l'honneur de vous dire pût lui attirer autre chose qu'une correction, n'étant point, de mon naturel, porté à faire de peine à personne; mais, comme, dans cette occasion, mon devoir le doit emporter par-dessus toute considération particulière, j'ai cru être obligé de vous donner cet avis, afin que vous y donniez ordre. J'aurai l'honneur de vous en dire davantage ces vacations, lorsque j'aurai celui de vous aller rendre mes devoirs..... Je n'oserois vous supplier de vouloir bien déchirer ma lettre.»

L'archevêque répond également le même jour, en disculpant les conseillers, mais en rendant justice à M. de Courson.

Le contrôleur écrit, le 14, à M. le duc de Luxembourg : «.....J'apprends avec grand plaisir la situation où vous êtes présentement avec M. de Pontcarré. J'espère qu'elle continuera, et que la bonne intelligence demeurera entièrement rétablie entre vous et lui. Je connois parfaitement M. de la Rivière-Lesdo; il est homme d'esprit et capable d'affaires.....»

Le 19, M. de Courson écrit : «J'ai eu l'honneur de vous mander la nécessité qu'il y avoit à faire des ouvrages publics, et que je n'en voyois point de plus utile que de raccommoder des chemins autour de Rouen, pour occuper les hommes. A l'égard des femmes, on a trouvé qu'il n'y avoit rien de mieux que de leur faire filer du coton, parce que le coton filé, se vendant, fera un nouveau fonds qu'on pourra employer aux mêmes usages, si la misère dure, comme il y a apparence, et de faire en sorte que les uns et les autres gagnent 5 s. par jour. Pour avoir des fonds pour faire ce travail, je vous ai proposé l'octroi pour la continuation duquel M. de Luxembourg vous a envoyé un projet d'arrêt. On a eu de la peine à trouver une compagnie qui voulût se charger de cette affaire : celle qui a les 2 s. pour livre sur les octrois et sur les péages s'est offerte de s'en charger et de donner 50,000 écus pour les travaux publics, à condition que l'adjudication seroit de 100,000 écus et que les 50,000 autres écus seroient employés pour la suppression des 2 s. pour livre sur les octrois des péages, etc., ainsi qu'il étoit ordonné par l'arrêt du 23 avril dernier..... On va travailler dès lundi à occuper les pauvres, parce que nous avons déjà un fonds de 50,000 ᵗᵗ qu'une personne nous a bien voulu avancer dans la nécessité pressante. Je n'ai point l'honneur de vous mander les précautions qu'on a prises pour qu'il n'y eût que les pauvres de la ville et des faubourgs qui fussent occupés à ce travail, parce que je ne doute pas que M. le premier président ne vous en ait informé, et que ce sont des détails qu'il est inutile de vous répéter.»

Voir encore ses lettres des 9, 11, 12, 13, 14, 20 et 25 juillet; celles du duc de Luxembourg, 9, 12, 13, 14, 20 et 26 juillet, 2 et 11 août; de M. l'archevêque de Rouen, 5 juillet; de M. de Pontcarré, 7 juillet; de M. de la Rivière-Lesdo, 4, 5, 9 et 13 juillet; de M. de Bernières de Bautot, 4 et 7 juillet, sur la prorogation du droit d'octroi.

---

476. *M. Doujat, intendant en Hainaut,*

AU CONTRÔLEUR GÉNÉRAL.

3 et 20 Juillet 1709.

Approvisionnement des troupes et des places fortes.

«Plus je réfléchis sur l'inaction, la lenteur et le peu de secours des gens des vivres, plus je suis persuadé qu'on ne doit point compter sur eux, et que rien n'est plus avantageux au bien du service du Roi que de faire passer ici des blés du pays ennemi. Après avoir essayé de tous ceux que je connois ici les plus propres à m'aider sur cela, il m'a paru que le sieur Fargès me convenoit mieux que les autres, soit par ses intrigues dans les pays étrangers, soit par sa sûreté et sa bonne volonté. J'en ai déjà même fait l'expérience en lui donnant de légères sommes, pour lesquelles il m'a fait avoir du blé. Ces réflexions m'ont obligé à lui parler de mes desseins avant que de vous écrire, et j'ai connu par ses discours que, si vous le trouviez à propos, il se chargeroit de la fourniture des vivres de ce département à compter du 1ᵉʳ juillet, et il le feroit peut-être de manière que nous serions en état ensuite d'aider l'armée, s'il réussit, comme il l'espère, dans ses projets. Outre les blés qu'il prétend tirer des Pays-Bas, il compte aussi d'en faire venir du Palatinat, par Trèves, par le pays de Luxembourg et par Givet; il lui en est même déjà venu quelques sacs de ces côtés-là..... Ce sieur Fargès a déjà fourni près de quatre mille sacs dans ce département, et, comme Mons et Saint-Guilain pourroient être les places les plus exposées en cas que Tournay fût pris, il est encore absolument nécessaire d'en mettre cinq ou six mille sacs au moins dans ces deux places. Le blé est plus rare que jamais, principalement depuis les nouvelles défenses que les ennemis viennent de faire : de manière que, sans le secours de ce sieur Fargès, il y auroit lieu de craindre que tout manquât et à l'armée et dans ce département *.....»

* Voir les lettres de Fargès, 2 et 19 août, 9 et 13 septembre.

M. de Bernières, intendant en Flandre, écrit, le 18 août : «Voici la copie d'une lettre bien affligeante du sieur Fargès, et nous touchons au moment de voir l'armée périr et se débander, n'étant plus possible qu'un particulier fasse vivre une armée sans toucher le quart de l'argent nécessaire, ce qui fait qu'on se dégoûte, que le crédit se perd, et qu'on n'apporte plus de grains. Nous sommes au 18 du mois; vous m'aviez fait espérer un million tout d'un coup, et 1,700,000 # dans le courant du mois. J'avois fait sur ce pied-là mes arrangements, et nous n'avons reçu que 325,000 #. Le sieur Fargès se plaint même de n'avoir reçu que 90,000 # à Paris, des 300,000 # promis il y a longtemps. Enfin, tout est à bout; j'y suis comme les autres, et je n'ai plus ni ressources ni expédients. Je ne sache de remède que d'envoyer, quelque part où on le puisse trouver, un million d'argent aussitôt ma lettre reçue, pour enlever, en payant comptant et à quelque prix que ce soit, tout ce qu'on pourra trouver de blés sur la frontière, en Picardie et Artois; vous priant de bien croire que vous ne trouverez aucune chose sans argent, en quelque lieu que ce soit. Depuis le commencement du mois de mai, je soutiens le fardeau contre toute attente et par une espèce de miracle; mais le miracle est à bout, et il ne me reste plus que de la bonne volonté, sans force ni sans pouvoir. Si vous pouviez, par le retour de mon courrier, m'envoyer de bonnes lettres de change sur Anvers, Liège ou Lille, et faire suivre une bonne voiture d'argent, je ne désespérerois pas de rétablir le mal, quelque grand qu'il soit.....»

Voir d'autres lettres de M. de Bernières, 12, 18, 23, 27 et 29 juillet, 1er août, 18 septembre, 3 octobre, 14 et 29 novembre et 6 décembre, et celles de M. Voysin, secrétaire d'État de la guerre, 31 août, 9 et 12 septembre.

---

477. *Le Contrôleur général*
à M. le Peletier, premier président du Parlement de Paris.

5 Juillet 1709.

«Il semble que la facilité avec laquelle on s'est assez généralement porté à distribuer des aumônes aux mendiants n'ait servi qu'à entretenir l'oisiveté et la fainéantise et à rassembler dans les meilleures villes un grand nombre de cette espèce de gens toujours disposés aux plus grands désordres dès que l'occasion s'en présente. Sur les différents avis que le Roi en a reçus, S. M. a pensé qu'il étoit d'une nécessité absolue d'y pourvoir à l'égard de Paris, et elle m'a ordonné de vous écrire que son intention est qu'on oblige incessamment les mendiants de la campagne qui gueusent dans Paris de se retirer dans les lieux de leur origine ou de leur demeure, sous les peines portées par les derniers règlements, et que les arrêts que le Parlement a rendus sur ce sujet soient exécutés avec toute l'attention et la sévérité que demande une affaire de cette nature et qui intéresse autant le repos public*.»

* Le 9, M. de Pontchartrain, secrétaire d'État de la marine, écrit que des détachements de soldats aux gardes ont été postés à toutes les avenues pour empêcher les pauvres de la campagne de se réfugier dans Paris et pour faire reconduire au dehors ceux qu'on pourra arrêter. Les commis des barrières doivent prêter main-forte à ces mesures.

Le 9 septembre, M. Foullé de Martangis, intendant en Berry, écrit : «.....Je [vous envoie] un projet d'arrêt..... pour pouvoir faire l'imposition de ce qui est nécessaire pour mettre aux portes de la ville des gens pour chasser les pauvres étrangers et pour pouvoir leur donner seulement le passage pendant vingt-quatre heures; cela se pratiqua ainsi en 1694. Messieurs du clergé veulent bien y contribuer. Je crois que c'est une chose très nécessaire, d'autant plus qu'il vient ici un nombre infini de pauvres étrangers de tous côtés, qui, suivant l'arrêt du Parlement, doivent être nourris chacun dans leur pays. Cela apporte beaucoup de mauvais air, et seroit capable de donner des maladies contagieuses.....» Réponse en marge : «Bon.»

---

478. *M. de Bernage, intendant à Amiens,*
au Contrôleur général.

5, 28 et 30 Juillet 1709.

Il envoie l'ordonnance qu'il vient de rendre pour assujettir au transport des grains tous les chariots et tous les chevaux de voiture ou de labour, même ceux des ecclésiastiques, gentilshommes et privilégiés.

«Les difficultés sur les convois..... augmentent à un point que nous sommes à la veille de voir manquer absolument le service par ce seul obstacle. Les paysans commencent à se révolter contre les archers qui vont les contraindre. Ils emmènent les chevaux dans les bois, ils s'arment et font sonner le tocsin. Enfin, c'est proprement un principe de sédition, qui deviendra encore bien plus violente dans le temps de la moisson.»

L'argent comptant manque pour faire des achats.

«J'envoyai hier (29 juillet) à M. de Bernières pour lui demander de l'argent..... Il m'a fait réponse qu'il étoit sans argent, aussi bien que moi; que le sieur Fargès l'abandonnoit faute d'en recevoir.....; qu'il étoit encore plus embarrassé que moi sur les convois, que l'armée alloit manquer de pain par tous ces contre-temps, et que la désertion devenoit très grande faute de payement. Sa lettre est pleine d'ailleurs de choses si tristes, que je n'ai pu la lire sans frémir..... M. de Bernières s'étonne que je n'aie pas plus de facilité pour les convois dans les grands pays qui composent mon département; mais, s'il connoissoit bien la misère de la Picardie, s'il faisoit réflexion qu'elle a voituré tout l'hiver des foins pour son entrepreneur de Douay et pour celui des États d'Artois, à Arras, aussi bien que sur ce que l'Artois a fourni des convois et sur la perte que cette province a faite de tous ses fourrages mangés en vert par toute la cavalerie, il sentiroit bien que la peine que j'ai aujourd'hui pour les voitures vient plus de l'impuissance des peuples que de leur mauvaise volonté. Ce qui est certain est qu'il n'y a pas assez d'archers pour aller dans toutes les paroisses qui n'obéissent pas, qu'ils y vont tous les jours sans effet, et que les paysans, après leur avoir allégué qu'ils sont sans pain et sans fourrages, se révoltent contre eux et les chassent de leurs villages, lorsqu'ils se mettent en devoir de les contraindre. Vous pouvez juger, par ce récit, du péril où se trouve le royaume et de la nécessité que Dieu veuille bien lui donner une très prompte paix, seul remède à un mal si extrême.....»

479. *M. de la Bourdonnaye, intendant à Bordeaux, au Contrôleur général.*

6 Juillet 1709.

«Il arriva à Bayonne, le 3 de ce mois, un attroupement de plusieurs femmes au sujet du droit de 50 s. par quintal d'huile, que quelques commis y voulurent établir. J'avois pris toutes les précautions possibles pour faire en sorte que le peuple de ladite ville, que je connois facile à émouvoir, ne le fût pas de cette nouveauté, et je n'avois donné ordre à mon subdélégué de recevoir le serment des commis qu'après que le traitant m'eut fait voir une lettre que M. le duc de Gramont, gouverneur de Bayonne, écrivoit à M. de Gibaudière, lieutenant de Roi, pour lui recommander de tenir la main à cet établissement. Cependant, les commis ayant voulu faire afficher un placard, deux mille femmes attroupées investirent la maison où ils demeuroient. Les maire et échevins, aidés d'un détachement de la garnison, que M. de Gibaudière leur donna, dégagèrent les commis et les menèrent à l'hôtel de ville. Les femmes les y suivirent, et les échevins ne crurent les pouvoir mettre en sûreté que dans les prisons, où ils étoient lorsqu'on m'a écrit.

«Le pays de Labour a été aussi, ces derniers jours, dans quelque agitation : tous les imprimés leur paroissent suspects; les déclarations pour les blés leur ont fait de la peine, et même les mandements de M. l'évêque de Bayonne pour les prières publiques : ils croient que tout leur annonce la gabelle.

«Je crois qu'il est bon de laisser calmer cette agitation, et, si le Roi vouloit, après cela, punir ou faire mettre en prison les plus coupables de ces femmes, on pourroit se servir du temps que les troupes qui reviennent d'Espagne passeront à Bayonne; ce sera au commencement du mois d'août. Je vais m'y rendre incessamment : j'y attendrai l'honneur de vos ordres *.»

* Voir, du même jour, une lettre des maire, échevins, jurats et conseil de Bayonne. Le contrôleur général répond à M. de la Bourdonnaye, le 12 juillet : «.....S. M. m'a ordonné de vous dire que, connoissant la légèreté des peuples du pays et les dispositions où ils sont toujours à s'élever contre les établissements qui leur paroissent nouveaux, elle souhaite que vous ménagiez avec prudence tout ce qui pourroit les exciter..... Il suffit donc, quant à présent, de ne pas trop pousser l'établissement de ce droit sur les huiles et d'attendre d'autres temps et des conjonctures plus favorables..... Il seroit dangereux de faire arrêter [les plus séditieux] dans le temps du passage des troupes, qui sera fort court, et d'en retarder la punition après le départ de ces troupes, parce qu'il y auroit à craindre que les séditieux ne se rassemblassent pour tirer de prison ceux qui auroient été arrêtés.....»

Des troubles nouveaux eurent lieu le 8, sous prétexte qu'on vouloit établir des droits sur le beurre, les herbes, les œufs, même sur l'eau et sur le blanchissage, et les commis n'osèrent reparaître à Bayonne de quelque temps, bien que l'évêque eût calmé le mouvement. (Lettres du 13 et du 17 juillet.)

L'intendant écrit encore, le 24 juillet : «Quoique les habitants de Bayonne et des environs soient un peu calmés par ma présence et par le soin que j'ai pris de leur ôter les fausses impressions qu'on leur avoit insinuées, je ne puis cependant vous dissimuler qu'il reste encore quelque agitation dans les esprits. Avant-hier, jour de la Madeleine, dont la fête a été retranchée par M. l'évêque, plusieurs femmes allèrent chez lui, prétendant que ce retranchement n'avoit été fait que pour empêcher qu'il n'y eût dans la ville beaucoup de gens de la campagne, et pour être en état d'annoncer avec moins de péril l'établissement de la gabelle. M. l'évêque les détrompa et les renvoya. Dans la paroisse de Saint-Laurent, à trois lieues d'ici, plusieurs femmes attroupées cherchèrent, il y a quelques jours, jusque dans la sacristie, des imprimés dont elles prétendoient que, ce jour-là, le curé devoit faire la publication pour établir la gabelle; et, ce curé étant, le soir, allé coucher chez un juge du voisinage, trente hommes armés l'allèrent quérir le lendemain, le ramenèrent avec violence, et maltraitèrent un chirurgien, qu'ils regardoient comme un gabeleur..... Il y a quelque temps qu'on afficha, la nuit, à Saint-Jean-de-Luz, une carte marine en anglois : les femmes qui la virent le matin soutinrent que c'étoit la gabelle, prêtes à causer une émotion considérable, si les magistrats n'y avoient pourvu. Ce sont des visions, qu'on ne peut ôter que par le temps et par les diligences que je continuerai de faire pour découvrir les auteurs de toutes ces faussetés.....»

D'autres séditions se produisirent en basse Navarre et à Orthez; dans cette dernière ville, où les nouveaux convertis furent soupçonnés d'avoir excité le désordre, les jurats de la ville durent crier : «Vive le Roi sans gabelle!» Le passage d'un régiment envoyé par le maréchal de Bezons fit tout rentrer dans le calme. (Lettres de M. de Saint-Macary, subdélégué général en Béarn, des 16, 23, 27 et 30 juillet, 3, 6, 13 et 24 août et 7 septembre; du premier président, M. de Bertier, 16 et 17 juillet; de M. de Préchac, 27 juillet et 20 août; des maire et jurats d'Orthez, 29 juillet.)

Le 11 août 1711, le contrôleur général écrit à M. Barrillon, intendant en Béarn, que le Roi ne veut point accepter d'abonnement, et qu'on a prétendu à tort que l'augmentation du droit nuirait au commerce; que les manufactures emploient très peu d'huile d'olive, beaucoup moins que des huiles de colza et de rabette, sur lesquelles le droit est insignifiant; que les négociants peuvent, par les acquits-à-caution, ne le payer qu'une fois, et qu'enfin la levée ne durera que huit ans.

L'établissement du droit à Foix provoqua aussi un mouvement séditieux : voir deux lettres de M. le Gendre, intendant à Montauban, 12 août et 3 octobre 1711.

---

480. *M. de la Bourdonnaye, intendant à Bordeaux, au Contrôleur général.*

6 Juillet 1709.

La récolte des froments sera généralement assez bonne, à peu près la moitié d'une année abondante; celle des seigles a été moins heureuse. Si le blé d'Espagne et le millet arrivent à bien, la subsistance du département sera assurée, sauf pour Bordeaux, Bayonne et le Périgord *.

* Comparez une lettre de M. de Suduiraut, premier président de la Cour des aides, 23 juillet.

M. le Gendre, intendant à Montauban, envoie, le 23 juin et le 20 juillet, ses rapports sur l'état des récoltes, que les pluies et les brouillards ont perdues.

---

481. *M. de Bernage, intendant à Amiens, au Contrôleur général.*

6 et 29 Juillet 1709.

Il propose de tirer des habitants de chacun des gouvernements de Boulogne, Calais, Ardres et Montreuil les blés qui sont indispensables pour ces places, en payant par des compensations sur la capitation et le quartier d'hiver.

«J'ai déjà eu l'honneur de vous mander, à l'occasion d'un avis qui vous avoit été donné de Montreuil, que je croyois qu'il étoit important que le Roi rendît une ordonnance contenant des peines très sévères contre ceux qui couperoient des grains dans les campagnes. Je crois même que cette espèce de vol, pouvant être comparé à celui des grands chemins, et d'autant plus dangereux qu'il est difficile à prévenir, devroit être puni de mort. On pourroit, par la même ordonnance, ordonner aux maires et échevins, syndics et habitants des villes et communautés d'établir des messiers ou gardes, tant de jour que de nuit, pour la garde des grains de chaque territoire, à peine d'être responsables envers les propriétaires du dommage qui pourroit être fait. Il seroit bon aussi d'enjoindre aux prévôts des maréchaussées d'y veiller et arrêter ceux qui se trouveroient dans les campagnes à heures indues. Le reste des dispositions qui pourront être contenues dans l'ordonnance sera de la prudence de celui qui sera chargé de la dresser*.»

* Sur la situation de ces pays, voir encore les lettres des 9 et 23 août.

482. *Le sieur Cholier,*
commissaire pour la visite des blés en Auvergne,
au Contrôleur général.

6, 15, 19 et 25 Juillet, 1er Août 1709.

Il rend compte de quelques mouvements séditieux et des mesures prises pour leur répression, mais en estimant que sa présence est mal vue des peuples, qui le croient venu pour enlever des blés, et que l'autorité de l'intendant est préférable à celle d'un commissaire extraordinaire.

«Je donne tous mes soins et mon application à seconder le zèle et l'attention de M. Turgot; mais le pays est difficile, et la populace, accoutumée à l'impunité, s'enhardit. Elle est sans doute excitée par quelques souterrains, qu'il seroit important de pouvoir découvrir, pour en faire un exemple authentique.

«Je ne suis occupé qu'à écrire et à envoyer de toutes parts pour fournir le marché de cette ville; mais peu de gens s'exécutent. Je m'étois fait un projet de ne faire d'affaires à personne, sans que cependant le bien de la chose en souffrît. J'ai employé toutes les voies d'honnêteté et de prières : tout a paru fort content; il n'y a eu que le sieur marquis de Langeac, que je compris dans ma première ordonnance pour faire apporter du blé au marché d'ici, qui certainement est en souffrance. J'écrivis une lettre aussi honnête que si j'avois écrit à un maréchal de France, à qui je sais comme on écrit; mais il m'a répondu comme on feroit à un garde, et, par-dessus tout cela, n'a point envoyé du blé, mandant qu'il avoit fourni les marchés de Clermont. Comme j'ai vérifié qu'il n'en a point envoyé, et qu'un pareil début détruisoit absolument toute l'autorité du commissaire, j'ai envoyé chez lui le lieutenant du prévôt, avec des archers et un greffier, pour visiter tous ses greniers, en dresser des procès-verbaux; et mon ordonnance, qui commet le lieutenant du prévôt, porte que ledit sieur de Langeac sera assigné pour comparoir par-devant moi, pour venir répondre. Je l'attends ici demain ou le jour d'après, et, s'il a du blé comme on me l'a assuré, il faut commencer par lui à faire un exemple. Avant que faire partir le lieutenant du prévôt, je fis voir mon ordonnance à M. Turgot, qui l'approuva, et nombre d'honnêtes gens aussi. Je ne suis pas homme à tolérer de pareils traitements, ni propre à les essuyer.

«On commence à couper les mars. Il y en aura certainement une quantité à nourrir deux provinces; mais je ne puis m'empêcher de vous dire qu'il ne faut pas compter à en faire sortir : le pays est ameuté sur cela de manière qu'il seroit à craindre d'un mouvement. Ce n'est pas à Clermont seul : je sais dix endroits où l'on est attentif à ce qu'il ne sorte aucuns grains. Cela est pourtant malheureux pour les provinces qui en manqueront; mais il seroit dangereux de commettre l'autorité du Roi. Quelques gens mal intentionnés ont débité qu'on en devoit faire sortir quarante mille setiers; cela donne de la suspicion et une attention indicible à tout un pays, qui sera difficile à ramener. J'apprends que tout se prépare à semer. J'ai entrevu que l'on avoit quelque espérance que le Roi fourniroit des grains à ceux qui n'en auroient pas; j'ai cru devoir en désabuser, assurant que je n'en n'avois nul ordre et que je n'y voyois nulle apparence. Je commencerai bientôt ma tournée, tout inutile que je la crois, car, souvent, plus on a d'attention à une chose qui dépend du génie d'une multitude infinie de peuple, moins on avance, et il vaut souvent autant laisser aller les choses leur train et leur chemin ordinaire.»

Il se plaint que des marchands de Nantes viennent faire des enlèvements jusqu'à Aigueperse, pour fabriquer la bière.

483. *M. de Bernage, intendant à Amiens,*
au Contrôleur général.

8 et 22 Juillet, 2 Septembre 1709.

Renouvellement du traité de contribution passé avec les ennemis, en 1708, pour la province d'Artois*. Payement d'un acompte; compensation d'arriérés dus de part et d'autre.

* Pour la Flandre maritime, la contribution annuelle fut de 542,236#, outre 900,000# de livraisons extraordinaires faites pendant le siège de Lille, et les pillages ou fourrégements, soit de l'ennemi, soit des troupes du Roi. (Lettre de l'intendant le Blanc, 28 décembre 1709.)

484. *Le Contrôleur général*
au sieur de Saint-Félix de Saint-Martin,
à Carcassonne.

9 Juillet 1709.

«..... Je ne sais si ce qu'on appelle *mil* est du petit millet.

ou du gros, appelé autrement *milloc*, *blé d'Inde*, *blé de Turquie* ou *blé d'Espagne*; car on lui donne tous ces noms en différentes provinces. Si c'est du gros millet ou blé d'Espagne, je doute qu'il puisse réussir à Paris, où l'usage n'en est point connu, d'autant plus que le pain qu'on en compose est si différent du pain de froment, méteil et seigle, qu'il ne seroit pas même possible de faire comprendre au peuple comment il peut s'en nourrir. Si, au contraire, votre pensée est de faire passer à Paris du petit millet, qu'on pourroit mêler avec du froment, du méteil ou du seigle, dont la mixtion ne peut faire qu'un très bon pain, il n'y auroit nul inconvénient à faire au moins un essai*.....»

* M. de Bâville, qui avait été chargé de conférer avec l'auteur de la proposition, répondit, le 24 septembre, qu'elle était impraticable, le petit millet étant trop rare, et le gros ne pouvant convenir à Paris. Voir, au 15 juin, une lettre de M. de Bertier, premier président du Parlement de Pau, sur le commerce du millet, nourriture habituelle des habitants des Landes.

485. *M. l'Évêque de Saint-Pol-de-Léon*
au Contrôleur général.

(Vers le 10 Juillet 1709.)

Il expose la nécessité de faire un règlement qui mette fin à différents abus dans l'administration des biens, revenus et aumônes appartenant aux hôpitaux de son diocèse.

«Quoique les biens des hôpitaux, joints aux aumônes qui se font pour les pauvres dans le diocèse de Léon, produisent des fonds très considérables, ils n'en reçoivent cependant qu'un secours très médiocre: cela vient de ce que ces biens sont mal administrés, et les aumônes mal distribuées. Donc il ne faut point chercher d'autre raison sinon que les bourgeois sont les seuls directeurs et administrateurs des hôpitaux; les ecclésiastiques et la noblesse n'y ont aucune part. Ces bourgeois se favorisent les uns les autres, sont plusieurs années sans rendre leurs comptes, et, quand ils le font, ce n'est que de la manière qu'il leur plaît.

«Établir des bureaux composés d'ecclésiastiques, de gentilshommes et de bourgeois; ordonner que les officiers et autres nommés s'assembleront une fois chaque mois pour conférer de tout ce qui concerne l'administration des hôpitaux et le soulagement des pauvres, avec défenses aux autres officiers des villes d'en prendre connoissance; que le bureau se tiendra chez l'évêque, le grand vicaire, le curé ou premier ecclésiastique des villes où il y aura hôpital, lesquels présideront nonobstant l'usage d'y appeler le maire de la ville, ce qui est cause que les ecclésiastiques ni la noblesse ne s'y trouvent point.

«Les nouveaux administrateurs, au nombre de trois, rendront compte, dans chaque assemblée, de ce qu'ils auront fait, et ne feront rien d'important de leur chef, ni sans l'avis du bureau.

«Établir dans chaque hôpital des filles charitables, religieuses ou autres, pour avoir soin de l'intérieur de la maison et des pauvres.

«Pour empêcher les vagabonds de courir, tous les pauvres étrangers seront enfermés dans l'hôpital du lieu, ou dans le plus prochain, avec injonction aux marguilliers de la paroisse de laquelle ils seront de les retirer et de payer 4 s. par chaque jour que ces vagabonds auront passé dans l'hôpital.

«Il sera réglé dans les assemblées du bureau ce que chaque particulier du lieu où il y a hôpital devra payer pour sa quote-part, et les taxes seront exécutées provisoirement.

«A l'égard des lieux où il n'y a point d'hôpital, on s'assemblera tous les mois chez le curé, pour y prendre les mesures convenables pour le soulagement des pauvres, et il y sera pareillement réglé ce que chaque particulier pourra contribuer.

«On nommera trois personnes de chaque ordre pour recevoir les aumônes, sans aucuns frais, et les distribuer selon l'avis de l'assemblée. Les administrateurs rendront compte à la fin de leur gestion*.»

* Cette pièce n'est qu'en analyse, portant l'apostille qui suit, de la main du contrôleur général : «Cela regarde M. de Torcy, secrétaire d'État, qui a la Bretagne dans son département; l'écrire à M. l'évêque de Léon.»

486. *Le sieur Chabert, premier maître constructeur des galères du Roi,*
au Contrôleur général.

(Intendance de Provence.)

10 Juillet et 28 Août 1709.

Il propose une machine propre à remorquer sur le Rhône une charge de bateaux plus considérable que les trains ordinaires, à l'aide de roues tournées par des hommes, de câbles et d'ancres.

487. *S. A. S. M. le duc de Bourbon, gouverneur de Bourgogne,*
au Contrôleur général.

10 et 19 Juillet 1709.

Compte rendu de l'assemblée des États de Bourgogne et du vote d'un million de Don gratuit, sur lequel le Roi remettra 100,000 ᵗᵗ.

«Ils méritent [ce soulagement] par le zèle et l'empressement que la province a marqués pour l'exécution des ordres de S. M., surtout dans un temps de misère comme celui-ci. Je ne puis vous la dépeindre au point qu'elle est dans toutes les villes et villages où j'ai passé jusques à Dijon. Tous les peuples généralement demandent l'aumône, mais avec une âpreté dont on n'a point encore vu d'exemple, et la plus grande partie n'ont plus ni bas ni sabots. Vous ne pourriez voir ce spectacle-là sans en être touché. Il y a dans cette ville grand nombre de pauvres, et il n'y a plus de blé que pour un temps très court. Je fais ce que je puis pour tâcher d'y en faire venir et d'attraper le temps de la récolte de l'orge et de l'avoine.

IMPRIMERIE NATIONALE.

«...... J'espère que le Roi voudra bien accorder à cette province quatre années de crues, qu'elle prend la liberté de lui demander, pour favoriser les moyens de payer le Don gratuit. Il a toujours eu la bonté d'en accorder trois : la grande diminution de cette ferme, à cause du faux-saunage, et les difficultés qu'ils auront à trouver leurs fonds, les oblige de demander une année de plus.»

Il propose de retarder d'un an le rachat de certains édits demandé à la province, et fait observer que l'augmentation des gages des receveurs ne peut regarder le duché de Bourgogne, où ce sont de simples commissaires des États, qui n'ont payé aucune finance au Roi et peuvent être destitués par la province.

Il se plaint de la suppression des octrois de la Saône et de ceux des villes.

488. *M. le Gendre, intendant à Montauban,*
au Contrôleur général.

10, 16, 17, 21, 28 et 31 Juillet, 10 Août 1709.

Un contre-ordre a retardé l'entrée des troupes du maréchal de Bezons en France et rendu inutiles tous les préparatifs faits pour assurer leur subsistance à défaut du service des étapiers. Ces avances ont épuisé le crédit de l'intendant*. Le receveur général Ogier n'a tenu aucune de ses promesses de verser des sommes d'argent comptant entre les mains des sous-étapiers, et il ne songe qu'à écouler ses billets de monnaie, tandis que son confrère Langlois est toujours prêt à aider ou la généralité ou l'intendant de tous les moyens dont il dispose.

* Dans la lettre du 28 juillet, en rendant compte de l'arrivée des troupes et de leur état satisfaisant, il dit qu'on a distribué des souliers à douze bataillons, et demande à être remboursé de 100,000 # avancées par lui pour cette fourniture.

489. *M. Bignon, prévôt des marchands de Paris,*
au Contrôleur général.

11 Juillet 1709.

«L'ouverture du payement des rentes viagères et des tontines pour les six premiers mois de chacune année s'est toujours faite le 1er juillet; elles ont été payées, comme vous savez, dans le courant de ce mois, août et septembre suivants, de semaine en semaine, également. Je ne puis me dispenser de vous rendre compte que les rentiers se sont présentés à l'hôtel de ville, et que le nombre en augmente chaque jour. Les payeurs les ayant remis jusqu'à ce que le fonds en fût fait, ils marquent une extrême impatience. Ce sont la plupart gens de basse condition qui ont mis, pour leur subsistance annuelle, le bien qu'ils avoient en ces constitutions.»

490. *M. Bégon, intendant à la Rochelle,*
au Contrôleur général.

11 Juillet 1709.

«La nuit du 8 au 9 de ce mois, lorsqu'on s'y attendoit le moins, il s'éleva un tourbillon si violent, qu'en moins de cinq heures tous les vaisseaux et barques qui étoient dans nos rades furent jetés sur la côte, où il y en a quatre ou cinq qu'on ne peut relever; les autres ont été fort endommagés. Mais ce qu'il y a de plus fâcheux, c'est que les orges et mestures, qui étoient en maturité, ont été entièrement égrenées : il n'en est resté que les pailles. La plus grande partie des froments et seigles sont couchés; les pois, les fèves, les vignes, les arbres fruitiers sont brûlés comme si le feu y avoit passé; les foins sont presque tous perdus. La seule ressource qui nous reste pour la subsistance de cette province, qui étoit déjà dans une grande désolation, sont les baillarges, semées au printemps, lesquelles, n'étant pas encore mûres et étant moins élevées que les froments et les seigles, ont résisté à la violence de cet orage, qui a fait de grands désordres dans toutes les maisons des villes et de la campagne. Ce nouveau malheur, qui succède à tant d'autres, jette les peuples dans une misère qui ne se peut exprimer.»

491. *M. d'Angervilliers, intendant en Dauphiné,*
au Contrôleur général.

11, 24 et 31 Juillet, 3, 15, 18, 19 et 23 Août, 6 et 15 Septembre, 2 et 19 Novembre 1709.

Il rend compte des mouvements de l'armée, de ses besoins, et de l'épuisement des fonds destinés à sa subsistance. Ne pouvant plus payer ni le prêt des soldats, ni leur pain, ni ce qui est dû aux entrepreneurs des hôpitaux et à ceux du transport des grains, le maréchal de Berwick a fait prendre les deniers qui se trouvaient dans les caisses des gabelles du Dauphiné, et même de Sisteron et de Marseille, ou dans celle de l'archevêché vacant de Tarentaise, et il a avisé la ville de Sion d'avoir à prêter une somme de 150,000 #, sous peine de voir se produire de graves désordres.

On a imposé dix mille quintaux de grains sur les communautés du Gapençois, et quatre mille sur celles de l'Embrunois, en y comprenant, aussi bien que les roturiers, les ecclésiastiques et les nobles, qui possèdent la plus grande partie des biens. Dans le Gapençois, cette mesure a excité des troubles, surtout à la Chartreuse de Durbon, dont il faudrait éloigner le prieur. Quoique exempts des tailles, les biens ecclésiastiques et nobles sont compris aux rôles dans les cas qu'on appelle *de droit*, comme constructions d'églises, réparation des dégâts causés par les torrents, etc.; la subsistance de l'armée, qui intéresse tout le monde, est bien un de ces cas de droit*.

* Sur une lettre du 7 novembre, où il est dit que les officiers sont sans argent et les soldats réduits à la simple ration, que les

hôtes qui ont à loger les troupes le long du Rhône se trouveront absolument ruinés, et le recouvrement des impositions entièrement interrompu, le contrôleur général répond en apostille : «Je vois l'état pressant où vous êtes pour ce qui regarde le payement des troupes. Je puis vous dire, en peu de mots, que les efforts qu'il a fallu faire pour la fourniture du pain seulement, pendant cette campagne, a tout épuisé, et la cessation de presque toutes les recettes et des autres recouvrements ne laisse aucune ressource, et épuise les finances au point qu'on ne peut avoir moins de ressources que celles dont je puis m'aider présentement. Ce n'est qu'avec une extrême peine que je me vois hors d'état; mais, si quelque chose peut me consoler, c'est que je travaille à préparer des moyens qui pourront, selon toutes les apparences, fournir des fonds pour toute l'année prochaine, pour remettre un peu plus exactement qu'on n'a pu faire cette année, et mois par mois, des sommes suffisantes pour faire toujours des payements à compte aux troupes. Le travail que je fais demande quelques jours pour être arrangé; cependant je vois presser pour faire presser les envois de grains, afin qu'au moins le pain soit fourni aux troupes.»

Le remboursement des avances faites par les communautés ne se fit qu'au bout d'un an et demi. (Lettres de M. d'Angervilliers, 29 janvier et 5 juin 1710, 8 et 17 avril 1711; de M. Lebret fils, intendant en Provence, 26 mars et 14 avril 1710; du contrôleur général à M. le Rebours, intendant des finances, 3 avril 1710.)

---

492. *Le Contrôleur général à S. A. S. M. le duc de Bourbon, gouverneur de Bourgogne.*

12 Juillet 1709.

«Le Roi m'a commandé d'avoir l'honneur d'écrire à V. A. S. qu'il seroit à propos que les États de Bourgogne examinassent avec soin, pendant leur assemblée, si la province aura suffisamment de blés et autres grains, soit de la récolte prochaine, soit des années précédentes, pour sa subsistance jusqu'à la récolte de 1710 et pour les semences de l'automne prochain; et [que,] si, par les connoissances les plus exactes qu'on pourra avoir, il se trouve qu'elle n'en a pas suffisamment, en ce cas, ils prissent des mesures pour en tirer par la Méditerranée, ou de Barbarie, ou du Levant, ou des autres ports et pays d'où l'on en peut tirer. Les États de Languedoc, ceux de Provence, les principales Compagnies du Dauphiné, qui n'est point un pays d'États *, et les villes de Lyon et de Marseille ont déjà pris de semblables mesures. Le Languedoc, les Compagnies de Dauphiné et la ville de Lyon ont même actuellement des députés ou agents à Marseille et dans les autres ports de Provence; les États de Bourgogne pourroient suivre cet exemple. L'affaire est si importante, qu'on ne peut y penser trop tôt, ni y donner trop d'attention. S. M. espère que le corps des États, excité par V. A. S., y entrera avec la vivacité qui convient **.»

* Les officiers de la province de Dauphiné avaient réuni un fonds pour faire faire des achats de quatre mille charges de blé sur la place de Marseille : voir les lettres du second président de Grammont, 29 juillet et 2 août; leurs avances n'ayant pu être couvertes complètement par la vente des blés, il y fut pourvu sur la diminution des tailles accordée pour l'année 1712 : lettre de M. d'Angervilliers, intendant, 12 juin 1711.

** Le prince annonça, le 19, que l'abbé de Saint-Mauris, doyen du Chapitre de Saint-Pierre de Mâcon, était envoyé à Marseille. En approuvant ce choix, le contrôleur général avertit que les blés de Barbarie et de Levant étaient trop durs pour les semences. (Lettre à M. Pinon, intendant, 27 juillet.)

---

493. *M. de Bâville, intendant en Languedoc, au Contrôleur général.*

(De Privas,) 14 Juillet 1709.

«(*Autographe.*) Ayant su toutes les bontés que vous avez témoignées pour moi et pour mon fils, à M. des Forts, au sujet de l'intendance de Guyenne qui doit bientôt vaquer, permettez-moi de vous supplier de la lui procurer, si vous le jugez propre à cet emploi. Je dois désirer qu'il puisse remplir ceux qui sont les plus considérables et où il peut acquérir le plus de connoissances. Je vous serai infiniment obligé de me faire ce plaisir, dont j'aurai toute ma vie une parfaite reconnoissance, et que j'ai sujet d'espérer de l'ancienne amitié dont vous m'avez toujours honoré.»

---

494. *Le Contrôleur général à M. Delafons, procureur général en la Cour des monnaies de Paris.*

15 Juillet 1709.

«L'éclaircissement que vous me faites l'honneur de me demander me paroît fort aisé. Je suppose que Pierre a un billet de monnoie de 1,000 #, dont il est échu 100 # d'intérêts au 1er mai. La déclaration lui donne deux facilités. 1° Il peut comprendre les 100 # d'intérêts avec le capital, ce qui fera 1,100 #, et, en joignant 5,500 # en espèces ou matières pour les cinq sixièmes, il se trouvera un fonds de 6,600 #, qui doit lui être payé à la Monnoie. Dans ce cas, il n'a point besoin de certificat pour les intérêts, puisqu'ils sont reçus conjointement avec le capital, suivant la déclaration. C'est la première disposition, par laquelle on dispense ceux qui prendront ce parti de rapporter des certificats pour les intérêts. 2° Si Pierre n'a point assez d'espèces pour faire les cinq sixièmes de son billet, il faut qu'il ait recours au second expédient, c'est-à-dire qu'il fasse couper son billet; mais, auparavant, il doit le porter au payeur, pour avoir son certificat des intérêts. Le payeur fait mention sur le billet du certificat qu'il délivre : après quoi, il remet l'un et l'autre au porteur. Celui-ci les apporte à M. Boula, qui contrôle le certificat, et qui peut mettre son paraphe sur l'original du billet, afin qu'on ne puisse pas le faire paroître deux fois. Le propriétaire du billet le fait ensuite couper, s'il veut : moyennant quoi, il se trouve en état de se servir de ces billets coupés et du certificat des intérêts pour aller à la Monnoie et les porter conjointement ou séparément. C'est par rapport à ceux qui prendront des certificats, et le nombre en sera grand, qu'il est dit qu'après qu'ils auront été contrôlés, sur la représentation de l'original du billet, ils seront reçus à la Monnoie comme billets de monnoie, conjointement ou séparément du capital, en fournissant les cinq sixièmes en espèces ou matières. La seule chose qu'il faut remarquer, c'est qu'ils ne peuvent être reçus qu'à la Monnoie de Paris. On a cru qu'il ne falloit pas les laisser courir dans les provinces, où ils pourroient plus facilement être altérés; il y a plusieurs autres raisons. A l'égard de ceux qui, avant la déclaration, auront porté à la Monnoie ou auront donné en payement leurs billets, après avoir pris des certificats des payeurs, comme il leur sera difficile de représenter les originaux des billets pour faire contrôler leurs certificats, il faudra, à ce que je crois, les dispenser de ce contrôle, en établissant quelque autre formalité pour y suppléer.»

495. M. DE PONTCHARTRAIN, *secrétaire d'État de la maison du Roi,*
AU CONTRÔLEUR GÉNÉRAL.

15 Juillet 1709.

«Le Roi fit, en 1681, l'établissement des religieuses Ursulines à Saint-Germain, dans la maison des fermiers généraux, et il y a apparence que vous en eûtes connoissance alors. Le dessein de S. M. étoit d'y faire un petit établissement de peu de religieuses, pour servir seulement à l'instruction de la jeunesse. Celles-ci, suivant le défaut ordinaire de toutes les communautés naissantes, ont bâti et fait plusieurs autres dépenses inutiles qui ont mis le temporel de leur maison, et même le spirituel, en assez mauvais ordre. M. le cardinal de Noailles y a envoyé le supérieur ecclésiastique, lequel étant accompagné, par ordre du Roi, du sieur le Grand, prévôt de Saint-Germain, ils ont fait un mémoire de l'état auquel se trouve cette maison. M. le cardinal de Noailles pourvoira, en ce qui dépend de lui, aux désordres passés. Le Roi a défendu qu'on y reçoive des religieuses, si elles n'apportent en dot ce qui est réglé par les déclarations, et le sieur le Grand a ordre de veiller au temporel; et comme, par l'avis ci-joint, il est parlé de plusieurs choses qui ont rapport aux finances, S. M. m'a ordonné de vous le communiquer, afin que vous puissiez recevoir ses ordres. Je vous prie de me donner avis de ce que S. M. aura réglé *.»

* Voir, dans l'intendance de Paris, au 22 juillet, le procès-verbal du prévôt le Grand.

496. M. TRUDAINE, *intendant à Lyon,*
AU CONTRÔLEUR GÉNÉRAL.

16 Juillet 1709.

«.....Toutes les mines de charbon de terre du Forez sont autour de Saint-Étienne, jusqu'à trois lieues aux environs, les unes plus proches, les autres plus éloignées, et même les plus proches commencent à s'épuiser, et l'on est obligé de travailler les plus éloignées; mais il y a une chose heureuse dans ces mines, qui est la reproduction : il y en a d'anciennement abandonnées pour avoir été épuisées, où l'on retrouve présentement du charbon qui s'est reformé depuis l'abandon; il y en a même que l'on a voulu ouvrir, et l'on n'en a pas trouvé le charbon encore assez fait pour travailler à la mine : ce qui fait espérer que l'on ne verra point la fin de ces mines, qui se produisent et se renouvellent avec le temps; et presque toutes les terres des environs de Saint-Étienne sont mines de charbon plus ou moins prêtes à tirer. Je vous observerai encore, avant que de venir au détail que vous me demandez, qu'il y a sept ans qu'il se forma une compagnie pour rendre la rivière de Loire navigable depuis Saint-Rambert jusqu'à Roanne, dont l'objet et le motif du privilège qui lui en fut accordé étoit le transport des charbons de terre pour l'usage de Paris. On ne lui accorda la permission d'enlever des charbons de terre dans le Forez qu'à condition qu'elle n'en prendroit qu'à deux lieues de Saint-Étienne, et point plus proche, parce que l'on connut la nécessité qu'il y avoit, pour maintenir les manufactures des armes et quincailles de Saint-Étienne, de n'y pas faire enchérir le charbon en enlevant celui qui étoit le plus à leur bienséance, et connoissant aussi qu'il commençoit à manquer dans les mines les plus proches de Saint-Étienne. Il y a présentement vingt-six mines de charbon d'ouvertes en Forez, qui appartiennent à différents particuliers; il y en a peu qui les fassent valoir par ses mains : la plupart les afferment tant par manœuvres qui travaillent à la mine, et, comme ces manœuvres travaillent avec un outil que l'on nomme un *pic*, l'on paye au propriétaire tant par pic qui travaille à la mine, et, suivant que la mine est plus ou moins abondante, l'on y met plus ou moins de pics ou manœuvres, qui est la même chose. L'on paye au propriétaire de la mine jusqu'à 50 s. par jour pour chaque pic qui travaille dans sa mine. Quand la mine est bonne et proche de Saint-Étienne, un pic tire douze charges de charbon par jour : la charge pèse deux cent cinquante à deux cent soixante livres, poids de marc. La charge se vend 6 s. prise à la mine; le charbon qui tombe en sable dans le travail, et qui est le meilleur, le plus gras et le moins chargé de soufre, se vend au sac et à la benne, et plus cher que le gros qui reste en pierre. Ce charbon en sable se vend, par évaluation, environ 8 s. la charge, prise à la mine. Outre l'ouvrier employé à fouiller le charbon avec le pic, l'on emploie et l'on paye encore d'autres manœuvres qui servent à tirer le charbon hors de la mine, à pomper les eaux et à saigner les mines : ce qui augmente la dépense. L'on paye 15 à 16 s. par jour aux manœuvres qui travaillent aux mines, soit qu'ils fouillent le charbon, soit qu'ils le tirent hors la mine, soit qu'ils pompent ou saignent les eaux. Le véritable prix du charbon pris à la mine est donc de 6 s. la charge du moindre, et de 8 s. du meilleur. Ce prix augmente par le transport, suivant qu'on le porte plus ou moins loin; mais cette augmentation est le prix de la voiture, et non pas du charbon.

«A l'égard de la quantité de charbon qui se tire des mines, elle est bien diminuée depuis quelque temps, parce que plusieurs des mines ont été gâtées en tout ou en partie par les eaux, et que, la consommation n'étant pas assez grande, les propriétaires ne font pas la dépense nécessaire pour les remettre en état; et si l'on pouvoit débiter tout le charbon que l'on pourroit tirer des vingt-six mines ouvertes, je suis persuadé que les propriétaires des mines feroient leurs efforts pour mettre leurs mines en état de fournir la même quantité qu'elles ont fournie ci-devant.

«Les vingt-six mines sont : 1° la mine de l'Estivalière, qui est des plus considérables par la bonne qualité du charbon et par la quantité : elle a deux masses de charbon l'une sur l'autre; l'on y a travaillé autrefois à dix pics; l'on n'y travaille présentement qu'à quatre pics; elle fournit la plus grande partie de Saint-Étienne; 2° celle de Méon, qui est entièrement comblée par les eaux; l'on n'en tire plus de charbon depuis trois ans;

l'on y travailloit à trois pics; 3° celle de la Mina, où l'on travaille à deux pics; 4° celle de la Bérodière, d'où l'on ne tire rien présentement, étant pleine d'eau; le charbon en est de très bonne qualité et en abondance; l'on y travailloit ordinairement à six pics; 5° celle de la Vue-au-Maure, dont le charbon est pareillement de très bonne qualité et en grande abondance; elle est pleine d'eau; l'on y a travaillé à dix-huit pics; l'on n'y travaille présentement qu'à quatre pics; 6° celle de M. Palluat, de bonne qualité; l'on y travaille à trois pics, quoiqu'elle soit pleine d'eau; 7° celle de M. de Luzy, à Chaponeau; l'on n'y travaille qu'à un pic; 8° celle de M. de la Croix, dans le voisinage de Chaponeau, est de très bonne qualité; l'on y travaille à deux pics, quoiqu'elle soit pleine d'eau; 9° celle de M. Bereau, au même lieu, est entièrement pleine d'eau; le charbon est de bonne qualité; l'on n'en tire point présentement; l'on y travailloit ci-devant à trois pics; 10° celle de M. de Bruneaux, à Firminy, est entièrement remplie d'eau; le charbon est de bonne qualité; l'on n'en tire point; l'on y travailloit à deux pics; 11° celle de M. Deville, proche Saint-Étienne, entièrement comblée par les eaux depuis trois ans; le charbon en est de bonne qualité; l'on n'en tire point présentement; l'on y travailloit à quatre pics; 12° celle de M. de Soleizel, où l'on travaille à deux pics; 13° celle de la veuve Froton, au Curtil, pleine d'eau; l'on n'en tire plus de charbon; l'on y travailloit à deux pics; 14° celle de Larmanou, à la Ronzil; le charbon y est de mauvaise qualité; l'on y travaille à un pic; 15° celle du Cray-Buisson; le charbon y est de mauvaise qualité; l'on y travaille à trois pics; 16° celle du sieur Babouin, à la Ronzil, est comblée d'eau; l'on n'en tire point de charbon présentement; l'on y travailloit à un pic; 17° celle de Montreel, à la veuve Alléon, est aussi comblée d'eau; l'on n'en tire rien; l'on y travailloit à trois pics; 18° celle des Noyers, paroisse de Saint-Jean; l'on y travaille à deux pics; 19° celle du sieur Clapeyron, au Curtil, est pleine d'eau; l'on n'en tire rien présentement; l'on y travailloit à deux pics; 20° celle du sieur Vincent de la Coche est bonne; l'on y travaille à trois pics; 21° celle du sieur de Bienavant, au Bois-Dauche, ne fournit rien présentement; l'on y travailloit à deux pics; 22° celle du sieur Duon le Prêtre, au Bois-Dauche; le charbon y est de bonne qualité; l'on y travaille à un pic; 23° celle de la Rouère, au sieur Guigou, est comblée d'eau; elle est considérable, parce qu'on n'en a tiré encore que fort peu; l'on n'en tire point de charbon présentement; l'on y travailloit à deux pics; 24° celle de la Roche, abondante, et le charbon de très bonne qualité; elle est gâtée en partie par les eaux; l'on y travailloit ci-devant à huit pics; l'on n'y travaille présentement qu'à trois; 25° celle de Villars, appartenant au sieur Mathevon; le charbon est de mauvaise qualité; l'on y travaille à deux pics; 26° celle de M. de Murat, au même lieu: l'on y travaille à deux pics.

«Il n'y a donc présentement que trente-cinq pics qui travaillent dans toutes les mines du Forez, et, si les mines qui sont ouvertes étoient en bon état, qu'elles ne fussent point inondées, et qu'il y eût débit et consommation du charbon, l'on pourroit y employer jusqu'à quatre-vingt-dix pics, et le grand débit pourroit encore engager à en ouvrir quelques nouvelles. Il faudroit donc tâcher de faire passer ce charbon dans tout le royaume, et éviter par là d'en faire venir d'Angleterre et des pays étrangers. Ces trente-cinq pics, qui travaillent environ deux cent trente jours l'année, produisent par an autour de cent mille charges; si l'on travailloit à quatre-vingt-dix pics, l'on en tireroit plus de deux cent cinquante mille charges.

«Ce qui se tire présentement de charbon des mines se consomme pour la plus grande partie sur les lieux et aux environs. L'on estime cette consommation qui se fait sur les lieux et aux environs aux deux tiers de ce qui se tire; l'autre tiers se débite en Velay, sur le Rhône, à Lyon et aux environs, et le long de la Loire jusques à Paris. Les deux mines de Luzy et de la Croix, n°s 7 et 8, fournissent le Velay jusques au Puy; les deux mines de la Rouère et de la Roche, des n°s 23 et 24, fournissent la Loire et ce qui se porte jusqu'à Paris; elles sont proches du port de Saint-Rambert, sur la Loire, et éloignées de Saint-Étienne de la distance d'où les entrepreneurs de la navigation de la Loire peuvent en prendre suivant leur privilège.

«La qualité du charbon qui se tire des mines du Forez est différente : l'on peut dire en général qu'elle est très bonne, et les forgerons l'estiment autant que celui d'Angleterre. Il y en a néanmoins, dans ces mines, de meilleur et de moins bon. Celui qui tombe en sable est plus gras et a moins de soufre : ce qui fait que, dans l'usage, le fer s'en travaille mieux et n'est pas si sujet à brûler; et l'on prend autant que l'on peut de ce charbon en sable pour les forges. Celui qui reste en pierre, qui n'est pas si bon pour l'usage du fer, se consomme par le peuple, pour son service particulier; mais ce même charbon qui reste en pierre, lorsqu'il est exposé à l'air et à la pluie, se bonifie, et la pluie en délave le soufre; il devient, avec le temps, aussi bon que celui que l'on tire en sable de la mine, et même les mines se mûrissent aussi avec le temps ; elles deviennent de meilleure qualité, par les eaux qui y tombent et que l'on en sort.

«Si quelque chose m'est échappé dont vous vouliez encore être éclairci, je vous supplie de me le marquer : j'y satisferai autant que je pourrai*.»

* Le 16 août suivant, M. Turgot, intendant à Tours, envoie des extraits des lettres de ses subdélégués sur les mines de la généralité : «Pour celles de l'élection d'Angers, on nous a marqué qu'il y avoit autrefois des mines assez abondantes dans les paroisses de Chaudefonds, Chalonnes, Montjean et Saint-Aubin-de-Luigné, mais que, depuis quelques années, elles se trouvent tellement épuisées, qu'on n'en tire à présent qu'une très petite quantité; que, comme on ne trouve plus de nouvelles mines, on a recours aux mines anciennes, mais qu'au lieu qu'on y tiroit d'abord du charbon propre aux forgerons ou maréchaux, et qui se vendoit 36 s. la charge de cheval, celui qu'on y prend à présent, de bien moindre valeur, ne peut servir qu'aux fourneaux à chaux, ne se vend que 3# 10ˢ la pipe, et se consomme dans les lieux mêmes où on la prend. Celles de l'élection de Saumur sont dans la paroisse de Saint-Georges-de-Châtelaison; son usage est pour les forgerons, et se vend, pris sur le lieu, 7 s. le boisseau. Il se consomme en partie en l'élection et pays circonvoisins, et, quand il s'en trouve plus qu'on n'en peut débiter, les entrepreneurs des mines le font mettre en magasin sur la rivière de Loire, et l'envoient à Nantes, à Orléans et ailleurs. Celles de l'élection de Montreuil-Bellay sont dans la paroisse de Concourson : l'usage de ce charbon de mines [est] propre aux forgerons. Il s'est autrefois tiré beaucoup de charbon de ces mines; mais celles où l'on travaille présentement sont de vieilles mines autrefois fouillées, d'où l'on tire peu de charbon, et pas suffisamment pour fournir aux maréchaux et cloutiers qui s'en servent. Il se vend, le cent de boisseaux, depuis 15

jusqu'à 22 #, selon qu'il se trouve bon ou mauvais; que, depuis deux ou trois ans, le sieur Dumanoir, gentilhomme, fait travailler à tirer les eaux dans l'espérance de tirer du charbon, mais que, jusqu'à présent, ce travail lui a beaucoup plus coûté qu'il n'en a retiré; qu'il est certain qu'il y a dans les terres et aux environs beaucoup de charbon, mais que, comme il faut creuser vingt-cinq à trente toises, personne dans le pays n'est en état de faire les avances et dépenses nécessaires, joint à ce que, quand on en tireroit, on n'en auroit pas le débit, parce que ces mines sont éloignées de quatre lieues de la rivière de Loire. Enfin, il se débite de ce charbon, tous les ans, pour 4 à 5,000 #, employés à occuper trente ou quarante pauvres ouvriers, auxquels on donne 6 ou 7 s. par jour.»

M. de Bernage, intendant à Amiens, écrit, le 13 septembre, que les seules mines sont celles du Boulonnais, appartenant au duc d'Aumont, qu'elles produisent par an quatre à cinq mille barils de charbon de terre, chaque baril de la contenance d'une demi-queue de vin de Bourgogne; qu'il se vend un écu le baril; que la consommation s'en fait presque toute dans la province, et que le surplus passe à Saint-Omer.

M. de Bernières, intendant en Flandre, écrit, le 5 juillet : «.....Il n'y a aucune mine de ce charbon de terre dans mon département, et celui qui s'y consomme vient des environs de Mons et de Charleroy...... La wague (c'est le nom de la mesure du pays) se vend 20 patars, faisant 25 sols de France, rendue dans les villes de mon département; elle pèse cent quarante-quatre livres poids de Valenciennes, qui font cent trente-six livres trois quarts poids de marc.»

M. le Blanc, intendant en Flandre maritime, écrit, le 5 juillet : «.....Il n'y a aucune [mine] dans mon département, et le charbon dont on se sert vient du Boulonnois; mais il n'est pas de la qualité de celui d'Angleterre, que l'on préfère toujours quand on en peut avoir.»

M. Doujat, intendant en Hainaut, écrit, le 9 juillet, que les localités qui fournissent du charbon sont, dans la terre de Mons : Flameries, Carignon, Wasmes, Warquignies, Boussu, Dhour, Élouches et Quiévrain; dans les environs de Charleroy, outre cette ville : Mons-sur-Marcienne, Darmey, le Roux, Jumey, Gily, Montignies-sur-Sambre, et plusieurs autres places jusqu'à Namur; dans le pays de Liège : Gemep, Tileu, la Chaussée, Flemec, etc., jusqu'à Liège. «Il y a, ajoute-t-il, deux sortes de charbon de terre, savoir : le gros et le menu. Le menu sert pour les forges des maréchaux et des taillandiers, pour les fours à chaux et pour les briqueteries. Les deux mille livres pesant du menu charbon se vendent 6 # monnoie de France, à prendre sur les lieux. Le gros charbon, qu'on appelle *houille*, est de deux qualités : le meilleur sert à brasser de la bière, à blanchir le sel, et aux fonderies de fer; le moins bon sert à brûler dans les maisons des particuliers. Les deux mille livres pesant du gros charbon se vendent 10 # monnoie de France, aussi pris sur les lieux. Ces prix sont à peu près égaux à Mons, à Charleroy et à Liège. Le quartier de Mons ne fournit dans le Hainaut français qu'environ quatre cent mille livres pesant de ce charbon de terre; il s'en voiture dans le Cambrésis environ six cent mille livres par an. La plus grosse consommation qui s'en fait est à Douay, à Tournay, à Gand, à Bruges et en Hollande. On en conduit par eau, de Condé jusque dans la Hollande, plus de douze millions de livres pesant par an, année commune. Le reste se consomme à Mons et aux environs. Le quartier de Charleroy fournit dans cette province du Hainaut environ quatre millions deux cent mille livres pesant de charbon, année commune; le reste se consomme dans le pays d'Entre-Sambre-et-Meuse appartenant à l'Espagne, et aux forges du comté de Namur, où il se conduit par la Sambre et par la Meuse. Les peuples du Hainaut ne font point venir de ce charbon des terres de Liège, parce qu'ils sont plus proches de Mons et de Charleroy, et que, par cette raison, la voiture leur coûte moins. Les droits de sortie d'Espagne ou de Liège, pour ce charbon, sont à peu près d'un tiers du prix de l'achat; on paye aussi un autre tiers pour l'entrée dans le Hainaut françois et, par-dessus cela, le droit du domaine, à raison d'un sou du poids de trois cents livres : de manière que le menu charbon, non compris la voiture, revient à 10 # 7 s. et le gros à 17 # ou environ, la charretée pesant deux mille livres.»

M. de Montgeron, intendant à Limoges, écrit, le 8 août, qu'il n'y a aucune mine dans son département.

---

497. *Le Contrôleur général à M. Lebret fils, intendant en Provence.*

16 et 20 Juillet 1709.

Toute fixation de prix pour les blés étrangers soulèverait des réclamations; il faut laisser liberté entière*.

«Le Roi avoit été fort satisfait des démarches que les échevins de la ville de Marseille avoient faites pour engager quelques gentilshommes et les meilleurs négociants du pays de se trouver aux assemblées du Bureau d'abondance pour y délibérer des moyens de subvenir aux besoins que la stérilité de cette année cause à la province; mais, comme S. M. a depuis été informée qu'une résolution si sage, et dont les suites devoient être aussi avantageuses aux peuples, n'avoit pas tout le succès qu'on pouvoit en attendre, parce que la plupart de ceux qui avoient été choisis pour se trouver à ces assemblées ne s'y étoient pas encore rendus aussi régulièrement qu'une affaire de cette importance le méritoit, elle m'a ordonné de vous écrire de faire avertir le sieur de Candolle et les sieurs d'Esparron, de Jarente la Bruyère, la Ferretière, des Tourres, Maurellet, Magny, Rémusat, Joseph Borelly, Constans, Broquery et Luc Martin que son intention est qu'ils assistent à ces assemblées toutes les fois qu'elles se tiendront; et afin qu'elle puisse toujours être composée de douze personnes au moins, elle veut que vous fassiez aussi avertir les sieurs d'Hermite, de Bourgogne, Borelly, de Brest, Rimbaud, J. Jouvene et F. Gratian de se joindre aux autres, pour en remplir le nombre quand il y en aura quelqu'uns d'absents. Elle veut pareillement que chacun de ces dix-huit députés, à tour de rôle, soit chargé pendant une semaine, conjointement avec les échevins, lieutenant de police, de l'exécution des délibérations qui auront été prises, et qui seront écrites sur-le-champ. Elle ne doute point que ces députés ne répondent dignement à son choix par leur attention et leur zèle pour le bien public. Je vous prie de m'informer de tout ce qui se passera sur ce sujet, afin que je puisse en rendre compte à S. M.»

* M. Lebret répond, le 29 : «La délibération du Bureau d'abondance ne fixe le prix du blé à 30 # que pour en assurer cette somme aux négociants qui en feront venir. Les lettres d'Italie et de toute la Méditerranée ne parlent que d'une abondance prodigieuse, et, s'il avoit été [possible] de prévoir dès cet hiver ce que nous en apprenons présentement, il auroit peut-être fallu empêcher tous les mouvements que l'on s'est donnés; et qui ont beaucoup contribué à soutenir le prix des blés à Livourne et à Gênes, d'où, sans cela, il nous seroit déjà venu du blé malgré le gros change que l'augmentation des espèces a produit. Quant à la fixation du prix du blé à 30 #, que j'avois pris la liberté de vous proposer pour empêcher qu'on n'en pût donner davantage, je me soumets, comme de raison, à ce qu'il vous plaît d'en décider. Je crains fort que les ennemis, en prenant la plus grande partie de nos bâti-

ments, ne nous délivrent de l'inquiétude où nous sommes sur le moyen de payer les blés que le Bureau d'abondance s'est engagé de prendre.....»

Le 22 du même mois, il avait écrit que les magistrats municipaux, procureurs du pays ou échevins de Marseille, étaient absolument incapables de sacrifier leur intérêt personnel au bien général et de diriger l'affaire des blés; il répète la même affirmation dans la lettre du 29.

---

498. *M. de la Bourdonnaye, intendant à Bordeaux, au Contrôleur général.*

17 Juillet 1709.

«Les mouvements qui parurent dans le Quercy en l'année 1707, et qui se communiquèrent à quelques paroisses du Périgord et de l'Agénois, ayant intimidé les porteurs de contraintes, on fut obligé d'employer les troupes pour les recouvrements, et on s'aperçut qu'on s'en servoit avec succès dans les lieux les plus difficiles. Les recouvrements se trouvant presque entièrement interrompus par l'impuissance absolue où la disette a mis les peuples de satisfaire à ce qu'ils doivent, je crois qu'on sera d'autant plus obligé d'employer les troupes, cette année comme en 1707, que quelques paroisses de Périgord ont paru mépriser les porteurs de contraintes; quelques-unes même les ont chassés. Les officiers de l'élection de Sarlat ont décrété les coupables. Si vous jugez à propos qu'on se serve des troupes, il seroit nécessaire que vous eussiez la bonté de le mander à M. le maréchal de Montrevel, et même de lui dire qu'il convient que les compagnies du régiment de cavalerie de Crouy et du régiment d'infanterie de Clairefontaine, qui doivent, en revenant d'Espagne, demeurer dans la généralité de Bordeaux, soient placées dans les élections par rapport à cet usage*.»

* M. de Lussé, receveur général des finances à Bordeaux, écrivait, le 5 juillet : «.....J'ose vous dire que le service de ces gens-là sera très efficace pour rétablir les recouvrements, qui sont absolument cessés, parce que les peuples, qui, naturellement, craignent de pareils hôtes, s'empresseront de payer leurs impositions, et que, par ce moyen, on leur fera désirer les porteurs de contraintes, qu'ils ont chassés presque partout, et maltraités même en plusieurs endroits.....»

Devenu intendant à Orléans, M. de la Bourdonnaye demanda encore (lettre du 22 décembre 1709) la permission d'envoyer des cavaliers, pendant le quartier d'hiver, chez les contribuables de sa nouvelle généralité qu'on savait en état de payer leurs tailles, et de régler leur salaire, comme en Guyenne, à 4 s. par jour, et 5 s. de plus pour le cheval.

---

499. *M. l'Évêque de Bayeux au Contrôleur général.*

18 Juillet 1709.

«.....Les émotions ont commencé ici, comme à Rouen. J'en ai conféré avec M. l'intendant, qui commence à croire ce qu'on dit de son changement. Jusqu'à présent, nous étions avertis quand il s'en faisoit, afin que les affaires du Roi ne souffrent aucune interruption, et j'aurois cru que, si vous jugez à propos, pour le bien des affaires du Roi, de placer ailleurs M. de Magny-Foucault, il seroit bon d'attendre que les temps fussent plus tranquilles*. M. son père et lui connoissent fort cette basse province et y sont considérés; je vous supplie d'y faire réflexion, et j'insiste plus que jamais, pour les besoins pressants de notre pauvre province, qu'à l'exemple de M. Colbert, votre oncle, vous nous envoyiez une personne de confiance vers la Guibray, pour vous rendre compte exactement des choses principales qui regardent le service du Roi et l'utilité de la province**.»

* M. de Matignon, lieutenant général en Normandie, insiste aussi, le 25 juillet, sur l'urgente nécessité de remplacer immédiatement M. Foucault de Magny, si on lui fait quitter Caen : «La misère a mis dans les peuples un esprit de sédition dont il[s] donne[nt] des marques dans toute occasion, qu'on ne sauroit trop en prévenir les inconvénients; il y a eu, en plusieurs endroits, de petites émotions, que j'ai assoupies dans leur naissance, et M. de Magny vous a dû informer de la disposition où est le peuple à Caen. Il n'y a dans cette ville aucun magistrat, ni autre personne d'autorité qui, dans certaines rencontres, pût imposer à la populace, lui absent. Je ne puis m'y tenir assidûment, obligé que je suis de me porter en différents endroits suivant les besoins, et particulièrement sur les côtes, en cas que la flotte ennemie y vînt pour les inquiéter. J'ajouterai encore que, les fonds manquant pour la subsistance des troupes, et que, les bourgeois étant accablés par la nécessité de nourrir les soldats logés chez eux dans un temps où ils ont eux-mêmes bien de la peine à vivre, cette présence du nouvel intendant est essentiellement nécessaire.»

Des lettres anonymes du 20 juillet accusent M. de Magny; mais, le 15 du même mois, les maire, lieutenant, échevins et officiers de Caen avaient écrit qu'il venait de calmer une sédition et demandé qu'on ne le changeât pas d'intendance.

** Réponse en apostille : «Je n'ai pas oublié que M. Colbert envoyoit M. Berryer en Normandie, qui assembloit les intendants des trois généralités pour examiner l'état de la province et ce qui pouvoit en soutenir le commerce. Je prendrois volontiers les mêmes mesures que M. Colbert a faites si utilement; mais les temps sont devenus si difficiles, que je suis obligé [d'attendre] un plus grand calme et des conjonctures plus heureuses pour penser à rétablir tout le mal que la guerre a causé depuis bien des années.»

Dans une autre lettre sans date, mais de la même année 1709, l'évêque écrit encore : «.....J'ose vous rappeler l'exemple de M. Colbert, votre oncle, qui, ordinairement, envoyoit chaque année une personne de confiance pour assembler en cette ville de Caen les trois intendants de Normandie; même il s'y trouvoit, tant de Rennes et de Saint-Malo, ceux qui pouvoient avoir des relations pour le commerce de cette province, si utile au royaume. Vous avez la personne qui s'en acquitteroit le mieux dans votre famille : c'est M. de Beuville, votre beau-frère.....»

---

500. *M. de Bernières, intendant en Flandre, au Contrôleur général.*

18 Juillet et 15 Septembre 1709.

Requête des directeurs ou intendants de l'Aumône générale de Valenciennes demandant, pour pouvoir faire subsister les pauvres, qui n'ont plus de travail, et pour leur fournir des grains, à vendre, hypothéquer ou aliéner des biens de cet établissement jusqu'à concurrence de 30,000 florins*.

* En marge, de la main du contrôleur général : «Bon.»

Voir, au sujet de permissions analogues, deux lettres du contrôleur général au procureur général Daguesseau, 27 novembre, et de celui-ci au contrôleur général, pour les hôpitaux de Troyes, en Champagne, 24 décembre, et une lettre de M. Lebret fils, intendant en Provence, 24 février 1710.

501. *Le Contrôleur général aux Intendants.*

19 Juillet 1709.

«Je vous envoie des imprimés de deux arrêts du Conseil pour l'exécution de quelques articles de la déclaration du 11 juin dernier concernant les tailles: je vous prie d'en donner connoissance aux officiers des élections de votre département.

«Vous observerez, s'il vous plaît, d'être fort réservé sur la nomination et le choix des adjoints. Je ne doute pas que les receveurs des tailles ne vous proposent d'en donner dans la plupart des paroisses; mais il ne faut pas déférer à ce qu'ils proposeseront, et cette précaution ne doit être prise que pour les lieux où vous trouverez qu'il sera indispensable d'en user. Il faudra même, en ce cas, en dispenser ceux qui auront fait leur soumission d'ensemencer leurs terres*. Il est bon que vous fassiez savoir dans les paroisses que c'est un moyen de s'exempter d'être nommé adjoint : cela excitera les laboureurs à ensemencer leurs terres, et leur ôtera la crainte dont il m'est revenu de plusieurs endroits qu'ils étoient frappés qu'ils seroient nommés adjoints préférablement aux autres habitants, lorsqu'ils auroient ensemencé leurs terres, parce qu'on croiroit qu'ils seroient, dans la suite, plus en état de payer. Il est bon de détruire cette opinion.

«Il est aussi nécessaire que vous donniez attention à la manière dont les receveurs des tailles en useront à l'égard des officiers des villes, des syndics et des greffiers des rôles, que cette déclaration met dans l'obligation de répondre de la levée des impositions conjointement avec les collecteurs. Il ne faut pas leur permettre d'agir contre eux à la rigueur : S. M. a voulu seulement engager ces officiers à veiller au recouvrement et à le faciliter par le crédit qu'ils peuvent avoir dans leurs communautés. Quoiqu'il ait été ordonné qu'il sera fait différentes classes des taillables dans chaque paroisse pour régler les termes du payement de leurs impositions, il s'en trouvera peut-être quelqu'unes où il ne sera pas nécessaire de faire cette distinction, et dans lesquelles les habitants ne le souhaiteront pas. S. M. s'en rapporte à vous de conduire cela avec prudence et comme vous le jugerez à propos.

«Je dois vous observer encore, pour ce qui est des taxes d'office de ceux qui sont pourvus des charges dont les privilèges sont suspendus par cette déclaration, que l'intention de S. M. est que vous en usiez modérément, quant à présent, pour l'année présente. La suspension est générale, et ne pouvoit pas être ordonnée autrement; mais il y a plusieurs officiers qu'il en faudra dispenser. S. M. a compté que cette suspension des privilèges n'auroit principalement son effet que pour l'année prochaine. Je vous ferai savoir, avant le département, ceux de ces officiers qui doivent continuer à jouir des privilèges. Ayez agréable cependant de me proposer les doutes que vous pourriez avoir, tant sur cet article que sur les autres de la déclaration, afin que je puisse vous faire savoir ce que S. M. aura décidé.»

* Un arrêt fut rendu en ce sens le 30 juillet : voir une lettre du contrôleur général au sieur de Retrou, commissaire pour la visite des blés, 10 août.

502. *M. de Bernage, intendant à Amiens, au Contrôleur général.*

19 Juillet 1709.

Il transmet et appuie une requête de la noblesse de Picardie tendant à payer sous forme d'abonnement la finance due pour la réunion des grueries aux justices seigneuriales*.

* Voir deux autres lettres du 24 mai et du 1er juin 1710, sur la contribution du clergé à ce rachat.

503. *M. du Vigier, procureur général au Parlement de Bordeaux, au Contrôleur général.*

20 Juillet 1709.

Il explique les raisons pour lesquelles la condamnation d'un relaps est conforme aux lois, et conclut, malgré les demandes du fils du condamné, à ce que sa mémoire soit éteinte et supprimée, et la moitié de ses biens confisquée*.

* Le premier président Gillet de Lacaze, ayant rendu deux arrêts semblables, proposa d'appliquer le produit des confiscations au nouvel hôpital d'enfants trouvés. (Lettre du 3 octobre 1714, avec cette apostille : «Écrire à M. de la Vrillière; savoir si cette amende tombe dans la régie des biens des religionnaires.»)

504. *M. le duc de la Force au Contrôleur général.*

(Intendance de Bordeaux.)

(De Rouen,) 21 Juillet 1709.

«Dans la triste situation où je me trouve, chargé de plusieurs grosses dettes de ma maison et poursuivi de tout côté par des traitants, j'ai recours à vous pour vous représenter mon état et vous supplier d'y avoir égard.

«J'ai eu le malheur de trouver beaucoup d'affaires à la mort de mon père, qui me laissa 200,000# de dettes plus que de bien. J'avois commencé d'y apporter quelque arrangement par mon mariage, qui m'avoit procuré des traités avantageux avec mes créanciers; mais le malheur du temps m'a empêché d'en continuer l'exécution, et m'a forcé même de recourir à la bonté du Roi pour obtenir un arrêt de surséance, auquel vous avez bien voulu vous intéresser. Pour tâcher de vivre et de ménager de quoi payer les intérêts à mes créanciers conformément à cet arrêt, j'ai été obligé de me retirer dans mes terres de Normandie, où je serois encore sans un procès qui m'a fait venir ici, et où je retournerai dès que ce procès sera fini. Mais toutes mes précautions deviennent inutiles par les nouveaux malheurs que la rigueur de l'hiver, les inondations de la Garonne et la grêle viennent de causer dans mes terres de Guyenne, et par les taxes considérables dont je suis accablé. J'ai le malheur d'avoir tout mon bien en fonds de terre, et presque aux extrémités des provinces les plus éloignées. Ce bien, quoique d'une assez grande étendue, me rapportoit fort peu de chose depuis quelques années, et c'est ce qui a causé mon premier dérangement; mais il ne me rapporte presque plus rien aujourd'hui, et c'est ce qui me jette dans une impossibilité absolue de payer les taxes qu'on me demande, et dont voici le détail, ou du moins des plus considérables, car je ne parle point des petites.

«La première est pour la réunion à mes justices des charges de gruyer, procureur du Roi et greffier créées par édit du mois de mars 1707. Cette taxe, à la prendre suivant l'esprit et les termes de l'édit, ne devroit monter pour moi qu'à 2,000#; mais, par une extension que les traitants donnent à cet édit en voulant la faire payer pour chaque paroisse dont une justice est composée, elle monte à plus de 15,000#; et c'est particulièrement à cet égard que je vous demande l'honneur de votre protection et de votre bonne justice, car les offices dont est question sont créés pour être établis en chacune des justices seigneuriales, et non en chaque paroisse dont ces justices peuvent être composées.

«La seconde taxe est pour la confirmation de l'acquisition faite par mon beau-père, en 1702, de la demi-baronnie d'Auffay et de la justice de quelques paroisses, ou pour gages d'officiers. Elle étoit de 12,100#; mais vous avez eu la bonté de la modérer, sur le rapport de M. le Peletier des Forts, à 6,000#: de quoi je vous remercie très humblement.

«Enfin, on me demande une troisième taxe de 11,000# pour le rachat des charges locales du domaine de Bergerac, acquis à titre d'engagement par feu M. le maréchal de la Force, mon trisaïeul, il y a plus de cent ans. Ce domaine, qui n'est affermé que 1,690# et qui ne m'en rapporte que 800, à cause de ces charges locales, me revient déjà à plus de 40,000# par les différentes taxes qu'on a payées depuis l'engagement, et il y en eut même une, en 1645, pour le rachat de ces charges locales, qu'on n'a pas laissé de payer toujours depuis.

«Pour toutes ces taxes, les traitants ont fait saisir mes fermiers, dont plusieurs ont déjà abandonné les fermes, l'hiver, les débordements des eaux et la grêle les ayant mis hors d'état de les faire valoir, et ils vont, par leurs saisies et exécutions, faire déserter tous les autres : en sorte que, généralement, toutes mes terres vont demeurer en friche. Voilà mon état, qui est assurément des plus tristes.

«D'un autre côté, je vois avec une extrême douleur que le Roi a un pressant besoin de secours, et je voudrois, au prix de tout ce que je possède au monde, pouvoir lui en procurer; mais, dans la cruelle situation où je me trouve, ne pouvant ni vendre, ni emprunter, ni même être payé de mes fermiers, je n'ai pour toute ressource qu'une ordonnance de 12,000# sur le Trésor royal, qui est un bienfait de S. M., dont j'ai vécu depuis quelques années. Je l'offre de tout mon cœur, et vous supplie de vouloir la faire accepter par quelqu'un des traitants, en attendant que je puisse m'acquitter entièrement avec eux de ce à quoi se monteront les taxes.....»

---

505. *M. Voysin, secrétaire d'État de la guerre,*
au Contrôleur général.

23 Juillet et 20 Août 1709; 12 Janvier 1710.

Dettes de la maison de Saint-Cyr et recouvrement de l'assignation de fonds donnée sur la recette des domaines.

«Les 13,000# qui ont été payées depuis peu ont servi à rendre pareille somme que Mme de Maintenon avoit bien voulu prêter, il y a quatre mois, à la maison, et qu'elle retire présentement parce qu'elle se trouve en avoir besoin. Vous savez combien il reste encore dû aux dames de Saint-Cyr sur la recette générale des domaines de l'année 1708..... Les provisions de la maison sont consommées; on y fait le pain moins blanc qu'à l'ordinaire, et l'on y pratique une grande économie; mais elles n'ont pas encore trouvé le secret de vivre sans argent.»

---

506. *M. Roujault, intendant à Poitiers,*
au Contrôleur général.

24 Juillet 1709.

Il rend compte d'une sédition de femmes qui s'est produite à Soudan, près de Saint-Maixent, contre un receveur des tailles, au sujet de la confection du rôle de la capitation, et dans laquelle le colonel du régiment de Martel a reçu une blessure.

---

507. *M. Roujault, intendant à Poitiers,*
au Contrôleur général.

24 Juillet 1709.

Travaux des commissaires pour la recherche des blés.

«.....J'ai l'honneur de vous envoyer la copie du premier état qui m'a été présenté de leur part. Il y a dans cet état une dépense que l'on peut appeler fixe, et une extraordinaire et qui ne se trouvera pas égale partout. Celle-ci n'est pas considérable. Ce que j'appelle *fixe*, ce sont les honoraires des commissaires, ceux de leurs subdélégués, greffier, procureur du Roi, huissiers, archers, mesureurs. Comme leurs instructions portent qu'ils ne prendront point de subdélégués des lieux, et qu'il ne seroit pas possible qu'arrivant dans chaque lieu, il s'y trouvât gens d'un autre pays, ils ont fait venir chacun un lieutenant de maréchaussée de Touraine, qui leur servent de subdélégués. Ils ont aussi chacun leurs greffiers, et chacun un huissier, qu'ils emploient comme archers. On a joint, de cette maréchaussée, deux

IMPRIMERIE NATIONALE.

autres archers, ce qui fait le nombre de deux chacun. Le procureur du Roi ne se nommera que suivant les occasions; un des lieutenants de maréchaussée peut en servir en un besoin. Les mesureurs et les journaliers se prennent sur les lieux*.....»

* Le contrôleur général répond, le 2 août: «.....J'ai été surpris de ce que les commissaires pour la visite des blés vous ont fait entendre au sujet des dépenses et frais extraordinaires de leur commission. Le Roi leur a déjà fait payer à chacun 800#, et pourvoira à ce qui regarde le surplus de leurs appointements sans que vous y entriez. A l'égard des salaires de leurs subdélégués, certainement il faut les diminuer beaucoup, et le sieur Baudry peut renvoyer le lieutenant criminel d'Amboise, qu'il a amené, l'état des affaires du Roi ne permettant pas de fournir à toute la dépense que ces Messieurs prétendent faire. Cependant vous pouvez, pour la première fois seulement et sans tirer à conséquence, engager les commis de la recette générale des finances à payer les 562# 10s contenus en l'état dont copie étoit jointe à votre lettre du 24. Il enverra au receveur général la quittance au bas de votre ordre, et je pourvoirai à son remboursement.»

Voir, au sujet du payement des commissaires, deux lettres de M. de la Briffe, intendant à Caen, 17 et 27 septembre; deux lettres de M. Daguesseau fils, procureur général au Parlement de Paris, 15 septembre 1709 et 28 avril 1710, et une lettre de M. d'Orsay, intendant à Limoges, 29 mai 1711; — au sujet des déclarations reçues par les greffes, deux lettres de M. de Bouville, intendant à Orléans, et de M. Robert de la Chartre, 25 et 30 juin 1709.

---

508. M. DE PENNAUTIER,
trésorier des États de Languedoc,
AU CONTRÔLEUR GÉNÉRAL.

(De Paris,) 25 Juillet 1709.

«Je vous demande très humblement pardon si je vous importune si souvent pour l'arrêt de surséance que j'ai eu l'honneur de vous supplier d'accorder à MM. Sartre. Il m'est de la dernière conséquence de l'avoir, et de l'avoir bientôt; chaque jour de délai m'est peut-être d'un très grand préjudice. Vous jugez bien que des gens qui se trouvent persécutés par des créanciers, et qui savent qu'ils ont de quoi payer, sont bien tentés de leur donner de quoi les apaiser. Les deniers de ma recette y peuvent être employés, et je ne trouverai, après cela, que des effets : ce qui est aussi contraire à mes intérêts, quasi, que si je le perdois; car comment faire le service avec des effets, quoique très bons?.... Le seul moyen que j'évite [ce malheur] est d'avoir cet arrêt..... Je m'en vais vous dire une chose qui n'est pas dans l'ordre; mais, en tous cas, pardonnez à mon ignorance : puisque vous ne devez recevoir l'ordre que du Roi, il me semble qu'il ne faut point attendre le jour du Conseil, et que demain la chose se pourroit faire*.»

* M. de Báville, intendant en Languedoc, écrivait, le 18 juillet : «Il n'y a pas longtemps que les assignations données sur le Don gratuit étoient payées exactement, soit qu'elles fussent acceptées, ou non, par M. de Pennautier. Je vois maintenant avec beaucoup de déplaisir que, quoiqu'il les fasse accepter par le sieur Sartre, on ne veut plus en traiter, le public étant entré dans une crainte et une inquiétude, sur ce qui le regarde, qui lui ôte tout son crédit.....»

Le 29, il écrit : «J'ai appris, en arrivant du Vivarois, la triste nouvelle de la faillite des sieurs Sartre, qui met toute cette province en inquiétude et en désolation. C'est un malheur, non seulement pour le grand nombre des personnes qui y sont intéressées, mais encore pour cette province en général, dont le crédit périt avec eux. Ils m'ont fait voir leur bilan, par lequel il paroît qu'ils ont plus de bien que des dettes. Je suis persuadé que les créanciers ne perdront rien, et ils conviennent tous qu'il seroit de leur intérêt d'accorder aux sieurs Sartre un arrêt de surséance pendant six mois, en payant l'intérêt au denier vingt, dans lequel temps ils pourront vendre leurs effets, qui sont très considérables, et faire justice à tout le monde. Ils paroissent de très bonne foi. C'est leur neveu Plauchut, de Lyon, et leur associé, qui les a ruinés, étant entré à leur insu dans plusieurs affaires que vous savez mieux que moi, et qu'il n'a pu soutenir. Si jamais le secours d'un arrêt de surséance a pu être donné, je crois que c'est dans cette occasion, puisque c'est le bien des créanciers et qu'il y a du fonds pour payer. Si cet arrêt peut être donné, je pourrois espérer, en entrant dans le détail de cette affaire, de satisfaire tous les intéressés, et apparemment sauver encore du bien à deux hommes qui m'ont toujours paru de bonne volonté pour le service du Roi, et qui m'en ont donné des marques en beaucoup d'occasions.» Le jour suivant, dans une seconde lettre, il ajoute : «L'intérêt du Roi étant à couvert, celui de la province et de tous les créanciers, je croirois manquer à mon devoir, si je tardois plus longtemps à vous proposer cet expédient. M. de Pennautier vous présentera le projet d'arrêt tel qu'il doit être.....»

Voir, sur la liquidation de cette faillite, ses lettres des 20 août, 10 septembre, 6, 15 et 20 octobre, 8, 17 et 31 décembre 1709, 18 et 28 février, 11, 22 et 24 juin, 4 juillet et 30 août 1710; de M. de Pennautier, 11 octobre 1709; du Parlement de Toulouse, 12 mars 1710; du sieur Juin, receveur général à Montpellier, 1er février 1710; du sieur Flaugergues, receveur des tailles à Montpellier et titulaire de la charge de receveur général alternatif, 15 février 1710; du sieur Sorba, agent du Magistrat de Gênes, 27 mars 1710 (réponse du contrôleur général à M. de Báville, 11 avril); de M. Bousquet, subdélégué de l'intendant à Toulouse, 28 août 1710; du sieur Carquet et du directeur de ses créanciers, 3 et 13 septembre 1710; du contrôleur général à M. de Báville, 24 janvier et 7 février 1711, 13 janvier, 1er août et 23 octobre 1712; de M. de Báville, 9 janvier, 12 et 18 février, 26 et 29 juillet 1711, 1er et 7 janvier, 22 mars, 24 juin et 30 août 1712, 8 janvier et 1er mars 1713; de M. de Pontchartrain, secrétaire d'État, 3 mars 1712; de M. Bonnier, trésorier de la Bourse, 11 juin 1713, etc.

---

509. M. NICOLAY, premier président
de la Chambre des comptes de Paris,
AU CONTRÔLEUR GÉNÉRAL.

26 Juillet et 2 Août 1709.

Il prouve par des exemples historiques que la Chambre des comptes a toujours participé par ses députés aux délibérations concernant la police générale des grains et des subsistances à Paris, et que les édits et déclarations royales rendus sur ce sujet, aussi bien que sur ce qui touche les pauvres et la mendicité, sont soumis à son enregistrement comme à celui du Parlement et des autres Cours.

«Il paroît bien plus raisonnable qu'un seul corps, qui a le jugement de la police particulière, n'ait pas encore l'autorité tout entière de la police générale. Nous n'avons pas même trouvé trop régulier que le Parlement ait pris l'autorité d'ordonner que l'on arrêteroit des rôles de taxes dans toutes les paroisses et qu'on lèveroit des deniers pour le soulagement des pauvres; et si l'arrêt du Parlement n'eût été confirmé par une déclaration du Roi qui l'a suivi, je ne sais si les autres Compagnies n'auroient pas dû marquer que cela excédoit son pouvoir, comme je le dis en 1693, lorsque cela fut fait pour la première fois, quoiqu'il y eût eu une assemblée générale de police qui avoit précédé; car, bien que la cause soit très pieuse et très nécessaire, il n'y a que le Roi qui puisse ordonner des impositions forcées sur ces sujets : ce qu'il ne fait ordinairement qu'en conséquence de ses lettres patentes vérifiées dans les Cours.... A l'égard des assemblées qui se sont tenues pour ce sujet, soit à l'hôtel de ville, soit à la chambre de Saint-Louis, il y en a de tous les temps et dans tous les siècles.....»

---

510. *M. Trudaine, intendant à Lyon,*
au Contrôleur général.

27 Juillet 1709.

Il désapprouve un projet d'établissement de bilan général qui consisterait à faire remettre à la ville de Lyon, par les particuliers, les effets dont ils ne peuvent se servir pour payer leurs dettes, et à substituer le crédit de la ville à celui des débiteurs. C'est à tort que l'auteur du projet a pensé que les créanciers préféreraient ce crédit à l'argent comptant dont ils ont besoin pour leurs affaires : l'opération ne serait considérée que comme une nouvelle émission de papier.

---

511. *Le Contrôleur général*
aux Intendants.

28 Juillet 1709.

«Il y a longtemps qu'un très grand nombre de personnes, de toute condition et de toutes les provinces du royaume, demande avec empressement, par des mémoires et par des lettres, la fixation du prix des grains, comme l'unique moyen d'assurer les semences prochaines et la subsistance des peuples jusqu'à la récolte de 1710, en un mot comme le salut de l'État. Le Roi ne s'est point déterminé jusqu'à présent, d'autant plus que plusieurs personnes des plus sensées du royaume, les premiers magistrats et les plus expérimentés, ont toujours considéré cette fixation comme une chose impossible dans l'exécution et sujette à de très grands inconvénients : c'est vouloir forcer les hommes à agir contre leur intérêt, qui trouvera cent sortes de moyens pour l'éluder; on l'a vu par la fixation du prix de l'orge faite par un arrêt du Parlement de Paris, au mois d'avril dernier, laquelle a fait disparoître cette espèce de grains en sorte qu'on n'en a vendu depuis qu'en cachette, dans des bois et lieux écartés, et que le prix, qui étoit déjà excessif, a plus que doublé. En effet, la fixation est inutile, si l'on ne peut obliger tous ceux qui ont des blés à les vendre, et, par conséquent, si l'on n'a une connoissance presque certaine de tout ce qu'il peut y en avoir; mais, quelque précaution que l'on prenne et quelque exactitude qu'on ait, cette connoissance est toujours très imparfaite. Comment même la réduire en pratique pour la provision d'une grande ville comme Paris?

«Dans toutes ces incertitudes, le Roi juge à propos de vous envoyer le mémoire ci-joint, qui contient toutes les questions qu'on peut faire sur une matière si délicate et si importante. S. M. désire que vous l'examiniez avec trois ou quatre des meilleurs esprits, des plus sages et des plus expérimentés de votre département, et que vous donniez votre avis raisonné, mais le moins étendu qu'il sera possible, sur chacun des articles du mémoire*.»

* Texte du mémoire :

«La proposition de fixer le prix des grains pouvant être examinée ou en elle-même, ou par rapport aux différentes manières de l'exécuter, ceux qui donneront leur avis sur une matière si difficile et si importante auront soin d'expliquer leur sentiment sur toutes les questions suivantes, avec les raisons par lesquelles ils se détermineront sur chacune de ces questions.

«1. La fixation du prix des grains dans la conjoncture présente est-elle ou utile, et même nécessaire, comme plusieurs personnes le prétendent, ou, au contraire, nuisible et pernicieuse, comme d'autres le soutiennent? — 2. Si la fixation du prix des grains paroît trop dangereuse en la rendant générale pour toute sorte de grains, conviendroit-il de la faire ou pour le froment, seigle et méteil seulement, en laissant la liberté à l'égard de l'orge, de l'avoine et autres menus grains, ou, au contraire, de fixer l'orge, l'avoine et autres menus grains, sans fixer le blé? La raison qu'on peut alléguer pour faire cette distinction est qu'en laissant une espèce de grains libre, on est sûr de ne point manquer d'un fonds suffisant, pendant quelque temps, pour la subsistance de l'homme, en cas que la fixation fît resserrer et cacher l'espèce qui auroit été fixée; et l'on auroit toujours de quoi vivre en attendant que l'on eût pris les mesures nécessaires pour faire sortir l'espèce qui auroit été fixée. Ainsi, il semble, par ce moyen, que la fixation s'exécuteroit sans danger. Les raisons contraires sont qu'on n'éviteroit pas par là les inconvénients de la fixation, puisque, d'un côté, on cacheroit l'espèce fixée, et que, de l'autre, l'on feroit monter l'espèce non fixée à un prix si excessif, qu'il se trouveroit en effet qu'on n'auroit rien gagné à fixer une espèce sans fixer l'autre; que, d'ailleurs, on ne manqueroit pas de mêler l'espèce fixée avec l'espèce non fixée; et, quelques peines qu'on établisse contre ce mélange, la preuve en seroit difficile, la punition rare, et le mal irréparable, principalement par rapport aux semences. — 3. Si l'on pourroit se réduire à fixer au moins le blé propre aux semences, sans quoi, dit-on, il y aura beaucoup de laboureurs hors d'état de semer leurs terres? On répond à cette raison que l'on a eu la même inquiétude à l'égard des semences en orge, et que, quelque chère qu'ait été cette espèce de grains, on en a trouvé pour en semer; que, d'ailleurs, on éluderoit encore ce règlement, comme on a éludé celui qui a fixé le prix de l'orge, en mêlant le blé de 1708 qui sera propre aux semences avec celui des années précédentes, mélange encore plus facile que celui de l'orge avec le blé; et qu'ainsi, bien loin que la fixation du blé propre aux semences en assurât le fonds aux laboureurs pour semer leurs terres, elle ne serviroit peut-être, au contraire, qu'à leur faire perdre ce fonds sans aucune ressource. — 4. S'il ne seroit pas avantageux de fixer le prix des blés qui seront recueillis cette année dans les provinces où la récolte sera bonne, afin que l'espérance, ou plutôt l'assurance d'un profit considérable, excitât les peuples de ces provinces à vendre leurs blés dans les lieux où ils ne seroient pas fixés et où ces blés, étant portés en abondance, y produiroient une diminution de prix qui mettroit les laboureurs en état d'en acheter? Mais, d'un autre côté, on peut craindre : 1° que les habitants de ces provinces ne refusent de battre leurs blés pour la subsistance de ces provinces mêmes, s'il y est une fois fixé, et les moyens violents dont il faudroit peut-être se servir pour les y obliger ne s'emploient guère avec succès dans ce qui regarde les blés; 2° que ces provinces ne fussent bientôt épuisées de blé par les enlèvements continuels que l'appât du gain en feroit faire pour le reste du royaume, et qu'en prévenant la disette dans les autres provinces, elles n'y tombassent elles-mêmes. — 5. Si l'on prenoit le parti de faire une fixation générale du prix de tous les grains dans tout le royaume, on demande s'il ne faudroit pas l'annoncer longtemps auparavant, en ordonnant par exemple que le blé seroit fixé à un certain prix à commencer le 1er septembre ou le 1er octobre, afin que la crainte d'une fixation prochaine mît le blé en mouvement, et, produisant l'abondance dans les marchés, y mît une espèce de fixation anticipée. Mais, d'un autre côté, n'est-il pas à craindre que, si cela est, on ne se presse trop de vendre le blé propre aux semences pour profiter du prix excessif des grains avant qu'ils soient fixés, et que, par là, les laboureurs, qui seroient un des principaux objets de la fixation, n'en perdissent le fruit, et, ce qui est plus fâcheux encore, la matière même des semences? — 6. Supposant toujours qu'on prenne le même parti, ne faudra-t-il pas fixer le blé à un prix fort haut d'abord, eu égard à l'état où il est à présent, qui diminueroit ensuite de marché en marché, ou de semaine en semaine, ou de mois en mois, jusqu'à ce qu'il soit parvenu à un certain prix raisonnable, et néanmoins un peu fort, qui subsisteroit pendant un an, ou même plus longtemps? — 7. S'il ne faudroit pas, dans la même supposition, excepter la ville de Paris de la fixation générale, à cause des grandes difficultés qui se trouveroient à faire agir certainement et d'une manière uniforme, contre leur propre intérêt, tous ceux qui doivent concourir pour la provision de Paris; ou du moins ne faudroit-il pas mettre une grande différence entre le prix de Paris et celui des autres lieux d'où on y apporte du blé, et faire la même chose à proportion pour certaines grandes villes qui sont comme le centre d'une province? — 8. Quelles précautions il faudroit prendre et quel ordre de police il seroit nécessaire d'établir pour empêcher qu'on ne resserre les grains et pour faire garnir les marchés malgré la fixation? — 9. Comment on préviendroit les inconvénients et les difficultés que la différence des mesures et l'inégalité des distances feroient naître en cette matière? — 10. Comment on pourroit, après la fixation, tirer des secours des pays étrangers? — 11. Comment on pourroit empêcher le mélange des espèces inférieures avec les espèces supérieures, comme de l'orge avec le seigle, du seigle avec le méteil, du méteil avec du blé, des petits blés ou des blés médiocres avec les blés de meilleure qualité, mélange qu'on ne manqueroit pas de faire pour profiter de la plus-value de l'espèce supérieure? — 12. Si, pour ne pas tomber dans toutes ces difficultés, et pour assurer cependant le fonds des semences prochaines autant qu'il est possible, on pourroit se contenter de défendre de moudre du blé de l'année 1708 et de le vendre à d'autres que ceux qui feront leur soumission de l'employer à semer leurs terres, sous les peines qui seront établies contre les contrevenants? Mais, d'un autre côté, n'est-il point à craindre : 1° que, si l'on fait ces défenses, tout le blé de 1708 étant mis hors du commerce par rapport à la nourriture, le prix du blé vieux n'augmente excessivement, et cela dans un temps où il n'y aura peut-être pas assez d'orge en état d'être convertie en farine pour pouvoir se passer du secours du blé; 2° que, pour éluder ces défenses, on ne mette le blé vieux avec celui de 1708, inconvénient qui paroît irréparable par rapport aux semences, si l'on a le malheur d'y tomber?»

Le 17 août, M. Quarré, procureur général au Parlement de Dijon, répond que sa Compagnie a reconnu la nécessité de faire la fixation, mais qu'elle se trouve arrêtée par les inconvénients inévitables d'une pareille mesure.

Le 17 septembre suivant, M. Roujault, intendant à Poitiers, envoie encore un mémoire pour la fixation, et il dit : «..... J'ai été fort combattu par l'envie de faire avoir le blé au peuple à un bon prix, et, de la première idée, on est frappé que la fixation est le meilleur remède pour y parvenir. Je me détermine enfin au parti de ne point fixer les grains, à cause des conséquences, et je propose, comme le meilleur expédient pour éviter cette fixation, procurer l'abondance et faire baisser de lui-même le prix du blé, d'en faire venir de dehors, qui est le remède que j'ai toujours ouï dire qui fut pratiqué du temps de M. Colbert.....»

---

512. *M. Chamillart, ancien secrétaire d'État,*
au Contrôleur général.

(De Paris,) 28 Juillet 1709.

«(*Autographe.*) Je partirai demain pour aller chercher une retraite agréable. Je n'ose plus vous parler de l'acquisition de l'Étang; il me semble néanmoins qu'elle vous conviendroit mieux que la Marche, et que vous pourriez trouver quelqu'un qui se trouveroit trop heureux de prendre la Marche. Je prévois la dégradation d'une belle maison et la destruction entière des jardins. Le prix ne doit point vous effrayer; pour éviter une dépense que je ne puis soutenir, je vous le donnerai à 120,000# non compris les glaces et les tableaux, que j'ai certainement achetés séparément, et très chèrement. Si vous entrez dans les mêmes sentiments que moi, Mme Chamillart aura plein pouvoir de finir avec vous. Je sais les raisons qui peuvent vous retenir; je n'ai rien à y opposer, si vous les trouvez assez fortes pour donner la préférence à la Marche. Je fais mon projet pour être en campagne jusques au 10 ou 15 de septembre; je crois que vous m'approuverez.»

---

513. *M. de Bâville, intendant en Languedoc,*
au Contrôleur général.

29 Juillet et 4 Août 1709.

État des ventes faites à la foire de Beaucaire et du produit des droits.

«Par rapport à l'année dernière, vous trouverez, cette année, une grande diminution : les marchandises de toute espèce n'y ont pas manqué; mais il n'y a pas eu de débit, par la rareté de l'argent. Les soies et les laines n'ont pas été vendues; la draperie l'a été un peu *.....»

* M. Lebret fils, intendant en Provence, écrit, le 17 août : «Vous avez sans doute été informé qu'à la foire de Beaucaire il ne s'est presque point vendu de laines : ce qui doit faire craindre une diminution considérable des manufactures, aussi bien que le passage hors du royaume d'un grand nombre d'ouvriers de toute espèce qui, ne pouvant plus vivre dans la cherté présente et étant poursuivis pour le payement des taxes imposées sur les arts et métiers, abandonnent la France et porteront ailleurs une industrie que M. Colbert avoit attirée dans le royaume avec bien de la peine et des soins. Je vois le mal; mais j'ignore le remède.»

514. *M. de Pontchartrain*, *secrétaire d'État de la marine*, *au Contrôleur général.*

29 Juillet, 5 Août, 2 et 10 Septembre, 2 Octobre et 3 Novembre 1709.

Achats de blés en Espagne et en Sicile*.

* Le 7 août, le contrôleur général écrit à M. Amelot, ambassadeur en Espagne, au sujet d'un projet présenté par M. de la Boulaye : «.....J'ai peine à croire que l'expédient proposé par ce mémoire, qui consiste à ce que le Roi Catholique tire de ses sujets des blés au lieu d'argent, soit facile à mettre en pratique, et qu'il puisse réussir. Cependant je ne connois pas assez les usages et la forme de la levée des subsides en Espagne pour le condamner absolument; mais je comprends au moins qu'avec la permission de S. M. C. et du Conseil de Madrid, les marchands françois de Bordeaux, Bayonne, Nantes, Saint-Malo et autres ports pourroient avoir la liberté de faire des achats, soit en Galice et dans les autres provinces de la côte septentrionale d'Espagne, soit même dans l'Andalousie; et il faut avouer que ce secours est beaucoup plus à la main pour nous, que tous ceux du Nord.....»

Le même jour, le contrôleur général écrit à M. de Pontchartrain : «.....Quant à la Sicile, je doute que nos négociants puissent en tirer des blés présentement; il faudroit des ordres de la cour d'Espagne au marquis de Los Balbazes, vice-roi, et le trajet seroit fort dangereux. Les Provençaux y ont pensé, et je ne vois point, par les lettres de M. Lebret fils, qu'ils aient suivi ce dessein. Je juge qu'il faut réserver la Sicile pour en tirer des secours par le moyen des marchands génois avec lesquels la ville de Lyon a traité et d'autres, comme les villes et Compagnies de Dauphiné, pourront traiter par la suite.»

---

515. *M. de Vaubourg*, *conseiller d'État*, *au Contrôleur général.*

30 Juillet 1709.

«.....Je ne sais si M. le procureur général vous a envoyé aujourd'hui un nouveau projet de déclaration sur les blés : c'est multiplier les lois à l'infini. Il sait lui-même qu'il a été obligé de détruire la plus grande partie de sa déclaration du 11 juin par celle du 20 juillet : ces changements tournent en dérision. Je ne prétends point l'emporter tout seul contre la pluralité; mais je suis bien aise, au moins, que vous sachiez que je n'ai point été d'avis du nouveau projet*.....»

* Le nouveau projet avait pour but : 1° de défendre de moudre les blés de 1709 et de les mélanger; 2° de les faire vendre ou échanger contre des grains de même espèce, afin qu'ils fussent employés aux semences.

Voir une lettre de M. Daguesseau fils, 29 juillet 1711, sur le règlement des frais d'impression des déclarations de 1709.

---

516. *M. Lebret fils*, *intendant en Provence*, *au Contrôleur général.*

31 Juillet 1709.

Il demande, en faveur des pauvres de la communauté de Puylobier, où les bois ne sont point propres pour le service de la marine, une autorisation de nourrir des chèvres malgré les défenses de l'année 1690*.

* Voir, au 15 juin 1711, une lettre des procureurs du pays de Provence, sur un accommodement conclu entre la communauté et son seigneur.

---

517. *M. Lebret fils*, *intendant en Provence*, *au Contrôleur général.*

31 Juillet 1709.

Il conseille de ne pas homologuer une délibération du conseil de ville de Toulon ayant pour objet de conserver l'entrée et la voix délibérative aux consuls qui sortent de charge.

«Il est vrai cependant que l'usage de plusieurs communautés de Provence est de réserver dans le nombre des conseillers des hôtels de ville les consuls qui sortent de charge. Il est encore vrai qu'autrefois, dans quelques communautés, les consulaires demeuroient conseillers perpétuels; mais cela a été aboli, et il ne seroit peut-être pas mauvais d'abolir ce qui en reste, s'il étoit possible, car je crois qu'en ce pays-ci on ne peut trop souvent faire maison neuve dans les hôtels de ville, où la cabale s'introduit très aisément, parce que le génie de la nation y est naturellement porté. C'est cependant non seulement ce qui ruine les communautés, mais ce qui a autrefois causé les troubles dont cette province a été agitée. Ainsi, puisque la ville de Toulon a heureusement été mise par le règlement de 1609, autorisé par les lettres patentes de Henri IV du mois de février 1610, dans une meilleure règle que les autres communautés de Provence, je ne crois pas qu'il faille rien changer. Il y a cent ans qu'on vit de cette manière-là à Toulon, et il me semble qu'on pourra encore vivre de même à l'avenir; et les consuls qui entreront dans la suite en fonction pourront, comme on a fait jusqu'à présent, s'instruire des affaires de la communauté dans le registre des délibérations et les archives. Tout dépend de s'y appliquer et d'avoir bonne intention.»

---

518. *M. Trudaine*, *intendant à Lyon*, *au Contrôleur général.*

31 Juillet 1709.

Il demande que l'adjudication des vivres se fasse de bonne heure, au plus tard dans le mois de septembre, de façon que les approvisionnements soient assurés et que les transports se fassent par eau, à meilleur compte que par terre. Comme il est impossible que les munitionnaires fournissent du pain de froment pur, on sera obligé de leur permettre l'emploi pour moitié du seigle, de l'orge, du blé noir, et même du gros blé ou blé de Turquie, moyennant la précaution de retirer le son du blé noir.

---

519. *M. Chamillart, ancien secrétaire d'État,*
au Contrôleur général.

(Intendance de Berry.)

(A Meillant, près Saint-Amand,) 1er Août [1709].

«(*Autographe.*) J'apprends que M. Foucault de Magny quitte l'intendance de Caen, et que M. Turgot doit remplir sa place. Si je croyois que vous eussiez proposé au Roi d'autres changements, et qu'il y eût lieu de prévenir ceux auxquels M. de Foullé pourroit avoir part, j'en ferois volontiers les avances auprès de vous, en vous assurant que l'on est très content de lui dans cette province et qu'il peut y servir plus utilement qu'ailleurs. S'il n'y a rien qui le regarde, je vous serai très obligé de me le confier, pour en faire tel usage qu'il vous plaira. Je suis ici de ce soir, dans un pays sauvage, au milieu des bois. L'acquisition est considérable, mais le séjour peu agréable. M. Pajot saura ma route : si vous m'honorez d'un mot de réponse, il me la fera tenir.»

520. *Les Trésoriers de France à Poitiers*
au Contrôleur général.

2 Août 1709.

La Chambre des comptes de Paris ne devrait pas passer et tenir en souffrance, dans le compte du receveur général de la province, les articles des gages et augmentations de gages du bureau de Poitiers, sous prétexte que le conflit actuellement pendant entre la Chambre et les trésoriers de France de son ressort ne leur a pas permis de faire le versement des actes de foi et hommage, d'aveu et dénombrement et de cautionnement reçus par eux dans l'année 1706. Ils demandent un arrêt de décharge de cette souffrance.

521. *Le Contrôleur général*
à M. le Gendre, intendant à Montauban.

3 Août 1709.

«J'ai rendu compte au Roi d'une ordonnance que vous avez rendue contre le sieur le Clerc, commis du sieur Ogier, qui le condamne à payer 30,000# en espèces, au lieu de la rescription de 22,500# qu'il vous avoit envoyée. Comme de telles ordonnances sont très préjudiciables à son service et feroient un tort considérable au crédit des receveurs généraux, dont S. M. se sert journellement, que d'ailleurs vous n'avez aucun droit de disposer des fonds des recettes générales, ni particulières, S. M. a jugé à propos de casser votre ordonnance par un arrêt dont je vous envoie copie, afin qu'à l'avenir vous ne tombiez pas dans cette faute.

«Je suis encore informé que vous avez fait tirer des lettres de change sur plusieurs receveurs des tailles de votre département, signées du nommé Bonhomme et par vous endossées, et que, par votre lettre du 5 juillet dernier, vous avez ordonné auxdits receveurs d'acquitter régulièrement ces lettres, dont vous promettez leur faire tenir compte sur les assignations que vous leur marquez avoir sur leurs recettes. Je suis surpris que vous en agissiez de la sorte : vous devez savoir que, quand il seroit vrai que vous auriez des assignations sur le receveur général en exercice, c'est à lui que vous devez les faire remettre, pour les faire convertir en ses quittances ou rescriptions, et non pas aux receveurs des tailles, qui ne peuvent pas payer valablement sur aucunes autres lettres ni rescriptions. Les recouvrements sont d'ailleurs devenus trop difficiles pour détourner aucuns deniers des recettes et avancer le payement des assignations, puisque les receveurs généraux ne peuvent que très difficilement, avec leur crédit, parvenir à les acquitter chacune à l'échéance. Ainsi, si j'apprends que vous ayez encore rendu des ordonnances contre les receveurs particuliers pour le payement des lettres tirées par le sieur Bonhomme, je ne pourrai pas m'empêcher d'en rendre compte à S. M., qui ne les approuveroit pas, puisque vous n'avez aucun droit d'ordonner, ni de disposer d'aucuns des fonds des recettes générales ou particulières sans les ordres exprès de S. M.*.»

* Voir, au 20 janvier précédent, une lettre de M. de Bouville fils, intendant à Alençon, expliquant pourquoi, de concert avec les créanciers porteurs de rescriptions du sieur Bartet de Bonneval, il a empêché le départ des deniers de la caisse des fermes générales, qui eût pu exciter de l'émotion parmi les ouvriers, mais que rien n'a été changé à cette caisse, malgré l'affirmation contraire des fermiers. Il se plaint des deux fermiers généraux de Mons et Hénault.

Voir aussi une lettre du 28 mars 1710, à M. d'Ormesson, intendant à Soissons, qui avait fait prendre dans les recettes particulières les deniers réservés pour les opérations du receveur général.

522. *M. Bignon, prévôt des marchands de Paris,*
au Contrôleur général.

3 Août 1709.

«Il y a longtemps, comme vous savez, que les ateliers publics sont proposés pour chasser de Paris le nombre infini de mendiants valides dont on est accablé. Ils consomment les aumônes qui devroient être réservées pour les vrais pauvres, et peuvent être l'occasion de toutes sortes de désordres. La nécessité du travail, ou la crainte des peines qui seroient établies par une déclaration, les obligera de se retirer. Ces fainéants augmentent tous les jours : le temps de la moisson, qui est instante, demande des ouvriers à la campagne : ainsi, la résolution en a été prise, sous le bon plaisir du Roi, dans une assemblée qui a été tenue cet après-dîner à l'Archevêché, où étoient Mgr le cardinal de Noailles, M. le premier président du Parlement, M. le procureur général, MM. les premiers présidents de la Chambre des comptes et de la Cour des aides, M. le lieutenant de police et le prévôt des marchands. Il est inutile de vous dire que la principale difficulté a été de trouver des fonds suffisants, seulement pour commencer. Enfin, après avoir cherché toutes sortes de moyens, il a fallu se déterminer à rassembler comme l'on pourroit 30,000#, dont le prévôt des marchands fournira 15,000# par contribution sur lui, les échevins, conseillers de ville et quartiniers. Mgr le cardinal de

Noailles et M. le premier président assurent les 15,000# autres. Je vous avoue qu'un pareil projet, fondé sur une aussi petite ressource, ne laisse pas de me donner de l'inquiétude. Il faut se remettre du surplus à la Providence et aux charités du Roi; j'ai cru devoir vous en rendre compte *.»

* Voir les lettres de M. le Peletier, premier président du Parlement, 6 juillet et 5 août, et de M. Daguesseau fils, procureur général, 5 et 9 août.

Les mesures adoptées ne réussirent point; M. Robert, procureur du Roi au Châtelet, écrit, le 20 août : «Vous avez été sans doute informé de l'émotion populaire arrivée ce matin, et de ce qui y a donné lieu. Toute la troupe de séditieux a passé, sur les huit heures du matin, devant ma porte, et, ayant pillé la boutique d'un pâtissier du coin de la rue Neuve-Saint-Merry, a pris le chemin de la maison de M. d'Argenson. J'y suis allé dans le moment, et, comme je suis assez voisin, j'y suis allé à pied. J'ai trouvé aux environs de sa maison divers pelotons de populace, tant hommes que femmes, et j'y suis entré sans peine. Il y avoit un certain nombre d'archers et d'officiers dans sa maison; mais, ne l'ayant pas jugé suffisant pour se rendre maître de la populace, nous avons attendu qu'il en fût venu un plus grand nombre, et cependant M. d'Argenson a jugé à propos que j'allasse rendre compte à M. le premier président et à M. le procureur général de ce qui s'étoit passé, et recevoir leurs ordres sur ce que nous avions à faire. M. d'Argenson et M. le prévôt des marchands se sont aussi rendus chez M. le premier président, avec M. l'avocat général le Nain et M. le procureur général, qui sont convenus de donner un arrêt pour commettre M. d'Argenson pour instruire et juger le procès en dernier ressort aux coupables de la sédition, et cependant ont prononcé une surséance aux ateliers publics. Je suis très persuadé qu'il est très important, pour le service du Roi et pour rétablir la tranquillité publique, de faire une punition exemplaire de quelques-uns de ces séditieux. Le peuple, quand il sent qu'on le craint, en devient plus insolent et plus méchant, et il le faut punir pour le calmer. A l'égard des ateliers publics, l'on ne peut pas les continuer, car tous les outils dont on avoit fait provision ont été pillés; mais je suis persuadé qu'il n'y a rien de meilleur que de les rétablir dès que la ville sera en état de le faire, et que ce n'est point une chose impossible de contenir le peuple quoiqu'il soit assemblé dans les ateliers, pourvu que l'on prenne des précautions, qui peuvent dépendre de nous. L'on m'a mandé que l'atelier commencé derrière les Chartreux étoit très paisible, et l'on ne peut [trouver] un meilleur exemple. Je continuerai d'agir de concert avec M. d'Argenson, tant pour punir les coupables que pour prévenir et empêcher de nouveaux désordres. J'apprends que, ce matin, le sieur Duval, étant allé pour arrêter les premiers mouvements de la sédition et ayant fait tirer sur les coupables, dont deux ont été tués, avoit été chargé à coups de pierres et obligé de se sauver, et que, vers le midi, des soldats, ayant été commandés pour dissiper le reste des séditieux, en avoient tué ou blessé quatre ou cinq, et qu'ils avoient fait quelques prisonniers qu'ils avoient pris pillant les boutiques des boulangers. Je m'instruirai plus exactement du fait, et j'aurai l'honneur de vous en rendre compte.»

Le même jour, Mme la comtesse de Sébeville envoie cette lettre : «Je n'ai pas la force de vous écrire; je suis à moitié morte. Je me suis trouvée dans les rues dans le temps de la révolte : c'est une chose affreuse; je n'en saurois revenir. Je ne suis pas sujette à la peur; mais je vous jure que je crois que l'on ne peut jamais rien voir de plus affreux. Pour Dieu! prenez-y garde; ce n'est pas une chose à négliger. On ne vous dira peut-être pas la vérité, c'est-à-dire pourquoi cette sédition est arrivée : c'est que l'on avoit promis d'occuper tous les pauvres quand les travaux seroient ouverts, et que l'on leur donneroit du pain; et quand ils se présentent pour travailler, on les refuse et l'on n'en veut occuper que deux cents : ce qui a mis toute cette populace au désespoir. Vous saurez une partie de ce qui vient d'arriver, car, pour l'ordinaire, on ne vous dit pas tout; mais, pour moi, qui n'ai d'autre envie que de revoir les choses dans leur première tranquillité, je vous prierai d'ordonner à ceux qui ont promis aux pauvres de les occuper et de leur donner du pain, de leur faire tenir leur parole. Ces malheureux crient dans les rues que l'on leur promettoit, et que l'on leur manquoit de parole. Je ne sais qui se mêle de ces travaux; mais ils sont fort mal conduits, et il n'y a pas grande sûreté ici, si vous n'y mettez ordre. Enfin, si vous aviez vu ce que j'ai vu et entendu, vous ne vous porteriez pas mieux que moi. Songez donc aussi à me tenir parole; vous m'avez promis de l'argent : le temps est bien long à qui n'en a point. Si vous ne m'en faites pas donner, j'irai chez vous, et vous me donnerez à manger. Encore une fois, faites-moi donner ce que j'ai demandé.»

M. du Montcel, lieutenant criminel de robe courte au Châtelet, rendant compte, le lendemain, de la même sédition, ajoute : «.....Au retour de M. d'Argenson, il se trouva de la canaille à sa porte, grossie par du peuple curieux en assez grand nombre. La canaille jeta des pierres au carrosse; les archers la dissipèrent, en se saisissant d'une demi-douzaine de ceux qui causoient ce désordre.....» Voir encore d'autres lettres de M. du Montcel, du 22 au 27 août, sur l'état de Paris et sur les mesures prises pour rétablir la tranquillité.

---

523. *M. de la Bourdonnaye, intendant à Bordeaux,* au Contrôleur général.

4 et 10 Août 1709.

Il le prie d'empêcher une entreprise du maréchal de Montrevel, qui veut, contrairement aux arrêts du Conseil, imposer un candidat aux jurats de Bordeaux, à l'exclusion de celui qu'ils présentent avec l'intendant.

«L'hôtel de ville propose ordinairement, le 1er jour d'août, à S. M., pour l'élection des jurats, trois sujets parmi les gentilshommes, trois entre les avocats, et trois parmi les marchands. Ce mémoire est envoyé à M. de la Vrillière, avec des apostilles de ma part, et le Roi choisit les sujets qui lui sont les plus agréables. Le choix du marchand est, dans ces temps-ci, le plus important : il est chargé de tout le détail des blés et de la subsistance du peuple; c'est lui qui m'en rend compte immédiatement, avec lequel je travaille tous les jours, et qui prend soin de me faire exécuter ce qui me paroît nécessaire pour la nourriture des habitants. J'étois convenu avec les jurats qu'ils jetteroient les yeux sur le sieur de la Marre *.....»

* L'année suivante, M. de Courson, son successeur, demande qu'on n'inflige pas aux jurats une amende de 1,200# pour les punir de n'avoir point fait autoriser par un arrêt du Conseil le prélèvement d'une somme de 20,000# sur les fonds destinés au remboursement des maisons démolies, qu'ils emploient depuis plusieurs années au payement de certaines charges de la ville. «C'est une note, dit-il, que je vous supplie de vouloir bien leur épargner, d'autant plus que ce n'est pas tout à fait leur faute : comme ils changent tous les ans, il ne sont pas aussi instruits qu'ils devroient être de ces sortes de choses, qui ne sont que de style. D'ailleurs, c'étoit à M. de la Bourdonnaye, qui arrêtoit tous les ans les comptes des maisons démolies, à demander cet arrêt.» (Lettres des 9 août et 28 novembre 1710.)

---

524. M. DE PONTCHARTRAIN, *secrétaire d'État de la marine*, AU CONTRÔLEUR GÉNÉRAL.

7 Août 1709.

« . . . . . La misère est devenue si excessive, que plusieurs officiers, qui ont vendu tout ce qu'ils avoient, ne trouvent plus de subsistance, ni de logement dans les auberges, et qu'il y en a de chargés de famille réduits au pain qui se délivre par aumône. Les gardes de la marine y sont presque réduits, et ceux qui servent à Dunkerque demandent à tout moment la permission de se retirer chez eux. Plusieurs batteries établies le long des côtes de Ponant n'ont pu être armées faute d'argent et de vivres, et il y a, par cette raison, très peu de bâtiments destinés pour aller à la découverte et à la côte d'Angleterre, s'informer des mouvements des ennemis. L'état des matelots et ouvriers est malheureux au delà de ce qui se peut exprimer : ils ont vendu tout ce qu'ils avoient pour pouvoir subsister jusqu'à présent; ils demandent, aussi bien que leurs femmes et enfants, par les clameurs les plus touchantes, ce que le Roi leur doit. Le pain est partout à un prix qui ne leur permet pas d'en avoir : de sorte que, personne ne leur donnant l'aumône, ils meurent de faim. Les hôpitaux de la marine sont fermés aux malades; les bouchers et boulangers ne voulant plus rien fournir sans être payés, les magasins du munitionnaire sont vides, et les frégates employées à l'escorte des bâtiments marchands et des blés sont à la veille de rester dans les ports, sans pouvoir aller à leur destination, parce que les matelots refusent de servir, n'y ayant ni vivres, ni argent à leur donner. Les Anglois refusent aussi de renvoyer nos prisonniers, parce qu'on ne leur en paye plus le transport. Les officiers et matelots de cette nation qui sont en France se plaignent de ce qu'on ne leur fournit pas régulièrement la subsistance. Les fournisseurs veulent abandonner leurs marchés, et on ne les oblige à continuer qu'en leur promettant des secours qu'on ne leur donne point, de sorte que je crains qu'ils ne cessent tout d'un coup : ce qui me jetteroit dans un embarras dont j'aurois de la peine à me tirer.

« Enfin, si on veut conserver la vie à une infinité de gens qui ont bien servi, qui sont encore nécessaires à l'État, et tirer la marine de la triste extrémité où elle est réduite, il n'y a plus de temps à perdre. Vous en connoissez la nécessité indispensable, et j'espère que vous aurez la bonté de prendre incessamment une résolution favorable sur ce sujet, ou que vous aurez agréable de lire cette lettre au Roi pour ma décharge; vous me ferez plaisir de m'informer de ce que vous ferez sur ce sujet*. »

* Voir une lettre du 12 juin précédent.

---

525. M. DALON, *premier président du Parlement de Bordeaux*, AU CONTRÔLEUR GÉNÉRAL.

10 Août 1709.

« La déclaration du Roi du 20 du mois de juillet dernier, portant des défenses à tous particuliers de battre leurs gerbes jusqu'à ce qu'ils eussent fait leurs déclarations de la quantité qu'ils en ont recueillie, a été enregistrée; mais, après l'enregistrement, le Parlement a délibéré de faire au Roi de très humbles remontrances, que j'ai fait remettre à M. le procureur général, conformément à ce qui est porté par la déclaration de S. M. du mois d'avril 1673*. . . . . »

* Le même jour, M. du Vigier, procureur général, envoie les remontrances, qui portent que : 1° en Guyenne, l'usage est de dépiquer les grains aussitôt qu'ils sont coupés, et la récolte était à demi faite et battue lorsque la déclaration est arrivée; 2° on n'a jamais fait attention au nombre des gerbes; 3° elles sont toujours inégales; 4° elles sont si mal liées, qu'on les trouve souvent déliées dans les gerbiers; 5° les menus grains ne se mettent point en gerbes; 6° en plusieurs endroits, on laisse un canton du champ pour les dîmes, terrage ou champarts, et le décimateur ou propriétaire le fait couper et enlever sans mettre en gerbes; 7° les propriétaires, fermiers ou décimateurs ne sauraient comment pourvoir à la subsistance de leurs familles, s'il fallait attendre que la déclaration fût faite; 8° la défense aux décimateurs et propriétaires des droits de terrage, de champart, et autres semblables, et à leurs fermiers, de vendre si ce n'est pour ensemencer, met les grandes villes en danger de manquer absolument, car il ne reste plus de blés vieux, et le peuple attend avec impatience le nouveau, que seuls, en Guyenne, les décimateurs et leurs fermiers peuvent fournir; 9° la défense de vendre avant que tout ne soit ensemencé est d'autant moins nécessaire qu'on a, en Guyenne, une attention extrême à faire les semences préférablement à tout, et qu'il y a assez de grains pour ensemencer, etc.

---

526. M. DE COULADÈRE, *à Justinhac*, AU CONTRÔLEUR GÉNÉRAL.

(Intendance de Montauban.)

12 Août 1709.

« Dans l'extrême souffrance où je me treuve avec ma famille, qui est bien nombreuse, étant composée d'un frère et une sœur presque aussi vieux que moi, qui ai soixante-six ans, quatre garçons, deux filles et une belle-fille, vous n'improuverez pas que je prenne la liberté de vous représenter notre état misérable. Sur quoi, il vous plaira savoir que, l'année dernière et le 17 mai, la grêle nous emporta généralement toute la récolte d'un petit bien que nous avons au lieu de Couladère, sur le bord de la rivière de Garonne, qui nous le diminue tous les jours par le grand dégât qu'elle nous y fait; et ici nous eûmes une si méchante récolte, qu'après avoir semé, il ne nous resta presque rien pour vivre; et, cette année, nous avons perdu généralement toute la récolte par le grand froid de l'hiver passé, ce qu'on n'avoit jamais vu ni ouï dire, même celle du vin et le fruit, car tous les figuiers et noyers sont morts, et bien d'autres arbres, et aussi la plus grande partie des souches des vignes; et, par un surcroît de malheur et d'accablement, il nous survint, le 9 de juin, un si grand déluge avec grêle, que tous les millets qu'on avoit semés sur le bas, dans les terres où le blé étoit perdu, furent tous embourbés, et ceux qui étoient sur les hauteurs furent aussi, la plus grande partie, gâtés par la rapidité de l'eau, qui les emporta avec la terre. Enfin, on n'avoit jamais vu un pareil dégât : ce qui cause une très grande consternation dans ce lieu, de sorte qu'il y a des gens qui nous ont déjà quitté le travail des millets, voyant encore que ceux qui nous restent n'ont guère belle apparence, ayant été semés trop tard, à cause du mauvais temps qu'il fit le mois d'avril et de mai, et à présent le grand chaud, qui nous les dévore tellement que je ne crois pas que nous en ayons pour vivre quatre mois. Encore faut-il aller jusques à la Toussaint pour en avoir; et comment faire pour subsister jusques alors, n'ayant point de grains? Et sur ces grands dommages et perte entière de notre récolte, les fermiers de M. notre évêque de Rieux furent lui représenter d'y avoir égard, et il envoya le lendemain des experts pour en faire la vérification et estime : lesquels jugèrent tout perdu pour tout ce qui est de la première récolte, et qu'il n'en sauroit rester une mesure de blé et un pipot de vin pour M. l'évêque, et autant pour notre curé. Vous pouvez bien juger par là de notre grande misère, que je ne saurois assez vous exprimer. Nos métayers nous demandent congé tous les jours, et les habitants se rebutent de travailler les terres où l'on doit semer du blé comme les autres années; mais je prévois qu'on en sèmera peu, à moins qu'il n'y soit pourvu de bonne heure, et qu'on ne pourra semer que du millet l'année prochaine, au mois d'avril, si Dieu nous en donne suffisamment celle-ci, et qu'ainsi la semence du blé se va perdre, et surtout en ce petit lieu, qui, assurément, est celui qui a le plus souffert de tous ceux de ce pays. Ainsi, notre état si indigent fait que je prends la liberté d'avoir recours à vous pour vous supplier très humblement de vouloir y avoir égard. Je ne puis treuver une pistole sur le meilleur de notre bien, que je n'épargnerois pas pour éviter de mourir de faim, ni pour le service du Roi, à qui tout appartient et où il faut que tout aille dans les affaires si pressantes de S. M. pour tâcher de surmonter ses ennemis, ce que je souhaite autant que pas un de ses sujets. Il y a des gens dans ce voisinage, et surtout des nouveaux convertis, qui pourroient bien nous en prendre en engagement ou en vente; mais ils ne veulent pas nous bailler un écu sur quoi que ce soit, parce que nous ne sommes pas de leur méchante religion, qu'ils conservent toujours; et, entre eux, ils se secourent bien, quand il est besoin, pour se soutenir; et si vous pouviez les y obliger par quelque endroit, je vous les indiquerai avec plaisir en secret, et vous nous feriez une grande grâce et charité dans l'extrême besoin où nous sommes réduits par les grands accidents qui nous sont survenus, ayant été si fort grêlés sept années depuis l'an nonante, à n'y rien laisser ici ou à Couladère, où la grêle, outre la récolte entière qu'elle nous emporta l'année dernière, nous brisa plus de quatre milliers de tuiles sur nos bâtiments, que nous n'avons pu encore faire recouvrir, et nous brisa aussi presque tous les arbres, tellement que nous ne savons quoi devenir; et si vous voyiez l'état misérable où nous sommes réduits, il vous feroit bien compassion. Ce que je vous en dis n'est pas pour vous y exciter sans cause; il n'est que trop véritable. J'en ai écrit deux fois à M. l'intendant, et il m'a toujours répondu fort honnêtement, me témoignant entrer dans notre état, dont il est bien informé, sans pourtant me rien déterminer; mais peut-être qu'il se retient, n'ayant pas le pouvoir que vous avez. Nous avons de plus un grand procès au Parlement, contre un fripon qui nous a fait saisir tout notre bien, et qui veut nous l'enlever par une fausse prétention et tromperie qui fut faite à feu mon père, que j'ai découverte par un coup du ciel, mais que nous avons de la peine à parer : ce qui nous abîme de dépenses, et nous ne pouvons pas y fournir, à cause de nos malheurs; de quoi notre partie se prévaut. Nous avons toujours servi le Roi et le servons encore. J'avois un autre frère, qui mourut dans la première compagnie des gardes du corps, après y avoir servi douze ans sans discontinuer et été blessé à mort à la bataille de Seneffe; et mon fils aîné, après avoir servi treize ans dans la première compagnie des mousquetaires, s'est retiré, moi n'étant pas en état d'agir pour nos affaires. Le second mourut dans la même compagnie, après y avoir servi trois ans, et un an auparavant en Allemagne; le troisième est lieutenant dans le régiment de Ségur depuis trois ans; le quatrième, après avoir aussi servi cinq ans dans la même compagnie des mousquetaires, s'est retiré, parce que je ne pouvois pas lui donner aucun secours, et que d'ailleurs il se treuvoit un peu incommodé de sa dernière campagne; et le cinquième et dernier est sous-diacre depuis un an, et il a fallu qu'il ait quitté le séminaire, parce que nous n'avons plus de quoi payer sa pension. Voilà au vrai notre état et mauvaise situation de nos affaires, et vous voyez bien, par le détail sincère que je vous en fais, qu'il nous est bien impossible de payer les tailles, ni ustensile, ni capitation. Néanmoins, M. le trésorier de ce pays nous accable par des logements pour les tailles de l'année dernière, que nous n'avons pu payer, car il y a près de deux mois que nous avons ici un soldat du château de Foix en garnison; mais il y sera pour bien longtemps, si nous ne treuvons pas à vendre de notre bien, que je ne plaindrai jamais pour le service du Roi. Ainsi, je vous supplie très humblement de vouloir faire qu'il plaise au Roi de nous en tenir quittes pour cette année. Je voudrois bien qu'il plût à S. M. de commettre quelqu'un, comme l'on a fait en Languedoc, pour vérifier ce que je vous expose, et il treuveroit qu'on peut bien nous comprendre dans le nombre des pauvres, puisque nous sommes sur le point d'aller mendier. Vous savez que nous ne pouvons pas aller travailler, pour gagner notre vie à la journée, sans commettre dérogeance. Je crains que nous ferons bien des jeûnes à pain et à eau; je ne sais s'il y en aura guère de méritoires. Enfin, notre misère fait pitié, de voir des gens de qualité comme nous réduits dans une extrémité si grande. Notre boulanger ne veut plus nous fournir du pain, voyant que nous n'avons point de récolte; car celle qu'on pourra faire des millets, qui va loin, ne suffira pas pour vivre une année et faire subsister nos métayers pour qu'ils travaillent nos terres : autrement, ils nous quitteront, comme ils nous en menacent déjà, et je m'estimerai heureux d'avoir de ce pain, quoique je n'aie pas accoutumé d'en manger. Mais, avant ce temps, il nous faudra aller mendier, si nous ne treuvons pas de l'argent sur notre bien, à quoi nous travaillons toujours avec toute la diligence possible, pour l'éviter, comme vous pouvez bien vous l'imaginer, n'ayant pas accoutumé de faire ce pauvre et triste métier, à quoi nous sommes pourtant à la veille, si le bon Dieu n'a pitié de nous, et notre grand roi aussi, par le secours qu'il peut nous donner, pour que nous ne mourions pas de faim et que nous ayons de quoi semer nos terres, qui, je crains, resteront la plus grande partie en déshérence, si S. M. n'a pas la bonté d'y pourvoir de bonne heure : à quoi j'espère que vous contribuerez de vos soins pour le bien de l'État, et qu'il vous

IMPRIMERIE NATIONALE.

plaire d'avoir égard au nôtre, qui est bien pitoyable, et d'écrire à M. l'intendant pour qu'il nous ôte ce logement, qui nous accable. Je vous en supplie encore très humblement, et vous le demande par grâce et charité.»

527. *M. de Pontchartrain, secrétaire d'État de la marine, au Contrôleur général.*

14 Août 1709.

Il proteste contre les permissions de couper des bois que le Conseil accorde, et qui font disparaître les forêts sans que les arsenaux, faute de fonds, puissent acquérir les arbres propres aux constructions et aux radoubs.

528. *M. Lebret fils, intendant en Provence, au Contrôleur général.*

14 et 30 Août, 7, 9 et 26 Septembre, 11 et 14 Octobre 1709.

Il réclame des secours pour la subsistance des galères et des chiourmes, qui comptent dix mille hommes, et dit n'avoir trouvé de fonds disponibles qu'à la sous-ferme du contrôle des actes des notaires, petits sceaux et insinuations laïques, les communautés étant épuisées par leurs avances pour les ouvrages du Var, pour la fourniture des mulets, pour le prêt des troupes et pour les blés de l'armée, ou se servant de ce prétexte pour ne rien payer du Don gratuit, ni de la capitation.

Passation d'un traité pour la fourniture de mille charges de blé par mois, pendant une année, à partir du 15 octobre*.

* Voir deux précédentes lettres des 12 et 20 avril, sur la nécessité d'avoir un munitionnaire pour les galères, et les lettres des échevins de Marseille, 19 avril, 13 et 14 août; de M. de Montmort, 22 juillet; du sieur d'Ormancey, 14 août; de MM. Lebret père et fils, 4 septembre; des procureurs du pays, 27 septembre; de M. l'archevêque d'Aix, 6 septembre, et des entrepreneurs, 16 octobre. Le directeur des vivres, le munitionnaire et l'intendant se plaignent de n'avoir de pain que pour quelques heures et craignent d'être prochainement réduits à déchaîner les forçats.

Voir aussi les lettres de M. de Pontchartrain, secrétaire d'État de la marine, 10, 17 et 24 avril, 19 juin et 21 août, 19 octobre et 4 novembre. Dans cette dernière, il dit : «.....Vous connoissez le déplorable état des hôpitaux par la lettre du premier médecin que j'eus l'honneur de vous envoyer il y a dix jours. Vous devez être persuadé que je vous épargnerois le chagrin d'apprendre toutes ces misères, si j'y pouvois donner remède sans vos secours. Je vous les demande très instamment pour les prêts des soldats de marine et des galères, qui manquent et donnent un prétexte trop spécieux à leur désertion, et pour les robes d'hiver à fournir aux forçats, qui n'en ont point eu depuis deux ans, ne se trouvant plus personne qui les veuille livrer à crédit, ni tailleurs pour entreprendre la façon des habits des troupes des galères, qui n'ont pas été habillées depuis cinq ans, faute de 4,000# d'argent comptant.....» Comparez trois autres lettres des 8 avril et 20 mai 1711, 20 avril 1712.

Le 24 septembre 1709, M. le Blanc, intendant en Flandre maritime, écrivait : «.....Il est certain que rien n'est plus pressant que de fournir du pain à des gens enchaînés; mais permettez-moi de vous représenter que je n'ai pas un sac de grains pour la subsistance des troupes, et que je ne les fais vivre depuis longtemps que par industrie, qui est plus qu'épuisée.....» Voir une lettre anonyme du 28 juin, jointe à celle-ci, et une lettre de M. du Guay, intendant de marine à Dunkerque, du 5 novembre.

Voir aussi, sur des enlèvements clandestins qu'un munitionnaire pratiquait sous prétexte de faire la fourniture des chiourmes dans la Méditerranée, une lettre de M. le duc de Noailles, et une lettre de M. d'Alberet, intendant en Roussillon, 3 et 24 juillet 1709.

529. *M. de Bernage, intendant à Amiens, au Contrôleur général.*

17 Août 1709.

Il demande que la marque pour les étoffes de la manufacture d'Arras destinées à entrer en franchise dans le royaume soit remise à un des membres du corps de ville, et non à un simple particulier*.

* Suivant une apostille de M. de Valossière, secrétaire du Conseil de commerce, la proposition de l'intendant fut adoptée.

530. *M. de Courson, intendant à Rouen, au Contrôleur général.*

17 Août 1709.

«Je voudrois bien pouvoir répondre aux marques de confiance dont vous m'honorez en m'envoyant dans un emploi aussi considérable que celui de Bordeaux. Quoique je le croie fort au-dessus de mes forces, je tâcherai du moins, par mon exactitude à exécuter vos ordres, de vous faire connoître le zèle que j'ai pour le service du Roi, et mériter l'honneur de votre protection*.»

* Le duc de Luxembourg, gouverneur de Normandie, écrivait la veille, 16 août : «Je ne saurois vous dire à quel point je fus hier surpris d'apprendre le changement des intendants dans un temps comme celui-ci, ni vous représenter assez de quelle conséquence il est pour le service du Roi de ne pas ôter d'ici sitôt M. de Courson pour y envoyer un homme qui ne connoît ni la province ni les facultés des paroisses, précisément dans le temps qu'il faut faire le département des tailles et dans les embarras où l'on est encore pour les blés. C'est une commission si difficile, que les plus expérimentés y doivent être bien embarrassés : on ne peut s'en mieux acquitter que fait M. de Courson, ni se donner plus de peine qu'il s'en donne pour cela. Personne n'est au fait que lui d'une besogne aussi difficile, ni en état d'être d'aucun secours à un nouveau venu. Ainsi, je vous laisse à juger de l'embarras où nous serions, si vous faites promptement ce changement. M. le premier président, qui pense comme moi sur ce chapitre, est parti ce matin d'ici pour aller à Paris, et doit se rendre dans peu de jours à Versailles : il vous représentera de vive voix, plus fortement que je ne le puis faire par lettre, toutes les raisons qu'il y a de nous laisser ici M. de Courson du moins

encore trois ou quatre mois, et je crois que, quand il vous aura entretenu, vous nous accorderez ce que nous vous demandons, qui est d'une grande conséquence à cette province. Je crains fort encore les mauvais effets qu'un changement si prompt peut faire sur la populace, qui, s'en étant prise très mal à propos à M. de Courson de sa misère, se croira en droit d'en faire autant une autre fois en pareille occasion. Je sais déjà des discours qui ont été tenus là-dessus, et que la canaille se flatte d'avoir été cause de ce changement : jugez des suites que peuvent avoir de pareilles pensées. Quand je vous parle de la canaille, c'est que tous les honnêtes gens et les principaux de cette ville sont fort contents de M. de Courson, et principalement ceux qui savent comme moi les soins utiles et pénibles qu'il s'est donnés pour la subsistance de cette ville, qui en auroit certainement manqué sans lui et sans les connoissances qu'il a de la province. Je crois encore qu'il seroit bon que son successeur fût quelque temps ici avec lui, pour qu'il puisse profiter de ses lumières avant son départ, sur lequel je vous supplie de ne rien statuer que vous n'ayez vu M. le premier président, qui a très bon esprit et qui est si fort au fait de tout ce qui se passe dans ce pays, qu'il vous en donnera en peu de temps une parfaite connoissance.»

Le contrôleur général lui répond, le 18 août : «.....Avant l'émotion arrivée à Rouen, il avoit été résolu de faire un grand changement dans les intendances, et la famille de M. de Courson m'avoit fait demander qu'en cas que ce changement dont on parloit fût exécuté, M. de Courson fût nommé pour la généralité de Bordeaux. Le Roi l'ayant bien voulu agréer, l'exécution en a été différée pendant quelque temps, afin que la populace, irritée mal à propos contre M. de Courson, n'eût pas l'avantage de croire que le changement eût été fait pour la satisfaire. Je ne vois pas le préjudice qu'il peut causer aux affaires de la province. M. de Richebourg, qui est nommé pour succéder à M. de Courson, arrivera quelque temps avant que M. de Courson en parte, et aura le temps de se mettre au fait des affaires de la province. C'est un homme sage et modéré, proche parent de Mme la Chancelière et en état de soutenir une dépense honorable : ce que je ne crois pas indifférent avec les Normands, qui sont gens fort intéressés et économes jusques à l'excès.....»

M. de Bouville, intendant à Orléans, écrivait, le 17 août : «On ne peut vous être plus sensiblement obligé que je vous le suis, de m'avoir procuré le repos dont j'ai besoin, et de m'avoir donné M. de la Bourdonnaye pour successeur. Il falloit un homme de ce caractère pour ce pauvre pays-ci, qui a besoin d'être secouru. Je reçus avant-hier une lettre de lui, par laquelle il me mandoit que, si cela pouvoit réussir, il seroit comblé de joie..... M. de Courson, M. Chauvelin et M. de la Briffe sont aussi parfaitement contents..... Je ne sais si M. Turgot est de même, car il m'est revenu de Tours qu'on ne savoit s'il accepteroit Moulins; mais je ne puis croire qu'il fasse la folie de refuser.....»

M. Turgot écrit, le même jour : «.....De tous ceux qui changent, il n'y en a aucun qui [ait] plus sujet d'être affligé que moi, qui, après quatorze années de services assidus et étant presque des anciens maîtres des requêtes dans l'intendance, me vois dans le malheureux sort de toujours descendre..... Il n'importe, et, avec la soumission que je dois aux ordres de S. M. et l'espérance de votre protection, qui m'est nécessaire, j'irai partout où elle jugera que je pourrai être utile.» Il annonce son départ pour Moulins en passant par Paris, où il se rencontrera avec M. Chauvelin.

531. *Le Contrôleur général à S. A. Mgr l'Électeur de Cologne.*

18 Août 1709.

«J'ai reçu la lettre que V. A. É. m'a fait l'honneur de m'écrire le 8 de ce mois. Je puis l'assurer que j'ai fait donner au sieur Bombarda ce qu'il y avoit de meilleures assignations libres, et je continuerai à mettre tout en usage pour lui fournir le plus régulièrement qu'il sera possible le fonds de vos subsides*.....»

* Le chevalier de Luxembourg écrit au contrôleur général, de Valenciennes, le 13 janvier suivant : «Je crois qu'il est de mon devoir d'avoir l'honneur de vous avertir qu'hier M. l'électeur de Cologne, sur les lettres qu'il dit avoir reçues de vous et de son envoyé, monta en chaire, pendant la grand'messe, et déclara à toute sa cour et à ses domestiques que, toutes espérances d'avoir de l'argent lui étant ôtées, et voyant bien que le Roi vouloit l'abandonner, il ne vouloit plus les tromper, et qu'il les avertissoit avec la dernière douleur que, passé ce mois, il ne leur pouvoit plus rien donner, et qu'il n'avoit pas même d'assurance de pouvoir avoir un morceau de pain pour lui; qu'ainsi ils pouvoient prendre quel parti ils jugeroient à propos; qu'il espéroit qu'il viendroit des temps plus heureux où il pourroit, un jour, s'il ne mouroit point de chagrin, reconnoître leurs bons et fidèles services. Toutes ces personnes, qui composent sa cour et sa maison, qui sont en grand nombre, se mirent à pleurer, et il parut une grande désolation. Ce matin, ses plaintes ont recommencé avec plus de force, quand j'ai été chez lui, et il m'a parlé avec une violence qui ne peut s'exprimer. Il m'a dit qu'on le réduisoit au désespoir, et qu'on l'obligeroit à prendre un parti violent; qu'il aimeroit mieux se jeter entre les mains de l'Empereur, pour être enfermé en prison jusqu'à la paix, que d'être dans l'état où il est; que l'on le nourriroit, et qu'il n'étoit pas sûr de l'être, et qu'enfin ses fidèles domestiques prendroient leur parti et trouveroient gens qui, touchés de leurs misères et des raisons qui les y avoient réduits, en auroient pitié; que l'on lui avoit fait, depuis peu, des propositions très avantageuses, et qu'un prince de ses parents, très puissant, lui avoit offert depuis peu de lui céder pour de l'argent comptant ce que le Roi lui doit, prétendant pouvoir se servir, à la paix, de cette dette pour former des prétentions contre S. M.; que ce prince étoit assez puissant pour les soutenir; que, jusqu'à présent, il avoit été fidèle dans ses paroles, mais que l'on ne l'étoit pas avec lui. Je crois que le prince dont il parle est l'électeur de Brandebourg : au moins, un de ses gens me l'a fait entendre; mais il s'est repenti de m'en avoir parlé, car M. d'Oblestein, gentilhomme de sa chambre, m'est venu voir cet après-diné, et, par forme de conversation, il m'a dit que la colère avoit emporté l'Électeur et qu'il étoit bien fâché de ce qu'il avoit dit; qu'il n'étoit point capable de rien faire contre le service du Roi, mais que, se voyant réduit à la dernière extrémité, il étoit bien pardonnable. Il a ajouté que, si le Roi vouloit prendre ses troupes, qu'il les lui donneroit à sa solde, parce que c'étoit une source éternelle de douleurs de ne les pas voir dans l'état où elles ont toujours été; qu'il me disoit cela sans ordre, mais qu'il croyoit que l'Électeur ne s'en éloigneroit pas. Il a de l'esprit et n'est pas capable d'avancer une chose pareille sans dessein et par volubilité de langue. L'Électeur m'a dit encore que sa retraite parmi les ennemis feroit plus de tort à la couronne qu'à lui-même, qu'il en seroit quitte pour une prison, mais que jamais la France ne trouveroit d'alliés, et que la maison de Bavière conserveroit, jusqu'à la dixième génération, le souvenir de la manière indigne dont on traitoit son frère et lui. Pardonnez-moi si je me sers des mêmes termes dont il s'est servi. Il ne me convient pas dire mon sentiment sur pareilles choses; mais je connois l'état de sa cour, qui meurt de faim et de misère, et le bruit que fait cette situation ne peut produire que de fort mauvais effets dans les suites; car tout le monde n'entre pas dans le malheur des temps, et tout le monde est touché de voir un prince réduit à cette extrémité.....» — «(*Autographe.*) L'attachement que j'ai pour vous ne m'a pas permis de vous laisser ignorer les discours de l'Électeur, d'autant qu'il s'en prend hautement à vous, et qu'il a dit qu'il iroit demander justice de vous au Roi. Je vous supplie que cela ne vous

passe pas. Je suis bien persuadé que ses plaintes ne vous inquiètent guère, puisque vous y faites de votre mieux; permettez-moi cependant de vous dire qu'avec un petit mot d'espérance dit à M. le comte de Saint-Maurice, et quelque peu d'argent pour ses troupes, il s'apaiseroit. Je sais mieux l'état où sont les affaires que lui et aucuns de sa cour; mais il ne laisse pas de me faire pitié. Vous me devez dire que j'en ai de reste, et que je ferois mieux de garder pour moi ces sentiments. Il est vrai; mais je suis bon françois, et l'honneur du Roi et du royaume me touche, et je crois qu'il est engagé à ne pas abandonner des alliés à qui l'attachement pour nous a tout coûté. Il reproche au Roi, publiquement, les ouvrages qu'il fait faire à Marly et beaucoup d'autres choses que je n'ose confier à la poste.»

---

532. *Le Contrôleur général à M. le Gendre, intendant à Montauban.*

21 Août 1709.

«J'ai reçu la lettre que vous avez pris la peine de m'écrire du 14, par laquelle vous proposez de défendre la sortie des grains de chaque province et généralité si ce n'est en vertu de permissions signées des intendants, conformément à l'arrêt du Conseil du 2 avril dernier. Rien ne seroit plus contraire aux intentions du Roi qu'une pareille défense. S. M. a fait rendre l'arrêt du 2 avril dans un temps auquel la consternation générale causée par la perte des blés semés l'automne dernier le rendoit nécessaire; mais, à présent que le commerce se rétablit de jour en jour, et qu'une heureuse récolte en orges et autres menus grains, et même en blés dans quelques provinces, fait espérer que le reste de la présente année et la prochaine jusqu'à la récolte se passeront plus tranquillement et avec moins d'inquiétudes que les premiers mois de celle-ci, surtout depuis qu'on s'est aperçu du mal causé par le froid excessif de l'hiver dernier, le Roi ne juge ni nécessaire, ni utile de continuer ces précautions. Au contraire, S. M. désire que la liberté du commerce des blés entre les villes et provinces de son royaume soit telle qu'elle étoit en 1707 et pendant la plus grande abondance*.....»

* L'intendant ayant rendu une ordonnance pour assujettir à des formalités diverses l'achat des blés en dehors des marchés et pour défendre d'en faire le transport sans sa permission, le contrôleur général lui écrivit, le 31 août, de retirer ces mesures, absolument contraires aux intentions du Roi et à l'arrêt du Conseil rendu en conséquence, et qui interrompraient la circulation des grains. Tout au plus le Parlement de Toulouse eût-il pu renouveler les défenses portées par la déclaration du 31 août 1699 et en assurer l'observation rigoureuse: «Contentez-vous d'empêcher toutes sortes de personnes hors les marchands de blés et ceux qu'on appelle *blatiers* de faire les achats et arrhements de grains; pour le surplus, laissez une entière liberté.»

Le 6 septembre, M. le Gendre répond que, si, dans quelques provinces, la récolte a été bonne, dans d'autres, elle a été mauvaise, et qu'il serait dangereux de laisser la liberté du commerce des grains. Le 27, le contrôleur général réplique: «.....La première chose que le Roi a jugée nécessaire aussitôt que la modicité de la récolte de 1708 a donné quelque inquiétude, a été d'établir une liberté entière et absolue pour le transport des grains de province en province, afin que celles qui en auroient trop pussent secourir celles qui manqueroient. S. M. n'a jamais approuvé que quelques-uns de MM. les intendants se cantonnassent pour ainsi dire dans leurs départements et empêchassent la sortie des grains. L'arrêt du 2 avril, qui a été fort mal interprété, n'a eu pour objet que d'empêcher l'épuisement de certaines provinces, sans assujettir les marchands de blé à toutes les formalités et contraintes auxquelles plusieurs de MM. les intendants ont voulu les assujettir, et les ont effectivement assujettis mal à propos.....»

Les 18 septembre, 7 et 9 octobre, les procureurs du pays de Provence protestent contre le libre commerce des grains, disant que la Provence en sera affamée, et les provinces voisines peu soulagées.

Le 23 septembre, M. de Courson, intendant à Bordeaux, ayant eu avis que des négociants se préparaient à envoyer en Hollande des blés qu'on leur avait demandés à quelque prix que ce fût, et qu'ils comptaient les dissimuler dans des barriques à vin, sollicite le renouvellement des anciennes défenses, avec une sanction de peine corporelle pour les contrevenants, à l'exemple des Hollandais eux-mêmes, qui, en 1708, défendaient, sous peine de la vie, d'envoyer des blés en France. Les pays de Soule et de Labour prirent, de leur côté, une délibération pour empêcher tout transport de grains à destination de l'Espagne, qui n'avait rien voulu laisser sortir non plus, en 1708, quoique le Labour souffrît de la disette. Le contrôleur général répond, en apostille de la lettre de M. de Courson datée du 30 octobre: «Il peut exécuter la délibération, et le Roi se remet à lui de juger ce qui sera le plus avantageux pour le pays de Labour et celui de Soule.»

---

533. *Mme de Hautefort, à Brantôme, en Périgord, au Contrôleur général.*

22 Août 1709.

«Comme je crois qu'il est d'une nécessité absolue pour le bien de la religion et du public que je représente à Votre Grandeur que, lorsque M^r l'évêque de Périgueux vous a proposé des expédients pour le soulagement des pauvres, il ne l'a fait que pour vous surprendre et vous prévenir en sa faveur en cas que la province se plaignît de sa grande dureté envers tout le monde, je me vois obligée en conscience d'avertir Votre Grandeur que la province est perdue, si vous ne vous servez pas de votre autorité pour l'obliger à faire l'aumône, car son avarice est si grande, qu'il n'a donné cette année que 2 s. par jour à cinquante et deux pauvres, après y avoir été forcé par les jurats, pendant deux mois et demi seulement, et qu'il est la seule personne de son diocèse qui ne donne rien présentement, ni à la ville ni à la campagne, depuis le dernier juillet, au grand scandale de tout le monde; et il plaide à Périgueux parce qu'il ne veut pas nourrir un enfant trouvé dans une de ses paroisses; et il n'a pas voulu partager le blé de cette récolte avec son métayer, contre l'usage établi dans toute la province, c'est-à-dire qu'il aime mieux faire mourir de faim toute une famille, que de lui donner trois ou quatre charges de blé qui lui appartiennent. On dit aussi qu'il bat les pauvres quand ils [se] présentent devant lui.

«Vous serez encore bien surpris d'apprendre qu'il ne fait rien dans son diocèse, du soin duquel il se repose entièrement sur son vicaire général et sur son official, et qu'il n'est pas entré dans l'église depuis qu'il a ordonné, par ordre du Roi, des prières publiques pour la paix, pas même le jour de l'Assomption, quoiqu'il soit en parfaite santé: ce qui fait que tout le monde dit qu'il faudroit s'en plaindre et demander un coadjuteur. Et pour vous faire voir qu'il ne songe qu'à surprendre la cour, c'est qu'il a fait son neveu vicaire général à vingt et deux ans, pour lui procurer quelque abbaye à la faveur de ce beau titre, quoiqu'il fasse si peu de cas de lui qu'il ne veut pas qu'il mange à sa table. J'aurois beaucoup d'autres choses à vous représenter sur la conduite de ce prélat, si je ne craignois pas de vous ennuyer. Ainsi, je me contenterai de vous dire que j'en ai écrit trois fois, fort inutilement, à Mgr l'évêque de Chartres. Si Votre Grandeur avoit la charité de lui en parler, peut-être prendroit-il des mesures, avec son confrère et son ami, qui feroient cesser les plaintes de toute la province, et Votre Grandeur feroit, par ce moyen, un grand bien à l'Église et à tout le diocèse.»

534. *M. de Corberon, premier président du Conseil supérieur d'Alsace,*
au Contrôleur général.

23 Août 1709.

«La nouvelle qui vint à Colmar, le 21 de ce mois, de l'entrée des troupes impériales en Alsace et de la permission que M. le comte du Bourg donnoit à tous ceux qui y demeurent de traiter avec le général pour les contributions, surprit tellement tout le monde, que, dès la nuit même, les habitants de Colmar se réfugièrent, avec leurs effets, les uns à Brisach, et les autres à Schelestadt. Cela m'obligea d'écrire à M. le comte du Bourg, pour savoir de lui ce que le Conseil supérieur d'Alsace et moi nous devions faire pour notre sûreté. Il me manda qu'il nous conseilloit de nous retirer à Schelestadt: ce que je fis avec partie des officiers de la Compagnie. Ainsi, la justice a cessé ce jour d'être administrée en Alsace*.....»

* Il écrit, le 31: «La victoire de M. le comte du Bourg et la défaite du général de Mercy ayant rétabli le calme dans cette province, les officiers du Conseil supérieur d'Alsace sont tous revenus à Colmar, pour continuer d'y rendre la justice.....»

535. *M. de Bernage, intendant à Amiens,*
au Contrôleur général.

23 et 27 Août, 1er, 4, 20, 21, 22 et 30 Septembre, 2 Octobre 1709.

Règlement et exécution de l'imposition faite pour la subsistance de l'armée, à raison de vingt mille sacs de grain ou de farine d'orge et de méteil sur la Picardie, et de dix mille sur l'Artois; assignation des dépenses sur les recettes particulières des tailles, à compenser sur les termes à venir*.

* Voir une lettre de M. Voysin, secrétaire d'État de la guerre, au contrôleur général, en date du 17 août.

L'intendant avait d'abord considéré cette imposition comme impossible à établir, en raison des dispositions séditieuses du pays, à moins que le maréchal de Villars ne fît revenir des troupes pour y aider. (Lettres des 9, 11, 17, 21, 26 et 28 juin.)

Semblable imposition se fit en Champagne: voir les lettres de M. de Harouys, intendant, 25 et 27 août.

536. *Le Contrôleur général*
à M. le Rebours, intendant des finances.

25 Août 1709.

«Les assignations que vous expédiez journellement pour les dépenses consomment, comme vous savez mieux que personne, toutes les ressources que, par industrie, on peut trouver, et, comme je ne puis rendre compte au Roi, jour par jour, de chaque article, et que cependant il seroit bien nécessaire qu'il en fût souvent instruit, j'ai pensé qu'il falloit faire tous les mois une feuille en double partie, qui contiendra d'un côté les noms des trésoriers et les sommes pour lesquelles il leur aura été délivré des assignations, et de l'autre les fonds courants de cette année et ceux des années suivantes, lesquels ont été délégués à chaque trésorier pour fournir aux dépenses. Vous jugez bien qu'il est d'une grande conséquence de faire voir à S. M. tous les mois les fonds qui servent chaque mois au payement des dépenses.»

537. *M. d'Albaret, intendant en Roussillon,*
au Contrôleur général.

25 Août 1709.

«M. le duc de Noailles se trouvant dans le pays ennemi, d'où il peut à peine retirer du blé suffisamment pour la nourriture de l'armée, comme aussi des bœufs, vaches, moutons, volaille, huile, beurre, fromage, et autres choses dont l'armée a besoin, il a été donné, par le passé, des ordres de les laisser passer en franchise; mais il faut que je les reçoive de la cour. Les droits sont excessifs pour la sortie du Roussillon et entrée en Catalogne. Les ennemis ont pris soin de tout faire passer au delà de Girone, à la réserve du blé, qui n'étoit encore point dépiqué. Il n'y a donc que les simples bestiaux destinés pour la subsistance des troupes pour lesquels S. M. accorde des franchises pour le passage du Roussillon à l'armée. Je suis persuadé que M. le duc de Noailles, qui a cru que cela dépendoit de moi, et auquel j'ai expliqué ce qui en est, aura eu l'honneur de vous en écrire*.»

* Le 15 septembre, il écrit qu'il a fait cesser la levée des droits moyennant un certificat de remise du grand prévôt de l'armée.

A propos de l'établissement d'un bureau de la domaniale et des droits de la patente de Languedoc à Oloron, M. Méliand, intendant en Béarn, écrivait, le 11 mars précédent: «Vous savez que l'Espagne n'est pas un pays fertile. La terre, assez bonne dans quelques endroits et ingrate dans presque toutes les provinces de ce royaume, produit peu de chose, et les habitants, peu laborieux, soit par paresse, soit par frugalité, ne prennent pas grand soin d'aider la nature, qui pourroit peut-être leur donner beaucoup de richesses, si elle étoit cultivée par des mains plus soucieuses. Ce manque de bien des choses en qualité et en quantité oblige de tirer de France, pour la subsistance des troupes du Roi, depuis qu'elles sont à portée de se donner cette aisance, les choses les plus essentielles, comme les bestiaux et les toiles..... Le commis du traitant (à Oloron), avoué par ses supérieurs, exige les droits, nonobstant même le certificat des jurats ou consuls des lieux où les toiles ont été fabriquées et où les bestiaux ont été achetés: ce qui fait naître tous les jours des discussions entre ce commis et les marchands..... Comment des marchands abandonneront-ils leurs marchandises pour suivre un procès? Ils payent une première fois les droits qu'on leur demande, se rebutent ensuite, et cessent leur commerce.....»

Voir, sur les mêmes exactions des commis de la domaniale, une requête des sieurs Jaureguiberry et Pierre Dorré, marchands du pays de Soule, présentée par M. de Saint-Macary, subdélégué général en Béarn, le 27 juillet.

---

538. *M. d'Argenson, lieutenant général de police à Paris,*
au Contrôleur général.

29 Août et 3 Septembre 1709.

Difficultés entre des marchands de blé et les fermiers du contrôleur général.

«Je ne suis pas moins indigné que surpris du mauvais procédé des commissaires et de leur collusion avec les marchands de Paris contre les fermiers et les laboureurs, qu'on ne sauroit ménager avec trop de soin. Il est plus que juste que nos deux marchands dédommagent le sieur Guérin de la surprise qu'ils lui ont faite, et dont je ne puis plus douter après ce que vous m'avez fait l'honneur de m'écrire. Il y a du temps que je m'aperçois que les visites des commissaires nous font plus de mal que de bien, et que j'ai grand regret à la dépense qu'elles vous coûtent; c'étoit une des raisons qui m'avoit fait désirer d'être admis dans les assemblées où l'on examine leurs lettres, que j'aurois pu souvent contredire par quelques avis qui me viennent des mêmes lieux. J'ai eu grand regret au retour de M. du Montcel, qui, avec beaucoup moins d'éclat, faisoit beaucoup plus d'ouvrage et nous envoyoit beaucoup plus de blé. Je voudrois que vous trouvassiez bon de le substituer à ce grand nombre de commissaires inutiles qui s'amusent à faire quantité de procédures et n'agissent point pour la provision de Paris, où les ports et la Halle sont à sec. Je vous écris avec toute la confiance que m'inspirent vos bontés*.»

* Réponse en apostille: «Je le prie de ne point se mêler de mes fermiers en particulier, parce que j'y ai pourvu, mais d'observer seulement que la conduite des marchands de Paris demande une grand attention.»

Voir les lettres des 4, 9 et 21 septembre.

---

539. *Le Contrôleur général*
à M. de Saint-Contest, intendant à Metz.

30 Août 1709.

«Il est du service du Roi que vous vous informiez avec soin si tous les juifs de Metz qui étoient venus à Paris sont retournés à Metz. Il seroit même nécessaire de savoir combien il y en avoit à Paris, quelles assignations et quelles affaires ils avoient à y solliciter, s'ils se préparent à y revenir; et en cas qu'ils soient dans cette disposition, je vous prie de me marquer si vous croyez qu'on doive leur en accorder la permission. Enfin, il est à propos que vous examiniez si on ne pourroit pas tirer d'eux quelque secours présent sur les assignations qu'on leur donneroit*.....»

* En marge, de la main du contrôleur général, sous la date du 24 septembre: «Il faut écrire que, quand ils demanderont de venir à Paris, il en donne avis, et que, sur son témoignage, on leur permettra; qu'il peut les avertir de ne point venir à Paris sans l'en avoir informé, et qu'ils n'y viennent que sur les permissions qu'il demandera pour eux.»

M. de Saint-Contest avait répondu, le 12 septembre: «.....J'ai fait venir ici le chef de la synagogue et les banquiers juifs..... Ils m'ont tous assuré qu'il n'y avoit présentement aucun juif à Paris. Je vois que, sur les défenses qu'on leur a faites d'y aller, ils tournent tout leur commerce ailleurs. Je les crois peu en état, présentement, de trafiquer des assignations, parce qu'ils sont fort chargés de billets des troupes, de l'extraordinaire des guerres, et d'assignations même; mais, pour moi, j'ai toujours cru que c'étoit un mal pour l'État de les empêcher d'aller à Paris, parce qu'ils y portent toujours de l'argent, et, n'ayant ni charges, ni terres, ni maison, ni rentes, il falloit nécessairement que tout leur argent roulât dans le commerce, au lieu qu'ils se tournent présentement à le faire dans le pays étranger.»

Il écrit encore, le 8 décembre: «Pour répondre à la lettre que vous m'avez fait l'honneur de m'écrire le 28 du mois dernier, j'ai prié à tous les banquiers juifs qui sont dans le commerce de l'argent, et je leur ai fait connoître l'intention sévère de ressusciter le commerce par la bonne foi et par l'exactitude. Je leur ai fait comprendre que vous leur donneres de bonnes assignations, dont ils seront contents, pour lesquelles ils pourroient faire des remises dans cette province conformément à vos ordres. Ils m'ont marqué tous qu'ils étoient pleins de zèle pour le service, et qu'ils compteront même sur l'exactitude de votre parole; qu'ils ne demandoient pas mieux que de commercer les assignations à tels bénéfices que vous jugeriez à propos de régler, pourvu qu'ils fussent sûrs de recevoir leur argent aux échéances; mais ils m'ont représenté en même temps qu'ils étoient porteurs de plusieurs assignations échues sur les receveurs généraux; qu'ainsi ils se trouvoient dénués d'argent; que, si vous vouliez avoir la bonté de leur en faire payer, vous disposeriez de ce qui leur en reviendroit, à votre volonté, sur les assignations que vous voudriez bien leur donner. Ils ont actuellement un commis à Paris, qu'ils chargeroient d'aller vous trouver pour vous rendre compte, dans un plus grand détail, de ce que j'ai l'honneur de vous demander, et pour recevoir vos ordres.»

Le 19 décembre: «[Il faudroit] tâcher, par M. du Plessis le Bas, trésorier général, qui connoît tous ces juifs, de faire trafiquer quelques assignations par lui avec eux, pour remettre ici des fonds, parce que, quelquefois, ils ne veulent point avoir affaire directement à MM. les ministres, dont ils redoutent l'autorité.....»

Voir d'autres lettres de M. de Saint-Contest, 24 septembre et 18 octobre 1709, 28 août 1710; de M. d'Argenson, lieutenant général de police à Paris, 4 mars, 2 avril, 10 juin et 22 août 1710, 21 juillet 1711, 10 août 1713; du marquis de Blincourt et de Mmes de Grancey et de Villefort, 10 juin 1710; du juif Isaïe Lambert, 6 mai 1709.

Le 27 février 1712, l'intendant propose d'accorder à deux juifs une permission de trois mois pour aller régler leurs affaires à Paris; et, le 1er août suivant, il conseille de refuser la même permission à un autre juif, soupçonné de faire le billonnage.

---

540. *M. de Montgeron, intendant à Limoges,*
au Contrôleur général.

30 Août 1709.

Il rend compte de l'assassinat d'un courrier-messager et de son valet, sur la route d'Angoulême à Verteuil, et des mesures prises pour arrêter les assassins, mais rendues inutiles par la faute de la maréchaussée.

«A l'égard du vice-sénéchal d'Angoulême, je lui ai fait une sévère réprimande, et je lui ai ordonné de faire deux chevauchées par semaine sur les grands chemins, pour la sûreté publique, et j'arrêterai ses gages, s'il n'exécute pas ce que je lui ai prescrit; mais je crains que cela ne suffise pas pour l'engager à son devoir: je me suis servi déjà de ce remède à l'égard du grand prévôt et du vice-sénéchal de Limoges, qui n'ont pas plus d'attention au service, sans qu'il ait fait aucun effet. Ces trois officiers et la plus grande partie de leurs subalternes sont presque toujours à leurs maisons de campagne, et très peu dans les lieux de leur résidence, en sorte qu'on ne les peut avoir quand on en a besoin*.....»

* Voir, sur des attaques contre les courriers et sur des vols de deniers du Roi, diverses lettres de M. de Harouys, intendant en Champagne, 25 mars 1710; de M. de Bâville, intendant en Languedoc, 23 septembre et 12 novembre 1708, et 25 février 1710; de M. l'archevêque de Narbonne, 13 janvier et 27 août 1709; de M. de Pennautier, 14 décembre 1708 et 13 janvier 1709; de M. Alison, procureur du Roi en la Cour des comptes, aides et finances de Montpellier, 16 décembre 1708; de M. de Montgeron, intendant à Limoges, 22 février 1709; — sur le vol à main armée d'une voiture envoyée par le receveur des tailles de Rodez, les lettres de M. Laugeois d'Hymbercourt, intendant à Montauban, 7, 8, 11 et 18 avril, 6 mai, 6 juin, 24 juillet, 1er, 11 et 16 août 1714, et 26 janvier 1715; de M. Lefranc, premier président de la Cour des aides de Montauban, 8 avril 1714; du receveur des tailles Lenormant, 11 avril; du sieur Rolland-Daubreuil, receveur général, 16 avril, et du sieur Maury, procureur du Roi au présidial de Montauban, 25 avril.

541. *M. le duc de Gramont, gouverneur de Bayonne,*
au Contrôleur général.

30 Août 1709.

«J'ai l'honneur de vous remettre ci-joint le mémoire que les négociants de Bayonne m'envoyèrent par le courrier d'hier, pour vous être présenté. Il me paroît qu'il mérite votre attention pour le bien du commerce, que nous allons certainement perdre sans retour du côté de Flandre en Espagne, si l'arrêt qui supprime les privilèges du transit a son exécution: car je vous réponds sur ma vie que les Anglois et les Hollandois, maîtres d'Ostende, feront tout le commerce que nous faisions par Bayonne avec les Espagnols; et au diable l'Espagnol!..... Donnez-y le cuisant correctif qui convient, ce qui nous met à l'abri de toute fraude; mais évitez la suppression, laquelle, une fois établie, aliénera totalement les esprits..... J'ai vu par moi-même en Espagne, et dans le temps que j'ai resté à Bayonne, la douce pente qu'avoient les Espagnols à se soustraire de nous en faveur des autres.....»

542. *M. de Saint-Macary,*
subdélégué général en Béarn,
au Contrôleur général.

31 Août 1709.

«La proposition qui vous a été faite de quelques nouveaux offices dans les sénéchaussées de Béarn et Navarre à la charge de la prévention jusqu'à 50#, à l'exclusion de toutes les juridictions consulaires de Béarn et de Navarre, et de l'attribution de la justice criminelle, tend à faire changer ce département de face, car les jurats sont les premiers juges que le Béarn a connus avant la création du sénéchal et du Conseil souverain, et sont confirmés, par le for dont S. M. jura l'observation, à connoître des crimes et de toutes matières et actions personnelles, mixtes et réelles: de sorte que, si vous réduisiez les jurats, comme on le propose, à connoître des grossesses, vols domestiques, et des décrets seulement, il est certain que les notairies qui sont attachées à ces justices, et appartiennent toutes au Roi, sont entièrement perdues; et le profit est d'un objet trop considérable pour être négligé, puisque l'état en détail des fermes, droits fixes, casuels des domaines du Roi en Béarn, basse Navarre, Bigorre et Soule, que j'ai actuellement devant mes yeux, fait foi que les notairies y sont comprises pour 12,304# 12s 4d de revenu annuel, et les bailies pour 1,488# 13s 4d. Ces bailies appartiennent aussi au Roi, et ceux qui en sont les fermiers sont les huissiers et exécuteurs des sentences des jurats. Les États se soulèveroient infailliblement contre ce changement, aussi bien que les maires et lieutenants de maires, qui n'ont acheté leurs charges qu'en vue de la justice qui s'exerce dans leurs sièges, et la somme de 138,400# est d'une trop petite conséquence pour faire ce renversement. Je suis même persuadé que le proposant ne trouveroit point de cautions pour la sûreté des deniers offerts. Le Parlement même y trouveroit ses griefs, car la Tournelle tomberoit tout d'un coup, si les juges du sénéchal avoient la prévention des crimes, parce que, si on les prive de connoître des chasses, injures verbales et grossesses, la fonction de cette chambre demeure inutile, parce qu'il est rare d'y voir des crimes d'une plus grande conséquence. Et comme ce Parlement est de cinquante-sept juges sur des pays de douze lieues en longueur et de six en largeur, il faudroit anéantir la Tournelle et supprimer les juges qui y servent, parce que les appellations de ces petits crimes n'occuperoient pas les juges un mois l'année, sans compter qu'il est plus doux pour le peuple de voir juger leurs causes sommaires au Parlement sans frais, que de les faire juger dans les sénéchaussées avec des épices qui seroient plus grevantes que le remède qu'on leur propose, outre que Pau est à portée de tous les lieux de cette petite province; sans parler des procureurs et avocats des sénéchaussées, qui dégraisseroient assez bien les pauvres parties.....»

543. *M. Daguesseau fils, procureur général au Parlement de Paris,*
au Contrôleur général.

31 Août et 4 Septembre 1709.

Il envoie un projet de déclaration pour pourvoir aux

dépenses de l'Hôtel-Dieu, de l'Hôpital général de Paris et des pauvres des paroisses, et un plan de formation des rôles de la contribution personnelle à l'aumône générale.

«Cette contribution devant être aussi forte qu'elle le sera, il est très important qu'elle soit entièrement autorisée par le Roi, non seulement en général, mais encore dans ce qui regarde les rôles, dans lesquels résidera toute la force de cet établissement. . . . . Un des plus sûrs moyens que l'on puisse employer pour obliger la plupart des grands seigneurs, des courtisans, et en général tous ceux qui ont un nom, à faire des offres suffisantes, est la crainte qu'on n'en rende compte au Roi et qu'on n'informe S. M. de leur refus ou de la modicité de leurs offres. On perdra cet avantage, si, dès à présent, on renvoie tout ce qui regarde la confection des rôles au Parlement. . . . . Comme la chambre des vacations n'a pas l'autorité nécessaire pour faire ces rôles, il faut ou les faire autoriser par des lettres patentes du Roi, ou les renvoyer jusqu'à la Saint-Martin, temps auquel il n'y aura plus ni Hôpital ni Hôtel-Dieu, si l'on diffère jusque-là à leur procurer une partie des secours dont ils ont un besoin si pressant, que je ne sais même s'ils pourront les attendre, quelque diligence qu'on y apporte. C'est cette dernière raison qui rend ici l'autorité du Roi encore plus nécessaire que toutes les autres; et cette nécessité est telle que, si, pour ne pas être obligé de faire expédier de nouvelles lettres patentes ou une nouvelle déclaration pour autoriser les rôles, on prenoit le parti de renvoyer la chose à la Saint-Martin, je crains fort qu'elle ne soit d'aucune utilité. Ces raisons m'obligent, aussi bien que M. le premier président, avec qui je viens d'en conférer, à persister dans notre premier sentiment, prêts néanmoins à l'abandonner, si le Roi le condamne après en avoir entendu les raisons. Mais, si cela arrive, nous sommes persuadés que tout ce que l'on peut substituer à la place de l'endroit qu'il faudra changer est que les rôles seront arrêtés par le Parlement à ma réquisition, suivant la disposition littérale de l'article 35 des lettres patentes d'établissement de l'Hôpital général. De quelque manière que la chose soit réglée, je vous supplie de vouloir bien faire en sorte que la déclaration puisse être scellée demain, et de me l'envoyer, s'il se peut, dès demain au soir, afin que nous profitions des deux jours qui nous restent pour la faire enregistrer avant la fin du Parlement *.»

* Le premier président le Peletier écrit, le 7 septembre : «. . . . . Nous avons enregistré ce matin la déclaration pour les aumônes; nous espérons que vous voudrez bien faire précéder la quête qui se doit faire de quelques semonces et de quelques avertissements de votre part à MM. les gens d'affaires, afin de les exciter à donner plus abondamment et d'une manière proportionnée à leurs facultés. . . . .»

Le 24, M. Daguesseau écrit : «Je ne puis me dispenser de vous représenter l'état violent où se trouvent l'Hôtel-Dieu et l'Hôpital général; il est tel que je crains bien de n'avoir dit que trop vrai lorsque j'ai eu l'honneur de vous écrire que j'appréhendois que ni l'un ni l'autre de ces hôpitaux ne fussent pas en état d'attendre le secours qu'ils doivent recevoir par la contribution publique que le Roi a établie en leur faveur par la déclaration du 3 septembre dernier. Pour commencer par ce qui regarde l'Hôtel-Dieu, le grand nombre de scorbutiques que la multitude des pauvres enfermés dans l'Hôpital général a produits nous a obligés à faire rouvrir l'hôpital de Saint-Louis, à peine fermé quinze jours auparavant; et en comptant les malades de cette maison et ceux de l'Hôtel-Dieu, il y a à présent plus de quatre mille bouches à nourrir tous les jours dans cet hôpital. Vous comprenez aisément par là que tous les fonds de blé et d'argent sont bientôt épuisés par la dépense que cause cette multitude prodigieuse de malades, qu'on ne peut ni renvoyer ni nourrir. On ne voit de ressource prompte, pour acheter des blés et des orges, que dans le payement des sommes contenues au mémoire que j'ai l'honneur de vous envoyer. Je ne saurois trop vous supplier de vouloir bien donner les ordres nécessaires pour les faire payer : sans quoi il sera absolument impossible de soutenir l'Hôtel-Dieu. L'Hôpital général, d'un autre côté, est dans une situation encore plus fâcheuse, parce que ses dépenses sont bien plus grandes. Le nombre des pauvres y est toujours de quatorze mille ou environ, quelque retranchement qu'on y ait pu faire, et il faut même, pour empêcher que ce nombre ne croisse, se contenter de recevoir les enfants abandonnés de tout secours et tous les jours exposés en grand nombre aux portes de l'hôpital, et refuser avec une espèce de cruauté un grand nombre de malheureux qui sont des sujets très dignes d'y être reçus, mais qu'on ne peut plus y placer. Toutes les provisions, de quelque nature qu'elles soient, sont presque épuisées par cette foule de pauvres. Il est d'une nécessité absolue d'acheter promptement de l'orge, pour faire durer plus longtemps le peu de blé qui reste. Il y a plusieurs autres dépenses également pressées et indispensables; j'en ai fait encore ce matin une supputation exacte avec M. Soubeyran, M. de Grandval et M. Collin, et nous avons tous reconnu qu'il falloit avoir au moins 100,000^{tt} dans le commencement d'octobre, pour empêcher la chute entière de l'Hôpital, et il en faudra autant chaque mois, d'ici au mois d'avril prochain, sans compter pour près de 100,000 écus de dettes qu'il faudra encore acquitter; mais le premier mois sera le plus fâcheux et le plus difficile de tous, parce qu'on n'aura encore reçu aucun secours de l'aumône générale. Ainsi, c'est avec peine, mais par une nécessité supérieure à toutes considérations, que je suis obligé de vous supplier instamment de vouloir bien faire en sorte que l'Hôpital général puisse être promptement payé de ce qui lui est dû sur le Roi. J'en joins aussi ici un mémoire : la plupart des articles qui le composent sont de véritables dettes, et non pas des libéralités. On pourra, si vous le jugez à propos, en consommer la plus grande partie en rescriptions sur différentes provinces; mais il seroit fort à souhaiter qu'il y eût aussi de l'argent comptant, car, sans cela, il n'est pas possible d'avoir de l'orge, ni de faire bien d'autres provisions aussi nécessaires. Je n'ignore pas, quand je vous fais cette prière, quelle est la triste et pénible situation dans laquelle vous vous trouvez, et j'ose vous assurer que, s'il étoit possible de vous épargner cette vive représentation de l'état de ces deux grands hôpitaux, il n'y auroit rien que je n'eusse tenté pour le faire; mais, touchant d'aussi près que nous le faisons à la ruine totale de ces deux maisons, dont le soutien (comme j'ai eu l'honneur de vous le dire plusieurs fois, et comme vous le sentez encore mieux que moi) doit être regardé comme une affaire d'État, je manquerois absolument à mon devoir, si je n'avois l'honneur de vous remettre cette vérité devant les yeux, et de vous prier d'ordonner qu'on fasse les derniers efforts pour prévenir ce malheur. Il y auroit encore une ressource pour ces deux hôpitaux, qui seroit de leur faire donner de l'argent pour les billets de monnoie dont ils sont accablés; mais je crois cette ressource bien plus difficile encore que ce que j'ai l'honneur de vous demander, et c'est ce qui a fait que j'ai cru qu'il falloit la réserver pour un autre temps.»

Lettre du 13 octobre : «Les difficultés qui se présentent dans l'exécution de la déclaration que le Roi a faite le 3 septembre dernier pour procurer à l'Hôtel-Dieu, à l'Hôpital général, et aux pauvres des paroisses de Paris les secours dont ils ont besoin, l'insuffisance des offres qui ont été faites, et le peu d'espérance que ceux qui les ont reçues paroissent avoir du succès de cette contribution, ont donné lieu à une assemblée qui fut tenue hier, sur ce sujet, chez M. le premier président, et du détail de laquelle je me suis chargé d'avoir l'honneur de vous informer. L'assemblée étoit composée de M. le premier président, de M. le premier président de la Chambre des comptes, de M. le lieutenant général de police, M. le prévôt des marchands, M. Robert, mon substitut au Châtelet, et de moi. La nécessité d'une taxe forcée pour suppléer au défaut des offres volontaires, qui produiroient à peine le tiers de la somme qu'on s'est proposé d'avoir par cette voie, y fut d'abord reconnue comme une vérité que l'expérience n'a rendue que trop certaine. On y examina ensuite les différents moyens que l'on pouvoit prendre pour rendre cette taxe forcée aussi douce et aussi équitable qu'il seroit possible. On remarqua que celui qui paroissoit le plus conforme à l'esprit de la déclaration du Roi étoit de prendre la taxe du grand bureau des pauvres pour modèle, et de la doubler autant de fois qu'il seroit nécessaire pour avoir au moins la somme de 50,000# par mois; et on observa qu'il faudroit pour cela, à cause du grand nombre des non-valeurs, que chacun donnât par mois au moins un tiers en sus au delà de ce qu'il donne par an au grand bureau. Après avoir fait cette observation, on convint que, dans la situation présente et des fortunes et des esprits, qui n'a que trop paru par les offres que l'on a reçues dans les paroisses de Paris, il seroit presque impossible d'obtenir par cette voie le secours dont on a besoin; que, si l'on réduisoit cette contribution à une taxe arbitraire sur les aisés, on s'engageroit par là dans une discussion longue, difficile, odieuse et d'une dangereuse introduction; que, si on la faisoit par états et par professions, ou la taxe seroit proportionnée aux forces des riches de chaque état, et alors elle pourroit être suffisante, mais elle seroit injuste à l'égard des foibles, qui composent le plus grand nombre sans comparaison, ou, au contraire, on la régleroit sur le pied de ce que les moins aisés de chaque condition peuvent porter, et, en ce cas, la taxe seroit juste, mais insuffisante; que d'ailleurs le recouvrement en seroit très long et très difficile, à cause du grand nombre des contribuables; qu'on n'en viendroit à bout, surtout après le premier mois, que par des contraintes capables d'aigrir les esprits et d'émouvoir le peuple; qu'on ne trouveroit pas même de receveurs qui voulussent se charger d'un détail si pénible, et qu'en effet ceux qui d'abord avoient accepté cette fonction demandoient à en être déchargés, ayant reconnu, par la peine qu'ils ont eue à recevoir de simples offres, celle qu'ils auroient quand il faudroit demander de l'argent. On discuta ensuite les autres voies de faire cette taxe d'une manière qui en rendît le recouvrement plus simple et plus facile. Il y en eut trois qui furent agitées. La première, sur laquelle on n'insista pas, est de la faire par maisons; et cet expédient, qui avoit déjà été rejeté avant la déclaration du Roi, le fut encore par bien des raisons qu'il est aisé de concevoir et inutile d'expliquer. La seconde est de régler la taxe à proportion des loyers, en sorte que chacun payât le vingtième, ou le quinzième, ou le dixième des loyers de la maison qu'il occupe. On convint de la justesse et de l'équité de cette règle, parce que, chacun se logeant à proportion de sa fortune ou de la dépense qu'il veut faire, rien n'est plus naturel que de régler sur le même pied la somme qu'il doit contribuer pour le soulagement des pauvres; mais on craignit que l'exécution de cette contribution ne fût longue et difficile, parce qu'il faudroit nécessairement obliger au moins les principaux locataires à représenter leurs baux, ce qui seroit d'une grande discussion et pourroit donner lieu à bien des fraudes. On releva aussi l'embarras dans lequel on se trouveroit à l'égard des maisons qui sont occupées par le propriétaire ou qui ne sont pas louées, et la nécessité où l'on seroit réduit de faire estimer ce qu'elles pourroient être louées, outre qu'il y auroit encore cet inconvénient, dans cette espèce de taxe, que la somme qu'on lèveroit seroit incertaine, et que le public la croiroit peut-être beaucoup plus forte qu'elle ne le seroit en effet. Ainsi, on tomba comme naturellement dans un tempérament qui parut plus simple et plus facile que tout le reste : ce tempérament est de régler ce que chaque propriétaire occupant sa maison ou chaque principal locataire payeroit par rapport à ce que la maison qu'il occupe paye pour les boues et lanternes, sauf le recours du principal locataire contre les sous-locataires, qui contribueroient dans ce cas au payement de la somme avancée par le principal locataire au sol la livre de leurs baux; et la même chose pourroit se pratiquer à l'égard du propriétaire qui loue une partie de la maison qu'il occupe. Comme la taxe des boues et lanternes montoit à 300,000# par an, il faudroit, si l'on prenoit ce parti, que chaque propriétaire occupant sa maison ou chaque principal locataire payât le double de ce qu'il payoit autrefois pour les boues et lanternes. On a même proposé d'aller jusqu'au triple, par les raisons que j'aurai l'honneur de vous marquer dans un moment. Il est fâcheux, à la vérité, de rappeler la mémoire d'une taxe rachetée; mais on ne peut rien faire, dans l'état où sont les choses, qui n'ait son inconvénient : il n'est plus de remède qui ne soit un mal; nous sommes réduits à choisir, entre les maux, ceux qui sont les moindres, et, quoique l'on doive respecter jusqu'à un certain point l'imagination des hommes, il ne faut pas néanmoins les laisser périr par un mal très réel et très pressant de peur de les effrayer par la crainte d'un mal imaginaire; et d'ailleurs les inquiétudes du public sur les suites et les conséquences sont un inconvénient commun à toutes les espèces de taxes que l'on peut proposer en cette occasion. A cela près, l'expédient dont il s'agit paroît avoir les principaux avantages qu'on peut souhaiter dans une contribution de la qualité de celle dont il s'agit. La charge en est médiocre, quand même elle iroit jusqu'au triple de ce que l'on donnoit pour les boues et lanternes; elle est équitable, puisqu'elle est proportionnée à la fortune des propriétaires qui occupent leurs maisons et des principaux locataires; elle est d'un recouvrement simple et facile, puisqu'il ne faudra s'adresser qu'à une seule personne dans chaque maison, et que, s'il y a ensuite des recours à exercer et des répartitions à faire, tout cela se passera dans l'intérieur des maisons, entre le principal locataire et les sous-locataires, sans que les receveurs soient obligés d'entrer dans aucune discussion. Enfin, elle est autorisée par un exemple qui a une entière application à la conjoncture présente : la disette de grains que le royaume éprouva en l'année 1662 ayant surchargé l'Hôpital général d'un grand nombre de pauvres, le Parlement rendit un arrêt en exécution du même article 35 des lettres patentes d'établissement de l'Hôpital général qui a servi de fondement à la dernière déclaration du Roi, par lequel il fut ordonné que les propriétaires occupant leurs maisons et les principaux locataires payeroient à l'Hôpital général la même somme qu'ils payoient pour le nettoiement des rues. Ainsi, c'est une proposition déjà reçue et pratiquée dans un cas semblable, avec cette différence que, comme les maux sont beaucoup plus grands qu'ils ne l'étoient alors, il faudra que les secours soient aussi plus grands, mais toujours dans la même proportion. Telles furent les principales raisons qui déterminèrent presque tous ceux qui composoient l'assemblée à croire que ce dernier parti étoit le meilleur, en prenant néanmoins la précaution d'ajouter que cette taxe seroit préférable à toutes autres créances, même à celle du propriétaire; et l'on crut que cette préférence étoit aussi juste que nécessaire. On examina ensuite s'il ne seroit pas à propos de changer quelque chose à la destination portée par la déclaration du Roi, en appliquant à l'Hôtel-Dieu et à l'Hôpital général seuls le secours qui reviendra de cette contribution, sans en faire part aux pauvres des paroisses. Quoique ces pauvres ne méritent pas moins de compassion que ceux qui sont enfermés dans ces deux hôpitaux, cependant il a paru que MM. les curés de Paris auroient fort souhaité qu'on ne les eût pas compris dans la déclaration du Roi. Ils prévoient bien qu'ils auront une part très médiocre dans la somme que cette taxe produira, surtout si on se fixe à celle de 600,000#, et ils craignent que, quand, après cela, ils solliciteront la charité de leurs paroissiens, on ne les renvoie à ce se-

IMPRIMERIE NATIONALE.

cours, qui sera presque insensible pour eux, et qu'ainsi ils ne profitent ni de la taxe forcée, ni des charités volontaires. Après avoir eu l'honneur de vous expliquer tout ce qui a été agité dans l'assemblée tenue chez M. le premier président, je crois que, pour nous mettre en état de recevoir plus facilement les ordres du Roi sur ce sujet, il est nécessaire de réduire les difficultés à certains points, sur lesquels vous aurez la bonté de nous faire savoir les intentions de S. M. La première est de savoir si on prendra le parti d'une taxe par états et par conditions, comme celle du grand bureau, malgré les grands inconvénients et les difficultés qu'on y trouve, ou si l'on suivra la proportion des loyers, ou enfin si on s'arrêtera à celle des boues et des lanternes. Je vous ai marqué, peut-être avec trop d'étendue, tout ce qui se peut dire sur ces trois moyens; il ne s'agit plus à présent que d'attendre la décision du Roi. La seconde est de savoir si on retranchera les pauvres des paroisses des trois objets qu'on s'est proposés dans le temps de la déclaration du 3 septembre, en abandonnant ces pauvres à la charité de chaque paroisse, qui sera peut-être d'autant plus agissante à cet égard qu'elle sera plus volontaire. La troisième, si, supposé que l'on suive la proportion de la taxe des boues et lanternes, on se contentera d'en lever le double, ou si l'on ira jusqu'au triple. Si les pauvres des paroisses participent à ce secours, on ne peut douter qu'il ne soit nécessaire de tripler la somme à laquelle montoit autrefois cette taxe; si, au contraire, on les en retranche, la question ne laisse pas d'être encore susceptible de difficulté, parce qu'on craint fort que la somme de 600,000#, dont il faudra même retrancher quelque chose, comme je l'ai déjà dit, pour les frais de recette et pour quelques non-valeurs, ne soit pas suffisante pour les besoins infinis de l'Hôtel-Dieu et de l'Hôpital général. Le nombre des malades est augmenté, dans l'Hôtel-Dieu, de plus de mille depuis la déclaration du 3 septembre, et il passe à présent celui de quatre mille : on peut juger par là de l'état où on se trouvera pendant l'hiver, et la situation de l'Hôpital général est encore plus malheureuse. D'un côté, il est fâcheux de demander une aussi grande somme que celle de 900,000#; de l'autre, ce sera aussi un grand inconvénient d'être obligé de revenir à la charge, si la somme de 600,000# n'est pas suffisante. On ne voit que des extrémités de tous côtés, et c'est ce qui fait la difficulté de la décision. La dernière difficulté est de savoir si cette taxe forcée, de quelque manière qu'on la règle, s'établira par une nouvelle déclaration du Roi ou par un simple arrêt du Parlement, en exécution de la première. On a cru, chez M. le premier président, que l'autorité du Roi étoit nécessaire, non seulement à cause de l'importance de la matière, mais encore parce que, s'il faut ou changer la destination faite par la déclaration du Roi, ou augmenter la somme qui y est portée, le Parlement n'a pas le pouvoir de faire un tel changement, et enfin parce que, cette Compagnie n'étant pas assemblée présentement, il seroit assez extraordinaire que la chambre des vacations fit une taxe de cette conséquence. Cependant le moindre retardement sera fatal dans l'extrémité où sont les choses : l'Hôpital général n'a pas pour trois semaines de subsistance et n'a aucun fonds pour y pourvoir; ainsi, à moins qu'on ne voie un secours aussi prompt que le mal est pressant, il ne se trouvera personne qui veuille faire la moindre avance. Vous voyez par là de quelle conséquence il est que vous ayez la bonté de nous faire savoir promptement les intentions de S. M., afin que l'on travaille incessamment à la rédaction du projet de règlement qu'il faudra faire d'une manière ou d'une autre sur ce sujet, et dans lequel il y aura encore quelques petites difficultés, que je tâcherai d'éclaircir et de lever, en attendant votre réponse.»

Réponses en apostille, de la main du contrôleur général : «1. Taxe sur le pied des boues et lanternes. *Bon; doublement.* 2. Exclure les pauvres des paroisses. *Bon.* 3. Une déclaration pour autoriser la levée. *Bon.*»

Voir trois autres lettres du premier président le Peletier, 13 octobre, et de M. Daguesseau, 13 et 21 octobre.

---

544. *Le sieur* Fontaine, *maire de la ville d'Orléans*, au Contrôleur général.

4 et 26 Septembre, 20 Octobre et 2 Novembre 1709.

Approvisionnement de la ville d'Orléans*.

* Voir une lettre de l'intendant, M. de la Bourdonnaye, du 16 octobre.

---

545. M. Pinon, *intendant en Bourgogne*, au Contrôleur général.

5 Septembre 1709.

Il envoie un projet d'arrêt pour le rétablissement de la manufacture de Seignelay, avec le texte des conventions passées préalablement entre les entrepreneurs et les ouvriers.

---

546. M. de Bâville, *intendant en Languedoc*, au Contrôleur général.

5 (?) Septembre 1709.

«(*Autographe.*) Je crois savoir, à n'en pouvoir douter, qu'on travaille dans Avignon à faire des louis neufs, qu'on y achète les vieux à 14# : je vous en envoie un qui y a été fabriqué, que j'ai coupé pour connoître s'il n'étoit pas faux. Je sais ceux qui font ce commerce et les endroits où l'on travaille*. La difficulté est d'avoir la preuve et de faire arrêter ces gens-là, qui ont beaucoup de crédit dans cette ville. Je parviendrai à avoir la preuve contre les changeurs; j'y envoie deux cents louis vieux, et ceux qui les portent retireront les louis neufs et serviront de témoins pour prendre les machines et ceux qui travaillent. Il faut un *pareatis* du vice-légat, qui ne manquera pas de faire avertir les personnes intéressées. J'ai pensé qu'il falloit faire entrer dans Avignon, sans qu'on s'en aperçût, un nombre de gens qui garderoient les maisons qu'il faut visiter, et que, dans le même temps, un homme que je choisirois allât porter une lettre de vous, ou telle qu'elle doit être quand le Roi demande quelque chose au vice-légat, portant que S. M. juge à propos pour son service qu'il fasse arrêter ceux que je lui indiquerai dans le même temps qu'il recevra cette lettre, pour crime qui regarde S. M. Il ne pourra refuser cet ordre, et, dans le moment, ceux qui garderont les maisons pourront y entrer et trouver les outils, les machines et les monnoies fabriquées. Si vous jugez que ce projet soit bon, ayez la bonté de m'envoyer cette lettre au plus tôt. Il y a trois sociétés dans Avignon pour ce mauvais commerce, dont je connois les acteurs, gens riches*.»

* M. Lebret fils, intendant en Provence, et M. Pellas, général des monnoies, faisaient prendre depuis longtemps des informations à Avignon. (Lettres des 26, 28 et 25 février 1708, 20 mars, 18 avril et 19 juin 1709.)

M. de Bâville écrit encore, le 22 septembre 1709 : «. . . . . Il est de notoriété publique, et Blisson, que j'ai interrogé, me l'a dit, que l'on travaille dans le palais où est le vice-légat; que le nommé Chirousy, son maître d'hôtel, et Bertelot, son premier estafier, débitent tous les jours de ces louis faits en fausse fabrique. Blisson même m'a dit, dans son interrogatoire, que le balancier est sous une table dans une des grandes salles du palais, qui est couvert d'un tapis. J'en ai donné l'avis aussitôt au sieur de Fressieu, afin qu'il trouve le moyen de vérifier lui-même ce fait. Blisson a ajouté que, les consuls d'Avignon ayant fait quelque bruit sur ce que cette monnoie se répandoit dans la ville, que le vice-légat avoit répondu : «Ce sont peut-être les Génevois ou les gens de Genève qui l'apportent; mais n'est-elle pas de bon aloi?» Et comme on lui répondit qu'oui, il leur avoit témoigné qu'il ne leur importoit pas trop d'où elle vint. J'ai cru devoir vous mander ce que Blisson a dit de ce prélat : il peut se faire que ses gens sont dans ce mauvais commerce sans qu'il le sache.....» Comme le vice-légat se refusoit à livrer les coupables (lettres des 13, 20 et 29 septembre, 4 et 20 octobre, 1er et 27 décembre), on consentit, ainsi que le saint-siège le demandait, et quoique Blisson fût le chef des faux-monnayeurs et que l'impunité lui fût presque assurée dans Avignon, à le rendre en échange de deux Nîmois. (Lettre de M. de Torcy, secrétaire d'Etat, 28 octobre 1709; lettres de M. de Bâville, 1er juin, 1er, 8, 9, 18 et 31 juillet, 5 septembre et 6 octobre 1710; lettres du contrôleur général à M. de Bâville, 7, 22 et 25 octobre, et à l'archevêque d'Amasie, nonce ordinaire du Pape, 15 et 25 octobre.) On put, plus tard, grâce à un nouveau légat, faire quelques arrestations dans Avignon : lettres de M. de Bâville, 29 octobre 1711, 17 juillet, 7 et 12 septembre 1712.

---

547. *Le Contrôleur général aux Intendants.*

6 Septembre 1709.

Défense de laisser brasser aucune bière ou faire de l'eau-de-vie de grains, excepté dans les provinces d'Artois, de Boulonnais, de Flandres et de Hainaut, et dans les gouvernements d'Ardres et de Calais, où la bière se brassera à moitié grain*.

* Le 8 décembre suivant, M. de Bernières, intendant en Flandre, écrit : «Les Magistrats de Valenciennes et de Douay m'ont prié de vous représenter que les villes de cette frontière, notamment les deux que je viens de vous nommer, sont infectées, ainsi que tout le plat pays, de fièvres fort dangereuses, qui emportent une infinité de monde, au point que les médecins et les vieillards disent qu'il en mourut beaucoup moins de la peste qui ravageoit cette frontière en l'année 1667; et on n'est pas sans crainte que ce dernier fléau ne suive ces fièvres qui font tant de désordres, étant fort malignes et se trouvant accompagnées souvent de pourpre. J'attribue ces maladies, qui règnent violemment dans Lille et sa châtellenie, dans le Tournaisis, dans les villes de Douay et Valenciennes, ainsi que dans les villages de la dépendance de Douay, dans la châtellenie de Bouchain, prévôtés le Comte et du Quesnoy, comme aussi dans le Cambrésis, où elles commencent à se faire sentir, à la misère affreuse où les peuples se trouvent réduits, n'ayant pas sauvé des fourragements et de toutes les fureurs de la guerre une seule botte de paille d'avoine, les peuples de la campagne ne subsistant que d'herbes et d'un peu de lait, à l'exception de ceux qui ont sauvé quelque chose et qui, se trouvant de l'argent, achètent des blés qui viennent du pays ennemi : à quoi il faut ajouter l'infection de l'air, augmentée par la mortalité d'hommes et de chevaux, dont il est péri un nombre infini pendant la campagne, et surtout de nos blessés de la dernière bataille et des différentes occasions qu'il y a eu, dont nos villes frontières ont été remplies, et dont il est beaucoup mort; sans vous parler des inondations qu'on a formées aux environs de la plupart des places, qui ont laissé sur la terre une vase capable d'infecter l'air et d'attirer des vapeurs dangereuses, dont nous ne nous apercevons que trop. Les Magistrats et les bourgeois de Valenciennes et de Douay, qui sont accoutumés à boire des bières extrêmement fortes et nourrissantes, prétendent que les petites bières qu'on brasse à présent augmentent encore beaucoup ces maladies : ce qui m'a été confirmé par les médecins, qui assurent que, ces peuples étant accoutumés à ces sortes de fortes bières, ce seroit un des meilleurs remèdes de les laisser brasser à leur ordinaire; ce que je me suis chargé de vous représenter, d'autant plus que nous avons l'expérience qu'on mange beaucoup moins de pain quand on boit de la forte bière. Et ce qui ne souffre point de contredit, c'est qu'avec de l'argent nous ne manquerons point de blés sur cette frontière, les peuples du pays ennemi en apportant tant qu'ils trouvent à en vendre argent comptant. Ainsi, ceux qui n'ont point d'argent ne peuvent pas brasser, et ceux qui en ont ne feront tort à personne de brasser de la forte bière; bien au contraire, les domaines du Roi et les fermes des villes, dont les droits sont diminués de moitié, reprendront le courant ordinaire, et la nécessité y est indispensable pour la ville de Valenciennes, qui est absolument hors d'état de soutenir ses charges et ses dépenses journalières, qui sont immenses, ses revenus se trouvant tout d'un coup diminués, cette année, de 150,000# par la diminution des droits qui se perçoivent sur les grains qui se consomment dans les brasseries. Par toutes ces raisons, les Magistrats et les bourgeois de ces villes espèrent que le Roi voudra bien leur permettre de brasser à leur ordinaire.» Par lettre du 20 décembre, la permission de brasser avec une proportion d'avoine fut donnée aux villes de Douay et de Valenciennes, à la châtellenie de Bouchain, au Cambrésis, etc.; on l'accorda aussi aux généralités d'Amiens, de Bretagne, de Caen, de Franche-Comté, de Metz, de Rouen et de Soissons : voir les lettres de M. de Bernage, 30 septembre et 12 décembre; de M. Ferrand, 28 mars 1710; de M. de la Briffe, 22 juin 1710; de M. le Guerchoys et des vicomte-mayeur, échevins, etc., de Besançon, 15 septembre 1709 (réponse du contrôleur général, 30 septembre) et 5 janvier 1710; de M. de Saint-Contest, 3 avril 1710; de M. l'archevêque de Rouen et de M. de Richebourg, intendant, 13, 16 et 26 septembre, 12, 22 et 26 octobre, 1er et 10 décembre 1709, 30 avril et 22 août 1710; de M. d'Ormesson, 21 septembre 1709. M. de Richebourg avait demandé à faire fabriquer une bière sans grain, où n'entreraient que du houblon, de la mélasse, du genièvre ou corianthe, et du levain.

Une permission particulière, par simple ordre, et non par arrêt, fut donnée au maître brasseur Valois, pour fabriquer à Paris cent muids de bière destinés à la maison du Roi. (Lettre du contrôleur général à M. d'Argenson, lieutenant général de police, 9 janvier 1710.)

M. d'Argenson et M. Bignon de Blanzy, intendant à Paris, étant d'avis que les défenses devaient être maintenues sévèrement, même pour les orges germées (lettres des 16 février, 16 mars et 30 avril; 23 juillet 1710, lettre de M. Demouchy, avec un état des brasseurs de Paris), elles ne furent levées qu'au mois de septembre 1710 (lettre du 7, aux intendants). M. de la Porte, premier président du Parlement de Metz, en demandait le retrait dès le 1er avril.

---

548. *Les Élus des États de Bourgogne au Contrôleur général.*

6 Septembre 1709.

Ils réclament le retrait de la déclaration du 27 avril et le rétablissement de la levée des droits sur les blés et grains qui passent par la Saône, et sur les farines et le pain consommés dans le pays*.

* Cette demande fut renvoyée à l'examen de l'intendant, M. Pinon, qui répondit, le 15 septembre et le 12 octobre, que c'était l'unique ressource de la province, et les défenses furent levées conformément à son avis.

---

549. *M. d'Argenson, lieutenant général de police à Paris,*
AU CONTRÔLEUR GÉNÉRAL.

7 Septembre 1709.

«Les marchés d'aujourd'hui ont été plus tristes que tumultueux; il n'y a paru aucun mouvement qui tendît à sédition, mais une tristesse véritable, plus accompagnée de larmes que de cris. J'ai l'honneur de vous envoyer un mémoire exact du prix du pain, qui est beaucoup augmenté; mais ce qu'il y a de plus terrible et de plus fâcheux, c'est que le blé est encore enchéri à la Halle de 3# par setier : en sorte qu'il en a été vendu jusqu'à 66#. Il ne nous reste qu'une seule ressource, c'est d'obliger tous les boulangers à mettre au moins moitié d'orge dans tout leur pain; mais il faut encore attendre un mois, et je ne sais si le Parlement approuvera ce remède, ou si, après l'avoir approuvé, il nous permettra d'en maintenir l'usage avec toute la fermeté nécessaire. J'ai fait arrêter huit ou dix paysans qui avoient acheté de l'orge dans les fermes, et il en murmure déjà*.....»

* M. Robert, procureur du Roi au Châtelet, rend compte aussi de l'état des marchés dans ses lettres des 2, 4, 7, 18 et 21 septembre. Dans celle du 7, il dit : «Le prix du pain a encore augmenté aujourd'hui; le plus blanc s'est vendu jusqu'à 7 s., et le bis 4 s., 4 s. un liard et 4 s. 1/2. Les boulangers, pour justifier une cherté si excessive, disent qu'ils achètent le blé 63#, et même jusqu'à 66#, s'ils disent vrai, et que, sur ce prix, conformément aux tarifs imprimés, ils doivent vendre le pain blanc plus de 7 s. 1/2 la livre. Vous jugez bien que cette augmentation de prix, qui met bien des pauvres gens hors d'état d'avoir la quantité de pain suffisante pour leur famille, excite beaucoup de plaintes et de murmures. L'on entend dans les marchés des cris de femmes qui disent qu'autant vaut qu'elles égorgent leurs enfants que de les voir mourir de faim. Jusqu'à présent, l'on en demeure à des plaintes; mais il est à craindre que le désespoir de la faim ne porte le peuple à quelques fâcheuses extrémités. Ce qui m'afflige le plus en cette fâcheuse conjoncture, c'est de ne rien voir qui puisse apporter un bon remède à ce mal. Il se mêle toujours dans la troupe de ceux qui se plaignent des gens mal intentionnés et qui cherchent le désordre : si nous n'avions que ces gens-là à combattre, il ne nous seroit pas impossible d'en venir à bout; mais le gros de ceux que nous avons à craindre sont des gens qui meurent de faim, et dont les mouvements sont d'autant plus dangereux qu'ils semblent avoir une cause juste et légitime, qui est de ne pas mourir de faim. Je souhaite que des personnes plus éclairées que moi trouvent des moyens propres à prévenir les maux qui nous menacent, et je serai très aise de les rencontrer dans le projet que M. de Vaubourg a pris la peine de faire. L'on m'a donné avis qu'aujourd'hui, à deux ou trois endroits, des soldats et autres personnes avoient pillé du pain dont étoient chargées des femmes qui le portoient en ville; et les boulangers, pour éviter cet inconvénient, ont été obligés de faire escorter par des suisses ou soldats le pain qu'ils envoient en ville à leurs pratiques.....»

Dans la lettre du 21 septembre, il dit : «Tous les marchés du pain ont été ce matin très tranquilles. Ils ont été garnis abondamment de pain de toutes qualités, et surtout de pain bis; mais néanmoins le prix n'en est pas diminué, ou au moins de très peu de chose : le plus blanc a été vendu 8 s., et même 8 s. 3 d. la livre, et le second, qui est celui que prennent les bourgeois pour eux et pour les domestiques, a été vendu 7 s., ou au moins 6 s. 1/2 la livre. Il y en a eu du bis vendu à divers prix, les uns à 4 s., et les autres à 3 s. 1/2. Quelques-uns des boulangers qui s'étoient chargés de cuire et vendre du pain à 3 s. la livre en ont apporté, mais en petite quantité, et plusieurs n'en ont point apporté; et même ce pain n'a pas eu un fort grand débit, et l'on a prétendu qu'il n'étoit pas de bonne qualité. Je ne suis pas assez instruit de ce détail pour oser vous dire que les défauts viennent de la malice des boulangers; ceux qui sont plus habiles, ceux qui ont de meilleurs meuniers, peuvent faire le pain meilleur ou moins bon, par les divers degrés de leur capacité ou de leur ignorance; mais il est certain en général qu'avec un tiers de blé et deux tiers de seigle desquels on n'a point ôté la fleur, on doit faire du pain qui peut être très bon et pour le goût et pour la santé, et meilleur que celui composé de la farine dont on a ôté la fleur et dans lequel pain on fait entrer les gruaux et les recoupes. Il est vrai que tout le son que l'on y laisse donne au pain une rudesse qui peut faire de la peine, et, pour éviter cet inconvénient, les sieurs Chauvin et Dupuis étoient d'avis d'ôter quinze ou vingt livres de son de chaque setier de farine : moyennant quoi on diminueroit fort peu de chose aux boulangers sur le prix du blé, dont même on s'indemniseroit en partie sur la vente du son. M. d'Argenson m'a paru trouver des inconvénients à faire aucune diminution sur le prix du blé. Je suis allé deux fois à la porte de M. de Vaubourg pour lui proposer les expédients et les difficultés; mais je n'ai pas été assez heureux pour le trouver. Je prendrai mieux mon temps demain, et, après lui avoir rendu compte de tout ce que je sais, j'exécuterai ses ordres, s'il me fait l'honneur de m'en donner. Il est certain que le pain bis a un peu diminué aujourd'hui, et je suis persuadé que cette distribution de pain à 3 s. la livre y a fort contribué. Il ne faut pas douter que, quand elle sera plus considérable, et que ce pain sera très bon, il produira encore un plus grand effet pour la diminution de tout l'autre pain bis, et par conséquent soulagera les pauvres. Ainsi, il est important de donner une application singulière à ce que ce projet ait une parfaite exécution.»

L'arrivage des blés de Bretagne permit de donner du pain bis à 3 s. la livre, tandis que le pain d'orge coûtait 4 s.; mais, lorsque ce nouveau pain parut sur les marchés, vers le 20 septembre, comme quelques morceaux se trouvèrent mal faits, les boulangers, qui ne pouvaient plus vendre leur orge aussi cher que du blé, essayèrent de le décrier, ainsi que les pourvoyeurs et les maîtres d'hôtel. On réserva ce pain pour les pauvres, à l'exclusion des gens de livrée. Des commissaires furent envoyés dans les environs de Paris, et des mesures prises pour faire battre les orges et pour forcer les laboureurs de les envoyer aux marchés, sans perdre du temps à en faire un recensement exact. (Lettres de M. d'Argenson, 14, 21 et 22 septembre, 2, 3, 5 et 10 octobre; lettre de M. Daguesseau, 18 septembre.)

---

550. *M. Samuel Bernard, banquier à Paris,*
AU CONTRÔLEUR GÉNÉRAL.
(Intendance de Lyon.)

(De Paris.) 7 Septembre 1709.

«Je ne prendrois pas la liberté de vous importuner encore pour avoir un arrêt, si je ne me trouvois dans la dure nécessité d'en avoir un, ou d'être bientôt arrêté prisonnier. Tous ceux de Genève et de Lyon ayant vu la protection que vous aviez la bonté de m'accorder ici pour empêcher que MM. les consuls ne donnent des sentences contre moi, ils m'ont tous fait assigner à la Conservation de Lyon*. J'ai fait tout ce que j'ai pu pour m'en défendre; mais les délais vont échoir, et on me fera sûrement arrêter, n'ayant point voulu répondre à la Conservation de Lyon. L'envie de ces gens-là est si violente contre moi, de ce que j'ai conservé mon crédit dans les pays étrangers, qu'ils mettront tout en usage pour me l'ôter. Si je suis une fois arrêté, quand même Votre Grandeur auroit la bonté de me faire sortir sur-le-champ, mon crédit est perdu pour jamais : c'est tout ce qu'ils demandent, car ils savent bien qu'arrêté ou libre, je ne puis faire ce qu'ils souhaitent de moi. Je vous demande pardon si je prends la liberté de vous supplier très humblement de ne plus différer à m'accorder la grâce que je vous demande**.»

* Voir une lettre du sieur Philibert, de Lyon, en date du 10 août précédent.

** Placet joint à la lettre : «Le sieur Bernard, secrétaire du Roi, et le sieur Nicolas, son associé, demandent qu'il plaise à S. M. leur accorder une surséance de trois années pour le payement de leurs lettres de change tirées sur Bertrand Castan, banquier de la ville de Lyon, payables dans les deux derniers payements de Rois et de Pâques de la présente année, avec défense aux porteurs de faire aucunes poursuites, tant contre eux que contre ledit Castan, pour raison de ces mêmes lettres ou des engagements particuliers dans lesquels ils pourroient être entrés pour la garantie. Les suppliants représentent que, pour le service de S. M. et le payement de ses armées, ils ont été obligés d'emprunter des sommes très considérables et de renouveler ces emprunts : en sorte qu'ils se sont trouvés avoir tiré sur le sieur Bertrand Castan, banquier de Lyon, pour 36 millions de lettres, payables dans les deux derniers payements de Rois et de Pâques de cette année; que, pour avoir ce crédit, ils ont remis entre les mains de plusieurs des preteurs pour plus de 18 millions de billets de monnoie; que, S. M. leur ayant fait remettre des assignations pour le surplus et faisant recevoir les billets de monnoie pour argent comptant dans les Monnoies, ils avoient lieu d'espérer de sortir avec honneur de tous ces engagements. Mais la plupart de leurs créanciers n'ont voulu recevoir ces billets de monnoie et ces assignations qu'à des conditions si désavantageuses pour les suppliants, qu'il ne leur a pas été possible de les accepter qu'en s'exposant à une ruine évidente et prochaine. Et comme ils ne se trouvent dans cette situation que pour raison du service, ils ont lieu d'espérer qu'en justifiant, comme ils font, qu'ils ont des effets beaucoup au delà de ce qu'il en faut pour acquitter les lettres en question, S. M. voudra bien leur accorder une surséance de trois années pour pouvoir convertir lesdits billets de monnoie et assignations en deniers, et les donner auxdits créanciers en leur payant cependant les intérêts. Et comme la plupart desdits billets sont entre les mains des créanciers par forme de nantissement, on demande qu'il leur soit défendu de s'en dessaisir et de les négocier à perte, sauf à les porter aux hôtels des Monnoies avec des espèces anciennes, conformément à l'édit du mois de mai dernier; auquel cas lesdits créanciers seront tenus d'en tenir compte sur le contenu auxdites lettres.....»

Le 22, le contrôleur général envoya à M. Trudaine, intendant, une copie de l'arrêt qu'on lui demandait, en ajoutant qu'il ne remettrait la minute chez le secrétaire d'État qui devait en signer l'expédition, que lorsqu'on le jugerait nécessaire. M. Trudaine répondit, le 28, qu'il était bon de tenir cet arrêt secret, et même qu'il n'y aurait point obligation de le faire paraître, Lullin étant presque d'accord avec Bernard.

Le 10 octobre, Lullin mourut à Lyon, au moment où il venait de passer et de signer avec Bernard un arrangement, que ses héritiers et exécuteurs s'offrirent aussitôt à remplir. (Lettres de M. Trudaine, 10 et 22 octobre.)

Le sieur Fiseaux, associé de Lullin, put s'enfuir à Genève, malgré une lettre de cachet obtenue contre lui, et par la faute ou avec la connivence de M. Trudaine, que Bernard accusait de lui avoir avoir toujours été hostile et de contrecarrer toutes ses opérations. (Lettres de Bernard et de M. Trudaine, 18 et 29 octobre, 7, 19, 21 et 29 novembre, 5 et 28 décembre.) Bernard demanda qu'on donnât un sauf-conduit à Fiseaux, alors détenu dans les prisons de Genève, pour qu'il pût venir comparaître en France devant des arbitres ou devant les juges ordinaires. (Lettres des 11, 22 et 28 janvier 1710.)

---

551. *M. Pinon, intendant en Bourgogne,* *au Contrôleur général.*

8 Septembre 1709.

Il demande, pour le sieur Conte, son subdélégué à Mâcon, la permission de se défaire de sa charge d'élu en la même ville, les États de Mâconnais refusant de le recevoir en cette qualité dans leurs assemblées, après l'y avoir admis pendant cinq ans et même l'avoir député à l'assemblée des États de Bourgogne.

«Comme ceux qui composent ces États sont obstinés à lui interdire ce droit vu son caractère de subdélégué de l'intendant, prétendant que, puisque l'intendant même n'y assiste pas, un subdélégué, par conséquent, ne doit pas le faire, et que la compatibilité avec laquelle cette dernière charge a été créée ne peut l'autoriser dans ce droit d'entrée, cet officier, dans cette situation, étant obligé de se défaire d'une de ces deux charges, pour l'acquisition desquelles il a employé la meilleure partie de son bien, et le droit d'assistance aux assemblées de ces États faisant le produit le plus considérable de l'office d'élu, il veut bien se porter à remettre cette charge aux corps de ces États, en, par eux, lui en remboursant le prix sur le pied de la finance qui fut payée en 1686 à ceux qui furent pour lors supprimés, et celles qu'il a payées depuis ce temps-là, ne pouvant trouver à s'en défaire autrement, celles qui sont vacantes et celles de nouvelle création n'étant point encore levées : lequel remboursement lui seroit fait dans un certain temps, jusqu'auquel il jouiroit des droits d'assistance dont jouissent les autres élus. Et comme ce corps ne seroit peut-être pas en état de trouver quant à présent le fonds nécessaire pour ce remboursement, il veut bien se contenter d'un contrat de constitution de rente sur eux, au denier courant. J'estimerois cette proposition de la part du sieur Conte très raisonnable, et j'aurai l'honneur de vous ajouter qu'il est heureux qu'il se soit déterminé à la défaite de l'office d'élu plutôt que de celui de subdélégué, n'y ayant personne dans ce pays-là qui puisse le remplir aussi dignement que lui, avec la même probité, le même désintéressement et le même zèle pour le service.»

---

552. *M. Daguesseau fils,*
procureur général au Parlement de Paris,
au Contrôleur général.

10 Septembre 1709.

Il annonce que, d'après les dires d'un des plus forts joailliers, on pourrait vendre très promptement, et à Paris même, pourvu que les acheteurs fussent sûrs de n'être pas déclarés, quelques-unes des pierreries du Roi, dont le produit donnerait deux millions pour faire venir des grains, et cela en ne disposant que de celles des parures achetées par S. M. elle-même qui n'ont ni beauté exceptionnelle, ni utilité réelle*.

«Plus je pense à l'usage que j'ai pris la liberté de vous proposer à S. M. d'en faire, plus il me semble que cet usage est digne de sa grandeur et de sa générosité. Ce seroit une de ces actions, en même temps populaires et héroïques, que nous admirons, lorsque nous les lisons dans l'histoire, et qui suffiroient pour immortaliser la mémoire d'un prince**.....»

* Le même jour, M. de Montarsy, garde des joyaux du Roi, que M. Daguesseau avait consulté, dit lui avoir répondu qu'outre la difficulté de vendre promptement, on aurait à peine de quoi nourrir Paris pendant une semaine.

** Le contrôleur général répond, le 20: «Je suis persuadé que celui qui vous a dit qu'on trouveroit à vendre les pierreries du Roi est un homme de mauvaise foi, et que, quoique S. M. soit résolue de les engager, il ne le fera pas sans connoître et sans être sûr de les retrouver, pour les retirer après la paix en remboursant ceux qui les auroient en dépôt. La vente ne s'en peut faire sans quelque formalité et sans donner des décharges à ceux qui les ont en garde. Ainsi, ce prétendu mystère qui feroit, selon l'opinion de celui qui vous a parlé, la facilité de l'achat, est un effet de son imagination. J'ai parlé aux plus sensés de ceux qui font commerce de pierreries, qui m'ont tous dit unanimement la même chose, et qui sont convenus de la difficulté, pour ne pas dire de l'impossibilité, d'en faire aucun usage en France. J'aurai l'honneur de vous en dire davantage la première fois que j'aurai celui de vous voir.»

Le 3 octobre, M. Daguesseau écrit encore: «.....Les pierreries du Roi sont de deux sortes: les unes sont les *pierreries de la couronne*, que S. M. a reçues des Rois ses prédécesseurs; les autres sont les *pierreries du Roi*, que S. M. a acquises elle-même. Ces dernières sont en beaucoup plus grand nombre que les autres, sans aucune comparaison, et il est aisé de les distinguer, soit par le temps de l'acquisition, dont l'inventaire doit faire mention, soit parce qu'elles ne se trouvent point dans les anciens inventaires qui ont précédé le règne du Roi. Le sieur de Montarsy, qui a une parfaite connoissance des unes et des autres, pourra plus facilement que personne faire cette distinction en un moment, afin que la grâce qu'il plaira au Roi de faire à son peuple de Paris ne tombe que sur cette seconde espèce de pierreries. Après cela, la forme et la manière d'en disposer ne paroîtront plus susceptibles d'aucune difficulté. Elles dépendront absolument de la volonté du Roi, maître absolu d'un bien qu'il a acquis lui-même et dont il ne doit rendre aucun compte aux Rois ses successeurs, parce que ce bien n'est pas encore devenu le domaine de la couronne. Il ne faudroit donc, en ce cas, que pourvoir à deux choses: la première consistera à connoître la véritable valeur des pierreries que le Roi voudra bien sacrifier à un si noble usage; la seconde, à donner une décharge valable à ceux qui sont chargés de ces pierreries. A l'égard de la première, il sera fort aisé de faire d'abord mettre à part un certain nombre de pierreries communes et médiocres, dont le débit sera plus facile et la perte plus réparable, de les faire voir par des joailliers autres que ceux auxquels on en confiera la vente, et de leur en faire faire une estimation, après laquelle on les remettra entre les mains d'un, deux ou trois joailliers sûrs et solvables, pour les vendre soit dans le royaume, soit dans les pays étrangers. Si l'on prend le premier parti, il y aura quelque chose à y perdre, ou plutôt à y moins gagner, car on croit qu'elles seront toujours vendues, même dans le royaume, au moins autant qu'elles ont coûté au Roi; mais, si on les vend dans les pays étrangers, il n'y aura rien à y perdre sur la valeur présente, et il y aura même à y gagner sur le pied de ce que le Roi les a achetées. La seconde chose est encore plus facile, puisqu'un simple ordre signé du Roi, ou, si on le veut, un arrêt du Conseil, suffira pour la décharge de ceux qui sont chargés de ces pierreries. Si néanmoins on en vouloit faire la vente d'une manière plus solennelle, quoique cela ne paroisse nullement nécessaire, on pourroit prendre le tempérament de rendre un arrêt qui ordonneroit que les pierreries que le Roi auroit jugé à propos de faire vendre seroient vendues par-devant des commissaires du Conseil, pour en être le prix remis entre les mains du receveur général de la ville et employé en achats de blé pour la provision de Paris. On avoit même pensé sur cela que, si le Roi ne vouloit pas que la chose parût, on pourroit commettre M. d'Argenson pour faire vendre ces pierreries comme si c'étoient des pierreries provenant des prises, telles que celles qui furent vendues chez lui il y a quelque temps. Mais, outre qu'il seroit assez difficile de prendre ce détour avec succès, ce que le Roi fera en cette occasion est si noble et si populaire, que, bien loin de chercher à le cacher, il semble qu'il faudroit au contraire l'afficher publiquement. Le seul inconvénient que l'on puisse trouver dans cette forme d'adjudication publique est qu'il est à craindre que les pierreries ne soient pas aussi bien vendues qu'elles le seroient en les confiant à des joailliers, surtout s'ils avoient la permission de les vendre dans les pays étrangers en prenant les précautions nécessaires pour en assurer le transport.....»

---

553. *M. de la Bourdonnaye, intendant à Bordeaux,*
au Contrôleur général.

10 Septembre 1709.

Il a vérifié que, conformément aux accusations portées contre le directeur de la Monnaie de Bordeaux, les poids du change étaient trop lourds de deux onces sur soixante-quatre marcs, et ceux de la délivrance plus faibles, et que le directeur a pu bénéficier de plus de 7,000# dans la réception des matières d'argent*.

* M. de Courson, successeur de M. de la Bourdonnaye, renouvelle les mêmes accusations dans une lettre du 10 mai 1710.

---

554. *M. de Harouys, intendant en Champagne,*
au Contrôleur général.

10 Septembre 1709.

«.....Les marchands drapiers de la ville de Reims..... ne sont pas bien informés des droits de cette compagnie du jeu de l'arquebuse: celui qui est attribué aux quatre premiers officiers de ce corps, de vendre en détail deux cent trente et un poinçons de vin sans rien payer, n'est point une gratification des maire et échevins de cette ville; c'est au contraire une concession des Rois dès l'établissement de ce jeu, en 1551, et elle a été confirmée par S. M. en 1687. Ainsi, on ne peut y donner atteinte sans renverser toutes les lettres patentes accordées à cette compagnie, qui est autant nécessaire à présent qu'elle l'a jamais été. Ceux qui la composent sont toujours prêts, toutes les fois qu'il s'agit de cérémonies publiques, du service du Roi ou de celui de la ville, de prendre les armes et d'agir suivant les ordres qui leur sont donnés par les maire et échevins, dont ils dépendent absolument. C'est le seul corps militaire sur lequel on peut compter pour maintenir une bonne discipline, et il est très à propos qu'il y en ait un dans une ville aussi considérable que celle de Reims, où la populace, qui est assez nombreuse à cause des différentes manufactures qui y sont établies, est plus portée qu'ailleurs à la mutinerie*.....»

* Voir une lettre de M. de Saint-Contest, intendant à Metz, du 5 octobre 1708, et une requête du 4 juillet 1709, sur un projet de translation de la confrérie de Saint-Sébastien de Valdevrande à Sarrelouis.

555. *M. de Richebourg, intendant à Rouen,*
au Contrôleur général.

12 Septembre, 5 et 22 Octobre 1709; 14 Mai 1710.

Il appuie une proposition des maire et échevins de Rouen, qui, pour subvenir à l'entretien des huit cents lanternes publiques, demandent à doubler l'octroi sur la soude et le bois de teinture*.

* La proposition fut approuvée. Les frais, pour le premier hiver, s'élevèrent à 11,000 ᵗᵗ: voir trois lettres de M. le duc de Luxembourg, gouverneur de Rouen, des 12 septembre et 5 octobre 1709, et 14 mai 1710.

Les 24 octobre et 1ᵉʳ décembre 1709, l'intendant écrit au sujet de la cassation d'un bail des octrois de Dieppe, dont l'adjudication était entachée d'abus.

556. *Les Maire et Consuls de Montauban*
au Contrôleur général.

12 et 18 Septembre 1709; 4 Février 1710.

Autorisation d'envoyer un député à Paris pour obtenir le retrait de l'évocation par-devant le sénéchal de Brive en première instance, et le Grand Conseil en appel, de toutes les affaires intéressant les officiers et suppôts de la Cour des aides de Montauban*.

* Voir, au 27 février précédent, une lettre des conseillers en la chancellerie de la Cour des aides, sollicitant le renvoi de leurs procès à Brive, et, au 11 septembre, une lettre de M. le Gendre, intendant, appuyant la demande de la ville. «Les officiers de la Cour des aides, dit l'intendant, ont fort abusé de ce privilège pour ne point payer leurs dettes et pour tourmenter les pauvres habitants..... Il n'y a jamais eu d'affaire qui intéresse plus sensiblement les intérêts de Montauban que celle-là, puisqu'il s'agit de savoir où ils pourront plaider pour obtenir justice des officiers de la Cour des aides..... La communauté a un véritable intérêt de plaider devant ses juges naturels, et de se mettre par là à couvert des vexations..... Il n'y a guère de Compagnie, dans le royaume, plus mal composée: elle est presque toute remplie de jeunes gens sans naissance, sans capacité ni expérience.....»

557. *M. Lebret fils, intendant en Provence,*
au Contrôleur général.

13 Septembre 1709.

«J'ai reçu, avec la lettre dont vous m'avez honoré le 29 du mois dernier, le mémoire ci-joint des syndics de la noblesse de Provence, auxquels on donneroit plus naturellement la qualité de syndics des possédants-fiefs. Ils demandent une déclaration qui interprète celle du mois de juillet dernier pour pouvoir exiger en grains les cens, rentes foncières et redevances qui sont échues ou qui écherront pendant l'année courante, ainsi que les droits de champart, que nous appelons en ce pays-ci *tasques*, et des autres droits de pareille nature dont ladite déclaration du 20 juillet dernier fait mention. Vous paroissez faire dépendre la décision d'un fait que vous m'ordonnez de constater, et qui est certainement faux: aussi les syndics des possédants-fiefs n'ont-ils pas eu intention de l'alléguer, mais seulement de vous représenter que le paysan, toujours embarrassé de sa subsistance journalière, se presse ordinairement de vendre le blé qu'il a recueilli, et, soit par mauvaise conduite ou par nécessité, ne réserve ordinairement rien de sa récolte pour semer de nouveau les terres qu'il possède. Et comme les seigneurs ont intérêt que les terres soient cultivées, sans quoi ils ne seroient pas payés de leurs cens, rentes foncières, champarts et autres droits, la plus grande partie de ceux de Provence sont en usage d'avoir un certain fonds en blé uniquement destiné à prêter aux paysans et aux plus pauvres de leurs vassaux, afin que leur indigence ou leur mauvaise conduite ne prive pas le seigneur d'une partie de son revenu. Il y a même quelques villages dont les seigneurs sont obligés de prêter des semences aux habitants, et ceux qui n'ont pas le moyen de semer leur en donnent avis judiciairement, afin qu'ils y pourvoient. Mais tout cela ne suppose pas que les droits seigneuriaux puissent absorber la récolte entière en aucun endroit; car, outre que la récolte doit suffire encore pour la taille, il n'y a personne qui voulût travailler toute l'année pour n'en retirer aucun profit. Ce qui me paroît assez certain est que les grains qui peuvent être destinés pour les semences sont beaucoup mieux entre les mains de ceux qui ont intérêt qu'elles se fassent, pour éviter la perte de leurs revenus, qu'entre les mains du paysan, qui est accoutumé à vivre du jour à la journée et qui ne songe qu'à vendre avantageusement son grain quand il en trouve l'occasion, qui ne manque pas aujourd'hui. Cependant, comme la récolte est faite presque dans toute cette province, et qu'il y a lieu de croire que votre intention, en parlant des dîmes, champarts et terrages, n'a pas été d'exclure les cens, rentes foncières et autres redevances seigneuriales qui paroissent aussi privilégiées, je n'ai pas cru devoir m'opposer au désir que le syndic des possédants-fiefs m'a témoigné avoir d'obtenir un arrêt du Parlement qui pourvoie par provision à ce que les grains affectés au payement des droits seigneuriaux ne soient point divertis. Comme il seroit difficile de trouver dans le Parlement des présidents et conseillers qui ne fussent pas du corps des possédants-fiefs, je puis vous répondre qu'ils sont tous de mon avis.»

558. *Le Contrôleur général aux Intendants.*

14 Septembre 1709.

«Sur les avis qui ont été donnés des provinces qu'un grand nombre de particuliers, non contents des gains excessifs qu'ils ont faits par la cherté des blés, commencent à ramasser encore les orges, les avoines et les autres menus grains qu'ils trouvent dans les marchés et chez les pauvres laboureurs, pour les mettre dans des greniers et magasins et les revendre l'hiver prochain à un prix aussi excessif, ce qui en cause même dès à présent la cherté à un point que les pauvres ne peuvent presque plus y atteindre, le Roi m'a ordonné de vous en écrire et de vous marquer de faire observer sans éclat les personnes qui se mêlent de ce mauvais commerce, et particulièrement ceux d'entre les marchands qui font des amas de grains, l'intention de S. M. étant, sur les avis que vous en donnerez après vous être bien informé, de faire quelque exemple prompt et sévère des particuliers qui se trouveront le plus coupables de ces monopoles, afin que leur châtiment puisse en arrêter la licence et procurer quelque soulagement aux peuples *.»

* Sur les accaparements dénoncés dans toutes les provinces, voir des lettres de M. de Bernage, intendant à Amiens, 8 mars, 7 avril, 9 et 16 mai, 18 juin et 19 septembre; de M. d'Ormesson, intendant à Soissons, 16 mars; de M. de Brilhac, premier président du Parlement de Bretagne, 6 avril; de M. de Courson, intendant à Rouen, 12 et 14 avril; de M. de Rossières, commandant à Stenay, 18 avril; de M. de Montgeron, intendant à Limoges, 2 mai; du sieur Deyssac, à Toulouse, 8 mai; de M. l'évêque d'Angers, 18 août; du sieur Barollet, inspecteur des manufactures en Champagne, 14 septembre; de M. de Harouys, intendant en Champagne, 18 septembre, etc.

Le 28 mai, de la Roche près Nevers, M. le marquis de Buous écrit: «Sur les ordres que j'ai reçus d'aller prêter mon serment de fidélité pour ma charge de lieutenant de Roi de Provence, je me suis mis en chemin pour me rendre à la cour, et, en passant, j'ai été bien aise de voir dans quel état étoient quelques terres que j'ai sur la frontière de Nivernois et de Bourgogne. Je vous avoue que j'ai été surpris d'y trouver un désordre si grand, que je crois de mon devoir de vous en informer. Si les règlements que vous avez envoyés étoient exécutés sans aucune distinction de personnes, on verroit beaucoup moins de misérables que la faim consume expirer à chaque moment; mais ceux qui ont leurs greniers pleins, n'écoutant que leur avarice, ou refusent de vendre du blé, pour attendre un temps où ils espèrent qu'il sera encore plus cher, ou le vendent à un prix si excessif, que la difficulté d'en avoir devient une impossibilité véritable pour le pauvre peuple. Vous comprendrez aisément ce qui en est quand vous considérerez que le blé, qui se vend ordinairement en ce pays 10 ou 12 s. le boisseau, et très souvent beaucoup moins, coûte présentement 5#; heureux même ceux qui en peuvent trouver à ce prix-là. Il est donc inutile présentement de faire vendre le blé sur le pied des derniers marchés, parce que l'avarice de ceux qui en ont l'a fait monter à un si haut prix, que, s'il y reste, ce pays va devenir une vaste solitude; et il seroit absolument nécessaire qu'on mît un taux moyennant lequel tous ceux qui ont du blé au delà de leur provision seroient obligés d'en donner. La visite des greniers, dont on a tant parlé, a aussi été très mal exécutée dans ce canton : il faudroit la faire à toute rigueur et sans exception de personnes. Enfin, tout est perdu, si le blé ne diminue au moins jusqu'à 50 s. le boisseau, qui est à peu près à raison de 25 s. mesure de Paris....»

---

559. *M. de Richebourg, intendant à Rouen, au Contrôleur général.*

14 Septembre 1709.

«Je me sens obligé d'avoir l'honneur de vous informer de ce qui se passa hier ici à l'occasion du commerce des blés, et de la difficulté qu'il y a, pour ceux qui sont une fois entrés dans la halle de Rouen, dans l'exécution de l'arrêt du Conseil du 27 du mois passé qui en permet le libre transport. Pour cela, je dois avoir l'honneur de vous représenter que, la ville de Rouen étant considérable et peuplée comme elle est, il s'y fait une très grande consommation de grains. La police y a pourvu, dans des temps très reculés, par l'établissement d'une halle, et, dans des temps plus modernes, par l'établissement de quatre-vingt-dix-neuf marchands de blé en titre, qui sont obligés de fournir la halle de Rouen pour la subsistance des habitants de la ville, et, pour cet effet, d'aller prendre les blés nécessaires dans quatre marchés circonvoisins de Rouen, qui sont : Elbeuf, Caudebec, Duclair et Andelys, où ils ont la préférence sur tous les autres marchands. Tous les grains que les quatre-vingt-dix-neuf marchands de Rouen achètent dans ces différents marchés se rapportent à Rouen et s'exposent à la halle, selon leur destination, pour la subsistance des habitants, et non pour ceux du dehors. Ces circonstances remarquées, il me sera plus facile d'expliquer le sujet dont j'ai à parler. Hier, des blatiers des environs d'Andelys, au nombre de quinze ou vingt, vinrent à la halle de Rouen, où ils achetèrent chacun la charge d'un ou plusieurs chevaux de blé nouveau. Il y eut aussi quelques paysans des environs de Rouen qui en achetèrent dans le dessein de semer. On m'amena ceux-ci, qui firent leur soumission d'employer ce blé à semer leurs terres. Ils se retirèrent, croyant avoir satisfait à ce que l'on pouvoit désirer d'eux; mais, quand ils vinrent pour sortir la ville et s'en aller chez eux, les corps de garde bourgeois qui sont établis aux portes les arrêtèrent, de même qu'ils avoient arrêté les blatiers, et saisirent les blés. Il m'en revint quelques plaintes, qui m'obligèrent d'en parler à M. le duc de Luxembourg. Je trouvai auprès de lui les officiers de la bourgeoisie qui commandent aux corps de garde. Ils expliquèrent ce que j'ai eu l'honneur de vous exposer d'abord de l'institution de la halle de Rouen et de la destination des blés qui s'y exposent en vente; ils le firent même assez vivement : de manière que, M. le duc de Luxembourg n'ayant pas voulu user d'autorité, il fut trouvé expédient (en attendant qu'il ait plu au Roi de donner ses ordres dans une telle conjoncture) de faire déposer les blés saisis dans l'hôtel de ville; et cela fut exécuté à l'instant, avec les précautions nécessaires pour leur conservation. Voilà quelles sont les difficultés pour l'exécution de l'arrêt du 27 août dans la ville de Rouen. S'il m'est permis d'entrer dans les motifs qui ont donné lieu à l'arrêt, je crois apercevoir que la subsistance de Paris en a été le principal objet. Il n'y a pas de comparaison à faire de la consommation de Paris à celle de Rouen; mais il me paroît que, dans leur proportion, elles doivent être également favorisées, parce qu'elles ne produisent rien d'elles-mêmes : il n'y a que les productions de la campagne qui les fassent subsister. Ainsi, tout ce qui entre de blés dans Rouen (dans le temps que le commerce de la mer est fermé) venant des lieux circonvoisins et étant à peine suffisant pour sa subsistance, il n'y a nulle apparence que la ville de Paris puisse tirer aucun secours de celle de Rouen. Je ne doute point que les blatiers d'Andelys qui furent arrêtés hier ne vinssent dans le dessein de transporter du côté de Paris le blé qu'ils achetèrent à la halle de Rouen. Vous en voyez l'inconvénient, et le peu de secours que l'on en tireroit pour Paris. C'est pourquoi je crois devoir prendre la liberté de vous dire que, s'il y a quelque expédient à pratiquer, la qualité du blé nouveau doit en fournir le prétexte, puisqu'on peut rendre celui qui a été saisi à ceux auxquels il appartient, en faisant leur soumission de l'employer à semer leurs terres : moyennant quoi j'estime que l'agitation dans laquelle parurent les officiers et les habitants de la garde bourgeoise qui ont eu part à l'affaire d'hier se trouvera calmée; sur quoi j'attendrai les ordres qu'il plaira au Roi de me prescrire*.

«Beaucoup de personnes sensées croient que la fixation du prix des grains dans tout ce royaume, dans de certaines proportions, seroit un grand remède à tous les inconvénients qui arrivent, et un grand soulagement aux sujets du Roi; mais, comme c'est un travail qui doit être composé de toutes les parties du royaume, il seroit inutile de proposer ce qui regarde cette généralité en particulier avant qu'il ait plu au Roi d'en ordonner un travail général.....»

* Le 8 octobre, le contrôleur général répond qu'après examen de la question par les conseillers d'État chargés des blés, on a arrêté qu'il serait permis, par une simple lettre adressée à l'intendant, de faire consommer dans la ville de Rouen tous les blés qu'on y apportera; ceux qui passeront en bateau pourront traverser librement; ceux qu'on a saisis et déposés à l'hôtel de ville seront vendus sans bruit.

M. le duc de Luxembourg écrit, le 9 octobre : «.....On ordonne tous les jours aux commandants de cette milice bourgeoise de défendre qu'on arrête les grains; mais ce qui est cause qu'ils n'obéissent pas régulièrement là-dessus, c'est le peu d'officiers qu'il y a dans les compagnies, et que, les bons bourgeois, sans ce titre, ne voulant point commander à leurs camarades, ce sont la plupart du temps des misérables qui commandent les corps de garde, à qui on ne sauroit faire entendre raison. J'avois prévu ces inconvénients dès le commencement que j'arrivai ici, et, pour y remédier, j'avois proposé à M. de la Vrillière d'augmenter le nombre d'officiers dans chaque compagnie, qui étant pour la plupart composées de trois cents hommes, et n'y ayant que trois officiers dans chacune, ils ne peuvent pas se trouver dans tous les endroits où il faudroit qu'il y en eût. Remarquez, s'il vous plaît, que ces emplois, quoique fort brigués, ne sont point à charge, ni au Roi, ni à la ville : au Roi, parce qu'il ne leur donne aucuns appointements; ni à la ville, parce qu'ils ne jouissent d'aucune exemption.....» M. de la Vrillière ayant répondu deux fois que le Roi refusait d'augmenter le nombre des officiers, le duc demanda une permission verbale du Roi pour créer des sous-lieutenants : le Roi refusa encore.

---

560. M. de Montgeron, intendant à Limoges, au Contrôleur général.

14 Septembre, 18 Octobre et 8 Novembre 1709.

Remboursement des avances faites par les administrateurs de l'hôpital général pour la nourriture des enfants trouvés. Permission d'aliéner une partie des rentes de l'hôpital*.

* Voir une lettre de M. Bosc du Bouchet, successeur de M. de Montgeron, du 26 avril 1710. A cette date, le nombre des enfants s'élevait à plus de six cents, et chacun coûtait 3# par mois; une somme de 8,484# avait été imposée pour cet objet.

Voir aussi une lettre du contrôleur général, en date du 10 juin 1709, à M. Turgot de Saint-Clair, intendant en Auvergne, qui écrit, le 15 : «.....Le mal augmente tous les jours. La nuit passée, on exposa jusqu'à dix [enfants], et, cette nuit, on en a exposé jusqu'à onze. Si ce n'étoient que des enfants de Clermont exposés par leur père et leur mère, nous pourrions parvenir, par une perquisition exacte, à la connoissance de ceux qui exposent leurs enfants légitimes; mais il vient tous les jours une grande quantité de pauvres mendiants, non seulement de la province, mais encore des provinces voisines, et surtout du Bourbonnois, qui sont suspects là-dessus. J'aurois bien pensé à faire faire une garde pour connoître ceux qui viennent les exposer; mais le remède seroit bien dangereux, et la précaution d'un établissement aussi sage que celui de nourrir les enfants trouvés, pour éviter de plus grands maux, deviendroit inutile.» Le 16 avril 1710, les administrateurs de l'hôpital général de Clermont disent qu'ils ont douze cents enfants abandonnés à entretenir en nourrice.

Le 20 février 1710, M. Turgot, de Tours, passé intendant à Moulins, écrit : «Nous avons entrepris une œuvre de charité cet hiver. Les pauvres envoyoient leurs enfants gémir toute la nuit dans les rues; on a renfermé ces enfants dans l'ancien logement des prisonniers de guerre, ce qui les a retenus d'en envoyer, et on les fait subsister, par des quêtes, de bouillie d'orge et d'avoine que l'on achète. Il y faut un peu de sel; j'en demandai, il y a un mois, un boisseau à M. Destureaux, directeur des gabelles, sur un pareil billet à celui que je joins, qu'il refuse à présent de passer au compte du receveur du grenier, quoique donné par son agrément..... Je ne crois pas que vous entendiez qu'il refuse de son autorité des secours aussi raisonnables, et de faire contribuer aussi modérément à une aussi bonne œuvre..... Il vouloit que je donnasse pour cela un billet comme pour la subsistance de ma maison : c'est ce qui ne doit pas être confondu; c'est une aumône que je lui demande pour les pauvres, et qu'il ne devroit pas résister, étant bien sûr que, sur mon billet, cette modique quantité lui sera passée dans ses comptes, et que cela ne mérite ni les ordres des fermiers généraux, ni les vôtres. Un peu plus de facilité raisonnable faciliteroit davantage le service, et je vous demande seulement de m'en marquer votre sentiment équitable, pour l'y ramener.» Le contrôleur général répond en apostille : «Qu'on ne peut blâmer le directeur de son refus, par la raison que vous n'êtes point ordonnateur.» L'intendant se borna à demander qu'on obtînt des fermiers un boisseau par mois (lettre du 7 avril).

---

561. M. Turgot de Saint-Clair, intendant en Auvergne, au Contrôleur général.

Nuit du 15 au 16 Septembre 1709.

«Après avoir préparé tout ce qu'il falloit pour faire partir tous les blés que nous avions retenus dans la ville de Saint-Flour, j'avois commandé les voitures nécessaires pour cela*. Dans le temps que je soupois, on m'est venu avertir que l'on battoit du tambour dans le faubourg de Saint-Flour et que la populace s'y armoit. J'ai fait fermer les portes de la ville pour me donner le temps de faire monter une garde bourgeoise. Je suis allé moi-même, avec deux ou trois gentilshommes, un homme qui a été maire alternatif par commission, le lieutenant de maire et six domestiques, pour faire lever des marchands

IMPRIMERIE NATIONALE.

et leur faire monter la garde. Il n'y en a eu que deux qui se soient levés et qui aient ouvert leurs portes. Pendant ce temps, on m'est venu avertir que cette populace mutinée et armée, tant hommes que femmes, enfonçoient à coup de haches une des portes. Le sieur Bérauld, qui a été maire alternatif par commission, avec tout ce que nous avions pu ramasser de gens, au nombre de dix ou douze, s'y sont avancés. La populace, au travers des fentes de la porte, a tiré plusieurs coups, dont un a tué le sieur Bérauld. Enfin, ils ont enfoncé la porte, et, M. l'évêque m'ayant fait entrer dans sa maison, nous avons pris le parti d'attendre que cette fureur se ralentît. Ils étoient au nombre de six cents, dont il y avoit six-vingts fusils; plusieurs avoient des pistolets, et les autres des épées. Ils sont allés d'abord à la maison où je demeure chez un trésorier de France, où ils ont tiré deux coups de pistolet et ont jeté un grand nombre de pierres contre les fenêtres. A la fin, ils s'en sont retirés et sont venus sur la place, vis-à-vis l'Évêché, toujours tambour battant, et se sont mis en ordre. Là, ils ont dit qu'ils vouloient qu'on leur délivrât cinq femmes que nous avions emprisonnées dès les premiers bruits, que j'avois même commencé d'interroger dans la prison avant qu'ils montassent à la ville. Un jacobin étant sorti pour les apaiser, ils lui ont demandé la liberté de ces femmes, et que les blés ne sortissent point. Il est entré chez M. l'évêque, et là nous avons jugé qu'il falloit céder à cette rage pour quelques moments; mais je n'ai jamais voulu donner l'ordre de les faire sortir. M. l'évêque a écrit au geôlier qu'il les laissât sortir; mais, le geôlier n'ayant pas voulu ouvrir, ils ont enfoncé la première porte de la prison, et, quand le geôlier a vu cela, il a fait sortir ces femmes. Ils s'en sont contentés, et, après avoir été jeter quelques pierres à la maison de mon subdélégué, ils se sont retirés vers le faubourg, tambour battant. Nous avons été dans ce tumulte jusqu'à deux heures après minuit. Nous nous sommes trouvés sans troupes, dont je savois bien que j'aurois besoin. Il y a ordinairement cinq archers de maréchaussée à Saint-Flour; il ne s'y en trouvoit que deux. Pas un marchand qui ait voulu prendre les armes, hors deux. Je soupçonne même qu'il y avoit plusieurs personnes de la ville qui étoient du nombre de cette populace; il y avoit une fête à une demi-lieue d'ici, où ils ont pu comploter cela. Ils ne souffriront jamais que nous fassions sortir les blés; j'en surseois le transport jusqu'à ce que nous ayons main-forte; je crains même que, ce soir, cela ne recommence. J'avois raison quand je croyois qu'il falloit que les munitionnaires achetassent eux-mêmes; et il y a un temps infini que je balance pour ne point aigrir le peuple. Nous voici dans un embarras affreux: un homme mort, toute une ville armée, sans que nous ayons aucun secours. J'informerai le plus secrètement que je pourrai; mais il sera impossible de rien faire sans main-forte, et la maréchaussée d'Auvergne ne suffit pas. Je vous prie instamment de me faire savoir vos intentions, afin que je ne fasse rien que l'on puisse désapprouver. Cela est très sérieux. Je croyois que notre affaire étoit faite; ils ont laissé mesurer dans les greniers, et nous étions sur le point de faire voiturer, quand, tout d'un coup, ce feu paroît. Vous ne pouvez douter que, toute l'année, où le blé n'est pas en si grande quantité ici, on ne fasse du bruit au moindre transport. Je vais envoyer querir la maréchaussée; mais, s'ils en ont le moindre vent, ils se mutineront de nouveau avant qu'elle soit arrivée, et d'ailleurs il nous faut encore une autre ressource: elle ne pourroit tenir contre eux. Je vous supplie d'y mettre ordre**.»

* Comme les munitionnaires de Dauphiné ne pouvaient enlever leurs achats, à cause de la résistance des peuples, le Roi avait donné ordre de procéder par la force et avec l'aide des troupes. (Lettre du contrôleur général à M. Turgot, 6 mai.) Une émeute survenue dans les faubourgs de Clermont ayant été réprimée, et quelques femmes arrêtées et jugées par le présidial, l'intendant avait été blâmé de suspendre l'exécution d'un jugement «si nécessaire pour contenir ceux qui ne respirent que le désordre et la confusion et pour prévenir de plus grands inconvénients.» (Lettre du 13 juillet.)

** M. Voysin, secrétaire d'État, envoya, outre des dragons, le régiment de Simiane, pour rétablir l'ordre, et, étant rentré dans Saint-Flour, l'intendant procéda contre les coupables: deux jacobins qui avaient fait évader un prisonnier furent envoyés en relégation, le lieutenant général du bailliage appelé à la suite du Conseil, quatre autres individus soumis à la question et exécutés, etc. (Lettres de M. Turgot, 4, 25 et 28 octobre, 10 et 22 novembre, 1er et 8 décembre.) Sur les suites de la relégation des jacobins, voir deux lettres des 30 avril et 22 septembre 1710.

---

562. *M. Roujault, intendant à Poitiers,*
au Contrôleur général.

17 Septembre 1709.

«..... Il vous paroîtra extraordinaire que, dans le temps que les magistrats de la Rochelle vous obligent de leur accorder un arrêt pour leur faire passer librement des blés du Poitou, je vous en demande de dehors: c'est précisément une des raisons qui m'obligent de le faire, puisque c'est le vrai moyen que l'on s'aperçoive moins des enlèvements, et remplir le vide qu'ils feront*. Mais, indépendamment de cette raison, je prendrois toujours la liberté de vous demander des blés de dehors, par le seul motif qu'ils sont chers dans la province, la réputation de l'arrivée de ces blés étant le plus puissant remède pour en faire baisser le prix. Il ne seroit pas nécessaire d'une très grande quantité, et, pourvu que nous en eussions trois ou quatre cents tonneaux à faire paroître en plusieurs cantons, ce seroit assez pour communiquer un amendement au prix du blé pour tout ce pays. On tirera en même temps un autre avantage de l'arrivée de ce blé. Il y a dans le Poitou des cantons qui souffrent infiniment et qui, n'ayant aucune récolte, n'ont aucuns blés vieux; ces cantons sont dans le centre de la province et s'appellent Gâtines et pays de Bocage. Ce dernier mot en explique la qualité: ce sont terres légères, pays mêlé de bois, brandes et pâtures, dont le commerce principal est en bestiaux. Les seigles ayant été absolument gelés dans partie de ce pays, il faut que les habitants aillent chercher le pain pour leur semaine à cinq et six lieues. Je suis accablé de lettres de tous côtés pour me remontrer l'état et les besoins de ces cantons, et on me propose d'y établir des greniers. C'est ce que l'on pourroit faire de ces blés que l'on pourroit faire venir de dehors. Il y a encore un autre avantage, qui emporte nécessité d'en faire venir: c'est que, depuis la récolte, il ne paroît nuls froments aux marchés, ni même de seigle; on n'y voit paroître que de la baillarge et de l'avoine. La raison vient de la quantité que l'on a recueillie de ces sortes de grains et de ce que ceux qui ont des froments et seigles attendent qu'on aille les rechercher pour en avoir au poids de l'or pour semer. Dès qu'on en verra paroître, la crainte que le blé ne reste à ceux qui en ont les pressera de les mettre au jour.....

«Si le prix de l'achat est plus fort que ce qu'on trouvera à vendre dans la province, ce prix devant être au prix courant du marché, et, pour bien faire, à 1 ou 2 s. meilleur marché, pour faire baisser le prix du blé ou l'entretenir sans augmentation, se trouvant de la perte sur le marché, que l'on ménagera le plus qu'il sera possible, il n'y a que l'imposition sur la province qui puisse rembourser de cette perte, et l'assurance que vous l'approuverez qui puisse engager une compagnie dans une pareille entreprise**.....»

* Voir ses précédentes lettres des 24 et 26 juillet, et 4 septembre.

** Le contrôleur général répond, le 1er octobre : «Vous proposez de faire acheter en Bretagne et en Touraine quatre cents tonneaux de blé, moitié froment et moitié seigle, pour formation de magasins dans le canton du Poitou appelé Gâtines et pays de Bocage, et, à cet effet, d'engager les sieurs de Carqueville et la Live, receveurs généraux, à avancer 15,000#, pour, avec pareille somme qui sera avancée par quelques personnes riches sur lesquelles vous comptez, faire une somme de 30,000#, qui sera suffisante pour l'achat des quatre cents tonneaux. Le seul inconvénient que je trouve à ce projet est qu'à moins de tirer les quatre cents tonneaux de la province, c'est-à-dire du bas Poitou, du côté de Fontenay et Marans, certainement il ne réussira point : les provinces de Bretagne et de Touraine ne sont point en état de fournir ce secours; la Touraine a beaucoup souffert de l'inondation de la Loire; la récolte en Bretagne a été beaucoup moins bonne qu'on n'espéroit, les brouillards ayant considérablement endommagé les grains, presque à la veille de la moisson.....»

Voir, joint à une lettre de M. Roujault du 6 décembre, un mémoire sur le commerce entre le Poitou et l'Aunis.

---

563. *M. de Bouville, ancien intendant à Orléans, au Contrôleur général.*

(Intendance d'Orléans.)

(De Bourbon) 19 Septembre 1709.

«Vous avez bien voulu obtenir du Roi la conversion de ma gratification de 6,000# en pension; je crois qu'il seroit très nécessaire que vous eussiez encore la bonté de m'en faire expédier un brevet, qui me pourroit être de quelque conséquence dans les suites. Vous savez que cette gratification ne m'étoit accordée que pour le service que je rendois dans l'intendance, et, ce service étant fini, il est bon qu'il paroisse par un brevet que la pension m'est accordée pour les services que j'ai rendus depuis trente-cinq ans dans plusieurs provinces. D'ailleurs, la pension me sera payée du jour du brevet, au lieu que, les gratifications ne s'accordant que quand il plaît au Roi, il n'y a point de jour certain. Je vous supplie de vouloir bien faire expédier ce brevet. Feu M. de Lamoignon avoit un brevet pour la sienne, qu'il avoit fait enregistrer à la Chambre des comptes*.....»

* Apostille en marge : «Pour la conversion de sa gratification en pension. En faire expédier un brevet. — Écrit à M. de Pontchartrain le 1er octobre pour l'expédition du brevet.»

En apostille d'une lettre par laquelle M. Trudaine, le 6 mai 1708, demandait une pension de 6,000# sur la ville de Lyon, le contrôleur général a mis : «Accordé pendant qu'il sera intendant à Lyon, pour lui et sans tirer à conséquence pour ceux qui lui succéderont.» Voir les lettres du même intendant, des 18 juin, 17 août et 15 octobre 1709, demandant une place de conseiller d'État, et celles de son successeur, M. Méliand, 13, 24 et 28 juillet, et 3 octobre 1711.

M. d'Albaret, intendant en Rousillon, rend compte, le 6 octobre 1709, d'une contestation survenue entre lui et les fermiers généraux, au sujet du payement de sa gratification.

---

564. *M. Turgot, intendant à Moulins, au Contrôleur général.*

20 Septembre 1709.

Il annonce que M. Mansart de Sagonne l'a mis au courant des affaires de sa nouvelle intendance.

«J'ai trouvé un usage dans ce pays : depuis les quatre ou cinq derniers intendants, il y a jusqu'à trente et un subdélégués, dans toutes les petites villes, dont il seroit superflu de vous envoyer l'état, avec lesquels on entretient les relations pour sept élections. Comme, avec seize subdélégués, on a toujours conduit en bon ordre toute la généralité de Tours, deux fois plus étendue, et comme cela retarde souvent le service, et y est quelquefois onéreux, il y en a dix dans des lieux superflus, et par commissions favorables seulement, avec qui j'aurai seulement relation dans les besoins, et qui l'entretiendront ordinairement avec les sept subdélégués des chefs-lieux, par préférence à d'autres sujets ayant servi avec zèle. Les quatorze autres, dans les lieux essentiels, auront une relation ordinaire avec les subdélégués des chefs-lieux, et directe avec moi toutes les fois que les affaires l'exigeront de moi; et dans ce nombre sont conservés ceux qui ont acquis en titre*.....»

* Il écrit, le 27 du même mois: «Après avoir travaillé pendant cinq ou six jours avec le secrétaire de M. de Sagonne, qui avoit dressé un mémoire épais d'un doigt de toutes les affaires de ce département, j'ose vous dire que je n'en suis pas encore parfaitement instruit, parce que la fin de tous les articles est que l'on me remet les papiers pour y pourvoir. On me remet bien tous les départements, soit pour les impositions ordinaires, soit pour celles des troupes et des fourrages; mais on ne me remet point de bordereau général de chacune, qui puisse m'en donner l'idée et me marquer ce que chaque receveur a à recouvrer; et l'on ne réduisoit pas assez les affaires pour en donner une idée générale, de manière qu'elles sont un peu dans la confusion. J'aurai à travailler pour en démêler les idées; j'espère que ma tournée achèvera de m'en donner les connoissances et de me mettre en état de vous rendre compte des affaires passées. J'ai pris toutes les mesures pour en être instruit des subdélégués. Ce que je puis vous assurer est que, pour celles qui sortiront de mes mains à l'avenir, je tâcherai de les mettre en ordre. J'ai néanmoins tiré toutes les connoissances que j'ai pu; mais je dirai, sans prétendre blesser la modestie, que je suis sûr, dans trois heures de temps, d'avoir donné à M. Chauvelin plus d'idées générales du département de Touraine, que je n'ai pu en prendre en six ou sept jours, et que je lui ai laissé les affaires en meilleur ordre que je ne les trouve en ce pays, où elles ont peut-être été traitées confusément, un peu de longue main, et sans l'attention que l'on doit toujours avoir à y conserver l'ordre. Je compte de commencer ma tournée au 1er octobre : je commencerai par le Niver-

nois, où les mauvais chemins sont plus à redouter et à prévenir; ensuite, j'irai dans la haute Marche et dans l'élection de Gannat, près Vichy, et irai dans le plupart des lieux pour examiner et pourvoir à tout ce qui sera du bien du service de S. M. Cela me tiendra un mois entier, jusqu'à la Toussaint.....»

A cette lettre est joint le projet de tournée, et il rend compte des premières journées passées en Nivernais et en Morvan, dans une lettre du 11 octobre. L'année suivante, en exposant sa conduite relativement à l'assiette et au recouvrement des impositions, il se justifie des accusations anonymes lancées contre lui, sans doute par des personnes de haut rang qu'il avait fait poursuivre pour l'affranchissement de leur capitation. (Lettres des 22 avril et 3 juin 1710.)

565. *M. Chauvelin, intendant à Tours,*
au Contrôleur général.

26 Septembre 1709.

«J'ai fait publier, comme vous me l'avez ordonné, l'arrêt du Conseil du 28 août dernier, par lequel le Roi, pour établir de plus en plus la liberté du commerce des grains, dispense de toutes les formalités prescrites par l'arrêt du Conseil du 2 avril 1709, que S. M. a révoqué. A peine l'arrêt du Conseil du 27 août a-t-il été connu dans cette généralité, que j'ai été averti du mauvais usage qu'on en faisoit. Sous prétexte de cet arrêt, les marchands et ceux qui ont des blés à vendre se croient dispensés de toutes les règles prescrites par les ordonnances de 1567 et 1577, par la déclaration du Roi du 31 août 1699, par l'arrêt du Parlement du 19 avril 1709, et même de celles expliquées par les déclarations de S. M. des 20 juillet et 6 août derniers : les marchands s'expliquent qu'aux termes de cet arrêt, il leur est permis de vendre et acheter des grains hors des marchés, dans les greniers et comme il leur plaît, et font des magasins et des amas qui vont infailliblement à rendre encore l'espèce beaucoup plus rare, et par conséquent beaucoup plus chère. L'arrêt du 2 avril n'a point paru ici, ou du moins n'y a pas été publié; mais on voit assez, par la lecture de celui du 27 août, que les formalités dont ce dernier arrêt dispense n'ont aucun rapport aux règlements de police portés par les ordonnances, déclarations du Roi et arrêt du Parlement, dont l'exécution ne sauroit être trop rigoureusement ordonnée. Néanmoins, cette mauvaise interprétation d'arrêt a fait partout une telle impression, que j'en appréhende extrêmement les suites. J'ai fait tout ce qui dépendoit de moi pour les prévenir; j'ai écrit par provision aux subdélégués et aux officiers de police pour les engager à empêcher que le mal ne gagne en tenant la main à l'exécution des règlements, principalement de ceux qui défendent l'achat et la vente des grains ailleurs que dans les marchés, sans cependant toucher au surplus, en rien, à l'exécution de l'arrêt du 27 août. J'ai cru ne pouvoir vous donner trop tôt avis de ce qui se passoit sur cela, afin que vous ayez la bonté d'y apporter le remède que vous jugerez le plus convenable*.»

* M. Bignon de Blanzy, intendant à Paris, se plaint, dans les mêmes termes, de la fausse interprétation donnée à cet arrêt. (Lettre du 16 septembre.) En apostille d'une lettre analogue écrite le 9 novembre suivant, par M. Bégon, intendant à la Rochelle, et faisant suite à une plainte des maire et échevins de cette ville (2 novembre), le contrôleur général met cette note : «A M. de Vaubourg. Je le prie de voir ce qu'il convient de faire sur les plaintes continuelles que je reçois de toutes parts sur l'arrêt du Conseil qui a été donné en interprétation de celui du 27 août, et d'en conférer avec MM. les commissaires pour les blés, à l'attention desquels je me suis rapporté jusqu'à présent pour proposer au Roi tout ce qu'ils ont jugé nécessaire. Il est fâcheux néanmoins de se trouver dans la nécessité de prendre si souvent de nouvelles résolutions dans une matière aussi importante et aussi publique. Je vous envoie quelques lettres, entre autres une de M. de Luxembourg, de M. le maréchal de Chamilly et de M. Bégon. Je vous enverrai les autres à mesure que je les aurai expédiées. Vous verrez qu'il est absolument nécessaire de prendre un parti sur les inconvénients qui arrivent.»

566. *M. d'Argenson, lieutenant général de police à Paris,*
au Contrôleur général.

22 Septembre 1709.

«La loterie de Lorraine dont vous me faites l'honneur de m'écrire est apparemment celle dont j'ai pris la liberté de vous informer il y a longtemps, et de qui M. de la Garde vous a parlé tant de fois par ordre de Madame. Elle continue; mais je crois que les principaux bureaux de recette sont dans l'enceinte du Palais-Royal. Les affiches en sont publiques et imprimées; elles paroissent dans tous les carrefours, et elles sont intitulées de la permission du Roi. C'est un anglois nommé Glower qui conduit cet ouvrage, et il prétend avoir obtenu un privilège de S. M. pour faire imprimer les premières séances chez Cusson, sur le quai des Augustins, où elles se vendent. Si M. de la Garde, maître des requêtes et secrétaire des commandements de S. A. R. Madame, est demain à Versailles, comme le Conseil semble devoir l'y attirer, il vous en pourra dire davantage. Cependant j'enverrai chercher le sieur Glower, qui mériteroit bien d'être puni par quelques semaines de prison. Je ferai savoir les intentions du Roi aux principaux officiers du Palais-Royal pour la cessation de cette loterie, et j'en ferai couvrir les affiches incessamment, suivant les ordres que vous m'en donnez*.»

* M. le Caron, lieutenant de police à Beauvais, représente, le 12 mai 1710, quel préjudice cause aux autres loteries le retardement du tirage de celle de Lunéville, ou de Lorraine. M. d'Argenson, dans ses lettres des 12 avril, 12 juin, 14 et 23 juillet, 17 octobre et 28 novembre 1710, 10 et 16 mars, 29 avril, 23 mai, 7 juillet, 5 et 28 août, 14 septembre, 9 octobre et 16 décembre 1711, 10 février, 28 mars et 27 octobre 1713, 15 septembre et 20 octobre 1714, rend compte du tirage, du payement des lots, et des infidélités commises par les employés. Glower, qui était un fripon, ainsi que son banquier Arthur, s'étant réfugié en Espagne, voulut y ouvrir une loterie; mais M. d'Argenson conseilla de lui refuser un sauf-conduit.

567. *Le sieur Aunillon, président en l'élection de Paris,*
au Contrôleur général.

23, 26 et 30 Septembre 1709.

Il rend compte d'une affaire survenue à la barrière Saint-Michel, entre les commis, qui ont eu deux blessés, et des soldats aux gardes qui, poussés probablement par les bouchers, voulaient faire passer des moutons en fraude, pendant la nuit*.

* Voir les lettres des 2, 4, 18, 28 et 31 octobre. Le 13 décembre, le contrôleur général écrit au premier président et au procureur général de la Cour des aides, devant qui était porté en appel le jugement de cette affaire, pour les inviter à ne pas affaiblir la sentence rendue en l'élection : «Le véritable moyen de réprimer ces sortes de fraudes est, dit-il, de punir, non seulement ceux qui se trouvent à l'action, mais les bouchers et autres qui en sont les auteurs et qui subornent les soldats et autres gens de cette nature.....»

Sur d'autres rixes sanglantes entre commis et soldats, voir les lettres des 18 avril, 10 mai, 20 juin, 19 juillet, 15 août, 20 septembre, 23 novembre, 3 et 4 décembre; une lettre de M. Bosc, procureur général en la Cour des aides, 5 mars (Cour des aides de Paris, G⁷ 1766), et deux autres lettres du sieur Auzillon, 19 et 30 juillet.

568. *M. de Bâville, intendant en Languedoc,*
au Contrôleur général.

24 Septembre 1709.

«.....Sur le mémoire qui vous a été présenté par les maire et consuls de la ville de Béziers pour l'établissement d'une foire franche qui se tiendroit dans cette ville le 4 octobre de chaque année, il est certain qu'elle ne peut y être établie franche sans qu'elle ne soit fort contraire aux intérêts du Roi, et je crois qu'on ne doit pas y penser par cette raison; mais la ville de Béziers est située de manière qu'une foire, sans y être franche des droits, peut être fort utile, et il me semble que c'est à quoi il faut se retrancher.»

569. *M. Turgot, intendant à Moulins,*
au Contrôleur général.

24 Septembre 1709.

Plusieurs domaines ont été abandonnés par les propriétaires après expulsion des métayers et retrait des bestiaux, et ils sont laissés sans culture, sous prétexte qu'il n'y a ni blé pour faire les semailles, ni argent pour en acheter*. Cette situation a mis les consuls et collecteurs, et les adjoints qui leur ont été donnés, hors d'état de faire des rôles, parce qu'on ne peut asseoir les cotes de ces domaines sur les autres contribuables, qui, déjà fort chargés, refusent de payer leurs propres cotes. On répand même le bruit que les impositions sont entièrement remises, quoique le Roi n'ait accordé qu'une simple diminution de 400,000 ᵗᵗ sur les tailles de l'année 1710.

Il demande un arrêt ordonnant : 1° que les villes et paroisses qui n'auront pas fait leurs rôles avant le 1er octobre et payé au moins la moitié des impositions de l'année précédente, et les propriétaires qui n'auront pas préparé leurs terres dans le même temps, n'auront aucune part à la diminution accordée sur les impositions de 1710; 2° que, dans les villes et paroisses où il n'y a point eu de collecteurs nommés, il en sera nommé d'office par lui, et que les quatre plus riches particuliers des villes et paroisses seront contraints au payement des termes échus; 3° que les particuliers qui n'ensemenceront pas leurs terres et qui n'auront pas garni leurs domaines de bestiaux pour les mettre en état de supporter leur part des impositions, ne jouiront d'aucune diminution**.

Au cas où il n'y aurait pas les quantités de grains nécessaires pour la subsistance et l'ensemencement, on en fera venir des provinces voisines et l'on facilitera le prêt des semences en permettant aux maires, syndics, collecteurs, etc., de s'obliger solidairement avec les emprunteurs, ainsi que les receveurs généraux et particuliers, s'il en est besoin.

* Dès le mois d'octobre précédent, la mauvaise récolte avait amené une grande désertion dans plusieurs paroisses, et obligé l'intendant à faire des diminutions de tailles ou des augmentations de taxes. (Lettre du contrôleur général à M. Mansart de Sagonne et réponse de celui-ci, 16 et 28 octobre 1708.)

** M. Bosc du Bouchet, intendant à Limoges, écrit, en août 1710, que des cultivateurs se présentent pour mettre des bestiaux dans les terres abandonnées par leurs propriétaires à la suite des désastres de 1709, et pour les cultiver, à condition d'en avoir la jouissance pendant trois années. Il envoie un projet d'arrêt pour régler les conditions de cette jouissance.

570. *Le Contrôleur général*
à M. le marquis de Chamlay.

26 Septembre 1709.

«J'ai reçu la proposition que vous m'avez envoyée concernant le droit de contrôle des actes de notaires. Si celui qui vous l'a donnée veut bien voir M. de Bercy et lui en donner les éclaircissements qu'il peut avoir, je travaillerai ensuite à l'examiner et à voir l'usage qu'on en pourra faire.»

571. *Le Contrôleur général*
aux Intendants.

26 Septembre 1709.

Ordre d'examiner quelles impositions de grains chaque généralité pourra porter pour fournir le pain aux garnisons ou aux troupes qui y seront cantonnées en quartier d'hiver*.

* M. le Guerchoys, intendant en Franche-Comté, avait proposé cette imposition à M. Voysin, à condition que les receveurs des tailles et la recette générale des finances prendraient pour argent comptant le prix des grains fournis.

Voir les réponses de M. de Bernage, intendant à Amiens (8, 15, 23 et 24 octobre); de M. Trudaine, intendant à Lyon (5 octobre); de M. de Saint-Contest, intendant à Metz (3 et 12 octobre); de M. le Guerchoys (10 octobre); de M. de la Bourdonnaye, intendant à Orléans (7 octobre), etc.

Sur une demande de renseignements adressée par M. Roujault, intendant à Poitiers, le 1er octobre, le contrôleur général répond, le 16 : «.....Je vous enverrai incessamment l'arrêt pour autoriser cette imposition. Vous devez cependant faire la répartition et envoyer vos mandements dans toutes les paroisses, pour en faire la levée. Le remboursement en sera fait par compensation de ce qu'elles devront de la taille et de la capitation de l'année prochaine. Quant à la qualité des grains, vous observerez qu'il y ait autant de froment et de seigle que la province en pourra fournir, et le surplus en orge, méteil ou autres grains propres à faire du pain. L'imposition doit être faite sur le pied que le sac pèsera deux cent vingt livres, poids de marc; les grains doivent être mis dans des sacs, dont la dépense sera prise sur les fonds qui seront entre les mains des receveurs des tailles..... Le Roi veut être obéi, et que cette levée se fasse avec une extrême diligence. Si néanmoins elle est trop forte, et si vous trouvez trop de difficulté à la faire exécuter tout entière, vous pouvez me l'écrire, et, sur ce que je représenterai à S. M., elle voudra bien diminuer quelque partie de cette imposition..... Il faut assembler ces grains dans des lieux d'où on puisse les tirer le plus commodément pour les faire passer à ceux de leur destination.....»

Sur une lettre de M. le Gendre, intendant à Montauban, 9 octobre, demandant le payement comptant ou la déduction sur la taille et la capitation, sans quoi une compagnie de cavalerie dans chaque communauté ne suffirait pas pour assurer la levée, le contrôleur général répond en apostille : «Il sera tenu compte sur la taille et la capitation; mais les receveurs généraux ont proposé de faire les achats.»

Il avait écrit, le 6 octobre, à M. de la Houssaye, intendant en Alsace : «Vous avez vu, par ma lettre du [26] du mois passé, le projet général de lever dans chaque province le blé nécessaire pour fournir du pain aux troupes pendant l'hiver. Quoique ce détail, qui a rapport à la subsistance, ne me regarde pas directement, je suis néanmoins obligé d'y entrer par le malheur des temps, qui, ne permettant pas de fournir régulièrement les fonds pour la solde des troupes et les appointements des officiers, met dans la nécessité de chercher les expédients pour pourvoir à la simple subsistance nécessaire par préférence à tout. Suivant l'état que M. Voysin m'a donné, vous aurez dans votre département cinquante-sept bataillons et vingt-huit escadrons pendant l'hiver, dont la consommation, pour six mois, doit monter à cinquante et un mille deux cents sacs de blé, qui, sur le pied de 30# le sac par estimation, monteroient à 1,536,000#. Je sais qu'il s'en faut beaucoup que l'imposition ordinaire et la capitation d'Alsace puissent fournir à cette dépense, et il est de plus à observer que, le fonds manquant absolument par l'excès de celles qu'on est obligé de soutenir, je me trouve continuellement dans la nécessité de donner des assignations anticipées sur les fonds à venir, en sorte qu'ils sont toujours consommés par avance. C'est un mal auquel il n'a pas été possible de remédier, quelque volonté que j'eusse de rétablir un meilleur ordre dans les dépenses, et, comme il faut aller toujours au service le plus nécessaire et le plus pressé, il est inévitable d'employer les fonds de votre département par préférence au payement de tous les grains que vous pourrez tirer par impositions sur la province. Il est, de plus, nécessaire de pourvoir à la dépense pour la façon, la cuite et la distribution du pain..... Vous devez observer que l'estimation à 30# le sac est faite sur un pied commun du prix des grains : il a beaucoup varié dans les provinces les plus proches de Paris depuis deux mois; il est sans doute beaucoup plus bas dans votre département. Vous prendrez sans doute le parti de le fixer sur le pied le plus juste, suivant lequel il en sera tenu compte aux communautés de votre département.» Des lettres analogues furent adressées à MM. le Guerchoys, de Bâville, Lebret, d'Angervilliers et d'Albaret.

---

572. *Le Contrôleur général aux Intendants des généralités taillables.*

26 Septembre 1709.

«L'inquiétude presque générale et l'appréhension qu'on a que l'excessive cherté des blés n'empêche d'ensemencer les terres, et qu'il n'en reste beaucoup d'inutiles, m'obligent de vous prier de donner une attention très vive pour connoître exactement ce qui se passe à cet égard dans toutes les différentes parties de votre département. Vous pouvez connoître par vous-même, en procédant à la répartition des tailles de l'année prochaine, si les terres ont été cultivées et disposées pour recevoir les semences, si les propriétaires ou les laboureurs ont gardé des grains de l'année dernière pour les employer à semer les terres, et si ceux qui n'en auront point gardé prennent des mesures pour en acheter. Il est si important pour le bien du royaume et pour le service du Roi que les terres soient ensemencées, qu'on ne doit négliger aucun des soins propres à exciter tout le monde à y contribuer. Après les visites qui ont été faites par les commissaires nommés par le Roi, il semble qu'on devroit tout attendre de la connoissance qu'ils ont prise des grains qui sont dans chaque province; mais, quelque application qu'ils aient eue à remplir leurs fonctions, il ne leur a pas été possible de connoître tout le détail : ainsi, je n'attends pas que leur travail puisse absolument produire un succès si nécessaire. C'est sur vous, sur votre attention, que le Roi fonde tout l'effet que celle de S. M. doit avoir. Donnez-vous donc tout le mouvement nécessaire pour exciter chacun, en faisant votre tournée, d'ensemencer les terres, et pour chercher, avec les receveurs généraux et avec d'autres personnes bien intentionnées, les moyens qui peuvent être praticables pour faire fournir les semences à ceux qui se trouveroient absolument dénués des moyens d'en avoir. Il y a des généralités dans lesquelles on a déjà assuré les semences par les soins de MM. les intendants et les avances que les receveurs généraux ont faites; je ne vous prescris rien sur cela, me remettant à votre zèle et à votre prudence de faire le meilleur usage qu'il sera possible de l'avis que je vous donne. Vous observerez que je ne vous propose que la voie d'excitation et les moyens d'économie et de ménagement pour parvenir à la fin qu'il faut se proposer, les règlements ayant pourvu suffisamment à la sûreté de ceux qui fourniront les blés. Je vous prie de ne point manquer, à mesure que vous aurez achevé chaque élection, de m'envoyer un mémoire sommaire de l'état où vous l'aurez trouvée par rapport aux semences et aux grains*.»

* Voir les réponses de M. Bégon, intendant à la Rochelle, 5 octobre; de M. de Richebourg, intendant à Rouen, 1er octobre; de M. de Bernage, intendant à Amiens, 4 octobre; de M. de Bâville, intendant en Languedoc, 20 octobre. Le 15 du même mois, ce dernier écrivait : «La lettre du sieur Bayne de Raissac ci-jointe, que vous m'avez fait l'honneur de me renvoyer, se réduit à savoir si on peut contraindre un homme qui a du blé dans son grenier de le prêter à une communauté sans argent, en lui donnant seulement le privilège sur les semences. On peut, sans doute, par les déclarations, l'obliger de le porter au marché pour être vendu; mais je crois qu'il seroit trop rude et trop extraordinaire de forcer ce propriétaire à donner ainsi son bien. Cette pensée m'en a donné une autre, que je croirois moins contre les règles, qui seroit d'obliger la communauté, solidai-

rement, d'emprunter pour fournir des blés à ceux qui en manquent, en leur donnant le privilège, et de permettre ensuite d'attaquer celui qui aura un amas de blé pour fournir la somme; auquel cas, il aimera presque toujours mieux s'accommoder et donner une partie de son blé pour semer, avec privilège, y compris l'intérêt. J'ai mis ce dernier moyen en usage, qui a déjà réussi en plusieurs endroits, et je fais traiter tous ces accommodements par les commissaires nommés pour les blés.....»

Le 3 du même mois d'octobre, le contrôleur général écrit à M. Turgot, intendant de Moulins : «Je vous ai envoyé l'arrêt du Conseil rendu à la réquisition du sieur de la Croix, receveur général des finances de Moulins, pour inviter les particuliers qui ont des blés de semence au delà du nécessaire pour eux-mêmes à prêter, sous l'obligation des consuls et principaux habitants des paroisses, des receveurs des tailles, et même des receveurs généraux des finances, l'excédent à ceux qui n'en ont point. L'exécution de cet arrêt et le fruit qu'il peut produire dépend beaucoup des soins qu'on prendra pour engager par voie de douceur ceux qui peuvent prêter. Comme il n'est pas possible que vous soyez dans tous les différents endroits de la province où votre présence seroit nécessaire pour cet ouvrage, il est à propos que vous donniez vos instructions aux subdélégués les plus intelligents et les plus désintéressés, ou à d'autres bons sujets que vous pouvez choisir, pour les faire agir dans l'esprit que je vous marque.....»

M. Bignon de Blanzy, intendant à Paris, écrit, le 27 octobre, après une tournée, que les laboureurs sont généralement bien disposés et que la plupart des propriétaires les aident; mais le froment est si cher, qu'en certains endroits le prix de ce qu'il en faudrait pour ensemencer une terre est supérieur au prix même du fonds de terre, et d'ailleurs les laboureurs ont vendu ou perdu presque tous leurs bestiaux. Néanmoins, on peut espérer qu'une moitié des terres sera ensemencée en seigle et froment, et l'autre moitié le sera plus tard, au printemps, en menus grains.

Sur l'ensemencement en Provence et sur une proposition d'obliger les décimateurs à fournir à crédit la semence pour toute l'étendue de leur dîmerie, proposition qui fut repoussée, voir une lettre du contrôleur général aux procureurs du pays, 5 août, une lettre des procureurs, 21 août, avec la réponse du contrôleur général, adressée à M. Lebret fils, intendant, le 10 septembre, et une lettre de celui-ci, du 23 septembre. Le 30 octobre, il écrit : «.....Je m'informerai encore plus particulièrement que je n'ai fait des terres qui pourront demeurer en friche au 15 du mois prochain; mais je ne crois pas qu'il en reste. Je crois même qu'on aura plus semé de terres cette année que les précédentes; car il est certain qu'on a défriché et semé dans les bois de pins que l'hiver dernier a fait mourir, quoique le terrain de ces bois fût des plus mauvais et des plus pierreux..... Le blé vaut toujours, dans cette province, depuis 30# jusqu'à 52# 10s. Le premier prix est celui du Var, et le dernier celui du Rhône.»

573. *M. de Pontchartrain, secrétaire d'État de la marine, au Contrôleur général.*

27 Septembre 1709.

Le Roi, ne voulant point que des farines soient transportées dans les îles françaises de l'Amérique, lesquelles en manquent complètement, par des marchands qui s'assureraient ainsi un gros profit au détriment du royaume, a donné l'ordre de délivrer quelques passeports à des vaisseaux étrangers pour y porter la farine, le vin et les autres denrées nécessaires.

«Il ne convient point de laisser à nos marchands, par le désir d'un grand profit, l'envie d'y en porter de France, vu que ce seroit autant de pris sur la subsistance des habitants du royaume, et qu'assurément ils y envoieront beaucoup moins, et peut-être point du tout, tant que la disette et la cherté dureront en France, si on les fait cesser par d'autres moyens dans ces îles.

«Ceci est si contraire à nos principes sur les colonies, que j'ai eu toutes les peines du monde à me résoudre à en faire la proposition à S. M.; mais il a fallu céder à la nécessité du temps, et j'appréhende même d'avoir trop tardé. Il est bien certain qu'aussitôt que je verrai qu'on pourra sans risque y envoyer des farines et des vins de France, je m'abstiendrai de donner de ces sortes de passeports : je connois le danger, et même, pour procurer à nos marchands des villes qui ont accoutumé de faire ce commerce une partie du profit, j'écrirai aux commissaires de la marine qui résident dans ces villes de la résolution que S. M. a prise à cet égard, afin qu'ils les avertissent de se mettre en état, si cela leur convient, de partager avec les marchands étrangers le profit qu'ils pourront faire avec ces passeports.»

574. *M. d'Ormesson, intendant à Soissons, au Contrôleur général.*

27 Septembre 1709.

Il expose la nécessité de contraindre les blatiers à prendre des acquits à caution, et même à payer les droits de sortie, de peur qu'ils ne fassent passer leurs grains chez les ennemis*.

* Voir deux autres lettres, des 27 janvier et 24 mai 1710.

Le 18 novembre 1710, en appuyant la demande faite par les États d'Artois pour que les grains destinés à leur pays soient déchargés du droit de sortie, M. de Bernage, intendant à Amiens, dit que le payement de ce droit ne saurait empêcher les transports frauduleux en pays ennemi.

575. *M. Lebret fils, intendant en Provence, au Contrôleur général.*

27 Septembre 1709.

«J'ai examiné, suivant votre ordre du 16 de ce mois, les placets ci-joints, présentés par les syndics des vigueries de Grasse, Hyères, Draguignan, Saint-Paul, Saint-Maximin, Brignoles, Aups, Barjouls et Lorgues, et les procureurs des gens des trois états, qui joignent leurs remontrances à celles de ces neuf vigueries. Elles ont raison de dire qu'elles supportent le tiers des impositions des États, car leur affouagement est de onze cent cinquante-neuf ou onze cent soixante feux, et toute la province n'en comprend que trois mille dix-neuf. On a eu raison de dire, dans le même placet, que les communautés étoient au courant en 1706 : il s'en falloit peu alors qu'elles ne payassent régulièrement, et, comme le Don gratuit et les autres sommes qui doivent être payées au Roi sont toujours prises par préférence, on n'étoit point alors en reste avec le Trésor royal. Les contributions qu'elles disent avoir payées aux ennemis en 1707 ne montent pas à 433,000#, comme elles l'exposent dans leur placet, à moins qu'on ne comprenne dans cette somme la valeur des fourrages et denrées que les ennemis ont pris sans doute, et dont je n'ai pas fait l'évaluation; mais je trouve dans mes mémoires que les communautés de ces neuf vigueries ont payé aux ennemis, en argent, suivant les reçus qu'elles en ont retirés du trésorier de l'armée ennemie, ou en pain, dont la valeur fut imputée sur la contribution, 378,572#. Quant aux dommages causés par les ennemis, les estimations qui en ont été faites, tant par mes ordres que par les soins des procureurs du pays, montent, en prenant les plus foibles desdites estimations, à 5,420,000#, malgré la précaution qu'on a prise de choisir dans les différents procès-verbaux les plus foibles estimations. On ne peut pourtant pas assurer que les dommages vaillent effectivement 5,400,000#; mais, quand on les réduiroit tout d'un coup à la moitié, il paroît encore difficile d'obtenir de vous un dédommagement proportionné à une perte de 2,700,000#. Ainsi, on ne peut, ce me semble, à cet égard, que vous supplier de porter vos grâces tout le plus loin qu'il sera possible. Il y a plus de raisons de se fixer à une demande certaine pour ce qui est des contributions payées : vous avez déjà accordé une remise de 200,000# sur la capitation 1708, ce qui n'indemnise pas les communautés des neuf vigueries, il s'en faut 178,572#. L'état de cette province est encore devenu plus malheureux par la perte des oliviers; elle n'est pas tout à fait si générale qu'elle est exposée dans le placet : quelques-uns repoussent à présent; mais il est certain que, de trois ans d'ici, les moins maltraités ne seront en état de porter du fruit. Pour ce qui est des vignes, elles ne sont pas gâtées pour l'avenir; mais la récolte de cette année est très mauvaise. Les orangers et figuiers sont absolument perdus; vous jugez aisément de l'importance de la première espèce; mais les figuiers ne vous paroîtront peut-être pas mériter qu'on en fasse mention. Ils sont cependant d'un grand objet dans les vigueries dont il s'agit : les figues sèches faisoient la matière d'un commerce assez considérable, et le peuple s'en nourrissoit pendant plus de cinq mois de l'année. Les syndics de ces neuf vigueries demandent l'indemnité des contributions payées à l'ennemi par compensation sur les capitations à venir ou sur les autres impositions : ce qu'il me paroîtroit juste de leur accorder, en leur remettant encore 200,000# sur les années 1709 et 1710, sur lesquelles les communautés de la province ont déjà 200,000# à prendre en payement des fournitures faites aux troupes du Roi pendant la campagne 1707. Je ne puis, sur les autres dédommagements pour les pertes causées à ces neuf vigueries par les ennemis, et sur les soulagements qu'elles vous demandent à cause des désordres que l'hiver dernier a faits, prendre aucun avis certain. S'il étoit question de leur rendre, et s'il étoit possible de le faire, la somme seroit grosse. Pour ce qui est de l'autre sorte de soulagement que ces neuf vigueries demandent par une décharge de partie des feux, je ne crois pas qu'il faille aisément les écouter sur cet article : la paix la plus profonde n'est pas encore assez tranquille pour entreprendre de pareilles affaires, dont les suites sont infinies, et ordinairement ruineuses pour les communautés; présentement, cela ne seroit bon que pour les consuls : aussi sont-ce des consuls qui vous le demandent. Les procureurs du pays ont raison de dire que ces vigueries sont en retardement envers le caissier des États; mais le pis est qu'on ne sait plus où l'on en est, et que, toutes les différentes avances qui ont été faites par les communautés servant de prétexte aux receveurs des vigueries pour différer de remettre de l'argent dans la caisse de la province, c'est un mal qui ne finira que par l'établissement d'un trésorier qui s'est chargé de payer le montant des impositions aux échéances des quartiers sans reprise. On a fait en ce pays-ci tout ce qu'on a pu pour en trouver; mais les soins qu'on s'est donnés jusqu'à présent ont été inutiles*.»

* Plusieurs mémoires ayant été répandus contre les procureurs du pays, M. Lebret répondit, le 9 octobre, en les justifiant : «Je m'étonne qu'on n'ait pas encore ajouté (à tous les mauvais discours qu'on a tenus ce printemps contre les consuls d'Aix) qu'ils conseilloient aux pauvres de manger leurs enfants, comme on en a fait courir le bruit. . . . . L'on n'a rien trouvé de mauvais dans la conduite des procureurs du pays, si ce n'est leur lenteur, qui provient de leur tempérament, et peut-être, en partie, de l'embarras où ils se trouvoient. En mon particulier, je trouvois à redire qu'ils ne songeassent pas assez au reste de la province, et que leur unique attention fût pour la ville d'Aix. . . . .»

Sur les ressources auxquelles on put avoir recours à la fin de l'année, voir une lettre de M. Lebret à M. le Rebours, 29 décembre 1709.

576. *Le Contrôleur général à M. le Gendre, intendant à Montauban.*

28 Septembre 1709.

«Je vous envoie une requête présentée au Roi par M. l'évêque de Vabres au sujet d'une aumône de deux cents setiers de blés dont l'abbé de Nant est tenu chaque année, et que, suivant un ancien usage ou abus, auquel le peuple de la ville et des environs paroît fort attaché, ledit abbé fait moudre, cuire et distribuer en pain aux pauvres et aux riches indifféremment, en deux ou trois distributions dans l'année. M. l'évêque de Vabres ajoute que le même abus se pratique en d'autres lieux de son diocèse, et il demande le secours de l'autorité du Roi pour en défendre la continuation et enjoindre à l'abbé de Nant et aux autres bénéficiers de remettre le fonds de ces aumônes entre les mains des curés, maires et consuls, pour en faire un usage particulier dans chaque paroisse et rendre compte. J'avoue que ces sortes de distributions, qui, originairement, étoient fort louables et d'une grande utilité, ont dégénéré, par succession de temps, en grand abus, et je ne puis m'empêcher d'approuver la vue de M. l'évêque de Vabres; mais il est dangereux d'entreprendre de pareils changements, surtout dans la conjoncture présente. Je crains beaucoup qu'ils ne donnent lieu à plusieurs émotions, qu'il faut éviter. Je vous prie donc d'examiner la chose avec M. l'évêque de Vabres et les principaux officiers des lieux, si vous le jugez à propos*. . . . .»

* Voir, sur la situation du diocèse de Vabres, deux lettres de l'évêque, des 26 mai et 4 septembre précédents.

577. *M. l'Archevêque de Besançon au Contrôleur général.*

28 Septembre 1709.

Il demande que les pensions dont il a fait l'avance aux curés de l'État de Montbéliard soient assignées, non plus sur le trésorier de l'extraordinaire, mais sur le receveur des contributions de la province*.

* Réponse en marge : « L'ordonnance de la pension des curés du Montbéliard doit être expédiée par M. Voysin, et, aussitôt qu'elle le sera, j'aurai soin de la faire payer le plus promptement qu'il sera possible. »

578. *Le sieur Delamare, commissaire pour la visite des blés dans la généralité de Champagne, au Contrôleur général.*

(De Vitry-le-François) 29 Septembre 1709; 1er Janvier et 23 Mars 1710.

Il rend compte de la situation des marchés à Sainte-Menehould, Troyes, Sézanne et Vitry; il expose les mesures qu'il a prises pour empêcher les accaparements, pour assurer les semences et pour entretenir l'approvisionnement de Paris*.

* Dans une lettre du 2 juillet 1711, il demande le complément de ce qui lui reste encore dû pour cette commission. En 1713, M. d'Argenson (lettres des 17 janvier et 27 août) propose de repousser les réclamations d'un greffier qui avait accompagné le commissaire.

579. *M. Lebret fils, intendant en Provence, au Contrôleur général.*

29 Septembre et 10 Novembre 1709.

L'insuffisance de la récolte forçant de faire de nouveaux achats de blés à l'étranger, il obtient pour la ville de Marseille l'autorisation de contracter un emprunt de 100,000 ₶ destiné à ces achats*.

* On lui avait refusé la permission de faire un emprunt par contrainte, de 200,000 ₶, sur deux cents des plus riches bourgeois, tandis que la ville d'Aix avait été autorisée à emprunter pareille somme au denier quatorze. (Lettre de M. Lebret, 25 mai 1709, et réponse du contrôleur général, 9 juin.)

580. *M. Quarré, procureur général au Parlement de Bourgogne, au Contrôleur général.*

30 Septembre 1709.

« . . . . . J'éprouve tous les jours que les seigneurs négligent l'exercice de la justice pour n'en pas supporter les frais. Les juges des lieux, attentifs à leur intérêt ou à celui des fermiers, n'informent presque plus des crimes qui se commettent. Il est vrai que les officiers du Roi peuvent en prendre connoissance ; ce qui prévient le grand inconvénient de l'impunité; mais alors l'instruction est à la charge de son domaine, dont on épuisera les fonds, si on ne charge les seigneurs de fournir aux frais des procès qui seront instruits par les juges royaux, lorsque leurs officiers, dans un certain délai, auront négligé la poursuite des crimes dont la connoissance leur appartenoit. La difficulté des temps, qui, en augmentant le nombre des malheureux, multiplie celui des criminels, semble rendre cette loi nécessaire. . . . . »

581. *Le Contrôleur général aux Intendants.*

Mois de Septembre 1709.

« J'apprends qu'encore que la plus grande partie des recouvrements des deniers des fermes ne se soient faits jusques ici, et ne se fassent encore à présent qu'en espèces anciennes, les receveurs ne font néanmoins leurs payements à la recette générale des finances qu'en nouvelles espèces : ce qui vient de ce qu'ils portent auparavant les anciennes aux Monnoies, pour se défaire des billets de monnoie qu'ils ont soin de ramasser, et peut-être même d'acheter à vil prix. Cet abus cause un grand préjudice à la caisse générale, dans laquelle on est obligé, par la conjoncture du temps, d'admettre un grand nombre de billets de monnoie, dont on ne peut trouver à se défaire qu'avec les espèces anciennes qui doivent venir des provinces, et il paroît d'autant plus important d'y remédier que, lorsque ces espèces seront réduites dans le commerce, car elles le doivent être au 1er octobre, il y aura un bénéfice considérable à les porter aux Monnoies. Le moyen le plus naturel pour empêcher ce désordre est d'obliger les receveurs à marquer sur le registre, en présence des contrôleurs, qui le certifieront, la nature des deniers qu'ils recevront, et à les envoyer sans aucun retardement, tels qu'ils les auront reçus. Les fermiers doivent écrire en conformité aux uns et aux autres; mais j'ai cru qu'il étoit nécessaire de vous en informer, afin que vous puissiez leur donner sur cela les ordres nécessaires et tenir, par vous et vos subdélégués, la main à ce qu'ils soient exécutés. »

582. *Le Contrôleur général aux Intendants.*

1er Octobre 1709.

Il les invite à démentir le bruit qu'on songe à livrer le commerce des blés à Paris à des traitants qui se chargeroient de les fournir à un certain prix en tous temps, soit de disette, soit d'abondance*.

* M. Bégon, intendant à la Rochelle, écrit, le 8 octobre : « . . . . . Il s'est répandu un bruit qu'on alloit mettre les blés en parti à Paris. Il est vrai qu'on a écrit . . . . . qu'il y avoit des gens qui avoient offert de fournir du pain à Paris, pendant trois ans, à 3 s. la livre; mais il ne m'a point paru qu'on ait cru que cette proposition ait été acceptée.

Au contraire, on l'a regardée comme un projet chimérique qui ne pouvoit avoir aucun succès. Je puis vous assurer que ce bruit ne produira aucuns mauvais effets dans mon département, et que les peuples, nonobstant leur extrême pauvreté, s'efforcent d'ensemencer les terres, et qu'il ne restera en friche que celles qui appartiennent à des gens sans ressource.» Voir une autre lettre du 31 octobre, sur l'état des terres ensemencées.

M. Lebret fils, intendant en Provence, écrit, le 9 octobre, que ce bruit n'a fait aucune impression, la mesure étant considérée comme impraticable à Paris, quoique plusieurs petites villes de Provence y aient recouru avec succès pendant le dernier printemps. Voir aussi une lettre de M. de la Briffe, intendant à Caen, 6 octobre.

583. *M. Lebret fils, intendant en Provence,*
au Contrôleur général.

1er Octobre 1709.

Le commis de l'extraordinaire des guerres n'ayant point de fonds, ce sont les communautés qui avancent le prêt des troupes, mais aux dépens des impositions et des dépenses assignées sur elles*.

«S'il pouvoit payer 400# par prêt à chaque bataillon, pour peu qu'il eût de fonds au delà pour les dépenses extraordinaires, nous essaierions de tirer le caissier des États de la confusion épouvantable dans laquelle ses affaires sont tombées parce que les communautés ont fourni, d'un côté pour le prêt, de l'autre pour les travaux du Var, des voitures, des blés, des fourrages, en sorte qu'elles opposent des compensations perpétuelles et prétendent encore qu'il leur est dû. Je crois bien que si les troupes ne prenoient pas leur prêt sur les communautés, qu'il pourroit arriver qu'elles ne payeroient pas d'ailleurs leurs impositions, et que, par cet endroit-là, le Roi peut trouver quelqu'avantage à ce qui s'est pratiqué jusqu'à présent; mais il arrive que, les troupes étant placées dans certaines communautés, celles-là fournissent au delà de ce qu'elles doivent, et les autres ne payent rien à la caisse de la province. Il seroit à souhaiter que le trésorier général de l'extraordinaire des guerres fît à son commis des fonds raisonnables et proportionnés aux troupes qu'il aura à payer, et que, d'un autre côté, la province eût un trésorier ou un receveur général et des receveurs des vigueries obligés de payer aux échéances. Je crois que ces derniers dépendent de l'établissement d'un trésorier ou receveur général, qui en trouveroit, je pense, tout autant qu'il en voudroit; mais, comme les receveurs d'aujourd'hui trouvent leur compte dans la confusion où nous sommes, ils ne s'engageront jamais à faire les deniers bons tant qu'il n'y aura point de receveur général et qu'ils pourront espérer que les choses demeureront dans l'état où elles sont. Il ne peut être plus mauvais, puisque les trois quartiers échus de cette année non seulement n'ont produit aucuns fonds dans la caisse de la province, mais qu'on n'a pas pu seulement démêler en quoi consistoient les avances des communautés qui servent de prétexte au retardement des receveurs : ce qui ne vient d'autre chose que de l'envie qu'ils ont d'obscurcir la matière; car, s'ils étoient obligés de faire les deniers bons, ils apporteroient au moins des preuves de ces avances et feroient voir pourquoi elles n'ont pas payé, au lieu que, n'étant obligés de remettre à la caisse des États que le montant de leur recette effective, en disant que les communautés sont en avances et qu'elles ne leur ont point donné d'argent, ils croient en être quittes.

«J'ai eu l'honneur de vous rendre compte de toutes les diligences qui ont été faites pour trouver un trésorier; je crois impossible d'y réussir en ce pays-ci : ainsi, nous ne pouvons nous mettre en meilleure règle que par votre autorité.»

* Voir une autre lettre du 10 novembre.

M. de la Briffe, intendant à Caen, obtint aussi de faire accepter par les receveurs des tailles les billets des troupes convertis en reconnaissances du commis de l'extraordinaire des guerres, mais comme compensation seulement de ce que les villes devaient sur la taille, et non sur l'ustensile. «L'imposition de l'ustensile, lui écrivait le contrôleur général, se fait sur les ordres [que j'] envoie par les ordres du secrétaire d'État de la guerre; elle s'applique pour les réparations des troupes pendant l'hiver. Il n'y a rien de confondu à cet égard.....» (Lettre des maire et échevins de Caen, 5 septembre; lettre de M. de la Briffe, avec réponse en apostille, 13 septembre.)

M. de Bâville, intendant en Languedoc, où l'effectif des troupes, y compris les garnisons, s'élevait à près de cinq mille hommes, écrit que le défaut de tous autres fonds le forcera à imiter l'exemple de la Provence et à faire payer par les communautés des abonnements remboursables par l'extraordinaire des guerres, sans toucher aux recettes des gabelles, ni à celles des impositions, mais que cette surcharge entravera le recouvrement des deniers du Roi, surtout dans les Cévennes et le Vivarais, où il est nécessaire de mettre les troupes à raison de l'état des esprits, et que, d'autre part, pour assurer ces avances, il faudrait en faire un régalement sur toute la province, quand même cette façon de procéder soulèverait des protestations dans les États. (Lettres des 17 septembre, 8 et 15 octobre, 1er et 15 novembre.)

584. *Les Maire et Consuls-lieutenants de Roi*
de Toulon
au Contrôleur général.

3 Octobre 1709.

La perte des oliviers devant faire cesser pour une trentaine d'années la production des huiles nécessaires aux fabriques de savon, on demande que le droit de 50 sols par quintal qui charge les huiles étrangères à l'entrée soit supprimé à Toulon comme il l'est à Marseille par la franchise de ce port*.

* Dans une lettre du 4 octobre 1710, l'intendant Lebret conseille d'accorder la franchise pour vingt-cinq ou trente ans, mais en limitant cette franchise à la consommation de Toulon par une obligation de payer les droits de sortie.

Le 25 mars 1709, le sieur David, inspecteur des manufactures en Dauphiné, demandait que la sortie des huiles nécessaires aux manufactures fût défendue.

585. *M. Ravat, prévôt des marchands de Lyon,*
au Contrôleur général.

5 Octobre 1709.

Il envoie un mémoire des marchands et ouvriers en

draps d'or, d'argent et de soie, concluant, comme ceux des autres villes du royaume, à la prohibition des étoffes des Indes et de la Chine*.

* Mémoire : «Le pitoyable état où se trouve aujourd'hui réduite la manufacture des draps d'or, d'argent et de soie de la ville de Lyon par la petite quantité d'étoffes qui s'y fabriquent, a engagé ceux qui la composent d'examiner d'où pouvoit provenir une cessation aussi subite qu'elle se trouve générale. L'attention que les *maîtres marchands* ont toujours eue de soulager autant qu'ils l'ont pu (même au delà de leurs forces en ces derniers temps) les *maîtres ouvriers travaillant à façon*, qui, depuis quelque temps, faute d'occupation, sont dans la dernière des misères, les a portés à approfondir la cause de cette cessation et tâcher, en la détruisant, de remettre cette fabrique, qui a toujours été la plus parfaite, la plus florissante et la plus nombreuse qui soit en Europe, dans toute sa première vigueur, et de rétablir son ancienne consommation dans toute son abondance. Il paroît d'abord que cette cessation de fabrique (qui réduit un si grand nombre d'ouvriers et leurs familles à la mendicité dans un temps où il semble que, pour comble de leurs infortunes, le Seigneur veuille nous priver des choses les plus nécessaires à la vie) ne provient que du défaut de consommation de ses marchandises au dedans et dehors du royaume. La preuve la plus convaincante que l'on puisse en donner se tire de la quantité des étoffes de la fabrique de cette ville dont les magasins des détailleurs sont remplis dans presque toutes les villes du royaume, lesquelles ils n'ont pu vendre depuis quelques années, et notamment cette dernière : ce qui les empêche d'en redemander de nouveaux assortiments. Si donc le défaut de consommation est, comme il n'en faut pas douter, la cause de la cessation de la fabrique, il n'est plus question que d'examiner ce qui peut empêcher cette consommation. On trouvera d'abord que l'usage, presque général dans tout le royaume, des étoffes des Indes, tant de pure soie que de soie mêlée d'or et d'argent, et autres venant des Indes, comme toiles peintes, karancas et une infinité de pareille nature, est ce qui a toujours empêché la consommation et le débit des étoffes qui se fabriquent dans Lyon. Le penchant naturel du beau sexe pour ce qui est étranger et qui ne lui est pas ordinaire, ou qu'il ne peut avoir avec facilité, l'a fait, pour ainsi dire (et s'il est permis de se servir de ce terme), jeter à corps perdu sur les étoffes des pays étrangers nonobstant (?) toutes les défenses qu'il a plu à S. M. de faire de l'introduction et l'usage de toutes ces sortes d'étoffes par plusieurs déclarations successives, et notamment par celles des 9 mai 1702 et 12 décembre de la même année, et confirmées par celle du 17 février 1705, qui en défendent l'entrée dans le royaume et la consommation à toutes personnes, de quelque qualité et condition qu'elles puissent être, tant en habits qu'en meubles, et aux ouvriers de les employer, sous de très rigoureuses peines et des amendes considérables. Cependant on ne voit aujourd'hui le sexe revêtu que de furies, satins des Indes, toiles peintes, karancas, indiennes et autres étoffes étrangères, et l'on pourroit dire avec quelque espèce de raison que le nom de *furie* n'a été donné à ces sortes d'étoffes que par la fureur que toutes les dames indistinctement ont eue de s'en habiller au préjudice des défenses de S. M. Cependant, comme le préjudice que cause l'usage de ces sortes d'étoffes étrangères intéresse également l'État comme la manufacture, il ne doit point être toléré, mais au contraire défendu et prohibé sous des peines plus sévères. Le préjudice que l'État en souffre provient de ce que, la fabrique de Lyon consommant moins de soies d'Italie et de Piémont que par le passé, les droits du Roi en sont considérablement diminués : rien de si constant, ni de si facile à vérifier. Celui qu'en souffre la manufacture ne peut pas être plus grand, puisqu'il en cause la cessation entière, qui réduit à la dernière des misères les ouvriers travaillant à façon, faute d'emploi, qui contraint une partie de ces ouvriers d'aller chercher chez les étrangers une subsistance qu'ils ne peuvent plus trouver chez eux manque d'ouvrage, et qui, écoutant moins leur devoir que pressés par la misère, vont porter inconsidérément chez les étrangers le secret d'une fabrique qui a toujours été regardée comme la plus importante du royaume. L'exemple de ces derniers, sollicités par des faux frères qui se sont allés établir dans les pays étrangers après avoir manqué de fidélité à S. M. et emporté le bien de leurs créanciers, ne manquera de faire sortir encore du royaume le peu d'ouvriers que le devoir retient encore et qui, jusques ici, ont mieux aimé s'exposer aux plus pressantes nécessités que de manquer de fidélité. Mais que ne peut l'exemple sur de si foibles esprits, accablés de misère et dénués de tout secours, s'il n'y est promptement et efficacement remédié!..... Il n'est pas moins important pour le bien de l'État et pour le maintien de la fabrique de Lyon que les étoffes qui sont contrefaites chez les étrangers ne se consomment pas au dedans du royaume, notamment celles qui se fabriquent dans la ville d'Avignon, laquelle, par sa proximité, a plus de facilité qu'aucune autre de contrefaire et imiter toutes sortes d'étoffes qui se fabriquent dans Lyon, et principalement les taffetas d'Angleterre, qui étoient les seules marchandises qui, dans ces dernières années, donnoient encore quelque peu d'occupation aux ouvriers, à cause de leur consommation, soit en habits, soit en écharpes; mais, depuis que les fabricants d'Avignon se sont avisés de les contrefaire et qu'ils peuvent, avec un profit très considérable, les donner à 20 p. o/o de meilleur marché que les fabricants de Lyon ne sauroient faire, parce que les premiers recueillissent la soie, qui est la matière de ces étoffes, dans leurs propres fonds, exempte de tous droits, qui ont toutes les choses nécessaires à la vie à beaucoup meilleur marché, parce qu'elles ne sont chargées d'aucuns subsides ni impositions; qui, par ces raisons, font travailler les ouvriers à des prix plus modiques d'un tiers que ceux de Lyon; qui, dans un temps d'augmentation d'espèces, où le change des pays étrangers fait accepter aux fabricants de Lyon les soies de 20 p. o/o plus chères, profitent de ce bon marché et donnent à plus bas prix les marchandises que les fabricants de Lyon ne peuvent faire; cela est cause en partie de la cessation des taffetas nommés *angleterres* à Lyon : les magasins en sont remplis, pendant que les fabricants d'Avignon vendent les leurs, qu'ils font conduire dans toutes les villes du royaume sans passer par Lyon, ni par aucuns autres endroits. Se peut-il encore donner un préjudice plus considérable à l'État et à la manufacture? Moins la fabrique consomme de soie, moins S. M. perçoit de droits; et à la fin, elle n'en recevra plus rien, et la fabrique tombera entièrement. Le remède pour empêcher ce mal est d'augmenter les droits d'entrée dans le royaume des étoffes étrangères, et surtout de celles d'Avignon, de mettre de bons bureaux et des commis d'une fidélité à toute épreuve dans tous les endroits par où les fabricants d'Avignon pourroient faire sortir de chez eux leurs marchandises pour passer dans les terres de l'obéissance de S. M., et lui payer des droits assez forts pour contrebalancer le prix de ces marchandises avec celles qui se fabriquent dans Lyon, ainsi qu'on l'a déjà remarqué dans un précédent mémoire présenté audit sieur prévôt des marchands.»

La publication de l'arrêt prohibant la vente des étoffes et toiles des Indes fut ordonnée à Orange, comme partout ailleurs, malgré la résistance des consuls, qui invoquaient l'exemption de tous impôts et charges contraires aux franchises et privilèges de leur ville. (Lettre de M. Lebret fils, intendant en Provence, avec apostille du contrôleur général, 11 novembre 1709.)

---

586. *Le sieur* Laplace, *à Bordeaux*,

au Contrôleur général.

5 Octobre 1709.

«Votre Grandeur sera informée que le collège de lois de

Bordeaux est entièrement désert et abandonné, par la négligence des professeurs du droit à y faire leur devoir. Les écoliers, ayant vu qu'ils n'ont entré dans tout le cours de l'année que trois mois seulement, sont résolus de n'y plus retourner, et vont actuellement étudier à Cahors, à Toulouse. Ces désordres durent depuis plus de deux ans, sans qu'on y ait encore remédié. Le crédit que les sieurs professeurs trouvent auprès des puissances de la province les autorise dans ce désordre, qui ne dure que trop au déshonneur des lettres et à l'escandale public. Le grand âge des professeurs, les grands biens qu'ils possèdent les rendent nonchalants et indifférents sur leurs devoirs, et leur orgueil, qui est allé si avant que de mépriser les ordres de M. le Chancelier, leur fait croire qu'il n'y a point de puissance au-dessus d'eux pour les contenir dans leur devoir. Les professeurs qui composent la Faculté du droit sont les sieurs Tanesse, père, âgé de quatre-vingt-dix-huit ans, hors d'état de professer. Les professeurs, pour exclure les agrégés, font dicter dans la chaire publique les écoliers à leur place. Le sieur Tanesse fils, aussi professeur, s'absente très souvent, et n'a jamais su les règles d'un bon professeur. Le sieur Albessard, âgé de quatre-vingts ans, étant devenu aveugle, fait entrer un écolier à sa place pour dicter dans la chaire. Le sieur Fresque, professeur, a fait entrer à sa place un Irlandois qui n'entend point la langue, et, sur le tout, les professeurs l'ont reçu pour agrégé, nonobstant les défenses de M. le Chancelier et les oppositions que les anciens docteurs agrégés ont formées à sa réception, lesquelles demeurent sursises attendu qu'il n'y a point de juges qui ne soient entièrement dévoués aux professeurs : le sieur Albessard, professeur, a son fils avocat général au Parlement; le sieur Tanesse, jurat perpétuel et professeur, est parent proche de M. le premier président. Ainsi, les anciens docteurs agrégés, ayant peine à subsister par le modique revenu de leurs emplois, qui ne va pas en plus haut de vingt-cinq écus par an, les manières indignes avec lesquelles ils sont traités dans tous les temps par les sieurs professeurs ou par la puissance de la province leur ont fait abandonner depuis longtemps leurs fonctions et les mettent dans une juste défiance de pouvoir rien espérer de leur bon droit; et comme les professeurs n'ont pu souffrir que les anciens agrégés se soient opposés à ce désordre, dont les sieurs Fresque et Albessard, professeurs, sont les propres auteurs, non plus qu'aux réceptions clandestines qui se font dans le collège des licenciés qui ne savent pas le latin, ont affecté de mettre un plus grand nombre d'agrégés, contre toutes les formes et les défenses de M. le Chancelier, qui portoient qu'on examineroit les raisons des anciens agrégés pour supprimer les places vacantes parmi eux, dans l'objet de faire abandonner par les anciens agrégés leurs fonctions, dont ils se sont acquittés très dignement. Et depuis peu ils ont agrégé le sieur Bernard Fresque, fils d'un des professeurs, homme très noté, et lequel M. le Chancelier avoit fait chasser hors du collège pour ses mauvaises actions et avoir enlevé la somme de 300# au sieur Verdème, juge royal de Lalinde, reçu licencié sans savoir le latin. Je crois être obligé [de dire], en attendant un parfait rétablissement de cette Faculté, qu'il y auroit lieu, dans l'intérêt public et de S. M. et l'honneur des lettres, de créer dans la Faculté du droit à Bordeaux six autres professeurs de droit, alternatifs et qui professeroient par semestre, les rendre conseillers aux présidiaux de leur établissement. On donneroit au public des juges éclairés, quantité de charges qui sont vacantes seroient dignement occupées, et par là les professeurs et agrégés, étant dans des postes aussi avantageux et utiles, se rendroient assidus à leur devoir de l'École et du Palais. Le Roi, par sa déclaration concernant la Faculté du droit, veut que les professeurs du droit, après vingt ans d'exercice, soient conseillers dans les sénéchaussées; par l'arrêt du Conseil de l'année 1681, [il] a créé un professeur du droit françois, et par là il préjuge la nécessité d'un pareil établissement. Le défaut des juges dans les sièges interrompt le cours de la justice; on a vu diverses fois, au sénéchal de Guyenne, quatre avocats monter en même temps au siège pour faire nombre en présidial. D'ailleurs, le revenu de 4,000# par an en temps de paix, et 2,000# dans le temps présent, si ledit collège n'étoit désert, la dignité de ces places qui ne sont dues qu'à des personnes d'une grande érudition, l'honneur des lettres mérite qu'on leur donne de pareilles charges, et il est assuré qu'un pareil établissement causeroit une grande assiduité dans les professeurs, attireroit grand nombre d'étudiants, et exciteroit une honnête émulation parmi les docteurs agrégés, professeurs et anciens avocats.»

587. *M. de Bernage, intendant à Amiens,*
au Contrôleur général.

6 Octobre 1709.

Il fait observer qu'en vertu de l'abonnement qui décharge l'Artois de toutes affaires extraordinaires de finance, on ne pourrait imposer aux officiers des maîtrises la réunion des offices créés en 1708, et que d'ailleurs ces maîtrises ont perdu toute leur juridiction sur les eaux et forêts des particuliers par le rachat que les États en ont fait : ce qui rendrait vaine la création de droits nouveaux attribués aux offices*.

* Voir, au 19 septembre 1708, une première requête de la maîtrise particulière d'Arras et les remontrances des États.

588. *Le sieur Pochet, subdélégué de l'intendant*
à Manosque,
au Contrôleur général.

7 Octobre et 16 Novembre 1709.

Il demande des lettres de noblesse en récompense de ses services, comme les subdélégués de Grasse et de Draguignan en ont obtenu*.

* Voir une lettre du sieur Riouffe, subdélégué à Grasse, en date du 27 novembre, et, sur les lettres de noblesse et de réhabilitation données, l'année précédente, au sieur Giraud de la Garde, subdélégué dans la viguerie de Draguignan, comme récompense des services qu'il avait rendus pour les transports de l'armée ou pour le passage des nouvelles utiles aux généraux, voir une lettre de ce subdélégué, 27 septembre 1708, et deux lettres de M. Lebret fils, 28 juil-

let et 18 août 1708. «Cela, disait cet intendant, n'est d'aucun préjudice pour le Roi, ni pour la province, puisque, les impositions étant réelles, les gentilshommes de Provence n'ont, à proprement parler, aucun privilège qui soit à charge aux autres habitants du pays, ni qui puisse diminuer les secours que le Roi en peut tirer..... Le sieur Giraud descend d'une famille noble.....»

---

589. *Le Contrôleur général à M. l'Évêque de Nantes.*

8 Octobre 1709.

«J'ai reçu la lettre que vous m'avez fait l'honneur de m'écrire le 28 du mois passé, touchant ce qui est arrivé à Nantes au sujet de quelque blé que le sieur Terrisse a dit avoir acheté par mon ordre et pour ma sœur. Je ne connois point le sieur Terrisse, et ne lui ai donné aucun ordre. Ma sœur, prieure de Villarceaux, est à la tête d'une communauté aisée et qui n'a nul besoin de tirer des blés de Bretagne, ayant toute sa provision. Le Roi a donné depuis peu l'abbaye d'Yerres à l'une de mes filles, religieuse à Montmartre, et, comme les affaires temporelles de cette maison se sont trouvées dans quelque espèce de dérangement par la difficulté du temps, ou peut-être faute d'économie, pour l'aider et assurer la subsistance des religieuses, j'ai donné ordre qu'on achetât quelque quantité de blé en basse Normandie, du côté de Caen, mais nullement en Bretagne : ainsi, je ne sais ce qu'a voulu dire le sieur Terrisse*.....»

* L'évêque écrivait, le 1er octobre : «L'affaire de vos blés, dont se mêle le sieur Terrisse, étoit finie le matin; mais, le soir, le conseil mol que lui donna le maire et la peur que le sieur Terrisse fut légèrement menacé par trois ou quatre femmes changèrent de face les choses, et on a eu la bonté de me le cacher jusqu'à hier, que M. des Grassières me le dit. J'en suis fâché, et très fâché, par le respect que l'on doit avoir pour vous et par les suites qui sont à appréhender, car, à moins de montrer de la fermeté au peuple, on le rend insolent. Je suis évêque, et par conséquent père du peuple; quand ils ne voudront pas écouter mes avis charitables, il n'y a point de gouverneur plus ferme que je serai. Je leur ai dit que, quand ils seront obéissants aux ordres du Roi, ils me trouveroient toujours des entrailles de père, mais que si jamais ils étoient assez malheureux de s'éloigner tant soit peu de ce qu'ils doivent à S. M., qu'ils me trouveroient le plus ferme officier du Roi. J'ai dit dans le monde, afin que cela revienne aux factieux, qu'une conduite comme celle-là, irrégulière, pourroit engager le Roi à nous envoyer quelque régiment en quartier d'hiver. J'espère que cela fera un bon effet, et je vous prie de ne pas désapprouver que j'aie remontré vivement à M. le maire qu'il est des temps où il faut de la fermeté.....»

Selon le procès-verbal dressé par Terrisse, receveur général des fermes, le 28 septembre, il avait, conformément à un ordre du contrôleur général du 29 juillet, acheté vingt-sept tonneaux de froment nouveau, destinés à ensemencer des terres autour de Paris, et l'émeute, à la tête de laquelle étaient des harengères, avait forcé de les débarquer, malgré l'intervention du corps de ville. Par une lettre du 11 octobre, le contrôleur général déclara qu'il n'y avait eu d'ordres que pour l'approvisionnement de la ville de Paris et de l'armée de Flandre, que l'on ne s'était pas adressé pour cela à Terrisse, et qu'il s'était servi mal à propos de son nom. Le 17, M. l'évêque de Nantes annonce que Terrisse a rendu l'ordre du contrôleur général à l'intendant. «J'accusois juste, dit-il. Au reste, rien n'est plus juste que d'aider un lieu où est Mme votre fille, et personne ne sera jamais plus disposé à vous donner des marques de son attachement très sincère que, etc.»

---

590. *M. de Saint-Macary, subdélégué général en Béarn, au Contrôleur général.*

8 Octobre 1709.

«Les États de Béarn ont nommé des survivants à leurs trésorier et secrétaire sans en demander la permission au Roi. S. M. auroit pu en retirer un secours, si elle en avoit fait des offices, et les États de Navarre murmurent de ce que vous venez de leur créer un trésorier tandis que ceux de Béarn disposent de leurs charges comme bon leur semble, et donnent même des survivances*.....»

* Le 20 décembre suivant, il écrit : «..... Vous m'avez ordonné de vous envoyer un projet d'édit pour les charges de trésorier et secrétaire des États de Béarn. En me donnant l'honneur de vous envoyer les remontrances de Navarre, je prends la liberté de vous les adresser comme une ressource sûre pour en retirer un secours, puisque les États vendront plutôt leurs chemises que d'en souffrir l'établissement; auxquels j'ajoute un édit pour des contrôleurs de leurs impositions, afin que leur trésorier ne puisse plus dire aux intendants, lorsqu'ils ont besoin de quelque avance pour les affaires du Roi, qu'ils n'ont point de fonds.....»

---

591. *Le Contrôleur général à divers Intendants.*

8 et 9 Octobre 1709.

Il les invite, après avoir réservé ce qu'il faudra de grains pour la subsistance des troupes qui passeront l'hiver dans leur généralité*, à examiner ce qu'elle pourrait fournir encore de sacs de grains propres à faire du pain pour les troupes qui doivent prendre quartier dans la Flandre, la Picardie et l'Artois, en prenant une moyenne de quinze sacs par paroisse en réglant le prix d'après le taux de vente dans les marchés, et en le compensant sur la taille et la capitation de 1710**.

* Cette lettre fut adressée aux intendants de Rouen (2 bataillons et 12 escadrons), Alençon (9 escadrons), Caen (5 bataillons et 10 escadrons), Bretagne (6 bataillons et 6 escadrons), Tours (10 escadrons), Orléans (6 escadrons), Berry (4 escadrons), Poitiers (3 bataillons et 10 escadrons).

** Selon une autre circulaire du 16 octobre, la part contributive fut fixée ainsi : Champagne, 30,000 sacs; Bretagne, 60,000; Poitiers, 30,000; Berry, 16,000; Orléans, 16,000; Tours, 32,000; Rouen, 28,000; Caen, 36,000; Alençon, 15,000. Ordre était donné de faire la répartition, d'envoyer les mandements sans même avoir reçu l'arrêt d'imposition, et de faire réunir les grains dans les emplacements les plus commodes. «Je ne puis assez vous expliquer avec combien de diligence et d'activité vous devez agir pour faire lever ces grains..... Il n'est pas question de réfléchir, ni de vous arrêter sur bien des difficultés qui se présenteront. S. M. veut être obéie, et c'est à vous à prendre de justes mesures pour satisfaire à ses intentions. Si néanmoins cette imposition est trop forte, et que vous trouviez trop de difficultés à la faire exécuter tout entière, vous pouvez me l'écrire, et, sur ce que je représenterai à S. M., elle voudra bien en diminuer quelque partie.....»

Dès le 10 octobre, M. Voysin, secrétaire d'État de la guerre, avait présenté des entrepreneurs pour la mouture de ces grains, la cuisson et la distribution du pain.

Le 30 octobre, une nouvelle circulaire annonça que le montant des traités passés avec les entrepreneurs de chaque généralité, tant pour le pain des troupes en quartier d'hiver que pour les blés à fournir, serait payé en quinze termes, à commencer du mois de janvier 1710, trois quarts en espèces et un quart en billets de monnaie. Au lieu d'être fournie en nature, l'imposition du fourrage pour le quartier d'hiver pourrait se faire en argent, comme les années précédentes. Pour le service de l'étape, le receveur général s'étant chargé de la fourniture aux troupes de passage, ainsi que du règlement des autres entreprises, il n'y aurait lieu de faire aucune imposition en nature.

Voir les réponses, à ces diverses circulaires, de M. de Bouville Saint-Martin, intendant à Alençon, 30 novembre, 21 et 25 décembre 1709, 12 janvier, 15 mars et 3 juillet 1710; de M. de la Houssaye, intendant en Alsace, 30 octobre; de M. Turgot, intendant en Auvergne, 25 octobre (il propose, au lieu de faire une imputation sur la taille et la capitation, de prendre des rescriptions sur les recettes générales, de les négocier au mieux, et d'acheter des grains en secret); de M. Foullé de Martangis, intendant en Berry, 21 octobre 1709, 8 et 17 janvier 1710 (il obtint de remplacer l'imposition de seize mille sacs de blé par une avance de 300,000# faite par les receveurs généraux); de M. Ferrand, intendant en Bretagne, 28 novembre; de M. de la Briffe, intendant à Caen, 13 et 21 octobre; de M. de Harouys, intendant en Champagne, 5, 23 et 26 novembre, 14 décembre; de M. d'Angervilliers, intendant en Dauphiné, 8 et 13 novembre; de M. le Blanc, intendant en Flandre maritime, 26 octobre, 9 novembre et 8 décembre; de MM. de Bernage, de Bernières et Doujat, intendants à Amiens, en Flandre et en Hainaut (lettre collective, datée du camp de Ruesnes), 10 octobre; de M. de Montgeron, intendant à Limoges, 16 octobre, 15 et 22 novembre; de M. le Gendre, intendant à Montauban, 13 octobre et 6 novembre; de M. Turgot de Saint-Clair, intendant à Moulins, 7 décembre; de M. de la Bourdonnaye, intendant à Orléans, 7, 14, 23, 27, 28 et 30 octobre, 25 et 27 novembre, 10, 13, 15, 22 et 30 décembre, etc. (il fit accepter l'expédient de tirer de l'argent des provinces, tout en donnant des ordres publics de faire l'imposition des grains en nature, et d'employer cet argent à des achats de blés); de M. Bignon de Blanzy, intendant à Paris, 27 octobre; de M. Roujault, intendant à Poitiers, 28 octobre, 5, 6, 8, 27 et 30 novembre, 1er janvier 1710 (il obtint, à cette époque, une dispense de rien fournir moyennant une avance de 72,000# faite par le receveur général, quoique déjà des grains fussent achetés et les sacs préparés); des procureurs du pays de Provence, 16 octobre, et de M. Lebret fils, intendant, 8 novembre; de M. de Richebourg, intendant à Rouen, 14, 22 et 27 octobre 1709, 3 juin 1710; de M. d'Albaret, intendant en Roussillon, 15 octobre, 6 et 13 novembre, 6 décembre 1709; de M. Turgot, intendant à Tours, 16 octobre.

---

592. *M. Voysin, secrétaire d'État de la guerre,*
au Contrôleur général.

9 Octobre 1709.

«J'ai reçu la lettre que vous m'avez fait l'honneur de m'écrire le 8 de ce mois, avec le mémoire du sieur Paparel qui y étoit joint. Il est vrai que le sieur Paparel se vante d'avoir été plus régulier qu'un autre à payer les troupes, et j'ai été induit moi-même à lui procurer, par ses belles paroles, une gratification de 6,000#, que je trouve, à vous parler sincèrement, qu'il ne mérite guère. Vous en conviendrez quand vous saurez que sa dépense ne monte qu'à environ 2,700,000# par an, dont il a le fonds par le taillon, qui monte à environ 2,200,000#, qui se paye régulièrement et en espèces. Ainsi, il ne peut avoir en assignations qu'environ 500,000#. Je trouve, par-dessus cela, qu'il faut qu'il ait pour plus de 1,500,000# ou environ des fonds du Roi, puisque, pour l'année 1705, il en a pour 364,000#; je mets les années suivantes sur le même pied, parce que le compte n'en est pas rendu. Ce petit détail suffit pour vous faire connoître s'il mérite tous les éloges qu'il se donne. Bien des gens qui ont affaire avec lui se plaignent tous les jours de n'être point payés, et j'en reçois souvent des lettres du major de la gendarmerie. Par mon calcul, il a plus d'un million d'argent du Roi, qu'il fait valoir à son profit sur la place, et qui seroit plus utilement employé ailleurs *.

«On vous a dit vrai que je fais faire des contraintes et mettre des garnisons chez plusieurs trésoriers que je trouve être redevables aux Invalides pour des années fort éloignées, comme 1701, 2, 3, 4, 5 et 6, dont certainement les fonds ont été remplis, et ils n'ont aucune bonne raison pour se dispenser de payer. J'entre dans tous les expédients raisonnables pour donner des termes à ceux qui se mettent en devoir de satisfaire. M. de Turményes est de ce nombre, et il n'y a point de garnison chez lui. M. de Montargis a payé une somme assez considérable, et prend des mesures et des termes pour le surplus.

«Vous savez que, depuis quatre mois, il n'a été fourni aucun fonds, tel qu'il puisse être, de l'extraordinaire des guerres pour l'hôtel des Invalides, et j'aurois fait scrupule de détourner un écu de ce que vous avez fait fournir, qui a été totalement envoyé aux armées. L'hôtel étoit néanmoins prêt à tomber, lorsque le Roi m'a fait l'honneur de me mettre en place. La dépense ira bien à 1,200,000# cette année. Il a fallu nécessairement rechercher les fonds entre les mains de ceux qui les gardoient depuis longtemps et qui en faisoient leur profit. Ces diligences ne tournent qu'à votre décharge, et je ne vois point quels mauvais effets peuvent produire des contraintes exercées contre des gens qui retiennent l'argent du Roi. Si vous croyez être en état de fournir les fonds nécessaires pour les Invalides, je suspendrai, tant que vous le jugerez à propos, toutes poursuites contre ceux qui leur doivent, et je serai toujours fort aise de concourir à tout ce que vous jugerez être de meilleur pour la facilité des affaires.»

* Sur la négociation des assignations et les mesures de surveillance à prendre, voir la lettre du 13 octobre.

---

593. *M. Lebret fils, intendant en Provence,*
au Contrôleur général.

9 Octobre 1709.

Il demande la franchise de port pour les lettres et paquets envoyés par le procureur général du Parlement d'Aix aux procureurs du Roi de son ressort *.

«Je crois qu'il y auroit trois moyens: le premier, qui seroit le plus simple, d'exempter de port les paquets de M. le procureur général à ses substituts dans les juridictions du ressort; le second, de lui permettre d'arrêter l'état du port de ces paquets et d'en délivrer des exécutoires sur le fermier des domaines au profit de ses substituts; et le troisième, de faire avec le directeur de la poste un espèce d'abonnement, à raison d'une somme certaine par an, dont on conviendroit, et qui seroit payée par le fermier des domaines. Le premier et le second expédient seroient, je crois, fort bons présentement, parce que M. de la Garde, procureur général, est homme exact, attentif à ménager les intérêts du Roi et incapable de mettre sous son pli aucune lettre qui ne fût pour le service de S. M. Ainsi, je croirois qu'on pourroit profiter de ses bonnes dispositions pour voir à combien monteroit cette dépense au bout de l'an, pour en faire ensuite un abonnement avec le directeur des postes, afin qu'à l'avenir il ne pût se glisser aucun abus. La province est ainsi abonnée pour les lettres des procureurs du pays, et, lorsque quelqu'un de leurs amis en abuse, les commis de la poste ont un instinct pour s'en apercevoir et pour s'en faire faire raison; et il en seroit de même en cas qu'il se glissât, dans la suite, quelque abus à l'égard des paquets du procureur général au Parlement.»

* Voir des demandes analogues de M. du Vigier, procureur général au Parlement de Bordeaux, 29 mars et 5 avril 1710, et de M. de la Bédoyère, procureur général à Rennes, 29 mai 1709.

M. Quarré, procureur général au Parlement de Dijon, écrivait, le 30 septembre 1709 : «. . . . . Plus les lois sont utiles, plus j'accuse la lenteur avec laquelle on les apprend aux peuples. Pour en avancer la connoissance et l'exécution, je n'avois pas hésité de les envoyer par la poste à mes substituts, avec la précaution d'affranchir les paquets : cette dépense, qui ne seroit pas encore aujourd'hui au-dessus de mon zèle, une fortune médiocre m'interdit de la continuer. . . . .»

A l'occasion des réclamations de M. du Vigier, le 23 avril 1710, le contrôleur général écrit à M. Rouillé, maître des requêtes : «Vous savez que, quand le Roi a donné la dernière déclaration qui ordonne que les ports de lettres seront payés par toutes sortes de personnes, ç'a été sur la parole positive que vous avez donnée qu'on ne feroit point payer le port de celles qui seroient écrites pour les affaires du Roi, comme celles qui seroient écrites aux procureurs généraux des Parlements. . . . . Il ne m'est pas possible d'avoir tous les jours de pareilles discussions sur une telle matière. Je vous prie de donner les ordres une fois pour toutes, pour les faire finir : sans quoi je serois obligé de demander une nouvelle déclaration à S. M.»

---

594. *M. le maréchal* DE CHAMILLY, *commandant en Aunis et Saintonge*, AU CONTRÔLEUR GÉNÉRAL.

12 Octobre 1709.

«. . . . . L'officier et le soldat sont depuis si longtemps sans argent et sans crédit*, qu'ils ne s'y seroient certainement pas soutenus jusqu'ici sans ma table, ma bourse et mes soins; mais, quelque envie que j'aie de continuer à les soulager dans l'état auquel ils sont réduits, que je n'oserois vous dépeindre, je ne pourrai le faire, ni me soutenir moi-même, si vous n'avez pas la bonté de m'aider. Mes pensions depuis trois ans me sont dues; je n'ai d'ailleurs rien touché cette année de mon gouvernement de Strasbourg, ni rien, depuis le mois de mars dernier, de mon commandement. J'ai cependant tenu toujours table ouverte pour les officiers, soir et matin, et j'ai mangé non seulement tout ce que j'avois et tout ce que j'ai pu emprunter, mais encore la moitié de ma vaisselle d'argent, et j'ai engagé l'autre. Enfin, je me vois, malgré moi, forcé de vous demander au moins ce qui m'est dû de mes appointements de commandant de ces provinces, en attendant que vous vouliez bien me faire payer des autres. Vous avez ici des sommes considérables dans la caisse des fermes générales; ce n'est cependant pas la connoissance que j'en ai qui m'oblige à vous en demander, puisque j'en ai déjà vu partir bien des voitures sans vous marquer même mes besoins, ayant toujours préféré l'intérêt de l'État au mien propre, quoiqu'il me soit revenu que quelques commandants de province en ont usé plus librement**. . . . .»

* Voir une lettre que M. Bégon, intendant à la Rochelle, écrivait le 30 juillet précédent : les troupes n'avaient reçu, depuis trois mois, que le seul pain de munition; la misère des officiers était inexprimable; quant aux soldats, ils désertaient ou mouraient de maladie, et les fournisseurs avaient cessé d'entretenir lits, corps de garde et hôpitaux.

** A la date du 2 novembre suivant, un receveur envoie un mémoire commençant ainsi : «Les troupes n'étant payées ici et n'ayant que du pain, et seulement une livre et demie par jour, mais quel pain! elles menacent hautement. L'officier, qui ne touche depuis longtemps aucun sou, est dans un état très violent, et les gouverneurs des places n'osent imposer silence.» Il ajoute que, voyant l'imminence d'une sédition et d'un pillage, M. le maréchal de Chamilly a forcé la caisse des fermes à fournir une somme de 30,000# pour le payement du munitionnaire. Sur ces entrefaites, les magistrats de la ville ont appris que le maréchal venait de recevoir son congé : ils sont venus lui offrir tout l'argent dont il aurait besoin, et ont écrit en cour pour qu'on ne le laissât point partir.

---

595. *M.* D'ARGENSON, *lieutenant général de police à Paris*, AU CONTRÔLEUR GÉNÉRAL.

13 Octobre 1709.

«. . . . . Nos marchés ont été plus abondamment que jamais fournis de pain bis de toute espèce; il est un peu diminué de prix; celui de Bretagne réussit de mieux en mieux; le peuple en fait grand cas, et le froment diminua hier de 100 s. par setier* : c'est ce que ne produiroient pas cinquante assemblées pareilles à celle d'hier et d'aujourd'hui, où l'on ne parle que d'inconvénients, de difficultés ou d'impossibilités prétendues. On a cependant résolu qu'on demanderoit au Roi la taxe sur les maisons, qu'on avoit tant rejetée, et l'on paroît dans la disposition de vous demander l'octroi du dixième, contre qui l'on s'étoit si fort récrié. Mais, de la manière dont le recouvrement de l'une et de l'autre se feroit suivant l'idée de MM. les magistrats, à peine l'établissement en seroit-il fait dans deux mois, et, quand on aime véritablement le service du Roi et le salut de la patrie, on ne peut voir toutes ces choses sans une vive douleur. . . . . Nous ne ferons jamais rien de solide, si vous n'avez la bonté de vous en mêler.»

* Le 4 du même mois, il avait désavoué certains placets présentés sous le nom des communautés des perruquiers, parfumeurs, gantiers et chandeliers, et tendant à avoir permission de transformer en ami-

don les recoupes d'orge et de froment que les boulangers laissaient dans la farine, ou dont ils se servaient pour fabriquer un pain moins cher à l'usage des pauvres de Paris.

Le 16 octobre, il écrit : «L'état et les échantillons de pain que j'ai l'honneur de vous envoyer vous feront connoître qu'il a diminué de 2 liards dans la plupart des marchés, et d'un liard par livre dans les autres : ce qui a fait grand plaisir au peuple et a tempéré beaucoup l'inquiétude et les murmures des pauvres, dont le nombre est infini. La lenteur des secours que MM. les premiers magistrats promettent depuis si longtemps à l'Hôpital, sans aucune exécution, est la principale raison de cette mendicité habituelle, qui passera bientôt en usage, si l'on continue de faire sortir de Bicêtre les mendiants et les vagabonds presque aussitôt qu'ils y ont été conduits. Je crains même que la déclaration que l'on projette d'une taxe sur les maisons ne produise pas tout l'effet qu'on en espère, si l'on ne prend soin d'en affranchir le recouvrement des formalités et des procédures que le projet de cette nouvelle ordonnance semble autoriser. Permettez-moi de vous demander le renvoi de quelques-unes des boîtes où je vous ai envoyé des échantillons de pain.»

---

596. *M. de Quinson, lieutenant général en Roussillon,*
au Contrôleur général.

13 Octobre 1709.

«MM. les consuls et plusieurs particuliers de cette ville m'ont parlé du mauvais effet que va produire en ce pays l'imposition que les traitants y veulent introduire sur les huiles. J'avois déjà été informé que les peuples de cette petite province la regardoient comme une chose fort dure. Je dois vous représenter que le Roi a promis de maintenir les privilèges de cette province, en vertu desquels elle devoit être exempte des nouvelles charges que la nécessité des temps a fait imposer dans le royaume. C'est cette même nécessité qui a introduit ces mêmes charges en ce pays, nonobstant ses privilèges; mais il seroit fort heureux qu'on n'y en eût mis que très peu, car je puis vous assurer que la raison fondamentale de la révolte de la Catalogne est prise de toutes ces impositions. Je le sais de plusieurs seigneurs et particuliers de Catalogne, gens affectionnés à la France, qui m'ont dit plusieurs fois que le Roi ne pouvoit rien faire de si pernicieux à ses intérêts de ce côté, qu'en établissant des taxes dans le Roussillon. Elles ont aigri contre la domination françoise les peuples de Catalogne, dont plusieurs ont des biens et des parents en cette province : à quoi ils ont été suscités par les partisans de la maison d'Autriche, qui ont fait agir les prêtres, et les moines, qui sont fort libertins en ce pays-là, en ont tiré des conséquences, qui ont occasionné la révolte qui cause aujourd'hui de si grands préjudices aux affaires des deux couronnes. Je conviens que je parle ici d'une matière très délicate dans un temps où les besoins de l'État sont si pressants; il semble même que cette raison soit sans réplique. Cependant je puis dire librement que le produit de ces taxes n'est rien en comparaison des maux qu'elles ont causés dans tous les temps. J'ai souvent pris la liberté de représenter ce que mon zèle et ma connoissance des maximes et mœurs des peuples de ce pays m'ont inspiré; mais on n'a pas eu assez bonne opinion de moi pour me croire capable de parler juste en matière de politique. On m'a fait la même injustice sur les affaires de la guerre, puisqu'on n'a pas eu la moindre attention aux faciles moyens que je proposois pour prévenir les malheurs qui sont arrivés en Catalogne, et en réparer après une partie très considérable. On doit considérer que le Roussillon est assez chargé par d'autres voies. On y leva, au commencement de cette guerre, un troisième bataillon dans Royal-Roussillon, qui est dans Monaco; on y a levé depuis trois bataillons de milices, un escadron de cavalerie, un escadron de dragons, et neuf bataillons de fusiliers de montagne. Ce qui reste de meilleur parmi les habitants, y compris la Cerdagne françoise, est disposé en dix bataillons de milices bourgeoises, de deux cents hommes chacun, et le surplus des habitants en *soumettants*, que l'on fait servir en tout ou en partie, selon le besoin, pour opposer aux courses des ennemis sur notre frontière. On les a souvent mis en œuvre cette campagne, et les habitants de Perpignan y ont toujours monté la garde, pendant les étés, depuis la révolte de la Catalogne : en sorte qu'il n'y a point de pays dans le royaume qui fournisse tant de choses à la fois pour le service. Il seroit donc bien raisonnable de l'affranchir de cette imposition de l'huile, non seulement à cause du mauvais effet, mais encore par la justice qu'il y a de donner cette consolation à des peuples qui servent si bien le Roi*.»

* Il écrit encore, le 7 février 1710 : «Je ne puis m'empêcher de vous représenter que les peuples de ce pays ne peuvent plus fournir la subsistance au grand nombre de troupes qu'on y a laissé; la misère y est extrême, plusieurs habitants ont abandonné leurs maisons, et quantité de soldats ont déserté. Il est à craindre que le mal deviendra plus grand, si vous n'avez la bonté de faire passer des fonds en ce pays pour la subsistance des troupes; je vous supplie très humblement d'y faire une sérieuse attention.»

---

597. *M. de Fourqueux, procureur général*
en la Chambre des comptes de Paris,
au Contrôleur général.

(Chambre des comptes de Paris, G⁷ 1761.)

14 Octobre 1709.

«La Chambre a apposé ses scellés sur les meubles et effets du sieur Brochet, trésorier des ponts et chaussées, qui doit les comptes de 1705, 1706, 1707, 1708 et 1709, et les apurements de ceux des années précédentes. Sa veuve a renoncé à la communauté, et trois héritiers se présentent pour faire leurs soumissions et demandent mainlevée des scellés. Ces héritiers sont gens de campagne, dont les facultés ne nous paroissent pas. Le règlement de 1702 m'oblige, à la vérité, de recevoir les soumissions des héritiers, sans parler d'aucune discussion; cependant il me paroît dangereux d'abandonner les intérêts du Roi de manière que des gens sans biens et inconnus puissent mettre la main sur les papiers et profiter du mobilier. Je ne donnerai point de conclusions que je n'aie votre avis et des ordres du Roi qui me puissent servir de décision et de règle pour toutes les autres affaires de pareille nature*.»

* Voir une lettre du 13 octobre de l'année précédente (G⁷ 1760), relative à l'apposition des scellés chez un payeur des rentes qui spéculait en fraude sur les billets de monnaie. M. le Camus, lieutenant civil, écrit au sujet de cette affaire (intendance de Paris), les 10 et 16 octobre.

Voir aussi, au 1er février 1709, une lettre de M. de Fourqueux sur le scellé du trésorier le Pilleur, et une lettre de la Chambre des comptes de Dôle (G7 1763), 8 juillet 1710, sur le droit d'apposer les scellés et de faire les inventaires chez les receveurs.

598. *M.* DE LA BOURDONNAYE, *intendant à Orléans,*
AU CONTRÔLEUR GÉNÉRAL.

14 Octobre 1709.

Il estime qu'on ne peut, comme le propose le vice-sénéchal de Sarlat, contraindre les maîtres de forges du Périgord à acheter le charbon de bois provenant de châtaigniers et de noyers gelés, à plus haut prix qu'il ne se vend dans le commerce.

599. *M.* DE SAINT-MARTIN, *commissaire des guerres à Lille,*
AU CONTRÔLEUR GÉNÉRAL.

15 Octobre 1709.

«Notre condition d'otages vient d'être changée en celle de prisonniers, le major de la place nous étant venu déclarer ce matin qu'il avoit ordre de L. H. P. les États généraux de nous conduire à la citadelle, M. de Tournin et moi. Le gouverneur, en y arrivant, nous a demandé notre parole d'honneur que nous n'en sortirions point et ne parlerions à personne sans sa permission. Comme c'est une infraction formelle à la capitulation, j'ai cru devoir faire dire à Messieurs du Magistrat qu'ils eussent à s'adresser dorénavant à qui bon leur sembleroit pour la liquidation des dettes, puisque notre qualité d'otages cessoit par la prison. Je prends aussi la liberté d'en écrire à M. le prince Eugène. Je ne sais si vous approuverez cette conduite; mais j'ai cru qu'il étoit du service du Roi de l'informer de l'infraction qu'on faisoit à la capitulation qu'il a signée*.»

* Réponse en apostille : «Depuis que j'ai reçu votre lettre, j'ai parlé au Roi, plusieurs fois, de l'infraction qui a été faite à la capitulation de Lille à votre égard. S. M. a fait écrire à M. le maréchal de Boufflers d'en faire des plaintes vives, et il me paroît que, dans les règles de la guerre, quand on vous traite en prisonniers, vous n'êtes plus réputés otages. Le procédé qu'on tient à votre égard est d'autant plus extraordinaire, que la plus grande partie des dettes de Lille n'est point liquide et consiste dans des discussions auxquelles vous avez travaillé avec les parties intéressées. On a agi de si bonne foi, que, sans attendre que tout fût éclairci, on est déjà entré en payement, et que je continue de prendre les mesures que je crois les meilleures pour parvenir à terminer cette affaire, dont vous connoissez les difficultés.»

Voir, sur cette violation de la capitulation et sur la liquidation des dettes, les lettres de M. de Bernières, intendant en Flandre, 29 novembre et 17 décembre 1709, 29 janvier 1710. Il dit, dans la première : «.....Nous ne finirons chose au monde que le payement ne soit certain et assuré;.... c'est l'unique conclusion avec les Hollandois, qui ne connoissent d'autre justice, d'autre règle, et même d'autre divinité, que l'argent..... M'étant plaint, il y a quelques jours, du mauvais traitement qu'on faisoit à MM. de Tournin et de Saint-Martin,..... on m'a répondu que, quand on ne payoit point, on étoit en droit de se faire justice, et qu'on demandoit le retour de M. le marquis de Maillebois..... Je prends la liberté de vous conseiller, sans flatterie, de ne point envoyer M. votre fils que cette affaire ne soit en règle.....»

Sur la mise en liberté des deux otages, voir une lettre de M. de Saint-Martin, 6 février, et une lettre de M. de Bernières, 9 février.

600. *M. l'Évêque de Châlons*
AU CONTRÔLEUR GÉNÉRAL.

17 Octobre 1709.

Certains directeurs et commis se refusent à payer les droits auxquels ils ont été taxés pour les pauvres.

«Votre piété vous permettra-t-elle de souffrir que des commis dont la naissance est des plus viles portent des habits aussi galonnés d'or et d'argent que les plus grands seigneurs de la cour, qu'ils fassent des repas assez fréquents, dans lesquels ils n'épargnent pas la dépense pour avoir tout ce qu'il y a de plus nouveau et de plus délicat, jusqu'à payer le litron de pois 12 écus, et ne fassent aucune aumône aux pauvres?.....Peut-être que, si les peuples étoient les maîtres de les imposer, ils suivroient plutôt leur ressentiment et leur indignation que la proportion de leurs facultés*.....»

* En apostille, de la main du contrôleur général : «Lui faire réponse que, si les commis refusent de payer suivant la répartition qu'il m'a envoyée, on donnera l'ordre pour les déposséder de leurs emplois.»

601. *M.* DE HAROUYS, *intendant en Champagne,*
AU CONTRÔLEUR GÉNÉRAL.

18 Octobre 1709.

Il demande que l'on fournisse du pain de munition ou de la farine pour assurer la subsistance des ouvriers de la manufacture d'armes du sieur Titon établie à Charleville, lesquels, au nombre de près de quatre cents, mariés pour la plupart et ne vivant guère que de pain, en consomment près de deux mille livres par jour.

602. *M.* TRUDAINE, *intendant à Lyon,*
AU CONTRÔLEUR GÉNÉRAL.

19 Octobre 1709.

Il est d'avis que le travail de fabrication des pièces de 30 deniers, confié aux sieurs Hogguer et Hindret de Beaulieu, se fasse dans l'enceinte même de l'hôtel de la Monnaie de Lyon, agrandi des maisons et terrains nécessaires.

«Je prendrai la liberté de sortir pour un moment des bornes de mon ministère, pour vous représenter que cette fabrication de pièces de 30 deniers auroit pu se faire plus avantageusement pour le Roi par régie que par traité. Je ne sais point les

IMPRIMERIE NATIONALE.

conditions du traité; mais, quelque somme que vous en tiriez, il faut qu'il y ait un gain considérable pour les traitants, et, s'ils vous avancent dès à présent les sommes qu'ils s'obligent de payer, ils seront certainement payés des intérêts à un gros denier. S'ils ne vous payent qu'en douze mois, vous auriez pu, par la régie, tirer le même secours en aussi peu de temps. Il y a même une réflexion à faire, que si les traitants sont obligés d'acheter des matières d'argent pour cette fabrication, qu'on leur fera payer cher, et que ce prix plus considérable que les marchands en tireront fera une augmentation générale sur toutes les matières d'argent : en sorte que cela contrariera l'objet de faire baisser les matières et de les faire porter aux hôtels des Monnoies. Il me paroît que l'on auroit pu prendre le parti de ne point distinguer cette fabrication de nouvelles espèces, et de la faire faire comme les pièces d'or et d'argent dans quelques-unes des Monnoies que vous désigneriez pour cela. Les directeurs, qui ont intérêt de fabriquer beaucoup, se seroient donné le mouvement nécessaire pour faire venir des matières pour cette nouvelle fabrication. Comme, dans ce cas, il auroit été nécessaire de prendre un sixième de billets de monnoie de ces matières, comme de celles que l'on porte pour la fabrication d'or et d'argent, il n'auroit pas été difficile de couvrir le fonds qui auroit manqué par le remboursement des billets de monnoie, en faisant faire pour cinq cent mille marcs de ces monnoies, au lieu de quatre cent mille arrêtés par l'édit. Ces cent mille marcs d'excédent auroient à peu près remboursé le sixième de billets de monnoie qu'il faudroit prendre dans la régie, sans diminuer le profit que vous comptez de tirer de cette affaire; et par là vous faites le bien du Roi, et vous vous tenez dans une règle dont il me paroît qu'on ne doit jamais se départir, qui est de ne faire faire aucunes monnoies, dans le royaume, qu'en régie et dans les hôtels des Monnoies.....»

---

603. *M. d'Ongnyes, grand bailli de l'Île-de-France,*
au Contrôleur général.

(Intendance de Soissons.)

20 et 28 Octobre 1709.

Projet ancien d'établir un canal de jonction entre l'Aisne, la Barre et la Meuse.

---

604. *Le Contrôleur général*
aux Intendants.

21 Octobre 1709.

«Entre plusieurs avis donnés à l'occasion de la disette dont nous sommes affligés, on a proposé d'empêcher la consommation de certaine espèce de grains appelée *blé de mars;* ce sont des froments qu'on ne sème qu'au printemps, comme les orges, les avoines et autres menus grains. Vous jugez facilement que la vue de ceux qui font la proposition est de conserver par ce moyen l'espèce du froment, si, par malheur, il arrive que les blés semés cet automne périssent en terre par la rigueur du froid, comme il est arrivé l'hiver dernier. Avant de rien déterminer sur la proposition, le Roi a voulu savoir si c'est un objet assez considérable pour mériter un règlement : cette espèce de grains est peu connue et peu commune du côté de Paris; examinez, s'il vous plaît, si elle l'est davantage dans votre département et s'il seroit à propos que le Roi..... défendît de moudre et consommer ces sortes de grains avant le mois d'avril prochain*.»

* M. de Bernage, intendant à Amiens, répond, le 23 octobre : «.....Cette espèce de grains est peu commune en Picardie, et est assez commune en Artois, aux environs de Béthune, Aire et Saint-Omer; mais je crois que le meilleur moyen de la conserver est de laisser agir en cela ceux qui en ont, qui sont intéressés à la garder; et je suis toujours persuadé que, tel règlement qu'on puisse faire pour les grains, il ne pourra jamais avoir un aussi bon effet que la liberté.....»

M. de la Briffe, intendant à Caen, écrit, le 25 : «.....Il y avoit autrefois dans cette généralité une espèce de blé que l'on semoit au mois de mars; mais, les laboureurs ayant connu que les terres n'y étoient pas propres, ils ont discontinué depuis plusieurs années, et on n'en sème plus.»

M. Bégon, intendant à la Rochelle, écrit, le 31 : «.....On ne connoît ici, outre le froment et le seigle, que la baillarge, le méteil, le mil et le blé d'Espagne, dont il ne convient point de défendre la mouture et la consommation, parce que, n'y ayant de froment et de seigle que pour semer, il ne reste pour la subsistance des peuples que ces autres grains, et ils mourroient de faim à présent, si on leur en interdisoit l'usage jusqu'au mois d'avril.....»

---

605. *Le Contrôleur général*
aux Intendants.

21 Octobre 1709.

Ordre de s'informer s'il y a lieu de défendre jusqu'à la récolte de 1710, ou même pour toujours, l'emploi de l'orge, au lieu de chaux et d'écorce de chêne, dans les tanneries.

---

606. *M. d'Angervilliers, intendant en Dauphiné,*
au Contrôleur général.

25 Octobre 1709.

«J'ai reçu, avec la lettre que vous m'avez fait l'honneur de m'écrire, du 23 août dernier, le placet ci-joint, du sieur Barre, qui demande la permission de faire exploiter les mines qui sont et pourront être découvertes en Dauphiné. Il est vrai qu'il y en a plusieurs, dans cette province, de fer, de plomb, de vitriol, de cristal et autres matières, non seulement dans les lieux marqués par le mémoire du sieur Barre, mais dans beaucoup d'autres. Quelques-unes de ces mines, qui n'ont pas été travaillées jusqu'à présent, ou dont on a abandonné le travail, se trouvent éloignées des bois, de sorte que la dépense a détourné ou dégoûté les particuliers à qui le Roi a accordé des priviléges en différents temps. Il est cependant vraisemblable qu'un homme intelligent et attentif pourroit faire valoir les mines qu'il y a en Dauphiné mieux qu'on a fait. Le dernier privilége, dont je joins ici une copie, a été donné, en 1704, au nommé Eynard. Ses associés sont des François religionnaires, réfugiés à Genève, qui l'ont demandé pour en faire un autre usage que celui de faire travailler aux mines, auxquelles, depuis ce temps, on n'a pas mis la main. Il est porté, par les lettres patentes, qu'Eynard fera ouvrir et exploiter les mines dans l'espace de deux années; sinon, qu'il demeurera déchu de son privilège : il a encouru cette peine, et, d'ailleurs, il ne peut qu'être préjudiciable que des gens sans doute mal intentionnés aient toutes les commodités qui se trouvent dans ce privilège pour en mésuser. Ainsi, je crois que ce ne peut être qu'un bien d'accorder au sieur Barre la permission qu'il demande*.»

* M. le Guerchoys, intendant en Franche-Comté, par sa lettre du 26 octobre 1708, appuie une requête du comte de Grammont (1er juillet 1708) demandant à être maintenu dans la faculté de travailler aux mines de cuivre et de plomb des montagnes de Vanne et de Fresse, nonobstant le privilège du marquis de Listenois.

Le sieur Bourgeois, en Provence, demande, les 16 mai, 1er et 22 juin 1708, un privilège pour exploiter des mines de cuivre et de plomb.

M. le Gendre, intendant à Montauban, écrit, le 9 décembre 1708, qu'on ne peut agréer la requête d'un individu qui demande à faire des recherches pour retrouver les anciennes mines d'or et d'argent exploitées par les Romains quoique les premiers travaux n'aient pas produit de bons effets : «Il n'en est pas de même de [la mine] de plomb qu'il a découverte dans la montagne de Lardio, qui est très riche et très abondante, et dont on pourra faire un fort bon usage pour l'utilité des provinces voisines.»

Le 12 mars 1710, M. Roujault, intendant à Poitiers, rend compte d'une demande d'exploitation d'une prétendue mine située à Availles, sur la Vienne, par le sieur le Conte, capitaine de milice : voir la lettre de celui-ci, en date du 23 mai 1708.

Le 30 octobre 1710 et le 10 janvier 1711, M. Trudaine, intendant en Bourgogne, demande qu'on accorde au sieur Joseph Lallemand, maître des forges et fourneaux de Froivent et Villotte, la permission d'extraire du minerai de fer dans la forêt de Villiers-le-Duc et dans le canton de Servy.

---

607. *M. de Bernage, intendant à Amiens,*
au Contrôleur général.

27 Octobre 1709.

«Un des points de la lettre que M. de Bernières, M. Doujat et moi, nous eûmes l'honneur de vous écrire en commun le 10 de ce mois, contenoit une proposition de faire fournir de la viande aux troupes cet hiver, et d'imposer pour cet effet des vaches dans les provinces du dedans du royaume, à imputer sur la taille, qui seroient amenées dans les provinces de la frontière par proportion à la quantité de troupes qu'il y aura. Quoique l'exécution de ce projet soit sujette à quelques embarras, il me paroît qu'elle ne seroit pas impossible en chargeant le sieur Charpentier de donner des conducteurs et des distributeurs. Il y a des provinces fertiles en bestiaux, comme le Limousin, où la fourniture seroit plus soulageante qu'onéreuse, parce que l'argent demeureroit dans l'intérieur du pays. Il ne seroit pas aussi impossible de trouver moyen de faire subsister les vaches sur la frontière, et je ne prévois pas que, sans ce secours, on puisse faire vivre les troupes.....»

---

608. *M. d'Ongnyes, grand bailli de l'Île-de-France,*
au Contrôleur général.

(Intendance de Soissons.)

28 Octobre, 27 Novembre et 18 Décembre 1709.

Il rend compte de la marche de diverses bandes de faux-sauniers, composées de paysans des frontières ou de dragons des garnisons.

«Cela ne produira rien de bon. Premièrement, le peu qui nous reste des deniers s'en ira au pays ennemi, et il est à craindre que les garnisons de Mons, Ath et Liège ne grossissent cette troupe, ne fassent des prisonniers et ne brûlent, quand ils verront leur commerce interrompu. Il me paroît que le Roi arrêteroit tous ces désordres et profiteroit de tous les deniers du sel en imposant tout le monde, clergé, gentilshommes, communautés religieuses et le peuple, aux deux tiers de notre nécessaire, par rapport à la soupe, à 10 s. la livre, et l'autre tiers à 5 s., avec tout le reste dont nous aurions besoin pour saler viandes, fromages et beurre, et même pour en donner quelquefois aux animaux incommodés. Je suis très persuadé que le Roi tireroit plus en un mois que S. M. ne fait en six; le pauvre paysan mangeroit de la soupe, qui est sa seule nourriture; la première classe n'auroit plus de sel superflu, et en dissiperoit cependant infiniment davantage. Le plus riche d'un village n'oseroit à présent tuer un cochon que nuitamment et à l'insu de tout le monde; car, si cela se faisoit en public, on lui augmenteroit son imposition. Votre Grandeur ne sauroit, suivant ma pensée, faire une action plus louable vers Dieu, ni rendre plus de service à S. M. et à ses sujets, que d'arrêter le cours de cette malheureuse imposition, qui produit tous les jours des meurtres, des incendies, empêche la vie aux peuples, fait une espèce de guerre civile entre les mêmes sujets, et ne produit aucunes finances ni avantage au Roi. J'envoie exprès porter cette lettre à Laon, n'ayant point de poste plus voisine, ni d'autre commodité qu'un messager en huit jours; j'envoie aussi à Aubenton donner avis de cet attroupement aux officiers du grenier à sel. Ceux à qui j'ai parlé alloient passer à une demi-lieue d'Aubenton : je leur ai dit que leur métier étoit dangereux et que le meurtre qu'ils avoient fait, ou leurs camarades, à Aubenton, auroit des suites; ils me répondirent fort respectueusement qu'ils ne faisoient point de mal et qu'ils se défendroient contre ceux qui les attaqueroient. Ils étoient tous armés de trois coups à tirer et d'une bayonnette.

«J'ai mandé aux gentilshommes de quatre lieues à la ronde de faire leur possible pour empêcher leurs habitants de faire le faux-saunage, et que nous étions obligés d'y donner nos soins, puisque c'étoit un impôt établi par le Roi, et que les attroupements que pouvoit produire ce commerce nous attireroient quelque chose de mauvais. Tous ces Messieurs me promettent de faire leurs efforts pour empêcher ce désordre, mais que les lieux où il n'y a point de seigneurs résidents et ceux qui sont aux ecclésiastiques ne se retiendront pas. Ils prennent des cavaliers et dragons pour les escorter : ce que j'ai vu hier dans une bande de quarante, qui marchent et suivent les chemins avec la même tranquillité que s'ils faisoient une action agréable et permise. Les gardes de sel se détournent des faux-sauniers avec raison; ils prennent seulement le sel aux femmes. Tant que les troupes ne seront point payées, elles ne se contiendront point.»

609. *Le Contrôleur général à M. Voysin, secrétaire d'État de la guerre.*

30 Octobre 1709.

«J'ai eu l'honneur de vous remettre ce matin un mémoire succinct des fonds que je puis donner pour les payements comptants à faire de mois en mois à ceux qui se présentent pour entreprendre la façon, cuisson et distribution du pain aux troupes en Flandres et en Allemagne pendant l'hiver et pendant la campagne prochaine. Suivant les mémoires que j'ai vus, ils se chargent aussi de la levée, nourriture et entretènement des équipages des vivres. Ce qui regarde ce service pour l'hiver est de votre département; pour ce qui concerne celui de la campagne, il est de l'ordre d'en faire l'adjudication au Conseil, et c'est le contrôleur général qui est chargé de ce soin. Je suis persuadé qu'il est du bien du service du Roi que les mêmes compagnies soient chargées de cette entreprise pour l'hiver et pour l'été; je suis persuadé pareillement qu'il convient qu'elle soit entre les mains de personnes que vous connoissiez assez pour vous reposer sur eux de la sûreté de l'exécution.»

Il demande communication des propositions faites par l'entremise de M. de Saint-Port et les noms des auteurs de ces propositions*.

* En Dauphiné, M. d'Angervilliers, traitant avec le munitionnaire Berthelot de Duchy pour l'entretien de cinq cents mulets de transport, à 42 s. par jour moins la fourniture du foin, de l'avoine et du pain, avait reçu de lui des offres de se charger de la cuisson et de la distribution du pain sur le pied de 12 d. par ration. (Lettre du 20 octobre.)

M. Foullé de Martangis, intendant en Berry, fit un marché avec des boulangers, dans chaque quartier, pour fournir le pain à 4 s. la ration, payables par les receveurs des tailles, faute de fonds à l'extraordinaire des guerres : voir ses lettres des 6 et 31 décembre, et celles de M. Turgot, intendant à Moulins, 7 décembre; de M. de la Briffe, intendant à Caen, 30 octobre et 27 novembre; de M. le Gendre, intendant à Montauban, 21 janvier 1710; de M. Bégon, intendant à la Rochelle, 31 octobre 1709; de M. de Montgeron, intendant à Limoges, 15, 17 et 31 janvier 1710; de M. de la Bourdonnaye, intendant à Orléans, 4 et 10 novembre 1709, 14 janvier 1710; de M. Lebret fils, intendant en Provence, 15 octobre, 1er, 20 et 22 novembre, 15 décembre 1709, etc.

610. *M. de Valicour de Monteye, à Valenciennes, au Contrôleur général.*

31 Octobre 1709.

Il explique comment il a autorisé le receveur des traites à rendre les étoffes des Indes arrêtées entre les mains d'un muletier du marquis d'Hautefort, et que le contrôleur voulait confisquer. Ces étoffes étaient apportées du Quesnoy pour le compte de Mme la maréchale de Villars, avec l'intention de les faire repasser à Ath, parce qu'elle ne les avait pas trouvées à sa convenance. On a pris les précautions nécessaires pour qu'elles retournassent à l'étranger*.

* Voir, au 15 novembre, une lettre de M. de Valicour à la marquise de Dangeau, et deux lettres de celle-ci et de Mme de Villars, intercédant pour le receveur, révoqué de son emploi.

611. *M. de Bouville, intendant à Orléans, au Contrôleur général.*

31 Octobre 1709.

«M. Durand, qui est venu ici passer quelques jours, vient de me dire qu'il est dans un grand chagrin de savoir que vous croyez que la vente de sa charge de receveur général des finances d'Orléans n'est pas sérieuse, et qu'il a été bien aise de s'en décharger sans la défaire, en la mettant sous le nom de M. Poirier. Je puis vous certifier avec une entière certitude que rien n'est plus sérieux que cette vente de charge qui n'a été faite que par mon avis, voyant bien que ledit sieur Durand étoit hors d'état de la soutenir et les affaires extraordinaires dans lesquelles il s'est engagé. Je puis même vous certifier que j'ai vu les comptes que le commis à la recette générale a rendus en ma présence audit sieur Poirier, et tous les engagements dont il s'est chargé à la décharge dudit sieur Durand. J'ai vu même ledit sieur Poirier pleurer le malheur dans lequel il s'étoit jeté en achetant cette charge. Voilà ce que j'en sais certainement, et je crois que ledit sieur Durand m'auroit même dit son secret, s'il y en avoit eu entre eux; et, au contraire, il m'a assuré que le parti qu'il prenoit de vendre sa charge n'étoit que pour pouvoir soutenir les affaires extraordinaires. Je dois cette certification à la vérité pour un homme qui me paroît absolument dévoué à tout ce qu'il vous plaira.»

(*De la main de Mme de Bouville.*) «Je joins ce petit (*sic*), Monsieur mon très cher frère, à cette lettre que M. de Bouville vous écrit pour vous certifier la vérité et rendre justice à un homme qui nous a toujours paru avoir de bonnes intentions pour le service et une grande soumission à vos ordres. Voilà les raisons qui m'engagent à vous prier de lui accorder les mêmes bontés dont vous l'avez honoré dans les commencements. C'est la grâce que je vous demande pour lui.»

612. *M. Voysin, secrétaire d'État de la guerre, au Contrôleur général.*

31 Octobre, 7 et 22 Novembre, 6, 7 et 23 Décembre 1709; 4 Mai 1710.

Formation de compagnies pour la fourniture des vivres aux troupes; payement des entrepreneurs; transport et mouture des blés destinés aux troupes des frontières.

613. *M. de Grignan, lieutenant général en Provence,*
au Contrôleur général.

1er, 6 et 17 Novembre 1709.

Nouvelles reçues de la reconnaissance de l'Archiduc, par le Pape, comme roi catholique des Espagnes, et de l'établissement d'un tribunal de la nonciature d'Espagne à Avignon.

«Il se dit assez publiquement dans Avignon, même parmi les officiers de la légation, que l'on doit s'attendre que le Roi donnera ses ordres pour s'emparer de la ville d'Avignon et du Comtat Venaissin, et l'on ajoute que le Pape y trouveroit indirectement une espèce d'avantage, parce que ce seroit pour lui un moyen d'entrer dans les négociations et d'être compris dans les traités de paix.»

614. *M. le Guerchoys, intendant en Franche-Comté,*
au Contrôleur général.

3 Novembre 1709.

«Le commis de l'extraordinaire des guerres de ce département m'ayant fait voir une lettre du trésorier général par laquelle il lui mandoit qu'il ne pouvoit envoyer aucun fonds dans cette province, j'en ai informé M. Voysin, en le priant de vouloir bien y faire remettre quelque argent pour les troupes, ne m'étant pas possible de les faire subsister avec le seul pain de munition, composé d'un tiers de blé et de deux tiers d'orge. Il m'a fait réponse qu'il comprenoit bien mon embarras dans l'établissement du quartier d'hiver, qu'il vous en parleroit, et qu'il ne doutoit pas que vous ne fissiez faire ici des remises au plus tôt. C'est ce qui me fait prendre la liberté de vous représenter que je dois avoir, pendant cet hiver, douze à treize mille hommes à faire vivre, dont une bonne partie est déjà arrivée; que le trésorier n'a pas un sol dans sa caisse, et qu'il se trouve, aussi bien que moi, sans aucune ressource. Les choses en cet état, vous jugerez qu'il est d'une nécessité indispensable de faire remettre ici des fonds d'une manière proportionnée à ce grand nombre de troupes, ou, du moins, de me permettre d'obliger les receveurs des tailles d'avancer pour cela quelqu'argent sur les impositions de l'année prochaine*.....»

* Réponse en apostille : «Je vois la triste situation où il se trouve; elle est égale partout. Aidez-vous par quelques expédients en attendant que le projet auquel je travaille, etc., puisse me mettre en état de remettre des fonds qui puissent être envoyés dans votre département.»

615. *M. d'Argenson, lieutenant général de police à Paris,*
au Contrôleur général.

Du 3 Novembre au 29 Décembre 1709; 2, 12, 16, 19, 23, 26 et 30 Janvier, 2, 6, 9, 13, 16, 20 et 23 Février 1710, etc.

Situation de la halle aux grains, des ports et des marchés au blé de Paris*.

* Voir les lettres de M. Chauvelin, intendant à Tours, sur l'envoi de plusieurs convois de bateaux à Paris : 2, 8, 20 et 27 janvier, 1er et 26 février, 9, 10 et 20 mars, 6 et 17 avril, 5 et 7 mai 1710; celles de M. le duc de Luxembourg, gouverneur de Normandie, et de M. de Richebourg, intendant à Rouen, 23 et 25 janvier 1710, relatives au passage de blés venant de la Bretagne; une lettre de M. de la Bourdonnaye, intendant à Orléans, 13 juin, sur les droits dus par d'autres convois de même provenance, pour leur transport par le canal; des états du marché de Montlhéry envoyés par le sieur Desperrières, lieutenant de police, le 4 août et le 29 décembre.

L'abondance qui se produisit alors sur tous les marchés et le mauvais état des blés venus de Gênes firent qu'on finit par les abandonner à l'Hôpital général sur le pied de 8# le setier, et même gratuitement. (Lettres de M. Bignon, prévôt des marchands, 23 et 28 juin, 3 et 26 décembre 1710.)

616. *M. de Richebourg, intendant à Rouen,*
au Contrôleur général.

5 Novembre 1709.

«Je reviens de Dieppe, où j'ai eu l'honneur de recevoir votre lettre au sujet de celle que M. de la Boissière vous a écrite sur la garde ordinaire que doivent monter tous les bourgeois. J'ai tâché d'approfondir cette affaire avec les uns et les autres, et je trouve qu'effectivement, lorsque le Roi abandonne à des bourgeois le soin de garder leur ville, il ne doit point y en avoir d'exempts; mais, d'autre côté, j'ai aussi remarqué qu'il y a beaucoup d'humeur de la part de l'état-major, qui affecte de fatiguer de certains officiers, comme ceux de l'élection et du grenier à sel, lors même qu'ils sont occupés aux fonctions de leurs charges, et qu'il envoie chez eux jusqu'à quatre invalides en garnison et qui y vivent à discrétion : ce qui peut aisément s'éviter en prenant ces officiers pour monter la garde les jours qu'ils ne sont point en fonction, et même les ménageant là-dessus. Il n'y a, je crois, qu'une lettre de votre part à l'état-major qui puisse faire cet effet; car j'ai persuadé et fait avouer à ces bourgeois leur obligation de monter quelquefois ladite garde : il ne reste plus qu'à y apporter le tempérament que j'ai l'honneur de vous proposer*.»

* Voir une autre lettre de l'intendant et une lettre de M. de Manneville, gouverneur de la ville, 15 novembre, et celles de M. de la Boissière et de M. de Mornay de Ponchon, major de la ville, 4 décembre.

Sur le service de la garde bourgeoise à Verdun, voir une lettre de M. de Saint-Contest, intendant à Metz, 9 août 1708.

617. *M. de Montgeron, intendant à Limoges,*
au Contrôleur général.

7 Novembre 1709.

Remplacement des hommes de la milice aux frais des communautés, moyennant une imposition de 30,000# avancée par les receveurs des tailles*.

* Sur le recrutement des milices, voir les lettres de M. de Montgeron, 26 septembre 1708, et de M. Doujat, intendant à Poitiers,

29 mai 1708; sur le remplacement, celle de M. le Gendre, intendant à Montauban, 2 janvier 1709.

618. *M. d'Argenson, lieutenant général de police à Paris,*
au Contrôleur général.

8 Novembre 1709.

Une surséance doit être accordée aux officiers vendeurs et contrôleurs de la volaille, qui sont nécessaires pour assurer les relations avec les marchands forains et pour entretenir l'abondance dans les marchés, mais que des créanciers ou des huissiers poursuivent ou saisissent pour des sommes peu considérables*.

* Voir une autre lettre, du 26 avril 1710, sur la participation aux élections et délibérations importantes de la communauté que réclamaient les officiers retenus par leur service à la suite de la cour.

619. *M. le Blanc, intendant en Flandre maritime,*
au Contrôleur général.

9 Novembre 1709.

Il a réservé l'orge et le blé pour les places fortes, et a fait l'imposition en autres grains et en fèves, qui pourront servir à resemer les terres gelées.

«Permettez-moi de vous représenter, comme j'ai déjà fait plusieurs fois, le manquement général de tout ce qui est nécessaire. Vous savez que, depuis le mois de juin, on n'a envoyé que 40,000 # en argent. Tous les hôpitaux sont abandonnés; il faut faire acheter journellement ce que l'on peut fournir pour la subsistance des malades, qui manquent de tout. Le chauffage pour les corps de garde et les chambres des soldats est d'une nécessité indispensable. La plus grande partie sont sans souliers et sans habits; il n'est pas possible qu'un soldat, dans cet état, vive de pain d'orge et de fèves, sans toucher le prêt. A présent que l'armée est séparée, j'espère que vous voudrez bien faire quelque attention à ce département. Je crois que c'est un de ceux de la frontière dans lequel il y a le plus de troupes; la désertion et les mutineries y sont plus à craindre qu'en tout autre, toutes les places étant très voisines de celles des ennemis.»

620. *M. Bégon, intendant à la Rochelle,*
au Contrôleur général.

9 Novembre 1709.

«J'ai senti de si vives douleurs pendant la tournée que j'ai faite dans mon département, que j'ai cru devoir faire venir ici le sieur Collot, qui y est arrivé depuis deux jours, et qui, m'ayant trouvé la pierre, m'a conseillé de me faire tailler incessamment, parce que la saison presse et que mon mal augmente très considérablement d'un jour à l'autre. Je m'y suis résolu, et je me dispose à souffrir demain cette cruelle opération, dont on me fait espérer un bon succès parce que ma santé est d'ailleurs fort bonne et que j'ai une constitution très vigoureuse. J'ai mis mon fils aîné au fait de toutes les affaires courantes, dont je vous prie d'avoir pour agréable qu'il vous rende compte pendant ma maladie, dont on me promet que je serai quitte dans trois semaines, ou un mois au plus tard. Mais, comme on ne se doit point flatter en ces occasions, et que j'en puis mourir, j'espère qu'en ce cas vous aurez la bonté d'être le protecteur d'une famille désolée, à laquelle je ne laisserai qu'une très bonne éducation. Il y a vingt-quatre ans que mon fils travaille sous moi, et treize ans qu'il est conseiller au Parlement de Metz; il ne lui manque aucune des qualités nécessaires pour remplir mieux qu'aucun autre ne le pourroit faire les emplois qui m'ont été confiés par feu M. le marquis de Seignelay, qui me faisoit l'honneur de me regarder comme son proche parent, Mme Colbert étant ma cousine germaine. Si leur mémoire vous est chère, et que les services que j'ai rendus au Roi, depuis quarante-six ans, dans plusieurs intendances et autres emplois très importants, méritent quelque considération, je vous prie de la donner toute entière à un des meilleurs sujets que vous puissiez employer, et de me faire la justice de croire que, soit que je vive ou que je meure, je serai jusqu'au dernier soupir, etc.*»

* Le 12, il demanda une commission du Conseil pour que son fils pût régler les affaires urgentes, ne voulant pas lui donner lui-même une subdélégation, comme il l'avait fait jusque-là. Il mourut le 14 mars 1710, et son fils fut nommé intendant au Canada. (Lettres de M. Bégon père, 4 et 8 mars 1710; du maréchal de Chamilly, 12 mars; de M. Bégon fils, 14 mars [deux lettres] et 12 avril.)

621. *M. Chamillart, ancien secrétaire d'État,*
au Contrôleur général.

(Intendance de Tours.)

(De Courcelles au Maine) 17 Novembre 1709.

«Je ne saurois demeurer ici plus longtemps sans vous demander de vos nouvelles et rendre compte de mon acquisition. J'ai trouvé tout ce que je pouvois désirer pour l'habitation et les promenades : il y a bien du logement, de beaux dehors, et un pays à souhait pour la chasse. Il n'y manque que du gibier; mais c'est un mal général. Quoique le pays soit pauvre, que la récolte ait été médiocre, et que ce qui coûtoit 20 s. en vaille 100, il n'y a pourtant encore aucune comparaison à faire avec Paris, et je voudrois, pour le mal que je vous veux, qu'il pût se soutenir comme ce pays, où la taille se payeroit et les autres charges, si elles étoient imposées avec égalité et si les receveurs des tailles donnoient du temps et ménageoient les frais. Nous avons à la Flèche le sieur de la Crochinière qui se conduit à merveilles; il m'a donné vingt-deux mois pour Courcelles et Mézeray, et, au moyen de ce temps-là, les collecteurs s'atermoient avec lui et payeront.

«M. Chauvelin réussit; tout le monde en est content. Voilà tout ce que je puis vous mander de ce pays-ci qui vous intéresse. Conservez-moi toujours la part que je mérite dans vos bonnes grâces, et soyez persuadé que je suis très parfaitement votre très humble et très obéissant serviteur.»

622. *M. de Bâville, intendant en Languedoc,*
au Contrôleur général.

17 Novembre 1709.

Il envoie un projet d'arrêt destiné à empêcher les fraudes et les défauts dans la fabrication des draps de Carcassonne, et demande qu'on lui attribue la connaissance des délits.

«Il est certain que les appellations des jugements des consuls en pareille matière au Parlement font périr toutes les manufactures par les longueurs des procédures, qui ne sont point poursuivies, personne n'en voulant faire les frais. Le marchand qui a tort et qui est en fraude trouve toujours l'impunité par cette voie; cependant il n'y a point de pays où il fallût punir plus sévèrement et plus promptement toutes les fraudes, par l'inclination naturelle qu'ont tous les négociants de cette province à rendre leurs manufactures défectueuses dès que le commerce en est établi, pour y gagner plus promptement autant qu'ils le désirent; et c'est la cause véritable de la ruine de la plupart des manufactures. Les règlements qui ont été faits sont très bons; mais ils deviennent inutiles par l'inexécution, et, pourvu que ce fabricant ait un bon procureur à Toulouse, il peut être assuré que ses marchandises ne seront jamais confisquées, ni lui condamné à l'amende*.»

* Le sieur de Lamarque, inspecteur des manufactures à Carcassonne, écrit, le 13 octobre 1710 : «.....L'augmentation du commerce des draperies fines de cette province dans les Échelles du Levant devient tous les jours plus considérable, et, il ne faut sans doute l'attribuer qu'à ces soins utiles qu'on s'est donnés pour amener les fabricants à leur perfection. La voilà arrivée enfin à ce point qu'exigeoit le bien de ce commerce et que sembloit promettre l'exécution du règlement de 1708. Il est vrai que la crainte du châtiment sévère dont ils étoient menacés ici et à Marseille en cas qu'ils vinssent à s'en éloigner, a mis, pour ainsi dire, la dernière main à cette perfection; car tel est le naturel des fabricants que, pour les écarter d'un abus pernicieux, il ne suffit point de leur faire envisager dans cette fuite des avantages solides : l'usage de cette même fraude qui leur en apporte des prompts et des faciles, qu'ils goûtent sans songer qu'ils leur deviendront chers, les empêche de tourner les yeux vers leurs véritables intérêts; ils aiment suivre ce faux brillant, qui ne manque pas enfin de les perdre sans ressource. Il faut donc, pour dissiper ces funestes préjugés, joindre à ces avantages, c'est-à-dire à ce qu'on leur défend, la menace d'une rude punition : alors, la crainte fait en eux ce que la seule raison auroit dû faire. Cependant il ne me restoit plus, ce semble, pour mettre ce commerce dans une situation à ne rien craindre de la part des étrangers, que d'empêcher qu'on ne tirât ces draps à la rame au delà de ce qui est permis par le règlement; mais cette fraude leur est tellement utile, que je n'ai pu encore y parvenir : ce qui me fait juger qu'il seroit nécessaire de les menacer là-dessus d'une plus grande peine. Il y a longtemps que les Anglois étoient en possession de fournir les draps nécessaires à l'habillement du Grand Seigneur et de ceux de sa cour; je ne puis donner à Votre Grandeur une preuve plus forte de l'augmentation de notre commerce en Levant qu'en lui disant que l'associé de l'entrepreneur de la manufacture de Pennautier qui y est établi a eu cette commission à leur place. Il y a fait fabriquer, pour cela, six balles de drap Mahoux, qui est la plus fine qualité. J'ai cru que Votre Grandeur seroit bien aise d'en voir quelques échantillons, que je joins à cette lettre. Il seroit à souhaiter qu'on continuât toujours à travailler avec cette même perfection, et que, par un relâchement qui n'est que trop ordinaire, on ne vînt à décréditer un commerce si bien établi. J'y veillerai néanmoins d'une manière que Votre Grandeur aura lieu d'être satisfaite de mon exactitude.» En marge : «Monseigneur a porté les échantillons au Conseil pour les faire voir au Roi, et les a ensuite retenus.»

623. *M. de Bernières, intendant en Flandre,*
au Contrôleur général.

18 Novembre 1709.

«Je me donne l'honneur de vous envoyer la copie du jugement que je rendis avant-hier à Cambray, avec le nombre de gradués requis par l'ordonnance, contre un sergent et un soldat du régiment d'Houdetot accusés du crime de fausse monnoie, dont vous m'aviez commis l'instruction et le jugement du procès par arrêt du Conseil d'État. Le soldat, plainement convaincu, après avoir avoué son crime à l'aspect de la question, a été condamné à être pendu : ce qui a été exécuté le même jour; mais le sergent n'a pu être condamné qu'aux galères perpétuelles, la conviction n'ayant pas paru entière, la question n'ayant pu lui être donnée, parce que, dans le moment qu'on alloit la lui appliquer, il dit avoir un mal qui le mettoit hors d'état de la pouvoir souffrir : ce qui se trouva véritable par la visite qui en fut faite*.»

* M. Roujault, intendant à Poitiers, écrivait, le 28 juillet précédent : «Le procès du nommé Barbot, accusé d'avoir vendu de faux sols marqués et de faux liards en bas Poitou, a été jugé à Fontenay : de sept juges, cinq étoient à la mort, la question préalable, deux à la question préparatoire; mais, un des cinq juges, en relisant les voix, étant revenu à la question préparatoire, il a passé à cet avis, comme le plus doux, et, comme ce particulier n'a rien avoué à la question, il a été seulement condamné au bannissement à perpétuité, et ses biens confisqués au profit du Roi. Le prévôt marque par sa lettre (que je joins ici avec le jugement et le procès-verbal de torture) que tous les juges sont convaincus que ce particulier est coupable du fait dont il est accusé, et le prévôt prétend que, s'il avoit été condamné à mort, la question préalable, il auroit tout avoué; mais, comme rien ne doit être plus libre que les jugements, bien qu'on puisse soupçonner quelque faveur de la part des juges, il ne me paroît pas que l'on puisse revenir, ni contre le jugement, ni contre les juges, dans ces circonstances.....» Il envoyait en même temps le procès-verbal d'un jugement rendu dans une affaire d'enlèvement de blés, où les juges s'étaient montrés trop doux.

624. *Le Contrôleur général*
aux Premiers Présidents des Cours supérieures.

19 Novembre 1709.

«Les raisons qui ont obligé le Roi à différer le payement des gages des Compagnies, contre l'usage observé jusqu'à présent de les faire acquitter à l'échéance de chaque quartier, sont assez connues, et il est aisé de comprendre qu'il n'a pas été possible de faire autrement dans une année où, par la perte de la plus grande partie des fruits de la terre et une cessation presque entière de tout commerce, S. M. s'est vue privée de ses revenus ordinaires, sans pouvoir tirer aucuns secours extraordinaires de ses peuples, auxquels il a fallu, au contraire, accorder des remises considérables ou des surséances, pour leur donner moyen de subsister en attendant un temps plus favorable. Mais, dans la nécessité où S. M. s'est trouvée de faire ce retardement, elle a eu la satisfaction de voir que les officiers de ses Cours supérieures, entrant dans ces mêmes considérations, l'avoient regardé comme une chose qu'il étoit difficile d'éviter dans la conjoncture présente; et si quelques-uns ont paru faire sur cela quelques mouvements, dans la pensée qu'ils avoient que ce retardement venoit de ceux qui sont chargés de recevoir les fonds destinés pour acquitter les gages des Compagnies, on les a vus témoigner leur soumission aussitôt qu'ils en ont su la véritable cause*. Comme S. M. ne désire rien tant que de leur faire connoître la satisfaction qu'elle a de cette nouvelle marque qu'ils lui ont donnée de leur zèle et de leur attachement, elle m'a ordonné de vous faire savoir, pour en informer les officiers de votre Compagnie, qu'elle aura toute l'attention qu'ils peuvent désirer à faire remettre entre les mains des payeurs le fonds de leurs gages et augmentations de gages de la présente année le plus promptement qu'il sera possible. Cependant, pour faciliter le payement de l'annuel à ceux qui auroient peut-être peine à le faire sans le secours de leurs gages, elle a résolu de leur donner les moyens d'en faire une compensation. Vous prendrez la peine de communiquer cette lettre à votre Compagnie, en attendant l'arrêt du Conseil, qui doit être expédié, et les ordres qui seront envoyés incessamment aux receveurs de l'annuel et aux payeurs des Compagnies**.»

* Voir les lettres de M. Lebret père, premier président du Parlement de Provence, 23 mai, 17 et 23 juin, 9, 12, 19, 22 et 30 juillet, 7 août, 17 septembre, 21 octobre, 25 novembre et 5 décembre, et celles de plusieurs officiers du Parlement de Bordeaux, 6 et 20 août, 16 novembre et 3 décembre.

** Voir une circulaire aux intendants, du 24 novembre, sur la distribution de l'arrêt et sur la publicité à lui donner.

M. Boisot, premier président du Parlement de Besançon, répond, le 24 novembre, que, les gages de sa Compagnie ayant été payés, elle se dispose à acquitter l'annuel. M. d'Albaret, intendant en Roussillon, écrit, le 2 février 1710, que le Conseil supérieur est réduit à la misère par la suppression de ses gages; voir aussi une lettre du duc de Noailles, datée de Perpignan, le 6 juin suivant.

---

625. *M. de Pontchartrain, secrétaire d'État de la maison du Roi,* *au Contrôleur général.*

20 Novembre 1709.

L'établissement des haras en Navarre a été si avantageux à cette province, que le Béarn sollicite à son profit un arrêt analogue*.

* Le 31 mars 1713, il demande 9,000# sur le revenant-bon de la capitation des trois généralités de Normandie, pour y établir des haras. Le 28 novembre 1711, M. de Courson, intendant à Bordeaux, appuie une demande du marquis de Moncins, gouverneur du pays de Soule, relative à un emprunt destiné aux dépenses d'établissement et d'entretien d'un haras.

---

626. *M. de Bernage, intendant à Amiens,* *au Contrôleur général.*

20 Novembre 1709.

Abrégé de l'état de la généralité.

«La Picardie est dans un tel accablement, qu'il n'y a plus moyen d'espérer que les recouvrements s'y fassent, parce qu'ils se trouvent tous accumulés. On a tout forcé pour faire payer les impositions de l'année dernière, tant en argent que par la compensation du prix de vingt mille sacs de farine d'orge. Il reste cependant beaucoup dû; mais, comme, d'un autre côté, on n'a payé que le quart des blés qui ont été fournis, ceux qui doivent leur capitation et leur taille, qui monte à des sommes moins fortes que celles qui leur sont dues, se payent par compensation, quoiqu'elle ne soit pas accordée; et cela est naturel, et il sera bien difficile de les forcer à payer quand on leur doit. On demande tout à la fois, pour 1710, la taille, la capitation, l'ustensile, les fourrages imposés pour le quartier d'hiver, 45,000# pour les milices et plusieurs petites impositions, et on demande, par compensation sur la taille et capitation, dix-sept mille sacs d'orge à la Picardie, et quatre mille aux gouvernements de Boulogne, Ardres et Calais, dix mille rations de fourrages pour l'étape, 45,000# en argent pour fournir la bière et la viande, aussi pour l'étape, cinquante-quatre mille rations pour les chevaux d'artillerie : toutes lesquelles impositions en nature font une avance, sur lesdites impositions, qui en emporte près de la moitié, pendant que le pays n'est pas en état de fournir au courant. Les convois commandés pendant toute la campagne ont ruiné les paysans et leurs chevaux; on prévoit plus que jamais la nécessité d'en commander, et nulle possibilité d'en tirer assez pour le service courant, bien loin d'en avoir autant qu'il faudra pour les provisions à assembler pour la campagne. Les troupes qui sont dans les villes, n'étant pas payées, ruinent les habitants, par qui les cavaliers et soldats se font nourrir autant qu'ils peuvent, et la plupart n'ont pas de quoi se nourrir eux-mêmes. L'Artois, qui est accablé par tout ce qu'il a souffert et fourni dans la campagne, ne devra rien de toutes les impositions jusqu'en 1711; comme M. Desmaretz a vu par le dernier avis que je lui ai envoyé, on ne peut même espérer que cette province puisse fournir tous les fourrages d'hiver et suffire aux convois qu'on est obligé de commander. Les troupes ne sont point payées depuis plus de deux mois, la misère des officiers et des soldats est au-dessus de toute expression, les pillages commencent et deviendront plus fréquents. Il est impossible qu'elles se rétablissent, puisqu'on ne peut leur donner de l'argent, et qu'il n'y a plus de crédit. Le seul article du manque de souliers met les soldats hors d'état de servir et produit un nombre prodigieux de malades.

«Vivres : tout est prêt à manquer dans tous les départements, car il n'y a plus de ressource dans la Picardie et l'Artois que la dernière imposition de dix-sept mille sacs d'orge, qu'on ne pourra tirer que lentement et avec des peines infinies. Il y aura cependant plus de neuf mille cinq cents sacs de consommation par mois. Les départements de Flandres et du Hainaut n'ont aucun fonds de leur pays; les secours étrangers des provinces de Bretagne, Normandie, Champagne et autres ne peuvent venir assez tôt pour y suppléer. Ainsi, à moins qu'on ne trouve moyen de faire acheter douze ou quinze mille sacs dès à présent sur la frontière, il faut s'attendre à voir manquer le pain partout avant la fin du mois; on ne peut y penser sans trembler*.

«Tous les hôpitaux vont tomber, si on ne les secourt promptement, car il est dû des sommes immenses, et il n'y a plus de boucher qui veuille fournir. On est obligé de leur fournir des grains: ce qui diminue encore les provisions; mais cela ne suffit pas pour les soutenir. Est encore à observer qu'on n'a pu pourvoir à l'étape, tant bien que mal, que pour les passages des troupes après la séparation de l'armée, et qu'on ne voit pas de moyens d'y pourvoir pour le commencement de l'année prochaine**.»

* M. de Bernage ayant voulu mettre l'entreprise du pain en adjudication, il ne s'était présenté que des boulangers incapables de soutenir le service et de fournir des cautions, et on en était réduit à faire faire la cuisson à façon, dans chaque ville, par des commis. (Lettres des 1er et 28 octobre, 14 novembre et 10 décembre.) En apostille à la lettre du 14 novembre, le contrôleur général avait répondu: «.....Il est bien difficile, quand les troupes ne peuvent être payées régulièrement, de les contenir dans une exacte discipline et de leur refuser certains adoucissements qui les engagent à supporter plus patiemment ce qui leur manque. Depuis un mois, je travaille avec beaucoup d'application à former des projets de finance qui puissent fournir de grands fonds pour faire payer un peu plus régulièrement les troupes et faire les provisions nécessaires pour les vivres de la campagne prochaine. Malgré l'épuisement des finances, j'espère en venir à bout, si j'ai assez de santé pour soutenir le travail que demande une opération aussi difficile. La plus grande peine, présentement, est de pouvoir fournir à ce qui reste de cette année: quoique le temps soit court, je vous avoue qu'il ne laissera pas d'embarrasser, d'autant plus que, pour soutenir le service jusqu'à présent, j'ai épuisé toute sorte de crédit. J'espère de rassembler quelque argent avant la fin de ce mois, dont je vous ferai part.»

** Le 16 octobre précédent, il écrivait: «Puisque vous ne voyez pas d'autre expédient pour faire fournir la viande et la bière pour l'étape que la voie d'une imposition en argent à tenir compte sur les tailles et capitation de l'année prochaine, il vaut mieux s'y livrer et la tenter, que d'exposer la province à un pillage certain. Je vous avoue cependant que je n'imagine presque pas comment la Picardie pourra soutenir toutes les charges qu'on impose sur elle à la fois: elle fournit actuellement vingt mille sacs de farine d'orge, et en essuiera une seconde imposition égale, celle des fourrages pour l'étape, qui monte à cent mille rations, celle des fourrages pour la cavalerie en quartier d'hiver, montant à trois cent trente mille, celle des milices, en argent, montant à 45,000#, et enfin celle de l'argent dont il faut faire un fonds pour la viande et bière de l'étape, que je fixerai à pareille somme de 45,000#. Comme cette dernière n'est pas la moins pressée de toutes, j'y fais travailler actuellement, à proportion de la taille de l'année courante, sur toutes les paroisses cotisées à 150# et au-dessus, et j'ordonne que cette imposition sera avancée par les six plus haut cotisés à la taille, et payée par les collecteurs actuellement en charge, pour en être tenu compte aux collecteurs qui vont entrer, sur la taille et capitation de l'année prochaine, conformément à vos intentions. Je donnerai ensuite mes ordonnances sur les receveurs des tailles qui vont aussi entrer en exercice, pour remettre les sommes au directeur des étapes, qui les fournira, suivant la distribution que j'en ferai pour chaque place, aux sous-étapiers ou commis qui régiront. Enfin, j'y apporterai tout l'ordre et toute la diligence qui me seront possibles et que la misère du temps présent pourra permettre. Il est bien à désirer que vous trouviez des compagnies assez fortes pour soutenir les étapes de l'année prochaine.»

Le 14 novembre, M. de Bernières avait annoncé que, si les grains d'imposition, ou des sommes d'argent pour faire des achats en pays ennemi, n'arrivaient avant le 1er décembre, il ne serait pas possible de faire subsister les troupes un jour de plus. Le contrôleur général répondait en marge de cette lettre: «Je suis aussi peiné que lui de la situation où il se trouve. Les dispositions présentes ne me permettent pas de faire de fonds plus prompts pour ce mois-ci; mais j'espère, par les nouveaux arrangements que j'ai pris, d'en donner pour le mois prochain, et de trouver dans la suite plus de facilité par la confiance, qui commence à se rétablir, et les affaires, qui semblent se rapprocher.»

M. de Bernage envoie, le 11 décembre, un rapport sur le règlement des dépenses de pain de la campagne. Le 8 janvier 1710, il demande pour les États d'Artois un secours immédiat de 300,000#, ne représentant pas le quart de la somme que la province doit payer pour plus de douze cent mille rations.

---

627. *M. Ferrand, intendant en Bretagne,*
au Contrôleur général.

21 Novembre 1709.

«J'ai reçu la lettre que vous m'avez fait l'honneur de m'écrire le 9 de ce mois sur l'avis qui vous a été donné que plusieurs négociants de Bretagne ramassent les anciennes espèces et surachètent les piastres jusqu'à 34# et 34# 10 s. le marc, pour les faire servir à leur commerce de mer et les envoyer aux Indes, d'où ils espèrent tirer des retours très avantageux en marchandises, même défendues, en y faisant passer ces matières d'argent. Il faut, s'il vous plaît, distinguer ces deux faits, dont vous vous plaignez avec tant de raison. Vous ne devez pas appréhender que l'on passe dans les pays étrangers les monnoies de France: elles sont ici sur un trop haut pied, et si basses hors du royaume, qu'il n'y a aucun négociant, pour peu qu'il ait de bon sens, qui songe à prendre ce parti; mais il est certain que le commerce et le surachat des espèces anciennes de France se fait presque publiquement pour faire passer les billets de monnoie. C'est un mal qu'il est difficile d'arrêter, et dont il n'est pas aisé d'avoir la preuve; vous y apporterez par votre autorité le remède convenable. Le commerce et le surachat des piastres n'est pas moins public; mais, quand vous voudrez bien vous souvenir que vous avez permis l'armement de quatre vaisseaux pour les Indes orientales, où le commerce ne se fait qu'avec cette monnoie, vous ne serez pas surpris de la conduite des négociants qui ont ramassé les piastres à quelque prix qu'on les a voulu vendre. Cet armement emporte au moins 800,000 piastres hors du royaume. D'ailleurs, le commerce des blés de Barbarie ne se fait qu'en piastres. Ils (*sic*) valent communément 4# la pièce à Marseille. Toutes ces considérations établissent la vérité de l'avis qui vous a été donné. D'en empêcher la suite, cela sera très difficile, ces sortes de négociations étant secrètes. L'avidité du gain que l'on trouve sur les billets de monnoie contribue encore au surachat des piastres, que l'on ne porte aux Monnoies qu'avec le sixième de ces billets. Je sais qu'à Rennes et à Nantes, on n'a porté séparément aucunes espèces ou matières. Le public ne se rend pas justice sur la fixation que vous en avez faite au marc, et chacun cherche à profiter des voies qui ne sont que trop ouvertes pour s'en défaire avec plus d'avantage*.»

* M. Lebret fils, intendant en Provence, écrivait, le 22 octobre précédent : «J'ai reçu la lettre que vous m'avez fait l'honneur de m'écrire le 9 de ce mois, au sujet du billonnage qui se fait à Marseille. Pour pouvoir suivre avec succès l'avis qui vous a été donné des surachats d'anciennes espèces qu'on prétend être fait par des juifs pour les envoyer à Constantinople, il auroit fallu qu'on vous l'eût circonstancié un peu davantage : les avis généraux ne sont pas d'une grande utilité. Nous ne savons que trop qu'il se fait un billonnage presque général, et il y en a quatre causes; la plus mauvaise de toutes, c'est la fausse monnoie. Les faux-fabricateurs ramassent les anciennes espèces pour avoir des matières. A cet égard, l'on a rendu un arrêt pour obliger les orfèvres à casser les espèces fausses qui leur seront présentées, et, dès qu'on apprend que quelqu'un en expose, on procède contre lui. Si l'on parvient à rendre le débit difficile, on empêchera la fabrication. La seconde cause du billonnage est la grande perte qu'on fait dans le commerce sur les billets de monnoie; ceux qui s'en trouvent chargés, et qui n'ont pas cinq fois autant d'argent pour les faire passer à la Monnoie, surachètent les anciennes espèces, parce qu'à quelque prix qu'elles leur coûtent, ils y trouvent plus d'avantage que dans la négociation de leurs billets de monnoie. La troisième est la cherté des piastres : à Marseille, elles valent 4^{tt} 2 d., et, comme un écu des anciennes fabrications vaut tout autant en Levant, il est impossible qu'on ne les surachète, et qu'ils ne passent même, soit à Constantinople, soit dans le reste des Échelles de Levant. Et la quatrième est le profit qu'il y a d'envoyer de ces espèces en Italie, au lieu de piastres, lorsqu'on y veut faire des fonds, y ayant une différence de 15 p. o/o. Ces deux dernières causes ne peuvent être détruites à Marseille, parce qu'il est impossible de visiter les marchandises qui en partent et de les faire déballer toutes; mais les consuls de Levant pourroient avec facilité reconnoître les abus qui se commettent à l'arrivée des bâtiments. Au surplus, je donne toute l'attention possible à exciter l'attention de tous les officiers de justice, et je corresponds avec tous pour leur faire passer les avis qui me viennent, soit de billonnage ou de fabrication, et pour me faire informer des diligences qu'ils font.» Le contrôleur général répond en apostille : «Quoiqu'on soit, en quelque façon, obligé de tolérer le billonnage parce qu'on doit croire qu'il se fait principalement pour envoyer des espèces à la Monnoie, il ne faut pas laisser néanmoins de faire connoître, par la capture de quelques billonneurs, que ce commerce est improuvé.»

Voir d'autres lettres de M. Lebret, 2, 11, 26 et 29 octobre, 11 et 14 novembre, 1er, 23 et 25 décembre; de M. de Castellane, lieutenant général au siège de Draguignan, 27 et 30 novembre; du sieur Gourdon, lieutenant général de Grasse, 9 novembre.

Voir aussi une lettre de M. de Bernage, intendant à Amiens, du 26 octobre, sur le billonnage pratiqué en vue de l'écoulement des billets de monnaie.

---

628. *M. de Bernage, intendant à Amiens,* *au Contrôleur général.*

22 Novembre 1709.

Il envoie copie d'un placard affiché à Saint-Omer par les troupes de la garnison*.

* Texte du placard : «Messieurs les principaux de la ville, comme M. le gouverneur, MM. les magistrats et tous ceux qui prennent les intérêts du Roi, nous vous faisons assavoir que nous sommes fort surpris que le Roi nous réduise à du pain et de l'eau. Nous sommes fort en peine si c'est qu'avons commis quelque crime, car nous voyons à présent que nous sommes traités comme des criminels. Ce n'est pas là la récompense que l'on doit donner après avoir essuyé plusieurs sièges et batailles, que nous avons répandu notre sang, et nous espérons que, si peu qui nous en reste, de le répandre à son service. C'est pourquoi nous sommes bien aises d'avoir notre solde, ou, s'il n'y a pas d'argent, qu'il nous envoie chacun chez nous; que nous sommes si outragés que la force qui nous (*sic*) sera contraint de faire des choses que nous ne voudrions pas faire, et, pour cela, nous prions tous les principaux d'en avertir les intendants et le Roi, qui tâche de nous tirer de l'esclavage. Signé par nous, garnison de Saint-Omer.»

---

629. *Les Officiers du Parlement de Flandre* *au Contrôleur général.*

23 Novembre 1709.

Ils demandent quelque secours pour pourvoir à leur installation provisoire à Cambray, ainsi qu'au transport de leurs papiers et registres, et sollicitent, vu leur extrême misère, une décharge de la capitation*.

* Cette décharge fut accordée, mais par une ordonnance ne tirant point à conséquence, et le Parlement reçut permission de prendre 5,000^{tt} sur le produit des amendes : lettres de M. de Bernières, intendant, 29 décembre 1709 et 29 janvier 1710; lettre du contrôleur général, 8 janvier 1710.

---

630. *M. d'Argenson, lieutenant général de police à Paris,* *au Contrôleur général.*

23 Novembre 1709.

«J'ai vérifié, suivant vos ordres, que c'est un nommé de Launay qui a convoqué, sans aucune autorité, l'assemblée dont les jurés mouleurs de bois se plaignent par le placet que vous m'avez fait l'honneur de me renvoyer, semblable à celui-ci; il a même été obligé de reconnoître qu'il avoit eu l'insolence de faire imprimer le placard injurieux qui y est joint, en vue de les décréditer dans le public et de les obliger de consentir à la création des nouvelles charges qu'il prétend avoir imaginées. J'ai su aussi que la veuve Bouillerot, qui tient son imprimerie rue Saint-André-des-Arcs, avoit imprimé le placard dont il a fait porter des exemplaires*, non seulement chez tous les officiers qui ont des droits sur le bois à brûler, mais aussi chez tous ceux de leurs créanciers dont il a pu avoir connoissance. Si l'aveu de sa faute le rend plus pardonnable à l'égard de la peine qu'il a méritée, il paroît juste et nécessaire pour l'exemple que vous m'ordonniez de lui en faire une sévère réprimande et qu'il soit conduit en prison pour huit ou dix jours. Mais la veuve Bouillerot paroît encore plus inexcusable, et sa faute est d'autant plus digne de répréhension, que la plupart des imprimeurs sont trop faciles à imprimer ainsi, sans permission et sans choix, tout ce qu'on leur propose; on doit même s'attendre que cet abus passera bientôt en usage, si l'autorité supérieure n'y pourvoit. Je pense donc que, pour les ramener à la règle, il seroit à propos que la veuve Bouillerot demeurât interdite pendant deux mois par un arrêt du Conseil, et que cet arrêt fût inscrit dans les registres de la communauté**.»

* Copie : «Avertissement à MM. les mouleurs de bois, aides à mouleurs, chargeurs et contrôleurs des quantités des bois à brûler dans la ville, faubourgs et banlieues de Paris. — Une personne instruite des pertes considérables que font les sieurs officiers desdites quatre communautés à cause des billets de monnoie et des faillites de plusieurs marchands de bois, exhorte lesdits sieurs officiers de s'assembler pour entendre une proposition qui leur sera faite, au moyen de laquelle, étant par eux acceptée, ils seront dorénavant payés en argent comptant et garantis de toutes pertes par faillite, banqueroute ou autrement. L'heure, le jour et le lieu que l'on estime les plus commodes sont dimanche prochain, 10 novembre, à deux heures précises de relevée, en la salle du Change, cour du Palais, entre la Conciergerie et l'escalier qui monte à la Grand'Salle.»

** En marge, de la main du contrôleur général : «Launay sera mis en prison. Rien à la veuve Bouillerot, qui a imprimé l'arrêt.» M. d'Argenson écrit, le 23 janvier suivant, que Simon de Launay, qu'on lui a ordonné de faire arrêter, exerce depuis un mois, à Caen, une commission considérable.

---

631. *M. de Grignan, lieutenant général en Provence,*
au Contrôleur général.

24 Novembre 1709.

«Il y a dans l'étendue de la Provence quelques lieux qui ne sont pas compris, non plus que Marseille et Arles, dans ce qu'on appelle le *corps du pays*, et sur lesquels, en conséquence d'une commission du Roi, je fais une imposition de deniers chaque année, nonobstant les exemptions avec lesquelles ils avoient été annexés au domaine comtal de cette province. Les pertes qu'ils ont faites par la mortalité des oliviers et par celle des blés semés cette année faisoit regarder la levée de cette imposition comme presque impossible, ce qui m'a obligé d'y donner une attention extraordinaire, et, la comté de Grignan se trouvant du nombre de ces Terres adjacentes, j'ai pris soin qu'elle ait donné aux autres l'exemple de faire tous les efforts imaginables pour payer. Il a commencé d'être suivi, et je tiendrai la main que cela soit continué et que ces deniers passent, suivant leur destination, entre les mains du trésorier des galères.....»

---

632. Le Contrôleur général
à M. de Bernage, intendant à Amiens.

26 Novembre 1709.

Permission à la demoiselle de Ravelinghem, qui fournit les lits des garnisons de Calais, Boulogne et Montreuil, de ne point faire sortir du royaume les toiles prises par les armateurs de Calais, et de les employer à sa fourniture*.

* Voir les lettres de M. de Bernage, 21 août, 21 novembre et 16 décembre.

---

633. *M. Trudaine, intendant à Lyon,*
au Contrôleur général.

28 Novembre 1709.

«Vous me marquez..... que vous n'approuvez pas la proposition d'emprunter par les communautés pour payer la taille des années 1709 et 1710, à cause des conséquences et parce que la taille est une chose sacrée, à laquelle vous croyez qu'on ne doit jamais toucher. Vous m'ordonnez en même temps de voir si on ne pourroit point permettre cet emprunt pour payer les autres impositions, savoir : l'ustensile, les fourrages et la capitation..... L'emprunt pour le payement de ces sortes d'impositions ne sera pas si aisé que celui que l'on faisoit pour payer la taille, par la même raison qui vous empêche de le permettre, parce que l'on auroit regardé dans le public une dette sur la taille comme une chose si sacrée, que l'on n'auroit pas douté de l'exécution de la déclaration que vous auriez donnée*.»

Les receveurs des tailles se sont engagés à trouver des prêteurs ou à prêter eux-mêmes la somme de 1,226,168# qui est nécessaire pour payer l'ustensile et le fourrage; mais ils ne veulent point faire un engagement solidaire, et entendent payer une partie en billets d'ustensile.

* Voir la dernière partie d'une lettre du 4 janvier 1710.

---

634. *M. d'Angervilliers, intendant en Dauphiné,*
au Contrôleur général.

28 Novembre 1709.

Il se plaint que le mélange du millet envoyé de Languedoc, au lieu de seigle et d'orge, par le sieur Bonnier, rend le pain des soldats impossible à manger, et qu'on a été obligé d'en interdire l'emploi et d'y substituer trois mille quintaux de blé*.

* Réponse en apostille : «Écrire à M. de Bâville que le sieur Bonnier a tort de fournir du millet, et qu'il devroit être tenu du payement de la quantité des trois mille quintaux de blé que M. d'Angervilliers a été obligé d'acheter pour tenir lieu, etc.»

Dans une lettre à M. Voysin, dont l'intendant envoie copie, il dit que le pain de pur seigle n'est guère meilleur, parce qu'on est obligé de le laisser dans le pétrin pendant douze ou quinze heures : ce qui le rend très humide et fait une perte de douze rations par quintal.

L'entrepreneur de la fourniture des troupes qui hivernaient dans la généralité de Caen demanda une augmentation de 6 deniers par ration parce qu'il était obligé, contrairement à son marché, d'ôter le son du pain de pur froment qu'il fournissait aux cadets, et d'ôter également le son de l'orge dont il mettait moitié dans le pain des troupes. (Lettre de M. de la Briffe, intendant à Caen, 9 janvier 1710.)

---

635. *M. de Courson, intendant à Bordeaux,*
au Contrôleur général.

29 Novembre 1709.

«J'ai reçu la lettre que vous m'avez fait l'honneur de m'écrire le 13 de ce mois, par laquelle vous m'ordonnez de faire tenir compte sur les impositions de 1710 de tout ce que les particuliers ont fourni pour le passage des troupes qui ont passé dans cette généralité. Je crois qu'il est absolument nécessaire de le retenir sur ce qui reste à payer de 1709, et il me paroît même qu'on ne peut faire autrement. Il m'a fallu établir le quartier d'hiver, qui est de trois bataillons et de dix escadrons : si j'avois engagé les communautés à fournir les fourrages et le pain en espèce, plusieurs personnes auroient cherché à profiter sur cette fourniture, qui eût été d'un détail infini, les troupes n'auroient jamais pu être contentes, et il en eût coûté beaucoup plus au pays. Il n'eût pas été possible de faire une imposition en argent payable en quinze mois, parce que ce n'est point l'usage ici de donner des billets qui se négocient, et qu'il faut que les troupes subsistent et fassent une dépense journalière. D'ailleurs, comme on ne peut compter que la solde soit payée régulièrement, il faut pourvoir à la subsistance du cavalier, dragon ou soldat. Les hôtes sont hors d'état de les nourrir. J'ai cru ne pouvoir engager les paroisses à avancer la solde et leur en faire tenir compte sur les impositions, parce que cette avance leur seroit fort à charge, que cela dérange entièrement les recouvrements, et que ce seroit un prétexte aux receveurs généraux pour ne point payer régulièrement au Trésor royal. Pour remédier à ces inconvénients, j'ai pris le parti de faire caserner toutes les troupes qui sont dans cette généralité, et d'engager les officiers à se charger de la nourriture des chevaux et de la subsistance de leur cavalier, soldat ou dragon. Ce n'a pas été sans peine, et il n'y a que l'espérance d'être payés au moins d'une partie de leur solde qui les y a déterminés*.

«J'ai aussi engagé M. Dodun et le sieur Cassaing à faire toutes les avances nécessaires, et de payer en cent cinquante jours, de dix jours en dix jours, le montant de toutes les places, tant pour le pain que pour le fourrage, les trois quarts en espèces et le quart en billets de monnoie. J'ai cru, par là, établir une règle qui rend le fardeau moins à charge au pays et ne dérange en rien les recouvrements. Si on tient compte de ce que le pays a fourni pour le passage des troupes sur les impositions de 1710, comme ces passages ont été considérables, que l'incertitude des endroits par où elles entreroient m'a obligé de me tenir prêt dans trois routes différentes, et qu'ils sont venus la plupart sans que j'en aie été averti, je n'ai pu épargner bien des choses que j'aurois faites, si j'avois pu prendre des mesures justes. Ainsi, M. Dodun peut compter de ne rien toucher de longtemps, si l'on impute sur la taille de 1710 ce qui a été fourni pour l'étape, et cela le mettra hors d'état absolument, non seulement de satisfaire aux engagements qu'il a pris avec moi, mais à ce qu'il est obligé de payer au Trésor royal ou à l'extraordinaire des guerres. D'ailleurs, dans la misère où tout le monde est à présent, M. de Lussé ne doit pas compter de toucher de longtemps ce qui lui reste à payer des impositions de 1709, et, quand on voudroit même presser les particuliers de payer, il y auroit de la dureté de le faire dans le temps que l'on vient d'enlever de chez eux le peu de chose qu'ils avoient gardé pour leur subsistance pendant quelque temps, et qu'on les a mis dans la nécessité d'acheter ce qui leur est nécessaire pour vivre très chèrement, et même de ne savoir où le trouver.»

* Voir, sur les résultats avantageux de cet expédient, une autre lettre du 22 janvier suivant.

---

636. *M. d'Argenson, lieutenant général de police à Paris,*
au Contrôleur général.

29 Novembre 1709.

«J'ai examiné, suivant vos intentions, le mémoire que vous m'avez fait l'honneur de me renvoyer, touchant les gains excessifs que les boulangers font sur la vente de leur pain; je l'ai aussi communiqué à leurs jurés et aux principaux d'entre eux; mais ils sont si peu disposés à rendre justice au peuple et à se contenter d'un profit proportionné au prix des blés, qu'ils ne veulent pas même se soumettre au tarif qui avoit été rédigé en conséquence de plusieurs épreuves faites en présence de M. le procureur général, quoiqu'il leur fût beaucoup plus avantageux que celui de ce commis des vivres. J'ajouterai même que la protection qu'ils ont trouvée auprès des magistrats supérieurs les a rendus si insolents, que mon autorité ne suffit pas pour les mettre en règle, ni pour les ramener à la justice et à la raison, dont ils s'écartent autant qu'ils peuvent. Je vois avec douleur les gains prodigieux qu'ils font sur le pauvre peuple et les vexations qu'ils exercent; mais je ne puis que les faire exciter de toutes mes forces à être un peu plus modérés, et je n'ose les condamner. Ainsi, leur avarice et leur audace prévalent sur toutes les remontrances que je puis leur faire ou qui leur sont faites de ma part, et il se passe peu de jours sans que je reçoive quelques plaintes de leur indocilité scandaleuse et de leur dureté insupportable*.»

* Le 16 et le 20 février 1710, il déclare que les boulangers, avec les marchands de grains, sont les plus cruels ennemis du peuple.

M. Nicolay, premier président de la Chambre des comptes, écrit au contraire, le 26 février, que ce sont les commissaires du Châtelet qui brutalisent tout le monde, et il cite une boulangère de Gonesse rouée de coups par l'un d'eux, sans motif; le curé du village, qui était allé pour prendre sa défense auprès de M. d'Argenson, a été insulté par celui-ci; ni l'un ni l'autre ne peuvent obtenir justice.

Les 22 et 26 juin, 3 juillet et 30 octobre 1710, M. d'Argenson accuse encore les boulangers de Gonesse, qu'on ne peut presque pas empêcher de vendre à faux poids.

---

637. *M. Ferrand, intendant en Bretagne,*
au Contrôleur général.

29 Novembre 1709.

Il demande la permission de faire donner par les nouveaux fermiers un présent à M. le prince de Léon, pour le dédommager des dépenses qu'il a faites à l'occasion de l'assemblée des États, mais sans que cette gratification soit mentionnée ni sur le registre des États, ni dans le cahier de bail, et de manière que les autres ordres de l'assemblée n'en puissent concevoir aucune jalousie*.

* Le 2 janvier suivant, il envoya la délibération par laquelle les États avaient accepté de tenir sur les fonts l'enfant du prince de Léon. Le Roi permit, à cette occasion, que les États fissent un présent de 11,000#, comme ils avaient coutume de le faire pour le président de la noblesse; mais on refusa de laisser porter le fonds des gratifications à 64,000# au lieu de 48,000#. (Lettres de M. le prince de Léon et de M. Ferrand, 14 et 23 janvier.)

Le 4 janvier, M. Ferrand demanda à faire attribuer aux députés qui avaient fait la liquidation des étapes quinze bourses de jetons, s'élevant à une dépense de 1,500# pour deux ans. Les députés du tiers état, trouvant que la tenue durait longtemps, sollicitaient le doublement de leur indemnité d'assistance, qui était de 200# par député : M. Ferrand proposa de ne leur accorder cette grâce, qu'ils avaient déjà obtenue lors de l'assemblée de Vitré, que si l'on était content de leur conduite et des décisions des États.

638. *M.* Le Blanc, *intendant en Flandre maritime,*
au Contrôleur général.

29 Novembre 1709.

«Le sieur Belugard, lieutenant d'artillerie de la marine, homme fort appliqué, a trouvé le secret de faire une eau-de-vie à la composition de laquelle il n'entre point de vin, de cidre, de bière, ni de grain. J'en ai fait faire l'essai dans les hôpitaux : pour le pansement des blessures et des contusions, elle fait le même effet que la meilleure eau-de-vie; les médecins et chirurgiens en ont donné leurs certificats. J'ai aussi essayé d'en faire distribuer quelques pintes dans les cantines, où elles ont été consommées sans que les gens qui en ont bu s'en soient aperçus. Le sieur Belugard pourroit donner cette eau-de-vie à 3 s. meilleur marché par pinte que ne se vendent les eaux-de-vie de vin, lesquelles, comme vous le savez, sont à présent à un prix exorbitant. On doit vous avoir porté deux bouteilles de cette eau-de-vie. Il est certain que, comme il est à craindre que l'on ne manque en Flandre d'eau-de-vie de vin et que la cherté empêche que le soldat n'en puisse avoir, ce qui, par le peu de consommation, diminue considérablement le produit des droits du domaine et de ceux des octrois, l'invention du sieur de Belugard pourroit être fort utile; le privilège qu'il demanderoit n'auroit point d'inconvénient, parce que, devant la donner à 3 s. par pinte meilleur marché que l'eau-de-vie de vin, si la récolte des vignes étoit abondante l'année prochaine, le sieur de Belugard seroit forcé de cesser de composer des eaux-de-vie, puisqu'il ne trouveroit plus à retirer le produit de ce qu'il emploieroit dans la composition, quand les eaux-de-vie de vin reviendroient à un prix ordinaire. Tout ce que je trouve qui mérite une sérieuse attention est que le secret pourroit avoir une dangereuse conséquence : les matières qui entrent dans la composition se trouvant en Hollande et dans le Nord, peut-être que les marchands de ces pays qui viennent acheter les eaux-de-vie de France trouveroient dans la suite beaucoup de profit en en composant, et, en les mêlant avec moitié d'eau-de-vie de vin, ils rectifieroient ce qui peut manquer dans le goût. Je crois devoir vous ajouter une réflexion, qui est que, quand même vous n'en permettrez pas la composition en France, il pourroit bien arriver que ce secret passeroit dans les pays étrangers. Si vous croyez avoir besoin de plus grands éclaircissements sur cette matière, j'aurai l'honneur de faire réponse à ce que vous me manderez*.»

* Au dos, réponse de la main du contrôleur général : «A M. le Blanc. Qu'il communique son secret; le Roi lui donnera une gratification.»

639. *M.* Chamillart, *ancien secrétaire d'État,*
au Contrôleur général.

(Intendance de Paris.)

(De Courcelles au Maine) 1er Décembre 1709.

«Quoique je sois persuadé qu'il n'y aura aucun changement à l'égard de M. de Chavigné dans la distribution des gratifications des fermes, et que vous voudrez bien lui conserver celle dont il jouit depuis plusieurs années et qu'il a méritée par ses longs services, je ne puis avoir à me reprocher, en gardant le silence, de vous laisser ignorer l'intérêt particulier que j'y prends, et de vous assurer que je partagerai avec lui l'obligation qu'il vous en aura.»

640. *M.* de Bâville, *intendant en Languedoc,*
au Contrôleur général.

1er Décembre 1709.

«. . . . . J'ai écrit aujourd'hui à M. le marquis de la Vrillière sur un sujet qui regarde le vice-légat, sur lequel il aura assez de peine à se justifier : M. l'évêque de Valence et d'autres évêques du Languedoc se plaignent qu'il fait marier tous les jours, dans sa chapelle, les nouveaux convertis de cette province qui y sont domiciliés, sans aucune forme, contre les lois du royaume et l'expresse disposition du concile de Trente*. . . . .»

* En marge : «Je ne doute pas que M. de la Vrillière ne lui ait fait savoir les intentions du Roi sur l'avis qu'il a donné, etc.»

Le même fait était reproché à un curé du diocèse d'Oloron que son évêque faisait détenir dans le séminaire de Pau, et qu'on accusait aussi, entre autres contraventions, de tenir des registres paroissiaux sur papier commun, de ne point apposer sa signature au bas des actes, et de ne pas les faire signer par les témoins. (Lettre de M. de Saint-Macary, subdélégué général en Béarn, 11 juin 1709.)

641. *M.* de Harouys, *intendant en Champagne,*
au Contrôleur général.

2 Décembre 1709.

Il annonce que les officiers de l'hôtel de ville de Reims ont fait un fonds commun pour acheter quatre mille setiers d'orge et assurer la subsistance des artisans et ouvriers des manufactures jusqu'à la récolte prochaine. On espère que l'appât du profit amènera des grains de la Lorraine*.

* La formation de magasins de blés de Lorraine fut approuvée par une lettre du contrôleur général en date du 18 décembre, à laquelle l'intendant répondit le 18.

642. *M. l'Archevêque d'Aix,*
président de l'assemblée des communautés de Provence,
AU CONTRÔLEUR GÉNÉRAL.

2 Décembre 1709.

«Nous nous sommes tous rendus pour nous trouver à l'ouverture de l'assemblée, que nous croyions devoir être demain 3, le Roi l'ayant indiquée le 2 et M. de Grignan ayant donné ses ordres aux procureurs du pays pour avertir tous les députés que la convocation seroit pour ce jour-là, pour être commencée le lendemain 3. M. de Grignan n'est point arrivé et est resté à deux lieues d'ici, où il a dîné aujourd'hui chez M. d'Alein, où on assure qu'il est en bonne santé, ce qui me fait un vrai plaisir, car je craignois pour elle, persuadé que je suis que, lorsqu'il a donné l'indication suivant les ordres qu'il a reçus du Roi, pour la dignité du corps et des différents caractères il est bon que toutes les parties s'y trouvent. C'est seulement pour vous marquer le fait que j'ai l'honneur de vous écrire là-dessus, et nullement en forme de plainte. L'année passée, pareille chose arriva. Je vous avoue que, sans ce que je dois à mon caractère, j'aurois été muet celle-ci comme la précédente. Je vous prie d'ignorer le fait. Je me donne l'honneur d'en écrire à M. de Torcy et le conjure, s'il trouve que ma peine soit fondée, d'y apporter le remède suivant sa prudence et sa sagesse ordinaire, étant persuadé qu'il ne convient nullement pour le bien du service que nous soyons brouillés ici*.»

* Voir, sur la session de 1709, les lettres de M. Lebret fils, intendant en Provence, 5, 9 et 31 décembre 1709, et 1er janvier 1710; de M. l'archevêque d'Aix, 5 et 13 décembre 1709; du comte de Grignan, 4, 5, 6, 9, 11, 12 et 13 décembre, et des procureurs du pays, 16 décembre 1709; et, sur celle de 1708, les lettres de M. Lebret, 1er, 11, 12 et 31 décembre 1708; de M. l'archevêque d'Aix, 1er, 5 et 10 décembre; du comte de Grignan, 1er, 3, 5, 6, 8 et 9 décembre, etc.

643. LE CONTRÔLEUR GÉNÉRAL
aux Intendants.

3 Décembre 1709.

«Je vous ai marqué, par ma lettre du 10 de ce mois, les inconvénients qui seroient arrivés, si vous aviez continué de disposer des fonds des fermes, et je vous ai écrit de ne le plus faire. Il en arriveroit de bien plus grands, si vous disposiez, par vos ordonnances ou autrement, de ceux des recettes générales ou particulières qui sont destinés au remboursement des avances que les receveurs généraux ont faites, et qu'ils ne peuvent soutenir que par le crédit et la confiance que ces fonds leur donnent par la certitude du recouvrement. Je ne puis donc vous trop recommander de ne les détourner en aucune manière, ni d'en ôter la disposition aux receveurs généraux et particuliers, pour quelque cause que ce soit, rien n'étant plus essentiel ni plus nécessaire pour le service du Roi, dans la conjoncture présente, que de soutenir et de conserver leur crédit. Je les en ai assurés; je vous prie de n'y rien changer et de faire savoir aux receveurs des tailles des deux exercices que, s'ils se servoient du prétexte de quelque divertissement de leurs fonds pour ne point signer ni exécuter régulièrement leurs traités, je donnerois contre eux de tels ordres qu'ils auroient sujet de se repentir de se les être attirés*.»

* Voir la réponse de M. de Richebourg, intendant à Rouen, 11 décembre.

M. Turgot de Saint-Clair, intendant en Auvergne, écrit, le 16 décembre: «Je ne sais pourquoi vous avez craint que je ne disposasse des fonds des fermes. Depuis que je suis en province, je n'ai pris que ce que l'on avoit accoutumé d'y prendre. Il est vrai que le nombre des enfants trouvés avoit augmenté à un point que, dans l'appréhension que le fonds des fermes ne fût pas suffisant, j'avois examiné avec le sous-fermier ce qui restoit à prendre, et, pendant ce temps, j'avois eu l'honneur de vous écrire pour savoir sur quoi je prendrois le supplément. Ce sous-fermier, qui apparemment avoit peur que je ne lui fisse avancer, comme vous me l'aviez mandé par une première lettre, s'est plaint de ce que je voulois prendre les fonds des fermes, et m'a attiré la lettre par laquelle vous me marquez que votre intention est que je ne dispose pas de ces fonds, dont, sûrement, je n'ai disposé que pour des exécutions indispensables et que je ne crois pas que vous vouliez arrêter, et pour beaucoup moins que l'on a fait jusqu'à présent, quoique la dureté des temps semble donner lieu à des dépenses plus considérables. Il en est de même des recettes des tailles, auxquelles je n'ai pas touché depuis que je suis ici. J'aurois l'honneur seulement de vous dire que, quand vous m'eûtes fait savoir qu'il falloit imposer pour l'étape sur les communautés, et que ce qu'elles fourniroient leur seroit compté sur la taille et sur la capitation, je voulus prendre des mesures avec M. Delpech pour faire cela à moins de frais et ne pas nuire au recouvrement: il me renvoya à vous pour avoir des rescriptions. Cela étoit bien éloigné d'une imposition telle que vous me la prescriviez, en vertu seulement de mes mandements. Je lui fis entendre qu'il ne falloit faire autre chose que de répartir une somme sur telle et telle communauté, que les consuls payeroient, et dont il leur seroit tenu compte sur les payements qu'ils faisoient tous les mois, parce qu'il n'étoit pas possible que ces consuls payassent pour l'étape et qu'ils fissent encore des payements aussi forts que s'ils n'avoient rien donné; et qu'en ce cas-là, il valoit autant que les receveurs des tailles prissent sur les payements de novembre et de décembre ce qui étoit nécessaire pour l'étape. Il me demanda quelques jours, et ce terme a servi à m'attirer la lettre du 7 de ce mois, par laquelle vous me marquez de ne pas disposer sur mes ordonnances des fonds des recettes. Quand j'en ai voulu disposer, ç'a été en conformité de vos ordres; personne n'est là-dessus plus circonspect que moi. Mais, pour cette fois, votre arrangement sur l'étape va manquer. Si j'envoie dans les paroisses, comment les consuls exécutés, qui payeront pour l'étape, pourront-ils payer sans diminution ce qu'ils payent par mois? Comment même puis-je envoyer des mandements dans un grand nombre de paroisses? ce seroit une affaire qui dureroit trop. Je vous prie de faire attention que les communautés et les particuliers qui ont fourni l'étape depuis trois mois sont dans l'impossibilité d'attendre, et que, si on tient compte aux consuls de ce qui a été fourni, ce ne peut être que par les receveurs, ce qui évite un circuit qui ne sert qu'à faire des frais.»

Le 6 janvier, M. Lebret fils, intendant en Provence, s'excuse d'avoir pris 12,000 ₶ dans la caisse des domaines: «Nécessité du service,

service prêt à manquer, défaut de toute autre ressource, ordre de vous d'acheter les blés dont il s'agit, et impossibilité d'y réussir autrement que par le moyen de ce que j'ai fait.....» Il demande la permission d'empêcher le transport des fonds que le directeur des gens d'affaires peut avoir dans sa caisse. Le contrôleur général répond en marge : «Vous ne connoissez point du tout l'ordre des finances, et vous faites la chose du monde la plus contraire, car vous ne devez pas contrarier(?) au service. Je donne toujours des fonds par avance, et, les porteurs d'assignations ne pouvant plus être payés au moyen des fonds que vous avez pris, il s'ensuit des inconvénients, et surtout un discrédit qui ruine toutes les affaires. Comme vous [le savez] d'ailleurs, rien n'est plus contraire au bon ordre, etc.»

Voir une lettre de M. Trudaine, intendant à Lyon, 4 janvier 1710, sur le payement du prêt par les receveurs des tailles à compte de l'exercice de 1710, et sur un projet d'emprunt par les communautés applicable au payement de la taille, expédients qui furent réprouvés et interdits l'un et l'autre par le contrôleur général.

---

644. *Le Contrôleur général à M. d'Argenson, lieutenant général de police à Paris.*

3 Décembre 1709.

«Les fermiers généraux se sont aperçus que, depuis quelque temps, des marchands de Paris faisoient venir de Lorraine une certaine marchandise à laquelle ils donnent le nom de *cendres de verre*, dont on paye les droits aux entrées des cinq grosses fermes, à raison de 4 s. du cent pesant, ainsi que des autres cendres qui servent à l'usage des lessives. Par l'examen qu'on en a fait, on a reconnu que cette marchandise n'est point véritablement de la cendre provenant de la composition du verre, mais que ce sont des cendres composées de bois brûlés en Lorraine, et qui sont d'ailleurs si corrosives, qu'il n'est pas possible d'en faire aucun usage dans les lessives sans endommager le linge. A cette considération on en joint une autre, qui est que, si l'usage de cette marchandise étoit introduit, la consommation des soudes, bien plus convenables pour le blanchissage, diminueroit considérablement. Le remède qu'on propose pour éviter ces inconvénients est d'établir à l'entrée des cinq grosses fermes un droit de 10# sur chaque cent pesant des cendres de verre.....»

---

645. *Le Contrôleur général à M. de la Roulié, lieutenant de Roi de Navarrenx.*

3 Décembre 1709.

Quoique le prix du tabac soit fixé à 12 s. pour les troupes, les fermiers généraux le cèdent à 9 s. aux garnisons de Béarn, et il paraît que les soldats en profitent pour le revendre au public.

Ordre de tenir la main à ce que chaque cavalier ou soldat qui fume ne reçoive pas plus d'une demi-once par jour; ceux qui en feront la revente seront sévèrement punis.

---

646. *M. de Bernage, intendant à Amiens, au Contrôleur général.*

4, 22 et 30 Décembre 1709; 5, 6 et 10 Janvier, 19 et 26 Février, 3 et 13 Mars 1710.

Il rend compte des opérations et envois successifs des sieurs Saladin et Bernard, qui se sont chargés d'aller ramasser des guinées, ducats et pistoles d'Espagne, ou des louis d'or anciens, dans le pays ennemi.

Il demande à ne pas être chargé de la recette de ces envois, et à les remettre immédiatement à la Monnaie d'Amiens*.

* Voir, sur d'autres importations de vieilles espèces, les lettres de M. du Guay, intendant de la marine à Dunkerque, 25 mai, 22 juin et 6 juillet 1710; de M. le Blanc, intendant en Flandre maritime, 27 avril, 1er, 7, 8, 13 et 15 mai; de M. Doujat, en Hainaut, 31 décembre 1709, 6, 11, 16, 17, 23 et 31 janvier, 9 février, du 3 au 29 mars 1710, etc.; de M. Méliand, à Lyon, 8, 16 et 29 novembre 1709, 2, 3, 6, 20 et 27 décembre 1710.

---

647. *M. Daguesseau fils, procureur général au Parlement de Paris, au Contrôleur général.*

5 Décembre 1709.

Il se plaint que l'intendant de Caen entrave l'enlèvement d'une quantité de cent cinquante muids de blé achetés pour le compte de l'Hôtel-Dieu de Paris, par un marchand d'Isigny, et payés en partie par avance.

«Si tout ce qu'on nous dit de la grande quantité de blé qui est en Normandie, et ce que nous en pouvons connoître par celle qu'on en amène tous les jours à Paris, est véritable, il paroît difficile de croire que cent cinquante muids achetés pour l'Hôtel-Dieu mettent la généralité de Caen hors d'état de fournir son contingent pour la subsistance des troupes du Roi; mais, quand il faudroit mettre ici ces deux besoins, je veux dire celui des troupes et celui de l'Hôtel-Dieu, dans la balance, je croirois que, dans le moment présent, celui de l'Hôtel-Dieu seroit préférable, n'y ayant rien de plus pressé ni de plus nécessaire, pour la personne même du Roi, que de soutenir une maison sans laquelle la contagion seroit peut-être bientôt dans Paris, c'est-à-dire à quatre petites lieues de la demeure du Roi : ce qu'on ne sauroit dire sans frayeur, et ce qui est pourtant vrai. Les raisons de justice et de liberté du commerce se joignent encore à celles-là en faveur de cette maison, et vous comprenez aisément le contretemps dans lequel elle tomberoit, si elle étoit privée de ces blés sur lesquels elle a compté, n'en ayant pas actuellement pour plus d'un mois. Je vous supplie donc de vouloir bien donner les ordres nécessaires pour faire en sorte que l'on puisse enlever librement et sûrement les blés qui ont été achetés en Normandie pour l'Hôtel-Dieu, jusqu'à concurrence de cent cinquante muids*.»

* Voir, à l'intendance de Caen, 23 décembre, une lettre de M. de la Briffe, et des mémoires sur les ordonnances rendues par le lieutenant général.

M. d'Argenson écrit, le 3 janvier suivant : «Je me crois obligé de faire quelques observations sur les mémoires du sieur lieutenant général de Caen que vous m'avez fait l'honneur de me renvoyer. Il est certain que l'on a jamais opposé de restriction ni de réserve à l'achat des blés destinés pour la provision de Paris, et vous savez que les ordonnances y sont expresses. Si chaque ville excluoit ainsi du commerce les blés d'un certain territoire, il dépendroit d'elle d'affamer les provinces qui en manqueroient, et il n'y auroit plus, dans ce négoce, ni de circulation ni de liberté. C'est par cette raison que les règlements de police donnent aux habitants des lieux où il y a marché quelques heures de préférence, après lesquelles chacun est libre d'acheter et d'enlever les blés qui restent. Dans Paris même, on n'a jamais empêché qu'après cette heure de réserve les gens de la campagne, et souvent même ceux des villes éloignées de quinze et vingt lieues, n'y puissent faire voiturer les blés dont ils ont fait l'achat à la Halle; on n'y a jamais empêché l'usage des passe-debout, qui est une espèce de droit commun, et nous avons d'autant plus sujet de nous plaindre des défenses du sieur lieutenant général de Caen, qu'elles ne se bornent pas aux blés qui croissent dans le territoire voisin de sa ville, mais qu'elles comprennent tous ceux qu'on y apporte par la rivière avec destination expresse pour la provision de Paris : ce qui réduit nos marchands à la nécessité de prendre une autre route, ou de faire de longs circuits qui augmentent les frais et les obligent de vendre leurs grains à plus haut prix. Ainsi, j'ose espérer que vous voudrez bien rendre à ce commerce une liberté si nécessaire.....»

648. *M. Voysin, secrétaire d'État de la guerre,*
au Contrôleur général.

6 Décembre 1709.

«Il est certain que le mal est très pressant dans les départements de MM. de Bernières et de Bernage, où le pain est tous les jours à la veille de manquer à toutes les garnisons. Le département de M. Doujat n'est pas beaucoup mieux, et, sur toutes les frontières, le soldat commence à marquer assez fortement, par de mauvais discours, menaces et pillages, son impatience de ne recevoir aucun prêt. Je serai bien aise d'apprendre que vous ayez trouvé les moyens d'envoyer des fonds, tant pour l'achat de blé, qui est toujours le capital, que pour fournir au moins quelque demi-prêt pendant le courant de ce mois, en attendant la règle que vous vous êtes proposé d'établir pour le commencement de l'année prochaine. M. de Bernières et M. de Bernage vous auront marqué sans doute, comme à moi, l'extrême peine ou l'impossibilité dans laquelle ils craignent de tomber pour faire transporter sur la frontière les blés qui doivent arriver des provinces de France par la Somme, et, quoique j'aie fait rester exprès en Picardie et Soissonnois les douze cents chevaux du sieur Rivié, on ne parviendra jamais à trouver suffisamment de voitures pour remplir les magasins et avoir quelque avance devant soi avant le commencement de la campagne. Et vous sentez bien dans quelle situation fâcheuse nous tomberions, si, avant le 1er mai, les magasins n'étoient pas remplis de grains et de farines pour la subsistance de l'armée. Ces Messieurs craignent aussi, avec beaucoup de raison, la difficulté des moutures, lorsque les blés que l'on tire des provinces arriveront dans le mois de janvier. Il est certain que, n'ayant aucune avance de farines, une gelée, qui est encore ordinairement suivie des débordements après, feroit manquer absolument toutes les troupes de pain, quand même on auroit du blé, et on chercheroit fort inutilement le remède. Je n'en vois point d'autre que de songer à faire faire promptement des achats sur la frontière de Flandres pour cent ou six-vingt mille sacs au moins. Si cette quantité étoit remise promptement dans les magasins, elle nous assureroit contre tous les accidents de l'hiver et contre tous les retardements qui peuvent arriver. Pour les voitures et transports de blés qui viennent des provinces du royaume, cela ne fait point augmentation de dépenses, puisque vous avez toujours projeté de faire fournir cette quantité de cent ou six-vingt mille sacs pour la Flandres au-dessus des impositions; mais la seule peine, que je comprends bien, est de trouver des entrepreneurs qui s'engagent à faire présentement cette fourniture, et qui se contentent, pour payement, de ce que vous pourrez leur donner*.

«J'ai fait attention à l'arrêt que le sieur de la Cour vous a demandé pour n'être point tenu de compter de la fourniture des vivres de la campagne, et qu'il soit arrêté par MM. les intendants de la frontière des états de dépenses pour le compte du Roi. Il me paroît que cela va à une différence bien considérable : je me remets à avoir l'honneur de vous en entretenir; mais je crois qu'il seroit bon de suspendre un peu cette décharge du sieur de la Cour jusques à ce que l'affaire ait été plus amplement discutée.»

* Voir d'autres lettres, des 23 et 27 décembre, cette dernière contenant deux lettres de Fargès et de son associé Dezègre, qui écrivent en outre, au contrôleur général, le 1er janvier 1710, que leur crédit sera ruiné, si on ne leur fournit au moins un million en argent comptant et autant en bons effets. Voir leurs autres lettres des 23 janvier, 16 et 29 mars, 6, 8, 14, 27 et 29 avril, 7, 13 et 23 mai. Ils s'étaient engagés, pour cette année-là, à fournir cent mille sacs aux places de Hainaut.

M. de Bernières, intendant en Flandre, rend compte, les 8 janvier, 1er mars et 30 avril 1710, des mesures prises pour l'approvisionnement de l'armée et des places fortes, et de l'exécution du traité passé avec Fargès.

M. Voysin écrit trois lettres, les 14 février, 3 mars et 24 mai, sur le payement des frais de transport dus au sieur Rivié, par le moyen d'une imposition sur les généralités de Paris et de Rouen.

En 1712, on paya en contrats de rente sur l'hôtel de ville les fournitures de grains qui avaient été faites par un particulier en 1709 et 1710, et les avances du Magistrat de Dunkerque pour le prêt des troupes.

649. *M. de Harouys, intendant en Champagne,*
au Contrôleur général.

6 Décembre 1709.

Deux officiers, arrêtés en 1704, ont été conduits des prisons de Namur à Mézières. L'ordre de M. Chamillart ne donne aucun motif à leur arrestation; eux-mêmes n'en connaissent aucun. La dépense de chacun avait d'abord été réglée à 20 s. par jour : mais, comme, depuis longtemps qu'il n'y a point de fonds entre les mains du trésorier de l'extraordinaire des guerres, ils n'ont vécu que sur leur crédit dans Mézières et y ont contracté quelques dettes, on les nourrit au pain de munition. Ils demandent leur élargissement par un placet que le subdélégué appuie*.

* Ces officiers, n'ayant pas encore été relâchés en 1710, envoient un nouveau placet le 13 janvier 1711.

---

650. *M. l'Archevêque de Narbonne, président des États de Languedoc,* AU CONTRÔLEUR GÉNÉRAL.

6 Décembre 1709.

Il envoie un mémoire des commissaires des États sur la situation du pays, et déclare que l'assemblée ne peut songer à faire aucun rachat d'affaires extraordinaires*.

* Mémoire : « On ne peut mieux faire connoître l'état de la province que par les procès-verbaux des subdélégués de M. de Bâville faits au mois de juin dernier, par lesquels il paroît que la perte des récoltes qu'on avoit accoutumé d'avoir dans chaque communauté a été estimée à 4,624,500# : ce qui n'a pas été fait sur la valeur des fruits, qui monteroit sans contredit à beaucoup plus, mais seulement par proportion à la taille et à la capitation, en sorte que, lorsqu'une communauté a perdu la moitié de la récolte, on a estimé qu'il falloit la décharger seulement de la moitié de la taille et de la capitation. Depuis que ces procès-verbaux ont été faits, la grêle, les inondations et la nielle ont achevé de détruire la plus grande partie des fruits de la terre que l'hiver avoit épargnés. Mais, pour juger encore plus sûrement de l'état de la province, les États se sont fait représenter ce qui reste à lever des impositions de la présente année, et ils ont vu qu'après avoir distrait le million que S. M. a eu la bonté de remettre à la province, il est encore dû de la taille 2,222,640#, du rachat de plusieurs affaires extraordinaires 237,074#; et de la capitation, qui revient, tant en capital qu'intérêts, sur le pied de l'affranchissement, à 1,357,828#, il est encore dû 1,235,574# 10 s. 5 d. : ce qui revient en tout à la somme de 3,695,279# 10 s. 5 d. Il est encore dû au trésorier de la Bourse, de la taille des années précédentes, 429,821#, et 574,917# pour la capitation de 1708 : ce qui diminue beaucoup son crédit. Les diocèses doivent encore, des arrérages de la capitation des années dernières, 1,288,035#, dont ils payent les intérêts, partie au denier seize et partie au denier douze. Jamais les impositions n'avoient été levées avec la rigueur qu'elles ont été exigées cette année; les prisons [ont] été remplies de collecteurs, les particuliers ont eu des garnisons, et les troupes dont la subsistance avoit été assignée sur le Don gratuit, ne trouvant aucun fonds entre les mains du trésorier de la Bourse, ni des receveurs des diocèses, ont été obligées de prendre des rescriptions sur les communautés et d'en exiger le payement. Après cela, on ne doit pas être surpris si un million ne suffit pas pour réparer toutes les différentes pertes qu'on a faites. Outre la récolte des grains, on avoit, les autres années, des vins, des huiles, des châtaignes et des bestiaux pour achever de payer les impositions; mais, celle-ci, les vignes et les noyers sont morts dans le haut Languedoc, et le bas Languedoc a perdu tous ses oliviers et une grande partie de ses châtaigniers. La perte des vignes est estimée 2,414,911# de rente annuelle, et celle des huiles 3,323,750#. Le peu de grains qu'on voit recueilli a été consommé pour la nourriture, pour le payement de la taille ou pour la semence; et dans la disette et la cherté des grains, il n'y a aucun évêque dans son diocèse, ni seigneur de paroisse, ni maire et consul dans sa communauté, qui sache par quels moyens ils pourront assister les pauvres. Cette pauvreté ne regarde pas seulement quelques particuliers : ce sont les communautés entières qui manqueront de pain pendant cet hiver et jusqu'à la récolte prochaine. Dans les villes où il y a des gens riches qui ont des rentes sur les communautés ou sur les particuliers, personne ne jouit de son revenu; les compagnies de justice, les communautés, ni les diocèses ne payent pas les intérêts de leurs dettes, et les ouvriers et les artisans ne sont pas payés. Le travail des manufactures est interrompu par la cessation du commerce, et ce grand nombre d'ouvriers qu'elles entretenoient ne trouvent pas à gagner leur vie. Si les restes de ces impositions ne sont pas payés, les rentes sur la province, qui reviennent à 859,873#, ne seront pas acquittées. Outre le grand nombre de plaignants que cette cessation de payement produira à Gênes, à Paris, dans la province et ailleurs, on verra d'abord tomber le crédit de la province, et elle ne trouvera pas à emprunter les deux millions qui restent à payer pour l'affranchissement d'une partie de la capitation. Il y a actuellement en Languedoc six escadrons et neuf bataillons, pour la subsistance desquels le trésorier de la Bourse doit payer chaque mois 100,000#, à compte du Don gratuit, pendant les six premiers mois de l'année prochaine. Le trésorier de la Bourse ne pourra tirer aucun secours des impositions, parce qu'on ne doit rien espérer du recouvrement jusqu'à la récolte, et, si la province perd son crédit, le trésorier de la Bourse ne pourra pas conserver le sien pour avancer cette subsistance. Après qu'on sera arrivé au temps de la récolte, on ne doit pas se promettre le payement du premier et du second terme de la taille et de la première moitié de la capitation, quand on supposeroit que les saisons les plus favorables produiroient une récolte abondante, parce qu'une grande partie des terres n'a pas été semée, faute de grains, et les communautés, dont le principal revenu consistoit en vins, huiles, châtaignes et bestiaux, ne pourront payer la taille qu'après plusieurs années. Les États ont témoigné leur zèle pour le service du Roi en accordant à S. M. trois millions de Don gratuit et deux millions de capitation, en la manière qui est portée par leur délibération, outre et par-dessus les autres impositions, qui reviennent à près de cinq millions; mais il n'est pas en leur pouvoir de les faire payer, et cette impuissance est encore plus grande qu'elle n'est représentée par ce mémoire : ce qui est d'autant plus évident que, dans le temps que les récoltes étoient les plus abondantes, que toutes les manufactures travailloient, que l'argent étoit plus commun, et que le crédit de la province étoit le mieux établi, elle a toujours eu de la peine à payer ses impositions, comme il paroît par les 900,000# et tant qui sont dus au trésorier de la Bourse pour les arrérages des tailles et de la capitation de 1708, et les 1,200,000# qu'on a été obligé d'emprunter pour les arrérages de la capitation des années précédentes. À présent que tous ces secours lui manquent, on ne peut pas espérer qu'elle puisse payer dix millions d'impositions. Cependant on peut prévoir que les impositions de l'année prochaine, 1710, seront plus fortes que celles de cette année, par la dépense de l'étape, qui a augmenté de 600,000# au delà de 560,000# qu'elle montoit l'année dernière, par les intérêts des nouveaux emprunts et par le surtaux des fourrages. Il est encore à remarquer qu'outre les sommes dues par le général de la province, les diocèses et les communautés doivent, en leur particulier, plus d'un million d'intérêts, qui restent encore à lever. Il n'y a que S. M. qui puisse, par sa bonté, empêcher la province de succomber sous le poids des impositions. Il est certain qu'elles ne seront plus payées lorsqu'elles excéderont le revenu de ceux qui les doivent payer. Les hommes ne travaillent la terre que pour avoir de quoi vivre, et, lorsqu'en travaillant ils ne trouvent pas de quoi subsister, ils en abandonnent la culture : c'est ce que font tous les jours plusieurs particuliers, et c'est ce qu'il y a lieu d'appréhender de la part des communautés, par les actes d'abandon qu'elles ont fait signifier. Par toutes ces considérations, les États supplient très humblement S. M. :

IMPRIMERIE NATIONALE.

en premier lieu, d'accorder au général de la province une remise considérable sur les impositions de l'année prochaine, 1710, pour lui donner moyen de payer les arrérages de l'année présente; en second lieu, d'accorder aux communautés qui ont perdu leurs vignes, leurs oliviers, leurs noyers, leurs châtaigniers et leurs bestiaux, une indemnité particulière, proportionnée à la taille qu'elles seront obligées de payer l'année prochaine, 1710, et les suivantes, jusqu'à ce que ce qui faisoit leur revenu ordinaire ait été rétabli; en troisième lieu, de décharger la province de toutes affaires extraordinaires et les communautés du payement de toutes taxes, soit pour incorporation d'offices, ou pour augmentation de gages.»

Le 8 mars 1710, le contrôleur général avisa M. de Bâville de faire traiter tous les diocèses avec leurs receveurs pour l'avance du premier terme des impositions, les peuples étant hors d'état de l'acquitter au 15 avril.

651. *M. de Bâville, intendant en Languedoc,*
au Contrôleur général.

10 Décembre 1709.

«La communauté de Gaillac a profité de 10,000# sur la diminution qu'il a plu au Roi d'accorder à cette province. C'est tout ce qu'on a pu faire par rapport à la grande misère de plusieurs autres communautés de ce diocèse qui n'ont point eu de récolte depuis deux ans, et dont quelques-unes ont perdu, non seulement les fruits, mais même ce qu'elles avoient de bonnes terres, par les inondations. Ils ont d'ailleurs beaucoup du vin des années passées à vendre, dont ils tireront un argent considérable*.»

* A cette lettre est joint le mémoire suivant : «La ville et communauté de Gaillac, au diocèse d'Albi, province de Languedoc, a un territoire de huit mille arpents ou séterées, en terres, vignes, jardins, prés et autres possessions. L'arpent est composé de quatre cents lates, et la late de dix-sept pieds. Cette communauté prend un quatorzième des impositions du diocèse, et le diocèse un quatorzième de celles de la province. Les vignes font les trois quarts du territoire, et l'arpent de vigne porte 18 s. d'allivrement, au lieu que la terre n'en porte que 8. La livre d'allivrement est cotisée, la présente année, 8# 19 s. 3 d. : en sorte que la communauté paye 45,735# de taille et 5,367# 11 s. 8 d. de capitation. Partant, les vignes étant chargées d'un double allivrement, elles payent sept portions des huit faisant le tout des impositions, qui reviennent en bloc à 52,102# 11 s. 8 d. Ce vignoble produit ordinairement treize à quatorze mille pipes du meilleur vin du royaume, et le plus propre à souffrir le transport dans le pays étranger; il est en grande réputation, et beaucoup prisé dans toutes les parties du monde; en temps de paix, il est presque tout chargé au large, et, en temps de guerre, on en charge six à sept mille pipes sur des passeports du Roi, qui s'en sert aussi pour son armée navale. Ce vin se vend ordinairement de 20 à 25 écus la pipe composée de deux cent quarante pintes, chacune de quatre livres pesant : ce qui fait un produit pour cette communauté d'environ 700,000#, et quelquefois un million, d'argent étranger qui se répand dans le royaume. Le tonneau de ce même vin, composé de deux pipes, paye au Roi 34# 14 s. 6 d. de droit d'issue, entrée et sortie, savoir : à Auvillars, 7# 19 s. 6 d., et 10 s. de péage; 13# 5 s. de droit d'entrée à Bordeaux, et 13# de droit d'issue, convoi et comptablerie, ainsi qu'il est justifié par les acquits des commis et gardes des fermes du Roi établis pour la conservation de la patente de Languedoc : en sorte que tous ces vins produisent au Roi environ 150,000# de revenu. Pour empocher tout ce vin en futaille neuve, propre pour le transport, il faut annuellement vingt-huit mille barriques, qu'on fait construire du bois de la montagne, acheté à raison de 30# la charretée : ce qui produit, pour un pays qui n'a d'autre ressource pour payer les charges, 70,000#. On y emploie aussi pour 15,000# de cerceaux, qui viennent des autres lieux du diocèse d'Albi, qui, pour être marécageux, n'ont d'autre revenu pour acquitter leurs impositions. Le menu peuple de cette même montagne descend pour vendanger, et les charretiers viennent faire la voiture de la vendange et emportent dans leurs pays des sommes considérables, qui les font subsister. Les vignes de cette communauté ont entièrement péri par la rigueur de l'hiver, et ne sauroient produire de quatre années du tout du vin, et, de quatre autres, qu'une très petite quantité, si l'on n'emploie des sommes considérables pour le réparer. Par une si grosse perte, les habitants sont privés de 700,000# de revenu tout au moins, qui fait subsister six mille personnes qui composent la communauté, par les travaux et les soins que les habitants prennent à les cultiver : de manière qu'il ne reste, de tout ce capital, qu'environ 150,000# de net pour les propriétaires. Les habitants de cette ville ne pourront payer au Roi 52,000#, à quoi se montent ordinairement leurs impositions, et, si elle ne reçoit un secours extraordinaire, elle sera obligée de faire un abandon de son territoire, qui pourroit bien entraîner celui du diocèse; et ce qu'il y a de plus fort et de plus pressant, c'est que le Roi perdroit un revenu de 150,000# par l'impossibilité absolue où les habitants se trouveroient d'acquitter leurs impositions, et par la cessation du payement des droits qu'on prend de leurs vins à Auvillars et à Bordeaux.....»

652. *M. Dalon, premier président du Parlement de Bordeaux,*
au Contrôleur général.

10 Décembre 1709.

Il demande un emploi pour M. Choart, son beau-père*.

* Réponse du 17 décembre : «Qu'il est difficile de trouver des emplois qui puissent convenir à M. Choart; que, s'il se présente, je serai bien aise de vous donner en sa personne des marques de l'envie que j'ai de vous faire plaisir.»

En 1712, on donna à M. Choart la recette des consignations de la généralité de Bordeaux, vacante par la fuite du titulaire depuis 1695, et exercée par un commis des créanciers. Mais M. Dalon représenta que cet emploi n'était point compatible avec le désintéressement de sa propre charge de premier président, et le Parlement refusa d'ailleurs d'enregistrer la commission de M. Choart, pour qui M. Dalon demanda ensuite divers autres postes, entre autres celui de receveur de la comptablie. (Lettres de M. Dalon, 12 mars, 4, 7 et 21 mai, 2 juillet 1712; lettres de M. Choart, 16 et 30 avril, 3 et 17 mai 1712; lettres de M. du Vigier, procureur général, 16 avril et 2 juillet 1712, 28 avril 1714.

Le Roi lui-même n'approuva pas qu'on eût donné la recette des consignations à M. Choart, et fit révoquer la nomination. (Lettre du contrôleur général à M. Dalon, 20 juin 1712.)

653. *M. de la Bourdonnaye, intendant à Orléans,*
au Contrôleur général.

11 Décembre 1709.

Il demande la cassation d'une adjudication de bois de

la communauté de Clamecy, faite à un prix dérisoire par les maire et échevins, de complicité avec l'adjudicataire.

654. *M. de la Houssaye, intendant en Alsace, au Contrôleur général.*

12 Décembre 1709.

Il rend compte de l'impossibilité de faire en Allemagne, pour la subsistance des troupes pendant la campagne de 1710, un approvisionnement de soixante-dix mille sacs de grains, qui se trouverait même très insuffisant étant donné l'épuisement actuel des magasins de froment et d'orge. Ces grains ne pourraient se tirer que par les gorges et défilés du Würtemberg, de la Souabe et de la Franconie, ou du pays d'au delà Landau, en corrompant les commandants qui gardent les passages avec mission d'empêcher toute sortie de ce genre. L'opération ne réussirait que partiellement, avec une dépense de près de deux millions comptant, et même, vu l'incertitude de ce succès partiel, qui donnerait tout au plus huit ou dix mille sacs, on ne peut compter que sur des blés tirés des autres provinces du royaume, ou bien d'Italie, d'Afrique et d'Espagne, par le Rhône et la Saône, d'où ils traverseraient la Franche-Comté par corvées de chariots*.

* Le 16, il envoie l'état des blés achetés aux établissements hospitaliers de Strasbourg ou tirés des impositions.

Sur les marchés passés avec la Chambre d'abondance de Lyon et sur les transports faits conformément à cette proposition, voir les lettres de M. Ravat, prévôt des marchands de la ville de Lyon, et du munitionnaire Duchauffour, 6, 15, 16, 18, 22 et 25 février 1710, 1er, 8, 15, 25 et 29 mars, 5 et 24 avril, 10 et 15 mai, etc.; de M. le Guerchoys, intendant en Franche-Comté, qui conseille de faire faire le transport par un entrepreneur, plutôt que d'en laisser le soin aux communautés, et d'imposer sur celles-ci le montant des frais de voiture (2 s. par quintal et par lieue) au sol la livre de l'imposition ordinaire, 18, 19 et 23 mars; et de M. de la Houssaye, 19 mars.

Le 15 juillet 1710, M. de la Houssaye écrit que les soixante-dix mille sacs qu'il avait demandés ne suffiront pas, et qu'il en faudra encore vingt-quatre mille, que M. de Saint-Contest, intendant à Metz, pourra tirer de Lorraine, plutôt que de recourir de nouveau à Lyon, où le sac de deux cents livres se paye 35#, sans compter 3# de frais de transport et la corvée par terre de Gray à Schelestadt. «.....Il a été fourni, depuis le commencement de l'hiver dernier jusques à l'entrée de la présente campagne, deux millions cinq cent mille rations de foin et d'avoine à trente-six escadrons et trente bataillons de campagne logés en Alsace, sans qu'il en ait coûté un sol au Roi : ce qui ne peut être évalué à moins de 1,700,000#, au prix coûtant des denrées. Le traitement du quartier d'hiver de la cavalerie revient à 540,000#, et tout cela n'empêchera pas que le recouvrement de 700,000# de subvention et de capitation ne se fasse, à la vérité, par beaucoup de rigueur, mais à l'exception seulement d'environ 40,000# de non-valeurs des bailliages entièrement ruinés par la guerre. Si vous m'avez trouvé un peu vif dans la sollicitation du payement de 57,000# pour trois mille sacs, froment et orge, fournis dans la plus grande nécessité, c'est parce que ma parole d'honneur y étoit engagée sur ce que vous aviez agréé que je la donnasse de cette manière : ce qui m'avoit autorisé pour me servir de fonds déposés dont le remplacement étoit indispensable, ainsi que j'ai pris la liberté de vous l'expliquer alors, et je serois bien malheureux si, après que vous avez eu la bonté de me dire, l'hiver dernier, la première fois que j'eus l'honneur de vous voir à Versailles, qu'aucun intendant d'armée ne vous avoit moins embarrassé dans la campagne précédente, mes demandes d'une aussi petite somme vous eussent depuis fait penser le contraire. Je vous demande mille pardons de cette digression, que je ne puis refuser aux sentiments de mon zèle pour le service et pour l'exécution de vos ordres......»

Des grains furent aussi fournis par la Comté : lettres de M. le Guerchoys, 3 et 27 août, 10 septembre, 26 octobre, 17 et 23 décembre 1710.

655. *M. de Fourqueux, procureur général en la Chambre des comptes de Paris, au Contrôleur général.*

(Chambre des comptes de Paris, G7 1761.)

13 Décembre 1709.

«Je n'ai jamais vu, ni entendu parler de l'inspecteur-conservateur général des domaines de la généralité de Paris, et je n'ai fait aucune défense au garde des livres. J'ai seulement été informé que Desvaux, procureur en la Chambre, se chargeoit journellement de plusieurs comptes, surtout de ceux des domaines, qui sont des titres précieux que nous conservons avec soin, et qu'il les communiquoit en ville à plusieurs personnes. Je lui en ai fait de sévères réprimandes, comme cela étoit de mon devoir, toutes les ordonnances défendant le transport de toutes sortes de comptes, et ceux des domaines surtout ne doivent jamais sortir du dépôt. Si cet inspecteur vouloit en tirer des extraits pour le service du Roi, il devoit s'adresser à M. le premier président et à moi, avec un ordre du Roi; et alors on lui auroit indiqué un lieu, dans le département, pour y travailler en présence d'un officier assisté d'un procureur. Jusqu'à présent, cela s'est ainsi pratiqué. Me voilà averti, par la lettre que vous m'avez fait l'honneur de m'écrire, de ce que vous souhaitez de moi à son égard. Il peut voir M. le premier président pour qu'il lui permette l'entrée de la Chambre; et ensuite, lorsque je le connoîtrai pour ce qu'il est, j'aurai soin de lui faire administrer les comptes dont il aura besoin.»

656. *M. Foullé de Martangis, intendant en Berry, au Contrôleur général.*

13 Décembre 1709.

«M. de Montgeron avoit été commis par un arrêt du Conseil, et j'ai été subrogé en son lieu et place, pour juger le procès instruit à la requête des fermiers généraux contre le sieur de la Borde, ci-devant receveur des gabelles de Bourges, qu'ils prétendent être redevable envers eux. Il est depuis trois ans dans les prisons de cette ville; comme la maladie, le scorbut et le pourpre sont dans la prison, sa femme, qui s'étoit mise avec lui dans la prison, l'a gagnée, et en est morte en deux jours de temps; deux de ses enfants en ont pensé mourir, et, comme on ne peut lui donner que la seule chambre qu'il occupoit, n'y en ayant pas d'autre, il étoit obligé d'y demeurer, et étoit en danger presque certain de gagner la même maladie et de sa vie. Il m'a présenté hier une requête, après la mort de sa femme, pour me demander de sortir de prison, étant en danger de sa vie; j'aurois cru qu'il y auroit eu de la cruauté à lui refuser cette grâce, et, sur les conclusions et le consentement du procureur du Roi, je l'ai fait sortir, après avoir pris pour caution le sieur Torchon, un des plus riches marchands de cette ville, et l'ai mis à la garde de trois archers de gabelles, dans sa maison, qui ne le quittent pas, et à la charge de se remettre en prison toutes fois et quantes qu'il lui sera ordonné. Je crois qu'il n'y a aucun inconvénient, parce que c'est un homme qui ne cherche point à s'enfuir; il a du bien et plusieurs effets dans ce pays-ci au jour, et même les fermiers généraux ont des effets à lui entre leurs mains, presque pour le montant de ce qu'ils prétendent qu'il leur doit. Comme son affaire est prête à juger, je croirois qu'il ne seroit pas absolument nécessaire de le remettre en prison; cependant, au premier ordre que je recevrai de vous, je le ferai remettre dans la prison. Je puis vous répondre qu'il ne cherche point à se sauver, ni qu'il ne se sauvera point. J'attends vos ordres pour m'y conformer*.»

* Le 25 février, il annonce qu'on presse l'instruction conformément aux ordres du contrôleur général.

657. *M. de* Bâville, *intendant en Languedoc,*
au Contrôleur général.

13 Décembre 1709.

«J'ai examiné la proposition qui étoit jointe à la lettre que vous m'avez fait l'honneur de m'écrire le 1er de ce mois, contenant de créer dans chacun des bureaux de finance de Toulouse et Montpellier un commissaire du Roi qui auroit droit d'entrer aux États à la place du trésorier de France qui entre toutes les années en cette qualité, et de tirer quelque secours de ceux qui entrent annuellement aux États par commission, ou des consuls qui sont envoyés des villes. Je ne vois aucun fondement ni aucune raison pour faire aucun usage de ces propositions. Les trésoriers de France des deux généralités ont eu de tout temps un officier qui assiste aux États en qualité de commissaire du Roi; ils ont payé plusieurs fois des sommes considérables pour se conserver cette entrée; ceux de Montpellier payèrent même, en 1706, 60,000#, et ceux de Toulouse 50,000#, pour cette entrée, qu'on avoit accordée, à leur exclusion, au second président de leur bureau, qu'ils réunirent à leurs corps. Ce seroit les priver d'un droit qu'ils ont souvent financé, et qui est une des principales attributions de leurs charges. Quant à la finance qu'on propose de retirer de ceux qui sont envoyés aux États par commission, j'y trouve encore moins de raison. Les évêques et les barons du Languedoc envoient aux États, lorsqu'ils ne peuvent pas y assister pour des causes légitimes, un grand vicaire ou un gentilhomme; ces envoyés n'ont, pour se défrayer de leurs voyages ou de leurs séjours pendant tous les États, que 800#, et, pour si peu qu'on veuille leur retrancher de cette somme, on ne trouveroit pas des envoyés. C'est le plus petit objet du monde, et auquel on ne doit pas même faire attention. A l'égard des députés des villes, on ne sauroit leur faire aucun retranchement au profit du Roi, parce qu'il y a, dans tous les chefs des diocèses, des maires qui ont financé ces entrées, qu'ils perdent même quand il n'assistent pas aux États.»

658. *Le Premier Président et les Conseillers du Parlement de Flandre, à Cambray,*
au Contrôleur général.

14 Décembre 1709.

Ils lui demandent de faire entendre raison à la Chambre des comptes de Paris, qui refuse de se soumettre à l'arrêt par lequel les officiers des Flandres sont dispensés de faire enregistrer leurs provisions à cette Chambre*.

* Le 9 mars 1711, les officiers de la Cour des aides de Clermont-Ferrand réclamèrent la même dispense d'enregistrement, qui avait été accordée à la Cour des aides de Paris. En retour, le 22 avril suivant, M. de Fourqueux, procureur général en la Chambre des comptes de Paris, demanda, au nom des officiers de cette Chambre, qu'ils fussent dispensés de l'enregistrement de leurs provisions au bureau des finances (G^7 1761).

659. *M. de* Saint-Maurice, *commissaire général de la Cour des monnaies,*
au Contrôleur général.

15, 24 et 30 Décembre 1709; du 8 au 29 Janvier, du 2 au 19 Février, du 1er au 26 Mars, du 1er au 29 Avril 1710, etc.

Mission en Dauphiné et en Provence pour rechercher et punir les billonneurs, rogneurs et faux-monnayeurs*.

* Il avait pour assesseurs, d'abord deux, puis quatre conseillers à la Cour des monnaies de Lyon (lettre du contrôleur général à M. de Saint-Maurice, 12 février 1710; lettres de M. Trudaine, intendant à Lyon, 18 février et 25 mars 1710, et de M. Blauf, conseiller à la Cour des monnaies, 6 décembre 1710). Le Parlement de Provence ayant protesté contre sa commission (lettres de M. Lebret, intendant, 8 janvier; des commissaires du Parlement, 3 février, et de M. de la Garde, procureur général, 7 mars 1710), le contrôleur général écrivit à ce dernier, le 12 février : «..... On convient que la fabrication et l'exposition des fausses espèces est de la compétence des juges ordinaires, et qu'ils peuvent en prendre connoissance par concurrence et prévention avec les officiers des Monnoies. S. M. n'a point prétendu donner d'atteinte à cette loi; mais elle a cru que, dans le cas d'une fabrication extraordinaire et aussi publique que celle qui se faisoit en Provence, il étoit important de rassembler toutes les procédures dans un seul tribunal, pour éviter les conflits et les autres incidents dont l'effet ordinaire est de mettre au jour les soupçons, et même les preuves que l'on peut avoir contre les accusés, et leur donner les

moyens de se mettre à couvert des décrets et des poursuites.» On connaît, dit-il, un cas analogue d'envoi de commissaire de la Cour des monnaies dans le ressort du Parlement de Languedoc. Pour le décri des louis d'or de faux coin, prononcé par le Parlement, «il auroit été à souhaiter que, quand même la question auroit été à la jurisdiction de Messieurs du Parlement, ils n'eussent point rendu d'arrêt sans en donner avis au Conseil : le préjudice que le commerce peut recevoir de l'interdiction du cours de ces espèces faite sans les précautions nécessaires est d'une nature qu'on ne sauroit y faire trop d'attention...»

Il écrit, le 31 janvier, à M. de Saint-Maurice : «.....Au sujet du vicaire de Châteauvieux, diocèse de Fréjus, accusé de fausse monnoie, et qui a été arrêté et constitué prisonnier aux îles Sainte-Marguerite, la prétention de M. l'évêque de Fréjus que son official doit entrer de part dans l'instruction et le jugement de ce procès est contraire à l'usage, à l'esprit des ordonnances et aux préjugés sur cette matière, le crime de fausse monnoie étant un crime de lèse-majesté au second chef, qui intéresse essentiellement le bien de l'État, et tout ecclésiastique est déchu des prérogatives de la cléricature à cet égard.....»

Plusieurs gentilshommes considérables se trouvèrent impliqués dans les poursuites, entre autres les marquis de Carros, de Tourette et d'Antibes; ce dernier était de la maison de Grimaldi et fut enfermé aux îles Sainte-Marguerite. (Lettres de M. de Saint-Maurice, 5 février, 30 mars, 5 avril, 30 mai, 20, 28 et 29 juin; de M. Lebret, 5 février, et de M. de la Motte-Guérin, gouverneur, 22 mars.) Le contrôleur général écrit, le 8 avril, au gouverneur : «Le Roi est informé de la cause de la détention de M. le marquis d'Antibes, et S. M. a donné ses ordres pour instruire sans perte de temps le procès qui a été commencé sur une accusation de fausse monnoie. Je veux croire qu'il est innocent, et je le souhaite d'autant plus sincèrement qu'il est homme d'un nom et d'une qualité distinguée. Vous devez prendre soin de le garder sûrement jusqu'à ce que vous ayez des ordres contraires du Roi, qui se fait rendre compte fort exactement de tout ce qui regarde ce procès.» Le 13 juin, il annonce à M. le prince de Monaco que M. de Saint-Maurice ne rendra aucun jugement contre le marquis d'Antibes, et que le Roi est disposé à agir avec indulgence, c'est-à-dire à l'envoyer à Monaco. Le prince écrit, le 1er août : «.....M. le marquis d'Antibes a passé des îles Sainte-Marguerite dans cette place (Monaco), où certainement je donnerai toute mon attention à sa conduite. C'est de quoi je vous supplie de vouloir être mon garant auprès du Roi. Ajoutez à cela, s'il vous plaît, la bonté de lui dire que je connois le penchant de ce parent indigne, et que, ne le portant pas autrement au bien, je serois trop téméraire d'oser jamais répondre à S. M. que, s'il avoit la clef des champs, il ne tombât point dans quelque récidive honteuse qui pourroit lasser sa clémence.» Voir deux lettres du marquis, 4 octobre et 25 novembre 1710. Le prince de Monaco obtint pour lui la permission de se promener dans un jardin (20 mars 1711, et lettres du marquis et de la marquise d'Antibes, 14 avril 1711), et M. de Saint-Maurice proposa, le 23 avril 1713, de le remettre en liberté à l'occasion de la mort du marquis de Grimaldi, son père.

M. l'évêque de Grasse fut accusé de complicité; mais son innocence fut reconnue. (Lettres de M. de Saint-Maurice au contrôleur général, 7 juillet 1710, et du contrôleur général à M. de Riverieulx, 18 juillet.)

Deux graveurs condamnés aux galères qui se livraient au faux-monnayage dans leurs baraques furent condamnés à mort. (Lettre de M. de Saint-Maurice au contrôleur général, 29 avril, et lettre du contrôleur général à M. de Pontchartrain, secrétaire d'État de la marine, 15 mai 1710.)

Voir les jugements rendus par M. de Saint-Maurice, dans ses lettres des 30 avril, 4, 8, 15, 18, 21 et 30 mai, etc. Une lettre du 16 septembre suivant, de M. Blauf, contient l'état résumé de toutes les sentences prononcées jusqu'à cette date.

Le contrôleur général écrit, dans sa lettre du 18 juillet à M. de Riverieulx : «.....Comme il seroit contre les règles d'expédier des lettres de grâce dans des affaires de fausse monnoie, la chose doit toujours s'entendre et se renfermer dans une cessation des procédures, et à ne point rendre de jugement.»

Voir enfin, pour tout ce qui regarde l'exécution des jugements au point de vue des amendes, confiscations, etc., les lettres des 21 et 24 juin, 14 août, 5 octobre; pour les taxations des conseillers-commissaires, celles du 29 mai et du 30 juillet, et, sur l'ensemble de la mission, les lettres du contrôleur général à M. de Saint-Maurice, 8 et 10 février, 29 juillet et 17 septembre; au maréchal de Berwick, 17 septembre; à M. Voysin et à M. d'Artagnan, 8 février; celles de M. Lebret, 10 et 16 janvier, 1er février, 24 mars, 7 juillet, 28 août, 17 septembre et 6 octobre; celles du comte de Grignan, 2 janvier, 1er et 31 juillet; de M. Regnault du Solier, premier président du Sénat de Savoie, 15 avril; de M. Pellas, général des monnoies de Provence, 10 juin; du sieur Riouffe, subdélégué d'intendant à Grasse, 4 mai et 12 juillet.

Le 7 septembre 1710, M. l'évêque de Fréjus écrit : «Je ne doute pas que M. de Saint-Maurice ne vous ait rendu compte de ce qu'il a fait à Draguignan. Je m'y rendis deux jours après lui, pour rassurer un peu la ville, qui étoit extrêmement effrayée. L'exécution qu'on y a faite d'un avocat et deux effigies, aussi bien que le supplice de deux maréchaux, y a imprimé une grande terreur et corrigera les coupables. De tous ceux à qui on a accordé l'impunité, il n'y en a qu'un contre qui il y eût déjà des preuves acquises par M. de Riverieulx; mais c'étoit un homme retiré à Avignon, où il travailloit : il m'a rapporté tous ses outils, et a donné des lumières qui produiront de l'argent. Je puis bien vous assurer que j'ai eu le service du Roi pour principal motif, aussi bien que tous MM. les commissaires. S'ils eussent usé de toute la rigueur de la justice, ils eussent dépeuplé et ruiné Draguignan. C'étoient tous misérables, qui eussent fui sur les frontières des pays étrangers, où ils eussent travaillé, et ils auroient laissé un grand nombre d'enfants à la mendicité. Il ne reste pas un outil de fausse fabrique qui ne soit remis, et je veillerai de façon, sur ces gens-là, qu'il n'y aura rien à en appréhender. J'espère qu'avant la fin du mois j'aurai fait remettre plus de 12,000# au fermier du domaine : il y en a tel qui a payé, quoiqu'il n'eût pas billonné quinze louis. J'ai accommodé aussi le maire alternatif avec les consuls, qui ont payé les frais d'une procédure, et ils sont en paix présentement. Le transport des blés continue; c'est un mal qu'on n'arrêtera que par une justice un peu militaire, et je prends la liberté de vous dire que vous feriez bien d'en charger M. d'Artagnan pour cette frontière; il est sur les lieux, et on le craint. Mon zèle pour le service m'oblige à vous donner cet avis. Si j'avois l'honneur d'être auprès de vous, je vous en dirois les raisons.»

Des faux-monnayeurs ayant encore été découverts en Tarentaise, l'affaire fut renvoyée à M. de Saint-Maurice. (Lettre de M. d'Angervilliers, intendant en Dauphiné, 8 avril 1711.)

---

660. *M. de Valincour,* *secrétaire général du gouvernement de Bretagne,* *au Contrôleur général.*

17 Décembre 1709.

«Il y a fort longtemps que les affaires de la province de Bretagne sont dérangées, et ce dérangement augmente tellement d'année en année, que, sans le secours des entrées que vous venez d'y établir, elle auroit été obligée de faire banqueroute. Mais ce malheur n'est que différé, et arrivera aux États de 1711, si on ne le prévient par un remède qui arrête la cause du mal. J'en avois souvent parlé à M. Chamillart, par ordre de Mgr le comte de Toulouse; mais la multitude des affaires dont il étoit accablé, et, je l'ose dire, les mauvais conseils qu'on lui avoit donnés, et qu'il avoit crus trop légèrement, empêchèrent l'effet de ses bonnes intentions. La source de tout le désordre est l'usage où est la province de consumer ses revenus par avance de trois ou quatre années, en sorte qu'à chaque tenue d'États, il faut trouver des fonds énormes, inutiles au Roi et à la province, et qui ne servent qu'à enrichir le trésorier et le fermier qui fait ces avances. On a songé plusieurs fois à prendre un parti qui pût rapprocher les fonds de la province et la décharger de ces furieux intérêts qui la mettent hors d'état de fournir ce qu'elle devroit donner au Roi : cela eût été plus facile il y a vingt ans; mais cela n'est peut-être pas impossible, si l'on y songe sérieusement et de bonne heure, car, pour y travailler utilement, on n'aura pas trop de temps des deux années qu'il y a d'une tenue d'États à l'autre. Vous verrez, par la lettre que j'ai l'honneur de vous envoyer, quelles sont sur cela les vues de M. l'évêque de Saint-Malo, dont on ne sauroit trop louer le zèle pour le bien public. Si vous approuviez ce qu'il propose, il ne seroit peut-être pas inutile que vous eussiez la bonté de faire proposer la chose aux États, afin qu'ils pussent instruire leurs députés et leur donner les pouvoirs dont il auroit besoin. M. de Nointel, qui sait mieux les affaires que personne, auroit soin de vous rendre compte de tout ce qui se proposeroit dans cette petite assemblée, à laquelle il feroit savoir vos intentions, suivant lesquelles on se conduiroit de telle sorte qu'en 1711 la province seroit en état de prendre, sous votre bon plaisir, des résolutions convenables pour le rétablissement de ses affaires*.»

* Le 19 décembre, il écrit : «Je vous envoie, comme vous me l'avez ordonné, l'extrait de la lettre de M. l'évêque de Saint-Malo, et j'espère que la province de Bretagne vous devra son salut par les ordres que vous aurez la bonté de donner pour le rétablissement de ses affaires.»

Le 6 janvier 1710, le contrôleur général écrit à M. Ferrand, intendant en Bretagne : «Il m'est revenu divers mémoires sur les frais qui se font dans les recouvrements des impositions de la province de Bretagne, sur les différents et excessifs droits attribués à de nouveaux officiers, et en général sur la mauvaise administration qui se fait depuis longtemps des fonds de la province, dont je n'ai pu me dispenser de rendre compte au Roi. Les choses sont parvenues à un tel point, qu'il n'y a pas lieu de croire que les affaires de cette province puissent se soutenir, si l'on n'y apporte un prompt et efficace remède. Après y avoir bien réfléchi, j'ai cru devoir proposer à S. M. de permettre qu'il soit formé, immédiatement après la présente tenue des États, une assemblée composée de personnes éclairées et bien instruites des affaires de la province, pour les éclaircir, les examiner, et proposer les expédients convenables pour remédier autant qu'il sera possible au désordre où elles se trouvent à présent, et les prévenir pour l'avenir. S. M. a fort approuvé ce dessein, et veut que l'assemblée soit composée d'un ou deux conseillers d'État, de MM. les députés des États à la cour, et du procureur général-syndic de la province, lesquels entretiendront une correspondance avec vous sur toutes les affaires qui seront traitées dans cette assemblée et en rendront compte au contrôleur général, pour le mettre en état de dresser une instruction utile au bien des affaires de la province pour la prochaine tenue des États. Mais, comme les députés n'ont point été suffisamment autorisés jusqu'à présent pour agir durant l'intervalle d'une tenue des États à l'autre, S. M. m'a ordonné de vous faire savoir que son intention est que vous proposiez aux États, avant leur séparation, le projet de cette assemblée, afin qu'ils puissent donner des pouvoirs et des instructions suffisantes à leurs députés pour travailler efficacement à redresser les affaires de la province, et, avant toutes choses, que vous pressentiez sur cela les gens les plus considérables et les plus raisonnables qui se trouvent aux présents États, ne doutant point qu'ils n'approuvent ce projet comme une chose utile et nécessaire à la province dans la situation de ses affaires. Vous m'informerez, s'il vous plaît, exactement de ce que vous aurez fait, et de la disposition que vous aurez trouvée dans les esprits.»

M. Ferrand, le maréchal de Châteaurenault, le prince de Léon et le premier président de Brilhac répondent, le 11 janvier, que tous les avis sont défavorables à ce projet. Leurs lettres ayant été communiquées à M. de Valincour, M. de la Garde écrit en apostille : «Je crois qu'il n'y a point de nécessité que les États augmentent le pouvoir de leurs députés à la cour. Ils feront seulement des remontrances. MM. les commissaires de l'assemblée arrêteront ce qui sera de plus expédient, et on l'emploiera dans l'instruction des prochains États. D'ailleurs, s'il est nécessaire de quelque arrêt du Conseil ou déclaration, S. M. pourra les rendre.»

---

661. *M. Voysin, secrétaire d'État de la guerre,*
au Contrôleur général.

18 Décembre 1709.

Huit receveurs généraux ont refusé de donner leurs soumissions pour la levée et le payement de l'ustensile; il lui demande de les y contraindre, ou d'indiquer le moyen de faire ce recouvrement sans nuire aux autres impositions*.

* Sur cette imposition et sur les efforts faits pour diminuer, soit les remises accordées, soit la durée des payements, voir les lettres des 20 janvier, 22 février, 21 mars, 5, 11 et 24 octobre, 3 et 7 novembre 1710.

---

662. *M. Ferrand, intendant en Bretagne,*
au Contrôleur général.

Du 19 au 30 Décembre 1709.

Établissement de la ferme du droit d'entrée sur les boissons.

«Avant que de vous proposer les expédients dont nous sommes convenus dans l'assemblée de MM. les commissaires du Roi, je crois qu'il est nécessaire de vous faire connoître les sentiments qui sont répandus dans les trois ordres des États. Les personnes zélées qui connoissent la situation des affaires de la province et la nécessité où l'on est d'avoir recours aux voies que l'on propose croient que, pour se disculper d'un établissement qu'ils trouvent si onéreux, ils ne doivent le passer que par un ordre absolu du Roi. D'autres ne peuvent se résoudre de consentir à cette levée, et disent qu'il vaut mieux que le Roi l'établisse de son autorité, sans leur consentement. Le dernier parti croit, à force de difficultés et de brouilleries, empêcher cet établissement, et que le Roi ne se portera jamais à le faire d'autorité.

«Comme il est absolument nécessaire de finir les États, que nous n'avons d'autres ressources que les entrées, que les gens d'affaires ne veulent faire les avances de 4,900,000#, dont nous avons besoin, qu'aux conditions que nous avons fait proposer aux États, qu'il ne nous est pas possible de trouver aucune compagnie qui veuille se soumettre aux conditions qu'ils ont arrêtées, je crois qu'il est absolument nécessaire de soutenir les conditions proposées par MM. les commissaires du Roi, tant par rapport à l'autorité de S. M., à laquelle il a été donné atteinte dans leurs personnes, que pour nous mettre en état de lui procurer les secours qu'elle attend de cette province.

«Dans l'assemblée qui s'est tenue ce matin chez M. le maréchal de Châteaurenault, nous sommes convenus que, dans la situation présente, il n'y avoit que deux partis à prendre. Le premier est que le Roi ordonne aux États de procéder en la manière ordinaire à l'adjudication des entrées sur les conditions qui leur ont été proposées par ses commissaires, en termes si précis et si absolus, que l'assemblée ne puisse douter de la volonté expresse de S. M. Comme il faut, en pareille occasion, prévoir à tout ce qui peut arriver, si les États continuent dans leur refus, soit en gardant le silence ou en prenant le parti de faire de continuelles remontrances, nous trouvons deux voies pour en sortir par autorité : la première est que le Roi veuille bien ordonner que, sur le refus des États, les conditions des baux seront arrêtées par ses commissaires, qu'elles seront publiées, et que l'adjudication sera faite par eux, desdits droits, en l'assemblée des États...; la seconde voie est que S. M. ordonne que, sur le refus des États, il sera procédé à l'adjudication des droits d'entrée sur les conditions arrêtées par ses commissaires, après la séparation des États, par tels commissaires et députés qu'il plaira à S. M. commettre, et cependant qu'il sera procédé à l'adjudication de la ferme des devoirs et à terminer les affaires qui restent, et que les droits d'entrée seront mis dans l'état de fonds par estime pour la somme de 4,900,000#. La connoissance particulière que nous avons, M. le maréchal de Châteaurenault, M. le premier président et moi, de la situation des esprits et de la nécessité de soutenir l'autorité dans cette province nous porte à appuyer le parti, en cas de refus par les États de se rendre aux ordres que nous leur ferons savoir, de faire dans l'assemblée des États l'adjudication des droits d'entrée : nous sommes persuadés que l'opiniâtreté qui a paru n'ira pas si loin, et que les esprits se rendront quand ils auront connoissance des ordres qui auront été donnés. On peut encore en proposer un autre, qui paroît plus doux; mais il ne soutient pas l'autorité autant que le précédent. Sur les difficultés qui se présentent...., S. M. peut ordonner qu'elles seront réglées en son Conseil, et les droits ensuite adjugés par les commissaires et députés des États qu'il plaira au Roi de commettre, et, comme la longueur des États cause du retardement dans les recouvrements qui se font au profit de la province, qu'il sera incessamment procédé à l'adjudication de la ferme des devoirs pour les années 1710, 1711, 1712 et 1713, et à régler les affaires qui restent à terminer dans la présente assemblée : après quoi, l'intention du Roi est qu'elle soit séparée, et cependant que les droits d'entrée seront employés dans l'état du fonds par estime pour la somme de 4,900,000#. Il est vrai qu'il n'y a pas un seul de ces expédients qui ne donne atteinte à la liberté et aux privilèges des États; mais il faut aussi convenir qu'il est plus important de soutenir l'autorité du Roi, que de ménager la liberté d'une assemblée qui paroît vouloir y donner une trop grande extension*.....»

* A la lettre du 30 décembre sont joints les projets d'arrêts proposés par M. Ferrand et un mémoire des conditions acceptées par les fermiers.

De son côté, le maréchal de Châteaurenault, après avoir rendu compte de sa conduite et de celle des députés, écrivait, le 31 décembre (addition autographe) : «Je crois que, dans l'état que telle chose pourroit arriver, il pourroit convenir d'avoir quelques lettres du Roi à cachet volant, pour envoyer, en telle occasion qui pourroit arriver, quelque gentilhomme dans quelque ville ou château hors de la province. J'espère que cela n'arrivera pas; mais la précaution pourroit n'être pas mauvaise.....» Voir aussi une lettre du premier président de Brilhac, du 30 décembre.

Le 4 janvier 1710, le contrôleur général écrit aux présidents des trois ordres : «.....Je voudrois bien être en état de vous donner des marques du désir que j'ai de vous obliger, vous ayant toujours regardés comme de fidèles et zélés serviteurs du Roi; mais la conjoncture des affaires de l'État demande que vous en donniez de vraies marques dans l'occasion qui se présente..... Après que les États se sont soumis d'une manière si vive et si empressée à l'établissement du droit d'entrée sur les boissons...., je crois qu'il ne convient point du tout d'hésiter à se servir du seul moyen qu'ils ont de donner au Roi des preuves de leur zèle, et je suis obligé de vous dire que, s'ils y manquoient, S. M. en seroit non seulement très surprise, mais même très mécontente.....» Voir les lettres du même jour au maréchal de Châteaurenault, au prince de Léon, à M. de Brilhac et à M. Ferrand, les réponses en date du 9 janvier, annonçant la soumission des États, et les lettres du contrôleur général à M. Ferrand, 18 janvier, et à M. de Pontchartrain, secrétaire d'État, 7 janvier.

M. Ferrand rend compte, les 1er et 27 juin, 2, 4 et 10 juillet 1710, des troubles excités à Nantes contre le fermier des entrées, et des mesures prises pour la répression. «Les Bretons, dit-il, veulent être prévenus et menés, en pareille occasion, avec hauteur et fermeté.» Voir les lettres du comte de Lannion, 11, 18 et 24 juillet, 2 et 12 août, 27 septembre, 14 octobre, 6 et 8 novembre 1710; celles du sieur Aumont, sénéchal de Nantes, qui fut appelé à la suite du Conseil, comme principal instigateur des mouvements séditieux, 17 novembre et 11 décembre; deux lettres de M. de Montaran, des 6 juin et 21 décembre; deux lettres de M. Ferrand, du 22 novembre 1710 et du 21 janvier 1711; quatre lettres de M. Voysin, secrétaire d'État de la guerre, 5 et 8 octobre, 14 novembre et 21 décembre 1710; une lettre du contrôleur général à M. Voysin, demandant qu'on prolonge le séjour de M. de Lannion à Nantes, 23 décembre 1710, et une lettre de M. de Montaran, 8 février 1711, conseillant de renouveler la commission de M. de Lannion en raison des difficultés du recouvrement. Voir ensuite les lettres de M. de Lannion, 24 mars, 30 avril, 5 mai et 2 juillet 1711; de M. Ferrand, 4 mars 1711; du sieur Lenfant-Dieu, auditeur des comptes, 7 avril 1711; de M. de Valincour, 5 mai 1711. Le 18 janvier 1711 et le 4 mai 1712, M. Ferrand réfute les réclamations de M. le duc de la Meilleraye pour la ville du Port-Louis, non nommée dans les délibérations des États. Le 9 juin 1711, les juges et consuls de Nantes demandent, en raison des vents qui ont empêché les vaisseaux de sortir, une prolongation du délai accordé aux propriétaires de la ville pour remporter leurs vins sans payer les droits; le 5 juillet, M. Ferrand envoie un avis favorable. Le 30 avril 1711, les engagistes des octrois de Nantes se plaignent que les fermiers du tabac ne veulent pas payer; le 23 novembre, M. Ferrand est d'avis de décharger le tabac pour l'avenir, mais, à cause de l'ancienne possession des engagistes, de ne pas leur faire restituer les droits perçus, et même de leur permettre de les percevoir encore pendant deux ans.

Le 15 octobre 1711, le comte de Lannion écrit que ses pouvoirs ne sont pas suffisants, et demande une commission plus étendue; le 16, M. le comte de Toulouse appuie cette demande. Les 20, 21, 24 et 28 novembre, 1er et 3 décembre 1711, et 1er octobre 1712, le comte de Lannion envoie les procès-verbaux de désordres causés par l'établissement des droits; voir aussi les lettres de M. le comte de Toulouse, 31 octobre 1711, du sieur de la Gacherie, 21 novembre 1711, de M. Ferrand, 3 et 22 décembre 1711, et de M. de Montaran, 22 décembre 1712.

---

663. *M. de Bâville, intendant en Languedoc,*
au Contrôleur général.

20 Décembre 1709 et 7 Janvier 1710.

«Je me plaignis hier à M. l'archevêque de Narbonne de ce qu'à la sollicitation de M. de Pennautier, et sans que j'en aie rien su, les États avoient délibéré de ne payer aux créanciers de la province, au mois de février prochain, que la moitié de leurs arrérages, et le reste quand on le pourroit et lorsque M. de Pennautier auroit reçu les fonds des impositions, de manière que les intérêts seroient payés, au plus tard, à la Saint-Jean. Cette délibération étoit fondée sur la difficulté où est présentement le trésorier de la Bourse de trouver ou de recouvrer les fonds qui lui sont nécessaires. Je représentai à M. de Narbonne que, la province devant encore emprunter deux millions pour le rachat de la capitation de l'année dernière, il étoit contre toutes les règles de la prudence de perdre son crédit par une pareille délibération; que, quand on sauroit que les États reculent les payements, personne ne voudroit plus prêter; que, quand les créanciers recevroient au terme accoutumé la moitié de ce qui leur seroit dû, et qu'on leur promettroit de payer le reste dans quelques mois, il n'y en auroit point qui ne fût content et qui ne voulût avoir égard aux difficultés que le malheur de cette année répand de tous côtés, mais qu'il ne falloit point que cela se fît par délibération publique, qui alarmeroit tout le monde et détourneroit ceux qui veulent prêter; que je ne voyois pas même de quel droit l'assemblée pouvoit décider sur l'exécution des contrats publics et passés par-devant notaire; que de pareilles surséances ne pouvoient s'accorder que par des arrêts du Conseil; que c'étoit enfin une affaire majeure, qui devoit être concertée; qu'il falloit vous en rendre compte et savoir de vous ce qui pouvoit, en cela, convenir aux intérêts du Roi et aux conjonctures présentes. J'ajoutai que la province n'étoit pas moins intéressée dans cette affaire que le service de S. M., parce que, si on ne trouvoit plus à emprunter les deux millions qui restent pour la capitation, le traité de l'année dernière ne subsisteroit pas, et qu'il faudroit imputer sur les emprunts ce qui n'auroit pas été payé : en quoi la province souffriroit une grosse perte. Ces raisons ont arrêté la délibération, qui n'a point été mise dans les registres. Il auroit été à souhaiter qu'on n'en eût point parlé aux États. J'ai cru devoir vous rendre compte de ce qui s'est passé à cet égard, afin que vous en sachiez la vérité.»

Les États ne pensent point à racheter les affaires extraordinaires, à l'exception du doublement de péage sur le canal Royal, et il serait tout aussi impossible d'augmenter les impositions que de faire de nouveaux emprunts.

---

664. *M. de Pontchartrain,*
secrétaire d'État de la marine,
au Contrôleur général.

21 Décembre 1709.

«M. le procureur général m'envoie une liste de quarante condamnés aux galères pour faux-saunage ou pour contrebande de tabac qui sont dans les prisons de la Tournelle, en marquant qu'ils les surchargent, y ayant déjà cent neuf condamnés depuis le départ de la dernière chaîne, qui manquent de toutes choses, et qu'ainsi, ne pouvant, avec les fonds ordinaires, entretenir ces prisons jusqu'au mois de mars, il est absolument nécessaire de faire partir la chaîne auparavant, à moins que le Roi ne veuille bien faire grâce à ces faux-sauniers à condition de servir dans les troupes*. Avant de prendre les ordres du Roi sur ce sujet, j'ai cru devoir vous demander si vous ne trouvez aucun inconvénient au dernier parti. Celui de faire partir la chaîne avant le mois de mars paroît impraticable : une grande partie des forçats de la dernière sont morts en chemin par la rigueur de la saison, qui étoit avancée, et le reste est malade sur les galères ou dans les hôpitaux, sans espérance de les guérir. A l'égard du secours de quelque augmentation de fonds, vous savez si on peut le donner, et je présume que vous estimerez mieux qu'on se détermine à la grâce, comme on en a usé pour ceux qui sont dans les prisons de Dijon, pour lesquels j'expédierai des lettres de commutation de peine aussitôt que vous m'aurez envoyé leurs jugements, que je vous ai demandés. Je vous prie de prendre la peine de me faire une prompte réponse, pour me donner lieu de satisfaire à l'empressement de M. le procureur général**.»

* Sur les départs de la chaîne, voir une lettre du 1er mai précédent, et deux lettres des 20 avril et 24 août 1712; une lettre de M. Roujault, intendant à Poitiers, 13 juillet 1710; une lettre de M. de la Briffe, intendant à Caen, 11 juillet 1710; trois lettres de M. de Barrillon, intendant en Roussillon, 17 août, 14 et 15 septembre.

** En apostille : «Que je ne m'oppose point, et que je crois qu'il vaut encore mieux accorder une commutation de peine des galères en un service dans les troupes, que de les laisser périr faute de secours.»

Sur l'incorporation des faux-sauniers dans les troupes, voir un ordre pour le fermier général Berthelot de Saint-Laurent, du 19 décembre 1708, une lettre aux fermiers généraux, 26 décembre 1708, et une lettre à M. de la Vrillière, secrétaire d'État, 7 octobre 1709; des lettres de M. de Harouys, intendant en Champagne, 6 mars 1709; de M. de Bernage, intendant à Amiens, 18 octobre et 30 novembre 1710; de M. Bosc, procureur général à la Cour des aides de Paris, 8 octobre 1710; de M. Quarré, procureur général au Parlement de Dijon, 22 juillet et 30 novembre 1709. Celui-ci écrit, le 30 septembre 1709 : «J'aurai soin de faire attacher à la chaîne le nommé Martinet, dont la taille avantageuse lui auroit fait trouver grâce devant vous, s'il eût été moins suspect à MM. les fermiers généraux et moins redoutable à leurs gardes. A l'égard des autres fraudeurs...., les réserverai-je tous, si je ne reçois vos ordres avant l'arrivée de la chaîne, ou me permettrez-vous de faire attacher ceux que le commandant du château ne jugera pas propres au service dans le régiment d'Enghien? Si je les conserve pour les envoyer à ce régiment, il est à craindre qu'à la première revue ils ne soient congédiés : ce qui leur faciliteroit le retour au faux-saunage.....»

Le 9 mars précédent, le contrôleur général écrivait à M. de Brilhac, premier président du Parlement de Bretagne : «Il n'y a pas d'inconvénient de donner les faux-sauniers à des officiers connus et dont on puisse être assez sûr qu'ils n'amèneront point ces faux-sauniers pour relâcher ensuite pour de l'argent.....»

Le 12 juin 1709, M. Turgot de Saint-Clair, intendant en Auvergne, écrit : «Il y a trois faux-sauniers qui sont dans les prisons de Brioude, dont il y en a un qu'on prétend être fort bon trompette. Le régiment de Simiane, qui est ici en quartier, a besoin d'un trompette, qu'il n'a jamais pu trouver ailleurs. M. le comte de Simiane, qui est colonel de ce régiment, m'ayant demandé ce faux-saunier, au lieu de le tirer des prisons, comme mes prédécesseurs avoient toujours fait en pareille occasion, j'en ai écrit au directeur des gabelles; mais il m'a fait réponse qu'il ne pouvoit y consentir. C'est ce qui m'oblige d'avoir l'honneur de vous en écrire à vous-même, pour vous prier d'agréer que j'en dispose en faveur de cet officier. Il est vrai qu'on prétend qu'il a été pris, lui troisième, avec des chevaux chargés, et qu'il y avoit même quelques armes; mais j'ai vu des billets du directeur et du procureur principal des gabelles, par lesquels ils promettent à cet homme, ainsi qu'aux deux autres qui ont été arrêtés avec lui, qu'on ne les poursuivroit pas, pourvu qu'ils pussent faire faire des captures de faux-sauniers, et qu'on les relâcheroit, s'ils étoient pris avec les faux-sauniers qu'ils découvriroient; et les accusés prétendent avoir donné avis à un brigadier des gabelles d'une bande de faux-sauniers auxquels ils portoient le sel, pour les faire tomber dans le piège suivant les mesures qu'ils avoient concertées avec ce brigadier, et que, néanmoins, on ne s'étoit attaché qu'à eux. Je vous prie instamment de m'expliquer vos intentions sur cette affaire. Comme les juges des gabelles craignent un arrêt du Conseil qui me commette pour faire les procès à ces accusés, ils avanceront sans doute l'instruction, ou ils disposeront peut être eux-mêmes de ces gens-là en faveur de quelques autres officiers; car je puis vous assurer qu'ils se rendent tellement maîtres de ces sortes d'affaires, qu'ils ont perdu entièrement l'habitude de m'en communiquer aucune. Depuis que je suis ici, je n'ai entendu parler d'eux que pour apprendre qu'ils ne veulent pas obéir, quand je leur fais ordonner quelque chose; au lieu que, du temps de mes prédécesseurs, il ne se passoit rien dans les gabelles, qu'on ne vînt leur en rendre compte. Au moyen de cette indépendance, ils mettent en prison et sortent qui il leur plaît. Ce que j'ai l'honneur de vous dire peut être de conséquence, car le faux-saunage se réveille fort, et la coutume des gardes de gabelles est de prendre les chevaux et le sel, et de laisser aller les hommes.....»

A la lettre de M. Turgot est jointe une réponse des fermiers généraux : «.....Il est vrai qu'il y a quelques années que Mgr Chamillart, sur les instances des officiers, permit aux fermiers des gabelles de laisser enrôler les faux-sauniers jeunes, bien faits et de bonne contenance pourvu qu'ils ne fussent point pris avec attroupement et à port d'armes; et même il avoit établi des conditions pour la sûreté d'un service actuel dans les armées de S. M. pendant plusieurs années. Cependant, comme, par la suite, il fut reconnu que la plupart des officiers abusoient de ces prétendus enrôlements, à prix d'argent et par des mauvaises négociations, en ce que l'on voyoit reparoître par la suite ces mêmes faux-sauniers à la tête des bandes, encore plus animés qu'auparavant, le ministre, convaincu de ce mauvais usage, jugea à propos de l'interdire absolument : en sorte que, depuis longtemps, il n'a été accordé aucun faux-saunier aux officiers que par les ordres de Mgr le contrôleur général, en connoissance de cause et avec des conditions d'un engagement certain pour plusieurs années, et jamais pour des faux-sauniers pris attroupés, à port d'armes, ou condamnés.....»

---

665. *M. Dalon, premier président du Parlement de Bordeaux,* *au Contrôleur général.*

21 Décembre 1709.

«Si je n'étois à la tête des marguilliers et administrateurs de la fabrique de l'église de Saint-Pierre de la ville de Bordeaux, j'aurois moins d'empressement à vous supplier d'avoir la bonté de rétablir par l'autorité du Roi le calme dont ils jouissoient depuis un très long temps, et qui n'a été troublé que par l'ambition d'un bourgeois qui a été substitué à la place d'un autre bourgeois décédé marguillier perpétuel. S'étant persuadé que la préséance lui étoit due sur un procureur au Parlement qui étoit aussi marguillier perpétuel avant lui, par prétexte de ce qu'il a été consul de la Bourse des marchands de Bordeaux, qualité qu'il a cru en vain décisive aux termes des arrêts du Conseil privé du Roi des années 1602, 1603, 1604, et des lettres patentes du roi Louis XIII de l'année 1610, parce qu'ils ont ordonné que les bourgeois et marchands qui ont passé par les charges de jurats, juge et consuls de la Bourse, trésoriers de l'hôpital Saint-André, avitailleurs des châteaux, ou l'une d'icelles, précéderont en tous lieux et assemblées publiques et particulières les procureurs au Parlement qui n'auront eu lesdites charges ni aucune d'icelles, et ceux qui les auront eues auront rang et séance avec lesdits marchands selon l'antiquité de leur élection auxdites charges.»

Il rend compte des procédures*.

* Voir les lettres des sieurs Crozilhac et Puyhausy, marguillier d'honneur perpétuel et grand marguillier de l'église Saint-Pierre, tous deux procureurs au Parlement, du 4 février 1710, et une lettre de M. Dalon, du 16 août suivant. Le contrôleur général ayant décidé que l'ancien consul pouvait prendre le pas dans les cérémonies, mais non dans les assemblées ordinaires des marguilliers, ceux-ci refusèrent de faire désormais leurs fonctions de quêteurs et de payer le pain bénit : voir les lettres du sieur Crozilhac, 3 et 24 février, 2 mai et 13 juin 1711, 2 juillet 1712; des juges-consuls et de M. de Courson, 31 mars et 23 juillet 1711; des maire, sous-maire et jurats, 4 avril; de M. Fénellon, député au Conseil de commerce, 5 avril; du maréchal de Montrevel, 13 juin.

---

666. *Le sieur Jean Rampal, négociant à Marseille,* *au Contrôleur général.*

23 Décembre 1709.

Mémoire sur les moyens de réduire la Sardaigne à l'obéissance du roi d'Espagne, en envoyant un corps de troupes de dix mille hommes, dont sept mille pourraient être pris parmi les invalides les moins estropiés. La dépense ne dépasserait probablement pas dix millions.

IMPRIMERIE NATIONALE.

667. M. VOYSIN, secrétaire d'État de la guerre, AU CONTRÔLEUR GÉNÉRAL.

23 Décembre 1709; 30 Janvier et 2 Mai 1710.

Payement des attelages et équipages de l'artillerie*.

* En marge de la lettre du 30 janvier est cette réponse : «Je ne suis pas moins touché que vous de tous les besoins du service et de l'importance dont il est que les équipages des vivres soient levés avant la campagne et en état avant la fin du mois de mars, pour servir au transport des grains. Je ne vois plus de moyens de fournir à tant de dépenses qui sont toutes également pressantes, et que l'on regarde toujours comme absolument nécessaires pour soutenir le service. Il ne faut pas se flatter qu'il soit possible de fournir à une très petite partie quand il faudra toujours agir l'argent à la main. Je puis dire hardiment que, dans les temps les meilleurs et de la plus grande abondance, on n'en a jamais usé ainsi, et je puis dire affirmativement que, toutes les fois qu'on aura cette idée, on fera totalement tomber le service du Roi. J'ai aidé les munitionnaires d'un fonds présent; je travaillerai à leur en trouver encore de nouveaux. Je leur avois offert un fonds considérable de 1,900,000#, tant pour acheter des blés que pour fournir la levée des équipages; ils n'ont pas voulu en comprendre la solidité et les avantages qu'ils en pourroient tirer. Tout ce que je puis dire est que je n'omettrai rien pour trouver les moyens de les secourir; mais il seroit à désirer qu'ils voulussent, de leur côté, s'aider un peu plus qu'ils ne font.»

---

668. M. SECOUSSE, curé de l'église Saint-Eustache de Paris, AU CONTRÔLEUR GÉNÉRAL.

24 Décembre 1709.

Il demande qu'on l'aide à se débarrasser des billets de monnaie qu'il a reçus à sa quête; sinon, il ne pourra nourrir ses trente mille pauvres, avec les 4,000# versées en espèces, au delà du mois de janvier*.

«Permettez-moi d'ajouter qu'il y a un peu de politique à m'aider par préférence aux autres paroisses de Paris : la mienne donne le mouvement aux autres, et, s'il falloit qu'il y arrivât du tumulte, ce seroit sonner le tocsin par tout Paris**.....»

* Voir, sur des demandes analogues, les lettres de M. du Martray et de Mme Marie de Bellefont, abbesse de Montmartre, 28 janvier, 6 juin et 5 septembre 1711.

** Le même jour, 24 décembre 1709, le contrôleur général répond que la goutte l'empêche d'aller régler cette affaire à Paris; mais que, si on lui envoie un bordereau des billets de monnaie, avec les intérêts dus, et un bordereau des billets de l'extraordinaire des guerres ou des billets à cinq ans qui ont été également remis à la quête pour un total de 8,000#, il cherchera les moyens d'en faire de l'argent.

---

669. M. DE COURSON, intendant à Bordeaux, AU CONTRÔLEUR GÉNÉRAL.

24 Décembre 1709.

«J'ai différé à vous rendre compte des différentes pertes de cette généralité causées par l'hiver dernier, et des mesures qu'on peut prendre pour les réparer, que j'en eusse été instruit par moi-même dans les différentes tournées que j'ai été obligé de faire, soit pour le passage des troupes, soit pour le département.

«Il y a apparence que la perte des blés sera réparée, s'il n'arrive point d'accident qui empêche la récolte prochaine. Non seulement toutes les terres qui avoient accoutumé d'être ensemencées l'ont été, mais la crainte de manque de blés, ou l'espérance qu'il sera encore cher après la récolte, a fait défricher plusieurs terres qu'on n'avoit jamais pensé de semer jusques à présent : de sorte qu'il y a, dans cette généralité, plus d'un huitième de terres d'ensemencées plus que les autres années. Les levées sont très belles. Je craignois qu'il n'y eût plus de difficulté de trouver les expédients pour fournir les grains nécessaires pour les semences; mais chacun y a travaillé de lui-même, sans qu'il ait été nécessaire d'aucun mouvement pour cela.

«Une des grandes pertes de ce pays-ci sont les pins : il y en a plus des trois quarts de morts; les jeunes ont résisté. Cette perte est irréparable : on n'en plante jamais, et on les sème fort peu, et ils ne viennent que de la graine qui tombe. Il n'est pas possible qu'on ne s'en ressente plus d'un siècle.

«Il en est de même des lièges : presque tous sont morts; ce qui reste pourra pousser des rejetons, qu'on pourra transplanter; mais il faut plus de cinquante ans pour qu'ils puissent être de quelque utilité.

«Il y a eu dans l'Agenois une perte assez considérable, qui est celle des pruniers. Il m'a paru qu'on songeoit assez à en replanter.

«La plus grande de toutes les pertes est celle des noyers et des châtaigniers, qui sont totalement ruinés. Comme j'ai traversé tout le Périgord, j'ai vu par moi-même ce qui en étoit. Presque tous les châtaigniers repoussent par le pied; dans huit ou dix ans, on pourra choisir un brin pour le greffer, qui ne produira que fort peu de chose vingt ans après. Le plus grand mal est qu'il seroit nécessaire de couper cet hiver tous les troncs qui sont morts; mais il n'y pas assez d'argent dans le pays, ni assez d'habitants pour le faire.

«A l'égard des noyers, ils sont presque tous morts. Il faut nécessairement en planter d'autres : il ne m'a pas paru qu'on songeât à trouver des moyens pour en replanter.

«Pour les vignes, il y en a de plusieurs espèces : celles qui viennent dans les palus, qui sont des pays marécageux, ont le plus souffert; la plupart sont mortes; les autres ont repoussé par le pied, mais ce qu'ils ont repoussé ne pourra rien produire de quatre ou cinq ans. Celles des Graves, qui sont dans un pays sec et pierreux, ont le moins souffert; s'il n'arrive point d'accident, la récolte n'y sera pas mauvaise. Il y a le pays d'Entre-Deux-Mers et les Coteaux, qui sont à peu près comme les Graves.

«Quelques propriétaires dont les vignes sont mortes les ont fait arracher : ce n'est pas un grand mal, car il y en a trop dans cette généralité, et surtout dans l'élection de Bordeaux. La plus grande partie songe à en replanter.»

---

670. *M. le chevalier* DE LUXEMBOURG, *lieutenant général à l'armée de Flandre*, AU CONTRÔLEUR GÉNÉRAL.

(De Valenciennes) 25 Décembre 1709.

« J'ai été très mortifié de ce que les ennemis ont jugé M. de Monmerqué de bonne prise, et que nous n'ayons point eu jusqu'à présent d'assez bonnes raisons à leur opposer. Il est certain que les passeports qu'ils ont accordés aux carrosses ne sont que pour la voiture, les chevaux et les magasins, et que ceux qui sont dedans n'y sont pas compris. Il s'est même avoué, par la déclaration qu'il a donnée, être prisonnier de guerre..... J'ose me flatter que vous êtes bien persuadé que quand j'ai su que M. son père étoit attaché à vous, que je n'ai rien négligé de ce qui dépendoit de moi pour lui rendre service*. »

* Une rançon dut être payée en marchandises saisies. (Lettre du 26 décembre.)

---

671. *M.* DE BERNAGE, *intendant à Amiens*, AU CONTRÔLEUR GÉNÉRAL.

26 Décembre 1709.

« Sur l'ordre que vous avez donné au directeur des fermes de vous envoyer des états des receveurs qui ont fait des entreprises, parce qu'il s'en est trouvé qui se sont servis des deniers de leurs recettes, le sieur Guyon, receveur des traites à Péronne, que j'ai chargé de la fourniture des fourrages de cette place, de Saint-Quentin, de Corbie et Bray, me mande qu'il ne peut plus continuer ce service, parce qu'il veut obéir à nos ordres. Si cela arrivoit, je serois fort embarrassé, parce qu'il est accrédité et entendu. Il m'a été très utile pendant la campagne dernière, pour des achats de grains et pour les transmarchements qui se sont faits du Soissonnois ici. C'est un très bon sujet; je suis persuadé que, si ses entreprises ne dérangent en rien sa caisse, et qu'il n'est point en reste de rendre compte et de remettre les fonds de sa recette, qui ne sont pas fort considérables, M. Berthelot de Saint-Laurent, qui a la direction de Picardie, vous rendra le même témoignage. Je vous supplie de trouver bon que le sieur Guyon continue son entreprise, et que je me serve de lui dans les occasions, s'il s'en présentoit encore à faire. Je l'ai même indiqué en dernier lieu à M. de Nointel, pour entreprendre la fourniture des grains sur les fonds de la généralité de Poitiers..... »

---

672. *Le sieur* BERTHELOT DE SAINT-LAURENT, *fermier général en Picardie*, AU CONTRÔLEUR GÉNÉRAL.

28 Décembre 1709.

« ..... La garnison d'Amiens est composée du régiment du Piémont, trois bataillons, de huit compagnies de la Colonelle-générale des dragons, neuf compagnies d'invalides, et une compagnie détachée. Ces deux dernières troupes sortent peu; mais il n'en est pas de même des deux premières, qui vivent dans une licence entière. Elle ne se borne pas au sel; mais, comme il n'y a que cette partie qui me regarde, je m'y renferme, en vous assurant que, quoiqu'on soit accoutumé ici à voir faire le faux-saunage par les troupes, on n'en a point encore vu de si grand, si fréquent, ou plutôt si continuel. Voici de quelle manière il se pratique.

« Il faut poser pour principe que tous les soldats et dragons s'en mêlent; mais leurs fonctions sont partagées. Une partie se tient en campagne, et ne rentre point dans la ville, si ce n'est pour le jour de revue : ceux-là vont acheter le sel aux faux greniers, le chargent, et l'apportent jusqu'au pied de la Somme, où ils le passent dans des machines. L'autre partie vient le recevoir à l'autre bord de la Somme, du côté de la ville, le charge, et le va vendre, tantôt dans la ville, tantôt dans la campagne. Les premiers retournent aussitôt à la charge, et les derniers rentrent dans la ville après leur sel débité. C'est un commerce qui se fait sans interruption, et qui est fortifié par les garnisons voisines, qui se mêlent à celle d'Amiens et forment des bandes de quatre-vingts, cent, cent cinquante, et jusqu'à deux cents, tant soldats et dragons que paysans. Ce désordre a commencé aussitôt après la séparation de l'armée. Pour y remédier, on a essayé d'abord les moyens qu'on avoit en main par les brigades des fermes, et l'on a posté sur la rivière celles qui étoient sur les derrières, afin de fortifier les passages et les disputer; mais de simples brigades, quoique en si grand nombre qu'à grand'peine les produits peuvent suffire pour les payer, répandues en une grande étendue de terrain, n'ont pu résister à des troupes aussi nombreuses, bien armées, qui se présentent en un seul endroit, et qui s'y ouvrent un passage avant qu'on ait pu rassembler les employés des autres postes. Tout le service des brigades s'est donc réduit à voir les bandes, les compter, remarquer les habillements des troupes, pour désigner les régiments, et dresser des procès-verbaux, qui ont été envoyés à la compagnie, qui a eu l'honneur de vous en rendre compte.

« Les employés ainsi devenus inutiles, et trop heureux de pouvoir se soustraire à la fureur des troupes, qui n'ont pas épargné ceux qui sont tombés entre leurs mains, y ayant eu entre autres un brigadier blessé à mort au poste de Saint-Maurice et un garde à Corbie, qui est mort hier, on a cru qu'en les mêlant avec des détachements de soldats et les postant aux passages les plus fréquentés, cela imposeroit et pourroit arrêter le cours d'un si grand faux-saunage. Cela avoit été ainsi pratiqué, les années dernières, avec succès, et se pratique encore actuellement du côté d'Abbeville, où la ferme s'en trouve bien; mais cela n'a pas réussi de ces côtés-ci. Les soldats et dragons qui faisoient le faux-saunage sont demeurés en bonne intelligence avec ceux qui étoient postés, et payés pour l'empêcher, et, lorsque les premiers se sont présentés aux passages, les autres ne s'y sont point opposés; ils ont seulement tiré quelques coups en l'air, pour la forme, et il a été même vérifié que leurs armes n'étoient chargées que de poudre. Les plaintes en ont été portées aux officiers, qui sont convenus qu'il y avoit une telle union entre le corps des dragons de la Colonelle et le régiment de Piémont, qu'il étoit inutile d'espérer que ceux-ci fissent la guerre aux autres, encore moins à leurs propres camarades : en sorte qu'on a renvoyé les détachements que l'on avoit demandés, pour en épargner la dépense à la ferme.

«Voilà l'état où j'ai trouvé les choses à mon arrivée. J'ai aussitôt visité les commandants des deux corps : je leur ai lu tous les procès-verbaux qui m'avoient été mis en mains, je leur ai représenté le préjudice extrême que cela porte aux intérêts du Roi et le danger où ils se mettoient (faute de contenir leurs troupes) d'être envoyés sur la frontière, ce qui ne pourroit se faire sans un grand dérangement pour eux. Ils sont convenus de tout le mal dont je me plaignois; ils m'ont assuré qu'ils ne le voyoient point sans une extrême douleur, qu'ils avoient eu soin, en arrivant à Amiens, de lire l'ordonnance du Roi du 20 octobre dernier sur le fait de faux-saunage, qu'ils en avoient recommandé l'exécution avec toute la sévérité et les menaces qu'ils avoient pu employer; que cela n'avoit point été capable d'arrêter les dragons et soldats, sur qui la faim avoit fait plus d'effet que la crainte des peines; que, depuis six semaines qu'ils sont ici, ils n'avoient reçu que deux jours de paie; que le pain même leur avoit manqué, ou leur avoit été fourni si mauvais qu'ils n'avoient pu en manger, et que, dans une misère si extrême, il n'étoit pas extraordinaire qu'ils se fussent adonnés, pour sauver leur vie, à un commerce aisé, lucratif, et qui s'est toujours fait dans le temps que les troupes étoient régulièrement payées et bien nourries. Ils avouent même qu'ils n'ont pas cru devoir exercer contre eux la même sévérité qu'ils auroient eue, si le soldat n'avoit point eu ces excuses, et ils concluent en disant que, depuis quelques jours, le pain est meilleur, qu'on les a assurés qu'à commencer du 1er janvier la solde seroit payée régulièrement, et que, si cela s'exécute, ils tiendront si soigneusement et si rigoureusement la main sur le faux-saunage, qu'ils répondent qu'il ne s'en fera plus.

«J'ai cru vous devoir rapporter leurs raisons avant que de prendre la liberté de dire mon avis, qui est que, quand même les troupes seroient payées à l'avenir avec toute la régularité possible, il ne faudroit point s'attendre, pour cela, à voir cesser le faux-saunage, et qu'en ayant pris l'habitude et y trouvant un profit aisé et sans risque, il ne sera pas possible, même à leurs officiers, de les empêcher de le continuer. Je crois donc que le seul moyen d'arrêter ce désordre est de faire sortir d'Amiens les dragons, car il est certain que, si en général les troupes vivent aujourd'hui avec beaucoup de licence, le corps des dragons la porte encore plus loin que les autres. D'ailleurs, la liaison qui est entre ce régiment et celui du Piémont sera funeste à la ferme tant qu'on ne les séparera point; mais, aussitôt que les dragons en seront dehors, je suis persuadé que non seulement Piémont se contiendra, mais qu'on pourra même en employer utilement des détachements pour opposer aux bandes des garnisons voisines. Cet exemple sur un corps de distinction, comme celui de la Colonelle-générale, et dans le cœur de l'hiver, fera un grand effet dans tout le pays; et les officiers des autres régiments, dans la crainte d'un pareil sort, ne négligeront rien pour contenir leurs troupes.

«Je vous demande très humblement pardon de vous avoir fait un détail si long; mais j'ai cru le devoir à l'état déplorable où la gabelle se trouve ici, et qu'étant réduit à être le spectateur du mal sans y pouvoir apporter de remède, je devois m'adresser à vous, de qui seul il peut venir. Je prends la liberté de joindre copie de deux procès-verbaux d'une bande qui a passé la rivière le 26 du courant, et est entrée dans Amiens le 27, d'où ils ressortent à toute heure, et en plein jour, chargés, ne pouvant trouver à débiter tout leur sel dans la ville. Il est aisé de juger, par cet échantillon, de quelle manière le désordre continue, et combien il importe de le faire promptement cesser*.»

* En marge, apostille : «Écrire à M. Voysin qu'il n'y a pas d'autre moyen de faire cesser ce désordre qu'en faisant sortir le régiment Colonel-général des dragons d'Amiens.»

Sur le faux-saunage des troupes, voir les lettres de M. de Saint-Contest, intendant à Metz, 22 novembre et 23 décembre 1709, et 20 janvier 1710; de M. Roujault, intendant à Poitiers, 8 décembre 1709; de M. d'Ormesson, intendant à Soissons, 20 février, 30 mars, 17 avril, 6, 7 et 12 août, 24 novembre 1710, etc.

Voir aussi deux lettres du contrôleur général à M. Voysin, secrétaire d'État de la guerre, 8 et 13 décembre 1709, rendant compte des désordres causés par le régiment de Razilly dans la généralité de Caen, et sur un combat livré à Beauvais entre des soldats et des employés des fermes. De même, sur le régiment des Cravates cantonné à Falaise et à Argentan, et sur les tentatives faites pour le ramener à la discipline, voir les lettres de M. de Bouville Saint-Martin, intendant à Alençon, 25 et 30 janvier, 6 et 23 février, 13 mars, 12 avril et 9 août 1709; celles du contrôleur général à M. Chamillart et à l'intendant, 18 janvier, et de M. Chamillart à M. de Bouville, 3 février, jointe à la lettre du 6.

En janvier 1710, à la suite d'un combat entre les employés de la ferme et une bande de cent quatre-vingts faux-sauniers, plusieurs cavaliers et soldats se trouvant pris, le contrôleur général donna ordre à l'intendant de Caen, s'ils étaient condamnés à mort comme faisant partie d'un attroupement en armes, de les faire tirer au sort pour que l'exécution de deux ou trois servît d'exemple. (Lettres des 23 et 27 janvier, à M. de la Briffe et à M. de la Vrillière, secrétaire d'État.)

Sur les mesures de répression prises par M. Voysin, voir ses lettres des 22 septembre et 18 décembre 1709, 18, 22, 23, 25 et 26 janvier, 24 mars, 6 avril, 9 juillet, 6 octobre, 28, 29 et 31 décembre 1710, 19 février, 2 mars et 6 juin 1711, 1er, 7 et 9 janvier, 8 février, 23 juin et 10 décembre 1712, 19 août, 4 et 15 octobre 1713.

---

673. *Le sieur* Aunillon, *président en l'élection de Paris,*
au Contrôleur général.

31 Décembre 1709.

Saisie d'un muid d'eau-de-vie rectifiée introduit frauduleusement à Paris dans une charrette à double fond.

---

674. *Le* Contrôleur général
à MM. le Mazuyer, *procureur général au Parlement de Toulouse,*
et du Vigier,
procureur général au Parlement de Bordeaux.

1er Janvier 1710.

«Le Roi a reçu des plaintes sur ce que le Parlement de ***

ayant enregistré la déclaration du 8 octobre dernier, qui lui donne pouvoir de faire un règlement tel qu'il convient aux usages et à l'état présent de son ressort, pour le payement des cens et rentes en grains, a considéré simplement cette déclaration comme une attribution qui lui est faite, à l'exclusion des premiers juges, pour connoître en première instance des contestations qui surviennent entre les seigneurs et leurs censitaires et rentiers sur le payement des cens et rentes : ce qui attire un très grand nombre de procès au Parlement et cause un préjudice considérable à ceux des censitaires et rentiers qui ne sont point en état d'y poursuivre et soutenir un procès. C'est sur quoi S. M. m'a ordonné de vous écrire que son intention a été que votre Compagnie fît un règlement général qui pût servir de loi, tant aux seigneurs et leurs censitaires et rentiers, pour s'y conformer, qu'aux premiers juges, pour décider les contestations sur cette matière, lesquelles seront portées devant eux*.....»

* Voir les lettres de M. du Vigier, 25 février, 1er et 29 mars, et de M. Dalon, premier président du Parlement de Bordeaux, 1er février et 1er mars.

675. *M. Ferrand, intendant en Bretagne,*
au Contrôleur général.

4, 16 et 23 Janvier, 21 et 23 Mars, 26 Décembre 1710.

Fourniture et transport des blés pour les armées de Flandre et d'Espagne*.

* Voir les lettres de M. de Montaran, trésorier des États, 21 janvier et 9 avril; des sieurs de Boulogne, 22 mars; de M. l'évêque de Saint-Malo, 24 mars; du sieur Lebrun, 25 mars; de M. Robert, intendant de la marine à Brest, 13 juin; de M. de Bernage, intendant à Amiens, 2 novembre 1709, 11 mars, 3, 11 et 19 avril, 12, 24 et 27 mai, 24 juillet et 5 août 1710; de M. de la Briffe, intendant à Caen, du 4 janvier au 20 août 1710; de M. de Richebourg, intendant à Rouen, 8, 16 janvier, etc.; de M. de Champigny, intendant de la marine au Havre, 12 et 22 mai, etc.

Pour les blés et farines que la généralité de Soissons fournit aussi à l'armée de Flandre, voir les lettres de M. d'Ormesson, intendant, du 16 janvier au 14 octobre 1710; un projet de traité pour le transport joint à une lettre de M. de Nointel, 28 mars; deux lettres de l'entrepreneur Pernot-Dubuat, 18 avril et 6 mai.

676. *M. le Guerchoys, intendant en Franche-Comté,*
à M. le Rebours, intendant des finances.

5 Janvier 1710.

Il envoie, conformément à la demande du 24 décembre 1709, un état des fonds à faire pour la subsistance et le payement, pendant six mois, des troupes qui sont dans la généralité, avec le tableau comparatif des impositions ordinaires et extraordinaires*.

* Des états analogues sont fournis par M. Targot de Saint-Clair, intendant en Auvergne, et par M. de la Briffe, intendant à Moulins, le 6 et le 7 janvier; par M. Roujault, intendant à Poitiers, le 19; par M. d'Ormesson, intendant à Soissons, le 4; par M. de Bâville, intendant en Languedoc, le 30; par M. de la Bourdonnaye, intendant à Orléans, le 15 avril; par M. de Bouville Saint-Martin, intendant à Alençon, le 5 janvier; par M. Bignon de Blanzy, intendant à Paris, le 10 décembre 1709; par M. Foullé de Martangis, intendant en Berry, le 31 décembre.

677. *M. l'Archevêque d'Aix,*
président de l'assemblée des communautés de Provence,
au Contrôleur général.

8 Janvier 1710.

État du Don gratuit et de la capitation pour les années 1707, 1708 et 1709, et des payements déjà effectués.

678. *M. Voysin, secrétaire d'État de la guerre,*
au Contrôleur général.

12 Janvier 1710.

«Les hôpitaux de toutes les places du département du Hainaut sont réellement abandonnés depuis le 1er de ce mois, et M. Doujat est réduit à la nécessité, ou de les faire fermer, ce qui ne se peut soutenir, ou de les faire régir au compte du Roi, ce qui en augmente considérablement la dépense et demande, outre cela, un argent comptant pour chaque jour. Cette dépense n'est pas moins pressée que celle du payement du prêt, et il seroit autant contre l'humanité que contre le service du Roi d'abandonner des soldats, dans le moment qu'ils tombent malades. Lorsque je vous ai proposé, par mon mémoire, 150,000# par mois pour fournir à tous les hôpitaux, ce n'étoit point sur le pied de fournir la dépense entière, mais pour soutenir les entrepreneurs, qui espèrent toujours pourvu qu'ils reçoivent de temps en temps quelque argent; au lieu qu'en les laissant tomber absolument, il faudra des sommes bien plus considérables pour relever et entretenir ces hôpitaux. Je vous supplie de vouloir bien y faire attention et de songer au remède.

«Je ne me rebute point aussi de vous parler de l'entrepreneur des fourrages. Il faut que le Roi renonce absolument à avoir de la cavalerie, s'il n'y a point de quoi la nourrir dans les places; et 75,000# en argent que l'entrepreneur a reçues, sur trois ou quatre millions de consommation, ne le mettent point en état de soutenir ses magasins. Quand vous lui donneriez des fonds plus considérables dans un mois ou deux, il ne sera plus en état d'en faire le même usage, parce qu'il ne trouvera plus de provisions à acheter, ou bien elles lui coûteront un prix si excessif, que c'est comme s'il n'en trouvoit point. Le Roi m'a déjà ordonné de retirer de la frontière vingt-un escadrons pour les rejeter dans les provinces de Champagne, Soissonnois et Picardie. J'en ai donné avis à MM. les intendants, afin qu'ils aient quelques jours à l'avance pour s'arranger et leur faire trouver des fourrages. Je serai obligé de proposer à S. M. de retirer encore le surplus de la cavalerie qui est dans les départements de Hainaut et de Flandres et dans les Évêchés, si vous n'avez la bonté de donner quelque secours à l'entrepreneur. Il nous arrivera encore un inconvénient bien considérable pour le commencement de la campagne, qui est que, faute d'avoir de quoi fournir pendant huit jours du fourrage aux troupes à mesure qu'elles arrivent dans les places de la frontière, dans le temps qu'on assemble l'armée, la cavalerie qui arrivera des provinces tombera absolument pendant ces huit jours, et les chevaux seront ensuite hors d'état de servir pendant tout le reste de la campagne; ou bien il faudra que le Roi se détermine à n'assembler son armée que plus de quinze jours après celle des ennemis : ce qui les mettroit en état de faire tout ce qu'ils voudroient. Je ne puis me dispenser de vous faire faire ces réflexions, dont vous serez sans doute touché, et ce n'est que par vous seul que nous pouvons éviter ces malheurs, dont les suites seroient assurément très fâcheuses. J'ai eu l'honneur de rendre compte au Roi de l'état des hôpitaux et du manque des fourrages; je lui ai dit en même temps que j'aurois l'honneur de vous en écrire, et je vous supplie de vouloir bien prendre ses ordres sur le contenu de cette lettre*. »

* Le 28, il annonce que des traitants qui ont offert de se charger d'une vente d'offices de médecins et de chirurgiens des hôpitaux proposent de prendre le marché des hôpitaux de Hainaut à condition d'être payés de leur fourniture en assignations sur le produit de la vente des mêmes offices. Le contrôleur général répond en apostille que cette proposition a fait beaucoup de peine au Roi et au Conseil, qui trouveraient dur de charger de droits les secours donnés aux prisonniers, et d'en faire souvent retomber la charge sur les créanciers de ces prisonniers. Une autre proposition était faite pour établir en Artois les hôpitaux nécessaires à l'armée de Flandre : voir la lettre du 21 avril suivant.

679. *Les Officiers de la maîtrise des eaux et forêts de Dijon*
AU CONTRÔLEUR GÉNÉRAL.

16 Janvier 1710.

Ils représentent qu'il leur est impossible de faire la visite et la reconnaissance des bois du domaine engagé et des arbres qui doivent être vendus au profit du Roi, si le contrôleur général ne leur fait donner mainlevée des gages, chauffages, augmentations de gages, journées et taxations saisis et arrêtés pour le payement des charges alternatives et triennales de lieutenants-procureurs du Roi, gardes-marteaux et greffiers créées par l'édit du mois de mars 1708*.

* En apostille : «S'ils ne font pas la visite, je commettrai à l'exercice de leurs charges.»

680. *M. D'ARGENSON, lieutenant général de police à Paris,*
AU CONTRÔLEUR GÉNÉRAL.

16 Janvier, 15 Mars, 26 Septembre et 14 Octobre 1710.

Saisies de toiles peintes chez des particuliers.

« (*26 septembre.*) Il est certain que la plupart des femmes qui ont des maisons de campagne aux environs de Paris portent publiquement des robes de toiles peintes, et qu'il paroît dans leur procédé beaucoup d'insolence et d'affectation : ainsi, je pense qu'il seroit important d'empêcher la continuation de cet abus par quelques condamnations bien placées. J'ai donné ordre qu'on me mît en état d'en faire des exemples par rapport aux villages qui sont situés dans la banlieue de Paris; mais, comme ma compétence et ma juridiction à cet égard ne s'étendent pas plus loin, le reste dépend de M. Bignon de Blanzy, intendant de la généralité, qui, sans doute, n'y sera pas moins attentif que moi, lorsqu'il vous aura plu de lui en donner l'ordre. Au reste, je puis vous assurer qu'on ne voit presque plus de robes de toiles peintes dans toutes nos rues; aussi en fut-il brûlé, mercredi dernier, huit ou neuf cents, en vertu de mes ordonnances, et je crois pouvoir vous assurer qu'on commence d'en perdre le goût, et les marchands s'en aperçoivent déjà par la quantité de petites étoffes de soie qu'ils débitent*..... »

* Le 31 janvier, M. de Richebourg, intendant à Rouen, écrit que l'arrêt de prohibition du 27 août 1709 s'exécute à la rigueur, et que, grâce aux démarches de M. le duc de Luxembourg auprès des dames qui viennent chez lui, l'usage des toiles et étoffes peintes a cessé, au moins en public, pour le plus grand profit des toiles de Rouen.

Voir aussi une lettre du contrôleur général à M. de Harouys, intendant en Champagne, 17 février 1710, et les lettres de M. de Harouys, 11 avril 1710, et de M. Lebret fils, intendant en Provence, 15 février 1710.

681. *M. LEBRET fils, intendant en Provence,*
AU CONTRÔLEUR GÉNÉRAL.

16 Janvier et 21 Février 1710.

Il demande à être désigné comme successeur de son père à la première présidence du Parlement, sans laquelle il ne pourrait conserver l'intendance, déjà démembrée d'une partie de ses attributions de commerce au profit du premier président*.

* Le 28 janvier, le contrôleur général répond que les affaires du commerce du Levant ne peuvent rester attachées à la première présidence, et que, s'il persiste à vouloir quitter la Provence lorsque son père reviendra à Paris, on lui cherchera un emploi ailleurs, mais qu'il n'y a pas présentement de grand mouvement dans les intendances.

Sur le partage des affaires du commerce entre l'intendant et son père, voir trois lettres de l'intendant, des 15 juillet 1708, 31 août et 3 octobre 1709, et une lettre du premier président, son père, à M. de Pontchartrain, 3 octobre 1709.

682. *M. BIGNON, prévôt des marchands de Paris,*
AU CONTRÔLEUR GÉNÉRAL.

19 Janvier 1710.

« Vous savez la facilité qu'a le public de faire recevoir leurs rentes sur l'hôtel de ville par une espèce de gens vulgairement appelés *grippesous*. Des contrôleurs se mêlent aussi, très abusivement, de ce métier. J'ai renouvelé les défenses à cet égard; mais je crois qu'il seroit à propos de faire un exemple des dénommés dans les mémoires ci-joints, contre lesquels il y a des sentences du

687. *M. d'Argenson, lieutenant général de police à Paris,*
au Contrôleur général.

27 Janvier 1710.

«J'ai examiné, suivant vos ordres, le mémoire que vous m'avez fait l'honneur de m'envoyer pour l'établissement des inspecteurs, contrôleurs et visiteurs des teintures, avec attribution de nouveaux droits, non seulement sur les draps de nos fabriques, mais aussi sur les laines, sur les soies, et sur toutes les autres matières qui entrent dans leur composition. La seule exposition de ce projet en établit évidemment le contredit, et l'on ne peut douter que son exécution n'achevât de déconcerter, et même de détruire nos manufactures, que la guerre a déjà si fort dérangées. Votre attention a toujours été d'affranchir de droits les matières qui entrent dans la fabrique des draps ou des étoffes de soierie, et, malgré la nécessité des temps, vous avez toujours rejeté les mémoires qui tendoient à les surcharger. Cependant j'ose dire qu'il ne vous en a jamais été présenté aucun qui fût si outré, ni si odieux. Au reste, quelles fonctions pourroit-on attribuer aux inspecteurs des teintures, que celle que les règlements attribuent aux juges et aux commis-inspecteurs des manufactures, aux jurés des communautés des teinturiers et aux maître et gardes des corps des marchands? Vous savez aussi que, les commis des manufactures ayant été érigés en titres d'office, les villes, les provinces et les corps des marchands les ont rachetés moyennant une finance dont ils doivent encore une grande partie. Ainsi, la vue qu'on auroit de leur réunir ces nouvelles charges, qui ne sont que les mêmes sous un autre nom, est absolument impraticable, et il faudroit que les traitants se réduisissent à une simple levée de droits, qui mettroit la dernière main à la ruine de nos fabriques, feroit passer aux étrangers le peu d'ouvriers qui nous restent, et augmenteroit de plus en plus les manufactures de nos ennemis.»

---

688. *M. d'Argenson, lieutenant général de police à Paris,*
au Contrôleur général.

29 Janvier 1710.

«Mme la comtesse de Vignacourt, dont vous m'avez fait l'honneur de me renvoyer la lettre, est en effet réduite dans une extrême misère et n'a pour toute ressource que quelques anciennes ordonnances de l'Épargne qu'on ne paye point, et dont la plus nouvelle est du 17 septembre 1655. J'ai su même que la plupart de ces ordonnances sont engagées pour le payement des nourritures de cette pauvre dame, qui est chaque jour en état de manquer de pain. Cependant il est certain que feu M. de Vignacourt l'avoit épousée par inclination dans un âge fort avancé, et les actes dont je prends la liberté de vous envoyer un extrait, que j'ai vérifié sur les originaux, ne permettent pas d'en douter. Ainsi, je ne crois pas qu'on puisse trouver à Paris un objet qui soit plus digne de la charité du Roi, et je suis persuadé qu'elle regarderoit comme une grâce qu'il plût à S. M. lui accorder une pension de 4 ou 500#, en retirant toutes ses ordonnances, qui montent à plus de cinquante ou soixante mille écus; et cette pension seroit d'autant moins à charge au Trésor royal, que cette bonne dame paroît fort infirme et âgée de plus de soixante et dix ans*.»

* Selon une autre lettre du 29 octobre, on accorda une ordonnance de 200#.

---

689. *M. Riquet, président au Parlement de Toulouse,*
au Contrôleur général.

29 Janvier et 18 Mai 1710.

Retrait du projet d'établissement d'un double péage sur le canal de Languedoc*.

* Voir trois lettres de M. de Bâville, des 7 et 24 janvier, et 7 février.

---

690. *M. Lebret fils, intendant en Provence,*
au Contrôleur général.

30 Janvier 1710.

«Le Bureau d'abondance de Marseille, étant, en quelque manière, assuré des quantités de blé nécessaires pour la subsistance de la ville jusqu'à la récolte, craint, avec assez de raison, que le concours des négociants qui ont du blé à vendre ne fasse trop diminuer le prix et ne cause à la communauté une perte énorme. Dans la vue de remédier à ce mal, il a délibéré de défendre aux boulangers de Marseille et son territoire de consommer d'autre blé que celui de l'Abondance, et de les obliger d'en faire la même consommation qu'ils en ont faite pendant qu'il n'y avoit point d'autre blé à vendre à Marseille. Il étend ces mêmes défenses jusqu'aux habitants qui font chez eux du pain avec du blé de mer, et permet aux propriétaires des blés qui sont à vendre, soit qu'ils soient déjà arrivés par le convoi, soit qu'ils arrivent dans les suites, de les faire vendre hors la ville de Marseille et son terroir, et, à cet effet, de les faire débarquer, si bon leur semble, pour être mis dans des magasins fermés à deux clefs, dont l'une demeurera entre les mains de ceux que l'Abondance préposera pour veiller à ce que les blés des particuliers qui en ont à vendre ne soient point versés dans la ville et son terroir. Comme il me paroît très important d'éviter, s'il est possible, que la ville ne soit pas ruinée par la perte qu'elle feroit sur les blés dont le Bureau d'abondance s'est assuré, j'ai cru que je devois accorder aux échevins de Marseille l'autorisation qu'ils me demandent de cette délibération*.»

* Sur l'ordre du contrôleur général, le bureau révoqua sa délibération. En l'annonçant, le 14 février, M. Lebret ajoute : «Cependant, jusqu'à l'heure qu'il est, le blé n'a pas encore baissé beaucoup au-dessous du prix fixé par l'Abondance, à laquelle vous permîtes, sur la fin de l'année 1708, d'élever le prix du blé de manière que les négociants fussent excités à en faire venir. Nous avions bien prévu que nous tomberions dans l'un des deux inconvénients, et que nous souffririons de la disette, ou que nous ferions de grandes pertes sur les blés que nous achetions d'avance. L'on n'hésitoit pas à se mettre, tant qu'on le pouvoit, dans le dernier de ces risques, tant parce que le mal est beaucoup moindre, que parce qu'il y avoit un remède,

qui est celui que l'Abondance de Marseille a voulu pratiquer, et dont elle s'est effectivement servie depuis quinze jours. Ce n'est pas à Marseille que cet expédient a été imaginé; on s'en sert dans toute l'Italie, où les magistrats d'Abondance n'ont trouvé aucun autre expédient pour conserver leurs fonds, et pour réparer même les diminutions qu'ils souffroient dans des temps de disette. On l'a pratiqué à Avignon, en dernier lieu, et dans plusieurs villes de Provence, et la ville de Toulon n'y manque jamais en pareilles occasions, suivant en cela un règlement très ancien, dont personne ne s'est jamais scandalisé. La ville de Marseille s'est aussi souvent servie de ce moyen d'éviter les pertes qui seroient, sans cela, inséparables du commerce qu'on est quelquefois obligé de faire pour le compte de la communauté, et cet usage est fondé, comme à Toulon, sur des règlements de la communauté, qu'il seroit aisé d'appuyer par de bonnes raisons, si leur autorité n'étoit pas suffisante. Comme l'Abondance de Marseille n'a aucuns fonds que ceux qu'on lui a procurés par industrie, si elle perd sur ses achats, il faudra que la ville demeure responsable de ces dettes, qu'elle n'est pas en état de payer, et cette communauté se trouvera, par là, accablée de nouveaux engagements, dont elle ne sortira jamais. Quoiqu'il n'y ait pas grand'chose à ménager présentement, j'avois néanmoins cru qu'il falloit donner les mains à tout ce qui pouvoit éviter l'augmentation des dettes, dont on ne peut plus déjà payer les intérêts. Les échevins vous demandent, par la lettre ci-jointe, qu'il vous plaise de leur permettre de reprendre la même délibération et de l'exécuter jusqu'à ce qu'on s'aperçoive qu'elle ait produit quelque mauvais effet, car elle en peut avoir deux bons : l'un, d'empêcher une perte énorme sur les blés achetés; l'autre, de soutenir toujours les prix des grains à Marseille, où il faut, je pense, avoir autant d'attention à empêcher qu'il ne diminue trop qu'à empêcher qu'il n'y soit trop cher, parce qu'il est certain que le blé abonde toujours dans les lieux où il a un prix un peu plus fort. C'est pour cela que les mesures sont presque toujours plus petites dans les grandes villes que dans les lieux qui les environnent, et que celles de Marseille sont proportionnées de manière, avec celles des autres villes de Provence, qu'un voiturier peut acheter du blé dans les marchés de Provence, le porter à Marseille sur un mulet, et gagner sa voiture en le vendant au même prix qu'il lui a coûté : en sorte que, quand on fait le transport par eau, on gagne, outre la voiture, 8 ou 10 p. 0/0 sur le mesurage. C'est aussi dans la même vue que, trouvant en 1708 que le prix du blé étoit trop bas à Marseille, vous jugeâtes à propos qu'on l'augmentât jusqu'à 27# la charge, et qu'ensuite vous approuvâtes qu'on le fixât à 30#, la première augmentation n'ayant pas encore paru assez forte pour attirer les marchands. Ayez, s'il vous plaît, agréable de nous donner au plus tôt vos ordres sur cette affaire, dont l'importance me paroît grande, et de considérer l'usage fondé en titre et en raison, la perte énorme de 500,000 écus dont la ville de Marseille est menacée, l'avantage que le savoir-faire du Bureau d'abondance a procuré aux habitants en leur faisant fournir du pain à 26 d. la livre pendant tout le temps que la disette a duré, la diminution du pain, qui, depuis l'arrivée du convoi, a été réduit à 2 s. la livre en même temps qu'on a pris la délibération qui vient d'être révoquée, l'impossibilité de payer ceux qui ont vendu le blé dont l'Abondance s'est chargée, si elle n'a pas les moyens de s'en défaire, et le peu de justice qu'il y auroit de rendre aux vendeurs les blés qu'ils ont déjà livrés en cassant, comme les échevins le proposent, les marchés faits avec eux. Je n'imagine point d'autre moyen de tirer la ville de Marseille d'une aussi fâcheuse affaire, que celui qu'elle vouloit mettre en pratique, à moins que vous ne voulussiez prendre tout le blé de l'Abondance, ou la plus grande partie, pour l'armée, à 40# la charge, à compte des abonnements, rachats et affranchissements faits ou à faire. Cette proposition a besoin d'être digérée avec un peu plus de temps que je n'en ai; mais je ne laisse pas de la hasarder, comme le seul moyen qui puisse nous mettre en état d'exécuter vos ordres sans perte pour la ville de Marseille. Elle trouveroit, dans le profit qu'elle feroit sur son blé, de quoi payer un change aux négociants qui lui ont vendu, qui les obligeroit d'attendre les emprunts qu'elle feroit avec le temps.» Réponse en apostille, de la main du contrôleur général : «Bon. Demander qu'on envoie de quinze en quinze jours un bordereau du prix du blé et du pain à Marseille, par comparaison de chaque dernière quinzaine avec la précédente.» Cette lettre fut expédiée le 2 mars.

691. *Les Juges-Consuls de Paris* AU CONTRÔLEUR GÉNÉRAL.

3 Février 1710.

«Il nous a été présenté de votre part, par M. Clautrier, un particulier, pour être admis à faire la fonction de postulant dans notre juridiction. Nous prenons la liberté, sur cela, de représenter à Votre Grandeur qu'il y en a neuf qui font cette fonction, desquels il y en a trois chargés de famille, qui ont peine à subsister; que nous avons toujours observé de ne point augmenter ce nombre, et même de le réduire, et de n'y point admettre d'étrangers que quand il vaque quelqu'une de ces places. Nous les remplissons par des commis qui ont longtemps travaillé aux expéditions de notre greffe, dont nous connoissons le caractère pour n'être point nourris dans l'esprit de chicane et de longue procédure, que nous bannissons autant que nous pouvons : ce qui fait que nous supplions très humblement Votre Grandeur de nous dispenser de recevoir ce particulier.»

692. M. DE PONTCHARTRAIN, *secrétaire d'État de la marine*, AU CONTRÔLEUR GÉNÉRAL.

5 Février 1710.

«Le sieur Bory, commissaire de la marine à Cherbourg, m'écrit qu'il y est arrivé un marchand anglois de l'île de Jersey, dans une chaloupe, avec trois otages françois dont il vient toucher la rançon; que cet homme lui a proposé de donner des nouvelles de ce qui se passe en Angleterre, par le moyen du secrétaire général des Amiraux, qui est de ses amis, et qu'il ne demande, pour ses peines, que la permission de remporter, dans les voyages qu'il fera, des toiles pour l'équivalent de la rançon des otages qu'il amènera à Cherbourg : ce qui sera plus avantageux que de lui donner de l'argent. Sur le compte que j'en ai rendu au Roi, S. M. a approuvé que l'on engage ce marchand dans cette correspondance. Je vous supplie de donner les ordres nécessaires au directeur des fermes pour la facilité de l'embarquement de ces toiles, et de vouloir bien me mander ce que vous aurez agréable de faire sur ce sujet*.»

* Le contrôleur général répond, le 16 février, que des ordres ont été donnés aux fermiers généraux pour qu'il ne soit fait aucune difficulté à l'embarquement.

Le 30 août suivant, M. de Torcy écrit que des toiles peintes saisies dans les paquets d'un courrier à la douane de Valenciennes viennent des directeurs de la poste d'Anvers, seuls fidèles dans toute la Flandre hollandaise pour les lettres qui leur ont été adressées pendant les conférences de Gertruydenberg; que d'ailleurs ils sont impitoyables pour ceux de leurs courriers qui font la contrebande, et qu'il conviendrait de leur remettre les toiles.

---

693. *Le sieur* Delamare,
commissaire pour la visite des blés en Champagne,
au Contrôleur général.

5 Février 1710.

Il réfute une proposition de taxer tous les particuliers qui ont fait le commerce des blés en Champagne : l'auteur du mémoire estime les grains vendus depuis un an, dans la ville de Vitry, à quinze cent mille setiers, ayant produit 6,500,000#, tandis que les registres et procès-verbaux prouvent qu'il n'en a été vendu que cinquante-neuf mille trois cent quatre-vingt-cinq setiers, pour le prix de 852,388#. Il doit en être de même pour le reste de la province.

«Votre Grandeur sait que, des douze élections dont elle est composée, il y en a au moins sept où il ne se fait aucun commerce de grains, et desquelles, en effet, l'auteur du mémoire ne parle point. Je ne sais pas comment il y a compris celles de Langres et de Reims, car ce ne sont pas encore certainement des lieux dont le principal commerce soit celui des grains. Il y a dans la première bien plus de bois et de prairies que de terres labourables, et, dans la seconde, c'est le commerce du vin qui domine. L'élection de Troyes doit être encore tirée de cet objet : la plupart de son terroir est si sec et si aride, qu'il ne rapporte que des menus grains, et, lorsque j'ai visité cette ville, je n'y ai trouvé aucun marchand de grains, et seulement huit ou dix familles de bourgeois qui en avoient à vendre lorsque la disette a commencé. L'auteur du mémoire avance deux choses certainement fausses à l'égard de Reims et de Troyes : la première, que ce sont des marchands de ces deux villes qui ont acheté des grains à Vitry, pour le[s] revendre à leurs concitoyens un prix excessif; et la seconde, que ces grains leur ont été vendus par les bourgeois de Vitry sur le pied de 50 et de 55#. J'étois sur les lieux lorsque la plupart de ces achats ont été faits, et il est de ma connoissance que ces deux villes, Reims et Troyes, étoient dans une véritable nécessité; que ce furent des députés de leurs clergés et de leurs corps de ville qui vinrent à Vitry acheter des grains, et que ces grains ne leur furent vendus que depuis 14 jusqu'à 24#. Je sais aussi, pour l'avoir vu à Troyes, que ces mêmes grains achetés à Vitry furent mis dans les greniers de l'hôtel de ville et distribués au peuple à plus bas prix qu'ils n'avoient coûté, pour soulager la nécessité où il étoit et rétablir la tranquillité publique, qui avoit déjà commencé à recevoir quelques atteintes. Je ne doute point que la même chose n'ait été observée à Reims, puisque cette ville-là étoit dans le même besoin que celle de Troyes. Le commerce des Lorrains et des Barrois avec nous n'est point compris dans ce calcul que je viens de faire des grains de Vitry; il peut bien encore aller à dix-neuf ou vingt mille setiers; mais cela seroit encore bien éloigné du nombre que l'auteur du mémoire en compte, joint qu'à l'égard de ces blés étrangers, ils ont toujours été vendus si cher de la première main, que les marchands de Vitry qui les achètent pour Paris n'y ont pas fait un gain fort considérable; et je sais qu'au contraire ils y ont quelquefois perdu par des diminutions subites et imprévues arrivées sur nos ports.

«Ainsi, il est certain qu'une taxe dérangeroit leur commerce et y pourroit causer une interruption préjudiciable.

«A l'égard des bourgeois et habitants de Vitry, tous leurs biens consistent en fonds de terre, et tous leurs revenus sont en grains : ainsi, ce qu'ils en avoient d'amassé étoit le produit de sept ou huit années dont ils n'avoient tiré aucune utilité; la plupart, pendant ce temps-là, s'étoient engagés dans des emprunts qu'ils acquittent du profit qu'ils ont fait dans ces derniers temps sur la vente de leurs grains. J'ai observé cela de près, et je ne vois ici que cinq ou six familles que l'on puisse dire être riches; toutes les autres n'ont que des fortunes très médiocres, ou sont pauvres, et, comme tous ont quelques domaines, grands ou petits, les grains se trouvent partagés entre un si grand nombre de familles, que chacune en particulier n'a pas pu y faire un gain fort considérable.

«Il y a encore ces quatre petites réflexions à faire : la première, que, sur ces blés dont je viens de faire le calcul, l'on fit une levée, l'année dernière, de deux mille setiers pour l'armée, dont le prix est encore dû, et que, depuis la dernière récolte, l'on a encore fait deux autres levées d'orges pour les magasins du Roi; la seconde, qu'ils ont eu ici trois bataillons en garnison pendant plus de six mois, qu'ils ont encore actuellement en quartier d'hiver trois compagnies de cavalerie, sans les passages, qui sont assez fréquents, et que, faute d'étapes, toutes ces troupes sont nourries par les bourgeois, ce qui leur consomme beaucoup de grains, sans les autres dépenses; la troisième, que ce petit nombre de familles les plus aisées et qui ont eu le plus grand nombre de grains sont tous officiers, qui ont déjà supporté beaucoup de taxes, et qui en ont encore actuellement à payer; la quatrième et dernière, qu'il y a encore beaucoup de ces grains à vendre, que nous tirons pour Paris, et que, par le bon ordre et les sages précautions que Votre Grandeur a la bonté d'y apporter, le prix en diminue tous les jours.

«Voilà les faits tels que je les connois ici. C'est à Votre Grandeur à prendre sur cela les résolutions qu'elle jugera à propos; mais, si j'ose prendre la liberté de lui dire mon sentiment, je ne crois pas que les propositions de l'auteur du mémoire soient praticables, du moins dans cette province, et que, surtout dans les conjonctures présentes, ce ne fût un véritable contre-temps, qui troubleroit beaucoup la circulation des grains. Je suis sensiblement obligé aux témoignages de bienveillance et de protection de Votre Grandeur; il y a longtemps que je suis en possession d'en recevoir de semblables de votre illustre maison : c'est à la protection de feu Mr Colbert que je suis redevable des bienfaits que je reçois des bontés du Roi, et c'est de la vôtre auprès de S. M. que j'en espère la continuation. Je ferai tout mon possible de ne m'en pas rendre indigne, et je tiendrai tous les moments de ma vie bien employés à vous donner toujours de plus en plus des marques de profond respect.....»

---

694. *M. de Montozon, intendant à Limoges,*
au Contrôleur général.

7 Février 1710.

« J'ai l'honneur de vous envoyer l'état des gens les plus aisés de ce département et des sommes que j'estime qu'ils peuvent fournir au Roi pour partie des rentes que S. M. veut bien assigner sur les recettes générales des finances et sur les Dons gratuits des provinces, pour être distribuées à tous les aisés du royaume. Je n'ai pu y comprendre que très peu de personnes de l'espèce que vous me marquez, parce que, toutes les villes de ce département n'étant point affranchies de taille, aussitôt qu'un homme a amassé quelque bien dans le commerce, il achète une charge pour avoir des privilèges, et la plupart même ne laissent pas, quoique officiers, de continuer leur commerce sous différents noms, ne paroissant pas s'en mêler. Quoiqu'il y ait beaucoup de noblesse en Limousin et en Angoumois, elle n'y est pas riche, les grandes terres étant possédées par de grands seigneurs qui ne demeurent point en province. D'ailleurs, les gentilshommes qui ont quelque bien ont presque tous leurs enfants au service; ainsi, je n'en ai pu comprendre que deux dans mon état. A l'égard des fermiers, il y en a très peu qui soient à leur aise dans cette province, parce que non seulement la plupart des fermes n'y sont pas considérables, et que, comme les grosses terres ne consistent qu'en rentes solidaires de grains et d'argent, la régie en est facile, et si liquide, que les seigneurs qui sont à Paris, et même dans la province, n'ont que des receveurs comptables, auxquels ils donnent seulement des gages pour faire leur recette. D'ailleurs, les autres fermiers qui ont des baux devoient des trois, quatre et cinq années à leurs maîtres, lorsque le blé est devenu cher, parce qu'ils n'avoient pu en tirer de l'argent auparavant, et la plupart d'entre eux n'ont pu guère faire autre chose, du prix des grains qu'ils avoient, que de s'acquitter. Les veuves aisées sont encore en petit nombre dans ce département : en sorte que j'ai été obligé de composer mon état, pour la plus grande partie, de trésoriers de France, officiers des présidiaux et autres, qui ont, non seulement des biens considérables en fonds, mais encore la plupart beaucoup d'argent comptant, qu'ils font valoir, soit sur la place, soit dans le commerce. Il est vrai qu'ils sont presque tous obligés de racheter le prêt et l'annuel de médiocres charges qu'ils possèdent par rapport à leur bien; mais je n'ai compris dans ce mémoire que des gens qui ne seront point incommodés de payer les sommes auxquelles j'ai cru devoir les fixer, quoiqu'ils aient d'autres taxes. Par exemple, le lieutenant général d'Angoulême a au moins 50,000# de rente, et 150,000# au moins sur la place à Paris, et ne fait aucune dépense : je l'ai compris dans mon état pour 20,000#, parce que je suis persuadé qu'il payera cette somme aussi aisément qu'aucun homme de France. Il est présentement à Paris, logé, à ce qu'on m'a dit, à l'hôtel de Tours, près les Cordeliers; je crois que si vous jugez à propos de lui faire parler, qu'il fournira cette somme sans sortir de Paris. Il y en a encore neuf ou dix autres que j'ai mis à 10,000# et à 6,000#, qui sont en état de donner ces sommes indépendamment de leurs autres taxes, parce qu'ils sont en argent comptant; et d'ailleurs il seroit difficile d'en trouver d'autres à leur aise dans ce département. J'ai proposé à quelqu'uns de ces gens-là d'acquérir le contrôle des actes des notaires, des petits sceaux et des insinuations de cette généralité, pour lesquels vous m'avez fait l'honneur de me mander de chercher des acquéreurs; et quoique je sache parfaitement que ceux auxquels je me suis adressé sont très en état d'acheter partie de ces droits, et même le tout, je n'ai pu les y déterminer, parce que le profit qu'ils trouvent présentement en faisant valoir leur argent est plus considérable que celui qu'ils feroient sur cette acquisition. S'ils étoient compris dans les rôles des aisés que vous m'envoierez, cela pourroit les exciter à faire l'acquisition de ces droits. Le total des sommes de cet état que je vous envoie monte à la somme de 222,000#, quoique vous n'ayez fixé cette généralité qu'à 150,000# pour cette affaire. Je crois qu'on pourra faire fournir cette somme par ceux qui y sont compris, si vous jugez à propos d'employer des officiers dans les rôles, et, quelques modérations que vous eussiez la bonté de leur accorder, on trouveroit toujours les 150,000# que vous souhaitez. J'ai gardé étroitement là-dessus le secret que vous m'avez ordonné; permettez-moi de vous représenter que je crois qu'il est du bien du service que ceux qui sont dans ce mémoire ne sachent point qu'il vienne de ma part. »

695. *M. de Courson, intendant à Bordeaux,*
au Contrôleur général.

8 Février 1710.

Il rend compte des mesures qui ont été prises depuis son arrivée à Bordeaux pour approvisionner les marchés et faire vendre le blé et le pain à plus bas prix, malgré les manœuvres des boulangers.

696. *Les Habitants de la ville de Nevers*
au Contrôleur général.

9 Février 1710.

« Nous avons appris que Messieurs du bailliage et siège présidial de Saint-Pierre-le-Monstier vous avoient supplié de remontrer à S. M. que, pour le bien de sa justice, il convenoit de supprimer toutes leurs charges, pour les faire exercer à perpétuité dans la ville de Nevers; ils vous font voir leurs raisons et l'avantage qui en revient au Roi. Souvent il a été proposé au Conseil royal semblable changement, et notamment en 1696. M. le duc de Nevers, persuadé que cette translation lui étoit avantageuse, à tous les habitants de la ville et de la province, se joignit à la voix publique pour demander cette grâce à S. M. L'heure n'étoit pas venue, et cela étoit réservé au temps que vous seriez ministre. Formé par le plus grand génie qui ait paru, qui a mis toutes choses dans l'ordre, aujourd'hui nous voyons l'élève de ce grand homme suivre ses traces. Il aimoit Nevers par rapport à M. le cardinal Mazarin, et il prit possession de ce duché pour S. É., qui dès lors avoit en vue d'établir une juridiction royale dans cette ville capitale de province; mais sa mort, arrivée en 1661, rompit ses desseins. M. Colbert, choisi par S. M. pour remplir la place de deux grands ministres, travaillant pour le général, oublia le particulier. Les peuples de cette ville vous supplient très humblement d'appuyer cette translation, afin que leurs descendants puissent dire que ce bien leur est venu sous le règne du plus grand des rois et pendant le ministère de ce digne neveu du sage Colbert qui économe si bien les finances, que ses conseils dureront autant que la monarchie.»

697. *Le Contrôleur général*
à M. de Montgeron, intendant à Limoges.

12 Février 1710.

Les Parlements rendront des arrêts pour continuer à pourvoir à la subsistance des pauvres comme en 1709; l'intendant devra veiller à ce que les juges locaux fassent exécuter ces arrêts; il fera lui-même une partie des rôles et taxera les seigneurs décimateurs et les autres propriétaires proportionnellement au nombre des mendiants du lieu, sans observer scrupuleusement la règle du trentième des revenus*.

Les bonnes villes de la généralité, les magistrats et les négociants devraient s'associer pour faire venir par Bordeaux ou par la Charente des blés de l'Italie et du Levant, comme on le fait en Provence et en Languedoc.

* M. Bosc du Bouchet, successeur de M. de Montgeron, rend compte, les 11 avril, 16 et 23 mai, et 6 juin suivants, des mesures prises pour assurer la subsistance des trois mille trois cents pauvres de Limoges. L'évêque écrit, le 16 mai: «..... Les gens de cette ville ici, qui sont naturellement intéressés et difficiles, ne faisoient que très peu de cas [des] ordonnances pour la subsistance de nos pauvres..... Ceux que la cour fait l'honneur de placer dans cette province ont grand besoin d'y être soutenus et protégés dans de favorables occasions; sans quoi ils y seroient à plaindre et n'y auroient pas toute l'autorité nécessaire pour y bien remplir tous leurs devoirs; car, certainement, les esprits y sont orageux et en abuseroient. C'est une petite république, qui, selon les apparences, ne voudroit point de chef; ils les trouvent tantôt trop lents et trop doux, et tantôt trop expéditifs et trop fermes : ainsi, ils me paroissent toujours très difficiles à contenter.....»

698. *M. Bignon de Blanzy, intendant à Paris,*
au Contrôleur général.

15 Février 1710.

«Dans le moment que j'ai reçu les ordres que vous m'avez fait l'honneur de me donner pour faire assigner par-devant moi, à la requête du procureur du Roi en la commission de la recherche de la noblesse, cet aventurier qui s'est dit de la maison de Chavigny le Roy, j'ai fait les perquisitions dont j'ai cru avoir besoin pour cela. L'assignation lui a été donnée aujourd'hui, aussi bien qu'à son frère, parlant à leurs personnes. Il n'a pas été facile de les trouver : ce qui me paroissoit nécessaire pour assurer la procédure. Je la suivrai de près et vivement, comme vous me le recommandez, et j'aurai l'honneur de vous en rendre compte. Comme ils sont domiciliés dans la ville de Paris, et qu'ils n'ont point de terre dans l'étendue de la généralité, il ne sont pas naturellement soumis à la juridiction de l'intendant : ce seroit devant les commissaires généraux du Conseil pour la recherche de la noblesse qu'ils devroient être traduits, les commissaires généraux connoissant, par l'établissement de la commission, des usurpations de noblesse dans la ville de Paris; mais, comme ces commissaires ne s'assemblent plus, la procédure sera menée plus promptement par-devant moi, et votre ordre suffira pour établir ma compétence*.»

* M. Daguesseau fils, procureur général au Parlement de Paris, écrit, le 6 mai : «On ne sauroit punir trop rigoureusement la supposition hardie et criminelle du prétendu comte de Chavigny le Roy et de son frère, qui ont voulu imposer au Roi même à la faveur d'un nom illustre qu'ils ont usurpé aussi témérairement que malheureusement pour eux. Permettez-moi néanmoins de vous supplier de représenter au Roi qu'il me semble que c'est faire beaucoup d'honneur à deux aventuriers de ce caractère que de leur faire leur procès à ma requête, en première instance, au Parlement. L'exemple du sieur de Pransac ne paroît pas avoir une entière application à cette affaire. Le sieur de Pransac avoit eu la folie de vouloir faire croire qu'il étoit descendu des princes du sang royal de la maison de Dreux, dont il avoit pris le nom et les armes. C'étoit une supposition téméraire et insensée, mais qui intéressoit tout l'État et qui approchoit d'un crime de lèse-majesté. Ainsi, il n'est pas surprenant que cette affaire ait été instruite et jugée en première instance au Parlement. Mais, quelque illustre qu'ait été la maison de le Roy-Chavigny par son ancienneté et ses alliances, l'entreprise que les sieurs Chevignard ont faite d'usurper le nom de cette maison n'a rien néanmoins qui soit comparable à celle du sieur de Pransac. Il est vrai que, par ces mémoires que vous m'avez envoyés, il paroît que ces deux frères ont eu la hardiesse de se dire descendus de la maison de Dreux; mais ils n'ont prétendu en descendre que par les femmes, et c'étoit une suite de l'artifice par lequel ils ont voulu s'enter dans la maison de le Roy-Chavigny, qui effectivement a eu l'honneur d'avoir une alliance avec la maison de Dreux; mais il reste toujours une très grande différence entre eux et le sieur de Pransac, en ce que le dernier prétendoit être issu des mâles de la maison de Dreux et en prenoit le nom et les armes, au lieu que les derniers ont voulu seulement usurper le nom d'une maison dans laquelle une fille du sang royal étoit entrée. Ainsi, leur crime intéresseroit, à la vérité, les descendants de la maison de le Roy-Chavigny, s'il y en avoit encore; il intéresse aussi l'ordre public, toujours blessé par de telles suppositions; mais il n'intéresse ni l'État ni la couronne, et il est entièrement de la compétence des premiers juges, c'est-à-dire du Châtelet, parce que c'est à Paris que la supposition a éclaté. Si néanmoins, malgré ces raisons, le Roi vouloit que l'affaire fût poursuivie d'abord au Parlement, j'exécuterai ses ordres avec le respect que je dois; mais je crois qu'en ce cas, afin d'empêcher que ce fait ne tire à conséquence, S. M. trouvera bon que je marque, dans la requête que je présenterai au Parlement, que j'ai reçu ses ordres pour employer mon ministère en cette occasion. Mais, quelque parti que le Roi juge à propos de prendre sur cette difficulté, je vous supplie de vouloir bien faire dire à ceux qui vous ont donné les mémoires dont vous m'avez envoyé copie, qu'ils me viennent trouver, afin que je tire d'eux les instructions et les lumières nécessaires pour faire instruire le procès aux sieurs Chevignard, soit à ma requête au Parlement, soit à celle de mon substitut au Châtelet.» Réponse en marge, de la main du contrôleur général : «Au Châtelet.»

M. Bignon de Blanzy écrit, le 18 mai, qu'il fournira les renseignements nécessaires pour compléter son premier mémoire.

699. *Les Maire et Consuls du Martigues, en Provence,*
au Contrôleur général.

17 Février 1710.

Ils envoient un mémoire sur la situation de leur communauté *.

* Mémoire : « . . . . . Le dernier affouagement de cette ville a été fondé sur deux principes : les bâtiments de pêche et de négoce et les oliviers de son terroir y ont donné lieu ; l'un et l'autre n'existent plus. Cette ville a perdu trente-sept bâtiments au seul convoi de Peniscola, qui sont encore dus depuis cette guerre. Les ennemis de l'État en ont pris un si grand nombre, que, de près de deux cents bâtiments de pêche ou de négoce qu'il y avoit, à peine en trouveroit-on quarante. Les bâtiments occupés à la dernière campagne de Barcelone, les salaires d'un grand nombre de matelots employés, en divers temps, ou sur les vaisseaux ou sur les galères, et les appointements des pauvres invalides blessés au service de S. M. n'ont pas encore été payés. Ces sommes sont si considérables, qu'elles vont à près de 300,000#, et, par le défaut de payement et le manque des bâtiments, la pêche et le négoce, qui faisoient subsister cette ville, y sont entièrement perdus. Les oliviers y sont morts. Cette mortalité doit être considérée différemment des autres villes qui ont ressenti ce malheur. La plupart ont un terroir qu'elles peuvent semer, ou leurs oliviers sont d'une espèce à pouvoir, dans peu, produire de fruits. Dans le Martigues, il n'en est pas de même : le terroir n'est que colline, seulement propre aux oliviers, infertile pour toute autre chose; les oliviers y sont sauvages, il faut beaucoup d'années pour les pouvoir greffer, et de plus longues encore pour voir porter les entes, ce qui est très incertain. La perte des oliviers a été suivie de celle des semences, et presque de celle des raisins. Ces malheurs, joints au manque de pêche et de négoce par le défaut des bâtiments, ont été cause que beaucoup des habitants ont abandonné cette ville, ne trouvant plus à y gagner leur pain, et ce qui est resté est réduit à une pauvreté si excessive, que la plupart y meurent de faim, ou de maladies causées par les mauvais aliments. En effet, dans l'année 1709, on y compte jusques à huit cents morts, suivant les certificats des curés des paroisses envoyés à M. le Chancelier : en sorte que, pour empêcher des suites plus fâcheuses, on a été obligé de faire très souvent des charités publiques, pour n'avoir pas le déplaisir de voir expirer les pauvres par les rues faute de secours, tandis que S. M. doit à beaucoup des sommes importantes. Dans une si triste situation, il est impossible que cette ville se soutienne, si elle n'est soulagée par un nouveau refouagement. La province en a fait un injuste refus dans la dernière assemblée; on espère que le Conseil de S. M. aura égard aux justes plaintes que diverses communautés lui ont déjà faites sur ce sujet. Cette ville cependant souffre des exécutions violentes pour les arrérages qu'elle doit des deniers du Roi, du pays et de la capitation, qu'elle ne sauroit payer dans l'état où elle se trouve. Les traitants lui font sentir de temps en temps l'exécution de divers édits; les créanciers l'accablent de frais pour leurs pensions; elle fournit le prêt à une compagnie de dragons en quartier à son voisinage, aussi bien qu'à la garnison de la Tour-de-Bouc. De cette manière, il est sûr qu'étant ainsi pressée de toutes parts, on y mettra le désordre, sans procurer aucun payement, et S. M. court risque de perdre une ville qui a fourni jusques à mille matelots dans une seule campagne, très zélée et de très grande importance pour le bien de son service, et qui va devenir déserte par l'abandon de la plupart des habitants et par la mortalité, qui ne discontinue pas. Cette malheureuse ville, qui, jusques à présent, a été des plus florissantes du royaume, a besoin d'un peu de temps pour mettre ordre à ses affaires. En attendant qu'il plaise à S. M. d'accorder le nouveau affouagement, qu'elle demande avec instance, vous pouvez, par votre autorité, lui procurer un peu de repos. C'est la grâce que ses habitants vous prient très humblement de leur accorder, et il feront sans cesse des vœux au Ciel pour la prospérité de votre illustre personne. »

Le 3 juin, la communauté du Muy envoie ce mémoire : « . . . . . Tout le bien roturier de ce terroir est composé d'environ 230 livres cadastrales, en y comprenant les maisons de ce lieu. Chaque livre cadastrale est estimée, suivant sa véritable valeur, à 160 écus, faisant 480#, et, en imposant 48# tous les ans par livre cadastrale, imposition extraordinaire qui a été faite depuis plus de treize années, et qui consomme au delà de la valeur des biens de ce lieu, peut à peine payer les impositions du Roi et du pays et ses charges particulières, surtout lorsque les débordements fréquents des deux rivières qui ceignent son terroir, les mauvaises récoltes ou quelque autre accident rendent l'exaction de cette taille, qui va à plus de 20 p. 0/0 annuellement, impossible. Cette communauté avoit essuyé tous ces malheurs à la fois en 1702, et s'est trouvée en arrérage pour des sommes considérables. Pour pouvoir les acquitter et payer les charges courantes, elle imposa une taille de 48# tous les ans sur chaque livre cadastrale, non seulement sur les biens, mais encore sur les maisons et sur les bestiaux des habitants. Cette imposition devoit produire environ 13,500# chaque année; mais, attendu que ceux qui devoient la prendre à ferme ne devoient entrer en jouissance des fruits soumis à la taille qu'en 1705, parce qu'ils étoient engagés jusques à ce temps-là aux fermiers précédents, et que cependant ils devoient faire toutes les avances de la communauté pendant et jusques en 1705, ce qui consommoit plus de 48,000#, ladite imposition fut délivrée pour 9,600# chaque année. Il arriva de là qu'en l'année 1706 tous les fruits de ce lieu étoient engagés pour cinq années, et jusques en 1710, aux fermiers qui avoient fait les susdites avances, et qu'il ne restoit plus aucune ressource pour payer les charges courantes. Dans cette extrémité, on mit de nouveau aux enchères une seconde taille de 48# par livre cadastrale, à exiger aussi, tant sur les biens que sur les maisons et les bestiaux, de quelque qualité qu'ils fussent, des habitants; et attendu qu'on exigeoit des fermiers qui se présentoient qu'ils fissent toutes les avances de toutes les charges arréragées et courantes de la communauté, et jusques au concurrent du montant de la ferme de cinq années qu'ils devoient prendre, sans rien retirer pendant ce temps-là, puisqu'ils ne devoient entrer en jouissance des fruits soumis à la taille qu'en l'année 1711, on fut obligé de donner pour 9,000# par année ce qui en produisoit 13,500#. On soumit de plus la communauté et les habitants à une infinité de frais et de gros intérêts et d'autres profits considérables en faveur desdits fermiers, et, à la faveur de ce triste et ruineux remède, ladite communauté s'est soutenue jusques en l'année 1709. Alors, réduite de nouveau à l'extrémité, tous ses fruits étant engagés jusques en l'année 1718 pour le remboursement des avances faites par lesdits fermiers, et ne lui restant d'autres ressources, pour payer les charges arréragées et courantes, que d'affermer de nouveau cette taille à l'avance et aux mêmes conditions qu'elle l'avoit été auparavant, elle l'a mise aux enchères, mais inutilement. . . . . »

---

700. *M. l'Évêque de Toul*
au Contrôleur général.

18 Février 1710.

« Ayant plu au Roi de remettre à la paix la décision de toutes nos difficultés avec la cour de Lorraine, je n'ai pas cru, afin de ne les point augmenter, devoir obliger les sujets de Lorraine qui viennent à Toul recevoir les ordres de moi et prendre des dispenses de bans de mariage, des provisions de bénéfices ou autres actes du ministère spirituel, de les faire insinuer au greffe des insinuations ecclésiastiques établies à Toul par ordre de S. M. En cela, j'ai eu intention de ne pas rendre aux Lorrains le pouvoir de l'évêque odieux, contre lequel ils ont déjà assez d'éloignement, ce qui ôte la confiance que les ecclésiastiques et les peuples doivent avoir dans leur évêque. J'ai même cru que, le Roi ne prétendant ces droits qu'à cause du temporel, lorsqu'il s'agit de choses purement spirituelles, sur des personnes qui sont dans un État que S. M. reconnoît indépendant du sien, il ne convenoit pas d'exiger d'eux des droits qui croissent tous les jours et qui font murmurer ces étrangers qui ne possèdent rien, et qui n'ont aucune intention de rien posséder en France. Si la disette de prêtres françois nous oblige quelquefois à donner quelques petits bénéfices dans les terres des Évêchés à des Lorrains, ils payent les droits d'insinuation comme de raison..... La chose paroît mériter beaucoup d'attention, car, dans les temps que ces déclarations ou arrêts que je vous ai cités ci-dessus ont été rendus, les doyens ruraux donnoient les dispenses de bans et avoient beaucoup d'autres pouvoirs spirituels, pour lesquels les Lorrains n'étoient pas obligés de venir à Toul. Ainsi, ils n'étoient point sujets à aucuns insinuation pour tout cela. Je leur ai ôté tous ces pouvoirs et me les suis réservés, afin d'obliger les Lorrains de venir plus souvent à Toul : ce qui y procure l'abondance et le bien de la ville, à cause que l'étendue de ce vaste diocèse y attire beaucoup de monde; et ces droits d'insinuations, qui sont très forts, les en éloigneront tous les jours..... Il seroit fort extraordinaire, et contre les règles, que, lorsque je suis à Nancy, à Lunéville ou en visite dans mon diocèse, il ne me fût pas permis d'expédier aucune permission, ni aucun acte de juridiction gracieuse pour les Lorrains, sans être obligé de les envoyer à Toul pour les faire insinuer, et, après l'avoir été, me les rapporter pour les signer et les sceller. Cependant, si l'on soumet les Lorrains à tous ces droits comme les François, il est à croire qu'ils attendront toujours le temps de mes visites pour avoir tous les actes dont ils auront besoin : ainsi, la ville de Toul sera privée de ce concours de monde qui viennent tous les jours m'y trouver pour leurs affaires, et qui donnent occasion aux bourgeois de débiter leurs denrées. Je prends la liberté d'écrire de cette affaire dans les mêmes termes à M. le marquis de Torcy et à M. Voysin*.»

* M. de Saint-Contest, intendant, écrit, le 12 août : «.....Pour moi, je croirois que les actes qui se passent à la Chambre épiscopale de Toul devroient être sujets à insinuation. Le Roi ne peut point assujettir les Lorrains à aucuns droits pour ce qui regarde la réalité de leurs biens; mais le Roi peut ordonner en général telles formalités qu'il juge à propos pour la validité des actes qui se passent dans son royaume, et tels droits qu'il lui plaît pour les procédures qui s'y font ou actes qui s'y passent. Il est certain que les Lorrains qui viennent plaider dans nos juridictions y payent tous les droits que le Roi a établis sur les actes; il est certain que, quand nous allons plaider chez eux, nous en faisons de même. Pour ceux dont nous avons besoin à Trèves, qui est la métropole des Trois-Évêchés, nous y payons tous les droits qui y sont établis pour l'expédition desdits actes. Ce n'est donc point une entreprise d'un souverain sur un autre souverain, mais un droit légitime dont il se sert dans ses États..... Je ne crois point qu'on en doive faire une affaire d'État, comme l'on fait, ni que l'on doive prononcer contre les Lorrains en particulier; mais mon avis est d'ordonner en général que tous les actes ecclésiastiques passés à Toul seront sujets au droit d'insinuation, ou de renvoyer l'affaire par-devant les juges ordinaires qui en doivent connoître, comme elle y avoit été naturellement portée.....» Au dos, de la main du contrôleur général : «Bon suivant l'avis. Renvoyer aux juges ordinaires.»

---

701. LE CONTRÔLEUR GÉNÉRAL
à M. DE PONTCHARTRAIN, secrétaire d'État de la marine.

19 Février 1710.

«Le grand nombre de faux-sauniers dont la ferme se trouve chargée et qui, suivant la disposition des ordonnances, ont été ou doivent être condamnés aux galères* a fait proposer d'en envoyer une partie aux îles de l'Amérique, dans l'espérance que ce châtiment fera plus d'impression et sera plus capable qu'aucun autre de réprimer le faux-saunage. Le Roi a approuvé la chose, et il n'est plus question que de trouver les moyens de l'exécuter. On vous en propose un...., qui est d'obliger les marchands auxquels le Roi accorde des passeports pour aller dans les îles, de se charger de huit ou dix faux-sauniers; ce qui ne leur sauroit être onéreux, puisque c'est une clause ordinaire de tous les passeports de cette nature de passer gratis huit ou dix particuliers. Si le nombre de dix paroissoit trop fort, on pourroit le réduire à cinq ou six**.....»

* Le 17 janvier précédent, sur une plainte portée contre le fermier des gabelles de Bourbonnais, M. Turgot, intendant à Moulins, écrivait : «.....Il est vrai que la misère rend plus âpre et plus industrieux pour pratiquer la contrebande; mais on en arrête très souvent. Il est encore vrai que les prisons en sont très chargées; mais M. Destureaux, directeur, qui en comprend le poids pour les fermiers, les fait vider et expédier tant qu'il peut..... Il a soin d'envoyer l'exécuteur à gages des fermiers continuellement en route dans différents lieux, pour exécuter les jugements de fouet, et les fait sortir tout le plus tôt qu'on peut. A l'égard des condamnés aux galères, le nombre en est grand, et il m'a assuré qu'il y en avoit plus de cent dans les prisons de ce département, qu'il a grande impatience de faire partir; mais la saison ne convient pas pour faire passer la chaîne.....»

** Il fut décidé que cent cinquante prisonniers, parmi ceux qui étaient condamnés aux galères ou allaient l'être, et qui avaient de dix-sept à quarante ans, seraient dirigés sur Saint-Domingue, et les fermiers généraux passèrent des traités pour leur transport jusqu'à Brouage d'abord, puis jusqu'aux îles, moyennant 75# par homme, nourriture comprise : voir, à la date du 24 septembre, les lettres à MM. de Pontchartrain et Voysin, secrétaires d'État, et de Beauharnais, intendant à la Rochelle, avec une circulaire aux intendants, et des lettres de M. de Bouville Saint-Martin, intendant à Alençon, 20 octobre, et de M. de Beauharnais, 28 octobre.

---

702. M. DE HAROUYS, *intendant en Champagne,*
AU CONTRÔLEUR GÉNÉRAL.

20 Février 1710.

Imposition et fourniture en nature du fourrage pour les troupes cantonnées en quartier d'hiver*.

* La circulaire qui suit avait été envoyée aux intendants dans le courant du mois de décembre 1709 : «Le Roi ayant été informé que

les receveurs généraux des finances n'ont pu satisfaire, pendant les deux derniers quartiers d'hiver, aux avances qu'ils étoient obligés de faire des 26 s. par place de fourrage accordés aux troupes de cavalerie et de dragons qui devoient être logées dans les généralités du royaume, a résolu de faire un nouveau traitement cette année à celles qui y seront envoyées l'hiver prochain, son intention étant que le fourrage leur y soit fourni en nature par tous les villages des environs des villes et bourgs où elles seront logées..... Vous prendrez, s'il vous plaît, vos mesures pour les placer de manière qu'il y ait au moins une compagnie dans les villes et bourgs, et que tous les villages de votre département puissent contribuer à ce fourrage à proportion de leur force. Il sera tenu compte aux habitants desdits villages de 5 s. pour chacune desdites rations, sur leur taille, qui seront remboursés par les trésoriers généraux de l'extraordinaire des guerres aux receveurs généraux des finances, par les assignations qui leur seront données sur eux à cet effet. S. M. trouvera bon que vous fassiez donner par les habitants sujets au logement 2 s. par jour pour la petite ustensile et le bien-vivre du cavalier ou dragon que l'on pourra mettre dans des casernes et maisons vides où il s'en trouvera. Au surplus, lesdites troupes y seront payées de leur solde ordinaire avec la remonte, et elles y recevront aussi l'ustensile, qui doit être employé au rétablissement de leurs compagnies par les mains desdits receveurs généraux, qui en doivent faire l'avance à raison de 12 s. par place...., dont l'imposition se fera avec la taille, au marc la livre.....»

Sur le mode de payement des 5 s., voir une lettre de M. le Guerchoys, intendant en Franche-Comté, 28 février 1710. Cette province était sous un régime spécial : «Lorsqu'on payoit 26 s. par place dans les généralités, il n'en a été donné, dans mon département, que 12 par place d'officier, cavalier et dragon qui étoient dans le plat pays, dont 5 s. payés par l'extraordinaire des guerres, et le reste imposé sur la province : moyennant quoi ils se fournissoient de fourrages. A l'égard des troupes qui étoient dans les villes de Besançon, Dôle, Gray et Salins, outre les 6 s. par place qu'elles touchoient de la province, le fourrage leur étoit fourni en espèces par des entrepreneurs qui recevoient les 5 s. par ration des deniers de l'extraordinaire des guerres et le reste de ceux imposés sur les communautés. La cherté des fourrages m'obligea, avant le présent quartier d'hiver, de représenter à M. Voysin que les 12 s. par place qu'on avoit coutume de payer aux troupes étant dans le plat pays ne suffiroient point, et qu'il faudroit au moins leur donner 17 s., ou bien leur faire fournir le fourrage en espèces par les communautés, conformément à l'ordonnance du Roi du 1er octobre, et, en outre, leur faire toucher 6 s. par place des deniers imposés sur la province; et qu'ainsi ces troupes seroient traitées comme celles qui sont dans les villes de Besançon, Gray, Dôle et Salins. M. Voysin me fit réponse qu'il falloit s'en tenir à ce dernier parti : ce qui a été exécuté. Outre la cavalerie et les dragons qui sont dans les villes et le plat pays, au nombre de vingt-six escadrons, le fourrage est fourni aux officiers de quatorze bataillons et à ceux de six compagnies détachées qui sont sur la frontière : en sorte que l'imposition de l'excédent de tous ces fourrages, jointe aux 6 s. par place de cavalier et dragon et à l'indemnité accordée à l'entrepreneur de l'année dernière, est d'environ 800,000#. Il n'y a guère de province aussi petite que la Comté qui supporte un si gros quartier d'hiver. Je dois ajouter que les billets de monnoie n'ont point de cours dans mon département, que l'entrepreneur des fourrages doit être payé entièrement en espèces, et que le receveur général ne s'est jamais mêlé de recevoir, ni de payer les fourrages.....»

Voir aussi un état envoyé par M. d'Angervilliers, le 12 juin 1710, des sommes dues aux communautés de Dauphiné, par les trésoriers de l'extraordinaire des guerres et de l'artillerie, ou par le munitionnaire, pour les fournitures de foin faites en 1709.

---

703. *M. Lebret fils, intendant en Provence,*
au Contrôleur général.

20 Février 1710.

Remboursement des concessionnaires du privilège de la glace en Provence par les villes d'Aix et de Toulon*.

* Le 18 mai suivant, le contrôleur général écrit à M. le duc de Charost que le Roi ne veut plus accorder aucun privilége de ce genre, entendant laisser pleine et entière liberté au commerce de la glace.

Voir aussi une lettre du 15 juillet, à M. Lebret, et celle qu'il écrit le 12 août, à propos de demandes de concessions en Provence.

---

704. *M. le Guerchoys, intendant en Franche-Comté,*
au Contrôleur général.

21 Février 1710.

Il examine les propositions faites par un religieux bénédictin de Saint-Vincent de Besançon, de supprimer les commendes des abbayes et prieurés des congrégations réformées de l'ordre de Saint-Benoît, et d'ériger un ordre militaire du même nom.

---

705. *M. de Bâville, intendant en Languedoc,*
au Contrôleur général.

21 Février 1710.

«Le faux-saunage est venu à un point dans cette province, qu'il est absolument nécessaire d'y apporter des remèdes extraordinaires et proportionnés au mal : sans quoi la ferme des gabelles périra et ne pourra plus bientôt suffire à payer les charges. J'avois cru qu'une attribution particulière qui me seroit donnée pourroit en arrêter le cours, en jugeant sévèrement aux termes de la déclaration du 18 mai 1706, qui établit les peines pour le faux-saunage. Il ne s'est guère passé de semaine depuis six mois que je n'aie jugé de ces gens-là : je viens encore d'en condamner dix-huit; mais je vois avec déplaisir que les peines de cette déclaration ne font presque aucun effet, et je crois qu'il est indispensable de les rendre plus sévères suivant l'esprit de toutes les lois, qui demandent que les peines augmentent lorsque celles qui sont établies ne peuvent réprimer les crimes. J'ai examiné avec M. le Gendre, fermier général, ce qu'on pourroit faire, et j'ai cru qu'il seroit très à propos de faire une nouvelle déclaration où les peines fussent augmentées. J'ai considéré que, bien que le faux-saunage soit maintenant plus fréquent en Languedoc que dans tout le royaume, néanmoins les peines y sont moins sévères : c'est ce qui m'oblige de proposer d'introduire tout ce qui est conforme à l'ordonnance des gabelles de France de 1680, aux déclarations des 21 avril 1705, 8 février et 18 mai 1706 pour les gabelles du Dauphiné, et de faire paroître une nouvelle déclaration qui en rapporte toutes les dispositions ; ce qui est plus expressément expliqué par le mémoire ci-joint. Il est fâcheux d'être obligé d'augmenter les peines; mais, si les abus deviennent plus dangereux en Languedoc, et que les peuples y abusent de l'indulgence qu'on y a eu[e] plus grande que dans les autres provinces, il paroît juste qu'ils y soient mis sur le même pied. On n'a pas dû commencer par la sévérité; mais, les autres moyens étant épuisés, il semble qu'on ne puisse se dispenser d'en chercher de nouveaux. Ce que je propose de nouveau se réduit uniquement à trois points : 1° si on introduira en Languedoc la disposition des ordonnances des gabelles de France qui est déjà introduite en Dauphiné par la déclaration du 18 mai 1706; 2° si la peine des attroupements avec port d'armes ou autrement, qui étoit pour cinq coupables, peut être étendue lorsqu'il n'y en aura que trois; 3° si on établira la peine du carcan pour les domiciliés, qui semble avoir été établie en Languedoc par la déclaration du 22 juin 1678, et qui a été révoquée par l'arrêt du Conseil du 3 avril 1703*.»

* Voir d'autres lettres du 13 septembre 1709, et des 28 février et 30 mai 1710. A la lettre du 21 février est joint le projet d'arrêt, avec les observations du contrôleur général.

Le 24 mars, M. le marquis de Caylus, commandant dans la province, écrit : «.....Certainement, il y a des gens intéressés, et de plus d'une espèce..... Ce qui fait soupçonner les intéressés, c'est le peu de mouvement qu'ils se donnent dans une affaire de cette importance pour S. M., et, si vous me permettiez de prendre la liberté de vous dire ma pensée, c'est que leur intérêt particulier est de faire durer ce commerce, qui leur porte un profit considérable par les accommodements qu'ils font avec les coupables en tirant sous main tout l'argent qu'ils peuvent, et ne faisant punir que les malheureux qui n'ont rien à donner. Je crois encore que, comme le bail de la ferme des gabelles est sur ses fins, ils ne sont pas fâchés d'avoir des représentations à faire sur le peu de débit qui se fait dans les greniers à sel à cause du faux-saunage.....» Voir une autre lettre du 21 avril.

---

706. *M. de Bernières, intendant en Flandre,*
au Contrôleur général.

22 Février 1710.

«J'ai examiné le placet ci-joint, présenté au Roi par les habitants de la Prévôté-le-Comte et châtellenie de Bouchain, qu'il vous a plu de m'adresser par la lettre que vous m'avez fait l'honneur de m'écrire le 4 de ce mois, pour vous faire savoir mon avis sur ce qu'il contient. Jamais exposé n'a été plus naïf ni plus naturel, dont j'ai été témoin de mes propres yeux. Je puis vous assurer qu'il n'est pas seulement resté une paille dans aucun village; que non seulement la récolte y a manqué, mais encore que les mars qui étoient sur terre et les fourrages ont été entièrement enlevés jusques à la paille, ou, pour mieux dire, jusques aux chaumes qui couvroient les maisons, dont quantité ont été renversées et démolies, les bestiaux pris, et les chevaux presque tous péris par les corvées continuelles depuis dix-huit mois et le défaut de nourriture. Enfin, pour comble de malheur, les maladies sont venues, et la mortalité a été tout l'hiver, et est encore à un point qu'il est mort plus d'un tiers des habitants. Un grand nombre, chassé par la famine, est aussi allé demeurer ailleurs, de manière que jamais pays n'a été réduit à un état si pitoyable et si malheureux : en sorte que je ne vois aucune apparence d'en pouvoir rien tirer, et je crois qu'il est juste et nécessaire de faire grâce à des peuples exténués qui ont tant souffert, et dont on ne tireroit certainement rien, quelques diligences et poursuites qu'on pût faire contre eux.»

---

707. *M. de Courson, intendant à Bordeaux,*
au Contrôleur général.

22 Février 1710.

«La proposition d'établir une élection à Bergerac ne seroit point d'une grande utilité : il faudroit dédommager les élections de Sarlat et de Périgueux, et les élus ont essuyé tant de taxes, que je doute fort qu'il se présentât des acquéreurs pour lever les charges. D'ailleurs, si on ôtoit le canton de Bergerac de l'élection de Sarlat, elle seroit réduite à rien, n'y ayant que ce seul côté-là qui soit bon et qui puisse porter la plus grande partie des impositions.»

---

708. *Le P. Germon, de la Compagnie de Jésus,*
au Contrôleur général.

23 Février 1710.

Il envoie des projets d'arrêt et de lettres patentes accordant une gratification de 600# aux Jésuites du collège de Paris, pour la dépense des tragédies jouées aux distributions des prix*.

* Cette gratification fut accordée aussi pour les deux dernières années écoulées, 1708 et 1709 (pièce du 28 juin).

---

709. *M. Daguesseau fils,*
procureur général au Parlement de Paris,
au Contrôleur général.

24 Février 1710.

Les substituts se plaignant de n'être point payés pour tout le papier timbré qu'ils emploient, il propose de leur permettre de se servir de papier commun dans les affaires où ils agissent comme parties publiques et nécessaires : le Roi n'y perdrait rien, et l'action de la justice serait plus sûre et plus rapide*.

* Au dos, de la main du contrôleur général : «Rien à changer; ordre aux fermiers généraux de payer les substituts.» Selon une autre lettre du 20 décembre, les fermiers prétendaient que le fonds n'avait pas été fait pour 1710; il était de 18,000# pour tout le royaume. Des ordres furent donnés pour qu'on l'acquittât.

---

710. *M. Pinon, intendant en Bourgogne,*
au Contrôleur général.

24 Février 1710.

«Je me donne l'honneur de vous informer que le revenu des domaines du Roi dans ce département n'est pas, à beaucoup près, suffisant pour payer les charges locales et les frais de

IMPRIMERIE NATIONALE.

justice, qui ont été considérables l'année dernière à cause des désordres que des bandits ont commis dans plusieurs endroits de cette province. Le revenu du domaine est, année commune, de 75,000#; les charges locales montent à 45,116#, dont il n'y a eu que la moitié de payées, et les frais de justice à 61,200#, desquels il en reste à payer 21,200#. Les lieutenants criminels et les prévôts des maréchaux demandent avec empressement qu'on les acquitte, prétendant n'être plus en état de faire des avances. Comme il est à craindre que, si on n'y satisfait promptement, ces officiers ne se ralentissent, ce qui seroit d'une conséquence infinie dans un temps aussi malheureux que celui-ci, où la disette ne porte que trop souvent les gens à des extrémités fâcheuses, j'ai cru être obligé de vous en donner avis, afin que vous ayez la bonté d'y mettre l'ordre que vous jugerez à propos.»

711. *Le P. Boursault, théatin,*
au Contrôleur général.

25 Février 1710.

Il annonce être chargé de la restitution d'une somme de 32,670# en promesses de la Caisse des emprunts*.

* En marge, de la main du contrôleur général : «Bon; 3,000#.» Et au-dessous : «Écrit au P. Boursault de venir trouver Monseigneur, vendredi 28 mars, à Paris, à sept heures du matin.»

712. *Le sieur Ménard, président de l'élection de Montargis,*
au Contrôleur général.

28 Février 1710.

«Il est arrivé ici, aujourd'hui, des voituriers qui conduisent quelques vins de Languedoc pour Votre Grandeur, pour M. le Peletier des Forts, pour M. Nicolay et autres seigneurs. Ces voituriers ont refusé de payer ici les droits de jauge et courtage. Le fermier général m'a donné une requête pour obliger ces voituriers à payer ces droits; j'ai cru que je ne devois rien prononcer sur ce payement; j'ai seulement ordonné que les voituriers demeureroient chargés du vin et de payer les droits à Paris, si aucuns étoient dus*.....»

* Apostille de la main du contrôleur général : «Approuver ce qu'il a ordonné.»

713. *M. de Courson, intendant à Bordeaux,*
au Contrôleur général.

1er et 15 Mars 1710.

«La dernière fois que j'ai été à Agen, les consuls me représentèrent qu'il étoit nécessaire de faire élaguer les arbres de leurs allées qui sont sur le bord de la rivière, qui servent de promenade à la ville, et qui avoient beaucoup souffert du froid de l'année dernière. Comme ces arbres avoient besoin de cette réparation, je leur permis, à la charge que le prix qui proviendroit des émondes seroit employé aux besoins les plus pressants de la ville. Lorsqu'on a voulu y travailler, le sieur Bastard, grand maître des eaux et forêts, a prétendu qu'il étoit nécessaire de sa permission, et a voulu faire mettre en prison les ouvriers. Je lui en ai écrit d'une manière que je croyois qu'il entendroit raison; mais j'apprends qu'il a fait venir des gardes des forêts et le procureur du Roi, et qu'il fait actuellement des procédures pour faire décréter les ouvriers et ceux qui les ont employés. Comme il ne me convient point de compromettre mon autorité avec lui, qu'il s'est déjà fait plusieurs affaires, n'entendant raison sur rien, j'ai cru devoir m'adresser à vous pour vous prier de vouloir bien lui mander ce qu'il doit faire et lui ordonner de se contenir dans les fonctions de sa charge.

«.....Je sais bien que quand il s'agit de coupe de bois appartenant à une communauté, qu'il faut une permission du grand maître; mais je n'ai pas cru, jusques à présent, que, lorsqu'il ne s'agissoit que d'élaguer les arbres d'une allée d'une promenade publique, il fût nécessaire d'avoir recours à lui*.....»

* Le contrôleur général écrivit à M. Bastard que les grands maîtres n'avaient aucune juridiction sur la police des bois des hôtels de ville. (Lettre du 4 avril 1710, à M. Bastard; lettre des maire, sous-maire et consuls d'Agen, 16 mars.)

M. le marquis d'Antin avait obtenu, le 18 octobre 1709, que le produit des élagages pratiqués aux Champs-Élysées, au Cours et dans les avenues de Neuilly, du bois de Boulogne et de Vincennes fût exempt des droits dus aux mouleurs de bois, lorsqu'il se débiterait hors Paris.

714. *Le Contrôleur général*
à M. Daguesseau fils, procureur général
au Parlement de Paris.

2 Mars 1710.

«Les surséances que le Roi a jugé à propos de faire accorder à plusieurs receveurs, marchands ou gens d'affaires poursuivis dans la jurisdiction des consuls de Paris*, sont fondées sur la connoissance des engagements qu'ils ont contractés pour le service du Roi et de l'État, et sur l'impossibilité où S. M. se trouve de leur payer présentement les sommes qui leur sont dues. Comme ces raisons ne peuvent point être appliquées à la plus grande partie des négociations qui se font dans les provinces, il y auroit beaucoup d'inconvénients pour le commerce à y introduire l'usage de ces surséances. C'est la réponse que j'ai faite aux juges et consuls, lorsqu'ils m'en ont écrit directement, en leur marquant que ces sortes de délais ne doivent être accordés qu'avec beaucoup de précautions et en grande connoissance de cause. Si ceux qui sont poursuivis pour le payement de leurs lettres ou de leurs billets ne les ont signés que par rapport au service, ils ne manqueront pas de s'adresser au Conseil, et, en ce cas, S. M. pourra leur donner le secours dont ils auront besoin**.»

* Le 30 mai 1709, à propos de drapiers qui n'avaient reçu que des assignations à terme éloigné pour leurs fournitures aux troupes du Roi (voir une lettre de M. d'Argenson, du 14 avril précédent), il avait recommandé à M. le Camus, lieutenant civil, dans le cas où leurs créanciers les poursuivraient pour billets, lettres de change ou avals, d'obtenir pour eux un répit, ou du moins de mettre un sursis de six mois à l'exécution des sentences, moyennant dépôt des assignations

ou billets de monnaie représentés par les créanciers, et payement des intérêts par les débiteurs, et cela avec ou sans le consentement des créanciers.

Le sieur de la Condamine, receveur général des finances de la généralité de Moulins, s'étant plaint d'avoir été, malgré un sauf-conduit, arrêté et emprisonné par un huissier, celui-ci fut mis en prison par ordre du contrôleur général. (Lettres du sieur de la Condamine, écrite de Paris, et de l'huissier, 18 octobre et fin novembre 1709.)

** Le 23 janvier 1710, le contrôleur général demande à M. de Pontchartrain de faire délivrer un sauf-conduit de six mois au sieur Genest de Launay, fermier général, poursuivi pour les billets solidaires qu'il a signés comme intéressé dans certains traités. Le 29 mars, ordre est donné aux juges-consuls de Paris de ne prononcer aucune condamnation contre les fermiers généraux assignés en payement des billets signés pour le service.

Le 1er mai suivant, on écrit au sieur de Vaulogier que, comme non seulement il refuse de payer les intérêts de ses billets et de les renouveler, mais encore en détourne ses associés, son sauf-conduit va être révoqué, ainsi que le seront tous ceux des autres intéressés aux traités, sur la première plainte qu'on recevra.

Le 25 octobre 1710, au premier président de la Cour des aides de Paris : « Les avances considérables dans lesquelles se trouve le sieur le Gallois, receveur général des finances de Champagne, ne lui ayant pas permis d'acquitter quelques lettres de change dont le sieur Yvon se trouve porteur, celui-ci, après avoir fait mettre assez mal à propos une garnison chez lui, a voulu faire procéder à la vente de ses meubles : ce qui auroit été exécuté, sans une saisie préalablement faite à la requête du contrôleur des restes. On prétend qu'il s'est formé sur cela une instance en la Cour des aides, dans laquelle Yvon sollicite la vente avec beaucoup de vivacité. Il seroit excusable, s'il pouvoit espérer de tirer par là son payement; mais, comme il ne peut ignorer que le Roi a un privilège incontestable sur tous les effets mobiliers des comptables, on peut penser avec quelque fondement qu'il n'agit en cette occasion que par pure animosité, au lieu de se plier à la difficulté des temps en renouvelant ses billets ou lettres, comme l'ont fait et le font tous les jours les autres créanciers du sieur Gallois, lesquels se contentent de recevoir les intérêts de leurs billets en attendant que, par le recouvrement des impositions, ledit sieur Gallois se trouve en état d'acquitter les principaux. Comme il ne seroit pas juste de laisser un receveur général, qui n'est dans cette situation que pour le bien du service et à cause de la difficulté qu'il y a eu dans les recouvrements de l'année dernière et de la présente, exposé à de semblables vexations, S. M. m'a ordonné de vous faire savoir qu'elle souhaite que vous donniez les ordres nécessaires pour arrêter les poursuites d'Yvon et faire surseoir le jugement et l'instance pendant quelque temps. »

---

715. *M. Boisot, premier président du Parlement de Besançon,*
au Contrôleur général.

2 Mars 1710.

Il explique pour quelles raisons les héritiers de M. Borrey, son beau-père, n'ont pu encore vendre la charge de premier président de la Chambre des comptes de Dôle, et demande que, malgré la Chambre, on leur continue la jouissance des gages de 1,200#, que le Roi avait prorogée en leur faveur jusqu'à ce qu'ils eussent trouvé un sujet digne d'être pourvu de cette charge*.

* Voir une lettre de Mlle Borrey, du 9 juillet 1708, et une lettre de M. de Sauroy, du 7 septembre suivant. Le président Mailly avait alors demandé l'agrément de la charge pour son père, trésorier de France vétéran au bureau de Dijon, par une lettre du 1er juillet 1708. Ce fut M. Monnier de Noironte, conseiller au Parlement, qui traita pour l'achat de la charge vacante, en 1711, sans stipuler, comme on le faisait encore généralement à cette époque, qu'au cas de changement de domination le prix serait restitué par les vendeurs; en récompense, il eut la même pension que son prédécesseur. (Lettres de M. de Noironte, 2 mai et 5 juin 1711; de M. le Guerchoys, intendant, 3 mai 1711, avec apostille du contrôleur général, et 29 janvier 1712; de M. Voysin, secrétaire d'État de la guerre, 3 février 1712, et du sieur Hourdé à M. de la Garde, 1er et 13 mars.)

---

716. *M. Bignon de Blanzy, intendant à Paris,*
au Contrôleur général.

3 et 16 Mars 1710.

Il rend compte des mesures prises pour faire porter au marché les grains amassés par certains habitants d'Égreville, et dit qu'on a découvert que Mme la comtesse de Melun, qui avait dénoncé ces amas, possédait elle-même une grande quantité d'orge.

« Permettez-moi de vous observer que Mme de Melun ne donne pas toujours de bons avis; elle veut souvent se faire valoir dans le pays en laissant croire qu'elle a des accès auprès des personnes principales..... On pourra, à ce que je pense, nonobstant le bon avis qu'elle a donné, l'engager à porter au marché son superflu après les semences faites, de même qu'on y obligera les autres, si vous l'ordonnez. Néanmoins, on la distinguera, et on ne lui prescrira rien*. »

* Elle avait dénoncé des accaparements d'avoine le 29 juillet 1709.

---

717. *M. d'Argenson, lieutenant général de police à Paris,*
au Contrôleur général.

4 Mars 1710.

Mise sous scellé et inventaire des papiers du sieur Planque, agent des affaires du duc de Savoie.

« Le sieur et la dame de Goussonville, présomptifs héritiers du sieur Planque, ne croient pas qu'il puisse être dû, ni à M. le duc de Savoie, ni à Mme la duchesse douairière, des sommes fort considérables : au duc, parce que, depuis la déclaration de la guerre, le feu sieur Planque a cessé de recevoir les revenus des terres qu'il possédoit en France, les officiers du Roi s'en étant emparés aussitôt à titre de confiscation. A l'égard de Mme la duchesse douairière, comme tous les biens qu'elle a dans le royaume ne consistent qu'en rentes sur l'hôtel de ville de Paris, qui n'ont pu être confisquées parce qu'il a plu à S. M. de renoncer expressément à ce droit royal par leur édit de création, le feu sieur Planque a continué de les recevoir en vertu des procurations de cette princesse, et les lui a fait remettre..... »

718. *Le sieur* Hénault de Cantobre, *fermier général au département de la Rochelle*, au Contrôleur général.

5 Mars 1710.

«Suivant les ordres que mes associés ont reçus de Votre Grandeur, je me suis rendu à Bordeaux pour prendre garde que, pendant cette foire de mars, il ne se passât rien contre les droits du Roi. Jusqu'ici, tout m'a paru aller dans l'ordre. En chemin, je m'accostai des marchands de la Rochelle qui venoient à la foire de Bordeaux, pour converser avec eux sur le commerce. Ils me dirent que celui des manufactures de France étoit toujours entièrement perdu et que les négociants se reposoient sur le rétablissement que vous en feriez après la paix; cependant, que vous aviez donné un remède certain à ce qui se pouvoit déjà empêcher, dont on ne faisoit nul usage dans le département de la Rochelle; que l'arrêt que vous aviez donné le 27 août dernier, portant défenses de la vente et de l'usage des toiles peintes, non seulement n'y avoit été publié, mais que ces sortes de marchandises s'y vendoient toujours en quantité : ce qui les empêchoit de vendre des étoffes de soie des manufactures de Lyon et de Tours, et des serges et étamines. Et à Bordeaux, j'ai trouvé que, quoique cet arrêt y ait été publié, le commerce et l'usage de ces toiles défendues s'y continuoient. Ces marchands de la Rochelle croient que, si cet arrêt y avoit été publié, et à Saintes, et que les juges de police eussent fait quelque exemple, ils n'auroient pas été sans effet*. Je fis un exemple ici, en 1705, où je fis brûler devant la porte du bureau pour 7 à 8,000# de ces toiles peintes saisies pendant la foire d'octobre, qui retint pendant bien du temps la vente publique qui s'y en faisoit. Si Votre Grandeur trouvoit à propos de donner des ordres sur l'avis contenu en cette lettre, je vous supplie très humblement d'avoir la bonté de ne pas marquer qu'elle l'ait reçu de moi**.»

* En marge : «Il faut retirer plusieurs exemplaires de cet arrêt, et en envoyer un à M. de Courson.»

** Le 9 octobre suivant, le maréchal de Chamilly transmet des plaintes portées contre ce fermier général, et rend compte des enquêtes faites secrètement à son sujet.

---

719. M. *l'Évêque de Fréjus* au Contrôleur général.

5 Mars 1710.

«J'eus l'honneur de vous écrire, il y a près de trois mois, au sujet des pauvres de mon diocèse, à la subsistance desquels je ne pouvois pourvoir tout seul. On m'écrit de toutes mes paroisses que cette misère augmente tous les jours et que les maladies commencent. Les bénéficiers se rendent difficiles sur les aumônes, sous prétexte qu'ils sont fort chargés d'ailleurs, et mes exhortations n'ont rien opéré sur ceux qui sont éloignés d'ici et qui ne sont pas sous mes yeux. Si vous avez des raisons pour ne pas donner une déclaration générale, je serai content pourvu que vous m'assuriez, par une lettre que je puisse montrer, que je peux les taxer dans la nécessité présente, et que je serai soutenu par l'autorité du Roi. J'eus l'honneur de vous marquer aussi que les commandeurs de Malte étoient les plus durs, et que je n'avois pas pu en arracher, depuis dix ans, un seul grain de blé. J'attendrai vos ordres, qui ne peuvent venir trop tôt, à cause des besoins pressants.»

---

720. M. *le maréchal* de Montesquiou d'Artagnan, *commandant d'armée en Flandre*, au Contrôleur général.

7 Mars 1710.

«J'ai cru, en ne cachant rien à M. Voysin de l'état déplorable où les troupes sont réduites, qu'il y pourroit donner les remèdes convenables. Vous savez que cette abondance promise pour le mois de janvier, qui avoit fait prendre patience à toutes les troupes, cela n'a produit que trois prêts en janvier, de cinq jours chacun, autant en février, et qu'il y a près d'un mois qu'on ne leur donne pas un denier : une ration de pain, uniquement, fait toute la subsistance. Est-il possible que l'on puisse s'imaginer que toute la bonne volonté des officiers puisse contenir les troupes dans un état aussi pitoyable? Cela est au point que l'on ne sait si les villes vont être pillées et tous les officiers égorgés, ou s'ils forceront les portes pour s'en aller aux ennemis. Je croirois avoir à me reprocher, si je n'avois pas l'honneur de vous faire savoir l'extrémité dans laquelle nous sommes sans même que l'on nous fasse donner nulle espérance quand il pourra venir de l'argent. Je ferai bien tout ce qu'il dépendra de moi et des officiers pour porter le remède aux maux qui arriveront; mais je ne saurois vous répondre qu'il n'y arrive point de désordre, l'autorité n'étant plus qu'une ombre chimérique contre la misère à la dernière extrémité.»

---

721. M. Pinon, *intendant en Bourgogne*, au Contrôleur général.

10 Mars 1710.

«.....Sur un projet de déclaration présenté par MM. les élus des États de Bourgogne pour donner aux receveurs et collecteurs des tailles, principalement dans le Charolois, la permission de saisir pour le payement des impositions les bestiaux qui ne servent point à la culture des terres, vous m'ordonnez d'examiner cette proposition..... M. Turgot, auquel j'ai écrit pour savoir de quelle manière on en use à cet égard dans le Nivernois et le Bourbonnois, me mande que la déclaration du mois de mai 1708, qui fait défenses de saisir les bestiaux, s'y exécute seulement pour ce qui concerne le recouvrement de la taille, mais qu'on en permet la saisie pour le payement de l'ustensile, capitation, fourrages et autres impositions, après néanmoins que tous les autres effets des redevables ont été discutés, et on en ordonne la vente quinzaine après, si le propriétaire ne paye les impositions de son fermier ou métayer. Il est à remarquer qu'en Bourgogne les étapes et ce que la province donne au Roi pour l'exemption et la subsistance s'imposent conjointement avec la taille et par un même rôle, et que toutes ces impositions excèdent de beaucoup la taille ordinaire. La capitation seule se fait en vertu de mandements particuliers et par un rôle séparé. Cela se pratiquant de cette manière, et étant impossible, comme MM. les élus l'exposent, de se faire payer, sans le secours de cette saisie, de toutes ces impositions qui sont jointes avec la taille, aussi bien que de la capitation, dans le Charolois, qui n'est point abondant en grains et où le principal revenu consiste en bestiaux, je crois qu'il seroit nécessaire d'en permettre la saisie*.....»

* En apostille, de la main du contrôleur général : «Bon, aux restrictions et suivant l'usage observé en Bourbonnois.» Des conflits s'étant, par suite, élevés entre les contribuables et les collecteurs, le contrôleur général ordonna de procéder à la vente sans que les receveurs et collecteurs fussent tenus de faire préalablement d'autre discussion que celle des effets mobiliers des redevables. (Lettres à la date des 8 et 29 juillet, avec apostille.)

722. *M. de Barrillon, intendant en Roussillon,*
au Contrôleur général.

12 et 14 Mars, 18 Avril, 23 et 28 Mai, 1er et 4 Juin, 16 Juillet, 10 Août, 3 et 6 Octobre, 19 Décembre 1710.

Arrestation et jugement de faux-monnayeurs.

723. *M. Voysin, secrétaire d'État de la guerre,*
au Contrôleur général.

14 Mars, 2 et 22 Juin, 14 Juillet et 31 Octobre 1710.

Payement de la dépense de l'hôtel des Invalides.

«(*2 juin.*) [Vous êtes informé] que l'hôtel des Invalides n'a d'autre revenu, pour la subsistance de tous les officiers et soldats qui y sont retirés, que ces 4 d. pour livre qui se prennent sur tout ce qui passe par l'extraordinaire de la guerre; et si cela produit dans le temps présent des sommes plus fortes qu'en temps de paix, vous jugez bien que la dépense de cet hôtel augmente à proportion par le nombre des officiers et soldats qui y entrent journellement, et qui n'ont d'autre récompense de leurs services et de leurs blessures que de pouvoir y avoir leur subsistance assurée pour le reste de leurs jours. Vous aurez bien plus de sujet d'être surpris quand j'aurai l'honneur de vous dire que le manque de fonds que l'état présent ne vous a pas permis de fournir aussi régulièrement qu'il auroit dû l'être pour la subsistance des troupes a fait que, de l'argent comptant qui a été remis au trésorier, et qui a été nécessairement destiné pour employer au prêt, je n'en ai fait retenir quoi que ce soit, depuis un an, pour les Invalides; et vous savez que la maison n'a subsisté que par le moyen des revenants-bons de l'arrêté des comptes des trésoriers qui étoient redevables aux Invalides pour les années précédentes. Ainsi, vous trouverez que, par la pure envie de vous soulager, j'ai évité de prendre rien sur vous depuis un an. Ce qui se retient présentement de ces 4 d. pour livre sur les entrepreneurs de la fourniture des blés ne vous fait aucun tort, parce que ce seroient les entrepreneurs qui en profiteroient. Cela ne fait jamais ni augmentation ni diminution dans leurs marchés. On en a l'expérience depuis la fondation des Invalides, et je ne crois pas qu'il convienne de proposer de donner atteinte à cette fondation : c'est la plus belle qui ait pu être faite par le Roi, et je ne crois pas qu'aucun bon François puisse envier à ceux qui ont versé leur sang pour le service de S. M., et que leurs blessures ont mis hors d'état de gagner leur vie, une retraite aussi sûre et aussi honorable. Elle fait l'admiration de tous les étrangers. Vous savez d'ailleurs que ces assignations que vous faites donner pour le payement des blés ne sont pas régulièrement acquittées. Je ne crois pas que ce que l'on en a retenu depuis le commencement de l'hiver pour les 4 d. pour livre des Invalides ait encore produit à l'hôtel 10,000# d'espèces. Ce n'est pas de quoi fournir à une dépense qui va à environ 100,000# par mois : ainsi, cette retenue ne produit présentement d'autre effet que de remettre une espèce de fonds en papier entre les mains des trésoriers des Invalides, qui se convertira peut-être en argent dans un temps plus heureux*.....»

* Sur la vente de la charge de trésorier des Invalides par le sieur de la Cour, voir la lettre du 18 juillet.

724. *M. Chauvelin, intendant à Tours,*
au Contrôleur général.

16 Mars 1710.

«Les sieurs Poulard et Falloux, officiers de l'élection du Mans, qui sont à la suite du Conseil, paroissent si touchés de leur faute, qu'il me semble qu'il peut être temps de l'oublier. Ainsi, j'ose vous supplier, si vous le jugez à propos, de vouloir bien les renvoyer aux fonctions de leurs charges; mais je crois qu'il est juste, en leur accordant cette grâce, de pourvoir au dédommagement dû à l'huissier Bruneau, que l'élection avoit fait mettre en prison*.»

* En apostille : «Faire réponse à M. Chauvelin que la mauvaise conduite des officiers de l'élection du Mans demande une punition sévère, et qu'il n'est pas encore à propos de les renvoyer à l'exercice de leur charge, afin que le séjour qu'ils feront à la suite du Conseil les mûrit (?) assez pour les remettre entièrement dans leur devoir, et que leur exemple oblige leurs confrères à tenir à l'avenir une meilleure conduite.» Selon une demande en indemnité présentée par l'huissier, et renvoyée à M. Chauvelin le 15 février 1710, l'affaire avait eu pour origine un décret de l'élection lancé contre les huissiers des tailles qui se présentaient avec ordre aux collecteurs d'adresser leurs réclamations au subdélégué de l'intendant.

725. *M. de la Briffe, intendant à Caen,*
au Contrôleur général.

16 Mars 1710.

Il demande l'entretien de deux frégates pour protéger les bâtiments de commerce contre les corsaires des îles anglaises*.

* M. de Richebourg, intendant à Rouen, propose l'armement, à

Dieppe, d'une frégate destinée à aller à la découverte en mer; la dépense serait avancée par les marchands de Dieppe, et elle se rembourserait sur les prises de la frégate. (Lettres des 4, 16 et 25 juillet, 1er août et 15 septembre.) Sur cette dépense, voir deux lettres de M. de Champigny, intendant de la marine au Havre, 13 novembre 1711 et 16 mars 1712.

M. de Bâville, intendant en Languedoc, envoie, le 18 juillet 1710, un projet d'arrêt pour imposer 20 s. par tonneau sur chaque barque entrant à Cette, Narbonne et Agde, ou en sortant, afin d'entretenir deux bâtiments destinés à protéger le commerce sur les côtes.

---

726. *M. de la Houssaye, intendant en Alsace,*
au Contrôleur général.

16 Mars 1710.

«Cette lettre est importante pour les fonds de la Monnoie de Strasbourg qui doivent servir à la subsistance des troupes de ce département, et j'espère que vous voudrez bien l'honorer d'une attention particulière.

«Il arriva hier ici une première voiture de quatre mille marcs de matières d'argent de l'envoi du sieur Antoine Hogguer, en déduction des quatorze mille marcs qu'il s'est obligé de fournir incessamment en la Monnoie de cette ville par le traité que vous voulûtes bien agréer quelques jours avant mon départ de Paris. Il ne m'a point été donné de copie de ce traité; mais je me souviens bien que, pour en faciliter l'exécution, vous accordâtes au sieur Hogguer des assignations sur lui-même pour 600,000#, dont il devoit tenir compte au Roi dans les premiers six mois de la présente année, à raison de 100,000# par mois, sur le bénéfice de son entreprise de fabrication de quatre cent mille marcs de pièces de 30 d. dans les Monnoies de Lyon et de Metz, et que vous lui permîtes encore de faire passer un cinquième en sus de billets des fermiers généraux. Je n'évaluerai point l'escompte avantageux du produit de cette dernière clause; mais, par excédent, je poserai pour premier principe que, dans le courant de ce mois, le sieur Hogguer est nanti de 300,000# du bénéfice appartenant au Roi en janvier, février et mars sur la fabrication des pièces de 30 d. Passant ensuite au profit du sieur Hogguer dans son entreprise de la fabrication des pièces de 44 s. en la Monnoie de Strasbourg, je trouve qu'avant qu'il y ait fait aucune remise de matières, il y a été passé en délivrance, depuis le 4 juin dernier jusques au 15 inclus du présent mois, quatre-vingt-dix mille marcs et quelque chose de plus, tant du produit de l'envoi que vous fîtes faire de Paris pendant la campagne dernière, que du change des pièces de 25 s. 6 d. et 8 s. 6 d. refondues.

«Suivant le résultat accordé au sieur Hogguer concernant la fabrication de ces pièces de 44 s., article XXVII, il ne doit faire valoir au Roi que 6# monnoie d'Alsace pour chaque marc, tant de matières que de conversion, passé net en délivrance. Cependant le profit est de 8#, depuis 36# qu'on paye au change du marc des anciennes espèces d'Alsace, jusques à 44# que ce même marc vaut étant converti en pièces de 44 s. Cette élévation, que l'on croyoit d'abord n'être que de 7# 10 s., est rendue constante à 8# par un calcul bien simple, le marc de vieilles espèces, que l'on paye 36#, produisant, suivant le résultat ou règlement de fabrication, vingt pièces de 44 s., lesquelles certainement valent 44#. Or, sur ce pied de 8# par marc, dont l'entrepreneur ne fait bon au Roi que de 6#, il lui reste 2# de bénéfice; et par conséquent quatre-vingt-dix mille marcs passés en délivrance avant que le sieur Hogguer ait envoyé aucunes matières en la Monnoie de Strasbourg lui font un fonds de 180,000#, sur lequel, supposé qu'il faille déduire les frais de fabrication, y compris les déchets, ce qui ne doit point aller à plus de 20 s. par marc, surtout dans un travail de conversion d'espèces du même titre et de fabrication de grosses pièces comme celles de 44 s., il lui reste au moins 90,000# de bénéfice.

«Je calcule encore d'une autre façon, et je dis : cinq mille sept cent vingt-cinq marcs de matières que vous avez envoyés à la Monnoie valent, avant l'alliage, à raison de 43# 4 s. le marc de 12 deniers de fin et sur le pied de la diminution du tarif, 239,446#; le bénéfice de 8# par marc de quatre-vingt-dix mille marcs passés en délivrance en pièces de 44 s., où cette première partie de votre envoi est comprise, est de 720,000#. Ainsi, avant aucun envoi du sieur Hogguer, je vois un fonds de Monnoie de 959,446# : sur quoi, déduisant 90,000# pour les frais de fabrication et 837,410# seulement payés à la caisse de l'extraordinaire de la guerre de ce département, il reste de bon au sieur Hogguer 32,036#, malgré ce qu'il voudra soutenir de ses prétendues avances en se prévalant des termes de son traité. Je dois même ajouter qu'il y a au par-dessus six cents marcs de cisailles ou lavures restant encore en fonds dans la Monnoie de l'ancienne caisse, lesquels, convertis en pièces de 44 s., produiront 26,400#; mais les gens de la Monnoie disent qu'il y a des dettes pour cette somme : ce que ne pouvant assez promptement éclaircir, je l'observe seulement pour mémoire.

«Je joins donc simplement les 32,036# que j'ai prouvé être de bon entre les mains du sieur Hogguer, du bénéfice de la Monnoie de Strasbourg, aux 300,000# dont il est nanti par assignation sur lui-même du bénéfice qu'il devoit payer au Roi des Monnoies de Lyon et de Metz, à raison de 100,000# par chacun des mois de janvier, février et mars, et je lui vois par conséquent 332,036# en main au par-dessus du grand profit du cinquième en sus des billets des fermiers généraux que vous lui avez permis de passer.

«Dans ces circonstances, le sieur Hogguer peut-il prétendre que l'envoi qu'il a fait seulement de quatre mille marcs de matières soit suffisant, ce qui ne produira, étant allié, qu'environ 200,000# argent d'Alsace? Peut-il encore, et cela avec moins de raison, se croire fondé à fermer la main, comme il le fait, à son caissier, en lui mandant de ne plus payer qu'en vertu des lettres de change ou rescriptions, qu'il a bornées pour le présent mois de mars à la somme de 200,000#, voulant par conséquent tourner à son profit le bénéfice du change des vieilles espèces qui seront apportées à la Monnoie, et dont le décri, fixé au 20 du présent mois, doit rendre naturellement le produit plus considérable?

«Je ne pense point à rien relever contre le sieur Hogguer sur le bénéfice qu'il s'est ménagé; mais, comme les 200,000# auxquels il restreint par mois les payements qu'il a à faire ne sont pas suffisants pour soutenir le simple prêt des troupes de ce département, et qu'il a négligé d'envoyer des matières, et par conséquent des rescriptions, dans le mois de février dernier, comme il le devoit et le pouvoit faire, que d'ailleurs il me paroît d'humeur à laisser languir les envois consécutifs de ces matières auxquels il est obligé pour remplir les quatorze mille marcs qu'il doit achever de remettre dans le mois de mai prochain, il me semble très nécessaire que, pour l'engager à aller plus vite, vous trouviez bon de rejeter sur le produit des dernières fabrications de ces quatorze mille marcs la retenue à faire par ses mains du bénéfice de son traité, et que cependant je puisse, comme ci-devant, tirer jusques à concurrence de 7^ff par marc le bénéfice du change des espèces décriées, laissant 20 s. pour les frais de fabrication des nouvelles espèces : ce qu'il me sera aisé de distinguer du produit des matières envoyées et à envoyer par ledit sieur Hogguer, à quoi l'on ne touchera que pour l'acquittement de ses rescriptions.

«S'il dit que cela est contre les clauses de son traité, il est aisé de lui répondre qu'un retardement de trois mois pour l'obliger d'avancer, ayant les mains plus que garnies, est un expédient très raisonnable, et que d'ailleurs, si l'on vouloit, à son exemple, s'attacher à la lettre de ce traité, l'on ne pourroit pas recevoir en la Monnoie de Strasbourg les matières qu'il vient d'y envoyer en piastres contre la teneur de l'article III dudit traité, où il lui est permis, pour remplir les cent cinquante mille marcs qu'il s'oblige de fournir, de se servir seulement de pièces de 20 s. et de 10 s. ci-devant fabriquées dans les Monnoies du royaume, sans qu'il puisse employer ni fondre aucunes autres matières pour ladite quantité de cent cinquante mille marcs au par-dessus de la conversion des anciennes espèces de Strasbourg et des pièces de 10 s. de Metz. Je compte si fort sur votre approbation de cette proposition, que je la pratiquerai, dans le besoin pressant de fonds où l'on est, jusques à ce que vous m'envoyiez des ordres contraires*.»

* Il renouvelle ses plaintes le 7 et le 21 avril, et dit n'avoir aucune ressource pour le payement du prêt des troupes.

727. *M. de Bernières, intendant en Flandre,*
au Contrôleur général.

17 Mars 1710.

«Tout ce pays ayant été ravagé la campagne dernière, et une grande partie des bestiaux enlevée par les troupes, la subsistance des peuples y est devenue très difficile. Dans cette fâcheuse conjoncture, le sieur Sprenger, banquier à Valenciennes, homme puissant, s'est résolu de faire venir d'Allemagne quatre mille moutons, en un ou plusieurs troupeaux, et m'a prié de lui en procurer la permission. J'ai l'honneur de vous en rendre compte, afin que vous ayez la bonté de me l'adresser, si vous trouvez à propos de la lui accorder. Je suis persuadé qu'il trouvera un bénéfice considérable sur cet achat; mais je dois prendre la liberté de vous dire que cela fera un grand bien aux peuples de cette frontière, qui manquent de tout*.»

* En marge : «Bon.»

Le 20 juillet suivant, M. de Bernage, intendant à Amiens, écrit, au sujet de bœufs qu'on prétend sortir de Picardie à destination de l'armée ennemie : «.....J'ai donné une seule permission d'en faire passer deux cents pour notre hôpital d'Arras, à la charge de rapporter passeport..... Il n'y a point eu jusqu'ici de défenses précises de la sortie des bestiaux, et, ayant conféré sur cela avec M. de Bernières, nous avons cru qu'à moins que vous trouvassiez que les pays d'où on les tire se dépeuplassent trop, il n'y a pas d'inconvénient de fermer les yeux sur ce commerce, parce que, d'un côté, il fait entrer de l'argent, et que, d'un autre, les ennemis, se trouvant dans le royaume, dépeupleroient les lieux où ils sont des vaches et autres bestiaux qu'ils feroient enlever : ce qui leur donneroit un égal moyen de subsister, avec beaucoup plus de préjudice.»

Voir une lettre de M. Priolo de Blanzay, datée d'Abbeville, le 22 septembre, et, au sujet de la continuation du commerce entre Lille, Douay et Tournay, deux lettres de M. de Bernières, 24 octobre et 5 décembre.

728. *M. de Torcy,*
secrétaire d'État des affaires étrangères,
au Contrôleur général.

18 Mars 1710.

«Vous verrez, par la lettre qui m'a été écrite par M. le Chancelier, et que je vous envoie avec celle du sieur de Launay qu'il y a jointe, qu'il refuse de fournir les médailles pour les présents que le Roi destine aux ministres étrangers, à moins qu'on ne lui paye, à compte sur ce qu'il a ci-devant avancé, au moins pour la même valeur qu'on lui demande encore de ces médailles. Je vous prie de vouloir bien examiner ce qu'on peut faire à cet égard.»

729. *M. Pinon, intendant en Bourgogne,*
au Contrôleur général.

20 Mars 1710.

«J'ai appris par la voix publique que le Roi avoit disposé de mon emploi. Il est bien triste, après avoir servi seize ans avec honneur et avec application, de recevoir un si cruel affront. J'ai mangé une partie de mon bien au service; mais ce n'est pas ce que je regrette. Je n'ai travaillé que pour l'honneur et dans l'espérance d'en augmenter : cependant je suis assez malheureux pour me voir aujourd'hui déshonoré. Si j'avois suivi mon premier mouvement, je serois parti sur-le-champ pour en aller demander justice au Roi; mais j'ai cru qu'il étoit de mon devoir de ne point abandonner le service de S. M. sans avoir reçu auparavant ses ordres et les vôtres. J'espère que vous voudrez bien vous employer à réparer le tort qu'on m'a fait, ayant lieu de me flatter, comme vous avez fait l'honneur de le mander à ma sœur, que vous n'avez eu aucune part à ma disgrâce*.»

* M. de Montgeron, intendant à Limoges, fut également révoqué : voir sa lettre de justification, en date du 28 juillet, à Paris, et deux lettres de Limoges, du 16 mai précédent, dans lesquelles on dit que cette mesure a été prise «à cause du peu d'attention qu'il apportoit à ses affaires essentielles....., auxquelles il substituoit ses opéras et autres divertissements,» mais que «la généralité ne sait encore si S. M. et ses sujets auront perdu ou gagné dans le changement, que l'on [ne] sait, jusqu'à présent, avantageux que pour les dames.....» Le nouvel intendant, M. Bosc du Bouchet, avait déjà à se défendre lui-même contre des accusations anonymes : voir ses lettres et celle de l'évêque de Limoges, 16 et 28 mai.

730. *M. de Richebourg, intendant à Rouen,*
au Contrôleur général.

23 Mars 1710.

«.....Sur le placet qui vous a été présenté par les gentilshommes verriers de cette généralité, la liberté pour la composition de la vente et du débit des soudes de cendre de varech seroit très utile en général au commerce, et en particulier aux verriers*.....»

* Voir, à la date du 9 mars 1709, une lettre de M. de Courson, précédent intendant, sur le payement des droits dus par les soudes, et, à la date du 11 avril 1710, une lettre des gentilshommes et maîtres des grosses verreries de verre à vitres situées dans la forêt de Lyons, demandant surséance aux poursuites exercées contre eux pour le payement des bois du Roi employés dans leurs fourneaux; la réponse de M. Hérault, receveur général des domaines et bois de Rouen, à la date du 30 mai; une lettre des mêmes verriers, se plaignant qu'une garnison ait été mise chez eux, à la date du 16 juillet.

Le 9 avril, M. de Bernage, intendant à Amiens, annonce qu'il prend les mesures nécessaires pour assurer l'exportation des verres à vitres de Normandie à Lille, Gand et Anvers, par Saint-Omer, Arras, Douay et Tournay. Voir aussi les lettres de M. d'Ormesson, intendant à Soissons, 19 mai et 23 décembre 1710, sur un projet d'établissement d'une verrerie, pour Mme la princesse de Conti, à Villers-sur-Fère.

---

731. *M. Lebret fils, intendant en Provence,*
au Contrôleur général.

24 Mars 1710.

Payement des frais d'information et de procédure contre les nouveaux convertis relaps*.

* Voir, sur ces procédures, une lettre du sieur Gondouin, procureur du Roi à Saumur, intendance de Tours, et la réponse du contrôleur général, 31 mai et 22 juin.

---

732. *M. d'Ormesson, intendant à Soissons,*
au Contrôleur général.

24 Mars, 12 et 23 Avril, 19 et 29 Mai, 3 Juin 1710.

Incendie du moulin à poudre de la Fère; estimation et adjudication des travaux de réparation à exécuter dans le moulin, ainsi qu'à l'arsenal et aux maisons avoisinantes*.

* Ce moulin avait déjà sauté une fois (lettre du 19 novembre 1708).

M. de Bernage, intendant à Amiens, fait part, dans ses lettres des 5, 20, 22 février et 14 mars 1709, de l'incendie du moulin à poudre de Brebières, près Douay.

---

733. *Le sieur de Beaufort, fermier général à Metz,*
au Contrôleur général.

25 Mars 1710.

«Je prends la liberté d'informer Votre Grandeur que le traité de contribution de la saline de Moyenvic vient d'être renouvelé à Heilbronn, pour l'année 1710, à 2,000^#^, comme les années précédentes, avec les frais et gratifications ordinaires aux commissaires impériaux*.....»

* Le traité fut encore renouvelé les années suivantes : voir une lettre de M. de Saint-Contest, intendant, 3 février 1712.

---

734. *M. de Richebourg, intendant à Rouen,*
au Contrôleur général.

25 Mars 1710.

«Pierre le Marcys, qui vous a demandé un passeport pour aller en Angleterre chercher un secret de teinture, est un ancien chef de parti de religionnaires, très obstiné dans sa religion, qui a déjà fait passer dans les pays étrangers ses enfants et des mineurs nommés Eudes, dont il étoit tuteur. Il fut retenu, il y a environ dix ans, longtemps en prison, pour l'obliger de faire revenir ses enfants; mais on n'a pu en venir à bout, et on lui a accordé la liberté. Je ne peux me persuader qu'à son âge il cherche de secret dans la teinture, ni rien d'avantageux pour le royaume. Il faut qu'il y ait quelque autre motif particulier qui l'oblige d'entreprendre un pareil voyage : c'est peut-être pour régler des comptes avec ses enfants ou correspondants, ou d'autres raisons qu'on ne peut pénétrer. Je n'estime pas qu'on doive lui accorder la permission, si ce n'est pour se défaire d'un sujet aussi mauvais et d'un exemple aussi dangereux. Il a quelque bien, entre autres celui des nommés Eudes, dont il étoit tuteur, qui est de 15 à 1,600^#^ de revenu, dont il s'est rendu le maître par des voies fort équivoques. M. de Vaubourg et M. de Courson n'en avoient pas trouvé les contrats légitimes; ils en avoient ordonné la régie, comme appartenant à ces nommés Eudes fugitifs; mais il a trouvé le moyen d'en obtenir mainlevée par arrêt du Conseil*.»

* En marge : «Écrit le 30 mars à Mme de Beuvron que le Roi a refusé en connoissance de cause la permission demandée par le sieur le Marcys, sans nommer M. de Richebourg.»

Au sujet d'un religionnaire fugitif qui demandait un passeport, le contrôleur général écrit, le 30 mai, à M. du Guay, intendant de la marine à Dunkerque : «.....Le Roi a une extrême répugnance, ou, pour mieux dire, n'accorde aucun passeport à ceux qui sont dans ce cas....., à moins qu'il n'y ait quelque personne connue à Paris qui veuille répondre de sa conduite.....»

---

735. *Le Contrôleur général*
à M. de Richebourg, intendant à Rouen.

30 Mars 1710.

«Vous me marquez, par votre lettre du [25], que je n'ai répondu à aucune des lettres que vous m'avez écrites concernant les étapes : sur quoi je ne puis vous dire autre chose, sinon que, ne pouvant tout faire moi-même, je suis obligé de distribuer une partie du travail aux personnes auxquelles les mémoires doivent être envoyés. M. Poulletier a le département des étapes : je lui ai renvoyé toutes vos lettres, et, comme il m'a paru toujours fort au fait des affaires et fort soigneux de les suivre, je suis étonné qu'une chose aussi importante que celle-là lui ait échappé. Je lui écris présentement de reprendre tous les mémoires que vous avez donnés, et de voir tout ce qui se peut faire pour prévenir les inconvénients qui pourroient arriver, si la fourniture des étapes dans votre département n'étoit point assurée. »

736. *M. d'Ormesson, intendant à Soissons,*
au Contrôleur général.

30 Mars 1710.

« . . . . . Les passages des rivières de mon département sont gardés, et il y a été établi soixante-cinq corps de garde, où se trouvent, aux uns six hommes, aux autres huit habitants du pays, qui sont relevés tou[te]s les vingt-quatre heures*. Il y a à chaque poste un commandant particulier, qui est obligé d'y rester continuellement, et auquel il est accordé par le Roi, pour tous appointements, 15 s. par jour, à prendre sur le trésorier général de l'extraordinaire des guerres. Le manque de fonds a mis le commis de ce trésorier, qui est à Soissons, hors d'état de rien payer depuis près de deux ans à ces commandants, auxquels j'ai seulement fait toucher quelques à-bon-comptes, d'environ 30 # chacun, lorsqu'il y a eu possibilité de le faire. Quand les fonds qui seront remis permettront de payer ces sortes de dépenses, l'on y satisfera. Les autres commandants particuliers sont dans le même cas. »

* Voir, au 26 mai 1708, une lettre par laquelle il annonçait que, suivant le désir du contrôleur général, seigneur de la terre de Couvron, il avait dispensé cette paroisse de fournir un homme au poste du bac de Travers, sur l'Oise.

737. *Le Contrôleur général*
aux Intendants.

3 Avril 1710.

« On reçoit journellement des avis de vols considérables qui se font journellement partout. Pour prévenir la continuation d'un désordre aussi pernicieux, il est nécessaire [que vous preniez] des mesures vives et promptes pour obliger les maréchaussées de tenir les chemins libres, de faire des recherches exactes, et, s'il est possible, des captures de ces voleurs, pour en faire des exemples qui les contiennent. Et comme il peut bien être que les maréchaussées n'aient pas été payées assez régulièrement cette année, c'est une raison qui les a fait relâcher de leur devoir : il faut que vous examiniez les ordonnances qu'il conviendra de leur faire payer, et que vous m'en donniez vos avis sur les ordres qu'il conviendra de donner, afin que j'envoie ceux qui seront nécessaires*. »

* Sur les vols commis, voir des lettres de M. Turgot, intendant à Moulins, 28 janvier, 15 et 21 février, 7, 9 et 24 avril, 4 mai et 6 septembre 1710 : de M. Chauvelin, intendant à Tours, 16 janvier, 23 février et 3 mai; des entrepreneurs de la manufacture de Beaumont-la-Ferrière, 15 et 17 février; de M. le Gendre, intendant à Montauban, 6 juin et 1er août 1708. M. le Gendre annonçait la capture et envoyait copie du jugement de voleurs qui ravageaient ce pays; l'un d'eux, âgé de quatre-vingt-douze ans, avouait que, depuis cinquante ans, il ne vivait que de vols.

Les 28 juin et 19 juillet 1709, M. de Courson, intendant à Rouen, rend compte de poursuites contre des voleurs qui écrivaient des lettres de menaces pour faire verser de l'argent et assiégeaient les maisons où l'on n'obéissait pas; il se plaint de la maréchaussée. Voir une lettre de M. de Richebourg, son successeur, du 8 octobre suivant.

Le 21 octobre 1709, M. de Pontchartrain, secrétaire d'État de la maison du Roi, envoie une lettre du comte de Saumery sur les vols commis par une bande de bohémiens et sur l'impuissance des prévôts des maréchaux.

738. *M. le Camus, premier président*
de la Cour des aides de Paris,
au Contrôleur général.

(Cour des aides de Paris, G7 1766.)

3 Avril 1710.

Étalonnement des poids servant à la distribution du sel dans les greniers.

739. *M. le Peletier, premier président du Parlement*
de Paris,
au Contrôleur général.

3 et 5 Avril 1710.

Il envoie ses observations sur l'édit de création de 300,000 # de rentes sur les aides et gabelles à répartir entre les aisés, et demande qu'elles soient présentées au Roi, en Conseil royal.

« 1° La taxe sur les aisés, dans les temps même où la fortune des particuliers étoit la meilleure, a toujours été regardée comme un moyen de trouver de l'argent des plus dangereux. 2° Il est notoire qu'il n'y a presque plus présentement d'aisés. 3° S'il y en a, il sera très difficile de les connoître, à moins d'une inquisition fâcheuse qui mettra tous les sujets du Roi à la discrétion des secrétaires et des subdélégués de MM. les intendants. 4° Cette taxe, ne pouvant, pour la plus grande partie, tomber que sur les négociants et les gros laboureurs, va à altérer le peu de commerce qui reste. Enfin, il ne paroît pas que l'on puisse tirer de grands secours de cet édit, s'il n'est suivi d'exécutions violentes, qui, dans les conjonctures présentes, ne peuvent produire que des inconvénients très fâcheux* . . . . .

« [Messieurs du clergé] craignent avec fondement, à ce qui me paroît, que, cette affaire venant à fermer les bourses dans les provinces, elle ne les mette hors d'état de satisfaire aux engagements dans lesquels ils sont entrés avec le Roi. Cette même raison aura lieu à l'égard des officiers de province qui chercheront de l'argent pour le rachat de leur annuel. »

* Le procureur général Daguesseau écrit aussi une lettre, le 4 avril, pour remontrer les dangers et les inconvénients de la création; mais il adresse en même temps un mémoire tendant à prouver que les raisons opposées par le Parlement ne sont pas valables.

Sur l'enregistrement de l'édit, voir les lettres de MM. le Peletier,

IMPRIMERIE NATIONALE.

Daguesseau et de Ménars (14 avril); sur une erreur de Léonard, qui avait imprimé d'avance l'édit conformément à un texte primitif, voir une lettre de M. Daguesseau, 17 avril. Dans la lettre du 14, il dit : «J'aurois été bien tenté de vous supplier de vouloir bien au moins faire retrancher de cet édit la clause qui porte que les aisés pour lesquels on crée ces nouvelles rentes seront *contraints* de les acquérir *comme pour les propres affaires de S. M.* Quand cette clause n'y seroit pas, le Roi n'en seroit pas moins le maître de rendre la chose forcée dans la suite, s'il falloit en venir à cette extrémité, et il y a bien des choses qu'il vaut mieux faire que dire. Il en auroit été de cette affaire comme du rachat de la capitation, volontaire dans l'édit, nécessaire dans l'exécution de l'édit.....»

---

740. *M. Boisot, premier président du Parlement de Besançon,*
au Contrôleur général.

4 Avril 1710.

«La persuasion où est M. l'évêque de Meaux que mon fils l'abbé, son grand vicaire depuis quatre ans, docteur de Sorbonne et prédicateur, a les bonnes mœurs, la saine doctrine et les autres qualités nécessaires au bon gouvernement d'une église, l'a fait résoudre à présenter mon fils au R. P. le Tellier pour remplir un des évêchés vacants. Comme, dans cette conjoncture, il est très important pour moi que le Roi se trouve favorablement disposé à mon égard, je vous supplie de m'honorer de votre protection en représentant à S. M. qu'en toutes occasions je fais mes efforts pour marquer au Roi mon zèle et mon affection à son service. J'ose vous assurer que, si mon fils, au sentiment de son évêque, a les qualités requises pour le devenir, il a aussi le zèle et l'attachement qu'il doit à S. M. pour la bien servir où il lui plaira de le placer. Il y a trente-six ans que j'ai l'honneur de servir le Roi. Le jour que S. M. fit la conquête de Besançon fut celui de mon dévouement et de mon bonheur, quoiqu'en ce jour j'aie perdu tout ce que j'avois de meubles et d'argent dans la sédition de la ville, où le peuple soulevé pilla ma maison à cause de mon affection pour le Roi. Étant procureur général, j'ai non seulement conservé ses domaines, mais encore augmenté ses revenus de plus de 200,000# de rente par les réunions au Comté que j'ai procuré[es] des terres de Lure, Saint-Loup, Frasne, Fougerolles, Blamont, Clémont, Châtelot, Héricourt et leurs dépendances, et par les réunions au domaine des plus belles terres de la succession de Chalon, après la mort du prince d'Orange, affermées aujourd'hui 22,000# qui se portent chaque année au Trésor royal. Le Roi ayant résolu la vénalité des offices au comté de Bourgogne et l'augmentation des officiers, j'ai donné tous mes soins pour la rendre avantageuse, et mon exemple à tous pour les encourager à les lever; j'en ai pris pour moi, pour mon fils et pour mon gendre, pour 40,000 écus. J'ai fait réparer les bénéfices du Comté; j'en ai conservé la nomination de plusieurs au Roi, et je l'ai augmenté de quelqu'uns. J'ai procuré l'établissement du code civil et criminel et mis la juridiction ecclésiastique à l'instar de celle du royaume, et vous savez que, depuis que je suis premier président, j'ai exécuté avec ardeur tout ce que vous m'avez commis, soit pour l'établissement de la chambre des requêtes, pour le rachat de la capitation, pour celui de l'annuel, qui se fait tous les jours, et pour tout ce que vous m'avez ordonné : de sorte que j'ose dire qu'aucune famille du Comté n'a servi dans la robe si longtemps, ni mieux que la mienne, et que, dans les armes, elle a rempli ses devoirs, mon fils ayant été tué en Allemagne les armes à la main, au service du Roi. Vous savez encore que je n'ai que 3,000# d'appointements comme premier président et 2,500# de pension de procureur général, que le Roi m'a conservés. Je suis mal payé, parce que l'assignation est sur le Trésor royal; je ne m'en plains pas : je connois les temps difficiles; mais il me semble que, l'occasion étant favorable pour me faire une grâce en la personne de mon fils, capable, au jugement de son évêque, l'un des plus sages du royaume, du bon gouvernement d'une église, ces considérations pourroient porter S. M. à l'accorder à mes services, si vouliez bien les lui représenter. J'ai prié M. l'abbé d'Estrées, qui connoît au fond et le père et le fils, de vous demander pour moi votre protection*.»

* Une lettre du cardinal d'Estrées est jointe à celle de M. Boisot. Apostille en marge : «J'ai parlé au Roi. S. M. m'a paru disposée à lui donner des marques de sa satisfaction dans les occasions.»

---

741. *Le Contrôleur général à M. Voysin, secrétaire d'État de la guerre.*

9 Avril 1710.

«Le Roi ayant été informé qu'à l'occasion d'un différend qui est survenu entre les officiers du Magistrat et les gens qui composent le conseil de la Grande Commune de la ville d'Ypres, il s'étoit tenu par quelques-uns de ces derniers des discours insolents et séditieux qu'il seroit dangereux de laisser sans punition, S. M. a résolu de reléguer les sieurs Bonnard et Thibault, qui sont les deux premiers *hofmans* ou chefs de la Grande Commune, avec le sieur Plumyoen, greffier, en trois endroits différents, pour y demeurer jusqu'à nouvel ordre, savoir : le premier à Meaux, le second à Châlons, et le troisième à Beauvais. Vous aurez agréable de prendre sur cela les ordres de S. M. pour faire expédier les lettres de cachet nécessaires, que je vous prie de vouloir bien m'envoyer, pour les adresser à M. le Blanc.»

---

742. *M. Lebret fils, intendant en Provence,*
au Contrôleur général.

12 Avril 1710.

Conflit entre les faïenciers de Marseille et le maître des ports, au sujet de la saisie d'un chargement de poteries étrangères*.

* Réponse en apostille : «Il est certain que la franchise du port de Marseille ne permet pas que l'arrêt du Conseil du 2 juillet 1709, qui défend l'entrée dans le royaume des faïences, porcelaines et poteries étrangères, soit exécuté à Marseille. Il est de maxime que les prohibitions pour l'entrée n'ont point de lieu pour Marseille et Dunkerque, si les arrêts ne portent qu'ils seront exécutés même à Mar-

seille et à Dunkerque. Ainsi, cette clause n'étant point portée dans l'arrêt du 2 juillet 1709, c'est avec raison que le maître des ports a empêché que les poteries en question ne fussent saisies. Il est vrai qu'il en fut donné avis, dans son temps, aux fermiers généraux, qui en ayant fait leur rapport à Monseigneur, il décida avec justice que l'arrêt du 2 juillet 1709 ne regardoit point le port de Marseille, et qu'il fut écrit en conformité au directeur.»

---

743. *M. Voysin, secrétaire d'État de la guerre,*
au Contrôleur général.

14 et 18 Avril 1710.

Marché pour la livraison de cent mille paires de souliers de soldats, fait par le feu sieur de la Cour; payement d'avances aux ouvriers des Invalides qui se sont chargés d'en fabriquer la moitié*.

* Voir, au 5 août suivant, une demande d'assignation présentée par M. Lebret, pour payer les cordonniers de Marseille d'une fourniture de souliers faite en 1707.

---

744. *M. de Bertier, premier président du Parlement de Pau,*
au Contrôleur général.

15 Avril 1710.

Il propose quelques modifications à faire dans la composition des chambres du Parlement, notamment en ce qui concerne le bureau des finances, qui est chargé des anciennes attributions de la Chambre des comptes, et le président placé à la tête de ce bureau*.

* Le président eut la pension de 300# qu'on demandait pour lui (lettre du 24 mai).

---

745. *M. Doujat, intendant en Hainaut,*
au Contrôleur général.

16 Avril 1710.

«.....Il y a quelque temps que le nommé Courbé envoya chez moi quelques pièces de vin dans une charrette dans laquelle il n'y avoit point d'autre vin que celui qui m'appartenoit. (*Note en marge :* Il paroît par la lettre qu'on a dit le contraire.) Le conducteur avoit un billet de moi comme ce vin étoit pour ma provision; on ne laissa pas, aux portes d'Avesnes, de vouloir le percer, et on en but deux ou trois pots. (*Note en marge :* On ne doit en tirer qu'une goutte, pour vérifier si c'est du vin ou de l'eau-de-vie.) Aussitôt qu'on m'en eut donné avis, j'en écrivis à mon subdélégué, pour faire en sorte que cela n'arrivât plus, étant persuadé que, si on en usoit de cette manière à mon égard, on épargnoit encore moins le vin des autres particuliers : ce qui me paroissoit contre les règles. Mon subdélégué parla seulement au directeur et au contrôleur, pour corriger cet abus, et on ne vous a pas accusé juste quand on vous a dit que les commis d'Avesnes avoient été mis en prison; il est sûr qu'ils n'y ont point été. Cette supposition à un ministre mériteroit une punition exemplaire. Ce même vin vint à Maubeuge : on l'arrêta à la porte, et, quoique les commis sussent qu'il m'appartenait, ils le percèrent, ils en burent trois ou quatre pots, en se servant de termes que je n'oserois vous répéter. J'avois appris, quelques jours avant, que ces mêmes commis prenoient injustement une petite partie de toutes les denrées qui passoient par cette porte : cela m'obligea à prier M. le major de faire mettre en prison celui qui étoit le plus coupable. J'avertis les supérieurs de ce désordre, afin qu'ils prissent le soin de le corriger. Je partis ce jour-là pour Landrecies, en priant M. le major de faire mettre ce commis en liberté : ce qui fut fait. Voilà, au naturel, quel est mon crime; si vous le jugez punissable, je suis tout prêt à subir la peine que je mérite : j'en ai même déjà souffert une qui me tient assez au cœur, ne connoissant rien de plus triste et de plus chagrinant que d'être soupçonné sans fondement par la personne du monde à qui on a le plus d'envie de pouvoir plaire. Si vous croyez au contraire que je n'ai rien fait contre mon devoir, j'espère que vous voudrez bien punir comme il le mérite le faux-dénonciateur. Depuis cinq ans que je suis dans l'emploi, on ne m'a rien imputé de pareil; ma conduite et ma dépense font même assez connoître que je préfère les intérêts du Roi à ce qui me regarde personnellement, et je serois mal récompensé de mes services, si on ne me rendoit pas au moins la justice d'être persuadé de cette vérité*.»

* A cette lettre est jointe une justification des fermiers.

L'année précédente, M. Doujat avoit demandé l'exemption des droits de sortie pour les vins qui se consommaient chez lui; mais on lui avait répondu que ce passeport ne se donnait jamais à aucun intendant. (Lettre du 28 mars 1709.)

---

746. *M. de Richebourg, intendant à Rouen,*
au Contrôleur général.

17 Avril 1710.

Il demande l'attribution pour juger un individu accusé d'avoir incendié la maison du collecteur de sa paroisse.

---

747. *Le Contrôleur général*
à M. de Vaugresson.

20 Avril 1710.

«Les fermiers du domaine d'Occident se plaignent depuis longtemps de ce qu'ils n'ont pu jusqu'à présent obliger le sieur de la Hante, directeur des affaires de leur compagnie aux îles de l'Amérique, à rendre compte de sa régie, ni le sieur d'Hauterive, qui a été établi receveur de la ferme par le sieur de la Hante, à compter du maniement qu'il a fait. J'ai rendu compte au Roi de leurs plaintes, et S. M. m'a ordonné de vous écrire qu'elle veut, aussitôt que vous aurez reçu cette lettre, que vous obligiez par toutes voies les sieurs de la Hante et d'Hauterive à s'embarquer sur le premier vaisseau qui partira des Îles pour France, avec leurs registres et pièces justificatives de leur régie et maniement depuis qu'ils ont été établis dans leurs emplois, pour en venir rendre compte aux fermiers, et que vous les consigniez au capitaine ou commandant du vaisseau en sorte qu'il ne souffre point qu'ils mettent pied à terre dans aucun autre port que dans l'un de ceux de France.»

---

748. LE CONTRÔLEUR GÉNÉRAL
à MM. CHAUVELIN, DE BERNAGE, DE COURSON et DE LA BRIFFE,
intendants à Tours, Amiens, Bordeaux et Caen.

20 Avril 1710.

«Il y a longtemps que je m'aperçois que les différentes finances qu'on demande en même temps aux officiers de justice et de finance les empêchent de se mettre en état d'y satisfaire. J'ai pensé qu'en établissant quelque ordre pour le payement de ces finances, on pourroit en procurer un plus prompt recouvrement, en soulageant les officiers. Je vous prie de m'envoyer le plus promptement qu'il vous sera possible un état de toutes les différentes finances qu'on demande actuellement aux trésoriers de France, aux officiers des présidiaux, bailliages, sénéchaussées royales, officiers des maîtrises des eaux et forêts, des élections, greniers à sel, amirautés, et juges des traites foraines, soit pour le rachat du prêt et du droit annuel, soit pour réunions d'offices ou de droits, augmentations de gages et toutes autres natures de taxes, en distinguant celles qui concernent chacun de ces officiers, quoiqu'elles puissent leur être communes, comme celles du rachat du prêt et du droit annuel. Vous observerez, s'il vous plaît, de marquer dans l'état que vous m'enverrez les dates des édits en conséquence desquels on demande ces finances, et si le recouvrement en est avancé. Je ne vous demande qu'un état fort sommaire, et sur lequel je puisse faire un arrangement pour l'ordre du payement, si je trouve que cela soit possible suivant la pensée qui m'en est venue.»

---

749. M. BIGNON, *prévôt des marchands de Paris,*
AU CONTRÔLEUR GÉNÉRAL.

20 Avril 1710.

«J'ai l'honneur de vous renvoyer le mémoire ci-joint, par lequel on propose de créer en titre d'office cinquante maîtres tireurs de bois à la place des particuliers qui en font les fonctions sous le même nom, en leur attribuant seulement les droits qui sont payés à présent à ceux qui font ce travail sans titre. Permettez-moi de vous expliquer ce qui se pratique là-dessus. Les marchands de bois à brûler emploient, pour tirer leurs bois de l'eau, trois sortes de personnes : les premiers, pour avoir l'inspection sur ceux qui tirent le bois et pour en distinguer les différentes qualités et les marques des marchands, lorsqu'ils sont confondus ensemble; les seconds, pour tirer le bois de l'eau et le jeter à bord; les troisièmes, pour porter dans les chantiers les bois tirés à bord. Les premiers, que l'on nomme *tireurs de bois*, sont gens entendus, qui connoissent et savent distinguer les différentes qualités des bois. Ils veillent sur les journaliers employés au tirage, les mettent en train et pressent le travail. Ces tireurs se trouvent à deux heures du matin, dans les beaux jours, sur le port. Les marchands leur payent 3^{tt} par jour, et une gratification pour chaque train de bois, qui n'est point fixe; il n'y a point de communauté entre eux. Les seconds sont des journaliers, la plupart soldats, qui sont dans l'eau jusqu'à la ceinture, et dont le travail est si rude, que, sans le vin et l'eau-de-vie, ils ne pourroient point résister. Ils travaillent dans les grands jours dès deux heures du matin, et quittent à dix heures; les marchands leur payent 3^{tt} par jour. On a remarqué que les plus robustes ne résistent pas longtemps à ce travail. Les troisièmes sont des crocheteurs qui transportent les bois du port dans les chantiers, et les marchands leur payent 30 à 40 s. par jour.

«La création qu'on propose regarde les premiers, que l'on nomme *tireurs de bois*. Je ne crois pas que ce soit un objet de finance assez considérable pour passer par-dessus les inconvénients qui se trouveroient dans l'exécution. Premièrement, il faut que les tireurs de bois aient une connoissance de la qualité et des différentes sortes de bois pour en faire le triage suivant l'intention et les intérêts du marchand : ce sont gens de confiance, qui veillent à l'emploi du temps des journaliers qui tirent les bois. Il y a même des marchands qui ne se servent point de ces tireurs, et qui font eux-mêmes ou font faire ce service par leurs garçons de chantiers. D'un autre côté, les officiers que l'on propose de créer seront-ils sur le port à deux heures du matin, car ce travail ne se fait ordinairement que quand l'eau est supportable, et ne se peut se faire que depuis deux heures jusqu'à dix, à cause de la chaleur? Ces mêmes officiers n'auront jamais l'attention nécessaire pour l'intérêt du marchand à conduire le travail par les journaliers, qui sont, comme eux, payés par le marchand. Enfin, il y auroit un autre inconvénient de commettre, en ce qu'en commettant il faudroit nécessairement doubler la rétribution pour payer l'officier et le commis : ce qui seroit trop à la charge du marchand, qui ne manqueroit pas de demander une augmentation sur la vente du bois, déjà assez chargé. Son intérêt ne seroit pas même plus en sûreté, et il seroit privé de la liberté qu'il a de faire lui-même ce travail, qui le regarde seul, et nullement le public. On ôteroit d'ailleurs la subsistance à une infinité de malheureux accoutumés à cette sorte de travail. Je doute qu'on pût trouver le débit de ces charges, parce que ceux qui en pourroient faire les fonctions seroient hors d'état de les acquérir.»

---

750. M. VOYSIN, *secrétaire d'État de la guerre,*
AU CONTRÔLEUR GÉNÉRAL.

25 Avril 1710.

«J'ai communiqué à M. du Plessis la lettre que vous m'avez fait l'honneur de m'écrire le 16 de ce mois pour réduire les taxations qu'il peut prétendre par sa charge pour tout le pain de munition qui a été et qui sera fourni aux troupes pendant le cours de la présente année de son exercice. Ce que vous proposez de faire la réduction sur un pied commun de la dépense des vivres des trois plus fortes années de cette guerre est plus que raisonnable. J'ai l'honneur de vous envoyer sa soumission, qu'il a signée sur le pied de 12 millions, quoiqu'il prétende que l'année commune des trois années 1704, 1705 et 1706 devroit monter à 14 millions; mais M. de Nointel avoit dit à M. de Pléneuf qu'il croyoit qu'on le pouvoit arbitrer sur 12 millions, et c'est sur ce pied qu'il a fait sa soumission. Je ne suis guère plus content que vous du peu de secours que nous tirons du trésorier de l'extraordinaire de la guerre; mais il me paroît que M. du Plessis voudroit fort lui-même être débarrassé de sa charge, et, comme je ne souffre pas qu'il retienne quoi que ce soit pour ses taxations des fonds et assignations que vous lui remettez, il ne sait lui-même où prendre de quoi payer les frais des voitures, ni de ses commis.»

751. *M. DE LA BRIFFE, intendant à Caen,*
AU CONTRÔLEUR GÉNÉRAL.

25 Avril 1710.

«J'ai eu l'honneur de vous envoyer, il y a quatre jours, les rôles de répartition de la capitation de cette généralité pour la présente année. Je n'y ai pas joint d'état des particuliers qui étoient dans le cas d'être augmentés par rapport au profit qu'ils ont fait dans la vente de leurs grains, les ayant réservés pour les comprendre dans le rôle que je vous ai adressé de ceux que j'ai cru pouvoir acquérir des rentes comme aisés. Ils s'y trouvent, en effet, à des sommes beaucoup plus fortes que celles auxquelles ils auroient été augmentés dans la capitation, et, par ce moyen, le fonds que le Roi laisse pour l'affranchissement que les receveurs généraux des finances en ont fait se trouve remplacé.....»

752. *Le sieur DE BEAUSSE, lieutenant général de police et procureur du Roi au bailliage de Pacy,*
AU CONTRÔLEUR GÉNÉRAL.

26 Avril 1710.

«.....Le postillon qui part de Vernon pour aller à Évreux aime mieux passer par le village de Cocherel que par cette ville, qui est la grande route de Normandie à Paris et des coches et carrosses d'Évreux et de Caen, et ce postillon ne s'éloigneroit pas plus d'un quart de lieue et éviteroit de traverser la rivière d'Eure, qui est périlleuse, étant très souvent débordée. Le commis du bureau des lettres de Vernon a établi une boîte à ce village, d'où il envoie les paquets pour la boîte de cette ville par quelque petit garçon ou petite fille, qui se dispensent, quand il leur plaît, d'y venir, tantôt par le mauvais temps, tantôt par le trop de froid ou par le trop de chaleur; et très souvent ils confient les paquets à des marchands ou autres personnes passant par Pacy, [avec la charge] de les remettre à la boîte, ce qui cause la perte desdits paquets très souvent, ou un retardement dans la distribution des lettres, quelquefois de huit jours, d'autres de quinze et trois semaines: en sorte que j'ai reçu quantité de plaintes qu'on avoit reçu des lettres un mois après leur date et qu'on surchargeoit les taxes et ports, rayant la première marque et y en mettant une autre plus grosse, quoique ces lettres ne viennent que de Paris ou de Rouen. Comme toutes ces plaintes me viennent journellement, je suis contraint d'implorer le secours de Votre Grandeur. J'avois proposé à M. Pajot, pour remédier à cela, de faire passer le postillon par cette ville, ou de trouver bon que la ville fournisse un homme pour porter les paquets à la boîte de Cocherel et rapporter ceux de Pacy, pour la même somme de 60# que le commis du bureau de Vernon donne à de petits enfants pour venir querir et apporter les mêmes paquets de Pacy dans ladite boîte de Cocherel, que le postillon y prend repassant d'Évreux. Enfin, ces enfants venoient très souvent et tous les jours; mais cela va présentement une fois, ou deux au plus, par semaine*.....»

* La réponse du fermier est jointe à cette lettre.

753. *M. TURGOT, intendant à Moulins,*
AU CONTRÔLEUR GÉNÉRAL.

27 Avril 1710.

«Vous m'avez fait l'honneur de me renvoyer, le 25 février, un résultat de la communauté des sœurs grises de Nevers, qui offrent de renvoyer deux de leurs sœurs dans la ville de Decize pour y servir les malades de l'Hôtel-Dieu et ceux de la ville et des paroisses circonvoisines, et y tenir des écoles pour l'instruction des jeunes filles. Vous m'avez ordonné d'examiner si la ville est en état de fournir à cette dépense, et de faire assembler les maire et échevins de cette ville pour en délibérer. Comme rien n'est plus utile que cet établissement dans les lieux qui peuvent le supporter, et que les revenants-bons des octrois de cette ville sont très considérables, et de plus de 8,000# par année, j'estime qu'on ne peut en faire un meilleur usage que d'en employer une si légère partie à un établissement très utile au pays. On ne peut même trop tôt le commencer en ces temps, et cela ne nuira en rien aux réparations des ouvrages auxquels ces revenants-bons peuvent être destinés*.....»

* Le projet fut approuvé. Il portait une allocation de 100# par an à chacune des deux sœurs, plus 50# pour remèdes et médicaments.

754. *M. BOSC DU BOUCHET, intendant à Limoges,*
AU CONTRÔLEUR GÉNÉRAL.

2 Mai 1710.

Il établit par quelles raisons et suivant quels procédés irréguliers son prédécesseur, M. de Montgeron, avait imposé une somme de 1,370# sur la ville d'Angoulême, pour le logement des officiers du régiment de Parabère qui y étoient en quartier d'hiver*.

* Voir, sur le logement des officiers payé en argent, des lettres de M. Lebret fils, intendant en Provence, 12 août, et de M. Ferrand, intendant en Bretagne, 14 novembre et 6 décembre.

755. *M. de Bernage, intendant à Amiens,*
au Contrôleur général.

3 Mai 1710.

«Sur ce que j'ai mandé, il y a quelques jours, à M. Voysin que, dans la situation où étoit l'armée ennemie, il paroissoit qu'on ne pouvoit refuser à la Picardie la permission de contribuer pour les paroisses situées en deçà de la Somme par rapport à Arras, il m'a fait réponse que le Roi le trouvoit bon et se remettoit à moi de la manière d'en faire les traités, soit en corps de bailliage, soit par village particulier, et, comme ce n'est point un pays d'États, qu'il paroissoit plus naturel que chaque village fît le sien particulier. Les subdélégués marquent qu'on y trouvera des obstacles infinis, si on ne traite par corps d'élection, et je comprends effectivement que ce seroit la seule manière convenable d'en avoir une composition raisonnable. Je chargerois, pour cet effet, quelqu'un, dans chaque élection, du pouvoir nécessaire pour traiter..... Tout ce que je crains est que les ennemis ne tiennent rigueur et ne demandent la valeur de six ou sept années du montant de la taille : auquel cas il y a impossibilité absolue de traiter, et il faudra abandonner ceux les plus exposés aux moyens qu'ils pourront trouver de se tirer d'affaire. Mais, s'ils ne demandoient que deux années, et même un peu plus, dans des termes susceptibles de levée, je crois qu'il faudroit l'accepter, en comprenant les privilégiés, comme il seroit juste, dans la levée*.»

* Le Roi ayant approuvé qu'on traitât par corps d'élection, huit députés partirent pour offrir jusqu'à une année ou deux de la taille; mais personne ne voulait s'engager à faire les avances, ni même à se livrer comme otage en attendant qu'on eût donné des assurances aux ennemis. M. de Bernage obtint la permission d'aller conférer avec M. Pesters, et il trouva d'abord des exigences telles, que l'on en revint aux traités particuliers par communautés; mais celles-ci ne purent se procurer d'argent, quoique M. de Bernage eût proposé de les autoriser à emprunter, et enfin on signa à Lens, le 8 juillet, un traité de contribution pour les paroisses de Picardie en deçà de la Somme, jusqu'au 15 mai de l'année 1711, à raison de 170,000 écus, payables un tiers dans le courant du mois, un autre tiers dans le 15 octobre, et le dernier dans la fin de janvier. M. de Bernage écrit, le 9 juillet : «.....Cette somme, après tout, n'est pas exorbitante de la part de l'ennemi, car elle ne monte guère à plus d'une année et un quart de taille, argent fort; mais cependant, par l'augmentation pour les deux sauvegardes des paroisses et frais de bureau, la différence de la valeur de l'argent, les frais de change et de rechange, les intérêts des avances et la remise pour les recouvrements, il y aura à lever sur les paroisses la portée de plus de deux années et demie de taille.....» (Lettres des 12, 19, 23, 26, 29 et 31 mai, 2, 13, 15, 17, 20, 24 et 28 juin, 2, 4, 9, 12 et 21 juillet, 13 août.)

Les ennemis avançant toujours, M. de Bernage dut conclure un traité analogue pour les gouvernements de Boulogne et d'Ardres, moyennant 40,000 écus pour l'un et 12,000 florins pour l'autre. (Lettres des 13 juin, 15, 17 et 22 juillet, 6 août.) Enfin, le gouvernement de Calais, qui avoit d'abord refusé toute contribution, avec la résolution de se défendre, traita pour 14,000 écus. (Lettre du 23 septembre.)

Les 27 novembre et 7 décembre, M. de Bernage rend compte du payement de la contribution.

Le 18 juin précédent, M. d'Ormesson, intendant à Soissons, écrivait : «Les courses fréquentes des partis ennemis sur la frontière de mon département, où ils ont brûlé et pillé quelques maisons et enlevé plusieurs chevaux, même des fermiers aux environs de Guise, ont déterminé le Roi, ainsi que me l'a mandé M. Voysin, de permettre aux villes et paroisses situées au delà de la Somme et de l'Oise, et qui ne se trouveront pas à couvert d'une ligne que l'on se propose d'établir depuis Fonsomme jusqu'à Saint-Hilaire, de contribuer aux ennemis. Je dois vous en rendre compte, et qu'une partie de l'élection de Guise se trouve dans ce cas. Je vous supplie de vouloir bien me marquer vos intentions à l'égard de ces villes et paroisses, par rapport aux différentes impositions qui leur sont demandées au nom de S. M. Le receveur des contributions des États Généraux a aussi adressé de nouveaux placards dans les autres villes de mon département situées en deçà des rivières de Somme et d'Oise, pour les sommer d'envoyer des députés pour traiter de leurs contributions; mais j'ai, par ordre de M. Voysin, fait savoir aux maires et échevins qu'il ne devoient avoir aucun égard à ces mandements, et qu'au contraire il falloit que les habitants se missent en état de repousser les partis ennemis qui pourroient venir. Cependant vous jugez bien que cette situation, qui alarme les peuples, ne rendra pas les recouvrements faciles dans cette province. Je continuerai de les soutenir avec tout le ménagement nécessaire. Les passages des rivières de Somme et d'Oise, et même de l'Aisne, sont gardés par gens du pays. Outre ce, il y a ordre, dans les lieux voisins des deux premières, d'avoir une garde au clocher, prête à sonner le tocsin aussitôt qu'on verra paroître des troupes, aux habitants en état de porter les armes de s'en pourvoir avec des munitions pour tirer huit à dix coups, et de marcher au premier ordre qu'ils recevront des officiers qui commandent sur les rivières. L'on espère, avec ces précautions, que les partis ennemis ne pénétreront pas, du moins qu'on arrêtera une partie de leurs progrès en attendant que l'on puisse avoir des troupes réglées.» Le Roi autorisa à conclure un traité pareil à celui de la Picardie, et il fut signé à Lille, le 27 octobre, sur le pied de 104,946#, dont M. d'Ormesson obtint de faire l'imposition aussitôt. (Lettre du 3 novembre.)

---

756. *M. de Vaubourg, conseiller d'État,*
au Contrôleur général.

4 Mai 1710.

Il envoie, avec ses annotations marginales, un mémoire de M. Daguesseau, procureur général, sur ce qu'il y aurait à supprimer ou à conserver dans les déclarations royales de l'année 1709 relatives aux blés*.

* Voir une lettre de M. Daguesseau, du 9, sur la nécessité de prévenir, par l'indication précise de ce qui est abrogé ou maintenu, «les mauvaises interprétations des esprits de province».

---

757. *M. d'Angervilliers, intendant en Dauphiné,*
au Contrôleur général.

6 et 12 Mai 1710.

Il repousse les accusations de M. de la Ménardie*, receveur général des finances, et expose quelles raisons l'ont forcé de délivrer des rescriptions sur les caisses des receveurs des tailles**.

* Le 20 mai 1710, le contrôleur général envoie les pièces à M. le Rebours, intendant des finances, en lui écrivant : «.....M. de la Ménardie, receveur général des finances de Grenoble en exercice l'année der-

nière,.... se plaignoit de ce que M. d'Angervilliers prenoit tout le fonds des recettes des tailles de son exercice, en sorte qu'il y en avoit actuellement de consommé pour 400,000# au delà de la portée de la taille et de la capitation de 1709. La lettre de M. d'Angervilliers, du 12, est à l'occasion de l'ordre que j'ai envoyé aux receveurs des tailles de ne plus rien payer du produit de leurs recettes que sur les rescriptions des receveurs généraux, et il prétend que, si cet ordre subsiste, il sera hors d'état de faire aucun usage des assignations qui lui ont été envoyées pour le munitionnaire et pour les entrepreneurs des mulets et des voitures. A l'égard des assignations qui ont été remises à M. d'Angervilliers sur les fonds de la recette générale de l'année dernière, montant, suivant l'état joint à sa lettre du 12, à 257,181#, la difficulté consiste en ce qu'il prétend que ces assignations doivent être acquittées du produit actuel des recettes des tailles, au lieu que M. de la Ménardie soutient qu'ayant déjà fourni 430,000# au delà de tous les fonds de 1709, suivant son dernier mémoire, que je vous envoie, les assignations tirées depuis, et qui sont les mêmes dont est question, ne peuvent servir qu'à retirer et consommer pour pareille somme d'ordres de M. d'Angervilliers ou des généraux faisant partie de son excédent de dépense de 430,000#. M. de la Ménardie ajoute même que tout ce détail avoit été examiné et discuté chez vous en présence de M. d'Angervilliers, lorsque les assignations dont il s'agit furent expédiées. Il paroît cependant qu'ils ne sont nullement d'accord sur ces faits. Je vous prie d'en faire un nouvel examen et d'y appeler M. de la Ménardie, afin, s'il est possible, de mettre cette affaire en règle, tant à l'égard des 430,000# d'excédent de consommation sur la recette générale de 1709, que des assignations sur le même exercice dont M. d'Angervilliers prétend tirer encore de nouveaux fonds. Quant aux assignations remises à M. d'Angervilliers sur la recette générale de la présente année, M. de Ferriol offre de fournir ses rescriptions sur les receveurs des tailles pour tout ce qui peut être dû : ainsi, nulle difficulté à cet égard. Mais il s'en présente une d'ailleurs, à laquelle M. d'Angervilliers a donné lieu. Il a fait prendre 100,000#, pour l'extraordinaire des guerres, sur le fonds de la recette générale de la présente année, dont il a fait fournir par le commis de l'extraordinaire des guerres une rescription de pareille somme sur le trésorier général, à l'ordre de M. de Ferriol. Ce dernier devroit, au moins, être admis à la compensation de cette somme prise dans ses recettes sur ce qu'il doit au trésorier général pour l'ustensile, et il paroît que c'est le seul moyen de mettre l'affaire en règle, par l'impossibilité de trouver de nouveaux fonds. Cependant M. Voysin refuse d'y consentir.....»

** Voir une lettre de M. de la Ménardie, du 24 mai. Le 15 juin, l'intendant envoie des états et des mémoires touchant les fonds qui ont été pris dans la caisse générale de la recette et capitation de Grenoble, et propose des moyens d'arrangement pour le payement des assignations tirées sur cette caisse. Voir encore, au sujet des fonds pris par l'intendant et par M. le maréchal de Berwick dans les caisses du Roi et dans celles de l'archevêché d'Embrun, leurs lettres des 20, 23 et 27 juin, 2 et 26 juillet, 6, 19 et 21 août, 6 septembre 1709.

Dans une lettre du mois de mars 1710, M. Lebret fils, intendant en Provence, dit que, depuis l'arrivée du contrôleur général aux finances, il a cessé de disposer des fonds des affaires extraordinaires comme il le faisait du temps de M. Chamillart, malgré les instances du maréchal de Berwick, mais que cette ressource est absolument nécessaire pour payer les nolis de blés.

Le 1er août suivant, le contrôleur général écrit au sieur Arbilleur, directeur de la Monnaie de Besançon : «Vous ne devez point reconnoitre les ordres de M. le Guerchoys pour payer, et, parce que vous avez donné des 60 [ou] 80,000# sur ses ordonnances, qui ne sont pas pour vous une décharge valable, j'ai écrit à M. le Guerchoys que je vous ferai mettre en prison pour avoir délivré cette somme sur des ordonnances qui ne peuvent être un acquit légitime de dépenses dans vos comptes. M. le Guerchoys, comme intendant de la province, peut avoir inspection sur le travail de la Monnoie pour faire exécuter les édits royaux et les arrêts, mais non pour disposer des deniers appartenant au Roi qui sont dans votre caisse. C'est à lui à prendre les mesures qu'il conviendra pour faire remplacer promptement les 80,000#. Si M. le Guerchoys, au préjudice du crédit que je vous donne, s'avise de vouloir disposer des deniers de la recette autrement que sur les ordres du Roi que je lui envoierai, refusez tout net, et dites-lui que vous avez ordre de ne rien payer sans une décharge valable, que vous ne pouvez avoir que par les acquits du trésorier général des Monnoies, que je vous fais remettre quand je tire les fonds qui sont entre vos mains pour le service du Roi. Je viens d'expédier un ordre à M. le Guerchoys pour faire remettre à Paris 35,000# des fonds appartenant au Roi dans la Monnoie de Besançon : ne manquez pas de l'exécuter, et prenez soin de faire voiturer cette somme à Paris le plus diligemment qu'il sera possible.»

Le 13 du même mois, M. *Daguesseau* père, conseiller au Conseil royal, demande à M. le Rebours, intendant des finances, de faire fournir au receveur général la Ménardie les décharges nécessaires pour que M. le Guerchoys, son gendre, puisse retirer ses billets, et il lui envoie copie de cette lettre de M. le Guerchoys : «Je me trouve embarrassé pour quelques fonds de la recette générale que j'ai fait prendre pour le prêt des troupes, sur ce que M. Desmarets m'avoit mandé de ne les point laisser manquer de subsistance. Il arrive aujourd'hui que M. du Plessis, trésorier de l'extraordinaire des guerres, ne veut point compenser avec le receveur général les sommes que j'ai fait prendre de la recette contre les assignations qu'il a sur ladite recette générale. J'ai écrit sur cela à M. le Rebours et à M. Malet, son premier commis, et je les ai parfaitement instruits de tout; et comme il m'est de conséquence de retirer mes billets portant ordre de délivrer de l'argent pour le prêt des troupes et de procurer au receveur général sa décharge, je vous supplie très humblement de vouloir bien prendre la peine de demander à M. Malet en quel état est cette affaire, et de le prier de m'aider à la finir. Il m'a toujours promis de me rendre service, et il le doit d'autant plus tôt dans cette occasion, qu'il me dit, étant à Versailles, que, M. Desmarets ayant assigné 200,000# des fonds de mon département pour l'extraordinaire des guerres, je pouvois m'en servir pour faire payer les troupes.»

---

758. *M. Bignon de Blanzy, intendant à Paris,* *au Contrôleur général.*

6 Mai et 4 Juin 1710.

État des vignes dans la généralité.

---

759. *M. d'Argenson, lieutenant général de police à Paris,* *au Contrôleur général.*

8 Mai 1710.

«.....J'ai vérifié que ce qui a donné lieu à ce bruit général que les boulangers ont fait courir, que le Roi les obligeoit d'acheter du blé corrompu, c'est qu'eux-mêmes, et principalement ceux de Gonesse et des environs, en ayant acheté, dans le temps de la cherté, qui est devenu très mauvais, et ne sachant que dire à leurs pratiques pour se disculper du mauvais pain qu'ils leur font manger, se sont avisés d'imaginer cette imposture, à la faveur de laquelle ils font passer le blé qu'ils ont gardé trop longtemps dans leurs magasins. J'en ai découvert trois qui ont tenu ce même discours, quoiqu'ils n'aient pas acheté un seul grain de blé en Bretagne, et celui de Madame la Princesse en est un; mais il faut bien avoir patience, puisqu'on n'ose presque sévir contre aucun boulanger, pour ne pas s'attirer les personnes de la première considération dans la robe et dans l'épée, dont les unes les protègent par des raisons d'intérêt, et les autres leur doivent des sommes immenses.»

760. *Le sieur* DE VILLARDIÈRE, *à Paris*, *au* CONTRÔLEUR GÉNÉRAL.

8 Mai 1710.

Il demande un sauf-conduit pour deux faux-monnayeurs qui ont dénoncé leurs complices et dont le secours est nécessaire pour arrêter d'autres bandes, mais que la Cour des monnaies veut néanmoins juger et condamner*.

* Réponse en apostille : «A M. Delafons; Surseoir jusqu'à ce qu'on lui ait fait savoir les intentions du Roi.»

Le 28 et le 30 septembre suivant, le contrôleur général écrit à M. de Saint-Maurice, commissaire général de la Cour des monnaies, et à M. l'évêque de Digne, que le Roi veut user d'indulgence envers les faux-monnayeurs qui dénoncent leurs complices.

761. M. VOYSIN, *secrétaire d'État de la guerre*, *au* CONTRÔLEUR GÉNÉRAL.

11 Mai 1710.

Les entrepreneurs des poudres menacent d'abandonner leur entreprise; ils ne demandent pas à être payés des 500,000 écus qui leur sont dus pour le passé, mais seulement à avoir tout de suite 50,000 ᵗᵗ en bon papier, et autant dans quelques mois, sur la dépense annuelle, qui est d'un million.

762. LE CONTRÔLEUR GÉNÉRAL *à* M. DE BRILHAC, *premier président du Parlement de Bretagne*.

13 Mai 1710.

Projet de règlement pour les États de Bretagne.

«[L'article] qui exclut les roturiers ou les usurpateurs du titre de noblesse est de droit; mais il pourroit y avoir de l'inconvénient d'exclure les anoblis par une disposition expresse et précise. Il semble aussi que la majorité est une qualité absolument nécessaire pour délibérer sur les affaires publiques, ainsi que sur les personnelles ou particulières; mais S. A. R. a trouvé [bon] qu'on y ajoutât une alternative en faveur des mineurs mariés et rendus majeurs par leur mariage à l'effet de la demande et de la conservation de leurs biens et droits. L'obligation de ne compter que pour une voix celles des pères et des enfants, des frères et des beaux-frères, et des autres opinants que vous prétendez incompatibles lorsque leur avis se trouve le même, est pareillement une règle du droit commun et public, qui devroit être sous-entendue sans que le Roi s'en expliquât par une disposition expresse; mais, l'exclusion des gentilshommes ou chefs de famille qui n'ont aucun bien paroissant susceptible d'inconvénients et de contredits, S. A. R. l'a retranchée de l'arrêt, qui, par conséquent, ne sera composé que de treize articles, dont l'observation n'a pu être négligée que par un défaut de réflexion qui a passé en habitude, ou par une complaisance trop officieuse et trop générale, qui a formé insensiblement un usage.»

763. M. FERRAND, *intendant en Bretagne*, *au* CONTRÔLEUR GÉNÉRAL.

13 Mai 1710.

Observations sur un projet d'édit confirmant les receveurs généraux et particuliers des finances et fouages, et leurs contrôleurs, dans la possession de droits attribués à ces charges.

764. M. DE RICHEBOURG, *intendant à Rouen*, *au* CONTRÔLEUR GÉNÉRAL.

15 et 16 Mai, 3 Juillet et 24 Août 1710.

Rapports sur la contrebande qui se pratique en Seine et sur les procédures de saisie*.

* Voir les lettres de M. Pavyot, procureur général en la Cour des comptes, 23 mai, et des maîtres des ports au bureau de la Romaine de Rouen, 9 juin; du sieur Choart de Magny, directeur des fermes, 6, 10, 12, 13 et 16 mai; du sieur Langlois-Deynel, fermier général, 6, 10, 12 et 16 mai, 27 juin et 2 juillet; et le placet du sieur Buquet, interprète à Rouen, joint à une lettre de M. de Richebourg du 24 décembre.

765. LE CONTRÔLEUR GÉNÉRAL *à* M. FERRAND, *intendant en Bretagne*.

16 Mai 1710.

«.....La Bretagne n'est pas la seule province du royaume qui commence déjà à se plaindre du manque de débit [des blés] par la difficulté de la sortie, et, quoique je ne change rien à ce qui a été résolu et concerté avec vous, néanmoins je ne vois pas d'inconvénient à lâcher un peu la main, pour éprouver quel effet pourroient produire deux ou trois permissions limitées*.....»

* Voir les lettres de M. Ferrand, 27 avril, 21 mai, 17 octobre et 3 décembre 1710, et de MM. Robert, intendant de la marine à Brest, et Clairambault, commissaire à Lorient, 17 novembre.

766. *Le Contrôleur général à M. de Pontchartrain, secrétaire d'État.*

16 Mai 1710.

Gratifications accordées à la blanchisserie d'Antony sur les 5 p. o/o que produisent les passeports de grâce.

767. *M. de Bâville, intendant en Languedoc, au Contrôleur général.*

16 Mai, 17 Juin 1710.

Demande de diminution pour le diocèse de Lodève*. Enquête sur la perte des oliviers.

«J'ai envoyé dans les paroisses pour connoître celles qui avoient le plus souffert et où la récolte de l'huile étoit plus ou moins considérable. J'ai même fait examiner les compoix pour savoir les champs qui ne portoient que des oliviers; et ceux où les fruits de la terre étaient mêlés. Plus j'ai entré dans ces détails, et plus j'ai connu la grandeur de cette perte pour le Languedoc. Il est certain qu'à prendre l'huile au prix ordinaire de 50# par charge, c'est une perte de 3,323,750# pour cette province. Elle se fait encore sentir pour les manufactures, qui languissent depuis ce malheur, étant nécessaire de se servir maintenant des huiles étrangères, qui sont très chères. J'ai trouvé des diocèses qui ne payoient la taille que par cette récolte, qui les rendoit heureux, quoique leurs terres soient incultes et très arides. Étant privés maintenant de ce secours, ils tombent dans une extrême misère. La taille, autrefois, y a été imposée par rapport aux oliviers, et, n'ayant plus maintenant cette ressource, ils ne peuvent plus porter le même fardeau. Cette récolte donnoit à vivre à tous les pauvres du bas Languedoc, qui y travailloient pendant les mois de l'année où ils ne trouvent point ailleurs à travailler; mais la principale difficulté est pour le payement de la taille, n'étant plus possible qu'elle soit payée, si le Roi n'a la bonté d'accorder quelque secours qui excite les peuples à payer les charges et leur donne courage pour cultiver ces terres comme elles le peuvent être, qu'ils abandonneront certainement, s'ils ne peuvent tirer de leur travail, non seulement de quoi subsister, mais de payer les subsides ordinaires. La difficulté est de fixer ce soulagement, et j'ai trouvé que les paroisses, l'une portant l'autre, ont perdu le fonds au moins de la moitié de leurs tailles. La taille de toutes ces paroisses, suivant l'état ci-joint, est de 1,260,000# : ainsi, la diminution devroit être de 630,000#; mais, comme c'est une perte pour le Roi bien fâcheuse dans la conjoncture présente et qu'on ne peut proposer qu'avec une peine extrême, il me semble qu'au moins cette diminution doit être de 350,000#. Il ne conviendroit pas de la demander dans un temps où les besoins de l'État sont si grands, s'il n'étoit à craindre que la perte ne fût encore plus grande par l'abandonnement des terres et par l'impossibilité de payer les impositions. S'il plaît au Roi d'accorder ce soulagement ou tel autre qu'il plaira à S. M., je crois qu'il seroit très nécessaire que j'eusse l'ordre d'en faire la répartition dans chaque paroisse à proportion de ses besoins, ce qui est fort inégal. Il ne faut pas s'attendre que les États puissent entrer dans ce détail avec justice : chacun n'y pensera qu'à son diocèse, et il faut n'avoir égard qu'aux pertes que les paroisses ont souffertes, à la qualité de leur terroir. En soulageant beaucoup celles dont les terres ne pouvoient porter que des oliviers, et moins les autres qui portent d'autres fruits, la taille sera payée de cette manière, et la bonté du Roi remédiera au malheur qui est arrivé; les propriétaires des terres feront de nouveaux efforts pour replanter des oliviers, qui sont absolument morts jusque dans la racine en beaucoup d'endroits, ou pour cultiver les rejetons des anciens où il y en a, et ne tomberoient pas dans la nonchalance et dans le désespoir, qui fait abandonner la culture des terres lorsqu'on se voit hors de toute espérance d'en retirer quelque utilité. La diminution qu'il plaira au Roi d'accorder doit être rejetée sur le dernier terme des impositions, qui se paye plus difficilement que les autres**.»

* Voir, au 27 mai, la requête du diocèse en décharge de 90,748# d'impositions.

** A cette lettre est joint un état de la taille de chacun des diocèses, de ce qu'ils recueillaient d'huile, et de ce que payaient les terres plantées en oliviers.

768. *M. de Richebourg, intendant à Rouen, au Contrôleur général.*

17 Mai 1710.

Saisie de deux paquets de livres arrivés par mer à Rouen.

«Il ne paroît rien de mauvais qu'un petit livret, qui peut avoir été mis sans ordres dans ces paquets, qui a pour titre : *Amours de Monseigneur le Dauphin avec Madame du Roure*. Le reste sont livres de musique et quelqu'autres petits livres de peu de conséquence, réclamés par le sieur Meunier, banquier en cour de Rome. Le directeur de la douane en demande la confiscation, pour être venus sans passeport et pour avoir été mis à son adresse faussement. Soit que vous trouviez à propos de les faire confisquer, ou de rendre au sieur Meunier les livres de musique, il faudra toujours supprimer le petit livret et le jeter au feu, et même examiner si deux autres livres, ayant pour titre : *Académie galante*, et : *Histoires françoises galantes et comiques*, n'auront rien de mauvais pour les supprimer pareillement. J'attendrai sur cela l'honneur de vos ordres*.»

* En marge, de la main du contrôleur général : «Bon. Faire examiner.»

769. *M. de Bernage, intendant à Amiens, au Contrôleur général.*

18 Mai 1710.

«Le sieur Bernard m'a donné la soumission dont copie est ci-jointe, pour fournir neuf mille palissades et mille toises de liteaux à Amiens. Vous connoissez sur cela nos pressants besoins. Les conditions de cette soumission n'ont rien d'extraordinaire, sinon qu'il demande que la somme de 6,000# en principal et celle de 600# pour les 2 s. pour livre soient prises par compensation sur le prix des palissades pour la finance de lettres de noblesse qu'il souhaite d'obtenir. Il est de bonne famille et président au grenier à sel de Corbie, il a servi longtemps dans la gendarmerie avant de prendre charge : en un mot, je ne verrois pas de difficulté à lui accorder ces lettres, quand nous ne serions pas même dans une conjoncture aussi pressante et qui demande d'user de tous moyens. Je ne doute pas que M. le Peletier, à qui j'envoie cette soumission, ne vous en parle. Je vous supplie de me faire savoir le plus tôt qu'il sera possible si vous l'agréez et à qui le sieur Bernard s'adressera pour l'expédition des lettres de noblesse, quand il aura fourni les palissades, car il n'y a plus ici de traitant*.»

* En marge, de la main du contrôleur général : «Bon.»

770. *M.* d'Argenson, *lieutenant général de police à Paris*,

au Contrôleur général.

18 et 21 Mai, 5 Juin, 16 Août, 23, 24 et 27 Octobre 1710; 22 Septembre et 20 Octobre 1711; 4 Mars 1713.

Informations sur diverses personnes qui négocient des billets de monnaie non réformés ou autres billets et papiers au porteur, à 50, 60 et 62 p. o/o de remise. Dans le nombre sont deux intrigantes qui ont soustrait aux ouvriers de la chapelle de Versailles des ordonnances ou des billets de monnaie, sous prétexte de les leur faire escompter.

771. *M.* de Bernage, *intendant à Amiens*,

au Contrôleur général

et à M. de la Garde, *premier commis au Contrôle général.*

19 Mai 1710.

Il demande une ordonnance du Trésor royal sur le domaine de Picardie pour payer les frais d'impression des édits, déclarations et arrêts, le fermier du domaine ne voulant pas acquitter les ordonnances particulières délivrées par l'intendant, comme cela se pratiquait en d'autres départements, et l'usage n'étant point de faire régler ces dépenses par arrêt du Conseil*.

* Le 20 mars précédent, il avait demandé de quoi pourvoir aux frais des impressions concernant le commerce des blés, ainsi que M. Daguesseau fils, procureur général au Parlement de Paris, le 28 avril. Le contrôleur général répond à celui-ci, le 16 mai : «.....J'étois bien aise d'examiner sur quel fonds cette dépense pourroit être prise, puisque tout le produit de la ferme des domaines se trouve consommé, et beaucoup au delà, par les frais de justice, que la disette de l'année passée a fait monter à des sommes immenses..... Ainsi, je vous prie de vouloir bien faire faire un mémoire en détail de tout ce qui peut être dû pour les frais d'impression, et de me l'envoyer. Je prendrai l'ordre du Roi pour expédier une ordonnance, que j'assignerai sur le fonds le plus présent de ceux qui ne sont point consommés.»

772. *M.* de Bertier, *premier président du Parlement de Pau*,

au Contrôleur général.

20 Mai 1710.

«.....Au sujet de la construction d'une chapelle dans le Palais, celui de Pau étant le seul du royaume où il n'y en a point, on avoit négligé, jusqu'à cette heure, de demander un fonds pour cela, et je ne m'en aviserois pas dans la conjoncture du temps, si je n'avois vu par expérience que cette chapelle nous est absolument nécessaire, qu'il n'y a rien de plus indécent pour la Compagnie, et même par rapport à la religion, que d'être plus longtemps dans l'état où nous sommes à cet égard, et qu'enfin la dépense sera très médiocre.....»

773. Le Contrôleur général

au sieur de Silhouëtte, *receveur des tailles de l'élection de Limoges.*

21 Mai 1710.

«J'apprends que vous refusez d'accepter les rescriptions que M. de Romilly a eu ordre de tirer sur vous, et qui ont été données au sieur Charpentier pour la fourniture de la viande qu'il est chargé de faire aux troupes du Roi pendant la campagne. J'ai à vous dire que, si vous persistez dans ce refus, et que toutes ces lettres de change ne soient pas acceptées dans huit jours au plus tard, je sais les moyens de faire obéir un homme comme vous, et vous ferez bien de ne pas vous attirer le châtiment que mériteroit dès à présent votre désobéissance*.»

* Voir, au 11 octobre 1709, un rapport de M. de Montgeron, intendant à Limoges, sur le sieur de Silhouëtte, qu'on accusait de faire le commerce des billets de monnaie et des espèces non réformées de concert avec le directeur et le contrôleur de la Monnaie de cette ville; au 2 octobre, une lettre de Silhouëtte; au 7 décembre, une lettre de l'intendant, appuyant sa demande de traiter du recouvrement des impôts dans l'élection de Limoges avec le sieur de Romilly, receveur général des finances, et, aux 16 et 26 mai 1710, les lettres de M. Bosc du Bouchet, nouvel intendant, se plaignant que ce receveur, seul de tous ses collègues, a refusé les lettres de change remises au munitionnaire Charpentier.

774. *M.* le Gendre, *intendant à Montauban*,

au Contrôleur général.

21 Mai 1710.

«J'ai reçu la lettre que vous m'avez fait l'honneur de m'écrire le 20 février, par laquelle vous me marquez qu'il a été donné dans ce département des mainlevées des biens des religionnaires fugitifs à leurs plus proches parents, quoiqu'ils ne fassent aucun exercice de la religion catholique, et que cela est contraire aux intentions du Roi. Il est à propos, après avoir éclairci le fait, d'ordonner de nouveau la saisie de ces mêmes biens, et de ne donner ensuite aucune mainlevée que je ne sois bien assuré de la conversion sincère de ceux qui la demanderont, et que je ne vous en aie rendu compte.

«Vous me marquez ensuite que le Roi a été informé que les juges ordinaires n'exécutent point les édits et déclarations rendus au sujet des nouveaux convertis qui refusent de recevoir les sacrements à l'extrémité de leurs maladies; qu'il y en a d'autres qui usent de vexation par des poursuites rigoureuses, contre les termes desdites déclarations. Il est certain que, depuis le commencement de la guerre, il y a un très grand relâchement parmi les nouveaux convertis, qui vivent toujours dans l'espérance de voir rétablir leurs temples et l'exercice de leur religion. Dans cette malheureuse confiance, ils se réjouissent des mauvais événements, comme ils s'affligent de ceux qui peuvent nous être favorables. Il y a longtemps que j'ai donné à M. de Chamillart et à M. de la Vrillière les avis marqués par votre lettre, qui sont tous véritables, à la réserve de celui qui regarde les mainlevées des saisies, dont je n'en ai accordé aucune que par ordre de M. de la Vrillière. Les moyens de remédier à ces abus, suites inévitables des longues guerres, sont marqués par les édits et déclarations du Roi, et très faciles à mettre en œuvre contre ceux qui sont dans le cas, qui sont certainement en grand nombre. Il n'y a presque pas un nouveau converti qui n'y soit intéressé, soit que vous vouliez attaquer ceux qui jouissent des biens de leurs parents fugitifs, parce qu'il n'y en a pas un qui fasse son devoir, soit que vous vouliez qu'on fasse le procès à la mémoire de ceux qui meurent sans vouloir recevoir les sacrements. De mille qui meurent, il n'y en a pas deux qui les reçoivent; les juges négligent d'aller recevoir leur déclaration, parce que les uns sont gagnés par argent, et les autres sont intimidés par les parents du mourant. Les curés et vicaires sont maltraités de paroles, quand ils se présentent; le juge n'est point averti par le médecin, qui est un nouveau converti ou d'intelligence avec le malade : son silence lui attire la pratique de nouveaux convertis, et, comme il ne seroit pas payé de son droit d'avis, il néglige de le donner à propos.

«Si vous croyez qu'il n'y ait point d'inconvénient, pendant la guerre, de faire exécuter à la rigueur les édits et déclarations du Roi, vos ordres seront exécutés. Il faut commencer par faire saisir tous les biens des fugitifs dont leurs parents jouissent, n'y en ayant pas un qui fasse son devoir, et châtier sévèrement les juges et médecins, quand ils n'auront pas exécuté ce qui est porté par les édits et déclarations du Roi qui regarde leur ministère. Mais je suis obligé de vous dire que le temps n'est guère favorable, et que je n'ai maintenu la tranquillité dans ce département, depuis la guerre, que par le ménagement que j'ai eu pour les nouveaux convertis, qui ne demandent qu'un prétexte pour lever le masque. Il y en a bien qui auroient suivi, il y a longtemps, l'exemple des Cévenols, sans la confiance qu'ils ont eue en moi. Si nous sommes assez heureux pour avoir bientôt la paix, il n'y aura rien de plus facile, quand ils auront perdu toute espérance, que de les faire rentrer peu à peu dans leur devoir; mais il faut, pour cela, beaucoup de douceur et de ménagement : ceux qui ont pensé et exécuté autrement ne s'en sont pas mieux trouvés. J'attends sur cela vos ordres*.»

* Le contrôleur général répond, le 10 juin : «J'ai vu, par votre lettre du 21 mai dernier, les mesures pleines de prudence et de sagesse que vous avez gardées par rapport aux nouveaux convertis, soit ceux qui jouissent des biens des fugitifs en qualité de leurs plus proches parents, sans remplir les devoirs de la religion catholique, soit ceux qui, dans l'extrémité de leurs maladies, ont refusé de recevoir les sacrements de l'Église. Mais, comme le Roi ne veut pas laisser tomber absolument l'exécution des édits et déclarations intervenues sur ces matières, S. M. m'ordonne de vous dire que vous vous informiez, par des voies secrètes, et néanmoins les plus exactes et les plus sûres que vous pourrez, des noms des principaux possesseurs des biens des fugitifs qui ne font aucun exercice de la religion catholique, et que vous m'en envoyiez un état circonstancié, contenant la qualité de ces personnes et la valeur de ces biens, afin qu'après le compte que j'en aurai rendu au Roi, je puisse vous faire savoir ses intentions. A l'égard de ceux qui sont morts sans avoir voulu recevoir les sacrements, il n'y a plus moyen d'y remédier pour le passé; mais S. M. veut que, dans quelques-unes des villes et lieux principaux où vous serez assuré de la sagesse des magistrats et des curés, vous les chargiez d'exécuter avec prudence les formalités prescrites par la déclaration du 9 avril 1686, dans les cas qui s'en présenteront à l'avenir, en se contentant de recevoir les déclarations des malades et d'en faire les procès-verbaux et les informations, lesquelles ils vous enverront sans procéder plus avant jusqu'à nouvel ordre de votre part. Vous aurez soin de m'envoyer le résultat de ces procès-verbaux et informations, afin que je puisse en rendre compte au Roi et vous mander ensuite sa volonté.»

Voir, sur un cas de levée de séquestre, une lettre de M. de Bouville Saint-Martin, intendant à Alençon, 30 avril 1709.

---

775. *M. de Saint-Maurice,*
commissaire général de la Cour des monnaies,
au Contrôleur général.

(De Cannes) 21 et 26 Mai 1710.

Il annonce la réussite des expériences de fabrication de l'or par le sieur de l'Isle, et envoie des mémoires sur les procédés employés*.

«Je suis de retour du voyage de Saint-Auban, et ai apporté avec moi les deux lingots ou plaques d'or et lingot d'argent que j'ai faits moi-même en présence du subdélégué de M. l'intendant et de plusieurs autres personnes qui étoient avec moi, suivant qu'il est établi par le procès-verbal que j'ai cru devoir en dresser. Il est très constant que le sieur de Lisle a la transmutation des métaux**; il ne s'agit plus que d'examiner s'il la possède à un point qui puisse être de quelque secours au Roi, car je ne l'ai jamais pu faire expliquer sur la supputation. Il m'a remis un mémoire très secret et très circonstancié des choses dont il tire son mercure philosophique et ensuite sa poudre de projection. Il paroît qu'il a pris de la confiance en moi, puisqu'il m'a chargé de beaucoup de choses pour avoir l'honneur de vous entretenir, et desquelles il souhaiteroit que j'eusse l'honneur, par votre moyen, de rendre compte au Roi. Je n'oserois, par bien des raisons, les confier au papier, et, outre cela, j'ai beaucoup fait de réflexions particulières dont il est très à propos que vous soyez informé : ce qui fait que je vous supplie de ne pas encore vous expliquer sur son chapitre, que je n'aie eu l'avantage de vous en entretenir, et de tenir secret tout ce que je vous mande de particulier là-dessus, étant très important de ne pas effaroucher cet homme, lequel, quoiqu'il m'ait dit qu'il souhaiteroit que j'eusse l'honneur de vous le mener, il me paroît qu'il n'est pas dans la disposition d'aller sitôt à la cour, disant qu'il n'a pas encore assez de poudre préparée pour travailler pour le Roi, et il ne m'a voulu donner aucune parole positive là-dessus. Je vous dirai secrètement qu'il est obsédé par des particuliers qui ont leurs intérêts personnels à l'effaroucher et à le retenir dans le pays. Il m'a fait voir des lettres de M. l'évêque de Senez, qui l'exhorte fort à vous tenir la parole qu'il vous a donnée. Ce seroit me compromettre entièrement, si ce que j'ai l'honneur de vous mander venoit à être su en ce pays-ci; au lieu qu'en caressant cet homme, j'ose me flatter, lorsque vous aurez fait toutes vos réflexions, d'empêcher qu'il ne vous échappe et qu'il ne puisse passer dans les pays étrangers; ce qui fait que j'adresse cette lettre à M. le Peletier des Forts pour vous la remettre en main propre, afin qu'elle ne soit vue que de vous et de M. de Nointel. Ma première expérience de l'or fut avec le mercure philosophique, sans être reposé, qui fixa le mercure commun, arrosé de deux gouttes d'huile du soleil, avec un peu de salpêtre; et de cela en est provenu un lingot d'or, que j'ai. La seconde expérience s'est faite avec du plomb fondu, affiné par le moyen de l'alun, dans lequel ayant jeté très peu de poudre de projection, quelques gouttes d'huile du soleil et du salpêtre, il en est provenu une plaque d'or que j'ai encore. La troisième expérience s'est faite avec du plomb affiné comme ci-dessus, dans lequel a été jetée une poudre blanche, quelques gouttes d'huile du soleil et du salpêtre : en est provenu un lingot d'argent que j'ai, lequel, s'il n'est pas aussi fin qu'il devroit être, c'est qu'il n'a pas été assez poussé; mais il n'y a qu'à l'affiner. Je vous remettrai le tout avec le mémoire qu'il m'a donné. J'ai pris toutes les précautions nécessaires pour éviter les surprises, et je peux répondre de ce que j'ai vu; mais, encore une fois, il y a bien des choses à dire là-dessus. Je vous prie de me faire faire savoir si, aussitôt que la commission sera finie, vous souhaitez que j'aie l'honneur de me rendre auprès de vous pour cette affaire. Il seroit bon que vous me fissiez l'honneur de m'écrire quelque chose en faveur du sieur de Lisle, sur les épreuves que j'ai faites, sans témoigner aucune impatience de l'avoir promptement, afin que vous ayez le temps d'être instruit à fond des choses qu'il m'a chargé de vous dire, et que, dans ce temps-là, il reste dans une espèce de confiance, dont il est bon de le persuader. J'avois tâché de l'engager à venir faire une expérience de 100 pistoles devant le Roi, pour contenter S. M. par ce préliminaire, et qu'ensuite il reviendroit travailler à préparer ses poudres; mais il ne m'y paroît pas encore disposé. Il faudroit me mander que le Roi souhaiteroit seulement qu'il vînt faire une petite épreuve devant lui***. . . . . »

* Le 16 août 1708, le contrôleur général écrivait à M. l'abbé Frémyn : « Je ne me suis pas pressé de répondre aux lettres que vous m'avez écrites pour me donner avis qu'il y a dans Genève un fameux affineur qui a de beaux secrets pour l'argent et pour les monnoies, par lesquels il prétend rendre la France florissante et lui valoir plusieurs millions, parce que je connois par une longue expérience l'inutilité de pareils avis, l'ignorance et la mauvaise foi de ceux qui prétendent être capables de faire des choses aussi extraordinaires, et que je ne puis me résoudre de proposer au Roi d'écouter les offres que cet homme pourroit faire, sans connoître par moi-même, ou par des personnes dignes de foi, de quoi il est capable. »

** Au commencement de 1708, M. Lebret fils avait demandé pour le sieur de l'Isle un sauf-conduit illimité, afin qu'il pût préparer ses secrets propres à transformer le fer en or et en argent, et, depuis cette époque, on l'avait soumis à une surveillance constante, mais sans le gêner, quoiqu'on le soupçonnât de faux-monnayage : voir les lettres de M. Lebret, 28 février et 5 septembre 1708, 5 mai (avec une lettre de justification de M. l'évêque de Senez), 24 août et 26 décembre 1709; de M. de Saint-Maurice, 31 décembre 1709; de M. de Grignan, 1er novembre et 3 décembre 1709; de M. Trudaine, intendant à Lyon, 11 février 1710.

*** Le contrôleur général répond, le 4 juin : « . . . . . Je ne puis m'empêcher de vous dire que je ne vous croyois pas si facile à persuader. Personne n'ignore qu'on peut faire par la chimie de l'or et de l'argent; mais tous ceux qui ont examiné de près cette manœuvre conviennent que cet or factice coûte beaucoup plus à faire qu'il ne vaut. D'ailleurs, on sait qu'il y manque toujours quelqu'une des qualités essentielles, que cet or ne peut souffrir plusieurs fontes, qu'il ne se travaille point comme l'or de mine, et qu'il devient presque à rien, lorsqu'on veut s'en servir et le mettre en œuvre. Ainsi, le meilleur conseil que je puisse vous donner, c'est d'être fort en garde contre les préjugés que vous avez formés sur l'expérience que vous avez vue, et d'en parler fort sobrement. N'enviez point aux autres la foiblesse de se laisser séduire, et souvenez-vous que de l'Isle, comme tous ceux qui ont un pareil secret, n'ont jamais osé se commettre qu'à de très petites expériences, et ont toujours éloigné avec beaucoup de précaution les épreuves en grand. Je ne vous dirai rien de plus, quant à présent, sur cette matière, qui mériteroit bien d'autres réflexions. »

Voir une lettre de M. de Grignan, du 27 mai, et une lettre de M. de Saint-Maurice, du 17 juin.

Arrêté en Provence, de Lisle fut amené le 28 juillet 1710 au For-l'Évêque, d'où on le conduisit à la Bastille en avril 1711, et il y mourut à la fin de 1712 : voir les lettres de M. de Montcel, lieutenant criminel de robe courte au Châtelet, 30 et 31 juillet, 1er août 1709 (relatives à la surveillance de la demoiselle de Lisle), 28 et 30 juillet 1710; de M. de Bercy, envoyant deux lettres de M. d'Artaguan et de M. de Rambion, 11 février 1711; de M. de Bernaville, gouverneur de la Bastille, 4 avril et 4 novembre 1711; de M. de Grignan, 13 avril 1711 et 18 janvier 1712; du sieur Tornier, de Marseille, 9 mai 1711; de M. Lebret, 10 janvier 1712; du contrôleur général à M. d'Argenson, 22 décembre 1711 et 15 novembre 1712; de M. d'Argenson, 6 novembre 1712. Selon cette dernière pièce, le vrai nom de l'Isle était : Jean Trouin.

---

776. *M. le Blanc, intendant en Flandre maritime,* au Contrôleur général.

22 Mai 1710.

« Lorsque les ennemis occupèrent, il y a trois mois, Warneton, Commines et Werwick, ils obligèrent les commis des traites et domaines du Roi de se retirer, et en établirent pour recevoir les revenus de ces châtellenies au profit des États-Généraux. Occupant Warneton, qui est le chef-lieu de la châtellenie, et ayant des troupes à Commines, on ne peut leur disputer les revenus de la châtellenie de Warneton et des villages dépendant de la châtellenie de Commines. A l'égard de Werwick, comme ils en ont retiré leurs troupes, et qu'ils n'ont qu'une garde dans une redoute de l'autre côté de la rivière, j'ai cru que, n'occupant point le chef-lieu, ils n'étoient pas en droit de percevoir les revenus de cette châtellenie : j'ai rendu une ordonnance, de laquelle je joins une copie à ma lettre. J'envoyai hier un détachement la porter aux magistrats de Werwick et la faire afficher, et j'ai fait enlever, en même temps, le receveur que les Hollandois avoient établi à Werwick pour les droits du domaine et celui qu'ils avoient mis à Crusec, qui est de la même châtellenie. Je les garderai jusqu'à ce qu'ils soient réclamés. On m'a dit que l'établissement de Werwick n'avoit été fait que par ordre de M. d'Albemarle, auquel les particuliers qui espéroient jouir de ces droits avoient donné 1,000 écus : ainsi, les États-Généraux ne soutiendront peut-être pas cet établissement; en tout cas, leur prétention seroit contre ce qui s'est pratiqué jusques à présent. J'espère que vous ne désapprouverez pas ce que j'ai fait en cette occasion. J'aurai l'honneur de vous informer de ce qui se passera à ce sujet *. »

* Selon l'apostille, le Roi s'en remit à l'intendant pour décider d'après le temps et les occurrences. D'après les lettres des 27 mai et 5 juin, les Hollandais n'agissaient qu'en représailles de ce que M. de Bernières avait fait percevoir les droits à Saint-Amant alors que Tournay, chef-lieu de la châtellenie, était au pouvoir de l'ennemi.

---

777. *M. de Bernage, intendant à Amiens,*
au Contrôleur général.

24 Mai 1710.

« J'ai reçu la lettre que vous m'avez fait l'honneur de m'écrire le 15 de ce mois, sur ce qu'il a paru que plusieurs particuliers qui avoient résolu de faire des constitutions sur l'emprunt du clergé s'en étoient éloignés depuis la création des rentes provinciales. J'écris en conformité de ce que vous me marquez, à mes subdélégués, que l'intention du Roi est que tous les particuliers qui auront prêté au clergé jusqu'à concurrence de la somme de 6,000 # en principal, sur le rachat de la subvention du clergé tenant lieu de capitation, soient exceptés de l'acquisition des rentes provinciales, afin qu'ils fassent part de cette résolution à tous ceux qu'ils croiront être en état de prêter au clergé, et m'informent des effets que ce moyen aura pu produire en faveur de l'emprunt du clergé; dont j'aurai aussi l'honneur de vous donner avis *. »

* M. de la Briffe, intendant à Caen, écrit, le 31 mai : « . . . . . Ce moyen ne sera pas d'un grand secours au clergé, parce que les sommes employées dans l'état que j'ai eu l'honneur de vous envoyer, de ceux qui doivent acquérir de ces rentes provinciales, étant au-dessous de 6,000 #, excepté un article qui est de 7,200 #, on les préférera toujours à la constitution sur le clergé, dont les sommes doivent être de 6,000 # . . . . . » Le 30 septembre, il explique qu'il a porté le maître de poste d'Isigny sur l'état, comme aisé et riche.

M. Foullé de Martangis, intendant en Berry, et M. Bosc du Bouchet, intendant à Limoges, annoncent, le 25 et le 28 mai, que leurs subdélégués feront connaître dans le pays les intentions du Roi. Le premier ajoute, le 13 août : « Je viens de recevoir la lettre que vous m'avez écrite en faveur du sieur Sommart, chargé des affaires de M. de Seignelay en Berry. C'est un fort honnête homme, bon sujet et qui mérite protection. Il suffit que vous l'honoriez de la vôtre, pour que je cherche . . . . . à lui faire les plaisirs qui pourront dépendre de moi; par cette raison, je ne le comprends point dans les mémoires de ceux sur lesquels on peut répartir les rentes provinciales . . . . . ».

M. de Richebourg, intendant à Rouen, écrit, le 13 juin : « Je n'ai point rendu publique la lettre que vous m'avez fait l'honneur de m'écrire pour dispenser de l'acquisition des rentes provinciales ceux qui voudront constituer sur le clergé 6,000 # de principal, parce que cette exemption me mettroit hors d'état de trouver dans cette généralité les 300,000 # que vous m'avez marqué que S. M. désire en tirer. Vous verrez, par l'état que je vous envoie des personnes qui peuvent acquérir ces rentes, qu'il y en a un nombre qui sont marquées, les unes à 15,000 #, et les autres à 10,000 #. Ces personnes sont connues dans le public d'une fortune assez aisée pour pouvoir fournir ces sommes au Roi, et elles seroient très contentes d'en être quittes pour seulement donner 6,000 # au clergé. Comme le clergé soutient encore son crédit, au lieu que la confiance des constitutions sur S. M. est perdue, chacun préféreroit de prêter au clergé, et cette préférence vous enlèveroit absolument le secours des rentes provinciales de cette généralité; il n'y auroit que les sommes au-dessous de 6,000 # qu'on pourroit recouvrer, et, comme elles sont employées sur des particuliers dont la fortune est moins considérable et moins certaine, le produit en sera moins fort, le recouvrement plus difficile, et le fonds des 300,000 # que vous demandez ne pourroit jamais être rempli. Le tempérament que l'on pourroit prendre, si vous l'approuviez, ce seroit de faire servir seulement les constitutions de 6,000 # sur le clergé à exempter ceux qui se trouveront à de moindres sommes dans les états des rentes provinciales; et cela ne laissera pas de procurer de l'argent au clergé, dont le Roi profitera par son canal, parce qu'il se trouvera des particuliers qui aimeront encore mieux constituer 6,000 # au clergé que de fournir une moindre somme au Roi . . . . . »

Le 9 du même mois, M. l'archevêque de Rouen avoit écrit : « Il y a près de six mois que, prévoyant les besoins de l'État, je fais chercher partout de l'argent; mais, comme j'ai eu l'honneur de vous le mander, le clergé de Rouen est tellement décrié, que l'on ne nous a offert que 18,000 #, sur plus de 1,000,000 # qu'il nous faudroit; encore a-ce été à des conditions si dures, que nous ne les avons pu prendre. Il est étonnant de voir les communautés trouver de l'argent au denier vingt-cinq sans conditions, et que le clergé n'en puisse avoir au denier douze. Ajoutez que les rentes provinciales ont achevé de faire cacher l'argent dans le sein de la terre; vous ne verrez aucun particulier, en ces pays-ci, en montrer, tant ils craignent d'être taxés. MM. les députés travaillent encore, en leur particulier, à pouvoir engager leurs amis; mais, en vérité, il n'y a point de fond à faire sur tout cela. Vous ne doutez pas que je n'aie grande envie de servir le Roi de tout ce qui peut dépendre de moi . . . . . »

M. Pécoil de Villedieu, ancien prévôt des marchands de Lyon, annonce, le 6 septembre, que, sur la promesse d'être exempté de prendre des rentes provinciales, il a versé 15,000 # dès le 19 juillet, et qu'il est prêt à y ajouter encore une somme de 5,000 #, mais que cet exemple ne sera suivi et l'argent ne se montrera que lorsqu'il aura reçu du contrôleur général lui-même une entière décharge du rôle où il avait été porté pour une somme de rentes tout à fait disproportionnée à ses facultés.

M. d'Ormesson, intendant à Soissons, écrit, le 18 septembre, au sujet du maître de la poste de Nanteuil-le-Haudouin, compris sur les rôles des rentes provinciales pour une somme de 100 # : « Quoiqu'il soit laboureur, je ne crois pas qu'il ait fait un profit considérable sur les blés; mais il est *garçon* et a réputation d'être fort à son aise. Je l'ai toujours *ménagé* dans les impositions, en considération de son emploi de maître de poste et parce qu'il fait subsister un frère qui a peu de bien; mais j'ai cru que, dans l'occasion présente, il y avoit justice de l'employer dans ces rôles . . . . . »

M. Foullé de Martangis, intendant en Berry, écrit encore, le 27 décembre : « . . . . . Au sujet des assignations que vous me mandez avoir fait délivrer sur le traité des rentes provinciales, vous savez que les rôles sont faits il y a longtemps. Le directeur a fait et contique toutes les poursuites les plus rigoureuses. Il continue à avoir toute la fermeté qui convient dans un recouvrement où les débiteurs les plus aisés sont ceux qui se défendent de payer avec le plus de vivacité, et qui, certainement, ne payeront qu'à la dernière extrémité. Ils ont toujours espéré d'être modérés ou déchargés; ne voyant pas d'espérance d'y réussir auprès de moi, ne croyant pas qu'ils fussent fondés en justes raisons, ils ont tourné leurs espérances du côté du Conseil, et ils ont fait une députation à Bourges et Issoudun pour obtenir au Conseil des décharges ou modérations, se plaignant de ce qu'ils sont trop chargés et de ce que je ne veux accorder aucune surséance. Dans l'espérance du succès de cette députation, personne ne paye et ne veut payer. Il y a eu plusieurs rébellions, que j'ai punies sévèrement. Le seul moyen d'avancer ce recouvrement, qui pourroit être fait en très peu de temps, n'y ayant que la mauvaise volonté des taxés, qui seroient bien en état de payer, qui le recule, ce seroit de renvoyer les députés qui sont à Paris et de leur ôter toute espérance.....»

Le 23 août 1711, ordre fut donné à M. Méliand de suspendre jusqu'à nouvel avis toutes les poursuites qui se faisaient en vertu du rôle des rentes provinciales, et, antérieurement même, il avait été chargé de retenir les commis qui inquiétaient le sieur Clopeyron: voir ses lettres du 2 mai et du 1er septembre 1711.

La ville de Saint-Malo obtint de se racheter pour une somme de 100,000#, et celle de Nantes pour 120,000#: lettres de M. Ferrand, intendant en Bretagne, 30 janvier, 22 mars et 11 juin 1711.

Dans la généralité de Montauban, où les rôles montaient presque à 800,000#, on n'avait recouvré, en avril 1711, que 47,000#, et l'intendant estimait qu'on atteindrait à peine 200,000#, parce que les gens taxés, quoique les plus riches du pays, se plaignaient fort, et qu'il n'était pas possible de leur refuser des modérations: voir sa lettre du 8 avril. Le 11 novembre suivant, il annonce que M. Ogier a fait prendre pour les rentes provinciales une partie des produits versés à sa recette générale sur la taille et la capitation, et transmet les plaintes des receveurs contre cette façon d'appliquer leurs versements aux affaires particulières du receveur général.

---

778. *M. de Bernage, intendant à Amiens,*
au Contrôleur général.

25 Mai 1710.

Statuts des marchands en gros et des diverses communautés d'arts et métiers d'Amiens*.

* Voir deux lettres de M. Daguesseau, procureur général au Parlement de Paris, 16 septembre (avec lettres du greffier Dongois et autres) et 7 décembre.

---

779. *M. de Bernage, intendant à Amiens,*
au Contrôleur général.

25 Mai 1710.

Il donne des renseignements sur le commerce et l'itinéraire des blatiers de Picardie, qui, sous prétexte de porter les grains dans l'Artois ou à l'armée, les font passer aux camps ennemis.

« J'en ai parlé plus d'une fois à M. le maréchal de Montesquiou et à M. de Bernières, pour qu'ils eussent agréable d'y faire veiller et arrêter par les troupes tous ceux qui passeroient les limites que je vous marque; mais je n'ai pas été d'avis de rendre sur cela de nouvelle ordonnance, ni de gêner le passage des grains sur la Somme et à la sortie des villes, comme bien des gens le conseilloient, parce que j'en ai parfaitement connu l'abus par l'exemple de celles que j'avois rendues l'année passée, pleines de toutes les précautions qu'on pouvoit imaginer, et que j'ai expérimenté que la publication de ces sortes de défenses ne produit ordinairement qu'augmentation d'envie d'un pareil commerce dans les paysans avides de gain, et corruption dans ceux qui sont préposés pour l'exécution, particulièrement dans les troupes, où l'ardeur de piller et de rançonner a pris la place de l'honneur antique*.....»

* Le 24 octobre, M. d'Ormesson, intendant à Soissons, demande si les villes conquises du Hainaut et du Cambrésis font partie des pays étrangers au point de vue de la défense de faire sortir les blés, ou si on peut leur en porter avec les passeports requis pour l'intérieur du royaume.

---

780. *M. de Bernières, intendant en Flandre,*
au Contrôleur général.

26 Mai 1710.

« Je viens d'être informé que le sieur Durant, garde-visiteur du bureau général des traites de mon département, a été tué d'un boulet de canon à Douay. C'est ce qui me fait prendre la liberté de vous supplier d'accorder cet emploi au sieur Parquez, qui est actuellement dans la même place, où il n'est pas inutile à M. d'Albergotti. Ce jeune homme nous a rendu des services très importants pendant le séjour qu'il a fait à Lille depuis que cette ville a été prise par les ennemis: il y étoit commis principal à la poste aux lettres, et c'est par lui que j'étois informé de ce qui se passoit concernant le service; mais il fut obligé d'abandonner cet emploi et de se sauver à Douay sur l'avis qu'on lui donna qu'il y avoit ordre des ennemis de l'arrêter, et j'ai appris depuis que l'avis étoit véritable. Je suis persuadé que, si vous avez la bonté de donner cet emploi au sieur Parquez, il s'en acquittera dignement, et cela fera voir d'ailleurs aux personnes avec lesquelles nous entretenons correspondance chez les ennemis que, lorsqu'il leur arrive quelque malheur, nous avons soin de les récompenser*.....»

* L'emploi fut d'abord accordé au sieur Parquez, puis repris pour en gratifier un des fils du défunt, qui était protégé par M. le Peletier de Souzy: voir les lettres du 4 et du 8 juin.

---

781. *M. de Casaux, procureur général au Parlement de Pau,*
au Contrôleur général.

27 Mai 1710.

Réintégration au Trésor des chartes de Pau des titres, états de finances et dénombrements de l'ancien domaine de Navarre*.

* Voir, au 14 mars précédent, une lettre du premier président de Bertier.

782. *M. de Grignan, lieutenant général en Provence,*
au Contrôleur général.

29 Mai, 1er et 14 Juin, 23 Septembre 1710.

Organisation d'un service de signaux extraordinaires sur les côtes de la Provence et de Nice, pendant la saison d'été.

783. *M. Turgot, intendant à Moulins,*
au Contrôleur général.

31 Mai 1710.

«Sur ce que vous me témoignâtes quelque inquiétude au sujet des pauvres qui affluoient aux eaux de Bourbon et pouvoient infecter l'air pour les malades qui y vont chercher leur santé, j'écrivis aussitôt à M. de Saint-Mesmin, grand prévôt de Bourbonnois, homme de confiance, pour y aller et y établir quelque ordre et police pour la subsistance des pauvres du lieu, et pour faire sortir les étrangers en leur donnant un jour la charité en partant. Il y a satisfait, et y a passé trois jours à y établir un bon ordre.....»

784. *M. Doujat, intendant en Hainaut,*
au Contrôleur général.

31 Mai 1710.

Adjudication des coupes de la forêt de Mormal.

785. *M. de Bâville, intendant en Languedoc,*
au Contrôleur général.

3 et 10 Juin 1710.

Mesures prises pour faire rentrer dans le devoir les procureurs du Parlement de Toulouse, qui ont résolu de cesser toutes fonctions parce que le traitant des offices de procureurs postulants des Tables de marbre et maîtrises des eaux et forêts a fait prononcer l'interdiction contre tous procureurs des Cours et Parlements n'ayant pas payé la moitié de la finance due pour la réunion de ces offices.

«J'ai cru être obligé de représenter à M. le Chancelier qu'il seroit nécessaire, dans la conjoncture présente, qu'il y eût un chef au Parlement de Toulouse qui y pût contenir les esprits inquiets et mal intentionnés : ce que M. Morant feroit mieux qu'un autre, si sa santé pouvoit lui permettre; mais ses longues absences laissent constamment prendre une habitude à ce Parlement, qui ne convient point au service du Roi*.»

* Voir les lettres écrites le 4 et le 18 par M. Lemasuyer, procureur général, et par M. le président de Montbrun, et le 5, par le sieur Bousquet, subdélégué à Toulouse.

Des faits pareils se produisirent en Bretagne, parmi les procureurs du Parlement de Rennes. En l'annonçant, le 13 et le 15 juin, M. Ferrand, intendant, écrivait : «.....Ces officiers n'ont pas été fâchés de cet éclat; je puis même vous assurer qu'ils l'ont augmenté de dessein prémédité. Ils sont dans une obstination que l'on ne peut exprimer. Il ne faut point espérer d'eux le payement d'aucune taxe, ni de l'affranchissement de la capitation. Les plus aisés sont les plus entêtés, et toutes les saisies ne produisent pas de quoi payer les frais.» Voir les lettres du premier président de Brilhac, 18 et 14 juin; de l'avocat général de Francheville, 15 juin; du président de Cucé, 20 juin.

786. *M. de Barrillon, intendant en Roussillon,*
au Contrôleur général.

4 et 15 Juin, 18 Juillet, 1er et 20 Août, 20 et 29 Septembre, 24 Octobre, 7 Novembre 1710.

Construction et mise en activité de la Monnaie de Perpignan, avec attribution, pour différend, de la lettre Q, qui servait à la Monnaie de Narbonne avant sa suppression*.

* Voir les lettres de M. Voysin, secrétaire d'État de la guerre, 20 juillet; du sieur Canclaux, directeur de la Monnaie, 30 décembre; du contrôleur général à M. Hosdier, premier président de la Cour des monnaies, et à M. Vaginay, procureur du Roi à la Monnaie de Lyon, 8 et 15 juillet. A cette dernière date, le contrôleur général écrivait à M. de Barrillon : «.....J'avois donné ordre de préparer ce que M. le duc de Noailles m'a demandé par son mémoire, c'est-à-dire les machines à marquer sur la tranche, les poinçons et matrices pour les espèces, avec des matrices des poids de marc...., A l'égard des trois balanciers qu'on propose de faire, l'un de vingt quintaux, l'autre de trente, et l'autre de quarante, j'ai su, depuis ma lettre, que les quatre qui furent faits en 1702 pour la Monnoie de Paris ne sont que de vingt-cinq quintaux, c'est-à-dire du poids de deux mille cinq cents. Comme un plus gros poids est entièrement superflu, et qu'on monnoie fort bien les petites espèces sur les gros balanciers en changeant les barres, j'ai cru devoir vous en donner avis, afin que vous ne fassiez faire ceux dont il s'agit que du même poids de deux mille cinq cents.»

787. *M. de Bernage, intendant à Amiens,*
au Contrôleur général.

5 Juin 1710.

«.....Je ne saurois vous exprimer la douleur où je suis de voir la déprédation qu'il y a eu de pain dans ces derniers jours. L'impossibilité de cuire tout à Arras a mis dans la nécessité de faire faire près de la moitié du pain à Péronne, dont une partie est arrivée ici gâtée; une autre s'est trouvée égarée, sans qu'on ait pu encore découvrir de quel côté on a fait passer les chariots pour le distribuer en fraude, et ce qui a été à l'armée a été encore pillé en partie, outre que les équipages qu'on a laissés sous Arras ont eu le pain sans qu'on ait pu le retenir sur les régiments qui ont pris sur le pied complet, ce qui a produit un double emploi de plus de cinquante mille rations par jour : en sorte que je crois pouvoir dire qu'on a consommé en quatre jours ce qui auroit pu durer près de huit. Il est bien triste qu'après les efforts prodigieux que je viens de faire pour les voitures et moutures, jusqu'à faire arriver ici plus de mille sacs de farine par jour et des convois de trois cents chariots de pain de Péronne, on se trouve épuisé tout d'un coup et dans la crainte de voir totalement manquer l'armée par un désordre si terrible. J'espère que le changement de sa situation y apportera quelque remède pour l'avenir; car j'ai représenté fortement à M. le maréchal de Villars que l'unique moyen de faire subsister son armée avec un peu moins de difficulté et plus d'ordre étoit de la poster de manière qu'elle pût tirer ses subsistances de la gauche par Arras et de la droite par Cambray: ce qui d'ailleurs convient à l'objet de protéger ces deux places, s'il n'est pas possible de sauver Douay. Je ne puis m'empêcher d'ajouter qu'une des plus grandes causes de ce désordre vient du mauvais service des commis des vivres, dont à peine en trouve-t-on qui veuillent marcher avec des convois. Il est vrai aussi que le défaut de payement est la source d'une partie de ces négligences; car on ne peut que se louer au surplus des soins que prennent ceux qui sont à la tête, et particulièrement le sieur Paris*.»

* Sur l'organisation du service des vivres de cette armée, voir une autre lettre du 31 mai précédent, une lettre de M. Voysin, secrétaire d'État, 21 avril, et deux lettres de M. de Bernières, intendant en Flandre, du 2 juin et du 18 juillet. Dans cette dernière, il dit: «.....Un des grands griefs (de Messieurs de la compagnie des vivres qui sont à Paris) est celui des commis et des employés, qu'un chacun voudroit distribuer et donner à ses amis et créatures: ce qui est très juste, pourvu qu'on ne nous envoie point sur la frontière une multitude d'imbéciles, ignorants ou fripons, dont on ne sauroit se servir, et qui ne sont bons qu'à faire du désordre, qu'on envoie quelquefois pour déposséder un bon commis qui a encore un peu de crédit, qui a soutenu le service par son industrie dans le lieu où il a été employé, et qu'il est juste de ne pas laisser sortir comme un banqueroutier..... Ce qui est de plus essentiel que tous ces griefs mal fondés seroit que vous pussiez faire remettre des fonds pour le courant du service, n'y ayant point de jour qu'il ne faille user de l'autorité la plus dure pour faire travailler tout le monde, les charretiers, journaliers et boulangers se révoltant faute de payement, me trouvant souvent obligé d'intervenir et de prendre fait et cause dans des détails fort désagréables, la prison ne faisant point travailler ceux qu'on est obligé d'y faire mettre pour contenir les autres, qui, souvent, ne veulent plus travailler, disant qu'ils aiment mieux être emprisonnés, parce qu'on les nourrira.»

---

788. *M. le Camus, intendant en Béarn,*
au Contrôleur général.

7 Juin 1710.

Il se plaint de ne pas avoir reçu de M. de Saint-Macary les renseignements nécessaires sur les affaires extraordinaires et sur les rachats par abonnement à proposer aux États*.

«Je prendrai cependant la liberté de vous observer que, cette province se trouvant épuisée par le passage des troupes à leur retour d'Espagne et la mauvaise récolte de l'année dernière, l'abonnement seroit plus avantageux et produiroit un secours plus grand et plus prompt que l'exécution des édits, tant parce que la province trouvera assez facilement à emprunter pour payer les abonnements, dont elle ne paye ensuite que l'intérêt, que parce que le peuple auroit bien de la peine de payer les sommes qu'il conviendroit pour l'exécution des édits, sans compter que les frais indispensables, dont le Roi ne retire rien, accablent la province, à laquelle je pourrois peut-être faire trouver tout d'un coup une bonne somme d'argent, comme j'ai fait pour le rachat de l'annuel du Parlement, dont vous avez dû être content. J'aurai l'honneur de vous mander tous les ordinaires ce qui se sera passé aux États, et j'exécuterai avec zèle et ponctualité vos ordres.»

* Voir les lettres de M. de Saint-Macary, subdélégué général, 17 et 20 décembre 1709, 4 mars et 2 septembre 1710; de M. Méliand, précédent intendant, 28 février 1710; de M. le duc de Gramont, gouverneur de Bayonne, 14 juillet et 12 septembre; du sieur de Navailles, syndic des États, 2 septembre, etc.

---

789. *M. d'Argenson, lieutenant général de police à Paris,*
au Contrôleur général.

11 Juin 1710.

«J'ai examiné par moi-même, avec toute l'attention possible, et ensuite avec le sieur Lenormant, des arts et métiers....., la nouvelle proposition qui tend à confirmer les marchands et artisans dans leur maîtrise, et à la leur rendre héréditaire moyennant finance..... Il est surprenant qu'on pense à tirer de nouveaux secours de ces malheureuses communautés dans le temps que l'on est obligé de suspendre le recouvrement de plusieurs millions qu'elles doivent encore, et même de les protéger contre les justes poursuites de leurs créanciers. Vous savez aussi qu'une des clauses de la déclaration de l'année dernière, qui leur réunit encore de nouvelles charges, c'est qu'il ne sera levé sur elles aucunes sommes durant cette guerre, pour quelque cause, ni sous quelque prétexte que ce soit; et si l'on avoit à contrevenir à une parole aussi précise, on ne pourroit le faire d'une manière plus odieuse aux communautés, puisque la nouvelle proposition tend à les supprimer radicalement et à les obliger à financer pour leur propre destruction*.....»

* Voir deux lettres des 31 mars et 10 octobre 1713, sur la nécessité de rétablir les maîtrises de limonadiers et de révoquer les privilèges.

---

790. *M. Daguesseau fils,*
procureur général au Parlement de Paris,
au Contrôleur général.

12 Juin 1710.

Il demande si l'on ne pourrait pas surseoir jusqu'après la récolte au doublement des droits attribués aux inspecteurs des boucheries, ce doublement étant très pénible à supporter et tout à fait contraire aux besoins des malades*.

* En apostille, de la main du contrôleur général: «Répondre que le Roi ne peut surseoir la levée de ces droits, dont il seroit plus difficile de continuer l'imposition, quand elle auroit été sursise.»

---

791. *M. de Bâville, intendant en Languedoc,*
au Contrôleur général.

17 Juin 1710.

«..... Le consul est le collecteur-né; il est sujet à la contrainte du receveur concurremment avec les collecteurs, et il a sa garantie pour les dommages et intérêts qu'il souffre contre les collecteurs volontaires et leurs cautions, parce que ceux-ci sont obligés de payer les entières impositions sans donner aucune reprise. Il n'en est pas de même des collecteurs forcés, qui ne sont obligés qu'à faire certaines diligences contre les particuliers cotisés; après lesquelles, s'ils n'ont pu être payés, ils donnent leurs quotités en reprise à la communauté, et les consuls ne peuvent prétendre aucuns dommages contre les collecteurs forcés, à moins qu'ils n'aient diverti les deniers qu'ils avoient exigés, ou à faute, par eux, d'avoir fait les diligences nécessaires. C'est ce que la Cour des aides devoit examiner avant de prononcer cette condamnation, et faire rapporter les comptes des collecteurs forcés, pour voir s'ils étoient débiteurs à la communauté. Il y a encore, dans cet arrêt, un chef très important, la Cour des aides ayant donné une garantie aux consuls contre les nominateurs : ce qui ne peut leur être accordé, les consuls étant eux-mêmes responsables du fait des collecteurs, comme les autres nominateurs*.....»

* Voir d'autres lettres des 25 mars, 6 mai et 4 octobre 1710, et une lettre de M. de Montferrier, syndic général de Languedoc, du 4 novembre 1709.

Le 19 décembre 1710, M. de Bâville écrit encore : «.....Les receveurs n'ont aucune juridiction; ils ont seulement le pouvoir d'expédier leurs contraintes pour le payement de la taille contre les consuls-collecteurs et leurs cautions sans la permission du juge des lieux où la taille est due. Ce privilège leur a été accordé par le Roi pour faciliter la levée de ses deniers, et ces motifs ne subsistent pas moins lorsque les débiteurs sortent du diocèse pour se mettre à couvert de cette contrainte. C'est la Cour des aides qui connoît des emprisonnements qui sont faits en vertu de cette contrainte, et son pouvoir est égal dans tout son ressort, et c'est sous son autorité que les receveurs agissent. A ces principes généraux on peut encore ajouter que les collecteurs des tailles, surtout ceux qui sont dans le voisinage d'un autre diocèse, ne manqueroient pas d'y passer pour se mettre à couvert de la contrainte des receveurs, et le temps qu'il faudroit pour obtenir le *pareatis* d'un juge qui n'est pas souvent sur les lieux seroit quelquefois suffisant pour éluder cette contrainte. La Cour des aides a reconnu elle-même tout ce que je viens d'observer, lorsque, par son arrêt du 12 août 1709, elle a ordonné que les contraintes des receveurs seront exécutées dans toute l'étendue de son ressort sans autre permission, et elle se défend mal en disant que c'est une addition qui a été faite à cet arrêt, puisqu'elle n'a pas fait faire le procès à ceux qui l'ont faite.....»

792. *Le Contrôleur général*
à M. de Bâville, intendant en Languedoc.

22 Juin 1710.

«Je vois, par la lettre que vous avez pris la peine de m'écrire le 28 mai dernier, que le sieur de Servas mérite la gratification qu'il demande des lods et ventes qu'il doit pour une maison qu'il a acquise dans la ville de Nîmes, mouvant de l'évêché; mais il me paroît difficile de pouvoir la lui accorder, car vous savez que le Roi a toujours accoutumé de faire le don des fruits, pendant la vacance des bénéfices dépendant de sa nomination, aux successeurs. Ainsi, la grâce que désire ce gentilhomme dépendra de celui qui sera nommé à l'évêché de Nîmes. Tout ce que vous pourriez faire cependant en sa faveur seroit de vous informer si, en effet, cette maison est dans la directe ou mouvance de l'évêché de Nîmes, et, en ce cas, d'ordonner à l'économe du diocèse de surseoir toutes poursuites contre ledit sieur de Servas jusqu'à ce qu'il y ait un évêque de nommé.....»

793. *M. Voysin, secrétaire d'État de la guerre,*
au Contrôleur général.

22 Juin et 1er Juillet 1710.

Rapports du major de la gendarmerie et du lieutenant des grenadiers à cheval de la garde du Roi sur la profonde misère et le dénûment de ces corps.

794. *Le Contrôleur général*
à M. de Pontchartrain, secrétaire d'État de la marine.

28 Juin 1710.

«Le Roi ayant bien voulu accorder au sieur Corot, apothicaire, la permission de faire venir de Hollande par Rouen vingt livres d'yeux d'écrevisse, cent cinquante livres d'épicacuana et douze cents livres de kinkina, dont il a besoin pour l'usage de la médecine, et dont il a traité à condition de renvoyer la valeur en denrées et marchandises dont la sortie du royaume est permise, vous aurez agréable de donner vos ordres pour faire expédier le passeport qui lui est nécessaire.»

795. *M. de Bernage, intendant à Amiens,*
au Contrôleur général.

28 Juin 1710.

Il demande un ordre précis pour faire veiller par les gardes du sel à la perception des droits attribués aux visiteurs des suifs.

796. *M. de Grignan, lieutenant général en Provence,*
au Contrôleur général.

30 Juin 1710.

«Les échevins de Marseille m'ayant informé qu'un grand nombre de boulangers de cette ville avoient cessé de faire du pain parce que le prix n'en avoit pas été soutenu assez haut pour contenter leur avidité, je connus que ce désordre auroit pu avoir des suites fâcheuses, et que je ne devois pas refuser en cette occasion le secours de l'autorité qu'il a plu au Roi de me confier : je fis venir par-devant moi deux de ces boulangers le plus mutins, et, leurs excuses paroissant à tout le monde

IMPRIMERIE NATIONALE.

très frivoles, étant même reconnues pour telles par eux-mêmes, je les envoyai dans une forteresse, d'où, à la prière des échevins, je les ai fait sortir deux jours après; et cet exemple a remis tous ces gens-là dans leur devoir*.»

* Réponse en marge : «Approuver le parti qu'il a pris.»

797. *M. Doujat, intendant en Hainaut,*
au Contrôleur général.

30 Juin 1710.

«Les maîtres de forges du Hainaut m'ont présenté une requête par laquelle ils ont exposé que, de tout temps, ils ne payoient que 6 s. 3 d. pour les droits de sortie pour chaque millier de fer en gueuses qu'ils tiroient des terres d'Espagne pour fabriquer dans leurs forges; que la banne de charbon que les maîtres de forges d'Espagne faisoient venir du Hainaut ne payoit que 18 s. aussi de droits de sortie; mais qu'en l'année 1702, les ministres d'Espagne ayant ordonné qu'on percevroit 15 s. au lieu de 6 s. 3 d., M. de Bagnols eut ordre de M. Chamillart d'augmenter les droits de sortie de [la] banne de charbon jusqu'à 6# 5 s., pour entretenir une balance dans le prix des fers des forges du Hainaut françois et de celles du Hainaut espagnol; que, cette augmentation sur le charbon ayant obligé les ministres d'Espagne à réduire les droits de sortie de chaque millier de fer sur l'ancien pied de 6 s. 3 d., on n'exigea plus que 18 s. sur chaque banne de charbon; que, depuis ce temps, on en a toujours usé de même jusqu'au mois de mai dernier, que les commis des bureaux du Hainaut espagnol ont prétendu faire payer 15 s. par millier. Ces maîtres de forges de France demandoient que le droit de sortie sur le charbon fût augmenté jusqu'à 6# 5 s., comme en l'année 1702*, pour qu'il y eût toujours une proportion égale du prix de leurs fers à celui des forges étrangères; mais, comme ces sortes d'impositions sont toujours de conséquence, je n'ai rien voulu faire sur ce sujet sans avoir reçu vos ordres et sans savoir si vous approuverez cette augmentation. Je vous supplie de considérer que le commerce du fer est le seul qu'il y ait dans cette province, et que, si les maîtres de forges ne sont pas soutenus, ce commerce deviendra à rien, et que quantité d'ouvriers qu'ils emploient, et qui ne vivent que de leur travail, périront faute de subsistance**.»

* Voir, sur le même sujet, une lettre du 19 août, à laquelle sont joints divers mémoires.

** En marge : «Bon.»

798. *M. Méliand, intendant à Lyon,*
au Contrôleur général.

3 Juillet 1710.

Il dénonce le sieur Mignot, lieutenant général de Villefranche, comme ayant envoyé à tous les curés de Beaujolais cette lettre circulaire imprimée, avec sa signature, sur le recouvrement des impositions :

«Monsieur, comme les leveurs et collecteurs des tailles de la province de Beaujolois ont fait saisir et vendre des bestiaux arables, bœufs et vaches, contre les ordonnances et les intentions de S. M., pour le fait des tailles, sur un prétexte très frivole, contre les intérêts du Roi et du public, je vous prie, sitôt la présente reçue, de m'envoyer les noms de vos habitants sur qui on a fait ces exécutions injustes. Vous êtes leur père commun, et j'espère que vous ne me refuserez pas ce que je vous demande*.....»

* Le sieur Mignot reçut, par lettre de cachet, l'ordre de se rendre à la suite du Conseil (lettre de M. Méliand, 13 juillet); l'intendant ayant demandé sa grâce par une lettre du 18 juillet, le contrôleur général répondit en apostille : «Je n'ai pas même osé lire sa lettre au Roi, parce que la faute que le sieur Mignot a faite est si grave, et les suites en pourroient être si dangereuses, qu'on a cru le punir fort légèrement en le faisant venir à la suite de la cour; et vous devez faire réflexion que, ses lettres ayant été lues aux prônes des paroisses, rien ne peut effacer le mal qu'elles ont causé, qu'une punition publique.»

799. *M. de Pontcarré,*
premier président du Parlement de Rouen,
au Contrôleur général.

3 et 21 Juillet 1710.

Poursuites contre les auteurs de délits graves commis dans la forêt de Lyons; travaux de la commission de réformation*.

* Voir les lettres des 13 juin, 24 juillet et 4 décembre 1708, 2 et 7 mars, et 31 juillet 1709.

800. *Le Contrôleur général*
à M. de la Bourdonnaye, intendant à Orléans.

6 Juillet 1710.

Ordre de faire délivrer au receveur du grenier à sel, par le maire d'Orléans, le rôle des habitants qui est nécessaire pour composer le registre du sexté.

801. *Le Contrôleur général*
à M. de Pontchartrain, secrétaire d'État
de la maison du Roi.

9 Juillet 1710.

«Le Roi ayant été informé que le nommé Barry, homme d'un esprit inquiet et dangereux et d'une conduite fort répréhensible, se mêloit d'écrire des lettres anonymes contre l'honneur et la réputation de gens sans reproche, et qu'il avoit été arrêté, il y a quelques mois, pour un fait semblable, à la requête du procureur du Roi à la prévôté de l'hôtel, S. M., après s'être fait rendre compte des procédures qui ont été faites à ce sujet, et ayant su d'ailleurs que cet homme a affecté, en différentes occasions, de changer de nom, même sur les registres publics, a jugé à propos de le reléguer à quarante lieues de Paris et de la cour. Vous aurez agréable, après en avoir pris les ordres de S. M., de donner les vôtres pour faire expédier la lettre de cachet, que je ferai remettre entre les mains de M. le grand prévôt, si vous voulez bien me l'envoyer*.»

* On ne put trouver de preuves positives; néanmoins, les présomptions étaient si fortes, que le contrôleur général fut d'avis, avant de reléguer Barry à quarante lieues, de l'enfermer à l'Hôpital général, pour qu'il se décidât à faire des aveux. (Lettre du 30 juillet.)

---

802. *M. Ferrand, intendant en Bretagne,*
au Contrôleur général.

9 Juillet 1710.

Observations sur un projet d'affranchissement de feux.

«Il convient d'observer que les impositions des fouages ordinaires et extraordinaires, qui se font annuellement sur les 32,443 feux restant contribuables dans cette province, ont leur destination fixe, qu'on ne peut changer sans intervertir l'ordre et l'état de la dépense assignée par le Roi et par les États de ladite province. Cela présupposé, on ne peut pratiquer l'affranchissement dont il s'agit sans rejeter lesdites impositions sur les feux subsistants, qu'il faudroit charger par augmentation de plus d'un treizième dans chaque paroisse.

«Cela seroit d'autant plus difficile à exécuter, que la plupart des paroisses se trouvent imposées au delà de leurs forces : ce qui a donné lieu, depuis peu de temps, à la désertion des paroisses du Temple et de la Trinité de Clisson, suivant les procès-verbaux qui en ont été rapportés à la diligence des receveurs des fouages de l'évêché de Nantes; et, dans quelques autres paroisses, on est menacé d'un pareil abandon.

«On estime que le meilleur parti qu'on puisse prendre sur cela est celui proposé sur la fin de ce mémoire, qui est, au lieu d'affranchir les 2,440 feux, de confirmer ceux qui ont été affranchis en 1577, 1638 et 1640, en payant finance. Il est vrai que ces mêmes feux ont déjà été confirmés dans leur affranchissement par édit du mois de février 1693; mais on connoîtra, par les motifs de cet édit ci-joint, qu'il y a lieu de les confirmer de nouveau en payant finance : 1° parce qu'il est porté par cet édit que, ceux des années 1577, 1638 et 1640 ayant affranchi et anobli certain nombre de feux et plusieurs terres et maisons de la province de Bretagne des fouages, taillon et autres impositions, il est arrivé que les propriétaires de ces héritages ont acquis ladite exemption pour une si modique finance, qu'ils en ont été remboursés par leurs mains en peu d'années; 2° parce que l'évaluation de la finance payée dans les années 1577, 1638 et 1640 n'étoit point proportionnée à la décharge du payement des impositions qui avoient lieu lors dudit affranchissement, et que, sous ce prétexte, lesdits propriétaires ont exempté leurs héritages du payement des fouages et autres impositions extraordinaires, qui sont augmentées considérablement depuis 1577 jusqu'en 1693, qui est le temps de la confirmation dudit affranchissement.

«Ainsi, ces motifs font connoître que ladite confirmation n'a été faite en 1693 que par rapport à l'indue jouissance du passé et par la justice qu'il y avoit de demander une indemnité pour raison dudit affranchissement. Et d'autant que cette confirmation ne peut avoir ni proportion ni rapport aux impositions extraordinaires et imprévues qui ont été faites sur les feux restant contribuables depuis 1693 jusques à présent, à l'occasion de la guerre et des besoins de l'État, il y a lieu de confirmer lesdits feux affranchis en payant finance par rapport aux impositions survenues depuis 1693 jusqu'à ce temps.

«Pour y parvenir, on observera, par l'état ci-joint, qui contient le détail desdites impositions depuis 1693, que, sans y comprendre les rations de fourrages, etc., elles reviennent annuellement à la somme de 321,774# 5 s. 2 d., laquelle étant répartie sur les 32,443 feux restant contribuables, elle se réduit à 9# 18 s. 4 d. par chaque feu. Et, comme il y a 4,290 feux qui ont été affranchis dans les années 1577, 1638 et 1640, il se trouve que, sur ce pied-là, lesdits 4,290 feux payeroient annuellement la somme de 42,542# 10 s., à raison de 9# 18 s. 4 d. par chaque feu, à l'occasion des impositions exprimées dans l'état ci-joint, qui ont été faites depuis le temps de l'édit de confirmation donné en 1693.

«L'affranchissement ou aliénation de ladite somme de 42,542# 10 s., sur le pied du denier douze, monteroit à la somme de 510,510#, qui est celle sur laquelle il plaira à M. l'intendant de régler ce qu'il jugera à propos de tirer desdits feux affranchis pour le recouvrement de la finance qui proviendra de la confirmation dont il s'agit.

«On objecte, dans le mémoire ci-joint, que les frais que l'on seroit obligé de faire pour retirer la finance de ces feux aliénés ou affranchis par leurs déclarations absorberoient le principal. L'on répond à cette objection que les rôles qui ont été arrêtés au Conseil, en exécution de l'édit du mois de février 1693, serviront de règle pour consommer le recouvrement de la finance en question, sans causer de nouveaux frais pour y parvenir*.»

* Le 6 novembre suivant, il écrit : «Vous me faites l'honneur de me demander ce que c'est qu'un feu? Je serois bien embarrassé de vous le dire : ce mot est si ancien, que l'on a peine à en démêler l'origine. Nous parlions le même langage en Bourgogne. Voici ce que j'y ai pu comprendre. Un feu est un nombre de ménages qui augmente ou diminue suivant la qualité du pays : dans les bons, deux maisons ou ménages font un feu; dans les médiocres, on en met trois, quatre ou cinq. C'est ce qui a donné lieu à déterminer ici, assez longtemps, qu'une paroisse est composée d'un certain nombre de feux sur lesquels on règle par contribution les impositions que l'on a à faire. En Bretagne, le feu principal n'augmente ni ne diminue. Quand il y a des augmentations à faire, on les divise selon le nombre général de feux. En Bourgogne, ce n'étoit pas de même : on voit aux États à combien montent les dépenses, et on les divise dans les vingt-quatre mille feux que la province contient; ainsi, suivant que les impositions augmentent ou diminuent, le feu vaut plus ou moins : il étoit à 52# quand j'arrivai en Bourgogne; je l'ai vu monter à 65#. Je ne sais si vous m'entendez; mais je ne puis vous donner d'autre éclaircissement. Cela supposé, venons au rôle du Conseil. Il me paroît que l'on doit mettre, comme vous le pensez : «Les propriétaires et possesseurs des feux et héritages affranchis dans la paroisse de ***.» Le traitant a-t-il les anciens rôles? sait-il les paroisses où il y a des feux affranchis? Sans cela, nous allons tomber dans la confusion. Et sur quoi se règle-t-il pour le plus ou le moins de la taxe par paroisse? Supposé que toutes choses soient en règle, comme je n'en doute pas par les soins que vous vous donnez, il sera nécessaire de

rendre l'arrêt du Conseil que vous proposez, et, en ordonnant la répartition entre les intéressés, de marquer qu'il ne sera expédié qu'une seule quittance par paroisse. Tout cela me paroît bon. J'ai examiné l'état des feux de la province. Amanlis, qui est la première paroisse du projet de rôle que vous m'avez envoyé, étoit originairement à soixante-quatorze feux; il y en a eu d'affranchis vingt-trois et un tiers. Cette paroisse se trouve imposée, pour la confirmation, à 1,166#. Je ne sais sur quoi on s'est réglé et ce qui sert de guide en cette occasion; c'est à vous à y prendre garde. A-t-on voulu imposer chaque feu à 50#? C'est ce que je ne sais pas.....»

803. *M. de Préchac, conseiller au Parlement de Pau,*
au Contrôleur général.

15 Juillet 1710.

«C'est pour vous dire que M. le Camus, notre intendant, mourut hier d'un vieux mal qu'il avoit négligé*. J'ose vous assurer qu'il n'y a d'emploi dans le royaume qui occupe moins que celui-là, surtout lorsque nous n'avons point de troupes en Espagne. Cette intendance dépendoit originairement de celle de Bordeaux : on y envoya un intendant à l'occasion des affaires de la Religion. Lorsque M. Méliand passa en Espagne, M. Chamillart m'avoit fait espérer de me procurer la subdélégation générale, que M. le comte de Marsan obtint pour M. de Saint-Macary, parce qu'il avoit soin de ses affaires en cette province**. Il est aujourd'hui doyen du Parlement, et fort accablé d'affaires en cette qualité. Si vous vouliez épargner cette dépense au Roi et m'honorer de cette commission, je sais comment le Roi veut être servi; et si, après une épreuve de quelques mois, vous n'étiez pas content, vous seriez toujours à temps d'y pourvoir. Les États sont finis; il y a présentement peu de chose à faire***.»

* Voir les lettres du sieur Bugarel, secrétaire de M. le Camus, 12 juillet; du premier président le Camus, père de l'intendant, 13 juillet; de M. de Saint-Macary, 15 juillet; de M. le duc de Gramont, 14 juillet.

** Sur cette subdélégation générale, voir, aux 17 avril et 8 mai 1708, deux lettres de M. de Saint-Macary, dont le frère était pourvu d'une simple subdélégation de l'intendant.

Le 28 juin 1710, il écrit que le payement de ses minimes appointements est peu important pour lui, mais que le contrôleur général devrait plutôt lui faire rembourser une somme de 112,000# empruntée sur son crédit personnel pour la subsistance des troupes.

*** Réponse en marge : «Le Roi a disposé de l'intendance de Pau.»

804. *M. de Bâville, intendant en Languedoc,*
au Contrôleur général.

15 Juillet et 14 Décembre 1710.

La ville de Toulouse ayant épuisé ses ressources ordinaires pour payer deux millions, soit en Dons gratuits, soit en rachat d'offices, l'hôtel de ville a délibéré d'augmenter la subvention sur certaines denrées moins nécessaires que le reste, et il y aura lieu, d'autre part, de retrancher les dépenses inutiles, de façon à suffire pour l'avenir aux charges et à payer les arrérages du passé*.

«La ville de Toulouse doit encore plus de 60,000# aux traitants des auditeurs des comptes et des maires alternatifs; elle doit de plus 50,000# à la province pour l'abonnement du droit de quart en sus sur la viande, traité qui a été racheté. Elle ne peut point emprunter, parce qu'elle n'a plus de crédit; elle peut encore moins imposer, les impositions étant excessives, et il faudroit en venir à la dure nécessité de contraindre une vingtaine des principaux habitants, si la ville n'avoit proposé elle-même l'expédient de vendre les places de capitouls chaque année; c'est par ce moyen que les traitants ont touché 320,000#, pour différentes affaires, depuis quatre ans. Ces sujets qui donnent ainsi leur argent sont aussi bons que les autres. M. de la Vrillière m'a écrit que le Roi ne vouloit plus qu'on vendît ces places, qu'il falloit laisser les choses dans le cours ordinaire; mais il est absolument impossible de payer les traitants que par ce moyen, qui ne durera apparemment que cette année, pourvu qu'il ne vienne point d'affaires nouvelles. J'ai mandé à M. de la Vrillière que j'aurois l'honneur de vous en écrire et de vous prier d'en conférer avec lui. Il est constant qu'il n'y a point d'autre expédient, et, dans un temps où il faut établir de nouvelles subventions à Toulouse et le dixième des revenus, et faire prendre des rentes provinciales qu'on appelle *taxes d'aisés*, il ne convient point encore de prendre solidairement les habitants pour leur faire payer de pareilles taxes**.»

* Le 15 août, il envoie son avis sur les dispositions proposées par le syndic général de Languedoc pour le recouvrement de la taille et de la capitation à Toulouse, de même que dans le reste de la province. Le 15 octobre suivant, il propose d'autoriser une subvention sur le bois et le charbon; mais son avis ne fut pas adopté.

** En marge : «J'ai parlé au Roi, et S. M. m'a dit qu'elle donneroit les ordres nécessaires pour que ces charges soient encore vendues cette année.»

805. *M. Ferrand, intendant en Bretagne,*
au Contrôleur général.

16 Juillet 1710.

Perception du droit de *brieuc* par les receveurs des ports et havres sur les barques employées au transport des grains de Quimper et de Brest à Cherbourg, pour le service du Roi*.

* Une lettre de M. Robert, intendant de la marine à Brest, et un mémoire du fermier sont joints à cette lettre.

806. *M. de Bernage, intendant à Amiens,*
au Contrôleur général.

18 et 22 Juillet, 30 Septembre et 18 Octobre 1710.

Il réclame l'établissement d'un service de poste spécial sur Aire, Saint-Omer, Hesdin et Péronne, pour assurer les relations de l'armée, que la prise de Béthune a interrompues.

807. *Le sieur* DE LA *Chipaudière-Magon, négociant à Saint-Malo,*
au Contrôleur général.

20 Juillet 1710.

«Comme le transit par terre n'est point permis, je prends la liberté [de vous supplier] de me faire la grâce de m'accorder un passeport pour cinq mille livres de café, de celui venu de Moka, pour passer à Genève et en Suisse par terre sans payer de droits, sous ma soumission d'en rapporter un certificat en bonne et due forme comme il aura sorti du royaume. C'est un essai afin de tâcher d'avoir la débouche d'une partie aussi considérable que ces deux vaisseaux ont apportée en France.»

808. *M.* LE *Guerchoys, intendant en Franche-Comté,*
au Contrôleur général.

23 Juillet 1710.

«Depuis la lettre que j'ai eu l'honneur de vous écrire le 20 de ce mois, M. Voysin m'a envoyé un état des assignations délivrées pour l'armée du Rhin sur des fonds de la recette générale du comté de Bourgogne qu'il croit être existants. Cela m'a obligé de lui écrire la lettre dont la copie est ci-jointe*.....»

* Lettre à M. Voysin : «Après la lettre que j'ai eu l'honneur de vous écrire le 20 de ce mois, il ne me reste plus qu'à vous représenter que les assignations contenues en l'état qui étoit joint à votre lettre du 17 montent à 407,500#; celles qui ont été expédiées en conséquence de l'état du 31 mars, à 819,500#, pour la plus grande partie des grains imposés et achetés, et celles pour le pain fourni pendant l'été de 1709, à 150,000#; les assignations particulières payées par les ordres de M. Desmaretz, ensemble les appointements de l'intendance, à 58,400#. Ces quatre sommes reviennent à 1,435,400#, et les impositions, déduction faite des charges, gages et taxations, à 1,262,639#. Partant, les assignations excèdent les impositions de 172,761#, dont il est absolument impossible qu'on puisse trouver le fonds, puisqu'il n'a jamais existé et que les assignations qui ont été expédiées à cet égard sont doubles. Je dois ajouter à cela la dépense des étapes, pour laquelle il a déjà été payé 223,000# aux étapiers; en voici la raison. Le receveur général des finances de cette province ayant refusé de se charger de cette fourniture à 14 s. 3 d. la ration d'infanterie, et celle de cheval à 19 s. 5 d., M. Desmaretz m'ordonna de chercher des entrepreneurs : je n'en pus trouver de généraux, mais seulement de particuliers pour chaque lieu, à raison de 8, 9 et 10 s. la ration d'infanterie, et de 11, 13, 14 et 16 s. le cheval, à condition qu'ils seroient payés de mois en mois. J'en rendis compte à M. Desmaretz, qui approuva volontiers les traités, attendu que le Roi y gagnoit plus de 100,000#, et fit expédier un arrêt du Conseil, du 1er avril, qui ordonna le payement sur les impositions de 1710. Il a donc été d'une nécessité indispensable, pour soutenir ce service, d'exécuter les traités en payant dans les termes convenus; il faudra encore faire la même chose le reste de l'année.....»

Le 3 août, il écrit à M. le Rebours : «.....Vous connoîtrez, du premier coup d'œil, qu'on a délivré pour environ 200,000# d'assignations au delà des fonds de 1710, et que j'ai été obligé d'en prendre 223,000# pour les étapes, et qu'ainsi il est absolument impossible qu'on en puisse rien tirer pour envoyer à l'armée du Rhin.» *Postscriptum* : «Comme je me trouve ici sans aucun fonds pour subvenir aux prêts de soixante compagnies d'infanterie et de quatre escadrons que j'ai dans mon département, à la dépense journalière des prisonniers d'État, qui sont en grand nombre, et des bois et chandelles des corps de garde des places, ensemble des hôpitaux, à qui il est dû des sommes considérables et qui menacent de ne plus recevoir les soldats, je vous prie de vouloir assigner, comme il a été fait jusques ici, les 22,500# dues pour le second terme de la capitation du clergé de cette province, sur lesquelles je pourrai trouver quelque secours. Le besoin que j'en ai est plus pressant que je ne peux vous le dire.» Une lettre du même jour, 3 août, à M. Desmaretz, est relative au payement d'assignations destinées à solder les achats de grains. Voir aussi les lettres des 3, 20 et 24 avril précédent, et celle du 9 décembre suivant.

809. *M.* Bouhelier, *procureur général en la Chambre des comptes de Dôle,*
au Contrôleur général.

23 Juillet 1710.

Il annonce la lacération d'un feuillet du registre où se trouvait transcrite une ancienne permission de tenir fief pour un maître des comptes pourvu depuis lors, et qu'on peut suspecter d'avoir fait disparaître cette preuve de sa roture*.

* En marge, de la main du contrôleur général : «Ordonner qu'il sera informé, etc.»

810. *M.* LE *Gendre, intendant à Montauban,*
au Contrôleur général.

23 et 30 Juillet, 28 Août et 6 Décembre 1710.

Arrestation et jugement de deux billonneurs portant, l'un des louis d'or neufs non fabriqués dans les Monnaies de France, et l'autre des espèces anciennes, destinées sans doute à la fausse fabrication*.

* Sur divers faits de billonnage, voir les lettres de M. Trudaine, intendant à Lyon, 11 septembre, 30 novembre, 5, 11, 24, 27 et 29 décembre 1709; du maréchal de Villeroy, à Lyon, 10 décembre, et de M. Ravat, prévôt des marchands de Lyon, 19 décembre 1709; de M. de la Bourdonnaye, intendant à Orléans, 5 et 20 juillet 1710; de M. d'Ormesson, intendant à Soissons, 27 et 30 août, 4 septembre 1709; de M. Pinon, intendant en Bourgogne, 19 septembre, etc.

Les intendants de Franche-Comté, de Dauphiné et de Languedoc rendent également compte de la fausse fabrication de louis d'or qui se faisait en Suisse, et des mesures prises pour y mettre fin. (Lettres de M. le Guerchoys, 1er septembre et 29 décembre 1709, 12 janvier et 22 octobre 1710; de M. d'Angervilliers, 17 janvier 1710; de M. de Bâville, 28 juin 1710.)

Le 20 janvier 1710, le contrôleur général écrit au Magistrat de Genève : «.....Un décret que vous rendriez pour faire connoître dans tous les lieux de votre dépendance que les louis d'or fabriqués en fausse monnoie, qui seroient saisis, demeureroient confisqués et seroient coupés comme mauvaises espèces...., rendroit la fausse fabrication fort à charge à ceux qui s'en mêlent.....» Voir une autre lettre du 13 février, aux syndic et Conseil de Genève.

811. *M. Méliand, intendant à Lyon,*
au Contrôleur général.

24 Juillet 1710.

Il expose ses démarches pour faire attribuer au sieur Anisson, député de la ville de Lyon au Conseil de commerce, un fonds considérable de librairie que les propriétaires avaient vendu, par-devant notaire, à des libraires de Genève. Ceux-ci ont protesté contre une pareille violation du droit des gens*.

* M. d'Argenson, lieutenant général de police à Paris, écrit, le 5 août : «Quoique la demande des sieurs Anisson et Posuel, libraires de Lyon, dont vous m'avez fait l'honneur de me renvoyer les mémoires, paroisse également juste et favorable, j'ai cru néanmoins qu'elle la seroit encore davantage sous le nom des prévôt des marchands et échevins de Lyon, dont M. le maréchal de Villeroy veut bien agréer que la requête serve de fondement à l'arrêt qu'on vous propose. C'est dans cette vue que j'en ai dicté le projet, tel que je prends la liberté de vous l'envoyer, pour autoriser la préférence de ces deux marchands à des libraires étrangers qui pourroient attirer successivement dans leurs pays les privilèges et les fonds de tous nos libraires, si l'on autorisoit cette entreprise et l'exécution de ce contrat, dont je crois qu'il n'y a aucun exemple. Nos libraires de Paris ne souffriroient pas même que les fonds de leurs confrères passassent aux libraires des autres villes qu'à leur refus; et plus le commerce doit être libre dans le détail, plus il est important d'y apporter des règles et des restrictions par rapport à l'intérêt commun des manufactures. D'ailleurs, les marchands de Genève ne sauroient disconvenir que les privilèges du Roi, et par conséquent les copies qui les concernent, ne sont pas cessibles à des étrangers, et qu'ainsi l'achat qu'ils en ont fait par le contrat dont il s'agit est vicieux dans son principe. Ces considérations me porteroient donc à croire que non seulement la prétention des sieurs Anisson et Posuel est conforme aux bonnes règles, mais aussi qu'il est de l'intérêt public et général du royaume de la soutenir. Le projet d'arrêt qui accompagnera cette lettre contient encore d'autres motifs qui en prouvent, ce me semble, la justice et la nécessité, et je crois que cette affaire n'est pas indigne de la protection singulière dont vous honorez les arts, et de l'attention continuelle que vous donnez aux principales fabriques du royaume.»

Le contrôleur général écrit à M. Méliand, le 21 août : «.....[Le Roi] m'a ordonné de vous faire savoir que son intention est que vous preniez connoissance de cette affaire, pour la terminer par la voie d'un accommodement qui puisse conserver aux libraires de Lyon, en tout, ou du moins en partie, le fonds de librairie vendu aux Genevois, en obligeant surtout ces derniers de se départir de la faculté qu'ils ont stipulée de réimprimer ces livres.....»

M. Méliand annonce, le 3 septembre, que cet accommodement a été conclu.

---

812. *M. Ravat, prévôt des marchands de Lyon,*
au Contrôleur général.

24 Juillet 1710.

Il se plaint que la résistance du clergé de Lyon et de plusieurs compagnies, qui invoquent de prétendus privilèges, empêche de répartir entre les habitants les blés que l'Abondance avait amassés durant la disette*.

* Le 4 août, le contrôleur général écrit à l'archevêque, et celui-ci répond le 13 : «.....Les difficultés que mon clergé a faites..... paroissent bien fondées; la distinction qu'ils ont voulu faire d'une imposition avec une répartition, lui ont fait craindre, dans la suite, qu'ils n'en tirassent dans la suite une conséquence préjudiciable à ses privilèges. Cette ordonnance, qu'ils ont fait afficher et publier à son de trompe dans toute la ville, comprenoit dans la répartition toutes les communautés séculières et régulières, ce qui a paru une entreprise contre les immunités du clergé; car S. M. ne fait aucune imposition sur le clergé de tout le royaume qu'après en avoir convoqué l'assemblée générale, ou par des arrêts du Conseil, et ces impositions ne sont point renvoyées aux intendants comme les autres, mais aux archevêques et évêques, pour en faire la répartition, avec les députés de leurs diocèses, sur tous les particuliers. Cependant, comme il est juste que mon clergé entre dans les intérêts du public et qu'il contribue en ce qu'il pourra au soulagement de cette ville, on a député des commissaires de chaque Chapitre, qui travailleront en ma présence afin de trouver des tempéraments qui puissent mettre à couvert les privilèges du clergé, en se chargeant d'une certaine quantité de blé.....»

Le 26 septembre, M. Ravat, vu la pauvreté des Feuillants de Lyon, qui ne subsistent que par les libéralités que le consulat leur fait comme représentant les fondateurs, propose pour eux un soulagement, qu'on ne leur fera connaître que dans le plus grand secret.

Le procureur du Roi des gabelles ayant demandé d'être exempté de cette répartition, M. Méliand, intendant à Lyon, écrit, le 19 octobre : «.....Il sied mal au procureur du Roi du grenier à sel d'être réfractaire à vos ordres et à un règlement auquel tous les bons citoyens de Lyon doivent donner les mains de bon cœur par bien des raisons; et il ne lui convient point de donner ce mauvais exemple jusques à souffrir une garnison chez lui, qui n'en sortira pas, si vous le trouvez bon, jusques à ce qu'il ait envoyé prendre dans les magasins de l'Abondance sa quote-part des blés. Je l'envoie querir, pour lui ordonner d'y satisfaire.»

M. l'évêque de Mâcon écrivait, le 4 avril précédent, qu'après une longue résistance, en 1709, il avait cédé aux terreurs des habitants de sa ville et fait acheter des blés très cher, mais que ce blé était resté à la charge des magistrats, à qui ce soin incombait comme chargés de la police, et qu'ils ne pouvaient s'en défaire, même chez les boulangers.

Une partie des approvisionnements de la ville de Bordeaux étant aussi sans emploi, il fallut l'écouler en 1710 : voir deux lettres de MM. Dalon et du Vigier, premier président et procureur général du Parlement, en date du 15 février.

---

813. *M. de Bernage, intendant à Amiens,*
au Contrôleur général.

25 Juillet 1710.

Il demande à employer pour les hôpitaux le produit des revenus de l'abbaye de Saint-Vaast, appartenant à M. le cardinal de Bouillon.

---

814. *M. de Bâville, intendant en Languedoc,*
au Contrôleur général.

26 Juillet 1710.

«Vous avez appris, par le courrier que M. le duc de Roquelaure vous a envoyé*, la descente que les ennemis ont faite à Cette, dont ils se sont emparés; ils y ont toujours gardé la même conduite : ils n'ont ni brûlé ni pillé, et toute la flotte est toujours mouillée près de ce port. Ils y ont laissé huit cents hommes, et ils marchèrent avant-hier à Agde. Rien n'est plus extraordinaire que ce qui s'y est passé. M. le duc de Roquelaure y avoit envoyé M. de Margon, brigadier de dragons, et une compagnie de cavalerie. N'ayant point d'autre troupe, pour y suppléer, il y avoit jeté cinq cents hommes de milice, qui avoient assez bonne volonté; mais les consuls et les bourgeois, craignant que leurs blés ne fussent brûlés et leurs métairies pillées, ont écouté une capitulation qui leur a été proposée par le commandant de ces troupes. Elle porte qu'elles n'entreront point dans la ville, et qu'on leur donnera seulement un lieu pour s'y établir au delà du canal, qu'ils prétendent fortifier. Le commandant est entré seul, et toute sa troupe, composée de deux mille hommes, est toujours demeurée campée sur le bord du canal. Le commandant est un homme de Béziers, nommé Seissan, qui a été garde du Roi, major du régiment de Saint-Sernin, et qui avoit acheté le régiment de Santerre de M. le chevalier de Croissy, qu'il a été obligé ensuite de s'en défaire. Je lui ai connu plusieurs mauvaises affaires en ce pays-ci, pour lesquelles je l'ai vu deux fois en prison. Quoiqu'il mande à ses parents qu'il ira à Béziers, j'en doute fort, et je crois qu'il veut nous obliger de porter le peu de troupes que nous avons ici de ce côté-là, pour revenir ensuite dans la Vaunage ou dans les Cévennes, ne pouvant pas présumer que le dessein des ennemis soit autre que celui-là, et qu'ils aient voulu exposer une si grosse flotte dans le golfe de Léon, où je crois qu'il n'y en a jamais eu, pour faire promener le sieur de Seissan aux environs de son pays. La conduite même que ces troupes gardent, très sage et très modérée, me le persuade, n'étant pas naturelle, s'ils n'avoient pas le dessein d'attirer les peuples. C'est ce qui a obligé M. le duc de Roquelaure de ne dégarnir ni les Cévennes ni le Vivarois, où le feu, certainement, n'auroit pas manqué de prendre, s'il en avoit usé autrement; mais cela l'a mis aussi dans une triste situation de ne pouvoir charger ces gens-là, et d'être obligé seulement de les observer et les harceler autant qu'il a pu, en attendant qu'il eût de quoi les détruire. En finissant cette lettre, le courrier que M. le duc de Roquelaure avoit envoyé à M. le duc de Noailles est revenu, qui nous a apporté l'abrégé de toutes les difficultés en nous assurant qu'il faisoit marcher un gros corps de troupes, qui sera ici dans trois ou quatre jours : moyennant quoi je ne crois pas que cette entreprise dure longtemps et qu'elle ait une suite fâcheuse. J'apprends même, dans ce moment, que M. le duc de Noailles y vient lui-même, et qu'il est déjà à Béziers**. »

* La lettre de M. de Roquelaure est à la date du 25.

** L'arrivée immédiate du duc de Noailles, avec des troupes et de l'artillerie, força les ennemis à abandonner Agde dès le 27, sans faire aucune incursion sur les étangs, ni le long de la côte, ayant trouvé partout les troupes et les milices en armes. (Lettres des 28 et 29.) L'intendant dit, dans la lettre du 28 : «Jusqu'à présent, il n'y a eu que des mauvais discours de la part de quelques nouveaux convertis; mais ils n'ont fait aucun mouvement. Je crois qu'ils en feroient volontiers, s'ils ne croyoient d'être accablés dans le moment par les mesures qu'on a prises pour les contenir, étant, pour ainsi dire, gardés à vue de toutes parts. Le sieur de Seissan a toujours affecté de faire beaucoup d'honnêtetés à quatre ou cinq personnes qui ont été prises sur les étangs; il les a renvoyés après les avoir régalés. On voit, par la conduite de ces gens-là, que leur principale instruction est de gagner les peuples, et non pas de se faire craindre.»

Les ennemis se rembarquèrent le 29 juillet, et leur flotte mit à la voile le 31. Le 1er août, l'intendant écrit : «.....Les officiers faits prisonniers, qui ont dîné aujourd'hui avec moi, sur ce que je leur ai dit : «Avez-vous pu croire que nous n'avions pas en Languedoc de «quoi rompre le col à trois mille hommes?» m'ont répondu qu'ils ne s'étoient embarqués à cette entreprise que sur l'assurance que Seissan leur avoit donnée qu'ils seroient joints par plus de vingt mille dès qu'ils paroîtroient.»

Les nouveaux convertis de la généralité de Montauban restèrent calmes, grâce surtout aux soins de M. de Bonnac, et quelques attaques des miquelets furent repoussées. (Lettres de M. le Gendre, intendant, 6 et 20 août.)

Les indemnités dues à l'entrepreneur des travaux du port, par suite des dégâts causés par la descente, furent avancées par la province, qui fournissait aux dépenses de l'entreprise depuis plus de vingt ans. (Lettre de M. de Bâville, 5 janvier 1711.)

815. *M. Lebret fils, intendant en Provence,*
au Contrôleur général.

28 Juillet 1710.

Il demande pour les échevins de Marseille l'autorisation de donner 100 écus à chacun des quatre médecins qu'on a dû adjoindre extraordinairement, à cause de la surabondance des maladies, aux quatre médecins ordinaires de l'hôpital, lesquels sont payés à raison de 400# par an.

816. *Le Contrôleur général*
à M. de Bâville, intendant en Languedoc.

31 Juillet 1710.

«Que Mme la maréchale de Noailles m'a fort chargé de lui écrire avec confiance; que tous ces employés [usent] de recommandation quand on les trouve en faute, et c'est toujours un procès quand il faut les déposséder. J'ai trouvé tant de désordre dans la régie des fermes, que j'ai été obligé d'y donner une très forte attention, et, comme je crois qu'on ne peut la rétablir qu'en faisant souvent des exemples sur les employés négligents ou coupables de fautes qui méritent punition, il n'est pas possible de parvenir à rétablir l'ordre, si on n'agit quelquefois un peu militairement, n'étant pas possible d'avoir toujours des preuves claires et convaincantes contre ceux qui se conduisent mal, par les précautions qu'ils prennent pour couvrir leur mauvaise conduite et leur friponnerie. Mme la maréchale de Noailles veut que je vous demande un éclaircissement sur ce que demande le sieur Costa : je vous prie d'examiner ce qui le regarde*.....»

* Le 26 décembre 1709, à propos d'un emploi vacant d'inspecteur des gabelles, il écrivait à M. de Marillac, conseiller d'État : «Je vous avoue que je n'ai pas connoissance de l'emploi d'inspecteur des gabelles à la Haye, en Touraine, que vous me marquez être vacant par le décès du sieur de Baussan. Je m'en ferai informer par les fermiers généraux; mais je suis obligé de vous dire qu'une des choses

qui paroît le plus à éviter est de donner les emplois de cette nature à gens qui ont des exploitations de bois ou qui font quelque commerce. Je vous ajouterai que j'ai trouvé un si grand désordre dans la régie des fermes, que, si on ne donnoit toute l'attention possible à chercher les moyens d'y remédier, elles diminueroient au point que bientôt le Roi n'en retireroit pas le quart du produit auquel M. Colbert les avoit fait monter.....»

817. *M. Foullé de Martangis, intendant en Berry,*
au Contrôleur général.

31 Juillet 1710.

«J'ai reçu, le 26 de ce mois, les deux mille prises de remèdes que vous avez ordonné au sieur Helvétius de m'envoyer, avec un bon nombre de mémoires imprimés pour enseigner l'usage de ces remèdes*. J'en ferai faire une exacte distribution. Aujourd'hui, on m'a remis la lettre que vous m'avez écrite le 27; j'y ai trouvé un nouveau mémoire qui explique la manière de traiter les fièvres qui ont cours dans les provinces. Je vais en faire tirer trois cents exemplaires, pour les répandre dans le département, où les maladies ont été si violentes en plusieurs endroits, qu'elles y ont emporté la moitié des habitants. On les croyoit cessées il y a un mois, au moins étoient-elles fort diminuées; mais, actuellement, elles sont aussi fréquentes que jamais, et l'automne pourroit bien les multiplier encore. Les peuples ont une grande idée de la vertu de la thériaque et de l'orviétan. Permettez-moi, pour leur soulagement ou leur conservation, de prendre la liberté, une seconde fois, de vous en demander une certaine quantité de boîtes**.....»

* Le procureur général Daguesseau avait demandé l'emploi de ces remèdes dès le 13 septembre 1709; mais il ne put en obtenir une distribution pour l'Hôpital général de Paris, parce qu'ils étaient réservés pour la campagne et pour les lieux dépourvus d'hôpital : voir sa lettre du 22 janvier 1710, avec réponse en apostille.

** Voir les lettres de MM. Doujat, intendant en Hainaut, 9 novembre 1710; Turgot, à Moulins, 15 février; Chauvelin, à Tours, 8 mai, 9 et 25 juin.

Le 12 mai, M. de Bouville Saint-Martin, intendant à Alençon, avait proposé d'interrompre tout commerce entre la ville de Séez et les lieux voisins, à cause de la contagion. Cette contagion s'étendit dans la généralité, et l'on y envoya le sieur François Rousseau, médecin, pour la combattre. (Lettres de M. de Bouville Saint-Martin, 27 novembre 1710, 2 et 19 octobre 1711; lettres du sieur Rousseau, 1er janvier, 12 février, 16 septembre, 10 et 27 décembre 1711.)

Sur l'épidémie dans la généralité d'Orléans, voir les lettres de M. de la Bourdonnaye, intendant, du 8 au 28 mars, du 3 au 28 avril, du 5 au 29 mai, du 3 au 27 juin, des 31 juillet et 14 décembre 1710; du sieur Helvétius, 13 avril 1710; du procureur général Daguesseau, 11 juin 1711; du sieur Blondel, médecin, 24 mars 1710, et de l'intendant, 5 février et 12 septembre 1711.

Dans la généralité de Montauban, voir les lettres de M. le Gendre, intendant, 12 mars, 2 et 30 juillet. A cette dernière date, il dit : «.....Les maladies ont un peu diminué depuis huit jours que l'on commence à manger du blé nouveau, qui est parfaitement bon : ce qui fait croire que cette contagion venoit en partie de la mauvaise nourriture, presque tout le blé de l'année dernière ayant été de mauvaise qualité. Ce qui est de certain, c'est que l'on meurt beaucoup moins; mais ceux qui ont été bien malades ont une peine extrême à revenir. Pourvu que les maladies ne reprennent point vigueur dans le renouvellement de la lune, comme elles ont fait jusqu'à présent, il y a lieu d'espérer que les chaleurs dissiperont tout à fait le mauvais air. Je puis vous assurer que les malades n'ont point manqué de secours à Montauban, Cahors, Villefranche, et dans tous les autres lieux infectés de contagion. L'argent que vous avez procuré à ce département pour faire travailler les pauvres a été d'un secours infini et a sauvé la vie à plus de dix mille âmes. Quoique la grêle, la nielle et les herbes aient fait un grand tort, dans plusieurs endroits, à la récolte, cependant elle a été, généralement parlant, assez bonne, et vous pouvez être en repos sur ce pays-ci, où l'on ne doit pas craindre de manquer de blé. Si même, dans la suite, le Roi en avoit besoin, ce qui coûtoit il y a quatre mois 15^{ll} n'en coûtera pas 6. Il est même à craindre, pour le recouvrement, que le blé ne vienne à un prix trop modique. On a été fort alarmé, en ce pays-ci, de la descente des ennemis au port de Cette; cependant pas un nouveau converti n'a branlé, ni fait paroître de mauvaise volonté, et j'ose vous assurer que, malgré la misère et les calamités publiques, les peuples sont fort dociles en ce pays-ci, et fort soumis aux volontés du Roi. Je ne dis pas qu'il n'y ait un grand nombre de nouveaux convertis mal intentionnés; mais, avec un peu d'attention, il est aisé de les contenir dans le devoir. Je ne manquerai pas de vous rendre compte de tout ce qui se passera.» Le 13 août, il annonce une recrudescence très grave. Le 24 décembre, il dit qu'on a distribué partout les imprimés des lettres et mémoires du sieur Chauvin sur les maladies populaires.

818. *M. Bignon de Blanzy, intendant à Paris,*
au Contrôleur général.

31 Juillet et 3 Août 1710.

Il annonce qu'une tempête très violente, à la date du 28 juillet, a détruit une grande partie des récoltes, que l'on commençait à moissonner, et a atteint également les arbres à fruits*.

* Le 15 novembre suivant, il annonce un débordement des rivières d'Yonne et d'Armançon.

819. *M. Trudaine, intendant en Bourgogne,*
au Contrôleur général.

31 Juillet et 20 Novembre 1710.

Administration des biens de l'abbaye Saint-Bénigne de Dijon, donnée à M. l'abbé Desmaretz. Évaluation des indemnités de dégradation dont Mme la marquise de Créquy peut être tenue.

«Pour moi, qui suis logé dans la maison abbatiale, qui est belle et grande et dont les appartements sont aussi beaux que ceux des plus beaux hôtels de Paris, j'aurai une attention particulière à la conservation de la maison et à l'entretenir dans le bon état où on me l'a remise. Si M. l'abbé Desmaretz avoit quelque curiosité de venir voir son abbaye, il trouvera chez lui un appartement tout meublé, et nous aurons grand plaisir de l'y avoir. Je ne compte pas qu'il veuille y faire un assez long séjour pour lui remettre toute sa maison; j'espère qu'il voudra bien m'y laisser le reste du bail, qui doit durer encore quatre ans, et même, par la suite, en renouveler un autre. C'est la seule maison de Dijon où les intendants puissent loger agréablement et commodément, et je suis bien persuadé que M. l'abbé Desmaretz ne les délogera jamais*.....»

* Voir d'autres lettres de M. Quarré, procureur général, et du prévôt, du bailli et des religieux de l'abbaye, aux dates des 7 août, 29 novembre, 3 et 13 décembre 1710; de M. Trudaine et de diverses autres personnes, 12 mars, 9 avril, 13 juin et 4 août 1711.

820. *M. d'Angervilliers, intendant en Dauphiné,*
au Contrôleur général.

31 Juillet, 3 et 14 Août 1710.

Compte rendu des mouvements de l'armée ennemie devant le camp de Tournoux, et du ravitaillement de la vallée de Barcelonnette.

821. *M. d'Argenson, lieutenant général de police à Paris,*
au Contrôleur général.

3 Août 1710.

«La proposition de mettre les loueurs de carrosses de remise en communauté, ou de créer dans la ville de Paris la quantité de deux cents privilèges de maîtres loueurs de carrosses, dont vous m'avez fait l'honneur de me renvoyer le mémoire, est non seulement contraire à la liberté publique, mais d'une exécution presque impossible, et par conséquent très onéreuse à ceux qui s'en chargeroient. Ce genre de commerce ne peut subsister que par la liberté générale et indéfinie qu'on a de le prendre ou de le quitter suivant les occurrences et les conjonctures. La guerre ou la paix, l'hiver ou l'été, le bon marché ou la cherté des denrées, le prix excessif ou modique des chevaux y apportent une différence qui l'augmente ou le diminue de plus des trois quarts. Il arrive même assez souvent que, des loueurs de carrosses n'ayant point de chevaux pendant cinq ou six mois entiers, et que des loueurs de chevaux n'ayant point de carrosses, ils s'associent pendant ce temps-là, et renoncent ensuite à leur société, pour faire séparément leur commerce. Comment donc seroit-il possible de fixer par des maîtrises ou par des privilèges personnels une profession si variable et si incertaine, surtout dans un temps qui lui est aussi contraire que celui-ci, où le peu de gens qui la font encore ont peine à la soutenir, et se trouvent souvent réduits aux extrémités les plus fâcheuses? Si le Conseil écoutoit cette proposition, il arriveroit sans doute que, les loueurs de carrosses n'étant pas en état de payer la finance des privilèges, il faudroit que les traitants les exerçassent : ce qui obligeroit les loueurs de carrosses à vendre leurs équipages à vil prix, au grand préjudice de leurs créanciers et de leurs familles. Le malheur des temps ne permet guère de faire une semblable tentative, et l'on peut dire que ceux qui entreprendroient de s'en charger ne connoissent guère leurs véritables intérêts. Ils demandent, au commencement de leur mémoire, que chaque maître loueur de carrosses en puisse exposer un sur les places publiques; mais, cette faculté étant directement contraire aux droits des carrosses de place, dont les propriétaires viennent de payer une finance considérable (outre la redevance annuelle dont ils sont tenus envers l'Hôpital général), il semble qu'on ne pourroit se dispenser d'écouter leurs justes plaintes. Il seroit fort difficile aussi que ce nouvel établissement pût s'accorder avec ceux des voitures de la cour et des grandes routes du royaume, à moins qu'on n'en restreignît l'objet au dedans de la ville même, ce qui en retrancheroit la principale utilité, ou qu'on ne renfermât les propriétaires du privilège des carrosses de place dans ces mêmes bornes, ce qui donneroit atteinte à leur concession et seroit fort incommode pour le public. Si, nonobstant ces considérations, vous jugez à propos d'accepter les offres qui vous sont faites, j'emploierai tous mes soins pour prévenir ou pour diminuer les inconvénients que j'ai eu l'honneur de vous représenter; et je pense qu'il ne sera pas inutile, en ce cas, que les traitants me communiquent le projet d'édit qu'ils auront dessein de vous faire agréer.»

822. *M. de Bernage, intendant à Amiens,*
au Contrôleur général.

3 Août 1710.

«J'ai profité des dispositions que j'ai trouvées à l'occasion du renouvellement que je devois faire du Magistrat de Saint-Omer, pour en tirer quelque argent, soit par un prêt qui seroit offert par ceux qui sont en place, soit par une finance qui seroit donnée aussi par forme de prêt par ceux qui aspiroient à être nommés. J'ai cru le premier parti plus convenable et plus agréable à la communauté de la ville, parce qu'il auroit fallu, dans l'autre, donner quelque atteinte à la liberté des suffrages des électeurs. Le Magistrat a offert 25,000#. J'aurai l'honneur de vous envoyer au premier jour la délibération et le projet d'arrêt nécessaire. Je vous proposerai en même temps la destination, dont la plus grande partie sera pour les fortifications de la ville. J'espère que vous approuverez ce que j'ai fait sur cela, et, si je trouve la même disposition dans le Magistrat de Hesdin et ceux de quelques autres villes, j'en ferai usage*.»

* Une somme de 10,000# fut donnée au commis du trésorier de l'extraordinaire des guerres, pour payer des blés de 1709, et 15,000# employées pour les fortifications. (Lettre du 6 août.)

L'intendant écrit, le 15 septembre : «J'ai eu l'honneur de vous renvoyer..... l'arrêt qui accepte les offres du Magistrat de Saint-Omer d'avancer 25,000# pour être continué pendant une année, et de vous supplier de faire expédier des lettres patentes : c'est la seule difficulté que ce Magistrat a faite; mais je crains, par rapport à ce qui s'est passé à Douay et à Béthune, où les ennemis ont renouvelé les Magistrats, que celui de Saint-Omer ne redouble ses difficultés, s'il voit Aire réduit et les ennemis si près de cette place.....»

823. *Le Contrôleur général*
à M. de Bourvallais, intéressé aux affaires du Roi.

7 Août 1710.

«Je vous envoie une lettre du sieur de Gennes-Picottière,

IMPRIMERIE NATIONALE.

écrite de Morlaix, le 30 du mois passé. Il se plaint, comme beaucoup d'autres, du refus que vous faites, non seulement d'acquitter vos billets, mais même de les renouveler et d'en payer les intérêts. Je m'adresse à vous, parce que vous êtes nommé dans la lettre du sieur Picottière; mais, quand même les billets dont il y est fait mention ne vous regarderoient point, il est nécessaire que vous fassiez avertir les sieurs Nicotte, Charlière, Pellard, Mailly, Saint-Paterri et la Vieuville que, s'ils ne satisfont incessamment au renouvellement et au payement des intérêts que ce particulier demande, je ferai expédier un arrêt pour les contraindre d'en acquitter la valeur en entier, et que cet arrêt sera suivi d'un ordre du Roi pour les arrêter dans leurs maisons. Prenez soin de m'informer de l'exécution de ce que je vous marque.»

824. *M. DE BERNIÈRES, intendant en Flandre,*
AU CONTRÔLEUR GÉNÉRAL.

7 Août et 14 Septembre 1710.

Échange du chevalier de Folard, aide de camp de M. de Gosëbriant, qui a été fait prisonnier en retournant à l'armée, et que les ennemis ne veulent relâcher que contre remise d'un brigadier, quoiqu'il soit seulement capitaine d'infanterie.

825. *M. DE LA BOURDONNAYE, intendant à Orléans,*
AU CONTRÔLEUR GÉNÉRAL.

9 Août 1710.

«J'ai examiné la requête ci-jointe des juges et consuls d'Orléans, qui étoit jointe à la lettre que vous m'avez fait l'honneur de m'écrire le 16 de juillet, et par laquelle ils demandent de pouvoir prendre à l'avenir un premier juge-consul et deux autres parmi ceux qui l'ont déjà été. J'ai fait convenir ces juges et consuls qu'il y auroit de l'inconvénient de prendre trois sujets parmi les anciens consuls pendant qu'on n'en prendroit que deux parmi les négociants qui ne l'ont point été, et qu'il suffira de choisir à l'avenir, à commencer la prochaine élection, le juge-consul parmi les anciens, comme il s'est toujours pratiqué, et, outre cela, le premier consul; les trois derniers consuls seront pris parmis les négociants qui ne l'ont pas encore été, suivant l'usage. Ainsi, il n'y aura de changement qu'à l'égard du premier consul*.»

* Apostille: «Bon.»

826. *M. DE GUILLERAGUES,*
chevalier d'honneur au Parlement de Bordeaux,
AU CONTRÔLEUR GÉNÉRAL.

9 Août 1710.

Il se plaint de n'avoir ni reçu les droits honorifiques, ni joui des prérogatives et privilèges qui lui sont dus comme prenant rang entre les présidents à mortier et le doyen de la Compagnie*.

* M. du Vigier, procureur général, explique ce que sont ces honneurs et droits, dans une lettre du 27 : «.....Il est d'un ancien usage que MM. les présidents à mortier, conseillers de la grand'chambre et les présidents des enquêtes, allant dans la province, sont visités en corps par les officiers de justice et par les maires, échevins, jurats et consuls des villes; qu'aux nouvelles élections des jurats et aux ouvertures du Parlement, les jurats de Bordeaux, les officiers du Sénéchal et de l'Amirauté, les juge et consuls de la Bourse des marchands, les avocats, procureurs et huissiers visitent en corps M. le premier président, MM. les présidents à mortier, les conseillers de la grand'chambre et le doyen du Parlement : ce qui est aussi pratiqué à Saint-Yves par les avocats, procureurs et huissiers du Parlement; que, lors de la réception des officiers, ils sont aussi visités par eux, et tant M. le premier président que les présidents à mortier et le doyen ont chacun 19# 4 s., que les récipiendaires remettent au greffier; que les procureurs au Parlement baillent un certain nombre de bouteilles de vin, à leur réception, à Messieurs du Parlement; que la communauté des procureurs en donne aussi à la fête de saint Yves; qu'à Notre-Dame de la Chandeleur il se fait une distribution des chandelles et bougies, qui sont prises sur le fonds à ce destiné dans l'état du Roi..... Il a passé dans la grand'chambre à lui donner seulement, lors de la réception des procureurs, une portion de bouteille de vin égale à celle des conseillers, qui n'est qu'une moitié de celle des présidents à mortier et du doyen.....» Selon une lettre du premier président Dalon, 31 août, le Parlement fit droit aux réclamations de M. de Guilleragues, qui cependant présenta encore une requête le 18 septembre 1711.

827. *M. D'ARGENSON, lieutenant général de police à Paris,*
AU CONTRÔLEUR GÉNÉRAL.

10 Août 1710.

Il repousse une proposition de créer en titre d'office des gardes de nuit pour le marché à la volaille, les halles et la place aux Veaux, faite par les munitionnaires des armées de Flandre et d'Allemagne : les marchandises qui payeraient les frais de cette nouvelle création sont déjà surchargées de divers droits, et les fonctions de gardes sont faites par de malheureux gagne-deniers à qui les marchands donnent volontairement un salaire.

828. *M. TURGOT, intendant à Moulins,*
AU CONTRÔLEUR GÉNÉRAL.

11 Août 1710.

«.....Le mémoire qui a été envoyé par M. le comte du Luc, ambassadeur du Roi en Suisse,..... est présenté par le sieur Pierre Saigne, suisse de nation qui est venu s'établir à Nevers depuis vingt années. On peut dire qu'il a été utile aux forges du pays, y ayant apporté le secret de faire des soufflets de bois avec de simples planches de sapin, qui sont de bien moindre dépense et entretien que les grands soufflets de cuir dont on se servoit auparavant dans les fourneaux; mais ce secret ne lui a pas été infructueux, car il a gagné pour 40,000 écus de bien par cette industrie et par le commerce. Dans le dérangement où a été la ville de Nevers à cause des maladies qui y ont régné, les collecteurs de 1709 et 1710 l'ont imposé à la taille à 200# pour chacune de ces années. Ayant reçu vos ordres pour sa décharge des impositions, je la lui ai accordée par l'ordonnance dont je joins copie : ainsi, il n'est plus question du fonds, mais seulement de l'avance des deniers que j'ai cru qu'il devoit faire sauf le rejet qui lui a été accordé pour 1711 et 1712. Vous savez que la provision des rôles est ordonnée par tous les règlements pour les tailles; je la croyois même d'autant plus juste, que ce particulier peut commodément la faire avec des assurances aussi certaines du rejet. J'en ai rendu compte, à Paris, à M. de Bercy, sur un premier mémoire de M. le comte du Luc, qui l'a approuvé, parce que cela est en règle. Je l'avois même dit à la femme de cet homme, afin qu'elle prévînt les frais; mais vous voyez jusqu'où est conduite son opiniâtreté, et je crois que cette légère difficulté de l'avance ne méritoit pas qu'il fît présenter à la diète des Cantons un mémoire pour s'en plaindre, puisqu'on lui a accordé sa décharge, qui est même une grâce considérable vu son bien. Cependant, par ménagement pour leur privilège et pour leur satisfaction, vous m'ordonnez d'en faire faire l'avance aux collecteurs. Je l'ordonnerai, quoique le ménagement qu'on doit avoir pour des gens qui auront à lever 36,000# dans chacune de ces années difficiles, sur laquelle ils auront déjà de grosses pertes et non-valeurs, m'ait retenu jusqu'ici et empêché de les condamner à en faire l'avance. Il reste encore deux autres difficultés qu'il propose : l'une, qu'il prétend être exempt de la capitation. Je ne vous dissimulerai pas que l'ordre de M. Chamillart à M. d'Ableiges, en 1706, pour les exempts, s'étendoit jusqu'à la capitation; j'ai néanmoins peine à croire qu'un secours aussi universel, que le Roi demande aux ecclésiastiques, à la noblesse et à tous ses sujets, ne comprenne pas aussi les Suisses établis en France, [qui,] par leur domicile et leur commerce, y acquièrent des biens et un domicile fixe. Je ne puis croire que leurs exemptions de toutes impositions mises et à mettre puissent s'étendre jusqu'à un pareil secours, dont personne n'est exempt, et auquel même les princes du sang contribuent. Ainsi, jusqu'à ce que j'aie des ordres précis de ne les y pas laisser comprendre, je laisserai les maire et échevins user de leurs droits. Le troisième article dont il demande d'être exempt ne me paroît pas du tout fondé. On le taxe à 100# pour les arts et métiers, que les principaux ont droit de répartir sur tous ceux qui font quelque commerce. Il en fait sûrement, tant de son métier que par une correspondance particulière entre sa femme et son fils, établi à Lyon, [tellement] que les maîtres de ce métier ne sauroient vivre sans l'assujettir aux contributions de ce commerce, qui fait la règle de cette imposition*. . . . . »

* Contrairement à l'ordonnance rendue par M. Turgot, un arrêt du Conseil du 8 octobre suivant, confirmant les Suisses établis à Nevers dans les privilèges et exemptions stipulés par les traités, les déchargea de toutes taxes personnelles pour raison de leur commerce et industrie, du logement, du guet et garde, etc. Mais, M. Doujat, intendant en Hainaut, demandant, le 23 mai 1714, s'il devait se conformer à cet arrêt, le contrôleur général répond en apostille que l'arrêt de 1710 a été surpris; qu'on a, depuis, admis une opposition des échevins de Nevers; que partout les Suisses sont imposés comme les sujets du Roi, et que les privilèges ne sont stipulés que pour ceux d'entre eux qui servent le Roi dans ses troupes.

---

829. *M. Lebret fils, intendant en Provence,*
au Contrôleur général.

12 Août 1710.

État des titres des officiers qui prétendent entrer en jouissance de la maison du Roi à Marseille.

---

830. *M. de la Houssaye, intendant en Alsace,*
au Contrôleur général.

13 Août 1710.

« . . . . . J'ai pris les éclaircissements nécessaires sur le placet ci-joint, présenté au Roi par le nommé Jean Hérisson, bourgeois de la ville de Belfort. La permission qu'il demande d'y établir une douane et d'y percevoir les droits ordinaires et accoutumés dans les autres villes sur les marchandises qui y seront entreposées, ne convient en aucune manière, tous les droits utiles et domaniaux de Belfort appartenant à M. le duc de la Meilleraye par le don que le Roi en a fait à feu M. le cardinal de Mazarin après la cession de la maison d'Autriche au profit de S. M. portée par le traité de Münster, de l'année 1648. D'ailleurs, si ce nouvel établissement avoit lieu, il seroit à craindre qu'il ne causât beaucoup de préjudice dans l'usage courant et ordinaire du commerce de ce côté-là. . . . . »

---

831. *M. Ravat, prévôt des marchands de Lyon,*
au Contrôleur général.

15 Août 1710.

Il se plaint que les juges-consuls du royaume et les Parlements refusent de reconnaître la validité de la prorogation du payement des Rois 1709, prononcée par la Conservation de Lyon en faveur des sieurs Bernard et Nicolas, mais avec l'autorisation expresse du Roi et du contrôleur général.

« Les juges-consuls de Marseille et le Parlement d'Aix n'ont pas voulu faire attention que nous sommes les seuls juges des foires et des payements de Lyon; que notre juridiction dans cette partie n'a aucun ressort limité; qu'il n'y a, dans le royaume, des foires d'argent qu'à Lyon; que tous les engagements qui sont payables dans ces foires ou dans ces payements sont de notre compétence, et enfin que, si la prétention du Parlement d'Aix avoit lieu, il se trouveroit que les marchands de Lyon et ceux qui négocient de bonne foi sous nos privilèges et sur la sûreté de nos ordonnances seroient exposés journellement à des condamnations pour avoir satisfait à ces mêmes ordonnances qui suspendent les diligences ordinaires pendant le terme des prolongations. Le service du Roi seroit altéré; il n'en tireroit aussi aucun avantage, ou du moins il seroit renfermé dans l'enceinte de cette ville. Quand la loi est juste, qu'elle est autorisée, elle doit être uniforme, surtout en fait de commerce. Je ne vous rappellerai point ici d'autres inconvénients, qui ne sauroient échapper à vos lumières et à votre justice, et qui vous engageront à nous mettre en état, par la réponse dont j'espère que vous m'honorerez, de faire connoître aux Parlements du royaume et aux juges-consuls que nous n'excédons pas notre pouvoir en ordonnant des prolongations des payements, que S. M. les a toutes approuvées, et que nos ordonnances sur ce fait-là doivent être exécutées dans tout le royaume*.»

* Au dos: «Bon par arrêt particulier.»

---

832. M. DE BERNAGE, intendant à Amiens,
AU CONTRÔLEUR GÉNÉRAL.

15 Août, 28 Septembre et 5 Octobre 1710.

Service des vivres et du pain*; payement des transports. Nécessité urgente de faire avancer une somme de 20,000# par les receveurs des tailles ou par la Monnaie d'Amiens.

«(*28 septembre.*) Il vous a été fait des propositions par des entrepreneurs pour fournir le pain en se chargeant aussi de la fourniture des grains qui en font la matière. Rien ne seroit sans doute plus convenable pour le bon ordre et le bien du service, et plus soulageant pour vous, qu'un pareil traité, pourvu qu'il soit fait avec une forte compagnie, et je ne doute pas que vous ne la chargiez aussi de tous les transmarchements..... Si vous ne pouvez conclure le marché général des vivres comme il est à désirer, M. Boutin reprendroit cette somme de 20,000# sur les premiers deniers de la grande imposition que je vous ai proposé de faire pour les voitures, tant de l'hiver que de la campagne prochaine. Si, au contraire, les entrepreneurs des vivres sont chargés du tout, ladite somme de 20,000# sera remboursée sur une petite imposition que vous pourrez faire par supplément sur les généralités de Paris et Rouen, avec ce qui pourroit rester en tout dû pour les voitures**.....

«(*5 octobre.*)..... Il n'y aura pas, après-demain, de pain pour dix-sept bataillons et sept escadrons qui sont à Arras..... Le crédit est absolument épuisé, et l'autorité dont on se sert révolte tout le monde. Il n'y a plus moyen d'avoir de bois, ni de boulangers..... Le mal est si pressant, que le remède ne peut être trop prompt, car l'armée et les places courent un péril égal. Il m'est impossible de faire continuer les voitures.....»

* L'intendant demandant, dans la première lettre, de lever une imposition de farines sur les généralités de Paris et de Rouen, le contrôleur général répond en marge qu'il n'y faut pas compter, que la tranquillité de Paris repose sur son approvisionnement en blés et en farines de la Picardie, de la Champagne et de la Normandie.

** L'assignation fut expédiée aussitôt sur la Monnaie.

---

833. M. VOYSIN, secrétaire d'État de la guerre,
AU CONTRÔLEUR GÉNÉRAL.

17 Août 1710.

«Les commis des traites ont prétendu, depuis peu de temps, dans toutes les places de la frontière de Flandres, assujettir les partisans, lorsqu'ils font des prises sur les ennemis, à déposer au bureau de la ferme, en arrivant dans la place, tout leur butin, pour être vendu à la diligence desdits commis, les droits en être payés, et le surplus distribué par eux à ceux qui ont fait la capture..... Cela est contraire à ce qui a été pratiqué dans tous les temps. Lorsque les partis de troupes du Roi ramènent des prises dans les places, l'intendant seul juge de la validité de la prise; s'il la trouve bonne, la vente se fait publiquement à l'enchère, par le major de la place, qui en reçoit l'argent, et le distribue à ceux à qui il appartient. Ce que l'on a coutume d'observer seulement, et à quoi MM. les intendants tiennent la main, est, lorsqu'il se trouve des marchandises dont l'entrée et le débit sont défendus en France, d'ordonner que la vente s'en fasse à la charge de les renvoyer à l'étranger. Si on changeoit cet usage, et que les partisans se crussent obligés de passer par les mains des fermiers des traites, il en arriveroit sûrement un inconvénient, et les partisans, au lieu de ramener la capture, comme ils le doivent par les règles de la guerre, se contenteroient de rançonner les marchands*.....»

* Réponse en marge, de la main du contrôleur général: «A MM. les fermiers généraux, pour m'en rendre réponse promptement et rétablir l'usage ordinaire.» Ordre fut donné de faire faire une déclaration par les partisans, devant les intendants ou leurs subdélégués.

M. Doujat, intendant en Hainaut, écrit, le 9 septembre suivant: «.....On aura grand soin de démêler si la déclaration est sincère; cela ne sera pas même difficile à découvrir, parce que, si elle ne l'étoit pas, on en auroit bientôt des plaintes des parties intéressées: en ce cas, on confisqueroit au profit du Roi tous les effets contenus dans la prise. Si la déclaration est générale et véritable, et qu'elle comprenne des marchandises défendues et de contrebande, on aura soin de les faire renvoyer dans les pays étrangers: on ne craindra pas même, par ce moyen, l'entrée en fraude de certaines marchandises sujettes au payement de quelques droits, et on sera en sûreté sur tous ces articles. J'avoue que les commandants qui ont part à ces prises auront peine à souffrir que les partisans fassent ces déclarations; mais, en faisant quelque exemple sévère, on parviendra à établir et à confirmer cette jurisprudence, qui me paroît conforme à l'usage et remédier à toute sorte d'abus.»

A cette lettre est joint un mémoire approbatif des fermiers généraux.

---

834. M. D'ORMESSON, intendant à Soissons,
AU CONTRÔLEUR GÉNÉRAL.

17 Août 1710.

«Par les épreuves qui ont été faites dans mon département des blés de Barbarie, l'on a reconnu que ces grains, quoique très durs, se mouloient aussi aisément que ceux du royaume, et qu'en les mouillant, la farine qui en provenoit étoit plus sujette à se gâter, même produisoit moins de pain que celle du grain qui n'avoit point été mouillé. Un sac de ce blé, du poids de deux cent deux livres, qui avoit été mouillé, n'a produit, après avoir été moulu, que cent soixante-huit rations de pain, et la farine d'un sac de pareil poids qui n'avoit pas été mouillé en a rendu cent quatre-vingt-seize rations : ce qui fait une différence de vingt-huit rations par sac de blé du poids de deux cent deux livres. C'est ce qui m'a déterminé d'ordonner que l'on moulût tout ce grain étranger à l'ordinaire, en observant de ne point mêler les farines qui en proviendront, et de les annoncer comme venant de blé du Levant aux commis des vivres de Péronne qui doivent les recevoir. J'en ai, en même temps, informé M. de Bernage, afin qu'il puisse donner ses ordres sur la manière dont on emploiera ces farines, et pour faire compter le munitionnaire et ses commis de l'excédent de pain qu'elles doivent produire au delà de ce que rendent ordinairement les blés du royaume. J'ai aussi marqué à M. de Bernage que gens expérimentés sur ce fait prétendoient qu'en pétrissant longtemps ces farines de blés du Levant et en leur donnant toute l'eau nécessaire, qu'elles rendroient encore plus de pain que la quantité que je viens d'avoir l'honneur de vous expliquer, mais que cela dépend de l'habileté du boulanger.»

---

835. *Le sieur* LE ROY, *directeur des aides à Blois,*
AU CONTRÔLEUR GÉNÉRAL.

17 Août 1710.

«Comme je viens de donner à M. l'intendant un état du produit des aides de cette élection depuis que j'en fais la régie, cela me persuade que vous avez dessein d'apporter quelques remèdes au malheur des fermes du Roi. Dans cette idée, j'ai cru devoir vous dire qu'au mois de novembre dernier, je fis rendre à Votre Grandeur, par le R. P. Chamillart l'aîné, un mémoire en forme de règlement à cette occasion, contenant dix-huit articles, lequel m'avoit été demandé par Mgr Chamillart, avec un tarif pour une taxe sur les carrosses et sur les chevaux de chaque particulier; et par ma lettre, je vous informois de la nécessité qu'il y avoit de supprimer la vaisselle d'argent. Or, comme cela a eu son effet, ainsi que le rachat de la paulette, dont j'ai pareillement donné l'avis, je prends la liberté de vous supplier d'avoir la bonté de me gratifier de ce que Votre Grandeur jugera à propos pour ce petit ouvrage, duquel M. de la Garde a une parfaite connoissance. Je travaille encore à un mémoire concernant une régie nouvelle de toutes les fermes du Roi, par le moyen de quoi on en diminueroit les frais de moitié : ce qui seroit d'autant plus avantageux que, dans la conjoncture présente, ils absorbent presque le produit; comme aussi à une création de charges qui procureroit plus de deux millions au Roi, et qui d'ailleurs seroit utile au public. Mais, comme mon intention est d'y joindre quelques observations que je voudrois bien qui ne fussent connues que de Votre Grandeur, je n'ose les risquer par rapport à ce que le R. P. Chamillart m'a écrit que, demandant raison de mes premiers mémoires à M. Bezat, à qui Votre Grandeur les avoit remis, il lui dit qu'il ne savoit ce qu'ils étoient devenus : de manière qu'au lieu d'en retirer quelque fruit, je m'exposerois à avoir du chagrin.»

---

836. LE CONTRÔLEUR GÉNÉRAL
aux Directeurs des fermes.

20 Août 1710.

«Je vous écrivis, au mois de décembre dernier, de vous appliquer, sur toutes choses, à suivre le produit des caisses particulières de votre département, pour en faire remettre exactement les fonds à la recette générale. J'apprends cependant que la négligence que vous avez eue jusqu'à présent à faire les tournées auxquelles vous êtes obligé a causé de grands abus sur cet article, de même que sur plusieurs autres. Il est nécessaire, pour y remédier, que vous vous transportiez incessamment dans tous les lieux qui dépendent de votre direction, pour vérifier avec la dernière exactitude l'état de chaque recette, et pour donner des ordres précis de faire voiturer, sans aucun retardement, à la recette générale, ce qui doit être en deniers effectifs dans les caisses de chacun des receveurs. Vous examinerez avec la même attention la caisse du receveur général, et vous ferez remettre au plus tôt à la recette générale de Paris tous les fonds dont il se trouvera redevable. Si quelqu'uns de ces receveurs n'avoient pas dans leurs caisses tous leurs fonds, je vous ordonne expressément de m'en informer sur-le-champ, sans aucune complaisance et sans aucun égard pour les protections qu'ils pourroient avoir. Vous aurez soin de m'écrire de tous les lieux où il y aura des receveurs aussitôt que vous aurez examiné leurs recettes, dont vous m'envoierez des états détaillés, que vous certifierez; et lorsque votre tournée sera finie, vous m'envoierez un procès-verbal, le plus circonstancié qu'il sera possible, qui contiendra la situation présente de votre département par rapport au service général des fermes.

«J'ai donné ordre aux fermiers généraux, dès le mois dernier, de ne souffrir aucun receveur qui fût chargé d'affaires étrangères, telles qu'elles fussent, ni aucun titulaire, receveur ou contrôleur qui ne résidât et n'exerçât lui-même sa charge. Informez-moi au plus tôt de ce qui a été fait là-dessus, et mandez-moi les noms de ceux qui restent en place au préjudice de mes ordres.

«Je sais qu'il y a dans votre direction plusieurs employés habitués dans des lieux où leur trop long séjour est fort préjudiciable aux intérêts de la ferme, que vous en connoissez vous-même l'inconvénient, mais que des raisons de protection ou de faveur vous empêchent d'y pourvoir. Appliquez-vous, dans la tournée que vous allez faire, à remédier à cet abus, et montrez, s'il est nécessaire, les ordres précis que je vous donne de n'écouter là-dessus aucune recommandation.

«Je sais aussi qu'il y a d'autres employés, créatures de personnes en place, même des fermiers généraux, et très souvent leurs concierges ou domestiques, qui ne peuvent faire le service de la ferme, étant occupés à celui de leurs maîtres. Cet abus est très important. Je suis fort surpris qu'il ait été toléré jusqu'ici, surtout depuis que les fermes du Roi sont en régie. Si j'apprends, après votre tournée, qu'il y en ait un seul dans votre direction qui soit dans ce cas-là, je m'en prendrai personnellement à vous.

«J'espère que vous apporterez toute votre attention pour exécuter de point en point ce que je vous prescris par cette lettre. Je me ferai informer par différentes personnes des soins que vous prendrez à cet effet, et vous pouvez compter que je vous rendrai responsable de tous les abus auxquels vous n'aurez pas remédié par complaisance ou par négligence, et que votre révocation sera la moindre peine que je vous imposerai*.»

* Le même jour, il envoie copie de cette lettre circulaire aux inspecteurs, avec ordre de faire une tournée huit jours après les directeurs, et de vérifier le travail fait par ceux-ci.

Le sieur Choart de Magny, directeur des fermes à Rouen, écrit, le 20 août : «Ce n'est pas sans beaucoup de surprise que je reçois la lettre de MM. les fermiers généraux que j'ai l'honneur d'envoyer à Votre Grandeur, remplie de menaces d'interdiction et de révocation, sans aucun sujet, puisque je leur ai adressé l'état qu'ils me demandent deux fois, et que je leur en envoie un troisième par cet ordinaire, deux jours après qu'ils me l'ont fait demander par M. Doynel. M. de Chamillart m'a placé dans le poste que j'occupe; Votre Grandeur m'a fait la grâce de m'y continuer et de me promettre l'honneur de sa protection, à la considération de M. de Chamillart et de Madame; je me suis appliqué à remplir mes devoirs avec toutes sortes d'exactitudes pour m'en rendre digne, et, s'il y a des plaintes contre moi, j'ose avancer qu'elles n'ont d'autre fondement que l'envie et la jalousie. Votre Grandeur découvrira aisément la vérité de toutes choses, lorsqu'elle voudra bien avoir la bonté de s'en faire informer sur les lieux; et j'espère qu'elle n'approuvera pas que personne me menace de m'ôter avec hauteur ce qu'elle seule m'a donné, et qu'elle est en droit de reprendre.»

Les fermiers généraux lui avaient écrit, le 18 août : «Nous avons ordre de vous interdire, si vous n'envoyez, par l'ordinaire de mardi ou mercredi prochain, l'état des directeurs et autres employés de la ferme qui se mêlent d'autre chose que leur emploi. M. de Mouchy prétend vous l'avoir demandé inutilement, et nous sommes bien aises de vous ajouter qu'à votre égard, si vous continuez de faire aucune autre fonction que celles de votre direction, la Compagnie demandera votre révocation.» M. de Richebourg, intendant, écrit, le 21 août, que cette dénonciation doit venir d'un ennemi, et que le directeur est fort exact et attentif à son devoir.

837. *M. de Harouys, intendant en Champagne,*
au Contrôleur général.

20 Août 1710.

Il estime que les passeports de l'armée ennemie sont nécessaires pour les officiers de la maîtrise des eaux et forêts de Sedan et de la gruerie des prévôtés de Marville, Damvillers, Chauvency et Montmédy, qui pourraient être pris par les troupes de partisans dans le cours de leurs opérations en forêt. Ces passeports devraient être demandés aux intendants hollandais et brandebourgeois par M. Voysin ou par M. de Saint-Contest.

838. *M. d'Angervilliers, intendant en Dauphiné,*
au Contrôleur général.

20, 24 et 30 Août, 4 Septembre 1710.

Il rend compte de quelques assemblées de nouveaux convertis, qui étaient excités par les discours des prédicants et par le voisinage de l'armée ennemie, mais qui se sont dissipés aussitôt que les troupes du Roi sont venues dans le pays et qu'on a connu le succès des opérations de M. de Berwick.

«Il est bien certain que l'esprit des peuples de Dauphiné est naturellement porté à la douceur, et je ne crois pas qu'on doive jamais appréhender d'y voir rien de semblable à ce qui s'est passé dans les Cévennes. Ces assemblées n'ont été composées que du peuple du plus bas étage, sans qu'aucun gentilhomme ni autre personne de considération y aient paru. Je crois cependant qu'il convient de punir les particuliers qui ont prêté leurs maisons pour ces assemblées, et je réitère les ordres pour qu'ils soient arrêtés.»

Il envoie copie d'un modèle de commission de capitaine de compagnie franche à délivrer par l'envoyé extraordinaire des États-Généraux auprès du duc de Savoie, et demande un arrêt du Conseil pour juger en dernier ressort les gens qui ont pris part aux mouvements, en ne punissant que les principaux promoteurs*.

* Sur la lettre du 20 août, apostille : «. . . . . Il n'y a point d'apparence qu'ils aient aucune suite fâcheuse, suivant les avis qu'on a reçus de la retraite des ennemis; cependant les mesures qu'il prend sont sages, et je le prie de les continuer.» Sur la suivante : «J'avois bien jugé que les mouvements dont on lui avoit donné avis n'étoient fondés que sur l'espérance que l'entreprise du port de Cette auroit un meilleur succès, et qu'ils n'auroient point de suite depuis la retraite des ennemis.»

En marge de la dernière lettre : «J'en ai rendu compte au Roi. S. M. a donné des ordres pour faire suivre cette affaire et faire faire le procès.»

Quelques arrestations furent faites en Provence (lettres de M. de Grignan, 30 juillet, 2, 4 et 6 septembre), et des mesures prises pour armer Marseille (lettres de M. Lebret fils, intendant en Provence, 29 et 31 juillet).

839. *M. Lebret fils, intendant en Provence,*
au Contrôleur général.

21 Août 1710.

Payement des menues nécessités du Parlement et de la Chambre des comptes sur les fonds de la recette des gabelles.

840. *M. de la Garde,*
premier commis au Contrôle général,
(à M. de Boisguilbert,
lieutenant général du bailliage de Rouen).

24 Août 1710.

«J'ai reçu la lettre que vous m'avez fait l'honneur de m'écrire le 13 de ce mois. Les sentiments que vous me témoignez exigent que je m'explique avec une entière confiance sur ce que je pense de votre mémoire et de vos vues. Je commencerai par vous dire que, toutes les fois que j'en ai parlé à Mgr Desmaretz, il a toujours loué votre zèle et les motifs qui vous engageoient à donner autant de soin et d'application à un projet que vous croyiez utile pour le service du Roi. C'est une justice qui vous est due, et qu'on ne peut trop vous rendre; mais, après cela, permettez-moi de m'expliquer et de ne vous rien déguiser, persuadé même qu'en cela je ne perdrai rien de votre estime, dont je fais tout le cas que je dois. Vous avez remis votre mémoire à Mr Desmaretz; j'ai pris la liberté de lui en parler en plusieurs occasions. Peut-être en a-t-il une idée plus entière et plus complète que ni vous ni moi ne le pensons; mais figurons-nous, je vous prie, un ministre occupé sans cesse à soutenir les efforts que demande le poids immense des affaires et à mettre en usage tous les expédients qu'une longue expérience et la connoissance parfaite de l'état du royaume peuvent fournir, un ministre qui a des principes sur lesquels roulent toutes ses opérations, qui a sans doute son système et ses maximes, et qui n'agit point au hasard. Comment se persuader qu'il puisse abandonner son objet et ses arrangements pour des vues qui, naturellement, ne peuvent jamais être aussi sûres que les siennes? Car vous conviendrez aisément que celui qui voit continuellement le détail des revenus et des dépenses d'un État, qui connoît parfaitement la force ou l'épuisement des provinces, et, en un mot, qui a tout le bien et tout le mal sous ses yeux, doit juger mieux que personne des remèdes et des expédients et de tout ce qui peut aider le service. Ce n'est pas que ce ministre n'examine les avis qui lui tombent de toutes parts, et qu'il ne cherche avec soin ce qu'ils peuvent contenir d'utile; mais un avis, pour utile qu'il soit, ne peut guère être considéré que comme une portion de matière dans tout un édifice : il faut que l'architecte en détermine l'usage, et fort inutilement voudroit-on lui persuader de s'en servir, si elle ne convenoit pas à son plan ou à son dessein. Il n'y a personne qui puisse raisonner avec certitude de ce qu'il ne connoît pas; en finance surtout, les principes doivent être fondés sur des faits réels et indubitables, et un projet dont toutes les parties ne répondent pas parfaitement à l'état du royaume ne peut avoir de succès. Je pense que vous avez raisonné aussi juste dans votre mémoire qu'il soit possible à un particulier de le faire, et que vous avez même été beaucoup au delà par vos recherches et par votre application; mais enfin vous n'avez pu, sans miracle, trouver des remèdes et des expédients suffisants pour des besoins ou des maux dont ni vous ni moi n'avons qu'une connoissance fort imparfaite. C'est au ministre qui les connoît à juger de ces remèdes et de ces expédients, et à déterminer la manière et le temps d'en faire usage. Voilà ce que j'ai eu l'honneur de vous promettre dans le commencement de ma lettre. Je souhaite de n'être point trompé dans ce que je me suis promis à moi-même*.»

* La minute ne porte point d'adresse. En marge, de la main du contrôleur général : «Bon.» L'attribution paraît résulter de la lettre suivante, que, le 6 septembre suivant, M. d'Argenson écrivit au contrôleur général : «Je n'ai commencé d'écouter sérieusement la proposition de M. de Boisguilbert que depuis qu'il m'a fait entendre que vous l'approuviez et que vous en aviez renvoyé l'examen à un de vos premiers commis, qui ne doutoit pas qu'elle ne réussît. Il ne m'en a cependant parlé qu'en des termes fort généraux, et, après m'avoir dit quelque chose de ses principes et de ses motifs, il ne m'a fait voir ni le plan de sa prétendue régie ni le détail de ses calculs, où j'ai beaucoup de peine à croire qu'il y ait autant de certitude et de solidité qu'il voudroit le persuader à ceux qui l'écoutent. J'ajouterai même que l'idée de ses cent millions me paroît beaucoup au-dessus de toute vraisemblance, et que les proportions de la répartition qui s'en feroit seroient aussi difficiles à régler qu'à exécuter.»

---

841. *M. de Bernage, intendant à Amiens,*
au Contrôleur général.

28 Août 1710.

Il annonce la mort du marquis de Lillers, député ordinaire de la noblesse des États d'Artois*.

* Réponse en apostille : «.....J'avoue que je ne suis pas informé s'il y a des députés ordinaires qui assistent toujours aux États d'Artois, outre ceux qui sont députés à la cour. Je vous prie de vouloir m'éclairer sur cela, et, en cas qu'il y ait des députés ordinaires qui soient perpétuels, je vous prie de me faire savoir en quel temps et en quelle forme on nomme leurs successeurs.» Voir la lettre du 30 août.

En 1708, il y avait eu contestation entre M. de Lillers et le traitant chargé de la vente des offices en Artois, et M. Bignon, intendant à Amiens, avait fait reconnaître les droits du premier à nommer à divers offices dans la ville même de Lillers. (Lettre et pièces jointes, 12 mai 1708.)

---

842. *M. Turgot, intendant à Moulins,*
au Contrôleur général.

28 Août 1710.

«J'ai reçu [votre] lettre au sujet du sieur Girardot, receveur des tailles de Château-Chinon, nouveau converti. Je puis vous assurer, par le témoignage du curé, qu'à l'égard du sieur Girardot, il va régulièrement à l'église, et paroît plus d'attention à faire son devoir que sa femme. Je réserverai votre lettre pour la lui faire voir au temps du département, afin que lui-même redouble sa ferveur pour faire son devoir, quoique ce soit un homme de cinquante ans, bon comptable d'ailleurs et bon receveur, et pour qu'il engage sa femme à s'accoutumer à assister aux devoirs de catholiques. Je n'en dois pas faire davantage pour le présent, parce que M. de la Vrillière vient de m'envoyer des ordres du Roi pour lui ôter une fille de treize à quatorze ans et la conduire dans l'abbaye de Cusset, à plus de trente lieues de chez lui; la soumission qu'il a eue pour cet ordre engage à les ménager encore quelque temps*.....»

* Le contrôleur général fit écrire au sieur Girardot, le 16 septembre, que, s'il ne faisait son devoir, on l'obligerait à se défaire de sa charge, et M. Turgot eut ordre de rendre compte de sa conduite de temps en temps.

---

843. *M. de Bernage, intendant à Amiens,*
au Contrôleur général.

28 Août 1710.

Passation d'un marché avec le sieur Fargès pour la fourniture des fourrages dans la Picardie et l'Artois.

«Le prix de la ration et le montant total de cet objet ont de quoi effrayer; mais, outre que le sieur Fargès est le seul en France assez hardi et assez fort pour entreprendre une affaire aussi difficile, à quoi il m'a été impossible de le faire consentir qu'aux conditions portées par ce marché, je n'ai pas laissé de trouver, en discutant le détail de la matière, que, soit par la quantité prodigieuse des fourrages qu'il faudra qu'il fournisse dans un pays dont la plus grande partie est totalement fourragée par les armées, soit par la perte qu'il aura à faire sur les effets qu'il demande et propose de prendre en payement, il seroit difficile de pouvoir espérer des conditions plus avantageuses. Vous avez su sans doute, que, sur les représentations que les États d'Artois ont faites à M. Voysin, il les a assurés que le Roi voudroit bien se charger des fourrages en entier, qu'ils devoient faire néanmoins les marchés en leur nom à l'ordinaire, mais que S. M. feroit fournir les fonds. Il paroît, en effet, par les mémoires qu'ils m'ont remis, et dont j'aurai l'honneur de vous rendre compte dans son temps, qu'ils doivent, tant aux entrepreneurs de l'année courante qu'à ceux de l'année passée, environ 1,700,000#, et plus de 330,000# de charges ordinaires et indispensables, sans compter beaucoup d'autres engagements : sur quoi ils n'auront à recouvrer, de leurs fermes et du peu de produit qu'ils pourront tirer de leurs centièmes, guère plus de 500,000#, à cause de l'effroyable dévastation causée par le séjour des armées dans la province pendant cette campagne. Je ne laisserai pas de faire tout mon possible, dans la prochaine assemblée des États, pour tirer encore quelques petits secours d'argent de ce pays accablé; mais il est indispensable d'assurer par provision le fonds pour l'entreprise des fourrages*.....»

* Sur la suite de ce marché, voir les lettres des 13 et 24 décembre suivant.

---

844. *M. Delafons, procureur général en la Cour des monnaies de Paris,*
au Contrôleur général.

29 Août 1710.

Il expose que sept personnes, sans aucune qualité, tiennent boutique ouverte d'orfèvrerie dans l'enclos privilégié du Temple, où les gardes de l'orfèvrerie ne peuvent faire leurs visites, et que d'autres ouvriers y travaillent en chambre. Il demande une lettre de cachet pour éviter toute émotion lorsque les officiers de la Cour des monnaies, qui doivent surveiller la fabrication et le trafic des objets d'or et d'argent, voudront aller mettre un terme à ce commerce irrégulier.

---

845. *M. Ravat, prévôt des marchands de Lyon,*
au Contrôleur général.

2 Septembre 1710.

Il rend compte de l'ouverture du payement d'août et demande que le contrôleur général rassure les marchands qui ont suspendu leurs opérations sur le bruit d'une création de billets de banque ou billets royaux qu'on serait obligé de recevoir malgré toutes stipulations contraires*.

* Réponse en apostille : «J'ai été surpris d'apprendre qu'on ait répandu un bruit si éloigné de la vérité, et je ne le suis pas moins que, sous un simple bruit sans aucun fondement, les négociants de Lyon aient pris l'alarme et abandonné la place du Change et du Commerce. Il faudroit au moins que, pour prendre un parti aussi extraordinaire, ils eussent attendu un peu plus de certitude, et vous pouvez les rassurer, et leur dire affirmativement que le Roi ne pense point à établir ces billets de change, et qu'ils peuvent continuer leur commerce sans craindre de pareils établissements.»

Le 16 septembre, M. Ravat annonce que la simple communication de la lettre d'explication du contrôleur général a suffi pour tout calmer.

---

846. *M. de Préchac, conseiller au Parlement de Pau,*
au Contrôleur général.

6 Septembre 1710.

«.....Il arrive ici tous les jours des marchands considérables, et j'en ai trouvé de fort bon esprit qui sont partis de Saragosse depuis quatre et cinq jours, et qui se louent fort de M. de Stahrenberg, qui a défendu qu'on ne fît aucun tort aux François, et ordonné qu'on continuât le commerce à l'ordinaire. Ces marchands assurent que le bruit de l'arrivée de M. de Vendôme a déconcerté les ennemis, et qu'après avoir rafraîchi leurs troupes à Saragosse et aux environs, ils ont repassé l'Èbre et ont repris la route de Catalogne, sans faire aucune violence. Ils assurent aussi que la garnison de Lérida leur ôte toute sorte de communication et leur enlève tous leurs convois; mais ils prétendent que les Aragonois n'ont pas tant de tort qu'on l'a dit, et que ceux de Saragosse donnèrent au Roi tous les vivres dont son armée eut besoin; ce sont les régiments wallons qui ont passé depuis peu en Espagne qui mirent armes bas, car les gardes wallonnes firent merveilles.

«Ils parlent pitoyablement de la manière dont l'armée étoit conduite; ils disent qu'un nommé D. Francisco Bernardo, à qui le Roi avoit fait remettre 40,000 pistoles pour acheter des grains, employa cet argent à acheter des laines, et ses deux principaux commis, appelés Honorato et Coleto, ont gagné chacun 50,000 écus en quinze jours, et n'avoient pas un setier de blé; l'un de ceux-là, appelé Coleto, s'est retiré ici. Enfin, ils assurent que c'est un miracle comment le Roi n'a pas été pris cette campagne en trois occasions différentes. Ils disent aussi qu'il est devenu fort maigre et hâlé; l'un d'eux m'a juré qu'il l'avoit vu pleurer lorsque le duc d'Havré, que S. M. aimoit fort, fut tué d'un coup de canon.

«Les juges castillans que le Roi avoit établis en Aragon y ont fait plus de mal que les armées, ayant pillé partout impunément, sans jamais punir personne; ils se contentoient de condamner à de grosses amendes, applicables à leur tribunal. Ils parlent de l'avarice des Castillans comme d'une monstruosité : en sorte qu'ils sont cause qu'on traite bien les François par la forte aversion qu'on a pour les Castillans. En vérité, tout ce qu'ils disent de la manière dont le Roi a été servi cette campagne fait pitié, car il paroît qu'il n'y avoit pas un seul homme de tête.

«Je me suis informé des dispositions de la Navarre : ils sont persuadés que, puisque l'armée de l'Archiduc s'est éloignée, les Navarrois demeureront fidèles, mais qu'ils sont à la merci des occasions; que cependant il n'y a ni troupes ni magasins dans Pampelune; qu'il y a un vieux bonhomme de vice-roi, appelé le duc de Saint-Jean, qui n'est capable de rien, et qui ne voudroit pas donner un passeport sans consulter le lieutenant de Roi qui est à la citadelle : en sorte que ce sont des longueurs infinies.

«Ils ajoutent qu'il est demeuré sur la place six à sept mille hommes des deux partis, dans la bataille, et que les ennemis y ont plus perdu que nous, et qu'il s'en falloit beaucoup qu'ils fussent en état de poursuivre leur victoire, quoiqu'ils eussent rassemblé toutes leurs garnisons.

«Ces derniers venus assurent qu'on a rassemblé près de sept mille hommes du débris de l'armée du Roi à Tudela, qui est une petite ville de Navarre sur la frontière d'Aragon.»

---

847. *M. de la Houssaye, intendant en Alsace,*
au Contrôleur général.

7 et 29 Septembre 1710.

Il discute dans quels termes, sur quels fonds et d'après quels procédés il serait préférable d'acquitter le reste des fournitures de grains faites en 1709 par son département et d'assigner le payement des quarante-cinq mille sacs demandés pour la subsistance des troupes qui logeront pendant l'hiver dans le pays, et pour celle de l'armée et des garnisons pendant la campagne de 1711*.

* Voir des lettres analogues de M. de Bernage, intendant à Amiens, 6 septembre; de M. Turgot, intendant en Auvergne, 15 août; de M. Trudaine, intendant en Bourgogne, 1er, 11 et 21 septembre, 18 et 25 octobre, 11 décembre, et des élus des États, 9 décembre; de M. Ferrand, intendant en Bretagne, 13 septembre; de M. d'Angervilliers, intendant en Dauphiné, 24 juillet et 6 septembre; de M. le Blanc, intendant en Flandre maritime, 3 septembre; de M. le Guerchoys, intendant en Franche-Comté, 2 septembre; de M. de Bâville, intendant en Languedoc, 3, 5, 15 et 25 septembre, 23 et 31 octobre, etc.; de M. de la Bourdonnaye, intendant à Orléans, 1er septembre; de M. Bignon de Blanzy, intendant à Paris, 30 août; de M. de Richebourg, intendant à Rouen, 2 septembre; de M. Chauvelin, intendant à Tours, 31 août et 16 octobre.

M. Doujat, intendant en Hainaut, écrivait, le 15 août, qu'il y aurait justice à rembourser les particuliers et bourgeois chez qui il avait fait prendre des grains pour la subsistance des troupes, en 1709, mais qu'il ne savait si le remboursement devait être fait par le Roi ou par les gens des vivres.

---

848. *M. le Blanc, intendant en Flandre maritime,*
au Contrôleur général.

10 Septembre et 1er Décembre 1710.

La récolte des colzas étant très abondante et leur transport en Champagne impossible à cause de l'occupation ennemie, il sollicite la permission d'en faire exporter par mer avec des autorisations particulières.

---

849. *M. d'Argenson, lieutenant général de police à Paris,*
au Contrôleur général.

12 Septembre 1710.

«Il y a beaucoup d'apparence que le billet de 3,630 ᵗᵗ que M. le chevalier de Melun réclame par le placet qu'il vous a plu de me renvoyer, lui a été volé; mais, comme il a donné mainlevée de l'opposition qu'il avoit faite au renouvellement de ce billet, et que le nommé Berthe, agent de change, qui l'a négocié, a obtenu une sentence qui ordonne que M. le chevalier de Melun fera preuve du vol dont il se plaint, je pense que les parties doivent être renvoyées devant les juges qui ont pris connoissance de cette affaire. J'ajouterai seulement que le nommé Berthe prétend que ce billet lui a été donné par un homme inconnu, dont il ignore la demeure et qu'il n'a point revu depuis ce temps-là. Il convient aussi que, n'étant point agent de change lorsqu'il a fait cette négociation, il ne tenoit point de registre; mais que, depuis qu'il est reçu dans cette charge, il enregistre les billets de cette espèce sous le premier nom qui lui vient dans la pensée : ce qui peut en autoriser les vols et procurer l'impunité de toutes sortes de friponneries.»

---

850. *Le sieur Larguerat, à Saint-Quentin,*
au Contrôleur général.

12 Septembre 1710.

Il demande justice contre le chevalier d'Hautefort, maréchal de camp, qui s'est fait rendre par violence le montant du droit acquitté pour une pièce de vin en bouteilles lui appartenant.

---

851. *M. de Pontchartrain, secrétaire d'État de la marine,*
au Contrôleur général.

14 Septembre 1710.

Il appuie la requête du sieur Gervais, qui, manquant souvent d'eau dans ses fonderies de canons de fer pour la marine à Vaugouin et à Conches, demande à établir une nouvelle fonderie à Aulnay-sur-Iton.

---

852. *M. le Guerchoys, intendant en Franche-Comté,*
au Contrôleur général.

14 Septembre 1710.

«Les habitants de la principauté de Neuchâtel et du pays

IMPRIMERIE NATIONALE.

de Vaud, même ceux de Genève, tirent ordinairement du comté de Bourgogne la plus grande partie de leur subsistance en vin, blé et bétail. Pour les deux premiers articles, il y a longtemps que la traite en est défendue, et j'y tiens exactement la main. A l'égard du bétail, comme bœufs, vaches, veaux, pourceaux, moutons et chèvres, le commerce en a toujours été libre, excepté l'année dernière, qu'il fut interrompu pendant que les ennemis étoient en Savoie, pour les priver des secours qu'ils auroient pu tirer indirectement de cette province. Je croirois que, s'ils y revenoient cette année, il faudroit empêcher l'enlèvement du bétail. Je n'aurois pas hésité à le faire par provision en attendant vos ordres, si l'avis donné à M. le comte du Luc avoit été certain; aussi ne vous en ai-je écrit le 3 de ce mois que d'une manière incertaine et pour n'avoir rien à me reprocher. Au surplus, je n'ai prétendu vous parler que du commerce des denrées, et non de celui des marchandises qui ne sont point de contrebande, lequel doit aller son train ordinaire, tant pour aider les habitants de cette province à payer leurs impositions, que pour entretenir une bonne correspondance entr'eux et leurs voisins*. . . . . . »

* Ses propositions furent approuvées, et on lui permit de supprimer le marché de grains établi au bourg de Morey, sur la frontière. (Lettre du 26 septembre.)

853. *M. Lebret fils, intendant en Provence,*
au Contrôleur général.

15 Septembre 1710.

Il propose de donner une pension de 500# au sculpteur Clérion, en payement du modèle de la statue du Roi que la ville de Marseille lui avait commandée*.

* Voir, au 16 septembre 1708, une lettre et un mémoire imprimé de Clérion.

Conformément à la proposition de l'intendant et à l'ordre du Roi, les échevins s'engagèrent à payer une pension viagère : voir les lettres de Clérion, 28 octobre et 20 novembre 1711, une lettre de M. Lebret, 29 décembre 1711, et la réponse du contrôleur général, 13 janvier 1712.

854. *M. Bignon de Blanzy, intendant à Paris,*
au Contrôleur général.

15 Septembre 1710.

«Il y a à Mantes un château qui est de la dépendance du domaine du Roi, auquel il y a plusieurs réparations à faire. Le frère Romain en fit la visite et le devis, il y a près d'un an. J'ai différé à vous l'envoyer, pour reculer autant qu'il seroit possible cette dépense, qui monte à 2,695# 5 s., dont le domaine doit être chargé. Mais, comme, par ce retardement, les ruines augmentent, et que par conséquent la dépense deviendra plus considérable, je ne puis plus me dispenser de vous représenter qu'il est présentement indispensable d'y faire travailler, à moins qu'on ne prenne le parti d'abandonner entièrement ces bâtiments. Ils sont, entr'autres choses, très utiles pour loger les chevaux des gardes du corps du Roi qui sont envoyés tous les ans à Mantes pour y passer le quartier d'hiver, n'y ayant pas d'ailleurs des écuries suffisantes dans la ville pour les mettre ensemble*. . . . . . »

* Apostille de la main du contrôleur général : «Examiner pourquoi le domaine est chargé des réparations du château. M. le duc de Sully est engagiste du domaine de Mantes, et doit entretenir et réparer. En tout cas, la ville est obligée de donner des écuries pour les gardes du corps. . . . . »

Un plan est joint au devis.

855. *M. Ferrand, intendant en Bretagne,*
au Contrôleur général.

16 et 20 Septembre, 5 Octobre 1710.

Fabrication et emploi de faux acquits par les commis du bureau de Nantes*.

* Sur les fraudes commises dans les bureaux des fermes, voir des lettres de M. de Bâville, intendant en Languedoc, 20 octobre, 15 et 22 novembre 1710, et de M. Thiroux, fermier général à Montpellier, 28 novembre; et celles du contrôleur général à M. de la Porte, fermier général à Lyon, et à M. de Richebourg, intendant à Rouen, 31 décembre, et à M. Langlois, fermier général, 3 juillet précédent.

856. *Le Syndic des libraires de Reims*
au Contrôleur général.

19 Septembre 1710.

Il demande que, conformément aux arrêts qui ont confirmé les privilèges de la librairie, les imprimeurs et libraires soient exempts des taxes des arts et métiers et autres.

«La calamité du temps empêche les particuliers d'acheter des livres. . . . , et . . . . quantité de personnes entreprennent de vendre les seuls livres à présent de débit et nécessaires, comme des heures, usages et livres de dévotion, et prétendent même en avoir la permission, comme les merciers, les Frères et Sœurs des Écoles chrétiennes, qui tirent tous leurs livres du dehors*. . . . . »

* En apostille : «Néant.»

857. *M. Ferrand, intendant en Bretagne,*
au Contrôleur général.

20 Septembre 1710.

Le général provincial de la Monnaie de Rennes, accusé de malversations, de prévarications et de suppressions d'actes, n'a été condamné qu'à l'interdiction pour un an; il faudrait l'obliger à se défaire de sa charge*.

* En marge : «Écrit le 7 octobre à M. le marquis de Torcy pour donner l'ordre au sieur Brosset de se défaire de sa charge dans trois mois.»

858. *M. de Beauharnais, intendant à la Rochelle,*
au Contrôleur général.

20 Septembre 1710.

« En exécution de l'arrêt du mois de janvier dernier qui oblige les marchands faisant trafic et commerce d'acheter et vendre en gros des vins, eaux-de-vie et autres liqueurs à prendre des lettres de permission de S. M. pour exercer cette profession, il a été arrêté au Conseil, le 22 juillet dernier, un rôle contenant huit cent vingt-trois articles, qui montent à plus de 300,000#, que le traitant a envoyé à son commis à la Rochelle, pour en faire le recouvrement. Par l'examen que j'ai fait de ce rôle, il m'a paru que cette affaire, qui promet d'abord quelque chose, se réduira presque à rien, parce qu'il y a plus des trois quarts de ceux qui y sont compris qui ne peuvent être qualifiés marchands de vin, puisqu'en effet ce sont des gentilshommes parmi lesquels il y en a de la maison de la Rochefoucauld, des officiers de terre et de mer, des secrétaires du Roi, des trésoriers de France, des officiers des sièges présidiaux et autres juridictions royales, des avocats, des procureurs, des notaires, des huissiers, des banquiers, des marchands d'étoffes de soie et de laine, des ouvriers et artisans, et gens tenant boutique ouverte de toutes sortes de marchandises, sous prétexte que, dans leurs terres, seigneuries, maisons et biens de campagne, ils recueillent du vin, dont ils vendent en gros ce qu'ils ont au delà de ce qu'il leur en faut pour leur consommation, et que, pour ne pas laisser perdre celui qu'ils ne peuvent vendre, ils le font convertir chez eux en eau-de-vie. Je ne crois pas que, par l'édit de l'exécution duquel il s'agit, l'intention du Roi ait été d'assujettir ceux dont je viens de faire le détail à prendre des lettres de permission pour exercer une profession qui ne peut en aucune manière leur convenir : c'est pourquoi j'ai cru que je devois recevoir vos ordres avant de permettre à ce commis de faire des diligences qui pourroient causer du trouble dans cette province, où les peuples sont tranquilles et pleins de bonne volonté, quoique très misérables et presque sans ressource parce que, le principal revenu du pays consistant en vin, ils n'en sauroient tirer aucun secours, la gelée du mois de mai dernier ayant achevé de détruire ce qui avoit échappé à la rigueur du grand hiver qu'il y eut en 1708 et à l'ouragan du mois de juillet 1709. Mais, comme il y a des particuliers qui ne font autre commerce et trafic que de vendre du vin et de l'eau-de-vie en gros, et qui, par ce moyen, sont dans le cas de l'édit, j'ordonnerai au commis du traitant de poursuivre l'exécution du rôle à leur égard, sauf à accorder quelque diminution en connoissance de cause à ceux qui se trouveront taxés au delà de leurs forces, dont j'aurai l'honneur de vous envoyer des mémoires, afin que vous puissiez faire arrêter un rôle de modération*. »

* M. de Courson, intendant à Bordeaux, écrivait, le 26 juillet : « . . . . Il n'y a aucun marchand en ce pays-ci qui fasse ce négoce de profession; ce sont les propriétaires eux-mêmes qui vendent leurs vins en gros, et aucun marchand n'en achète pour les revendre. Vous pouvez compter sur ce que j'ai l'honneur de vous mander, et qu'ils ne sont que les commissionnaires de l'étranger. Si vous regardez ces commissionnaires comme faisant le négoce de profession, il faudra taxer tous les gros négociants de cette ville. Mais, comme ils le sont tous déjà pour le rachat de la capitation, qu'ils vont l'être pour les rentes provinciales, que la plupart le sont comme étrangers, il est à craindre que cela n'en détourne plusieurs du commerce, et que quelques-uns ne passent dans les pays étrangers. . . . . » Il maintient ses dires dans une autre lettre du 23 décembre.

M. de Saint-Contest, intendant à Metz, écrit, les 16 et 17 août, que la taxe a occasionné une émeute de femmes. Le contrôleur général répond, le 26 août : « . . . . . L'affaire de la taxe des marchands de vin en gros ne doit point s'étendre sur les particuliers qui vendent le vin de leur cru en gros ou en détail, mais seulement sur ceux qui achètent des vins en gros pour les revendre. . . . . (*De la main du contrôleur général :* Vous jugez sans doute qu'il n'est pas à propos de révoquer ou de cesser entièrement l'exécution de cette affaire, non plus que celles du paraphe des registres et des lettres de maîtrise créées dans les corps et communautés d'arts et métiers : ce seroit un exemple dangereux et propre à donner l'audace aux peuples de se soulever contre les levées extraordinaires qu'on ne peut éviter de faire pour soutenir les dépenses de la guerre; mais vous pouvez, avec prudence, prendre les tempéraments convenables, soit par la décharge de ceux qui ne sont pas absolument sujets aux taxes, soit par des diminutions des sommes qui sont demandées, soit par des temps pour payer, soit enfin par les autres expédients que vous jugerez praticables par rapport aux conjonctures présentes et à la disposition des esprits. Au surplus, il est bon, quand des séditieux s'assemblent et résistent aux ordres du Roi, il faut des exemples prompts et sévères. L'expérience a fait voir que cette conduite arrête toujours le progrès du mal.) »

En Languedoc, où chacun vendait son vin dans la cave, soit aux particuliers, soit aux négociants du pays ou aux marchands génois, les ventes ayant cessé immédiatement par l'effet de la nouvelle taxe et ayant arrêté du même coup le recouvrement de la taille, M. de Bâville amena les États à racheter le traité pour 50,000#. (Lettres du 7 janvier 1711, 28 février et 8 avril 1712.)

---

859. *Le Contrôleur général*
aux intendants d'Amiens, Tours, Moulins, Orléans, Alençon, Soissons, Champagne et Berry.

21 Septembre 1710.

« Dans l'examen qu'on a fait des moyens d'arrêter le cours du faux-saunage, qui augmente de jour en jour et qui fait tomber entièrement les ventes des greniers*, on a proposé, entr'autres choses, de rétablir l'impôt dans les paroisses qui y étoient sujettes avant 1667. Le Roi paroît assez déterminé à prendre ce parti. Je vous envoie un état de ces paroisses pour ce qui concerne votre département, afin que, suivant les intentions de S. M., vous puissiez travailler dès à présent à vous faire remettre des états certains des familles qui sont dans chaque paroisse de la généralité et du nombre de personnes dont elles sont composées, pour connoître au juste quelle pourra être la consommation et le débit suivant la disposition de l'ordonnance. Si les autres affaires dont vous êtes chargé ne vous permettent pas de travailler par vous-même à celle-ci, vous aurez soin, s'il vous plaît, de ne choisir, pour tenir votre place, que des personnes sur lesquelles on puisse absolument compter. Les commis des fermes ont ordre de vous fournir tous les éclaircissements dont vous pourrez avoir besoin pour mettre cette affaire en état**. »

* La veille, il avait envoyé à M. de Harouys, intendant en Champagne, une lettre prescrivant l'établissement de deux lignes de gardes, l'une sur la Meuse, de Tilly à Château-Regnault, l'autre em-

brassant Soissons, Châlons et Langres. Les cavaliers et dragons qu'on employait à cet objet recevaient de la ferme, comme les soldats du régiment des gardes, une paye de 10 s. par jour. (Lettre du 12 mars 1710, aux fermiers généraux.)

** M. de Bernage, intendant à Amiens, répond, le 8 octobre : «Il seroit à désirer que [cette affaire] n'eût point lieu en Picardie, qui est présentement frontière et accablée de toutes les charges immenses que lui cause le voisinage des armées. Il est certain que les chariots, les pionniers, le payement de la contribution, les fourragements et les pillages ont réduit les habitants de cette province dans un état à avoir plutôt besoin de secours que de nouvelles charges; et, quelque attention qu'on puisse apporter dans la distribution des sels d'impôt, il n'est pas possible que les habitants n'en soient toujours très lésés. Si toutes ces raisons pouvoient porter S. M. à laisser dans la Picardie les greniers de vente volontaire sur le pied qu'ils sont, je vous supplie de me le faire savoir; sinon, je chargerai une personne de confiance de dresser les états que vous me demandez, et j'aurai l'honneur de vous les envoyer.»

Le 6 octobre, M. d'Ormesson, intendant à Soissons, envoie ce mémoire : «Il faut convenir que, par rapport au grand faux-saunage qui se fait aujourd'hui, il paroît qu'il seroit avantageux de mettre en impôt les greniers de Cormicy, Vailly, Soissons, Coucy et Noyon, comme ils y ont été autrefois. Il est certain que cela éloigneroit beaucoup le faux-saunage et causeroit plus de dépense aux faux-sauniers, ayant plus de chemin à faire pour gagner les greniers de vente volontaire; mais il y a bien des raisons qui combattent l'utilité qu'en retireroit la ferme. Il faut savoir auparavant à quelle quantité de sel se montera l'imposition de ces greniers, si elle sera plus forte que les ventes qui se font volontairement : ce qui pourra se connoître après que tous les rôles des paroisses auront été rapportés. L'on ne doit point s'attendre que l'imposition de ces greniers soit aussi forte aujourd'hui qu'elle l'étoit en 1662, que l'impôt a été supprimé, étant certain que le nombre des familles est beaucoup diminué depuis ce temps-là. Une autre raison essentielle est qu'en mettant ces greniers en impôt, l'on n'en pourra pas tirer un sol de plus d'une année; au lieu qu'aujourd'hui le sel qui se vend au peuple se paye en argent comptant, excepté le sel qui se donne à crédit, dont on est toujours bien mieux payé que pour les sels que l'on délivre par impôt. Ce qui justifie ce fait, c'est qu'il est dû aujourd'hui la somme de 825,759# 17 s. par les collecteurs des greniers d'Aubenton, Laon et Marle, pour les quatre dernières années et un reste du bail de Ferreau. Il est à observer que, depuis la misère commune, il se commet une infinité d'abus par les collecteurs des greniers d'impôt, auxquels abus il est presque impossible de remédier. Le sel imposé dans chaque paroisse doit être, suivant l'ordonnance, distribué à tous les particuliers compris dans les rôles, sur le pied qu'ils y ont été cotisés pour la taille par les asséeurs. Les collecteurs, qui sont responsables des deniers du sel qui leur est délivré pour leurs paroisses, n'en donnent qu'à ceux qui sont en état de le payer, et point aux pauvres, pour ne pas tomber dans des non-valeurs considérables; et comme le nombre de ces malheureux est très grand, les collecteurs, pour se défaire le plus aisément qu'ils peuvent de leur sel, ils en donnent aux laboureurs et aux gens aisés plus qu'ils n'en peuvent consommer pour leur pot et salières : ce qui fait un tort considérable aux ventes, parce que ces laboureurs et ces gens aisés, qui devroient en aller lever par extraordinaire au grenier pour leurs salaisons, présentent des requêtes aux officiers, par lesquelles ils exposent que, n'ayant pu consommer le sel qui leur a été délivré, ils demandent permission de s'en servir pour faire leurs salaisons : ce qui leur est toujours accordé par les officiers; et ces pauvres à qui on n'en donne point en achètent des faux-sauniers, et même se déterminent à faire le faux-saunage, ce qui en augmente le nombre; et le surplus du sel qui reste aux collecteurs, ils le vont vendre par les villages et dans les villes, aimant mieux perdre quelque sol pour livre que de le donner à des gens dont ils n'en seroient jamais payés : ce qui fait encore un autre faux-saunage plus dangereux que celui des faux-sauniers, parce que, quand les gardes vont en recherche, ils ne peuvent point connoître par la différence des sels si les particuliers sont en faute. Il est aisé de voir, par les sommes considérables qui sont dues dans lesdits greniers d'Aubenton, Laon et Marle, combien le recouvrement des sels d'impôt est difficile à faire, pour ne pas dire impossible. Il arrive même que plusieurs collecteurs mangent les deniers de leurs paroisses pour faire subsister leurs familles, contre lesquelles paroisses l'on est obligé d'obtenir des sentences de solidité : ce qui est causé par un ancien et mauvais usage, que l'on choisit presque toujours les plus malheureux pour être collecteurs, quelque ordre que l'on donne d'y faire passer les habitants chacun à leur tour. Si l'on prend le parti de mettre en impôt les greniers à sel de Soissons, Vailly, Coucy, Cormicy et Noyon, l'on n'estime pas qu'il soit à propos de diminuer le prix du sel, l'expérience faisant voir que, par les augmentations que l'on y a mis[es] depuis huit ans, quoique les ventes soient diminuées considérablement ces années dernières, le produit en est cependant aussi fort que dans les meilleures années avant ces augmentations. Mais, si, nonobstant cette raison, l'on se déterminoit à diminuer le sel, il faudroit le réduire sur le pied de 36# le minot, afin de mettre le faux-saunier et l'acheteur hors d'état de faire un assez gros profit en continuant leur commerce. Par toutes ces raisons, il paroît qu'il ne seroit point avantageux de mettre ces cinq greniers en impôt. Il le seroit beaucoup plus de trouver des moyens de détruire le grand faux-saunage qui a lieu aujourd'hui, ce qui ne se peut faire que par la force et en augmentant les peines contre les faux-sauniers et contre ceux qui achètent du faux sel; mais, si l'on pouvoit réduire le prix à 36# le minot, la consommation seroit infiniment plus grande, le prix des ventes augmenteroit, le faux-saunage cesseroit, et un nombre considérable d'employés qui rendent peu de services et causent des frais prodigieux à la ferme deviendroient inutiles.»

Le même intendant écrit, le 22 décembre : «Vous savez qu'au mois de mai 1709, le Roi étant informé que, dans les paroisses des greniers d'impôts, les collecteurs différoient d'arrêter leurs rôles et de lever le sel marqué par les commissions, dans la crainte où ils étoient, à cause de la cherté des grains, de n'en pouvoir être payés de la plupart des habitants réduits dans la nécessité, S. M. ordonna que la délivrance du sel d'impôt seroit faite aux collecteurs, et ledit sel par eux distribué aux habitants suivant les rôles qui en seroient arrêtés en la manière accoutumée, S. M. se réservant de pourvoir sur les termes de payement ainsi qu'il appartiendroit, sur les avis de MM. les intendants. Cet arrêt a été exécuté dans mon département, et le sel distribué par les collecteurs des greniers d'impôts à tous les habitants compris aux rôles, dont beaucoup étoient dans la nécessité et sont depuis devenus insolvables : en sorte que plusieurs ont été et se trouvent encore hors d'état de payer ce sel aux collecteurs, lesquels sont néanmoins poursuivis pour le payement par les receveurs de ces greniers. Mais, ces collecteurs étant aussi par eux-mêmes hors d'état de payer pour ces habitants insolvables, il est intervenu plusieurs sentences de solidité contre les principaux habitants, lesquels se trouvent emprisonnés de même que les collecteurs pour le payement du sel délivré aux pauvres et qu'ils ne peuvent payer. Les prisons sont remplies et des collecteurs et de ces sortes de solidaires : ce qui cause beaucoup de frais, qui ne produiront pas le recouvrement d'une somme que les paroisses sont hors d'état de payer présentement. On s'étoit flatté, lors de la publication de l'arrêt du 21 mai 1709, que le Roi auroit la bonté d'entrer dans les non-valeurs du sel distribué aux pauvres, et que le prix que l'on prévoyoit bien devoir tomber en non-valeurs seroit tenu en compte aux collecteurs. Cependant ils sont aujourd'hui poursuivis, exécutés et emprisonnés pour le payer. Les officiers des greniers se sont adressés à moi pour me demander s'ils continueroient de viser leurs contraintes et de rendre des sentences de solidité; je leur ai répondu que oui, que cependant j'aurois l'honneur de vous rendre compte de cette affaire, et que je leur ferois savoir les ordres qu'il vous plairoit de m'adresser. Si vous l'approuviez, l'on pourroit, avec précaution, examiner les non-valeurs effectives qui se trouvent dans chaque paroisse pour le sel délivré aux insolvables, en exécution de l'avis du 21 mai 1709, desquelles non-valeurs il paroît qu'il seroit de la bonté du Roi de faire tenir compte aux collecteurs; sans quoi ils courent risque de demeurer longtemps en prison, étant par eux-mêmes hors d'état de payer pour les pauvres. C'est sur quoi j'attendrai, s'il vous plaît, vos ordres pour les faire exécuter.»

860. *M. de Vaubourg, conseiller d'État, à M. le Cousturier, premier commis au Contrôle général.*

24 Septembre 1710.

«On m'a renvoyé le mémoire ci-joint, dont M. Desmaretz a parlé hier au Conseil royal, et sur lequel le Roi a résolu (comme vous verrez par ce qui est écrit sur le dos) de défendre la sortie des grains jusqu'à ce qu'autrement il en ait été ordonné. Pour dresser l'arrêt, il faudroit, ce me semble, voir les derniers qui ont été rendus, soit pour défendre, soit pour permettre la sortie, avant tous les différents arrêts et toutes les différentes déclarations donnés depuis le mois de septembre 1708, à l'occasion de la disette extrême qui a commencé dans ce temps-là et qui a continué jusqu'à la récolte de 1710. Je ne doute pas que vous n'ayez tous ces arrêts de défense ou de permission, lesquels vous serviront pour dresser celui qu'il est question de dresser présentement, et entrer dans l'esprit du Conseil, qui me paroît avoir deux objets : l'un, de défendre jusqu'à nouvel ordre le transport des blés à l'étranger; l'autre, d'assujettir ceux qui en voudront transporter par mer, d'une province ou d'un port du royaume dans une autre province ou dans un autre port de la domination du Roi, à faire leur déclaration de la quantité par-devant MM. les intendants des provinces ou généralités dans lesquelles le port d'où se fera l'envoi se trouve situé, avec soumission de rapporter dans un certain temps certificat de la décharge, ainsi qu'il est prescrit par l'arrêt du 8 mars dernier et autres précédents.»

861. *M. Robert, procureur du Roi au Châtelet de Paris, au Contrôleur général.*

25 Septembre 1710.

«Comme l'affaire du sieur Rousseau a fait beaucoup de bruit dans le monde, et que vous en avez fort entendu parler, je crois devoir avoir l'honneur de vous rendre compte de la suite. Le sieur Rousseau, qui avoit été accusé et décrété comme auteur de vers calomnieux, dissolus, et même impies, a obtenu un arrêt qui l'a déchargé de cette occasion (*sic*); mais, non content de cette absolution, i a prétendu que c'étoit une pièce qui lui étoit faite par un homme de l'Académie appelé le sieur Saurin; il a rendu plainte contre un savetier qu'il a appris avoir porté le paquet dans lequel étoient ces vers. Sur l'information, nous avons décrété contre le savetier, et ensuite, sur l'interrogatoire de ce savetier, qui a avoué avoir porté ce paquet et de l'avoir reçu de la main du sieur Saurin, nous avons décrété contre Saurin; il a été aussitôt arrêté et interrogé, et, bien qu'il ait dénié le fait, il résulte de cet interrogatoire plusieurs circonstances qui font présumer qu'il est coupable : il avoue connoître le sieur Rousseau et n'être pas de ses amis, il avoue avoir dit qu'il croyoit le sieur Rousseau auteur de ces vers, il avoue en avoir une copie, qu'il avoit écrite de sa main sur le papier que le sieur Boidin, auquel le paquet étoit adressé, lui avoit envoyé. Ce savetier lui a été confronté, et lui a soutenu que c'étoit lui qui l'avoit chargé du paquet et qu'il l'avoit fait porter par son ordre. Nous avons, après midi, levé le scellé apposé chez Saurin, et cette copie des vers en question, écrite de la main de Saurin, s'y est trouvée. Je ne sais pas encore si ce que nous avons et que nous aurons de preuves sera suffisant pour la conviction de Saurin, mais elles justifient pleinement et entièrement l'innocence du sieur Rousseau, et qu'il y a eu un complot fait pour le perdre par une accusation qui lui a été calomnieusement imputée*.»

* Rousseau fut condamné (lettre du 12 décembre).

862. *M. Ferrand, intendant en Bretagne, au Contrôleur général.*

27 Septembre 1710.

«Vous avez commis le sieur Mellier, général des finances, pour l'aliénation des droits de contrôle et des impôts et billots; je l'ai aussi commis pour l'adjudication des fortifications de l'île du Pilier et régler, avec M. de Luzançay et les négociants de Nantes, les précautions à prendre pour la sûreté des ouvrages. Toutes ces affaires m'ayant mis en grande relation avec lui par les mémoires, pièces et imprimés que j'ai été obligé de lui faire tenir, j'ai pris le parti, pour en éviter le port, de mettre mes paquets sous l'enveloppe des maire et échevins de Nantes, auxquels mes lettres sont rendues en franchise. Il m'est revenu que les directeur et contrôleur du bureau de Nantes, ne sachant point ce que mes paquets contenoient, et m'accusant, avec des termes remplis d'insolence, d'être le bureau du sieur Mellier pour lui épargner le port de ses lettres, ont dit plusieurs fois qu'ils décachetteroient mes paquets : ce qui m'a porté de les adresser directement audit sieur Mellier en lui donnant la qualité de subdélégué. Depuis que j'en ai ainsi usé, je ne sais ce que sont devenus mes paquets à la poste de Rennes ou de Nantes. Il y en a, entre autres, deux de dimanche et mardi derniers, qui contiennent les principales pièces de l'aliénation des impôts et billots, plusieurs états du produit pour les réduire ou les mettre par évêchés; l'adjudication en est marquée au 30 de ce mois. Toutes les pièces de l'adjudication de l'île du Pilier y sont pareillement : en sorte que le sieur Mellier n'en a pu faire l'adjudication le 24 de ce mois. L'arrêt du Conseil, rendu pour les faux-acquits de Nantes, y est aussi enfermé : en sorte que voilà trois affaires importantes demeurées. J'ai cependant cru ne me point écarter de vos intentions en cherchant les moyens d'éviter audit sieur Mellier le port de plusieurs gros paquets qui doivent être francs, s'agissant de l'exécution de vos ordres et les subdélégués n'en payant point. Si les commis de la poste, sans s'arrêter à cette qualité, avoient demandé le port de mes paquets audit sieur Mellier, je suis assuré que, pour ne rien retarder, il l'auroit volontiers payé; mais d'user de rétention, c'est ce que je crois que vous n'approuverez pas. J'en ai écrit au directeur de Nantes; celui de Rennes dit avoir envoyé mes paquets. Comme nous avons peu d'autorité sur ces commis, vous donnerez l'ordre que vous jugerez à propos pour l'expédition de ces affaires, qui ne peuvent être finies que ces paquets n'aient été rendus*.....»

* En marge : «Envoyer cette lettre à M. Pajot; que les affaires dont M. Ferrand écrit sont pour le service du Roi.»

863. *M. Lebret fils, intendant en Provence,*
au Contrôleur général.

28 Septembre 1710.

«J'ai reçu la lettre que vous m'avez fait l'honneur de m'écrire le 19 de ce mois, en réponse de celle par laquelle j'avois pris la liberté de vous proposer de renouveler les défenses portées par l'arrêt du Conseil du 8 mars dernier, et de les étendre même, par rapport à la nécessité de prendre mes passeports, jusqu'aux grains qu'on transporteroit d'un port de Provence dans un autre port de la même province. J'ai consulté les procureurs du pays, qui croient la continuation de ces défenses absolument nécessaire attendu l'augmentation de prix des blés, qui est tous les jours plus grande, et ils vous supplient de leur en accorder le renouvellement pour la côte de Provence. Il ne faut pas être étonné que, de la manière dont on a fait le commerce des grains, il y ait pu avoir de la perte pour les négociants. Les convois ne peuvent manquer de produire un semblable effet, parce qu'ils font tout d'un coup abonder une marchandise sujette à se gâter. J'avois, dès les commencements, représenté que cela arriveroit; mais je craignois encore davantage que ces convois n'attirassent des escadres ennemies, et qu'ils n'eussent de la peine à les éviter. En effet, les ennemis étoient venus attendre ces convois; mais, heureusement, les temps nous ont été si favorables, que nous n'avons perdu que peu de bâtiments.»

864. *M. Ferrand, intendant en Bretagne,*
au Contrôleur général.

(De Saint-Malo.) 29 Septembre 1710.

«J'arrivai hier dans cette ville, à midi*. J'y trouvai M. Lempereur, commissaire ordonnateur de la marine, avec lequel je conférai sur l'exécution des ordres dont vous m'avez fait l'honneur de me charger au sujet des matières arrivées de la mer du Sud par le vaisseau *l'Assomption*. Je mandai ensuite le sieur de la Lande-Magon, principal intéressé dans cet armement, et le sieur de Saint-Jouan, second capitaine, le sieur Porée, premier capitaine, étant à la campagne, où je lui ai envoyé ordre de se rendre incessamment à Saint-Malo. La première conversation que j'ai eue avec lesdits sieurs de la Lande et de Saint-Jouan me fait appréhender que les ordres du Roi ne souffrent beaucoup de difficultés de leur part : je ne les vois pas disposés à me donner tous les éclaircissements que vous souhaitez. J'attends aujourd'hui le sieur Porée. S'ils persistent tous trois dans ce qui me fut dit hier, je n'aurai d'autre parti à prendre que de les envoyer au château de Saint-Malo en attendant de nouveaux ordres. Cette affaire est ici fort secrète; je ne vois pas qu'elle ait été divulguée par le sieur de la Lande : ce qui me fait penser que le conseil de la famille, qui est la plus considérable de Saint-Malo, est assemblé pour se déterminer dans une occasion dont j'ai fait sentir l'importance. Vous n'aurez pas manqué de faire vos réflexions sur les conséquences d'un pareil ordre, et pour cette ville et pour tout le royaume, et sur la difficulté de recouvrer un indult sur des effets partagés et distribués à un nombre infini d'intéressés, quand bien même le sieur de la Lande et les deux capitaines se porteroient à vous donner tous les éclaircissements qui dépendent d'eux**.....»

* A la première nouvelle de l'arrivée du vaisseau, un courrier avait été dépêché à l'intendant : voir ses lettres des 30 août et 26 septembre.

** Le sieur de la Lande-Magon écrit, le même jour : «.....J'ai répondu que vous étiez le maître de nos biens et de tout ce que nous avons de plus cher, mais que la situation présente de mes affaires m'ôtoit entièrement les moyens de satisfaire à vos ordres, ayant appliqué ces fonds à payer mes dettes et subvenir à mes engagements; d'ailleurs que, ce vaisseau ayant pensé périr en arrivant dans ce port, et me trouvant au Port-Louis, un chacun avoit retiré ses effets, et ceux de la cargaison furent délivrés sur-le-champ aux intéressés. Permettez-moi de représenter à Votre Grandeur la perte que nous souffrons dans ce vaisseau par la longueur du voyage et six mois de course qu'il a faits pour chasser les pirates anglois du Pérou; qu'on a payé 13 p. o/o d'indult à Lima, sur le montant des marchandises, au roi d'Espagne, de qui j'ai lieu de prétendre un dédommagement, et ne crois pas lui devoir ici aucun indult.....»

Les sieurs de la Lande et Porée s'étant refusés à donner l'état des intéressés en cet armement, ainsi que celui de ce qui avait passé à fret et des pacotilles, furent conduits au château de Saint-Malo. (Lettre de M. Ferrand, 30 septembre.) Le même jour, M. Guillaudeu du Plessis, ancien maire de Saint-Malo, envoie un mémoire contenant les représentations des négociants de cette ville. Voir aussi des lettres du 1er octobre, du sieur de la Lande et de M. le marquis de Vibraye.

Le 4 octobre, le sieur Moreau, député de Saint-Malo, écrit : «.....Ce procédé paroîtra à Votre Grandeur tel qu'il est, capable de dégoûter tous les négociants du royaume; car enfin, si Votre Grandeur ne trouve pas bon qu'on aille à la mer du Sud, qu'en y allant on débouche les manufactures du royaume, qu'on y apporte en échange de l'argent, qu'avec cet argent on procure de l'occupation aux ouvriers, l'abondance de l'espèce, on n'ira point..... Je ne peux croire qu'elle ait part à un arrêt de cette nature. Je la supplie de me permettre de lui dire qu'il est contre le droit des gens, et bien dangereux. Cet exemple fait trembler les plus innocents. Et quel est son crime? C'est de ne vouloir pas donner 6 p. o/o d'un bien qui lui est acquis par avoir essuyé les risques d'une négociation, de la mer, des ennemis! Arrêter un homme de cette conséquence dans la ville de Saint-Malo est chose d'un terrible exemple, qui lui seul fait faire un grand mouvement dans le royaume par la circulation qu'il fait faire de son argent et de celui de ceux qui ont confiance en lui, dont le nombre est aussi grand que celui de tous ceux qui le connoissent. S'il se retiroit du commerce, et qu'à son imitation vingt autres particuliers de la ville le fissent, certainement le royaume s'en ressentiroit.....»

M. de Pontchartrain, secrétaire d'État, écrit, le même jour, 4 octobre : «.....Il auroit été (*en interligne* : peut-être) à désirer qu'il se fût contenté de dresser des procès-verbaux,.... afin de parvenir, par une procédure réglée, à contraindre les sieurs de la Lande-Magon et Porée à satisfaire, en leur propre et privé nom, au payement de cet indult, suivant l'évaluation qui en seroit faite. Cependant, sur le compte que j'ai eu l'honneur de rendre à S. M. du parti que M. Ferrand a pris de faire arrêter ces deux particuliers, elle l'a approuvé, ayant remarqué dans leur conduite une désobéissance ferme et déclarée et une affectation ouverte de se dispenser de donner aucun éclaircissement, alléguant des raisons qui n'ont aucune apparence de vérité, en sorte que leur refus peut commettre l'autorité de S. M., si cette affaire n'est pas suivie, ou faire croire au roi d'Espagne et la nation espagnole qu'on a pas eu intention d'accorder réellement le secours que S. M. a demandé, et qui doit être employé à l'armement d'une escadre dont vous connoissez la destination importante et pressée, et enfin qui ne sauroit partir à moins que vous n'ayez agréable de faire donner d'autres fonds. Comme il paroît nécessaire de prendre une prompte résolution sur le refus que les sieurs de la Lande-Magon et Porée ont fait, S. M. m'a ordonné de vous dire qu'elle désire que vous lui en parliez demain au Conseil d'État. Je vous supplie de m'informer de ce qui y sera décidé; je ne sais s'il ne conviendroit pas que M. Ferrand retournât à Saint-Malo pour y faire des procédures contre les sieurs de la Lande-Magon et Porée, afin de parvenir à les condamner au payement de cet indult arbitraire, en leurs noms, faute d'avoir satisfait aux ordres de S. M. J'ai l'honneur de vous envoyer copie de l'arrêt qui ordonne la levée de cet indult, afin que vous ayez agréable de remarquer que M. Ferrand a agi en exécution de cet arrêt.»

Le contrôleur général écrivit que, quoique la cargaison fût évaluée 12,000,000#, il ne lèverait le droit que sur 10,000,000#, et que, de 600,000# à quoi en monterait le produit, il descendrait à 400,000#, pourvu que le sieur de la Lande-Magon fît des offres pour 500,000#. (Lettres du 4 et du 6 octobre.) Conformément au désir de M. de Pontchartrain, M. Ferrand se rendit de nouveau à Saint-Malo, et, à la suite de ses négociations avec les sieurs de la Lande et Porée, ceux-ci sortirent de prison, et n'eurent à payer que 4 p. o/o d'indult sur une valeur totale de 3,899,889#, soit 162,580# : voir les lettres de M. Ferrand, 10, 15, 19, 20, 24 et 28 octobre; du sieur de la Lande-Magon, 20 et 29 octobre; de M. de Pontchartrain, 21 et 26 octobre, 1er novembre et 3 décembre; de M. le duc d'Albe, 30 octobre et 5 novembre; du sieur Moreau, 18 octobre; de M. de Montargis, 11 novembre; et celles du contrôleur général à M. Ferrand, 14, 18, 20 et 25 octobre, et 2 novembre; au sieur de la Lande-Magon, 6 et 20 octobre, et 2 novembre; à M. de Pontchartrain, 23 octobre et 2 novembre; au duc d'Albe, 25 octobre et 2 novembre.

---

865. LE CONTRÔLEUR GÉNÉRAL *aux Intendants*.

Commencement d'Octobre 1710.

«Le Roi, pour soutenir les dépenses où il se trouve engagé par la continuation de la guerre, et pour n'avoir plus recours aux affaires extraordinaires et traités, dont il sait que les recouvrements sont toujours très à charge à ses sujets, a pris la résolution d'ordonner la levée du dixième des revenus de tous les biens-fonds et autres. Je vous envoie copie de l'édit, afin que vous connoissiez le détail de cette levée et que vous puissiez, en attendant qu'il soit expédié, prendre les mesures que vous croirez nécessaires, tant pour vous mettre en état d'avoir promptement les déclarations et dresser les rôles, que pour vous précautionner contre les fraudes qui pourroient arriver dans lesdites déclarations. Je vous envoie trois projets de déclarations, l'un pour les seigneurs des paroisses, l'autre pour les particuliers possédant biens de campagne, et le troisième pour les propriétaires des maisons; et comme l'intention du Roi est que le recouvrement du dixième se fasse par les maires et syndics, qu'ils en remettent le montant tous les huit jours aux receveurs des tailles, et que le fonds soit par eux envoyé tous les mois au commis de la recette générale, pour être remis au Trésor royal, vous ferez imprimer ces déclarations en blanc, que vous distribuerez aux receveurs des tailles, et qui seront par eux données aux maires et syndics, afin que toutes les déclarations soient faites dans le même ordre et conformément au projet. Si, par la connoissance que vous avez de votre département, vous trouviez quelque chose à ajouter aux différents projets de déclarations, vous le pouvez faire, et vous m'en donnerez avis. J'ai promis à S. M. que vous apporteriez toute la diligence possible à retirer les déclarations et dresser les rôles, que vous ferez exécuter dans les villes et paroisses à mesure que vous les aurez expédiés; ils seront autorisés, comme ceux de la capitation, par un arrêt du Conseil. A l'égard de la peine portée par l'édit contre ceux qui ne payeront pas dans le temps prescrit, sur l'avis qui vous en sera donné par les receveurs des tailles, ou vous les condamnerez à payer le double, ou vous laisserez passer quelques jours sans donner vos condamnations : je laisse le tout à votre prudence.

«Pour ce qui est de ceux qui feront de fausses déclarations, il faut les punir sévèrement en leur faisant payer le quadruple. Vous aurez soin de m'envoyer des duplicata des déclarations qui seront faites et des rôles que vous dresserez, afin que je les fasse remettre aux commissaires du Conseil que le Roi a nommés pour suivre la levée du dixième.

«L'édit que vous trouverez ci-joint vous mettra parfaitement au fait de cette levée, et je compte que, lorsque je vous l'enverrai pour le faire exécuter, vous aurez pris par avance tous les arrangements nécessaires pour opérer promptement les déclarations et dresser les rôles. Je crois qu'il est à propos que les frais de poursuite soient taxés par vos subdélégués sur les diligences qui leur seront représentées; desquels frais il sera donné quittance par les receveurs à ceux qui les lui payeront.

«L'intention du Roi est que, faute, par les maires et syndics, de porter aux receveurs des tailles, dans le temps marqué, les deniers par eux reçus, ou de leur avoir fourni l'état des dénommés aux rôles qui n'auront pas payé, ils soient contraints au payement du montant de ce qui se trouvera dû, sauf, à eux, à se faire payer par les débiteurs. Les receveurs des tailles tiendront deux registres, paraphés par vos subdélégués : l'un, pour enregistrer les sommes qu'ils recevront, et l'autre pour les frais, observant d'enregistrer sur le premier tous les certificats de publication des rôles. Il faudra établir un contrôleur près de chacun des receveurs des tailles, qui aura pareillement deux registres paraphés par vos subdélégués, et aux mêmes fins que ceux des receveurs. Ce contrôleur envoiera tous les quinze jours au commis de la recette générale un état de la recette faite, dont il vous fournira un double, afin que, sur le bordereau de recette du commis à la recette générale que vous vous ferez remettre, vous puissiez connoître si les maires, syndics et receveurs des tailles n'ont point retenu de fonds entre leurs mains. Vous aurez soin de m'envoyer tous les mois un état de la recette faite par le commis du receveur général, signé de lui et de vous visé. La lecture de l'édit suppléera à ce que je ne vous mande pas*.»

* Le 22 octobre, le procureur général Daguesseau écrit : «Je reçois dans ce moment la déclaration qui ordonne la levée du dixième de tous les revenus du royaume. Les besoins pressants de l'État et le malheur des conjonctures présentes me ferment la bouche sur tout ce qu'il y auroit à dire..... Il paroît extraordinaire qu'un établissement si nouveau et d'une si grande conséquence se fasse par une simple déclaration, et il semble que la forme d'un édit auroit été plus convenable, si ce n'est peut-être que vous ayez préféré celle d'une déclaration pour montrer encore par là qu'il ne s'agit que d'une levée passagère et qui doit cesser avec la guerre. Quoi qu'il en soit, j'envoie cette déclaration à M. le premier président, qui est à Morfontaine..... Je l'envoierai aussitôt après à mon substitut à Paris, pour la faire enregistrer en la chambre des vacations avant que cette chambre finisse. Il auroit peut-être été aussi convenable qu'une déclaration de cette importance eût été enregistrée en plein Parlement; mais c'est au Roi à décider des temps et des moments comme de tout le reste; pour nous, il est toujours également temps d'obéir.....»

Comme compensation à cette nouvelle taxe, le Roi promit une diminution sur les tailles et accorda la suppression de la crue sur le sel du 18 novembre 1702. (Lettre aux intendants, 28 octobre.)

Le 14 novembre, M. de Brilhac, premier président du Parlement de Rennes, annonce que l'édit a été enregistré sans difficulté.

M. de Bâville, intendant en Languedoc, écrit, le 17 novembre : «Comme je vois que rien n'est plus important que de presser l'affaire du dixième pour en tirer un secours fort prompt, je crois devoir vous demander la décision sur deux difficultés que je prévois, afin que je puisse savoir par avance ce que j'aurai à faire : la première, qu'il est fort à craindre que, quand la déclaration sera publiée, personne ne veuille commencer à donner les déclarations, et que l'on ne tombe dans l'inaction. Je sais qu'aux termes de l'instruction, il faut faire des rôles au double du dixième; mais, si l'on ne sait pas le simple, comment peut-on savoir le double ? Il est impossible d'avoir sur cela une règle bien juste. Ma pensée seroit, en ce cas, de faire des rôles sur ceux de la capitation et sur les connoissances particulières qu'on peut avoir. Ces premiers rôles, à la vérité, ne seront pas justes; mais ils produiront sûrement les déclarations, parce qu'il faudroit établir pour règle de ne point recevoir des requêtes en opposition que la déclaration n'y fût jointe, et je pourrai donner une ordonnance. Peut-être même faudroit-il un arrêt du Conseil portant que nulle opposition ne seroit reçue, ni modération accordée, que la déclaration ne fût fournie. Ayez la bonté de me mander si vous trouvez cette règle et cette pensée bonne. La seconde difficulté est sur la manière de faire la déclaration de ceux, qui sont dans cette province en très grand nombre, qui font valoir leurs biens par leurs mains ou l'ont donné à moitié fruits. L'instruction porte que ceux qui sont dans ce cas, et dont les biens ne sont point affermés, doivent fournir leur déclaration estimative du produit qu'ils en tirent. Il s'agit de savoir si on admettra dans cette déclaration la déduction qu'ils feront des tailles, qui sont réelles en cette province, de la capitation (supposé qu'il n'y ait point d'autres biens que de fonds de terre, ce qui arrivera souvent), des semences et frais de culture. En admettant toutes ses déductions, il arrivera que le propriétaire dira qu'il ne tire aucun profit; et cela n'est souvent que trop vrai à l'égard de ceux qui n'ont d'autre bien que des terres à cultiver, les tailles et autres impositions étant excessives. Mais, d'un autre côté, si l'on n'admet pas ses imputations, comment feront-ils pour payer? Il est certain que bien de gens ne labourent plus leurs terres pour le profit qu'ils en retirent, mais pour ne les laisser pas en friche, dans l'espérance d'un meilleur temps.....» En marge, réponse de la main du contrôleur général : «Il ne faut point entrer dans ces détails; il faut faire l'estimation sur le pied du revenu des terres voisines.»

Le même intendant écrit, de sa propre main, le 21 novembre : «Je puis vous assurer qu'il n'y a pas un mot de vrai de tout ce qu'on a rapporté au Roi sur mon sujet à l'égard du dixième des revenus. Je n'ai jamais dit, ni écrit, ni même pensé rien d'approchant de tout ce qu'on me fait dire. Si j'avois eu à écrire à quelqu'un sur cette affaire, c'eût été à vous, à qui j'avois mandé tout ce que j'avois pensé avec ma sincérité ordinaire et mon zèle pour le service du Roi. J'aurois gardé un grand silence à l'égard des autres, pour vous faire connoître à vous seul mes sentiments, si j'avois cru qu'ils eussent été de quelque utilité au service de S. M., qui sera toujours l'unique règle de mes pensées et de mes actions. Vous savez que, bien loin de vous écrire contre ce dessein, je vous ai mandé, il y a trois ou quatre jours, les deux difficultés que je craignois dans l'exécution, pour ne point perdre de temps, et que je vous ai proposé des expédients. Ce n'est pas une marque que je sois entêté contre cette affaire. Bien loin de l'être, je puis vous assurer que, si on m'en avoit demandé mon avis, j'en aurois été, persuadé qu'on ne peut mieux faire dans les conjonctures présentes, qu'il faut absolument de nouveaux secours, tous ceux dont on a accoutumé de se servir étant épuisés; et quand j'ai parlé ici de ce nouveau projet à ceux qui vouloient s'en plaindre, je leur ai représenté que, S. M. ayant fait au delà de tout ce qu'on peut souhaiter pour nous procurer la paix, il étoit indispensable de lui donner les moyens de soutenir la guerre et d'empêcher les ennemis de pénétrer dans le royaume, où ils nous feroient bien payer au delà du dixième de nos revenus, s'ils y pouvoient entrer. Je n'ai jamais tenu d'autres discours, et c'est le sujet de celui que je dois faire, dans quatre jours, à l'ouverture des États. Je ne serois pas assez mal avisé de prendre ce texte après avoir déclamé, comme on le veut très faussement, contre ce dessein. Je n'ai jamais écrit ni dit que le Parlement de Toulouse ne voulût pas vérifier la déclaration; il ne m'est point revenu qu'il ait rien témoigné de semblable. Je ne doute pas qu'il ne fasse comme celui de Paris. M. le maréchal de Villars m'ayant écrit il y a huit jours pour savoir si cette nouvelle étoit véritable, je lui ai mandé que non. J'aurois écrit une fausseté, si j'avois mandé qu'il me fallût vingt mille hommes pour faire exécuter la déclaration en cette province, qui ne me paroît aucunement distinguée des autres pour s'y opposer. Enfin, comptez qu'il n'y a en tout celà ni fondement ni apparence de vérité; ce sont des mauvais esprits qui veulent, sous le nom de ceux qui sont employés dans les provinces éloignées, débiter toutes les impertinences qu'ils pensent; je souhaiterois que leurs calomnies pussent être approfondies, pour les confondre. Si j'avois écrit à mes amis ou à mes parents quelque chose de semblable, je croirois qu'ils auroient pu parler mal à propos; mais je n'en ai jamais écrit un mot, et je l'aurois fait contre ma propre pensée : ce qui assurément ne convient pas à mon caractère. Je ne pense, dans le poste où le Roi veut bien se servir de moi, qu'à redoubler mon attention et mes soins pour faire réussir ce que gens plus habiles que moi pensent pour son service, et je crois que jamais homme n'eut moins que moi l'esprit de contradiction, trop heureux si je pouvois mériter par ma conduite les bontés infinies que S. M. a eues toute ma vie pour moi et les grâces qu'elle m'a faites. C'est uniquement à quoi je prétends consacrer les jours qui me restent, tant qu'il plaira à S. M. de se servir de moi.»

M. Bignon, prévôt des marchands de Paris, écrit, le 1er décembre : «Tout est à présent en mouvement à Paris. Il y a plus de dix mille avertissements distribués dans les maisons. Tout sera porté à la fin de la semaine. Je n'attendrai pas que les déclarations entières d'un quartier m'aient été fournies pour arrêter les rôles; mais, chaque jour, j'expédierai singulièrement les taxes des maisons dont la déclaration n'aura été apportée : le lendemain, elle sera signifiée. Je crois même que, pour les maisons occupées par les locataires, il est de conséquence de s'assurer par saisie des loyers qui échoiront à Noël prochain; c'est l'unique moyen d'avancer le recouvrement pour le premier quartier.»

Le 25 et le 31 décembre, l'intendant de la généralité envoie l'état et le nombre des déclarations faites à l'hôtel de ville. A sa seconde lettre est jointe cette lettre anonyme : «Monseigneur, plusieurs propriétaires des maisons du faubourg Saint-Germain vous représentent très humblement que la taxe du dixième est plus rude pour eux que pour les autres propriétaires de Paris, puisqu'on leur fait payer un autre dixième en plus pour les logements des soldats, tandis que, pour leurs logements, ils n'occupent pas un dixième du faubourg; et même ce payement en argent se continue également quand le régiment est en campagne, en telle sorte qu'on est plus maltraité à Paris qu'on ne l'est dans les provinces, puisque leur servitude y cesse dès qu'ils n'ont point de troupes à loger : ce qui fait qu'au faubourg Saint-Germain on paye deux dixièmes. A cela joignant la capitation et ce qu'on a payé pour le rachat des boues et lanternes et le double pour la taxe des pauvres, tous ceux qui n'ont point d'autres biens que leurs maisons sont dans une triste situation, joint à cela la cherté de toutes choses à cause des entrées. On espère de votre justice que vous aurez la bonté de faire quelque attention à la très humble remontrance, et on continuera les prières au Seigneur pour votre longue prospérité.»

Le sieur Morinval, directeur du dixième dans la généralité de Rouen, écrit, le 28 décembre : «...... M. l'intendant, suivant la déclaration du Roi, a envoyé dans toutes les paroisses de la généralité des imprimés pour recevoir les déclarations et des modèles pour les faire; mais, et par rapport aux imprimés et par rapport aux modèles, il arrive que les particuliers font des déclarations qui causeront par la suite bien de la peine et de l'embarras. Par exemple, un conseiller au Parlement déclare qu'il a 20,000 ⁊ de rentes dans huit paroisses; il déclare qu'il a, dans six paroisses qu'il nomme, 3,000 ⁊ de revenu, et dans les deux autres, 1,000 ⁊ dans chacune, affermés à différents particuliers, sans aucun autre détail. Cela fait un inconvénient : c'est que, premièrement, il sera fort difficile de vérifier la vérité de cette déclaration; secondement, comme il veut payer lui-même le produit du dixième, le receveur des tailles, qui aura des égards ou qui craindra le déclarant, ne pourra faire contre lui les poursuites qu'il feroit contre ses fermiers. Sur la difficulté de connoître la vérité de la déclaration de chaque particulier, M. l'intendant a voulu y remédier en ordonnant que les déclarations seront détaillées; mais cela fera un embarras fort grand, car, par exemple, un président aura 100,000 ⁊ de rente en différentes paroisses, et tenues par différents fermiers, et la plupart d'eux tiendront, outre cela, à ferme, ou auront à eux appartenant des biens qu'ils feront valoir par leurs mains : il faudra les mettre sur le rôle pour le dixième, qu'ils ne payeront que la somme de...., attendu que M. le président a fait sa déclaration et payera lui-même le dixième du surplus. Vous voyez que cela causera un grand embarras et sera cause que l'affaire n'apportera pas au Roi le prompt [secours] qu'il a espéré d'en retirer. J'ai cru, jusqu'à présent, que l'intention du ministre étoit de simplicier cette affaire en disant qu'il n'y a que deux sortes de personnes qui doivent faire leurs déclarations et payer le dixième, savoir : les fermiers qui tiennent à loyer des biens, et les particuliers qui font valoir ceux qui leur appartiennent, et qui, par conséquent, en sont propriétaires, sans admettre les autres seigneurs qui ne font rien valoir par leurs mains. En ce cas, les rôles se feroient aisément et de suite, sans être obligé de faire de soustractions. Mais M. l'intendant prétend qu'en recevant les déclarations des seigneurs et des propriétaires, cela lui donne une sûreté contre les contraventions, parce que l'on feroit payer la peine au maître plutôt qu'au fermier. Je trouve qu'il sera plus aisé de l'exiger du fermier que du maître, par les raisons que je viens d'avoir l'honneur de vous dire, d'autant plus que le principal de l'affaire n'est pas sur les contraventions, mais sur le produit du dixième. Pour instruire les syndics, j'ai fait plusieurs modèles de déclarations, que j'ai l'honneur de vous envoyer, où il y a des articles détaillés et d'autres qui ne le sont pas. Ce qui est écrit à la main ne tire point à conséquence : ce ne sont que des exemples. A l'égard du *nota* qui se trouve à l'article d'un particulier qui est refusant de faire sa déclaration, où il est dit qu'il faudroit autoriser le syndic à estimer au double le revenu du refusant, ce n'est que pour faire craindre une peine prochaine par l'inconvénient du rôle arrêté; car, pour la peine du quadruple, cela ne fait pas grand effet sur leurs esprits, et, comme il y a des fermiers qui refusent leurs déclarations, leurs maîtres étant absents ou éloignés d'eux, je crois qu'il faudroit faire porter la peine au fermier de l'excédent de ce que le maître auroit dû payer pour le dixième suivant son bail. Cela intimidera les autres fermiers, et, quoique l'on puisse objecter que le syndic se feroit des ennemis, s'il agissoit ainsi, cependant, n'ayant pas osé faire l'estimation dans son village, il pourra, en rapportant les déclarations, dire la vérité là-dessus à M. l'intendant, qui en agira ainsi qu'il le jugera à propos. La crainte cependant que le syndic ne fasse une estimation du double du revenu obligera plusieurs particuliers à faire leurs déclarations. M. Cretté, procureur du Roi de Caudebec, à qui vous avez donné le contrôle du dixième de l'élection dudit Caudebec, m'a fait l'honneur de me venir voir; il m'a paru être un homme d'esprit et fort entendu. Il seroit à souhaiter que tous les contrôleurs fussent de même, et cela seroit nécessaire dans plusieurs élections de ce pays, où les gens sont plus fins que dans d'autres. C'est assez que j'aie su que M. Cretté avoit l'honneur d'être connu de vous, pour me faire un devoir de l'obliger dans toutes les occasions qui se présenteront. M. l'intendant fait imprimer une ordonnance par laquelle il permet aux nobles et privilégiés de faire leurs déclarations au subdélégué ou au receveur des tailles, sur ce qu'on lui a dit que plusieurs seigneurs répugnoient de faire leurs déclarations entre les mains de leurs syndics. Je crois que, sous ce prétexte, ils tâcheront de cacher une partie des biens qu'ils possèdent. La raison de M. l'intendant pour cet article, c'est de se conformer à la déclaration du Roi, qui dit que les propriétaires, et, à leur défaut, les fermiers, feront leurs déclarations, et que, par conséquent, l'on ne peut refuser la déclaration du propriétaire. Elle leur permet aussi de payer entre les mains du receveur des tailles. Il accorde par la même ordonnance au dénonciateur le tiers de ce à quoi sera condamné le contrevenant.»

Voir les lettres de M. Méliand, intendant à Lyon, 30 décembre; de M. d'Ormesson, intendant à Soissons, 5 décembre, etc.

---

866. *M. Voysin, secrétaire d'État de la guerre,*
au Contrôleur général.

1er Octobre 1710.

Rébellion des habitants de Thuillières, en Champagne, contre les fermiers du tabac. Ordre de se servir de la compagnie franche de Briaillé pour détruire les plantations.

---

867. *Le Contrôleur général*
à M. de Bâville, intendant en Languedoc.

3 Octobre 1710.

Exploitation des bois de l'archevêché de Narbonne.

«L'esprit de l'ordonnance à l'égard des bois ecclésiastiques est qu'il en soit laissé un quart au moins en réserve pour les besoins imprévus des bénéfices, ou même pour le service de la marine; le surplus peut être réglé en coupes ordinaires, plus ou moins éloignées selon la nature du terrain et la qualité des bois. On prétend que ceux dont il s'agit ne peuvent point suivre cette règle parce qu'ils sont pour la plupart plantés de sapins et autres arbres de cette nature dont il n'est pas possible de faire des coupes réglées et suivies. C'est sur quoi il est nécessaire que vous preniez la peine de faire vérifier bien exactement ce qui peut être de plus avantageux pour la conservation et le bon aménagement des bois, en se conformant autant qu'il sera possible aux règles qui ont été prescrites par l'ordonnance.»

---

868. *M. de Grignan, lieutenant général en Provence, au Contrôleur général.*

5, 6 et 12 Octobre 1710.

Il présente les trois gentilshommes désignés par l'assemblée des procureurs du pays, et entre lesquels le Roi doit choisir le maire et premier consul d'Aix.

«J'ai trouvé, dans le compte que l'assemblée des procureurs-nés et joints du pays de Provence, tenue à Aix, m'a rendu de ses délibérations, que, sous le bon plaisir de l'assemblée générale des communautés, il a été donné pouvoir aux consuls d'Aix, procureurs du pays, de passer des contrats de constitution de rente au denier vingt, sur la province, en faveur des porteurs de rescriptions du Trésor royal sur le Don gratuit et la capitation, pour environ 1,200,000# provenant du prix des blés fournis pour le Roi par des compagnies et des particuliers, et de la dépense des voitures; qu'il a été aussi délibéré de passer des contrats de constitution en faveur des frères Louvat, génois, pour 200,000#, dont ils avoient déjà le mandement des procureurs du pays expédié sur une rescription, et d'en régler la rente au denier quatorze, si ces particuliers en obtiennent la permission de S. M.; que la province, avant que d'accorder une intervention demandée par la communauté de Boulbon, envoiera un commissaire pour être informée du sujet de l'opposition que la communauté d'Aramon, qui est de Languedoc, a formée aux ouvrages que celle de Boulbon fait le long du Rhône; que la province interviendra au procès criminel intenté par son procureur en la Chambre des comptes d'Aix contre un particulier qui l'a maltraité en haine de la poursuite d'un procès commis au soin de ce procureur; et que l'on travaillera au chemin proposé pour les troupes de Colmars à Seyne, dont j'ai eu l'honneur de vous écrire en vous rendant compte de celui qui a été fait de Colmars à Entrevaux pour faciliter la communication de la basse Provence au bas Var*....

«Vous avez été informé que M. de Castellane-Majastre, qui remplit depuis le 1er janvier la charge de maire-premier consul d'Aix, procureur du pays de Provence, s'y est acquitté de ses devoirs avec tout le zèle et le succès possible pour le service du Roi, tant auprès des troupes de S. M., que dans les fonctions civiles et de police et de finances. Il a plu même à S. M. de témoigner qu'elle en est satisfaite et qu'elle auroit la bonté de lui en donner des marques dans les occasions. C'est un gentilhomme de beaucoup de mérite. Je ne dois pas vanter sa famille, parce que c'est la mienne; mais je puis assurer qu'on n'y respire que le service de S. M. Ses fils s'y sont dévoués dès leur enfance : il y en a perdu un, un autre estropié, qui y est encore avec deux autres, en attendant ceux qui ne font que de naître. Il m'a paru que l'érection en marquisat de sa terre de Majastre, qui des plus nobles et plus seigneuriales de Provence, et qui, depuis plus de six cents ans, est possédée par des personnes de son nom, le flatteroit agréablement. J'ai prié M. le marquis de Torcy d'avoir la bonté de demander cette grâce à S. M., et je vous supplie de vouloir bien honorer M. de Castellane de votre protection en cette occasion**.»

* Sur les mêmes affaires, voir trois autres lettres des 17, 18 et 19 décembre suivant.

** Le 29 mars 1709, M. Lebret avait demandé une pension de 2,000# pour le marquis de Buous et le baron de Sabran-Beaudinar, qui étaient procureurs joints du pays pour la noblesse, et qui avaient rendu des services considérables dans les assemblées des communautés, notamment en 1707 et 1708, contre les tentatives de cabale.

---

869. *M. de Harouys, intendant en Champagne, au Contrôleur général.*

10 Octobre 1710.

Il défend son subdélégué de Bar-sur-Aube contre des accusations anonymes*.

* Voir, sur le même subdélégué, des lettres de M. Lescalopier, successeur de M. de Harouys, 3 août et 27 septembre 1711; sur le subdélégué de Sainte-Menehould, deux lettres de M. de Harouys, 22 décembre 1708 et 22 janvier 1709; sur un subdélégué de l'intendant de Limoges, une lettre de M. de Bouville, intendant à Orléans, 6 septembre 1708.

---

870. *M. Méliand, intendant à Lyon, au Contrôleur général.*

11 Octobre 1710.

Il annonce que le sieur Castan, correspondant de M. Bernard, a quitté Lyon avec sa famille et ses effets*, sans doute pour passer à Genève, et demande qu'on le fasse surveiller de près, s'il est dans cette ville**.

* Sur la mise en liberté de Castan et sa sortie de la forteresse de Pierre-Encise, voir une lettre du sieur Ollivier, 10 décembre 1709.

** Apostille de la main du contrôleur général : «Écrire à Genève, à M. de Lasillière, qu'il s'informe si Castan est à Genève, qu'il observe ses mouvements, qu'il informe M. Méliand de tout ce qu'il en pourra apprendre. — A M. Méliand : faire toutes les perquisitions de la personne de Castan et de ses effets.»

Voir les lettres de M. Méliand, 29 septembre, 21 octobre et 23 décembre; celles de M. Ravat, prévôt des marchands de Lyon, 12 octobre, 4 novembre et 30 décembre; celle du sieur Clapeyron, 4 décembre.

M. Bernard écrit, le 19 décembre : «.....Vous avez vu, par la lettre que le sieur Castan écrivoit à sa femme, que j'avois trois puissances ennemies qui vous sollicitoient contre moi. J'en étois bien informé; je n'ai osé le dire à Votre Grandeur aussi fortement que je le savois, crainte de lui déplaire. J'ai lieu de vous rendre grâce de toutes vos bontés nonobstant d'aussi fortes sollicitations; je ne les oublierai jamais; je voudrois, pour ainsi dire, me pouvoir mettre au feu pour vous en témoigner ma reconnoissance. Je suis dans un travail affreux pour fournir promptement des fonds en Flandres : ce qui m'empêche d'aller ce jourd'hui à la Marche..... Vous savez que Mr le maréchal de Villeroy vous a sollicité pour que M. le prévôt des marchands de Lyon continue l'inventaire de Castan et la procédure pour ce qui regarde le civil. Vous eûtes la bonté de me dire que vous étiez bien aise de ne lui pas refuser cela : c'est une loi pour moi; mais je prendrai la liberté de vous dire que M. le prévôt des marchands est entièrement dans les intérêts de Castan. Je sais, à n'en pas douter, qu'il a aidé à son évasion; j'en dirai le détail à Votre Grandeur, quand il lui plaira. Je l'ai caché jusqu'à présent, parce que je ne suis pas bien aise de me faire des ennemis; j'ai déjà assez d'envieux, qui sont fâchés que je puis rendre de petits services qu'aucun d'eux ne peut faire. C'est ce qui m'oblige de vous supplier très humblement d'écrire à M. le prévôt des marchands qu'il suive exactement la procédure contre Castan, de concert avec M. Clapeyron. Cette lettre m'est tout à fait importante; si Votre Grandeur veut bien me l'envoyer, je lui en serai sensiblement obligé.....»

Le 5 février 1711, M. Méliand transmit une proposition de M. le comte du Luc, ambassadeur en Suisse, de faire enlever Castan de Vevey, où il s'était réfugié. Des mesures furent prises pour retirer les fonds qu'il possédait chez divers marchands de Lyon et pour faire examiner ses livres. Les désordres causés sur la place par l'embarras des affaires de M. Bernard et son acharnement à poursuivre Castan indisposant le public contre lui et faisant considérer Castan comme une victime, M. Méliand demanda s'il ne vaudrait pas mieux remettre le procès à des commissaires dont on serait sûr. (Lettres des 19, 26 et 31 janvier, 16 avril et 21 mai 1711.) Le 20 avril, M. Bernard écrit : «J'ai eu avis de Lyon que M. l'abbé de Tessé alloit revenir de Suisse à Lyon, avec la femme de Castan, pour mettre tous les effets de Castan à couvert et les enlever. Cette femme est encore bien plus méchante que son mari. C'est elle qui a toujours eu la disposition de tout, et qui l'a excité à faire toutes les infamies qu'il a faites. Si, une fois, elle vient à Lyon, et qu'elle soit libre, elle aura bientôt tout enlevé les effets de Castan. Je vous supplie très humblement de vouloir bien donner ordre à M. l'intendant de Lyon de la faire arrêter de manière qu'elle ne puisse parler à personne. Il y a deux moyens sûrs pour la faire arrêter : l'un, comme complice de la banqueroute de Castan, ayant diverti ses effets; l'autre, comme étant fugitive du royaume sans passeports. C'est un coup de partie pour moi qu'elle soit arrêtée aussitôt son arrivée; car elle ne perdra pas de temps pour enlever tous les effets de son mari.....» Le contrôleur général écrivit à M. Méliand, le 21 avril, qu'il serait bon de la faire arrêter aussitôt arrivée.

Voir aussi les lettres du sieur Clapeyron, 14 avril, 19 et 24 mai.

Sur la protection accordée à Castan par la Suisse, et en particulier par le canton de Berne, et sur les moyens employés pour arriver néanmoins à le faire payer, voir les lettres au sieur Clapeyron et à M. Bernard, 19 août et 15 octobre; au comte du Luc, 23 septembre, 19 et 21 octobre 1711, 27 janvier, 30 octobre et 30 novembre 1712.

Le 2 décembre 1711, le contrôleur général écrit à M. d'Argenson, lieutenant général de police à Paris, au sujet de l'arrestation et de l'interrogatoire d'un complice de Castan nommé Mallet.

Les effets appartenant à Castan durent être portés au Trésor royal (lettres de M. Méliand, 15 avril, 30 mai et 17 juin 1712), quoique M. Anisson, député du commerce, et M. Daguesseau père signalassent les inconvénients de cette mesure (2 et 8 juillet). M. Anisson disait : «..... Le crédit de nos négociants chez les étrangers est si délicat, que, dès qu'il a reçu la moindre atteinte, il n'est plus possible de le rétablir. C'est aussi la plus grande attention qu'aient les négociants de se le conserver. Or, rien n'y peut donner tant d'atteinte que de voir la circulation et la négociation des billets de nos marchands interrompues par le refus que feroient les débiteurs prétendus de Castan de payer leurs billets quand ils leur seront représentés..... Je ne puis m'empêcher, nonobstant tout le respect que j'ai pour M. l'intendant, de me récrier sur la plainte qu'il fait contre nos négociants, d'avoir changé leur ancienne loyauté de faire leurs billets pour la disposition de l'argent qu'ils empruntoient avec le nom du prêteur, et de ce qu'ils ont introduit sur leur place, depuis quelques années, l'usage des billets payables au porteur. M. l'intendant a oublié sans doute que cet usage a commencé par la capitale du royaume, en faveur des financiers, pour leur faciliter les avances qu'ils faisoient au Roi sur les forfaits d'affaires qu'on arrêtoit avec eux, et que ce sont ces mêmes financiers parisiens qui, après avoir usé leur crédit à Paris, ont introduit cet usage dans Lyon et dans quelques autres villes du royaume, pour avoir, par ce moyen, non seulement l'argent des provinces, mais encore celui des étrangers; et les négociants des provinces ont été invités à cela par MM. les intendants, qui en avoient sans doute les ordres de plus haut.....»

Le 29 janvier 1713, le contrôleur général écrit au sieur Clapeyron : «M. Bernard a dressé tous ses comptes des années 1711 et 1712 pour les payements qu'il a faits d'un million par mois aux trésoriers de l'extraordinaire des guerres, comme s'il eût fourni ces sommes par les changes étrangers, et il a employé, par conséquent, 14 p. 0/0 outre les 2 qu'on lui alloue de provision chaque mois, ainsi que 2 1/2 pour l'agio de banque, de même que les escomptes du papier à lui donné, qu'il a négocié : ce qui feroit un préjudice considérable à S. M. Pour la vérification de ce fait, il est nécessaire d'examiner ses registres, les comptes et les lettres de ses correspondants. Il ne doit pas vous tenir pour suspect. Vous verrez ensuite, par les registres et comptes des trésoriers, par qui et comment leurs préposés ont été payés de ces fonds, et vous m'en rendrez compte; car, voulant traiter favorablement ceux qui font bien le service, ils doivent aussi donner des comptes justes.»

Le 6 mars 1713, M. le comte du Luc écrit : «Après beaucoup d'incidents, M. le marquis de Tessé a pu sortir Mme Castan de Fribourg et la conduire à Soleure, où elle, son gendre et sa fille sont logés à ma maison de campagne. Je vis hier au soir ce marquis, qui voulut entrer en matière malgré ma répugnance, s'imaginant que les Bas-Manceaux ont quinze et bisque sur le Provençal. J'en suis si persuadé, que j'ai exigé qu'il amèneroit ici le sieur Millot, son avocat, avec lequel je m'expliquerai plus librement. Si je trouve de la réalité et de la bonne foi, je conclurai, sauf votre ratification. M. de Tessé vouloit confondre la négociation pour les intérêts du Roi et ceux des sieurs de Launay et Martin. Je l'ai rejeté, parce que ce sont deux choses qui ne me paroissent point avoir aucune connexité; mais j'ai dit qu'une fois que nous serions convenus et que vous auriez ratifié, j'accorderois mes offices pour terminer à l'amiable les autres affaires qui détiennent Castan en prison. Vous jugez bien que, supposant la fin de la principale, je m'attends que vous aurez la bonté de révoquer le jugement rendu à Lyon contre Castan, et le rétablir dans ses honneurs et droits. Je crois que M. le maréchal de Tessé, qui ne se trémousse pas plus que de raison contre son fils, voudra bien fermer les yeux afin que celui-ci puisse s'aller rencogner dans quelque bout de province, et faire oublier une scène peu honorable à toute sa famille; car, si cela n'étoit pas, je conclurois qu'il faut que la porte soit ouverte ou fermée, et, par conséquent, suivre avec vivacité les affaires, ou n'en plus entendre parler.....» Le 13 mars, il propose un accommodement, redoutant la violence et la fourberie de Mme Castan, qui ne veut, à aucun prix, traiter avec Bernard, ni avec Castan. Le 18 mars, M. Bernard écrit qu'il ne serait pas éloigné de consentir à l'arrangement, pourvu que l'intérêt du Roi fût bien évident. Les 21 et 25 décembre, M. Méliand écrit que Mme Castan et son avocat sont arrivés à Lyon, pour y payer les 300,000# à quoi ont été réduites les prétentions du Roi et de M. Bernard; il la fait surveiller, redoutant les expédients qu'elle pourrait imaginer.

Les 9 janvier et 15 avril 1714, il annonce la conclusion sur ces bases : payement de 300,000#, moyennant quoi Castan sera restitué dans tous ses biens et droits. Voir aussi une lettre de Clapeyron, du 16 janvier 1714, et une pièce à la date du 11 juin 1715.

Le 11 mai 1714, M. Méliand propose d'exempter le sieur Clapeyron du dixième, en raison des soins qu'il s'est donnés dans cette affaire.

871. *Le Contrôleur général à M. de Pontchartrain, secrétaire d'État de la maison du Roi.*

14 Octobre 1710.

Le Roi approuve que l'on fournisse aux fermiers une lettre de cachet pour faire arrêter par un exempt de la prévôté de l'Île-de-France deux individus accusés d'avoir contrefait le timbre qui sert à la marque du papier et du parchemin.

«On vous prie de vouloir bien faire mettre dans la lettre une injonction à tous juges royaux de se transporter, avec ledit sieur Pierre Savary, dans les endroits qu'il leur indiquera pour interroger les [coupables] et leurs complices*......»

* Voir la lettre du 7 novembre, à M. Aunillon, président en l'élection de Paris, sur un conflit de juges soulevé à cette occasion entre sa juridiction et le Châtelet.

Le 16 décembre suivant, M. de Bernage, intendant à Amiens, se plaint de ne plus pouvoir timbrer les exemplaires imprimés des arrêts du Conseil, le timbre que l'on possédait pour cet usage à Amiens ayant été emporté par un des fermiers des aides.

872. *M. Daguesseau père, conseiller au Conseil royal des finances, au Contrôleur général.*

(Intendance de Languedoc.)

15 Octobre 1710.

«J'ai examiné le mémoire anonyme qui vous a été adressé, et que vous m'avez fait l'honneur de m'envoyer, concernant la création que l'on vous propose de faire des charges de trésoriers, collecteurs et receveurs des biens patrimoniaux, tailles et octrois dans toutes les villes, lieux et communautés de la province de Languedoc. Cette proposition contient deux parties, qui doivent être distinguées : l'une, des offices de trésoriers, collecteurs des tailles et autres impositions; l'autre, de trésoriers des octrois et deniers communs ou patrimoniaux. Il fut fait, dans la dernière guerre, une création des trésoriers-collecteurs des tailles de la même province, dont les traitants n'ayant pu trouver le débit en détail, on fut réduit à en ordonner l'union et l'incorporation aux communautés : ce qui donna lieu aux États du Languedoc de racheter ces offices moyennant la somme dont on convint pour leur extinction. Outre ce premier obstacle à une nouvelle création de ces mêmes offices, il y en a un autre qui résulte de l'état présent des recouvrements. La règle qui s'observe en Languedoc sur la nomination des collecteurs est de n'en nommer de forcés qu'au défaut de collecteurs volontaires et après des publications faites de la collecte au rabais. Dans les temps où les impositions étoient sur un pied modéré, on trouvoit aisément des moins-disants qui se chargeoient de la collecte, et on avoit rarement recours à la nomination des collecteurs forcés; mais, à mesure que les impositions ont augmenté et que les recouvrements sont devenus plus difficiles, le nombre des collecteurs volontaires a diminué, et celui des collecteurs forcés a augmenté. Il est aisé de juger qu'aujourd'hui, soit par l'excès des impositions, soit par les grands restes qui sont dus de celles du passé, soit par les malheurs publics, la nécessité de nommer des collecteurs forcés est devenue bien générale. C'est sans doute ce qui a excité le zèle et les plaintes de l'auteur anonyme du mémoire, qui peuvent avoir quelque fondement à cet égard dans des causes supérieures; mais les mêmes raisons qui obligent d'avoir recours à la voie des collecteurs forcés font voir clairement que, quand il seroit possible de créer présentement des trésoriers-collecteurs en titre d'office après le rachat que la province en a fait, il ne se trouveroit personne qui voulût payer la finance de ces offices et se charger de la levée des impositions sur le pied où les choses sont maintenant. Quant à l'abus que l'auteur de ce mémoire dit qui se pratique dans la nomination des collecteurs forcés en ne la faisant tomber que sur des misérables et sur ceux qui sont sans appui, cela ne peut pas être tout à fait véritable; car, dans les communautés de Languedoc, il y a trois échelles, dressées et arrêtées par les consuls et par le conseil politique composé suivant les règlements : l'une, des principaux et plus forts habitants; l'autre, des médiocres, et la troisième, des moindres. L'usage est de nommer pour collecteurs forcés ceux des deux premières échelles, et de n'en prendre de la troisième que du consentement de ceux qui ont été tirés des deux premières. S'il y a quelque lieu particulier où l'on se soit départi de cette règle, il est aisé à ceux qui en souffrent de le faire réparer en se pourvoyant par les voies ordinaires ou devant M. l'intendant; et même, en cas de plainte, les syndics de la province y tiennent la main.

«A l'égard des trésoriers des octrois et deniers municipaux qu'on vous propose, par le même mémoire, de créer, ces offices ont été aussi établis en Languedoc dans la dernière guerre, et même dans la présente, depuis peu de temps, avec de nouvelles attributions. Les receveurs des tailles ont été obligés de les acquérir, et ils en jouissent présentement, ainsi que de tous les droits et des taxations qui y ont été attachées : en sorte que je ne vois rien de praticable dans le dernier chef de ce mémoire, non plus que dans le premier. J'ai l'honneur de vous le renvoyer.»

873. *M. Bosc, procureur général en la Cour des aides de Paris, au Contrôleur général.*

(Cour des aides de Paris, G⁷ 1766.)

16 Octobre 1710.

Il propose d'envoyer un conseiller de la Cour et

l'un de ses substituts pour informer des malversations commises par le directeur et le receveur des gabelles de Lyon*.

* Le contrôleur général répond, le 22 : «.....Je ne doute pas que [l'instruction] ne soit faite beaucoup plus régulièrement de cette manière; mais je vous prie d'observer que ce conseiller et ce substitut ne peuvent se mettre en chemin qu'avec bien de la dépense, que leur voyage retardera l'instruction, et peut causer beaucoup d'autres inconvénients; que les accusés pourront aussi demander des défenses dans le cours de l'instruction, qui se fera par le conseiller de la Cour des aides, et qu'ainsi on n'évitera pas toutes les longueurs d'un procès. Je sais d'ailleurs que les accusés ont des protecteurs puissants, ce qui me fait craindre qu'après avoir chargé les finances du Roi des frais considérables de ce procès, il n'en résulte autre chose que quelque peine légère, qui ne servira point d'exemple pour contenir les principaux employés des fermes dans leur devoir. C'est la raison qui détermine souvent S. M. à commettre les intendants pour instruire et juger des affaires de cette nature avec un présidial ou des gradués. Celle dont il s'agit est importante : on avoit pensé d'en attribuer la connoissance à l'intendant du Lyonnois; en mon particulier, je ne m'éloigne pas de laisser aller le cours ordinaire de la justice, et que la Cour des aides juge une affaire qui est fort de sa compétence. Mais je dois vous avertir qu'en ce cas vous ne sauriez avoir trop d'attention pour la suite de cette affaire. Je vous prie de m'informer de tout ce qui s'y passera.»

L'affaire fut attribuée à la Cour, et, le 24 octobre, M. Bosc, en remerciant le contrôleur général, proposa de partir à ses propres frais, si l'on pouvait trouver un précédent.

Sur le choix des commissaires et sur l'instruction du procès, voir les lettres de M. le Camus, premier président, 6, 13 et 14 novembre 1710, 7 et 23 janvier, 15 mars 1711; de M. Bosc, 10, 16 et 29 novembre, 12, 20, 22, 25 et 31 décembre 1710, 7, 9, 10, 17 et 22 janvier, 3 et 13 février, 5 et 15 mars, et 19 décembre 1711, 9 et 20 juillet 1712. Faute de preuves, les accusés furent renvoyés hors de Cour sur l'extraordinaire.

874. *M. de Richebourg, intendant à Rouen,*
au Contrôleur général.

16 Octobre 1710.

«.....C'est un abus que toutes ces sortes de commissions qui ne sont données que pour faire un exempt, dans un temps où je me sens obligé de vous demander de ne laisser jouir de cette exemption, le quartier d'hiver où nous allons entrer, que les principaux : sans quoi la plupart des lieux, tant à cause de la fatigue des précédents quartiers que de la mortalité qui a presque parcouru toutes les villes et bourgs de cette généralité, me donneront bien de la peine pour leur faire soutenir encore celui-ci. Dans le fait présent, il est sûr que Marais est un petit marchand de Pont-l'Évêque, qui y tient boutique ouverte, qui suit les marchés, et qui y achète différentes choses dont il fait négoce, qu'il fait cabaret chez lui, et que toute sa commission [de la messagerie de Pont-l'Évêque à Paris] est d'aller une fois ou deux la semaine, avec un cheval et des paniers, comme il faisoit avant icelle, à Lisieux, distant de quatre lieues, porter, avec quelques paquets, quand il en a, ses marchandises, et en rapporter d'autres, ou pour son compte ou pour celui d'autrui*.....»

* Le contrôleur général envoie, le 25 octobre, son avis conforme aux commissaires du Conseil pour les affaires des postes et messageries, et il ajoute : «L'intention de S. M. n'est pas de détruire les privilèges des messagers; mais il est bien important de les renfermer dans leurs véritables bornes, dans un temps où les communautés se trouvent chargées d'un grand nombre de logements qui obligent les intendants à suspendre la plus grande partie des privilèges afin de procurer aux peuples quelque soulagement par une répartition plus étendue.»

875. *M. de Bâville, intendant en Languedoc,*
au Contrôleur général.

17 et 21 Octobre 1710.

«J'ai toujours eu extrêmement sur le cœur qu'Abraam, premier chef de la dernière révolte du Vivarois, en ait pu seul échapper. Il fut blessé de trois coups au premier combat, et il a trouvé le moyen de se faire guérir de ses blessures. Il est revenu ensuite dans les Cévennes, pour y exciter de nouveaux troubles : j'en ai été averti; j'ai mis sa tête à prix à 1,000$^{\#}$, et j'en ai donné avis à M. le marquis de la Lande, pour le faire chercher de son côté. Il y a réussi, et, par le moyen de ses espions, qui sont bons, il a su qu'Abraam étoit caché dans une métairie près d'Uzès. Il y a envoyé le capitaine Tourreil, des fusiliers de montagne de Roussillon, avec sa compagnie. Il l'a si bien conduite, qu'il a investi la métairie sans qu'on s'en aperçût. Abraam étoit, lui troisième, dans un endroit bouché avec de la paille, et, lorsqu'il a été découvert, il a tiré plusieurs coups qui ont blessé légèrement le lieutenant de la compagnie. Il s'est ensuite jeté sur le toit de la maison, d'où il s'est défendu autant qu'il a pu. Il y a été tué avec un marchand d'Uzès nommé Coste, dont on n'avoit aucun soupçon et qui étoit apparemment celui qui le faisoit vivre et entretenoit ses correspondances dans les pays étrangers. S'étant défendu aussi avec beaucoup de vigueur, il a été tué pareillement. Le troisième a été pris; il s'est dit Rousset, prédicant, d'abord; après cela, il s'est dit Claris. C'est un homme fameux parmi les Camisards, et seul qui n'a jamais voulu se rendre, ni quitter le pays; il a été manqué plusieurs fois, et j'avois mis sa tête aussi à 1,000$^{\#}$. Mais, comme M. de la Lande l'a amené à Alais, et qu'il n'est point encore ici, je n'ai pu vérifier si c'est le véritable Claris, dont la prise seroit très bonne, et que je cherche il y a longtemps. Je vais examiner si c'est lui, et je vous en rendrai compte. La prise d'Abraam est très importante : c'étoit un chef fort accrédité par tout ce qu'il avoit fait en Vivarois, et fort propre à se mettre à la tête d'une nouvelle révolte. Je ne doute pas qu'il n'eût grand commerce dans le pays étranger d'où il a été envoyé.

«(*21 octobre.*) Celui qui a été arrêté avec Abraam a été reconnu pour le véritable Claris : il s'étoit fait un nom considérable dans les Cévennes par son opiniâtreté à ne vouloir point se rendre et à publier qu'il étoit prêt à se mettre à la tête de la première révolte, et que Dieu l'avoit destiné pour rebâtir le premier temple (il est maçon de son métier), et toutes les aventures extraordinaires qui lui étoient arrivées, ayant échappé plusieurs fois, avoient encore augmenté l'opinion que l'on avoit conçue de ce scélérat. M. de la Lande a voulu le faire passer à Alais et dans les Cévennes, afin qu'on ne pût révoquer en doute qu'il n'eût été pris; il l'a voulu même garder deux jours dans la prison, pour voir s'il en pourroit rien tirer. Il m'a écrit aujourd'hui qu'il n'y avoit pu réussir, et qu'il me l'envoieroit demain ici (à Montpellier). Je lui ferai promptement son procès, et je n'oublierai rien de tout ce que je pourrai faire pour l'obliger à parler.

«J'ai jugé et condamné la mémoire d'Abraam et de Coste : j'ai envoyé exposer leurs têtes, la première à Vernoux, en Vivarois (c'est où Abraam a beaucoup paru dans la dernière révolte), et la tête de Coste à Uzès : c'est ce marchand d'Uzès qui recevoit l'argent de Genève pour le donner à Claris et à Abraam*.»

* Il écrit encore, le 25 octobre : «Claris a été condamné à être roué ce matin, et à la question; il est mort avec une grande fermeté. Quoiqu'il ne fût qu'un maçon, je lui ai trouvé beaucoup plus d'esprit que je ne croyois, du talent pour parler et pour émouvoir les peuples. Il m'a paru un homme dangereux, bien capable de se mettre encore à la tête d'une révolte. Il m'a avoué qu'il s'étoit joint à Abraam pour concerter ce qu'ils avoient à faire, l'un en Cévennes, et l'autre en Vivarois, et qu'ils s'étoient assemblés près d'Uzès pour recevoir des mains de Coste, marchand d'Uzès, qui a été tué, 900# qui venoient de Genève. Cet argent est toujours fourni à l'ordinaire par l'envoyé d'Angleterre à Genève : ce n'est plus le baron d'Argelies, qui est mort; c'est un homme des Cévennes, réfugié qui a demeuré longtemps à Londres, appelé d'Airole, qui a à Genève la qualité d'envoyé des alliés; il est encore aidé par les nommés Lavalette, Marion et Portalès, qui sont à Genève : c'est toujours la même intrigue. Le Magistrat de Genève a fait mettre Lavalette en prison, il y a longtemps; mais il lui donne tant de liberté dans cette prison, qu'il fait la même chose que s'il n'y étoit pas. Rien n'est plus facile à démêler que la manière dont on veut et on voudra entretenir apparemment jusqu'à la paix des mouvements en Cévennes et en Vivarois : on fournit de l'argent à Genève aux acteurs que je viens de nommer; ils avoient Coste, marchand, qui a été tué, dont on ne se défioit point, qui le faisoit tenir à ces deux scélérats, dont l'occupation étoit de porter autant qu'ils le pouvoient les peuples à la révolte et de préparer quelque grand mouvement. Il sera difficile qu'ils puissent en trouver d'autres du même caractère qu'Abraam et Claris, aussi hardis et aussi accrédités. Claris m'a avoué qu'il y a un ministre dans les Cévennes, nommé Durand, venu depuis peu, qui n'est point du pays. Je travaille à découvrir où il est, et j'espère qu'il sera bientôt pris. J'ai démêlé, par des lettres en chiffre trouvées sur Abraam, qu'il y a un homme, en Vivarois, de quelque considération, qui a de très mauvaises intentions, et qui étoit en grand commerce avec Abraam. J'ai envoyé aussitôt en poste pour l'arrêter, et j'aurai l'honneur de vous rendre compte de cette découverte, qui peut être importante.»

Le 2 novembre, il écrit : «Cet homme a été arrêté par le sieur Dumolard, mon subdélégué. Il s'appelle Chambon; il a toujours vécu noblement et passe pour avoir du bien. Ses lettres, écrites avec du citron, qui a rendu toute l'écriture étant présenté au feu, le chargent extrêmement.....» Chambon fut condamné et exécuté le 13. «Préalablement appliqué à la question, il n'y a rien dit de plus que ce qu'il avoit avoué dans son procès, ni à la mort, où il a été avec un sang-froid et une tranquillité extraordinaire, ne donnant aucun signe de religion, ni catholique, ni P. R.; c'est un exemple bien important, et qui peut avoir encore des suites, car..... je n'ai pas laissé de démêler ceux avec qui il avoit le plus de liaison.....»

Voir encore les lettres des 12 et 14 décembre, et celle du 6 janvier 1711, sur les frais d'emprisonnement du sieur de la Valette, chef de fanatiques détenu à Genève.

Le 12 janvier 1712, le sieur Saussinet, de Cannes en Roussillon, qui avait donné les avis pour l'arrestation d'Abraam, Claris, Chambon, etc., et qui avait accepté de s'en aller comme contrôleur des fermes au Boulou, pour ne pas être assassiné, se plaint qu'on vient de le chasser de cet emploi.

876. LE CONTRÔLEUR GÉNÉRAL à Mme la marquise DE BÉTHUNE D'ARQUIEN.

18 Octobre 1710.

«Je suis très fâché de n'avoir pas toujours des fonds prêts pour vous payer vos pensions, et vous avez éprouvé des préférences dans tous les temps où j'ai pu satisfaire à ce que vous aviez demandé. Personne n'ignore que le Roi ne doit payer des pensions que quand il est possible de le faire sur ses revenus ou sur tous les fonds qu'il reçoit de ses sujets; mais personne n'est assez injuste pour demander qu'on paye dans un temps où il faut nourrir presque tous ceux qui ont accoutumé de payer la taille et les autres impositions..... Cependant j'écris à M. Bertin, trésorier des parties casuelles, pour le prier de vous payer 1,000 écus à compte, dont la plus grande partie sera en billets de monnoie*.»

* Le 7 octobre 1708, il écrivait à Mme la princesse des Ursins : «Quoique les difficultés de soutenir le poids des affaires de finances ne fassent qu'augmenter avec le temps, je ne laisserai pas de trouver les fonds nécessaires pour votre pension, et je prendrai soin de la faire payer aussitôt que celui que vous avez chargé de la recevoir paroîtra. Je suis fort sensible au souvenir des anciens temps dont vous me faites l'honneur de me parler, et que vous conserviez les mêmes sentiments. Je vous supplie de croire que je souhaite fort de les mériter toujours.»

Le 11 juillet 1708, à Mme Desmaretz, supérieure de l'abbaye de Montmartre : «Je vous prie de m'envoyer une copie du billet de l'extraordinaire des guerres que vous avez, afin que je voie s'il est possible de vous en procurer le payement, chose néanmoins bien difficile dans le temps présent.» Voir encore des lettres à la maréchale de la Motte, du 10 août 1708; au vidame d'Amiens, du 25 avril 1710, sur le payement de la compagnie des chevau-légers du Roi, etc.

877. M. D'ORMESSON, intendant à Soissons, AU CONTRÔLEUR GÉNÉRAL.

20 Octobre 1710.

«Le Roi a résolu d'établir un dépôt d'artillerie à la Fère, et, étant nécessaire de mettre la place hors d'insulte des partis ennemis, S. M. s'est déterminée d'y faire faire un fossé de six toises de large et de sept à huit pieds de profondeur, que la rivière remplira d'eau, et de laisser au pied de l'enceinte et des tours une berme, à quoi on ajoute quelques redans pour couvrir les postes. Il a été aussi jugé nécessaire de faire quelques ouvrages à Ham..... Le total des ouvrages de ces deux places reviendra environ à 40,000#.....»

878. M. DE COURSON, intendant à Bordeaux, AU CONTRÔLEUR GÉNÉRAL.

22 Octobre 1710.

Procès-verbaux relatifs à la propriété des péages de la rivière de Douze.

879. *Le Contrôleur général aux Gardes du Trésor royal.*

23 Octobre 1710.

«Le Roi, étant informé qu'il ne convenoit plus au bien de son service de disposer de ses revenus par assignations, a ordonné, par arrêt de son Conseil du 7 du présent mois d'octobre, qu'à commencer du jour de cet arrêt, les fermiers, receveurs généraux, trésoriers des pays d'États, receveurs des domaines et bois, et autres chargés du maniement de ses revenus ordinaires, porteroient à l'avenir directement au Trésor royal les fonds de leurs maniements dans les échéances, conformément à leurs baux et résultats. Mais, comme il est nécessaire de disposer de partie de ces fonds par anticipation, en ce cas, le commis du grand comptant du Trésor royal recevra des comptables, pour les payements des fonds dont on disposera par avance, leurs récépissés libellés dans la forme ci-jointe, pour la valeur desquels récépissés il leur sera expédié des quittances comptables; et ces récépissés seront ensuite remis à ceux à qui il sera ordonné*.»

* Le jour suivant, on écrit à M. le Gendre, intendant à Montauban, et à M. Ogier, receveur général des finances, que celui-ci doit convertir en récépissés à la décharge des receveurs des tailles les assignations, montant à 680,000#, qui ont été tirées sur lui pour payement de grains, et qui, conformément à l'arrêt, ne doivent point être livrées aux fournisseurs.

880. *Le Contrôleur général à M. Portail, président au Parlement de Paris.*

23 Octobre 1710.

«Je ne connois aucun emploi, dans le département de la Rochelle, dont je puisse disposer, ni par moi-même ni par les ordres du Roi. Depuis la mort de M. Bégon, M. le Chancelier et M. de Pontchartrain ont fort sollicité pour faire donner l'emploi à M. de Beauharnois, qui est un de leurs parents fort proche, et S. M. l'a accordé: en sorte que je n'ai point d'occasion de rien faire pour M. Portail qui a l'honneur de vous appartenir, quelque bonne volonté que j'aie de vous marquer de plus en plus que je suis, etc.»

881. *M. Doujat, intendant en Hainaut, au Contrôleur général.*

23 Octobre 1710.

Il expose les raisons qui l'ont porté à faire payer l'affranchissement de la capitation au sieur Gibaut, lieutenant d'artillerie.

«Vous savez quel est notre usage à l'égard de ces sortes de gens: ils sont obligés de nous représenter la quittance de la capitation qu'ils payent pour raison de leurs charges; si elle est plus forte que celle à laquelle ils sont taxés dans le pays où ils habitent, on ne leur demande rien; si, au contraire, elle est plus foible, on les oblige de donner ce qui est au-dessus de la somme qu'ils payent pour raison de leurs charges*.»

* A cette pièce est jointe une lettre de M. le duc du Maine, qui, vu les raisons données par M. Doujat, retire la demande d'exemption qu'il avait appuyée.

882. *Le Contrôleur général aux Intendants.*

26 Octobre 1710.

«Je vous envoie l'édit du mois de septembre et la déclaration en interprétation du 7 de ce mois, au sujet du doublement des droits d'octrois et de tarifs que S. M. a ordonné être levés dans toutes les villes et les bourgs fermés du royaume pendant six années, et dont elle veut bien leur abandonner le produit, en payant par forme de don gratuit extraordinaire le capital au denier vingt de la jouissance des deux tiers du doublement des octrois et tarifs établis et à établir. Vous n'avez compris dans les états que vous m'avez envoyés que les villes de votre département dans lesquelles ces octrois sont établis*; mais, comme l'intention de S. M. est d'en attribuer à toutes les villes et bourgs fermés dans lesquels il se fait quelque consommation, il est nécessaire que vous preniez la peine de m'en envoyer incessamment un état, avec un projet de tarif des droits qu'il conviendroit d'y établir aux entrées sur les marchandises et denrées que vous jugerez pouvoir les supporter sans en anéantir la consommation. Quant aux villes comprises dans votre état qui jouissent d'octrois, ou dans lesquelles les tarifs sont établis, en cas que les marchandises et denrées sujettes à ces droits vous paroissent trop chargées pour pouvoir porter le double de ces droits, ou du moins une augmentation, il faudra y assujettir d'autres marchandises, en observant toujours de porter le montant de ces droits à un produit égal à celui des octrois dont ces villes jouissent. Pour faire cette évaluation, il sera nécessaire que vous me marquiez précisément, dans chaque ville, à quelle somme montent les droits d'octrois, séparément des deniers patrimoniaux, en cas que vous ne les ayez pas distingués dans l'état que vous m'avez envoyé, et qu'à l'égard des droits d'octrois qui ont été aliénés dans quelques villes, à vie ou pour plusieurs années, même donnés à ferme pour acquitter des dettes de ces villes, vous en fassiez une évaluation qui puisse en fixer le produit annuel, et que vous les compreniez sur ce pied dans l'état des octrois de chacune de ces villes. Enfin, quant à celles où il se trouve des tarifs établis, soit pour le payement de la taille ou pour le rachat de la capitation, s'il vous paroît praticable d'y établir de nouveaux droits de tarifs sur d'autres marchandises et denrées que celles qui sont comprises dans le premier tarif, il sera bon de m'en envoyer un état particulier, l'objet de cet établissement étant d'accélérer l'extinction des billets de monnoie, billets des fermiers généraux et assignations. Vous ne pouvez apporter trop de diligence à faire exécuter l'édit et la déclaration qui sont ci-joints. S. M. se promet de votre zèle que vous y donnerez une attention particulière**.»

* Le 16 janvier précédent, on leur avait demandé l'état du revenu des biens patrimoniaux et des octrois, avec celui des charges annuelles.

** Le 26 novembre, il écrit à M. de Bernage, intendant à Amiens, que l'intention du Roi n'est pas de doubler la partie des octrois qui se lève à son profit.

Le 29 novembre, M. de Bercy envoie les premières instructions aux directeurs du doublement. Le 22 décembre, il écrit aux intendants de répartir la somme à percevoir sur chaque ville de leur département, et d'en fixer le montant à un tiers plus haut que la somme demandée par le Roi, afin qu'il soit possible d'accorder des modérations.

883. *Le Contrôleur général à M. Bosc, procureur général en la Cour des aides de Paris.*

26 Octobre 1710.

«En vous envoyant la requête que les fermiers du tabac ont présentée en cassation de l'arrêt de la Cour des aides obtenu par un nommé Antoine le Roy, maçon demeurant dans le cul-de-sac de la rue Beaubourg, je ne peux m'empêcher de vous dire que j'ai peine à croire que cet arrêt soit fondé sur la différence qu'on prétend que la Cour des aides a faite entre le tabac et la nicotiane ou herbe à la Reine, puisqu'il est certain que ce sont termes synonymes, qui signifient tous trois la même chose.....

«Les fermiers m'ont remis, il y a quelques jours, un mémoire au sujet d'un arrêt que vous avez fait rendre pour obliger les marchands de vins à aller faire leurs provisions au delà des vingt lieues de Paris. Ils conviennent que cet arrêt soit dans la règle, et qu'il a été nécessaire de renouveler la disposition de l'ordonnance dans une année où, par l'empressement que les marchands ont fait paroître, les vins sont montés à un prix excessif; mais ils demandent qu'on fasse grâce aux marchands pour le passé, en considération de la nécessité où ils se sont trouvés de faire quelques achats dans les environs de Paris pour pouvoir continuer leur commerce, qui seroit absolument tombé, s'ils avoient été obligés d'aller acheter des vins au delà des vingt lieues. Comme il y a, en cela, de l'intérêt de la ferme, sur le rapport que j'ai fait de l'affaire au Roi, S. M. m'a ordonné de vous faire savoir qu'elle souhaite qu'il ne soit fait aucunes recherches contre les marchands de vins pour raison des vins qu'ils peuvent avoir fait entrer à Paris jusques à ce jour, faisant à l'avenir exécuter l'ordonnance et les arrêts de la Cour des aides.»

884. *Le Contrôleur général à M. de Bâville, intendant en Languedoc.*

26 Octobre 1710.

«Je vous envoie un mémoire qui m'a été remis par les fermiers généraux au sujet d'un prêt auquel les consuls de Carcassonne veulent obliger le sieur Rolland, contrôleur des gabelles aux entrepôts de cette ville. Il paroît que, dans le besoin que la ville de Carcassonne a eu d'un fonds de 125# pour quelques dépenses pressées, vous avez rendu une ordonnance qui permet aux consuls de nommer deux des principaux habitants pour avancer cette somme au défaut de prêteurs; qu'en exécution de cette ordonnance, ils ont nommé le sieur Rolland pour l'un d'eux et ont établi garnison effective chez lui de deux soldats de milice. Les fermiers représentent que les commis et employés des fermes sont exempts par l'ordonnance de toutes contributions et des charges publiques. C'est en effet la disposition de l'article 11 du titre commun de l'ordonnance des fermes de 1681. Mais la question est de savoir si le sieur Rolland ne déroge point à son privilège par quelque négoce ou trafic. Je vois que, par l'ordre que les consuls ont signé le 26 septembre, ils lui donnent la qualité de négociant; mais, souvent, ce n'est qu'un prétexte dont les officiers de ville se servent pour pouvoir assujettir aux charges les receveurs et employés des fermes, contre lesquels il y a, pour l'ordinaire, un esprit de jalousie et d'animosité. Vous aurez agréable de vous faire informer de la vérité, afin de rendre au sieur Rolland la justice qui peut lui être due.»

885. *M. Turgot de Saint-Clair, intendant en Auvergne, au Contrôleur général.*

26 Octobre 1710.

Adjudication de la ferme des droits d'entrée de la ville de Clermont, qui était en régie depuis deux ans faute d'enchérisseurs. Conditions du nouveau bail; exemptions accordées à l'évêque et aux maire, lieutenants de maire et échevins, mais refusées aux Cordeliers pour leur vin de quête*.

* Il avait appuyé, dans une lettre du 17 mars 1709, un projet de prolongation pour dix ans des droits levés sur le vin aux entrées de la ville de Saint-Flour et employés aux dépenses des travaux publics ou aux autres charges, notamment à la construction d'une caserne et au payement d'une somme de 400# qui servait à l'entretien de deux des classes du collège des Jésuites.

886. *M. d'Argenson, lieutenant général de police à Paris, au Contrôleur général.*

1er Novembre 1710.

Il annonce que des soldats aux gardes et des vagabonds ont pillé des charrettes de pain de Gonesse*.

* Le 14 août précédent, les prix ayant diminué et la tranquillité publique semblant rétablie, il avait proposé de relâcher les individus arrêtés dans les derniers troubles à l'église Saint-Roch et à Saint-Nicolas-des-Champs.

887. *M. de Bernage, intendant à Amiens, au Contrôleur général.*

1er Novembre 1710.

Il rend compte des quantités de fagots que la ville de Saint-Omer a déjà fournies ou doit fournir pour le chauffage de la garnison, soit en été, soit en hiver, et demande que le Magistrat soit autorisé à en prendre un tiers environ dans la forêt de Rihous, appartenant au Roi*.

«J'ai fait un traité, depuis quelques jours, avec les sieurs du

Barry et Beaumont, pour la nourriture, remèdes et médicaments des soldats, cavaliers et dragons qui seront malades dans les hôpitaux de cette ville et à Abbeville, dont la plupart sont ceux de l'armée. Par un des articles de ce traité..... il est porté que les denrées et boissons servant à la nourriture desdits soldats malades et blessés seront exemptes de tous droits et impôts. Cependant le fermier des aides d'Amiens, qui n'a pas encore vu ces sortes d'établissements, prétend que cette exemption ne doit avoir aucun rapport aux droits du Roi, et, sur ce fondement, il veut exiger ceux d'entrée sur les bois, bestiaux, vins, eau-de-vie et autres boissons que ces entrepreneurs font venir pour leur service, même sur les bières qu'ils achètent du brasseur, parce que, par un article de son bail, tous les droits dépendants de sa ferme se payent par toutes sortes de personnes sans distinction. Il ne me paroît pas possible de refuser l'exemption aux entrepreneurs des hôpitaux**.....»

* On faisait des fournitures aux troupes pour empêcher qu'elles ne commissent des dégradations dans les bois du Roi ou des particuliers : voir une lettre de M. de Bernières, intendant en Flandre, 31 mai 1712.

** Réponse du fermier, à la suite de la lettre : «L'usage, aussi bien que les droits, étant fort différents, dans les provinces de Flandre, Alsace et Artois, où les aides n'ont jamais eu cours, de ce qui se pratique en Picardie et autres pays où les aides ont cours, il n'y a pas d'exemple que les denrées et boissons destinées pour les troupes en général y aient jamais été exemptes des droits. L'ordonnance de 1680 pour les aides ne fait aucune exception en leur faveur, l'article 5 du titre des 9# 18 s. à l'entrée et du sol pour pot au détail semblant, au contraire, les comprendre dans le général, et les arrêts du Conseil des 16 août 1692 et 30 avril 1707 les assujettissant, en termes précis, au payement de tous les droits.....»

Sur une demande de passeports, en date du 3 novembre, pour l'entrepreneur des hôpitaux d'Arras, qui veut tirer d'Orléans vingt pièces d'eau-de-vie et soixante pièces de vin, et de Condé deux mille wlaques de houille, le contrôleur général répond : «Bon. Expédier le paquet.»

Sur l'approvisionnement des hôpitaux et hospices pour les soldats malades, voir une lettre du contrôleur général à M. le Blanc, intendant en Flandre maritime, 16 mai 1709, et des lettres de MM. de Bernage, 26 avril 1709; le Guerchoys, intendant en Franche-Comté, 22 janvier 1709; de Bâville, en Languedoc, 1er juillet 1710, et de Saint-Contest, à Metz, 4 décembre 1710; de M. Bégon, intendant à la Rochelle, 24 novembre 1708, et des prieurs des Charités de la Rochelle, 16 mars, et de l'île de Ré, 17 avril 1709; de M. d'Albaret, intendant en Roussillon, et de M. le duc de Noailles, 11 et 13 mars, et 22 avril 1708.

---

888. *Le sieur* DE MONTARAN, *trésorier des États de Bretagne*, AU CONTRÔLEUR GÉNÉRAL.

5 Novembre 1710.

Il envoie les quittances de la gratification que les États font au contrôleur général.

Il demande, comme une grâce particulière, et en compensation des payements en espèces qu'il a faits pour les grains, qu'on accepte une avance de 200,000# qui lui permettrait d'écouler en partie ses billets de monnaie.

---

889. *M.* D'ANGERVILLIERS, *intendant en Dauphiné*, AU CONTRÔLEUR GÉNÉRAL.

8 Novembre 1710.

«Je reçois la lettre que vous m'avez fait l'honneur de m'écrire le 26 du mois passé, sur la proposition qui vous est faite, par M. Estival, grand maître des eaux et forêts aux départements de Lyonnois et Dauphiné, de faire faire des battues générales pour donner la chasse aux loups, blaireaux et autres bêtes puantes dont il dit que son département est infecté au grand préjudice des enfants, des femmes et des bestiaux, qui ne sont pas en sûreté. Je puis vous assurer que, pour ce qui concerne le Dauphiné, ces battues y sont fort inutiles : je n'ai jamais entendu la moindre plainte des peuples là-dessus, et les loups et les ours qui peuvent habiter nos montagnes ne font mal à personne. Il y a néanmoins eu, pendant cette campagne, une bataille entre trois ours et quelques officiers du régiment de Vivarois, qui allèrent, suivis de grenadiers, les attaquer dans leur caverne; les ours essuyèrent le feu du détachement, et ensuite l'attaquèrent de front : cinq ou six soldats furent blessés, et un ours resta sur la place. Cela s'est passé sur le sommet d'une des plus hautes montagnes des Alpes, et dans un pays qui n'est fréquenté ni par les hommes ni par les bestiaux*.»

* Apostille, de la main du contrôleur général : «Écrire à M. d'Estival que le Roi lui défend d'ordonner des battues et de faire les chasses générales qu'il a proposées.»

Voir une lettre analogue de M. Méliand, intendant à Lyon, 1er novembre, et deux lettres de M. d'Estival, 20 octobre et 24 novembre.

---

890. *M.* LE GENDRE, *intendant à Montauban*, AU CONTRÔLEUR GÉNÉRAL.

11 Novembre et 24 Décembre 1710.

Il rend compte des mesures prises pour que les blés, chevaux et bestiaux destinés à l'armée de l'archiduc Charles ne puissent passer à la faveur du commerce des lies et passeries.

«Il est important de vous observer, comme j'ai déjà fait plusieurs fois, qu'il y a un traité de lies et passeries passé depuis deux cents ans entre les rois de France et d'Espagne, qui permet le commerce, en guerre comme en paix, entre les frontaliers des deux nations. Ce traité a été plusieurs fois renouvelé, et a [été] toujours fidèlement exécuté. Sur la foi de ce traité, les Espagnols sont toujours venus librement aux foires de Saint-Béat, Bagnères-de-Luchon, Saint-Girons et autres, où ils ont porté, toutes les années, plus de 800,000# d'argent comptant. C'est ce qui a fait toute la richesse de ce canton, et qui a donné moyen aux peuples de payer leurs charges, sans quoi les recouvrements seroient entièrement tombés. Vous l'avez si bien reconnu, qu'ayant rendu, dans le temps du siège de Tortose,

IMPRIMERIE NATIONALE.

par ordre de Mgr le duc d'Orléans, une ordonnance pour défendre ce commerce, vous m'écrivîtes pour me faire des reproches de ce que j'avois rendu cette ordonnance sans vous en parler, et de rétablir le commerce d'abord que le siège de cette place seroit fini. Cela a été exécuté. Vous m'avez renvoyé, depuis ce temps-là, de même que M. Voysin, plusieurs lettres par lesquelles on vous donnoit avis du commerce qui se faisoit sur cette frontière; j'ai toujours eu l'honneur de vous répondre, ce que je vous écris aujourd'hui, qu'il n'y avoit rien de si facile que d'interrompre ce commerce, en rendant une ordonnance générale pour le défendre, mais que cela étoit d'une dangereuse conséquence parce que, les Espagnols frontaliers étant depuis deux cents ans dans l'habitude de vivre au moyen des subsistances que nous leur fournissons, et les François ne pouvant payer leurs charges, ni vendre leurs denrées, que par le moyen des Espagnols qui les achètent, les Espagnols, au désespoir, feroient souvent des courses en France, dont les suites pourroient être fort à craindre. Il peut être arrivé que, des denrées qui se sont vendues dans les foires, il en a passé quelque partie aux troupes de l'Archiduc; mais je ne sache pas le moyen de l'empêcher, à moins que d'interdire absolument le commerce. Vous n'avez jamais voulu me le permettre : si vous croyez aujourd'hui que cela soit nécessaire, au premier ordre de votre part, je vous promets qu'il ne passera pas un bœuf ni un mouton en Catalogne*.»

* Dans ses lettres des 14 janvier, 21 et 22 avril, 19 août 1711, et 21 août 1713, il se plaint que la sortie des bestiaux est organisée de concert entre les marchands et certains banquiers de Toulouse, et rapporte des jugements rendus dans plusieurs cas de ce genre.

---

891. *M. de Bernage, intendant à Amiens,*
au Contrôleur général.

14 Novembre 1710.

«Vous avez trouvé bon que les particuliers qui ont fourni des grains pour la subsistance des troupes pendant l'année dernière donnassent en payement les récépissés des commis de vivres, pour une partie de l'affranchissement de leur capitation*. Ceux qui ont été taxés comme aisés demandent à faire la même chose; on ne peut guère leur refuser, parce qu'on avoit promis de les payer** . . . . .»

* Voir une lettre du 19 juillet 1709.

** Réponse en apostille : «La proposition que vous faites de recevoir en compensation des taxes faites pour les rentes provinciales les billets fournis par les commis des vivres à ceux qui ont livré des grains eux-mêmes est certainement juste et raisonnable; mais je suis embarrassé à la pouvoir mettre en pratique, par la raison que le fonds provenant des rentes provinciales a été assigné à MM. les électeurs de Bavière et de Cologne, pour leurs subsides. Cependant, comme il peut bien être que le fonds n'est pas entièrement consommé par ces assignations, je crois qu'on pourroit recevoir ces billets des commis des vivres pour moitié, pourvu que, comme vous le marquez, les grains aient été fournis par les personnes mêmes, et qu'on puisse s'assurer de cette vérité. Sur les états que vous m'en envoierez, je ferai expédier ces assignations.»

Les échevins de Marseille s'étaient engagés à fournir vingt mille charges de blé, pesant quarante-huit mille quintaux et évaluées 800,000#, pour l'affranchissement de leur capitation. (Lettres de M. Lebret, 13 et 28 février, 27 mars 1710; lettre des échevins, 28 mars.)

---

892. *M. Voysin, secrétaire d'État de la guerre,*
au Contrôleur général.

16 Novembre 1710.

Construction d'écuries pour loger les troupes de cavalerie qui doivent hiverner dans la ville de Doullens. Celle-ci fera les frais.

---

893. *M. de Bâville, intendant en Languedoc,*
au Contrôleur général.

17 Novembre 1710.

«Comme je vois que rien n'est plus important que de presser l'affaire du dixième pour en tirer un secours fort prompt, je crois devoir vous demander la décision sur deux difficultés que je prévois, afin que je puisse savoir par avance ce que j'aurai à faire.

«La première, qu'il est fort à craindre que, quand la déclaration sera publiée, personne ne veuille commencer à donner les déclarations, et que l'on ne tombe dans l'inaction. Je sais qu'aux termes de l'instruction, il faut faire des rôles au double du dixième; mais, si l'on ne sait pas le simple, comment peut-on savoir le double? Il est impossible d'avoir sur cela une règle bien juste. Ma pensée seroit, en ce cas, de faire des rôles sur ceux de la capitation et sur les connoissances particulières qu'on peut avoir. Ces premiers rôles, à la vérité, ne seront pas justes; mais ils produiront sûrement les déclarations, parce qu'il faudroit établir pour règle de ne point recevoir des requêtes en opposition, que la déclaration n'y fût jointe, et je pourrai donner une ordonnance, peut-être même faudroit-il un arrêt du Conseil, portant que nulle opposition ne seroit reçue, ni modération accordée, que la déclaration ne fût fournie. Ayez la bonté de me mander si vous trouvez cette règle et cette pensée bonnes*.

«La seconde difficulté est sur la manière de faire la déclaration de ceux qui sont dans cette province en très grand nombre, qui font valoir leurs biens par leurs mains, ou l'ont donné à moitié fruits. L'instruction porte que ceux qui sont dans ce cas, et dont les biens ne sont point affermés, doivent fournir leur déclaration estimative du produit qu'ils en tirent. Il s'agit de savoir si on admettra dans cette déclaration la déduction qu'ils feront des tailles, qui sont réelles en cette province, de la capitation; supposé qu'il n'y ait point d'autres biens que de fonds de terre, ce qui arrivera souvent, des semences et frais de culture. En admettant toutes ces déductions, il arrivera que le propriétaire dira qu'il ne tire aucun profit, et cela n'est souvent que trop vrai à l'égard de ceux qui n'ont d'autre bien que des terres à cultiver, les tailles et autres impositions étant excessives. Mais, d'un autre côté, si l'on n'admet pas ces imputations, comment feront-ils pour payer**? Il est certain que bien des gens ne labourent plus leurs terres pour le profit qu'ils en retirent, mais pour ne les laisser pas en friche, dans l'espérance d'un meilleur temps. Ce sont les deux principales difficultés que me sont venues sur cette affaire, que j'ai cru devoir vous proposer, et dont je puis recevoir la décision avant l'échéance de la quinzaine qui doit courir après la déclaration; moyennant quoi, il n'y aura point de temps perdu.»

* En marge, de la main du contrôleur général : «Bon».

** En marge : «Il ne faut point entrer dans ces détails; il faut faire l'estimation sur le pied du revenu des terres voisines.»

894. *M. Méliand, intendant à Lyon,*

au Contrôleur général.

19 Novembre 1710.

«Vous m'avez ordonné, par la lettre que vous m'avez fait l'honneur de m'écrire le 5 de ce mois*, de faire délivrer aux payeurs des rentes de la tontine, par le commis à la recette générale, les fonds nécessaires pour payer les rentiers qui sont dans cette généralité, et, s'il n'y satisfait pas, de le faire mettre en prison. J'ai ordonné plusieurs fois au sieur Dodart, qui est le commis de M. du Pille, de satisfaire à vos ordres. Après plusieurs paroles données de sa part, auxquelles il a manqué jusques à présent, et sur les plaintes des rentiers, j'ai été obligé d'exécuter vos ordres et de le faire mettre en prison hier au soir. Cela a fait son effet, car, deux heures après, l'argent a été donné, et je l'ai fait mettre hors des prisons.»

* C'était la réponse à une première lettre du 23 octobre.

895. *M. de Bâville, intendant en Languedoc,*

au Contrôleur général.

21 Novembre 1710.

«Je puis vous assurer qu'il n'y a pas un mot de vrai de tout ce qu'on a rapporté au Roi sur mon sujet, à l'égard du dixième des revenus. Je n'ai jamais dit, ni écrit, ni même pensé rien d'approchant de tout ce qu'on me fait dire. Si j'avois eu à écrire à quelqu'un sur cette affaire, c'eût été à vous, à qui j'aurois mandé tout ce que j'aurois pensé, avec ma sincérité ordinaire et mon zèle pour le service du Roi. J'aurois gardé un grand silence à l'égard des autres, pour vous faire connoître à vous seul mes sentiments, si j'avois cru qu'ils eussent été de quelque utilité au service de S. M., qui sera toujours l'unique règle de mes pensées et de mes actions. Vous savez que, bien loin de vous écrire contre ce dessein, je vous ai mandé, il y a trois ou quatre jours, les deux difficultés que je craignois dans l'exécution, pour ne point perdre de temps, et que je vous ai proposé des expédients. Ce n'est pas une marque que je sois entêté contre cette affaire; bien loin de l'être, je puis vous assurer que, si on m'en avoit demandé mon avis, j'en aurois été, persuadé qu'on ne peut mieux faire dans les conjonctures présentes, qu'il faut absolument de nouveaux secours, tous ceux dont on a accoutumé de se servir étant épuisés; et quand j'ai parlé ici de ce nouveau projet à ceux qui vouloient s'en plaindre, je leur ai représenté que, S. M. ayant fait au delà de tout ce qu'on peut souhaiter pour nous procurer la paix, il étoit indispensable de lui donner les moyens de soutenir la guerre et d'empêcher les ennemis de pénétrer dans le royaume, où ils nous feroient bien payer au delà du dixième de nos revenus, s'ils y pouvoient entrer. Je n'ai jamais tenu d'autres discours, et c'est le sujet de celui que je dois faire dans quatre jours à l'ouverture des États. Je ne serois pas assez mal avisé de prendre ce texte après avoir déclamé, comme on le veut très faussement, contre ce dessein. Je n'ai jamais écrit ni dit que le Parlement de Toulouse ne voulût pas vérifier la déclaration; il ne m'est point revenu qu'il ait rien témoigné de semblable. Je ne doute pas qu'il ne fasse comme celui de Paris. M. le maréchal de Villars m'ayant écrit, il y a huit jours, pour savoir si cette nouvelle étoit véritable, je lui ai mandé que non. J'aurois écrit une fausseté, si j'avois mandé qu'il me fallût vingt mille hommes pour faire exécuter la déclaration en cette province, qui ne me paroît aucunement distinguée des autres pour s'y opposer. Enfin, comptez qu'il n'y a, en tout cela, ni fondement ni apparence de vérité; ce sont de mauvais esprits qui veulent, sous le nom de ceux qui sont employés dans les provinces éloignées, débiter toutes les impertinences qu'ils pensent. Je souhaiterois que leurs calomnies pussent être approfondies, pour les confondre. Si j'avois écrit à mes amis ou à mes parents quelque chose de semblable, je croirois qu'ils auroient pu parler mal à propos; mais je n'en ai jamais écrit un mot, et je l'aurois fait contre ma propre pensée, ce qui, assurément, ne convient pas à mon caractère. Je ne pense, dans le poste où le Roi veut bien se servir de moi, qu'à redoubler mon attention et mes soins pour faire réussir ce que gens plus habiles que moi pensent pour son service, et je crois que jamais homme n'eut moins que moi l'esprit de contradiction; trop heureux, si je pouvois mériter par ma conduite les bontés infinies que S. M. a eues toute ma vie pour moi, et les grâces qu'elle m'a faites. C'est uniquement à quoi je prétends consacrer les jours qui me restent, tant qu'il plaira à S. M. de se servir de moi.»

896. *M. de Bâville, intendant en Languedoc,*

au Contrôleur général.

21 Novembre 1710.

Copie d'une lettre écrite au secrétaire d'État du département.

Trois contrebandiers ont été pris dans un petit bras du Rhône, à la limite du Comtat Venaissin. Bien que ce bras soit inondé à la moindre crue du Rhône, et qu'il fasse par conséquent partie du lit du fleuve, lequel appartient au Roi, le vice-légat réclame ces hommes, comme relevant de sa juridiction*.

* Réponse en apostille : «Je laisse à M. de la Vrillière à lui faire savoir les ordres que le Roi aura donnés; cependant je crois pouvoir lui marquer qu'il faut maintenir la domination du Roi dans tout ce qui forme le lit ou le canal du Rhône, et que, par conséquent, M. le vice-légat n'a point de droit de revendiquer les deux fraudeurs qui ont été arrêtés.»

897. *M. Bignon de Blanzy, intendant à Paris,*
au Contrôleur général.

22 Novembre 1710.

Organisation des quartiers d'hiver des troupes*.

* Voir de semblables états envoyés par MM. de la Bourdonnaye, Orléans, 27 août; de Richebourg, Rouen, 8 et 14 septembre, 27 novembre et 10 décembre, et d'Ormesson, Soissons, 15 août, 30 septembre et 10 novembre. M. de Richebourg envoie en même temps, le 8 septembre, les états comparatifs des trois années précédentes.

898. *M. de Grignan, lieutenant général en Provence,*
au Contrôleur général.

23 et 26 Novembre 1710.

Répression du faux-saunage par mer*.

* Voir les lettres du chevalier Bernard, 27 novembre et 2 décembre, de M. d'Albertas, premier président de la Cour des aides de Provence, 10 décembre, et de M. de Broglie, conseiller en cette cour, 9 décembre.

M. de Bérulle, premier président du Parlement de Grenoble, avait envoyé, le 20 avril 1708, un état des fraudes commises dans le grenier à sel d'Orange au détriment des greniers de Grignan, Pierrelatte et Montélimar.

899. *Les Échevins de Marseille*
au Contrôleur général.

24 Novembre 1710.

«Nous étant revenu que, le 28 octobre dernier, le Conseil a fait arrêt que nous serions contraints en 15# d'amende chacun, et notre archivaire* en 20#, chaque jour, pour n'avoir pas remis les comptes et pièces justificatives de la communauté, jusques à ce que la rémission en soit faite à M. de Harlay**, nous prenons la liberté de représenter à Votre Grandeur..... que trois caisses contenant les comptes et pièces justificatives d'iceux sont arrivées à Paris..... et remises entre les mains du sieur Fabre, notre député, pour nous chargé de les remettre à M. de Harlay, à son retour de Beaumont, et qu'une quatrième caisse, où sont les comptes des trois dernières années, excepté celui de 1709, doit y être à présent,.... celui de 1709 devant partir incessamment avec celui de ladite année de la Chambre du commerce***.....»

* Sur cet archivaire, qu'une cabale toute-puissante à l'hôtel des ville avait fait destituer, voir deux lettres de M. Lebret, intendant en Provence, 24 septembre et 24 novembre 1710.

** Le 21 mars 1709, M. de Harlay, conseiller d'État, envoie un état des règlements et arrêts concernant l'administration des revenus de la ville de Marseille. Voir aussi, sur cette administration, deux lettres de M. Lebret, intendant, 6 février, et de M. Lebret père, premier président, 25 mars 1709.

*** Le contrôleur général, dans une lettre du 20 décembre, réfute leurs excuses et les avertit d'avoir à mettre plus de régularité et d'ordre dans la tenue et l'envoi de leurs comptes.

900. *M. de Bernage, intendant à Amiens,*
au Contrôleur général.

3 Décembre 1710.

«Les orges sont très maigres cette année, et les farines en sont fort médiocres. Ce grain est d'ailleurs la source des plus grandes friponneries qui se fassent dans les vivres par les commis, meuniers et boulangers, qui substituent tant qu'ils peuvent des farines d'orge à celles de blé, et qui en tirent le moins de son qu'ils peuvent. Il seroit fort à propos de bannir l'orge des vivres, et je ne crois pas que vous eussiez beaucoup de peine à y faire consentir les entrepreneurs, car, outre tous les autres inconvénients, les farines de ce grain se gâtent aisément et n'en sont point de garde : ce qui leur causera de très grandes pertes, s'ils s'en servent.....»

901. *M. Ferrand, intendant en Bretagne,*
au Contrôleur général.

3 Décembre 1710.

Renouvellement des privilèges de l'île de Bréhat.

902. *Le sieur Delpech, receveur général des finances à Riom,*
au Contrôleur général.

4 Décembre 1710.

«J'ai reçu deux billets du Trésor royal de votre part : l'un, pour y porter 16,295# pour le payement du dixième de la taille du mois de septembre dernier, à quoi je satisferai dès demain; l'autre, pour y porter ce que je dois de reste des payements des neuf premiers mois de la présente année de la taille et capitation, montant à 199,773# : à quoi je prendrai la liberté de vous représenter que je ne devrai sur la taille, à la fin des quinze mois, que 162,499# 13 s., comme vous le verrez par l'état que je me donne l'honneur de vous envoyer ci-joint, et sur quoi il conviendra encore déduire ce qui aura été payé pour la fourniture des étapes des six derniers mois de la présente année, conformément au résultat pour lesdites étapes. A l'égard de la capitation, il m'a été impossible d'en rien recevoir jusqu'à présent, à cause des impositions militaires, [de] la pauvreté des peuples, et de ce que les officiers ne la payent que lorsqu'on leur paye leurs gages; qu'il n'y a pas moyen de faire payer la noblesse, à moins qu'on ne donne main-forte pour l'y obliger, ce qu'on n'a pu faire jusqu'à présent. Et comme M. l'intendant a surchargé considérablement les privilégiés dans les rôles qu'il a faits, pour les obliger à racheter leur capitation, il y aura de grosses déductions à faire sur lesdits rôles; de sorte qu'il est difficile de régler les payements sur ce qui en peut provenir de net. Cependant je n'ai pas laissé de payer par vos ordres 334,836#, dont je suis en avance sur ladite capitation, et, comme il y a apparence que ladite partie de 199,773# procède pour la plus grande partie des payements de ladite capitation sur un pied beaucoup plus fort qu'ils ne doivent être, étant très persuadé que votre intention n'est pas de me faire payer plus que je ne puis recevoir, je vous supplie très humblement, pour me mettre en règle sur lesdits payements, de vouloir fixer une somme dont je puisse être payé, et que je puisse payer au Trésor royal.....»

903. *Le Contrôleur général à M. de Courson, intendant à Bordeaux.*

5 Décembre 1710.

«Depuis l'arrêt qui a accordé aux marchands de vins de Paris la décharge ou la diminution des droits pour les vins de Languedoc, du Comtat, de Provence ou Dauphiné qui sont destinés pour la provision de Paris et voiturés par le Rhône, il en a été rendu un dernier, qui a accordé cette même décharge ou diminution pour les vins de Languedoc qui seront voiturés par la route du canal à Bordeaux et pour ceux qui seront tirés de la sénéchaussée et transportés par mer jusques à la Loire, et par cette rivière à Paris. Il se trouve une difficulté en ce que, par les statuts de la ville de Bordeaux, il n'est permis de faire entrer dans la sénéchaussée des vins du haut pays qu'après la fête de Noël. Sur le placet que les marchands de vins ont présenté à ce sujet, S. M. m'a ordonné de vous écrire pour vous marquer que son intention est qu'il ne soit fait à cet égard aucune difficulté. C'est ce que vous prendrez la peine de faire savoir aux maire et jurats de Bordeaux, qui ne doivent point appréhender que ce qui sera fait en cette occasion puisse tirer à conséquence pour l'avenir. Il y a actuellement une quantité considérable de vins de Languedoc en route, dont il est important de favoriser l'arrivée à Paris, tant par rapport à la consommation qu'aux droits d'entrée, qui sont considérables, et qui doivent revenir à la ferme des aides*.»

* Il adresse des exemplaires des deux arrêts du Conseil à divers intendants, le 27 décembre. Le 3 décembre, M. Méliand, intendant à Lyon, avait demandé si cet arrêt concernait seulement les péages dus au Roi, ou bien aussi les péages dus aux particuliers. Le 27 avril 1711, le contrôleur général lui annonce, ainsi qu'aux intendants de Bordeaux, du Dauphiné, du Languedoc, d'Orléans et de la Provence, qu'il ne sera payé que demi-droit aux péages particuliers.

904. *M. d'Argenson, lieutenant général de police à Paris, au Contrôleur général.*

5 Décembre 1710.

«Il est certain que quelques bourgeois du nombre de ceux qui, n'ayant fait valoir que leur argent sur la place, se trouvent compris dans les nouveaux rôles pour prendre des augmentations de gages, ont tenu des discours fort inconsidérés et fort insolents; mais ils n'ont pas porté leur audace jusqu'à me les tenir à moi-même, et, s'ils avoient osé le faire, ce n'eût pas été impunément. Ils se sont contentés de me dire qu'il leur étoit moins sensible d'être taxés que de se voir confondus avec quantité de fripons dont la compagnie les déshonore. Je profiterai de la lettre que vous m'avez fait l'honneur de m'écrire le 2 de ce mois, pour les exciter à secourir l'État en argent ou en papier sous tels noms qu'ils voudront choisir, afin que ces secours ne paroissent pas être le prix des arrêts de décharge qu'ils obtiendront, s'ils ont cette délicatesse. Je puis même vous assurer qu'il n'y en a aucun qui ne s'y détermine volontiers : M. des Forts, que je vis hier, en a déjà fait plusieurs épreuves, qui lui ont toutes réussi. Je ferai pressentir aussi, non seulement les personnes indiquées par le mémoire anonyme qui accompagnoit votre lettre du 3 de ce mois, mais encore tous nos meilleurs marchands et nos plus riches bourgeois, à l'égard des souscriptions que la déclaration du Roi leur permet de faire à des conditions très avantageuses, parce que j'ai cru qu'avant de leur en parler moi-même, il étoit à propos de voir, pendant douze ou quinze jours, quel effet produiroit naturellement dans le public cette nouvelle loi. J'emploierai certainement tous les moyens que je pourrai imaginer pour en procurer l'exécution.....»

905. *Le Contrôleur général aux Fermiers généraux.*

8 Décembre 1710.

«Le sieur Desroches, curé d'Ernée, m'écrit que, depuis quelque temps, le directeur de Laval s'est mis en possession de nommer lui-même un prêtre pour desservir les prisons, contre l'usage observé de tout temps de se servir de celui qui est approuvé par l'évêque. Comme cette prétention du directeur ne peut avoir aucun fondement, et qu'elle seroit même sujette à plusieurs abus, vous lui ferez savoir que l'intention du Roi est que le service des prisons ne soit donné qu'au prêtre qui est nommé à cet effet par M. l'évêque du Mans, et que la rétribution de 50 #, dont le fonds est fait, soit payée à ce prêtre, et non à d'autres*.»

* Le 8 mars 1709, M. le Guerchoys, intendant en Franche-Comté, donnait avis que le prêtre chargé de dire la messe dans les prisons de Pontarlier n'avait rien reçu depuis que les amendes, sur le fonds desquelles le bailliage le payait, étaient réunies au domaine, et qu'on n'avait pu trouver personne pour dire gratuitement la messe.

Le 10 octobre 1708, dans une lettre relative aux blés, le contrôleur général écrivait à M. de Bérulle, premier président du Parlement de Grenoble, que le Roi accordait 300 # pour acheter les ornements et le linge nécessaires pour la célébration du service religieux dans les prisons de cette ville.

906. *Le Contrôleur général à MM. Foullé de Martangis, Turgot et Chauvelin, intendants en Berry, à Moulins et à Tours.*

9 Décembre 1710.

Remboursement aux officiers des greniers à sel des frais des procès jugés par-devant eux.

907. *M. de la Houssaye, intendant en Alsace,*
au Contrôleur général.

10 Décembre 1710.

«Je crois ne pouvoir me dispenser de me donner l'honneur de vous informer que les pièces de 44 s. et de 22 s. de la fabrication de la Monnoie de Strasbourg, qui doivent avoir cours seulement en Alsace, y deviennent si rares et si recherchées, qu'il est à craindre que bientôt l'on ne se trouve en ce pays presque absolument sans argent blanc dans le commerce : ce qui donneroit une entrée forcée aux menues monnoies d'Allemagne et de Lorraine, quoique décriées. Le cours des louis d'or neufs est actuellement tellement établi à 24#, et celui des louis vieux à 16#. 15 s., que l'autorité la plus absolue ne peut l'empêcher, et ce sont les louis neufs qui sont les plus communs. Des gens dignes de foi et fort versés dans la banque m'assurent que les Suisses donnent 2 p. o/o de profit pour leur ramasser de ces pièces de 44 s. et de 22 s. contre des louis neufs. L'on a toute l'attention praticable à empêcher le transport de ces espèces; mais cela est toujours fort à craindre dans une province entourée de toute part de pays étrangers; et d'ailleurs les banquiers et marchands peuvent, sans déplacement, faire entre eux des stipulations pour les payements en de certaines espèces, qui les mettront toujours en différence des autres : moyennant quoi les plus estimées conserveront leur rareté, quand celles qui le seront moins continueront d'être communes. Peut-être que cette observation donneroit une facilité au sieur Antoine Hogguer pour continuer le travail de la Monnoie qu'il a entrepris : ce qui me paroît d'une nécessité indispensable pour remédier à l'inconvénient de ce manquement presque absolu d'espèces d'argent où l'on va se trouver.....»

908. *M. Ferrand, intendant en Bretagne,*
au Contrôleur général.

10 Décembre 1710.

«J'ai reçu la lettre que vous m'avez fait l'honneur de m'écrire le 6 de ce mois, avec le mémoire qui y étoit joint. Les habitants de l'île de Bouin sont gens fort redoutés; peu de personnes osent y aller. Le sieur Joubert, contre lequel l'avis a été donné*, étant d'ailleurs fermier de Mme la maréchale de Clérambault, y trouvera beaucoup de protection. Je suis bien assuré que personne ne voudra se charger d'une commission aussi dangereuse. Je ne vois qu'un moyen de réussir : c'est d'envoyer à Bourgneuf, sous quelques prétextes, deux compagnies d'infanterie des troupes qui sont à Nantes. Bourgneuf n'est séparé de l'île de Bouin que par un quart de lieue de mer : lorsque ces compagnies seront à Bourgneuf, il sera aisé de les faire passer dans l'île de Bouin, pour y soutenir les ordres que je donnerai à une personne de confiance**.....»

* On l'accusait de recevoir clandestinement des épiceries et autres marchandises de Hollande prohibées, et de les introduire en Bretagne.

** Le 17, l'intendant écrit de nouveau que personne ne peut se charger d'aller procéder à une enquête et saisir l'entrepôt.

909. *Le Contrôleur général*
à M. Voysin, secrétaire d'État de la guerre.

13 Décembre 1710.

«Les députés des États de Bretagne m'ont dit que vous avez écrit à M. Ferrand que la prétention qu'ont les États d'assujettir aux droits d'entrée nouvellement établis en Bretagne les boissons qui seront consommées dans la cantine de Belle-Isle, est contraire à l'usage qui se pratique dans toutes les places. Vous savez que les États de Bretagne furent dans un grand embarras, dans la dernière assemblée, pour trouver le fonds du Don gratuit et des autres dépenses des années 1710 et 1711. Rien ne le prouve tant que la manière avec laquelle l'assemblée se porta unanimement à l'établissement des droits d'entrée sur les vins et autres boissons et liqueurs, établissement auquel les Bretons avoient témoigné une extrême répugnance dans tous les temps. Une des principales conditions du bail fut que personne n'en seroit exempt, à la réserve des hôpitaux, Capucins, Récollets, et des couvents de Sainte-Claire de Nantes et de Dinan. Les cantines pour les troupes adjudicataires des étapes, et généralement tous autres privilégiés, y ont été nommément assujettis, et il a été inséré une clause dans le bail, article 22, qui porte expressément que, s'il étoit accordé quelque autre exemption, l'adjudicataire en sera indemnisé par les États, qui n'ont voulu insérer cette clause dans le bail que sur les assurances que je leur ai données, par ordre du Roi, qu'il ne seroit accordé aucune autre exemption que celles ci-dessus; et le bail a été confirmé par déclaration du Roi du 26 mai 1710, dans les mêmes termes. Les choses en cet état, je crois que vous jugez bien qu'il n'y a point lieu de donner atteinte aux conditions du bail, qui a été porté, sur ce pied-là, à 4,900,000#. Je puis encore ajouter à ces considérations que, si les cantines des troupes en étoient exceptées, cela donneroit occasion à de grandes fraudes, et qu'il y auroit une espèce d'injustice que le vin des cantines eût un privilège au-dessus des bourgeois qui en font venir pour leur provision. J'ai été informé que M. de la Caunelays, gouverneur de Belle-Isle, a commencé à s'opposer de toutes forces à l'établissement de ce droit dans Belle-Isle, et, depuis que je lui ai fait savoir les intentions du Roi sur cela, il s'est retranché sur la cantine; mais cette affaire est plus sérieuse qu'on ne sauroit croire, et on ne peut prévenir avec trop de soin les occasions que les fermiers de ces droits pourroient peut-être rechercher de demander des indemnités dans un temps aussi fâcheux que celui-ci*.»

* Voir les lettres de M. Ferrand, du 10 octobre; des habitants de Belle-Isle, des 30 août et 2 octobre précédents; du sieur de Villemaré, du 1er novembre et du 19 décembre; de M. de la Caunelays, gouverneur de Belle-Isle, du 30 décembre, et de M. Voysin, secrétaire d'État de la guerre, 14 décembre. Celui-ci écrit enfin, le 15 décembre, qu'il lui paraît juste que la cantine des troupes établies dans l'île soit exempte de ces droits; que néanmoins, puisque l'édit porte qu'il n'y aura aucune exemption, on pourrait les subir maintenant, quitte à les faire retirer plus tard, quand cela ne sera plus préjudiciable aux intérêts du Roi.

La prétention des munitionnaires généraux, inspecteurs, commissaires et autres officiers de la marine, ainsi que des gouverneurs particuliers, à être exemptés des nouveaux droits d'entrée fut repoussée à plusieurs reprises : voir une lettre du contrôleur général à M. de Pontchartrain, secrétaire d'État, 28 février 1711; deux lettres de celui-ci, 1er et 22 février 1712; deux réponses du contrôleur général, 20 février et 7 août 1712; une lettre du sieur de Montaran, trésorier général des États, 27 juillet 1712; une lettre de M. Ferrand, avec projet d'arrêt, 21 septembre 1712, et une autre lettre, avec mémoire, 12 décembre 1712.

---

910. *Le Contrôleur général à M. Méliand, intendant à Lyon.*

15 Décembre 1710.

«Le Roi ayant été informé qu'encore qu'il se trouve des charges très fortes contre les sieurs Faure et Montchat dans l'instruction qui se fait par les commissaires de la Cour des aides, ces commissaires néanmoins n'avoient pas jugé à propos de les faire arrêter, parce que, par les arrêts de la Cour des aides, ils avoient été renvoyés en état d'ajournement personnel; que cependant ces deux accusés profitoient de leur liberté et employoient toutes sortes de voies pour gagner les témoins et empêcher les preuves, S. M. a cru que, dans une affaire aussi importante, et pour mettre les témoins en état de parler librement, il étoit à propos de s'assurer desdits sieurs Faure et Montchat, et, pour cet effet, il a été expédié la lettre de cachet que vous trouverez ci-jointe, en vertu de laquelle vous donnerez les ordres nécessaires pour les faire arrêter et garder à vue dans des lieux séparés jusqu'à l'instruction entière du procès*.....»

* Montchat seul fut arrêté; il était regardé comme le principal auteur des malversations découvertes au grenier à sel de Lyon. (Lettre de M. Méliand, 20 décembre.)

---

911. *M. le Blanc, intendant en Flandre maritime, au Contrôleur général.*

15 Décembre 1710.

Il lui envoie copie d'une lettre qu'il écrit à M. de Pontchartrain au sujet de la révocation des passeports pour le commerce de Hollande*.

* Copie de la lettre : «L'ordonnance du Roi portant révocation des passeports accordés aux Hollandois pour leur commerce doit être très préjudiciable à cette nation, et j'ai cru que vous ne désapprouveriez pas que je prisse la liberté de vous rendre compte de ce que l'on m'assure qu'il seroit nécessaire d'ajouter pour qu'elle produise tout l'effet que l'on en doit espérer. Il est certain qu'au moyen des passeports, les Hollandois faisoient des profits immenses, quoiqu'ils vendissent les denrées qu'ils tiroient de France à un prix moindre du tiers que ne pouvoient faire les marchands françois; j'en ai une preuve sensible, puisque des marchands de Bergues m'ont fourni des vins, des eaux-de-vie et des sels, qu'ils ont mis en magasin dans Ypres, au mois de mars dernier, et qu'ils se sont obligés d'y garder jusqu'au 15 novembre de la présente année, sans demander aucun bénéfice pour une avance aussi considérable, mais seulement la permission de les vendre à leur profit après la campagne finie. L'intérêt de leur argent, dont ils ne tiroient rien pendant neuf mois, la diminution de ces sortes de marchandises (qui est inévitable en les gardant longtemps), et le risque de n'être payé qu'en billets de trésorier, si ces provisions avoient été consommées en cas que la ville eût été assiégée, font bien connoître que le tout étoit à un moindre prix dans les villes ennemies que dans les terres de l'obéissance du Roi. Actuellement, quoique les vins, les eaux-de-vie et les sels payent un droit d'entrée en arrivant à Gand, un droit de sortie lorsqu'ils passent des terres sous la domination de l'Archiduc dans les villes de la domination des Hollandois, où elles payent encore un droit d'entrée, nonobstant ces trois droits et les frais des passeports, les marchands de Lille et des autres places regarderoient comme une grâce importante si on leur permettoit de faire entrer de ces marchandises dans les terres de l'obéissance du Roi, parce que la barrique de vin, qui se vend 100# à Dunkerque sans avoir payé aucuns droits, ne se vend que 60 ou 65# à Gand et à Bruges. Vous savez mieux que personne ce qui cause cette différence de prix: les bâtiments hollandois naviguant sous passeports ne donnent, pour l'assurance de leurs marchandises, que 3 p. o/o de la valeur; le fret ne leur coûte que depuis 13 jusqu'à 16#, parce que, pour manœuvrer une flûte de cent quatre-vingts tonneaux, qui porte sept cent vingt barriques de vin, ils n'emploient que dix ou douze hommes; la solde du matelot n'est que de 18# par mois, et ils les nourrissent pour 10 s. par jour, outre qu'ils profitent, sur le change de Bordeaux en Hollande, de 18 à 20 p. o/o. Le bâtiment françois, au contraire, paye 25 à 30 p. o/o d'assurance, à cause du risque des corsaires; le fret est de 100# par tonneau, parce qu'une frégate françoise de cent quatre-vingts tonneaux est montée par cinquante hommes, que le bâtiment, étant à moitié chargé de canon, de munitions de guerre et de vivres, ne porte que les deux tiers du bâtiment hollandois; la solde du matelot est de 30# par mois, et la nourriture revient à 15 s. par jour. Je vous fais tout ce détail pour faire connoître la cause de la disproportion du prix des marchandises apportées par les vaisseaux françois d'avec celles transportées par les Hollandois. Cette nation ne cessera pas de jouir de ses avantages, s'ils peuvent naviguer sur les passeports qui leur ont été délivrés. Ils ont actuellement dans leurs ports un très grand nombre de vaisseaux munis de ces passeports, lesquels sont prêts à partir pour aller chercher des marchandises de France; mais ils seroient entièrement privés de ce bénéfice, si le Roi jugeoit à propos de rendre une seconde ordonnance, en interprétation de celle du 19 novembre, qui déclarât que les vaisseaux hollandois, quoique munis de passeports, seront de bonne prise lorsqu'ils ne seront pas partis des ports d'Hollande avant la fin du présent mois de décembre. Outre la perte qu'ils souffriront par l'interruption d'un commerce aussi avantageux, une quantité considérable de leurs vaisseaux restera inutile. Pendant l'hiver, ils ne peuvent, à cause des glaces, aller dans la mer Baltique et en Norvège; les défenses au sujet de la peste les empêcheront d'aller en Suède, et le commerce de Portugal n'est pas suffisant pour employer tous les bâtiments d'Hollande. Les équipages demeurant sans occupation pendant l'hiver, un nombre infini de familles du petit peuple se trouvera sans subsistance, et, se joignant aux ouvriers, qui sont dans une extrême misère par la cessation du travail des manufactures, il pourroit bien arriver quelques mouvements contre ceux qui gouvernent : ce qui seroit avantageux dans les circonstances présentes. En prenant ce parti, il y a des précautions nécessaires pour les villes hanséatiques, parce que les vaisseaux de ces villes sont construits par des charpentiers hollandois, du même bois et de la même façon que ceux d'Hollande, et que les matelots ressemblent fort aux Hollandois. Pour empêcher les Hollandois de continuer leur commerce sous ces mascarades, il semble que l'on pourroit ne point donner de passeports aux villes de Brême, Hambourg et Lubeck, qui sont sous la protection de l'Empereur et lui fournissent des troupes. A l'égard de Dantzick, on déclareroit de bonne prise tous navires qui ne seroient pas munis d'une lettre de mer du Magistrat de ladite ville, certifiant que le vaisseau appartenoit à des marchands de Dantzick. Si, dans la suite, on accordoit des passe-

ports aux sujets de la Grande-Bretagne, il faudroit prendre les mêmes précautions, et n'en donner qu'aux vaisseaux fabriqués dans les trois royaumes ou naturalisés avant le 1er janvier 1711, et qui navigueroient avec des maîtres et des équipages nés dans lesdits royaumes. Nonobstant toutes ces précautions, les Hollandois sont trop industrieux pour ne pas inventer quelques déguisements; mais il semble qu'ils seront extrêmement bornés. La disette de vin et d'eau-de-vie, qui renchérissent tous les jours, fait connoître que la fourniture du royaume suffira pour la consommation de ceux de Bordeaux et de la Loire, outre que les vaisseaux suédois, danois et d'Holstein, ceux de Gênes, de Ligourne et de Venise, ne manqueront pas de venir charger de nos denrées pour porter aux Hollandois celles qui leur seront nécessaires; mais la Hollande ne tirera plus ce profit, et sera contrainte de payer ces étrangers, qui leur fourniront leurs nécessités. Pardonnez-moi la longueur de cette lettre; mais, puisque S. M. s'est déterminée à priver les Hollandois de tout commerce, il semble qu'il ne faut rien négliger pour qu'ils en ressentent l'incommodité.» Voir une lettre précédente, du 17 septembre, où il se justifiait, ainsi que M. de Bernières, d'avoir laissé entrer quelques centaines de pièces dans son département.

M. de Courson, intendant à Bordeaux, sans examiner au fond cette révocation, écrit qu'il y aurait injustice à l'appliquer aux bâtiments qui sont actuellement dans la rivière de Bordeaux, étant partis sur la foi des passeports, et ne pouvant s'en retourner : «La plupart des marchandises dont ces bâtiments sont chargés n'ont point encore été payées aux particuliers qui les ont vendues. Si ce sont les négociants du pays qui les ont achetées, ne pouvant en trouver le débit et toutes ces marchandises dépérissant dans les magasins, n'étant propres que pour l'étranger, plusieurs seront hors d'état de payer ce qu'ils doivent pour la vente qui leur en a été faite, et cela donnera lieu à plusieurs banqueroutes. Si ce sont des étrangers qui ont donné des commissions pour acheter ces marchandises, ils se donneront bien de garde d'accepter les lettres de change qu'on aura tirées sur eux, dès que les marchandises qu'ils ont demandées ne pourront pas leur être livrées.....» (Lettre du 1er décembre 1710). Voyez encore les lettres de M. Dalon et du maréchal de Montrevel, 1er décembre, et des directeurs de la Chambre de commerce de Guyenne, 2 et 12 décembre. On accorda de nouveaux passeports pour le retour.

---

912. *M. Méliand, intendant à Lyon,*
au Contrôleur général.

19 Décembre 1710.

«Le commerce du trait d'or et d'argent qui se fabrique et se met en œuvre par les tireurs d'or de cette ville se détruit tous les jours par la facilité qu'il y a d'en faire venir des villes des principautés voisines et étrangères, comme Trévoux et Genève, dans lesquelles beaucoup d'ouvriers de Lyon se sont établis à cause du profit qu'ils y trouvent en faisant entrer en fraude le trait d'or et d'argent, sur lequel ils gagnent plus de 4tt par marc : ce qui cause un préjudice considérable au commerce et au fermier de la marque d'or et d'argent. Pour empêcher ces entrées frauduleuses, le directeur de ladite ferme propose trois moyens qui m'ont paru également utiles, et qui, concertés avec les quatre syndics de la communauté des tireurs d'or, ne peuvent préjudicier à leur communauté, ni à celle des marchands de dorure qui commercent de bonne foi et avec fidélité. Ces moyens, au contraire, détruiront la fraude autant qu'il est possible d'y apporter quelque remède, rétabliront le travail, qui est réduit à presque rien, et donneront de l'occupation à nos ouvriers. Le premier est de lui donner la faculté de pouvoir suivre les lingots affinés après les délivrances qui s'en font à l'affinage, lesquels lingots ne peuvent servir à d'autre usage qu'à celui des tireurs d'or, afin qu'ils ne puissent passer dans les villes de Trévoux et de Genève pour y être fabriqués. Le second est d'engager les tireurs d'or à ne vendre leurs retailles qu'aux affineurs, conformément à l'édit du mois de décembre 1692, et de défendre à toutes personnes d'en acheter ni négocier; car ces retailles, provenant des lingots affinés et se trouvant au même titre d'onze deniers vingt grains, sont envoyées dans lesdites villes, où elles sont refondues et converties en lingots dont on fait le trait. Le troisième moyen consiste à engager les tireurs d'or à se servir à l'avenir de rocquetins ou bobines de métal de potin qui a été éprouvé, au lieu de bobines de bois, dont ils se servent actuellement, afin que, les ayant marqués de leurs marques et numérotés, le fermier puisse aussi y mettre son poinçon pour pouvoir connoître ce qui a été forgé et tiré aux forges et argues royales d'avec ce qui vient de l'étranger. Les syndics de cette communauté, auxquels j'en ai parlé fort longuement, trouvent ce moyen excellent. Chaque maître aura sa marque et ses numéros sur une certaine quantité de bobines de ce métal, qui, coûtant plus cher, rendra l'usage des bobines moins sujet à la fraude et moins commun. D'ailleurs, le fermier sera en droit de faire représenter par lesdits maîtres la quantité de bobines qu'il aura numérotées; le défaut de représentation ou le doublement des numéros fera connoître la fraude*.....»

* Cette proposition fut approuvée après examen par M. Anisson.

---

913. *Le Contrôleur général*
à M. de Requin, président-lieutenant général
et subdélégué de l'intendant à Sarrelouis.

21 Décembre 1710.

«J'ai reçu la lettre que vous m'avez écrite le 3 de ce mois au sujet de la saisie de deux ballots de toiles peintes qui a été faite chez le nommé Besson, et du jugement que vous avez rendu en conséquence. Il paroît que la défense de ce marchand s'est réduite à deux moyens principaux; le premier, fondé sur la réciprocité du commerce, qui permet aux Lorrains d'emprunter les terres de France, comme aux François de se servir de celles de Lorraine, pour le passage de leurs marchandises; le second, sur le passeport de M. le duc de Lorraine qui a été rapporté depuis la saisie..... Il est certain que la réciprocité du commerce ne donne, à l'égard des marchandises dont l'entrée est prohibée, aucun droit d'en faire des entrepôts, ni même de les faire passer sans déclaration. Sans cette précaution, ces marchandises ne manqueroient pas d'être versées en fraude dans le royaume. La lettre de voiture ne peut être d'aucune considération : c'est une précaution que prennent ordinairement les fraudeurs pour s'en servir en cas qu'ils soient découverts. A l'égard du passeport, on sait que, dans les chancelleries des cours étrangères, il est fort aisé d'en obtenir, les noms et les dates en blanc, pour les mettre en usage selon la nécessité; et d'ailleurs ces sortes de passeports ne peuvent avoir d'effet que lorsqu'on les a représentés, et qu'on a fait des déclarations en temps non suspect. Quoique, dans toutes les circonstances de l'affaire, on ne puisse douter du dessein de fraude, et qu'il y eût lieu d'ordonner la confiscation, le Roi a jugé à propos de laisser subsister la sentence que vous avez rendue; mais S. M. m'a ordonné de vous faire savoir que, dans une autre occasion semblable, il ne faut pas balancer à confisquer les marchandises et à condamner les particuliers chez lesquels elles se trouveront aux amendes établies par les règlements*.»

* Voir, sur le commerce en Lorraine et dans les Trois-Évêchés, les lettres de M. de Saint-Contest, intendant à Metz, 26 septembre 1709, 17 et 29 mars, et 15 avril 1710, et des maire et maître échevin de Metz, 23 novembre 1709.

914. *Le Contrôleur général à M. Ravat, prévôt des marchands de Lyon.*

[22] Décembre 1710.

«La copie que je vous envoie de la lettre du sieur Pennautier vous fera connoître la situation dans laquelle il se trouve par rapport aux lettres de change qu'il a tirées sur Lyon payables au payement courant des Saints. Il est certain qu'il a toujours parfaitement bien servi, et que la presse où il est présentement ne vient que de la difficulté des temps et du trop de confiance qu'il a eu pour ses commis. Comme ses engagements ne proviennent point d'avances faites directement pour le Roi, mais seulement pour la province de Languedoc, je ne saurois vous proposer la prorogation qu'il demande, comme je l'ai fait dans d'autres occasions. Cependant on peut dire qu'ils ont eu, en quelque façon, pour objet le bien de l'État, et que, par cette considération et celle du zèle qu'il a toujours eu pour le service de S. M., il mérite quelque secours. C'est à vous à voir si vous pourriez le lui procurer par une autre voie que celle d'une prorogation, et à peser avec votre attention ordinaire ce qui peut être plus convenable pour le commerce et pour l'intérêt du Roi et du public. S. M. n'a pas jugé à propos de vous rien prescrire à cet égard; elle s'en rapporte entièrement à vous. Je compte que vous ne perdrez point de temps à m'informer du parti que vous aurez pris, afin que, sur l'avis que vous m'en donnerez, le sieur Pennautier puisse prendre ses mesures*.»

* Voir la lettre de M. de Pennautier, en date du 12 décembre, et la réponse de M. Ravat, 27 décembre. Le manquement de fonds ne devant être que de 160,000#, le prévôt des marchands, au lieu de faire une prorogation, se chargeait de faire patienter jusqu'à la fin de janvier les porteurs des lettres de change qui ne se trouveraient pas payées par le correspondant de Bernard. Il ajoutait : «Nous avons très grand besoin de ménager le négoce, qui se détruit tous les jours. Permettez-moi de placer ici ces quatre lignes, et d'oser vous dire que, lorsque j'ai fait l'ouverture de ce payement des Saints, il n'y avoit pas quatre-vingts négociants sur la loge, pendant que, dans les précédents, à peine pouvois-je percer pour me rendre à ma place : ce qui vient de la cessation de toutes affaires et de ce que les négociants étrangers se retirent dans leurs pays. Je suis très marri de vous faire part de ces misères; mais je ne puis les expliquer qu'à vous seul, étant persuadé, s'il est possible, que vous méditerez les moyens d'y remédier par tous les ménagements que vous pourrez donner aux commerçants.»

915. *Le Contrôleur général à M. de Caumartin, intendant des finances.*

26 Décembre 1710.

«Je crains bien, par les mauvaises nuits que j'ai eues, de n'être pas aussitôt délivré de la goutte dont je suis attaqué que vous l'avez été. Je vous suis obligé des souhaits que vous faites, de la part que vous prenez à mon incommodité.

«J'ai visé la déclaration concernant les huiles. Je vous avoue que je ne croyois pas qu'on pût jamais venir à bout de concilier les traitants avec les marchands. C'est un ouvrage qui demandoit votre patience et l'attention que vous donnez à concilier les intérêts qui se trouvent opposés dans les affaires qui se traitent devant vous.

«L'affaire des péages n'étoit pas moins difficile : vous m'écrivez qu'elle est en état d'être bientôt terminée; je le souhaite d'autant plus que je ne me flattois pas que nous en pussions voir jamais une conclusion bien certaine.»

916. *M. le duc de Noailles, commandant l'armée de Roussillon, au Contrôleur général.*

26 Décembre 1710.

«Trouvez bon que j'aie l'honneur de vous faire souvenir que, dans les arrangements pris pour faire le siège de Girone et pour toute cette campagne d'hiver, il fut convenu que le prêt seroit payé aux troupes et que l'on donneroit quelque chose à MM. les officiers généraux aussi bien qu'aux officiers particuliers. Cependant il n'a encore été remis aucun fonds, ni pour les uns, ni pour les autres; et comme vous savez qu'une campagne d'hiver oblige encore à de plus grandes dépenses que celle d'été, pour une infinité de choses dont il est inutile de vous faire le détail, je ne puis me dispenser de vous supplier de représenter à S. M. que tous les officiers, en général, sont dans un très grand besoin, tous ceux de l'ancienne armée de Roussillon n'ayant rien touché de la dernière campagne. Le soldat n'est pas moins sensible au manque de prêt, quoiqu'il ait le pain et la viande, travaillant beaucoup plus dans un siège que dans toute autre occasion, et ayant par conséquent beaucoup plus de besoin d'être soutenu et encouragé. Je vous supplie de ne point prendre ma modestie et ma retenue à vous parler de ces sortes de choses comme une marque qu'il ne nous manque rien : je sais les attentions que l'on doit avoir là-dessus dans la situation présente des affaires; mais je vous supplie aussi de considérer que les choses ne peuvent aller que jusqu'à un certain point; je sais même que les autres armées n'ont point été absolument dans la disette où est celle de ce pays, et qu'elles ont touché quelque chose. Ainsi, permettez-moi de vous dire qu'il est d'une très grande nécessité de faire remettre quelques fonds, tant pour le prêt que pour les officiers généraux et particuliers. Comme les troupes ont presque toujours vécu sur le pays jusqu'à l'investiture de Girone, afin de faciliter l'avancement de nos dépôts, et que, depuis que nous sommes devant cette place, on ne peut plus s'étendre, c'est ce qui a empêché que l'on n'ait pu tirer jusqu'à présent des contributions. Ainsi, j'espère que vous voudrez bien faire faire attention à S. M. sur notre situation, afin qu'elle ait la bonté de faire envoyer quelque secours à cette armée, qui, certainement, en a très grand besoin.»

917. *M. d'Angervilliers, intendant en Dauphiné,*
au Contrôleur général.

28 Décembre 1710.

«J'ai reçu..... la lettre..... par laquelle vous m'apprenez que les fermiers généraux de France ont été subrogés pour l'année prochaine au bail des fermes de Savoie..... Vous n'ignorez pas que le fermier de Savoie payoit le prix de sa ferme toutes les six semaines, par avance, entre les mains du commis de l'extraordinaire des guerres de Chambéry, à raison de 78,750# par payement. Je dois vous exposer ici que ce secours réel a soutenu depuis trois ans, dans ce département, toute sorte de services, parce que j'ai toujours trouvé dans cette caisse une ressource sûre et prompte pour les pressants besoins*.....»

* Le 20 février suivant, le contrôleur général lui écrit, ainsi qu'à M. Grimod et à M. de la Porte, que le sieur Blaisot, chargé de la régie, ne tenait aucun registre, et qu'il doit au moins justifier aux fermiers généraux si les ventes de la dernière année n'ont pas été plus fortes que la moyenne des quatre premières.

918. *M. de Courson, intendant à Bordeaux,*
au Contrôleur général.

30 Décembre 1710.

Violences et exactions commises par le sieur de Montigny, directeur du tabac.

«Il est constant que, pour donner des permissions, il fait attendre quelquefois des quatre ou cinq jours, pour faire perdre l'occasion de débiter le tabac, et que, presque toujours, il maltraite de paroles et de coups ceux qui viennent lui en demander. Il a pensé, deux ou trois fois, lui arriver de mauvaises aventures; tout le pays est si fort révolté contre lui, et a tant de raison de l'être, que sa vie n'est pas en sûreté, s'il y reparoît. Les esprits ne sont déjà que trop échauffés, sans les animer encore davantage par de justes sujets de plaintes. J'ai vu par moi-même une exaction qu'il faisoit ici sur les bâtiments étrangers qui arrivent: dès qu'ils étoient arrivés, il faisoit prendre tout le tabac qui étoit dans les bâtiments, et ne leur en laissoit pas seulement une petite quantité pour leur usage journalier, pour les obliger d'en acheter, les matelots ne pouvant se passer de fumer. Il faisoit encore quelque chose de plus marqué: lorsque le bâtiment étoit prêt à partir, au lieu de rendre le tabac, comme c'est la règle, la clef du bureau se trouvoit toujours perdue, lui-même s'absentoit, ou maltraitoit les matelots qui venoient lui demander leur tabac; il les retenoit plusieurs jours, et enfin, par ces procédés, les obligeoit d'en acheter, et gardoit celui qu'il leur avoit pris*. Ce fait-là est certain: je l'ai surpris trois fois faisant la même manœuvre, sans qu'il ait pu en disconvenir. Je ne doute pas que ces violences, quand même il n'y auroit pas autre chose, ne causent du désordre dans ce pays-là. Plusieurs personnes m'ont même assuré qu'il faisoit beaucoup de tort à la ferme du tabac par ses fraudes, qu'il est associé avec plusieurs marchands, et qu'il vend lui-même le tabac à la ferme beaucoup plus cher qu'il ne l'achète.....»

* M. d'Albaret, intendant en Roussillon, avait permis au commis du tabac d'établir un bureau à Port-Vendres, pour éviter qu'il ne fût introduit par ce port non autorisé d'autre tabac que celui des bâtiments qui y étaient poussés par les corsaires ennemis ou par le mauvais état de la mer. (Lettres du 27 mars et du 17 avril 1709.)

919. *M. le Peletier,*
premier président du Parlement de Paris,
au Contrôleur général.

31 Décembre 1710.

Il exprime la gratitude du bureau de l'Hôpital général pour les secours que le Roi veut bien accorder, et remercie le contrôleur général d'avoir fait continuer pendant une année la jouissance d'une partie du dixième d'augmentation sur les entrées. Il ajoute qu'il s'est absolument opposé à un projet d'imposition sur la bière*.

* Sur les besoins de l'Hôtel-Dieu et de l'Hôpital général, voir les lettres des administrateurs, 8 février, et de M. Daguesseau, 22 février, 14 mars et 21 avril précédents.

920. *Les Syndics du commerce de Normandie*
au Contrôleur général.

2 Janvier 1711.

Ils font part de l'élection de trois syndics à la place des membres sortants.

921. *M. Daguesseau, procureur général au Parlement de Paris,*
au Contrôleur général.

2, 6 et 9 Janvier, 7 Avril, 11 Juillet et 13 Décembre 1711; 22 Mars 1712; 25 Avril 1713; 10 Avril et 20 Novembre 1714; 27 et 30 Mars 1715.

Il demande, afin de subvenir aux dépenses de l'Hôpital général, la prorogation des droits accordés à cet établissement sur les carrosses de remise, sur les huiles et sur le foin, et d'un vingtième des droits qui se prennent sur toutes les denrées entrant à Paris, ainsi que l'exemption des droits sur un certain nombre de muids de bière et de vin, et une gratification supplémentaire de sel*.

* Le 22 novembre 1712, les directeurs de l'Hôpital obtinrent l'exemption du dixième sur leurs rentes.

Par ordre du contrôleur général, l'architecte de Cotte visita Bicêtre et la Salpêtrière; il envoie son rapport et ses plans le 25 décembre 1712, et, le 27 décembre, le premier président de Mesmes écrit que la prorogation du vingtième est indispensable. Elle fut accordée : voir les lettres du contrôleur général à M. de Mesmes, 18 et 28 décembre, et à M. de Cotte, 18 décembre.

Le 12 juillet 1713, M. Daguesseau envoie un état des malades, pauvres, gueux, etc., montant à neuf mille quatre-vingt-trois personnes.

Une somme de 7,500# fut accordée comme restitution des sommes perçues pour le droit de pied fourché sur les bestiaux qui étaient destinés à l'Hôtel-Dieu, tant que les administrateurs de cette maison y feraient exercer la boucherie (lettre des administrateurs, avec apostille, 17 octobre 1713). Cette somme fut portée à 8,000#, quoique jugée encore insuffisante (lettres de M. Daguesseau, 1er septembre 1714, et du sieur de Beaufort, greffier du bureau de l'Hôtel-Dieu, 6 et 14 février 1715).

922. *M. Méliand, intendant à Lyon,*
au Contrôleur général.

Du 2 au 30 Janvier, 1er, 17 et 20 Février, du 4 au 31 Mars, etc., 1711.

Il annonce la réception de groups d'espèces ou de matières métalliques envoyés par le résident du Roi à Genève, pour le compte de M. l'électeur de Bavière, et leur remise à la Monnaie.

923. *M. des Chiens de la Neuville, intendant en Béarn,*
au Contrôleur général.

3 Janvier 1711.

Il transmet les propositions de l'Abrégé des États de Béarn pour l'abonnement de dix affaires de finances*.

* Voir les lettres de M. le duc de Gramont, 19 juin et 22 juillet 1711; celles de M. de Barrillon, successeur de M. de la Neuville, 8 juin, 13 et 14 octobre, et celles de M. de Harlay de Cély, successeur de M. de Barrillon, 16 décembre 1712, 3 et 31 janvier, 18 février, 29 avril et 13 mai 1713.

924. *M. Quarré, procureur général au Parlement de Dijon,*
au Contrôleur général.

3 Janvier 1711.

«J'ai l'honneur de vous envoyer les très humbles remontrances que le Parlement a jugé à propos de faire au Roi au sujet de la déclaration qui ordonne, au profit de S. M., la levée du dixième des revenus de son royaume*.

«MM. les trésoriers de France ont tâché de consommer par une nouvelle ordonnance l'entreprise dont j'ai eu l'honneur de vous rendre compte, et ils affectent d'établir l'exécution d'une loi qui, par des raisons particulières contenues dans le mémoire ci-joint, pourroit n'avoir pas lieu en Bourgogne. Si on ne prend pas soin d'arrêter ces officiers trop hardis qui abusent de la modération et de la sagesse de leurs supérieurs, ils augmenteront le trouble qu'ils ont déjà causé dans le public, et qui décrédite les Compagnies, dont les créanciers sont alarmés par la crainte de la réduction.

«Depuis des années entières, je presse MM. les fermiers généraux de faire enregistrer le bail des gabelles, dont ils n'ont présenté qu'une copie informe, et sans lettres patentes. Vous avez blâmé leur négligence; mais vos ordres pour la réparer ont été jusqu'à présent sans exécution : on diroit que ces Messieurs veulent se dispenser de prendre des lettres patentes, car, sur tout le reste, ils paroissent faciles. Ils donnèrent, l'année dernière, au receveur, les épices pour l'enregistrement du bail qui a fini au 1er octobre; ils offrent encore aujourd'hui celles pour le bail courant, qu'on a refusé de recevoir, pour les mettre en règle. Les nouveaux fermiers du tabac voudroient suivre cet exemple, et tâchent de jouir de leur bail sans le faire enregistrer : c'est un abus que le Parlement vous supplie très humblement de faire cesser, pour n'être pas dans l'obligation d'arrêter toutes les affaires qui concerneront la ferme des gabelles et du tabac, jusqu'à ce qu'on ait satisfait à la loi de l'enregistrement.»

* Le Parlement écrit, le 12 mars suivant : «Lorsque nous avons fait nos déclarations pour le dixième, nous espérions que vous nous feriez payer incessamment de ce qui reste dû de nos gages des années 1709 et 1710, et que vous laisseriez les fonds de 1711; mais rien ne vient, et on nous retient tout, pendant qu'on nous demande de toutes parts le payement de ce dixième. En vérité, nous en sommes dans un étonnement inconcevable, et nous ne saurions nous persuader que le Roi veuille nous obliger à lui payer les sommes qu'il nous demande, pendant qu'on nous retient celles qui seules pourroient lui en procurer le payement dans ces années fâcheuses où il semble que la nature agisse de concert avec les hommes pour achever notre ruine. Si nous avons fait, jusqu'ici, tout ce que nous avons pu pour un peu nous soutenir dans l'espérance d'un meilleur avenir, il faut, à la fin, que tout tombe et que nous soyons réduits à l'extrémité. Les sentiments que nous avons de la bonté du Roi combattent cette crainte et nous font espérer que vous voudrez bien faire quelque attention à nos justes remontrances, et que vous n'exigerez point de nous l'impossible, en donnant vos ordres pour un prompt payement de nos gages, ou du moins pour un sursis, à notre égard, de celui du dixième. Nous nous flattons que vous ne nous refuserez pas cette foible, mais nécessaire consolation.»

Voir, à la même date, une lettre de la Cour des comptes de Dijon, et aux 21 et 24 décembre suivant, les lettres du premier président Bouchu et du procureur général Quarré, qui disent également que le recouvrement du dixième est retardé par le non-payement des gages.

925. *M. de Harouys, intendant en Champagne,*
au Contrôleur général.

3 et 15 Janvier, 12 Avril, 8 Juillet 1711.

Il se démet de l'intendance et transmet ses fonctions à M. Lescalopier*.

* Voir les lettres de celui-ci, 17 juin et 8 juillet.

926. *M. Ferrand, intendant en Bretagne,*
au Contrôleur général.

4 Janvier 1711.

Il appuie une requête par laquelle les députés des États de Bretagne demandent qu'il soit permis aux greffiers des juridictions seigneuriales d'expédier leurs sentences définitives en papier, et non en parchemin*.

* En apostille, de la main du contrôleur général : «Bon. Une déclaration.»

927. *M. d'Argenson, lieutenant général de police à Paris,*
au Contrôleur général.

5 Janvier 1711.

On ne peut permettre aux loteries autorisées en province d'ouvrir des bureaux à Paris, alors que celle de l'Hôtel-Dieu n'avance pas*.

* L'autorisation d'ouvrir des bureaux à Paris fut refusée pour une loterie de l'Hôtel-Dieu de Soissons (lettres de M. Laugeois, intendant, et de M. l'évêque de Soissons, 15 et 16 mai 1712), ainsi que pour une loterie que M. l'abbé Olier de Verneuil (lettre du 10 mai 1713) proposait d'ouvrir au profit des pauvres de Toulouse. La ville de Beauvais, pour l'achèvement de ses conduites d'eau, et la confrérie des Pénitents de Marseille n'obtinrent permission de faire des loteries qu'à condition de n'avoir ni bureau ni affiches à Paris (lettres du contrôleur général à M. l'évêque de Beauvais et à M. Bignon de Blanzy, intendant à Paris, 15 mars 1714, et lettre de M. de Pontchartrain, secrétaire d'État de la maison du Roi, 22 mai 1715).

Le 29 septembre 1713, à propos d'une loterie demandée par les religieuses de Saint-Mandé près Paris, le contrôleur général écrit à M. de Pontchartrain : «On ne donne point de permission pour les loteries; M. d'Argenson fait tenir un registre de toutes celles qui sont demandées, et on tire au sort celles qui doivent être tirées les premières. Cela est établi par un règlement que le Roi a fait depuis huit ou dix mois pour se débarrasser des importunités. . . . .»

Sur diverses loteries dont le produit était destiné à des hôpitaux ou à des communautés religieuses, voir les lettres de M. d'Argenson, 4 janvier et 5 septembre 1711; du lieutenant principal de Nîmes, 13 janvier 1712; de M. Voysin, secrétaire d'État de la guerre, 22 mars 1713; de M. de Bernage, intendant à Amiens, 23 octobre 1713 et 31 mai 1714; de M. de Bernières, intendant en Flandre, 9 mai 1713; de M. du Vigier, procureur général au Parlement de Bordeaux, 8 mai 1714; de M. l'archevêque de Toulouse, 28 juillet, et de M. l'archevêque de Narbonne, 2 octobre 1714; de M. Roujault, intendant à Rouen, 29 avril, 5 mai et 29 août 1714; de M. Doujat, intendant en Hainaut, 22 octobre 1714 et 19 juillet 1715; de M. Bignon de Blanzy, intendant à Paris, 26 mars 1715; de M. Ferrand, intendant en Bretagne, et de M. le duc de Charost, 28 juin et 22 juillet 1715, etc.

928. *M. Daguesseau, procureur général au Parlement de Paris,*
au Contrôleur général.

6 Janvier 1711.

«J'achève d'examiner, dans ce moment même, l'édit par lequel le Roi convertit en rentes les augmentations de gages créées pour les gens d'affaires par l'édit du mois d'octobre 1710. Je n'aurai point l'honneur de vous parler de plusieurs dispositions dures et singulières que cet édit contient : je ne suis ni de caractère ni d'inclination à plaider la cause des gens d'affaires, et je sais que, quelque dureté qu'on ait pour eux, on en aura toujours moins qu'ils n'en ont eu pour le public. La seule chose qui pourroit mériter attention à cet égard est de savoir si ces sortes de dispositions n'annoncent pas trop hautement l'extrême besoin où l'on est, et si elles sont bien nécessaires à l'égard de personnes pour lesquelles une de vos paroles vaut un édit. Mais ce n'est pas à moi de faire ces réflexions : vous les avez faites sans doute, et, puisqu'elles ne vous ont pas empêché de croire ces dispositions nécessaires, je dois supposer aussi qu'elles le sont.

«Mais il y en a quelques-unes qui m'ont paru si contraires aux principes ordinaires de justice et d'équité, et d'une si grande conséquence pour ceux mêmes qui n'ont jamais été intéressés dans les affaires du Roi, que j'ai cru que vous trouveriez bon que j'eusse l'honneur de les remettre encore une fois devant vos yeux avant que l'édit soit enregistré.

«La première est celle qui oblige [que] les veuves, enfants, héritiers et ayants cause des intéressés qui sont décédés soient tenus, en cas de défaut de payement dans les termes qui seront réglés, de remettre entre les mains des commissaires du Conseil des copies des testaments, inventaires et partages des successions dont ils posséderont les biens, et qu'ils soient contraints solidairement, un seul pour le tout, au payement des sommes dont les défunts seront tenus. Outre qu'il est bien dur d'obliger les successeurs d'un intéressé à produire des titres contre eux-mêmes, on ne voit aucun principe d'équité sur lequel on puisse fonder la solidarité établie par la fin de cet article, car les successeurs d'un intéressé peuvent être ou ses héritiers, ou seulement ses donataires et ayants cause. S'ils sont héritiers, c'est une règle générale qu'ils ne peuvent être tenus personnellement que pour leur portion héréditaire; s'ils sont donataires, ils ne sont même pas tenus personnellement, bien loin de pouvoir l'être solidairement. Il est vrai que, s'ils sont détenteurs de biens immobiliers, ils peuvent être obligés de payer la totalité des dettes de la succession, mais hypothécairement seulement, et jusqu'à concurrence des immeubles qu'ils possèdent. La solidarité ne paroît donc avoir aucun principe, et, comme elle s'exercera souvent, en vertu de cet édit, sur les personnes de la première considération qui ont épousé des filles de gens d'affaires, il ne faut pas douter que cela n'excite un grand soulèvement contre l'édit, et il semble qu'un pareil soulèvement ne doit pas être compté pour rien, quand il est fondé sur la justice.

«La deuxième disposition, qui m'a fait la même peine que la première, est celle qui ordonne que les fermiers, locataires et débiteurs des successions des intéressés qui sont décédés seront contraints par corps au payement des sommes qu'ils doivent à ces successions jusqu'à concurrence de celles pour lesquelles ces intéressés se trouveront employés dans les rôles : en sorte que, si cette disposition subsiste, les personnes de la première qualité, ou les plus élevées en dignité, qui se trouveront ou locataires ou débiteurs à quelque autre titre d'un homme d'affaires, pourront être contraints par corps, le Roi changeant ainsi, après coup et malgré elles, la nature de leur obligation. Cela paroît si extraordinaire, que, comme j'ai craint qu'une pareille disposition ne fît tort à la réputation d'un édit d'ailleurs important, j'ai cru être obligé d'avoir l'honneur de vous le représenter, d'autant plus qu'on peut dire que ceux qui ont été chargés de dresser cet édit se sont écartés par là des règles les plus communes, sans aucune utilité pour le Roi, puisque, quand cette disposition, aussi bien que la précédente, ne se trouveroit pas dans l'édit dont il s'agit, il n'en seroit pas moins efficace par rapport à la fin que le Roi se propose en le faisant.»

929. *M. de Bernage, intendant à Amiens,*
au Contrôleur général.

6 Janvier, 24 Février, 6, 15 et 20 Mars, 1er Avril, 2 Mai, 15 et 30 Juin 1711.

Il rend compte des approvisionnements faits dans les places de Calais, Saint-Omer et autres, en prévision d'un siége*.

* Le 28 mars 1712, M. de Bernières, intendant en Flandre, demande un arrêt pour couper dans le Bois-le-Prince et dans celui de Condé dix mille fascines et quarante mille piquets, pour la place de Condé : une partie de ceux qui avaient été coupés il y a trois ans est dépérie, et le reste se trouve tellement sec, que la lumière des canons y mettrait le feu.

930. *M. le Blanc, intendant en Flandre maritime,*
au Contrôleur général.

7 Janvier 1711.

«J'ai reçu la lettre que vous m'avez fait l'honneur de m'écrire en me renvoyant le mémoire anonyme qui vous a été adressé au sujet des abus que l'on prétend qui se sont introduits dans l'élection du Magistrat de Furnes.

«On expose que les sieurs Loringues, Humblot, Mesnard, Jacques Hurlebout et Comer sont dans le Magistrat depuis dix-huit ans. Les sieurs Loringues et Mesnard en sont sortis au dernier renouvellement. Le sieur Humblot est continué : il est dans sa troisième année; c'est un homme très affectionné au service du Roi, et le seul capable de marcher pour commander des convois de chariots ou des pionniers. Le sieur Jacques Hurlebout est aussi dans la troisième année; il a été dix-huit ans officier dans les troupes du Roi, et est chargé du logement des troupes, fonction qui n'est pas aisée et qui a souvent des désagréments, ce qui engage à choisir un homme qui ait servi et sache vivre avec les officiers. A l'égard de Comer, il est médecin de l'hôpital des troupes, dont il n'a point touché d'appointements depuis quatre ans. Le peu de bien qu'il a est entièrement réuni dans la châtellenie de Lille, et je l'ai continué pour le faire vivre. Il n'est pas aisé, dans cette châtellenie, de trouver des sujets convenables. La place d'échevin vaut 600# par an; les fonctions en sont assez difficiles dans les circonstances présentes. Je n'en connois aucun qui ait gagné de quoi entretenir un carrosse; il n'y a dans la ville de Furnes que M. de Castéja, lieutenant de Roi, qui en ait un, et qui souvent se trouve hors d'état de nourrir ses chevaux, ne touchant point d'appointements et étant obligé à beaucoup de dépense, parce qu'il donne à manger aux officiers et à toutes les personnes qui passent par Furnes. Je vous dirai franchement que je ne refuserois point à M. Bauyn, qui est gouverneur, de mettre dans le Magistrat une personne pour laquelle il s'intéresseroit, si elle avoit les qualités requises. Je n'ai pu, cette année, y en placer de ceux qu'il recommandoit. Il a l'honneur d'être connu de vous, et n'est pas homme capable de prendre de l'argent. La somme qu'on pourroit lui offrir ne seroit pas assez forte pour lui donner tentation.

«A l'égard de Lerein, commis des vivres, on m'a envoyé plusieurs fois des mémoires sans signatures des abus qu'il commettoit. J'ai employé toutes sortes de moyens pour m'en éclaircir; j'ai même été à Furnes et visité les magasins et le pain de munition, lorsqu'il ne s'y attendoit point, et je n'ai point trouvé de malversation de sa part. Je puis même vous ajouter que, le sieur Moreau, commissaire des guerres à Furnes, étant fort brouillé avec une partie des gens qui composent le Magistrat, s'il y avoit quelque désordre dans le pain de munition, quand même les troupes ne s'en plaindroient pas, on ne manqueroit pas de m'en avertir*.»

* Les membres du Magistrat de Hesdin, pour être continués une année, prêtèrent chacun 500#, destinées aux fortifications, dont ils reçurent l'intérêt au denier dix-huit sur la ferme des fortifications de leur ville (lettre de M. de Bernage, intendant à Amiens, 20 août 1712). Voir aussi les lettres de cet intendant, 25 novembre et 2 décembre 1712, relatives au choix d'un conseiller pensionnaire de la ville de Saint-Omer.

931. *M. le Gendre, intendant à Montauban,*
au Contrôleur général.

7 Janvier 1711.

Imposition des sommes dues pour le rachat des offices de contrôleurs-visiteurs de suifs.

«Vous me permettrez de vous représenter que les malheurs du grand hiver vous engagèrent de m'envoyer, l'année passée, un ordre général pour n'imposer que la moitié des affaires extraordinaires qui devoient être imposées en 1710; mais vous ne me marquâtes point, par cette lettre, de rejeter le reste de cette imposition sur 1711, ce qui n'étoit point praticable, les impositions étant déjà poussées aussi loin qu'elles peuvent aller : en sorte que, n'ayant point sur cela d'ordre, j'ai imposé en 1711 les 100,000# qui, naturellement, devoient être imposées; à quoi M. Ogier n'a aucune part, et il seroit bien difficile, présentement que les mandes sont envoyées, les rôles faits dans les communautés et vérifiés par les élus, de faire une nouvelle imposition. Et comme il est raisonnable que les traitants ne souffrent point de ce retardement, il n'y aura qu'à imposer l'année prochaine les 50,000#, avec les intérêts; peut-être même qu'il n'y aura pas tant de troupes dans ce département comme M. Voysin l'avoit d'abord cru, et qu'il se trouvera du revenant-bon sur les fourrages imposés, suffisamment pour payer les 50,000# au traitant*. . . . . »

* Un conflit s'étant élevé entre un acquéreur d'offices supprimés et les receveurs généraux, au sujet du recouvrement de la somme imposée pour le remboursement de ces offices, qu'un arrêt du Conseil confiait au premier, mais que les seconds réclamaient comme étant imposé au marc la livre de la taille, M. Guynet, intendant à Caen, appuie les receveurs généraux (5 juin 1712).

Sur les rachats, remboursements et réunions d'offices, voir les lettres du contrôleur général à M. de Courson, intendant à Bordeaux, 20 août 1715 (jurats); de M. Ferrand, intendant en Bretagne, 15 décembre 1711, 9 janvier et 17 février 1712 (inspecteurs-conservateurs généraux des domaines et contrôleurs des fouages); de M. de Valbonnays, premier président de la Chambre des comptes de Grenoble, 22 décembre 1712 (contrôleurs des épices); de MM. Méliand, intendant à Lyon, 18 août (échevins alternatifs), Turgot, en Auvergne (officiers de police), 16 septembre 1711, et de Bâville, en Languedoc, 1er février (lieutenants généraux de police et autres); Guynet, à Caen, 15 décembre 1714 (maires, lieutenants de maire et officiers municipaux); d'Orsay, à Limoges, 26 mai 1712 (officiers des eaux et forêts); de Bâville, 14 août 1712 (viguier de Carcassonne).

---

932. *M. Trudaine, intendant en Bourgogne,*
au Contrôleur général.

8 Janvier, 1711.

Il envoie les états, dressés par ses subdélégués, des dégâts que les grandes eaux ont causés dans le mois de novembre dernier*.

* Le 2 mars suivant, il annonce qu'un débordement de la Saône, tel qu'on n'en connaît pas de pareils dans les annales du pays, a couvert toute la plaine et ses cultures.

Le 3, M. Ravat, prévôt des marchands de Lyon, écrit : «Les tristes événements qui arrivent à cette ville depuis quelques années ne me permettent pas de satisfaire mes désirs et d'avoir l'honneur de vous écrire sur des faits qui puissent vous être agréables; celui du débordement de nos rivières, qui ont inondé la plus grande partie de cette ville, en est un des plus surprenants qui soit arrivé depuis plusieurs siècles. Nos histoires et nos registres, qui font mention des deux débordements des années 1570 et 1602, ne nous décrivent pas l'enflure de nos rivières à la hauteur où elles ont été présentement. Pour ne point user de votre temps, j'aurai l'honneur de vous rappeler la situation de notre ville. Une partie est bâtie au bas d'une haute montagne appelée Fourvières; elle est séparée par la Saône de l'autre partie de la ville, qui fait une espèce de petite plaine qui est fermée par le Rhône, et qui nous sépare du Dauphiné. Un vent chaud et une pluie qui commencèrent le 20 du mois dernier, augmentèrent nos rivières considérablement et avec assez de promptitude. Le dimanche 22, tous nos quais du côté du Rhône et de la Saône, tirant d'un bout de la ville à l'autre, furent remplis d'eau à n'y pouvoir pas passer; elle se répandit dans toutes les rues traversières et jusque dans les principales places, qui furent inondées, et particulièrement la place de Bellecour, dont le nom est connu, d'une extrémité à l'autre, à l'exception d'une petite partie qui est du côté de la Saône, qui se trouve plus élevée, derrière laquelle et où est bâtie une maison qui a servi de Louvre à S. M. Le Rhône et la Saône se sont unis. La communication que nous avons eue pour aller à nos affaires ou aux provisions n'étoit que par des bateaux qui avoient été conduits dans différents endroits. Tous les quais avoient huit à neuf pieds d'eau de hauteur; les rues traversières, suivant leur élévation, en avoient plus ou moins; et, pour vous faire connoître le niveau de l'eau répandue dans toute la ville, je n'ai d'autre démonstration à vous faire qui puisse vous toucher, que de vous remarquer que, si notre terrain s'étoit trouvé aussi bas qu'il étoit en 1602, les eaux auroient été jusques au premier étage des maisons les plus élevées, la jonction du Rhône et de la Saône ayant été sur le point de se former au-dessus d'une place que l'on appelle des Jacobins et derrière l'église des religieux de ce nom, élevée, par les proportions que l'on en a tirées, de plus de douze à treize pieds du lit ordinaire de ces deux rivières. Ceux qui habitent sur tous les quais et dans toutes les rues traversières, aussi bien que dans les rues où il n'y a point de quai, et dont les maisons sont battues par les rivières, ont perdu presque toutes leurs marchandises. Celles qui se laissent sur les quais et dans les endroits qui servent de chantiers pour les bois à brûler ou à bâtir ont été toutes emportées. Le pont de bois de Bellecour a été arraché; il n'en reste que trois pallées au milieu de la rivière, qui forment deux arches; la culée du côté de Bellecour a été sapée par les fondements; sa ruine a attiré celle d'un petit corps de garde qui étoit construit de l'un des côtés; les maisons qui font face sont en danger. La maison qui est à la tête de l'Arsenal, où loge M. de Saint-Didier, lieutenant général d'artillerie, ayant été minée sous œuvre par la rapidité des eaux, éboula le 1er de ce mois, à une heure après midi; il n'en reste qu'un pavillon, qui, ayant pris coup par la chute de la démolition, ne peut pas se soutenir; les eaux minent le reste du bâtiment et l'entraînent peu à peu, de sorte que, de ce corps de logis bâti sur environ soixante pieds de face, il n'en restera aucune chose. La moitié des meubles de cet officier a été perdue ou gâtée. Je ne sais point encore les désordres qu'elle aura faits sur nos quais, parce qu'il y a encore quatre à cinq pieds d'eau d'hauteur, qui en couvrent le terrain et les parapets. Les faubourgs de Vaise et de la Guillotière ont été presque tous inondés, et les habitants obligés de retirer tous leurs effets sur des hauteurs et au milieu de la campagne. Tous ces malheurs, qui feront une époque étonnante à l'histoire de cette ville, que nos successeurs auront de la peine à croire, sont encore moins grands que le désordre que nos citoyens qui habitent les endroits qui avoisinent le Rhône et la Saône en ont reçu : il y a nombre de marchands dont les effets sont entièrement perdus, et les autres en souffriront par la perte d'une partie de leurs marchandises. Il n'est pas encore possible de savoir à combien ces pertes monteront; cependant l'on peut présumer avec raison qu'elles iront à des sommes très considérables. L'année 1709, nous essuyâmes tout ce que l'on peut de plus rude pour éviter une famine prochaine. L'année précédente, les approches de M. le duc de Savoie, dont nous fûmes menacés, nous jetèrent encore dans des dépenses. La cessation de tout commerce, les malheureuses affaires arrivées aux principaux négociants, le manque de travail pour nos manufactures, réduisent cette ville dans une situation toute des plus malheureuses; l'on peut y ajouter encore la gelée qui a perdu toutes nos vignes, unique revenu de nos citoyens. Tous ces maux, quelque grands qu'ils soient et quelque désolation qu'ils apportent, nous seront supportables, si nous sommes assez heureux..... d'obtenir la protection dont vous nous avez honorés.....»

Voir la lettre écrite le 2 par M. Méliand, intendant, et ses lettres des 17 et 31 mars, et 17 juin, au sujet de blés qui avaient été amassés pour l'armée de Dauphiné, par des entrepreneurs de Bourgogne, dans une maison du faubourg de Vaise, et qui étaient complètement perdus par l'inondation.

La Loire eut, à la même époque, une crue désastreuse (lettres de M. Ferrand, intendant en Bretagne, 6 mars et 16 octobre; de M. de la Bourdonnaye, à Orléans, 16, 19, 26 février, 1er et 9 mars, et 22 novembre; de M. l'évêque et des maire et échevins de Nantes, 28 février; des maire et échevins d'Orléans, 18 février). Ces désastres étaient attribués en partie à la nouvelle navigation de la Loire et à l'imprudence de riverains qui avaient bouché des arches de ponts.

Des décharges et des diminutions furent accordées aux victimes : voir les lettres de M. Chauvelin, intendant à Tours, 8 mars; de M. l'évêque d'Angers, du maire et des officiers de l'élection, de M. d'Autichamp, commandant du château, et du premier président au présidial, 23, 25 et 26 février; de M. d'Angervilliers, intendant en Dauphiné, 1er mars; de M. de Bâville, intendant en Languedoc, 26 juillet, 1er septembre et 27 octobre; des évêques de Montpellier et de Carcassonne, 6 septembre et 19 octobre; de M. de Boyer d'Odars, syndic des États de Languedoc, 17 septembre; des syndics du diocèse et de la ville de Toulouse, 5 novembre, etc.

---

933. M. DE BERCY, *intendant des finances*, à M. DE SAINT-CONTEST, *intendant à Metz*.

9 Janvier 1711.

«.....Vous exposez que le produit annuel des octrois de la ville de Metz est de 80,000#, et que, sur ce pied, la fixation du Don gratuit monteroit à plus de 1,000,000# : ce que vous ne croyez pas que la ville pût trouver à emprunter, quoiqu'en billets de monnoie. M. Desmaretz m'a chargé de vous faire savoir que la véritable difficulté ne consiste pas dans l'emprunt du Don gratuit, qui sera toujours aisé, quelque fort qu'il soit, pourvu que les marchandises et denrées puissent supporter le doublement des octrois. C'est donc à vous d'examiner si l'établissement des nouveaux droits se peut faire en entier sans déranger considérablement la consommation des marchandises et denrées qui y seront sujettes*.....»

* Le même jour, il écrit à M. Doujat, intendant en Hainaut, que, si son département ne peut payer la somme fixée, on s'arrêtera à une augmentation de droits moins considérable, mais qu'en tout cas la permission accordée de payer le Don gratuit en billets facilitera les emprunts des villes. Le 26 janvier, il écrit à M. Chauvelin, intendant à Tours, que l'on ne peut accepter la proposition de remplacer le Don gratuit de 1,430,000# par une imposition de 900,000# payable en cinq années conjointement avec la taille, le Roi ne voulant point charger les taillables d'un payement que doivent faire les villes; mais on réduira le Don à un million.

Le 1er juillet, M. d'Ormesson demande si l'affaire va se continuer : un grand nombre de personnes de son département, où l'on a peu l'habitude de placer des effets en rentes sur l'hôtel de ville, comptent se débarrasser de leurs billets de monnoie en les prêtant aux villes.

Le 21 septembre suivant, le contrôleur général écrit à cet intendant que les villes sont déchargées des emprunts; les nouveaux octrois doivent être adjugés au profit des preneurs qui se chargent de payer le Don gratuit, et leur produit suffira à opérer le remboursement des adjudications en un certain nombre d'années.

---

934. M. DE BERNAGE, *intendant à Amiens*, AU CONTRÔLEUR GÉNÉRAL.

9 Janvier 1711.

«J'ai eu l'honneur de vous écrire, le 4 du mois passé, en faveur du sieur Bellot, receveur des fermes à Corbie, qui étoit vivement pressé de la part de MM. les fermiers généraux, qui menaçoient de le révoquer à cause d'un débet de 8 à 9,000#. Il me mande qu'il l'a depuis acquitté, et que cependant le directeur a reçu ordre de le révoquer et de commettre un autre à sa place : je ne sais si c'est parce qu'il s'est chargé de quelques entreprises de fourrages; mais il s'en est acquitté utilement pour le service, et il promet d'être plus attentif que jamais à ce qui regarde les intérêts de la ferme. Au surplus, il ne seroit pas juste de le destituer sans le rembourser de sa charge, pour laquelle il a payé finance*.....»

* Le 17 janvier, le contrôleur général écrit aux fermiers généraux de ne point révoquer ce commis, par exception à la règle générale.

---

935. LE R. P. GERMON, *jésuite*, AU CONTRÔLEUR GÉNÉRAL.

(Intendance d'Amiens.)

11 Janvier 1711.

«J'étois allé vendredi..... pour vous rendre compte..... d'une action que M. l'abbé a faite en Sorbonne..... C'est un usage de Sorbonne qu'on choisisse, au commencement de l'année, un des étudiants des plus distingués, pour commencer les arguments qui se font dans l'école publique. M. de Tournelis, dont M. l'abbé prend les leçons, avoit jeté les yeux sur lui pour cela, et il me pria de lui en parler : M. l'abbé l'accepta de bonne grâce, et s'en est très bien acquitté. On commence cette cérémonie par un petit discours d'un bon demi-quart d'heure, et ensuite on argumente et on répond. J'avois représenté à M. l'abbé qu'il étoit de quelque conséquence que, la première fois qu'il auroit à parler dans l'école de théologie, il le fît d'une manière qui pût lui faire honneur devant ceux avec qui il devoit faire sa licence; il l'a parfaitement conçu, et s'est très bien acquitté de cette première action. Nous ne paroissons pas, nous autres, à ces sortes d'exercices; mais, aussitôt qu'ils furent finis, quelques docteurs de mes amis me vinrent dire que M. l'abbé l'avoit fait avec beaucoup de succès.»

Il recommande les religieux de Saint-Vaast d'Arras, qui demandent diverses décharges et exemptions.

---

936. M. D'ORMESSON, *intendant à Soissons*, AU CONTRÔLEUR GÉNÉRAL.

11 et 26 Janvier, 22 Avril et 5 Septembre 1711.

Devis pour l'établissement à la Fère d'un magasin où

la compagnie des poudres, chassée de l'arsenal par l'artillerie, pourra déposer ses soufres, salpêtres, etc.

Réparation du moulin à poudre.

Achèvement du canal de Chauny à l'Oise.

Travaux de fortification à la Fère et à Ham*.

* Voir les lettres de M. Laugeois d'Ymbercourt, successeur de M. d'Ormesson, 31 mars et 26 avril 1713; de M. d'Eaubonne, successeur de M. Laugeois, 6 juillet et 10 août 1714; de M. Voysin, secrétaire d'État de la guerre, 23 décembre 1711 et 6 février 1712.

---

937. *M. d'Albertas, premier président de la Cour des comptes d'Aix, au Contrôleur général.*

13 et 24 Janvier, 13 Février 1711.

Il dénonce les intrigues fomentées dans sa compagnie par le baron de Viens, conseiller, et par un des présidents, pour empêcher le rachat de la paulette, et pour former entre les conseillers une sorte de société d'assurance mutuelle*.

* Le baron de Viens fut appelé à la suite du Conseil par une lettre de cachet (lettres du contrôleur général à l'intendant Lebret, 9 février 1711, et à M. d'Albertas, 27 février; lettres de M. d'Albertas, 19 mars, 31 mai et 12 juin; lettres de M. Lebret, 17 février, et de M. de Viens, 18 février). Ce dernier dut écrire à M. d'Albertas afin d'obtenir son rappel : voir ses projets de lettre, à la date des 5 et 24 juillet suivant.

---

938. *Le Contrôleur général à M. Voysin, secrétaire d'État de la guerre.*

14 Janvier 1711.

Droits et passeports pour le commerce étranger.

«Ceux qui proposent l'établissement de ces droits n'ont aucune connoissance du commerce, ni aucune vue pour le bien de l'État..... Je suis persuadé que le petit bénéfice qu'on tirera de ces passeports fera un préjudice irréparable au commerce, et même je crois que M. d'Angervilliers, si vous le consultez sur cela, quoiqu'il ne m'en ait rien écrit, ne pourra disconvenir du préjudice que cet établissement pourra causer au commerce. Quand vous aurez bien examiné la différence de ce qui se passe en Flandres avec ce qui regarde le commerce de Savoie, de Piémont et du Milanois, vous verrez que ces passeports causeront un préjudice infini par l'excès des droits, sans parler des contrebandes auxquelles ils donneront lieu.»

---

939. *M. Roujault, intendant à Poitiers, au Contrôleur général.*

14 Janvier 1711.

«Le faux-saunage se continue dans cette province comme les années précédentes; mais il se fait avec beaucoup plus d'audace et de licence. Les dragons et cavaliers, avec des paysans, alloient acheter du sel, le voituroient, et le faisoient passer dans le pays de gabelles. Il y avoit une sorte de bonne foi entre les troupes et les paysans, et, lorsque les troupes empruntoient forcément les chevaux et mulets des particuliers, ces particuliers retrouvoient leurs voitures, et même tous leurs frais. Cette année, c'est un brigandage et un vol public et continuel sur le grand chemin, en même temps que c'est un faux-saunage, et on ose dire que, dans la confusion, ceux qui sont préposés pour y mettre ordre font des injustices eux-mêmes, qui rendent ces vols encore plus fâcheux et augmentent le brigandage. Les cavaliers et dragons s'embusquent sur les grands chemins des villes où sont les marchés de sel, la veille ou la nuit des jours de marché; ils tombent sur les voitures de vingt et trente mulets que conduisent les marchands, les forcent à changer leur route et à les suivre. D'autres vont, en effet, acheter du sel dans les marchés; mais, n'ayant point de voitures, ils les vont enlever de force dans les métairies. Ils font plus : ils ôtent aux charrues les chevaux et les mulets, et démontent les passants. Partie de ces voitures périssent par les longues traites qu'on leur fait faire pour sauver la marchandise des gardes et la rendre en pays de gabelle; c'est autant de perdu pour les propriétaires, et, lorsque le malheur veut que les employés ou les troupes qu'on leur donne pour courir sus aux faux-sauniers en arrêtent quelque bande, quelque claire que soit la force et la violence qui a été faite à ces marchands, quelque réclamation qu'ils fassent, quelque recommandation et attestation qu'ils apportent, le sel est au dépôt, d'où il ne sort plus, et les chevaux sont vendus le même jour, sans forme de procès; et quand enfin on veut interposer quelque autorité, on ne peut se débattre que du prix, qui n'est jamais que du quart du prix des chevaux, et il n'est fait aucune mention du sel. J'ai l'honneur de vous envoyer une espèce d'information qui vous découvrira tous les faits.

«..... Trouvez bon que j'aie l'honneur de vous demander quelle justice vous ordonnez qui soit faite dans cette occasion, et des ordres pour tâcher d'arrêter de pareils inconvénients. J'ai mandé d'avance au contrôleur que j'espérois que vous ordonneriez la restitution des mulets, et qu'il devoit faire si bien que l'on trouvât ces mulets; que les officiers et dragons et les gardes trouveroient à s'indemniser de leur diligence sur les 5 ff par minot de sel emplacé au dépôt, conformément à l'ordonnance du mois de septembre. Il me semble que cette justice est due à ces marchands, et, s'il falloit une récompense au lieutenant et aux dragons qui ont fait la capture, plus forte que ce qui leur doit revenir du prix du sel, je crois qu'il seroit juste que S. M. en passât la dépense par extraordinaire dans les comptes de la ferme.

«Pour l'avenir, le mal est très grand : les campagnes ne sont plus libres, tout le commerce est interrompu, parce que les troupes prennent les chevaux des particuliers et aux charrues. Ce ne sont pas seulement les régiments de Saint-Chaumont et de Saint-Sernin qui font le faux-saunage et volent sur les grands chemins pour le faire : je suis informé qu'il y a, d'une bande, actuellement, seize cavaliers du régiment de Joyeuse qui ont fait une manœuvre pareille à celle dont il s'agit. Ce régiment est en bas Poitou. Les troupes qui sont à Loudun et Chinon vivent encore avec plus de licence, et nous avons cru, dans les commencements, que ces troupes débauchoient celles de Poitou. Toutes ces troupes, dans cette province du moins, sont dans des villes ou bourgs fermés, bien casernées, désarmées; on en fait l'appel deux ou trois fois le jour. Puisque ces précautions ne produisent rien, je suis obligé de dire qu'il n'y a d'autre remède que des exemples, et, si on l'osoit, on proposeroit d'en faire un par régiment. On attend les seize cavaliers de Joyeuse: ils seront mis au cachot en arrivant. Les trois de Parthenay qui ont assisté à l'affaire sur laquelle l'information a été faite sont en prison; ceux de Niort doivent être en prison incessamment. Si ce n'étoit point trop que trois exemples, on pourroit faire tirer un cavalier dans les seize, et un dragon à Niort et à Parthenay; si on n'en prend qu'un, j'aurois de la peine à choisir le régiment. Mais, pour éviter toute plainte, il faudroit qu'il fût aussi fait de pareils exemples à Loudun et Chinon.

«Cette lettre n'ayant pu partir l'ordinaire dernier, depuis qu'elle est écrite, j'ai reçu celle du contrôleur d'Airvault, qui convient que les voituriers ont été volés par les dragons; mais il ajoute que, ces voituriers ayant pris la fuite à l'arrivée des gardes et des dragons, et étant venus le lendemain seulement à Poitiers, au lieu qu'ils auroient dû déclarer sur-le-champ la violence qui leur avoit été faite, réclamer leurs chevaux en la juridiction des dépôts, et prévenir la vente, cette vente est dans toutes les règles. Je joins ici sa lettre*......»

* Le 8 mars, M. Roujault rend compte de faits nouveaux qui se sont produits dans son département.

Voir une lettre du contrôleur général à M. Voysin, secrétaire d'État de la guerre, 7 février.

Le 24 janvier, il écrit à M. de Bouville, intendant à Alençon, de faire faire des excuses publiques par le receveur de la revente du sel de Domfront, au chevalier de Pons, commandant le régiment de dragons du Roi, accusé sans raison de favoriser le faux-saunage.

940. M. d'Argenson, *lieutenant général de police à Paris*, au Contrôleur général.

15 Janvier 1711 et 4 Août 1712.

Réglementation des assemblées de la communauté des jurés vendeurs de volaille qui sont à la suite de la cour*.

* Le 10 juillet 1713, au sujet d'une saisie faite sur un marchand linger du Roi, contrôleur et vendeur de volaille, il démontre que ces offices sont susceptibles de saisie réelle.

941. M. Bignon de Blanzy, *intendant à Paris*, au Contrôleur général.

17 Janvier 1711.

Contestation entre le propriétaire de la manufacture royale de buffles de Corbeil et les meuniers du moulin banal de cette ville et du moulin de Saint-Spire, qui se prétendent gênés par l'établissement de nouvelles roues; rapport de l'ingénieur chargé des eaux des maisons royales*.

* Voir, au 23 août 1715, une lettre du propriétaire, le sieur Montois, qui réclame avec insistance le payement de ce qu'on lui doit, pour pouvoir lui-même payer ses dettes. «Je suis assez malheureux, dit-il, pour être chargé de la manufacture de Corbeil, où, depuis 1707, je fais des dépenses continuelles, sans en rien retirer. V. G. me fit donner alors pour 150,000# d'assignations, qui, échues depuis 1709, n'ont pu être réassignées. Je n'en ai touché ni principal ni intérêt. Il y a présentement un an que V. G. m'accorda un fonds de 359,000# sur le traité des inspecteurs-contrôleurs des eaux et forêts. Il y eut de la difficulté à me délivrer les assignations sur des mémoires donnés contre le traitant. Elle a été levée, et V. G. n'a pu donner ses ordres en ma [faveur] que pour 148,035#. Le 1er de ce mois, les assignations délivrées, je me suis présenté pour les recevoir. On m'a opposé la déclaration du mois de juillet dernier qui suspend l'exécution de tous les traités et une suppression particulière de la plus grande partie de la matière de ce traité par un édit du même mois. Il est dû cependant de toutes parts par cette manufacture, aux ouvriers mêmes, qui meurent de faim et sont des Allemands sans autre ressource, prêts à se révolter et à se porter aux derniers excès. S'ils s'en vont une fois, c'est une manufacture détruite pour toujours. Les marchands ne veulent plus rien fournir qu'argent comptant. Je n'en ai absolument plus, et mon crédit est entièrement perdu, en sorte que je ne puis avoir d'espérance que dans la protection de V. G., ou en ordonnant au traitant [de me payer les] assignations que j'ai en tout ou partie, ou en agréant la proposition que je prends la liberté de lui faire par le mémoire ci-joint, pour tirer parti de la matière restante dans ce traité pour faire un fonds pour ces assignations. M. de la Garde est le commissaire de ce traité; M. Fagon l'est des eaux et forêts, et M. Poulletier vous a renvoyé mon état. Je prie V. G. de renvoyer à l'un ou à l'autre ma lettre et mon mémoire, pour lui en faire son rapport.»

942. M. de Bâville, *intendant en Languedoc*, au Contrôleur général.

18 Janvier 1711.

«Quand je devrois vous importuner encore sur l'affaire du sieur Bonnier, je ne puis me résoudre à vous laisser la moindre impression qui pourroit vous rester par les lettres que vous me mandez avoir été écrites de Languedoc, portant qu'on n'avoit donné à M. de Pennautier et à sa famille que douze heures de temps pour délibérer sur la démission qu'on lui demandoit, et que, dans ce peu de temps, accablé par sa maladie, il a consenti à ce qu'on en désiroit en faveur du sieur Bonnier, sans pouvoir ménager ses propres intérêts ni ceux de sa famille. Je puis vous assurer qu'en tout cela il n'y a pas un mot de vérité. M. de Pennautier ayant eu un accident fâcheux, le sieur Sevin, son neveu, qui tient ici la Bourse, parla au sieur de Montferrier, syndic de la province, pour proposer au sieur Bonnier de traiter. Il demanda 50,000 écus après la mort de M. de Pennautier, pour la famille, et 20,000# de pension pour lui pendant sa vie. Le sieur Bonnier consentit à cette proposition. Ce fut alors que j'en fus averti par M. l'archevêque de Narbonne, qui désiroit cette affaire, et il m'en parla aussitôt que le sieur Bonnier. M. de Pennautier, revenu de cet accident, fut très content de la proposition de son neveu; il a une pleine et entière connoissance, et il n'est nullement en état

IMPRIMERIE NATIONALE.

de ne pas savoir ce qu'il fait. Le sieur Bonnier le vit, et il lui dit qu'il y avoit plus de deux mois qu'il avoit en vue de vous le proposer. Ce furent les termes où on en demeura, ne voulant pas passer outre qu'on ne sût si la personne du sieur Bonnier vous étoit agréable. C'est ce que j'ai prétendu vous mander qu'on avoit traité sous votre agrément, non qu'on supposât que vous l'aviez donné, mais que tout seroit censé nul, si vous ne le donniez pas : en quoi je puis m'être mal expliqué. Il eût été sans raison, et contre toutes sortes de règles et de devoirs, de traiter autrement. Voilà la pure vérité, dont on ne veut d'autres témoins que le sieur Sevin, le sieur de Montferrier, M. l'archevêque de Narbonne, et M. de Pennautier même. Si ce qu'on a écrit étoit véritable, la présence du sieur Bonnier lui seroit odieuse, et il se repentiroit de son traité. Bien loin d'être dans ces sentiments, il s'en sert utilement pour arranger toutes ses affaires, et il en tire de grands secours. Il peut être que quelqu'un de ses neveux n'a pas été satisfait de tout ce qui s'est passé; mais il en a un si grand nombre, qu'il n'est pas possible d'entreprendre de les contenter tous. Sa famille a toujours été représentée par les sieurs Sevin et de Chaluet, qui paroissent très contents. Le sieur Bonnier en a même si bien usé à l'égard de cette famille, que, sans attendre la mort de M. de Pennautier, il a payé les 50,000 écus. Il sera à Paris sitôt que les États seront finis, et il prétend y avoir une maison, un correspondant propre à recevoir vos ordres et à y faire tout ce qui y doit être fait. Il veut y être souvent lui-même; les États l'y ont engagé, quand ils l'ont reçu après la lettre que vous m'avez fait l'honneur de m'écrire que vous lui donniez votre agrément à condition qu'il avanceroit 400,000 #, à quoi il a consenti, et dont je vous ai rendu compte*.»

* M. Bonnier écrit, le 6 janvier : «.....Je voudrois que le temps et mes forces pussent répondre à l'envie que j'ai de prévenir vos désirs dans toutes les occasions; je ne me bornerois pas à cette somme, étant dans la disposition de suivre toute ma vie vos volontés. Mais les frais des présents États, que je dois avancer, les sommes considérables qu'il faut payer journellement jusques au mois de juillet, sans rien recevoir, me font espérer que vous voudrez bien accepter ces 480,000 # en payement de Pâques à Lyon; et, pour que cette somme puisse servir en Flandres comme argent comptant, j'écris à un de mes amis, à Paris, de faire remettre des bonnes lettres de cette somme à qui vous désirerez; après qu'il aura reçu vos ordres là-dessus.....»

Le 28 janvier, M. de Bâville explique comment MM. Bonnier et de Pennautier se sont arrangés pour les sommes dues à ce dernier. Il est difficile de dire encore s'il pourra faire honneur à ses affaires.

Sur la réception de M. Bonnier comme trésorier de la Bourse, voir sa lettre du 30 janvier et celle de M. de Bâville du 29 janvier. Le 6 février, M. de Pennautier écrit pour recommander son caissier, le sieur du Meriet, pour la charge de receveur général des gabelles de la généralité de Montpellier. Sur le remploi des billets de monnaie existant dans ses papiers, voir sa lettre du 1er juin et celles de sa femme, 7 et 14 juin, et de son neveu, M. de Mansoncal, 9 février.

Le 26 juillet, M. l'archevêque de Narbonne, et, le 31, M. d'Argenson, lieutenant général de police à Paris, demandent que les créanciers de Pennautier et ses commis, avec leurs pièces et leurs titres, comparaissent devant des commissaires du Conseil.

M. de Pennautier étant mort à Montpellier le 2 août, il y eut des conflits de juridiction entre la Cour des comptes, le syndic de la province et les présidiaux, pour l'apposition des scellés, et M. de Bâville fut commis : voir ses lettres des 2, 6, 7 et 14 août, 15 et 27 septembre; celles de MM. Vignes, procureur général, et Bon, premier président de la Cour, 4 et 13 août; de M. l'abbé de Courduchesne, député de la Cour, 14, 16, 27, 29 et 31 août; de M. le duc de Roquelaure, commandant en chef du Languedoc, 27 août, et du présidial de Montpellier, 28 août.

Sur l'état de la succession et l'apurement des comptes, voir une lettre du contrôleur général à M. d'Argenson, lieutenant général de police à Paris, et la réponse, 5 et 6 août; une lettre de M. Duboisson, 5 août; les lettres du contrôleur général à M. l'archevêque de Narbonne, 1er décembre 1711, et à M. de Bâville, 28 janvier et 3 août 1712; deux lettres de l'archevêque, 17 octobre 1711 et 30 janvier 1712; les lettres du syndic général de Boyer d'Odars, 8 novembre 1711, et de M. Vignes, 16 décembre; une lettre de M. de Mansencal, 13 novembre; des lettres de M. de Bâville et autres pièces, 10 janvier, 15 février, 7 juin, 17 août, 3 et 5 décembre 1712, 2 avril 1713, 23 avril, 23 mai et 27 novembre 1714, 22 janvier 1715.

Le 14 décembre 1711, M. l'abbé de Broglie, agent général du clergé, propose de permettre au sieur Pierre Crozat, de qui les procurations cessent par suite même de la mort de Pennautier, de faire en son nom, mais avec le visa des agents généraux, les poursuites pour le recouvrement des sommes dues par les receveurs provinciaux et diocésains des décimes, et autres.

Le 13 novembre 1713, M. l'archevêque de Narbonne appuie la demande de M. Bonnier, qui sollicite pour son fils la survivance de sa charge de trésorier de la Bourse.

---

943. *Le sieur* Destureaux, *directeur des gabelles à Moulins,* au Contrôleur général.

18 Janvier 1711.

«Quoique j'aie informé M. du Ruau-Pallu, fermier général qui a ce département, et qui est actuellement à Bourges, du faux-saunage extraordinaire qui se fait dans cette province et dans les circonvoisines par les troupes qui y sont en quartier, je crois cependant qu'il est encore de mon devoir d'en donner avis à V. G., afin qu'elle prenne les mesures qu'elle jugera à propos, sinon pour l'arrêter entièrement, au moins pour en éloigner les fâcheuses suites. J'ose assurer à V. G. que ce n'est pas tant un faux-saunage qu'un brigandage ouvert, qui se fait avec impunité. Non contents de s'attrouper au nombre de cinquante et soixante, et de marcher armés en guerre, ils emmènent les chevaux des domaines, logent par force dans les cabarets où ils passent, s'y font administrer les vivres et autres choses nécessaires, sans rien payer, et ne menacent de rien moins que de brûler et de saccager.

«Ces violences si extraordinaires et si peu supportables ont répandu tant de terreur dans tout ce département, jointes aux menaces qu'ils font continuellement d'aller égorger les employés dans leurs postes et de forcer les prisons pour en retirer les faux-sauniers qui y sont actuellement détenus, qu'il n'y a point de brigade qui ose se présenter à leur marche, quoiqu'ils passent par les grands chemins, et de jour. Cela a rendu inutiles et de nul effet les courses de plusieurs détachements que j'avois mis en mouvement pour aller à leur rencontre. Il y a plusieurs procès-verbaux dressés de ces violences; si V. G. veut y avoir égard et me faire savoir ses intentions, je les lui enverrai*.»

* Voir les lettres du sieur de Radielles, inspecteur des fermes, 28 janvier, 24 février et 18 octobre.

944. M. DE MÉJUSSEAUME, *procureur général-syndic des États de Bretagne,* AU CONTRÔLEUR GÉNÉRAL.

18 Janvier 1711.

Recouvrement des effets de M. de Harouys, ancien trésorier des États.

945. M. LEBRET, *intendant en Provence,* AU CONTRÔLEUR GÉNÉRAL.

18 Janvier, 30 Mars, 17 Avril, 3 Mai et 5 Juin 1711.

Exécution des jugements rendus par M. de Saint-Maurice*; arrestation et procès de faux-monnayeurs**.

* Sur les gratifications des subdélégués chargés de cette exécution, voir les lettres des 22 janvier, 11 mars et 15 juillet 1713, et, sur le compte rendu par le commis général des domaines de Provence, la lettre du 20 août 1715.

** M. Lebret eut à juger, en 1712, deux faux-monnayeurs et un complice qui avait fabriqué pour l'un d'eux un faux jugement d'absolution : voir ses lettres des 19 janvier, 18 novembre et 26 décembre.

946. M. DE COURSON, *intendant à Bordeaux,* AU CONTRÔLEUR GÉNÉRAL.

20 Janvier 1711.

Si le sieur du Lion ne présente pas les titres constitutifs, bien valables, de son péage de Campet, l'ancienneté de sa jouissance peut lui en tenir lieu; d'ailleurs, les droits qu'il demande étant moindres que ceux qu'il pourrait exiger, on doit s'en tenir à une transaction précédemment intervenue, qui portait qu'il lui serait payé : pour les grands bateaux, nommés *galups*, 6 #; pour les moyens, 3 # 10 s., et pour les petits, appelés *galupats*, 2 #*.

* «Bon, suivant l'avis.»

947. M. DE PONTCHARTRAIN, *secrétaire d'État de la maison du Roi,* AU CONTRÔLEUR GÉNÉRAL.

(Intendance de Paris.)

21 Janvier 1711.

«Les barbiers de Paris m'ont apporté une requête par laquelle ils demandent le rapport des lettres obtenues par M. Mareschal, premier chirurgien du Roi, le 21 janvier de l'année passée, non seulement parce que ces lettres sont signées de moi, mais encore parce que, quelque temps auparavant, j'avois rendu compte au Roi de ce qui regarde la prétention du premier chirurgien contre les barbiers lors de son avènement à la charge, laquelle prétention se trouve réglée par ces dernières lettres; et comme je ne les ai signées qu'après avoir été visées par vous en finance, je vous envoie la requête et la réponse que M. Mareschal y a faite, pour en décider, si vous le jugez à propos.»

948. M. LE GUERCHOYS, *intendant en Franche-Comté,* AU CONTRÔLEUR GÉNÉRAL.

21 Janvier 1711.

Arrestation d'un particulier exportant des espèces*.

* En apostille : «Bon. Arrêt. Observer que, suivant les ordonnances, il est défendu, sous peine de la vie, de transporter les espèces hors du royaume. En cas que, par le jugement, il fût condamné à mort, le Roi veut qu'on surseoie et qu'on attende les ordres de S. M.»

L'intendant écrit, le 22 mars : «Je me donne l'honneur de vous envoyer copie du jugement rendu contre le nommé Dubois, du comté de Neuchâtel, qui porte confiscation de la somme de 730 # en pièces de 3 s. 8 d., dont il a été trouvé saisi, et qui le condamne au bannissement à perpétuité du royaume et à 1,460 # d'amende. Si mon sentiment avoit prévalu, il auroit subi la peine des galères.»

949. Le sieur DESHAYES, *procureur à Rouen,* AU CONTRÔLEUR GÉNÉRAL.

22 Janvier 1711.

Il propose d'établir des boutiques de marchands, au lieu des bancs de procureurs, dans la salle du Palais de Rouen. Cette affaire rapporterait plus de 120,000 #.

950. LE CONTRÔLEUR GÉNÉRAL *aux Intéressés en la manufacture des Glaces.*

24 Janvier 1711.

Quoique plus de cent ouvriers soient employés dans la manufacture de Saint-Gobain, ils ne prennent de sel ni au grenier, ni au regrat de Coucy; la manufacture est une espèce de forteresse, où ne peuvent entrer les gardes des gabelles, et qui sert d'asile aux faux-sauniers. Il faut que le directeur* donne un état des officiers, employés et ouvriers, qu'il prenne du sel au grenier sur le pied de quatorze personnes au minot, qu'il laisse entrer les gardes, et qu'il défende de recevoir les faux-sauniers**.

* Le directeur fut plus tard accusé de malversations et exilé à

six lieues de Saint-Gobain : lettres de M. Laugeois d'Hymbercourt, intendant à Soissons, 16, 19 et 22 juillet, 18 et 26 août 1712.

** M. d'Ormesson, intendant à Soissons, annonce, le 25 février 1711, une rébellion des ouvriers contre les commis venus pour faire la visite; le 7 juillet 1712, son successeur, M. Laugeois d'Hymbercourt, expose la suite de cette affaire.

Au sujet du faux sel qu'on disait caché dans la manufacture de tapisseries de Beauvais et dans les maisons religieuses, M. Bignon de Blanzy, intendant à Paris, écrit, le 12 janvier 1711, qu'une visite serait chose délicate, et que, pour pouvoir la faire avec succès, il faudrait fouiller d'abord plusieurs autres maisons : le faux sel, retiré des cachettes, y serait immédiatement reporté. Il provient des troupes qui ont traversé la ville en revenant de la campagne.

951. *M. de Saint-Maurice, commissaire général de la Cour des monnaies,* au Contrôleur général.

(Monnaies, G⁷ 1464-1466.)

24 Janvier, 19 Février, 2 Mars et 10 Octobre 1711.

Il demande, en récompense de ses services, une charge d'inspecteur général au département de Lyon, avec les appointements de 6,000# que touchait son père, ou celle d'ordonnateur à Nice, et la croix de l'ordre de Saint-Michel*.

* Il ne put obtenir ni l'inspection générale, ni le droit d'avoir voix délibérative au présidial et à la sénéchaussée de Lyon, mais fut chargé de l'inspection de l'intérieur de la Monnaie de cette ville, avec pension de 1,500#, et une somme de 20# par jour fut ajoutée, par ordonnance séparée, à ses taxations de 40# : lettres des 2 mars, 1er juin et 16 juillet 1712; lettre du contrôleur général, 8 juin 1712; lettre des conseillers de la Cour des monnaies de Lyon, 15 juin 1713.

Sur une lettre du 1er octobre 1712, datée de Villeneuve-lès-Avignon, où il demandait un ordre général pour être logé avec sa suite, par égard pour la dignité de sa charge et en raison de son état de fatigue, le contrôleur général répond en apostille : «On n'a jamais donné d'ordre en pareil cas. J'ai cherché s'il y avoit des exemples. Je suis étonné que vous regardiez ce que vous demandez comme une distinction; au contraire, rien ne seroit plus capable d'avilir la dignité d'un commissaire.»

952. *M. d'Argenson, lieutenant général de police à Paris,* au Contrôleur général.

26 Janvier et 18 Février 1711; 28 Juin 1713; 1er et 27 Juillet 1714.

Il propose : 1° d'enfermer au Mont-Saint-Michel, sous la surveillance des religieux, le nommé le Chat de la Lande, coupable d'avoir imité la signature du chevalier Danycan sur de fausses lettres de change, et de tenir l'affaire secrète de façon à ne pas ébranler le crédit de M. Danycan; 2° d'emprisonner à perpétuité un autre faussaire, ancien officier de cavalerie, qui récidiverait certainement, si on le relâchait au bout des neuf années de prison auxquelles le Parlement l'a condamné; 3° d'enfermer à l'Hôpital général, quoique condamnée seulement à l'amende et au bannissement, une femme convaincue d'avoir inventé une machine pour imiter toutes les écritures d'une façon absolument parfaite.

953. *M. de Courson, intendant à Bordeaux,* au Contrôleur général.

27 Janvier 1711.

«Les négociants de Bordeaux se plaignent avec raison que l'argent manque sur la place parce qu'on voiture tout celui des recettes dans le temps que la place est chargée de lettres de change sur Paris, qu'ils sont obligés de négocier à perte, quoique ces lettres soient très assurées, toutes payables argent comptant et à courts jours*.....»

* Il écrit encore, le 3 février : «.....Il y a une infinité de lettres sur Paris, et il n'est pas possible de les négocier, parce que l'espèce manque entièrement; et cela est au point que les marchands n'ont pas seulement de quoi payer les droits pour plus de soixante-dix bâtiments qui sont actuellement dans le port, et qui n'attendent que cela pour partir..... Il y [a] actuellement, dans la caisse du sieur Feriol, receveur des fermes, près de 200,000# qui étoient inutiles, et, quand il recevroit l'ordre incessamment pour les faire voiturer en espèces, ils ne pourroient être de plus d'un mois à Paris, au lieu qu'en lui donnant des lettres, tous ces fonds seroient remis à Paris dans huit ou dix jours..... J'ai cru pouvoir prendre sur moi d'engager le sieur Feriol à prendre, pour les fonds qu'il a dans sa caisse, des lettres sur Paris payables à vue, d'autant plus que, dans peu de jours, il aura presque le même argent par les droits qui seront payés au bureau.....»

954. *M. de Barrillon, intendant en Roussillon,* au Contrôleur général.

28 Janvier 1711.

Transport des vivres de l'armée. Les voitures du munitionnaire général et les huit cents mulets fournis par M. de Bâville n'ont pas suffi : on a dû prendre des chevaux et des mulets, et employer même ceux des officiers généraux de l'infanterie et de la cavalerie. Néanmoins, on a toujours vécu au jour le jour, sans parvenir à avoir des approvisionnements. Beaucoup d'animaux sont morts, d'autres se sont dispersés; ils ne sont pas payés, et on travaille à régler le compte des personnes qui les ont fournis. En raison de la grande perte que ce service a causée à la province, il ne sera que juste de l'indemniser*.

* Voir, au sujet de chevaux supplémentaires accordés aux munitionnaires, une lettre de M. Voysin, secrétaire d'État de la guerre, 21 janvier. M. de Bernage, intendant à Amiens (15 août), et M. d'Ormesson, intendant à Soissons (9 avril, 28 mai et 24 juin), se plai-

gnent que les transports qui se font par leurs départements ruinent le pays.

955. *M. Trudaine, intendant en Bourgogne,*
au Contrôleur général.

29 Janvier et 19 Février 1711.

Il explique quelles mesures les élus des États se proposent de prendre pour transporter la Monnaie de Dijon et ses officiers dans une maison qu'ils achèteraient à cet effet, et pour rentrer en possession de toutes les parties du Logis-du-Roi, ancien palais des ducs de Bourgogne, qui étaient occupées par cette Monnaie, et qui serviront, soit à certaines assemblées, soit à l'administration. Outre le bénéfice que donneront ces arrangements, ils assureront contre les risques du feu le dépôt des titres et papiers de la province, qui se trouve placé immédiatement au-dessus de la Monnaie, où il y a eu deux incendies en 1710*.

* Ces projets, présentés aussi par les élus dans une lettre du 7 février, furent approuvés.

Sur les travaux de réparation ou de reconstruction faits dans d'autres hôtels des monnaies, voir les lettres de M. Ferrand, intendant en Bretagne, 21, 23 et 28 juin, 3 et 28 juillet 1711, 1er mars 1712, 26 mars et 12 décembre 1713; de M. de Bâville, intendant en Languedoc, 27 décembre 1711; de M. Méliand, à Lyon, 3 décembre 1714; de M. de Beauharnais, intendant à la Rochelle, 7 mars et 18 avril 1713; de M. de Courson, intendant à Bordeaux, 8 octobre et 10 décembre 1712, 25 novembre et 2 décembre 1713; de M. Guynet, intendant à Caen, 30 juillet et 15 août 1714; de M. de Saint-Contest, à Metz, 25 août 1715.

956. *M. le Blanc, intendant en Flandre maritime,*
au Contrôleur général.

29 Janvier et 27 Février 1711; 19 Mai, 8 Juin, 26 Juillet, 9 Septembre, 5 et 17 Octobre, et 26 Novembre 1713; 16 Janvier 1714.

Débit des coupes de bois de la forêt de Nieppe. Poursuites pour faits de dégradation*.

* Voir, au 10 juillet 1714, une lettre du contrôleur général à M. Foullé de Martangis, intendant en Berry, sur les dégradations commises dans la forêt de Verneuil.

957. *M. de Bernage, intendant à Amiens,*
au Contrôleur général.

30 Janvier 1711.

«.....Les lettres de M. Bernard qui sont fournies pour payer le prêt des troupes n'étant remises ordinairement que bien avant dans le mois pour lequel elles sont destinées, et n'étant acquittées que dix jours après l'échéance, il arrive que les premiers prêts ne peuvent se faire que dans le mois suivant, et même plusieurs jours après dans les places où il faut faire voiturer. Cela fait beaucoup murmurer les troupes, qui font même des désordres et des pillages dans plusieurs villes, et cela nuit fort au rétablissement des régiments. Il est à désirer que vous puissiez porter M. Bernard à remettre ses lettres dans la fin du mois qui précède celui de la destination*.»

* Il écrit encore, le 5 avril 1712 : «Vous savez que les fonds pour les prêts ne sont envoyés qu'en lettres de change dans mon département; ordinairement, les premiers àbonscomptes, qui contiennent seulement un prêt ou environ, n'arrivent guère avant le 15 de chaque mois, payables au 10; elles sont suivies des autres, payables au 20, au 30, et au 10 ensuivant; et même actuellement le fonds du mois entier pour le mois de mars n'a pas été envoyé. Ceux sur qui toutes ces lettres sont tirées, à l'exception du sieur Bon-Lallart, banquier, au-dessus de tout intérêt et qu'on ne peut assez louer, prennent à la lettre les dix jours de grâce : ainsi, le commencement du fonds n'est touché que le 20, et quelquefois le reste n'est reçu qu'au 20 de l'autre mois. Comme mon département est sans ressource, il faut, par nécessité, répandre ce fonds par voitures dans toutes les places, et il est presque la fin du mois quand les premiers prêts arrivent dans celles qui sont les plus éloignées. Ce retardement a donné lieu à une infinité de plaintes, et même quelquefois à des désordres pendant tout l'hiver; mais..... il est arrivé nombre de régiments du département de M. le Blanc, qu'il a trouvé moyen de faire payer jusqu'au 25 du mois passé : d'un côté, les troupes des garnisons où ils viennent murmurent de la différence, et d'un autre, ces régiments qui arrivent vont être sans prêt, pendant que les autres toucheront ceux arriérés.....»

Le 14 avril, M. Voysin, secrétaire d'État de la guerre, transmet les propositions de M. de la Jonchère, qui s'offre à suppléer M. Hoggner et à fournir des fonds pour les prêts de février et de mars. Le 16 novembre de la même année, M. Voysin démontre la difficulté qu'il y a à demander au trésorier général de l'extraordinaire des guerres d'avancer le prêt.

Voir une lettre de M. de Beauharnais, intendant à la Rochelle, relative à la répartition sur les receveurs des sommes nécessaires pour payer le prêt des troupes, qu'ils avanceront sur le produit du dixième et autres affaires extraordinaires (13 décembre), et des lettres de MM. d'Angervilliers, intendant en Dauphiné, 27 septembre 1711, et Turgot, intendant à Moulins, 25 janvier et 12 février.

958. *M. Lebret, intendant en Provence,*
au Contrôleur général.

30 Janvier et 12 Novembre 1711.

Allocation d'une indemnité aux fermiers de la gabelle et rêve du vin à Marseille; adjudication nouvelle de la ferme du vin*.

* La seconde lettre porte cette apostille : «Il faut profiter de cet avantage pour la ville de Marseille; mais, au surplus, je suis de même avis que lui, de ne point écouter les enchères qui viennent après coup, parce que, si, une fois, cet usage étoit introduit, personne ne se présenteroit pour faire des enchères, et ceux qui auroient dessein d'avoir des fermes attendroient les adjudications pour faire leur offre, afin de déposséder l'adjudicataire : ce qui pourroit n'être que très désavantageux aux communautés.»

Sur d'autres adjudications à Nantes et à Dieppe, voir une lettre de M. Ferrand, intendant en Bretagne, 28 janvier 1713, et une lettre de M. de Richebourg, intendant à Rouen, 1er juillet 1712.

---

959. *M. de Courson, intendant à Bordeaux,*
au Contrôleur général.

31 Janvier 1711.

M. le maréchal de Montrevel persiste dans ses tracasseries, et surtout dans ses dépenses de mobilier. L'intention du Roi est-elle que ces prodigalités retombent à la charge de la ville de Bordeaux, et que, de même, on impute sur la capitation du pays de Labour, contrairement aux instructions formelles données jusqu'ici, le prix des fourrages fournis au maréchal?

«Je suis exposé tous les jours à pareille chose, si vous ne voulez pas avoir la bonté de faire connoître sur cela les intentions du Roi et les vôtres. M. le maréchal compte de s'en aller dimanche à Paris : j'espère que, quelque chose qu'il puisse vous dire, vous voudrez bien attendre les éclaircissements que je pourrai vous donner, avant que de rien décider*.....»

* En apostille, le contrôleur général répond : «Approuver la conduite qu'il a tenue, l'exciter à continuer. Sur ce qui regarde les dépenses des revenus de la ville de Bordeaux, c'est à lui à en ordonner.»

Le 31 octobre suivant, par lettre autographe, M. de Courson proteste contre les accusations d'un mémoire anonyme qui lui reproche de trop aimer la chasse, au détriment de ses devoirs : «Quand même j'aurois le temps d'y aller, ou que je fusse capable de négliger les affaires dont je suis chargé, je ne le pourrois pas : il n'y a, autour de Bordeaux, aucun gibier, quel qu'il puisse être, le pays est très vilain, et il n'y a d'autre meute à portée de la ville que celle de M. le premier président, composée de huit ou dix chiens, dont il ne peut presque pas se servir lorsqu'il est à Bordeaux. Depuis deux ans que je suis ici, je n'ai pas tiré un coup de fusil, et je n'ai monté que cinq ou six fois à cheval pour mon plaisir.» Ce qui a pu donner lieu au mémoire, dit-il, est que M. le maréchal de Montrevel, quelques soins qu'ait pris M. de Courson, et malgré la désapprobation marquée du Roi, ne s'est jamais relâché de ses mauvaises dispositions, s'est efforcé d'exciter les membres du Parlement contre lui, et a hautement blâmé ses relations avec le premier président, chez qui il a quelquefois soupé ou fait la promenade avec les chiens. Voir une lettre du même jour, de M. l'archevêque de Bordeaux, qui avait averti M. de Courson des manœuvres dirigées contre lui. Le 10 novembre, le contrôleur général répond à M. de Courson : «Je ne pouvois pas moins faire que de vous avertir de ce qui étoit revenu au Roi..... Au surplus, je suis obligé de vous faire faire attention à la situation où sont les finances, qui demandent plus que jamais une vive application pour faire avancer les recouvrements.....»

Le 6 février 1712, M. de Courson rend compte de nouveau de ses conflits avec le maréchal, des paroles et actions injurieuses de celui-ci, et de ses grandes dépenses : «Il a été à Bayonne; il s'est fait fournir toutes les choses nécessaires, non seulement pour sa maison, mais encore pour sa table, lard, jambon, café, jusqu'au vinaigre; il en a coûté à la ville 9,437# 13s 8d, sans compter ce que les juifs et le pays de Labour lui ont donné..... Il étoit dû à des marchands de la ville plus de 20,000#, qui lui avoient fourni des lustres, des cabinets de la Chine, des porcelaines, des toiles peintes et autres choses semblables, qu'il avoit renvoyé à payer à la ville. M. de la Bourdonnaye n'avoit jamais voulu passer cette dépense.....; je lui ai fait entendre que je ne passerois plus pareilles choses, et que c'étoit assez qu'il en eût coûté à la ville, depuis qu'il étoit ici jusqu'à ce que je sois arrivé en ce pays-ci, près de 20,000# par an, l'un portant l'autre, ce qui étoit cause du dérangement dans les affaires de la ville.....»

Le 9, il fait part de sa réconciliation avec le maréchal, et son père, M. de Bâville, intendant en Languedoc, confirme cette nouvelle le 12.

En 1714, de nouvelles difficultés étant survenues à propos de la jurade de Bordeaux (lettre de M. de Courson, 19 juin 1714), M. de Bâville écrit, le 2 juillet : «.....J'apprends que M. le maréchal de Montrevel s'est fait un [prétexte], et qu'il va à la cour uniquement dans le dessein de se plaindre de mon fils et d'en demander justice..... Vous n'ignorez pas la haine qu'il a conçue contre tous les intendants du royaume, et qu'il met sa gloire à le «délivrer de ce «fardeau» : c'est ainsi qu'il s'en est souvent expliqué. Quoi qu'il en soit, il s'agit de savoir si mon fils a tort ou a raison : s'il a tort, je ne demande aucune grâce pour lui, et je suis prêt à l'abandonner; s'il a raison, j'espère que vous voudrez bien lui donner la même protection que vous donneriez à un homme indifférent qui travaille sous vos ordres, injustement opprimé, à plus forte raison à une nombreuse famille qui vous est toute dévouée..... Si la conjoncture du siège de Barcelone ne m'empêchoit de m'absenter, je vous aurois prié de demander un congé pour moi, après trente années de résidence sans interruption, pour défendre mon fils, s'il a raison.....» Voir sa lettre du même jour au Roi.

---

960. *M. de Sabran-Beaudinar,*
procureur du pays de Provence,
au Contrôleur général.

31 Janvier 1711.

L'assemblée des procureurs-nés et joints du pays a voté 400,000# pour le doublement des octrois, et un semblable payement annuel pour l'abonnement du dixième des revenus*.

* Le 6 mai, il écrit que l'abonnement pour le dixième a été porté à 500,000#.

Sur la fixation, la répartition et le recouvrement de cette somme, voir les lettres de l'intendant Lebret, 28 décembre, et de M. de Grignan, lieutenant général, 14 mars, 26 août et 22 décembre. Ce dernier écrit, le 10 mai : «J'ai eu l'honneur de vous rendre compte de la délibération de l'assemblée des procureurs-nés et joints du pays de Provence et des consuls chefs de viguerie. J'ai vu ensuite les motifs que ceux-ci ont eus d'ajouter à la délibération que six d'entre eux seroient encore appelés lorsqu'on feroit la répartition sur les communautés du contingent de la province pour l'abonnement du dixième, et les motifs que les procureurs du pays ont eus aussi de s'opposer à cet article de la délibération; mais on a oublié de faire remarquer que, par les ordres du Roi qui me furent adressés pour cette dernière assemblée, il étoit dit qu'il falloit la regarder comme une reprise ou continuation de la précédente. Cela étant, et la forme de procéder à cette répartition y ayant été déjà fixée, il n'étoit point dans l'ordre de préopiner et délibérer de nouveau sur ce sujet, et, par conséquent, il paroît qu'on peut s'en tenir à la délibération du 29 janvier dernier, d'autant mieux qu'elle est suivant les règles et les usages de la province, et qu'on ne manquera pas de moyens moins dispendieux, moins embarrassants, et d'une moins dangereuse conséquence, de contenter les chefs de viguerie ou quelques-uns d'entre eux, car leur sentiment n'est pas uniforme sur les scrupules qu'ils pourroient avoir, et qui même ne sauroient guère être que mal fondés, quand leurs intérêts sont entre les mains des prélats, gentilshommes, consuls d'Aix et députés d'autres communautés à tour de rôle, qui ont la qualité et les fonctions ordinaires de procureurs du pays pendant toute l'année, et qui, de plus, doivent rendre compte de leur gestion dans l'assemblée générale, où le Roi a ses commissaires, et où l'on seroit à temps de recevoir les plaintes et de réparer les torts, s'il y en avoit.»

961. *M. le maréchal* DE VILLEROY, *gouverneur de Lyon,*
AU CONTRÔLEUR GÉNÉRAL.

31 Janvier 1711.

«.....L'électeur de Cologne m'est venu chercher pendant mon séjour à Villeroy, et m'envoya querir hier au soir. Il me fit rendre compte par son envoyé de l'entretien qu'il venoit d'avoir avec vous, et de la scène précédente qui s'étoit passée avec M. Voysin. Vous connoissez le caractère de ce prince: ainsi, il est inutile de vous dire l'affluence de paroles dont il se sert pour marquer ses peines ou sa satisfaction. Il m'a instamment prié, sachant le commerce d'amitié qui est entre vous et moi (permettez-moi de parler ainsi), de vous représenter d'achever de lui faire payer 154,500# qu'il prétend que vous lui devez encore, en comptant le courant du mois. Je lui dis que les 100,000# que vous lui aviez données sur Saint-Malo étoient si solides, qu'il devoit regarder cette assignation comme de l'argent comptant, et qu'ainsi qu'il me paroissoit que toutes ses prétentions ne pouvoient aller qu'à 54,500#; que c'étoit une somme si modique, que cela ne devoit pas l'arrêter un moment ici, persuadé, comme il le devoit être, de l'attention que vous aviez de le faire payer dans un temps aussi difficile que celui-ci. Il a fait un voyage à Meudon; il prétend avoir parlé à Monseigneur, qui lui a donné des paroles positives de le faire payer. Vous en croirez ce qu'il vous plaira. Pour moi, je sais bien ce que j'en dois croire. Si vous pouvez épargner au Roi l'importunité de recevoir une visite de l'Électeur plaintive, et vous débarrasser de lui pour longtemps, pour 50,000# vous en serez quitte, en persistant de soutenir, comme il est vrai, que votre assignation de Saint-Malo est de l'argent comptant. Ce qui m'oblige de vous écrire sur les affaires de l'Électeur, c'est que vous serez encore moins importuné de ma lettre que de ses sollicitations, et même de la visite qu'il prétend vous faire dès que vous serez à Paris*.»

* Voir une lettre précédente de M. de Torcy, secrétaire d'État des affaires étrangères, 10 décembre 1710.

Le 14 septembre, le contrôleur général avait écrit à l'Électeur : «..... Les assignations ont été données à V. A. É. comme les meilleures et les plus liquides qu'il y eût, et il en a été fourni de semblables à Mgr l'électeur de Bavière. Si elles n'ont pas produit tout le fonds nécessaire pour acquitter les subsides qui vous sont dus, la conjoncture des affaires en est cause, et, pour y remédier, j'avois expliqué à M. de Siméoni que, s'il vouloit se charger de chercher des banquiers pour remettre vos subsides, je ne doutois point que le Roi ne trouvât bon de faire le fonds des remises et des changes.....»

Il avait demandé, en effet, au baron de Siméoni, envoyé de l'Électeur, de fournir un état exact des assignations non acquittées, des arrérages dus et non assignés, et des assignations données pour le subside de l'année courante, mais non acquittées, et, par la suite, d'apporter chaque semaine à Versailles un mémoire des difficultés qu'il rencontrerait dans le recouvrement des fonds.

962. *M.* VOYSIN, *secrétaire d'État de la guerre,*
AU CONTRÔLEUR GÉNÉRAL.

1er et 2 Février 1711.

Payement des recrues de milice incorporées dans les régiments; fourniture de leur pain*.

* Sur le recrutement et le payement de ces milices, et sur le recouvrement des sommes versées par les communautés pour être exemptées d'en faire, voir les lettres de M. Foullé de Martangis, intendant en Berry, 26 février et 18 août; de M. Trudaine, en Bourgogne, 23 février; de M. le Guerchoys, en Franche-Comté, 22 février; de M. Turgot, à Moulins, 5 mai 1711; de M. Roujault, à Poitiers, 26 juillet, et du sieur de Chalabre, en Languedoc, 27 février.

963. *M.* D'ORMESSON, *intendant à Soissons,*
AU CONTRÔLEUR GÉNÉRAL.

1er Février et 12 Juin 1711.

Les non-valeurs de l'impôt du sel sont très considérables; mais il ne faut accorder la modération et les remises qui paraissent indispensables qu'avec une grande précaution, de peur que les peuples ne s'imaginent qu'il en sera toujours de même. Le mieux serait de se fonder sur les non-valeurs qui se trouvent sur le sel délivré*.

* Dans une autre lettre, du 12 juin, il écrit : «.....L'on ne peut douter que la guerre, la mortalité et la misère n'aient partout diminué le nombre des habitants, et partant les gabelants; mais il y a lieu de croire aussi que, sur le bruit qui s'est répandu que l'on avoit intention de diminuer l'impôt du sel, ceux qui ont fourni les mémoires sur lesquels ces états ont été dressés n'y ont pas compris absolument tous les habitants, et cela dans le dessein de se procurer une plus forte diminution. L'on sait d'ailleurs que les collecteurs, au préjudice des règlements, ne font pas toujours leur répartition sur le pied du nombre de personnes dont les familles sont composées, étant dans l'usage contraire d'en donner aux riches et aux aisés beaucoup plus qu'ils n'en peuvent consommer pour le pot et la salière, et cela dans la vue d'assurer pour ces collecteurs leur payement..... Il suffira..... de diminuer d'un quart la fixation de chaque grenier.....» Sur l'imposition de la taxe ainsi réduite, voir les lettres des 9 et 28 août, et 21 octobre. De nouvelles diminutions furent accordées en 1712 et en 1713 : voir les lettres de M. Laugeois, successeur de M. d'Ormesson, 24 août 1712 et 20 octobre 1713; de M. de Bernage, intendant à Amiens, 14 décembre 1712, 22 février et 28 septembre 1713, 10 février et 8 septembre 1714; de M. de Martangis, à Bourges, 17 septembre et 14 octobre 1711, 1er octobre 1712, 3 novembre 1713, 9 mai et 28 septembre 1714; de M. Lescalopier, en Champagne, 10 juin, 12 juillet et 21 août 1712, 5 et 29 novembre 1713, 29 septembre et 19 octobre 1714, et du sieur Chambéry, à Sainte-Menehould, 21 octobre 1712 et 1er octobre 1713; de M. d'Angervilliers, en Dauphiné, jointe à une lettre de M. le Cousturier à M. de Grandval, 21 février 1714; de M. Turgot, à Moulins, 26 no-

vembre et 28 décembre 1711, 1er novembre 1712, 7 novembre 1713 et 19 décembre 1714; de M. de Bâville, intendant en Languedoc, 21 octobre et 15 novembre 1711, 14 août 1712 et 16 octobre 1713; de M. le Gendre, intendant à Montauban, 23 décembre 1711 et 23 février 1712, et du contrôleur général à M. de Bâville et au fermier général Thiroux, 12 février et 11 octobre 1711, et 16 janvier 1712, et à M. le Gendre, 16 janvier 1712.

964. *M. d'Argenson, lieutenant général de police à Paris,*
au Contrôleur général.

2, 10, 11 et 20 Février, 26 Juin, 1er, 20 et 26 Septembre 1711.

Mesures prises contre les agioteurs qui spéculent et volent le public sur les billets de monnaie et sur les billets au porteur.

965. *M. des Chiens de la Neuville, intendant en Béarn,*
au Contrôleur général.

3 et 10 Février 1711.

Transport des blés de France en Espagne. Il est important de ne point troubler le traité des lies et passeries et d'assurer l'approvisionnement de l'armée du Roi Catholique et de M. le duc de Vendôme; de plus, ces transports amènent de l'argent dans le royaume. Néanmoins, pour empêcher les abus, on exercera une surveillance assidue*.

* Sur des achats de grains destinés à la même armée, voir les lettres de M. de Barrillon, successeur de M. de la Neuville, 17 et 22 février, et 6 mars 1712; de M. de Courson, intendant à Bordeaux, 14 et 24 février, 12 et 25 mars, et 1er juillet 1711, 23 février et 19 mars 1712; de MM. Dalon et du Vigier, premier président et procureur général du Parlement, 15 et 22 mars 1712, et du sieur de Sartine, munitionnaire du roi d'Espagne, 18 avril 1712; de M. de Bâville, intendant en Languedoc, 10 avril, 28 juin, 12 août, 8 et 27 septembre 1711, et de M. le Gendre, intendant à Montauban, 25 février, 4 et 10 mars, 1er et 15 avril, et 8 juillet 1711, 24 février 1712.

Le 25 mars 1711, le contrôleur général explique à M. de Courson la provenance des blés qui passent par Mont-de-Marsan à destination de l'Espagne, et les traités conclus par le roi Philippe V pour la subsistance de ses troupes.

Le 12 mars, M. de Beauharnais, intendant à la Rochelle, écrit que les gens qui ont demandé la permission de faire sortir de l'Aunis cinq cents tonneaux d'orge pour les troupes du roi d'Espagne ont été trompés quant à la fertilité du pays : l'Aunis est un petit pays, presque tout en vignobles, ne produisant des grains que pour quatre mois de sa propre consommation, et il a été d'ailleurs tellement désolé par les pluies, que les terres sont couvertes de trois à quatre pieds d'eau. Ce qui a pu faire illusion, c'est que Marans est l'entrepôt de tous les grains de Poitou : c'est donc à M. Roujault qu'il aurait fallu s'adresser. Voir sa lettre du 2 juin, et une lettre du sieur Garnier, du 9 mai.

966. *M. de Bâville, intendant en Languedoc,*
au Contrôleur général.

4 Février 1711.

Il rend témoignage en faveur de M. le Gendre, fermier général, qui, pendant son séjour en Languedoc, a découvert les grands abus que commettaient les receveurs et autres employés, et, en même temps, a aidé à la répression du faux-saunage par ses visites dans le pays, par ses mesures et par ses mémoires. Si sa conduite et ses qualités ont été méconnues, ce ne peut être que par les commis coupables qu'il a fait révoquer ou punir.

967. *M. d'Ormesson, intendant à Soissons,*
au Contrôleur général.

4 Février 1711.

«Les décharges considérables et les modérations accordées à ceux qui ont été taxés pour acquérir des rentes provinciales ont fort diminué la portée du rôle arrêté au Conseil. D'ailleurs, beaucoup de redevables, même de ceux des plus qualifiés, refusent absolument d'entrer en payement, quoique je les y aie excités plusieurs fois, alléguant n'avoir pas d'argent et n'être point eux-mêmes payés de ce qui leur est dû : en sorte qu'il n'y a pas lieu d'espérer de tirer de cette affaire les 200,000# à quoi on s'étoit d'abord fixé pour la généralité de Soissons. Le commis du traitant, qui connoît cette situation, me propose de faire un rôle de supplément et d'y comprendre beaucoup de gens qu'il prétend pouvoir être dans le cas, mais qui sont cependant peu accommodés ou assujettis à d'autres taxes qui semblent devoir les dispenser de celle-ci. D'ailleurs, le dixième denier de leurs revenus qu'ils vont payer leur fait espérer qu'ils ne seront pas assujettis à de nouvelles impositions, qu'ils seroient hors d'état de remplir. Dans cette situation, j'ai cru ne devoir point admettre un rôle de supplément, que le commis du traitant voudroit faire arrêter sans en avoir vos ordres*.....»

* M. Chauvelin, intendant à Tours, demande, le 10 février, s'il peut accepter des billets de monnaie en payement de ces rentes provinciales. En apostille : «Ce recouvrement a dû être fait au cours, les trois quarts en argent et un quart en billets de monnoie; les billets de monnoie n'ayant plus de cours, on n'en peut plus admettre.»

M. de Bâville, intendant en Languedoc, rend compte, le 23 février, de ce qu'il a fait pour décharger de la taxe ceux qui prêtent au clergé pour l'affranchissement de sa capitation. En apostille : «.....On cherchoit à avancer les emprunts du clergé pour les 24,000,000# consentis par la dernière assemblée pour le rachat de la subvention; présentement, le fonds de 24,000,000# est rempli, à peu de chose près : ainsi, je serois d'avis de décharger seulement ceux qui, depuis l'arrêt, auront constitué 10,000# de principal sur le clergé.»

Sur le recouvrement de la taxe, voir les lettres du contrôleur général à MM. Guyet et de Caumartin, intendants des finances, 3 et 5 septembre 1713, et celles MM. Lescalopier, intendant en Champagne, 17 novembre 1713; d'Angervilliers, en Dauphiné, 4 décembre 1714; de Beauharnais, à la Rochelle, 22 décembre 1714; le Gendre, à Montauban, 30 novembre 1712; Turgot, à Moulins,

21 août et 14 octobre 1711; de M. de Richebourg, à Rouen, 22 mars; de M. Laugeois d'Hymbercourt, à Soissons, 5 septembre, 19 et 28 novembre 1712, et 23 janvier 1713, et du traitant Bombarda et de ses commis, 17 et 21 septembre, et 24 novembre 1712; de M. Chauvelin, intendant à Tours, 22 et 26 octobre 1714.

Sur diverses décharges demandées, voir les lettres de M. Turgot de Saint-Clair, intendant en Auvergne, 5 mai 1711; de M. l'évêque de Riez, pour un fermier de l'abbaye du Landais, en Berry, 21 novembre 1711; de M. Foullé de Martangis, intendant en Berry, 1er et 11 novembre; de M. Guynet, à Caen, 18 novembre 1713, 11 et 19 août 1714; de M. Lebret, en Provence, 29 mars 1713; du baron de Cieurac (généralité de Montauban), 23 septembre 1711.

---

968. *M. de Torcy,*
secrétaire d'État des affaires étrangères,
au Contrôleur général.

5 Février 1711.

«.....Le Roi a pris la résolution de destiner un fonds de 1,000 écus de banque pour secourir quelques pauvres familles catholiques qui se trouvent en Suède, privées de tous moyens de subsister, après avoir perdu leurs chefs par la contagion qui y règne. Je vous prie de vouloir bien vous souvenir de donner vos ordres pour faire tirer une lettre de change de cette somme sur Stockholm.....»

---

969. *M. Aunillon,*
premier président en l'élection de Paris,
au Contrôleur général.

5 et 13 Février, 21 Juillet et 27 Août 1711.

Procès en contrefaçon des timbres des généralités de Tours et de Paris. Un des accusés est mort empoisonné, à ce qu'on croit, par ses complices, avec la complicité des guichetiers*.

* Sur les contrefacteurs du timbre et les vendeurs de papier ou de parchemin marqués de faux timbres, voir des lettres de M. de Pontchartrain, secrétaire d'État de la marine, 8 novembre 1713; de M. Ferrand, intendant en Bretagne, 10 septembre 1713; de M. Aunillon, 29 juillet 1712, et du sieur Maynon, fermier général, 28 juillet; de M. de Richebourg, intendant à Poitiers, 20 septembre 1713.

M. de Bernage, intendant à Amiens, écrit, le 21 novembre 1712, au sujet du contre-timbrage des anciens papiers des traitants et gens d'affaires (expéditions imprimées d'édits, déclarations, arrêts et rôles), dont ils ne peuvent plus faire usage à cause du changement de timbre.

M. de Suduiraut, premier président de la Cour des aides de Bordeaux, écrit, le 18 juillet 1713 : «Les plaintes qui m'ont été faites par divers particuliers sur la qualité du papier timbré qui se débite en cette ville m'a obligé (*sic*) d'en envoyer quérir au bureau par mon secrétaire; je prends la liberté de joindre à ma lettre une feuille, pour que vous en soyez le juge et m'ordonniez ce que je dois faire en cette occasion.....» A l'échantillon est jointe cette note : «Il n'est marqué qu'un sol 4 d., et [ils] le vendent un sol 6 d.» Est joint aussi un mémoire du fermier : «.....Quelques feuilles de papier mal conditionnées peuvent bien s'être glissées dans les rames que les papetiers fabriquent....., parce qu'il est presque impossible de les compter feuille à feuille avec une entière exactitude.....»

M. Chauvelin, intendant à Tours, se plaint aussi de la mauvaise qualité des papier et parchemin timbrés (lettre du 13 juillet 1714).

---

970. *M. de Bernage, intendant à Amiens,*
au Contrôleur général.

6 Février 1711.

«La ferme des casernes de la province d'Artois, qui se lève depuis l'année 1671, et qui fut adjugée l'année dernière à l'ordinaire, est un des plus grands secours qu'on tire aujourd'hui pour les fortifications des places de cette province, car, malgré les diminutions, elle produit encore environ 50,000#. Cependant, comme elle n'a été établie qu'en conséquence des arrêts du Conseil qui ont été donnés depuis ce temps-là, de temps en temps, pour la prorogation de la jouissance, les États d'Artois ont profité de l'expiration du terme porté par le dernier arrêt, dont ils ont gardé un profond silence, pour faire cesser cette jouissance le 22 décembre dernier, sous prétexte qu'on employoit les deniers à un usage différent de la destination, c'est-à-dire aux fortifications, et non aux casernes, comme vous verrez par la réponse que m'ont faite MM. les députés des États à une lettre que je leur avois écrite au premier avis que j'ai eu de ce qui s'étoit passé à ce sujet. Il est vrai qu'il seroit à désirer que M. le Peletier voulût bien quelquefois laisser du moins quelque petite partie de ces fonds pour rendre les casernes plus logeables; mais cela ne justifie pas Messieurs des États sur le silence artificieux qu'ils ont gardé à ce sujet, et la cessation de la jouissance qu'ils ont ordonnée de leur seul mouvement. Cela m'a fait prendre le parti de vous proposer de rendre un arrêt du Conseil conforme au projet que j'ai dressé, et que je joins ici, avec la copie du dernier arrêt du Conseil. J'en informe aussi Mr le Peletier*.»

* Le 14 février, il propose de continuer l'octroi sur la forte bière à Arras, et d'établir un octroi pareil à Bapaume, pour acheter les meubles et ustensiles nécessaires aux troupes.

Le 12 août, il rend compte de poursuites exercées à Montreuil contre les Carmes et les religieuses du tiers ordre de Saint-François, en raison de la bière fabriquée dans leurs maisons pour leur propre usage : quoique ce droit ne soit pas bien établi, le Roi les a exemptés en raison de leur pauvreté. En apostille, ordre de cesser les poursuites.

---

971. *Le Contrôleur général*
à M. de Saint-Contest, intendant à Metz.

7 Février 1711.

Établissement de gardes aux portes de la ville de Verdun.

«J'ai donné ordre aux fermiers généraux de défendre à ces gardes de fouiller les bourgeois et autres personnes non suspectes, et d'apporter dans leurs fonctions beaucoup de modération*.....»

* Les 25 mai, 9 et 29 juin 1713, M. de Pontchartrain, secré-

taire d'État, écrit que les commis des barrières de Paris ont l'habitude de quitter leur poste, d'aller fort loin au-devant des entrants, et de faire payer les droits sur les chemins : c'est un abus dont se plaignent particulièrement les habitants des Porcherons, et qu'il serait temps de faire cesser.

Sur les droits d'entrée dans les villes, voir les lettres de M. d'Argenson, lieutenant général de police à Paris, 24 décembre 1711; du contrôleur général à M. de Bâville, intendant en Languedoc, 5 février 1713, et de M. de Bâville, 29 juillet 1712.

Le fermier général Maynon démontre, le 29 octobre 1714, que le marquis de Sourches doit payer les droits quoique sa maison soit en dehors des barrières de la rue de Vaugirard, car elle est de la paroisse Saint-Sulpice, et les droits sont dus dans toute l'étendue des paroisses de Paris, ville et faubourgs.

972. *M. Trudaine, intendant en Bourgogne,*
au Contrôleur général.

9 et 26 Février 1711.

«.....[Les administrateurs de l'hôpital de Beaune] m'ont envoyé la réponse..... par où vous verrez que l'hôpital de Beaune est en possession de la maladrerie de Nolay, et qu'ils soutiennent qu'il n'y a jamais eu d'autre hôpital à Nolay qu'une maladrerie qui est réunie à l'hôpital de Beaune..... Rien n'est meilleur, ni même si nécessaire, qu'un hôpital dans une ville considérable où il y a nombre de pauvres, qui s'en trouvent soulagés, et nombre de gens riches en état de faire subsister l'hôpital; mais les hôpitaux que l'on veut établir dans les bourgs et villages y sont toujours très à charge : l'on commence à y faire de grandes dépenses pour les bâtiments et meubles nécessaires, et, quand cette dépense est faite sur les fonds que quelques zélés à l'établissement ont donnés, il ne se trouve pas de quoi faire subsister ni ceux qui doivent prendre soin de l'hôpital, ni les pauvres qu'on y doit recevoir. Et quand le fonds manque pour la subsistance, l'on demande ou des levées sur le peuple, ou des octrois pour cette subsistance : ce qui charge les communautés beaucoup plus que les pauvres n'en tirent de secours. Et d'ailleurs, le lieu de Nolay n'étant pas fort gros, il ne s'y rencontre pas un assez grand nombre de pauvres qu'il soit nécessaire de secourir, et le revenu de l'argent que l'on emploieroit en bâtiments et ustensiles, étant distribué à ces mêmes pauvres dans leurs maisons, leur sera d'une plus grande utilité que l'établissement d'un hôpital.....»

973. *M. Voysin, secrétaire d'État de la guerre,*
au Contrôleur général.

10 Février 1711.

Il faut différer la demande d'une croix de Saint-Louis pour le commandant d'un des bataillons du régiment de Touraine, le Roi ne voulant en donner qu'au commencement de la campagne, quand on aura constaté l'état de l'infanterie et des compagnies.

974. *M. Daguesseau,*
procureur général au Parlement de Paris,
au Contrôleur général.

10 Février 1711.

«Vous entendez parler de misère tous les jours, et je suis moi-même obligé de vous en parler peut-être plus souvent qu'un autre; mais celle dont je dois avoir l'honneur de vous entretenir aujourd'hui est de telle nature, qu'elle mérite une triste préférence sur toutes les autres : c'est celle de l'hôpital des Enfants-Trouvés.

«Le nombre excessif d'enfants qui ont été exposés dans Paris pendant l'année 1709, et qui a monté jusqu'à deux mille cinq cent vingt-cinq, la diminution des charités publiques, l'accablement de l'Hôpital général, par lequel seul celui des Enfants-Trouvés peut se soutenir, ont réduit cette dernière maison dans un tel épuisement, qu'il a été impossible de satisfaire au payement des nourrices de la campagne, en sorte qu'il leur est dû à présent jusques à 174,000#.

«Ce défaut de payement, joint à la saison dans laquelle nous sommes, a rebuté toutes les femmes de la campagne qui avoient accoutumé de venir prendre des enfants trouvés pour les nourrir. On a essayé inutilement d'y suppléer par les secours qu'on a accoutumé de tenter pour élever des enfants qui n'ont point de nourrices; il est mort, pendant le mois de janvier seul, jusqu'à cent vingt-deux enfants dans le lieu qu'on appelle la Couche, où l'on apporte tous les enfants à mesure qu'on les expose. Outre les raisons d'humanité et de charité qui touchent à la vue de tant de malheureux expirant par le défaut de nourrices, vous comprenez aisément quelle perte c'est pour l'État de voir périr tant d'enfants qui pourroient servir un jour en partie à repeupler ce royaume : en sorte qu'en voyant un si triste spectacle, on deviendroit charitable par politique, quand on ne le seroit pas par religion.

«On va mettre tout en usage, soit par des quêtes, soit par des assemblées charitables, soit par l'application à l'hôpital des Enfants-Trouvés d'une partie des secours que vous avez procurés à l'Hôpital général, pour remédier autant qu'il sera possible à un si grand mal; mais, entre les moyens qu'on peut employer pour cela, il n'y en auroit point de plus prompt que le payement actuel de ce qui est dû aux Enfants-Trouvés sur les cinq grosses fermes et sur le domaine de Paris. Cela monte à la somme de 37,250#.....»

975. *M. Lebret, intendant en Provence,*
au Contrôleur général.

10 Février 1711.

Depuis l'année 1668, les officiers de la sénéchaussée de Digne se sont engagés à mettre en commun tous leurs émoluments, gages, etc., afin de payer les créanciers de la sénéchaussée. Cet engagement paraît être général, et il serait convenable de l'imposer à ceux qui voudraient s'en dispenser.

976. *Le Contrôleur général*
à M. le duc de Roquelaure, lieutenant général en Languedoc.

12 Février 1711.

Mesures proposées pour détruire le faux-saunage en Gévaudan et dans les Cévennes.

«Au lieu [d'y] tenir des forces considérables, il faudroit en faire passer de médiocres dans le Rouergue, et les poster sur trois ou quatre rivières impraticables pendant sept ou huit mois de l'année, où ces troupes, jointes à un petit nombre de gardes, fermeront entièrement les passages aux faux-sauniers. Comme le Rouergue est du gouvernement de Guyenne et du commandement de M. le maréchal de Montrevel, le Roi trouvera bon que vous agissiez de concert avec lui pour faire passer le sieur du Villars dans le Rouergue afin qu'il y fasse les établissements qu'il propose*.....»

* Voir les lettres du même jour à M. le maréchal de Montrevel, à M. de Bâville, intendant en Languedoc, et au sieur Thiroux, fermier général.

Voir encore, sur les procédures contre les faux-sauniers, des lettres de M. le Gendre, intendant à Montauban, 5 et 11 août, et 2 septembre 1711; de M. Turgot, intendant à Moulins, 8 mars 1711, 2 janvier, 4, 6, 9 et 28 février 1712, 20 et 30 juillet 1713; du sieur Destureaux, directeur des gabelles à Moulins, 25 février 1711, 16 octobre 1712 et 21 juillet 1713; du sieur de Radiolles, inspecteur des fermes, 17 janvier 1712, et du major de Mares, 17 février 1712; de M. Laugeois d'Hymbercourt, intendant à Soissons, 28 novembre et 24 décembre 1712, et 1er janvier 1713.

---

977. *M. Chauvelin, intendant à Tours,*
au Contrôleur général.

12 Février 1711.

Il combat une proposition de rendre le Roi maître de tous les grains du royaume en forçant chaque particulier à voiturer ceux qu'il possède dans des magasins généraux, et d'arriver par ce moyen à la suppression du dixième et des autres impôts.

---

978. *M. de la Briffe, intendant à Caen,*
au Contrôleur général.

13 Février 1711.

Il envoie l'état des prisonniers détenus dans les prisons de Bayeux, et indique les motifs de la détention de chacun.

---

979. *Le Contrôleur général*
à M. de Bouville, intendant à Alençon.

15 Février 1711.

Les droits sur le vin et le cidre consommés dans les cabarets d'Alençon ne suffisant pas à payer la rente de 1,750# accordée aux Jésuites pour leur collège, ceux-ci ont demandé qu'elle fût complétée par une taxe sur les autres denrées; mais cette taxe ne peut être établie, à cause du tarif affecté au payement de la taille, et on leur a proposé le produit du droit de 3 deniers par pot sur la bière qui se consomme en grande quantité dans les hôtelleries. Ils prétendent que cela ne suffirait point encore, et demandent que le droit soit perçu sur toutes les bières au sortir de la brasserie.

---

980. *M. d'Argenson, lieutenant général de police*
à Paris,
au Contrôleur général.

18 Février 1711.

«Ce que le nommé Boucher, aubergiste, expose par le long mémoire que vous m'avez fait l'honneur de me renvoyer, ne doit pas le dispenser de payer le droit expressément ordonné par l'arrêt du Conseil du 18 septembre 1708, puisqu'il est certain qu'il tient une auberge où il donne à manger, et même à loger, à quantité d'artisans sur lesquels il est important que les inspecteurs de police aient une attention particulière. C'est par cette raison que l'arrêt assujettit nommément à ce droit tous les aubergistes, comme il paroît par la clause que j'ai soulignée. J'ajouterai que, si l'exemption qu'il demande avoit lieu à l'égard de ceux qui ne logent et ne nourrissent que des artisans, non seulement les droits des inspecteurs diminueroient considérablement, mais aussi qu'ils s'embarrasseroient peu de visiter ces maisons, qui néanmoins sont les plus dangereuses et les plus suspectes par rapport à l'ordre public...... Au reste, ce nommé Boucher étant regardé parmi les aubergistes comme le chef de ceux qui s'obstinent le plus à ne pas vouloir payer les droits ordonnés et à empêcher les autres de se mettre en règle, je pense qu'il seroit à propos, pour l'exemple, de le faire mettre en prison jusqu'à ce qu'il ait acquitté les droits de visite*.....»

* «Bon.»

---

981. *M. Lebret, intendant en Provence,*
au Contrôleur général.

18 Février 1711.

Il demande une dispense d'âge pour un jeune orfèvre qui, après avoir commencé son apprentissage à Lyon, l'a interrompu pour être soldat et se trouve avoir dépassé l'âge de dix-huit ans prescrit par les règlements, ceux-ci ordonnant en outre que les huit années d'apprentissage soient consécutives. Les maîtres de Marseille ne refusent de le recevoir que parce qu'il est très habile et vend ses produits à bon marché*.

* Le 9 février 1713, il écrit que M. Pellas, général des monnaies de Provence, vient de déclarer indigne d'exercer l'art et mé-

tier d'orfèvre un garçon de Sisteron coupable d'avoir contrefait le poinçon de son patron.

Sur la réception de maîtres orfèvres, voir une lettre de M. de Richebourg, intendant à Rouen, 31 janvier 1711, et une lettre de M. Roujault, son successeur, 16 septembre 1714. Ce dernier propose de permettre de recevoir un ancien apprenti, quoique étranger à la ville, moyennant le payement d'une somme de 1,500#.

---

982. *M. de Pontchartrain,*
secrétaire d'État de la marine,
au Contrôleur général.

18 Février et 8 Avril 1711.

«J'ai reçu la lettre que vous m'avez fait l'honneur de m'écrire le 11 de ce mois. Je vois avec plaisir la disposition dans laquelle vous êtes de nous remettre des fonds pour l'armement de quelques frégates garde-côtes pour mettre à couvert le commerce maritime du royaume des courses des corsaires ennemis, dont le nombre a considérablement augmenté par les biens qu'ils ont gagnés par la quantité de prises qu'ils ont faites. Il me paroît qu'il faudroit au moins deux frégates et une corvette attachées au département de Rochefort, qui garderoient toute la côte et l'entrée de la rivière de Bordeaux, et deux frégates en chacun des ports de Brest, Lorient et le Havre, pour les côtes de Bretagne et de Normandie. Avec ce nombre de bâtiments armés, on pourroit assurer la navigation des bâtiments marchands et des prises que les corsaires françois envoient dans les ports de Ponant. Mais je dois vous faire observer que, les fermiers des devoirs de Bretagne ayant proposé, il y a quelques jours, d'armer deux frégates et deux corvettes pour servir à l'escorte des vins et eaux-de-vie nécessaires pour la consommation de cette province, vous serez dispensé pendant quelque temps, si cette proposition a lieu, de fournir des fonds pour l'armement des frégates des ports de Brest et du Port-Louis. Nous aurons le même avantage au Havre, parce que les munitionnaires généraux des troupes de terre ont demandé deux frégates en ce dernier port, pour l'escorte des grains de Normandie qu'ils envoient en Flandre, et les ordres sont envoyés pour leur armement. Il ne restera donc à présent que le département de Rochefort, l'un des plus considérables pour le commerce à cause des blés et du vin de Bordeaux et des eaux-de-vie, qui restera à découvert, si vous n'avez agréable d'assigner des fonds pour mettre en mer les deux frégates et la corvette que j'estime nécessaires, et qui seront employées à croiser sans relâche depuis la rivière de Bordeaux jusqu'à Penmarch. J'écris à M. de Beauharnois de m'envoyer un état de la dépense à faire pour les mettre en état d'être armées, et je vous l'adresserai aussitôt que je l'aurai reçu. Lorsque les fermiers des devoirs de Bretagne et les munitionnaires de terre ne voudront plus entretenir les frégates qu'ils ont demandées, il sera nécessaire que vous ayez agréable d'y suppléer, et je vous adresserai alors des états de la dépense à faire pour ce service.

«Les corsaires de Barcelone, d'Oneille, de Mayorque et de Minorque font un tort considérable au commerce le long des côtes de Provence, Languedoc et de Roussillon : il n'est pas moins important d'avoir aussi cinq frégates ou brigantins pour protéger le commerce de ces provinces. Je suis persuadé que vous voudrez bien y faire la même attention, et que vous trouverez bon qu'en vous envoyant l'état de la dépense pour l'armement à Rochefort des frégates *la Nymphe*, *l'Aurore*, et d'une corvette, j'y joigne en même temps un autre état pour les bâtiments qu'il est nécessaire d'armer à Toulon*.»

La dépense de l'armement, pendant trois mois, montera à 183,812# 5 s. Si le contrôleur général ne peut y pourvoir, il doit en donner avis.**

* Voir deux lettres de M. de Richebourg, intendant à Rouen, 9 juin et 20 août 1711, sur un projet d'armement d'une frégate de découverte par les marchands de Dieppe, qui comptent se rembourser sur les prises ou, sinon, par une imposition; une lettre de M. de Champigny, intendant de marine au Havre, 20 novembre 1713, sur le payement des frégates d'escorte (G⁷ 1658), et une lettre de M. Arnoul, intendant des galères à Marseille, 9 janvier 1711, sur une réclamation de droit de convoi.

** Le 13 avril 1712, M. de Pontchartrain annonce que, le Roi voulant protéger efficacement le commerce de Marseille, il est nécessaire de trouver un fonds de 100,000#, plus 15,000# par mois. «Si vos arrangements, dit-il, ne le permettent pas, je vous demande par grâce de me le faire savoir, afin que je puisse du moins me disculper des événements.» Le 22 juin suivant, il demande deux galères, dont les frais d'armement, avancés par le sieur Chavignot, seront recouvrés à raison de 100# d'imposition par navire, et 50# par barque abordant dans les ports de la province. Le 3 juillet, il annonce que le Roi approuve cet arrangement. «Vous savez, dit-il, que l'imposition sur le corps des bâtiments ne regarde que le secrétaire d'État de la marine, comme celle sur les marchandises ne regarde que le contrôleur général; mais vous n'ignorez pas que le secrétaire d'État sera toujours charmé d'agir de concert avec vous et de recevoir vos avis, dont il fait tout le cas qu'il doit, aussi bien que de votre amitié, sur laquelle il croit pouvoir compter.»

---

983. *Le Contrôleur général*
à M. de Saint-Contest, intendant à Metz.

19 Février 1711.

«Je sais que le travail du dixième est d'une très grande discussion dans votre généralité. J'ai rendu compte au Roi de tous les mouvements que vous vous donnez; cependant, comme S. M. seroit bien aise d'être informée du secours qu'elle pourra retirer de votre département, je vous prie, envoyez-moi en réponse de celle-ci une estimation de ce que vous en croyez pouvoir retirer, afin que je fasse quelques arrangements sur toute cette affaire en général.

«Par l'examen que j'ai fait de tout le travail de MM. les intendants, j'ai cru devoir leur mander qu'ils ne devoient pas attendre la perfection de leur ouvrage pour m'envoyer des bordereaux de leurs rôles, et qu'il convenoit au service du Roi de commencer par les rôles qui ne sont susceptibles d'aucunes difficultés : tels sont les baux des terres qui sont dans chaque élection, les baux des maisons de toutes les principales villes, les appointements de tous les commis employés tant par les fermiers généraux que sous-fermiers, et tous les gages que payent les villes à leurs officiers ou commis. Vous voyez que ces natures de rôles ne sont susceptibles d'aucunes difficultés, et que le recouvrement pourra en être fait pendant que vous travaillerez à ceux qui sont d'une plus longue discussion, comme sont les biens-fonds que font valoir les propriétaires, tant par leurs mains qu'à moitié.

«Vous aurez encore à faire faire l'évaluation des maisons qui sont occupées par les propriétaires, dont vous pourrez faire un rôle séparé.

«Il y a encore une autre espèce de dixième qui mérite toute votre attention : c'est celui de l'industrie des banquiers, marchands et négociants. Plusieurs villes du royaume, pour éviter des rôles arbitraires que MM. les intendants leur ont fait entrevoir, ont assemblé ceux qu'ils croyoient dans le cas, et les ont fait convenir qu'il étoit de leur intérêt de se taxer eux-mêmes : ce qu'ils ont fait sans aucune contradiction, par le secours des maires et des échevins des dix dernières années, qui se sont assemblés pour faire ces répartitions.

«J'attendrai réponse à cette lettre avec beaucoup d'impatience, parce qu'elle me mettra en état de faire des arrangements pour avoir des fonds qui sont indispensables pour soutenir le service.»

984. *M. Ferrand, intendant en Bretagne,*
au Contrôleur général.

20 Février 1711.

Le Parlement est en retard pour payer le dixième des revenus, et le premier président et le procureur général se sont seuls acquittés*.

* En apostille : «Je ne doute pas que le Parlement de Rennes ne donne l'exemple à toute la province, comme ont fait les autres Parlements en fournissant les premiers leurs déclarations. Le Roi m'ordonne de vous demander un état de ceux qui ont satisfait, et de ceux qui sont encore en demeure de le faire. — A M. Ferrand. Que j'écris à M. le premier président suivant son avis.»

985. *Le Contrôleur général*
aux Intendants.

21 Février 1711.

«Je vous envoie des exemplaires de l'arrêt qui vient d'être rendu pour marquer que, conformément à la déclaration du 7 octobre dernier, les billets de monnoie n'auront plus de cours dans le commerce, et pourront néanmoins être portés aux Monnoies, avec cinq sixièmes en espèces ou matières, ou au Trésor royal, en acquisition de rentes sur la ville au denier vingt. On permet aussi aux villes et communautés de les prendre pour être remis au Trésor royal sur les fonds des Dons gratuits qu'elles doivent fournir pour le doublement de leurs octrois. Le même arrêt porte que, jusqu'au 1er juillet, les espèces anciennes et matières seront reçues aux Monnoies sur le pied de l'augmentation marquée par la déclaration. Vous donnerez les ordres nécessaires pour rendre cet arrêt public dans tous les lieux de votre département*.»

* Le 5 juillet, une autre circulaire est envoyée sur l'acceptation des billets de monnaie dans les mêmes conditions, pour les acquisitions de rentes, au Trésor et dans les Monnaies.

986. *Le Contrôleur général*
à M. de Pontchartrain, secrétaire d'État de la marine.

23 Février 1711.

Le tabac étant sur le point de manquer aux fermiers, ils sont autorisés à fréter trois vaisseaux pour en faire venir de Hollande*.

* Voir une lettre de M. de Bernage, intendant à Amiens, 12 août, sur la permission accordée à un manufacturier de Tournay d'introduire en franchise cent tonnes de pipes à tabac façon de Hollande, à condition de venir s'établir à Arras.

987. *M. de Pontchartrain, chancelier de France,*
au Contrôleur général.

24 Février 1711.

«Je reçois des plaintes de la part des officiers du présidial de Châtillon-sur-Seine, de ce que l'administration de la justice est cessée entièrement dans leur siège depuis la signification qui a été faite, le 14 juillet dernier, d'un arrêt du Conseil du 1er avril précédent qui interdit tous les procureurs postulants de leurs fonctions pour le défaut de payement de la finance qu'on leur demande pour la réunion faite à leurs charges des offices de procureurs créés dans les sièges des eaux et forêts en 1708; et comme j'apprends que la même chose est arrivée au bailliage de la Montagne, qui ressortit à Châtillon-sur-Seine, et en d'autres sièges, je crois être obligé de vous en donner avis....; afin que vous puissiez donner vos ordres pour faire connoître et exécuter partout l'arrêt du Conseil du 17 juin dernier, qui lève l'interdiction prononcée contre les procureurs*.....»

* Au dos : «Monseigneur a envoyé des exemplaires de l'arrêt du Conseil..... à M. Trudaine et aux officiers du présidial.....» Voir la réponse de M. Trudaine, intendant en Bourgogne, 2 mars.

988. *M. d'Argenson, lieutenant général de police*
à Paris,
au Contrôleur général.

24 Février 1711.

Il est d'avis qu'au lieu de faire une loterie pour les réparations de l'hôpital Saint-Julien, au faubourg Saint-Marcel, qui est très utile aux pauvres de ce quartier et aux femmes des soldats du régiment des gardes, il vaudrait mieux subvenir à cette dépense par une taxe personnelle sur les agioteurs*.

* «Bon.» — Le 12 septembre suivant, une partie des travaux étant faite, il transmet les remerciements des religieuses de l'hôpital.

989. *M. de Bernage, intendant à Amiens,*
au Contrôleur général.

25 Février, 13, 17, 18, 21 et 23 Avril 1711.

Les fonds des étapes sont insuffisants eu égard à l'importance des mouvements de troupes.

«(*21 avril.*) La chose est portée à un point de dérangement sur les vivres et les fourrages, qu'il n'y a pas lieu d'espérer que le service se soutienne huit jours, s'il n'y est apporté un prompt remède : il n'y a pas un sol pour la manœuvre des vivres, les journaliers et boulangers sont prêts à quitter dans toutes les places; il n'y a plus de grains dans quelques places où on peut moudre, et particulièrement à Arras, la plus importante de toutes, faute de fonds pour en acheter. Les équipages des vivres arrivent, et il n'y a pas un sac d'avoine pour les nourrir par destination particulière, ni même dans les magasins de l'entrepreneur des fourrages dans la plupart des places : en sorte que j'essuie déjà des persécutions pour que je leur en fasse donner du peu qu'il y en a dans les magasins du Roi, qui ne sont pas fournis du quart de ce qu'il en faudroit. Il n'y a pas davantage d'argent pour le service des fourrages. Ils s'excusent toujours sur ce qu'ils n'ont point encore touché les fonds que vous leur avez fait espérer. Quoi qu'il en soit, le mal est bien pressant, et jamais campagne ne peut s'ouvrir avec un plus grand dérangement. Il est à désirer que le remède soit prompt*.....»

* Le 14 mai, en envoyant l'état des vivres dans son département, il demande qu'on presse les munitionnaires. On répond en apostille : «.....Les munitionnaires n'ont pas manqué de secours, et, s'ils avoient voulu travailler de bonne foi, le service n'auroit pas été douteux. La politique de ceux qui font à présent des entreprises est d'abandonner le service dès qu'on ne leur donne pas tous les fonds qu'ils demandent. Les munitionnaires en ont eu de très réels, et je leur en fais fournir tous les jours, dont ils ne font pas un trop bon usage. Cependant, pour les mettre absolument dans leur tort, j'ai fait une nouvelle délégation de fonds de quatre millions, outre tous ceux qu'on leur avoit déjà donnés, et je vais demain à Paris exprès pour consommer cet ouvrage et les forcer de partir pour mettre les équipages en mouvement et assurer le service.»

Le 8 juin, en s'applaudissant d'avoir pu nourrir la cavalerie, M. de Bernage en rapporte le mérite au sieur Fargès, qui a su, malgré tous les obstacles, réunir l'énorme quantité de fourrage nécessaire, et il le recommande pour les nouveaux marchés à conclure.

M. de Bernières, intendant en Flandre, dit qu'il a pu, avec le concours de Fargès, faire vivre toute l'armée sans toucher au pays et rien qu'en fourrageant la contrée occupée par l'ennemi. Le service des vivres est en situation meilleure qu'il n'a jamais été; les équipages sont nombreux, bons et bien nourris, le prêt se fait régulièrement (31 mai et 26 juin). Mais, le 21 août suivant, il écrit : «Tout ce qui est arrivé en Flandre depuis le 3 de ce mois a bien dérangé nos affaires de la frontière, et je crains fort que ce dérangement ne se soit fait sentir ailleurs. Nos vivres étoient disposés sur la Canche et la Somme, d'où nous les devions tirer, suivant toutes les apparences, pendant le reste de la campagne. Ç'a été un terrible retour quand il a fallu revenir sur l'Escaut et vivre de Cambray, où nous avions tout épuisé, pendant plus de deux mois. Les grands efforts nous ont tirés d'affaire jusques à présent, et les munitionnaires se donnent beaucoup de mouvement pour faire de nouveaux achats dans le Soissonnois...... Mais les achats, ensuite les moutures, et puis les transports à Cambray, demandent un très long temps, pendant lequel il faut trouver tous les jours mille sacs de farine pour la consommation actuelle.....» Réponse en apostille : «J'ai reçu votre lettre du 21 de ce mois. Vous avez raison de dire que ce n'est pas seulement pour les vivres et pour ce qui regarde la subsistance des armées que l'on tombe dans de nouveaux embarras et dans des dérangements fâcheux; le crédit et les opérations de finances en souffrent au delà de tout ce qu'on peut dire, et les affaires sont devenues, en peu de temps, plus difficiles qu'elles n'ont été depuis le commencement de la guerre. Ce changement subit est causé uniquement par les bonnes manœuvres de guerre qu'on a faites dans l'armée de Flandre.....»

---

990. *Le Contrôleur général*
au sieur Anisson, député du commerce.

28 Février 1711.

Des mesures sont prises pour exciter les négociants à armer en course, en leur remettant le cinquième des prises qui revient au Roi et en les déchargeant de toutes poursuites pour les rentes provinciales*.

* Sur les emprunts demandés aux armateurs, sur leur peu de bonne volonté et sur leur manque de ressources, voir une lettre de M. Ferrand, intendant en Bretagne, 1er juillet suivant.

---

991. *M. d'Argenson, lieutenant général de police à Paris,*
au Contrôleur général.

1er Mars 1711.

«L'inondation étant beaucoup augmentée, et les premières arches du Petit-Pont, du pont Saint-Michel et du Pont-au-Change se trouvant presque bouchées, l'évidence du péril et l'ébranlement de quelques maisons que M. le prévôt des marchands et moi avons visitées ce matin nous ont fait prendre la résolution d'obliger les habitants à déloger et à faire emporter tous leurs meubles. Nous avons cru même à propos d'empêcher qu'on ne passât sur ces trois ponts durant la nuit, et non seulement nous avons ordonné qu'on les fermât avec des pieux et par le moyen des chaînes qui sont aux entrées, mais nous y avons préposé quelques escouades pour assurer l'observation de ces défenses.....»

---

992. *M. de Bernières, intendant en Flandre,*
au Contrôleur général.

2 Mars 1711.

«Je crois nécessaire d'avoir l'honneur de vous informer que les espèces d'or et d'argent deviennent très rares en Hollande, dont je suis averti par de si bons endroits, que je n'ai pas lieu d'en douter : ce qui cause déjà de si grandes rumeurs dans cette république et parmi plusieurs princes alliés qui sont mal payés de leurs subsides, que nous avons lieu d'espérer un heureux changement dans les affaires d'ici à quelque temps, surtout si nous continuons à prendre des mesures justes pour faire rentrer le reste de nos vieilles espèces en France et même y attirer les espèces étrangères, comme cela arrive tous les jours depuis le commencement de l'année 1710, par les soins et les bons ordres que vous avez donnés, qui ont produit un tel effet, qu'à l'exception des troupes, que les Hollandois continuent de payer régulièrement, parce que, si cela manquoit seulement pendant quinze jours, toutes ces troupes, qui sont étrangères et qui ne servent que par rapport à l'argent, les abandonneroient; mais, si on en excepte seulement cet article, il est certain que les Hollandois payent fort mal toutes les autres dépenses, et qu'avec de l'application nous pourrons, avec un peu de temps, faire manquer aussi le payement desdites troupes. Il y a lieu d'espérer d'y parvenir puisqu'on nous offre tous les jours de faire venir des sommes considérables, et qu'un seul marchand d'Anvers propose actuellement, à un homme qui m'est venu faire ouverture de cette proposition, de lui fournir dans deux mois deux millions en pistoles d'Espagne et en vieux louis d'or. Il est vrai que ce marchand d'Anvers demande 580 # du marc, prix qui me paroît fort, et sur lequel on me fait espérer qu'on pourroit obtenir quelque diminution; mais ces gens-là, comme vous savez, ne travaillent que pour y trouver leur utilité, et, quand bien même le prix seroit fort, j'en trouve une si grande pour l'État de priver les ennemis de leur unique ressource, qui consiste dans l'argent qu'ils ont eu jusqu'à présent abondamment, que je regarde ces sortes de propositions comme fort avantageuses, quand le Roi n'y trouveroit d'autre profit que d'attirer leur argent dans ses États.

«On m'a encore proposé, de la part de quelques banquiers de Hollande, d'Anvers et de Lille, d'avoir l'honneur de vous écrire pour vous prier de donner un prix avantageux, proportionné à celui de 580 # que l'on demande pour les louis d'or et pistoles d'Espagne, aux guinées, aux souverains, aux albertins, aux ducats et autres pièces : au moyen de quoi ceux qui font ces propositions comptent, non seulement de faire sortir les espèces qui restent en Hollande, mais encore d'en faire venir d'Angleterre; et on demande, en cas que la proposition convienne, que vous ayez agréable de donner ordre à la Monnoie d'Amiens et à celle de Reims pour que les espèces vieilles et les étrangères, proportionnément, y soient reçues sur le pied que j'ai l'honneur de vous marquer, comme aussi que les directeurs desdites Monnoies en payent le produit promptement après la livraison.

«Comme je ne vous fais ces propositions que dans la vue du bien de l'État, je soumets entièrement mon peu de lumières, n'ayant aucun entêtement, vous priant de ne regarder ma lettre que comme un effet de mon zèle et de ma bonne volonté*.»

* Il écrit encore, le 2 avril : «...... Les Hollandois manquent de plus en plus d'argent, et très peu de banquiers veulent à présent faire des affaires avec eux. Une preuve évidente, outre qu'ils payent très mal à l'exception du prêt des soldats, c'est qu'ils cherchent sur toute la frontière, et notamment à Lille, des gens qui veuillent faire marché avec eux pour payer leurs troupes, pendant la campagne, en espèces nouvelles de France, et ils n'ont encore trouvé personne qui ait voulu entrer dans ces engagements. Cela nous doit tous faire redoubler d'attention pour en empêcher la sortie, et pour continuer d'attirer chez nous autant d'espèces que faire se pourra, ce qui nous procureroit plus promptement la paix que toutes les négociations; et vous avez commencé de manière, même amené les choses à un point, que les bons François n'ont qu'à en souhaiter la continuation......»

993. *M. Voysin, secrétaire d'État de la guerre,*
au Contrôleur général.

2 Mars 1711.

«Le Roi a la bonté de donner à Mlle de Launoy de Pincheret une somme de 63,000 #, laquelle sera, incessamment après l'expédition de l'ordonnance de comptant, employée en un contrat de rente de pareille somme sur la ville, et il sera fait mention de cette rente, qu'elle doit porter en dot, dans son contrat de mariage avec M. de Villefort. Il est nécessaire que vous ayez la bonté de prendre l'ordre du Roi pour l'expédition de cette ordonnance, et je vous supplie, lorsqu'elle sera signée, de vouloir bien ordonner qu'on me la remette*.....»

* De la main du contrôleur général : «Bon.»

Le 26 mars, M. Voysin se plaint qu'on ait voulu retenir le dixième sur cette somme. En apostille : «J'envoie l'ordre sur-le-champ à M. Groyn afin qu'il donne sa quittance entière, sans rétention du dixième, qu'il n'a probablement voulue qu'en conséquence d'un ordre général, qui ne paroît pas devoir regarder cette partie.»

994. *M. Lebret, intendant en Provence,*
au Contrôleur général.

2 Mars et 25 Avril 1711.

Fixation des indemnités dues à M. d'Albertas et au propriétaire des salines de Berre, en raison du dommage que leur ont causé l'abandon du salin des Isles et la construtiou du fort construit pour la sûreté des sels. Avant ce temps, le produit de l'année commune s'élevait à six cent quarante-deux muids, et il est tombé à deux cent trente et un. Le prix de vente est 6 #.

995. *M. des Chiens de la Neuville,*
intendant en Béarn,
au Contrôleur général.

8 Mars 1711.

Il expose qu'il est resté trop peu de temps à Pau pour pouvoir y rétablir ses affaires, et que cependant il a fait de fortes dépenses en meubles et en équipages; il demande à ne pas être envoyé en Roussillon, et que l'intendance de l'armée de Catalogne, qu'on lui destine, soit réunie à son intendance de Béarn*.

* Le contrôleur général répond, le 25, qu'il n'a eu aucune part à ce changement, demandé dans l'intérêt de M. le duc de Noailles.

M. de Barrillon, intendant en Roussillon, passa en Béarn : voir ses lettres des 8 mars et 10 mai 1711, et 9 février 1712. Il demandait à avoir une intendance plus rapprochée de Paris.

996. M. DE BÂVILLE, *intendant en Languedoc*, AU CONTRÔLEUR GÉNÉRAL.

8 Mars 1711.

« La ville de Toulouse tombe dans de si grands désordres, que j'ai cru être obligé d'y donner une attention très particulière pour la pouvoir soutenir. J'ai travaillé avec le syndic de la province, et même avec plusieurs personnes principales de cette ville, pour trouver la source du mal et les expédients pour pouvoir y remédier. Ces abus très invétérés n'étoient point autrefois remarquables parce que la ville de Toulouse avoit 200,000 # de rente au delà de ses charges, qu'elle employoit assez mal à propos à payer ses impositions; mais, ce fonds étant entièrement consumé par les dons qu'elle a faits au Roi et par toutes les charges nouvellement créées qu'elle a rachetées, il n'y a plus qu'une bonne économie qui puisse lui donner les moyens de payer ses impositions et ses créanciers, qui sont en grand nombre, à qui il est dû beaucoup d'arrérages. Pour connoître les abus qui se sont introduits et les moyens que je vous propose pour y remédier, je vous supplie de lire le projet d'arrêt ci-joint que j'ai l'honneur de vous proposer; je ne puis vous les expliquer plus nettement et en moins de termes. J'ai écrit une infinité de lettres aux capitouls et à l'hôtel de ville de Toulouse, pour les obliger de corriger eux-mêmes ces abus, dont tout le monde convient. Je les y ai exhortés moi-même, quand les affaires m'ont permis d'aller à Toulouse; j'ai donné plusieurs ordonnances, principalement au sujet des hôpitaux, qu'on laisse périr, pour les faire payer et ne leur pas préférer toujours, comme on a fait, les gens riches, à qui les capitouls donnent des mandements avec beaucoup d'injustice. Mais toutes ces remontrances n'ont servi de rien. L'hôtel de ville de Toulouse est composé de plus de cent personnes, qu'on appelle *bourgeois*, la plupart avocats et procureurs, ou gens qui raisonnent sans fin et ne concluent rien, après avoir bien raisonné entre eux. Ils nomment des commissaires, des intérêts particuliers s'y mêlent, et, après, on n'entend plus parler de tout ce qu'on a proposé. Cependant l'abus dure toujours et ruine la ville, les comptes ne se rendent point, les débiteurs demeurent saisis des fonds qui pourroient servir à payer les arrérages. Ce n'est que par une longue expérience de ce procédé lent et inefficace de cet hôtel de ville que j'ai cru devoir vous proposer ce projet d'arrêt, qui remédiera aux plus grands maux jusqu'à ce que le temps soit plus propre à changer entièrement le gouvernement de cet hôtel de ville, qui a grand besoin d'être réformé et réduit à un certain nombre de gens choisis, qui composent un conseil de ville bien réglé, comme il y en a dans toutes les autres villes de la province; mais je crois que ce seroit maintenant un trop grand changement*. »

* Le 28 septembre suivant, il annonce qu'il a déjà obtenu une augmentation de plus de 40,000 # sur la ferme des biens patrimoniaux, portée à 171,000 #, et qu'il a fait imprimer et afficher un tableau de toutes les dettes, pour que chaque créancier soit désormais remboursé selon l'ordre des contrats, avec défense absolue au trésorier de changer cet ordre. Voir aussi les lettres des 14 janvier, 21 février, 9 et 16 mars 1712, 27 mars et 18 septembre 1713.

997. M. VOYSIN, *secrétaire d'État de la guerre*, AU CONTRÔLEUR GÉNÉRAL.

9 Mars 1711.

Subsistance et solde des troupes de M. le duc de Noailles en Languedoc et dans la généralité de Montauban. Après la prise de Girone, il avait espéré les faire vivre en Espagne; mais il a dû les renvoyer en France, M. le duc de Vendôme, à qui il devait donner la main, n'ayant pu, faute de vivres, entrer en Catalogne*.

* Sur la fourniture de la viande à l'armée de Roussillon, voir la lettre du 30.

998. M. D'ARGENSON, *lieutenant général de police à Paris*, AU CONTRÔLEUR GÉNÉRAL.

9 Mars 1711.

Il ne croit pas qu'il convienne d'accorder la permission que demande un particulier d'imprimer et débiter le tarif du dixième.

999. M. DE BÂVILLE, *intendant en Languedoc*, AU CONTRÔLEUR GÉNÉRAL.

9 Mars 1711.

« Il est certain que l'indemnité que le sieur Gautier, fermier de la chambre à sel de Castres, demande, est d'une très grande conséquence, parce que tous les autres sous-fermiers ne manqueront pas d'en demander pareillement, et ce sera un préjugé pour eux. Je crois qu'il y a une grande différence à faire entre la première année de régie et le temps du bail d'Isambert. Le sieur Gautier a été forcé de prendre la régie en vertu de l'arrêt du Conseil du 3 septembre 1709, et, puisque ce n'est pas un contrat volontaire, il est juste qu'il soit reçu à compter de clerc à maître. Les fermiers généraux ayant examiné sur les registres de recette cette indemnité, et l'ayant estimée à 15,000 #, je crois que leur avis est bon, ne doutant pas que la discussion qu'ils ont faite ne soit très exacte, d'autant plus que je ne puis la faire par moi-même, n'ayant point de pièces justificatives. L'indemnité pendant le bail d'Isambert, qui est estimée 30,000 #, me paroît recevoir beaucoup plus de difficulté par les conséquences, et, comme c'est un contrat où le sieur Gautier a pu gagner, comme il prétend y avoir perdu, cela n'est pas si favorable. Il est certain néanmoins que les ventes ont diminué et que le faux-saunage a été grand dans ce canton, voisin du Rouergue. Pour trouver quelque tempérament qui ne tire pas à conséquence, il me semble qu'on pourroit laisser cette partie en surséance et donner le moyen de la payer au sieur Gautier en lui faisant un bon marché sur le premier bail qui se passera des gabelles. Il pourroit ainsi, avec le temps, s'acquitter, et ce ne seroit pas une raison à tous les autres fermiers de demander des indemnités. C'est le seul expédient que j'ai pu trouver dans cette affaire difficile et importante.»

1000. *M.* Turgot de Saint-Clair, *intendant en Auvergne,* au Contrôleur général.

9 Mars 1711.

Dans la distribution des avertissements imprimés pour le dixième, que les clercs des commissaires de police de Clermont ont faite de porte en porte, l'évêque s'est trouvé offensé qu'on en ait déposé chez lui, à l'Officialité et chez tous les chanoines; malgré les excuses de l'intendant et ses assurances que l'on tirerait à néant l'article de l'évêché, et même celui des moindres chapelles, il en a porté plainte à M. le cardinal de Noailles. Il s'est plaint également que des dragons et des ouvriers avaient poursuivi jusque dans l'évêché un milicien que l'on conduisait aux casernes, et il s'est refusé à rendre cet homme, le plus beau de la recrue. Aux réclamations de l'intendant, il n'a répondu que par des paroles outrageantes, et, lorsqu'on a chanté le *Te Deum* pour la victoire de Villaviciosa, il a affecté de faire commencer la cérémonie avant que l'intendant fût arrivé; il a refusé même de prendre jour avec lui pour les cérémonies de cette nature, quoique les règlements accordent à l'intendant tous les honneurs et prérogatives du gouverneur absent, fauteuil, carreaux, prie-Dieu, etc. Ces conflits semblent suscités par le présidial et la Cour des aides, ou par les gens du clergé*.

* Réponse en marge : «J'ai lu avec soin la lettre que vous avez pris la peine de m'écrire sur les difficultés que vous avez eues avec M. l'évêque de Clermont; j'en ai même rendu compte au Roi. Il n'y a qu'à louer l'attention que vous avez eue pour en prévenir les suites. Le Roi même a approuvé la conduite que vous avez tenue. C'est tout ce que je crois vous pouvoir dire de plus satisfaisant.....» De plus amples informations firent reconnaître que l'intendant devait être blâmé : voir ses lettres du 30 mars et du 15 avril, et une lettre de M. l'évêque de Séez, 3 avril.

1001. *M.* de Harouys, *intendant en Champagne,* au Contrôleur général.

10 et 26 Mars 1711.

Il rend compte de difficultés survenues dans la fourniture et le payement des étapes*.

* Au dossier est jointe cette note de la main du contrôleur général : «À M. Le Rebours. La Marche, le 25 mars 1711. Je vous envoie les lettres de M. de Bâville et de M. de Harouys que nous avons déjà examinées ensemble. Il faudra que nous en parlions vendredi pour régler ce qu'il y aura à faire sur ce qu'elles contiennent. Le Roi demande pour le premier jour du quartier d'avril prochain 120,000#; il faut pour Monseigneur 50,000#; Mgr le duc de Bourgogne, 6,000#; Mgr le duc et Mme la duchesse de Berry, 6,000#; pour le comptant du Roi, 12,000#. [Total :] 194,000#. Pour trouver ce fonds, il reste, de l'avance de M. Ollivier, 170,000#. Il faut, pour remplir cette dépense, encore 24,000#, que je crois qu'on peut tirer sur ce qui reste encore de l'avance des postes. Je vous prie de prendre la peine de faire remettre ces fonds entre les mains de M. Gruyn, et de faire chercher de l'or, qu'il portera d'aujourd'hui en huit jours à Versailles.»

1002. *M.* Chauvelin, *intendant à Tours,* au Contrôleur général.

10 Mars 1711 et 16 Janvier 1713.

Translation du grenier à sel de Saint-Remy à Brissac, et réunion du grenier de Connerré à celui de Bouloire.

1003. *Le chevalier* de Brecey d'Isigny au Contrôleur général.

(De Caen,) 11 Mars 1711.

«Je suis obligé aujourd'hui de mettre la main à la plume; mais j'y suis contraint et forcé par les violences de plusieurs officiers subalternes de ces cantons, qui sont si grandes et si fréquentes, que je suis obligé d'avoir recours à votre autorité et votre justice pour opposer à leurs violences et outrages. Sans ordre, ils vont dans les maisons enlever de nuit ceux qui ne leur plaisent pas, ou supposent en avoir reçu quelque déplaisir, rompant et enfonçant les portes; prennent sur les grands chemins les marchands qui vont aux marchés, mettant leurs chevaux avec leur marchandise à l'abandon par les chemins; en prennent qu'ils mènent un espace de temps, puis composent avec eux à 2, 3, 4 et 5 pistoles; vont de nuit et de jour dans les maisons, amassent avec eux et s'abbandant avec plusieurs jeunes gentilshommes de leur voisinée, et enlèvent de force ceux qui bon leur semble, avec coups d'épée, bâton et coups de bout de fusil, les emmenottant et enchaînant comme galériens, sans avoir égard pour aucune personne : ce qui m'oblige de vous demander justice pour un garçon qui m'appartient, lequel ils ont pris violemment, de jour, étant attroupés dans le bourg où il étoit chez un cordonnier où il y a cinq à six mois que je paye son apprentissage. Je l'ai réclamé honnêtement, ce qui m'a été refusé. Ainsi, que votre justice et votre autorité me le rendent, s'il vous plaît. On ne peut pas marcher en sûreté, ni marchander, si vos ordres n'interviennent. J'ai eu l'honneur de servir dix à douze ans S. M., en qualité d'officier, dans les guerres de Flandre, Lorraine, Allemagne et Hollande; mais on [n']en usoit point de cette manière. Je pourrois vous faire prier par une partie de mes parents qui sont à Paris; mais je ne veux point vous importuner. MM. Molé et Nicolay intercéderoient pour moi. Je me contente et m'appuie sur votre justice, pour une cause si juste. Le garçon que je réclame se nomme la Forêt, et l'officier qui l'a pris, le sieur la Faucherie, lieutenant dans le régiment de Noyal*.»

* Le 16 avril, M. de la Briffe, intendant à Caen, justifie deux engagements qu'on disait avoir été forcés, et qui étaient volontaires.

Sur des violences commises par deux capitaines du régiment d'Orléanais, voir les lettres de M. de Bouville, intendant à Alençon, 14 et 26 septembre, et 8 octobre; de M. le duc de Villars, 26 octobre, et des deux capitaines, 18 et 19 octobre.

Le 6 mai, le receveur des tailles de Valognes dit que l'on enlève de force les collecteurs pour en faire des soldats, ce qui arrête les recouvrements. En apostille : «À M. Clautrier. Que je crois qu'il ne suffiroit pas d'un *simplement ordonné* pour rendre ce collecteur, mais qu'il faudroit encore que cela fût suivi d'un châtiment exemplaire.....» Les 21 mai et 2 juin, M. Voysin, secrétaire d'État de la guerre, écrit qu'il a ordonné de renvoyer sur-le-champ le collecteur, avec un congé absolu et de l'argent pour son retour.

Voir encore une autre lettre de M. Voysin, 27 février 1712, relative au congé accordé à un collecteur que son capitaine voulait faire arrêter comme déserteur.

1004. *M. de Beauharnais, intendant à la Rochelle,*
au Contrôleur général.

14 Mars 1711.

«J'ai reçu la lettre que vous m'avez fait l'honneur de m'écrire le 13 du mois dernier, avec la requête qui vous a été présentée par le nommé Picq, notaire à Montendre, qui demande qu'il lui soit permis de changer sa résidence et de s'établir dans la paroisse de Reignac pour y faire ses fonctions, ainsi que dans celle de Donnezac, attendu qu'il n'y a dans ces deux paroisses aucun notaire. Comme elles sont contiguës à celle de Montendre et dans le ressort de sa juridiction, il n'y auroit aucun inconvénient à ce changement de résidence, quoique Montendre soit un gros bourg dépendant de la sénéchaussée de Saintonge, pour lequel il n'y a, de notaires réservés par l'état arrêté en Conseil le 18 décembre 1665 en conséquence de l'édit du mois d'avril 1664, que le nombre nécessaire pour les expéditions et les actes qui se font dans ce lieu-là et aux environs. Mais, comme ce notaire demande de faire ses fonctions dans les paroisses de Reignac et de Donnezac, qui sont en Guyenne et de la sénéchaussée de Bordeaux, les notaires royaux réservés pour ces lieux-là pourroient être intéressés à s'opposer à la prétention du notaire de Montendre.....»

1005. *M. Lebret, intendant en Provence,*
au Contrôleur général.

14 Mars 1711.

Payement de l'indemnité due au sieur Laugier, subdélégué, pour recherches et mémoires faits en 1703 sur des plaintes portées contre l'administration de l'hôtel de ville de Marseille*.

* Voir, à la date du 26 janvier 1712, une demande de gratification présentée par les commissaires à l'apurement des comptes, en faveur de divers officiers et commissaires employés à ce travail.

1006. *M. de Richebourg, intendant à Rouen,*
au Contrôleur général.

14 Mars 1711.

Il s'oppose à ce que la vicomté de Rouen rentre en possession de la police des vingt-deux métiers, comme elle y était avant la création de la charge de lieutenant général de police levée par M. de Boisguilbert en 1699*.

* L'affaire fut réglée au profit de M. de Boisguilbert; mais il n'obtint pas que les comptes des communautés d'arts et métiers fussent rendus par-devers lui. (Lettres de M. de Boisguilbert, 25 avril et 22 octobre 1711; de M. de Richebourg, 10 septembre 1711, et de M. Roujault, son successeur, 2 juin 1714 et 27 avril 1715.)

Les 28 mars et 8 avril 1711, M. de Boisguilbert demande surséance aux poursuites exercées contre lui par les traitants des offices de lieutenant général.

1007. *M. de Bâville, intendant en Languedoc,*
au Contrôleur général.

15 Mars et 14 Avril 1711.

Il expose la situation misérable du diocèse de Narbonne.

«Ce mal vient de loin : une banqueroute d'un receveur des tailles, en 1681, fut le premier principe des arrérages considérables qu'il fallut réimposer sur les communautés; les malheurs des temps et les inondations les ont entièrement accablées, en sorte que ces communautés se trouvent si chargées par ces arrérages, que les particuliers ont abandonné les biens, ce qui fait non seulement une impossibilité de les recouvrer, mais encore une surcharge si grande sur les biens cultivés, que les récoltes ordinaires ne peuvent pas suffire pour payer les charges.»

Il demande une diminution de 350,000# sur le Don gratuit, à partager entre les divers diocèses à proportion de leurs pertes respectives*.

* En marge, de la main du contrôleur général : «Bon pour les 350,000#. A M. de Bâville; savoir si, sur 1712 et 1713, on peut partager la décharge, et si le partage de la diminution excitera suffisamment les habitants à cultiver leurs terres.» Le 15 mai, M. de Bâville répond que le seul moyen d'atteindre ce but est d'accorder toute la diminution sur 1711. Elle ne fut cependant accordée que sur 1711 et 1712 (lettres du contrôleur général et de M. de Bâville, 9 et 18 juin 1711; lettres du contrôleur général et de M. de Bâville, 2 et 14 août 1713, et de M. l'archevêque de Narbonne, 20 août). On l'accorda encore en 1714, mais pour la dernière fois (lettres du contrôleur général, 1er octobre, de M. de Bâville et de M. l'archevêque de Narbonne, 23 novembre). Le 25 juin 1715, M. Bonnier, trésorier de la Bourse du Languedoc, écrit que la province ne saurait

se passer de secours; si on ne peut réduire les 350,000# sur 1716, il faut que ce soit sur 1717.

1008. *M. de Bâville, intendant en Languedoc,*
au Contrôleur général.

19 Mars et 30 Avril 1711; 5 Juin 1712.

Il envoie les états des dettes des diocèses, villes et communautés de son département vérifiées dans les dernières sessions des États, et les ordonnances et jugements rendus pour le payement*.

* Le 29 juin 1713, il fournit l'état d'emploi des fonds assignés pour l'acquittement des dettes du diocèse de Narbonne envers la province.

1009. *M. de Torcy, secrétaire d'État des affaires étrangères et surintendant des postes,*
au Contrôleur général.

21 Mars 1711.

Il demande que les maîtres de poste soient déchargés du payement du dixième de leurs gages*.

* En marge, de la main du contrôleur général : «Personne ne doit être exempt du dixième.» En marge d'une nouvelle lettre du 16 janvier 1712, il écrit que le dixième ne devra être exigé que des commis appointés à 500# et plus, et que les maîtres de poste y sont soumis.

M. de la Briffe, intendant à Caen, demandait, le 6 mars 1711, si l'exemption sur les appointements des receveurs et commis des aides devait s'étendre aux commis des gabelles et douanes.

1010. *M. de Courson, intendant à Bordeaux,*
au Contrôleur général.

21 Mars 1711.

Il appuie une requête des maire et jurats de Bordeaux qui demandent à vendre quelques terrains attenant à la fontaine de la rue Bouquière, pour consacrer les produits de cette aliénation à faire de nouvelles fontaines dans la ville, celles qu'on possède actuellement étant en petit nombre, fort éloignées, et se remplissant généralement d'eau de mer lors des hautes marées*.

* «Bon.»

Sur la réparation des fontaines publiques de Tours, abîmées par la gelée de 1709, et sur un refus des secrétaires du Roi de contribuer à cette dépense, voir les lettres de l'intendant Chauvelin, 25 octobre et 18 novembre 1713, et 3 février 1714, et une lettre des secrétaires du Roi, 18 janvier 1714.

Le 20 juin 1715, M. Lebret, intendant en Provence, signale la nécessité de faire curer les conduites d'eau souterraines de Marseille, dont l'engorgement cause des inondations dans les caves des particuliers et épuise les puits publics. Vu l'urgence de ces travaux, ils ne seraient point mis aux enchères.

1011. *M. Doujat, intendant en Hainaut,*
au Contrôleur général.

21 Mars et 14 Juin 1711.

Il se plaint de ce que le grand maître des eaux et forêts de la province a fait paraître une ordonnance contraire à celle que lui-même avait rendue pour la vente de la terre et seigneurie d'Hargnies, dépendance du gouvernement d'Agimont, avec les droits de *severage** sur les bois de la communauté d'Hargnies et le cinquième de la jouissance dans ses bois et aisances, et en général pour les ventes et aliénations de bois du domaine ordonnées par les édits de 1702 et de 1708.

* L'intendant dit, en marge de la première lettre, que, par ce mot, on entend la faculté qu'a le Roi de recueillir les grains semés dans la partie dont il a la jouissance.

1012. *Le Contrôleur général*
à M. l'Archevêque de Tours.

22 Mars 1711.

«Vous aurez été informé de la résolution que le Roi a prise de convoquer une assemblée du clergé pour le mois de juin prochain. Je ne doute point que vous ne vous disposiez à donner, en cette occasion, des marques de votre zèle pour le service de S. M., en portant l'assemblée de votre province à nommer des députés à l'assemblée générale qui puissent y contribuer efficacement; et quoique je sache que le choix en doive être entièrement libre, et ne dépende que de vous et de l'assemblée provinciale, je crois ne pouvoir me dispenser, pour le bien du service, de vous proposer M. l'évêque d'Angers comme un de ceux qui pourroient remplir cette députation avec le plus de succès. C'est à vous de faire l'usage que vous jugerez convenable de cette ouverture, sans qu'elle puisse contraindre en aucune manière la liberté de votre choix et des suffrages de votre assemblée. Je vous prie seulement de me donner part de la délibération qu'elle aura prise pour cette députation*.»

* Le même jour, il recommande l'évêque de Digne à M. l'archevêque d'Embrun; à M. l'archevêque de Narbonne, l'évêque d'Alais; à M. l'archevêque d'Aix, l'évêque de Riez. M. l'archevêque de Narbonne répondant que l'évêque d'Agde a quelques droits à être choisi au lieu de celui d'Alais (4 avril), le contrôleur général lui écrit, le 14 avril : «Comme c'étoit de mon chef, et sans aucune sollicitation, que je vous avois écrit pour M. l'évêque d'Alais, je crois pouvoir vous dire que M. l'évêque d'Agde remplira parfaitement la députation.....»

Le 15 avril, il recommande l'abbé de Castellane à M. l'archevêque d'Aix, et, le 25 avril, l'abbé de Bouville, à M. l'archevêque de Rouen. L'abbé de Bouville avait demandé sa protection par une lettre du 23 avril.

1013. *Le Contrôleur général*
à M. Uzel, curé de l'île de Groix, près Port-Louis.

22 Mars 1711.

«J'ai reçu votre lettre du 4 de ce mois et le placet des habitants de l'île de Groix. Je n'ai autre chose à y répondre, sinon que vous feriez bien de ne vous pas mêler des impositions du Roi; ce n'est point votre affaire, et ces habitants doivent, en pareil cas, s'adresser à l'intendant de la province, qui examinera s'il convient de leur accorder ce qu'ils demandent*.»

* Ils déclaraient que l'île appartenait en entier au prince de Guémené, et que, n'ayant à eux-mêmes ni fonds ni revenus, ne vivant que de leur labeur et de leur pêche, et étant en outre exposés aux incursions des ennemis, on devait les dispenser du dixième, aussi bien que des fouages et autres droits.

1014. *M.* Voysin, *secrétaire d'État de la guerre,*
au Contrôleur général.

22 Mars, 13 Septembre et 17 Octobre 1711.

Étapes, vivres et fourrages du service de Fargès*.

* Le contrôleur général écrit en apostille sur la première lettre: «Je leur ai promis de leur donner des fonds à recevoir sur les recettes générales, capitations et dixième, et je leur ferai fournir des rescriptions au commencement du mois prochain, pour être payés de mois en mois, à commencer du mois de juin. Il faudra commercer ces rescriptions.» Sur la seconde lettre: «Faire réponse que j'ai donné pour 2,200,000# d'assignations, dont 1,200,000# sur les vivres de la capitation 1711, et un million sur la solde pour le pain d'hiver. Je ne doute pas que Fargès et sa compagnie ne demandent des assignations pour les fourrages; mais je ne puis en donner de longtemps, et les finances sont épuisées par les fonds immenses donnés pour toutes les dépenses. Vous savez quel en est le succès.»

Voir des lettres de M. d'Angervilliers, intendant en Dauphiné, 4 février et 24 décembre, et de M. le Guerchoys, en Franche-Comté, 13 mars.

Le 21 mars, le contrôleur général répond à M. le Guerchoys: «Vous me mandez, par votre lettre du 13 de ce mois, que le receveur général de votre département a envoyé ses rescriptions à son commis sur les lieux pour compenser partie de 223,000# que vous avez fait prendre dans sa caisse, en 1709, pour les étapes 1710, sur celle de 137,000# que j'ai fait assigner pour cette même dépense le 22 du mois de décembre dernier. Vous marquez aussi qu'il doit rester des fonds de 1709 et de 1710 pour subvenir à cette dépense, joint à ce que le sieur d'Harnoncourt doit avoir entre les mains 200,000# d'assignations qui lui ont été envoyées en Alsace pour la subsistance des troupes en 1710, lesquelles n'ont pu avoir lieu parce que les fonds avoient été consommés pour les étapes. J'ai fait vérifier l'état de la recette et dépense des impositions de 1709 et 1710, pour constater les fonds qui restent de ces exercices; après quoi, j'ai fait mon arrangement conformément à la note que je joins ici, par laquelle vous verrez qu'en faisant expédier une ordonnance de 44,833# 6 s. 8 d., les étapiers recevront les 137,000# qui leur ont été ordonnés, et que le receveur général sera en règle pour les 223,000# qui ont été pris dans sa caisse. Vous demandez que les assignations soient acquittées sur les lieux sans qu'il soit besoin de les faire convertir en rescriptions, parce que cette conversion cause du retard et fait péricliter le service. C'est à quoi je ne puis consentir, parce qu'ayant abrogé l'usage des assignations, et les fonds des recettes générales devant être portés au Trésor royal, cette conversion d'assignations est absolument nécessaire pour éviter de tomber dans une pareille confusion que l'année dernière. Au surplus, les rescriptions ne peuvent, en aucune manière, faire retarder le service, puisqu'elles sont envoyées au lieu de leur destination à la place des assignations.»

Sur une autre lettre de M. le Guerchoys, du 12 juillet, un étapier qui demandait un renouvellement de surséance au payement de ses dettes, ou le remboursement de ce qui lui était dû, obtint la surséance.

1015. *M.* de la Houssaye, *intendant en Alsace,*
au Contrôleur général.

22 Mars et 17 Avril 1711.

Il rend compte des marchés pour la construction de deux ponts de charpente solide sur le Rhin, l'un à Brisach, l'autre au Fort-Louis, pour communiquer avec l'île du Marquisat, et sur l'achat de pins et de chênes dans la forêt de Haguenau, où les courses des partis ennemis n'ont pas permis de faire des coupes réglées depuis le commencement de la guerre*.

* Sur les travaux de construction et de réparation des ponts au moyen de bois coupés, soit dans les forêts royales, soit dans les parties réservées des bois de religieux, voir des lettres de MM. de Bernage, intendant à Amiens, 8 avril 1711 (pont sur l'Authie, à Doullens); de la Briffe, en Bourgogne, 3 janvier 1713 (pont de Sagy), et de Harouys, en Champagne, 22 avril 1711 (pont Barthélemy, sur l'Aisne, à une demi-lieue de Sainte-Menehould).

Le 27 août 1713, Mgr le Duc, gouverneur de Bourgogne, écrit au contrôleur général: «J'ai reçu votre lettre par laquelle vous me mandez que vous avez rendu compte au Roi de la prière que je vous avois faite au sujet des crues de sel pour aider à réparer le pont de Seurre, et que S. M. l'a accordée. Je vous suis très obligé de l'attention que vous avez eue là-dessus à me faire plaisir.....»

Voir aussi une lettre du contrôleur général à M. Guynet, intendant à Caen, 31 juillet 1714, touchant l'établissement d'un pont au lieu dit Petit-Vey et les prétentions du prince Charles d'Armagnac à y percevoir immédiatement les droits du tarif, en établissant à cet effet des bacs ou des barques.

1016. *M.* de Richebourg, *intendant à Rouen,*
au Contrôleur général.

24 Mars 1711; 13 Mars, 14 et 25 Avril 1712.

«J'ai l'honneur de vous faire savoir que je viens de livrer au régiment de Touraine trois cents hommes de milice que j'ai été lui faire, et que j'ai eu toute l'attention à lui donner de beaux et bons hommes, dont les officiers sont fort contents, sans cependant prendre, autant qu'il a été possible, les fils de fermiers ou particuliers payant une taille un peu considérable, afin que cela ne fasse tort au recouvrement, ni à la culture des terres. Je puis vous assurer que ce régiment est en très bon état, et qu'il a bien travaillé, étant à douze cents.»

Arrestation de miliciens qui ont déserté*.

* Par une seconde lettre du 14 avril 1712, il paraît que quelques-uns des miliciens avaient un congé régulier, et n'étaient réputés déserteurs que sur de fausses assertions de leur capitaine.

Au sujet de déserteurs d'autres régiments qui se trouvaient dans celui de Touraine, M. Voysin, secrétaire d'État de la guerre, écrit au contrôleur général, le 14 juin 1712 : «.....La grâce que M. le marquis de Maillebois voudroit obtenir..... n'a été accordée qu'au régiment de Piémont, après qu'il fut sorti de Douay, à condition de payer 30# par homme aux capitaines qui réclameroient leurs soldats..... Pour ne point affoiblir le régiment de Touraine, et ne point établir aussi une conséquence qui seroit difficile à soutenir, je mande à M. de Maillebois de prendre la peine de m'adresser un état des déserteurs qui se trouvent dans les deux bataillons de Touraine, et de se dispenser de les rendre, s'ils sont recherchés.....»

1017. *Le Contrôleur général à M. Trudaine, intendant en Bourgogne.*

25 Mars 1711.

Administration des biens de l'abbaye Saint-Benigne de Dijon; fixation des indemnités dues pour la dégradation des bois par les héritiers du précédent abbé.

«Je vous supplie de vouloir bien continuer d'y donner quelque attention, sans néanmoins vous détourner des autres occupations plus importantes dont vous êtes chargé*.»

* Sur les biens, titres et privilèges de cette abbaye; sur la réparation et l'entretien des bâtiments, et sur la visite des bois, voir les lettres de M. de la Briffe, successeur de M. Trudaine, 9 avril et 27 juin 1712, et du sieur Roullin, intendant de M. l'abbé Desmarets, 4 juillet 1712 et 17 avril 1714.

Le sieur Roullin écrivait, le 12 mars 1711 : « M. de Reims, comme abbé de Saint-Bénigne, a conféré à feu l'abbé Brunet le prieuré de Saint-Marcel-lès-Sussey, situé en Comté, diocèse de Besançon, de 3,000# de revenu de l'aveu du titulaire d'à présent. Le Roi, comme souverain de la Franche-Comté et aux droits des rois d'Espagne, nomma en même temps à ce même bénéfice; mais, son confesseur ayant reconnu que l'abbé de Saint-Bénigne en étoit le véritable et seul collateur, [il] se désista de sa nomination. L'abbé Brunet, après l'avoir possédé paisiblement durant plusieurs années, l'a résigné au sieur Durand de Romilly, receveur général des finances à Limoges, son neveu, qui s'est fait chevalier de Saint-Lazare. Outre ce prieuré, le sieur de Romilly possède encore celui de Sainte-Marie de Saxo-Fontaine, de 2,500# de revenu, diocèse de Langres, dont M. l'abbé est aussi collateur. L'abbé Brunet décédé, le Roi a conféré ce même prieuré de Saint-Marcel au fils de M. Doroz, procureur général du Parlement de Besançon. Ce bénéfice contentieux a donné lieu au sieur de Romilly de faire assigner au Grand Conseil le sieur Doroz, en complainte pour le possessoire de ce prieuré de Saint-Marcel. Le sieur Doroz, procureur général, a fait renvoyer, par arrêt rendu par M. Voysin le 23 septembre dernier, dans le département duquel est cette province, devant les juges du comté de Bourgogne, cette complainte, et par appel au Parlement de Besançon, fondé sur la capitulation des Comtois lorsqu'ils se sont soumis à la domination du Roi, et sur la disposition de l'ordonnance de 1684, art. 1er, tit. 36, portant que les Comtois ne pourront être traduits hors du ressort du Parlement de Besançon. A cela l'on peut répondre privilège contraire à la souveraineté, qui consiste dans la jurisdiction que le souverain peut toujours exercer lui-même personnellement, ou, en l'évoquant de ses Parlements, l'attribuer à tel de ses Conseils qu'il le juge à propos; que ce prétendu privilège ne concerne que ceux qui ont droit de *committimus*, et non les évocations ou attributions de matières de la compétence du Grand Conseil. D'ailleurs, en conséquence du traité de paix de Nimègue, le Roi a obtenu un bref du pape Innocent XI, du 20e mai 86, pour nommer dans le comté de Bourgogne, y compris Besançon, aux mêmes bénéfices auxquels les rois d'Espagne nommoient. Enfin, S. M., par ses lettres patentes du 7e d'août 86, d'acceptation de ce bref, a attribué au Grand Conseil, exclusivement à tous autres juges, la connoissance de la matière en question. On peut ajouter le privilège de Cluny, les exemples et les arrêts en pareil cas. En conséquence, le sieur de Romilly demande d'être reçu opposant à l'exécution de l'arrêt du 23 septembre dernier, et d'être renvoyé au Conseil en règlement de juges; demande encore que M. l'abbé, comme collateur, intervienne dans cette instance et prenne son fait et cause. Je supplie Votre Grandeur de m'honorer de ses ordres sur cela. Madame m'avoit promis de me donner les siens, après avoir parlé à Votre Grandeur au sujet du sieur Verchère, qui demeure dans le silence et n'offre point d'argent à M. l'abbé après la signification qui lui a été faite de la mainlevée de la saisie de l'économe séquestre, et après une année moins six semaines de jouissance du revenu de son abbaye. A l'égard des impositions faites par le clergé de Langres, montant à 3,106# 6 s., j'aurai l'honneur de dire à Monseigneur qu'il y en a 1,347# dont le sieur Lamy est tenu par son bail; que, du reste, il y en a 900# pour la capitation, suivant le rôle du 11 avril dernier, arrêté depuis le décès de M. de Reims, et que le surplus est pour des rejets.»

1018. *M. Méliand, intendant à Lyon, au Contrôleur général.*

27 Mars et 9 Mai 1711; 7 Janvier 1713.

Payement de la pension de 1,500# qui est attribuée au marquis de Goësbriant père, détenu dans le château de Pierre-Encise; ses différends avec M. de Poligny, commandant du château*.

* Voir une lettre de M. de Goësbriant, 4 mai 1711; le commandant l'avait réduit au pain et à l'eau, sous prétexte qu'il favorisait les communications des autres prisonniers avec la ville.

1019. *Le Contrôleur général aux Intendants.*

30 Mars 1711.

Bien que le Roi ait désigné les effets qui peuvent être acceptés dans les emprunts que les villes et bourgs doivent faire pour le payement du Don gratuit, en exécution de l'édit de septembre 1710 et de la déclaration du 7 octobre suivant, il les avise de faire savoir de nouveau aux maires, échevins, officiers et principaux habitants des villes de leur département qu'ils ne doivent recevoir que des effets libellés pour être convertis en rentes sur le doublement des octrois, à savoir : les assignations, par les caissiers du Trésor royal; les billets des fermiers généraux, par le sieur Mollet de Brumières, et les billets de monnaie, par le sieur Heulin. Cet arrangement aura l'avantage de produire l'extinction des billets de monnaie et autres effets qui sont à charge au commerce.

1020. *M. le Gendre, intendant à Montauban,*
au Contrôleur général.

31 Mars 1711.

«J'espérois pouvoir vous envoyer par ce courrier l'état exact que vous m'avez demandé de ce que l'on pourroit tirer du dixième dans ce département; mais ce travail est d'une si grande discussion, et il est si difficile, dans les élections éloignées, d'avoir les éclaircissements nécessaires, et même de trouver des copistes pour y travailler, dans la crainte de se faire des ennemis, que cet ouvrage n'est point encore dans sa perfection. Cependant j'ai l'honneur de vous envoyer un bordereau qui contient, à peu de chose près, par estimation, ce que l'on pourra tirer, à la rigueur, du dixième.

«Les quatre premiers articles, qui regardent les gages, rentes sur le clergé, appointements des commis et patrimoniaux, ne souffriront point de difficulté. Le cinquième, qui concerne les marchands et autres qui font valoir leur argent, sera un peu plus difficile dans l'exécution; cependant j'espère en venir à bout sur le pied marqué dans le projet. La grande difficulté roule sur le six et septième article, qui regardent le dixième des biens nobles et des biens ruraux.

«Il sera aisé de régler le dixième des biens nobles sur le pied des aveux et dénombrements rendus aux trésoriers de France, et d'y comprendre les autres biens nobles pour lesquels il n'y a point eu d'aveux et dénombrements, sur les états que les subdélégués m'ont envoyés. Mais le grand embarras sera de faire payer ce dixième à une infinité de gentilshommes qui ont à peine de quoi vivre, ou qui ont leurs enfants au service. Il n'y en aura pas le quart qui paye volontairement; le reste ne le fera que par la contrainte et les saisies, et en accordant quelque diminution à ceux que l'on connoîtra dans l'impuissance de payer. Ainsi, il faudra, sur cet article, diminuer au moins un sixième pour les non-valeurs.

«Les particuliers qui possèdent les biens roturiers, quoique les plus chargés, ne laisseront pas que de payer, si vous approuvez le plan que j'ai déjà eu l'honneur de vous proposer, et que je prends la liberté de vous répéter, qui est de régler le dixième sur le pied des impositions ordinaires. La taille et impositions ordinaires montent, dans la généralité de Montauban, à 3,500,000#, sur lesquelles il y a eu 500,000# de diminution en faveur des communautés misérables et impuissantes. Je donne par estimation, aux particuliers, autant de revenu qu'ils payent de taille : ainsi, le dixième monte, à la rigueur, à 350,000#. J'ai eu l'honneur de vous observer que ce principe peut être fautif par rapport aux biens dont le revenu ne suffit pas pour payer les charges. Tels sont ceux où il n'y avoit que des noyers et châtaigniers, qui sont tous morts, sans exception, en 1709. Ainsi, l'on ne pourra pas, dans ces lieux-là, régler le dixième sur le pied de l'article de taille, ni du revenu du propriétaire, puisqu'il ne suffit pas pour payer les charges, une partie même ayant abandonné leur bien; et ce seroit le vrai moyen de leur faire perdre l'envie d'y revenir et de le cultiver. Pour cela, je crois qu'il suffiroit de diminuer 50,000# des 350,000# à quoi le revenu du dixième des biens ruraux peut monter, et l'appliquer à ces communautés absolument impuissantes. Les rôles seroient toujours de 350,000#, dont il n'y en auroit que 300,000# pour le Roi. Après avoir réfléchi pendant deux mois sur cette importante affaire, en avoir conféré avec tous mes subdélégués et les receveurs des tailles, ils sont tous demeurés d'accord que c'étoit le seul et unique moyen de procurer promptement au Roi les secours que S. M. attend du dixième des revenus des biens nobles et des biens ruraux.

«Le recouvrement pourra en être fait dans trois mois, à compter du jour que j'aurai reçu vos ordres sur ce pied-là. Si, au contraire, vous voulez suivre à la lettre l'esprit de la déclaration et obliger les particuliers à donner les leurs, ou en faire par estimation, c'est un ouvrage d'un an, presque toutes les déclarations des particuliers seront infidèles, et, sur le pied de celles que j'ai déjà reçues, le dixième du revenu des biens nobles et des biens ruraux n'iroit pas à 200,000# dans toute la généralité. Si on les fait par estimation, on ne peut refuser aux particuliers la voie d'opposition, et, quoique vous ayez décidé qu'il ne peut être écouté qu'en donnant sa déclaration et en payant les termes échus, il n'y en a pas un qui ne se fît plutôt exécuter que de commencer par payer. Cela causeroit des frais immenses, qui iroient plus loin que le dixième, feroit crier les peuples, causeroit peut-être pis, et arrêteroit non seulement ce recouvrement, mais même celui de la taille*.....»

* Le contrôleur général répond, le 11 avril, que ce système est entièrement contraire aux intentions du Roi, et qu'on envoie le sieur Ogier, qui est au courant de l'affaire, pour expliquer quelle importance il y a à se conformer entièrement à la déclaration. Sur le recouvrement du dixième et sur le mécontentement excité par M. le Gendre, voir les lettres de M. de Beaucayre, 3, 14 et 21 avril 1712.

1021. *Le Contrôleur général*
à M. le comte du Luc, ambassadeur en Suisse.

1er Avril 1711.

Il reconnaît que le dixième ne peut pas être levé sur la solde des soldats et sur les appointements des officiers suisses; mais il doit l'être sans difficulté sur les biens-fonds et rentes de l'hôtel de ville de Paris possédés par des Suisses*.

«La plus grande difficulté sera la taxe sur l'industrie qui pourroit être imposée sur les Suisses établis dans le royaume; je crois qu'on n'aura pas beaucoup de peine à trouver des tempéraments qui préviendront [leurs] plaintes**.....»

* M. Méliand, intendant à Lyon, annonce, le 7 avril, qu'il enverra à M. du Luc le mémoire demandé sur le nombre des Suisses domiciliés dans sa généralité, leur origine et leurs biens.

** Sur de nouvelles réclamations du canton de Zurich, le contrôleur général écrit à M. du Luc, les 3 et 16 septembre suivant, qu'examen fait des traités passés avec les Suisses, les Génois, les Florentins et l'État d'Avignon, il est impossible d'excepter les Suisses de la levée du dixième des fonds. Pour la taxe sur l'industrie, on a suspendu toutes poursuites jusqu'à résolution définitive.

Le 14 novembre suivant, M. Trudaine, intendant en Bourgogne, écrit qu'il a averti les syndics de Genève d'avoir à payer le dixième des biens qu'ils ont en France. En apostille d'une lettre sur le même sujet, de M. de la Briffe, successeur de M. Trudaine, 26 mai 1712, le contrôleur général écrit : «Que le Roi a trouvé à propos de ne point donner de décision absolue sur ce qui regarde le dixième des biens appartenant aux Suisses en France. Lorsque la question s'est mue dans les diètes, M. le comte du Luc, ambassadeur de S. M. en Suisse, a fait connoître, sur ce qui regarde cette imposition, [que] les Suisses ne pouvoient demander d'être traités en France plus favorablement que les sujets de S. M.; et, en effet, ils ont toujours continué, à l'exception de ceux qui sont actuellement dans le service de guerre, à l'égard desquels on a sursis.»

Les négociants italiens établis à Lyon furent également déclarés contribuables : lettres de M. Méliand, 19 février et 11 mars 1711.

La Savoie fut exemptée du dixième, mais augmentée de 200,000ᴴ sur la capitation, qui fut réduite à la demande du Sénat et de la Chambre des comptes; les commis de la ferme, étant exemptés de cette augmentation, payèrent le dixième de leurs appointements. (Lettres du contrôleur général à M. d'Angervilliers, intendant en Dauphiné, 23 avril 1711 et 13 janvier 1712; lettres de M. d'Angervilliers, 31 mai, 4 et 5 octobre, 31 décembre 1711.)

1022. *M. de Bernage, intendant à Amiens,*
au Contrôleur général.

1er Avril 1711.

Jugements rendus contre trois commis des vivres coupables d'avoir volé des grains du Roi dans les magasins d'Abbeville*.

* En apostille : «.....Il est à souhaiter que cet exemple puisse contenir les commis des vivres, qui ne sont accoutumés que de faire des friponneries; mais je doute fort que la crainte du châtiment puisse les rendre plus exacts à faire leur devoir et contenir leur avidité.»

Le 13, M. de Bernage avertit qu'il commence un autre procès contre un aide-major du régiment de Valence et des commis des vivres qui ont altéré des billets de fourniture de pain destinés à l'alimentation des pionniers d'Arras.

1023. *M. de Saint-Contest, intendant à Metz,*
au Contrôleur général.

1er Avril 1711.

«Conformément aux ordres que vous m'avez donnés par la lettre qu'il vous a plu me faire l'honneur de m'écrire le 11 février dernier, j'ai entendu les marchands, les banquiers et les Juifs, M. le procureur général du Parlement et Cour des monnoies, les gens qui actuellement travaillent à la Monnoie de Metz, et les principaux officiers de l'hôtel de ville, sur le fait des monnoies, qui, chacun, pensent différemment sur une matière aussi difficile et aussi délicate, surtout en ce pays-ci, où les Trois-Évêchés sont mêlés avec la Lorraine et isolés des deux côtés des terres d'Empire et d'Espagne, les monnoies ayant partout là des cours sur des pieds différents. Voici ce qu'on en peut résumer de plus raisonnable.

«Il y a deux objets dans cette affaire : l'un, l'intérêt du Roi et du royaume; l'autre, la commodité du commerce des peuples du pays. Il paroît qu'il faut se tenir ferme à ne point permettre le cours des espèces de Lorraine, parce que, dès qu'on le permettroit, M. le duc de Lorraine, ayant un débouché plus étendu, trouveroit des moyens pour faire voir plus grande fabrication que quand le débit en est restreint en son pays. Il ne faut pourtant pas s'attendre d'empêcher totalement que la monnoie de Lorraine ne se répande dans les Trois-Évêchés, par plusieurs raisons. La première est qu'étant aussi mêlés que nous le sommes avec la Lorraine, les particuliers recevront toujours des espèces qu'ils peuvent souvent remettre de l'autre côté du ruisseau, car il y a des lieux indivis et non partagés possédés en souveraineté par le Roi et par M. le duc de Lorraine; il y en a aussi qui sont moitié l'un et moitié l'autre, et partout on est à deux lieues de la Lorraine dans le terrain de la souveraineté du Roi qui en est le plus reculé. D'ailleurs, plusieurs particuliers de ces pays-ci ont leur bien en Lorraine, où ils ne sont payés de leurs fermes qu'en ces espèces, et il y a des cantons qui se trouvent tellement enclavés dans la Lorraine, qu'ils y vendent toutes leurs denrées. Il y a aussi une valeur intrinsèque dans l'argent, qui le fera toujours recevoir sur le pied de l'intrinsèque par des marchands et commerçants du pays. Mais on trouvera un avantage à empêcher ce cours public dans les recettes et dans les payements généraux, quand on s'en plaindra, parce que, les espèces de Lorraine étant sur un pied plus haut de leur valeur qu'en France, elles ne seroient reçues dans les Évêchés que sur leur valeur essentielle entre gens qui le voudroient bien; et d'ailleurs les Lorrains sont obligés de nous apporter leur argent sur ce pied, pour amasser notre argent de France, qu'ils achètent à un prix plus haut que sa valeur pour pouvoir commercer en France, où ils le reportent. C'est le seul moyen d'empêcher la fabrication de M. le duc de Lorraine. Aussi ne trouve-t-il point de matières pour fabriquer des léopolds d'or, parce qu'on aime mieux, en France, porter les vieilles espèces d'or aux Monnoies de France, pour y passer des billets de monnoie, y ayant plus d'utilité pour eux que de les porter en Lorraine. On en tire même de Lorraine, que les Juifs portent à la Monnoie de Reims. A l'égard de la monnoie blanche, M. le duc de Lorraine tire beaucoup d'argent blanc, et en fabrique des sols qui se prennent à Metz pour 12 d., comme en Lorraine. C'est là où ils trouvent de l'utilité. Il ne me paroît aucun expédient pour l'empêcher, que de fabriquer ici des sols; et, pour lors, défendre absolument les sols de Lorraine; car, si on le faisoit auparavant, les marchés seroient obligés de cesser, n'y ayant que cette petite monnoie, et cela formeroit des mouvements. Je suis toujours persuadé qu'en fait de monnoie, il faut toujours trouver de l'utilité et de la commodité aux hommes; car, autrement, par la force, on n'empêchera jamais le transport des espèces. Il est impossible de garder ce pays-ci, étant mêlé au point que j'ai eu l'honneur de vous le marquer et enclavé l'un dans l'autre successivement; quand même on mettroit des gardes partout, ce qui ne se peut pas, les gardes eux-mêmes feroient ce commerce dès qu'il y auroit du profit. Voilà ce qui regarde l'intérêt du Roi.

«La commodité des peuples se trouve aussi dans le même niveau; car, par cette défense de recevoir les monnoies de M. le duc de Lorraine, M. le duc de Lorraine tenant ses monnoies fort hautes, les Lorrains sont obligés de venir dans les Trois-Évêchés pour faire par nous leur commerce en Flandre et en Hollande, ne le pouvant faire directement, et sont obligés de donner à nos banquiers et commerçants leur monnoie sur le pied de leur valeur intrinsèque. Ainsi, nous y faisons le profit de la banque, et ne perdons rien sur l'argent. Je crois donc qu'il n'y a qu'à s'en tenir à ce que vous avez fait. Il seroit seulement utile de fabriquer ici des sols, et d'y défendre pour lors encore plus sévèrement le débit des sols de Lorraine*.»

* Le 7 juin, le contrôleur général lui ordonne de faire fabriquer des pièces de 15 deniers qui n'auront cours que dans les Évêchés, afin d'arrêter l'introduction des espèces de Lorraine, mais de ne pas discontinuer celle des pièces de 30 deniers.

Le 14, l'intendant écrit que l'on vient de faire de nouvelles pièces de 30 deniers en Lorraine, aussi semblables que possible aux pièces françaises, pour les faire entrer en fraude, et, le 23 avril 1712, il propose un second traité avec M. Hogguer. Sur l'introduction de ces menues monnaies de Lorraine et de celles de Montbéliard en France, voir deux lettres de M. le Guerchoys, intendant en Franche-Comté, 29 avril et 21 juillet 1711; deux lettres de M. de la Houssaye, intendant en Alsace, 21 janvier 1711 et 10 août 1712; les lettres de M. de Saint-Contest, et du sieur Robin, commissaire-ordonnateur chargé de le suppléer pendant son absence, 8 mai, 8 et 18 juin, 29 juillet, 9 et 16 novembre, 5 et 31 décembre 1712, 25 janvier, 8 février, 4 et 30 mars, 4 mai, 14 et 26 juin, 15, 18, 28 et 29 juillet, 2, 7 et 26 août, 29 septembre et 29 novembre 1713, 9 janvier, 10 octobre et 30 novembre 1714; celles de M. de Barrois Saint-Remy, 20 novembre 1712, et de M. de la Porte, premier président du Parlement de Metz, 21 avril 1713.

Les habitants de Toul, plus particulièrement les Juifs de cette ville et ceux de Metz, étaient accusés de faire ce commerce : lettres de M. d'Audiffret, envoyé extraordinaire du Roi en Lorraine, 7 novembre 1711; de M. de Harouys, intendant en Champagne, 16, 23 et 25 février, 10 mars et 24 mai 1711; du contrôleur général à M. d'Audiffret, 7 décembre 1712, et de M. de Saint-Contest, 28 février et 8 avril 1713.

Il y eut une proposition d'admettre les monnaies de Lorraine à un prix inférieur à leur valeur nominale : lettres de M. de Saint-Contest, 24 juin et 27 août 1713.

1024. *M. Daguesseau,*
procureur général au Parlement de Paris,
au Contrôleur général.

2 Avril 1711 et 13 Juin 1712.

Il rend compte de l'état précaire du collège Mazarin. Le meilleur moyen d'y remédier est de lui donner des rentes sur la ville égales aux arrérages dus de la rente qui lui est assignée sur les cinq grosses fermes, à la valeur des billets de monnaie que cet établissement détient, et à ce que lui doit le Roi pour certains manuscrits de la bibliothèque du cardinal Mazarin.

1025. *M. d'Argenson, lieutenant général de police*
à Paris,
au Contrôleur général.

3 Avril 1711.

«J'ai communiqué aux syndics des libraires et aux maîtres et gardes de la marchandise de vin le mémoire que vous m'avez fait l'honneur de me renvoyer, par lequel on propose de les mettre au rang des six corps des marchands, dont le nombre seroit de huit, et de leur attribuer le droit de remplir chaque année deux nouvelles places de juges-consuls par augmentation; le tout, moyennant finance. Mais les syndics des libraires et les gardes de la marchandise de vin m'ont assuré qu'ils n'avoient jamais eu dessein de parvenir au consulat, et que leurs communautés n'étoient pas en état de fournir aucunes sommes pour acquérir l'honneur qu'on leur offre. Les libraires ont ajouté qu'ils ont, de tout temps, fait corps avec l'Université, que leurs statuts les obligent de demeurer dans l'enceinte de certaines limites aux environs des collèges, et que plusieurs déclarations du Roi et arrêts du Conseil leur ont accordé des distinctions plus honorables, à leur gré, que celles qu'on leur propose, en les déclarant membres et suppôts de l'Université de Paris. Dans ces circonstances, je ne crois pas qu'on puisse faire aucun usage du mémoire qui vous a été présenté.....»

1026. *M. de Bâville, intendant en Languedoc,*
au Contrôleur général.

5 Avril 1711.

Il demande un arrêt qui prolonge pour dix années la subvention donnée par la ville de Toulouse à l'hôpital où l'on enferme les mendiants. C'est un établissement fort utile, et qui contient des manufactures; il touche 3,000# sur les impositions du diocèse et a 24,418# de revenu fixe*.

* Le syndic de la ville fit opposition à l'arrêt et réclama que la ville fût déchargée de cette subvention. En apostille : «Avant faire droit, les états des revenus et dépenses seront représentés par-devant M. de Bâville et examinés en présence du syndic, ou lui appelé; cependant l'arrêt et l'ordonnance de M. de Bâville seront exécutés.....»

1027. *M. Ferrand, intendant en Bretagne,*
au Contrôleur général.

7 Avril 1711.

«..... Sur la difficulté que fait le sieur du Val-Baude d'accepter la charge de procureur-syndic de la juridiction consulaire de Saint-Malo, à laquelle il a été nommé dans l'assemblée générale des habitants tenue le 7 janvier, j'ai communiqué audit sieur de Val-Baude les raisons dont la communauté se sert pour soutenir la nomination qui a été faite de sa personne.....

Il me paroît très important, pour soutenir la réputation d'une ville aussi considérable que celle de Saint-Malo, que les secrétaires du Roi ne soient pas exempts des charges principales et publiques : ils y sont en si grand nombre, qu'il seroit impossible de trouver des sujets capables de les remplir. Vous verrez, dans les exemples que l'on cite, que les secrétaires du Roi n'ont point fait de pareilles difficultés jusqu'à présent, quand ils se sont trouvés engagés dans le commerce comme le sieur du Val-Baude*.»

* Le 20 mai, il écrit que le sieur du Val-Baude s'est soumis.

1028. *M. de Torcy,*
secrétaire d'État des affaires étrangères,
au Contrôleur général.

9 Avril 1711.

La compagnie danoise des Indes orientales établie à Tranquebar propose d'envoyer du poivre en France à charge de remporter en échange des marchandises françaises*.

* Le Conseil de commerce, dans une délibération dont le résumé est joint à cette lettre, fut d'avis de ne pas accorder la permission, parce qu'elle semblait devoir tourner à l'avantage des Hollandais.

Sur une demande des marchands de Montpellier, transmise le 24 novembre suivant par M. de Bâville, intendant en Languedoc, et tendant à faire venir trois vaisseaux de Hollande à Cette, pour y charger sous passeports des denrées de la province, ou à prendre des passeports de Hollande pour charger ces denrées sur des vaisseaux de Saint-Malo, le contrôleur général écrit de sa main : «À M. Daguesseau, pour avoir son avis. Il ne lui échappera pas de faire attention à toutes les tentatives que font les Hollandois pour avoir des passeports, et aux soins qu'on a pris d'en prévenir les inconvénients.»

1029. *Le Contrôleur général*
à M. Trudaine, intendant en Bourgogne.

10 Avril 1711.

Le Roi accorde une somme de 1,000# pour la construction d'une chapelle dans la prison d'Auxonne, et consent à donner un fonds sur le domaine pour que la messe y soit dite les dimanches et jours de fête.

1030. *M. Ferrand, intendant en Bretagne,*
au Contrôleur général.

12 Avril 1711.

L'érection de Port-Louis en corps et communauté, afin d'être déchargé des fouages et de jouir d'autres grâces et exemptions, est retardée par la négligence des habitants à faire enregistrer leurs dernières lettres patentes de 1672*.

«Je ne sais si M. des Graviers (commandant du Port-Louis) est bien d'accord avec M. le duc de la Meilleraye, gouverneur du Port-Louis. Il y a plusieurs années qu'on assure qu'il ne veut pas permettre à ces habitants d'être érigés en corps de communauté.....»

* Le 13 août suivant, M. Ferrand envoie les réponses faites par le procureur général-syndic des États et les fermiers de la province à une demande des habitants de Lorient, transmise par M. de Pontchartrain, secrétaire d'État de la marine, pour être déchargés de toutes taxes, fouages, devoirs, dixième et logement des gens de guerre. En marge : «Néant.»

1031. *M. de la Briffe, intendant à Caen,*
au Contrôleur général.

17 Avril 1711.

Il rend compte du commerce secret qui se fait avec l'Angleterre le long des côtes, en raison de la proximité des îles de Jersey et de Guernesey*.

* Voir aussi les lettres de M. Guynet, successeur de M. de la Briffe, 9 novembre 1712, 1er janvier, 5 février et 15 décembre 1713.

Le 22 janvier 1713, M. le Blanc, intendant en Flandre maritime signale l'armement, à Ostende et sous pavillon de Bourgogne, de plusieurs corsaires de Jersey et de Guernesey.

1032. *M. le Gendre, intendant à Montauban,*
au Contrôleur général.

20 Avril 1711.

Circulation en Catalogne de deniers de France marqués aux armes de l'Archiduc et frappés en France*.

* Voir les lettres de M. de Saint-Maurice, commissaire général de la Cour des monnaies de Lyon (G7 1465), sur le procès fait à des habitants du pays de Conserans qui ont réformé ces deniers (28 juin, 13 et 31 juillet 1712), et une lettre de M. le Blanc, intendant en Flandre maritime, sur la circulation des anciens liards d'Espagne et de ceux qui ont été récemment frappés aux armes de l'Archiduc ou de l'électeur de Bavière (6 décembre 1712).

1033. *Le Contrôleur général*
à M. de Pontchartrain, secrétaire d'État de la marine.

23 et 24 Avril 1711.

Au lieu de percevoir l'indult sur les matières d'or et d'argent rapportées par les vaisseaux de la mer du Sud, il sera plus utile à l'État, comme aux intéressés, de laisser à ceux-ci la libre disposition des matières, sauf à exiger une soumission de les porter aux Monnaies.

«On ne peut douter que les intéressés n'aient entrepris le voyage sans permission du roi d'Espagne; reste à savoir de quelle manière ils auront traité aux Indes. Supposé qu'ils en aient obtenu la permission des officiers du roi d'Espagne, ils auront payé les droits d'entrée et de sortie dus à S. M. C. Si, au contraire, ils ont fait leur commerce en aventuriers, ils ont couru les risques de la confiscation portée par les règlements d'Espagne; et, dans l'un ni dans l'autre cas, il ne paroît pas qu'il y ait de motif à cette levée.....

«La sévérité de ces ordres ne manqueroit pas de jeter beaucoup d'inquiétude dans l'esprit des intéressés, et l'on peut dire

IMPRIMERIE NATIONALE.

même de tous les négociants, jaloux à l'excès, comme vous savez, de la liberté de leur commerce, et toujours méfiants dès qu'ils perdent de vue leurs effets, ou qu'ils n'en ont pas une disposition aussi libre qu'ils le voudroient. Vous savez aussi que la conjoncture présente exige d'avoir quelque ménagement pour ceux qui se mettent en état de donner des secours pressants et considérables pour le service du Roi*.....»

* Sur l'importation des piastres, leur transport à la Monnaie de Bayonne, et l'emploi du profit à la subsistance des troupes et au payement des sommes dues aux marchands importateurs, voir plusieurs lettres de M. de Courson, intendant à Bordeaux, 12 mai, 27 juin, 25 juillet et 10 novembre 1711, 19 janvier et 29 mai 1712.

Sur les fraudes commises à Brest, lors de l'arrivée des matières venant de la mer du Sud, par les officiers et les armateurs des vaisseaux, et sur le déchargement des matières et leur transport aux Monnaies de Rennes, Nantes et Paris, voir les lettres de M. Ferrand, intendant en Bretagne, 5 et 9 septembre 1711, 4 et 28 février, 10 mars et 8 décembre 1712; du sieur de Bouridal, commissaire-ordonnateur et subdélégué à Brest, 7, 9 et 25 septembre, 5, 7, 16, 23 et 26 octobre, 9 et 30 décembre 1711; du sieur de la Chipaudière-Magon, négociant à Saint-Malo, 6 janvier 1712, et du sieur Bernard, commis de M. Hogguer à Brest, 7 septembre 1711 et 5 février 1712.

1034. M. DE BERNIÈRES, *intendant en Flandre*,
AU CONTRÔLEUR GÉNÉRAL.

24 Avril 1711.

«.....Les pièces de 20 s. et de 10 s., qui ont été réduites à 15 s. et à 7 s. 6 d. par le dernier tarif,..... ont cours dans les villes de la domination des ennemis sur le même pied qu'elles sont évaluées, par le dernier tarif, dans le royaume, savoir : les premières, pour 12 patars, qui font 15 s. en France, et les autres, pour 6 patars, qui font 7 s. 6 d., aussi de France. Les ennemis les donnent et les reçoivent à ce prix, tant dans leur commerce que pour le payement de leurs troupes. Il faut, sur ce pied-là, trois pièces de 7 s. 6 d. et 1/3 pour faire 20 patars ou un florin, qui fait 25 s. en monnoie de France.

«Il vous paroîtra peut-être extraordinaire que ces espèces soient passées à l'étranger, puisque, par ce détail, il semble qu'il n'y a aucun profit à faire en les y transportant; mais il y en a certainement, et voici comment. Les vieilles espèces d'or et d'argent étant fort rares sur cette frontière, les particuliers qui en ont vendent le louis d'or jusqu'à 15# et 15# 5 s., et les écus 3# 15 s. jusqu'à 3# 17s. Il se trouve assez d'acheteurs à ces prix, parce que ceux-ci les revendent encore à d'autres qui en ont besoin pour faire passer des billets aux Monnoies : de sorte que c'est à qui en donne le plus. Ainsi, les marchands et commerçants de cette frontière qui ont des payements à faire dans l'étranger se gardent bien d'y envoyer de ces espèces, sur lesquelles ils feroient une perte très considérable, le louis d'or n'y ayant cours que pour 10 florins 10 patars, faisant en monnoie de France 13# 2 s. 6 d., et l'écu que pour 56 patars, qui font 3# 10 s. de France; mais, au lieu de ces espèces, ils se sont attachés à amasser des pièces de 15 s. et de 7 s. 6 d., pour les y faire passer, attendu qu'il n'y a rien du tout à perdre, y étant reçues pour 12 et pour 6 patars, qui font 15 s. et 7 s. 6 d., qui est le même prix qu'elles valent dans le royaume : à quoi ils ont si bien réussi, qu'on n'en voit plus du tout sur cette frontière. Je ne sais si elles sont plus communes en France; mais il est certain qu'on ne voit presque plus d'autre argent à Tournay, à Lille, à Douay, et autres places de la frontière occupées par les ennemis.»

1035. M. DE RICHEBOURG, *intendant à Rouen*,
AU CONTRÔLEUR GÉNÉRAL.

24 Avril, 4 Août, 6 et 22 Septembre 1711.

Il rend compte des contestations de M. le duc d'Elbeuf avec les manufacturiers en laine de cette ville, qui prétendent employer au lavage de leurs laines l'eau du ruisseau qui la traverse*.

* Voir, au 27 mai, une requête des manufacturiers, et, au 5 septembre, une lettre de M. le duc d'Elbeuf. Le contrôleur général répond à celui-ci, le 9, que ses adversaires sentent qu'on a besoin d'eux et de leur industrie, mais qu'il doit cependant résister à leurs prétentions.

1036. LE CONTRÔLEUR GÉNÉRAL
à M. LEBRET, *intendant en Provence*.

27 Avril 1711.

«.....Sur ce qui regarde les nations neutres (réclamant la décharge du droit de fret pour certaines marchandises apportées par leurs vaisseaux), je dois vous dire que l'arrêt du 30 décembre 1710 et celui du 20 janvier 1711 n'ont eu pour objet que les nations neutres du Nord, n'étant qu'une suite et une augmentation des précédents arrêts rendus en faveur des Suédois et des Danois, et pour les marchandises de leur cru qui nous sont nécessaires. Cependant, comme l'arrêt du 30 décembre 1710 porte : *nations neutres*, en termes généraux, c'est ce qui a donné lieu aux Génois d'en vouloir prendre avantage. J'ai jugé la matière assez importante pour être renvoyée au Conseil de commerce, et avoir son avis. Aussitôt que je l'aurai reçu, j'en rendrai compte au Roi, et je vous ferai savoir ses intentions. Jusqu'à ce temps-là, il convient de laisser payer le droit de fret par consignation.

«Sur ce qui regarde le droit sur les huiles, il paroît qu'en vertu de l'édit du mois d'octobre 1710, le traitant de ce droit doit percevoir les 6 d. par quintal sur les huiles arrivant dans la ville de Toulon, comme partout ailleurs, et sur celles du crû de la province, non seulement depuis le 25 février dernier, mais encore depuis ledit édit. S'il y avoit là-dessus quelque difficulté plus particulière dont je n'eusse pas connoissance, je vous prie de m'en informer, pour y faire statuer par S. M.

«Sur ce qui regarde le poids du suif, l'édit d'établissement des offices de contrôleurs et visiteurs des suifs en Provence et dans la généralité de la Rochelle, du 1er juillet 1710, porte que lesdits officiers seront établis dans toutes les villes, bourgs et autres lieux de Provence et de ladite généralité, et que le droit d'un sol sur chaque livre pesant de suif sera payé par les bouchers, chandeliers et autres, sans exception, comme il est porté par l'édit du mois de décembre 1708. Or, cet édit, qui porte création des offices de contrôleurs-visiteurs des suifs dans toutes les villes et bourgs du royaume à l'instar de la ville et faubourgs de Paris, avec attribution d'un sol pour livre pesant de suif, influe une conséquence nécessaire, que la livre de suif doit être du poids de seize onces en Provence comme à Paris, à la Rochelle et dans le reste du royaume. Je vous prie d'entendre sur cela le traitant, pour lui demander le titre sur lequel il se fonde pour vouloir lever ce droit au poids de table, et d'ordonner qu'il sera perçu au poids de marc, comme dans le reste du royaume, en cas qu'il ne vous paraît point de titre particulier pour la Provence.

«Sur ce qui regarde les suifs de prise passant à l'étranger, cette difficulté se décide par l'article 5 du règlement du 24 mars 1703 touchant les prises : il porte que les adjudicataires pourront, si bon leur semble, renvoyer dans les pays étrangers, sans payer aucuns droits, les marchandises de prises dont la vente et le débit sont permis dans le royaume. Or, le suif est une marchandise de cette qualité, et, par conséquent, quand le suif de prise est déclaré pour l'étranger, il n'est sujet à aucuns droits et doit être exempt du sol pour livre pesant de suif, l'édit sur lequel le traitant se fonde ne pouvant avoir de juste application que pour les suifs de prise qui entrent dans le royaume pour y être consommés.

«C'est sur quoi il est nécessaire que vous donniez vos ordres, et que vous fassiez savoir aux consuls de la ville de Toulon les réponses contenues en cette lettre*.»

* Voir, au 5 mars précédent, les plaintes des maire et consuls de Toulon contre le receveur de la foraine; au 1er octobre suivant, la réponse des fermiers aux réclamations, et, au 31 décembre 1712, une lettre du sieur le Grand de Sainte-Colombe, de Nice.

1037. *Le Contrôleur général à M. Roujault, intendant à Poitiers.*

30 Avril 1711.

«M. des Forts m'a fait voir les bordereaux que vous lui avez envoyés du recouvrement de la capitation des années 1708, 1709 et 1710. Je ne sais que trop combien toutes sortes de levées ont été retardées depuis quelque temps dans une partie des provinces du royaume; mais je vous avoue que j'ai été plus surpris que je ne puis vous l'exprimer en voyant qu'il n'a été reçu dans votre généralité que la moitié de la capitation de ces trois années, dont il n'a été payé que 37,233# sur celle de l'année dernière, et qu'il reste encore plus de 430,000# à recouvrer de celle de 1709. J'ai vu, par le détail, que j'ai examiné avec une extrême attention, qu'il y a des élections entières qui n'ont pas payé un sol de cette imposition pendant l'année 1710, et ce recouvrement est dans un tel dérangement, en ce qui concerne la noblesse, les officiers et les taillables, que je ne puis m'empêcher de l'imputer autant au peu d'application que vous y avez donné qu'aux malheurs généraux. Réfléchissez, je vous prie, un moment, sur l'impossibilité dans laquelle vous allez vous trouver de faire marcher en même temps le recouvrement de quatre années; songez combien celui de la capitation va se trouver reculé par celui du dixième, et convenez que la plupart des receveurs des tailles de votre généralité sont d'une négligence punissable, ou qu'il s'en faut bien que vous les ayez suivis d'assez près. Je vous ai mandé plusieurs fois la nécessité absolue qu'il y a de les obliger à tenir différents registres pour les différentes natures de recettes dont ils sont chargés, et de vous les faire exactement représenter tous les mois : c'est le seul moyen qu'il y ait de les forcer à imputer sur chacun recouvrement une partie des deniers que leur apportent les collecteurs. Servez-vous, s'il vous plaît, de toute votre autorité pour établir cet ordre dans votre département, et proposez-moi, sans perdre un moment, les moyens qui vous paroîtront les plus praticables pour réparer le désordre dans lequel est le recouvrement de la capitation, que j'aime mieux imputer à la mauvaise conduite des receveurs des tailles qu'à un manque d'attention de votre part.»

1038. *M. de la Briffe, intendant à Caen, au Contrôleur général.*

2 Mai 1711.

Le lieutenant de Roi du château de Caen, formant une garde bourgeoise pour surveiller les recrues de milice enfermées dans ce château, avait voulu y comprendre de force un ajusteur de la Monnaie que sa fonction en exemptait; l'intendant croit qu'il doit être dispensé en raison de son grand âge*.

* En marge, apostille d'une lettre de reproches au lieutenant de Roi.

1039. *Les Président et Trésoriers de France du bureau des finances de Flandre, Artois et Hainaut au Contrôleur général.*

3, 4 et 17 Mai 1711.

Ils se plaignent que le chevalier de Peseux veut, à toute force, occuper la maison de Saint-Omer où habite le président et où sont déposés les registres, titres et archives du domaine, et qu'il menace de faire jeter les meubles par les fenêtres, par ses grenadiers*.

* Au dos de la lettre du 4, de la main du contrôleur général : «À M. Voysin. Une lettre qui explique le fait, et lui dire que le Roi ordonne qu'il cherche une autre maison et qu'il laisse celle où le président des trésoriers de France demeure, et dans laquelle ils tiennent leurs assemblées.»

Sur le logement d'autres gouverneurs ou lieutenants généraux, voir une lettre de M. de Médavy, gouverneur de Nivernais, 13 août 1711, et deux lettres de M. Turgot, intendant à Moulins, 1er et 12 septembre; une lettre de M. de Nointel, intendant en Auvergne, 24 septembre 1714; une lettre du contrôleur général à M. Lebret, intendant en Provence, 14 octobre 1714.

1040. *M. Bignon, prévôt des marchands de Paris,*
au Contrôleur général.

4 Mai 1711.

Nomination d'un contrôleur des receveurs du dixième de la ville de Paris.

«Ce contrôle [vous] a été demandé bien des fois, et vous avez estimé qu'on en pouvoit épargner les frais, qu'il étoit même important que cette commission ne fût pas mise en fonctions réglées. Je suis, sous votre bon plaisir, le premier contrôleur, par l'attention que j'y donne. Le directeur fait tous les huit jours le dépouillement des registres des receveurs et les arrête, et, outre cela, vous avez agréé qu'un officier de ville, homme de détail, fût chargé de l'ambulance, soit pour le payement du dixième des officiers du port, soit pour l'examen de la suite des maisons, rechercher ce qui n'auroit pas été déclaré ou faussement déclaré. Cet officier se contentera de 800# de gratifications par an. Il lui faut un petit cheval pour exercer l'ambulance. On ne peut moins donner, au lieu qu'un contrôleur par commission seroit une dépense de 2,000#.....»

1041. *M. de Bérulle,*
premier président du Parlement de Grenoble,
au Contrôleur général.

4 Mai 1711.

Il demande surséance pour le sieur de Sainte-Colombe, gouverneur de Nyons, poursuivi en payement d'une taxe d'aisé.

«Ce gentilhomme sert très utilement dans le poste où il est, Nyons étant une ville du haut Dauphiné remplie de religionnaires, environnée de tous côtés de petites Genèves et de nouveaux convertis, gens mal intentionnés, lesquels, par son zèle et par son application, il a toujours contenus. C'est lui qui a découvert les complots des nommés Chapon, Léglise et autres qui avoient des commissions de la reine d'Angleterre pour lever des compagnies de cent hommes, et qu'on devoit faire un soulèvement général dans la province; l'on a même trouvé, en ces temps-là, de la poudre et des armes dans des cavernes des montagnes et des rochers; il y a eu des assemblées nombreuses dans le pays de Trièves, à sept ou huit lieues de Grenoble, avec des prédicants et prédicantes..... Nyons est le grand passage de tous les gens suspects venant de Genève pour aller dans le Comtat et dans le Languedoc..... Ce gentilhomme-là n'est point un sujet à taxe comme aisé. Il peut jouir de 3,000 ou 4,000# de rente, dont il est mal payé, et il est obligé de les dépenser à cause des troupes qui sont en quartier dans ce pays-là. Il a servi le Roi pendant douze années, capitaine dans le régiment de Picardie, et a eu deux frères tués dans le service, et il ne l'a quitté qu'à cause de ses blessures, dont il est estropié, ce qui l'a obligé d'acheter ce petit gouvernement de Nyons, qui lui rapporte 600#..... Je vous avoue qu'il est bien triste pour lui de se voir le seul gouverneur de cette province compris dans un rôle, quoiqu'il y en ait plusieurs plus riches que lui.....»

1042. *M. de Grignan, lieutenant général en Provence,*
au Contrôleur général.

4 Mai 1711.

«Le séjour de quelques Orangeois à Berlin fait qu'on reçoit quelquefois à Orange des nouvelles de la cour de Brandebourg, et, comme il est bon de ramasser ce qui se dit en certaines conjonctures, j'ai l'honneur de vous informer qu'il a été mandé que, dans les vues de l'électeur de Brandebourg sur la dignité impériale, ce prince tient, depuis quelque temps, à Rome, un agent secret, pour insinuer et tâcher d'établir qu'il ne manquera pas de dispositions à embrasser la catholicité. Les succès qu'ont eus à Rome les manœuvres de l'électeur de Saxe sur le fait de la religion, par rapport au royaume de Pologne, peuvent avoir contribué à faire prendre à l'électeur de Brandebourg le parti d'hasarder une telle négociation.»

1043. *M. de la Bourdonnaye, intendant à Orléans,*
au Contrôleur général.

7 Mai 1711.

«J'ai levé toutes mes milices, les troupes qui ont hiverné dans mon département sont parties, les taxes des aisés et des marchands de vin sont payées, j'ai signé la plus grande partie des rôles du dixième, je dois signer les autres incessamment, et, ne voyant rien qui demande ma présence dans la généralité d'Orléans, je prends la liberté de vous demander un congé de deux mois et demi pour aller faire en Bretagne des affaires très pressantes qui m'y appellent. Il y a fort longtemps que je n'y ai été, les personnes qui y prenoient soin de ce qui me regarde sont mortes, sans me laisser aucuns éclaircissements, et le peu de bien que j'y ai se trouve dans un désordre extrême. Je vous supplie donc très humblement de ne me pas refuser la permission que j'ai l'honneur de vous demander, et celle de vous aller saluer à la fin de mon voyage. Je ne partirai qu'après avoir mis toutes les affaires du Roi en état de ne point souffrir de mon absence*.»

* En marge, de la main du contrôleur général : «Bon, pour six semaines.»

1044. *M. de Richebourg, intendant à Rouen,*
au Contrôleur général.

8 Mai, 27 Octobre et 21 Décembre 1711;
19 Avril 1712.

Indemnité due au sieur le Febvre, receveur de l'abbaye du Bec, pour les grains qu'il voiturait à Elbeuf par ordre de l'intendant, en 1709, et qui ont été pillés par la populace de cette ville*.

* L'indemnité fut liquidée à 10,000#. En apostille de la lettre du 19 avril : «Sur Elbeuf, moitié en trois ou quatre années; moitié sur l'élection, en deux années, et les intérêts.»

1045. *M. de Courson, intendant à Bordeaux,*
au Contrôleur général.

9 Mai 1711.

«Les lettres que le Roi a fait l'honneur d'écrire à M. l'archevêque de Bordeaux, au Parlement et aux jurats pour les prières que S. M. désire être faites pour le repos de l'âme de feu Mgr le Dauphin, ont fait une difficulté. Il paroît, par la lettre qui a été écrite à M. l'archevêque, que l'intention du Roi est que l'on fasse des prières, et il n'y est point fait mention d'y appeler les Cours, ni de concerter rien, sur cela, avec elles. Cependant le Parlement a reçu des ordres pour y assister, et, dans la lettre que le Roi a fait l'honneur d'écrire aux jurats, il ordonne de faire les cérémonies accoutumées. Ces cérémonies sont fort grandes et coûtent beaucoup; on ne peut se conformer que sur ce qui a été fait à la mort de la Reine et à celle de la Reine mère; il en a coûté près de 10,000 écus à la ville pour chacune de ces cérémonies. Vous savez dans quelle situation sont les affaires, et la difficulté qu'il y auroit de pouvoir trouver ces fonds : nous en avons conféré ce matin, chez M. le maréchal de Montrevel, avec M. le premier président, MM. les grands vicaires et les jurats; nous avons résolu d'en écrire de concert à M. le marquis de la Vrillière.....»

1046. *M. de Sanguinière,*
maître particulier de la maîtrise
des eaux et forêts de Saint-Germain-en-Laye,
au Contrôleur général.

9 Mai 1711.

Il demande un arrêt pour forcer les habitants d'Achères, du Mesnil et de Carrières-sous-Bois à faire pâturer les prés qui leur ont été abandonnés par le Roi en dédommagement des usages qu'ils avaient dans la forêt de Saint-Germain, au lieu d'en vendre la récolte comme le leur permet une sentence de la Table de marbre*.

* Sur une nouvelle requête des habitants, et contre l'avis de M. Aunillon, premier président en l'élection (27 juillet), la vente de la récolte fut défendue (lettres du contrôleur général à MM. Aunillon et de Sanguinière, 30 juillet); mais, par grâce exceptionnelle, le produit de la vente de l'année courante fut employé au payement de la taille d'Achères.

1047. *M. Lebret, intendant en Provence,*
au Contrôleur général.

10 Mai 1711.

«.....Le directeur du traité des huiles prétend que celles du pays sont sujettes aux droits qu'il perçoit, et qu'elles le doivent toutes les fois qu'on les transporte d'un lieu en un autre, même d'un lieu de cette province dans un autre lieu de la même province, et que cette disposition de l'article 8 de l'édit du mois d'octobre 1710 doit avoir lieu depuis le jour qu'il a été affiché à Toulon, ce qu'il prétend avoir fait faire le 15 février dernier. Cependant il semble qu'à cet égard on pourroit permettre aux habitants de Toulon de faire entrer en franchise de droits les huiles de leur cru, jusqu'à concurrence de la quantité qu'ils en peuvent consommer dans leurs maisons sans abus.

«Du surplus, vous aviez déjà reconnu la première imposition faite il y a quelques années sur les huiles si préjudiciable au commerce et aux manufactures de savon, que vous l'aviez supprimée. Il seroit bien utile que vous voulussiez en faire autant de celle que vous avez rétablie, et qui détruira absolument, et en fort peu de temps, un commerce assez considérable que l'on faisoit à Marseille et à Toulon*.

«Enfin, j'ai communiqué au directeur du traité des droits sur les suifs ce qui le concerne dans la même lettre (du 27 avril), et il y a répondu par le mémoire ci-joint, sur lequel il vous plaira donner les ordres convenables.»

* Comparez un rapport de M. le Blanc, intendant en Flandre maritime, 7 juillet 1713; une lettre de M. de Bâville, intendant en Languedoc, 24 mai 1712, et un rapport du sieur Joubert des Pezreux, directeur du traité à Orléans, 17 avril 1710.

1048. *M. le chevalier de Luxembourg, lieutenant général*
en Flandre,
au Contrôleur général.

10 Mai 1711.

Il envoie la copie d'une lettre écrite à l'Archiduc par les États généraux de Hollande*.

* Copie de la lettre, datée du 27 avril : «C'est avec une extrême douleur que nous venons d'apprendre la mort de S. M. I. Nous n'avons pas voulu tarder un moment de témoigner à V. M. combien nous sommes sensibles à cette grande perte qu'elle vient de faire d'un frère bien-aimé, qui étoit le chef et le principal appui de l'Alliance. Un accident si fatal et si inopiné ne peut pas manquer d'apporter quelque altération dans les esprits; mais nous espérons qu'il n'apportera aucun changement ni préjudice dans les affaires publiques, et que la prudence des hauts alliés ôtera aux ennemis les moyens d'en profiter. Nous croyons que le mieux que les alliés puissent faire, dans cette occasion, c'est de se tenir bien unis ensemble et de poursuivre la guerre avec fermeté, sans aucun changement dans les mesures prises pour cet effet, et particulièrement dans celles qui regardent le maintien des affaires en Espagne. Étant dans ces sentiments, nous assurons V. M. que nous continuerons de contribuer de toutes nos forces à aider et soutenir la cause commune, et particulièrement vos intérêts, ne doutant point que V. M., suivant sa grande sagesse et son grand zèle pour le bien public, ne fasse aussi, de son côté, tout ce qui sera possible, tant pour conserver et augmenter la bonne correspondance et union entre les alliés, que pour l'avancement du bien public, et particulièrement pour le soutien des affaires en Espagne, pour lesquelles nous croyons les efforts ne devoir être aucunement diminués. Priant V. M. d'avoir tous les soins possibles, nous avons ordonné et ordonnons, tout de nouveau, à notre vice-amiral Pieterson, étant présentement dans la mer Méditerranée, de concerter avec V. M. et avec le commandant de la flotte de S. M. B. sur les mesures qu'il sera nécessaire de prendre dans cette situation, et de suivre ce qui, d'un commun concert, sera jugé le plus utile. Cependant, comme le trône impérial vaque présentement, nous avons écrit aux princes électeurs de l'Empire pour leur témoigner qu'il ne peut être plus dignement rempli que par V. M., et nous leur avons recommandé vos

intérêts dans l'élection qu'ils doivent faire suivant les constitutions de l'Empire. Nous espérons que cette preuve de notre attachement à V. M. et de notre zèle pour son service ne lui sera pas désagréable, et que, dans les occasions, elle voudra bien aussi avoir des égards pour les intérêts de notre république, et être persuadée que nous rechercherons toujours avec empressement les occasions pour faire voir de plus en plus à V. M. la haute estime que nous faisons de son estime et de son affection. Au reste, nous prions Dieu de conserver V. M. en bonne santé, et de lui donner le comble de ses souhaits.»

1049. *M. de la Briffe, intendant à Caen,*
au Contrôleur général.

1° Mai et 28 Juin 1711.

Visite, évaluation et exploitation des terres données à feu M. le Dauphin pour établir le haras de Saint-Sauveur-le-Vicomte, et des bâtiments de ce haras*.

* Les chevaux furent remis à M. de Garsault, inspecteur général des haras, et conduits au haras de Saint-Léger. (Lettre du sieur Boutillier, 30 juin.)

Sur un incident survenu à l'occasion d'un étalon sortant des anciens haras du Dauphin, voir une lettre de M. Guynet, successeur de M. de la Briffe, 28 novembre 1714.

1050. *M. de Bernières, intendant en Flandre,*
au Contrôleur général.

11 Mai, 2 Octobre, 29 Novembre, 10 et 20 Décembre 1711; 1er Février, 15 Mars, 18 et 28 Avril, 4 Mai 1712.

Acquittement des dettes de la ville de Lille et liquidation des impositions arriérées*.

* Voir les lettres de M. de Saint-Martin, commissaire des guerres, 1er, 4 et 30 septembre, et 15 décembre 1711, 5 février et 21 juin 1712; des rewart, mayeur, échevins, conseil et huit-hommes de Lille, 2 et 11 mai 1712.

1051. *M. Méliand, intendant à Lyon,*
au Contrôleur général.

14 Mai et 7 Juin 1711.

Les violences que les intéressés en la nouvelle navigation de la Loire depuis Saint-Rambert jusqu'à Roanne se plaignent de subir de la part des habitants de Saint-Jean-Soleymieux viennent de ce que leurs commis ont eu le tort de prendre pour ouvriers des fugitifs de la milice, et de ce que les paysans, écrasés par la milice, avaient le droit de réclamer ces insoumis; les accusations sont d'ailleurs fort exagérées*.

* Le 3 juin, il examine et repousse une requête de l'entrepreneur du transport de Feurs à Paimbœuf de bois achetés pour le Roi, qui refuse de payer les droits dus à la compagnie de la nouvelle navigation.

1052. *Le Contrôleur général*
à M. l'Évêque de Genève.

16 Mai et 28 Juillet 1711.

Il est impossible de dispenser les curés du pays de Gex et ceux qui sont voisins de Genève de souffrir les visites des employés des gabelles; mais il a été recommandé aux brigadiers et aux gardes d'agir avec toute la circonspection possible. De plus, les curés devront se fournir de sel aux greniers, et ne laisseront rien de suspect approcher de leurs presbytères.

1053. *M. de Bergeyck, ministre du roi d'Espagne aux Pays-Bas,*
au Contrôleur général.

(De Namur,) 18 Mai 1711.

«J'ai reçu la lettre que Votre Excellence m'a fait l'honneur de m'écrire le 14 de ce mois : je lui rends mille grâces des passeports qu'elle a bien voulu me procurer pour mes hardes. Votre Excellence peut bien être assurée que je n'en ferai point de mauvais usage; je ferai plomber au premier bureau de l'entrée du royaume les coffres, pour les faire reconnoître à la sortie. Il n'y en aura pas beaucoup, parce que je ne mène avec moi que très peu de meubles, qui se réduisent à des lits de campagne, une tenture de chambre de damas, du linge et ma vaisselle, et quelques livres et papiers; le reste seront les hardes de mes domestiques*.»

* Le 13 juillet suivant, le contrôleur général écrit à M. de Ferriol, ancien ambassadeur à Constantinople : «J'ai reçu le mémoire que vous m'avez envoyé, sur lequel j'aurois expédié volontiers un ordre, si je n'avois observé qu'il contient une assez grande quantité de marchandises de grand prix qu'on ne peut pas regarder comme les hardes d'un ambassadeur qui revient en France : le velours et le maroquin non employés sont de cette espèce, aussi bien que le café. Comme on n'a point accoutumé de donner des passeports pour les marchandises neuves que les ambassadeurs apportent, quoique celles-ci puissent être pour votre usage, je n'ai pas pu signer le passeport.»

1054. *M. de Bâville, intendant en Languedoc,*
au Contrôleur général.

18 Mai et 8 Septembre 1711.

Tant que la récolte et le service des semences ne seront pas assurés, il faut défendre la sortie des blés sans passeports, de crainte surtout qu'ils ne soient destinés aux ennemis. Le Languedoc n'en produit pas assez pour en fournir à toutes les provinces voisines, particulièrement si on en prend pour la nourriture de l'armée*.

* Voir les lettres des 13 novembre, 3, 20 et 27 décembre suivants, relatives à diverses sorties de blés pour la Provence, la comté de Nice et Peniscola.

Sur la demande de M. Lebret, intendant en Provence, ordre fut donné à M. de Bâville de laisser sortir sans affectation une certaine quantité de grains pour Marseille, et, grâce à cette mesure, toute crainte de disette disparut en Provence. (Lettres de M. Lebret, 31 décembre 1711, 10 et 13 avril 1712; lettres de M. de Pilles et de M. l'archevêque d'Aix, 13 avril et 2 mai; lettre de M. de Bâville, 13 avril.)

En 1714, Marseille dut encore s'approvisionner en Languedoc. M. de Bâville écrivait à ce sujet, le 20 septembre, qu'il serait préférable que les Languedociens conduisissent leurs grains en Provence, plutôt que de faire venir les Provençaux en Languedoc.

1055. *M. d'Angervilliers, intendant en Dauphiné,*
au Contrôleur général.

19 Mai 1711.

« . . . . . Je me suis informé des désordres que pouvoient faire les loups dans la communauté de Roybon, et il m'a été rapporté qu'effectivement ils ont attaqué plusieurs personnes et ont dévoré des enfants. Ainsi, je crois qu'il est très à propos d'ordonner une chasse en battue et de commander pour cet effet toutes les communautés qui sont enclavées dans la forêt de Chambaran. . . . . »

1056. *M. Foullé de Martangis, intendant en Berry,*
au Contrôleur général.

20 Mai 1711.

La clause qui prescrit aux personnes chargées du recouvrement du dixième de rapporter, quinze jours après l'expiration de chaque quartier, un état des contribuables qui n'auront pas payé, pour être employés sur le rôle suivant avec double taxe, ne produira aucun bon effet; il faut les obliger à remettre les deniers de leur recette dès cette époque.

1057. *M. de Saint-Maurice,*
commissaire général de la Cour des monnaies,
au Contrôleur général.

(Monnaies, G⁷ 1464 à 1466.)

20 Mai 1711.

Il n'a point trouvé de fausse monnaie en Franche-Comté*, mais un grand commerce d'exportation des espèces en Suisse, que le directeur de la Monnaie de Besançon est soupçonné de favoriser**.

* Voir une lettre du 24 janvier précédent, par laquelle le contrôleur général avait annoncé son arrivée à M. le Guerchoys, intendant, et une lettre de M. de Saint-Maurice, 23 janvier, sur la nomination de son procureur du Roi.

** Il était allé en Suisse pour découvrir une fabrication de faux louis d'or aux coin et poinçon de France, et, par les soins d'un inspecteur nommé à cet effet, on parvint à saisir et briser les poinçons. Le faux-fabricateur, en raison de son habileté, fut appelé à la Monnaie de Lyon, avec 2,400# d'appointements, mais retourna en Suisse. (Lettres des 8 janvier, 6 à 28 avril, 2 à 29 mai, 24 juin, 10 octobre et 17 décembre 1711, 12 janvier et 21 février 1712, 15 et 23 août 1714; lettres du contrôleur général à M. de Torcy, secrétaire d'État des affaires étrangères, 23 juin 1711, au comte du Luc, ambassadeur en Suisse, 27 février, 27 avril et 23 juin 1711, à M. de Saint-Maurice et à M. Méliand, intendant à Lyon, 19 mai et 18 octobre 1711.)

1058. *M. de Bernage, intendant à Amiens,*
au Contrôleur général.

23 Mai, 14 Juin et 17 Juillet 1711.

Il rend compte de la contribution fournie aux ennemis pour les paroisses non couvertes par la Somme, du recouvrement des impositions pour le compte du Roi dans la gouvernance de Béthune et dans les bailliages d'Aire et de Lillers, occupés par les ennemis, et des exigences de ceux-ci, qui veulent égaler la monnaie de France à celle de Flandre*.

* En apostille à la lettre du 17, de la main du contrôleur général : « Lui écrire que, ne pouvant se dispenser de faire un traité de contribution, il doit le conclure et le faire exécuter. Il faut passer l'évaluation de la livre sur le pied du florin; il seroit à craindre que, si on vouloit se dédommager par une augmentation de contribution, les ennemis n'augmentassent à proportion, ce qui retomberoit par la suite sur l'Artois, la Picardie, le Boulonnois, et sur les autres pays sujets à la contribution. »

Le 4 août, M. de Bernage écrit que, M. Voysin lui ayant ordonné, au contraire, de continuer à débattre ce point et à menacer M. Pesters de représailles dans les pays où les troupes du Roi levaient contribution, il a dû obéir. Les 6 et 13 août, il annonce que M. Pesters s'est décidé à entrer en négociation; néanmoins, le 12, il demande qu'on expédie les arrêts, afin de pouvoir commencer l'imposition. Le 3 septembre, M. Voysin n'ayant voulu se relâcher en rien du projet de représailles, M. de Bernage écrit qu'il craint bien que les négociations ne soient rompues; mais, le 8 octobre, il annonce que la contestation va être terminée à sa satisfaction.

Sur les traités passés par M. d'Ormesson, intendant à Soissons, pour les paroisses situées au delà de l'Oise et de la ligne de postes qui reliait cette rivière à la tête de la Somme, voir ses lettres des 22 avril, 22 août, 2 septembre, 16 octobre et 25 novembre.

1059. *M. Ravat, prévôt des marchands de Lyon,*
au Contrôleur général.

24 Mai 1711.

Examinant un placet présenté à M. le duc du Maine pour faire construire ou réparer sur la Saône, devant Trévoux, un quai et un port, il déclare que les dangers et risques de la navigation actuelle sont exagérés dans ce placet; que les commerçants qui font véritablement le commerce par eau désirent moins ces travaux qu'ils ne redoutent une augmentation sur les péages; qu'en conséquence, si les travaux doivent être exécutés, il sera plus convenable qu'ils le soient au moyen d'une augmentation de droits sur les gabelles, ou bien sur les aides du pays de Trévoux*.

* Le 21 juin 1712, sur de nouveaux mémoires, M. Méliand, in-

tendant à Lyon, répond que, vu la différence de niveau des bords de la Saône du côté de la France et du côté de la Dombes, les réparations projetées causeraient de graves inondations, et que les péages de Trévoux sont trop mal administrés, et occasionnent trop d'abus, pour qu'en aucun cas il soit bon de les augmenter.

1060. *M. de Courson, intendant à Bordeaux,*
au Contrôleur général.

26 Mai 1711.

Fraudes commises journellement au détriment des fermiers du pied fourché; mauvais traitements faits aux commis; ruine imminente de la ferme*.

* En apostille : «Qu'il faut prendre des mesures certaines pour assurer la perception des fermes de la ville de Bordeaux; que le préjudice qu'elle souffre par les fraudes vient, à ce qu'il semble, du défaut d'une juridiction bien certaine et bien réglée; que c'est à lui d'examiner à qui on pourroit attribuer cette juridiction pour contenir les fraudes avec plus de succès que par le passé.» Voir une lettre des maire, sous-maire et jurats, du 9 mai, jointe à celle de l'intendant, et une lettre des fermiers, 2 juin. Le 12 septembre, M. de Courson envoie un projet d'arrêt lui donnant pouvoir de régler la quantité de bœufs, moutons, etc., qui pourra être tuée dans chaque paroisse des environs de Bordeaux, et lui renvoyant la connaissance et le jugement des contraventions. Le 24 novembre, le fermier réclame l'expédition de cet arrêt.

Comme on voulait introduire à Lorient le droit de pied fourché, M. de Pontchartrain, secrétaire d'État de la marine, écrit, le 17 février 1712 : «.....Les habitants étant très pauvres, cette nouveauté pourroit donner lieu à une émotion et mettre les magasins du Roi en danger d'être brûlés. Je vous prie de prendre la peine de me faire savoir s'il n'y auroit pas moyen de procurer à ces habitants l'exemption de ce droit, ou au moins de remettre à la paix à en faire l'établissement.» En apostille : «Écrire à M. Ferrand..... qu'on ne précipite rien.....»

1061. *M. le marquis de Vibraye, commandant à Saint-Malo,*
au Contrôleur général.

28 Mai 1711.

Il se plaint qu'on lui ait retenu le dixième de sa pension*.

* En apostille : «Lui faire réponse que ce n'est point moi qui ai décidé cela; qu'il y a une déclaration qui le porte dès le commencement, et que je ne pourrois pas lui faire rendre, parce qu'on retient le dixième de toutes les pensions antérieures à la déclaration, et qu'il est dans le cas général.»

1062. *Le R. P. Mathieu de Morgues, jésuite,*
au Contrôleur général.
(Intendance de Languedoc.)

2 Juin 1711.

«J'ai l'honneur de vous représenter qu'ayant été employé durant plusieurs années par MM^rs de Colbert et de Seignelay à la conduite des travaux du canal royal de Languedoc et du port de Cette, le canal étant fini et ayant demandé mon congé, le Roi voulut bien l'accompagner d'une pension annuelle de 1,000^# ma vie durant, comme il est porté par mon brevet du 8 septembre 1687. J'ai été payé réglément au Trésor royal, de cette pension, jusques en l'année 1705 inclusivement; depuis ce temps-là, c'est-à-dire depuis six ans, je n'ai rien reçu. Mais, me trouvant âgé de soixante-dix-huit ans et fort incommodé, et ayant un compagnon de même âge, la grande nécessité, qui n'est pas la meilleure, mais toujours la plus forte des raisons, me contraint de vous demander du secours. M. Daguesseau, conseiller d'État ordinaire, et qui a été le témoin de l'application et du désintéressement avec lequel j'ai servi, pourra vous informer et de mes services et de mes besoins. Le Roi, en m'accordant ma pension, eut la bonté de dire qu'il vouloit que j'eusse de quoi me chauffer et me faire servir le reste de mes jours. L'un et l'autre me manquent, surtout dans le collège de Nîmes, que j'ai choisi pour y finir ma vie, lequel est devenu trop pauvre par la perte de ses oliviers, troupeaux et semences, et par 2,400^# de fondation annuelle et royale sur les gabelles dont on lui suspend le payement, de quoi on vous écrit souvent.

«Je vous supplie donc très humblement de vouloir bientôt me faire ressentir les effets de votre protection, pour que je retrouve dans votre personne ce que j'ai perdu dans celles de MM^rs Colbert et de Seignelay, et que [je] puisse passer le petit nombre de jours qui me restent moins durement que je n'ai fait depuis six ans.»

1063. *Le Contrôleur général*
à MM. de Bouville, de la Briffe, de Harouys, de la Bourdonnaye, Bignon de Blanzy, de Richebourg et Chauvelin, intendants à Alençon, à Caen, en Champagne, à Orléans, à Paris, à Rouen et à Tours.

2 Juin 1711 et 14 Février 1712.

Imposition des fonds destinés à payer le transport des grains rassemblés en Picardie et dans la généralité de Soissons pour l'armée des Flandres*.

* Sur l'imposition et le recouvrement de ces fonds, et sur le transport de ces grains, voir les lettres de M. de Bernage, intendant à Amiens, 25 mai 1711, 29 janvier, 9 avril et 14 juillet 1712; de M. d'Ormesson, intendant à Soissons, 11 et 14 mai 1711; de M. de la Briffe, 19 mars, 1er, 13 et 30 avril, 14 mai, 2 et 25 juin, 25 juillet et 14 septembre 1711, et de son successeur, M. Guynet, 18 février 1712; de M. Lescalopier, successeur de M. de Harouys, 22 février, 29 et 30 septembre 1712; de M. de la Bourdonnaye, 18 février 1712; de M. Bignon de Blanzy, 17 juin 1711 et 4 mars 1713; de M. de Richebourg, 24 juillet 1711; de M. Chauvelin, 18 juin et 10 juillet 1711, et 19 février 1713.

1064. *M. Lebret, intendant en Provence,*
au Contrôleur général.

2 Juin et 19 Septembre 1711.

Contestations entre Nicolas-Gabriel Creyssel et le sieur

de Revest de Montvert, conseiller au Parlement, son beau-frère, au sujet de la légitime du premier et de la succession de son père et de son frère cadet, anciens trésoriers de la province*.

* Voir une lettre du sieur Creyssel, 19 avril, et une lettre du contrôleur général à M. Lebret, du 7 février précédent.

Au sujet du procès pendant entre la province et les héritiers Creyssel, M. l'évêque de Riez écrit, le 5 juin 1712 : «M. le marquis de Regusse, avocat général au Parlement de Provence et procureur du pays en l'année 1701, vient de me dire que M. Desmaretz a jugé à propos de renvoyer l'affaire qu'il avoit devant lui, en cette dernière qualité, conjointement avec M. Ganteaulme, procureur du même pays en l'année 1702, à la grande direction, pour y être jugée après avoir été communiquée à un bureau de Messieurs du Conseil, aux formes ordinaires; et quoiqu'ils ne doutent pas d'y recevoir toute la justice qu'ils ont lieu d'en attendre, et qu'ils n'y aient personne de suspect, néanmoins, comme, d'un côté, ils savent que MM. le Peletier ont toujours protégé la famille du feu sieur Creyssel, beau-père de M. de Montvert, leur partie, et que, de l'autre, il leur importe extrêmement d'être expédiés, parce qu'il y a déjà huit mois et plus qu'ils sont à Paris pour cette affaire, ils m'ont témoigné que je leur ferois plaisir de vous en écrire pour vous prier de représenter à M. Desmaretz ce que j'ai l'honneur de vous dire, et le prier de donner l'affaire à un homme intelligent et expéditif, et de ne la pas renvoyer au bureau de M. le Peletier; et c'est pour ce sujet que j'ai l'honneur de vous en écrire. J'espère que vous voudrez bien leur rendre ce service; je vous en aurai une très grande obligation.»

Voir encore des lettres de Mme de Montvert, 2 octobre, de M. l'archevêque d'Aix, 8 décembre, et de M. Lebret, 11 décembre.

M. de Montvert demanda à être subrogé à la province pour attaquer les procureurs du pays des années où Creyssel était en fonctions, comme ayant outrepassé leurs pouvoirs. En marge de sa lettre (6 février 1713) : «Lorsque le sieur de Montvert aura payé, il demandera en justice la subrogation. Le Conseil ne peut plus entrer dans cette affaire, qui a été décidée après un très long examen.»

Le jour suivant, 7 février 1713, le contrôleur général écrit à M. le duc de Noailles : «J'ai examiné le projet d'arrêt que demande le sieur de Montvert, avec toute l'envie du monde de lui faire plaisir par rapport à l'intérêt que vous prenez à ce qui le regarde; mais, après l'arrêt qui a été rendu à la grande direction, et en grande connoissance de cause, au rapport de M. Gilbert de Voisins, maître des requêtes, le Conseil ne peut plus entrer dans cette affaire. Si la somme qu'il se trouve obligé de payer en qualité de caution du sieur Creyssel, son beau-père, appartenoit au Roi, je pourrois lui procurer du temps pour s'acquitter; mais c'est à la province qu'elle est due, et vous savez que S. M. n'accorde point de surséances dans les affaires qui ne regardent que les particuliers et où elle n'a point d'intérêt.»

1065. *M. de Bernage, intendant à Amiens,*
au Contrôleur général.

3 Juin et 29 Août 1711; 22 Janvier 1712.

Établissement d'un corps de marchands en gros à Amiens; dissensions entre ces marchands et les détailleurs, au sujet du débit par demi-pièces des serges d'Aumale, camelots et peluches.

1066. *M. Boucher d'Orsay, intendant à Limoges,*
au Contrôleur général.

5 Juin 1711.

«Le dérangement infini où j'ai trouvé cette généralité a été cause que je n'ai pu avoir l'honneur de vous faire réponse jusqu'à présent sur plusieurs affaires dont vous m'avez chargé, et au sujet desquelles vous m'avez fait l'honneur de m'écrire. Il y a trois ans qu'il n'y a eu aucun compte rendu, ni par les commis de l'extraordinaire des guerres, ni par les receveurs des tailles, pour toutes les impositions, soit ordinaires, soit extraordinaires, dont ils ont été chargés. Je travaille actuellement à faire la capitation conformément à ce que vous m'avez fait l'honneur de me dire avant de partir de Paris; j'ai trouvé les rôles de celle de 1710 dans une si grande confusion, qu'il a fallu en refaire une partie.

«Je donne mes soins à l'exécution des rôles d'affranchissement de la capitation, et à mettre en règle l'affaire du doublement des octrois, sans me distraire de tout ce qu'il convient faire pour mettre en état les rôles pour le dixième. Enfin, j'aurai l'honneur de vous assurer que je travaille tous les jours, et trois personnes sous moi, depuis cinq heures du matin jusqu'à huit et neuf heures du soir, et que je ne puis encore me promettre d'être remis au courant des affaires de plus de six mois.

«J'aurai l'honneur de vous observer que, ce pays-ci étant composé d'esprits fort inquiets, il y a de la prudence à ne leur pas demander tout à la fois les différentes taxes qui ont été ordonnées depuis trois ans, et dont plusieurs n'ont point été imposées dans cette généralité. Il est aussi à propos que j'aie l'honneur de vous informer que j'ai appris que, dans les dernières foires qui se sont tenues dans cette province, il y avoit eu plusieurs personnes qui avoient vendu tous leurs bestiaux qu'ils avoient donnés à cheptel. Deux motifs les y déterminent : le premier, c'est que les receveurs saisissent et font vendre ces bestiaux pour les tailles, et le second, c'est qu'ils s'en défont pour ne pas payer le dixième du croît. Cette vente est cependant d'une extrême conséquence, et ne va pas moins qu'à achever de ruiner cette province et la rendre infructueuse au Roi, parce que, si les personnes aisées cessent d'y donner des bestiaux à cheptel, la vente ordinaire des bestiaux, qui se remplace par le croît et qui fait la principale richesse de la province, cesseroit, et, faute de bestiaux, les terres y demeureroient incultes. Je m'informerai exactement, de personnes sages et éclairées, sur les moyens de faire cesser ces abus, et j'aurai l'honneur de vous en informer; j'ai celui d'en écrire aujourd'hui à M. de Bouville pour lui demander ses lumières à ce sujet : il connoît parfaitement cette province et y est en grande vénération, et ce qu'il voudra bien me mander sur cela me sera d'une très grande utilité.

«Sur le détail que j'ai l'honneur de vous faire, je crois que vous ne vous étonnerez point si les affaires ne vont pas, dans cette généralité, aussi vite que dans les autres. Si l'expédition pouvoit être aussi prompte que l'envie que j'en aurois, je serois déjà au-dessus de la confusion que j'ai trouvée; mais tout ce que je puis de mieux pour y parvenir, c'est de continuer à

IMPRIMERIE NATIONALE.

travailler sans relâche comme j'ai fait depuis que je suis dans cette province*.»

* Les 12 et 15 juillet 1712, à la suite de grêles et d'inondations désastreuses, il écrit que les paroisses ravagées ne pourront rien payer de leurs impositions, qu'il sera impossible de rejeter celles-ci sur les paroisses voisines, que les restes augmentent constamment dans tout le département, que les peuples sont devenus insensibles à toute contrainte, et que les abandonnements augmentent. Le seul remède serait de diminuer considérablement les impositions et d'accorder des décharges sur l'arriéré.

Sur une lettre de M. de Saint-Aulaire, lieutenant général de la province, datée de Brive le 12 du même mois, le contrôleur général fait écrire cette minute, en apostille : «M. d'Orsay, intendant du Limousin, ne m'a pas laissé ignorer l'état de la province et le prix du blé. C'est un malheur commun avec la Guyenne et une partie du Languedoc. Cependant, comme la récolte commencée en plusieurs autres provinces paroît bonne et assez abondante, on peut espérer d'avoir de quoi soulager celles qui souffrent.....»

1067. *M. Lebret, intendant en Provence,*
au Contrôleur général.

6 Juin et 28 Août 1711.

Les Languedociens, appuyés par M. de Bâville, demandent pour leurs vins l'entrée en Provence, ou, au moins, le simple transit; mais les privilèges accordés par le Roi aux villes de Marseille, Toulon, Cannes, Antibes, Martigues, etc., donnent à celles-ci, d'une façon indiscutable, le droit de s'opposer à toute concession.

Historique de ces privilèges.

«Il n'y a rien de plus important pour la ville de Marseille, dont le territoire ne produit que du vin, et les biens de tous les Marseillois leur deviendroient absolument inutiles, si l'on pouvoit consommer dans la ville les vins qu'on y apporteroit du dehors, parce qu'ils seroient meilleurs et à meilleur marché. Pour ce qui est de Toulon, vous vous souvenez sans doute que l'on y regarde ce privilège comme très important, puisqu'on abandonna autrefois la foire franche que vous y avez rétablie, parce qu'étant indiquée dans la saison des vendanges, elle introduisoit des vins étrangers dans la ville.....

«Du surplus, on ne se rend difficile en aucun dépôt où les vins du Languedoc qui descendent par le Rhône doivent être renversés sur des bâtiments propres à une plus longue navigation*.....»

* Le 30 juin, M. de Bâville, intendant en Languedoc, écrit que, puisque la Provence ne veut laisser ni entrer, ni même passer les vins de Languedoc, il est juste que, réciproquement, les vins de Provence soient arrêtés à la frontière du Languedoc. Le contrôleur général fait savoir à M. Lebret, le 21 juillet, qu'il serait préférable que la réciprocité du commerce existât, mais que, si les villes de Provence sont bien fondées en titre, il faut accorder des droits égaux au Languedoc.

Le 6 septembre, il lui renvoie une requête de la ville de Toulon, qui, jouissant du privilège de ne laisser entrer que les vins et raisins du cru de la viguerie, en demande l'extension aux eaux-de-vie. M. Lebret répond le 18 septembre, en reconnaissant le bien-fondé de cette prétention, et le contrôleur général met en apostille : «Bon; excepter les vivres des vaisseaux.»

1068. *Le Contrôleur général*
à M. de Saint-Maurice, commissaire général de la Cour des monnaies.

7, 16 et 20 Juin 1711.

Ordre de renoncer au voyage de Franche-Comté et d'aller informer contre les faux-monnayeurs de Tarentaise et de Provence, particulièrement contre le prêtre Verdolin*.

* Voir (G^7 1464) les lettres de M. de Saint-Maurice, 14 mai, 17, 22 et 24 juin, 20 juillet, 4 août, 5, 19, 22 et 30 septembre, 26 novembre 1711, et 2 juillet 1712, sur ses opérations en Provence, où il craignait les ressentiments du Parlement à cause du procès du marquis d'Antibes et de la découverte de plus de quatre-vingts fabriques de fausse monnaie. Le jugement de plusieurs huissiers de la Monnaie d'Aix, accusés de prévarication dans l'affaire de Verdolin, fut renvoyé, sur sa proposition, à la Cour des monnaies.

1069. *M. de Bâville, intendant en Languedoc,*
au Contrôleur général.

10 Juin 1711, 17 Mars 1712 et 28 Mars 1713.

Mesures prises pour la vérification et la correction de l'allivrement de la ville du Pont-Saint-Esprit, sur la demande des propriétaires de maisons surchargées dans un des quartiers*.

* Voir, aux 22 février et 16 mars 1713, des lettres du sieur Béraud, député des quartiers opposants.

1070. *M. d'Argenson, lieutenant général de police à Paris,*
au Contrôleur général.

12 Juin 1711.

«J'avois cru que le nommé Héroux, maître menuisier, et un autre de ses confrères, qui ont les premiers travaillé à la fabrique des chaises et fauteuils faits de bois de canne, où ils réussissent parfaitement, devoient être maintenus dans ce travail conjointement avec deux ou trois maîtres vanniers qui lui contestoient cette concurrence; je l'avois même ainsi ordonné par une sentence, parce que, ces sortes d'ouvrages, dont la mode vient d'Angleterre, n'étant point connus lorsque les statuts des communautés des vanniers et des menuisiers ont été faits, ils ne pouvoient contenir aucune exclusion à cet égard, outre que, dans l'obscurité des règlements qui établissent le droit des communautés d'artisans, on favorise ordinairement la liberté publique. Mais, les maîtres vanniers ayant interjeté appel de ma sentence et obtenu un arrêt qui leur accorde la faculté de faire ces ouvrages à l'exclusion des menuisiers et par préférence à tous autres, je ne puis que respecter l'autorité supérieure et m'y soumettre. Cependant, comme cette affaire regarde en quelque façon le commerce, non seulement parce que le bois de canne, dont ces chaises sont faites, vient des Indes, mais aussi parce qu'il est important de retenir dans le royaume cette nouvelle manufacture que nous avons tirée des pays étrangers, je ne sais s'il ne seroit pas à propos de renvoyer l'examen de cette requête au Conseil du commerce, tant pour vérifier si les vanniers sont aussi habiles dans ce travail que les menuisiers qui le partageoient avec eux, que pour juger s'il ne conviendroit pas de le rendre libre entre tous les artisans qui voudroient s'y employer, afin que cette liberté générale, autorisant un plus grand nombre d'ouvriers à se perfectionner dans la fabrique de ces chaises, empêchât qu'on n'en fît encore venir des pays étrangers, comme on faisoit autrefois.»

1071. *M. le Guerchoys, intendant en Franche-Comté,*
au Contrôleur général.

16 Juin 1711.

«Je me suis fait représenter quelques contrats des offices vendus depuis peu en cette province; ils ne portent point précisément que, s'il arrive un changement de domination, le prix en sera restitué par les vendeurs, comme on me l'avoit fait entendre : il y a seulement promesse de garantie en cas de suppression et extinction du titre ou de l'hérédité, de quelque manière qu'elle puisse arriver jusqu'à la paix, et encore pendant une année à compter du jour de la publication qui sera faite en cette province de la paix générale. Quoique ce ne soit pas les mêmes termes, ils produiroient néanmoins le même effet, et l'on doit penser que les contractants n'ont pu avoir d'autre vue que celle dont est question, puisque, en France, on n'est jamais garant des faits du souverain. Pour empêcher qu'une clause aussi extraordinaire ait son exécution, je ne vois pas de meilleur moyen que de vous donner la peine d'écrire à M. le premier président du Parlement que l'intention du Roi est que les officiers qui ont fait insérer de pareilles clauses dans leurs contrats d'acquisition aient à s'en désister par un acte authentique : faute de quoi, S. M. obligera les titulaires des offices à s'en défaire dans trois mois, et les déclarera incapables d'en posséder d'autres à l'avenir. C'est la réponse que je dois faire à la lettre que vous avez eu agréable de m'écrire le 15 mai*.»

* Le 19 juillet, M. Boisot, premier président du Parlement, écrit : «.....Votre lettre a été très agréable à la Compagnie et a chargé de confusion un seul officier qui a exigé cette garantie; il m'a promis qu'il renonceroit à cette promesse.....» Le 14 août, il annonce que cette renonciation et celle d'un autre officier qui avait introduit la même clause ont été faites dans les formes.

1072. *M. Foullé de Martangis, intendant en Berry,*
au Contrôleur général.

17 Juin 1711.

«On m'a donné avis, de plusieurs endroits de ce département, que les petites espèces y sont rares, que le commerce et les recouvrements en souffrent également, parce qu'un taillable ou un autre particulier qui a une pièce d'argent de plus grande valeur que la somme qu'il voudroit payer, ou la chose qu'il auroit intention d'acheter, garde cette pièce dans la crainte que le collecteur ne la retienne en entier et que le marchand ne soit pas en pouvoir d'en rendre le reste. Il arrive encore que le marchand aime mieux ne pas vendre que de prêter, ce qu'il ne pourroit éviter faute de menues espèces.»

Il propose de faire fabriquer des pièces de 3 s. 6 d. et de 2 s. 6 d., et des liards en quantité suffisante.

1073. *M. de Bâville, intendant en Languedoc,*
au Contrôleur général.

17 Juin, 15, 28 et 31 Juillet, 10 et 12 Août,
13 Septembre et 27 Octobre 1711.

Suppression des louis d'or de faux coin ou de faux poids*.

* Voir les lettres de M. des Chiens de la Neuville, intendant en Roussillon, 28 juin, 1er juillet et 5 août.

1074. *M. le Blanc, intendant en Flandre maritime,*
au Contrôleur général.

18 Juin 1711.

Il propose de mettre un droit d'entrée de 6# 10 s. sur les sucres provenant de prises, afin de ne pas ruiner les raffineries du département, et envoie les avis des raffineurs et de la Chambre de commerce de Dunkerque*.

* Les avis des fermiers généraux et les mémoires de divers marchands sont joints à cette lettre.

1075. *M. de Bernage, intendant à Amiens,*
au Contrôleur général.

20 Juin et 2 Juillet 1711.

Interdiction de la sortie des bœufs et autres bestiaux*.

«(*Autographe.*) Je dois vous observer que le sieur Castille, avec qui M. Voysin a traité pour les passeports, n'aura pas manqué d'en distribuer un grand nombre pour le passage de ses bœufs et autres bestiaux : ainsi, il est nécessaire que M. Voysin lui fasse savoir de n'en plus donner; mais, en attendant, il est nécessaire de savoir comment on en usera avec ceux qui conduiront ces bestiaux se trouvant porteurs de passeports, car, si on les trouble, les ennemis ne manqueront pas de regarder cela comme une infraction à la foi des passeports, et cela pourroit produire quelques représailles**.....»

* Sur les mesures prises pour empêcher qu'on ne fît sortir des bestiaux pour les armées ennemies en Flandre, en Maurienne et en Tarentaise, voir les lettres de M. le Blanc, intendant en Flandre maritime, 21 juin; de M. le Guerchoys, intendant en Franche-Comté,

12 juillet; de M. d'Ormesson, intendant à Soissons, 22 juin, et de M. de Bâville, intendant en Languedoc, 27 septembre.

** Touchant cet abus des passeports, M. Voysin, secrétaire d'État de la guerre, écrit, le 9 juillet, qu'il n'y a pas lieu de s'en préoccuper, puisqu'ils ne sont délivrés que pour les marchandises permises, et que la sortie des bestiaux est prohibée.

Le 11 septembre 1712, le contrôleur général écrit encore à M. Voysin que les passeports délivrés par le sieur Castille donnent lieu à de grands abus, entre autres, à l'importation de marchandises défendues.

1076. *M. Chauvelin, intendant à Tours,*
au Contrôleur général.

22 Juin 1711.

Il conclut à ce que M. le duc de la Trémoïlle soit débouté au profit des marchands et habitants de Laval, mais avec indemnité, de ses prétentions à lever un droit sur chaque pièce de toile vendue au marché, à aliéner ou affermer les places, murs et remparts de la ville, et enfin à nommer le maire*.

* Voir une lettre des marchands et habitants, du 13 avril précédent, une lettre du maire, 17 mai, et de nouvelles plaintes des habitants de Laval contre M. de la Trémoïlle et contre les engagistes des domaines et traites des duchés d'Anjou, Thouars et Beaumont, dans une lettre du sieur de Courcelles, 7 avril 1714.

1077. *Le Contrôleur général*
à M. de Barrillon, intendant en Béarn.

25 Juin 1711.

Il s'étonne de la modicité de la somme que les États ont offerte pour être dispensés du dixième, au lieu de celle de 50,000# que le Roi avait indiquée, inférieure d'ailleurs au dixième des revenus des seuls fonds de terre. Il faut donc faire faire les déclarations aux redevables et préparer les rôles, car le Roi n'écoutera aucune autre proposition*.

* Il écrit, le même jour, une lettre personnelle, et encore, le 22 juillet, que le Roi se contentera, s'il le faut, de 45,000# sur les biens-fonds et l'industrie, à commencer en la présente année. Pour les gages, augmentations de gages, etc., la retenue doit en être faite depuis le 1er octobre 1710. «Surtout, dit-il, n'oubliez pas de faire envisager aux États à combien de frais la province se trouvera exposée par l'exécution des rôles, que vous ferez arrêter sur un pied arbitraire, en cas que les déclarations ne soient pas fournies exactement par les redevables dans les termes qui ont été fixés par S. M.» L'intendant choisira des gens non suspects pour répartir cette somme, entre autres le baron de Domy, et il pourra leur en adjoindre même qui soient opposés aux demandes du Roi, sauf le sieur d'Espalungue, qui sera exclu des États pour trois ans. «Il est inutile de vous autoriser à faire mettre en prison les huissiers du Parlement ou autres qui refuseront de faire les significations et exploits nécessaires pour le service du Roi : on ne présume pas que ces huissiers puissent tomber dans une pareille faute. Si cela arrivoit, M. le premier président a toute l'autorité nécessaire pour les châtier et leur faire faire leur devoir.»

1078. *M. Daguesseau,*
procureur général au Parlement de Paris,
au Contrôleur général.

28 Juin 1711.

«Comme il n'y a encore rien de réglé sur le payement du dixième par rapport aux hôpitaux, on est convenu, sous votre bon plaisir, avec MM. les fermiers généraux, que l'on payeroit toujours à l'Hôpital général, de quinzaine en quinzaine, sans aucun retranchement, les 200,000# à quoi le droit de 20 s. par muid est abonné depuis longtemps, et que cependant MM. les directeurs de l'Hôpital donneroient une soumission par laquelle ils consentiroient que le dixième de ce qu'on leur payeroit fût retenu sur ce qui leur seroit dû dans la suite, en cas que le Roi voulût que l'Hôpital général fût assujetti à la prestation du dixième, ce qu'on ne doit pas présumer. Cet accommodement a été exécuté paisiblement depuis le mois d'octobre dernier; mais, lorsqu'on a voulu recevoir du sieur de Bonneval les quinzaines des mois de mars, avril, mai et juin qui sont échues, il a déclaré qu'il ne payeroit rien, même sur la soumission du directeur, sans un ordre exprès de votre part. Permettez-moi d'ajouter ici que ces quinzaines se payent en papier, c'est-à-dire en rescriptions sur les caisses des différentes provinces où il faut payer les nourrices des enfants trouvés ou acheter des provisions pour l'Hôpital*.....»

* Le contrôleur général donna l'ordre au sieur Bartet de Bonneval, receveur général des fermes, de s'exécuter (1er juillet).

1079. *M. le Blanc, intendant en Flandre maritime,*
au Contrôleur général.

28 Juin 1711.

«Les officiers de l'Amirauté de Dunkerque ont fait arrêter deux vaisseaux de ce port destinés pour Cadix, et qui ont été obligés de rentrer à Dunkerque, étant poursuivis par des vaisseaux anglois. M. de Pontchartrain m'ayant mandé que l'intention du Roi étoit que je vérifiasse les faits concernant ces vaisseaux arrêtés, je lui fais aujourd'hui réponse, et, comme cette affaire regarde le commerce, j'ai cru que je devois avoir l'honneur de vous en informer. La copie de la lettre que j'écris à M. de Pontchartrain, et que je prends la liberté de vous adresser, vous mettra au fait de cette affaire.

«Les intéressés dans la cargaison donneroient volontiers au Roi une somme par forme d'indult pour que ces vaisseaux pussent être relâchés et continuer leur route*. A l'occasion de ces vaisseaux saisis, il est à propos que vous vouliez bien entrer dans la discussion de ce commerce de Cadix, et voir ce qu'il conviendra de régler pour l'avenir.

«Il est certain qu'on ne peut trop s'attacher à traverser le commerce des Hollandois, et qu'on doit prendre toutes les précautions nécessaires pour l'interrompre, quand même le commerce de France en pourroit souffrir. Sur ce principe, on doit empêcher tout ce qui favoriseroit le versement de leurs marchandises dans les villes de France, et ce qui pourroit leur en faciliter le transport à Cadix.

«Les négociants de Dunkerque établissent qu'ils ne peuvent rassembler à Dunkerque suffisamment de marchandises fabrique de France pour entretenir le commerce de Cadix; qu'ainsi il est absolument nécessaire de leur permettre d'y transporter les marchandises fabriquées dans les villes de Flandre, quoique sous la domination des alliés. L'objet des Hollandois n'est pas de conserver les manufactures établies dans ces villes; au contraire, ils n'épargnent rien pour les faire tomber, croyant augmenter par là la débite des marchandises d'Hollande. Il semble que c'est une raison qui doit engager la France à soutenir le commerce de ces villes nouvellement conquises par les Hollandois.

«Les marchandises fabrique de Flandre peuvent être transportées à Cadix par différentes voies : la première, en passant par la Hollande, il en coûte 10 p. o/o pour tous droits; la seconde, en faisant passer les marchandises en Angleterre par Ostende, d'où elles seroient ensuite transportées à Cadix par des vaisseaux anglois, auxquels le roi d'Espagne accorde des passeports; les différents droits qu'il conviendroit d'acquitter monteroient à 12 p. o/o. La troisième manière de faire passer les marchandises fabrique de Flandre à Cadix est de les embarquer à Ostende sur les vaisseaux anglois qui chargent pour Cadix avec passeport d'Espagne, ou sur les vaisseaux espagnols qui viennent charger à Ostende avec permission du roi d'Espagne et des passeports d'Hollande et d'Angleterre, que ces deux puissances ne refusent point, parce que c'est un débouchement pour les marchandises d'Angleterre et d'Hollande. Il y a beaucoup moins de droits à payer en se servant de ces deux derniers moyens que des précédents. Actuellement, les vaisseaux *l'Anne*, galère, et *la Marie-Gallet*, frégate, appartenant au sieur Delcampo de Séville, chargent à Ostende avec passeport d'Hollande et d'Angleterre.

«Quoique les négociants des villes de Flandre sous la domination des alliés aient ces trois moyens pour faire passer leurs marchandises à Cadix, ils aiment cependant beaucoup mieux se servir de la voie de Dunkerque, pour ce que les vaisseaux de Dunkerque sont mieux armés et meilleurs voiliers que ceux des autres nations, et parce qu'ils sont moins exposés à être pris, les corsaires de France et ceux de Barbarie étant les plus à appréhender dans la route de Cadix : ce qui engage les négociants à demander au Roi qu'il lui plaise d'accorder le transit des marchandises de Flandre en passant par Ypres pour être embarquées à Dunkerque. Ils offrent de payer le droit de 10 p. o/o de la valeur, et, pour éviter que l'on ne fasse passer des marchandises fabrique d'Hollande, ils consentent que les marchandises fabrique de Flandre qui passent à Ypres y soient déballées et visitées; que, s'il se trouve dans une balle des marchandises fabrique d'Hollande, toute la balle soit confisquée avec telle amende qu'il plaira au Roi de fixer, payable par le commissionnaire; qu'après la visite, les balles seront plombées, et, à l'arrivée à Dunkerque, enfermées dans un magasin, dont une clef sera déposée entre les mains du procureur du Roi de l'Amirauté, et les marchandises ne pourront être tirées du magasin que pour être portées à bord des vaisseaux qui seront en charge pour Cadix.

«Pour éviter les fraudes qui se pourroient faire par Nieuport, où l'on ne peut pas prendre les mêmes précautions proposées, il faudroit interdire absolument le transport des marchandises de Flandre par Nieuport à Dunkerque.

«Il paroît qu'en observant tout ce qui est marqué ci-dessus, les Hollandois ne pourront tirer aucune utilité de la permission demandée par les négociants des villes de Flandre. Le transit en payant 10 p. o/o sera d'un produit considérable aux fermes du Roi, le commerce de Dunkerque à Cadix se pourra continuer, les marchandises fabrique de France n'y seront pas moins transportées, puisqu'elles conserveront deux avantages sur celles fabrique de Flandre : le premier, de ne point payer le droit de 10 p. o/o auquel celles de Flandre sont assujetties pour le transit; le second, l'exemption du droit de 15 p. o/o de contrebande que le roi d'Espagne perçoit à Cadix sur toutes les marchandises fabrique de pays ennemi, celles provenant des prises vendues à Dunkerque étant assujetties à ce droit nonobstant les certificats.

«Si le Roi, en défendant le passage par Dunkerque des marchandises fabrique de Flandre, en empêchoit entièrement le transport à Cadix, peut-être que cette affaire pourroit être différemment envisagée; mais, dès qu'il est certain que, quand même la voie de Dunkerque seroit fermée, les marchandises de Flandre n'en passeroient pas moins à Cadix par les autres moyens expliqués ci-dessus, il semble qu'il est avantageux de ne pas perdre le produit considérable que le Roi tireroit de ce transit, et de procurer aux négociants de Dunkerque l'avantage qu'ils en recevroient**.»

* Sur le payement de l'indult par les deux vaisseaux arrêtés, voir les lettres des 1er juillet, 5 et 19 août, 30 septembre et 9 octobre suivants. M. le Blanc avait déjà, le 30 janvier précédent, demandé la fixation de droits d'entrée et de sortie à 5 p. o/o, pour les laines d'Espagne destinées à être exportées et passant sur les terres françaises, afin de ne pas interrompre le transit.

** Le contrôleur général écrit, le 5 juillet, aux fermiers généraux, et, le 7 juillet, à M. le Blanc, que le Roi a approuvé l'établissement à Ypres d'un bureau de transit et d'un magasin d'échantillons et de marchandises de Lille, Tournay et Douay, en payant seulement 10 p. o/o de la valeur, pour tous droits d'entrée et de sortie; les marchandises devront être accompagnées d'un certificat authentique du Magistrat, pour justifier de leur provenance. La clef du magasin de Dunkerque sera remise, non au procureur du Roi de l'Amirauté, mais à un commis éprouvé, qui certifiera le départ et l'embarquement des marchandises. On voit cependant, par une autre lettre du 23 août, que le Conseil de commerce était opposé au transit.

Sur l'organisation et le fonctionnement du bureau et du magasin, voir une lettre du contrôleur général, du 30 octobre, deux lettres de M. le Blanc, 18 décembre 1711 et 13 mars 1712, et celles du commis Boutillier, 16 et 21 novembre, et 16 décembre 1711, 8 et 12 janvier 1712.

Les 6 août et 22 novembre 1711, et le 13 mai 1712, M. le Blanc écrit que des ordonnances du roi d'Espagne accordant des facilités pour le commerce ruinent le transit, en faisant préférer Ostende à Dunkerque, et il propose de réduire de 10 à 6, et même à 4 p. o/o, le droit de transit, et de n'y admettre aucun produit de la Flandre espagnole. Le 30 novembre 1712, il écrit qu'il n'y aurait aucun inconvénient à laisser faire ce commerce, non seulement avec Cadix, mais avec Bilbao et Séville, les Canaries et les autres ports espagnols. Le contrôleur général répond, le 19 décembre, que, le Roi ayant déjà accordé aux négociants de Bayonne le droit de transit pour les marchandises de Lille et de Tournay destinées à Bilbao et à Saint-Sébastien, il ne peut le donner à ceux de Dunkerque que pour Cadix, Alicante et les autres ports de la Méditerranée.

1080. M. TURGOT DE SAINT-CLAIR, *intendant en Auvergne*, AU CONTRÔLEUR GÉNÉRAL.

30 Juin 1711.

«Je reçois dans le moment une ordonnance de police que les officiers de police de Clermont viennent de rendre pour interdire les jeux y spécifiés dans la ville de Clermont*. Il m'a toujours paru que ce soin, qui, dans la ville de Paris, a été confié au sieur lieutenant général de police, ne l'a jamais été, dans les villes de province, qu'à nous. Il y auroit quelque danger que l'on exposât des personnes de la première noblesse, qui viennent passer quelques mois de l'année dans les villes, à la vivacité d'un jeune procureur du Roi de police**.....»

* Cette ordonnance est jointe à la lettre.

** En apostille, avec la date du 20 juillet : «.....Je ne me souviens point, jusqu'à présent, d'avoir vu donner aucuns ordres du Roi aux intendants sur cette matière, sinon dans les temps qu'on a voulu défendre absolument la bassette et le pharaon. Au surplus, je ne crois pas qu'il soit à propos d'empêcher l'exécution de cette ordonnance; il faut attendre qu'on en fasse des plaintes, sur lesquelles il y sera pourvu.»

1081. M. DE BARRILLON, *intendant en Béarn*, AU CONTRÔLEUR GÉNÉRAL.

30 Juin, 3 et 24 Juillet 1711.

Il propose de temporiser pour la punition des auteurs d'un soulèvement survenu dans Sauveterre à l'occasion du dixième, et de ne les condamner qu'à une peine pécuniaire*.

Un autre soulèvement s'est produit à Laneplaa, contre le curé, à propos du contrôle de actes de baptême et de mariage, que les femmes du pays ont cru être l'établissement de la gabelle. La principale coupable n'a été condamnée qu'à l'amende honorable et au carcan, avec une amende de 50^tt^.

* Ils furent condamnés à payer une indemnité de 300^tt^ au bayle porteur de contraintes : lettre de M. de Barrillon, 16 janvier 1712; lettres du maire de Sauveterre, 5 juillet, 8 et 14 août 1712; lettre de M. de Harlay de Cély, successeur de M. de Barrillon, 11 février 1713.

Sur le recouvrement du dixième en Béarn, voir une lettre de M. de Navailles, syndic général des États, 9 février 1712, et une de M. de Barrillon, du 5 juillet suivant, et, sur la nomination des commissaires pour l'abonnement, autorisés à procéder par eux-mêmes à la répartition, voir les lettres de M. de Barrillon, 23 et 27 mai, et 17 juin 1712.

1082. M. DE HAROUYS, *intendant en Champagne*, AU CONTRÔLEUR GÉNÉRAL.

4 Juillet 1711.

«Les frais des impressions qui ont été faites ici pour la guerre et pour la finance avoient toujours été payés des deniers de l'extraordinaire de la guerre; mais..... [M. Voysin] n'a point approuvé que celles de cette dernière espèce le fussent davantage sur cette caisse; elles se sont trouvées monter, suivant l'état ci-joint...., à une somme de 1,174^tt^ pour les six derniers mois de 1710. M. des Forts, auquel le fermier de cette province s'est plaint de ce que je l'avois obligé de la payer à l'imprimeur, me mande qu'elle ne doit point tomber sur lui, et qu'elle ne peut l'être que par ordonnance au Trésor royal. Cela étant, j'ose vous supplier d'en accorder une à cet imprimeur....; et sitôt qu'elle sera expédiée, ce sera à lui à s'entendre avec ce fermier des domaines pour lui rendre la même somme qu'il a reçue de lui*.....»

* En apostille : «Que je ne dois point prendre connoissance de ce qui est militaire; que ce qui est d'autre nature, il n'a qu'à en envoyer un état particulier, et on y pourvoira.»

1083. LE CONTRÔLEUR GÉNÉRAL à M. DE LA BOURDONNAYE, *intendant à Orléans*.

5 Juillet 1711.

On doit favoriser les demandes en réunion d'offices présentées par des corps d'arts et métiers; mais, quand elles ne se produisent que lorsque les offices ont déjà été levés par des particuliers, il convient que ces acquéreurs soient dédommagés, et les demandes ne pourront plus être reçues après le temps accordé pour obtenir la réunion*.

* Au sujet de ces réunions d'offices et des charges qu'elles imposaient aux communautés, voir des lettres de M. de Nointel, intendant en Auvergne, 20 juin et 26 septembre 1714; de M. Ferrand, en Bretagne, 18 juillet 1713; de M. Lescalopier, en Champagne, 14 mai 1713.

1084. M. LE GENDRE, *intendant à Montauban*, AU CONTRÔLEUR GÉNÉRAL.

5 et 25 Juillet 1711.

Révocation et remplacement du subdélégué de l'intendance à Cahors.

«Le sieur Desplats est gentilhomme; il est vrai qu'il a eu les deux charges de receveur des tailles, dont il en a vendu une, et le marché de l'autre est conclu..... Quand je fus obligé, il y a six mois, d'ôter les fonctions de la subdélégation au sieur de Pousargues, parce qu'il ne sait ni lire, ni écrire, ni parler, et qu'il n'a pas la moindre teinture des affaires, je priai le sieur Desplats de vouloir bien faire les fonctions de subdélégué en attendant que nous eussions trouvé un acquéreur pour la charge..... Depuis qu'il est en place, il a rempli ses devoirs avec tant de capacité, d'exactitude et de désintéressement, que je croyois, avec raison, le devoir mettre à la tête de tous mes subdélégués;.... mais il me suffit qu'il ne vous soit point agréable, pour que je ne lui donne plus la qualité de subdélégué, me réservant seulement de le consulter dans les occasions, comme un très habile homme. J'espère trouver un acquéreur pour la charge, tel que je le souhaite; car j'aimerois mieux en faire les fonctions moi-même que de la remettre sur la tête de M. de Pousargues, qui est un parfait imbécile*.... »

* En apostille : «Que je ne connois point M. Desplats; mais qu'il m'en est venu des relations sur la manière dont il faisoit ses recouvrements, qui n'étoit point du tout avantageuse; que j'avois lieu de penser que c'étoit un homme violent et qui employoit trop durement les porteurs de contraintes.»

Voir une lettre de M. de Saint-Contest, intendant à Metz, 27 juillet, et une autre de M. Voysin, secrétaire d'État de la guerre, 8 décembre suivant, sur le remboursement de l'office de subdélégué à Toul, accordé à la demande du pays. Le subdélégué supprimé, Jacques Liégeois, conseiller au bailliage, proteste, le 21 juin 1712, contre la mesure qui l'a frappé.

1085. *M. Ferrand, intendant en Bretagne,*
au Contrôleur général.

5, 11 et 28 Juillet 1711; 10 Mars et 10 Août 1712.

Il rend compte de l'établissement de la taxe des marchands de vins en gros. On a fait entre les évêchés une répartition du chiffre total de 130,000#, et chargé de la sous-répartition les marchands de vins en gros de la principale ville de chaque évêché. Tous les marchands sont d'ailleurs révoltés contre ce recouvrement; il a fallu accorder une permission de les faire contraindre solidairement, en corps, pour la taxe de chaque évêché*.

* Le 7 mars précédent, M. de Courson, intendant à Bordeaux, écrivait : «..... Il n'y a aucun particulier compris dans le rôle dont on a envoyé le projet qui ne prouvât qu'il ne fait point le commerce de vin en gros. Le commis qui est ici m'a assuré..... que le projet de rôle qu'il envoyoit n'étoit qu'un état de tous les principaux négociants de cette ville à qui on envoie des commissions pour faire charger les vins que les courtiers achètent des particuliers. Quoique ce pays-ci soit un des plus grands vignobles du royaume, ce sont les propriétaires eux-mêmes qui vendent leur vin, et, quand même il y auroit quelques marchands qui l'achèteroient pour y gagner, ce n'est jamais en leur nom qu'ils l'achètent : il n'y a, en tout ce commerce, d'autres gens qui paroissent que des courtiers qui vont goûter les vins dans les chais ou celliers, ou, à la place, les propriétaires qui font eux-mêmes leur marché. Je ne doute pas que, dès que le rôle sera signifié, tous les marchands ne demandent qu'il leur soit permis de justifier qu'il n'ont jamais fait ce commerce pour eux, ce qui leur sera fort aisé..... »

M. de la Briffe, intendant à Caen, écrit, les 3 mars, 3 et 29 mai, et 29 septembre 1711 : «.....Les taxes pour lesquelles on a compris lesdits marchands en gros se trouvent arbitraires, les unes étant à 1,000#, d'autres à 6, à 4, et à 200#. Et comme il s'agit des lettres qui doivent être prises au grand sceau, il me paroît qu'il est de l'ordre et de l'équité qu'elles soient fixées à un prix certain et égal..... Vous croyez qu'il y a beaucoup de particuliers qui vendent en gros d'autres liqueurs, comme cidre et poiré, qui sont compris dans l'exécution de l'édit, ce qui m'a obligé de m'en informer exactement; mais j'ai appris qu'il y a encore moins de particuliers qui fassent commerce en gros desdites liqueurs, qui se vendent ordinairement par les propriétaires ou fermiers des héritages qui en produisent : ce qui me donne lieu de trouver de plus en plus de la difficulté à faire le recouvrement du rôle arrêté au Conseil le 26 août 1710 en exécution de l'édit du mois de janvier de cette année, et que les traitants ont fait néanmoins monter à 91,800#, ayant compris dans ledit rôle un grand nombre de particuliers à 1,000#, et d'autres à 600#, quoiqu'ils ne se trouvent point dans le cas de l'édit, dans la vue seulement de présenter un objet considérable; et, par cette raison, ils y ont pareillement employé plusieurs propriétaires et fermiers en qualité de bouilleurs d'eaux-de-vie, sous prétexte qu'ils en ont vendu dans les années 1708, 1709 et précédentes, sans faire distinction de ces particuliers qui font ces eaux-de-vie les années abondantes, dans lesquelles n'ayant pas de débit de leurs cidres et poirés, ils sont obligés de les convertir en eaux-de-vie; mais, comme ils n'achètent pas lesdites liqueurs pour les revendre, ils ne peuvent, à la lettre, être réputés marchands. Cela étant, il se trouveroit encore un très petit nombre de bouilleurs dans le cas de l'édit. Ainsi, il y auroit plus des deux tiers de ceux compris dans ledit rôle à décharger, et, modérant les autres qui se trouvent dans le cas de l'édit à des sommes modiques et proportionnées à leur commerce, ledit rôle seroit réduit à peu de chose. Mais, comme vous avez peut-être intention de retirer, en cette généralité, quelque somme de l'exécution de cet édit, j'ai pensé que, si vous jugiez à propos de la réduire à 10 ou à 12,000#, ce qui sera encore beaucoup par rapport au peu de commerce qui se fait en gros de liqueurs, je formerois un nouveau rôle pour tâcher de la faire payer, en y comprenant les principaux cabaretiers, lesquels, vendant en détail, sont en état et en liberté de vendre en gros; et, par le plus grand nombre dont le rôle seroit composé pour des sommes modiques, le recouvrement en seroit plus prompt et plus facile. J'aurois néanmoins attention d'employer à des sommes plus fortes les marchands de vins et d'autres liqueurs en gros, que ceux qui ne vendent ordinairement qu'en détail..... » Cette imposition paroissait d'ailleurs devoir être nuisible à la ferme des aides : voir une lettre des fermiers, 19 mars.

M. d'Angervilliers, intendant en Dauphiné, écrit, le 10 novembre suivant : «.....Encore que la province de Dauphiné soit assez abondante en vin, je n'y vois pas un seul marchand de vin en gros; chacun vend au détail ou au cabaretier les vins de son cru, et, comme ceux de Dauphiné ne souffrent pas le transport, personne n'en fait commerce en gros..... »

M. de Beauharnais, intendant à la Rochelle, dit qu'il fait faire des états de tous les commerçants en vins et en eaux-de-vie qui payent le droit annuel : ceux qui vendent le vin de leur cru en étant exempts, tous les autres sont dans le cas de payer pour être dispensés de prendre des lettres de permission de faire le commerce en gros. En tout cas, la somme demandée à ce département est trop forte. «Il ne me paroît pas qu'il soit possible de faire sur ceux qui font ce commerce une répartition de plus de 30,000# et les 2 s. pour livre, l'abonnement de 60,000# qui a été fait pour la généralité de Rouen n'ayant pas de proportion avec la généralité de la Rochelle, celle-ci n'ayant que cinq élections, parmi lesquelles celle de la Rochelle n'est composée que de quatre-vingts paroisses, et celle de Marennes de trente; que, dans la généralité de Rouen, il y a quatorze élections, sans compter que la ville de Rouen vaut, seule, plus que mon département, par rapport au commerce qui s'y fait; que d'ailleurs les habitants des îles de Ré, d'Oleron et de toute l'abonnée de Marennes prétendent, au moyen de leurs privilèges et exemptions, ne pouvoir être assujettis au payement de ce droit, les aides n'y ayant point cours..... Ici, chacun recueille du vin plus ou moins, à proportion des vignes qu'il possède; après la provision nécessaire pour son ménage, il vend le reste, ou, s'il n'en trouve pas le débit, il le convertit en eau-de-vie; mais, en l'un ou en l'autre cas, comme le vin et l'eau-de-vie qui proviennent du cru n'assujettissent pas les particuliers à prendre des lettres de permission pour ce commerce, qui leur est permis suivant l'édit, il n'y a que ceux qui achètent pour revendre, ou les commissionnaires qui en envoient dans les pays étrangers, aux îles de l'Amérique et en Canada, qui soient sujets à cette taxe, dont le nombre n'est pas fort grand.....» (Lettres des 8 octobre et 15 décembre.)

Sur l'introduction de la taxe dans l'île de Ré, voir les lettres du contrôleur général à M. de Beauharnais, 18 septembre et 30 novembre 1714, et à M. de Manevillette, gouverneur de l'île, 21 octobre; et celles de M. de Beauharnais, 21 octobre, et de M. de Manevillette, 11 septembre et 6 novembre.

M. de Saint-Contest, intendant à Metz, écrit, le 15 octobre 1711: «.....Il n'y a presque point de marchand de vin, en ce pays-ci, qui soit dans le cas de l'édit, tout le monde ayant des vignes, et débite (*sic*) chacun en particulier son vin, soit en gros ou en détail...»

Dans ses lettres des 30 janvier et 6 avril 1712, M. le Gendre, intendant à Montauban, écrit qu'il n'y a que les particuliers qui recueillent du vin de leur cru, et qui en font brûler de l'eau-de-vie, qui fassent ce commerce : l'application de l'édit est donc difficile. Elle serait d'ailleurs de petite importance après la gelée de 1709, qui a détruit les vignes.

M. Roujault, intendant à Poitiers, écrit, le 22 novembre 1711: «.....Il est bien difficile, lorsqu'un homme s'est mis dans le commerce des eaux-de-vie, de vérifier s'il n'a brûlé que son vin, et s'il n'en a point mêlé de celui de son voisin, avec lequel il s'en est accommodé; mais, quand le fait seroit vérifié, si les fermiers qui ont recueilli le vin de leur ferme, l'ont fait brûler et l'ont vendu en gros, ne doivent pas être taxés, il y a les deux tiers des articles de nos rôles dans le cas de décharge.....»

Sur le recouvrement de cette taxe en Provence et sur les contestations des traitants avec les boissonneurs de Marseille, voir une lettre du contrôleur général à l'intendant Lebret, 26 septembre 1711, et une lettre de celui-ci, 1er janvier 1713.

Voir aussi les lettres de M. Lescalopier, intendant en Champagne, 26 mars et 28 août 1712; de M. d'Orsay, à Limoges, 4 août 1711 et 24 mai 1712; de M. de la Bourdonnaye, à Orléans, 15 février 1712; de M. Bignon de Blanzy, à Paris, 4 juillet 1711; de M. de Richebourg, à Rouen, 8 et 31 août 1711, et du sieur Monmerqué, 4 septembre; de M. d'Ormesson, à Soissons, 3 octobre 1711, et du traitant, qui démontre le mal-fondé des plaintes des fermiers des aides sur le nouveau droit de la vente en gros, 26 septembre; de M. Chauvelin, intendant à Tours, 18 juillet et 19 novembre 1711, 3 janvier et 21 juillet 1713, 22 mai 1715.

Des marchands en détail de Dieppe, Gisors et Neufchâtel ayant été compris par erreur au rôle, le traitant répondit aux plaintes des fermiers des aides que le recouvrement était presque achevé, qu'il n'avait point fait tort aux aides, et qu'il serait fâcheux de restituer la somme perçue. (Lettres du contrôleur général à M. Roujault, intendant à Rouen, 29 août 1712, et de M. Roujault, 26 septembre.)

Sur les décharges demandées ou accordées, voir les lettres du contrôleur général à M. Ferrand, 1er juillet 1713, et à M. Foullé de Martangis, intendant à Bourges, 18 septembre 1714; celles de M. Lescalopier, 23 juin 1714, et du sieur Moreau et du traitant en Champagne, 18 janvier 1713; de M. Méliand, intendant à Lyon, 30 avril 1713; de M. de Saint-Contest, à Metz, 5 et 16 juillet, 16 septembre 1712, et 1er janvier 1713; des marchands en gros de Rouen et de Dieppe, 28 mars et 26 septembre 1711; de M. Laugeois d'Hymbercourt, intendant à Soissons, 7 juin et 2 août 1713.

Il fallut réduire le recouvrement presque partout : voir les lettres de M. Guynet, intendant à Caen, 28 septembre 1713; de M. de Saint-Contest, 25 juin et 6 septembre; de M. d'Eaubonne, à Soissons, 6 juin, 28 septembre et 7 décembre 1714. Dans plusieurs départements, on recourut à une imposition générale : lettres du contrôleur général à MM. Foullé de Martangis, 28 mars et 22 mai 1713, Lescalopier et Lebret, 28 mars et 17 mai, de Courson, 22 mai et 21 août, et Chauvelin, 10 octobre; lettres de MM. Foullé de Martangis, 7 avril, et de Courson, 8 avril, 1er août et 7 octobre.

Une émeute éclata à Boulogne, Calais et Étaples : lettres de M. de Bernage, intendant à Amiens, 24 juin, 12 et 31 juillet 1713, et des marchands de vin, 3 juillet; lettre du contrôleur général à M. de Bernage, 17 juillet.

Le même intendant envoie, le 16 février 1714, un résumé de l'histoire du droit dans son département et de la situation définitive.

M. de Bouville, intendant à Orléans, envoie, le 28 mai 1715, un projet d'arrêt réglant l'affaire dans cette généralité.

1086. *Le Contrôleur général à M. le Drel.*

6 Juillet 1711.

«J'ai acheté ces eaux de la ville. En vendant ma maison de la rue Vivien, j'ai vendu les deux tiers de l'eau qui m'appartient, et j'ai réservé les deux tiers (*sic*) pour la maison que j'occupe présentement.

«Que j'ai consenti véritablement qu'il s'en servît pendant qu'elles me seroient inutiles, et que je ne ferois pas la conduite; mais que je ne puis pas les perdre, parce que j'en aurai besoin.»

1087. *M. de Harlay, conseiller d'État, au Contrôleur général.*

(Intendance de Provence.)

6 Juillet 1711.

«.....La ville de Marseille doit à présent environ six millions; les arrérages dus aux créanciers sont retardés de deux ans, et ne se payeront bientôt plus; les rescriptions ou mandats des échevins, sur lesquels ces arrérages doivent être acquittés, se trafiquent communément à soixante et soixante-dix de perte p. 0/0, et l'on ne paye quasi plus que par faveur ceux qui sont amis des échevins, ou qui sont liés avec la cabale qui gouverne depuis longtemps la ville de Marseille..... On n'y observe plus les anciens règlements, et il est absolument nécessaire d'en faire de nouveaux, dont l'exécution puisse être aussi assurée que celle des précédents a été négligée depuis longtemps. On ne tient presque plus de conseils, ni d'assemblées; ceux qui devroient y présider ne le font pas, toutes les affaires se règlent par un petit nombre de gens que leur seul intérêt lie entre eux..... Les fermes de la ville, ou plutôt les droits qu'on y lève, et qui font son principal revenu, sont extrêmement diminuées; quelques-unes même des fermes les plus considérables sont tombées absolument, et sont actuellement régies par ceux mêmes qui, les ayant fait manquer en détournant les enchères par leur crédit, trouvent un profit très grand pour eux dans ce désordre. La Chambre du commerce n'est pas dans un meilleur état, quoique, par ses revenus, qui sont très considérables, et par le peu de dépenses dont elle est naturellement chargée, elle dût être très riche et en état, non seulement de soutenir le commerce et les négociants, mais même d'aider S. M. en plusieurs occasions, si elle étoit ménagée; cependant elle doit plus d'un million. On n'a point rendu de compte en bonne forme de ses revenus depuis plus de quarante ans. Les consuls des Échelles de Levant et de Barbarie ne sont point payés actuellement de leurs appointements, desquels la Chambre est chargée; on a été obligé, pour y suppléer, d'emprunter sur les Échelles de l'argent à 12 p. o/o par mois, et on ne trouve plus même à y continuer une usure aussi excessive..... Ce n'est point à la guerre, ni aux inconvénients qui en sont inséparables, qu'il faut principalement imputer [cette situation], comme les principaux auteurs du désordre le voudroient faire croire; c'est à la mauvaise administration qui se pratique depuis longtemps, c'est aux chefs d'une cabale qui gouverne la ville et la Chambre du commerce depuis plusieurs années, qui en excluent tous les gens de bien, qui n'admettent dans les charges que leurs parents ou ceux qui leur sont dévoués, qui éloignent et qui intimident les autres, et qui n'épargnent ni présents, ni corruption, ni argent pour se maintenir dans cette possession. Les correspondances qu'ils ont trouvé les moyens de lier avec plusieurs personnes de différentes espèces leur en ont donné la facilité, et ils ont certainement de trop grandes relations et trop de crédit dans la province, à la cour, à Constantinople et dans tout le Levant. J'ai déjà eu l'honneur de vous en parler plus d'une fois, et de vous marquer quels sont les ressorts secrets de toutes ces liaisons*. Gleise, négociant de Marseille et allié des Blondels, Anfossy, secrétaire de M. de Grignan, qui gouverne la province sous le nom de son maître, et Sossin, archivaire de la ville, qui a été au service et a fait les affaires de M. le comte du Luc et de M. l'archevêque d'Aix, sont, en Provence, les chefs de cette cabale, qu'il faut absolument détruire, si l'on veut empêcher la ruine de Marseille et y rétablir quelque ordre..... Le bon choix d'un gouverneur et viguier, fonctions qui ne doivent jamais être séparées, est quasi plus nécessaire qu'un règlement, qui ne pourroit subsister, et qui deviendroit inutile sans ce secours. Feu M. de Forville avoit cédé au torrent; il avoit ployé sous le crédit de la cabale de Gleise et de ses adhérents; il ne se trouvoit plus au peu d'assemblées qui se tenoit. Ils en avoient même éloigné le subdélégué de l'intendant, nommé Rigord, qui est un très honnête homme et très capable. La qualité du choix qu'on fera servira même à prouver ce qu'on n'a point cru ou qu'on n'a point voulu croire à Marseille jusqu'à présent, qu'on pût ou qu'on voulût véritablement donner ordre aux affaires de cette ville, dans la persuasion où les chefs du parti sont que leur argent, qu'ils distribuent très libéralement, que leur crédit et leurs relations, enfin que l'étendue du travail les exempteroient de toutes recherches, ou les rendroient impossibles. Cependant, comme ils ne laissent pas de commencer à avoir quelque inquiétude par la manière dont on s'y prend et la connoissance qu'ils ont que cet examen s'avance, ils ont tenté toutes sortes de voies pour se rendre maîtres du gouvernement et de la viguerie, dont celui qui est pourvu préside à toutes les assemblées et les autorise aux termes des règlements]; par là, ils seroient en état de se donner eux-mêmes l'amnistie qu'ils désirent..... Gleise, petit-fils d'un pêcheur de Marseille, a eu la hardiesse de vous en offrir 100,000#, et d'oser vous tenter, par son argent, de lui donner une fonction que des personnes d'une naissance distinguée, soit de la province, soit étrangers, ont presque toujours possédée depuis un très long temps. Je ne saurois m'empêcher, à cette occasion, et indépendamment de la hardiesse de cet homme, de vous marquer ce que je lisois il y a quelques jours dans des lettres du cardinal d'Ossat, qu'en l'année 1596, les liaisons du chef de la cabale qui gouvernoit Marseille avec le viguier qui étoit pour lors furent les principales causes qui pensèrent faire perdre cette ville à la France et la jeter entre les bras de ses plus dangereux ennemis. Je vous avoue que cette réflexion me toucha fort pour le présent et pour l'avenir. Ainsi, je crois qu'on ne doit point séparer le gouvernement de la viguerie; que, dans l'état présent des choses, il ne conviendroit point de les donner à des personnes du pays, de quelque qualité qu'ils fussent, par les conséquences que vous voyez mieux que moi..... On ne sauroit assez respecter la sagesse et la noblesse du Roi, s'il est permis de se servir de ce terme, de vouloir disposer dans une entière liberté et sans aucune finance d'une place dont il ne peut être maître trop absolu**..... »

* Voir une lettre des échevins et députés de la Chambre, du 13 octobre suivant, avec deux lettres de M. de Harlay.

** Sur la mort de M. de Forville et sur ses charges, voir une lettre de M. de Grignan, lieutenant général de la province, et une du sieur Adam, premier commis du secrétaire d'État des affaires étrangères, 22 et 26 mai. M. de Pilles, neveu de M. de Forville, demandait la charge de viguier, et M. Voysin proposait pour gouverneur M. de Marquessac, frère de M. de Brusac, lieutenant des gardes du corps. Mais M. de Harlay disait de ce candidat : «.....C'étoit un bon officier, homme d'esprit; mais je ne sais s'il ne seroit point trop éveillé pour le poste dont il s'agit, et s'il ne contracteroit pas bien aisément des liaisons trop grandes et trop étroites avec les Provençaux et les chefs du parti qu'on ne peut laisser subsister sans achever la ruine de Marseille..... Il convient au service du Roi et à vous que vous demeuriez le maître de l'administration et du gouvernement de la ville et de la communauté : sans quoi, tout ce qu'on pourroit faire d'ailleurs deviendroit totalement inutile. On ne sauroit le dire trop efficacement au Roi.....» (Lettres des 23 et 27 juin.)

1088. *Le Contrôleur général*
à M. de Bâville, intendant en Languedoc.

9 Juillet 1711.

Le Roi approuve que le présidial de Nîmes, qui désigne chaque année une commission pour aller en Vivarais juger les cas prévôtaux et présidiaux, nomme aussi un commissaire pour résider sur les lieux et préparer l'instruction des procès; mais il ne faut pas qu'une pareille fonction soit perpétuelle, et le commissaire devra être changé. Il recevra une gratification proportionnée à son travail*.

* Le 24 août 1713, M. de Bâville examine et réfute les plaintes

IMPRIMERIE NATIONALE.

du Parlement de Toulouse contre les prétendus empiétements de ce tribunal.

1089. *M. Trudaine, intendant à Dijon,*
au Contrôleur général.

9 Juillet 1711.

«J'ai reçu ce matin un courrier du maréchal de Berwick, qui me mande que M. le duc de Savoie prend le parti d'entrer en Maurienne et en Tarentaise; il m'envoie des ordres pour M. de Choin, pour convoquer la milice de Bresse et de Bugey pour garder le haut Rhône. Vous savez qu'en 1709, la subsistance de pareilles milices fut avancée par les pays de Bresse et de Bugey, et que l'on fut obligé de prendre dans les caisses des receveurs l'argent nécessaire pour payer le prêt de ces milices et leur subsistance*.....»

* Voir les lettres des 19, 22, 31 juillet, etc. Les milices ne furent congédiées que le 23 septembre.

1090. *M. de Bâville, intendant en Languedoc,*
au Contrôleur général.

10 Juillet 1711.

«Le Roi ayant demandé à cette province son crédit pour emprunter un million, il fut fait un traité, le 17 janvier 1707, entre les commissaires de S. M. et les États, par lequel il est porté que la province donnera son cautionnement, et que, pour le remboursement de cette somme, qui devoit être fait en quatre années, elle retiendroit, en capital, intérêts, change et frais, le fonds de la taille et du taillon jusqu'au parfait remboursement à concurrence de ce qu'il devroit être payé chaque année aux Génois. En exécution de ce traité, cet emprunt a été fait; il a été rendu tous les ans un arrêt qui a destiné un fonds proportionné au payement des Génois, qui a dû être payé par le trésorier de la Bourse, et qui a ordonné que le restant des 450,406# 11 s. 3 d. à quoi montent la taille et le taillon seroit remis aux receveurs généraux du taillon, suivant l'usage ordinaire. Il y a trois ans qu'on suit cette règle, et, comme M. de Pennautier n'avoit pas compté de cette recette, j'avois cru, et les États aussi, qu'il avoit payé les trois quarts des sommes dues aux Génois, conformément au traité; mais les Génois ont envoyé ici le sieur Sacerdoty, un des principaux créanciers, pour demander le payement des sommes échues, et, par le compte qu'il a fait avec les neveux de M. de Pennautier, il se trouve qu'il est dû aux Génois, jusqu'au dernier décembre dernier, environ 735,000#. J'ai été fort surpris d'une dette aussi considérable. J'ai fait tout ce que j'ai pu pour tâcher de faire payer une partie de cette somme au sieur Sacerdoty, pour maintenir le crédit que la province a toujours trouvé à Gênes dans les fréquents emprunts qu'elle a été obligée de faire pour le service du Roi; mais je n'ai pu trouver aucun moyen pour cela. Tous les effets qui paroissent à M. de Pennautier, autres que les restes qui sont dus par les diocèses, sont d'une nature à ne pouvoir produire de l'argent que par une vente d'autorité de quelques juges. On a évité jusqu'à présent cette extrémité, pour empêcher le désordre qui se mettroit infailliblement dans ses affaires. Les Génois pressent cependant d'un côté, et les rentiers de l'année 1710 crient aussi d'un autre côté. J'ai pressé les officiers de la province de se mettre en règle avec M. de Pennautier; ils ont travaillé pendant deux mois à apurer ses comptes; ils ont fini ce travail, et, par l'état qu'ils m'ont donné, ils prétendent que M. de Pennautier doit rapporter pour 7,600,000# d'acquits. Les neveux assurent qu'ils en ont la plus grande partie, et que, déduction faite des sommes dues à M. de Pennautier par les diocèses pour reste des impositions, qui vont à près de 1,500,000#, M. de Pennautier ne devra pas plus de 400,000#; mais j'avoue que ce n'est pas une affaire encore bien éclaircie, et qu'il y reste bien des difficultés dans ce compte. Il seroit à souhaiter qu'à travers toutes ces contestations, les neveux de M. de Pennautier voulussent faire un fonds de 5 ou 600,000#, pour en employer une partie à apaiser les Génois, et l'autre à payer les rentes de 1710. On auroit le temps, par ce moyen, de satisfaire les dettes les plus pressantes et d'attendre les États, au lieu qu'il faut craindre bien des procès de la part de ceux auxquels il est dû. Tout le monde convient que c'est le meilleur parti; mais je vois pas qu'on se mette en état de l'exécuter.

«Comme M. de Pennautier doit rendre un compte devant les commissaires de cet emprunt des Génois, ainsi qu'il est porté par le traité, on me l'a présenté. J'en ai fait extraire le bordereau ci-joint, n'ayant pas voulu l'arrêter qu'après avoir reçu vos ordres. J'ai fait des observations à côté de chaque article; je vous prie d'avoir agréable de les examiner, afin que je puisse l'arrêter après votre décision. Toute la recette me paroît bonne, et la dépense aussi, à l'exception de l'article des taxations du capital de l'emprunt, qui ne me paroît pas fondé. A l'égard de l'article des 46,544# 8 s. 3 d. pour lesquels les neveux de M. de Pennautier prétendent avoir égaré votre ordre, et qui ont été payés au sieur Sacerdoty, je vous supplie de me marquer si je dois les allouer. Il me semble qu'il est sans difficulté que M. de Pennautier ou ses neveux doivent payer cette dette des Génois indépendamment de toutes les autres affaires de la province, parce qu'il en a reçu le fonds par le moyen de la taille et du taillon, ce qui est comme un dépôt entre ses mains, ces deniers, qui n'y passent pas ordinairement, mais en celles des receveurs généraux, n'y ayant été mis que pour les délivrer aux Génois*.»

* Voir deux autres lettres du 11 décembre suivant et du 11 janvier 1712.

1091. *M. de Brilhac,*
premier président du Parlement de Bretagne,
au Contrôleur général.

10 Juillet et 7 Août 1711.

La création projetée d'une Cour des aides en Bretagne, avec réunion à la Chambre des comptes, ruinera la juridiction du Parlement; mais celui-ci est trop épuisé pour en empêcher l'exécution*.

* Voir, au 7 août, la protestation du Parlement.

1092. *M. Roujault, intendant à Poitiers,*
au Contrôleur général.

12 Juillet 1711.

Curage et réparation du canal qui sert de nouveau lit à la rivière du Lay, entre l'élection de Fontenay et celle des Sables*.

* Voir une lettre de M. de Richebourg, successeur de M. Roujault, 24 décembre 1713.

1093. *M. Turgot, intendant à Moulins,*
au Contrôleur général.

15 Juillet 1711.

Il demande vingt livres de thériaque, en boîtes de demi-livre, à 10tt la boîte, pour arrêter le cours d'une contagion que la sécheresse a provoquée, et qui a enlevé beaucoup de bestiaux, surtout en Nivernais.

1094. *M. d'Angervilliers, intendant en Dauphiné,*
au Contrôleur général.

(De Chapareillan,) 16 et 22 Juillet 1711.

Invasion du duc de Savoie.

«Je ne doute pas que vous ne soyez surpris d'apprendre que l'armée du Roi a décampé de Montmélian et s'est retirée sous Barraux. Les ennemis se portèrent en force, le 19 de ce mois, dans les Bauges, qui sont les montagnes situées sur la gauche de Montmélian. Celui qui commandoit cinq bataillons que nous avions dans les Bauges, connoissant la force des ennemis, fut obligé de se retirer. Dès que ces montagnes ont été abandonnées, le camp de Montmélian est devenu insoutenable, parce que nous pouvions être attaqués par les flancs et par nos derrières : c'est ce qui a obligé M. le maréchal de Berwick à venir ici. Il regarde, et avec grande raison, comme son principal objet, la conservation de Barraux et de Briançon; nous communiquons d'une place à l'autre par la Maurienne, que nous avons conservée, et la montagne du Galibier. Nous avons rompu le pont de Montmélian avant notre retraite, et on espère que les ennemis n'en pourront pas faire sur l'Isère et l'Arc, qui couvre notre communication avec Briançon.

«Dès que nous ne tenons plus la Savoie et Chambéry, les ennemis sont maîtres du passage des Échelles, et ils peuvent répandre leur cavalerie dans toute la plaine de Dauphiné, depuis la Guillotière jusqu'à Romans, et mettre le tiers de la province à contribution. Il y a plus : c'est que, par les montagnes qui sont sur la gauche de Barraux, ils peuvent faire des courses jusqu'aux portes de Grenoble; et, par conséquent, voilà la partie la plus abondante de Dauphiné qui tombera en non-valeur pour le Roi. Il faut, en même temps, faire attention que notre armée va manger toute la vallée de Grésivaudan depuis Barraux jusqu'à Grenoble. Vous connoissez d'ailleurs l'état où sont les élections de Gap et de Briançon, où l'on fait la guerre depuis cinq ans. Ainsi, je ne vois plus que les élections de Valence et de Montélimar, qui sont couvertes par l'Isère, qu'on puisse regarder comme entières. Il y a si peu à douter que les ennemis ne se portent dans la plaine de Lyon par les Échelles, que nous ne croyons pas ici que les courriers de Lyon puissent désormais venir en sûreté jusqu'à l'armée, et nous allons prendre des mesures pour que, de Valence, les courriers viennent par l'autre côté de l'Isère; et, par la même raison, il est nécessaire que, de Lyon, ils passent par le côté du Rhône qui est du Languedoc. Je crois qu'il convient que, dès à présent, vous ayez agréable de donner ordre au directeur de la poste de Lyon de suivre cette disposition au premier avis qu'il en recevra de M. le maréchal de Berwick*.

«On envoie d'ici sur le haut Rhône, dans le Bugey, un détachement de deux cents hommes d'infanterie, sous les ordres d'un lieutenant-colonel, pour joindre aux milices du pays et au régiment de dragons de Villegagnon, qui y est déjà; mais il ne faut pas s'attendre que cet empêchement puisse arrêter les ennemis, s'ils ont dessein de se porter de ce côté-là.

«M. le duc de Savoie est actuellement à la tête de cinquante-cinq bataillons et cinquante escadrons, qui composent son armée en deçà des monts. Par la malheureuse nécessité imposée à ceux qui sont sur la défensive, nous avons été obligés de laisser seize bataillons pour la garde du Briançonnois, des garnisons à Monaco, Nice, Villefranche et Antibes, et quelques bataillons répandus depuis le Galibier jusqu'à Aiguebelle, pour la sûreté de notre communication : en sorte que nous n'avons pu mettre ensemble qu'environ trente-six bataillons et vingt-quatre escadrons. M. le maréchal de Berwick n'a à ses ordres que vingt-neuf escadrons en tout, tant de cavalerie que de dragons, dont deux sont restés en Provence, et trois sur le haut Rhône. C'est cette supériorité de force de la part des ennemis qui nous a forcés d'abandonner tout un pays sans qu'il y ait eu un seul coup de fusil de tiré. Les ennemis peuvent avoir à présent deux objets : l'un, d'attendre que la rivière d'Arc soit guéable, ce qui arrivera dans quinze jours, de la passer, de couper par là notre communication avec Briançon, et de faire le siège de cette place. Il me paroît que M. le maréchal est persuadé qu'il trouvera les moyens d'empêcher que l'Arc, quoique guéable, ne soit passé, et, par conséquent, il ne m'est pas permis d'en douter. L'autre objet que les ennemis peuvent avoir, c'est de s'établir pendant l'hiver en Savoie, levant cependant de grandes contributions dans le pays du Roi. Vous aurez sans doute ouï dire plus d'une fois que cela n'est pas possible à exécuter, parce que, dès que les montagnes sont couvertes de neige, il n'y a plus de communication de Savoie en Piémont. Je n'ai qu'une chose à répondre : c'est que, pendant les trois dernières années que les troupes du Roi ont été en Italie, la montagne du Petit-Saint-Bernard, qui sépare la Tarentaise de la vallée d'Aoste, a toujours été tenue libre pour le passage des recrues, qui prenoient cette route et passoient tout l'hiver sans aucun empêchement. C'est un fait connu de tout le monde, et dont j'ai l'expérience, puisque c'étoit par mes ordres que les chemins étoient entretenus par le Petit-Saint-Bernard. Je ne parle pas du Mont-Cenis, parce que, tant que nous tiendrons la Maurienne, cette communication ne seroit pas facile aux ennemis. Il ne faut pas douter d'ailleurs qu'ils ne trouvassent des facilités pour tirer de Genève et de Suisse, par le lac, les provisions dont ils auroient besoin, et il me seroit aisé de démontrer qu'en mettant d'un côté ce que le Roi lève en Savoie en impositions ordinaires et extraordinaires et en quartier d'hiver, et, de l'autre, ce qu'il en coûteroit au pays pour faire hiverner toute l'armée des ennemis, les peuples gagneroient dans ce dernier parti; et d'ailleurs on ne peut pas croire que la commisération puisse arrêter M. le duc de Savoie dans l'exécution d'un projet utile à ses intérêts**.

«Si les ennemis hivernent en Savoie, le Roi perd trois millions qu'on tire de ce pays ou en argent ou en quartier d'hiver. On sera obligé de placer, pendant l'hiver, un gros corps d'infanterie depuis Grenoble jusqu'à Barraux, beaucoup de cavalerie dans le Viennois et la Bresse. Il faudra faire des magasins pour les faire subsister et pour l'entrée de la campagne, et le pays, qui va être en partie mangé et ruiné, ne pourra rien fournir. Il faudra tirer des provinces voisines des foins et du grain, dont les transports coûteront des sommes immenses. Je ne doute pas que MM. les généraux n'expliquent à S. M. les inconvénients qui peuvent arriver, si les ennemis ouvrent la campagne prochaine sur le Rhône.

«Notre retraite démontre assez que, sans de nouvelles forces, il ne nous sera pas possible d'obliger les ennemis à quitter la Savoie. M. le maréchal de Berwick me paroit dans la pensée qu'il y parviendroit, s'il recevoit un renfort de quinze bataillons et de quinze escadrons; et effectivement, sans être homme de guerre, il est aisé de comprendre qu'avec ce secours on pourroit leur donner de l'inquiétude pour Exiles et Fenestrelles, et même dans leurs derrières, en Tarentaise. Si S. M. prend ce parti, il nous faudra nécessairement une augmentation de provisions et de mulets pour le service des vivres. J'ai pris la liberté, il y a déjà quelques jours, de vous demander une avance de trente mille quintaux de froment et de vingt mille d'avoine. A l'égard des mulets, on les lèvera aisément en Languedoc et en Provence, et il ne s'agiroit que d'avoir ici quelque fonds pour la solde des employés. Je vous demande pardon de la longueur de ma lettre; mais j'ai cru qu'il étoit de mon devoir de vous expliquer une fois en détail la situation des affaires de ce pays, et même de vous parler des suites. Je crois devoir vous ajouter que, si les ennemis trouvent moyen de pénétrer à Briançon, ils n'en hiverneront que mieux et plus commodément en Savoie.»

* Voir une lettre de M. Pajot d'Onsenbray, 12 août.

** Voir, sur les manœuvres du duc de Savoie et sur celles du maréchal de Berwick, les lettres du 27 juillet au 28 septembre.

1095. *Le sieur* BELLUCHAU, *de la Rochelle*, AU CONTRÔLEUR GÉNÉRAL.

(De Saintes,) 18 Juillet 1711.

«.....Ayant continué de travailler jusqu'à ce jour par les ordres de M. de Beauharnois....., pour la levée du dixième de cette élection et celle de Marennes, il a été persuadé, par l'application continuelle que je me suis donnée pour former des rôles sur le dépouillement que j'ai fait de plus de dix mille déclarations particulières, que j'ai travaillé et dressé plus de cent trente projets de rôles, que je lui ai portés à Rochefort. Les ayant examinés, il m'a donné ses ordres pour les faire mettre dans la forme qu'il a désirée et suivant les modèles envoyés. J'ai fait travailler ici un nombre de sept à huit scribes, pendant sept à huit jours, qui en ont fait un bon nombre: en telle sorte que, M. l'intendant ayant passé ici le 16 et 17, il en a arrêté et signé le nombre de plus de soixante-dix. Il doit informer Votre Grandeur du contenu du dixième, et vous assurer en même temps que, tous les quinze jours, il y en aura à peu près pareil nombre à lui faire arrêter, et, pendant deux ou trois mois, il en signera toutes les semaines, restant encore au greffe de la subdélégation plus de vingt mille déclarations à travailler*.....»

* Sur l'état du travail préparatoire et sur les premiers recouvrements, voir une lettre de M. d'Ormesson, intendant à Soissons, 14 janvier 1711; une lettre de M. Turgot, intendant à Moulins, 21 avril 1711, et une lettre anonyme, 26 mars 1712; une lettre de M. d'Orsay, intendant à Limoges, 25 septembre 1711, etc.

1096. *M. DE* BERNAGE, *intendant à Amiens*, AU CONTRÔLEUR GÉNÉRAL.

19 Juillet 1711.

Il donne son avis sur des faits de concussion et d'assemblée séditieuse reprochés à M. de la Hestroy, lieutenant général d'épée au bailliage de Montreuil-sur-Mer*. Celui-ci est innocent de la concussion; mais, comme, d'autre part, il ne peut se justifier complètement au sujet de l'assemblée, et qu'elle a eu de mauvais effets sur le recouvrement du dixième, l'intendant n'estime pas qu'il y ait lieu, comme l'a demandé M. de la Hestroy, de rechercher les auteurs de la dénonciation**.

* Cette assemblée avait pour but d'obtenir, vu la triste situation de Montreuil, une décharge du dixième et de la taille: voir les lettres de M. de la Hestroy et des gentilshommes et principaux habitants de la ville (1er décembre 1710, 17 janvier et 5 mars 1711).

** Voir les lettres où le maire et les échevins de la ville accusent M. de la Hestroy (février); celles où il se défend et demande des poursuites contre les calomniateurs (9 et 17 mars, et 31 juillet), et celles où MM. de Mortaigny, commandant, et de Beaucourt, lieutenant de Roi à Montreuil (12 mars), et la noblesse du pays (14 mars) soutiennent M. de la Hestroy.

1097. *M.* D'ARGENSON, *lieutenant général de police à Paris*, AU CONTRÔLEUR GÉNÉRAL.

23 Juillet 1711.

Les commissaires au Châtelet, que leurs importantes fonctions exposent à la persécution publique, quoiqu'elles soient presque gratuites, demandent à être dispensés de se racheter de l'annuel et du prêt*.

* Le contrôleur général répond, le 27 juillet: «.....S. M. a dé-

cédé que cette demande, si elle étoit accordée, tireroit à conséquence pour beaucoup d'autres officiers.....»

1098. *M. Turgot de Saint-Clair, intendant en Auvergne,*
au Contrôleur général.

24 Juillet 1711.

Il se plaint que le lieutenant général de police de Clermont ait fait emprisonner la femme d'un serger en vertu d'un décret du juge de police, quoique son seul crime fût d'avoir présenté requête à l'intendant contre une saisie irrégulière de marchandises. Différentes procédures du même genre avaient déjà excité des plaintes, n'étant fondées que sur le faux prétexte que la ville était en maîtrise et jurande.

«Je vous supplie de croire que ce que je fais est pour arrêter la vivacité des officiers de police, qui ne veulent reconnoître aucun supérieur ici. Ils se croient toujours en droit de ne pas faire voir leurs procédures : ce qui les autorise à faire ce qu'ils veulent. Il est de la dernière conséquence que cela ne soit pas toléré. La police d'une ville qui se fait par provision deviendroit arbitraire; et quels sont les malheureux qui ont le moyen de les prendre à partie et se pourvoir au Parlement? Je vous supplie d'être persuadé que je n'agis que par un principe d'équité, et pour ne point exposer toute une ville à des jalousies des jurisdictions, qui ne retombent que sur les particuliers.»

P. S. «J'apprends dans l'instant, par le père du greffier de police, que le procureur du Roi vient d'enfoncer le greffe de police, et qu'il en a enlevé tous les papiers. Vous voyez quel est le procédé de cet officier, qui veut absolument m'ôter la connoissance de tout ce qu'il fait, parce qu'il espère que, ses démarches ne pouvant être réprimées que par le Parlement, où jamais les malheureux ne peuvent aller, il restera le maître ici, où personne ne l'éclairera. Il veut, par un procès-verbal qu'il dresse avec le lieutenant général de police dans la prison, et par le prétendu enlèvement des papiers du greffier, intéresser M. le procureur général; mais j'espère que vous ne tolérerez pas davantage ces sortes de procédés et que vous aurez confiance en ce que je fais, qui ne tend qu'au soulagement du public et à l'entretien du bon ordre, que le sieur de Vernols fait servir de prétexte à ses vues.»

1099. *Le sieur Jacques Lenormand,*
intéressé aux affaires du Roi,
au Contrôleur général.

25 Juillet 1711.

«Je supplie très humblement Votre Grandeur de me permettre de lui représenter qu'elle a plus fait d'une seule parole pour exciter les communautés d'arts et métiers de Paris à payer, que tous les Suisses que j'ai mis en garnison. Les jurés pâtissiers firent savoir hier aux jurés des autres communautés avec lesquels ils avoient cabalé que Votre Grandeur les a fait arrêter à Fontainebleau, et ils sont venus aujourd'hui chez moi pour convenir de leur soumission. Ils ont été suivis des charcutiers, qui ont fait la leur de 30,000#; les autres ne sont pas moins consternés, et ils ne parlent plus de me tuer. Ils m'ont prié de me rendre en leurs bureaux pour trouver les moyens avec eux de sortir des sommes qu'on leur demande. J'en rendrai compte demain à M. d'Argenson, à qui j'ai dit que Votre Grandeur a eu la bonté, en son dernier voyage à Paris, de me promettre la continuation de mon sauf-conduit, qui finira le 3 août prochain. M. d'Argenson attend vos ordres pour informer Votre Grandeur que, sans liberté, il m'est impossible d'agir dans ce recouvrement, qui demande beaucoup de mouvement avec les communautés*.»

* Les 27 juillet et 15 août, M. d'Argenson, lieutenant général de police à Paris, appuie cette demande de sauf-conduit par un bordereau attestant les heureux effets de la présence de Lenormand. Au dos d'une autre lettre de M. d'Argenson, du 9 avril 1712, demandant un nouveau délai, le contrôleur général a écrit : «Six mois pour dernier délai, et sans espérance d'autre; mettre cependant quelqu'un à la suite des affaires des arts et métiers, pour s'en instruire et en avoir la direction.»

Voir encore, sur les affaires de Lenormand, une lettre de M. d'Argenson, 23 mai 1713, et une lettre de Lenormand lui-même, relative au recouvrement de la taxe en Provence, 28 août 1714.

1100. *M. Ferrand, intendant en Bretagne,*
au Contrôleur général.

25 Juillet 1711.

«Le traitant de la finance qui doit provenir de la confirmation des feux affranchis m'ayant demandé mes ordonnances pour l'imposition des sommes contenues dans les rôles du Conseil, je les ai trouvées si fortes, et les termes de payement si près l'un de l'autre, que je ne puis m'empêcher d'avoir l'honneur de vous en écrire. Vous verrez, par le mémoire ci-joint, qu'elles se montent à 536,713#, compris les 2 s. pour livre, payables en deux termes, moitié au terme de septembre prochain, et l'autre moitié au terme de janvier 1712. Il n'est pas possible que les communautés de la province puissent satisfaire à un payement aussi considérable dans un délai si court. Vous trouverez dans le même mémoire que les droits qui sont attachés à cette imposition montent à près de 125,000#. Il me paroît qu'il y auroit de la justice d'en exempter les communautés : cette taxe ne devroit véritablement regarder que ceux qui possèdent les feux affranchis, lesquels sont exempts de fouages et des droits qui y sont attachés. Pour la facilité du recouvrement, on s'adresse au général des paroisses, sauf leur recours contre les possesseurs des feux affranchis. On suit en cela ce qui a été pratiqué dans les précédents recouvrements; mais il me semble, en même temps, que les paroisses ne devroient point être sujettes à tous ces droits, puisque la répartition, si elle est faite sur le général, n'est que par forme d'avance. Si, au contraire, elle tombe directement sur les possesseurs des feux affranchis, ces derniers ne sont point sujets aux fouages. J'espère que la proposition que je prends la liberté de vous faire vous paroîtra juste, et que vous trouverez à propos d'ordonner que cette imposition sera faite sans frais, pour être payée en quatre termes égaux, de quatre mois en quatre mois*.....»

* Sur des demandes de décharge ou de réduction de la finance des feux affranchis, voir les lettres des 15 juillet et 2 septembre 1712, et 5 mars 1713, et les pièces des 22 mai 1713 et 10 juillet 1714. En particulier, sur l'affranchissement de l'île de Bréhat, voir les lettres des 11 et 17 juillet 1711, et 17 juin 1713.

1101. *Le Contrôleur général aux Fermiers généraux.*

26 Juillet 1711.

«J'ai examiné votre état de produit dans toutes les parties qu'il contient. Je trouve vos estimations, pour toutes les gabelles, au-dessous des états qui m'ont été envoyés, et celles pour les entrées et sorties au-dessous des avis que j'ai reçus de l'état du commerce et des récoltes : ce qui demande que vous fassiez de nouveau attention sur le prix que vous avez à me proposer. A l'égard de la partie des aides qui est en régie, c'est une discussion que je ferai moi-même avec vous. Quant à la dépense, je serai bien aise d'avoir un état de comparaison de celles employées en l'état sur lequel j'ai réglé le bail de Ferreau, et de celles employées en l'état de produit que vous me présentez aujourd'hui, pour en voir la différence et les motifs de cette différence. Sur les articles généraux, je ne me trouve pas suffisamment éclairci. Vous demandez, sur les gabelles de France, que le Roi soit garant du sel d'impôt : il faut me marquer les raisons de cette demande, et à quoi vous la faites monter. Vous demandez encore que le Roi soit garant du prix des sous-fermes. Cet article est un des plus importants; car il s'agit de voir actuellement l'état de chaque sous-ferme, les surséances qu'on leur a accordées, les diminutions ou indemnités qu'ils prétendent, la compensation que cette année doit produire, et si on prendra le parti d'un renouvellement des sous-baux pour favoriser cet accommodement. Or, le projet doit m'être fourni de votre part. Il est nécessaire que M. Maynon, qui possède cette affaire, y travaille sans perte de temps, et qu'il convienne avec ceux que j'ai nommés pour travailler à cette affaire, que j'examinerai ensuite avec lui pour résoudre ce qui conviendra sur chaque sous-ferme; car je ne puis, sur cette clause générale de garantie que vous me proposez, savoir le fonds que je puis faire sur le prix actuel de chaque sous-bail. Il en est de même de la garantie des soumissions des sous-fermiers pour les 2 s. pour livre : sur quoi il est pareillement nécessaire que vous me donniez un mémoire qui contienne la raison de cette garantie, et à quoi vous l'estimez.

«Sur tout ce que dessus, vous pouvez dresser le projet du résultat que vous demandez, afin que j'y voie le prix du nouveau bail, et les clauses et conditions sous lesquelles vous le proposez, pour en faire la comparaison avec le résultat du bail d'Isambert, parce que, s'il y a des différences, ou dans les droits ou autrement, je dois les connoître, pour me régler sur le nouveau bail qui est à faire.»

1102. *M. le Gendre, intendant à Montauban, au Contrôleur général.*

28 Juillet 1711.

«Vous savez que le Roi fait bâtir une église cathédrale à Montauban et que S. M. permet d'imposer tous les ans 12,000# pour cette dépense, savoir : 8,000# sur toute la généralité, et 4,000# sur le bas diocèse de Montauban, qui est du Languedoc. Cet édifice, qui est magnifique, seroit présentement achevé, ou fort avancé, s'il avoit été bien construit; mais, comme les piliers n'étoient que de brique, quand la voûte de la nef fut achevée, il y a trois ans, les piliers ne se trouvèrent pas assez forts pour la soutenir, en sorte qu'ils s'écrasèrent et que les deux tiers du bâtiment furent renversés. Il a fallu recommencer ces piliers, pour les refaire de pierre de taille, et démolir tous ceux du chœur, qui étoient de même construction, et qui n'auroient pas résisté davantage. Comme les fonds manquent pour achever cet ouvrage, et qu'il faut une nouvelle imposition, je prends la liberté de vous envoyer un projet d'arrêt. Il est de conséquence pour le bien de la religion que cet édifice, si digne de la piété du Roi, soit promptement achevé dans une ville comme Montauban, où l'hérésie a triomphé tant d'années*.

«M. le duc d'Antin nous a rendu un grand service en nous envoyant un très habile architecte pour conduire cet ouvrage, qui avance fort depuis qu'il en prend soin, et qui se construit bien solidement**.»

* «Bon.»

** Voir une lettre écrite le jour suivant par M. l'évêque de Montauban.

1103. *Le Contrôleur général à M. d'Angervilliers, intendant en Dauphiné.*

31 Juillet 1711.

Achats de froments en Bourgogne et d'avoines à Lyon, pour la subsistance de l'armée de Dauphiné*.

* Au sujet du payement de ces achats, voir une lettre de M. d'Angervilliers, du 12 mai précédent. Le 21 août suivant, le contrôleur général écrit à M. Trudaine, intendant à Dijon : «Pour répondre à votre lettre du 17 de ce mois, article par article, il y en a quelques-uns sur lesquels je puis vous dire ma pensée, et d'autres qui ne me regardent point. Le plus essentiel est celui de l'argent nécessaire pour faire les achats : sur quoi, il est bon que vous sachiez que, dès que les fonds sont sortis du Trésor royal et passés entre les mains du trésorier de l'extraordinaire des guerres pour les destinations réglées et ordonnées par le Roi, l'emploi ne me regarde plus. Or, dans le cas présent, les 200,000# dont il s'agit ont été remis entre les mains du trésorier de l'extraordinaire des guerres en argent, et non en papier. Je ferai remettre encore 100,000# en argent, puisque, dans votre département, il faut payer par avance les achats qu'on y fait pour le service du Roi : difficulté qu'aucun de MM. les intendants des autres provinces du royaume n'a trouvée jusqu'à présent, étant tous accoutumés à l'exactitude avec laquelle j'ai fait rembourser les avances qu'ils ont fait faire pour le service nonobstant tous les malheurs qui sont arrivés. Mais, Dieu merci! le crédit est assez bien établi pour n'être pas obligé de payer d'avance. L'article qui ne me regarde point est la proposition que vous faites de faire fournir de seigles au lieu d'avoine : je ne sais pas si cela

convient pour la subsistance de la cavalerie, et, quand je le saurois, je ne me chargerois pas d'aucune décision sur ce fait; il suffit que je fournisse les fonds pour les avoines qu'on m'a demandées. Au surplus, il n'est pas question d'attendre jusqu'à Noël dans l'espérance d'une diminution sur le prix des grains; il faut que cette fourniture soit faite promptement, et, si elle est retardée, au moins ce ne sera pas faute d'avoir fourni l'argent nécessaire.»

M. le Guerchoys, intendant en Franche-Comté, ayant voulu réserver les avoines achetées à l'intention du Lyonnais et du Dauphiné pour les quartiers d'hiver de son intendance, sous prétexte que c'était en outre la seule ressource de l'Alsace, il reçut ordre de retirer ces prohibitions. Voir ses lettres des 2 et 15 septembre 1711, 2 octobre et 14 décembre 1712.

1104. *S. A. S. Mgr le comte* DE TOULOUSE, *gouverneur de Bretagne,*
AU CONTRÔLEUR GÉNÉRAL.

31 Juillet 1711.

«Comme il est nécessaire de fixer de bonne heure le temps des États*, afin que les lettres de convocation puissent être envoyées six semaines au moins avant la tenue, et que ceux qui y sont invités puissent jouir de la surséance qui leur est accordée, je vous prie de vouloir bien, le plus tôt qu'il vous sera possible, faire fixer ce temps par le Roi. Il n'y en a point de plus commode pour tout le monde que la fin du mois d'octobre, c'est-à-dire depuis le 25. M. Ferrand est de même avis**.....»

* Sur l'époque la plus favorable pour la tenue des États de Béarn, voir les lettres de l'intendant Harlay de Cély, 31 décembre 1712 et 21 mars 1713 : «.....Les particuliers, dit-il, sont plus tenaces, et, par conséquent, le recouvrement plus difficile, quand l'imposition est faite après la récolte, qui se trouve quelquefois consommée d'avance.....»

** Avant même l'ouverture de la session, et pour prévenir les difficultés qui menaçaient de se produire, M. le comte de Toulouse écrit, le 25 septembre : «Vous trouverez ici des mémoires sur trois affaires qui m'ont paru d'une extrême conséquence, et sur lesquelles M. le duc de Rohan pourroit nous faire des embarras et des brouilleries aux États prochains, lorsque cela conviendroit le moins, et qu'on sera le plus occupé aux affaires du Roi, qui..... seront assez difficiles cette année. Le plus court moyen pour prévenir tout cela seroit que M. le duc de Rohan voulût bien se dispenser d'aller aux États, où sa présence n'est nullement nécessaire; mais, comme je ne crois pas que le Roi veuille lui faire défendre d'y aller, il faudra prendre d'autres voies pour empêcher l'embarras que sa présence y peut causer. La voie qui a paru la plus convenable aux présidents seroit que je leur écrivisse à chacun une lettre, dont ils ne feront usage qu'à l'extrémité, pour leur recommander expressément de ne rien permettre, ni au sujet de la substitution, ni au sujet de M. le prince de Bergues, ni au sujet du dessein qu'a M. le duc de Rohan de présider lui-même, sans m'en avoir donné avis auparavant, afin que j'en puisse rendre compte au Roi et leur faire savoir ses intentions, parce que cela me regarde directement comme gouverneur de la province.....» Voir encore, sur les dispositions prises avant la session, sur son ouverture et sur les discours qui y furent prononcés, les lettres de l'intendant Ferrand, des présidents des trois ordres, de M. l'évêque de Saint-Malo, du prince de Léon et du premier président de Brilhac, 4 et 11 novembre.

— Un point important était l'octroi des gratifications aux présidents des ordres, aux commissaires du Roi, etc. (lettres de M. le comte de Toulouse, 1er août, et de M. Ferrand, 15 octobre et 14 décembre). M. Ferrand écrit, le 5 décembre : «Vous apprendrez de plusieurs endroits, par cet ordinaire, que les États de Bretagne accordèrent hier à M. le comte de Châteaurenault une gratification de 8,000^# pour avoir présidé à l'ordre de la noblesse pendant quelques jours que M. le prince de Léon a été incommodé. Nous aurions tous souhaité, par l'intérêt que nous prenons à ce qui regarde M. le maréchal de Châteaurenault, qu'il eût empêché qu'on eût délibéré sur cette gratification, ou qu'ayant été faite, il l'eût refusée, pour ne pas s'exposer à ce qui arriva, aux derniers États tenus à Saint-Brieuc, à M. le comte de la Rivière, auquel ils avoient accordé une gratification de 4,000^# pour avoir présidé en l'absence de M. le prince de Léon. Je sais la considération que mérite M. le maréchal de Châteaurenault; si ce qu'on vient de faire pour M. le comte son fils ne tiroit à aucune conséquence, il n'y auroit rien à dire. Vous verrez, par l'arrêt ci-joint, que le Roi avoit voulu empêcher toutes ces gratifications. Cet arrêt est trop ancien; on n'y songe plus. Il est vrai que personne n'a osé dire son sentiment sur la gratification de M. le comte de Châteaurenault, pour éviter de se commettre. Si vous n'avez la bonté de prendre les ordres du Roi sur les gratifications nouvelles, pour n'en proposer aucunes qu'elles n'aient été auparavant approuvées par S. M., nous nous trouverons tous les jours dans un pareil embarras. On attend ici incessamment M. le prince de Talmond, qui vient prier les États de tenir M. son fils sur les fonts de baptême : vous voyez à quoi tend un pareil voyage. Je vous supplie très humblement de mettre ordre à toutes ces gratifications, et de vouloir bien observer, dans la réponse que vous me ferez l'honneur de me faire, que M. le maréchal de Châteaurenault ne puisse s'apercevoir que je vous aie écrit que pour vous informer du fait. M. l'évêque de Saint-Malo vous écrit dans le même sens que je fais; nous le faisons tous deux en secret, vous suppliant très humblement de nous donner des ordres qui puissent prévenir l'arrivée de M. le prince de Talmond et les autres gratifications que l'on pourroit proposer avant la fin des présents États. J'aurai soin, dans le projet d'instruction qui vous sera présenté pour les États de 1713, d'y insérer une clause pour défendre de délibérer sur aucune gratification qu'elle n'ait été approuvée par le Roi.» Voir sa lettre ostensible du même jour, et celles de M. l'évêque de Saint-Malo et du maréchal de Châteaurenault. En marge de cette dernière : «Accordé.» Le comte de la Rivière, gouverneur de Saint-Brieuc, et M. de Maux, lieutenant de Roi à Dinan, ayant demandé des gratifications (lettres des 12 septembre et 7 décembre), on les leur avait refusées; le comte de Marbeuf, colonel d'un des deux régiments de dragons entretenus par la Bretagne, en obtint au contraire une (lettres de M. Ferrand, 8 décembre, et de M. de Marbeuf, 11 décembre).

Le 15 décembre, le prince de Léon écrit : «Je suis très fâché d'être obligé de vous importuner du mauvais état de mes affaires; mais, n'ayant, comme vous savez, aucune ressource par moi-même, je suis obligé de vous dire que, dès le premier jour de ce mois, je suis au bout des 9,000^# que je touche comme président de la noblesse, des 15,000^# que les États ont donnés à la princesse de Léon, et des 10,000^# que vous avez la bonté de me faire donner par les fermiers des États. J'ai communiqué à M. de Montaran les comptes de ma dépense, et lui ai fait voir que toutes ces sommes n'avoient été employées que pour les dépenses des tables indispensables aux États et pour les frais de ma route. C'est de quoi il peut vous rendre un fidèle compte, si vous le jugez à propos. Dans cet état, je ne vis plus que sur l'argent que M. de Montarau veut bien me prêter, et, comme, par l'embarras des affaires, il est impossible que les États ne durent encore un mois au moins, je vous supplie de faire attention qu'il n'est pas possible que je me trouve redevable à M. de Montaran d'une somme aussi considérable, n'ayant pas surtout de revenus assez considérables pour lui en assurer le remboursement dans un temps fixe. Toutes ces raisons et la bonté dont vous m'honorez me font prendre la liberté de vous supplier de vouloir bien entrer dans l'embarras où je me trouve, qui est d'autant plus grand que j'ai été obligé, avant de partir de Paris, de déléguer ce que je devois toucher de ma pension au mois de février prochain pour faire plusieurs provisions, ce qui fait que je me trouve sans espoir de toucher un sol d'ici au mois d'août prochain. C'est cette extrémité, et l'excessive longueur des États, qui m'oblige de vous supplier instamment..... d'avoir la bonté de me faire donner par les fermiers des États un supplément tel que vous le jugerez à propos. Cela n'est à la charge de personne, pas même à la leur, car, comme ils sont plusieurs associés, il en coûte peu à chacun.....» En apostille : «6,000# outre les 10,000#.» Voir aussi une lettre de M. Ferrand, 18 décembre.

Le 21 décembre, il indique les précédents à suivre pour la gratification à accorder au marquis d'Ancenis, comme baron d'Ancenis, et aux comtes de Langeron et de Volvire, comme lieutenants de Roi : accordé. Le 29 décembre, il renvoie à M. de la Garde le projet d'arrêt pour interdire toutes gratifications, et, le 5 janvier suivant, il donne un état des diverses gratifications votées par les États précédents, et que les présents États imiteront sans doute.

Le 12 février 1712, il demanda et obtint une gratification pour les députés, vu la longueur de la session; mais, afin d'éviter que les tenues ne fussent aussi longues à l'avenir, le contrôleur général écrivit au maréchal de Châteaurenault et à M. Ferrand, le 26 septembre 1713, d'ordonner aux fermiers généraux, sous-fermiers et traitants de la province d'avoir à se mettre, dès le début des sessions, à la disposition des États, et aux commissaires, de faire connoître aux députés les fonds dont les États devraient se servir pour payer le Don gratuit et les autres dépenses.

Sur les gratifications de 1713, voir les lettres du contrôleur général à M. le comte de Toulouse, 23 mars 1714; au maréchal de Châteaurenault et à M. Ferrand, 31 octobre et 15 novembre 1713; au marquis de Vibraye, commandant à Saint-Malo, 8 novembre et 9 décembre; à M. de Montaran, trésorier des États, 4 mars 1714; et les lettres de M. Ferrand, 8 août, 1er, 12 et 30 octobre, 6, 9 et 18 novembre, et 1er décembre 1713; du maréchal de Châteaurenault, 22 septembre, 9 et 12 octobre, 18 novembre; du marquis de Vibraye, 22 octobre et 15 novembre; du duc de la Trémoïlle, président des États, 30 octobre, et de M. de Maux, lieutenant de Roi à Dinan, 16 octobre. Une gratification de 10,000# fut accordée à M. le duc de la Trémoïlle, comme présidant pour la première fois (lettre du contrôleur général à M. Ferrand, 17 octobre 1713).

1105. *S. A. S. Mgr le comte* DE TOULOUSE, *gouverneur de Bretagne*,
AU CONTRÔLEUR GÉNÉRAL.

31 Juillet 1711.

«Il y a six ans qu'à la prière de M. Ferrand, j'ai obtenu du Roi la place de second commissaire aux États pour le président de la Faluère, son neveu; je vous prie de vouloir bien en faire souvenir S. M. pour la prochaine tenue. Le président de la Faluère est un bon sujet, et il me paroît que vous [êtes] assez content de M. Ferrand, son oncle, pour espérer que vous voudrez bien contribuer avec moi à lui faire obtenir une chose qu'il souhaite avec passion, et qui est fort convenable*.»

* En marge, de la main du contrôleur général : «Bon.» Voir une autre lettre du 27 avril 1713, sur pareille demande.

1106. *Les Collecteurs des tailles de la paroisse de Saint-Denis-du-Maine*
AU CONTRÔLEUR GÉNÉRAL.
(Intendance de Tours.)

(Mois de Juillet 1711.)

«Je sommes huit pauvres collecteurs de la paroisse de Saint-Denis qui sommes contraints de vous porter nos plaintes contre M. le comte de Froullay, seigneur de ladite paroisse, qui est bientôt abandonnée par les vexations qu'il y commet tous les jours. Cette paroisse est accablée de taille et de sel, et je ne sommes qu'un petit nombre de misérables, qui servons de quatre en quatre ans, pendant que tous ses fermiers, qui sont en très grand nombre, ne servent que très rarement, ou point du tout, non plus que la plupart des habitants. On n'oseroit non plus leur mettre de taille, ni de sel, outre sa volonté. J'avions, cette année, beaucoup de rehaut et de mauvais; j'en avons mis aux fermiers dudit sieur de Froullay, non pas encore selon ce qu'ils en devroient avoir. Quand il a été revenu, il a envoyé prendre par ses soldats et ses valets nos enfants et nos valets; il les a mis dans une prison de son château où il enferme tous les misérables qu'il fait prendre tous les ans de force pour aller à la guerre; il nous a mandés après cela, et fait porter le grand rôle de la taille, sur lequel il nous a obligés de mettre tous les reçus qu'il a voulu, jusques à des taux de 20 francs, en sorte que je sommes réduits à pourrir dans les prisons, ne pouvant jamais supporter les pertes qu'il nous cause, et la paroisse abîmée, puisqu'on n'ose mettre ni sel ni taille à ses métayers. Quand c'est à mettre des collecteurs, il faut aller à son château, où il nomme lui-même ceux qu'il veut. S'ils sont nommés d'office, c'est lui qui en fait ou fait faire le mémoire. Enfin, ce sont des vexations si grandes, et auxquelles M. l'intendant ferme les oreilles, que je sommes contraints de vous en instruire et vous demander justice. Si vous ne nous la rendez pas plus que M. l'intendant, j'en irons informer le Roi. Il y a encore un nommé Gaucherie, sergent des tailles, qui n'a que 15 francs de taille, point de sel, pendant que tout le monde est abîmé. Enfin, nous vous supplions de faire informer de cet contenu, et vous verrez que c'est la vérité. Nous espérons que vous nous rendrez justice, ne la pouvant attendre, contre de telles vexations, que du Roi ou de Votre Grandeur*.»

* Cette lettre est renvoyée à l'intendant, M. Chauvelin, le 23 juillet. Le 7 août, il répond que les plaintes sont fondées, et dit : «.....Je ferai mon devoir au département prochain, en taxant d'office tous les fermiers [du comte de Froullay] de manière que la paroisse soit indemnisée, même pour le passé; et je commettrai un bon officier, et homme ferme, pour faire faire en sa présence les rôles de la taille de cette paroisse; je n'oublierai pas aussi de recommander aux officiers du grenier d'avoir une attention particulière aux rôles du sel.....»

1107. *M. de Bernage, intendant à Amiens,*
au Contrôleur général.

2 Août 1711.

«M. le Chancelier m'a écrit la lettre dont j'ai l'honneur de vous envoyer copie*, par laquelle vous verrez qu'il souhaite que MM. les intendants soient très circonspects à n'ordonner l'exécution d'aucuns arrêts du Conseil, soit pour affaires particulières, soit pour celles de finance, sans commission scellée ou sans lettres patentes. Comme on m'en a adressé quelquefois de votre part, en finance, qui ne sont pas revêtus de cette forme, j'ai cru devoir vous en écrire, et vous supplier de vouloir bien donner vos ordres pour que tous les arrêts qui me seront adressés soient scellés, quand ce sont les originaux, et que, lorsqu'ils sont imprimés, les exemplaires qui me sont envoyés contiennent la commission, et qu'ils soient dûment collationnés.»

* Copie de la lettre : «Je suis informé que, nonobstant les déclaration du Roi et règlements de la Chancellerie, quelques-uns de MM. les intendants permettent, par de simples ordonnances, d'exécuter dans leurs généralités les arrêts du Conseil sans commission scellée ou lettres patentes, lors même que ces arrêts ordonnent qu'il en sera obtenu pour leur exécution, et même qu'ils le font sur des imprimés, sans se faire représenter l'expédition de l'arrêt; ce qui m'oblige de vous rappeler le souvenir de la règle en ces occasions, car un arrêt du Conseil sans commission scellée, c'est un simple extrait des registres du Conseil, qui ne porte aucun caractère de l'autorité du Roi, que vous ne pouvez reconnoître sans une commission intitulée du nom du Roi et revêtue de son sceau. Cette règle ne souffre aucune exception, non pas même pour les affaires du Roi, ou des traitants ou intéressés qui sont chargés de leur exécution et de leur recouvrement. Je n'ignore pas cependant que l'on ne fait pas autant d'expéditions d'arrêts qu'il y a de généralités dans lesquelles il doit avoir son exécution; mais, en ce cas, vous pouvez mettre votre ordonnance au bas de l'arrêt et de la commission imprimée, quand vous aurez d'ailleurs une certitude que l'expédition scellée est entre les mains d'une personne sur la foi duquel vous pouvez compter. Par ce moyen, tout sera en règle, et l'exécution des volontés du Roi ne sera pas retardée. Je me promets de votre exactitude que, cette loi vous étant connue, vous vous y conformerez très régulièrement, pour ne pas exposer vos ordonnances à être cassées comme nulles.»

1108. *M. de Bernage, intendant à Amiens,*
au Contrôleur général.

2 et 26 Août 1711.

Projet d'arrêt sur la diminution que demandent les gentilshommes, privilégiés et taillables de la partie de la Picardie située entre la Somme et l'Authie, et entre l'Authie et la Canche, qui paye contribution aux ennemis.

1109. *M. Pajot d'Onsenbray,*
contrôleur général des postes,
au Contrôleur général.

3 Août 1711.

Il réfute les prétentions du procureur général au Parlement de Rouen touchant la franchise des lettres et paquets envoyés par lui ou à lui*.

* Le 28 novembre 1713, il combat une requête par laquelle M. de la Guibourgère, procureur général-syndic des États de Bretagne, demandait la franchise, moyennant abonnement, pour les paquets adressés aux maires, échevins, syndics, receveurs des octrois et subdélégués des villes et communautés de la province, par le gouverneur et les commandants, premiers présidents et commissaires départis. — Refusé.

Le 6 mai 1714, M. de Valincour, secrétaire général du gouvernement de Bretagne et de l'amirauté, écrit à M. de la Garde : «.....Tout ce que demande Mgr le comte de Toulouse, c'est que les lettres qu'il écrit de Versailles aux communautés de Bretagne soient sur le même pied de celles que les commandants écrivent étant dans la province, et cela, pour conserver le privilège qu'ont les princes d'être réputés présents dans leurs gouvernements; et c'est pour cela que tous les ordres que le Roi envoie, soit pour la convocation des États, ou autres de quelque nature que ce soit, lui sont adressés à la cour comme s'il étoit en Bretagne.....»

Le contrôleur général écrit, le 10 février 1714, à M. Pajot d'Onsenbray et à M. de Montesquieu, président au Parlement de Bordeaux, qu'il accorde à celui-ci l'exemption du port des lettres tant qu'il fera fonction de premier président.

1110. *M. Lebret, intendant en Provence,*
au Contrôleur général.

3 Août 1711.

Il rappelle les diverses concessions et octrois qui assurent au pays composant la vallée et ancienne souveraineté de Sault l'exemption des taxes pour réunions d'offices ou pour abonnements, et généralement de toute sorte d'impositions.

1111. *Le Contrôleur général*
à M. de la Porte l'Artaudière, conseiller
au Parlement de Grenoble.

7 Août 1711.

«Qu'il n'est point à propos de confondre le dixième avec les autres recettes. Que je ne puis admettre la compensation du dixième avec ce qui est dû pour les gages; mais, comme il est juste de pourvoir au payement des gages, qui n'a été retardé que par le défaut du produit des fonds sur lesquels ils sont assignés, on travaille à rassembler des fonds pour y suppléer, et, si vous voulez m'envoyer un état de ce qui est dû de reste au Parlement de Dauphiné, j'espère qu'on pourra, dans peu, pourvoir au payement de ce qui lui est dû*.»

* M. de la Porte avait demandé que le receveur du dixième prît en payement les billets des conseillers à la décharge du payeur des gages : voir sa lettre de juillet 1711, à laquelle est joint un tableau du dixième du revenu des biens immeubles de ces officiers.

1112. *M. Voysin, secrétaire d'État de la guerre,*
au Contrôleur général.

9 Août 1711.

«.....Le maréchal de Villars m'écrit qu'il ne sort point

IMPRIMERIE NATIONALE.

d'inquiétude sur la subsistance de l'armée..... Vous jugerez qu'il est important d'y pourvoir diligemment et de faire faire de plus grands achats. On ne peut être en repos quand on voit moins de dix à douze mille sacs de grains ensemble dans le magasin de la place dont l'armée tire sa subsistance, et de quoi continuer à y entretenir cette quantité..... Le maréchal de Villars n'a pas coutume de marquer de l'inquiétude sur cet article sans connoître le besoin fort pressant.»

1113. *M.* de Bâville, *intendant en Languedoc*,
au Contrôleur général.

12 Août 1711.

Les résultats de la foire de Beaucaire dénotent une augmentation du commerce, que n'a pas empêchée le nouveau règlement des monnaies*.

* Mêmes nouvelles satisfaisantes le 31 juillet 1712 et le 18 août 1713.

1114. *M.* de Bâville, *intendant en Languedoc*,
au Contrôleur général.

13 Août 1711.

Règlement des cens, rentes et redevances foncières payables en huile. Il propose de les réduire en argent, puisqu'on ne peut espérer de récolte passable avant vingt ans, et de prendre pour taux de l'huile le prix moyen des vingt dernières années*.

* Sur la fixation de ce prix moyen, voir une lettre de M. Daguesseau, conseiller au Conseil royal, 27 septembre.

1115. *M.* Boucher d'Orsay, *intendant à Limoges*,
au Contrôleur général.

14 Août 1711.

La réouverture de la porte Saint-Martin, à Limoges, condamnée depuis longtemps, est réclamée par les voisins de cette porte, par les propriétaires des terrains hors de l'enceinte qui en sont rapprochés, et par plusieurs couvents, qui offrent même de faire à leurs frais un pont sur le fossé, et d'abandonner à la ville un beau terrain qui serait propre à ouvrir une place; mais elle est combattue par les aubergistes et commerçants des autres parties de la ville, qui craignent la naissance d'un nouveau faubourg près de cette porte. Cette idée est mal fondée en raison de la disposition des lieux; la seule objection sérieuse est que l'ouverture de la porte rendrait plus difficile le service des commis des octrois. L'intendant pense néanmoins qu'elle peut se faire sans inconvénient.

1116. *M.* le Gendre, *intendant à Montauban*,
au Contrôleur général.

15 Août, 1er, 10, 12, 14, 16 et 21 Septembre, 6, 11 et 28 Octobre, 17 Novembre et 1er Décembre 1711; 17 Février 1712.

Siège et prise des villes de Bénasque et de Castelléon*; otages amenés à Montauban et contributions imposées à la vallée d'Aran, pour indemniser les habitants de la vallée de Bagnères-de-Luchon des ravages d'une incursion qu'ils ont eu à subir**.

* Sur l'approvisionnement et la mise en état de ces places, voir les lettres des 24 janvier, 16 mars et 28 décembre 1712. Une partie de la garnison de Bénasque fut surprise et passée au fil de l'épée (15 novembre 1712).

** Sur ces contributions et sur certaines difficultés qui s'élevèrent dans la suite entre M. le Gendre et son successeur, M. Laugeois d'Hymbercourt, voir une lettre du premier, 7 novembre, et deux du second, 7 octobre et 7 novembre 1714.

1117. *M.* de Bâville, *intendant en Languedoc*,
au Contrôleur général.

18 Août 1711.

Il envoie un projet d'arrêt donnant pouvoir, pendant trois ans, aux officiers de la Cour des comptes et aides de Montpellier, de commettre des officiers ou des gradués pour informer contre les faux-sauniers, qui seront ensuite jugés en dernier ressort par la Cour. Au bout des trois ans, les instructions et jugements reviendront aux juges des gabelles*.

* Accordé d'abord pour un an, ce pouvoir fut prorogé pour une seconde année (lettres des 29 août, 16 septembre et 17 octobre 1712, et 12 mars 1713). Le 18 octobre 1713, les officiers des gabelles supplient le contrôleur général de ne pas le continuer davantage à leur détriment.

Voir une lettre de M. de la Briffe, intendant à Caen, 22 novembre 1711, sur les cas de nullité d'un procès de faux-saunage jugé par le sieur Desplanques, officier au grenier à sel de Caen et subdélégué de l'intendant, qui avait été commis par arrêt du Conseil pour instruire et juger l'affaire, mais avec l'assistance d'un nombre suffisant de gradués. Cette condition n'ayant pas été observée, et, par suite, le jugement, le récolement et la confrontation se trouvant nuls, l'intendant estime que toute la procédure doit être cassée, et qu'en raison de l'ancienneté du crime et des frais considérables qu'entraînerait une nouvelle instruction, il y a lieu d'accepter un accommodement.

Le 28 janvier précédent, M. de Harouys, intendant en Champagne, écrivait : «J'ai représenté plusieurs fois, après l'avoir éprouvé, l'inconvénient de juger des affaires dans des présidiaux où la multitude l'emporte quelquefois sur la règle et la justice, et combien il est plus avantageux de juger seulement avec le nombre de gradués nécessaires, gens choisis comme plus éclairés et plus intègres dans le présidial de Châlons et dans d'autres corps. Ainsi, je vous supplie de vouloir bien, dans l'arrêt qu'on me présente, et que je vous renvoie, qui me commet pour juger un procès fait à l'occasion des rébellions arrivées dans quelques paroisses de l'élection de Bar-sur-Aube pour le recouvrement de la taille et des autres impositions, faire mettre l'alternative du présidial ou des gradués.»

1118. *M. Lebret, intendant en Provence,*
au Contrôleur général.

18 Août 1711; 5 Janvier et 16 Décembre 1712.

Travaux de voirie à Marseille *.

* Voir diverses lettres à la date des 20 septembre 1711, 11 février 1712 et 11 avril 1713.

1119. *Le Contrôleur général*
à M. Amelot, président de la troisième chambre des enquêtes du Parlement de Paris,
et à M. le président Briçonnet.

19 Août 1711.

«Si j'avois cru que le procès de M. de Béthune eût été si près d'être jugé, j'aurois eu l'honneur de vous voir avant mon départ de Paris, pour vous demander une attention favorable à ses intérêts, que je crois remplis de justice dans cette affaire, et pour vous témoigner combien je serai sensible au succès qu'il en obtiendra de votre équité. Je vous supplie d'agréer que cette lettre supplée à mon absence *.»

* Il écrit de même aux conseillers Testu de Balincourt, Méliand, Poictevin de Villiers, du Port, de Tourmont, Regnauld, des Galloys, Pallu, Delpech, Romanet et de Blair.

1120. *M. Roujault, intendant à Poitiers,*
au Contrôleur général.

19 Août 1711.

Le sieur Pallu de la Barrière, premier juge des marchands de Poitiers et beau-frère du juge-garde de la Monnaie, accusé d'acheter les anciennes espèces au-dessus du pied fixé par le dernier arrêt, donne pour justification qu'il est notoire à Tours que les banquiers de Meuves, Hogguer et autres ont obtenu l'autorisation de faire ce commerce, pour se rembourser de leurs avances au Roi, et de porter les espèces, sans billets, aux Monnaies. Ils opèrent publiquement, et le fait a été confirmé par les lettres de Paris. Néanmoins, l'intendant a cru bon, sur la dénonciation du sieur Perrin, directeur de la Monnaie de Poitiers, d'interdire ce commerce jusqu'à plus ample information.

1121. *M. de Courson, intendant à Bordeaux,*
au Contrôleur général.

22 Août 1711; 23 Janvier et 13 Février 1712.

Exportation de bestiaux en Espagne.

«C'est le principal commerce des Pyrénées; il n'a pu être interrompu même dans les guerres les plus vives avec l'Espagne, les habitants des frontières des deux royaumes n'ayant jamais violé le traité de lie et passerie qui est fait depuis longtemps entre eux *..... Nos troupes qui sont en garnison dans les places de Guipuzcoa manqueroient absolument de viande, si elles n'en tiroient du pays de Labour **.....»

* Les 23 janvier et 13 février 1712, il proteste de nouveau contre les mesures de prohibition prises à la demande de M. le duc de Vendôme et de ses officiers.

Le 10 mai 1712, M. de Barrillon, intendant en Béarn, demande à permettre la sortie des bestiaux pour la foire de Sainte-Christine en Aragon : «..... On prétend que cela n'iroit pas à plus de trois ou quatre cents têtes de bœufs, et il est certain que ces montagnards, accoutumés à ce commerce, ne se résoudroient jamais à amener leurs bestiaux dans la plaine pour les y vendre, et je ne crois pas que, quelque rigoureuses que fussent les défenses, on pût venir à bout de les empêcher d'en mener à cette foire : tous les passages sont ouverts en cette saison, il seroit impossible de les garder, et vous savez combien il est difficile d'empêcher le peuple, surtout un peuple aussi farouche que les montagnards, de suivre les anciens usages. Vous n'ignorez pas non plus qu'à quelque prix que ce soit, les habitants des montagnes de France et d'Espagne veulent conserver leur union, que jamais les guerres les plus vives n'ont pu interrompre. Outre l'argent qui en vient en ce pays-ci, ils en retirent du grain, dont ils ont un besoin nécessaire..... Je vous prie aussi de me faire savoir si les petits chevaux ou juments peuvent être menés en Espagne, ou non; cela fait certainement entrer de l'argent en ce pays-ci, et ces petites bêtes ne sont d'aucun usage, ni pour les haras, ni pour la cavalerie. A l'égard des bêtes à laine, je crois que l'on peut se dispenser d'en permettre le transport.....» Le consistoire de la députation de Pampelune obtint permission d'acheter pour cette ville quatre cents bœufs en Béarn et en Navarre (lettres de M. le duc de Gramont, 19 décembre; du contrôleur général à M. de Harlay de Cély, successeur de M. de Barrillon, 20 décembre 1712, et de M. de Cély, 6 janvier, 22 septembre et 17 octobre 1713). Ce dernier écrit cependant, le 8 mars 1713, qu'il serait bon de maintenir les défenses générales d'exportation.

** Sur l'approvisionnement des armées françaises en Espagne, de la garnison de Saint-Sébastien et des troupes du prince Tzerclaës, voir les lettres de M. de Barrillon, 24 août, 16 novembre, 15 et 26 décembre 1711, 20 janvier, 3 mai et 1er août 1712, et de M. de Courson, intendant à Bordeaux, 16 juillet et 16 août 1712.

1122. *M. Turgot, intendant à Moulins,*
au Contrôleur général.

24 Août 1711.

«J'ai reçu, avec la lettre que vous m'avez fait l'honneur de m'écrire le 20 août, un projet d'arrêt présenté par les fermiers généraux pour établir l'impôt du sel sur la ville de Montluçon, à l'exemple de Gannat et Vichy, pour vous en mander mon avis. J'en ai conféré avec M. Pallu, fermier général. Je conviens, avec lui, du désordre des ventes volontaires en cette ville : elle n'est éloignée que de deux lieues du pays rédimé, ce qui y favorise l'entrée du faux-saunage, que les officiers du grenier et les habitants de la ville ne s'appliquent pas assez à réprimer, en sorte que les ventes y tombent totalement. J'ai déjà averti les officiers du grenier de faire leurs visites et de pratiquer les assignations du receveur en devoir de gabelle. J'ose vous dire que je ne serois point encore d'avis d'en venir à l'extrémité d'y mettre l'impôt. Il y a un temps infini que cette ville n'est point sujette à cette charge; vous savez combien elle y seroit amère. Gannat et Vichy ne sont que de petits lieux de 2 à 3,000# de taille; l'impôt du sel y est depuis longtemps, et y est assez indifférent; mais la petite ville de Montluçon porte avec une peine infinie 11,000# de taille, que vous ne sauriez diminuer. Les taux de taille y sont très forts, de 150# et de 200#, qu'elle a toutes les peines du monde à payer; si vous y ajoutez un impôt d'environ 5,000# pour deux muids de sel, à quoi je serois absolument d'avis de réduire ce qui est proposé, vous nuirez infiniment à la taille et aux autres impositions, et cette petite ville, qui demande du ménagement, sera accablée de ses charges, outre que l'impôt ne tombera que sur les taillables, qu'il accablera, et les officiers et gentilshommes qui y demeurent, et qui se servent le plus de faux sel, resteront toujours sujets à la vente volontaire. Ainsi, le pauvre sera chargé, et le riche, qui doit être le vrai objet, restera libre et dans l'abus.

«J'ai donc préféré, sous votre bon plaisir, d'écrire à mon subdélégué la proposition, pour avertir les officiers du grenier et tous les habitants que, si, dans le cours de l'année prochaine, les privilégiés et autres ne rétablissent les ventes pour la ville, et si les officiers du grenier ne font leur devoir avec la vigilance et l'autorité qu'ils doivent, on seroit obligé d'en venir à cet expédient, afin de les exciter tous par leur intérêt à faire mieux leur devoir à l'avenir. J'espère que vous voudrez bien l'approuver, et vous en contenter jusqu'à ce que, pendant le cours d'une ou deux années, on vit que ces avertissements n'auroient pas remédié au mal. Cependant, si vous le jugez nécessaire, l'avis de M. Pallu seroit d'imposer trois muids; et moi, je ne croirois pas que les taillables en puissent porter plus de deux, avec beaucoup de peine, et j'ai l'honneur de vous le mander, afin que vous soyez en état de résoudre ce que vous croirez convenable*.»

* En apostille : «Bon.»

1123. *M.* DE GRIGNAN, *lieutenant général en Provence,*
au CONTRÔLEUR GÉNÉRAL.

25 Août 1711.

«J'ai vu des lettres écrites de Lewarde le 11 août, où il est encore parlé du traité provisionnel pour la succession d'Orange, lequel avoit été réglé par des commissaires des États généraux un peu avant la mort du prince de Nassau, stathouder de Frise, entre ce prince et l'électeur de Brandebourg, et qui doit, dit-on, subsister jusques à la majorité de la fille de ce prince et de l'enfant posthume dont on croit que sa veuve accouchera dans un mois. Celui qui écrit ces lettres, et qui dit parler savamment, paroît persuadé que la principauté d'Orange restera auxdits enfants, et qu'il en sera de même des terres situées en Bourgogne, d'autant mieux qu'il ne conviendroit pas à la France que l'électeur de Brandebourg eût des terres dans une province voisine de la comté de Neuchâtel, qui est déjà entre ses mains. On ajoute que, par ce traité, les comtés de Meurs et d'Erlingen, avec Düren, appartiendront à cet électeur. Les mêmes lettres portent qu'il se disoit, dans l'endroit d'où elles sont écrites, qu'il y avoit à Douvres des députés secrets de France, d'Angleterre et de Hollande, pour entamer des négociations de paix*.»

* Le 31 août, il parle de nouveau du traité : «..... Ce que j'y ai trouvé mériter quelque attention, c'est qu'on marque que les États n'ont pas voulu déclarer quelle seroit la séparation à faire des biens de Frédéric-Henri de Nassau d'avec ceux des autres prédécesseurs du feu prince d'Orange; qu'ils n'ont rien voulu encore arbitrer sur les biens situés en des pays hors de la domination desdits États généraux; que, six mois après l'accouchement de la princesse de Nassau de Frise, il sera envoyé, de la part des parents intéressés, des plénipotentiaires, avec lesquels on réglera définitivement ce qui n'est réglé que par provision; que les États généraux auront toujours une grande attention à ne rien adjuger en propriété à l'électeur de Brandebourg de ce qui est situé dans leur pays, et qu'ils lui accorderoient plutôt des articles plus considérables, quand il seroit temps de prononcer sur les biens étrangers; qu'à l'égard du prince de Nassau-Siegen, il s'étoit fait plus d'ennemis que d'amis pendant le peu de séjour qu'il a fait à la Haye, par l'affectation de certains airs de prince qui prétend avoir une souveraineté, et qu'il y a peu d'apparence que les États généraux prennent jamais des partis qui lui soient favorables.»

Le 8 novembre, il écrit que l'opinion générale des réformés est qu'Orange ne restera pas aux mains du roi de France. Il ajoute : «M. de Julien, lieutenant général dans les armées du Roi, est dangereusement malade à Orange. Il a déclaré à M. l'évêque que, lorsque je l'engageai à quitter le service des ennemis pour entrer en celui de S. M., et qu'il fit abjuration de l'hérésie, ce fut de bon cœur et sans équivoque, et qu'il veut mourir bon catholique; et il s'est confessé.»

Voir enfin, sur un prétendu traité conclu entre le roi de France et l'électeur de Brandebourg, assurant au Roi la principauté d'Orange, la lettre du 9 juillet 1712.

Le 2 mars 1713, le prince de Carpegna transmet un placet où le prince de Chimay réclame de la succession du prince d'Orange les villes de Flessingue et autres, légitime propriété de la maison de Bossut.

Sur les biens du feu prince d'Orange et sur les dissensions du prince d'Isenghien avec la maison de Chalon et de Châtel-Belin, voir une lettre du contrôleur général au marquis de Monnier, premier président de la Chambre des comptes de Dôle, 21 juillet 1714, et une lettre de celui-ci, 5 février 1715.

1124. LE CONTRÔLEUR GÉNÉRAL
à M. DAGUESSEAU *père, conseiller*
au Conseil royal.

26 Août 1711.

Contrairement à la demande des fermiers généraux, le Roi n'a pas cru devoir établir en Artois les bureaux qui étaient auparavant à Lille, Douay et Tournay*; mais, comme cela pourra entraîner beaucoup d'abus, il faut travailler à un règlement qui les prévienne**.

* Voir une lettre de M. Voysin, secrétaire d'État de la guerre,

14 janvier précédent. — Au dos de l'analyse d'une lettre de M. de Bernage, intendant à Amiens, relative à ces bureaux et à l'établissement de brigades ambulantes, se trouve cette apostille, de la main du contrôleur général, datée du 7 juillet 1711 : «Le Roi ne veut point établir des bureaux en Artois, ni rien changer à l'état présent de cette province; les brigades ambulantes feront leurs mouvements comme elles ont fait depuis leur établissement; les marchandises permises et les denrées nécessaires pour la consommation des habitants de la province passeront sans payer les droits, en prenant les précautions nécessaires pour empêcher l'abus.»

Le 29, il écrit à M. de Bernage : «Dans la lettre que vous m'avez écrite le 10 de ce mois au sujet de ce qui a été réglé par le Roi pour les privilèges de la province d'Artois, il y a quatre chefs sur lesquels vous me demandez des décisions et des ordres en attendant le règlement. Le premier regarde les marchandises de manufacture étrangère dont l'entrée est absolument interdite dans le royaume, comme sont les toiles indiennes, mousselines, etc.; le second, les marchandises dont l'entrée n'est défendue qu'à l'occasion de la guerre et parce qu'elles proviennent du commerce des pays ennemis; le troisième concerne la liberté du transport des marchandises du cru d'Artois dans le Cambrésis, le Hainaut et les Flandres françoises, et réciproquement celles desdits pays dans l'Artois. Enfin, on demande si on doit faire payer les droits pour les marchandises qui ont passé sur des soumissions pendant la discussion du procès. Je commencerai par vous dire que, dans la vue d'avancer autant qu'il sera possible le règlement qu'il est à propos de faire, j'ai prié M. Daguesseau d'y travailler, et je lui ai remis, pour cet effet, tous les papiers et mémoires qui regardent cette affaire; que cependant, sur les instances des députés des États, le Roi a bien voulu leur accorder un arrêt général pour confirmer l'exception de bureaux et les autres privilèges de la province conformément aux arrêts, sauf à prendre les précautions nécessaires pour empêcher les abus; et c'est ce qui doit faire la matière du règlement. Si vous avez quelques nouveaux éclaircissements à fournir, vous aurez agréable de les envoyer à M. Daguesseau. En attendant la dernière décision, il me paroît, sur le premier article, qu'il ne doit y avoir aucune difficulté à exclure absolument l'entrée des indiennes, mousselines, et généralement de toutes les marchandises de contrebande, et je croirois que, par la même raison, on doit faire la même chose pour les denrées et marchandises du cru, fabrique ou commerce des ennemis, dont l'entrée, suivant la disposition des arrêts, est défendue, pendant le temps de la guerre, de toutes les provinces du royaume, pays, terres et seigneuries de l'obéissance de S. M. Il s'agit de savoir s'il y a des raisons particulières pour excepter l'Artois de cette règle générale. Quant au troisième chef, il est certain que, suivant les privilèges, les habitants d'Artois ont droit de tirer des provinces de Flandres, du Hainaut et du Cambrésis les denrées nécessaires pour leur consommation sans payer de droits, et qu'ils peuvent envoyer dans ces mêmes provinces les marchandises et denrées du cru et fabrique de l'Artois; mais, comme il peut y avoir sur cela beaucoup d'abus, il s'agit d'y trouver les remèdes, et c'est principalement par rapport à cet article que S. M. s'est réservé de faire le règlement à l'égard des marchandises qui ont ci-devant passé sur des soumissions. Je ne crois pas que ce soit un objet assez considérable pour s'y arrêter.»

Un bureau fut établi plus tard sur le grand chemin de Lille à Douay, en représailles de ce que les ennemis en avaient placé un, pour percevoir les droits d'entrée et de sortie, sur le chemin de Valenciennes à Cambray. Ce bureau ayant été enlevé par un détachement de la garnison de Lille, M. de Bernage pria M. de Bernières de faire enlever le bureau des ennemis par forme de représailles. (Lettres de M. de Bernage, 8 octobre et 24 décembre.)

** Sur ces abus, voir les lettres de M. de Bernage, 24 juillet, et de M. le duc d'Elbeuf, 19 août. M. Daguesseau envoie un projet de règlement les 3, 5 et 10 septembre. Le 11 septembre, le contrôleur général accuse réception de ce projet, qu'il trouve fort bon, et annonce qu'on va le communiquer aux députés d'Artois, afin qu'ils ne puissent avoir lieu de se plaindre. Le 15 septembre, le sieur Becquet, au nom des députés généraux et ordinaires des États d'Artois, remercie le contrôleur général.

Sur le produit des confiscations faites par les brigades des fermes établies en Artois, et sur leur emploi, voir une lettre de M. de Bernage, 12 février 1712.

A la paix, les bureaux des fermes furent rétablis autour de l'Artois : voir la lettre de l'intendant, 28 mai 1714.

1125. *M. Bignon de Blanzy, intendant à Paris,*
au Contrôleur général.

27 Août et 1er Septembre 1711; 22 Août 1713.

Il rend compte des raisons qui ont fait cotiser à la taille le fermier des religieuses de Port-Royal-des-Champs* et augmenter la cote d'une vieille femme qui avait l'habitude de présenter des cerises au Roi**.

«Elle n'en portoit, il y a huit ou dix ans, que 15#, et, à présent, elle porte plus de 100# de toutes impositions, quoiqu'elle n'ait point augmenté en biens. Elle a été haussée à la taille d'année en année; les habitants (de Conflans) ont cru qu'elle recevoit des gratifications considérables lorsque S. M. lui permettoit de lui présenter des cerises, et c'est sous ce mauvais prétexte qu'ils l'ont augmentée, croyant qu'elle avoit de quoi payer ces fortes impositions. Vous savez que les intendants n'entrent point dans la discussion du détail de la répartition de la taille sur les particuliers contribuables, et que c'est aux élections à en connoître; cependant je crois que vous m'autoriserez, dans cette espèce si particulière, à prendre connoissance, pour l'avenir, de ce qui regardera cette femme et d'empêcher qu'elle ne soit trop imposée par rapport au peu de bien qu'elle possède et par comparaison aux autres habitants.....»

* Voir une lettre de M. Aunillon, premier président en l'élection, du 9 août.

** Le 3 mai 1712, M. de Richebourg, intendant à Rouen, écrit que les habitants de Cérifontaine, dans l'élection de Gisors, ont augmenté le fermier des Feuillants de Paris, non pas à cause de cette ferme, mais en raison de son industrie et de ses biens propres, pour lesquels il payait à Gisors une cote considérable de taille.

1126. *M. de Richebourg, intendant à Rouen,*
au Contrôleur général.

28 Août 1711.

Contestation entre les habitants de Louviers et l'archevêque de Rouen au sujet de la suppression de la mairie et des attributions du bailli de l'archevêque sur l'échevinage.

L'intendant conclut à recevoir l'opposition de l'archevêque aux arrêts de 1709 et 1710 obtenus par la ville.

1127. *M.* d'Angervilliers, *intendant en Dauphiné*, au Contrôleur général.

29 Août 1711.

«J'ai reçu la lettre que vous m'avez fait l'honneur de m'écrire le 24 de ce mois, et celle qui y étoit jointe du sieur Expilly; c'est le six ou septième placet qu'il présente, et il a toujours été décidé qu'il payeroit. Cet homme étoit originairement avocat, et, ayant trouvé accès auprès de quelques traitants, il s'est fait donner des directions d'affaires extraordinaires, dont il s'est très mal acquitté, et il ne me seroit pas difficile de rapporter la preuve que, dans une occasion, il a fait des frais à une communauté qui se montoient à cinq ou six fois autant que le principal qui lui étoit demandé. Quand le sieur Expilly s'est vu reconnu, il a quitté la finance et a repris le métier d'avocat, dont il s'acquitte tant bien que mal. Après tout, il a été taxé à 1,000#; je l'ai modéré, sous votre bon plaisir, à 600#. Je ne vois pas qu'il eût tant lieu de crier. Je vois que, dans ses mémoires et ses lettres, il prétend toujours que j'agis par l'instigation d'un ennemi avec qui il a dit être en procès. C'est une chimère qu'il s'est mis (*sic*) dans la tête, car je puis vous assurer que j'ignore qu'il ait un procès, et que je ne connois en aucun façon celui dont il veut parler*.»

* Expilly répète encore les mêmes accusations le 26 novembre.

1128. *M.* de Grignan, *lieutenant général en Provence*, au Contrôleur général.

31 Août 1711.

Il se plaint que des gardes des gabelles ont violé la quarantaine imposée aux vaisseaux étrangers dans le port de Pomègue, et justifiée par un cas de peste suivi de mort.

«On agira avec les précautions et la discrétion nécessaires en pareil cas, tant pour la conservation effective de la santé que pour la réputation de santé qu'il faut conserver à un port de mer..... Je prendrai soin que cette affaire finisse autant sans scandale que sans se relâcher des règles, et on expliquera aux gens des gabelles ce qui est à faire pour concilier l'intérêt des fermes avec celui de la conservation de la santé.....»

1129. *M.* de Bouville Saint-Martin, *intendant à Alençon*, au Contrôleur général.

4 Septembre 1711.

Il examine le placet d'un particulier qui demande à faire construire un fourneau et une forge à la Rousselière, près d'une mine de fer et des forêts royales.

«[Cet] établissement..... ne peut qu'être avantageux au public, parce qu'il donnera des moyens nouveaux à bien des misérables de gagner leur vie; mais on ne peut pas douter qu'il ne porte préjudice aux forges..... voisines*.....»

* En marge : «Néant.»

Sur une contestation entre le sieur Gervais, propriétaire des forges des Vaugoins, de Conches et d'Aulnay-sur-Iton, et fournisseur de la marine, et le sieur Jorel, propriétaire d'un fourneau à la Bonneville, voir les lettres de M. de Pontchartrain, secrétaire d'État de la marine, 27 mai, de M. de Richebourg, intendant à Rouen, 18 mai et 21 septembre, et de Gervais, 2 octobre.

1130. *M.* Ferrand, *intendant en Bretagne*, au Contrôleur général.

5 Septembre 1711.

Les maire et échevins de Saint-Brieuc demandant la prorogation des octrois accordés à leur ville, il démontre la nécessité de la leur accorder; comme la permission pour une partie d'entre les droits était d'ailleurs expirée depuis sept ans, il propose de valider, en tant que besoin est, la levée qui en a été faite depuis lors*.

* En marge, de la main du contrôleur général : «Bon, pour neuf ans. Valider par grâce. Les maire et échevins en charge payeront solidairement 300# à l'hôpital pour avoir continué la levée des octrois au delà du temps porté par les lettres du Roi.»

Sur d'autres prorogations d'octrois, voir des lettres de MM. de Bernage, intendant à Amiens, 24 novembre 1712 et 12 juillet 1713; de Courson, à Bordeaux, 8 juillet 1713; de Bâville, en Languedoc, 12 août 1712.

Le 12 décembre 1711, M. de Beauharnais, intendant à la Rochelle, proposant la prorogation d'un droit d'entrée sur le vin, écrit : «..... Je ne crois pas qu'il soit à propos [d'attribuer] la connoissance des contestations qui pourront se former, à l'occasion de la perception de ce droit, entre les redevables, le fermier ou les régisseurs, aux officiers du corps de ville, parce qu'outre que c'est une nouveauté, il me paroît d'ailleurs qu'il ne convient pas que des gens soient juges dans leur propre cause, et l'intendant de la province..... doit seul connoître les différends qui peuvent survenir dans une pareille affaire.» Voir la lettre des maire et échevins de la Rochelle, en date du 8 octobre précédent.

1131. *M.* de la Houssaye, *intendant en Alsace*, à M. de la Garde.

5 Septembre 1711.

Il démontre que la création de rentes sur l'hôtel de ville de Paris attribuées aux gens d'affaires ne peut regarder son département.

«Le grand objet du recouvrement dont est question roule sur les entrepreneurs des vivres, des fourrages et des étapes, que M. Desmaretz nomme les premiers dans sa lettre du 29 mai. J'avois expliqué, dans la mienne du 18 mars précédent, qu'eux ou les héritiers de ceux qui sont morts demeurent tous à Paris, et qu'ils n'ont pas un seul effet en ce pays : c'étoient MM. de la Cour, Raffy, Bégon, Buisson, Monmarqué, Gaboud, et plusieurs autres leurs cointéressés, lesquels redoivent en Alsace des sommes considérables, qu'ils disent ne pouvoir acquitter par les grandes avances qu'ils ont faites pour le Roi, dont ils ne sauroient être payés. Comment seroit-il possible que je fisse le projet d'un rôle de recouvrement sur de pareilles compagnies, pour des entreprises dont presque tous les marchés ont été faits par résultats du Conseil?

«Viennent après les entrepreneurs des hôpitaux, des lits et des bois et chandelles aux garnisons. Ce sont tous des malheureux que j'ai ruinés en abusant, pour soutenir le service, de la confiance qu'ils ont eue en moi. Il leur est dû plus de 800,000 #, dont je vous envoierai le détail, si vous le voulez. Ce ne sont point des compagnies formées de traitants, mais des gens d'un bas étage, lesquels, chacun pour leur compte, ont emprunté à gros intérêts des sommes pour lesquelles on ne leur offre que des contrats sur l'hôtel de ville. Comment les obliger de donner encore de l'argent pour prendre de ces rentes créées par l'édit du mois de janvier dernier? Bien loin que ces entrepreneurs soient du nombre des traitants sur lesquels l'on peut tomber hardiment et avec certitude qu'il leur restera plus qu'ils ne doivent avoir de ce qu'ils ont gagné, j'ai reçu des ordres de leur accorder des surséances d'exécution des condamnations obtenues contre eux par leurs légitimes créanciers : sans cela, leur banqueroute seroit déclarée, et ils rempliroient les prisons de Strasbourg. J'achève en un mot ce qui les regarde. Si je proposois sur eux des taxes pour 100,000 #, je crois qu'on les trouveroit plus que suffisantes, et qu'on leur constitueroit volontiers des rentes sur l'hôtel de ville pour cette somme. Je vais proposer cependant quelque chose de plus fort, et je dis que, pourvu qu'on leur paye en deniers ce qui leur est dû légitimement, ils donneront volontiers 150,000 # en pure perte, et sans en demander des contrats sur l'hôtel de ville. Mais aussi, si l'on ne peut pas les payer, il n'est pas juste que ce qui leur est dû soit un titre pour leur faire des taxes sous le prétexte de les exempter de recherches qui leur feroient plus d'honneur que de préjudice.

«Viennent après les commis des trésoriers généraux dans les places. Je n'en connois aucun, dans ce département, qui ait un sol de bien en Alsace. Le trésorier général leur donne des appointements, dont lui seul peut rendre compte, et qui ne sont payés qu'en billets. Quand l'on arrêteroit sur eux des rôles, comment les faire exécuter? Est-il question de les déposséder? On l'auroit fait il y a plus d'un an, si on l'avoit pu sans troubler le service, faute par eux d'avoir levé les charges créées pour ériger leurs commissions en titre d'office. Comment, dans ces circonstances, les obliger d'acquérir argent comptant les rentes dont est question? Nous avons un commis du trésorier des fortifications : il se nomme le sieur Pin; mais c'est un homme qui ne voudroit pas profiter d'un double au delà des médiocres appointements que M. Guichon lui donne pour tenir la caisse du peu de fonds qu'il envoie en Alsace, et pour en dresser les états de recette et de dépense. Sa droiture mériteroit d'être récompensée, bien loin de le taxer. Il y a un commis du trésorier général de l'artillerie, qui se nomme le sieur de Verly; mais il n'y a qu'à juger, par les fonds qui se remettent à M. Landais, des profits que ses commis y peuvent faire, et jamais prétexte de taxe ne fut moins fondé.

«L'on n'a point vu ici de sous-traitants de fourrages. Les entrepreneurs généraux, tant qu'il y en a eu, en ont fait une régie, et, depuis trois ans, c'est le pays qui fournit par imposition tout ce qui s'en consomme pendant l'hiver et lorsque les armées sont assemblées : ce qui va à des sommes immenses dont l'on ne voit pas d'exemple ailleurs. Il y a eu quelques sous-traités d'étapes, mais à des gens lesquels, faute de payement, sont ruinés et présentent tous les jours des requêtes contre les entrepreneurs généraux, qui ont depuis établi partout des régies sans pouvoir sous-traiter, tant ils sont décriés. Les directeurs et autres commis des vivres n'ont point d'établissement fixe en Alsace : ce sont gens toujours en l'air et prêts à être changés dans le renouvellement des traités; ceux qui demeurent ont fait des avances dont ils ne savent comment se faire payer, et je ne conçois pas par quel motif on pourroit les taxer.

«Restent les receveurs particuliers des finances, sous MM. Goujon et Chevalier, receveurs généraux, dont je ne parle point parce qu'ils demeurent à Paris, et que d'ailleurs le bureau de la généralité est à Metz, dont l'Alsace fait partie. Il y a neuf charges de ces recettes particulières, savoir : trois premières, trois alternatives et trois triennales; ces dernières, créées et acquises depuis environ deux ans. Les titulaires de ces six anciennes, qui n'ont chacune que 1,000 # de gages, et qui payent aussi chacune 254 # de capitation, ont financé, depuis l'année 1704, 75,881 #, tant pour augmentations de gages que pour 2 d. d'attribution nouvelle sur les recouvrements, et pour le rachat du prêt et paulette; et aussitôt après, ils ont eu le chagrin de voir retrancher le tiers de leurs fonctions par la création des trois charges triennales. Il est certain que ni les uns ni les autres ne se sont point mêlés d'affaires extraordinaires de finance. Cependant, si vous croyez que l'on puisse les taxer chacun à 5,000 # pour l'acquisition des rentes sur l'hôtel de ville dont il s'agit, le rôle qui en sera arrêté s'exécutera, et c'est là où j'estime que se doit réduire ce recouvrement en Alsace, par les raisons que j'ai ci-dessus expliquées*.»

* Le 27 septembre, M. de Bâville, intendant en Languedoc, écrit que, frappé de la résistance des gens d'affaires à payer cette taxe, il a examiné de plus près le rôle, et l'a trouvé beaucoup trop chargé : il propose donc une modération grâce à laquelle on pourra arriver à recouvrer, pourvu qu'il soit permis de contraindre par corps. Voir les lettres des 25 novembre et 4 décembre suivants.

Voir encore une lettre du contrôleur général à M. de Bouville, conseiller d'État, 10 mai 1712, et les lettres du sieur de Ramaceul (Bretagne), 17 janvier 1713; du sieur Grillot, directeur de la régie en Franche-Comté, 28 mai; de M. d'Orsay, intendant à Limoges, 16 septembre 1712; de M. le Gendre, à Montauban, 23 décembre 1711, et du sieur Ogier, receveur général, 15 et 24 décembre; de M. Laugeois d'Hymbercourt, intendant à Soissons, 16 septembre 1712; de M. Voysin, secrétaire d'État de la guerre, 19 septembre 1712.

1132. *Le sieur* Anisson, *député du commerce*,

au Contrôleur général.

(Intendance d'Amiens.)

5 Septembre 1711.

«Vous avez jugé de la lettre du sieur Leers, de Rotterdam,

avec le même grand sens dont vous pensez sur tout ce qui passe sous vos yeux. Le jeune Hollandois qu'il m'a recommandé est aussi outré que lui. Le même esprit, comme vous le dites fort bien, règne dans tous ceux qui ont part à leur gouvernement, et c'est ce qui vient de les porter à faire résoudre, par la province de Hollande, la défense de l'entrée chez eux des marchandises et denrées de France, et cette même province sollicite le reste de l'État d'en faire autant. Je prends la liberté de vous dire que cela ne doit pas vous obliger de changer de conduite avec eux par rapport à la défense de leurs marchandises; car ils ne prendront pas moins des nôtres pour cela, et ils n'en seront que plus attentifs à chercher des portes pour introduire leurs marchandises dans le royaume. Ce que ceux d'Artois vous proposent est une entrée très favorable pour ces républicains. J'ai été de la délibération qui s'est tenue là-dessus chez M. Daguesseau, à l'occasion de votre dépêche du 26, avec MM. de Grandval et Berthelot, fermiers généraux. Je ne contredirai point ici ce que vous trouverez dans le mémoire qui vous sera envoyé par M. Daguesseau, et je toucherai seulement quelques articles de cette délibération pour leur donner un peu plus de jour, et je n'en rapporterai qu'un seul, qui a passé contre mon avis.

«Puisqu'il a été arrêté au Conseil qu'on accorderoit aux Artésiens l'exemption dont ils jouissent aujourd'hui, tant pour ce qu'ils reçoivent des étrangers que pour ce qu'ils leur envoient, et qu'on les laisseroit dans la même situation où ils sont aujourd'hui, il résulte de là qu'ils s'opposent aux nouveaux bureaux tels que seroient ceux qu'il faudroit établir, si on vouloit leur faire payer quelques droits pour tout ce qu'ils peuvent recevoir du Hainaut et du Cambrésis. Mais je crois qu'ils ne peuvent pas raisonnablement demander la suppression des bureaux qui sont déjà établis, tels que sont ceux de Dunkerque, de Furnes, d'Ypres et autres bureaux, pour tout ce qui vient du côté de la mer, qui sont établis pour la perception des droits du tarif de 1671; et c'est sur cette réflexion qu'il a été arrêté chez M. Daguesseau qu'il ne faut faire payer de droits aux Artésiens que pour ce qu'ils recevront par les anciens bureaux de la Flandre; et on peut dire avec fondement que le Conseil n'a entendu les faire jouir que de l'exemption dont ils ont joui jusqu'à présent, c'est-à-dire que, n'ayant payé aucun droit pour tout ce qui leur venoit de Cambray, de Valenciennes, de Tournay, de Douay, de Lille, d'Aire et de Béthune, on ne prétend pas leur en faire payer, ni établir aucuns bureaux entre ces villes et eux, non plus que dans leur propre ville. Mais comme ils ne laisseroient pas de faire venir les marchandises de Hollande par terre, à cause du transit que les Hollandois ont établi depuis les villes les plus reculées de leur État jusqu'aux nouvelles conquêtes qu'ils ont faites sur nous, il faut restreindre les Artésiens à ne faire venir de ces dernières villes chez eux que les marchandises permises aux autres sujets; et afin qu'ils ne puissent pas faire de leur ville un entrepôt nuisible au commerce des villes de Picardie, il faut les renfermer dans leur proposition, qui est de n'obtenir d'exemption que pour les marchandises et denrées de leur consommation. Or, comme cette consommation pourroit servir de couverture à un très grand commerce, il faut d'abord leur donner un état des marchandises dont on veut leur permettre l'entrée, et, afin que ces marchandises ne passent pas leur consommation, il faut les restreindre à ne pouvoir les recevoir que sous des permissions ou passeports de Mgr le Contrôleur général; et c'est en cela que je suis d'un avis contraire à la délibération, qui laisse à M. l'intendant de la province, ou à son subdélégué en son absence, le soin de donner ces permissions; car on avisera ici avec plus d'attention que ces permissions n'excèdent point la consommation des Artésiens. Autrement, ils feroient tout le commerce de la consommation de nos armées, au préjudice de nos villes frontières, et ils tireroient les matières de cette consommation des mains de nos ennemis, à qui ils envoieroient nos espèces pour s'acquitter envers eux. Il est d'autant plus à propos que Mgr le Contrôleur général se réserve ces permissions, que, par là, il prendra le prétexte de donner celles que le sieur Castille accorde pour les marchandises dont il résulte un très grand abus, car il ne devroit donner des passeports que pour les personnes. Les brigades des fermes ne laisseront pas de faire leurs tournées, et ils pourront arrêter toutes les voitures chargées de marchandises, lorsque les voituriers ne seront point porteurs des permissions de Mgr le Contrôleur général. Si on laissoit à ceux d'Arras la faculté de faire venir indifféremment les manufactures des villes de leur voisinage, comme de Lille, de Douay et de Tournay, ce seroit faire chose contraire à la grâce qu'on leur a accordée du même transit dont jouissoient les Lillois, et ce, pour favoriser l'établissement d'une manufacture entreprise par le sieur Bon Lallart, un de leurs principaux citoyens, pour imiter les étoffes de Lille; en sorte que cette entreprise tomberoit infailliblement, s'il étoit permis aux marchands d'Arras de tirer les étoffes de Lille. Il est parlé, dans la dépêche de M. l'intendant de Picardie, d'un transit accordé le 14 décembre dernier pour faire passer les marchandises du pays ennemi en un autre pays ennemi. Nous avons encore appris, par une précédente dépêche de Votre Grandeur à M. Daguesseau, que M. l'intendant le Blanc vous avoit fait accorder un transit aux marchands de Lille, de Tournay et de Douay, pour faire passer leurs manufactures à Dunkerque. Ce dernier transit nous a paru très favorable à la débouche des marchandises de Hollande; à quoi je prends la liberté d'ajouter que tous les transits sont les moyens les plus assurés pour frauder les droits, par la facilité qu'ils procurent aux marchands de faire des versements dans les lieux que la route du transit leur permet de parcourir*.»

* Apostille en haut de la pièce : «A M. Cousturier. Ne communiquer cette lettre à personne; mais qu'il m'en parle, et de celle de M. Daguesseau.»

1133. *M. Doujat, intendant en Hainaut,*

au Contrôleur général.

8 Septembre 1711.

«Je ne serois pas excusable, si je manquois à vous représenter l'état déplorable dans lequel se trouve à présent le département du Hainaut. Le passage des deux détachements faits pour l'Allemagne lui coûte plus de 100,000#, et le campement de M. d'Estaing ne lui coûte pas moins. Les ennemis, depuis leur marche sur l'Escaut, ont fourragé tout le gouvernement du Quesnoy, et M. le maréchal de Villars a ordonné qu'on fît fourrager par nos troupes la prévôté de Bavay et tous les villages qui sont au delà de la Sambre. Vous jugerez aisément que les communautés que leur situation a sauvées de tous ces désastres ne sont guère moins à plaindre que les autres, puisqu'il faut qu'elles supportent la part de celles-ci dans les commandements de voitures et de pionniers, qui sont plus fréquents que jamais, tant pour l'approvisionnement de nos places que pour les travaux qu'on est obligé de faire aux fortifications. Ainsi, le mal est général, et, quand je songe que cette province paye près de 100,000# de contribution et une capitation très forte, sans compter les autres charges, je vois une impossibilité certaine dans les recouvrements et une ruine inévitable pour tout le pays, si vous n'avez la bonté d'entrer en considération de sa misère. Je n'ose vous dire jusqu'où votre compassion doit aller pour soulager les peuples à proportion de ce qu'ils ont souffert et de ce qu'ils peuvent encore souffrir avant la fin de la campagne; mais j'espère de votre justice ordinaire que vous voudrez bien modérer considérablement l'imposition de la capitation de l'année prochaine, sans quoi il ne sera plus possible de compter sur cette province pour aucune ressource*.»

* Apostille de la main du contrôleur général : «Voir à quoi peut monter la perte soufferte par le pays, et de quelle somme on peut le soulager sur la capitation.»

1134. *Le sieur Mathieu Chavagny, marchand de vins à Lyon,*
au Contrôleur général.

8 Septembre 1711.

Il proteste contre une décision des maîtres-gardes-syndics d'une prétendue communauté des traiteurs, cabaretiers et vendant-vin, qui l'ont taxé pour sa part d'un emprunt fait autrefois en vue de soutenir un procès contre la ferme des aides, quoiqu'il n'ait ni signé ni accepté aucun de ces actes, et qu'il ne fasse même pas partie de la communauté*.

* Les 28 février et 1er mars 1712, il demande à être déchargé de la taxe des marchands de vin en gros, et, le 16 mars suivant, M. Méliand, intendant à Lyon, à qui cette demande a été envoyée, répond qu'il vend du vin, quoique ouvrier en soie, mais qu'il mérite d'être déchargé à cause de sa nombreuse famille. Le 31 janvier 1714, il demande à jouir de la pension de 1,000# à laquelle, d'après l'édit de décembre 1666, il a droit comme père de douze enfants vivants.

1135. *M. Garengeau, ingénieur en Bretagne,*
au Contrôleur général.

9 Septembre 1711.

Il voit avec peine que, faute de revêtement aux quais de Saint-Malo, la mer entraîne journellement dans le port les terres apportées pour le remblai des quais qui se construisent sous le château et au-devant de la nouvelle enceinte. Comme aucun moyen n'a réussi à procurer les fonds nécessaires, il a cru devoir renouveler son ancienne proposition d'accorder des titres de noblesse au sieur de Miniac de la Villeneuve, ancien capitaine de vaisseau, homme d'un mérite distingué, et dont les ancêtres, des meilleures familles de la ville, ont été capitaines de vaisseaux du Roi, parents ou alliés de beaucoup de personnes de condition dans le service et dans la robe. Le sieur de Miniac est le seul de sa famille qui n'ait jamais voulu acheter une charge de secrétaire du Roi, et il prendrait moins encore des lettres de noblesse pour de l'argent. Il n'a qu'un fils, aussi capitaine de vaisseau, et s'est toujours flatté, sinon de retrouver les titres de sa noblesse, du moins de la mériter par ses services. Le Roi ne jugea pas à propos, il y a quelques années, de lui accorder des lettres de noblesse, disant qu'elles étaient le prix du sang; mais S. M., qui en a donné depuis à nombre de députés du commerce et à d'autres négociants, pourrait écouter la proposition actuelle du sieur de Miniac, qui, en ce cas, fournira 6,000# pour les travaux de Saint-Malo, sans qu'il soit fait mention d'argent dans la grâce que le Roi lui accordera*.

* Voir, sur les travaux de Saint-Malo, les lettres de deux entrepreneurs, 14 octobre et 11 novembre 1714, et du sieur Nicolas Géraldin, maire de la ville, 17 janvier 1715.

Sur la construction de cales et de quais à Nantes, voir une lettre du contrôleur général à M. Ferrand, intendant en Bretagne, 15 mars 1715.

1136. *M. Robert, procureur du Roi au Châtelet de Paris,*
au Contrôleur général.

10 Septembre 1711.

Il conseille de prendre les plus grandes précautions dans l'exécution de l'édit pour la suppression de la juridiction de la paneterie, à cause de la susceptibilité extrême de tout ce qui regarde la nourriture de Paris, surtout en ce qui concerne l'article qui supprime les boulangers des faubourgs qui n'auraient pas payé les taxes*.

* Sur la réunion des boulangers des faubourgs à ceux de la ville, voir une autre lettre du 11 mai 1712. Elle avait pour but d'indemniser M. le duc de Brissac de la suppression de la juridiction de la paneterie. M. Robert et le procureur général Daguesseau proposent, les 21 et 28 juillet, pour arriver au même résultat, de créer des offices dans la communauté des maîtres boulangers, et le contrôleur général écrit, sur cette proposition, le 13 août, à M. d'Argenson, lieutenant général de police; mais, le traitant Lenormand (30 juillet et 9 août) et M. d'Argenson (8 et 12 septembre) la combattant, l'édit fut exécuté (lettre de M. Robert, 2 octobre).

Le 11 octobre suivant, M. d'Argenson écrit : «J'ai vu les deux lettres que vous m'avez fait l'honneur de me confier, et je vous les renvoie suivant vos ordres : quoiqu'elles soient l'une et l'autre d'un style fort différent, il est aisé de connoître que le même esprit les a dictées, et que ces Messieurs prennent plaisir à se confirmer dans l'usage d'obéir avec répugnance et de mauvaise grâce. On remarque aussi de plus en plus qu'ils ne jugent des choses que par rapport à l'autorité ou à l'intérêt de leurs places, et qu'ils croient absolument impossible, ou susceptible d'une infinité d'inconvénients, tout ce qui tend à mettre les magistrats inférieurs en état d'agir par eux-mêmes indépendamment des conflits de juridiction qui les obligent à recourir sans cesse au souverain tribunal, et rend presque toujours leur zèle inutile. Nous ne laisserons pas, si vous l'agréez, de profiter de l'absence de ces Messieurs pour avancer notre établissement, afin qu'il leur soit plus difficile de le déranger à leur retour.»

Sur le remboursement des charges de la paneterie, voir les lettres du sieur Doussot, avocat au Conseil du Roi et lieutenant général de la paneterie, 17, 24, 26 et 28 septembre.

1137. *M. de Vintimille, archevêque d'Aix, président de l'assemblée des Communautés de Provence, au Contrôleur général.*

11 Septembre et 25 Octobre 1711.

Rien ne serait plus utile pour la Provence que d'avoir un trésorier chargé de toutes les impositions, comme l'exige l'intendant. Il compte faire les derniers efforts pour arriver à le faire désigner*.

* Les sieurs Dodun et du Grou furent choisis pour six ans, par l'assemblée des communautés, sous la condition principale de faire bons tous les deniers de la capitation et du dixième, et avec la caution des sieurs de Mazade et Renaud. (Lettres de M. de Grignan, lieutenant général, 2 novembre, 16 et 21 décembre.)

1138. *M. Turgot, intendant à Moulins, au Contrôleur général.*

15 Septembre 1711.

«J'ai vu, par la lettre que vous m'avez fait l'honneur de m'écrire le 10 de ce mois, que S. M. désireroit, pour empêcher l'abus des recrues, et pour la commodité des voyageurs sur les grandes routes ou dans celles d'étapes, que l'on rétablit des poteaux pour indiquer les routes dans les lieux où il y en a eu, ou qu'on en plantât dans ceux où il n'y en avoit point eu. Telle qu'est cette généralité, j'ai cru ne pouvoir mieux faire que de faire imprimer et distribuer à mes subdélégués cinq ou six cents exemplaires de l'ordonnance que je joins, pour aller visiter par eux-mêmes ou officiers commis les lieux où il sera absolument nécessaire d'en établir, et enjoindre aux syndics de le faire; car j'ose dire qu'il ne faut en mettre que dans les lieux les plus nécessaires dans des pays vastes et étendus comme ces provinces, sans quoi ce seroit une trop grande dépense, d'autant qu'elle ne remédie pas toujours au besoin qu'ont les troupes ou recrues de quelques guides; mais il est bon que les officiers répondent toujours de la violence qui pourroit leur être faite*.»

* M. Trudaine, intendant en Bourgogne, écrit, le 26 novembre : «.....[Les poteaux de la Bourgogne] sont rompus et arrachés dans la plus grande partie des lieux où on les avoit placés. Comme ceux de la Bourgogne regardent MM. les élus de la province, j'ai attendu leur retour pour leur en parler; je les ai fait convenir qu'il étoit nécessaire de les réparer et de les rétablir où ils manquent..... A l'égard de la Bresse et du Bugey, j'ai prié les syndics des provinces de le faire faire promptement, ce qui sera pareillement exécuté; il n'en coûtera rien au Roi : on fera cette dépense aux dépens des deux provinces.»

M. de la Bourdonnaye, intendant à Orléans, écrit, le 14 septembre : «.....Il est constant qu'il ne paroît plus guère de ces poteaux dans les grands chemins de cette généralité, ni des autres du royaume, soit qu'on ait manqué de les poser dans les commencements, soit qu'ils se soient détruits par le temps et qu'on n'ait pas eu soin de les renouveler. Je ne vois naître aucun inconvénient de ce défaut de poteaux, et je ne crois pas que ce temps-ci soit favorable pour obliger les paroisses et les villages à la dépense de ce rétablissement.....»

M. Chauvelin, intendant à Tours, écrit, le 2 octobre : «.....Il n'y en a jamais eu dans cette généralité. Ce ne seroit pas une dépense inutile; mais je crois qu'on pourroit remettre à faire cet établissement dans un autre temps où les peuples seroient moins chargés.»

Voir d'autres lettres de MM. de Bouville, intendant à Alençon, 12 janvier 1712; de Courson, à Bordeaux, 7 novembre 1711; de Beauharnais, à la Rochelle, 27 octobre; d'Orsay, à Limoges, 29 septembre; Méliand, à Lyon, 17 septembre; le Gendre, à Montauban, 3 octobre; Roujault, à Poitiers, 18 septembre; de Richebourg, à Rouen, 22 septembre.

1139. *M. des Chiens de la Neuville, intendant en Roussillon, au Contrôleur général.*

16 Septembre 1711.

Exemptions et priviléges des ajusteurs et monnayeurs de la Monnaie de Perpignan*.

* Sur cette Monnaie, voir les lettres des 4 et 22 mars, et 8 mai 1711, 19 janvier et 9 octobre 1712, 23 avril et 19 août 1713, 6 juillet 1714, 6 août 1715.

1140. *M. de la Busnelays, premier président de la Chambre des comptes de Nantes, au Contrôleur général.*

19 Septembre 1711.

La contestation entre les anciens et nouveaux officiers de la Chambre des comptes est devenue tellement vive, qu'on a dû les engager à ne plus fournir de mémoires et à attendre la décision du contrôleur général*.

* Il s'agissait de savoir si une somme de 108,000#, assignée sur les fouages pour le payement des gages des officiers d'ancienne créa-

tion, ne serait distribuée qu'à eux, ou s'ils la partageraient avec les nouveaux, sauf à partager de même les fonds destinés à ceux-ci. — En marge : «Bon. Également aux officiers d'ancienne et de nouvelle création.»

Sur des dissensions entre M. de la Busnelays et les officiers de la Chambre, voir les lettres des 9 et 24 juin, et 2 juillet 1713.

Le 19 juillet 1713, le contrôleur général écrit à M. de la Garde : «Je vous envoie une lettre des députés de la Chambre des comptes de Nantes qui sont à Paris, lesquels me demandent une audience pour faire des propositions sur des charges qui ont été créées en 1711. Vous leur direz que je ne puis ni leur faire réponse, ni les entendre, parce que, le Roi ayant été informé des procédés qu'il y a eu entre M. de la Busnelays et les officiers de sa Compagnie, et S. M. en ayant été très mécontente, elle m'a ordonné très expressément de n'entrer en aucune discussion d'affaires avec eux, et même de ne leur donner aucune audience.» Voir aussi les lettres du président Grout de Bellesme, député de la Chambre, 21 et 31 juillet, et de M. de la Garde, 22 août 1713, et celle du contrôleur général à M. de Torcy, même date.

M. Ferrand, intendant, s'étant plaint que la Chambre, au mépris de ses attributions et pour des motifs d'ordre privé intéressant le premier président, s'attachait à casser les ordonnances qu'il rendait sur les octrois des communautés, les délibérations furent annulées : lettre de M. de la Busnelays, 29 septembre 1711; lettre de M. Ferrand, 8 octobre, et projet d'arrêt joint à une lettre du même à M. de la Garde, 18 octobre.

1141. *M. Boucher d'Orsay, intendant à Limoges,*
au Contrôleur général.

22 Septembre 1711.

Inspection des manufactures de draps et autres étoffes en Auvergne et en Limousin, dans les élections de Cognac, Saintes et Marennes.

1142. *Le Contrôleur général*
à S. A. S. Mgr le duc du Maine, gouverneur de Languedoc.

23 Septembre 1711.

«Il ne m'étoit encore rien revenu sur ce qui regarde le fonds de 14,100# pour la compagnie de vos gardes en qualité de gouverneur de Languedoc; mais V. A. S. doit être bien persuadée que, si, avant qu'elle m'eût fait l'honneur de m'écrire, on m'avoit proposé de toucher à ce qui regarde cette dépense, je n'aurois rien fait sans avoir eu l'honneur de vous en donner avis et sans savoir vos intentions. Je crois que V. A. S. est persuadée que, dans tout ce qui aura rapport à ses intérêts, vous aurez toujours lieu d'être content de mon attention.»

1143. *Les Officiers du Parlement de Flandre*
au Contrôleur général.

23 Septembre 1711.

Ils demandent, pour les veuves et héritiers des officiers décédés auxquels le Roi a bien voulu accorder la jouissance des gages intermédiaires, une dispense de faire enregistrer leurs arrêts et lettres à la Chambre des comptes de Paris*.

* En marge, de la main du contrôleur général : «Bon, par arrêt et lettres patentes.»

Le contrôleur général écrit, le 30 octobre 1712, à Mme la marquise de Mésières : «......Si c'est une maxime en finance que les gages d'un office qui n'est point rempli appartiennent au Roi, ce n'en est pas une moins certaine que le droit de S. M. ne s'exerce que sur les gages qui sont attachés au corps de l'office, et qu'elle n'a jamais prétendu l'étendre sur des augmentations de gages héréditaires détachées de l'office et qui appartiennent aux héritiers de l'officier décédé..... Vous conviendrez qu'il étoit difficile, ou plutôt impossible, de décider autrement sans renverser toutes les règles. Si l'affaire avoit été susceptible de grâce, je ne doute pas que S. M. ne se fût déterminée en faveur de M. le marquis de Mésières; mais vous savez que, dans ce qui est de la justice, elle ne s'en écarte jamais, et qu'elle prononce tous les jours contre ses propres intérêts.....»

M. de la Heuse, procureur général au Parlement de Rouen, ayant demandé au Roi d'accorder à cette Compagnie les gages intermédiaires dus depuis 1705, pour tenir lieu d'une partie du fonds que le Roi s'était engagé à faire pour la construction d'une seconde chambre des enquêtes, bâtie aux dépens du Parlement, le contrôleur général répond, le 28 juin 1715, qu'il y voit quelque difficulté, au moins pour la période commençant le 1er janvier 1713, parce que le Roi a créé, à cette date, un office de trésorier de France conservateur des gages intermédiaires dans chaque bureau de finances, auquel les gages ont été attribués depuis cette époque.

Voir encore, sur les gages intermédiaires, deux lettres à M. de la Tullays, procureur général en la Chambre des comptes de Nantes, 19 avril et 13 août 1712.

1144. *Le Contrôleur général*
à M. d'Argenson, lieutenant général de police à Paris.

26 Septembre 1711.

«Sur ce que vous avez fait entendre au sieur Tournay, marchand, que vous ne pouviez rien changer à la sentence que vous avez rendue à l'occasion des dix-huit pièces de mousseline saisies sur lui au mois d'août dernier, il a présenté un placet au Roi. Il a paru, par toutes les pièces qu'il a rapportées, qu'il a rempli toutes les formalités qu'on a observées jusques à présent lorsque les marchands se sont trouvés dans la nécessité de faire blanchir leurs mousselines en pièce : qu'il a été, le 27 juin, faire sa déclaration au bureau des auneurs; que, le 29, il lui a été délivré un congé pour la sortie de ces dix-huit pièces de mousselines; que cet acquit a été visé par les commis de la barrière Saint-Martin, et que, lorsque le paquet est arrivé à Chauny, il a été reconnu et ouvert en présence du commis. Il faut convenir que, nonobstant toutes ces précautions, il peut y avoir de l'abus, s'il est vrai qu'on soit dans l'usage d'ôter, lors du blanchissage, les plombs qui forment la marque de la compagnie des Indes, puisque, pour lors, il ne reste plus rien pour reconnoître si les mousselines qu'on fait rentrer sont véritablement les mêmes qu'on a fait sortir; et c'est apparemment par cette raison que vous avez cru être obligé de prononcer la confiscation de celles dont il s'agit. Il paroît, en effet, bien important d'empêcher que, sous prétexte de blanchissage, on ne fasse rentrer des mousselines de contrebande. J'ai donné ordre aux fermiers de concerter avec vous les moyens de remédier à cet abus. Cependant, sur le rapport que j'ai fait de l'affaire au Roi, S. M. a cru que, dans les circonstances particulières, il y avoit de la justice de rendre au marchand les mousselines saisies, en payant seulement les frais. On a jugé à propos de ne point donner d'arrêt, afin que la chose tire moins à conséquence*.»

* Voir une lettre de M. d'Angervilliers, intendant en Dauphiné, 20 décembre 1714, touchant des dommages et intérêts dus par les fermiers généraux pour une saisie non justifiée de pièces de mousseline et de toiles de coton.

1145. *M. Robert de la Chartre, intendant des turcies et levées de la Loire, au Contrôleur général.*

(Sur la Loire au-dessus de Nevers,) 26 Septembre; (d'Angers,) 4 Octobre 1711.

Il rend compte de l'inspection qu'il vient de faire avec M. de Bercy dans les trois régions de la Loire : le pays de Forez, les montagnes et le plat pays depuis Roanne. La possibilité de faire des digues partout est chose reconnue. Ces visites ont rendu confiance aux riverains ruinés par cinq inondations depuis 1707*.

* En apostille à la première lettre : «..... Je ne doute pas que [M. de Bercy] n'ait de l'inquiétude de Mme de Bercy, qui a la petite vérole; cependant elle est dans le sixième jour sans aucun accident fâcheux, et il paroît jusqu'à présent qu'il n'y en a point à craindre. Pour ce qui regarde les levées, je me remets à tout ce que vous faites et à ce que M. de Bercy fera dans son voyage, que je lui ai marqué, par une lettre que je lui écris aujourd'hui, de pousser jusqu'à Angers.»

1146. *M. Lescalopier, intendant en Champagne, au Contrôleur général.*

27 Septembre et 26 Décembre 1711.

Il examine le moyen de recouvrer les impositions, tant de l'année courante que des années précédentes, sans trop fouler les peuples*.

«(26 décembre.) Vous avez approuvé le tempérament de restreindre les traitants et les receveurs des tailles à ne pouvoir contraindre au delà des impositions courantes pour l'année présente 1711 et du quart des sommes dont les particuliers se trouvent reliquataires sur les anciennes..... J'ai eu l'honneur de vous marquer [ultérieurement] qu'au lieu du quart au total de chacune des quatre précédentes années, qu'il est comme impossible de fixer, j'ai choisi l'année la plus reculée des quatre pour la joindre avec la courante, qui se trouve de même exercice. J'ai donné à M. Chalas, dans ce mois de décembre, mes contraintes pour 1707 et 1711.....; j'en ai promis de pareilles, et les dispose en faveur de M. Gallois, au 1er janvier, pour les années 1708 et 1710, qui sont de son exercice. Je compte les renouveler alternativement de mois en mois, sans interruption, pour l'un et l'autre des receveurs généraux..... Je n'ignore pas que MM. les receveurs généraux ont donné des rescriptions pour le montant des impositions des années précédentes et de la courante, dont une grande partie n'est pas payée, parce que les receveurs particuliers n'ont pu toucher, à cause de la misère, à proportion de ce qui a été tiré sur eux; mais ils n'auront plus cette excuse pour différer l'acceptation ou le payement de leurs rescriptions, quand, à la faveur de contraintes non interrompues, les fonds qui rentreront dans leur caisse successivement serviront à acquitter les plus anciennes et privilégiées, sans que le recouvrement souffre autre interruption que celle que la morte saison, c'est-à-dire le temps précieux de la récolte, oblige de suspendre suivant l'usage.

«Si j'accorde dès à présent à M. Gallois des contraintes pour 1710, M. Chalas est en droit d'en demander de pareilles pour 1709. Par cette voie, on exécute en même temps pour tout ce qui est dû; le contribuable est accablé par les collecteurs de six années, dont chacune porte sept ou huit sortes d'impositions; on lui ôte l'espérance de se libérer avec le temps; les poursuites violentes qu'on exerce contre lui, pour tant d'impositions, qu'il n'est pas en état de payer tout d'un coup, le jettent dans le désespoir : il abandonne le soin de ses enfants, la culture de la terre...., il renonce au travail manuel, il pourrit dans la prison, avec le chagrin et l'impuissance de satisfaire; tout se tourne en frais de mises et exécutions, de geôlages et de garnisons, et produit des rejets éternels d'année en année, qui ne s'acquittent point; on en vient aux solidités, à la faveur desquelles un ou deux habitants qui se soutiennent encore un peu par l'effort de leurs bras et de leur industrie sont accablés; le village devient désert.....

«Le Perthois, connu pour être de tout temps le meilleur pays de la Champagne, n'est pas exempt de ces malheurs, puisqu'on y voit nombre de villages où l'on comptoit encore, les premières années de cette guerre, trente bons laboureurs bien attelés, réduits à présent à deux ou trois très médiocres, et qui ne vivent qu'à peine. La mortalité et la surcharge ont produit cet étrange changement.....»

* Voir une lettre du contrôleur général à M. de Harouys, prédécesseur de M. Lescalopier, sur le payement des blés fournis en 1709, 26 mars 1711, et les lettres de M. Lescalopier, 4 janvier, 29 septembre et 2 décembre 1712, ainsi qu'un mémoire des habitants de la généralité, 11 janvier 1715.

1147. *Le Contrôleur général à M. le comte du Luc, ambassadeur en Suisse.*

28 Septembre 1711.

Il lui demande des renseignements sur la saline de Roche, canton de Berne, qui donne depuis peu un gros rapport.

«[On a découvert] la source principale, et [on a fait] des travaux jusqu'au roc salé, d'où on tire des pierres comme d'une carrière, qu'on fait fondre dans des eaux douces, et avec lesquelles on fait autant de sel qu'on veut..... On assure qu'on a découvert, d'un autre côté, une mine d'houille avec laquelle on fait cuire deux quintaux de sel pour 15 s., et que, [par] le moyen du lac de Genève et du Rhône, on tire d'ailleurs du pays de Valais tous les bois nécessaires pour l'entretien de la saline.»

Comme cette production aurait de grandes conséquences, non seulement pour la ferme des gabelles de Franche-Comté, mais aussi pour la bonne intelligence du Roi et des Cantons, qui serait détruite, s'ils se fournissaient de sel ailleurs qu'en France, on envoie le sieur de Guignonville prendre les mesures nécessaires*.

* On résolut d'augmenter la formation des sels en Franche-Comté (lettres du 16 février 1712, au comte du Luc et à l'intendant le Guerchoys). Un bénédictin, le P. Duchesne, qui avait fait dans les salines de ce pays des travaux utiles, reçut une gratification (lettre de M. le Guerchoys, 25 mai). Mais, comme les bois assez rapprochés des salines s'épuisaient, M. le Guerchoys proposa d'employer la houille (15 juillet, 9 et 28 août, et 6 novembre); le contrôleur général répondit que, la houille détruisant les chaudières et donnant une mauvaise odeur aux sels, il fallait faire, à ce sujet, de sérieuses expériences (6 octobre).

Un Bernois, puis deux Flamands envoyés par M. de Bernage, intendant à Amiens, furent choisis pour ces essais; voir les lettres de M. de Bernage, 19 novembre, 2 et 23 décembre. «Je leur ai demandé, dit-il, s'ils étoient habiles à connoître les lieux où étoit la mine de houille, soit par le secret de la baguette de coudre, ou autrement; ils m'ont dit qu'ils n'avoient point, sur cela, de connoissance bien certaine, mais une simple notion de la nature à peu près du territoire où elle se trouve.....» Voir les lettres du contrôleur général à M. de Bernage, 15 novembre et 17 décembre, et aux fermiers des gabelles, 17 décembre. Ces recherches n'aboutirent pas, et, malgré certains perfectionnements de détail inventés par M. de Guignonville, M. le Guerchoys écrit, le 3 septembre 1713, qu'il faudra rétablir une ancienne saline à Lons-le-Saulnier, où il y a d'abondantes mines de houille.

Sur les droits d'usage des riverains des forêts destinées à fournir le combustible, voir une autre lettre de M. le Guerchoys, 17 décembre 1713.

Le 31 mai 1714, M. de Bernage demandant que la gratification accordée à M. de Verpel, sur la ferme des salines de Salins, soit maintenue à sa veuve, le contrôleur général répond en apostille : «.....Les fermes et le Trésor royal sont si chargés, qu'il est impossible de rendre héréditaires les pensions ou gratifications qui ont été accordées. Je ne m'oppose point aux grâces que S. M. veut faire; mais je croirois manquer à ce que je dois à l'État, si je ne le représentois à S. M.»

1148. *M. le Guerchoys, intendant en Franche-Comté,*
au Contrôleur général.

29 Septembre 1711.

«J'ai eu l'honneur, le 28 avril dernier, de vous représenter que M. de Mongelas avoit envoyé ici une assignation de 49,157# sur la recette générale de cette province, pour acquitter les dettes de son exercice; que son commis avoit été obligé de la lui renvoyer pour la faire convertir en une rescription; que ce trésorier m'avoit mandé que, tous les fonds de la recette générale et de la capitation de 1709 se trouvant entièrement consommés, cette assignation ne pouvoit avoir lieu, et qu'il n'y avoit point d'autre remède que de la faire assigner sur 1711. Je vous ai supplié pour lors de vouloir bien que cela fût ainsi. Cependant, suivant ce que m'écrit M. de Mongelas, je vois que ses sollicitations et mes prières ont été jusqu'à présent inutiles. Comme j'ai emprunté presque toute cette somme pour faire le prêt pendant ladite année 1709, je me trouve dans la nécessité de vous réitérer mes instances. J'espère qu'il vous plaira de me tirer de l'embarras où je me suis mis pour faire subsister les troupes du Roi, et que si vous ne pouvez faire réassigner ces 49,157# sur 1711, ce sera du moins sur 1712.»

1149. *M. de Richebourg, intendant à Rouen,*
au Contrôleur général.

2 et 22 Octobre 1711.

Le marquis de Torcy, qui pratiquait un transport frauduleux de faux sel, s'est livré à des actes de violence contre les gardes des gabelles. L'intendant demande une lettre de cachet pour le faire arrêter.

1150. *Le Contrôleur général*
à M. Bouhelier, procureur général
en la Cour des comptes de Dôle.

4 Octobre 1711.

«Le sieur Durey, pourvu de l'office de receveur général des finances de Franche-Comté au lieu du feu sieur Durey, son père, ayant donné sa requête au Conseil sur la difficulté que la Cour des comptes de Dôle a fait[e] de le recevoir qu'après qu'il aura rendu et apuré les comptes de son prédécesseur, sur le rapport que j'en ai fait au Roi, S. M. a rendu l'arrêt dont je vous envoie l'expédition. Il est vrai que, par l'article 3 du règlement de 1669, il est défendu aux Chambres des comptes de recevoir un officier comptable dans une autre charge comptable que tous les comptes de ses exercices n'aient été apurés; mais cette disposition ne peut avoir d'application à l'espèce du sieur Durey, qui ne passe point d'un office comptable dans un autre, mais qui est pourvu pour la première fois d'une charge dont son père étoit titulaire. On ne peut, dans ce cas, exiger de lui autre chose qu'une soumission de rendre et apurer dans le temps les comptes des exercices de ses auteurs, d'en payer les dettes, auxquelles l'office demeure affecté et hypothéqué par privilège et préférence à toutes autres dettes. C'est ce que vous trouverez expliqué par l'arrêt auquel j'ai cru devoir joindre cette lettre, afin qu'étant informé du véritable esprit de l'ordonnance, vous puissiez, dans d'autres occasions, le faire connoître à votre Compagnie.»

1151. *Le Contrôleur général*
aux Fermiers généraux.

6 Octobre 1711.

«Le Conseil de commerce ayant représenté que les droits d'entrées sur le plomb, réglés à 40 s. du cent pesant par l'arrêt du Conseil du 25 novembre 1687, étoient excessifs, et qu'il convenoit de les réduire à 10 s. du cent pesant, conformément au tarif de 1664, attendu le besoin qu'on en a dans le royaume, S. M. m'a chargé de faire savoir aux fermiers généraux que son intention est qu'ils donnent ordre à leurs commis de faire exécuter à cet égard le tarif de 1664, et de ne prendre que 10 s. pour cent pesant de plomb en saumon entrant dans le royaume, et venant d'Angleterre ou d'Écosse seulement, S. M. n'en permettant point l'entrée venant d'autres pays.»

1152. *M. de Pontchartrain, secrétaire d'État de la marine, au Contrôleur général.*

7 Octobre 1711.

Le curage du port de Brest devenant de plus en plus urgent, et la marine manquant de fonds, il faut mettre ce travail au compte de la province, comme on l'a fait en Normandie et à Marseille*.

* Les États refusèrent les fonds qu'on leur demandait : lettres de M. de Pontchartrain, de M. Ferrand, intendant en Bretagne, et de M. le maréchal de Châteaurenault, commandant de la province, 2 et 10 décembre.

1153. *M. Bignon, prévôt des marchands de Paris, au Contrôleur général.*

7 Octobre 1711.

«Lorsque j'eus l'honneur de vous présenter lundi dernier le bordereau de la recette du dixième des maisons de Paris, je vous fis une observation sur l'établissement des garnisons chez ceux qui, nonobstant les commandements réitérés et l'exécution de leurs meubles, ne se donnent point de mouvement pour le payement de ce qu'ils doivent. Je crois que si le Roi agréoit qu'au lieu d'un recors dont les huissiers se servent ordinairement, on mît un soldat suisse, à raison de 20 sols par jour, que les redevables qui sont en retardement payeroient plus promptement, et par conséquent seroient exposés à moins de frais que lorsque de malheureux recors seroient employés. Premièrement, on leur donne 30 s. par jour; en second lieu, il est impossible de les réduire à se tenir dans la maison de l'établissement de la garnison : ils y comparoissent de temps en temps. Bien loin de déterminer le débiteur à payer, s'ils pouvoient, ils le retarderoient encore pour prolonger leur rétribution, au lieu qu'un Suisse qui aura été placé une fois ne sortira du lieu où on l'aura mis que lorsque le payement sera fait.

«J'ajouterai même que des exemples ménagés dans chaque quartier seront d'un grand effet. Je vous supplie de me procurer des ordres à cet égard, ne pouvant me tirer des voies ordinaires, si on ne me le prescrit.»

1154. *Le sieur Guenivrau, à Loudun, au Contrôleur général.*

7 Octobre 1711.

Il annonce qu'un tremblement de terre a été ressenti dans cette ville.

1155. *M. de Bernage, intendant à Amiens, au Contrôleur général.*

8 Octobre 1711.

Les sergents à masse de la prévôté royale donnant aux bourgeois qui manquent le service de la garde bourgeoise des assignations à comparaître devant le maire et les échevins, le directeur des aides veut que le fermier les délivre sur papier timbré. Sa prétention est fondée; mais, si l'on ne veut pas voir s'anéantir la garde bourgeoise, il faut donner au procureur du Roi qui fait les assignations un fonds pour le papier timbré*.

* En apostille : «.....On donnera un fonds de 15 ††.»

M. Lemazuyer, procureur général au Parlement de Toulouse, se plaint que le nouveau fermier du timbre refuse de timbrer le papier dont ses substituts et lui ont parfois besoin au delà de la quantité qui leur est régulièrement accordée (6 janvier 1713).

1156. *M. d'Angervilliers, intendant en Dauphiné, au Contrôleur général.*

8 Octobre 1711.

«Vous savez qu'il est d'usage qu'à la fin de chaque campagne, le munitionnaire rachète en argent, de MM. les officiers généraux et des troupes, le pain qui leur revient, suivant les états du Roi, au delà de leur consommation effective. Dans les armées où le munitionnaire est chargé de la fourniture de la matière comme de la façon du pain, ce rachat est purement son affaire, et S. M. n'y entre point; mais, en Dauphiné, il est indispensable que le Roi contribue au rachat jusqu'à concurrence du prix de la matière, que S. M. fournit, et que le munitionnaire y entre pour le prix de la façon. Depuis que la guerre est revenue sur la frontière de Dauphiné, le prix du rachat du pain de MM. les officiers généraux a été fixé à 36 d., dont 30 ont été payés par le Roi, et 6 par le munitionnaire, et, à l'égard des troupes, à 24 d., dont 20 sur le Roi et 4 sur le munitionnaire. Il a été ordonné, pendant les trois premières années, pour ce rachat, un fonds qu'on a fait passer par les mains du munitionnaire, pour qu'y joignant la partie qui est à sa charge, il rachetât lui-même le pain qui étoit redû. M. Voysin ne fit point faire de fonds l'année dernière pour cette destination, et renvoya le munitionnaire à vous pour l'obtenir. Je lui ai demandé ses ordres pour cette année, et vous trouverez, dans sa réponse, dont je joins ici une copie, la fixation du prix du rachat, et qu'il me marque que je dois vous supplier de vouloir bien ordonner le fonds nécessaire. Je vous envoie à cet effet un mémoire par lequel vous connoîtrez que, pour parvenir au rachat, il faut un fonds de 90,000 ᵗᵗ. Il est certain que, s'il est possible de remettre cette somme au munitionnaire pour cette destination, S. M. y profitera considérablement, par la différence avantageuse à S. M. qui se trouve entre le prix auquel le rachat est fixé et celui qu'il en coûte pour une ration fournie en espèces.»

1157. *M. de Courson, intendant à Bordeaux,*
au Contrôleur général.

12 Octobre 1711.

Le rétablissement des chaînes de fer qui fermaient le port de Bayonne du côté de la Nive et de l'Adour est absolument nécessaire pour la sûreté de la ville et le bien des fermes*.

* En marge : «Bon, suivant l'avis de M. de Courson.»

1158. *M. Méliand, intendant à Lyon,*
au Contrôleur général.

12 Octobre 1711.

«Quoique je ne doute pas que le prévôt des marchands de cette ville ne vous rende compte du désastre qui arriva hier au soir sur le pont de la Guillotière, à l'entrée de cette ville, je crois cependant devoir avoir l'honneur de vous en informer aussi. Le fait est incompréhensible, et les circonstances en sont affreuses. La fête de Saint-Denis est fort renommée dans un village à une demi-lieue de Lyon, dans la plaine de Dauphiné. Ce village, appelé Bron, est dans une situation heureuse, sur une petite hauteur environnée de bois assez bien percés; un vignoble assez abondant qui est aux environs donne lieu à y vendre, dans ce temps-ci, le vin nouveau à très vil prix. La journée d'hier étoit une des plus belles dont on puisse jouir dans cette saison; un temps serein et un beau soleil avoient invité dès le matin la plus grande partie de la petite bourgeoisie de Lyon d'en sortir pour aller se promener à Bron. Dans les dévotions de campagne qui donnent occasion à ces promenades du peuple, on ne pense souvent à rien moins qu'à y invoquer le saint dont on célèbre la fête dans le lieu qu'on va fréquenter; les parties de plaisir dissipent du premier objet, et le vin, qui en est inséparable parmi ces sortes de gens, fait souvent terminer la fête par quelque action tragique. Celle qui est arrivée au retour de Bron en sera un exemple incroyable. Le peuple qui étoit sorti depuis le matin de Lyon revint le soir avec précipitation et avec une affluence étonnante. Le pont de la Guillotière n'étoit quasi pas assez large pour contenir ce peuple, qui s'empressoit d'entrer dans la ville de crainte d'arriver après les portes fermées. Malheureusement, le carrosse d'une dame qui a sa maison de campagne dans le faubourg sortoit des portes comme cette foule de peuple se pressoit d'entrer. Le pont est très rude à monter de ce côté, et, comme il est assez étroit, soit que les chevaux ne fussent pas trop bons, soit que le pavé fût très sec, soit que le grand nombre de peuple qui étoit à droite et à gauche du carrosse en rendît par quelque mouvement le poids plus pesant, il y eut un des chevaux qui tomba. Cela fit un petit embarras; le peuple arrivoit continuellement en foule : les premiers s'embarrassèrent entre les chevaux attelés à ce carrosse, dont le second fut culbuté : les hommes alors tombant les uns sur les autres, il y eut, dans un instant, un monceau d'hommes, de femmes et d'enfants étouffés, les chevaux furent couverts de morts et de mourants, et chacun, se pressant à l'envi l'un de l'autre de passer par-dessus les morts, en augmentoit le nombre. En un mot, chose incroyable, il y a eu, en moins d'une demi-heure, plus de trois cents personnes étouffées sur le pont de la Guillotière auprès de la porte de la ville, dans l'espace de moins de dix toises de terrain sur environ deux et demie de large. Chacun a tâché d'y apporter du secours. Le prévôt des marchands y a donné tous ses soins. Il y avoit ce matin deux cent seize corps morts étendus sur les remparts de la ville, à portée du pont, outre plusieurs qui ont été enlevés pendant la nuit par leurs parents qui les ont reconnus, ou qui ont été transportés à l'hôpital et dans le faubourg de la Guillotière, à demi étouffés, dont la plupart sont morts. Cet accident est affreux. Ç'a été pendant tout le jour une désolation étonnante dans la ville, et il faudroit avoir le cœur bien dur pour ne pas plaindre bien vivement les familles de ceux qui ont péri dans cette occasion. On a enlevé ce soir tous ces corps morts; le spectacle de ces cadavres n'a duré que trop longtemps. La tranquillité se rétablira dans la journée de demain; mais on se souviendra longtemps à Lyon d'un malheur qui passera pour une fable dans la suite des temps, et qui trouvera même bien des incrédules dans celui-ci*.»

* Le 1ᵉʳ novembre, il écrit que le désastre a été causé par la garde des portes, qui avait fait fermer la barrière pour forcer à payer les passants qui voulaient rentrer en ville. Les soldats se sont enfuis; mais le sergent a été exécuté.

1159. *M. de Bâville, intendant en Languedoc,*
au Contrôleur général.

16 Octobre 1711.

Élection d'un capitoul à Toulouse. Il ne reste plus que quelques places disponibles, les autres ayant été vendues pour payer plusieurs affaires extraordinaires*.

Nomination d'un député de la même ville aux États.

* En 1714, les députés de la Chambre de commerce de Toulouse se plaignirent qu'on n'appelait aucun marchand à l'élection des capitouls (lettre du contrôleur général, 18 décembre 1714). M. de Bâville répondit, le 6 janvier 1715, que, quoique les arrêts du Conseil ordonnassent qu'il y eût trois capitouls pris parmi les marchands, depuis plus de quarante ans on n'en prenait que deux : «Les capitouls ayant la justice, tant civile que criminelle, par prévention au sénéchal, le plus grand nombre doit être de gens de robe qui entendent la loi.... Ce nombre suffit pour soutenir l'intérêt des manufactures et donner quelque relief à cette profession; mais l'expérience a fait connoître que, si, d'un côté, c'est une prérogative pour eux, c'est un mal pour le commerce, parce que les enfants de ces marchands, se

croyant nobles, quittent la profession de leurs pères, où il seroit important qu'ils passent persévérer.....»

En 1706, l'hôtel de ville avait prêté au Roi une somme de 110,000# pour obtenir confirmation de la noblesse des capitouls, mais en stipulant expressément que le terme de confirmation ne serait pas porté dans l'arrêt, car ils prétendaient que leur noblesse était de toute ancienneté, et non de privilège. (Lettre du 21 février 1708.)

1160. *Le Contrôleur général au sieur Ollivier, négociant à Lyon.*

17 Octobre 1711.

«J'ai toujours compté sur votre bonne volonté pour le service du Roi, et je suis bien aise de vous avertir par avance que je me suis arrangé sur le pied de trouver un secours chez vous de 1,200,000#, dans le payement des Saints prochains à Lyon. J'assignerai le remboursement du principal et des intérêts sur des fonds solides, et, comme il y a encore près de deux mois à vous y disposer, je suis persuadé que vous m'informerez promptement de la certitude du payement, sur lequel je prends confiance par vos services passés*.»

* Une feuille jointe à cette minute porte d'abord : «M. Hogguer m'a dit que Monseigneur avoit agréé que je lui présentasse la lettre ci-jointe pour M. Ollivier de Lyon»; puis, de la main de M. Clautrier : «Monseigneur n'a pas jugé à propos de signer cette lettre. Il veut seulement demander à M. Ollivier quels payements il pourroit faire dans le payement prochain des Saints à Lyon.»

1161. *M. d'Argenson, lieutenant général de police à Paris, au Contrôleur général.*

17 Octobre 1711.

Si, conformément à la requête de l'abbesse de Saint-Antoine, des serruriers et des faiseurs de bas du faubourg, les privilèges de ceux-ci sont maintenus, il sera impossible de recouvrer le droit établi pour rédimer de la marque les fabriques de bonneterie*.

* Voir des lettres de M. de Bercy (18 mars 1712 et 31 janvier 1713) et de Mme de Montchevreuil, abbesse de Saint-Antoine (1er mai 1715).

1162. *M. Méliand, intendant à Lyon, au Contrôleur général.*

17 Octobre 1711.

«J'ai reçu, avec la lettre que vous m'avez fait l'honneur de m'écrire le 12 de ce mois, le mémoire anonyme qui vous a été envoyé contre ceux qui sont chargés des affaires de cette ville. Ce mémoire contient deux chefs. Le premier vous rappelle les malheurs de l'année 1709 et la disette qui s'est fait sentir alors et dans le commencement de 1710 dans cette grande ville. L'auteur du mémoire veut persuader qu'il y avoit en 1709 une provision considérable de blés dans les greniers de l'Abondance, avouant cependant lui-même que le corps de ville a été obligé d'envoyer acheter dans les pays étrangers une grosse quantité de blés pour la subsistance de ses habitants; il se plaint qu'alors le pain fut vendu jusques à 8 s. la livre de quatorze onces, qui est le poids du pays. Il lui tient fort à cœur qu'en conséquence d'une permission qu'il dit que les prévôt des marchands et échevins ont surprise de vous, on a obligé les bourgeois de prendre de ce même blé resté dans les greniers de l'Abondance, qui plus, qui moins, sur le pied de 58# l'ânée, composée de six bichets. Il se plaint que le pain est encore cher, que l'on a fait défense aux boulangers de la campagne d'en apporter dans la ville, afin d'obliger les boulangers de dedans la ville d'employer les mauvais blés des greniers de l'Abondance, lesquels on fera multiplier à l'infini, si vous n'avez la bonté d'y remédier.

«Le second article du mémoire regarde le rôle du dixième de l'industrie et le recouvrement de cette taxe, qu'on affecte malicieusement de mal expliquer. Il vous sera facile de connoître le peu de cas qu'il y a à faire de ce mémoire anonyme par ce que j'aurai l'honneur de vous expliquer ci-après.

«On convient, avec un triste souvenir, que le pain fut fort cher à Lyon en 1709; ce ne fut cependant que le pain de la première qualité, qui fut porté à 8 s. la livre de seize onces, et non de quatorze onces. Il n'y avoit que quatre mille ânées de blé dans le temps que la ville fut hors d'espérance de tirer aucuns grains de Bourgogne; ce fut par votre protection particulière, et à main armée, qu'on en eut alors six mille salmées de la province de Languedoc, et sur les passeports du Roi. Qu'est-ce que c'est que cette petite quantité de blé dans une grande ville où la disette en faisoit consommer quinze mille ânées par semaine? Alors, les officiers de la ville furent obligés d'entrer dans le détail de la consommation. Pour ménager les grains, on distribua chaque semaine aux boulangers du blé à proportion des consommations, et on réduisit à une seule qualité le pain qui étoit vendu par les boulangers, dont le prix de la livre fut fixé à 2 s. 6 d. Il est bien aisé de comprendre que, pour soutenir un tel arrangement et pour fournir à la subsistance de tous les habitants d'une aussi grande ville, il fallut faire acheter des blés dans tous les pays étrangers; nul traité ne fut fait que sur les ordres qu'il vous plaisoit de donner. La stérilité de l'année 1709 ne fut pas si grande que la peur de manquer l'avoit fait d'abord envisager; l'abondance des petits grains procura la subsistance au petit peuple, et les bourgeois se pourvurent, chacun comme il voulut, pour l'entretien de leur famille pendant l'hiver 1710, de sorte qu'il y a eu une grosse quantité des blés achetés par la ville qui sont restés dans les greniers de l'Abondance, à la charge de la ville. S. M. en a pris soixante-dix mille quintaux pour le service de ses armées; on en a fait, suivant la permission que vous en avez donnée par votre lettre du 28 juin 1710, une répartition de six mille ânées seulement sur tous les bourgeois de la ville, à raison de 58# l'ânée, et, comme il en restoit encore environ six mille ânées dans les greniers, dont les frais consommoient la valeur et dont le temps gâtoit la qualité, les officiers de ville ont cru devoir en faire prendre par les boulangers de la ville, qu'on leur a livré à 20# l'ânée, sous l'obligation, de leur part, de fournir les places et leurs boutiques de pains de bonne qualité et à aussi bon marché que les forains le débitoient, auxquels il fut défendu, pour un temps, d'en apporter dans la ville. Il reste encore dans les greniers de l'Abondance quatre mille trois cents ânées de blé, dont la ville se trouve chargée, mais qui lui est nécessaire de garder pour la convenance de l'approvisionnement d'une aussi grosse ville. C'est bien malicieusement que l'auteur du mémoire dit que le pain est encore cher, puisqu'il y en a dans toutes les places et boutiques à 6, 9, 12, 15 et 18 d. la livre, que le pain de la première qualité ne vaut que 2 s., et que celui de 18 d. est très bon.

«La capitation n'est point augmentée en général; mais il se peut faire qu'elle la soit pour tels particuliers qui n'étoient pas imposés à leur juste portée, comme il y en a beaucoup dont la capitation a été diminuée, et surtout parmi le petit peuple, où elle étoit trop forte. Le recouvrement du dixième de l'industrie va assez lentement; peu de personnes sont disposées à le payer de bon gré. Il y a quelque changement à faire dans ce premier rôle; le prévôt des marchands en est chargé. On ne comprend pas bien ce que l'auteur du mémoire veut dire dans la manière dont il s'explique dans cet article. Le peu de fondement qu'il y a dans tout l'exposé de son mémoire doit le faire mépriser; ses plaintes n'ont aucune démonstration, et son peu d'arrangement dans la diction même de ce mémoire doit faire connoître qu'il ne mérite pas un plus grand éclaircissement que celui que j'ai l'honneur de vous donner dans cette lettre.»

1163. *M. de Bâville, intendant en Languedoc,*

au Contrôleur général.

19 Octobre 1711.

«Les collecteurs forcés de la ville de Castelnaudary m'ont présenté requête pour demander d'être déchargés du payement du centième denier qui leur est demandé par le fermier du droit des insinuations pour les décrets qu'ils sont obligés de poursuivre faute du payement de la taille.

«Suivant l'usage de cette province, les collecteurs forcés sont obligés de poursuivre le décret des biens-fonds, lorsqu'ils ne peuvent pas être payés de la taille par la vente des fruits, et les communautés sont obligées de reprendre ces décrets et de passer en reprise aux collecteurs les sommes pour lesquelles ils ont été poursuivis et les frais qui ont été exposés. Les communautés qui ne peuvent faire aucun usage de ces sortes de biens sont obligées de les redonner aux propriétaires, en perdant non seulement les frais des décrets, mais encore les arrérages des tailles qui sont dues, en sorte que, si le centième denier étoit dû, la perte des communautés augmenteroit par l'augmentation des frais des décrets : ce qui retarderoit le recouvrement de la taille. Il est vrai qu'autrefois on ne seroit pas tombé dans cet inconvénient, parce que les communautés trouvoient des collecteurs volontaires, qui ne peuvent donner aucune reprise; mais, à présent que les impositions ont augmenté, les collecteurs sont presque partout forcés.

«Il semble encore qu'il y ait une grande différence à faire entre un décret qui est exécuté, tels que sont ceux qui sont poursuivis par les particuliers pour le payement de ce qui leur est dû, et les décrets qui ne sont pas exécutés, tels que sont ceux qui sont poursuivis par les collecteurs des tailles. Les lods des décrets ne sont dus qu'après la mise de possession, parce que, jusque-là, le décrétiste n'est pas propriétaire du fonds décrété, et c'est la même raison pour laquelle le centième denier ne devroit pas être demandé, parce qu'il n'y a aucune translation de propriété jusqu'à ce qu'on soit en possession.»

1164. *M. de Grignan, lieutenant général en Provence,*

au Contrôleur général.

20 Octobre 1711.

«Les échevins de Marseille m'ayant présenté, suivant le règlement de 1660, le rôle des éligibles aux charges municipales de ladite ville, je l'ai approuvé, pour, sur icelui, être procédé le 28 de ce mois, en la forme ordinaire, à l'élection de deux échevins et de l'assesseur*.»

* Voir une lettre des maire et échevins, du 29 octobre, sur le résultat de l'élection.

Le 29 novembre suivant, le sieur Audoul de Saint-Jullien écrit que les échevins l'ont pris pour leur avocat au Conseil, ne sachant pas que le contrôleur général préférait le sieur le Noir; qu'ils sont prêts à suivre ses volontés, mais qu'il demande cependant à être maintenu.

1165. *M. de Bernage, intendant à Amiens,*

au Contrôleur général.

21 Octobre 1711.

«J'ai cru devoir vous prévenir sur les mouvements que quelques-uns des prétendants à la députation ordinaire du tiers état des États d'Artois pourroient se donner pour obtenir quelque recommandation de votre part. Je trouve qu'il sera du bien du service que le sieur Caudron, qui est actuellement député, soit continué à la prochaine assemblée, où l'élection se doit faire pour trois ans, et cette continuation est permise pour une fois aux termes du dernier règlement. Il y a apparence que le tiers état prendra ce parti, si on lui laisse la liberté du choix, et, comme rien n'est plus agréable à la province que de ne point gêner cette liberté, il en résultera deux biens à la fois : l'un, de lui donner cette petite consolation dans ses malheurs, et l'autre, de conserver un sujet bien au fait des affaires, également utile pour l'intérêt du pays et pour le service du Roi. J'ai cru que vous trouveriez bon que j'eusse l'honneur de vous donner cet avis pour vous donner connoissance de ce qui paroît le plus convenable en cas qu'on briguât votre suffrage*.»

* En apostille : «Que, jusqu'à présent, personne ne m'a encore sollicité; il a bien fait de m'avertir, et, en cas qu'on me demande quelque office pour la députation, je n'oublierai ce que vous m'avez écrit au sujet du sieur Caudron.» Voir aussi une lettre des trois ordres des États, 24 novembre.

Le 23 octobre 1713, touchant la nomination d'un sujet recommandé par le contrôleur général, M. de Bernage fait encore remarquer que le tiers état s'est souvent plaint d'être gêné dans ses choix par les recommandations, et que M. Voysin a écrit à M. le maréchal de Montesquiou et à lui-même de laisser pleine liberté aux élections. Si néanmoins le contrôleur général désire qu'il soit parlé en faveur du sieur de Marthes, déjà député une fois en cour, ses ordres seront exécutés.»

1166. *M. Chauvelin, intendant à Tours,*
au Contrôleur général.

26 Octobre 1711.

«Suivant la lettre que vous m'avez fait l'honneur de m'écrire le 11 de ce mois, je me suis informé de ce qui se pratiqua lorsque la louveterie fut envoyée, il y a plusieurs années, à Bourgueil, pour détruire les loups qui désoloient ce canton : ce fut M. le marquis de Rasilly qui procura ce secours, et j'ai su qu'il n'en coûta rien au pays, le Roi ayant bien voulu en faire la dépense*.»

* En marge, de la main du contrôleur général : «Bon, par ordonnance.»

Sur les ravages commis par des loups dans le pays de Langeais, où ils dévorèrent des enfants et des femmes, voir les lettres de M. Chauvelin, 8 et 23 octobre, et 1er décembre 1713; on y envoya le marquis d'Heudicourt et la louveterie (lettre de M. de Pontchartrain, secrétaire d'État de la maison du Roi, 22 novembre 1713). L'année suivante, ce pays, ainsi que les environs d'Angers et de Tours, furent encore désolés, principalement par une louve et par des loups enragés : on promit inutilement 50# pour la tête de la louve, 20# pour celle de chacun de ses louveteaux, et 10# pour celle de tout autre loup (lettre du contrôleur général à M. Chauvelin, 17 juillet 1714, et lettres de celui-ci, 2 et 30 juillet, 24 septembre, 3 et 20 octobre, 6 décembre).

1167. *Le Contrôleur général*
aux Intendants.

27 Octobre 1711.

«Je vous envoie plusieurs exemplaires de la déclaration qui vient d'être rendue pour faire porter aux Monnoies ce qui reste d'espèces anciennes et matières d'or et d'argent, et avancer le travail de la conversion, qui, depuis l'extinction des billets de monnoie, a été fort languissante. Comme il est important que le public soit bien informé, et promptement, de ce qui est porté par ce dernier règlement, vous recommanderez, s'il vous plaît, à vos subdélégués, de le faire publier, non seulement dans les villes principales, comme on a accoutumé de faire, mais, autant que faire se pourra, dans toutes les paroisses, afin que tout le monde, étant averti de l'augmentation que le Roi veut bien accorder jusqu'au 1er janvier, puisse en profiter et prévenir les confiscations et autres peines établies par les ordonnances dont on a cru devoir renouveler les dispositions dans celle-ci. Il est aussi nécessaire que vos subdélégués fassent connoître aux juges des lieux que, s'ils négligent de s'y conformer et de donner avis des contraventions, on fera exécuter contre eux, dans toute leur rigueur, les articles qui les concernent.»

1168. *M. Ravat, prévôt des marchands de Lyon,*
au Contrôleur général.

27 Octobre 1711.

Défense d'exporter les piastres.

«Ce qui peut être considéré dans cette défense, c'est l'appréhension de blesser la liberté du commerce, et que l'on ne tire des conséquences pour l'avenir qui pourroient dégoûter les négociants et les détourner d'un négoce aussi important à l'État que celui-là d'attirer des matières dans le royaume. Ainsi ne peut-on pas dire qu'il est inutile de mettre la main à la plume pour défendre la sortie des piastres de cette ville, puisque l'abondance qu'il y en a à Marseille, qui en fait diminuer le prix, peut les faire refluer dans les endroits où elles se vendront mieux; ou tout au moins il faudra que ceux qui font ce commerce attendent le débouchement de celles qui sont à Marseille pour y en envoyer d'autres. Il ne faut pas craindre qu'elles puissent être détournées à d'autres usages que ceux pour lesquels elles sont destinées, parce que je suis persuadé que vous avez donné vos ordres pour en empêcher la sortie et le chargement à Marseille à moins que l'on ne suive la destination que vous en avez ordonnée. Je prends la liberté d'inférer de tout ce raisonnement (que j'aurois bien voulu pouvoir abréger) que les défenses que vous rendrez ne peuvent que produire un effet contraire à la liberté du commerce, puisque, par le mépris où elles sont à Marseille, le transport en tombera de lui-même : le négociant, attentif à ses intérêts sur toutes choses, ne s'avisera pas d'en envoyer dans un lieu où elles sont en perte. J'ose vous représenter que moins vous donnerez des ordres pour ce qui regarde les négociants, plus ils avanceront et feront des progrès dans ce qui peut être avantageux à l'État. Vous m'avez ordonné de vous dire mon sentiment. Je prends la liberté de vous l'expliquer avec confiance, persuadé que vous ne le désapprouverez pas, m'ayant fait l'honneur de m'en donner la permission*.»

* Le 10 novembre, M. Lebret, intendant en Provence, écrit qu'il vérifiera, au retour des bâtiments, si les cent vingt-six mille piastres sorties de Lyon pour le Levant ont été exactement employées à l'achat de blés et d'huiles, comme le prétendent les marchands qui les ont envoyées.

1169. *M. de Saint-Maurice,*
commissaire général de la Cour des monnaies,
au Contrôleur général.

(Monnaies, G7 1464 à 1466.)

30 Octobre, 3 à 28 Novembre, 4 à 25 Décembre 1711;
7 à 29 Janvier, 3 Février à 2 Mars 1712.

Procédures contre les faux-monnayeurs du Velay et du Gévaudan.

«Tout va à merveille ici : j'ai preuves de dix à douze fabriques....., avec nombre de carrés de toute façon; plus de vingt personnes d'arrêtées, fabricateurs, graveurs, autres ouvriers et marchands.....; plus de soixante de décrétés. Tout tremble dans cette province, et on comprend que l'affaire est sérieuse. Je ne perdrai pas de temps pour finir les instructions d'une si grande multiplicité d'affaires, donner au public quatre ou cinq exemples réels, sans compter les effigies, dont celle du juge mage ou lieutenant général fera un furieux effet, et ensuite prendre des partis pour des condamnations pécuniaires utiles au service du Roi, persuadé que ce n'est pas l'intention de S. M. qu'on fasse une boucherie dans un aussi petit pays, lorsque les ouvriers de fabrique, graveurs et autres principaux coupables auront été punis réellement*.....»

* Parmi les accusés se trouvaient le maire et le lieutenant de maire du Puy, le directeur de la Monnaie de Riom, etc. La plupart s'enfuirent, et l'épouvante amena une désertion générale des fabricants de dentelles du Puy et de leurs ouvriers. M. de Bâville, intendant en Languedoc, écrivait à ce propos, le 7 décembre 1711 : «.....Je suis très persuadé qu'il est essentiel de ne point perdre ces gens-là, ni de les pousser à toute extrémité, parce que ce commerce, unique dans le royaume, non seulement feroit périr la ville du Puy, mais tout le Velay et une bonne partie de l'Auvergne. Ce commerce ne se fait dans ce canton que par un grand nombre de pauvres habitants qui travaillent à meilleur marché qu'ailleurs, et à qui les marchands fournissent tout ce qui est nécessaire. En les ruinant, on ruine le peuple. Je crois que la différence est très bonne à faire des marchands qui n'ont fait que le billonnage, ou qui ont fait travailler à altérer les monnoies. Il est bon de ne punir les premiers que par des amendes; encore faut-il qu'elles ne soient pas excessives, car, si elles l'étoient au point que les marchands fussent ruinés, le même mauvais effet de leur ruine arriveroit à l'égard du peuple. Nous pourrions, si vous le jugez à propos, en convenir, M. de Saint-Maurice et moi, afin de les proportionner aux forces de ces marchands. Quant à ceux qui ont travaillé en fausse monnoie, qui me paroissent en très petit nombre, je crois qu'ils doivent être jugés à la rigueur. Il paroît encore que M. de Saint-Maurice ne peut trop tôt déclarer que le Roi aura la bonté de remettre la peine personnelle aux marchands, afin qu'ils reprennent leur commerce au plus tôt, qui est interrompu. M. de Saint-Maurice répond toujours parfaitement bien à la bonne opinion que j'en ai eue, et il continue cette affaire avec toute l'activité et toute l'habileté possible.»

Plusieurs coupables s'étant dénoncés eux-mêmes, le contrôleur général ordonna de vérifier s'ils l'avaient fait avant toutes poursuites, et, dans ce cas, de procéder séparément contre eux. Quant aux autres, il adopta l'avis de M. de Bâville, et, plus tard, remit une partie des peines prononcées contre des dentelliers et des marchands de cuirs, quoique M. de Saint-Maurice protestât contre des grâces trop nombreuses.

Voir les lettres de M. de Bâville, 13 et 18 septembre, 25 et 30 octobre, 3, 8, 15, 17, 23 et 30 novembre, 4 et 22 décembre 1711, 12 et 29 janvier, 10, 15, 17, 23, 24, 27 et 29 mars, 4, 11 et 20 avril, 8 et 18 mai, 7 juin, 8 août, 12 septembre, 3 et 23 octobre, 7 novembre et 15 décembre 1712, 13 février, 29 mars et 7 mai 1713; une lettre de M. l'évêque du Puy, 29 décembre 1712; une lettre de M. de Saint-Maurice, 3 novembre 1712; des lettres du contrôleur général à MM. de Bâville et de Saint-Maurice, 10 et 25 novembre, 15 et 19 décembre 1711.

1170. *Le Contrôleur général à M. de Bernage, intendant à Amiens.*

31 Octobre 1711.

Fourniture des fourrages d'hiver et payement de cette fourniture.

M. Voysin a préféré la compagnie du sieur Castille, contrairement à l'opinion du contrôleur général, qui croyait plus avantageux d'accepter les offres du receveur général Boutin; mais il est important que les recouvrements se fassent par les receveurs des tailles, et non par des entrepreneurs*.

* Les effets du changement de munitionnaire furent fâcheux; M. de Bernage écrit, le 29 février 1712 : «.....Tous ceux qui ont eu affaire avec les vivres sont fort embarrassés..... Ce qui est de plus affligeant pour eux est qu'ils ne savent à qui s'adresser : les nouveaux commis ne veulent pas se charger des dettes de ceux qu'ils ont relevés; quand les particuliers vont à la compagnie des vivres, on ne les écoute pas, parce qu'ils n'ont que de simples reconnoissances des fournitures qu'ils ont faites, signées des commis qui ne sont plus dans l'emploi, et ceux mêmes qui y sont en sont quittes pour dire qu'ils ont rendu leur compte à la compagnie précédente : ce qui décrédite les munitionnaires à un point qu'ils ne trouveroient rien sans argent.....»

En marge d'une lettre du 28 mars 1712, où l'intendant dit que les entrepreneurs généraux se plaignent du manque de fonds, le contrôleur général répond que les entrepreneurs des vivres ont reçu tout ce qui leur était dû, que des sommes très importantes, 1,700,000# en espèces sur 3,050,000#, ont été délivrées à ceux des fourrages, et que le reste sera fourni de semaine en semaine.

Sur le transport des fourrages, voir une autre lettre du 29, avec apostille du contrôleur général.

Les 24 janvier, 8 et 20 février, 7 et 21 mars, 6 et 24 avril, 10 et 26 mai 1713, M. de Bernage envoie l'état des effets du munitionnaire dans les places de son département.

1171. *Le Contrôleur général à M. de Harlay, conseiller d'État.*

2 Novembre 1711.

«J'ai reçu les deux lettres que vous avez pris la peine de m'écrire les 27 et 31 du mois passé. La première contient plusieurs chefs, auxquels je vais répondre dans le même ordre que vous y avez suivi.

«Sur ce que vous expliquez, dans cette lettre, touchant la forme des jugements de votre commission, je croyois que M. Chauvelin vous auroit dit ma pensée, qui n'étoit point de donner atteinte au pouvoir de la commission, ni de donner à cette commission une forme différente des autres commissions du Conseil, et, lorsque j'ai proposé à M. Chauvelin d'expédier en forme d'arrêt du Conseil, sur l'avis de MM. les commissaires, les jugements dont il m'a communiqué les projets, c'étoit dans la seule vue de donner une plus grande autorité à ces jugements, et de les rendre moins sujets aux oppositions ou contestations qui pouvoient en retarder l'effet. Je me rends donc sans peine à votre avis sur ce sujet, et il dépendra de vous de faire expédier les jugements de votre commission dans la forme qui vous paroîtra la plus convenable pour leur exécution.

«J'écrirai à M. Lebret, comme vous le proposez, sur les assignations qui sont entre les mains des sieurs Carfeuil frères, et sur l'abus qu'il y a lieu de soupçonner dans ce qui se reçoit de pareilles assignations ou d'autres papiers en payement de la somme que la ville de Marseille doit financer au Roi pour le doublement des octrois. Je lui écrirai en même temps sur ce qui regarde la levée du dixième dans la même ville et sur l'attention qu'il doit donner à la conduite du trésorier et des autres personnes qui en sont chargées. Je vous renvoie la lettre de M. Lebret concernant l'administration des affaires de la ville de Marseille, et je pense, comme vous, qu'il faut connoître le mal dans toute son étendue avant de mettre en usage le remède qu'il propose.

«A l'égard des gratifications que le Roi a accordées sur votre avis aux sieurs Rigord, Billon, Fort et Philip, je conviens avec vous, qu'elles doivent être ordonnées par un arrêt du Conseil, et, si vous voulez bien prendre la peine de m'en envoyer le projet, je le signerai.

«La fin de cette première lettre et votre dernière du 31 octobre traitent la matière du mémoire présenté par les négociants de la ville de Marseille sur des ordres donnés en faveur de la compagnie d'Afrique, dont ils se plaignent. Je ne puis mieux répondre à ce que vous me marquez sur ce sujet qu'en vous envoyant une copie de la lettre que j'avois écrite dès le 30 octobre à M. de Pontchartrain, après avoir reçu les mêmes avis.»

1172. *M. d'Angervilliers, intendant en Dauphiné,*
au Contrôleur général.

2 Novembre 1711.

«Je crois devoir vous rendre compte qu'au mois de septembre dernier, et peu de jours après la retraite des ennemis de Savoie, le major de Chambéry fit arrêter le sieur de Montjoie, maître des comptes, comme il alloit à sa maison de campagne. Il a depuis été relâché par ordre de M. de Cilly, à condition de ne point sortir de la ville. On reproche à cet officier d'avoir fait les fonctions de subdélégué de l'intendant des ennemis pendant le temps qu'ils ont occupé le pays, et d'avoir agi avec beaucoup de vivacité pour faire vendre au profit de M. le duc de Savoie les sels et les tabacs qui ont été trouvés dans les bureaux. Le sieur de Montjoie s'excuse sur une lettre de cachet qu'il m'a montrée, de S. A. R., par laquelle elle lui ordonne d'exécuter les ordres qui lui seront donnés par l'intendant pour la subsistance de l'armée et le recouvrement des revenus du pays. Au surplus, il a donné des décharges en bonne forme aux commis de la ferme, et a signé des inventaires de tout ce qui a été pris.

«Il paroît que le sieur de Montjoie, étant revêtu d'une charge de maître des comptes, pouvoit bien se dispenser d'accepter une fonction aussi étrangère à son emploi que celle de subdélégué, qu'on dit qu'il a recherchée avec empressement : ce qui ne convient guère d'ailleurs à un homme qui a prêté serment de fidélité au Roi et qui reçoit de S. M. les appointements de sa charge. Il est certain qu'il s'est donné des soins si utiles pour S. A. R., que, pendant cinq semaines ou environ que ses troupes ont occupé le pays, il a été reçu à son profit, dans la ville de Chambéry ou les environs, 70,000# du produit de la vente des sels et des tabacs. Aussi le sieur de Montjoie est-il du métier : c'est un homme de bas lieu, qui a fait sa fortune dans les fermes de Savoie sous S. A. R.; il s'appeloit alors Anselme, et depuis il a acheté une charge de maître des comptes et une petite terre du domaine, qui a été, en même temps, décorée du titre de comté de Montjoie. Dans un autre temps que celui-ci, je vous proposerois de marquer au sieur de Montjoie le mécontentement de S. M. sur la manière dont il s'est comporté par une interdiction de sa charge et la privation de ses appointements pendant six mois; mais peut-être que, dans les circonstances présentes, S. M. jugera à propos de ne pas relever la conduite du sieur de Montjoie, et d'autant plus qu'il seroit à craindre que S. A. R. n'usât de représailles, après la reddition du pays, sur plusieurs gens qui nous servent depuis huit ans.

«Le sieur Jaillet, receveur des tailles de la province de Savoie, qui est aussi maître des comptes, a tenu une conduite à peu près semblable. Il a exigé la taille et la capitation, et a reçu tous les deniers de la ferme pendant le même temps; il m'en a donné un état, qui monte, pour la seule province de Savoie, à 92,000#, tant sur les impositions que sur les fermes. Il est à remarquer que le sieur Jaillet étoit saisi des quittances du sieur de Flacourt, receveur général, pour tous les termes échus de la taille et de la capitation de l'année courante, parce que ce fonds étoit donné au pays pour rembourser les grains que les peuples ont fournis pour les troupes du Roi pendant les deux dernières années. Il est vraisemblable que, si ce receveur avoit représenté à S. A. R. ou à son intendant que les peuples étoient quittes de leurs impositions au moyen de la compensation, qui étoit naturelle, et qu'il n'auroit tenu qu'à lui de consommer deux mois auparavant, on auroit pris le parti de ne rien demander aux communautés que par la voie d'une imposition nouvelle, qui n'auroit pas intéressé S. M. Ce que je trouve de plus ardent dans le sieur Jaillet, c'est qu'il a envoyé des billets d'avertissement dans les bureaux des fermes de Saint-Genis et autres le long du Rhône, aux commis des fermes, pour apporter leur argent à Chambéry. Ces bureaux sont éloignés de six ou sept lieues de Chambéry, et le camp des Échelles, que commandoit M. de Cilly, n'en étoit qu'à une demi-lieue. Les ennemis n'ont pas même fait de courses de ce côté-là. Les fermiers du Roi refusent, et avec raison, de tenir compte à ces commis des environs des Échelles de ce qu'ils ont payé au sieur Jaillet. Je viens déjà de le condamner, en son propre et privé nom, à restituer à un d'eux ce qu'il a exigé de lui. Je crois qu'il conviendroit d'interdire le sieur Jaillet des fonctions de maître des comptes pendant six mois, avec privation de ses gages. Je ne propose point de lui ôter sa charge de receveur, parce que je crains qu'il n'en arrivât quelque dérangement dans la recette, surtout dans ce commencement de quartier d'hiver. Je ne crois pas qu'à l'égard du sieur Jaillet, la crainte de la représaille doive arrêter, sa faute me paroissant beaucoup plus grave que celle du sieur de Montjoie, puisqu'on peut dire que le sieur Jaillet a abusé, en quelque façon, de l'ignorance où [étoient] les communautés sur la destination qui étoit faite pour leur propre remboursement de ce qu'elles redevoient sur leurs impositions.

«Il s'est passé quelque chose de plus considérable en Faucigny. Le sieur Roger de Fesson, qui possède un petit office de judicature dans le pays, prétend avoir été commis par l'intendant de Savoie pour être subdélégué. Il commença ses fonctions par chasser les commis des vivres qui étoient à la Bonneville, et s'emparer du magasin, où il mit une garde de bourgeois, et ordonna au commis de quitter incessamment son poste, où il avoit deux cents quintaux de grains. On prétend que cette manœuvre a été faite par le sieur de Fesson deux jours avant que les ennemis fussent à portée de ces pays-là. On ajoute qu'il a été de concert avec les nommés Bailly et Siord, qui ont fait la recette dans le Faucigny pour S. A. R. Ce qui est de certain, c'est que ces deux derniers, non seulement ont fait de grandes violences pour tirer de l'argent des peuples, mais encore qu'ils ont distribué, après la retraite des ennemis, plusieurs quittances au moyen des obligations qu'ils prenoient des communautés, passées en leurs noms. Le sieur de la Chaize, commissaire des guerres, en a saisi pour près de 6,000# qui étoient sur le point d'être délivrées, et il m'a, en même temps, rapporté beaucoup d'ordres signés du sieur Roger de Fesson pour contraindre, par l'envoi de quinze ou vingt grenadiers, les communautés au payement de leurs impositions. On l'accuse même d'être entré dans le complot de Bailly et de Siord pour les quittances données après coup. Bailly s'est sauvé à Genève; mais Siord est arrêté, aussi bien que le sieur de Fesson, qui est actuellement détenu dans le château de Chambéry. J'ai même des commencements de preuves qu'en 1709 une partie des sommes qui ont paru avoir été payées à S. A. R., et dont S. M. a tenu compte, n'ont été acquittées que longtemps après la retraite des ennemis, à Bailly, qui a donné des quittances à Genève, où il étoit retiré. Je me souviens bien que, dans ce temps-là, le sieur Siord agissoit auprès de moi et sollicitoit en faveur des communautés. Comme ces faits m'ont paru très graves, et que, s'ils sont prouvés, il sera vrai de dire que Bailly, Siord, et peut-être le sieur Roger de Fesson ont volé le Roi, M. le duc de Savoie et le public, je prends le parti, sous votre bon plaisir, d'envoyer sur les lieux le vice-bailli de Grésivaudan, pour en informer, et je vous rendrai compte de ce qui résultera des procédures.

«Je fais rassembler les états de tout ce que les ennemis ont pris dans les recettes ou dans la ferme; je vois, à vue de pays, que cela montera à plus de 400,000#. Je vous en instruirai incessamment plus en détail, afin que vous puissiez décider en connoissance si on doit tenir compte au pays de la partie qui concernera les impositions*.

«J'ai cru devoir rendre compte à M. Voysin de ce qui concerne les sieurs de Montjoie et Jaillet, parce qu'il s'agit de punir des officiers d'une compagnie supérieure dans une province de son département.»

* Sur cette question, voir les lettres précédentes des 16 et 20 octobre, et une réponse du contrôleur général, 29 octobre. Sur le payement des sommes qui restèrent dues après la guerre, voir les lettres des 27 mai, 14 juin et 28 juillet 1714, et 16 mai 1715.

1173. *Le Contrôleur général à M. de Caumartin de Boissy, maître des requêtes.*

3 Novembre 1711.

«J'ai différé, pendant quelques jours, de signer la lettre et le projet d'arrêt que vous m'avez envoyé concernant les statuts des marchands de bas de la ville de Nîmes, ayant fait la réflexion que j'ai faite sur l'effet que produiront la lettre et l'arrêt: ce qui m'a arrêté, car je suis persuadé que M. de Bâville ne sera pas content de voir qu'on ne suit point son avis, et qu'il pourra bien éluder l'exécution de l'arrêt et de la lettre par les raisons qu'il a expliquées, lesquelles je ne vous répète point, parce que vous en êtes pleinement instruit*. Et je vous avoue que je crois qu'il auroit été plus à propos de le laisser agir, que de vouloir le contraindre contre son sentiment, étant toujours dangereux de s'exposer à avoir quelque mouvement populaire dans une ville voisine des Cévennes, où les esprits ne sont que trop disposés à remuer. Je m'en remets néanmoins à la délibération du Conseil de commerce, et, si M. Daguesseau, à qui je vous prie d'en parler, persévère dans le même sentiment, en ce cas, il n'y a qu'à exécuter ce qui a été résolu.»

* Le 5 mai, M. de Bâville avait proposé d'accorder aux fabricants d'Alais les mêmes statuts qu'à ceux de Nîmes.

1174. *M. de Richebourg, intendant à Rouen, au Contrôleur général.*

11 Novembre 1711.

Payement de 12,000# restant dues par la Chambre de commerce de Rouen à M. Mesnager, son ancien député; examen des comptes des syndics de cette chambre*.

* En apostille: «Qu'il seroit nécessaire qu'il examine les sujets que l'on pourroit prendre, afin de choisir un sujet du caractère tel qu'il convient, savoir: un homme intelligent dans le commerce, qui ne fasse point le commerce en détail, et qui ait assez de politesse et qui sache assez bien vivre pour se conduire dans les assemblées qui se tiennent chez M. Daguesseau, et dans leurs assemblées particulières.»

Voir les lettres du contrôleur général à M. de Richebourg, 21 mars, et de celui-ci, 15 mars et 11 avril 1712. Les appointements du nouveau député furent réduits de moitié, et le reste de la somme employé aux dépenses de la Chambre; sur les indications de M. de Richebourg, le sieur le Baillif fut choisi. (Lettres de M. de Richebourg et du sieur le Baillif, et lettre anonyme, 25 mai.)

1175. *M. le Blanc, intendant en Flandre maritime, au Contrôleur général.*

12 Novembre et 7 Décembre 1711.

Importation et transport de Nicuport à Dunkerque, par les canaux, de vingt mille razières de charbon d'Angleterre nécessaires aux brasseries et raffineries*.

* M. de Bernières, intendant en Flandre, demande, le 21 février 1714, la suppression momentanée du droit d'entrée sur le charbon de Hainaut, afin de lutter contre le bas prix des charbons anglais et d'en rétablir le commerce à Condé.

Les 13 août et 22 décembre suivants, le contrôleur général écrit aux fermiers généraux qu'on a accordé à la compagnie du comte Douglas l'exemption des droits d'entrée pour le charbon de terre et le suif, et une modération pour le saumon salé, le chanvre et le plomb, à condition de réexporter l'équivalent de ces denrées, et que le sel acheté à Brouage pour saler les saumons peut servir d'équivalent.

1176. *Les Officiers du Parlement de Flandre* AU CONTRÔLEUR GÉNÉRAL.

15 Novembre 1711.

Ils demandent une déclaration qui les maintienne dans le privilège de noblesse au premier degré, quoique n'ayant pu payer la taxe de 24,000# qui leur avait été demandée en 1705 pour cette confirmation*.

* En apostille, de la main du contrôleur général : «Justifier qu'ils ont droit de jouir de la noblesse au premier degré.» Une première production de titres parut insuffisante; mais une seconde fut acceptée (19 décembre 1713).

1177. *M. Lebret, intendant en Provence*, AU CONTRÔLEUR GÉNÉRAL.

17 Novembre 1711.

Il propose d'approuver les dépenses faites par les consuls de Toulon pour envoyer des présents à la cour : dans les questions de cette nature, quand les présents sont destinés à des personnages de condition, on ne doit pas chercher uniquement l'économie*.

* La personne qui s'était chargée de faire parvenir à Paris ces présents, consistant en vin muscat, huile d'olive, gants et eau de fleur d'oranger, de payer tous les frais et de remplacer les bouteilles cassées et les marchandises détériorées, s'étant brouillée avec un des consuls, celui-ci voulait empêcher qu'on ne la payât, sous prétexte que les gants étaient de mauvaise qualité et qu'il y en avait de jaunes; ils avaient cependant été acceptés. (Lettre des maire et consuls-lieutenants de Roi de Toulon, 18 octobre 1711.)

1178. *Le sieur* CLAIRAMBAULT, *premier commis du secrétaire d'État de la maison du Roi*, AU CONTRÔLEUR GÉNÉRAL.

21 Novembre 1711.

«. . . . . Cette dépense n'est point une occasion de gratifier personne arbitrairement. Les sœurs de charité trouvant, dans leurs visites, de pauvres filles en danger par la fréquentation d'ouvriers, d'artisans, de journaliers, qu'elles ne peuvent épouser faute d'avoir un habit ou autre petit meuble, elles en font rapport à MM. les curés, et, sur leur certificat et quittance, elles emploient 30# pour chaque mariage. Comme ce secours n'est accordé qu'à de jeunes gens, il n'est pas inutile à l'État, puisqu'il lui fournit des sujets à bon marché, en empêchant beaucoup de désordres.»

Il demande la réassignation de deux ordonnances de 1,000# affectées à cette dépense de charité.

1179. *M. Lebret, intendant en Provence*, AU CONTRÔLEUR GÉNÉRAL.

22 Novembre 1711.

Rétablissement du commerce d'eau-de-vie que faisaient avant la guerre les Anglais et les Hollandais; création d'inspecteurs dans certains ports, pour empêcher les fraudes des Provençaux, qui ont jadis ruiné ce commerce.

1180. *M. d'Ormesson, intendant à Soissons*, AU CONTRÔLEUR GÉNÉRAL.

24 Novembre 1711.

Il recommande son parent M. d'Eaubonne, maître des requêtes, qu'il a formé lui-même, et qui pourra rendre de grands services comme intendant.

1181. *Le sieur* DE MONTARAN, *trésorier des États de Bretagne*, AU CONTRÔLEUR GÉNÉRAL.

26 Novembre 1711.

«. . . . . Le recouvrement du dixième ne fait que commencer à se mettre en mouvement dans la province, parce que les particuliers ont longtemps différé à fournir leurs déclarations, et presque tous les gens employés sur les rôles ont refusé de payer, dans l'espérance que les États s'abonneroient. Il ne faut pas encore se flatter qu'on puisse faire aucune diligence pendant des États : c'est un temps de liberté, et l'usage est de surseoir tous les recouvrements tant que dure l'assemblée, parce qu'il seroit fâcheux que le corps des États fût obligé de porter ses plaintes à MM. les commissaires du Roi des exécutions violentes qui se font contre les gentilshommes, et que ces procédures pourroient aliéner les esprits, qui se trouveroient moins disposés à faire ce qu'on leur demande*. . . . .»

* Le 10 juin 1712, le sieur Touille, commis au bureau du dixième à Rennes, demande qu'on accorde un délai pour faire les déclarations en retard sans encourir la peine du double.

Il dit : «Le plan qu'on se forme sur la vérification que l'on veut faire de ce que chaque particulier a déclaré avec ce qu'il possède véritablement, n'est pas d'une exécution fort facile. On prétend, pour y parvenir, que MM. les subdélégués, maires de ville et autres, travailleront jointement avec MM. les contrôleurs. Il faudra une grande précaution et une extrême délicatesse pour ne pas se laisser surprendre dans ces sortes d'opérations; la plupart de ces Messieurs, subdélégués et autres, pourront se porter à cette affaire par différents motifs, ou parce qu'ils appréhenderont de désobliger leurs parents ou amis, ou qu'ils appréhenderont de déplaire aux grands. Si vous jugiez à propos de faire donner un commis à chacun des contrôleurs, cela ne seroit pas d'un médiocre secours pour avancer les vérifications qu'on doit faire, et, si vous me jugiez digne de ce dernier emploi, je vous supplie de me croire, etc.»

Les gentilshommes persistant à refuser tout payement, et les huissiers n'osant plus porter les contraintes, M. Ferrand, intendant, demanda que M. le maréchal de Châteaurenault fît comparaître devant lui ceux qui donnaient le plus mauvais exemple. (Lettres de M. Ferrand, 10 août et 7 septembre 1712.)

1182. *M. de Bâville, intendant en Languedoc,*
au Contrôleur général.

26 Novembre 1711 et 3 Janvier 1712.

La province veut racheter la charge de procureur général dans toutes les commissions des commissaires du Roi aux États : elle offre un quart de moins que n'aurait payé un acquéreur; mais les gages de la charge seraient éteints, et d'ailleurs l'acquéreur qui est en vue ne présente que du papier pour le payement*.

* Accepté. — Sur l'emploi des fonds provenant de ce rachat, voir une lettre de M. le Rebours à M. de la Garde, 12 juillet 1712.

1183. *M. de Courson, intendant à Bordeaux,*
au Contrôleur général.

28 Novembre 1711.

Il envoie et approuve une lettre du marquis de Moneins, gouverneur du pays de Soule, relative à un emprunt destiné à couvrir les dépenses d'établissement et d'entretien de haras.

1184. *M. de Saint-Aulaire,*
lieutenant général en Limousin,
au Contrôleur général.

(De Saint-Bris, près Auxerre,) 28 Novembre 1711.

«J'ai annoncé à Messieurs d'Auxerre le refus de leur proposition, et ils en sont d'autant plus affligés, que la vexation des fermiers continue. Ils m'ont fait entendre qu'ils m'avoient destiné un beau présent, s'ils avoient réussi. J'aurois eu apparemment la noblesse de le refuser; mais j'aurois trouvé du plaisir dans ce refus. Vous pourriez m'en dédommager en accordant à un de mes amis la liberté de faire vers le Sud quelque nouvelle découverte. La grâce est considérable; mais c'est de celles-là qu'il vous convient de faire, au lieu que je puis seulement vous offrir quelques langues de Joigny et faire des vœux pour que vous puissiez bientôt jouir de quelques moments de repos.»

1185. *Le sieur de Montaran,*
trésorier des États de Bretagne,
au Contrôleur général.

28 Novembre, 1er et 8 Décembre 1711.

Création d'un greffier en chef des rôles des fouages en Bretagne.

Ouverture d'une loterie de rentes viagères.

1186. *M. d'Argenson, lieutenant général de police à Paris,*
au Contrôleur général.

29 Novembre 1711.

Il est d'avis que les maîtres privilégiés ne doivent pas être exemptés des impositions et droits dont leur corps de métier est frappé, et qui garantissent l'argent prêté au Roi.

1187. *M. de la Houssaye, intendant en Alsace,*
au Contrôleur général.

30 Novembre 1711.

M. le Laboureur, avocat général au Conseil supérieur, ayant consenti à la création projetée par M. de Corberon, premier président de ce Conseil, d'une seconde charge d'avocat général en faveur de son propre fils, M. de la Houssaye envoie le projet d'arrêt*.

* Voir une lettre de M. le Laboureur, 1er décembre, et les lettres de M. de Corberon, 1er, 5, 19 et 29 novembre, 1er et 17 décembre 1711, 7 et 31 janvier, 18 février, 2 et 3 mars, 15 et 24 mai 1712.

1188. *M. Turgot de Saint-Clair, intendant en Auvergne,*
au Contrôleur général.

30 Novembre 1711.

«Vous me faites l'honneur de me mander, par votre lettre du 24 de ce mois, que j'ordonne au commis chargé du recouvrement des augmentations de gages attribuées aux officiers des chancelleries de lever la garnison de chez le sieur Vachier de Beaurepaire, conseiller-garde des sceaux du présidial de Clermont. Avant que j'eusse reçu vos ordres, la garnison étoit levée sur la parole que le sieur de Beaurepaire me donna, il y a quelques jours, de faire un payement dans la quinzaine; mais je vous supplie de me marquer si c'est un ordre général que je dois suivre à l'égard de tous les officiers de chancellerie, ou si il y a une raison particulière pour cet officier*. Je vous avouerai qu'il n'a pas payé encore un sol de sa taxe, montant à 2,320# ou environ. Je ne sais même pas comment faire payer : les garnisons ne servent plus de rien; il a gardé la sienne un temps infini. Par exemple, je suis réduit à voir la taxe des aisés presque inutile à moins qu'on n'en vienne aux extrémités. Il y a, entre autres, un marchand de cette ville, et des plus accommodés, nommé Charbonnier, qui dit hautement qu'il ne la payera pas; il a souffert la garnison inutilement. Je l'ai fait mettre effective: il dit que cela ne servira de rien. Je la fais redoubler, non pas tant parce qu'il ne paye pas, que parce qu'on prétend qu'il détourne les autres de payer. Je fais de mon mieux pour accélérer ce recouvrement; mais, si on mollit, personne ne payera. Il n'y a pas un officier des présidiaux qui entre en payement d'aucune taxe. Je vous supplie de me prescrire la voie qu'il vous plaira que j'emploie pour venir à bout des taxes des officiers ou des Compagnies**.»

* Le 11 août précédent, le contrôleur général lui avait écrit de faire retirer une garnison mise chez le lieutenant général de Clermont, les traitants ne devant agir que par voie de saisie contre des personnes de cette classe.

Les 28 janvier et 5 février 1712, M. Daguesseau, procureur général au Parlement de Paris, se plaint que son substitut du bailliage de Montbrison a été traîné en prison, comme un malfaiteur, faute de pouvoir payer une taxe.

** En marge : «L'avertir qu'il sera contraint par les voies ordinaires. A l'égard des autres, il peut user des voies qu'il jugera convenables.» Voir une lettre du sieur Vachier de Beaurepaire, du 13 du même mois.

Le 17 novembre 1713, M. de Bernières, intendant en Flandre, écrit également que les gens commis aux affaires extraordinaires ont fait entre eux une ligue pour ne point payer, et sont soutenus par un conseiller au Conseil provincial, qu'il faudrait punir sévèrement.

Le 12 mars 1713, le contrôleur général écrit à MM. d'Angervilliers, intendant en Dauphiné, Lebret, en Provence, et Roujault, à Rouen, qu'il faut contraindre au payement immédiat les anciens secrétaires près les Cours qui n'ont pas encore pris d'augmentations de gages.

1189. *M.* DE BÂVILLE, *intendant en Languedoc*, AU CONTRÔLEUR GÉNÉRAL.

1er Décembre 1711.

Il annonce que des désordres se sont produits à l'occasion du recouvrement des deniers du Roi; le principal coupable a été amené à Montpellier, parce que ces sortes d'affaires ne sont jamais suivies à Toulouse*.

* Voir, touchant d'autres actes de rébellion survenus à propos de recouvrements, les lettres de M. Méliand, intendant à Lyon, 3 octobre 1711 et 26 décembre 1713, et du contrôleur général à cet intendant, 8 juin et 15 août 1714, et au Chancelier, 8 juin; de M. Chauvelin, intendant à Tours, 21 avril et 24 août 1711, et 19 août 1712; de M. d'Eaubonne, intendant à Soissons, 7 mars 1714.

1190. *Le sieur* THIROUX, *fermier général en Languedoc*, AU CONTRÔLEUR GÉNÉRAL.

1er Décembre 1711.

Établissement du mesurage à la trémie dans tout le bas Languedoc; ses bons effets*.

* Le 22 février suivant, M. de Bâville, intendant en Languedoc, écrit : «Avant la déclaration qui établit l'usage de la trémie, les propriétaires des salins de Peccais se plaignoient de ce que, le règlement des gabelles de 1599 ayant fixé le minot au poids de six-vingts livres poids de table, elle avoit tellement augmenté, qu'elle étoit alors vendue jusqu'à cent soixante-onze livres. Cet abus venoit de deux causes : la première, de ce qu'on mettoit grain sur bord; et la seconde, de ce que les palayeurs forçoient le sel dans le minot d'une manière excessive. Vous me renvoyâtes alors cette plainte, et ce fut dans ce temps, et le 30 juin 1699, que je donnai mon avis d'introduire la trémie et de régler le minot à cent quarante livres poids de marc, en fixant ce qu'on appelle la *bonne mesure* à vingt livres. Comme l'on n'étoit point encore déterminé à l'établissement de la trémie, on se contenta de donner l'arrêt du 4 août 1699, qui ordonne que le minot sera rasé sans laisser grain sur bord. Les propriétaires paroissoient alors contents d'avoir gagné cet article; mais, la déclaration du 9 juin 1711, qui établit la trémie et fixe la bonne mesure à cent quarante livres, ayant été rendue, les propriétaires reviennent présentement à demander l'exécution du règlement de 1599, que la mesure du minot soit de cent vingt livres poids de table, et, en un mot, qu'il n'y ait plus de *bonne mesure*, qui n'a été, disent-ils, introduite que par abus et une possession toujours interrompue par les plaintes qu'ils en ont faites. Ils prétendent même qu'ayant obtenu par arrêt qu'on ne mettroit plus grain sur bord, le minot ne pèseroit pas maintenant cent quarante livres, quand même l'usage continueroit de mesurer à *volte volon* et *pelles renversées*, comme il étoit auparavant l'usage de la trémie. Je leur ai représenté que ce raisonnement n'étoit pas bon, parce que, si, en 1699, je pris l'avis de régler le minot à cent quarante livres, c'étoit par rapport à l'usage qui étoit alors établi, soit du grain sur bord, soit de la manière d'entasser le sel; que je croyois avoir fait leur condition bonne eu égard à la possession où le fermier étoit. Pour examiner néanmoins ce fait, j'ai été au grenier et j'ai fait mesurer devant moi un minot, par un palayeur de Peccais, comme auparavant l'usage de la trémie, ce que j'avois déjà fait en 1699, et j'ai trouvé que le minot, sans mettre grain sur bord, pèse cent quarante-deux livres, et qu'ainsi le fait avancé par les propriétaires n'est pas véritable. Cette affaire se réduit uniquement à savoir s'il convient d'abolir entièrement la bonne mesure introduite par l'usage et la possession contre les termes du règlement de 1599. Si cette affaire étoit examinée par rapport à l'état où elle étoit lorsque j'ai donné mon avis, certainement la condition des propriétaires étoit devenue bien meilleure qu'elle n'étoit avant l'établissement de la trémie, puisque le minot pesoit souvent cent soixante et onze livres, et qu'il est réglé à cent quarante. Un des principaux motifs qui me détermina à cette mesure est une transaction que les propriétaires des salins de Peyriac ont faite avec le fermier, qui règle le minot à pareille quantité de cent quarante livres, le 25 février 1698. Il semble que la loi doit être égale pour tous les salins, et que, d'ailleurs, je ne vois point que le règlement de 1599 ait jamais été exécuté pour cet article, comme il ne l'a pas été pour plusieurs autres, notamment pour le prix du sel. Il est vrai que, si l'on veut avoir égard au règlement de 1599, et si le Conseil juge qu'il doit être exécuté à la rigueur, les propriétaires sont maintenant en quelque sorte de souffrance, puisqu'il en coûte vingt livres au delà du règlement. Il s'agit donc de savoir si l'on veut abolir la bonne mesure introduite par l'usage et la possession; c'est un intérêt qui est de 7,084# par an sur treize cent soixante-huit gros muids à quoi les trois dernières années, par année commune, ont été estimées que les propriétaires recevroient de plus.» En apostille : «Rien à faire; continuer comme par le passé.»

Le 9 juin, M. de Bâville combat une demande d'augmentation présentée par les raseurs et palayeurs, dont le travail, dit-il, est facilité et abrégé par l'emploi de la trémie, et qui n'accepteraient certainement pas le remboursement de leurs offices que proposent les fermiers généraux.

1191. *M. le maréchal* DE VILLEROY, *gouverneur de Lyon*, AU CONTRÔLEUR GÉNÉRAL.

4 Décembre 1711.

«Ne pouvant avoir l'honneur de vous voir avant mon départ pour Beaumont, nos plénipotentiaires étant prêts à partir d'un moment à l'autre, permettez-moi de vous représenter les intérêts de la ville de Lyon par rapport à son commerce. M. Anisson se trouva hier à une conférence tenue chez M. Daguesseau, où étoient M. Mesnager et le député de Bordeaux. On y agita fort le commerce de Lyon avec l'Angleterre, et celui des quatre provinces de Dauphiné, Languedoc, Provence et Lyonnois. Il y a déjà quelque temps qu'Anisson a eu l'honneur de vous envoyer un mémoire, par votre ordre, par rapport à ce commerce. Il seroit très nécessaire que vous eussiez la bonté de dire ou de faire savoir à M. Mesnager qu'il donne le loisir à M. Anisson de s'expliquer avec lui concernant ce commerce, car M. Mesnager n'est pas si bien instruit du commerce des ports du Levant qu'il l'est de celui du Ponant. Personne ne connoît si bien que vous l'importance dont il est de soutenir le commerce, qui est la plus grande ressource que vous puissiez avoir pour rétablir la France. Je reviendrai le plus tôt qu'il me sera possible, et je vous assure que l'envie que j'ai d'être de retour n'est uniquement que pour avoir l'honneur de vous voir et de vous entretenir.»

1192. *M. de Bernières, intendant en Flandre,*
au Contrôleur général.

8 Décembre 1711.

Il approuve un projet de règlement pour les acquits et passavants que les marchands, conducteurs et voituriers sont obligés de prendre.

1193. *M. le Guerchois, intendant en Franche-Comté,*
au Contrôleur général.

11 Décembre 1711.

Trois prisonniers détenus à Saint-Claude sont des faux-sauniers à porte-col, qui, faute de pouvoir payer l'amende, ont été condamnés au fouet et à la marque G*. Le plus âgé n'a pas vingt ans : ils ne doivent donc pas être des chefs de bande. Un quatrième prisonnier n'a point commis non plus de crime capital. Ainsi, on peut les donner au capitaine du régiment de Champagne qui les demande; mais il devra payer les frais de nourriture et de geôlage**.

* Sur la conversion des peines pécuniaires en peines afflictives, voir une lettre de M. le Franc, premier président de la Cour des aides de Montauban, 8 juillet 1713.

** Voir la lettre du capitaine, 2 décembre.

Le 5 juillet 1712, M. Méliand, intendant à Lyon, se justifie d'avoir engagé quatre faux-sauniers dans le régiment de Lyonnais, très éprouvé par les désertions. Ces faux-sauniers étaient depuis quatre mois dans les prisons de Montbrison sans qu'on se mît en peine de faire leur procès.

Le sieur du Ruau-Pallu écrivait, de Bourges, le 11 février 1711, qu'en délivrant les faux-sauniers aux régiments, l'intendant n'avait pas pris, comme l'exigeait le règlement, une soumission de l'officier à qui on les remettait de ne point leur donner de congé, ou de payer l'amende à laquelle ils avaient été condamnés, et, en cas de désertion, d'en donner avis au directeur du lieu où ils avaient été pris.

M. Laugeois d'Hymbercourt écrit, de Soissons, le 11 avril 1713 : «J'ai l'honneur de vous envoyer une copie du jugement en dernier ressort que je rendis hier avec le présidial de cette ville contre un cavalier du régiment Royal-Piémont et cinq du régiment de Bourbon. Vous verres par ce jugement qu'il y en a un condamné aux galères pour neuf ans, et trois autres à perpétuité. Ce sont de beaux hommes, qui n'ont jamais été réprimandés dans leurs régiments, qui ne portoient du sel que sur leur dos lorsqu'ils ont été arrêtés, et contre lesquels il n'y a point de preuves qu'ils en aient jamais débité. Leur physionomie même ouverte ne fait pas présumer désavantageusement d'eux. Quatre mois d'une dure prison, la peur d'un jugement encore plus sévère contre quelqu'uns d'eux que n'a été celui que nous avons cru devoir rendre, pourront peut-être vous déterminer à leur procurer leur grâce en les obligeant de servir, soit dans le même régiment, soit dans tel autre qu'il vous plaira d'ordonner.» Ils furent graciés à condition de servir à perpétuité comme soldats, et on les réintégra dans leurs compagnies : lettres des 3 et 21 mai.

Voir aussi, sur l'engagement de faux-sauniers dans les troupes, les lettres du contrôleur général à MM. Voysin, secrétaire d'État de la guerre, de Harouys, intendant en Champagne, et Foullé de Martangis, en Berry, 7 février 1711, et à M. de la Vrillière, secrétaire d'État, 8 mars 1711; de M. de Pontchartrain, secrétaire d'État de la marine, 15 mars 1713; de M. de Bernage, intendant à Amiens, 16 mars et 12 août 1711; de M. Foullé de Martangis, 30 janvier, 18 et 26 février, 7 et 9 mars, et 1er mai 1711, 27 mars 1713, et du sieur de la Vienne, directeur des gabelles au département de Berry, 9 avril, 18 mai et 24 septembre 1712, et 18 avril 1713; de M. Ferrand, intendant en Bretagne, 6 mars, et du capitaine de Bonamour, 4 février 1711; de M. Turgot, intendant à Moulins, 8 mars, du sieur Destureaux, directeur des gabelles au département, 25 février et 11 novembre, et du grenetier de Château-Chinon, 10 mai; de M. Laugeois d'Hymbercourt, intendant à Soissons, 10 novembre 1713; de M. Chauvelin, intendant à Tours, 4 octobre 1712, du fermier général le Chat de Boiscorbon, 29 juin, et du sieur Vantelon, contrôleur général des fermes en Touraine et Poitou, à Châtellerault, 22 janvier 1713.

1194. *M. de Courson, intendant à Bordeaux,*
au Contrôleur général.

15 Décembre 1711.

«Les pluies continuelles qu'il fait depuis quelque temps m'avoient empêché d'aller plus tôt en Périgord achever les départements; j'en suis revenu depuis deux jours, et je crois n'avoir jamais fait un voyage si utile pour le service du Roi. Le dixième est assez bien établi dans toutes les paroisses, et se lève autant que la misère du pays le peut permettre; mais il n'en étoit pas de même de la noblesse : plusieurs s'étoient imaginé qu'ils n'en devoient rien payer, et ils s'étoient assemblés pour vous faire une députation, prétendant qu'en Saintonge et en Limousin on ne l'exigeoit pas. Le principal mobile de tout cela étoit un gentilhomme appelé M. de la Coste, qui s'étoit donné beaucoup de mouvement, et avoit déjà gagné plusieurs gentilshommes. Il vouloit mettre dans son parti deux des principaux et des plus accrédités du pays; l'un est M. de Fayol, et l'autre, M. de Marquessac, frère de M. de Brussac, aide-major des gardes du corps, tous deux gens de mérite et de distinction, fort affectionnés au service du Roi. Ils représentèrent tous deux tout ce qu'ils devoient sur cela, et leurs remontrances firent échouer le dessein qu'ils avoient de s'assembler. Comme j'ai été d'abord informé de tout ce qui se passoit, quoique les chemins fussent presque impraticables, je ne crus pas devoir perdre un moment pour aller à Périgueux. Depuis que je suis ici, toute la noblesse du pays n'a pas manqué de venir à Périgueux dès que j'y suis. J'en trouvai plusieurs prêts à faire tout ce qui dépendoit d'eux pour le service du Roi; mais la plus grande partie des esprits étoient fort échauffés. Je crus que rien ne convenoit mieux au service du Roi que de leur faire entendre raison et de les ramener par la douceur. Ils ont tous assez de confiance et d'amitié pour moi. Je n'eus pas de peine à gagner les principaux, et, entre autres, M. de Marquessac, qui m'a fort aidé, et je ne suis parti de Périgueux qu'après les avoir fait convenir qu'ils n'avoient pas sujet de se plaindre, et après m'être assuré qu'ils payeroient tout ce qu'on leur demande pour leur dixième. J'ai même plus fait : il y avoit longtemps que les recouvrements ne se faisoient point; ils devoient tous plusieurs années d'arrérages de leur capitation. Je crus devoir profiter de la bonne volonté qu'ils me témoignoient pour leur faire payer les arrérages qu'ils devoient; je leur dis que vous m'aviez ordonné de vous rendre compte de tous ceux qui devoient des arrérages de capitation. Je leur en fis craindre les conséquences, et je me fis un mérite auprès d'eux d'être venu à Périgueux pour les engager à prévenir le mal qui leur en arriveroit. Comme ils étoient disposés à croire ce que je leur disois, la plus grande partie a payé tous les arrérages qui étoient dus, ou ont pris des termes et des arrangements pour en assurer le payement. Je ne me flattois pas de pouvoir aussi bien réussir. Comme tous les gentilshommes de Périgord sont presque toujours ensemble, ils sont tous fort unis; je suis persuadé qu'il n'y aura point de pays où les recouvrements se fassent mieux à l'avenir que dans ce pays-là. Il étoit nécessaire que cela se tournât comme cela a fait, car il commençoit à se répandre un bruit dans tout le reste de la généralité que la noblesse du Périgord se feroit exempter de payer le dixième, ce qui arrêtoit en ce pays-ci les recouvrements, et il n'y en a eu que cinq ou six qui n'ont osé paroître, voyant que j'avois gagné tous les autres, et entre autres M. de la Coste. Il seroit absolument nécessaire de faire sur lui un exemple, ou qu'il parût du moins un ordre du Roi pour l'envoyer quelque part, pour lui en faire la peur, et pour qu'il crût m'avoir l'obligation, s'il n'étoit pas exécuté*. »

* Le 19, il écrit encore, au sujet de la capitation de la noblesse de Périgueux : « ... Plusieurs particuliers de la ville auroient payé..., s'ils n'en avoient été empêchés par le sieur Gardonne, conseiller au sénéchal, qui disoit hautement dans toutes les rues qu'il falloit faire sonner le tocsin sur les garnisons qu'on envoieroit, et que, si les peuples et la noblesse en usoient comme on faisoit autrefois dans ce pays-là, on ne leur demanderoit rien. Il reprocha même à deux gentilshommes qu'ils dégénéroient de la vertu de leurs pères, qui avoient été fort opposés aux intérêts du Roi dans le temps des guerres civiles..... La ville de Périgueux est en possession de n'exécuter aucun des ordres qu'on lui envoie : de toutes les impositions extraordinaires qui ont été ordonnées depuis sept ou huit ans, ils n'en ont fait aucune, et ils ne faisoient ni rôle de capitation, ni d'ustensile, hors depuis un an..... Il faudroit un exemple qui pût les désabuser de l'esprit d'indépendance..... »

Le contrôleur général répond en apostille : « Bon. Un billet à M. de la Vrillière pour expédier l'ordre d'arrêter le sieur Gardonne et le conduire au château de Lourdes..... » Le 19 janvier 1712, M. de Courson écrit que, les ordres du Roi ayant produit un excellent effet, même avant d'être exécutés, il n'a pas jugé nécessaire de procéder. — Approuvé.

Voir, touchant une prétendue cote de 4,000# demandée à la comtesse de Ribérac d'Aydie, une lettre de M. de Courson, 21 juin 1712.

Sur les violences que commettaient certains gentilshommes auxquels on réclamait leur capitation, voir les lettres de MM. de Bâville, intendant en Languedoc, 6 juillet; Roujault et de Richebourg, à Poitiers, 30 mars 1712, 6 mai 1714, 24 juillet et 14 août 1715; de Nointel, en Auvergne, 9 août 1715.

Dans la généralité de Moulins, le recouvrement se trouvant arrêté parce qu'un gentilhomme avait écrit de Paris qu'on ne songeait plus aux restes des tailles de 1709, ni même au dixième, l'intendant obtint permission d'employer des cavaliers, mais en réglementant leur payement. (Lettres de M. Turgot, 18 décembre 1711 et 16 mars 1713.)

En Picardie, dans l'élection de Doullens, où les gentilshommes s'obstinaient à ne pas payer, le contrôleur général ordonna de ne procéder par voie militaire que très prudemment, après avoir fait connaître les noms de ceux qui refusaient de s'acquitter quoique riches, et de distinguer ceux qui excitaient les autres à la résistance. (Lettres de M. de Bernage, intendant à Amiens, 15 février et 3 septembre 1712.)

En 1713, plusieurs gentilshommes de la généralité de la Rochelle se refusèrent à payer dixième et capitation, maltraitèrent les huissiers, et donnèrent asile aux collecteurs chargés de contraintes ou aux meubles des contribuables contre qui les contraintes étaient lancées; mais, sur la menace d'être appelés par lettres de cachet à la suite du Conseil, ils se soumirent. (Lettres de M. de Beauharnais, intendant, 14 janvier et 8 avril 1713; réponse du contrôleur général, 20 janvier.)

Voir aussi, à la date du 2 avril 1715, l'approbation donnée au traité passé par les élus généraux des États de Bourgogne avec les commissaires députés pour la répartition de la capitation de la noblesse de cette province.

En réponse à une lettre de M. Guynet, intendant à Caen, 25 février 1715, le contrôleur général écrit que l'exemption de la capitation de la noblesse accordée à l'ordre de Malte ne doit comprendre que les biens de l'ordre, et non ceux que possèdent les chevaliers novices par héritage ou par succession naturelle.

1195. *M. de Courson, intendant à Bordeaux,* au Contrôleur général.

15 Décembre 1711.

Abonnement des Portugais du Bourg-Saint-Esprit pour l'acquisition des rentes attribuées aux étrangers. Ils offrent de donner en payement ce qui leur est dû pour des prêts d'argent faits au Roi et les bénéfices qui leur reviennent sur les piastres importées et converties*.

* Voir les lettres de M. de Beauharnais, intendant à la Rochelle, 23 avril et 12 juillet 1712, et celle du juge des traites de cette ville, 11 juin, sur le payement de la taxe de ce dernier pour les rentes étrangères destinées à sa femme, Hollandaise d'origine.

Le 14 février 1715, M. de Torcy, secrétaire d'État, transmet une demande d'exemption de la taxe des deux cinquièmes sur des rentes de l'hôtel de ville. Le contrôleur général répond, le 7 mars, qu'une concession de ce genre ne permettrait plus de repousser les demandes, tout aussi spécieuses, des autres étrangers.

1196. *M. de Courson, intendant à Bordeaux,*
au Contrôleur général.

15 et 19 Décembre 1711; 16 Janvier, 20 Février, 2 Avril, 18 Mai, 28 Juin, 16 Août, 4 et 5 Octobre, 6 Novembre 1712; 18 Février, 4 Mars et 22 Juillet 1713; 27 Octobre 1714.

Arrestations et jugements de faux-monnayeurs*.

* Voir les lettres de M. de Ségonzac, conseiller à la Cour des monnaies, chargé de la procédure, 28 juillet 1712, 18 février et 14 mars 1718, et de M. Ducluzel de la Chabrerie, subdélégué de l'intendant, 6 octobre 1712.

Le jugement des faux-monnayeurs du pays de Labour fut confié au Parlement de Béarn, malgré les prétentions de celui de Bordeaux : lettres de M. de Casaus, procureur général à Pau, 6 février 1712; de M. du Vigier, procureur général à Bordeaux, 30 juillet, 24 septembre, 1er octobre et 12 novembre 1712, 23 septembre et 5 décembre 1713, 27 mars 1714, et de M. de Harlay de Cély, intendant en Béarn, 8 août, 4, 8, 11, 19 et 28 septembre, 17 octobre, 15 et 30 décembre 1713, 27 mars, 7 avril, 19 mai et 18 juin 1714, 7 et 22 janvier, 1er juin et 9 juillet 1715.

M. de Courson eut encore à juger en 1715 (lettres du 23 juillet et du 24 août) des faux-monnayeurs du pays de Soule et de Marmande.

1197. *M. Ferrand, intendant en Bretagne,*
au Contrôleur général.

19 Décembre 1711.

Une compagnie offre de prendre les fermes des États à 400,000# au-dessous du projet. Si une autre est en état de mieux faire, elle peut envoyer son député, et, au cas où il proposerait effectivement des conditions meilleures, on lui payera son voyage*; mais il ne faudrait pas que la compagnie qui se présente agît par complaisance, pour provoquer des enchères**.

* En apostille, de la main du contrôleur général : «Il faut communiquer cette lettre à M. Maynon, et savoir si la compagnie dont il a parlé persiste à prendre les fermes des devoirs et des entrées, ou si elle ne veut se charger que des devoirs. En cas qu'elle persiste, il faut envoyer quelqu'un des associés, avec une procuration.»

** En apostille : «Il n'y a aucune complaisance, et on n'a point recherché cette compagnie pour faire des enchères.»

La ferme des devoirs et l'aliénation du droit de jaugeage furent adjugées à la compagnie de Paris pour 4,200,000# en temps de guerre, et 1,000,000# de plus en temps de paix : lettres de M. Ferrand, 9 et 12 janvier 1712; de M. l'évêque de Saint-Malo, 9 janvier; des sieurs Chalmette et Adine, adjudicataires, et du sieur de Villemaré, ancien fermier, 12 janvier. Voir aussi une lettre de M. Ferrand, du 11 septembre suivant, sur les récriminations d'un des anciens fermiers contre le pacte conclu entre ses associés et les nouveaux fermiers.

Le contrôleur général écrit à M. Ferrand, le 4 novembre 1713, qu'il ne peut admettre la prétention des États de Bretagne de résilier la ferme des nouveaux droits de courtiers-gourmets-commissionnaires, du droit annuel et du jaugeage. Les fermiers, qui ont pris la ferme des devoirs à un taux plus élevé que celui qu'offraient leurs concurrents, ne s'en sont chargés que parce qu'ils croyaient exploiter en même temps ces autres droits.

1198. *Le Contrôleur général*
à MM. Hosdier et Delafons,
premier président et procureur général
en la Cour des monnaies de Paris.

22 Décembre 1711.

«On ne peut douter que les affaires de monnoies ne soient des plus importantes de toutes celles qui regardent les finances, et il semble, par cette raison, qu'on auroit dû travailler à rassembler et à recueillir dans une ordonnance la disposition des différents règlements qui ont été rendus sur cette matière, comme on a fait à l'égard des fermes, des eaux et forêts, et de plusieurs autres natures d'affaires. Mais, comme cela n'a point encore été exécuté jusques à présent, le Roi a jugé à propos d'y faire travailler, et S. M. a, pour cet effet, choisi pour commissaires M. de Nointel, conseiller d'État, vous, M. Robethon, avocat général, et MM. de Mareuil, Colin et de Ségonzac, conseillers de la Cour des monnoies, avec le sieur Grassin, trésorier général des monnoies. L'intention de S. M. est que vous preniez, avec M. de Nointel, les mesures convenables pour former vos assemblées et avancer autant qu'il sera possible un ouvrage si nécessaire, et le mettre en état de recevoir sa perfection. S. M. est persuadée que vous y apporterez le même zèle et la même attention que vous avez fait paroître en tant d'autres occasions pour ce qui concerne son service et le bien public*.»

* Le 10 août 1712, il soumet à l'examen de M. Daguesseau, procureur général au Parlement de Paris, le projet des trois premiers titres du règlement rédigé par les commissaires, et relatif à la juridiction privative ou concurrente des officiers et des conseillers des Cours des monnaies, avec la disposition des règlements qui sont le fondement de ce projet. Voir encore une lettre du 12 avril 1713.

1199. *Le Contrôleur général*
à M. de Bernières, intendant en Flandre.

23 Décembre 1711.

«Dans le temps que je reçus hier votre lettre du 20 de ce mois, j'allois chez le Roi, où nous nous trouvâmes, M. Voysin et moi. Je la lus à S. M., qui parut surprise de la difficulté que font les Magistrats de Lille au sujet de la compensation des 10,000# dues pour la capitation de la noblesse. En effet, on ne voit pas bien par quelle raison ils en font difficulté; car il n'est pas question de savoir s'ils pourront faire le recouvrement sur la noblesse, mais bien de recevoir en payement des dettes de Lille tout ce qui peut être dû au Roi dans la ville et dans les châtellenies. M. Voysin me dit qu'on n'avoit point exigé la contribution depuis trois ans parce qu'on la destinoit pour faire une compensation et acquitter les dettes de Lille. Il semble que ce qui sera dû de la contribution, joint au payement qui a été fait des billets de M. de Boufflers et aux 200,000# que j'ai fait garder pour achever le payement de ce qui reste de ses billets, avancera fort l'acquittement des dettes de Lille, pour peu que les députés y apportent de facilité.....»

1200. *M. Chamillart, ancien contrôleur général,*
au Contrôleur général.

(Lettres communes, G7 581.)

(De Paris,) 26 Décembre 1711.

«Nous sommes dans un temps qui autorise des demandes propres à vous faire faire de bonnes œuvres; vous en aurez tout le mérite devant Dieu, et moi toute la gloire dans mon pays. Je suis voisin d'une communauté de filles qui a beaucoup souffert du grand hiver, et encore davantage de la tempête du 10 de ce mois. Elle est dans l'impossibilité de fournir à la dépense nécessaire pour rétablir ses métairies et ses murs de clôture, si elle n'est aidée. Je vous demande la charité pour elle; une somme de 3 ou 4,000# suffira. Je sais que, dans les temps que l'on faisoit des traités, il eût été facile de trouver ce secours. Si vous voulez charger M. le Rebours de chercher et de vous indiquer quelque fonds sans qu'il en coûte rien au Roi, je suis persuadé qu'il s'y emploiera volontiers, et on priera de bon cœur pour vous.

«Autre œuvre de charité. Vous avez un très bon sujet, qui s'appelle la Crochinière. Il est inspecteur général des fermes dans la généralité de Tours. Ses incommodités l'ont empêché de faire sa dernière tournée; il est tellement attaqué de la gravelle, que, si son mal continue, il n'a d'autre parti à prendre que de souffrir et se défaire de son emploi. La grâce que je vous demande pour lui, c'est de le dispenser pour cette année de rapporter un certificat de visite, et d'ordonner le payement de ses gages. Si je n'avois pas été moi-même témoin de son état, je me donnerois bien de garde de vous parler en sa faveur : je connois trop la conséquence dont il est de se relâcher sur la nécessité d'un pareil service, et je m'aperçois que mes importunités deviennent trop fréquentes. Vous les autorisez par vos manières obligeantes, dont je ferai en sorte de ne pas abuser. Je suis, avec beaucoup de vérité et d'attachement, votre très humble et très obéissant serviteur.»

1201. *M. Roujault, intendant à Poitiers,*
au Contrôleur général.

28 Décembre 1711.

Il propose de rembourser l'office de maire de la ville de Niort et de revenir à l'ancienne administration, composée de soixante-quinze bourgeois, vingt-quatre échevins, dont douze conseillers de ville, et un maire élu chaque année par le sénéchal ou par le lieutenant général, sur présentation de trois sujets par la ville.

1202. *M. Turgot de Saint-Clair, intendant en Auvergne,*
au Contrôleur général.

1er Janvier 1712.

«Le sieur d'Arches, président au présidial d'Aurillac, qui étoit à la suite du Conseil par ordre du Roi, est revenu à Aurillac.. Je vous supplie de me faire savoir si c'est par votre permission*.»

* En apostille : «Le sieur d'Arches a été ici assez longtemps, et, sur les assurances qu'il a données de tenir à l'avenir une conduite exempte de tout reproche, le Roi a jugé à propos de le renvoyer.»

Le 30 janvier 1712, le contrôleur général écrit à M. Rosé, procureur général en la Cour des aides de Paris, au sujet du procureur du Roi au grenier à sel de Nogent, qu'on aurait fait venir à la suite du Conseil, s'il était officier en titre; mais, n'étant que commissionné, tout ce qu'on peut faire est de le prévenir qu'il sera révoqué, s'il continue à mal remplir son emploi.

Le 18 novembre 1712, il écrit à M. Chauvelin, intendant à Tours, de faire arrêter et emprisonner le sieur de la Bonnelière, qui, appelé à la suite du Conseil, ne s'y est pas rendu.

1203. *M. de Bernage, intendant à Amiens,*
au Contrôleur général.

2 Janvier 1712.

«Les ennemis n'ayant eu d'autre prétexte pour la détention du bailliage de Lillers que le poste qu'ils ont établi à Lillers, il ne leur doit plus rester aucune prétention sur ce bailliage depuis que M. le marquis de Goësbriant a enlevé et détruit ce poste. C'est pourquoi j'ai fait signifier aux receveurs des impositions et aux fermiers des droits dans ce bailliage une ordonnance que j'ai rendue, par laquelle je leur enjoins de venir rendre compte de leurs recettes et produits des fermes à l'hôtel des États d'Artois, à Arras, et j'ai fait établir à Lillers une brigade des fermes du Roi, qui y exerce ses fonctions : de manière que ce bailliage est regardé présentement comme s'il étoit rentré sous la domination du Roi. Je n'ai point encore d'avis que les ennemis y forment aucune opposition.»

1204. *Le Contrôleur général*
à la compagnie des Notaires au Châtelet de Paris.

4 Janvier 1712.

«Sur ce qui me fut rapporté, à la fin du mois dernier, que plusieurs particuliers se trouvoient hors d'état de profiter des facilités que le Roi a bien voulu accorder aux acquéreurs des rentes de la nouvelle tontine, attendu qu'ils n'avoient ni billets de monnoie, ni billets à cinq ans, je fis savoir au Trésor royal que l'on pouvoit recevoir, pour la portion de billets permise pour l'acquisition de ces rentes, toutes les différentes natures de papiers qui se reçoivent en rentes au denier vingt depuis le mois d'octobre 1710. J'ai appris que la chose vous avoit été mal expliquée, et que l'on avoit confondu mal à propos les promesses de la Caisse des emprunts avec d'autres effets qui n'ont pas, à beaucoup près, le même crédit dans le commerce, et qui doivent en effet être regardés différemment, ces promesses procédant d'un fonds confié aux fermiers généraux de S. M., dont la valeur sera acquittée en deniers comptants conformément à la déclaration du 20 décembre 1710. Comme il est à craindre que cette inadvertance ne cause quelque préjudice au crédit de ces promesses, j'ai jugé qu'il étoit à propos de vous faire savoir moi-même l'intention de S. M. à cet égard, qui est que l'on reçoive au Trésor royal, pendant le présent mois de janvier et le mois de février prochain, pour acquisition des rentes de la tontine, les billets de monnoie, les billets à cinq ans, et toutes les autres sortes de papiers qu'on y reçoit actuellement pour rentes au denier vingt, mais sans aucune application aux promesses de la Caisse des emprunts, à condition, par les acquéreurs, de fournir les portions de deniers comptants ainsi qu'elles sont réglées par l'arrêt du Conseil du 30 novembre dernier*.»

* Les acquéreurs des 214,000# de rentes sur les fouages émises en Bretagne avaient été également autorisés à verser un quart en retours du Sud, en billets de monnaie, ou en billets à cinq ans des fermiers généraux : lettres de M. Ferrand, intendant, et de M. l'évêque de Saint-Malo, 8 et 10 décembre 1711.

1205. *Les Maire et Consuls de Toulon au Contrôleur général.*

4 Janvier 1712 et 21 Septembre 1713.

Ils sollicitent la dispense des droits de table de mer pour les blés importés*.

* «Bon.» Même demande est présentée par M. Lebret, au nom des procureurs du pays, les 27 mars 1713 et 9 août 1715, et accordée.

1206. *Le Contrôleur général à M. Voysin, secrétaire d'État de la guerre.*

5 Janvier 1712.

Faux-saunage pratiqué par les troupes*.

«Il va à un point que, si on n'y apporte un remède prompt et efficace, il y aura bientôt plus de faux sel, dans les provinces du royaume, qu'il n'en faut pour la consommation de tous les habitants, et la ferme des gabelles ne sera plus d'aucun produit. L'ordonnance que vous avez rendue au mois de septembre dernier devroit, ce semble, arrêter ces désordres; mais il y a apparence que les officiers ne croient pas qu'elle ait été faite pour être exécutée.»

* Voir les lettres de M. de Bernage, intendant à Amiens, 15 mars 1711, 3, 9, 18 et 21 décembre 1714, 23 janvier et 26 février 1715, et du sieur Priolo, 9 février 1715; de M. Turgot de Saint-Clair, en Auvergne, 18 janvier, 28 mars, 26 mai et 15 juillet 1712, et 8 juillet 1713; de MM. Foullé de Martangis, en Berry, 29 janvier, 20 février, 12 mars, 2, 4 et 24 avril, 16 et 30 mai, 2 et 25 juin 1711, 10 novembre, 7, 16 et 28 décembre 1712, 3 et 25 janvier, 19 février et 24 avril 1713; de la Briffe, en Bourgogne, et Hénault de Cantobre, fermier général à Dijon, 7 août et 9 octobre 1713; de M. Laugeois d'Hymbercourt, intendant à Soissons, 15 et 21 décembre 1712, 18 janvier et 28 juillet 1713, et du sieur Ruau du Tronchot, à Tours, 27 septembre 1714, avec une apostille où le contrôleur général le remercie des ménagements qu'il a eus pour les coupables.

1207. *Le sieur Chivéry, à Nantes, au Contrôleur général.*

5 Janvier 1712.

«Je ne sais si Votre Grandeur est informée des jeux défendus qui se jouent à Nantes malgré les défenses de S. M., tant de fois réitérées par ses ordonnances et par celle arrivée depuis peu, où l'on donne si peu d'attention, que, sans y avoir égard, on continue la dupe et le lansquenet et le jeu de dés en présence des échevins, qui sont, avec le prévôt de police, les juges pour faire valoir les défenses. M. de Mianne a empêché que l'ordonnance n'ait été publiée. L'on continue les jeux chez le nommé Olivier, ce qui a causé la ruine de sept ou huit marchands, et ceux qui ont perdu 8 à 10,000# ont fait mille imprécations pour payer 200 ou 300# de taxe*.....»

* Copie d'une lettre anonyme adressée de Rennes le 18 mars suivant : «C'est de pauvres femmes affligées qui se jettent aux pieds de Votre Grandeur pour la supplier d'empêcher la ruine de bien des familles, en remédiant à un désordre bien public. Il y a ici des académies où l'on joue des jeux de lansquenet, berlan, pharaon et piquet effroyables; il s'y perd des biens immenses tous les jours et le long des nuits. C'est chez un appelé Lanost, au bas de la Motte-à-Madame, chez Remières le cafetier, rue Saint-Georges, sous le Palais, chez Dugué, et chez le sieur Bieste, dans la rue au Foulon, commissaire des guerres. On ne sort de ces lieux-là qu'à six et sept heures du matin; nos maris, ils perdent notre bien et le temps qu'ils devroient employer à leur travail; les clients de nos études gémissent, et souvent ils ne nous laissent pas une pièce de 50 s. dans la maison; ils sont après comme des possédés, empruntent et mettent en gages. Tout se perd, les affaires restent en désordre pour nos clients, faute d'avoir de quoi faire les avances, et les clercs, qui volent jusqu'au papier timbré pour jouer. Enfin, toute sorte d'états se ruinent par l'occasion de cette maudite académie. Enfin, on nous a conseillé de nous plaindre à vous à ce sujet, et qu'il y avoit des arrêts rendus par S. M., qui défendoient à Paris tous ces jeux et académies. Nous vous supplions très instamment d'imposer votre autorité pour qu'ils soient aussi observés et exécutés dans cette ville de Rennes, ce qui opérera un grand bien et repos dans les petites et grandes familles; car, au moins, quand ils ne trouveront à jouer que dans des maisons de sociétés suivant son état, cela ne tirera pas en si grande conséquence, comme des maisons ouvertes à tout le public en payant. Les filous y ont le rang comme les autres, et il s'y passe des choses effroyables. Faites donc cesser, s'il vous plaît, ces vilains lieux qui causent la ruine et conduisent à tous les autres vices de débauche. Nous supplions très instamment Votre Grandeur que cette défense paroisse venir de votre motif, sur des avis que vous avez eus, car, si nos maris savoient que nous vous aurions écrit, nous serions perdues sans ressource, et tous les joueurs nous lapideroient, dans la fureur où ils sont de cette maudite académie. Si Votre Grandeur a la charité de les faire cesser et défendre absolument, nous serons, et nos pauvres familles, aussi bien que bien d'autres, obligées à prier Dieu toute notre

vie pour la conservation et prospérité de Votre Grandeur et de toute votre illustre famille.»

1208. *Le sieur* DE LA CHIPAUDIÈRE-MAGON, *négociant à Saint-Malo*, AU CONTRÔLEUR GÉNÉRAL.

6 Janvier 1712.

«.....Le plus grand commerce que font les Anglois en cette ville et Morlaix consiste en quantité de toiles pour les voiles des vaisseaux, quantité de toiles crues pour leurs colonies, qui servent à habiller les nègres. Les toiles qu'on appelle *de Bretagne*, qui se fabriquent à Quintin, Pontivy, Uzel, Loudéac et autres lieux circonvoisins, sont blanches, qu'ils envoient dans leurs colonies pour les habitants, et pour négocier avec les Espagnols. Ils tirent très grande quantité de toiles de la rivière de Morlaix, qu'on appelle *cirées*....; ils en consomment beaucoup en Angleterre et dans leurs colonies.»

1209. *M. le comte* DE LANNION, *commandant de la ville de Nantes et du comté Nantais*, AU CONTRÔLEUR GÉNÉRAL.

8 Janvier 1712.

Il se plaint que M. de Mianne, lieutenant de Roi du château de Nantes, soit parti pour Paris sans même le faire prévenir par l'officier du château chargé de venir tous les matins prendre l'ordre et le mot. Le but de M. de Mianne est de s'entendre avec le maréchal d'Estrées pour faire révoquer les pouvoirs du commandant. Celui-ci préférerait vaquer exclusivement à son gouvernement de Saint-Malo; mais les intérêts du Roi exigent qu'il soit maintenu à Nantes*.

* Le 28 du même mois, il proteste contre l'envoi à Nantes de la compagnie de marine du chevalier d'Avaugour, neveu de l'évêque, qui a toute sa famille dans le pays, et qui est l'ennemi acharné du sieur Ballet, directeur de la ferme des droits d'entrée.

Deux habitants de Belle-Isle qui excitaient les peuples à se révolter contre l'établissement de ces droits furent exilés à Brest : lettre du contrôleur général à M. Ferrand, intendant en Bretagne, 19 février 1712.

Sur une rixe survenue à Nantes et sur l'attribution du jugement des faits de cette nature, voir les lettres de M. Ferrand, 9 mars et 15 décembre 1713; de M. le comte de Toulouse, gouverneur de la province, 27 décembre, et du fermier, 2 décembre. Le calme revint par le départ des troupes et de M. de Lannion : lettres de ce dernier, 23 septembre 1713; de M. Ferrand, 20 décembre; de M. de Pontchartrain, secrétaire d'État, 17 mai et 19 juillet 1713; de M. de Montaran, trésorier des États, 2 et 20 avril 1714.

Sur la perception des droits, voir les lettres de M. Ferrand, 24 octobre et 1er décembre 1714, et du contrôleur général à M. Ferrand, 4 avril 1715. Le fermier obtint l'extension à toutes les villes de la défense de charger et transporter des boissons entre les lieux où étaient établies ses patachés et de faire des magasins dans les limites de chaque ville.

1210. M. DES CHIENS DE LA NEUVILLE, *intendant en Roussillon*, AU CONTRÔLEUR GÉNÉRAL.

(Intendance de Béarn.)

12 Janvier 1712.

M. de Lostau, conseiller maître en la Chambre des comptes de Pau, réunie au Parlement, a été contraint par un arrêt du Conseil du 8 janvier 1692, rendu sur l'accusation du directeur de la Monnaie de Pau, à se défaire de sa charge. Depuis, le directeur ayant été reconnu pour un malhonnête homme, et son accusation ne pouvant plus être prise en considération, un second arrêt a rétabli M. de Lostau; mais, avant l'expédition, on a rappelé que celui-ci avait été condamné aux galères, en 1667, pour un assassinat. Cette accusation n'est pas sérieuse, et d'ailleurs, comme il y aurait prescription, on doit réintégrer M. de Lostau à la Chambre et modérer la taxe qu'il devra pour la réunion du Parlement*.

* En apostille, de la main du contrôleur général : «Le Roi a ordonné qu'il exécutera l'arrêt du 8 janvier 1692, et qu'il se défera de sa charge.»

Voir une lettre de M. de Lostau, du 5 mars.

1211. LE CONTRÔLEUR GÉNÉRAL *à M.* DE CASAUS, *procureur général au Parlement de Pau.*

14 Janvier 1712.

«Je me trouve obligé de vous envoyer un mémoire présenté au nom de M. le duc de Gramont, au sujet d'un arrêt rendu par la chambre des finances du Parlement de Pau, le 8 juin 1707. Dans les différentes dispositions qu'il renferme, il n'y en a qu'une sur laquelle tombe la difficulté : c'est celle par laquelle il est fait défenses aux sieurs de Montlaur et Day, trésoriers généraux, de payer aucune partie qu'au préalable le fonds des charges locales ne soit entièrement remis entre les mains des receveurs-payeurs desdites charges. Je ne vous parlerai point de la question de savoir si la chambre a pu prononcer sur cette matière; mais je ne peux me dispenser de vous observer que la préférence qu'on donne par là aux gages des officiers auroit de grands inconvénients, puisque tous les autres particuliers ne pourroient point espérer d'entrer en recette qu'après que les premiers auroient été entièrement remplis. Il est nécessaire que vous preniez la peine de m'envoyer un mémoire qui explique le véritable esprit de l'arrêt et sur quoi le Parlement prétend établir une préférence en sa faveur; mais, quand même cette préférence auroit quelque fondement, je crois pouvoir vous dire qu'elle ne pourroit avoir lieu que par quartiers, et non point pour le total, c'est-à-dire que, supposé que le premier quartier des impositions monte à 80,000#, et que les gages du Parlement pour le premier quartier soient de 20,000#, le surplus de ce quartier, montant à 60,000#, devroit être payé et distribué aux autres assignés sans que le Parlement y pût rien prétendre, sauf à faire la même chose sur le fonds du second quartier et des suivants. Lorsque j'aurai reçu votre réponse, je rendrai compte de l'affaire au Roi, et je vous ferai savoir aussitôt ce qui aura été décidé par S. M.»

1212. *M. Lescalopier, intendant en Champagne,* *au Contrôleur général.*

17 Janvier 1712.

«Vous avez trouvé bon que ma charge de conseiller au Parlement reste en dépôt aux parties casuelles pour sûreté de ce que je dois de reste du prix de la commission d'intendant du commerce. Quand j'ai forcé mon crédit et mon bien par une avance de 330,000# dans l'acquisition d'une charge de maître des requêtes et de la commission d'intendant du commerce, je n'ai eu d'autre vue que de parvenir à travailler sous vos ordres et vous renouveler en ma personne le souvenir d'un père que vous avez honoré de votre estime dès le collège. Les espérances presque certaines d'une prochaine paix promettent une augmentation sur le prix des charges; ce bénéfice, tel qu'il soit, m'aidera à supporter la dépense d'une place que j'essaie de remplir avec désintéressement. Me permettez-vous de répondre à M. Bertin, maître des requêtes, qui m'écrit depuis quelques jours sur la vente de ma charge de conseiller, que je consommerai cette affaire au premier voyage que je ferai à Paris, et de vous avouer que je veux éviter, s'il se peut, de vous demander aucun congé avant la publication de la paix, pour demeurer attaché inviolablement au service et à l'exécution continuelle de vos ordres? M. du Chesne, mon parent et bon ami, aura l'honneur de vous présenter ma lettre*.»

* En apostille : «Que M. du Chesne m'a écrit au sujet de sa charge; que, jusqu'à présent, j'ai consenti que sa charge de conseiller au Parlement restât par forme de dépôt aux parties casuelles. Mais vous n'êtes pas informé que je rends compte tous les mois au Roi de l'état de la caisse des revenus casuels, et, comme c'est un fonds mort que votre charge, lequel vous voulez réserver jusques à ce que la paix soit faite, S. M. a paru mécontente qu'on ne fît pas plus de diligence pour vous obliger à acquitter ce que vous devez : ce qui se remarque d'autant plus, qu'on manque journellement de fonds pour des dépenses nécessaires et pressées auxquelles la finance qui devoit provenir de la vente des charges d'intendants du commerce étoit destinée. Vous y ferez les réflexions qui conviennent, et que vous aurez reçu pendant plusieurs années les appointements et les attributions d'une charge dont vous n'avez pas payé le prix.»

Sur le payement des appointements de la charge d'intendant du commerce et sur la vente de la charge de conseiller au Parlement, voir une autre lettre de M. Lescalopier, 2 mars 1713.

1213. *M. de Courson, intendant à Bordeaux,* *au Contrôleur général.*

19 Janvier 1712.

Jugement des contestations relatives à l'entretien des travaux de desséchement des marais de Blaye.

«Ce qui rend l'attribution que demande M. l'évêque de Lectoure, et les autres propriétaires de ce marais, plus nécessaire, est que M. le duc de Saint-Simon y a le plus d'intérêt, et que, par son *committimus*, il attire aux requêtes du Palais de Paris toutes les demandes qu'on lui fait : ce qui met les autres propriétaires hors d'état de pouvoir poursuivre toutes les contestations qui naissent tous les jours avec lui*.....»

* De nouveaux commissaires furent nommés : voir les lettres de M. l'évêque de Lectoure, 20 février, et du sieur Poictevin, 27 février.

Les propriétaires des marais demandèrent, en raison des frais de desséchement et des réparations dont ils étaient chargés, à être dispensés de diverses taxes; mais l'intendant répondit, le 2 mai 1713, qu'ils payaient seulement la taille et les impositions assimilées, et que leurs terres, des meilleures de la généralité, n'étaient pas imposées aussi haut qu'il convenait. Voir encore une lettre du contrôleur général, 1er août 1713.

1214. *M. Lescalopier, intendant en Champagne,* *au Contrôleur général.*

20 Janvier 1712.

Plusieurs particuliers offrent de prêter 40,000# au sieur Darras fils pour soutenir la manufacture fondée par son père à Châlons*, à condition qu'ils pourront porter au Trésor royal 400,000# de billets de monnaie non renouvelés. L'importance de la manufacture exigerait qu'on acceptât cette offre**.

* Le privilège de cette manufacture royale venait d'être prorogé pour vingt ans : lettre de M. de Harouys, précédent intendant, 14 décembre 1710.

** En apostille : «Quelque faveur qu'ait la manufacture, je ne puis point proposer au Roi de recevoir les billets de monnoie non réformés, parce qu'ils sont absolument annulés depuis plusieurs années, et que, d'ailleurs, il n'y a pas lieu de douter qu'il n'en soit resté pour des sommes assez considérables, et lesquels on ne manqueroit pas de vouloir faire passer de la même manière, si on avoit donné cet exemple.»

Le 24 juin 1714, M. Lescalopier écrit : «Vous avez trouvé bon que j'aie l'honneur de vous demander un secours présent pour soutenir la manufacture du sieur Darras établie à Châlons, que le malheur des temps a réduite à un très petit nombre de métiers. La bonne qualité et la beauté des étoffes qui s'y fabriquent méritent protection; c'est le seul moyen de rendre du travail, dans une ville principale, à une infinité d'ouvriers oisifs que la surcharge des impositions, les fréquents logements de gens de guerre, et la cherté des vivres a épuisés, et de ranimer de bons fabricants qui ne se sont pas rebutés de tant de disgrâces. J'ose vous assurer que j'y donnerai tous mes soins, et que la distribution de la somme de 10,000#, à laquelle je restreins ma très humble demande, ne sera distribuée qu'à propos et sous mon inspection, afin que le don du Roi obtenu sous vos auspices soit employé avec succès.» En apostille : «Lui faire réponse que, quand il propose de donner un fonds aussi considérable que celui-là, c'est à lui à proposer des expédients, soit par la voie d'imposition ou d'emprunt, dont on payeroit les intérêts, n'étant pas possible qu'après une aussi longue guerre et toutes les dépenses qui ont été faites, on puisse fournir tout d'un coup un fonds de 10,000#.»

1215. *M. de la Bourdonnaye, intendant à Orléans,*
au Contrôleur général.

21 Janvier 1712.

Les maîtres de la verrerie d'Orléans réclament l'exemption d'ustensile et de logement pour un ouvrier qui habite la ville; les maire et échevins opposent que cet ouvrier, en dehors de son travail de verrier, occupe une maison particulière, y fait le commerce de vins en gros, et a toujours été soumis, pour cette raison, à l'ustensile et au logement.

«Ils ont la possession, puisque, dans tous les temps précédents, Sauger a payé l'ustensile et a logé des gens de guerre sans se plaindre. Il n'a commencé de le faire que depuis que le sieur Jourdan, jeune homme inquiet et ardent, occupe cette verrerie à la place du sieur Perrot. Dans le fond, ces privilèges ne peuvent être accordés qu'à ceux qui ne font que ce travail de verrerie; mais un gros marchand faisant commerce de vin en gros et tenant un cabaret peut-il prétendre des exemptions aussi considérables que celles d'ustensile et de logement de gens de guerre, sous prétexte qu'il travaille dans une verrerie? Cela donneroit lieu à de trop grands abus*.»

* M. Bignon de Blanzy, intendant à Paris, écrit, le 4 octobre 1712, que les verreries qu'on veut établir à Ocouer-la-Ferrière et à Folembray seront fort utiles, et qu'on peut exempter de la taille et du logement aussi bien les ouvriers que le maître, d'autant qu'étant étrangers au pays, leurs exemptions n'augmenteront pas la charge.

Sur les exemptions prétendues par les ouvriers de la glacerie de Tourlaville et sur leur résistance aux commis des aides, voir une lettre de M. Guynet, intendant à Caen, 8 septembre 1714.

1216. *M. de Rotrou, subdélégué de l'intendant à Dreux,*
au Contrôleur général.

23 Janvier 1712.

«Il y a quelque temps que M. le marquis de la Salle me dit qu'il s'étoit démis de la charge de bailli d'épée de Châteauneuf entre les mains du Roi, en faveur de M. le marquis de Maillebois, et, comme je sais qu'il ne s'y est pas encore fait recevoir, je prends la liberté d'informer Votre Grandeur d'une chose à laquelle elle n'a pas peut-être fait attention, qui est que cette charge fait partie de son engagement de Châteauneuf, ainsi que la charge de lieutenant général et les autres charges du bailliage, et que c'est sur la nomination et présentation de Votre Grandeur, et non pas sur la nomination du Roi, que M. le marquis de Maillebois doit en obtenir des provisions, afin de ne pas perdre à l'avenir la disposition et la nomination de cette charge.....»

1217. *M. Daguesseau, procureur général au Parlement de Paris,*
au Contrôleur général.

27 Janvier 1712.

Il le prie de faire les fonds destinés au payement des impressions d'arrêts et de déclarations relatifs à la police des blés en 1709*.

* Voir une lettre de M. de Vaubourg, du 14 janvier 1711, et une lettre de M. Daguesseau à M. le Rebours, 25 novembre 1711.

1218. *Le sieur Boutillier,*
commis des aides à Dunkerque,
au Contrôleur général.

29 Janvier 1712.

«Le sieur de Gaye, l'un des échevins dans le Magistrat de Dunkerque, parent d'un homme que je considère il y a longtemps, avec lequel je suis tous les jours, m'ayant beaucoup fait récit du secret qu'il a de faire fabriquer d'excellent chocolat, et m'étant souvenu d'avoir ouï dire que Votre Grandeur en prenoit quelquefois avant d'aller travailler avec le Roi, je lui demande en grâce de me pardonner la liberté que j'ai prise de le prier de m'en faire faire avec soins une vingtaine de livres, que je viens de faire mettre au *carabat* ou voiture de cette ville jusqu'à Calais, qui y arrivera demain au soir, pour y être mis au carrosse qui en partira le 31 de ce mois, pour arriver à Paris le samedi au soir, 6 ou 7 février prochain, à l'adresse de Votre Grandeur. Je la supplie très humblement d'en faire faire l'essai par M. le marquis de Maillebois, auquel mon projet étoit de l'adresser pour le supplier de vous le présenter, en cas qu'il crût qu'il pût être de votre bon goût et du sien, n'osant pas le faire directement..... Si j'étois assez heureux qu'il fût trouvé du goût de Votre Grandeur et de celui de M. le marquis de Maillebois, je ne manquerois pas de vous en envoyer de temps en temps, en vous observant seulement que j'y puis faire mettre plus ou moins de vanille, aussi bien que du sucre, que l'on y peut augmenter en le faisant dans chacune chocolatière, ou dès ici, en le fabriquant. Le cacao qui en est le corps a été choisi et trié grain à grain. Le port du carrosse en est payé.....»

1219. *M. de Courson, intendant à Bordeaux,*
au Contrôleur général.

2 Février 1712.

«J'ai reçu la lettre que vous m'avez fait l'honneur de m'écrire le 20 décembre dernier, avec l'arrêt du Conseil du 12 du même mois. Comme j'ai vu que votre intention étoit de concilier les fermiers du tabac avec les fabricants et les cultivants, et que vous connoissiez de quelle conséquence il étoit d'accorder les demandes que faisoient les sous-fermiers du tabac des généralités de Montauban, Toulouse et autres, j'ai fait venir ici tous les principaux fabricants de tabac de Tonneins et de Clérac, et les principaux propriétaires des terres où le tabac est planté. J'avois fait venir aussi le sieur Jacob, qui est un des sous-fermiers du tabac de la généralité de Montauban et de Toulouse.

«Il m'a paru, après les avoir entendus, que ce qui étoit cause des difficultés que faisoient les fabricants et les cultivants étoit les mauvaises manœuvres qu'avoit faites le sieur Jacob, qui a détourné entièrement tous les marchands d'avoir à faire à lui. Les habitants de Tonneins et de Clérac ne demandent pas mieux que de vendre leur tabac aux intéressés dans les fermes : ils en sont mieux payés que de tous autres marchands, et ont moins de risque à courre; mais il leur est arrivé, plusieurs années de suite, que, le sieur Jacob ayant fait marché avec eux pour avoir une certaine quantité de tabac, à 24# par exemple par quintal, quand il s'agissoit de le recevoir, il rebutoit tout leur tabac, et, quinze jours après, il leur proposoit d'acheter le même tabac à 18# le quintal; et comme il leur avoit fait perdre le temps de la vente, ils ont été obligés de lui donner pour le prix qu'il a voulu, nonobstant le traité qu'il a fait avec eux. Cela leur a fait prendre le parti de ne vouloir faire aucun marché avec lui, et, quoique le sieur de Montigny, directeur du tabac dans cette généralité, n'eût pas donné les mêmes sujets de plaintes, il ne laissoit pas que de trouver beaucoup de difficultés dans les achats qu'il faisoit. Malgré toute la répugnance qu'ils avoient de traiter avec le sieur Jacob, je les ai engagés à donner cette année aux fermiers du tabac tous les tabacs qu'ils ont actuellement; j'ai réglé le prix de concert avec eux et avec les sieurs de Montigny et Jacob. J'ai l'honneur de vous envoyer la copie du traité que je leur ai fait signer; je n'ai pas cru devoir les engager à faire un traité pour la fourniture pendant le reste du bail, parce que les sieurs Jacob et Montigny m'ont assuré que cela ne leur convenoit pas, le prix des tabacs étant, depuis deux ou trois années, trop cher; s'il y avoit une abondante récolte, il diminueroit considérablement.

«Quoique je ne croie pas que le traité que j'ai fait avec les marchands de Tonneins et de Clérac convienne pour ceux du cru de Languedoc, parce qu'ils m'ont assuré que la qualité des tabacs étoit fort différente, et que ce qui avoit été réglé ici ne pouvoit convenir au Languedoc, j'ai cependant informé mon père du parti que j'avois pris dans cette affaire, en exécution de vos ordres *.»

* Le contrôleur général avait écrit aussi, le 20 décembre 1711, à M. de Bâville, intendant en Languedoc; celui-ci répond, les 7 février et 8 mars 1712, qu'il a préparé entre les fermiers et les marchands un arrangement analogue à celui qui a été conclu en Guyenne.

Sur de nouvelles difficultés entre producteurs et fermiers, M. de Courson écrivit, le 18 avril 1713 : «..... Dans la plantation et commerce du tabac, il y a trois sortes d'intéressés différents : 1° les cultivants, qui sont ceux qui ont des terres semées en tabac, car il est permis, en ce pays-ci, à chacun, de semer dans son bien la quantité de tabac qu'il veut; 2° les fabricants, qui sont gens du pays qui achètent les feuilles de tabac des particuliers qui en ont semé, et qui le font fabriquer; 3° les négociants, qui l'achètent des fabricants, et qui le répandent dans les pays étrangers. Les fermiers du tabac ont eu toujours la préférence sur les tabacs qui sont fabriqués, et, avant qu'ils passent dans les mains des négociants, ils sont même toujours avertis de la quantité que les fabricants en vendent, parce qu'il n'en peut sortir sans leur congé; mais ils prétendent aujourd'hui avoir la même préférence sur les tabacs en feuilles que les fabricants achètent des cultivants. Les raisons sur lesquelles ils se fondent, et qui leur ont servi de moyens pour obtenir l'arrêt du Conseil dont on se plaint, est l'article 21, titre Ier, de l'ordonnance de 1681. Je crois qu'il est nécessaire de vous le rapporter : «Pourra le fermier de nos droits «retenir la quantité qu'il croira nécessaire pour le fournissement de «nos magasins pour le même prix qui aura été convenu avec les ache«teurs, en les remboursant, pourvu, et non autrement, qu'il ait fait «sa déclaration par écrit avant qu'il ait délivré ses congés pour l'en«lèvement.» Les fermiers du tabac prétendent que cet article leur donne une préférence sur tous les marchés de tabacs qui se font, tant en feuilles que fabriqués; c'est en conséquence de cet article qu'ils ont obtenu l'arrêt du Conseil du 3 mai 1712, qui parle encore plus précisément, et qui leur donne la préférence même sur le tabac en feuilles. Leur second moyen est que cette préférence leur est absolument nécessaire pour fabriquer de bon tabac; que dès qu'ils seront les maîtres de choisir les feuilles qu'ils voudront, qu'ils n'en fabriqueront que de très bon, qu'ils en rempliront tous les magasins du royaume, et que, par conséquent, le débit en sera plus considérable, et il y aura beaucoup moins de fraudes, au lieu que, les prenant des mains des fabricants, ils sont obligés de le prendre tel qu'il est; que souvent, n'étant pas bien fabriqué, il s'en gâte beaucoup dans les magasins, ce qui est une perte considérable pour eux. Ils ajoutent que la quantité dont ils en ont besoin n'empêchera pas les fabricants d'en acheter comme ils font à présent, mais que cela fera seulement que les fermiers n'auront que de bonnes feuilles et les feront bien fabriquer; que les marchés qui se font actuellement entre les fabricants et les cultivants pour plusieurs années le font enchérir considérablement, et empêchent souvent d'en avoir de bon; que le tabac est une récolte comme celle des blés, et qu'il ne doit pas être moins défendu d'acheter du tabac avant la récolte qui s'en fait, qu'il est défendu d'acheter du blé. Les habitants de Clérac et tous ceux qui s'opposent à la prétention des fermiers soutiennent d'abord que jamais l'ordonnance de 1681 n'a donné de préférence aux fermiers que sur le tabac fabriqué, ce qui paroît par cette disposition qui est à la fin de l'article 21 : «Pourvu, et non autrement, qu'il ait fait sa déclaration par «écrit avant qu'il ait délivré ses congés, et non autrement.» Or, il est constant que les fermiers ne délivrent point de congés pour le tabac qui se vend en feuilles pour être fabriqué sur le lieu, mais seulement pour celui qui se vend fabriqué; que jamais les fermiers du tabac n'ont prétendu cette préférence sur les tabacs en feuilles que depuis l'arrêt du 3 mai 1712, qu'ils ont surpris; que, si cette préférence avoit lieu, et qu'il fût défendu aux cultivants de faire des traités avec les fabricants pour la vente de leur tabac que pour une récolte seulement, ce règlement perdroit entièrement la culture du tabac et le commerce, ce qui ruineroit au moins trente mille familles, les mettroit hors d'état de pouvoir payer leurs impositions, et empêcheroit qu'il n'entrât dans le royaume deux millions des pays étrangers que le tabac y apporte. Elle empêcheroit la culture du tabac, parce que c'est une chose établie que, depuis très longtemps que les particuliers qui ont des terres qui peuvent porter le tabac en plantent le plus qu'ils peuvent, étant sûrs de le débiter dans des années abondantes comme dans les disetteuses : les fabricants du tabac font des traités avec les particuliers pour plusieurs années, pour prendre tous leurs tabacs à un certain prix, soit qu'il y ait abondance de tabac, soit qu'il n'y en ait pas; ainsi, le cultivant est toujours sûr de vendre son tabac, et le fabricant ne fait pas de difficulté de l'aider dans le courant de l'année et de lui faire des avances, parce qu'il est sûr de se rembourser par le tabac qu'il prend. C'est ce qui fait que ce pays-là paye toujours parfaitement toutes ses impositions sans aucune contrainte, les particuliers étant assurés de trouver chez les fabricants tout l'argent qui leur est nécessaire dans leur besoin. Si la préférence que les fermiers demandent avoit lieu, ou si les marchés de tabac ne pouvoient se faire que pour un an, cette facilité qu'ont actuellement les peuples tomberoit entièrement, parce que les fabricants, n'étant point sûrs d'avoir les tabacs des particuliers, ne voudroient jamais leur faire des avances. D'ailleurs, le prix des feuilles diminueroit considérablement : ce qui iroit encore à la ruine du peuple, parce qu'aucun fabri-

IMPRIMERIE NATIONALE.

cant ne voudroit faire un marché d'une chose dont les fermiers auroient la préférence, que lorsque les fermiers en auroient acheté la quantité qui leur seroit nécessaire; et comme on ne pourroit jamais être sûr que les fermiers en eussent ce qui leur en faut, on n'achèteroit les tabacs qu'à l'extrémité, et dans un temps où les particuliers seroient obligés de le donner pour peu de chose, de crainte qu'il ne se gâtât. Cette préférence ruineroit aussi le commerce, parce qu'il se fait de quatre sortes de tabacs. Il est nécessaire d'envoyer de ces quatre sortes à l'étranger, et c'est ce qui s'appelle dans le commerce *assortiment*, qui est absolument nécessaire, parce que souvent une partie d'une qualité de tabacs fait passer les autres. La préférence que demandent les fermiers du tabac empêcheroit que les fabricants ne pussent faire ces assortiments, parce que ce sont les différentes sortes de feuilles, plus ou moins bonnes les unes que les autres, qui font les différentes espèces de tabacs. Dès que les fermiers du tabac seroient maîtres de prendre les feuilles qu'ils voudroient, les fabricants ne pourroient jamais être sûrs de pouvoir faire les assortiments qui sont nécessaires pour le débiter; ils ne pourroient plus prendre aucun engagement avec les négociants pour la quantité qui leur seroit nécessaire, et les négociants ne pourroient plus prendre des mesures avec leurs correspondants dans les pays étrangers pour leur en envoyer : ce qui feroit tomber entièrement ce commerce, qu'on auroit bien de la peine à pouvoir rétablir dans les suites. Ils ajoutent qu'il y a de la mauvaise humeur, de la part des fermiers du tabac, de demander cette préférence, qui leur est absolument inutile, tous les tabacs que les fermiers font fabriquer se faisant avec des feuilles qui viennent de l'étranger, qui leur coûteront, pendant la paix, beaucoup moins qu'elles ne font à présent; que, si les fermiers croient qu'il leur est absolument nécessaire d'avoir des tabacs de Clérac et de Tonneins, il leur est aisé d'en avoir, ayant la préférence sur tous ceux qui sont fabriqués; mais on leur offre encore, de plus, de leur fournir tous les ans toute la quantité de tabac qu'ils voudront avoir, de la qualité qu'ils pourront souhaiter. A l'égard de la prétention des fermiers que tous les marchés qui se font pour le tabac soient passés devant notaires, ils prétendent que ce seroit une chose presque impossible dans l'exécution, et qui n'iroit qu'à donner occasion à beaucoup de frais. Chaque paysan vend le tabac qui vient auprès de sa maison; il y en a une infinité qui n'en vendent pas pour 20# par an; ce sont même les meilleurs, car, comme les parties sont plus petites, on peut plus aisément le choisir. Si il falloit, pour tous ces marchés, passer des actes par-devant notaires, payer un droit de contrôle, il en coûteroit presque autant pour cela que pour le tabac qui se vendroit, et détourneroit les paysans de leur travail. Ce sont là toutes les différentes raisons des fermiers du tabac et des cultivants. Je ne puis, pour moi, trop vous exprimer de quelle importance il est que l'arrêt du Conseil du 3 mai 1712 ne soit point exécuté. Le canton de cette généralité où vient le tabac est celui de toute la province le plus chargé par les impositions, et je crois même qu'il y en a fort peu dans tout le royaume qui le soi[en]t autant; cependant c'est celui qui paye le mieux, par la facilité qu'ont ceux qui cultivent le tabac de tirer de l'argent des fabricants quand ils en ont besoin. Cette préférence prétendue par les fermiers ne me paroît d'aucune utilité pour eux dès qu'on leur offre de leur en fournir toute la quantité dont ils en auront besoin, et de la qualité qu'ils voudront. C'est un abus de croire que la fabrique qu'ils voudroient établir pourroit mieux réussir que celles qui le sont depuis longtemps. Jusques à présent, ils ne se sont presque pas servis des feuilles de ce pays-ci; ils s'en serviront encore moins lorsque la paix aura donné une plus grande liberté au commerce. Enfin, ce seroit assujettir le pays à dépendre entièrement des commis; car, si les fermiers de cette généralité obtiennent à présent cette préférence qu'ils demandent, c'est un préjugé pour tous les fermiers ou sous-fermiers des autres généralités, qui auront le même droit. Jamais les fabricants ne pourront compter d'acheter rien des cultivants; par conséquent, les cultivants ne pourront plus tirer aucun secours d'eux, les fabricants abandonneront leurs fabriques, et ce commerce tombera entièrement. C'est pourtant une manufacture qui occupe, tous les ans, plus de dix mille personnes de tout âge, les enfants de quatre ans et les plus vieux pouvant y travailler. Ainsi, je crois que, s'il y a quelque règlement à faire, il faut que ce soit uniquement pour exclure les fermiers de la préférence qu'ils demandent sur les feuilles, et ne leur accorder que conformément à l'ordonnance de 1681, qui est sur les tabacs fabriqués.»

1220. *M. Lebret, intendant en Provence,*
au Contrôleur général.

3 Février 1712.

Afin d'obtenir un soulagement sur les impositions, les habitants d'Istres demandent que leur affouagement soit diminué au moyen des feux qui ont été réservés au-dessus du nombre de trois mille lors de la revision de l'affouagement. Mais la basse Provence entière fait la même demande, à cause des ruines accumulées par les ennemis et de la perte des oliviers, et il est impossible de tout rejeter sur la Montagne : il faut donc chercher un autre expédient.

1221. *M. de Bâville, intendant en Languedoc,*
au Contrôleur général.

4 Février 1712.

Après mûr examen, l'état du diocèse d'Albi s'est trouvé tellement précaire, que, malgré la gravité de la situation générale, il persiste à demander pour ce diocèse une diminution de 520,000# en huit ans*.

* «Bon.»

Sur le recouvrement des impositions dans ce diocèse, en tenant compte de la diminution, voir les lettres du 6 février 1713 et du 24 mars 1715.

Sur l'indemnité demandée pour les paroisses de la province qui avaient perdu leurs oliviers, voir les lettres des 23 et 24 juin, 10 octobre 1712, et 6 juin 1713.

1222. *Le Contrôleur général*
à M. Bignon, prévôt des marchands de Paris.

9 Février 1712.

Il lui renvoie la proposition du sieur de Coucy, lieutenant-colonel du régiment de Touraine et colonel d'infanterie, pour l'établissement d'un coche par eau de Châlons à Paris. Le Roi est favorable*.

* M. Lescalopier, intendant en Champagne, avait écrit, le 31 décembre 1711, que la ville de Châlons serait disposée à accepter cet établissement, à condition qu'il ne gênerait point la liberté des autres

voitures publiques et que le tarif serait réglé de concert avec Châlons et les autres villes de la route. La proposition de M. de Coucy est jointe à la lettre de l'intendant.

1223. *M. Ferrand, intendant en Bretagne,*
au Contrôleur général.

12 Février 1712.

Enlèvement de blés destinés à l'hôpital général de Bordeaux. Il se plaint des façons d'agir de M. Dalon, premier président du Parlement de cette ville*.

* Voir les lettres de M. Dalon, de Bordeaux, 29 décembre 1711, 20 janvier et 16 février 1712.

1224. *M. Roujault, intendant à Poitiers,*
au Contrôleur général.

13 Février 1712.

«Il y a eu en Poitou plusieurs biens saisis qui sont régis au profit de S. M. Les biens des religionnaires fugitifs sont une sorte de ces biens. Il y a, outre cela, différentes sortes de biens confisqués à cause de la guerre. Ces biens se régissent au profit du Roi, et le fonds en est destiné à des seigneurs ou officiers auxquels S. M. ordonne certaines sommes à prendre sur ces fonds. Le revenant-bon entre ordinairement dans l'extraordinaire de la guerre. Ces biens ont été compris, comme les autres, au dixième; on les a d'ailleurs, en quelques endroits, compris dans des rôles pour la confirmation des îles et îlots.... M. Voysin m'a déjà fait savoir que, les biens confisqués appartenant au Roi, il n'avoit point cru que l'on eût prétendu les assujettir au dixième dans aucune province*.»

* En marge, de la main du contrôleur général: «La règle doit être partout uniforme pour le dixième des biens-fonds, et il doit être payé dans chaque province pour les biens confisqués à cause de la guerre.»

1225. *Le Contrôleur général*
à M. le marquis de la Chastre, lieutenant général.

16 Février 1712.

On le prévient pour la dernière fois que le Roi a permis de faire arrêter par un exempt de la prévôté de l'hôtel son suisse, qui refuse de payer les droits sur le vin vendu par lui en détail*.

* Voir une pièce de mars 1713, intendance de Paris.

1226. *M. de Bâville, intendant en Languedoc,*
au Contrôleur général.

18 Février et 13 Mars 1712; 13 Février 1713.

État abrégé des impositions de la province.

1227. *M. de Saint-Maurice,*
commissaire général de la Cour des monnaies,
au Contrôleur général.

(Monnaies, G⁷ 1464 et 1465.)

21 et 27 Février, 10 à 31 Mars, 7 à 27 Avril, 4 à 25 Mai, 1er à 29 Juin, 3 à 31 Juillet, 5 et 6 Août, 4 Septembre, 13 Novembre 1712.

Enquêtes, procédures et jugements pour faits de billonnage ou de fausse monnaie commis dans les pays de Gévaudan, de Rouergue et de Quercy. Mesures prises pour encourager les dénonciations. Embarras causés par les prétentions inopportunes du procureur du Roi en la Monnaie de Toulouse et du sieur Bousquet, subdélégué de l'intendance*.

* Parmi les coupables se trouvaient le maître d'hôtel de M. le Franc, premier président de la Cour des aides (lettres de M. le Gendre, intendant à Montauban, et de M. le Franc, 4, 10 et 26 mai), les frères Darnis, dont l'aîné était doyen de la même Cour, M. de Moncalou, gentilhomme déjà acquitté indûment par la faute du procureur du Roi à Toulouse (lettres de M. le Gendre, 9 et 23 juillet, et 24 août), et M. de Villespassant, conseiller au Parlement de Toulouse. Celui-ci, dénoncé par un faux-monnayeur mis à la question, fut arrêté après une vaine tentative de fuite; mais, sur le conseil même de M. de Saint-Maurice, on le déféra à son propre Parlement, quoiqu'il y comptât des amis, alliés ou parents, et que le premier président même semblât vouloir se récuser. M. de Villespassant fut acquitté en 1713, mais avec interdiction de faire ses fonctions pour tout le reste de sa vie; l'année suivante, on découvrit que le dénonciateur qui avait rétracté ses premières dépositions contre le conseiller avait été gagné par la famille de celui-ci, ainsi que par celle d'un autre accusé. Voir les lettres de M. de Bâville, intendant en Languedoc, 19 juin et 12 août 1711, 29 janvier, 25 février, 17, 24, 27 et 29 mars, 4 et 20 avril 1712; des présidents Riquet et de Maniban, 2, 10 et 26 avril 1712; de l'avocat général d'Advisard, 2 avril; du premier président de Bertier, 8 avril; du sieur de Coulange, à Montagnac, 4 juin; de M. Lemazuyer, procureur général au Parlement, 23 août 1713; de M. Laugeois d'Hymbercourt, intendant à Montauban, 24 février, 5 mars, 5 juin, 29 juillet, 1er, 2 et 27 août 1714; et du contrôleur général à M. de Bâville, 16 février et 13 avril 1712; à M. de Saint-Maurice, 16 février; à M. de Bertier, 12 avril, et à M. Lemazuyer, 12 et 17 avril.

L'exécution des jugements fut confiée à l'intendant de la généralité, M. le Gendre, assisté de sept commissaires : voir ses lettres des 5 août et 23 novembre 1712, 25 janvier, 11 mars, 6 avril, 16 août et 11 octobre 1713.

1228. *M. de Pontchartrain,*
secrétaire d'État de la marine,
au Contrôleur général.

24 Février 1712.

Création d'un établissement de quarantaine sur la côte de Normandie, pour les vaisseaux du Nord arrivant de pays atteints de la peste*.

* Voir une lettre de M. de la Briffe, intendant à Caen, 22 novembre 1711.

On se borna à faire au Hoc, près du Havre, les travaux les plus indispensables : lettre de M. de Pontchartrain, 20 septembre 1713, et réponse du contrôleur général, 8 octobre; lettre de M. le duc de Luxembourg, lieutenant général en Normandie, 15 décembre 1712; lettres de M. Roujault, intendant à Rouen, 3, 17 et 26 octobre 1713, 8 et 29 juin 1714, et de M. Amelot, commissaire au Conseil de commerce, 21 octobre 1713.

1229. *M. Laugeois d'Hymbercourt*, *intendant à Soissons*, *au Contrôleur général*.

24 et 27 Février, 28 Mars 1712.

Il rend compte de son arrivée dans le département et de ses premiers travaux*.

* En apostille à la lettre du 28 mars : «Je vois, par votre lettre, qu'après avoir donné les ordres nécessaires pour ce qui regardoit les troupes, vous vous disposez à travailler à ce qui regarde les recouvrements ordinaires et extraordinaires. Je ne puis que vous exciter à y donner toute votre attention. J'en ai toujours donné une très particulière pour faire finir, ou avancer autant qu'il étoit possible, ceux des affaires extraordinaires, lesquelles, comme vous savez, causent toujours des murmures par la manière dont les traitants les ont administrées par le passé, et qu'ils pratiquent encore malgré tous les soins qu'on peut prendre pour les contenir. Je suis toujours persuadé que MM. les intendants n'ont pas de travail plus important à faire, et plus utile. Je vous prie d'y mettre toute votre application, tant pour contenir les traitants, que pour avancer l'exécution des affaires.»

Sur le procès et la condamnation d'un directeur d'affaires extraordinaires convaincu de concussion et de prévarication, voir les lettres de M. Chauvelin, intendant à Tours, 21 septembre et 20 décembre 1711, et 3 mars 1712.

1230. *M. de Bâville*, *intendant en Languedoc*, *au Contrôleur général*.

25 Février et 3 Avril 1712.

Taille des biens abandonnés.

«Comme les tailles sont réelles dans cette province, c'est une maxime reçue que les particuliers, en abandonnant les fonds pour lesquels ils étoient cotisés à la taille, sont déchargés de la payer, pourvu qu'ils abandonnent entièrement tout ce qu'ils possèdent. Il seroit malaisé de faire payer quelque chose à des particuliers qui, en abandonnant tout ce qu'ils ont, abandonnent même leur pays pour aller gagner leur vie ailleurs. Tout ce qui a été ordonné jusqu'à présent à l'égard de ces biens abandonnés a été de les faire publier pour savoir si quelqu'un voudroit se charger d'en payer la taille, et, après que personne ne s'est présenté, les communautés ont été obligées de distraire tous les ans de l'imposition l'allivrement des biens abandonnés, afin que les sommes imposées puissent être levées sans aucunes non-valeurs. Il n'y a presque pas de communauté où il n'y ait quelques fonds abandonnés, dont la taille est supportée par le général de la communauté; mais, comme cela n'est pas considérable, la levée de la taille n'en est pas plus difficile; c'est aussi la raison pour laquelle les communautés ne se plaignent pas, et, quand elles voudroient le faire, il seroit aisé de rejeter leur demande et les renvoyer à l'usage qu'elles ont observé elles-mêmes à l'égard des biens abandonnés. Mais, lorsque les fonds abandonnés font une partie si considérable du terroir de la communauté, que la taille ne peut pas être supportée par les terres qui sont cultivées, il faut convenir qu'en continuant de faire ce rejet, on obligera bientôt toutes les communautés d'abandonner. Il n'est pas des tailles réelles comme des personnelles, où l'intendant, voyant une communauté prête à déguerpir, la soulage en diminuant la taille et la rejetant sur une autre plus riche. En pays de taille réelle, il faudroit que le diocèse reprît les quotités, et ce seroit un embarras infini pour les recouvrements, parce qu'il n'est que trop vrai qu'il n'y a pas de communauté qui ne paye maintenant beaucoup plus qu'elle ne peut, en sorte qu'il n'y a que l'espérance d'une diminution prochaine qui soutienne pour la culture des terres, qui rapportent quant à présent, par les charges, ou point ou très peu de profits aux laboureurs.

«On ne mettra donc pas ici en question si on doit laisser abandonner les communautés, parce qu'il n'y a personne qui ne voie que c'est une perte pour le Roi et pour l'État, qui seroient privés du secours qu'ils en retirent. Il s'agit d'examiner si les communautés de Mauguio, Vic, Assas et Beaulieu sont en tel état qu'on doive craindre un abandon général, et on verra ensuite par quels moyens on pourroit l'empêcher.

«La communauté de Mauguio est une des plus considérables du diocèse de Montpellier par rapport à son imposition, qui étoit, en 1711, de 34,617 #. L'allivrement de son compoix, qui fut fait en 1674, revenoit à 1,896 # 12 s. 3 d., et, à présent, par le retranchement qui a été fait des biens abandonnés, l'imposition de 1711 a été faite sur 1,667 # 11 s. d'allivrement; et par conséquent l'allivrement des biens abandonnés revient à 246 # 18 s. 10 d., qui, à raison de 20 # 16 s. 6 d. pour chaque livre d'allivrement, qui est le pied de l'imposition de l'année 1711, reviennent à 5,136 # 3 s. 9 d. qui ont été rejetés sur le général de la communauté, ce qui augmente la taille de près d'un sixième du total; et c'est aussi ce qui fait que cette communauté est en arrérage de ses impositions de 10,672 #.

«Vic est une communauté dont la taille revenoit, l'année dernière, 1711, à 6,479 # 15 s. 7 d., qui fut départie sur 680 # 12 s., à raison de 9 # 10 s. 6 d. pour chaque livre de compoix, distraction faite des biens abandonnés. Le total de son compoix revient à 872 # 18 s. 11 d.; et par conséquent l'allivrement des biens abandonnés revient à 192 # 6 s. 11 d., qui auroient produit 1,921 # 13 s. 1 d. de taille, ce qui fait presque le tiers du total de la taille; et c'est aussi la raison pour laquelle cette communauté doit, pour arrérages des tailles ou de capitation, 10,967 # 17 s.

«Assas a imposé, en 1711, 6,145 # 4 s. 4 d. pour la taille. Cette somme a été départie sur 114 # 15 s. 3 d. d'allivrement, et le total de son compoix, qui fut fait en 1680, revenoit à 144 # 17 s. 11 d.; et par conséquent l'allivrement des biens abandonnés depuis que le compoix a été fait revient à 30 # 2 s. 7 d., et la taille qu'ils devroient porter, à 1,551 # 3 s.

8 d., à quoi il faut ajouter 672 # pour la taille des biens incultes qui n'ont pas été distraits de l'imposition, dont on ne pourra être payé parce que les propriétaires n'ont aucuns biens sur lesquels on puisse agir : ce qui fait, en tout, près d'un tiers du total de la taille de ce lieu; sans compter qu'en 1680, que le compoix fut fait, il y avoit cinq métairies abandonnées, qui n'y furent pas comprises, qui faisoient le cinquième du terroir de cette communauté. C'est aussi ce qui fait que cette communauté doit au receveur 5,211 #.

«Beaulieu portoit de taille, en 1711, 2,061 # 2 s. 9 d., dont les biens abandonnés en devroient porter 488 # 16 s. 10 d., ce qui fait près d'un quart du total de l'imposition. Cette communauté doit au receveur, pour tailles ou capitation des années dernières, 2,344 #.

«Nonobstant tout ce qui vient d'être dit de l'état de ces communautés, on croiroit encore qu'elles pourroient supporter le rejet de la taille des biens abandonnés, si on voyoit que ces abandons eussent été faits depuis longtemps, et qu'il ne s'en fît pas de nouveaux; mais, comme on voit que ce mal augmente tous les jours, que ces villages se dépeuplent, que leurs maisons tombent en ruine, et qu'ils manquent d'hommes pour cultiver les terres, on ne peut s'empêcher de dire que, dans les communautés qui sont dans l'état où sont les quatre communautés dont on vient de parler, il seroit à souhaiter qu'on pût faire cesser la cause du mal, qui est le rejet de la taille des biens en nonvaleur, et que c'est beaucoup si les habitants qui restent encore dans ces villages payent leurs quotités des impositions en l'état où elles sont à présent.

«Mais, en déchargeant ces communautés de la taille des biens abandonnés, on ne sait plus par qui la faire supporter. Ce ne peut être le diocèse de Montpellier, par les raisons qui ont été dites; la province ne peut aussi entrer dans ce rejet sans se charger de toutes les non-valeurs des diocèses, et alors on ne feroit qu'en augmenter le nombre. Il n'y a que le Roi qui puisse soulager ces communautés sans augmenter la taille des autres; il s'agit de savoir si, pour conserver à S. M. quatre communautés qui portent 49,302 # de tailles, il ne convient pas de leur remettre 9,768 # de taille pour des biens qui ne portent aucuns fruits, et qui n'ont été abandonnés que parce qu'ils n'en produisoient pas assez pour pouvoir supporter les charges; et c'est encore moins la faute des autres habitants de la communauté, qui sont déjà assez chargés de la taille de leurs propres fonds. Mais la difficulté est de savoir en quelle forme ce secours si nécessaire à ces communautés peut être donné. Je ne suis point de l'avis du syndic, qui demande un arrêt par lequel il sera dit que le Roi reprendra les quotités des biens abandonnés. Rien ne seroit d'un plus dangereux exemple : on verroit bientôt un grand nombre de communautés faire les mêmes demandes, on affecteroit même d'abandonner plusieurs terres, qui ne seroient pas des meilleures, et il n'a jamais été pratiqué que le Roi reprenne sur lui cette perte. Régulièrement, elle doit retomber sur la communauté. Si elle fait un abandonnement général, c'est le diocèse qui doit le supporter : ce sont les anciennes maximes, dont il ne faut pas se départir, et il vaudroit mieux, jusqu'à la paix, temps auquel les impositions diminueront, donner tous les ans des arrêts particuliers sous différents prétextes de grêle ou de stérilité, par forme d'indemnité, pour remettre à ces communautés les sommes qu'on demande, qui montent à celle de 9,768 #, savoir : à la communauté de Mauguio, 5,136 #; à celle de Vic, 1,321 #; à celle d'Assas, 2,223 #, et à celle de Beaulieu, 488 #. Par ce moyen, ces communautés, qui ne peuvent plus supporter leurs charges, subsisteroient et rentreroient dans le courant, et reviendroient au même état qu'elles étoient, lorsque les impositions ne seront plus aussi fortes qu'elles sont maintenant; du moins, elles pourront reprendre plus facilement sur elles-mêmes, suivant l'ancienne règle de tout temps pratiquée, les cotes abandonnées, ce qu'elles ne peuvent faire maintenant par l'excès où sont les impositions*.»

* En apostille : «Bon pour la moitié, par arrêt, et il sera expédié une ordonnance.»

Le 19 mars 1713, après avoir fait étudier l'état des biens des diverses paroisses et la proportion des biens abandonnés, M. de Bâville obtint encore de les décharger des tailles dues et de moitié de celles qui seraient à percevoir durant les trois années suivantes.

Les procureurs du pays de Provence demandèrent la même faveur en 1714; mais le contrôleur général répondit à l'intendant, M. Lebret, le 14 octobre : «. . . . . S. M. n'a accordé aucune diminution sur les impositions des communautés des autres pays d'États qui ont des usages différents de celui du Languedoc, à moins qu'il n'y soit arrivé de grands accidents.»

Sur l'effet des indemnités accordées aux communautés, voir une lettre de M. de Bâville, 8 mars 1715.

1231. *M. Turgot, intendant à Moulins,*
au Contrôleur général.

29 Février 1712.

«J'ai examiné la requête et projet d'arrêt qui vous a été remis par les fermiers généraux, que vous m'avez fait l'honneur de me renvoyer le 23 de ce mois, et dont je joins l'extrait, par laquelle ils demandent que les dispositions portées par un arrêt du 9 octobre 1705, pour deux forêts situées entre l'Auvergne et le Bourbonnois, par lesquelles ceux qui s'établiront dans les loges desdits bois sans permission des intendants seront réputés faux-sauniers, et, comme tels, attachés à la chaîne sans autre formalité, soient confirmées pour ces bois et étendues pour toutes les forêts de Bourbonnois et de Nivernois, où il y a une grande quantité de bois.

«Je ne puis demeurer d'accord du projet de dispositif proposé par les fermiers. [Elles] ont peut-être été bonnes pour un léger temps : mais elles sont [trop] contraires aux règles portées par les ordonnances pour que vous les approuviez, et, si j'ose le dire, pour que des personnes instruites des formes puissent les renouveler en ces termes.

«Avant de vous proposer un nouveau dispositif plus en règle, qui seroit encore bien fort, je dois vous observer que, dans les nombreuses forêts de ce pays-ci, les entrepreneurs de la coupe des bois sont obligés de se servir d'un grand peuple de bûcherons et fendeurs de bois, lesquels sont obligés, pour leur commerce, de faire des loges près des coupes pour y loger leurs bûcherons à portée d'y venir travailler depuis le commencement du jour jusqu'à la nuit, pour éviter de perdre une heure de temps pour venir des paroisses se rendre sur l'ouvrage. Ces fendeurs de bois sont un peuple assez sauvage, et toujours armés de cognées, serpes et haches, qui se secourent mutuellement, et sont assez enclins à faire le faux-saunage ou à y donner retraite. Mais il y en a eu de tout temps, et il est assez difficile d'y mettre la règle. Les tempéraments proposés par mon projet d'arrêt sont plus propres à les obliger à y apporter quelque circonspection, et plutôt pour leur faire peur que pour asseoir des peines bien juridiques, car vous savez que, naturellement, les peines ne s'établissent point par un arrêt, et qu'il faudroit une forme de déclaration pour cela.

«Au reste, je crois ce remède moins utile que la vigilance des gardes de gabelle, et, à l'égard du grand faux-saunage à port d'armes qui s'étoit fait par des cavaliers, il a été mieux réprimé par quelques prises et en s'y opposant, qu'il ne le seroit par tous les arrêts et ordonnances possibles. Si vous croyez nécessaire d'apporter quelque remède au faux-saunage ordinaire à ces sortes de gens, je crois que les tempéraments que je propose par le projet de dispositif sont les plus conformes à la règle; mais il sera très difficile de le faire exécuter en son entier.»

1232. *M. de Bâville, intendant en Languedoc,*
au Contrôleur général.

1er Mars 1712.

«La paroisse de Cornebarieu, qui est à l'extrémité de cette province et du diocèse de Toulouse, est remplie de paysans mutins, qui ne veulent point payer les impositions, et qui sont en possession de maltraiter les collecteurs. Le nommé Lacoste, qui l'est maintenant, a été obligé de demander des soldats de milice bourgeoise pour lui servir de main-forte, n'osant aller chez ce redoutable meunier nommé Declaux, accoutumé de maltraiter tous ceux qui lui demandent le payement de la taille et de la capitation. Il s'est en effet trouvé si mauvais, qu'ayant ameuté tous les habitants des environs, il a bien battu le commis du collecteur et les soldats de milice, ce qui a été une très forte rébellion, comme il en arrive souvent dans ce pays, qu'il est important de réprimer, s'agissant d'ailleurs autant de capitation, dont j'ai la connoissance, que de la taille et de soldats maltraités. Le collecteur et le receveur ayant eu recours à moi et m'ayant rapporté la preuve de la rébellion, j'ai cru devoir faire arrêter Declaux, un de ses enfants et son valet, qui ont été les plus distingués dans la rébellion. J'ai commis le sieur Bousquet, à Toulouse, mon subdélégué, pour les interroger, dans l'intention de demander un arrêt d'attribution pour leur faire le procès, si je connoissois, par la procédure, que cela en valût la peine. J'ai été bien surpris d'apprendre par vous que ce même meunier s'étoit pourvu à la Cour des aides et a obtenu l'arrêt ci-joint, qui ordonne que la procédure de mon subdélégué sera portée au greffe de la Cour, et qui lui fait défenses d'en connoître. J'ai été d'autant plus surpris de cette procédure que, vivant en parfaite intelligence avec les officiers de cette Cour, nous concertons toujours toutes les affaires en pareille occasion, pour ne pas vous en fatiguer. J'ai parlé de cet arrêt à M. le procureur général et à M. le premier président : ils sont convenus qu'étant sur requête, il a échappé à leur connoissance, n'y ayant fait aucune réflexion. Cependant, comme il est très important que cette rébellion ne demeure pas impunie, et qu'il n'en faudroit pas davantage pour empêcher le payement des impositions, je crois qu'il est très nécessaire de donner l'arrêt dont je joins ici un projet, qui me donne une nouvelle attribution de cette affaire, quoiqu'elle l'est déjà en partie pour ce qui regarde la capitation. Et comme ce n'est point ici une rébellion ordinaire contre un collecteur, mais une espèce d'assemblée de paysans qui l'ont maltraité, il me semble que cela mérite de prendre la voie extraordinaire dans la conjoncture présente. J'ai même proposé cet arrêt à M. le procureur général et à M. le premier président, qui sont convenus qu'il n'y avoit pas d'autre expédient. Je n'ai pas cru que l'arrêt dût prononcer la cassation de la procédure de la Cour des aides, pour ne pas chagriner cette Compagnie; mais M. le procureur général et M. le premier président m'ont dit qu'ils s'arrêteront entièrement dès que l'arrêt d'attribution paroîtra, et que leur procédure sera comme chose non avenue*.»

* L'affaire fut rendue à M. de Bâville : lettre du 13 avril.

1233. *M. Daguesseau,*
procureur général au Parlement de Paris,
au Contrôleur général.

2 Mars 1712.

«En lisant la déclaration du Roi qui défend de tuer des agneaux pendant trois ans, et qui, en cela, est très juste et très utile au public, j'y ai trouvé une clause qui enjoint aux lieutenants généraux de police de tenir la main à ces défenses, à peine d'en demeurer responsables en leur propre et privé nom, et d'interdiction ou suspension de leurs offices. Cette clause m'a paru si dure dans ses menaces, et surtout dans une matière de la qualité de celle dont il s'agit, qu'après en avoir parlé à M. le premier président, nous avons cru l'un et l'autre qu'il étoit bon de vous prier d'épargner, s'il se peut, cette confusion à des officiers dont la condition, aussi bien que celle des autres officiers de judicature, est fort à plaindre à présent, et dont l'honneur doit être d'autant plus ménagé que c'est la seule chose qui leur reste. Je ne vois pas d'ailleurs qu'ils aient mérité, ni pu mériter cette rigueur, puisque, la défense de tuer des agneaux n'ayant pas encore été faite par une déclaration et en forme de loi, il ne peut pas y avoir encore de contravention ou de négligence de leur part. Nous savons, et nous devons savoir mieux que personne la distance qu'il y a entre de tels officiers et le Parlement; mais cependant il ne nous est pas permis d'être insensibles à tout ce qui intéresse en général l'honneur de la magistrature, comme le sont sans doute des menaces aussi rigoureuses que celles qu'on fait aux lieutenants généraux de police par cette déclaration. Ainsi, à moins qu'il n'y ait des raisons bien pressantes d'employer contre eux un style si mortifiant, j'espère que vous voudrez bien faire réformer cet endroit de la déclaration, et n'y laisser qu'une injonction en termes généraux, aux lieutenants généraux de police, de tenir la main à son exécution....»

1234. *M. de Bâville, intendant en Languedoc,*
au Contrôleur général.

4, 22 et 29 Mars 1712.

Abonnement de diverses affaires extraordinaires*.

* Voir deux lettres du contrôleur général à M. de Bâville, 4 et 18 mars.

1235. *Le Contrôleur général*
à M. de Bâville, intendant en Languedoc.

5 Mars 1712.

Il lui renvoie la requête du consul et viguier en titre de la ville de Montpellier, qui prétend, en cette qualité, être préféré, pour la députation aux États, aux autres consuls électifs et aux officiers de la ville, et qui demande à jouir des gages attribués à sa charge aussi bien en exercice que hors d'exercice*.

* Le 21 mars, M. de Bâville réprouva cette prétention, et, suivant son avis, il fut décidé que le viguier jouirait des gages de la charge alternative, mais non des émoluments.

1236. *M. Daguesseau,*
procureur général au Parlement de Paris,
au Contrôleur général.

6 Mars 1712.

«Je ne puis refuser aux officiers et aux archers du guet de Paris d'avoir l'honneur de vous écrire en leur faveur pour le payement de ce qui leur est dû. Ils m'en ont donné un mémoire, que je joins à cette lettre, et qui monte à une somme fort considérable. Vous savez la continuité et la nécessité de leur service pour la sûreté et pour la tranquillité de cette grande ville; nous leur devons rendre ce témoignage qu'ils remplissent très exactement leur devoir, et qu'il n'y a jamais eu moins de crimes nocturnes qu'il y en a à présent dans Paris. Le défaut de payement de leur solde et la cherté des denrées, surtout de l'avoine, les réduisent à une si grande extrémité, qu'il y en a plusieurs qui sont sur le point d'abandonner absolument le service par l'impuissance où ils se trouvent de le faire à leurs dépens. Je vous supplie de vouloir bien considérer que c'est ici une espèce de milice qui n'est guère moins favorable que celle que vous avez tant d'attention à faire payer, et qu'il y a peu de dépenses dans l'État plus nécessaires que celle dont il s'agit. Il ne seroit pas juste de vous proposer de faire payer dès à présent une somme aussi considérable que celle qui est due au guet; mais, si vous vouliez bien leur en faire toucher une partie et partager le surplus en différents payements successifs de mois en mois, sur lesquels ils puissent compter avec certitude, vous leur rendriez le courage, et vous les exciteriez par là à faire de nouveaux efforts pour continuer de servir jusques à un temps plus heureux où vous pourrez remettre toutes choses en règle*.»

* Selon le mémoire joint à cette lettre, une partie de l'arriéré remontait à 1708, et le total, jusqu'en février 1712, s'élevait à 149,095# 15s. M. de Pontchartrain, secrétaire d'État de la maison du Roi, appuie, le 11 mars, une demande analogue du chevalier du guet, et, le 17 mai 1713, une demande des cavaliers et archers du guet, à qui il est dû dix-huit mois de solde. Il fut fait un fonds de 50,000# en acompte.

1237. *M. de Mesmes,*
premier président du Parlement de Paris,
au Contrôleur général.

6 Mars 1712.

En raison du mauvais état de l'hôtel du Premier Président, qui faillit jadis coûter la vie à M. le Peletier, ainsi que de la grand'chambre du Parlement et du reste du Palais, il propose de faire faire une visite en détail par l'architecte Boffrand, afin d'estimer quelle sera la dépense des réparations.

1238. *M. le comte d'Ongnyes, grand bailli*
de l'Île-de-France,
au Contrôleur général.

(Intendance de Soissons.)

6 Mars 1712.

Il se plaint d'une recherche arbitraire de noblesse faite sur les gentilshommes sans qu'il soit tenu compte de celle de 1666*.

* En apostille : «Lui faire réponse qu'on n'a fait aucune poursuite, et que si on en a fait quelqu'une, qu'il en envoie l'exploit.»

1239. *M. de Barrillon, intendant en Béarn,*
au Contrôleur général.

7 et 10 Mars, 22 et 26 Avril 1712.

Conflit de juridiction entre l'intendant et le Parlement de Pau, sur l'administration des biens des communautés*.

* A la lettre du 22 avril est jointe une liste d'arrêts rendus par des intendants et prouvant la légitimité des prétentions de M. de Barrillon. Voir les lettres du président d'Esquille, 8 mars; du premier président de Fenoyl, 17 mai; du procureur général de Casaus, 17 mai; de M. de Préchac, conseiller-doyen du Parlement, 10 mars et 28 mai. Le 28 mai, le sieur de Navailles, syndic général des États, demande, en leur nom, à être reçu partie intervenante dans le débat.

Le 31 mai, M. de Barrillon déclare que, sous le prétexte de ce conflit, les États et le Parlement veulent seulement empêcher l'établissement du dixième, auquel ils sont fort opposés.

Voir, au mois d'octobre, la décision rendue par les commissaires nommés à cet effet par le Chancelier.

1240. *Le Contrôleur général au sieur Chenizot, receveur général des finances à Rouen.*

9 Mars 1712.

Imposition à faire dans la généralité de Rouen pour les travaux qui doivent être exécutés dans les ports du Havre, du Tréport, de Honfleur, de Fécamp, de Saint-Valery et de Dieppe*.

* Une même lettre fut écrite, le même jour, aux sieurs Oursin et Maussion, receveurs généraux à Caen et à Alençon. Voir une lettre de M. de Richebourg, intendant à Rouen, en date du 18 mai suivant.

Une tempête ayant brisé la jetée du Havre et rempli le port de galets, une somme supplémentaire de 100,000# fut imposée en deux ans sur les mêmes généralités. On s'était proposé de faire enlever les galets par corvée; mais, comme ce travail était pénible et n'avançait pas, on le mit en adjudication avec un supplément de 18,000# (lettre du 21 mai 1713). Voir, sur la répartition de cette nouvelle imposition dans les généralités de Caen et d'Alençon, les lettres du contrôleur général aux intendants, MM. Guynet et Feydeau de Brou, 18 juin 1713, et une lettre de M. Feydeau de Brou, 25 juin.

Sur le curage du havre de Brouage, voir une lettre du sieur Boutillier, de Rochefort, 7 août 1714.

1241. *M. Boisot, premier président du Parlement de Besançon, au Contrôleur général.*

11 Mars 1712.

«Les Magistrats de cette ville sont fort alarmés du bruit qui est venu à eux que le Roi retiroit l'Université de cette ville, pour la rétablir à Dôle. Deux de leurs députés sont venus m'en informer. Je leur ai répondu que, puisque leur ville en étoit ornée à titre onéreux, pour 200,000# payées aux coffres du Roi, S. M. y auroit considération; outre que la vérité est que bien des raisons prouvent que le service du Roi, l'honneur et l'avantage des lettres demandent que l'Université reste ici, où elle fleurira mieux qu'en aucune autre ville du pays.....»

1242. *Les Premier Président, Procureur général et Présidents à mortier du Parlement de Besançon au Contrôleur général.*

11 Mars 1712.

Ils se plaignent qu'au mépris de l'arrêt rendu par le Conseil le 17 février 1695, M. de Noironte, successeur de M. Borrey comme premier président de la Chambre des comptes*, et un autre président de cette Compagnie se sont montrés portant l'épitoge sur leur robe de velours noir.

«Nous avons appris qu'à prétexte de la réunion de quelques charges créées à la Chambre des comptes, et moyennant la finance que ladite Chambre en fourniroit au Roi, lesdits présidents de la Chambre obtiendront, par votre moyen, non seulement la permission de porter l'épitoge, contre le prescrit de l'arrêt du Conseil ci-dessus mentionné, mais encore le droit de faire mettre sur leurs armes une couronne ducale et le manteau d'hermine. M. de Noironte l'a déjà exécuté sur son carrosse et chaises à porteur. Nous espérons que vous désapprouverez toutes ces entreprises, et que votre équité et l'autorité du Roi ne souffriront pas que M. le premier président et les autres présidents de la Chambre des comptes prennent la liberté, sans raison, de s'écarter de la soumission que tous les officiers doivent aux arrêts du Conseil exécutés depuis tant d'années. S'il en arrivoit autrement, il n'y auroit plus rien de fixe, encore moins d'obéissance, et, à la mort de chaque chef de Compagnie supérieure, le caprice des successeurs régleroit tout, au préjudice du bon ordre et des distinctions qui sont attribuées aux officiers des Compagnies supérieures.

«Les présidents à mortier du Parlement de Besançon, qui vous font ici leurs très humbles remontrances, se trouveroient d'autant plus lésés, qu'ayant acheté leurs offices très chèrement, fourni des sommes considérables en différentes occasions, même, ces dernières années, racheté la capitation, qui étoit très forte à leur égard, et le droit annuel, ils se trouveroient presque sans distinction des présidents de la Chambre des comptes, qui n'ont pas raison de vouloir s'égaler, par émulation, aux présidents à mortier, desquels les fonctions ont une étendue tout autre que celle des officiers des Chambres des comptes**.....»

* Voir une lettre écrite par M. de Noironte, le 6 août 1711, au moment où il venait d'être nommé premier président, et une lettre de la Chambre, du 14.

** Voir les lettres de M. Garipuy, premier président du présidial de Montauban, qui soutenait, contre les officiers de la Cour des aides, avoir le droit de porter la robe rouge, avec chaperon et hermine : 23 mars 1711 et 13 novembre 1712.

1243. *M. de Courson, intendant à Bordeaux, au Contrôleur général.*

12 Mars et 2 Avril 1712.

Les maire, lieutenant de maire et assesseur de Dax, ne pouvant se soustraire aux accusations de prévarications et de crimes lancées contre eux, offrent de céder leurs charges à la ville sans aucun remboursement*.

«Si le Roi veut bien autoriser par un arrêt du Conseil la transaction qu'ils ont proposé de faire, ce sera un grand bien pour la communauté de Dax, et tous les particuliers de ce canton-là, sachant ce qui les a empêchés de subir les peines qu'ils méritent, en auront plus de confiance en moi, et m'en sauront assez de gré pour que cela me donne beaucoup plus de facilité pour l'exécution des ordres du Roi dans toutes les autres affaires.»

* En apostille à la lettre du 12 mars, de la main du contrôleur général : «Bon, en observant les termes en sorte qu'il ne paroisse pas que le Roi ait permis de transiger sur des crimes publics.....» Un arrêt du Conseil réunit les charges à la communauté (lettre du 9 juillet), et, pour empêcher qu'on ne retombât dans les anciens errements, un règlement sur les affaires de la ville et sur l'élection et les fonctions des officiers fut arrêté en assemblée générale : lettre du 15 novembre, à laquelle est joint le projet de règlement.

1244. *Le Contrôleur général à M. de Pontchartrain, secrétaire d'État de la marine.*

13 et 25 Mars 1712.

Commerce par transit, sur vaisseaux étrangers, avec les Indes occidentales.

«Je conviens qu'il seroit dangereux d'accorder des passeports pour tirer des marchandises d'Amsterdam et les faire consommer dans le royaume, et que cela est contraire aux derniers règlements qui ont été faits sur le commerce; mais, les marchandises qu'on permet au sieur du Sault de tirer d'Amsterdam pour être déchargées de bord en bord et transportées dans les Indes occidentales, étant absolument nécessaires pour faire des assortiments qui produisent la consommation de celles du royaume et des retours utiles à l'État, on ne peut se dispenser d'accorder ces passeports, qui ont, jusqu'à présent, produit de grands avantages.»

1245. *M. Laugeois d'Hymbercourt, intendant à Soissons, au Contrôleur général.*

13 Mars et 23 Juin 1712.

Payement de ses appointements de membre du Conseil des prises.

1246. *M. de Richebourg, intendant à Rouen, au Contrôleur général.*

14 Mars et 2 Avril 1712.

Les cavaliers du régiment de Villequier pratiquent le faux-saunage au moyen des sels francs d'impôt que leur vendent les bourgeois, hôteliers et pêcheurs de Dieppe*. Il n'y a pas à songer à supprimer la franchise de cette ville, qui est, non pas un privilège, mais la condition nécessaire d'un commerce considérable de poissons salés; on voudrait toutefois condamner quelques-uns des fraudeurs les plus connus, quoiqu'ils n'aient pas été pris en flagrant délit de contravention comme l'exige l'ordonnance des gabelles**.

* Sur la réglementation de la franchise du sel à Dieppe et sur l'obtention de lettres de bourgeoisie, voir les lettres des 20 et 22 mai, et 9 juillet.

** Un des principaux auteurs du désordre était le commis à la franchise de la ville, beau-frère d'un fermier général.

1247. *Le Contrôleur général à M. le duc de Tresmes.*

15 Mars 1712.

«J'ai reçu la lettre que vous m'avez fait l'honneur de m'écrire sur l'agrément de la charge de maître de la garde-robe que le Roi a accordée à M. de Maillebois, et les grâces qu'il a plu à S. M. d'y joindre. Je ressens très vivement la part que vous y prenez.....»

1248. *M. de Lafargues, gouverneur de Saint-Jean-d'Angely, au Contrôleur général.*

16 Mars 1712.

Bien que les Bénédictins ne soient seigneurs directs que de deux rues de la ville, grâce à la négligence des receveurs du domaine ils prétendent être maîtres de la ville entière, y posséder les droits seigneuriaux, et assujettir les habitants au payement d'une maille d'or par maison.

1249. *M. Laugeois d'Hymbercourt, intendant à Soissons, au Contrôleur général.*

19 Mars 1712.

Adjudication de la fourniture du bois et de la chandelle aux troupes, à raison d'un quart de corde de bois et d'une livre de chandelle par compagnie et par jour*.

* Sur la fourniture du bois aux troupes par les adjudicataires de la forêt de Mormal, voir deux lettres de M. Doujat, intendant en Hainaut, 3 février et 1er mars 1713.

Sur une contestation entre les maire et échevins de Sedan et le grand maître des eaux et forêts, touchant le chauffage de la garnison de cette ville, voir la lettre de M. Voysin, secrétaire d'État de la guerre, 15 octobre 1713.

1250. *M. Voysin, secrétaire d'État de la guerre, au Contrôleur général.*

21 Mars 1712.

M. Doujat a trouvé moyen de faire paver, sans qu'il en coûtât rien au Roi, les chaussées du Hainaut, dont le mauvais état entravait le transport des grains; mais il faudra permettre par un arrêt du Conseil de tirer du grès et du sable de la forêt de Mormal.

1251. *M. Daguesseau, procureur général au Parlement de Paris, au Contrôleur général.*

28 Mars 1712.

Il envoie un mémoire sur la déclaration qui attribue aux juges-réformateurs des eaux et forêts le droit de juger en dernier ressort l'appel des sentences rendues en

IMPRIMERIE NATIONALE.

matière de chasse et portant condamnation à une peine afflictive.

1252. *M. d'Argenson, lieutenant général de police à Paris,*
au Contrôleur général.

30 Mars 1712.

« Suivant le certificat des perruquiers, des épiciers et des parfumeurs à qui MM. du Conseil du commerce jugèrent à propos que je distribuasse de l'amidon qui avoit été composé chez moi par les nommés Grimon et Hérault, dont vous m'avez fait l'honneur de me renvoyer le placet, l'emploi de cette drogue seroit nuisible à la plupart des usages auxquels elle est destinée, puisque non seulement elle dessécheroit les cheveux, au lieu de les nourrir, et qu'elle est d'une qualité trop corrosive pour se mêler dans les pâtes et parfums, mais aussi parce qu'elle ne pourroit entrer dans les dragées, où l'on mêle presque toujours de l'amidon ordinaire, sans exposer la santé de ceux qui en mangeroient.

« Ainsi, l'avis du Conseil du commerce fut qu'on vous supplieroit très humblement de rejeter cette proposition, qui, au fonds, si elle étoit avantageuse au public, n'auroit pas besoin d'un privilège exclusif et réussiroit par sa propre utilité..... »

1253. *M. Méliand, intendant à Lyon,*
au Contrôleur général.

4 Avril, 17 Mai et 29 Juin 1712.

Prix de l'argent sur la place de Lyon.

1254. *M. Roujault, intendant à Poitiers,*
à M. de la Garde.

10 Avril 1712.

Il demande en quelle forme doit être dressé l'état des affaires extraordinaires qui se sont faites depuis l'année 1689.

« Je conçois bien que l'on peut ajouter beaucoup de choses, soit pour la curiosité ou pour l'histoire, au mémoire (de 1710) de l'état de ce département, et, après des recherches, je puis proprement enrichir ce mémoire en entant le nouvel ouvrage sur l'ancien. Je vous avoue que la forme dans laquelle vous demandez ce nouveau travail me fait de la peine, et il me semble qu'on ne peut guère faire un discours suivi dans des colonnes. Comme il pourroit être que, sur cela, je n'aurois pas bien pris cette affaire, trouvez bon que j'aie l'honneur de vous demander si vous n'approuvez pas un ouvrage suivi sur le modèle du premier, dans lequel je pourrois ajouter ce qui seroit venu à ma connoissance. On pourroit ensuite en prendre des extraits par élection pour remplir les colonnes telles que vous les avez fait préparer..... »

1255. *Le sieur de Boullongne, directeur des gabelles à Orléans,*
au Contrôleur général.

14 Avril 1712.

Il réclame la gratification de cent pistoles que les intéressés aux étapes ont coutume de donner aux secrétaires des intendants pour la liquidation de chaque année, en temps de guerre, et qu'ils lui refusent depuis 1708, parce qu'il n'est plus secrétaire de l'intendant comme il l'était alors.

1256. *M. de Courson, intendant à Bordeaux,*
au Contrôleur général.

16 Avril 1712.

Il demande un congé à l'occasion du mariage de sa fille avec M. de Maupeou, qui doit se célébrer à Montpellier*.

* Son père, M. de Bâville, intendant en Languedoc, avait écrit le 12, pour appuyer cette demande.

1257. *M. Laugeois d'Hymbercourt, intendant à Soissons,*
au Contrôleur général.

18 et 22 Avril 1712.

Union de la mairie de Crécy-sur-Serre à la justice de Sort.

« (*22 avril.*) Les quatre habitants de Crécy auxquels j'avois mandé de se rendre ici, comme j'ai eu l'honneur de vous en informer, y vinrent hier. Je les trouvai d'abord très concertés entre eux et fermes sur la négative; mais, leur ayant fait connoître, à mesure qu'ils s'opiniâtroient, que je savois par où prendre chacun d'eux en particulier, ils changèrent de langage, et me déclarèrent que pas un d'eux, ni de leurs habitants, desquels ils m'apportèrent une délibération signée d'un grand nombre, ne se seroient opposés à ce qu'on désiroit d'eux, si on eût employé la douceur au lieu des menaces et des voies d'emportement dont ils prétendent que le sieur Bataille, votre fermier, avoit usé. Ce changement de leur part m'engagea d'entrer dans leur esprit, et, leur ayant représenté le bonheur que leur bourg, et chacun d'eux en particulier, auroient de vous plaire et de vous appartenir, et la protection qu'ils trouveroient en moi dès qu'ils vous seroient agréables, après une heure de conversation et de remontrances, je les fis absolument consentir à ce que j'en voulois. Ils me promirent de m'apporter lundi, à Noyon, où j'ai ordre de M. Voysin de me rendre pour le convoi général, un consentement de leur communauté conforme au modèle que je leur dictai : ainsi, je compte qu'ils ne me manqueront pas de parole. J'aurai pourtant l'honneur de vous dire que je leur ai promis de vous supplier très humblement, de leur part, de ne leur point donner le sieur Bataille pour maire. Le sieur Louvet, instruit de vos intentions, m'avoit dit que je pouvois leur en donner ma parole. N'ayant point d'ordre de vous, je ne crus pas devoir aller jusque-là; mais je leur fis espérer que vous auriez cet égard à la très humble remontrance que je prendrois la liberté de vous faire. Restera ce qui regarde M. l'abbé de Saint-Jean : lorsque j'aurai le consentement des habitants, j'y travaillerai. Comme c'est un droit de justice, et attaché à un bénéfice, la difficulté sera plus grande; je ne négligerai rien pour l'aplanir*.»

* Sur une incursion des hussards ennemis dans ce lieu, suivie de pillage et d'incendie, voir les lettres de l'intendant, 24 juillet; du sieur Vicuille, procureur du Roi à Laon, 11 et 20 juin, et du bailli et d'un des fermiers de Sort, 16 et 28 juin. Les habitants des maisons incendiées furent indemnisés sur le produit de la vente des corps de garde qui avaient été édifiés le long des rivières d'Aisne, d'Oise et de Somme, et le reste du produit donné aux hôpitaux de Soissons et de Laon (lettre du 6 septembre 1713).

Le 13 août, l'intendant, et, le 14 août, le sieur Vicuille racontent les violences exercées dans ce même village par des officiers ivres des régiments de Charolais et de Guignonville. Ceux-ci furent condamnés à indemniser un blessé : lettres de M. Voysin, secrétaire d'État de la guerre, 18 et 31 août.

1258. *M. le Camus*,
premier président de la Cour des aides de Paris,
au Contrôleur général.

(Cour des aides de Paris, G⁷ 1766.)

18 Avril et 1er Mai 1712.

Survivance de sa charge.

«J'ai parlé, au sortir du prié-Dieu, au Roi, de la manière que vous avez eu la bonté de me conseiller, et je l'ai prié de ne point écouter les propositions que l'on pourroit faire à S. M. sur ma charge, ayant résolu, puisque je me trouvois assez de forces pour en soutenir les poids, de la garder tant que je vivrois, pour y continuer mes services à S. M. : ce qu'elle a eu la bonté d'approuver. Et sur ce que je l'ai suppliée de ne point écouter les personnes injustes qui pourroient proposer d'avoir ma charge, puisqu'il n'y avoit point de plus grande injustice que de demander la charge d'un homme vivant, et que plusieurs personnes en avoient parlé à M. le Chancelier, qui les avoit rebutés, le Roi m'a dit qu'il n'écoutoit pas ces sortes de gens*. Je lui ai ajouté que je le suppliois de trouver bon que je lui proposasse mon petit-fils, qui avoit près de vingt-cinq ans, pour ne rendre pas inutile la grâce qu'il m'avoit fait pour mon fils, que je venois de perdre. Le Roi m'a dit qu'il y falloit penser, et qu'il considéroit toujours le long temps que je le servois bien. Je vous supplie de me continuer vos offices dans la suite. Vous aviez bien prévu que j'en devois pas espérer aujourd'hui davantage; mais, ce qu'on n'obtient pas la première fois, on peut espérer, dans quelque temps, d'y pouvoir réussir. Je vous y demande votre protection, et de ne douter jamais de mon respect et de mon attachement.»

* Voir une lettre du 22 avril, par laquelle M. de Bâville, intendant en Languedoc, demandait la charge pour M. de Blancmesnil, vu le grand âge de M. le Camus.

1259. *M. le Guerchoys, intendant en Franche-Comté*,
au Contrôleur général.

22 Avril 1712.

La confiscation de velours introduits en France par Bâle est bien fondée, attendu que l'exemption de droits d'entrée pour les marchandises du cru de la Suisse ne comprend que le cuivre, l'étain, le fil de fer, le fil de laiton, la mercerie, le fromage, les toiles blanches, les treillis et boucassins. D'ailleurs, on ne peut faire entrer en France des soies ou des étoffes de soie que par le Pont-de-Beauvoisin*.

* Sur une demande des marchands de Glaris, tendant à faire exempter leurs droguets de droits d'entrée, voir une lettre du 12 mars 1715.

Au sujet des toiles teintes et barrées de Saint-Gall que l'on voulait faire entrer en France franches de droit, le contrôleur général écrit à M. de Torcy, le 17 août 1715, que cela ruinerait les manufactures françaises analogues. Les Suisses voudraient étendre leurs privilèges à toute sorte de marchandises; mais tout ce qu'on peut leur permettre, c'est de remporter leurs produits, s'ils ne consentent pas à payer les droits.

1260. *M. Bignon de Blanzy, intendant à Paris*,
au Contrôleur général.

24 Avril 1712.

«J'ai reçu ordre, par une lettre de M. Voysin, pour faire trouver incessamment à Pont-l'Évêque, près Noyon, trois ou quatre cents voitures des paroisses des élections de Senlis, Beauvais et Compiègne, qu'il se propose de faire employer à transporter de ce lieu jusqu'à Saint-Quentin des avoines pour les chevaux de l'armée. J'ai pris des mesures pour parvenir à l'exécution; mais je doute que, quelques diligences que je fasse, ce secours de voitures soit aussi prompt et aussi considérable qu'on se le promet. Il faut que je fasse distribuer des mandements dans chaque paroisse, que les syndics aient le temps de faire les arrangements, et la distance de la plupart des lieux est si grande jusqu'à Pont-l'Évêque, qu'il faudra, pour quelques lieux, au moins cinq jours de marche pour s'y rendre, et les moins éloignés, à l'exception d'un très petit nombre de l'élection de Compiègne, en emploieront trois. Ainsi, il se consommera beaucoup de temps avant que ces voitures puissent être employées. Quant au nombre qu'on en demande, je crois qu'il est impossible de le fournir; il n'y en a pas une si grande quantité dans l'étendue de ces trois élections, et, pour en fournir un nombre un peu considérable, il faudra faire marcher indistinctement toutes celles qui y sont, même celles des gentilshommes, des ecclésiastiques et des privilégiés qui font valoir leurs terres par leurs mains. Cette fourniture de voitures ne se fera pas sans exercer des contraintes rigoureuses pour obliger à les faire partir; la dépense que cela coûtera au pays est infinie, car, quoique M. Voysin ait résolu de faire payer ces voitures pour le transport qu'elles feront depuis Pont-l'Évêque jusqu'à Saint-Quentin, ce qui coûtera pour la nourriture des chevaux et des conducteurs n'est pas comparable au prix qui sera donné. Les charrettes les mieux attelées ne porteront que huit sacs; il y a dix lieues depuis Pont-l'Évêque jusques à Saint-Quentin; ils ne doivent avoir que 2 s. 6 d. par sac pour chaque lieue, ce qui fera 10# pour leur voyage, et, pour ce prix modique, ceux qui conduiront ces voitures seront plusieurs jours absents de chez eux, chargés de leur nourriture et de celle de leurs chevaux. Cette dépense n'est rien en comparaison du dommage que la culture des terres en souffrira : les chevaux sont présentement occupés à faire les labours et à donner les façons aux terres pour les semences prochaines. Pour peu qu'on y perde de temps, on ne le regagne plus : il est à craindre que plusieurs terres ne demeurent incultes et ne restent hors d'état d'être ensemencées, d'autant qu'il périra beaucoup de chevaux dans ce voyage, et les laboureurs ne sont pas en état d'en acheter d'autres. Vous jugez quelles en sont les conséquences : il sera difficile de compter sur le payement des impositions dans ces élections. Il faut encore observer qu'on y paye actuellement une imposition qui a été ordonnée par un arrêt du Conseil pour faire le fonds du prix des voitures que des entrepreneurs se sont chargés de faire pour transporter les grains et fourrages nécessaires à l'armée de Flandre; on souffrira impatiemment de supporter cette contribution en même temps qu'on fournit des voitures effectives. J'ai cru que je ne pouvois pas me dispenser de vous informer des inconvénients de l'exécution de l'ordre que j'ai reçu, qui ne sera pas d'un grand secours, et qui produira à ce canton de pays une perte considérable. J'en fais la représentation à M. Voysin en même temps que j'ai l'honneur de vous en rendre compte.»

1261. *M. Roujault, intendant à Poitiers, au Contrôleur général.*

25 Avril 1712.

Il rend compte de l'arrestation, par le prince de Chalais, d'un homme qui se cachait sous l'habit religieux chez les Cordeliers de Bressuire, et qu'on soupçonne de projeter un attentat à la vie du roi d'Espagne. Le prince a été l'objet de mauvais traitements de la part d'une bande de faux-sauniers et de déserteurs*.

* Voir, sur cette affaire, une lettre du 6 novembre suivant.

1262. *Le Contrôleur général à M. l'Évêque de Meaux.*

26 Avril 1712.

Le Roi ne peut exempter du dixième les rentes provenant d'un legs fait à quelques paroisses du diocèse en forme de restitution; mais il consent à faire remettre le montant de l'imposition pour qu'on le répartisse entre les pauvres des paroisses légataires*.

«Il faut que vous ayez soin de faire retirer des certificats du trésorier des États de Bretagne et des payeurs des rentes, pour justifier que le dixième aura été retenu et à quelle somme il montera, afin qu'on puisse faire expédier une ordonnance pour la même somme. Au reste, je dois vous faire observer que l'intention de S. M. est que les deniers de ce dixième soient employés par vous en aumônes au profit des pauvres des paroisses auxquelles le legs a été destiné.»

* Les gages et honoraires des prédicateurs ne payaient point le dixième : lettres de M. l'évêque d'Alais et de M. de Bâville, intendant en Languedoc, 19 mai 1712 et 26 février 1713.

A propos de deux cordeliers irlandais que le Roi entretenait au couvent de Paris pour y faire leurs études, et qui recevaient une pension annuelle de 300#, le Roi déclara qu'ils devaient être compris dans la dispense du clergé; mais le contrôleur général fit observer que la dispense accordée pour les 8,000,000# du clergé ne pouvait leur être appliquée. (Lettre de M. de Pontchartrain, secrétaire d'État de la maison du Roi, avec apostille, 1er mars 1713.)

Les jésuites de Nantes obtinrent la dispense pour une gratification annuelle de 1,000# que les États de Bretagne leur faisaient pour le cours public d'hydrographie. (Lettre de M. de Montaran, trésorier général des États, 28 juillet 1714.)

1263. *Le Contrôleur général à M. Guynet, intendant à Caen.*

26 Avril 1712.

«L'affaire du doublement des octrois ayant été laissée imparfaite dans la généralité de Caen par M. de la Briffe, votre prédécesseur, j'ai cru qu'il étoit à propos de vous rappeler tout ce qui s'est passé touchant cette affaire, afin que, pleinement instruit de toutes ses différentes gradations depuis son origine jusqu'à présent, vous soyez en état d'en achever l'arrangement suivant les intentions du Roi.

«Par édit du mois de septembre 1710, S. M. a ordonné qu'il seroit reçu et payé, pendant six années, un double droit des deniers et revenus d'octrois et tarifs dans les villes et lieux du royaume où il y en avoit d'établis; qu'à l'égard des villes et autres lieux dans lesquels il n'y avoit point d'octrois, il en seroit établi sur telles denrées et marchandises que les maires, échevins, syndics et principaux habitants jugeroient à propos, et que, pour faciliter aux villes et autres lieux le payement d'un Don gratuit que S. M. jugeoit nécessaire pour soutenir les dépenses de la guerre, il seroit procédé par MM. les intendants des provinces aux adjudications du double droit et augmentation d'octrois et tarifs au profit de ceux qui se chargeroient de payer et avancer, à la décharge desdites villes et autres lieux, les sommes auxquelles le Don gratuit se trouveroit réglé, avec les 2 s. pour livre. Par déclaration du 7 octobre de la même année 1710, rendue sur plusieurs remontrances faites par les corps et communautés desdites villes et lieux, S. M. ordonna que les droits d'octrois et de tarifs établis pour le payement de la taille ou le rachat de la capitation ne seroient point sujets au doublement ou augmentation ordonnée par l'édit ci-dessus, déchargea les villes du payement des 2 s. pour livre du Don gratuit, ordonna qu'elles auroient la jouissance à leur profit du doublement des droits d'octrois et de tarifs, et de ceux qui seroient nouvellement établis, jusqu'à l'entier remboursement, tant du principal que des intérêts des emprunts qu'elles feroient pour satisfaire au payement du Don gratuit. Et enfin, pour leur faciliter ces mêmes emprunts, S. M. leur permit de les faire à constitution de rentes, d'en recevoir le prix principal en billets de monnoie, billets des fermiers généraux ou assignations libellées à cet effet, et d'en payer le montant au Trésor royal dans la même nature de payement. Cette disposition, quoique favorable aux villes, n'ayant point eu d'exécution par la difficulté de trouver les emprunts nécessaires, parce que les effets désignés par la déclaration ci-dessus du 7 octobre 1710 n'étoient pas suffisamment répandus dans l'étendue du royaume, S. M. jugea à propos de rendre une seconde déclaration, le 1er septembre 1711, par laquelle elle dispensa les villes des emprunts qu'elles étoient obligées de faire pour le payement du Don gratuit, et ordonna qu'à commencer du 1er octobre lors prochain, il seroit pourvu par MM. les intendants des provinces à l'établissement des nouveaux droits d'octrois et de tarifs, et qu'il seroit, par eux, procédé aux adjudications définitives qui en seroient faites au profit de ceux qui se chargeroient de payer et avancer le Don gratuit à la décharge des villes.

«S. M. jugea pour lors à propos de fixer la valeur du Don gratuit qui lui seroit fait par chaque généralité ou province, et celui de la généralité de Caen fut fixé par elle à 600,000 #, et depuis modéré à 400,000 #.

«Il est à propos de vous expliquer ici que, quoique la déclaration du 1er septembre 1711 ne détermine point précisément la nature des payements qui seroient faits au Roi par les adjudicataires des nouveaux octrois, néanmoins, cette dernière déclaration ayant changé la disposition de celle du 7 octobre 1710 en dispensant les villes de faire les emprunts nécessaires pour le payement du Don gratuit, pour la facilité desquels la permission de faire les payements en effets avoit seulement été accordée, il étoit sans difficulté que les adjudicataires étoient dans l'obligation de payer en espèces : ainsi, plus de payements en papier.

«MM. les intendants des provinces s'étant mis en devoir de faire exécuter la déclaration du 1er septembre 1711, il fut fait à S. M. plusieurs remontrances, et principalement sur les inconvénients que feroit naître le doublement des octrois et tarifs qui se perçoivent sur les vins et boissons vendus en détail, et, S. M. ayant même reconnu que le doublement de cette sorte d'octrois feroit un tort considérable à sa ferme des aides, elle jugea à propos de rendre une nouvelle déclaration touchant cette affaire, le 28 novembre dernier. Cette dernière déclaration excepte du doublement les droits d'octrois et de tarifs qui se perçoivent sur les vins et boissons vendus en détail, et ordonne qu'au lieu de ce doublement, celui des droits attribués aux offices d'inspecteurs-visiteurs et contrôleurs des vins et boissons sera levé par augmentation aux entrées des villes, bourgs et lieux où les anciens droits subsistent, à commencer au 1er décembre lors prochain. Elle ordonne encore que le doublement de ces droits d'inspecteurs sera levé de la même manière et pendant le même nombre d'années que les anciens droits, et qu'il sera procédé par MM. les intendants des provinces aux adjudications de ce doublement dans la forme prescrite par la déclaration du 1er septembre précédent.

«Par un arrêt du Conseil du 8 décembre 1711, il a été ordonné que les commis à la recette des droits d'inspecteurs des vins et boissons seroient tenus de faire la levée et perception du doublement. Par un autre arrêt du 29 du même mois de décembre, rendu en interprétation de la déclaration du 28 novembre précédent, il a été ordonné que les 2 s. pour livre du doublement des droits d'inspecteurs-visiteurs et contrôleurs des vins et boissons seroient levés par augmentation, pour être adjugés conjointement avec le doublement de ces droits.

«Quoique la déclaration du 28 novembre et l'arrêt du 29 décembre 1711 ordonnent qu'il sera fait des adjudications, par MM. les intendants des provinces, du doublement des droits d'inspecteurs des vins et boissons et des 2 s. pour livre de ces mêmes droits, néanmoins, S. M. ayant reconnu que la régie de ces nouveaux droits a beaucoup de rapport à celle de la ferme des aides, elle a mieux aimé recevoir les offres qui lui ont été faites par les fermiers pour la jouissance de ces nouveaux droits, que d'en faire des adjudications. Dans cet esprit, elle a agréé l'offre de [*tant*] qui lui a été faite par les fermiers de votre généralité pour la jouissance du doublement des droits d'inspecteurs des vins et boissons et des 2 s. pour livre pendant [*tant d'*] années.

«Il est nécessaire que vous soyez encore informé que, quoique la déclaration du 28 novembre dernier n'excepte du doublement que les droits d'octrois et de tarifs qui se lèvent sur le détail des vins et boissons, néanmoins l'intention de S. M. est qu'il ne soit fait aucun doublement des octrois et tarifs qui se lèvent aux entrées des villes sur les vins et boissons, de sorte qu'il ne se trouve plus de droits d'octrois et de tarifs susceptibles du doublement que ceux qui se lèvent sur les marchandises et denrées autres que le vin, dont l'objet est très peu considérable dans l'étendue de votre généralité, et n'est pas, à beaucoup près, suffisant pour fournir la somme de [*tant*] qui reste à remplir de la fixation du Don gratuit, déduction faite de celle de [*tant*] qui sera payée par les fermiers des aides.

«L'affaire en cet état, il paroît indispensable de prendre un autre parti que celui du doublement des octrois et tarifs sur les marchandises et denrées autres que le vin.

«Pour terminer cette affaire d'une manière que S. M. puisse en tirer la somme à laquelle elle a fixé le Don gratuit de votre généralité, ou du moins quelque chose d'approchant, le parti de l'imposition, qui seroit faite en trois années, au marc la livre de la capitation, sur les villes et bourgs fermés de votre généralité, a paru le plus convenable à S. M., parce qu'elle est conforme, dans son étendue, à l'intention de l'édit et des déclarations ci-dessus. Elle n'assujettit toujours au Don gratuit que les villes et bourgs fermés, dont tous les habitants sans exception contribueront à l'imposition comme ils auroient fait au payement des nouveaux octrois.

«Pour faciliter la prompte conclusion de cette affaire, S. M. m'a paru dans la disposition de se relâcher un peu de la somme de [*tant*] qui reste à remplir pour le Don gratuit de votre généralité, et j'espère même la porter à se contenter de celle de 200,000#; mais, pour me mettre en état d'obtenir cette grâce, il est très important que vous m'envoyiez au plus tôt votre projet d'arrangement, conforme aux observations suivantes :

«1° Que vous fassiez un état de répartition des villes et bourgs fermés que vous estimez devoir contribuer au payement du Don gratuit, et de ce que chacune en particulier doit fournir pour son contingent, en divisant cet état en autant de chapitres séparés qu'il y a d'élections;

«2° Que vous fassiez en sorte d'engager les receveurs des tailles, ou d'autres particuliers, à payer et avancer au Roi, à la décharge de chaque élection ou de la généralité entière, la somme de 200,000# qui reviendra de net à S. M. pour le Don gratuit de votre généralité, en deux termes de payements égaux, dont le premier sera fait comptant, et le second au mois de novembre ou de décembre prochain, et préfix;

«3° Que, pour récompenser et rembourser ceux qui feront l'avance, il leur sera accordé une remise d'un sol pour livre en dehors de la somme qui reviendra de net au Roi, avec les intérêts à 10 p. o/o de leurs avances, au moyen de quoi il sera imposé 246,000# en trois années, y compris la présente, sur les villes et bourgs fermés de votre généralité, au marc la livre de la capitation, à raison de 82,000# par année.

«Pour vous rendre ce projet plus sensible, j'ai fait faire un calcul, que je vous envoie, des payements, intérêts et remise des 200,000# pour le Don gratuit de ladite généralité entière. Ce calcul vous servira de plan dans l'arrangement que vous ferez, soit en traitant l'affaire élection par élection, ou en un seul article pour la généralité entière. Vous trouverez même, par ce calcul, un petit excédent au delà de la remise et des intérêts de ceux qui se chargeront d'avancer le Don gratuit, qui sera suffisant au payement de la remise qui peut être ordonnée à ceux qui feront le recouvrement des deniers dans chaque ville.

«Plusieurs généralités ont déjà fait leur arrangement sur ce pied, et même à des conditions plus avantageuses pour le Roi, surtout celles de Riom et de Montauban. S. M. attend de votre zèle pour son service que vous suivrez ce même exemple pour ce qui regarde votre généralité, et que vous envoierez au plus tôt le projet de votre arrangement conforme aux observations ci-dessus. Elle m'a chargé de lui rendre compte du progrès de cette affaire, et je ne manquerai pas de l'informer des soins et de l'attention que vous aurez donnés à sa prompte réussite**.»

* Sur les phases successives de cette affaire, voir une circulaire du contrôleur général du 7 août 1711, et de nombreuses lettres, résumées par celle du 26 avril 1712, et adressées aux intendants d'Alençon, Amiens, Bordeaux, Bourgogne, Bretagne, Caen, Champagne, Montauban, etc., les 17, 21 et 23 septembre, 7 octobre, 11, 17 et 22 décembre 1711, 16 et 17 janvier, 5 mars, 21, 23, 25 et 30 avril, 21 mai et 30 novembre 1712; celles de M. le Gendre, intendant à Montauban, 22 mars et 26 juin 1712; de M. de la Bourdonnaye, à Orléans, 3 avril 1712; une lettre du 30 août 1713, au sieur Maynon, sur les droits de camionnage et de roulage à Calais.

** Des lettres analogues sont écrites le même jour à MM. de Bouville, intendant à Alençon; Turgot, à Moulins; de la Bourdonnaye, à Orléans, et Laugeois d'Hymbercourt, à Soissons, et, le 13 mai, à M. Chauvelin, intendant à Tours.

Le contrôleur général écrit encore à M. Guynet, le 25 mai, à M. Laugeois d'Hymbercourt et à M. Chauvelin, le 27 mai, et à M. Turgot, les 27 mai et 23 juin 1712, pour résoudre diverses difficultés proposées par ces intendants. Le Don gratuit devra être imposé à raison de deux tiers sur les villes, et un tiers sur le plat pays, dans la généralité de Caen, mais également sur les villes et les paroisses de la campagne de celle de Moulins. Les receveurs des tailles qui feront des avances ne seront tenus d'achever leurs payements qu'en douze mois. Les exempts et privilégiés pourront être compris dans la taxe; mais on devra particulièrement ménager les gentilshommes et les officiers.

Le 11 juillet 1712, le contrôleur général autorise M. de Beauharnais, intendant à la Rochelle, à faire l'imposition du Don gratuit au marc la livre de la taille, puisque ce ne peut être au marc la livre de la capitation.

Les 20 octobre et 19 décembre suivants, il écrit à MM. d'Orsay, intendant à Limoges, et de la Bourdonnaye, que le clergé doit être entièrement exempt de l'imposition; mais les trésoriers de France y seront soumis.

Le 30 juillet 1712, M. de Bercy écrit aux syndics des secrétaires du Roi qui réclament les droits de sceau sur les arrêts rendus pour le Don gratuit de quelques villes : «..... Tous ces arrêts ont été expédiés pour le compte du Roi, sans que les droits du greffe aient été payés pour aucun : ainsi, la conséquence que vous prétendez en tirer, que les droits du sceau sont dus, n'est pas bien fondée, puisque ceux du greffe n'ont pas été payés. Si le secrétaire du Conseil n'a pas mis *pour le Roi* au bas de sa signature, ce n'est que par inadvertance, sur laquelle vous ne pouvez fonder aucune prétention..... On a recherché les moyens de faire payer le Don gratuit des villes de la manière la moins à charge et la plus convenable au commerce et à la situation présente des habitants..... L'intention du Roi ayant été de soulager les villes, S. M. n'a pas jugé à propos de les charger des droits du sceau, ni de ceux du greffe, qui seroient toujours retombés à leur charge.....»

Voir enfin, pour l'imposition et le recouvrement, des lettres de M. de Harlay de Cély, intendant en Béarn, 28 décembre 1714 et 4 février 1715, et du syndic des États, 26 juillet 1715; de M. de Bercy à M. de Courson, intendant à Bordeaux, 6 juillet 1712, et de M. de Courson, 18 juillet 1713; du contrôleur général à M. de la Briffe, intendant en Bourgogne, 21 mai, 14 (?) et 21 décembre 1712; de S. A. S. Mgr le Duc, gouverneur de Bourgogne, 12 décembre, et de M. de la Briffe, 8 décembre 1712 et 16 janvier 1713; de M. de Montaran, trésorier des États de Bretagne, 17 et 21 février 1714, et de M. de Valincour, secrétaire général du gouvernement de la même province, 22 août.

1264. *M. des Chiens de la Neuville,*
intendant en Roussillon,
au Contrôleur général.

Du 27 Avril au 30 Octobre 1712.

Il rend compte d'une incursion des ennemis dans le Lampourdan, de leur tentative infructueuse sur Roses, bien défendu par les deux garnisons française et espagnole, et des opérations de M. le marquis de Brancas, gouverneur de Girone, et de M. le comte de Fiennes, commandant en Roussillon.

1265. *M. de Préchac,*
conseiller-doyen du Parlement de Pau,
au Contrôleur général.

28 Avril 1712.

«J'ai perdu à la mort de Monsieur 1,000 écus de rente et le fruit de vingt-cinq ans de service, sans que M. le duc d'Orléans en donnât d'autre raison que parce que j'étois trop attaché aux ministres; je promis au Roi, en partant, de ne me corriger jamais de ce défaut. M. le marquis de Torcy le sait bien.

«C'est par l'attachement que j'ai pour vous que je crois d'être obligé de vous avertir de la confusion où nous vivons ici par l'autorité despotique de M. Barrillon, qui décide indifféremment des affaires civiles, criminelles, eaux et forêts, Cour des aides et de monnoies. Il habille tout cela du nom du service du Roi qui requiert célérité. J'ose pourtant vous répondre qu'il n'y a personne dans cette province qui ne donnât son dernier sol pour le Roi: mais il y a *modus in rebus*, au lieu que, si M. Barrillon a fait signifier une taxe, et qu'elle ne soit payée dans trois jours, il menace d'emprisonner, et, par provision, il fait déplacer et vendre les meubles ou marchandises, plutôt pour se faire craindre que pour le bien du service. Il va lui-même dans les boutiques, et fait enlever les toiles sous prétexte de contrevention. Il trouva une bourgeoise dans la rue avec un vieux tablier de toile peinte, qu'il lui ôta, et le fit brûler sur-le-champ à la forge d'un maréchal. Il renverse tous nos usages, et les communautés sont réduites à un état si pitoyable, qu'elles n'osent ni lever la taille, ni faire exécuter leurs règlements, de peur d'être mandés et emprisonnés par M. Barrillon. Et si quelqu'un étoit assez mal avisé de l'appeler *M. l'Intendant*, il seroit amendé ou emprisonné, délicatesse que personne n'avoit jamais eue depuis la mort de M. de Turenne, qui ne vouloit pas être traité de *maréchal*. Pour être tout à fait le maître dans les États, qui commencent à s'assembler, il a interdit plusieurs maires et a donné des commissions à ses subdélégués et à d'autres personnes affidées qui entreront comme maires, en sorte que, les suffrages n'étant plus libres, il vaudroit beaucoup mieux que le Roi cassât les États, et qu'il fît connoître ses volontés : tout le monde y seroit soumis. Je vous réponds sur ma tête de la vérité de ce j'ai l'honneur de vous écrire*.»

* Le 9 juillet, il renouvelle ses plaintes.

La lettre suivante, sans date, signée : «le Franc Béarnois,» fut aussi envoyée au contrôleur général : «Depuis Pharamond, il ne s'est passé rien de semblable à ce que le sieur Barrillon a pratiqué dans cette province, et, comme nous croyons que ce n'est pas l'intention du Roi de souffrir qu'on exerce une tyrannie barbare, nous vous apprenons que l'intendant Barrillon, homme sans religion, cruel, inhumain, d'une humeur haute et tyrannique, violent, emporté, voulant se faire un nom par des nouveautés odieuses et ruineuses, exerçant toutes actions pour anéantir, détruire et déconcerter ce qui doit agir pour la subsistance des peuples, sans nul égard à la dureté du temps, ni aux maux publics : ce qui nous oblige de vous en écrire et vous dire que son caractère et sa mauvaise foi mettra au désespoir les gens de cette province. Arrêtez ce fou, et ne lui commettez plus une autorité de laquelle il fait de si mauvais usages.»

1266. *Les Secrétaires du Roi et Greffiers au Parlement*
de Grenoble
au Contrôleur général.

28 Avril 1712.

Ils demandent à être payés de leurs gages*.

* Le 16 juillet, M. de Ferriol écrit que le payement d'une partie des gages de 1710 a produit un excellent effet.

Les officiers réclamaient avec d'autant plus d'insistance le payement de leurs gages, que beaucoup d'entre eux avaient épuisé leurs ressources, ou même s'étaient endettés pour acheter leurs charges, et leur pénurie retardait, d'un autre côté, le recouvrement des impositions, et, en particulier, celui de la capitation : voir les lettres de M. de Pollinchove, premier président du Parlement de Tournay, 10 mai 1712; de divers officiers de Languedoc, 20 et 23 janvier, 1er avril, 4, 21 et 24 juin, 10, 24 et 25 juillet, 7 septembre, 18 et 19 décembre 1711, 1er juin 1712, 28 février, 21 juin et 26 juillet 1713, 26 avril 1714, juin 1715; d'autres officiers de Metz, 10 juin 1712, et de Provence, 30 avril 1711, 9 février, 10 juin, 6 septembre et 21 octobre 1712, 10 septembre 1713, 1er juin 1714, 1er et 21 février, et 12 avril 1715; de M. Lebret, intendant en Provence, 3 mai, 4 et 27 septembre 1711, 23 février et 12 mai 1712, 27 octobre et 18 novembre 1714; de M. Flandy, procureur général au Parlement de Dauphiné, 15 juillet 1715.

1267. Le Contrôleur général
à Mme la duchesse Sforce.

30 Avril 1712.

«J'ai examiné le mémoire que vous m'avez envoyé pour M. le prince de Vergagne, concernant les bois de Cuffy, avec toute l'envie du monde de lui faire plaisir; mais je trouve, par la nature de l'affaire, une impossibilité entière de lui accorder la coupe de ces bois, qui ne peuvent point être regardés comme bois de particuliers, puisqu'ils appartiennent à la communauté, dont les habitants n'ont pu en faire une cession sans une permission expresse du Roi, qui ne l'accorde que pour des causes très graves, dans le nombre desquelles on n'a jamais admis le payement de la taille, parce qu'elle doit être acquittée par les contribuables, et non point par la communauté. Je suis bien fâché de ne pouvoir, en cette occasion, vous donner des marques de mon attachement sincère*.»

* Le 31 octobre suivant, il écrit à M. Turgot, intendant à Moulins : «..... Aujourd'hui, M. le prince de Vergagne met en fait que les bois lui appartiennent en propre, et que la communauté n'y sauroit rien prétendre, ce qu'il a offert de justifier par-devant vous. Il est nécessaire que, pour éclaircir le fait, vous preniez la peine de vous faire représenter les titres sur lesquels on fonde cette prétendue propriété, pour en dresser un procès-verbal..... En cas que vous jugiez à propos d'entendre le syndic et quelques-uns des principaux habitants de la communauté, il faut prendre garde que ce ne soient point gens dépendant de M. le prince de Vergagne, et qui, par rapport à leurs intérêts particuliers, pourroient abandonner ceux de la communauté.» M. Turgot répond, le 3 février 1713 : «.....M. le prince de Vergagne justifie sa propriété desdits bois par deux procès-verbaux de réformation des forêts du duché, de 1580 et 1660, par lesquels ils sont qualifiés dépendre du duché de Nevers. Il me paroît que cela emporte la propriété au seigneur..... On ne peut néan-

moins nier que les habitants y ont eu, par la possession, le droit d'usage, tant pour la pâture de leurs bestiaux que pour les réparations de leurs maisons et église, et même, pour chauffage, le bois mort qui pouvoit s'y trouver. Je crois que c'est la condition commune de tous les bois de futaie de Nivernois, dont le seigneur est réputé propriétaire foncier, et les habitants usagers dans lesdits bois.....» On pourrait donc, les réserves une fois faites, procéder à la vente et en répartir le produit entre le prince et les communautés.

1268. *M. Voysin, secrétaire d'État de la guerre,* *au Contrôleur général.*

1er Mai 1712.

Les religieux de Saint-Martin-des-Champs, à Paris, qui veulent agrandir leur maison, ne devront y être autorisés qu'en conservant la prison qui sert à renfermer les déserteurs, et qui est indispensable en raison de l'éloignement où se trouve le Châtelet lorsque des prisonniers sont arrêtés dans les faubourgs Saint-Laurent, Saint-Martin et Saint-Denis.

1269. *M. de Richebourg, intendant à Rouen,* *au Contrôleur général.*

3 Mai, 23 Juin et 20 Juillet 1712.

Il expose les difficultés que lui suscite M. le duc de Luxembourg, gouverneur de la province, et demande à changer d'intendance, même pour aller à Poitiers.

1270. *M. de la Briffe, intendant en Bourgogne,* *au Contrôleur général.*

5 Mai 1712.

«J'ai reçu la lettre que vous m'avez fait l'honneur de m'écrire le 28 avril dernier, avec la copie de celle que j'ai écrite aux receveurs de Bourgogne pour avoir un détail de toutes les impositions, qui vous a été envoyée par Madame la Duchesse. Je n'ai eu d'abord d'autre objet, en écrivant cette lettre, que d'exécuter vos ordres, et, quoique j'aie bien cru que la lettre que vous m'avez fait l'honneur de m'écrire fût une lettre circulaire, et que votre intention n'étoit pas de rien changer à la manière dont les pays d'États ont coutume d'administrer leurs affaires, ni à la forme de leurs impositions ou de leurs recouvrements, cependant, après y avoir bien réfléchi, j'ai pensé que ces éclaircissements étoient nécessaires pour le bien de la province, par deux raisons : la première, par rapport au dixième, parce qu'au moyen de ces éclaircissements, je me trouverois en état d'accorder des diminutions ou des décharges à ceux dont les terres, en partie, sont demeurées incultes. La seconde raison est qu'en conférant toutes les impositions et le nombre de feux de la Bourgogne avec ceux de la Bresse, je me trouverai en état de vous donner mon avis avec certitude sur l'opposition que MM. les élus ont formée à l'arrêt du Conseil qui modère la capitation de la Bresse à 120,000 #. J'ajouterai encore à cela que je n'ai écrit cette lettre circulaire aux receveurs qu'après l'avoir dit à MM. les élus, qui m'ont témoigné qu'il n'y avoit aucun inconvénient. Mais, si Madame la Duchesse et vous ne souhaitez pas que j'entre dans tous ces éclaircissements, j'écrirai aux receveurs de ne point exécuter ce que je leur avois marqué par ma lettre. J'aurai l'honneur de vous dire qu'aucun receveur n'y a point encore satisfait. J'attendrai vos ordres, que je vous supplie de me donner au plus tôt*.»

* Voir, sur la taxation d'un garde du Roi, une lettre du 24 mars précédent.

1271. *M. de la Houssaye, intendant en Alsace,* *au Contrôleur général.*

6 Mai 1712.

Placet présenté par le prince de Birckenfeld pour l'exploitation des mines de Ribeaupierre.

«Ces mines sont situées dans la vallée de Sainte-Marie, de la dépendance de ce comté, et elles n'ont été en aucune valeur depuis un temps presque immémorial. Il ne conviendroit pas même à M. le prince de Birckenfeld d'entreprendre personnellement de les rétablir; mais, ayant trouvé des gens assez hardis pour hasarder cette dépense, il lui a été très naturel de les écouter et de leur passer, sans rien risquer, le bail emphytéotique dont la copie est ci-jointe, où il a eu cependant l'attention d'insérer, comme la clause la plus essentielle, l'approbation qu'il demande à S. M. Elle ne me paroît souffrir aucune difficulté au moyen des investitures des empereurs Charles-Quint, de l'année 1530, et Ferdinand II, de l'année 1620, dont je joins des copies, cette dernière investiture donnant aux comtes de Ribeaupierre le domaine utile de la moitié desdites mines réservée à la maison d'Autriche par la précédente, de sorte que la propriété de la totalité a passé depuis sans contestation aux héritiers d'Éberard, seigneur de Ribeaupierre, nommé dans cette seconde investiture, et représenté par M. le prince de Birckenfeld. D'ailleurs, le produit de ces mines, s'il n'est pas imaginaire, ne peut, ce me semble, être jamais qu'avantageux au Roi, ne dût-on en tirer que la couleur bleue pour l'amidon du blanchissage, qui ne s'est trouvée jusques à présent, sur cette frontière, que dans les montagnes d'Allemagne, de l'autre côté du Rhin. A l'égard des bois dont la coupe est stipulée, cela ne peut s'entendre que de ceux de la seigneurie, de même que pour les droits dont l'exemption est promise*.»

* Le prince de Birckenfeld écrit, le 2 janvier 1713, pour appuyer un placet de marchands de Strasbourg demandant le monopole de l'azur tiré des mines de Sainte-Marie. Le contrôleur général répond, le 10 février : «.....S. M. a trouvé un obstacle insurmontable à leur accorder [ce] droit exclusif..... Il est bien aisé de comprendre que ce seroit ôter entièrement la liberté au commerce, qui ne peut être trop favorisée. Il est certain que, si l'azur qui proviendra des mines en question est de bonne qualité, et que les entrepreneurs veuillent le donner à un prix raisonnable, les marchands du royaume leur donneront volontiers la préférence, sans qu'on soit obligé de les y exciter.»

1272. *Le sieur Regnault,*
président en l'élection de Reims,
au Contrôleur général.

7 Mai 1712.

« Je reviens de faire mes visites dans les paroisses des frontières de Champagne. J'y ai trouvé tant de désordres, que je crois être obligé d'en informer Votre Grandeur, et de vous marquer ce que j'ai vu. C'étoient de troupes de soldats du régiment de Navarre qui se sont détachés de leurs troupes en passant sur la Meuse. Ces troupes étoient en plusieurs pelotons de quinze, vingt et trente soldats; aux gros lieux, ils députoient trois ou quatre de leurs troupes pour faire la composition à charge de ne point faire de désordres : ils en tiroient trois, quatre ou cinq louis d'or, avec la bienvenue, c'est-à-dire le bien-vivre. Pour les petits villages, ils y entroient, se partageoient dans la plupart des maisons, s'en rendoient les maîtres, y consommoient tous les vivres, prenoient tout ce qui les accommodoit, et se faisoient donner de l'argent de gré ou de force; ils y demeuroient quelquefois vingt-quatre heures. Dans les fermes séparées, où on leur fermoit les portes, ils les rompoient et escaladoient les murailles, ils prenoient tout ce qu'ils trouvoient, jusqu'aux habits, et se faisoient donner de l'argent, rompant même les coffres de ceux qui en refusoient. Sur la fin, c'est-à-dire depuis huit jours, quelques communautés se sont attroupées et unies, ont tué et blessé plusieurs soldats, et en ont même désarmé. J'ai parlé à quelques-unes de ces troupes, et, pour les avoir voulu détourner de faire cela, je me suis trouvé en grand risque. Ils m'ont dit qu'ils se sont bien détachés de leur régiment au nombre de quatre cents. Je n'ai vu qu'un parti du régiment de Charost, au nombre de vingt ou environ, qui ont forcé les portes d'une ferme et pillé le fermier, rompu ses coffres, pris environ 100 # qu'il y avoit, et tiré sur le fermier, etc. Enfin, c'est une désolation, et j'ai dit au receveur des tailles, en arrivant ici, qu'ils n'avoient que faire d'envoyer de quelque temps demander de l'argent en ces quartiers-là, que les soldats n'y en avoient point laissé, qu'il falloit laisser rétablir ces pauvres gens-là. On a trouvé des soldats blessés qui avoient 50 écus et 200 # d'argent. On ne comprend pas comment MM. de Neuvelize et de la Chauverie, lieutenants-colonels, et les autres officiers de ces régiments ont souffert ces détachements. Je ne sais si c'est l'intérêt des places-mortes dont ils profitent dans les étapes; mais on m'a assuré, au Chesne, que quelquefois ils ne trouvent que les trois quarts des soldats, le reste étant en maraude dans les paroisses circonvoisines: les officiers et les étapiers s'accommodent de cela. Les régiments de Navarre et de Charost auront bien des déserteurs dans leurs troupes; je suis persuadé qu'il y en aura bien deux cents dans Navarre : on les a vus changer d'habits pour cela, et on vient de m'assurer que quelques-uns viennent à Reims s'enrôler à des officiers qui y font des recrues. J'ai appris que le chef de la plupart de ces partis est un nommé Crespin, fameux soldat de Navarre, lequel fit, il y a deux ou trois ans, de très grands désordres dans ces frontières-là, pendant qu'ils étoient en quartier d'hiver à Mézières. Il est certain qu'on a tiré plusieurs coups de feu sur lui, que ses habits ont été percés sans qu'il ait été blessé; il passe pour un démon dans ces frontières-là : en un mot, c'est le chef des voleurs et des libertins du régiment. Voilà l'état où ces maraudeurs ont réduit les pauvres peuples de la frontière, lesquels ont grand besoin de votre miséricorde. On ne trouve plus de fermiers pour les fermes détachées, et il y a des fermiers qui ne s'en rétabliront jamais. L'application que je dois avoir pour le recouvrement des deniers du Roi m'engage à vous rendre compte de cela, ce que je fais. »

1273. *Le Contrôleur général*
à M. Daguesseau, conseiller au Conseil royal.

8 Mai 1712.

« L'affaire qui est entre les fermiers généraux et les villes de Nantes, Bayonne, Bordeaux, etc., au sujet des sucres, m'a paru mériter une attention particulière, et c'est ce qui m'a déterminé à vous en remettre les pièces pour la faire examiner de nouveau dans le Conseil de commerce. Je vous prierai, lorsque vous me les renvoierez, de vouloir bien y joindre un mémoire des raisons sur lesquelles MM. les commissaires auront formé leur avis, afin que, sur le rapport que j'en ferai au Roi, S. M. puisse prendre le parti qui convient sur une matière aussi importante, et dans laquelle le commerce et les fermes se trouvent également intéressés. »

1274. *M. de Richebourg, intendant à Rouen,*
au Contrôleur général.

12, 28 et 30 Mai, 18, 20, 24, 26 et 29 Juin, 31 Juillet 1712.

Une marque fausse ayant été apposée sur les toiles blancardes qui se fabriquent à Rouen, on a procédé à la confection d'un nouveau poinçon pour refrapper les pièces marquées frauduleusement.

Saisie des pièces, instruction de l'affaire et jugement des coupables*.

* Un spécimen de la fausse marque est joint à la lettre du 31 juillet.

Voir aussi les lettres du contrôleur général à M. de Richebourg, 22 et 23 mai, et 4 juin; à M. le duc de Luxembourg, 23 et 24 mai; à M. le Cousturier, 6 juillet; les lettres de M. le duc de Luxembourg, 10 et 27 mai, 10 et 16 juillet, où il accuse M. de Richebourg de partialité, et celles du sieur le Chéron de Freneuze, inspecteur des manufactures, 5 et 13 mai.

Le 9 décembre, M. Roujault, successeur de M. de Richebourg, demande un arrêt pour rectifier les défauts de l'instruction faite par son prédécesseur, et pour arriver à terminer l'affaire.

Le 24 janvier 1713, il annonce la reprise des procédures.

1275. *M. d'Angervilliers, intendant en Dauphiné,*
au Contrôleur général.

15 Mai et 6 Juin 1712.

Mémoires sur les droits de sauvegarde, plaids, lods, etc.

et sur les usurpations qu'on prétend en avoir été faites en Dauphiné.

1276. *M. Roujault, intendant à Poitiers,*
au Contrôleur général.

18 Mai 1712.

«Les petits pois ont été si tardifs, cette année et la dernière, dans cette province, que l'on a cru qu'ils seroient communs à Paris, lorsqu'on pourroit avoir les premiers ici. Comme on m'en envoie au départ du courrier, j'ai risqué de prendre la liberté de vous les présenter. Ils auront au moins la distinction d'être venus de Niort, qui est le pays où on trouve ordinairement les meilleurs et les plus prompts.»

1277. *Les dames Hospitalières*
du faubourg Saint-Marcel, à Paris,
au Contrôleur général.

19 Mai 1712.

Elles demandent un secours pour faire construire une nouvelle salle de malades*.

* Un plan est joint à leur requête.

Au dos, de la main du contrôleur général : «A renvoyer à M. d'Argenson. On pourra faire payer à ceux qui obtiennent des arrêts de surséance une somme médiocre; mais il est bon d'observer qu'on en donne assez rarement depuis un an.» Au-dessous : «Écrire au secrétaire du Conseil.» Et, d'une main de commis : «Que, le Roi ayant ordonné qu'on fasse [faire] quelque petite gratification par ceux qui obtiennent des gratifications, qu'ils ne délivrent aucun arrêt de cette espèce sans m'en parler, afin que je donne les ordres nécessaires.»

1278. *M. le Guerchoys, intendant en Franche-Comté,*
au Contrôleur général.

20 Mai 1712.

«Le nommé Alibert, marchand libraire en cette ville, m'a fait voir une lettre qui lui a été écrite par un libraire de Vienne en Autriche, qui lui demande des livres pour une somme assez considérable; mais il n'a pas voulu les lui envoyer, qu'il ne lui soit permis de le faire. Il assure que les marchands de Lyon ne font aucune difficulté d'envoyer à Bâle des marchandises qui sont pour l'Allemagne, et qu'il lui est facile de faire la même chose par le moyen de ses correspondants. Il me paroît que c'est le moyen de faire tenir de l'argent dans le royaume; je vous supplie de me marquer sur cela vos intentions, afin que j'en fasse part à ce particulier. Je dois ajouter que sa conduite ne m'est point suspecte; il est natif de Lyon et fort affectionné aux intérêts du Roi.»

1279. *M. Bignon de Blanzy, intendant à Paris,*
au Contrôleur général.

20 et 22 Mai 1712.

Il transmet des mandements de contribution de guerre envoyés par les ennemis dans les élections de Beauvais et de Compiègne*.

* En apostille, de la main du contrôleur général, sur la première lettre : «Faire réponse qu'il écrive aux officiers de l'élection de demeurer tranquilles et de ne se donner aucun mouvement sur la lettre qu'ils ont reçue.»

1280. *M. de la Briffe, intendant en Bourgogne,*
au Contrôleur général.

21 Mai 1712.

«J'assistai hier à l'élection qui se fit, à Cîteaux, de dom Edmond Parrot pour abbé et chef de cet ordre. C'est un très honnête homme, d'une vie exemplaire, dont tous les religieux sont très contents. J'ai cru être obligé de me donner l'honneur de vous informer de cette élection.»

1281. *M. de Bernières, intendant en Flandre,*
au Contrôleur général.

29 Mai 1712.

«J'ai reçu la lettre que vous m'avez fait l'honneur de m'écrire le 14 de ce mois. J'ai celui de vous envoyer un extrait de la disposition des édits de création des charges du Parlement de Flandre, comme vous le désirez, afin que vous puissiez en rapporter les termes dans l'arrêt que vous devez rendre sur la demande que les officiers de ce Parlement ont faite que le titre de leurs charges, qui ont été créées héréditaires, ne soit point changé en celui de survivance*.»

* Voir la lettre de M. Voysin, secrétaire d'État de la guerre, 7 mai.

1282. *Le Frère Joseph-Marie,*
gardien du couvent des Capucins d'Angers,
au Contrôleur général.

1er Juin, 4 et 27 Juillet 1712.

Restitution de deniers.

«Un homme qui a été employé dans les affaires du Roi, et qui, sur des pertes réelles qu'il a faites à son service, a cru être bien fondé de lui prendre, à différentes fois, pour se dédommager, la somme de 52,000 quelques livres, ayant cependant quelque crainte que sa conscience ne soit engagée, il offre de remettre 20,000# argent comptant; mais ce qui l'embarrasse le plus, c'est qu'il n'est pas seul : deux ou trois autres, qui se disoient également fondés que lui, ont aussi pris la somme d'environ 62,000#. Comme ce n'est point à lui d'examiner leurs raisons, et que, selon les principes de la morale, chaque particulier est obligé solidairement à la restitution du tout, il voudroit bien vous prier d'interposer vos bons offices pour obtenir du Roi la remise de cette solidarité et une remise générale de tout ce qu'il a pris, moyennant les 20,000#, afin que sa conscience soit en repos de ce côté-là*.....»

* La restitution fut acceptée. Sur l'emploi des deniers, voir les lettres du contrôleur général au F. Joseph-Marie et à M. Chauvelin, intendant à Tours, 8 juillet, et celles de M. Chauvelin, 26 juillet et 17 août.

Le 2 octobre 1712, M. Voysin, secrétaire d'État de la guerre, écrit qu'un commis de l'extraordinaire des guerres qui avait fait jadis verser, à titre de restitution, une somme qu'il trouvait en trop dans ses comptes, la réclame maintenant, ayant, après nouvelle vérification, reconnu qu'elle lui manquait. — «Bon.»

1283. *M. le prince* DE LÉON *au* CONTRÔLEUR GÉNÉRAL.

(Intendance de Bretagne.)

2 Juin 1712.

«J'ai l'honneur de vous envoyer le mémoire d'une affaire que l'on m'a prié de vous présenter. Elle m'a paru fort juste, et même confirmée par des ordres de votre main; c'est ce qui m'a déterminé à prendre la liberté de vous en parler. Je vous dirai tout naturellement que l'on m'offre 20,000#, si cette affaire réussit : ce sera une nouvelle obligation que je vous aurai, et une grâce que vous m'accorderez dans un besoin bien pressant, car je vous avouerai que je ne sais plus où donner de la tête, mon père et mon beau-père m'ayant retenu tout à la fois le dixième à compter du jour de l'arrêt, parce qu'ils ne me l'avoient pas retenu jusqu'à cette heure. Je vous demande mille pardons de vous importuner de ce détail; mais les bontés que vous voulez bien avoir pour moi me font espérer que vous m'excuserez.....»

1284. *M.* VOYSIN, *secrétaire d'État de la guerre, au* CONTRÔLEUR GÉNÉRAL.

3 Juin 1712.

Les droits d'entrée à Saint-Denis, qui remplacent la taille et les autres impositions ordinaires, sont sous-fermés depuis longtemps. Les fermiers de la mense abbatiale, pour les dames de Saint-Cyr, demandent à prendre cette sous-ferme, qu'ils percevront avec facilité, étant obligés d'avoir des commis à toutes les portes pour la perception des droits qui appartiennent aux dames.

1285. *M.* BOUCHER D'ORSAY, *intendant à Limoges, au* CONTRÔLEUR GÉNÉRAL.

3 Juin 1712.

Il n'a point troublé les salpêtriers de son département dans leurs occupations ou dans leurs privilèges; il s'est seulement opposé à l'établissement mal justifié d'un magasin à poudre, que le directeur voulait placer chez un marchand pour le faire jouir des privilèges et exemptions*.

* Le 27 mai précédent, M. Turgot, intendant à Moulins, écrivait de même qu'il respectait les privilèges des poudriers, et qu'on se bornait à combattre toute tendance à les étendre.

1286. *M.* DE SAINT-MAURICE, *commissaire général de la Cour des monnaies, au* CONTRÔLEUR GÉNÉRAL.

(Monnaies, G7 1465.)

5 et 22 Juin, 2, 7, 16 et 19 Juillet, 21 et 30 Août, 4, 6, 8, 13, 22, 24 et 27 Septembre, 1er, 3, 5, 6, 7, 9, 10, 14, 18, 21, 23, 26 et 31 Octobre, 2, 3, 6, 14, 26 et 30 Novembre 1712.

Cas de faux-monnayage dans le Comtat; poursuite et arrestation de coupables à la foire de Beaucaire; ecclésiastiques compromis.

«(*9 octobre.*) Rien n'est si indigne, dans notre religion, que de voir des églises et des communautés religieuses autorisées pour le crime par des immunités, et c'est ce que les religionnaires nous reprochent avec beaucoup de raison. Pour moi, qui suis persuadé des droits de l'église gallicane, et qui m'en tiens aux ordonnances du Roi, je ne laisserai pas que de faire effigier le P. de Senanques et d'autres moines, parmi quatre-vingts autres personnes du Comtat : c'est la seule chose que les maisons religieuses d'Avignon craignent le plus; mais c'est cette raison-là qui doit faire presser les exécutions par effigie au sujet des prêtres et des moines. Il est fâcheux que le P. de Senanques soit de la famille des Boiels de Dijon, et je plains fort cette famille, qui est fort accréditée et en charges dans le Parlement. Permettez-moi de vous représenter qu'il me paroît que ce ne seroit pas assez que le Roi se contentât de faire parler aux généraux d'ordres qui sont en France, pour réprimer les abus qui se passent dans les couvents des moines; mais il me semble qu'il faudroit encore que S. M. prît des mesures sérieuses auprès de S. S. et envoyât ordre à M. le cardinal de la Trémoïlle de parler aux chefs des ordres qui sont à Rome. Il me paroît de plus que les faux-monnoyeurs ne doivent point jouir du privilège des immunités, et ce qui me fortifie dans cette pensée, c'est qu'étant excommuniés par différentes bulles des Papes, ils ne doivent donc plus être soufferts dans les lieux dépendants de l'Église; ou, sinon, le Pape veut diminuer la force des excommunications, et qu'on n'y ajoute pas grand'foi...

«L'on trouve journellement des balanciers et des outils de fausse monnoie jetés dans Avignon de côté et d'autre*.»

Le vice-légat, d'abord favorable à la France, a été irrité de ces recherches et de la sévérité de M. de Saint-Maurice, qu'il a menacé d'excommunication**.

* Le 15 novembre 1712, le contrôleur général répond à M. de Saint-Maurice de ne pas confondre la fabrication avec l'exposition;

que les fabricateurs originaires du Comtat, et qui ont travaillé dans le Comtat, sans être convaincus d'avoir exposé les espèces fausses en France, ne paraissent ni devoir, ni pouvoir être jugés en France.

** Voir les jugements rendus par M. de Saint-Maurice, dans ses lettres des 27, 29 et 30 octobre, 7, 12 et 13 novembre. Voir également, sur ces faux-monnayeurs d'Avignon, les lettres de M. de Bâville, intendant en Languedoc, 30 novembre 1711, 17 et 26 juillet, 7 et 12 septembre, 23 octobre et 7 novembre 1712, 21 janvier, 25 février, 27 mai et 13 juin 1715; de M. Lebret, intendant en Provence, 4 juin 1715, et de M. le vice-légat Salviati, 19 juin 1715.

1287. *M. le Gendre, intendant à Montauban, au Contrôleur général.*

6 et 18 Juin 1712.

Il rend compte des inondations*.

«La perte, depuis Saint-Béat jusques à Cahors et Villefranche, va, par estimation, à plus de huit millions. Il a plu pendant huit jours, avec une si grande abondance, qu'il est tombé une infinité de maisons, quoiqu'elles ne fussent pas le long des rivières. Les vignes qui étoient sur les coteaux ont été emportées jusques à la racine, les prés entièrement sablés, de même que tous les blés et avoines qui étoient dans les fonds. Tout le bétail qui s'est trouvé dans les métairies a été submergé, et plus de deux cents hommes, femmes ou enfants ont été noyés. Toutes les rivières étoient couvertes de toits de maisons, de meubles et d'arbres déracinés.

«La moitié d'un faubourg de Montauban a été emportée, et, sans la précaution que l'on prit de faire une grande tranchée au milieu de ce faubourg pour faire écouler les eaux qui venoient de la campagne, il n'y seroit pas resté une maison. Il s'est détaché, en plusieurs endroits, des rochers qui ont écrasé quantité de maisons et ont, entre autres, enseveli deux gros moulins qui se sont trouvés sur le bord des rivières, où ils se sont précipités. La moitié des ponts ont été emportés, et toutes les chaussées sont endommagées. J'ai déjà reçu plus de deux mille placets, dont la seule lecture fait saigner le cœur**.....»

Il demande un secours de 100,000# sur les impositions de l'année.

* Un précédent débordement du Tarn avait causé des ravages considérables en 1709 : voir les lettres de M. le Gendre, 1er et 30 octobre, et une lettre du contrôleur général, envoyant un secours de 20,000#, 17 novembre 1709.

** Voir la lettre des consuls de Valence-d'Agenois, 19 juin, et celle du receveur des tailles de l'élection d'Agen, 3 juillet.

Les 6 et 13 juillet, M. le Gendre annonce qu'une grêle affreuse vient d'achever la ruine de son département : «.....Il y a plus de mille communautés absolument ruinées dans cette généralité, où les habitants ne recueilliront pas un sac de blé, ni une pièce de vin. Il n'y a pas à cela d'exagération; la grêle étoit si terrible, qu'elle a enterré la paille, en sorte que l'on ne peut pas seulement couper de quoi nourrir les bestiaux, dont une grande partie ont été tués dans les champs. Les toits des maisons ont été enfoncés, les clochers abattus, et les vignes perdues pour plus de trois ans. Les habitants désertent par troupes les communautés qui y ont été affligées de la grêle, pour aller chercher à vivre ailleurs. Ce nouveau fléau a emporté ce qui avoit échappé aux inondations. Le mal est plus pressant que je ne puis vous le dire, et je le vois sans remède pour l'avenir, si l'on ne pourvoit aux semences. L'expédient qu'il y auroit à prendre dans cette triste conjoncture seroit d'engager le receveur général et les receveurs des tailles en exercice l'année prochaine, chacun par moitié, d'avancer ce qui sera nécessaire pour acheter des grains pour les communautés qui n'en ont point pour semer, dont ils seront remboursés par préférence l'année suivante, avec les intérêts au denier dix-huit. Il seroit à souhaiter que le Roi voulût bien entrer dans ce malheur et faire tenir compte du montant de ces semences au receveur général qui en fera l'avance. Il y auroit encore un autre expédient, qui seroit de réserver la moitié des diminutions qu'il plaira au Roi d'accorder aux communautés misérables et impuissantes, pour être employée au payement des semences dont le receveur général et les particuliers auroient fait l'avance.....» Sur ces prêts de semences, sur les diminutions et secours accordés par le Roi, sur les agglomérations de pauvres dans les villes, sur les maladies qu'elles causaient, et sur les emprunts faits par les communautés, voir d'autres lettres de l'intendant, 18 et 20 octobre, et 2 novembre 1712, 10 et 28 janvier, 7 avril, 30 mai, 21 juin, 18, 25 et 30 juillet, 23 août, 18 et 28 septembre 1713; celles de M. l'évêque de Cahors et du lieutenant général du présidial et de M. l'évêque de Riez, 2 août, et celle du sieur Lautar, procureur du Roi aux requêtes du Parlement de Toulouse (emprunt pour la communauté de Moissac), 5 mai 1713.

Dans une autre lettre du 28 décembre 1712, M. le Gendre écrit encore : «La misère est si grande dans cette généralité, que la plus grande partie des habitants de la campagne sont obligés de quitter leurs maisons pour se retirer dans les villes, où ils demandent l'aumône. Il y en avoit un si grand nombre à Montauban, qui infectoient l'air et qui causoient tant de maladies, que j'ai cru devoir prévenir une plus grande contagion en pourvoyant à la subsistance de tous ces pauvres et bannissant totalement la mendicité. Pour cela, j'en ai fait faire un état exact, qui monte à plus de deux mille, dont j'ai ensuite fait la répartition, du consentement de M. l'évêque, du Chapitre et de toutes les Compagnies, sur tous les habitants. Nous en avons pris, M. l'évêque et moi, cent chacun à nourrir par jour, et les autres, à proportion de leurs facultés, en ont fait de même. Outre cela, j'ai établi un bureau pour les passants, à qui on donne la passade, avec défenses de demeurer dans la ville, et aux habitants de les loger. Il est pareillement défendu de faire l'aumône dans les rues. Quoique cette entreprise soit grande et difficile, le succès passe, jusques à présent, mes espérances. Tout ce que je crains, c'est que le zèle des habitants ne se ralentisse, parce que le fardeau est pesant. Si vous pouviez seulement nous procurer 10,000# de la bonté du Roi pour faire travailler les pauvres, cela sauveroit la vie à une infinité de misérables. Cette généralité a été si maltraitée par les inondations réitérées, les grêles et le mauvaise récolte, qu'elle a besoin de quelque secours extraordinaire.» En marge : «Bon; 10,000#.»

M. de Bâville, intendant en Languedoc, rend compte aussi des désastres survenus dans son département, les 9 et 19 juin : «.....[Les eaux ont] rompu le canal Royal en plusieurs endroits, ce qui coûtera beaucoup à MM. de Riquet..... La Garonne n'a jamais été comme on l'a vue; elle a emporté plus de cinquante maisons dans le faubourg de Saint-Cyprien, à Toulouse, et ébranlé beaucoup d'autres prêtes à tomber. L'île de Tounis a été submergée; c'est une île où un grand nombre de pauvres gens se sont retirés, qui y vivent par une manufacture de petites étoffes de laine et de soie. Les hôpitaux ont aussi beaucoup souffert; peu s'en est fallu que le seul moulin qui reste à Toulouse, appelé du Château, n'ait été emporté, les fameux moulins qu'on appeloit du Basacle l'ayant été entièrement. Toutes les autres rivières ont fait de pareils ravages dans les diocèses de Toulouse et d'Albi. Recevant de toutes parts de tristes relations qui m'assurent que la récolte est tout à fait endommagée, j'ai pris le parti d'envoyer un homme d'ici, qui est très sûr et très intelligent, pour visiter tout le haut Languedoc, entrer dans un grand détail de l'état de la récolte, afin que je puisse vous en rendre un compte bien exact..... Les moulins à poudre ont aussi beaucoup perdu.....» Voir encore les lettres de MM. de Bertier, premier président, et Lemazuyer, procureur général au Parlement, 15 et 19 juin, celle des capitouls de Toulouse, 22 juin, et celle des manufacturiers de Toulouse, 7 juillet.

En attendant la réparation des moulins de la porte du Basacle, le Roi accorda la permission d'établir six moulins flottants, malgré la prétention des propriétaires du moulin du château Narbonnais, qui disaient tenir la rivière, d'un bord à l'autre, en fief du Roi: lettres de M. Voysin, secrétaire d'État de la guerre, 22 octobre 1713; de M. de Bâville, 24 juillet et 18 décembre 1713; du contrôleur général à M. de Bâville, 13 février 1715.

La généralité de Bordeaux avait été de même éprouvée par l'inondation et la grêle; des greniers et magasins du Roi y furent formés pour les prêts de semences, au moyen de fonds avancés par les receveurs généraux et de blés amenés de la Bretagne, de la Navarre, de Dantzick et d'Exeter, et les semailles s'y firent bien: lettres du contrôleur général à M. de Courson et au munitionnaire Duchauffour, 11 et 26 septembre 1712, et lettres de M. de Courson, 9 juillet, 9 août et 30 novembre. Des décharges et diminutions furent demandées pour les cantons frappés: lettres de M. de Courson, 19 novembre; de Mme la présidente de la Lanne, 30 septembre; du sieur Lauvergnac, syndic du clergé de Bazas, 22 septembre; de M. de Bâville, 21 juin, 30 août et 19 octobre 1712, 8 et 21 septembre, et 6 novembre 1713, 11 février 1715; de M. l'archevêque de Narbonne, 5 octobre 1712; des évêques du Puy et de Mirepoix, 3 août et 26 septembre 1713; de M. Chauvelin, intendant à Tours, 8 décembre 1712 et 3 août 1714.

La Loire eut une crue à la même époque: voir les lettres de MM. de la Bourdonnaye, intendant à Orléans, 13, 14 et 15 juin 1712, et Chauvelin, 23 juin; de M. Robert de la Chartre et des maire et échevins d'Orléans, 14 juin, et du fourrier des logis du Roi à Tours, 14 juillet.

1288. *M. de Barrillon, intendant en Béarn,*
au Contrôleur général.

7 et 24 Juin, 4 et 5 Juillet 1712.

Il rend compte des travaux des États et de l'Abrégé*.

* Voir, au sujet des commissaires de l'Abrégé et des députés envoyés en cour, les lettres des 1er, 4 et 5 août suivant, écrites de Paris, et une lettre du 23 mai précédent, sur la rentrée du baron d'Arros, exclu des États.

1289. *Le Contrôleur général*
à M. de Sève de Flécheres, lieutenant général
du présidial de Lyon.

8 Juin 1712.

«Le Roi a approuvé le parti que vous proposez d'obliger les entrepreneurs de la fabrication des pièces de 30 d. d'en faire faire d'un poids plus fort qu'elles ne doivent être naturellement, et ce jusqu'à concurrence de quatre mille deux cents marcs, pour mêler avec celles qui se sont trouvées hors des remèdes, et corriger par là le foiblage des premières.....»

1290. *M. Turgot de Saint-Clair, intendant*
en Auvergne,
au Contrôleur général.

8 Juin 1712.

Il se plaint que les manœuvres des marchands et des boulangers ont produit une hausse du prix des blés*.

* En apostille: «Il auroit dû faire mettre en prison ceux qui ont arrhé les blés, ou qui ont été au-devant des laboureurs qui viennent au marché.»

Le 16 novembre suivant, en réponse à une lettre anonyme, l'intendant écrit: «.....La récolte a manqué en beaucoup d'endroits et a été mauvaise partout..... Il y a eu un nombre très grand de paroisses grêlées, dont la plupart étoient dans un très bon pays de blé; la récolte y a été perdue. Enfin, le blé renchérit tous les jours, et, ce qui ne s'est pas encore vu, le pain est aussi cher à Clermont qu'à Paris;..... il ne va quasi pas de blés aux marchés..... Il est vrai aussi que les poursuites des consuls sont grandes pour se faire payer; mais ils disent tous que c'est un mal nécessaire. J'ai attention à empêcher qu'il ne s'y commette point d'abus; mais, malgré qu'on en ait, on est obligé de tolérer bien des choses que, dans de meilleurs temps, on arrêteroit. Les pommes, à la vérité, ont manqué; mais il y a d'autres fruits, et les vignes ont été fort bonnes; mais, si cela fait un petit soulagement, cela ne peut dédommager de la cherté des grains, qui devient excessive. Il y a aussi beaucoup de maladies qui font languir longtemps, qui ruinent ceux qui ont quelque chose, et font mourir de faim les autres. Il est vrai aussi que l'augmentation que nous avons sur les tailles a découragé les peuples, dans un temps surtout où ils apprennent qu'il y a de la diminution dans les provinces voisines et un secours d'argent pour semer..... Je vous avoue qu'entre autres l'élection de Clermont..... est si absolument perdue, que l'on ne sait comment on pourra faire pour faire payer les restes immenses qui y sont dus..... Après avoir parcouru tous les articles de la lettre anonyme, je vous avoue que je ne puis deviner ce que l'on veut dire par ceux qui ont dépeint la province tout autre qu'elle est, et qui se noient dans les plaisirs et font bonne chère à ses dépens: je ne connois pas ces gens-là.....»

1291. *M. de la Bourdonnaye, intendant à Orléans,*
au Contrôleur général.

8 Juin 1712.

«.....Les prétendus privilèges de l'ordre de Malte ne sont, autant que j'en ai de connoissance, que de simples sauvegardes pour empêcher que les gens de guerre qui sont en marche ne logent de leur autorité, et ne fassent du désordre dans les maisons de leur ordre, mais qui n'exemptent point des logements ordinaires leurs métayers, leurs moulins et autres lieux qui ne sont pas dans l'enceinte du chef-lieu de leur commanderie..... Si cela étoit autrement, les privilèges de cet ordre excéderoient ceux de l'Église même, puisque des particuliers tenant des fermes des ecclésiastiques éloignées du chef-lieu de leur abbaye ne sont pas exempts des logements des gens de guerre*.»

* Le 6 janvier 1714, M. Lebret, intendant en Provence, écrit que les chevaliers de Malte en résidence à Aix devront payer le droit de rêve sur les farines qu'ils font entrer pour leur consommation et pour celle de leurs domestiques.

1292. *M. le Gendre, intendant à Montauban,* au Contrôleur général.

8 et 22 Juin, 4 Juillet 1712.

Il se plaint des accusations que le sieur de Seignan, de la communauté de Saint-Girons, soutenu par le receveur général Ogier, est chargé de porter en cour à l'occasion de l'armement de trois régiments de milice*. La levée a été faite avec autant d'économie et de ménagement que possible; mais elle était nécessaire pour éviter que le pays de Conserans ne fût pillé par les Miquelets, comme d'autres pays l'avaient été les années précédentes; et, si les habitants n'en veulent point, c'est pour pouvoir faire en toute liberté le commerce des bestiaux avec l'Archiduc.

Il donne le détail des mesures prises pour la levée et des dépenses faites**.

* A la lettre du 22 juin est joint un acte d'abandon fait par l'assemblée de la communauté de Saint-Girons, à la suggestion du sieur de Seignan. Une lettre de celui-ci est datée du 2 juillet; le contrôleur général y répondit par un ordre de quitter Paris.

** Les Miquelets firent une incursion désastreuse dans le Conserans, la vallée d'Usson et le pays de Foix, avec le concours d'hommes masqués, qui étaient sans doute des contrebandiers ou des faux-monnayeurs, et les habitants de Saint-Girons consentirent à payer l'imposition. Voir les lettres des 17, 20, 23, 26 et 29 juillet, 1er, 5, 8, 17 et 31 août.

1293. *M. d'Angervilliers, intendant en Dauphiné,* au Contrôleur général.

13 Juin 1712.

Comptes du recouvrement de la taille et de la capitation, et du produit de la ferme générale de Savoie, pendant les années 1709 et 1710.

1294. *M. de Bernières, intendant en Flandre,* au Contrôleur général.

13 Juin 1712.

«Il y a près de six semaines que la situation de l'armée ennemie nous coupe la communication avec Valenciennes et Condé, si ce n'est pour les lettres de l'ordinaire et les voitures publiques, que nous sommes convenus qui passeroient par leur armée même, ce qui s'exécute régulièrement; mais vous jugez bien que ces deux villes, qui se trouvent dans un pays désolé depuis plusieurs campagnes, et sur lequel vit actuellement l'armée la plus considérable qu'il y ait encore eu en Flandre, souffrent plus qu'on ne peut dire, et que les denrées nécessaires à la vie y deviennent si rares et à un prix si excessif, que les garnisons nombreuses, ainsi que les bourgeois, ont de la peine à y vivre, de manière que ces places seroient bientôt affamées, surtout Valenciennes, si cette situation duroit longtemps. L'investiture du Quesnoy a encore redoublé le mal, cette petite ville, dont les dépendances sont considérables, ayant coutume de fournir beaucoup à la subsistance des peuples de Valenciennes, dont ils se trouvent privés, les troupes ennemies qui sont devant le Quesnoy ôtant tout commerce et fourrageant tous les jours presque jusqu'aux glacis de Valenciennes.

«Ces différentes raisons, trop connues, me font vous supplier très instamment de vouloir bien permettre, sans tirer à conséquence, et seulement pendant que les villes de Valenciennes et de Condé seront comme bloquées, que toutes les denrées nécessaires à la vie qui viendront du pays ennemi puissent y entrer sans payer aucuns droits: au moyen de quoi je suis presque assuré que la ville de Tournay et la châtellenie d'Ath nous fourniront le nécessaire, ou peu s'en faut, outre que les peuples de Valenciennes, qui sont assez industrieux et qui ne manquent point de correspondants dans les pays voisins, trouveront le moyen de se procurer des vivres de toutes espèces.

«Cependant, comme je ne crois pas convenable que les ennemis soient avertis des ressources que nous pourrons tirer de chez eux-mêmes, ce qui les engageroit de faire des défenses et d'empêcher la sortie des denrées, au lieu de rendre un arrêt du Conseil, qu'il faudroit faire publier, si vous vouliez bien donner seulement un ordre aux commis des fermiers généraux, et un à moi pour y tenir la main, je ferois avertir les Magistrats des villes et les principaux marchands, ce qui produiroit le même effet, et cet ordre se supprimeroit dès qu'une situation moins fâcheuse permettroit de s'en pouvoir passer*.»

* Cette demande fut accordée : voir une autre lettre du 20 juin, une lettre des prévôt, jurés et échevins de Valenciennes, du 23 juin, et une lettre du Magistrat de Condé, 11 juillet.

1295. *M. de Bâville, intendant en Languedoc,* au Contrôleur général.

13 Juin 1712.

Les travaux entrepris dans le lit du Rhône, par le Dauphiné, sont mal conçus et gêneraient beaucoup le Languedoc; de plus, le Rhône appartenant au Languedoc, les Dauphinois n'ont aucun droit d'y travailler*.

* Ces travaux étaient destinés à garantir des irruptions du Rhône les communautés de Tain, Saint-Vallier, Ancône et Donzère. Après une entrevue avec M. d'Angervilliers, intendant en Dauphiné, et de concert avec lui, M. de Bâville autorisa la plupart des opérations (lettre du 20 novembre, et lettre de M. d'Angervilliers, 21 novembre).

Sur les travaux entrepris par les habitants d'Avignon et autorisés à l'instance du vice-légat, sous la seule condition de se conformer aux plans de M. Niquet, voir les lettres des 16 novembre et 20 décembre. Une jetée ayant été construite sur une ligne différente de celle qui avait été indiquée, la communauté des Angles en fut lésée et se plaignit : voir la lettre du contrôleur général à M. de Bâville, 9 mai 1713; celle de M. de Torcy, 28 mars, avec les pièces et plans qui y sont joints; les lettres de M. de Bâville, 3 mars et 18 mai, et le plan joint à la première de ces lettres; voir aussi les doléances des maire et consuls des Angles, 24 juillet et 18 août. Le 25 août, M. de Bâville, après une visite de M. Niquet et des conférences avec le vice-légat, envoie un plan de la nouvelle direction à donner : il n'a point cru qu'il fallût, pour si peu, risquer une affaire avec le Pape, les concessions faites suffisant pour affirmer la souveraineté du Roi sur le lit du Rhône; quant aux dommages causés à la communauté des Angles, ils sont imaginaires.

Des travaux ayant été faits pour contenir le Rhône près du Pont-Saint-Esprit, et en particulier près de l'embouchure du Lauzon, la communauté de Bollène, du Comtat, y fit obstacle, et il fallut que le syndic du Languedoc passât une transaction avec elle : lettres de M. de Bâville au contrôleur général, 15 novembre 1713 et 14 octobre 1714, et à M. de la Garde, 20 novembre 1714; lettre de M. le vice-légat Salviati, 15 janvier 1714.

Les habitants d'Avignon furent aussi accusés par ceux de Barbentane d'avoir, contrairement aux concordats, creusé le lit de la Durance pour en rejeter les eaux sur la Provence : lettres de M. Lebret, intendant en Provence, 23 juin et 1er octobre 1714.

Voir enfin, sur des contestations excitées par des travaux de creusement dans le lit de l'Aude, une lettre de M. de Bâville, 6 février 1713.

1296. *M. de la Bourdonnaye, intendant à Orléans,*
au Contrôleur général.

13 Juin et 31 Juillet 1712.

Il demande à imposer sur la généralité de Bordeaux le montant des sommes qu'il avait empruntées, alors qu'il y était intendant, pour le service de l'armée d'Espagne, et qui sont encore dues. Elles s'élèvent à 83,052# 12 s. 8 d., plus 15,400# dues aux juifs de Bayonne, et 9,180# dues à diverses communautés, à recouvrer sur l'affranchissement de la capitation et sur la taxe des étrangers.

1297. *M. Lescalopier, intendant en Champagne,*
au Contrôleur général.

14 et 19 Juin 1712.

Incursions de l'ennemi.

«Il est entré par Neufchâtel-sur-Aisne, environ les six à sept heures du matin du 12 de ce mois, dont j'ai été averti à une heure après midi. Il a coulé le long de la rivière de Suippes, et s'est emparé de ce bourg sur les onze heures du soir de ce même jour. Si les habitants avoient eu de la poudre, il ne passoit pas outre. Il a continué sa marche par le droit chemin vers Sainte-Menehould. Cette ville, se trouvant surprise avec très peu d'habitants, ouverte de tous côtés par des brèches d'un grand front, a donné deux otages. L'ennemi a couché le jour suivant, 13, à Bizay, village du Verdunois, et, le lendemain, 14, à sept heures du soir ou environ, a passé la Meuse à Saint-Mihiel. Dès que j'appris cette nouvelle, j'envoyai en cour un exprès, et des ordres au régiment d'Houdetot-dragons de couvrir Reims; je rappelai des débris du régiment de Foix à Châlons, j'écrivis par des exprès à M. le comte de Grandpré, lieutenant général de cette partie de la province, à tous les commandants sur la Meuse, depuis Rocroy en remontant jusqu'à Verdun, chacun en particulier, afin d'être sur leurs gardes et de faire courir l'avis, persuadé que les ennemis, s'étant engagés à Suippes, distant seulement de quatre à cinq lieues de Châlons, ne pouvoient plus se retirer que par la Lorraine ou le Barrois, par Saint-Mihiel ou Commercy, ce qui est arrivé. Sainte-Menehould et Vitry furent avertis par des exprès, et j'écrivis à tous les gentilshommes qui font la capitation avec moi d'avertir la noblesse de se porter sur l'Aisne, sous les ordres de M. le comte de Grandpré. Tous ces ordres étoient expédiés, et les courriers en marche le 12, à quatre heures après midi. Toutes ces précautions n'ont pu garantir du pillage les élections de Reims et de Sainte-Menehould, personne n'ayant le temps et les munitions pour résister à un détachement de près de deux mille hommes, dragons et hussards, qui ont traversé la Champagne en deux jours. Je sais que ce même détachement met tout le pays Messin à contribution, et qu'il a brûlé plusieurs villages à la vue de Metz, parce que cette ville a refusé de contribuer*.»

* Le sieur Aubry, subdélégué à Metz, écrit, le 19 juin : «.....Trois mille chevaux de l'armée des ennemis en Flandre..... se sont venus poster, jeudi dernier, 16e de ce mois, sur des hauteurs à la portée du canon de cette ville de Metz. Ils y sont arrivés à neuf heures du matin. Le commandant a envoyé, vers les onze heures, un trompette à M. le marquis de Reffuge pour l'avertir que, si l'on ne soumettoit pas le pays à contribution, il ne pourroit pas se dispenser de faire brûler tout le pays. M. le marquis de Reffuge, qui avoit des ordres du Roi pour empêcher le pays de contribuer, lui a fait une réponse telle qu'il l'a jugée convenable pour le service de S. M., et, un quart d'heure après que le trompette a été retourné, le feu a paru dans le château de la Haute-Bevoy, une heure après dans quatre ou cinq villages, et, sur les quatre heures du soir, toute la partie du pays Messin du côté de l'Allemagne étoit en feu. Nous l'avons vu de nos fenêtres dans quinze lieux différents. Toute la nuit ils ont continué, en s'en retournant vers la Sarre, et ont brûlé, pillé et saccagé plus de vingt autres villages, sans les maisons et censes particulières des environs, et jusques à la portée du mousquet de la ville, sans qu'on ait pu y apporter le moindre remède ni soulagement. Il y a beaucoup de lieux réduits en cendres; d'autres, les deux tiers ou la moitié. Mais le pillage a été complet partout, sur la largeur de trois lieues, pendant leur route de dix ou douze lieues; [ils] ont emmené tous les chevaux et les bestiaux, et, ce qu'ils n'ont pu emporter, l'ont rompu et brisé : en sorte que tous les habitants de plus de quarante villages sont absolument réduits à l'aumône, sans espérance d'aucun secours. Cette partie du pays Messin est presque tout ce qu'il y a de labourage, et par conséquent la meilleure partie. Presque tous les bourgeois de Metz y sont intéressés, et n'ont plus de granges pour resserrer le peu de récolte que le fourragement a laissé, ni de chevaux pour continuer la culture : ce qui cause ici une désolation entière. J'ai cru vous devoir rendre compte de ce détail, n'étant pas possible, dans cette conjoncture, de donner le moindre mouvement aux affaires extraordinaires, que l'on avoit déjà beaucoup de peine à conduire. Nous attendons incessamment M. de Saint-Contest, qui vous rendra un compte plus exact de cette triste situation.» Voir d'autres lettres de divers particuliers en date des 21, 28 et 29 juin, 14 juillet et 18 septembre.

1298. *M. Nouet, avocat des finances, à Paris,*
au Contrôleur général.

15 Juin 1712.

«J'ai examiné la question que vous me faites l'honneur de me proposer. Nous n'avons point en France de loi ni de règle certaine pour déterminer à qui appartiennent les trésors trouvés. La maxime que l'on peut induire de la jurisprudence des arrêts est que, quand le trésor est trouvé par le propriétaire dans son fonds, il lui en appartient moitié, et moitié au seigneur haut-justicier. Quand il est trouvé par autre que le propriétaire du fonds, il en appartient un tiers à celui qui le trouve, un tiers au propriétaire du fonds, et un tiers au seigneur haut-justicier. S'il est trouvé dans un grand chemin ou lieu public, il en appartient moitié à celui qui le trouve, et moitié au Roi, si ce n'est que le grand chemin fût dans la haute justice d'un seigneur qui eût droit de voirie : auquel cas cette moitié appartiendroit audit seigneur. Enfin, si le trésor est trouvé en lieu saint et sacré, moitié en appartiendra à l'Église, et moitié à l'inventeur.

«Plusieurs de nos docteurs françois énoncent une ancienne ordonnance du roi saint Louis qui déclare le trésor d'or acquis entièrement au Roi. Quelques-uns même, sur ce fondement, ont proposé comme une maxime de notre droit françois : le Roi applique à soi la fortune et treuve d'or. Mais cette ordonnance ne se trouve point dans le recueil de Fontanon, ni autres, et, quoi qu'il en soit, on voit que les arrêts n'y ont point eu d'égard, puisque, dès 1295, quelques années après la mort de saint Louis, les officiers du Roi ayant revendiqué un lingot d'or trouvé en terre à Aubervilliers, et que les religieux de Saint-Denis s'étoient approprié comme seigneurs hauts-justiciers, il y eut arrêt qui adjugea le lingot aux religieux.

«Il est vrai que, par le texte même de cet arrêt, qu'un auteur moderne a rapporté, il est dit que le lingot fut adjugé aux religieux comme chose trouvée, et non comme trésor, *non tanquam thesaurum, sed tanquam rem inventam;* mais, depuis ce temps, un vigneron travaillant à un quartier de vigne, au terroir de Sannois, y ayant trouvé un trésor consistant en pièces d'or, et le procureur du Roi du Trésor l'ayant vendiqué pour le receveur du domaine de Paris sur le fondement de l'ordonnance du roi saint Louis, il y a eu arrêt contradictoire, le 29 juillet 1570, qui a adjugé un tiers du trésor à celui qui l'avoit trouvé, un tiers au propriétaire de la vigne, et l'autre tiers au seigneur haut-justicier.

«On voit encore qu'en 1613 il fut trouvé, dans la voûte du clocher d'une paroisse du bailliage de Melun, un trésor consistant en plusieurs pièces d'or marquées au mouton. Les marguilliers le demandèrent comme appartenant à l'église dans laquelle ils l'avoient trouvé, l'engagiste du domaine de Melun le prétendit comme seigneur haut-justicier, et le procureur du Roi du bailliage le revendiqua pour le Roi comme fortune d'or. Par arrêt du 6 février 1614, il fut ordonné que le trésor demeureroit à la fabrique de l'église.

«Il paroît donc que cette ordonnance prétendue du roi saint Louis n'est ni connue, ni exécutée; et en effet M. Lebret, qui rapporte ce dernier arrêt, rendu sur ses conclusions, observe qu'en cette matière «l'usage de la France est fort incertain, tant «pour ce que nous n'avons aucune ordonnance qui le règle, que «pour ce que les coutumes qui en parlent sont si diverses, et les «arrêts qui ont été prononcés sur ces sujets sont si différents, «qu'il est malaisé d'y asseoir une ferme résolution».

«La coutume de Bretagne, article 46, porte que le trésor d'or ou d'argent trouvé en terre par le bêchement ou ouverture est au prince; mais cela n'a lieu que dans son ressort.

«La coutume d'Anjou porte que la fortune d'or trouvée en mine appartient au Roi, et la fortune d'argent trouvée en mine appartient au comte, vicomte ou baron, en sa terre; mais cette disposition ne parle que de l'or et argent trouvé en mine, ce qui n'arrive point en ce pays-ci.

«Les autres coutumes du royaume qui en parlent partagent le trésor entre celui qui le trouve, le propriétaire du fonds dans lequel on le trouve, et le seigneur haut-justicier, et c'est ce que l'arrêt de 1570 a jugé dans une coutume qui n'en parle point.

«Le droit qui est donné par ces coutumes au seigneur haut-justicier est une exclusion du seigneur simplement féodal ou censier. Nous n'avons que deux coutumes dans le royaume qui appellent le seigneur de fief à la participation de ce profit, savoir : celle de Normandie et celle d'Anjou; ce qui n'a lieu que dans leur ressort.

«Voilà ce que j'ai de notions sur la question à laquelle vous m'ordonnez de répondre.»

1299. *M. DE BÂVILLE, intendant en Languedoc,*
AU CONTRÔLEUR GÉNÉRAL.

19 Juin 1712.

Il demande des fonds pour le payement des missionnaires Capucins du Levant*.

* Voir, à la date du 28 janvier précédent, dans l'intendance de Paris, une supplique tendant à obtenir pour les missionnaires du Levant, en raison de leur pauvreté, qui les a déjà forcés d'abandonner quelques-unes de leurs missions, la remise de ce qu'ils doivent pour le rachat des boues et lanternes de plusieurs maisons de leur cloître.

1300. *LE CONTRÔLEUR GÉNÉRAL*
à MM. CHAUVELIN, FERRAND, DE BÂVILLE, LE GENDRE, D'ORSAY, D'ANGERVILLIERS, LESCALOPIER, TURGOT, GUYNET, DE BOUVILLE, LEBRET et DE BERNAGE, intendants à Tours, en Bretagne, en Languedoc, à Montauban, à Limoges, en Dauphiné, en Champagne, à Moulins, à Caen, à Alençon, en Provence et à Amiens.

20 Juin 1712.

Il leur envoie un arrêt fixant le nombre des électeurs des juges-consuls dans chaque ville, suivant la force du commerce*.

* Voir les lettres du même jour, à M. du Vigier, procureur général au Parlement de Bordeaux, et à M. de Beauharnais, intendant à la Rochelle, et une lettre du 26 avril précédent, de M. du Vigier, relatant les contestations auxquelles avait donné lieu l'élection des juges-consuls de Saintes. — Au sujet de ces contestations, M. de Beauharnais écrit, le 14 février 1713, qu'il serait dangereux de casser les anciens élus, de peur d'invalider leurs jugements, et qu'il conviendra, pour subvenir aux frais de ce tribunal, de permettre la levée d'un faible droit par chaque jugement définitif. «Il a été arrêté et convenu que, le nombre des marchands et négociants étant peu considérable dans cette ville, il suffisoit, pour faire une élection valable, qu'il y eût depuis quinze jusques à vingt négociants assemblés, et que ceux qui auroient un plus grand nombre de voix seroient élus. . . . Toutes

choses se sont passées dans l'ordre et de concert avec les négociants, qui ont choisi de bons sujets, anciens catholiques, et capables de bien remplir leurs fonctions.»

Le 23 décembre 1713, M. Feydeau de Brou demande qu'en raison du petit nombre des marchands d'Alençon, nouveaux convertis pour la plupart, il leur soit permis, au lieu de nommer tous les ans un premier juge et quatre consuls, de n'élire que deux consuls; l'ancien des trois qui resteraient ferait les fonctions de juge. Voir aussi une lettre du 22 octobre 1714.

Le 21 juillet 1712, M. de Bâville écrit que l'établissement des nouvelles juridictions consulaires causera un grand trouble au commerce de la province, où il n'y a de sujets bons pour remplir ces places qu'à Toulouse et à Montpellier.

Voir encore, sur l'élection des nouveaux juges-consuls, sur leur ressort et leurs attributions, et sur le payement des frais qu'ils ne pouvaient se dispenser de faire, les lettres de M. le Gendre, 13 avril 1713, et de M. Chauvelin, 28 novembre et 11 décembre 1713, et 23 août 1715.

A propos de contestations entre les marchands en gros d'Amiens et les gardes de leur communauté, M. de Bernage écrit, le 23 décembre 1713, qu'il serait bon de prendre tous les ans, entre les quatre gardes sortant de charge, le plus ancien, pour faire les fonctions de grand-garde, et de choisir, entre quatre marchands anciens, proposés par les anciens grands-gardes et gardes, et les trois autres gardes sortants, deux de ceux-ci et deux des premiers, pour faire les fonctions de gardes. — «Bon.»

1301. *M. de Bernage, intendant à Amiens,*
au Contrôleur général.

22 Juin, 23 Juillet et 22 Novembre 1712.

Il sollicite l'exemption des droits perçus sur la viande, la bière, le vin et l'eau-de-vie qui se consomment dans les hôpitaux*.

* En apostille de la première lettre : «Qu'il n'a pas dû faire des marchés pour exempter des droits sur les bières, puisque ce sont des droits qui appartiennent au Roi et qui sont sous-fermés; que jamais on n'en a accordé d'exemptions au sous-fermier, parce qu'il s'ensuivroit des indemnités qui jetteroient dans des discussions très embarrassantes, et dans lesquelles on n'est jamais entré.»

Le 27 juillet, M. Voysin, secrétaire d'État de la guerre, écrit qu'il est indifférent d'accorder une indemnité au fermier ou une exemption à l'entrepreneur, et que, pour ce dernier, qui est payé en papier, et qui devrait payer le fermier en argent, l'exemption est bien préférable.

Sur des exemptions ou franchises analogues, voir des lettres du contrôleur général à M. Doujat, intendant en Hainaut, 7 février 1711; de M. de la Bourdonnaye, intendant à Orléans, 22 juillet 1711; de M. Voysin, 31 octobre 1711; de M. de Richebourg, intendant à Rouen, et de l'archevêque de cette ville, 28 juillet et 23 décembre 1711, 12 août 1712; de M. Ferrand, intendant en Bretagne, 8 mai 1714; des administrateurs de l'hôpital général de Caen, 4 juin 1714; de M. Lebret, intendant en Provence, 31 décembre 1714.

1302. *M. de Bâville, intendant en Languedoc,*
au Contrôleur général.

23 Juin 1712.

Confirmation du bail des six deniers par livre de viande de boucherie fait par les commissaires des États*.

* Sur la perception des droits attribués aux inspecteurs des boucheries et aux contrôleurs des suifs, voir une lettre de M. de Montferrier, syndic général de la province, 11 juin, et, sur le commerce de la boucherie à Toulouse, une lettre anonyme contre M. de Bâville, 30 avril 1713.

Voir aussi les lettres de M. de Coursen, intendant à Bordeaux, 12 septembre et 18 novembre 1713, 7 juillet et 25 août 1714, et du sieur de la Vieuville, de Bordeaux, 5 et 11 avril 1715.

1303. *M. de Barrillon, intendant en Béarn,*
au Contrôleur général.

24 Juin 1712.

Il rend compte de saisies de toiles peintes et explique qu'il n'a pas osé rendre une ordonnance, à ce sujet, contre le fils de M. de Carrère, député aux États de Béarn et conseiller au Parlement*.

* Réponse en apostille : «Qu'il a bien fait de ne pas prononcer, quoiqu'il eût été très bien fondé à le faire suivant les règlements, mais qu'il y a certaines occasions dans lesquelles il est bon d'agir avec quelque retenue; d'autant plus que, si vous aviez rendu une condamnation, on n'auroit pas manqué d'en attribuer la cause aux différends personnels que vous pouvez avoir avec M. de Carrère.»

Voir une lettre du 12 juillet suivant, au sieur Pinsur, à Orthez.

1304. *Le Contrôleur général*
à M. de Fourqueux, procureur général
en la Chambre des comptes de Paris.

26 Juin 1712.

Il expose les raisons pour lesquelles le sieur Bellanger a été déchargé de rendre compte des recettes et payements qu'il doit faire en conséquence de l'édit de création de 500,000# de rentes sur les tailles.

1305. *Le Contrôleur général*
à M. de Saint-Maurice, commissaire général
de la Cour des monnaies.

27 Juin 1712.

«.....On a toujours mis une grande différence entre les confiscations qui se prononcent pour fait de fausse monnoie et celles qu'on adjuge au Roi pour d'autres crimes. Les deniers qui proviennent de ces dernières doivent passer par les mains des receveurs des domaines, et, comme ce sont eux qui doivent faire toutes les poursuites et les avances des frais, on leur a attribué des droits, qui ne peuvent pas leur être contestés. Il n'en est pas de même des confiscations qui reviennent au Roi pour crime de fausse monnoie, sur lesquels ces receveurs ne

IMPRIMERIE NATIONALE.

doivent rien prétendre à moins qu'on ne les charge expressément de faire les poursuites.....»

1306. *M. de Bernage, intendant à Amiens,*
au Contrôleur général.

10, 24 et 27 Juillet, 2 et 15 Août, 19 Septembre 1712.

Traités de contribution passés avec les ennemis.

M. Boutin et M. Van Robais s'étant offerts tous deux pour faire le payement, le second a été préféré, tant parce qu'il s'est chargé du même service les années précédentes, et qu'il mérite d'être récompensé, que parce que sa connaissance des ennemis, de M. de Bons en particulier, et sa présence dans le pays lui facilitent la tâche*.

Après de vives discussions, il a été déclaré que les paysans contributaires voiturant des vivres et des munitions n'étaient point de bonne prise.

* Voir une lettre écrite le 30 juillet, en faveur de Van Robais, par M. le duc d'Aumont.

La contribution pour les paroisses de l'élection de Guise situées au delà de l'Oise fut renouvelée : lettres de M. Laugeois d'Hymbercourt, intendant à Soissons, 12 et 20 mai, 26 juillet, 11 août et 16 novembre.

Sur le payement du dernier terme, voir une lettre de M. de Bernage, 3 juillet 1713.

Les Hollandais, après la paix signée, demandèrent à la gouvernance de Béthune, non seulement ce qui leur était dû du Don gratuit en proportion de ce que le Roi touchait, mais encore l'abonnement pour la capitation et les autres impositions, ce qui montait à 600,000 ᵗᵗ, et, sur le refus des États, ils firent conduire un certain nombre d'otages à la citadelle de Tournay. Voir les lettres de M. de Bernage, 12 mai, 22 juillet et 1er octobre 1713, et, jointes à une autre lettre du 20 novembre, les conventions qu'il conclut avec M. Pesters.

1307. *M. d'Argenson, lieutenant général de police à Paris,*
au Contrôleur général.

12 Juillet 1712.

«L'affaire que Mme la marquise de Béthune a proposée au Roi consiste dans une espèce d'échaudoir banal et tend à imposer un droit très modique sur les menus abatis des bouchers, c'est-à-dire sur les tripes et sur les issues des bœufs, moutons et veaux qui se consomment à Paris et font la subsistance la plus ordinaire du bas peuple et des artisans de la dernière classe. Le motif apparent de cette proposition est d'établir une espèce de discipline entre les bouchers, les cuiseurs de tripes et les revendeuses, gens également brutaux, indisciplinables et féroces.

«Cet établissement rendroit tous les ans, à la donataire, environ 12 ou 15,000 ᵗᵗ à proportion de ce qu'ont produit au Roi les droits d'entrée et de pied-fourché pendant les dix dernières années, dont on a composé une année commune.

«Je crois que cet échaudoir banal pourroit avoir son utilité pour l'ordre public, puisqu'il assujettiroit les bouchers et les cuiseurs à de certaines règles qu'ils ne suivent presque jamais, et qu'il obligeroit ceux-ci à enlever tous les jours les menus abatis, dont la corruption cause quelquefois, dans les tueries, une infection qui gâte la meilleure viande. Il semble en effet que cet enlèvement deviendroit d'autant plus facile, et que les officiers de police seroient d'autant plus à portée d'y tenir la main, que, tous les ouvriers de l'échaudoir banal et commun se trouvant rassemblés dans un même lieu, on pourroit les faire agir d'un moment à l'autre sur la première plainte des bouchers, qui n'auroient aucun intérêt à différer l'envoi de leurs menus abatis, puisque le prix en seroit égal pour tous suivant la convention qui s'en feroit tous les ans, à Pâques, entre les jurés de leur communauté et le maître de l'échaudoir. Mais cet arrangement ne convient pas à un temps de guerre, ni à la cherté présente de la viande de boucherie, que cause apparemment le voisinage des armées, et peut-être aussi la grande diminution de l'espèce dans les provinces d'où nous viennent les bestiaux. Je pense même qu'il ne seroit ni prudent ni juste, dans cette conjoncture, de charger une marchandise que le peuple regarde comme sa nourriture principale, et dont une infinité de pauvres femmes, la plupart inquiètes et séditieuses par tempérament, se sont fait un commerce particulier. Ainsi, je crois qu'il y auroit de très grands inconvénients à ne pas différer jusqu'à la paix et jusqu'au retour de l'abondance un établissement qui assujettiroit encore à de nouveaux droits une denrée qui en paye trop, dont la disette et la cherté sont plus grandes et plus générales qu'on ne les a vues depuis longtemps, et qui devroit être aussi abondante qu'elle est nécessaire*.»

* En apostille : «Attendre un autre temps.»

1308. *M. Ferrand, intendant en Bretagne,*
au Contrôleur général.

15 Juillet 1712.

A propos d'une réclamation faite par le cardinal de Janson en qualité d'abbé de Notre-Dame de Savigny, il expose que les fermiers des biens nobles sont sujets aux rôles des fouages et rations, et qu'il n'y a d'exempts que les biens régis personnellement par les ecclésiastiques et les gentilshommes eux-mêmes.

«La disposition de cette ordonnance (14 décembre 1706) est fondée sur celles que M. de Nointel a rendues en pareil cas depuis 1694 et toutes les fois que la question s'est présentée. J'ai suivi cet usage jusqu'à présent; il a servi de fondement à l'ordonnance dont se plaint M. le cardinal de Janson. La décision de cette affaire est très importante pour la province, les seuls contribuables aux fouages n'étant pas en état de porter cette imposition. Les motifs que l'on a eus de soutenir que les fermiers des ecclésiastiques et des gentilshommes y sont également sujets, sans recours contre leurs maîtres, sont marqués dans l'ordonnance de 1706*.»

* En apostille, de la main du contrôleur général : «Ordonner que le nom de M. le cardinal de Janson sera ôté et rayé du rôle; défenses d'y imposer les ecclésiastiques. L'ordonnance de M. Ferrand exécutée contre Rufflet, sans recours contre M. le cardinal de Janson.»

Le 17 mai 1713, M. Ferrand envoie un projet d'arrêt pour soumettre aux droits d'entrée des boissons les religieux et tous les ecclésiastiques, à la réserve de ceux qu'en exempte le bail des fermiers. «Bon, suivant l'avis.»

1309. *M. de Courson, intendant à Bordeaux,*
au Contrôleur général.

16 Juillet 1712.

«J'ai l'honneur de vous envoyer une lettre qui m'a été écrite par le sieur Terson, par laquelle il demande le payement d'une pension de 220# que le Roi a la bonté de lui donner depuis qu'il est relégué. C'est un huguenot fort entêté, qui a été accusé d'aller catéchiser dans les maisons; il a été en différents exils. Il étoit à Bordeaux, où on l'a soupçonné d'aller dans les maisons entretenir les nouveaux convertis dans leur obstination, ce qui lui a attiré un nouvel ordre pour aller à Tarbes. Il pouvoit avoir quelques secours, lorsqu'il étoit à Bordeaux; mais, à présent qu'il est éloigné de chez lui, il n'a d'autre ressource que la pension qu'il a plu au Roi de lui accorder. Il seroit dangereux qu'il revînt en ce pays-ci; mais aussi il n'est pas possible qu'il vive ailleurs sans ce secours*.»

* Sur la surveillance exercée contre les nouveaux convertis suspectés de mal remplir leurs devoirs religieux, et sur les mesures prises à leur égard, voir les lettres de MM. de la Briffe, intendant en Bourgogne, 20 octobre 1712; d'Angervilliers, en Dauphiné, 17 janvier 1715; Boucher d'Orsay, à Limoges, 5 janvier 1713; le Gendre, à Montauban, 30 janvier 1713.

Le 23 octobre 1712, M. de Bâville, intendant en Languedoc, écrit qu'il a demandé à tous les évêques une enquête sur la conduite des maires nouveaux convertis, et qu'il s'en informera en outre par divers endroits.

M. de Courson écrit de Bordeaux, le 29 octobre 1714, à propos d'un nouveau converti mort en protestant, et dont la mémoire avait été condamnée et les biens confisqués : «..... Il seroit à souhaiter qu'une partie de cette confiscation pût être employée, comme on le demande, à l'hôpital des Enfants-Trouvés de cette ville; mais je doute fort que le Roi veuille l'accorder, ne voulant point donner ordinairement la confiscation des biens qui tombent dans la régie des biens des religionnaires.»

M. de Harlay de Cély, intendant en Béarn, envoie, les 11 mars, 1er et 25 avril, et 30 mai 1713, le rapport des poursuites faites contre les femmes et hommes d'Orthez qui, sous le nom de *prédicants*, allaient visiter les nouveaux convertis malades et les encourageaient dans leur opiniâtreté, manœuvre des plus dangereuses dans un pays rempli de nouveaux convertis. Le sieur Lichigaray, ancien catholique, attribue, le 11 février 1714, une partie des progrès de l'hérésie à l'ignorance et aux mauvaises mœurs du clergé. M. de Cély écrit, le 14 avril suivant, que les nouveaux convertis, après avoir paru revenir à de meilleurs sentiments, sont retombés dans leur opiniâtreté sur un faux bruit de reprise de la guerre, qui leur a fait follement espérer la liberté de conscience.

1310. *M. de Courson, intendant à Bordeaux,*
au Contrôleur général.

16 Juillet 1712.

Il transmet une protestation des habitants de Saint-Jean-de-Luz contre la cession du port de Plaisance, avec l'île de Terre-Neuve, aux Anglais*.

* Le contrôleur général répond, le 24, qu'on a dû tout sacrifier pour avoir la paix; que d'ailleurs la pêche des morues sera toujours libre, et que la faculté de sécher sur les grèves subsistera.

1311. *M. le Blanc, intendant en Flandre maritime,*
au Contrôleur général.

18 et 19 Juillet, 11 et 24 Août 1712.

Il annonce l'occupation de Dunkerque par les Anglais. La flotte est entrée le 19 dans la rade; les troupes anglaises ont débarqué aussitôt et ont occupé tous les postes sans confusion. M. le comte de Lomont est sorti de la ville à six heures du soir, avec la garnison, pour se retirer à Bergues*.

* Voir les lettres du sieur Boutillier, 13 et 20 juillet, 22, 30 et 31 août, 1er septembre (sur le passage du lord Bolingbroke et de l'abbé Gauthier).

Le 16 août, M. le Blanc se plaint que les troupes anglaises introduisent beaucoup de marchandises de leur pays, à quoi il n'y a rien à faire.

Il fit ordonner par le lord Bolingbroke que les vaisseaux anglais payeraient le droit de fret : lettres de M. le Blanc, 1er, 13, 17 et 30 septembre, et du sieur Boutillier, 10, 25 et 28 septembre.

1312. *M. le duc de Gramont, gouverneur de Bayonne,*
au Contrôleur général.

21 Juillet 1712.

Il demande que la ville de Bayonne soit tenue de lui continuer le payement de la rente de 6,000#, au capital de 108,000#, constituée au profit de son père, le 28 juin 1658, ou qu'on le rembourse du principal et des arrérages*.

* En apostille, de la main du contrôleur général : «Vérifier dans les comptes de l'Épargne d'où procède la dette pour laquelle il avoit été ordonné 127,060# à M. le comte de Toulongeon, à prendre sur la coutume de Bayonne.» Le 13 août, le contrôleur général écrit à M. du Buisson, intendant des finances : «M. le Bel, auditeur des comptes, qui est chargé de faire la vérification d'un remboursement fait, il y a environ soixante ans, par M. de Guénegaud, à M. le comte de Gramont, me mande qu'il n'a pu rien découvrir dans les comptes de M. de Guénegaud qui sont à la Chambre, et qu'il ne lui reste, pour achever sa vérification, que de voir les papiers de M. de Guénegaud qui sont dans des coffres chez M. Hersent, sous deux clefs, dont il y en a une entre vos mains. Je vous prie de charger quelqu'un de vos commis de cette clef, afin qu'on puisse voir si ces papiers ne fourniront point les éclaircissements que nous cherchons.» On remboursa les 108,000# en rentes sur la ville.

1313. *M. Lescalopier, intendant en Champagne,*
au Contrôleur général.

21 Juillet 1712.

Il réclame pour le receveur des traites de Mouzon la liberté de faire sortir les effets de sa caisse après déclaration en forme, malgré l'opposition du commandant de la ville ou des maire et échevins*.

* En apostille : «Vous devez faire attention que les receveurs des fermes ne sont point sujets à rendre aucune raison de leurs deniers, ni aux officiers militaires, ni aux officiers municipaux, et qu'ils doivent avoir une pleine liberté de les voiturer aux recettes générales sans en faire aucune déclaration, ni en rendre compte à personne qu'à leurs commettants.»

1314. *M. de Beauharnais, intendant à la Rochelle,*
au Contrôleur général.

26 Juillet 1712.

«J'ai reçu, en son temps, la lettre que vous m'avez fait l'honneur de m'écrire le 19 du mois dernier, par laquelle vous m'avez marqué que, le Roi désirant assurer la provision des gabelles de France pour l'année 1713, qui commencera au 1er octobre 1712, et, en même temps, favoriser les propriétaires des marais salants et les marchands qui ont des amas de sels achetés, afin qu'après ladite provision faite et assurée, ils puissent disposer librement de leurs sels, sans être gênés et fatigués comme ils l'ont été cette année, S. M. avoit résolu de faire procéder à l'adjudication au rabais de ladite provision après trois publications et affiches mises, tant à cette ville qu'à Saintes, Brouage, Marennes, îles d'Oleron et de Ré. Je me suis conformé à ce que vous m'avez prescrit sur cela, et, lorsque le sieur Dufaure, président en l'élection de Marennes, m'a rendu la lettre dont vous m'avez honoré le 2 de ce mois, j'avois déjà donné les ordres nécessaires pour ces publications et affiches. Après avoir conféré ensemble sur l'exécution du plan que vous avez fait, et que vous m'expliquez amplement par cette seconde lettre, il m'a paru que, suivant le prix courant du sel en cette ville, qui est de 20# le muid, mesure rase de Brouage, il n'y avoit pas lieu d'espérer de trouver des gens qui voulussent s'engager à fournir les vingt-cinq mille muids nécessaires pour la provision des gabelles de France sur le pied de 10# chaque muid ras. Cependant, comme le sieur Dufaure a de l'esprit, qu'il est accrédité dans le pays, et que les propriétaires des marais salants et les marchands ont confiance en lui, j'ai cru qu'il étoit à propos de le renvoyer à Marennes quelques jours avant l'échéance du terme fixé pour l'adjudication au rabais que je devois faire, afin de détourner les particuliers de toute cabale et monopole, leur insinuer qu'il est de leur véritable intérêt d'assurer premièrement, et avant toutes choses, le service du Roi et la fourniture de sa ferme des gabelles, et ensuite se procurer une entière liberté de commerce et la facilité du débit de leurs sels, soit pour les provinces rédimées, soit pour l'étranger. Je lui ai recommandé de leur expliquer que, si l'on est content d'eux cette année, vous ferez continuer ces adjudications les années suivantes, au lieu que, s'ils prétendent contregager le fermier ou régisseur sur le prix du sel, il n'y aura plus de retour dans la suite. Il s'est acquitté autant bien qu'il a pu de cette commission, et, quoique l'adjudication que j'ai été obligé de faire hier, sous le bon plaisir du Roi, excède le prix de 10# par muid, mesure rase de Brouage, j'ai reconnu cependant, par les dispositions dans lesquelles j'ai trouvé ces particuliers, auxquels j'ai dit aussi tout ce qui se pouvoit en pareille occasion pour le bien du service, que les exhortations du sieur Dufaure n'avoient pas peu contribué à les porter à se mettre à la raison.

«Comme nous sommes à la fin de juillet, qu'il ne s'est encore presque point fait de sel dans les îles abonnées de Saintonge, mais quelque peu seulement à Oleron et en Ré, que le temps, qui paroît beau, à la vérité, depuis quelques jours et propre aux saunaisons, peut changer en un moment, et que, s'il arrivoit de la pluie, il ne se feroit plus de sel, ce qui en augmenteroit si fort le prix que S. M. s'y trouveroit très intéressée, après en avoir pesé les conséquences avec toute l'attention possible, et examiné avec M. Langlois-Doisnel et le sieur Dufaure ce qui se pouvoit faire dans la conjoncture présente, où le prix courant du sel est à 20# le muid, mesure rase de Brouage, je n'ai pas cru devoir différer l'adjudication et renvoyer les particuliers qui ont fait leurs offres à 14# le muid ras. Ainsi, je les ai acceptés sous le bon plaisir du Roi, et je me suis rendu certain, quelque chose qui arrive, des vingt-cinq mille muids de sel vieux, dont chaque particulier fournira son contingent suivant la répartition qui en sera faite dans la forme et de la manière que vous m'avez prescrit. J'ai l'honneur de vous envoyer copie de l'adjudication que j'ai faite, et celle du pouvoir donné par les propriétaires et marchands à ceux avec qui j'ai traité. J'y joins le projet d'arrêt nécessaire pour autoriser le tout. J'aurois souhaité pouvoir mieux faire; mais, comme ce n'est que sous le bon plaisir du Roi, et qu'au cas qu'il y eût une saunaison abondante, S. M. pourra prendre d'autres mesures, il n'y a rien de contraire à ses intentions et aux vôtres, et cependant j'ai, par ce moyen, assuré le service et lié les adjudicataires, de manière que, quelque événement qui arrive dans la saunaison, ils ne pourront plus s'en dédire. Il est parlé, dans le projet d'arrêt, d'une répartition générale, tant des sels vieux que nouveaux; mais la raison en est que, dans l'adjudication qui est faite des vingt-cinq mille muids de sel, il est porté que ce n'est que du sel vieux que l'on doit donner au Roi, et que, par ce moyen, il n'y auroit que ceux qui ont des sels vieux qui supporteroient toute la charge; au lieu que, s'il se fait du sel nouveau, les propriétaires seront tenus d'en fournir leur part, qui servira à remplacer partie de ce que les autres propriétaires auront fourni du sel vieux*.»

* Pour la fourniture des gabelles et la fixation du prix du sel, voir ses lettres des 28 février et 17 avril 1714, 30 avril, 4 et 11 mai, et 29 août 1715, et celles du sieur Boutillier, 20 août 1714, 7 mars, 22 avril et 28 juillet 1715.

Le 27 décembre 1712, l'intendant avait envoyé un état général des marais salants qui existaient sur la rivière de Seudre, le havre de Brouage et l'île d'Oleron, établi en vue des taxes de confirmation demandées aux propriétaires de domaines aliénés.

Sur les marais salants de Bourgneuf, la levée forcée de huit cents muids, la fourniture aux salorges de Nantes, etc., voir les lettres de

M. Ferrand, intendant en Bretagne, 23 janvier 1711, 8 décembre 1713 et 9 juin 1715, et une lettre de M. Voysin, secrétaire d'État de la guerre, 15 février 1711.

1315. *M. de Pontchartrain, secrétaire d'État de la maison du Roi, au Contrôleur général.*

27 Juillet et 11 Novembre 1712.

Payement de la pension de 2,000# accordée au comte de Madaillan de Lesparre*.

* Les placets du comte de Madaillan, dont l'un est en vers, sont joints à ces lettres. N'étant pas payé, il sortit du royaume et se retira à Genève : comme il n'avait que sa pension pour subsister, le Roi lui pardonna à condition qu'il rentrerait immédiatement en France, et fit payer sur sa pension les dettes qu'il avait contractées à Genève; mais, pour le mettre à l'abri de l'indigence et prévenir les effets de sa légèreté, on résolut de l'enfermer à la maison de la Doctrine chrétienne (lettre du 23 août 1713).

Sur le payement de la pension par le Trésor royal, voir une lettre de M. d'Argenson, lieutenant général de police à Paris, 27 juillet 1714.

1316. *M. de Courson, intendant à Bordeaux, au Contrôleur général.*

30 Juillet 1712.

Il annonce que les mesures qu'il a prises pour réformer l'administration des finances de la ville de Bordeaux commencent à produire un bon effet, malgré la résistance intéressée des jurats.

«Le mal [vient] de ce que les jurats ne s'appliquoient point à connoître les affaires de la ville, qu'il n'y avoit aucun officier de l'hôtel de ville qui sût quels étoient les créanciers, et les registres que l'on devoit tenir étoient en si mauvais ordre, qu'il n'étoit pas possible de connoître non seulement les intérêts qui étoient dus, mais encore les capitaux. Dès qu'un particulier demandoit à un jurat un mandement pour être payé de ses arrérages, il ne faisoit pas de difficultés de le donner; le trésorier disoit toujours qu'il n'avoit point de fonds, ne payoit que ceux qu'il vouloit, et ces mandements se négocioient à beaucoup de perte..... J'ai fait faire un état, non seulement de tous les capitaux qui étoient dus par la ville, mais encore de tous les arrérages. J'ai trouvé, par cet état, qu'il y avoit des particuliers qui étoient payés de plusieurs années d'avance, dans le temps qu'il y en avoit plusieurs autres à qui les arrérages étoient dus depuis 1704. J'ai engagé les jurats à prendre une délibération pour abolir l'usage des mandements, et à faire tous les trois mois des états de ce qu'ils doivent payer, sur lesquels le trésorier payeroit, et j'ai eu attention que l'on ne comprit dans ces états que les créanciers auxquels il étoit dû le plus d'années d'arrérages, jusques à ce que l'on fût venu au courant.....»

1317. *M. de Fenoyl, premier président du Parlement de Pau, au Contrôleur général.*

30 Juillet et 23 Septembre 1712.

Une grêle, dont les plus petits grains étaient gros comme des œufs, a ravagé tout le pays et s'est étendue jusqu'à Toulouse et Bordeaux; le prix des grains s'est élevé et s'élèvera encore; des passeports seraient donc nécessaires pour en faire venir de Bretagne et de Poitou*.

* Le 7 février 1713, M. de Harlay de Cély, intendant en Béarn, expose qu'il a cru devoir convoquer l'Abrégé pour faire cesser les abus commis dans les distributions de blés ordonnées par les États, et pour veiller au soulagement des paroisses grêlées. Il rend compte des résultats obtenus, les 1er et 25 avril suivant.

1318. *M. de Bernage, intendant à Amiens, au Contrôleur général.*

6 Août 1712.

«Il est arrivé ces jours-ci une chose capable de faire manquer l'armée de vivres. J'avois commandé un convoi considérable de chariots pour transporter des farines de Péronne à Cambray. Non seulement le munitionnaire n'a rien payé aux paysans sur les voitures; mais on les a fait passer jusques à Valenciennes, sans les aider de pain ni de fourrages, et les escortes les ont roués de coups parce que leurs chevaux, mourant d'inanition, n'alloient pas assez vite au gré des officiers et cavaliers. Sur la plainte que j'en ai faite à M. de Bernières, en lui demandant ses ordres pour qu'un second convoi de cinq cents chariots qui doit aller encore aujourd'hui de Péronne à Cambray ne fût pas traité de même, parce qu'il n'y auroit plus moyen de faire marcher aucun paysan dans l'impuissance où ils sont, et particulièrement dans le temps précieux de la moisson, j'ai connu, par la réponse qu'il m'a faite, et encore plus par la lettre du sieur Pâris-Duverney, dont je joins ici copie, qu'il ne falloit plus espérer que les munitionnaires payassent les voitures. Ainsi, je n'ai trouvé d'autres moyens d'y subvenir, dans une conjoncture aussi importante, que celui de commander, comme je viens de faire, les chariots du Boulonnois pour un convoi d'Hesdin à Arras, pour être payés sur les fonds d'impositions que vous avez accordés pour les voitures. J'emprunterai, pour cet effet, quelques sommes pour leur donner un abon-compte, que je ferai reprendre, aussi bien que le reste de ce qui sera dû, sur le recouvrement de cette imposition, qui est fort lent, parce que, nonobstant les grandes remises, les receveurs généraux ne payent pas avec la régularité désirable. J'espère que vous approuverez le parti que j'ai pris dans une nécessité aussi pressante, quoique vous m'ayez mandé que les munitionnaires devoient être tenus de ces voitures et qu'ils vous avoient promis de les payer comptant, quand ils auroient besoin des chariots du pays. Ainsi, je continuerai à me servir de cet expédient, sous votre bon plaisir, puisque c'est le seul qui puisse assurer le service des vivres, à moins que vous ne mettiez les munitionnaires en état de payer eux-mêmes comptant et sans excuse. De quelque manière que ce soit, j'aurai soin de vous envoyer des états des voitures qu'on aura faites pour eux, comme vous me l'avez ordonné, afin que vous puissiez leur faire donner pour comptant, si vous n'avez point égard aux remontrances qu'ils pourront vous faire*.»

* En apostille : «Approuvé.»
Voir une lettre de Pâris-Duverney jointe à celle du 18 août, où M. de Bernage propose les moyens propres à empêcher la ruine du service.

1319. *M. de Bernage, intendant à Amiens,*
au Contrôleur général.

8 Août 1712.

Travaux de défrichement à faire le long des routes qui traversent des bois ou des forêts*.

* Voir d'autres lettres de M. Foullé de Martangis, intendant en Berry, 18 août 1713 et 8 mars 1714; de M. de la Briffe, en Bourgogne, 5 octobre 1713; de M. Lescalopier, en Champagne, 30 juin 1714; de M. le Guerchoys, en Franche-Comté, 24 septembre 1713; de M. de Richebourg, à Rouen, 6 juin 1712; et les lettres du contrôleur général à MM. Boucher d'Orsay, intendant à Limoges, et le Féron, grand maître des eaux et forêts au département de Poitou, 17 juillet 1714. Les riverains devaient être indemnisés, soit sur les produits du défrichement, soit par une imposition sur la généralité.

1320. *M. de Bernières, intendant en Flandre,*
au Contrôleur général.

(Du camp de l'abbaye d'Anchin,) 8 Août 1712.

«J'ai reçu la lettre que vous m'avez fait l'honneur de m'écrire le 21 du mois passé, avec la requête présentée au Conseil par les fermiers généraux au sujet d'une ordonnance que j'ai rendue le 26 mai dernier, concernant les eaux-de-vie qui entrent dans la ville de Valenciennes : sur quoi, vous me chargez de vous faire part des raisons qui m'ont déterminé à faire ce règlement et de vous envoyer mon avis.

«Ce règlement est fondé sur plusieurs raisons, et tend à la conservation des droits du Roi également comme de ceux des octrois de la ville de Valenciennes. L'octroi sur l'eau-de-vie a été accordé par le Roi aux Magistrats de Valenciennes pour les mettre en état de payer l'aide ordinaire à S. M., et il n'a pas d'autre destination; c'est aussi par cette raison qu'on ne sauroit donner trop d'attention pour en maintenir la régie et empêcher les fraudes.

«On ne peut pas présumer que ce soit pour éviter le payement des droits des traites qu'on fait entrer de l'eau-de-vie en fraude à Valenciennes, mais bien ceux des octrois, puisqu'il n'y a aucuns droits à payer aux traites pour celle qui vient du royaume, et qu'à l'égard de celle qui vient de l'étranger, le droit en est fixé à 1 s. 6 d. seulement le pot, au lieu que le fermier des octrois perçoit 37 s. 6 d., soit qu'elle vienne de France, soit qu'elle vienne de l'étranger. C'est ce droit très considérable qui excite les paysans à frauder et à mettre tout en œuvre pour y parvenir.

«Il ne faut pas croire qu'ils fassent venir des eaux-de-vie de l'étranger, parce qu'outre qu'elles sont ordinairement mauvaises, étant composées avec du grain et du genièvre, c'est qu'elles y sont plus chères, et que d'ailleurs l'entrée en est défendue; mais ils les tirent de France, où elles coûtent moins et sont de meilleure qualité. Ils ne peuvent les faire envoyer dans le Cambrésis, ni dans le Hainaut, sans passer par Guise, Saint-Quentin ou Péronne, où il est censé qu'elles ont payé les droits de sortie à leur passage, et, par conséquent, les traites n'en n'ont aucuns à percevoir. Ces eaux-de-vie ayant ainsi passé par les bureaux dont je viens de parler, les paysans et autres particuliers qui ont accoutumé d'en faire commerce en fraude les entreposent dans les villages, où ils les survident dans des barils de dix, vingt, et jusques à trente pots; après quoi, ils les cachent sur des chariots chargés de bois, de foin et autres marchandises, afin d'en ôter la connoissance aux commis des fermes et frauder de cette manière le droit de 37 s. 6 d. au pot dû aux octrois. Ils ne se donneroient point ces soins pour celui des traites, qui n'est que de 1 s. 6 d.; encore faut-il que les eaux-de-vie viennent de l'étranger, car il n'en est point dû lorsqu'elles viennent de France, comme je l'ai expliqué.

«Voilà une manière de frauder; il y en a encore plusieurs autres dont les paysans se servent : c'est d'en faire entrer en plus petites parties dans des cruches, dans des bouteilles et dans d'autres vases qui peuvent contenir jusqu'à cinq ou six pots, et ceux qui n'ont pas assez de moyens pour en faire venir directement de France en achètent à la campagne, aux cantines du domaine du Roi, dans les lieux de leur voisinage, où, le droit n'étant que de 18 s. 9 d. au lot, ils gagnent encore considérablement en les faisant entrer en fraude de celui des octrois, de sorte qu'en l'un et en l'autre cas il n'est rien dû aux traites.

«Les commis des traites se fondent principalement sur ce qu'étant les premiers saisissants, la confiscation doit être ordonnée à leur profit; mais, si cette prétention avoit lieu, il n'y auroit jamais à prononcer en faveur des fermiers des octrois, parce qu'il n'est point permis à leurs commis de faire visite des voitures entrant dans les villes qu'après qu'elle est faite par ceux des fermes du Roi; mais ceux-ci ne peuvent point s'en prévaloir dans les saisies des eaux-de-vie, qui regardent principalement les fermiers des octrois. Aussi a-t-on toujours décidé, sur ce fait, en leur faveur..... J'ai suivi la même règle dans les différentes occasions qui se sont présentées sur cette matière, sans que les fermiers généraux ni leurs commis s'en soient plaints; j'ai même ajouté, dans le règlement contre lequel ils réclament aujourd'hui, qu'ils avoient droit sur les eaux-de-vie venant de l'étranger, en le justifiant.....»

1321. *M. Voysin, secrétaire d'État de la guerre,*
au Contrôleur général.

8 et 11 Août 1712.

Les marchés pour la fourniture des fourrages ont été conclus à des conditions onéreuses, à cause de la mauvaise nature des assignations sur l'année 1714 qui peuvent être délivrées pour le payement*.

* Le contrôleur général lui répond, le 10 août : «.....Vous ne m'avez point dit que le traité monteroit à 13,105,000#, et que vous stipuleriez que les assignations en seroient délivrées pour la moitié dans le courant de ce mois. J'écrivis, le 4, quand vous fûtes sorti de mon appartement, tout ce que vous m'aviez dit, afin de prendre les mesures possibles pour l'exécution. Il est certain qu'on ne peut, au Trésor royal, entre ci et la fin du mois, fournir pour 6,500,000# d'assignations. Il est certain de plus que ce grand nombre d'assignations, joint à celles qui ont déjà été fournies, achèvera de les décréditer absolument, et qu'en faisant un effort pour soutenir le service des fourrages, on trouvera de nouvelles difficultés pour soutenir les autres dépenses qui ne sont ni moins nécessaires ni moins pressées. Je vous prie de croire que je ne cherche point à faire des obstacles, et que je me contente de représenter le mal dans l'exacte vérité. Vous y ferez les réflexions que mérite une affaire aussi sérieuse. Je crois cependant devoir vous ajouter qu'en payant les intérêts des assignations à 10 p. o/o, à commencer du 1er septembre, la condition des entrepreneurs est bien avantageuse, et que cette fourniture coûtera au Roi près de 17,000,000#.»

1322. *M. le Gendre, intendant à Montauban,*
au Contrôleur général.

10 Août 1712.

Il rend compte de la conversion et de l'entrée en religion de deux jeunes filles protestantes, à l'une desquelles il a payé ses frais de dot et d'ameublement*.

* Sur des pensions ou des gratifications analogues, voir des lettres de M. de Torcy, secrétaire d'État des affaires étrangères, 5 août et 17 novembre 1711; de M. de Pontchartrain, secrétaire d'État de la maison du Roi, 5 juillet 1713; de M. Chauvelin, intendant à Tours, 20 août 1714, et du contrôleur général à M. de Torcy, 11 et 31 juillet 1714.

1323. *M. de Saint-Contest, intendant à Metz,*
au Contrôleur général.

12 Août 1712.

Saisie de marchandises de contrebande que les expéditeurs prétendaient avoir, de par les concordats, le droit de faire passer par les terres enclavées à destination de la Lorraine*.

* Voir la lettre écrite le même jour par l'auteur de la capture.

En marge de la première lettre, le contrôleur général a écrit : «Mainlevée des marchandises saisies, sans tirer à conséquence; un règlement pour obliger à faire des déclarations des marchandises dont l'usage et l'entrée sont défendus en France, et à souffrir la visite. L'écrire à M. de Saint-Contest, et l'expliquer bien précisément à M. de Barrois.» Cette mainlevée était prononcée à la réclamation de M. de Barrois Saint-Remy, envoyé du duc de Lorraine, quoique M. Voysin soutînt que les passeports employés portaient exclusion spéciale de ces marchandises et ne pouvaient servir que contre les ennemis. (Lettres de M. de Barrois, de M. Voysin et de M. de Saint-Contest, 21 août, 12 septembre et 4 octobre.)

M. de Saint-Contest écrit, le 18 août 1713 : «...... Il me paroît que, pour empêcher les fraudes et les versements qui se commettent en ce pays sous prétexte de la liberté qui est accordée, par les concordats avec les Lorrains, de pouvoir passer, avec leurs marchandises, sur les terres enclavées des Trois-Évêchés avec la Lorraine, on peut se dispenser d'établir des contrôleurs avec une brigade ambulante. Il suffiroit que le Roi voulût bien faire le règlement que vous m'avez fait espérer par la lettre que vous m'avez fait l'honneur de m'écrire le 28 septembre 1712, par lequel les marchands et autres qui voudroient emprunter les terres du département de Metz pour faire passer en Lorraine des marchandises dont l'usage, l'entrée et le débit sont défendus dans le royaume, seroient obligés à faire des déclarations et à souffrir la visite des marchandises et voitures, à peine de confiscation, d'amende et autres peines qu'il plaira à S. M. de préfiger. Les Lorrains se soumettront à cette loi, qui arrêtera les fraudes, et, en cas de contravention, on sera en état de décider les différents cas qui pourront survenir; les concordats ne seront point blessés, parce qu'une des conditions qui y est insérée porte que les Lorrains qui voudront faire passer des marchandises de Lorraine traversant les Évêchés seront obligés de le faire sans fraude et donneront gages que ces marchandises seront portées au lieu de leur destination, dont ils rapporteront certificat de la remise. D'ailleurs, le règlement que je propose n'a pour but que les marchandises défendues en France, et j'ai peine à croire que les Lorrains, pour ce cas, voulussent user de réciprocité, parce qu'ils n'ont chez eux aucunes marchandises défendues ni exceptées de leur commerce. Si, dans la suite, M. le duc de Lorraine défendoit l'entrée ou le débit dans ses États de quelques marchandises, il seroit en droit de faire, à l'égard des sujets du Roi, une loi réciproque, et c'est ce qu'il faudra faire entendre à ses ministres au cas qu'on se plaigne de notre nouveau règlement, qui, quand il sera fait, sera exécuté partout en ce département, parce que j'y tiendrai la main, et que nous ne manquerons ni de surveillants ni de dénonciateurs, surtout si on les intéresse par quelque portion des confiscations et amendes.....»

A la suite d'un entretien avec un envoyé de M. le duc de Lorraine, il écrit, le 3 octobre : «.....Je lui ai fait entendre que les versements n'étoient point inconnus aux ministres de Lorraine, puisqu'ils avoient eux-mêmes jugé à propos, pour les prévenir, de rendre l'ordonnance dont je joins ici un exemplaire. Ce conseiller d'État m'a fait beaucoup d'objections, et surtout pour qu'on ne soumît pas les sujets du duc son maître à prendre des passeports de France, trouvant cette prétention contraire aux concordats. Il n'a pas même consenti aisément que leurs marchands fussent obligés de prendre des permissions de l'intendant du Roi en ce pays, à quoi je me suis restreint, parce qu'une pareille permission produira le même effet qu'un passeport, et qu'il ne faut pas disputer du nom. Et sur ce qu'il m'a représenté que nous allions blesser les concordats par ce règlement, je lui ai répondu que, lorsque, pour le bien des manufactures et du commerce des Lorrains, S. A. trouveroit bon de prohiber quelques marchandises dans ses États, qui seroient permises en France, nous ne ferions pas difficulté de nous soumettre à une loi réciproque lorsque nos marchands voudroient emprunter les terres de Lorraine pour y faire passer des marchandises qui y seroient prohibées. Je lui ai même soutenu que le projet d'arrêt proposé n'étoit point contraire aux concordats confirmés par le traité de Ryswyk, puisque ces concordats contenoient seulement la liberté du commerce pour les Lorrains et les Évêchois passant réciproquement sur les terres les uns des autres; qu'on n'empêchoit point le commerce des Lorrains par cet arrêt, mais qu'on y prenoit seulement des précautions pour que, sous prétexte du commerce de Lorraine, il ne se fît point de versement en France de marchandises qui y sont prohibées. Il est aisé de voir, par la lecture des concordats, qu'on y a pris souvent des précautions pareilles pour les droits respectifs des souverains ou des villes.....»

Sur la nécessité de rendre cet arrêt, voir une lettre du sieur Triguart, 16 novembre 1713; sur une autre confiscation de toiles peintes, les lettres de M. de Saint-Contest, 19 juillet, et de M. de Barrois, 11 août.

Voir enfin des lettres de M. de Saint-Contest, 25 février et 3 avril 1714, sur les routes que les marchands devaient suivre dans les terres enclavées, et une lettre de M. de Torcy, secrétaire d'État des affaires étrangères, 11 avril. Le même jour, le contrôleur général charge M. Audiffret, envoyé du Roi en Lorraine, de tâcher de faire annuler la prohibition mise par le duc de Lorraine sur les verres français, cette prohibition étant contraire au principe de la réciprocité commerciale.

1324. *M. d'Angervilliers, intendant en Dauphiné,* au Contrôleur général.

14 Août 1712.

« Vous savez mieux que personne que feu mon père a eu intérêt dans plusieurs traités d'affaires extraordinaires. Vous n'ignorez pas aussi qu'il n'en est resté à sa famille que le triste et honteux souvenir, sans aucune utilité. On vient de signifier à ma mère l'arrêt dont je joins ici une copie, avec sommation de porter incessamment au Trésor royal une somme de 5,000# pour la part de mon père dans l'excédent du traité des colonels des milices bourgeoises. Cette affaire ne peut me regarder personnellement, parce que le peu de biens que j'ai m'a été donné par mon contrat de mariage, antérieur au traité des colonels, et ces biens, qui consistent en la terre d'Angervilliers, étoient acquis avant l'époque de 1689. J'ai d'ailleurs renoncé à la succession de mon père. Ma mère en est encore moins tenue, puisqu'elle s'est fait séparer dès le temps de M. le Peletier, qu'elle a renoncé à la communauté, et qu'elle ne jouit que de 6,000# de rentes de la dot, n'ayant pas voulu revenir sur moi pour son douaire, comme elle le pouvoit. Elle est actuellement retirée dans le couvent de la Conception, n'ayant pas de quoi vivre autrement. J'ai une sœur qui me reste, héritière de mon père, qui n'a sauvé de la succession qu'un contrat de 20,000# sur l'hôtel de ville; encore étoit-il sous le nom de feu M. de Langlée. Voilà, au naturel, l'état d'une famille pour laquelle, dès avant que je fusse né, vous aviez de la bonté. Il est vraisemblable qu'en me défendant je pourrois arrêter les poursuites que M. de Bourvallais m'a menacé de faire; mais je ne pourrois pas empêcher les saisies et les inquiétudes qu'elles causeroient à ma mère, à qui l'on s'adressera d'abord. Je vous avouerai même que je verrois avec une peine infinie mon nom paroître dans une contestation réglée à ce sujet. Je vous demande en grâce de vouloir bien ordonner à M. de Bourvallais de surseoir pendant six mois; je me flatte que, dans ce temps-là, vous voudrez bien me permettre d'aller faire un tour à Paris, et alors mon premier soin sera de vous demander vos ordres sur cette affaire, et, si vous jugez que la somme en question doive être payée par ma famille, je vous donne ma parole d'y satisfaire sans réplique, me servant pour cet effet de toutes sortes d'expédients. Je ne puis m'empêcher d'espérer que vous voudrez bien ajouter cette grâce à toutes celles que j'ai déjà reçues de vous*. »

* En apostille : « J'ai parlé au sieur de Bourvallais, et lui ai dit bien expressément de ne faire aucune poursuite contre vous, et que vous étiez dans la pensée de terminer cette affaire au premier voyage que vous feriez à Paris. »

1325. *M. Laugeois d'Hymbercourt, intendant à Soissons,* au Contrôleur général.

14 Août 1712.

« Prévenu depuis quelque temps, par plusieurs avis, que l'on passe des blés aux ennemis, j'ai écrit, il y a plus de six semaines, sur toute la frontière, pour en avoir des preuves, mais inutilement; tout ce que j'ai pu comprendre, c'est que les paysans qui sont de delà l'Oise abusent des passavants qu'ils prennent. Il se donne dans les bureaux de l'ancienne France, qui sont Bohain, Ribemont, Guise, Vervins, la Capelle, le Nouvion, Hirson, Saint-Michel et Aubenton, trois sortes d'acquits: le premier, appelé *passavant*, pour les habitants de delà l'Oise qui viennent prendre des blés pour leur nourriture, auxquels on assure qu'on n'en laisse passer que la quantité par semaine qu'il leur faut pour leur subsistance, et ne sont point obligés de justifier de l'usage qu'ils en ont fait; le second, qu'on qualifie *acquit-à-caution*, se donne à toutes sortes de gens qui en prennent une plus grande quantité que celle portée par les passavants, qui ne sont ordinairement que de cinq à six jalois, et plus qu'il ne leur faut pour leurs propres besoins, et sont obligés de rapporter un certificat des maires ou syndics des lieux de delà l'Oise où ces blés sont transportés, pour justifier qu'ils y ont été déchargés; la troisième et dernière sorte de passavant est l'*acquit de payement*, qui se délivre à toutes sortes de personnes pour aller sur le Pays conquis, en payant les droits de sortie suivant le tarif. Après avoir conféré avec gens du pays entendus en ces sortes de matières et d'une exacte probité, j'ai cru, pour prévenir ces abus, auxquels on ne peut remédier que par des ordonnances générales, ne le pouvant en détail tant que ces trois sortes de passavants seront autorisées, qu'il étoit nécessaire de commencer par avoir un état des paroisses de cette élection qui sont au delà de l'Oise, au nombre d'environ soixante, qui comprendra le nombre des laboureurs, la quantité de terres labourables qu'ils exploitent, le nombre des autres habitants qui n'ont aucunes terres, pour vérifier s'il est vrai, comme on me l'assure, qu'il se dépouille dans l'étendue de ces paroisses plus de grains qu'il n'en faut pour leurs nourritures et leurs subsistances : après laquelle vérification, il me paroît que l'on peut avec justice, et que l'on doit nécessairement défendre absolument la première et la seconde sorte de passavants, lesquels, n'étant donnés que pour la subsistance de ces peuples, deviennent inutiles, puisqu'ils le pourront prendre sur leurs propres fonds; et ces passavants se distribuant gratis, les revenus du Roi n'en diminueront que par les droits du papier timbré sur lequel ces passavants s'expédient, ce qui est en soi un petit objet, et ne doit pas prévaloir sur la nécessité de remédier à l'abus dont il s'agit. Pour ce qui est du transport des blés du pays de l'ancienne France dans le Pays conquis, je crois que la seule précaution que l'on peut prendre est de renouveler les défenses de n'en laisser passer aucuns sans une permission par écrit de l'intendant du Soissonnois, lequel ne la donnera qu'en grande connoissance de cause et après avoir concerté avec MM. les intendants de Picardie et du Hainaut pour constater le besoin qu'il pourra y en avoir dans les Pays conquis et dans celui d'entre Sambre et Meuse, et en prenant les soumissions de ceux qui devront les transporter, par lesquelles ils s'obligeront de rapporter un certificat de l'intendant du Pays conquis, de l'usage qu'ils auront fait des blés par eux transportés, dont lesdits sieurs intendants vous enverront chacun un état tous les mois, afin que vous puissiez en être informé et les vérifier les uns sur les autres*.....»

* Le 27, il demande un arrêt pour couper court au transport des grains dans le pays ennemi; le 30, le contrôleur général lui notifie le renouvellement des défenses de faire sortir les blés et l'établissement de deux contrôleurs ambulants pour empêcher les contraventions.

Le 6 octobre, il envoie aux fermiers généraux et à plusieurs intendants un arrêt qui interdit la sortie sous peine de la vie, si ce n'est avec un passeport de l'intendant. Le 16 octobre, il communique aux intendants les mesures prises.

M. Lebret, intendant en Provence, en annonçant, le 13 mai 1714, la saisie d'une barque qui sortoit des grains en fraude, dit que la peine de mort est évidemment excessive, et que la confiscation suffira. Voir aussi sa lettre du 20 septembre sur l'approvisionnement de Monaco, contrarié par les défenses.

1326. *M. Laugeois d'Hymbercourt,*
intendant à Soissons,
au Contrôleur général.

14 Août 1712.

«Il étoit d'usage, en cette ville, que les habitants donnoient 2 s. 6 d. par toise de face de leur maison, par an, pour l'entretien de deux charretiers qui enlevoient, trois fois par semaine, les boues et les immondices qui sont dans les rues. Le défaut de payement de l'année dernière avoit fait manquer un service si nécessaire et causé une infection capable de mettre la peste dans la ville par le nombre des chevaux des troupes qui y sont ou qui y passent; et par le défaut de commodités dans la plupart des maisons, qui sont trop étroites pour y en souffrir. Le même entrepreneur qui l'étoit l'année dernière est venu s'offrir à moi, et s'est chargé de renouveler un bail de trois ans pourvu qu'on le fit payer de ce qui lui reste dû de l'année dernière et qu'on augmentât la rétribution, pour les trois ans de son bail, de 6 d. par toise, ce qui fait en tout 3 s..... J'ai cru ne devoir pas différer de recevoir ces offres, après avoir inutilement cherché dans la ville et fait publier une ordonnance pour trouver des adjudicataires au rabais.....

«Il y a dans cette ville un égout sous la halle qui est dans la place, qui est entièrement bouché, et qu'il faut indispensablement réparer; ce qui ne se peut faire sans relever cent quatre-vingts toises de pavé, ce qui se montera par le devis à environ 700#. La ville étant de la dernière pauvreté, elle ne peut en aucune manière contribuer à cette dépense. A son défaut, les personnes qui logent dans cette place se sont cotisées, et le bailli d'ici a leur soumission jusqu'à la somme de 400#. Trouveriez-vous bon que je prisse le surplus sur le fonds des ponts et chaussées de l'année prochaine? Cet ouvrage est indispensable, et je n'en vois point d'autre, quant à présent, que la police exige dans cette ville*.»

* «Bon. Approuver.»

1327. *M. de Mianne, lieutenant de Roi*
du château de Nantes,
au Contrôleur général.

16 Août 1712.

Payement de la pension du frère de l'amirante de Castille, prisonnier d'État espagnol dont il est chargé, et que le roi d'Espagne doit entretenir à ses frais.

1328. *M. Nicolay, premier président*
de la Chambre des comptes de Paris,
au Contrôleur général.

20 Août 1712.

Envoi d'un mémoire sur la prétention des trésoriers, chanoines et Chapitre de la Sainte-Chapelle de s'appliquer en entier les revenus de l'abbaye Saint-Nicaise de Reims, dont la Chambre employait une moitié seulement aux dépenses de la Sainte-Chapelle depuis l'année 1641.

1329. *M. de Bernage, intendant à Amiens,*
au Contrôleur général.

21 Août 1712.

Continuation de l'exemption des tailles et autres impositions accordée à la ville de Saint-Valery-sur-Somme, moyennant un taillon de 2,200#*.

* Même faveur fut accordée aux habitants d'Albert et de Bray, moyennant un taillon et la solde du prévôt des maréchaux : lettre du 26 mars 1713.

1330. *Le Contrôleur général*
aux Intéressés dans le bail de la ferme des gabelles
de Metz, Franche-Comté, et domaines d'Alsace.

30 Août 1712.

«L'intention du Roi étant que le sieur de Monmerqué fils soit reçu dans la société de la ferme des gabelles de Metz et Franche-Comté conjointement avec le sieur de Monmerqué son père, à condition qu'ils ne jouiront que d'un seul droit de présence et que, dans les délibérations, leurs voix ne seront comptées que pour une, les intéressés en ladite ferme ne feront aucune difficulté de l'admettre dans ladite société, en faisant, par lui, ses soumissions, sur le registre de la compagnie, de satisfaire, avec les autres associés, aux clauses et conditions du bail; le tout, sans tirer à conséquence.»

1331. *M. de Bernage, intendant à Amiens,*
au Contrôleur général.

6, 17 et 21 Septembre 1712.

Il rend compte de la maladie de MM. de Maillebois

IMPRIMERIE NATIONALE.

et de Goësbriand, au camp près d'Arras. Une infinité d'officiers sont atteints de la fièvre; mais il n'en meurt presque aucun*. Les domestiques de M. de Goësbriand sont tous malades, et ce dernier a pris enfin le parti de venir passer quelque temps en France pour se rétablir.

* Voir les lettres du sieur Delisle, 12, 14 et 22 septembre.

1332. *Le Contrôleur général, à S. A. Mgr l'Électeur de Cologne.*

7 Septembre 1712.

«J'ai reçu la lettre que V. A. É. m'a fait l'honneur de m'écrire le 4 de ce mois, par laquelle elle me témoigne qu'elle auroit besoin d'une somme de 100,000#, qu'elle me prie de lui envoyer en or par un exprès. Quelque désir que j'aie de satisfaire à la demande de V. A. É., il n'est pas en mon pouvoir de surmonter, avec toute la diligence que je souhaiterois, les difficultés qui s'y rencontrent, par les dépenses extraordinaires du siège de Douay et toutes celles qui sont indispensables pour l'entretien des troupes du Roi en campagne. Ayant cependant fort à cœur de contribuer à ce qui peut faire plaisir à V. A. É., je chercherai tous les expédients d'y réussir en cette occasion. Il est nécessaire, pour cela, que je sois de retour à Paris, où j'arriverai dans huit jours, et j'espère y trouver les 100,000# que vous demandez. Mais je vous supplie cependant de me dispenser de vous envoyer cette somme par un exprès, et de trouver bon qu'elle soit remise à Paris à quelque personne qui ait votre confiance et qui prenne soin de l'envoyer à V. A. É. Je souhaiterois fort qu'il dépendît de moi de prendre des mesures plus promptes, dans la situation présente des affaires, pour la satisfaction de V. A. É., et pour lui donner de nouvelles preuves de ma bonne volonté*.»

* Dans une lettre du 12 octobre suivant, il explique que les dépenses de la guerre empêchent le payement comptant et régulier du subside dû à l'Électeur, mais que d'ailleurs on se sert des mêmes banquiers et des mêmes expédients, pour payer ce subside et celui de M. l'Électeur de Bavière, que pour fournir aux dépenses du Roi lui-même et de ses armées.

Le 11 décembre, il écrit : «J'ai fait un compte avec M. de Simeoni, envoyé extraordinaire de V. A. É., de tout ce qui vous étoit dû, tant de l'année courante que du passé, et j'ai vérifié ce qu'il peut avoir coûté pour lesdits comptes, sur les mémoires mêmes du banquier Van Soest; et quoique cet homme ait agi avec toute la mauvaise foi de la plus cruelle avarice, les pertes que causent les escomptes ne montent pas, à beaucoup près, aux sommes qu'on vous a fait entendre, et, comme, par ce compte, on a liquidé tout ce qui est dû à V. A. É., je travaille avec toute la vigilance possible pour vous trouver des fonds qui remplacent ce qui est dû du passé. Par la vérification exacte de ce compte, je trouve que, depuis que j'ai été chargé des finances, les payements sont à peu près remplis, et que, si je puis parvenir à faire les dispositions convenables pour payer ce qui est dû de l'année 1707 et des précédentes, on pourroit se trouver au courant. J'avoue que je souhaite, au delà de ce que je puis exprimer, de pouvoir acquitter cette dette.» Voir encore une lettre du 23 janvier 1713.

1333. *M. du Vigier, procureur général au Parlement de Bordeaux, au Contrôleur général.*

10 Septembre 1712.

Condamnation de plusieurs individus coupables d'avoir assisté à des prêches, donné asile au prédicant, ou tenu le prêche dans leur propre maison*.

* Voir une lettre du premier président Dalon, 8 septembre.

1334. *M. Bignon de Blanzy, intendant à Paris, au Contrôleur général.*

12 Septembre 1712; 16 et 24 Septembre 1714; 19 Juillet 1715.

Fourniture du fourrage aux brigades des gardes du corps logées dans la généralité*.

* Voir les lettres de M. Roujault, intendant à Rouen, 16 décembre 1713 et 22 septembre 1714; de M. Laugeois d'Hymbercourt et de M. d'Eaubonne, intendants à Soissons, 20 octobre, 4, 18 et 22 novembre, 1er décembre 1713, et 22 avril 1715.

Une lettre de M. d'Eaubonne, 1er juillet 1714, contient des plaintes du maître particulier des eaux et forêts de Noyon relativement au logement des gardes du corps.

A Clermont-en-Beauvaisis, une imposition de 600# fut faite sur la ville pour approprier une grange qui servit d'écurie aux chevaux des gardes : lettres de MM. Laugeois d'Hymbercourt et d'Eaubonne, 4 et 16 novembre 1713, 22 juillet 1714.

Voir aussi trois lettres de M. Voysin, secrétaire d'État de la guerre, sur l'habillement et sur le payement de diverses fournitures, 18 juin 1712, 18 et 28 février 1713.

1335. *M. le Blanc, intendant en Flandre maritime, au Contrôleur général.*

14 Septembre 1712.

«Il me paroît que dans les circonstances présentes, qu'il convient de priver, autant qu'il est possible, les Hollandois de tout commerce avec la France. On a cru y réussir par la révocation des passeports et réduire les Hollandois à ne tirer les marchandises de France qu'en se servant de vaisseaux neutres; mais les Hollandois, toujours attentifs à leurs intérêts, ont trouvé un moyen pour tirer les marchandises de France et les transporter directement en Hollande. Se servant de vaisseaux fabrique neutre qu'ils ont achetés, et mettant dessus des équipages de pays neutres, ils chargent dans les ports de France, d'où ils repartent avec doubles connoissements : l'un (qu'ils montrent lorsqu'ils sont rencontrés par des armateurs) est pour le port neutre pour lequel le vaisseau et l'équipage sont supposés destinés; l'autre, que l'on tient caché, est pour le port d'Hollande dans lequel les marchandises doivent être déchargées, et, pour faire paroître le vaisseau véritablement neutre, ils fabriquent des fausses lettres de mer. Ce que j'ai l'honneur de vous marquer se pratique communément en Hollande. Des négociants de Dunkerque se servent aussi du même artifice et ont équipé divers bâtiments de construction étrangère provenant de prises, qu'ils font naviguer sur de fausses lettres : je vous en envoie une fabriquée par un forçat de galère ; elle est très bien contrefaite et fort ressemblante aux véritables lettres du prince d'Holstein. Ce forçat, dans les commencements, ne vendoit ces sortes de lettres que 10 écus ; il a augmenté, et elles coûtent à présent 60#. Ce ne seroit pas un grand objet d'empêcher les vaisseaux de Dunkerque de faire ce commerce, si les Hollandois le continuoient. Au cas que vous trouviez que cette affaire mérite attention, et que vous ayez besoin de quelques éclaircissements sur ce sujet, j'exécuterai les ordres que vous me donnerez*. »

* En apostille, de la main du contrôleur général : « Attention sur la conduite du forçat. Savoir s'il ne seroit pas à propos de l'envoyer ailleurs. Ce n'est pas en effet un grand objet d'empêcher les vaisseaux de Dunkerque de faire ce commerce ; mais il est important d'empêcher que les Hollandois ne le continuent. Le Roi souhaite qu'il examine s'il est possible de le troubler, et qu'il donne sur cela toutes les lumières qu'il pourra en tirer. »

M. le Blanc écrit, le 2 octobre : « . . . . . Il me paroit que, dans la situation présente, on ne doit point se faire un objet d'établir le commerce maritime de France ; nos vaisseaux, exposés aux corsaires d'Hollande et de quelques princes du Nord ennemis, ne peuvent naviguer en concurrence avec les Anglois, lesquels, au moyen de la suspension d'armes, sont réputés en paix avec toutes les nations de l'Europe. Sur ce principe, jusques à la conclusion de la paix, dans laquelle on aura des vues différentes, on doit se proposer d'exclure, autant qu'il nous est possible, les Hollandois de tout commerce de France et d'Espagne, et de nous procurer la débite de nos denrées par le moyen des Anglois, puisque nous voulons abattre la Hollande et, au contraire, faire sentir aux peuples d'Angleterre combien l'alliance de France leur est avantageuse. Pour la première partie, les Hollandois ne peuvent plus commercer en France, ni en Espagne, par eux-mêmes (les passeports étant supprimés), ni par les vaisseaux neutres, si l'on a pris des précautions suffisantes pour que les vaisseaux neutres chargeant dans les ports de France et d'Espagne ne puissent aller directement transporter leur cargaison dans les ports d'Hollande. Ces précautions sont que le maître du vaisseau neutre donnera caution (par exemple à l'Amirauté de Bordeaux, s'il charge dans cette ville) de rapporter un certificat qu'il aura déchargé dans un port du pays d'Holstein. Les personnes entendues dans le commerce prétendent que rien n'est plus aisé aux vaisseaux partis de Bordeaux, qui seront déchargé dans un port d'Hollande, que de rapporter, moyennant 10 ou 20 écus, un certificat de déchargement dans un port d'Holstein, et, si vous le souhaitiez, on vous en fourniroit une preuve, puisqu'on m'offre, si vous donnez le nom d'un vaisseau et d'un maître qui n'existe point, pourvu que les dénominations soient vraisemblables d'un pays neutre, de vous rapporter le certificat que ce vaisseau aura déchargé dans un port neutre ou sera péri à la côte. Il paroit donc qu'il faut employer des moyens plus efficaces pour troubler le commerce d'Hollande. Ceux qu'on propose sont, nonobstant que les vaisseaux fussent pourvus de congés de M. l'Amiral, de déclarer de bonne prise tous vaisseaux de construction hollandoise, si le maître ne rapporte une preuve authentique que le vaisseau a été acquis par un habitant d'un pays neutre et a navigué pour le compte du neutre avant la déclaration de la présente guerre ; de déclarer aussi de bonne prise tout vaisseau dans l'équipage duquel il se trouvera un matelot hollandois (cet article ôte la subsistance au menu peuple d'Hollande). Il conviendroit encore de confisquer tout vaisseau neutre trouvé à hauteur et prêt à entrer dans un port d'Hollande contre la destination de ses connoissements faits pour un port neutre ; et enfin, confisquer pareillement tout vaisseau neutre, lorsqu'il seroit justifié que la cargaison en appartiendroit à un Hollandois, ou autre ennemi de l'État, à quelque hauteur qu'il fût trouvé. On estime que, par les précautions ci-dessus spécifiées, les Hollandois seront exclus de tout commerce, et cette déclaration ne doit pas être trouvée trop rigoureuse, puisque feu M. le prince d'Orange, roi d'Angleterre, avoit imposé des peines plus grandes contre les Danois et les Suédois, pour les empêcher de commercer de France en France : il étoit réglé qu'un vaisseau de ces nations qui n'auroit pas été pris dans son premier voyage de France en France, étant trouvé à la mer, dans un second voyage, n'allant point en France et faisant une navigation licite, pouvoit être confisqué pour la contravention commise dans le précédent voyage ; sur ce fondement, plusieurs vaisseaux ont été confisqués en Zélande. Si les Hollandois sont exclus de tout commerce en France et en Espagne, ils se serviront des seuls vaisseaux anglois : le fret sera cher ; mais cette dépense est préférable à une privation entière du commerce. Il semble que l'on pourroit, de concert avec la cour d'Angleterre, imposer une loi rigoureuse aux Hollandois, et avantageuse aux Anglois, en établissant que les vaisseaux anglois ne pourroient transporter des marchandises de France, ni d'Espagne, en Hollande, que pour le compte d'un naturel anglois, de manière qu'un vaisseau anglois trouvé en mer chargé de marchandises de France ou d'Espagne destinées pour Hollande, et pour le compte d'un Hollandois, pourroit être arrêté par les armateurs, quoique muni de passeport de France ou d'Espagne et d'un congé de M. l'Amiral. En ce cas, on relâcheroit le vaisseau et on payeroit le fret au maître anglois, et on ne confisqueroit que la cargaison appartenante à l'Hollandois. L'armateur, pour découvrir la vérité et favoriser le maître anglois, lui pourroit même donner un double fret. Je crois qu'il est inutile de détailler le profit considérable que les Anglois tireroient de ce règlement. Cependant, si vous le souhaitiez, je vous en envoierois un mémoire. On trouvera certainement les Anglois très disposés à consentir à tout ce qui pourra traverser le commerce des Hollandois. »

Le 6 novembre, le contrôleur général lui écrit que le passage par Ostende occasionne un grand détour, que d'ailleurs l'acquit-à-caution, qui ne peut servir que contre le versement en route, est une précaution bien inutile. Voir encore, sur les vaisseaux hollandais entrant comme neutres avec de fausses lettres de mer, une lettre du sieur Boutillier, de Dunkerque, 20 octobre, et, sur le commerce avec l'Angleterre, une autre lettre du même, 22 octobre, et une lettre de M. le Blanc, 30 novembre.

1336. *Le Contrôleur général à M. Mesnager, plénipotentiaire du Roi à Utrecht.*

19 Septembre 1712.

« Je vous envoie le nouveau projet de traité de commerce qui a été communiqué à MM. les plénipotentiaires du Roi par ceux d'Angleterre. Vous y trouverez toutes les observations qui ont été faites par M. Daguesseau, M. Amelot, les députés du Conseil de commerce et moi. Entre ces observations, il y en a quelques-unes bien essentielles : entre autres, celle qui a été faite sur la demande que font les Anglois de convenir par le traité qu'ils jouiront du tarif de 1664 ; et la réciprocité qu'on propose en admettant les vaisseaux à faire le commerce de port en port, dans les deux États, est bien captieuse. Je n'entrerai point dans un plus grand détail avec vous, parce que toutes ces matières vous sont parfaitement connues, et que vous en savez mieux qu'un autre la conséquence, et combien il est nécessaire de tenir ferme sur des points aussi essentiels. Je me remets donc aux réflexions que vous ferez avec MM. les plénipotentiaires.

«Je joins encore à cette lettre deux mémoires qui m'ont été mis entre les mains par M. Daguesseau, lesquels contiennent quelques observations sur le livre que vous m'avez envoyé, et cependant on continue de l'examiner sans perte de temps; mais il est bien nécessaire que vous fassiez rechercher chez Henri Ram, notaire à Amsterdam, le tarif de 1655, et tous les placards, résolutions et tarifs qui ont été arrêtés depuis par les États-Généraux, et que vous m'en envoyiez des imprimés, dont vous conserverez autant par-devers vous, afin que nous puissions travailler sur des principes certains. Je vous prie, en même temps, de m'envoyer les éclaircissements que l'on vous demande par les deux mémoires ci-joints.»

1337. *M. de Montferrier,*
syndic général de la province de Languedoc,
au Contrôleur général.

19 Septembre 1712.

Dixième des biens nobles et des droits seigneuriaux.

1338. *M. Nouet, avocat des finances, à Paris,*
au Contrôleur général.

19 Septembre 1712.

«J'ai lu la lettre du curé d'Estivaux*..... Ce qu'il demande ne me paroît pas raisonnable. Il n'y a point d'ordonnance qui défende de dîmer les menus grains, comme sarrasin ou blé noir, millet, etc.; mais, comme il n'y a que la dîme des gros grains qui soit due de droit, il y a beaucoup d'endroits où celle des menus grains ne se paye pas, et l'usage est absolument le maître sur ce point : en sorte que, dans les lieux où cette dîme a coutume de se lever, on condamne au payement ceux qui la refusent, et, dans les endroits où la dîme de ces menus grains est insolite, la possession de n'en rien payer est jugée bonne par les arrêts : ce qui est conforme à l'article 50 de l'ordonnance de Blois, qui porte expressément que les dîmes se lèveront selon les coutumes des lieux. Au surplus, le décimateur ne peut pas empêcher que le propriétaire ne fasse de son héritage ce que bon lui semble, c'est-à-dire qu'il ne sème en blé noir ou autres menus grains la terre qu'il semoit auparavant en blé, froment, seigle ou avoine, sans qu'il soit dû dédommagement au décimateur pour avoir semé en grains non sujets à dîmes une terre sur laquelle la dîme avoit été précédemment levée, parce que ce n'est point le fonds qui doit la dîme, ce sont les fruits qui s'y recueillent, quand ils sont décimables de leur nature : de là vient que le décimateur n'a rien à prétendre quand le propriétaire laisse son héritage en friche, de même quand il le plante ou sème en fruits non décimables. Le clergé a obtenu, en 1657, un édit dont l'article 4 accordoit un dédommagement au décimateur en cas de conversion de terres labourables en prés ou autre culture non produisant dîmes; mais cet édit, n'ayant point été registré, ne s'exécute point: les Cours ont seulement introduit, par un motif d'équité, que, quand, par cette conversion, il se trouveroit dans la totalité du territoire sujet à dîme plus d'un tiers des héritages où on levoit la dîme convertis en fruits non décimables, le décimateur seroit indemnisé. De là vient la dîme des choux d'Aubervilliers, celle des bois de la Selle, etc. Si le sieur curé d'Estivaux est en ce cas, c'est-à-dire que, par l'option que les habitants ont faite de semer des menus grains, il perde plus d'un tiers du territoire sujet à la dîme dans la totalité de sa paroisse, il peut demander une indemnité; mais il n'y a point de règlement à demander au Roi pour cela, encore moins pour assujettir ces menus grains à la dîme, contre l'usage des lieux et sur la requête d'un seul particulier curé. Il y a des juges établis sur les lieux pour faire droit sur sa demande en dédommagement, s'il est dans le cas de la former.»

* Cette lettre est jointe à une copie de celle du 19 septembre.

1339. *M. de Bâville, intendant en Languedoc,*
au Contrôleur général.

25 Septembre et 24 Octobre 1712.

Il proteste contre les droits établis à Lyon, à Gannat et à Vichy sur les étoffes de soie du Languedoc*.

* En apostille de la première lettre : «Que ce sont des droits imposés de tout temps; il n'y a que les 7 s. 6 d. de la ville de Lyon, qu'il ne convient pas d'y donner atteinte.» Voir les lettres du sieur Bachelier de Gentes, directeur de la douane de Lyon, sur les nouveaux droits levés par le consulat, 6 janvier, 8 avril, 6 juillet et 4 octobre 1714, 5 janvier 1715.

1340. *M. Daguesseau,*
procureur général au Parlement de Paris,
au Contrôleur général.

26 Septembre 1712.

«Comme l'augmentation du prix du blé ne laisse pas de mériter quelque attention, je crois qu'il est bon que j'aie l'honneur de vous informer d'un avis que je reçois de Berry, et qui peut nous revenir aussi de plusieurs autres provinces. On prétend que les receveurs des tailles envoient des batteurs chez tous les laboureurs, qui battent leurs blés et les enlèvent. Cela peut faire deux mauvais effets : le premier, d'ôter aux laboureurs le blé qui leur est nécessaire pour les semences, et le second, de rendre les receveurs des tailles maîtres du prix des blés par les amas qu'ils en pourroient faire par cette voie. Le laboureur est presque toujours pressé de vendre, à moins qu'il ne soit fort riche, et il n'y en a pas beaucoup qui le soient, surtout dans les provinces éloignées de Paris; au lieu que le receveur des tailles peut attendre tant qu'il lui plaira, jusqu'à ce qu'il ait trouvé l'occasion de faire un gain considérable*.....»

* Dans une circulaire du 29 septembre, le contrôleur général dénonce ces faits aux intendants, et leur demande de découvrir s'ils sont réels.

1341. *M. de Préchac,*
conseiller-doyen du Parlement de Pau,
au Contrôleur général.

1er Octobre 1712.

«C'est pour vous informer du voyage de Mme la princesse des

Ursins, qui a passé ici en allant à Bagnères, accompagnée de cinquante gardes du roi d'Espagne, avec trois carrosses à six mules qui précédoient sa litière. Elle a été reçue partout comme la reine; ses gens la traitent d'*Altesse*. J'ai trouvé Son Altesse fort grossie; elle m'a dit qu'elle s'étoit engagée au roi et à la reine d'Espagne d'être de retour le dernier jour de novembre, et, au retour, elle ira voir la reine douairière à Bidache. Elle se plaint qu'elle a les jambes fort enflées. Elle partit avant-hier de Pau.»

1342. *M. de Bernage, intendant à Amiens,*
au Contrôleur général.

4 Octobre 1712.

Les partis ennemis arrêtent fréquemment les courriers et prennent tout ce qu'ils portent d'argent, de marchandises et de bijoux, sous prétexte que les passeports ne garantissent que les lettres; il faudrait défendre aux particuliers de rien mettre dans leurs lettres qui soit de prise, et aux courriers de rien porter qui ne leur soit donné par les maîtres de poste*.

* En apostille : «Le Roi a jugé à propos de faire écrire pour qu'il fût réglé que les passeports garantissent absolument les courriers de toute visite; si les ennemis refusent ce parti, alors on verra celui qu'il conviendra prendre.....»

1343. *M. Méliand, intendant à Lyon,*
au Contrôleur général.

5 Octobre 1712.

Il examine les plaintes présentées par un gentilhomme du Beaujolais devenu bourgeois de Lyon. En premier lieu, si cet homme contribue à l'abonnement pour l'extinction des charges de visiteur-contrôleur des suifs, c'est comme habitant du Beaujolais, où tous les gentilshommes ont payé; d'ailleurs, il fait trop peu de résidence à Lyon pour ne pas déroger à sa bourgeoisie. D'un autre côté, si ses vignerons et métayers sont trop taxés à la taille, il peut se pourvoir directement devant les officiers de l'élection.

1344. *Le Contrôleur général*
à M. de Bernières, intendant en Flandre.

6 Octobre 1712.

Lors de la prise de Lille et de Bouchain, les ennemis ayant arrêté les receveurs des domaines dans ces deux villes et saisi leurs registres pour percevoir les fruits du domaine, le Roi a ordonné de faire le même traitement aux receveurs et fermiers installés par les États-Généraux dans les villes du Quesnoy, de Bouchain et de Pecquencourt, aussitôt qu'elles seront reconquises*.

* Le 17 juin 1713, M. le Blanc, intendant en Flandre maritime, écrit : «M. Pesters, peu instruit du produit de la ferme des domaines des pays cédés par S. M., a proposé aux [intéressés] dans la sous-ferme des domaines de Flandre de leur affermer la partie cédée aux alliés. [Ils] n'ont pas cru devoir faire aucunes offres sans vous en demander votre approbation. Je crois qu'il n'y auroit aucun inconvénient qu'ils prissent cette ferme des États-Généraux, d'autant plus que cela éviteroit peut-être les discussions qui suivent les nouveaux établissements.»

1345. *Le Contrôleur général*
à M. Ferrand, intendant en Bretagne.

12 Octobre 1712.

«Vous trouverez ci-jointes les pièces d'une instance qui s'est formée, dès le mois de juillet 1709, entre le fermier du tabac et le nommé Tepot, maçon, et sa femme, demeurant à Lorient. Je vous avoue qu'après en avoir examiné toutes les circonstances, j'ai été surpris de voir que, pour une affaire d'un aussi petit objet, on ait poussé les choses aussi loin en retenant en prison des gens domiciliés pour un rouleau de tabac de trois livres qu'on prétend avoir été jeté par-dessus le mur d'un jardin. Je ne vous parle point des raisons que les accusés ont alléguées contre les faits qui sont dans le procès-verbal : je les suppose véritables, quoiqu'il y ait lieu d'en douter; mais je trouve que la procédure a été bien violente de la part des commis du fermier. Ils ont dit, à la vérité, dans leur procès-verbal, que Tepot et sa femme faisoient commerce de tabac, et qu'ils avoient eu avis qu'il y en avoit chez eux un magasin. Cependant tout cela a abouti à un rouleau du poids de trois livres. Le Conseil n'a pas été moins surpris, lorsque j'y ai rendu compte de cette affaire. Cependant, pour ne point faire de conséquence dans d'autres affaires, S. M. n'a pas jugé à propos de donner d'arrêt; mais son intention est qu'aussitôt la présente reçue, vous obligiez le directeur du fermier à mettre la femme de Tepot hors des prisons, si elle y est encore, et qu'après avoir examiné au surplus le procès dans toutes ses parties, vous régliez les dommages et intérêts, supposé que vous trouviez qu'il soit juste d'en accorder aux accusés. J'ai fait avertir les fermiers généraux du tabac qu'il étoit nécessaire qu'ils envoyassent des ordres à leur directeur pour terminer cette affaire par un accommodement suivant que vous le jugerez raisonnable*.»

* Sur des violences reprochées aux brigadier et gardes du tabac dans le plat pays de la généralité d'Amiens, voir les lettres de l'intendant, M. de Bernage, 21 octobre et 1er décembre 1714. Non contents de traîner en prison les gens chez qui on trouve la moindre quantité de tabac, et de les y retenir jusqu'à ce qu'ils aient payé des sommes arbitrairement fixées depuis 5# jusqu'à 50#, les gardes brisent les pipes entre les dents des fumeurs, ou font, à coups de poing, rejeter le tabac à mâcher que d'autres individus ont dans la bouche, sous prétexte qu'ils reconnaissent que le tabac est de contrebande. Quand le directeur de la ferme révoque ces agents, la compagnie les rétablit.

1346. *Le Contrôleur général à M. de Grandval, fermier général.*

12 Octobre 1712.

C'est probablement par erreur qu'on a affiché dans les places maritimes un placard annonçant la liberté du commerce avec l'Angleterre : il n'y a qu'une simple suspension d'armes; l'interdiction du commerce ayant été l'effet d'actes du Parlement anglais, il ne pourrait redevenir libre que par de nouveaux actes. Toutefois, la suspension fait que les vaisseaux français pourront être reçus dans les ports d'Angleterre, et réciproquement. Il faudra empêcher absolument l'entrée des marchandises interdites, et faire soigneusement payer les droits sur celles dont l'entrée est permise.

1347. *M. de Saint-Maurice, commissaire général de la Cour des monnaies, au Contrôleur général.*

(Monnaies, G⁷ 1465.)

13 Octobre 1712.

«J'ai fait, en Languedoc, une découverte de titres concernant ce qui s'est passé au sujet de la recherche des monnoies en 1645, à l'égard de la ville de Nîmes, dont quelques marchands se trouvent aujourd'hui compris dans mes procédures : j'ai trouvé si particulier de ce qu'un maréchal de France* faisoit, pour ainsi dire, en ce temps-là, les fonctions dont vous m'honorez aujourd'hui, que je prends la liberté de vous envoyer copie des papiers qui me sont tombés entre les mains, et qui vous feront voir que, dès ce temps-là, la ville de Nîmes fut taxée à des sommes et restitutions considérables pour le crime de la fausse monnoie.....»

* Le maréchal de Schönberg.

1348. *M. Doujat, intendant en Hainaut, au Contrôleur général.*

15 Octobre 1712.

Il rend compte des informations prises sur les officiers de la maîtrise des eaux et forêts du Quesnoy qui ont pactisé avec les ennemis pendant que ceux-ci étaient maîtres de la ville, et qui leur ont donné des avis nuisibles pour le service du Roi*.

* En apostille, de la main du contrôleur général : «Ordonner que, dans trois mois, ils se déferont de leurs charges. Défenses d'exercer. Commettre. Écrire à M. Doujat pour savoir si tous les officiers ont manqué.» — Ces officiers, ayant aussitôt démontré qu'à l'exception d'un seul, ils étaient innocents, le Roi leur fit grâce, et ils furent réinstallés (lettre du contrôleur général à M. Doujat, 23 octobre).

1349. *M. de Bernage, intendant à Amiens, au Contrôleur général.*

15 Octobre 1712 et 8 Juin 1714.

Il demande une place au Conseil d'État, comme étant plus ancien que ses collègues, depuis la nomination de M. de la Bourdonnaye, tant comme maître des requêtes que comme intendant*.

* Voir des demandes analogues de M. Ferrand, intendant en Bretagne, 30 juillet 1711, 7 janvier et 8 octobre 1712; de M. d'Angervilliers, en Dauphiné, 23 septembre 1711; de M. de Saint-Contest, à Metz, 24 août 1711 et 11 octobre 1712; de M. d'Ormesson, à Soissons, 21 et 27 août 1711, ce dernier appuyé par M. Daguesseau, procureur général au Parlement de Paris, le 19 août 1711.

1350. *M. Lauguois d'Hymbercourt, intendant à Soissons, au Contrôleur général.*

18 Octobre 1712.

«Suivant les ordres que vous m'avez fait l'honneur de me donner par votre lettre du 31 août dernier, j'ai coté d'office et nommé collecteurs pour l'année 1713 les officiers anciens des greniers à sel de ce département. Après avoir obéi comme il étoit de mon devoir, oserois-je prendre la liberté de vous représenter très humblement les inconvénients qui s'y trouvent? Plusieurs de ces officiers le sont en même temps des élections, et par conséquent exempts de taille, d'autres qui sont gentilshommes d'ancienne extraction, tels que le sieur Desfossés, capitaine du château et des chasses de Nanteuil, qui appartient à M. le maréchal d'Estrées, et le sieur Josse, écuyer de Mme la maréchale de Noailles, la pauvreté de l'un et le peu de bien de l'autre les ayant obligés de prendre ce parti. Quelque indécence qu'il y ait de voir les uns et les autres collecteurs des tailles, leur impuissance ou le nombre des taxes dont ils sont accablés les met hors d'état de pouvoir lever les charges d'alternatifs des greniers à sel. Ainsi, si vous ne pouvez rien changer aux arrangements que vous vous êtes faits sur la finance qui doit provenir de ces taxes, trouveriez-vous bon que je prisse le même expédient que vous m'avez prescrit pour celle des vérificateurs des défauts, qui seroit de taxer d'office des particuliers aisés pour les obliger à lever ces charges? Je ne le puis sans votre ordre, lequel, sauf votre meilleur avis, consoleroit ces pauvres officiers, qui ont besoin d'être soutenus pour remplir leurs fonctions avec honneur et contenir les peuples. Comme le temps des taxes d'office est limité, je vous prie de me marquer vos intentions le plus tôt que vos grandes occupations le permettront.»

1351. *Le Contrôleur général à M. de Brilhac, premier président du Parlement de Rennes.*

22 Octobre 1712.

Il appelle son attention sur l'inconvénient qu'il y aurait à laisser des orfèvres, même des maîtres, travailler dans les lieux privilégiés, tels que l'enclos du palais de Rennes, et lui ordonne de les en expulser, comme on l'a déjà fait à Paris*.

* Les fourneaux furent démolis; cependant plusieurs des orfèvres trouvèrent moyen de rentrer dans l'enclos, et le contrôleur général dut donner de nouveaux ordres : lettres à M. de Brilhac et à M. Hosdier, premier président de la Cour des monnaies de Paris, 17 février 1713.

Le 5 mai 1712, M. le Blanc, intendant en Flandre maritime, demande un subdélégué de la Cour des monnaies de Paris pour régler les contestations entre orfèvres, soumises jusque-là au juge des monnaies d'Amiens. Réponse en marge : «Aux Magistrats par provision, et jusqu'à ce qu'autrement en ait ordonné.»

1352. *M. Méliand, intendant à Lyon,*
au Contrôleur général.

30 Octobre 1712.

On pourrait procéder à l'extraordinaire sur les concussions et malversations des officiers de la juridiction des gabelles de Lyon; mais la longueur des procédures et l'obligation de prononcer des peines afflictives contre les juges accusés et convaincus de malversations font qu'il vaut mieux interdire le procureur du Roi, le forcer à vendre sa charge, réprimander le juge-visiteur et chasser son greffier*.

* L'intendant fut commis, l'année suivante, pour juger plusieurs individus qui, en se disant chargés de recouvrements, se livraient à des exactions odieuses sur les artisans et le menu peuple. Voir ses lettres des 2 août 1713 et 28 mai 1714.

1353. *M. Méliand, intendant à Lyon,*
au Contrôleur général.

30 Octobre 1712.

L'inspecteur de la fabrique des toiles dans le Beaujolais remplit bien son emploi; mais ses appointements de 1,800^{tt} sont mal payés*.

* En apostille : «Il est certain qu'on ne peut plus avoir la même régularité qu'on a eue par le passé à faire payer les appointements des inspecteurs des manufactures, parce qu'il est aisé de comprendre que les dépenses de la guerre ne permettent pas de payer régulièrement une infinité de dépenses de même nature : ainsi, il seroit plus avantageux, pour conserver la manufacture des toiles et des futaines dans le Beaujolois, d'imposer sur la province les appointements de l'inspecteur. Je vous prie de donner à cette affaire la forme nécessaire, et de m'envoyer un projet d'arrêt conformément à ce que vous proposez vous-même.»

1354. *M. Chauvelin, intendant à Tours,*
au Contrôleur général.

30 Octobre 1712.

«J'ai reçu la lettre que vous m'avez fait l'honneur de m'écrire le 17 de ce mois, au sujet des plaintes qui vous ont été portées de ce que les commis des fermes se trouvent employés dans les rôles de différentes impositions qui ont été faites sur cette généralité. Je satisfais, par le mémoire ci-joint, au compte que vous me demandez des raisons pour lesquelles ces commis ont été compris dans ces rôles. J'observerai seulement ici qu'il me paroît important de n'apporter aucun changement à ce qui a été fait sur cela avec fondement et par bonne considération, parce que la partie de ces impositions qui, répandue légèrement sur le général de ces commis, n'est pas sensible, retombant sur les autres habitants des villes, seroit une surcharge qu'il ne doit pas être indifférent de leur épargner dans ces temps-ci.»

1355. *M. Lebret, intendant en Provence,*
au Contrôleur général.

31 Octobre 1712.

Procès en exactions et concussions intenté aux sous-fermiers du doublement des péages des bacs de Noves, Rognonas, Château-Renard et Barbentane, sur la Durance*.

* Les marchands de la Loire avaient aussi à se plaindre des fermiers et du doublement des péages; leurs délégués écrivirent, le 6 juin 1714, d'Orléans : «Les marchands fréquentant la rivière de Loire s'étant assemblés cette année pour examiner l'état de la navigation sur cette rivière et sur celles qui y affluent, il n'y a presque pas un de nous qui la composons qui ne soit chargé par les marchands des villes de son détroit de faire des plaintes contre les exactions des fermiers des péages sur cette rivière. En effet, les choses en sont montées à un tel excès, par les fausses interprétations qu'ils donnent à leurs pancartes, qu'ils assujettissent à leurs droits des marchandises qui n'y sont pas sujettes, ou bien ils les augmentent sur celles qui les doivent avec tant d'excès, qu'ils lèvent en plusieurs endroits le triple, et même le quadruple de ce qui leur est dû. Ils ajoutent à ces exactions des convois qui ruinent les voituriers, lorsqu'ils ne leur veulent payer que ce qui est porté par leurs pancartes, et qui, étant souvent chargés de la nourriture de quarante et cinquante hommes, sont contraints, pour éviter de plus grandes pertes, de leur payer ce qu'ils exigent d'eux. Il y en a même qui se sont rendus si redoutables par les charges qu'ils occupent, qu'il ne se trouve point d'huissiers qui osent faire aucunes poursuites contre eux. Tous ces maux ne sont montés au comble où ils sont que depuis le doublement des péages, qui étant en plusieurs lieux tombés entre les mains des gens d'affaires, est le droit le plus onéreux et le plus incommode qui ait jamais été imposé sur le commerce. La preuve de cette vérité est l'augmentation des voitures, qui est aujourd'hui si forte, que ce qui coûtoit autrefois 10^{tt} en vaut aujourd'hui 40 : ce qui est en partie la cause de la cherté de toutes les denrées, et qui oblige les marchands de faire voiturer leurs marchandises par terre, où, sans rien risquer, il ne leur en coûte pas plus que par eau, d'où il arrivera que la Loire, qui traverse presque tout le royaume, deviendra presque inutile au commerce. C'est ce qui nous oblige d'avoir recours à Votre Grandeur pour la supplier très humblement de vouloir bien apporter remède à ces maux en obligeant les fermiers à n'exiger que ce qui leur est justement dû.»

1356. *M. de Pontchartrain,*
secrétaire d'État de la maison du Roi,
au Contrôleur général.

2 Novembre 1712.

« Le Roi ayant été informé que la plupart des nouveaux convertis du Poitou ne font plus leur devoir de catholiques, S. M. a voulu savoir ce qui a donné lieu à ce relâchement, et elle m'a ordonné d'en écrire à M. le maréchal de Chamilly, à M. de Richebourg et à M. l'évêque de Poitiers. Il paroît, par les réponses qu'ils m'ont faites, que la principale cause vient de ce qu'on a cessé d'entretenir les maîtres et maîtresses d'école qu'on avoit établis dans cette province pour instruire leurs enfants. J'ai l'honneur de vous envoyer l'extrait de ces réponses, et, comme S. M. juge qu'il est nécessaire de remettre sur pied cet établissement sans que les peuples puissent se plaindre qu'il leur soit à charge, elle souhaite que vous ayez agréable de prendre ses ordres à cet égard, pour donner ensuite ceux qui conviendront à l'intendant de Poitou*. »

* Le 10 janvier 1714, il annonce que le Roi a résolu de créer des maîtres et maîtresses d'école dans les lieux habités par des nouveaux convertis qui n'en ont pas encore.

En août 1713, les maîtresses d'école envoyées en Guyenne demandent à être payées de leurs pensions de 1709 et de 1710 : « . . . . Leur état est d'autant plus violent et digne de compassion, qu'elles ne peuvent sortir de ces endroits où elles sont par ordre de S. M., pour aller chercher du pain ailleurs, parce qu'elles y sont endettées; ce qui leur a ôté tout crédit et la liberté d'en sortir, parce qu'elles seroient poursuivies comme des banqueroutiers. . . . . »

Les 4 avril 1713, 6 mai, 25 septembre et 9 octobre 1714, M. de Beauharnais, intendant à la Rochelle, insiste pour obtenir le payement des gages des maîtres et maîtresses d'école établis par les évêques dans les lieux où il y a le plus de nouveaux convertis, ainsi que la pension des sœurs de la Charité chargées de l'instruction de ceux-ci en divers endroits.

1357. *M. Lebret, intendant en Provence,*
au Contrôleur général.

5 Novembre 1712.

« J'ai reçu la lettre dont vous m'avez honoré le 24 du mois dernier, et je l'ai communiquée aux procureurs du pays, sans les mandements desquels les trésoriers de la province ne peuvent payer aucune chose. Elle contient une règle très salutaire pour la province, et l'on ne s'en est départi, depuis l'année 1707, que parce que le service a toujours été sur le point de manquer, et que, quand des troupes sont dans une ville, il faut bien, malgré qu'on en ait, leur payer le prêt, ou les laisser à discrétion chez leurs hôtes. De deux maux, on évite celui qui paroît le pire, et certainement un bataillon auroit bientôt ruiné une ville, si l'on laissoit le soldat sans autre subsistance que celle qu'il tireroit par force de l'habitant. C'est pourquoi, toutes les fois que le fonds du prêt manquera, je ne pourrois pas me flatter d'empêcher que les communautés n'en fissent l'avance, lorsqu'elles seront en état de le faire, et, quand même le fonds des prêts seroit remis avec beaucoup de régularité, je ne sais pas comment on feroit pour empêcher que l'officier n'exigeât quelque fourrage, sans lequel il est évident que les chevaux de l'infanterie ne pourroient subsister pendant l'hiver.

« Ce qu'il y a de certain, c'est que nous sommes accablés de troupes. Les fourrages sont d'une cherté extraordinaire cette année, ce qui a obligé d'augmenter le traité qui a été fait avec la cavalerie et les dragons. Si nous avions pu être un peu soulagés de ce côté-là, nous nous serions remis absolument en règle; mais je crains bien que cet hiver-ci n'augmente encore le dérangement. Je ferai néanmoins tout ce que je pourrai pour l'empêcher; c'est de ce dont je vous supplie d'être persuadé*. »

* En apostille : « Le fonds des troupes qui est en Provence fait partie de celui qui se remet tous les mois pour la subsistance des troupes; et en cas qu'il fasse avancer quelque chose aux communautés, avoir soin de pourvoir promptement au remboursement, afin que la communauté n'en soit pas dérangée. »

Le 15 novembre, M. l'archevêque d'Aix écrit que la province est ruinée, s'il lui faut fournir le prêt aux troupes, ou bien les nourrir, quand le commis de l'extraordinaire des guerres n'aura pas l'argent nécessaire.

1358. *M. Guynet, intendant à Caen,*
au Contrôleur général.

7 Novembre 1712 et 11 Avril 1713.

Octrois de la ville de Caen sur les boissons; ses dettes et ses charges*.

* Voir une lettre du député de la ville, 11 juin 1712, avec apostille de M. le maréchal de Tessé.

1359. *M. de Bâville, intendant en Languedoc,*
au Contrôleur général.

9 Novembre 1712.

Réparation des portes de l'écluse et du batardeau du canal de Sylvéréal; pavage des chaussées de halage.

1360. *M. le duc d'Antin,*
surintendant des bâtiments du Roi,
au Contrôleur général.
(Intendance de Paris.)

13 Novembre 1712.

« Je sais que vous êtes importuné de mes fréquentes sollicitations, et que vous me confondez avec ceux qui vous sont à charge. En cela, vous ne me rendez pas justice. J'ai satisfait au devoir de ma charge en vous exposant la misère de ceux qui travaillent; mais je vous promets que je ne le ferai plus. Il n'y a personne, en ce pays-ci, qui soit plus votre serviteur que moi, ni qui désire plus sincèrement l'honneur de votre amitié, j'ose y ajouter, sans intérêt. J'aurois grand tort, avec cela, de vous devenir désagréable pour les affaires des autres, ne vous ayant jamais parlé des miennes. Ainsi, j'espère que vous me regarderez d'un meilleur œil. »

1361. *M. le Guerchoys, intendant en Franche-Comté,*
au Contrôleur général.

13 Novembre 1712.

Réception d'aspirants dans la corporation des médecins et chirurgiens du bailliage de Vesoul; modicité des sommes exigées par les jurés*.

* Au sujet de la réception de six nouveaux maîtres dans la communauté des chirurgiens de Bordeaux, le contrôleur général écrit, le 16 février 1715, à M. du Vigier, procureur général au Parlement de cette ville, que, pour s'assurer si les candidats sont dignes d'exercer la chirurgie, on devra leur faire subir un examen devant les six anciens maîtres. M. du Vigier y assistera, donnera son avis, et marquera ceux qui, n'étant pas actuellement assez capables, pourraient le devenir plus tard.

Le 2 août 1711, M. d'Argenson, lieutenant général de police à Paris, annonce la réception d'un marchand apothicaire moyennant 500#.

1362. *Le Contrôleur général*
à M. de la Vrillière, secrétaire d'État.

18 Novembre 1712.

«Il s'est passé, au mois de juillet dernier, dans la ville de Chinon, une action assez vive, qu'on peut appeler une sédition, dans laquelle les huissiers chargés de faire payer quelques taxes pour raison des lettres de maîtrises, après avoir essuyé plusieurs mauvais traitements, ont été emprisonnés par ordre du sieur le Breton de la Bonnelière, lieutenant criminel, qui, en cette occasion, s'est comporté, non point comme un officier, mais comme un ennemi déclaré de la justice. Sur l'avis que M. Chauvelin, intendant, a donné de l'affaire, et sur l'extrait qu'il a envoyé des informations, S. M. a fait expédier un arrêt qui commet ledit sieur Chauvelin pour instruire et juger le procès, et qui enjoint cependant au sieur de la Bonnelière de se rendre à la suite du Conseil pour y recevoir les ordres de S. M. L'arrêt lui a été signifié dès le 17 septembre, sans que, depuis, il se soit mis en état de partir. Une désobéissance si marquée a déterminé S. M. à faire arrêter cet officier, et à le tenir en prison dans quelque château de la province. Vous aurez agréable de prendre les ordres du Roi pour faire expédier celui qui est nécessaire, et que j'envoierai à M. Chauvelin pour le faire exécuter.»

1363. *M. de la Houssaye, intendant en Alsace,*
au Contrôleur général.

21 Novembre 1712.

Le grand bailliage d'Haguenau est passé à M. le duc Mazarin par survivance réciproque entre le cardinal, son oncle, et lui, suivant des lettres de don du Roi*. Ces lettres peuvent être regardées comme des provisions; il n'y est point parlé d'hérédité comme dans les lettres de don du comté de Ferrette et des seigneuries de Belfort et autres données en 1658 au cardinal, et que possède M. le duc de la Meilleraye, son petit-neveu. La jouissance qui y est jointe, du revenu d'un grand territoire comprenant trente-cinq villages, ne doit être considérée que comme un attribut, assez singulier d'ailleurs, de la dignité de grand bailli.

Le revenu monte à 28,121#, et les charges (partie des appointements des conseillers au Conseil supérieur et gages des officiers du grand bailliage) à 8,668#; elles sont payées exactement, mais les revenus beaucoup moins, à cause de la guerre.

Les appointements de M. le duc Mazarin, comme gouverneur d'Alsace et de Brisach, sont de 59,383#.

* Copie de ces lettres est jointe.

1364. *Mme la douairière de Bercy*
au Contrôleur général.
(Intendance de Paris.)

24 Novembre 1712.

Elle demande l'emploi d'imprimeur sur le fait des finances pour le fils aîné du sieur Léonard.

1365. *M. Lebret, intendant en Provence,*
au Contrôleur général.

24 Novembre 1712.

Il fournit des éclaircissements sur l'affaire dont les sieurs Hervart avaient présenté un mémoire à Utrecht, relativement à des marais desséchés près d'Arles par eux et par d'autres réformés, et dont Mme la princesse d'Harcourt avait été mise en possession, ainsi que de leurs autres biens, pendant la durée de la guerre*.

* Sur cette entreprise de dessèchement, voir une précédente lettre du 24 juin 1709.

1366. *M. Quarré, procureur général*
au Parlement de Dijon,
au Contrôleur général.

25 Novembre 1712.

«.....On ne se contente pas d'assujettir [à l'édit des arts et métiers] tous les artisans des villes, des bourgs et des villages; on inquiète les laboureurs, les manœuvres et de pauvres paysans, qui, pour payer la taille ou pour acheter du sel, sont forcés de vendre leurs effets ou leur bétail. Ce désordre n'est pas imputable au sieur Darinel, préposé pour la Bourgogne : il m'a communiqué ses instructions, qui n'excèdent pas la disposition littérale de la loi; mais les commis particuliers répandus dans les bailliages et les sergents, voulant avoir part au profit, sans être munis d'un rôle qui devroit être visé par les officiers de police, exigent 40 s. de chaque villageois, et 5 à 6 s. pour leur voyage, quoiqu'on les paye au premier avis. On m'a dénoncé un sergent qui, pour sa journée, a reçu jusqu'à 48*.....»

1367. *M. Laugeois d'Hymbercourt, intendant à Soissons,* au Contrôleur général.

28 Novembre 1712.

Il se plaint qu'on fait depuis peu payer le port de ses lettres, sauf de celles qui sont adressées aux subdélégués, ce qui peut les faire refuser et retarder le service*.

* En apostille : «A M. Pajot, sur cette lettre. Lui expliquer que les prévôts des maréchaux, les échevins des villes et les autres auxquels les intendants écrivent pour ce qui regarde le service doivent recevoir leurs lettres franches de port.»

M. Roujault, intendant à Poitiers, avait écrit, le 26 novembre 1711, dans le même sens, insistant notamment sur ce qu'on ne trouverait plus de receveurs des tailles, s'il leur fallait payer le port des paquets qui leur étaient adressés.

Le 24 janvier 1713, le contrôleur général écrit à M. de Richebourg, successeur de M. Roujault : «Les fermiers généraux des postes m'ont remis un mémoire au sujet des défenses que vous avez faites au directeur des postes de la ville de Poitiers de taxer aucune des lettres que vous écrivez dans votre département, et ils y ont joint copie d'une lettre écrite, le 7 septembre 1705, à M. Rouillé, maître des requêtes, par M. Chamillart, sur une pareille difficulté. Cette lettre porte que S. M.....a décidé qu'il sera permis à MM. les intendants de contresigner les lettres qu'ils écriront à leurs subdélégués seulement, sans qu'ils puissent en contresigner d'autres.... Il paroît difficile de revenir contre une décision si précise; mais il pourroit y avoir un expédient, qui seroit de mettre les lettres que vous êtes obligé d'écrire pour les affaires qui concernent le service dans les paquets de vos subdélégués, qui auront soin de les faire tenir à ceux à qui elles sont adressées...., en recommandant à vos secrétaires de n'en point abuser, afin d'ôter aux fermiers des postes tout prétexte de se plaindre.» M. de Richebourg répond, le 1er février, qu'il lui paraît impraticable de faire passer tous ses ordres par les subdélégués, et le contrôleur général dit en apostille : «Qu'il n'est pas possible d'en user dans son département autrement que dans les autres, la chose ayant déjà été décidée par le Roi.»

Le 11 juillet 1715, M. Turgot de Saint-Clair, intendant à Moulins, demande la franchise de port pour les paquets que les subdélégués des chefs-lieux reçoivent des autres subdélégués, et pour ceux qu'ils leur envoient.

1368. *M. le Conte, lieutenant criminel au Châtelet de Paris,* au Contrôleur général.

28 Novembre 1712; 3 Janvier et 20 Mai 1713.

Arrestation, évasion, procès et jugement d'un fabricateur et négociateur de faux billets du trésorier de l'extraordinaire des guerres*.

* Voir une lettre de M. Robert, procureur du Roi au Châtelet, 4 janvier 1713.

1369. *Le Contrôleur général au sieur Dubois, relieur ordinaire du Roi.*

30 Novembre 1712.

«J'ai besoin du traité de paix de Ryswyk, conclu le 20 septembre 1697; prenez la peine de me le chercher promptement, et de me l'envoyer aussitôt que vous l'aurez relié, et des lettres qui ont été écrites du temps de Louis XII et dont le recueil a été imprimé à Bruxelles depuis quelques mois.»

1370. *Le Contrôleur général aux Fermiers généraux.*

3 Décembre 1712.

«.... S. M. a trouvé que les procédures faites contre les sieurs Babin et Jacquereau, chanoines, et Ragot, prêtre [du diocèse d'Angers], avoient été poussées trop loin, puisqu'ils ont véritablement levé du sel au grenier, et, si cette levée n'a pas été portée jusqu'à la quantité qui est fixée par l'ordonnance, c'est une discussion qu'il faut tâcher d'éviter avec les ecclésiastiques, pour ne pas attirer les remontrances du clergé, qui ne manque pas, dans ces sortes d'occasions, de prendre le fait et cause de ceux qu'on attaque.... S. M. n'a pas jugé à propos de donner l'arrêt de décharge qui est demandé par le syndic du diocèse; mais son intention est que vous fassiez savoir au receveur du grenier d'Angers qu'il doit modérer les recherches contre les ecclésiastiques, sinon lorsqu'ils n'auront point absolument levé de sel, ou que la quantité qu'ils en auront prise sera entièrement disproportionnée à leur consommation.....»

1371. *M. de Bernage, intendant à Amiens,* au Contrôleur général.

3, 13, 25 et 29 Décembre 1712; 15, 26, 31 Janvier, et 31 Mai 1713.

Arrivée à Saint-Valery des blés achetés en Angleterre pour le compte du Roi et destinés à l'armée de Flandres*; payement du fret des navires; avances aux capitaines pour les avaries et pour la rétribution des interprètes.

Transport des blés à Abbeville**.

* L'enlèvement de ces blés causa des troubles en Angleterre, notamment à Southampton. (Lettres du sieur de Laye et de M. Crozat au contrôleur général, 2 novembre 1712, 6 et 8 janvier 1713.)

** D'autres blés arrivèrent au Havre; avant de les expédier, on en laissa une certaine quantité à Rouen, au Havre et à Honfleur (lettres de M. de Pontchartrain, secrétaire d'État de la marine, 14 et 28 septembre 1712, et 8 mars 1713; de M. Roujault, intendant à Rouen, 2 et 3 mai 1713, et des négociants d'Honfleur, 4 mai 1713).

M. de Champigny, intendant de marine au Havre, demande, le 7 décembre 1712, que l'on fournisse au commis du trésorier de l'extraordinaire des guerres de quoi payer les frais de déchargement et de répartition entre les magasins : «Il n'y a aucun fonds dans la caisse du trésorier de la marine de ce port, et il n'est plus possible de faire faire aucun travail qu'en payant, à cause des grandes sommes qui sont dues.... Il y a tant de gens qui sont dans la misère de ne rien recevoir de ce [qui est] dû du fret et de l'escorte des grains, et j'en suis toujours si extraordinairement persécuté, que je ne puis m'empêcher de me servir de cette occasion pour vous le représenter encore et vous supplier d'avoir, s'il vous plait, la bonté d'ordonner des fonds pour leur payement, après lequel ils languissent depuis si longtemps.» Voir aussi sa lettre du 29 du même mois.

Sur l'arrivée des grains et leur transport dans les magasins de Picardie, sur le mauvais état d'une partie des sacs et sur l'inégalité de leur poids, sur les soins donnés aux blés marinés et chauffés, sur leur transport jusqu'à l'Oise, etc., voir d'autres lettres de M. de Champigny, 21 et 23 décembre 1712, 31 octobre 1713, etc.; de M. de Bernage, 31 décembre 1712, 4 et 10 janvier, 12 février, 1er et 18 mars 1713, etc.; de M. de la Haye d'Anglemont, commissaire de marine à Saint-Valery, 4, 26 et 29 décembre 1712, 6 janvier et 11 juin 1713; de M. Crozat, 24 octobre, 26 novembre, 9, 14, 15, 29 et 30 décembre 1712, 4 mars 1713, etc.; du sieur Duplessis, 10 janvier, 25 février et 21 mars; de M. Bigot de la Mothe, commissaire de marine au Havre, 10 et 21 février, 7, 8, 14, 18 et 26 mars, 1er et 14 avril, 23 juillet, etc.; de M. Guynet, intendant à Caen, 14 février; de M. Laugeois d'Hymbercourt, intendant à Soissons, 23 mars, 1er et 7 avril, etc.; de M. de Pontchartrain, 22 février; et celles du contrôleur général à M. Bigot de la Mothe, 2, 11, 21, 26 et 31 mars, 3, 4, 8, 11 et 16 avril, et 19 mai 1713; au sieur Duplessis, 22 mars; à M. de Bernage et à M. d'Anglemont, 5 et 20 mars et 7 avril, etc.

Les quantités importées furent de 21,820 sacs, du poids moyen de deux cent deux livres, au Havre, et de 14,548 sacs, du même poids, à Saint-Valery (lettres de M. Bigot de la Mothe, 16 septembre, et de M. d'Anglemont, 4 octobre 1713; lettres du contrôleur général aux deux commissaires, 7 septembre; lettre de M. de la Garde à M. d'Anglemont, 3 juin 1715). Le sieur de Laye, pour avoir fait les achats et les envois, reçut la croix de Saint-Michel (lettre de M. de la Garde au contrôleur général, 24 novembre 1713). D'après un projet de compte à rendre au Conseil, annoté de la main du contrôleur général et portant la date du 28 novembre, la dépense totale de l'opération fut de 704,047# 15 s.; à cette époque, il restait encore dû au comptable 204,965# 8 s. 1 d.

On vendit les grains qui ne pouvaient être conservés, et, la paix ayant rendu le reste inutile, on les envoya à Nantes, sur des bâtiments munis de passeports, pour les besoins de la Bretagne et de la généralité de Tours. Voir les lettres du contrôleur général à M. Ferrand, intendant en Bretagne, 18 avril, 6 et 20 juin 1713; à M. de Bernage, 23 avril; à M. Chauvelin, intendant à Tours, 19 avril, 6 juin, 17 septembre, 17 octobre, 11 et 23 novembre, 13 et 23 décembre 1713, 6 et 18 février, 4 et 27 mars, 28 avril 1714; à M. Bigot de la Mothe, 18, 25 et 30 avril, 2, 9, 16, 23 et 24 mai, 4, 6, 19, 20 et 28 juin, 7, 15 et 23 juillet 1714; à M. de Pontchartrain, 4 mai 1713; à M. d'Anglemont, 23 avril, 2 et 24 mai, 19 et 28 juin, 23 juillet et 10 octobre; au sieur Michel, lieutenant de maire à Nantes, 20 juin et 9 juillet; à M. de Turményes de Nointel, garde du Trésor royal, 24 mars 1714; et les lettres de M. de Bernage, 19 avril, 1er mai, etc., 1713; de M. Ferrand, 22 avril, 11 et 24 juin; de M. Bigot de la Mothe, 22 avril, 5, 17, 19 et 30 mai, 8 juillet, etc.; de M. d'Anglemont, 29 avril; de M. Chauvelin, 23 avril, 9 mai, 2 juin et 14 septembre; de M. l'archevêque de Tours, 15 août; du sieur Michel, 6, 13 et 15 juillet, 30 août, etc.

Quelques sacs, déposés dans la corderie du Havre, furent volés par le gardien, ancien invalide de la marine, qu'on se borna à expulser de la ville (lettres du contrôleur général à M. de Pontchartrain, 20 mai; lettres de M. de Pontchartrain, 17 et 31 mai, 21 juin, 20 septembre, et de M. Bigot de la Mothe, 8 et 22 mai). Il y eut encore d'autres vols (lettres de M. de Pontchartrain, 28 juin, et de M. Bigot de la Mothe, 5 août).

Cette correspondance forme un dossier particulier, coté G7 1658.

1372. *Le sieur* Robert, *professeur royal d'hydrographie et de mathématiques à la Ciotat et Martigues,* au Contrôleur général.

4 Décembre 1712.

Il envoie un placet contre la mauvaise administration des consuls de la Ciotat.

1373. *M.* le Guerchoys, *intendant en Franche-Comté,* au Contrôleur général.

4 Décembre 1712.

Il approuve la demande présentée par Mme la princesse de Lillebonne en vue d'établir quatre foires annuelles dans le bailliage de Sancey-le-Grand*.

* «Bon.»

Voir une lettre de M. de Harlay de Cély, intendant en Béarn, sur le rétablissement à Garris du marché transféré en 1710 à Saint-Palais (25 juin 1715), et celles de MM. de Bâville et de Richebourg, intendants en Languedoc et à Poitiers, sur la création de foires à Mende et à Saint-Michel-de-Montmercure (8 février 1714 et 11 décembre 1712).

1374. *M.* de Bâville, *intendant en Languedoc,* au Contrôleur général.

4 Décembre 1712.

Il appuie la demande de pension présentée aux États par M. le vicomte de Polignac : le premier opinant du clergé, qui est l'archevêque de Toulouse, ou, en son absence, l'archevêque d'Albi, jouissant d'une pension de 3,000#, et M. le prince de Conti touchant autant comme chef de la noblesse, en qualité de comte d'Alais, il semble convenable d'en donner une au premier opinant de la noblesse, qui est, en l'absence de M. le prince de Conti, le vicomte de Polignac*.

* Approuvé : lettre du contrôleur général, 9 décembre 1713.

1375. *M.* Voysin, *secrétaire d'État de la guerre,* au Contrôleur général.

5 Décembre 1712.

«Je crois que vous n'avez pas regret aux 100,000# que j'ai eu l'honneur de vous demander pour chacun des trois sièges que l'armée du Roi a faits pendant cette dernière campagne, et vous croyez bien que la dépense a été beaucoup plus considérable; mais je ne demande aucun supplément. Je vous supplie seulement que les 60,000# qui restent à payer de la somme que vous avez bien voulu promettre pour le dernier siège puissent être acquittées. L'avance en a été faite sur ma parole et sur la vôtre : je crois que c'est plus qu'il n'en faut pour que vous vouliez bien que nous en sortions avec honneur*.»

* En apostille : «Je vous avoue que, s'il étoit aussi aisé de trouver de l'argent dans les conjonctures présentes qu'il est facile de le demander et de le dépenser, vous n'auriez pas eu la peine de demander deux fois le fonds entier de 100,000# que vous avez jugé nécessaire pour les dépenses du siège de Bouchain. Vous savez même que les dépenses imprévues pour l'expédition de Catalogne ont encore causé un nouveau dérangement, et qu'il a fallu donner 80,000# au sieur Baudry, tant en argent comptant qu'en délégations payables en janvier et février, pour l'obliger de faire marcher son équipage. Ces nouvelles dépenses auxquelles on ne s'attend pas demandent toujours du temps pour pouvoir remplacer les fonds qui manquent. Ainsi, j'ai besoin de quelque délai pour faire des dispositions nouvelles pour remplir les fonds qui ont été consommés : ce que je ferai le plus promptement qu'il sera possible pour le restant des 100,000#.»

1376. *M. l'Archevêque de Cambray au Contrôleur général.*

9 Décembre 1712 et 28 Avril 1713.

Pour remercier le Roi d'avoir exempté de toute imposition la châtellenie de Câteau-Cambrésis, les quelques villages qui forment cette châtellenie avaient résolu de lui faire un présent tous les ans; mais la situation misérable du pays ne leur permet plus de continuer, et elle exige aussi qu'on empêche toutes poursuites contre eux.

1377. *M. Roujault, intendant à Rouen, au Contrôleur général.*

11 Décembre 1712.

« . . . . . Je ne puis m'empêcher de vous marquer ma surprise de ce qui vous a été rapporté* que je songeois à proposer des changements à l'établissement du dixième dans cette province. Je vous puis protester que rien n'est plus éloigné de mon esprit et de tout ce que j'ai fait et dit en ce pays : non seulement je n'ai proposé aucun changement, mais je n'ai pas donné une seule modération ni décharge, sous quelque prétexte que ce soit, que sur le vu des pièces et sur le rapport et de l'avis du directeur, et je n'ai pas manqué, pour cela, de me bien appuyer de la lettre que vous m'avez fait l'honneur de m'écrire, de ne faire aucun changement à ce qu'avoit fait M. de Richebourg. J'ai fait plus; car, depuis six semaines, afin de ne rien prendre sur moi, quoique les subdélégués aient, jusqu'ici, fait faire les rôles, j'ai chargé le directeur même, et tous les contrôleurs sous lui, de la confection des rôles de 1713. A la vérité, comme, en Poitou, j'avois distingué la noblesse d'avec les taillables, j'ai proposé au directeur de faire de même deux rôles par paroisses, en mettant la noblesse et les privilégiés à part, afin que le receveur des tailles discute lui-même la noblesse, ce qu'il peut mieux faire que le syndic. Je sais plusieurs provinces où on en use de même. J'ai dit depuis au directeur de ne faire qu'un rôle. . . . . Je ne sais si cela peut s'appeler un changement; mais je démêle avec chagrin qu'il faut que le directeur écrive apparemment choses qui ne sont pas fidèles. . . . . »

* Voir la lettre du contrôleur général, 7 décembre.

1378. *M. de Harlay de Cély, intendant en Béarn, au Contrôleur général.*

(De Pau,) 13 Décembre 1712.

«J'arrivai samedi matin ici, ayant été fort retardé par les mauvais chemins et le défaut de chevaux. J'ai déjà commencé à travailler aux choses sur lesquelles vous m'avez fait l'honneur de me donner vos ordres, et je vous rends compte de mon travail par les lettres ordinaires. J'ai cru que vous trouveriez bon, et qu'il étoit essentiel que je vous en rendisse un particulier de la situation où j'ai trouvé la province et les esprits par rapport à ce qui regarde le service du Roi, et dont il est nécessaire que vous soyez instruit.

«Le Parlement regarde ce qui est arrivé à M. de Barrillon comme un grand avantage qu'il a remporté; il croit la victoire complète, sur une lettre qu'ils disent avoir reçue de M. le Chancelier, et seroit assez disposé à étendre cette destruction particulière jusques à l'intendance en général. Il y a beaucoup de choses dont il a pris connoissance sans droit; mais je travaillerai à remettre tout cela en règle, suivant votre intention et vos ordres. Les choses où je pourrai réussir sans vous importuner, je les ferai pour le bien du service; celles où je trouverai trop de difficulté, et que, cependant, je croirai importantes, en vous en rendant compte, je vous supplierai de m'autoriser, quand vous les trouverez justes. Mais j'éviterai avec grand soin et absolument toutes disputes, principalement toutes sortes d'aigreur. J'ai trouvé le Parlement assez haut et fort enflé de sa prétendue victoire; mais permettez-moi d'avoir l'honneur de vous dire que la liaison entre le premier président et les chefs des États, du moins certains, me paroît trop grande. Il me paroît avoir envie de se mêler de tout. J'ai trouvé même, à mon arrivée, des assemblées de commissaires de l'Abrégé qui se tenoient chez lui, contre tout usage; je crois même que cela, poussé trop loin, pourroit être contraire au service du Roi et donner de la peine dans des occasions. Le prétexte de ces assemblées a été l'absence de l'intendant et l'affaire des blés. J'ai commencé à vouloir déranger ce plan, à finir cet abus et remettre les choses suivant les règles et votre intention; j'espère, ayant la raison de mon côté, y réussir et empêcher un établissement nouveau qui auroit pu tirer, par les suites, à de furieuses conséquences dans le pays, par la trop grande union du Parlement, du premier président et des États. L'envie de perdre M. de Barrillon a été le commencement de cette belle union, sur la conduite duquel je ne trouve rien à redire ici que par son humeur, qui, accompagnant trop vivement, trop souvent et de trop près son zèle, en empêchoit le succès. Pour en revenir à ces assemblées qui se tenoient et que j'ai trouvé établies chez M. le premier président, j'ai demandé, en conséquence de votre intention et de l'arrêt du Conseil, dont j'ai cru devoir ordonner l'exécution, j'ai, dis-je, demandé d'être présent à ces assemblées, et qu'elles fussent tenues où elles ont toujours été, c'est à l'hôtel de ville, le tout verbalement. Je crois que c'est le mieux, et j'ose vous dire que vous n'entendrez guère parler de mes ordonnances; elles sont trop sujettes à caution par écrit. M. le premier président, à ce que l'on m'a dit, compte de vous écrire pour vous demander de nouveaux ordres pour faire venir encore des grains dont nous pourrions bien avoir besoin. Il le fait sans concert avec moi, ce qui, je crois, n'est pas en règle; mais il veut se conserver la confiance des États, et, par ses soins empressés, resserrer les liens et les nœuds que la défaite de M. de Barrillon a formés, et que mon arrivée a déjà, j'ose le dire, fort dérangés, et le tout avec douceur : en un mot, il voudroit être le maître. On s'est adressé à moi aussi pour vous demander la même grâce et les mêmes ordres pour les blés. Vous serez le maître de les adresser, ces ordres, à qui vous jugerez à propos pour le bien du service. Cela regarde, à ce que je crois, l'intendant; j'aurai l'honneur de vous en écrire à l'ordinaire. Je crois que j'aurai à souffrir avec ces esprits; mais je serai doux et ferme : sans quoi, j'ose vous assurer, par les dispositions que j'ai trouvées, l'intendant deviendroit l'homme de paille et absolument inutile au service du Roi. J'espère réussir en mettant le zèle pour le service et la raison de mon côté, sans humeur, et que vous voudrez bien soutenir l'homme du Roi et le vôtre, quand il sera en règle, et que rien ne le regardera comme particulier. C'est de quoi je vous réponds. Quant à moi personnellement, j'ai tout sujet de me louer des attentions du pays et de la politesse du premier président et du Parlement. M. du Fenouil (*sic*), homme d'expédients, pour éviter tous différends entre nos deux juridictions, m'avoit proposé avec bonté de venir au Parlement pour régler les affaires ensemble, et me proposoit même de m'aider d'arrêts du Parlement, quand je le voudrois, pour éviter toutes disputes. Je lui ai répondu, avec la même confiance et la même amitié, que je ne connoissois point d'autres arrêts pour m'autoriser que ceux du Conseil et les ordres du ministre, et que je ne connoîtrois jamais d'autres règles que celles-là. J'espère que tout se passera ici à l'amiable, et que l'on se remettra en règle; mais je puis vous assurer qu'il n'y en avoit plus. De ma part, je vous assure qu'il n'y aura jamais d'aigreur ni de vivacité; elles ne sont bonnes à rien, et gâtent souvent le droit le plus certain et le mieux établi. J'ai fini pour le prêt des troupes suivant vos ordres, et pour les six mois d'hiver; vous n'en serez pas importuné; je vous en rends compte par une lettre à l'ordinaire. Trouvez bon que j'aie l'honneur quelquefois de vous écrire des lettres particulières et pour vous seul; il sera nécessaire que je vous avertisse de bien des choses importantes. Je puis vous assurer que je serai bien servi, et que j'aurai l'honneur de vous rendre un compte fidèle et exact de tout. J'ose vous supplier de ne pas oublier que M. le contrôleur général est le maître de l'intendant de Béarn, et que M. Desmaretz lui a permis de le regarder comme un protecteur et un père; je serai toujours occupé uniquement de mon devoir et de l'envie de vous plaire. J'espère, pendant le temps que je serai ici, mériter d'être rapproché de vous; c'est tout ce que je désire.

«Je prends la liberté de vous dire que M. de Saint-Macary, doyen du Parlement, ci-devant subdélégué général, m'a déjà donné bien des marques de son zèle pour le service, par ses avis; il est fort au fait et me paroît fort respectueusement attaché à vous. J'ose vous supplier que cette lettre soit pour vous seul.»

1379. *Les Maire et Échevins de Marseille* *au* Contrôleur général.

13 Décembre 1712 et 11 Avril 1713.

Exploitation du privilège de la vente de la glace*.

* Voir, au 20 mars 1714, un mémoire des fermiers.

1380. *M.* de Harlay de Cély, *intendant en Béarn*, *au* Contrôleur général.

13 Décembre 1712; 5 et 10 Janvier, 4 et 7 Mars 1713.

Il se plaint de l'hostilité systématique du Parlement de Navarre, qui, afin de l'empêcher de juger un procès intenté au maire de Lembeye pour de prétendus amas de grains, et en vue de soustraire les cas analogues à la juridiction de l'intendant, s'est hâté de prononcer une condamnation à l'amende et à l'interdiction. Il prouve ses droits à juger les cas d'accaparement, seul moyen par lequel M. de Courson soit parvenu à rétablir l'abondance dans la généralité de Bordeaux*.

«Ces sortes d'arrêts d'attribution ne se donnent, à la vérité, que dans les cas pressants et où l'autorité et la négociation de l'intendant sont absolument nécessaires pour prendre des partis et les faire exécuter avec plus de diligence et d'attention que les juges ordinaires ne sont en état de le faire. Je sais que la police générale appartient au Parlement; mais permettez-moi de vous supplier de faire ici attention au cas présent, et très pressant, dans lequel nous sommes. Pour prévenir, ou du moins diminuer les inconvénients qui pouvoient arriver par la disette des grains, les deux seuls partis que l'on a pu prendre, et qui étoient absolument nécessaires, ont été de faire entrer des blés dans la province, et d'empêcher le peu qui y étoit d'en sortir..... Je reçois tous les jours des représentations, et je vois, par les avis qui me viennent de tous côtés, que le mal augmente au point de tout craindre, si l'on n'y met promptement ordre, et d'une façon suivie.....»

* En apostille de la lettre du 4 mars : «Demander les informations; lever l'interdiction.»

Sur l'attribution d'affaires analogues, voir des lettres de M. de Courson, intendant à Bordeaux, 9 août 1712, et de M. de la Briffe, intendant en Bourgogne, 22 mai, 12 et 25 juin 1713.

1381. *M.* le Guerchoys, *intendant en Franche-Comté*, *au* Contrôleur général.

14 Décembre 1712.

Il croit qu'on devrait accorder au commerce qui se

fait entre son département, celui d'Alsace et la principauté de Montbéliard, non pas la liberté complète, mais la franchise d'une certaine quantité de marchandises déterminées*.

* Le 28 décembre, M. de la Houssaye, intendant en Alsace, écrit que le commerce entre la principauté, l'Alsace et la Comté est tout à fait libre, sauf pour les grains, que les sujets de Montbéliard voudraient venir acheter en France et revendre en Suisse, dans le Porrentruy, où ils sont fort chers.

1382. *M. l'Archevêque de Narbonne, président des États de Languedoc,* AU CONTRÔLEUR GÉNÉRAL.

20 et 26 Décembre 1712.

Il expose pour quelles raisons les États s'opposent à l'établissement de deux madragues, l'une à Cette, et l'autre au cap de la Franqui, proposé par M. Arnoul, intendant des galères à Marseille.

1383. *M. LE GENDRE, intendant à Montauban,* AU CONTRÔLEUR GÉNÉRAL.

20 Décembre 1712 et 17 Janvier 1713.

Il propose d'établir au collège des Jésuites de Montauban un second cours de philosophie, payé au moyen d'une imposition de 300# sur le diocèse et l'élection, afin d'éviter que les parents n'envoient leurs enfants à Toulouse ou à Cahors, quand ils sortent de la classe de rhétorique*.

* «Bon.»

1384. LE CONTRÔLEUR GÉNÉRAL *à M. DE BOUVILLE, intendant à Alençon.*

21 Décembre 1712; 3, 17 et 23 Janvier, 1er Avril et 18 Juillet 1713.

Prévarications du commis chargé de la régie des biens des religionnaires fugitifs dans la généralité*.

* Voir les lettres de M. de Bouville, 23 juin 1712, et 2 janvier 1713. «C'est, dit-il, un homme qui n'omettra rien pour découvrir ce qui se passe contre lui dans les bureaux à Paris, et je ne doute point qu'il n'y soit allé pour cela.....» Dans la seconde lettre, il donne des renseignements sur les baux à ferme des biens fonciers et sur les baux à location des maisons de ville.

1385. *M. TURGOT DE SAINT-CLAIR, intendant en Auvergne,* AU CONTRÔLEUR GÉNÉRAL.

23 et 26 Décembre 1712.

Il annonce que la maison qu'il occupait en location à Clermont a été détruite, avec ses papiers et ses meubles, par un incendie qu'on a mal combattu, les voisins, dans leur terreur, ayant retenu les gens qui auraient pu l'éteindre*.

* Le 26, M. de Ribeyre, premier président de la Cour des aides de Clermont-Ferrand, se plaint des violences de l'intendant, qui a pénétré de force chez lui et en a chassé les gens qui y prenaient des mesures pour empêcher que le feu ne gagnât. Voir aussi trois lettres anonymes, du 30 décembre 1712 et du 1er janvier 1713, qui attaquent, à l'occasion de cet incendie, les mœurs et la conduite de M. Turgot.

Touchant les indemnités dues à la propriétaire de la maison, qui était la veuve du sieur Poisson, trésorier de France à Riom, et à M. Turgot, pour la destruction de ses meubles, ainsi que pour la reconstruction de la maison, voir les lettres de l'intendant, 15 mai et 13 septembre 1713, et 2 mai 1714; du sieur Champflour, lieutenant particulier au présidial de Clermont, 17 avril et 5 mai; de M. Poisson fils, 5 mai, et du maire de Clermont, 10 mai.

1386. *Le sieur DE CHASTEAUNEUF, inspecteur des fermes et des manufactures étrangères dans la généralité d'Amiens,* AU CONTRÔLEUR GÉNÉRAL.

24 Décembre 1712.

Il demande pour son frère la commission d'inspecteur des manufactures étrangères, avec les mêmes appointements qu'avait le sieur Savary*.

* Le sieur de la Haye d'Anglemont, commissaire de marine à Saint-Valery-en-Somme, demande une semblable place pour lui-même, le 18 avril 1713.

1387. *M. DE BÂVILLE, intendant en Languedoc,* AU CONTRÔLEUR GÉNÉRAL.

27 Décembre 1712 et 16 Janvier 1713.

Il recommande le sieur Gilly pour être nommé député du Languedoc au Conseil de commerce*.

* Le 18 janvier 1713, M. l'archevêque de Narbonne écrit : «.....Le Conseil de commerce ayant été établi par arrêt du Conseil du 9 juin 1700, les députés des principales villes du royaume y furent admis: mais, comme l'on n'y avoit pas compris celles du Languedoc, le Roi fit, pour toute la province, ce qui n'avoit été accordé à aucune ville en particulier, en ordonnant, par un arrêt de son Conseil du 7 septembre 1700, que les États de Languedoc nommeroient un marchand pour assister au Conseil de commerce. En exécution de cet arrêt, les États nommèrent le sieur Mourgues, marchand de la ville de Nîmes, et ils réglèrent ses appointements à 6,000#; mais ils s'aperçurent bientôt qu'un marchand n'étoit pas assez en relation avec eux, et qu'il n'étoit pas assez informé du détail de la province; on reconnut même qu'il agissoit par des vues particulières, le plus souvent contraires à celles des États et du bien public, et c'est ce qui les obligea de nommer à sa place celui des trois syndics généraux qui seroit député à la cour : ce que le Roi autorisa par arrêt du Conseil du

7 août 1703. Depuis ce temps-là, les syndics généraux ont entré dans le Conseil de commerce chacun à leur tour, et les États les ont trouvés si appliqués pendant toute l'année aux affaires du commerce, soit dans la province ou à Paris, qu'ils ont été jusques ici très satisfaits de leur gestion. Les Chambres de commerce de Toulouse et de Montpellier ayant ensuite prétendu que c'étoit à elles à nommer un marchand pour remplir cette place, les États s'opposèrent à leur prétention, et, par arrêt du Conseil du 18 octobre 1707, ils furent maintenus au droit de nommer le syndic de la province pour remplir la place de député au Conseil de commerce. Enfin, lorsque le Conseil de commerce fut augmenté de six intendants, les États de Languedoc furent encore confirmés, par arrêt du Conseil du 5 juin 1708, dans le droit d'y avoir leur syndic. Par tous ces actes, il paroît que les États ont toujours nommé leur député au Conseil de commerce, soit que cette place ait été remplie par un marchand, ou par le syndic de la province. Et d'ailleurs il semble naturel que les États puissent nommer la personne en qui ils ont plus de confiance, outre qu'en continuant à nommer leur syndic, ils épargnent annuellement la somme de 5,200ᵗᵗ. Ils espèrent que, si vous voulez bien, comme ils vous en supplient, faire valoir leurs raisons auprès de S. M. (à laquelle, néanmoins, ils sont prêts à obéir), elle ne voudra pas leur ôter ce qu'elle leur a accordé et confirmé par plusieurs arrêts.....»

Le 12 février, ayant reçu réponse que le Roi a choisi Gilly, l'archevêque proteste de sa soumission et de celle de la province; il indique que, pour tout concilier, les États prochains pourraient faire le même choix et garder ainsi les apparences. Voir aussi les lettres de M. de Bâville, 15 février; de M. Daguesseau père, 9 mars, et du sieur Gilly, 10 mars. Celui-ci demande la croix de Saint-Michel en récompense des services rendus par lui pendant la disette.

1388. *Le Contrôleur général à M***.*

(Année 1712.)

«Je vous envoie une lettre, etc., laquelle m'a surpris d'autant plus qu'il n'est point d'usage de faire des impositions par rôles dans les villes pour des officiers des troupes qui y sont en quartier d'hiver; je crois même pouvoir dire que cela ne doit point être. Je sais parfaitement que l'ustensile et les fourrages s'imposent (*mot illisible*) sans aucune forme ni autorité que celle d'une simple lettre du secrétaire d'État de la guerre. Je sais encore que c'est M. de Louvois qui a introduit cet usage si contraire aux lois et aux ordonnances du royaume. Je sais aussi qu'il n'est plus question de trouver aucune difficulté à suivre ce qu'une pratique de quarante ans a autorisé; mais je vous avoue que je ne puis comprendre qu'un intendant puisse, de son autorité, faire une levée en argent sous prétexte de l'appliquer à payer le logement des officiers des troupes qui ont leur quartier d'hiver dans son département. Je vous envoie la lettre du (*un blanc*) sur l'opposition que les maire et échevins ont faite, afin que vous preniez connoissance des raisons, pour en pouvoir rendre compte au Roi.»

1389. *Le Contrôleur général à M. Daguesseau, conseiller au Conseil royal.*

(Année 1712.)

«Je vous envoie une lettre des maire et échevins de la ville de la Rochelle, par laquelle vous verrez qu'ils demandent de ne plus envoyer de député au Conseil de commerce, et l'emploi qu'ils se proposent de faire du fonds qui étoit destiné pour le payement des appointements de celui qui y avoit été jusqu'à présent envoyé. Lorsqu'ils ont demandé, par le passé, le retour du sieur Héron, ils proposoient d'envoyer un député qui se contenteroit d'appointements beaucoup moindres que ceux qu'on donne au sieur Héron. Je vous prie d'examiner s'il ne conviendroit pas mieux qu'il y eût un député de la Chambre du commerce de la Rochelle, et de m'en faire savoir votre avis.»

1390. *M. de Pontchartrain, secrétaire d'État de la marine, au Contrôleur général.*

4 et 11 Janvier 1713.

«On m'a adressé la copie d'un placet que les marchands de Granville vous ont envoyé pour demander qu'on ne remette point en parti la pêche des huîtres, les derniers traitants ayant détruit les huîtrières. Je suis persuadé que, si ce commerce demeuroit libre, il feroit subsister un plus grand nombre de matelots, avec leurs familles, et que le débit des huîtres seroit plus considérable.

«.....J'ai écrit aux commissaires de la marine de Saint-Malo, Granville, Dieppe, et à M. de Champigny, intendant au Havre, d'exciter les pêcheurs d'huîtres à en envoyer à Paris, toutes les semaines, la plus grande quantité qu'il se pourra, n'y ayant que ce seul moyen qui puisse empêcher que S. M. n'accorde un nouveau privilège*.»

* Voir une lettre de M. Roujault, intendant à Rouen, 12 janvier. Le 26, le contrôleur général écrit à M. d'Argenson, lieutenant général de police à Paris : «Vous avez été informé des mouvements qui ont été faits par les écaillers et quelques autres personnes pour faire rétablir le privilège exclusif de vendre et débiter les huîtres, qui a été supprimé par arrêt du 1ᵉʳ août 1711. M. Roujault, intendant de Rouen, à qui les mémoires ont été communiqués, a envoyé des réponses si fortes sur les inconvénients qu'il y auroit à rétablir ce privilège, que S. M. a entièrement rejeté la proposition, et je viens de le faire savoir à M. Roujault, afin que ceux qui se sont attachés à ce commerce n'aient plus, à cet égard, aucune inquiétude. Il a paru, dans l'examen qu'on a fait des différents mémoires, que la cabale de quelques écaillers et autres avoit eu beaucoup de part à la cherté qu'il y a eu depuis quelque temps sur cette marchandise. S. M. souhaite que vous suiviez la chose, en faisant connoître à ces cabaleurs que, si ils continuoient, ils seront punis très sévèrement.» Le même jour, il écrit à M. Roujault qu'il appartiendra aux marchands de Rouen et de Dieppe d'approvisionner le marché de Paris suffisamment et à un prix convenable.

1391. *M. de Bâville, intendant en Languedoc, au Contrôleur général.*

11 Janvier 1713.

Les propriétaires des salins de Peccais se trouvant en perte tous les ans, parce que le sel leur revient beaucoup plus cher et que les inondations du Rhône nuisent considérablement au travail, ils demandent à porter le prix du sel de 4 s. 2 d. le minot à 5 s. 7 d. L'intérêt du Roi est que ces salins soient plutôt exploités par de riches propriétaires que par la ferme des gabelles*.

* En apostille, de la main du contrôleur général : «Pour toute indemnité, 36,000#, payables en trois années également sur les fermes.»
M. de Bâville revint encore sur ce sujet, le 3 novembre suivant, après plusieurs conférences avec le fermier général Thiroux, et reçut la même réponse : lettre du contrôleur général, 10 février 1714.

1392. *M. d'Angervilliers, intendant en Dauphiné,*
au Contrôleur général.

12 Janvier 1713.

Il annonce que les fonds destinés à l'établissement des casernes de Vienne sont presque entièrement épuisés, et propose, pour fournir à l'achèvement des constructions, à l'achat du mobilier, des ustensiles, etc., et à l'entretien, de proroger la levée du droit sur le vin et l'augmentation du pontonnage, ainsi que le prélèvement d'une partie de la somme accordée sur la diminution des tailles, et d'établir un poids à farine. Il fait valoir les avantages que les nobles ou ecclésiastiques retireront indirectement de la suppression du logement, et démontre que, par conséquent, ni les uns ni les autres ne pourront raisonnablement se plaindre de payer les nouveaux droits*.

* Le 2 février, le contrôleur général répond qu'il faut avoir le consentement des ecclésiastiques; en cas de refus, le Roi y pourvoira. M. d'Angervilliers annonce, le 9 février, que l'archevêque est favorable au projet, mais que deux des principaux Chapitres de la ville y sont opposés. «Je crois, dit-il, tout bien considéré, qu'il est plus important d'empêcher le total dépérissement de cette ville que d'avoir égard à la répugnance que quelques ecclésiastiques pourroient avoir d'y contribuer par des droits qui leur sont insensibles, puisque la levée ne tombe pas sur eux, qui vendent leurs vins, mais sur ceux qui les consomment.» Le 3 avril 1715, il écrit que les casernes seront habitables dans le cours de l'année, et propose d'en faire construire à Valence, Montélimar, Gap et Romans, afin que ces villes, qui sont complètement ruinées, puissent se rétablir comme celles du Languedoc où l'on a fait un pareil établissement.

1393. *M. d'Argenson, lieutenant général de police à Paris,*
au Contrôleur général.

14 Janvier, 28 Mars, 5 Avril, 5 Juillet, 27 Août et 1er Novembre 1713.

Poursuites contre les agioteurs; sédition survenue à cette occasion*.

* Un sieur Cailleux des Brésillons, enfermé pour friponnerie dans le commerce des billets de monnaie, ayant osé assigner en dommages et intérêts, à sa sortie de prison, le lieutenant de la compagnie du lieutenant criminel de robe courte, ainsi que le concierge et les guichetiers du Châtelet, fut remis en prison. (Lettres du contrôleur général à M. d'Argenson et à M. de Pontchartrain, secrétaire d'État de la maison du Roi, 23 avril 1715.)

1394. *M. Nicolay, premier président de la Chambre des comptes de Paris,*
au Contrôleur général.

(Chambre des comptes de Paris, G7 1761.)

19 Janvier 1713.

La Chambre prend en location des religieux Jacobins de la rue Saint-Jacques, à Paris, des bâtiments propres à recevoir le dépôt des anciens comptes*.

* Le contrôleur général répond, le 26, «que le Roi a approuvé la convention faite avec ces Pères au prix de 1,800#, tant pour l'ancien que pour le nouveau logement, à charge de les mettre en bon état.....»

1395. *M. de Saint-Maurice, commissaire général de la Cour des monnaies,*
au Contrôleur général.

(Monnaies, G7 1466.)

20 et 29 Janvier, 9 et 19 Février, 12 Mars et 27 Avril 1713.

Arrestation et condamnation de faux-monnayeurs, parmi lesquels sont plusieurs gentilshommes, en Dauphiné et à Pont-de-Beauvoisin*.

* Voir les lettres de l'intendant, M. d'Angervilliers, 26 janvier et 11 mai.

1396. *M. Nicolay, premier président de la Chambre des comptes de Paris,*
au Contrôleur général.

21 et 29 Janvier 1713.

Comptes du sieur Poullain de Beaumont, payeur des rentes*.

«Depuis que j'ai eu l'honneur de vous voir, j'ai reçu votre lettre du 26 de ce mois**, et je crois devoir vous représenter que, si vous aviez la bonté, lorsqu'il est question d'affaires de la Chambre, de me les communiquer avant d'en faire le rapport, vous seriez informé plus à fond des motifs des arrêts que rend la Compagnie, et il n'auroit pas été difficile de vous faire connoître que l'ordonnance et la justice ont été les raisons des décisions de la Chambre dans l'affaire du sieur de Beaumont.

«Il a été dit, par arrêt du Conseil du 11 novembre, qu'il compteroit de clerc à maître à ses confrères. La Chambre a ordonné qu'il compteroit; sinon, qu'il seroit réputé débiteur des sommes qu'il avoit reçues aux fermes : cela, par arrêt par défaut; et depuis encore, par un second arrêt par défaut, il a été réputé débiteur de ces sommes. Il a formé opposition et a joint à sa requête quelques comptes rendus à ses confrères, et a prétendu qu'il n'avoit point fait un exercice dont il étoit condamné de rendre compte. La Chambre, conformément à l'ordonnance, a renvoyé son opposition à l'audience. Voilà tout ce qui s'est passé jusques ici à la Chambre. On ne peut point, dans les justices ordinaires, refuser d'entendre les parties sur les oppositions qu'elles forment aux arrêts par défaut; c'est ce qui a été ordonné. Du reste, si on avoit poursuivi l'audience, il y a longtemps que cette opposition seroit jugée, et, après ce jugement, le sieur Beaumont n'auroit pas pu reculer plus longtemps de rendre ses comptes de clerc à maître. Le compte de clerc à maître n'est pas, à la vérité, susceptible d'audience; mais l'opposition à l'arrêt par défaut, qui ordonne que, faute de compter, il sera réputé débiteur des sommes qu'il a reçues, y doit être renvoyée, et les Compagnies ne peuvent pas aller contre une forme prescrite par l'Ordonnance.

«A l'égard de la dépossession du sieur de Beaumont et de ce qu'il peut devoir au Roi du reste du prix de ses charges, la Chambre ne doit point entrer dans cette connoissance, qui ne regarde que le Conseil. Je ne sais pas si le Roi a nommé des commissaires du Conseil : nous serions fort aises d'être débarrassés de cette affaire, et que S. M. en voulût bien prendre connoissance; mais, si c'étoit des commissaires de la Chambre, je vous représenterai que ceux qui ont été nommés ont fait leur devoir, qu'on ne peut leur rien imputer, et que ce seroit leur faire injure que d'en commettre d'autres. D'ailleurs, vous savez que les commissaires, dans les Compagnies, sont nommés ordinairement par celui qui a l'honneur d'y présider. J'espère, après avoir fait réflexion sur ce que j'ai l'honneur de vous écrire, que vous trouverez que la Chambre a fait son devoir, et que les mémoires qu'on vous a donnés ne sont pas si exacts qu'il auroit été à désirer**.»

* Voir les lettres du sieur de Beaumont, 13 mai 1711 et 3 juillet 1712; de M. Bignon, prévôt des marchands, 9 mai, 21 juin et 17 juillet 1712, 26 août 1713.

** Le procureur général de Fourqueux avait écrit, le 14 janvier 1713 : «.....Mon ministère deviendroit inutile, si un comptable en demeure de compter, qui ne doit être écouté qu'après avoir présenté son compte et assuré qu'il ne doit rien par son état final, étoit reçu à s'opposer à un commandement aux condamnations d'amendes et aux emprisonnements de sa personne que les ordonnances me prescrivent d'obtenir contre lui. A chaque pas, je serois obligé de comparoître à une audience. Je crois que, sur la seule proposition, vous serez étonné que la Chambre (après trois partages) ait prononcé un pareil arrêt; mais je n'ai jamais rien vu de si extraordinaire que ce qui s'est passé dans cette affaire, que j'ose vous prier de renvoyer devant des commissaires qui rendent une prompte justice aux rentiers qui souffrent de ces longueurs, et de réformer par un arrêt du Conseil cette dernière procédure, qu'il seroit dangereux de laisser subsister.»

Le contrôleur général écrit à M. Nicolay, le 26 janvier : «.....On a été surpris de voir qu'une affaire aussi simple, et dans laquelle il ne s'agit que d'obliger Beaumont à rendre à ses confrères qui ont été commis les comptes de clerc à maître de ce qu'il a reçu et payé pour l'exercice des parties de rente dont il a été chargé, ait donné lieu à tant de différents arrêts et à plusieurs partages. Il est certain, par la vérification qu'on a faite, qu'il est dû des sommes considérables aux rentiers; le sieur Beaumont doit, d'un autre côté, 120,000# de reste de la finance de ses offices, sans compter celle des nouvelles taxations. On sait, à n'en pouvoir douter, que ses affaires sont en désordre..... En cet état, conviendroit-il de le laisser dans l'exercice de ses charges?.... [Il] prétend avoir déjà compté de plusieurs des exercices, et, [d'un] autre côté, il met en fait qu'il n'a pas reçu tous les fonds qu'on lui demande; mais rien n'est plus facile que d'éclaircir ces faits..... Si le sieur Beaumont a déjà rendu quelques comptes de clerc à maître, il n'a qu'à les représenter, et, s'il n'a pas effectivement touché tous les fonds, et qu'ils aient été reçus par d'autres, ou qu'ils soient encore entre les mains du fermier, il est juste de l'en décharger; mais ce n'est point là, ce semble, matière susceptible d'une plaidoirie.....»

*** Le 2 février, M. Nicolay écrit encore : «Il ne me convient point de revenir par récrimination contre la conduite que tient M. le procureur général..... Je ne puis m'empêcher de représenter qu'autrefois, lorsqu'on se plaignoit d'un arrêt, on en demandoit les motifs aux Compagnies; qu'on casse aujourd'hui un arrêt de la Chambre dicté par l'Ordonnance, sans m'en avoir rien communiqué, quoique j'aie proposé d'en rendre les raisons et que j'aie eu l'honneur de vous écrire pour cela.»

Voir une lettre du 3 février, de la dame de Beaumont. Le 7 février, son mari expose les raisons de la haine dont le poursuit M. de Fourqueux, et demande à ne pas l'avoir parmi ses juges. M. de Fourqueux écrit, sur la nomination de ces juges, le 11 février, et il y a, du même jour, un mémoire du commis Lépinau contre Beaumont.

Le 14 février, le contrôleur général annonce à M. Nicolay qu'on a jugé à propos de déposséder Beaumont. Quoique, dans l'usage ordinaire, les comptes de clerc à maître entre les payeurs des rentes se fassent devant le prévôt des marchands et les échevins, une commission de cinq maîtres des comptes a été nommée pour arrêter ceux de Beaumont, sans faculté d'appel, et le Roi ne changera rien à cette décision. Il écrit aussi, les 17 et 27 février, à M. de Fourqueux, et, le 24 juin, à M. Bignon, sur le prix de vente des offices et sur le moyen de sauvegarder à la fois l'intérêt du Roi et ceux des payeurs et des rentiers. Voir enfin une lettre du sieur Boucher, procureur des comptes, 17 mai 1715 (G7 1761).

1397. *Mme la duchesse de* LESDIGUIÈRES *au* CONTRÔLEUR GÉNÉRAL.

23 Janvier 1713.

Elle demande à être payée des rentes auxquelles elle a droit pour des terres vendues au roi Louis XIII en 1661 et pour des sommes prêtées par le connétable de Lesdiguières, et qui lui sont payées, comme les rentes de la ville, sur les fonds des gabelles de Dauphiné.

1398. *M. de* PONTCHARTRAIN, *secrétaire d'État de la maison du Roi, au* CONTRÔLEUR GÉNÉRAL.

1er Février 1713.

«Je suis sur le point de faire arrêter par le Roi l'état de la dépense de Meudon pour l'année présente; mais, comme, depuis l'établissement du dixième, il n'y a encore rien eu de réglé ni de payé pour Meudon, je n'ai point voulu aller plus avant sans savoir de vous auparavant si le dixième sera levé sur cette terre. Vous me permettrez, s'il vous plaît, de vous observer que, n'étant point question d'en faire valoir les revenus au profit de Mgr le Dauphin, une partie du fonds est employée à l'entretien et aux réparations, une autre partie aux gages des gens qui y servent actuellement; le reste sert à procurer précisément du pain à de pauvres officiers qui ont été pendant longtemps à feu Monseigneur, et qui, ayant été retranchés à sa mort, seroient, sans cette ressource, réduits à la dernière misère. Outre que le produit de ce dixième est, par soi, une foible ressource, puisque, à toute rigueur, il ne passeroit pas 4,000#; il faudroit nécessairement, pour le payer, que les pensions accordées sur ce fonds à ces pauvres officiers fussent supprimées, et la charité du Roi le porteroit infailliblement à ordonner un autre fonds pour les tirer de la mendicité, ce qui causeroit un dérangement dans la chose et un embarras pour vous. M. Bignon, intendant de la généralité de Paris, vous donnera sur cela tous les éclaircissements que vous pourrez souhaiter.....»

1399. *M. de Bâville, intendant en Languedoc,*
au Contrôleur général.

3 Février 1713.

Règlement de l'indemnité due aux seigneurs des terres prises pour l'établissement du canal des Deux-Mers; interprétation de l'ordonnance du 31 décembre 1709 relative aux acquisitions faites par les gens de mainmorte.

1400. *M. d'Angervilliers, intendant en Dauphiné,*
au Contrôleur général.

5 Février 1713.

«Le sieur Murat, pourvu de l'office de maire alternatif de la ville de Gap, est accusé de plusieurs mauvaises manœuvres dans le logement des gens de guerre et les revues qui concernent la fourniture des étapes. Cet homme, qui est originaire d'un village de Languedoc, a été vu, sur cette frontière, vivandier à la suite d'un régiment. Il a, depuis, tenu un cabaret à Gap, et, ayant amassé 3 à 4,000#, il a acheté la charge dont il est revêtu. Il arrive qu'aucun avocat ou habitant un peu considérable ne veut entrer dans les charges municipales de la ville, par l'indignité connue du sujet qui est à la tête, et les intérêts de cette communauté, aussi bien que ceux du Roi dans ce lieu de passage, qui est très considérable, sont à la discrétion de ce personnage, lequel, d'ailleurs, n'a pas la première teinture des affaires. Ces considérations m'ont porté à entrer dans les propositions qui m'ont été faites pour rembourser le sieur Murat. Je joins ici un projet d'arrêt pour cet effet, par lequel vous verrez que la ville a un fonds suffisant tout prêt pour y parvenir*.»

* «Bon.»

1401. *M. de Bernières, intendant en Flandre,*
au Contrôleur général.

5 Février et 11 Mai 1713.

En raison de la misère de son département, il demande l'entrée en franchise des poissons et chairs salées, beurres et fromages, qui avait été déjà accordée pendant que l'ennemi occupait Bouay et Bouchain, la prolongation de l'exemption pour les moutons, brebis et agneaux importés en Flandre, Hainaut et Artois, et la réduction à 3# des droits sur les bœufs et vaches*.

* Le 3 avril, M. le Blanc, intendant en Flandre maritime, obtint la prorogation pour un an de l'exemption de droits sur les bestiaux; mais il demanda, le 24 octobre, à maintenir le droit de vidange sur les bestiaux exportés de la Flandre pour Lille et l'Artois. Les 29 juin et 21 juillet, M. le Blanc et M. du Guay, intendant de marine à Dunkerque, demandent la permission de faire rentrer des denrées et des marchandises en France sans payer les droits.

1402. *M. d'Argenson, lieutenant général de police à Paris,*
au Contrôleur général.

8 Février 1713.

«J'ai l'honneur de vous envoyer l'interrogatoire du nommé Noël, que j'ai fait arrêter en exécution des ordres qu'il vous a plu de m'adresser..... Il est l'auteur de plusieurs mémoires qui vous ont été présentés, et qui concernoient l'administration des finances. Il dit même qu'il a obtenu 200# de gratification de feu M. le Dauphin pour de pareils mémoires qu'il avoit eu l'honneur de lui remettre. Son esprit est tellement rempli de ces idées chimériques, qu'il s'imagine que cette espèce de travail doit au moins lui procurer une des plus considérables commissions des fermes du Roi..... Le seul moyen qu'il y ait pour [le] guérir est de le reléguer, lui et sa femme, à Saint-Brieuc, avec défenses très expresses de revenir à Paris, ni à la suite de la cour, à peine d'être renfermé à l'Hôpital général pour le reste de ses jours.»

1403. *M. Turgot, intendant à Moulins,*
au Contrôleur général.

8 Février 1713.

«Je reçois depuis peu, avec la lettre que vous m'avez fait l'honneur de m'écrire le 3 février, l'extrait et la requête du sieur de Sainsibut, maire à Saint-Pourçain, sur lesquels je suis en état de vous donner des éclaircissements sommaires. Il s'agit, en un mot, que les maire, lieutenant de maire et échevins en titre veulent présider et être les maîtres de répartir les impositions qui se font dans leur ville, avec grand danger d'y exercer bien des abus. Ils ont déjà l'autorité des logements de gens de guerre en entier, qui est assez grande, et ont obtenu, par le moyen des traitants, un règlement, en décembre 1706, et plusieurs autres arrêts, à l'occasion des alternatifs, dans lesquels, pour mieux orner la vente de leurs charges, on leur accorde bien des choses, et de présider aux impositions. Je fus bien surpris que, du temps de M. d'Armenonville, on fit un règlement sur les fonctions des maires alternatifs, sur de simples mémoires des traitants, sans examiner les anciens règlements pour les tailles. L'esprit des règlements des tailles est de laisser aux collecteurs, qui répondent des taux, la liberté entière d'imposer les contribuables selon leurs facultés; ils portent expressément des défenses à tous seigneurs, gentilshommes et officiers des présidiaux et des villes de s'en mêler. Cela est plus dangereux à ces maires et échevins des petites villes, qu'à tous autres qui perpétuent leurs protections et injustices.

«J'ose vous dire que, dans ce pays et dans tous les autres qui m'ont été confiés, j'ai toujours protégé cette liberté des collecteurs, pour faire bien asseoir les deniers royaux, et, quand même je ne le ferois pas, tous ces collecteurs, les receveurs des tailles, qui y ont intérêt, les receveurs généraux imploreroient votre protection pour conserver la vigueur des anciens règlements des tailles sur ce sujet.

«Les traitants des maires alternatifs ont obtenu un nouvel arrêt général du 1er mai 1712, conforme à l'édit de 1706, et leur ont donné pour consolation de la finance des alternatifs. Ceux-ci l'ont aussitôt fait signifier aux collecteurs de l'année 1713, pour obtenir de venir faire les rôles devant eux. Ceux de Saint-Pourçain, avec autorité, vexant même les collecteurs par des logements injustes, ceux de Vichy, Nevers, qui est beaucoup plus important, et toutes les autres petites villes, ont voulu s'arroger ce droit contre l'ancien usage et possession.

«J'ai répondu, en tous ces lieux, qu'il falloit suivre l'ancien usage et les règlements des tailles observés de tout temps. Je vous supplie de vouloir bien le maintenir pour le bien des peuples et des recouvrements. Nous voyons tous les jours le danger qu'il y auroit de leur attribuer une nouvelle autorité en cette partie. Si le règlement de 1706 les y avoit maintenus dans les lieux où ils en sont en possession, il n'y auroit rien à dire; car, par exemple, à Moulins et dans de grosses villes où les maire et échevins font l'assiette et la levée par leurs propres valets de ville, et en répondent aux receveurs, ils font les rôles fort bien; mais, dans toutes les autres villes où il y a des collecteurs particuliers, que, presque toujours, je nomme d'office, ces collecteurs doivent être libres; j'y ajoute communément une précaution, qui est de faire vérifier le rôle d'office par un commissaire sur le lieu, ou un officier de l'élection, ou le subdélégué, quand je puis espérer qu'il y tiendra la main avec justice et sévérité. Dans tous ces cas où ils ne font point la levée par eux-mêmes, les maire et échevins n'ont rien à prétendre aux rôles; il n'y faut pas tant de gens, et le moins qu'on peut est le mieux. Comme je n'y tiens la main que pour entretenir le bon ordre, je vous prie de le confirmer en rendant la requête.

«Le sieur de Sainsibut est le fils d'un ancien Rollet, procureur au Parlement trop célèbre dans les satires de Despréaux; il demeure à la campagne, jouit de son bien, et seroit celui de tous les maires qu'il seroit plus dangereux de laisser s'en mêler selon la forte ambition qu'il en a. Son opiniâtreté pour l'arroger mérite qu'après vous avoir donné les éclaircissements sur les principes que j'observe pour le bien de la chose et le maintien des anciens règlements et du bon ordre, je vous en dépeigne la vérité*.»

* Le 16 avril 1715, le contrôleur général écrit à M. de Caumartin, conseiller d'État, de veiller à ce que rien, dans l'arrêt sur les offices de maire et lieutenant de maire, ne puisse autoriser ceux qui seraient élus à s'immiscer dans la confection des rôles des tailles, sauf dans les pays de taille réelle.

1404. *M. le Camus, premier président de la Cour des aides de Paris,*

au Contrôleur général.

(Cour des aides de Paris, G7 1766.)

8 et 23 Février 1713; 18 Janvier 1714.

Conflit entre la Chambre des comptes et la Cour des aides au sujet des oppositions sur le scellé des effets du sieur Guyenet, payeur des rentes, décédé.

«La Chambre des comptes n'a pas de juridiction contentieuse. Nous ne lui contestons point la confection et la clôture de l'inventaire; mais, pour les oppositions qui sont faites au scellé, étant autant de procès à discuter et à juger, il ne paroît pas qu'il y ait de la difficulté de nous en laisser la connoissance, dans la possession de laquelle nous sommes de temps immémorial*.....»

* Voir les lettres du procureur général Bosc, 7 et 8 février, et 31 mars. Le contrôleur général lui écrit, le 7 février : «Je me suis trouvé obligé d'en rendre compte au Roi. S. M. a trouvé que, pendant le cours du scellé et de l'inventaire qui se fait par la Chambre, il n'étoit pas possible de porter dans une autre Compagnie les contestations qui surviennent de la part des créanciers, sauf, après que l'inventaire aura été entièrement achevé, à renvoyer en la Cour des aides la vente et la discussion des biens du comptable et la distribution du prix. S. M. a cru que, sans donner d'arrêt, il suffiroit de vous faire connoître ses intentions pour vous engager à terminer ce conflit par un désistement ou par quelque autre tempérament.....» Voir aussi les lettres du contrôleur général à M. de Fourqueux, procureur général en la Chambre des comptes, 7, 17 et 27 février, et à M. Bosc, 27 février.

Le 27 janvier 1714, M. le Camus envoie ses excuses de ce que les députés de la Cour se sont présentés devant le contrôleur général en habit court, et non en robes longues. Voir encore une lettre de M. Bosc, 16 mars 1715.

1405. *M. Roujault, intendant à Rouen,*

au Contrôleur général.

19 Février, 2 et 3 Mai, 21 Juillet et 28 Octobre 1713; 6 Mai 1715.

Acquisition des terrains destinés à la construction de nouveaux dépôts de sel à Rouen; adjudication des ouvrages et exécution des travaux*.

* Voir les lettres du fermier général de Vitry, 30 octobre 1713, et de l'entrepreneur et de l'architecte Dorbay, 9 et 12 mai 1715.

1406. *M. de Courson, intendant à Bordeaux,*
au Contrôleur général.

21 Février 1713.

«J'ai cru devoir vous rendre compte d'une affaire assez extraordinaire qui est arrivée dans cette généralité, il y a environ trois mois, au sujet d'un bien d'un ministre qui est en régie, pour recevoir sur cela vos ordres. Le sieur Duburg, de la paroisse de Saint-Médard, en Saintonge, s'étoit ci-devant adressé à M. Voysin et à M. de la Vrillière pour obtenir du Roi le don d'une métairie nommée la Francion, située dans le marais de Blaye, ayant appartenu autrefois au nommé Boisbleau, ministre sorti du royaume, dont il se disoit parent, pour lui donner moyen de faire subsister quinze neveux ou nièces qu'il avoit, dont les pères étoient morts au service. M. Voysin et M. de la Vrillière m'en ayant écrit pour avoir sur cela les éclaircissements nécessaires, je leur avois mandé que le sieur Duburg ne pouvoit point prétendre le don de cette métairie parce que le nommé Boisbleau avoit laissé dans le royaume des frères et des neveux qui en avoient déjà joui, et que le commis à la régie ne les en avoit dépossédés que parce qu'ils avoient discontinué de faire le devoir de catholique, et qu'aussitôt qu'ils justifieroient qu'ils le remplissoient, l'on ne pourroit point leur en refuser la recréance; qu'on m'avoit même dit qu'il y en avoit qui se feroient instruire dans la religion catholique. Ces raisons avoient apparemment empêché qu'il n'obtînt le don de cette métairie; mais, voyant qu'il ne pouvoit point obtenir ce qu'il demandoit du côté de la cour, il s'est avisé d'un autre expédient, qui lui a réussi. Au mois de novembre dernier, étant venu à Bordeaux avec le nommé Samuel Menot, qui se dit neveu de ce ministre, il me présenta une requête au nom dudit Menot, par laquelle il me demandoit la mainlevée de la métairie de la Francion attendu qu'il étoit le plus proche parent de Boisbleau, sa mère étant sœur et héritière de ce ministre et ayant joui ci-devant, en cette qualité, de ladite métairie. Pendant que l'affaire s'instruisoit avec le commis à la régie, le sieur Duburg, curé, et le nommé Menot s'en retournèrent en Saintonge, et, ayant fait voir une fausse ordonnance de moi qui mettoit Menot en possession de cette métairie, ils l'ont vendue, par contrat passé pardevant notaire, au nommé Malet, habitant la paroisse de Saint-Ciers-la-Lande, moyennant une rente seconde, annuelle et foncière, de 300 ††, laquelle pourroit être amortie moyennant la somme de 6,000 ††. Ce curé, ayant touché la somme de 1,000 ††, s'en est allé, et n'a plus paru dans le pays. Aussitôt que j'ai été informé de cette fausseté, j'ai fait arrêter le nommé Menot, qui a été conduit dans les prisons de l'hôtel de ville de Bordeaux, et j'ai rendu une ordonnance, sur la requête que le commis à la régie m'a présentée, qui casse cette vente, sauf à l'acquéreur à se pourvoir contre Menot, qui a fait la vente, pour la répétition du prix. Les parents de Menot prétendent que c'est une espèce d'imbécile, qui n'auroit point été capable de faire une pareille chose, s'il n'avoit été suborné par ce curé et conduit par lui; cependant il est en prison. Je vous supplie de vouloir bien me mander ce que je dois faire dans cette affaire.»

1407. *M. de Grignan, lieutenant général en Provence,*
au Contrôleur général.

21 Février 1713.

«Je continue de veiller exactement, sur les côtes et les frontières de Provence et du comté de Nice, à tout ce qui est nécessaire pour empêcher que le mal contagieux répandu en divers endroits de l'Allemagne et des royaumes du Nord ne puisse pénétrer de ces côtés-ci. J'ai aussi assemblé les échevins de Marseille et les intendants de la Santé. Une longue quarantaine est ordonnée à tout ce qui vient de divers ports de la domination de l'Archiduc et autres pays déclarés infects ou suspects, et, à l'égard de ce qui vient des ports d'Espagne, de Minorque et de quelques autres, le sujet qu'on a de se tenir ici sur ses gardes par rapport à ces endroits-là étant tiré seulement de ce qu'on n'y prend pas assez de précautions, on se contentera de soumettre les bâtiments à quelques jours de quarantaine sans débarquer les marchandises, dans la vue principalement d'engager les magistrats desdits ports à ne pas négliger, en cette conjoncture, un service si essentiel pour tout le monde. On entretiendra avec ceux des ports d'Italie la correspondance qu'il faut, tant pour les nouvelles que pour l'uniformité de conduite, qui est ordinairement convenable, et on agira en tout avec beaucoup de circonspection, pour ne pas donner des alarmes au public, et pour conserver, autant qu'il est possible, la liberté du commerce*.»

* Sur la marche de la contagion en Allemagne et en Suisse, et sur les mesures prises en 1713, voir les lettres de l'intendant Lebret, 6 et 31 mai, à la dernière desquelles est joint un projet d'arrêt à rendre par le Parlement d'Aix; celles de M. de Grignan, 1er et 20 mars, 12, 20, 21 et 24 avril, 1er et 9 juin, 5 et 11 juillet, 13, 18 et 30 septembre, 17, 19 et 30 octobre; de MM. de la Briffe, intendant en Bourgogne, 6 mai; d'Angervilliers, en Dauphiné, 30 mai; le Guerchoys, en Franche-Comté, 31 mai; Méliand, à Lyon, 14 juin, 29 octobre, 1er et 8 novembre, et de Saint-Contest, à Metz, 21 septembre; du sieur Bachelier de Gentes, directeur des fermes à Lyon, 24 octobre.

En 1714, voir les lettres de M. Lebret, 24 avril et 4 mai; de M. Méliand, 9 septembre; de M. de Grignan, 16 janvier, 28 mars, 23 et 30 avril, 3 mai, 29 et 31 août.

Le 16 décembre 1714, M. Lebret demande à autoriser les échevins de Marseille à faire construire de nouvelles halles et à augmenter les anciennes, pour éviter de trop longs retards aux marchandises du Levant soumises à la purge. Il est arrivé de ce fait que des navires ont attendu jusqu'à vingt-cinq jours qu'on pût recevoir leurs chargements.

1408. *Le Contrôleur général*
aux Fermiers généraux.

26 Février 1713.

Aux termes de l'Ordonnance, les Minimes de Picardie ont tort de prétendre l'exemption des droits de rivière et de 3 †† et 45 s. par charroi pour le vin de leur cru destiné à leur maison; mais, comme ils ont obtenu des arrêts contradictoires en leur faveur, et qu'ils justifient d'une sorte de possession, le Roi juge convenable de laisser les choses en l'état, en réglant chaque année, à proportion du nombre des religieux, la quantité de vin et de bière qui sera exemptée.

1409. *Le Contrôleur général*
à M. le Guerchoys, intendant en Franche-Comté.

26 Février 1713.

Les créanciers des sieurs Robelin et autres demandent la permission de continuer la fabrication du fer-blanc jusqu'à l'expiration du privilège*.

* M. le Guerchoys répond, le 10 mars, que les sieurs Robelin sont ruinés et ne peuvent continuer à exploiter le privilège, tandis que leurs créanciers, propriétaires de la forge de Chenecey, travail lent déjà à la fabrication du fer-blanc, et combattent ainsi l'importation de celui d'Allemagne; mais il faut qu'ils se soumettent aux conditions du privilège, sans y faire ajouter que tous les bois, dans le rayon d'une lieue autour de la forge, y seront affectés.

Voir aussi, à la date du 27 février 1715, les pièces relatives à l'exploitation d'une manufacture de fer-blanc sur le ruisseau de Bresme.

1410. *Le Contrôleur général*
à M. Chassepot de Beaumont de Rubelles,
grand maître
des eaux et forêts de Franche-Comté.

26 Février 1713.

«Je vous envoie une lettre qui m'a été écrite par le sieur de Montessut au sujet de la permission qu'il demande de défricher un canton de bois, de deux cents arpents ou environ, situé dans ses terres de Chauvirey et d'Ouge, au comté de Bourgogne..... Je dois vous observer que l'intention de S. M. n'est point d'accorder trop facilement ces sortes de défrichements, et qu'ainsi il est nécessaire que ceux que vous chargerez de la visite des bois en question s'attachent à bien examiner la qualité du terrain et la nature du bois dont il est planté présentement, pour voir s'il n'y a point absolument espérance de le mettre en valeur.....»

1411. *M. le maréchal de Villeroy,*
gouverneur de Lyon,
au Contrôleur général.

26 Février 1713.

Il envoie un mémoire qui expose que la ville de Lyon n'est pas habituée à emprunter par contrats de constitution, mais en obligations à jour, et qu'elle ne saurait se charger pour le Roi d'un emprunt de deux millions, à 6 p. o/o, sur la ferme du tiers-surtaux et du quarantième. Ce serait exposer le consulat aux mêmes retards que l'hôtel de ville de Paris fait subir dans le payement des rentes; d'ailleurs, son crédit est déjà fort atteint, parce qu'il est en retard pour le payement des dettes contractées lors du rachat de la capitation, et enfin les droits de tiers-surtaux et de quarantième sont déjà engagés pour plusieurs années, notamment à la ville de Gênes*.

* Le 29 avril suivant, les prévôt des marchands et échevins demandent une prorogation des termes de remboursement des sommes empruntées à Gênes en 1709.

1412. *Le Contrôleur général*
à M. de Bouville Saint-Martin, intendant à Alençon.

27 Février 1713.

«Je vous avoue que j'ai été surpris de ce que M. Feydeau de Brou est venu ici lui-même me dire que M. Berland avoit été le trouver de votre part pour lui marquer que les rôles du dixième de la généralité d'Alençon étoient dressés, et qu'il venoit lui demander ses qualités pour les intituler de son nom, parce que vous croyiez ne devoir plus rien faire dans la généralité d'Alençon, sur la présupposition que vous êtes obligé de partir incessamment pour Orléans, d'où M. de la Bourdonnaye étoit sur le point de revenir*. Je vous dirai, en premier lieu, que M. de la Bourdonnaye prend ses mesures pour ne revenir qu'à la fin du mois de mars;.... en second lieu, qu'il est du bien du service que vous continuiez d'agir dans le département d'Alençon pendant le temps que vous y resterez, et de finir, autant que vous le pourrez, tout ce qui a été commencé. Si les rôles du dixième sont dressés, je ne vois rien qui puisse vous empêcher de les signer.....»

* Voir les lettres de M. de la Bourdonnaye, à Orléans, 1er, 9, 11 et 26 février, 12 et 17 mars, 12 et 21 avril.

1413. *M. Roujault, intendant à Rouen,*
au Contrôleur général.

27 Février 1713.

Compte rendu de la visite des marais à dessécher dans les paroisses du Marais-Vernier, de Saint-Aubin, etc.*.

* Voir, à la date du 8 septembre 1712, un mémoire par lequel M. de Verceil, enseigne des gardes du corps, avait demandé la permission de faire ce desséchement.

Sur des entreprises analogues, voir les lettres de M. de Nointel, intendant en Auvergne, au chancelier Voysin et au contrôleur général, 3 et 4 avril 1715, et la réponse du contrôleur général, 27 avril (desséchement de marais en Limagne); de M. Ferrand, intendant en Bretagne, 27 octobre 1712 et 2 janvier 1713 (marais du lac de Grandlieu), et du contrôleur général à M. Ferrand, 15 mai 1713 (desséchement des environs de Saint-Malo par l'évêque et le Chapitre); de M. Voysin, secrétaire d'État de la guerre, 2 décembre 1714, et pièces jointes (marais de Saint-Martin-de-Troarn); de M. Méliand, intendant à Lyon, 13 mai (drainage de prairies à Limas, en Beaujolais, et à Dancé, en Lyonnais); de M. de Beauharnais, intendant à la Rochelle, 4 mai et 10 août 1713 (marais du Roi, formé par le Guecharoux, à Rochefort, et indemnités aux propriétaires de moulin et de passages supprimés); de M. de Richebourg, intendant à Poitiers, 26 mai 1713, et des syndics et habitants des communautés de Sainte-Christine, Saint-Sigismond, Vouillé, etc., 17 avril 1714; de M. Chauvelin, intendant à Tours, 25 mai 1713 et 16 juin 1715 (marais de Langeais et Cinq-Mars et prairie d'Alloyau, à Angers); de M. Roujault, intendant à Poitiers, 5 octobre 1710 (marais de Longon); de M. Phélypeaux, intendant à Paris, 28 janvier 1709 (marais du Gâtinais).

1414. *Le sieur* Demonchy, *fermier général*,
au Contrôleur général.

28 Février 1713.

La mortalité des bestiaux, et principalement des moutons, en 1709, a fait hausser le prix des suifs, et par conséquent celui de la chandelle, dont la consommation a augmenté par suite du manque d'huile. Il conviendrait de décharger de tous droits d'entrée les suifs étrangers, et des droits de fret les vaisseaux qui les apportent, ou tout au moins de diminuer beaucoup ces droits*.

* «Bon.» Le 25 avril suivant, les syndics de la Chambre de commerce de Normandie demandent l'exécution de l'arrêt et son extension aux chargements arrivés avant sa publication. Il leur est répondu qu'on y a déjà pourvu, mais que la Chambre doit se borner à faire des remontrances dans l'intérêt du commerce général, ou de celui de Rouen, et non dans des cas particuliers. Sur un rapport de M. d'Argenson, lieutenant général de police à Paris, 22 décembre 1713, la décharge des droits fut continuée pour 1714. Le 19 janvier 1715, M. Lebret, intendant en Provence, démontra la nécessité d'une nouvelle prorogation.

1415. M. Laugeois d'Hymbercourt,
intendant à Soissons,
au Contrôleur général.

(De Versailles,) 5 Mars 1713.

«Feu mon père tenoit sa fortune de la seule protection de M. Colbert; je suis redevable à vos bontés de tout ce que je suis: le moindre sentiment de ma respectueuse reconnoissance, c'est de ne vouloir d'autre protecteur que vous et de ne pouvoir souhaiter, demander, ni recevoir de grâces et d'honneurs que de votre main bienfaisante. La crainte que vous ne puissiez me soupçonner de sentiments opposés, quoique je fusse plutôt prêt de donner ma vie que d'en être capable, m'autorise et m'oblige à vous rendre compte de ce que M. le comte de Pontchartrain me proposa hier au soir, en prenant congé de lui. Il me parut qu'il s'étoit fait un plan de faire placer ailleurs M. de Richebourg, de me lui faire succéder, et je sus, peu de moments après, par le sieur de la Garde, votre premier commis, que c'étoit pour procurer à M. de Barrillon, ci-devant intendant à Pau, la place que j'ai l'honneur d'occuper. Comme vous disposez seul des intendances, et que je ne vis point, dans tout ce que me disoit M. de Pontchartrain, que vous y eussiez aucune part, mais que c'étoit un arrangement qu'il s'étoit seul formé, je crus qu'il étoit du respect de me renfermer dans des termes généraux, et de lui répondre qu'étant sans réserve soumis à vos ordres, je serois toujours prêt d'aller où il vous plairoit de m'envoyer; que je lui étois cependant très obligé de l'honneur qu'il me faisoit de me souhaiter dans une province de son département. Mais le dévouement avec lequel je vous suis attaché, et dont j'ose dire que je remplis les obligations par cœur autant que par devoir, me fait encore prendre la liberté de vous représenter que je ne rechercherai jamais, ni ne recevrai de grâces que de vous et par vous. Ainsi, quelques idées que M. de Pontchartrain ou toute autre personne pût jamais avoir sur ce qui me regarde, je vous supplie très humblement d'être persuadé que je n'y aurai aucune part, et de n'écouter que vos propres pensées sur l'arrangement de mon avancement. Qui, mieux que vous, peut savoir ce qui m'est propre? J'espère que ces mêmes bontés qui m'ont fait commencer par une intendance que sa proximité et ses relations avec la frontière rendoient brillante, et l'ont fait désirer de ceux mêmes qui étoient déjà placés; j'espère, dis-je, que ces mêmes bontés ne m'en rappelleront pas pour une intendance à cent lieues de Paris et sans autre relief qu'un peu plus d'étendue que celle du Soissonnois. Ce n'est pas que j'aie pour celle-ci un attachement particulier qui m'éloigne de toute autre. S'il m'étoit permis un moment d'oublier la justice que je me dois à moi-même, et d'espérer d'acquérir les talents et la capacité nécessaires à de plus grandes places, et qu'il vînt, dans les suites, à vaquer quelque intendance voisine de celle où j'ai l'honneur d'être, ou frontière, et que vos bontés, suppléant à ce qui pourroit me manquer, voulussent bien m'y élever, je les regarderois comme le comble inespéré de celles que j'ai déjà éprouvées; mais ce sont des idées si avantageuses, que je n'ose même y attirer trop votre attention, de peur que vous ne m'accusiez de témérité. Il me convient mieux de me renfermer dans les sentiments de la soumission la plus parfaite, de vous assurer avec vérité que je n'ai ni désirs ni volonté, que je serai toujours prêt à suivre avec empressement ce qu'il vous plaira de m'ordonner*.»

* Le 18, il lui écrit de nouveau pour le remercier.

1416. S. A. S. Mgr *le comte* de Toulouse,
gouverneur de Bretagne,
au Contrôleur général.

6 Mars 1713.

«J'apprends avec beaucoup de plaisir que le trésorier des États de Bretagne trouve plus d'argent qu'il n'en veut pour la conversion des rentes au denier dix-huit, ce qui produira un bénéfice de plus de 250,000# par an. Il seroit à souhaiter qu'on pût profiter de la facilité qu'il y a de trouver de l'argent pour tâcher de la libérer des intérêts dont elle est accablée, et qui rendront, dans quelques années, la tenue des États presque impossible. Mais, comme cela demande une mûre délibération, et que d'ailleurs il est bon de songer à régler toutes les affaires pour la prochaine tenue, j'espère que vous voudrez bien charger M. de Nointel de tenir une petite assemblée pour examiner, comme il y a deux ans, et régler par avance, s'il est possible, tout ce qu'il y aura à faire aux États, afin qu'ils durent le moins qu'il se pourra, et que les affaires, se réglant ici sous vos yeux, ne nous donnent plus de peine durant la tenue des États, où il n'y aura simplement qu'à exécuter ce qui aura été fait ici. Il seroit bon de profiter pour cela du temps que M. l'évêque de Saint-Malo doit encore rester à Paris, n'y ayant point d'évêque en Bretagne qui soit plus au fait de nos affaires, ni à qui la province ait plus d'obligation pour le soin qu'il en veut bien prendre. Je crois même que cette raison et la difficulté de trouver parmi tous nos évêques un président capable de bien tenir les États prochains vous feront juger, comme moi, qu'il est difficile de les tenir ailleurs que dans le diocèse de Saint-Malo, c'est-à-dire à Dinan, qui est le seul lieu de ce diocèse où on puisse tenir commodément les États. Si cela vous paroît convenable, je vous prie de vouloir bien prendre l'ordre du Roi la première fois que vous lui parlerez des affaires de la province; et c'est une espèce de soulagement pour tous ceux qui vont aux États de savoir de bonne heure où ils doivent se tenir, parce que chacun prend ses mesures pour y faire porter ses provisions à proportion de la dépense qu'il y doit faire, et M. Ferrand même a intérêt de le savoir de bonne heure, par rapport aux réparations des chemins*.»

* Voir les lettres de M. de Montaran, trésorier des États, 11, 14 et 28 février précédent, et une lettre de M. Ferrand, intendant, 7 novembre.

1417. *M. de Bâville, intendant en Languedoc,*
au Contrôleur général.

7 Mars 1713.

«J'ai prévenu tout ce que vous avez désiré à l'égard de M. de Boissine, capitaine dans le régiment de Touraine. J'ai fait faire des informations aussi favorables qu'elles le peuvent être; je les ai envoyées à M. Voysin, avec la preuve qu'il avoit été insulté et frappé par l'étapier qu'il a tué. C'est un pur malheur. Cet officier m'a paru d'ailleurs un homme fort sage. J'ai proposé à M. Voysin de lui donner des lettres de rémission qu'on appelle *militaires*, qui ne coûtent rien à entériner, s'agissant d'un fait arrivé en route. Enfin, je puis vous assurer que je n'ai rien oublié de tout ce que j'ai pu imaginer pour le tirer promptement d'affaires; il est cependant sur sa parole dans la citadelle de Montpellier*......»

* Cet officier était venu faire des recrues, et on lui avait remis plusieurs faux-sauniers, à cause de l'extrême difficulté à trouver des hommes (lettres du sieur Bizouard-Devarennes, directeur général des gabelles, 5 février, et du sieur Bousquet, subdélégué à Toulouse, 9 février). Il obtint sa grâce (lettre de M. de Bâville, 24 avril).

1418. *M. Ferrand, intendant en Bretagne,*
au Contrôleur général.

7 et 17 Mars, 10 Mai 1713;
25 Décembre 1714.

Travaux à faire à la pointe de Pen-Bron pour protéger les salines de Guérande et du Croisic contre l'envahissement de la mer.

1419. *M. Lescalopier, intendant en Champagne,*
au Contrôleur général.

13 Mars 1713.

«Il ne faut, pour répondre à la lettre que vous m'avez fait l'honneur de m'adresser le 13 du passé avec celle du sieur de Villiers, capitaine au régiment de Champagne, que rappeler la vôtre du 14 octobre dernier, dont copie est ci-jointe, par laquelle il paroît que ledit sieur de Villiers et le sieur des Habas avoient tort de répéter alors deux soldats de milice déserteurs à la communauté de Bourbonne, puisqu'en les acceptant ils n'ignoroient pas que ces deux hommes n'étoient point du lieu. Ainsi, les habitants de Bourbonne ne sont point dans le cas de remplacer ces déserteurs. Suivant vos ordres, j'ai donné, il y a longtemps, les miens pour qu'on n'inquiétât plus ladite communauté.»

1420. *M. Roujault, intendant à Rouen,*
au Contrôleur général.

13 Mars 1713.

Contestations entre les officiers de l'Amirauté et les commis de la ferme des aides, relativement à l'emmagasinage des marchandises retirées de vaisseaux échoués et aux précautions à prendre pour assurer la perception des droits.

1421. *M. de Bernage, intendant à Amiens,*
au Contrôleur général.

15 Mars et 19 Mai 1713.

Le receveur des fermes à Péronne et son commis, accusés d'omissions de recettes et d'autres malversations, ont été arrêtés. Le premier, qui s'occupait beaucoup de fournitures à l'armée, et qui avait récemment acheté une charge de contrôleur du marc d'or, n'est peut-être pas coupable, mais se trouve responsable de son commis. Il est regrettable que cette affaire n'ait pas été tenue secrète.

Un arrêt sera nécessaire pour décréter et juger certaines personnes impliquées dans ces malversations et dans celles de divers commis et receveurs de Bray, Amiens et Doullens*.

* Le 26 mars 1715, il envoie copie du jugement prononcé et demande des ordres pour le recouvrement des restitutions et amendes. Le 9 mai, M. de Vaubourg écrit qu'on devra porter au Trésor royal le montant des condamnations pénales, c'est-à-dire le quadruple, et laisser le simple ou restitution aux fermiers. Sur les fonds portés au Trésor, une gratification fut accordée au subdélégué de l'intendant.

au procureur du Roi et aux officiers et greffier du présidial qui avait fait le procès. (Lettre de M. de Bernage, 2 juin.)

Voir deux lettres de M. Lemazuyer, procureur général au Parlement de Toulouse, sur les poursuites intentées contre des commis concussionnaires et contre un capitoul qui non seulement avait favorisé l'évasion d'un coupable, mais s'était lui-même livré à des exactions : 2 février et mars 1715.

1422. *M. de Courson, intendant à Bordeaux,* *au Contrôleur général.*

18 Mars 1713.

«Je crois devoir vous informer des soins que M. le marquis de Moneins s'est donné pour faire payer au pays de Soule ce qu'il devoit de ses impositions. Il y avoit longtemps qu'on ne pouvoit rien tirer de ce pays-là, et il étoit difficile de les contraindre, parce que, outre la vivacité ordinaire de la nation basque, ils n'ont qu'à passer les montagnes pour se réfugier, eux et leurs effets, en Espagne. M. le marquis de Moneins s'est bien voulu charger, à ma prière, de leur faire payer tout ce qu'on leur demandoit, et il s'est servi de toute l'autorité que lui donne la qualité de gouverneur de ce pays-là, et de tout le crédit qu'il y a, pour tirer d'eux, en deux mois de temps, plus qu'on n'en avoit tiré depuis trois ou quatre ans; et ils sont à présent presque au courant de ce qu'on leur demande*.»

* En apostille: «J'ai appris, par sa lettre, que M. de Moneins s'est employé utilement pour faire payer ce qui étoit dû; il est bon qu'il fasse connoître à M. de Moneins que le Roi est content du service qu'il a rendu en cette occasion : cela accoutumera ces habitants à satisfaire aux très légères impositions dont ils sont chargés.»

1423. *M. de Bernage, intendant à Amiens,* *au Contrôleur général.*

21 Mars et 6 Avril 1713.

L'agitation séditieuse qui s'est produite contre le maître particulier des eaux et forêts du Boulonnais vient de ce qu'il a interdit aux riverains d'envoyer paître leurs bestiaux. Cette mesure peut ruiner complètement quatre ou cinq cents familles et anéantir l'espèce des vaches*.

* Réponse en apostille, de la main du contrôleur général: «Ordonner par arrêt que les riverains représenteront les titres pardevant M. de Bernage..... Cependant, par grâce, permis de faire pâturer dans les bois défensables; défense de les mettre dans les taillis, à peine, contre les contrevenants, d'être punis suivant la rigueur des ordonnances.»

1424. *Le Contrôleur général* *à M. le marquis de Bonnac, envoyé extraordinaire en Espagne.*

25 Mars 1713.

«Je vous envoie un mémoire qui contient une proposition importante et fort avantageuse pour les manufactures de France. Vous verrez que don Diego de Lemos, négociant espagnol établi à Paris, offre de se rendre adjudicataire, avec des François, de la ferme des laines d'Espagne, et de prévenir en cela les Anglois et les Hollandois, qui étoient en possession de cette ferme, sous des noms espagnols, avant l'avènement du roi Philippe V.....»

1425. *M. Lebret, intendant en Provence,* *au Contrôleur général.*

1er Avril et 21 Juin 1713.

Poursuites contre les auteurs de placards séditieux apposés au pied des affiches du règlement nouveau de l'administration de Marseille*, et contre les diverses personnes responsables des malversations commises dans les adjudications et dans les achats de blés et de bestiaux**.

* Voir, aux 21 juin, 19 juillet, 8 novembre et 20 décembre 1712, 6 mai et 3 février 1714, des mémoires, lettres et projets relatifs à ce règlement, préparé par MM. de Harlay, de Nointel, Rouillé, Chauvelin et de Baussan; au 23 janvier 1714, un projet d'arrêt, envoyé par M. Chauvelin, relatif aux dépenses de la ville, à leur classement suivant la source et l'utilité, et à leur payement.

** Des procès furent faits à d'anciens échevins, et leurs comptes liquidés : voir les lettres des maire et échevins, 29 août, 13, 20 et 21 septembre, et 16 octobre 1713, et 1er septembre 1714; de M. Lebret, 17 mai, 27 juin, 8 et 24 juillet, 16 septembre et 11 octobre 1714; du contrôleur général à M. Lebret, 10 et 30 septembre 1714, et à M. de Harlay, 30 septembre 1714 et 10 juin 1715.

Le 30 septembre 1714, à propos du payement du voyage des nouveaux échevins à Lambesc, il dit: «L'intention de S. M. n'est point d'abolir les choses qui sont bien établies, mais les abus qui se commettoient par le passé à cette occasion. Ainsi, vous pourrez, sans attendre sur cela les décisions de MM. les commissaires nommés pour les affaires de la ville de Marseille, autoriser les maire et échevins dans les choses établies et qui ne seront point contre l'ordre.....»

1426. *M. Laugeois d'Hymbercourt,* *intendant à Soissons,* *au Contrôleur général.*

5 Avril 1713.

«Je prends la liberté de vous adresser la sentence des officiers du grenier à sel de Marle, du 31 mars dernier, par laquelle ils ordonnent un rejet sur les habitants du bourg de Montcornet, au marc la livre de la taille de l'année présente, de la somme de 611#, pour non-valeurs qui se sont trouvées dans les rôles de l'impôt du sel de cette paroisse de l'année 1707..... Quoiqu'il paroisse, par la requête sur laquelle ce jugement est intervenu et les autres sentences qui l'ont précédé, que ces non-valeurs aient été suffisamment discutées, cependant je n'ai pas cru devoir ordonner ce rejet sans en avoir reçu votre permission, d'autant plus que de pareilles réimpositions pour le sel ne sont pas ordinaires, parce que les collecteurs doivent être exacts à le faire payer à ceux auxquels ce sel est délivré, que l'on présuppose toujours être en état de répondre de la valeur, ce qui fait une différence des rejets qui s'accordent pour la taille, lorsqu'il y a des non-valeurs effectives..... [Ce rejet] est le seul expédient qui paroisse praticable pour tirer les habitants de l'état où ils se trouvent, à moins que vous n'ayez la bonté de leur procurer de S. M. la remise du total*.....»

* A une lettre écrite le 3 février 1714, par M. Feydeau de Brou, intendant à Alençon, le contrôleur général répond, le 2 avril: «Lorsque quelques paroisses, de celles qui sont sujettes à l'impôt du sel, se trouvent redevables à la recette du grenier, et que les collecteurs ont été discutés, l'usage est de demander au Conseil le rejet de l'imposition de la somme, ce qui se fait par un arrêt.....»

Voir également deux lettres de M. Chauvelin, intendant à Tours, 3 octobre 1711 et 29 octobre 1712.

1427. *Le Contrôleur général à M. l'Évêque de Noyon.*

7 Avril 1713.

«M. de Pontchartrain m'ayant remis les mémoires et pièces que vous lui ayiez envoyés sur l'affaire que vous avez eue avec le sieur Richoufftz, maître particulier des eaux et forêts de Noyon, j'en ai rendu compte au Roi, et j'ai tâché de ne rien oublier de toutes les raisons sur lesquelles votre demande étoit fondée. S. M. a trouvé qu'il ne pouvoit y avoir, sur le fond de l'affaire, aucune question; que, si, par l'ordonnance des eaux et forêts et les règlements intervenus en conséquence, il est défendu à tous particuliers laïques qui ont des bois de futaie à portée des rivières navigables d'y faire aucune coupe sans permission du Roi, ou sans en avoir fait, six mois auparavant, une déclaration au greffe des maîtrises, il devoit, à plus forte raison, être défendu aux ecclésiastiques de faire ces coupes dans les bois dépendant de leurs bénéfices. Il a paru que la distinction qu'on vouloit faire entre des bois situés en pleine campagne et ceux qui sont enfermés dans des parcs n'avoit aucun fondement solide, surtout en fait de bois ecclésiastiques situés dans un parc qu'on dit être d'une fort grande étendue. Vous comprenez bien que, dès le moment que ces sortes de coupes sont interdites même dans les parcs, il doit être permis aux officiers des maîtrises d'y faire des visites, et qu'ainsi il seroit difficile de condamner celle que le sieur Richoufftz a faite, et encore plus de le priver d'une jurisdiction qui lui appartient naturellement. Cependant, comme S. M. souhaite que la chose se termine d'une manière dont vous puissiez être content, j'écris par son ordre à cet officier que son intention est qu'il se trouve chez M. Laugeois pour vous marquer qu'il n'a eu aucun dessein de vous faire de la peine, et qu'il est fâché de celle que vous avez ressentie à l'occasion de la visite à laquelle il s'est cru obligé par le devoir de sa charge. Je crois qu'il est inutile de vous dire que S. M. souhaite que, de votre côté, vous receviez le sieur Richoufftz avec bonté et d'une manière qui ne puisse pas l'obliger à se plaindre. Je lui mande, au surplus, d'apporter à l'avenir toute la modération possible dans les choses qui vous regarderont, et d'observer toutes les mesures d'honnêteté et de considération; s'il apprend qu'il se fasse quelques dégradations dans vos bois à votre insu, persuadé que, lorsque vous en serez informé, vous serez le premier à y remédier*.»

* Le sieur Richoufftz s'était vu refuser l'entrée du parc du château de Carlepont. Voir les lettres du même jour à M. Laugeois d'Hymbercourt, intendant à Soissons, et au sieur Richoufftz, et celles de M. Laugeois d'Hymbercourt, 24 mars, 9 et 23 avril.

Sur l'administration et l'exploitation des bois appartenant aux abbayes, voir des lettres du contrôleur général à M. de Saint-Vallay, grand-maître des eaux et forêts au Mans, 10 février 1713, à M. le cardinal Ottoboni, 11 juin 1714, et à M. Lescalopier, intendant en Champagne, 5 juin et 10 juillet 1714; celles des prieur claustral et sacristain du prieuré de Trizay, en Saintonge, 9 juin 1712, et de M. Méliand, intendant à Lyon, 3 juin 1713.

1428. *M. le Blanc, intendant en Flandre maritime, au Contrôleur général.*

8 Avril, 20 et 25 Mai 1713.

Il est beaucoup dû par le Roi dans les villes et châtellenies de Furnes, Ypres et Nieuport, et les habitants s'en plaignent d'autant plus que les alliés soldent régulièrement leurs dettes dans les villes qu'ils évacuent; d'un autre côté, il sera difficile plus tard de faire rentrer les sommes qui sont dues au Roi dans les mêmes pays cédés. M. le Blanc conseille de faire prendre en payement des assignations tirées sur les châtellenies par le commis à la recette générale, et acceptées par les receveurs particuliers*.

* Adopté. — M. le Blanc écrit, le 5 octobre, à M. le Rebours: «....J'aurai l'honneur de vous envoyer l'état des payements qui auront été faits pour l'acquittement des dettes des vivres, et je vous supplierai d'avoir la bonté de faire expédier des assignations au profit du munitionnaire général de chaque année, afin qu'il en fasse la compensation avec ce que le receveur général aura payé à sa décharge.»

1429. *M. d'Argenson, lieutenant général de police à Paris, au Contrôleur général.*

11 Avril 1713.

Il demande qu'on envoie à la Bastille ou au For-l'Évêque un individu qui a composé une devise injurieuse pour M. de Bourvallais, et l'a inscrite sur un registre de la loterie des Bénédictines de la Présentation.

Le lot échu à cette devise a été confisqué, et le receveur condamné à une amende de 200#.

1430. *Le Contrôleur général à M. Rigoley, premier président de la Chambre des comptes de Dijon.*

12 Avril 1713.

«.....Au sujet de la difficulté que M. de Brosse, conseiller au Parlement de Dijon, fait de retirer son aveu et dénombrement de la terre de Montfalcon, je vous dirai qu'à la Chambre des comptes de Paris, il n'est point d'usage de contraindre les parties à payer les épices des expéditions qu'elles ne jugent point à propos de retirer, à la différence des épices des comptes, pour lesquelles on délivre des exécutoires, parce que c'est S. M. qui en fait le fonds, et que les comptables n'en sont que les dépositaires. . . . . »

1431. *M. Roujault, intendant à Rouen,*
au Contrôleur général.

17 Avril 1713.

Il demande le remboursement de 6,000# de billets de monnaie appartenant à la maison des Nouvelles-Catholiques de Rouen*.

* Apostille en marge : «Faire réponse que les affaires du Roi ne sont point dans un état que je puisse faire reprendre pour ces 6,000# de billets de monnoie et les faire payer en argent.»

1432. *M. de Bernières, intendant en Flandre,*
au Contrôleur général.

18 Avril 1713.

«Puisque nous voilà parvenus à la paix tant désirée, je prends la liberté de vous représenter une chose tout à fait nécessaire et essentielle pour le rétablissement de cette frontière, dont le Roi tiroit autrefois des sommes considérables et des secours infinis, ce qui ne se peut plus aujourd'hui par la dévastation générale du pays, diminué de près des deux tiers des habitants de la campagne, sans maisons, sans bestiaux, et principalement sans chevaux : ce qui mérite la plus grande attention, et qui me donne occasion aujourd'hui d'avoir l'honneur de vous mander ce que je pense à cet égard, parce que les meilleures terres du monde se trouvent incultes depuis plusieurs années.

«De tous les pays où la guerre s'est faite le plus cruellement sentir, c'est celui de l'Ostrevent, qui comprend la châtellenie de Bouchain, et la gouvernance de Douay, qui est le long de la rivière de Scarpe, et qui étoient d'aussi beaux et aussi bons pays qu'il y en eût dans les Pays-Bas, sans en excepter aucun. Ce n'est point exagérer de vous dire que, dans toute cette étendue de pays, que j'ai vu et revu par moi-même, il n'y a pas un pouce de terre de cultivée ni labourée; qui plus est, qu'il n'y a pas plus de deux cents chevaux existant : encore sont-ils exténués et hors d'état de servir.

«Les pays qui ont ensuite le plus souffert sont l'Artois et le Cambrésis, la prévôté du Quesnoy et la Prévôté-le-Comte de Valenciennes. Ces deux derniers pays sont encore plus malheureux que l'Artois et le Cambrésis, parce que, quoique ces deux provinces aient été fourragées pendant plusieurs campagnes, ce qui étoit éloigné des armées n'a point été dévasté, c'est-à-dire que les maisons n'ont point été abattues, ni tous les bestiaux enlevés, n'y ayant que les environs d'Arras et de Cambray, sept ou huit lieues autour de ces deux places, qui sont à peu près dans la même situation que l'Ostrevent, la Prévôté-le-Comte et celle du Quesnoy.

«Je ne vous parle que par occasion de l'Artois et de la prévôté du Quesnoy, parce que MM. de Bernage et Doujat vous instruiront suffisamment de l'état de ces deux pays, s'ils ne l'ont déjà fait; mais, en général, il est nécessaire d'y remettre un nombre considérable de chevaux, sans quoi tous lesdits pays demeureront incultes et ne se rétabliront de longtemps.

«Pour mon département, je vous en demande seulement deux mille de ceux qui proviendront de la réforme des vivres, dont moitié chevaux entiers et moitié juments. Je sais qu'on vous a donné sur cela des mémoires, et il m'est même revenu que M. Paris, receveur général de Dauphiné, homme intelligent, y a travaillé; mais il me paroît qu'il s'est trompé en vous proposant de faire vendre les chevaux provenant de la réforme de la cavalerie aux peuples de la frontière, et d'envoyer ceux de l'artillerie et des vivres dans les provinces du royaume, ce qui seroit le moyen de ne jamais rétablir la frontière; car tout ce qui se réformera de la cavalerie n'en sera que le rebut et ne vaudra rien, ou très peu, par la connoissance que j'en ai. De plus, tous les cavaliers s'en retourneront chez eux, dans les provinces, avec leurs chevaux, et ils les y vendront, pourvu que vous fassiez des défenses bien sévères d'en laisser sortir du royaume : sans quoi les juifs de tous les pays les viendroient acheter, les raccommoderoient, et en profiteroient comme ils firent à la réforme de la paix précédente.

«J'estime donc que la frontière de Flandre, l'Artois, le Cambrésis et le Hainaut ne se peuvent rétablir que par le secours des chevaux des vivres et de l'artillerie, dont je vous supplie d'en procurer deux mille, ou du moins quinze cents, à mon département. Un beaucoup plus grand nombre y seroit bien nécessaire; mais, dans la désolation où est le pays, nous ne pourrions jamais pourvoir au payement. Encore même, je vous prie de nous donner des chevaux du sieur Fargès, parce qu'étant en relation continuelle avec moi depuis quinze ans, il nous donnera bien des facilités, s'accommodera pour les payements, m'ayant même promis qu'en cas que cela vous fût agréable, il feroit des compensations, avec plusieurs communautés, de ce qu'il doit dans le pays. Enfin, je ne sache que cet expédient pour commencer à rétablir le meilleur pays du monde, donner de l'espérance et de la joie aux peuples, ce qui ne se peut que par votre protection, et avec les secours et aisances que je pourrois tirer du sieur Fargès*.»

* Le 23, le contrôleur général annonce aux intendants d'Alsace, d'Amiens, de Caen, de Flandre, de Flandre maritime, de Franche-Comté, de Hainaut, d'Orléans et de Soissons qu'un ordre a été donné aux entrepreneurs de la fourniture des chevaux de l'artillerie et aux munitionnaires des vivres de Flandre et d'Allemagne; que chaque intendant doit faire connaître le nombre de chevaux nécessaire dans son département et le prix qui pourra en être demandé aux laboureurs; qu'en outre ils devront veiller à ce que les juifs n'achètent pas les chevaux licenciés et à ce qu'on n'en exporte point.

Le 29 avril, il recommande aux entrepreneurs de ne pas demander plus de 200#, prix moyen : outre ce prix, on leur payera quinze jours de demi-solde après l'arrivée des chevaux dans le département, plus deux pistoles de gratification par animal vendu.

Sur la répartition et la vente des chevaux, voir d'autres lettres du 29 avril et du 1er mai, aux intendants, et les lettres de ceux-ci : M. Guynet, 26 avril; M. Laugeois d'Hymbercourt, 26 avril et 4 mai; M. d'Euboнne, successeur de M. Laugeois, 30 avril, 31 mai et 15 septembre 1714; MM. le Blanc et le Guerchoys, 30 avril 1713; M. de

Bernage, 4 mai 1713, 26 juin et 16 septembre 1714; M. de Bernières, 5 mai 1713; M. de la Briffe, 19 septembre 1714 et 21 janvier 1715; M. Lescalopier, 20 septembre 1714, etc.

1433. *M. de Bâville, intendant en Languedoc,*
au Contrôleur général.

23 Avril et 29 Juin 1713.

Il signale des abus dans les décharges et modérations de l'imposition personnelle de *l'industrie* qui frappe, à raison d'un tiers de la taille, tous les particuliers exerçant une profession. Il demande que toute réduction soit interdite, et transmet les plaintes des marchands de Toulouse*.

* Le 18 janvier 1714, les référendaires en la Chancellerie de Toulouse demandent à être dispensés de ce droit. Les avocats ayant fait une demande pareille, M. de Bâville écrit, le 16 février : «J'ai lu la requête que les avocats de Toulouse vous ont présentée, par laquelle ils vous demandent l'exemption du payement de *l'industrie*, du moins pour quinze d'entre eux. Il est certain qu'à la rigueur leur prétention est mal fondée, car il n'en est pas de *l'industrie* qu'on paye à Toulouse comme des autres tailles personnelles. Originairement, la taille étoit toute réelle à Toulouse comme dans le reste du Languedoc. Les habitants de cette ville, voulant soulager le réel, qui étoit trop chargé, ont convenu autrefois entre eux que le tiers des impositions sera départi par tête, et il n'y avoit aucun exempt alors, parce que cette imposition personnelle tenoit lieu de la réelle, et tous les gentilshommes et officiers, même du Parlement, payoient. Depuis, ils se sont fait exempter par faveur, sous prétexte que c'étoit une imposition personnelle. Les capitouls ont favorisé cette prétention, parce qu'ils acquièrent la noblesse par le capitoulat; cela s'est étendu au présidial, à l'Université, même jusqu'aux avocats, et enfin à tous ceux que les capitouls ont voulu exempter. Je puis dire que de là est venue la source de tous les abus et des désordres qui ont été ci-devant dans les impositions de la ville de Toulouse : ce tiers des impositions n'a plus été que sur les marchands et artisans, les plus pauvres en ont été accablés; cette raison même a empêché tous les artisans étrangers de s'y établir. Cette imposition étant mal faite, elle n'a pu être levée, et s'est tournée en non-valeurs, qui n'ont pas été réimposées; mais le fonds en a été pris sur celui qu'on impose pour le payement des créanciers, d'où il est arrivé qu'ils n'ont pas été payés. Enfin, pour corriger tous ces désordres, il a fallu en venir à faire rendre l'arrêt du Conseil du 16 mai 1713, qui porte que *l'industrie* sera payée par tous les habitants hors le Parlement, trésoriers de France, présidial, et l'Université. Il étoit juste qu'ils payassent tous suivant que je viens d'établir; mais on a cru devoir avoir égard à leur possession, et les ménager. Les avocats, aujourd'hui, prétendent la même chose; ils n'ont d'autres titres qu'une délibération de l'hôtel de ville du 20 décembre 1712, homologuée par un arrêt du Parlement du 19 janvier 1713. C'est un titre bien récent, accordé à l'hôtel de ville par faveur, pour plusieurs avocats qui y sont anciens capitouls, et qui est à charge à la ville; néanmoins, cet ordre méritant quelque considération, et la chose étant réduite à un petit nombre, je crois qu'on pourroit leur accorder cette exemption pour dix qu'ils voudroient nommer, le nombre de quinze étant excessif. Ce sera une pure grâce.....»

Le 14 juillet 1714, le contrôleur général demande si les agrégés à l'Université de Toulouse doivent être taxés à *l'industrie*, ou si, comme ils le prétendent, ils sont compris sous le terme de régents et doivent, à ce titre, être exempts.

Les demandes d'exemption devinrent tellement nombreuses, que l'on proposa de remplacer la taxe par un impôt sur la farine (lettres de M. de Bâville, 23 mars, 7 avril et 22 mai 1714; des prieur et consuls de Toulouse, 16 mai et 13 juin). Le 19 janvier 1715, le président Puget, du Parlement de Toulouse, protesta contre la création de ce droit. Les capitouls envoyèrent un mémoire sur les moyens de parer à l'insuffisance de *l'industrie* sans établir le nouvel impôt; mais, le 20 février et le 21 mars, M. de Bâville écrit que les capitouls ne défendent l'impôt de *l'industrie* que parce que cela leur permet de favoriser leurs créatures, et il réfute leurs propositions. Le 30 mai, les capitouls racontent une légère émotion survenue le jour où on a commencé la perception du droit sur la farine; mais, les 7 et 12 juin, M. de Bâville écrit que cette perception se continue dans le calme. Voir aussi les lettres du premier président du Parlement, M. de Bertier, 29 mai et 12 juin, et du procureur général Lemazuyer, 30 mai et 20 juin.

Voir, sur le recouvrement de la taxe de *l'industrie* dans d'autres départements, les lettres de M. de Courson, intendant à Bordeaux, 13 avril 1715 (marchands de Bayonne) et 17 avril 1714 (capitaines et maîtres de navire de Bayonne); de M. Ferrand, intendant en Bretagne, 6 avril 1712 (le sieur de Coulanges, receveur des fermes à Saint-Malo); du sieur Jary, huissier du Conseil, à Paris (agioteurs et gens d'affaires), 26 mars 1713.

A Bordeaux, les procureurs étaient tellement écrasés par la taxe, qu'ils cessèrent de venir au Palais, ce qui arrêta l'administration de la justice; pour les faire revenir, on accorda une modération. (Lettres du premier président Gillet de Lacaze, 28 mai 1715, et du procureur général du Vigier, 25 et 28 mai.)

1434. *Le Contrôleur général*
à M. Voysin, secrétaire d'État de la guerre.

25 Avril 1713.

«Je me trouve obligé de vous envoyer le procès-verbal des employés de la brigade des fermes à Noyon au sujet d'un assassinat des plus qualifiés commis par des cavaliers du régiment de Bourbon. Si vous prenez la peine de lire le mémoire qui y est joint, vous voirez que le lieutenant-colonel de ce régiment, auquel on en a demandé justice, a fait connoître par son silence qu'on ne devoit point l'attendre de lui, et que ses violences ont tellement effrayé les employés, que toute la brigade a été obligée de se retirer à Soissons. Quand vous aurez pris les ordres du Roi pour faire un exemple proportionné à la qualité de l'action, j'espère que vous voudrez bien me faire part de ceux que vous donnerez en conséquence, afin que les fermiers puissent en suivre l'exécution*.»

* Sur les violences commises contre les commis des fermes par des officiers ou soldats, voir une lettre de M. Guynet, intendant à Caen, 2 mars 1713.

1435. *M. de Bernières, intendant en Flandre,*
au Contrôleur général.

25 Avril 1713.

Le bureau des finances de Lille, transféré successivement à Douay, puis à Saint-Omer, par suite des événements de la guerre, devra être rétabli à Lille, comme les officiers le demandent, quand cette ville aura été évacuée par les ennemis*.

* «Bon.»

Le 29 mai, les rewart, mayeur, échevins, conseil et huit-hommes de Lille demandent que le Parlement de Flandres soit transféré dans leur ville.

Le 5 juin, M. Godefroy, procureur du Roi au bureau des finances de Lille, écrit : «Pendant que cette ville a été sous la domination des États-Généraux, il ne m'a pas été permis de rendre compte à Votre Grandeur des affaires de la Chambre des comptes. A présent que les choses sont changées, il est de mon devoir de vous informer de ce qui s'est passé à cet égard. Mon premier soin a été d'empêcher l'enlèvement des papiers de cette Chambre; j'y ai réussi avec peine, car les premières vues de ceux qui ont pris connoissance des affaires de ce pays étoient de se saisir de ces papiers, et, pour le faire avec quelque ménagement, ils avoient commis la garde de cette Chambre à une personne de leur religion et de leur pays. Heureusement, cette première disposition a été changée : on m'a laissé en place, et les États-Généraux se sont contentés de tirer de moi des copies d'inventaires et quelques éclaircissements sur l'histoire, le gouvernement et les finances de ce pays. L'avantage que j'ai retiré du travail que l'on a exigé de moi a été de faire rebâtir la maison de la Chambre des comptes que feu mon père et moi avons occupée depuis quarante-six ans. Le Roi y gagne une maison neuve, au lieu d'une fort caduque sous laquelle je courois risque d'être écrasé. On m'a fait d'ailleurs des promesses d'autres récompenses, que j'aurois cru devoir accepter, si elles avoient eu quelque effet, au lieu que je n'en ai eu que l'espérance. Le temps que j'ai donné à satisfaire la curiosité des Hollandois ne m'a pas empêché de travailler à la gloire de nos rois. Il y avoit quelque temps que j'avois fait un recueil de lettres et mémoires concernant le règne du roi Louis XII et le ministère du cardinal d'Amboise : j'ai profité de l'occasion pour donner ces lettres au public, avec un Supplément aux mémoires de Philippe de Commines. J'ai pris la liberté d'en envoyer un exemplaire à Votre Grandeur; il auroit été de mon devoir d'ajouter aux paquets qui vous en ont été adressés une lettre qui fit connoître la personne de qui ils venoient, et je n'aurois pas manqué à le faire, si la crainte de l'ouverture des lettres, qui n'a été que trop pratiquée en ce pays, n'eût fait soupçonner une correspondance qui auroit beaucoup nui aux affaires dont j'étois ici chargé. J'espère que Votre Grandeur aura la bonté d'excuser cette omission.»

Le 13 juillet, les officiers de ce bureau demandent qu'il soit érigé en Chambre des comptes. — Néant.

1436. *Le Contrôleur général à S. A. Mgr l'Électeur de Cologne.*

29 Avril 1713.

«J'ai l'honneur d'envoyer à V. A. É. le passeport nécessaire pour les meubles qu'elle fait passer à Valenciennes; mais je la supplie de me permettre de lui représenter qu'il est absolument contre toutes nos règles de laisser sortir des ballots qu'ils n'aient été préalablement visités et plombés à la douane, pour empêcher ceux qui sont chargés de la conduite de s'en servir pour faire sortir d'autres choses qui ne seroient point destinées pour V. A. É., et contre ses intentions. Si, lorsque le reste de ses meubles et équipages sera en état de partir, elle veut bien m'en faire avertir, je donnerai ordre aux fermiers généraux d'envoyer un commis pour être présent à l'emballage et mettre ensuite les plombs : moyennant quoi, les ballots passeront en toute sûreté, sans qu'il en soit fait aucune ouverture sur la route.»

1437. *M. le Guerchoys, intendant en Franche-Comté, au Contrôleur général.*

30 Avril 1713.

«L'on propose, par les quatre mémoires ci-joints qui m'ont été remis de votre part, d'aliéner au profit du Roi le trentième des communaux de Franche-Comté, sous prétexte que tous ces communaux lui appartiennent, et, pour le justifier, l'on dit que cette province lui appartient à titre de propriété et de conquête; que, quand il seroit vrai que, durant les guerres de 1636, les habitants eussent abandonné les landes et communaux dont il s'agit, ils appartiendroient toujours au souverain avec bien plus de raison que les terres abandonnées dans les pays de fiefs n'appartiennent aux simples seigneurs, et que tout ce qui n'est pas en propre à des particuliers appartient à S. M. L'on ajoute que la couronne de S. M. est son titre, et l'on rapporte le verset 14 du chapitre XVII de *l'Ecclésiastique*, et le 18e du premier chapitre de *Josué*. Par le premier, il est dit que Dieu a établi un prince pour gouverner chaque peuple, et, par le second, que celui qui contredira aux paroles de Josué et qui n'obéira point à tout ce qu'il ordonnera soit puni de mort.

«Celui qui a fait ces mémoires prétend que la permission demandée par les habitants de quelques communautés d'aliéner une partie de leurs communaux est une preuve qu'ils n'en sont point propriétaires directs; que, s'ils l'étoient, ils n'auroient pas besoin d'une permission semblable; qu'ils n'ont aucun titre, mais la simple possession, qui ne peut prescrire contre les droits de S. M., et que ce qui le prouve encore est que les seigneurs n'ont point non plus de titres pour exercer leur justice sur lesdits communaux. Enfin, pour dernière raison, il soutient que les habitants et communautés ne sont qu'usagers des communaux, et non propriétaires, parce qu'ils n'en ont point payé les amortissements, mais bien les droits de nouveaux acquêts, en 1692 et en 1700, et qu'ainsi, par une conséquence nécessaire et incontestable, ces communaux appartiennent au Roi en propriété, et S. M. en peut aliéner la trentième portion.

«L'auteur, non content de supposer que la province a quarante lieues de longueur et trente de largeur, voudroit faire entendre qu'elle est peu peuplée, qu'il n'y a que mille villages, qui ont une fois plus de communaux qu'il n'en est nécessaire au bétail des habitants; qu'avant l'an 1636, il y avoit dix-sept cents paroisses et quatre mille sept cents villages; qu'ainsi il est nécessaire de repeupler cette même province, et qu'en aliénant le trentième des communaux, ce sera le moyen d'augmenter d'un trentième le nombre des habitants.

«Voilà le précis de tous ces mémoires. Il est facile d'y répondre et de faire voir que la prétention de celui qui les a faits tombe d'elle-même; l'on en tirera des preuves tant de son propre raisonnement que d'ailleurs.

«Tout le monde convient que le comté de Bourgogne appartient au Roi à titre de propriété ou de conquête, et que sa couronne est son titre. L'on convient encore que Dieu a établi un prince pour gouverner chaque peuple, et que, lorsque Josué fut choisi pour conduire les Israélites dans la terre de Chanaan, ils promirent tous de lui obéir comme ils avoient fait à Moïse, et consentirent que tous ceux qui contrediroient aux paroles qui sortiroient de sa bouche, et qui n'obéiroient pas à tout ce qu'il leur ordonneroit, fussent punis de mort. C'est là le véritable sens des 16ᵉ, 17ᵉ et 18ᵉ versets du premier chapitre de *Josué*. Mais peut-on, de tout cela, en tirer la conséquence que les communaux de Franche-Comté appartiennent au Roi? Si cela étoit, il faudroit que tous les communaux du reste du royaume subissent le même sort, toutes les différentes provinces qui le composent appartenant à S. M. aux mêmes titres de propriété ou de conquête. Cependant il n'y a jamais rien prétendu, ni fait aucune aliénation à son profit. Une règle aussi générale que celle-là ne peut souffrir aucune exception.

«Rien ne peut donner lieu à cette exception à l'égard du comté de Bourgogne. Les permissions demandées par les habitants de quelques communautés d'aliéner une partie de leurs communaux n'y peuvent servir de prétexte. Plusieurs communautés des autres provinces du royaume ont obtenu de semblables permissions, et l'on ne prétend point que le Roi en soit le propriétaire; mais, quand, par supposition, l'on pourroit en tirer cette conséquence, il seroit impossible de faire la même chose à l'égard de la Franche-Comté, qui, de tout temps, a été régie par le droit écrit et par des ordonnances particulières, suivant lesquelles les communautés sont capables de posséder des domaines en toute propriété. Cette province a été, pendant plusieurs siècles, sous la domination d'autres souverains reconnus pour légitimes par les rois de France, et, lorsque S. M. en a fait la conquête, elle a eu la bonté de lui conserver ses usages et ses droits : ainsi, il ne faudroit pas raisonner sur une jurisprudence qui pourroit être différente ailleurs.

«De tous ces droits, il n'en est point resté de plus incontestable que celui qui est acquis aux communautés de posséder en propre leurs communaux. Outre la notoriété publique, dont personne ne peut disconvenir, cette propriété est bien prouvée, non seulement par la possession immémoriale, mais encore, en bien des lieux, par des titres et concessions des seigneurs particuliers, les aveux, dénombrements et papiers terriers, par les redevances annuelles, ou par les corvées dont les communautés sont tenues. Il est même arrivé que, des seigneurs ayant prouvé que des bois communaux avoient été, par eux, concédés gratuitement, sans charge d'aucuns cens, redevance, prestation ou servitude, ils en ont obtenu la distraction d'un tiers à leur profit; il en a été de même à l'égard de quelques prés, marais, landes et autres communaux.

«Il est encore de notoriété publique que les seigneurs ont la justice haute, moyenne et basse sur les communaux, et qu'on leur a payé des droits de lods ou de retenue pour les aliénations qui ont été faites : en sorte que rien ne prouve mieux que les communaux de Franche-Comté appartiennent aux communautés et que celui qui a fait ces mémoires n'étoit pas informé de la vérité, lorsqu'il a avancé le contraire et qu'il a soutenu que les seigneurs particuliers n'avoient point droit de justice sur les communaux.

«Il est encore très impossible que ces communaux soient des terres et landes abandonnées par les habitants durant les guerres de 1636 (comme il est marqué suivant ces mémoires), parce que les seigneurs étoient ci-devant en droit de faire faire des arpentages et de se mettre en possession de tous les héritages qui se trouvoient abandonnés, ou pour lesquels l'on ne représentoit point de titres suffisants. Les aliénations faites par quelques communautés d'une partie de leurs communaux, lesquelles ont été autorisées par le Conseil, prouvent encore la propriété des communaux en faveur des communautés. Si le Roi s'étoit regardé comme en étant le propriétaire, il n'en auroit point permis l'aliénation, ou il en auroit touché le prix, et ne l'auroit pas laissé recevoir par les communautés. Il n'y a personne qui ne convienne que ces permissions et autorisations ne sont nécessaires que parce que les communautés sont réputées mineures, et que le Roi en use à leur égard comme les tuteurs, curateurs et parents font à l'égard des pupilles.

«L'ordonnance des eaux et forêts prouve encore que les communautés de tout le royaume ont des bois, prés, marais, landes et autres biens communaux. Cette ordonnance est suivie en Franche-Comté; l'on y a établi des officiers des maîtrises des eaux et forêts, qui ont reconnu la propriété des bois appartenant aux communautés et en ont fait mettre le quart en réserve. M. de Sanguinière, qui vint autrefois, en qualité de grand maître, faire la visite de tous les bois, pour y établir la police et pour reconnoître ceux appartenant au Roi, a reconnu lui-même que plusieurs bois appartenoient aux communautés; mais, en ayant compris quelques autres dans son procès-verbal, ces communautés se sont pourvues au Conseil et y ont obtenu des arrêts qui les ont maintenues dans la propriété de leurs bois.

«Les ordonnances faites pour raison des salines de cette province prouvent aussi que quantité de bois appartiennent aux communautés, et, depuis quelques années, l'on a, en exécution d'arrêts du Conseil, fini l'arpentage des bois affectés aux mêmes salines, qui fait encore voir la même chose. Tout cela, joint à une possession immémoriale, ne permet pas de douter que tous les communaux n'appartiennent aux communautés, et, supposé qu'il y eût en ce pays des terres vaines et vagues appartenant au Roi, le sieur Esprit, premier commis de M. de Louvois, s'en seroit mis en possession en conséquence du don que S. M. lui avoit fait de toutes les terres vaines et vagues qui lui appartenoient dans le royaume, ou elles auroient été vendues au profit de S. M. comme tous les autres domaines.

«L'auteur, qui a apparemment prévu tout ce qu'on pourroit lui objecter pour détruire sa prétention, s'est retranché, par le dernier de ces mémoires, à dire que les habitants des communautés ne sont qu'usagers des communaux, et non propriétaires, parce qu'ils n'en ont point payé les amortissements, mais bien les droits de nouveaux acquêts en 1692 et 1700. Ce raisonnement ne paroît ni juste ni soutenable. S'il en étoit autrement, il faudroit dire que le Roi est propriétaire de tous les biens des communautés ecclésiastiques qui n'en ont pas payé les droits d'amortissement : ce que personne de bon sens ne peut penser. Les communautés laïques sont traitées comme les autres, et, comme elles ne sont point en état d'amortir les fonds qui leur appartiennent, et que jamais S. M. n'a jugé à propos de les y obliger, elle se contente de leur faire payer les droits de nouvel acquêt, qui est une année du revenu tous les vingt ans, et dont les communautés ecclésiastiques ne sont exemptes qu'après qu'elles ont payé l'amortissement.

«Ces droits d'amortissement et de nouveaux acquêts sont à présent en ferme par tout le royaume; le fermier jouit des premiers en Franche-Comté, et ne prétend pas les seconds, qui sont contraires à l'abonnement qu'il a plu au Roi d'accorder en 1704. Vous m'avez fait l'honneur de m'écrire des lettres circulaires sur les droits de nouveaux acquêts, et, sur ce que j'ai pris la liberté de vous représenter de cet abonnement, vous avez eu la bonté d'y avoir égard.

«Au surplus, cette province n'a que trente lieues de longueur et vingt de largeur; il s'y trouve plus de deux mille, tant villes, bourgs, que villages; il n'y en a jamais eu un plus grand nombre, et elle n'a jamais été plus peuplée qu'elle l'est à présent. M. de Vaubourg fit un dénombrement des personnes, lorsqu'il y étoit intendant; il le confronta avec celui qui avoit été fait avant les guerres de 1636, et il ne s'y trouva que deux mille cinq cents personnes de différence de l'un à l'autre.

«Toutes les terres et héritages sont en bonne culture et valeur; il n'y en a jamais eu tant qu'à présent. J'ose même vous assurer qu'il y a quelques communautés qui n'ont point du tout de communaux, plusieurs autres qui n'en ont qu'une quantité médiocre. Il est vrai qu'il y a des communautés, dans le pays de montagne, qui en ont beaucoup; mais ils sont si secs et si stériles, que les habitants sont obligés d'envoyer, pendant l'hiver, une partie de leur bétail en Suisse, n'ayant pas de quoi les nourrir. A quoi je dois ajouter que les moins mauvaises terres de ces cantons-là, qu'on met en labourage, ne sont propres que pour l'orge et l'avoine, en sorte que toute la richesse des habitants du pays de montagne consiste en la nourriture du bétail et en la vente de leurs fromages, qu'ils envoient à Paris et ailleurs. Si l'on retranchoit une partie de leurs communaux, il faudroit qu'ils vendissent une partie de leur bétail, ce qui les ruineroit.

«L'auteur s'est trompé dans toutes les parties de ses mémoires : il est aisé d'en être persuadé, lorsqu'il dit qu'en aliénant le trentième des communaux, ce sera le moyen d'augmenter d'un trentième le nombre des habitants de la province, comme s'il n'y avoit point d'autres héritages que des communaux, et comme si cette trentième partie de communaux étoit inutile et infructueuse; car, supposant qu'on pourroit la vendre et trouver des acquéreurs, ce qu'on donneroit à des particuliers seroit retranché aux habitants des communautés, ce qui reviendroit au même, car ce qui est en communaux ne peut servir qu'à faire pâturer le bétail, et non à autre usage; l'on a assurément défriché et essarté tous les bons fonds.

«Suivant ce que je viens d'avoir l'honneur de vous représenter, vous jugerez sans doute que ces mémoires ne méritent pas la moindre attention, et qu'on peut les regarder comme une idée des plus creuses.»

1438. *Le Contrôleur général à M. de Fourqueux, procureur général en la Chambre des comptes de Paris.*

3 Mai 1713.

«Le rapport que j'ai fait au Roi du placet que vous lui avez présenté il y a quelques jours a été reçu aussi favorablement que vous pouviez le désirer. S. M. a témoigné être très contente de vos services, et a bien voulu, nonobstant la difficulté des temps, vous accorder une pension de 4,000# à prendre sur les restes ou deniers revenant-bons des comptes qui se rendent en la Chambre. Quant à la vue que vous avez d'une survivance pour M. votre fils, je crois que la grâce que vous venez de recevoir est une raison pour vous déterminer à n'en point faire la demande présentement; vous pourrez en trouver les occasions dans la suite*.»

* Le 20 décembre, le contrôleur général écrit à M. de Pontchartrain, chancelier, qu'en considération des services rendus par M. Robert, ancien procureur du Roi au Châtelet, depuis quarante ans, il lui est accordé, pendant sa vie et celle de sa femme, une pension de 3,000#.

Le 3 juin 1715, en lui annonçant que le Roi a accordé 600# de pension au doyen des conseillers au Parlement de Besançon, il le prie d'expédier un brevet de cette pension à ce conseiller, qui veut le laisser à sa famille comme une marque d'honneur.

1439. *M. de la Briffe, intendant en Bourgogne, au Contrôleur général.*

3 Mai 1713.

Il appuie une réclamation des officiers du présidial de Chalon-sur-Saône, qui, ayant été imposés à la taille, et par suite à la capitation, demandent, soit à être déchargés de celle-ci comme officiers privilégiés, soit à ne payer que la capitation des taillables*.

* En marge, de la main du contrôleur général : «Bon. Ils doivent être taxés à la capitation comme taillables.»

Voir, à la date du 1er juillet, le mémoire opposé par les élus des États de Bourgogne aux prétentions de ces officiers, la province ayant avantage à ce qu'ils fussent traités comme privilégiés et payassent une capitation plus forte que le montant réuni de leur taille et de leur capitation de taillables au sol la livre de la taille. En marge : «Exempter de la taille.»

Les officiers du présidial de Semur-en-Auxois firent la même demande (lettre du 27 février 1714, et lettre de M. de la Briffe, du 14 mai suivant).

1440. *M. de Bernage, intendant à Amiens, au Contrôleur général.*

3 et 7 Mai 1713.

Les dentelles dites d'Angleterre, ainsi appelées pour les distinguer de celles de Malines et des autres de Flandres, ne se font ni en Artois, comme le Roi semble l'avoir cru, ni à Lille, ni à Tournay, mais seulement à Bruxelles. Les dentelles qui se fabriquent à Arras, dans la maison de la Providence, et qui passent pour être assez belles, ne sont qu'une copie de celles de Valenciennes, et les ouvrières les exécutent très lentement. On ne peut donc envoyer l'échantillon demandé pour le Roi*.

* Le 22 juillet, le contrôleur général écrit à MM. de Mesmes, pre-

mier président, et Daguesseau, procureur général au Parlement de Paris, que le Roi a approuvé la proposition faite par le sieur de Gauffreville, ancien propriétaire de la manufacture de dentelles façon de Bruxelles établie à Saint-Denis, et ruinée par la guerre, qui demande à la relever dans la maison de la Salpêtrière, où nombre de filles travaillent déjà à la dentelle et n'auraient besoin que d'y être perfectionnées. Le Roi a approuvé, et désire que cet établissement obtienne toutes les facilités possibles.

Sur la création d'une nouvelle manufacture de points à Argentan, et sur les privilèges et exemptions accordés aux propriétaires, voir les lettres de M. Feydeau de Brou, intendant à Alençon, 14 septembre 1713, 8 janvier 1714, 9 février et 15 juillet 1715. «A l'égard des filles que Montulay occupe, dit cet intendant dans la seconde lettre, il n'y en a qu'un petit nombre de la ville d'Argentan; mais il en fait travailler plus de sept cents dans la campagne, ce qui ne laisse pas d'avoir son utilité pour leurs familles, quoique la plupart ne gagnent par jour que 5 s. et 8 s., tout au plus jusqu'à 10 s. Cela est différent de ce qu'on leur donnoit autrefois, car telle ouvrière gagnoit 3# par jour, qu'à présent elle est bien aise d'avoir 10 s. Cela vient de ce que beaucoup de filles se sont attachées à ce travail, et que les points ne sont pas si chers qu'ils ont été. Il seroit très dangereux d'accorder à Montulay seul le privilège d'une manufacture pour ces sortes d'ouvrages. Cet établissement causeroit un grand préjudice au petit peuple, parce qu'il ne donneroit que ce qu'il voudroit à ses ouvrières, au lieu que, lorsqu'il ne les satisfera pas, elles seront en état de travailler aux trois autres bureaux, et de soulager leurs familles.»

1441. M. DE RICHEBOURG, *intendant à Poitiers*, AU CONTRÔLEUR GÉNÉRAL.

3 et 17 Mai 1713.

Il rend compte des mesures prises pour soutenir les pauvres de Poitiers au moyen des secours envoyés par le Roi et d'une cotisation des habitants*.

* Un rôle pour la subsistance des pauvres fut pareillement dressé à Bourges, par les soins de l'archevêque. Plusieurs commis de traitants, de sous-fermiers et autres, qui y avaient été compris, refusant de payer (lettre de l'intendant Foullé de Martangis, 14 avril 1714), le contrôleur général répond en apostille qu'il approuve qu'on les impose. «.....En même temps, dit-il, je dois vous faire observer que, si on laissoit à la discrétion des personnes qui font la répartition des aumônes ordonnées par l'arrêt du Parlement les commis des fermiers et des traitants, ils les imposeroient sans mesure, par la prévention qu'on a contre eux. En pareille occasion, il faut agir avec une juste proportion, en sorte qu'ils ne soient taxés que comme des habitants, et non comme des personnes qu'on croit toujours plus riches qu'elles ne sont en effet.» M. de Martangis répond, le 22 du même mois : «.....Le rôle a été fait par députés du bureau tenu à cet effet chez M. l'archevêque, en sa présence, et où je me suis trouvé à toutes les séances : on y a observé l'égalité autant qu'il a été possible selon la connoissance des forces d'un chacun des cotisés.....»

A Agen, attirés en grand nombre par les aumônes et les distributions publiques du marquis du Rozel, les pauvres firent une sédition, et le calme ne revint que lorsque ces aumônes eurent cessé : lettres de M. de Courson, intendant à Bordeaux, 19 et 25 mai 1713.

M. le Franc, premier président de la Cour des aides de Montauban, écrivait, le 28 mars précédent : «.....La misère la plus affreuse qu'on ait jamais vue règne dans ce pays. On a fait à Montauban, par les soins de M. le Gendre, un bureau de charité pour la subsistance des pauvres de la ville et de sa juridiction. Ce salutaire établissement s'exécute journellement; mais il y a une si grande quantité de pauvres étrangers, que, quelque bonne volonté qu'aient nos habitants, ils ne peuvent suffire à tant de besoins, et ils ont la douleur de voir périr à leurs yeux la plupart des paysans et laboureurs des villages voisins de Montauban, qui ont abandonné leurs maisons pour tâcher d'éviter la faim et la misère qui les accable. Dans cette triste situation, les personnes les plus considérables de ce pays m'ont engagé d'avoir l'honneur de vous écrire pour vous supplier d'obtenir de la bonté et de la charité du Roi quelque secours pour la nourriture de ces malheureux jusques à la récolte. On pourra employer une partie de cet argent à faire des ateliers publics, où ceux à qui il reste encore assez de force et de santé travailleront, et le reste s'emploiera à faire de la soupe en forme de boulie, pour la nourriture de ceux qui seront hors d'état de rien faire. Si cela s'exécutoit, il seroit nécessaire que deux magistrats, avec deux bourgeois, allassent tous les jours visiter les ateliers et voir faire et distribuer la soupe..... Si même le secours qu'il vous plaira de procurer ne peut pas être présent, je suis persuadé que, pourvu que l'assignation soit donnée sur Montauban et acceptée par l'un des deux receveurs généraux, nous trouverons des personnes charitables qui feront les avances sans aucun intérêt.....» Une somme de 10,000# fut accordée. Le 26 avril, le premier président écrit encore : «.....Je ne saurois vous exprimer combien la misère est grande dans tout ce pays. On a déjà commencé d'ouvrir des ateliers publics pour faire travailler les pauvres; mais le nombre en est si grand, qu'on ne peut donner par jour que 18 d. aux femmes et enfants, et 2 s. aux hommes, avec quoi ils achètent un peu de pain de millet. On a encore loué des maisons dans les faubourgs pour y faire des hôpitaux, celui de la ville ne suffisant pas, afin d'y mettre les étrangers malades, et on tâche de leur donner tous les secours possibles; mais il en meurt beaucoup tous les jours. Cette triste situation vous engagera sans doute à donner de bonnes assignations pour être promptement converties en argent, afin que la grâce que vous avez procurée aux pauvres puisse avoir son effet. Je ne doute pas que M. le Gendre, avant son départ de Paris, ne règle cette affaire avec vous.....»

M. de Bertier, premier président du Parlement de Toulouse, écrit, les 11 mai, 14 juin et 23 août 1713 (G⁷ 1757), que la misère est excessive dans cette ville et aux environs : il y a autant de mendiants que de gens qui ne mendient pas; de plus, les maladies règnent partout : érésypèles, fièvres putrides, petite vérole, qui sévissent principalement sur les pauvres affaiblis par la souffrance.

Le 24 mai, M. de Pontchartrain, secrétaire d'État de la marine, annonce qu'il est mort plus de six cents personnes à Rochefort depuis le 1er mars, et que le port se trouvera dépeuplé, si on ne paye quelque argent à ceux à qui il en est dû. Un garde s'est coupé la gorge, ne pouvant plus subsister avec sa famille.

1442. M. DALIÈS DE RÉALVILLE, *président en la Cour des aides de Montauban*, AU CONTRÔLEUR GÉNÉRAL.

4 Mai 1713.

«Permettez-moi d'avoir l'honneur de vous faire part, avec toute la douleur possible, de la mort de M. Daliès de la Tour, mon oncle. La protection dont vous l'honoriez depuis longtemps me fait espérer que vous serez sensible à la perte d'un de vos anciens serviteurs; il avoit travaillé avec approbation sous les yeux de feu Mgr de Colbert et sous les vôtres, et, après avoir vendu sa charge de maître de la Chambre aux deniers, il se retira à Montauban, lieu de sa naissance, où il s'est appliqué à faire de bonnes œuvres et à convertir, par son bon exemple et ses écrits, à la religion catholique, ceux qui avoient le malheur d'en être séparés. Je vous supplie d'honorer le neveu de la même protection dont vous honoriez depuis longtemps l'oncle, puisque je tâcherai toute ma vie de la mériter par toute sorte d'endroits.»

1443. *Le Contrôleur général à M. Daguesseau, procureur général au Parlement de Paris.*

6 Mai 1713.

«Avant la réception de votre lettre de mercredi 3, j'avois fait toutes les réflexions qu'il convient de faire sur l'augmentation prompte survenue aux prix des blés; mais, après tout, je suis persuadé que c'est un feu passager, et dont la durée ne peut être longue, d'autant plus que la revente d'une bonne partie des grands magasins que le Roi a sur les frontières de Picardie et Flandre doit causer une diminution, dont le reflux s'étendra jusqu'à Paris, et de là dans les provinces plus éloignées, comme l'Orléanois et autres. Cependant j'ai déjà donné des ordres pour faire descendre sur la rivière d'Oise, et voiturer ensuite par charroi jusqu'à Paris, une quantité considérable de blés qui sont à la tête de cette rivière. Je ne puis douter que leur arrivée ne cause une diminution du prix à Paris. S'il étoit encore nécessaire de tirer quelques blés de l'étranger, la paix nous donneroit toutes sortes de facilités à cet égard. Je ne crois point que nous soyons réduits à cette nécessité*.

«Quant au bruit de la diminution des monnoies, auquel vous attribuez en partie l'augmentation du prix des blés, non seulement le Roi ne pense point, et il n'est pas de son intérêt de faire si tôt cette diminution, par plusieurs raisons dans lesquelles je n'entre pas. Non seulement on n'a rien fait, ni dit, qui ait pu donner lieu au bruit qui s'est répandu; mais, pour peu qu'on ait raisonné sur ce bruit, on a dû juger qu'il est sans fondement, car un des grands avantages que la diminution des espèces opère est de donner du mouvement à l'argent pour le faire circuler. Il faut donc, dans cette vue, annoncer les diminutions longtemps auparavant qu'elles aient lieu. Ainsi, la diminution n'ayant point été annoncée pour le 1er mai, c'est mal à propos que tout le peuple et une infinité de personnes de tous états se sont persuadés que la diminution commenceroit ce jour-là. Ce que je dis du 1er mai peut être dit de même du 1er juin et des mois suivants, au moins jusqu'à la récolte. Mais comment détromper tout le public? Le seul parti qu'il y ait à prendre, selon moi, est de laisser tomber ce bruit de diminution des espèces. Le silence du 1er de ce mois en devroit avoir déjà désabusé ceux qui y ont ajouté foi.»

* Le 12, M. d'Argenson, lieutenant général de police à Paris, annonce qu'il va recommencer, selon l'ordre du contrôleur général, à fournir l'état des grains vendus à la Halle, comme en 1711.

1444. *Le sieur Sorhainde, lieutenant particulier en l'Amirauté de Bayonne, au Contrôleur général.*

6 Mai 1713.

Droits perçus par les commis de la coutume de Bayonne sur les sucres du Brésil comme sur les sucres terriers des Îles.

1445. *Les Maire, Échevins et Juges-Consuls de Nantes au Contrôleur général.*

6 Mai 1713.

Ils demandent que les États de Bretagne concourent avec eux à la création d'une place auprès de la Bourse de leur ville, sur le bord de la Loire, pour y dresser la statue équestre du Roi*.

* Un plan de la place projetée est joint à la lettre. — Mgr le comte de Toulouse, gouverneur de Bretagne, écrit, le 28 août : «M'étant fait rendre compte de ce qui regarde le placet présenté par Coysevox au sujet de la statue équestre du Roi fondue pour la province, j'ai trouvé qu'il y auroit une espèce d'économie à la faire transporter à Nantes le plus tôt qu'il sera possible, car, depuis vingt-trois années qu'on la garde à Paris dans un atelier qui coûte à la province 300# par an sans y comprendre les réparations, elle a consommé presque autant qu'il auroit fallu pour la transporter et la mettre en place. Par le compte que j'en ai fait faire, je trouve qu'il ne s'agit plus, pour cela, que de 6,800#, peu plus ou moins, y compris le voyage du sculpteur et le prix du louage des bateaux de transport, ce qui ne paroît pas être un objet qui doive arrêter le dessein que l'on avoit de la faire transporter à Nantes. Les gens de cette ville avoient demandé qu'elle y demeurât; mais, comme cette statue a été fondue aux dépens de toute la province, qui en a déjà payé 40,000 écus, il me semble qu'il seroit de la bonté du Roi de vouloir bien laisser aux États la liberté de décider du lieu où elle doit être mise, soit à Rennes, soit à Nantes..... Il est toujours fort utile de la faire passer à Nantes le plus tôt qu'il se pourra; car, si Coysevox, qui, par son marché, est obligé de la poser, venoit à mourir, et qu'il fallût faire, pour cela, un nouveau marché avec un autre, cela augmenteroit de beaucoup la dépense.....» Voir aussi une lettre de M. le maréchal de Châteaurenault, 12 octobre. Le prix du transport étant évalué à 6,800#, le Roi ordonna à ses commissaires d'engager les États à en faire le fonds : lettres du contrôleur général au maréchal de Châteaurenault et à M. Ferrand, intendant en Bretagne, 9 octobre.

1446. *M. de Bernières, intendant en Flandre, au Contrôleur général.*

6 et 15 Mai, 6, 20 et 27 Juin, 21 Juillet et 13 Août 1713.

Circulation des monnaies étrangères et des vieilles monnaies françaises réformées dans la ville de Lille; nécessité de donner au commerce des délais pour écouler ces espèces, de réparer l'hôtel des Monnaies, dégradé et pillé par les Hollandais, et d'offrir, sans éclat, un gain à ceux qui porteront les vieilles espèces à la Monnaie, afin d'empêcher l'exportation*.

* Voir une lettre du sieur Lalive de Bellegarde, directeur général des fermes en Flandres, rendant compte d'une saisie de louis vieux exportés, 18 août.

1447. *Les Officiers du bailliage d'Embrun* AU CONTRÔLEUR GÉNÉRAL.

7 Mai 1713.

Ils demandent l'union de la vallée de Barcelonnette au ressort de leur juridiction*.

* Voir, au 27 juin, une lettre des députés de la vallée, à laquelle sont joints : 1° un mémoire de l'état présent de la vallée sous le rapport de la justice et des finances, et des changements qui devraient y être faits; 2° un mémoire du Parlement de Dauphiné, en réponse à un mémoire du Parlement de Provence, touchant le ressort de la vallée de Barcelonnette et de la principauté d'Orange.

Sur cette compétition entre les deux Cours, qui s'étendait aux Chambres des comptes, voir une lettre de M. de Valbonnays, premier président de la Chambre des comptes de Grenoble, 1er octobre 1713, et une lettre de M. Paris, receveur général des finances de la province, 21 novembre 1714.

Les officiers de l'élection de Gap et Briançon demandèrent une indemnité pour les parties de leur juridiction qui leur étaient enlevées (lettre du 11 juin 1713).

Le 5 septembre 1713, M. d'Angervilliers, intendant en Dauphiné, envoie un projet d'arrêt pour remplacer sur les deniers de la recette générale des finances de Dauphiné la portion supportée par les communautés de Briançonnais cédées à M. le duc de Savoie de la taxe imposée sur toutes les communautés du Briançonnais et appelée *ducats briançonnais*.

Le 8 septembre, M. Lebret, intendant en Provence, proteste contre la réunion au Dauphiné, au nom du Parlement et de la Chambre des comptes d'Aix, qui auraient déjà envoyé leurs mémoires, si l'on avait pu trouver plus d'un copiste capable de transcrire les vieux titres.

La vallée fut réunie au comté de Provence : voir les lettres de M. Lebret, 9 avril, 28 et 29 août 1715, qui donnent des détails sur les impositions, sur le préfet de la vallée et sur ses assesseurs, sur le juge, etc.

Le 6 avril 1715, M. d'Angervilliers examine les dédommagements demandés par le Parlement de Dauphiné pour ces mêmes démembrements, et propose d'accorder 2,000# par an, sur les octrois de Grenoble, qu'on déchargerait de quelques articles inutiles.

1448. M. DE BÂVILLE, *intendant en Languedoc*, AU CONTRÔLEUR GÉNÉRAL.

9 Mai 1713.

«Il y a dans les Cévennes une communauté nommée Sauve, située dans un pays fort aride, qui paye néanmoins une grosse taille d'une manière singulière, par la vente qui s'y fait tous les ans des fourches que le bois d'alisier y produit, que l'on y taille de manière que les rejetons se tournent par le haut en trident. C'est ce qui fournit des fourches à tout le Languedoc et aux provinces voisines. Pour en soutenir le prix et empêcher que les habitants ne les donnent à trop bon marché, s'ils les vendoient en particulier, ils sont convenus qu'il en seroit fait une ferme..... Le prix de cette ferme passe au collecteur jusqu'à concurrence de ce que chacun doit de la taille.»

Il rend compte de l'adjudication de cette ferme, portée à 4,600#, et demande la cassation d'un arrêt du Parlement de Toulouse sur une mutinerie qui s'est produite à cette occasion*.

* En marge : «Bon.»

1449. M. DE PONTCHARTRAIN, *secrétaire d'État de la marine*, AU CONTRÔLEUR GÉNÉRAL.

10 et 24 Mai, 2 Août, 27 Septembre et 18 Octobre 1713.

Il demande des fonds pour pourvoir à l'évacuation de Dunkerque par les Anglais, à l'armement de vaisseaux et de galères pour porter les munitions et les hommes, et au payement des sommes dues par le Roi, les officiers et les soldats*.

* En marge de la lettre du 2 août, de la main du contrôleur général : «Faire réponse. Il n'y a aucun fonds que celui qui est absolument nécessaire pour le siège de Landau, et que je ne vois aucune apparence ni possibilité à fournir présentement 340,000# pour achever les 400,000# et remplir toutes les autres dépenses pressées, nécessaires et indispensables; que je ferai néanmoins en sorte de faire remettre de temps en temps quelque fonds à compte entre les mains du trésorier de la marine.»

Des maisons et des terres furent achetées à Calais et appropriées pour recevoir une partie des approvisionnements de Dunkerque.

Sur le démantèlement des fortifications, le comblement du port et la démolition des jetées, voir les lettres de M. le Blanc, intendant en Flandre maritime, 4 et 8 août, 12, 18, 27 et 29 octobre, 13, 22 et 23 novembre, 1er et 26 décembre 1713, 11 et 27 avril, 21 mai, 2 et 3 juin 1714, et celles du sieur Berthoumet, 20 avril et 2 août 1714. Le sieur Boutillier avait écrit, le 16 mai 1713, pour demander le replacement des officiers de marine et d'amirauté joints à ce port pendant la guerre.

M. le Blanc avait démontré qu'il était important de ne pas démolir les écluses du port, qui empêchaient le pays d'être inondé, en particulier celle de la Moëre; mais les Anglais s'y refusèrent, et l'on dut construire un canal pour l'écoulement des eaux à la mer : lettres de M. le Blanc et cartes annexées, 9 décembre 1713, 11 et 20 avril, 8 mai, 3 juin, 5 juillet, 16 août, 3 septembre, 26 octobre, 8 et 16 novembre, 2 et 23 décembre 1714, 4 janvier, 26 février, 3 avril, 9 juin, 2 et 3 juillet 1715; lettre du sieur Berthoumet, 24 avril 1714.

Le 20 août 1714, M. le Blanc écrit : «Les deux bataillons anglois, ayant été relevés ce matin, se sont embarqués après midi, et ils comptent de mettre à la voile cette nuit. Le Roi doit être content du zèle du peuple de Dunkerque : j'ai eu peine à les contenir, ne croyant pas qu'il convint de donner dans les démonstrations choquantes et qui pussent offenser les Anglois. C'est un espèce de bonheur que, pendant plus de deux ans que les troupes de cette nation ont resté à Dunkerque, il ne soit arrivé aucuns désordres éclatants avec les bourgeois, ni avec les troupes de terre et de la marine, nonobstant l'opposition de génie des deux nations..... Le duc d'Hanover sera jeudi prochain à la Haye, d'où il s'embarquera pour l'Angleterre..... Les sieurs Armstrong et Abercromby restent ici en qualité de commissaires pour la démolition; elle est assez avancée pour qu'ils eussent pu se retirer.»

Quelques négociants demandèrent la suppression du droit de fret pour l'Angleterre : lettres de M. le Blanc, 15 avril, 11 juillet et 1er août 1713.

1450. M. FERRAND, intendant en Bretagne,
AU CONTRÔLEUR GÉNÉRAL.

10 Mai, 6 et 24 Juin 1713.

État des récoltes, des approvisionnements et des achats de grains faits en Hollande et dans le Nord. Mesures prises pour assurer les envois en Touraine et en Anjou*.

* Voir, au 1er juin, une lettre de M. le comte de Lannion, commandant à Nantes, et, au 24, une lettre des maire et échevins de cette ville, sur les mesures de précaution à prendre en vue d'une émotion populaire.

1451. M. GUYNET, intendant à Caen,
AU CONTRÔLEUR GÉNÉRAL.

13 Mai 1713.

«J'ai eu l'honneur de vous mander par mes précédentes lettres l'attention que j'avois qu'il ne fût fait de l'amidon, à cause de la rareté des grains. Le sieur de Vandeuil m'est venu trouver aujourd'hui, et m'a demandé de trouver bon qu'il établit ici une manufacture d'amidon dans laquelle il n'entrera point de grains, mais d'une racine qu'il m'a apportée, qui se nomme la *racine d'aron* à Paris, et, en ce pays, *prêtro*. Il m'a fait voir un essai de cet amidon, qu'il m'a assuré être de cette racine, qui m'a paru fort beau et fort bon. Je lui ai demandé si, lorsque cet amidon étoit fait, on pouvoit le distinguer par quelque endroit de celui fait avec du grain; il m'a assuré, et l'amidonnier qui y a travaillé, qu'il ne pouvoit se distinguer. Comme vous ne m'avez pas fait l'honneur de me mander si vous approuvez cet établissement, je n'ai voulu lui permettre, et lui ai dit que j'aurois l'honneur de vous en écrire aujourd'hui pour recevoir là-dessus vos ordres. Permettez-moi de vous observer que l'amidon fait de cette racine seroit avantageux et produiroit, dans les temps de rareté de grains, une abondance de cette matière, laquelle est nécessaire pour l'utilité publique. Il est seulement à propos, dans la conjoncture où nous sommes, si vous approuvez cette manufacture, de ne pas accorder à tout le monde indistinctement d'en pouvoir fabriquer: les peuples auroient de la peine à se persuader que cela se fit de simple racine, et se mettroient toujours en tête que l'on y emploieroit du blé, et que cela causeroit la cherté. Le sieur de Vandeuil seroit aussi dans le dessein de n'en faire que dans la seule ville de Caen, afin que cela se fit au vu et su de tout le monde. Je croirois cependant qu'il seroit encore plus à propos de différer ce travail jusqu'à la nouvelle récolte, les grains enchérissant de jour en jour*.»

* L'autorisation fut différée jusqu'à plus ample expérience (lettre du 2 août). Le 4 septembre suivant, le contrôleur général écrit à Mme d'Alègre : «.....Le Roi ne veut point absolument se faire un revenu du secret que le sieur de Vandeuil a trouvé pour faire de l'amidon sans farine de blé. Ainsi, il est inutile qu'il se tourmente davantage pour trouver des sûretés de la ferme qu'il veut faire.....»

Le 7 janvier 1715, M. Guynet combat la requête présentée par un particulier pour transformer du blé gâté en amidon. Le 6 juillet, vu l'abondance de la récolte, il dit qu'il auroit été disposé à accorder une permission analogue, sans une sentence de 1710, du lieutenant général de Caen, qui a restreint à quatre le nombre des amidonniers de Caen.

1452. Le sieur FRAIN DU TREMBLAY, à Angers,
AU CONTRÔLEUR GÉNÉRAL.

14 Mai 1713.

«..... Cette province est dans une misère effroyable par la disette des blés. La moitié des gens de la campagne manquent de pain; il en est déjà mort un grand nombre de faim. Plusieurs gentilshommes quittent leurs maisons parce qu'ils y sont assiégés d'une multitude de pauvres qu'ils ne peuvent soulager, faute de blé..... L'espérance d'une bonne récolte nous manque. Avec cela, le prix des bestiaux, qui nous donnoit quelque soulagement, est beaucoup diminué, soit à cause que l'herbage manque, soit à cause du bruit qui s'est répandu ici qu'il en viendroit d'Irlande, ce qui achèveroit la ruine de ces pays ici. Cette triste situation nous rend insensibles à la joie que nous devrions avoir de la paix, et l'espérance qu'elle pourra diminuer nos maux n'est pas capable de diminuer la douleur que nous souffrons de notre état présent..... Depuis soixante ans que je connois la campagne, elle est dépeuplée au moins d'un tiers; il y a plusieurs métairies abandonnées, et presque toutes y sont mal cultivées, faute d'hommes. Ainsi, il s'en faut beaucoup qu'on y fasse la même nourriture de bestiaux qui s'y faisoit autrefois. Enfin, la force de la France venoit autrefois de la fécondité de son terroir et de l'abondance de son peuple : si ces deux choses continuent de diminuer, quelque chose que l'on fasse, y apportât-on tout l'or des Indes, le royaume s'affoiblira toujours de plus en plus, le luxe augmentera encore, et la misère à proportion.....»

1453. M. ROUJAULT, intendant à Rouen,
AU CONTRÔLEUR GÉNÉRAL.

14 Mai 1713.

«M. de Vitry, fermier général, a été si occupé de l'accident de l'absence du sieur de la Houssaye, receveur général des fermes de cette généralité, qu'il n'a songé qu'à faire apposer le scellé, pendant tout le jour du 9 de ce mois, dans la maison et sur les papiers et effets du sieur de la Houssaye. Le lendemain, il partit pour aller faire la même chose dans une maison de campagne, et ce n'est que le soir de ce second jour que j'ai su par lui ce qui avoit été fait, que j'avois appris cependant dès la veille par le bruit public. Comme le sieur de Vitry convient qu'il a eu tort de ne s'être pas concerté avec moi dans une affaire de cette importance, celle-ci n'est que pour justifier le silence que j'ai gardé dans cette occasion. Comme j'ai vu, depuis ce temps, un ordre de vous à M. de Vitry pour donner mainlevée de ce qui a été fait, tant à la requête des fermiers généraux, par les officiers du grenier à sel, qu'à la requête du procureur général de la Cour des comptes, aides et finances, par les commissaires de cette Cour, en payant par le sieur de la Houssaye, suivant les offres de sa famille, la somme de 230,000# à quoi le débet apparent du dernier compte du sieur de la Houssaye se trouve monter; ayant appris qu'en payant cette somme, la famille doit vous demander un sauf-conduit pour un an, ou une surséance à toutes poursuites pendant ce temps, pour lui donner le loisir d'arranger ses affaires; M. de Vitry, d'un autre côté, et le sieur de Cantiers, directeur des gabelles à Rouen, qui ont vu et ébauché l'examen des comptes du sieur de la Houssaye, prétendant qu'outre le débet apparent du dernier compte, il y a une reprise d'un million, d'un ancien compte d'Isambert, qui doit être remplie par des récépissés montant à cette somme, et qu'il pourroit être que le vuide de la caisse se trouveroit sur cette partie aussi bien que sur le débet clair apparent du dernier compte; en me donnant l'honneur de vous écrire pour que vous sachiez que je n'ai pas laissé de prendre part à cet événement important de la fuite inopinée et extraordinaire du sieur de la Houssaye, dans la pensée que peut-être vous voudriez être plus informé avant de donner l'arrêt qui vous est demandé, et connoissant l'importance de ne point apporter de retardement à la présence du sieur de la Houssaye, qui seule peut rétablir ses affaires, je crois devoir avoir l'honneur de vous dire qu'il me paroît que, quelque chose qui se trouve en examinant à fonds les comptes du sieur de la Houssaye, l'intérêt du Roi est toujours de faire que le sieur de la Houssaye puisse paroître, ce qu'il ne peut faire, s'il n'a un arrêt qui arrête le caprice du premier créancier qui, sur la première idée, pourroit le faire arrêter. Trois choses, à ce qu'il paroît, doivent concourir à vous porter d'accorder l'arrêt de la surséance: 1° les 230,000# que l'on paye actuellement se trouvant dans la bourse des amis et de la famille du sieur de la Houssaye, cette somme, qui est présente et certaine pour le Roi, ne se retrouvera qu'après bien du temps par la discussion et la vente des effets; 2° il paroît pour 800,000# d'effets au sieur de la Houssaye par l'état que l'on m'a fait voir, effets au jour; 3° il n'y a aucun créancier qui ait formé opposition au scellé, ce qui marque la confiance du public pour le sieur de la Houssaye. J'ajoute deux circonstances: le caractère de probité dans la conduite passée du sieur de la Houssaye, qui intéresse tout le commerce de Rouen pour lui; l'autre circonstance est que le rétablissement et la présence du sieur de la Houssaye empêchera peut-être dix autres marchands ou négociants de faire banqueroute, ayant connoissance que tous ceux qui ont de l'argent chez eux, où ils le laissoient avec confiance depuis des temps considérables, ont pris inquiétude de l'absence du sieur de la Houssaye, dans la crainte peut-être que ceux à qui ils avoient confiance ne se trouvent entraînés par la chute du sieur de la Houssaye. C'est la suite ordinaire des banqueroutes, et plusieurs ont déjà retiré leur argent, et, comme le bruit s'est répandu que le sieur de la Houssaye alloit reparoître, plusieurs ont déjà reporté le même argent aux négociants de qui ils l'avoient retiré*.»

* Le sieur de la Houssaye fut arrêté et conduit à la Bastille. Sur son procès et sur les arrangements pris avec les fermes et le public, voir les lettres de M. Roujault, 20 et 22 octobre 1714, et 5 mars 1715; celles de M. de la Rivière-Lesdo, avocat général au Parlement de Rouen, 4 mai et 4 octobre 1714; celles du marquis Lestandart de Bully, allié du sieur de la Houssaye, 3, 10, 20, 24 et 25 mai, et 10 août; celles de Mme de Bouville, 10 mai, et du sieur Berthelot, 23 et 24 juin.

1454. *M. Roujault, intendant à Rouen,*
au Contrôleur général.

17 Mai 1713.

«J'ai reçu la lettre que vous m'avez fait l'honneur de m'écrire le 8 de ce mois, avec la copie de l'ordonnance de M. Guynet pour faire défenses de faire des amidons jusqu'à la récolte prochaine. J'apprends que cette ordonnance peut être plus nécessaire à Caen qu'en cette généralité, en ce que l'amidon, à Rouen, se fait avec les sons qui sortent du blé, ne s'y faisant aucune sorte de pain où le son entre, au lieu qu'à Caen il se fait beaucoup de pain où tout entre, ce qui, rendant le son plus rare, nécessite les amidonniers de se servir de farine, et de blé même. Cela supposé, non seulement il ne conviendroit point de défendre de faire des amidons dans cette généralité, mais les boulangers se plaindroient fort de cette défense, qui les empêcheroit de débiter leurs sons, qui se gâteroient en les gardant un certain temps. Mais, comme, dans ces temps-ci, le peuple de la campagne des environs de Rouen a coutume de prendre ces sons pour l'engrais des volailles de toutes sortes et des veaux, cette consommation pouvant servir au débouchement des sons des boulangers, le public pouvant absolument se passer d'amidons, dont même il se trouve d'assez grosses provisions outre qu'on en peut faire venir de l'étranger, et y ayant à risquer que, nonobstant l'usage, on ne consommât quelques blés à cette fabrique, les amidonniers, par leurs statuts, s'étant soumis de ne point travailler dans les temps de cherté et rareté des blés, nous sommes convenus, sous votre bon plaisir, qu'on ne rendroit point d'ordonnance comme a fait M. Guynet, le mal pressant moins apparemment en ce pays qu'il ne fait à Caen (et les ordonnances sont toujours dangereuses dans ces matières), mais que les amidonniers s'abstiendroient en effet de faire des amidons jusqu'à la récolte, comme ils sont convenus de le faire, sans autre ordonnance par écrit. Je crois que vous trouverez ce parti d'autant meilleur, qu'il n'en fut pas usé autrement en 1709. Il n'y a que six amidonniers à Rouen, où ils font une communauté, et un seul à Magny, qu'on dit qui fait beaucoup de consommation; je donne ordre à mon subdélégué de Magny de défendre à ce particulier d'en faire, sur ordonnance verbale comme on fait à Rouen, et je le charge d'y tenir exactement la main*.»

* En marge : «Approuver les défenses verbales.»

Le 12 novembre, il examine la proposition d'un individu qui demande à être reçu parmi les amidonniers, demande contraire au règlement accordé par le Roi à cette industrie, à la suite des taxes imposées à ceux qui l'exerçaient. De plus, il vaut mieux diminuer le nombre des amidonniers que l'augmenter en temps de cherté des blés.

1455. *M. Daguesseau, procureur général au Parlement de Paris,*
au Contrôleur général.

21 Mai 1713.

Il examine le projet présenté par M. de Bâville, intendant en Languedoc, d'adjuger les terres abandonnées aux soldats licenciés. Outre qu'il serait injuste de priver de leur propriété des gens que la misère seule et l'impossibilité d'agir autrement ont poussés à la quitter, des soldats ne paraissent pas pouvoir réunir les qualités d'assiduité et de travail nécessaires dans la culture; d'ailleurs, ils n'auraient pas le capital indispensable. Enfin, les secours qu'on leur donnerait pour les faire vivre durant les premières années de leur établissement et les immunités dont ils jouiraient seraient fort à charge aux communautés*.

* Le 2 décembre, le contrôleur général écrit à M. de Bâville : «Vous trouverez que j'ai gardé longtemps le projet de déclaration que vous m'avez envoyé, avec votre lettre du 27 avril dernier, pour parvenir à rétablir la culture des terres abandonnées en Languedoc. La raison de ce retardement a été que les affaires ne paroissoient pas disposées à en faire usage. Je l'ai examiné depuis avec des personnes habiles et zélées pour le bien public, et, comme il a paru à eux et à moi que ce projet intéresse le général de la province, et que le projet ne peut être exécuté sans le secours de quelque imposition, j'ai cru qu'il étoit à propos de vous renvoyer le tout pendant que les États sont assemblés, afin que vous puissiez le communiquer à l'assemblée, si vous croyez, comme moi, qu'il convienne de les y faire entrer. Les députés des diocèses pourront donner des vues utiles pour remettre en valeur les terres abandonnées. Peut-être même que l'espérance des avantages dont on jouira dans la paix prochaine portera les propriétaires des terres abandonnées à chercher les moyens de les remettre eux-mêmes en culture, et que les États trouveront qu'il est juste de leur donner ce temps pour s'y disposer, et de leur accorder la préférence aux soldats, cavaliers et dragons, qui, quoique favorables, ne peuvent jamais l'être autant que les propriétaires qui n'ont été forcés d'abandonner leurs biens que par impuissance absolue, par minorité, absence, ou autres causes semblables. J'ajouterai à cela que les cavaliers, dragons et soldats, accoutumés à une vie d'oisiveté et de libertinage, ne sont guère capables de soutenir un travail continuel et réglé, tel que le demande la culture des terres, et, par cette raison, ils ne se porteront pas aisément à profiter des grâces qu'on veut leur faire, n'étant pas même capables des soins qu'il faut donner pour la culture des terres, ni en état de faire les avances nécessaires.....» M. de Bâville, ayant tenu compte de ces observations, envoie, le 24 décembre, un nouveau projet de déclaration : les soldats n'y sont pas mentionnés, mais n'en seront pas exclus, non plus que les anciens propriétaires; on laissera à la prudence de ceux qui seront chargés de cette affaire le soin de proportionner aux demandes des adjudicataires les avantages qu'on sera en droit de leur offrir pour la remise en culture. Le projet de déclaration, avec observations, est joint à une lettre de M. de la Garde du 20 janvier 1714. Voir aussi deux lettres du syndic général, M. de Vougny, des 5 et 12 novembre précédent, sur le droit des propriétaires à rentrer en possession des biens abandonnés ou déguerpis. Quant aux seigneurs, M. de Bâville (lettre du 23 février 1714) propose de réduire à un délai de trois mois leur droit à faire opposition contre l'adjudication, ou à user de la prélation à charge de payer les tailles échues et les frais et dépens. La Cour des comptes de Montpellier protesta contre l'attribution des adjudications à l'intendant et sur divers autres points (lettre de M. Saunier, 1er juillet); mais M. de Bâville réfuta les motifs d'opposition (lettre du 11 octobre).

1456. *M. Boucher d'Orsay, intendant à Limoges,*
au Contrôleur général.

26 Mai 1713.

«.....Je sais..... que l'on a trouvé quelques paysans morts dans leurs vignes; je puis vous assurer aussi qu'il est mort une vingtaine de personnes dans cette ville, qui, dans l'espérance d'y trouver quelque charité, ont fait effort pour s'y rendre, et sont morts en arrivant dans des granges que M. l'évêque de Limoges a fait louer pour les retirer. Des personnes dignes de foi m'ont assuré aussi qu'il y a quelques paroisses où les paysans broutent l'herbe dans les prés, comme les bestiaux; d'autres, où ils font de la bouillie de cendre; d'autres, où ils se nourrissent de racine de fougère; et, en général, la misère est fort grande. J'ai appris que ceux qui ont été en état de faire l'aumône, à Tulle et à Brive particulièrement, s'y sont portés volontairement et ont fait au delà de ce qu'on pouvoit en espérer; mais les besoins sont si grands, que les charités des particuliers ne peuvent point suffire à tout. Je fais vendre dans les principales villes les blés que le sieur de la Barre a fait venir d'Angleterre, à 10 s. meilleur marché que le prix courant. J'en fais aussi convertir en pain, qu'on vend aux pauvres à meilleur marché que celui que font les boulangers. Les diminutions, jointes aux frais des voitures, causeront un manque de fonds assez considérable au remboursement qui doit être fait au sieur de la Barre*.....»

Il rend compte de l'ordonnance qu'il a rendue sur le payement des cens et rentes foncières payables en grains.

«J'ai fait employer en achat de blé noir les 10,000# qui restoient des 100,000# que vous aviez ordonné l'année dernière être employées pour acheter des semences. J'ai fait distribuer ce blé à ceux qui avoient des terres préparées pour les semer, et j'ai recommandé aux commissaires que j'ai chargés du soin de cette distribution de tenir la main exactement à ce que ces blés soient semés**.

«A l'égard des mendiants qui s'étoient jetés dans cette ville, nous nous sommes assemblés plusieurs fois, M. l'évêque de Limoges et moi, avec les chefs des corps, pour examiner de quelle manière nous pourrions pourvoir à leur subsistance. La difficulté que nous prévoyions qu'ils auroient à vivre chez eux, par le peu de secours qu'ils y trouveroient, n'y ayant point d'arrêt qui ordonne qu'on fasse cette année des rôles dans les paroisses comme il en avoit été usé dans les précédentes disettes, et, d'ailleurs, quand on auroit pris la résolution d'en faire donner un, le temps étant trop court pour vous supplier d'en écrire à MM. les premier président et procureur général du Parlement de Bordeaux, et le recevoir ici assez tôt pour qu'on pût s'en servir; ces raisons nous avoient déterminés à faire un fonds, par nos aumônes et celles des habitants, suffisant pour nourrir indistinctement jusques à la récolte tous les pauvres qui se trouveroient en cette ville. Pour cet effet, M. l'évêque et moi avions fait une quête générale, et tous les pauvres ont été nourris jusques à présent; mais, le nombre en augmentant tous les jours, et en même temps la dépense, en sorte que, par le calcul que nous en avons fait, elle se trouveroit monter à 15,000# ou environ par mois, et, pour deux mois qui s'écouleront encore avant que la récolte soit ouverte, à 30,000#, il nous a paru impossible de faire un fonds aussi considérable, les charités de plusieurs habitants s'étant ralenties, et les autres n'étant pas en état de les continuer. Nous nous sommes donc restreints à nourrir seulement les pauvres de la ville et faubourgs, qui sont en très grand nombre, et de renvoyer tous les autres dans les paroisses, après leur avoir distribué une petite somme à chacun, de 5, 10, 15 ou 20 s., suivant la distance des lieux, ce qui sera exécuté après-demain. Et pour pourvoir à leur subsistance dans les lieux de leur demeure, j'ai rendu l'ordonnance dont j'ai l'honneur de vous envoyer un imprimé. Je tiendrai exactement la main à ce que chacun soit taxé suivant ses revenus et facultés, sans considération pour personne. J'ai choisi des gens de confiance, qui sont allés dans les paroisses et doivent prendre soin que ces rôles soient faits dans les règles. C'est tout ce qui m'a paru qu'on pouvoit faire de plus convenable pour le soulagement des pauvres; j'espère que vous l'approuverez.

«Par ma lettre du 28 avril dernier, j'eus l'honneur de vous indiquer deux fonds dont on pourroit se servir, sans altérer ceux du Roi, pour établir des ateliers publics, qui seroient d'un grand secours pour faire subsister les pauvres qui sont en état de travailler, et en même temps utiles au public par les réparations qu'on feroit sur les grands chemins aux endroits les plus raboteux et qui ont le plus de besoin d'être aplanis. L'un de ces fonds est de la somme de 5,000# que vous aviez destinée, en 1711, pour donner un secours particulier aux administrateurs de l'hôpital de Limoges pour la nourriture et entretien des enfants exposés, et l'autre, de celle de 12,000# qui avoit été imposée sur la généralité, en exécution de l'arrêt du Conseil du 24 septembre 1709, pour les réparations du pont de Chabanois et pour faire deux mille toises de pavé, sur quatorze pieds de large, sur la grande route de Limoges à Angoulême. J'avois l'honneur de vous expliquer, par cette lettre, que les 5,000# n'avoient point été employées à la nourriture et entretien des enfants exposés parce qu'il y avoit été pourvu d'ailleurs par des arrêts particuliers qui avoient ordonné l'imposition de cette dépense, et que les 12,000# étoient ès mains du receveur général à cause que l'adjudication qui avoit été faite par M. de Montgeron des ouvrages qui avoient donné lieu à cette imposition avoit été cassée, et que d'ailleurs il y avoit à présumer que Mme de Saint-Pouenge, qui fait percevoir un droit de péage sur le pont de Chabanois, seroit tenue de le faire réparer à ses dépens. J'avois joint à ma lettre un projet d'arrêt pour changer la destination de ces 12,000#, et je vous marquois que l'ordonnance de 5,000# étoit entre les mains de M. de Romilly. Comme vous ne m'avez point encore fait de réponse, et que, si vous approuvez qu'on établisse des ateliers, il seroit nécessaire de le faire incessamment, parce que, dans un mois ou six semaines, on commencera à faucher les prés, où une partie des pauvres trouveront à travailler, je vous supplie de me faire savoir, le plus tôt que vous pourrez, si vous approuvez ce que j'ai l'honneur de vous proposer.»

* Sur la distribution des secours accordés par le contrôleur général, voir une lettre du 16 juin. Le 14 décembre suivant, le doyen du Chapitre de Saint-Yrieix expose encore la misère du pays et demande des secours.

Le 27 avril 1714, M. d'Orsay écrit que l'accumulation des pauvres produit du mauvais air, et que, pour éviter une épidémie de fièvre pourprée, il les renvoie chez eux, où on tâchera de les secourir.

Le 22 juillet suivant, M. l'évêque de Limoges envoie le compte de la distribution qu'il a faite de la somme de 7,000# accordée par le contrôleur général.

** Les cultivateurs qui avaient reçu des grains s'étaient obligés à les rendre, mais, la récolte de 1713 étant aussi mauvaise que les précédentes, aucun ne le fit, et l'on accorda remise de la somme employée à acheter les grains : lettres du 24 juillet et du 26 octobre 1714.

1457. *M. de Torcy,*
secrétaire d'État des affaires étrangères,
au Contrôleur général.

27 Mai 1713; 17 Janvier, 10 Juin et 20 Octobre 1714.

Il expose les plaintes de marchands anglais à qui l'on a retenu des marchandises de contrebande, et qui prétendent avoir été violentés, et de marchands hollandais qui ne peuvent retirer de Bordeaux leurs blés non vendus *.

* Le 23 juin 1714, M. de Courson, intendant à Bordeaux, répond que les plaintes des Hollandais sont mal fondées : il entend seulement empêcher qu'on n'emporte les blés de la généralité, et il permettra de remporter en Hollande les blés qui en sont venus, mais en prenant des précautions pour qu'il ne sorte absolument que ceux-là. Les marchands hollandais méritaient d'ailleurs d'être surveillés, car, le 18 novembre, le contrôleur général écrit à M. de Torcy qu'ils viennent de faire entrer des droguets et tripes de velours en ne déclarant que des serges façon de seigneur, et qu'on a usé d'indulgence envers eux en ne confisquant pas leurs marchandises, et en se bornant à leur faire payer les droits dus.

1458. *M. de Grignan, lieutenant général en Provence,*
au Contrôleur général.

3 Juin 1713.

«Le comté de Nice fut remis, le 29 mai, au comte Prela, chargé des ordres de M. le duc de Savoie pour en prendre possession au nom de S. A. R. Ce qui y étoit resté de troupes de S. M. est parti ce jour-là, et tout se passa avec beaucoup d'ordre et de politesse de part et d'autre*.»

* Il écrit encore, le 5 juin : «Il m'est revenu que, depuis l'évacuation du comté de Nice, les officiers de S. A. R. de Savoie y ayant fait publier un rabais considérable en la valeur des monnoies, les habitants de Nice, qui déjà n'y voyoient qu'avec peine le retour des Piémontois et y regrettoient les François, avoient parlé fort haut contre la prétendue dureté du gouvernement présent de ce pays-là, et que, le jour qu'on posa les armes de Savoie sur la porte du palais,

le tumulte fut fort remarquable de la part de la populace, qui chargea d'injures ceux qui faisoient cette fonction.»

Le 2 avril 1714 : «Le roi de Sicile a envoyé deux ingénieurs à Nice, qui y travaillent à lever des plans et former des projets de fortifications nouvelles, ou de rétablissement des anciennes. Il a aussi donné des ordres pour achever de réparer cette partie des chemins de Nice à Sospel et au-dessus de Sospel, en tirant vers le col de Tende, que j'avois fait rompre en 1708, lorsque S. M. eut étendu mon commandement sur cette contrée.»

1459. *M. de Bernage, intendant à Amiens,*
au Contrôleur général.

3 Juin et 31 Octobre 1713;
23 Avril 1714.

Rappel de condamnation aux galères accordé à un partisan nommé Bellefonds, que M. de Goësbriand employait, et qui avait pris deux chevaux chargés de grains, mais avait dédommagé par la suite les plaignants*.

* Voir une lettre du comte de Goësbriand, de Saint-Omer, 23 novembre 1712; une lettre du contrôleur général à M. Daguesseau, procureur général au Parlement de Paris, 7 décembre, et la réponse de celui-ci, 20 décembre 1712. Dans une autre lettre de M. Daguesseau, jointe à celle du 3 juin, il disait : «.....Il faut un ordre de Mgr de Ponchartrain ou de Mgr Desmaretz; c'est ce qu'il vous sera facile d'obtenir; mais il n'y a pas de temps à perdre, car la chaîne doit partir demain.....»

1460. *M. Bignon de Blanzy, intendant à Paris,*
au Contrôleur général.

5 Juin 1713.

«.....Il a passé un si grand nombre de troupes dans les lieux d'étape de la généralité de Paris, depuis six semaines, que je n'ai pas été un seul jour sans inquiétude, dans la crainte que la fourniture des étapes ne manquât en quelque endroit. Enfin, les dernières troupes qui devoient y passer en sortirent hier, et j'ai eu avis que l'étape a été aussi bien fourni dans les derniers passages que dans les premiers. Il y a passé soixante-quatre régiments, tant de cavalerie que d'infanterie, sans compter la maison du Roi, composée des gardes du corps, gendarmes et chevau-légers de la garde, mousquetaires, gardes françoises et suisses. Je puis vous assurer que l'étape a été fourni partout fort exactement suivant les règlements..... J'ai été obligé, dans les passages de la maison du Roi, d'engager les privilégiés par les charges et offices dont ils sont revêtus à consentir d'être chargés de logements, parce qu'il n'y en auroit pas eu suffisamment pour ces sortes de troupes, si on s'étoit contenté de les loger chez les habitants qui naturellement y sont assujettis*. Les voitures qu'il est indispensable de faire fournir aux troupes, parce que les officiers n'ont pas d'équipage suffisamment, sont encore à charge pour les lieux d'étape et pour des paroisses des environs. Je ne puis me dispenser de vous faire ces observations pour vous prévenir sur le soulagement que j'estime qu'il sera indispensable d'accorder aux lieux qui ont souffert par les passages des troupes.....»

* Le 14 mai précédent, les vicomte-mayeur, lieutenant général de police, échevins et conseillers assesseurs de Besançon avaient envoyé leur protestation contre un arrêt du Conseil exemptant du logement militaire un acquéreur de lettres de noblesse. Depuis la conquête, il n'y avait d'exempts que les membres de la confrérie de Saint-Georges, et ceux-là devaient faire preuve de seize quartiers. En apostille : «Que, comme il y a eu un arrêt du Conseil, il faut qu'ils se pourvoient par les règles ordinaires, et que, pour cela, il faut qu'ils chargent un avocat au Conseil de présenter une requête au Conseil, et que le Roi leur rendra justice.»

1461. *M. Ferrand, intendant en Bretagne,*
au Contrôleur général.

7 Juin 1713.

Réunion des deux offices de syndic, créés en mars 1706, à la communauté des notaires de Rennes*.

* Voir une lettre des notaires, 30 juillet, et les pièces jointes.

1462. *M. Turgot, intendant à Moulins,*
au Contrôleur général.

7 Juin 1713.

Les moyens proposés par un chanoine de Nevers pour venir en aide à la culture et à l'élevage sont chimériques, et le seul pratique serait d'accorder une remise des impositions arriérées et des diminutions sur les taxes.

1463. *M. de Bernières, intendant en Flandre,*
au Contrôleur général.

(De Lille,) 9 Juin 1713.

«Les négociants de cette ville m'ayant prié de vous envoyer le mémoire ci-joint, je n'ai pu leur refuser ce petit plaisir par rapport à la manière dont ils se sont comportés pendant le temps qu'ils ont eu le malheur d'être sous la domination étrangère, et par rapport à la grande joie qu'ils ont témoignée du retour à leur légitime souverain*.

«Il est constant, ainsi que je l'ai vérifié par gens intéressés, qu'il se trouve actuellement en cette ville beaucoup de draps et d'étoffes de manufactures d'Angleterre, qui deviennent un fort mauvais effet pour ceux qui en sont chargés, et dont il n'a cependant pas été possible que les négociants n'aient fait commerce et négoce depuis la prise de cette place par les alliés. La demande des négociants pour qu'il soit fait un dénombrement exact de toutes les draperies et serges d'Angleterre qu'ils ont à présent dans leurs magasins, et que chaque pièce soit plombée du plomb de la ferme, avec peine de confiscation pour toutes celles qui se trouveroient dans la suite non plombées, fait connoître leur droiture; mais la demande de pouvoir trafiquer ces draps et étoffes dans le Pays conquis peut être regardée comme une chose qui répugne, et qui seroit préjudiciable à nos manufactures de France. Cependant, si cette grâce ne leur est pas accordée, voilà un effet considérable qui devient inutile à ces négociants, et qui portera un grand préjudice à leur commerce; au lieu qu'en leur permettant de les débiter pendant un terme de six mois dans le Pays conquis seulement, ils en tireroient des sommes qui leur donneroient moyen de faire travailler plus vivement les manufactures de cette ville. Il m'étoit d'abord venu dans l'esprit qu'il auroit été naturel de dire à ces négociants de faire transporter leurs draps et étoffes d'Angleterre à Dunkerque, pour les faire repasser en Angleterre ou les envoyer en Hollande, afin de s'en défaire; mais il m'a paru depuis, en connoissance de cause, que ce seroit causer une perte trop considérable à ceux qui en sont chargés, les Anglois et les Hollandois, qui sont habiles dans le commerce, ne cherchant eux-mêmes qu'à se défaire de ce que produisent leurs manufactures, de sorte que ce qui leur seroit renvoyé de Lille demeureroit sans débit et causeroit des pertes trop fortes à ceux qui en sont chargés, même la ruine de quelques-uns**.»

* Le 13, les prélats, chapitres ecclésiastiques, chevaliers et nobles des États de Lille adressent cette lettre: «Les corps du clergé et de la noblesse des États de Lille ne sauroient assez faire éclater leur joie de ce qu'ils sont rendus au Roi par le traité de paix. Ils avoient donné des marques, pendant le siège dudit Lille, d'une fidélité à l'épreuve; la perte des biens les touchoit peu, et ils oublient sans peine les plus grands malheurs, sachant que S. M. leur a fait la grâce de les distinguer dans une occasion si considérable.....»

** Au dos, de la main du contrôleur général: «Inventaire, plomber et six mois pour débiter dans le Pays conquis.»

Voir aussi les lettres de M. le Blanc, intendant en Flandre maritime, sur la vérification des marchandises provenant de prises et existant à Dunkerque, et sur les délais accordés aux marchands pour les faire entrer sans payer de droits (11 juillet et 12 août 1713).

Le 24 janvier 1715, M. de Bernières écrit que, sous prétexte d'écouler des marchandises du temps de l'occupation hollandaise, il se fait une grande contrebande, et propose d'accorder aux marchands un dernier délai. — Approuvé.

1464. *M. Chauvelin, intendant à Tours,*
au Contrôleur général.

13 Juin 1713.

«..... J'ai fait chercher avec grand soin les papiers que vous demandez du temps de M. Tubeuf: il ne s'est rien trouvé, ses secrétaires n'ayant rien laissé. J'ai même parlé à l'un d'eux, qui est encore ici, et à celui qui leur succéda; ils m'ont confirmé que tout avoit été emporté. Le sieur le Noble, qui étoit alors secrétaire de M. Tubeuf, pourroit peut-être vous donner sur cela quelques éclaircissements. Il est à Paris; mais on ne sait pas sa demeure.»

1465. *M. de Courson, intendant à Bordeaux,*
au Contrôleur général.

14 Juin 1713.

«Pendant que j'étois en Bigorre, on m'a si fort assuré que les eaux de Barèges étoient prêtes à se perdre entièrement, que j'ai cru nécessaire de le voir par moi-même, pour pouvoir vous en rendre compte. Il est certain que la source est beaucoup diminuée, et que l'on voit qu'il s'en perd beaucoup. Il faudroit, pour pouvoir la rétablir, avoir un très habile fontainier, et il n'y en a point en ce pays-ci; mais ce n'est pas là le plus grand mal: il s'est fait une ravine au-dessus de l'endroit par où la source sort du rocher, qui ne manquera pas de la combler entièrement dès qu'il y aura une fonte de neiges considérable; il seroit absolument nécessaire d'y apporter du remède très promptement, sans quoi on ne peut compter sur ces eaux, qui sont si salutaires au public, et surtout pour les blessures. Comme cela regarde principalement les officiers, j'ai l'honneur d'en écrire à M. Voysin, d'autant plus qu'il avoit été fait un fonds de 60,000# sur l'extraordinaire des guerres, il y a plusieurs années, qui fut détourné après la levée de siège de Barcelone*.....»

* En apostille, de la main du contrôleur général: «Faire réponse que je me remets aux ordres qu'il pourra recevoir de M. Voysin, ne croyant pas devoir entrer en connoissance de ce qui regarde ces eaux, puisqu'il en a écrit à M. Voysin.»

Le 12 février 1712, M. Lescalopier, intendant en Champagne, après avoir examiné diverses requêtes des habitants de Bourbonne-les-Bains, écrivait qu'il lui paraissait nécessaire de rétablir les chemins qui menaient en ce lieu, et qui étaient indispensables pour l'approvisionnement de l'armée d'Allemagne ou pour le transport des denrées de Franche-Comté et de Champagne. Il approuvait aussi l'établissement d'un hôpital militaire. «Tout y concourt dans ses dispositions, disait-il: une maison donnée, avec un réfectoire, des salles à coucher soixante soldats, une chambre pour quatre officiers en cas de besoin, des greniers pour les linges lessivés, un bain particulier aux soldats, des dessins pris, avec la faveur d'un jet d'eau vive dans le milieu de la cour, qui porte la chute de ses eaux dans les lieux sujets au nettoiement;..... l'affluence continuelle des officiers, soldats, et de toutes sortes de personnes pour faire usage de ces eaux et bains salutaires.....» Voir ses autres lettres des 6 juillet et 1er novembre 1713, et une lettre de son subdélégué, 26 mai. Cet établissement avait été formé par la réunion de l'ancien hôpital des Antonistes à la maison de charité: lettre du curé Roger, 29 novembre 1711.

Sur la conservation des eaux minérales de Balaruc, et sur les prétentions d'un riverain qui voulait, par des puits et des fossés, détourner la source et l'arrêter dans son champ, prétendant qu'il était libre d'agir à sa guise, voir une lettre de M. de Bâville, intendant en Languedoc, 8 janvier 1715.

1466. *M. Roujault, intendant à Rouen,*
au Contrôleur général.

16 juin 1713.

Tarif des octrois de la ville d'Elbeuf*.

* Voir une lettre des habitants, 19 septembre 1711.

1467. *Les Syndics des inspecteurs de police de Paris*
au Contrôleur général.

16 Juin, 15 Juillet, 4, 11, 18, 22
et 27 Août 1713.

Ils lui demandent de signer les arrêts présentés par

M. d'Argenson, contre les orfèvres de Paris et les Lombards dits *hautebas*, pour soumettre au visa des inspecteurs de police les registres sur lesquels ces marchands doivent inscrire leurs achats de vaisselle d'or et d'argent.

1468. *M. de Bâville, intendant en Languedoc,* au Contrôleur général.

19, 21 et 26 Juin 1713.

Il rend compte d'un mouvement séditieux qui s'est produit à Toulouse, et dont les principaux auteurs sont les laquais de la ville, surtout ceux des membres du Parlement : des prisonniers ont été enlevés, les vitres du Palais brisées, et la porte de la grand'chambre a failli être forcée. La disette n'est pour rien dans cette agitation, puisque le pain ne coûte que 2 s. 6 d., que la ville a des fonds pour acheter à Bordeaux tous les blés qu'elle voudra, et que M. de Courson est prêt à les livrer, comme il l'a fait pour le haut Languedoc; on a tout ce qu'il faut pour attendre la récolte, qui promet d'être bonne.

Si le mouvement ne se calme pas, il se rendra en personne à Toulouse, avec des troupes; mais il suffirait que les membres du Parlement missent leurs laquais à la raison*.

* L'émeute n'eut pas de suites : voir les lettres de M. Riquet, président, et de M. Lemazuyer, procureur général au Parlement, 18 juin et 12 juillet.

1469. Le Contrôleur général à *M. d'Argenson, lieutenant général de police à Paris.*

25 Juin 1713.

«Les cautions de Raymond Marcyé, chargé de la vente des offices de trésorier de la bourse des marchés de Sceaux et de Poissy, disent qu'ils ont trouvé une compagnie de personnes puissantes et accréditées qui offrent de les rembourser en les faisant subroger à leur place pour faire le payement du prix des bestiaux aux marchands forains. Ils prétendent que l'expérience a fait voir que cet établissement a été fort utile au public par la diminution du prix de la viande qu'il a procurée et l'augmentation qui y est arrivée depuis que les marchands forains n'ont plus trouvé de l'argent comptant du prix des bestiaux qu'ils amènent dans ces marchés, ce qui y procuroit l'abondance. Je vous prie de prendre la peine d'examiner le mémoire qu'ils m'ont mis entre les mains sur cela, ... et les personnes qui se présentent pour remettre cette affaire sur pied, et de me faire savoir ensuite si vous estimez que le temps soit propre de rétablir les trésoriers de la bourse des marchés de Poissy et de Sceaux : ce seroit en effet un moyen de décharger le Roi du remboursement de la finance de ces offices, et de faire payer les billets que l'ancienne compagnie a sur la place*.»

* Dans une lettre du 4 novembre précédent, M. d'Argenson avait demandé une surséance de trois mois pour faciliter la reddition des comptes des intéressés dans l'affaire des deux marchés. Par une autre lettre du 6 juillet 1715, adressée à M. de la Garde, il propose de leur accorder une nouvelle surséance de six mois et demande qu'on lui attribue pour un an le jugement des contestations entre les intéressés et les forains.

1470. *M. de Pontchartrain, secrétaire d'État de la marine,* au Contrôleur général.

28 Juin 1713.

Le fermier de Dombes prétend répéter contre les fournisseurs de la marine et les voituriers d'eau de la Saône tous les droits dus sur les marchandises qu'en vertu des passeports du Roi ils ont fait passer en franchise à Trévoux depuis 1706. Cette prétention, si elle était admise, serait une cause de ruine*.

* Le contrôleur général répond, le 10 juillet : «. . . . . Comme le Roi ne veut point qu'on entre dans aucune discussion sur ce qui concerne ce péage, qui appartient en souveraineté à Mgr le duc du Maine, je n'ai aucune diligence à faire sur ce qui le concerne. M. Voysin ne m'a pas consulté sur les passeports qu'il a demandés à Mgr le duc du Maine, et je puis même vous dire que le Roi a été surpris que Mgr le duc du Maine les ait accordés. Dans cette situation, c'est à vous à juger de ce que vous avez à faire pour le bien du service, et je suis persuadé que vous n'avez pas besoin de mon avis pour vous déterminer.»

1471. *M. de Bernage, intendant à Amiens,* au Contrôleur général.

28 Juin 1713.

Il propose d'exempter des droits les bois coupés dans la forêt de Lucheux pour la construction d'un hôpital militaire à Arras*.

* En apostille : «Savoir en quoi consiste le droit, comment et au profit de qui il se lève; que l'exemption ne devroit point être accordée dans ces cas-là, etc.; que c'est toujours une occasion de fraude.» A cette lettre sont joints des plans, coupes et élévations de l'hôpital royal.

1472. *M. d'Angervilliers, intendant en Dauphiné,* au Contrôleur général.

28 Juin et 27 Novembre 1713.

Nomination d'un procureur du Roi à la Monnaie de Grenoble, et d'un juge-garde en remplacement du sieur Expilly.

1473. *M. Guynet, intendant à Caen,*
au Contrôleur général.

29 Juin et 12 Septembre 1713;
26 juin et 10 août 1714.

Procédure contre les villageois accusés d'avoir pillé trois vaisseaux échoués sur la côte de la Hague, près de Cherbourg; conversion des peines afflictives en amendes destinées à couvrir les frais d'instruction.

«..... Le pillage dont il s'agit a été très considérable, et les peuples de ce pays y sont trop enclins, y en ayant encore eu un depuis peu à Isigny..... Tous les habitants des paroisses voisines se reconnoissant complices, ils ont jugé qu'ils n'avoient pas de meilleur parti à prendre que la fuite.....»

1474. *M. de Bernières, intendant en Flandre,*
au Contrôleur général.

1er Juillet 1713.

Il se plaint des usurpations du Magistrat de Lille en matière commerciale, pendant l'occupation de cette ville, et de l'inutilité de la prétendue Chambre de commerce, comprenant seulement des membres du Magistrat qui n'y entendent rien. Mieux vaudrait qu'elle ne fût composée que de négociants et de marchands; peut-être même serait-il encore plus utile de créer une juridiction consulaire, quoique ce soit chose inconnue jusqu'à présent en Flandre*.

* Réponse en marge : «Je trouve tout ce qu'il propose fort bon; j'attends avec impatience les mémoires que vous devez m'envoyer sur ce sujet.»

Les 24 mai et 11 juillet 1715, les directeur et syndics de la Chambre de commerce demandent l'établissement de cette juridiction consulaire : «..... Les peuples de la ville et de la campagne attendent cet établissement avec toute l'impatience que leur inspire la certitude du soulagement qu'une pareille érection apportera à leurs affaires.....»

1475. *Le Contrôleur général*
à M. de Courson, intendant à Bordeaux.

4 juillet 1713.

Règlement des fonctions des courtiers. Quelques-uns d'entre eux ont accaparé toutes les expéditions du commerce étranger, au détriment des autres, ce qui jette le trouble dans leur corporation et cause une diminution du produit des vins, eaux-de-vie, etc., au grand préjudice des propriétaires de terres, et une sortie considérable d'espèces. Le tour de rôle et le rapport des deux tiers du profit par le courtier choisi au courtier de tour peut amener quelque amélioration; mais l'intendant devra s'entendre avec toutes les personnes intéressées pour rétablir l'ordre des choses.

1476. *Le Contrôleur général*
à M. Daguesseau,
conseiller au Conseil royal des finances.

5 Juillet 1713.

«Je vous envoie la dernière lettre que j'ai reçue des sieurs Anisson et Fénellon, par laquelle ils expliquent, entre autres choses, les principales difficultés qu'ils prévoient devoir arriver dans la discussion des matières concernant le commerce d'entre la France et l'Angleterre. J'y joins une note que j'ai faite de ce qui m'a paru de plus important à observer sur ces articles, et des mesures que je crois qu'il faut prendre pour avoir les éclaircissements nécessaires sur ces matières.

«Je vous envoie aussi un projet d'instruction pour les sieurs Anisson et Fénellon, que M. Mesnager a dressé. Je vous prie d'y donner aussi votre attention, et, quand vous aurez examiné le tout, nous pourrons en conférer ensemble pour déterminer les ordres qu'il convient d'envoyer aux sieurs Anisson et Fénellon.»

1477. *M. Feydeau de Brou, intendant à Alençon,*
au Contrôleur général.

5 Juillet, 3, 4 et 14 Août 1713.

«J'ai reçu la lettre que vous m'avez fait l'honneur de m'écrire le 16 du mois dernier au sujet des impositions du nommé Louis Grandchamp, employé dans les écuries du Roi pour couper les chiens et les chevaux. Je me suis fait rendre compte du bien que cet homme possède : il a plus de 120# de revenu; il est imposé à la taille de la paroisse de la Carneille à 15#, ce qui est un taux proportionné aux autres particuliers qui ont les mêmes facultés que lui. Ainsi, il n'a aucun sujet de se plaindre, quoiqu'il ne fasse aucun commerce ni exploitation*.

«..... Lorsque le dixième a été établi, le sieur Dampont a fait sa déclaration, conformément à celle qu'il a eu l'honneur de vous envoyer, que son revenu étoit de 820#; dans la suite, il a été fait une estimation par des experts, qui ont déclaré que ses biens pouvoient produire de revenu, années communes, 830#. Cependant on ne l'a augmenté ni diminué : il a toujours été imposé à 82#, qui est le dixième de 820#, ainsi qu'il l'avoit lui-même déclaré. Par conséquent, il se plaint mal à propos d'une augmentation qui n'est qu'imaginaire. J'ai remarqué, en lisant la lettre qu'il a eu l'honneur de vous écrire le 13 du mois passé, ci-jointe, qu'il se plaint que, payant 82# de dixième, on ne pouvoit l'imposer à 164# de capitation. J'ai eu l'honneur de vous informer qu'il n'en payoit que 130# de principal, et qu'à l'égard du surplus, c'est à cause des 2 s. pour livre et autres impositions faites au marc la livre de la capitation, et on ne l'a imposé à cette somme que parce qu'il est aisé et en argent comptant, n'ayant qu'une fille mariée avantageusement, étant en état de vendre plus de quatre cents boisseaux de blés outre sa provision, et enfin pour avoir fait commerce de blé en 1709, où il a profité. Si néanmoins vous souhaitiez qu'il soit moins imposé à la capitation, vos ordres seront ponctuellement exécutés.

«..... Étant à présent à Falaise pour examiner ce qui se

passe à la foire de Guibray, je me suis informé des impositions de [la] paroisse [de Rabodanges]. Elle n'est imposée qu'à 650# de taille, et elle les pourroit supporter aisément, si les collecteurs s'attachoient à en faire une juste répartition, ce qu'ils ne font pas, étant informé qu'ils déchargent les fermiers de quelques personnes de qualité qui ont des fermes assez considérables dans cette paroisse, et chargent par conséquent les pauvres particuliers de la taille que ces fermiers devroient supporter. L'année prochaine, j'aurai attention que le rôle de cette paroisse soit fait avec plus d'égalité qu'il ne l'a été jusqu'à présent, et lui ferai part un peu plus qu'aux autres de la gratification que j'espère que vous aurez la bonté de m'accorder**.»

* Le 4 septembre, il écrit : «.....Il y a dix-sept ans que cet homme a quitté la paroisse de la Carneille, dans laquelle il étoit imposé, en ce temps-là, à 11# du principal de la taille. Depuis, il est allé demeurer à Anet, où on ne l'avoit imposé qu'à une obole. En 1707, il est revenu dans la paroisse de la Carneille, y faire valoir son bien. Pendant quatre années, on ne l'a point compris dans les rôles des tailles; mais, en 1713, on l'y a mis à 15# du principal de la taille. Pour la capitation, il la paye à proportion de la taille : en sorte que son augmentation est de 6# eu égard à la première imposition, non compris la capitation, qui peut être de pareilles 6#. Je crois que tous les mouvements de ce particulier ne tendent qu'à être mis à 11#. C'est ce qu'il me sera facile de faire au département prochain, en le taxant d'office à cette somme, à moins que vous n'ayez la bonté de me donner des ordres pour qu'il ne soit plus compris aux impositions.»

** Voir d'autres lettres des 28 septembre 1713 et 13 mai 1715.

1478. *M. de Harlay de Cély, intendant en Béarn,* au Contrôleur général.

(De Pau,) 8 Juillet 1713.

«Le *Te Deum* en actions de grâces de la conclusion de la paix fut chanté ici dimanche dernier, solennellement; les Compagnies s'y sont trouvées à l'ordinaire. Les démonstrations de joie, tant de la noblesse que du peuple, ont été marquées, pendant toute cette journée, au delà de toutes expressions. Le corps de ville donna un grand repas, où M. le premier président et moi avons assisté. Toutes les rues étoient remplies de peuple, tant de la ville que des environs, qui ne cessoient de crier : Vive le Roi! et de faire des vœux pour la durée d'une vie si précieuse et si nécessaire pour le bonheur du royaume. Chaque pas que je fis ce jour-là dans la ville, j'étois entouré d'un nombre infini de peuple, qui réitéroit ses acclamations avec des effusions de cœur dont j'avoue que je fus charmé par l'attachement respectueux et sincère que toute cette province marque avoir pour son maître. Il vint un grand concours de peuple et de toute la bourgeoisie, le soir, au château, où je donnois à souper à la noblesse, et où je puis vous assurer que les uns et les autres se distinguèrent également par les témoignages de leur joie et de leur zèle. Cela fut suivi d'un grand feu d'artifice et d'illuminations et de feux par toute la ville. La même cérémonie avoit été faite quelques jours auparavant à Lescar, où les États étoient encore assemblés, et la noblesse, à qui je donnai à souper ce jour-là, me parut ne céder en rien au peuple, s'étant signalée par les épanchements de son zèle et de sa joie. Je fis sentir les pauvres de ces fêtes par des distributions de pain et de quelques barriques de vin.

«J'avoue que toutes ces démonstrations, que l'on m'assure avoir été poussées plus loin que jamais et avoir éclaté de même dans toutes les autres villes de la province, m'ont fait un plaisir infini, et ces sentiments de cœur de tout le pays m'ont paru si utiles pour le bien du service, que j'ai cru ne pouvoir me dispenser d'avoir l'honneur de vous en rendre compte et de vous faire ce détail; je le regarde même comme une justice due à l'affection de cette province pour la personne du Roi*.»

* M. de Courson, intendant à Bordeaux, écrit, le 1er juillet : «La publication de la paix fut faite ici mardi dernier, avec beaucoup de marques de joie et d'acclamations de la part du peuple. Les réjouissances commencèrent jeudi dernier, que le *Te Deum* fut chanté. Je ne puis assez vous exprimer combien chaque particulier a cherché à se distinguer, soit par des illuminations qui ont été faites, soit par des tables que plusieurs ont établies dans les rues depuis le *Te Deum*. Tous les négociants de cette ville ont été les premiers qui ont cherché à se distinguer, et surtout ceux du faubourg des Chartrons, qui, par leur situation sur le bord de la rivière, sont plus à portée de paroître. Depuis jeudi dernier, il n'y a personne dans la ville qui ne coure dans les rues; on n'entend que des cris de : Vive le Roi! Cela s'est passé, heureusement, jusques à aujourd'hui, sans aucun désordre et sans qu'il soit arrivé aucun accident. Quoique je fusse bien persuadé que la paix feroit beaucoup de plaisir à cette ville, je n'aurois jamais pu imaginer que les démonstrations de joie pussent être aussi grandes qu'elles l'ont été, d'autant plus qu'on n'a rien exigé des particuliers, et que tout ce qu'ils ont fait a été de leur propre mouvement. Je crois devoir vous observer qu'il n'y a eu que les bâtiments hollandois et quelques bâtiments anglois qui n'ont voulu faire aucunes réjouissances, ni prendre part à celles qu'on faisoit. J'ai même remarqué qu'ils affectoient de ne pas paroître sur leurs bords.»

Sur les dépenses nécessitées par la publication à Marseille, voir une lettre de M. Lebret, intendant en Provence, 18 juin. Cette lettre, ainsi que celles de M. de Grignan, lieutenant général, 16 et 30 juin, donnent des détails sur un voyage à Marseille projeté par le roi de Suède, qui se trouvait alors à Smyrne.

Sur des conflits survenus à propos de *Te Deum* et de réjouissances, voir les lettres de M. Foullé de Martangis, intendant en Berry, 20 février 1715; du sieur Balme, lieutenant général au bailliage de Bugey, 13 juin 1714; de M. Lengeois d'Hymbercourt, intendant à Soissons, 23 mai, 4 juin, 22 août 1713, et des officiers du bailliage provincial, 9 juin.

1479. *M. Gautier, lieutenant général du bailliage de Dijon,* au Contrôleur général.

8 Juillet 1713.

Il communique les pièces qui attestent la possession où ont été ses prédécesseurs de garder l'abbaye de Cîteaux lorsque la dignité abbatiale était vacante.

1480. *M. de Bâville, intendant en Languedoc,* au Contrôleur général.

9 Juillet 1713.

Il insiste pour l'exécution des ordonnances qui défendent aux officiers des Parlements de connaître des décrets prononcés au profit des collecteurs de la taille*.

«Les décrets doivent être faits par les juges ordinaires, et ne peuvent point être évoqués aux requêtes du Palais sous prétexte d'autres créances. Si cela étoit autrement, les collecteurs seroient obligés de suivre toutes les juridictions et seroient exposés à bien des chicanes. Cette disposition a paru d'autant plus juste, que le créancier qui veut aller aux requêtes du Palais ou ailleurs pour faire décréter les biens n'a qu'à rembourser ce qui est dû au collecteur, qui doit être toujours préférable à toute autre dette.....»

* Voir une lettre de M. Bailot, syndic de la ville de Toulouse, 18 septembre.

1481. *M. d'Argenson, lieutenant général de police à Paris,*

au Contrôleur général.

10 Juillet 1713.

«La nommée Thomas, dont vous m'avez fait l'honneur de me renvoyer le placet, est une insigne friponne que j'ai condamnée à plusieurs amendes pour avoir vendu des toiles peintes. On en a encore trouvé depuis quelques jours dans l'appartement qu'elle occupe, et c'est pour sûreté d'une amende de 500# que j'ai prononcée contre elle pour cette contravention qu'elle a été conduite au Petit-Châtelet. Son mari, dont il vous a plu aussi de me renvoyer le placet, est un commis du greffe des consuls, fort honnête homme, mais qui, ayant été obligé de payer deux amendes quoiqu'il n'eût aucune part au commerce de sa femme, vous supplie de l'affranchir de cette dernière condamnation. Je pense même qu'il vous paroîtra juste de le décharger de la solidité dont il est tenu suivant les règles ordinaires, et de faire tomber toute la peine sur cette fraudeuse de profession, qu'on pourroit reléguer, par un ordre supérieur, à quarante ou cinquante lieues, pour la mettre hors de portée de faire entrer dans Paris toutes sortes de marchandises de contrebande, dont elle ne pourra jamais s'empêcher de faire un commerce public, puisque son propre intérêt et plusieurs mois de prison et deux ou trois amendes n'ont pu la réduire.»

1482. *M. de Bernage, intendant à Amiens, à M. le Rebours, intendant des finances.*

10 Juillet 1713.

«Vous m'avez fait l'honneur de me mander, par votre lettre du 4 de ce mois, en réponse à une que j'avois écrite à M. Desmaretz le 25 du mois passé, qu'il avoit fait employer sur l'état de distribution du 19 décembre dernier les 30,826# dues aux Magistrats d'Arras, lesquelles sont assignées sur la capitation d'Artois de 1712 et années précédentes, et que l'assignation doit être [entre] les mains de M. de Mongelas. Vous me marquez aussi qu'à l'égard de ce qui concerne l'abbaye de Saint-Vaast, M. Desmaretz l'a fait employer dans l'état de distribution du 3 de ce mois, et que cette somme a été assignée sur la recette d'Artois de 1714, payement d'avril. A l'égard de cette dernière assignation, elle pourra avoir lieu; mais je dois représenter à M. Desmarets que la première portera à faux, s'il veut bien tenir à Messieurs des États d'Artois ce qui leur a été promis par les arrêts du Conseil rendus ci-devant, qui ont réglé les diminutions accordées sur les impositions de cette province et désigné les assignations qui seroient données sur les sommes dues par des compensations avec des fournitures faites par le pays. L'arrêt du Conseil du 30 décembre dernier, qui règle les impositions de 1712, réduit la somme qui doit être payée sur les impositions d'Artois à 226,805#, et il est dit qu'elle sera employée, tant au payement des épices du compte et taxations du sieur de Leslez, et charges du Don gratuit portées par l'état du Roi, qu'autres parties assignées et déléguées sur les impositions de ladite année 1712 par l'arrêt du Conseil du 29 décembre 1711. Il faut donc revenir aux parties indiquées par ce dernier arrêt, entre lesquelles le choix doit être fait de celles qui doivent être assignées suivant mon avis. Celles que j'avois proposé d'assigner par préférence à toutes sont les charges de l'état du Roi, ce qui devra être payé à M. de Gomiécourt, la somme de 128,000# due pour la fourniture des blés au munitionnaire pendant la campagne de 1708, et ce qui pourra être payé à compte de 52,306# pour la fourniture de onze mille six cent trois sacs d'avoine faite à l'armée du Roi campée devant Douay pendant les mois d'août et décembre de l'année 1708. Ces deux dernières sommes font partie de celle de 294,943# que S. M. avoit ordonné être réassignée par compensation sur les impositions de ladite année 1712, par l'arrêt du Conseil du 29 décembre 1711. Ainsi, après que les charges portées par l'état du Roi à payer sur lesdites impositions, et ce qui doit être assigné pour M. de Gomiécourt dans la même année aura été fixé, le surplus doit être épuisé par les deux parties pour blés et avoines que je viens de vous marquer. Telle fut l'intention de M. Desmaretz, et, si la désignation de ces parties ne fut pas faite plus expressément par l'arrêt du Conseil du 31 décembre 1712, ce fut uniquement à cause de l'incertitude de la portée de l'état du Roi pour les charges, et de ce qu'on devoit assigner pour M. de Gomiécourt, qu'il falloit fixer avant d'épuiser le reste du fonds par les deux autres. Ce fut même par cette raison qu'en travaillant avec M. Clautrier, qui est au fait des affaires des États d'Artois, je fis connoître qu'une assignation de 40,000# destinée à M. le maréchal de Montesquiou se trouveroit caduque sur les impositions de 1712, et cette somme fut réassignée sur celles de l'année courante, parce qu'en réglant les impositions de cette année, on prendra soin d'en réserver la portée, et il en sera usé de même pour l'assignation de l'abbaye de Saint-Vaast, de 10,575#, sur 1714. Il paroît qu'on pourroit réassigner la somme de 30,826# due aux Magistrats d'Arras sur la même année; mais, s'il avoit été donné beaucoup d'autres assignations sur l'année courante ou sur les prochaines, cela jetteroit le pays et les pauvres créanciers qui ont fait des fournitures dans de grands embarras; car je dois vous observer qu'après que la somme de 128,000# pour fourniture de quinze mille sacs de blés, et celle de 52,306# pour fourniture de onze mille cinq cent trois sacs d'avoines, dont est fait mention ci-dessus, auront été acquittées sur l'année 1712, s'il y a suffisamment de fonds, comme ces deux sommes font partie de celle de 294,943# que S. M. avoit ordonné être réassignée sur les impositions de ladite année par l'arrêt du Conseil du 29 décembre 1711, il restera à réassigner sur 1713 la somme de 114,637# pour cette partie, et une somme de 300,000# d'autre, tant à cause de l'excédent des rations de fourrage de campagne de 1708 et 1709, qu'à cause de l'excessive fourniture faite pendant le quartier d'hiver desdites années, aux termes dudit arrêt du 26 décembre 1711 et de celui du 31 décembre 1712, qui porte expressément que les parties comprises dans le premier de ces arrêts, qui n'auront pu être assignées sur la somme de 226,805#, à quoi sont réduites les impositions de 1712, seront réassignées, déduites et compensées sur les impositions de l'année 1713. Je dois vous dire aussi qu'il y a une somme de 196,835# dues pour les blés enlevés dans les villes d'Artois par l'ordre de M. le maréchal de Villars, en 1709, que j'ai toujours regardée comme une dette de préférence, que M. Desmaretz m'a fait espérer de faire assigner sur les premiers fonds qu'on pourroit tirer des impositions d'Artois, immédiatement après les parties comprises dans les arrêts précédents, et plusieurs sommes pour des bestiaux pris et consommés dans les sièges de Béthune, Aire et Saint-Venant, et autres fournitures, qui pourront monter à environ 100,000#. C'est de quoi je le supplie très humblement, et vous aussi, de se souvenir, et de vouloir bien réserver les fonds pour des dettes si légitimes et si favorables. Je ferai part de ce que j'ai l'honneur de vous mander à MM. les députés des États, afin qu'ils puissent conférer avec vous et vous mettre en état de régler ce qui peut concerner leurs affaires avec un arrangement que je vois que vous n'avez pu faire, faute, par eux, de vous avoir donné les connoissances des dispositions portées par les arrêts du Conseil que je vous ai expliquées. Je vous supplie de vouloir bien rendre compte à M. Desmaretz de ce qui est contenu dans cette lettre, qui pourra servir de plan pour l'exécution de ce qu'il a lui-même ordonné ci-devant sur cette matière. Je vous serois aussi très sensiblement obligé de me faire savoir si les assignations sur la recette générale de Picardie, des années 1714 et 1715, de 115,690# chacune, pour le payement des blés fournis par cette généralité en 1709, ont été expédiées, comme M. Desmaretz me l'a fait espérer, lorsque j'étois à Paris. C'est encore une dette des plus privilégiées, et celles de pareille nature ont été acquittées dans toutes les autres généralités, entre autres dans le Soissonnois : ce qui fait murmurer personnellement contre moi, à qui le pays impute ce retardement.»

1483. *Le Contrôleur général*
à M. de la Croix, receveur général des finances de la généralité de Moulins.

12 Juillet 1713.

«Comme je dois aller demain au matin à Paris, je souhaiterois fort de vous y trouver en arrivant, parce que j'ai à vous parler d'affaires de conséquence, sur lesquelles il faut que je prenne avec vous des mesures pour leur exécution : 1° pour le contingent des 400,000# qui sont destinées pour le payement des arrérages et le remboursement de partie des capitaux des rentes sur les tailles; et je vous dirai, sur ce qui regarde ces 400,000#, que, n'ayant point voulu manquer aux engagements avec le public, tant pour le payement des arrérages que pour le remboursement de partie des capitaux, on a tiré de la caisse de M. Bellanger, du fonds des rentes, la somme portée dans le mémoire que je vous envoie; 2° il faut aussi penser à assurer l'état des receveurs généraux sur l'avance qu'ils ont faite pour l'affranchissement des tailles, ne voyant encore aucune disposition prochaine au succès du projet qui en a été fait; 3° il y a de plus le fonds des 3,000,000# pour juin, juillet et août, qui n'est pas entièrement rempli. Tous ces objets demandent une sérieuse attention, et je les traiterai avec vous pour y pourvoir incessamment.»

1484. *M. Ferrand, intendant en Bretagne,*
au Contrôleur général.

12 Juillet, 14 Août, 8 et 27 Décembre 1713; 20 Janvier 1715.

Contrebande du tabac. Instruction et jugement d'un fait de rébellion commis à Plouescat avec la connivence de plusieurs cadets de noblesse et du capitaine de la paroisse*.

* Voir les lettres de M. Voysin, secrétaire d'État de la guerre, 20 juillet, 26 août et 8 septembre 1713, et une lettre du contrôleur général, 9 février 1715.

Sur d'autres faits de contrebande ou de rébellion contre les employés de la ferme, voir les lettres de M. Ferrand, 12 janvier 1714 et 6 février 1715; de M. Guynet, intendant à Caen, 10 décembre 1714, 1er et 10 février, 30 mars 1715, et du contrôleur de Lange, 17 avril; de M. Laugeois d'Hymbercourt, intendant à Montauban, 14 avril, 2 août et 19 septembre 1714; de M. Turgot, intendant à Moulins, 26 novembre 1713.

1485. *M. d'Argenson, lieutenant général de police à Paris,*
au Contrôleur général.

17 Juillet 1713.

Il transmet une lettre de plusieurs négociants de Paris qui exposent le funeste effet que les ordres de M. de Pontchartrain, d'encourager les armateurs à arrêter les vaisseaux de Hambourg, de Lubeck et de Brême, auraient pour le commerce, s'ils étaient exécutés.

1486. *M. Laugeois d'Hymbercourt,*
intendant à Soissons,
au Contrôleur général.

19 Juillet 1713.

Il appuie une requête des notaires de Soissons, demandant à jouir des droits et des fonctions de garde-notes, en indemnisant le propriétaire actuel de cet office*.

* «Bon.»

1487. *M. de la Briffe, intendant en Bourgogne,*
au Contrôleur général.

20 Juillet 1713.

Il approuve le projet d'arrêt demandé par les élus de Bourgogne pour que les communautés qui intenteront des procès, ou qui seront défenderesses dans ceux qu'on leur fera, soient obligées, dans l'un et dans l'autre cas, de prendre une délibération et de la faire approuver par l'intendant.

1488. *M. de Montaran,*
trésorier des États de Bretagne,
au Contrôleur général.

21 Juillet 1713.

Il envoie des projets d'arrêt autorisant la province à rembourser l'office d'abienneur et commissaire général aux saisies féodales près la Chambre des comptes de Nantes*, et les offices de contrôleur et de receveur des fouages**.

* Voir les lettres de MM. de la Busnelays, premier président, et de la Tullaye, procureur général en la Chambre, 15 et 22 décembre 1711; de M. Ferrand, intendant, de M. le maréchal de Châteaurenault, commandant de la province, et de M. le prince de Léon, président des États, 19 décembre 1711; de M. l'évêque de Saint-Malo, 9 janvier 1712; et de Mgr le comte de Toulouse, gouverneur de la province, 13 mars 1713.

** Voir les lettres de M. Ferrand, 9 et 20 janvier, et 10 juin 1712; de M. l'évêque de Saint-Malo, 9 janvier 1712; du receveur général de la Boissière, 9 et 30 mars; de M. de la Guibourgère, procureur-syndic des États, 10 avril; du sieur le Masson, 4 et 5 mars. L'évêque de Saint-Malo disait : «La suppression de la charge de commissaire-abienneur général aux saisies féodales seroit égale aux États; mais leur coutume est de demander la subrogation aux charges dont ils regardent l'exercice comme nuisible à la province, ou dont les attributions leur paroissent onéreuses. La raison qu'ils en ont est qu'en conservant le titre de ces charges, ils se proposent d'en réduire les fonctions, d'en modérer les attributions, et d'éviter qu'on ne crée de nouveau ces mêmes charges.....»

1489. *M. Bignon de Blanzy, intendant à Paris,*
au Contrôleur général.

22 Juillet 1713.

«Vous m'avez fait l'honneur de me demander, par votre lettre du 19 de ce mois, mon avis sur le placet qui vous a été présenté au nom des laboureurs et fermiers de la paroisse d'Antony, de l'élection de Paris, que je joins ici, qui vous ont fait des représentations sur les défenses qui leur avoient été faites par les officiers de la capitainerie des chasses de Saint-Germain, dans l'étendue de laquelle ce village est situé, d'entrer dans leurs blés pour couper les chardons et ôter les mauvaises herbes qui les étouffoient. J'ai l'honneur de vous observer qu'il n'est plus temps d'y pourvoir : le mal, si ces défenses en ont causé, ne peut plus être réparé; la saison d'y remédier est passée. C'est dans le printemps que ce travail se fait à la campagne.»

1490. *Le Contrôleur général*
à M. Lescalopier, intendant en Champagne.

24 Juillet 1713.

«.....Les distillateurs et marchands d'eau-de-vie de Reims demandent d'être exceptés de la.....défense de fabriquer aucune eau-de-vie de marc de raisin. Ils se fondent sur ce que cette eau-de-vie, faite avec le marc de raisin de Champagne, est propre à la santé et aux médicaments, et que cette fabrique fait subsister un grand nombre de familles*.....»

* M. d'Eaubonne, intendant à Soissons, appuie, le 1er avril 1715, une pareille demande de la part d'habitants de l'élection de Château-Thierry. En apostille : «Bon.»

La défense, qui s'appliquait aussi aux eaux-de-vie de sirop, de mélasse, d'hydromel, de bière, de lie et de grains, comme nuisibles, ne comprenait pas celles de cidre et de poiré en Normandie et en Bretagne : voir, sur une saisie faite à Calais, d'eaux-de-vie de cidre normandes, et sur la punition du commis qui avait donné l'acquit-à-caution, une lettre de M. de Bernage, intendant à Amiens, 28 mai 1714.

1491. *M. le Gendre, intendant à Montauban,*
au Contrôleur général.

25 Juillet 1713.

Il demande la permission de faire dresser pour le contrôleur général un cheval dont le roi d'Espagne l'a gratifié, et qui conviendrait mieux à son usage que celui qu'il lui avait offert précédemment*.

* En apostille : «Que je le prie de n'y pas penser; que, comme je ne fais pas beaucoup d'exercice de cheval, j'ai des chevaux anglois dont les allures sont commodes.»

1492. *Le Contrôleur général*
à M. d'Argenson, lieutenant général de police à Paris.

26 Juillet 1713.

«Le sieur Delamare, commissaire au Châtelet de Paris, a déjà donné au public deux tomes in-folio du *Traité général de la Police*, et il en est resté encore quatre tomes à imprimer, pour lesquels il dit avoir des matériaux disposés; mais ses facultés ne lui permettent pas de rendre cet ouvrage parfait sans secours. Le Roi a trouvé bon qu'il cherchât des expédients qui ne fussent point à charge à ses finances, vu les besoins dans lesquels on se trouve depuis longtemps..... Il propose d'établir à son profit, pendant vingt ans, une légère augmentation de droits sur les entrées aux spectacles publics, laquelle ne tombe que sur ceux qui y assistent, et n'intéresse ni les auteurs ni ceux qui y ont des droits à percevoir; après lequel temps, cette augmentation tournera au profit de l'Hôtel-Dieu de Paris*.....»

* Delamare (lettre du 17 juin 1712, à M. de la Garde) avait demandé une augmentation d'un neuvième. Voir aussi ses lettres des 29 septembre et 4 octobre 1711, et du 28 août 1713, relatives à la distribution des exemplaires du *Traité* dans les provinces ou à Paris.

1493. M. DE SAINT-MAURICE, *commissaire général de la Cour des monnaies*, AU CONTRÔLEUR GÉNÉRAL.

(Monnaies, G⁷ 1466.)

26 Juillet 1713.

Il demande où devront être placées les instructions et les minutes des jugements qui ont été rendus dans le cours de sa commission, et qui pourront être nécessaires, si les contumaces viennent à se représenter plus tard*.

* En marge, de la main du contrôleur général: «Il faut remettre ces procédures au dépôt du greffe de la commission particulière de la Monnoie.»

1494. M. DE LA HOUSSAYE, *intendant en Alsace*, AU CONTRÔLEUR GÉNÉRAL.

27 Juillet 1713.

«Je suis plus touché que je ne le puis dire de la bonté avec laquelle vous voulez bien me savoir gré du soin que j'ai pris pour procurer à M. le baron de Châteauneuf les commodités qui dépendoient de moi, et dont il pouvoit avoir besoin dans sa maladie. J'ai fort regretté de ce que mon éloignement de Strasbourg m'a empêché de lui mieux faire les honneurs de ma maison, où il a bien voulu se loger; son séjour n'y a pas été long, étant parti pour revenir à son régiment dès qu'il s'est trouvé en état de le rejoindre.

«Oserois-je prendre la liberté, à cette occasion, de vous témoigner une vraie peine que j'ai ressentie de ce qu'il m'est revenu que vous désapprouviez que je n'eusse pas eu l'honneur de vous rendre compte des traités faits par M. Pâris-Duverney pour environ cinquante mille sacs, du poids de deux cents livres, moitié froment et moitié seigle, dont M. Pâris, son frère, vous a informé? Si c'est une faute que j'ai commise, ç'a été bien innocemment, et certainement je n'aurai jamais rien de plus à cœur que de vous marquer mon respect et mon attachement, indépendamment même des avantages de votre protection et de l'état malheureux où je me trouverois, si j'en étois privé. Permettez-moi de vous expliquer que je n'ai point compté que le Roi contractât dans ces traités, mais seulement le munitionnaire. Ils sont d'une nature si différente des autres marchés, que l'on ne peut presque leur donner ce nom: les vendeurs sont obligés, sans que les acheteurs soient assujettis à aucun engagement; l'obligation des vendeurs ne subsiste qu'au cas que leurs grains ne soient point fourragés; ce fourragement leur étant épargné, ils se sont soumis à être contraints par exécution militaire; si les acheteurs n'ont pas besoin de ces grains, et en trouvent d'autres à meilleur compte, les vendeurs n'ont contre eux aucune action. Ainsi, c'est proprement un titre militaire pour tirer du grain à 16# le sac du poids de deux cents livres, rendu à Landau (d'un pays éloigné, l'un portant l'autre, de vingt lieues de cette place et soumis à contribution), tant que l'on en aura besoin, jusques à concurrence d'environ cinquante mille sacs. Ce titre est établi, soit pour le munitionnaire, soit pour le Roi, soit pour la fin de la campagne, soit pour la fourniture du pain pendant l'hiver, la livraison de ces grains ne devant commencer que dans le mois de septembre. Les conditions y sont tellement liées avec le fait de guerre, que cela s'est embarqué et conduit sur plusieurs lettres de M. Voysin, et je n'ai pu y compter sur rien de fait qu'à mesure que j'ai eu son approbation, que je n'ai pas même été assez heureux de mériter pour le prix, qu'il a trouvé trop fort: ce qui m'a fait rencontrer dans cette affaire, quoique excellente en apparence pour le service, une fatalité personnelle assez fâcheuse dans tout le poids dont je suis chargé. Si, malgré cette justification, vous trouvez que j'aie manqué, vous voudrez bien me le pardonner, n'ayant rien de plus à cœur que de vous plaire*.»

* Voir une autre lettre du 2 septembre, sur la quote-part de la fourniture du bailliage d'Alzey.

1495. *Les Officiers du Parlement de Flandre* AU CONTRÔLEUR GÉNÉRAL.

28 Juillet et 7 Novembre 1713.

Installation de l'ancien Parlement de Lille à Douay, dans les bâtiments du Refuge de Marchiennes.

Suppression d'une des quatre chambres*.

* Voir une lettre de M. Voysin, secrétaire d'État de la guerre, 15 octobre 1713; trois lettres de M. de Baralle, 2 juillet, 6 septembre et 21 octobre 1713; une lettre du doyen du Parlement, 20 avril 1714; deux lettres de M. de Bernières, intendant en Flandre, 14 avril et 1er juin 1715. La ville de Douay contribua pour 200,000# aux frais de l'installation.

1496. LE CONTRÔLEUR GÉNÉRAL *à M. DE TORCY, secrétaire d'État des affaires étrangères.*

30 Juillet 1713.

«Ayant fait vérifier tout ce qui concerne la partie de rente de 9,743# 2 s. assignée sur les aides et entrées appartenant à M. le duc de Savoie, j'ai connu qu'on n'a point cessé d'employer cette partie dans les états du Roi, et qu'elle l'a toujours été sous le nom de Mme la duchesse de Savoie, quoique cette princesse l'ait cédée depuis plusieurs années à M. son fils. Ainsi, tous les arrérages échus jusqu'au 11 avril dernier, jour de la paix signée, qui se trouveront entre les mains du payeur, doivent être portés au Trésor royal, suivant les intentions de S. M., et, lorsque l'année 1713 sera finie, M. le duc de Savoie sera payé des arrérages qui lui seront dus à commencer du 11 avril jusqu'au dernier décembre. Cependant, comme il est nécessaire de faire l'emploi de cette rente sous le nom de ce prince dans l'état de la présente année qui n'est point encore expédié, je vous prie de faire demander à son agent les pièces justificatives de la cession qui lui en a été faite, et de vouloir bien me les faire remettre*.»

* Le 4 février 1714, M. de Richebourg, intendant à Poitiers, écrit qu'il a répondu à l'agent chargé par le roi de Sicile de toucher les revenus des terres de Riez et des Essarts, qui lui appartiennent comme fils de Madame Royale, que, d'après les ordres de M. Voysin, on a disposé de la portion échue au jour de la signature de la paix.

1497. *M. Laugeois d'Hymbercourt,*
intendant à Soissons,
au Contrôleur général.

(De Clermont-en-Beauvaisis,) 31 Juillet et 4 Août 1713.

«En prenant le parti de prendre les eaux de Forges ici au lieu d'aller sur les lieux, j'avois espéré concilier mes devoirs avec la nécessité de rétablir ma santé; mais, soit qu'elles perdent leur force par le transport, soit que les gens dont se sert Mme la princesse d'Harcourt ne les apportent pas fidèlement, elles n'ont ici aucunes des qualités qu'elles ont à Forges, et, loin d'en recevoir du soulagement, je suis plus incommodé que je ne l'étois avant que d'en prendre, ce qui me force de vous supplier de me procurer un congé de S. M. pour trois semaines, pour aller à Forges, dont je ne suis ici qu'à seize lieues.....

«Les pluies continuelles qu'il fait ici m'ont fait juger qu'elles pourroient être aussi abondantes à Forges et en mettre les eaux hors d'état d'être bues. J'y ai envoyé, et l'on m'a rapporté qu'il y pleuvoit sans discontinuation, que les eaux pluviales s'étoient mêlées avec les minérales, que tous les buveurs s'en plaignoient. [Je me suis donc résolu] à essayer d'une eau minérale qui est à un quart de lieue de cette ville, dont plusieurs habitants usent actuellement. J'en bois depuis quatre jours, et m'en trouve assez bien.....»

1498. *M. le Blanc, intendant en Flandre maritime,*
au Contrôleur général.

1er Août 1713.

Il rend compte du partage du produit des droits du domaine avec les Hollandais; ceux-ci se portent garants de l'acceptation des articles par la puissance qui entrera en possession des pays dont ils ne sont que dépositaires.

On aura lieu de faire quelques rectifications aux frontières nouvellement délimitées, à cause des enclavements gênants*.

* Sur la délimitation des frontières nouvelles entre le Dauphiné et la Savoie, voir trois lettres de M. d'Angervilliers, intendant, 18 et 22 juillet 1714, et 22 janvier 1715.

1499. *M. de Torcy,*
secrétaire d'État des affaires étrangères,
au Contrôleur général.

3 Août 1713.

«Je vous envoie une lettre qui m'a été écrite par un particulier de Liège qui prétend avoir trouvé le secret de convertir le fer en acier*.....»

* En apostille : «Qu'il y a un autre homme qui a fait des épreuves, qui ont fort bien réussi, qui s'oblige même de donner l'acier au même prix, ou à quelque chose de moins, que l'acier d'Allemagne.»

Le 3 février 1711, M. Méliand, intendant à Lyon, présente le placet d'un individu qui propose de convertir le fer en plomb grâce aux propriétés particulières de la fontaine de Chezy-en-Lyonnais. En apostille : «Néant.»

1500. *Le sieur du Sault*
au Contrôleur général.

(Intendance de Bretagne.)

5 Août 1713.

«La protection que vous voulez bien donner au commerce, et les lettres que vous avez écrites, il y a un an, à M. de Pontchartrain, ont animé les négociants de Saint-Malo d'envoyer divers de leurs vaisseaux à la mer du Sud. J'ai l'honneur de vous en adresser l'état, avec les observations de ceux qui sont partis sans permission, avec permission, et sans une soumission telle qu'il a plu à M. de Pontchartrain de la faire signer. J'ai pris la liberté de vous entretenir des avantages que le royaume retiroit de ces voyages, et que le sieur Éon, négociant de Saint-Malo aussi renommé par sa droiture que par son crédit dans les pays étrangers, avoit armé le vaisseau *le Saint-Jean-Baptiste*, capitaine Villemorin-Hurtault, chargé pour environ deux millions de marchandises, dont une petite partie, absolument nécessaire à l'assortiment, est composée de marchandises étrangères, pour lesquelles il vous a plu de m'accorder le transit. Il se présenta des difficultés pour l'expédition du vaisseau, dont j'eus l'honneur de vous rendre compte dans le temps, et vous me fîtes la grâce de me rassurer sur l'avenir, en ajoutant que le sieur Éon se ressentiroit, au retour de son vaisseau, de la protection que vous voulez bien donner au commerce. Sur l'avis que j'en donnai au sieur Éon, il n'hésita pas de signer une soumission de ne point aller à la mer du Sud, sous peine de confiscation du navire et cargaison, en outre 50,000# d'amende, avec la clause expresse de revenir en France six mois après la partance de Saint-Malo, lequel délai passé, l'armateur seroit contraint au payement de l'amende entre les mains du trésorier de la marine. Le navire fit voile le 3 décembre dernier pour Cadix, où il a touché, et d'où enfin il a continué sa route. Ledit sieur Éon s'est reposé sur la foi de mes lettres; mais il a été obligé de quitter ses affaires et d'abandonner sa maison, extrémité très dure pour des négociants de réputation dans le royaume et dans les pays étrangers, pour venir réclamer la protection dont je l'avois assuré, le commissaire ordonnateur de Saint-Malo ayant reçu ordre de M. de Pontchartrain de le faire contraindre au payement de l'amende.

«J'ai l'honneur de vous représenter que ce négociant mérite

une particulière attention; il a fait, depuis dix ans, des entreprises qui l'ont rendu très recommandable à ses coïntéressés par la fidélité et le désintéressement qu'il y a fait paroître, et il est frère de feu M. le président de la Baronnie, lequel, en l'année 1709 et dans la grande disette des blés, se rendit garant, d'office et par pur zèle pour le bien de l'État, de la somme de 600,000# pour la valeur des blés que le Roi avoit ordonné au nommé Kermabon, de Hennebont, d'envoyer à Paris par la Loire, pour lesquels les fonds n'étoient pas encore faits..... Il ne demande, pour toute grâce, que la liberté et le temps du retour de son vaisseau, pour supporter la même loi et la même peine qui pourra être imposée aux vaisseaux *l'Hermione*, *la Vierge-de-Grâce*, *la Marie-Angélique* et *le Dauphin*, arrivés du Sud le 28 du mois dernier, et celles que supporteront les trente-six navires qui doivent revenir du même voyage, tous lesquels quarante navires sont partis sans permission. Cette soumission, qu'il fait par surabondance, vous paroîtra sans doute raisonnable et digne de l'honneur de votre attention, puisqu'elle est faite dans la seule vue de ne prétendre aucune préférence ni prédilection dans le commerce, mais seulement de se procurer le repos et la tranquillité dont il a besoin, et pour se garantir de toute poursuite.»

1501. *Les Échevins et habitants du pays de l'Alleu*
au CONTRÔLEUR GÉNÉRAL.
(Intendance d'Amiens.)

6 Août 1713.

Ils le supplient de ne pas réunir leur pays à l'Artois, comme les États de ce pays l'ont demandé contrairement à d'anciennes ordonnances du roi d'Espagne.

1502. *M.* D'ARGENSON, *lieutenant général de police à Paris*,
au CONTRÔLEUR GÉNÉRAL.

7 Août 1713.

«La loterie qu'il a plu au Roi d'accorder aux religieuses Feuillantines, pour le premier mois, a été tirée aujourd'hui en ma présence, et S. M., qui avoit pris deux cents billets, a gagné trois lots: le premier, de 200#, sur le n° 12; le second, de 300#, sur le n° 193, et le troisième, de 100#, sur le n° 200*.»

* En apostille: «Le Roi accorde aux Feuillantines les 600# des lots échus à S. M.» Le 11, M. d'Argenson transmet les remerciements des religieuses et annonce que ce premier produit de la loterie suffira aux réparations les plus pressantes, et que le second permettra d'acquitter une grande partie des dettes.

Sur une loterie destinée à la reconstruction de l'église Saint-Louis, voir une lettre du curé, M. Luillier, 20 janvier 1713.

Le 8 juin, M. le cardinal d'Estrées demande à faire une loterie pour pourvoir à la réparation de l'église et du clocher de Gonesse.

1503. *M.* LEBRET, *intendant en Provence*,
au CONTRÔLEUR GÉNÉRAL.

8 Août 1713.

Il demande la permission d'employer comme garnisaires les troupes qui sont à Draguignan, pour décider les habitants à payer la capitation et les punir de leurs mutineries*.

* En marge, de la main du contrôleur général: «Bon; approuvé d'envoyer des troupes.»

1504. *M.* DE BERNAGE, *intendant à Amiens*,
au CONTRÔLEUR GÉNÉRAL.

9 Août et 30 Septembre 1713.

Les religieuses Hospitalières de Montreuil-sur-Mer, auxquelles il est dû plus de 10,000# pour les remèdes et aliments qu'elles ont donnés aux soldats soignés chez elles, et un habitant de Béthune qui a fourni des fourrages demandent la permission de convertir en rentes sur l'hôtel de ville leurs billets de l'extraordinaire des guerres*.

* En apostille sur la première lettre: «Lui faire réponse que je ne peux pas lui donner une décision positive sur cela, parce que toutes les constitutions qui ont été faites sont remplies, et au delà, et que, pour calmer l'inquiétude de ceux qui ont des rentes sur la ville, on s'est trouvé obligé de refuser tous les effets qu'on a offert de porter en rente jusques à ce que le Roi ait déterminé s'il convient d'en faire encore de nouvelles.....»

1505. *MM.* TERRIER DE MONTCIEL, *président*,
et BOURELIER DE VISENEZ, *procureur général en la Chambre des comptes de Dôle*,
au CONTRÔLEUR GÉNÉRAL.

11 Août et 8 Décembre 1713.

Ils ont achevé l'inventaire des titres et papiers du cabinet des anciens États de la Comté, et ont réuni à ce fonds les papiers restés aux mains des héritiers du secrétaire desdits États; ils demandent une indemnité pour leurs auxiliaires*.

* On leur attribua une indemnité de 400# et une gratification de 3,000# pour ce travail, considéré comme inutile, mais qui leur avait été commandé, et qu'ils avaient fait avec soin; le payement en fut imposé à la province. (Lettre de l'intendant le Guerchoys, 15 juillet 1714.)

1506. *S. A. S. Mgr le comte* DE TOULOUSE, *gouverneur de Bretagne*,
au CONTRÔLEUR GÉNÉRAL.

12 Août 1713.

«Vous eûtes la bonté de faire trouver, il y a deux ans, un

petit fonds aux États de Bretagne pour réparer l'église de Saint-Brieuc, qui tomboit en ruine, et qui est une des plus belles et des plus anciennes de la province. Comme ce fonds ne suffisoit pas, à beaucoup près, l'évêque et les chanoines y contribuèrent autant qu'il leur fut possible, et je crus même être obligé d'y contribuer pour ma part. Cela n'a pas encore été suffisant pour mettre l'ouvrage à sa perfection; l'évêque s'est défait de ses chevaux, de son carrosse et de ses domestiques, et, s'étant mis comme un simple prêtre dans son séminaire, emploie tous les revenus de son évêché à ces réparations. Mais cela ne suffira pas encore : ainsi, quelque répugnance que j'aie à rien demander au Roi qui aille à la charge de la province dans l'état où sont ses affaires, je ne puis m'empêcher de vous prier de proposer cette affaire à S. M., afin qu'elle trouve bon qu'on cherche, s'il est possible, quelque moyen d'empêcher que les réparations et les dépenses que l'on a faites jusqu'à présent à cette église soient perdues, comme cela arriveroit, si l'ouvrage demeuroit sans être achevé*. »

* Une somme de 12,000# fut accordée. (Lettres du contrôleur général à l'intendant Ferrand et à M. le maréchal de Châteaurenault, commandant en Bretagne, 9 et 17 octobre; lettres de M. Ferrand, 21 août, 12 et 21 octobre, et de M. le maréchal de Châteaurenault, 12 octobre.)

1507. *M. Lebret, intendant en Provence,*
au Contrôleur général.

12 Août 1713.

« J'ai l'honneur de vous adresser le mémoire des consuls de Toulon qu'il vous a plu me renvoyer le 24 juillet dernier, avec la réponse que le sieur de Moissac, directeur des fermes, a mise au bas, et par laquelle il consent que la franchise des safranons et du fromage soit accordée à leur entrée par mer à Toulon, et que les auffes et joncs d'Alicante, les chanvres et étoupes, le fromage, les futailles, le fer, les morues, merluches, stockfish, saumon, harengs et poissons salés, les riz, soufres, suifs, cires jaunes, huiles d'olive et de poisson soient aussi exemptés de droits à leur sortie par terre de la ville de Toulon; et les raisons de son consentement me paroissent trop bonnes pour n'être pas du même sentiment. »

1508. *M. Lescalopier, intendant en Champagne,*
au Contrôleur général.

15 Août 1713.

Il rappelle la vaillance dont les habitants de Mouzon ont fait preuve à diverses reprises, et propose de leur continuer les privilèges et franchises qu'ils méritent d'ailleurs comme compensation aux corvées et obligations dont ils sont accablés*.

* Sur les abus causés par ces franchises, notamment en matière de gabelles, voir la lettre du 27 juin 1714.

1509. *M. de Grignan, lieutenant général en Provence,*
au Contrôleur général.

16 Août 1713.

« Depuis quarante-quatre ans que j'ai l'honneur de servir le Roi en Provence, je me suis particulièrement attaché à suivre et à faire suivre par tous ceux qui m'approchent les règles du plus entier désintéressement, jusque-là même que bien des gens ont été étonnés qu'il n'ait été fait aucun établissement pour le commandant de la province sur une ville telle que Marseille, qui ne contribue pas aux dépenses du gouvernement et de la lieutenance générale, supportées par le corps des États, et sur l'article du logement, qui étoit auparavant fait par billettes pour toute la suite et l'équipage du commandant. Je suis entré depuis plusieurs années dans une économie avantageuse à la ville de Marseille, autorisée par des arrêts du Conseil et d'autres ordres de la part de S. M., qui règlent 1,800# par an pour une maison que j'habite, où j'ai souvent eu l'honneur de recevoir, comme vous savez, d'augustes et illustres compagnies. Il y a, de plus, 400# pour le logement de mon secrétaire, sa famille et quelques autres domestiques, qui ne pouvoient trouver place dans le lieu de mon habitation, ce qui n'est pas une dépense approchante de celles qui se font dans la plupart des autres provinces, non seulement par rapport aux commandants généraux, mais encore à des gouverneurs particuliers. Je prends la liberté, avec beaucoup de confiance aux bontés dont vous m'honorez, de vous faire cette petite observation à l'occasion d'un nouveau règlement dont on parle sur les dépenses de la ville de Marseille, et j'ose ajouter que des changements en ce qui peut me regarder directement ou indirectement auroient peut-être quelque chose de trop désagréable pour un ancien officier toujours attentif au service du Roi et à tous ses devoirs, et qu'ils affligeroient même tous les bons citoyens de notre ville. Les articles des gratifications ordinaires, et autorisées aussi par S. M. à l'égard des secrétaires du gouvernement et de la lieutenance générale, et pour les gardes des uns et des autres, sont aussi de cette espèce*..... »

* Voir les éclaircissements fournis par l'intendant Lebret, au sujet des logements, 3 février 1715.

1510. *Le Contrôleur général*
à M. de Bernières, intendant en Flandre.

17 Août 1713.

« Vous connoîtrez, par le mémoire que je vous envoie, le préjudice que l'article 13 du traité signé à Utrecht le 11 avril dernier, entre la France et la Hollande, peut faire au commerce des villes de France aux Pays-Bas, et le moyen qu'il y auroit d'y remédier en continuant de travailler au canal qui fut commencé en 1685 et 1686, lequel communique de la rivière d'Aa, près Saint-Omer, à la Lys, près d'Aire. Je vous prie de lire avec attention ce mémoire et de faire visiter ce canal, qui a été commencé entre Nieurlet et Clairmarais, lequel devoit rejoindre la Lys entre la ville d'Aire et le fort François, pour connoître l'ouvrage qui a été fait ci-devant, ce qui en reste à faire, et ce qu'il pourroit coûter pour le mettre dans sa perfec-

IMPRIMERIE NATIONALE.

tion. Vous verrez, par le mémoire ci-joint, les motifs qui engagèrent alors d'entreprendre ce canal; vous examinerez si ceux qui se présentent à l'occasion du traité signé à Utrecht peuvent déterminer à le mettre dans sa perfection, et vous m'envoierez, sur le tout, votre avis, le plus tôt qu'il vous sera possible, afin que je puisse en rendre compte au Roi*.»

* Voir une lettre du contrôleur général à M. de Bernage, intendant à Amiens, 7 mars précédent.

Sur un canal de Dunkerque à Mardyck, voir les lettres de M. de Bernières, 28 avril, 18 mai et 15 juin 1714; du sieur de Belledalle, 17 juillet 1715; de M. Pajot d'Onsenbray, 6 août; du sieur Érasme Van Broninghen, auteur de la proposition, 30 juin et 8 juillet, et du contrôleur général à ce dernier, 23 juillet.

1511. *M. le duc* de Luxembourg, *gouverneur de Normandie*,
au Contrôleur général.

17 Août 1713.

Il proteste, au nom des maîtres toiliers de Rouen, contre l'arrêt qui leur défend de teindre les fils et cotons dans leurs manufactures*.

* Une commission fut chargée d'examiner une contestation entre les teinturiers de Rouen et les fabricants de Darnetal, sur le même sujet : lettre de M. d'Argenson, lieutenant général de police à Paris, 31 août 1714.

1512. *S. A. S. Mgr* le Duc, *gouverneur de Bourgogne*,
au Contrôleur général.

(Au camp de Spire.) 24 Août 1713.

«M. Voysin m'ayant représenté le besoin où l'on est de se servir de toutes les provinces les plus voisines de ce pays pour faire hiverner la cavalerie qui est dans cette armée, et que le Roi lui avoit ordonné de m'en écrire pour donner mes ordres aux députés de la province de Bourgogne, j'ai commencé par obéir aux ordres de S. M., et ensuite ai prié M. Voysin de faire attention aux privilèges et immunités dont cette province jouit depuis si longtemps sur la foi d'un traité. Il me seroit douloureux qu'à mon avènement il y eût quelque infraction, après avoir été religieusement observé sous mes ancêtres. D'ailleurs, il n'y a que les seuls bords de la Saône où l'on en pourroit mettre, et où il n'y a que sept ou huit villes, dont les deux plus considérables ne pourroient contenir, tout au plus, que chacune un escadron. Outre ce, les inondations des deux années précédentes ont jeté une si grande quantité de sable dans les prairies, que l'on a très peu recueilli de foin. Toutes ces bonnes raisons, avec le foible secours que l'on en pourroit tirer, me font espérer que l'on y aura égard, et à l'intérêt que j'ai de conserver les privilèges de mon gouvernement. J'ai été bien aise de vous informer de l'affaire, connoissant l'envie que vous avez de me faire plaisir. Je vous prie aussi d'être persuadé que s'il se présentoit quelque occasion où je pus vous donner des marques de mon estime et de mon amitié, que je le ferois de bon cœur.»

1513. *M.* de Bâville, *intendant en Languedoc*,
au Contrôleur général.

24 Août 1713.

Il rend compte des maladies épidémiques qui désolent le Languedoc*.

* Copie de lettre jointe : «Cette partie de Languedoc est affligée d'une maladie épidémique qui tient quelque chose de la peste. Je viens d'en perdre une sœur, morte dans cinq jours, car cette maladie, qu'on nomme *érésipèle*, ne donne guère plus de temps, ou, si elle traîne davantage, c'est pour voir tomber les yeux à ceux qui en sont affligés, qui, expirant, sont d'une infection horrible. Ce mal s'étend en divers endroits; il est ici depuis longtemps, et j'ai appris que, chez moi, près de Toulouse, mon jardinier a eu pareillement les yeux pourris. Il s'agit donc d'avoir une consulte de la Faculté de Montpellier. J'ai demandé à un de nos médecins une description de cette maladie, sans lui dire l'usage que j'en veux faire précisément. Il est à remarquer que celui-ci en a sauvé plusieurs en prenant une route opposée à ceux qui se servent de l'eau-de-vie camphrée. L'érésipèle de ma sœur se déclara à la jambe, descendit au pied, et, la veille de sa mort, le bras lui a beaucoup enflé, et, avant mourir, a été tout noir. Qu'est-ce qu'un venin dont on ne sait pas ici arrêter le cours? Quant à moi, je crois qu'il faudroit user de cordiaux.»

Les médecins de Montpellier, dont la consultation est jointe à cette lettre, déclaraient que la maladie était due à des phlegmons charbonneux. La consultation des médecins locaux est jointe à une lettre du 3 septembre. Le 24, M. de Bâville annonce qu'il a reçu et répandu une consultation de M. Fagon.

1514. *M.* Lauzois d'Hymbercourt, *intendant à Soissons*,
à M. le marquis de Courtenvaux.

(Intendance de Soissons.)

26 Août 1713.

«Je reçois les deux lettres que vous m'avez fait l'honneur de m'écrire, qui marquent bien, l'une et l'autre, votre zèle pour le service du Roi et votre intention pour la justice. J'ai bien prévu, ainsi que vous, les oppositions que je trouverois dans l'exécution du dessein que j'ai de procurer le rétablissement de l'égalité dans la répartition des tailles; mais les grands ouvrages ne s'accomplissent point sans quelques peines. J'espère qu'avec du temps, de la patience et beaucoup de ménagement, j'en viendrai à bout, autant qu'on peut raisonnablement se le promettre*.

«A l'égard de la taxe des rentes provinciales qui est faite sur les nommés Louis Guinot, apothicaire, et le Dret, procureur fiscal de Montmirail, il peut y avoir eu de l'erreur dans les mémoires que l'on m'a donnés; mais, puisque vous m'assurez de leur impuissance, ayez, s'il vous plaît, agréable d'en écrire à M. Desmaretz, car j'ai les mains liées sur ce traité; ce ministre ne manquera pas de me renvoyer votre mémoire, et, pour lors, je vous réponds d'un avis favorable. Je vous supplie seulement de n'y perdre pas de temps, parce qu'on presse ce recouvrement. Et cette lettre servira à l'un et à l'autre de surséance pendant quinzaine, chose que je hasarde par l'extrême considération que j'ai pour vous.»

* Il lui avait écrit, le 5 août : «......Il m'a paru qu'on ne pouvoit remédier [aux abus] qu'en prenant une connoissance exacte

du nombre des arpents de terre labourable, vignes, prés, bois et étangs qui composent le territoire de chaque paroisse, de la valeur commune de chacun arpent, par rapport aux bons, aux médiocres et aux moindres..... En conséquence, j'ai rendu mon ordonnance, le 26 juin dernier, portant injonction à tous maires et syndics des paroisses de la généralité de remettre à la personne que j'ai préposée l'état des biens-fonds de chaque particulier..... J'apprends que les fermiers des terres qui vous appartiennent dans l'élection de Château-Thierry ont refusé d'y satisfaire, qu'ils n'aient reçu vos ordres. Je vous prie de les leur envoyer incessamment....., afin qu'un ouvrage si juste et si nécessaire au soulagement des taillables de cette province ne reçoive point de retardement par le fait de vos fermiers.....»

Sur de nouvelles estimations des fonds de terre, ayant pour objet la rectification de l'assiette de la taille, voir, au 22 avril 1714, l'arrêt envoyé pour la vérification des facultés de chaque communauté de la vallée de Baretous, en Languedoc, et le compte rendu du travail; et des lettres au contrôleur général de MM. de Harlay de Cély, intendant en Béarn, 12 avril 1714, et d'Angervilliers, en Dauphiné, 16 mars 1715.

1515. *M.* de Saint-Contest, *intendant à Metz,*
au Contrôleur général.

29 Août 1713.

Revenus et charges de la ville de Sarrelouis.

1516. *M.* de Torcy,
secrétaire d'État des affaires étrangères,
au Contrôleur général.

3 Septembre 1713.

M. Mesnager demande qu'il soit aliéné à son profit un domaine de revenu équivalent aux sommes qu'il a dépensées ou perdues pendant sa mission à Utrecht*.

* En marge : «10,000#, affermés sur la ferme des domaines.»

1517. *M.* le Guerchoys, *intendant en Franche-Comté,*
au Contrôleur général.

3 Septembre 1713.

Avances, dépenses et remises des receveurs généraux chargés du service des fourrages.

1518. *Le* Contrôleur général
à M. de Pontchartrain, *secrétaire d'État de la marine.*

4 Septembre 1713.

«J'ai examiné avec beaucoup d'attention le mémoire qui étoit joint à la lettre que vous m'avez fait l'honneur de m'écrire le 30 août dernier, lequel contient l'avis de MM. Daguesseau et Amelot en faveur des négociants en général, pour la liberté du commerce de Guinée, en fixant à douze ou quinze le nombre des vaisseaux qui iront chaque année faire la traite des nègres à la côte de la Guinée. Je ne crois pas qu'il y ait rien à ajouter aux réflexions qui sont contenues dans ce mémoire; d'ailleurs, il n'y a aucun risque de rendre libre le commerce de la côte de la Guinée, puisque l'on peut s'assurer avec les négociants d'un fonds nécessaire pour la conservation du comptoir du Sud, et que, si la liberté de ce commerce n'opéroit point les bons effets qu'on a lieu de s'en promettre, le Conseil sera toujours en état de former une nouvelle compagnie de négociants auxquels il accordera un privilège exclusif. Je ne vois pas aussi qu'il y ait aucune difficulté de conserver aux négociants qui feront ce commerce l'exemption de la moitié des droits pour les marchandises de retour dont jouissoit la compagnie de Guinée, et de continuer la même exemption en faveur de la compagnie de Saint-Domingue, pour lui donner le moyen de se soutenir et de faire fleurir sa colonie de l'Île-à-Roche, parce que les fermes du Roi n'en souffriront point, cela ne changeant rien au dernier état des choses à cet égard, et qu'elles pourront même augmenter, si la liberté de ce commerce attire une plus grande abondance des marchandises dans le royaume, comme il y a lieu de l'espérer. On doit aussi compter pour quelque chose la réflexion que vous faites touchant la suppression du droit dont la compagnie de Guinée jouissoit de 13#, par tête de noirs qu'elle portoit aux îles de l'Amérique, et de 20# par marc d'or qu'elle faisoit entrer dans le royaume, dont les négociants ne doivent point jouir. Je vous renvoie la lettre de l'avis de MM. Daguesseau et Amelot, afin que vous puissiez en rendre compte au Roi et prendre sur le tout les ordres de S. M. Vous me ferez plaisir de me faire part de la résolution qu'elle aura prise.»

1519. *Le* Contrôleur général
à M. Daguesseau, *conseiller au Conseil royal des finances.*

6, 7 et 9 Septembre 1713.

Il lui renvoie plusieurs mémoires qui réclament l'exclusion des soies et étoffes de Chine apportées à Saint-Malo, et lui demande son avis*.

* Les étoffes purent être vendues à condition d'être réexportées; quant aux soies, comme elles étaient chères, que le travail reprenait partout, et que les vers à soie avaient souffert des pluies, on put les introduire par Pontorson, en payant l'entrée et les droits dus à la ville de Lyon. (Lettres à M. Ravat, prévôt des marchands de Lyon, et aux fermiers généraux, 20 septembre; lettres au sieur Boutillier, 2 et 17 novembre, et 1er décembre.) Le 10 décembre, au même : «Il n'est pas nécessaire de prendre de grandes précautions pour obliger les adjudicataires des soies écrues du *Grand-Dauphin* de rapporter des preuves qu'elles auront été déchargées en France. Ils peuvent même les transporter à l'étranger, si bon leur semble, nos manufactures étant suffisamment fournies par les soies originaires du royaume, et celles qui viennent de la Chine leur font un tel préjudice, que je suis bien résolu de faire brûler toutes les soies qui arriveront à l'avenir en France par d'autres endroits que ceux portés par les règlements, c'est-à-dire par le Beauvoisin, lorsqu'elles entreront en France par terre, et par le port de Marseille, lorsqu'elles entreront par mer. Il n'en est pas de même des marchandises prohibées. Vous ne pouvez

apporter trop de soins et prendre des mesures trop justes pour empêcher qu'il ne s'en fasse des versements dans le royaume, et, s'il s'en découvre quelqu'un, les adjudicataires peuvent s'assurer qu'ils en seront punis dans toute la rigueur. Vous pouvez laisser embarquer ces marchandises prohibées à mesure que les occasions s'en présenteront; les adjudicataires peuvent les transporter où bon leur semblera, pourvu, encore une fois, qu'il n'en reste rien dans le royaume, à quoi vous tiendrez la main de tout votre pouvoir. Le Roi ne veut pas même leur permettre de faire reteindre aucune des pièces d'étoffes avariées : c'est une occasion de fraude, quelque précaution que vous puissiez prendre, qu'il faut éviter. Quant aux cabarets, tabatières, bassins à barbe, tasses, soucoupes, petits bahuts et écritoires de vernis qui sont arrivés par le même navire, S. M. veut bien en permettre l'entrée dans le royaume; mais, à l'égard des neuf lits de satin brodés, elle a ordonné qu'ils seroient transportés à l'étranger comme toutes les autres marchandises prohibées, et vous ferez exécuter ces ordres promptement.» Voir aussi les lettres au même, du 19 décembre 1713 et du 5 janvier 1714.

Le 21 mars suivant, le contrôleur général écrit aux intendants pour leur renouveler la défense absolue de laisser entrer en France des soies ou soieries des Indes orientales ou de la Chine.

1520. *M. de Bâville, intendant en Languedoc,*
au Contrôleur général.

8 Septembre 1713.

«Je vous ai souvent informé que le recouvrement des rentes provinciales étoit impossible dans cette province parce que, ceux qui pourroient payer étant exempts, on a compris dans les rôles des malheureux qui ne peuvent vivre qu'avec peine. Il commence à paroître un autre recouvrement, qui ne sera pas plus aisé : c'est celui de la confirmation de l'affranchissement des tailles. Je crois être obligé de vous représenter qu'on sera forcé d'en venir aux dernières extrémités pour obliger les particuliers à payer; je prévois même que la plupart ne seront pas en état, et qu'une partie des autres aimeront mieux abandonner leurs biens, que de payer ce supplément. Ils attaqueront la province en garantie; elle ne manquera pas apparemment de se défendre et de fonder sa décharge sur le fait du Prince, dont elle voudra n'être pas tenue. Après avoir bien réfléchi sur les moyens dont on pourroit se servir pour finir ces deux affaires d'une manière avantageuse pour le Roi, j'ai trouvé qu'on ne pourroit rien faire de mieux que d'engager la province à demander la subrogation du traitant de l'affranchissement, moyennant quoi elle payeroit un million, qui entreroit dans les coffres du Roi; et pour porter la province à prendre ce parti, il faudroit annuler les rôles des rentes provinciales, et faire valoir aux États cet objet. Je n'espérerois de les déterminer à donner une somme si considérable pour sortir de ces deux affaires, si je ne leur inspirois en même temps les moyens d'y parvenir sans qu'il leur en coûte que leur crédit. Cette considération les obligera d'y entrer. Je leur proposerai de payer ce million par emprunt au denier vingt, et de porter les 50,000# de rente sur les biens affranchis, à proportion des sommes qu'ils auront dû payer. Les particuliers seront très contents de cet expédient, et je compte de le faire agréer par les États. Si ce projet vous convient, comme je n'en doute pas, il ne restera qu'à faire donner par l'assemblée un dédommagement au sieur Milhau*.....»

* La subrogation fut accordée à charge de dédommager le traitant. (Lettres du contrôleur général à M. de Bâville et au sieur Milhau, 6 décembre; lettres de M. de Bâville et de M. l'archevêque de Narbonne, 29 novembre et 13 décembre; lettre du sieur Milhau, 29 novembre.)

1521. *M. de Pontchartrain,*
secrétaire d'État de la marine,
au Contrôleur général.

13 Septembre 1713.

Le service des galères étant épuisé, il demande au moins les fonds nécessaires pour réparer ceux de ces bâtiments qui sont prêts à couler bas*.

* En apostille : «C'est avec une grande peine que j'ai vu la lettre de M. le maréchal de Tessé que vous m'avez envoyée, sur le mauvais état où il a trouvé les galères. Il n'est point possible, avec une guerre aussi pesante par terre, de pouvoir soutenir toutes les parties de la marine. Vous en êtes parfaitement informé, et ce qu'il y a de plus fâcheux, c'est qu'il est impossible, présentement, de pouvoir faire un projet sûr des dépenses et des destinations fixes pour la marine, et il faudra nécessairement, pour soutenir les dépenses les plus indispensables du service, négocier à grande perte les assignations sur les fonds éloignés.»

M. de Pontchartrain écrit encore, le 22 novembre : «..... M. Pajot, commissaire de la marine, ordonnateur à Rochefort en l'absence de M. de Beauharnois....., me fait une peinture si affreuse, et en même temps véritable, de l'état des vaisseaux du Roi qui sont dans ce port, que je ne puis me dispenser de vous prier de faire quelque attention au malheur irréparable dont on est menacé au premier coup de vent, qui pourra faire périr ces vaisseaux et rendre la rivière impraticable..... Je vous supplie de vouloir bien réfléchir un moment sur tout ce que je suis obligé de vous marquer, afin que le Roi ne puisse me rien imputer à cet égard.....»

1522. *Le Contrôleur général*
à M. de la Cour des Bois, doyen
des maîtres des requêtes.

20 Septembre 1713.

«Je vous envoie une proposition qui m'a été présentée pour accorder aux présidents de la Cour des aides de Paris, après vingt années de service en cette qualité, des lettres de maître des requêtes honoraire comme on en accorde aux présidents du Grand Conseil : ce qui pourroit produire au Roi un secours présent, sans être à charge à la compagnie de MM. les maîtres des requêtes. J'y trouve même une espèce d'avantage pour eux, par la séance qui leur sera accordée en même temps dans la première chambre de cette Cour, dans laquelle il se traite des matières qui ont assez de relation avec les fonctions de MM. les intendants des provinces. Avant d'en rendre compte à S. M., j'ai été bien aise de vous communiquer ce mémoire, sur lequel je vous prie de me faire savoir les dispositions où vous aurez trouvé votre Compagnie.»

1533. *M. le Guerchoys, intendant en Franche-Comté, au Contrôleur général.*

20 et 31 Octobre 1713.

Le quartier d'hiver de son département devant être extrêmement élevé, à cause de la grande quantité de troupes qui y séjourneront, et qu'on ne peut éloigner de l'Alsace, il demande une diminution sur la capitation et le dixième, pour éviter que le pays ne soit absolument ruiné, ou, si cela est impossible, l'imposition d'une partie du quartier d'hiver sur celles des provinces du royaume qui n'auront pas de garnisons, comme cela a déjà été pratiqué.

1534. *Le Contrôleur général à M. Ferrand, intendant en Bretagne.*

21 Octobre et 12 Novembre 1713; 3 Juillet 1714.

Rachat par les États des droits de contrôle des actes des notaires, petits sceaux et insinuations laïques, et mise en ferme de ces droits.

Le fermier est bien fondé à faire percevoir par les greffiers le droit de contrôle des actes pour les actes qu'ils reçoivent comme les notaires, mais non le droit de petit scel.

Le mi-centième denier sur les successions directes ne sera plus perçu à l'avenir, sauf pour les démissions qui transmettent la propriété d'un bien avant la mort, et qui doivent le centième denier.

A l'égard des baux à domaine congéable, les édifices et droits réparatoires seront seuls sujets à taxation, sans qu'on puisse demander aucune restitution pour les sommes déjà perçues.

Les dots des religieuses ne seront pas sujettes au droit d'insinuation.

1535. *M. de Bâville, intendant en Languedoc, au Contrôleur général.*

22 Octobre 1713.

«Il y a maintenant quinze barques génoises qui sont venues prendre des vins au port de Cette. Les patrons n'ont point voulu payer le droit de fret, fondés sur deux raisons : la première, sur l'arrêt du Conseil ci-joint, du 28 avril 1711, qui permet aux nations neutres d'Italie d'apporter dans les ports du royaume les marchandises contenues en l'état arrêté au Conseil joint à cet arrêt, en payant les droits ordinaires, et en les déchargeant du droit de fret, pendant la présente guerre seulement; et la seconde, que la paix n'étoit point encore faite, puisqu'il n'y a qu'une suspension d'armes pour l'Italie, et que la guerre dure encore avec les Catalans. Je leur ai dit qu'il falloit retrancher cette dernière raison, et qu'une révolte de sujets n'est pas une guerre; que la suspension sembloit devoir faire le même effet que la paix, parce que le Roi n'a donné cette exemption de droit de fret que pour exciter les nations neutres d'apporter les mêmes marchandises qu'on ne pouvoit pas recevoir des Anglois et des Hollandois pendant la guerre, et que la suspension d'armes pour l'Italie et la paix avec ces nations faisoit cesser la raison de l'exemption; qu'il me paroissoit que les vins et les eaux-de-vie devoient être déchargés de la moitié du droit, parce que l'arrêt ci-joint, du 1er octobre 1712, obtenu par la province de Languedoc, l'a réglé ainsi jusqu'à la fin de la présente année*. Mais, comme ces Génois étoient fort chagrins, et sur le point de s'en aller sans charger les vins du bas Languedoc, ce qui auroit fait un très grand préjudice à tout ce pays, n'ayant point d'autre ressource pour payer les charges que la vente des vins depuis la perte des oliviers, je suis convenu avec le consul de la nation génoise qu'ils consigneroient les droits jusqu'à ce que vous ayez eu agréable de décider la difficulté, s'il y en a. On ne peut disconvenir que ces gens-là ne doivent être fort ménagés dans cette espèce de commerce, qui est fort utile dans cette province. Sur quoi, j'attendrai les ordres qu'il vous plaira de me donner**.»

* Les navires qui étaient venus, dès le mois de janvier précédent, apporter en Normandie du charbon de terre, du plomb et des meules, mais qui ne pouvaient remporter autre chose que des vins de France, réclamèrent l'exemption du droit de fret promise en décembre 1712 (voir, au 12 octobre, la demande présentée au nom des députés des États de Languedoc), mais qui avait été restreinte, le mois suivant, aux navires entièrement chargés de grains ou vides. Voir une lettre de M. Guynet, intendant à Caen, 4 février 1713.

** Le 15 décembre, M. de Bâville envoie un projet d'arrêt pour continuer la décharge de moitié des droits de sortie et de fret au profit des vins et eaux-de-vie portés dans les pays étrangers.

M. Lebret fit la même demande pour la Provence, les 23 novembre 1713 et 19 novembre 1714.

1536. *M. Roujault, intendant à Rouen, au Contrôleur général.*

22 Octobre 1713.

«Pour satisfaire à la lettre que vous m'avez fait l'honneur de m'écrire le 7 de ce mois au sujet du renouvellement de la ferme des cartes, je prends la liberté de vous envoyer deux mémoires : l'un, du prieur des marchands de cette ville, qui préside à la Chambre du commerce, auquel seul je me suis ouvert; l'autre, du fermier des cartes ou de son commis, qui a été consulté sur les expédients que l'on pourroit prendre pour augmenter cette ferme. Le prieur des marchands vous marque que ç'a été un très grand mal d'établir un droit sur les cartes, qui autrefois faisoient un des plus grands commerces de Rouen et nourrissoient une infinité de personnes. Quoique cette ferme ait fait passer nos ouvriers à l'étranger, par les fatigues et les inquiétudes qui leur ont été données, et qu'on ne puisse absolument réparer toute la perte que cette ferme a causée, on ne peut trop tôt rendre ce commerce libre comme il l'étoit. C'est son sentiment. Le commis fait voir, par son mémoire, qu'il se fabrique encore à Rouen environ un million de jeux de cartes, au lieu de plusieurs qui se fabriquoient autrefois. De ce million, il certifie qu'il n'en a été marqué qu'environ trente mille jeux, le surplus étant présumé passé à l'étranger et n'étant point sujet à la marque, mais, dans la vérité, une très grande partie ayant été débitée dans le royaume en fraude de la ferme, ce qui ne peut s'éviter par la difficulté de la régie, et ce qui, à ce qu'il dit, ne se peut réparer qu'en établissant sur les cartes qui passent à l'étranger un droit tel qu'il puisse être comme de 3 ou 4 d. par jeu, au lieu d'un sol, afin d'obliger tous les cartiers, même ceux qui disent ne travailler que pour l'étranger, à passer à la marque et à se servir des moules du bureau. Pour prouver que cette ferme est pillée par la fraude, il avance que, de 1,515# que cette ferme produit à Rouen, qui ne suffisent qu'à peine à payer les frais de régie, un seul cartier produit à la ferme 1,200#, en sorte que les vingt-neuf autres cartiers ne produisent ensemble que 3 ou 400#.

«Il me paroît que ces deux mémoires s'appuient l'un l'autre. Nonobstant les regrets de ce que la ferme des cartes a éloigné les ouvriers de Rouen et les a fait passer à l'étranger, comme on le prétend, si cette ferme étoit d'un objet un peu considérable, dans la situation où sont les affaires de S. M., le mal fait n'étant pas réparable, j'estimerois qu'il faudroit passer par-dessus toutes considérations pour conserver à S. M. un revenu nécessaire. Mais, comme cette ferme est d'un très petit objet, et qu'on balance le peu de produit dont elle est avec l'utilité dont il seroit de rendre à un nombre de pauvres le pain qu'ils gagnoient dans cette fabrique, l'expédient pour augmenter la ferme proposé par le commis étant trop pernicieux, et très propre à achever de détruire cette fabrique, j'estime que cette affaire doit être comparée à la ferme de la marque des chapeaux et au droit sur les huîtres, dont S. M. a bien voulu se passer par rapport au nombre de pauvres gens que ces sortes de manufactures et de commerce faisoient subsister*.»

* Le 20 mars 1714, M. d'Argenson, lieutenant général de police à Paris, écrit : «Le mémoire que quelques maîtres cartiers m'apportèrent hier..... m'oblige de vous représenter..... que, dans l'espérance de la prompte révocation du droit imposé sur les cartes, la plupart d'entre eux n'en faisant mouler qu'en très petite quantité chez le traitant, à qui seul il est permis d'avoir des moules,..... la plupart des boutiques pourroient manquer de cartes dans fort peu de temps,..... jusqu'à ce que les cartiers eussent fait fabriquer de nouveaux moules. Ainsi, je crois que l'intérêt public demande que..... cette révocation soit annoncée un mois ou six semaines avant qu'elle ait lieu.....»

1537. *M. Ferrand, intendant en Bretagne, au Contrôleur général et à M. de la Garde.*

22 Octobre et 27 Décembre 1713; 9, 17, 21 et 28 Février, 2 Mars 1714.

Composition et travaux de la commission substituée à l'ancien bureau de la capitation*.

* Voir, au 2 février 1714, une lettre de M. de Cintré, membre de l'ancien bureau exclu de la commission.

1538. *Le Contrôleur général à M. Regnault, maître particulier des eaux et forêts de la maîtrise de Laon.*

23 Octobre 1713.

Délit de chasse commis sur ses terres de Couvron.

«Je ne vois pas comment vous pouvez prétendre qu'un paysan soit en droit de chasser dans mes terres, sous prétexte qu'une partie des fonds qu'il tient à loyer est située dans une terre d'Église, quand bien même la prétention des religieux de Nogent, à qui cette ferme appartient, que c'est un fief, auroit lieu. Vous devez savoir que les religieux n'ont pu donner à leur fermier le droit de chasser, qui n'est point cessible. Le fermier n'a, par conséquent, aucun droit de porter des armes à feu, encore moins de se faire accompagner à la chasse sous les fenêtres de mon château. Ainsi, vous n'avez qu'à conclure votre information et juger comme vous le jugerez à propos. La Table de marbre réformera votre jugement, s'il n'est pas conforme aux ordonnances du Roi*.....»

* Le 28 novembre, le contrôleur général écrit dans le même sens au P. Gazon, de l'abbaye de Nogent : «.....Je veux bien croire que vous avez droit de haute, moyenne et basse justice dans votre ferme..... Mais ce droit ne vous donne pas pouvoir d'y faire chasser votre fermier, parce que le droit de chasse n'est point cessible, et d'ailleurs qu'un fermier ne doit point porter de fusil.....»

Le 7 décembre 1714, il écrit encore à M. de Couvron : «.....Vous savez mieux que personne combien il est important de ne point faire de grâce à ces sortes de gens qui sont condamnés pour fait de chasse; si j'étois disposé à lui remettre l'amende, je suis persuadé que vous me conseilleriez vous-même de n'en rien faire.....»

1539. *M. de Bernières, intendant en Flandre, au Contrôleur général.*

23 Octobre 1713.

Il insiste sur la nécessité de maintenir aux produits manufacturés de Cambray, toilettes, batistes, linons, etc., l'exemption des droits de sortie dont ils jouissent depuis que cette ville est sous la domination du Roi.

1540. *M. Ferrand, intendant en Bretagne, au Contrôleur général.*

25 Octobre 1713.

Il faut donner une dernière somme pour en finir avec les travaux du séminaire de la marine à Brest*, parce que, outre que les affaires de la province sont dans un fâcheux état, les demandes des Jésuites de ce séminaire n'auront point de fin; que les aumôniers de la marine, pour qui on l'avait construit, n'en profitent presque point, et que la réunion de l'abbaye de Daoulas au séminaire le rend fort riche, tandis que les Jésuites du collège de Rennes viennent d'être éprouvés par un incendie et auroient plus que d'autres besoin de secours**.

* Voir les lettres du P. du Tronchot, jésuite, recteur du séminaire, 31 juillet et 25 septembre, cette dernière jointe à la lettre de M. Ferrand.

** En apostille : «Jésuites de Brest, 5,000#; Jésuites de Rennes, 5,000#, pour la dernière fois......»

Le 20 avril 1714, le P. du Puys, jésuite, procureur général de la province de Lyon, demande à être payé des sommes promises à la Compagnie comme indemnité de la réunion de la prévôté de Pignans au séminaire royal de la marine de Toulon.

1541. *Le Contrôleur général à M. le cardinal d'Estrées.*

31 Octobre 1713.

«Je suis très mortifié de ne m'être point trouvé chez moi, à Versailles, lorsque Votre Éminence a eu le dessein de m'honorer de sa visite, que j'eusse prévenue avec bien du plaisir. Il est vrai que, dans de pressants besoins de l'État, j'ai fait quelque usage des propositions qui m'ont été faites de la nature de celle qui est contenue au mémoire joint à la lettre que vous m'avez fait l'honneur de m'écrire le 29 de ce mois; mais deux raisons également fortes m'obligent à ne plus mettre ce moyen en pratique : la première, c'est que, par la paix et les diminutions des monnoies, il y a lieu d'espérer que les fonds se trouveront plus facilement et à des conditions moins onéreuses; la seconde, c'est qu'il est hors de mon pouvoir de donner les billets des receveurs généraux qu'on demande pour le remboursement, le Roi n'en ayant aucun à sa disposition.»

1542. *M. Laugeois d'Hymbercourt, intendant à Soissons, au Contrôleur général.*

31 Octobre et 14 Novembre 1713.

Incarcération d'un gentilhomme au château de Guise.

«Je ne puis me dispenser de vous représenter que ce seroit l'autoriser à pareille désobéissance, si vous lui accordiez sa liberté sans avoir préalablement satisfait à mon ordonnance en payant la taxe qui a été l'occasion de l'indiscrétion et de la témérité qui vous ont obligé de le faire arrêter. Peut-être ne seroit-il pas inutile qu'il crût nécessaire de s'adresser à moi pour obtenir de vous sa liberté, afin de rétablir, par cette subordination, le mépris marqué qu'il a fait éclater de votre autorité et du ministère que j'ai l'honneur d'exercer sous vos ordres. Ne croyez pas néanmoins que j'insiste sur ce dernier devoir, comme je le fais sur le payement de la taxe, que le bien du service rend indispensable. Aussitôt qu'il l'aura acquittée, quoiqu'il se soit fait un trophée de sa désobéissance chez la noblesse de son canton, la part que M. le prince de Courtenay y prend m'engagera à vous proposer son pardon, la miséricorde devant toujours, autant qu'il est possible, suivre de près la justice. Je vous supplie seulement de m'adresser incessamment vos ordres pour lui donner la liberté du château, si vous le jugez à propos.»

1543. *Le Contrôleur général à M. le Guerchoys, intendant en Franche-Comté.*

(Mois d'Octobre 1713.)

«J'ai reçu votre lettre du 20 de ce mois, par laquelle vous demandez une diminution des deux tiers sur la capitation et l'abonnement du dixième. Je ne combattrai point les raisons sur lesquelles vous appuyez une demande si extraordinaire; mais je vous prie de faire réflexion que toutes les charges que porte la province pour le quartier d'hiver et pour les voitures ne diminuent en aucune manière les dépenses qui regardent la solde des troupes, les vivres, l'artillerie et tout ce qui est nécessaire pour faire agir les armées. Si le Roi, suivant votre avis, diminue les deux tiers des impositions ordinaires de la province, où voulez-vous qu'on prenne les fonds qu'il faut pour les autres dépenses que je vous explique? Je sais que les intendants des frontières sont accoutumés de donner la préférence aux impositions militaires, et s'embarrassent peu de ce qui regarde les impositions ordinaires, sur lesquelles ils veulent toujours qu'on soulage les provinces. Cependant il seroit bien plus de l'ordre et bien plus raisonnable de donner la préférence aux impositions ordinaires, parce que c'est sur ces impositions que roulent toutes les dépenses de l'État. C'est sur quoi vous ferez de nouvelles réflexions, que j'attendrai avant de faire rapport au Roi de votre lettre du 20 de ce mois.»

1544. *M. Ravat, prévôt des marchands de Lyon, au Contrôleur général.*

2 Novembre 1713.

Les marchands de Lyon demandent qu'on étende la déclaration relative à la diminution des espèces et que le débiteur de lettres de change ou de billets au porteur et à ordre échéant dans les dix jours après une diminution ne puisse s'acquitter avant l'échéance*.

* Voir les observations de M. Samuel Bernard, jointes à sa lettre du 12 novembre.

Le 6 février 1714, M. Gayot, trésorier de France à Lyon, écrit à M. de la Garde au sujet de difficultés sur le remboursement de divers contrats de constitution de rente, qui ne peut se faire sans avertissement préalable, ni dans un temps de changement de cours des espèces. En apostille : «Monseigneur a décidé que cela regarderoit les juges ordinaires.»

1545. *M. Ferrand, intendant en Bretagne, au Contrôleur général.*

2 et 4 Novembre 1713.

Résiliation consentie par les fermiers des devoirs d'une nouvelle aliénation du doublement des droits de

IMPRIMERIE NATIONALE.

courtiers et autres; emprunt contracté pour remplacer cette source de revenus.

1546. *M. de Bernage, intendant à Amiens,*
au Contrôleur général.

4 Novembre 1713.

Il accuse réception de l'autorisation donnée à l'entrepreneur de la manufacture de Boufflers pour faire dans les villes maritimes une loterie de 300,000#, dont les lots seront payés moitié en argent, moitié en sempiternes et écarlatilles.

1547. *M. Turgot, intendant à Moulins,*
au Contrôleur général.

5 et 21 Novembre, 17 et 28 Décembre 1713.

Il rend compte de l'état des affaires courantes, expose les raisons d'ordre privé qui l'ont obligé à demander son rappel, ainsi que l'ancienneté et l'importance de ses services, et annonce la remise de ses pouvoirs à son successeur, M. Turgot de Saint-Clair, intendant en Auvergne*.

* Voir les lettres de celui-ci, 13 et 20 décembre.

1548. *M. Bosc,*
procureur général en la Cour des aides de Paris,
au Contrôleur général.

(Cour des aides de Paris, G⁷ 1766.)

9 Novembre 1713.

L'arrêt signifié aux bouchers des paroisses voisines de Paris, qui leur enjoint de quitter les lieux et d'abandonner leur commerce, n'a pour but que de sauvegarder les droits du Roi et d'empêcher les fraudes qui se commettent aux barrières. Ce but serait atteint en faisant une distinction entre les bouchers résidant dans les paroisses et les bouchers forains ou les soldats faisant le commerce de la viande: ceux-ci devront être sévèrement punis; mais il n'y a pas de raisons d'appliquer l'arrêt aux premiers, dont la ruine entraînerait celle des paroisses.

1549. *M. Laugeois d'Hymbercourt,*
intendant à Soissons,
au Contrôleur général.

13 Novembre 1713.

Il appuie la requête des chevaliers de l'arbalète de Vailly-sur-Aisne, qui demandent l'établissement d'une compagnie d'arquebusiers, avec les privilèges et exemptions habituels*.

* «Bon.» — Voir trois lettres des 10, 20 et 21 septembre 1714, de M. de Vignieux.

1550. *M. de Pontchartrain,*
secrétaire d'État de la marine,
au Contrôleur général.

15 Novembre 1713.

Il lui communique, par ordre du Roi, un avis venu d'Amsterdam.

«Au sujet de la loterie de 20,000,000# que font les Hollandois...., on prétend que ce seront les François qui en rempliront la plus grande partie, et que, pour l'empêcher, il conviendroit d'en faire une en France*....»

* En apostille, de la main du contrôleur général: «Parler à M. Bernard de la lettre venue de Hollande.»

1551. *M. d'Argenson, lieutenant général de police*
à Paris,
au Contrôleur général.

23 Novembre 1713.

«Je passai hier une grande partie de la journée à la recherche du prétendu trésor qu'on disoit être dans la maison du feu sieur Laugeois, fermier général, qu'occupe M. de Harlay, conseiller d'État. Le donneur d'avis, nommé Tonnerot, parut d'abord d'une sécurité merveilleuse, et nous conduisit dans un fort petit caveau où il nous assura qu'il avoit porté à plusieurs reprises plus de trois ou quatre cents sacs de 1,000#, par ordre du feu sieur Laugeois, qu'il renfermoit ensuite dans son cabinet, afin qu'on ne pût savoir l'endroit où il cachoit cet argent. Il ajouta néanmoins que, quoiqu'il ait fait plusieurs fois la même manœuvre, il n'a jamais pu remarquer dans ce caveau, qui n'est éclairé que par un soupirail qui a vue sur la cour, le lieu de la prétendue cache. Je le pressai de nous dire où il jugeoit à propos que l'on fouillât, et, sur l'indication qu'il nous fit d'un mur qu'il croyoit être massif, j'y fis faire une assez grande ouverture, qui nous fit connoître que ce n'étoit qu'un mur de refend mitoyen avec un autre caveau, ce qui surprit étrangement notre donneur d'avis. Nous fîmes sonder ensuite le sol du premier caveau, et l'on vérifia qu'il n'étoit composé que de gravois et de terres de rapport. M. de Cotte le fils, qui survint alors, en fit aussi sonder tous les murs en sa présence, et, après que nous eûmes demandé à notre indicateur de trésors s'il désiroit qu'on fouillât ailleurs, ou s'il avoit de plus grands éclaircissements à nous donner, il nous déclara qu'il avoit dit tout ce qu'il savoit; que, s'il s'étoit expliqué auparavant d'une autre manière, en disant qu'une femme mourante lui avoit donné cette même indication, c'est qu'il n'avoit pas jugé à propos de dire alors son véritable secret; qu'au reste il n'étoit pas le porteur d'argent du sieur Langeois, ni son domestique, mais que ce fermier général l'avoit souvent employé dans des commissions secrètes*.....»

* En apostille, de la main du contrôleur général : «Au premier avis semblable, déclarer que celui qui le donnera sera puni, si l'avis se trouve faux.»

1552. *M. Ferrand, intendant en Bretagne,*
au Contrôleur général.

28 Novembre et 22 Décembre 1713.

Établissement d'une patrouille à Nantes et à Rennes, pour assurer la police de ces villes*.

* Mgr le comte de Toulouse, gouverneur de la province, écrivait, le 25 octobre précédent : «Il y a longtemps que je reçois des plaintes des désordres qui se commettent presque toutes les nuits à Rennes et à Nantes faute d'y avoir une patrouille pour réprimer les ivrognes et les jeunes gens, qui y sont en grand nombre et qui troublent entièrement la sûreté publique. Ce qui vient d'arriver à Nantes fait voir encore plus la nécessité d'y donner ordre, car, M. de Lannion, qui y commande, revenant assez tard chez lui, et s'étant rencontré dans une troupe de ces gens-là, il a été obligé de soutenir un combat contre eux, avec ses laquais et ses porteurs de chaise; ces gens-là étoient au nombre de cinquante ou soixante, à ce qu'il me mande, et il lui en a coûté son épée, qu'il a rompue sur eux....» Voir les lettres de M. de Lannion, 22 octobre et 6 décembre.

1553. *M. Guynet, intendant à Caen,*
au Contrôleur général.

28 Novembre 1713.

«J'ai examiné, depuis que je suis dans ce département, avec une attention d'autant plus particulière, les moyens d'y procurer la multiplication des bestiaux, qu'il s'y en fait un grand commerce de maigres et de gras, et que les marchands herbageurs se plaignent que l'espèce manque et devient si rare que, s'il n'y est pourvu, il ne se trouvera point, dans peu d'années, suffisamment de bestiaux pour charger les herbages de graisse, ni de bœufs pour labourer la terre. Cet inconvénient m'a paru d'une si grande conséquence, et le mal s'en fait déjà tellement ressentir par le prix excessif de la viande et du suif, ainsi que par la stérilité des terres labourables, dont les récoltes ingrates depuis quelques années font extrêmement souffrir les peuples par la cherté des grains, ce que les laboureurs attribuent au défaut d'engrais suffisants, que j'ai jugé devoir rechercher tous les moyens possibles pour apporter des remèdes convenables à ces maux; et ayant été informé qu'il y avoit dans cette généralité cinquante à soixante mille arpents de prairies, pâturages et marais communs, dont la meilleure partie étoit continuellement sous les eaux, et que l'autre étoit inondée par les moindres pluies, j'ai pris des mesures pour procurer le desséchement de ces lieux, et vous avez bien voulu les autoriser par des arrêts du Conseil. J'ai la satisfaction de commencer à voir le succès que les peuples désiroient de ces ouvrages, que je me promets de faire mettre dans deux ou trois ans en leur entière perfection. Je regarde ces travaux comme le premier moyen de parvenir à la multiplication des bestiaux, et en remettre l'abondance en secondant les avantages dont la nature a favorisé ce pays par le grand nombre des différents pâturages qui y sont, et dont il ne s'agit que de savoir bien profiter; mais les peuples, épuisés par les impositions, pour le payement desquelles on a fait vendre leurs bestiaux, se trouvent dans une entière impuissance de s'en refournir, et, leur pauvreté leur ayant fait perdre tout crédit pour en pouvoir prendre à cheptel, il est d'une nécessité indispensable d'avoir recours à des moyens extraordinaires : ce qui m'a fait projeter une proposition que vous aurez agréable de voir par le mémoire ci-joint, au moyen de laquelle je compte de remettre tous les ans, pendant dix années, trois cents vaches dans ce département, dont on peut juger de la multiplication par l'ordre qui y sera gardé, ce qui sera d'un grand secours pour la subsistance des pauvres peuples et leur facilitera le payement de leurs impositions. Je ne crois pas qu'il soit autrement possible de rétablir cette multiplication, les règlements favorables portés par les édits des mois de janvier et d'octobre derniers ne pouvant apporter un remède assez prompt et assez efficace à l'état que sont les choses, sans lequel les peuples sont exposés à voir leurs pâturages et marais communs desséchés, dont ils ne pourront jouir d'aucun bénéfice, et ils ne seront dépouillés que par les ecclésiastiques, nobles, privilégiés et riches habitants, ce qui ne pourra procurer la multiplication comme le grand nombre des peuples le pourra faire par les facilités qui leur en seront données.

»Mais je n'ai pas seulement pour objet les bestiaux : le rétablissement des haras ne me paroît pas d'une moindre considération. Ce pays est un des meilleurs du royaume pour y élever de beaux et bons chevaux pour la guerre, la chasse, le carrosse et autres services. Les marchands les y recherchent avec empressement, les y achètent très cher, et les préfèrent à ceux des autres pays, se plaignant de n'en plus trouver comme par le passé. La rareté provient du défaut d'étalons; il n'en reste plus que trente en état de servir, et il en seroit nécessaire de plus de cent vingt. M. de Pontchartrain m'a fait l'honneur de me demander des mémoires sur ce rétablissement : je lui en ai envoyé, qu'il m'a marqué fort approuver; mais le défaut de fonds arrête l'effet de sa bonne volonté, ce qui m'a fait pareillement rechercher le moyen d'y suppléer en prenant une partie du fonds que doit produire la proposition pour être employé à l'achat d'étalons, que je trouve encore moyen de multiplier en sorte qu'en peu d'années le nombre d'étalons se trouvera rempli. Et comme l'expérience perfectionne ces sortes de projets, j'espère que, favorisé de votre autorité, je remettrai cette généralité en état d'en retirer tous les avantages de ses différents et bons terroirs, tant pour les herbages, pâturages, que terres labourables.»

1554. *Le Contrôleur général*
à M. de Bâville, intendant en Languedoc.

1er Décembre 1713.

Si la manufacture de Saint-Chinian est arrivée à un aussi haut degré de perfection que le prétend son directeur, le Roi désire qu'elle jouisse des mêmes priviléges que les autres manufactures de draps établies dans la province*.

* Voir la lettre du même jour à M. l'archevêque de Narbonne.

Le 25 novembre 1714, les frères Roussel, directeurs de la manufacture, demandent qu'on attribue à M. de Bâville la connaissance d'un vol important dont ils viennent d'être les victimes. Ils sollicitent aussi une augmentation de la subvention dont ils jouissent pour chaque pièce de drap fabriquée chez eux. Le 13 décembre, M. de Bâville appuie ces deux demandes.

1555. *Le Contrôleur général aux Intendants.*

3 Décembre 1713.

«Je voudrois bien avoir un état des inspecteurs des manufactures du royaume et de leurs départements. Je vous prie de m'envoyer, le plus tôt qu'il vous sera possible, les noms de ceux qui sont établis dans votre département, soit sur les draps et autres étoffes, soit sur les toiles, les lieux dans lesquels chacun d'eux est obligé de faire ses visites. Et en même temps, vous me ferez, s'il vous plaît, savoir les appointements réglés pour chacun, et s'ils se payent sur le sou pour pièce d'étoffes, ou s'il y a quelques autres fonds destinés pour cette dépense*.»

* Des lettres de rappel furent adressées le 19 avril 1714 à MM. de Nointel, de Richebourg, Ferrand et Laugeois d'Hymbercourt, intendants en Auvergne, à Poitiers, en Bretagne et à Montauban.

Voir les états envoyés par MM. Feydeau de Brou, intendant à Alençon, 23 décembre 1713; de Bernage, à Amiens, 8 janvier 1714; de Nointel, en Auvergne, 4 mai; de Courson, à Bordeaux, 30 décembre 1713; Foullé de Martangis, en Berry, 20 décembre; de la Briffe, en Bourgogne, 16 décembre; Ferrand, en Bretagne, 28 avril 1714; Guynet, à Caen, 17 décembre 1713; Lescalopier, en Champagne, 27 décembre; d'Angervilliers, en Dauphiné, 28 décembre; de Bâville, en Languedoc, 25 décembre; de Beauharnais, à la Rochelle, 13 janvier 1714; Boucher d'Orsay, à Limoges, 4 janvier; Méliand, à Lyon, 22 décembre 1713; Laugeois d'Hymbercourt, à Montauban, 27 mai 1714; Turgot, à Moulins, 15 décembre 1713; de Bouville, à Orléans, 11 janvier 1714; Bignon de Blanzy, à Paris, 20 février; de Richebourg, à Poitiers, 25 avril; Roujault, à Rouen, 28 décembre 1713; Chauvelin, à Tours, 1er janvier 1714.

Sur la suppression du droit de marque attribué aux inspecteurs, voir les lettres de M. Roujault, intendant à Rouen, 13 février, 10 mai et 25 août 1715, et une lettre de M. de Landivisiau, 16 mai.

1556. *M. Laugeois d'Hymbercourt, intendant à Soissons, au Contrôleur général.*

4 et 18 Décembre 1713.

Il rend compte des taxes d'office à la taille qui ont pour but d'obliger les aisés à lever les charges alternatives des greniers à sel et celles de rapporteur des défauts dans les élections*.

* En apostille de la première lettre : «Lui faire réponse que ma pensée est de le décharger de cette taxe d'office.»

M. d'Eaubonne, successeur de M. Laugeois, écrit, le 17 juin 1714 : «.....Ces sortes de taxes me paroissent exorbitantes; elles ne peuvent servir qu'à ruiner entièrement un particulier, sans soulager la paroisse où elles sont faites. Il est certain que, si on connoissoit de la mauvaise volonté dans un habitant qui seroit en état de lever une charge, il seroit à propos de le punir en augmentant sa taille; mais je crois qu'il y a une proportion à garder, qu'une augmentation au delà des forces d'un taillable le décourage, l'empêche de rien payer, et, en cas qu'on le veuille contraindre, d'un homme aisé fait un habitant réduit à la mendicité, dont il ne se relève jamais. D'ailleurs, les sujets qu'on propose pour être imposés à ces cotes d'office sont d'ordinaire indiqués par les officiers des greniers à sel et des élections, qui sont parties intéressées, qui ne demandent pas mieux que de rejeter le fardeau qu'ils devroient naturellement porter sur tels particuliers qu'ils jugent à propos, et qu'ils nomment souvent par envie et par cabale. Ainsi, je croirois qu'il seroit du bien public de [réunir] ces offices alternatifs ou triennaux aux anciens offices des greniers à sel, d'en faire de même dans les élections, ou, si vous souhaitez que ces offices alternatifs soient levés séparément par des particuliers, de vouloir bien m'en faire avertir de bonne heure, afin que, dans les tournées que je fais dans la province, je puisse savoir par moi-même les sujets qui sont les plus capables de les lever. Je vous demanderois encore la permission d'asseoir ces taxes d'office sur la capitation, et non sur les rôles des tailles : 1° parce que, si je connoissois dans la suite qu'un particulier eût été taxé mal à propos, le remède en seroit bien plus facile et bien plus prompt, les rôles de capitation s'arrêtant par les intendants seuls; 2° parce que l'augmentation en fait de taille emporte pareille augmentation de l'ustensile au marc la livre, et que les rôles des tailles sont toujours exécutoires par provision, au lieu que la décharge de la capitation est pure et simple.....»

Voir aussi une lettre de M. de la Briffe, intendant en Bourgogne, 22 décembre 1713.

1557. *M. de la Houssaye, intendant en Alsace, au Contrôleur général.*

7 Décembre 1713 et 5 Septembre 1714.

Étant donnée la valeur actuelle des pièces de 48 s. en Alsace, l'écu y vaudra toujours 6#, et le louis 24# : par conséquent, les diminutions n'y auront aucun effet, à moins de rabaisser progressivement à 28 s. la valeur de ces pièces.

1558. *M. Laugeois d'Hymbercourt, intendant à Soissons, au Contrôleur général.*

15 Décembre 1713.

Interdiction de fabriquer à Noyon des bas au métier.

1559. *M. d'Angervilliers, intendant en Dauphiné, au Contrôleur général.*

19 Décembre 1713.

Il appuie un placet du baron des Adrets sollicitant le

sion des mines de plomb et de cuivre à découvrir dans sa terre de Theys ou dans ses autres domaines.

«Ce n'est que sur l'indice de quelque terre rouge mêlée de vernis qu'on a remarquée dans un terrain qui appartient en commun à la communauté, que l'idée est venue qu'il pouvoit y avoir une mine, parce que, effectivement, il y a presque toujours du plomb où il y a du vernis; mais, avant qu'on puisse connoître si cette matière est abondante dans cet endroit, il faut un travail considérable pour fouiller la terre ou couper des rochers, et c'est ce que M. des Adrets n'a pas cru devoir entreprendre sans l'agrément du Roi.»

Il demande pour M. des Adrets des lettres patentes, avec la même remise du droit de dixième des produits qu'ont obtenue tous les derniers concessionnaires, M. de Cosnac, évêque de Valence (1655), M. le duc de Lesdiguières (1664), M. de Bourchenu, etc. L'impétrant se chargerait de dédommager tous les propriétaires de terrains*.

* Cette concession fut accordée, avec remise du dixième pendant dix ans, ainsi que celle que M. d'Angervilliers demanda, le 27 mars 1714, pour la femme du président de Châteauneuf, à Vizille.

Sur d'autres découvertes de mines, voir une lettre du contrôleur général à M. d'Angervilliers, 16 avril 1715, et les lettres de M. de Harouys, ancien intendant en Champagne, et de M. Maclot, grand maître des eaux et forêts de ce département, 14 décembre 1712, 12 octobre 1713, 11 et 16 septembre 1714; de M. de Bâville, intendant en Languedoc, et du sieur de Scorbiac de Monthecton, 20 septembre et 20 novembre 1712; de M. de Richebourg, intendant à Poitiers, 30 janvier et 10 février 1715; de M. Lebret, intendant en Provence, 13 novembre 1714; du sieur Carmentrant, lieutenant de justice de la baronnie d'Hagetmau, en Gascogne, 8 juillet 1712.

A propos d'une demande présentée par M. de Barrillon, intendant en Béarn (5 et 22 février, 4 avril 1712), pour l'exploitation d'une mine de cuivre dans la vallée d'Aspe, le contrôleur général lui répondait, le 17 mars 1712: «.....Un privilège, quelques précautions qu'on puisse prendre, cause toujours des contestations entre ceux qui l'ont obtenu et les propriétaires des terres dans lesquelles on veut faire des recherches. Il arrive même souvent qu'on ne se sert de ces privilèges que pour fatiguer les particuliers et les obliger à se rédimer de la vexation.....» Le 13 avril 1714, le sieur Camgran-Bordes annonce de Parenties une découverte de mine de cuivre dans la vallée d'Aspe.

Le 6 février 1713, sur un rapport du subdélégué de Givet, M. Doujat, intendant en Hainaut, rappelle l'imposture qui s'est produite au sujet des prétendues mines d'or et d'argent du Vigean, dans le temps qu'il était intendant à Poitiers.

1560. *M. Guynet, intendant à Caen,*
au Contrôleur général.

20 Décembre 1713.

Il propose de permettre aux communautés d'aliéner les droits attribués aux offices d'inspecteur de boissons, dont elles doivent jouir à dater du 1er janvier 1719, et d'employer les fonds qui en proviendront à la réparation de leurs portes, murs, ponts, pavés, etc.*.

* «Bon.»

Sur la réparation du pavé de Maubeuge au moyen du produit du droit de *chaussiage*, voir une lettre de l'intendant Doujat, 14 août 1713, et, sur le pavé du port de Rouen, une lettre de M. Roujault, intendant, 20 juin 1714.

1561. *M. le Gendre, intendant à Montauban,*
au Contrôleur général.

(De Paris,) 21 Décembre 1713.

«Je me présentai hier devant le Roi, suivant la permission que vous m'en aviez donnée. S. M. me reçut avec bonté; je lui demandai, pour toute récompense de quatre-vingts années de service et de vingt-huit des miennes, qu'il me fût permis de me justifier devant vous des faits avancés contre moi, et d'être traité à la dernière rigueur, si un seul se trouvoit véritable, et si je ne détruisois pas par pièces toutes ces noires calomnies. S. M. me fit espérer cette grâce. Je m'estimerai trop heureux si mon sort est entre vos mains, mettant toute ma confiance en vos bontés, votre justice et l'honneur de votre protection. Je ne me présente point devant vous, pour ne point vous être importun; attendant vos ordres avec ma soumission ordinaire, j'espère que vous voudrez bien ne point abandonner un bon serviteur du Roi et une de vos créatures la plus fidèle*.»

* Sur son rappel, voir les lettres de M. le Franc, premier président de la Cour des aides de Montauban, 20 décembre 1713 et 21 février 1714; de divers officiers ou habitants d'Auch, 9 décembre; de Masseube, en Astarac, 11 décembre; de Villefranche-de-Rouergue, 12 décembre; de Montauban, 13 décembre; de Mirande, 14 décembre; de Cahors, 20 décembre 1713; de Saint-Girons, 13 janvier 1714. Voir aussi deux lettres écrites par les habitants de Montauban, d'une part, et, d'autre part, par les maire et consuls, le 15 janvier 1710, à l'occasion d'une absence momentanée de l'intendant.

Sur la remise des papiers à son successeur, M. Laugeois d'Hymbercourt, et sur le voyage et l'installation de celui-ci, voir les lettres écrites par lui, de Soissons, 5, 21, 25, 26 et 30 décembre 1713, et celle du contrôleur général à M. le Gendre, 21 octobre 1714.

Ce dernier écrivait, le 29 mai 1714, de Montclar: «Mon premier soin, en arrivant dans les terres que j'ai en Languedoc, où je suis venu avec votre agrément, est de vous marquer ma respectueuse reconnoissance de toutes vos bontés, dont je ne perdrai jamais le souvenir. Mon zèle pour le service du Roi et mon attention continuelle à vous plaire m'avoient fait regarder l'honneur de servir sous vos ordres comme un bien qui n'étoit point sujet au changement; j'ai néanmoins perdu mon emploi par la plus noire et la plus infâme de toutes les calomnies, sans murmurer ni m'en plaindre, parce que j'ai eu la consolation de voir qu'elle n'avoit fait aucune impression sur votre esprit. Je vous avoue que je croyois être à l'abri des mauvais offices par la manière dont j'avois servi le Roi dans des occasions bien importantes, telles que l'affaire des fanatiques, quand ils entrèrent en Rouergue; lors de la révolte du Quercy, qu'il y avoit trente mille hommes sous les armes qui assiégeoient Cahors, et que je fus assez heureux de dissiper sans le secours des troupes, par la confiance que les peuples avoient en moi. Quand il a fallu pourvoir à l'approvisionnement des armées de Dauphiné et de Roussillon dans les temps les plus difficiles, j'ai surmonté tous les obstacles, et me suis engagé sur mes billets pour 500,000 écus, sans craindre un avenir qui avoit fermé la bourse de tous les gens d'affaires. Le Roi me fit la grâce de me marquer publiquement la satisfaction que S. M. avoit de cet important service, et j'ai, sur cela, trente de vos lettres, que je conserve comme un titre d'honneur dans ma famille. Quand le roi d'Espagne revint de Barcelone, et que le crédit étoit mort en Languedoc et en Roussillon, j'envoyai en poste à Perpignan 100,000 écus, que j'empruntai en vingt-quatre heures, par ordre de M. de Chamillart, pour faire passer S. M. C. aussi diligemment qu'il étoit nécessaire dans ses États. Que n'ai-je point fait sur la frontière des Pyrénées par des exemples de sévérité réitérés pour empêcher le commerce qui se faisoit avec les ennemis de l'État suivant le traité des lies et passeries? Un plus ample détail des services que j'ai rendus est inutile pour un ministre aussi éclairé que vous, et qui n'ignore rien de ce qui se passe dans le royaume. La jalousie de mes services présents, et de ceux que j'étois en état de rendre à l'avenir par la connoissance que j'avois des affaires d'Espagne et de tout ce qui se passoit dans les provinces voisines a arrêté le cours de ma fortune, et, pendant que ceux qui ont voulu me sacrifier répandoient, dans les mémoires présentés contre moi, que j'étois haï mortellement dans cette province, j'ai eu la consolation, en passant à Toulouse et à Montauban, de voir venir toute la noblesse et les honnêtes gens au-devant de moi, et de voir ma maison remplie du peuple qui me suivoit dans les rues pour me donner mille bénédictions. Voilà ce que la plus noire envie ne sauroit détruire, et c'est une grande consolation pour l'honnête homme de voir de pareils empressements que le cœur conduit, et qui ne sont plus dictés par l'intérêt. Il est bien rare, pour ne pas dire sans exemple, que l'on témoigne autant d'amitié à un homme qui n'est plus en place et que l'on a voulu perdre d'honneur et de réputation dans une province. Je souhaiterois que ces trois ou quatre ennemis qui ont fait tant de trophées de ma révocation fussent assez heureux pour être aussi aimés que moi : le Roi en seroit mieux servi. Voilà tout le mal que je leur souhaite. Comme les disgrâces ne sont pas capables d'abattre le cœur et le courage d'un homme qui n'a rien à se reprocher et qui a servi le Roi avec tant de zèle, de noblesse et de désintéressement que j'ai fait pendant quinze ans, je vous supplie de ne me point abandonner, et d'être persuadé que je serai toujours prêt à sacrifier le peu de bien qui me reste et à répandre jusques à la dernière goutte de mon sang pour le service de S. M. Je travaille à arranger toutes les affaires de la province dont j'ai été chargé pendant quinze ans; la confiance que la noblesse avoit en moi m'avoit rendu le dépositaire de ce qu'il y avoit de plus secret dans les principales familles. J'ai déclaré, en arrivant, mon mariage avec la veuve d'un conseiller de la Cour des aides, dame riche, de mérite, et d'une vertu reconnue, que j'avois épousée avant mon départ. Si vous voulez m'honorer de quelques-uns de vos ordres, ayez la bonté de les adresser à Toulouse, pour Montclar, qui est une assez jolie terre où je fais ma résidence.»

Le 30 mai, M. Laugeois d'Hymbercourt, son successeur, envoie des extraits de mémoires présentés contre lui à M. le maréchal de Montrevel.

1562. *Le Contrôleur général à M. de Bâville, intendant en Languedoc.*

29 Décembre 1713.

Il lui renvoie une requête du marquis de Bonnac, adjudicataire du domaine de Donnezan.

«Il a d'abord prétendu que tous les bois qui en dépendent faisoient partie de son acquisition, et qu'il devoit en être mis en possession; mais, sur ce qu'on lui a fait connoître que son contrat portoit une exception formelle de tous les bois de futaie et autres mis en réserve, outre que, dans toutes les aliénations de domaines, ces sortes de bois sont toujours réputés conservés au profit du Roi, lors même qu'il n'en est point fait de mention, il s'est retranché à demander le droit de prendre dans ses bois ceux dont il a et pourra avoir besoin dans la suite pour les réparations des châteaux d'Usson et de Quérigut, fermes et bâtiments du domaine, ceux qui sont nécessaires pour l'entretien et exploitation de ses forges, aussi bien que pour son chauffage et pour celui de ses fermiers*.....»

* Voir un mémoire de M. de Bâville, 6 février 1714. Le 11 juin suivant, le contrôleur général charge M. Anceau de Lavelanet, grand maître des eaux et forêts du département, de faire faire le bornage des bois et terres, le Roi ne voulant plus de défrichements à l'avenir.

1563. *M. Lebret, intendant en Provence, au Contrôleur général.*

29 Décembre 1713.

«Le retardement de l'assemblée, que vous avez renvoyée au 15 janvier, me fait penser que, si quelque accident imprévu obligeoit à la différer encore jusqu'en février, nous tomberions, dès le 15 de ce mois-là, dans un grand inconvénient, faute d'avoir fait l'imposition; et comme il me paroît fort incertain qu'elle soit faite alors, j'ai proposé aux procureurs du pays d'écrire aux communautés de payer le quartier qui écherra au 15 février 1714 sur le pied de l'imposition faite en 1713, laquelle est d'autant plus certainement suffisante que l'on ne peut la porter plus haut. Cette précaution prise, rien ne nous presse plus, et nos prélats achèveront tout à leur aise ce qu'ils ont à faire à Paris; mais, comme les procureurs du pays, ou, pour mieux dire, le greffier des États s'imagine que l'assemblée future leur saura bien mauvais gré de la démarche que je leur avois inspirée, ils hésitent plus qu'il ne m'avoit d'abord paru. C'est pourquoi je prends la liberté de vous supplier de les encourager au plus tôt par une lettre portant ordre de pourvoir à ce que le quartier de février soit payé en attendant l'imposition, sauf à tenir compte sur les trois autres quartiers des diminutions qui y pourroient être faites.

«J'avois, l'autre jour, communiqué à M. notre archevêque la pensée que j'avois eue, en le suppliant de vous en rendre compte seulement, car les procureurs du pays, auxquels je venois d'en parler, n'y faisoient point de difficulté; mais, comme j'apprends qu'ils ont changé d'avis, je prends la liberté de recourir à votre autorité pour éviter l'embarras où nous pourrions tomber, si le quartier venoit à échoir avant que la nouvelle imposition fût faite, et si, n'exigeant rien au premier quartier, il falloit exiger le double au second, ou prendre je ne sais quels autres expédients, qui ne pourroient jamais pourvoir au retardement qui s'ensuivroit, tant de ce qui concerne le service, que du payement des rentes des créanciers, dont la plus grande partie échoit dans les cinq premiers mois de l'année, et principalement en février, mars, avril et mai*.»

* Le 6 janvier 1714, M. l'archevêque d'Aix, et, les 9 et 15 janvier, M. de Grignan, lieutenant général, font les mêmes propositions. Une nouvelle prorogation jusqu'à nouvel ordre eut lieu : lettres de M. de Grignan, 26 janvier et 11 février.

Sur la tenue de l'assemblée, voir les lettres de M. de Grignan, 22 février, 6, 8 et 15 mars, et une lettre de M. Lebret, 10 mars.

1564. *Le Contrôleur général à M. Ferrand, intendant en Bretagne.*

(Mois de Décembre 1713.)

Création d'offices d'inspecteur aux saisies réelles. Bien que la province ait racheté en 1696 les offices de contrôleur créés alors, le Roi compte tirer une somme notable des nouveaux et en faire faire le recouvrement pour son propre compte; il consentirait à un abonnement pareil à celui de 1696*.

* En Provence, l'établissement de ces offices n'avait pas lieu de se faire parce qu'on ne s'y servait point de baux judiciaires; le contrôleur général excita cependant l'intendant Lebret à porter les États à se racheter aussi par un abonnement pareil à celui de 1696. (Lettre de même date.)

1565. *Le Contrôleur général à S. A. Mgr l'Électeur de Cologne.*

(Année 1713.)

«J'ai reçu la lettre dont V. A. É. m'a honoré le 14 de ce mois, avec le mémoire qui y étoit joint, par lequel on propose de donner un ordre au contrôleur général des restes d'envoyer dans les pays étrangers un commis muni d'un pouvoir suffisant, avec les recommandations nécessaires pour diriger les actions que le Roi a droit d'exercer contre la succession du sieur Bombarda. Le Roi a bien voulu entendre la lecture de ce mémoire, et S. M. m'a fait l'honneur de me dire qu'elle ne pouvoit rien faire de particulier sur cela, et que je lui rendisse compte de nos usages, et si on avoit pratiqué, dans des occasions où des étrangers s'étoient trouvés débiteurs à S. M., de faire agir au nom du contrôleur général des restes. Je suis obligé de rendre compte à V. A. É., sur ce qui regarde la proposition qu'on lui a faite, que cet officier n'est point connu dans les pays étrangers, que sa fonction se renferme à poursuivre au Conseil et à la Cour des aides le payement de ce qui peut être dû au Roi par les officiers ou commissionnaires qui ont eu le maniement de ses deniers. Il n'est pas sans exemple que des comptables débiteurs au Roi se soient retirés dans les pays étrangers et y aient emporté leurs effets; mais, dans ces occasions, on n'a fait autre chose que d'envoyer des ordres aux ministres du Roi qui étoient dans les pays où ils s'étoient retirés, d'employer leurs offices pour en procurer le payement. Suivant cet usage, il ne conviendroit pas de se servir de l'expédient qui est proposé, et on se renfermera à poursuivre en France le payement de ce qui est dû au Roi sur les effets du sieur Bombarda. V. A. É. peut, pour ses intérêts, faire agir ses envoyés dans les pays où le sieur Bombarda a des biens, et y agir sans aucune concurrence avec les intérêts du Roi.»

1566. *M. Turgot de Saint-Clair, intendant en Auvergne, au Contrôleur général.*

(Année 1713.)

Retour à Saint-Flour du sieur de Brugier, lieutenant général de cette ville, retenu à la suite du Conseil depuis deux ans, comme ayant failli à son devoir lors de l'émeute pour les grains*.

* En apostille : «Lui faire une sévère réprimande avant qu'il parte.»

1567. *Le Contrôleur général aux Gardes du Trésor royal.*

2 Janvier 1714.

«Je suis obligé de vous avertir qu'il m'est revenu que, plusieurs rentiers s'étant présentés au Trésor royal le 30 et le 31 du mois dernier, pour faire faire leurs liquidations, qui sont en état, on les avoit remis sous différents prétextes à la semaine suivante; et quelques-uns même se plaignent de n'avoir trouvé personne dans les bureaux samedi après midi. Vous savez de quelle importance il est de faire connoître au public qu'on est dans la disposition de leur faire une prompte expédition, afin qu'on puisse commencer incessamment les payements des rentes à l'hôtel de ville, et vous ne sauriez trop recommander à vos commis l'assiduité et la diligence. Prenez la peine de leur en donner de nouveau des ordres si précis qu'ils n'osent y manquer*.»

* Le 15, il leur écrit : «. . . . Au sujet de la liquidation de quelques parties de rentes dans lesquelles il y a eu plusieurs mutations depuis la constitution, S. M. trouve bon que, pour faciliter aux propriétaires la conversion, il soit procédé à la liquidation sur les immatricules des payeurs de la même manière qu'il s'est pratiqué lors du remboursement et de la conversion des anciennes rentes en 1679. . . . .»

1568. *M. Ravat, prévôt des marchands de Lyon, au Contrôleur général.*

9 Janvier 1714.

Il envoie un exemplaire imprimé de la délibération prise pour l'érection d'une statue équestre du Roi au milieu de la place Bellecour, qui prendra le nom de Louis-le-Grand.

1569. *M. de Pontchartrain, secrétaire d'État de la marine, au Contrôleur général.*

10 Janvier 1714.

«J'ai renvoyé au Conseil de commerce des mémoires qui m'ont été présentés par le sieur Lefèvre de Chassnay, écrivain général de la marine, qui fait sa résidence à Nevers, par lesquels il demande la permission de faire fabriquer pour le public des fers feuillards en verges, carrés et ronds, avec une machine qu'il a inventée pour faire des ancres, sans déroger aux privilèges dont il jouit en qualité d'écrivain préposé pour la fabrique des ouvrages de la marine à Nevers. Ces privilèges consistent dans l'exemption de tailles, logement de gens de guerre, guet, garde, et autres charges publiques. Le Conseil de commerce a estimé qu'il n'y avoit aucun inconvénient à accorder au sieur Lefèvre la permission de faire fabriquer ces sortes de fers avec sa machine, et la continuation de ces priviléges, dont la plupart des entrepreneurs des manufactures jouissent. Sur le compte que j'en ai rendu au Roi, S. M. l'a agréé, sans exclusion cependant pour les autres particuliers qui voudront faire fabriquer des fers de la même qualité, S. M. étant bien aise de lui faire cette grâce en considération de l'utilité qu'elle tirera de cette machine, lorsqu'elle jugera à propos qu'elle soit employée pour son service; et je vous supplie de donner les ordres nécessaires pour faire jouir le sieur Lefèvre de cette exemption.»

1570. *M. le chevalier* DE *Folard au* CONTRÔLEUR GÉNÉRAL.

(D'Avignon,) 14 Janvier 1714.

«J'ai visité l'ouvrage et le pays avec la personne qui a nivelé les lieux par où il propose de faire passer le canal. La chose m'a paru de si grande conséquence, et les intérêts de Votre Grandeur me sont si chers, que j'ai cru devoir niveler moi-même les endroits qui m'ont paru douteux. Le projet est grand et beau; mais la dépense en sera très grande, et bien au delà de ce qu'on vous en a dit. Je trouve, par le niveau que j'en ai fait, que ce canal sera au moins de quarante lieues. J'ai vu l'ouverture; la prise est construite avec les armes de M. d'Oppède. Ce canal ne peut être navigable qu'en faisant celui de Berre à la Durance, qui me paroît très facile. C'est une grande affaire que cela, et d'une dépense très grande; mais le revenu en sera très considérable. J'aurai l'honneur de vous expliquer le tout à mon arrivée, et ce que répondra M. Cipriani à mes objections et aux difficultés que j'ai trouvées dans l'exécution. Cette affaire ne peut manquer d'être bonne; mais il ne faut pas que Votre Grandeur la fasse de son propre argent. Il faut une compagnie, et en tirer le meilleur parti qu'il se pourra. Il y a même d'autres moyens à l'avantager de bien des choses, que M. de Cipriani n'ignore pas; mais il faut auparavant que j'aie l'honneur de rendre un compte exact à Votre Grandeur de certaines difficultés qui m'ont paru plus grandes que l'exécution du canal.

«Je pars demain pour Paris, car rien ne m'arrête plus ici, ayant perdu toute espérance auprès de mon oncle, qui m'a entièrement déshérité. Je n'ai d'autre espoir qu'en vous, et j'espère qu'il n'abandonnera pas une personne qui lui est absolument dévouée*.»

* Voir une lettre de M. le chevalier d'Oppède, relative à ce canal des salins d'Hyères, 9 janvier, et une autre lettre de M. le chevalier de Folard, 6 mai.

Au sujet d'un canal de la mer de Martigues à la Durance, voir trois lettres de l'ingénieur Cipriani, auteur du projet, 13 août, 11 et 20 septembre suivants, et une du chevalier de Folard, 18 octobre, dans laquelle il dit: «.....Ce canal peut se jeter fort près de Montélimar;.... si les ingénieurs côtoient et serrent la montagne à la sortie du Comtat, allant à Pierrelatte, ils peuvent pousser le canal jusqu'à dix-huit lieues de Lyon, ce qui seroit une chose bien avantageuse au commerce.....»

1571. *M. Bignon, prévôt des marchands de Paris, au* CONTRÔLEUR GÉNÉRAL.

21 Janvier 1714.

Remboursement des adjudicataires du droit des inspecteurs des boucheries.

1572. LE CONTRÔLEUR GÉNÉRAL *à M. l'Évêque d'Avranches.*

23 Janvier 1714.

«Vous aurez sans doute été informé des cabales et émotions qui se sont formées dans quelques paroisses de votre diocèse à l'occasion de l'assiette des tailles. Par les procédures qui ont été faites et les mémoires envoyés à ce sujet, il a paru que les curés et vicaires entretenoient eux-mêmes l'esprit de rébellion, et que le curé de Saint-Cyr, entre autres, et le vicaire de la paroisse de Saint-Georges avoient été, en quelque façon, les premiers auteurs du désordre. L'intention de S. M. est que vous les fassiez venir l'un et l'autre, pour mettre le vicaire de Saint-Georges en pénitence pendant quelque temps, et pour faire au curé de Saint-Cyr une forte réprimande, en lui marquant que, s'il ne s'observe à l'avenir, S. M. fera faire, dans sa personne, un exemple capable de contenir les autres dans le devoir. Vous aurez agréable de me faire part des ordres que vous donnerez en conséquence de cette lettre, afin que je puisse en rendre compte à S. M.*.»

* La veille, le contrôleur général avait écrit à M. de Pontchartrain, secrétaire d'État de la maison du Roi, et à M. d'Argenson, lieutenant général de police, de faire arrêter un des coupables à Paris.

M. Guynet, intendant à Caen, fut chargé de juger les mutins et d'employer les troupes, au besoin (lettres des 22 et 26 janvier). Comme il conseillait d'envoyer au Mont-Saint-Michel un des principaux coupables, dont l'esprit était notoirement dérangé, plutôt que de déshonorer sa famille par une condamnation (lettres des 13 et 28 février), le contrôleur général répond (20 février): «.....Comme la réquisition d'un procureur du Roi, ou d'une partie civile, dans une information, est une chose essentielle, S. M. n'a pas cru devoir prendre le parti d'un arrêt de validation, et elle a jugé qu'il étoit plus à propos de faire faire de nouvelles informations en règle, dans lesquelles on pourra se contenter de faire entendre les témoins dont les dépositions sont les plus fortes, en faisant au surplus remettre les premières informations pour servir de mémoire.» Les poursuites furent abandonnées contre le coupable; mais il fut enfermé à l'abbaye du Mont-Saint-Michel (lettre du 16 mars).

Il y avait eu déjà des poursuites analogues, pour violences commises à l'occasion du dixième (lettres de M. Guynet, 5 et 29 juin 1712).

1573. LE CONTRÔLEUR GÉNÉRAL *à M.* DE *Bâville, intendant en Languedoc.*

23 Janvier 1714.

Il le charge d'examiner si les droits sont légitimement réclamés sur le canal de Languedoc, pour le transport des marbres destinés aux maisons royales, et à Toulouse, par les capitouls, pour les radeaux affectés à ce transport*.

* Il écrit le même jour à M. de Courson, intendant à Bordeaux, sur les droits semblables exigés des radeaux qui font le transport des marbres de Sarrancolin à Bordeaux.

Le 8 février, M. de Bâville répond que les droits perçus sur le canal sont des droits de transport et de voiture, non des droits de péage, et que nulle matière transportée sur le canal n'en est exempte, pas même les grains destinés aux armées royales. Quant aux radeaux, le droit n'est pas dû pour ceux qui appartiennent au préposé à la conduite des marbres, mais pour ceux des marchands de Toulouse qui commercent à Bordeaux. Voir une lettre de M. le duc d'Antin, surintendant des bâtiments du Roi, 15 janvier 1714.

M. de Courson avait déjà écrit, le 3 février, que, de tous les lieux où l'on prétendait qu'étaient exigés des droits, le seul qui fût de sa généralité était Langon, où l'on n'en prenait point.

1574. *Le Contrôleur général au sieur Rigord, subdélégué à l'intendance de Provence.*

23 et 29 Janvier, 24 Février 1714.

Administration de la ferme de la boucherie à Marseille. Les fermiers, découragés par leurs pertes et par la rigueur des maire et échevins, abandonnent la régie*.

* Le 12 mars, il écrit aux maire et échevins qu'après avoir ruiné les anciens fermiers, ils découragent les nouveaux, et leur enjoint de ne plus user de contraintes.

Les échevins durent prendre en main cette régie. Sur les moyens employés pour subvenir aux dépenses, voir les lettres de M. Lebret, 5 avril 1714 et 2 janvier 1715. Le 17 février suivant, en raison des pertes subies par la ville, il propose de supprimer la franchise du droit d'*once* accordée aux officiers : elle est, ainsi que d'autres sur la farine et le vin, très onéreuse à la ville. Le contrôleur général répond, le 26, qu'il faut n'en laisser subsister aucune, sauf pour l'approvisionnement des troupes.

En raison de ces mêmes pertes, le prix de la viande dut être élevé; la situation était d'ailleurs semblable à Aix : lettres des 6 avril, 17 mai et 28 juin.

1575. *M. Guynet, intendant à Caen, au Contrôleur général.*

24 Janvier, 8 Février, 28 Mars et 15 Mai 1714.

Il indique, comme une des causes de la diminution des bestiaux, les droits d'usage sur les marais, landes et bruyères, et propose, si on ne peut les supprimer, d'en faire l'évaluation et de les imposer sur la généralité.

«Le succès des ouvrages que j'ai commencés depuis deux ans pour le desséchement des marais et lieux inondés, et l'utilité qui s'en fait ressentir, m'engagent de donner une attention particulière pour mettre en usage tous les moyens possibles de porter ces travaux dans leur perfection et de les étendre dans tous les endroits qui en auront besoin. Il s'en découvre encore plusieurs, auxquels les intéressés, jaloux des avantages que retirent leurs voisins, demandent avec instance que l'on leur procure le même bien : ce qui m'a fait penser, pour y parvenir et éviter plusieurs arrêts, que vous aurez agréable de faire expédier celui dont le projet est ci-joint. Il me mettra en état de faire faire tous les desséchements des marais et héritages inondés, après en avoir fait faire les procès-verbaux et devis estimatifs par des ingénieurs qui sont ici fort au fait et très capables; mais, comme la principale difficulté roule sur celle des payements de cette dépense, et que les intéressés, quelque empressement qu'ils témoignent de voir travailler à ces ouvrages, en font naître de différentes sur la répartition de leurs contributions, soit sur la situation de leurs héritages, sur la contenance et autres, qui donnent lieu à beaucoup de contestations et causent le retardement, j'ai jugé que, pour y couper pied, il étoit à propos de mettre, à cet égard, en usage l'expédient dont je me suis servi pour lever les obstacles de la contribution des marais communs, et l'expérience que j'ai de la facilité qui s'est trouvée à fournir des fonds par l'emprunt et celle du remboursement, par la perception des droits modiques sur les bestiaux mis à pâturer dans les marais communs, en exécution de l'arrêt du Conseil du 21 mars 1713, m'a confirmé dans ce sentiment. Il est vrai que la nouveauté de cette levée, dans la crainte des suites et de la conséquence prétendue, souleva quelques paroisses; mais, revenues de leur terreur panique et reconnoissant que la levée de ces droits leur épargnoit beaucoup de discussions et de frais, les plus opposés sont convenus unanimement que l'on ne peut pratiquer un moyen plus facile et plus équitable, puisque chacun ne paye qu'à proportion du nombre de bestiaux dont il retire le profit. Je suis persuadé que l'on fera le même jugement sur ce qui regarde les particuliers et propriétaires, dont néanmoins il pourra s'en trouver d'assez mauvaise humeur pour vouloir y contredire; mais, pour leur ôter tout sujet de plainte, on leur laisse l'option de fournir leurs déclarations et de payer à proportion de la contenance de leurs héritages, et c'est à quoi il n'est presque pas possible de les obliger de satisfaire. M. Roujault m'a fait l'honneur de me mander, depuis deux jours, qu'il se trouve dans cette peine pour quelques paroisses qui sont dépendantes de la généralité de Rouen et intéressées aux ouvrages que je fais faire pour le desséchement des marais et héritages inondés le long de la rivière de Dives. J'estime, cela étant, que, si vous trouvez bon d'approuver mon projet, ce sera un moyen prompt et certain pour avoir les fonds nécessaires à faire commencer les travaux dès les premiers beaux jours : ce qui procurera d'ailleurs un grand soulagement aux peuples, par la quantité que j'y ferai employer en différents endroits pour faciliter leur subsistance dans la conjoncture présente de la cherté des grains, ce qui me paroît mériter une considération très particulière. Je ne vous rappellerai point l'importance de ces ouvrages par la multiplication des bestiaux et des haras, les engrais des terres, la subsistance des peuples et la facilité du payement de leurs impositions*. . . . . »

* Pour permettre aux communautés d'utiliser les marais ainsi desséchés, M. Guynet proposa de faire un fonds destiné en partie à soutenir les haras, en partie à distribuer des vaches, sous certaines conditions, aux pauvres habitants. Comme on reconnut qu'il serait trop difficile de retirer ce fonds d'un droit établi sur chaque bête, une im-

IMPRIMERIE NATIONALE.

position fut faite sur toutes les paroisses qui avaient des marais communs. Quelques marais furent aliénés par les communautés, pour fournir leur quote-part. Les dépenses durent être réparties entre les propriétaires intéressés, et payées dans les deux mois. Voir les lettres du contrôleur général à M. Guynet, 19 avril, 19 et 25 octobre 1712, et les lettres, pièces et plans envoyés de l'intendance, 1er, 23 et 27 mars, 24 avril, 11 et 30 juin, 1er et 28 juillet, 28 septembre, 15 novembre et 7 décembre 1712; 15 mars, 13 et 25 avril, 27 mai, 14 juin, 28 novembre 1713; 15 et 26 mars 1714; 18 et 28 janvier, 22 et 24 février, 7, 13, 17 et 28 mars 1715.

1576. *Le Contrôleur général à M. de Torcy, surintendant des postes.*

26 Janvier 1714.

«Les fermiers de la diligence de Lyon, qui, comme vous savez, ont fait, depuis quelque temps, une avance fort considérable au Roi, m'ont remis, il y a quelques jours, un mémoire pour demander qu'en conformité du règlement du 28 juillet 1708, qui défend aux maîtres des postes de fournir des chevaux pour tirer des berlines, il leur soit pareillement fait défenses d'en donner pour les chaises dans lesquelles il y aura deux personnes. S. M. a trouvé la demande d'autant plus raisonnable, que l'usage dont on se plaint est également préjudiciable pour les postes et pour les voitures publiques. Vous aurez agréable de prendre les ordres de S. M. pour faire expédier une nouvelle ordonnance en explication ou par augmentation à celle du 28 juillet 1708.»

1577. *M. Bignon de Blanzy, intendant à Paris, au Contrôleur général.*

27 Janvier 1714.

Il envoie le devis des réparations et augmentations à faire à la manufacture royale des tapisseries de Beauvais, et propose d'approuver celles qui ont été faites par les entrepreneurs, quoique sans autorisation, parce qu'elles étaient strictement nécessaires*.

* Le contrôleur général répond, le 10 février : «..... Vous saurez, comme moi, qu'il n'est rien de plus facile que de tirer des quittances d'ouvriers plus fortes que les sommes qui leur ont été payées..... Il seroit nécessaire que vous eussiez fait visiter les réparations qui ont été faites....., et, lorsque vous avez passé à cette manufacture en faisant le département des tailles, si vous vous étiez fait rendre compte de ces réparations en particulier, et si vous aviez reconnu qu'elles ont été effectivement faites, cela me suffiroit pour porter le Roi à passer cette dépense.....»

1578. *M. Gillet de Lacaze, premier président du Parlement de Bordeaux, au Contrôleur général.*

27 Janvier et 16 Avril 1714.

Destitution et remplacement de M. Dalon comme premier président du Parlement; payement de la pension de 500 écus à son successeur.

1579. *M. de Pontchartrain, secrétaire d'État de la marine, au Contrôleur général.*

28 Janvier 1714.

«Les sieurs Neret et Gayot, qui ont le privilège exclusif du commerce du castor, m'ont représenté que leur recette en Canada diminue tous les jours par l'attention que les Anglois ont d'attirer les sauvages du côté d'Orange, qui est un de leurs établissements dans cette partie de l'Amérique. Ils réussissent avec facilité et enlèvent tout le plus beau castor du Canada, parce qu'ils donnent à ces sauvages des marchandises qui leur conviennent à un prix beaucoup plus médiocre que les négociants françois ne peuvent le faire. C'est la seule raison qui détermine les sauvages de porter leur castor aux Anglois, et je suis bien informé qu'ils aimeroient beaucoup mieux avoir affaire aux François par préférence, quand même ils achèteroient les marchandises un peu plus cher. Les sieurs Neret et Gayot se proposent de prendre de justes mesures pour attirer la meilleure partie de ce commerce à Québec et à Montréal, et empêcher les sauvages de porter leur castor aux Anglois. Ils demandent pour cela la permission de faire venir d'Angleterre à la Rochelle trois cents pièces d'écarlatine (qui sont les marchandises dont les sauvages se servent le plus), et de les envoyer à Québec, où ils les feront troquer pour du castor, et se contenteront d'un bénéfice médiocre. Ils offrent de donner leur soumission au bureau des fermes de la Rochelle, de rapporter des certificats du gouverneur et intendant de la Nouvelle-France pour justifier le déchargement de ces marchandises à Québec, afin de prévenir les abus. Je sais qu'il ne convient pas à l'intérêt du royaume de tirer du pays étranger des marchandises qui ne sont pas absolument nécessaires et qu'on pourroit y fabriquer. On a voulu imiter ces écarlatines dans des manufactures de France; mais elles ne sont pas de la qualité de celles d'Angleterre, et les sauvages en connoissent si bien la différence, qu'ils n'en veulent point. Je ne vous proposerois point d'accorder cette permission aux sieurs Neret et Gayot, si je n'étois bien informé que celles qu'ils proposent d'envoyer en Canada y sont nécessaires pour engager les sauvages à continuer leur commerce avec les François et les empêcher de porter le castor aux Anglois. La privation de ce commerce n'est pas le seul inconvénient qui puisse arriver; j'en prévois un plus considérable, qui est que, les sauvages s'accoutumant insensiblement avec les Anglois, non seulement ces derniers nous priveront par la suite du commerce du castor, mais encore attireront toutes ces nations dans leurs intérêts : ce qui feroit un jour la perte du Canada. Je crois que vous voudrez bien entrer dans ces raisons, et que vous jugerez à propos d'accorder aux sieurs Neret et Gayot la permission qu'ils demandent, en la restreignant à deux cent cinquante pièces d'écarlatines, qui, je crois, suffiront, en prenant les mesures nécessaires pour empêcher qu'ils en fassent un mauvais usage.

On verra cette année, par l'effet que produira la vente de ces écarlatines parmi les sauvages, le succès qu'on en peut espérer, et, quand on les aura accoutumés à traiter avec nous de cette marchandise, qu'ils n'ont trouvée jusques à présent que chez les Anglois, il faudra, dans quatre ou cinq ans, prendre des mesures pour faire si bien contrefaire cette écarlatine, qu'on puisse leur fournir de celle du royaume. En ce temps, étant accoutumés d'en traiter avec nous, ils auront de la peine à s'apercevoir de la différence qu'il y aura, si elle n'est pas essentielle, au lieu que, jusques à présent, ils ont rebuté celles qui ont été contrefaites en France et qui leur ont été présentées. Je vous prie de me faire savoir ce que vous déterminerez sur cela*.»

* La permission fut accordée pour une seule année, parce que les écarlatines de Languedoc ne pouvaient être livrées avant six mois : lettre de M. de Pontchartrain, 28 février, et lettre du contrôleur général, 1er mars.

1580. *Le sieur* Reilhe, *apothicaire du Roi à la Bastille*, *au* Contrôleur général.

28 Janvier 1714.

Il demande à être remboursé des avances qu'il a faites pour fourniture de remèdes aux prisonniers malades de la Bastille et de Vincennes*.

* Le 2 février, M. de Bernaville réclame ce qui lui est dû pour la nourriture des prisonniers de la Bastille, montant à plus de 110,000#.

1581. Le Contrôleur général *à M.* Maynon, *fermier général.*

29 Janvier 1714.

Projet de règlement du contrôle des exploits, présenté par le sieur Miotte.

1582. *M.* Méliand, *intendant à Lyon*, *au* Contrôleur général.

31 Janvier 1714.

«J'ai reçu la lettre que vous m'avez fait l'honneur de m'écrire le 19 de ce mois. Il n'y a point, dans les gabelles du Lyonnois, d'officiers dans les greniers qui assistent aux distributions; il n'y a, dans cette province, que sept tribunaux, composés chacun d'un visiteur, d'un procureur du Roi et d'un greffier. Cette justice se nomme *Visitation*. Ces officiers ne sont établis que pour juger des crimes de faux-saunage et autres délits qui peuvent se commettre en fait de gabelle; ils n'assistent ni aux distributions des sels ni aux emplacements. On n'a point créé d'officiers alternatifs dans ces petits tribunaux; on ne le peut pas même, étant de simples officiers de justice. Les sept tribunaux résident à Lyon, Villefranche, Mâcon, Bourg-en-Bresse, Belley, Saint-Bonnet et Annonay; ce dernier tribunal n'est exercé que par commission de la Cour des aides de Montpellier.

«Ainsi, le traité des offices alternatifs créés dans les greniers à sel, dont vous me faites l'honneur de me parler dans votre lettre, n'a point eu lieu dans les gabelles du Lyonnois.»

1583. Le Contrôleur général *à M.* de Bâville, *intendant en Languedoc.*

6 Février 1714.

Traite des sels pour la Savoie.

«Le Roi veut bien laisser au roi de Sicile la liberté de faire des traités pour la voiture de ces sels par ses fermiers, mais à condition..... que lesdits fermiers de Savoie ou autres chargés de la voiture des sels seront régnicoles et habitants reséants et solvables sur les terres de l'obéissance de S. M.*.....

«La trémie étant présentement établie dans tout le royaume, et principalement en Languedoc, il est d'autant plus important de ne se point relâcher sur cet article, que vous savez que les fermiers des gabelles de Savoie sont accusés de tout temps de faire des versements, sur les provinces du royaume, des sels qu'ils enlèvent au delà de la quantité qui leur est nécessaire pour la provision effective de la Savoie.»

* La Savoie ayant un besoin pressant de sel, le Roi permit de faire commencer le transport avant que le premier point fût vérifié (lettres du 20 février, à M. de Bâville et à l'ambassadeur du roi de Sicile), et les entrepreneurs du transport durent provisoirement faire leur soumission de payer les droits de péage, s'il en était ainsi ordonné (lettres à M. de Bâville et à M. Donaudy, secrétaire de l'ambassade de Sicile, 10 avril 1714; lettre à M. de Torcy, secrétaire d'État des affaires étrangères, 16 juillet 1715).

1584. *M.* de Pontchartrain, *secrétaire d'État de la marine*, *au* Contrôleur général.

7 Février 1714.

«Les propriétaires de quelques navires terreneuviers des Sables-d'Olonne ont ramassé une petite quantité de sels qu'ils avoient encore dans leurs marais, pour envoyer ces navires faire la pêche de la molue sur le Banc; mais les ordres que vous avez donnés pour empêcher la sortie des sels rendront leurs précautions inutiles, si vous n'avez pas agréable de leur permettre d'employer ces sels à cette destination. Je vous prie de prendre la peine de me faire savoir si vous voudrez bien leur faire cette grâce*.»

* En apostille : «On s'est trouvé dans un état si pressant, par les mauvaises saunaisons des dernières années, qu'on a eu raison de craindre de manquer de sel pour la fourniture de la ferme des gabelles, et qu'il a fallu prendre des précautions pour empêcher l'enlèvement de tout le sel étant sur les marais, jusques à ce que la provision eût été entièrement faite. Si les propriétaires des navires terreneuviers qui vous ont écrit marquoient précisément la quantité de sel qui leur est restée, et qu'ils veulent enlever pour aller à la pêche, et si d'ailleurs

on pouvoit s'assurer qu'ils ne chargeroient que la quantité nécessaire pour cet usage, je n'hésiterois pas à leur donner la permission qu'ils peuvent demander; mais, comme il y a toujours lieu d'appréhender l'abus, je ne puis proposer de leur donner aucune permission particulière, que je ne sache auparavant la quantité et le lieu où ils en feront le chargement, afin que les commis des fermes y soient présents.»

1585. *M. de Saint-Contest, intendant à Metz,*
au Contrôleur général.

8 Février 1714.

Nomination d'un lieutenant général alternatif de police à Metz. La place avait été demandée par M. le Laboureur de Vertepierre, faute, par le sieur Pantaléon, titulaire pourvu, d'en avoir payé la finance; mais celui-ci a trouvé le moyen de s'acquitter*. Il serait contraire aux règlements qu'on lui donnât, comme il le demande, le droit de permettre aux juifs de Metz, moyennant finance, de porter un chapeau noir au lieu du chapeau jaune qui leur est imposé**.

* Voir les lettres de M. de Vertepierre, 18 janvier, du sieur Pantaléon, 13 janvier, et du sieur Miotte, 8 février.

** Voir les lettres du sieur Pantaléon, 16 janvier et 23 février.

1586. *M. Roujault, intendant à Rouen,*
au Contrôleur général.

8 Février 1714.

«Les marchands de vins de la ville de Rouen, attentifs à leurs intérêts, et ne songeant pas assez à celui des autres, et, entre autres, à celui des marchands de cidres, vous ayant représenté que les basses eaux et les glaces empêchoient l'arrivée des vins qu'ils avoient sur la rivière de Seine prêts à descendre pour Rouen, ou en chemin d'y être conduits, vous avez fait expédier un arrêt sur leurs représentations, qui remet la foire, qui commence ordinairement au 3 de février, lendemain de la Chandeleur, au 25 de ce mois; mais, comme il ne vient aucuns cidres à cette foire du côté de Paris, qui est le côté où il peut y avoir des glaces, et où la navigation peut être interrompue par les basses eaux, tous les cidres qui se vendent à Rouen y venant par mer de la basse Normandie ou par le bas de la rivière; que presque tous les cidres qui peuvent être rendus à cette foire y sont actuellement; que partie des vins sont actuellement arrivés; qu'il en reste seulement quelques parties, que l'on convient être retenues par les glaces et les basses eaux; cet arrêt, qui est seulement expédié au Conseil le 3 février, dans le temps que la foire étoit actuellement ouverte, n'ayant été enregistré à la Cour des aides que le 5 février, et publié le même jour, le contretemps de cette publication et de cet arrêt ont fait un dérangement très préjudiciable au commerce : ce qui a engagé, tant les marchands de cidre et poiré de Rouen, que les forains, de s'assembler plusieurs fois, comme ils ont fait devant moi, en présence des maire et échevins, soit pour vous demander de permettre la continuation de la foire pour les cidres seulement, soit pour permettre aux marchands forains (sans tirer à conséquence, si on ne veut pas rétablir ou rapprocher la foire) de vendre les cidres qu'ils ont sur le quai et dans leurs bateaux en payant les droits, sauf à en faire revenir d'autres quantités et profiter de la foire au temps qui est indiqué. Mais, comme il y a une compagnie de marchands de cidres privilégiés qui a droit exclusif de vendre ses cidres sur les quais hors les temps de foire, ces marchands n'ayant eu aucune part à la proposition de proroger la foire, et ayant même refusé d'en signer la demande, ces marchands ne voulant consentir que les forains vendent les cidres qu'ils ont à quai, en payant les droits, qu'à condition de n'en pouvoir faire revenir d'autres dans le temps de la foire, et le public et le commerce ayant intérêt de s'opposer à cette convention, qui empêcheroit que le public profitât de la franchise de la foire pour l'achat des cidres destinés à la provision de la ville, on est convenu que j'aurois l'honneur de vous représenter le tort que fait au commerce la remise de la foire, du moins de l'avoir fait à un temps si éloigné, et de vous proposer, en même temps, d'en fixer la tenue au 15 de ce mois. J'ai l'honneur de vous envoyer un projet d'arrêt, pour en abréger l'expédition, afin que vous ayez la bonté de le signer et de le faire expédier, et, en même temps, de me l'adresser le plus tôt qu'il sera possible. J'ai aussi l'honneur de vous représenter, non seulement pour le commerce et le public en général, pour les maire et échevins de Rouen, qui sont les conservateurs des foires, mais encore pour le Parlement, et pour tous ceux généralement qui sont ordinairement appelés à la Police générale, qu'encore que ces sortes d'arrêts par rapport aux droits et aux fermiers des aides s'adressent, pour l'exécution, à la Cour des aides, ils ne s'expédient ordinairement que sur une délibération concertée entre tous ceux qui doivent y avoir part, ce qui se fait en grande connoissance de cause, et l'arrêt s'en adresse ordinairement, comme tous les autres ordres du Roi, par le canal de MM. les intendants. On prétend qu'il y a seulement quelques particuliers marchands de vin qui se sont avancés de leur chef, sans en avoir conféré avec personne; l'intérêt de ces marchands est aussi de fatiguer, comme ils font en toutes occasions, les forains, ce qui apparemment les a excités de se détacher sourdement et de surprendre, comme ils ont fait, l'arrêt dont on se plaint*.»

* Voir une lettre écrite, le 3 février précédent, par M. Pavyot, procureur général en la Cour des aides.

L'année suivante, à cause des glaces, la foire fut encore prorogée au 15 février : lettre de M. Pavyot, du 23 janvier 1715.

1587. *M. de la Briffe, intendant en Bourgogne,*
au Contrôleur général.

8 Février et 13 Août 1714.

Prorogation des crues mises sur le sel pour le rétablissement du pont de Seurre et pour le soulagement des peuples de la campagne*.

* Voir une lettre de S. A. S. Mgr le Duc, 1er août 1713, et une lettre des élus généraux, 26 juillet 1714.

Le 13 février 1715, M. de la Briffe rend un compte détaillé du produit des crues de 9# par minot accordées depuis 1689 aux États du Mâconnois, ainsi que des nouveaux droits d'aides perçus sur la vente du vin en détail.

1588. *Le Contrôleur général à MM. Anisson et Fénellon, députés au Conseil de commerce.*

9 Février 1714.

«Il est nécessaire que MM. Anisson et Fénellon se rendent ici dimanche au matin, afin que je puisse les présenter au Roi sur les dix heures; c'est une formalité qu'il faut faire. Cependant je fais part à M. de Torcy de l'observation qu'ils ont faite sur la commission qui a été expédiée en leur faveur pour traiter avec les commissaires de la reine d'Angleterre, afin qu'il donne sur cela les ordres qu'il trouvera à propos*.»

* Le 24, il leur écrit: «Je vous envoie un mémoire, beaucoup plus étendu que la réponse contenue au projet de votre instruction, sur le commerce du Levant et les conditions avec lesquelles les Anglois pourront le faire en France. Il n'y a pas lieu de croire que les Anglois puissent prétendre plus de faveur pour le commerce que n'en ont les sujets du Roi. S'ils mettoient une proposition aussi singulière en avant, vous y opposeriez les raisons contraires contenues au mémoire que je vous envoie, lequel pourra servir, à cet effet, d'addition à votre instruction, et vous ne vous relâcherez sur cela en aucune façon.»

1589. *Le Contrôleur général à M. de la Briffe, intendant en Bourgogne.*

10 Février 1714.

Ordre de surveiller un souffleur du nom d'Haudimont, qui, après avoir longtemps travaillé à Lyon, est venu en Bourgogne*.

* Sur l'arrestation, le jugement et la relaxation de ce souffleur, voir les lettres de M. de la Briffe, 24 mars, 23 mai, 10 et 15 juin.

1590. *Le Contrôleur général à M. l'Évêque de Poitiers.*

20 Février 1714.

Le Roi lui accorde, pour les pauvres de son diocèse, l'aumône de 6,000# demandée par l'entremise de Mme de Maintenon.

1591. *M. de Bâville, intendant en Languedoc, au Contrôleur général.*

20 Février, 7 Mars, 9 et 13 Avril 1714.

Il expose les inconvénients de la diminution annoncée sur les menues espèces et la nécessité de défendre d'en accepter plus d'un trentième dans le payement des cotes d'imposition supérieures à 10#*.

* Un arrêt fut rendu pour forcer les détenteurs à mettre leurs espèces en circulation avant la diminution: lettre du contrôleur général aux intendants, 8 février.

Afin d'éviter que les caisses du Roi ne s'encombrassent de ces monnaies lors de la diminution, certains intendants proposaient d'étendre la défense à tous les payements, d'autres de fixer la proportion à un quinzième ou un dixième. Le contrôleur général répond à M. de Bâville, le 28 mars: «..... Rien ne doit mieux faire connoître combien il étoit important de rendre l'arrêt du 3 février pour prévenir le désordre qui seroit infailliblement arrivé, si on avoit laissé à ceux qui se sont attachés à ramasser ces espèces la liberté de les faire entrer dans toutes sortes de payements. Il est vrai qu'il se trouve, par rapport aux recouvrements des tailles et autres impositions, quelques inconvénients qui demandent un remède..... En supposant, comme il est vrai, que presque tous les payements des impositions sont au-dessous de 10#, soit parce que la plus grande partie des cotes est dans ce cas, ou parce qu'à l'égard de celles qui sont plus fortes le payement ne s'en fait qu'en plusieurs termes, comment pourroit-on obliger un taillable qui n'auroit que 100 s., 4#, ou une moindre somme, à payer, de n'en donner qu'un trentième en menues espèces? Et si le collecteur refuse de recevoir ces parties toutes en menues espèces, n'est-il pas à craindre que les taillables ne consomment leurs deniers, ou ne les emploient à d'autres usages, et que, par là, les recouvrements ne se trouvent suspendus?.... Le parti de réduire au dixième ou au quinzième la proportion des menues espèces qu'on pourra faire entrer dans les payements diminue, à la vérité, l'inconvénient; mais il n'y remédie qu'en partie. Toutes ces réflexions ont déterminé le Roi à faire dès à présent une diminution sur lesdites espèces, afin qu'en rétablissant par là la proportion qu'elles doivent avoir avec les espèces d'or et d'argent, il n'y ait pas d'avantage à exposer les unes préférablement aux autres; et..... S. M. a cru qu'il étoit à propos de ne point fixer de terme pour celles qui doivent être faites dans la suite..... Vous comprenez qu'il est important que cet arrêt demeure secret jusqu'au jour que doit commencer la diminution, et que, pour empêcher les receveurs de mettre dans leurs caisses une plus grande quantité de ces espèces que ce qu'ils ont été obligés d'en recevoir, il est à propos que vous donniez avis à vos subdélégués de faire une visite de leurs caisses dans le même temps que se fera la publication de l'arrêt. Et quoique l'usage ne soit point de faire faire ces vérifications dans les caisses des fermes par les subdélégués, il est à propos qu'ils fassent celle-ci sur les ordres particuliers que vous aurez agréable de leur en donner.»

Voir les lettres de M. de Bernage, intendant à Amiens, 29 avril; de M. de la Briffe, intendant en Bourgogne, 10 mars; de M. Méliand, intendant à Lyon, 3 mars et 18 juillet 1714, etc.

La généralité de Metz fut exemptée de la diminution: lettres de M. de Saint-Contest, intendant, 23 février, et du contrôleur général à M. de Saint-Contest, 28 mars.

Voir encore une circulaire du 31 juillet, relative à l'inscription des quantités de menues espèces reçues sur les registres des receveurs, et une autre, du 8 décembre, sur la nécessité de tenir secrète l'époque des diminutions.

1592. *Le Contrôleur général à M. de Pilles, gouverneur de Marseille.*

24 Février 1714.

Nomination d'un procureur du Roi de la ville*.

* Voir un mémoire du 3 février, trois lettres de M. de Pilles, 14 et

19 mars, et 13 avril, et une lettre des maire et échevins, 19 mars. Dans la lettre du 13 avril, M. de Pilles dit qu'il n'a pu trouver un sujet convenable pour faire les fonctions de député du commerce.

Sur une proposition d'ériger en titre d'office la charge de secrétaire de la ville, exercée depuis longtemps par un des notaires, voir une lettre de M. Lebret, intendant, 6 octobre 1713, et une lettre du contrôleur général aux maire et échevins, 26 février 1715. «.....Le règlement de 1660, dit le contrôleur général, donne au premier échevin le droit de faire toutes les propositions...., ensuite de quoi l'élection s'en fait à la pluralité des voix, et, comme le sieur Philip, proposé par le [premier échevin] le Beau, n'a pas été agréé par le plus grand nombre, le Roi veut que le sieur le Beau propose d'autres sujets jusqu'à ce qu'il y en ait un qui soit approuvé.....»

1593. *M. Doujat, intendant en Hainaut,*
au Contrôleur général.

28 Février 1714.

Il envoie un devis des réparations à faire aux ponts et à la route entre Valenciennes, le Quesnoy et Maubeuge.

1594. *S. A. S. Mgr le comte de Toulouse,*
gouverneur de Bretagne,
au Contrôleur général.

4 Mars 1714.

«Il y a longtemps que tout ce qu'il y a d'honnêtes gens à Saint-Malo demandent qu'on règle la communauté, où l'on ne sauroit rien faire de bien, parce que, tous les gens de la lie du peuple ayant liberté d'entrer aux assemblées, tout se passe d'ordinaire en crieries inutiles. C'est pourquoi je vous prie de vouloir bien charger M. Ferrand de s'informer de l'état de cette communauté et de vous envoyer son avis sur la manière de la régler en sorte qu'il n'entre aux assemblées que les gens dont la présence et les avis peuvent y être utiles*.»

* Voir les projets de règlement envoyés par M. Ferrand, les 10 et 20 mai. Le seul changement indiqué par le contrôleur général fut qu'au lieu d'être choisis par M. le comte de Toulouse, ce qui aurait été contraire aux usages, les douze notables composant l'assemblée seraient choisis par l'assemblée de ville, parmi les habitants faisant commerce, gentilshommes, secrétaires du Roi et autres, officiers ou non, sans qu'il fût permis à ceux-ci de refuser (23 mai). Ce règlement fut jugé si bon, que Mgr le comte de Toulouse en obtint un pareil pour la ville de Rennes, le 14 juillet suivant.

1595. *Le Contrôleur général*
au sieur de Saint-Aubin, doyen rural
de la Ferté-Bernard.

11 Mars 1714.

«Ce n'est point à eux à se mêler de l'exécution des règlements du Roi concernant les impositions; que leur devoir est de prêcher les habitants, et surtout les collecteurs d'asseoir les impositions suivant l'équité et leur conscience, et que le meilleur usage que je puisse faire de leur lettre est de la garder, parce que je suis persuadé que, si j'en parlois au Roi, S. M. ne seroit pas contente que des curés s'assemblassent pour faire des représentations qui sentent la mutinerie et signer des lettres.»

1596. *Le Contrôleur général*
à M. d'Iberville, envoyé extraordinaire en Angleterre.

11 Mars 1714.

«Je vous envoie un mémoire concernant des titres de la terre de Bourbonne dont j'avois besoin, et qu'on prétend être dans la Tour de Londres, avec ceux que les Anglois emportèrent autrefois; si vous pouviez m'en procurer des copies en formes, vous me feriez un extrême plaisir.....

«Je sais que les changes sont augmentés, que la cause en est dans les grands achats de blé qu'on a faits pour le royaume, qui en manquoit, et que c'est la raison qui oblige les banquiers de faire leurs remises en espèces; c'est un mal sans remède, mais qui, certainement, ne peut être de longue durée*.»

* Voir, sur les recherches faites à la Tour, sur les changes, sur les cours des actions de la Mer du Sud, de la compagnie des Indes et de la Banque, et sur la maladie des bêtes à cornes, les lettres de M. d'Iberville, 18 octobre 1714, 6 et 19 novembre, etc. (G7 1667).

1597. *M. de Pontchartrain,*
secrétaire d'État de la marine,
au Contrôleur général.

14 Mars 1714.

Le supérieur de la congrégation de la Mission représente la nécessité de construire une église paroissiale à Rochefort, et propose divers expédients pour subvenir à la dépense*.

* En marge, de la main du contrôleur général : «.....Il ne convient pas de faire une nouvelle fabrication de pièces de 6 d.»

1598. *M. Laugeois d'Hymbercourt,*
intendant à Montauban,
au Contrôleur général.

15 Mars 1714.

«Les droits attribués aux offices de contrôleurs des greffiers des registres des baptêmes, mariages et sépultures est (*sic*) si odieux à cette province, tant par leur qualité que par les frais immenses qu'il faut faire contre chaque curé, qui prennent soin de les décréditer au peuple, qu'ils donnent lieu à des plaintes continuelles, tant du clergé que des particuliers assujettis à payer les droits d'augmentation que les curés prennent pour se rembourser de ceux qu'ils payent au traitant. Je vois, par la lettre que vous m'avez fait l'honneur de m'écrire le 18 février dernier, que vous souhaitez finir ces inconvénients.

je ne puis assez vous exprimer combien cette idée est juste et nécessaire. Ce recouvrement ne va, année commune, qu'à 2,766#, et les frais le double et le triple au moins. Rien ne me paroîtroit plus convenable que de les supprimer, et d'imposer sur la province, avec les tailles de l'année prochaine et des deux suivantes, par tiers, tant le fonds principal desdites 2,766#, que la somme de 14,557# 7 s. 6 d. due d'arrérages. Je crois à propos d'y joindre la somme de 6,786# à laquelle se trouve réduit ce qui reste dû des droits ordonnés être payés par l'édit du mois de juillet 1710 portant suppression des offices de greffiers-contrôleurs alternatifs des registres des baptêmes créés par édit du mois de juillet 1709, et qui peut se fixer en tout à 76,500#, et, pour chacune année, 25,500#..... Je dois encore vous observer que le clergé de Cahors a acquis, moyennant 10,000#, l'office de contrôleur ancien des registres des baptêmes, mariages, et sépultures; apparemment qu'il en fait payer les droits par les curés, et ceux-ci, subordinément, par les particuliers. Pour rendre générale la suppression que je prends la liberté de vous proposer, il conviendroit de rembourser le clergé, et d'imposer cette somme avec le reste de la généralité. C'est un des plus grands biens que vous puissiez faire à cette province, et le plus agréable au peuple; et le Roi, par le moyen de l'imposition, n'y perdra rien*.»

* Voir, joint à une autre lettre du 18 mars, un mémoire du subdélégué de Cahors, où il examine les plaintes des curés, surtout de ceux à portion congrue; il propose, pour y donner satisfaction, d'imposer tous les ans, dans chaque mandement, le droit de registre des paroisses qui en dépendent; les curés ne prendront aucun droit pour les extraits qu'ils donneront à leurs paroissiens, ou seront tenus de rapporter à l'œuvre ou au bassin commun de l'église ce qu'ils auront perçu.

1599. *Le sieur* Javoy, *receveur des tailles à Lyon,*
au Contrôleur général.

16 Mars 1714.

«J'espère que vous ne trouverez pas mauvais que je prenne la liberté de vous communiquer les attentions que j'ai pour le bien de mon élection, où il n'y a pas, de cent quarante paroisses dont elle est composée, vingt-sept qui cueillissent du grain, et qui, dans les meilleures récoltes, n'en ramassent pas pour subsister six mois. Son plus grand revenu n'est qu'en vin, qui ne peut même se consommer que dans le pays. Les vignes furent si maltraitées du gros hiver de 1709, qu'il n'y a pas eu une bonne récolte depuis ce temps-là, par la quantité qu'il en a fallu arracher. Vous remarquerez que ces pauvres gens ne sont en usage que de manger du pain de seigle et de blé noir, qu'ils continuent d'acheter très cher, car ils payent actuellement la mesure de cinquante livres de seigle 5# 10 s. Comme on a appris que, heureusement, la paix générale étoit sûre, et qu'on a ajouté à cette heureuse nouvelle que S. M. donnoit ordre aux munitionnaires d'Allemagne de se défaire de tous les grains qu'ils ont achetés dans les provinces, et qu'il y en a beaucoup en Bourgogne et Comté, qui sont à portée de la rivière de Saône pour être voiturés à Lyon, ce qui me fait prendre la liberté de supplier Votre Grandeur pour donner ses ordres qu'on en envoie dans cette ville, surtout une partie des seigles et méteils, dont l'élection de Beaujolois profiteroit de cette abondance, et qui en a besoin aussi bien que celle-ci. Les paroisses de ces deux élections se trouvent à portée de cette ville. J'ose vous assurer que vous ferez une œuvre de charité qui ne dérogeroit rien aux intérêts du Roi, ni à ceux des munitionnaires, à la diminution près qui se devra trouver sur les grains dès qu'ils auront la liberté, de Bourgogne et de Comté, de descendre à Lyon.

«Comme j'ai été élevé dans le commerce, et que je vois tous les jours tout ce qui se passe sur cela dans cette ville, ce qui me fait prendre la liberté de vous observer que, sur l'arrangement que la paix doit apporter pour le bien du commerce, surtout pour celui des manufactures du royaume, qu'il seroit bon de donner des ordres à MM. les intendants et MM. les commissaires des guerres qui seront chargés de la réforme des troupes, de faire informer dans tous les régiments pour savoir ceux qui seront ouvriers des manufactures, pour les faire congédier par préférence, et qu'on leur donne des ordres pour les renvoyer chacun dans leur province, ce qui est très essentiel, parce que, si le commerce circule avec les étrangers comme il faisoit il y a vingt-quatre ans, les manufactures ne pourront pas fournir, faute d'ouvriers, à toutes les commissions qu'on aura pour eux; de réduire, s'il se peut, tous les différents droits qui se lèvent dans les fermes en un seul, ce qui faciliteroit beaucoup le commerce en France, et le Roi en retireroit davantage en apportant cette facilité.»

1600. *M. de* Bernières, *intendant en Flandre,*
au Contrôleur général.

20 Mars 1714.

«Vous me parûtes satisfait, il y a quelque temps, du compte que j'eus l'honneur de vous rendre de ce qui avoit rapport au change, ainsi qu'au cours et au mouvement des espèces sur cette frontière, aussi bien que dans le Pays-Bas autrichien et en Hollande : ce qui m'engage à continuer aujourd'hui à vous informer de ce qui se passe à cet égard. La perte considérable que les marchands faisoient avant la diminution du mois de février dernier, en prenant des lettres de change pour payer chez les étrangers, dont le change a été jusqu'à 52 p. o/o de perte, étoit le motif qui les engageoit à transporter des espèces autant qu'ils pouvoient, et ce transport a été fort vif effectivement, quelques soins qu'on ait pris pour l'empêcher; mais il est fort ralenti aujourd'hui, parce qu'on a payé à l'étranger une partie de ce qui y étoit dû, de manière que, sans les blés qu'on est obligé d'en tirer pour la subsistance des peuples de cette frontière, on pourroit se flatter de voir le change au pair, même avantageux pour nous, en mettant à part la différence qui se trouve entre le cours de nos espèces et ce qu'elles devroient valoir par rapport à l'écu de 3#, laquelle différence est actuellement de 40 et 3/4 p. o/o, et le change est à 43, n'y ayant plus que 2 et 1/4 p. o/o pour la traite, avec espérance que le change diminuera à proportion des diminutions d'espèces : ce qui mettra dans le commerce une aisance dont il est privé depuis longtemps, et que les différents changements d'espèces, joints au prix excessif du change, avoient entièrement troublé.

«Mais il se fait à présent un autre transport par différents motifs : les États-Généraux ayant réglé par une ordonnance le cours de nos espèces, tant d'ancienne que de nouvelle fabrication, dans la Flandre autrichienne, ils ont observé une proportion juste entre toutes les espèces suivant leurs différentes qualités; mais, pour des raisons qui ne se peuvent pénétrer que par conjoncture, ils ont fait une évaluation de notre louis d'or neuf contraire à nos principes, suivant lesquels quatre écus doivent payer un louis d'or, et quinze marcs d'argent fin un marc d'or fin; au lieu qu'ils ne donnent cours à cette espèce que pour 15# 16 s., pendant que celui de l'écu est à 4# 1 s. 6 d., de sorte qu'ils font valoir le louis d'or 10 s. moins que les quatre écus, ce qui fait 2 s. 6 d. de profit à porter nos écus dans l'étranger en rapportant des louis d'or en échange : ce qui met les billonneurs en campagne, et fait sortir les écus en abondance, les louis d'or entrant de même, n'y ayant point de pays où on soit plus intelligent que dans celui-ci, et surtout à Lille, pour y donner le mouvement aux espèces, 1 ou 2 p. o/o de profit faisant entrer ou sortir des sommes considérables. Sur quoi il faut observer que, si cette évaluation subsiste après la diminution prochaine du 1er avril, il rentrera en France beaucoup de vieilles espèces, étant évaluées par proportion avec les nouvelles, car elles ne diminueront pas au change de la Monnoie, et les dernières, au contraire, seront réduites dans le commerce à 2 s. par écu de moins ; de sorte qu'on gagnera ces 2 s. en rapportant en France des vieilles espèces en échange des nouvelles qui auront été transportées. Ce que j'entends dire de plus vraisemblable sur ce qui a engagé les États-Généraux d'évaluer les louis d'or neufs à un plus bas prix que leur juste valeur par rapport au cours qu'ils ont donné aux écus est parce qu'ils ont trouvé quantité de louis d'or de fausse fabrication, dont ils ont fait faire des épreuves, par lesquelles il a paru que nombre de ces espèces ne se sont trouvées que depuis quatorze jusqu'à dix-huit carats, de sorte que, pour ne se pas trouver chargés d'une espèce qui les met dans la méfiance, ils cherchent à s'en défaire; et si ç'a été leur dessein effectivement, il me paroît qu'ils y réussissent, car il y a six semaines que les louis d'or étoient devenus si rares, que les courtiers de change en donnoient jusqu'à 5 s. de profit, au lieu qu'aujourd'hui on ne voit plus autre chose; mais aussi voyons-nous beaucoup moins d'écus.

«Voilà à peu près les circonstances de ce qui se passe sur cette matière : d'où il résulte toujours, suivant mon premier sentiment, que, quelque chose qu'on fasse, on ne sauroit empêcher le transport dès qu'il y a quelque bénéfice à transporter.»

1601. *M. Roujault, intendant à Rouen,*
au Contrôleur général.

21 Mars 1714.

Il appuie une demande en autorisation de construire une manufacture de bouteilles de gros verre, façons de Lorraine et d'Angleterre, auprès de la forêt d'Étrépagny : le débit des bois en sera facilité, et les habitants des villes voisines trouveront de l'occupation*.

* M. Bignon de Blanzy et M. Lescalopier, intendants à Paris et en Champagne (4 et 21 juillet 1714), désapprouvèrent une proposition faite par le gentilhomme vénitien Dominique de Rivet, d'établir une cristallerie et une verrerie à Sens : selon eux, elles eussent été trop voisines de celles de Bayel, près Bar-sur-Aube, et, par leur consommation de bois, elles auraient gêné l'approvisionnement de Paris.

1602. *Le sieur Aunillon, président en l'élection de Paris,*
au Contrôleur général.

22 Mars 1714.

Un Suisse du Roi et un Suisse de M. le duc de Berry, qui vendaient depuis longtemps du vin et refusaient d'en payer les droits, ont attaqué les commis et repris le vin qu'on leur avait saisi*.

* En marge : «Les mettre en prison, et les retenir jusqu'à ce qu'ils aient payé. S'ils refusent, après avoir été mis en liberté, on leur fera défenses de vendre du vin.»

Voir, au 24 mars, une lettre du contrôleur général à MM. de Courtomer et de Montendre, et, au 25 septembre suivant, une requête de la ville, transmise par M. Bignon, prévôt des marchands de Paris, contre les Suisses qui se réclamaient du privilège des maisons royales.

L'année précédente, le Roi avait déjà décidé, à propos des Suisses en garnison à Abbeville, et des violences exercées par eux contre les commis des aides, qu'ils ne devaient pas être exemptés des droits (lettre de M. de Bernage, intendant à Amiens, 7 juillet 1713; lettres du contrôleur général à M. le duc du Maine, 17 et 21 août). En 1711, plusieurs Suisses de la garde du Roi lui-même, qui prétendaient tenir cabaret sans payer les droits, avaient été cassés ou mis en prison (lettre de M. de Nancré, capitaine des gardes-suisses de la compagnie de M. le duc d'Orléans, 1er décembre 1711).

1603. *Le Contrôleur général*
au sieur Cottart, directeur de la Monnaie de Rouen.

24 Mars 1714.

«Le sieur Roëttiers, graveur général des Monnoies, ayant obtenu du Roi la permission de faire frapper dans la Monnoie de Rouen cent jetons en cuivre rouge, six en or et six en argent, portant d'un côté le portrait du Roi et de l'autre une devise avec ces mots : *Dat pacem datque coronas*, vous ne ferez aucune difficulté, et lui donnerez même sur cela les secours qu'il vous demandera, en prenant les précautions ordinaires.»

1604. *M. Méliand, intendant à Lyon,*
au Contrôleur général.

25 Mars 1714.

«.....Il est certain que le profit qu'il y a à faire passer

nos espèces dans le pays étranger peut déterminer les négociants du royaume à les faire sortir; quelque exactitude que l'on observe à visiter toutes les personnes et toutes les marchandises qui sortent par les grandes routes, on ne peut éviter les voies obliques, et on ne peut se garantir contre toutes les ruses des marchands..... Vous l'avez vu dans ces dernières années : le gain qu'il y avoit à faire rentrer en France toutes nos espèces d'or et d'argent, et même les espèces ou les matières étrangères, nous a attiré toutes les richesses de l'Europe, et rien ne sortoit du royaume. Tel négociant qui s'est servi de toute son habileté pour y faire venir des sommes considérables cherchera présentement les moyens de les transporter dans le pays où il se trouvera plus d'avantage à les faire passer : en un mot, le négociant l'est des espèces et matières d'or et d'argent comme il l'est de toute autre marchandise, sans qu'on puisse l'en empêcher qu'en observant des proportions à peu près égales entre la valeur des espèces et les changes.....»

1605. *Le Contrôleur général au sieur Pellard, intéressé aux affaires du Roi.*

27 Mars 1714.

«Je reçois des plaintes de toutes parts des grands inconvénients qui arrivent au sujet de l'établissement des greffiers gardes-minutes des procès-verbaux des huissiers, qui feroient sans doute cesser l'exercice de la justice, s'il n'y étoit pourvu promptement. C'est pourquoi, en attendant que j'aie examiné cette affaire à fond, vous ne manquerez pas, aussitôt le présent ordre reçu, d'ordonner aux commis que vous avez établis dans les provinces pour la régie de cette affaire de faire cesser cet établissement, et de leur faire défenses de percevoir les droits qui ont été attribués à ces offices jusqu'à nouvel ordre. Et s'il arrive qu'au préjudice des défenses que vous leur aurez faites, ils s'ingèrent de faire exécuter le tarif et les instructions que vous leur aurez envoyées, en tout ou partie, je les ferai châtier très sévèrement, et vous me répondrez vous-même, s'il arrive quelque désordre par votre négligence*.»

* Le tarif fut changé; la Provence et le Béarn s'abonnèrent (lettres des 19 et 31 juillet, à M. Lebret, intendant en Provence).

Le 9 juin, le contrôleur général écrit à MM. Bignon, prévôt des marchands de Paris, d'Argonges, lieutenant civil, et le Camus, premier président de la Cour des aides, que, les offices ayant été supprimés, et les droits des gardes-minutes des sentences et arrêts fort réduits, il faut établir immédiatement les offices de ces derniers.

1606. *M. de Pontchartrain, secrétaire d'État de la marine, au Contrôleur général.*

28 Mars 1714.

«..... Vous aurez agréable de remarquer que les habitants [de l'île de Ré], n'étant pas en état de supporter les charges publiques auxquelles ils sont assujettis, se retirent dans les autres villes maritimes, ce qui dépeuple cette île, et, sur le compte que j'en ai rendu au Roi, S. M. m'a ordonné de vous en informer, afin que vous puissiez examiner s'il est possible de soulager ces habitants*.»

* M. de Beauharnois, intendant à la Rochelle, répond, le 6 mai, que les habitants déserteurs dont on a parlé ne sont partis qu'à cause de la religion; les taxes se payent par tous les sujets du Roi, et même les habitants de la généralité de la Rochelle acquittent une moitié de la dépense de réparation des digues de Ré, quoiqu'elles servent uniquement à la conservation de cette île. L'émeute qui a éclaté dans l'île, lorsqu'on a voulu refaire les rôles pour la répartition de cette dernière taxe, était sans importance. «..... Il est certain qu'il convient au bien du service du Roi, par rapport à la sûreté de cette côte, que l'île de Ré soit extrêmement peuplée, et les habitants qui n'ont été s'y établir qu'à cause des privilèges de cette île méritent d'être traités d'autant plus favorablement qu'ils sont regardés comme étrangers, en ce qu'ils payent les droits de tout ce qu'ils tirent de la grande terre pour leur consommation et pour leur usage. Il y a longtemps que ces habitants ne font rien, leur commerce ayant été interrompu par la guerre, et leurs sels, dont ils espéroient retirer beaucoup d'argent, étant retenus pour les gabelles.....»

1607. *M. Guynet, intendant à Caen, au Contrôleur général.*

28 Mars 1714.

Il demande à faire quelques avances pour fournir des barques et des filets aux pêcheurs de sa généralité éprouvés par la tempête, et à décharger les familles des marins noyés de ce qui reste dû de leurs impositions*.

* Accordé. — Des états détaillés sont joints à cette lettre.

1608. *M. de Bâville, intendant en Languedoc, au Contrôleur général.*

30 Mars 1714.

«Il y a déjà longtemps que les fabricants de cette province se plaignent qu'ils manquent de laines du pays, et qu'elles sont enlevées pour favoriser les manufactures des pays étrangers. Quoique ce mal soit fort grand, je l'avois cru sans remède par la difficulté qu'il y a de distinguer ce qui sort de ce pays pour les autres provinces du royaume, de ce qui en sort pour l'étranger; mais j'ai trouvé, à la fin, que cela n'étoit pas impossible par l'expédient que je propose dans le projet d'arrêt ci-joint, ce qui procurera trois avantages considérables. Le premier est que les fabricants de cette province ne manqueront pas de matière pour leurs étoffes; le second, qu'ils consommeront moins de laines du Levant, qui ne sont pas de si bonne qualité que celles du pays, et le troisième est que les manufactures étrangères ne se prévaudront pas de nos laines au préjudice des manufactures du royaume. L'Angleterre ne permet pas que ses laines passent aux étrangers : c'est un exemple qui apprend qu'il seroit bon d'en faire autant. C'est la cherté des laines, qui devient excessive, et qui fait craindre pour les manufactures, qui m'a obligé de faire ces réflexions et de vous les proposer. J'ai communiqué ce projet aux syndics de la province et aux principaux négociants, qui sont de cet avis, d'autant plus que, si le bon marché et l'abondance des laines revenoient, il seroit facile alors d'en permettre la sortie.»

1609. *Le Contrôleur général à M. de la Vrillière, secrétaire d'État.*

2 Avril 1714.

«Vous trouverez, dans le mémoire que j'ai l'honneur de vous envoyer, les circonstances de l'affaire du nommé Pierre Langlois, ci-devant receveur au grenier à sel de Cette, qui a été condamné à la mort par un jugement rendu, le 22 novembre 1710, par M. de Bâville, avec les officiers du présidial de Montpellier. Le Roi, à qui j'en ai rendu compte, a bien voulu convertir en six ans de bannissement hors de la province la peine de mort portée par le jugement, en sorte néanmoins que Langlois sera déclaré incapable de posséder aucun office, ni emploi ou commission, dans les fermes. Vous aurez agréable de prendre les ordres de S. M. pour lui faire expédier les lettres nécessaires. Je vous envoie, pour cet effet, une expédition du jugement de condamnation*.»

* Voir, à la date du 31 juillet, deux autres lettres concernant des rappels de ban octroyés à des faux-monnayeurs.

1610. *M. de la Briffe, intendant en Bourgogne, au Contrôleur général.*

5 Avril 1714.

Recouvrement de la finance qu'on demande aux officiers de création postérieure à 1688 qui jouissent du franc-salé, pour être confirmés dans la jouissance de ce privilège*.

* Le 15 avril, le sieur de Princé, commissaire provincial des guerres à Angers, qui avait donné l'avis de cette taxe, demande diverses exemptions en récompense.

Voir, sur le recouvrement, une lettre de M. d'Eaubonne, intendant à Soissons, du 28 février précédent.

1611. *M. Lebret, intendant en Provence, au Contrôleur général.*

5 Avril 1714.

Essai du nouveau procédé dû au sieur Ange Gautier, ecclésiastique de Toulon, pour jauger les futailles.

1612. *Le Contrôleur général à M. de Bâville, intendant en Languedoc.*

7 Avril 1714.

«Je connois, par la lettre que vous avez pris la peine de m'écrire le 28 mars dernier, en me renvoyant le mémoire des marchands de la ville de Toulouse, qu'ils sont bien fondés dans la plainte qu'ils font de la surcharge qu'ils souffrent de la taille. Je crois, comme vous, qu'il seroit malaisé d'y assujettir à présent les gentilshommes et les officiers des Compagnies qui sont dans une possession plus que centenaire de jouir de l'exemption de la taille; il paroît néanmoins absolument nécessaire d'apporter du remède à cet abus, qui est contraire à l'usage et aux maximes de la province. L'expédient d'établir une subvention sur les farines paroît juste, parce que personne ne pourra se dispenser de payer le droit. Il a été mis en usage utilement dans d'autres villes du royaume, où le besoin n'étoit pas aussi pressant qu'à Toulouse. Si la cherté du pain ne permet pas, à présent, d'établir cette subvention, il seroit bien nécessaire d'établir cette subvention sur quelques autres denrées, comme le bois, dont personne ne peut se passer; cela rétabliroit les choses dans le premier état, et je crois que vous ne pouvez apporter trop de soin à cette affaire, qui me paroît très importante.»

1613. *Le sieur Domy, directeur du dixième dans la généralité de Bordeaux, au Contrôleur général.*

7 Avril 1714.

Il envoie l'état arrêté pour le dixième du revenu des biens-fonds.

1614. *M. Chauvelin, intendant à Tours, au Contrôleur général.*

7 Avril 1714.

La réunion des nombreux droits qui se perçoivent sur la Loire serait très avantageuse, mais offrirait de grandes difficultés. Il faudrait commencer par commettre quelqu'un pour se faire présenter les titres de tous les propriétaires, sous peine de déchéance*.

* Le 6 novembre suivant, ayant reçu cette commission, il écrit qu'il va se mettre à l'ouvrage. En apostille : «......Il y a déjà longtemps que la même chose a été ordonnée; mais elle a été tellement négligée, que je ne puis me dispenser de vous exciter à la suivre avec application, et, comme il y a des raisons essentielles de s'y attacher, ne manquez pas, je vous prie, de me donner avis de tout ce qui se passera, et de m'envoyer vos procès-verbaux de la représentation des titres aussitôt qu'ils auront été produits.»

1615. *M. Bignon de Blanzy, intendant à Paris, au Contrôleur général.*

8 Avril 1714.

«Les habitants de la petite ville de Lagny, qui ont laissé jouir le sieur Constantin, leur gouverneur, des fossés et remparts de la ville, comme il en a le droit par le titre de sa charge, veulent présentement le troubler dans cette jouissance.

il a fait beaucoup de dépense pour procurer l'écoulement des eaux qui, tombant dans ces fossés, y croupissoient. Tant que le sieur Constantin a fait travailler à ces ouvrages, non seulement ils ont souffert qu'il tirât quelque petit profit des herbages de ces fossés, des menus grains qu'il y a fait semer sur les glacis, et des saules qu'il y a fait planter, mais ils l'ont excité à faire cette dépense, dont ils prévoyoient qu'ils tireroient de l'utilité par l'écoulement de cette eau. Ce qui en a coûté au sieur Constantin n'est pas proportionné aux légers profits qu'il peut en retirer. Tout s'est fait avec ma participation et après que j'ai fait visiter les lieux par le frère Romain. Quelques-uns des habitants, gens difficiles, ne veulent plus présentement que le sieur Constantin jouisse de ces fossés; il y a cependant deux considérations pour le confirmer dans cette possession : l'une, le droit de sa charge, et l'autre, la dépense qu'il a faite, dont la ville profite plus que lui*.....»

* Le 19 mai, il réclame de nouveau cet arrêt, devenu encore plus nécessaire par l'insolence des ennemis du gouverneur.

1616. *M.* d'Argenson, *lieutenant général de police à Paris*,
au Contrôleur général.

11 Avril 1714.

Il explique les mesures prises pour assurer l'exécution de l'arrêt du Conseil interdisant de tuer des agneaux.

«J'apprends que la plupart des agneaux qui entrent à Paris passent dans les carrosses des seigneurs et des bourgeois, que les commis ne sont pas en usage de visiter, et que c'est par les portes de la Conférence et de Saint-Honoré qu'il s'en introduit un plus grand nombre, à la faveur des voitures qui viennent de la cour. Ainsi, je pense que le seul moyen pour réprimer cet abus, c'est qu'il vous plût de donner sur cela de nouveaux ordres à MM. les fermiers généraux, afin que les commis y eussent une continuelle attention*..... J'ajouterai qu'il ne seroit pas inutile que le Roi voulût bien faire savoir sur cela son intention à MM. les officiers des régiments des gardes françoises et suisses, afin qu'ils la fissent savoir à leurs soldats, dont plusieurs font leur principale occupation de faire passer les viandes en fraude**.»

* En marge : «Visiter les carrosses de la cour.»
** En marge : «Parler.»

1617. *M.* Lescalopier, *intendant en Champagne*,
au Contrôleur général.

(Maladie des bestiaux, G⁷ 1667.)

12 et 20 Avril, 1er, 3, etc., Mai 1714.

Il rend compte de la mortalité des bestiaux dans son département, des symptômes de cette maladie, des effets du remède du sieur Géraudly, et exprime l'opinion que le mal vient de la mauvaise qualité des fourrages mangés depuis trois ans, et qu'il n'est point contagieux*.

* La lettre du 28 mai contient le procès-verbal suivant de deux médecins envoyés dans les environs de Bar-sur-Aube : «... Nous avons vu, chez différents particuliers, environ une vingtaine, tant bœufs que vaches, attaqués de cette maladie maligne, tous travaillés d'un ténesme continuel, et si furieux, qu'en la plupart le rectum sortoit, dans les épreintes, de la longueur de cinq à six travers de doigt. De plus, nous avons remarqué en ces animaux, non seulement les extrémités, mais tout le corps saisi d'un froid excessif, avec tremblement, inappétence entière pour tous les aliments qu'on leur offroit, et distillation par les narines et le mufle d'une humeur blanchâtre, visqueuse et puante..... Plus des trois quarts en périssent, et, chez le petit nombre qui en échappe, ces symptômes se passent au bout de trente-six heures; sinon, c'est-à-dire s'ils durent seulement deux fois vingt-quatre heures, ils persistent jusques à la mort. Pour connoître la cause de tous ces différents symptômes, il a été jugé nécessaire de faire l'ouverture de plusieurs de ces animaux..... Après n'avoir rien trouvé, soit dans la poitrine, soit dans le cerveau, cervelet, la gorge, etc., qui soit dérangé de sa situation naturelle et ordinaire....., [nous] avons estimé qu'il y a d'abord quelque mauvais ferment dans les humeurs, amassé peu à peu par la mauvaise qualité des fourrages précédents, lequel ferment, étant mis en action par l'inspiration d'un air malin, cause premièrement une grande fonte dans les humeurs, et ensuite l'espèce de ténesme et de dysenterie dont on voit ces bêtes attaquées. Les signes en sont tout palpables. J'ajouterai que les sels dominant dans les humeurs de ces animaux, et qui en détruisent la texture, sont si pénétrants et exaltés, qu'ouvrant le rectum la première fois, notre artiste s'est trouvé très mal, et, quoique nous en fussions un peu plus éloignés que lui, nous avons manqué de suffoquer, nos yeux nous ont manqué de douleur, et nous y avons senti une cuisson terrible pendant plus de dix heures, ne plus ne moins que si nous nous fussions exposés à la vapeur de l'eau régale..... C'est pourquoi nous croyons absolument nécessaire, non seulement de ne point ouvrir ou dépouiller, mais même d'enterrer profondément ces animaux, car les miasmes et fumées qui s'en élèveroient pourroient infecter tellement l'air, que les bêtes n'en souffriroient pas seules. Il est à noter que, quoique, dans ce petit village, il ne soit pas mort une bête, d'environ soixante qu'il en est péri jusques à ce jour, que l'on n'ait enterrée, à ce que l'on nous a dit, à la hauteur d'environ cinq pieds de roi, cependant, lorsque l'air est un peu doux, il est impossible de prendre le dessous du vent de l'endroit où on les a enterrés, de plus d'une bonne portée de fusil, sans en souffrir considérablement.....»

Voir, sur la distribution des remèdes de Géraudly, une lettre de M. Foullé de Martangis, intendant en Berry, 12 avril, et une lettre du curé d'Arbourse, 5 septembre. La première demande de remèdes avait été faite le 17 mars, par M. de Voüet, subdélégué général. M. Daguesseau, procureur général au Parlement de Paris, s'était occupé des envois et de l'examen des caractères du mal : voir ses lettres au contrôleur général, 28 mars et 2 avril.

1618. *M.* Ferrand, *intendant en Bretagne*,
au Contrôleur général.

13 Avril 1714.

Il propose que les ecclésiastiques, gentilshommes et autres particuliers de Bretagne, non marchands en gros ni en détail, soient exempts, dans les paroisses limitrophes au Poitou, des droits des cinq grosses fermes pour les habits et hardes servant à eux ou à leur famille, et pour la vaisselle d'argent armoriée de leurs armes*, et que les habitants aient la liberté d'introduire les produits des héritages qu'ils possèdent dans les provinces voisines, et qu'ils font valoir par leurs mains, mais seulement pour leur usage et pour celui de leurs familles et domestiques**. Il indique les moyens propres à empêcher ces exemptions de dégénérer en abus.

* «Bon.»

** «Bon. Idem pour les héritages affermés à moitié des fruits.»

1619. *Le sieur* Pichard-Cornehote, *commis des fourrages, fils de la nourrice de* Mme de Sény, *fille du duc* de Beauvillier, *à Ribemont,* au Contrôleur général.

16 Avril 1714.

Il propose de faire, pour l'assise de la taille, de l'ustensile, etc., un sexté alphabétique, en un volume in-folio, d'élection à subdélégation, de subdélégation à paroisse, donnant les noms des particuliers, leurs biens, maisons, aires, prés, vignes, bois, terres labourables, et le produit total de leurs revenus.

1620. *M. le duc et* Mme *la duchesse* de Noirmoutier au Contrôleur général.

21 Avril 1714.

Ils demandent la continuation de la jouissance du canal de Cornillon près de Meaux et des droits qui y ont été établis*.

* «Bon pour vingt ans.»

1621. Le Contrôleur général *à M.* Voysin, *chancelier de France.*

24 Avril 1714.

«M. de Saint-Contest, qui vous a proposé de commettre le sieur Robin pour le représenter dans le département de Metz pendant son absence, m'a mandé qu'il le croyoit très propre à s'acquitter de la commission par rapport aux impositions et aux autres affaires de finance. Et sur le rapport que j'en ai fait au Roi, S. M. a bien voulu l'agréer. Ainsi, vous pouvez lui donner sur cela le pouvoir nécessaire par la commission que vous devez faire expédier.»

1622. *M.* Robin, *commissaire ordonnateur à Metz en l'absence de M.* de Saint-Contest, *intendant,* au Contrôleur général.

24 Avril 1714.

«D'abord que Mgr le duc de Coislin, évêque de Metz, a vu, par la lettre qu'il a reçue de vous du 17 de ce mois, que le Roi souhaitoit que, conformément à l'arrêt du Conseil du 22 décembre 1711, Messieurs du clergé fournissent les déclarations des biens que leur appartiennent et de la valeur du revenu, mondit seigneur a fait remettre sa déclaration des biens dépendants de son évêché de Metz, pour satisfaire à ce que S. M. désire. Il a même eu la bonté de presser Messieurs du Chapitre de sa cathédrale d'en user de même, et ils y vont travailler. On adressera de nouveau à tous les subdélégués de ce département des modèles de ces déclarations à faire, qu'on remettra à Messieurs les ecclésiastiques des villes et de la campagne, et cette affaire sera suivie avec vivacité. Il me paroît que, si Mgr de Metz, qui a commencé de donner l'exemple au clergé de ce pays, avoit été persuadé plus tôt que l'on vouloit absolument avoir ces déclarations, il n'auroit pas attendu, pour donner la sienne, l'avertissement dont il s'est plaint.»

1623. Le Contrôleur général *à M.* Colbert, *président au Parlement de Paris.*

25 Avril 1714.

«La parenté m'a toujours obligé de prendre un intérêt particulier à ce qui regarde M. de Saint-Mar, votre frère, et ses enfants. J'ai déjà eu l'honneur de vous faire savoir que son fils aîné, qui est capitaine dans le régiment de Touraine, que mon fils a l'honneur de commander, s'est conduit avec beaucoup de valeur et de sagesse dans toutes les occasions; et comme Mlle de Saint-Mar, sa fille, est bien faite, de bonne conduite et en âge d'être mariée, on a proposé un parti qui a paru bon : c'est M. le marquis de Noë, colonel d'un régiment d'infanterie. Je crois que vous approuverez ce mariage, qui n'a été fait qu'après que je me suis fait instruire des choses essentielles dont il étoit nécessaire d'être éclairci*.»

* Sur M. de Saint-Mar, capitaine de vaisseau, voir deux lettres de M. de Pontchartrain, secrétaire d'État de la marine, au contrôleur général, 22 novembre 1713 et 27 février 1715.

1624. *M.* de Saint-Contest, *intendant à Metz,* au Contrôleur général.

25 Avril 1714.

Il rend compte des bons effets de la prohibition des toiles peintes et des soies étrangères. Ces résultats sont dus surtout à l'activité des commis, ainsi qu'à la clause qui porte que la simple affirmation de leurs procès-verbaux suffit, sans autre formalité, pour juger les contrevenants. Aussi est-il indispensable de les soutenir et d'assurer régulièrement leur paye.

«Permettez-moi de vous proposer quelques difficultés sur l'exécution de ces arrêts. Il y a, parmi les troupes, surtout parmi les régiments étrangers au service du Roi, quelquefois des femmes de bas officiers, de soldats ou de vivandiers qui se trouvent habillées de toiles peintes. Faudra-t-il, dans ce cas, exercer la même rigueur contre ces gens-là que contre les autres sujets du Roi? Le mauvais exemple que cette contravention peut donner me détermine à l'affirmative; mais, en ce cas, il faudroit une ordonnance ou déclaration contre les troupes et leurs femmes, à peu près comme on en use pour le fait du sel et du tabac, et la faire publier par les commissaires des guerres à la tête des troupes.

«Il se trouve dans les inventaires des personnes décédées, ou dans les ventes forcées des meubles, des meubles de toiles peintes, comme couvertures, rideaux, tapisseries, etc., dont l'usage est permis par les arrêts, quand ces meubles sont vieux et qu'ils ont été faits de longue main. Quelques commis en ont voulu saisir de cette sorte, et on demande explication. Il semble que la vente de ces meubles doit être permise; cependant on peut en abuser. Faudra-t-il, à la rigueur, condamner une personne qui portera un mouchoir de toile peinte, comme s'il en étoit habillé, en l'amende de 1,000#?*»

* Voir les lettres du sieur Robin, commissaire ordonnateur et subdélégué général en l'absence de M. de Saint-Contest, 30 et 31 mai; du sieur Trignart, inspecteur, 1er février, 5 et 6 avril, et 15 juillet; du sieur X***, 17 mars (réponse du contrôleur général, 4 avril), et de M. de Saint-Contest, 29 mai et 2 juillet 1715.

Sur le brûlement d'une moitié des étoffes saisies, la vente de l'autre moitié étant permise à charge de réexportation, et sur les fraudes qui s'ensuivaient, voir les lettres du contrôleur général à M. Ferrand et au sieur du Ruau-Pallu, fermier général en Bretagne, 4 mars 1715, et du sieur David, inspecteur des manufactures de Dauphiné, 16 avril 1713.

Le 31 mars 1715, M. de Bouville, intendant à Orléans, demandant la permission de donner à sa belle-mère, pour les églises, quelques pièces de toiles peintes saisies par son prédécesseur, et qui pourrissent au greffe, le contrôleur général lui conseille de n'en rien faire, par crainte des conséquences.

Sur les visites et confiscations, voir les lettres de M. Ferrand, intendant en Bretagne, 14 et 23 décembre 1712, 7 mars, 12 avril et 16 mai 1713; de M. de Bernage, à Amiens, 30 novembre 1714 et 15 mars 1715; du contrôleur général à M. Lescalopier, intendant en Champagne, 2 et 27 janvier 1715; de M. Thiroux, fermier général en Languedoc, 7 décembre 1713, et de M. de Bâville, intendant, 9 mai 1714; de M. Bignon de Blanzy, intendant à Paris, 27 janvier, 23 février, 12 mai et 25 juin 1715; de M. Roujault, intendant à Rouen, 17 mars 1714; de M. Laugeois d'Hymbercourt, à Soissons, 13 et 15 juillet, 22, 23, 26 et 31 août 1713, et de M. d'Eaubonne, son successeur, 7 avril 1714; de M. d'Argenson, lieutenant général de police à Paris, 8 et 17 février, 13 mars, 23 avril et 5 juin 1711, 27 janvier 1713, 28 janvier, 9 février, 7 juillet, 15 août et 7 septembre 1714.

La connaissance des contraventions, considérées comme cas royaux, eût appartenu aux juges royaux, si le Roi ne l'avait attribuée exclusivement aux intendants; mais elle ne pouvait être réclamée par les officiers des princes apanagistes. Voir deux lettres des 7 et 8 décembre 1714, à M. de Fortia, chef du Conseil de Mgr le Duc, et à M. Lescalopier, intendant en Champagne, et une autre lettre à M. de Fortia, 26 janvier 1715.

1625. *M. de Saint-Contest, intendant à Metz,*
au Contrôleur général.

26 Avril 1714.

Il examine les prétentions du comte de Douglas sur la terre de Courcelles et sur divers fiefs dépendants du bailliage d'Haguenau.

1626. *M. de Brilhac,*
premier président du Parlement de Bretagne,
au Contrôleur général.

27 Avril 1714.

Il demande que la connaissance des faits relatifs à la ferme du tabac soit rendue à sa compagnie*.

* Mémoire joint à la lettre : «Les fermiers du tabac conviennent qu'ils ont tout lieu de se louer de la bonne justice que le Parlement de Bretagne leur a toujours rendue; mais, comme il doit suivre les règles de la procédure, Monseigneur a bien reconnu que, pour remédier à tous les désordres qui se commettoient en Bretagne contre leur ferme, il étoit nécessaire d'en attribuer la connoissance à M. l'intendant, qui peut user d'autorité dans plusieurs occasions. Les mêmes raisons subsistent, et sont même encore plus fortes, car les Anglois, à la faveur du traité de commerce, apportent de plus en plus des tabacs en fraude, et les gens du pays les transportent par troupes, sans que les commis puissent s'y opposer, à cause du grand nombre de fraudeurs dont ces troupes sont composées. En cet état, les fermiers ne pourront se dispenser de supplier Monseigneur de leur accorder dans le temps un nouvel arrêt pour continuer encore, pendant un an, à M. l'intendant, la connoissance des affaires de leur ferme, à moins que, d'ici au mois de septembre prochain, que le premier arrêt doit expirer, il n'y ait une interprétation au sujet de l'article 22 du traité de commerce entre la France et l'Angleterre, qui est la source de tous les désordres qui ruinent totalement la ferme en Bretagne. Il y a déjà deux des plus forts bureaux, qui sont Morlaix et Saint-Brieuc, dont la recette ne peut plus fournir aux dépenses, et il est à craindre que le mal ne gagne les autres.»

1627. *M. de Bernage, intendant à Amiens,*
au Contrôleur général.

27 Avril, 7 et 22 Mai, 5 Juin,
14 et 27 Juillet 1714.

Construction d'un canal destiné à l'écoulement des eaux du pays de Flandres vers la mer; coupe extraordinaire de bois dans les forêts de Tournehem et de Guines, destinée à fournir les fascines*.

* Les lettres des 31 octobre et 4 décembre suivants sont relatives au curage et à la navigabilité des rivières d'Ardres et de Calais.

1628. *M. Guynet, intendant à Caen,*
au Contrôleur général.

30 Avril 1714.

Il envoie l'état des marchandises vendues à la foire de Caen, des prix, etc.

1629. *Le Contrôleur général*
à M. d'Audiffret, envoyé du Roi en Lorraine.

(Mois d'Avril 1714.)

Il demande que des remontrances soient faites au duc de Lorraine sur les coupes exécutées indûment par ses officiers dans les parties des bois de Trincq et de Cottenay qui appartiennent au Roi, comme enclavées dans la route d'une demi-lieue de largeur allant de Metz en Alsace, laquelle fut cédée par le duc Charles III en 1661.

1630. *M. de Bouville-Saint-Martin,*
intendant à Orléans,
au Contrôleur général.

(Mois d'Avril 1714.)

Il paraît indispensable, dans l'intérêt des manufactures de Romorantin, de continuer les coupes réglées dans la forêt de Bruaudan.

«La manufacture de Romorantin, autrefois plus considérable qu'elle n'est aujourd'hui, a beaucoup diminué depuis dix ans : il semble, par cette raison, que l'on doit avoir attention aux moyens de la soutenir. Les draps qui s'y fabriquent conviennent à l'usage des troupes, des domestiques et gens de la campagne, et les ouvrages de cette manufacture consomment la plus grande partie des laines de la Sologne et du Berry, d'où dépend la subsistance la plus ordinaire de ces provinces. Cette manufacture entretient encore à présent neuf moulins à foulon, de vingt qu'elle avoit autrefois, et fait subsister environ cent familles de drapiers, qui restent d'un plus grand nombre. La forêt de Bruaudan, éloignée d'une lieue et demie de Romorantin, a, de tout temps, fourni la plus grande partie des bois nécessaires, tant pour l'entretien et réparations des moulins à foulon, que pour la préparation et teinture des draps; ce que l'on en peut tirer des domaines des particuliers qui sont à portée de cette manufacture est peu de chose, et l'on n'y doit pas compter. Cependant, si l'on entre dans le détail, l'on trouvera que l'entretien ordinaire des moulins à foulon qui subsistent consomme, année commune, treize à quatorze cents toises de bois carrées, et la préparation et teinture des draps, mille à onze cents cordes de bois à brûler, qui reviennent à plus de deux mille voies de bois de Paris. D'ailleurs, la ville de Romorantin, composée de deux mille feux, consomme, indépendamment de la manufacture, deux mille cinq cents cordes, qui font cinq mille voies de Paris, pour son chauffage ordinaire. Je n'entrerai point dans le détail de la quantité de bois de toutes natures absolument nécessaire pour les réparations ordinaires des moulins à blé et des étangs, dont le nombre est très grand dans ce pays, ni du bois de menue fente, tels que sont les échalas et merrain destinés pour l'entretien et récoltes des vignes. Je dois seulement vous observer que la forêt de Bruaudan a toujours fourni presque seule les bois qui conviennent à ces différents usages, n'y ayant point de forêt voisine d'où l'on puisse les tirer sans une dépense excessive, que Romorantin est hors d'état de soutenir, la forêt de Blois, qui est la plus proche, étant éloignée de sept lieues, et celle de Vierzon de dix.....»

1631. *Le sieur Daverdon, à Paris,*
au Contrôleur général.

5 Mai 1714.

Projet de loterie pour fournir au remplacement du pont de bois, sur la Seine, par un pont de pierre, et à la construction d'un quai de pierre allant de ce pont au quai des Morfondus.

1632. *M. Foullé de Martangis, intendant en Berry,*
au Contrôleur général.

13 Mai 1714.

Procès et condamnation d'un faux-poudrier*.

* Sur l'arrestation et le procès de faux-poudriers, voir deux lettres de M. d'Angervilliers, intendant en Dauphiné, 2 juillet et 19 novembre 1712.

1633. *M. d'Angervilliers, intendant en Dauphiné,*
au Contrôleur général.

18 Mai 1714.

Plaintes des curés du diocèse de Vienne contre le bureau ecclésiastique, à l'occasion de la répartition des décimes.

1634. *M. de Bernage, intendant à Amiens,*
au Contrôleur général.

14 Mai 1714.

«Comme voici le temps que le Roi se déterminera sur la désignation à la place de prévôt des marchands, permettez-moi de vous demander la continuation de vos bontés, et de vous supplier très humblement de vouloir bien en parler à S. M. C'est de vous seul que je dois attendre cette place, et je serois bien malheureux, si le moment échappoit de l'obtenir par votre protection. Vous ne pouvez l'accorder à personne qui s'attache plus que moi à la mériter*.....»

* Le 1er juillet précédent, en remerciant le contrôleur général de l'appui qu'il lui donnait pour obtenir la prévôté, il faisait observer

que ces candidatures ne se produisaient qu'au moment de la vacance ou de la dernière continuation pour deux ans.

1635. *M. Bignon de Blanzy, intendant à Paris,*
au Contrôleur général.

(Maladie des bestiaux, G[7] 1667.)

14 Mai 1714.

«.....Les maladies dont les seuls moutons, et non point les autres bestiaux, ont été attaqués, sont cessées. Ces maladies n'ont pas été communes partout dans la généralité de Paris; elles ne l'ont été que dans quelques endroits, et principalement dans les lieux où le terrain est humide, surtout dans la Brie. On en a attribué la cause à la quantité de brouillards et de pluie qu'il y a eu l'année passée, pendant le printemps et l'automne: les moutons ayant toujours mangé l'herbe mouillée, la nourriture qu'ils ont prise s'est plutôt tournée en eau qu'en chair ou en graisse, en sorte qu'il leur paroissoit au-dessous de la gorge et au ventre des tumeurs, en forme de bouteilles, qui étoient pleines d'eau, qui les étouffoit et causoit une espèce de pourriture dans tout leur corps. Quelques-uns ont été sauvés par l'attention que les bergers ont eue de percer ces tumeurs, dont il sortoit une grande quantité d'eau. Quoique cette maladie se soit communiquée d'une bête à l'autre dans le même troupeau, il n'y a pas d'apparence qu'elle puisse être considérée comme celles qui sont qualifiées de contagion, car, dans les lieux mêmes où elle étoit la plus violente et où il mouroit davantage de moutons, il y avoit, dans des fermes, des troupeaux qui n'en étoient point attaqués, soit parce que les bergers avoient eu l'attention, l'année passée, de ne les mener aux champs qu'après que l'herbe étoit essuyée, soit parce qu'on les avoit retirés du parc et mis coucher dans les bergeries avant que la saison fût avancée et devenue plus pluvieuse. Cette observation est une marque qu'il n'y avoit point de contagion, et elle est moins à craindre quand la cause de la maladie est connue. Puisqu'elle est présentement cessée, et qu'on peut se flatter qu'elle ne recommencera pas, la sécheresse de la saison y apportant le remède, je ne crois pas qu'il soit nécessaire de rien faire dans ce pays-ci..... au sujet de l'injonction d'enterrer les bestiaux avec leur peau. Il me semble qu'il convient mieux de ne point relever cela, que de faire penser au peuple que l'on craint encore les suites de ces maladies.

«L'arrêt du Conseil du 24 février dernier, qui fait défense de tuer des agneaux, s'exécute bien régulièrement. J'y donne toute l'attention que mérite une disposition nécessaire pour réparer le désordre que les maladies ont causé dans les bestiaux de cette espèce: les autres qui, par leur nature plus forte, ne sont pas si disposés à recevoir ces mauvaises impressions des herbes mouillées, n'en ont point été attaqués, et, s'il en est mort quelques-uns dans quelques lieux, plus que les autres années, ce n'a été que par des maladies ordinaires et connues*.»

* Voir des extraits de lettres diverses qu'il envoie les 1er, 12 et 26 août, 2, 10 et 24 septembre suivants.

1636. *M. d'Argenson, lieutenant général de police à Paris,*
au Contrôleur général.

14 et 16 Mai 1714.

Recherche de 3,698,100#, en contrats de rente sur la ville, appartenant à des religionnaires fugitifs*.

* Voir une lettre de M. de Saint-Contest, intendant à Metz, 2 juin 1711, et une lettre de M. de Richebourg, intendant à Poitiers, 22 septembre 1713, sur des recherches analogues ou des emplois de produits.

1637. *M. Méliand, intendant à Lyon,*
au Contrôleur général.

15 Mai 1714.

Faculté accordée à des veuves de boulangers de Roanne de cuire et vendre le pain bis*.

* Voir une lettre de M. Lescalopier, intendant en Champagne, 9 février 1714, sur une bouchère des faubourgs de Troyes à qui les bouchers de la ville prétendaient interdire le commerce.

1638. *M. Foullé de Martangis, intendant en Berry,*
au Contrôleur général.

16 Mai 1714.

Réparation du clocher de la cathédrale de Bourges; adjudication des ouvrages; vente de bois appartenant au Chapitre, pour subvenir aux frais*.

* Sur d'autres travaux analogues, voir les lettres de M. de Bouville, intendant à Orléans, 20 juin 1713 (réédification de l'église Sainte-Croix); de M. Bignon de Blanzy, intendant à Paris, 24 avril 1715 (rétablissement et réparation de l'église du Port-au-Pecq; en apostille: «Sur les loteries, 2,000# par mois»), et 6 avril 1711 (réparation de l'abbaye de Royaumont, dégradée par les vents et la pluie); de M. Roujault, intendant à Rouen, 21 avril 1713 (réparation de l'église paroissiale Saint-Laurent au moyen d'une imposition sur les propriétaires de la paroisse); de M. le Guerchoys, intendant en Franche-Comté, de M. Boisot, premier président du Parlement, des curé, fabricien, marguilliers et paroissiens de l'église Saint-Pierre, et des magistrats de la ville de Besançon, 25, 27 et 29 avril, et 21 septembre 1714 (reconstruction au moyen d'une loterie).

A une autre lettre de M. Bignon de Blanzy (17 août 1711), relative aux réparations de l'église paroissiale des Sièges, élection de Sens, est jointe une note de la main du contrôleur général relative au droit des évêques de mettre en interdit les églises caduques et menaçant ruine, et de défendre aux curés voisins de recevoir à la messe les habitants des paroisses interdites.

Le 23 février 1714, le curé de Saint-Martial-en-la-Cité demande des secours pour son église paroissiale, ruinée au point que les voisins assignent la fabrique pour la contraindre à faire étayer les murs.

Sur une réclamation de l'intendant de Savoie au sujet de fonds qui avaient été pris à l'économat de l'archevêché de Tarentaise pour la réparation des églises (lettre de M. d'Angervilliers, intendant en Dauphiné, 17 mai 1714), le contrôleur général répond en apostille que cet emploi était raisonnable dans un cas de nécessité aussi urgente, mais qu'au besoin le Roi voudra bien en tenir compte.

1639. *Le sieur* DU PÉRIER, *directeur des pompes à incendie de Paris,* AU CONTRÔLEUR GÉNÉRAL.

18 Mai 1714.

Il rend compte d'un incendie survenu dans la rue de la Barillerie.

«M. le premier président, qui se transporta dans la trésorerie de la Sainte-Chapelle, tout proche et vis-à-vis de ce feu, la rue n'ayant pas dans cet endroit plus de quinze pieds de large, m'envoya chercher en toute diligence, et il a été oculaire témoin que, me portant partout pour l'éteindre, je me suis mis en péril plus d'une fois d'être écrasé sous les ruines de cette maison brûlante, et cela parce que je n'avois pas, pour m'aider, un seul homme qui fût instruit au maniement des pompes. S'il y avoit eu (comme il doit y avoir dans un Paris) des gens préposés et payés pour servir lesdites pompes, non seulement cette unique maison n'auroit pas été endommagée, mais encore on auroit sauvé la vie à un pauvre compagnon que la crainte de brûler fit précipiter d'un quatrième étage dans la rue, où il mourut un quart d'heure après, et empêché que sa femme, qui prit le même parti, n'eût eu les membres tous fracassés sur le pavé. Le cordonnier, sa femme, sa sœur et leurs plus grands enfants descendirent par une très petite corde, après avoir été forcés de jeter eux-mêmes par leur fenêtre leur petite fille âgée de trois ans, que Dieu conserva par miracle. Pour prévenir de semblables malheurs, dont Paris est menacé tous les jours, j'estime que l'on ne sauroit trop tôt mettre à exécution mon mémoire qui vous fut recommandé à Marly par M. le maréchal de Villars, et renvoyé par Votre Grandeur à M. le prévôt des marchands*.»

* Le 29 mars 1715, M. Bignon, prévôt des marchands de Paris, écrit: «J'ai l'honneur de vous renvoyer la proposition qui vous a été faite par le sieur du Périer, d'entretenir vingt pompes à Paris pour éteindre le feu des incendies, moyennant une rétribution annuelle de 7,500#, dont le fonds sera placé sur quelque maison ou communauté pour produire ce revenu, s'il plait au Roi d'accorder une loterie de 1,200,000#, dont le bénéfice, à raison de 15 p. o/o, produiroit une somme de 180,000# et pourroit servir à constituer une rente de 7,500# au denier 24. Le projet est bon; il est approuvé de tous les premiers magistrats: son exécution est fort désirée du public. Nous avons fait l'expérience de ces pompes dans plusieurs occasions: on en a tiré de très grands secours; mais, faute de fonds pour l'entretien, elles dépérissent tous les jours. Ce fonds serviroit à établir dans chaque quartier des préposés qui seroient formés à les manier suivant l'art qui en fait le jeu et la manœuvre. Ce service ne se fait pas diligemment, et on n'en tire pas tous les avantages qu'on pourroit.» Le mémoire de du Périer est joint à cette lettre.

1640. *M. l'Archevêque de Narbonne, président des États de Languedoc,* AU CONTRÔLEUR GÉNÉRAL.

20 Mai 1714.

«Quoique je doive partir dans peu de jours pour aller à Paris, je ne crois pas devoir attendre à mon arrivée pour vous entretenir d'une affaire qui intéresse beaucoup notre province. C'est au sujet de la déclaration du 20 mars dernier, pour la manière de compter du dixième par tous ceux qui sont chargés d'en faire le recouvrement, dans laquelle le trésorier de la Bourse du Languedoc a été compris comme devant compter au Conseil et en la Cour des comptes de Montpellier: sur quoi notre syndic général et M. Bonnier auront l'honneur de vous représenter que, jusques ici, les comptes du trésorier de la Bourse n'ont jamais été rendus qu'aux États assemblés, et que, toutes les fois que la Cour des comptes a voulu s'attribuer ce droit, S. M. nous a maintenus dans nos anciens usages.....»

1641. *M.* DE PRÉCHAC, *conseiller-doyen du Parlement de Pau,* AU CONTRÔLEUR GÉNÉRAL.

21 Mai 1714.

«C'est pour vous informer du passage de M. le comte de Bergeyck, que j'avois connu en Flandres. J'ai eu l'honneur de lui faire voir les dedans et les dehors de la ville; il dit que M. Orry ne gouvernera jamais bien l'Espagne que par les Espagnols mêmes. Il m'a fait voir, par de bons raisonnements, qu'il n'est pas au pouvoir du Roi d'ôter ni le dixième, ni la capitation, de trois ans. Il veut passer à Lyon et à Montpellier, par complaisance pour sa femme, et il compte d'avoir une audience du Roi avant de sortir de France.

«M. de Harlay fait toujours merveilles, et n'a aucun contraste avec le Parlement.»

1642. *M.* DE GRIGNAN, *lieutenant général en Provence,* AU CONTRÔLEUR GÉNÉRAL.

21 Mai 1714.

«J'ai eu l'honneur de vous informer des avis que j'eus, il y a quelque temps, que les Anglois étoient dans le dessein d'établir un paquebot de Port-Mahon à Marseille, et il en est arrivé un aujourd'hui dans cette rade. C'est le vaisseau *la Résolution*, capitaine Robert Helix. Il manque depuis vingt-deux jours de Falmouth, et il est venu en droiture, sans toucher à Port-Mahon; il est adressé à Tobie Follikoffer, marchand suisse établi à Marseille, à qui des paquets de lettres d'Angleterre avoient déjà été envoyés, avec lesquels ce paquebot partira au premier beau temps pour les porter au Port-Mahon, et c'est là le commencement de l'établissement que les Anglois ont voulu faire d'une prompte correspondance entre le Port-Mahon et l'Angleterre, par la voie de Marseille, pour tirer de la possession où ils sont de l'île Minorque le plus d'avantage qu'ils pourront par rapport à leur commerce de Levant. Quoiqu'on eût ci-devant dit qu'ils pensoient aussi à avoir quelque espèce de courrier ordinaire pour leurs paquets de Marseille à Lyon, je ne vois nulle apparence qu'ils le proposent, et, en tout cas, je ne dois y donner les mains qu'après en avoir demandé et reçu des ordres exprès.»

1643. *M. de Pontchartrain, secrétaire d'État de la maison du Roi, au Contrôleur général.*

23 Mai 1714.

Il annonce que le Roi a fait un fonds de 300# pour envoyer des ouvrages d'instruction à certains nouveaux convertis du diocèse de Poitiers qui ont remis leurs livres hérétiques.

1644. *Le Contrôleur général au sieur Maynon, intéressé aux affaires du Roi.*

24 Mai 1714.

«Le Roi ayant ordonné que la maison de feu Mgr le duc de Berry subsistera jusqu'à la naissance de l'enfant posthume que Mme la duchesse de Berry doit mettre au monde, et S. M. ayant résolu de diminuer en général la dépense sur tout ce qui se pourra, même à réduire la maison de Mgr le duc de Berry à ce qui sera simplement nécessaire pour le service du prince qui pourra naître, pendant son bas âge, S. M. nous a ordonné, en même temps, de faire savoir à M. Maynon que son intention est qu'il donne à l'ordinaire les ordres aux trésoriers de Mgr le duc de Berry de faire les payements qui seront nécessaires, tant pour la subsistance des deux maisons que pour les dépenses extraordinaires de Mme la duchesse de Berry, jusqu'à ce qu'il ait plu au Roi de donner de nouveaux ordres touchant la maison de Mme la duchesse de Berry.»

1645. *M. de Beauharnais, intendant à la Rochelle, au Contrôleur général.*

24 Mai 1714.

Le doublement des droits sur les vins, eaux-de-vie et liqueurs cause un préjudice si considérable au commerce de l'Aunis, et en particulier à celui de la Rochelle, que les officiers et juges-consuls de cette ville offrent de s'en racheter*.

«Je crois qu'il conviendroit d'accepter les offres des négociants de la Rochelle : il est certain que le commerce de cette province, à l'égard de ces liqueurs, est extrêmement gêné en ce que ceux qui le font sont souvent obligés de laisser embarquer leurs vins et eaux-de-vie mal conditionnés pour n'avoir pas eu le temps de faire rebattre les futailles, ce qui cause de grands coulages, donne lieu à beaucoup de discussions, et décrédite les eaux-de-vie de cette province; que d'ailleurs cela jette les négociants dans une dépense, en ce qu'ils sont obligés de louer dans les villages des magasins pour leurs vins et eaux-de-vie, pendant qu'ils en ont en ville, chez eux, de vuides.»

* Voir un mémoire du sieur Boutillier, 9 juin, accompagnant la requête des juges-consuls et négociants.

1646. *M. de Beauharnais, intendant à la Rochelle, au Contrôleur général.*

25 Mai 1714.

Il rend compte de divers faits dont le curé de la paroisse de Thézac, en Saintonge, accuse les deux frères de Laage, receveurs des tailles à Saintes, ayant même demandé l'autorisation de procéder personnellement à une enquête par turbe.

«Comme cette espèce d'enquête, qui seroit d'une longue discussion, paroîtroit extraordinaire dans l'ordre judiciaire, et que, si j'en attendois l'événement, vous pourriez croire que j'ai perdu de vue une affaire aussi intéressante, j'ai cru devoir vérifier sans lui les faits contenus dans sa lettre, pour démêler ce qui est vrai d'avec ce qui ne l'est pas, afin d'avoir l'honneur de vous en rendre compte.

«Un des faits sur lequel il insiste le plus concerne les abus qu'il prétend être commis par les porteurs de contraintes, dont il dit que le nombre accable l'élection, et avec lesquels il accuse le receveur d'être d'intelligence et de partager leur salaire, de donner à chacun en particulier une contrainte qui porte qu'ils seront deux : de sorte que, quoiqu'il n'en paroisse qu'un, il se fait payer pour deux, et doublement le jour qu'il sort d'une paroisse pour entrer dans une autre, où il compte le jour qu'il y arrive.

«La conduite de ces porteurs de contraintes a toujours été fort suspecte, ces gens, qui sont de la lie du peuple, commettant souvent des malversations, et peut-être des concussions, ce que j'ai toujours eu beaucoup d'attention d'empêcher. Je recommande de temps en temps à mes subdélégués et aux officiers de l'élection d'y veiller exactement. Mon subdélégué, qui a interrogé en particulier plusieurs de ces porteurs de contraintes, me marque qu'il n'a rien pu découvrir qui pût donner le moindre soupçon contre le receveur.»

Les autres faits qu'avance le curé de Thézac, homme d'un caractère inquiet et processif, ne paraissent point prouvés et seraient du ressort des tribunaux ordinaires.

1647. *M. de Pontchartrain, secrétaire d'État de la marine, au Contrôleur général.*

27 Mai 1714.

Retrait de la monnaie de carte de la Nouvelle-France, au moyen de lettres de change payables sur le trésorier général de la marine*.

Liberté du commerce de Guinée.

* Le trésorier, n'ayant point reçu de fonds, fut l'objet de plusieurs sentences de contrainte par corps. M. de Pontchartrain écrit, le 17 juillet 1715 : «.....Il ne sauroit plus paroître à présent. Vous savez que je n'ai entrepris de faire retirer la monnoie de carte en Canada que de concert avec vous, et sur la parole verbale et par écrit que vous avez bien voulu me donner que vous fourniriez les fonds nécessaires pour acquitter les lettres de change. Voilà cepen-

IMPRIMERIE NATIONALE.

dant des protêts qui font perdre absolument le crédit et la confiance que l'on avoit pour ces lettres, le Canada ruiné par ce défaut de payement, et, outre cela, un trésorier de la marine condamné à être arrêté, ce qui cause un scandale effroyable. Je n'ai pu me dispenser d'en parler au Roi, qui m'en a paru peiné, et S. M. m'a ordonné de vous en écrire, et de vous marquer de sa part de lui en parler et de prendre des ordres sur cela.»

1648. *M. de Valincour,*
secrétaire de S. A. S. Mgr le comte de Toulouse,
gouverneur de Bretagne,
au Contrôleur général.

28 Mai 1714.

«Vous avez eu la bonté d'accorder à MM. les députés la permission de mettre les rentes de la province au denier vingt-deux. Ils sont honteux, à présent, de vous avoir demandé un denier si haut, parce qu'ils voient: 1° que bien des gens demandent leur remboursement; 2° qu'ils diminuent par là le crédit de la province, qui en aura pourtant grand besoin aux prochains États. La maxime de M. Colbert et la vôtre a toujours été qu'il faut que les particuliers trouvent quelque avantage à donner leur argent aux communautés, afin qu'elles en puissent trouver plus aisément. En 1712, l'évêque de Quimper étant député, la province trouvoit deux millions au denier vingt, et en auroit trouvé six, s'il eût été besoin. Vous me fîtes l'honneur, en ce temps-là, de me dire, pour le faire savoir à Mgr le comte de Toulouse, que, pour le bien même de la province, il vous paroissoit plus convenable d'emprunter au denier dix-huit, ce qui fut fait. Si vous jugez que les circonstances des temps ne changent rien à ces considérations, M. l'évêque de Rennes sera fort aise que vous lui permettiez de demander la réduction au denier vingt, dont personne ne se plaindra, au lieu qu'il craindra d'être lapidé par les rentiers, si elle est au denier vingt-deux*.»

* En apostille: «Bon, au denier vingt seulement.»

1649. *Le Contrôleur général*
à M. de Grignan, lieutenant général en Provence.

30 Mai 1714.

Le môle que les consuls d'Hyères offrent à la province de construire pour protéger la rivière du Ceinturon contre l'ensablement, présentera un abri aux petits bateaux qui commercent sur cette côte, et les habitants d'Hyères, pouvant vendre leurs vins et autres denrées, cesseront de réclamer la diminution de leur affouagement.

Le Roi autorise donc les résolutions qui pourront être prises à ce sujet*.

* Voir la lettre du même jour à l'intendant Lebret.

1650. *Le Contrôleur général*
à M. Laugeois, fermier général.

31 Mai 1714.

«Quand je vous ai mandé de me faire savoir si vous pourriez suffire au service des fermes pour les deux camps qui doivent se former sur la haute et la basse Meuse, je n'ai pas conçu que vous dussiez consulter vos associés à ce sujet. Il n'étoit pas difficile de prévoir la réponse que la compagnie vous feroit, et que vos associés aimeroient bien mieux vous charger de tout ce travail, que de consentir que quelqu'un d'eux le partageât avec vous. On sait assez qu'ils évitent les voyages en province autant qu'ils peuvent, et, sans en rien communiquer à votre compagnie, vous n'aviez qu'à vous consulter vous-même, et me faire savoir si vous croyez pouvoir y fournir. C'est ce que vous devez tout de nouveau examiner, et me le faire savoir, afin que je prenne, sur votre réponse, les mesures nécessaires pour le bien du service.»

1651. *M. de la Houssaye, intendant en Alsace,*
au Contrôleur général.

3 Juin 1714.

Il se plaint que, par la faute des fermiers des domaines, qui n'ont pas su régler les transports de la saline de Moyenvic, l'Alsace est sur le point de manquer de sel*.

* Voir, au 21 juin, la réponse des fermiers.

1652. *M. de Montaran,*
trésorier général des États de Bretagne,
à M. de la Garde.

6 Juin 1714.

«M. le maréchal de Villeroy m'a fait l'honneur de me communiquer la lettre que vous lui avez écrite au sujet de nos grands chemins, par laquelle je vois que M. Desmaretz a accepté les propositions que j'ai eu l'honneur de lui faire, et à M. de Bercy, dès l'année passée, qui sont d'avancer, quand on voudra, sans intérêts, la somme de 40,912 # 10s, pour en être remboursé, en quatre payements égaux, d'année en année, à commencer de l'année 1715 et finir en 1718, à condition que, dès à présent, on délivrera pour pareille somme d'assignations sur moi au trésorier général des ponts et chaussées, qui me les remettra, lorsque je lui donnerai ladite somme de 40,912 # 10s.

«Je vous avouerai naturellement que M. de Bercy m'a toujours refusé cette dernière condition, et que c'est ce qui a, jusques à présent, retardé l'exécution des projets de M. le maréchal; car, quelque chose que me puisse dire M. de Bercy, et quelque confiance que j'aie dans les bontés dont il m'honore, je ne saurois me persuader qu'il soit plus sûr et plus commode pour moi de retirer mon remboursement par les mains de M. le trésorier général des ponts et chaussées, que de me rembourser moi-même; et cette condition est si essentielle pour mes offres, que, si M. Desmaretz ne pouvoit pas me l'accorder, je le supplie de trouver bon que je n'entre point dans cette affaire. Je n'ignore point qu'en le faisant, il m'en coûtera 5 ou 6,000# d'intérêts; je m'y livre avec joie par l'envie de faire ma cour à M. le maréchal et à mes voisins, par la satisfaction que j'aurai moi-même de pouvoir, dans toutes les saisons, arriver commodément chez moi, et par l'utilité qu'en recevra tout le pays, auquel tout commerce est interdit pendant cinq ou six mois de l'année. Il est bien juste au moins que je sois maître de mon remboursement, quand les termes seront échus. Je vous envoie le projet d'arrêt que j'ai dressé. Je vous supplie de l'examiner : si vous le trouvez bien, vous savez mieux que moi l'usage qu'il en faut faire pour en obtenir une prompte expédition et me mettre en état de donner bientôt de l'argent à M. le trésorier des ponts et chaussées, et lui, d'en fournir aux ouvriers, afin qu'ils commencent à travailler au plus tôt. Il seroit fort à souhaiter qu'avant l'hiver ils pussent raccommoder deux ou trois endroits où on ne sauroit passer sans péril.»

1653. *M.* Boucher d'Orsay, *intendant à Limoges,*
au Contrôleur général.

8 Juin 1714.

«Comme il me paroît, par différentes lettres que vous m'avez fait l'honneur de m'écrire, que vous avez intention de rétablir le commerce dans les provinces, je crois que celui dont on pourroit tirer le plus d'utilité dans celle-ci seroit de rétablir les haras, qui sont fort tombés depuis la guerre. Il y a un assez grand nombre de belles juments; mais il n'y a pas le quart d'étalons qu'il faudroit, et la plupart même sont vieux et hors de service. M. de Pontchartrain, à qui j'ai représenté plusieurs fois le besoin qu'il y avoit d'en augmenter le nombre, m'envoya, ces jours passés, quatre étalons assez beaux, dont un turc, deux barbes et un françois, estimés chacun 800#. Les particuliers qui les ont pris en ont payé moitié, et l'autre moitié a été prise sur la caisse des haras. Plusieurs personnes qui se sont rendues à la foire de la Saint-Loup, qui se tient à Limoges le 22 de mai, m'ont prié instamment de leur en faire avoir de même à moitié; mais, comme je suis persuadé que les fonds de la caisse des haras ne sont pas assez abondants pour acheter le nombre de chevaux dont on auroit besoin, j'ai cherché les expédients qui pourroient procurer cet avantage à la province, et, comme il me reste un fonds de 3,000# sur l'imposition des fourrages faite en 1713, je pourrois, si vous l'approuviez, proposer à M. de Pontchartrain de faire acheter pour 12,000# de chevaux, à condition qu'il voulût bien prendre sur la caisse des haras 3,000#, lesquelles, jointes aux 3,000# de reste des fourrages, composeroient la moitié de la somme, dont l'autre moitié seroit payée par les particuliers qui les demandent, et qui jouiroient du privilège de gardes-étalons. Je crois que ce seroit le moyen le plus sûr et le plus prompt pour remettre en partie les haras de cette province, qui ont diminué au point qu'il n'y avoit à la foire que quatre-vingts ou quatre-vingt-dix poulains, au lieu qu'avant la guerre il y en avoit sept ou huit cents. Je vous supplie de me marquer votre sentiment, ne voulant point disposer de ces fonds sans votre ordre*.»

* Ces demandes furent agréées, et des étalons achetés en Danemark, en Prusse et à Hambourg: lettres de M. de Pontchartrain, 15 et 29 novembre 1714, 19 avril 1715; lettre du contrôleur général à M. d'Orsay, 15 juin 1714.

Le 1er mai 1715, M. de Pontchartrain écrit au contrôleur général et à M. le Rebours que, si l'on ne fournit des fonds aux haras, leur ruine complète est imminente. «Les emprunts, dit-il, ont été si forts, et l'on a été tellement abandonné, qu'il faut nécessairement qu'ils succombent; vous priant de considérer que, de toute l'année dernière, il n'a été fait aucuns fonds pour acquitter les 60,000# d'ordonnances, non plus que pour la présente année, et, à l'égard des ordonnances des années 1709, 1710, 1711, 1712 et 1713, elles ont été entièrement acquittées en rentes sur la ville, ou négociées sur la place, à la réserve seulement de 10,000#, qui ont été ordonnées à la caisse des haras..... Je ne sais ni expédients, ni moyens pour pouvoir faire payer les 47,000# de lettres de change qui ont été tirées de Berlin, d'Hambourg et de Strasbourg pour les étalons qui y ont été achetés.....»

Plusieurs intendants ayant demandé à faire une imposition dans leur département pour acheter des étalons, il leur fut répondu que jamais on ne faisait d'imposition pour cet objet, encore moins dans un temps où il fallait faciliter le payement de la taille, et que tout dépendait de M. de Pontchartrain : lettres de M. Foullé de Martangis, intendant en Berry, 8 février 1715; de M. de Richebourg, intendant à Poitiers, 23 juin; de M. Turgot de Saint-Clair, à Moulins, 7 août; et réponse du contrôleur général à M. Turgot, 23 août. Cependant, vers le même temps, un projet d'arrêt portant imposition sur le Dauphiné pour le service des haras de cette province avait été adopté sur la proposition de l'intendant d'Angervilliers: lettres de M. de Pontchartrain et de M. d'Angervilliers, 11 et 18 mai 1715. Le 9 août précédent, le comte de Médavy avait demandé pour M. de Champrenard, ancien officier de dragons, la direction des haras à établir en Dauphiné.

1654. *M.* de Bâville, *intendant en Languedoc,*
au Contrôleur général.

8 Juin, 23 et 26 Juillet, 10 Août 1714.

Il se plaint que les fermiers des droits de tiers-surtaux et quarantième de Lyon se soient établis dans une île du Rhône au-dessus de Beaucaire, pour prélever leurs droits sur les marchandises allant à la foire ou en revenant. Outre que les droits de la ville de Lyon sont discutables, de pareilles mesures vont à l'encontre de la franchise de la foire et nuisent à son succès*.

* Voir, aux 18 août 1713, 9 et 13 août 1714, trois lettres de M. le maréchal de Villeroy, gouverneur de Lyon, se plaignant que M. de Bâville ait interdit par ordonnance la levée de ce droit de tiers-surtaux, quoique ce soit une ferme du Roi aussi bien que la douane de Lyon, qu'ont payée toutes les marchandises portées à Beaucaire.

1655. *M. le maréchal* de Villeroy, *gouverneur de Lyon,*
au Contrôleur général.

10, 14, 16 et 23 Juin 1714.

Une sédition s'est produite à l'occasion des droits

d'octroi; les bouchers surtout ont pris une part active et féroce à ce mouvement; un bureau de la ferme du tabac a été pillé*.

* Les bouchers de Lyon s'étaient déjà mutinés à cause de l'établissement du droit sur les suifs : lettre de l'intendant Méliand, 31 janvier 1711.

Sur cette nouvelle émeute de 1714, voir aussi une lettre du duc de Villeroy, 16 juin, et une de M. Bosc, procureur général en la Cour des aides de Paris, 12 juin (G⁷ 1766).

L'intendant Méliand écrit, le 23 juin : «Les huit premiers escadrons des troupes qui ont eu ordre de s'approcher de cette ville sont arrivés d'hier au soir dans cette ville; ils campent sur le bord du Rhône, au bout du pont de la Guillotière. Les dix-huit autres escadrons doivent camper entre Villefranche et Ance, à quatre petites lieues d'ici, pour la convenance du vert. L'arrivée de M. le maréchal de Villeroy dans cette ville n'y a pas calmé les esprits du bas peuple; il y a eu plusieurs petits mouvements, soit dans les marchés, soit à la vue du prévôt des marchands, quand il a paru en public. Il y a eu des mots lâchés assez mal à propos par ce peuple, le jour même de l'arrivée de M. le maréchal, lorsqu'il traversoit dans son carrosse une partie de la ville pour se rendre du bord de la rivière au Gouvernement. Ce sont des étincelles qui font connoître l'agitation intérieure de ce peuple. L'arrivée des troupes du Roi pourra le contenir; au moins sera-t-on en état de réprimer sa fougue trop insolente et trop téméraire. Mais, avant toutes choses, il faut prendre des mesures pour ne pas tomber dans de nouveaux incidents pour les subsistances, en cas qu'on ait affaire à des mutins et à des séditieux qui cherchent, en détournant les bestiaux, à nous causer des embarras dont les suites seroient fâcheuses, si on ne les prévenoit pas. Il est aussi essentiel de ne pas trop différer le châtiment que méritent ceux qui ont fait tout le désordre, de crainte de leur donner trop de confiance et d'augmenter leur insolence. Comme M. le maréchal de Villeroy m'a dit que je serois chargé de cette mauvaise besogne, dont vous jugez bien que je sens le poids et l'importance, je crois, comme je lui ai dit, qu'il est à propos que je prenne des gradués dans toutes les compagnies de judicature et de finance de cette ville, jusque même dans le consulat, afin de rendre les jugements qui seront rendus encore plus authentiques, et, si j'ose dire, plus imposants dans l'ordre de la justice à la vue d'un peuple trop effréné. Le bon esprit, la réflexion, le zèle du service du Roi, la fermeté mêlée de précautions doivent servir de guide dans tout ce qui sera fait dans une affaire aussi importante en toute manière.»

Une des difficultés principales étant d'assurer l'approvisionnement de la ville pour dix à douze jours, avant de rien tenter pour le rétablissement des octrois, des mesures militaires furent prises en conséquence : voir la lettre de M. Méliand, 30 juin.

Sur les suites de cette sédition, le choix des commissaires, l'arrestation des principaux coupables et l'instruction du procès, voir les lettres de M. le maréchal de Villeroy, 26 et 30 juin, 3, 10, 14 et 17 juillet, 2, 18 et 20 août, celles de M. Méliand, 24 juin, 2 et 4 juillet, 7, 13 et 18 août, et une lettre du sieur Perret, fermier, 14 août.

Le jugement est joint à une autre lettre de M. Méliand, 20 août.

Le 13 juin, M. Turgot, intendant à Moulins, avait écrit que le seul bruit de cette sédition faisait arriver jusque dans son département la rumeur que les droits sur les boucheries seraient supprimés.

Une procédure fut commencée aussi contre les fermiers des octrois, qu'on accusait d'avoir causé la sédition par leurs malversations. M. Méliand écrit, le 26 septembre : «Il est vrai que l'on n'a pu, jusques à présent, acquérir aucune preuve de la mauvaise administration de ces fermiers, quoiqu'on ait entendu plus de trente témoins. Pouvoit-on se flatter d'en avoir des preuves? Qui voudroit déposer contre eux pour des choses légères en elles-mêmes, et qui voudroit être la cause de la perte d'un particulier, quand il ne s'agit point de choses graves et qui n'intéressent ni le service du Roi ni la sûreté publique, mais qui ne peuvent, au plus, que fatiguer ceux qui se trouvent à portée de l'administration d'un fermier, dont les uns méprisent la dureté ou la vexation, et les autres en craignent la récidive, soit dans sa personne, soit dans celle de ceux qui peuvent être mis à sa place? Ainsi, l'arrêt, en exécution duquel j'ai fait commencer une procédure, ne doit être regardé que comme une marque de votre justice toujours attentive à réprimer tout ce qui peut troubler le bon ordre et la police publique, mais dont on ne peut tirer d'autre avantage que celui d'avoir fait voir au peuple de Lyon qu'après avoir puni les coupables d'une émotion populaire, la justice a les bras ouverts pour châtier ceux qui ont été de mauvais administrateurs de la ferme de la ville. Dans cet état, il semble (me faites-vous l'honneur de me dire) qu'il ne seroit pas convenable d'en venir à une publication de monitoire pour acquérir des preuves. Non seulement il ne seroit pas convenable, mais ce seroit une chose nouvelle, dans l'ordre judiciaire, d'employer les foudres de l'Église dans une procédure criminelle dans laquelle il n'y a ni corps de délit existant, ni commencement de preuve de nulle espèce. Je dis plus, car, quoique cette procédure soit qualifiée criminelle, elle n'est réellement qu'inquisitionnelle. A-t-on jamais vu faire usage d'un monitoire dans le cas d'une malversation et d'une concussion d'un fermier dans l'exploitation de sa ferme, dont la punition ne peut jamais être portée jusques à une peine afflictive? Il seroit d'autant plus singulier de se servir de cette voie pour acquérir des preuves, que personne ne pourroit s'imaginer être obligé de venir à révélation pour peut-être quelques pièces de vin jaugées un peu plus fort qu'elles n'auroient dû l'être, ou pour quelques autres minuties pareilles, qui font crier le peuple et les honnêtes gens, mais qui ne peuvent les indisposer au point de se croire obligés d'aller déposer en justice. Ainsi, la procédure qui est faite remplit toutes les idées qu'on s'est pu proposer en la commençant; mais inutilement voudroit-on chercher à la pousser plus loin : il faut la laisser dans l'état dans lequel elle est, c'est tout ce qu'on peut y faire de mieux.»

Sur cette procédure, voir encore ses lettres du 20 octobre et du 10 novembre, la dernière contenant le jugement rendu en faveur des fermiers. Voir aussi les lettres du sieur Perret, 4, 16 et 30 septembre, et 13 novembre.

1656. *LE CONTRÔLEUR GÉNÉRAL à M. PAJOT D'ONSENBRAY, contrôleur général des postes et relais.*

11 Juin 1714.

Il le presse de donner ses objections à l'établissement d'une diligence de Lyon à Marseille et à Montpellier, que les intendants et les provinces désirent voir réalisé avant l'ouverture de la foire de Beaucaire*.

* Il avait approuvé, le 18 février précédent, un traité conclu par M. Doujat, intendant en Hainaut (lettre du 4 février, avec pièces justificatives), pour l'établissement d'un service régulier de voitures entre Maubeuge et Paris.

1657. *M. LEBRET, intendant en Provence, AU CONTRÔLEUR GÉNÉRAL.*

11 Juin 1714.

«.....J'ai trouvé ici un homme qui offre de fournir des

amandiers et des mûriers en telle quantité qu'on voudra. Ce sont les deux espèces d'arbres dont l'on peut tirer le plus d'avantages dans cette province; je ne parle point des oliviers, qui sont, pour nous, d'une utilité au-dessus de tout ce qu'on pourroit imaginer*.....»

* Voir, au 8 mars 1713, une lettre de M. Bernard, à Hyères, relative à la greffe de l'oranger de Portugal sur le pêcher dit Passenarq.

1658. *Les Maire et Échevins de Metz*
au Contrôleur général.

13 Juin 1714.

Ils le prient de faire appuyer par les plénipotentiaires du Roi au congrès de Bade la proposition de supprimer les péages sur la Moselle, de Metz à Coblentz.

1659. *Le* Contrôleur général
à M. Lebret, *intendant en Provence.*

19 Juin 1714.

Privilège des habitants d'Aix en matière de droits; contestations avec les fermiers.

«Il a été décidé que le privilège ne pouvoit s'entendre et avoir d'application qu'aux marchandises et denrées du cru ou fabrique de la ville et du terroir, et non point à celles qui sont tirées du dehors, lorsqu'elles ne servent point à la consommation des habitants*.....»

* Voir une lettre de M. Lebret, 9 décembre, sur la réglementation de l'exemption des droits pour les marchandises et denrées sortant de la ville.

Comparez, au 6 octobre précédent, un rapport de M. Méliand, intendant à Lyon, sur les antiques privilèges de la collégiale de Saint-Martin, de l'Île-Barbe, restreints aux seules denrées nécessaires à la consommation des chanoines.

1660. *Le* Contrôleur général
à M. le Rebours, *intendant des finances.*

19 Juin 1714.

«Dans la résolution où je suis d'avancer la reddition des comptes des fermes pour mettre cette partie des finances en règle, je vous prie de travailler le plus promptement qu'il vous sera possible à mettre en état les requêtes et mémoires qui ont été présentés par les sous-fermiers des aides, et qui sont entre vos mains, afin que je puisse les faire régler par le Roi*.»

* Le même jour, le contrôleur général demande au sieur Maynon un rapport sur les requêtes et mémoires des sous-fermiers des domaines qui réclament des indemnités pour aliénations ou autres causes.

1661. *M.* Feydeau de Brou, *intendant à Alençon,*
au Contrôleur général.

21 Juin 1714.

Il approuve la réunion des fonds et revenus du séminaire Saint-Gervais de la ville de Falaise à l'hôpital général de la même ville.

1662. *M.* Ferrand, *intendant en Bretagne,*
au Contrôleur général.

22 et 30 Juin 1714.

Il rend compte de ses dissentiments avec M. le maréchal de Châteaurenault, commandant de la province*.

* Voir une lettre du maréchal en date du 27 juillet.

1663. *M.* de Harlay de Cély, *intendant en Béarn,*
au Contrôleur général.

23 Juin et 28 Août 1714; 16 Avril 1715.

Proposition faite aux États de Béarn d'établir un canal de navigation sur Bayonne, moyennant la jouissance de droits à adjuger au rabais*.

* Voir les lettres du contrôleur général, 20 et 27 août, et 13 septembre 1714. «Vous avez envoyé, disait-il, la délibération des États de Béarn à M. de Torcy, dont vous attendrez les ordres : sur quoi, je dois vous dire que de pareilles entreprises qui se font en Languedoc et dans les autres provinces ne regardent point les secrétaires d'État, ni celles que les États proposent de faire, M. de Torcy, et que tout ce qui a rapport au commerce et aux impositions regarde le contrôleur général.....» La proposition fut acceptée, et l'ingénieur-directeur des places des Pyrénées désigné pour étudier les moyens de l'exécuter.

Le 5 juin 1715, M. de Pontchartrain, secrétaire d'État de la marine, transmet une nouvelle proposition de creuser un canal entre Pau et Bayonne.

1664. *M.* de la Houssaye, *intendant en Alsace,*
au Contrôleur général.

25 Juin 1714.

Il lui envoie copie d'une lettre qu'il adresse à M. de Saint-Contest, plénipotentiaire au congrès de Bade, en réponse à des difficultés soulevées par les plénipotentiaires de l'Empereur. Il y démontre la légitimité des péages levés par le Roi à Huningue et à Brisach; quant aux dettes de la Chambre d'Ensisheim, dont le Roi s'était, par le traité de Westphalie, obligé de payer les deux tiers, il objecte le temps écoulé, la difficulté de faire une liquidation, les prétentions pareilles qui pourraient être soulevées, et le silence du traité de Ryswyk.

1665. *M. de Courson, intendant à Bordeaux,*
au Contrôleur général.

26 Juin 1714.

«J'ai l'honneur de vous renvoyer le projet d'arrêt du Conseil pour diminuer les droits sur les chairs salées venant de l'étranger. Cela ne peut qu'être très utile pour cette généralité; car, quoique le prix de la viande n'y soit pas augmenté aussi considérablement que j'entends dire qu'il l'est ailleurs, cependant je ne doute pas qu'elle ne soit bientôt aussi chère. L'espèce, et surtout celle des bœufs, commence à manquer. Ce pays-ci n'est point un pays de pacage, où l'on puisse avoir beaucoup de bestiaux en réserve; il faut les acheter presque à mesure qu'ils se consomment. La plus grande partie vient du Périgord et du Limousin, qui aimeront mieux les vendre du côté de Paris que de les faire venir ici, et ce qui a soutenu le prix où il est actuellement est la grande attention qu'on a eue qu'il n'en sortît point de la généralité; mais, quelque soin qu'on ait, il n'est pas possible de l'empêcher : la cherté des denrées est une contagion qui se répand dans tout le royaume, sans qu'on puisse l'éviter. Tous ceux à qui j'ai proposé d'exempter d'une partie des droits les chairs salées venant des pays étrangers conviennent que, quoique cela ne fût pas d'une grande utilité pour la campagne, parce que les habitants ne sont pas accoutumés de manger de la viande, dans le temps même où elle est à meilleur marché, cependant cela éviteroit une grande consommation qui se fait dans la généralité, et qui augmentera encore dans peu de temps.

«A Bordeaux, presque tout le peuple ne mange plus que du poisson; cela l'a fait fort renchérir. S'il y avoit de la viande salée à bon marché, ils l'aimeroient mieux encore que le poisson, et par là le peuple subsisteroit plus aisément. Nous allons entrer dans le temps des travaux de la campagne, soit pour couper les blés, soit pour faire les vendanges : l'usage est, en ce pays-ci, que l'on donne de la viande à deux repas aux ouvriers; c'est le temps où je crains le plus l'augmentation du prix, à cause de la consommation. S'il pouvoit y avoir dans ce temps-là de la viande salée à meilleur marché, on consommeroit moins de viande fraîche, et il en coûteroit moins aux particuliers. Ainsi, je crois que ce ne peut être qu'un grand bien de diminuer les droits sur les chairs salées; il n'y a personne qui n'ait applaudi la proposition que j'en ai faite. La viande salée coûte à Bordeaux, y compris les droits, 24 #, le baril pesant cent quatre-vingts livres, net de saumure, ce qui revient à 3 s. quelques deniers la livre de seize onces. La viande fraîche est taxée ici, suivant l'usage, à 4 s. la livre de seize onces; mais elle se vend communément 5, et encore les boucheries n'en sont-elles pas bien garnies; il n'y a pas de doute qu'il faudra l'augmenter incessamment, à moins qu'on ne veuille s'exposer que la ville en manque.

«Je crois qu'il ne faudroit pas seulement diminuer les droits sur les chairs salées, mais qu'il faudroit encore les diminuer considérablement, ou même les ôter, sur les bœufs, et encore plus sur les vaches qui viendroient d'Irlande; cela engageroit plusieurs particuliers d'en faire venir, et donneroit occasion de multiplier l'espèce*.»

* En apostille : «Bon pour les chairs salées pendant un an.»

Le 29 décembre, il rend compte des précautions prises pour ne pas laisser entrer des chairs salées malsaines de Hollande. «Plusieurs négociants de cette ville, dit-il, ont reçu des lettres de Hollande qui leur marque[nt] que, dès qu'il y a quelque tête de bestiaux malade, ou que la maladie est dans un troupeau, on les fait tuer d'abord, et ensuite on les sale. C'est par cette raison qu'il est venu depuis quelque temps des chairs salées de Hollande, quoique l'on m'ait assuré que, de mémoire d'homme, il n'en fût jamais venu.»

M. Ferrand, intendant en Bretagne, écrit, le 8 août, que l'entrée des chairs salées étrangères serait fort utile à son département : la gabelle n'y a point cours, et les viandes salées sont très employées par les propriétaires des vignes de l'évêché de Nantes, pour leurs vendangeurs, et par les armateurs, pour leurs vaisseaux. Le bœuf frais se vend de 5 à 6 s. la livre, tandis que le bœuf salé d'Irlande, meilleur que les salaisons françaises, revient, apporté dans les ports bretons, à 2 s. ou 2 s. 3 d. seulement. D'ailleurs, la consommation des chairs étrangères ne peut nuire que très peu au commerce des colonies françaises d'Amérique, puisque les gens du commun sont seuls à se servir de cette nourriture.

M. de Bernières, intendant en Flandre, demandait, dès le 30 avril précédent, l'entrée à droit réduit des viandes salées de bœuf et de vache d'Irlande, pour la nourriture du peuple.

1666. *M. de Bernage, intendant à Amiens,*
au Contrôleur général.

28 Juin 1714.

Conflit de juridiction entre les maire et échevins d'Arras et le corps des bouchers, qui s'appuient sur un diplôme de Philippe II, roi d'Espagne, du 25 février 1561. L'intendant est d'avis que les maire et échevins ont le droit de faire tels règlements de police qu'ils jugeront convenables, même sur le prix des viandes*.

* En apostille : «Bon, suivant l'avis.»

Le 19 février 1715, M. de Bernage signale une nouvelle chicane des bouchers, qui veulent, au détriment des tripiers et charcutiers, se réserver le monopole de la vente de la chair de porc, crue ou cuite, salée ou non, et il propose de les condamner.

1667. *M. de Bernières, intendant en Flandre,*
au Contrôleur général.

28 Juin 1714.

Il propose d'accorder au sieur Hustin, manufacturier à Douai, dont le commerce de camelots, bouracans et sans-pareilles est fort utile, et qui est d'une probité incontestable, la permission de tirer chaque mois de Paris une somme de 40,000 # pour le retour des marchandises qu'il envoie en Espagne et ailleurs*; au contraire, de refuser cette permission à l'entrepreneur des cantines militaires de son département, qui n'aurait d'autre but que de profiter du bénéfice des lettres de change tirées sur Paris**.

* Accordé.
** Rejeté.

1668. *M. le Camus,*
premier président de la Cour des aides de Paris,
au Contrôleur général.
(Intendance de Berry.)

28 Juin et 23 Juillet 1714.

Il demande pour son cousin le comte de Bar la lieutenance de roi du haut Berry, et expose ses services, ainsi que ceux de ses ancêtres et l'état de sa famille. Il offre de payer cette charge 40,000#*.

* En apostille : «Que le Roi donne son agrément; qu'il peut payer la charge aux revenus casuels et faire expédier les provisions.» Voir une lettre de remerciements du 6 juillet 1715.

1669. *M. Lescalopier, intendant en Champagne,*
au Contrôleur général.

29 Juin 1714.

Il demande deux compagnies de Suisses pour réparer la rupture des berges de la Seine à trois lieues de Troyes, à la place des ouvriers ordinaires, qui vont faire la moisson*. Cette réparation, indispensable pour le commerce de Troyes, n'avait pu être faite l'année précédente, à cause de l'humidité de la saison; il faut donc se hâter de profiter de la sécheresse actuelle.

* En apostille : «Dès que les Suisses n'auront que le logement et qu'ils vivront avec discipline, il n'y paroît pas d'inconvénient; c'est à lui d'y avoir attention.»

1670. *Le Contrôleur général*
aux États-Généraux de Hollande.

1er Juillet 1714.

«La lettre que Vos Hautes Puissances m'ont fait l'honneur de m'écrire le 28 décembre dernier m'a été remise depuis peu de temps par MM. Buys et de Goslinga, leurs ambassadeurs extraordinaires. Je suis persuadé que la joie que Vos Hautes Puissances ont eue du retour de l'affection du Roi sera encore beaucoup augmentée lorsqu'elles auront été plus particulièrement instruites par MM. leurs ambassadeurs de la manière dont S. M. a reçu les témoignages qu'ils lui en ont donnés en votre nom, et lorsqu'elles auront appris qu'elle veut, de sa part, conserver et affermir la bonne intelligence rétablie par les traités. Les assurances qu'elle leur en a données elle-même et les marques que Vos Hautes Puissances en ont reçues sont les heureux fruits des dispositions de S. M. pour votre république, et je m'estimerai très heureux, en mon particulier, si je puis, dans l'exécution des ordres du Roi, faire connoître à Vos Hautes Puissances combien je suis sensible au témoignage qu'elles ont bien voulu me donner des sentiments dont elles m'honorent.»

1671. *M. Robert de la Chartre,*
intendant des turcies et levées de la Loire,
au Contrôleur général.
(Généralité de Moulins.)

2, 12 et 25 Juillet 1714.

Tournée d'inspection sur la Loire et l'Allier*.

«Ce ne sont pas ordinairement des levées qui se font dans ce pays et sur l'Allier, mais des jetées dans le lit de ces rivières, pour les contenir. Ce sont des torrents qui se jettent avec impétuosité, une année d'un côté, la suivante de l'autre; elles quitteroient certainement leurs cours ordinaires, si on n'avoit grande attention à les arrêter. Surtout au-dessus de Nevers, la Loire a beaucoup de pente à quitter les ponts du côté de la ville, au grand préjudice du commerce. Pour l'en empêcher, je fais entretenir avec soin les anciens ouvrages, et en fais faire de nouveaux; mais il faut y travailler tous les ans.

«De Nevers, je suis remonté à Vichy, sur l'Allier, d'où je retomberai dans la Loire jusqu'à Angers; le trajet est long. Cette année est la vingt-sixième que je le fais..... Ce que j'ai l'honneur de vous marquer n'est ni pour me faire valoir, ni pour vous importuner : ce n'est pas mon caractère, mais pour vous supplier de faire un moment d'attention au long temps que je travaille. J'ai passé ma jeunesse sur les levées, faisant chaque année plus de six cents lieues. Je ne suis pas riche, j'ai fait mon devoir, je continuerai à le faire tant que ma santé me le permettra; quand elle deviendra mauvaise, je vous demanderai de quoi vivre.....»

* Voir les lettres écrites de la généralité d'Orléans, 24 décembre 1712, 4 décembre 1713, 23 janvier et 22 novembre 1714.

1672. *Le Contrôleur général*
à MM. Bignon, prévôt des marchands de Paris, de Vaubourg
et Rouillé du Coudray, commissaires du Conseil.

3 Juillet 1714.

Mesures à prendre pour rétablir l'approvisionnement de Paris en bois à brûler*.

* Voir, au 6 février précédent, une lettre de M. Bignon, sur la disette de bois; au 7 mars, une lettre du contrôleur général à M. Roujault, intendant à Rouen; aux 7 juillet, 17 et 25 août, les propositions de MM. Bignon et Rouillé du Coudray, que le contrôleur général accepte le 28 août; aux 16 septembre et 20 octobre, deux lettres de M. Bignon; au 23 janvier 1715, une lettre du procureur général Daguesseau.

Le 23 février suivant, M. Bignon annonce que le sieur Pâris de la Montagne forme une compagnie pour exploiter au profit de la ville de Paris la haute futaie du tréfonds de Longpont. Le 24 avril, le contrôleur général écrit à M. Daguesseau, de la part du Roi, qu'on ne saurait employer les mendiants valides à travailler aux coupes extraordinaires, cette sorte d'ouvrage exigeant des gens exercés et assez sûrs pour qu'on puisse leur confier des outils, et les adjudicataires ayant d'ailleurs seuls le droit de choisir leurs ouvriers.

Voir aussi les lettres de M. Bignon de Blanzy, intendant à Paris, du 30 juin 1714 et du 11 août 1715, sur le curage du ruisseau de Chamont, propre au transport des bois.

1673. *M. Lebret, intendant en Provence,*
au Contrôleur général.

5 Juillet 1714.

«Les consuls de Seyne ayant porté leur plainte à M. Voysin de l'incendie du village de Collobroux, causé par des soldats du second bataillon de Forez, j'ai vérifié par une information que, cette troupe passant dans ce village, un soldat demanda du feu pour allumer sa pipe : un habitant lui donna un tison; le soldat s'en servit, et le donna ensuite à quelques autres soldats, dont le dernier, après avoir allumé sa pipe, jeta le tison sur le toit d'une maison couverte de paille. Le feu y prit aussitôt, parce qu'il faisoit grand vent, et il fut impossible de l'éteindre, en sorte que presque tout le village fut consommé..... Comme ce malheur tient beaucoup du cas fortuit, M. Voysin fait payer 800# par le régiment, et me fait l'honneur de m'écrire que le Roi est assez disposé d'accorder aux habitants de ce village le surplus de leur indemnité*.....»

* En apostille : «3,000# par ordonnance, sur le Don gratuit.»

1674. *Le Contrôleur général*
à M. de la Croix, receveur général des finances.

6 Juillet 1714.

«L'on m'a représenté que l'argent est rare sur la place de Paris, et, attendu qu'il y a des fonds considérables dans les caisses du Roi, son intention est que vous ordonniez au sieur le Gendre de faire chercher sur la place des billets des receveurs généraux ou les siens, et qu'il les paye en les escomptant à 5 p. o/o par an. Lorsqu'il en aura retiré pour 2,000,000#, vous m'en donnerez avis, pour lui donner de nouveaux ordres, s'il me paroît pour lors que ce fonds ne soit pas suffisant aux besoins de la place.»

1675. *M. Boucher d'Orsay, intendant à Limoges,*
au Contrôleur général.

6 Juillet [1714].

«Les receveurs des tailles de Limoges se plaignent depuis longtemps, avec justice, de M. de Permangle, gentilhomme de cette généralité, qui ne veut point payer ses impositions. Quelques mesures d'honnêteté que j'aie prises avec lui, je n'ai pu l'engager, jusqu'à présent, à payer. Je lui fis faire, l'année dernière, des billets de ce qu'il devoit aux receveurs des tailles, qu'il me promit, parole d'honneur, de payer à l'échéance. Comme il n'a pas été plus exact à y satisfaire qu'il l'avoit été aux précédents engagements qu'il avoit contractés avec les receveurs des tailles, et qu'il a fait refus de les payer, comme vous le verrez par le procès-verbal de l'exempt et des archers que j'avois envoyés pour l'y contraindre, dont je joins ici l'original avec les copies de ces billets et les requêtes et mémoire des receveurs des tailles, je crois, si vous jugez qu'il soit nécessaire d'user de sévérité contre quelque gentilhomme pour obliger les autres à payer plus régulièrement, que cet exemple ne peut tomber sur personne qui se le soit plus attiré que M. de Permangle, puisque ce n'est point par impuissance, mais uniquement par mauvaise volonté qu'il ne paye point. Je vous observerai néanmoins que M. de Permangle a un frère de même nom qui a bien servi le Roi, qui est maréchal de camp, et qui a épousé la fille de M. Desgranges, et Mme sa sœur est veuve de M. le marquis de Sauvebœuf, dont le fils est colonel du régiment de Blaisois et brigadier des armées du Roi*.»

* Une lettre de cachet fut expédiée à M. de Permangle (lettre du 10 novembre). Il s'était disculpé par une lettre du 4 du même mois.

Deux lettres du même intendant sont encore relatives à des violences commises par des gentilshommes et des dames nobles, ou par de simples contribuables, contre les collecteurs, 14 septembre 1714 et 20 mars 1715.

Le 17 novembre, M. de Courson, intendant à Bordeaux, écrit que ni ses injonctions, ni les poursuites des collecteurs n'ont pu avoir raison d'un gentilhomme des environs d'Agen, nommé Fauré de la Garde; son crédit est tel, qu'aucun séquestre n'ose agir sur ses biens. L'intendant n'a pu poursuivre plus rigoureusement, en raison de la qualité de gentilhomme; mais un exemple serait indispensable dans ce canton, où d'autres gentilshommes témoignent la même mauvaise volonté, tandis que les collecteurs supportent seuls les contraintes et les frais. Le contrôleur général répond en apostille : «Écrire qu'il avertisse le sieur de la Garde que, s'il doit quelque reste dans la fin de décembre, le Roi y pourvoira.»

Sur la résistance de certains gentilshommes aux agents chargés de percevoir la taille et le dixième, voir les lettres de M. Laugeois d'Hymbercourt, intendant à Montauban, 18 octobre et 11 novembre 1714; de M. Chauvelin, intendant à Tours, 30 septembre et 17 novembre 1713, et du marquis de Vibraye, 24 décembre. Le coupable, dans ce dernier cas, fut appelé à la suite du Conseil.

Une rébellion eut lieu à Loucelles, dans le ressort du grenier à sel de Caen. Les officiers du grenier de Bayeux, ayant refusé aux commis des fermes la permission de faire leur visite chez les gentilshommes ou les curés, et n'ayant pas même voulu rendre compte de leur conduite à l'intendant, furent appelés à la suite du Conseil. (Lettres de M. Guynet, intendant à Caen, 6 avril, 19 août et 10 septembre 1714.)

1676. *M. Lescalopier, intendant en Champagne,*
au Contrôleur général.

8 Juillet 1714.

«La copie ci-jointe de mon ordonnance du 13 mai 1713, rendue en conséquence de l'ordre de M. Voysin porté en sa lettre du 26 avril, et d'une première du 23 janvier précédent, vous expliquera les motifs qui ont fait prendre cette résolution contre des propriétaires naturellement libres de bâtir en bois ou en pierres, mais indépendamment du voisinage d'un magasin à poudre, qui a été une des considérations principales. On a envisagé que les fréquentes incendies dans les villes construites de bois coûtent plus aux propriétaires que la réédification en pierre, et, comme il n'y a pas de comparaison à faire des facultés de la ville de Rocroy, remplie uniquement de vivandiers, avec celles de Vitry-le-François, semée de marchands de grains, je me promets d'y introduire et faire goûter l'usage de la pierre et des bons matériaux, pourvu que vous m'aidiez de votre autorité, d'autant plus que la conclusion de la paix et l'apparence d'une bonne récolte en blé fera diminuer vraisemblablement le prix de la pierre de taille, qui se prend auprès de Saint-Dizier, huit lieues au-dessus de Vitry, et s'y transporte très commodément par le secours de la rivière de Marne*.»

* «Bon.»

1677. *Le sieur* Rabiot de Corlon, *procureur du Roi au présidial d'Autun*, au Contrôleur général.

8 Juillet 1714.

Progrès de la mortalité des bestiaux dans les environs d'Autun.

«La première cause vient des foires, que je crois qu'il seroit à propos de défendre pour un temps, non pour empêcher le commerce qui s'y pourroit faire, car les gens sensés n'y en font plus aucun, et ce ne peut être que ceux auxquels il est mort des bestiaux, et qui craignent le même événement pour ce qui leur reste, qui y en amènent; et c'est de là que je tire deux raisons pour défendre ces foires : l'une, que ces bêtes malades infecteront l'air en passant dans les cantons où le mal n'est point encore; l'autre, que, chemin faisant, ils broutent l'herbe et y laisseront bien plus sûrement la maladie à ceux des environs qui viendront pacager dans les mêmes endroits et brouter cette plante entamée par la bête atteinte de cette cruelle maladie. Il y auroit encore une troisième raison de défense, qui est qu'il en meurt beaucoup en passant sur les grands chemins pour se rendre aux lieux où se tiennent les foires, et que le paysan, naturellement paresseux, les laisse sur les terres où ils meurent. Si je ne craignois de vous ennuyer, j'ajouterois une quatrième raison, qui est que les défenses faites par les magistrats, de ne faire entrer dans les villes aucune bête à cornes qui n'ait été visitée, deviendront inutiles, parce que cet ordre n'est pas praticable les jours de foires, et que ce sera précisément ce temps-là que prendront les bouchers pour se charger indifféremment de toutes sortes de bestiaux.

«La seconde cause..... vient de ce que l'on jette dans les rivières les bêtes qui meurent, dont la quantité est si grande, que les eaux en seront infectées au point que tous les bestiaux qui boiront dans ces rivières prendront la maladie. On dit même que la contagion passe aux poissons, et que la facilité que trouvent les pêcheurs à les prendre morts ou étourdis par le venin fera passer bientôt jusqu'aux hommes cette contagion.

«La troisième cause..... provient de la négligence de ceux à qui il en meurt, de les faire mettre en terre. Dans la paroisse de Moux et dans quelques autres du Morvan, dont tout le commerce consiste en bestiaux, il en est mort une si grande quantité, que les villages des environs, à mesure que le vent change et leur porte l'odeur, en sont tellement infectés, qu'ils sont réduits à changer de demeure jusqu'à ce que l'infection cesse*.....»

* Voir, au 12 juillet, une lettre de M. de la Briffe, intendant en Bourgogne.

1678. *M.* Daguesseau, *procureur général au Parlement de Paris*, au Contrôleur général.

9 Juillet 1714.

Il demande une gratification de 2,000# pour le sieur Rousseau, auditeur à la Chambre des comptes de Paris, qui travaille au Trésor des chartes, et propose de remplacer le sieur du Fourny, son associé dans ce travail, par le sieur Chevalier, autre auditeur des comptes*.

* Le contrôleur général écrit, le 24, à M. Nicolay, premier président de la Chambre, que ces deux demandes sont accordées.

1679. *M.* le Guerchoys, *intendant en Franche-Comté*, au Contrôleur général.

11 Juillet 1714.

Il proteste contre le projet de création d'une chambre des requêtes du Palais au Parlement de Besançon, qui ne serait pas justifiée, puisqu'on évite de soumettre les appels en dernier ressort aux conseillers qui ont déjà jugé une première fois les affaires.

«Ce Parlement est le plus petit du royaume, celui où il y a le moins d'affaires, le seul où les officiers font souche à noblesse au premier degré, et dont les biens roturiers sont réduits à la *portion colonique*, c'est-à-dire que les fermiers ne payent que le tiers des impositions au lieu du total..... Une nouvelle création de semblables officiers seroit assurément fort à charge au peuple, et le Roi n'en tireroit presque point d'avantage, puisqu'il faudroit indemniser les anciens officiers.....»

1680. *M. le maréchal* de Berwick, *commandant en Catalogne*, au Contrôleur général.

11, 15, 18, 25 et 29 Juillet, 3, 7, 11, 18 et 25 Août, 8, 14 et 28 Septembre 1714.

Il rend compte des opérations du siège et de la prise de Barcelone, révoltée contre le roi Philippe V*.

* Voir les lettres de M. de la Neuville, intendant en Roussillon, sur les opérations militaires de l'année précédente, 21, 23 et 26 juin, 10, 12, 17 et 18 juillet 1713.

1681. *M.* de la Briffe, *intendant en Bourgogne*, au Contrôleur général.

12 Juillet, 13 et 25 Octobre, 13 Décembre 1714; 7 Janvier 1715.

Construction de magasins au Parc-en-Bugey, sur le

Rhône, destinés aux sels qu'on veut faire passer en traite étrangère à Genève et chez les Suisses par le Bugey et le pays de Gex, au lieu de la Savoie.

1682. *M. de Bernage, intendant à Amiens, au Contrôleur général.*

14 et 28 Juillet 1714.

Circulation des patars; comparaison de leur valeur avec celle du sol ou douzain*.

* Le 2 juin, M. le Blanc, intendant en Flandre maritime, se plaint de la trop grande abondance des patars et de leur prix exagéré.

1683. *M. d'Argenson, lieutenant général de police à Paris, au Contrôleur général.*

16 Juillet, 17 et 25 Octobre 1714; 1er Février et 7 Juin 1715.

Procès de plusieurs individus qui ont tenté de débaucher des ouvriers de la manufacture royale des Glaces pour les faire passer en Espagne, où une manufacture pareille a été établie par le sieur de la Pomeraie, aux environs de Girone. Emprisonnement de la dame de la Pomeraie et de son fils à la Bastille*.

* Le 18 octobre 1714, M. le duc du Maine écrit pour recommander la dame de la Pomeraie.

Le contrôleur général écrit, le 26 février 1715, à M. Vaultier, à Lille : «Je ne puis approuver votre voyage à Menin; il ne convient point qu'un homme employé par le Roi aille débaucher des ouvriers à Menin; si l'on s'en plaignoit, S. M. ne pourroit que désavouer.....»

1684. *M. le Guerchoys, intendant en Franche-Comté, au Contrôleur général.*

18 Juillet 1714 et 30 Janvier 1715.

Pour empêcher le versement du sel de Franche-Comté dans les provinces voisines, il faut établir en Bresse, en Bourgogne et en Champagne un sexté et des greniers d'impôt, mais non augmenter le prix du sel *rosière* ou extraordinaire; la quantité en est difficile à fixer, puisqu'on l'emploie à saler les fromages et à nourrir les bestiaux, et ces commerces seraient ruinés par une augmentation. D'un autre côté, le sel d'ordinaire est distribué en trop petite quantité, à cause de la grande augmentation du nombre des habitants*.

* Une crue de sel avait été ordonnée sur la Comté, le 3 juin 1704, ainsi qu'un subside extraordinaire, en raison de la décharge de toutes affaires extraordinaires : voir, sur l'imposition de cette crue et de ce subside, les lettres des 15 février et 16 juin 1715. L'arrêt de 1704 est joint à une autre lettre du 10 avril 1715.

1685. *Le Contrôleur général à M. Daguesseau, conseiller au Conseil royal.*

19 Juillet 1714.

Après en avoir conféré avec MM. Amelot et de Nointel, et avec les sieurs Piou et Gilly, il a préparé une instruction pour les intendants des départements atteints par la maladie des bestiaux*.

On fera envoyer dans ces départements le remède composé par les apothicaires du Roi, celui du sieur Géraudly et celui qu'on appelle le *remède des pauvres*. Au besoin, ils seront distribués gratuitement; mais les personnes qui peuvent payer devront le faire**.

* Cette instruction fut envoyée le 19 juillet à MM. de la Briffe, Lescalopier, le Guerchoys, Méliand et Turgot de Saint-Clair, intendants en Bourgogne, en Champagne et en Franche-Comté, à Lyon et à Moulins, et, le 25 août, à M. de Bouville-Saint-Martin, intendant à Orléans. Elle prescrivait de défendre la sortie des bœufs et des vaches hors des lieux contaminés; de faire ouvrir les bêtes qui mourraient de cette maladie, pour tâcher de la reconnaître; de préposer des gens à l'examen des bestiaux amenés aux foires; de séparer les pâturages pour empêcher la communication des bêtes malades avec les saines; de défendre de jeter les bêtes mortes de la maladie dans les rivières et étangs, et de les faire enterrer à quatre pieds de profondeur, sans être dépouillées; d'ordonner des visites dans les boucheries, pour empêcher qu'on n'y tuât les bêtes malades, etc.

** Le 24 juillet, on envoie aux mêmes intendants un mémoire sur l'emploi d'un remède employé par M. de la Briffe, et, le 31, l'instruction suivante : «Enjoindre aux officiers des villes et lieux ayant la police, et, à leur défaut, aux maires, échevins, syndics et autres chargés du soin et conduite des affaires des communautés, d'établir des visiteurs en nombre suffisant aux entrées des villes, aux avenues des foires et aux boucheries, pour visiter les bestiaux qui y seront amenés et renvoyer ceux qui se trouveront attaqués ou suspects de maladie; de se faire donner par tous les habitants des déclarations du nombre et de la qualité de leurs bestiaux; de visiter une ou deux fois la semaine ces bestiaux, et, en cas qu'il s'en trouve quelques-uns attaqués ou suspects de maladie, les séparer d'avec les autres; d'obliger les habitants, aussitôt qu'ils s'apercevront que leur bétail est attaqué de maladie, de le déclarer auxdits officiers et autres; de défendre aux habitants qui auront acheté des bestiaux ailleurs de les introduire dans le lieu et de les mêler avec les leurs, qu'après les avoir représentés auxdits officiers et visiteurs et en avoir obtenu d'eux la permission; d'indiquer des lieux séparés où les bestiaux attaqués ou suspects de maladie seront conduits, pour y paître, par des pâtres préposés à cet effet par lesdits officiers et autres, avec défenses de les mener dans les pâturages où seront les bêtes saines; d'obliger les habitants de déclarer auxdits officiers et autres les bêtes qui seront mortes de maladie, pour être enterrées, avec leurs peaux, dans les lieux qui auront été indiqués par lesdits officiers et autres.»

Voir (Épizootie, G7 1667) les lettres de M. Daguesseau, procureur général, au contrôleur général, 9 juillet, 1er, 3, 5, 6 et 7 août, et ses mémoires sur l'envoi des remèdes et sur le résultat des missions, 14 et 25 août.

1686. *Le Contrôleur général à M. de Berbisey, président à mortier au Parlement de Dijon.*

21 Juillet 1714.

«J'ai rendu compte au Roi des deux arrêts du Parlement de Dijon donnés à l'occasion de la mortalité des bestiaux. S. M. a trouvé que l'article 4 du dernier de ces arrêts pouvoit avoir de grands inconvénients par les défenses indéfinies qui sont faites à toutes personnes de conduire aucun bœuf ou vache aux foires et marchés, puisque c'est interdire entièrement le commerce des bestiaux, qui a toujours été libre, et dont l'usage est d'ailleurs absolument indispensable pour la subsistance journalière. En voulant empêcher par là la communication du mal, on expose les peuples à manquer d'une chose dont ils ne peuvent se passer, et peut-être que la disette dans laquelle ils tomberoient infailliblement causeroit plus de mal que celui qu'on veut éviter. On ne sauroit certainement apporter trop d'attention à empêcher que les bêtes qui peuvent être attaquées de maladies ne soient amenées et mises en vente dans les marchés; mais il paroît que, sans en venir au remède extrême qui se trouve dans l'arrêt du Parlement, il peut y avoir d'autres précautions, comme celle d'obliger tous ceux qui amèneront des bestiaux à rapporter des certificats des lieux d'où les bestiaux seront partis, pour justifier qu'ils sont sains. On peut aussi établir, à l'entrée des villes et bourgs dans lesquels se tiennent les foires et marchés, des gens expérimentés pour visiter les bêtes, et, en un mot, se servir des autres moyens, sans en venir à celui d'une interdiction totale, auquel on ne doit avoir recours qu'à l'extrémité. Ce sont les réflexions qui ont été faites au Conseil, et sur lesquelles S. M. m'a ordonné de vous marquer qu'il étoit nécessaire de rectifier incessamment cette disposition de l'arrêt du Parlement, afin de prévenir les inconvénients qui ne manqueroient pas d'en arriver. J'écris à M. Quarré, procureur général de votre Compagnie, de concerter avec vous les moyens de remettre les choses en règle*.»

* Voir les réponses du président, 28 juillet, et de M. Quarré, procureur général, 20 août, et deux lettres de MM. de la Briffe, intendant en Bourgogne, et Méliand, intendant à Lyon, 18 août.

Le 10 du même mois, M. Daguesseau, conseiller au Conseil royal, demande qu'il soit écrit aux premiers présidents et procureurs généraux, ainsi qu'aux intendants, de faire en sorte que tout le monde travaille de concert, et en parfaite entente, à porter remède au mal. Des lettres en ce sens sont adressées le 12 à MM. de Mesmes et Daguesseau, premier président et procureur général au Parlement de Paris, à MM. Bouchu et Quarré, du Parlement de Dijon, et à MM. de la Briffe, Lescalopier, Méliand, Turgot de Saint-Clair, et Bignon de Blanzy, intendants en Bourgogne, en Champagne, à Lyon, à Moulins et à Paris.

1687. *M. le maréchal de Villeroy, gouverneur de Lyon, au Contrôleur général et à M. Clautrier.*

23, 26 et 28 Juillet, 9 Août 1714.

Il annonce que la mortalité des bestiaux a commencé à Lyon et sur la Saône, et rend compte des mesures prises pour la combattre*.

* Pour remédier à la perte des bestiaux, leur exportation, et même celle des muletons et bidets que les Briançonnais tiraient d'Auvergne et de Poitou pour le Piémont, furent interdites, afin que ces animaux fussent dirigés sur Lyon. Voir une lettre de M. Méliand, intendant à Lyon, 31 août, et une lettre de M. d'Angervilliers, intendant en Dauphiné, 4 août; la réponse du contrôleur général, 12 août, et deux autres lettres de M. d'Angervilliers, 24 août et 16 septembre.

1688. *Le Contrôleur général aux Intendants.*

24 Juillet 1714.

Suppression des deux augmentations du prix du sel établies en 1689 et 1702*.

* Le même jour, il écrit à M. de Bâville, intendant en Languedoc, que le prix du sel, précédemment diminué dans cette province, restera fixé au même taux.

Le 18 mars précédent, M. de Bâville avait rendu compte de la nécessité de réduire le prix du sel à 6# par minot, à Cette, pour que les saleurs de sardines pussent lutter contre les Catalans, et des mesures à prendre contre les abus possibles. Cette diminution n'était que pour un an; mais il en demanda le renouvellement le 18 mars 1715.

1689. *M. Laugeois d'Hymbercourt, intendant à Montauban, au Contrôleur général.*

27 Juillet, 4 Septembre et 28 Octobre 1714.

Il explique l'impossibilité d'interrompre le commerce ordinaire des bestiaux entre les vallées frontières et l'Espagne.

1690. *M. Méliand, intendant à Lyon, au Contrôleur général.*

1er Août 1714.

Il combat la proposition d'établir à Lyon un bureau pour le transport des marchandises par la montagne de Tarare jusqu'à Roanne et à la Loire, et d'entretenir quatre charrettes attelées pour remplacer les bouviers. Les marchands tiennent à faire leurs affaires eux-mêmes, et d'ailleurs ils n'emploient les bœufs que dans des cas où les charrettes proposées ne pourraient pas en tenir lieu. Enfin, la montagne de Tarare est loin d'être aussi impraticable qu'on le dit, et, quand les bœufs ne peuvent y circuler, les chevaux n'y passent pas davantage*.

«Je demanderois volontiers à ce particulier qu'il nous citât un seul exemple que cette montagne ait été impraticable senlement huit jours pendant les hivers. Les diligences de Lyon à Paris n'y passent-elles pas tous les hivers? Y ont-elles jamais été retardées plus d'une demi-journée? Les courriers à cheval et en chaise y ont-ils jamais été arrêtés? La grande route de cette montagne est ouverte toute l'année, les bouviers y passent sans interruption, et, lorsque les glaces leur rendent les chemins difficiles pour leurs voitures, ils le sont également pour celles qui sont attelées de chevaux.

«Cette ville est, par sa situation, le centre du commerce de presque toutes les provinces du royaume. Celles qui sont au midi, comme la Provence et le Languedoc, envoient leurs marchandises par des rouliers jusques à Lyon. Si le commerce donne trop abondamment, les marchands de cette ville les font passer jusques à Roanne, lorsque leurs charrettes sont chargées de marchandises destinées pour les provinces qui peuvent profiter de la navigation de la Loire, et ces rouliers soulagent d'autant les bouviers du pays : ce qui arrive le plus souvent en hiver et dans les temps fâcheux dont parle l'auteur du mémoire.

«Il en est à peu près de même des provinces qui avoisinent Lyon, comme le Bourbonnois, l'Auvergne, le Berry, même la Touraine et l'Orléanois. Il vient tous les jours ici, par des rouliers, des marchandises de ces provinces, lesquelles étant déchargées dans les magasins des négociants, ces mêmes négociants se servent du retour de ces rouliers pour envoyer à différentes destinations des marchandises.

«Les bouviers ne sont donc employés que pour faire des voitures journalières, dont le marchand se sert d'autant plus volontiers que le commerce de cette ville à Roanne est tellement fréquenté et établi qu'il n'y a pas un commerçant qui n'ait ses commissionnaires sur toute cette route, qui n'est que de douze lieues, et qu'il n'y a pas un seul de ces commissionnaires qui n'ait ses bouviers affidés. Quelle utilité peut-on donc tirer de l'établissement proposé? Quatre charrettes attelées de quatre chevaux, ainsi qu'on demande de les entretenir, peuvent-elles être de quelque secours dans un commerce aussi rempli que celui d'ici à Roanne, et peuvent-elles avoir assez de faveur pour obtenir, au profit de leur maître, un établissement, comme on le demande, d'un bureau dans cette ville, où tous les voituriers iront prendre leurs charges? Ce seroit vouloir contraindre le commerce pour un bien petit objet que d'autoriser ce nouvel établissement, pour 6,000# par chacun an que le sieur Constant offre à S. M. pendant le cours des vingt ans dont il demande le privilège; et ne doit-on pas s'apercevoir que ce particulier ne cherche, par tout ce qui est contenu dans son mémoire, qu'à commencer à obtenir quelque chose, pour se rendre lui seul le maître d'un commerce qui doit être libre, et qui fait subsister une partie des habitants de la montagne par les voitures qu'ils font toute l'année?

«Je crois avoir assez détaillé le mémoire du sieur Constant, et avoir trop éclairci sa proposition, pour qu'elle soit écoutée.»

* Le 19 août, les sieurs Fabre et Azéma répondent que M. Méliand n'a pas réfléchi que la mortalité décime les bestiaux au point que les marchandises s'entassent à Lyon sans pouvoir en sortir.

1691. *M. le maréchal* DE VILLEROY, *gouverneur de Lyon,* AU CONTRÔLEUR GÉNÉRAL.

2 Août 1714.

«..... M. le Chancelier m'a mandé, et à l'intendant, que le Roi ne vouloit donner, de la ration de l'herbe et du fourrage sec, que 18 d. Ce prix-là n'a nulle proportion à ce que la denrée vaut. Il me mande que je cherche les expédients de faire payer le surplus; je n'en saurois avoir que par vous, au moyen d'un supplément que vous nous accorderez pour les étapes, dont l'on avoit déjà besoin avant cette dépense, et d'en faire supporter à la ville une petite partie. Ne croyez pas que cela aille fort loin, car je crois que, le tout rassemblé, soit en payement de fourrage, soit de ce que l'on a fourni aux troupes par l'ordre de M. Voysin, tout cela n'ira guère au delà de 40,000#. L'intendant fixera le prix des denrées. Il ne seroit pas juste que ceux qui ont fourni l'herbe et le foin ne fussent pas payés dans une proportion raisonnable, ayant livré leur bien sans murmurer et sans exiger de l'argent, sur la simple assurance que je leur ai donnée qu'ils seroient payés*.

«La reine de Pologne doit arriver ici, suivant l'avis que m'en a donné M. le marquis de Béthune, le 11 ou le 12. La ville de Lyon, et moi aussi, se seroient bien passés de recevoir un tel honneur. Si j'osois, j'en userois comme M. de Grignan, qui a demeuré chez lui, à la campagne, la plus grande partie du temps que cette reine a séjourné à Marseille**.....»

* Apostille en marge : «Je ne puis pas m'empêcher de lui dire confidemment que je suis surpris que M. Voysin ne veuille faire payer que 18 d. de la ration d'herbe verte et de fourrage sec; mais, comme je ne suis pas accoutumé à faire des difficultés sur de si petits objets, j'espère que nous nous entendrons assez, vous et moi, pour trouver de quoi rembourser ceux qui en ont fait la fourniture.»

** Apostille en marge : «Je sais comme vous êtes accoutumé à faire les choses; cependant je vous dirai, avec ma sincérité ordinaire, que je crois que vous et la ville de Lyon vous seriez bien passés de l'honneur qu'elle fait à cette ville.»

1692. LE CONTRÔLEUR GÉNÉRAL *à MM.* LESCALOPIER, MÉLIAND, TURGOT DE SAINT-CLAIR *et* BIGNON DE BLANZY, *intendants en Champagne, à Lyon, à Moulins et à Paris.*

5 Août 1714.

«La maladie des bestiaux faisant depuis quelque temps un grand progrès dans plusieurs provinces, et particulièrement dans quelques élections de la généralité de Châlons, dans le duché et le comté de Bourgogne, dans la généralité de Moulins et dans celle de Lyon, où ce mal cause une grande mortalité dans les bestiaux, on a d'abord envoyé dans ces provinces le remède de Géraudly, dont on avoit éprouvé d'assez bons effets. On y a, depuis envoyé le remède de M. Fagon, composé, de l'ordre du Roi, par les apothicaires de S. M., et on a fait savoir aux intendants qu'on leur en adresseroit telle quantité qu'ils jugeroient nécessaire. On leur a envoyé encore un troisième remède, nommé le *remède des pauvres*, qui se fait à

Paris et se distribue par les soins de M. Deguesseau. On leur a fait savoir que l'intention de S. M. étoit que tous ces remèdes fussent distribués gratuitement aux pauvres par des personnes fidèles et capables de distinguer les besoins de ceux qui en demanderoient. On a aussi, dans le même temps, envoyé diverses instructions à ces mêmes intendants sur les précautions qu'il y avoit à prendre de leur part, soit pour empêcher la communication et le progrès du mal, soit pour en examiner la cause et la nature, afin de mieux connoître les remèdes qui pouvoient y être propres. On leur a recommandé d'y donner tous leurs soins et la plus vive attention, et de rendre compte souvent de ce qui se passeroit à cet égard dans leurs départements. Le mal continuant, et s'approchant même de Paris, on croit devoir prendre de nouvelles mesures pour en arrêter les suites, s'il est possible. On propose d'envoyer dans les lieux voisins de Paris le sieur Hermant, médecin, et le sieur Renault, chirurgien de l'Hôtel-Dieu, tous deux gens d'une capacité reconnue, et qui ont très bien servi en diverses occasions. Ils pourroient partir dès lundi prochain. Ils iroient d'abord à Crécy et à Sézanne-en-Brie, d'où ils passeroient jusques à Troyes et à Bar-sur-Aube, où cette maladie fait un grand ravage. D'un autre côté, Géraudly offre d'aller lui-même distribuer son remède et reconnoître le mal dans les lieux où l'on jugera à propos qu'il se transporte. Il seroit bon de l'envoyer du côté de Montargis, d'où il pourroit descendre jusques à Moulins, et même à Lyon. Il demande un chirurgien pour aller avec lui et pour ouvrir les corps des bêtes, parce qu'il craint de n'en pas trouver d'assez habiles sur les lieux. Il semble d'autant plus convenable de lui donner ce chirurgien pour l'accompagner, qu'on en sera plus assuré de l'effet de ses remèdes. On propose d'envoyer Géraudly sur la route de Lyon par Moulins, parce qu'il est de la dernière importance de travailler à fixer le mal en deçà de la Loire, et d'empêcher, autant qu'il sera possible, qu'il ne se répande dans le Poitou et dans le Limousin, d'où la ville de Paris tire la plus grande partie de sa subsistance par rapport aux bœufs. On donnera au médecin et au chirurgien de l'Hôtel-Dieu, ainsi qu'à Géraudly, des lettres pour les intendants, qu'ils puissent faire voir aux subdélégués des lieux où ils iront, afin qu'ils y trouvent tous les secours qui leur seront nécessaires*. »

* Le 9, il écrit à M. Méliand de faire réunir lui-même les éléments du remède de Géraudly, en séparant les gommes d'avec les racines, herbes ou fleurs, et à M. le Rebours, de pourvoir au payement des fournitures de Géraudly et du sieur Drouin, chirurgien-major des gardes du corps, et des visites des sieurs Hermant et Renault.

1693. *M. le Guerchoys, intendant en Franche-Comté,*
au Contrôleur général.

5 Août 1714.

Il transmet les rapports d'un médecin et d'un chirurgien chargés d'examiner les animaux atteints par la mortalité.

«[Ils] sont persuadés que les bestiaux sont attaqués de différentes maladies. La plus grande partie, néanmoins, commencent par des tremblements extraordinaires, une suppression d'urine, et il coule une grande abondance de larmes des yeux des animaux malades. Ils ont la langue et le palais fort échauffés; ils maigrissent en peu d'heures; quelques-uns ne veulent point boire; d'autres boivent à excès; il y en a même qui se heurtent la tête contre les murailles, et meurent comme s'ils étoient enragés. Il y en a qui ont des flux extraordinaires de matières jaunes et vertes, mêlées de sang et fort puantes, et presque tous le museau froid et sec. L'on en a voulu saigner quelques-uns, et l'on n'a pu en tirer du sang. Ils ont fait ouvrir plusieurs de ces bêtes mortes; ils ont trouvé le fiel d'une grosseur extraordinaire et rempli d'une matière séreuse et fort puante, les poumons gâtés et pourris; d'autres, le nombril et les parties voisines aussi pourris. Il s'en est trouvé qui avoient l'estomac gâté, et l'on ne leur trouve presque point de sang. Ils estiment que la plupart de ces bêtes meurent d'une fièvre maligne....., et que, pour y remédier, il conviendroit de saigner les bêtes malades dès le commencement de leur maladie, les purger ensuite, et leur faire prendre de la poudre cordiale et du thériaque pour faire pousser le venin au dehors : ce qui paroît d'autant plus nécessaire, que celles qui ont donné quelque apparence de guérison sont devenues extraordinairement galeuses.....

«Les remèdes cordiaux paroissent bons..... Certains particuliers des lieux où la maladie a régné ont préservé leur bétail en le gardant dans les écuries et en faisant prendre tous les matins à chacun bœuf ou vache un picotin de son, avec de l'ail, du genièvre et du soufre : c'est de quoi j'ai informé mes subdélégués, afin qu'ils le fassent savoir dans toutes les communautés.....

«Il y a une autre sorte de maladie qui vient au-dessous de la langue, ce qu'on appelle en ce pays-ci la *maladie de la boucle*; mais elle est assez rare, et nos paysans ne s'en embarrassent point..... Ils prennent une cuiller ou lame d'argent, ils s'en servent pour écorcher la boucle; après quoi, ils frottent la plaie deux fois par jour, et assez rudement, avec un drap rouge qu'on trempe dans du vinaigre où l'on a mis du sel et fait infuser de la sauge et de l'ail : ils guérissent toutes les bêtes qui ont cette maladie*.....

«Il est évident que le sel est bien nécessaire aux gens de la campagne, non seulement pour garantir les bestiaux des maladies contagieuses, mais encore pour saler les fromages façon de Gruyère qu'on fait en grande quantité en ce pays-ci..... J'espère que vous obligerez les fermiers de faire délivrer du sel à ceux qui en demandent.....

«Il y a de certaines communautés où il y est mort plus de trois cents, tant bœufs que vaches. Les habitants en sont ruinés, et sont obligés de porter leurs moissons sur leurs épaules..... »

* Le 7 juin précédent, M. d'Angervilliers, intendant en Dauphiné, où la mortalité commençait, écrivait aussi qu'elle se manifestait par un bouton sur la langue, et que le meilleur remède était de râcler la langue avec une pièce d'argent, puis de la frotter avec du vinaigre mêlé de sel, poivre, vulnéraire, etc.

Dans la généralité de Moulins, M. Turgot de Saint-Clair, intendant, disait, le 15 juin, que cette tumeur sur la langue tuait les animaux en vingt-quatre heures.

1694. *M. de Harlay de Cély, intendant en Béarn,*
au Contrôleur général.

(De Saint-Palais,) 7 Août 1714.

«La protection dont vous m'avez toujours honoré, et la bonté avec laquelle vous m'avez permis de vous parler comme à un père, me fait prendre la liberté de vous parler toujours avec confiance. Le départ de M. le maréchal de Montrevel et de M. de Courson donnent lieu de croire ici que ce dernier ne reviendra plus à Bordeaux. J'ose, supposé que le cas arrive, vous faire une très humble représentation; je la crois utile pour le bien du service du Roi. L'intendance de Guyenne est d'une fort grande étendue, et l'éloignement fait que l'intendant ne sauroit être aussi souvent qu'il conviendroit dans les lieux où sa présence seroit principalement utile par l'esprit de vivacité et d'indépendance qui y règne depuis longtemps. Ce sont de petits pays détachés qui méritent grande attention; ils sont sous mes yeux, la plupart enclavés dans mon département quoiqu'ils n'en soient pas : c'est le pays de Labour, y compris Bayonne, le pays de Soule et la Bigorre. Je serois très fâché, supposé qu'il n'y eût point de changement, de vous rien proposer qui pût faire de la peine à M. de Courson; mais, si ce changement arrivoit, j'oserois vous supplier de vouloir bien faire attention que la jonction de ces trois petites provinces à l'intendance de Béarn et de Navarre seroit très convenable. Cela ne change rien ni au ressort du Parlement, ni aux départements de MM. les secrétaires d'État, et cela doit être au moins indifférent à MM. les gouverneurs. À mon égard, j'ose prendre la liberté de vous dire que cela me conviendroit infiniment par l'envie de servir utilement dans un pays où je suis accoutumé, où je tâche de faire mon devoir et de connoître les esprits, qui ne sont pas fort aisés à mener, et dont je me flatte cependant que je tirerai toujours les partis convenables au bien du service du Roi et à l'exécution des ordres qu'il vous plaira de me donner. Je suis, de tous les côtés, à une journée, au plus, tant de Bayonne que de la Soule et de la Bigorre, et souvent même, pour faire mes tournées, je suis obligé de passer au travers de la plupart de ces pays, qui sont absolument enclavés dans mon département. Je crois même que M. le duc de Gramont, gouverneur particulier de Bayonne, ne s'y opposera pas. La Guyenne, d'ailleurs, est si étendue, que ce petit démembrement, qui avoit déjà été fait autrefois en partie, ne diminueroit presque point l'importance de l'intendance de Guyenne, qui, même sans cela, est fort considérable. J'ose donc, par toutes ces raisons, vous supplier très humblement de faire attention à la grâce que je prends la liberté de vous demander, supposé qu'il y eût un changement, me soumettant toujours, au surplus, à ce qu'il vous plaira de me prescrire sur tout*.»

* MM. Dalon et du Vigier, premier président et procureur général au Parlement de Bordeaux, écrivaient, le 8 avril 1713, que leur Compagnie était consternée de savoir les visées du Parlement de Béarn sur les sénéchaussées de Saint-Sever, Dax et Bayonne, et sur le pays de Labour; qu'elle s'était déjà vu enlever, au profit de la Table de marbre du Parlement de Paris, l'amirauté de Marennes, et avait même perdu sa juridiction dans Bordeaux par l'évocation générale des affaires de la Cour des aides et du Chapitre de Saint-Seurin au Parlement de Toulouse, et de celles des maire et jurats au Grand Conseil, aussi bien pour leurs intérêts privés que pour ceux de l'hôtel de ville.

1695. *Le Contrôleur général*
à MM. de Nointel et de Bouville-Saint-Martin,
intendants en Auvergne et à Orléans.

11 Août 1714.

Il leur apprend que la maladie des bestiaux s'est déclarée dans leurs départements, et s'étonne de n'en avoir pas été déjà informé par eux, tandis que le procureur général en a reçu avis de ses substituts*.

* Les 15 et 25 août, il écrit de nouveau à M. de Bouville que les élections de Clamecy, de Gien et de Montargis sont ravagées; il le blâme de son manque de sollicitude à cet égard, et lui envoie les instructions déjà adressées aux intendants des autres départements atteints.

1696. *M. Foullé de Martangis, intendant en Berry,*
au Contrôleur général.

16 Août 1714.

Il justifie la condamnation de fermiers du Roi qui étaient manifestement coupables de prévarications. Les douze juges présidiaux qui les ont jugés avec lui l'ont fait en connaissance de cause, après une sérieuse instruction, et ont prononcé une peine beaucoup plus forte qu'il ne la requérait lui-même. Il a conseillé une transaction au directeur des gabelles, qui s'y refuse obstinément*.

* Le 21 mai 1715, le contrôleur général lui demande d'examiner de nouveau cette affaire, et dit que la conduite des condamnés a toujours été excellente, qu'on les a jugés en l'absence de l'intendant, et que les témoins étaient de véritables parties.

1697. *M. d'Argenson, lieutenant général de police*
à Paris,
au Contrôleur général.

(Épizootie, G⁷ 1667.)

18 Août 1714.

«Nous nous assemblâmes hier chez M. Daguesseau, M. le procureur général, M. Bignon de Blanzy et moi, pour examiner tous les avis que vous avez reçus, et pour délibérer des moyens les plus convenables, les plus prompts et les plus faciles, tant pour empêcher le progrès et la communication de la maladie des bestiaux, que pour en procurer la guérison. M. Daguesseau a indiqué une seconde assemblée pour mercredi prochain, et a bien voulu se charger de vous informer du résultat de celle d'hier*.»

* Trente-cinq de ces assemblées se tinrent jusqu'au mois de mai 1715 : voir aux 22 août 1714, 1er, 6, 9, 13, 20 et 26 septembre, 4 octobre, etc.

La cause première de la mortalité parut avoir été la mauvaise qualité des fourrages, causée par la sécheresse de l'année précédente.

Plusieurs sortes de remèdes furent distribués; les effets en furent variés, ainsi que le mentionnent plusieurs rapports de médecins analysés dans les résultats des assemblées. Cela pouvait provenir des formes diverses que présentait la maladie; néanmoins, les remèdes de Géraudly parurent généralement plutôt nuisibles qu'utiles. Les paysans, rebutés par le haut prix des remèdes et par leur peu d'efficacité, refusèrent de se servir même de ceux qu'on leur donnait, ou les modifièrent à leur gré.

La première précaution prise fut d'empêcher le contact des bêtes saines avec les malades : des entrepôts ayant été établis aux frontières des provinces contaminées, la circulation des bestiaux ne fut permise que par ces entrepôts, où ils durent être visités et recevoir des billets de santé. On avait proposé de faire tuer toute bête suspecte, en en payant le prix au propriétaire; mais le contrôleur général jugea que cela occasionnerait des émotions et coûterait trop cher. Un grand nombre de foires et de marchés furent interdits, les autres surveillés par des inspecteurs.

De crainte que la maladie n'affamât Paris, les environs, dans un rayon de dix lieues, furent partagés en quatre départements, dans chacun desquels furent envoyés un inspecteur ambulant, un chirurgien et un apothicaire.

Les bêtes mortes durent être enterrées à six pieds de profondeur, sans avoir été écorchées; quoique cette prescription fût sans cesse violée, elle occasionna une grande élévation du prix des cuirs, et fut temporairement rapportée en décembre.

Comme on craignait que la viande de ces bêtes mortes ne fût malsaine, défense fut faite à toute autre personne que les bouchers de tuer dans les villes; dans les campagnes, on ne put tuer qu'en présence d'inspecteurs. Défense fut faite également de faire des amas de beurre, suif, etc.

Pour assurer le repeuplement, principalement en taureaux, et aussi pour rendre possible la culture des terres, diverses mesures furent prises : défense de sortir des bestiaux; défense de tuer les agneaux, veaux et vaches; exemption de droits sur le commerce et sur la circulation; défense de saisir les bestiaux pour la taille ou la capitation; modération des droits sur les baux à cheptel, et du dixième de l'industrie sur les marchands; encouragements à l'importation.

Des états des bestiaux existant avant la mortalité, et de ceux qu'elle avait frappés, furent demandés aux intendants; leurs réponses sont analysées dans les résultats.

La mortalité régna aussi à l'étranger, principalement en Angleterre, ce qui gêna beaucoup le commerce considérable de bestiaux que faisaient les sieurs Lebel, marchand à Paris, et Rosnay, marchand à Rouen; toute importation fut interdite de ce côté. Elle sévit aussi en Allemagne, en Flandre et en Hollande; on ne jugea cependant pas utile d'interdire l'entrée des fromages de ce dernier pays.

1698. LE CONTRÔLEUR GÉNÉRAL *à MM. DE NOINTEL, FOULLÉ DE MARTANGIS, LESCALOPIER, BOUCHER D'ORSAY, MÉLIAND, DE BOUVILLE-SAINT-MARTIN, BIGNON DE BLANZY et DE RICHEBOURG, intendants en Auvergne, en Berry, en Bourgogne, en Champagne, à Limoges, à Lyon, à Orléans, à Paris et à Poitiers.*

20 Août 1714.

«Pour empêcher que la maladie sur les bestiaux ne fasse du progrès, le Roi a jugé à propos d'en interdire le commerce des lieux infectés avec ceux qui ne le sont pas, et j'ai écrit sur cela à MM. les intendants de Moulins, de Bourgogne et de Lyon, afin qu'ils empêchent qu'il n'en sorte des lieux de leur département où la maladie s'en fait sentir. Mais, pour assurer davantage cette précaution, S. M. souhaite que vous teniez exactement la main à ce qu'il ne soit introduit dans votre généralité aucun bétail venant des lieux où la maladie s'est répandue. Il n'est pas nécessaire que vous rendiez d'ordonnance pour cela, mais seulement que vous recommandiez à vos subdélégués d'y veiller avec attention. Vous pouvez leur marquer de faire arrêter les marchands et tous ceux qui feroient commerce de bœufs ou de vaches venant des endroits soupçonnés, et de vous en rendre compte. Je vous prie de m'informer aussi le plus souvent que vous pourrez de ce qui arrivera sur cette matière dans votre département.»

On doit empêcher surtout qu'il ne soit tiré des bœufs du Charolais, où le mal sévit avec le plus de violence.

1699. *M. DOUJAT, intendant en Hainaut,* AU CONTRÔLEUR GÉNÉRAL.

25 Août 1714.

Il envoie un projet d'arrêt permettant aux détenteurs d'un fonds donné à bail emphytéotique de bâtir sur ce fonds et d'en devenir propriétaires en payant à l'ancien propriétaire ou à ses ayants cause le prix annuel du bail, rachetable en une seule fois sur le pied du denier vingt-cinq.

1700. *M. DE BERNAGE, intendant à Amiens,* AU CONTRÔLEUR GÉNÉRAL.

25 Août et 27 Octobre 1714.

Diminutions à faire sur les impositions dues par le département*.

* Pour la ville et châtellenie de Lille, et pour le Tournaisis, voir les lettres de M. de Bernières, intendant en Flandre, 20 juillet, 5 septembre et 15 novembre 1713, et un dossier du 19 mars 1714.

1701. LE CONTRÔLEUR GÉNÉRAL *à MM. DE NOINTEL, FOULLÉ DE MARTANGIS, DE LA BRIFFE, LESCALOPIER, D'ORSAY, MÉLIAND, TURGOT DE SAINT-CLAIR, DE BOUVILLE-SAINT-MARTIN et BIGNON DE BLANZY, intendants en Auvergne, en Berry, en Bourgogne, en Champagne, à Limoges, à Lyon, à Moulins, à Orléans et à Paris.*

26 Août 1714.

«L'attention que demande la maladie sur les bestiaux m'engage à vous écrire encore de faire observer exactement les précautions établies par les arrêts et par les ordonnances pour empêcher la communication du mal, surtout pour faire mettre en terre les bêtes mortes, avec leur peau, à six pieds au moins de profondeur, sans souffrir qu'on les jette dans les rivières et dans les bois; et afin que cela s'exécute plus ponctuellement, vous pouvez charger les syndics, ou quelques autres personnes des lieux infectés, d'avancer les frais nécessaires pour faire mettre en terre les animaux morts de ces maladies, lorsque ceux à qui ils appartiennent n'ont pas de quoi en faire la dépense. Vous pouvez encore établir des inspecteurs ambulants en nombre suffisant, suivant la grandeur de chaque élection où le mal se fait sentir, pour veiller continuellement sur cet article et faire promptement mettre en terre les animaux morts qu'on aura négligé d'enterrer. Ces inspecteurs vous seront utiles pour l'observation des autres règlements sur cette matière, et pour empêcher la sortie des bestiaux des lieux infectés et l'entrée dans ceux qui ne le sont pas. Je pourvoirai sur votre avis à leur donner une récompense proportionnée à leur travail et au remboursement des frais que les syndics auront avancés. Je vous prie de vous faire donner par vos subdélégués, ou par ces inspecteurs, des états aussi exacts qu'il sera possible des bœufs, vaches, veaux et génisses, qui sont morts ou qui mourront de la maladie dans chaque lieu, et de m'en envoyer un état général par paroisses. On m'a proposé, à l'occasion de ces maladies sur les bestiaux, de défendre de tuer des veaux et des génisses pendant un temps, et l'on représente, pour cela, que, comme plusieurs personnes ont de la répugnance à manger du bœuf, on se jette sur les veaux, et l'on en consomme une bien plus grande quantité. Comme il est cependant très important d'en conserver l'espèce pour remplacer ce que les maladies emportent, je vous prie de me mander ce que vous pensez de cette proposition, et ce qui seroit praticable dans votre généralité.»

1702. *Le Contrôleur général*
au sieur Drouin, *chirurgien-major de la compagnie de Charost des gardes du corps.*

27 Août 1714.

«J'ai vu, par vos lettres des 19, 21 et 24 de ce mois, les observations que vous avez faites, tant sur les signes extérieurs qui accompagnent les maladies des bestiaux, que sur l'état des parties internes de ces animaux que vous avez fait ouvrir. Il me paroît, par ce que vous m'en mandez et par toutes les relations qui me sont venues d'ailleurs, que ces maladies sont de différentes natures, et, par conséquent, que les remèdes qui conviennent aux unes peuvent n'être pas propres pour les autres. C'est pourquoi il est important que vous vous appliquiez particulièrement à distinguer les différentes qualités de ces maux, et à tâcher de connoître, par les essais des remèdes qui ont été proposés jusqu'à présent et qui le seront dans la suite, quels sont ceux qui conviendront le mieux à chaque espèce de maladie. Les paysans en ont souvent de particuliers, qui peuvent être bons, et dont vous devez faire l'expérience, qui est le plus sûr moyen d'en juger. Vous aurez soin de retenir des mémoires exacts de tout ce que vous aurez reconnu par ces essais et par vos observations, et aurez soin de me les envoyer. J'ai écrit au sieur de la Rue, médecin de Sens, et lui ai donné ordre de vous accompagner dans les visites que vous ferez à Sens et aux environs. Vous vous entendrez avec lui pour toutes les observations que je viens de vous marquer, et dont je me promets un heureux succès pour la guérison de ces maux.

«Le sieur Géraudly se plaint de deux choses : l'une, qu'on emploie sous son nom des remèdes qui ne sont pas des siens, et qui sont contrefaits; c'est à quoi vous devez prendre garde, et ne vous servir que de ceux qu'il avouera; l'autre, qu'on ne donne ses remèdes qu'aux animaux dont la maladie a déjà fait de trop grands progrès pour qu'ils puissent être guéris. Il voudroit qu'on les donnât par forme de préservatif pour empêcher qu'ils ne deviennent malades. Il y a, en cela, quelque tempérament à garder, car il n'y a pas d'apparence d'en donner à tous les animaux du royaume pour prévenir le mal dont ils pourroient être attaqués; mais il faut en donner à ces animaux dans les premiers moments qu'on s'aperçoit qu'ils commencent à se trouver mal, et ne pas attendre qu'ils soient dans un état où ce remède ne pourroit les guérir. C'est à quoi vous donnerez aussi votre attention, non seulement pour ôter tout sujet de plainte au sieur Géraudly, mais encore pour le bien de la chose*.»

* Le 11 septembre et le 13 octobre, il écrit à Géraudly de venir rendre compte de l'effet de ses remèdes, qui n'ont pas réussi.

1703. *M.* de la Briffe, *intendant en Bourgogne,*
au Contrôleur général.

30 Août 1714.

«.... Les maire et échevins de Mâcon m'ont fait entendre qu'ils sont dans l'usage d'acheter des bateaux chargés de charbon qui descendent, parce que leurs marchands ne sont pas en état d'en aller acheter en Bourgogne ni en Comté, ni d'en faire aucunes provisions comme ceux de Lyon. Je leur ai proposé ce tempérament que, dans la quantité de bateaux de charbon que les marchands de Lyon feront venir pendant le cours de l'année, ils en laisseront à Mâcon pour la provision de ses habitants, lesquels le payeront au prix courant, sans qu'ils puissent arrêter à l'avenir aucuns bateaux de charbon qui passeront devant leur ville; ils sont convenus de cela, et qu'il y avoit de la justice que les habitants de Mâcon fussent secourus.....»

1704. *Le Contrôleur général*
à MM. Foullé de Martangis *et* d'Eaubonne,
intendants en Berry et à Soissons.

2 Septembre 1714.

La mortalité des bestiaux menaçant de gagner leurs départements, il leur envoie les instructions expédiées précédemment dans les provinces atteintes.

Emploi du remède de Géraudly, du *remède des pau-*

res et de celui des Chartreux; mesures de précaution indiquées par le sieur Geoffroy, apothicaire à Paris*.

* Le 25 septembre, il écrit à M. d'Angervilliers, intendant en Dauphiné, où la mortalité a apparu, et qui fait abattre et enterrer les bestiaux atteints ou soupçonnés de contagion, que, si ce moyen violent fait cesser le mal dans les lieux où il est pratiqué, il peut le continuer, ou se borner, comme on l'a fait ailleurs, à séparer les bestiaux sains des malades, et à empêcher absolument l'introduction des bestiaux de Piémont.

1705. *M. de Courson, intendant à Bordeaux,*
au Contrôleur général.

2 Septembre 1714.

Il appuie la demande de privilège faite par le sieur Hustin pour sa manufacture de faïence de Bordeaux, qui, ayant bien réussi, envoie des produits dans tout le royaume et jusqu'en Amérique, et lutte avantageusement contre les faïences de Hollande.

1706. *M. de Bernage, intendant à Amiens,*
au Contrôleur général.

10 Septembre 1714.

«J'ai écrit au sieur de Bornicourt, mon subdélégué à Abbeville, dont l'exactitude vous est connue, pour être informé, suivant vos ordres, de la situation de la manufacture du sieur Van Robais. Il me mande que, depuis le dernier compte qu'il en a rendu il y a environ deux à trois ans, il y remarque peu de changement, et que celui qui s'y trouve n'est que de bien en mieux; que, par les lettres patentes qui ont été accordées, tant au feu sieur de Van Robais père*, pour l'établissement de sa manufacture, qu'à son fils, il leur a été permis de venir s'habituer dans ladite ville d'Abbeville avec cinquante ouvriers hollandois, et d'y continuer de faire profession de la R. P. R.; que ce nombre se trouve à présent réduit à un de ses commis, qui est anglois de nation, et à huit familles de contremaîtres, qui composent en tout trente-quatre personnes, suivant le mémoire ci-joint qu'il m'en a envoyé, le surplus des commis et ouvriers étant de la religion catholique; qu'à l'égard des protestants, ils se conduisent fort paisiblement sur le fait de leur religion, dont ils font l'exercice séparément, chacun dans leur famille, sans assemblée, et qu'il ne lui est revenu d'aucune part qu'ils s'entretiennent de leur religion pour pervertir les catholiques. Il ajoute que ledit sieur Van Robais, qui s'étoit obligé vers le Roi, au temps du renouvellement de ses lettres patentes, de faire construire un bâtiment capable de contenir la principale partie de ses ouvriers, a satisfait à cette obligation au delà de son engagement, ayant fait une dépense de 150,000 # pour la construction d'un vaste bâtiment, consistant en deux grandes ailes, pour y placer les tisseurs, laineurs, tondeurs et autres principaux ouvriers, accompagnées d'un grand corps de logis pour sa demeure et l'établissement de son bureau et magasin, qu'il va habiter incessamment, ce qui lui donnera l'avantage d'avoir la plus grande partie de ses ouvriers sous ses yeux et de porter à la dernière perfection l'éclat de sa manufacture, qui est présentement dans une telle réputation, qu'il ne sauroit presque fournir à la quantité de drap qu'on lui demande, en sorte qu'il y en a une partie de retenue sur l'étille. J'ai vu par moi-même cette magnifique manufacture, lorsque j'ai été à Abbeville, et on peut dire qu'il n'y a rien dans ce genre qui en approche.»

* La veuve de Van Robais s'était sauvée en Hollande et s'y était mariée avec son valet; quand elle rentra en France, elle en fut expulsée. Voir les lettres de M. de Bernage, 12 août 1711, 27 avril et 14 septembre 1712, et 9 mai 1714, et une dernière, adressée à M. de la Vrillière, secrétaire d'État, 7 juin 1714.

1707. *Le Contrôleur général*
à MM. Bignon de Blanzy, d'Angervilliers, le Guerchoys, de la Briffe, Méliand, Turgot de Saint-Clair, Foullé de Martangis, de Bouville-Saint-Martin et Lescalopier, intendants à Paris, en Dauphiné, en Franche-Comté, en Bourgogne, à Lyon, à Moulins, en Berry, à Orléans et en Champagne.

12 Septembre 1714.

«Le Roi étant informé des maladies dont les bestiaux sont attaqués dans plusieurs endroits de votre généralité, et jugeant qu'il n'y a rien de si nécessaire que d'en empêcher le progrès, S. M. m'a ordonné de vous écrire pour vous mander que vous ne sauriez rien faire de plus important pour le bien de son État et de ses sujets que de prendre toutes les précautions possibles pour en arrêter le cours, en retranchant, autant qu'il se pourra, la communication des lieux de votre département infectés de ce mal avec ceux où il ne s'est point encore fait sentir. Mais, comme il seroit d'une dangereuse conséquence d'interdire absolument le commerce des bestiaux, il est aussi d'une conséquence infinie de prendre toutes les mesures imaginables pour empêcher que les bestiaux dont il se fera commerce à l'avenir ne portent la contagion dans un lieu qui n'en ait pas encore été infecté. C'est pour prévenir ce malheur que S. M. m'a ordonné de vous mander d'établir, entre les pays ou cantons infectés de ces maladies et ceux qui ne le sont pas, un ou plusieurs lieux d'entrepôts, aux endroits les plus convenables, où ceux qui conduiront des bestiaux seront obligés de passer pour les faire visiter par des personnes établies à cet effet, et prendre des billets de santé, pour les représenter aux officiers des lieux où ils conduiront ces troupeaux. Et afin d'éviter un plus grand détail, qu'il seroit difficile de vous faire dans une lettre, j'ai fait dresser un projet de l'ordonnance que vous rendrez*, où vous trouverez toutes les dispositions qui ont paru nécessaires pour empêcher que la contagion ne se communique sur les bestiaux sains de votre département. Je vous envoie ce projet, auquel vous pourrez faire tels changements ou ajouter les autres précautions que vous jugerez à propos selon les circonstances particulières qui vous paroîtront mériter quelque attention. Vous observerez, sur toutes choses, de bien choisir ceux que vous établirez pour donner des certificats de santé, dont vous multiplierez le nombre de manière que l'on n'ait pas plus de deux ou trois lieues à faire pour les prendre. Vous aurez la même attention au choix des visiteurs dans les lieux d'entrepôts, et vous ne commettrez pour ces emplois que des personnes dont la prudence, la sagesse et la probité vous seront parfaitement connues, et aurez soin de veiller exactement sur leur conduite. Vous vous entendrez aussi avec MM. les intendants des provinces voisines de votre département, sur tout ce qui regardera cette matière, et leur communiquerez l'ordonnance générale que vous rendrez, et celles que vous pourrez rendre dans la suite selon les besoins qui se présenteront. Je leur mande d'en faire autant de leur côté, afin que vous puissiez agir de part et d'autre de concert, et remédier, autant qu'il vous sera possible, à un mal si dangereux. Au surplus, après que vous aurez rendu et fait publier votre ordonnance, il sera absolument nécessaire que vous teniez la main à la faire exécuter à la rigueur, sans y apporter ni souffrir qu'il y soit apporté aucun relâchement, sous quelque prétexte que ce soit, parce que, en ces occasions, l'indulgence que l'on pourroit avoir pour quelques particuliers seroit capable de causer un préjudice infini au public. Vous pourrez faire avancer par le commis du receveur général la dépense nécessaire, que je ferai rembourser tous les mois sur les mémoires que vous m'envoierez. Outre ce que je vous mande des précautions générales qu'il convient prendre pour la visite des bestiaux qui iront dans votre généralité d'un canton à un autre, il sera aussi nécessaire que vous ayez attention d'envoyer des inspecteurs aux foires et gros marchés, pour voir s'il ne s'y exposera point de bêtes suspectes ou attaquées de maladie : auquel cas il faudroit ordonner de les faire séparer très soigneusement.

«S. M. voulant être exactement informée des différents progrès que la maladie a faits sur les bestiaux de votre département depuis qu'elle s'y est répandue jusqu'au dernier du mois passé, il seroit à propos, pour me faciliter les moyens de lui en rendre compte, que vous m'adressiez incessamment un état général, distingué par élection, ville et paroisse, contenant le nombre de chaque espèce de bétail qui subsistoit avant la maladie, et ce qui en est mort en chacune desdites villes et paroisses depuis qu'elle y a eu lieu jusqu'audit jour dernier août, conforme aux états particuliers que vous vous ferez fournir et certifier par les maires, échevins, consuls ou syndics des lieux qui ont été ou qui sont encore infectés de maladie; et vous continuerez de vous faire fournir, dans le commencement d'octobre, des états de ceux qui seront morts pendant le présent mois de septembre, que vous m'envoierez, et consécutivement de mois en mois**.»

* Le projet de cette ordonnance est joint à la lettre.

** Pareille circulaire, à laquelle est également joint un projet d'ordonnance, fut expédiée le même jour aux intendants des provinces voisines et non atteintes, pour établir des entrepôts analogues sur leur frontière et délivrer des billets de santé.

Le 17 septembre, le contrôleur général écrit aux intendants que, la contagion se propageant surtout par les foires, celles qui se devaient tenir jusqu'au 15 novembre dans les lieux infectés et aux environs devront être interdites aux bestiaux.

1708. *M. de Pontchartrain, secrétaire d'État de la marine,*
AU CONTRÔLEUR GÉNÉRAL.

12 Septembre et 14 Novembre 1714.

Concession de lettres de rappel à plusieurs forçats, dont l'un, invalide et âgé de quatre-vingt-deux ans, en a passé quarante-sept sur les galères*.

* Sur la commutation de peine accordée à des forçats âgés, voir deux lettres de M. de Bâville, intendant en Languedoc, 4 octobre et 2 novembre 1711.

1709. *Le sieur François Rousseau, médecin,*
AU CONTRÔLEUR GÉNÉRAL.
(Généralité d'Alençon.)

13 Septembre 1714.

Il décrit les symptômes et la marche d'une épidémie*.

* «.....Ces fièvres attaquent sans distinction d'âge ni de sexe; elles commencent par des accès de tierce ou double-tierce, si légers les deux ou trois premiers jours, qu'il semble que le repos, la diète, et une saignée tout au plus, doivent les faire cesser; mais les quatrième ou cinquième accès, malgré les remèdes généraux qu'on a employés, deviennent si violents, que les malades perdent connoissance, tombent dans des foiblesses continuelles et paroissent fort proches de leur mort. Cependant l'intermission survient, ces grands accidents se dissipent, et on auroit lieu de croire qu'une fièvre qui a ses intervalles réglés ne devroit point être mortelle : l'expérience nous prouve tous les jours le contraire, car ceux qui, par opiniâtreté ou par misère, ne font aucun remède, meurent, pour l'ordinaire, avant le quatorzième jour de leur maladie.

«Les symptômes ne sont pas absolument les mêmes dans tous les sujets; ils sont diversifiés par rapport à l'âge, au sexe et aux aliments plus ou moins succulents dont les malades ont vécu. Les uns ressentent une douleur de tête continuelle, et si vive, qu'ils perdent patience. Cette douleur est accompagnée de délire, de rêverie et d'insomnie. Les autres ont un cours de ventre continuel et abondant, une altération insatiable, et sont toujours comme assoupis. Ceux-ci sont plutôt hors de danger et plus heureusement guéris que ceux-là, qui ne sont quelquefois pas hors de péril après le trentième jour de leur maladie. Ce qu'il y a de plus effrayant, c'est que l'intermission de la fièvre dure quelquefois douze heures, et le malade, sorti de son accès, semble devoir prendre des forces pour résister à celui qui doit suivre; mais, si l'on a négligé les remèdes dès les premiers jours, le sixième ou septième accès l'emporte fort souvent.

«Il n'est pas facile de prescrire une méthode certaine de traiter ces fièvres : il faut nécessairement les suivre de près pour ordonner suivant les forces, le tempérament et les indications. J'ai observé que les vomitifs et le quinquina n'étoient pas salutaires comme dans les maladies des années précédentes. Les simples purgatifs m'ont parfaitement réussi, et j'ai donné avec un succès infini la poudre fébrifuge de M. Helvétius. J'ai ajouté sa poudre de corail anodine pour ceux qui ne pouvoient dormir, et quelques gouttes de son or potable ou élixir thériacal dans les temps que ces malades semblent devoir succomber dans leurs accès.

«Les taches pourprées ou autres marques qui surviennent à la peau de quelques-uns de ces malades ne doivent être d'aucune considération; la maladie n'en est pas plus difficile à guérir que de ceux à qui il n'en paroît point.

«En augmentant le cours du ventre, ou en le procurant par des purgatifs, il survient assez souvent des tranchées et des évacuations noirâtres, et même teintes de sang. C'est un signe certain de guérison; il faut les entretenir trois ou quatre jours, et donner ensuite une ou deux prises de la poudre spécifique de M. Helvétius. Ces malades guérissent; l'appétit et les forces leur reviennent en fort peu de temps. A l'égard de ceux qui se plaignent de ce mal de tête insupportable, lorsque, par le moyen des simples purgatifs, le délire, transport ou rêverie sont passés, ou considérablement diminués, la douleur de tête subsiste, quoique la fièvre ait cédé, la saignée du pied se fait sans succès, et tous les topiques imaginables mis sur la tête ne produisent aucun soulagement. Le seul secours que j'ai éprouvé est de leur faire baigner les pieds dans de l'eau chaude pendant une heure le matin et autant le soir. Quatre ou cinq bains enlèvent, pour l'ordinaire, ce mal de tête, qui autrement dégénère en abcès ou parotides, fort difficiles, pour ne pas dire impossibles à guérir. Les saignées que l'on fait les premiers jours, plus ou moins nombreuses ou abondantes suivant les forces et le tempérament des malades, fournissent un sang d'un tissu si serré, qu'il résiste au couteau, ce qui justifie que ces maladies sont causées et entretenues par un trop grand épaississement de la masse du sang, dont il faut néanmoins prendre garde de trop diminuer le volume, crainte de jeter les malades dans une foiblesse dont ils ne peuvent revenir. Il faut avoir en vue de rendre le sang plus fluide, ce qui se fait par le moyen des bouillons qu'on donne aux malades pour toute nourriture. Je fais mêler dans quelques-uns quelques gouttes d'esprit volatil de corne de cerf, et, dans leur tisane, le tartre martial. Il survient à quelques malades des envies de vomir, et ils paroissent cracher un peu de sang; il ne faut pas s'y méprendre, c'est une partie ou quelques gouttes échappées de celui qui sort souvent par le nez, et ces hémorrhagies, pourvu qu'elles ne soient ni trop longues, ni trop fréquentes, soulagent beaucoup les malades. A l'égard des sueurs, quelque abondantes qu'elles aient été, je n'en ai vu retirer aucun soulagement**.....»

* Le 19 août 1713, M. de Bouville-Saint-Martin, intendant à Orléans et ancien intendant à Alençon, avait demandé une pension pour le médecin Rousseau.

** Sur ces fièvres malignes, voir les lettres de M. de Bernage, intendant à Amiens, 8 août 1711; de M. de Barrillon, intendant en Béarn, 13 décembre 1711 et 2 février 1712; de M. Foullé de Martangis, en Berry, 28 septembre, 1er et 20 octobre 1711, 2 et 9 septembre 1712, 27 mai et 29 décembre 1713, 20 avril, 13 mai, 21 octobre et 2 novembre 1714, 30 mars 1715; de M. de la Briffe, intendant en Bourgogne, 28 juillet, 8 août et 10 septembre 1712; de M. le Gendre, intendant à Montauban, 5 août 1711, 23 août 1712, 7 avril et 22 août 1713; de M. Turgot, intendant à Moulins, 18 octobre 1711; de M. de la Bourdonnaye, intendant à Orléans, 24 janvier et 25 septembre 1712; de M. Roujault, intendant à Rouen, 2 septembre 1714; de M. Chauvelin, intendant à Tours, et du sieur de la Jaille, 16 juillet, 15 septembre et 25 octobre 1711, 14 septembre 1712, 22 juin et 18 juillet 1713, 29 avril et 21 mai 1715; une lettre de M. Fagon, premier médecin du Roi, de Marly, 9 juillet 1715, et deux lettres de M. Quarré, procureur général au Parlement de Dijon, 1er et 3 juillet.

1710. *Le Contrôleur général*
à M. de Bernage, intendant à Amiens.

15 Septembre 1714.

«Le Roi ayant pris la résolution d'établir deux inspecteurs des manufactures, l'un à Calais et l'autre à Saint-Valery, pour faire la visite de la marque des draps et autres étoffes qui y viendront des ports étrangers, et faire observer les règlements de S. M., les sieurs de la Ville et Savary de Bosson ont été nommés pour faire les fonctions dans les villes de Calais et de Saint-Valery.»

1711. *M. de Pontchartrain,*
secrétaire d'État de la marine,
au Contrôleur général.

19 Septembre 1714.

On propose de faire une fabrication de quatre millions pesant de doubles liards et d'en employer le profit à la construction d'une église paroissiale à Rochefort, ainsi qu'à l'établissement de missionnaires et d'aumôniers de la marine*.

* Voir, au 3 novembre, une lettre du sieur de Cès, curé-supérieur de la Mission et du séminaire de la marine.

1712. *MM. le Camus et Bosc,*
premier président et procureur général
en la Cour des aides de Paris,
au Contrôleur général.

(Cour des aides de Paris, G7 1766.)

19 Septembre, 6, 21, 28 et 30 Octobre 1714.

Rébellion des prieur et moines d'Igny contre les employés chargés de visiter des plants de tabac dans le jardin de cette abbaye*.

* En apostille à la dernière lettre : «Je n'ai point reçu de lettre du procureur du Roi de l'élection de Reims sur les démarches que le prieur de l'abbaye d'Igny a faites à son égard. Il est vrai qu'une personne de considération m'a parlé pour lui depuis quatre ou cinq jours; mais c'étoit sur un ton de plainte des prétendues violences du commis du tabac faites dans l'abbaye d'Igny : à quoi j'ai répondu d'une manière qui a fait cesser promptement les sollicitations qu'on me faisoit en leur faveur. Au surplus, le procédé violent de ces religieux mérite un châtiment sévère, et, à moins qu'ils n'obtiennent du Roi un ordre de terminer cette affaire par un accommodement, je tiendrai les mains, de ma part, à ce que l'affaire soit jugée suivant les ordonnances.» Le 8 février 1715, M. Bosc critique l'insuffisance de la condamnation prononcée.

Voir les lettres du sieur le Féron, procureur du Roi en l'élection de Reims, rendant compte de l'affaire, 15 août et 14 novembre 1714.

1713. *M. Boucher d'Orsay, intendant à Limoges,*
au Contrôleur général.

20 Septembre 1714.

C'est malgré ses défenses qu'a été imprimée à Limoges une satire contre les marchands chargés, l'année précédente, d'acheter des grains en Périgord, et qui avaient voulu les accaparer. On n'avait cessé de les chansonner depuis lors, et on était même allé jusqu'à les brûler en effigie; craignant de plus grands désordres, il avait défendu que ces attaques continuassent.

1714. *M. de Nointel, intendant en Auvergne,*
au Contrôleur général.

(De Clermont,) 21 Septembre 1714.

Les pauvres sont si nombreux depuis longtemps, qu'il a dû entretenir quatre gardes pour conduire à l'hôpital ceux qui sont originaires de la ville même et pour expulser les autres; il demande 600# sur le domaine pour pouvoir continuer à les payer.

1715. *M. Chauvelin, intendant à Tours,*
au Contrôleur général.

21 Septembre 1714.

Il appuie une requête de la dame Taschereau des Pictières, qui demande, en raison des pertes qu'elle a subies sur les mûriers de son mari, que la jouissance des terres du Plessis-lez-Tours lui soit continuée pendant dix ans*.

* «Bon.»

1716. *Le Contrôleur général*
à M. de Torcy, secrétaire d'État des affaires étrangères.

25 Septembre 1714.

Il combat les demandes des ambassadeurs de Hollande relatives à l'exemption du droit de 6 d. par livre pesant d'huile, et aux droits qui se perçoivent sur les étoffes manufacturées à Tournay. Le temps est venu de faire réduire les droits sur les vins, eaux-de-vie et autres denrées de France, ainsi que l'a prescrit le traité d'Utrecht*.

* Voir une lettre de M. de Torcy, du 10 juin précédent, sur commerce des grains venant de Hollande. Le 18 octobre, au sujet d'un nouveau mémoire où M. Buys fait observer que les vins et eaux-de-vie de France ne payent que 5 p. o/o à leur entrée dans les Pays-Bas, tandis que les manufactures de Tournay payent 33 p. o/o à l'entrée en France, et où il réclame la réciprocité, le contrôleur général écrit à M. Daguesseau, conseiller au Conseil royal, que ces droits sont établis depuis longtemps; les habitants de Tournay s'en plaignent seulement depuis que le changement de domination a diminué le débit de leurs marchandises; enfin, la question de réciprocité sera ultérieurement discutée par des commissaires nommés à cet effet.

Le 27 novembre, il écrit à M. Buys, en lui envoyant un mémoire de M. Daguesseau, que Tournay n'a aucun droit à être traité plus favorablement que les autres villes cédées à la maison d'Autriche.

1717. *Le Contrôleur général*
à M. Méliand, intendant à Lyon.

28 Septembre 1714.

Au sujet d'une ordonnance projetée pour faire défense, sous des peines corporelles, à toute autre personne que les bouchers de tuer et de saler les bestiaux, il fait observer que cette défense doit être restreinte aux villes, les paysans de la campagne tuant eux-mêmes pour leur nourriture; mais nul ne doit tuer ou saler que des bêtes visitées par les experts nommés et par la police*.

* Lettre analogue du 6 octobre (une autre copie est datée du 10) à M. de la Briffe, intendant en Bourgogne. Le contrôleur général ajoute qu'il faut repêcher les bestiaux qu'on voit flotter sur la rivière, les enterrer, et rechercher qui les y a jetés.

Le 6 octobre, il recommande à M. Méliand d'établir des inspecteurs pour veiller à l'ensevelissement des animaux morts et à la vente de ceux qui sont suspects, et lui annonce l'arrivée du sieur Drouin, chargé d'enseigner le traitement des animaux malades.

1718. *M. Laugeois d'Hymbercourt,*
intendant à Montauban,
au Contrôleur général.

28 Septembre 1714.

Il propose l'abonnement des offices de greffier-garde-minutes dans son département moyennant 45,000# et les 2 s. pour livre, attendu que l'établissement des droits attribués à ces officiers troublerait la justice et interromprait le cours des instances*.

* Pour les mêmes raisons, M. d'Angervilliers, intendant en Dauphiné, propose un abonnement de 30,000#, le 22 mars 1715: «Il conviendroit, dit-il, d'imposer cette somme en deux années, à commencer en 1716, au marc la livre de la capitation, sur tous les états. Il ne seroit pas convenable de prendre le pied de la taille, parce que, cette imposition étant réelle en Dauphiné, il n'y auroit que les possesseurs des fonds qui participeroient à l'abonnement, et qu'ainsi les marchands et artisans qui, quoiqu'ils n'aient pas de terres, ne laissent pas de plaider, nous échapperoient.... Cette même affaire a été abonnée dans la généralité de Montauban pour la somme de 45,000#, par arrêt du 9 octobre dernier; celle de Grenoble est de

moitié moins forte; ainsi, je m'éloigne de la proportion d'une manière défavorable pour le Dauphiné en proposant 30,000#. Il y a même une chose particulière pour cette province, c'est que toutes les justices ordinaires des principales villes appartiennent à MM. les archevêques et évêques, ou en entier, ou en pariage avec le Roi, et quelques-unes même des plus considérables, qui sont Romans, Crest, Montélimar et le Buis, sont entre les mains de M. le prince de Monaco, comme faisant partie du duché de Valentinois. Il est évident que les offices de gardes-minutes et ces droits ne peuvent avoir lieu dans ces greffes.....»

1719. *Le Contrôleur général à M. Lebret, intendant en Provence.*

29 Septembre 1714.

«M. le marquis de Torcy m'a remis, par ordre du Roi, le devis qui a été dressé pour la construction d'une église au lieu de la Charce, lequel monte à 6,050#. Vous lui avez écrit, en envoyant ce devis, que les habitants de ce lieu sont fort pauvres, et qu'ils ne souhaitent peut-être guère qu'il y ait une église, parce qu'ils sont presque tous de la R. P. R.

«S. M. croit néanmoins qu'il faut faire bâtir l'église suivant ce devis; mais elle m'a commandé de vous écrire d'examiner encore s'il n'y auroit pas moyen de tirer une partie de la somme nécessaire sur les propriétaires des fonds de la paroisse, qui sont obligés de contribuer [à l'entretien] de l'église; et S. M. pourvoiroit au surplus*.»

* L'église de la Charce avait été rasée par les religionnaires lors des troubles du Dauphiné, et le service curial se faisait depuis lors dans une cave; pour mettre fin à cet état de choses, et faute de trouver autre part les fonds voulus, le contrôleur général écrivit à M. d'Argenson, lieutenant général de police à Paris, le 22 janvier 1715, que le Roi voulait qu'on les prît sur les bénéfices des deux ou trois premières loteries qui seraient tirées à Paris.

1720. *M. Lebret, intendant en Provence, au Contrôleur général.*

2 Octobre 1714.

«Les échevins de Marseille ne s'opposent pas au séjour que le nommé Moïse de Valabrègues, juif d'Avignon, demande de faire à Marseille pendant un mois. Ainsi, je crois que la permission peut lui être accordée. Le Roi a défendu aux juifs de séjourner dans ce pays-ci, apparemment à cause du commerce que ces gens-là ne peuvent s'empêcher d'y faire; ceux d'Avignon, comme plus pauvres, sont moins à craindre que ceux d'Italie*.....»

* Il écrit d'Aix, le 26 mai 1715: «Vous eûtes la bonté de permettre [au sieur Valabrègues], il y a quelque temps, de séjourner un mois à Marseille; et, comme, pour s'y rendre, on peut passer par cette ville, il s'y arrêta et séjourna plusieurs jours, ce que les marchands d'Aix, qui ont plusieurs arrêts du Conseil et du Parlement, ne souffrirent qu'avec impatience, et j'eus toutes les peines du monde à lui faire passer son chemin. Ainsi, vous seriez apparemment importuné de quantités de remontrances, si vous accordiez à ce juif la permission de séjourner plus de trois jours dans les villes d'Aix et d'Arles. Ces sortes de gens-là, et particulièrement celui dont il s'agit, se contentent apparemment de fort petits profits et vendent à très bon marché, en sorte qu'ils détruisent le commerce des marchands, qui prennent prétexte des taxes qu'ils ont supportées pour se plaindre encore plus vivement. Les arrêts du Conseil et du Parlement sur cette matière ne permettent aux juifs que de passer dans les villes de Provence et d'y séjourner trois jours seulement.....»

Le 16 avril 1712, M. de Grignan, lieutenant général, annonce qu'il a chassé de Provence des juifs du Comtat qui s'étaient établis comme tailleurs dans les villages.

Le 30 août et le 4 septembre 1715, M. d'Argenson, lieutenant général de police à Paris, en envoyant un état des dix-huit juifs présents avec ou sans permission à Paris, écrit: «.....On ne peut douter que l'agiotage et l'usure ne soient leur principale occupation, puisque c'est, si l'on ose s'exprimer ainsi, toute leur étude, et qu'ils se font une espèce de religion de tromper autant qu'ils peuvent tous les chrétiens avec qui ils traitent. Au reste, j'apprends qu'ils partiront de Paris incessamment, parce que la fête qu'ils nomment *des sept trompettes* les rappelle à leur synagogue.»

1721. *M. de Pontchartrain, secrétaire d'État de la marine, au Contrôleur général.*

4 Octobre 1714.

«La nécessité absolue qu'il y a de peupler les colonies, surtout celles de l'île Royale, la Louisiane et Cayenne, tant pour y augmenter les cultures que pour les mettre en état de résister aux efforts des ennemis en temps de guerre, m'a fait penser qu'il n'y avoit point de conjoncture plus favorable que la paix, dont il est à propos de profiter, les forces des Anglois devenant de jour en jour plus considérables dans l'une et l'autre partie de l'Amérique, de manière que, s'il arrivoit une rupture avec cette nation, elle seroit en état d'envahir une partie de ce que la France y possède, si on négligeoit de les fortifier*.....»

* Le contrôleur général répond, le 8 octobre, que la population a tellement diminué en France, qu'il semble dangereux de favoriser l'émigration.

M. de Pontchartrain écrit de nouveau, le 29 octobre: «D'abord que vous penserez qu'il ne conviendra pas au bien de l'État de faire passer de pauvres familles dans les colonies pour les peupler, j'y souscrirai avec vous, quoique j'eusse cru que ç'auroit été soulager le royaume de gens qui lui sont à charge et qui, ne pouvant, faute de moyens, fournir à leur subsistance, ni par la culture des terres, ni par leur travail, qui ne leur fournit pas assez pour cela, vivent aux dépens de ceux qui, par leurs biens ou le travail qu'ils font, sont en état de subsister. Comme cette vue vous paroît à charge à l'État, je crois que celle d'y envoyer des garçons et des filles qu'on mariera dans le pays où ils seront envoyés ne vous paroîtra point sujette au même inconvénient. Je sais qu'on pourra dire que c'est affoiblir le royaume de peuples, et j'en conviendrois, s'il n'étoit pas vrai de penser que la plus grande partie des garçons qui prendront ce parti sortiroient du royaume pour aller dans les pays étrangers. L'espérance d'y faire quelque petite fortune et d'y vivre plus commodément, l'envie même de courir les pays, font prendre souvent de ces sortes de résolutions aux François, dont on en trouve d'établis dans tous les pays du monde. Il n'y a cependant que ceux qui sont dans les colonies qui puissent être utiles au royaume. A l'égard des filles qui passeront, cela ne fera aucun tort à l'État. Je pense, au contraire, que, y en ayant beaucoup en France, et celles qu'on prendra étant tirées pour la plus grande partie des hôpitaux ce sera un bien que d'en diminuer le nombre. Si l'on pouvoit retenir tous les garçons qui sont dans le royaume pour le cultiver et en faire valoir les terres, je croirois qu'il faudroit différer l'exécution de ce projet; mais, comme il est à craindre qu'il n'en aille à présent beaucoup dans les pays étrangers, il me paroît qu'il conviendroit mieux de les déterminer, par l'espérance d'être aidés, d'aller dans les colonies, où ils seront toujours utiles au royaume, qui d'ailleurs n'en souffrira point, parce que, les 3 p. o/o sur les loteries qui se feront à Paris ne pouvant produire qu'environ 45,000# par an, en supposant qu'il s'en fasse chaque année pour 1,500,000#, on ne sera pas en état de faire passer tous les ans plus de deux cents personnes, attendu qu'outre la dépense de leur passage, il faudra leur donner gratis, dans le pays, des vivres et des ustensiles pour pouvoir s'y établir. J'ajouterai à tout cela que ces envois ne dureront peut-être que peu d'années, parce que la faveur qu'ont les loteries présentement ne sera pas, selon les apparences, toujours la même. Ainsi, ne pouvant être d'un grand objet, ils ne sauroient causer de préjudice au rétablissement des cultures du royaume, auxquelles pourront travailler un grand nombre de troupes qu'on licencie actuellement, aussi bien que tous les miliciens qu'on congédie sans distinction. Il se présente plusieurs Flamands de la châtellenie de Lille et du Tournaisis, que la guerre a ruinés, qui demandent à passer dans les colonies françoises; il est certain que, si on ne reçoit pas leur proposition, ils passeront en Hollande ou en Angleterre, étant absolument hors d'état de se rétablir où ils sont. Cela va à vingt-cinq ou trente personnes à présent, indépendamment de ce qui viendra dans la suite, dont je ne puis accepter les offres, ni les aider, que par les secours que je vous demande, et que j'ai regardés comme le moyen qui pouvoit être le moins à charge au Roi. Je finirai cette lettre par une observation que je suis obligé de vous faire, qui est que la force des Anglois et des Hollandois, surtout celle des premiers, ne vient que des colonies qu'ils ont établies, que ce sont elles qui portent les richesses et l'abondance chez eux; ils n'ont mis leurs colonies en cet état que par la quantité d'hommes et de familles qu'ils y ont envoyés et qu'ils y envoient tous les jours. Ils n'ont établi la Nouvelle-Angleterre, la Nouvelle-York, la Virginie et la Caroline que par la quantité immense de familles qu'ils y ont envoyées. Je suis persuadé qu'ils suivront la même maxime pour l'établissement de l'Acadie, qui leur est cédée par le traité de paix, et il me semble que nous ne pouvons mieux faire, pour fortifier et établir solidement nos colonies, que de les imiter. Il est à craindre que, si nous n'agissons de même, ces peuples ne nous chassent, à la première rupture, de toute l'Amérique septentrionale, dont la possession est absolument nécessaire au royaume par rapport à la pêche de la morue : c'est cette pêche qui forme et entretient les matelots, et qui est, pour ainsi dire, le premier mobile du commerce du royaume. Ce sont toutes ces réflexions qui m'ont fait vous proposer d'envoyer des habitants dans les colonies. Je suis persuadé que vous penserez comme moi sur l'utilité de ce projet, et que vous voudrez bien contribuer à son exécution par la levée de 3 p. o/o sur les loteries. J'attendrai, sur cela, l'honneur de votre réponse.» En apostille, de la main du contrôleur général : «L'établissement à faire à l'île Royale est le seul auquel on doit porter présentement l'attention. Les principes sur lesquels il fonde son raisonnement peuvent être combattus par l'expérience qu'on a du licenciement des troupes; les soldats et cavaliers réformés qui sont retournés dans les provinces, et qui ont refusé de rentrer en de nouveaux engagements, en sont des preuves, etc.» Voir la lettre du 25 novembre, sur la nécessité d'envoyer des filles aux colonies et sur la traite des nègres.

Sur les mesures prises pour favoriser l'établissement de colons dans l'île Royale et à Marie-Galande, voir les lettres des 29 janvier, 4 octobre et 28 novembre 1714, 28 avril, 13 mai, 26 juin et 17 juillet 1715.

1722. *Le Contrôleur général à M. Boisot, premier président du Parlement de Besançon.*

6 Octobre 1714.

Le Roi approuve que le Parlement ait interdit de faire des amas de beurre, de suif, de chandelles et d'huile, mais non qu'il ait défendu le transport de ces denrées hors de la province.

1723. *M. de Bernage, intendant à Amiens, au Contrôleur général.*

6 et 15 Octobre 1714.

Interprétation et application de la déclaration qui exempte les bestiaux étrangers des droits d'entrée, et ceux du royaume des droits de domaine, barrage, péage, etc.*

* Voir les lettres de M. Turgot de Saint-Clair, intendant à Moulins, 31 août et 17 octobre; de M. de Nointel, intendant en Auvergne, 15 octobre; de M. le Guerchoys, intendant en Franche-Comté, 26 août et 8 septembre; de M. Roujault, intendant à Rouen, 2 octobre; de M. Foullé de Martangis, intendant en Berry, 7 octobre; de M. Guynet, intendant à Caen, 18 octobre; de M. de la Briffe, intendant en Bourgogne, 15 octobre; de M. de Saint-Contest, intendant à Metz, 25 décembre; de M. Chauvelin, intendant à Tours, 21 et 23 octobre; du sieur de Martigny, lieutenant général et maire de la ville du Mans, 18 avril 1715, et du contrôleur général à M. Boucher d'Orsay, intendant à Limoges, 27 octobre 1714.

1724. *Le Contrôleur général à M. d'Iberville, envoyé du Roi en Angleterre.*

7 Octobre 1714.

Il lui ordonne de surveiller la marche de la maladie des bestiaux en Angleterre, pour qu'on puisse prendre un parti sur leur introduction en France*.

* Voir (G^7 1667) les lettres de M. d'Iberville, 18 octobre, 6 et 19 novembre, etc. «. . . . . Il y a ici, dit-il, bien des gens qui, depuis deux jours, ne veulent plus manger de bœuf. Si [la maladie] venoit à s'étendre sur les bêtes à laine, elle seroit aussi pernicieuse à l'Angleterre qu'une peste, par la raison que les Anglois, accoutumés à ne manger que de la viande, crèveroient comme des mouches, s'ils en étoient privés. . . . . Il est mort aussi des cochons subitement en plusieurs endroits du royaume. Comme les entrailles des vaches qu'on a ouvertes se sont trouvées marquées de taches rouges, on s'est avisé de répandre, depuis deux jours, que c'est l'effet d'un poison qui leur a été donné par des papistes. Si, par malheur, il se trouvoit qu'il y eût le moindre fondement à ce bruit, il n'en faudroit pas davantage pour faire assommer les catholiques. . . . . On ne dit point qu'il soit mort des bœufs, parce qu'il n'y en a aucuns, les pâturages, à plus de quinze milles de Londres, étant réservés pour des vaches qui y sont au nombre de plus de dix mille, parce que leur lait donne un très grand profit. Il est mort quelques-uns des taureaux qui étoient avec ces vaches. . . . . [Il est difficile] de découvrir la vérité sur une matière comme celle-là, que les uns cachent pour leur intérêt particulier, et que d'autres exagèrent avec affectation, pour des raisons de

haine de parti. Par exemple, un whig dira hardiment qu'un tel canton dont les habitants sont connus pour torys est infecté de la maladie; un tory en dira autant, pour détruire le crédit des whigs d'un autre comté.....»

Les 10 et 14 octobre, M. Roujault, intendant à Rouen, écrit que la maladie vient d'éclater parmi les bestiaux amenés d'Angleterre à Dieppe et à Honfleur; le 11 novembre, il annonce qu'il a suspendu ce commerce. Le 10 décembre, le contrôleur général l'autorise à laisser vendre des animaux arrivés depuis vingt jours et chez lesquels aucun mal ne s'est manifesté; mais il recommande que le débit s'en fasse autour de Dieppe, car les bouchers de Paris s'effraieraient, si on les voyait sur le marché de Poissy.

Une exception favorable fut faite d'abord pour les bœufs venant d'Irlande, où la mortalité n'existait pas, puis retirée, quand le mal eut gagné ce pays, et le commerce des bestiaux, même achetés avant les défenses, ne fut plus permis qu'après visite. (Lettres des 17 et 22 décembre 1714, du mois de janvier et du 4 mars 1715, à M. Roujault; 3 février, à M. Guynet, intendant à Caen; 3 mars, à M. d'Iberville.)

1725. *M. Lebret, intendant en Provence,*
au Contrôleur général.

9 Octobre 1714.

Contestation entre l'abbesse de Notre-Dame-de-Nazareth ou Saint-Barthélemy, de la ville d'Aix, et plusieurs propriétaires riverains de l'Arc, au sujet d'un moulin dont cette abbesse a accordé l'investiture, et pour l'approvisionnement duquel un ouvrage a été construit dans le lit de l'Arc*.

* Voir une lettre des habitants de Meyreuil, 22 octobre.

1726. *M. de Bâville, intendant en Languedoc,*
au Contrôleur général.

10 Octobre et 17 Décembre 1714.

Installation de M. le marquis de Maillebois comme lieutenant général en Languedoc*.

(*17 Décembre.*) «.....Les États ont duré quatre ou cinq jours plus que je n'aurois cru. Les comptes y ont été longs, n'ayant pu être arrêtés plus tôt; ils ont fini ce matin. Je ne sais si M. et Mme de Maillebois sont contents des Languedociens. Du moins, ils témoignent l'être; mais je sais qu'on l'est d'eux au delà de ce que je puis vous dire. Depuis trente ans, je n'ai point vu d'États plus agréables, ni plus tranquilles. Il est impossible aussi d'avoir des manières plus gracieuses pour tout le monde, qui les ont fait aimer et estimer de tous ceux qui les ont vus. Tous les plaisirs qui les ont suivis n'ont point empêché M. de Maillebois de donner l'attention nécessaire aux affaires dont les commissaires du Roi sont chargés pendant les États. Après y avoir fait, tout le temps qu'ils ont duré, la meilleure et la plus grande chère qu'on puisse faire, ils ont donné, pour la publication de la paix, une fête magnifique et très bien entendue, qui a parfaitement réussi. Le corps des barons en donna une autre samedi à Mme de Maillebois, à l'hôtel de ville, où ils ont bien soutenu l'honneur de la chevalerie. Pour moi, je me sépare de cette aimable compagnie avec bien du regret. M. de Maillebois part demain matin, en meilleure santé qu'il n'étoit quand il est arrivé**.....»

* Voir les lettres de M. l'archevêque de Narbonne, 12 et 17 décembre, et celles de M. Bonnier, trésorier de la Bourse, 23 octobre, et du subdélégué Bousquet, 18 octobre et 7 novembre. Sur l'enregistrement des provisions de M. de Maillebois au Parlement de Toulouse, le contrôleur général écrit, le 27 octobre, au sieur Bousquet : «.....J'ai appris qu'il n'avoit été fait aucune difficulté à l'enregistrement des provisions de ceux qui ont précédé mon fils dans cette charge, mais seulement que, M. le marquis d'Alègre n'ayant pas fait présenter ses provisions au Parlement de Toulouse dans l'année de leur date, il avoit cru devoir prendre la précaution de demander des lettres de surannation, pour lever les obstacles qu'il craignoit pouvoir se rencontrer. Comme vous croyez cependant que les formalités expliquées dans votre mémoire sont nécessaires pour l'enregistrement des provisions de M. de Maillebois, elles seront observées, et je vous prie de me renvoyer ces provisions, parce que les lettres de surannation doivent y être attachées dans le même temps qu'elles seront scellées.» Voir une lettre du 15 novembre, au sieur du Bois, commis de M. de la Vrillière.

** M. de Maillebois, souffrant à son arrivée dans la province, avait pris les eaux de Balaruc (lettres de M. de Bâville et de M. l'archevêque de Narbonne, 16 et 18 novembre). M. de Bâville écrit, le 2 décembre : «J'ai vu..... que vous avez été un peu effrayé de la nouvelle de la douche sur la tête que M. de Maillebois a prise : c'est un remède peu connu à Paris, et qui est très ordinaire en ce pays. On le prend pour les moindres maux; je l'ai fait moi-même deux fois, et je n'en ai point vu de mauvais effets. Le médecin qui l'a conseillé est trop habile pour rien hasarder. Ce qu'il y a de certain, c'est que M. de Maillebois s'en porte très bien. Les deux premiers jours, il a été un peu ému, et cette émotion consistoit à être un peu plus échauffé qu'à l'ordinaire, effet ordinaire des eaux de Balaruc; mais, le troisième jour, le sommeil est revenu. Il a très bon appétit; il joua avant-hier une partie de volant, dans le jeu de paume, qui dura plus de trois heures, avec beaucoup de vigueur. Il paroît beaucoup plus gai et plus dégagé qu'il n'étoit en arrivant, et j'espère que vous le reverrez en parfaite santé.....»

1727. *M. Guynet, intendant à Caen,*
au Contrôleur général.

12 et 13 Octobre 1714.

Détails sur l'imposition et la fixation du taux de plusieurs contribuables.

1728. *Le Contrôleur général*
à M. Guynet, intendant à Caen.

13 Octobre 1714.

La mortalité des cochons, due à une maladie appelée la *bosse*, qui a aussi désolé la Champagne, est provenue, dans ce dernier département, de la trop grande quantité de glands mangée par les animaux. L'intendant devra examiner si la cause est la même en Normandie et veiller à ce que cette maladie ne se communique pas aux bêtes à cornes.

1729. *Le Contrôleur général à M. Voysin, chancelier de France et secrétaire d'État de la guerre.*

14 Octobre 1714.

Il lui transmet un extrait du cahier des procureurs des trois États de Provence, qui demandent qu'on supprime les garnisons des lieux où il n'y en avait point avant la guerre et qui ont cessé d'être frontières par le fait de l'acquisition de la vallée de Barcelonnette*.

* Les maire et échevins de Marseille demandaient (17 avril précédent) qu'on étendît les mesures de surveillance aux garnisons des forts Saint-Jean et Saint-Nicolas, qui jouissaient des mêmes privilèges que celle du château d'If par rapport aux boissons. M. Lebret avait envoyé un projet de règlement le 31 juillet.

1730. *M. Laugeois d'Hymbercourt, intendant à Montauban, au Contrôleur général.*

17 Octobre 1714.

«L'incorporation du régiment de dragons de Rivarol se devant faire mardi prochain dans celui de Caylus, et devant donner lieu au licenciement de grand nombre de ces dragons, qui, se répandant dans les routes de leurs retraites, pourroient y causer quelques désordres, j'ai mandé aux prévôts des maréchaussées de Cahors, Villefranche, Rodez et Auch de partager leur compagnie en deux pour assurer les chemins que je leur ai marqués, qui conduisent de chacune de leurs villes en celle de Montauban, et je les ai chargés de faire cette manœuvre pendant huit jours. J'espère que, moyennant cette précaution, il n'arrivera point de vols.»

1731. *M. Chauvelin, intendant à Tours, au Contrôleur général.*

26 Octobre 1714.

La tour feu Hugon est un reste de l'ancien château de la vicomté de Tours, fief érigé depuis en comté en faveur du feu duc de Luynes. Le sieur Chaslon, commissaire des poudres et salpêtres, la fait démolir, sous prétexte d'en extraire du salpêtre, mais en réalité pour en tirer des matériaux bons à vendre; M. le duc de Chevreuse demande qu'on arrête le travail et qu'on empêche d'emporter les pierres qui en proviennent*.

* Quand la démolition fut terminée, le sieur Chaslon demanda à débarrasser le terrain : voir ses lettres des 18 avril et 5 juin 1715.

1732. *M. d'Argenson, lieutenant général de police à Paris, au Contrôleur général.*

28 Octobre 1714.

«Les administrateurs de l'Hôtel-Dieu de la ville de Saumur... demandent qu'il vous plaise de leur accorder la permission d'ouvrir une loterie dans la généralité de Tours, et, comme cette demande ne tombe pas dans le cas de la loterie préliminaire ordonnée par l'arrêt du Conseil du 29 mars 1713, j'ai cru qu'il vous pourroit être agréable que je prisse la liberté de vous envoyer un projet de lettre pour M. Chauvelin, intendant de cette généralité, comme vous l'avez pratiqué à l'occasion d'autres placets semblables à celui-ci*.»

* Voir ses lettres des 19 septembre et 13 octobre précédents, et des 1er avril et 14 juillet 1715, et, sur d'autres loteries autorisées par les intendants, les lettres des 8 février et 22 mai 1715.

1733. *M. de Grignan, lieutenant général en Provence, au Contrôleur général.*

2 Novembre 1714.

«La reine d'Espagne arriva le 27 octobre à Marseille, où elle m'a fait la grâce d'accepter ma maison et de permettre, comme le roi d'Espagne avoit daigné faire, que j'y aie fait la dépense de sa table et de celles de sa cour. S. M. y a séjourné les 28, 29 et 30, et, le 31, je fis préparer son dîner en un endroit entre Marseille et Aix, d'où elle découvroit le terroir de Marseille rempli de milliers de bastides. De là, elle alla coucher à Aix, et hier à Salon. Aujourd'hui, elle vient à Arles, où elle logera à l'Archevêché, et je tiendrai dans une autre maison des tables pour sa cour et pour les gentilshommes et officiers qui sont avec moi. S. M. séjournera un jour à Arles, où l'on rafraîchira ses équipages par des voitures de Languedoc, et je m'entends sur cela avec M. le duc de Roquelaure et M. de Bâville. S. M. jouit d'une parfaite santé dans son voyage et paroît contente de la Provence*.»

* Le 4, il écrit d'Arles : «La reine d'Espagne..... a séjourné deux jours, et j'ai tâché de ne rien omettre des devoirs que j'avois à remplir. S. M. a daigné en paroître satisfaite et me marquer plus d'une fois que mes soins, pendant tout le temps qu'elle a été en Provence, lui ont été bien agréables.....»

Sur le voyage à travers le Languedoc, la généralité de Montauban et le Béarn, voir les lettres de M. de Bâville, 10 et 31 octobre, 4, 5 et 6 novembre; de M. Laugeois d'Hymbercourt, à Montauban, 3 et 27 novembre; de M. de Harlay de Cély, en Béarn, 17 novembre.

Le 1er décembre, M. de Préchac, conseiller-doyen au Parlement de Pau, écrit : «Je prends la liberté de vous informer de l'entrevue des deux reines d'Espagne. La douairière étoit ici il y a dix jours, avec un nombreux cortège, et, par-dessus, toute sa maison et dix carrosses de suite. Elle avoit trente jeunes hommes de Bayonne, tous dorés comme de calices. Elle alla avant-hier, avec toute cette suite, au-devant de la reine sa nièce, à une lieue de la ville. Après plusieurs embrassades, elles montèrent dans une calèche fort dorée à la françoise, dont la douairière a fait présent à la jeune reine, avec un bel attelage de mules. La douairière lui donna à souper, et elle continua à la nourrir avec des marques infinies et réciproques de tendresses. La douairière a fait présent à sa nièce d'une garniture de pierreries très riche, et on croit qu'elle espère de retourner en Espagne par son moyen. Elle l'accompagnera jusqu'à la frontière, et s'en retournera ensuite à Bayonne. Les deux reines parlent italien, parce que la jeune ne sait pas bien l'espagnol, et la douairière a presque oublié l'allemand. Le marquis de los Balbasès conduit la jeune reine, et en fait les honneurs à merveilles; je me suis trouvé fort connu de lui, parce qu'il étoit avec son père lorsqu'il avoit le même emploi auprès de la reine fille de Monsieur, il y a trente-cinq ans. Je ne saurois vous exprimer assez vivement tous les soins, toute l'attention et toutes les dépenses de M. de Harlay : c'est un Protée; il est partout; il fait trouver des vivres, des voitures, des logements; il fait accommoder les chemins, et n'oublie pas les plus petites minuties, jusques à envoyer des draps dans des villages où les reines doivent passer. Jamais homme n'a été plus propre à faire les honneurs d'un royaume. La jeune reine est d'une belle taille, avec un air de jeunesse qui fait plaisir, et on pourroit dire qu'elle est belle, sans quelque petite tache de petite vérole, qu'elle répare par des sourires gracieux, qui font voir les plus belles dents du monde; le visage un peu long. Elle a une grande attention à sa santé, ayant été fort incommodée de la mer, et persuadée qu'il lui convient de se bien porter à son arrivée auprès du roi d'Espagne.» Voir une autre lettre du 28 janvier 1715.

Sur une querelle survenue à l'occasion du logement des officiers des reines, voir les lettres de M. de Céty, 22 janvier et 26 mars 1715, celle du maire de Pau, le sieur Lagnestouze, du 4 décembre 1714, et une lettre du syndic des États de Navarre, le sieur Darbetz, 26 juillet.

Sur le logement de la reine douairière à Bayonne et sur ses affirmations qu'elle ne songeait nullement à retourner en Espagne, voir les lettres de M. de Courson, intendant à Bordeaux, 12 mars et 11 juin 1715.

1734. *M. Roujault, intendant à Rouen,*
au Contrôleur général.

11 Novembre 1714.

Malversations commises dans la collecte des gabelles; poursuites contre le coupable*.

«Quoiqu'il soit défendu par les règlements, aux commissaires, de toucher les deniers, qui doivent être directement portés au bureau de la recette, Rosan s'est ingéré de faire deux choses : l'une, de se charger de l'argent des collecteurs et de prendre d'eux des délégations qu'ils lui donnoient sur leurs débiteurs pour s'acquitter; l'autre, de se mettre à la place du collecteur pour lever les deniers du rôle dans la paroisse.....»

* Le 15 février précédent, les curés du diocèse du Mans avaient adressé des plaintes contre les collecteurs des tailles, les vérificateurs des rôles et les élus.

M. Bignon de Blanzy, intendant à Paris, écrit, le 6 février 1715, qu'ayant appris qu'un individu de Noël-Saint-Martin s'était fait nommer collecteur pour pouvoir se décharger aux dépens de ses voisins, il a commis un officier de l'élection pour faire ce rôle en sa présence : «Nonobstant la commission que j'avois donnée, [le collecteur] fit son rôle sans la participation de l'élu commis, et il y diminua sa cote d'office et augmenta celle du préposé à la recette du dixième, auxquels, comme vous savez, on a attribué le privilège d'être taxés d'office sans pouvoir être augmentés par les collecteurs. Le vérificateur des rôles refusa de vérifier ce rôle..... Le collecteur refusa de refaire son rôle : en sorte qu'il fut fait dans l'ordre qu'il devoit être par l'officier commis, qui le déposa au greffe, et il fut fait des sommations, à la requête du receveur des tailles, à ce collecteur, de prendre ce rôle au greffe pour faire le recouvrement. Il a persisté dans son refus, en sorte que le receveur des tailles a été obligé de délivrer une contrainte contre lui pour le payement des impositions, et il l'a fait emprisonner..... Cet homme a fait payer au receveur des tailles tout le montant de la taille et de l'ustensile, sans en avoir fait le recouvrement sur les contribuables..... [Il restera] en prison jusqu'à ce qu'il ait payé le montant du rôle de la capitation, qu'il doit encore, et pour le contreindre de se charger du rôle. Il préfère de rester en prison plutôt que de se soumettre; mais il s'est pourvu à la Cour des aides, où des gens de Palais qui le soutiennent dans son obstination ont déguisé les faits à M. le procureur général..... Si ce paysan n'étoit pas puni de son obstination, son procédé seroit d'un dangereux exemple.....»

Au sujet des vérificateurs des rôles de Saint-Flour et de Brioude, qui s'attribuaient le double de ce qui leur était assigné par rôle, M. de Nointel, intendant en Auvergne, écrit, le 13 décembre : «.....Comme l'autorité des intendants n'est pas tout à fait bien établie dans cette province, où la plupart des officiers permanents sont dans l'usage de s'approprier les droits et les prérogatives qu'il leur plaît, sans s'embarrasser d'aucune autre autorité que de celles qu'il se donnent eux-mêmes, je vous supplie de vouloir bien me donner vos ordres à ce sujet, pour qu'ils ne se persuadent point qu'il leur est permis de s'attribuer ce qui leur convient.....»

1735. *M. de Pontchartrain,*
secrétaire d'État de la marine,
au Contrôleur général.

14 Novembre 1714.

«.....Depuis le commencement de septembre dernier, les trésoriers de la marine et des galères n'ont rien reçu..... Il ne m'est pas possible de pouvoir soutenir le service, ni même de faire payer le prêt des soldats..... Les officiers meurent de faim, les ouvriers abandonnent le travail, on ne peut plus retenir les gardiens des vaisseaux, et tous les soins que je me donne pour conserver les restes d'une marine deviennent inutiles..... Les efforts que [les munitionnaires] ont faits pour soutenir le service dont ils sont chargés sont épuisés par les grandes avances où ils se trouvent; ils sont obligés de se cacher, et réduits dans l'impossibilité de pouvoir profiter de la saison de faire des salaisons et les autres provisions nécessaires. Je suis même forcé de vous dire que, s'ils ne sont promptement secourus, il faudra déchaîner les forçats, pour leur permettre de chercher de quoi vivre*.....»

* Le 23 janvier 1715, il signale de nouveau l'extrême pénurie : «.....J'espère que vous me rendrez la justice d'être persuadé que, pour empêcher les choses d'en venir à cette extrémité, j'ai pratiqué tous les expédients imaginables, et que, s'il restoit encore dans nos magasins la moindre des munitions qui pût convenir aux particuliers, je la mettrois en vente, ainsi que je l'ai fait depuis plusieurs années, afin de vous donner le temps de vous arranger pour nous procurer quelques secours.....»

Le 14 août : «..... Les officiers d'épée et de plume, ayant vendu tout ce qu'ils avoient pour subsister jusqu'à présent, ne trouvent plus de crédit, et la plupart sont réduits au pain et à l'eau, ou à vivre des charités qu'on leur fait. Les officiers mariniers et autres entretenus, gardiens des vaisseaux, ouvriers et matelots, mendient publi-

IMPRIMERIE NATIONALE.

quement, et se trouvent sans ressources pour faire subsister leurs familles. Les malades périssent dans les hôpitaux de la marine et des galères faute de nourriture et de remèdes, et on ne peut plus y en recevoir. Les magasins du munitionnaire sont absolument vides, et on n'est pas en état d'armer une chaloupe pour le service, si l'*occasion* s'en présentoit. Le prêt des soldats a manqué partout. J'ai forcé, jusque dans le mois passé, les trésoriers en exercice de l'avancer; mais ils m'ont déclaré qu'ils ne trouvent plus ni argent ni crédit, en sorte que les intendants et commandants sont à la veille des plus grands malheurs. Si les journaliers, ouvriers, matelots et gardiens, à qui il est dû depuis si longtemps, ne sont plus retenus par la crainte de ces soldats, et que ces derniers, qui font la sûreté des ports, des arsenaux, des vaisseaux et des galères, se mêlent parmi un nombre infini de gens accablés de misère auxquels on ne donne aucun secours, les événements en peuvent être funestes, et il y a tout à craindre de la part des gens préposés à la garde de ces vaisseaux et galères, qui sont au désespoir, et qui peuvent être facilement corrompus par des malintentionnés. J'ai une véritable douleur de vous dire que presque tous les vaisseaux de S. M. coulent bas dans les ports, faute de radoub et de carène. On les a soutenus tant qu'on a trouvé dans les magasins des munitions à vendre aux marchands, du prix desquelles on a acheté des matières; mais, comme il ne reste plus rien, il faut y pourvoir d'ailleurs, si on veut conserver les vaisseaux qui sont sur l'eau. Les chiourmes des galères de S. M. sont dans un état de souffrances pitoyable, exposées la nuit plus que le jour aux injures du temps, parce qu'elles manquent de tentes et de robes. J'ai cru devoir joindre à ce long et triste détail des extraits des lettres que j'ai reçues en dernier lieu des intendants et ordonnateurs des ports, que je n'ai pu me dispenser de lire à S. M. pour lui faire connoître que je ne puis remédier par moi-même à l'excès de misère et de maux pressants auxquels la marine est réduite, les trésoriers n'ayant touché de cette année que 129,000 #. Ainsi, je vous prie de donner quelques moments d'attention sérieuse à un état aussi violent. Je sais que vous ne pouvez pourvoir en même temps à tout; mais, en donnant quelques secours d'argent de temps en temps, vous m'aiderez à sauver les restes de deux corps qui ont rendu des services essentiels, et qui pourroient faire beaucoup de mal aux ennemis, si on vouloit les rétablir. Je vous supplie de me faire savoir sur quoi je puis compter, et de vous souvenir, dans la suite, qu'il n'a pas tenu à moi de prévenir les accidents que je crains et que je prévois.»

Voir encore les lettres des 1er, 15, 20 et 29 mai, 3 juillet et 21 août 1715.

Le 12 juillet 1715, M. Lebret, intendant en Provence, écrit qu'il a été forcé d'enjoindre aux échevins de Marseille, malgré leur résistance, de fournir à l'hôpital des forçats cent cinquante livres de viande par jour, pour 22 # 10 s., quoique les fournisseurs des galères doivent 10,000 #.

1736. M. de Beauharnais, *intendant à la Rochelle*,
au Contrôleur général.

14 Novembre 1714.

Le creusement du port de la Flotte, dans l'île de Ré, demandé par les habitants de cette localité, serait fatal pour le port et la ville de Saint-Martin, où l'intérêt du Roi est que la plupart des négociants de l'île, leurs familles et leurs employés fassent résidence et puissent être surveillés, la plupart étant de nouveaux et mauvais convertis.

1737. M. le Comte,
lieutenant criminel au Châtelet de Paris,
au Contrôleur général.

14 Novembre 1714.

Il réclame, comme étant de sa juridiction, le procès d'un particulier qui a été trouvé nanti de certificats de payeurs des rentes faux et surchargés*.

* En apostille : «Je sais bien qu'il est très capable de faire son *devoir dans toutes les affaires; mais que*, pour des *raisons* qui intéressent le service du Roi, il a paru que celle-là devoit être suivie plus particulièrement; que l'exemple de ce qui a été fait chez M. Gruyn fait assez connoître que le Roi n'a pas intention d'ôter au Châtelet les affaires de sa compétence, mais aussi qu'ils ne doivent pas s'étonner qu'en certaines occasions le Roi établisse un tribunal extraordinaire pour instruire et juger les affaires de cette nature.»

Voir, sur ce faussaire, une lettre de M. d'Argenson, lieutenant général de police, 30 octobre précédent.

Un autre faussaire ayant obtenu la commutation de sa peine, une intrigante prétendit qu'il ne la devait qu'à ses démarches, et extorqua ainsi de l'argent à sa famille. (Lettres de M. d'Argenson, 5 juillet et 2 août 1715.)

1738. M. de Courson, *intendant à Bordeaux*,
au Contrôleur général.

17 Novembre 1714.

Mémoire relatif au remboursement des maisons démolies pour faire l'esplanade du Château-Trompette*.

* Voir, au 15 août 1711, une lettre sur les indemnités payées pour les héritages pris pour les fortifications de Bayonne, et sur une erreur commise par M. de la Bourdonnaye, prédécesseur de M. de Courson, dans l'attribution d'une partie de ces indemnités à des propriétaires déjà remboursés.

1739. M. de Courson, *intendant à Bordeaux*,
au Contrôleur général.

20 Novembre 1714.

«Dans la tournée que je viens de faire, il m'est revenu beaucoup de plaintes contre les capitaines généraux gardes-côtes. Sous prétexte de faire des revues tous les dimanches, ils font venir les paysans de fort loin, leur font perdre leur temps, et les fatiguent par des garnisons continuelles. Ils les obligent à avoir des souliers, des chapeaux bordés, des habits uniformes, des cocardes et autres choses semblables, de manière qu'il n'y a pas de paysan à qui il n'en coûte plus de 40 #. Quand ils ne sont pas en état de faire cette dépense, ils les consomment par des garnisons. Il y a des paroisses dans lesquelles il en a presque autant coûté que pour la taille; cela porte beaucoup de préjudice aux recouvrements, et d'ailleurs les collecteurs ne peuvent point faire les recouvrements dans les paroisses où sont les capitaineries, car, d'abord que le collecteur veut faire payer quelque particulier qui a la protection du capitaine général, ou de quelque officier de la capitainerie, il est sûr d'avoir le lendemain une garnison chez lui, soit pour ne s'être pas trouvé aux revues, soit parce qu'il y a quelque chose qui manque dans l'habillement qui a été ordonné. J'ai l'honneur d'en écrire aujourd'hui à M. de Pontchartrain, et j'ai cru devoir vous en rendre compte, pour que vous ayez la bonté de me donner vos ordres sur cela*.»

* Sur le logement des officiers des dix-neuf capitaineries générales gardes-côtes, voir une lettre de M. Roujault, intendant à Rouen, 12 décembre 1714, et, sur la gratification de l'inspecteur général des milices gardes-côtes, une lettre de M. de Pontchartrain, secrétaire d'État de la marine, 5 août 1715.

1740. *M. Roujault, intendant à Rouen,*
AU CONTRÔLEUR GÉNÉRAL.

22 Novembre 1714.

«J'ai reçu la lettre que vous m'avez fait l'honneur de m'écrire le 17 du mois d'octobre, avec une lettre de la communauté de Fécamp, au sujet de quelques ouvrages à faire pour le nettoiement de ce port. Après avoir écrit à l'ingénieur qui est sur les lieux, qui m'a marqué qu'il manquoit de fonds, je n'ai pu faire autre chose, pour cette communauté, que de renvoyer la lettre de cet ingénieur à M. de Champigny, intendant de marine chargé des fortifications de tous les ports et places de la frontière. Nous faisons des fonds, toutes les années, dans la province, et avec la taille, pour le rétablissement des ports; l'intendant de Caen connoît de la dépense de ce fonds et de toutes les fortifications, comme j'en ai connu dans les lieux où j'ai été, et MM. les ministres ont toujours évité de confondre la juridiction de la mer avec celle de la terre. Les intendants de Rouen ont aussi connu de la dépense de ces fortifications dans leur généralité; cependant, depuis vingt-quatre ou vingt-cinq ans, du temps de M. de Louvois, la connoissance des fortifications, non seulement de la ville du Havre, mais de toute la généralité de Rouen, à l'exception des châteaux de Rouen et du Pont-de-l'Arche, fut donnée à M. de Louvigny, qui étoit lors intendant de marine, et M. de Champigny, qui lui a succédé, a continué d'en connoître. Quoique je n'aie pas plus de jalousie que ceux qui m'ont précédé de voir faire l'intendance de terre par celui de la mer, j'ai eu occasion d'écrire à M. le Peletier, depuis peu, sur quelques inconvénients qui naissent de cette petite confusion. En supposant la connoissance des fortifications des ports à l'intendant de la marine, il y a souvent des ordonnances à rendre contre des particuliers ou contre des syndics de paroisses, pour avoir des hommes et des chariots, pour faire ouvrir des carrières, fixer le prix de la pierre, de la chaux et de toutes sortes de matériaux. On vient jusques à la porte de Rouen même, pour le Havre; il en est de même pour les autres ports. Mais, parce que l'intendant de marine n'est pas connu dans la province, l'usage s'est établi que l'on s'adresse aux états-majors des places, ou à des autorités extraordinaires, pour obliger les particuliers et les paroisses au service qui leur est demandé. Il naît de là plusieurs inconvénients; j'ai vu des contestations portées au Parlement de Rouen entre ces états-majors et les juges ordinaires, et, pour éviter ces conflits, j'ai vu des ordonnances que les ingénieurs ont fait rendre à M. le duc de Luxembourg pour obliger des carrayeurs à fournir la pierre, des chaufourniers à fournir la chaux, et les particuliers des paroisses à fournir de chevaux et de chariots, même leurs personnes, et les syndics, de les commander. J'ai vu M. de Luxembourg embarrassé dans le détail de l'exécution de semblables ordonnances. Comme j'en ai écrit à M. le Peletier, qui m'a fait l'honneur de me mander qu'il écriroit au directeur des fortifications pour apporter une règle à cette confusion, j'ai l'honneur de vous en informer, ayant occasion de le faire en répondant à la lettre des habitants de Fécamp. Vous êtes le protecteur des paroisses et du bon ordre, et vous savez les inconvénients qu'il y a de laisser les paroisses exposées à tant d'autorités différentes; si vous avez agréable d'en conférer avec M. le Peletier, et que vous estimiez que la chose en vaille la peine, nous nous conformerons avec respect à ce dont vous serez convenus. J'ai vu, en Poitou, que, pour la conduite des bois destinés pour la marine, adjugés par M. Bégon, les ordonnances sur les paroisses pour le transport des bois étoient rendues par l'intendant de Poitiers, et exécutées par ses subdélégués. J'ai reçu plusieurs lettres de M. Bégon à cette occasion, et j'ai souvent été en relation avec lui pour ces bois.»

1741. *M. Foullé de Martangis, intendant en Berry,*
AU CONTRÔLEUR GÉNÉRAL.

25 Novembre 1714.

Copie d'un arrêt par lequel il a ordonné aux communautés de Châtillon-sur-Indre et autres lieux d'organiser des chasses générales contre les loups, qui commencent à se montrer*.

* Le 13 avril 1715, il rend compte d'une chasse faite près de Jussy-le-Chaudrier, où une bête avait dévoré plusieurs enfants et une femme, et il ajoute: «Pour exciter les paysans à faire leur devoir, à quoi ils sont naturellement peu portés quelque dommage que leur puissent causer ces bêtes carnassières, j'ai marqué, par mon ordonnance, qu'il seroit payé 100 s. pour chaque tête de loup qui sera apportée à mon subdélégué à la Charité, ce qui se prendra sur le fonds de 1,000# qu'il vous a plu accorder par l'arrêt du Conseil du 11 septembre dernier, et dont l'imposition a été faite, avec la taille de l'année présente, sur la généralité. J'en userai de même pour les autres cantons, si vous l'approuvez.....»

Le 26 avril, M. de Nointel, intendant en Auvergne, annonce également qu'il a promis une prime de 10 écus pour la destruction des loups qui désolent les pays de Brioude, Issoire et Clermont.

1742. LE CONTRÔLEUR GÉNÉRAL
à M. Bignon, prévôt des marchands de Paris.

27 Novembre 1714.

Il l'invite à examiner une proposition de remboursement des vingt maîtres passeurs d'eau sur la Seine, avec attribution des droits portés par le tarif et de la jouissance de deux bateaux à lessive*.

* M. Bignon répond, le 20 février 1715, que ces maîtres pas

seurs, qui se sont endettés pour payer leurs offices, seraient ruinés, si on les remboursait; de plus, leur compagnie garantit la valeur des objets qu'ils transportent, ce que ne pourrait faire le particulier qui offre de les remplacer. Quant aux bateaux à lessive, ils feraient de droit retour à la ville.

1743. *M. Bignon, prévôt des marchands de Paris,*
au Contrôleur général.

28 Novembre 1714.

Pour faciliter l'approvisionnement de Paris en combustible, il propose d'accorder un privilège au sieur Galabin, qui fait venir un charbon d'Écosse flambant de prix modique*.

* M. Roujault, intendant à Rouen, avait écrit que ce charbon pouvait être utile aussi bien au chauffage des particuliers qu'aux forgerons, fermiers, etc., mais que le commerce en devait rester libre. (Lettres du contrôleur général à M. Roujault, 10 septembre, et à M. Bignon, 20 septembre; lettre de M. Roujault, 15 septembre.)

1744. *M. Quarré,*
procureur général au Parlement de Dijon,
au Contrôleur général.

6 et 14 Décembre 1714; 17 Janvier 1715.

Fixation des droits de dépôt et d'expédition des procès-verbaux*.

«La déclaration du 1er mai qui les a modérés a eu principalement pour motif le soulagement des peuples, à qui l'accès du tribunal de la justice devenoit trop difficile. Ce motif subsiste, il devient tous les jours plus pressant, et il seroit triste pour la Bourgogne d'être la seule province qui fût exclue de la grâce que le Roi a eu l'intention de faire à tous les plaideurs.....»

* Voir une lettre du greffier en chef de la Chambre des comptes, 15 décembre 1714; une lettre du contrôleur général à M. de la Garde, 29 janvier 1715, et une lettre de M. de la Briffe, intendant en Bourgogne, 4 février.

M. Doroz, procureur général au Parlement de Besançon, envoie, le 14 janvier 1715, un mémoire sur la fixation des droits à percevoir par les commis du greffe en attendant l'établissement d'un tarif.

1745. *M. de Bâville, intendant en Languedoc,*
au Contrôleur général.

8 Décembre 1714.

Il envoie l'arrêt qu'il a rendu touchant l'élection des consuls de Villeneuve-lès-Avignon. Il donne des détails sur la composition du conseil politique de cette communauté, et sur les dissensions qui rendaient nécessaire une nouvelle élection.

1746. *M. Foullé de Martangis, intendant en Berry,*
au Contrôleur général.

10 Décembre 1714.

«J'ai eu l'honneur de vous rendre compte plusieurs fois des difficultés extrêmes qui se trouvent dans les recouvrements qui se font dans la ville de Bourges; ce sont les seuls de toute la généralité qu'on a peine à faire aller et qui sont aussi reculés, tous ceux du plat pays et des autres villes étant plus avancés qu'ils ne sont certainement dans aucune généralité. Quand je suis venu ici, j'ai trouvé plusieurs années dues; depuis que j'y suis, j'ai employé d'abord toutes les voies de raison et de douceur pour engager les habitants à sortir des anciens restes; ensuite, j'ai employé toutes celles d'autorité et de rigueur, en lâchant la main aux receveurs et en envoyant des garnisons d'archers, d'huissiers étrangers, et même des cavaliers de tous les régiments qui ont été ici pendant les quartiers d'hiver depuis que j'y suis, et donnant tout secours et protection aux receveurs. Tout cela n'a pas opéré autant que je l'aurois souhaité, et, j'espère, pour l'avenir, il y a sujet de croire que le recouvrement ira mieux, ayant fait pour l'année présente l'imposition comme vous me l'avez ordonné, que les maire et échevins, depuis que la capitation est établie, avoient fait assez mal souvent, prétendant avoir droit de le faire. Il est question des restes dus pour le passé, qui sont infiniment difficiles. La misère y a grande part; mais la mutinerie des habitants est bien grande et influe beaucoup. Le peuple s'est mis dans la tête la fausse erreur qu'à cause de la paix ils ne payeroient point ces anciens restes; et, d'abord que l'on fait des poursuites rigoureuses, cela révolte tout un quartier, le peuple, qui n'a nulle raison et n'envisage pas les conséquences, étant fort mutin et se mutinant souvent. A cela, j'ai pris le parti de continuer à lâcher la main aux receveurs, de les autoriser dans leurs poursuites, et de faire emprisonner les collecteurs qui sont le plus en restes et les plus rebelles.»

Il rend compte d'une émeute qui s'est produite à l'occasion de la descente des archers chez un de ces collecteurs, et qui aurait eu de très graves conséquences, si les archers, se sentant trop peu nombreux, ne s'étaient sauvés. N'ayant pas lui-même d'autres troupes que la maréchaussée, il n'a pu faire décréter le procès-verbal contre les auteurs de cette sédition, et s'est contenté de menacer les maire et échevins et les principaux habitants d'agir avec la dernière sévérité, croyant prudent d'attendre la fin des fêtes de la publication de la paix, de laisser les coupables se rassurer, et de ne les faire saisir, avec le collecteur, que plus tard, lorsque le peuple sera retourné au travail.

«Je me suis conduit, dans cette occasion, avec toute l'attention qui a pu dépendre de moi et que j'ai cru de mon devoir et de la prudence dans la circonstance où j'étois de ne pouvoir avoir la force en main. Si cela continue, et que les mesures que je prendrai ne réussissent pas, je vous en rendrai compte et vous demanderai vos ordres, et peut-être, s'il le faut, un régiment.

Si je l'avois eu ici, j'aurois employé sur-le-champ la force, et nous en serions venus aisément à bout.

«Je vous rends compte de tout et de la conduite que j'ai cru être obligé de tenir pour éviter un plus grand mal, désirant fort que vous l'approuviez; sinon, je me conformerai toujours précisément aux ordres que vous me donnerez, et les ferai exécuter avec toute la fermeté et le zèle qui convient*.»

* En apostille: «Arrêt d'attribution. On envoiera des troupes, s'il le juge nécessaire; qu'il ne se commette point.» — Voir les lettres des 18 et 24 janvier suivant.

1747. *M. Ferrand, intendant en Bretagne,*
au Contrôleur général.

12 Décembre 1714.

«Je me suis informé très exactement, suivant vos ordres du 4 novembre dernier, du contenu en la lettre qui vous a été écrite par Mgr le comte de Toulouse sur la pêche de la sardine, que l'on prétend être troublée par l'envoi qu'en font les Anglois en France. Il est certain que la pêche de la sardine aux côtes de Bretagne est un commerce considérable et utile pour les villes de Nantes, la Rochelle et Bordeaux. Ces villes, leurs campagnes, et même les lieux éloignés, en font une grande consommation, parce que le petit peuple se contente de ce poisson pour sa subsistance, lequel lui est d'autant plus nécessaire que la morue verte et sèche est à un haut prix, la viande pareillement, et tout ce qui est propre à la vie de l'homme.

«La Bretagne fournit aussi de la sardine pour les côtes d'Espagne, les Canaries et l'Italie. La pêche de cette année n'a pas été abondante, en sorte que la barrique, qui se vend ordinairement depuis 15 jusqu'à 25#, vaut à présent 50#. On doute qu'il y en ait assez pour la subsistance des peuples, qui sont peu soulagés par les morues vertes et sèches, quand elles seroient à des prix modiques, parce qu'ils ne les peuvent manger sans huile ou beurre, dont la cherté est extrême.

«Les Anglois ont apporté, cette année, des sardines à Nantes et en quelques endroits de nos côtes, ce qui n'a fait aucun préjudice; mais, l'année dernière, ceux qui font ce commerce en souffrirent un considérable de la quantité de sardines que les Anglois portèrent à Nantes, à la Rochelle et à Bordeaux.

«Si on considère l'intérêt de ceux qui font la pêche de la sardine et de ceux qui arment pour celle des morues vertes et sèches, on ne doit pas permettre l'introduction des sardines étrangères, afin de favoriser les pêches du royaume; mais la grande cherté de la sardine, l'utilité dont elle est au peuple pour le soulager dans la cherté de toutes les autres denrées, fait croire qu'il seroit utile de permettre l'entrée des sardines étrangères pour cette année et jusqu'au mois de mai prochain, qui est le temps que cette pêche commence, en payant seulement le droit de quarantième*.»

* Voir une lettre de M. le comte de Toulouse, 28 décembre. — Le 19 juin 1715, M. Ferrand annonce que la pêche promet d'être abondante, et, le 23 juillet, il envoie un projet d'arrêt pour défendre l'entrée des sardines étrangères. Cette prohibition fut approuvée par une lettre du contrôleur général, du 2 juillet.

1748. *M. de Richebourg, intendant à Poitiers,*
au Contrôleur général.

12 Décembre 1714.

Il examine une demande des habitants de Bressuire, qui voudraient prélever sur le revenu de leurs octrois les sommes nécessaires au soutien de l'hôpital, à l'entretien d'un maître d'école, à celui du charretier chargé de l'enlèvement des immondices, et aux présents qu'il est d'usage d'offrir à chaque visiteur de distinction*.

* Les 5 juin et 31 juillet 1715, M. Turgot, intendant à Moulins, propose de donner aux religieuses de Sainte-Claire de Decize une somme de 300#, sur les octrois de cette ville, qui excèdent le montant des charges.

1749. *M. Legallo,*
curé de l'île des Saints, par Brest,
au Contrôleur général.

16 Décembre 1714.

«La renommée a publié jusque dans cette île que Votre Grandeur soutenoit le poids du ministère avec autant de facilité que les plus grandes affaires du royaume, qu'elle manie avec tant de gloire et de succès, et qui occuperoient tout autre génie, ne l'empêchent pas de descendre jusques aux moindres choses qui regardent la gloire ou le bien de l'État. Aussi aime-t-elle à s'instruire de tout ce qui s'y passe dans les endroits les plus reculés et les plus inaccessibles. C'est ce qui me fait, aujourd'hui, prendre la liberté d'informer Votre Grandeur de tout ce qui se passe dans cette île; peut-être lui donnerai-je occasion de donner quelques ordres pour le bien et l'utilité du public.

«Les Saints est une île à fleur d'eau, dans le raz de Fontenay, à trois lieues de la grande terre. Les courants du raz et les marées qui changent à chaque moment rendent son entrée très difficile du côté de l'est. Un nombre infini de rochers, partie couverts, partie découverts, qui s'étendent à six lieues à l'ouest, font trembler les plus hardis navigateurs. Aussi s'y perd-il plusieurs bâtiments tous les jours, dont on n'a aucune nouvelle. Elle a une demi-lieue de long; sa largeur est de la portée d'un mousquet seulement. Il y croît seulement du blé pour deux mois de l'année; on n'y voit ni gibier, ni bétail, ni bois. L'eau y est salée dans les grandes marées, sale et fade dans les mortes-eaux. Les habitants sont tous pêcheurs; on n'y voit ni marchand ni artisan, on n'y fait aucun commerce; les habitants ne sortent qu'à la Saint-Michel, pour vendre leurs poissons secs et faire leurs provisions, et, pendant le carême, ils vont vendre à Brest du poisson frais. La mer est si grosse aux environs de cette île, qu'on est quelquefois des deux mois entiers sans en sortir et sans y pouvoir rentrer. Malgré toutes ces disgrâces, ces gens aiment si fort leur île, que le plus malheureux ne voudroit pas changer sa fortune avec celle du plus riche de la grande terre, et personne ne quitte pour aller s'établir ailleurs, quelque avantage qu'on lui propose. Ceux qui y sont nés s'y portent bien et vivent assez longtemps. Les malades y sont à plaindre, car il n'y a ni médecin, ni chirurgien.

«Tous y sont égaux; point de subordination ni de supériorité. Personne n'y rend la justice. Parmi les révoltés, ceux qui n'ont ni foi ni loi, le plus fort emporte la poche; parmi ceux qui ont quelque religion, le prêtre est l'arbitre des différends.

«La pauvreté du lieu a fait que, de tout temps, l'île a été exempte de tous les droits, impôts et subsides que nos rois ont exigé de leurs sujets; on n'y connoît ni sergent, ni greffier, ni maltôtiers. Je crois que ces petits avantages, et l'amour de l'indépendance, est ce qui leur rend leur île si charmante.

«Une solitude si affreuse où on manque de tout secours pour le temporel et pour le spirituel, des appointements médiocres et mal payés, les mauvais traitements qu'avoient reçus les autres prêtres, faisoit qu'on n'en trouvoit aucun qui voulût y passer, quand, par un zèle de la gloire de Dieu et du salut de ces barbares, je m'offris à M. l'évêque de Quimper, qui m'y envoya, il y a six ans. La crainte qu'avoient eue ces iliens de ne pas trouver de prêtre fit qu'ils me reçurent assez bien, et ma jeunesse leur faisoit espérer qu'ils n'auroient pas eu de peine à me faire à leurs modes. En effet, on donna aussitôt commission aux plus politiques d'entre eux de me styler, et, sous prétexte de venir me faire offre de leurs services et de leurs amitiés, ils me donnoient des leçons.

«Comme tous mes amis s'empressoient de savoir de mes nouvelles, il n'alloit aucun bateau à terre qui ne m'apportât quelques lettres et des compliments de gens de considération. Je n'eus pas de peine à m'apercevoir que ces relations leur donnoient déjà du dégoût pour le nouveau prêtre, et les maîtres qu'on m'avoit donnés me le firent bientôt entendre. Ils me dirent qu'il ne falloit ni voir, ni écrire, ni avoir aucun commerce avec gens au-dessus des iliens; qu'il falloit familiariser avec eux, manger et boire ensemble, fermer les yeux au désordre, taire leurs friponneries, et qu'on auroit fait ma part meilleure.

«Le dernier prêtre qui les avoit quittés m'avertit de me défier, et me dit qu'on avoit attenté à sa vie plusieurs fois; mais, fortifié de ces paroles de J.-C. : *Qui perdit animam suam in hoc mundo, in vitam æternam custodit eam*, je tâchai d'emplir les devoirs de mon état. Comme je m'étois attendu à beaucoup souffrir, tout me parut moins rude. Je passe sous silence les maux que tout le monde est témoin que j'ai soufferts dans mon particulier, pour parler de ce qui regarde l'étranger, dont l'intérêt m'est plus cher que le mien. Je suis presque insensible à ce qui ne touche que moi-même; mais je suis tout cœur pour mon prochain.

«Il y a dans l'île un assez joli port, et assez bon; on y a vu ensemble cent bâtiments. Dans les guerres, plusieurs y relâchoient devant les corsaires, le gros temps. Le peu de connoissance qu'ont les étrangers de ces côtes fait que, actuellement, plusieurs y sont conduits par nos habitants, qui sont prompts à les y piloter. Les étrangers qui y ont été une fois périroient plutôt en mer que d'y rentrer. J'ai vu rompre le pont d'un Anglois pour le piller, j'ai vu dégréer un Irlandois, lui couper ses manœuvres, porter ses apparaux à terre, et l'équipage en danger d'être égorgé; et il l'auroit été infailliblement, si je n'avois exposé ma vie pour les sauver. Dieu me donna assez de courage pour m'opposer seul à une troupe de brigands. Je fus obligé d'en venir aux mains : cela n'est pas d'un prêtre; mais enfin c'étoit pour conserver à de pauvres étrangers leur vie et leurs biens : *Irascebar, et non peccabam.* Dieu bénit mon zèle; je fis rendre tout à ce bâtiment, j'en fus le gardien pendant qu'il resta dans le port, et le pilotai pour le mettre dehors, et, pour récompense, ils pardonnèrent aux coupables et n'en firent pas de plainte : *Munera super innocentem non accepi.* Je l'aurois tu moi-même, si je ne croyois que mon silence n'autorisât le crime : *Qui non vetat peccare, cum potest, peccat.* Je vois quelquefois décharger certaines choses des bateaux qui me font croire qu'ils ne sont pas moins à craindre en mer que dans leurs ports, ces gens étant jour et nuit à la pêche parmi les rochers, à perte de vue de leur île. Je m'oppose autant qu'il m'est possible à tous leurs pillages; mais, en récompense, je m'attire leur haine : ils me menacent, ils se plaignent que je ruine leur trafic, qui étoit celui du brigandage. Ils croient comme article de foi que tout ce que la tempête jette sur leur île leur appartient de droit, et, s'ils retirent un bâtiment du danger, le tout doit être à eux.

«Comme il n'y a à l'île aucun bureau, ni aucun commis, et qu'on n'y paye aucuns droits, ceux qui sont chargés de marchandises prohibées aiment mieux y relâcher qu'ailleurs, et bien payer nos matelots pour les mettre dans le port. Les maltôtiers se plaignent que je favorise ces contrebandiers. 1° Je ne sais si effectivement ils le sont : *Non quæro iniquitatem in domo fratris mei.* 2° Les fermes ne me payent pas pour être leur commis, et mon caractère ne me permettroit pas d'accepter leurs offres, et je ne serai jamais assez malheureux pour livrer un homme entre les mains de ses ennemis. 3° Où il n'y a pas de bureau, il n'est dû aucun droit. Que les fermiers fassent le dû de leur charge, je ne leur nuirai pas plus que je ne favorise les fraudes et les contrebandes. J'attends aussi leur finesse : ces Messieurs voudroient plumer la poule sans la faire crier. Ils veulent exiger de moi que je les avertisse quand il y aura des marchandises de cette nature, pour qu'ils viennent ici les acheter à vil prix, sous prétexte qu'ils auroient droit de les arrêter. Ils m'ont fait la proposition de partager avec moi le gâteau. Ce qui est vrai, c'est que je n'ai jamais fait entendre à nos habitants qu'il leur fût défendu, ni par la loi divine, ni par le Prince, d'acheter de ces marchandises pour leurs usages à eux-mêmes.

«On dit qu'il y a en mer quantité de forbans; je crois même qu'il en relâche ici quelquefois.

«Votre Grandeur donnera les ordres nécessaires sur ce que j'ai la liberté de lui marquer. Si elle veut me les adresser, ce sera, s'il lui plaît, par M. l'intendant de Brest. Pardon si je pèche; c'est par zèle pour le bien de l'État, et parce que je suis persuadé que vous ne désapprouverez pas cette liberté, que me donne la renommée, qui vous publie accessible aux plus petits.»

1750. *M. de Bâville, intendant en Languedoc,*
au Contrôleur général.

21 Décembre 1714.

Il demande la levée des défenses de tuer les agneaux pour Toulouse et le pays environnant, où les habitants ne possèdent pas de pâturages et ont besoin du lait des brebis*.

* En apostille : «Se remettre à sa prudence.»

En janvier 1715, le contrôleur général écrit aux intendants que la défense de tuer a été prorogée, mais qu'ils peuvent ne pas l'appliquer aux pays où elle serait inexécutable.

1751. *Le Contrôleur général à M. le Rebours, intendant des finances.*

28 Décembre 1714.

«Je vous renvoie des projets de lettre pour le fonds des troupes des provinces pendant l'année prochaine 1715, que M. de la Jonchère, trésorier de l'extraordinaire des guerres, m'a présentés aujourd'hui. Avant de les signer, je suis bien aise d'en conférer avec vous : je vous prie de me les rapporter jeudi, afin que le service se fasse sans retardement*.»

* Sont joints les projets de lettre à MM. de Harlay de Cély et de Bâville, intendants en Béarn et en Languedoc, et à MM. Chartraire et de Montaran, trésoriers des États de Bourgogne et de Bretagne.

1752. *M. de Bernières, intendant en Flandre, au Contrôleur général.*

28 Décembre 1714.

«Il est de mon devoir de vous informer que le transport des espèces, et principalement des écus, continue plus que jamais sur toute cette frontière, et que, quelques soins qu'on prenne pour l'empêcher, il en est sorti depuis un an pour des sommes immenses, et qu'il continue d'en sortir tous les jours, n'y ayant point de subtilités et de ressorts dont on ne se serve pour réussir dans ce transport et éviter d'être pris, n'y ayant que quelques malheureux, qui sont assez souvent arrêtés avec quelques espèces, et qui sont punis suivant la rigueur des ordonnances : ce qui fait peu d'effet, les gens capables, et qui font ou facilitent les grands transports, trouvant moyen de n'être jamais surpris.

«Les espèces se transportent hors du royaume par deux différents motifs, dont le premier est pour payer à l'étranger des dettes contractées, ou pour l'aisance du courant du commerce. On peut dire que ce transport est presque nécessaire aux négociants, lorsque les étrangers nous fournissent plus que nous ne leur fournissons, et c'est ce qui est arrivé depuis quelques années, de manière qu'il a fallu, et qu'il faut encore, payer l'excédent. La preuve en est sensible, car le change sur Hollande est actuellement à 20 p. o/o de perte pour la France; il n'y en a que 17 1/2 p. o/o de différence entre la valeur de nos espèces et ce qu'elles devroient valoir par proportion à l'écu de 3# : en sorte qu'il y a 2 1/2 p. o/o en faveur de l'étranger, ce qui engage nos marchands à transporter pour épargner cette perte. Le second motif qui engage au transport, et qui est infiniment punissable, est pour faire un billonnage outré, que les peuples de ce pays entendent mieux qu'en aucun lieu du monde, se servant de toutes sortes de voies lorsqu'il y a le moindre profit à faire; et celui qui se fait aujourd'hui est considérable. Pour vous en donner une idée, il faut vous observer que les provinces de la Flandre, de l'Artois et du Hainaut françois sont en disette de menues espèces de nouvelle fabrication pour fournir à leur commerce : en sorte que, quelques défenses qu'on y ait faites, et qu'on renouvelle tous les jours, d'y exposer les pièces de 20 s., 10 s., et de 4 s., autrement appelées pièces d'ancienne fabrication, rien ne peut en empêcher le cours, et il ne paroît point d'autre monnoie que ces anciennes pièces de 4 s., que je ne prévois pas qu'on puisse détruire qu'en fournissant le public d'une quantité suffisante d'autres menues espèces propres au détail du commerce et à pouvoir changer les grosses. Il faut encore vous informer que le même public, de son autorité, a donné cours à ces petites pièces pour 3 s. 6 d.; depuis lequel temps, il est arrivé que nos écus, en conformité des arrêts du Conseil, ont diminué de 5 s., et ne valent à présent que 4#, pendant qu'ils sont reçus dans les Pays-Bas à raison de 4# 1 s. 3 d. Au contraire, les petites pièces n'y valent que 3 s. 3 d., différence qui, ayant encore animé les billonneurs, les a mis plus vivement que jamais en campagne pour transporter nos écus dans les villes voisines et rapporter, à la place, de ces petites pièces, dont on leur donne vingt-cinq pour un écu, faisant, à raison de 3 s. 3 d. pièce, 4# 1 s. 3 d.; lesquelles petites pièces s'exposant dans le commerce pour 3 s. 6 d., les vingt-cinq faisant, sur ce pied, 4# 7 s. 6 d., les billonneurs se trouvent gagner 7 s. 6 d. par écu, abus qui ne fera qu'augmenter à chaque diminution, et auquel il faut tâcher de couper racine. Après en avoir conféré avec les plus honnêtes gens, on croit qu'il seroit nécessaire de faire fabriquer en cette Monnoie de Lille pour 5 à 600,000# de dixièmes d'écus, lesquelles espèces étant sujettes aux diminutions comme les écus, elles circuleroient dans le commerce, et il n'y auroit pas d'apparence qu'on les resserrât; mais il faut avoir l'honneur de vous représenter, à cet égard, que, l'hôtel des monnoies étant nouvellement rétabli, et la fabrication n'ayant pas été considérable depuis ce temps, n'y ayant été fabriqué que des demi-écus et quarts d'écus, les officiers y ont eu peu ou point de profit, et que, pour cette fabrication de dixièmes d'écus, il seroit convenable de leur accorder un salaire proportionné à leurs soins et à leurs peines, d'autant plus que, les frais de brassage des pièces de 10 s. d'ancienne fabrication ayant été réglés à 10 s. par marc, les droits des ajusteurs à 4 s., ceux des monnoyeurs à 18 d., les déchets à deux marcs pour cent marcs de net passés en délivrance, les dixièmes d'écus étant d'une matière plus fine et moins sujette aux déchets, il paroîtroit nécessaire d'accorder quelque chose de plus. Quoi qu'il en soit, il est tout à fait à propos de trouver moyen de soustraire ces anciennes petites espèces, qui causent un si grand désordre, et de les remplacer par de nouvelles, qui, étant utiles au détail du commerce, se trouvent en même temps moins faciles à transporter que les écus et autres grosses espèces : ce qui pourra mettre un frein et des bornes au penchant naturel qu'ont tous les peuples des frontières, et surtout les Flamands, à transporter l'argent hors du royaume, quand ils y trouvent quelque profit*.»

* En apostille, sur une feuille séparée, le contrôleur général a

écrit : «Le transport de l'argent hors le royaume se fait ou pour : 1° payer des dettes; 2° ou acheter des marchandises. En l'un ou en l'autre cas, le transport est utile. Nul homme ne donne son argent pour le perdre; il est sûr, au contraire, qu'il y trouve du profit, qui, par la suite, produit un avantage pour l'État. Depuis quelques années, la France a eu de grands besoins. On a tiré des blés d'Angleterre et du Nord par la Hollande, des moutons d'Allemagne, et des bœufs et des vaches, et on les a même déchargés des droits d'entrée; des marchandises pour envoyer aux Indes sur les vaisseaux qui ont fait le commerce de la mer du Sud. Les Hollandois, les Anglois et les Italiens ont trouvé, pendant la guerre, un grand profit à faire valoir l'argent en France. Ils ont contracté une dette sur l'État, qu'il faut acquitter.»

Voir, sur de nouvelles sorties d'espèces et sur les procédés employés pour les empêcher, les lettres de M. de Bernières, 13 janvier et 29 mars 1715; de M. Ravat, prévôt des marchands de Lyon, 12 juin 1715, et du sieur Bachelier de Gentes, directeur de la douane, 2, 9, 14 et 21 avril, 15 et 18 mai, et 2 juillet; de M. Lebret, intendant en Provence, 14, 19 et 25 février, 31 mars, 13 et 23 avril, 9 juin, 7 août et 19 octobre 1714.

Sur la proposition de M. de Bâville, intendant en Languedoc (lettre du 29 août 1714), on obligea les Génois qui venaient vendre leurs vins à donner caution de faire l'emploi du produit de leurs ventes en achats sur les lieux mêmes. M. Bonnier, trésorier de la Bourse de Languedoc, proposa, le 16 août 1715, de donner une valeur aux pistoles d'Espagne.

Pour empêcher les Suisses d'emporter du Lyonnais plus que le montant de leurs ventes, on supprima l'usage des passeports : voir les lettres de M. Méliand, intendant à Lyon, 22 janvier et 16 mai 1715.

Le 3 août 1715, M. le Blanc, intendant en Flandre maritime, demande une refonte générale des espèces, comme seul moyen de les faire revenir et circuler dans le royaume.

1753. *Le Contrôleur général à M. de Grignan, lieutenant général en Provence.*

2 Janvier 1715.

«J'ai reçu les lettres que vous avez pris la peine de m'écrire les 12 et 20, trois du 21, une du 22, et une autre du 24 décembre 1714, sur lesquelles je vous dirai en général que les délibérations qui ont été prises dans l'assemblée des communautés de Provence m'ont paru bonnes et conveaables au service du Roi et avantageuses pour les communautés. Je ne doute pas que le Roi ne fasse beaucoup d'attention aux procès-verbaux faits par les procureurs du pays de l'état des communautés qui souffrent, et ne leur accorde les soulagements que les conjonctures et la situation des affaires des finances pourra permettre. S. M. a accordé une nouvelle déclaration pour maintenir les procureurs du pays dans le droit qu'ils ont de placer les ponts et les chemins dans les endroits les plus commodes pour le public. S. M. a fort approuvé les délibérations que vous avez fait prendre, tant pour faire entrer la province dans dépense à faire pour des travaux contre le Rhône dans le territoire de Tarascon, que pour le môle projeté en la plage d'Hyères. Si vous avez fait quelque dépense à l'occasion du passage de la reine d'Espagne pour les réparations des chemins, il semble qu'il eût été juste de ne la pas prendre sur vous, puisque la province a délibéré d'entrer dans celles qui ont été faites par les communautés qui se sont trouvées sur la route de S. M. C. J'ai fait connoître au Roi votre désintéressement.

«J'attendrai de vos nouvelles sur ce que vous aurez découvert touchant la plainte que font les officiers de la Santé de Martigues contre les commis du fermier du tabac, auquel j'ai aussi fait donner ordre de me rendre compte de cette affaire.

«Lorsqu'on m'aura remis le mémoire concernant l'abonnement des droits imposés sur les boissons, dont il est fait mention dans votre lettre du 22 décembre, je l'examinerai avec soin, et je prendrai l'ordre de S. M. sur les moyens qu'on doit y proposer pour en obtenir la décharge, de même que sur les articles omis dans une déclaration pour l'établissement du mesurage du sel par la trémuie en Provence.

«La province fera un grand bien en accordant des secours aux particuliers qui se porteront à repeupler leurs terres d'arbres; on ne peut que louer la délibération que l'assemblée a prise tant sur ce sujet que contre les communautés qui ne se sont point cotisées pour le payement des arrérages des impositions qu'elles doivent pour obtenir le secours qui leur avoit été promis à cette condition, aussi bien que celle par laquelle le trésorier des États a été chargé du recouvrement des impositions dues par les seigneurs de fiefs pour les biens roturiers qu'ils possèdent dans leurs terres.»

1754. *M. Lebret, intendant en Provence, au Contrôleur général.*

2 Janvier 1715.

Marseille étant exploité par une quantité de voleurs, il propose de doubler les patrouilles, en permettant à la ville d'assigner 12# par jour, au lieu de 40 s., pour cette dépense*.

* «Bon.»

Sur le guet de Lyon, voir une lettre de M. Méliand, intendant, 31 mai 1713, et deux ordonnances de M. le maréchal de Villeroy, gouverneur de la ville, 5 janvier 1714.

1755. *Le Contrôleur général à M. d'Eaubonne, intendant à Soissons.*

4 Janvier et 28 Mars 1715.

Plans proposés par le sieur Vieuille, procureur du Roi en l'hôtel de ville de Laon, pour le remboursement de tous les offices municipaux de cette ville*.

«Cela rétablira les habitants de la ville de Laon dans le droit d'élire les principaux officiers de l'hôtel de ville, et c'est l'esprit de l'édit du mois de septembre 1714, lequel ne comprend pas, à la vérité, les échevins anciens, ni les échevins alternatifs, dans la faculté accordée aux communautés des villes de rembourser les officiers municipaux; mais, comme on m'assure que les échevins alternatifs ont tous été vendus à Laon, on peut, par l'arrêt qui sera rendu pour permettre à la communauté d'emprunter la somme de 80,000# dont elle a besoin pour le remboursement....., permettre aussi à la communauté de rembourser les échevins anciens et alternatifs**.....»

* Voir les lettres du sieur Vieuille, 15, 20 et 29 décembre 1714, 9 janvier, 12 février, 16 mars et 26 avril 1715, et une lettre du sieur le Clerc, président du bailliage, 22 décembre 1714.

** Voir les lettres écrites les mêmes jours au sieur Vieuille. Le 30 avril, on l'avise que, tous les corps de la ville étant opposés au remboursement total, il peut rendre les soumissions de prêt qui lui ont été données par des particuliers. Le 21 mai suivant, le contrôleur général écrit à l'intendant qu'il va vérifier si quelqu'un des plans proposés dans les autres provinces ne pourrait s'appliquer à Laon, et, le 10 juin, il lui demande s'il ne serait pas praticable de proroger un octroi, comme cela s'est fait à Bordeaux.

Voir les lettres de M. d'Eaubonne, 11 janvier, 6 mai et 17 juillet; de M. l'évêque de Laon, 16 mai; des officiers du présidial et du président de l'élection, 22, 28 et 29 avril.

Sur des projets semblables de remboursement par les communautés, voir les lettres du contrôleur général à M. de Cély, intendant en Béarn, 29 avril 1715; des jurats de Saint-Jean-Pied-de-Port, 17 avril et 4 mai, et de l'intendant, 6 juin; de M. de Courson, à Bordeaux, 23 février, 26 mars, 7 et 28 mai 1715, et de MM. Gillet de Lacaze, premier président, et du Vigier, procureur général au Parlement, 28 février; de M. Ferrand, intendant en Bretagne, 18 mars 1715; de M. Guynet, intendant à Caen, 24 septembre 1712; de M. Lescalopier, intendant en Champagne, 1er avril et 29 août 1712, et 6 mai 1714; de M. Doujat, intendant en Hainaut, 22 juin 1715; de M. de Bâville, intendant en Languedoc, 15 décembre 1713, et de M. l'évêque de Saint-Papoul, 28 août 1713; de M. Méliand, intendant à Lyon, 26 décembre 1714; de M. de Saint-Contest, à Metz, 16 septembre 1713; de MM. le Gendre et Laugeois d'Hymbercourt, intendants à Montauban, 27 mai et 29 décembre 1711, 27 septembre 1712, 15 juin 1715.

Le 8 janvier 1715, M. Lescalopier, intendant en Champagne, combat une requête des officiers de l'hôtel de ville de Chaumont-en-Bassigny tendant à faire autoriser l'adjudication à l'hôtel de ville des offices de milice bourgeoise, et l'emploi des deniers qui en proviendront au payement des taxes demandées à la ville pour la réunion de l'office d'avocat du Roi, les augmentations de gages et le Don gratuit. Le contrôleur général répond en apostille : «Le Roi ne veut point que les offices de milice bourgeoise soient désunis et vendus. Il faut pourvoir au payement du Don gratuit et à la taxe pour la réunion de l'office d'avocat du Roi en l'hôtel de ville; M. Lescalopier doit examiner les moyens les plus convenables. A l'égard des augmentations de gages attribuées aux officiers de milice bourgeoise, on en déchargera la ville.»

1756. *Le Contrôleur général à M. l'Archevêque d'Aix, président de l'assemblée des communautés de Provence.*

6 Janvier 1715.

«Je réponds à la lettre que vous avez pris la peine de m'écrire le 27 décembre dernier. J'examinerai sans perte de temps l'affaire des communautés de Provence qui ont besoin de quelque soulagement, lorsqu'on m'aura mis en état de le faire, et je vous informerai ensuite du succès; mais le Roi a remis à décider sur cette affaire quand tous les procès-verbaux auront été envoyés et sur le rapport qui lui en sera fait. Vous pouvez, dans cette situation, prendre avec M. Lebret les mesures qui conviendront au voyage que vous pourrez être obligé de faire pour vous trouver à l'assemblée générale du clergé. Le Roi a fort approuvé la délibération qui a été prise pour donner aux receveurs des vigueries le recouvrement des impositions dues par des seigneurs de différentes communautés pour les biens taillables qu'ils possèdent. Cet article est très essentiel; il mérite que les procureurs du pays y donnent une vive attention, et S. M. les aidera de son autorité, quand il sera nécessaire. M. Lebret a exécuté les instructions du Roi en portant l'assemblée à donner les ordres convenables pour réparer, autant qu'il sera possible, la perte des arbres causée par l'hiver de l'année 1709; rien ne peut être plus utile à la province. Je crois qu'il eût été plus convenable d'imposer 700# par feu, suivant votre avis et celui de MM. les procureurs-nés et joints, pour pouvoir satisfaire à toutes les charges de la province. Quant à la délibération qui a été prise pour comprendre M. de la Garde dans l'état des gratifications annuelles pour la somme de 1,500#, comme il n'a point été d'usage jusqu'à présent que les communautés de Provence aient fait aucune gratification aux contrôleurs généraux des finances et à leur premier commis, je ne puis me résoudre de proposer au Roi d'autoriser cette gratification dans la nécessité où l'on se trouve d'accorder des secours à plusieurs de ces mêmes communautés.»

1757. *Le sieur Olry Cahen l'aîné, l'un des syndics de la communauté juive de Metz, au Contrôleur général.*

6 Janvier 1715.

«Nous prenons la liberté de vous écrire sur ce que M. de Saint-Contest, notre intendant, nous a fait entendre que quelque personne demande au Roi de nous faire payer un droit de manance, habitation et protection annuellement et par chaque famille, lequel droit on demande même en fief, tant pour cette personne qui le demande, que pour ses descendants. Sur quoi, Votre Grandeur a ordonné à mondit sieur de Saint-Contest de tirer de nous un état de tout ce que nous payons annuellement : en sorte que cela nous jette dans une si grande consternation, que nous sommes déterminés à députer quelqu'un entre nous pour se rendre vers Votre Grandeur et se jeter à ses genoux pour implorer votre charité et lui représenter verbalement que nous sommes tellement accablés et réduits à une si grande extrémité, que, depuis la guerre, notre communauté se trouve endettée de plus de 150,000#, de manière qu'étant dignes de commisération, nous espérons qu'après avoir fait connoître nos raisons à Votre Grandeur, elle sera touchée de pitié et de compassion envers nous. D'ailleurs, le Roi glorieusement régnant, non plus que ses prédécesseurs, ont toujours, par leurs générosités ordinaires, rejeté de pareilles demandes. C'est pourquoi nous supplions très humblement Votre Grandeur de vouloir bien ne rien décider à cet égard qu'après que nous aurons eu l'honneur de nous faire entendre et de lui exposer nos justes raisons. Ce faisant, nous continuerons nos vœux et prières à Dieu pour la santé et prospérité de Votre Grandeur*.»

* Ce droit de protection et d'habitation était demandé par M. le mar-

IMPRIMERIE NATIONALE.

quis de la Vallière. Le 19 du même mois, M. de Saint-Contest, intendant, envoie un état de la dépense ordinaire acquittée par les Juifs à l'hôpital, à l'état-major, etc., et de leurs dépenses extraordinaires.

1758. *Le sieur* BOUSQUET, *subdélégué de l'intendant en Languedoc*, AU CONTRÔLEUR GÉNÉRAL.

6 et 13 Janvier, 28 Février et 24 Mars 1715.

Livraison d'habits préparés pour les gardes du corps du roi d'Espagne*.

* Ces habillements eussent dû être prêts pour l'époque du passage de la reine : voir une lettre de M. Orry, jointe à une lettre du sieur Bousquet, 15 octobre 1714.

1759. *M.* DE BERNAGE, *intendant à Amiens*, AU CONTRÔLEUR GÉNÉRAL.

7 Janvier 1715.

De concert avec MM. de Bernières et Doujat, intendants en Flandre et en Hainaut, il donne son avis sur le payement des droits d'entrée pour les fers utilisés par les marchands de la généralité d'Amiens, conformément à l'arrêt du Conseil du 2 avril 1701.

1760. *Le sieur* VINCENT, *à Nîmes*, AU CONTRÔLEUR GÉNÉRAL.

7 Janvier 1715.

Il rappelle la proposition qu'il a faite d'amener un bras du Rhône à Nîmes.

1761. *M.* LAUGEOIS D'HYMBERCOURT, *intendant à Montauban*, AU CONTRÔLEUR GÉNÉRAL.

9 Janvier 1715.

« L'usage de cette généralité étant de ne remplir et de ne signer les mandes de la taille de chaque communauté qu'après le département, je m'y suis uniquement donné depuis le peu de jours que je suis de retour en cette ville. J'achevai hier de les signer, après avoir fait la répartition sur chaque communauté du don qu'il a plu à la bonté du Roi d'accorder à chaque élection. Elles seront toutes envoyées aux receveurs des tailles avant dimanche. J'ai pareillement signé aujourd'hui le dixième rural de cinq élections; le directeur m'en doit présenter demain deux autres, et m'assure que, dans tout ce mois, il mettra devant moi tous les rôles généralement de ce recouvrement, qui, par conséquent, seront envoyés devant le 1er février. Je vais cependant envoyer dans les élections les lettres circulaires pour procéder à la capitation : ainsi, ces recouvrements reprendront leur train cette année, et, s'ils subsistent encore la prochaine, je ferai en sorte qu'ils seront en état encore quelques mois plus tôt, la longueur de ma tournée des tailles, que je n'ai pu commencer qu'après la réception des commissions, ne m'ayant pas permis d'y travailler plus tôt qu'après mon retour. »

1762. *M.* D'ESTBONNE, *intendant à Soissons*, AU CONTRÔLEUR GÉNÉRAL.

10 Janvier 1715.

Il conclut au rejet des prétentions de la ville de Laon contre les ecclésiastiques qui ont refusé de contribuer aux taxes levées sur les habitants*.

* Voir le placet des maire et échevins, 9 avril 1714, accompagné de plusieurs ordonnances de l'intendant.

Voir aussi, au 13 juin 1715, une lettre du sieur Vieuille, procureur du Roi de la ville, sur le droit de détail réclamé aux ecclésiastiques.

1763. *Le sieur* DESTURBAUX, *directeur des gabelles à Moulins*, AU CONTRÔLEUR GÉNÉRAL.

11 Janvier 1715.

« Le nommé Jean Murat, condamné aux galères pour trois ans par sentence des officiers de la juridiction du dépôt d'Aigueperse en date du 10 juillet 1713, ayant reparu depuis un mois, a été repris dans le bourg d'Aubiat et constitué prisonnier depuis trois jours. Il m'a paru, par un congé, qu'il a été détaché de la chaîne et qu'on lui a remis sa liberté, suivant le certificat par lui représenté en date du 25 septembre dernier. Ce congé, qui paraît en bonne forme, et dont j'ai l'honneur de vous envoyer une copie, lui a été donné sous deux conditions, qui emportent deux peines différentes : l'une, de ne point retourner dans le ressort de la juridiction où il a été condamné, et celle-là est sur peine de la vie; et l'autre, de ne point aller à Paris, de ne point se trouver où S. M. sera, ni de rester à Marseille, et ce, à peine de nullité du congé et d'être remis en galère. Or, ledit Murat n'a point satisfait à la première condition. Il est natif de la paroisse d'Aubiat, ressortissante de la juridiction du dépôt d'Aigueperse, et c'est dans ce même lieu où il s'est retiré et où il vient d'être arrêté. Par cette désobéissance, il a encouru la peine de la vie; mais, comme j'appréhende que cette peine ne soit que comminatoire, j'ai cru devoir vous en informer pour savoir ce que Votre Grandeur désire que l'on fasse de cet homme. Je vous supplie de vouloir bien m'honorer de vos ordres. »

1764. *M.* DE RICHEBOURG, *intendant à Poitiers*, AU CONTRÔLEUR GÉNÉRAL.

13 Janvier 1715.

Les soldats de milice congédiés et rentrés dans leur

pays demandent à jouir pendant trois ans de l'exemption des tailles et autres impositions. D'autres se plaignent qu'en leur absence leurs parents ou voisins se sont emparés de leurs biens; d'autres encore, que les collecteurs, sous prétexte de recouvrements de taille, ont saisi et vendu leurs biens jusqu'aux tuiles*.

* Le premier point est accordé; pour le dernier, le contrôleur général répond qu'il n'y a pas lieu d'enlever ces sortes d'affaires aux juges ordinaires (9 février).

1765. *M. Lescalopier, intendant en Champagne,*

au Contrôleur général.

15 Janvier 1715.

«Quand j'ai compris les maîtres brasseurs de la ville de Sedan dans les états sur lesquels le rôle du 27 septembre 1712 a été arrêté au Conseil, ç'a été en vue des profits considérables qu'ils ont faits en 1709 et 1710 par la vente des bières, qui tenoit lieu de vente de vin en gros, dont l'espèce avoit manqué, et je ne prétends pas, pour cela, les obliger à prendre de nouvelles lettres de maîtrise, mais à contribuer, par des cotes bien inférieures à leurs profits et facultés, à un secours extraordinaire que le Roi demande nommément à ceux qui ont fait le commerce de vin en gros, et, par une interprétation nécessaire et tacite, à ceux qui, dans deux années de stérilité de vin, ont fait, par un prodigieux débit de bière, le personnage et les fonctions utiles des marchands de vin en gros.....»

1766. *M. Bignon de Blanzy, intendant à Paris,*

au Contrôleur général.

16 Janvier 1715.

«Sur la lettre que j'ai eu l'honneur de vous écrire le 20 décembre dernier, vous avez jugé à propos de décider, entre autres choses, que les cautions des traités, leurs veuves, enfants, héritiers ou biens-tenants seroient contraints au payement des sommes dont ils seront redevables par saisie réelle de leurs biens et effets immobiliaires. MM. les commissaires, que j'ai informés de cette décision, m'ont chargé de vous représenter que, si l'on poursuit à la Cour des aides la vente et adjudication des biens de ces redevables, les délais de la justice ordinaire éloigneront de beaucoup le recouvrement des sommes dues au Roi. C'est ce qui leur a fait penser qu'il conviendroit de faire procéder à la vente et adjudication de ces biens par-devant des commissaires du Conseil. Ils estiment que le succès en sera plus prompt, et en même temps plus avantageux. Si vous approuvez cet arrangement, M. Rolland aura l'honneur de vous présenter un projet d'arrêt à cet effet. Comme il est dû au Roi des sommes assez considérables par les cautions de quelques traités, ou par leurs veuves ou héritiers, MM. les commissaires ont souhaité recevoir vos ordres sur l'arrangement qu'ils proposent avant de faire procéder à la saisie réelle des biens et effets immobiliaires de ces redevables.»

1767. *M. Chauvelin, intendant à Tours,*

au Contrôleur général.

16 Janvier et 8 Février 1715.

Réparation de l'église Saint-Martin de Candes, endommagée par les tremblements de terre de 1711*.

* *A la lettre du 16 janvier sont joints un état des travaux à faire et un plan de l'église.*

Le 30 juin, M. de Bercy écrit : «Je crois devoir vous informer du contenu en la lettre et au mémoire que je viens de recevoir de M. Chauvelin, intendant de Tours, à qui j'avois demandé des éclaircissements au sujet d'un arrêt qu'il vous a proposé de faire expédier pour les réparations de l'église de Saint-Martin de Candes, qui est de son département. Vous m'avez fait l'honneur de me renvoyer, avec sa lettre du 20 mai dernier, le projet d'arrêt dont il proposoit l'expédition. Il m'a paru contraire à l'usage que vous avez toujours approuvé dans ces sortes d'affaires, et auquel même vous m'avez plus d'une fois recommandé de tenir exactement la main : cet usage consiste à ne point expédier d'arrêt pour les réparations d'églises, si l'intendant n'envoie, en le proposant, le devis estimatif, le plan et l'adjudication qu'il a faite au rabais du prix des ouvrages. Comme l'arrêt proposé par M. Chauvelin ne tend qu'à l'autoriser à adjuger à l'entrepreneur qui a fait le devis le rétablissement de l'église de Saint-Martin de Candes, à condition que le prix de ces ouvrages ne pourra excéder la somme de 11,000^{tt}, qu'il n'a joint à ce projet ni le plan, ni le devis, et qu'il ordonne d'ailleurs que cette somme de 11,000^{tt} sera prise sur le revenant-bon d'une loterie qui a été faite à Paris en faveur des paroisses de Saint-Laurent et de Saint-Martial, et que les deniers qui sont actuellement entre les mains du sieur Liévain, notaire au Châtelet, seront remis au commis à la recette générale de Tours, pour être payés aux adjudicataires sur les ordonnances de M. Chauvelin, je n'ai pu me dispenser de lui faire, sur tout cela, mes observations, et de lui demander sur quel fondement il proposoit le revenant-bon de cette loterie tirée à Paris en faveur de deux paroisses que je suppose avoir eu besoin de ce secours, pour faire le fonds des réparations à faire à l'église de Saint-Martin de Candes. Je vois, par le mémoire qu'il vient de m'adresser, avec sa lettre en réponse, que le plan et le devis vous ont été adressés avec sa lettre du 16 janvier 1715; que, sur les ordres que vous lui avez donnés le 26 du même mois, il a de nouveau fait vérifier tout le contenu au devis, qui s'est trouvé très juste suivant le certificat du sieur de Bron, ingénieur des ponts et chaussées, du 3 février 1715, qu'il vous a aussi envoyé avec sa lettre du 8 du même mois; que vous lui avez marqué, le 10 mai dernier, que le Roi a fait un fonds de 11,000^{tt} pour le rétablissement de cette église, et que cette somme sera remise par le sieur Liévain à l'adjudicataire, ou au porteur de sa procuration, lequel s'adressera à M. d'Argenson, qui en donnera l'ordre; que cependant M. Chauvelin doit faire incessamment procéder à l'adjudication au rabais. Au lieu d'y satisfaire, M. Chauvelin vous a envoyé, le 20 mai, le projet d'arrêt qui est entre mes mains, qui l'autorise simplement à faire l'adjudication, dont le prix ne pourra néanmoins excéder 11,000^{tt}. Je vois de plus que M. d'Argenson a écrit, sur cette affaire, plusieurs lettres à M. Chauvelin, et qu'il demande le projet d'arrêt, qu'il se propose de faire expédier et d'envoyer incessamment. Permettez-moi de vous représenter, sur le tout, avant que vous soyez déterminé à signer cet arrêt : premièrement, que, n'ayant vu aucune de ces pièces, je ne puis vous proposer l'arrêt dont vous m'avez renvoyé le projet; et en second lieu, qu'il peut y avoir beaucoup d'inconvénient à fixer, avant les adjudications au rabais faites dans les formes ordinaires, le prix de ces sortes d'ouvrages. J'ai l'expérience que ce prix diminue souvent de beaucoup, quand l'adjudication est faite avec attention, après des publications et des affiches, et avec la liberté qui convient pour engager les entrepreneurs à faire la condition meilleure. Il m'est déjà arrivé plus d'une fois de remarquer que tel rétablissement d'église qui avoit été estimé par le devis à 10,000# et plus, s'est trouvé réduit, par l'adjudication au rabais, à moins de 7,000#. Sans même entrer dans le détail des motifs qui ont déterminé S. M. à faire le fonds des ouvrages qu'il convient faire à l'église en question, je dois vous observer que l'église de Saint-Martin de Candes est tout ensemble et collégiale et paroisse, et que le Chapitre est gros-décimateur, circonstance importante, sur laquelle j'ai vu que l'on s'est toujours porté à faire payer une partie du prix par le gros-décimateur. Enfin, le mémoire de M. Chauvelin semble indiquer que M. d'Argenson veut se faire commettre pour procéder à l'adjudication au rabais : ce qui me paroîtroit également nouveau et irrégulier pour des ouvrages qui doivent être faits dans la généralité de Tours. Si vous me permettez d'ouvrir mon avis sur cette affaire, j'estimerois que l'arrêt que M. Chauvelin propose ne devroit être expédié qu'après que le prix des ouvrages sera devenu absolument certain par une adjudication au rabais faite dans toutes les formes, non seulement parce que tel est l'usage établi jusques à présent sur ces matières, mais encore parce que c'est l'unique moyen de prévenir les abus, qui, sans cela, pourroient devenir très fréquents dans les adjudications de pareils ouvrages. Je vous en dirois peut-être davantage, si j'avois vu toutes les pièces qui vous ont été adressées. Si même vous jugiez à propos de me les faire remettre, je serois bientôt en état de vous en rendre compte.»

1768. *M. Laugeois d'Hymbercourt, intendant à Montauban,* au Contrôleur général.

16 Janvier et 7 Juin 1715.

Recouvrement et comptes du dixième et de la capitation.

1769. *M. Foullé de Martangis, intendant en Berry,* au Contrôleur général.

22 Janvier 1715.

«Lorsque j'eus l'honneur de travailler cet été à Marly avec vous, pour vous rendre compte de toutes les affaires de mon département, que vous trouvâtes bien en règle, vous eûtes la bonté de me marquer être content de mes services et de mon attention, mon zèle et mon exactitude pour le bien du service du Roi, qui est l'unique objet que j'ai dans mon emploi; vous me permîtes d'avoir l'honneur de vous écrire pour vous demander une pension de 2,000 écus, comme le Roi a eu la bonté de l'accorder aux intendants dont il est content, et comme on l'a accordée à plusieurs de mes confrères; même il y en a, qui sont en intendance postérieurement à moi, qui en ont obtenu. Comme je suis peu ardent quand il s'agit de demander pour moi, j'ai différé jusqu'à aujourd'hui à le faire. Vous eûtes la bonté de me dire que vous voudriez bien appuyer ma demande auprès du Roi, y trouvant de la justice. Il y a sept ans que je suis en intendance, et, assurément, quand on a voulu remplir ses devoirs dans les années qu'on a essuyées depuis ce temps, on a eu plus de choses à faire et plus de peines à essuyer qu'on n'en auroit eu vingt autres années. J'ai eu la consolation de voir que, dans ces temps difficiles, vous avez toujours eu la bonté d'approuver la conduite que j'ai tenue, et tous les autres partis que j'ai pris, tant pour le bien du service du Roi que pour remédier aux mouvements et à la misère de la province. Vous savez que je n'ai aucune ambition, pas même pour désirer d'autres places ni d'autres intendances plus considérables que celle où je suis; je n'ai que celle de tâcher de faire bien, d'exécuter avec zèle et exactitude tous vos ordres, chercher à vous plaire en faisant le bien du service, faire ce qui est en moi pour adoucir les malheurs des temps, et répondre à vos bontés. Mes services sont trop peu importants et trop nouveaux pour que j'ose encore espérer, ni même demander une des places que le Roi n'accorde ordinairement qu'après de très longs services. Je n'ai ni enfants ni proches qui aient besoin; toute ma famille est bien établie, et je n'ai rien à demander pour elle, ni dans l'Église, ni dans les autres états. Une pension est la seule grâce que j'ose et puisse demander, quoique l'intendance, pour un honnête homme comme je fais profession de l'être, soit d'un revenu très médiocre, pour la dépense qu'on est obligé d'y faire, ne valant, au moyen de ce qu'on retient le dixième, que 14,500# par an, sans un sol de plus. La vie est devenue prodigieusement chère, et il n'est pas possible de vivre comme il convient sans y mettre infiniment de son bien; mais c'est moins certainement l'intérêt qui me touche, que le plaisir que j'aurois d'avoir cette marque de satisfaction, qui est la seule que je puisse recevoir quant à présent. Vous savez les peines extrêmes que j'ai eues à établir le dixième, qui, j'ose dire, quoique très difficile dans cette province par la nature des biens, a été plus tôt perçu et plus tôt en règle que dans les autres généralités. Les services de feu mon père dans deux ambassades, sans qu'il m'en reste aucune récompense, ceux de mon grand-père maternel, mort doyen du Parlement, et qui, j'ose dire, avoit rempli dignement et avec grande réputation les fonctions honorables de sa charge et avoit été honoré de bien des marques de bonté et de distinction par le Roi; ceux de M. Foullé de Prunevaux, mon grand-père, mort doyen du Conseil après avoir servi avec approbation et utilement, dans des temps difficiles, dans les intendances de Berry, de Bourbonnois, d'Auvergne, de Guyenne, et avoir été pendant longtemps intendant des finances; les services de mon bisaïeul, mort des fatigues et des soins qu'il se donna au siège de la Rochelle, y étant intendant de Poitou et de l'armée du Roi; enfin, ceux de tous mes ancêtres, toujours particulièrement attachés au service du Roi, honorés d'emplois considérables et de confiance dans tous les temps, et sans avoir laissé chacun aucun bien dans leurs familles autre que celui de leur patrimoine, sans avoir jamais été sensibles à l'intérêt et avoir augmenté en aucune façon le bien de leurs pères, pourroient me mettre à portée d'espérer des grâces, et me donnent la liberté de vous demander celle-ci, que j'espère plus par vos bontés que par toute autre raison. Vous avez permis à la famille de M. Chamillart, par l'amitié que vous avez pour lui, de se mettre sous votre protection. Dans toutes les occasions, en mon particulier, j'en ai ressenti les effets. Vous êtes instruit que, dans tout le temps qu'il a été dans la plus haute fortune, je n'ai point été placé, et qu'à force de différer de faire pour moi, il est sorti de place sans

avoir rien fait malgré sa bonne volonté; et, sans vous, je sens bien que je serois encore simple maître des requêtes à Paris. Je vous avoue que c'est aussi avec grand plaisir que je vous ai voué un très fidèle attachement, et que, de tous ceux à qui vous faites du bien et qui vous ont obligation, je suis un des plus reconnoissants. M. le duc du Maine, M. de Maupertuis, mon oncle, et plusieurs autres personnes de ma famille et qui m'honorent de leurs bontés m'ont souvent offert de vous parler en ma faveur; mais je ne veux jamais vous importuner, ni employer personne auprès de vous. Je ne désire point, quant à présent, rien de plus grand que l'emploi que vous m'avez donné, parce que, connoissant cette province, je suis plus en état d'y bien servir pendant quelque temps, et avec plus de facilité, que dans une autre que je ne connoîtrois point. Il n'est pas dans mon caractère de pouvoir toujours demander; je ne souhaite que vous contenter, ou savoir de vous quand je manquerai en quelque chose, pour m'en corriger et me conformer à vos intentions. Enfin, toute mon attention est de servir doucement et avec agrément sous vos ordres et avoir la satisfaction d'être sûr que vous êtes content de moi, et, dans les occasions où vous voudrez bien faire quelque chose pour moi, de n'en avoir l'obligation qu'à vous-même et aux bontés dont vous honorez M. le Rebours, mon beau-frère, toute la famille de M. Chamillart et moi. J'ose vous supplier, si vous pensez que je puisse obtenir la pension telle que j'ai l'honneur de vous la demander, de vouloir bien qu'elle ne soit point bornée au temps que je serai en Berry et en intendance, et qu'elle soit sur ma tête pour ma vie, afin que je puisse avoir toujours cette marque de satisfaction de mes services, à laquelle je serai fort sensible. Quoique je la désire beaucoup et que je sache bien combien vous avez de part à ces sortes de grâces, si vous ne jugez pas que je la mérite encore, je tâcherai de la mériter de plus en plus, et ne vous en serai pas moins obligé. J'attends tout de vos bontés et ferai mon possible pour les mériter*.»

* Voir, sur les pensions, gratifications et places de conseiller d'État demandées par les intendants, des lettres de M. de Bernage, intendant à Amiens, 18 février et 25 août 1711; de M. de Harlay de Cély, intendant en Béarn, 19 janvier 1715; de M. Ferrand, en Bretagne, 25 mars 1708, et de M. le comte de Toulouse, 29 mai 1713; de M. Lescalopier, en Champagne, 22 mai 1714; de M. de Bouville-Saint-Martin, intendant à Orléans, 21 février 1714, et de Mme de Bouville, 1er avril; de M. Roujault, intendant à Poitiers, 28 janvier 1712; de M. d'Albaret, premier président du Conseil supérieur et ancien intendant en Roussillon, 13 avril 1712; de M. Laugeois d'Hymbercourt, intendant à Soissons, 5 et 27 octobre 1712; de M. Chauvelin, intendant à Tours, 1er février 1712, et 19 février et 29 mai 1715.

Le 11 décembre 1714, M. Roujault, alors intendant à Rouen, remercie le contrôleur général de lui avoir accordé, au lieu du logement qu'il demandait, une gratification extraordinaire de 3,000#.

Le 22 février 1711, M. Doujat, intendant en Hainaut, demande à prendre quelques cordes de bois pour sa consommation dans la forêt de Mormal : il est refusé. Les 10 et 29 mars, il demande et obtient une pension de 3,000#.

Les 22 février et 28 mars 1710, 13 avril et 3 août 1713, M. d'Angervilliers, intendant en Dauphiné, demande la conversion en pension de ses 6,000# d'appointements d'intendant de Savoie et de ses 4,000# de gratification.

1770. *M. l'Archevêque de Bordeaux*
au Contrôleur général.

22 Janvier et 19 Février 1715.

Élection de députés par l'assemblée provinciale du clergé.

1771. *M. Méliand, intendant à Lyon,*
au Contrôleur général.

23 Janvier 1715.

«Lorsque l'ambassadeur du roi de Perse est parti d'ici, M. de Saint-Olon, qui est chargé de sa conduite, me fit connoître le peu de sûreté qu'il y avoit pour sa propre personne de se trouver sans secours au milieu des domestiques de cet ambassadeur, aussi brutaux que leur maître est extraordinaire dans ses procédés et dans sa conduite. Je ne pus refuser à M. de Saint-Olon la satisfaction de lui donner à sa suite cinq personnes sur la fermeté desquelles il pouvoit compter, lesquelles l'ont accompagné jusques à Moulins comme de simples voyageurs qui faisoient leurs journées, et qui ne prenoient aucune part à cette troupe de Persans.

«Cet ambassadeur, dont le caractère est encore plus singulier que vous n'avez pu vous le former sur nombre de faits bizarres qui vous en sont sans doute revenus, fait de si petites journées, qu'il a consommé neuf jours à aller d'ici à Moulins, où on peut se rendre très aisément en cinq journées. Ainsi, ces cinq personnes ont été quatorze jours en route. Je crois que vous approuverez que je les fasse payer sur la caisse de la recette générale, savoir : l'officier qui commandoit les quatre autres, sur le pied de 10# par jour, et les autres à raison de 5# chacun par jour, ce qui fait en tout la somme de 420#*.»

* «Bon.»

1772. *M. de la Houssaye, intendant en Alsace,*
au Contrôleur général.

25 Janvier 1715.

«J'ai reçu la lettre que vous m'avez fait l'honneur de m'écrire le 12 de ce mois en m'envoyant le mémoire ci-joint par lequel l'on vous propose l'établissement d'une Chambre des comptes à Strasbourg ou à Colmar, pour la reddition des comptes des officiers comptables de la province d'Alsace. Il me paroît que cette affaire n'a presque point d'objet, n'y ayant en cette province d'autres recouvrements comptables que ceux de 300,000# de la subvention, de 400,000# de la capitation, tant qu'elle durera, du produit de la vente des bois des forêts d'Haguenau et de la Hart, et la recette et dépense du payeur des gages des officiers du Conseil supérieur. Ces deux derniers articles sont encore plus médiocres que les autres, mais surtout celui du produit de la vente des bois, qui fournit à peine de quoi payer les gages des officiers des maîtrises particulières d'Haguenau et d'Ensisheim, qui y sont assignés. Quant aux deux premiers articles, comme il n'y a point de recette générale des finances séparée pour l'Alsace, étant confondue avec celle de la généralité de Metz, où le bureau commun en est établi, je ne comprends pas bien comment l'on pourroit faire compter les receveurs particuliers devant d'autres officiers que ceux qui connoissent des comptes du receveur général. Les motifs proposés pour ce nouvel établissement paroissent bien peu solides. L'on dit que la conquête de Landau rend l'Alsace beaucoup plus considérable : cela est vrai pour la sûreté de cette frontière; mais, quant à l'augmentation du territoire, elle n'est pas d'une lieue de diamètre, y compris trois petits villages de la dépendance de cette place, et ce département étoit bien plus étendu après les arrêts de réunion des années 1680 et 1681, jusques au traité de Ryswyk de l'année 1697, par lequel Brisach, Fribourg, Philisbourg, le duché des Deux-Ponts et le bailliage de Germersheim ont été rendus. L'on n'a cependant jamais pensé, dans cet intervalle, à y établir une Chambre des comptes. L'on ajoute que les troupes qui marchent en Alsace causent beaucoup de désordre pour les grands chemins, et que rien n'est plus nécessaire que des officiers en titre pour y avoir l'œil et y faire faire les réparations nécessaires. Je crois que c'est la première fois que l'on ait pensé qu'une Chambre des comptes pût empêcher les désordres des troupes sur les grands chemins, et, quant à leur réparation, celui qui fait la proposition de cette toute nouvelle attribution aux mêmes officiers ignore apparemment que le Roi n'a jamais fait aucuns fonds pour l'entretien des chemins de ce département, auxquels, lorsqu'il le faut, les paysans travaillent par corvée suivant les ordres qu'ils en reçoivent de l'intendant. Il n'y a pas en Alsace une seule chaussée pavée, et les meilleures sont entretenues avec des fascines, des rondins et du gravier, que l'on met dessus dans les cantons où cela se peut pratiquer; mais à peine trouve-t-on du pavé suffisamment pour les villes, et ce ne sont même que de gros cailloux du Rhin ou quelques pierres dures ramassées dans la campagne. Les officiers comptables ne sont point obligés de passer par la Lorraine pour aller à Metz faire apurer leurs comptes, y ayant la route de Saverne, de Phalsbourg, Sarrebourg et Marsal, qui est la plus droite et toujours sur les terres du Roi. Il arrive même fort rarement qu'ils se présentent en personne à Metz, qu'ils ont des gens qui agissent pour eux sans que cela fasse la moindre difficulté. A l'égard des surveillants sur la conduite du clergé, de la noblesse et du tiers état, pour leur faire remplir tous les devoirs de fidélité dus au Roi, le clergé, ni la noblesse d'Alsace ne s'accommoderoient pas aisément d'une inspection aussi subalterne. Si, par le tiers état, l'on entend le Magistrat de Strasbourg, outre qu'il y a beaucoup de gentilshommes qui le composent, le reste, tiré des principaux bourgeois, doit être mené de meilleure main que celle de pareils officiers, auxquels il ne conviendroit pas de traverser ces mêmes magistrats dans leur jurisdiction sur les habitants.

«Il y a présentement à examiner le profit que le Roi retireroit de cette nouveauté. L'on y propose une attribution annuelle de 26,000# de gages : c'est, au denier vingt, un capital de 520,000#, qui est la somme du forfait offert; mais, le traitant demandant la remise du sixième en dedans, qui fait plus de 86,000#, il se trouveroit que ces gages seroient environ au denier dix-sept et demi de la finance tournante au profit du Roi; et si l'on y joint les privilèges des Cours supérieures dont ces officiers jouiroient dans le royaume, le tort que cela feroit pour toujours aux autres intérêts de S. M. seroit pire qu'une constitution perpétuelle au denier douze. Il est même aisé de voir, par la proposition de rendre cette Compagnie semestre, que l'objet de celui qui fait l'offre est de débiter ces charges à des gens de Paris, lesquels, à bon marché, se feroient officiers de Cour supérieure; et certainement je ne connois pas six personnes catholiques, en cette province, à qui il convienne d'acheter de pareils offices. Il est encore constant, comme vous l'avez prévu, que le Parlement de Metz demanderoit une indemnité proportionnée à la diminution de ses fonctions à cet égard : ce qui ne laisseroit pas d'être considérable, et que l'on ne pourroit refuser. Par toutes ces considérations, cette affaire me paroît trop peu avantageuse au Roi pour être agréée.»

1773. *M. Lebret, intendant en Provence,*
au Contrôleur général.

25 Janvier 1715.

«..... Pour satisfaire à l'ordre que vous me donnez de vous informer de la nature et de la qualité des droits que les intendants de la Santé [à Marseille] font percevoir, j'aurai l'honneur de vous dire qu'ils consistent en 25 ou 30 s. par balle de soie, qui sont presque toutes de différents volumes et de différents poids, et en 10 s. pour chaque balle d'autres marchandises. Le fonds que cette imposition ou contribution produit est employé principalement au payement des journées des hommes qu'on est obligé de louer pour transporter les marchandises sous les halles, les déballer, les remuer et les remballer. Quand le bâtiment n'apporte qu'un petit nombre de balles, et que les 10 s. sur chacune ne suffiroient pas pour payer les journaliers nécessaires, on oblige alors le propriétaire du bâtiment de les satisfaire et de payer 12# au delà pour les autres dépenses des infirmeries, qui sont les appointements du capitaine, les gages des portiers et gardes, l'entretien du bateau de service, les appointements de l'aumônier, ceux du secrétaire, l'achat des drogues nécessaires pour le parfum, les réparations des édifices, les menus frais, et les dépenses extraordinaires. Le recouvrement de cette espèce de droit est fait par le secrétaire du bureau de la Santé, qui en rend compte tous les mois aux intendants, et, sur ses comptes particuliers, le trésorier du bureau de la Santé dresse le sien. Ce compte du trésorier est arrêté tous les ans par les intendants de la Santé, lesquels brûloient autrefois le compte et les pièces; mais, à présent, on le remet aux archives du Commerce, et je ne sais pourquoi ce n'est pas aux archives de la ville, qui a fait bâtir les infirmeries comme ayant intérêt à la conservation de la santé. Outre ces 10 s. par balle, l'on paye encore les gardiens que les intendants de la Santé mettent pendant la quarantaine sur le bâtiment et à terre pour empêcher que les matelots ne communiquent avec les habitants, et celui qu'on appelle communément *garde intendante*, lequel est chargé de visiter tous les jours les bâtiments qui sont en quarantaine, de leur fournir leurs besoins, et de rendre compte aux intendants de la Santé de ce qui s'y passe. Enfin, les bâtiments payoient encore quelque droit au gouverneur du château d'If, pour je ne sais quel pré-

texte d'ancrage ou de garde, parce que la quarantaine se fait sous le canon de cette place. Du surplus il n'y a point de tarif, ni, je pense, d'autre titre que l'usage et le consentement des négociants.»

1774. *Le Contrôleur général aux Intendants.*

26 Janvier 1715.

«Quelque diligence qu'on ait pu faire jusqu'à présent contre les sous-fermiers des domaines du Roi qui ont été chargés de la régie et perception des droits de 3 s. par exploit et 3 s. par chacune saisie de deniers et effets mobiliaires, il n'a pas été possible de les obliger à fournir les états du produit de ces droits pendant les trois premiers quartiers de l'année dernière. Il y en a même plusieurs qui n'en ont fourni aucun jusqu'à présent. Comme je suis persuadé qu'ils ne diffèrent à fournir ces états que dans la vue d'empêcher la connoissance du produit de la ferme des 3 s. par exploit, qu'ils savent que j'ai dessein de réunir à leurs sous-fermes, ce qui est néanmoins nécessaire pour en faire une juste répartition, j'ai cru qu'il falloit y apporter un remède efficace en les condamnant, par l'arrêt dont je vous envoie des exemplaires, à fournir les états et à en payer, solidairement avec les directeurs de chaque généralité, le montant au commis du fermier de ces 3 s. par exploit, en conformité des arrêts du Conseil des 9 décembre 1713, 24 février et 15 décembre 1714, à peine d'une amende de 10,000 #. Je vous prie de les bien avertir que, s'ils n'y satisfont, je n'accorderai aucun tempérament à la sévérité de cet arrêt, que vous ferez, s'il vous plaît, exécuter dans toute son étendue contre ceux qui y auront manqué, et vous les obligerez aussi à continuer la régie de ces mêmes droits*.»

* Sur le recouvrement de ce droit, voir les lettres de MM. Foydeau de Brou, intendant à Alençon, et de la Briffe, intendant en Bourgogne, 4 février 1715; Foullé de Martangis, en Berry, 29 janvier, 9 février, 9 mars, 27 juin et 26 décembre 1714, 10 avril, 16 juillet et 4 août 1715; Guynet, à Caen, 10 mars 1714.

Le 25 mars 1715, le contrôleur général écrit à M. des Forts que plusieurs des acquéreurs des offices remboursés de contrôleur des exploits ne peuvent arriver à avoir leurs ordonnances de liquidation; il faut d'autant plus se presser de la leur donner, que le délai pour faire expédier leur contrat de rente va expirer.

Le 9 juillet suivant, il écrit aux intendants : «Je vous envoie des exemplaires de l'arrêt du Conseil qui a réuni la ferme des 3 s. par contrôle d'exploit à celle des domaines, suivant la répartition que les sous-fermiers en ont faite eux-mêmes, laquelle a été confirmée par cet arrêt, que vous ferez, s'il vous plaît, exécuter dans votre département.»

1775. *Le Contrôleur général à M. Guynet, intendant à Caen.*

26 Janvier 1715.

«Défunt M. Colbert fit, en 1683, donner un arrêt du Conseil pour rassembler à Paris tous les jugements et autres papiers concernant la recherche de la noblesse faite en 1666 pour faire travailler à un catalogue général. M. Méliand, intendant de la généralité de Caen, eut ordre de rassembler et envoyer ceux de cette généralité. Quelques perquisitions et menaces qu'il pût faire au sieur de Beauval, qui avoit été secrétaire de M. Chamillart, qui y avoit fait la recherche, il ne put en tirer qu'une espèce de table des noms des maintenus, sans aucune date des jugements, quoique M. Chamillart, fils de l'intendant, eût écrit positivement que le sieur de Beauval avoit le catalogue entier de cette généralité, composé des noms, surnoms, explication des armes et généalogie de chaque famille. Je suis bien informé que ledit Beauval avoit véritablement ce catalogue, qu'il a tenu fort secret toute sa vie, et l'a fait relier chez lui en un volume assez gros en veau; qu'après sa mort, arrivée il y a environ deux ou trois ans, on prit la précaution de ne pas le mettre sur l'inventaire de sa succession; qu'il est resté à sa veuve avec d'autres papiers concernant la même matière, parmi lesquels se doit aussi trouver la recherche de Montfaut, et qu'ils sont entre les mains de M. de Lingreville-Blin, de la ville de Coutances, avec lequel elle est remariée. Je vous prie de prendre toutes les mesures nécessaires pour avoir ce catalogue et les autres papiers qui peuvent y avoir rapport, et surtout que ceux qui en sont chargés ne soient point avertis de votre dessein qu'à propos, crainte qu'ils ne les détournent comme avoit fait le feu sieur de Beauval. Vous ferez prendre la précaution d'envelopper le catalogue et de le cacheter, et de me l'envoyer ensuite, avec ce qui peut y avoir rapport, par le messager ou le carrosse de Caen. S'il est nécessaire d'en donner une décharge en exécution de l'arrêt du Conseil de 1683, je la ferai donner par M. Clairambault, généalogiste des ordres du Roi, commis par cet arrêt pour rassembler cette nature de papiers et en donner les décharges requises. Vous trouverez ci-joint un mémoire de plusieurs circonstances qui vous mettront au fait de cette affaire*.»

* M. Guynet fit retirer les registres et les envoya à Paris : lettres des 18 février et 20 mars.

1776. *M. Bosc, procureur général en la Cour des aides de Paris, au Contrôleur général.*

(Cour des aides de Paris, G⁷ 1766.)

26 Janvier 1715.

«Il y a longtemps que j'ai pris la liberté de vous porter mes justes plaintes contre les subdélégués, qui sont gens très dangereux et maîtres absolus dans les provinces; je ne l'ai fait qu'après en avoir eu des preuves certaines, que je garde encore aujourd'hui. Avant-hier, j'eus l'honneur de vous en dire un mot en passant, en vous priant d'agréer que je vous en écrivisse plus au long. Voici les deux derniers traits qui sont venus à ma connoissance, de l'injustice criante commise par deux subdélégués. Celui de la Charité a voulu forcer un collecteur de 1715 de refaire son rôle, pour y diminuer plusieurs particuliers, et un, entre autres, auquel il prenoit intérêt, qu'on nommoit Frotier. Le collecteur ayant tenu bon, le subdélégué trouva moyen de le faire emprisonner comme étant redevable à la recette; le collecteur paya 700 # : moyennant quoi il obtint mainlevée du receveur des tailles, en date du 14 janvier pré-

sept mois, et une sentence de l'élection du même jour, qui ordonnoit son élargissement. Le subdélégué, qui voit que rien ne peut plus s'opposer à la liberté de ce pauvre malheureux, va à la prison, et, abusant de sa qualité, il le fait retenir de l'ordre de M. le commissaire départi. Le collecteur, aimant mieux sortir de prison, prit le parti de diminuer Frotier. Le subdélégué voulut le forcer d'en diminuer encore d'autres : ce qui n'ayant pas été accepté, le collecteur est resté en prison, d'où il m'a écrit et envoyé les pièces, qui sont la mainlevée du receveur et la sentence de l'élection. J'en ai pris la date et renvoyé le tout à mon substitut. Vous voyez que ce procédé est d'autant plus injuste qu'il ne s'agit que de la taille de 1715, qui ne fait que de commencer.

«L'autre fait regarde le subdélégué de Compiègne, qui, de son autorité privée, a fait emprisonner avec violence, par douze archers, un collecteur, sans le faire écrouer, quoique le receveur des tailles ne lui demandât rien. Plusieurs personnes ont été à la prison, demander au geôlier à voir son registre et l'écrou de ce particulier : il a répondu qu'il n'y avoit point d'écrou. On a eu recours à mon ministère : j'ai fait demander une copie de l'écrou; on m'a mandé qu'il n'y en avoit point, et, comme on s'est ensuite pourvu à la Cour des aides, où il est intervenu arrêt sur mes conclusions, et qu'on a vu que je prenois connaissance de l'affaire pour la suivre comme elle le méritoit, on a fait un écrou antidaté, par lequel on dit que ce collecteur est arrêté de l'ordre de M. l'intendant. J'ai découvert ce mystère d'iniquité par le moyen de quelques personnes..... Il se trouve que c'est une suite de la passion du subdélégué, qui, fâché que ce collecteur eût obtenu une sentence contre un homme auquel il s'intéressoit, et voulant l'obliger à s'en désister, a joué ce tour à ce collecteur.....

«Je croirois, sauf votre meilleur avis, que le plus grand bien qu'on puisse procurer aux provinces est de supprimer ces subdélégués, c'est-à-dire qu'ils ne soient plus en charge, mais de les remettre comme ils étoient autrefois; sinon, de rendre une déclaration qui leur défende expressément, et sous des peines, de se mêler de la taille directement ni indirectement. Cela est déjà défendu par toutes les ordonnances, arrêts et règlements aux ecclésiastiques, seigneurs des paroisses, gentilshommes et autres; quel inconvénient y auroit-il d'en user de même à l'égard des subdélégués, qui abusent presque tous du crédit de leurs charges*?.....»

* Sur des accusations portées contre divers subdélégués, voir les lettres de M. Lescalopier, intendant en Champagne, 24 décembre 1712 et 7 août 1713; de M. de Bernage, intendant à Amiens, 14 décembre 1713; du sieur Tripier de la Fresnaye, subdélégué à Mayenne, de M. Chauvelin, intendant à Tours, et du procureur général Bosc, 7 et 12 février, 11 et 18 décembre 1711, 8 février 1712.

1777. *M. de Nointel, intendant en Auvergne,*
AU CONTRÔLEUR GÉNÉRAL.

27 Janvier 1715.

«.....[Je vous prie] de vouloir bien accepter quelques perdrix rouges dont je fis charger le courrier; c'est une rente due par les intendants d'Auvergne*.»

* Le 28 février, M. Foullé de Martangis, intendant en Berry, annonce l'envoi d'un saumon pêché dans le Cher.

1778. LE CONTRÔLEUR GÉNÉRAL
à S. S. le Souverain Pontife.

28 Janvier 1715.

«Le Roi m'ayant fait l'honneur de nommer mon fils à l'abbaye de Saint-Nicolas-aux-Bois, vacante par la mort de M. le cardinal d'Estrées, sa nomination m'est une occasion favorable pour me mettre aux pieds de Votre Sainteté, pour la remercier de tant de grâces que j'en ai reçues, et lui en demander de nouvelles dans l'expédition des bulles dont mon fils a besoin. La générosité avec laquelle Votre Sainteté en a répandu de si distinguées dans ma famille me donne lieu d'attendre celle-ci de sa bonté. J'ose assurer Votre Sainteté que, de tous ceux qui, dans ma place, en ont obtenu de pareilles du saint-siège, aucun n'a pu en conserver une plus vive reconnoissance; je n'en manquerai jamais dans ce qui regardera le service de Votre Sainteté. Je souhaite pour cela des occasions propres à marquer l'étendue de mon zèle et de mon respectueux attachement dans les choses où Votre Sainteté voudra bien m'honorer de ses ordres. Je la supplie de recevoir avec sa clémence ordinaire les sincères protestations que je lui en fais, et de me permettre que, prosterné à ses pieds, je lui demande sa bénédiction*.»

* Le même jour, le contrôleur général écrit à M. le cardinal Sacripanti : «Je n'ai pas oublié les bontés dont Votre Éminence m'a honoré, soit en la personne de M. l'archevêque d'Auch, mon frère, soit en celle de l'abbé mon fils. Le souvenir et la reconnoissance que je conserve de vos généreux offices me flattent que vous voudrez bien les employer pour les bulles de l'abbaye de Saint-Nicolas-aux-Bois, à laquelle S. M. vient de nommer mon fils. Je supplie très humblement Votre Éminence d'ajouter ce nouveau surcroît aux obligations que je lui dois, et d'être persuadée qu'elle me trouvera, en toutes occasions, parfaitement disposé à y répondre. Il ne tiendra qu'à elle d'en faire l'épreuve, en m'en fournissant quelqu'une où je puisse lui marquer [mon] respect.» Pareilles lettres furent écrites le même jour aux cardinaux de la Trémoille et Paulucci.

1779. *Les Prévôt des marchands et échevins de Lyon*
AU CONTRÔLEUR GÉNÉRAL.

29 Janvier 1715.

Ils demandent la permission de continuer au sieur Perrichon fils, pendant le reste de la vie de son père, secrétaire de la ville, la gratification annuelle de 3,000# qu'ils lui font en reconnaissance de l'aide qu'il donne à son père*.

* Cette gratification avait été accordée pour trois ans, le 28 juin 1712, sur une demande de M. le maréchal de Villeroy, gouverneur de la ville.

1780. *M. de Pontchartrain, secrétaire d'État de la marine,* AU CONTRÔLEUR GÉNÉRAL.

30 Janvier 1715.

Il se plaint que les nouveaux marais salants construits aux Sables-d'Olonne rétrécissent l'endroit où s'étendait la mer, et peuvent amener de grands dégâts*.

* Le 10 février, M. de Richebourg, intendant à Poitiers, envoie un plan des nouveaux travaux exécutés sur l'ordre de M. le duc de Châtillon, et donne un avis défavorable.

1781. *M. Méliand, intendant à Lyon,* AU CONTRÔLEUR GÉNÉRAL.

30 Janvier 1715.

Le Grand Conseil de Fribourg s'étant mutiné contre le Petit Conseil, composé des principaux habitants, et ce désordre pouvant préjudicier aux intérêts du Roi, si on ne le punissait, il propose de priver les Suisses, par mortification, de tous les privilèges dont ils jouissent à Lyon*.

* En apostille, de la main du contrôleur général : «Bon pour ceux de Fribourg.»

Le 12 février, M. Méliand écrit qu'ils semblent se repentir, et qu'en conséquence on ne les inquiétera pas.

1782. *M. Roujault, intendant à Rouen,* AU CONTRÔLEUR GÉNÉRAL.

1er Février 1715.

Les sieurs Jacques et Thomas Bourdon, qui avaient établi à Pont-de-l'Arche une filature de laine depuis 1690, veulent y créer une manufacture de draps; mais les manufactures d'Elbeuf, Louviers, Darnetal et Orival, qui occupent près de huit cents métiers, sont déjà trop rapprochées les unes des autres, et aussi de Rouen : un nouvel établissement rendrait encore plus difficile le recrutement des ouvriers et nuirait à l'agriculture. Les sieurs Bourdon pourraient plutôt se placer aux Andelys, et on leur prêterait sans intérêt, pendant quelques années, 20 ou 30,000 ₶*.

* Sur la situation fâcheuse du commerce dans ce département, voir une lettre des manufacturiers d'Elbeuf, 27 juin, et une lettre de M. le duc de Luxembourg, lieutenant général de la province, 9 juillet.

1783. *M. d'Argenson, lieutenant général de police à Paris,* AU CONTRÔLEUR GÉNÉRAL.

2 Février, 1er, 19 et 28 Mars, 5 Avril 1715.

Publication et exécution de l'édit qui interdit le commerce des toiles peintes et des étoffes des Indes; arrestations de fraudeurs*.

* Voir une lettre du sieur Trignart, inspecteur, en date du 5 juillet suivant.

Le 14 juin, M. d'Argenson écrit : «J'ai fait remettre..... à la disposition de Mme la marquise de Nesle les quatre pièces de toiles des Indes brodées qu'elle réclamoit, après les avoir fait couper en ma présence pour être employées en meubles, comme il vous a plu de le prescrire.» Il écrit encore, le 12 juillet : «Il est vrai que Mme la marquise de Nesle a paru dans le jardin des Tuileries avec une robe de chambre brodée de fleurs de soie et façon des Indes sur une toile du même pays; mais les quatre pièces que je lui ai rendues par votre ordre, après les avoir fait couper en plusieurs parties, n'ont point été employées très certainement à cette robe de chambre, puisque Mme de Nesle me les a fait voir toutes au même état où elles étoient quand je les lui remis. M. le marquis de Nesle m'a de plus promis très expressément qu'il ne souffrira plus qu'elle porte cette robe de chambre, et qu'il la fera plutôt brûler.»

1784. *M. Daguesseau, procureur général au Parlement de Paris,* AU CONTRÔLEUR GÉNÉRAL.

3 Février 1715.

«Il est vrai, comme j'ai déjà eu l'honneur de vous le dire, que j'ai toujours regardé l'arrêt de la Tournelle qui défend d'arrêter les particuliers pour dettes civiles, dans leur maison, comme un arrêt peut-être trop général, que l'indignation des violences exercées sur la personne du sieur le Mire avoit produit, mais qu'une réflexion plus profonde devoit faire tempérer par rapport au bien du commerce. L'autorité du droit romain, qui contenoit une disposition semblable à celle de cet arrêt, pourroit faire plus d'impression, si l'on ne considéroit qu'outre qu'il s'en falloit bien qu'alors le commerce ne fût sur le même pied qu'il est aujourd'hui, les privilèges des citoyens romains, la crainte des émotions populaires, plus faciles et plus dangereuses dans une république que dans une monarchie, le souvenir des anciennes séditions que les rigueurs exercées par les créanciers sur leurs débiteurs avoient autrefois excitées dans Rome, ont peut-être été les motifs secrets de cette loi politique; mais les mêmes raisons font assez sentir la différence qui est entre nos mœurs et celles des Romains sur ce point, pour empêcher qu'on ne fasse une application trop rigoureuse à nos usages de ces lois, qui d'ailleurs n'ont point parmi nous une véritable autorité. De semblables raisons et des motifs encore plus respectables, puisqu'ils étoient tirés de la religion même, nous avoient fait reconnoître autrefois l'asile et l'immunité des églises; cependant, quand on a senti les conséquences, et qu'on a vu le grand abus que l'on faisoit de la religion pour détruire la justice naturelle et autoriser la mauvaise foi, on n'a pas craint de déroger à ces anciens usages par l'article 166 de l'ordonnance de 1539, qui établit pour règle qu'il n'y aura point lieu d'immunité pour dettes ni autres matières civiles. L'asile d'une maison particulière, n'ayant rien d'aussi sacré, ni d'aussi privilégié, que celui des lieux saints, ne devoit pas, ce semble, être plus respecté; aussi n'y a-t-on

IMPRIMERIE NATIONALE.

aucun égard dans les matières criminelles. Et quoiqu'il puisse y avoir quelque différence entre l'importance de ces matières et celle des affaires du commerce, il faut avouer néanmoins que le bien du commerce ne doit pas être regardé simplement comme un intérêt particulier; il est devenu, et on doit souhaiter qu'il le devienne encore davantage, un intérêt public, auquel tout l'État doit prendre part, et qui mérite par conséquent une protection singulière de ceux qui le gouvernent. Il y a d'ailleurs une raison singulière qui distingue les dettes du commerce des autres dettes civiles : toute la sûreté des premières consiste dans la personne du débiteur; la plupart des négociants n'ont presque point de biens apparents, toute leur fortune consiste dans leurs billets, et tous leurs billets se renferment dans un seul portefeuille. Ainsi, la contrainte que l'on peut exercer sur leurs personnes est la seule voie par laquelle leurs créanciers puissent en avoir justice; au lieu que, dans les autres dettes civiles, le créancier a pour l'ordinaire une ressource assurée sur les biens des débiteurs. Les contraintes par corps, en matière de commerce, méritent donc une faveur et une distinction extraordinaires, sans quoi le lien du commerce et la force des actions que le créancier peut exercer sont absolument anéantis. Il ne faut, pour en être convaincu, que voir l'abus que les débiteurs font du privilège de l'arrêt de la Tournelle : il ne leur en coûte, pour éluder toutes les poursuites de leurs créanciers, que de se tenir enfermés dans leur maison, où ils jouissent tranquillement de leur mauvaise foi et d'une fortune injuste, pendant que leurs créanciers, ne pouvant ni les attaquer dans leur maison, ni les accuser de banqueroute, parce que le débiteur n'est pas absent, périssent avec des effets dont ils ne peuvent tirer aucun secours. C'est par toutes ces raisons que j'ai profité avec plaisir de toutes les occasions qui se sont présentées de donner quelque atteinte à ce privilège odieux, et que, sur les remontrances qui furent faites, il y a quelques années, par la ville de Lyon, je proposai au Parlement de déroger à l'arrêt de la Tournelle en faveur des contraintes émanées du siège de la Conservation, et que, l'arrêt du Parlement ne suffisant pas encore pour faire cesser cet abus, je fus d'avis, l'année dernière, que le Roi s'expliquât d'une manière plus claire et plus autorisée sur ce sujet, par l'édit que vous avez procuré à la ville de Lyon. J'aurois bien souhaité dès lors que l'on eût donné encore plus d'étendue à cette loi, et que la même règle eût été établie en général, et, sans aucune distinction, pour toutes les juridictions consulaires; mais, la paix n'étant point absolument conclue, je craignis que cette règle ne vous parût trop intéresser la sûreté de ceux qui avoient pris des engagements avec le Roi, pour vouloir la rétablir dans toute son étendue. Aujourd'hui, cette crainte cesse par la paix, et, s'il y a encore des suites des affaires commencées pendant la guerre qui puissent vous obliger à avoir de justes ménagements pour ceux qui ont prêté leur nom et leur crédit au Roi, vous pouvez y pourvoir par des arrêts ou par des ordres particuliers, qui n'empêcheront pas que, dans tous les autres cas, une règle si nécessaire pour le commerce ne soit pleinement exécutée.

«Ce n'est pas seulement pour le commerce considéré dans l'intérieur du royaume que le rétablissement de cette règle est très important; il ne l'est pas moins par rapport au commerce de France avec les étrangers, qui se plaignent avec raison que, pendant que les débiteurs de leur pays sont exposés aux poursuites rigoureuses de leurs créanciers françois, sans pouvoir s'en mettre à couvert dans l'asile de leurs maisons, les créanciers étrangers ne peuvent réciproquement jouir du même privilège à l'égard des débiteurs françois. Cette dernière considération attache une espèce d'intérêt d'État à la règle que les négociants vous proposent de rétablir, et qui devient par là, en quelque manière, une règle du droit des gens, par rapport au commerce qui se fait de nation à nation. Ainsi, toutes sortes de raisons me portent également à entrer dans les principes du mémoire que le sieur Clapeyron a remis par votre ordre entre mes mains*, et qui me paroît mériter qu'une déclaration du Roi décide enfin cette question importante en faveur du commerce et de l'intérêt de l'État.»

* Copie de ce mémoire, jointe à une lettre du sieur Clapeyron, du 16 janvier 1715, qui est reproduite à la suite de la lettre du procureur général : «Les banquiers et les négociants de Paris n'ont aucun privilège qui les exempte des contraintes par corps prescrites par les ordonnances et les arrêts concernant le commerce, et ils y sont assujettis comme tous les autres négociants du royaume. Cependant, depuis l'arrêt rendu en la Tournelle le 19 décembre 1702, qu'on ne peut pas regarder comme un arrêt de règlement, ils se mettent impunément à l'abri des contraintes obtenues par leurs créanciers en se tenant dans leurs domiciles les jours ouvriers, et ils se donnent en spectacle les fêtes et les dimanches; ainsi, ils dissipent tranquillement le bien qu'on leur avoit confié. La ville de Paris, capitale du royaume, où les lois et la police devroient être observées avec plus de régularité, est devenue la retraite et l'asile des banqueroutiers régnicoles et étrangers, parce qu'ils y jouissent librement et en repos des effets qu'ils ont mis à couvert en fraude de leurs créanciers. Les banquiers et les négociants de Paris ont la liberté de faire contraindre dans leurs personnes leurs débiteurs dans les provinces, pendant qu'on ne peut pas en user de même à leur égard : ce qui est certainement injuste. Un négociant s'abandonne aux entreprises les plus hardies, et il emprunte impunément dès qu'il ne craint pas la rigueur des lois, où qu'il se voit à l'abri de leur exécution : c'est une espèce de vol public, et il est toléré. Cette tolérance autorise le crime; elle anéantit le commerce et tous les privilèges accordés aux porteurs de lettres de change, de billets au porteur, de ceux à ordre, et des promesses faites entre négociants pour vente de marchandises. Aucun créancier n'ose requérir le scellé chez son débiteur dans la crainte d'être condamné aux dommages et intérêts, car l'ordonnance ne statue la faillite ouverte que du jour de l'absence du débiteur. Ainsi, on élude les ordonnances et les règlements les plus sages pour faire fleurir le commerce, l'un des principaux soutiens de l'État. Si on n'y remédie pas présentement que le Roi a procuré la paix générale à ses sujets et qu'il faut rappeler le commerce et les correspondances, les régnicoles et les étrangers cesseront de négocier avec les banquiers et les négociants de Paris. D'ailleurs, il est de notoriété publique qu'une grande partie de ceux qui exercent le métier libre de la banque sont Genevois, étrangers, et régnicoles notés dans leur pays, ou ruinés, qui viennent ici hasarder leur industrie, envisageant qu'ils n'y seront pas contraints pour le payement de leurs dettes anciennes ou nouvelles, et qu'ils ne souffriront pas personnellement de la témérité de leurs entreprises. A l'égard des financiers, gens d'affaires, ou ceux qui ont pris des engagements pour le service du Roi, on peut leur accorder des arrêts de surséance, ou des lettres aux consuls de ne donner aucune contrainte contre eux par rapport aux lettres de change ou aux billets au porteur qu'ils peuvent avoir fournis. Quant aux négociants qui n'ont besoin que de quelque surséance, on leur accorde des arrêts

avec connoissance, et avec la sage précaution d'un état certifié de leurs dettes actives et passives, et on commet un ou plusieurs de leurs créanciers pour veiller à la conservation de leurs effets. . . . . »

Voir aussi, à la suite de ce mémoire, une autre lettre du sieur Clapeyron, du 20 janvier.

1785. LE CONTRÔLEUR GÉNÉRAL

à M. d'Angervilliers, intendant en Dauphiné.

4 Février 1715.

« J'ai reçu votre lettre du 25 du mois passé au sujet de la ferme des boucheries qui appartient à la ville de Grenoble en conséquence de l'arrêt du Conseil du 18 mai 1706, et dont le produit, montant annuellement à 11,000 #, lui a été accordé par cet arrêt comme une augmentation d'octroi. Vous observez que, les charges locales de cette ville excédant ses revenus, il n'est pas praticable de lui ôter celui de la ferme des boucheries sans le remplacer d'ailleurs; que cependant il y a quelque embarras à renouveler le bail de la fourniture de la viande, parce que les bouchers, faisant valoir plus que de raison la mortalité qu'il y a eue sur les bestiaux dans quelques provinces, proposent des prix excessifs et déclarent qu'ils ne pourront la donner à Pâques qu'à 5 sols, ou du moins 4 s. 1/2, la livre, dont le poids est, en Dauphiné, plus foible d'un quart que celui de la ville de Paris. Dans cet état, vous jugez qu'il seroit avantageux à la ville de Grenoble de ne passer aucun traité et de laisser toutes sortes de bouchers, habitants ou étrangers, débiter de la viande dans la ville en pleine liberté et sans aucun taux, persuadé que ce parti attireroit l'abondance et procureroit une diminution considérable sur le prix. Et pour remplacer, en même temps, le produit nécessaire de la ferme des boucheries, vous proposez d'augmenter de 3 s. par charge de vin le droit de 2 s. que les bourgeois payent sur celui qu'ils font entrer pour leur consommation, et de 15 s. celui de 12 qui est levé sur les vins qui se débitent dans les cabarets; et vous ajoutez que le corps de ville demande que vous rendiez une ordonnance pour établir par provision le nouveau droit sur le vin et pour donner la liberté à tous bouchers de vendre de la viande dans la ville à commencer du jour de Pâques prochain, en attendant que la ville puisse former sa délibération pour cet effet, et qu'elle soit autorisée par un arrêt du Conseil et des lettres patentes.

« Sur le compte que j'en ai rendu au Roi, S. M. a approuvé cet arrangement, et elle trouve bon que vous le fassiez exécuter par provision : bien entendu qu'il ne sera rien changé à la perception des droits qui se lèvent sur les bestiaux en conséquence de l'édit de création des offices d'inspecteurs des boucheries, et qu'au surplus vous tiendrez la main à ce que le corps de ville de Grenoble remplisse incessamment toutes les formalités nécessaires de sa part pour obtenir l'arrêt et les lettres patentes qui autoriseront le nouvel établissement dont il s'agit.

« Vous prendrez la peine de m'informer de tout ce qui se fera en conséquence de ce que je vous écris, afin d'en rendre compte à S. M. »

1786. *M. Lebret, intendant en Provence,*

AU CONTRÔLEUR GÉNÉRAL.

4 Février 1715.

Il propose d'approuver la résolution des maire et échevins de Marseille relative à la célébration d'un service funèbre pour le repos de l'âme de M. de Grignan.

1787. *M. Lebret, intendant en Provence,*

AU CONTRÔLEUR GÉNÉRAL.

12 Février 1715.

Il combat la proposition faite par les maire et échevins de Marseille de rétablir la taxe du pain comme prix, comme poids et comme qualité de la farine, et de nommer un maître de brigue* pour assister à la visite des boulangeries**.

* Le 29 janvier précédent, le contrôleur général avait mis l'intendant en demeure d'examiner si cette fonction devait être rétablie comme avant la suppression de janvier 1708.

** Le contrôleur général répond le 22, en lui demandant d'indiquer d'autres moyens de rétablir la police de la boulangerie.

1788. LE CONTRÔLEUR GÉNÉRAL

au sieur Bachelier de Gentes,

directeur de la douane de Lyon.

16 Février 1715.

« Il est nécessaire. . . . . que vous fassiez faire un extrait exact, sur les registres, des droits qui ont été payés à la douane de Lyon, année par année, en remontant le plus haut qu'il sera possible, au moins pendant dix années, pour les étoffes étrangères d'or et d'argent et soie, et pour les étoffes de soie entrées à Lyon et ensuite passées dans les autres provinces du royaume, comme aussi pour les soies qui y sont entrées pendant les mêmes années, et qui ont payé les droits accordés à la ville de Lyon*. . . . . »

* Le jour suivant, il écrit à M. Anisson, député de Lyon au Conseil de commerce, de lui fournir tous les documents sur l'importation des soies étrangères en France, sur la prohibition et le brûlement des soies françaises dans les États de l'Empereur, et sur l'augmentation des droits à l'entrée de ces mêmes soies dans les États du roi de Sicile.

1789. LE CONTRÔLEUR GÉNÉRAL

à M. le Rebours, intendant des finances.

16 Février 1715.

« Mme de Maintenon m'a marqué d'une manière assez pressante l'intérêt qu'elle prend à l'arrêté des comptes du sieur Hogguer de Bignan et de ses frères. Ainsi, je vous prie de vouloir bien y travailler, avec le plus [de] diligence qu'il vous sera possible, avec MM. les commissaires qui ont été nommés à cet effet, et vous me ferez plaisir de me marquer, la première fois que nous travaillerons ensemble, le temps dans lequel ils pourront être arrêtés*.»

* Le même jour, il écrit à M. Hogguer de Bignan de lui présenter, sans aucun retardement, le compte de la fabrication des espèces; les commissaires devront travailler le plus rapidement possible à la préparation des autres comptes.

1790. *M. Bignon, prévôt des marchands de Paris,* au Contrôleur général.

17 Février 1715.

«Nous faisons le meilleur usage qu'il nous est possible de vos bienfaits. La réunion de l'octroi des boucheries nous a donné des fonds, dont la première destination est le remboursement annuel de 50,000 # pour l'extinction, dans le cours de plusieurs années, des emprunts. On fait les ouvrages les plus pressés sur les revenants-bons, les arrérages payés. Il n'y a rien de plus important que les conduites d'eau.

«Les six cents milliers de plomb et trente milliers d'étain que vous avez eu la bonté d'accorder à l'hôtel de ville, au mois d'août 1713, pour la réparation des tuyaux depuis les pompes du pont Notre-Dame jusques aux fontaines Saint-Germain-des-Prés et de la Charité, qui manquoient absolument, y ont été employés, aussi bien qu'aux autres tuyaux jusques aux fontaines de la porte Saint-Denis, de Richelieu, et l'établissement de la nouvelle fontaine du quartier Montmartre, ainsi que vous verrez en détail par le mémoire ci-joint, qui marque particulièrement les travaux que l'on a faits. Tout étoit dans un si grand désordre, que la refonte a été presque générale.

«Nous sommes dans la nécessité de continuer plusieurs ouvrages indispensables pour l'eau qu'on tire du Pré-Saint-Gervais, et la conduire aux regards de la Villette, de la Plâtrière et de Saint-Lazare. Enfin, il y a longtemps qu'on a projeté, suivant l'arrêt du Conseil du 23 août 1707, d'établir un réservoir et une fontaine au carrefour de la rue du Bac*, pour en porter dans les endroits les plus éloignés. Nous vous supplions très humblement de nous accorder encore un passeport de six cents milliers de plomb et de trente milliers d'étain; nous finirons cet ouvrage, qui a été commencé par vos ordres, dont nous devrons l'accomplissement aux secours que vous nous avez donnés**.»

* Sur la construction de cette fontaine, voir, à la date du 26 février, une nouvelle lettre des prévôt des marchands et échevins.

** En apostille : «Bon; expédier l'ordre.» — Il obtint d'affecter les droits des inspecteurs des boucheries à l'emprunt pour les travaux de l'île Louviers. (Approbation du 9 mars 1715.)

Sur la voirie de Paris, voir encore les pièces suivantes : 12 janvier et 10 avril 1712, translation de la barrière des Sergents, près le petit Châtelet, de l'entrée de la rue de la Bûcherie à l'entrée de la ruelle qui conduit à la rivière, derrière le Châtelet (avec plans); — 14 mars 1713, continuation de la rue Gaillon jusqu'à la porte de l'hôtel Gaillon, et construction d'une nouvelle rue de cinq toises de large allant à la rue Neuve-des-Petits-Champs (projet; en marge : «Bon»); — avril 1713, établissement de boucheries à Montmartre et aux Porcherons (lettre de la mère Marie de Bellefonds, abbesse de Montmartre); — 10 juillet 1714, suppression de la ruelle Saint-Fiacre, entre les rues Montmartre et du Gros-Chenet, demandée par les habitants de ces rues, de celle des Jeux-Neufs et autres (lettre du contrôleur général à MM. d'Argenson, lieutenant général de police à Paris, et Bignon); — 31 juillet 1714, démolition, moyennant indemnité, des maisons construites à moins de dix perches des remparts, entre les portes Saint-Honoré et Saint-Antoine (lettre de M. Bignon, avec plan); — 9 février 1715, indemnité aux propriétaires des terrains qu'occupe le carrefour de la porte Saint-Michel et qu'on a laissés libres de constructions pour faciliter la communication de la rue de la Harpe à la rue d'Enfer et aux faubourgs Saint-Germain et Saint-Jacques (lettre de M. Bignon); — 9 février 1715, indemnité aux supérieurs, visiteurs, réformateurs et correcteurs du collège de Tréguier, uni au Collège royal, en raison des terrains pris à ce collège pour agrandir la rue Saint-Jean-de-Latran (analyse et plan); — 14 mai 1715, réparations de l'hôtel des mousquetaires du faubourg Saint-Germain (lettre de M. Bignon); — 15 juin 1715, proposition du sieur Galloys, de mettre dans le nouveau bail des fermes générales une clause obligeant les preneurs à remplacer les barrières en planches qui sont aux portes de Paris par une grille en fer pareille à celle qui est établie sur le rempart du côté du faubourg Montmartre.

1791. *M. le Guerchoys, intendant en Franche-Comté,* au Contrôleur général.

17 Février 1715.

«Il m'a été depuis peu présenté un exécutoire de frais faits au procès instruit..... contre un faux-monnoyeur.....» Je [l'ai] examiné, et passé seulement les frais de voyages des juges et des témoins, ensemble ceux de l'exécution; mais le juge et le procureur du Roi se récrient fort sur un article de 80 # concernant les épices du procès, que j'ai rayé; ils prétendent que, cette somme étant pour les gradués qui ont assisté au jugement du procès, elle doit être passée..... Quoiqu'ils m'aient justifié que M. de Bernage a passé de semblables épices, je n'ai pas cru devoir suivre son exemple sans vous avoir préalablement informé du fait.....»

1792. *M. de Sanguinières, maître particulier de la maîtrise des eaux et forêts de Saint-Germain-en-Laye,* au Contrôleur général.

17 Février 1715.

«.....On présenta jeudi dernier, à la maîtrise de Saint-Germain, pour y être enregistré, le contrat d'aliénation d'une partie des bois restés hors de la nouvelle enceinte du parc de Marly, où M. le duc d'Antin stipule pour le Roi. Les officiers dirent au procureur de présenter une requête à l'effet de sa demande, et, hier au soir, cette requête me fut présentée. J'ordonnai qu'elle fût communiquée au procureur du Roi. Je ne sais à quoi il conclura; mais, s'il ne requiert pas que ce contrat d'aliénation soit inféodé à la Chambre des comptes devant que d'être enregistré à la maîtrise, je suis résolu d'en refuser l'enregistrement..... L'acquéreur..... prétend que le nom et l'autorité de M. le duc d'Antin le doivent dispenser d'une partie des formalités; mais les officiers de la maîtrise jugent que, jusqu'à ce qu'il leur soit apparu d'un arrêt du Conseil ou d'un ordre exprès de S. M., ordre qu'ils ne peuvent recevoir que de vous, qui êtes leur supérieur, ils ne doivent consentir ni souffrir un tel enregistrement..... »

1793. *M. Chauvelin, intendant à Tours,*
au Contrôleur général.

18 Février 1715.

Réparation des bâtiments de l'académie d'Angers.

1794. *M. de Bernage, intendant à Amiens,*
au Contrôleur général.

19 Février 1715.

Il demande qu'on fasse venir sur les lieux le sieur Vaultier, commissaire du Roi pour le commerce aux conférences d'Utrecht, afin d'entendre les principaux négociants de l'Artois.

1795. *M. Bayard, président au Parlement de Pau,*
au Contrôleur général.

23 Février et 30 Mars 1715.

Travaux et réparations à faire au château de Pau*.

* Un devis est joint à la lettre du 23 février, et un plan à celle du 30 mars.

1796. *Le Contrôleur général*
à M. de Pontchartrain, secrétaire d'État de la marine.

24 Février 1715.

«J'ai examiné le traité de commerce que le sieur Michel a signé avec le roi de Perse en 1708. Je vous envoie un mémoire qui contient des réflexions très sommaires, sur lesquelles je crois qu'il est nécessaire de faire une sérieuse attention. Vous me ferez plaisir d'y penser de votre côté, et nous en conférerons ensemble, quand vous y aurez fait toutes vos observations.»

1797. *Le Contrôleur général*
à M. Lebret, intendant en Provence.

28 Février 1715.

«.....[M. le marquis de Pilles] se plaint de ce que le terme de gouverneur a été confondu avec celui de viguier de la ville de Marseille dans l'arrêt du 5 janvier dernier qui a été rendu en faveur du sieur Rigord*, quoique ce soient deux charges distinctes et séparées; j'ai fait dresser un autre projet d'arrêt pour y remédier**.....»

* Deux arrêts avaient été successivement rendus pour fixer les attributions du sieur Rigord comme subdélégué de l'intendant et le payement de ses gages et pensions, malgré l'opposition des échevins, qui le croyaient auteur du projet de règlement provisoire des comptes de la ville: voir les lettres du contrôleur général à M. Lebret, 20 mai, 15 juin et 28 septembre 1714, 9 juin et 8 août 1715, et au sieur le Noir, avocat de la ville au Conseil, 3 juin; celles du sieur Rigord, 19 et 21 septembre, 12 octobre, 19 novembre et 12 décembre 1714, 18, 21, 22 et 27 février, 6, 7, 17 et 31 mars, 26 avril, 6, 7 et 27 mai, et 22 juillet 1715; celles de M. Lebret, 9 mars, 27 avril, 26 mai et 12 juin 1715, et une lettre de l'abbé Billard, neveu du sieur Rigord et avocat du Roi de la ville, 18 mars 1715.

** L'erreur provenait de ce que M. de Pilles était à la fois gouverneur et viguier; elle avait été d'abord commise par le sieur Rigord, dans le projet d'arrêt qu'il avait envoyé, et elle avait échappé aussi bien à l'intendant qu'au ministre: lettres à M. Lebret et au marquis de Pilles, 21 mars.

En 1713 (lettre du 29 août), le marquis de Pilles se plaignait que M. de Grignan eût omis de lui donner le titre de *Monseigneur* dans les ordonnances émanées de son autorité.

1798. *M. Rigoley, premier président*
de la Chambre des comptes de Dijon,
au Contrôleur général.

(Chambre des comptes de Dijon, G⁷ 1763.)

7 Mars 1715.

Il demande 2 ou 3,000^{tt}, soit sur les fonds du Roi, soit sur ceux des États, pour faire remettre en ordre les dépôts de la Chambre et dresser de nouveaux inventaires*.

* En apostille, de la main du contrôleur général: «Bon. A mettre dans l'instruction.»

1799. *Le sieur Corrège,*
trésorier de France au bureau des finances de Montauban,
au Contrôleur général.

[9 Mars 1715.]

Il expose qu'il est commis dans les bureaux du secrétaire d'État de la maison du Roi depuis près de quarante ans, et qu'il a été pourvu d'un office de trésorier des finances à Montauban en 1697, avec dispense de résider, mais que le bureau reproduit, pour la troisième fois, la prétention de l'exclure du partage des épices et vacations, quoique la dispense de résidence pour le service du Roi ait été confirmée par un second arrêt*.

* En apostille: «Bon.»

1800. *Le Principal du collège de Cambray, à Paris,*
au Contrôleur général.

14 Mars, 4 et 26 Avril 1715.

Il réclame le payement de l'allocation annuelle donnée par le Roi au collège.

1801. *Le Contrôleur général à M. d'Argenson, lieutenant général de police à Paris.*

20 Mars 1715.

«Je vous envoie le placet qui m'a été mis entre les mains par André-Louis le Bon, maître d'hôtel de M. de Mauroy, maréchal de camp, lequel se plaint du vol qui lui a été fait d'une promesse de la caisse des emprunts, de 2,420# en principal, laquelle se trouve à présent entre les mains du sieur Berthe, banquier à Paris. Je vois, par le placet, que vous avez déjà pris quelque connoissance de cette affaire. Je vous prie de l'examiner à fond, car il est bien nécessaire de connoître ceux qui sont capables de soustraire ces sortes d'effets, et de les punir sévèrement pour l'exemple; et Berthe doit faire connoître par quelle voie il a eu cette promesse des gabelles, qui n'a pas été renouvelée, quoiqu'elle ait été présentée pour cela, à cause de la saisie qui a été faite entre les mains du receveur général de la caisse des emprunts à la requête du maître d'hôtel de M. de Mauroy.»

1802. *M. de Béarnès, gouverneur de Pontarlier, au Contrôleur général.*

20 Mars 1715.

Remboursement des frais de nourriture des religionnaires réfugiés qui ont été arrêtés par ordre de M. Chamillart, comme ils voulaient passer dans les Cévennes, et parmi lesquels était le secrétaire de l'abbé de la Bourlie.

1803. *M. de Fourqueux, procureur général en la Chambre des comptes de Paris, au Contrôleur général.*

(Chambre des comptes de Paris, G⁷ 1761.)

22 Mars 1711.

Il rend compte de l'état d'apurement des anciens comptes de l'extraordinaire des guerres de 1635 à 1663.

«Tous ces comptables ont des cautions, que vous connoissez, qui sont bonnes et solvables..... Les comptes de Charron sont entièrement apurés : on peut travailler à leurs corrections; mais elles seront, je crois, très inutiles, parce que tous nos anciens acquits sont dans une telle confusion, qu'il est impossible de les retrouver. C'est un désordre sur lequel j'ai fait déjà plusieurs remontrances, et qui continuera tant que nous n'aurons pas de lieux pour les placer avec quelque ordre et des officiers qui s'en chargent, comme des comptes..... Louis Longuet a pris une amnistie. Les amnisties ralentissent notre vivacité à poursuivre les comptables. Jossier de la Jenchère, à la veuve duquel nous demandions dix millions, s'est exemptée de les payer pour une somme de 12,000#. Cela est si ordinaire, que nous croyons souvent qu'il est du bien du service de différer nos corrections, que nous voyons souvent toutes finir par ces sortes de décharges, si préjudiciables aux véritables intérêts du Roi.»

1804. *M. de Courson, intendant à Bordeaux, au Contrôleur général.*

28 Mars 1715.

«Je crois devoir vous rendre compte de l'état malheureux où est la place de cette ville. L'argent y est plus rare qu'il n'a jamais été; il y a eu, depuis sept ou huit jours, cinq ou six banqueroutes, dont il y en a une qui est de plus de 300,000#. Il y a apparence qu'elles seront suivies de plusieurs autres, la méfiance étant au point qu'il n'y a presque plus de négociants à qui on veuille prêter de l'argent, même à ceux qui ont passé jusques à présent pour être les plus sûrs, et tous ceux à qui il en est dû par les négociants le retirent avec grand empressement. J'ai parlé, depuis huit jours, à tous les plus habiles négociants, soit pour le commerce, soit pour le change : ils conviennent que cette méfiance ne vient pas du défaut de l'argent, qu'il y en a beaucoup plus qu'il n'en faudroit pour une place comme celle-ci; le mal vient du peu de confiance qu'on a pour tous ceux qui sont engagés dans le commerce, et ce manque de confiance vient des pertes que tous les négociants sont obligés de faire depuis deux ans. On n'ignore pas que tous ceux qui ont envoyé des vins et des eaux-de-vie en Hollande pour leur compte n'y aient perdu; que plusieurs, dans la crainte de perdre sur la diminution, s'ils conservoient des espèces, se sont chargés de grandes quantités de marchandises, dont ils n'ont pu trouver le débit. Plusieurs, dans l'espérance que le change, qui étoit fort bas il y a quelque temps avec la Hollande, hausseroit considérablement, se sont arrangés pour faire les payements dans ce temps-ci, et ont payé de gros intérêts pour les avances, ou ont pris des marchandises à un prix plus cher, comptant de regagner par le changement du change, ce qui n'est point arrivé, le change ayant toujours demeuré dans le même état, soit par la grande quantité de marchandises qu'on a fait venir, soit par d'autres raisons qu'on ne peut savoir ici : de sorte que les négociants se sont trouvés en même temps beaucoup de lettres à payer, chargés de beaucoup de marchandises, sur lesquelles il y avoit beaucoup à perdre, et dont même ils ne pouvoient pas trouver le débit, ce qui est une suite du génie des gens de ce pays-ci, qui sont fort vifs, et qui ne songent jamais aux inconvénients qui peuvent arriver à l'avenir.

«Cependant, pour soutenir le crédit, ils ont tous cherché avec empressement de l'argent sur les lettres qu'ils pouvoient avoir, et se sont peu embarrassés d'y perdre. Ils ont marqué en même temps trop d'envie de se défaire de leurs marchandises à quelque prix que ce fût. Cela a commencé à donner de la méfiance à tous ceux qui ont attention à faire valoir leur argent. L'argent a commencé par là à devenir plus rare; ce qui a obligé quelques particuliers à manquer, qui ne se soutenoient que par leur crédit, car c'est une chose assez ordinaire en ce pays-ci de faire beaucoup d'entreprises sans aucun fonds, au hasard de ce qui peut arriver. Le bruit de ces banqueroutes a alarmé encore davantage : on a vu que ceux qu'on avoit cru jusques à présent les plus sûrs avoient de la peine à trouver de l'argent; il n'en a pas fallu davantage pour faire dire qu'ils n'étoient pas plus sûrs que les autres; et voilà l'état où l'on est à présent. Chacun cherche à retirer l'argent qu'il a entre les mains des négociants, et personne ne veut leur prêter. J'ai cherché inutilement quel remède on pourroit apporter à ce mal, et en n'en trouve point. L'argent seul qui a été répandu sur la place par les recettes suffiroit pour faire aller une place six fois plus forte que celle de Bordeaux; cependant j'ai vu, aux deux dernières diminutions, que, huit jours après, cet argent ne paroissoit plus, sans savoir ce qu'il étoit devenu. Ce sera encore pis à celle qui va venir; car, quoique nous soyons à la veille, cependant l'argent est plus rare que jamais. Tous les négociants à qui j'ai parlé conviennent que le seul moyen seroit de faire en sorte que le change avec la Hollande pût hausser. Ce seroit un moyen sûr de faire rentrer beaucoup d'espèces que tout le monde convient être sorties du royaume; mais ce n'est pas par les provinces, et surtout par cette ville, que cela peut arriver. Le change de cette place avec la Hollande se règle sur celle de Paris : ainsi, vous êtes plus à portée, par toutes sortes de raisons, de voir ce qui peut convenir sur cela. Je crois encore devoir vous observer que ce qui alarme plus les négociants, et qui leur donne plus de défiance, est la crainte qui s'est répandue, je ne sais sur quoi fondée, du payement des Rois à Lyon, qu'on dit être très chargé*. »

* En marge : « Que le même désordre qui a paru sur la place de Bordeaux est à Paris. On a fort examiné quelle en étoit la cause, et le remède qu'on pouvoit y appliquer. La cause est ici la même : c'est un mal qu'il faut laisser passer. Que le payement de Lyon s'est bien passé. »

Voir une autre lettre du 7 mai suivant, et, sur les mesures prises par le Parlement en faveur des faillis pour leur éviter la contrainte par corps, la saisie des livres et la déclaration de banqueroute frauduleuse; voir les lettres de MM. Gillet de Lacaze, premier président du Parlement de Bordeaux, et du Vigier, procureur général, des 11 et 14 mai, 10 et 13 juillet; deux lettres des directeurs du commerce de Guyenne, 17 mai et 6 juillet; celles de M. de Courson, 14 et 17 mai, 1er et 11 juin, 6 et 9 juillet, 24 et 27 août. L'intendant explique que les banqueroutes sont dues, non aux mesures prises à l'endroit des nouveaux convertis, mais à la diminution de consommation des spiritueux, et il se plaint des rigueurs inopportunes de l'avocat général d'Albessard. Voir une lettre de celui-ci, 6 juillet, et une lettre du sieur Aquart, 16 juillet.

Le jugement des faillites fut attribué aux juges et consuls de Bordeaux : lettre de M. du Vigier, 9 juillet.

1805. *Le Contrôleur général à Mme la duchesse de Saint-Pierre.*

24 Mars 1715.

« Ayant reçu, il y a quelques jours, la lettre que vous m'aviez fait l'honneur de m'écrire pour m'instruire de l'intérêt que vous preniez à ce qui regarde le sieur Martin, qui se prétend créancier du Roi d'une somme considérable, j'ai fait examiner ce qu'on pourroit faire de mieux dans la situation présente pour lui procurer son payement; mais je n'y vois aucune possibilité. On travaille actuellement à profiter du temps de la paix pour arranger les affaires. Tout ce que je puis faire est, dans l'ordre qui y sera mis, de lui procurer la condition la plus favorable qu'il sera possible; mais je dois vous prévenir que la difficulté sera très grande, parce qu'on ne fera aucune règle particulière, et que la loi sera générale pour tous. »

1806. *M. Roujault, intendant à Rouen, au Contrôleur général.*

28 Mars et 18 Avril 1715.

Il annonce les résultats de l'élection d'un député au Conseil de commerce en remplacement du feu sieur Bailly. Les quatre sujets élus en premier lieu parmi ceux qui ont passé par les charges se sont excusés d'accepter; on ne sait si l'un des trois qui ont eu ensuite le plus de voix acceptera, et le dernier est un jeune homme trop peu expérimenté pour cet emploi. Il faudrait forcer l'un des quatre premiers, de préférence le sieur Godeheu, à revenir sur son refus apparent.

« C'est un homme fort et entendu dans le commerce; de l'esprit, une figure et une énonciation agréables, beaucoup de probité; un homme âgé seulement de quarante ans. Il a un frère secrétaire du Roi à Paris; il a épousé une femme de Paris. Tout cela fait présumer qu'il acceptera.....

« Je vois que les électeurs, à mesure que l'on les nomme, se font une fausse gloire de remercier, peut-être dans la crainte de n'être pas celui qui sera choisi. Cette sorte de refus pouvant dans la suite passer en usage, il se trouveroit que vous n'auriez jamais pour députés à la Chambre de Paris que de jeunes gens sans l'expérience qu'il faut avoir pour ces sortes de places*..... »

* Godeheu fut nommé à l'unanimité : lettres des 22 et 30 avril.

Le 29, M. de Bernières, intendant en Flandre, écrit : « .....Il a été procédé aujourd'hui à l'élection d'un député au Conseil de commerce, par les directeurs, syndics et principaux négociants de la ville. Le choix est tombé sur le sieur Michel Vandercruissen, qui a eu presque tous les suffrages, dont il est fort digne, étant ancien négociant, originaire de la ville, homme de bon sens, droiture et probité. Lorsque le sieur Vaultier fut élu, il y a trois semaines, on avoit eu pour motif de cette élection d'avoir un député qui fût accoutumé d'aller et venir, et qui fût au fait des affaires du Conseil de commerce, parce que les Flamands, naturellement timides, ont beaucoup de peine à s'énoncer lorsqu'ils sont avec gens qu'ils ne connoissent pas et dont les usages, ainsi que les manières, sont différentes des leurs : ce qui est cause que presque personne en cette ville ne désiroit la commission de député au Conseil de commerce, quoique très honorable. Heureusement, le choix est tombé sur un bon sujet, qui s'est déterminé à l'accepter..... »

1807. *M. de la Garde, premier commis du Contrôle général des finances, au sieur Cazier.*

30 Mars 1715.

« Vous me faites l'honneur de m'écrire, par votre lettre du jour d'hier, que, quand il s'agiroit de finir vos jours malheureusement comme deux grands hommes que vous y citez, vous ne feriez point connoître des moyens ou expédients utiles auparavant que l'on ait remédié aux inconvénients qui font perdre l'utilité des moyens et sortir l'argent du royaume. Dans ces principes, si vous êtes véritablement dévoué aux intérêts du Roi et de l'État, vous devez faire connoître les inconvénients qui font perdre l'utilité des moyens et sortir l'argent du royaume. C'est par là que vous devez commencer, suivant le principe de votre lettre, et procéder ensuite aux moyens de retrancher ces inconvénients. Mais vous avouerez, s'il vous plaît, que, tant que vous n'irez point aux effets, on ne peut faire aucun usage de vos termes. Ne croyez-vous pas, par exemple, que le ministre donne tous ses soins pour empêcher que les espèces ne sortent du royaume? Si, nonobstant toute la vigilance qu'on y apporte, le mal continue, et que, par vos avis, on l'arrête, doutez-vous que le Roi ne vous récompense d'un tel service, si utile à son État? Pourquoi donc vous arrêter aux termes? Que ne volez-vous d'abord aux choses, en développant vos expédients, supposé que vous en ayez d'utiles? Mais, me direz-vous, je veux être en place pour cela. Et moi, je vous répondrai que vous désirez une chose qui n'est point juste. Avez-vous jamais vu que la récompense marche devant le service rendu? Voilà tout ce que je puis ajouter à ce que j'ai eu l'honneur de vous écrire ci-devant, et que, si vous prenez la résolution de vous ouvrir, je crois que ce doit être au ministre*.»

* Il lui avait déjà écrit une lettre analogue le 23 février, et il lui écrit encore, le 3 avril : «.....Que voulez-vous que le ministre fasse de ces termes de *moyens* et *expédients*, et comment voulez-vous que Mme de Maintenon reçoive ces mêmes termes? Si vous vous expliquez, comme il y a longtemps qu'on vous le demande, et si, sur vos avis et mémoires, on pouvoit tirer la dixième partie de l'utilité que vous faites entrevoir, ne doutez pas que le Roi ne vous gratifie d'une place digne; mais, encore une fois....., la récompense ne doit point précéder les services. Si vous êtes propre pour remplir la place de procureur général au Conseil de commerce, faites connoître les vues que vous avez de rendre cette place utile au Roi et à l'État, et ne doutez point qu'on ne vous l'accorde; mais n'attendez rien tant que vous ne parlerez que de *moyens* et d'*expédients*.....»

1808. *M. de Saint-Contest, intendant à Metz,*
au Contrôleur général.

3 Avril 1715.

Il se plaint du commis des traitants de la vente des offices de maire et de lieutenant de maire, qui refuse de donner aux acquéreurs leurs quittances de finance*.

* En apostille : «Faire une lettre aux traitants, et leur marquer que, s'ils ne remettent les quittances à la fin du mois courant, je ferai décerner une contrainte contre eux, et je donnerai les ordres en même temps pour la faire exécuter.....»

1809. *M. Chauvelin, intendant à Tours,*
au Contrôleur général.

5 et 6 Avril 1715.

Perception des droits de simple, double et triple cloison sur les mascouades et sur les mélasses destinées à l'exportation*.

* Voir, à la date du 8 août 1713, avec les mémoires des parties, un arrêt renvoyant à M. Chauvelin le jugement d'une contestation pendante entre les fermiers des aides d'Angers et les raffineurs d'Orléans.

1810. *M. Lebret, intendant en Provence,*
au Contrôleur général.

6 Avril 1715.

«.....Les traitants ayant obtenu la permission de commettre à l'exercice des offices d'huissiers et d'archers, leurs commis et directeurs ont donné ces sortes de commissions à des pauvres malheureux, qui faisoient ensuite leurs exploits de commandement sans doute à meilleur marché que n'auroient fait des officiers en titre, et cette engeance s'est si fort multipliée, que les huissiers pourvus par lettres n'ont plus rien à faire. Il en naît même plusieurs inconvénients, tant par l'incapacité de ces exploitants par commission, que par leur manque de probité..... Il seroit très nécessaire pour le bien de la justice qu'il vous plût révoquer toutes ces commissions, avec défenses à tous ceux qui n'ont point de provisions de faire aucuns exploits ni fonctions d'huissier et sergent.....»

1811. *Le Contrôleur général*
aux Intendants.

8 Avril 1715.

«Le Roi ayant résolu de faire faire une adjudication de ses fermes avec toutes les formalités prescrites par les ordonnances, il a été arrêté des affiches qui expliquent en détail la consistance de chacune desdites fermes, le temps, clauses, et les conditions du nouveau bail. Je vous en envoie des exemplaires, que vous prendrez la peine de faire remettre à vos subdélégués dans les principales villes de votre département, pour être apposés dans le lieu principal, dont il sera dressé un procès-verbal par l'huissier que le subdélégué choisira pour faire cette apposition. Vous leur recommanderez d'y faire procéder avec le plus de diligence qu'il sera possible, et, lorsque les procès-verbaux vous en auront été remis, vous aurez agréable de me les envoyer*.»

(*Pour M. de Bâville, M. Lebret, M. Méliand et M. d'Angervilliers.*) «Si, dans le nombre de ceux qui sont intéressés dans les affaires dans l'étendue de votre département, il y en avoit quelques-uns bons et solvables, et propres à travailler utilement à la régie et exploitation de la ferme des gabelles de Lyonnois, Languedoc, Provence, Dauphiné et Roussillon, qu'on appelle *petites gabelles*, pour les distinguer des gabelles de France, vous pourriez les exciter à se joindre à ceux qui seront dans la pensée de s'en charger**.»

* Voir, dans les diverses intendances, les affiches faites en exécution de cette circulaire.

** Le 16 juin, M. de Bâville, intendant en Languedoc, recommande un de ses anciens chargés d'affaires, le sieur de Lucé, pour entrer dans le bail des petites gabelles.

1812. *Le Contrôleur général à M. le marquis de Grammont.*

10 Avril 1715.

Quoique l'intendant ait été d'avis de lui accorder l'exemption d'un octroi obtenu par les habitants de Villersexel, le Roi s'y refuse, l'usage n'étant point d'exempter les seigneurs des octrois concédés aux villes sur l'entrée des denrées et marchandises.

«Vous devez être persuadé qu'en cela il n'a été nullement question de votre personne, mais seulement de la maxime générale. Vous n'avez pas raison de vous plaindre de moi en particulier sur cela, n'ayant rien fait sur cela que ce qui étoit dans les règles; et s'il avoit été question de prendre un parti par considération, vous me devez la justice d'être persuadé que j'aurois été plus porté pour vos intérêts que pour ceux de vos vassaux. Vous paroissez prendre l'affaire si vivement, que tout ce que je puis faire est de me charger d'une requête de votre part pour être reçu opposant en ce chef à l'exécution de l'arrêt. Si vous me la faites remettre, je me chargerai de la rapporter, et il ne tiendra pas à moi que le Roi ne vous accorde la distinction que vous souhaitez.»

1813. *M. le Guerchoys, intendant en Franche-Comté, au Contrôleur général.*

12 Avril 1715.

Il repousse une proposition de créer de nouvelles élections dans son département, la connaissance des surtaux étant réservée aux présidiaux.

1814. *M. de Bernage, intendant à Amiens, au Contrôleur général.*

13 Avril et 7 Juin 1715.

Vente du terrain de la portion du chemin d'Arras à Doullens comprise entre les villages de Dainville et de Bavincourt; emploi du produit à l'entretien et aux réparations d'un nouveau chemin ouvert entre ces mêmes points, dit *chemin des convois*, ainsi qu'à l'expropriation des terrains pris à cet effet*.

* Un plan est joint à la lettre du 7 juin.

1815. *M. de Richebourg, intendant à Poitiers, au Contrôleur général.*

14 Avril 1715.

Il propose d'autoriser la ville de Saint-Maixent à acheter une maison pour y installer les deux compagnies de cavalerie qui sont habituellement logées dans la ville*.

* «Bon.»

1816. *M. de Courson, intendant à Bordeaux, au Contrôleur général.*

16 Avril 1715.

Il se plaint qu'une loterie a été établie, avec la permission de M. le maréchal de Montrevel, par deux marchands étrangers, pour débiter leurs marchandises, ce qui fait le plus grand tort au commerce de Bordeaux et cause une infinité de friponneries*.

* Voir des plaintes analogues dans une lettre de M. du Vigier, procureur général au Parlement, 7 mai.

Le 29 mai, M. le maréchal de Montrevel écrit que ce n'est qu'une espèce de blanque comme on en tire souvent à la foire Saint-Germain, que le produit en a été fort médiocre, et que d'ailleurs il n'en autorisera plus.

1817. *M. Ferrand, intendant en Bretagne, au Contrôleur général.*

16 Avril 1715.

Réparation des quais de Roscoff démolis par un ouragan.

1818. *M. d'Angervilliers, intendant en Dauphiné, au Contrôleur général.*

18 Avril 1715.

Les forges situées en France, sur la frontière de Savoie, manquent de charbon, tandis que celles qui sont situées en Savoie, sur la frontière de France, manquent de minerai, et un échange continuel de ces denrées avait toujours eu lieu jusqu'ici. Le Sénat de Chambéry vient de l'interrompre en interdisant la sortie des bois et du charbon; il faudrait le contraindre à rapporter cette prohibition en interdisant par réciprocité la sortie du minerai*.

* «Bon.»

1819. *M. de Beauharnais, intendant à la Rochelle, au Contrôleur général.*

20 Avril, 8 et 15 Juin 1715.

Banqueroute du receveur des tailles de l'élection de la Rochelle et de plusieurs négociants engagés avec lui. L'intendant demande une punition exemplaire*.

* Voir, au 23 avril, une lettre des créanciers favorables au concordat, et une autre de ceux qui y étaient opposés.

1820. *M. Laugeois d'Hymbercourt, intendant à Montauban,*

au Contrôleur général.

2 Mai 1715.

«Mme de Riquet, veuve du président au Parlement de ce nom, m'ayant fait l'honneur de m'écrire, et ayant reçu sa lettre le mercredi 24 ou le 25 de ce mois, pour avoir un ordre qui obligeât les communautés à donner des voitures pour quelque réparation qu'elle fait faire au canal, je n'ai pas cru devoir contraindre la liberté publique, surtout en faveur de personnes auxquelles ce canal produit des gains immenses. Je lui ai fait réponse, dans les termes les plus convenables et les plus polis, que j'étois bien fâché de ne pouvoir lui accorder sa demande, mais qu'elle ne manqueroit point de voitures en payant. Cependant il me revient qu'elle s'en plaint, et même qu'elle vous a dépêché un courrier à ce sujet: ce qui m'oblige à vous supplier de me donner vos ordres pour me servir de règle, tant dans cette occasion que dans celles qui pourroient survenir pour le même fait. J'ai d'autant plus lieu d'être surpris de ses plaintes, qu'il n'y a point de devoirs que je ne lui aie rendus dans les occasions qui m'ont conduit ou fait passer par Toulouse.

(*Autographe.*) «Vous n'ignorez pas que le canal ne passe dans aucun lieu de cette généralité; mais la présidente de Riquet est amie de M. le Gendre, et son beau-frère le sieur Fourvize, son confident intime, s'est ici répandu, à ce sujet, en des discours extraordinaires, ainsi que la petite cabale attachée par les intérêts à mon prédécesseur, dont j'apprends journellement de pareilles témérités, dont je n'ai pas cru devoir vous fatiguer, taisant tout ce qui n'a pas rapport au service.»

1821. *M. de Harlay de Cély, intendant en Béarn,*

au Contrôleur général.

3 Mai 1715.

Il proteste contre une proposition qui a été mise en avant de demander un présent pour lui aux États en raison des dépenses extraordinaires qu'il a faites en 1714.

1822. *Le Contrôleur général*

à M. le Guerchoys, intendant en Franche-Comté.

7 Mai 1715.

«Depuis la lettre que je vous ai écrite au sujet du mémoire du P. Grégoire, MM. de l'Académie des sciences m'ont remis celui que vous trouverez ci-joint, contenant leur sentiment sur la proposition; vous verrez qu'ils y trouvent beaucoup de difficulté, et ils y expliquent d'une manière assez sensible les raisons qui les font douter du succès. Ainsi, je crois qu'avant d'aller plus avant sur l'épreuve que vous deviez faire faire, il seroit nécessaire que vous communiquassiez ces observations au P. Grégoire, pour pouvoir juger de la solidité du projet*.»

* Le projet étoit relatif au travail des salines. Voir la lettre de M. le Guerchoys, 14 juin, et les répliques du P. Grégoire, 6 juin.

1823. *M. Lebret, intendant en Provence,*

au Contrôleur général.

9 Mai 1715.

Il combat la proposition d'établir des casernes sur le terrain situé derrière l'arsenal des galères à Marseille, ou de le vendre pour y bâtir une église dédiée à saint Ferréol*.

* Voir deux lettres du subdélégué Rigord, 2 avril et 6 mai; une lettre de M. de Pontchartrain, secrétaire d'État de la marine, 5 juin; deux lettres du contrôleur général à M. Lebret, 28 avril et 9 juin.

1824. *M. Laugeois d'Hymbercourt, intendant à Montauban,*

au Contrôleur général.

10 Mai 1715.

«Mgr le Chancelier ayant réglé les fourrages du quartier d'été de la présente année des quatre compagnies du régiment d'Anjou-cavalerie et des douze de celui de dragons de Caylus, sur le pied de 18 s. la place de cavalier, dont 5 s. seront payés par le Roi et les 13 restants imposés sur les taillables de la généralité, et 2 s. par cavalier ou dragon pour le bien-vivre, qui seront aussi à la charge de la province, et en ayant reçu les ordres ce matin, j'ai l'honneur de vous en donner avis et de vous en demander votre agrément. Ce sont 3 s. de moins par place que dans le dernier quartier d'hiver, et on a retranché les 2 s. par place d'officier pour le bien-vivre. Les apparences de la récolte des foins et des avoines sont si belles, que j'espère que le quartier d'hiver prochain sera à un prix encore bien moindre.»

1825. *Le Contrôleur général*

à M. Chauvelin, intendant à Tours.

13 Mai 1715.

«J'ai su que le nommé Basly, demeurant à Loudun, avoit fait offrir une somme assez forte pour obtenir un passeport pour conduire à Nantes quatre cents fournitures de blé, mesure d'Anjou, et l'avis m'a été donné par un de mes commis, auquel on avoit adressé par mégarde une lettre qui contenoit cette offre. J'ai été d'autant plus surpris de cette mauvaise manière, que de semblables permissions ou passeports n'ont été, jusqu'à présent, accordés ou refusés que sur les avis de MM. les intendants. Il seroit bon de découvrir cependant qui sont ceux qui trafiquent de ces sortes de permissions, et de faire connoître à ce nommé Basly le tort qu'il a de se livrer à ces personnes intéressées pendant qu'il peut s'adresser ou à vous ou à moi pour obtenir gratuitement la même chose, supposé qu'elle dût être accordée. Je m'en remets à votre prudence des moyens que vous jugerez convenables pour faire cesser cette espèce de désordre dans votre département. Si vous en découvrez quelque chose de particulier, je vous prie de m'en informer.»

1826. *Le Contrôleur général à M. de la Briffe, intendant en Bourgogne.*

14 Mai 1715.

Le cadet du régiment des gardes suisses qui réclame l'exemption des droits d'octroi à Auxonne, où sa femme tient une hôtellerie, ne payera ni la taille ni les autres impositions personnelles, mais acquittera les droits d'octroi et autres sur le vin, dont les treize privilégiés des Cent-Suisses de la garde sont seuls exempts*.

* En apostille : «Cette lettre n'a pas eu lieu, le Roi ne regardant les cadets que comme gens qui ne sont que passagèrement dans le service.»

1827. *M. Lebret, intendant en Provence, au Contrôleur général.*

(D'Aix,) 14 Mai 1715.

«La Chambre de commerce de Marseille a envoyé ici un échevin, avec un député de la même Chambre, qui m'ont apporté copie des lettres que les échevins et plusieurs négociants particuliers ont pris la liberté de vous écrire au sujet du désordre dans lequel est tombée la place de Marseille par le grand nombre de faillites arrivées depuis le 28 février. Elles sont déjà en nombre de dix-sept, sans compter celles que les créanciers ont empêchées en supportant leurs débiteurs : en sorte que l'état où ces négociants se trouvent est des plus tristes. Cet échevin et ce député de la Chambre de commerce sont venus me parler de cette affaire, quoiqu'ils sachent bien que, depuis la mort de mon père, je n'ai donné qu'une légère attention à ce qui peut avoir rapport au commerce de Marseille, dont je ne suivois auparavant les affaires que pour le soulagement de mon père et sous son nom : de sorte que, m'étant éloigné depuis cinq ans de ces sortes d'affaires, je ne suis peut-être pas dans les maximes qui peuvent avoir été introduites depuis, et la Chambre de commerce, en me priant d'avoir l'honneur de vous écrire sur cette matière, veut faire parler un homme du vieux temps sur les modes d'aujourd'hui. Quoi qu'il en soit, ils sont trop à plaindre pour les refuser, et, en réfléchissant sur leur état, je crois que les diminutions des espèces, qui mirent d'abord l'argent dans un si prodigieux mouvement, ayant donné aux négociants, toujours avides, plus de crédit qu'ils n'en devoient raisonnablement avoir, et le mauvais usage qu'ils ont fait de ce crédit sont les causes du mal que nous voyons. Tout le monde étoit embarrassé de son argent, et, pour éviter d'y perdre par les diminutions, on le donnoit à qui le vouloit recevoir, même sans intérêt. Les prêteurs se contentoient qu'on leur sauvât les diminutions. Il est arrivé qu'un marchand qui avoit 100,000# de bien trouvoit en un quart d'heure 100,000 écus à emprunter. Celui qui s'est laissé flatter par le désir de devenir riche tout d'un coup a profité d'une occasion dont son avidité l'empêchoit de voir les inconvénients. Il s'est chargé de l'argent d'autrui, sans considérer que mille autres en faisoient de même. Il a envoyé ces 400,000# en Levant, pour les employer en marchandises, sans songer qu'un grand nombre d'autres marchands prenoient le même parti, et que les marchandises augmenteroient de prix par la concurrence qu'il y auroit au delà de la mer, où ils ont tous acheté cher. Ils ont rapporté leurs marchandises, dont la ville de Marseille s'est trouvée farcie précisément dans le temps que, les diminutions d'espèces étant sur leurs fins, et moindres que dans leurs commencements, on a recommencé à resserrer l'argent : en sorte que le marchand perd 25 p. o/o sur sa marchandise, et que celui qui a trouvé crédit pour 300,000# perd justement les 100,000# qu'il avoit avant d'entreprendre le commerce qui le ruine, et dont la suite étoit aisée à prévoir. On dit à présent que les diminutions des espèces ont fait sortir du royaume quantité d'argent, et qu'il faudroit les augmenter. Il ne faut pas douter qu'il n'en soit sorti, m'ayant été impossible d'inspirer sur cela aucune sorte d'attention aux officiers de l'Amirauté, comme j'ai pris la liberté de vous le représenter; et il n'y avoit qu'eux qui pussent apporter du remède à un aussi grand mal, en découvrant les contraventions que l'on faisoit aux défenses de transporter les espèces hors du royaume. Cependant, suivant les anciennes maximes, l'équilibre dans la valeur des monnoies est avantageux au commerce du royaume, et j'ai vu cette proposition si universellement reçue, qu'il ne peut pas être nécessaire de la prouver. Il peut donc convenir aux affaires particulières de quelques négociants que les espèces soient augmentées; mais cela ne paroît pas pouvoir convenir au commerce et à l'État en général. En effet, la grande valeur des espèces avoit porté le change d'Italie à 45 et 48 p. o/o; les diminutions des espèces l'ont réduit à 20 et au-dessous. Ainsi, il y a lieu de croire que, quand les diminutions seront achevées, le change reviendra à son ancienne modicité de 1/2 ou 1 p. o/o, et que le change des autres pays étrangers reviendra aussi à son ancien pied. Je crois aussi que l'incertitude de l'état des monnoies contribue au décri des marchandises, et qu'elles ne reprendront de la valeur qu'après que les espèces auront été mises dans un état que les étrangers puissent regarder comme certain et permanent. Jusque-là, tout sera en suspens, non seulement en France, mais même dans toute l'Europe, où j'ai ouï dire que les marchandises abondoient comme à Marseille. Sur ce pied-là, il sembleroit qu'au lieu d'augmenter les espèces, il en faudroit précipiter la diminution, et joindre celle du 1er août à celle du 1er juin, ou la rapprocher, parce que ce ne sera apparemment qu'après que les écus auront été réduits à 3# 10 s. que le commerce, interrompu par l'incertitude de la valeur des monnoies, reprendra son cours; et c'est à quoi il en faut venir pour donner du débit aux marchandises dont tous les marchands de l'Europe regorgent : après quoi, la navigation, qu'une trop grande abondance de marchandises a interrompue, se rétablira sur-le-champ. Cependant, comme les négociants sont en peine pour remplir leurs bilans, il paroît bien nécessaire de leur accorder une prorogation des payements prochains, qu'on n'aura pas manqué sans doute de vous demander de Lyon; et c'est, ce me semble, tout ce qui se peut faire. Personne ne peut sensément imaginer que, sans rien faire souffrir, l'on revienne de l'état où le royaume se trouve par les malheurs d'une longue guerre, suivie d'une disette horrible, d'une maladie populaire, d'une mortalité de bestiaux, et de mille autres accidents*.»

* La situation ne fit que s'aggraver, et un des échevins, parent du subdélégué Rigord, fit banqueroute (lettres du marquis de Pilles,

gouverneur de Marseille, 1er août; des maire et échevins, 12 juillet et 5 août; du sieur Rigord, 29 mai et 5 août). Ce dernier écrit, le 24 juillet : «.....Les désordres sont affreux ici; je ne crois pas que, le 15 du mois prochain, il y ait plus de quinze ou vingt de nos négociants en pied. Ce qu'il y a de plus fâcheux est que les ouvriers de nos manufactures s'en vont, et que je vois que nos bâtiments de mer vont pourrir dans le port, et nos matelots passer chez nos voisins.....»

1828. *M. Bignon de Blanzy, intendant à Paris,*
au Contrôleur général.

15 Mai 1715.

Dixième de la Sorbonne.

«Il fut décidé que les biens de cette maison ne pouvoient être considérés comme ecclésiastiques, et que, par conséquent, ils étoient sujets au dixième. Il fut observé que cette maison n'avoit jamais contribué aux décimes du clergé, et qu'ainsi elle ne devoit pas contribuer au Don gratuit qui tient lieu du dixième du clergé; que cette légère contribution lui procuroit l'exemption d'un dixième beaucoup plus considérable. Vous décidâtes pour lors que le revenu des biens qui appartiennent à la maison et société de Sorbonne seroient assujettis au dixième comme les autres biens laïques, et qu'on n'en excepteroit que les lieux qui sont occupés par les docteurs ou qui servent aux exercices. Vous décidâtes en même temps qu'il falloit qu'ils se pourvussent au clergé pour obtenir la décharge de la contribution au Don gratuit. Ces biens sont considérables; il y a plusieurs maisons dans Paris qui ont été employées dans les rôles de la ville. Messieurs de Sorbonne ont toujours refusé de payer ce dixième, et, toutes les fois qu'ils ont été poursuivis par les préposés à la recette, ils vous ont donné de nouveaux mémoires, sans nouveaux moyens, sur lesquels vous avez confirmé la première décision. MM. les commissaires n'estiment pas que cette décision doive être changée.....»

1829. *M. Lebret, intendant en Provence,*
au Contrôleur général.

16 Mai 1715.

Les amendes prononcées par M. de Pilles, gouverneur de Marseille, contre les conseillers de l'hôtel de ville qui ne se rendent pas aux assemblées ne sont établies par aucune loi; mais elles n'en sont pas moins nécessaires*.

«Pour ce qui est des commissaires des rues et des chemins, de l'inspecteur et de plusieurs autres officiers renouvelés par le règlement de 1712, qui ne font point leur devoir, il n'y a pas non plus de peine établie contre eux; mais je crois qu'au lieu de les contraindre par des amendes, il conviendroit mieux de chercher quelque homme exact pour le charger des soins que le règlement impose à un nombre infini de gens auxquels il n'attribue cependant rien pour leurs peines, et qui, dans la situation où ce même règlement a mis les esprits, ne trouvent que du désagrément dans leurs fonctions. La ville de Marseille seroit la plus admirable de l'univers, si l'on y pouvoit trouver un aussi grand nombre de gens de probité et d'exactitude qu'il en faudroit pour remplir tous les emplois que ce règlement établit ou renouvelle : ainsi, je suis persuadé que l'on ne parviendra jamais à la fin que l'on a eue en vue**.....»

* Les conseillers étaient en effet, et depuis longtemps, fort inexacts; sur les difficultés qu'entraînait le nombre des manquants au point de vue de l'administration de la ville, voir les lettres du contrôleur général à M. Lebret, 21 et 29 novembre, et 19 décembre 1714. Aussi la mesure proposée par M. de Pilles fut-elle approuvée. Les amendes durent être perçues par le receveur des domaines, avec faculté de mettre chez les délinquants une garnison effective de deux soldats ou valets de ville. (Lettres du contrôleur général à M. Lebret et au marquis de Pilles, 22 avril.)

** Voir encore une lettre du 26 mai, sur les conflits du corps de ville avec les commissaires de police. Le contrôleur général répond, le 5 juillet, qu'il faudra commettre le lieutenant du viguier aux fonctions mal remplies et le payer, ainsi que les archers et gardes de police, sur les appointements des employés fautifs.

1830. *M. d'Angervilliers, intendant en Dauphiné,*
au Contrôleur général.

19 Mai 1715.

Établissement d'un droit sur les vins importés du Piémont dans le Briançonnais, afin de faciliter le débit des vins du Gapençais.

1831. *M. de Bâville, intendant en Languedoc,*
au Contrôleur général.

21 Mai 1715.

Continuation du canal de la Robine de Lunel jusqu'à cette ville; adjudication des travaux, fixation du tarif des droits à percevoir.

1832. *M. de la Briffe, intendant en Bourgogne,*
au Contrôleur général.

23 Mai 1715.

«.....[M. l'évêque de Genève] vous mande qu'étant dépouillé de son siège par les hérétiques, il est obligé de s'aider du patrimoine de sa famille, consistant au fief de Saint-Genis et port de Chaney, sur lesquels on veut prendre le dixième et la taxe des îles et îlots, qui en absorberoient le revenu. L'affaire des îles et îlots étant de celles que la paroisse vient de racheter, la taxe qu'on demandoit à M. l'évêque de Genève pour raison du port de Chaney, et pour laquelle il étoit poursuivi....., est annulée..... La terre de Saint-Genis, au pays de Gex, a été imposée, depuis l'établissement du dixième, sous le nom de M. l'abbé de Bertier, qui en étoit lors le propriétaire, à 65# par an..... Si vous désirez qu'il lui soit fait une diminution, ou accordé une décharge pour le temps de sa jouissance, vous aurez agréable de me donner vos ordres*.»

* Cette somme fut passée en reprise dans les comptes du dixième (lettre du 18 juin).

1833. *Le Contrôleur général à M. de Pontchartrain, secrétaire d'État de la marine.*

25 Mai 1715.

«Vous connoîtrez, par le mémoire que j'ai l'honneur de vous envoyer, la nécessité qu'il y a de renouveler les défenses qui ont été faites par le règlement du mois d'août 1698, à tous les étrangers, d'approcher de nos colonies; aux commandants des îles de l'Amérique, de souffrir qu'ils y fassent aucun commerce, et aux habitants, d'avoir aucune relation ni correspondance avec les étrangers. Je crois qu'il est fort important que vous ayez agréable de prendre les ordres du Roi promptement sur cela.»

1834. *Le sieur Hédelin, lieutenant général et maître particulier des eaux et forêts de Nemours, au Contrôleur général.*

25 Mai 1715.

Canal de Montargis à la Seine.

«J'aurai l'honneur de vous observer que nous avons ici le sieur Cadot, qui a fait le canal d'Orléans. Il a pris autrefois le nivelage de notre rivière. Il prétend que la construction de ce canal est très facile, et tous les voituriers qui m'en ont parlé se soumettent volontiers de payer sur ce canal les mêmes droits qu'ils payent sur les canaux de Briare et d'Orléans, qui tombent dans notre rivière, et qui rendroient dans ce canal : de manière que, si le Roi vouloit faire faire cet ouvrage, il en retireroit plus de 100,000# par an, et cela procureroit une abondance à Paris de toutes sortes de marchandises. S. M. pourroit se servir de ses troupes pour faire cet ouvrage.....»

1835. *Le Contrôleur général à S. A. S. M. le duc de Bourbon, gouverneur de Bourgogne.*

26 Mai 1715.

Les offres des États de Bourgogne pour la suppression de la capitation et du dixième sont trop faibles par rapport au produit annuel, qui est de 1,800,000#; néanmoins, le Roi se contenterait de 1,400,000#, pourvu que les payements se fissent à des termes fixes et sans non-valeurs*. Du reste, il se réserve de prendre sous peu une résolution générale pour assurer l'acquittement des dettes de la guerre.

* Voir les lettres de Mgr le Duc et de M. de la Briffe, intendant en Bourgogne, 20, 21, 28 et 29 mai.

1836. *Le Contrôleur général aux Fermiers généraux.*

29 Mai 1715.

Les nouveaux 2 s. sur les droits des fermes s'appliquent à tout ce qui n'a pas été exempté des premiers; mais il y aura un arrêt explicatif en ce qui concerne le sel dans les provinces de Languedoc, Provence et Dauphiné, où la modération du prix a supprimé, en quelque façon, les premiers 2 s.

1837. *M. de Machault, intendant du commerce, au Contrôleur général.*

(Intendance de Paris.)

31 Mai 1715.

«Les marchands et négociants des principales villes du royaume vous ont envoyé des mémoires et des lettres pour vous prier de les secourir dans la situation fâcheuse où se trouve le commerce, à cause des faillites fréquentes qui sont survenues et pourront survenir dans la suite par l'impossibilité que trouvent les marchands à débiter toutes les marchandises étrangères dont ils sont chargés, et de les convertir en argent pour payer leurs dettes. De toutes les propositions qui ont été faites, nous avons pensé qu'il n'y en avoit aucune qui méritât plus d'attention que celle de soulager les négociants qui sont poursuivis par leurs créanciers, en les garantissant des frais de justice, qui consommeroient la plus grande partie de leurs biens et causeroient une égale perte aux créanciers et aux débiteurs, si les procès et différends nés à l'occasion de ces faillites étoient portés par-devant les juges ordinaires. Il nous a paru qu'il étoit nécessaire, dans une conjoncture aussi pressante, de s'écarter des règles pour le bien public, en dépouillant les juges ordinaires pendant un temps, afin d'attribuer la connoissance de tous ces procès aux juges et consuls, où la justice s'administre gratuitement et sans frais. Nous avons même cru qu'il convenoit d'empêcher que, sans le concours de la plus grande partie des créanciers pour se tirer de la juridiction consulaire, il ne fût permis d'entreprendre une procédure criminelle. C'est sur ces considérations que j'ai dressé un projet de déclaration, de concert avec MM. les commissaires au Conseil de commerce, que j'ai l'honneur de vous envoyer*.»

* Ce projet attribuait aux juges-consuls la connaissance de tous les procès et différends civils ayant leur source dans les faillites ou banqueroutes survenues ou devant survenir du 1er avril 1715 au 1er janvier 1716, ainsi que l'apposition des scellés, la confection des inventaires, etc.; aucun procès criminel en raison de ces mêmes faillites ou banqueroutes ne devait être commencé, ou, s'il était déjà commencé, ne devait être continué par les juges ordinaires, que sur la demande de créanciers représentant une somme de créances supérieure à la moitié du chiffre total. — La déclaration conforme, dont copie est jointe, fut rendue le 10 juin.

La ville de Paris ayant été exceptée de cette mesure par une autre déclaration du 30 juillet, le contrôleur général écrivit, le 8 août, à M. le Camus, lieutenant civil, auquel cette déclaration attribuait la connaissance de ces procès (lettre copiée à la suite d'une lettre sur le

même sujet, de M. le procureur général Daguesseau, du 7 août) :
«.....Un des principaux motifs qui a porté S. M. à déroger en ce chef à sa première déclaration a été la confiance qu'elle a en vos lumières, en votre sagesse et en votre droiture. Elle a compté que les fortunes des négociants qui, par quelque sorte d'imprudence, ou par les enchaînements et les liaisons de leur commerce avec d'autres dont les affaires sont en désordre, ne se trouvent pas en état de payer leurs dettes, n'étoient pas moins sûrement entre vos mains qu'en celles des personnes de leur profession; que vous donnerez votre attention, vos soins, votre temps à concilier leurs intérêts avec ceux de leurs créanciers, et, en un mot, que vous traiterez ces matières plus économiquement et en père du peuple, qu'en juge et avec les formalités de la justice. Vous avez vu, par la même déclaration, le pouvoir que le Roi a bien voulu vous donner, par une suite de la même confiance, pour l'instruction des banqueroutes frauduleuses. S. M. se promet aussi, à cet égard, que vous en userez avec beaucoup de retenue et de circonspection; que vous ne recevrez les accusations criminelles en ce genre que lorsque vous verrez des présomptions de fraude, et non lorsqu'il vous paroîtra qu'elles ne sont intentées par des particuliers que dans la vue de se distinguer d'avec les autres créanciers et de rendre leur condition meilleure. Mais, si le Roi veut bien avoir de l'indulgence pour les débiteurs plus malheureux que coupables, S. M. entend aussi que vous procéderez dans toute la rigueur des ordonnances et sans aucun ménagement contre ceux dont vous aurez reconnu la mauvaise foi. Comme le Roi veut être informé exactement de tout ce qui se passera à l'occasion des faillites et banqueroutes, qui ont un rapport essentiel avec le commerce et avec le cours de l'argent, vous aurez soin de me mander, une fois au moins tous les mois, jusqu'à la fin de cette année, les noms des marchands, négociants et banquiers qui ont fait ou qui feront banqueroute, les sommes auxquelles montent leurs effets et leurs dettes, les accommodements que vous aurez ménagés entre eux et leurs créanciers, ou les procédures civiles ou criminelles que vous aurez été obligé de faire, et généralement toutes les circonstances que vous jugerez mériter quelque considération, afin que je puisse en rendre compte à S. M. Le grand détail dans lequel vous serez engagé à entrer sur ces matières vous donnera sans doute lieu d'approfondir les causes les plus communes des banqueroutes, les moyens généraux et praticables de les prévenir, et les remèdes qu'on peut apporter après qu'elles sont arrivées, pour en conserver au moins les débris aux créanciers légitimes, et pour empêcher, autant qu'il sera possible, les abus, les fraudes, la dissipation des effets, la multiplicité des incidents, les longueurs, les frais et autres maux si ordinaires qui ruinent également les débiteurs et les créanciers. Vous ferez, s'il vous plaît, vos réflexions sur toutes ces choses, selon les occasions particulières qui s'en présenteront, pour me donner à la fin de cette année un mémoire de tout ce que votre application et vos bonnes intentions vous auront inspiré de plus avantageux au bien public en cette matière d'affaires.»

1838. *M. de Courson, intendant à Bordeaux,*
au Contrôleur général.

1er Juin 1715.

Il est d'avis qu'on ne permette pas l'exportation de la résine ou brai pour le Portugal, cette marchandise étant devenue fort rare depuis l'hiver de 1709*.

* Voir un mémoire transmis et appuyé le 6 mai précédent, par M. de Saint-Aulaire, pour la création d'offices héréditaires de contrôleur juré et visiteur de miel, résine jaune et brai noir, gemmes, galipot et goudron.

Le 24 août, M. de Courson transmet la demande faite par le gouverneur espagnol du Guipuscoa, de cinq cents quintaux de brai devant servir à la construction des vaisseaux du roi d'Espagne. En marge : «Bon pour les cinq cents quintaux, et ne pas permettre une plus grande quantité sans de nouveaux ordres du Roi.»

1839. *Le Contrôleur général*
à M. de Bernières, intendant en Flandre.

3 Juin 1715.

Conformément à son avis, le Roi a résolu de faire, sur les droits qui frappent les tapisseries d'Oudenarde, Anvers et Bruxelles, une augmentation qui a pour but d'établir quelque balance, pour le débit, en faveur de celles de Lille et de Valenciennes*.

* Voir, au 7 mai 1714, une lettre de M. de Bernières sur des tapisseries importées par l'entrepreneur de la manufacture de Torcy.

1840. *M. de Torcy,*
secrétaire d'État des affaires étrangères,
au Contrôleur général.

3 Juin 1715.

Il envoie une lettre de M. le marquis de ..., ambassadeur auprès du roi de Sicile, et un mémoire sur l'établissement à Lyon d'une manufacture d'étoffes de soie, que propose le sieur Charbonnel, manufacturier à Turin.

1841. *M. de Bâville, intendant en Languedoc,*
au Contrôleur général.

5 Juin 1715.

«Demander d'établir des diligences sur le canal royal de Languedoc pour le transport des marchandises de Toulouse à Agde et d'Agde à Toulouse, c'est, à mon sens, demander le canal même, car tout le revenu de ce canal ne consiste qu'aux droits que le propriétaire prend sur les marchandises. Si l'on prétend les lui laisser et en prendre de nouveaux pour la diligence, c'est un projet impossible à exécuter, car les voitures deviendroient si chères, que le public n'en profiteroit plus, et on aimeroit mieux voiturer par terre. Si l'on veut supprimer celles du canal, c'est anéantir les droits du propriétaire.

«Le premier fait qu'on avance, qu'il n'y a point aucune voiture fixe pour faire passer les marchandises, n'est pas véritable : il y a sur le canal plus de deux cents barques, qui sont toujours prêtes à voiturer les marchandises, et personne ne s'est jamais plaint qu'on en ait manqué. Il n'est point aussi vrai que les voitures n'arrivent pas assez à temps aux foires et marchés suivant leur destination, car les marchands savent bien prendre leurs mesures, et, comme les journées des voitures sont réglées, elles arrivent toujours à point nommé, n'y ayant point maintenant dans le monde de voiture plus certaine et plus sûre;

et s'il y a quelquefois du retardement pour les foires de Bordeaux, il vient de la Garonne, qui souvent n'est pas navigable par la sécheresse.

«Il n'est point vrai encore que les patrons soient de mauvaise foi, et je n'en ai eu aucune plainte depuis trente ans, ni qu'ils altèrent les marchandises et denrées; il n'y a jamais eu sur cela aucun procès.

«Cet établissement est déjà tout fait; car, pour voiturer les hommes, il y a des barques de poste, dont le public est très content. Le projet même d'une diligence sur le canal est impraticable, parce qu'il faut y passer soixante-quatre écluses, où les barques doivent monter et descendre, ce qui demande un grand temps, et il est impossible de leur faire faire plus de diligence qu'elles font. Ainsi, ce qu'on appelle *diligence* n'est qu'un nom, dont l'effet ne se trouveroit pas. Les barques de poste viennent de Toulouse dans quatre jours, et les grosses barques pour les marchandises, dans six. C'est la plus grande diligence qu'on puisse faire.

«Les voitures, qui ne partiroient que trois fois la semaine, dérangeroient entièrement la liberté du commerce, les marchands voulant faire partir les denrées et marchandises tous les jours et quand ils le jugent à propos. Supposé que les barques ne partissent que trois fois la semaine, la moitié du commerce manqueroit, car il ne se fait qu'en partant à toutes heures, et souvent il faut qu'elles partent tous les jours en assez grand nombre, en certaines saisons.

«Beaucoup de personnes gagnent maintenant leur vie sur le canal par la liberté qu'ils ont d'y naviguer et d'y avoir des barques; c'est les ruiner, d'en mettre de privilégiés.

«Quant à la défense de faire transporter par charrettes les marchandises, afin de les faire passer nécessairement par le canal, c'est gêner le commerce et le détruire, parce que, le canal Royal étant une machine continuelle, composée de plusieurs ponts, de soixante-quatre écluses, de cinquante aqueducs, de chaussées, de trois rivières qu'il faut traverser, et autres travaux, sans compter le temps de la sécheresse, qui arrive souvent où il n'y a pas assez d'eau, et les inondations quand il y en a trop, il y a une infinité de réparations à y faire, et souvent le canal est un mois ou six semaines sans qu'on puisse s'en servir. Que deviendroient les marchands pendant tout ce temps, s'ils ne pouvoient pas faire voiturer par charrette?

«Il n'est point véritable que, dans le temps des vendanges et de la moisson, les barques manquent, parce que les patrons gagnent plus à voiturer qu'à faire les vendanges.

«Ce sont les raisons par lesquelles je ne crois pas que le projet qui vous a été donné puisse jamais être exécuté, n'estimant pas d'ailleurs qu'il soit juste de ruiner les familles des propriétaires. Ce canal étant porté à sa perfection, il est bien juste qu'ils jouissent du travail de leur père. Je puis ajouter à toutes ces raisons que le canal périroit bientôt; les réparations sont immenses, et, si le propriétaire étoit privé de ses droits, ou parce qu'on les lui ôteroit, ou parce que le produit ne pourroit plus subsister, les marchandises ne pouvant pas supporter les anciens et les nouveaux droits, on verroit ce grand ouvrage tomber en ruine en fort peu d'années.

«Ce projet n'est pas nouveau. Feu M. de Riquet voulut établir une diligence, qui dura pendant quatre ans; il fut obligé de l'abandonner par deux raisons : la première, qu'on trouva que les frais excédoient le produit, et la seconde, que la diligence que l'on s'étoit promis ne se pouvoit faire par les raisons que j'ai marquées ci-dessus. Les marchands furent les premiers à en demander la révocation, étant bien plus mal servis par la diligence qu'ils ne l'étoient par les barques, qu'ils prenoient à leur choix, et qu'ils font partir quand il leur plaît.

«Je dois encore remarquer que je crois que les États feroient de grandes remontrances sur ce sujet et y formeroient opposition, par la surcharge qui retomberoit sur les marchandises et denrées de la province, dont le commerce souffriroit beaucoup. C'est la réponse que je dois à la lettre que vous m'avez fait l'honneur de m'écrire le 27 du mois passé.»

1842. *M. de Harlay de Cély, intendant en Béarn,*
au Contrôleur général.

11, 18 et 22 Juin, et 13 Juillet 1715.

Il se plaint du vicomte de Saint-Martin, gentilhomme qui se donne le titre de *tribun du peuple*, affectant de contrecarrer en tout les intendants, se vantant d'avoir provoqué le rappel de M. de Barrillon, et allant jusqu'à défier publiquement M. de Cély*.

* Voir une lettre de M. de Casaus, président au Parlement (22 juin), et les pièces qui y sont jointes. M. de Saint-Martin eut ordre de se rendre dans la citadelle de Saint-Jean-Pied-de-Port; mais la famille de M. de Cély demanda sa grâce. (Lettre de Mme de Harlay, 14 juillet, à laquelle sont jointes des copies de lettres de M. de Saint-Martin à cette dame, et de celle-ci à M. de Torcy.) M. de Cély fit savoir que cette démarche lui semblait regrettable, et, en effet, M. de Saint-Martin considéra comme une victoire la grâce qui lui avait été faite. (Lettres des 23 et 28 juillet, et 27 août.)

1843. *M. Lebret, intendant en Provence,*
au Contrôleur général.

13 Juin 1715.

«Le procès de M. Cassard, que vous protégez, a été jugé ce matin à la Grand'Chambre, et il l'a gagné avec dépens. Il lui en reste encore trois ou quatre autres, sur lesquels on lui fera la plus prompte expédition qu'il sera possible. On en a déjà commencé un à la Tournelle.»

1844. *Le Contrôleur général*
à divers intendants.

18 Juin 1715.

Perception des droits de sceau des chancelleries près les Parlements, Conseils supérieurs, Cours des comptes et présidiaux; comptes des préposés à la recette de ces droits.

1845. *M. de Saint-Contest, intendant à Metz,*
au Contrôleur général.

23 Juin 1715.

«Quoique vous soyez accablé d'affaires, j'ai l'honneur de vous envoyer l'édit que l'Empereur vient de faire pour l'établissement d'une banque à Vienne, à l'exemple de celle d'Angleterre. Vous trouverez ci-joint l'original en allemand, et une traduction françoise, afin que vous puissiez faire vérifier ma traduction, si vous le jugez à propos. Si vous n'avez pas le loisir de la lire, vous la jetterez au feu; mais j'ai cru de mon devoir de vous l'adresser, parce qu'un esprit supérieur comme vous est bien aise de voir tout ce qui se fait dans les autres nations sur la finance, pour en tirer des lumières et en faire ensuite usage suivant les occasions et nos mœurs. Cet édit a été fait par le conseil de M. le prince Eugène. D'abord, il a donné lieu à une pasquinade : on afficha un panier à la porte, où il n'y avoit point de fond, et l'on mit autour, en italien : «Il n'y «a rien dedans, parce qu'il n'y a point de fond», en faisant allusion à la Banque. En tous pays, les peuples ne sentent pas le bien qu'on leur veut faire, et s'y opposent d'abord; néanmoins, on me mande depuis que cette banque commence à avoir un grand succès. Je n'ai point l'honneur de vous dire mon sentiment là-dessus, parce que vous avez tant de lumières et tant d'expérience, que rien n'oseroit paroître devant vous que très imparfait, venant des autres. Je pense seulement en général que, dans le temps présent, un pareil établissement en France ne conviendroit pas et seroit sans succès; que, lorsque les finances auront pris, sur vos justes projets, une forme solide, l'établissement d'une banque pareille en France seroit très utile; qu'il seroit aisé de la doter par le désir que tout le monde a d'avoir des charges et des emplois, mais qu'il faudroit, par toutes sortes de voies, y assurer la sûreté et la fidélité.»

1846. Le Contrôleur général
à M. Lescalopier, intendant en Champagne.

25 Juin 1715.

Il lui demande s'il n'y aurait pas lieu de transformer les foires de Troyes, concédées à titre temporaire, en foires perpétuelles.

1847. *M. de Bernières, intendant en Flandre,*
au Contrôleur général.

25 Juin 1715.

«Étant allé dernièrement à Dunkerque par curiosité, pour y voir le nouveau canal, j'y fus persécuté des larmes de plusieurs personnes qui me prêtèrent leur argent de bonne foi en 1708, lors de l'embarquement du roi d'Angleterre pour l'Écosse, sur la prière que m'avoit faite M. de Chamillart de lui trouver une somme de 300,000#, et je me donne l'honneur de vous envoyer une copie de sa lettre, par laquelle vous connoîtrez combien elle étoit pressante, et à quel point il étoit satisfait de ce que je fis dans ce temps de mouvement. Plusieurs de ceux qui avoient ainsi donné leur argent sur mes instances se sont tirés d'affaires, les uns par intrigue, les autres avec beaucoup de perte, en négociant. Quelques-uns, dont je joins ici les noms avec l'état de ce qui leur est dû, souffrent beaucoup, et ce sont ceux qui m'écrivent tous les jours et qui me pressent avec raison, m'étant fait fort de les faire payer lors de l'emprunt. Quand j'ai eu l'honneur de vous en parler pendant la guerre, je n'ai rien eu à répliquer à vos raisons. Malheureusement, la paix, jusques à présent, n'a pas pu vous procurer plus de facilités, et je suis trop au fait des affaires pour ne pas connoître l'embarras où vous êtes, en faisant et ayant fait depuis un grand nombre d'années plus qu'il n'étoit possible. Cependant il m'est bien douloureux de voir souffrir, même périr, des gens qui se sont sacrifiés pour moi, qui étois porteur d'ordre d'un ministre pour lors accrédité, qui m'honoroit de sa confiance et de son amitié. Ayez la bonté, je vous prie, de me faire savoir ce que ces bonnes gens peuvent espérer et attendre de consolant, afin que je leur puisse faire une réponse qui me tire en partie du chagrin et de l'embarras où leurs demandes continuelles me jettent.»

1848. *M. Méliand, intendant à Lyon,*
au Contrôleur général.

28 Juin 1715.

Saisie de glaces fabriquées à Beauregard, dans les Dombes, et introduites à Lyon en contrebande. Elles ne peuvent être vendues en France, mais seulement à l'étranger.

1849. *Le sieur Thierry, avocat au Conseil,*
au Contrôleur général.

1er Juillet 1715.

«Je croirois manquer au dévouement dans lequel je suis pour le service de Votre Grandeur, si je ne l'avertissois pas de ce qui se passe au sujet des substitutions dans le ressort du Parlement de Toulouse, puisqu'il en peut revenir en pur profit un million dans les coffres du Roi. Voici le fait.

«L'article 55 de l'ordonnance de Moulins porte que les substitutions seront enregistrées aux greffes et publiées à l'audience, à peine de nullité. Le Parlement de Toulouse n'a jamais fait observer cette formalité; depuis 1690, les insinuations y sont observées, les greffiers des insinuations y sont créés depuis 1703.

«En 1712, 28 janvier, est intervenue une déclaration qui prononce la nullité contre toutes les substitutions non enregistrées aux greffes, ni publiées à l'audience depuis 1566. Plus des trois quarts des biens sont substitués dans ces provinces; la noblesse surtout fut fort consternée de cette nouvelle loi, qui la mettoit au désespoir en la jetant dans des procès immenses ou dans la mendicité. Les États ont fait tant de remontrances au Roi, la noblesse a si souvent réclamé contre cette déclaration, que S. M. vient de nommer quatre commissaires, qui sont

MM. Daguesseau, Rouillé du Coudray, Harlay et Gilbert de Voisins, rapporteur. Je suis persuadé que la déclaration sera modifiée, et qu'elle n'aura point d'effet rétroactif avant 1690. Tous les substitués demandoient, en 1712, que le Roi leur accordât six mois ou un an de grâce pour faire insinuer les substitutions faites depuis 1566. Ils offroient de payer les droits suivant le tarif; je dressai la déclaration : ces droits se monteroient à plus d'un million, qui seroit payé avec beaucoup de plaisir, sans aucun retour*.....»

* Voir, au 3 août 1711, une lettre de M. de Bâville, intendant en Languedoc, combattant la demande de délai.

1850. *Le Contrôleur général à M. Gillet de Lacaze, premier président du Parlement de Bordeaux.*

2 Juillet 1715.

«Le Roi a bien voulu entrer dans les remontrances que vous m'avez adressées au sujet de l'arrêt du Conseil du 14 mai dernier, et renvoyer au Parlement le jugement des contestations d'entre le lieutenant général et le lieutenant criminel de Bordeaux, sur les fonctions de leurs charges, sans préjudice, au surplus, à l'exécution de la déclaration qui vient d'être rendue pour attribuer, pendant un certain temps, aux juridictions consulaires, la connoissance des contestations qui pourront se former à l'occasion des faillites et banqueroutes des marchands et négociants, aux conditions et restrictions qui y sont expliquées. Je suis obligé de vous dire que les remontrances du Parlement auroient été reçues plus favorablement, si on avoit voulu en retrancher quelques articles qui regardent M. de Courson, lequel, certainement, n'a rien fait en cette occasion, non plus que dans les autres, qui puisse donner au Parlement aucun sujet de plainte. Vous savez que des expressions de cette nature ne sont jamais d'aucune utilité pour le fonds d'une affaire, et qu'elles ne servent qu'à faire connoître de la chaleur et de la vivacité, qui ne devroient, ce semble, jamais entrer dans les mémoires de ceux qui sont préposés pour rendre la justice.»

1851. *Le Contrôleur général à M. l'Archevêque de Narbonne.*

4 Juillet 1715.

«J'ai reçu le projet de la délibération du clergé pour fournir par un emprunt les douze millions de Don gratuit accordés par l'assemblée, et j'ai reçu hier, par la main de M. l'abbé de Maupeou, les imprimés de la même délibération, en la forme pratiquée ordinairement dans les assemblées du clergé. Je crois qu'il n'y a pas de temps à perdre à faire expédier les lettres patentes sur la délibération, afin que le public, étant informé de la sûreté qu'il y aura à contracter avec le clergé, se porte à remettre à la caisse de M. Ogier, avec un peu plus de diligence que par le passé, le fonds qu'il destine à un emploi aussi sûr et aussi utile, et que le Roi en puisse recevoir le secours si nécessaire dans la conjoncture présente*.....»

* Voir la lettre de M. l'archevêque de Narbonne, du 2 du même mois, et celle de M. Ogier, du même jour. Les diocèses pouvaient se racheter de leur quotité.

1852. *M. Roujault, intendant à Rouen, au Contrôleur général.*

4 Juillet 1715.

«Les inquiétudes des autres provinces pour le dixième commencent à se communiquer dans celle-ci. Trouvez bon que j'aie l'honneur de vous demander vos ordres et ce que je dois répondre aux instances qu'on me fait pour appuyer ce recouvrement. Comme on croit qu'il doit y avoir une explication, on l'attend avec impatience, et il seroit nécessaire que ce qu'il y a à faire le fût promptement*.»

* Le 12, le contrôleur général envoie à M. Daguesseau, procureur général au Parlement de Paris, une déclaration que le Roi veut rendre pour continuer la levée du dixième et de la capitation : «.....S. M., dit-il, se trouve dans cette dure nécessité par la fâcheuse situation des affaires de l'État..... Vous connoissez assez combien il importe qu'elle soit enregistrée et rendue publique sans perte de temps.»

Sur cette continuation des levées et sur la cessation des affaires extraordinaires, voir les lettres de MM. d'Eaubonne et Chauvelin, intendants à Soissons et à Tours (29 et 30 juillet); sur la continuation de la capitation, celles de M. de Saint-Contest, intendant à Metz, 20 avril et 13 juin.

1853. *M. Roujault, intendant à Rouen, au Contrôleur général.*

9 Juillet 1715.

«J'ai examiné le mémoire qui vous a été présenté par M. le président Portail pour établir un coche sur la route de Rouen à Paris, dans la distance de six ou sept lieues qui est depuis un lieu qu'on appelle le Roule jusqu'à un autre qu'on appelle le Port-Saint-Ouen, et du Port-Saint-Ouen au Roule. C'est sur une des routes de Rouen à Paris, qu'on appelle les Batelets : on prend le coche de Paris à Poissy; à Poissy, on prend les batelets jusqu'à Rolleboise; à Rolleboise, on prend des ânes, ou on va à pied pour monter la montagne de Rolleboise et aller une lieue seulement jusqu'à Bonnières, où on trouve de nouveaux batelets, qui mènent jusqu'au Roule. Du Port-Saint-Ouen à Rouen, où il n'y a que deux lieues, on prend une troisième fois les batelets. Pour gagner du Roule au Port-Saint-Ouen, il y a cinq lieues en passant plusieurs fois la rivière dans des bacs; les paysans de ces deux paroisses ont imaginé, de longue main, de se servir de mauvais chevaux qu'on appelle *mazettes*, au lieu qu'anciennement ce chemin se faisoit à pied, les gens qui prennent cette route étant gens qui, par leur état, le peuvent faire. Ces mêmes gens se servent de ces mazettes, qui ne laissent pas de leur être fort commodes en ce que la dépense en est petite, et, comme on les prend à toute heure et aussitôt que l'on arrive, on n'est pas plus de trente heures à aller de Rouen à Paris, et on le fait assez commodément. Ces mazettes ne laissent pas d'aider les habitants du Port-Saint-Ouen et du Roule, et contribuent à leur faire payer leurs impositions. C'est dans le chemin que l'on a fait jusqu'ici par le secours des mazettes que l'on propose d'établir un coche qui partira et arrivera tous les jours du Roule au Port-Saint-Ouen, et du Port-Saint-Ouen à Rouen. Au lieu de lui faire suivre la route des mazettes en traversant plusieurs fois la rivière, ce qui ne se peut, on propose de la faire passer par le Vaudreuil, qui est la terre de M. Portail. On propose de ne faire payer que 40 s. par place, et 1 s. pour livre pour les paquets. Comme les paysans du Roule et de Saint-Ouen n'ont point de privilège pour leurs mazettes, et qu'en établissant le coche on laisse la liberté des mazettes, il ne paroît pas beaucoup de difficulté à consentir à cet établissement, qui paroît ajouter au public une commodité qu'il n'a pas; les difficultés que j'ai faites ont été sur le peu d'apparence de succès de cet établissement.

«J'en ai fait sept à M. Portail : 1° il y a, en arrivant aux deux termes du Port-Saint-Ouen et le Roule, deux montagnes très escarpées; 2° le chemin que l'on veut prendre est impraticable par les grandes eaux, à moins d'un très grand détour; 3° pendant les grandes eaux et les glaces, la route des Batelets étant rompue et abandonnée, le coche sera inutile trois mois de l'année; 4° il y aura, sur la diligence, pour la marche, une différence de moitié; 5° les mazettes partant à toute heure, et le coche à une heure fixe de la matinée, ce qui ne cadrera pas à l'arrivée des batelets, le coche pourra n'être pas d'un grand usage; 6° le prix paroît un peu fort par comparaison à ce qu'on prend de Paris à Poissy, qui est à peu près la même distance; 7° les messagers de la route de Paris par Magny pourront s'opposer à ce nouvel établissement, supposé qu'il soit aussi utile qu'on se l'imagine.

«Mais, comme on me répond : 1° qu'on ne fera arriver les coches qu'au haut de chaque montagne, et que les personnes du coche les monteront et descendront à pied; 2° que, la route des Batelets étant rompue dans les grandes eaux, on ne doit point craindre l'inondation du chemin; 3° qu'on se prépare à occuper les chevaux du coche pendant les trois mois qu'on convient que cette voiture sera inutile; 4° que le défaut de diligence sera réparé par la commodité du coche, qui conviendra particulièrement pour des femmes; 5° que, lorsqu'il y aura un coche qui partira à une heure fixe, on s'y accoutumera; 6° que, le chemin de Poissy étant pavé et beaucoup plus commode que celui du Port-Saint-Ouen au Roule, ce qui est vrai, le prix de 40 s. par personne et 1 s. pour livre des hardes n'est point excessif; que d'ailleurs, la voiture étant libre, on sera maître de ne s'en pas servir; 7° que l'on se soumet à l'indemnité des fermiers des messageries, supposé qu'il en soit dû; étant de ma connoissance même qu'on manque quelquefois de mazettes, et que les paysans du Roule et du Port-Saint-Ouen ne laissent pas de rançonner de temps en temps les passagers, ce qu'ils font à l'imitation des maîtres des batelets de Poissy à Rolleboise, et de Bennières au Roule, j'estime qu'on peut passer par-dessus toutes les difficultés proposées et consentir à l'établissement, si on persiste à l'entreprendre, à condition, en faveur des habitants des deux paroisses auxquelles le secours des mazettes est utile et sert à payer leurs impositions, qu'on n'empêchera point du tout l'usage libre des mazettes, et qu'on renoncera à toujours, comme on l'offre, de demander le privilège au préjudice des habitants.»

1854. *M. Boucher d'Orsay, intendant à Limoges,*
au Contrôleur général.

12 Juillet 1715.

Il repousse une proposition de faire replanter cinq cent mille pieds de châtaignier par les collecteurs des années passées moyennant surséance aux frais que leur font les receveurs des tailles, et croit qu'il conviendrait mieux d'accorder une récompense de 1 ou 2 s. par chaque pied d'arbre que les exploitants de fonds ont déjà planté depuis l'hiver de 1709, ou qu'ils replanteront dans la suite*.

Une surséance accordée aux collecteurs aurait, en outre, l'inconvénient de faire croire à une remise des arrérages passés, et d'entraver les recouvrements.

* Voir deux lettres de M. de Saint-Aulaire, lieutenant général en Limousin, 29 juillet et 9 août.

1855. *Le sieur Le Clusebant, en Bretagne,*
au Contrôleur général.

15 Juillet 1715.

Il envoie un projet, avec mémoire justificatif, pour rendre navigables les rivières de Belle-Isle à Lannion, de Malestroit à Josselin et de Pontivy à Hennebont.

1856. *Le Contrôleur général*
à M. Dujardin, secrétaire du Conseil.

16 Juillet 1715.

«M. Dujardin, secrétaire du Conseil, remettra la minute ci-jointe de l'arrêt concernant la publication des sous-fermes à la place de celle qui a été expédiée il y a quelques jours, qu'il aura soin de me renvoyer.»

1857. *Le Contrôleur général*
à M. de la Vrillière, secrétaire d'État.

16 Juillet 1715.

L'esprit séditieux des officiers de l'hôtel de ville de Périgueux exigeant un exemple de rigueur, l'un d'eux sera enfermé au château de Lourdes jusqu'à nouvel ordre, et le président du présidial transféré à trente lieues de la ville*.

* Le 6 août, le contrôleur général adresse les deux lettres de cachet à M. de Courson, intendant à Bordeaux. Le 20 août, il écrit à M. de Pontchartrain, secrétaire d'État de la maison du Roi, de faire conduire à la Bastille un député envoyé à Paris par les mutins, et, le 26, il donne l'ordre en conséquence à M. d'Argenson, lieutenant général de police à Paris.

1858. *M. de Harlay de Cély, intendant en Béarn,*
au Contrôleur général.

23 Juillet 1715.

«.....Je vis avant-hier, au marché [de Saint-Palais], un homme âgé de cent quatre ans; je le trouvai frais et se portant à merveille. Il est marchand mercier; il habite à une lieue d'ici; il vient tous les jours de marché, le matin, avec sa boutique sur sa tête, et s'en retourne le soir chez lui, après avoir vendu sa marchandise.....»

1859. *Le Contrôleur général*
à M. de Bourvallais, garde des archives du Conseil.

24 Juillet 1715.

«S. M. veut que les minutes du Conseil soient remises au Louvre dans le lieu qui y a été destiné, et elle ne veut point augmenter les droits du greffe pour trouver un fonds pour bâtir une maison particulière. Pour mettre les lieux en état, il y a quelque dépense à faire : S. M. veut que vous en fassiez les avances, et vous pouvez me proposer un fonds pour leur remboursement, et je vous donnerai les assignations nécessaires.»

1860. *M. Boucher d'Orsay, intendant à Limoges,*
au Contrôleur général.

26 Juillet 1715.

Il a pris sur la ferme du contrôle des exploits les fonds nécessaires au payement des nourrices des enfants assistés, et, vu l'insuffisance du produit de la ferme des domaines, il demande à assigner sur la ferme du greffe ou sur celle du papier timbré les frais de justice et les réparations des maisons, halles et moulins dépendant du domaine*.

* En apostille : «Lui faire réponse que je ne puis consentir indéfiniment qu'il donne des exécutoires sur la ferme des greffes, ni sur celle du papier timbré; qu'il faut premièrement laisser consommer le fonds laissé par estimation sur les domaines, et qu'à l'égard de ce qui manquera, il n'a qu'à m'envoyer tous les trois mois un état détaillé des fonds dont on aura besoin, et j'y pourvoirai sur l'une ou sur l'autre des fermes.»

1861. *Le Contrôleur général*
à M. Ferrand, intendant en Bretagne.

30 Juillet 1715.

Il lui renvoie la demande d'indemnité présentée par Mme Foucquet et M. le comte de Belle-Isle pour les fortifications, pièces d'artillerie et munitions qui se trouvaient dans la terre de Belle-Isle quand le Roi en prit possession*.

* L'indemnité fut fixée à 400,000#, que la Bretagne dut payer au moyen de rentes au denier vingt : lettre du 20 août.

1862. *M. de Courson, intendant à Bordeaux,*
au Contrôleur général.

3 Août 1715.

«Je n'ai pas manqué de faire publier, comme vous me l'avez ordonné, les ordres du Roi pour proroger la diminution des espèces jusques au 1er septembre prochain. Quoique personne ne s'en fût douté et que la chose ait été fort secrète, cependant on n'a pas vu plus de mouvement d'argent dans les derniers jours du mois passé, dans cette place, ni sur celle de Bayonne. Le manque de confiance qu'on a généralement pour tout le monde, sans aucune exception, fait qu'on aime encore mieux courre risque de supporter la diminution, que de s'exposer à le perdre entièrement. Les choses sont au point, dans ce pays-ci, que tout ce qu'il y a de meilleur et de plus sûr ne trouveroit pas un sol à emprunter, et que, s'il paroissoit seulement un de leurs billets de 1000# sur la place, personne ne douteroit qu'il ne fût prêt à manquer. Cependant je suis très persuadé qu'il y a beaucoup d'argent dans Bordeaux, et personne même ne doute qu'il n'y en ait beaucoup plus que dans le temps qu'il étoit le plus commun sur la place.»

1863. *M. de Torcy,*
secrétaire d'État des affaires étrangères,
au Contrôleur général.

4 Août 1715.

Il propose que l'on insère dans l'instruction pour les commissaires aux États de Bretagne la dépense des casernes à construire au rez-de-chaussée du château de Nantes pour trois ou quatre compagnies d'invalides et leurs officiers.

Il envoie un mémoire pour l'établissement de deux routes de poste à l'usage des courriers, de Nantes et de Rennes à Brest, avec communication de Nantes à Rennes et de Rennes à Saint-Malo.

1864. *M. de Saint-Contest, intendant à Metz,*
au Contrôleur général.

4 Août 1715.

Arrestation du juif Alcan, qui est rentré en France sans autorisation, après avoir opté pour la Lorraine, et qu'on soupçonne de billonnage*.

* Le 8 août, M. d'Audiffret, envoyé extraordinaire en Lorraine, écrit que, si l'on remet Alcan en liberté, il faudra l'empêcher de venir

en Lorraine, car la source principale des monnaies de ce pays est le billonnage des espèces de France, où Alcan est passé maître.

1865. *Le Contrôleur général à M. de Pontchartrain, secrétaire d'État de la maison du Roi.*

6 Août 1715.

«Il y a environ un an que les fermiers généraux découvrirent un grand nombre de friponneries qui se faisoient depuis quelques années par des commis et employés des fermes aux barrières de Reuilly et de la Croix-Faubin. Le procès a été instruit et jugé en première instance par les officiers de l'élection, qui ont condamné plusieurs de ces employés, les uns au carcan et les autres au bannissement; mais la Cour des aides a rendu, sur l'appel, un arrêt qui les a déchargés de toutes les peines afflictives, en se contentant de prononcer quelques amendes et restitutions fort légères. Le Roi, en ayant été informé, a résolu d'y apporter un remède convenable; mais, en attendant que S. M. se soit déterminée sur les moyens d'empêcher les conséquences de l'arrêt de la Cour des aides, elle a cru devoir commencer par faire rester dans les prisons jusqu'à nouvel ordre les nommés la Coste, ci-devant commis au bureau du foin, quartier de Reuilly, Girardot et Polart, brigadier et sous-brigadier des fermes, Rafignac fils, commis à la barrière de la Croix-Faubin, Trutel et Camajor, employés à la barrière de Reuilly. Vous aurez agréable de prendre les ordres de S. M. pour expédier ceux qui sont nécessaires, et vous me ferez plaisir de me les envoyer, afin que je puisse les faire exécuter.»

1866. *M. Foullé de Martangis, intendant en Berry, au Contrôleur général.*

8 Août 1715.

«La mortalité survenue en 1709 et les années suivantes, par la misère qui se répandit partout et causa des maladies malignes, a rendu les hommes de journées et les valets de campagne si rares, que, cette année, que les blés ont beaucoup rendu de gerbes, on n'a pu trouver d'ouvriers pour les moissons et les fauchaisons qu'à grands frais, les journaliers, se prévalant du besoin que l'on avoit d'eux et du bas prix du pain, ayant voulu gagner 25 s. et plus par jour, et aimant mieux rester à ne rien faire une partie du temps que de travailler, parce que le gain d'une journée étoit suffisant pour les nourrir, et leur famille, toute une semaine, disant avec arrogance que les maîtres ont eu leurs temps pendant la cherté du blé, et qu'à présent qu'il est à bon marché, ils veulent avoir le leur et profiter de l'occasion. Les valets se sont mis sur le même pied, et demandé, à la Saint-Jean dernière, qui est le temps ordinaire qu'ils se louent, le double de gages qu'ils gagnent par an, avec des conditions ridicules, comme d'être nourris de pain blanc, et voulant que les maîtres des domaines signassent leurs engagements avec les métayers et laboureurs auxquels ils se louoient, pour assurance de leur payement. Pour remédier à ce désordre, qui est devenu presque général selon les avis que j'ai reçus de tous côtés, et qui a été encore plus grand pour les façons de vignes, qui ont coûté jusques à 30 s. pour chaque journée des vignerons, j'ai, par les soins que je me suis donnés, recouvré un édit qui a été rendu en 1612 par le feu Roi, en pareil cas, et dont le juge de police de Bourges ayant, en 1701, voulu renouveler l'exécution, les officiers du bailliage le traversèrent et en empêchèrent l'effet. Comme il seroit nécessaire de remettre cet édit en vigueur selon le mémoire que j'ai l'honneur de joindre, il vous plaira, si vous le jugez ainsi, faire expédier un arrêt convenable au sujet.....»

1867. *Le Contrôleur général à M. Lescalopier, intendant en Champagne.*

12 Août 1715.

Ordre d'examiner l'offre que les paroisses de Thuillières, Montureux, Valleroy-le-Sec, et le château de Grésil font de prendre leur sel aux salines ou greniers du royaume, en le payant au même prix qu'on le donne aux marchands d'Alsace et des Pays-Bas, au lieu de le prendre en Lorraine comme on l'avait permis à cause de leur enclavement.

1868. *Le sieur Géraudly au Contrôleur général.*

(Épizootie, G⁷ 1667.)

13 Août 1715.

La maladie des bestiaux recommence en Dauphiné; il demande à y retourner avec son remède*.

* La maladie avait été introduite par un individu qui amenait un troupeau malsain, et dont les valets avaient déterré les animaux enterrés pour vendre publiquement leurs peaux. Les bouchers de Grenoble ayant exagéré leurs prix, l'intendant proposa de rendre libre le commerce des viandes dans cette ville, en substituant à la ferme de la boucherie un nouvel octroi sur les vins. (Lettres des 5 et 25 janvier, et 15 juin précédents.)

1869. *M. Baudouin, subdélégué à Strasbourg, au Contrôleur général.*

16 Août 1715.

Une sédition a eu lieu à Strasbourg, faute de payement du prêt des troupes.

«[J'ai demandé] au sieur Baron, receveur des finances d'Alsace, et actuellement en exercice, de prêter de l'argent de sa caisse au trésorier des troupes pour leurs prêts. Il me l'a d'abord promis; le lendemain, il m'a fait dire qu'il n'en prêteroit pas que par la force majeure : ce qui m'a obligé d'écrire des lettres aux baillis chargés par le sieur Baron des recettes particulières de chaque bailliage de ne rien payer que sur des assignations signées du sieur Baron et visées de moi. Cet expédient l'a obligé d'envoyer chez le trésorier 20,000# comptant.....»

1870. *M. Ravat, prévôt des marchands de Lyon,*
au Contrôleur général.

17 et 31 Août 1715.

Prorogation du payement de Pâques jusqu'au 1er septembre, et de l'entrée du payement d'août jusqu'au 1er octobre.

1871. *Les Procureurs des trois états du pays de Provence au Contrôleur général.*

18 Août 1715.

Ils demandent des arrêts pour imposer sur les voitures roulant dans la province un droit qui sera employé aux réparations des routes, et pour faire contribuer les riverains aux agrandissements et embellissements des rues de la ville d'Aix.

1872. *M. Laugeois d'Hymbercourt,*
intendant à Montauban,
au Contrôleur général.

18 Août 1715.

«En conférant avec un des fameux négociants de cette ville sur la diminution du commerce, il me proposa trois réflexions desquelles je crois vous devoir rendre compte, quoique je sois persuadé qu'elles ne vous soient pas nouvelles.

«La première, à laquelle il ne me paroît pas de remède, c'est que, les laines de France n'étant guère propres à être travaillées, on est obligé de les tirer d'Espagne, au lieu que celles d'Angleterre viennent dans le pays, dont il est même défendu de les faire sortir sous peine de la vie : ce qui fait une différence et pour la dépense, et pour la qualité de l'ouvrage.

«2° Nous passons nos étoffes à l'huile, qui est chère et, les rendant grasses, nous oblige à les dégraisser. Les Anglois et les Hollandois les passent avec du lait, ce qui les rend plus douces et les dispense de les dégraisser : ce qui est une façon de moins, sans parler de l'épargne de l'huile. Cet inconvénient ne paroît guère plus susceptible de remède que le premier. Il n'en est pas de même de ceux qui suivent.

«3° Il n'y a point de droits de sortie en Angleterre; au contraire, on donne quelquefois des récompenses à ceux qui font un grand commerce. Il n'en est pas de même en France, quoique, à la vérité, ces droits soient médiocres.

«Enfin, le marc d'argent des piastres ou lingots est pris en Espagne, par les Hollandois et les Anglois, sur le pied de 38#, et nous ne le prenons que sur celui de 30#. On ne peut vous exprimer combien les marchands se récrient sur cet article, qui les a empêchés de faire presque aucune entreprise depuis dix-huit mois, et a donné lieu à de petits marchands de tenter un commerce au-dessus de leurs forces, pour le soutien duquel ils ont emprunté de tous côtés, prenant sur eux les diminutions et donnant de gros intérêts : en sorte que, les gros marchands étant tous sur la réserve, ils n'ont point trouvé de débit et ont été forcés de faire banqueroute. Nous en avons un exemple, depuis peu de jours, dans la personne du nommé Mariette, marchand de cette ville, précisément dans les circonstances dont j'ai l'honneur de vous rendre compte. Tous les négociants assurent que, si l'on ne hausse l'argent, le commerce achèvera de tomber. L'un d'eux m'a certifié que l'on fondoit actuellement à la Monnoie de Londres nos écus et nos louis, les premiers ayant été pris sur le pied de 5# nonobstant les diminutions.»

1873. *Le Contrôleur général*
aux Intendants.

19 Août 1715.

«Je vous envoie plusieurs exemplaires de la déclaration qui vient d'être rendue pour faire connoître au public la ferme résolution que le Roi a prise de remettre et de laisser les espèces et matières d'or et d'argent sur un pied fixe et invariable. Vous aurez agréable de donner vos ordres pour faire distribuer et publier le plus promptement qu'il sera possible cette déclaration dans les principaux lieux de votre département, afin de détromper ceux qui pourroient, par rapport à leur intérêt particulier, s'être flattés de quelque changement sur cette matière.»

1874. *Le sieur le Noir, avocat au Conseil,*
au Contrôleur général.

21 Août 1715.

Il envoie copie des arrêts rendus au Conseil touchant la Chambre de commerce de Marseille.

1875. *Le sieur Gautier, de Bourbonne-les-Bains,*
au Contrôleur général.

24 Août 1715.

«J'ai reçu les deux lettres que Votre Grandeur m'a fait l'honneur de m'écrire au sujet des eaux de Bourbonne que l'on devoit prendre ici pour le service du Roi. Un contre-ordre qui est survenu, pour aller prendre celles de Plombières, a rendu inutiles tous nos soins. En conformité de vos ordres, j'avois été présent partout, soit pour faire remplir les bouteilles, soit pour avoir des boues, et ce premier convoi étoit prêt à partir, lorsque le contre-ordre est arrivé.

«J'avois conféré d'abord avec MM. vos officiers pour faire garde à la fontaine nuit et jour, afin que personne n'y approchât. Deux sentinelles y étoient toujours en faction, tandis que d'autres brigades étoient parties pour aller raccommoder quelques mauvais endroits du grand chemin. Enfin, Votre Grandeur sera persuadée que tout le monde s'est porté avec tant de zèle et tant d'ordre pour le service de leur Roi et de leur cher protecteur, leur seigneur, que ces Messieurs, qui sont partis pour Plombières, m'ont assuré qu'ils auroient l'honneur de vous le confirmer d'abord qu'ils seroient de retour à la cour*.»

* Le 27 août, il rend compte des quantités de boues enlevées par les officiers du Roi, et exprime la crainte que ces boues ne s'épuisent.

1876. *M.* LE PELETIER DES FORTS, *intendant des finances,* *à M.* LE REBOURS.

25 Août 1715.

Payement des travaux de réparation à faire à la tour du dépôt de la Chambre des comptes de Dijon.

1877. *M.* DAGUESSEAU, *procureur général au Parlement de Paris,* AU CONTRÔLEUR GÉNÉRAL.

25 Août 1715.

«Je suis consulté de tous côtés par des officiers de province sur le véritable esprit de la déclaration du 9e juillet dernier, par laquelle le Roi, en ordonnant la continuation du dixième et de la capitation, a révoqué tous les traités faits pendant la guerre jusques en l'année 1713. Comme on ne laisse pas de faire quelques poursuites sur quelques-uns de ces traités, et, entre autres, sur celui qui regarde les commissaires aux prisées et ventes de meubles, on me demande s'il y a quelque distinction à faire sur les termes de cette déclaration; et c'est sur quoi il n'y a que vous qui puissiez expliquer les intentions du Roi*.....»

* En apostille, de la main du contrôleur général : «Faire réponse que le traité est censé révoqué comme les autres, et qu'on travailloit à envoyer aux intendants une instruction sur tous les traités révoqués, qu'on n'a pu encore achever, et sur laquelle on ne pourra envoyer les ordres que lorsqu'on aura épuisé et éclairci tous les différents traités dont les poursuites demeurent sursises en vertu de la déclaration.»

1878. *M.* D'ARGENSON, *lieutenant général de police à Paris,* AU CONTRÔLEUR GÉNÉRAL.

31 Août 1715.

«J'ai engagé, suivant les ordres portés par la lettre que vous me fîtes l'honneur de m'écrire hier, tous nos marchands ciriers à fournir aux sieurs Creton frères la plus grande partie des mèches de flambeaux qu'ils avoient dans leurs boutiques ou magasins, et on ne leur en a laissé qu'autant qu'il leur en falloit nécessairement pour leur fourniture courante; ainsi, je crois que les sieurs Creton se trouvent en état de faire sans retardement celle qui leur a été commandée dans cette triste conjoncture.»

1879. LE CONTRÔLEUR GÉNÉRAL *aux Intendants.*

3 Septembre 1715.

«Vous êtes informé de la perte que la France vient de faire dans une conjoncture la plus fâcheuse où elle pouvoit arriver. Le testament du feu roi fut ouvert hier dans le Parlement, et Mgr le duc d'Orléans déclaré régent, avec le pouvoir le plus étendu pour l'administration du royaume. S. A. R. m'a ordonné de vous écrire sur ce qui regarde les finances et le commerce, et de vous faire savoir que vous deviez donner une nouvelle attention à cette partie si essentielle des affaires publiques. Les recouvrements des impositions et des droits doivent être continués à l'ordinaire; mais il est bien nécessaire que vous observiez de près les receveurs et les préposés aux recettes, pour modérer autant que vous pourrez leur activité, de telle sorte que, sans retarder les recouvrements, ils ne fassent pas à contre-temps des contraintes trop violentes, qui pourroient troubler la tranquillité publique. Vous observerez, en suivant ses bonnes et louables intentions, d'entrer dans tous les ménagements possibles, de manière que les fonds puissent être portés dans les recettes, et qu'il y en ait toujours suffisamment pour payer les troupes et pour satisfaire aux autres dépenses nécessaires et indispensables pour le soutien de l'État*.»

* M. de Bernage, intendant à Amiens, répond, le 6 septembre, en protestant de sa fidélité et de sa ponctualité à suivre les ordres du contrôleur général.

M. de Courson, intendant à Bordeaux, écrit, le 7, que les circonstances ne lui ont pas paru favorables pour s'en aller en Languedoc, comme on lui en avait donné la permission. Tous les peuples s'imaginent que les recouvrements vont finir, et, s'il n'y a rien à craindre de la noblesse et de la bourgeoisie, le moindre événement suffirait pour mettre en mouvement la populace de Bordeaux, et, par suite, toute la généralité. L'arrivée des troupes que M. le maréchal de Montrevel a fait venir à portée du Château-Trompette a produit un bon effet; mais une fois que l'état de la santé du Roi a été connu, on n'a plus rien pu recouvrer dans la ville, chacun répondant qu'il n'avait déjà que trop payé, et que le Roi, par son testament, avait ordonné qu'on n'exigeât plus rien de ses sujets. On n'a pas cependant jugé à propos de faire aucune saisie ou exécution.

M. Foullé de Martangis, intendant en Berry, écrit, le 14 septembre, que la mort du Roi a été universellement admirée, et que la proclamation du duc d'Orléans comme régent a produit le plus heureux effet, tout le monde ayant la plus grande confiance dans les talents et dans la bonté du prince.

M. de Richebourg, intendant à Poitiers, répond, le 11 septembre, qu'il a donné ordre aux receveurs de faire leurs contraintes ordinaires contre les collecteurs, mais aucunes poursuites contre les gentilshommes, officiers et privilégiés. Il est à craindre que cela ne ralentisse beaucoup les recouvrements dans son département, où la noblesse principalement ne paye qu'après des avertissements réitérés, et est toujours prête à en venir aux voies de fait.

1880. LE CONTRÔLEUR GÉNÉRAL *à M.* DE FOURQUEUX, *procureur général en la Chambre des comptes de Paris.*

7 Septembre 1715.

«.... Vous avez prudemment fait de donner ordre qu'on

ne donne aucune communication des registres de la Chambre des comptes pour en tirer des extraits qui pourroient être préjudiciables au service. J'aurai attention à l'omission qui a été faite de quatre substituts dans l'état du deuil de la Chambre que vous m'avez remis.»

1881. *Le Contrôleur général à M. de Nointel, conseiller d'État.*

7 Septembre 1715.

«Je suis fortement sollicité de demander aux fermiers des impôts et billots de Bretagne la caisse de cette ferme à Paris en faveur du sieur du Tertre. Je vous avoue que j'ai de la peine à demander les emplois de cette nature. Cependant on m'a dit tant de bien du sieur du Tertre, que je ne puis m'empêcher de vous prier de vouloir bien parler en sa faveur aux fermiers des impôts et billots, lorsqu'ils iront chez vous.»

1882. *Le Contrôleur général à M. de Bâville, intendant en Languedoc.*

15 Septembre 1715.

«Les faillites survenues depuis quelque temps ont engagé les négociants de la ville de Bordeaux de demander au Roi qu'il lui plût établir une loi certaine et générale sur une question qui se présente assez souvent, et qui embarrasse également ceux qui ont fait faillite et leurs créanciers. Il arrive fréquemment dans le commerce qu'une lettre de change est endossée par plusieurs particuliers de différentes villes, et même de différents États : suivant l'équité et la disposition de l'ordonnance, en cas de protêt, le porteur peut poursuivre conjointement ou séparément le tireur, l'accepteur et les endosseurs, qui sont considérés comme obligés solidairement au payement du contenu en la lettre de change. Mais la difficulté est de savoir si, lorsqu'ils ont tous fait faillite, le porteur est en droit d'agir solidairement contre eux et d'entrer dans tous les contrats d'atermoiement, ou s'il doit être tenu d'opter un débiteur et de renoncer à aucune action contre les autres. Les inconvénients qui résulteroient s'il conservoit la liberté de poursuivre solidairement tous les coobligés sont expliqués par Savary, parère 13, et il est certain que ce seroit donner lieu à des procès dont on ne verroit jamais la fin, et apporter un grand obstacle aux accommodements qui se peuvent faire entre les faillis et leurs créanciers. On prétend que l'usage du royaume, et même des pays étrangers, est que, dans ce cas, le porteur de la lettre de change soit dans la nécessité de choisir un des coobligés, et que, par ce choix, il est hors d'état d'exercer aucune action contre les autres. Avant que cette question importante pour le commerce puisse être réglée, le Roi souhaite que vous consultiez les juges et consuls et les principaux négociants de la ville de Toulouse, et que vous mandiez à S. M. leurs avis et le vôtre*.»

* M. de Bâville envoya, le 28 octobre 1715, au duc de Noailles, président du Conseil des finances, les avis des juges-consuls de Toulouse et de Montpellier et le sien propre sur la question proposée, tous trois concluant à la solidarité. «Il seroit déraisonnable, disaient les juges-consuls de Toulouse, que le porteur d'une lettre de change conservât son droit et son action solidaire, pendant que les tireur, endosseurs et accepteur sont tous solvables et que, par leur solvabilité, l'action solidaire est indifférente et superflue audit porteur, et qu'il perdît cette même action solidaire, lorsqu'elle lui devient absolument nécessaire par la faillite des tireur, endosseurs et accepteur. Si l'action solidaire périssoit par la faillite des tireur, endosseurs et accepteur, le commerce d'argent qui se fait par lettres de change seroit entièrement ruiné, d'autant qu'il ne subsiste que par la faveur et la force des lettres de change, dont le plus grand avantage est qu'elles obligent solidairement les tireur, endosseurs et accepteur, encore qu'il n'y soit pas fait mention solidaire, suivant la décision expresse du titre 5e des *Lettres et billets de change*, article 33 de l'ordonnance de 1673; et personne ne voudroit bailler de l'argent sur des lettres de change, s'il devoit être privé de l'action solidaire en cas de faillite des tireur, endosseurs et accepteur.... La raison et l'usage veulent qu'un débiteur failli qui fait cession des biens n'est pas, pour cela, libéré de son obligation, quoiqu'il ne puisse être contraint, puisque, s'il arrive que, dans les suites, il vienne à une fortune plus heureuse, il faut qu'il s'acquitte, et ses biens peuvent être saisis et vendus au profit de ses créanciers : d'où il faut conclure que la faillite ne libère pas, et, ne libérant pas, l'action solidaire établie par l'ordonnance doit être conservée sur tous les faillis.... Il seroit extrêmement injuste d'obliger le porteur d'une lettre de change d'opter un de ses débiteurs solidaires, car il ne peut connoître lequel des débiteurs faillis est le moins mauvais ou le moins insolvable qu'après que tous lesdits débiteurs ont été entièrement discutés par la découverte de tous leurs créanciers et de toutes les garanties auxquelles ils sont tenus, et par le recouvrement et la vente de tous leurs effets bons et mauvais. En sixième lieu,.... si la nécessité d'opter avoit lieu, les porteurs des lettres de change seroient exposés à des surprises et des fourberies inévitables en ce qu'on feroit, au nom du débiteur le moins solvable, les offres les plus précieuses et les plus avantageuses aux créanciers, pour les obliger à opter sur le débiteur le plus mauvais, et ils ne connoîtroient le dol pratiqué contre eux qu'après avoir perdu leur recours contre les autres débiteurs. En septième lieu,.... si S. M. donnoit un règlement qui contraignît à opter, cela donneroit occasion à bien des fraudes qui pourroient se pratiquer entre trois négociants de différentes places, qui, tirant l'un sur l'autre en faveur d'un tiers, pourroient enlever des sommes très considérables, et puis manquer, et, s'accommodant avec leurs créanciers à moitié perte, se partageroient tous trois le vol qu'ils auroient fait; au lieu que, si l'action solidaire est réservée, et que le porteur puisse entrer dans tous les contrats d'accord, les profits des faillis étant très modiques, ils ne s'exposeront pas à des banqueroutes en vue de profiter. D'où s'ensuit que tout porteur de lettres de change dont les tireur, endosseurs et accepteur ont failli, les diligences prescrites par l'ordonnance faites, doit entrer dans tous les concordats faits par les créanciers du failli, en recevant de l'accepteur ce qu'il sera convenu qu'il doit payer; en endosser ladite lettre avec ses réservations, et sans préjudice du surplus sur les autres coobligés; ensuite, recevoir du tireur ce qu'il payera sur ce qui lui sera dû de reste de ladite lettre de change et l'endosser de ce qu'il recevra avec les mêmes réservations, et, du dernier, ce qu'il payera sur ce qui lui sera dû de reste; et par là, le porteur de la lettre de change conserve toujours son action solidaire et perd sur chacun de ses débiteurs la moitié, supposé que tel soit l'accord de chaque coobligé.... »

APPENDICE.

I.

COMMISSION POUR M. DESMARETZ.

Commission de Contrôleur général des finances pour Nicolas Desmaretz.

20 Février 1708.

Louis, etc., à notre amé et féal conseiller ordinaire en notre Conseil royal, directeur de nos finances, le sieur Desmaretz, SALUT. — Depuis que nous avons pris en main la conduite des affaires de notre État, et particulièrement celle de nos finances, nous avons connu que rien n'étoit plus important que de remplir la charge de contrôleur général d'une personne qui ait les qualités suffisantes pour s'en acquitter dignement. Le premier à qui nous ayons confié cette charge a été le feu sieur Colbert, votre oncle, lequel a su établir dans nos finances tout le bon ordre et l'arrangement que nous pouvions attendre d'un homme d'une aussi profonde capacité et d'un attachement aussi parfait que celui qu'il avoit pour notre service; et comme, après que vous avez passé par les charges de conseiller en notre Cour de parlement et de maître des requêtes ordinaire de notre hôtel, vous nous avez servi avec zèle dans une charge d'intendant de nos finances, et qu'en partageant avec ledit sieur Colbert les soins importants de l'administration d'icelles, vous en avez acquis une connoissance parfaite, nous avons vu avec une entière satisfaction combien vos services nous ont été utiles dans l'exercice de la charge de directeur de nos finances dont nous vous avons pourvu : ce qui nous fait juger que nous ne pouvons en confier l'entière administration à personne qui puisse nous y être plus agréable et dont nous puissions tirer un secours plus solide et plus certain. C'est dans cette vue que, le sieur Chamillart, qui se trouvoit surchargé du travail immense de cette administration et de la charge de secrétaire d'État dont il est pourvu, nous ayant représenté qu'il convenoit mieux au bien de notre service que le soin des finances fût commis à une seule personne qui pût y vaquer avec l'assiduité requise, nous avons résolu de vous placer dans celle de contrôleur général de nos finances. A CES CAUSES et autres à ce nous mouvant, nous vous avons constitué, ordonné et établi, constituons, ordonnons et établissons, par ces présentes signées de notre main, en ladite charge de contrôleur général de nos finances, pour, en ladite qualité, avoir entrée, séance, voix et opinion délibérative en tous nos conseils d'État, privé et direction de nos finances, contrôler toutes les quittances, mandements, rescriptions de notre Trésor royal, des trésoriers de nos revenus casuels, prêt des officiers, droit annuel et autres deniers dont ils font la recette, marc d'or, quittances de finance pour les ventes de notre domaine, soit à perpétuité ou à faculté de rachat perpétuel, offices domaniaux, taxes et restitutions, et toutes les autres quittances de nos deniers ordinaires et extraordinaires dont sera fait recette à notre profit pour quelque cause que ce soit et de quelque nature que ce puisse être, comme aussi contrôler toutes les commissions qui seront expédiées pour la levée de nos tailles et autres impositions, lettres patentes, octrois, dons, acquits patents, remboursements, rôles de validations et de rétablissement, et autres expéditions généralement quelconques sujettes audit contrôle, faute duquel elles seront nulles et de nul effet et valeur, avec pouvoir de faire rapport en notre Conseil de toutes les affaires qui concerneront notre service et toutes autres indifféremment, comme aussi avec faculté, en cas de maladie ou légitime empêchement, de commettre audit contrôle telle personne capable que bon vous semblera, et au surplus exercer par vous ladite charge et en jouir et user aux pouvoirs, fonctions, honneurs, autorités, prérogatives, prééminences, gages de 3,600# à prendre sur nos revenus casuels, et généralement des autres pensions, appointements, droits et émoluments appartenant à ladite charge, et tels et semblables qu'en ont joui les précédents contrôleurs généraux de nos finances, encore qu'ils ne soient ci particulièrement spécifiés. Si donnons en mandement à notre très cher et féal chevalier, chancelier de France, le sieur Phélypeaux, comte de Pontchartrain, commandeur de nos ordres, que, de vous pris et reçu le serment en tel cas requis et accoutumé, il vous mette et institue en la possession et jouissance de ladite charge, et d'icelle, ensemble desdits honneurs, autorités, prérogatives, prééminences, facultés, pouvoirs, entrée, séance en nosdits Conseils, et de tous les gages, droits et émoluments y appartenants, vous fasse jouir et user pleinement et paisiblement. Mandons aussi à nos amés et féaux les gens de nos comptes à Paris que ces présentes ils aient à faire registrer, garder et observer, sans permettre qu'il y soit contrevenu. Mandons en outre à nos amés et féaux conseillers les gardes de notre Trésor royal et trésoriers de nos revenus casuels présents et à venir, chacun en droit soi, de vous payer les gages, pensions, droits et appointements susdits sur vos simples quittances, rapportant lesquelles, avec copie des présentes dûment collationnée pour une fois seulement, nous voulons que tout ce qui vous aura été payé pour raison de ce soit passé et alloué en la dépense de leurs comptes, par lesdits gens de nos comptes, leur mandant ainsi le faire sans difficulté. CAR TEL EST, etc.

Donné à Marly, le 20e jour de février, l'an de grâce 1708, et de notre règne le soixante-sixième.

(Archives nationales, Registres du secrétariat de la Maison du Roi, O1 52, fos 22 vo à 24.)

II.

MÉMOIRES DIVERS DE M. DESMARETZ SUR LES FINANCES.

1709-1715.

Lettre de M. DESMARETZ à Mme DE MAINTENON.

26 Juillet 1709.

Je ne vous ai point, Madame, affligée, comme ont fait ceux qui m'ont précédé, par des lettres fréquentes et par de tristes détails de la malheureuse situation des affaires. Si elle étoit encore la même qui leur paroissoit si affreuse, et si elle n'étoit point devenue infiniment plus mauvaise, je continuerois de vous rendre compte des ressources qu'on pourroit avoir en vue, et, dans l'espérance d'une paix prochaine, je mettrois en œuvre tous les moyens praticables pour soutenir la guerre jusqu'à ce qu'on pût parvenir à une fin si justement désirée; mais je vois croître le mal chaque jour, et diminuer les ressources à mesure que la dépense augmente. J'ai travaillé avec une vive application, depuis quelque temps, à rechercher par quels moyens on pourroit encore trouver des fonds suffisants pour soutenir les dépenses pendant le reste de cette année; j'ai appelé ceux qui sont dans les plus grands maniements et les mieux instruits du commerce de l'argent. Ce travail m'a forcé d'approfondir plus qu'auparavant la situation des affaires par rapport au dedans du royaume. J'ai vu le mal si grand, que je n'ai pu m'empêcher d'en rassembler dans un mémoire tout l'objet. Je n'ai rien exagéré; je me suis retranché à la vérité, telle que je la connois par moi-même et par les lettres des intendants et de tous les principaux officiers des provinces. J'ai cherché les remèdes; mais ils m'ont paru si dangereux, et les moyens qu'on a proposés si incertains dans les effets qu'on en doit attendre, enfin si pernicieux dans l'exécution, que je n'ai osé faire voir au Roi les mémoires et les expédients qu'on m'a proposés. J'ai douté, Madame, si je devois vous donner la peine de lire mes tristes réflexions; mais l'affaire est si importante, qu'elle mérite votre attention.

Permettez-moi donc de vous demander, Madame, la grâce de donner le temps nécessaire pour voir le premier (*sic*) de l'état du royaume et pour y faire vos réflexions.

Permettez-moi encore de vous faire souvenir qu'ayant été chargé des finances au mois de février de l'année dernière, dans un temps où tout paroissoit désespéré, j'ai soutenu pour plus de 280,000,000# de dépenses, qui ont donné les moyens de rétablir et de mettre deux fois en campagne les plus belles armées qu'on ait vues.

Depuis dix-huit mois que j'ai l'honneur d'être dans la place de contrôleur général, le Roi a diminué les tailles de 4,200,000#, a accordé d'autres diminutions au pays d'Artois, à la Provence, au Languedoc et aux autres provinces, qui vont à 2,000,000#. Les revenus de la Flandres sont diminués de près de 3,000,000# par la prise de Menin et de Lille. Le Roi a fait fournir des blés à Paris, et, dans la Guyenne, a donné des fonds pour en faire venir des pays étrangers.

Qu'on examine tout ce qui s'est passé depuis le commencement du règne du Roi, et qu'on juge équitablement si aucun de mes prédécesseurs a eu si peu de matière, et si je n'ai pas fait plus qu'eux au delà de tout ce qu'on pouvoit espérer.

De tant de travaux et de tant d'efforts, il m'en reste un épuisement de mes forces et de ma santé par l'excès du travail. Le courtisan, inquiet par la crainte d'être mal payé, me désigne des successeurs. «Je ne puis plus, dit-il, soutenir les affaires.» Je pourrois demander, sans trop m'avancer, qu'on me nomme celui qui les soutiendra. On dit encore que je ne suis pas selon votre goût, ni mis en place par votre choix. Voilà les discours et les sentiments de personnes de caractère qui se font écouter. Il n'est pas difficile de juger les effets qu'ils peuvent produire. Quel courage est à l'épreuve de tant d'afflictions et de tant de malheurs? Je ne puis disconvenir que les bontés du Roi m'ont soutenu, et que vous m'avez, Madame, encouragé par les vôtres; mais elles sont plus nécessaires que jamais, ou les affaires en souffriront nonobstant tous les soins que je prends de maintenir la confiance.

Je vous demande pardon, Madame, de vous avoir accablée par une si longue lettre et de si affligeants mémoires; c'est la première fois que je vous ai donné toute cette peine, et je ne tomberai pas souvent dans le même inconvénient.

Je vous demande vos conseils, Madame, sur la conduite que je dois tenir dans un état si malheureux. Ne me les refusez pas. Les discours des courtisans ne me feront point perdre de vue les marques d'estime et de confiance dont vous m'avez honoré, et je serai toute ma vie, avec les sentiments les plus sincères de respect, d'attachement et de reconnoissance, etc.

(Dépôt des Affaires étrangères, France, vol. 137, f° 83-84.)

Mémoire de M. Desmaretz au Roi.

26 Août 1709.

La situation présente des affaires est si mauvaise, qu'elle cause à ceux qui la connoissent de justes inquiétudes sur les événements malheureux qu'on peut appréhender.

Depuis quatre mois, toute la circulation de l'argent est cessée.

Les peuples ne payent point la taille ni la capitation.

L'excessive cherté des blés les force à se réduire au nécessaire pour vivre.

Ils n'achètent point de sel, ils ne boivent point de vin. De là les fermes tombent, et sont réduites cette année au-dessous des deux tiers de leur valeur ordinaire.

Les affaires extraordinaires, qui, dans les temps passés, ont été la ressource pour soutenir les dépenses au défaut des revenus ordinaires, ne peuvent plus être d'aucun secours, parce qu'on a épuisé la matière : créations d'offices, aliénation des domaines, constitutions de rentes de toute nature, taxes, impositions extraordinaires, tout a été mis en usage.

Le clergé et la noblesse ont payé des taxes, et en payent encore tous les jours, qui les incommodent et excitent leurs plaintes.

Les Parlements, les autres Compagnies supérieures, les présidiaux, les officiers des justices ordinaires et de finances ont payé des sommes immenses; toutes ces compagnies d'officiers doivent en corps (*sic*) la valeur de leurs charges et ne sont plus en état de fournir de nouvelles finances pour remplir les nouveaux moyens que l'imagination fertile des financiers peut encore produire.

Le crédit des fermiers généraux, des receveurs généraux des finances et des traitants est tombé entièrement par les avances qu'ils ont faites; elles montent, suivant la vérification qui en a été faite depuis six semaines, à plus de 65,000,000#. Bien loin d'être en état de faire de nouvelles avances, tous leurs créanciers les pressent en même temps de payer, et, pour les y forcer, exercent contre eux les poursuites les plus vives et les plus rigoureuses.

L'état où sont les banquiers qui ont fait des remises pour le Roi est connu. La chute des sieurs Hogguer, Bernard et Nicolas, celle des sieurs Tourton et Guigues, et des autres qui exerçoient la banque avec plus de crédit, ont mis en désordre les places de Lyon, de Paris, de Genève, et toutes les autres. Nulle ressource à espérer des banquiers.

Des faits ci-devant expliqués il résulte que le Roi ne reçoit presque rien de ses revenus ordinaires, et qu'en même temps on a épuisé la ressource des affaires extraordinaires et forcé toute sorte de crédit.

En cet état, le Roi ne peut payer les rentes de l'hôtel de ville, les appointements et les gages des officiers, encore moins les pensions de toute nature. Une infinité de personnes qui n'ont d'autres subsistances souffrent et retranchent une bonne partie de leur dépense ordinaire. Ce retranchement diminue la consommation des denrées et des manufactures, et le défaut de consommation produit la cessation du travail, qui réduit à la mendicité et au désespoir les peuples, qui ne vivent que de leur travail, cause de tous les mouvements séditieux qui sont arrivés en Normandie et en beaucoup d'autres lieux.

Les armées ne peuvent être bien payées; les vivres et la subsistance des troupes n'ont pu être assurées dans des temps aussi malheureux; on a été à la veille de manquer entièrement et de craindre les plus terribles révolutions.

Tant de maux, si capables d'effrayer les plus courageux, ne sont pas les effets de la conduite des derniers temps : ils ont été amenés par bien des événements malheureux et par de mauvais arrangements; mais il faut avouer que les mauvaises récoltes et la famine les ont bien augmentés cette année.

Si la guerre continue, la dépense du quartier d'hiver achèvera d'accabler les peuples; car, si les receveurs généraux ne sont pas en état d'avancer, comme les années précédentes, l'ustensile et le bien-vivre, compris le fourrage, il faudra lever en cinq mois, sur les peuples, près de 6,000,000# pour le bien-vivre et le fourrage, et, en douze mois, près de 14,000,000# pour l'ustensile. Ces impositions, qui montent à 19,000,000#, se lèvent militairement et par préférence à la taille. Comment faire payer, dans la situation présente des provinces, la taille et la capitation?

La mauvaise disposition des esprits de tous les peuples est connue. Depuis quatre mois, il ne s'est pas passé de semaine sans qu'il y ait eu quelque sédition. Il a fallu des troupes dans presque toutes les provinces pour les contenir. Celles qui y seront envoyées après la campagne finie empêcheront les peuples de se révolter; mais elles feront le faux-saunage, elles feront entrer le tabac et les marchandises en fraude des droits et sans payer les douanes, elles favoriseront l'introduction des marchandises de contrebande, et ces désordres réduiront les fermes du Roi à la moitié de leur produit ordinaire.

A tous ces maux, il n'est pas possible de trouver des remèdes que par une prompte paix.

Si quelques personnes avancent, comme on fait souvent en termes généraux, qu'il y a de grandes ressources en France; que, par le passé, on n'a pas épuisé toutes celles qui peuvent être praticables, et qu'on en peut trouver de nouvelles capables de soutenir encore longtemps la guerre, on supplie Sa Majesté, avec un très profond respect, d'ordonner qu'elles soient expliquées et discutées. Sa Majesté connoitra, par ce juste discernement qui lui est si naturel, ce qu'on en doit attendre.

(Dépôt des Affaires étrangères, France, vol. 137, f° 85-87.)

Mémoire de M. Desmarets au Roi.

15 Novembre 1709.

Les dispositions de paix, qui avoient paru prochaines, étant présentement fort éloignées, la continuation de la guerre semble inévitable, et, si, contre toute apparence, on peut renouer cet hiver une négociation qui conduise à la paix, les soins et l'application qu'on donnera à préparer ce qui convient pour soutenir encore une campagne ne seront pas un obstacle à la conclusion d'un traité.

Dans une conjoncture si difficile, si décisive, on ne peut trop examiner l'état où sont les finances.

Il est nécessaire de rappeler ce qui s'est passé l'année dernière, ce qu'on a fait pendant la courante, et d'observer combien les nouveaux efforts faits depuis deux ans pour soutenir la guerre ont achevé d'épuiser toutes les ressources.

Il est encore plus nécessaire de voir s'il reste de nouveaux expédients à mettre en usage, et quels effets ils peuvent produire pour juger ce qu'on peut espérer des événements d'une nouvelle campagne.

Lorsque, au mois de février 1708, M. Chamillart fut déchargé du travail des finances, le Roi me fit l'honneur de m'en confier le soin.

Je m'appliquai aussitôt à en connoître la véritable situation.

Je trouvai qu'outre les rentes, les gages des officiers et les autres dépenses ordinaires, il étoit dû aux trésoriers, aux troupes, aux munitionnaires, aux entrepreneurs des armes, de la fourniture des fourrages et des chevaux d'artillerie, enfin au public, en billets de monnoie et autres billets de crédit, 494,000,000#.

Je reconnus que, sur 81,977,007# à quoi montoient les revenus de l'année 1708, déduction faite des charges ordinaires, il en avoit été consommé par avance 54,833,233# pour les dépenses de 1706 à 1707;

Et qu'il ne restoit que 27,437,774#.

Dans la suite, il a fallu faire de nouvelles déductions pour les fourragements de l'Artois et de la Flandre françoise, pour ceux de la Provence, pour les débordements des rivières et pour les pertes arrivées en diverses provinces, lesquelles ont monté à 9,000,000# : en sorte qu'il n'est resté que 18,000,000# effectifs.

Tel étoit l'état des finances, qui, joint à un décrédit total, avoit prévenu toute la France de l'opinion qu'on ne pouvoit mettre les armées en campagne.

Le Roi a eu de grandes armées en Flandres, en Allemagne et en Dauphiné; celle de Flandres a tenu la campagne jusqu'au 15 de décembre. Les troupes ont été bien payées, les vivres ont été fournis exactement et avec abondance.

La dépense de 1708 a monté, suivant les ordonnances expédiées, à 200,251,447#. Il en a été payé ou assigné, jusqu'au 1er d'octobre 1709, 155,288,831#. La dépense entière de l'année 1708, toute immense qu'elle est, auroit été payée entièrement, si, pour soutenir le crédit de tous ceux auxquels il est dû des années précédentes, on n'avoit pas été obligé de leur faire des payements à-compte, qui ont monté à 60,177,465# : sans quoi le service auroit manqué.

Il est vrai de dire que, pendant l'année 1708, avec 18,000,000# de fonds libres on a fourni à une dépense de 215,466,296#.

Le détail des expédients dont on s'est servi pour suppléer 197,466,296# qui manquoient est expliqué dans un état séparé, pour ne pas fatiguer par l'excessive longueur de ce mémoire, qui ne peut être aussi court qu'on le souhaiteroit.

Voilà tout ce qui regarde l'année dernière 1708.

La rigueur de l'hiver dernier a causé des pertes inestimables au royaume : les blés, les vignes, les arbres qui portent des fruits, et qui faisoient la richesse de diverses provinces, comme les oliviers, les châtaigniers et les noyers, ont été gelés; le prix du blé a augmenté à l'excès; la crainte d'en manquer a agité les peuples jusqu'à la fureur : ils ont pris les armes pour enlever les grains avec violence; il y a eu des séditions à Rouen, à Paris, et presque dans toutes les provinces; ils se sont fait une espèce de guerre, qui n'a cessé que pendant qu'ils ont été occupés à la récolte.

Dans cette agitation, il a fallu les ménager; il y auroit eu de l'imprudence à exiger les impositions ordinaires sur des hommes qui manquoient de pain.

Toutes les recettes ont presque entièrement cessé, et les revenus ordinaires des fermes ont diminué du tiers.

Tant de malheurs auroient eu des suites bien funestes, si le Roi n'avoit donné des secours continuels et une attention suivie pour soulager les peuples et prévenir de plus grands maux. Sous ses ordres, on a fait arriver à Paris, depuis huit mois, plus de six mille muids de froment et d'autres grains propres à faire du pain.

Sa Majesté a fait donner toutes les semaines des fonds pour faire fournir du pain à un prix médiocre aux pauvres et aux artisans.

On vient de conclure un traité pour acheter quatre mille muids de blé dans les pays étrangers et les faire venir à Paris.

Quelle attention le Roi n'a-t-il pas eue à pourvoir à la ville de Lyon et à toutes les autres villes et aux provinces entières, qui auroient péri par la famine?

Voilà l'état où la rigueur de l'hiver de cette année 1709 a mis les peuples, et, en abrégé, ce que le Roi, par sa bonté paternelle, a fait pour les soulager.

C'est dans une telle situation qu'il a fallu, à la fin de l'hiver dernier, se préparer à une nouvelle campagne, sans magasin[s], sans blé et sans argent.

Les peuples, qui s'étoient flattés pendant l'hiver de l'espérance de la paix, voyant la nécessité de faire une nouvelle campagne, sont tombés dans une consternation et une méfiance qui a déterminé tous ceux qui avoient de l'argent à le cacher et à le mettre en terre. Les usuriers ont bien profité, et profitent encore tous les jours de cette affligeante disposition des esprits.

On a commencé la dernière campagne dans la prévention presque générale que les ennemis pénétreroient dans le royaume et viendroient jusqu'à Paris.

Voilà cette campagne finie, dont on craignoit de si fâcheux événements. Elle coûte la perte de deux grandes places et d'une bataille; mais l'honneur de la nation françoise est bien rétabli, et la victoire fait moins d'honneur aux ennemis qu'à la valeur des troupes françoises.

Je ne dirai point avec quels fonds on a soutenu les dépenses de cette année 1709; car, pour celle de 1708, on avoit consommé par avance tous les fonds de 1709.

Les ordonnances expédiées pour 1709, jusqu'au 1er d'octobre, montent à 155,191,730#.

Les fonds assignés pour ces dépenses jusqu'au même jour, 1er octobre, montent à 98,292,755#.

Ainsi, pour remplir le fonds de toutes les ordonnances expédiées jusqu'au 1er octobre, il faudroit trouver 56,900,975#.

Avant la fin de l'année, il y aura bien d'autres dépenses à payer, et, comme celle des vivres, par l'excès du prix du blé, a monté à plus de cinq fois au delà du prix commun, on peut faire état que la dépense de l'année 1709 montera à plus de 235,000,000#.

Ainsi, il manquera de fonds, pour remplir les dépenses de 1709, 136,707,245#.

On auroit manqué totalement pour 1709, si on n'avoit trouvé trois ressources qui ont soutenu les dépenses :

L'une a été l'affranchissement de la capitation;

La seconde, le prêt qu'ont fait les négociants des matières d'argent revenues des Indes sous l'escorte de M. Chabert, qui a donné lieu à la refonte des anciennes espèces et à entreprendre la suppression des billets de monnoie;

La troisième, les nouveaux prêts faits par les intéressés aux affaires du Roi.

C'est de ces trois expédients qu'on a tiré les secours les plus liquides pour soutenir le service de 1709.

Le détail de tous les expédients dont on s'est servi cette année est dans le même mémoire et à la suite de celui qui a été fait pour 1708. Il falloit reprendre tout ce qui s'est passé ces deux dernières années pour juger ce qu'on peut faire pour la prochaine, 1710.

Les revenus du Roi, pour l'année prochaine 1710, ne monteront, par comparaison à ceux de 1709, qu'à 60,000,000#, dont il a été consommé en assignations anticipées 22,000,000#.

Il ne reste, de fonds libres sur 1710, que 38,000,000#.

La dépense des blés et des autres grains qu'il faut tirer des provinces consommera la meilleure partie de la taille et de la capitation, et on ne fera presqu'aucune recette en argent.

Toute la dépense de l'année 1710, compris l'ustensile et le fourrage, montera, par estimation, à 260,000,000#.

Dans une telle situation, il faut encore avoir recours aux expédients.

La dernière ressource est de cesser de payer les assignations tirées sur les derniers payements des revenus de l'année courante 1709, lesquelles n'ont point été acquittées.

Si les recettes pouvoient se payer en entier, cet expédient pourroit produire, ci.................... 30,000,000#

Les fonds de 1710 pourront monter à.... 60,000,000

Il faudra rejeter sur 1711 et 1712 toutes les assignations tirées sur 1709.

Après cette opération, on ne pourra plus négocier aucune assignation; tous les fonds de 1711 et de 1712 seront consommés. Je ne puis trop représenter les fâcheux effets qu'on doit craindre de la nécessité où on se trouve de prendre un tel parti.

Report.........	90,000,000#
Le rachat de l'annuel est estimé en argent.	16,000,000
Le bénéfice de la Monnoie.............	6,000,000
Les pièces de 2 sols 6 deniers..........	1,200,000
L'aliénation des impôts et billots de Bretagne.	5,000,000
Rachat de la capitation, reste..........	1,200,000
Affaires extraordinaires...............	15,000,000
	134,400,000#
L'assemblée du clergé doit se tenir en 1710, et le Roi peut demander un Don gratuit de six millions, ce qui paroît excessif néanmoins, et peut-être impossible, ci............	6,000,000#
TOTAL..........	140,400,000#

Les revenus des fermes, qui ne sont pas compris dans le projet, ne suffiront pas à la moitié du fonds nécessaire pour payer les rentes et les gages des Compagnies supérieures et ceux d'une infinité d'officiers de robe et de finances.

Il s'ensuit que ce projet, qui contient tout ce qu'on peut espérer pour 1710, n'approche pas de ce qui est nécessaire pour en payer la dépense.

On peut néanmoins conclure que, dans l'épuisement où se trouvent les finances, dans la situation où sont les provinces et tout le royaume, ce sera faire presque l'impossible que d'exécuter le projet.

Copie de la lettre écrite au Roi par M. Desmaretz en lui adressant le projet ci-dessus.

Sire,

Je présente à Votre Majesté le mémoire dont j'ai eu l'honneur de lui parler. Il paroîtra long à Votre Majesté; mais un serviteur fidèle n'est point à blâmer de vouloir rendre un compte trop exact à un maître qu'on ne peut jamais assez bien servir.

Je suis à plaindre d'être chargé d'un emploi aussi difficile dans un temps et dans des circonstances où un travail énorme et accablant ne sert, chaque jour, qu'à prévenir les plus grands maux.

Je ne joins point au mémoire que je présente à Votre Majesté celui dont je parle dans deux endroits, concernant la nature des fonds et les expédients dont on s'est servi pour fournir aux dépenses de 1708 et 1709. Votre Majesté le verra quand il lui plaira. J'ai appréhendé de la fatiguer par un trop grand nombre de papiers d'une pénible discussion.

J'ajouterai que l'exécution du projet ne se peut faire que dans le courant de l'année 1710, et, j'ose dire, avec des peines et des difficultés si grandes, qu'elles approchent de l'impossibilité.

Je n'ai point assez de présomption pour croire qu'un autre ne peut mieux penser ni mieux faire que moi. Je puis seulement répondre de mon zèle, d'une application exacte et suivie pour tout ce qui regarde le service de Votre Majesté et le bien de l'État, et d'un attachement aussi fidèle et aussi respectueux qu'il est plein de reconnoissance des bontés dont Votre Majesté m'a honoré.

(Dépôt des Affaires étrangères, France, vol. 137, f° 76 v° à 82.)

Réflexions de M. Desmaretz sur la situation où il se trouvoit le 12 Mai 1710.*

Il n'y a point de jour, ni même d'heure dans la journée, qu'on ne demande des fonds pour des dépenses pressées et indispensables. Si on avoit des fonds suffisants, il seroit facile d'établir un ordre exact pour faire payer chaque dépense dans les temps convenables; mais on sait que la matière manque absolument, et, bien loin de pouvoir imputer le défaut des fonds à celui qui est chargé de l'administration des finances, on peut dire que, dans le désordre et dans l'épuisement où il les a trouvées, c'est une espèce de miracle d'avoir soutenu les affaires et de les avoir disposées pour remettre, trois années de suite, les armées en campagne, quoique, dès la première, on eût désespéré que cela fût possible. Si on ajoute à cette triste situation des affaires quelques réflexions sur les pertes immenses que la rigueur de l'hiver de 1709 a causées dans toutes les provinces, et la chute entière que ce malheur a causée dans les revenus ordinaires, enfin la cessation de toutes les ressources extraordinaires, on conviendra qu'il étoit très naturel de céder à une force supérieure, et de désespérer de soutenir le service.

On a eu assez de courage pour mettre en œuvre tous les moyens praticables pour donner du crédit aux finances, et pour en tirer des secours qui paroîtront incroyables à moins que de les examiner de près et d'en pénétrer le fond et le détail. Depuis le 1er janvier jusqu'au dernier d'avril, les dépenses assignées passent 76,000,000 #.

Ces efforts, joints à ce qu'on a fait pour 1708 et pour 1709, montent à plus de 520,000,000 #; mais il est dû des sommes si excessives du passé, qu'après tous ces efforts on se trouve comme si on n'avoit rien fait.

Il faut de plus soutenir seul tout le poids des affaires. Les secours qu'on tire d'un très petit nombre de personnes de bonne volonté sont foibles, et l'esprit le plus général est de s'éloigner du service. On ne voit que gens qui s'en écartent et qui agissent de même que si, dans la chute entière des affaires, ils y devoient trouver l'établissement de leur fortune.

(Dépôt des Affaires étrangères, France, vol. 137, f° 124 v°.)

* En marge : «Ce mémoire étoit écrit de sa main.»

Réflexions de M. Desmaretz sur le trop grand nombre des officiers généraux et leur caractère.*

29 Mai 1710.

Le caractère de plusieurs officiers généraux et leur grand nombre en diminue l'autorité et avilit leurs emplois, nuit au service dans les occasions.

On confie les places menacées et de conséquence à des sujets dont on ne connoît pas les talents, ni les vues qui les font agir; on entretient mal un grand nombre de mauvaises troupes, qu'il faudroit casser comme inutiles pour bien entretenir les meilleures, dont on peut tirer de bons services.

En l'état où sont les choses, on rapportera toujours l'impossibilité de faire ce qu'on souhaite et ce qu'il faudroit faire au manquement d'une partie des choses qu'on avoit accoutumé d'avoir en abondance dans les temps plus heureux, comme vivres, artillerie et argent.

On ne fera pas réflexion aux besoins présents, et que, dans ces occasions, il faut faire ce qu'on peut.

On aura recours à ces prétextes spécieux de manquement des choses nécessaires pour couvrir l'ignorance, la mauvaise foi et la peur, qualités que possèdent éminemment ceux qui parlent le plus haut et avec le plus de confiance.

En un mot, personne ne veut plus avoir d'affaires ni se battre, et on aime mieux voir l'État en péril et toutes choses en désordre, que de se prêter au service et soutenir les affaires.

(Dépôt des Affaires étrangères, France, vol. 137, f° 125.)

* En marge : «Elles étoient écrites de sa main, et datées du 29 mai 1710.»

Mémoire pour faire porter les fonds de tous les revenus courants au Trésor royal, pour y être employés par préférence aux dépenses de la guerre.*

[21 Août 1710.]

Il est nécessaire, pour rétablir un ordre dans les finances, de mettre un mouvement forcé dans l'espèce, qui est plus cachée que jamais;

Et, pour fournir la matière d'une partie des dépenses, de faire porter au Trésor royal tous les fonds revenant au Roi, soit des fermes, soit des recettes générales des finances et capitations, soit des Dons gratuits et autres fonds et revenus du Roi, soit enfin des traités et affaires extraordinaires.

Et comme cet ordre ne peut être trop promptement établi, il seroit nécessaire de le commencer dès le mois de septembre prochain, ou, au plus tard, au 1er d'octobre.

Il sera cependant vérifié à quelle somme montent les fonds de chaque nature payables pendant chacun des mois d'octobre, novembre et décembre prochains.

Il sera vérifié, en même temps, quelles sont les assignations tirées sur lesdits mois, et il faudra obliger ceux qui en sont porteurs de les représenter. On en fera un état chaque semaine, sur lequel on ordonnera le payement des parties qui regardent le service absolument nécessaire; à l'égard des autres dont on peut différer le payement, il y sera pourvu par les moyens qu'on pourra établir.

Il faudra, après la vérification des fonds payables en octobre, novembre et décembre, expédier un état de recouvrement;

Établir un ou deux huissiers du Conseil pour suivre cet état;

Avertir les trésoriers, receveurs généraux, les fermiers des fermes de toute nature, traitants et autres, dans les dix premiers jours de chaque mois, de préparer leurs fonds du mois suivant, afin qu'ils aient le temps de disposer les deniers nécessaires pour acquitter leurs payements, et qu'après avoir été ainsi avertis à l'avance, on puisse, en cas de refus ou de retardement sans cause légitime, exercer contre eux les contraintes nécessaires pour les faire payer.

On pourra peut-être blâmer le dessein de rétablir un ordre qui n'a pu être observé exactement que dans des temps heureux où, les dépenses étant proportionnées à la recette, il étoit facile de recouvrer tous les revenus du Roi dans des termes fixes et certains, et d'acquitter en argent toutes les dépenses.

On objectera que la situation des affaires est toute différente de celle des temps où cet ordre a été suivi, que les revenus ont été délégués par avance et consommés par des assignations pour entreprises nécessaires pour le service, savoir :

Cuisson et distribution du pain aux armées;

Levée des équipages des vivres;

Fourniture de viande aux armées;

Équipages d'artillerie;

Achats et voitures de blé pour les armées;

Étapes, et plusieurs autres traités ou marchés faits pour les troupes.

S'il n'étoit question que de rétablir l'ordre, on pourroit dire qu'un temps plus calme conviendroit mieux pour y parvenir; mais il s'agit de détruire l'usage de faire toutes les dépenses en papier, d'avoir des espèces pour payer le prêt des troupes, pour les habiller, les monter, les mettre en état de servir et de subsister dans le service, enfin pour toutes les dépenses qui ne se peuvent faire qu'avec de l'argent. Il faut convenir que cela ne se peut plus soutenir par les expédients de finance; il faut avoir des fonds qui entrent mois par mois dans la caisse du Trésor royal, d'où ils puissent passer dans les caisses des trésoriers: d'où il s'ensuit, par une conséquence évidente, qu'il est absolument nécessaire de revenir à cet ordre.

Il est sûr qu'avec 50,000,000# d'argent on soutiendra mieux le service qu'avec 150,000,000# d'affaires et de papier de crédit.

Pour parvenir à l'exécution de cet ordre, il est bien nécessaire (si le Roi, par ce juste discernement qui lui est si naturel, le juge bon et l'approuve), que Sa Majesté s'explique, dans les occasions, qu'après avoir examiné de près la situation des affaires, elle a jugé que les revenus courants devoient être employés par préférence aux dépenses de la guerre; qu'elle soutienne cet ordre de toute son autorité, et ne permette pas qu'on y donne atteinte.

Il ne s'ensuit pas qu'on doive négliger les expédients qui peuvent produire des fonds : il faut sans cesse penser, rechercher les moins mauvais, car il en reste bien peu de bons, pour ne pas dire qu'il n'y en a aucun; il faut s'appliquer à les faire valoir, à en tirer tous les secours possibles. Ces secours seront employés à payer ce qui est dû du passé aux entrepreneurs et aux fournisseurs.

Cette attention en leur faveur soutiendra le crédit et les excitera à continuer le service.

Les nouveaux moyens sont très nécessaires, car les revenus qui restent libres ne peuvent fournir qu'à une très petite partie de la dépense, et il faut suppléer à ce qui manque par tous les expédients qu'on pourra encore mettre en usage.

On avoit pensé de prendre tous les fonds des recettes et de remettre le payement des gages et augmentations de gages des officiers à un autre temps; mais ce ne sera qu'un secours éloigné, car les gages de 1710 ne se payent qu'en 1711, et, comme, par la stérilité de deux années, les peuples n'ont pas pu payer, il est dû des sommes immenses de la taille, de la capitation et des autres impositions des années 1706, 1707, 1708, 1709 et 1710, de sorte que les gages de 1709 n'ont point été payés, encore moins ceux de 1710. Ainsi, le retardement du payement des gages et des augmentations de gages ne sera pas un secours sensible.

(Dépôt des Affaires étrangères, France, vol. 137, f°s 125 v° à 126.)

* En marge : « Ce mémoire étoit écrit de la main de M. Desmarets, et daté du 21 août 1710. »

Lettre de M. Desmaretz à M. le Rebours.

(Autographe.)

Marly, le 13e d'Octobre 1710.

Par le mémoire du 30 septembre que vous m'avez donné, Monsieur, des fonds restant à consommer au 1er d'octobre 1710, il paroît qu'il y a encore, tant sur les revenus ordinaires que sur les affaires extraordinaires, 42,625,831# à recevoir. Si c'étoient des fonds bien sûrs et bien liquides, dont on pût faire un état certain, je me trouverois bien soulagé pour achever les dépenses de la campagne et pour préparer celle de l'année prochaine; mais il s'en faut du tout au tout que ces fonds soient exigibles promptement et qu'on en puisse espérer les secours dont on a un besoin si pressant. Cependant il faut pourvoir à la subsistance et au prêt des troupes à commencer du 1er de novembre; nous y touchons, et je ne vois pas encore sur quoi on peut compter. Il est cependant nécessaire d'y travailler très sérieusement. Je vous prie donc, Monsieur, et très instamment, de faire un compte net et précis avec chacun des receveurs généraux des finances, avec les fermiers et avec les traitants, de ce qu'ils ont payé et de ce qu'ils doivent, dans lequel vous observerez de faire mention de ce qui échoit en octobre et novembre, afin que, ces fonds étant bien constatés, on puisse expédier un état de recouvrement et faire payer les sommes qui y seront contenues au Trésor royal.

Ces comptes demandent beaucoup de diligence et une grande exactitude; je vous conjure de faire une vive attention sur la confusion dans laquelle on a vécu depuis plusieurs années, au désordre qu'elle a produit dans toutes les affaires, et aux discussions continuelles qu'elle a causées, qui retardent le service et mettent dans l'inquiétude continuelle de le voir manquer.

On ne se tirera de cet état qu'en rétablissant l'ordre. Je m'attends d'y trouver de grandes oppositions : tant de gens profitent du dérangement et ont intérêt de le maintenir, qu'on doit se préparer à trouver des obstacles continuels. Cependant je ne me rebuterai point, et, si vous y concourez de votre part, j'espère que nous en viendrons à bout. Vous êtes dans les mêmes principes, et vous m'avez souvent donné des mémoires très bons. Voici le temps où il faut en faire usage.

Lorsque les comptes seront faits, et que je pourrai connoître ce qui en résultera et sur quel fonds on peut compter, il faudra, vers la fin de chaque mois, former l'état de recouvrement et avoir d'un côté ledit état, et de l'autre celui des dépenses, pour appliquer nos fonds aux dépenses pressées et qui demandent d'être payées par préférence.

Je ne puis trop vous dire combien ce travail est nécessaire et pressé, et je vous prie, Monsieur, de me faire savoir l'état où il est et dans quel temps vous espérez de l'avoir achevé.

Je crois qu'il n'y a plus de temps à perdre pour la déclaration du dixième et pour envoyer aux intendants les mémoires pour en préparer l'établissement.

Voici un mémoire qu'on m'a donné sur ce qui se pratique en Hollande pour la levée des impositions sur les fonds. Peut-être pourroit-on pratiquer la même chose en France : en ce cas, il faudroit en mettre un article dans la déclaration pour l'établissement du dixième. On pourroit aussi, après qu'elle aura été rendue publique, l'ordonner par un arrêt. J'avoue qu'en France cette remise pourroit ne pas produire le même effet qu'en Hollande, où l'esprit d'économie est plus établi qu'en France, et où chacun concourt à soutenir les dépenses de l'État, au lieu qu'en France on n'a d'autre attention qu'à se soustraire aux contributions nécessaires pour les dépenses publiques. Après tout, il ne faut rien négliger de ce qui peut rendre un établissement nouveau plus facile et le faire recevoir avec plus d'agrément.

Vous savez le marché fait pour quatre-vingt-dix mille sacs d'avoine pour la subsistance de la cavalerie de Flandres. Il est nécessaire d'assigner des fonds pour cette dépense, qui montera au moins à 500,000#. Je ne vois que deux sortes de fonds sur lesquels on peut assigner cette dépense : l'un est l'affranchissement de la capitation de Bourgogne, l'autre est celui de l'aliénation du contrôle des actes des notaires. Je vous prie de revoir ce qui revient de ces deux affaires, et dans quels termes et quelle nature de payements, et de m'en parler la première fois que nous travaillerons.

Tout ce nouvel arrangement a besoin d'être fait et suivi très exactement. Il me paroît qu'il y a bien de quoi occuper M. Malet; vous y ferez vos réflexions.

Je suis, Monsieur, très absolument à vous.

DESMARETZ.

(Archives nationales, Papiers du Contrôle général, G7 1138.)

Projet de régie pour le Trésor royal.

La parfaite connoissance que Monseigneur a des finances le détermina, dès le moment qu'il fut nommé contrôleur général en 1708, à ordonner que le produit des revenus du Roi seroit porté au Trésor royal à l'échéance de chaque payement.

Cinq raisons principales y déterminèrent Monseigneur :

I. Pour engager les comptables à payer plus régulièrement qu'ils n'avoient fait.

II. Pour empêcher que ceux qui avoient pris des engagements pour le service ne fussent plus longtemps exposés à essuyer de longs retards, ni privés, par les mauvaises difficultés des comptables, d'une partie de leurs intérêts, dont le retardement jusqu'alors avoit fait un tort considérable au crédit du prince.

III. Parce qu'en faisant porter directement à la caisse du Trésor royal le produit des revenus de S. M., Monseigneur étoit persuadé que cela dissiperoit l'usure et feroit sortir l'espèce, en faisant voir au public beaucoup d'argent circuler dans cette caisse du Roi.

IV. On redonnoit à cette caisse un crédit éteint depuis longtemps, et on pouvoit l'augmenter en profitant de celui que donnoient aux comptables les porteurs d'assignations, lorsqu'ils prenoient en payement les billets payables à longs termes.

V. Monseigneur songea à établir une régie certaine, et qui le mît en état de pourvoir aux dépenses les plus pressées par la connoissance des fonds qui entreroient dans cette caisse semaine par semaine.

Cet arrangement fut applaudi et fit un bon effet : la régularité des payements que Monseigneur ordonnoit, soit en principal, soit en intérêts, détermina le public à prendre des engagements avec lui; cette confiance, si attendue et si peu espérée, parut, et, prenant de nouvelles forces par la régularité de Monseigneur à tenir sa parole, chacun lui vint offrir son argent. Il assura des fonds pour le remboursement des principaux dans des temps fixes, et fit payer comptant les intérêts d'avances et des retards.

Le public, content d'un arrangement certain, se prêta aux besoins de l'État, et c'est ce qui donna à Monseigneur, en 1708, les moyens de fournir aux dépenses prodigieuses de la guerre, au grand étonnement du royaume, et des ennemis même, qui croyoient les finances épuisées.

Mais, un hiver affreux s'étant fait sentir, et la terre ayant refusé ses secours ordinaires, Monseigneur vit le système de sa régie du Trésor royal dérangé, tant par les fonds que les intendants prirent dans les caisses des recettes générales pour subvenir à la subsistance des troupes dans leurs provinces, que par l'imposition de grains qu'on fut obligé de faire sur les peuples, et dont la compensation fut faite sur les impositions ordinaires qu'ils devoient payer au Roi.

Mais, présentement que la nature nous a donné, par une abondante récolte, les secours dont nous avions besoin, Monseigneur juge à propos de reprendre son premier ordre de régie, et est persuadé que, par préférence à tout arrangement, il faut commencer par celui du Trésor royal, étant la seule caisse où doivent entrer tous les produits des revenus du Roi, tant ordinaires qu'extraordinaires, et d'où doit sortir le payement des dépenses.

En faisant porter aux comptables leurs fonds au Trésor royal à commencer au 10e octobre prochain, ainsi que Monseigneur marque le souhaiter, il faut commencer par examiner ce que deviendront les assignations tirées sur ces revenus.

Dans la situation où nous sommes, et la continuation de la

guerre demandent des fonds pour les dépenses, il paroît que Monseigneur n'a que deux partis à prendre.

Le premier est de chercher les moyens d'acquitter tous les différents papiers que le Roi doit sur la place par des fonds extraordinaires ou des arrangements nouveaux, et, en ce cas, les assignations doivent faire partie de l'objet.

Le second est de laisser tout le papier en suspens, pour employer entièrement son attention à se procurer de l'argent pour les dépenses du quartier d'hiver et de la campagne prochaine, et c'est ce que la remise des fonds au Trésor royal opéreroit.

Comme Monseigneur a apparemment des vues certaines sur le parti qu'il doit prendre au sujet du papier que le Roi doit et des assignations tirées, il ne sera ici question que des moyens qu'il faut mettre en usage pour opérer régulièrement la remise de tous les revenus, tant ordinaires qu'extraordinaires, au Trésor royal.

Pour parvenir à cette opération utile et nécessaire, et pour en tirer des avantages certains, il faut arranger également et la recette et la dépense du Trésor royal.

Le point essentiel pour assurer cette régie est de faire remettre exactement au premier commis des finances qui a la direction du Trésor royal un double de tous les baux et résultats arrêtés au Conseil, savoir :

Les résultats faits avec les receveurs généraux des finances pour la levée de la taille et de la capitation;

Ceux faits avec les traitants pour raison des affaires dont ils se chargeront,

Et le double de tous les baux des fermes générales et particulières;

Ensemble, une note des Dons gratuits qui seront accordés par les pays d'États, et un extrait des rôles arrêtés au Conseil pour les affaires extraordinaires qui se feront par recouvrement.

C'est sur ces différents résultats et baux que le premier commis des finances peut constater les revenus du Roi, et être en état d'en rendre compte à Monseigneur afin d'assurer les payements des dépenses conformément aux arrangements faits par Monseigneur et à la nature des dépenses, par la connoissance que le premier commis des finances a de celles qui sont privilégiées, et de celles que l'on peut retarder de quelques jours.

Et afin de satisfaire avec ordre et dans les temps marqués aux payements des engagements pris, il est absolument nécessaire de faire remettre au premier commis des finances un double de tous les marchés qui seront faits, soit pour achats de grains, façon du pain, et autres fournitures.

Ensemble, il faut qu'il sache les intentions de Monseigneur sur le fonds qu'il souhaite faire mois par mois, tant pour les dépenses de la guerre et des trésoriers que pour les autres, afin que, s'il connoissoit que, par l'entrée des fonds au Trésor royal, ils ne fussent pas suffisants pour satisfaire à toutes ces dépenses, il fût en état d'avertir Monseigneur, par avance, mois par mois, du manque de fonds et du supplément qu'il faudroit faire.

Et afin d'engager les comptables à faire leurs payements régulièrement au Trésor royal, il faudroit, pour l'ordre de cette régie, que Monseigneur ordonnât à MM. les intendants des finances de compter tous les mois avec les traitants, d'examiner s'ils auroient payé les sommes portées par leurs résultats, de se faire représenter les assignations acquittées, de lui rendre compte des retards, s'il y en avoit, et de décerner les contraintes qu'ils jugeroient nécessaires pour obliger les redevables à satisfaire à leurs engagements.

Il faudroit pareillement que le premier commis des finances comptât, à l'échéance de chaque mois, avec les receveurs généraux et les fermiers particuliers, et, s'il s'en trouvoit quelques-uns qui fussent en retard de payer, sur le rapport qu'il en feroit à Monseigneur, il décerneroit les contraintes nécessaires pour opérer l'entrée des fonds au Trésor royal.

Monseigneur pourroit encore écrire une lettre circulaire aux intendants des provinces d'envoyer régulièrement tous les mois, à MM. les intendants des finances et au premier commis des finances, un bordereau des sommes reçues dans leur département sur chaque traité et sur les impositions ordinaires. Ces bordereaux serviroient à ces Messieurs, lorsqu'ils feroient compter les comptables, et les mettroient en état de décerner les contraintes avec plus de connoissance.

Il est aussi important que Monseigneur défende à tous les intendants des provinces de prendre aucuns fonds dans les caisses, et qu'il leur marque là-dessus les intentions du Roi si positivement, qu'ils n'osent pas s'éloigner de la règle qui leur sera prescrite.

C'est à Monseigneur seul à ordonner des fonds et des dépenses, et, dès qu'il fera fournir à Paris, aux trésoriers de l'extraordinaire des guerres, entrepreneurs et autres, les fonds convenus pour les dépenses, ce seroit déranger la régie de Monseigneur, si les intendants continuoient à prendre les fonds dans les provinces pour le payement de ces mêmes dépenses.

Afin que Monseigneur puisse avoir une connoissance exacte des fonds qui entreront au Trésor royal et qui en sortiront, il seroit à propos qu'il nommât un commis pour faire le contrôle de l'un et de l'autre.

Le premier commis des finances remettroit par avance, de mois en mois, à ce contrôleur, un état des sommes à payer par les comptables, et ce seroit sur cet état qu'il constateroit son registre de recette. Il porteroit sur ce registre les payements qui seroient faits mois par mois au Trésor royal; en sorte que, sous un même titre et une même nature de recette, il auroit toujours un compte ouvert avec les comptables, en mettant d'un côté ce qu'ils doivent payer, et de l'autre les payements qu'ils auroient faits.

Et par ce moyen, il seroit en état, mois par mois, de fournir au premier commis des finances un bordereau de recette et de dépense, par lequel on verroit les fonds qui doivent entrer au Trésor royal, les payements faits, et ce qui resteroit à payer, et il recevroit les ordres pour faire les poursuites nécessaires contre les redevables suivant les contraintes qui seroient décernées à cet effet.

Et afin que, dans la remise des fonds au Trésor royal, et dans la distribution qui en seroit faite pour les dépenses, il n'échappe rien à la connoissance de ce contrôleur, il paroîtroit nécessaire qu'il mît à chaque Trésor royal un commis particulier, pour enregistrer et contrôler, jour par jour, tous les récépissés qui seroient donnés aux receveurs, fermiers généraux, traitants et autres qui y porteroient leurs fonds, comme aussi aux gardes du Trésor royal, pour leurs décharges des dépenses acquittées;

Et qu'à la fin de chaque mois, tous lesdits récépissés, contrôlés, lui fussent représentés par les comptables, lorsqu'ils devroient ou qu'ils auroient compté avec MM. les intendants des finances et le premier commis des finances, pour y mettre son *vu*, à l'effet d'être convertis en quittances comptables.

Quoique, par la remise des fonds au Trésor royal, Monseigneur espère supprimer l'usage des assignations au moyen des stipulations portées dans les marchés, néanmoins, comme les dépenses excèdent les revenus, si Monseigneur se trouvoit dans la nécessité d'assurer des fonds, et que les entrepreneurs et fournisseurs ne se contentassent pas d'une simple stipulation, en ce cas, Monseigneur pourroit faire tirer des assignations; mais il faudroit toujours, pour ne rien déranger au système du Trésor royal, que le payement des assignations s'y fît à leurs échéances, et qu'il ne fût pas permis aux comptables de retirer ces assignations, mais qu'il leur fût ordonné, au contraire, de porter leurs fonds au Trésor royal pour leur acquittement.

Cela mettra Monseigneur en état, et le premier commis des finances, lorsque les fonds d'un mois ne seront pas suffisants pour les dépenses, de faire des arrangements avec les porteurs des assignations, et de faire profiter le Roi des délais que ces mêmes particuliers accorderoient aux comptables.

Ce contrôleur tiendra aussi un registre des assignations qui seront tirées, payement par payement, sur chaque nature de recette, afin que, lors de la rentrée des fonds, on ne se serve pas de ceux dont on auroit déjà disposé par les assignations.

Il faut espérer qu'avec ces précautions, un peu de fermeté et d'attention à la suite des fonds, les revenus du Roi seront régulièrement payés; que Monseigneur pourra compter, à chaque échéance, sur un produit certain, et qu'il aura toujours une connoissance parfaite de l'état de ses finances, puisqu'il saura les fonds dont il peut disposer, les dépenses qu'il aura acquittées, et ce qui lui restera tant à recevoir qu'à payer.

Il seroit à souhaiter qu'en établissant cette régie, Monseigneur ordonnât, en même temps, que les traitants et les receveurs généraux rendissent un compte de leurs recouvrements des années dernières, les premiers à MM. les intendants des finances commissaires de leurs traités, et les autres, au premier commis des finances. Si ces comptes étoient rendus promptement, suivis et discutés avec attention, Monseigneur y trouveroit des débets considérables, et cela feroit espérer au public le payement de leurs assignations et des billets de compagnies.

Addition au présent mémoire.

On croit qu'il est nécessaire de rendre un arrêt qui ordonne la remise au Trésor royal du produit des revenus du Roi, tant ordinaires qu'extraordinaires :

I. A l'effet d'autoriser les gardes du Trésor royal à recevoir de nouveau des comptables les deniers dont ils se sont déjà chargés en recette par les assignations qu'ils ont tirées dessus;

II. Pour mettre les comptables à l'abri des contraintes que l'on pourroit exercer contre eux par le défaut du payement des assignations tirées, et afin que les juges-consuls et autres ne puissent, par la même raison, prononcer aucune contrainte, ce qu'ils ne pourroient cependant éviter de faire, si l'arrêt du 13e mai subsistoit, par lequel il est dit que les assignations seront visées pour être payées, et qu'en conséquence du *visa*, les comptables seront contraints au payement comme pour les propres deniers et affaires de S. M.;

III. A cause des avals fournis sur les assignations, car il est également nécessaire, en sursoyant le payement des assignations, de pourvoir à la sûreté de ceux qui ont fourni leurs avals jusqu'au temps que le payement de ces assignations sera fixé;

IV. Il faut faire connoître aux comptables la manière dont ils doivent payer, et assurer le public qu'il le sera exactement par le Trésor royal.

Enfin, comme, pour la valeur de plusieurs assignations, les comptables ont fourni, par l'ordre de Monseigneur, et pour le bien du service, leurs rescriptions sur les receveurs particuliers, il faut statuer si le payement des rescriptions aura lieu, ou non.

Avant que de rendre cet arrêt, il faut que Monseigneur détermine si les billets de monnoie entreront pour un quart dans tous les payements, ou s'ils se feront tout en espèces, afin que, dans l'arrêt, la manière de payer soit énoncée, et qu'elle puisse être connue dans les provinces comme à Paris.

On ne doit pas se contenter de faire porter au Trésor royal les revenus ordinaires; il faut aussi ordonner que le produit des affaires extraordinaires et des recouvrements y soit porté, afin que l'ordre de régie soit uniforme et renferme tout. Mais, comme les traités et les recouvrements n'ont pas été exactement suivis, que la plupart sont sans exécution, et qu'il y a beaucoup de changements, de diminutions et de surséances pour les payements, dont MM. les intendants des finances n'ont point fourni d'états au bureau de la finance, on croit qu'il est nécessaire, pour mettre la chose en règle, que Monseigneur ordonne aux traitants et aux préposés aux recouvrements de compter dans le mois prochain devant MM. les intendants des finances, tant des anciens que nouveaux traités et recouvrements, à l'effet de remettre à Monseigneur un bordereau de l'état présent de chaque traité et recouvrement, afin d'en suivre sur ces bordereaux la remise au Trésor royal, et faire contraindre ceux qui sont en demeure d'y satisfaire*.

En faisant compter les traitants sur la représentation des assignations acquittées, il paroît important de les faire viser comme payées, pour empêcher qu'elles ne soient remises dans le public ainsi qu'il a été pratiqué par des caissiers qui se sont fait des fonds par ce moyen, et qui ont multiplié le papier.

Cette réflexion fait connoître de quelle conséquence il est pour le Roi de faire remettre les fonds au Trésor royal; car, si l'on est obligé de tirer des assignations, comme elles s'acquitteront au Trésor royal, elles ne seront plus remises dans le public.

On croit, si l'on fait expédier des nouvelles assignations,

qu'il sera nécessaire de les libeller d'une différente manière de celles données jusqu'à présent, afin d'assurer celui qui en donneroit la valeur du payement effectif à l'échéance : ce qui rétabliroit le crédit.

Il y a de l'argent dans le public; ceux qui l'ont cherchent à le faire valoir avec utilité : il faut donc leur donner un papier sur lequel ils puissent compter, et pourvoir aux intérêts. Ce nouvel arrangement fera tomber l'usure et ôtera au prêteur les moyens de faire profiter l'argent par les négociations du papier du prince.

En ordonnant la remise des fonds au Trésor royal, on croit qu'il faut en excepter le produit des fermes qui doit être destiné au payement des rentes.

Enfin, la remise des fonds au Trésor royal procurera au commerce un avantage très considérable en rétablissant l'usage des lettres de change, qui est presque aboli; car, lorsque les intendants prennent les fonds dans les caisses des provinces, et qu'ils les appliquent à payer les dépenses sur les lieux, ils altèrent et diminuent le commerce des lettres. Mais, lorsque les receveurs généraux payeront directement au Trésor royal, le produit de leurs recouvrements leur sera envoyé par les receveurs particuliers en lettres et en espèces, et, tout ce produit étant remis au Trésor royal, il passera à la caisse de l'extraordinaire des guerres, qui en fera les envois dans les provinces. Ainsi, la circulation des espèces et des lettres des provinces à Paris, et le retour de Paris dans les provinces, se rétablira totalement : ce qui donnera un crédit considérable aux affaires.

(Archives nationales, Papiers du Contrôle général, G⁷ 1138.)

* En marge : « Il seroit nécessaire que ces bordereaux fussent signés de MM. les intendants des finances. »

Mémoire de M. Desmaretz au Roi.

[Commencement de 1715.]

Pour rendre compte à Votre Majesté de la situation présente de ses finances et de différents moyens proposés pour faire les fonds nécessaires pour les dépenses de 1715 et 1716, se remettre au courant en 1717, rendre les recettes et dépenses égales en ladite année comme en 1683, et payer les dettes de l'État, j'ai cru qu'il étoit nécessaire de rappeler ici en peu de mots l'état où étoient les finances de Votre Majesté en 1662, lorsqu'elle en confia l'administration à feu M. Colbert, ce qu'il a fait pendant son ministère pour les rétablir, et l'état où il les a laissées par son décès en 1683, époque où la France a été plus florissante, et les finances dans l'arrangement le plus parfait; ce qui a été fait depuis 1683, sous les ministères de MM. le Peletier, de Pontchartrain et de Chamillart; l'état où étoient les finances de Votre Majesté, lorsqu'elle me fit l'honneur de m'en charger en 1708; ce que j'ai fait depuis jusqu'à la fin de l'année dernière 1714, et la situation où les finances de Votre Majesté sont aujourd'hui, pour parvenir, par ces préalables, à mettre Votre Majesté en état de se déterminer sur les moyens proposés.

J'ai entrepris de faire ces parallèles à Votre Majesté parce que j'ai eu une parfaite connoissance de tout ce que feu M. Colbert a fait dans tout le cours de son ministère, dont j'étois seul chargé de l'exécution, et que, depuis sa mort jusqu'en 1708, j'ai toujours suivi ce qui a été fait dans ces ministères, dont l'on m'a souvent communiqué les projets.

ÉTAT DES FINANCES EN 1662.

Lorsque M. Colbert entra dans les finances, il trouva presque tous les domaines de Votre Majesté aliénés, [et] la plus grande partie des aides et des gabelles, les tailles diminuées et abandonnées aux payeurs des rentes pour assurer le payement des rentiers, les parties casuelles sans produit par un grand nombre de charges, créées héréditaires et en survivance, dont les gages, augmentations de gages et taxations employées dans les états du Roi consommoient presque le montant des impositions. Les privilèges accordés à tous ces offices d'exemption de tailles, et d'attribution de noblesse aux villes et aux particuliers par lettres, rendoient le recouvrement des impositions impossible, et y causoient des non-valeurs considérables.

Les rentes sur les gabelles aliénées au denier trois, quatre, et au plus au denier huit, consommoient la plus grande partie des revenus.

Les traités à des remises du tiers, et qui consommoient souvent le total de la finance par des prêts sur prêts, ce qui fit faire des billets de l'Épargne pour des sommes considérables, dont Votre Majesté étoit débiteur.

Les dépenses excédoient les recettes, et ne montoient pour lors qu'à la somme de 32,000,000# net.

M. Colbert ayant reconnu pour lors la triste situation de vos finances, et représenté à Votre Majesté que le mal procédoit du trop grand nombre de contrôleurs généraux, intendants des finances, trésoriers de l'Épargne et autres charges de l'administration, il proposa à Votre Majesté la suppression de tous ces offices et l'établissement de votre Conseil royal des finances tel qu'il est aujourd'hui, et, sur ce fondement solide, il établit la Chambre de justice, par laquelle il remboursa tous les billets de l'Épargne et acquitta toutes les autres dettes de Votre Majesté en rentes, gages, augmentations de gages et taxations, dont il supprima la plus grande partie, et retrancha jusqu'à deux et trois quartiers de celles qu'il laissa subsister.

Il rentra dans les domaines aliénés et retira les droits d'aides, dont il fit une ferme de la somme de 13,720,000#.

Il supprima toutes les hérédités et survivances des officiers, et les réunit aux parties casuelles.

Il fit ordonner la recherche des usurpateurs de noblesse par édit du mois de décembre 1661. Il fit supprimer en 1664 toutes les lettres de noblesse accordées moyennant finance depuis le 1er janvier 1634, quoique confirmées aussi moyennant finance en 1656, excepté celles accordées pour service. Les nobles supprimés n'eurent point de remboursement que la jouissance de l'exemption pour les années 1665 et 1666 en Normandie, et en 1665 pour tout le royaume.

Il fit éteindre tous les collèges des secrétaires du Roi, et les réduisit en un seul collège, au nombre de deux cent quarante.

Il supprima tous les privilèges de noblesse accordés aux maires et échevins des villes, excepté Toulouse et Lyon.

Il fit révoquer les privilèges de noblesse au premier degré

accordés aux Cours supérieures depuis l'année 1644 jusqu'en 1660, et les remit à leur ancienne noblesse graduelle.

Il fit, en 1673, faire la recherche des amortissements, nouveaux acquêts et francs-fiefs, et il supprima et éteignit tous les privilèges d'exemption de taille, logement de gens de guerre, et autres, des particuliers et des villes.

Il réduisit le nombre des officiers des élections, greniers à sel, et autres officiers inutiles dans les finances; il fit supprimer les triennaux et les quatriennaux des offices comptables, et il fit faire la liquidation des finances, en 1663, des offices réservés, sur lesquels il fixa leurs gages et taxations et le prêt et annuel qu'ils devoient payer.

Il fixa les remises des comptables et des traités, à condition de payer les parties revenantes au Trésor royal sans non-valeurs.

Il fixa aussi le prix de toutes les charges, en ordonna la consignation, et établit la Caisse des emprunts.

ÉTAT DES FINANCES EN 1683.

Par tous ces arrangements, qu'il fit sous les ordres de Votre Majesté, il parvint d'abord à porter ses revenus à 85,000,000#, et, par son attention, il fut assez heureux pour les augmenter jusqu'à la somme de 105,000,000#, que Votre Majesté avoit de revenu en 1683, qui étoient suffisants et proportionnés aux dépenses, dans lesquelles il n'y avoit que 20,000,000# de charges, y compris 8 à 9,000,000# de rentes sur l'hôtel de ville de Paris au denier dix-huit.

En l'année 1689, la première guerre ayant commencé, l'on se persuada que les seuls moyens praticables pour la soutenir étoient de constituer des rentes sur l'hôtel de ville et de créer plusieurs charges, auxquelles on attribua des gages, des droits et des privilèges; on chargea des traitants du recouvrement de la finance, aux remises du sixième et des 2 s. pour livre fixées par feu M. Colbert.

On fit prendre des augmentations de gages à toutes les Cours supérieures, et on en attribua à tous les autres juges, auxquels on attacha des exemptions de taille et des privilèges.

On créa plusieurs nouvelles charges d'intendants des finances, gardes du Trésor royal, trésoriers des parties casuelles, autres trésoriers et offices comptables.

On continua la recherche des francs-fiefs et des amortissements.

On augmenta les offices de secrétaires du Roi, tant au grand collège que ceux créés près les Cours supérieures et les présidiaux.

On confirma les noblesses des villes, celles des lettres de noblesse et de réhabilitation, et on créa même de nouvelles lettres de noblesse.

On fit la réforme et la refonte des monnoies.

On créa plusieurs charges dans les Cours supérieures de Paris, et on leur rendit la noblesse au premier degré, et l'on fit la création des maires, procureurs du Roi et greffiers, et d'autres officiers, dans toutes les villes du royaume.

Par tous ces différents moyens, on soutint les dépenses de la première guerre; mais on diminua en même temps les revenus de Votre Majesté.

La paix étant faite en 1697 et 1698, et M. de Chamillart étant contrôleur général sur la fin de 1699, il se proposa, pour rétablir les finances de Votre Majesté, de faire une recherche sur tous les traitants, en leur faisant restituer la moitié des remises et profits qu'ils avoient faits dans la dernière guerre.

Mais, la guerre ayant recommencé en 1701, il crut que les moyens les plus praticables pour la soutenir étoient de réduire les rentes sur la ville du denier dix-huit au denier vingt, d'en créer de nouvelles, de faire payer des augmentations de finance aux charges créées, d'en augmenter le nombre dans les bureaux des finances, élections et présidiaux, de continuer à faire d'autres taxes et créations de nouvelles charges, de continuer la recherche de la noblesse, de créer de nouvelles lettres de noblesse, d'accorder deux degrés de dispense de service aux Cours supérieures et trésoriers de France et du royaume, d'augmenter le nombre des intendants des finances et des gardes du Trésor royal, de créer plusieurs charges de judicature, de lieutenants de police et de nouvelles charges comptables. On créa même des alternatifs et des triennaux à plusieurs offices.

L'on fit payer la confirmation de l'hérédité. On créa des offices sur les ports de la ville de Paris, auxquels on attribua de nouveaux droits. On en établit aussi sur les boucheries, sur les vins, sur les péages, sur le sel, et on taxa les arts et métiers.

L'on augmenta encore le nombre des officiers dans les bureaux des finances, des élections, présidiaux et autres justices; l'on réunit aux corps les offices non vendus, et l'on imposa plusieurs sur les provinces au sol pour livre de la taille.

On établit la capitation et les 2 s. pour livre de la taille et des fermes et autres impositions.

On tenta de faire des affranchissements de taille, et l'on accorda l'affranchissement de la capitation à plusieurs officiers et particuliers qui se sont affranchis.

On fit la réforme des monnoies, et enfin on établit les billets des monnoies, les promesses à cinq ans, les assignations et autres papiers, billets des receveurs généraux et fermiers, des trésoriers, et autres billets de subsistance et ustensiles, par lesquels on crut parvenir à soutenir une guerre dont on espéroit de voir tous les jours la fin.

ÉTAT DES FINANCES EN 1708.

Les finances de Votre Majesté étoient en cet état, lorsqu'elle m'en chargea en 1708, par la reconnoissance que j'en fis pour lors, et dont j'ai eu l'honneur de lui rendre compte.

Et, voyant que tous les moyens dont on s'étoit servi dans les deux derniers ministères n'étoient plus praticables, je proposai à Votre Majesté ceux que je croyois les plus convenables pour soutenir les dépenses de la guerre, dont les principaux étoient de supprimer tout le papier qui empêchoit la circulation de l'argent : ce qui fut exécuté heureusement par la déclaration que Votre Majesté jugea à propos de rendre au mois d'octobre 1710, qui ordonnoit la conversion de toutes les assignations tirées jusqu'audit jour, billets de monnoie, promesses à cinq ans, billets de l'extraordinaire des guerres et autres papiers, en rentes sur l'hôtel de ville, dont une partie a été consommée par la refonte des espèces.

Étant débarrassé de ces sortes de papiers, Votre Majesté

approuva le rachat du prêt et annuel, l'aliénation du contrôle des actes des notaires, les rentes au denier douze sur le clergé, les augmentations de gages aux officiers comptables.

Le produit des impositions des années 1711, 1712 et 1713, que l'on avoit rendu libre par la suppression d'assignations au mois d'octobre 1710, n'étoit pas suffisant: Votre Majesté jugea à propos d'établir le dixième.

Des avances furent faites de 9,000,000# par les receveurs généraux, et plusieurs autres faites par différents particuliers.

Le clergé constitua encore des rentes pour 8,000,000#, pour s'exempter de payer le dixième.

Enfin, on rendit l'édit, au mois d'octobre 1713, pour les taxations attribuées à différents officiers.

L'on consomma partie des fonds de 1714, 1715 et 1716, soit en assignations tirées sur eux, et qu'ils ont augmentées, soit par les avances qu'ils ont faites en argent et en billets.

On aliéna les rentes au denier douze sur les 2 s. pour livre de la taille et les 3 d. pour livre attribués aux inspecteurs des finances, remboursables en un certain nombre d'années.

Votre Majesté approuva la ferme du contrôle des actes des notaires à 33,000,000#, qui ont été aliénés en rentes tournantes au denier seize, pour rembourser la finance des adjudicataires en un certain nombre d'années et procurer un secours de 8,000,000#.

On a supprimé les droits de péages, que l'on remboursa par la ferme des huiles.

Votre Majesté a bien voulu diminuer le prix du sel, pour en augmenter la consommation.

Tous ces recouvrements furent établis en régie dans une caisse particulière, sans remises ni autres frais, et cette caisse a produit, depuis ce temps jusqu'à la fin de 1714, dans la même forme de régie, plus de 400,000,000#, qui ont servi aux dépenses : de sorte que les finances de Votre Majesté se trouvent moins chargées qu'en 1708, et sont présentement dans la situation que je vais expliquer à Votre Majesté.

Votre Majesté voit, par l'état présent de ses finances, le motif qui m'a déterminé à lui faire le parallèle de l'état où elles étoient en 1662.

Il a été aliéné des fonds, depuis 1683, pour plus de 60,000,000# de revenus, dont il ne reste aujourd'hui que 30,000,000# pour les dépenses.

Mais la différence de ce parallèle est qu'en 1662 M. Colbert trouva nos finances dans une déprédation criminelle, par l'aliénation de vos revenus à des prix insoutenables; les moyens violents pour y rentrer et pour acquitter les dettes étoient plus praticables qu'ils ne sont aujourd'hui, que les fonds de Votre Majesté sont aliénés pour des sommes proportionnées au produit, et, les dépenses étant pour lors plus fortes qu'elles n'ont été depuis jusqu'en 1683, il eut vingt années pour augmenter les revenus et les rendre proportionnés aux dépenses.

Or, les dépenses étant aujourd'hui plus fortes que les revenus, les dettes qu'il faut indispensablement payer plus considérables, et plus légitimement dues qu'elles n'étoient en 1662, les fonds étant consommés d'avance pour les années 1715 et 1716, les provinces épuisées par la disette de 1709, les inondations, les impositions militaires et extraordinaires, et, en dernier lieu, la mortalité des bestiaux, l'on ne peut se servir des mêmes moyens pratiqués par M. Colbert pour rétablir vos finances en l'état où il les a laissées en 1683.

Et j'espère que Votre Majesté ne sera pas surprise, lorsque je lui représenterai qu'il faut au moins un pareil nombre de vingt années pour rétablir ses finances par les moyens que je vais lui proposer, et que je crois les plus praticables après avoir examiné avec attention tous ceux par lesquels on pourroit parvenir à l'exécution de ce projet.

Avant d'expliquer ce projet à Votre Majesté, je crois préalable de lui observer, sur la situation présente de ses finances, que les dettes en assignations, ordonnances, pensions, trésoriers de l'extraordinaire des guerres, marine, galères, entrepreneurs, fournisseurs, étapiers, et autres contenues dans un état que j'ai fait faire très exact et en détail, montent à plus de 500,000,000#.

Les fonds aliénés sur les revenus employés dans les états de Votre Majesté et en rentes sur la ville montent à plus de 60,000,000#, la Caisse des emprunts à la somme de (*un blanc*), et il ne reste aucun fonds pour partie des dépenses de 1715 et l'année entière 1716.

J'avoue à Votre Majesté que, par l'attention que j'ai eue depuis 1708, autant que la guerre me l'a permis, j'ai toujours eu pour objet principal la conservation de vos revenus, et de n'en point augmenter l'aliénation: de manière que je puis assurer Votre Majesté qu'ils seront en 1717 comme en 1683.

Mais il est question de les rendre libres des 60,000,000# dont ils sont plus chargés qu'en ladite année 1683.

Le dixième et la capitation y pourroient suppléer, si Votre Majesté ne s'étoit pas engagée de les supprimer à la paix.

On m'a proposé de doubler la capitation et de supprimer le dixième; c'est toujours manquer à une partie de l'engagement, et les affranchissements faits sur la capitation au clergé, à des provinces entières, aux officiers et aux particuliers, y font un obstacle invincible.

On a proposé un nouveau subside de paix pour payer les dettes de l'État; mais ce moyen paroît long, difficile, et incertain dans l'exécution.

Je me suis informé de ce qui se pratiquoit en Allemagne, en Hollande et en Angleterre pour acquitter leurs dettes; j'en ai les décrets et les placards : par là, je connois que tous leurs moyens consistent en des impositions sur tous leurs biens et effets pour un grand nombre d'années, destinées aux payements des dettes contractées pour la guerre.

De sorte que je me suis déterminé de proposer à Votre Majesté le moyen que je croyois le plus praticable : c'est de charger le clergé, les pays d'États, les villes, provinces et généralités du payement des soixante millions aliénés et des principaux en un certain nombre d'années.

Par ce moyen, les revenus de Votre Majesté, que je lui promets de soutenir comme en 1683, deviendront libres et seront suffisants pour les dépenses.

Si Votre Majesté approuve ce projet, voici les moyens que je propose pour y parvenir.

Comme le clergé s'assemble en 1715 pour le Don gratuit ordinaire, que les pays d'États s'assembleront aussi cette année, Votre Majesté pourra leur faire savoir ses intentions sur les sommes qu'ils devront fournir, et pour lesquelles ils seront compris dans l'état de répartition. Les autres provinces, villes et généralités suivront certainement ce qu'ils feront, et, par les payements qu'ils feront annuellement sur cette nouvelle imposition, ou les rentes tournantes que l'on y assignera, on parviendra à rembourser tous les offices et droits qui seront supprimés, à rejeter au moins les deux tiers des rentes sur la ville sur celles qui seront créées sur cette nouvelle imposition, et à payer les dettes de l'État.

En attendant les ordres de Votre Majesté sur cet important projet, ou pour tel autre qu'elle me prescrira, je fais les arrangements que je crois nécessaires pour en prévenir et assurer l'exécution.

Je viens de proposer à Votre Majesté la déclaration sur la loterie, pour consommer par ce moyen tout le papier prohibé par la déclaration du mois d'octobre 1710; l'arrêt du Conseil pour la reconnoissance des assignations qui restent dans le public et qui n'ont point été acquittées par les trésoriers, receveurs généraux, fermiers et autres sur qui elles étoient tirées, et par la caisse de la régie, qui en a remboursé par des arrangements pour plus de 30,000,000#; l'arrêt pour indiquer le payement en entier d'une partie des promesses des gabelles, en attendant que l'on puisse y pourvoir plus efficacement sur l'imposition nouvelle proposée.

Je proposerai à Votre Majesté, journellement et successivement :

Déclaration pour la suppression de tous les privilèges, lettres de noblesse à plusieurs villes et offices; déclaration pour la suppression de tous les traités qui restent à exploiter, et les impositions extraordinaires pour lesdits traités; déclaration pour la suppression du quart des droits imposés sur la ville de Paris; déclaration pour la réduction des secrétaires du Roi de la grande chancellerie; suppression des secrétaires du Roi des provinces;

IMPOSITIONS À FAIRE.

Déclaration pour ordonner l'imposition des 2 s. pour livre de la taille et les fermes; déclaration pour la suppression de tous les offices créés depuis 1683 et retranchement de leurs gages employés dans les états du Roi, dont le remboursement sera assigné en principal et intérêts sur les 2 s. pour livre de la taille ci-dessus imposés;

Et enfin, l'état de répartition d'une somme de 60,000,000# au lieu de la capitation et du dixième, et les mémoires séparés pour proposer cette imposition au clergé, à chaque pays d'États, province et généralité.

Pour parvenir à la suppression des charges, gages, augmentations de gages et droits employés dans les états du Roi, je fais travailler à l'état des nouvelles charges employées dans lesdits états depuis 1683, que l'on sépare par matières et par édits de création et dépouillement des finances payées, pour pouvoir faire une liquidation certaine des finances à rembourser sur la réduction des revenus et des finances proportionnée aux jouissances et privilèges.

J'aurai la même attention sur les autres dettes et finances de toute nature, que l'on examinera par chapitres et en détail, pour y retrancher, sans taxe et sans donner de discrédit, ce qui sera convenable et équivalent, à l'instar des rentes sur la ville.

(Forbonnais, *Recherches et considérations sur les finances*, t. II, p. 274-284.)

Mémoire de M. Desmaretz au Roi.

[Commencement de 1715.]

Avant que d'entrer dans le détail des engagements présents de l'État, je crois devoir parler de celui où se trouvé ent les finances lorsque Votre Majesté en prit l'administration.

La situation est cependant bien différente; car la confusion qui s'y trouva en 1661 ne venoit que des abus et des dissipations que l'on avoit faits des revenus de la couronne pendant la minorité de Votre Majesté, que des prêts et surprêts simulés, que des aliénations des domaines et différentes fermes à vil prix, et que des constitutions de rentes au denier trois, quatre, cinq et six, de manière que les moyens dont on se servit pour l'acquittement des dettes furent, pour ainsi dire, tirés de la confusion même où étoient pour lors les finances.

Aujourd'hui, tous les acquéreurs, aliénataires, engagistes et titulaires le sont de bonne foi, et il n'y a que les porteurs des assignations et autres papiers de l'État sur lesquels on puisse exercer quelques retranchements, à cause des différentes variations de prix que le public a données à ces effets.

Cette première réflexion faite, je supplie Votre Majesté de trouver bon que je lui rappelle la situation des revenus et des dettes de l'État en 1661.

Les revenus montoient, suivant les baux et impositions, à	84,222,096#
Les charges à	52,377,184
Ainsi, la partie du Trésor royal n'étoit que de	31,845,041#

Nota que le projet des dépenses arrêté par Votre Majesté pour 1661 étoit de 30,000,000#; ainsi, les revenus excédoient de 1,845,041#.

Il ne restoit rien à consommer des revenus ordinaires de 1661.

Il avoit été consommé, par avance, sur les revenus de 1662, au 5 septembre 1661	26,367,512#
Il étoit dû pour emprunts à différents receveurs généraux et trésoriers de l'Épargne	24,166,162
	50,533,674#

Les aliénations faites sur les revenus de l'État, depuis l'avènement de Votre Majesté à la couronne jusqu'audit jour, montoient à 16,038,359#.

Les états de certification de comptant et les ordonnances expédiées pour les prêts, faux et simulés, des années 1655, 1656, 1657, 1658, 1659 et 1660, mont[oi]ent à 384,782,000#.

Votre Majesté ayant fait l'honneur à feu M. Colbert de le nommer pour travailler sous ses ordres au rétablissement des finances (15 septembre 1661), elle commença, pour y remettre l'ordre nécessaire, par établir le Conseil royal des finances en la forme qu'il subsiste encore aujourd'hui. En la même année, Votre Majesté forma la Chambre de justice.

Tous les fermiers, traitants, etc., y rapportèrent leurs baux et traités; les engagistes des aides, des domaines et autres fermes y représentèrent leurs titres d'acquisition. Tous les titres de propriété, contrats de rentes, billets de l'Épargne, avances et prêts faits avant le 1er janvier 1661 y furent liquidés, les remboursements faits par rapport au vil prix de leurs constitutions, avec imputation des jouissances, et ceux qui ne furent point rapportés, furent déclarés nuls, et Votre Majesté et l'État déchargés du payement.

Par l'établissement de cette Chambre, les dettes se trouvèrent considérablement réduites.

Feu M. Colbert travailloit en même temps, par les ordres de Votre Majesté, au rétablissement des revenus, en réunissant au domaine et aux fermes tout ce qui en avoit été séparé, en ôtant aux payeurs des rentes le recouvrement des tailles, en supprimant tous les offices qui étoient également à charge à l'État et aux peuples : à l'État, par des gages que l'on payoit annuellement à des officiers inutiles, et aux peuples, par la multiplicité des privilégiés, dont les exemptions retournoient à leur charge.

Les principaux règlements, réunions et suppressions furent :

Suppression d'une partie des rentes créées sur les aides, gabelles et cinq grosses fermes, des payeurs et contrôleurs, de la plus grande partie des officiers des greniers à sel, des aides et domaines;

Fixation du prix du sel dans toute l'étendue de la ferme;

Réunion à la couronne des droits appartenant aux offices de maîtres des courriers et intendants des postes, ensemble de tous les domaines et droits domaniaux aliénés, et révocation de tous droits et concessions;

Suppression des rentes provinciales assignées sur les recettes générales et particulières des tailles, de la plus grande partie des officiers des élections et des commissaires, receveurs et contrôleurs des tailles et taillon;

Révocation des exemptions des tailles;

Règlement pour la nomination des collecteurs;

Révocation des privilèges de noblesse accordés depuis 1634, et recherche des usurpateurs de ce titre;

Suppression de tous les quatriennaux des offices, des charges de grands maîtres des eaux et forêts, des trésoriers de l'ordinaire des guerres, de greffiers des commissions extraordinaires, etc.;

Réunion en un seul collège de deux cent quarante des cinq collèges des secrétaires du Roi, et suppression des officiers inutiles des chancelleries;

Révocation des hérédités, survivances, et des gages et droits;

Suppression des quittances de finances et lettres de provisions expédiées le nom en blanc, et de tous les offices créés depuis 1630 auxquels il n'avoit point été pourvu;

Suppression, dans toutes les Cours supérieures et subalternes, de toutes les charges inutiles, et fixation du nombre des officiers nécessaires et du prix de leurs charges; finance payée par les réservés pour servir au remboursement des supprimés;

Huitième denier des biens ecclésiastiques aliénés, amortissements, francs-fiefs et nouveaux acquêts;

Établissement du contrôle des exploits, du papier timbré, des droits sur le tabac, du nouveau Châtelet de Paris et d'une Caisse des emprunts jusqu'à la somme de 12,000,000#, dont le fonds fut fixé à 20,000,000# en 1683.

Votre Majesté, étant rentrée dans la jouissance de tous ses revenus, ayant libéré l'État de toutes ses dettes et supprimé tous les officiers inutiles, ordonna à M. Colbert de mettre toute son application à proportionner les revenus de l'État à ses dépenses.

Nota que, pendant le cours de ces vingt-trois années, les dépenses augmentant annuellement, M. Colbert proportionna chaque année les revenus aux dépenses, soit par l'augmentation des impositions, ou la diminution des charges.

Il travailla pendant vingt-trois ans à augmenter de temps en temps les impositions, à diminuer annuellement les charges et à fortifier la partie du Trésor royal, et il fut assez heureux pour exécuter les ordres de Votre Majesté.

En 1661, les revenus de l'État ne montoient qu'à	84,222,096#
En 1683, ils étoient de	116,877,478
Augmentation de	32,655,382#
Les charges, en 1661, étoient de	52,377,184#
En 1683, elles n'alloient qu'à	23,375,274
Diminution de	29,001,910#

Nota que les dépenses, en 1661, étoient fixées à 30,000,000#; qu'en 1683, elles ont monté, déduction faite des remboursements, à 90,000,000#.

Ainsi, les revenus en 1683 excédoient encore les dépenses de 3,498,204#.

En 1661, la partie du Trésor royal n'étoit que de	31,845,041#
En 1683, elle montoit à	93,498,204
Augmentation de	61,653,163#

Cette situation des revenus de l'État et les différents arrangements que Votre Majesté avoit mis dans les finances subsistèrent jusqu'en 1689; mais, la guerre ayant commencé, on se persuada que les moyens les plus praticables pour la soutenir étoient de constituer des rentes sur l'hôtel de ville, de créer plusieurs charges, d'y attribuer des gages et des augmentations de gages, des droits, l'hérédité et la survivance, des exemptions de tailles et des privilèges; de faire prendre à toutes les Cours supérieures et subalternes des augmentations de gages; d'augmenter le nombre des offices de secrétaires du Roi, tant du grand collège que près les Cours supérieures et les présidiaux; de rendre la noblesse aux officiers municipaux des villes; de créer des lettres de noblesse, et de faire la réforme et la refonte des monnoies.

Nota que, depuis 1683 jusqu'en 1689, les dépenses et les revenus ont été sur le même pied, en sorte que les revenus ont toujours excédé les dépenses.

Par ces différents moyens, on soutint les dépenses de la première guerre; mais on diminua en même temps les revenus de l'État, en le chargeant du payement des nouveaux gages et augmentation de gages.

La paix étant faite en 1697, et M. de Chamillart étant contrôleur général sur la fin de 1699, il se proposa, pour rétablir les finances, de faire une recherche sur tous les traitants en leur faisant restituer la moitié des remises et profits qu'ils avoient faits dans la dernière guerre.

Mais, la guerre ayant recommencé en 1701, il chercha de nouveaux moyens pour fournir aux dépenses.

On réduisit les rentes sur la ville du denier dix-huit au denier vingt, on en créa de nouvelles, on fit payer des augmentations de finances aux officiers créés, on en augmenta le nombre dans toutes les Cours supérieures et subalternes, on créa des alternatifs, des triennaux; on continua la recherche de la noblesse; on créa des nouvelles lettres de noblesse, des offices dans les hôtels de ville et sur les ports de la ville de Paris, auxquels on attribua beaucoup de droits; on établit la capitation et les 2 s. pour livre de la taille et des fermes; et, ne trouvant pas encore dans ces différents expédients tous les secours qui étoient nécessaires, on fit la réforme des monnaies, on donna cours aux billets des directeurs des Monnoies, et, forcé par l'augmentation des dépenses, on en fit pour des sommes considérables, dont partie fut convertie en billets à cinq ans par les fermiers et receveurs généraux.

On se servit des trésoriers de l'extraordinaire des guerres pour faire des emprunts considérables sous leurs noms, et l'on fit faire par les fermiers généraux des promesses de la Caisse des emprunts.

Les finances de Votre Majesté étoient en cet état lorsqu'elle m'en chargea en 1708, et elle me permettra de rapporter ici la reconnoissance que je fis faire pour lors de ce qui étoit dû, et dont j'ai déjà eu l'honneur de lui rendre compte.

Je rappellerai ensuite à Votre Majesté tous les différents moyens dont elle s'est servie depuis l'année 1708 pour rétablir le crédit et soutenir les dépenses de la guerre.

ANNÉE 1708.

Il étoit dû au public, au 1er de janvier 1708 :

En billets de monnoie convertis en billets des fermiers généraux des fermes unies et des receveurs généraux, payables en cinq ans	54,435,825#
Pour billets des sous-fermiers des aides, par forme de prêt	7,200,000
Pour les promesses de la Caisse des emprunts	60,453,760
Pour billets d'emprunts des exercices de 1706 et 1707 de l'extraordinaire des guerres	140,044,984
Pour les nouveaux billets de monnoie réformés	72,000,000
Pour vieux billets de monnoie non réformés et gardés par ordre dans les caisses des trésoriers, auxquels il en falloit faire le fonds	9,570,248
[A reporter	343,704,817#]
[Report	343,704,817#]
Les intérêts de ces différentes parties montoient, pour l'année 1708	27,991,665#
TOTAL des principaux et intérêts dus au 1er janvier 1708	371,696,482#
Il avoit été consommé par avance, sur les revenus de 1708, pour les dépenses des années 1706 et 1707	54,833,233#
Il étoit dû aux trésoriers des exercices précédents	100,236,683
Les dépenses de 1708 ont monté à	202,788,354
TOTAL	729,554,752#

Il ne restoit, de fonds libres des revenus de 1708, déduction [faite] des charges et des consommations anticipées, que 20,388,348#.

Voilà la situation où étoient les finances de Votre Majesté au 1er janvier 1708, et ce détail fait assez connoître que l'État n'avoit jamais été en des engagements si considérables envers le public, si arriéré pour le payement de ses dépenses, ni aussi peu de fonds pour y satisfaire.

Mais cette différence des fonds aux dépenses ne faisoit pas toute la rigueur de la situation.

Les assignations tirées sur des traités sans exécution, ou sur d'autres qui ne produisoient qu'une petite partie de la finance, étoient devenues inutiles à ceux qui les avoient reçues pour les dépenses du service.

Les assignations sur les revenus ordinaires de Votre Majesté étoient mal payées par la difficulté et la lenteur des recouvrements.

Les doubles assignations et les fréquentes réassignations avoient altéré la confiance, et les porteurs de tous ces différents papiers les négocioient à un escompte et à une perte si excessive, que cela avoit donné lieu à des usures continuelles.

Enfin, tous ces papiers décrédités et les sommes considérables qui étoient dues aux entrepreneurs des exercices précédents avoient causé un si grand discrédit et rendu les espèces si rares, qu'il paroissoit impossible de mettre les armées en campagne.

Pour remédier à ces différents maux, Votre Majesté songea d'abord à rétablir, autant qu'il seroit possible, la circulation des espèces.

Elle permit la liberté dans les stipulations.

Elle fit annoncer les diminutions sur les espèces; différents arrêts de prorogation les tinrent en mouvement et facilitèrent le payement des impositions.

Pour profiter de ce mouvement d'espèces, Votre Majesté ordonna que le produit des revenus seroit porté directement au Trésor royal, et que les assignations tirées par avance sur les revenus de 1708 seroient renouvelées sur ceux de 1709.

Les receveurs généraux et autres comptables et particuliers firent différentes avances, le travail des Monnoies donna un bénéfice considérable, et l'on tira des traités et affaires extraordinaires de nouveaux secours pour satisfaire aux dépenses.

Votre Majesté ne se contenta pas d'en assurer les fonds : elle crut que, pour donner crédit aux différents papiers qui étoient entre les mains du public, il falloit lui offrir quelques débouchements : on en prit une partie dans les avances qui furent faites, et on en reçut au Trésor royal pour constitutions de rentes.

ANNÉE 1709.

La guerre continuant en 1709, la nécessité de satisfaire aux dépenses paroissoit demander qu'on libérât tous les revenus de 1709 en ordonnant sur l'année suivante le renouvellement des assignations tirées par avance; mais, pour rétablir la confiance, Votre Majesté ordonna que toutes les assignations tirées par avance ou renouvelées sur les revenus de ladite année seroient acquittées à leurs échéances.

Ce règlement imprévu persuada le public que Votre Majesté avoit de grandes ressources, ranima la confiance, rendit les négociations moins onéreuses, et facilita le payement des impositions. Mais la nature s'opposa à l'entière exécution de ce règlement : la rigueur de l'hiver, la disette des grains demandoient une nouvelle attention et des secours proportionnés aux besoins de l'État; il étoit de la dernière conséquence d'assurer le prêt des troupes et leur subsistance, de faire des magasins pour les différentes armées, et de remédier promptement à la cherté des grains.

Pour trouver les fonds nécessaires aux dépenses, on fit quelques créations de rentes sur l'hôtel de ville, celles des années précédentes se trouvant remplies.

On profita des matières d'or et d'argent qui arrivèrent de la mer du Sud dans les ports de France; on engagea les négociants à les porter aux Monnoies, dont la valeur leur en fut payée moitié comptant, et moitié en assignations éloignées.

On ordonna une nouvelle fabrication d'espèces, dont les louis d'or eurent cours pour 20 ᵗᵗ, et les écus pour 5 ᵗᵗ.

Quatre raisons principales déterminèrent Votre Majesté à faire cette refonte générale :

La facilité de pourvoir en espèces nouvelles au payement de celles qui seroient portées, les matières de la mer du Sud ayant mis dans les Monnoies le fonds nécessaire;

Le retour qui se feroit de nos espèces transportées en pays étrangers;

Le bénéfice qui s'y trouveroit pour l'État;

Et l'application de ce bénéfice à l'extinction des billets de monnoie, qui dérangeoient le commerce et faisoient resserrer l'espèce.

On les fit recevoir aux hôtels des Monnoies pour un sixième, avec cinq sixièmes en espèces ou matières.

Par ces différentes dispositions, non seulement Votre Majesté rétablit la circulation des espèces, mais elle en procura l'abondance par les différents surachats qu'elle accorda aux banquiers; ce qui les engagea à faire venir de l'étranger de l'espèce et des matières.

Je crois devoir observer à Votre Majesté que, quoique le prix d'exposition des nouvelles espèces fût beaucoup au-dessus de leur valeur intrinsèque, cependant le change pour Hollande, qui étoit de 84 deniers de gros, se soutint sur le même pied, et n'essuya de variation, jusqu'à la fin de l'année 1710, que de 1/2 denier, ou de 1 denier tout au plus.

Les fermiers, receveurs généraux et autres particuliers firent différentes avances; et enfin, par des affranchissements de capitation, par la confirmation de la compatibilité, et par quelques affaires extraordinaires, on trouva les fonds nécessaires aux dépenses de 1709.

Votre Majesté travailloit, en même temps, à assurer la subsistance de ses troupes par la quantité de grains que l'on mit dans les magasins. On tira des blés des provinces par impositions; on fit des marchés avec plusieurs particuliers pour en faire venir du Nord, de Barbarie et des îles de l'Archipel, et l'on rendit plusieurs règlements pour prévenir les désordres que la disette et la cherté des grains pouvoient causer.

Toutes ces attentions produisirent une diminution considérable sur le prix des blés, et je puis assurer Votre Majesté qu'elle conserva la vie à un grand peuple qui auroit péri par la faim.

Votre Majesté accorda des diminutions sur la taille, sur les droits d'entrée de[s] vin[s], bœufs et moutons, supprima les regrats, suspendit les exemptions de tailles des offices au-dessous de 10,000 ᵗᵗ, et fit quelques règlements pour le payement des billets des gens d'affaires et des billets à cinq ans des fermiers et receveurs généraux.

ANNÉE 1710.

Les soins que Votre Majesté s'étoit donnés pour la paix étant devenus inutiles, il fallut songer aux fonds nécessaires pour continuer la guerre.

Le rétablissement des troupes, leur subsistance, l'approvisionnement des magasins et des places demandoient des arrangements certains, et le salut de l'État dépendoit de la diligence avec laquelle ces différentes choses seroient exécutées.

Votre Majesté, connoissant l'impossibilité de pouvoir fournir à la totalité des dépenses de la guerre, régla ce qui seroit payé par bataillon et escadron, et fit imposer le fourrage des troupes qui étoient en quartiers d'hiver dans les généralités des provinces.

Les intendants eurent ordre de faire des marchés de grains pour la quantité qui en pourroit manquer par rapport à ce qui en avoit été imposé l'année précédente. L'état qui en fut dressé, tant pour les armées que pour les garnisons, montoit à sept cent trente-trois mille sacs, qui, coûtant au moins 35 ᵗᵗ l'un portant l'autre, sans les frais de voiture, formoient une dépense de 25 à 26,000,000 ᵗᵗ, et les munitionnaires ne furent chargés que de la façon et cuisson du pain.

Ces arrangements pris, on travailla à assurer les fonds.

Le rachat du prêt et annuel produisit près de 24,000,000 ᵗᵗ; l'affranchissement de la capitation du clergé monta à 24,000,000 ᵗᵗ, et l'aliénation de la ferme du contrôle des actes donna plus de 16,000,000 ᵗᵗ. Les deniers d'augmentation de remise attribués aux receveurs généraux, les taxations attribuées aux receveurs généraux des domaines, aux payeurs, contrôleurs et syndics des rentes, ensemble quelques traités et différentes avances, fournirent des secours considérables.

Il fut ordonné aux fermiers, receveurs généraux et autres comptables de porter au Trésor royal le fonds de leur maniement aux échéances, avec défenses d'acquitter aucune des assignations tirées; les billets de monnoie furent décriés de tout

IMPRIMERIE NATIONALE.

cours et mise, et on permit aux porteurs des assignations, des billets de monnoie, des billets de l'extraordinaire des guerres et des billets à cinq ans, de les porter en rentes sur l'hôtel de ville, et quelques-uns en payement des octrois des villes.

Votre Majesté, désirant s'assurer un fonds annuel, pendant la guerre, qui ne chargeât point les revenus de l'État, et profitant de l'exemple que ses voisins lui donnoient, ordonna la levée du dixième des biens; en attendant que cet établissement eût pris une forme certaine, les receveurs généraux firent une avance de 18,000,000#.

Outre ces moyens principaux, Votre Majesté donna une attention continuelle à la refonte générale, soutint la circulation des espèces et le travail des Monnoies par les diminutions des anciennes espèces qui furent annoncées.

Les rentes et augmentations de gages créées au-dessous du denier vingt depuis 1689 furent réduites au denier vingt, et les intérêts de la Caisse des emprunts du denier dix à 5 p. o/o.

Votre Majesté accorda encore des diminutions sur la taille, sur le sel, et des exemptions sur les entrées du vin, et, pour la facilité du commerce, elle ôta le droit de 50 s. par tonneau.

ANNÉES 1711, 1712, 1713 ET 1714.

Les assignations tirées par avance sur l'année 1711 et suivantes n'ayant point eu lieu, les fonds de ces mêmes années servirent aux dépenses, et les receveurs généraux des exercices 1711 et 1712 en firent l'avance, tant en deniers comptants qu'en leurs billets.

On établit une Caisse de crédit pour faire les négociations nécessaires, et on crut qu'il étoit de la prudence de se procurer dorénavant des fonds par différents arrangements; et c'est ce qu'on a assez heureusement exécuté par le moyen de cette Caisse de crédit, laquelle a été régie avec tant d'économie et d'attention, qu'elle a fourni, par ses négociations et arrangements, plus de 400,000,000#, qui ont servi, depuis 1710 jusqu'à présent, au payement des dépenses.

On a fait, dans le cours de ces années, quelques rachats de dixième; le clergé a donné 8,000,000# pour s'en affranchir; l'ordre de Malte, et quelques provinces du royaume se sont abonnés.

On a créé des rentes tournantes sur les 2 s. pour livre des tailles.

On est rentré dans la jouissance de la ferme du contrôle des actes, avec un bénéfice de 8,000,000# pour Votre Majesté, en créant sur cette ferme des rentes au denier seize pour servir de remboursement aux adjudicataires.

Les villes ont accordé des Dons gratuits.

On a supprimé les péages, et la ferme des huiles a fourni le fonds du remboursement.

On a réduit au denier vingt-cinq les rentes de l'hôtel de ville, en retranchant les deux cinquièmes sur les rentes acquises en papier depuis 1702, et l'on a supprimé une partie des charges de payeurs et contrôleurs; les réservés ont financé pour le remboursement des supprimés.

On a fait différents arrangements sur les promesses de la Caisse des emprunts; on en a remboursé au sort, pendant l'année 1714, pour 6,000,000#, et l'on vient d'ordonner un vingtième de remboursement des capitaux au renouvellement, et des remboursements particuliers par année.

On a ordonné la diminution des espèces fabriquées en exécution de l'édit d'avril 1709.

On a facilité, autant qu'il a été possible, l'extinction des différents papiers, et, en dernier lieu, on a créé une loterie pour les éteindre entièrement.

Chaque année, les receveurs généraux ont fait de nouvelles avances, et, pour suppléer au manque de fonds, on a tiré des assignations sur les revenus des années 1715, 1716 et suivantes, et il en a été retiré, par la Caisse de crédit, plus de 30,000,000#, par différents arrangements.

On a apporté une attention si suivie pour soutenir le service dans ces dernières années, dans lesquelles, pour ainsi dire, on n'a vécu que de fonds d'industrie, que les négociations sont revenues à 5 p. o/o par an, et que toutes celles qui ont été faites à la Caisse de crédit l'ont été à très peu de frais pour Votre Majesté.

Nota que les dépenses, depuis 1689, ont si considérablement augmenté, année par année, jusqu'en 1708, à cause de la guerre, qu'il y a toujours eu, par année, un manque de fonds de 100 à 110,000,000#, et que, depuis 1708, les dépenses des sept années suivantes ayant passé 222,000,000#, l'une portant l'autre, il y a eu annuellement un manque de fonds de 135,000,000#.

Cette disproportion continuelle est la cause des grands engagements des revenus de l'État et des dettes considérables qu'il a contractées.

Par l'état que j'ai dressé de ce qui étoit dû au 1er janvier 1708, et par la reconnoissance que j'ai faite des engagements où l'État se trouve aujourd'hui, les dettes sont moins considérables qu'au 1er janvier 1708.

Il étoit dû pour lors	729,554,752#
Quoique, pendant les sept années qui ont suivi, les dépenses aient considérablement augmenté par la rigueur de l'hiver de 1709, par le surachat des blés et des fourrages, etc., on a assigné, dans le courant de ces sept années, 1,564,585,188# sur les dépenses, qui ont monté à 1,954,539,381#, et on a payé, sur ce qui étoit dû au 1er janvier 1708	135,832,570
En sorte qu'il ne reste présentement dû que	573,722,182#

Votre Majesté vient d'entendre les différents moyens dont elle s'est servie depuis 1708 pour soutenir la guerre; il faut lui marquer présentement en quelle situation sont les revenus de l'État par comparaison en 1683.

Les revenus ordinaires de 1683 montoient à	116,873,478#
En 1715, ils ne montent qu'à	109,248,074
Différence de moins de	7,625,404#
En 1715, les charges sont de	84,567,367#
En 1683, elles n'étoient que de	23,375,274
Augmentation de	61,192,093#
La partie du Trésor royal, en 1683, alloit à	93,498,204#
Elle ne va présentement qu'à	30,680,707
Différence de moins de	62,817,497#

Votre Majesté voit, par l'état présent de ses finances, le motif qui m'a déterminé à lui représenter la situation où elles étoient en 1661 et en 1683.

Les aliénations ou engagements pris sur ses revenus depuis 1683 passent 61,000,000#, de manière qu'il ne reste aujourd'hui que 30,000,000# pour les dépenses.

La déprédation criminelle où étoient les revenus de Votre Majesté, lorsqu'elle en prit elle-même l'administration, en facilita le rétablissement; les aliénations faites à vil prix diminuèrent l'objet des remboursements, et, quoique les dépenses fussent moins fortes pour lors, il fallut près de vingt-trois années pour augmenter les revenus en diminuant les charges à l'effet de les proportionner aux dépenses.

Aujourd'hui, les dépenses sont plus fortes que les revenus, les dettes plus considérables et plus légitimement dues, et l'on ne peut pas se servir des mêmes moyens pour rétablir les finances sur le pied qu'elles étoient en 1683.

J'espère que Votre Majesté ne sera pas surprise, lorsque je lui représenterai qu'il faut plus de vingt années pour pouvoir rétablir l'ordre dans les finances et la proportion entre les revenus et les dépenses.

J'ai projeté un état des diminutions que l'on peut faire sur les dépenses, et je supplie Votre Majesté de les vouloir fixer, et j'ai examiné avec attention tous les moyens de libérer l'État des 61,000,000# dont ses revenus sont plus chargés qu'en 1683.

Le dixième et la capitation y pourroient suppléer, si Votre Majesté ne s'étoit pas engagée de les supprimer à la paix.

On m'a proposé de doubler la capitation et de supprimer le dixième : c'est toujours manquer à une partie de l'engagement.

On m'a proposé d'établir un subside de paix pour payer les dettes de l'État; mais ce moyen paroît long, difficile, et incertain dans l'exécution.

Je me suis informé de ce qui se pratiquoit en Allemagne, en Hollande et en Angleterre pour le payement des dettes; j'ai connu que tous leurs moyens consistoient en des impositions sur tous les biens pendant un grand nombre d'années.

Je me suis déterminé de proposer à Votre Majesté le moyen qui m'a paru le plus praticable : c'est de charger les pays d'États et le clergé, les villes, provinces et généralités, du payement des 60,000,000# aliénés et du remboursement des principaux en un certain nombre d'années, suivant l'état de répartition que j'en ai projeté.

Par ce moyen, les revenus de Votre Majesté, que je lui promets de soutenir comme en 1683, deviendront libres et seront suffisants pour les dépenses.

Si Votre Majesté approuve ce projet, voici les moyens que je propose pour y parvenir.

Comme, en 1715, le clergé s'assemble pour le Don gratuit ordinaire, et que les pays d'États feront aussi cette année leur assemblée, Votre Majesté pourra leur faire savoir ses intentions sur les sommes pour lesquelles ils seront compris dans l'état de répartition. Les autres provinces, villes et généralités suivront certainement ce qu'ils feront.

Par le produit de cette nouvelle imposition, ou par les rentes tournantes qu'on y assignera, on parviendra à rembourser tous les offices, à diminuer les charges des états du Roi et à payer les dettes de l'État.

En attendant les ordres de Votre Majesté sur ce projet, ou sur tel autre qu'elle me prescrira, je travaille aux arrangements que je crois nécessaires pour en prévenir et assurer l'exécution.

(Dépôt des Affaires étrangères, France, vol. 137, f° 44.)

Mémoire de M. Desmaretz sur la situation présente.

Janvier 1715.

Par l'état où se trouvent les revenus du Roi à la fin de 1714, les revenus ordinaires se trouvent réduits, déduction faite des charges, à .... 32,189,749#

Ceux établis pour la guerre savoir :

La capitation..........	21,680,680#	43,647,880
Le dixième............	21,967,200#	
		75,837,629#

Nota. On ne tire point le dixième de retenue sur les pensions, gages et appointements qui se payent au Trésor royal sur les ordonnances signées du Roi, attendu que ce dixième ne produit point un fonds actuel, mais seulement une diminution des dépenses.

On a mis par des articles séparés les impositions de la capitation et du dixième faites pour la guerre, afin de distinguer les revenus ordinaires, qui sont établis pour toujours, des impositions qui n'ont d'objet que les dépenses de la guerre et qui doivent finir, suivant les déclarations qui en ont ordonné l'établissement, six mois après la publication de la paix.

Les dépenses, suivant le projet fait pour 1715 par rapport aux années précédentes, réduites pour les dépenses militaires sur le pied des ordonnances expédiées pour le dernier mois et depuis la réforme des troupes, montent à....... 120,729,540#

Il est bon d'observer que, dans ce projet, on n'estime la dépense des étapes qu'à 3,000,000#; mais, attendu la cherté des denrées, on estime qu'elle montera au moins à 5,000,000#, ce qui fait une augmentation de 2,000,000#, ci................................ 2,000,000

122,729,540#

Pour fournir à cette dépense, il faut établir qu'on n'a aucun fonds.

Il a fallu de nécessité, pour les dépenses des années passées, consommer par avance les fonds ordinaires, ceux de la capitation et du dixième des années 1715 et 1716, et quelque partie assez considérable de ceux de 1717 et 1718; et comme, pour trouver les fonds nécessaires et donner du crédit aux assignations tirées par anticipation, il a fallu en assurer le payement, on a été obligé de faire convertir les assignations en quittances comptables, à la décharge des receveurs généraux des finances, lesquels en ont fait leurs billets, et leur dette particulière de celles du service.

Il s'ensuit qu'il n'est plus possible de trouver une ressource dans les fonds ordinaires et extraordinaires de ces deux années,

Ce projet pour 1715 n'est qu'une simple estimation des dépenses d'une année de paix, lesquelles, par des événements qu'on ne peut prévoir, pourront augmenter.

Après avoir fait une récapitulation exacte des dépenses de la guerre, année par année, à commencer au 1er janvier 1708, on trouve une différence assez considérable, y ayant eu une année où elles ont passé 264,000,000#, et une année 240,000,000#; mais, comme, dans ces deux années, il y a eu des remboursements et des conversions de rentes, on en a fait la distraction, et, réduisant la dépense aux ordonnances qui sont actuelles et pour le service, à une année commune, de sept, elles se trouvent monter à 220,000,000# pour chacune.

Après cette dernière observation, il est essentiel, et d'une conséquence nécessaire, d'ajouter que la totalité des dépenses [de] 1708 et des années suivantes, jusques et compris 1714, ont monté à .... 1,579,366,270#

Il étoit dû, au 1er janvier 1708, de l'année 1707 et des précédentes, pour les ordonnances non payées ni assignées 146,215,395

Plus, pour remboursement des avances 46,895,647

Plus, pour les fonds caducs, à réassigner 142,062,069

Ce qui revient à .... 1,914,539,381#

En sorte que, la dépense des sept années et des précédentes se trouvent monter à un excès auquel il étoit impossible de suffire, qui, joint à des années stériles et à des événements de guerre très malheureux, a forcé, d'année en année, d'avoir recours à tous les expédients qu'on a pu imaginer, et de changer pour ainsi dire le système de chaque année pour se donner un nouveau crédit, le succès a passé les espérances, et, par des efforts continuels et redoublés, on est enfin parvenu à la paix.

La totalité de la dépense à payer pour les sept années et les précédentes montoit à .... 1,914,539,381#

Il en a été acquitté 1,564,585,188

Reste dû .... 349,954,193#

Pour acquitter des dettes aussi immenses, on n'a pu tirer des revenus ordinaires des sept années que .... 268,769,794#

Et de la capitation, qui avoit été rétablie en 1701, au commencement de la guerre 192,386,793

En sorte qu'il manquoit de fonds 1,103,428,601

1,564,585,188#

Pour procurer le payement des 1,103,428,601#, que la nécessité du service et de soutenir le crédit ne permettoit pas de remettre à un autre temps, voici les différents moyens auxquels on a été obligé d'avoir recours :

1° Il a été consommé des revenus ordinaires, par anticipation sur les années suivantes .... 233,807,897#

2° Sur le dixième du revenu des biens-fonds établi le 1er octobre 1710 111,076,056

3° Par le bénéfice de la refonte des monnoies, rachat du prêt et annuel, rachat de la capitation et du dixième par le clergé, rachat d'autres capitations, aliénation du

[A reporter .... 344,883,953#]

[Report .... 344,883,953#]

contrôle des actes des notaires, Dons gratuits des villes, avances faites par les receveurs et fermiers généraux, sous-fermiers des aides et différents particuliers, traités et affaires extraordinaires dont il y a un état séparé 758,544,648

1,103,428,601#

Ces ressources peu espérées ont été ménagées avec une telle économie, que presque toutes ces affaires ont été exécutées sans remise et avec peu de frais pour le Roi et pour ceux qui ont payé.

On croit devoir observer qu'outre les 1,914,539,381# à quoi montoient tant les dépenses des sept années, que ce qui étoit dû des précédentes, il y avoit une autre nature de dettes, qui a été acquittée par expédients et sans le secours des revenus ordinaires :

1° Il restoit dû, au 1er janvier 1708, des billets d'emprunts signés par les trésoriers de l'extraordinaire des guerres et leurs adjoints, pour soutenir les dépenses de la guerre des années précédentes .... 158,386,552#

Par différents arrangements, il en a été acquitté 154,335,245

En sorte qu'il n'en est dû, y compris les intérêts, que .... 4,618,734#

2° Les billets de monnoie qui avoient cours avoient été portés jusqu'à 173,000,000#. En 1707, on ordonna la suppression de 101,000,000#, et, pour la valeur, il fut ordonné qu'il seroit fait pour 50,000,000# de billets payables en cinq années, également avec intérêts, dont 25,000,000# par les fermiers généraux, et 25,000,000# par les receveurs généraux. Par l'événement, les derniers n'en firent que pour 17,457,124#, et les fermiers généraux, en vertu d'une déclaration particulière, furent autorisés à en faire jusqu'à 35,000,000#. Ainsi, il se trouvoit, au 1er janvier 1708, entre les mains du public, pour 52,457,124# en billets à cinq ans. Le surplus, jusqu'à la concurrence de 101,000,000#, fut porté au Trésor royal, pour y être converti en contrats de rente sur l'hôtel de ville. Ainsi, pour remplir le total de 101,000,000#, il a en été converti en rentes 48,542,876#. Les 72,000,000# furent convertis en nouveaux billets, pour avoir cours comme espèces.

Tel étoit l'arrangement qui avoit été fait pour les billets de monnoie, et qui dura jusqu'au mois de mai 1709. On fit alors un édit pour la refonte des espèces et pour en augmenter le cours, et il fut ordonné qu'on en recevroit aux hôtels des Monnoies pour un sixième, qui seroit remboursé en argent outre la valeur des espèces. Cet expédient donna moyen de supprimer 43,000,000# de billets de monnoie. Les billets restants furent annulés, et ceux à cinq ans pareillement, et le tout fut porté au Trésor royal et converti en rentes sur l'hôtel de ville. Par ces expédients, on a supprimé pour 124,457,124# de papiers qui chargeoient si fort le commerce, et qui avoient rendu l'argent si rare, qu'on ne pouvoit en trouver pour payer les troupes. L'expérience a justifié la nécessité de supprimer ces papiers: on doit convenir que l'État en a reçu un grand soulagement et que les négociations d'argent sont devenues plus faciles.

3° Il étoit dû au 1er janvier 1708, pour les assignations tirées par avance sur la même année, la somme de... 54,833,233#

Et pour celles tirées sur les années 1709, 1710, 1711 et 1712... 14,286,670

69,119,903

Pour fournir aux dépenses, on a été obligé de tirer des assignations sur la totalité des revenus, qui ayant moins produit, tant à cause des nouvelles charges employées dans les états du Roi, que des diminutions accordées aux provinces qui avoient souffert par les événements de la guerre ou autrement, ces assignations qui n'ont pu valoir ont monté à.. 141,879,213#

A laquelle joignant les assignations dues au 1er janvier 1708, montant à... 69,119,903

Total des dites assignations... 210,999,116#

Par les arrangements différents, il en a été retiré pendant les sept années... 142,062,069#

Partant, reste dû... 68,937,047#

Dont il y en a entre les mains des trésoriers, ci... 11,000,000#

D'où il résulte que, des assignations tirées dans le cours des sept années, il en reste pour une moindre somme qu'au 1er janvier 1708.

De tout ce qui a été expliqué ci-devant, il s'ensuit que, des ordonnances expédiées jusqu'au dernier décembre 1714, il en reste, qui n'ont été ni payées ni assignées, la somme de... 349,954,193#

Le restant des assignations ci-dessus montant à... 68,937,047

418,891,240#

Les billets d'emprunt de l'extraordinaire des guerres... 4,618,734#

Les billets à cinq ans des fermiers généraux. 2,508,379

Ceux des receveurs généraux... 474,295

Les billets de monnoie... 1,500,000

427,992,648#

Pour les dépenses de l'année 1715, il faut trouver un fonds pour remplir le projet, montant à... 122,729,540#

550,722,188#

Plus, pour le manque de fonds des fermes sur 1714 et 1715... 12,000,000#

Pour le vingtième de la Caisse des emprunts et les intérêts pendant 1715... 14,000,000

576,722,188#

C'est à quoi montent les fonds qui seroient nécessaires pour fournir aux dépenses de 1715 et des années précédentes.

Il faut pourvoir sans délai aux dépenses de 1715. On se propose, pour satisfaire aux plus pressantes* dépenses, les moyens expliqués dans un mémoire particulier : ce sont des expédients qui peuvent procurer des secours pendant cette année en faisant des emprunts, en obligeant les comptables à faire des avances et en aliénant à temps une partie des revenus pour créer des rentes tournantes. Ces différents moyens, loin de diminuer les engagements de l'État, les augmenteront ; on croit cependant qu'il est indispensable d'y avoir recours, parce qu'il faut absolument fournir aux dépenses de l'année courante, et, quelque parti que l'on prenne pour travailler à la libération de l'État, il faudra un temps considérable pour les faire exécuter.

Pour parvenir à cette libération, on propose différents moyens qui seront ci-après expliqués ; mais il est nécessaire de faire connoître auparavant que l'État ne se trouve chargé de dettes si considérables que par la grande disproportion qu'il y a, depuis vingt-cinq années, entre la recette et la dépense.

Si, dès le commencement de la guerre, on avoit pris le parti de faire des impositions extraordinaires qui eussent, par un produit annuel, augmenté les revenus du Roi, comme a fait l'établissement du dixième, l'État auroit reçu des secours utiles ; mais l'espérance, d'année en année, de parvenir à la paix a fait prendre le parti de faire des traités et affaires extraordinaires qui, en donnant, à la vérité, un secours présent, préparoient dès leur naissance une diminution considérable dans les revenus du Roi, par le fonds des *gages* et *augmentations* de *gages* attribués aux offices créés et dont le Roi demeuroit chargé.

Ces créations ont été multipliées pendant vingt-cinq années, et d'ailleurs les dépenses de la guerre ont toujours été en augmentant, et, par conséquent, la disproportion entre les dépenses et les revenus s'est pareillement augmentée : de manière qu'au jour de la paix, on reconnoit, par la diminution des revenus, les inconvénients de l'utilité passagère des tr[illegible] est aisé d'en établir la preuve.

Les impositions annuelles montent à... 118,395,822#

Les charges à... 86,206,073

Ainsi, il ne revient au Trésor royal que... 32,189,749#

En y joignant la capitation et le dixième, qui montent à... 43,647,880#

Cela ne fait par année que... 75,837,629#

Les dépenses, année commune, comme il est marqué ci-devant, ont monté à... 220,000,000#

Ainsi, il y a eu par chaque année un manque de fonds de 145,000,000#.

Mais, comme il n'étoit pas possible de remplacer annuellement ce manque de fonds, et que d'ailleurs les différents droits établis sur toutes sortes de marchandises et de denrées laissoient à peine de quoi subsister aux taillables, ce qui les mettoit presque hors d'état de satisfaire au payement des impositions, il n'est pas étonnant que l'État ait contracté par chacune année de nouvelles dettes, de manière qu'au 1er janvier 1708 elles montoient, y compris la dépense de ladite année, à 720,700,231#

Et quoique, pendant les sept années suivantes, les dépenses aient encore considérablement augmenté par la cherté des vivres, par le surachat des blés et des fourrages causé par

A reporter... 720,700,231#

* L'original autographe de cette première partie du mémoire, avec quelques différences de chiffres, se trouve dans les papiers du duc de Noailles, à la Bibliothèque nationale, ms. fr. 7766, fol. 14-20. Il s'arrête court ici.

Report......... 720,700,231#
le défaut de récolte, par la rigueur de l'hiver de 1709, et par le débordement des rivières, cependant on a assigné, dans le cours de ces sept années, 1,564,585,188#, et on a payé, sur ce qui étoit dû au 1er janvier 1708..... 143,978,043

En sorte qu'il n'est dû présentement que.. 576,722,188#

On a fait voir qu'il ne restoit aucuns revenus, ni pour le payement des dettes, ni pour fournir au payement des dépenses de 1715, qu'il y avoit des consommations considérables sur les revenus de ladite année et des années suivantes, et que les moyens proposés par le mémoire particulier n'avoient pour objet que de fournir aux dépenses les plus urgentes de la présente année, en attendant que l'on prenne un parti certain pour opérer la libération de l'État.

Quatre différents moyens se présentent: d'ordonner la continuation de la levée du dixième et de la capitation, de doubler la capitation et de supprimer le dixième, d'établir un subside de paix en supprimant le dixième et la capitation, de charger l'État du payement des dettes en ordonnant la suppression des mêmes impositions.

La continuation du dixième et de la capitation ne produira que............................ 43,647,880#

Et comme les revenus annuels du Roi ne produisent que.................... 32,189,749

Cette levée, jointe aux revenus, ne sera que de.............................. 75,837,629#

Mais les dépenses, sur le pied qu'elles sont aujourd'hui réduites pour 1715, montent à.. 122,729,540

Il y aura encore, par année, un manque de fonds de.......................... 46,891,911

Ainsi, si l'on prenoit ce parti, il seroit indispensable d'ordonner la levée de ces impositions à perpétuité, à l'effet d'en appliquer une partie au payement des dépenses annuelles, et d'aliéner l'autre en rentes pour être employée au payement des dettes et de la libération des charges des états du Roi.

Mais les engagements que le Roi a contractés lors de l'établissement de ces impositions font croire qu'il n'en approuvera pas la continuation.

Le doublement de la capitation produira moins que la continuation de ces deux impositions; car, outre que le dixième est plus fort que la capitation, il fait annuellement une diminution de dépense par la retenue du dixième sur les parties prenantes, et cette diminution doit être regardée comme un produit effectif, puisqu'on en fait le fonds de moins, et, quand le doublement de la capitation seroit ordonné, il faudroit, par les raisons expliquées au premier moyen, l'établir à perpétuité et en aliéner une partie.

L'établissement d'un subside de paix paroît un moyen plus convenable que les deux premiers, parce qu'en l'établissant, le Roi supprimeroit le dixième et la capitation ainsi qu'il a été promis, parce qu'étant une nouvelle imposition à laquelle tous les sujets sans distinction seroient assujettis, on espéreroit la porter à une somme assez considérable pour fournir aux dépenses annuelles et pour acquitter, par des aliénations, dans un certain nombre d'années, les dettes de l'État. Mais, comme il faudroit que ce subside fût au moins de 50,000,000# par année, l'établissement en seroit très difficile, tant par rapport à la répartition, que parce que, cette imposition étant aussi forte que le montant de la capitation et du dixième, les sujets ne se trouveroient pas soulagés ainsi qu'ils l'avoient espéré, et qu'il n'y aura effectivement de supprimé que les impositions militaires et extraordinaires, puisque l'on feroit la même levée, sous le nom de ce subside de paix, que ce qui se lève par le dixième et la capitation.

Le quatrième moyen, de charger l'État du payement des dettes de l'État, paroît le plus juste et le plus naturel, parce que, le Roi ayant été obligé, pour la conservation des biens de ses sujets, d'aliéner une partie de ses revenus, d'en engager encore une plus grande et de contracter des dettes si considérables, il semble qu'il est naturel que les sujets contribuent à libérer le Roi des engagements qu'il a pris pour eux, et qu'il est juste de rétablir les revenus inaliénables de la couronne tels qu'ils étoient avant la guerre.

Si l'on prend ce parti, il faudra, non seulement pourvoir au payement des dettes de l'État, mais aussi au payement annuel des rentes, gages et augmentations de gages dont les états du Roi ont été chargés depuis le commencement de la guerre, en ordonnant une imposition annuelle dans chaque province, proportionnée à ce grand objet. Par ce moyen, la partie du Trésor royal des revenus du Roi augmentera de tout ce qui aura été rejeté sur les provinces: ce qui diminueroit considérablement la disproportion qu'il y a entre les dépenses et les revenus.

Mais, comme il n'est pas praticable de porter ces impositions à des sommes assez fortes pour établir une parfaite proportion entre la recette et la dépense, on croit que le Roi jugera à propos d'ordonner une diminution sur les dépenses; car, sans cette juste proportion, les différents moyens que l'on mettroit en usage pour fournir aux dépenses augmenteroient annuellement les engagements, et mettroient les sujets hors d'état de payer ni les impositions ordinaires, ni celles que l'on imposeroit.

(Archives nationales, Papiers du Contrôle général, G7 1903.)

Second mémoire sur la situation présente.

(Original, avec corrections et additions de la main de M. Desmaretz, placées ici entre crochets.)

20 février 1715.

L'on a fait connoître par le premier mémoire les différentes dettes que le Roi a contractées pendant les deux dernières guerres, la diminution arrivée sur les impositions des revenus ordinaires du Roi, l'augmentation considérable des charges qui ont été assignées sur ces revenus, et qui a beaucoup diminué la partie du Trésor royal, les consommations anticipées sur les revenus de 1715, 1716, et des années suivantes, et ce qui restoit dû, tant aux trésoriers des exercices précédents qu'au public, en différents papiers: ce qui s'est trouvé monter, y compris les fonds nécessaires pour les dépenses de cette année, à.............................. 576,722,188#

On a aussi fait connoître qu'il ne restoit aucun revenu, ni pour le payement des dettes et le remplacement des consommations anticipées, ni pour fournir au payement des dépenses courantes.

Dans cette situation, on a cru qu'il étoit de la prudence de se procurer des fonds par différents arrangements pour servir au payement des dépenses [de l'année courante], et c'est ce que l'on a assez heureusement exécuté [par l'établissement d'une Caisse de crédit, laquelle a été conduite par ceux qui en ont eu la direction avec assez de ménagement et d'habileté pour avoir fourni, par des négociations et des arrangements de fonds qu'elle a procurés, 300,000,000#, qui ont soutenu les dépenses depuis le commencement de l'année 1710 jusqu'à présent. Elle subsiste toujours, et c'est cet établissement qui donne le] temps de réfléchir sur le parti qu'il convient de prendre pour [acquitter les dettes et trouver le fonds nécessaire pour la dépense de l'État sans contracter de nouvelles dettes].

Ces deux objets sont très importants; mais [on ne peut se flatter de réussir, si on ne commence par établir] une juste proportion entre les revenus et les dépenses du Roi, parce que c'est le seul moyen d'empêcher l'État de contracter de nouvelles dettes. A l'égard de celles qu'il doit présentement, on travaillera sur les expédients nécessaires pour les acquitter; mais, pour rendre ces expédients susceptibles d'exécution, il faut mettre une juste balance entre les revenus et les dépenses du Roi, car, sans elle, bien loin de pourvoir aux anciennes dettes, on seroit forcé, par la situation même de l'État, d'en contracter de nouvelles.

On croit que, pour établir la proportion ci-dessus expliquée, il faut remettre les revenus et les dépenses du Roi sur le même pied qu'ils étoient en 1683, avant les deux dernières guerres. L'époque paroît raisonnable. Pour y parvenir, il convient d'examiner à quoi montoient les impositions ordinaires en 1683, les charges et la partie du Trésor royal; rapporter un état des dépenses du Roi dans la même année, et ensuite marquer la différence qu'il y a de l'année 1715 à 1683 : après quoi, on proposera les moyens de proportionner les revenus aux dépenses.

Les cartes ci-après constateront les différences qu'il y a entre ces deux années, et donneront la connoissance des augmentations et des retranchements qu'il conviendra de faire.

Nota. On ne tirera point dans les revenus de 1715 le produit de la capitation ni du dixième, parce que ce sont des revenus extraordinaires.

RÉCAPITULATION DES REVENUS DE 1683.

REVENUS ORDINAIRES DU ROI.	PRIX DES BAUX et IMPOSITIONS.	CHARGES et DIMINUTIONS.	PARTIE du TRÉSOR ROYAL.
	livres tournois.	livres tournois.	livres tournois.
Fermes générales	62,787,000	13,720,283	49,066,717
Autres fermes	2,150,000	300,558	1,849,442
Recettes générales des pays d'élections	37,908,244	6,544,811	26,297,876
Secondes parties			3,355,557
Étapes			1,200,000
Recettes générales des pays d'États	4,223,508	2,346,979	1,876,524
Dons gratuits	5,606,516	73,706	5,532,810
Revenus casuels	2,786,902	84,387	2,702,515
Bois	1,411,318	304,550	1,106,768
	116,873,478	23,375,274	93,498,204

RÉCAPITULATION DES REVENUS DE 1715.

REVENUS ORDINAIRES DU ROI.	PRIX DES BAUX et IMPOSITIONS.	CHARGES ou DIMINUTIONS (1).	PARTIE du TRÉSOR ROYAL.
	livres tournois.	livres tournois.	livres tournois.
Fermes générales	42,000,000	48,000,000	»
Autres fermes	11,610,000	5,101,463	6,508,537
Recettes générales des pays d'élections	41,165,896	27,502,841	10,304,774
Secondes parties			2,148,781
Étapes			1,210,000
Recettes générales des pays d'États	4,344,453	2,905,773	1,438,680
Dons gratuits	6,248,183	135,514	6,112,669
Revenus casuels	1,700,000	»	1,700,000
Bois	2,179,542	922,276	1,257,266
	109,248,074	84,567,337	80,680,707

(1) En marge du tableau, de la main du contrôleur général : «La Caisse des emprunts n'est point comprise dans les charges des fermes; c'est une dépense de 7,000,000# pour les intérêts, qui se prend sur les fermes.»

DIFFÉRENCE DE L'ANNÉE 1715 À L'ANNÉE 1683.

	IMPOSITIONS.	CHARGES.	PARTIE du TRÉSOR ROYAL.
	livres tournois.	livres tournois.	livres tournois.
Année 1683	116,873,478	23,375,274	93,498,204
Année 1715	109,248,074	84,567,367	30,680,707
Impositions moins fortes en 1715 de	7,625,404	»	»
Partie du Trésor royal moins forte de	»	»	62,817,497

Les charges des états du Roi sont plus fortes, en 1715, de . . . . 61,192,093#

Pour établir présentement une juste proportion entre les revenus du Roi et les dépenses, il faut faire deux choses : augmenter les uns, et diminuer les autres.

Pour parvenir à cet arrangement, on croit devoir porter les revenus annuels du Roi à . . . . 120,000,000#
réduire les charges à 20,000,000
et fixer la partie du Trésor royal à . . . . 100,000,000#

Il faut présentement entrer dans le détail des dépenses et examiner si l'on peut les réduire à . . . . 100,000,000#

En 1683, elles étoient à 109,408,803#; mais il y en a qui ne subsistent plus, comme maison de la Reine, de Mme la Dauphine et de Monsieur, et ce qui les augmenta dans cette année-là, c'est qu'il y eut près de 18,000,000# d'intérêts d'avances : ainsi, les dépenses étoient au-dessous de 90,000,000#.

En 1715, par le projet de réduction, elles sont de 122,729,534#; mais il n'est pas possible de les laisser sur ce pied, car il faudroit augmenter les revenus du Roi encore de 22,000,000#, et les faire monter à 142,000,000#, ce qui n'est pas praticable. Il faut donc essayer de réduire les dépenses, et c'est ce que l'on va projeter dans la carte ci-après. On marquera dans la première colonne les dépenses telles qu'elles étoient en 1683; dans la seconde, on les portera telles qu'elles sont projetées pour 1715, et, dans la dernière, on proposera la réduction.

On ne parlera que des dépenses ordinaires dans les colonnes, et on mettra à la fin celles qui peuvent arriver extraordinairement, comme intérêts d'avances, remboursements, etc.

COMPARAISON DES DÉPENSES DE L'ANNÉE 1683 À CELLES DE 1715, AVEC UN PROJET DE DIMINUTION.

DÉPENSES.	DÉPENSES en 1683.	DÉPENSES en 1715.	DIMINUTIONS À FAIRE.
	livres tournois.	livres tournois.	
Maison du Roi	804,551	580,162	»
Chambre aux deniers	1,733,670	1,756,292	»
Argenterie	1,874,532	279,736	»
Menus	389,262	258,940	»
Écuries	700,214	838,253	»
Achat de chevaux	12,000	12,000	»
Offrandes et aumônes	140,374	217,200	»
Prévôté de l'hôtel	61,050	62,715	»
Cent Suisses	59,538	51,052	»
Vénerie et fauconnerie	356,149	332,245	»
Louveterie	34,293	37,773	»
Maison de la Reine	»	»	»
Maison de Mme la Dauphine	»	»	»
Maison de Monsieur	»	»	»
Maison de Mme de Berry	»	660,000	»
Maison de Madame	252,000	300,000	»
Maison de M. d'Orléans	»	810,000	»
Maison de Mme d'Orléans	»	250,000	»
Récompenses	236,560	142,850	»
Comptant du Roi	2,371,300	1,064,000	»
Roi d'Angleterre	»	600,000	»
Ligues suisses	252,000	775,000	»
	8,677,493	9,028,218	»

On ne propose aucune diminution sur les dépenses ci-dessus, parce que la plupart font partie de l'ordonnance des maisons royales, et que d'ailleurs elles sont peu augmentées depuis 1683.

SUITE DES DÉPENSES.	DÉPENSES en 1683.	DÉPENSES en 1715.	DIMINUTIONS À FAIRE.
	livres tournois.	livres tournois.	livres tournois.
D'autre part	8,677,493	9,028,218	»
Bâtiments	7,221,674	2,009,946	»
Garnisons ordinaires	2,404,788	2,483,811	»
A l'égard des bâtiments, il faut les laisser sur le pied qu'ils sont. Et s'il y a quelque augmentation de dépense aux garnisons ordinaires, cela vient apparemment des conquêtes du Roi, qui ont donné lieu à cette augmentation; ainsi, on n'y propose aucun retranchement.			
A reporter	18,303,955	13,521,975	»

SUITE DES DÉPENSES.	DÉPENSES en 1683.	DÉPENSES en 1715.	DIMINUTIONS À FAIRE.
	livres tournois.	livres tournois.	livres tournois.
Report	18,303,955	13,521,975	
Extraordinaire des guerres	38,042,842	48,394,106	2,600,000 (pour les six articles)
Gardes du corps	»	1,548,333	
Chevau-légers et mousquetaires	188,865	741,000	
Gendarmerie	»	735,000	
Régiment des gardes	»	1,911,000	
	56,535,662	66,846,414	2,600,000

En 1683, ces dépenses montoient à 38,231,707#, et, pour 1715, elles vont à 52,424,439# [sur le pied des ordonnances expédiées pour les mois de janvier et février 1715] : ce qui fait une différence, sur l'extraordinaire des guerres et les troupes de la maison du Roi, de 14,192,732#. Elles se faisoient toutes en 1683 par le trésorier de l'extraordinaire des guerres; mais depuis on a créé des trésoriers particuliers, qui prennent directement leur fonds au Trésor royal.

On connoit aisément qu'il [ne seroit] pas possible de soutenir ces dépenses sur ce pied, et [S. M. l'a prévu, M. Voysin ayant assuré que la dépense de l'extraordinaire des guerres et des trésoriers des troupes de la maison du Roi seroit fixée à 40,800,000# par an : sur lequel pied, la dépense ne seroit plus forte qu'en 1683 que de 2,600,000#].

SUITE DES DÉPENSES.	DÉPENSES en 1683.	DÉPENSES en 1715.	DIMINUTIONS À FAIRE.
	livres tournois.	livres tournois.	livres tournois.
D'autre part	56,535,662	66,846,414	2,600,000
Étapes	2,949,062	5,000,000	»
Pain de munition	503,222	»	»
Il faut espérer que la continuation de la paix et de la réforme diminuera ces dépenses, qui sont plus fortes qu'en 1683 de 4,500,000#. Les réflexions sur l'extraordinaire des guerres vont à la diminution de la dépense ci-dessus.			
Artillerie	10,166	2,800,000	»
Cette dépense est augmentée par les différentes créations d'offices que l'on a faites dans l'artillerie; mais, pour diminuer l'objet, comme il n'y a point de services pendant la paix, on pourroit ne payer que les gages aux officiers par rapport à leur finance, et, à l'égard des appointements dont ils jouissent à cause du service actuel, les supprimer en temps de paix. Cela paroîtra peut-être dur; mais il vaut mieux être bien payé de 1,000#, que mal de 2,000#. Après tout, quelque envie qu'on ait de ne faire que du bien, il faut, pour que tout se soutienne, faire des diminutions considérables, et, si l'on ne les fait pas, tout manquera.			
Pensions et gratifications aux officiers des troupes	1,262,545	2,977,114	1,488,557
TOTAUX	61,260,657	77,623,528	4,088,557

Cet article a augmenté de près de 2,000,000 # par la multiplicité des pensions qui ont été accordées aux officiers qui se sont retirés. Il a été un temps où l'on accordoit aux capitaines et autres qui vouloient se retirer des pensions, et on leur en refusoit lorsqu'ils les demandoient pour continuer le service : ainsi, il y a bien de ces pensions qui ne sont point la récompense du service et des blessures, mais seulement de la mauvaise volonté et de l'industrie. Il faudroit réduire toutes ces gratifications annuelles ou pensions à la moitié, et prendre le parti de fixer cette dépense sur un pied certain, de manière qu'il n'y ait plus aucune augmentation, et qu'elles ne fussent distribuées que lorsqu'elles seroient vacantes : l'officier en serviroit mieux son prince dans l'espérance d'une pension.

[On dira que, par la réduction des pensions à la moitié, il se trouvera (que) nombre d'officiers que les blessures ou les infirmités contractées dans le service ont obligés de le quitter manqueront entièrement de subsistance, pendant que ceux qui ont eu des pensions par importunité ou par industrie jouiront toujours d'une pension qu'on peut dire qu'ils n'ont pas méritée. On pourroit prendre un autre expédient, qui seroit de suspendre ou révoquer toutes ces pensions et fixer une somme qui seroit distribuée à ceux qui sont dans un vrai besoin et qui ont mérité des récompenses. C'est une vérification qui se fera par le secrétaire d'État ayant le département de la guerre, et, à mesure qu'une pension viendroit à vaquer, elle sera donnée à celui qu'on jugera l'avoir méritée. Il faudroit, en ce cas, demeurer ferme, et ne point augmenter la somme qui seroit fixée.]

En fixant cet article à la moitié, cela fera une diminution de.. 1,488,557 #

SUITE DES DÉPENSES.	DÉPENSES en 1683.	DÉPENSES en 1715.	DIMINUTIONS À FAIRE.
	livres tournois.	livres tournois.	livres tournois.
De l'autre part..................	61,260,657	77,628,528	4,088,557
Marine..........................	6,976,543	14,600,000	7,408,000
Galères.........................		2,803,000	
Ces dépenses sont plus fortes qu'en 1683 de 10,426,457 #. On peut, malgré les créations qui ont été faites, réduire ces dépenses à 10,000,000 #. On croit que cette somme paroit suffisante.			
Même observation pour les officiers en titre que celles que l'on a expliquées à l'article de l'artillerie, c'est-à-dire continuation de gages et suppression d'appointements.			
Fortifications..................	7,190,879	1,964,389	»
Il est à souhaiter que cet article n'augmente pas.			
Ambassades......................	786,183	695,486	»
Idem.			
La Bastille.....................	56,672	102.000	»
C'est une consommation qui dépend du nombre des prisonniers; la paix pourra apporter quelque diminution.			
Pensions ordinaires.............	1,401,758	4,239,554	2,119.777
Mêmes observations qu'à l'ar-			
[À reporter......	77,672,692 #	102,117,957 #	13,611,334 #]

SUITE DES DÉPENSES.	DÉPENSES en 1683.	DÉPENSES en 1715.	DIMINUTIONS À FAIRE.
	livres tournois.	livres tournois.	livres tournois.
[Report..........	77,672,692 #	102,117,957 #	13,611,334 #]
ticle des pensions aux officiers des troupes : en supprimer actuellement la moitié et attendre, pour donner des pensions, qu'il y en ait de vacantes.			
Gages du Conseil................	1,794,660	2,568,185	»
Cette dépense est augmentée de près de 800,000 #; les créations qui ont été faites ont causé cette augmentation.			
Maréchaux de France.............	304,550	548,742	»
Cette dépense est plus forte qu'en 1683 de 244,192 #.			
Gratifications par comptant.....	2,340,639	4,000,000	2,000,000
La plupart de ces gratifications sont annuelles; on peut en retrancher la moitié et fixer cet article à 2,000,000 #, même le supprimer peu à peu, afin qu'il ne subsiste que les pensions aux troupes et les pensions ordinaires.			
Guet de Paris...................	»	158,000	»
On ne croit pas pouvoir faire aucun retranchement sur cette partie.			
Affaires secrètes...............	4,387,349	8,000,000	»
Cette dépense n'est point fixe, et dépend de la volonté du Roi et de la situation de l'État.			
Ponts et chaussées..............	182,086	600,000	»
La nécessité de travailler à la réparation des chemins rompus par les débordements des rivières, et peu réparés pendant les deux dernières guerres, fait qu'on ne proposera aucune diminution sur cette dépense.			
Pavé de Paris...................	11,739	154,600	»
Idem.			
Acquits patents.................	349,850	222,000	»
Il faudroit aussi fixer cet article, et le laisser comme il est présentement.			
Menus dons et voyages...........	1,165,815	360,000	»
	88,190,880	118,729,534	15,611,334
Autres dépenses qui ne sont point ordinaires, et auxquelles on ne peut donner aucune fixation.			
Intérêts d'avances......	17,700,832	3,600,000	»
Remboursements.......	»	1,400,000	»
	105,899,712	119,729,534	15,611,334
Parties non tirées dans la première colonne pour les dépenses des maisons de la Reine, de Mme la Dauphine et de Monsieur...........	3,517,091	»	»
TOTAL des dépenses de 1683 et 1715..................	109,416,803	119,729,534	15,611,334

NOTA. Les dépenses de 1715, à la seconde colonne, montent à 119,729,534 #; mais elles ne doivent monter qu'à 108,105,095 #, au moyen de la diminution de 11,624,439 # sur les dépenses de l'extraordinaire des guerres, qui y étoient employées pour 52,424,439 #, et que l'on a estimé ne devoir monter qu'à 40,800,000 #.

Récapitulation des diminutions projetées par les observations mises en marge des dépenses.

Extraordinaire des guerres	12,000,000#
Pensions aux officiers des troupes	1,488,557
Marine et galères	7,403,000
Pensions ordinaires	2,119,777
Gratifications par comptant	2,000,000
TOTAL de la diminution à faire	25,011,334#
Les dépenses de 1715, par le projet, sont de.	122,000,000#
Les diminutions étant portées à	25,000,000
Les dépenses demeureront à	97,000,000#

Il faut les fixer au plus à 100,000,000#.

Si l'on ne donne une attention parfaite à rapprocher les dépenses des revenus, l'État contractera toujours de nouvelles dettes. Il faut absolument y établir un ordre certain et régler sa dépense sur son revenu.

Il faut présentement examiner les moyens de proportionner les revenus aux dépenses, les rendre susceptibles d'exécution, et se déterminer pour celui qui remplira mieux l'objet qu'on se propose.

Quatre différents moyens se présentent :

Le premier, d'ordonner la continuation de la levée du dixième et de la capitation ;

Le second, de doubler la capitation et de supprimer le dixième ;

Le troisième, d'établir un subside de paix en supprimant le dixième et la capitation ;

Le quatrième, de charger l'État du payement des dettes que le Roi a contractées pour défendre l'État pendant la guerre, et de faire des rejets ou répartitions sur chaque province, au moyen desquels on ordonnera la suppression de la capitation et du dixième.

Dans l'examen de ces différents moyens, le premier objet est de voir s'ils produiront au Roi, avec ce qui revient de net des revenus ordinaires, 120,000,000#, afin qu'ils soient suffisants pour le payement des charges annuelles et des dépenses aussi annuelles, sur le pied de 100,000,000#.

Examen du premier moyen : continuation du dixième et de la capitation.

La partie qui revient de net au Trésor royal des revenus du Roi ne monte, ainsi qu'il est porté ci-dessus, qu'à		30,680,707#
La continuation de la capitation montera à	21,680,680#	43,647,880
Celle du dixième à	21,967,200	
Ainsi, la continuation de ces impositions, jointes aux revenus ordinaires, ne produiront annuellement que		74,328,587#
Les dépenses, suivant l'état ci-dessus, sont de		100,000,000#
Partant, il manqueroit annuellement		25,671,413#

Ce moyen n'établiroit pas une proportion égale entre les revenus et les dépenses.

D'ailleurs, il faudroit ordonner la levée de ces impositions extraordinaires à perpétuité, et il ne paroît pas possible d'établir pour un revenu ordinaire du Roi des levées extraordinaires qui n'ont été ordonnées que par rapport aux besoins pressants de la guerre. Le Roi en a, de plus, promis la suppression à la paix : preuve certaine pour ses sujets qu'il connoissoit lui-même combien ces impositions leur étoient à charge. On observera encore que, plusieurs particuliers s'étant affranchis de la capitation, et que quelques provinces, aussi bien que le clergé, ayant amorti le dixième, ce seroit faire revivre dans une partie du royaume et sur un grand nombre de sujets des impositions qui auroient été rachetées.

On sait, de plus, qu'il est bien difficile de recevoir de la capitation et du dixième tout ce qu'ils pourroient produire, parce que la capitation, dans son principe, n'a pas été portée assez haut ; que, depuis, elle a toujours diminué, parce que les magistrats passagers des villes ont profité du temps de leur magistrature pour modérer et presque anéantir les taxes de leurs parents et de leurs amis.

A l'égard du dixième, une grande partie des déclarations sont fausses, et il est bien difficile d'entrer dans l'examen de toutes les terres pour constater le revenu d'un chacun. On le pourroit ; mais ce seroit la voie de rigueur.

Ces différentes réflexions font connoître non seulement que la continuation de ces impositions extraordinaires ne seroit pas suffisante pour établir une balance entre les revenus et les dépenses, mais même qu'il seroit difficile d'en fixer le produit, et qu'il faudroit rendre ces impositions perpétuelles quoique la suppression en ait été promise lors de l'établissement.

Examen du second moyen : le doublement de la capitation.

La partie du Trésor royal des revenus du Roi ne monte qu'à		30,680,707#
La capitation ne produit que	21,680,680#	43,361,360
Le doublement	21,680,680	
Ce qui ne donnera que		74,042,067#
Les dépenses sont de		100,000,000
Partant, il manqueroit annuellement		25,957,933#

Comme le doublement de la capitation feroit encore un manque de fonds plus fort, puisqu'il produiroit moins que le dixième et la capitation, et qu'il faudroit de même que l'imposition en fût perpétuelle malgré la suppression promise et exécutée à la fin de l'autre guerre, les réflexions expliquées sur le premier moyen pourront servir pour le second.

Examen du troisième moyen : subside de paix.

L'établissement d'un subside de paix paroît un moyen plus convenable que les deux premiers, parce qu'en l'établissant, le Roi supprimeroit le dixième et la capitation ainsi qu'il l'a promis, et, parce qu'étant une nouvelle imposition, à laquelle tous les sujets sans distinction seroient assujettis, on pourroit le porter à une somme assez considérable pour établir la proportion entre les revenus et les dépenses.

Ce subside de paix n'est autre chose qu'une capitation sur chaque ville, bourg et paroisse du royaume, substituée à la capitation personnelle, ou bien une répartition et tarif sur lesdites villes, bourgs et paroisses. Il se peut faire par arpent, par feux, par chef de famille, ou par chaque contribuable.

Il faudroit que ce subside fût de 70,000,000# par année, pour, avec ce qui revient de net des revenus du Roi au Trésor royal, composer les 100,000,000# de dépense annuelle.

Les magistrats des villes en feroient les impositions sous les ordres de MM. les intendants, et chaque ville, bourg et paroisse seroit solidaire pour le payement des cotes particulières. On commenceroit par fixer ce que chaque province payeroit de subside; ensuite, les divisions de la somme principale se feroient par élections, et les subdivisions par villes, bourgs et paroisses.

Il faudroit que ce subside fût perpétuel, et même plus fort que le dixième et la capitation.

On convient que les sujets se trouveroient peu soulagés; mais la mutation de nom par rapport aux impositions et la juste répartition qui en seroit faite empêcheroient peut-être les plaintes que feroient les peuples, si l'on laissoit subsister le dixième et la capitation.

D'ailleurs, quelque parti que l'on prenne, il est impossible que les sujets ne soient pas chargés : le Roi a, pour ainsi dire, aliéné et engagé tous ses revenus pendant la guerre; il faut les rétablir, et mettre pour toujours, et pour la sûreté de l'État, une proportion certaine entre les revenus et les dépenses; toute l'attention doit être dans le choix du moyen dont on se servira, et dans la répartition.

Examen du quatrième moyen : charger l'État du payement des dettes de l'État.

Le quatrième moyen, de charger l'État du payement des dettes de l'État, paroît juste et naturel parce que, le Roi ayant été obligé, pour la conservation des biens de ses sujets, d'aliéner et d'engager presque tous ses revenus et de contracter des dettes considérables, il semble qu'il est naturel que les sujets contribuent à libérer le Roi des engagements qu'il a pris pour eux, et qu'il est de la justice et de l'ordre de rétablir les revenus inaliénables de la couronne tels qu'ils étoient avant la guerre.

Les charges assignées sur les revenus du Roi, en 1715, montent à	84,567,367#
En 1683, elles n'étoient que de	23,375,274
	61,192,093#
Ainsi, en supposant que l'État se charge du payement de cette différence, la somme ci-dessus augmenteroit la partie du Trésor royal. Elle est présentement de	30,680,707#
Et elle deviendroit de	91,872,800#

Mais cependant, comme le projet de dépense est de 100,000,000#, il faudroit porter cette imposition sur les provinces jusqu'à 70,000,000#, au lieu de 61,000,000#. Cette imposition sera perpétuelle, et on dressera un état de répartition pour chaque province.

Les charges qui sont assignées sur la recette générale des finances, sur la recette générale des domaines et bois, et sur les recettes particulières des tailles et des bois de chaque province, ne composent pas la totalité des charges qu'il faudra rejeter pour être payées par ladite province; comme il y a beaucoup de charges dont les fonds se prennent sur les fermes générales et sur des fermes particulières, il faut que ces différentes sommes entrent dans la répartition générale, et que chaque province en porte sa part.

Il est à observer encore que les provinces ne sont pas les seules sur qui ce payement des charges doit être rejeté : il faut que ceux qui jouiront de l'extinction de la capitation et du dixième y contribuent aussi pour leur part.

Le clergé de France et celui des frontières ont presque tous racheté la capitation et le dixième.

Les trésoriers de l'extraordinaire des guerres, de la marine, de la maison du Roi, etc., et les payeurs des gages des Compagnies du royaume reçoivent la capitation des officiers et autres, et faisoient la retenue du dixième sur leurs gages, etc.; la cour et la ville de Paris payoient la capitation; le garde du Trésor royal retenoit le dixième sur les gages, appointements et pensions des officiers de la couronne, du Conseil, et autres. Comme il seroit difficile de faire des rôles de répartition sur la plupart de ces parties, si l'on en excepte le clergé, il faudra examiner de quelle manière on pourra leur faire supporter le payement d'une portion des charges de l'État, puisqu'ils seront déchargés du payement du dixième et de la capitation. On pourroit, par exemple, retrancher quelque chose sur leurs gages. Il est vrai que cela ne feroit pas une augmentation de fonds; mais, comme cela diminueroit la dépense, c'est toujours la même chose.

On croit avoir assez marqué de réflexions sur les différents moyens ci-dessus expliqués; on observera seulement la nécessité de prendre un parti certain, et de le prendre au plus tôt.

La proportion une fois établie entre les revenus et les dépenses, l'État deviendra comme neuf; mais il faut l'établir. C'est un grand coup, à la vérité. Il faut charger les provinces dans le temps qu'elles attendent du soulagement, il faut retrancher la moitié de ce qui a été accordé à des gens qui ont peut-être bien servi le Roi, il faut faire des retranchements sur beaucoup de dépenses. Tout cela paroît dur et difficile; mais cependant, pour sauver l'État, il n'est que ce moyen, et plus on laisse passer du temps, et plus le mal augmente.

RÉFLEXIONS GÉNÉRALES.

On a fait connoître par ce mémoire la nécessité d'établir une juste proportion entre les revenus du Roi et les dépenses. Pour y arriver, on propose une diminution de 25,000,000# sur les dépenses, et cependant il faut encore augmenter les impositions de 70,000,000#. Il paroît bien difficile de faire une nouvelle imposition aussi considérable : avant que les rôles en soient dressés, il se passera bien du temps; la noblesse se trouvera confondue avec les taillables, et l'on sait qu'elle n'a accepté l'établissement du dixième que parce qu'étant la principale partie de l'État, elle se trouvoit obligée de contribuer aux dépenses de la guerre. Il est vrai qu'on peut faire des rôles séparés pour le clergé, la noblesse, les privilégiés et les taillables; mais quel temps ne demande pas un pareil détail!

Comme, dans une affaire aussi importante que celle dont il s'agit, il est permis de réfléchir, et de ne pas se rendre d'abord aux expédients que l'on propose, ne pourroit-on pas hasarder une cinquième idée, qui, prenant quelque chose des quatre moyens proposés, produisît les 70,000,000# nécessaires, et qui, en même temps, levât la plus grande partie des difficultés que l'on trouve à faire la nouvelle imposition de 70,000,000# que demande le rejet des charges des états du Roi sur les provinces.

Il faut commencer d'abord par établir pour principe que les mêmes secours que l'on a demandés pour soutenir la guerre doivent être continués jusqu'à ce que le Roi se soit libéré des engagements qu'il a pris sur ses revenus pour les dépenses de cette même guerre : sans quoi les revenus de la couronne se trouveroient, à la paix, presque entièrement aliénés pour la conservation des biens de ses sujets, et l'État n'auroit pas le quart du fonds nécessaire au payement de ses dépenses annuelles; les sommes immenses dont les revenus du Roi sont chargés par augmentation depuis 1683, ainsi qu'il est marqué par ce mémoire, n'en prouvent que trop la dure vérité.

Sur ce principe donc que les secours extraordinaires demandés pendant la guerre n'ont jamais été plus nécessaires à l'État que dans sa situation présente, on propose de continuer les impositions du dixième et de la capitation, non sur le pied que ces recouvrements sont aujourd'hui, mais en leur donnant tout le produit qu'ils doivent avoir, c'est-à-dire sans avoir égard ni aux rachats de capitation, ni aux affranchissements et abonnements faits pour le dixième. Si, après cela, ces recouvrements ne sont pas suffisants, il faut y ajouter un supplément d'impositions sur toutes les provinces, pour arriver aux 70,000,000#. Les rôles de la capitation et du dixième sont tous faits; il n'y a qu'à rétablir les premiers dans l'état où ils étoient avant les rachats, et augmenter aux autres les biens qui n'y ont pas été compris.

La capitation, avant les affranchissements, produisoit, par an		32,000,000#
Le dixième produit actuellement, y compris les abonnements annuels	22,000,000#	25,000,000#
L'augmentation des nouveaux biens que l'on y assujettira ira au moins, par estimation	3,000,000	
		57,000,000#
A répartir sur les généralités et provinces		13,000,000
		70,000,000#

Il est vrai que c'est continuer deux recouvrements dont on a promis la suppression; mais le moyen de faire autrement par une imposition nouvelle, et peu praticable à cause du temps considérable pour dresser les rôles! D'ailleurs, cette imposition générale est toujours, dans le sens propre, la capitation et le dixième, et ne devient que figurément une autre imposition, par le changement de nom.

Il faut chercher quelque adoucissement pour les peuples, et, dans un arrangement de cette conséquence, il est permis de dire qu'il seroit à propos de cesser tous les autres recouvrements qui se font dans les provinces par les traitants; car, actuellement, les seigneurs des paroisses, les officiers de justice et différentes communautés sont exposés aux rigueurs des traitants pour des taxes et créations d'offices. Il conviendroit donc de supprimer toutes ces suites de traités, et d'obliger les traitants à en compter dans l'état où ils sont, sauf à pourvoir à leur remboursement; et le défaut de remboursement du total à de certains, et d'une partie aux autres, est peut-être le plus sûr moyen de les taxer utilement pour l'État.

Il reste à examiner si l'on fera connoître au public la durée de l'imposition que l'on choisira. Il est certain, par rapport à l'état présent, qu'il faut qu'elle soit perpétuelle; mais l'espérance de diminuer les charges par différents arrangements fait croire que l'on pourroit ne demander cette augmentation de revenu que pour un certain nombre d'années. Il est cependant quelquefois plus à propos de dire tous ses besoins, que de les cacher, et, quand on prend un parti sur une situation connue, il paroît dangereux de promettre ce que l'on sait que l'on ne pourra pas tenir.

Si, par la diminution sur quelques dépenses et l'augmentation des revenus, on prend le parti d'établir une juste proportion entre les dépenses et les revenus, on aura, par ce moyen, de quoi payer les dépenses de chaque année, puisque la recette sera égale à la dépense.

Mais, quelque système que l'on prenne pour faire cette balance, comme il faut demander aux peuples 70,000,000#, il est aisé de connoître qu'il n'est pas possible de demander encore de nouveaux secours pour l'acquittement des dettes.

Elles montent à 430,000,000#; mais on en peut diminuer l'objet par plusieurs moyens.

Sur le papier, c'est-à-dire assignations, billets des trésoriers, billets à cinq ans, etc., le retranchement que l'on y apportera d'une moitié, ou d'un tiers au moins, donnera une diminution considérable.

Sur la plupart des dépenses qui sont dues directement par le garde du Trésor royal, pour ordonnances de pensions et gratifications, la diminution de la moitié fera le même effet.

A l'égard des ordonnances qui sont dues aux trésoriers de l'extraordinaire des guerres, de la marine, des galères et autres, on croit qu'on pourroit prendre le parti de suspendre le payement de ces ordonnances jusqu'à ce que l'on connût ce qui est véritablement dû de ces dépenses; car il n'est pas possible qu'on n'y trouve des diminutions considérables.

D'ailleurs, comme il se trouvera des revenants-bons sur les charges des états du Roi par l'examen et la liquidation qui se fera en détail des finances payées, on se servira du vide que produira (*sic*) ces revenants-bons sur les fonds destinés au payement des charges, et, de ces fonds, on en fera des rentes tournantes pour le payement des dettes.

De plus, le détail dans lequel on entrera donnera des connoissances qui produiront certainement des fonds dont on fera différents usages pour le payement des dettes.

(Archives nationales, Papiers du Contrôle général, G[7] 1903.)

Mémoires de M. Desmaretz.

21 Février 1715.

Par les projets faits les 18 octobre et 2 novembre 1714, on s'est proposé de travailler préalablement à faire des fonds suffisants pour les dépenses des années 1715 et 1716 consommé[e]s d'avance. On a estimé ces fonds à 120,000,000# par an, à raison de 10,000,000# par mois.

Il y a des fonds considérables de constatés : ceux de 1715 sont fort avancés, et l'on continue de travailler pour les assurer, et ceux de 1716, par les différents moyens proposés par le projet du 2 novembre 1714, comme l'on a fait ces trois années précédentes, pendant lesquelles il est entré 300,000,000# dans la caisse du sieur le Gendre, pour les dépenses, par de pareils projets exécutés volontairement et sans frais.

Le projet général est de travailler, pendant ces deux années, à faire des arrangements solides pour se remettre au courant en 1717. La base et le fondement de cet important objet est de constater les recettes et dépenses et les rendre égales. Pour y parvenir avec certitude, on a cru devoir se conformer aux recettes et dépenses de l'année 1683; c'est une époque où la France étoit plus florissante, les finances dans l'arrangement le plus parfait, et avant les deux dernières guerres. On a fait des états en détail des recettes et dépenses de l'année 1683; on en a faits de pareils des recettes et dépenses de 1715; on les a comparés, et fixés à 120,000,000#.

Sur ces états, on a reconnu qu'en l'année 1683, les charges des états du Roi et les rentes ne montoient qu'à 20,000,000#, et que les parties du Trésor royal étoient de 100,000,000#; qu'en l'année 1715, les parties du Trésor royal ne montent qu'à 30,000,000#, non compris les impositions du dixième et de la capitation, et que les rentes et les charges consomment l'excédent des 120,000,000# : de sorte que, pour rendre les recettes et dépenses égales, fixées à 120,000,000#, il faut faire un fonds extraordinaire de 70,000,000# par an.

Les moyens qu'on propose sont de continuer pour un temps qui sera fixé la capitation et le dixième; de supprimer le dixième et doubler la capitation; d'établir un subside de paix en supprimant le dixième et la capitation; de faire une imposition générale sur toutes les provinces, dans laquelle on comprendra indistinctement tous les états du royaume sans avoir égard à leurs privilèges.

Pour se déterminer sur ces différents moyens, il paroît nécessaire d'observer que ce manque de fonds de 70,000,000# vient de l'aliénation de 36,000,000# de rentes au denier vingt-cinq sur l'hôtel de ville, de l'augmentation des nouveaux gages, droits et taxations dans les états du Roi depuis 1683, et de la diminution des revenus et augmentation des dépenses; qu'outre ce manque de fonds annuel pour les dépenses, le Roi doit encore le fonds de 36,000,000# de rentes au denier vingt-cinq, celui des nouvelles charges employées dans les états du Roi depuis 1683, le montant des promesses de la Caisse des emprunts, et plus de 500,000,000# de dettes pour les dépenses de 1715 et 1716, pour assignations tirées d'avance sur des fonds consommés pour remplir les ordonnances expédiées aux trésoriers de l'extraordinaire des guerres, de la marine, et à tous les trésoriers, étapiers, fournisseurs et entrepreneurs, banquiers et autres qui ont avancé en principal et intérêts; suivant les projets d'états qui en ont été faits, sur ces différentes natures de dettes, pour examiner s'il sera possible de donner des arrangements à chacune en particulier.

Ces observations représentent l'objet si vaste et si difficile, que l'on craindroit de l'entreprendre et que l'on désespéreroit d'y réussir, si l'on ne connoissoit pas la nécessité indispensable de remédier au mal présent, et que ce qui a été fait dans le ministère de la finance depuis 1708 doit faire espérer un pareil succès dans l'arrangement qu'on se propose de faire sur l'état présent des finances.

La situation présente du royaume, que l'on vient de faire connoître par les observations, doit persuader tous les différents états qui le composent de la nécessité d'y apporter les remèdes les plus convenables et que chaque particulier a un intérêt sensible et personnel d'y contribuer pour se procurer une subsistance certaine et une tranquillité pour le présent et l'avenir.

Il ne s'agit pas, dans de pareilles circonstances, de s'arrêter sur ce que l'on promet par les édits qui ont établi les impositions de la capitation et du dixième, et de les faire cesser immédiatement après la paix.

Il a fallu soutenir les deux dernières guerres; on ne l'a pu faire sans aliéner les revenus ordinaires de l'État et contracter des dettes. Il faut rentrer dans ces revenus aliénés et payer les dettes : c'est l'État qui les a contractées; c'est donc à ce même État d'y contribuer. L'Empereur, les Anglois, les Hollandois et leurs alliés, qui se trouvent aujourd'hui dans le même cas, et pour la même cause, ont établi des impositions pour vingt, trente et quarante années, et ils en établissent actuellement de nouvelles pour payer leurs dettes. Quel avantage leur donnerions[-nous] sur nous, si nous ne leur faisions pas connoître que nous prenons de pareils arrangements pour nous acquitter !

D'où l'on doit conclure que l'on ne doit écouter aucunes remontrances qui tendent à ne pas contribuer à l'acquittement des dettes de l'État et à remettre les finances dans la même situation qu'elles étoient en 1683.

Cela bien établi et indispensable, il ne s'agit plus que du choix dans les moyens proposés : le plus facile, le moins à charge, et le plus prompt à exécuter, sera le plus convenable et le meilleur.

Supprimer le dixième et doubler la capitation n'est pas praticable, et ne seroit pas suffisant : l'imposition de la capitation n'a point été faite sur les premiers tarifs; toute la principale partie de cette imposition est tombée sur les taillables, au sol pour livre de la taille; plusieurs pays d'États, provinces, villes et particuliers se sont affranchis de cette imposition; comment pourroit-on les réimposer à la capitation et les doubler?

Une imposition générale sur toutes les provinces et pays d'États, dans laquelle on comprendroit tous les états du royaume indistinctement, ne peut se proposer sans donner atteinte à tous les priviléges du clergé [et] de la noblesse, ce qui en rendroit le recouvrement impossible, quand même on le nommeroit *subside de paix*, et que l'on fixeroit le temps de cette imposition. L'établissement de cette nouvelle imposition seroit difficile et impossible, et l'on perdroit un temps considérable et précieux dans la conjoncture présente, à en tenter l'exécution sans succès, ou du moins sans en tirer le produit nécessaire.

La capitation et le dixième sont établis; on y est accoutumé: il n'y a qu'à les continuer, si l'on veut en tirer un secours présent, et les perfectionner pour en faire monter le produit aux 70,000,000# dont l'on a besoin, en révoquant tous les affranchissements de la capitation et du dixième, sans avoir égard aux remontrances, dans une affaire de cette importance, qui intéresse tout l'État, sur la parole donnée par les édits d'établissements de ces deux impositions de les faire cesser à la paix et de la finance pour ceux qui ont affranchi, dont ils sont indemnisés par les jouissances. Il s'agit d'une imposition pour rentrer dans les revenus ordinaires aliénés, rendre les recettes égales aux dépenses, acquitter les dettes de l'État, et ne les pas augmenter en continuant de vivre d'industrie, et subvenir au manque de fonds nécessaire et proportionné aux dépenses, comme on a fait pendant les deux dernières guerres, ce qui ne convient point en temps de paix, ni à la bonne administration des finances; et cela n'est, ni ne seroit plus praticable.

Tout ce qu'on pourroit accorder sur ces remontrances à ceux qui les feroient seroit de leur permettre de payer un subside de paix proportionné à ces deux impositions pendant le temps qu'elles devront durer; et on ne doit accorder cette faculté qu'à des pays d'États, à des provinces entières et au clergé, sur des soumissions sur lesquelles on puisse établir un revenu certain pour les dépenses de l'État. Mais, comme la continuation de ces deux impositions, quand même elle produiroit les 70,000,000# qui manquent à la recette pour l'égaler aux dépenses, ne serviroit qu'à remplacer ce manque de fonds et dureroit toujours sans acquitter ces dettes, il sera encore nécessaire de faire une imposition extraordinaire sur les provinces, au sol pour livre de la taille, pour rembourser les nouvelles charges employées dans les états du Roi en principal et intérêts, suivant les liquidations qui en seront faites avec attention aux finances et jouissances: ce qui est plus praticable en continuant le dixième et la capitation, et ne le seroit pas avec l'imposition générale ou subside de paix.

Le prétexte de cette imposition est la suppression des priviléges et de l'exemption de taille, qui donnera de nouvelles cotes de taille qui aideront à payer cette nouvelle imposition, et soulagera les taillables.

Et cette imposition remboursera le fonds de ces gages employés dans les états du Roi, et ces gages donneront un excédent de fonds aux dépenses, qui sera employé actuellement à l'acquisition des dettes, dont les principales, et celles qui méritent le plus d'attention, sont les rentes sur la ville et la Caisse des emprunts, se réservant d'acquitter les autres dettes, réduites à leur valeur, par des rentes tournantes et viagères, et autres moyens que l'examen de chaque nature de ces dettes suggérera.

---

21 Février 1715.

On a fait le projet général pour parvenir à l'arrangement des finances en acquittant les dettes du Roi et de l'État par les différents moyens qui y sont proposés. Mais, comme cet arrangement, divisé en plusieurs chapitres, ne peut pas être sitôt fait, on croit qu'il est préalable de travailler aux premiers chapitres de ce projet qui concernent les fonds suffisants à faire pour les dépenses de 1715 et 1716, dont les revenus ordinaires sont consommés d'avance.

Dans le travail que l'on a commencé, on a reconnu qu'il restoit de fonds libres, des revenus ordinaires de 1715, 20,000,000#;

Que, laissant les parties à part de trop consommées, pour y pourvoir par les moyens qui seront proposés, et étant persuadé, par la vérification qui se va faire actuellement des payements effectifs faits par les trésoriers des pays d'États et receveurs généraux des provinces et les receveurs généraux des dix-neuf généralités taillables, sur le rapport des quittances comptables contrôlées et récépissés du Trésor royal qu'ils se trouveront aujourd'hui avoir acquittés, on trouvera encore, pour les dépenses de 1715, un fonds de 20,000,000#.

On espère encore que, par le travail que l'on fait actuellement pour examiner les nouvelles charges employées dans tous les états du Roi que l'on se propose de supprimer et de retrancher desdits états en pourvoyant au remboursement par les différents moyens qui seront proposés, on augmentera les parties revenant au Trésor royal, dans lesdits états, de la somme de 10,000,000#.

Et l'on espère tirer encore quelque secours de la suppression de l'affranchissement de la capitation.

On se propose de tirer du Don gratuit du clergé, qui s'assemble en 1715, la somme de 10,000,000#.

Toutes ces sommes se trouvent monter à 60,000,000#. Et pour assurer dès à présent les premiers 50,000,000# et soutenir le crédit de la caisse du sieur le Gendre sans que le public s'aperçoive des sommes considérables qu'il doit sur ses billets, on projette de faire remettre dès à présent audit sieur le Gendre, sur ses reconnoissances, par les gardes du Trésor royal, ces 50,000,000#, en assignations sur les trésoriers et receveurs généraux, qui donneront audit sieur le Gendre leurs soumissions de payer chacun ce qu'ils en devront, dans les termes qu'ils seront convenus, en leur fournissant lesdites assignations ou quittances comptables à leur décharge, en argent ou en leurs billets payables aux échéances desdites assignations, et se soumettront de ne payer aucune somme, sur leur recette, à d'autres qu'audit sieur le Gendre, qui, en exécution des ordres de M. le Contrôleur général, signera ces soumissions doubles avec chacun desdits trésoriers et receveurs généraux de chaque province et généralité. Mais, comme ce fonds de 60,000,000# n'est pas suffisant pour les dépenses de 1715, et qu'on croit le devoir porter jusqu'à 120,000,000#, à raison de 10,000,000# par chacun des mois de ladite année, il est nécessaire de faire encore un fonds de 60,000,000#.

On ne voit rien de praticable en temps de paix par des affaires extraordinaires. C'est ce qui donne lieu de proposer, à l'instar de ce qui s'est fait avec le clergé de France sur la capitation et sur le dixième, d'aliéner les fonds de ces deux impositions, dans les pays d'États de Languedoc, Bretagne, Bourgogne et Provence, en rentes au denier vingt, remboursables en plusieurs années, comme celles du clergé.

Et pour y parvenir, on fait ci-après le bordereau des sommes imposées dans ces quatre provinces :

PROVINCES.	DIXIÈME.		CAPITATION.	TOTAL.
	....	780,000		
Languedoc.....	Traité du sieur		800,000	2,080,000
	Roussel. ..	500,000		
Bretagne.......	....	1,200,000	1,800,000	3,000,000
Bourgogne.....	....	884,000	600,000	1,484,000
Provence.......	....	500,000	630,000	1,130,000
TOTAUX...	....	3,864,000	3,830,000	7,694,000

On aliénera 3,000,000# de ces revenus en rentes au denier vingt; on fixera la partie destinée au remboursement des capitaux dans un certain nombre d'années, et l'on pourra encore diminuer ces impositions du restant en faveur de ces provinces. Le débit de ces rentes sera certain sur ces provinces, et, par conséquent, le fonds des dépenses de 1715 assuré.

L'on prévoit l'objection qui se peut faire de l'aliénation du dixième et de la capitation dans le temps de la paix auquel on a promis de les supprimer; mais il est indispensable de faire des fonds pour les dépenses de 1715, et tous autres moyens paroissent impraticables.

Le clergé de France, qui est le premier et le principal corps de l'État, en a donné l'exemple, et l'on est persuadé que si M. le Contrôleur général veut en faire la proposition à M. de Bâville pendant les États qui se tiennent actuellement, il trouvera les moyens de faire réussir cette proposition, dont l'exemple déterminera certainement les États de Bretagne, Bourgogne et Provence.

1er Mai 1715.

Par le travail qui a été fait depuis la paix, on a reconnu l'état des finances de S. M. et le montant des différentes dettes contractées pendant les deux dernières guerres. Sur cette reconnoissance, on a fait différents projets d'arrangement, sur lesquels on a constaté un projet d'arrangement général pour subsister pendant l'année présente 1715 et l'année prochaine 1716, payer les dettes de l'État contractées pendant les deux dernières guerres, se remettre au courant en 1717, et rendre les recettes et les dépenses égales en ladite année comme elles étoient en 1683.

Toute cette vaste et importante matière se renferme dans ces trois articles.

Les fonds nécessaires pour opérer se trouvent dans le projet général, dans lequel on s'est proposé de supprimer la capitation et le dixième, comme on s'y est obligé par les édits qui ont établi ces deux impositions, et d'y substituer une nouvelle imposition, destinée spécialement et par privilège au payement des dettes de l'État, qui doit être chargé de les acquitter, et, par ce moyen, rendre les revenus du Roi libres comme en 1683, qui étoient suffisants aux dépenses.

Cette nouvelle imposition est estimée, dans le projet général, à 60,000,000#, à répartir :

Sur les dix-neuf généralités............	35,000,000#
Sur les pays d'États....................	10,900,000
Sur les provinces........................	5,600,000
Sur le clergé et la ville de Paris........	8,500,000
TOTAL..............	60,000,000#

On se propose d'établir encore le doublement des 2 s. pour livre des fermes, que l'on estime.	12,000,000#
Et deux nouveaux 2 s. pour livre de la taille, montant à..................................	3,000,000
Ce qui produira..........	75,000,000#

L'État trouve dans cette nouvelle imposition une diminution de plus de moitié de ce qui s'imposoit pendant la guerre, et l'on se propose de le soulager encore considérablement par la suppression de tous les traités des affaires extraordinaires, des traitants et de leurs commis, qui faisoient des frais immenses; et, par la suppression de tous les privilèges d'exemptions de tailles, de collecte et autres accordés par les édits, tous ceux qui composent l'État contribueront à la nouvelle imposition des 75,000,000#, qui n'est faite que pour payer les dettes de l'État et assurer la fortune et les biens des particuliers qui le composent, et pour éviter de prendre des partis moins convenables, plus dangereux, et plus susceptibles d'inconvénients dans la situation présente des affaires.

Pour préparer et assurer l'exécution de ce projet avec un arrangement solide, on a cru nécessaire et préalable d'achever de supprimer et d'arranger tout le papier qui reste sur la place et dans les mains des particuliers, où il cause un discrédit, en leur donnant des débouchements et destinant des fonds certains au payement, pour en diminuer la perte à ceux qui en sont porteurs et assurer leur remboursement.

Pour y parvenir, on a rendu des déclarations pour permettre de porter à la loterie toutes les anciennes assignations avant 1710, billets de l'extraordinaire des guerres, de la marine, de l'artillerie, de subsistance, et promesses à cinq ans, dans le 1er juillet 1715.

On a fait la reconnoissance de tous les payements faits par les receveurs généraux et des pays d'élections et des provinces, et les trésoriers des pays d'États, des exercices des années 1711, 1712, 1713, 1714, 1715 et 1716; on leur a fait faire des avances, et on achève de s'arranger avec eux pour constater leur état et les accréditer pour en tirer d'autres secours. On a retiré et remboursé plusieurs de ces nouvelles assignations par les rentes viagères et la caisse de M. le Gendre, et l'on a ordonné que toutes celles qui restent dans les caisses des trésoriers et entre les mains des fournisseurs, entrepreneurs et particuliers seront rapportées pour être enregistrées et visées par les commissaires nommés par le Conseil, pour, sur la reconnoissance générale qui en sera faite, être pourvu au remboursement.

L'on va rendre une déclaration pour assurer le payement des promesses de la Caisse des emprunts et intérêts, en un certain nombre d'années, sur le produit des 4 s. pour livre des fermes : à l'effet de quoi on rendra en même temps la déclaration qui est projetée pour le doublement des 2 s. pour livre sur les fermes.

Tout le papier qui cause du discrédit dans le commerce et dans les finances étant arrangé, on a cru devoir donner attention à ce qui peut soulager les peuples, faciliter le commerce et le recouvrement des impositions ordinaires, et la nouvelle imposition à faire de 75,000,000#.

L'on a rendu une déclaration pour supprimer le doublement des droits des péages, que l'on rembourse par la ferme des huiles, et l'on va donner une déclaration pour la suppression du quart des droits imposés sur la ville de Paris, et assurer le remboursement des finances payées sur les trois quarts restants pendant un certain nombre d'années.

Le même arrangement se fera pour les autres principales villes du royaume, en examinant leurs octrois et leurs dettes.

La déclaration est projetée pour fixer le nombre des secrétaires du Roi du grand collège et la finance, et supprimer tous les secrétaires du Roi et autres officiers du sceau créés depuis les deux dernières guerres près les Parlements, présidiaux et autres justices, en fixer le nombre et augmenter la finance des réservés.

Et l'on se propose de supprimer tous les autres priviléges de noblesse nouvellement attribués soit par charges ou lettres : après quoi, l'on supprimera ou suspendra tous les autres priviléges d'exemption de taille et de collecte par une déclaration projetée. Par une autre déclaration, l'on supprimera tous les traités qui restent à exploiter et les impositions extraordinaires pour lesdits traités, avec la révocation de tous les commis desdites affaires extraordinaires, ne laissant que les receveurs des tailles et les commis des fermes dans les provinces et généralités.

Il sera rendu une déclaration pour ordonner l'imposition des nouveaux 2 s. pour livre de la taille, que l'on destinera par privilége au remboursement des finances des officiers créés depuis 1689 à supprimer. Après cette déclaration, qui indiquera un fonds certain aux officiers pour leur remboursement, et de leurs créanciers et des intérêts, au denier qui sera fixé, l'on pourra commencer la suppression des offices créés depuis 1689 suivant le dépouillement qui se fait actuellement de tous les gages, augmentations de gages, droits et taxations employés dans les états du Roi, par matières, nature d'offices et édits, dont le travail est fort avancé, et sur lequel on pourra faire la liquidation des finances, avec les attentions nécessaires sur le rapport des titres et l'examen des édits par les commissaires du Conseil qui seront nommés à cet effet.

Toutes ces opérations préalables sont arrangées de manière qu'elles peuvent être exécutées dans le présent mois de mai 1715.

La matière ainsi préparée, il est nécessaire de travailler dès aujourd'hui à faire et assurer la répartition des 75,000,000# de nouvelle imposition destinée au payement des dettes.

Il y a déjà 15,000,000# d'assurés par les deux déclarations que l'on va rendre pour le doublement des 2 s. pour livre sur les fermes et les nouveaux 2 s. pour livre sur la taille, qui ont leur destination, non compris les rentes que l'on va créer par une nouvelle déclaration projetée sur le sol pour livre des taxations, qui produira 8,000,000#, que l'on destine à M. Fargès, à compte de ce qui lui est dû.

L'année 1715 est favorable pour la répartition des 6,000,000# restant à imposer : les États de Bourgogne sont assemblés; tous les autres États s'assemblent cette année, et le clergé s'assemblera au 15e du présent mois de mai. L'on a fait des mémoires séparés pour informer le clergé et chaque pays d'États des intentions du Roi sur cette nouvelle imposition, et des motifs, et l'on en fera de pareils pour MM. les intendants des dix-neuf généralités taillables et des provinces, et les principaux officiers de la police de la ville de Paris.

Pour en assurer le succès, il est préalable d'examiner par quel état ou province on doit commencer.

Dans l'incertitude que le clergé se porte à donner l'exemple volontairement, et de manière à déterminer les autres, l'on croit qu'il conviendroit de commencer l'établissement de cette nouvelle imposition sur la ville de Paris, de concert avec les principaux magistrats qui la gouvernent, sur la généralité de Paris, avec M. Bignon, intendant, et sur les États de Bourgogne, qui s'assemblent actuellement.

Ces trois parties, par lesquelles on commenceroit à donner les mémoires qui marqueroient la forme, les motifs et la destination de la somme qu'on leur demande pour cette nouvelle imposition, pourroient déterminer le clergé, les autres pays d'États, les généralités et les provinces à ce juste projet.

La répartition de cette nouvelle imposition ainsi faite et assurée, il ne restera plus que de l'appliquer aux dettes de l'État auxquelles elle est destinée. Pour les bien connoître et commencer par les plus importantes et les plus privilégiées, il paroît nécessaire de les diviser en plusieurs chapitres.

La première de ces dettes, la principale, et qui demande une plus prompte attention, est la caisse du sieur le Gendre, tant pour payer ses billets régulièrement, que pour les dépenses à faire les années 1715 et 1716 et les six premiers mois de 1717; et cette dette montera au moins à 200,000,000#, qu'il faut remettre dans cette caisse en argent, pour lui donner un crédit certain, qui sera la base, le fondement et la sûreté de l'exécution du projet général.

La seconde dette sont les rentes sur l'hôtel de ville de Paris dont il faut libérer les fermes générales; la troisième, des trésoriers de l'extraordinaire des guerres, trésoriers particuliers des troupes de la maison du Roi, artillerie, fortifications, le trésorier de l'ordinaire des guerres et des Invalides; la quatrième, des vivres, étapes, les poudres, et les sieurs Rivier, Fargès, Titon, Charpentier, et autres fournisseurs et entrepreneurs; la cinquième, la marine; la sixième, les banquiers qui ont fait des avances; la septième, les nouvelles assignations, après qu'elles auront été rapportées, enregistrées et visées; la huitième, les trésoriers des maisons royales et autres trésoriers, pensions et gratifications, subsides, etc.; et la neuvième et dernière, les gages, augmentations de gages, et remboursements des officiers qui seront supprimés.

Il a paru nécessaire de marquer toutes ces natures de dettes pour connoître si elles peuvent être comprises dans le projet général, et si les fonds destinés de 75,000,000# pour les payer seront suffisants.

Le discrédit présent, qui est plus grand qu'il n'a été dans les deux dernières guerres, la fin des diminutions, qui ne feront plus d'effet, ont fait penser qu'on ne tirera aucun avantage de cette nouvelle imposition, quand même on en aliéneroit partie à un denier avantageux, qui en diminueroit le produit et le rendroit insuffisant au payement des dettes.

C'est ce qui donne lieu de proposer en général d'aliéner 60,000,000# de cette nouvelle imposition au denier vingt-cinq, en rentes tournantes, et de laisser le tiers, montant à 25,000,000#, pour le remboursement des capitaux en un certain nombre d'années.

Ces 60,000,000#, au denier vingt-cinq, produiront 1,500,000,000#, que l'on croit suffisants au payement de toutes ces dettes et intérêts. Mais, comme il n'est pas possible de se persuader qu'on puisse tirer une somme aussi forte volontairement, on se propose de rembourser forcément les deux tiers des dettes en ces rentes au denier vingt-cinq, et d'en tirer le tiers en argent, destiné de préférence à la caisse du sieur le Gendre et aux autres dettes à payer en argent.

L'on ne pourra tirer ce tiers en argent que sur les dettes qui perdent actuellement dans le commerce, qui sont incertaines et non reconnues, et que l'on [ne] peut ne pas payer qu'à cette condition : on l'offre tous les jours volontairement, et même de fournir moitié en argent.

Et pour assurer le payement de la nouvelle imposition, de laquelle personne ne sera exempt, le Roi ne payera qu'en justifiant de la quittance de sa cote de cette nouvelle imposition. L'on a cru devoir projeter cet arrangement pour examiner s'il est possible et praticable dans l'exécution, et si l'on parviendra par ces moyens à l'objet qu'on se propose dans le projet général.

1er Mai 1715.

Le plus important et le plus pressé du projet général est de faire entrer des fonds dans la caisse du sieur le Gendre, tant pour en soutenir le crédit en acquittant régulièrement de ces dettes, que pour payer les dépenses journalières qui y sont assignées. Il est inutile d'en représenter les conséquences, et que c'est l'unique moyen de rétablir la confiance et le crédit.

L'on y destine la finance qui doit être payée par les secrétaires du Roi en charge et de nouvelle création.

Mais, comme on fait voir, par l'état des fonds de cette caisse du 24 avril 1715, qu'il y manque encore au moins 60,000,000# d'argent pour les dépenses de 1715, et que l'on ne peut tirer des secrétaires du Roi que 10,000,000#, il manqueroit encore 50,000,000# : ce qui donne lieu, en attendant l'exécution du projet général suivant le mémoire particulier qui en a été fait cejourd'hui, de rendre au plus tôt la nouvelle déclaration pour établir la nouvelle imposition sur la ville de Paris, Versailles et la cour, au lieu du dixième et de la capitation, qui monte à 4,200,000#.

On pourroit fixer cette imposition à 4,500,000# par an, que l'on feroit payer moitié par les propriétaires, et moitié par les locataires des maisons de Paris et de Versailles, dont l'on feroit les rôles sur ceux du rachat des boues et lanternes.

On aliéneroit 3,000,000# en rentes tournantes au denier vingt-cinq, et on laisseroit 1,500,000# pour le remboursement des capitaux. On prendroit les deux tiers de la finance de ces rentes en papier, et le tiers en argent, qui produiroit 25,000,000# pour la caisse du sieur le Gendre.

Si la Bourgogne, suivant l'état de répartition de la nouvelle imposition, produisoit 3,500,000#, on en aliéneroit 2,000,000# en rentes tournantes au denier vingt-cinq, qui produiroient 50,000,000#, et un million pour le remboursement des capitaux. Ces 50,000,000# seroient reçus les deux tiers en papier, et le tiers pour la caisse du sieur le Gendre, montant à près de 17,000,000#.

Ces trois articles produiroient en argent 52,000,000# en attendant l'arrangement de la généralité de Paris et du clergé, que l'on croit préalables à l'arrangement des autres provinces et pays d'États; et pour accréditer la caisse du sieur le Gendre et faciliter la négociation des billets des receveurs généraux, sans augmenter l'intérêt à 5 p. o/o, dont on demande 10 p. o/o; et qui augmentera, si l'on s'ébranle sur cet article, l'on pourroit dire à M. Ogier de prendre des billets du sieur le Gendre pour des rentes au denier seize, et, dans la négociation des billets des receveurs généraux, prendre un quart ou un cinquième de billets du sieur le Gendre, qui perdent, pour tenir lieu de la différence de l'intérêt de 5 à 10 p. o/o et en éviter les conséquences.

(Bibliothèque nationale, ms. fr. 7765, fos 1-22.)

Mémoire de M. Desmaretz.

(Août 1715.)

Les fonds extraordinaires que l'on a été obligé de faire pendant vingt-cinq années consécutives pour servir au payement des dépenses de la guerre, les créations de rentes, gages et augmentations de gages qui ont été faites, et dont le fonds a été assigné sur les fermes et autres revenus du Roi, les années stériles, les inondations et la mortalité des bestiaux qui ont désolé les provinces, altéré les impositions ordinaires par les diminutions qu'il a fallu leur accorder, augmenté considérablement les dépenses par le surachat des grains et des autres munitions, ont mis, toutes les années, une telle disproportion entre les revenus et les dépenses de l'État*, qu'il est aisé de concevoir les sommes considérables qui sont dues et les engagements que l'on a été obligé de prendre sur la plus grande partie des revenus de la couronne pour le soulagement des peuples.

Telle est ordinairement la situation d'un État après de longues guerres; mais la paix, par des retranchements utiles et par des opérations réfléchies, rétablit l'ordre.

On a commencé la reconnoissance de la situation des finances au jour de la paix par examiner quels étoient les revenus de l'État, la diminution considérable sur ce qui en revient de net au Trésor royal à cause des différentes rentes, gages et augmentations de gages qui avoient été assignés dessus en exécution des édits de créations et traités faits pendant les deux dernières guerres, le montant des revenus aliénés et engagés depuis 1689, la quantité et la qualité des dettes de l'État, et l'augmentation des dépenses.

Ces différentes reconnoissances faites, on a senti la nécessité indispensable où l'on se trouvoit de rentrer dans les revenus aliénés et engagés depuis 1689, de diminuer les dépenses afin d'établir une proportion certaine avec les revenus, de supprimer la plus grande partie des charges créées pendant les deux dernières guerres, et d'éteindre entièrement ce qui restoit dû au public en billets des trésoriers de l'extraordinaire des guerres, billets de subsistance, anciennes assignations tirées avant 1710, promesses de la Caisse des emprunts, billets des receveurs généraux, billets du sieur le Gendre, assignations tirées depuis 1710, et autres papiers de crédit : persuadé que, tant qu'ils resteroient sur la place, ils porteroient coup au commerce et feroient resserrer l'espèce.

Ces différentes dispositions prévues, on a cherché les moyens de parvenir au payement des dettes et à la libération des revenus, et le Roi, espérant que ses sujets ne se porteroient pas avec moins de zèle à fournir les impositions nécessaires pour le rétablissement des finances pendant la paix qu'ils avoient fait pendant la guerre pour en soutenir les charges, ordonna, le 9 juillet 1715, la continuation de la levée et perception de la capitation et du dixième, avec promesse de réduire les dépenses et d'employer le produit de cette levée à payer les dettes contractées par la guerre et à retirer les revenus aliénés depuis 1689 par la suppression des officiers à charge à l'État et aux peuples.

Pour se conformer à ce qui étoit prescrit par cette déclaration, et afin d'en suivre les dispositions dans tous les arrangements que l'on prendroit, on a commencé par révoquer la loterie en forme de tontine établie au mois de juin 1714 pour le payement en rentes viagères des billets de subsistance et d'emprunt faits par les trésoriers généraux de l'extraordinaire des guerres et de l'artillerie, et, pour celui des assignations tirées avant le mois d'octobre 1710, et on a cru qu'il seroit plus avantageux aux officiers des troupes et aux autres porteurs des effets qui étoient destinés pour cette loterie d'en recevoir le payement en rentes héréditaires dont le fonds seroit remboursable d'année en année**.

Et comme la plus grande partie de ces effets n'étoient plus dans la main des officiers et autres à qui ils avoient été donnés en payement, on a ordonné, sur ces différents effets, un retranchement de moitié, proportionné au commerce usuraire qui en avoit été fait, et l'on s'est réservé de faire les distinctions que l'on jugeroit à propos pour ceux de ces effets qui se trouveroient encore dans les mains des officiers ou particuliers auxquels on les avoit fait donner en payement.

On a créé et aliéné un million de livres de rentes au denier vingt-cinq, remboursables d'année en année sur le produit de la capitation de la ville et généralité de Paris, pour servir tant au payement dudit million d'arrérages de rentes qu'à l'entier remboursement d'icelles; et il a été ordonné que les porteurs des effets ci-dessus dénommés seroient tenus de les employer en acquisitions desdites rentes avant le 1er janvier 1716, auquel jour on a déclaré nuls tous ceux desdits effets dont l'emploi n'aura pas été fait.

Outre le million de fonds destiné au payement des arrérages, il a été encore ordonné qu'il seroit remis aux payeurs, sur le produit de la capitation de la ville de Paris, la somme de 500,000# par an, pour être par eux employée audit remboursement avec ce qui leur restera du revenant-bon des fonds faits pour les arrérages desdites rentes après lesdits arrérages payés***.

Après avoir pourvu au remboursement de ces différents effets, on a cru qu'il falloit faire un arrangement sur les promesses de la Caisse des emprunts, qui, au lieu d'être utiles au commerce et aux sujets comme par le passé, y étoient devenus très préjudiciables par les profits illicites que les usuriers faisoient dessus. On a donc pris le parti d'ôter ces promesses du commerce, et d'en ordonner le payement en contrats de rente remboursables d'année en année. On a aussi ordonné une réduction de moitié sur les promesses, et on a nommé des commissaires du Conseil pour reconnoître celles qui n'auront point été négociées directement ni indirectement, afin de n'y faire aucun retranchement****.

On a créé et aliéné 5,000,000# de rentes au denier vingt-cinq, remboursables d'année en année, à prendre tant sur le total des 4 s. pour livre des droits des fermes que sur partie du produit de la capitation et du dixième, et on a affecté et hypothéqué le total du produit des 4 s. pour livre des droits des fermes, et 3,000,000# du dixième et de la capitation, tant au payement desdits 5,000,000# de rentes, qu'au remboursement des principaux d'icelles; et au moyen de l'affectation desdits fonds et de la diminution des arrérages d'année en année, qui augmentera d'autant le fonds des remboursements, les principaux desdits 5,000,000# de rentes se trouveront promptement remboursés*****.

Voilà ce qui a été ordonné, par aliénation sur le dixième et la capitation, pour l'acquittement des dettes de l'État. On a aussi pris les arrangements suivants pour libérer une partie des revenus ordinaires aliénés et engagés depuis 1689.

Pour cet effet, on a jugé à propos de réduire et de fixer le nombre des officiers des chancelleries, pour n'en conserver que celui nécessaire au service, en supprimant, de l'avis de M. le Chancelier, tous les officiers inutiles, afin de rendre aux impositions publiques un grand nombre de personnes qui s'en trouvoient exemptes par les privilèges attachés à leurs offices.

On a aussi fait un règlement sur les tailles******, une suppression générale tant des anoblissements par lettres, que des privilèges de noblesse attribués depuis le 1er janvier 1689 aux offices soit militaires ou de judicature, police et finances, une révocation de tous les privilèges et exemptions aussi attribués à tous les offices créés depuis le même temps dont la première finance est au-dessous de la somme de 10,000#, et une suppression des offices de subdélégués et leurs greffiers, ensemble de toutes les charges créées dans les élections depuis ledit jour 1er janvier 1689.

Par ce qui vient d'être expliqué, les dettes de l'État qui consistoient en billets des trésoriers de l'extraordinaire des guerres et de subsistance, en assignations tirées avant le mois d'octobre 1710, et en promesses de la Caisse des emprunts, ont été éteint[e]s et supprimé[e]s avec un retranchement de moitié sur ceux de ces effets négociés, et, pour le remboursement du surplus, on a créé des rentes au denier vingt-cinq sur le produit du dixième et de la capitation : de manière qu'il ne reste présentement, de dettes de l'État auxquelles il faut pourvoir, que les assignations et quittances comptables tirées depuis 1710, que les billets des receveurs généraux, ceux du sieur le Gendre, et les ordonnances expédiées aux différents trésoriers dont le fonds n'a pas été fait.

A l'égard de la libération des revenus, ce que l'on a fait par l'ordre établi dans les chancelleries, par la suppression des anoblissements et des charges créées dans les élections depuis 1689, augmentera la partie du Trésor royal et mettra une justice et une égalité dans la répartition des impositions qui sera fort avantageuse aux taillables.

Pour parvenir à l'entière libération des revenus, on a fait faire le dépouillement des différentes créations d'offices, des finances payées, des gages et augmentations de gages qui leur ont été attribués en différents temps, afin qu'en faisant les suppressions par nature d'offices, on puisse parvenir à des liquidations différentes et moins onéreuses à l'État, et à l'effet de reconnoître si l'on ne pourra pas diminuer les remboursements par rapport aux jouissances avantageuses qu'ont eues les officiers créés.

On a remarqué ci-devant les dettes de l'État auxquelles il reste encore à pourvoir. A l'égard des assignations et quittances comptables expédiées depuis 1710, on en a ordonné le *visa*, afin de reconnoître celles qui sont encore dans la main des trésoriers, banquiers et fournisseurs auxquels on les a données en payement, et celles qui ont été négociées. Cette reconnoissance est avancée, et, dès qu'elle sera finie, on se propose de faire encore un retranchement et de pourvoir au payement par des rentes tournantes, au denier vingt-cinq, sur le dixième et la capitation.

L'objet le plus pressant aujourd'hui est de faire un arrangement sur les billets des receveurs généraux et sur ceux du sieur le Gendre, afin de rentrer incessamment dans la jouissance des revenus de l'État. Pour y parvenir, on a commencé par créer deux millions de rentes héréditaires, au denier vingt, remboursables d'année en année, à prendre sur le produit de la capitation et du dixième des pays d'États et pays de Provence, sur ce qui reste libre de la capitation de Paris, sur le dixième des biens de ladite ville, et encore sur la capitation et le dixième de la ville de Lyon; et on s'est proposé, en faisant cette création, de se procurer par le crédit desdits pays d'États et villes les fonds nécessaires pour payer les emprunts faits par avance sur les revenus de l'État, même de recevoir une partie en espèces et l'autre en billets des receveurs généraux et du sieur le Gendre.

On a aussi, pour s'assurer l'entrée des revenus, écrit aux intendants des provinces de faire prendre les fonds des recettes pour les employer au payement du prêt. Mais, comme c'est mettre les receveurs généraux hors d'état d'acquitter les engagements qu'ils ont pris pour le service et contribuer à l'inquiétude des porteurs de leurs billets, on croit que le seul parti qu'il convient de prendre dans la situation présente est de rendre une déclaration par laquelle le Roi se chargera du payement des billets des receveurs généraux et de ceux du sieur le Gendre, à l'effet d'assurer aux porteurs d'iceux un payement réel et effectif dans les années suivantes, et pour mettre les receveurs généraux et le sieur le Gendre à l'abri des poursuites que l'on pourroit faire contre eux.

Par cette déclaration, il faut ordonner que les billets des receveurs généraux et du sieur le Gendre seront rapportés à un des gardes du Trésor royal, pour la valeur desquels il leur fera délivrer par le commis du grand comptant des récépissés payables dans les années suivantes, savoir : un tiers en 1716, un tiers en 1717, et un tiers en 1718, pour les billets des receveurs généraux et du sieur le Gendre payables en 1715; et de même par tiers, en 1719, 1720 et 1721, pour les billets payables en 1716.

Il faudra pourvoir au payement des intérêts sur le pied de 6 ou 7 p. o/o****** jusqu'à leur parfait remboursement, et ordonner que le fonds pour le payement des capitaux et intérêts sera pris annuellement sur le fonds du produit du dixième et de la capitation.

Si l'on suit cette proposition, les revenus de l'État se trouveront libérés des consommations qu'on avoit faites dessus par anticipation, et le Roi rentrera dans l'entière jouissance du jour de la déclaration qui sera rendue.

On croit qu'ayant pris ce parti, il faut entièrement abolir l'usage des assignations et la caisse du sieur le Gendre, en ordonnant la remise des revenus du Roi au Trésor royal, mois par mois, par les comptables, à l'exception de ceux destinés au payement des dettes conformément aux créations de rentes ci-dessus rapportées; régler que ces revenus seront remis en exécution des états de recouvrements qui seront arrêtés, mois par mois, par M. le Contrôleur général, afin qu'ayant une connoissance certaine des fonds qui doivent être reçus, on expédie, relativement à ce produit, les états de distribution pour le payement des dépenses.

Cet arrangement peut seul procurer les fonds nécessaires au payement régulier des troupes, et il est certain que, les papiers de crédit provenant des dettes de l'État étant supprimés, et les revenus du Roi payés directement au Trésor royal, l'espèce reprendra sa circulation naturelle, parce qu'il n'y aura plus de matière ni d'effets sur lesquels l'usure puisse s'exercer.

(Archives nationales, Papiers du Contrôle général, G⁷ 1903.)

* En marge : «La disproportion étoit de plus de 120,000,000#.»

** En marge : «Et par arrêt du Conseil du 17 août 1715, on a ordonné que ces effets seront rapportés au sieur de Séchelles, pour en tenir registre; et, pour parvenir à faire les distinctions que le Roi a ordonné être faites, l'on a nommé des commissaires du Conseil : MM. de Caumartin, d'Argouges, Desmarets, Guyet, le Rebours, de Bercy, Poulletier, Trudaine, de la Bourdonnaye, Fagon.»

*** En marge : «Ce remboursement durera vingt-huit années.»

**** En marge : «On a nommé pour commissaires MM. de Caumartin, d'Argouges, Desmaretz, Guyet, le Rebours, de Bercy, Poulletier, Trudaine, la Bourdonnaye, Fagon, pour le payement desdites promesses.»

***** En marge : «Ce remboursement durera douze années.»

****** En marge : «On s'est proposé d'en renvoyer la connoissance aux commissaires du bureau du dixième, en en augmentant le nombre à cause de la quantité de liquidations qu'il y aura à faire. Ces commissaires sont : MM. Bignon, des Forts, Desmarets, le Rebours, de

Bercy, Poulletier, Fagon; maîtres des requêtes: de Maupeou, le Mairat, d'Ormesson, Gomont, Baudry.»

****** En marge: «NOTA. Il ne fut accordé que 5 p. o/o pour les billets des sieurs la Tousnne et Sauvion.»

III.

PROJETS DIVERS POUR L'ÉTABLISSEMENT D'UNE BANQUE.

1708-1710.

Proposition du sieur Pélissier.

(1708.)

Pélissier, auteur de la proposition pour l'établissement d'une Banque générale en France dont copie fut présentée, avec ses mémoires, à Mgr le duc de Bourgogne, à Fontainebleau, le 29 octobre 1705, pour lui être fait droit sur l'extorquation que plusieurs particuliers vouloient faire au proposant, a porté, par ordre du Roi, ses mémoires dans tous les bureaux des finances depuis 1700, pour en être le rapport fait à S. M.

Il a plu au Roi de renvoyer à M. Desmaretz ladite proposition, après l'avoir agréée et accordée à feu M. Mansart, le 24 mars dernier, confirmée depuis à M. le marquis de Livry, au profit de l'auteur.

Cette proposition est toute avantageuse à S. M., parce qu'il lui en revient 29,000,000# comptant, qu'une compagnie s'oblige de porter au Trésor royal aux conditions de la soumission signée de quarante personnes qui attendent l'ordre pour remettre leurs fonds, qui sont tous prêts.

Le proposant a encore un moyen très certain, qu'il se réserve à lui seul jusqu'à ce que le Roi ait permis le susdit établissement, pour faire revenir dans les coffres de S. M. autres 25,000,000# au moins, comptant, qui ne lui coûteront rien, et sans être aucunement à charge à son peuple.

Outre les sommes ci-dessus, dont le Roi jouira en son propre, et pour ainsi dire sans intérêt, la compagnie sera encore en état de prêter à S. M. des sommes très considérables à 10 p. o/o, et de faire compter l'argent partout où S. M. voudra, dans le royaume, sur les frontières, et même dans les pays étrangers.

Les officiers et troupes de S. M. trouveront en cet établissement une très grande facilité pour la négociation de leurs lettres de change, billets d'ustensiles, ceux de subsistance et fourrages, ordonnances, etc., pour lesquels ils perdent le tiers, et bien souvent moitié, pour les escompter: ce qui les met en grosse perte et hors d'état de bien servir le Roi.

Il rétablira encore le commerce, très diminué, par 100,000,000# que cette Banque répand dans le public, et qui augmentera par conséquent les fermes générales et revenus du Roi.

En faisant l'intérêt du Roi par 3,000,000# environ que l'on augmente sur la ferme des postes, dont on avance le fonds à S. M., le public sera encore soulagé par les surtaxes des lettres, qui sont exorbitantes au delà du dernier tarif, qui seront retranchées.

Comme il sera libre à cette compagnie de faire valoir le fonds de la Banque afin de satisfaire à la gratification qu'elle est chargée de payer chaque mois au public, elle sera obligée de prêter ledit fonds aux fermiers et receveurs généraux, marchands, banquiers, gens d'affaires et autres: ce qui se fera avec des conditions aisées, et moins onéreuses que celles qui se pratiquent aujourd'hui, toutes contraires aux lois et très préjudiciables à l'État, et en particulier au commerce.

L'hôtel de ville, la Caisse des emprunts et les billets de monnoie ne souffriront rien par cet établissement. Au contraire, il ouvre un commerce volontaire, qui ne produisant rien que par le hasard, ceux qui n'ont qu'un médiocre bien continueront à le faire profiter pour vivre; et ceux qui seront assez heureux d'avoir part aux gratifications, pour s'assurer un revenu annuel, porteront leur argent à la Ville; d'autres prendront des billets de monnoie, ou le placeront dans les caisses des gabelles et des compagnies, ou chez des marchands, notaires, etc., pour se faire un revenu certain, comme il se pratique à l'ordinaire.

Ladite Banque générale, ou Dépôt public, n'est autre chose qu'un privilège (sans exclusion) pour établir des bureaux dans seize des plus principales villes du royaume, à la suite de la cour et dans les armées, pour faire les payements, le change et commerce.

Si cette Banque avoit été établie au commencement de la guerre, lorsqu'elle a été proposée pour la première fois, le Roi auroit retiré 30,000,000# au moins d'augmentation de sa ferme des postes, et n'auroit pas perdu 100,000,000# pour les remises qu'on a été obligé de faire en Italie, en Espagne et en Allemagne, où nos espèces sont restées.

Le Roi tirera encore 1,000,000# en rétablissant la charge de surintendant général des postes et relais de France, à l'exemple de ce qui se faisoit autrefois du temps de M. de Louvois, que la compagnie prêtera à celui qui en sera pourvu, s'il lui manque des fonds pour le payement de ladite finance; et en cas que le titulaire de ladite charge ne voulût pas faire détailler la perception des droits d'icelle, la compagnie lui fera bon 300,000#, à condition d'avoir sa subrogation, en prélevant sur ladite somme celle de 100,000# pour l'intérêt de ladite finance avancée en prêt pour le payement de ladite charge.

L'intérêt particulier des sieurs Rouillé et Pajot ne doit pas priver le Roi de 29,000,000# qui seront effectivement portés au Trésor royal, et autres avantages très considérables: ce que Pélissier croit être obligé d'expliquer, puisqu'il ne rencontre de l'opposition dans son projet que de leur part; et en effet ils n'épargnent rien pour le traverser, où ils présument ne devoir pas être rebutés, comme ils le furent par M. Mansart, lorsqu'ils lui offrirent, pour se désister de la chose, un présent de 500,000#, deux jours seulement avant sa mort.

Et comme il est revenu au proposant que l'on veut ériger en titre d'offices les maîtres des courriers du royaume, les directeurs et commis des postes de même, dont la finance ne sera que de 3 à 4,000,000# au plus, ce qui est un rien en comparaison des offres dudit Pélissier, qui voit bien que ce n'est qu'une atteinte que l'on donne à sa proposition pour l'anéantir, étant certain que ce sont les fermiers des postes qui ont donné cette idée, et que c'est eux qui en feront la finance.

On assure encore que les sieurs Bernard, Nicolas, et autres juifs, religionnaires et étrangers ont proposé de se charger de l'établissement de cette Banque et loterie indépendamment des postes, avec offre d'acquitter partie des billets de monnoie : ce qui ne seroit pas d'un secours à S. M. dans les occurrences du temps présent. Au contraire, le public n'ayant point de confiance à gens de cette sorte, ils échoueroient assurément, au préjudice même de l'État, si on leur confioit cet établissement (ils en ont déjà trop), le proposant n'ayant pas voulu, par les mêmes raisons, quoiqu'il leur eût montré et laissé ses mémoires, se lier et faire société avec eux.

Il est bien plus juste et plus utile que cette Banque soit régie par des régnicoles françois, catholiques romains, qui avancent leurs fonds et assurent S. M. de leur fidélité, que de confier une affaire aussi importante à des étrangers ennemis de l'État, en qui le public n'auroit jamais de confiance, et qui ne sauroient même donner des sûretés au Prince de leurs fidélités comme ceux de la nation.

De si grands avantages pour le Roi, l'État et le peuple font croire que S. M. et M^r le Contrôleur général voudront bien faire attention à la proposition dudit Pélissier, qui est toute libre et volontaire, et très désirée, étant au soulagement de tout le monde*.

* En marge est écrit : «Pélissier, auteur, espère de la protection d'être le quarantième dans la compagnie, et même exempt de la finance de sa place, créée en titre d'office, sans préjudice de la gratification royale qu'il espère qu'elle sollicitera pour lui.»

Extrait du mémoire de la Banque ou Dépôt public :

Qui mettra tout l'argent du royaume en mouvement;

Qui le fera valoir avec toute sûreté;

Qui empêchera les usures énormes qui se font journellement, et les espèces du royaume d'en sortir;

Qui fournira à S. M. des sommes considérables pour subvenir aux dépenses de la guerre, à un intérêt plus modique;

Qui rétablira le commerce très ruiné, en fournissant des deniers partout à ceux qui en voudront faire remettre d'un lieu à un autre,

Et qui produira au peuple des gratifications, dont la distribution se fera par forme de loterie perpétuelle, que l'on tirera tous les mois.

PROPOSITION :

Qui est de faire une Banque, sous la protection du Roi, au nom d'une compagnie de quarante des plus riches fermiers généraux, marchands, banquiers, gens d'affaires, et généralement personnes assurées.

On suppose qu'elle sera de 50,000,000#.

La mise sera de 100# pour chaque billet, lequel sera un billet de change, numéroté, payable au porteur, dans les seize plus principales villes du royaume, à vue précisément.

La Banque étant de 50,000,000#, il faut cinq cent mille billets de 100#.

Le banquier fera un fonds, pour chaque année, de l'intérêt desdits 50,000,000#, à raison du denier vingt.

Cet intérêt monte à 2,500,000#.

On prendra 2,352,000# pour faire dix-huit cents lots, dont cent cinquante seront distribuées au public chaque mois.

Les 148,000# restants de l'intérêt ci-dessus seront pour les frais de régie.

Il y aura dans un coffre fermé cinq cent mille billets tous numérotés.

On tirera, tous les premiers jours de chaque mois, en présence de M. le prévôt des marchands, officiers et autres, cent cinquante billets du coffre : ce qui sera fait par un enfant, le bras nu; desquels, par chaque mois, le premier billet tiré aura gagné 20,000#, le second, troisième et quatrième, 10,000# chacun, et les cent quarante-six billets restants, 1,000# chacun.

On fera chaque mois une liste de tous les numéros qui auront été tirés, pour être envoyés dans toutes les villes du royaume et pays étranger.

Les mêmes numéros qui auront été tirés seront rejetés dans le coffre, pour pouvoir revenir autant de fois que le bonheur voudra, le billet valant toujours son prix et pouvant donner chaque mois un lot.

Les lots appartiendront au porteur du billet, qui ne pourront être saisis, même pour deniers royaux.

Toutes personnes, mêmes les étrangers, pourront avoir créance à cette Banque.

Le banquier sera obligé de payer ceux qui ne voudront pas être de cette Banque sans renvoi, quand bien même leurs billets leur auroient donné un ou plusieurs lots, moyennant la perte de 30 s. par billet au bureau de Paris, et de 3# dans les bureaux des autres villes du royaume.

Lesdits billets auront plus de cours dans le commerce de France, et même parmi les troupes du Roi, que si c'étoient effectivement des pièces d'or de dix pistoles, par les avantages qu'ils ont de pouvoir donner chaque mois un lot dont le moindre vaut dix fois le prix du billet, duquel on peut toujours tirer la valeur, dans trente ans comme dans huit jours. Ainsi, chacun les voudra avoir et les préférera à l'espèce.

Les intéressés de la Banque recevront dans leurs bureaux particuliers lesdits billets en payement pour le prix de 100#, et, à leur exemple, personne ne fera difficulté de les recevoir, puisque c'est leur avantage par le hasard qu'ils ont de gagner sans risque de perdre.

Il sera fait défense de les recevoir à plus bas prix que celui de 100#, sans que personne soit obligé de les prendre, si l'on ne veut, tant en payement qu'autrement.

Cette Banque fera que la compagnie sera toujours en état de prêter à S. M. telles sommes qu'elle voudra à un intérêt fort modique, avec une facilité pour les faire compter en quelque endroit que le Roi ordonnera dans le royaume, sur les frontières, et même chez les étrangers.

Elle fera aussi que le commerce de France augmentera de moitié, et par conséquent les fermes et revenus du Roi augmenteront de même.

Les gens d'affaires, marchands et autres auront l'avantage de pouvoir mettre leur argent en sûreté dans cette Banque, et celui de négocier, faire des entreprises et commercer sans risque de protêts, faillites et autres incidents fâcheux qui arrivent souvent chez les banquiers et commerçants.

Les commissionnaires de la Banque de France qui seront dans le pays étranger donneront leurs billets ou lettres, ainsi que font les banquiers de ces pays-là, à tous ceux qui auront à faire dans le royaume : pour quoi on en assurera la commodité partout où il sera besoin, avec cette différence que les banquiers ne sauroient donner à aussi bon marché leurs lettres que les commissionnaires leurs billets.

Ce sera encore un moyen pour attirer l'or et l'argent des pays étrangers en France, et de gagner sur eux, par nos billets, ce qu'ils ont pu gagner sur nous par l'augmentation des monnoies, qui monte à des sommes immenses.

Tous ceux qui tiennent leur argent amorti dans leurs coffres le sortiront en cette occasion, puisqu'il ne sauroit leur rendre aucun intérêt, et, étant aussi sûr dans la Banque que dans leur bourse, ils aimeront mieux des billets, dans l'espérance de gagner des lots.

Le banquier aura la permission de faire le change et de prêter le fonds de la Banque, suivant ce que vaudra l'argent sur les places, avec les sûretés convenables, savoir : au Roi, aux financiers, aux trésoriers, aux marchands, et autres.

En cette manière, la Banque est plus belle et plus sûre pour le banquier, et plus commode pour les peuples, qui ne se ressentiront jamais que d'un gros profit.

Nul ne peut être opposé à ceci, puisque rien n'est contre les ordonnances et règlements de S. M., et qu'un pareil établissement rétablira certainement le commerce ruiné, et sera agréable à tout le monde, par l'épanchement des billets qui donneront de l'argent.

La Banque répandra tous les mois 196,000# dans cent cinquante familles, et par an 2,352,000# en dix-huit cents familles : ce qui sera à perpétuité, sans aucune perte ni dérangement à la ferme générale [et autres] fermes de S. M., sans impôts, taxes, ni autre chose qui soit à [la charge] du Roi ni de son peuple. Au contraire, ils en tireront avantage, parce [qu'il] ne se fait rien de force, et que le tout est volontaire.

Il est inutile de dire que la Banque ne se remplira pas, attendu que 50,000,000# font une grande somme. Il n'est point nécessaire que le peuple porte de l'argent à la Banque : on n'en demande point. Elle est remplie, aussitôt qu'elle est ouverte, par les intéressés mêmes; une seule déclaration ou édit affiché, avec les noms desdits intéressés, qui déclarera qu'ils recevront à leur bureau particulier ces billets pour 100#, fera que l'on recevra plus volontiers lesdits billets que si c'étoient effectivement des espèces d'or et argent, par les avantages qu'ils donnent.

S. M. pourra trouver dans cette Banque le moyen de se passer pour l'avenir de la Caisse d'emprunts, et celui d'en acquitter les billets, cet établissement étant de toute autre considération pour ses intérêts que celui de la loterie royale, qui n'est que de 2,000,000# lorsqu'elle sera remplie, et autres que l'on dit être sur le bureau pour un fonds de 4,000,000#.

Le grand mémoire fait voir clairement une infinité d'avantages qu'il y a de faire un pareil établissement dans le royaume. Il seroit désiré, utile, agréable, et au soulagement de tout le monde.

(Archives nationales, F[7e] 1002.)

Le sieur Rochon *au* Contrôleur général.

A Paris, le 30 Octobre 1708.

Monseigneur, le sieur Jaquetti m'est venu dire que la proposition qui avoit été faite par le sieur Pélissier et sa compagnie, de 29,000,000# pour l'établissement d'une banque générale en France, a été acceptée. Si cela étoit, Monseigneur, je serois obligé de vous supplier très humblement de vous souvenir que, outre cette somme, le sieur Pélissier et ses associés doivent fournir à S. M. un ouvrage de pierres précieuses pour faire le retable de la chapelle de Versailles, et que vous avez eu agréable, Monseigneur, d'en voir l'échantillon, lorsque j'eus l'honneur de vous présenter ledit sieur Jaquetti; que le sieur Pélissier et ses associés en doivent payer 210,000# audit sieur Jaquetti, suivant leur traité, dont je joins une copie. Le sieur Jaquetti ajoute que, feu M. Mansart ayant fait la proposition au Roi, S. M. vous la renvoya, Monseigneur, le 23 mars dernier : en suite de quoi le sieur Jaquetti eut l'honneur de vous présenter son placet. Mais il n'osoit pas ajouter aussi, en ce temps-là, Monseigneur, qu'il avoit donné en même temps un billet audit sieur Pélissier, par lequel il s'étoit obligé de lui fournir sur le marché une boîte de pendule montée d'agates d'Orient, rubis, saphirs, émeraudes et autres pierres précieuses, qu'il estime 10,000 écus, destinée pour M. Mansart, et cette destination secrète, qui doit être changée, m'a d'autant plus attaché à cette affaire, que je suis persuadé, Monseigneur, que le sieur Pélissier et ses associés ne vous en ont point parlé, et que le sieur Jaquetti veut avec bonne foi exécuter toutes leurs conventions. Cet excellent ouvrier n'est venu en France que sur les ordres de feu M. Colbert; il a consommé son bien et son temps à faire ces grands ouvrages pour le Roi, qui lui restent depuis tant d'années sur les bras. C'est ce qui le rend si attentif, Monseigneur, au succès de la proposition du sieur Pélissier et de ses associés, et qui me fait prendre la liberté de vous écrire, en vous assurant du très profond respect avec lequel je suis, Monseigneur, votre très humble et très obéissant serviteur.

Rochon.

Je, soussigné, tant en mon nom et comme ayant pouvoir de mes associés au nombre de quarante, dont la compagnie est formée pour l'établissement d'une Banque générale en France suivant les mémoires et projets présentés au Roi avec la proposition signée de ladite compagnie, portant offre de 29,000,000# pour S. M., promets, audit nom, payer et faire compter par ladite compagnie à M. Jaquetti, lapidaire ordinaire du Roi, la somme de 210,000#, en quatre payements, savoir : 60,000# comptant, le jour qu'il me sera permis, par édit, déclaration ou autrement, de faire ledit établissement de Banque; et les trois payements restants, chacun de 50,000#, payables de trois en trois mois consécutivement au premier payement; pour sûreté de quoi il sera remis par ladite compagnie, audit sieur Jaquetti, quinze billets de 10,000# chacun, payables au porteur, en espèces sonnantes, valeur reçue dudit sieur Jaquetti; et ce, pour le prix et valeur d'un ouvrage de pierres précieuses consistant en trente-trois morceaux de différentes hauteurs et grandeurs, représentant fleurs, fruits, vases et oiseaux en relief et au naturel, appartenant audit sieur Jaquetti, que l'on destine pour faire le tabernacle de la chapelle du château de Versailles, et ainsi que Mgr de Mansart les a vus. Et en cas que ladite proposition ne fût pas agréée du Roi et de son Conseil d'aujourd'hui au 15 du mois d'avril prochain, ou que mondit seigneur de Mansart ne voulût pas se charger de la proposer à S. M., le présent écrit sera nul et de nul effet. Fait double, celui-ci pour M. Jaquetti, à Paris, le 17 mars 1708.

Signé : Jaquetti et Pélissier.

(Archives nationales, Papiers du Contrôle général, G7 435.)

M. Voysin, secrétaire d'État, à Mme de Maintenon.

Versailles, ce 3 Juin 1709.

L'expédient si avantageux que l'on vouloit proposer, Madame, pour abolir tous les billets de monnoie et pour donner 20,000,000# au Roi, étoit de convertir les billets de monnoie en billets d'une Banque royale, et en faire une plus grande quantité. C'est à peu près ce qui avoit été projeté il y a quatre mois. Alors, ce projet fut combattu par de bonnes raisons : on prévit que cela ne réussiroit point, et que les nouveaux billets mettroient le public dans un plus grand embarras, en sorte que l'argent seroit encore plus resserré. Ainsi, la proposition ne m'a pas paru mériter d'être portée à M. Desmaretz, qui n'a pour objet présentement [que] d'abolir les billets de monnoie [par] la fabrication de nouvelles espèces.

(La Beaumelle, *Lettres de Mme de Maintenon*, édit. 1789, t. VIII, p. 55-56.)

Le sieur S. Bernard au Contrôleur général.

Paris, le 9 Novembre 1709.

Monseigneur,

J'ai reçu l'ordre que vous avez eu la bonté de m'envoyer pour Messieurs les juge et consuls. Je vous en remercie très humblement. J'irois à Versailles y recevoir vos ordres, si ma santé n'étoit pas un peu altérée par quelques accès de fièvre que j'ai, causés du chagrin que m'a donné la mort d'un de mes commis à Lyon, qui étoit un homme plein d'honneur et de mérite. J'y ai encore un autre commis qui est fort mal. Je crois, Monseigneur, que Votre Grandeur sera à Paris mercredi au soir; je vous supplie très humblement de m'ordonner l'heure que vous souhaitez que j'aie l'honneur de me rendre en votre hôtel. Si vous voulez bien avoir la bonté de me faire envoyer les mémoires que MM. Anisson, Mesnager, Hénault et Bellanger ont faits sur la Banque, je travaillerai à y répondre. On ne peut rien faire de mieux pour le bien de l'État et les intérêts du Roi.

Je suis, avec un attachement inviolable et un très profond respect, Monseigneur, votre très humble et très obéissant serviteur.

Bernard.

Mémoire de l'auteur de la proposition.

Pour connoître parfaitement ce que c'est que la Banque, il faut entrer exactement dans la pensée de celui qui l'a proposée, savoir à fond ses vues et son esprit, et, en même temps, examiner la situation des affaires en général, peser ce qui s'est passé depuis quelques années et ce qui arrivera dans la suite, si l'on n'y apporte quelque remède. On concevra aisément qu'il est absolument nécessaire de chercher des moyens qui rétablissent la confiance et qui procurent une circulation qui est arrêtée par le discrédit et qui cause un désordre si général dans le royaume, qu'il n'y a personne qui ne le ressente d'une manière très sensible.

Il est donc à propos que l'auteur fasse connoître l'utilité de son projet et les vues qu'il a pour le soutenir, et qu'ensuite il prévienne les objections qu'on pourroit faire sur ce qu'il propose.

Son projet ne tend qu'à l'utilité publique et à remettre en crédit une partie du papier du Roi, afin que le prince et ses sujets se puissent servir de ce papier aussi utilement que de l'argent, sans aucune perte que celle de l'escompte de 10 p. 0/0.

Pour cet effet, on a proposé la Banque, pour être un dépôt public dans lequel chacun portera volontairement ce papier pour y avoir compte ouvert, au moyen de quoi on pourra s'acquitter avec son créancier.

Les vues de l'auteur sont de ne recevoir dans la Banque qu'une certaine quantité de papier, et de telle qualité qu'il plaira à Monseigneur d'ordonner.

La quantité ne doit pas excéder, dans le commencement, la somme de 30,000,000#, et la qualité devroit être des assignations, ou enfin partie d'autre papier, mais toujours jusqu'à la concurrence de 30,000,000#.

Cette quantité n'étant pas trop forte, les actions ne seront point méprisées. Au contraire, elles seront recherchées avec empressement, parce que chacun en aura besoin pour remplir les fonctions de son commerce. Ainsi, l'argent et l'action de banque seront toujours au pair, sans aucune différence de l'un à l'autre, parce qu'il y aura autant de personnes qui auront besoin des actions de banque comme il y en aura qui les voudront vendre.

Sur ce fondement, le papier se mettra en crédit et l'argent circulera plus abondamment. Il ne sera pas recherché avec le même empressement qu'on le recherche à présent parce qu'on ne peut pas s'acquitter d'une autre manière. C'est un fait incontestable que l'empressement que chacun a d'avoir des espèces en fait la rareté, et l'offre continuelle qu'on fait du papier le fait mépriser et discréditer.

C'est un point qu'il ne faut pas perdre de vue, qu'il n'y doit avoir dans la Banque que le fonds qui est nécessaire pour la circulation, et surtout dans le premier temps de son établissement. Avec cette précaution, les actions seront recherchées avec empressement, au pair des espèces, et l'argent circulera sans peine et sans usure.

Comme la Banque fera cesser l'usure, il ne faut pas s'étonner s'il y a des gens dont le sentiment est contre l'établissement d'icelle, parce qu'elle leur empêchera de continuer l'usure qu'ils font à présent. Ainsi, on ne doit pas s'arrêter à ce qu'ils diront, vu que cela ne procède que d'un intérêt particulier, et nullement pour le bien public.

Ils ne manqueront pas de dire, pour couvrir leurs vues particulières, des raisons qui auront l'apparence du bien public, et que l'auteur de la Banque n'a fait ce projet que pour avoir occasion de passer ses assignations. Monseigneur sait très bien qu'il n'en a aucune, et que ce n'est réellement que dans la vue du bien public qu'il a donné son mémoire de la Banque. Il n'y a qu'à examiner avec un peu d'attention les raisons de part et d'autre, et l'on connoîtra aisément que l'auteur de la Banque parle pour le bien public, et que les autres ne parlent que par un esprit d'intérêt particulier.

Enfin, si l'auteur du mémoire savoit les raisons dont on se servira pour détourner l'établissement de la Banque, il se fait fort de répondre solidement à tout ce qu'on objectera contre. En attendant, il ne sera pas hors de propos de faire connoître plus clairement que les raisons dont on se servira pour détruire la Banque ne procèdent que d'un intérêt particulier et personnel, et que la crainte qu'ils ont de ne pas faire valoir leur argent, par l'établissement de la Banque, aussi avantageusement comme ils font à présent, leur suggère des raisons pour détourner la Banque. En effet, si on examine le caractère de ceux qui s'y opposent, on trouvera que ce sont presque toutes des personnes qui n'ont jamais servi le Roi, dans aucune occasion, de leurs fonds ni de leur crédit; parce qu'ils n'oseroient demander les conditions qu'ils exigent des particuliers avec qui ils font des affaires. Ces conditions leur sont si avantageuses, qu'ils ne voudroient pas qu'il y eût jamais aucun remède qui rétablît la confiance, parce qu'elle est contraire à leurs intérêts.

Il faut donc être en garde sur les raisons qu'ils diront contre la Banque et examiner s'il ne vaut pas mieux soulager le public en général par son établissement, plutôt que de laisser continuer l'usure qui ruine absolument la plus saine partie du royaume et qui met tous les sujets du Roi hors d'état de lui être d'aucun secours et de se pouvoir acquitter de ce qu'ils doivent, en sorte que, sans le secours de la Banque, l'argent sera toujours rare et le papier méprisé, et le discrédit deviendra encore plus grand.

Ceux qui s'opposent à la Banque ne veulent pas entrer dans ce qu'elle peut avoir d'utile et de nécessaire pour le bien public. Ils font un monstre de la différence qu'il y a du gouvernement de France à celui d'Hollande, et, à leur dire, il vaut mieux laisser périr l'État, plutôt que de chercher un remède qui le soulage. Toutes leurs raisons ne sont fondées que par la crainte que leur intérêt particulier ne souffre quelque diminution sur le profit qu'ils ont accoutumé de faire.

Il faut leur faire voir que la proposition de la Banque n'a rien de mauvais, et qu'au contraire tous les principes sont bons, si la Banque est conduite avec les précautions qu'on se propose de pratiquer dans la régie.

Messieurs les examinateurs posent d'abord que les actions de banque perdront autant que les assignations. Si cela pouvoit arriver, on convient avec eux qu'il ne faudroit pas songer à établir la Banque, et que le remède ne vaudroit pas mieux que le mal.

Mais, pour détruire ce faux préjugé, il faut développer les vues de l'auteur de la Banque, et, pour cet effet, il faut observer qu'il n'embrasse pas un objet aussi étendu comme on pourroit croire, c'est-à-dire que, dans le premier temps de son établissement, il ne charge la Banque que d'une quantité de papier proportionnée à la circulation, afin que, par ce moyen, les actions soient recherchées avec le même empressement que l'argent, et qu'à mesure qu'il y aura des personnes qui voudront vendre leurs actions, il s'en trouve d'autres qui les achèteront.

On ne croit pas que personne puisse disconvenir que la Banque ne soit plus commode pour le public, par le moyen de ses virements, que de la manière qu'il se pratique à présent, où chacun est obligé de recevoir et de payer en espèces, où très souvent une même somme, sortant des mains d'une personne, y revient le même jour après avoir passé par diverses mains.

Cela donne une extrême attention à tous ceux qui ont à recevoir et à payer. Il faut, pour cela, avoir des gens qui ne font autre chose. Il y a des risques et autres inconvénients. On évite tout cela par le moyen de la Banque.

Voyons à présent si l'action de banque sera susceptible de perdre, lorsqu'on voudra avoir des espèces contre des actions de Banque.

On a déjà dit que la Banque ne recevroit que pour 30,000,000# d'assignations ou autre papier. Ces 30,000,000# ne tomberont pas à la Banque tout à la fois. Cela ne se fera qu'à proportion des échéances de ce qu'on doit. Par exemple, une personne qui aura pour 100,000# d'assignations, et qui ne devra que 20,000#, ne portera à la Banque que pour 20,000# d'assignations, et gardera le reste pour jouir de l'escompte qu'il donneroit à la Banque pour y avoir du fonds comptant. Ainsi, d'un côté, les 30,000,000# d'assignations ne tomberont dans la Banque qu'au bout d'un certain temps après son établissement, et de l'autre, cela produira deux bons effets: le premier, que les assignations se remettront infailliblement en crédit; et le second, que la recherche des espèces cessera totalement à l'égard de ceux qui auront des assignations. Voilà deux choses auxquelles il faut faire attention, savoir : la cessation de la recherche des espèces, qui ne seront pas demandées avec le même empressement, et le nouveau crédit que les assignations acquerront, parce que, par le moyen de la Banque, on n'en négociera que très peu dans le public.

De cette manière, les actions de la Banque seront recherchées, et on fera commerce de prêter pour six mois ou pour un an, avec un intérêt, comme on fait celui de prêter des espèces. Ainsi, ceux qui se trouveront forcément dans la Banque auront chaque jour nombre d'occasions pour les vendre et pour les placer avec un intérêt, et ceux qui voudront avoir des espèces en trouveront sans peine contre des actions, parce que le nombre ne sera que proportionné à la circulation.

Il ne faut pas craindre que les changes étrangers fassent

aucune variation, non plus que les changes des provinces sur Paris, parce que les actions seront au pair de l'argent, à l'exemple de ce qui se passe à Amsterdam, où tout le monde préfère l'action de banque à l'argent, à cause de sa commodité pour le public.

Enfin, lorsque l'auteur saura les objections qui seront faites contre sa Banque, il se fait fort d'y répondre d'une manière si solide, qu'elle ne laissera aucune difficulté. En attendant, comme il faut absolument un remède pour rétablir la confiance, si ces Messieurs en ont un meilleur que la Banque, ils le doivent donner, afin de témoigner leur zèle pour le bien public. Ce n'est pas assez de critiquer : il faut proposer des expédients, afin que Monseigneur prenne ce qui sera le plus convenable.

(Archives nationales, Papiers du Contrôle général, G⁷ 716.)

* En marge : « La Banque en pourra prendre davantage, à mesure que la confiance se rétablira. »

Mémoire des Députés du commerce sur la proposition de l'établissement à Paris d'une Banque générale et royale, semblable à celle d'Amsterdam, dont le fonds sera formé par des effets en papier.

Les députés ne parleront sur cet établissement que par rapport au commerce; ils laisseront à MM. les fermiers et receveurs généraux à traiter cette matière par rapport aux finances, et ils s'en remettent à la prudence de Messieurs du Conseil pour discuter si un établissement qui a eu du succès dans un État républicain dont les sujets sont pleins de confiance pour leurs régents peut réussir dans un État aussi despotique que la France, et dont les besoins pressants ont forcé toutes les mesures capables de former quelque confiance, quand même on pourroit espérer d'en trouver dans un gouvernement monarchique.

On ne peut s'empêcher de dire d'abord que, quant au commerce, le préjudice qu'il recevroit de l'établissement de cette Banque seroit infini; mais, comme on prétend qu'elle est modelée sur celle d'Amsterdam, on croit qu'il est nécessaire, avant d'entrer dans les objections, d'exposer quelque chose de sa fondation et des règles qu'on y garde, afin de voir si la copie est conforme à l'original.

La Banque d'Amsterdam fut fondée en 1608. Le Conseil ou le Sénat de cette ville demeura garant des fonds qu'on y porteroit, et affecta pour cette garantie les biens et les revenus de sa régence : c'est pourquoi ce Conseil s'en est réservé l'administration, et commet pour cela annuellement quatre de ses membres, qui ont chacun une clef, sous lesquelles le trésor de cette Banque est renfermé; car les fonds qu'on y porte ne sont composés qu'en espèces ou en matières d'or et d'argent, dans la forme qu'on dira ci-après.

Le secret que l'on garde dans cette régie a été si grand jusqu'à présent, qu'il n'a pas été possible de savoir à quelles sommes ont monté les fonds de ce dépôt public. On a tant d'attention pour la conservation et la sûreté des livres de comptes et des caisses, qui sont dans l'hôtel de ville d'Amsterdam, enfermés dans des armoires de pierre et pratiqués dans les gros murs, qu'ils se trouvèrent préservés, en 1655, de l'incendie qui consuma cet hôtel de ville.

Il seroit trop long à détailler les autres précautions que l'on garde pour le bon ordre de cette régie. La principale et la plus importante règle est, comme on l'a déjà dit, qu'aucun particulier n'est reçu à y apporter des fonds qu'en espèces courantes ou en matières d'or et d'argent. On n'y connoît point les papiers, pas même les lettres de change acceptées, quoique cet effet soit le plus accrédité dans les villes de commerce, et surtout dans celle d'Amsterdam, dont les habitants sont tous négociants. Les monnoies courantes n'y sont même reçues qu'au-dessous de leur valeur dans le public, en sorte que les rixdales et les écus d'Hollande, qui valent 50 s. dans le cours, n'y sont pris que pour 48 s. : ce qui fait 4 p. o/o de différence au bénéfice de la Banque. La seconde règle, qui y est observée de même très exactement, est que les actionnaires retirent leurs fonds en tout ou en partie, et en argent comptant, toutes les fois qu'ils le demandent, pourvu que les caissiers en soient avertis la veille du jour qu'ils veulent avoir leur remboursement.

Dans la suite de cet établissement, les États-Généraux d'Hollande, prévoyant qu'ils en pourroient tirer de grand secours et voulant donner à cette Banque plus de réputation, engagèrent leur État en général à la garantie de ses fonds, et, afin d'inviter les étrangers à y prendre la même confiance qu'y avoient leurs propres sujets, ils se sont prévalus de l'étendue de leur commerce avec toutes les nations du monde, et ont ordonné que les lettres de change tirées sur la Hollande et qui y sont négociées seroient acquittées en banque, hors que le payement n'en fût stipulé en argent courant : en sorte que près de la moitié des marchandises étrangères se trouvent acquittées par des rencontres de parties en banque, et l'autre moitié ne laisse pas de se payer comptant en argent courant; et, pour procurer à chaque négociant des fonds toujours prêts pour servir de rencontre ou de compensation des lettres de change ou des marchandises dont le payement se fait en banque par virement de parties, ils ont introduit une coutume, parmi les négociants, que, dès qu'il se fait quelque établissement nouveau, ou de maison de banquiers, ou de magasin de marchandises, ce nouveau négociant n'acquiert point de crédit sur la Bourse qu'il ne se soit formé un fonds d'argent comptant en Banque par des espèces courantes qu'il y porte; et cette coutume s'est si bien établie parmi eux et a donné tant de crédit à leurs négociants, que les étrangers même qui ont relation de commerce avec les Hollandois se sont trouvés forcés, pour y acquérir aussi du crédit, d'y faire de même des fonds en banque, en y portant de l'argent comptant.

C'est par de si sages règlements, par une si industrieuse conduite, et par la réalité des espèces qu'on y a portées, que les Hollandois ont fait le fondement de leur Banque et ont formé la confiance que leurs sujets et tous les étrangers ont à cet établissement. Il sera difficile d'ébranler de semblables fondements tant que les Hollandois travailleront avec autant d'attention qu'ils le font à maintenir leur commerce avec toutes les nations, et, hors que les États de l'Europe ne veuillent donner une pareille attention à régler leur propre commerce par des moyens simples et naturels, comme on y peut parvenir, et qu'on ne s'efforce de borner celui de ces républicains, ils se trouveront toujours en état de troubler, comme ils le font, le repos de leurs voisins.

Cette peinture, vraie et sincère comme elle est, fait bien voir que la Banque de Paris ne peut ressembler que par le nom seulement à celle d'Amsterdam. Le fonds de celle-ci est uniquement de l'or et de l'argent; on propose de faire le fonds de l'autre avec un effet si douteux et si décrédité dans le commerce, c'est-à-dire d'un papier qui souffre 50 ou 60 p. o/o de perte, qu'on s'étonne comment on a pu se former un édifice de crédit et de confiance sur le fondement d'un effet si décrié. Les choses étant ainsi, quelle comparaison peut-on faire du commerce de Paris et de celui de toute la Hollande?

Le proposant est tout aussi mal fondé, quand il prétend que toutes sortes de payements au-dessus de 300# soient forcément faits en banque. A-t-il pu oublier que les fabricants des provinces viennent vendre en gros à Paris, et à terme de huit ou dix mois, leurs toiles, leurs étoffes de soie et de laine, leurs dorures, leurs cuirs, leurs denrées, enfin tout ce qui est nécessaire pour la consommation de cette grande ville, et que ces mêmes fabricants, du produit de ces ventes, ont besoin d'espèces pour payer, chaque semaine, l'ouvrier qu'ils emploient, et, tous les six mois, le prix des matières premières que les négociants du premier ordre font venir pour eux de l'étranger : en sorte que, sans la réalité de ces espèces, ces étrangers ne nous vendroient point leurs matières, et le petit peuple, sans ce payement réitéré toutes les semaines, ne sauroit payer la taille et les autres subsides.

On ne peut donc tirer d'autres conséquences de la démonstration qu'on vient de faire, si ce n'est que l'établissement frivole proposé feroit cesser totalement les relations de confiance qui sont entre la capitale et les provinces. Les marchands de Paris se trouveroient bientôt forcés d'y porter des espèces pour y payer comptant ce qu'ils y achèteroient, et, s'ils y trouvoient des marchands assez débonnaires pour leur vendre encore à terme, ce seroit sans doute en billets payables au-dessous de 300#, pour éviter le payement en banque; mais la crainte qu'on auroit, par l'exemple du passé, qu'on ne dérogeât à cette clause en faveur du proposant, et qu'on obligeât de recevoir en banque des sommes moindres que 300#, engageroit infailliblement les uns et les autres à ne faire des billets à terme que pour être acquittés dans les villes du voisinage de Paris dans lesquelles les payements en banque ne seroient point admis.

Il seroit donc tout à fait inutile de former une Banque qui tomberoit dès sa naissance, puisqu'elle feroit cesser toute relation, non seulement des provinces avec Paris, mais de tous les étrangers avec toutes les villes de commerce du royaume. En effet, peut-on se persuader que le Hollandois qui fournit les épiceries aux marchands épiciers de Paris, que l'Anglois de qui on reçoit le plomb et l'étain, que l'Espagnol qui nous envoie la cochenille, la laine et les bois de teinture, que l'Italien dont nous tirons l'alun, la soie et l'huile, voulussent tirer, comme ils font aujourd'hui, des lettres de change sur leurs débiteurs pour en recevoir le payement en papier décrédité, ou pour avoir en banque un compte ouvert? Cela ne sauroit être admis en quelque temps que ce soit, et encore moins en celui-ci, où notre commerce est si décrédité.

Il en arriveroit, au contraire, beaucoup d'autres maux contre le bien de l'État et celui du commerce, lesquels on ne répareroit pas dans la suite; mais, pour éviter la prolixité, on se contentera d'en exposer deux seulement.

Le premier est que la disette d'espèces augmenteroit dans Paris au delà de ce qu'on peut s'imaginer; car, comme on l'a déjà dit, les marchands de cette ville ne pourroient plus s'en passer, par les remises qu'ils seroient forcés de faire aux étrangers afin d'avoir les différentes choses qui ne se trouvent point en France, non plus que pour les payements qu'il faudroit nécessairement faire aux ouvriers des provinces.

Le second inconvénient est que les effets en papier tomberoient en plus grand décrédit qu'ils ne sont aujourd'hui, parce qu'on s'obstine toujours aux choses forcées, tels que seroient ces payements en banque.

Enfin, cette confiance qu'on prétend, dit-on, rétablir par cette Banque se trouveroit bientôt détruite; car, supposé qu'il restât encore à Paris des banquiers après l'établissement en question, il est très certain qu'ils ne fourniroient pas leurs lettres de change sur les étrangers sans en avoir reçu préalablement le montant en espèces, puisqu'un quart d'heure de confiance seulement, en lâchant leurs lettres, les exposeroit à recevoir en banque en papier ce qu'ils auroient payé eux-mêmes en argent comptant à leurs correspondants.

Par toutes ces raisons et une infinité d'autres dont on feroit un volume, si on vouloit les rapporter, il résulteroit que la capitale du royaume seroit sans commerce avec nos provinces et avec les étrangers, et qu'ainsi la plus belle et la première ville du monde seroit abandonnée par ses habitants, et tomberoit par conséquent en ruine. Les députés concluent donc que cette proposition doit être rejetée, et ils pensent, s'il est permis de parler ainsi, qu'il n'y a point de puissance divine ni humaine qui puisse donner à cette proposition un bon succès, parce que la matière y manque.

(Dépôt des affaires étrangères, France, vol. 137, f° 130-132.)

Proposition de Banque.

Établissement à Paris d'une Banque générale comme celle d'Amsterdam, pour être la caisse de tous les négociants et gens d'affaires.

Elle payera les dettes des uns aux autres par virement de parties.

Elle n'aura besoin d'aucunes espèces.

Tous les payements pour finance ou commerce excédant 300# se feront à la Banque.

La Banque recevra les effets qui auront des payements destinés, et encore les autres effets qui seront à la satisfaction de la Banque.

On y tiendra compte du capital en entier, à la déduction de l'escompte.

EFFET DE LA PROPOSITION.

Rétablir les effets en papier dans leur crédit naturel.

Mettre les porteurs des effets en état de s'en servir comme argent comptant, au lieu que des sommes immenses en argent ne feroient pas cet effet.

Cet établissement fera cesser le besoin de l'espèce.

Il donnera lieu de décrier entièrement les anciennes espèces, avec faculté de les porter à la Banque avec un sixième en billets de monnoie.

Le public profiteroit par là, en recevant à la Banque un crédit pour de l'espèce ancienne qui n'auroit plus de cours.

L'établissement ne coûtera rien au Roi, et lui fera de grandes épargnes. La Banque recevra des assignations qui lui produiront de l'argent, et elle ne donnera au public que son crédit, avec lequel il payera. Cela fera un grand fonds à la Banque, et fera baisser les escomptes.

Les porteurs d'assignations et les fournisseurs trouveront leur compte, car ils auront toujours à la Banque la valeur des assignations, et, si les assignations n'étoient pas acquittées à leurs échéances, la Banque les feroit renouveler à l'insu du public.

La seule publication de l'édit fera tomber des trois quarts la perte du papier. La perte du papier du prince va à moitié, et celle des particuliers à proportion.

OBSERVATIONS SUR LA PROPOSITION.

L'état présent des affaires est ce qui porte le Conseil à écouter les propositions de la nature de celle qui se présente, pour voir s'il s'y trouvera quelques expédients présents et prompts à exécuter pour prévenir, dans l'année où nous allons entrer, les inconvénients des besoins qui sont à leur comble, si on n'y pourvoit de manière ou d'autre.

Il faut convenir que cette situation demande des moyens extraordinaires, quand même ils pourroient intéresser l'état et la condition de plusieurs des sujets du Roi, parce qu'il s'agit de sauver la chose publique, et que la matière naturelle qui soutenoit cet État manque avec l'industrie et le crédit qui ont soutenu jusqu'à présent.

C'est par ces considérations qu'on a cru devoir faire beaucoup d'attention sur la proposition de l'autre part, pour voir si on en pouvoit mettre à profit une partie, ou si, dans ses vues, on pourroit tirer de quoi y suppléer par l'expérience des personnes qui ont été nommées pour l'examen de cette proposition.

Il s'agit donc d'appliquer cette proposition à l'état présent du commerce, de la finance et du reste de la société, parce qu'elle embrasse ces trois choses, pour voir si elle contient le secours qu'elle promet.

Le commerce de France est proposé devoir être modelé, arrangé et assujetti actuellement sur celui d'Amsterdam, par la nouvelle Banque expliquée par l'extrait de l'autre part, en y intéressant tous les sujets du Roi, comme tous les sujets de la république de Hollande le sont à celle d'Amsterdam. Sur quoi, Messieurs les Députés du commerce de France (*en marge :* MM. Anisson, Mesnager, Chauvin) ont fait un mémoire particulier qui ne traite que cet article du commerce, duquel il résulte :

Que les principes de l'établissement de la Banque d'Amsterdam sont directement opposés à ceux de la Banque qu'on propose, en ce que la Banque d'Amsterdam n'admet point d'autres fonds que des espèces courantes et des matières d'or et d'argent; encore les monnoies courantes n'y sont-elles reçues qu'au-dessous de leur valeur dans le public, en sorte que les écus d'Hollande ou les rixdales, valant 50 s., n'y sont pris que pour 48 s., pour laisser 4 p. o/o de bénéfice à la Banque. Ainsi, nul papier n'est admis dans cette Banque, quel qu'il soit, pas même les lettres de change, et on y rembourse en tout temps en espèces ceux qui veulent être remboursés.

Cela posé, comment appliquer à cette Banque, si solide et si estimée dans toute l'Europe, la proposition d'une Banque qui ne recevra et ne donnera que du papier qui est notoirement décrédité au point qu'il perd le tiers, la moitié et les trois quarts de sa valeur dans les négociations actuelles qui s'en font, et qui bientôt n'aura plus du tout de cours?

C'est sur ce fondement que Messieurs les Députés du commerce concluent, contre cette Banque, qu'elle feroit cesser totalement les relations de confiance qui sont entre la capitale et les provinces et celles des étrangers avec toutes les villes du commerce du royaume, que la disette d'espèces en augmenteroit dans Paris au delà de tout ce qu'on en peut penser, parce que les marchands de Paris ne pourroient plus s'en passer pour les remises à faire aux étrangers pour en tirer leurs besoins qui ne sont point en France, et que l'usage forcé de ce papier achèveroit de le décréditer sans retour.

Les motifs de cet avis sont plus amplement traités par le mémoire de Messieurs les Députés du commerce, qui mérite d'être lu dans son entier, et dont on a rapporté ici seulement le précis, pour l'appliquer à l'avis qu'il s'agit de former. Ce qu'on prend la liberté d'ajouter à cet avis et à ses principes est que, quand l'intention du Roi seroit d'établir en France cette Banque à l'instar de celle d'Amsterdam, on doute que la tentative en pût réussir dans la paix la plus profonde et dans la plus grande abondance d'espèces et de commerce, parce qu'elle répugne au lieu, aux personnes et aux choses par la différence du gouvernement. Ainsi, comment pourroit-on espérer d'y réussir aujourd'hui que la proposition contient son exclusion formelle par la non-valeur de l'effet dont on veut composer cette Banque et par l'opposition publique qu'elle recevra très assurément de la part des bons négociants et marchands qui sont fidèles à l'État et à leur condition, parce qu'elle est capable d'achever de renverser le peu de commerce et de commerçants qui se soutiennent encore avec tant de peine par leur industrie et leur bonne foi, malgré l'état défavorable et périssant de ce commerce.

Si l'on vouloit réformer le gouvernement par cette nouveauté extraordinaire dans le commerce de la France, conviendroit-il d'exposer aux yeux de l'Europe une pareille résolution du Conseil avec l'impossibilité évidente qu'elle contient, et surtout aux yeux des Hollandois, pour vouloir les imiter avec l'impuissance de le faire? Si, au contraire, ce n'est qu'une tentative forcée et de conjoncture, comment peut-on penser que le soulagement dont le commerce a besoin par beaucoup plus d'espèce qu'il n'y en a sur la place puisse se trouver dans cette Banque en y renvoyant tous les payements à faire, en commerce comme en finance, au-dessus de 300#, quand l'auteur déclare lui-même qu'il n'y veut présentement que du papier, auquel il veut donner par autorité la valeur de l'espèce réelle, avec l'espérance que ceux qui ont de l'espèce la porteront à cette Banque pour la convertir en ce papier? Cette seule exposition de l'intention de la proposition et de ses fondements contient un contradictoire si manifeste entre l'intention, les moyens et l'effet de la proposition, qu'on ne peut, avec toute la bonne volonté possible de la faire valoir, s'empêcher d'être tout à fait d'accord avec Messieurs les Députés, que la proposition sur cet article du commerce, non seulement n'y feroit point de soulagement, mais, au contraire, qu'elle y est toute périlleuse, et qu'elle n'y seroit point reçue.

La finance, à l'état de laquelle l'auteur du mémoire espère remédier par la Banque qu'il propose, doit être l'objet principal de l'examen de la proposition, car c'est la cause particulière du mal qu'il s'agit de conjurer pour quelque temps, et dès aujourd'hui, parce qu'il ne faut pas penser à satisfaire à ce besoin, la chose étant impossible, mais à prévenir le plus grand mal qui en peut arriver en 1710 par quelque soulagement.

La raison pour laquelle il faut un remède à ces dettes du Roi du passé pour calmer le public là-dessus pour quelque temps est que l'état du royaume ne permet guère d'espérer de trouver dans les revenus, ni dans les expédients de 1710, de quoi parer aux dépenses les plus indispensables de ladite année, parce que la taille manquera pour beaucoup, les fonds s'en consommant actuellement en partie par des impositions en grains, et cela par nécessité absolue de le faire et parce que les fermes générales ne peuvent recevoir de droits sur le vin, puisqu'il manque, ni de droits sur le sel, par le défaut des blés qui contribuent à cette consommation et par le faux-saunage public, que la conjoncture ne permet pas de réprimer. C'est pourquoi on dit qu'il s'agit de conjurer ce besoin du passé, pour quelque temps, par des expédients qui les empêchent de s'accumuler aux besoins nouveaux de 1710, de crainte de la conséquence que cela emporteroit.

Sur cela, Messieurs les receveurs généraux des finances (*en marge* : MM. Delacroix et Lallemant) appelés à l'examen de cette proposition sont entrés dans le détail de la nature de ces dettes pour voir celles qui peuvent s'accommoder de la Banque proposée et y recevoir le remède proposé, et celles qui en sont à exclure pour leur trouver un autre secours. Ce détail étoit nécessaire, avec la distinction de la différence de ce papier, pour fonder les deux parties qu'ils proposent.

Ces dettes du Roi consistent en papier de huit espèces. En voici la désignation et les avis de Messieurs les receveurs généraux sur chacune.

AVIS DES RECEVEURS GÉNÉRAUX SUR LES SIX PREMIÈRES ESPÈCES.

1. Assignations du Trésor royal.	Elles sont assignées sur des traités; on n'a pu les suivre.
2. Billets de l'extraordinaire des guerres.	Ils ont la conversion en rentes et augmentations de gages.
3. Billets particuliers des receveurs généraux des finances.	Ils proposent de les acquitter sur leurs recettes.
4. Billets particuliers des fermiers généraux.	Les convertir en promesses de la Caisse des emprunts.
5. Billets des traitants.	Les obliger de les acquitter.
6. Billets de la Monnoie.	Attendre leur suppression de la Monnoie.

Restent :

7. Les promesses de la Caisse des emprunts;

8. Et les billets à cinq ans faits par les fermiers et receveurs généraux des finances au lieu des billets de monnoie supprimés à la décharge du Roi.

Messieurs les receveurs généraux des finances estiment que ces deux dernières espèces de papier peuvent être mises à la Banque dont il s'agit, parce qu'elles circuleront et passeront en toutes mains, et qu'au lieu que ce papier perd moitié dans les négociations, il ne perdra plus rien du tout, puisque la Banque lui en donnera crédit et valeur pour la totalité.

Ils proposent de liquider le principal et les intérêts de ces deux sortes de papiers avant de les mettre à la Banque, et d'affecter à la sûreté de ce payement les fermes et le dixième des fermes et des tailles, et de fixer plusieurs années pour l'acquittement de cette dette en paix.

Leur sentiment n'est pas pourtant que cette Banque soit forcée, mais que les parties intéressées aient le choix de cette Banque ou des rentes de la Ville.

Par l'examen qu'on a fait de cette ouverture de Messieurs les receveurs généraux des finances, on voit bien qu'elle a pour but de donner à ce dernier papier un mouvement et un gage comme aux six autres espèces de papier, dans la vue et l'espérance de lui donner une débouche ou une issue dès aujourd'hui pour consoler et suspendre le désespoir des porteurs de ce papier, qui meurent de faim avec ce bien-là; mais on ne voit pas quelle sûreté nouvelle le public reçoit par là, ni quel secours présent on lui présente.

C'est ce qui fait douter, sur ces promesses de la Caisse des emprunts et sur ces billets à cinq ans, qu'aucun des porteurs les voulussent confier à la Banque, parce qu'il n'y reçoivent ni fonds ni assurance. C'est un dépouillement de leur gage, et puis c'est tout. Si le Roi veut donner à ce papier une sûreté pour la suite, il vaut tout autant qu'il reste à la disposition des propriétaires pour en prendre des rentes ou des augmentations de gages, comme le proposent Messieurs les receveurs généraux, sans le canal de la Banque; et le public n'en jugera pas autrement. Au contraire, cela peut être pris en mauvaise part en plus d'une manière. Ainsi, il semble qu'il vaut autant laisser les choses en l'état qu'elles sont à cet égard. La raison est que, si l'on obtient la paix, que le public regarde prochaine par le besoin qu'il en a, ce public compte que la foi du ministre donnera toute la sûreté possible à ce papier; et si, au contraire, la guerre continuoit, la Banque ne peut rien opérer sur ce papier que de très périlleux pour ceux qui l'y auroient placé.

Par ces raisons, il semble que la Banque tombe d'elle-même par rapport à la finance comme par rapport au commerce, si on ne lui veut donner, suivant l'avis de Messieurs les receveurs généraux, pour objet, que les promesses de la Caisse des emprunts et les billets des fermiers et receveurs généraux, qui sont payables à cinq ans, que le public n'y voudroit pas confier, parce qu'il n'en pourroit recevoir la valeur nécessaire à la subsistance des parties intéressées. Sur quoi, on doit ici cette justice à Messieurs les receveurs généraux qu'ils ont dit, lors de la discussion faite avec eux de ce moyen qu'ils proposoient, qu'ils en avoient bien prévu le contredit et qu'ils ne l'avoient proposé que comme un véhicule nouveau à tenter en faveur de ce papier, parce qu'il ne pouvoit pas se décréditer plus qu'il l'est, et parce qu'il est bien de conséquence de pourvoir à cette partie.

De cela on conclut que la Banque ne peut donc convenir aux besoins, ni au crédit de ce papier de finance, non plus qu'à celui du commerce, parce qu'elle ne sauroit fournir actuellement ni argent, ni destination, ni sûreté; et c'est uniquement de quoi il s'agit.

Il seroit à désirer pourtant de trouver, au défaut de cette Banque, un expédient qui pût produire en partie l'effet qu'elle promettoit, et qu'elle ne sauroit tenir, parce qu'il faut tâcher de donner au public quelque satisfaction pour arrêter le désespoir des porteurs de ce papier qui n'ont que cela pour vivre.

Or, par la discussion faite des effets ci-dessus, on convient avec Messieurs les receveurs généraux des finances que les deux articles qui demandent attention sont les promesses de la Caisse des emprunts et les billets à cinq ans, parce que ces deux articles intéressent une grande partie du public, vu les sommes immenses contenues dans ces deux sortes de billets, et vu qu'on ne paye ni capital ni intérêt et qu'on ne donne là-dessus aucun signe de vie au public, dont plusieurs périssent avec ces deux effets.

Sur les billets de monnoie.

La fabrique de la nouvelle monnoie avance la suppression de ce papier autant que la conjoncture peut le permettre. C'est la seule défiance publique sur la conjoncture qui empêche la fabrique de faire son effet sur ce papier. Si la paix étoit déclarée, la fabrique, en l'état où elle est, feroit tomber l'usure qui s'exerce là-dessus. Ce qu'il y a de certain est que ce papier fournit de l'argent à ceux qui en ont besoin, et c'est beaucoup, malgré la perte qu'il supporte. Ainsi, sur cet article, qui paroît sans conséquence, il n'y a qu'à attendre l'effet de la fabrique.

Sur les billets des traitants.

Le public en espère le payement; il ne demande que la liberté de se faire payer. On sait de reste que ce sont des avances faites au Roi; mais il y a là-dessus une balance à faire avec la place et les billets d'avance pour le Roi, pour voir la vérité du fonds de cette affaire, ce qui est d'une discussion étrangère à ce mémoire. Mais cet article est encore sans conséquence en faisant payer aux porteurs de ces billets ce qui a été réglé par le dernier arrêt rendu par Mgr le Contrôleur général, en attendant qu'il y soit pourvu autrement.

Sur les billets des fermiers généraux faits pour les besoins particuliers, et que le Roi a déclarés au public être sa dette.

On en a promis au public le payement en 1710 sur les fermes générales, car ce sont billets faits pour le Roi; et ce, à commencer au moins de janvier prochain. Et cela ne paroît guère possible, parce que le fonds qu'on y destinoit est manqué par le défaut des récoltes et par le besoin supérieur qui est survenu. La proposition d'en faire des promesses de la Caisse des emprunts peut être bonne; mais il faut auparavant donner à ces promesses une nouvelle valeur par le payement des intérêts, quand ce ne seroit qu'au denier vingt. Avec cela, on apaisera le public et on le disposera à la conversion proposée, et non autrement; et c'est ici un article et un secours essentiel.

Sur les billets payables en cinq années faits par les fermiers et receveurs généraux au lieu des billets de monnoie.

La déclaration du Roi qui renvoie en 1710 le payement de ces billets par le Roi expirera au 1er janvier prochain. Il faudra une nouvelle déclaration pour la prorogation en 1711; mais il faut un fonds pour les intérêts: cela est indispensable. Les porteurs ont mis des affiches pour marquer leur désespoir; c'est un article aussi essentiel que le précédent.

Sur les billets des receveurs généraux des finances.

La proposition de les acquitter avec les deniers de la taille seroit à désirer en toute manière. Il n'est question que de la rendre compatible avec les besoins de 1710: ce qu'on aura peine à justifier. Or, cela étant, il n'y a guère de parti à prendre que celui du renouvellement en payant l'intérêt. Le public a confiance à ces signatures, et ces renouvellements paroissent sans conséquence en donnant à Messieurs les receveurs généraux les assurances convenables là-dessus.

Sur l'extraordinaire des guerres.

Le Roi, par une déclaration, a désigné le fonds qu'il pouvoit donner pour ce papier. On l'exécute. Ainsi, il ne paroît pas possible de rien changer à cela, et cette exécution paroît sans conséquence.

Sur les assignations.

Cette affaire est importante, car ce sont des assignations échues, et pour des sommes très considérables. Mgr le Contrôleur général avoit néanmoins pris des arrangements assez justes et assez étendus pour satisfaire entièrement le public là-dessus en 1709 et 1710; mais les récoltes qui, depuis cet arrangement, ont manqué, ont emporté le fonds destiné au payement desdites assignations, et, comme la ressource de cette affaire ne peut guère se tirer que de la connoissance générale et particulière de l'état présent des finances, on estime que cet article doit être référé à Mgr le Contrôleur général.

On conclut donc, sur la partie des finances, après cette discussion faite de la qualité des dettes et du papier dont il s'agit, que la Banque proposée sur ce papier de finance achèveroit de perdre le crédit du Roi et mettroit le désespoir dans l'esprit des porteurs de ce papier. Ils en connoissent la non-valeur; mais ils ont l'espérance du payement à la paix. Il faut leur laisser leur papier, et non pas le leur ôter pour le donner à des acteurs à eux inconnus qui paroissent ignorants sur la matière qu'ils traitent et décrédités par leur propre mémoire, vu les mauvaises vues qui y sont insérées.

Quant au secours à suppléer à cette Banque pour le papier ci-dessus mentionné, on estime que, toute discussion faite de la nature de chaque papier et vu l'impuissance absolue de la part du Prince de fournir quant à présent aucun secours réel pour l'acquittement de tous ces papiers échus et échéants, vu que ce qui reste de ressources ne sera pas suffisant pour les besoins indispensables de 1710, on estime, tout considéré, que ce qu'il y a de plus essentiel et de plus important est le secours proposé sur les promesses de la Caisse des emprunts et les billets à cinq ans, et que l'inquiétude cessera sitôt qu'on aura ouvert le payement de ces intérêts. Il sera considérable, à la vérité; mais, étant réduit au denier vingt, si on le résout, on croit qu'il deviendra possible, et que le public pourra, quant à présent, s'en satisfaire par la connoissance qu'il a des besoins et par le soulagement que cela lui procurera.

Quant à la proposition de la Banque en général, pour l'appliquer à tout le public qui n'est point chargé de ce papier et qui n'est ni commerçant ni financier, et pour forcer le public à prendre pour de l'argent tout ce papier décrédité, il a été fait là-dessus un mémoire particulier (*en marge :* M. Béranger, notaire) par lequel on établit que, la Banque proposée à Paris manquant du fondement qui soutient celle d'Amsterdam, qui est l'argent comptant et le remboursement toujours assuré, elle se détruit d'elle-même; qu'au lieu que cette Banque puisse rendre la confiance à ce papier, elle resserrera l'argent, dans la crainte de le voir changer en crédit de banque; que cette Banque feroit cesser le commerce de toutes [sortes] d'affaires, car, quoiqu'il soit dit par la proposition que la Banque ne sera que pour les affaires de finance et de commerce, comme elles sont indivisibles de celles des autres biens, les unes feront tomber les autres par leur liaison nécessaire. Fera-t-on des mariages, des achats de charges ou de terres, en crédit de banque, et un homme d'épée ou de robe prendra-t-il en payement de banque des billets au porteur qu'il avoit gardés pour ses besoins de famille? On ne voudra ni vendre ni prêter qu'à condition d'exclure la Banque; auquel cas, que deviendra la Banque? Sur quoi, le mémoire conclut que la proposition est périlleuse et capable d'achever la ruine de l'État. Ce mémoire est ci-joint, pour être vu dans toute son étendue; il n'est ici rapporté que pour fonder l'avis qui est à donner sur l'application générale que cette Banque influeroit.

Sur quoi, on se réduit à dire que la proposition aboutit à vouloir faire recevoir le papier ci-dessus dans le public pour de l'espèce réelle et à le faire par le moyen de la Banque proposée. Si cela est, il semble qu'il est aisé, sur l'expérience de ce qui est arrivé, de prendre parti sur cette proposition; car le billet de monnoie est un papier qui a été introduit pour de l'espèce dans le public, et tel en a été l'événement par l'usage qu'on en a fait, que le dommage et le péril en subsistent encore, et que l'État aura peine à s'en relever. Et quant à la Banque, on sait quel écueil on a évité par la prudence de Mgr le Contrôleur général dans celle qui a été refusée. Or, le papier et la Banque qu'on propose encore aujourd'hui n'ont guère de différence, dans leur principe et leur vue, qu'un plus grand péril d'y entendre, par le décri absolu de la matière qu'on veut faire recevoir pour espèce, par sa destination qui ne peut recevoir d'exécution, par les mains suspectes qui doivent gouverner l'entreprise sans y avoir intérêt que l'espoir du bénéfice de leur savoir-faire, et par la situation présente des affaires du royaume, qui est absolument opposée à ce risque.

(Archives nationales, Papiers du Contrôle général, G⁷ 716.)

Proposition d'une Banque.

(Note autographe de M. Desmaretz.)

Janvier 1710.

La perte excessive des billets de monnoie accablera tous les financiers.

Elle coûte au Roi des sommes immenses. Dans toutes les négociations, outre le change, la différence du prix des espèces et les intérêts du retardement des assignations éloignées qui se donnent en payement, il faut tenir compte de la perte qui se trouve sur les billets de monnoie.

A l'égard des gens de finance, ils ne trouvent plus à emprunter que moitié, ou au moins le tiers, en billets de monnoie, à rembourser tout en espèces.

L'excès de l'usure est connu et public; les peines ordonnées, les exemples sévères de châtiments ne l'ont pu réprimer. Le sentiment commun est que, si on peut fixer la valeur des billets de monnoie et trouver un moyen de les convertir en argent avec une perte modique et certaine, le public seroit fort soulagé et on préviendroit un désordre inexprimable, qui peut arriver, si on néglige les expédients.

Celui de la Banque peut seul produire l'effet de soutenir les billets de monnoie.

Les noms des directeurs de la Banque.

La forme pour les autoriser.

Les commissaires du Conseil pour avoir la direction de ce qui regarde l'intérêt public.

La proposition d'établir une Banque pour retirer les billets de monnoie à 5 p. o/o de perte a été bien examinée et bien discutée le samedi 29 de décembre, en l'assemblée tenue chez M. le Chancelier.

On y lut l'édit qui a été projeté, contenant seize articles, auxquels il y a quelques changements à faire peu considérables.

On convint de trois points, sur lesquels roule tout le succès de cet établissement :

Le premier, que la perte sur les billets de monnoie augmente ou diminue selon les événements qui déterminent l'opinion et leur valeur; que cette perte accable ceux qui la souffrent et donne occasion à des gains injustes et immenses à ceux qui ont de l'argent; que, pour faire cesser un désordre aussi préjudiciable à l'État, il étoit nécessaire de fixer la valeur des billets de monnoie : ce qui ne pouvoit arriver qu'en les payant, ou en substituant des billets qui pussent produire de l'argent quand on le voudroit;

Le second point, que, pour parvenir à cet établissement, il faut une confiance du public en la personne de ceux qui seront directeurs et intéressés en la Banque :

Les sieurs Bernard et Nicolas, les sieurs Fayart de Paris et de Lyon;

Et le troisième, qu'il étoit nécessaire de voir des fonds actuels et effectifs pour les premiers mois, qui ne peuvent être moindres de quatre millions par mois, et que, si la Banque peut être soutenue pendant les trois premiers mois, on peut avec raison espérer que cet établissement produira des effets très avantageux.

(Archives nationales, Papiers du Contrôle général, G[7] 710.)

Projet d'édit pour la création d'une Banque.

Janvier 1710.

Louis, etc. Quelque soin que nous ayons pris jusqu'à présent pour remédier aux embarras que les billets de monnoie ont causés dans le commerce, il nous a été impossible d'y parvenir par toutes les déclarations que nous avons données sur ce sujet soit pour en assurer le payement, soit en prononçant des peines contre ceux qui en empêchoient la circulation par les pertes qu'ils faisoient souffrir à ceux qui se trouvoient avoir besoin d'espèces; et considérant que les mêmes abus se continuent, nous avons cherché avec soin les moyens qui pouvoient être les plus avantageux à nos sujets pour leur utilité, leur sûreté et la facilité de leur commerce, et nous avons cru qu'il n'y en avoit point de plus propre pour leur procurer ces avantages que d'établir une Banque royale qui sera tenue par des personnes puissantes, d'un crédit et d'une probité connue, entre les mains desquelles ceux qui se trouvent à présent porteurs des soixante et douze millions des billets de monnoie signés par le prévôt des marchands et syndics de notre bonne ville de Paris pourront les rapporter pour les convertir en billets de banque de 100# chacun, jusqu'à la concurrence des sommes qu'ils leur apporteront, lesquels auront cours dans le public pour la somme de 100#. Mais, comme cet établissement n'auroit pas un succès plus commode, si les billets de banque ne produisoient à ceux qui en seront porteurs des espèces dans les temps qu'ils en auront besoin, ils pourront, si bon leur semble, les rapporter à la Banque pour y prendre et recevoir 95# en espèces; et pour établir une égalité parfaite entre le public et la Banque, il sera permis à tous les particuliers de porter à la Banque la même somme de 95# en espèces pour y prendre un billet de 100#. Et en attendant que les fonds que nous destinons aux directeurs soient échus, nous avons résolu de leur procurer tous les avantages qui pourront les exciter à employer leur crédit pour en avoir de suffisants pour maintenir la circulation des billets de leur Banque entre le public et elle, qui lui sera aussi agréable que commode et utile pour son commerce.

Et pour ne pas priver ceux qui convertiront les billets de monnoie en billets de banque du total des intérêts dont ils sont payés présentement, nous avons résolu que la Banque payera tous les premiers jours de chaque mois l'intérêt de la somme de soixante-douze millions, sur le pied de 5 p. o/o, à tous les porteurs de billets de banque; mais, comme cet intérêt, tout considérable qu'il est dans sa totalité, fait un objet si médiocre dans le détail, qu'il seroit difficile d'en faire le compte chaque fois que le billet changeroit de main, entreroit ou sortiroit de la Banque, nous avons résolu de composer une loterie à laquelle les porteurs de billets de banque seulement auront part, qui sera de la somme de 300,000#, à laquelle montent les intérêts des soixante et douze millions par mois. A CES CAUSES, etc.

1.

Voulons qu'il soit établi une Banque royale dans notre bonne ville de Paris, dans laquelle les porteurs de billets de monnoie signés du prévôt des marchands et syndics, montant à la somme de soixante-douze millions, seront convertis en billets de banque de 100# chacun.

2.

Les directeurs de la Banque convertiront incessamment en billets de banque les billets de monnoie qui leur seront apportés, sur lesquels nous leur permettons de retenir 5 p. o/o à leur profit.

3.

Les directeurs de la Banque ne pourront faire ni délivrer dans le public plus de sept cent vingt mille billets de 100# chacun, faisant ensemble la somme de soixante-douze millions.

4.

Les billets de banque qui seront délivrés seront numérotés et enregistrés dans un registre paraphé par (*un blanc*) au fur et à mesure qu'ils seront délivrés.

5.

Les billets de nos Monnoies qui seront retirés par les caissiers de la Banque seront pareillement enregistrés dans un autre registre paraphé comme dessus, et biffés en présence de celui à qui l'on délivrera les billets de banque.

6.

Les billets de banque auront cours dans le public et seront reçus dans notre royaume pour la somme de 100# dans tous les payements qui seront de pareille somme ou au-dessus, et non au-dessous, à commencer du jour de l'enregistrement du présent édit.

7.

Un mois après que chacun des billets de nos Monnoies auront été convertis en billets de banque, les porteurs d'iceux pourront, si bon leur semble, les rapporter à la Banque, pour y prendre et recevoir 95# en espèces, que nous enjoignons aux directeurs de fournir pour chaque billet de 100#.

8.

Et afin que le public ne puisse se plaindre que les directeurs aient aucun avantage sur lui en ne lui donnant que 95# pour un billet de 100#, ils seront pareillement tenus de délivrer et rendre à tous ceux qui voudront fournir à la Banque la même somme de 95# en espèces, en des billets de banque, aussi de 100#, qui leur auront été rapportés.

9.

Pour éviter l'embarras que pourroit causer le compte de l'intérêt de chaque billet de banque toutes les fois qu'il changeroit de mains, voulons et nous plaît que, tous les premiers jours de chaque mois, il soit tiré une loterie de la somme de 300,000#, qui fait 3,600,000# par an, à quoi monte l'intérêt des soixante-douze millions à raison de 5 p. o/o, à laquelle les porteurs de billets de banque seulement auront part, et qui sera tirée à porte ouverte, en présence d'un commissaire par nous nommé; pour les frais de laquelle les directeurs retiendront 10 p. o/o sur chacune loterie.

10.

Le commissaire fera enregistrer sur-le-champ les numéros, dans l'ordre qu'ils auront été tirés, dans un registre par lui paraphé; et sera imprimée une liste contenant les numéros, leur rang et la qualité du lot que chaque numéro aura gagné, laquelle liste sera affichée le 2e à la porte de la Banque et aux lieux accoutumés.

11.

Le 3 du mois, les porteurs de numéros gagnants pourront aller à la Banque et seront payés du lot qui leur sera échu, en remettant au caissier leur billet, sur lequel sera fait mention du lot que le billet aura gagné.

12.

Permettons aux directeurs de prendre de toutes personnes, de quelque qualité et condition qu'ils soient, même des étrangers, les fonds qu'ils jugeront à propos, et leur donner l'intérêt dont ils conviendront.

13.

Déclarons lesdits fonds, ensemble ceux de la Banque, exempts de toute saisie, même pour deniers royaux, droits d'aubaine, confiscation pour cause de guerre ou autrement, nonobstant tous édits, déclarations, ordonnances ou coutumes à ce contraires, auxquels nous avons expressément dérogé par le présent édit.

14.

Que toutes les matières d'or et d'argent qui seront apportées dans les hôtels de nos Monnoies par les directeurs, ou aucun d'eux, y seront fabriquées en espèces courantes à leur choix, au titre ordinaire, pour être rendues poids pour poids et titre pour titre à celui qui les auroit fait apporter, les exemptant de tous droits et frais, même de ceux du monnoyage.

15.

Les billets de nos Monnoies continueront d'avoir cours en la manière ordinaire pendant quatre mois à compter du jour de l'enregistrement du présent édit, lequel temps nous avons jugé plus que suffisant pour en faire entière conversion.

16.

L'intérêt des billets de nos Monnoies présentement échu, et qui échoira jusques au jour de l'enregistrement du présent édit, sera payé par les directeurs de la Banque à raison de 7 1/2 p. o/o; à l'effet de quoi nous remettrons à la Banque tous les fonds nécessaires; et, du jour dudit enregistrement, voulons que l'intérêt desdits billets de monnoie demeure réduit, et ne soit plus payé par les directeurs de la Banque qu'à raison de 5 p. o/o, dont ils feront la liquidation et le payement, lorsque les billets de monnoie leur seront présentés pour les convertir.

(Archives nationales, Papiers du Contrôle général, G7 716.)

Proposition pour l'établissement de la Banque royale, dans laquelle sera fait un fonds supposé de cent cinquante millions d'actions.*

2 Septembre 1710.

Les actions de cette Banque seront chacune de 1,000#; on pourra les faire de sommes plus fortes ou plus petites : ce qui sera fort aisé à déterminer, de même que la manière de les stipuler et de les faire signer.

On choisira en même temps ceux que l'on croira propres pour la régie de cette Banque, de la caisse et des registres; tout cela regarde la forme.

Toutes les actions de ladite Banque porteront intérêt à 6 p. o/o par année, qui seront très exactement payés. Il faudra en assurer le fonds en sorte que personne n'en puisse douter, et que, pour quelle raison et prétexte que ce soit, il ne puisse cesser d'être reçu.

L'exemple du crédit des billets de monnoie doit servir de règle dans cette occasion : si on avoit été exact au payement des intérêts, on auroit conservé la confiance à ces papiers.

Les actions de la Banque seront vendues à tous ceux qui se présenteront pour les acquérir. Il ne faut pas penser de trouver de l'argent pour le total; mais on est persuadé que, recevant en payement les quatre quints en billets royaux et l'autre quint en argent comptant, on en trouvera aisément le débit. Si M. le Contrôleur général juge à propos de n'en faire donner qu'un sixième, il sera encore plus aisé : en sorte qu'il tirera 200,000,000# de papier et recevra 40,000,000# d'argent comptant.

Le décrédit de ces papiers qui seront pris en payement, la grosse perte que l'on souffre à présent pour en faire de l'argent persuadent qu'un chacun sera empressé de les porter à la Banque; mais il faudra, pour cela, destiner un fonds certain pour le payement des intérêts, qui sera fait en argent comptant à la fin de chaque année. On croit qu'il sera nécessaire, à cet effet, d'établir par le même édit une subvention générale, qui sera annuelle, levée sur les sujets du Roi pour 14 ou 15,000,000#.

En continuant de payer les rentes du rachat de la capitation, cette subvention paroîtra moins rude; il est juste qu'un chacun fasse des efforts dans des semblables conjonctures à celles où nous nous trouvons.

Le Roi ordonnera que les fonds qui proviendront de cette subvention ne pourront être portés ni délivrés qu'à la caisse de la Banque royale, sans qu'ils puissent être employés à d'autres usages, et que ceux qui auront des actions de ladite Banque, et par conséquent les intérêts à en recevoir, pourront les compenser sur ce qu'ils devront de leur subvention, se payant de part et d'autre le plus ou le moins.

On croit qu'il sera très à propos d'établir dans les principales villes du royaume des caisses particulières pour les actions de la Banque.

On donnera auxdites actions le nom d'*argent de banque*, qui pourront être négociées par les propriétaires et porteurs d'icelles ainsi qu'ils le jugeront à propos.

Il ne faudra pas tenir des comptes particuliers dans les registres à tous ceux qui acquerront lesdites actions : cela seroit bon en un sens, mais trop assujettissant; il faudra laisser la liberté à un chacun d'en disposer à sa volonté.

Comme l'établissement de cette Banque demande en même temps la suppression des billets de monnoie, on croit qu'il sera utile et avantageux d'ordonner qu'il sera permis de payer à l'avenir un quart en argent de banque, comme on payoit un quart en billets de monnoie.

Il faudra réfléchir si l'on permettra à tous les débiteurs de se libérer ainsi, c'est-à-dire les trois quarts en argent comptant et le quart en argent de banque, nonobstant les stipulations contraires de payer tout en espèces. Cela demande beaucoup d'attention, et on ne seroit pas de cet avis; mais il paroît qu'il y auroit un grand soulagement pour les actionnaires de la Banque qu'ils ne pussent être poursuivis par leurs créanciers par emprisonnement de leurs personnes et vente de leurs biens, en leur donnant en nantissement leurs actions de banque, pour en jouir par eux, et des intérêts, jusqu'à leur payement.

Si cela est ainsi ordonné, plusieurs feront des efforts pour en acquérir, parce que la plus grande partie des gens d'affaires se trouvent beaucoup de papier, nombre de créanciers, et peu d'argent.

Le commencement de l'établissement de la Banque pourra souffrir quelques difficultés; mais, quand on sera persuadé d'un fonds certain pour les intérêts, que S. M. s'engagera, de l'avis de son Conseil et de nos seigneurs les princes, qui s'engageront aussi (car il faut quelques termes hors de l'usage), que ce fonds ne sera point diverti ailleurs, qu'elle promettra de faire le remboursement des actions de Banque en argent comptant immédiatement après la paix, et qu'elle libérera la Banque chaque année d'un dixième ou d'un douzième du principal, les actions de ladite Banque s'accréditeront.

L'on ne pense pas que l'on puisse, quant à présent, rien faire de plus utile pour le bien de l'État et l'avantage des particuliers.

On objectera qu'il y a beaucoup plus de papiers royaux que de 200,000,000#; que l'établissement de la Banque pourra donner à ceux qui resteront un plus grand discrédit, et même faire fermer l'argent comptant : ce qui seroit fort contraire au service du Roi et au bien de l'État.

On répond que cet établissement, au contraire, fera voir la bonne volonté de S. M., qu'elle veut se libérer, et qu'on ne doit pas présumer qu'elle paye les uns pour faire perdre les autres.

Les papiers qui resteront seront pris pour un tiers ou pour la moitié dans les affaires extraordinaires. Leur décrédit est un secours assuré pour les finances, parce que chacun, pour les écouler, continuera à faire des efforts.

Quant à l'argent monnoyé, il ne faut pas croire que l'établissement de celui de la Banque puisse le faire fermer; on se persuade que, bien loin de cela, ceux qui en auront le porteront à la Banque royale pour faire écouler leurs papiers du moment que l'on sera convaincu que les actions en seront certaines, que les fonds pour les intérêts seront bien assurés. Il ne faut pas craindre que l'argent comptant se ferme, du moins celui qui est présentement dans le commerce. Le temps du rabais des espèces arrivera, et pour lors les actions de la Banque gagneront, bien loin de perdre, et, si une fois elles sont accréditées, et qu'on en ait, à la fin de la première année, touché les intérêts, on les fermera plus soigneusement que l'argent comptant.

On est même, par avance, convaincu que, si l'établissement de la Banque royale est suivi d'une exactitude telle qu'on se la propose, le crédit et la confiance reviendront absolument dans les finances.

En tout cas, M. le Contrôleur général ne risque rien, dans cet établissement, que de procurer au Roi un grand secours pour la campagne prochaine. Si la Banque échoue, on n'en sera pas plus mal. Plus j'ai examiné ce projet, plus il me semble être assuré de la réussite. La liberté aux particuliers d'acquérir les actions fera qu'ils le feront avec empressement. Les termes de l'édit, les assurances qu'il faudra absolument donner feront le meilleur effet du monde. On ne trouve aucun inconvénient. On fera payer des intérêts à ceux qui n'en recevoient point; le capital est autant assuré qu'il l'étoit; en un mot, 40 ou 50,000,000# d'argent comptant mérite que l'on hasarde un édit : quand il en produiroit beaucoup moins, ce seroit toujours quelque chose.

Il y aura plusieurs observations à faire au cas que cette Banque fût établie; mais il paroît inutile d'entrer dans la forme jusqu'à savoir si le fond sera trouvé bon.

(Dépôt des affaires étrangères, France, vol. 137, f° 57 v°.)

* En marge : « M. Desmaretz avoit marqué en tête de ce mémoire : Reçu le 2 septembre 1710. »

Projet de Banque générale présenté par le sieur LE BARTZ.

A Paris, ce 26 septembre 1710.

Monseigneur,

J'ai l'honneur d'envoyer à Votre Grandeur un projet pour mettre les porteurs des assignations et billets de monnoie en état de s'en aider sans perte. Si elle l'approuve, je puis l'assurer qu'il tombera incessamment de ces papiers dans la caisse pour des sommes fort considérables. On ne manquera pas de personnes intelligentes pour le gouvernement de cette affaire.

Il me paroît que, par cet établissement, on ne hasarde qu'à se trouver dans une meilleure situation que l'on est. Si, dans son exécution, il arrivoit chose qu'on ne prévoit pas, il n'y a qu'à cesser et rendre à un chacun les effets qu'il y aura mis.

La chose ayant un heureux succès, comme il y a pour des sommes immenses de ces papiers dans le public, qui restent dans l'inaction, devenant à se déboucher par ce moyen, il ne faut pas douter que cela ne donne de grandes aisances au commerce et au service du Roi. Il y a une infinité d'affaires qui ne peuvent se dégager parce qu'on ne peut rien faire de ces papiers, et que ceux qui en ont n'ont pas d'argent.

Si Votre Grandeur juge à propos de communiquer ce mémoire à des négociants, il seroit à propos de leur faire entendre que ce n'est pas pour le contredire comme des avocats, mais au contraire pour ajouter à la lettre, sans néanmoins que cela les empêche de le contredire, si, dans le fond, ils ne l'approuvent pas; et cela en termes particuliers, et non en termes généraux, parce que je pourrai peut-être détruire les termes positifs, et je ne pourrai rien répondre aux généraux. Il n'y a presque pas de nature d'affaire qui n'ait son pour et son contre, et souvent les deux sont mauvais; mais il est des situations où on est forcé de prendre l'un des deux; ainsi on prend le moins malheureux.

J'ai l'honneur d'être, avec un profond respect, Monseigneur, votre très humble et très obéissant serviteur.

Le Bartz.

Mémoire pour l'établissement d'une Banque générale à Paris, par le moyen de laquelle les porteurs d'assignations et billets de monnoie feront leurs affaires sans être contraints de supporter les pertes qu'on est obligé de souffrir pour les convertir en espèces, et sans avoir besoin d'espèces pour s'acquitter les uns envers les autres.

Devant que j'établisse le mérite de cette proposition, il est nécessaire qu'on se représente l'état présent des affaires du Roi, ceux de ses sujets, le discrédit des assignations, billets de monnoie et autres papiers du Roi, ceux de tous les gens d'affaires, et sur la grande perte que l'on est obligé de faire sur tous ces papiers pour en faire des espèces; et on reconnoîtra que la dépense du Roi double, et qu'on doit craindre que, la guerre continuant, que tous ces papiers tombent dans un si grand discrédit qu'on ne pourra plus en faire de l'argent, quelque perte qu'on veuille faire dessus, et que cela n'empêche le service du Roi.

La quantité considérable de toutes ces sortes de papiers qui sont répandus dans le public dérange le commerce; la plupart des négociants, par l'avidité de gagner, y ont employé leur argent et ont abandonné leurs manufactures et commerce, et sont hors d'état de s'y remettre jusqu'à ce qu'ils trouvent quelque débouchement à leurs papiers. Je laisse à la connoissance du ministre à approfondir les événements qui en doivent résulter.

Les choses dans cet état, quelque nouveauté qu'on établisse, on ne sauroit presque manquer de mieux faire, et, comme la Banque que l'on veut proposer a toutes les apparences d'une bonne réussite, et que, quand cela n'arriveroit pas, le plus grand mal qui en peut arriver, c'est de retourner en l'état où l'on est; en sorte que l'on ne hasarde que de tomber mieux.

La Banque qu'on propose sera gouvernée par six banquiers des plus accrédités et de la meilleure réputation, lesquels auront quatre teneurs de livres sous eux. On recevra dans cette Banque toutes les assignations et billets de monnoie qu'on y voudra porter, et non d'autres papiers, jusqu'à savoir comme ce projet réussira. Les assignations échues seront reçues à la Banque sans aucune perte, de même que les billets de monnoie et les assignations qui ne seront pas échues ne perdront que 10 p. o/o l'année. Ces papiers émanant directement du Roi, et ceux dont S. M. peut espérer plus de secours, ainsi il y a plus d'intérêt de les accréditer et d'en diminuer la perte.

Les teneurs de livres ouvriront des comptes à tous ceux qui leur porteront de ces papiers, dans le même ordre que l'on fait en Hollande pour ceux qui portent de l'argent dans les banques de ces lieux; et quand ils auront des payements à faire, ils donneront à leurs créanciers des billets, comme on fait en Hollande, qui portent que l'on créditera le compte de leur créancier, et qu'on débite le leur de la somme qui y sera portée; et quand le créancier aura à payer à un autre, il en usera de la même manière: ainsi des uns aux autres. Il arrive souvent que, dans un jour, on a payé sur la place, en Hollande, 2 et 3,000,000#, et qu'il ne sort pas de la caisse 30,000#, et il en entre autant en recette, parce que les payements faits en banque sont préférés au payement des particuliers, de 4 à 5 p. o/o, à cause de la commodité et sûreté que les particuliers trouvent d'y avoir leurs fonds, et qu'on n'y paye pas en menue monnoie.

Pour donner de la confiance à cette nouvelle caisse, et faire tomber l'usure qui se pratique actuellement dans les négociations des assignations et billets de monnoie, il faut flatter le public de quelque réalité et être religieux à l'exécuter, car, de se servir d'expédients sans cela, c'est retomber tous les jours dans de nouveaux embarras. L'on demande donc qu'il plaise au Roi de déclarer qu'il payera tous les ans en espèces le sixième du capital des assignations et billets de monnoie que l'on portera à la Banque, en six payements égaux, de deux en deux mois; ce papier, qui est dans le discrédit, et que l'on croit qui le deviendra encore plus, le public, voyant que le Roi le veut acquitter par le ministère de cette Banque et qu['il] donne le moyen qu'on propose pour cela, préférera sans doute de porter ces assignations et billets de monnoie à cette Banque, plutôt que de les vendre aux usuriers à de si grandes pertes. Cette grande usure étant tombée, ou beaucoup diminuée, fera deux opérations: l'une, que ce papier s'accréditera, le Roi trouvera à en faire de l'argent à meilleure condition; et l'autre, que les particuliers qui en sont chargés, et qui n'en font aucun usage, en payeront leurs dettes, et se trouveront en état de faire le service du Roi et leur commerce.

Les pertes que l'on évitera au Roi par ce moyen seront deux fois plus considérables que les sommes qu'il faudra pour payer le sixième des assignations et billets de monnoie; et sans le demander directement à Sa Majesté, on croit les pouvoir trouver par les assignations qui tomberont dans la Banque, lesquelles étant dues par quelqu'un, les directeurs en donneront des bordereaux de temps en temps à Mr le Contrôleur général et recevront ses ordres pour les faire payer, et, des fonds qu'ils en recevront, pourront acquitter le sixième qui sera payé tous les deux mois par la Banque. Elle ne sera pas sitôt ouverte, qu'il n'y tombe beaucoup de ces papiers. Si le fonds qu'on espère de se faire par ces assignations [n'étoit] pas assez considérable pour payer ce sixième, S. M. y pourvoira par ailleurs; mais, comme on ne payera les particuliers que par virement de partie, et qu'il y tombera pour des sommes considérables d'assignations, il y a lieu de croire qu'on y recevra assez d'argent pour satisfaire au sixième.

Cette Banque ayant une fois acquis une réputation d'exactitude et de confiance, on n'aura point de peine à l'établir sur le pied de celle d'Hollande, c'est-à-dire à y faire porter des espèces. Ainsi, si on fait tant que de l'établir, il faut la soutenir. C'est l'établissement le plus avantageux qu'on puisse faire dans le royaume. Personne n'ignore que c'est dans les banques qui sont établies en Hollande [que] cette nation trouve des ressources pour faire la dépense de la guerre.

Il faut observer que l'on ne paye plus les assignations tirées sur les recettes générales ou particulières, et même quelques traités, qu'après avoir rebuté les porteurs en leur disant qu'il n'y a pas de fonds et qu'il n'y en aura pas; et puis les caissiers font une note des noms des porteurs, et, quelque temps après, ils leur envoient des agioteurs, pour leur demander s'ils ont des assignations sur une telle recette ou traité, dont ils sont caissiers, et on offre de payer le tout en billets de monnoie, et quelquefois une partie en billets d'ustensile, et d'autres fois en leurs billets particuliers, payables dans six mois en billets de monnoie : ce qui ruine les porteurs de ces assignations et les rebute du service du Roi. Ces caissiers sont cependant payés des receveurs des tailles, les trois quarts en argent et le quart en billets de monnoie : on peut juger de là quels sont les profits qu'ils font et combien ce commerce décrédite toutes les assignations, et comme un chacun évite d'en prendre : de sorte que, trouvant à s'en aider sans perte par le moyen de cette Banque, on s'en chargera sans doute plus volontiers; et ces directeurs, étant autorisés par Mgr le Contrôleur général, feront payer les assignations les trois quarts en argent et le quart en billets de monnoie, comme le Roi l'a ordonné.

Tous payements se faisant en banque au-dessus de 200 ou 300#, il est constant que, généralement, tous ceux qui auront des assignations ou billets de monnoie ne les négocieront plus pour avoir des espèces, parce que ces effets en papier leur serviront également pour s'acquitter; et, par conséquent, ceux qui auront de l'argent, ne trouvant plus à négocier, se trouveront forcés, plutôt que de le garder inutile, de le remettre au jour et de le donner à un intérêt raisonnable. La chose est d'autant plus vraisemblable que, supposant que la Banque fasse les trois quarts des payements qu'il y aura à faire par virement et sans argent, et, l'argent n'ayant plus à payer que le quart, que l'on fait à présent en entier, qu'il doit, par conséquent, devenir plus commun.

A l'égard des autres papiers, comme ceux des fermiers généraux, de l'extraordinaire des guerres et autres, comme ils sont signés desdits fermiers et trésoriers, le public les regarde en quelque manière comme leurs redevables, et semble ne toucher pas de si près le Roi. Cependant, après que cette Banque sera dans sa perfection, on verra quel parti on prendra pour amortir ces billets.

Quand une fois la Banque aura gagné la confiance par le bon ordre et l'exactitude qu'on y aura, on peut se flatter d'y faire tomber de l'argent comme on fait en Hollande; mais la conjoncture du temps ne permet pas que l'on porte à présent ces vues plus loin.

(Archives nationales, Papiers du Contrôle général, G⁷ 718.)

IV.

MÉMOIRE DE M. LE REBOURS SUR LES AVANTAGES D'UNE AUGMENTATION DES ESPÈCES.

Cette augmentation paroît d'abord devoir être rejetée.

On la regarde comme très nuisible au commerce, parce que l'on présume qu'elle augmente le prix de toutes les denrées, qu'ainsi elle en diminue la consommation.

Elle paroît nuisible au bien de l'État, puisque le commerce ne se peut faire sans les étrangers, desquels il faut tirer beaucoup de denrées, sans lesquelles les fabriques ne pourront subsister, et que ces denrées coûteront au commerçant un prix exorbitant, l'étranger ne pouvant prendre les espèces que par rapport à leur valeur intrinsèque.

Elle paroît aussi impraticable parce que l'on présume que ceux qui ont des espèces ne se détermineront à les porter aux Monnoies, dans la crainte d'être exposés à supporter les diminutions que l'on prévoira être inévitables, puisqu'il sera indispensable, pour rentrer dans les règles dont on propose de s'écarter, de diminuer et de réduire les espèces à leur juste valeur : à quoi l'on peut ajouter qu'il y a lieu de croire qu'y ayant un grand bénéfice à réformer en fraude, nombre de gens, engagés par l'appât du gain, réformeront en fraude, ce qui privera d'une grande partie du bénéfice que l'on espère par cette augmentation, et empêchera par conséquent que l'objet proposé de retirer le papier n'ait son exécution.

Ces quatre raisons semblent devoir engager à ne pas agréer la proposition d'augmenter les espèces.

Aussi, l'on pense qu'il n'y a que le besoin qui puisse engager à la suivre, car, s'il y avoit quelque autre moyen praticable pour libérer le Roi, et qui fût moins à charge au public, on croit qu'il devroit être préféré.

Mais, comme Monseigneur est très persuadé que tous les moyens qu'il pourra employer pour mettre le Roi en état de fournir aux dépenses inévitables de la guerre deviendront inutiles, si l'on ne libère le Roi et l'État, il faut examiner si la suppression du papier par la Monnoie n'est pas le seul expédient, et le moins à charge à l'État.

L'on le croit le seul praticable, car, pour libérer l'État de ce qu'il doit, il faut un payement réel et effectif. Les banques, les monts-de-piété, les autres natures de papiers que l'on peut proposer ne sont point des payements, et, n'étant qu'un changement de papier en un autre, on ne peut penser qu'ils puissent libérer l'État.

La suppression du papier par des loteries ou par les rentes

ne paroît guère plus praticable; car ce n'est point libérer l'État, c'est seulement forcer l'aliénation de ce que le Roi doit, et engager les biens des particuliers sur le Roi, qui reste toujours débiteur et qui constitue sur lui de nouvelles rentes, que l'on ne présume pas pouvoir acquitter, puisque l'on n'est pas en état de payer que la moitié des anciennes rentes constituées.

L'on est convenu qu'il seroit à souhaiter de ne point ordonner l'augmentation des espèces; mais, quelque inconvénient qu'il y ait, il faut examiner s'il n'y en a pas de plus grands à ne le pas faire.

La première difficulté est que les denrées enchériront.

A quoi l'on peut répondre que, quand la valeur des écus a été portée à 100 s., on devoit craindre le même inconvénient; cependant l'expérience a fait voir que cette augmentation d'espèces n'a pas augmenté sensiblement le prix des denrées.

D'ailleurs, quand elles augmenteroient, comme il s'agit de libérer l'État, ce qui ne se peut faire qu'en tirant de l'État les sommes nécessaires pour payer les dettes de l'État, on croit qu'il n'y a pas de moyen plus doux que celui de l'augmentation des espèces, puisqu'il n'y auroit que ceux qui ont des espèces qui contribueroient au payement des dettes.

La seconde objection est qu'étant indispensable pour le soutien des fabriques d'avoir relation avec l'étranger, le commerce en souffrira.

L'on convient que ce que l'on tirera du dehors enchérira. Mais, comme, dans la situation présente, le commerce est si embarrassé par le papier du Prince quasi entièrement passé ès mains du commerçant, où il tient lieu de l'espèce nécessaire à son commerce, on croit que, loin que l'augmentation des espèces nuise au commerce, elle le rétablira; car, par ce moyen, le papier étant supprimé et se trouvant converti en argent, le commerçant, ayant l'argent à la main, sera en état de bien payer ses fabricants, même d'en entretenir un plus grand nombre; par conséquent, les fabriques augmenteront, et le débit augmentera aussi très considérablement, puisque ceux qui ne se trouvent pas en état d'acheter, parce qu'ils ont la meilleure partie de leur bien en papier, achèteront beaucoup de choses dont ils se passent par nécessité, quand, par la conversion du papier en argent, ils auront les moyens de se donner, non seulement les choses nécessaires, mais même les superflues.

On croit qu'il n'y a qu'une valeur effective donnée au papier qui puisse rétablir l'État, parce que, tout autre papier qui seroit subrogé ne donnant pas de valeur réelle au papier, le commerce n'en seroit point soulagé, au lieu que, les assignations et autres papiers ayant une valeur à la Monnoie, les trésoriers, les marchands et autres se trouveront avoir des fonds et être payés de leur papier.

Cela fait même croire que, le Roi devant beaucoup d'ordonnances aux trésoriers et aux particuliers, même aux pensionnaires, il seroit peut-être à propos de faire recevoir à la Monnoie les ordonnances, en y joignant de l'argent vieux.

Par ces considérations, on croit pouvoir avancer que l'augmentation des espèces, qui paroît nuisible au commerce par rapport à la situation présente, est si absolument nécessaire pour le rétablissement du commerce, que, quand le Roi n'y auroit pas intérêt, il faudroit augmenter les espèces, afin d'ôter un papier qui fait tant de mal au commerce;

Que l'on croit que, quand on auroit la paix, il faudroit se servir de cet expédient, sans lequel le commerce ne peut être rétabli.

On y trouvera même un grand avantage dans la conjoncture présente; car tous les marchands sont refusants de fournir, comme par le passé, les habillements aux troupes, non qu'ils n'aient la même envie de gagner dans leur commerce, mais c'est qu'ils ne sont plus en pouvoir de le faire, parce qu'ils n'ont que du papier: or, dès que ce papier se convertira en argent à la Monnoie, alors chaque marchand, étant en état, s'empressera à avoir la préférence pour fournir les habillements, et cet empressement fera qu'ils donneront à l'envi les étoffes à meilleur marché.

D'ailleurs, les droits du Roi seront mieux payés, et certainement ils augmenteront, et par conséquent le fonds destiné aux rentes augmentera.

Le troisième inconvénient est que ceux qui ont de l'argent ne s'empresseront pas à le convertir, dans la crainte de supporter dans la suite les diminutions prévues.

Mais, comme, en proposant l'augmentation des espèces, on a proposé de diminuer de mois en mois les vieilles espèces et le papier, on peut penser que l'envie d'éviter une perte présente fera porter aux Monnoies.

L'on présume même que l'on y portera avec plus de vivacité que l'on n'a pas fait dans les dernières réformes et dans la refonte, parce que, pour lors, on se mettoit à l'abri de toute perte en gardant son bien en papier; mais, comme le papier diminuera aussi bien que l'espèce, il semble que l'on peut penser que l'on s'empressera à porter aux Monnoies et son argent et son papier.

D'ailleurs, comme il y a beaucoup de papier que chacun aura empressement de convertir en argent, on ne doit pas douter que l'appât de cette conversion de papier en argent n'engage tous ceux qui auront de vieil argent à le joindre au papier pour en avoir la valeur.

Peut-être que les usuriers qui n'auront que de vieil argent le voudront vendre cher à ceux qui en auront besoin pour faire passer le papier. Qu'importe! Ce sera une perte légère par rapport à ce que perd aujourd'hui le papier, et cette usure contribuera à accélérer la réformation.

La quatrième objection est que l'on réformera en fraude.

On croit que l'on ne doit guère craindre davantage la fausse réforme que la fausse refonte. Quand, en dernier lieu, l'on a augmenté les espèces, l'on n'a point appréhendé la fausse refonte. On ne croit pas que l'on doive craindre davantage la fausse réforme. Ce n'est pas tant la difficulté de l'opération qui contient les faux-monnoyeurs, que le risque de l'exposition. Or, en prenant pour la réforme proposée de bonnes mesures pour que les espèces de nouvelles réformes soient bien monnoyées, on pense qu'il n'y aura pas plus à craindre que par le passé. Mais, quand il y en auroit de faussement réformées, ce seroit une diminution de profit pour le Roi; mais ce ne seroit pas un mal pour l'État, puisque les espèces qui seroient dans le commerce seroient bonnes et serviroient également au commerce.

Mais on dira que, s'il y en avoit beaucoup de réformées, cela empêcheroit que tout le papier ne pût être converti. Cela est vrai. Mais, outre que l'on ne peut pas imaginer que la fausse réforme puisse être de plusieurs millions, il faudroit encore convenir que l'augmentation des espèces pour supprimer le papier feroit un grand bien; car, du jour qu'elle sera ordonnée, le Roi et l'État sont quittes de ce papier, et l'inconvénient prévu qu'il y auroit du papier, dans la suite, qui ne pourroit être converti, est un inconvénient très éloigné, puisque l'on ne le connoîtra qu'à la fin de la réformation.

Toutes ces raisons font croire qu'il n'y a point de meilleur moyen pour supprimer le papier que l'augmentation des espèces. Elle rétablira le commerce, les droits du Roi en seront mieux payés, l'on aura plus de fonds pour les rentes, chaque particulier jouira à l'avenir de tout son revenu, la portion que l'on veut prendre de ce revenu pour le nouveau subside sera mieux payée, ainsi que les autres revenus. C'est pourquoi on pense que, si Monseigneur commençoit par ordonner l'augmentation des espèces dans la proportion nécessaire pour supprimer le papier, s'il ordonne, en même temps, la remise en argent de tous les fonds du Roi au Trésor royal, et ensuite la levée du nouveau subside, Monseigneur aura opéré ce que l'on peut imaginer de plus grand en finance, l'ordre y sera rétabli, le Roi touchera des fonds proportionnés à peu près aux dépenses.

Ainsi, Monseigneur, administrant les biens de l'État en bon père de famille, fermera la main aux emprunts; c'est ce qui fait penser que, si ce nouveau plan peut avoir son entière exécution, Monseigneur ne permettra plus qu'il soit levé de rentes sur le Roi, ni rien reçu à la Caisse des emprunts, qui sera acquittée par la Monnoie.

L'unique moyen de ranimer la confiance est de payer comptant en argent le papier que le Roi doit, et il n'y a que la réforme proposée qui puisse opérer un remboursement si considérable, et, dès que l'on aura ouvert ce débouchement, le Roi deviendra quitte, le ministre ne sera plus importuné des porteurs de papier, et les opérations de finances deviendront d'autant plus faciles qu'il n'y aura que de l'argent, et plus de papier.

Le Roi sera libéré de plus de 25,000,000 # d'intérêts, et accordera des diminutions considérables aux taillables : ce qui assure que les revenus seront mieux et plus promptement perçus.

(Archives nationales, Papiers du Contrôle général, G[7] 1138.)

V.

CORRESPONDANCE DE P. LE PESANT DE BOISGUILBERT AVEC LE CONTRÔLEUR GÉNÉRAL.

16 Septembre 1708.

Monseigneur,

Le lendemain de l'audience que vous eûtes la bonté de m'accorder, j'eus l'honneur d'entretenir longtemps M. de Vaubourg, et je convins avec lui que je lui envoierois, sous votre agrément, par parties détachées, les unes après les autres, le modèle d'édit que M. de Chamillart me fit composer, il y a trois ans, avec M. de Chamlay, qui travailla pendant trois mois, sans discontinuation, sur mes mémoires, [et] en a gardé les pièces et l'extrait, qu'il vous rapportera quand il vous plaira. Le tout même auroit eu son effet dès la même année, et de l'agrément des peuples, ainsi qu'il fut vérifié dans la généralité d'Orléans en présence de M. de Bouville, sans que M. d'Harlay, premier président, sapa le fondement auprès du Roi en empêchant formellement que l'on n'établit et maintînt un prix aux blés qui permît de labourer toutes les terres en satisfaisant sans pertes à toutes les charges. Comme, Monseigneur, c'est, de tous points, *conditio sine qua non*, il fallut tout abandonner. Or, pour le bonheur de la France, vous ayant trouvé, il y a quatre à cinq ans, lorsque j'eus l'honneur de vous voir chez M. de Chamillart, prévenu, quoique presque uniquement parmi les personnes d'élévation, d'autres principes, j'ose dire que la réussite est aujourd'hui un coup sûr; mais je suis convenu avec M. de Vaubourg qu'avant que de lui faire tenir ce mémoire ou modèle, je ferois précéder, sous l'enveloppe de votre nom, pour sauver le port, des pièces originales pour justifier que je ne suis point assez téméraire pour croire pouvoir faire de nouvelles découvertes sur une matière qui a fait l'attention et l'étude des plus grands hommes. J'ai seulement fourni de mon travail dans la compilation, article par article, des ministères de MM. de Sully et de Richelieu, surtout du premier : ce qui, Monseigneur, vous mettra extrêmement au large à l'égard des objections qui ne vous manqueront pas de la part des personnes qui auront peine à comprendre que l'autorité, la naissance et la faveur ne sont point des titres légitimes pour s'exempter de sa juste contribution aux impôts et besoins de l'État, quelque usage qui se soit établi au contraire. Ainsi, ce n'est point mon projet; c'est celui d'abord de la justice et de la raison, exactement pratiqué par M. de Sully, l'erreur au fait y ayant apporté une extrême dérogeance depuis vingt ans, quelque sincères que fussent les intentions de Messieurs vos prédécesseurs. Tout mon extrait se réduit en deux parties. Par la première, le Roi, ou vous, rétablissez la consommation; et par l'autre, vous redemandez au peuple une partie de ce que vous leur aurez redonné. M. de Sully fit cinq articles capitaux de sa politique : les blés toujours soutenus, par un commerce libre, à un prix qui permette l'exploitation de toutes sortes de terres, puisque c'est le plus grand revenu du Roi et des peuples; les chemins libres d'un bout du royaume à l'autre; les impôts justement répartis, tant sur les personnes que sur les denrées; les douanes, aides et gabelles point excessives, de peur de causer une perte au Roi, bien loin de lui apporter du profit; et enfin les immeubles sacrés. Il déclare même que le manque d'attention à ces principes feroit périr le royaume : sur quoi, il semble que, si, depuis vingt ans, on avoit eu envie de vérifier la certitude de cette prédiction, on n'auroit pas pu agir autrement. Cependant, Monseigneur, vous avez encore un exemple en sa personne que la conjoncture présente n'est point un obstacle au rétablissement qu'il pratiqua de son temps avec avantage, puisqu'il doubla le bien du Roi en en faisant autant de celui des peuples, ayant trouvé le royaume en un état plus pitoyable, le Roi nullement obéi en quatre provinces, et seulement presque par bénéfice d'inventaire dans toutes les autres, en suite d'une guerre civile de cinquante ans qui avoit tout désolé, et les ennemis étrangers ayant pris Amiens, Calais et Doullens, et eu surtout toute la cour déclarée contre lui. Cela ne le découragea point, et la France en espère autant de vous, et seroit trompée, si, par impossible, cela n'arrivoit pas. Vous la confirmes même dans cette idée depuis six mois, ayant fait ressentir plus de repos que l'on n'en avoit éprouvé depuis vingt ans. On dit même que vous avez pris le parti de faire faire la fonte des espèces nouvellement arrivées aux dépens du Roi: par où vous laissez comprendre que vous n'estimez pas la semence que l'on jette dans la terre perdue, mais au contraire mise à usure, et que l'avenir vous est aussi cher que le présent. Avec de simples lettres, vous maintiendrez le prix des blés, et ferez par conséquent labourer une très grande partie du royaume entièrement en friche, y ayant dans la seule contrée de Bourbon cent cinquante domaines ou fermes abandonnés aux corbeaux et aux hiboux. Il ne vous en coûtera pas beaucoup davantage pour empêcher que les deux tiers de la France ne boivent que de l'eau pendant que l'on arrache les vignes de tous côtés. M. de Chamlay me dit, à mon dernier voyage à Versailles, qu'au territoire d'Auxerre la mesure de vin ne vaut que 6 d., et moi, je lui appris que l'on la vend à Caen et aux environs 24 s. Tout de même, Monseigneur, de la taille, au moins en Normandie: j'ai une liste de plusieurs grands seigneurs dont les fermiers ne payent rien, ou approchant, pendant que l'on ravage tout dans la maison d'un malheureux. M. de Sully avoit encore une maxime fondamentale de rendre ceux qui travailloient sous lui garants du succès, au moins à l'égard du payement, et il falloit que le Roi eût tout reçu auparavant que qui ce soit touchât un sol. Par ce moyen, il n'avoit jamais de non-valeurs. Il n'estimoit non plus le mérite des personnes que par le succès, dont le manque n'étoit jamais remplacé par la faveur ou la naissance. Je ferai tenir à M. de Vaubourg tout son ministère à pages pliées et surlignées, en six petits tomes, les uns après les autres, où tout ce que je viens d'avoir l'honneur de vous marquer, et ce que je débite depuis si longtemps, est marqué. Je n'aurois pas pris la hardiesse de vous adresser immédiatement ce mémoire, si ce n'avoit été pour ôter l'énigme de l'envoi de tant de volumes qui doivent passer par les mains de vos commis. Si vous trouviez à propos de les ouvrir dans le passage, pour vous en donner une première vue, qui ne vous coûtera qu'un moment, les choses se trouveroient avancées lorsque M. de Vaubourg vous feroit son rapport du tout. Je vous demande très humblement pardon ou de mon zèle ou de mon indiscrétion, et suis, avec un très profond respect, Monseigneur, votre très humble et très obéissant serviteur.

BOISGUILLEBERT.

Il me semble, Monseigneur, que vous aviez eu la bonté de me dire que vous écririez à M. de Courson de marquer aux marchands de blés de cette ville qu'ils eussent à demeurer en repos dans un procès qu'ils font aux boulangers pour avoir acheté des grains dans des greniers, et non dans le marché.

De Fontainebleau, ce 21 Août [1709].

Monseigneur,

Je me donne l'honneur de vous envoyer le projet du rétablissement de tous les premiers juges de France, dont la plupart des charges sont vacantes aux parties casuelles, et, les mêmes causes qui les y font tomber subsistant toujours, il y a tout sujet de croire, s'il n'arrive aucun changement, que ce qui en reste, quoique en petit nombre, prendra bientôt la même route. Dans toute la Normandie, Monseigneur, où l'on accuse le caractère du pays d'avoir un prix d'affection pour ces sortes d'effets plus fort qu'ailleurs, je ne sais que trois ou quatre sujets lesquels, à l'aide de leurs créanciers, ont racheté la paulette avec moi. Cependant, Monseigneur, je prétends que, par l'admission du projet que je prends la hardiesse de vous présenter, elles seront presque toutes levées avant un an, et les sièges, à peu près déserts, entièrement remplis; que le Roi recevra près d'un million, et que tout le monde sera content. Il m'a même paru, dans quelques audiences que vous m'avez fait l'honneur de me donner, que vous entriez assez, comme très éclairé que vous êtes, dans ces sentiments. M^r le Chancelier, à qui j'en ai présenté une copie par son ordre, a eu la bonté de me dire qu'il appuieroit la chose de tout son pouvoir, lorsqu'on la proposera dans le Conseil du Roi. J'espère, Monseigneur, que vous connoîtrez, par le succès de cette affaire, qu'il est très possible de tirer des secours des peuples en leur rendant, avec avantage en quelque manière, le rétablissement de leurs biens par une résurrection subite de ce qui paroissoit anéanti. Comme cet article est le moindre parmi une infinité d'autres plus considérables qui ont aujourd'hui malheureusement le même sort, votre pénétration en voit les conséquences très naturelles pour l'avantage du Roi et des peuples. Je prends aussi la hardiesse de vous présenter un placet pour vous supplier de modérer en ma faveur et celle de mon fils deux charges de conseiller de police au bailliage de Rouen, créées dans tous les sièges il y a huit ou neuf ans sans qu'on en ait levé aucune, et je ne les prends que pour empêcher que mon fils, lieutenant général de police alternatif, dont je poursuis les provisions, ne me précède dans son année d'exercice. Vous eûtes la bonté de m'accorder cette grâce à la prière de M. de Vaubourg; mais, comme il n'y eut rien d'écrit, on demanda 1,100# de plus au bureau. Je m'y soumis même par une soumission en forme, en stipulant des temps de payement: ce qui m'ayant été refusé, je reviens, Monseigneur, à vous supplier de la première grâce, parce que je payerai tout comptant. Je ne prétends pas mêler la demande d'aucune gratification extraordinaire dans les services que je me donne l'honneur de dévouer à votre ministère, de peur de les rendre suspects. J'ose dire que je ne vous supplie point d'une chose qui ne soit dans le prix courant. Les charges anciennes dans ce siège, avec part aux épices, sont vacantes en bon nombre depuis longtemps aux parties casuelles, à 2,500#, et celles de police de nouvelle création n'ont aucuns émoluments. Je n'attends, Monseigneur, l'établissement de ma famille, ou plutôt le rétablissement de mes affaires, extrêmement en désordre par plus de 160,000# payées au Roi depuis 1691, que d'une paix générale à la consommation et au commerce du dedans, que je maintiens, Monseigneur, que vous êtes en pouvoir de donner dès cette année à la France, indépendamment de la guerre étrangère, qui n'ayant ni liaison ni rapport avec le labourage et le trafic interne, tous deux en très grand désordre par des causes faisant violence à la nature, et par conséquent aisées à faire cesser, elle met au contraire dans une plus forte obligation de ménager ces deux uniques sources de la fourniture des besoins nécessaires pour soutenir cette même guerre et en sortir de façon ou d'autre avantageusement. On ne peut être plus au fait qu'est M. le Cousturier. Il a tous les principes essentiels pour le salut du royaume, et en tire les conséquences naturelles : ce qui lui est très singulier dans le poste qu'il occupe, où il semble qu'on a presque fait vœu jusqu'à présent de s'en tenir uniquement à l'usage, et même de s'en rendre, en quelque façon, martyr, sans s'embarrasser si cela attire le même sort à tout le royaume d'une façon tout opposée. Savoir, Monseigneur, si le cœur, par des raisons assez connues, et qui ne doivent rien moins que leur naissance à votre ministère, non plus qu'aucunes des causes qui ruinent aujourd'hui l'État, n'a pas plus part que l'esprit à de pareilles dispositions, c'est sur quoi les auteurs sont au moins partagés. Il est à propos, Monseigneur, que je vous présente le ministère de M. de Sully surligné à feuillets pliés, en sorte que vous ferez le dépouillement de ce qui est essentiel en moins d'une demi-heure. Vous verrez qu'il trouva la France en plus pitoyable état qu'elle n'est aujourd'hui, et qu'au milieu de deux guerres il la rétablit, paya toutes les dettes et amassa 30,000,000[#] d'argent quitte au Roi, parce qu'il rendit les peuples riches par la protection qu'il donna au labourage et au commerce du dedans; et vous apercevrez à même temps qu'il n'eut point de plus grands adversaires dans sa route que le Conseil du Roi et les courtisans, jusqu'aux princes. Cependant, comme il eut le maître et les peuples de son côté, il vint, à la fin, à bout de tout. Je n'oserois dire, Monseigneur, que ce n'est qu'à ces conditions que vous pouvez plutôt sauver que rétablir le royaume par rapport à l'état du dedans : ce qui vous procurera une gloire pareille à la sienne. De plus, cette lecture fera connoître que ce n'est point le projet du lieutenant général de Rouen que vous suivez, qui ne s'estime point un assez grand auteur, ni téméraire jusqu'au point de se donner pour guide dans une pareille route, comme a fait fort mal à propos feu M. de Vauban, sauf le respect dû à sa mémoire, bien que je ne m'en sois pas caché, dans mon ouvrage, de son vivant, et qu'il m'eût donné des louanges dans le sien. Au fond, c'étoit la production d'un prêtre d'une vie fort équivoque, à qui il avoit bien voulu prêter son nom. Votre unique fanal sera, Monseigneur, la justice, la raison, l'usage de la France durant mille ans avec avantage et gloire, celui de toutes les nations qui ont fleuri, ainsi que vous connoîtrez par les livres que je me donnerai l'honneur de vous présenter, et enfin la politique d'un ministre qui, ayant trouvé le royaume plus désolé qu'il n'est à présent, le rétablit de tous points, comme espère, avec tous les peuples, que vous ferez, celui qui est, avec un très profond respect, Monseigneur, votre très humble et très obéissant serviteur*.

BOISGUILLEBERT.

* En apostille, de la main de M. Desmaretz : «A M. Cousturier. Voir et m'en parler.»

Projet d'édit.

Les présidiaux d'Andely, Caudebec et presque tous les sièges royaux de la haute Normandie sont entièrement sans nuls officiers, hormis, aux présidiaux, le chef, qui ne paulette même pas. A Rouen, il y a neuf charges aux parties casuelles, et seize ans que l'on n'a reçu aucun officier. On affiche les charges à 1,500[#], sans que qui ce soit en veuille, quoiqu'il n'y a pas quinze ans, il n'en vaquoit aucune qui ne se vendoit aussitôt 12 à 15,000[#]; et ainsi presque dans tout le royaume.

Le droit romain ou le droit littéral, tel que l'on l'enseigne dans les universités, n'est point absolument celui dont on use, même dans les Parlements du droit romain : en sorte qu'un professeur en droit est un mauvais avocat dans la pratique, tout comme un professeur en médecine est un mauvais médecin. M. Gujas, ayant été fait, de professeur en droit, conseiller au Parlement de Grenoble, fut obligé de quitter après un an, parce qu'il étoit toujours seul de son avis.

Feu M. le chancelier le Tellier disoit qu'il reconnoissoit au Conseil un maître des requêtes qui avoit passé par le Châtelet, en le voyant rapporter.

LOUIS, etc. Sur les remontrances qui nous ont été faites que presque toutes nos justices royales, tant présidiaux que sénéchaussées, bailliages, vicomtés, vigueries et autres, sont entièrement dépourvues d'officiers, la plupart étant morts en perte d'office par faute de nous avoir payé le droit annuel, et ne s'étant présentés aucuns sujets pour remplir leur place par achat dans nos parties casuelles, où elles sont demeurées depuis longtemps, sans que personne pareillement se présente pour en traiter, en sorte que nos sujets souffrent du manque d'officiers pour leur rendre justice, les avocats qu'on appelle en supplément, comme étant les plus jeunes et non employés par les parties, ne les remplaçant que très imparfaitement.

De plus, nous ayant été pareillement remontré que l'obligation que nous aurions imposée par nos édits et déclarations précédentes aux étudiants et aspirants aux lettres de licences, bachelier ou de docteur, tant en droit civil que canon, dans les universités de notre royaume, d'être trois ans consécutifs à étudier dans lesdites universités sans désemparer en aucune façon, leur étoit moins avantageuse et contribuoit moins à les rendre propres à exercer dans la suite, dans les Compagnies supérieures, les emplois les plus considérables, qu'une fonction de quelques années de premiers juges, où, voyant l'instruction des affaires dès leur naissance, ils parviendroient avec bien plus d'expérience dans les Compagnies supérieures; outre que d'ailleurs, la plus grande partie des provinces de notre royaume n'usant point de droit romain, mais de coutumes et lois particulières sur elles établies par nous ou nos prédécesseurs, en sorte que l'apprentissage des lois romaines leur est beaucoup moins nécessaire que la pratique de ce qui s'observe dans chaque contrée suivant la jurisprudence établie tant par nos ordonnances que par les arrêts de nos Compagnies supérieures : ce qui ne se peut

On peut voir, sans sortir de Paris, que la plupart des étudiants ne le font que par manière d'acquit. Presque aucuns n'écrivent ce qui se dicte, et c'est encore pis dans les provinces. Comme on appelle à chaque classe ceux qui se sont fait inscrire, un répond pour dix, et chacun prend cette corvée à son tour, sans que, sur cent, il s'en trouve un seul qui emporte des cahiers écrits; et, toutes les années, il y en a quelqu'un toujours de tué dans des querelles.

mieux apprendre que dans les premiers siéges; en sorte qu'il nous a été pareillement remontré que, s'il nous plaisoit changer les trois années d'étude dans les universités, dont les aspirants seroient déchargés après trois mois seulement, en trois ou quatre années d'exercice dans une charge subalterne dans une justice royale, la chose seroit de tous points très avantageuse à nos peuples, l'expérience journalière apprenant que ce séjour de trois années de jeunes gens dans une université éloignée de la demeure de leurs parents, qui ne sont point en état de les retenir par leur présence, outre la dépense, qui est très grande, leur est beaucoup plus dommageable qu'elle ne leur apporte de profit par cette prétendue étude, presque tous se débauchant par mauvaises compagnies et ne songeant à rien moins qu'à s'appliquer à une science qu'ils estiment presque n'être d'aucune utilité pour les emplois auxquels ils peuvent aspirer.

A ces causes, de notre pleine puissance et autorité royale, obtempérant au désir de nos sujets et voulant leur donner le contentement qu'il nous est possible, voulons, disons et ordonnons que les études de droit, pour parvenir à l'obtention des licences et degrés ci-devant réglés par nos déclarations à trois ans, soient réduites à trois mois en faveur de ceux qui feront apparoir, dans ledit espace de temps, de quittance de finance d'une charge de juge subalterne, comme conseiller assesseur, ou de notre avocat dans une justice royale, comme présidial, bailliage, sénéchaussée ou viguerie, et même élection ou grenier à sel, lorsque lesdites charges auront été levées dans nos parties casuelles, soit qu'elles fussent de nouvelle création, ou qu'elles y fussent tombées par la mort des titulaires faute de nous avoir payé ou racquitté le droit annuel. Et à l'égard des autres qui traiteront de ces sortes de charges par achat de personnes vivantes, ils pourront pareillement obtenir leurs licences et degrés après six mois d'étude, en faisant apparoir aux professeurs de ladite quittance de finance, lesquels degrés ne pourront être obtenus avant l'âge de dix-huit ans accomplis, bien qu'il soit loisible et permis de se faire inscrire et étudier dans les universités avant ledit temps. Et pour faire acquérir aux aspirants aux emplois dans les charges supérieures l'expérience qu'on ne se procure que dans les premières jurisdictions où les affaires naissent et s'instruisent, nous voulons pareillement et ordonnons que nul officier, de quelque qualité et condition qu'il puisse être, ne pourra être admis ni être reçu dans nos Parlements, Chambres des comptes, Cours des aides, Cour des monnoies de Paris, même dans les bureaux de trésoriers généraux de nos finances, ni exercer une charge de lieutenant général civil ou criminel en chef dans un présidial, présidents présidiaux, maire, soit ancien ou alternatif, en titre dans les villes où elles ont la police ou jurisdiction, soit par acquisition nouvelle ou ancienne, qu'ils n'aient tous auparavant au moins exercé pendant quatre ans une charge dans nos justices royales de la qualité ci-devant marquée, pour parvenir à l'obtention des licences après trois ou six mois d'étude : à laquelle fin, pourront y être admis à dix-huit ans et six mois, parce que, dans les présidiaux, ils n'auront voix délibérative dans les cas où l'on juge en dernier ressort, soit en matière civile ou criminelle, qu'ils n'aient atteint l'âge de vingt ans accomplis.

Un sujet pouvant être avocat à cet âge, il est aussitôt juge pour l'ordinaire dans les petites jurisdictions, parce qu'étant dénuées d'officiers, et les avocats plus âgés étant employés pour les parties, parce qu'il y a plus à gagner, c'est aux jeunes à juger.

Au cas même, pareillement, que les deux tiers des juges, en ces rencontres, eussent vingt-quatre ans passés, ce qui ne se rencontre pas, il y faudroit suppléer d'avocats, jusqu'audit nombre, qui eussent atteint cet âge, ainsi qu'on a coutume d'en user, au défaut de juges, en de pareilles occasions. Lesdits officiers subalternes seront reçus suivant nos anciennes ordonnances, savoir : ceux dont l'appellation ne ressortit pas pour l'ordinaire en nos Parlements et Cours supérieures, mais devant les présidiaux et principaux bailliages, devant lesdits siéges, comme officiers de vicomtés, vigueries, et châtellenies, ainsi que des con-

Il ne seroit pas juste qu'un récipiendaire à cent lieues de Paris se vint faire recevoir conseiller dans un moindre présidial : ce qui lui coûteroit plus que la charge. Autrefois ils se recevoient tous dans les mêmes Compagnies; mais, depuis quelque temps, cet usage avoit changé : ce qui dépend de la volonté de M. le Chancelier de mettre l'adresse à qui il lui plaît dans les provisions.

Il y a des lieux où les frais des réceptions sont immenses, et on fait payer des sommes d'entrée, soit pour être partagées comme épices ou pour les affaires de la Compagnie, qui excèdent le prix des charges en l'état qu'elles se trouvent.

Le Roi ne blesse point ses intérêts, ni de ceux qui lui ont avancé de l'argent sur ces sortes d'affaires, puisque, la plupart des officiers étant morts et mourant tous les jours en perte d'office, aucun ne paulettant ni ne rachetant ce droit, les sièges étant entièrement dépouillés, on ne renonce à rien, attendu qu'il ne restoit personne sur qui exercer des contraintes; et c'étoit par cette cruauté qu'ils ne se remplissoient point.

Une infinité de présidiaux sont restés avec un ou deux juges: en sorte que, les parties voyant la difficulté qu'il y auroit à trouver le nombre nécessaire pour avoir jugement, elles relèvent leurs appels au Parlement, et, quoique ce qui reste d'officiers en aient connoissance, comme il faudroit faire des avances et des députations à Paris au Grand Conseil pour réclamer la juridiction, des particuliers n'étant point en état de le faire, ils abandonnent tout: en sorte qu'on peut dire que la compétence présidiale au second chef est tout à fait anéantie, et, au premier, fort inconnue.

seillers et officiers inférieurs des présidiaux, devant les mêmes présidiaux, sans aucuns frais de réception, ni obligés à mettre aucune somme à leur entrée dans la bourse commune, ni faire aucunes distributions de vin ni de bougies ou d'argent pour être déchargés du repas d'entrée, ou, dans la suite, qu'autant qu'il leur plaira, sauf à contribuer, dans le temps de leur exercice, à proportion des autres, sur leurs gages et épices, au payement des arrérages qui encourront de leur temps des rentes dues par les Compagnies pour argent pris en constitution pour fournir à nos besoins ou autres nécessités communes, dont ils seront entièrement déchargés après qu'ils ne seront plus en charge, soit par vente ou démission en faveur de qui que ce puisse être. Nous les déchargeons pareillement de toutes contraintes qui pourroient être exercées sur eux pour toutes les créations par nous ci-devant faites, demandes de nouveaux gages ou autres exigences, de quelle nature qu'elles puissent être, ci-devant faites et auxquelles l'on n'auroit encore satisfait, en tout ou seulement en partie, sauf à être pourvu à l'indemnité des intéressés par une autre voie; comme pareillement nous renonçons à en faire aucunes nouvelles soit créations ou exigences. Nous ayant été aussi donné avis que, bien que les présidiaux eussent été érigés, tant par nous que par nos prédécesseurs, en plusieurs contrées différentes éloignées de nos Parlements, pour le soulagement de nos sujets, afin qu'ils ne fussent point obligés à de longs voyages et de grandes absences pour obtenir jugement en dernier ressort pour des sommes modiques, comme ils y seroient contraints sans ces établissements, cependant il est arrivé que, plusieurs de ces sièges se trouvant entièrement destitués d'officiers, et étant nécessaire, lorsqu'il étoit question de donner des jugements dans les cas de l'édit, d'avoir recours à des avocats, qui ne se trouvant pas même sur les lieux en nombre suffisant, il étoit nécessaire de les faire venir de dehors à leurs frais, les parties se

Ceci est porté dans l'édit des présidiaux, confirmé par une infinité d'arrêts du Conseil, mais le tout sans effet manque de poursuites dans les contraventions, et tout cela faute de pouvoir par le petit nombre des intéressés.

C'est l'intérêt des chancelleries des provinces que le second chef de l'édit soit exécuté, attendu qu'il y a deux reliefs d'appel, ainsi que du domaine, par la consommation du papier de formule. On exécute l'édit dans tous les deux chefs, à proportion que les Compagnies sont nombreuses, pour faire les frais de la réclamation de leur compétence.

sont portées d'elles-mêmes à relever leurs appels en nos Parlements, tant au premier qu'au second chef de l'édit des présidiaux: en sorte qu'ils sont presque entièrement anéantis dans plusieurs de nos provinces, le peu d'officiers qui restoient dans chaque siège ne se trouvant pas en état de faire les frais pour revendiquer leur compétence en notre Grand Conseil comme portent nos édits de création des présidiaux. A quoi désirant apporter le remède convenable, nous disons et ordonnons que tout relief d'appel ou lettres d'anticipation ne pourront désormais être expédiées en aucune de nos chancelleries de notre royaume, soit en matière civile ou criminelle où il ne s'agit que d'intérêts dans les matières criminelles, que la somme jugée par le premier juge n'y soit mentionnée, soit par extrait de la sentence, ou simple récit de ce qu'elle porte, parce qu'au cas qu'elle se trouve de la compétence des présidiaux, tant au premier qu'au second chef, savoir: 250 ll au premier chef, et 500 ll au second, l'adresse ou le relief n'en pourront être expédiés qu'aux présidiaux dans l'enclave desquels les sièges et justices, soit royaux ou hauts-justiciers, se trouvent situés, à peine, par nos gardes des sceaux et officiers de nos chancelleries, d'en répondre en leur propre et privé nom: à laquelle fin pourront être intimés par les présidiaux en cas de défaillance, pour leurs dommages et intérêts, lorsqu'une pareille contravention sera parvenue à leur connoissance; comme aussi pourront les intimés ou les appelants anticiper, lorsqu'ils seront assignés sur de pareilles lettres de chancellerie dans lesquelles ne sera point fait mention des sommes qui auront été jugées, lorsqu'elles se trouveront de la compétence présidiale, tant au premier qu'au second chef, en matière civile et criminelle, sans nullement déférer aux ajournements donnés sur icelles en nos Parlements, se présenter aux présidiaux devant lesquels l'appellation devoit ressortir; où, en faisant apparoir de la sentence dont est appel, ils seront entièrement déchargés de l'assignation donnée en nos Parlements, avec dépens, qui ne pourront être ni liquidés ni modérés, avec injonction aux parties de procéder devant lesdits présidiaux, sauf en cas de contestation, et que ceux qui auroient saisi les Parlements prétendissent que la cause n'est dans aucun des cas de l'édit, à procéder en notre Grand Conseil, à qui seul la connoissance en est attribuée, et interdite à tous autres.

[Mois de mars 1710.]

Monseigneur le Contrôleur général est très humblement supplié de remarquer que, le sieur lieutenant général de Rouen ayant été obligé de racheter, dans la nouvelle création des lieutenants généraux de police, en 1699, celle de Rouen, entièrement démembrée de sa charge, par près de 100,000#, y compris partie du greffe en ce qui concernoit les fonctions de son secrétaire, il eut deux ans de terme de payement, auquel il satisfit à 8,000# près, qui sont encore dues, attendu qu'il survint quantité d'autres taxes, comme des demandes de nouveaux gages et un conseiller ayant les sceaux, qui fut entièrement payé par le sieur lieutenant général. De plus, on créa des hautes justices, qui démembrèrent la moitié de sa charge : de sorte que M. Chamillart, en ayant été informé, fit faire des défenses par Messieurs les commissaires départis aux intéressés de l'inquiéter pour ce restant de police, par l'impossibilité où on l'avoit mis d'y satisfaire, jusqu'à un temps plus commode. Mgr Desmarets eut la même bonté à son avénement au ministère, et ordonna que les intéressés pour toute sorte d'affaires nouvelles, qui se trouvoient en un nombre infini, ne pourroient prendre que la moitié de ses gages, et rien sur ses autres biens. Or, comme il s'agit de lever un alternatif de police, qu'il a bien voulu modérer à une somme de 10,000# et les 2 sols pour livre, il offre d'en payer un tiers argent comptant, un tiers dans six mois, et l'autre tiers six mois pareillement après, sans donner qu'un quart du tout en billets de monnoie. Mais les intéressés refusent de lui expédier sa quittance de finance qu'il n'ait premièrement satisfait aux 8,000# restant d'ancien temps, dont il a été jusqu'ici dispensé; et, étant hors de son pouvoir de satisfaire présentement à l'un et à l'autre, d'autant plus qu'il y a encore pour plus de 150,000# d'affaires nouvelles des précédents ministères, signifiées à lui et à sa Compagnie, un seul pour tout, partant, il supplie très humblement Monseigneur le Contrôleur général d'ordonner au sieur Bourvallais, principal intéressé, de lui livrer sa quittance de finance de l'alternatif aux conditions marquées, parce qu'il se soumet de payer, l'année qui vient, lesdites 8,000# restant de la première création, et de continuer toutes les années de payer pareille somme jusqu'à ce que sa quote-part de toutes les affaires nouvelles soit absorbée; ledit sieur lieutenant général le suppliant d'avoir la bonté de faire réitérer par M. le commissaire départi les même défenses aux traitants, pour quelque affaire que ce soit, de l'inquiéter en plus avant que pour la somme de 8,000# chaque année, et il priera Dieu pour la conservation de la santé de Monseigneur le Contrôleur général *.

Lepesant Boisguillebert.

En marge : «Bon. Écrit au sieur de Bourvallais le 17 mars 1710.»

[Mars 1710.]

Monseigneur le Contrôleur général est très humblement supplié par le sieur lieutenant général de Rouen de considérer que, le Roi ayant attribué aux lieutenants généraux de police créés en 1699 des gages au denier trente, ce qui revient au denier trente-trois attendu les 2 s. pour livre payables par eux à l'hôtel de ville, au cas qu'il y eût des fonds, sinon qu'il en seroit fait emploi dans les recettes générales, l'hôtel de ville de Rouen s'en fit décharger par M. de la Bourdonnaye, lors intendant, sous un faux énoncé que leurs charges passoient le revenu. Mais le sieur lieutenant général de Rouen, qui savoit le contraire pour avoir joui deux ans de la fonction de maire perpétuel, attachée de tout temps à sa charge, et depuis démembrée sans aucun dédommagement, se rendit opposant et fit voir la surprise, et que cet hôtel de ville avoit plus de 30,000# par an de reste, toutes charges acquittées : ce qui fut cause qu'il fut condamné à payer tous les gages des officiers de police, montant à près de 5,000# par an. A quoi ne satisfaisant pas régulièrement, M. Chamillart rendit son ordonnance, qu'il envoya à mondit sieur de la Bourdonnaye, portant que les échevins payeroient tous lesdits gages de terme en terme; autrement, et faute d'y satisfaire, que le sieur lieutenant général entreroit dans toutes les assemblées particulières de la ville où l'on règle la dépense et signeroit tous les mandements de payement : ce qui fut ainsi statué par M. de Vaubourg, lors commissaire départi, au bas d'une requête à lui présentée par ledit sieur lieutenant général et dont il est porteur, ce qui obligea les échevins à satisfaire auxdits payements tant que l'on tint la main à l'exécution de ces ordonnances. Mais depuis, Messieurs les commissaires départis n'y ayant pas apporté la main avec la même exactitude, lesdits officiers ne peuvent être payés que très difficilement, par parcelles et des prières, comme si c'étoit une libéralité de leur part, les échevins obligeant de se faire présenter des requêtes, dont il faut un temps infini à poursuivre l'exécution : ce qui oblige les officiers de police de supplier très humblement Monseigneur le Contrôleur général de mander à M. de Richebourg, présentement commissaire, de renouveler l'ordonnance de MM. de Chamillart et de Vaubourg, et de régler que lesdits échevins payeront le passé et l'avenir desdits gages des officiers de police sur leurs simples quittances, comme on fait aux recettes générales, sans qu'il soit besoin de requête; ou, faute d'y satisfaire, que le sieur lieutenant général entrera dans toutes les assemblées de l'hôtel de ville, tant générales que particulières, comme porte son édit de création de lieutenant de police, et signera tous les mandements pour la dépense, qui autrement ne seront point allouées : ce qui les empêchera d'en faire de superflues. Il priera Dieu pour la conservation de la santé de Monseigneur le Contrôleur général.

Lepesant Boisguillebert.

* En marge, de la main du contrôleur général : «Écrire à M. de Richebourg en conformité de ce placet.» — D'une autre main : «Écrit le 17 mars 1710.»

M. de Richebourg, intendant à Rouen, au Contrôleur général.

20 Mars 1710.

Monsieur,

Comme le sieur de Boisguilbert, lieutenant général de Rouen, est auprès de vous, je ne peux examiner qu'à son retour les sujets de plainte qu'il vous a faits des échevins de cette ville sur ses gages de lieutenant de police, assignés sur les deniers des revenus de la ville. Il m'a paru jusqu'ici qu'il n'y avoit de difficulté que sur le retardement, lorsque les échevins prétendent qu'ils n'ont point de fonds, et sur la forme, qui consiste à donner un mandement des échevins à leur receveur pour faire le payement. Cette forme est inévitable; mais les échevins, à ce qu'il dit, ont voulu l'obliger à leur donner une requête pour avoir ce mandement : ce que je ne crois pas nécessaire. Comme il faut régler entre eux l'indemnité de ce qu'il veut bien démembrer de sa charge de police, ce sera une occasion de régler toutes choses, et, si les échevins se trouvoient dans le cas d'insister à n'avoir pas de fonds pour le payer, je me conformerai au jugement qui doit avoir été rendu par M. d'Herbigny, en conséquence des ordres de M. Chamillart, sur les entrées qu'il demande aux assemblées générales et particulières, etc.

De Richebourg.

M. de Vaubourg à Boisguilbert.

A Paris, le 22 Mai 1710.

Je n'ai pu, Monsieur, répondre plus tôt à votre lettre du 7 de ce mois. Je proposerai à M. Desmaretz qu'il écrive à M. de Richebourg qu'en payant par vous dans le courant de cette année, si fait n'a été, savoir : 2,000# à compte de la finance de l'office de lieutenant de police alternatif, le total du rachat de votre droit annuel, que je suppose monter à 4,000#, 2,000# à compte du rachat de votre capitation, et 1,300# pour reste d'une taxe du contrôle des consignations, mondit sieur de Richebourg tienne la main à ce que tous les traitants généralement ne vous demandent rien davantage jusqu'au 1er janvier de l'année prochaine 1711. Voyez si j'ai bien deviné vos intentions; car, après une longue méditation sur votre lettre, je doute encore d'avoir pu les arracher, et supposé que je n'y sois point parvenu, changez, par des apostilles courtes en marge ou de ma lettre ou d'une copie, le partage que j'ai fait de vos 9,300#. Adieu, Monsieur. Je suis votre très humble et très obéissant serviteur.

De Vaubourg.

Au Contrôleur général.

De Rouen, ce 26 Mai [1710].

Monseigneur,

Je vous remercie très humblement de la grâce que vous m'avez accordée de réduire toutes les demandes que l'on me fait et qui prennent date du ministère précédent, à 9,300# cette année, et à 8,000# dans les suivantes. M. de Vaubourg m'a fait l'honneur de m'écrire que, dans le partage que vous en avez bien voulu faire par rapport aux diverses affaires, vous marquez le rachat de mon droit annuel à 4,000#, qui est le prix où je vous supplie très humblement de le réduire, qui, n'étant que le tiers où il seroit sans remise, ne laisse pas d'être très fort par rapport à l'état où toutes ces charges ont été réduites, qui est tel qu'il n'y a que moi, que je sache, dans toute la Normandie, qui paye l'annuel et qui soit dans la disposition de le racheter volontairement, parmi les premiers juges, quelque réduction qu'il s'en fasse; outre, Monseigneur, que je suis très persuadé que ce rachat, ainsi que celui de la capitation, sont choses qui ne peuvent subsister, quand même on auroit la paix cette année. De pareilles mesures ont été l'effet de la nécessité du temps qui ne permettoit pas de capituler avec le moment présent, ou de la dureté et de l'aveuglement des peuples, et, si on est assez peu éclairé pour croire que des sujets puissent acquérir les revenus du souverain, qui servent à soutenir et défendre l'État, sans s'attendre à lui en former de nouveaux sur leurs biens mêmes, on a [*mot illisible*] sur lui, comme on n'a que trop malheureusement fait jusqu'ici, sans penser pareillement qu'il leur tombe uniquement en charge d'en payer les intérêts, ainsi que d'en amortir le capital. Je vous puis assurer, Monseigneur, que je suis, avec bien d'autres, dans une pensée toute contraire, très convaincu que, quand on ouvrira les yeux, on vous demandera la même grâce que vous m'avez bien voulu faire, même par contrée, c'est-à-dire tout le royaume, ce qui sera son unique salut; et comme je trouve le mien à payer quarante fois ma capitation, une pareille faveur, réduite à la sept ou huitième partie, sera une charge fort légère, puisque je ne suis pas accablé d'une charge si fort excédant ce taux, et fournira amplement les besoins de l'État. Et j'oserai vous représenter qu'il est de la gloire de votre ministère que les peuples ne pensent point qu'il est possible de régir ces mêmes nécessités d'une manière moins fâcheuse que celle que l'on pratique depuis si longtemps, et qui n'y peut même atteindre. Le rachat de la capitation subsistant, il est impossible que le Roi paye ses dettes, même après la paix, et il est plus avantageux aux peuples que le Roi lève sur eux de quoi y satisfaire, que non pas qu'il y manque en tout ou partie, c'est-à-dire de celles qui ont été justement contractées, et non des autres, quoique en grand nombre. J'aurai l'honneur de vous en dire davantage aux fêtes prochaines, que j'aurai celui de vous remercier en personne, si vous me faites la grâce de me donner un quart d'heure d'audience.

Je suis, avec un très profond respect, Monseigneur, votre très humble et très obéissant serviteur.

Boisguillebert.

[Mois de mai 1710.]

Monseigneur le Contrôleur général est très humblement supplié par le sieur de Boisguillebert, lieutenant général de Rouen, de se souvenir qu'ayant eu la bonté de lui accorder de ne payer que 8,000# par an à compte sur tous les genres de taxes et demandes qui lui sont faites sur ses charges et biens, parce qu'il lui sera tenu compte de ses gages, et ordonné même qu'il en seroit donné avis à M. de Richebourg, intendant de Rouen, il y a plus de deux mois, il le supplie très humblement de lui en faire écrire, comme aussi que, dans le partage de cette somme de 8,000# qu'a bien voulu faire M. de Vaubourg à l'égard des divers traitants, le rachat du droit annuel y est employé pour 4,000#, laquelle somme, beaucoup au-dessous de ce que le suppliant a payé de paulette, ne laisse pas d'être si considérable, à cause des démembrements et distractions faites à lui et à sa Compagnie, qui est le seul officier qui paye l'annuel depuis plusieurs années, et qui songe au rachat, quelque réduction qu'il s'en fasse. Et le suppliant priera Dieu pour la santé et prospérité de Monseigneur le Contrôleur général.

Le Pesant Boisguillebert.

Au dos : « Écrit à M. de Richebourg, le 11 juin 1710. »

M. de Richebourg au Contrôleur général.

À Rouen, ce 14 Mars 1711.

J'ai l'honneur de vous renvoyer la requête qui a été présentée au Conseil par le sieur le Roux de Langrie, vicomte de Rouen, et officiers de la vicomté, pour rentrer dans les fonctions de la police de vingt-deux métiers qu'ils avoient avant la création de lieutenant général de police, créé en 1699 et levé par le sieur de Boisguilbert, lieutenant général au bailliage. Je joins aussi la réponse que m'a fournie le sieur de Boisguilbert. Ce qui sert de prétexte au sieur de Langrie de faire cette demande est le démembrement que l'on a fait de quelques fonctions de police des foires, des manufactures et des lanternes en faveur des échevins de cette ville. Vous savez que cela s'est fait à la considération de M. le duc de Luxembourg, et que, pour y parvenir, le sieur de Boisguilbert et les officiers du bailliage y ont donné leur consentement après être convenus d'une somme pour leur dédommagement. Ainsi, l'on peut dire que ce démembrement a été volontaire. Il n'en est pas de même de ce que demande le sieur vicomte. La création de la charge de lieutenant général de police de 1699, celle de procureur du Roi et greffier qui ont suivi, dépouilloient le bailliage d'une partie de ses fonctions et ne lui en attribuent de nouveau que les dix-neuf ou vingt métiers qu'avoit le vicomte. Les officiers du bailliage ont payé pour cela, à ce qu'ils prétendent, plus de 130,000# : si on se portoit à rendre au vicomte les vingt-deux anciens métiers pour une partie de cette finance, ce seroit leur faire perdre considérablement. Il n'y aura pas d'apparence de le faire après onze années d'exercice et après une charge d'alternatif qu'on leur a encore réunie. Le Conseil ne souffre point de cela, parce que ce n'est point lui qui a été dépouillé; c'étoit son prédécesseur, à qui le sieur de Boisguilbert, outre la finance payée au Roi, eut encore le scrupule de payer 6,300# d'indemnité. Ainsi, le sieur de Langrie ayant acheté sa charge en l'état qu'elle est, il me paroît qu'il n'y a pas de fondement à sa demande.

De Richebourg.

À M. le Cousturier,
premier commis de Mgr le Contrôleur général,
à Fontainebleau.

Ce 3 Septembre [1711?].

Monsieur,

Me voilà sur mes fins, et j'espère, avec l'aide de Dieu, achever après-demain, ou plus tôt, en ce qui est de mon ministère, savoir : de montrer certainement la porte des cieux; mais c'est au Roi et à Monseigneur le Contrôleur général, qui en ont la clef, de l'ouvrir sans prétendre l'enfoncer, à quoi certainement je ne contribuerai pas. Si S. M. et son ministre, apprenant qu'il meurt toutes les années plus de deux cent mille personnes dans le royaume de misère, et que la moitié des terres sont en friche, conçoivent qu'il n'y a rien de plus pressé que de couper pied à un pareil désordre, plus cruel que la peste, le Roi n'a qu'à donner un plein pouvoir à Monseigneur le Contrôleur général de conclure un traité de paix qui finisse une guerre si funeste. J'en ai les articles tout prêts. Ils consistent en quatre, dont trois n'exigent qu'un simple acte de volonté sur le papier, avec promesse de tenir parole. Il n'y a que le quatrième qui demande un autre remplacement d'environ 6,000,000# par an, qui en coûtent à l'industrie et à l'agriculture plus de 500 toutes les années, qui seront rétablis sur-le-champ par ce morceau de papier, qui sera de tous points une mainlevée de cette somme. Cette dernière feuille est aussi importante que celle d'avant-hier. Il est nécessaire que je salue Monseigneur le Contrôleur général, s'il veut bien le préalable : après quoi, en quatre ou cinq feuilles, je donnerai un baromètre certain et immanquable du degré d'opulence de toutes les conditions. Sinon, je le supplie de m'empêcher de périr en m'accordant les justes conclusions de mes deux placets.

Je suis, avec respect, Monsieur, votre très humble et très obéissant serviteur.

Boisguillebert.

Au Contrôleur général.

[Mois de septembre 1711.]

Monseigneur le Contrôleur général est très humblement supplié par le sieur de Boisguillebert, lieutenant général de Rouen, de considérer qu'ayant plu à S. M. de créer des offices de lieutenants généraux et procureurs du Roi alternatifs de police par édit du mois de janvier 1709, avec attribution, aux nouveaux pourvus ainsi qu'aux anciens, dans l'année qu'ils n'exerceroient pas, de recevoir les comptes des jurés et gardes des arts et métiers après l'expiration de chaque année d'exercice, avec, pareillement, 20# d'attribution de droit pour chacun desdits examens dans les villes où il y a Cour supérieure, et 10# dans les autres; lesquelles charges de lieutenants généraux et procureurs du Roi de police auroient depuis été réunies aux anciens, par édit du mois de février 1710, avec injonction aux anciens officiers de les lever à peine d'y être contraints comme pour les deniers du Roi : en conséquence de quoi, le suppliant auroit traité de celle de la ville et vicomté de Rouen, et entré en payement d'un tiers de la finance à quoi il vous auroit plu, Monseigneur, la modérer. Mais il a été surpris, lorsqu'il est venu à demander aux gardes-jurés de l'année précédente de rendre leurs comptes devant lui, de voir qu'ils lui ont représenté un édit de création postérieur au sien, du mois d'août 1709, par lequel S. M. crée deux lettres de maîtrises dans chacun art et métier, avec attribution à ceux qui les lèveront de présider à l'examen, audition et clôture des comptes, et de décerner même leur contrainte pour les débets, l'édit de création ayant été même réuni aux corps des métiers du depuis, savoir au mois de mai 1710, avec pareille injonction à chaque corps de les lever à peine d'y être contraints : à quoi ils auroient satisfait, et, par l'édit de réunion, les mêmes fonctions leur sont attribuées. Or, comme il ne seroit pas juste, Monseigneur, que le suppliant perdît sa finance, d'autant plus que, de tout temps, l'examen et clôture des comptes des métiers avoit appartenu aux juges de police, et jamais aux sujets qui professent les arts et métiers, qui seroient, en quelque manière, juges et parties parce que chacun y passe à son tour et que personne ne veut fâcher son confrère de peur de la pareille; que d'ailleurs, par la réunion desdites deux lettres de maîtrises à chaque corps, on ne peut pas dire que leur nouvelle finance n'ait pas son emploi, et, ne leur étant attribué aucun droit pour cet examen, ils ne souffriront nulle perte;

À ces causes, Monseigneur, il vous plaise écrire à M. de Richebourg, commissaire départi en la généralité de Rouen, qu'il ait à tenir la main à ce que lesdits comptes soient présentés au suppliant aux termes de son édit de création et de réunion, et il priera Dieu pour votre prospérité et santé *.

Le Pesant Boisguillebert.

* L'avis de M. de Richebourg (10 septembre 1711) fut que les communautés n'ayant pas encore payé la finance qui leur était imposée pour les deux lettres de maîtrise, il serait prudent d'indemniser M. de Boisguilbert, plutôt que d'user de contrainte.

En marge : «Surseoir. A Marly, le 9 novembre 1711.»

A M. le Cousturier.

De Rouen, ce 22 Octobre [1711].

Il y a six mois que je présentai un placet à Monseigneur le Contrôleur général au sujet des comptes des métiers attribués à la charge de lieutenant général de police alternatif dont j'ai traité et entré en payement, dont lesdits arts et métiers se défendoient sous prétexte que cette fonction étoit comprise dans une nouvelle taxe par eux payée. Sur votre rapport, Monseigneur le Contrôleur général écrivit à M. de Richebourg qu'il eût à m'en faire jouir et payer le droit. Les mêmes y ayant formé de l'opposition, M. de Richebourg a mandé, il y a plus d'un mois, qu'il étoit juste de donner un arrêt du Conseil qui les y obligeât. Les grandes occupations du ministère ont empêché la réponse ou l'exécution. Je me suis pareillement donné l'honneur d'en écrire à Monseigneur, il y a quinze jours. Je vous supplie donc, Monsieur, de l'en faire ressouvenir et de m'épargner un voyage à Paris, que je serai obligé de faire pour ce sujet, si vous n'avez pas cette bonté. Étant, avec respect, Monsieur, votre très humble et très obéissant serviteur*.

Boisguillebert, lieutenant général.

* En apostille : «Qu'il écrive que cette affaire m'a été renvoyée. Répondu le 13 novembre 1711.»

Au Contrôleur général.

De Rouen, ce 19 Septembre 1712.

Monseigneur,

Je me donne l'honneur de vous envoyer les mêmes placets que j'ai déjà pris la hardiesse de vous présenter, vous suppliant de m'empêcher de périr par un autre canal que par celui de M. Guyet. Je croyois la solidité prescrite dès sa naissance, il y a quatorze ans, en matière d'affaires extraordinaires. Cependant, comme les traitants l'ont fait revivre uniquement à mon sujet, en une chose qui ne me regarde nullement, pardonnez-moi, s'il vous plaît, si, dans une rencontre où il s'agit de ma perte, j'ai une terreur panique. A l'égard de l'autre, M. de Vaubourg, qui n'a jamais dit que vérité, me marqua que vous m'aviez accordé ces charges, que je ne prends que pour empêcher d'avoir des procès, pour 2,000#....

Je suis, avec un très profond respect, Monseigneur, votre très humble et très obéissant serviteur*.

Boisguillebert.

* En apostille : «Écrire à M. Roujault de lui faire donner la mainlevée de ses gages comme il le demande. — Fait le 14 octobre 1712.»

A Rouen, 29 Décembre 1712.

Monseigneur,

S'il ne s'agissoit que de ma ruine entière et de celle de ma famille dans le placet que j'ai pris la hardiesse de vous présenter, et que vos grandes affaires vous ont empêché de rapporter dans les deux derniers Conseils, je vous serois moins importun, et, si j'avois été moins soumis à payer toutes les taxes et les créations uniquement dans les premiers sièges de Normandie, il ne seroit pas question de tout mon bien dans cette affaire, puisque je n'aurois pas mis 100,000 écus dans une charge. Lors du troisième rachat de la police, vous eûtes la bonté de la modérer à 11,000#, et de refuser 44,000# de l'hôtel de ville, qui les offroit, parce qu'il m'en avoit déjà coûté 150,000#; le tout à la prière de M. de Vaubourg, qui en avoit été témoin sur les lieux. Ainsi, Monseigneur, le doublement qu'on offre ne seroit pas le quart de ce que j'ai déjà déboursé, perdroit le reste, et me réduiroit, moi et ma famille, à la mendicité. J'attends l'arrêt de ma destruction entière ou de mon maintien de votre décision, quand la commodité vous le pourra permettre. Je suis, avec un profond respect, Monseigneur, votre très humble et très obéissant serviteur.

Boisguillebert.

Monseigneur le Contrôleur général est très humblement supplié par le sieur de Boisguilbert, lieutenant général de Rouen, de considérer qu'ayant été dépouillé de la plupart de ses fonctions par les créations nouvelles et obligé d'acheter la police attachée précédemment à sa charge dans la création de 1699, par plus de 90,000#, celle de l'alternatif étant arrivée en 1709, vous voulûtes bien, par une grâce spéciale, la modérer à 10,000# en sa faveur et les 2 s. pour livre, et refusâtes l'offre de l'hôtel de ville, quoique quatre fois plus forte. Cependant, Monseigneur, après que la charge a été levée au nom du fils du suppliant, et les provisions expédiées, le vicomte de Rouen, lieutenant général d'épée par 3,000#, fâché par le renvoi que vous avez fait devant M. Roujault de ses prétentions pour le pas sur les lieutenants généraux, il est en état d'en décheoir par un effet de vengeance et fatiguer le suppliant. Il a fait signifier un offre de doublement de ladite somme : ce qui ne s'est jamais fait lorsque les provisions sont expédiées et que la modération a été par grâce, comme en cette occasion. A ces causes, Monseigneur, et que le suppliant a payé toutes les taxes et racheté presque uniquement la paulette dans la province dans les premiers juges, ce que n'a pas fait ledit vicomte; que d'ailleurs la chose requiert célérité, attendu qu'on prétend arrêter la réception du fils du suppliant, il vous plaise ordonner que ladite offre sera rejetée, et il priera Dieu pour votre prospérité et santé.

Lepesant Boisguillebert.

De Rouen, ce 29 Janvier 1718.

Monseigneur,

Je vous remercie très humblement de la justice qu'il a plu à votre bonté de me rendre par votre dernier arrêt, et vous en marquerai ma reconnoissance par une entière cessation d'attentions qui avoient fait presque toutes celles de ma vie depuis plus de trente ans, avec cette différence que le public n'a rien vu de moi sous votre ministère, par un respect singulier pour la justice que vous y observez, surtout à mon égard. J'avois commencé à entrer en matière avec M. Maynon par votre ordre; j'ai tout sursis, quoique je fusse certain de l'amener à mon point. S'il avoit douté, M. Roujault, son gendre, lui eût écrit qu'il exécuteroit dans sa généralité, à ses périls et risques, ce que je propose, comme M. de Richebourg eût fait, s'il en eût reçu les ordres du Roi et de vous, Monseigneur, savoir: de tripler, avec profit des peuples, le dixième denier sur la grande industrie, six fois plus opulente que les fonds, quoiqu'ils payent seuls ce tribut, et qu'elle n'y contribue de rien. Le modèle de cette généralité serviroit à tout le royaume, comme il arriva, il y a vingt ans, dans un édit que je proposai pour les arts et métiers, et qui fit payer 6,000,000#, sans un denier de frais. J'ai la clef de toute sorte d'industrie avec tant de certitude, que l'on ne pourroit s'y méprendre que volontairement : ce qui, joint avec un soulagement à la consommation qui vous est très aisé, la tripleroit et feroit que ce tribut seroit moins une hausse d'impôts que d'opulence. Voilà les derniers mots que j'en dirai, écrirai et m'embarrasserai jusqu'à ce que, ayant l'honneur de vous saluer, vous m'ordonniez d'en user autrement.

Je suis, avec un très profond respect, Monseigneur, votre très humble et très obéissant serviteur.

BOISGUILLEBERT.

De Versailles, ce 6 Mars [1718].

Monseigneur,

Votre indisposition, qui intéresse également toute la France, et qui me touche davantage que l'empêchement que cela me cause de vous pouvoir présenter un placet dans trois voyages que j'ai faits exprès à Versailles pour ce sujet, me donne la hardiesse de vous l'envoyer par cette voie qui me reste. Ce n'est qu'un ordre semblable aux précédents, que je vous supplie de donner à M. Roujault pour terminer des différends pour le sixième des nouveaux officiers, où je ne doute pas qu'il n'ait le même succès que par le passé. Je me sers de l'occasion pour vous réitérer, Monseigneur, ma parole d'être très tranquille sur mes attentions précédentes, jusqu'à ce que vous m'ordonniez d'en user autrement, ou, à M. Maynon, de continuer à travailler avec moi.

Je suis, avec un très profond respect, Monseigneur, votre très humble et très obéissant serviteur*.

BOISGUILLEBERT.

* En apostille : «Écrire à M. Roujault que, s'il peut terminer cette contestation, ce sera faire un bien à toutes les parties. — Fait le 9 mars.»

(Archives nationales, Papiers du Contrôle général, G⁷ 721.)

VI.

DÉPENSES DE L'ANNÉE 1708 ET DE L'ANNÉE 1709.

---

*Dépenses du Trésor royal**.

Maison du Roi	608,046#
Chambre aux deniers	2,161,391
Argenterie	362,064
Menus	299,456
Offrandes	294,100
Écuries et achat de chevaux	820,402
Prévôté de l'hôtel	61,062
Cent-Suisses	49,650
Vénerie et fauconnerie	332,519
Louveterie	33,572
Maison de Mme la duchesse de Bourgogne	964,616
Maison de Madame	252,000
Maison de M. le duc d'Orléans	1,060,000
Récompenses	225,856
Comptant du Roi et des princes	2,081,500
Dépenses du roi d'Angleterre	600,000
Bâtiments	1,836,000
Ligues suisses	558,000
Garnisons ordinaires	2,464,000
Étapes	5,000,000
Pensions aux officiers des troupes	3,000,000
Ambassades	450,000
La Bastille	190,000
Pensions ordinaires	3,100,000
Gages du Conseil	2,200,000
Maréchaux de France	762,000
Gratifications	2,000,000
Guet de Paris	122,000
Subsides	7,000,000
Intérêts d'avances	2,000,000
Acquits patents	214,000
Ponts et chaussées	300,000
Pavé de Paris	30,000
Commerce	60,000
Dons et voyages	800,000
TOTAL	42,292,234#

* Le tableau comprend deux autres colonnes, qui contiennent la dépense par mois et la dépense par quartier. On n'a relevé que la dépense annuelle.

(Archives nationales, Papiers du Contrôle général, G⁷ 919.)

Projet des appointements, gages du Conseil et pensions, 1708.

Savoir :

PENSIONS.

A M. le prince de Soubise	12,000#
A M. de la Garde	2,250
A M. de Chamlay	9,000
A M. de Saumery, capitaine de Chambord	3,750
A M. de Saumery fils	2,000
A Mme la princesse de Soubise	14,000
A Mme la duchesse douairière d'Angoulême	15,000
A M. de Harlay, ci-devant premier président	9,000

PENSIONS PAR COMPTANT.

A M. le duc de Chevreuse	3,000
A M. le comte de Grignan	3,000
A M. le duc de Charost	6,000
A M. le duc de Lauzun	6,000
A M. le duc de Lesdiguières	3,000

PENSIONS D'AUCUNS OFFICIERS D'ARMÉE.

A M. le maréchal de Choiseul	1,500
A M. de Sallières fils	1,500
A M. le chevalier de Bissy	1,500
Aux enfants du feu sieur de la Guillotière	1,000
A M. le marquis de Dangeau	6,000

APPOINTEMENTS, GAGES DU CONSEIL ET PENSIONS DES OFFICIERS DES PARLEMENTS.

A M. le Peletier, premier président du Parlement de Paris :

Pour trois quarts d'appointements	12,000#	
Pour trois quarts de gages du Conseil	1,500	
Pour trois quarts de pension	3,000	
	16,500	27,500#
Pour le quartier retranché	5,500	
Pour le quartier retranché de ses gages ordinaires	3,500	
Pour son secrétaire	2,000	

A M. le président de Maisons :

Pour trois quarts de pension	4,500#	
Pour trois quarts de gages du Conseil	1,500	8,000#
Pour le quartier retranché	2,000	

A M. le président Molé	8,000#
A M. le président de Mesmes	8,000
A M. le président de Novion	8,000
A M. le président de Ménars	8,000
A M. le président Bailleul	8,000
A M. le président de Lamoignon	8,000
A M. le président d'Aligre	8,000
A M. le président Portail	8,000

A M. le Nain, avocat général :

Pour trois quarts d'appointements	9,000#	
Pour trois quarts de gages du Conseil	1,500	14,000#
Pour le quartier retranché	3,500	

A M. Joly de Fleury, *idem*	14,000#
A M. de Lamoignon de Blancménil	14,000

A M. Daguesseau, procureur général :

Pour trois quarts d'appointements	9,000#	
Pour trois quarts de pension	3,000	
Pour le quartier retranché	4,000	
Comme trésorier des chartes	500	20,500#
Pour les dépenses à cause du Trésor des chartes	2,000	
Pour son secrétaire	2,000	

A M. de Nicolay, premier président de la Chambre des comptes :

Pour trois quarts de pension	7,200#	
Pour trois quarts de gages du Conseil	1,500	10,033# 7^s^
Pour le quartier retranché	1,333# 7^s^	

A M. de Fourqueux, procureur général de ladite Chambre :

Pour trois quarts de pension	4,500#	
Pour le quartier retranché	1,500	9,000#
Pour acquit patent	3,000	

A M. le Camus, premier président de la Cour des aides :

Pour trois quarts de pension	4,500#	
Pour trois quarts de gages du Conseil	1,500	11,000#
Pour le quartier retranché	2,000	
Pour acquit patent	3,000	

Au sieur de la Malmaison, doyen de ladite Cour.... 1,500#

Au sieur Delpech, avocat général de ladite Cour :

Pour trois quarts de gages du Conseil	1,500#	4,500#
Pour acquit patent	3,000	

A M. Bellanger, aussi avocat général, pour trois quarts de gages du Conseil .... 1,500#

A M. d'Ombreval, *idem* 1,500

M. Bosc, procureur général en ladite Cour des aides :

Pour trois quarts de sa pension	4,500#	
Pour le quartier retranché	1,500	9,000#
Pour acquit patent	3,000	

M. de Verthamon, premier président du Grand Conseil, pour le quartier retranché de ses gages...... 3,000#

M. Berryer de la Ferrière, pour la charge de procureur général du Grand Conseil, dont étoit pourvu le feu sieur Berryer, son frère .... 1,950#

M. Morant, premier président du Parlement de Toulouse ..... 4,500#

M. de Bérulle, *idem*, à Grenoble 4,500

M. de Pontcarré, *idem*, à Rouen 4,500

M. Dalon, *idem*, à Bordeaux 4,500

M. de la Porte, *idem*, à Metz 4,500

M. de Brilhac, *idem*, en Bretagne 4,500

M. Bouchu, *idem*, à Dijon 4,500

M. d'Orsay, ci-devant prévôt des marchands :

Pour trois quarts de sa pension	4,500#	6,000#
Pour trois quarts de gages du Conseil	1,500	

M. d'Argenson, lieutenant général de la police de Paris :

Pour trois quarts de pension	4,500#	6,000#
Pour trois quarts de gages du Conseil	1,500	

M. de Bullion, prévôt de Paris, pour sa pension ..... 4,000#

M. le Camus, lieutenant civil :

Pour trois quarts de pension	2,250#	3,750#
Pour trois quarts de gages du Conseil	1,500	

APPOINTEMENTS, GAGES DU CONSEIL ET PENSIONS DES OFFICIERS DU CONSEIL ROYAL ET INTENDANTS DES FINANCES.

M. le Chancelier :

Pour trois quarts de ses appointements ordinaires	30,000#	106,000#
Pour le quartier retranché	10,000	
Pour ses appointements extraordinaires	30,000	
Pour gratification extraordinaire	20,000	
Pour ses secrétaires	12,000	
Pour les appointements de son secrétaire	3,000	
Pour ses domestiques	1,000	

M. le duc de Beauvillier, chef du Conseil royal des finances :

Pour trois quarts de ses appointements	30,000#	84,200#
Pour le quartier retranché	10,000	
Pour ses commis	6,000	
Pour ses domestiques	1,000	
Pour ses valets de chambre	1,200	
Pour sa gratification extraordinaire	36,000	

M. le Peletier de Souzy, conseiller au Conseil royal :

Pour trois quarts de ses appointements	7,500#	11,500#
Pour le quartier retranché	2,500	
Pour trois quarts de gages du Conseil	1,500	

A reporter ..... 11,500#

Report	11,500#	18,100#
Pour ses appointements de conseiller d'État ordinaire	3,600	
Pour l'acquit patent de son secrétaire	3,000	

M. Daguesseau, aussi conseiller au Conseil royal, *idem* ..... 18,100#

M. Chamillart, ci-devant contrôleur général des finances pendant janvier et février, savoir :

Pour ses appointements de conseiller au Conseil royal	1,250#	16,766# 13s 4d
Pour trois quarts de gages du Conseil	250	
Pour trois quarts de pension	750	
Pour le quartier retranché	750	
Pour les appointements extraordinaires de contrôleur général des finances	2,333 6s 8d	
Pour les appointements à cause du département du Trésor royal	1,666 13 4	
Pour le cahier de frais dudit département	1,000	
Pour le cahier de frais du département des finances	1,333 6 8	
A cause du travail dans les finances	4,333 6 8	
Pour acquit patent	500	
Pour les domestiques	166 13 4	
	14,333 6 8	
Pour les commis :		
Pour les appointements des commis au département des bois	600	
Pour les appointements d'un autre commis	333 6 8	
Pour trois acquits patents	1,500	

M. Desmaretz, contrôleur général des finances à la place de M. de Chamillart, pendant les dix derniers mois de 1708, savoir :

Pour ses appointements de conseiller au Conseil royal	6,250#	11,250#
Pour trois quarts de gages du Conseil	1,250	
Pour trois quarts de pension	3,750	

A reporter ..... 11,250#

Report	11,250#	
Pour le quartier retranché.	3,750	
Pour les appointements extraordinaires de contrôleur général des finances	11,666 13s 4d	
Pour les appointements à cause du département du Trésor royal	8,333 6 8	
Pour le cahier de frais dudit département	5,000	88,333# 6s 8d
Pour le cahier de frais du département des finances	6,666 13 4	
A cause du travail dans les finances	21,666 13 4	
Pour l'acquit patent	2,500	
Pour la gratification extraordinaire	16,666 13 4	
Pour les domestiques	833 6 8	

Commis :

Pour les appointements du commis pour les dépêches	3,000#	
Pour acquit patent	2,500	
Pour le commis pour le département des ponts et chaussées	3,000	
	2,500	
Pour le commis pour le département des bois	3,000	
	2,500	
Pour les appointements de deux commis	3,333 6s 8d	
Pour les acquits patents de deux commis	5,000	
Pour les appointements du sieur le Rebours, tenant le registre des finances pendant 1708	10,000	
Pour les appointements extraordinaires	6,000	63,833# 6s 8d
Pour trois quarts de gages du Conseil	1,500	
Pour l'acquit patent	3,000	
Pour l'acquit patent du sieur Quesnet	3,000	
Pour les appointements du sieur Gestard	3,000	
Pour les appointements du sieur de Bercy, chargé de l'examen des états au vrai depuis le 15 avril jusques au dernier décembre 1708	8,500	
Pour les appointements du sieur le Rebours, travaillant aux affaires des domaines pendant 1708.	4,000	

Au sieur du Buisson, intendant des finances :

Pour trois quarts d'appointements ordinaires	9,000#	
Pour appointements extraordinaires	7,600	
Pour augmentation d'appointements	6,000	
Pour trois quarts de gages du Conseil	1,500	
Pour le cahier de frais	8,000	
Pour l'acquit patent	3,000	
	35,100#	
Pour augmentation d'appointements pendant les dix derniers mois de 1708, à raison de 17,000# par an, à cause du supplément de finance payé en conséquence de l'édit du mois de mars 1708, lesdits 17,000# faisant, avec les 35,100# ci-dessus, la somme de 52,100# à quoi ont été fixés lesdits appointements, gages du Conseil et acquit patent par ledit édit	14,166 13s 4d	52,266# 13s 4d
Pour l'acquit patent du premier commis	3,000	

Au sieur de Caumartin, *idem*	52,266# 13s 4d
Au sieur Bignon de Blanzy, *idem*	52,266 13 4
Au sieur le Peletier des Forts, *idem*	52,266 13 4
Au sieur Guyet, *idem*	52,266 13 4
Au sieur le Rebours, *idem*	52,266 13 4

Au sieur Poulletier, aussi intendant des finances, pour ses appointements pendant les dix derniers mois 1708, à 72,000# par an .... 60,000#

Au sieur le Peletier de Souzy, directeur des fortifications .... 20,000#

APPOINTEMENTS, GAGES DU CONSEIL ET PENSIONS DES SECRÉTAIRES D'ÉTAT.

Au sieur marquis de Torcy :

Pour trois quarts d'appointements	15,000#	
Pour trois quarts de gages du Conseil	1,500	
Pour trois quarts de pension	4,500	
Pour le quartier retranché	7,000	
Pour ce qui étoit sur l'état de la marine	4,000	87,000#
Pour gratification extraordinaire	20,000	
Pour acquit patent	3,000	
Pour le cahier de frais	20,000	
Pour quatre acquits patents pour les commis	12,000	

A M. le comte de Pontchartrain :

Pour trois quarts d'appointements	15,000#	
Pour trois quarts de gages du Conseil	1,500	
Pour trois quarts de pension	4,500	
Pour le quartier retranché	7,000	
Pour une nouvelle pension	3,000	89,000#
Pour gratification extraordinaire	20,000	
Pour acquit patent	3,000	
Pour le cahier de frais	20,000	
Pour cinq acquits patents pour les commis, à 3,000# chacun	15,000	

A M. le marquis de la Vrillière :

Pour trois quarts d'appointements	15,000#	
Pour trois quarts de gages du Conseil	1,500	
Pour le quartier retranché	5,500	
Pour acquit patent	3,000	
Pour gratification extraordinaire	20,000	71,500#
Pour le cahier de frais	16,000	
Pour ce qui étoit sur l'état des finances de Normandie	4,500	
Pour deux acquits patents pour les commis	6,000	

A M. Chamillart, secrétaire d'État :

Pour trois quarts de gages du Conseil	1,500#	
Pour trois quarts d'appointements	15,000	
Pour trois quarts de pension	4,500	
Pour le quartier retranché	7,000	
Pour ce qui étoit sur les gabelles de Lyonnois	7,200	
Pour supplément de gages du Conseil	4,500	
Pour dépenses sur le projet du taillon	12,150 10ˢ	
Pour acquit patent	3,000	121,050# 10ˢ
Pour les cahiers de frais	25,000	
Pour la gratification extraordinaire	20,000	

Commis :

Au sieur Pinsonneau, pour gages du Conseil		1,500
Pour acquit patent		3,000
Pour gratification à un autre commis	1,700#	4,700
Pour acquit patent	3,000	
Pour les acquits patents de quatre autres commis		12,000

A M. le marquis de Cany, reçu en survivance à la charge de secrétaire d'État :

Pour trois quarts de pension	4,500#	
Pour trois quarts de gages du Conseil	1,500	11,000#
Pour le quartier retranché	2,000	
Pour acquit patent	3,000	

A M. le Peletier, ministre d'État 20,000

CONSEILLERS D'ÉTAT ORDINAIRES.

A M. l'archevêque de Reims, doyen	10,200#
A M. l'abbé Bignon	5,100
A M. l'archevêque de Sens	5,100
A M. de Ribeyre	5,100
A M. de Marillac	5,100
A M. de la Reynie	5,100
A M. le comte d'Avaux	5,100
A M. de Bâville	5,100
A M. de Bagnols	5,100
A M. de Caumartin	5,100
Aux héritiers de M. de Fourcy, jusqu'au 5 mars	925
Au sieur Chauvelin	5,100
Au sieur marquis de Dangeau	5,100
Au sieur Phélypeaux d'Herbault	5,100
Au sieur Phélypeaux	5,100
A M. de Puyzieulx	4,175

CONSEILLERS D'ÉTAT SEMESTRES.

A M. d'Armenonville	3,300#
A M. d'Argouges de Ranes	3,300
A M. Amelot de Gournay	3,300
A lui pour sa pension	6,000
A M. de Bouville	3,300
A M. de Harlay de Beaumont	3,300
A lui pour sa pension	6,000
A M. Bignon	3,300
A M. Béchameil de Nointel	3,300
A M. du Bois	3,300
A M. Bouchu	3,300
A M. Rouillé du Coudray	3,300
A M. Foucault	3,300
Au sieur Voysin, pour janvier, février et cinq premiers jours de mars 1708	320# 16ˢ 8ᵈ
Au sieur le Pelletier de la Houssaye, pour le reste de l'année 1708	2,979# 3ˢ 4ᵈ

AUTRES OFFICIERS DU CONSEIL.

Aux quatre secrétaires du Conseil		56,280#
Aux dix huissiers du Conseil		4,150
Aux commis des revenus casuels	6,000#	
Pour le triennal	3,000	11,000
Au sieur Valentin	2,000	
Au sieur Bonnel, contrôleur des domaines		3,000
Au sieur Nouet, avocat au Parlement		4,000
Aux garçons de la Chambre		600
Aux deux gardes de la prévôté près M. le Chancelier		600

MARÉCHAUX DE FRANCE ET AUTRES OFFICIERS DU ROI.

A M. le duc du Maine, colonel général des Suisses et Grisons .... 12,000#

A M. le maréchal de Choiseul................ 9,000#
A M. le maréchal de Villeroy................ 9,000
A M. le maréchal de Joyeuse................ 9,000
A M. le maréchal de Boufflers................ 9,000
A M. le maréchal de Catinat................ 9,000
A M. le maréchal de Villars................ 9,000
A M. le maréchal de Chamilly................ 9,000
A M. le maréchal de Rosen................ 9,000
A M. le maréchal d'Huxelles................ 9,000
A M. le maréchal de Tessé................ 9,000
A M. le maréchal de Montrevel................ 9,000
A M. le maréchal de Tallard................ 9,000
A M. le maréchal d'Harcourt................ 9,000
A M. le maréchal de Château-Renault................ 9,000
A M. le maréchal d'Estrées................ 9,000
A M. le maréchal de Berwick................ 9,000
Aux héritiers du feu sieur maréchal de Noailles, jusqu'au 2 octobre 1708................ 6,800
A M. le maréchal de Matignon, depuis le 14 février jusqu'au dernier décembre 1708................ 7,875

QUARTIER RETRANCHÉ D'AUCUNS OFFICIERS DU ROI.

A M. le marquis de la Salle, maître de la garde-robe, pour le quartier retranché de ses gages du Conseil................ 500#
A M. le marquis de Souvré, *idem*................ 500

Au sieur de Callières, secrétaire du cabinet :

Pour le quartier retranché de ses appointements et gages du Conseil................	2,000	8,000#
Pour acquit patent................	3,000	
Pour gratification................	3,000	

ACQUITS PATENTS.

Au sieur de Soubeyran, commis au contrôle général des finances................ 3,000#
Au sieur Châtillon, commis pour solliciter les fonds à porter au Trésor royal................ 3,000
Au sieur Hallée, commis au Trésor royal pour la liquidation des anciennes rentes................ 3,000
Au sieur de Lelez, commis du sieur des Forts, intendant des finances................ 3,000
Aux commis du sieur le Peletier, pour les fortifications................ 6,000
Au sieur d'Argouges de Ranes................ 3,000
Au sieur d'Aligre................ 3,000
Au sieur du Metz................ 3,000
Au sieur Picon................ 3,000
Au sieur   , contrôleur général des restes. 3,000
Au sieur de Monticourt, lieutenant de la prévôté près M. le Chancelier................ 3,000
Au sieur   , commis des bâtiments................ 3,000
Au sieur de Marinier, *idem*................ 2,000
Au sieur de Valincour, secrétaire général de la marine................ 3,000

Au sieur Gautier, ci-devant secrétaire de M. le Chancelier................ 2,000#
Au sieur le Boiteux, secrétaire général de l'artillerie................ 3,000

GARDES DU TRÉSOR ROYAL.

Au sieur Gruyn :

Pour ses gages du Conseil................	1,500#	70,350#
Pour son plat................	9,000	
Pour tares d'espèces................	6,000	
Pour les appointements du premier commis................	17,000	
Pour les appointements du commis du comptant................	8,000	
Pour les appointements de sept autres commis................	8,400	
Pour moitié des appointements des commis, à cause du triennal................	19,950	

Au sieur de Turménves, en exercice en 1707 :

Pour ses gages du Conseil................	1,500#	7,500#
Pour le premier commis................	4,000	
Pour la moitié desdites 4,000#, à cause du triennal................	2,000	

Au sieur Poulletier, ci-devant garde du Trésor royal, et au sieur de Montargis, à sa place, pour trois quarts de gages du Conseil 1708................ 1,500#

Au premier commis dudit sieur Poulletier, en exercice en 1706 :

Pour moitié de 17,500# d'appointements.	8,750#	16,950#
Pour le commis du comptant................	4,000	
Pour sept autres commis................	4,200	

Au sieur Dassenet, greffier-conservateur ancien des saisies et oppositions faites au Trésor royal, en exercice en 1708, conformément à l'édit du mois de mai 1706. 1,200#

CONSEIL DE COMMERCE.

Au sieur d'Argenson, lieutenant général de la police de Paris, pour le travail qu'il a fait audit Conseil.	3,000#	11,000#
Au sieur de Valossière, pour ses appointements et dépenses, pour ledit Conseil................	8,000	

État des aumônes que le Roi a accordées aux religieux, religieuses, pauvres communautés et autres, pour la présente année 1709.

Premièrement :

BOURGES.

Aux religieuses de Sainte-Claire de Bourges................ 250#
Aux filles de la Visitation de la Châtre................ 50

A l'hôpital de Bourbon .... 500#
A la dame Barré, religieuse, pour sa pension dans le couvent de Saint-Laurent 325

CLERMONT.

Aux religieuses de Sainte-Claire d'Aigueperse 200
Aux religieuses de Laveine 300
Aux religieuses de la ville de Mauriac, ordre de Saint-Dominique 100
Au monastère de la Visitation de Riom 100

LE PUY.

Aux religieuses de Sainte-Claire du Puy 200

CONDOM.

Aux Capucins de Nérac 80

POITIERS.

Aux religieuses de Sainte-Claire de Trémoille 175
Aux Nouvelles-Catholiques de Loudun 150
Aux religieuses de Sainte-Claire de Mirebeau 175
A l'hôpital de Loudun 100
Aux Nouvelles-Catholiques de Poitiers 100
Aux religieuses de la Croix d'Oyron 100

SAINTES.

Aux Nouvelles-Catholiques de Pons 100

TARBES.

A l'hôpital de Tarbes 200

GENÈVE.

Aux religieuses de Sainte-Claire d'Orbes, pays des Suisses, réfugiées dans Évian 160
Aux filles de Sainte-Claire, réfugiées à Annecy 180
Aux Bernardines de Seyssel 200
Aux religieuses Bénédictines, sous la réforme de Saint-Bernard, à Colombey-en-Valais, en Suisse 100

GRENOBLE.

Aux filles de Sainte-Claire de Grenoble 200
A la maison de la Propagation de la foi à Grenoble 100
Aux religieuses Célestes de Labbe 50
Aux Ursulines de Vif 150

VIENNE.

Aux Ursulines de Romans 100

FRÉJUS.

A l'hôpital de Fréjus 150
Au sieur Martin, du lieu du Luc, qui a eu les deux mains coupées par les Allemands en Provence 100

SISTERON.

A l'hôpital de Mane 200

TOULON.

Aux filles de Sainte-Claire d'Hyères .... 200#
A la maison du Refuge à Toulon 150
A un pauvre gentilhomme nommé Pineau 100

AVIGNON.

Aux Capucins de Tarascon 150

LYON.

Aux filles de Sainte-Claire de Bourg-en-Bresse 280
Aux filles de Sainte-Claire de Lyon 160
Aux filles de Sainte-Claire de Montbrison 250
Aux filles de Sainte-Élisabeth, du tiers-ordre de Saint-François, du boulevard de Sainte-Claire de Lyon 300
Au monastère de Lagueuse, en Forez, pour la pension de Mme de Machalin 100
A la maison des Nouvelles-Catholiques de Lyon 100

AUTUN.

Aux Carmélites de Beaune 300
Aux filles de Sainte-Claire de Moulins 200
Aux Ursulines de Corbigny 100
Aux Ursulines d'Autun 100
Aux Ursulines de Flavigny 100

CHALON-SUR-SAÔNE.

Aux filles Bénédictines de Tournus 300
A l'hôpital de Tournus 300
Aux Récollets dudit Tournus 200
A la Charité de Tournus 300

LANGRES.

Aux filles du tiers-ordre de Saint-Dominique de Langres 100
Aux Hospitalières de Saint-Jean-de-Losne 200
Aux religieuses de Besmont 100
Aux Ursulines de Bar-sur-Aube 100
Aux religieuses de Noyers 36
Aux Annonciades Célestes de Langres 110
Aux Carmes déchaussés de Tanlay 100

MÂCON.

A l'hôtel-Dieu de Cluny 300
Aux Récollets de Cluny 150

ROUEN.

Au Val-de-Grâce de Rouen 100
Aux filles Angloises de Sainte-Claire de Rouen 300
Aux filles de Sainte-Claire de Rouen 190
Aux Nouvelles-Catholiques de Rouen 100
A la Congrégation de Gournay 100
Aux filles de Chaumont 100
Aux filles Bénédictines de Pontoise, dites *Angloises* 300
Aux Ursulines de Pontoise 150
Aux Capucins de Pontoise 200
Aux enfermés de l'hôpital général de Pontoise 600

Aux Hospitalières de Montréal en Canada........ 100#
Aux filles Maîtresses de Darnetal........ 100

BAYEUX.

Aux Nouvelles-Catholiques de Caen........ 100

COUTANCES.

Aux Nouvelles-Catholiques de Saint-Lô........ 100
Aux Ursulines de Vire........ 100

ÉVREUX.

A l'hôpital de la Providence........ 350

LISIEUX.

A l'hôtel-Dieu d'Honfleur........ 100
Aux religieuses de Vimoutiers........ 100

SÉEZ.

Aux filles de Sainte-Claire d'Alençon........ 150
Aux Nouvelles-Catholiques d'Alençon........ 150

TOURS.

Aux filles Capucines de Tours........ 200

ANGERS.

Aux Hospitalières de la Flèche........ 100
A la Visitation de Saumur........ 50

RENNES.

A l'hôpital de Saint-Méen........ 100

SAINT-MALO.

Aux Clairistes de Dinan........ 150

SENS.

Aux Capucins de Melun........ 100
Aux Récollets de Melun........ 100
Aux Bénédictines de Moret........ 100
Aux Bénédictines de Villeneuve-le-Roy........ 100
A la Congrégation de Joigny........ 100
Aux Carmélites de Sens........ 100
Aux pauvres orphelins de Sens........ 120
Aux religieuses de Notre-Dame-des-Prés........ 300

AUXERRE.

Aux filles de Sainte-Claire de Gien........ 200
Aux Hospitalières de la Charité-sur-Loire........ 150
Aux Ursulines de Crevant........ 30
Aux Bénédictines du Mont-de-Piété-sur-Loire........ 50
Aux administrateurs de l'hôpital de Saint-Sauveur, près Saint-Fargeau........ 200
Aux Cordelières d'Entrains, dites *Urbanistes*, transférées à l'abbaye des Iles........ 100

NEVERS.

Aux Carmélites de Nevers........ 100
Aux filles de Sainte-Claire de Decize........ 200#
Aux religieuses Bénédictines de Cosne........ 50

TROYES.

Aux filles de Saint-Jacques de Barbonne........ 200
Aux filles de Sainte-Scholastique, ordre de Saint-Benoît. 225

PARIS.

Aux Frères de la Charité, faubourg Saint-Germain........ 300
Aux Carmes déchaussés dudit faubourg Saint-Germain. 150
Aux Augustins dudit faubourg Saint-Germain........ 110
Aux filles de la Miséricorde........ 140
Aux Jacobins........ 300
Aux Théatins........ 600
A la dame Spahien, pour sa pension au Port-Royal........ 300
Aux Bénédictins anglois du faubourg Saint-Jacques........ 300
Aux prêtres anglois du collège des Lombards........ 200
Aux Anglois du faubourg Saint-Victor........ 900
Aux Nouveaux-Convertis du faubourg Saint-Victor........ 200
Aux Hospitalières de la Place royale........ 200
Aux Minimes de ladite place........ 90
Aux filles de la Charité de la paroisse d'Yerres........ 60
Aux filles du Saint-Sacrement de la rue Saint-Louis........ 200
Aux Picpus........ 100
Aux filles de l'Ave-Maria........ 300
Aux filles de la Croix, paroisse de Saint-Germain........ 300
A l'hôpital des Quinze-Vingts........ 800
Aux filles de l'Assomption........ 500
Aux Jacobins, rue Saint-Honoré........ 150
Aux Augustins déchaussés des Petits-Pères........ 100
Aux Feuillantines du faubourg Saint-Jacques........ 100
Aux Ursulines dudit faubourg, pour la pension de la demoiselle de Gauville........ 300
Aux administrateurs de Sainte-Agnès en la paroisse de Saint-Eustache, pour les nouveaux-convertis........ 100
Aux Capucins de Meudon........ 100
Aux Pères de Nazareth près le Temple........ 150
A la Bourse cléricale de Saint-Nicolas-du-Chardonnet........ 300
Aux Nouvelles-Catholiques, rue Sainte-Anne........ 300
Aux Récollets de Saint-Denis........ 180
Aux Augustins déchaussés des Loges........ 300
Aux religieuses Hospitalières de Saint-Mandé........ 100
A la Charité de Charenton........ 100
Aux filles de la Charité des pauvres malades de Charenton........ 150
Aux Minimes du Parc-de-Vincennes........ 140
Aux filles du prieuré de Laval, près Lagny........ 100
A la Providence du faubourg Saint-Marcel........ 100
Aux Angloises du Champ-de-l'Alouette........ 300
Aux Angloises, faubourg Saint-Antoine........ 300
Aux filles de la Croix, faubourg Saint-Antoine........ 100
Aux filles de la Croix, rue Saint-Antoine........ 75
A la dame Portento, pour une communauté de demoiselles angloises en la paroisse Saint-Séverin........ 120
A l'Union chrétienne de la porte Saint-Denis........ 525
Aux filles de la Charité devant Saint-Lazare........ 200
A la maison de Saint-Lazare........ 300

Aux Récollets, faubourg Saint-Laurent .... 400#
Aux Récollets de Saint-Germain-en-Laye 600
Aux Capucins du Marais 100
Aux filles de la Magdeleine, près le Temple 200
Aux Récollets de Corbeil 80
Aux Minimes de Brie-Comte-Robert 90
Aux ermites du Mont-Valérien 100
Aux Camaldules de Grosbois 300
Aux filles Capucines de la rue Saint-Honoré 300
Aux Carmes déchaussés de Charenton 200
Aux Bénédictins de Val-d'Osne, transférés à Charenton. 200
Aux filles de Sainte-Marie de Saint-Denis, pour la dame de Beauvau, religieuse professe 300
Aux filles de Sainte-Thècle, rue de Vaugirard 100
A Catherine Arnoy, pour sa pension dans une communauté 100
A l'Union chrétienne de la porte Saint-Denis, pour la pension d'une dame de qualité 300
Au religieuses du Sang-Précieux 150
A l'abbaye d'Yerres 100
Aux Ursulines de Saint-Germain-en-Laye 300
Au sieur Juan, pour les pauvres du village de Vaison.. 100
A la demoiselle Gauville Saint-Vincent, pour sa pension dans la communauté de l'Union chrétienne de Saint-Germain-de-l'Auxerrois 200
A la sœur de Sainte-Cécile, dans la communauté de Saint-Thomas-de-Villeneuve 150
A la maison du Sauveur du Rempart 50
Aux Enfants-Trouvés 100
A Madeleine Auger, mariée au sieur Paris 64
A Marguerite Potier 90
Au sieur de Villepoix, pauvre gentilhomme aveugle... 75

CHARTRES.

Au monastère d'Houdan 100
Aux Annonciades de Meulan 200
Aux Capucins de Poissy 100
A l'abbaye Saint-Denis-des-Landes 250
Aux Ursulines de Mantes 100

MEAUX.

Aux Carmes déchaussés de Grégy 150
Aux filles de Sainte-Anne de la Ferté-sur-Jouarre 140

ORLÉANS.

Aux Carmes déchaussés d'Orléans 80
Aux religieux de l'abbaye de Voisins, près Orléans.... 250
Au Bon-Pasteur 200

BESANÇON.

Aux filles de l'Ave-Maria d'Auxonne 300
Aux Carmélites de Besançon 90
Aux Carmélites de Dôle 90
Aux Carmélites de Gray 90
Aux Carmélites d'Arbois 90
Aux Carmélites de Salins 90
Aux filles de Sainte-Claire de Bellegarde 300
Aux Ursulines d'Auxonne .... 50#
Aux Bernardines d'Orgelet 80
Aux filles de Sainte-Claire de Besançon 100
Aux filles de Sainte-Claire de Salins 100
Aux filles de Sainte-Claire de Poligny 100
Aux sœurs de l'hôpital de Dôle 80
Aux filles de Sainte-Marie de Besançon 50
Aux filles de la Visitation de Salins 80
Aux filles de Sainte-Marie de Dôle 80

TRÈVES.

Aux religieuses de Notre-Dame de Longwy 100
Aux filles de Saint-François de Rastroff de la ville Sire 100

METZ.

Aux filles Dominicaines de Metz 200
Aux filles de Sainte-Claire de Metz, dites sœurs *Colettes*. 150
Aux filles de la Visitation de Metz 300
Aux Bénédictines de Montigny-lès-Metz 150
Aux filles de Sainte-Claire de Thionville 150
Aux Nouveaux-Catholiques de Metz 100
Aux filles de la Congrégation de Marsal 100
Aux filles de Saint-Dominique de Vic 100
Aux Nouvelles-Catholiques de Metz 200
Aux religieuses de la Congrégation de Notre-Dame de la ville de Vic 200
A la Présentation de Metz 100
A la maison du Refuge de Metz 225

STRASBOURG.

A Louis de Chevalier du Plan de Dilling, ancien officier. 140

TOUL.

Aux Capucins du faubourg de Toul 100
Aux filles Dominicaines du tiers-ordre de Toul 150
A la maison de Toul 150
Aux filles du Saint-Sacrement 200
Aux filles du premier-ordre de Saint-Dominique 150
Aux Annonciades de Vaucouleurs 100
Aux filles du Saint-Sacrement de Rambervillers 100
Aux Bénédictins anglois de Dieulouard, en Lorraine.. 200
A la Congrégation de Toul 200
A l'Hôpital général de Toul 200
Au couvent des religieuses du tiers-ordre de Saint-Dominique, pour la pension d'une fille de qualité religieuse professe 200
Au couvent des religieuses du tiers-ordre de Saint-Dominique, pour la pension de Françoise de Villars, religieuse professe 200

VERDUN.

Aux Carmélites de Verdun 100
Aux filles de Sainte-Claire 150
Aux Annonciades de Stenay 100
Aux Annonciades de Clermont 200

REIMS.

Aux Annonciades de Mézières .... 150#
Aux filles du Sépulcre de Charleville 100
Aux Nouvelles-Catholiques de Sedan 400
Aux religieuses de Varennes 100
Aux religieuses de Bouillon 200
Aux Augustines de Bouillon 200

AMIENS.

Aux Capucins d'Amiens 300
Aux Capucins d'Abbeville 100
Aux filles de l'hôtel-Dieu de Montreuil 140
Aux Hospitalières des orphelins de Montreuil 280
Aux orphelins de Doullens, ordre de Saint-Augustin 250
Aux religieuses de l'hôpital de Vaugé 90
Aux Sœurs de Doullens 140
Aux Annonciades de Roye 140
Aux Hospitalières de Corbie 150
Aux Jacobins réformés d'Abbeville 170
A la maison de Saint-Josse, ordre de Saint-François 90
Aux religieuses de Gravillères 160

BEAUVAIS.

A l'hôtel-Dieu de Pont-Sainte-Maxence 150
A l'hôpital de Beauvais 200
Au Bureau des pauvres de Beauvais 600
A Nicolas Simon du Sausar 100
Aux filles Pénitentes 100
Au séminaire de Beauvais 200
Au sieur abbé de Mornay, pour la communauté des Bouguillons, maîtresses d'école de Beauvais 80
A Françoise-Gabrielle d'Héraines, veuve de feu Denis de Rouvroy 100
Au sieur abbé d'Ormesson, pour les sœurs Barettes, qui instruisent les filles dudit Beauvais 200
Au sieur Michel, grand vicaire, pour les pauvres honteux du diocèse de Beauvais 300
Aux religieuses de Mouchy, ordre de Saint-Bernard 100

BOULOGNE.

Aux Sœurs noires de Saint-Pol en Artois 120
Aux religieuses d'Ardres, ordre de Saint-Benoît 200
Aux Sœurs noires du Vieil-Hesdin 120
Aux filles de Saint-François des Pernes 120
Aux Sœurs grises de Saint-Pol en Artois 120

CHÂLONS.

Aux Nouvelles-Catholiques de Vassy 100
Aux Nouveaux-Convertis de Vassy 90
Aux religieuses Bénédictines de Saint-Dizier 100
Aux filles de Saint-Joseph de Vertus 90
A l'abbaye de Vinay 100
Aux Ursulines de Saint-Dizier 140

LAON.

Aux filles de la Congrégation de Laon 100
Au Calvaire de la Fère 200

NOYON.

A l'hôtel-Dieu de Saint-Quentin .... 140#
Aux filles Cordelières de Saint-Quentin 200
Aux filles de l'hôtel-Dieu de Noyon 400
Aux religieuses de Notre-Dame de Fervacques 90
A l'hôtel-Dieu de Chauny 100
Aux Nouvelles-Catholiques de Noyon 140
Aux filles du Petit-Pont de Saint-Quentin 120

SOISSONS.

Aux Minimesses de Soissons 300
A la Charité de Château-Thierry 200
A la Congrégation de Château-Thierry 250
Aux religieuses de Château-Thierry 150
Aux religieuses de Saint-Benoît de Montreuil 200

CAMBRAY.

Aux filles de Sainte-Élisabeth du Quesnoy 100
Aux Carmélites de Valenciennes 100
Aux Sœurs noires du Quesnoy 50
A la Conception du Quesnoy 130
Aux Récollétines de Barlemont en Hainaut 120
Aux Sœurs grises de Tournay 100
Aux Récollétines d'Avesnes 130
Aux filles du Rosaire de Tournay 100
Aux filles de Saint-François du tiers-ordre de Bligny 120
Aux Sœurs grises de Bavay 100
Aux Bénédictines angloises de Cambray 300
Aux filles de la Madeleine de Valenciennes 100
Aux religieuses Hospitalières de le-Château, dépendance de Maubeuge en Hainaut 100

ARRAS.

Aux religieuses de Marchiennes 165
Aux religieuses Récollétines de Bouchain 165
Aux filles de Sainte-Agnès d'Arras, Hospitalières des orphelins 300
Aux religieuses Clarisses d'Arras de Sainte-Colette 130
Aux Incurables, dites *Charlottes*, d'Arras 50
Aux Hospitalières de Saint-Jean-de-l'Estrée d'Arras 140
A l'hôtel-Dieu de la Cité d'Arras 130
Aux filles de la Charité d'Arras 200
Aux Sœurs Louez-Dieu d'Arras 80
Aux Hospitalières de Saint-François de Béthune 200
Aux Hospitalières du Petit-Vimy 120
Aux Annonciades de Béthune 100
Aux religieuses de la Paix de Béthune 120
Aux filles de la Conception de la Paix de Béthune 100
Aux Hospitalières de Saint-Jean-de-Bassé 50
A l'hôtel-Dieu de Bapaume 120
Aux Hospitalières Augustines de Sainte-Anne de Bapaume 180
Aux Carmélites de Douay 150
Aux Capucins de Douay 120
Aux Hospitalières des orphelins de Douay 120
Aux Brigittines de Douay 120
A la maison de la Providence d'Arras 200

Aux Hospitalières d'Armentières .... 120#
Aux Hospitalières de Lens 50
Aux Capucins d'Arras 130
Aux religieuses de Houdain 100
Aux Capucins de Béthune 80
Aux Bénédictins anglois de Douay 300
A la Maison-Nouvelle de Douay 50
A treize couvents de Récollets de la province de Saint-Antoine en Artois, faisant en tout 1,680
Aux Sœurs grises de Lille, du tiers-ordre de Saint-François 120
Aux Dominicaines de la Thiolay d'Arras 50

SAINT-OMER.

Aux Sœurs grises de Lillers 100
Aux filles du tiers-ordre de Saint-François d'Estraires 100
Aux Sœurs grises de Sainte-Claire de Saint-Omer 100
Aux Clarisses angloises de Gravelines 300
Aux Hospitalières de Gravelines, dites *Sœurs noires* 130
Aux Hospitalières de Bourbourg 130
Aux Capucins dudit Bourbourg 130
Aux filles de Sainte-Claire d'Hesdin 150
Aux Hospitalières dudit Hesdin 130
Aux Hospitalières de Saint-François d'Aire 130

NAMUR.

Aux Récollétines de Philippeville 130
Aux religieuses Hospitalières de Saint-François près Philippeville 100

TOURNAY.

Aux Hospitalières de Théomolin 120
A l'hôpital de Meruis de Tournay 150
Aux Clarisses de Lille, de la rue des Malades 50
Aux Célestines de Lille 50
Aux Carmélites de Lille 50
Aux filles de Saint-François d'Isenghien 100
Aux Hospitalières de Lannoy 100
Aux Clarisses de Tournay 100
Aux Carmélites de Tournay 100
A l'abbaye de Sauchois 150
Aux filles de Notre-Dame dudit 100
Aux religieuses Bénédictines de Saint-Amand 200

YPRES.

Aux filles de Berghes-Saint-Winox 120
Aux Annonciades de Saint-Winox 120
Aux Récollétines de la ville d'Houdert 120
Aux Hospitalières de Saint-François de Dunkerque 130
Aux Bénédictins anglois de Dunkerque 300
Aux Bénédictins anglois d'Ypres 300
Aux Hospitalières de Lo en Flandre 100
Aux filles de Saint-François de Bailleul 100
Aux filles de Sainte-Claire d'Ypres 100

SOMME TOTALE .... 60,000#.

Garde de mon trésor royal, Mre Claude le Bas de Montargis, payez comptant aux religieux, religieuses, communautés et autres mentionnés au présent état la somme de 60,000# que je leur ai accordée par aumône, selon et ainsi qu'il est contenu en chacun des articles dudit état.

Fait à Versailles, le 30 juin 1709.

(Archives nationales, Papiers du Contrôle général, G7 973.)

VII.

COMMISSION DE CHEF DU CONSEIL ROYAL DES FINANCES POUR M. LE MARÉCHAL DE VILLEROY.

2 Septembre 1714.

Louis, etc., à tous, etc., Salut. Lorsque nous jugeâmes à propos d'établir près de nous un Conseil royal de nos finances par notre règlement du 15 septembre 1661, nous crûmes ne pouvoir faire un meilleur choix que de notre cousin le maréchal de Villeroy, votre père, pour remplir la place de chef de ce Conseil, qu'il a exercée avec distinction jusques à sa mort. Notre cousin le duc de Beauvillier, qui en a été pourvu après lui, laissant par son décès cette même charge vacante, nous avons jeté les yeux sur vous pour la remplir, les preuves que vous nous avez données en toute occasion de votre capacité, de votre zèle pour notre service et de votre attachement pour notre personne ne nous donnant pas lieu de douter qu'à l'exemple de votre père, vous ne la remplissiez à notre satisfaction. A ces causes et autres considérations à ce nous mouvant, nous vous avons commis, ordonné et établi, commettons, ordonnons et établissons par ces présentes, signées de notre main, chef de notre Conseil royal de nos finances, en notre présence et sous notre autorité, et lorsque notre très cher et féal chevalier chancelier de France n'assistera point audit Conseil, pour, en cette qualité, conjointement avec nos autres conseillers en icelui, nous donner vos bons avis, tant sur la levée et distribution de nos finances, que sur tout ce qui concerne le gouvernement, économie et bonne administration d'icelles, suivant et conformément au règlement par nous fait au sujet de nos finances, et en jouir par vous aux honneurs, autorités, prééminances et prérogatives convenables à cette dignité, ainsi qu'en a joui ou dû jouir notredit cousin le duc de Beauvillier, et aux mêmes appointements, qui vous seront ordonnés par nos états. De ce faire nous vous avons donné et donnons pouvoir, autorité, commission et mandement spécial par cesdites présentes. Mandons aux gardes de notre Trésor royal et autres officiers de nos finances, et à tous comptables généralement quelconques, ainsi qu'il appartiendra, qu'après que nous aurons reçu de vous le serment en tel cas requis, ils aient à vous reconnoître en ladite qualité de chef de notredit Conseil royal de nos finances, et à vous obéir et entendre en toutes choses qui en dépendent, sans difficulté. Mandons en outre auxdits gardes de notre Trésor royal de vous payer, chacun en l'année de son exercice, lesdits états et appointements qui vous seront par nous ordonnés, lesquels nous voulons être passés et alloués en la dépense de leurs comptes par nos amés et féaux les gens tenant notre Chambre des comptes à Paris, auxquels mandons ainsi le faire sans difficulté. CAR TEL EST NOTRE PLAISIR.

Donné à Fontainebleau, le deuxième jour de septembre, l'an de grâce 1714, et de notre règne le soixante-douzième.

(Archives nationales, Registres du secrétariat de la Maison du Roi, O[1] 58, fol. 201.)

VIII.

COMPTE RENDU DE M. DESMARETZ AU RÉGENT.

[1716.]

Monseigneur,

Je supplie très humblement Votre Altesse Royale de donner quelques moments de son attention au mémoire que j'ai l'honneur de lui présenter.

Le feu Roi m'ayant fait celui de me choisir, le 20 février 1708, pour remplir la place de contrôleur général des finances, j'ai soutenu, avec un travail continuel et bien pénible, le poids de cet emploi jusqu'au 1er septembre 1715.

Votre Altesse Royale sait parfaitement que le contrôleur général des finances n'est ni ordonnateur ni comptable depuis le règlement du 5 septembre 1661, par lequel le feu Roi supprima pour toujours la commission de surintendant des finances. Le feu Roi en a fait toutes les fonctions lui-même, et il ne s'est fait aucun payement qu'en vertu des ordonnances et des états qu'il a signés, et le contrôleur général des finances a été simplement l'exécuteur des ordres de S. M.

Ainsi, n'ayant fait aucune gestion qu'en vertu des ordres du Roi, je ne suis point obligé d'en rendre compte; mais un motif d'honneur et le respect que je dois à Votre Altesse Royale me pressent également de donner des éclaircissements sur l'état où étoient les finances au 20 février 1708, sur ce qui a été fait pendant sept ans et demi, jusqu'à la mort du Roi, pour soutenir les dépenses de la guerre et de tout l'État, et sur la situation où étoient les finances au 1er septembre 1715.

Le premier objet auquel je donnai toute mon attention fut de reconnoître les dettes de l'État et les papiers qui étoient décrédités, et qui avoient fait resserrer l'argent à un tel excès, que le payement des troupes avoit manqué dans presque tous les départements. On ne pouvoit sans imprudence faire publiquement cette reconnoissance; il falloit au contraire cacher le mal, pour ne pas manquer totalement. Mais les papiers qui étoient dus au public ont été si connus, que la simple explication en fait voir la vérité.

Il étoit dû au public, au 20 février 1708 :

Pour les nouveaux billets de monnoie réformés en 1707	72,000,000#
Billets de monnoie convertis en billets des fermiers généraux des fermes unies et des receveurs généraux des finances payables en cinq ans	54,435,825
Anciens billets de monnoie non réformés, gardés par ordre dans les caisses des trésoriers, dont il falloit faire le fonds	9,570,248
A reporter	136,006,073#
Report	136,006,073#
Billets des sous-fermiers des aides, par forme de prêt	7,200,000
Promesses de la Caisse des gabelles	60,453,760
Billets d'emprunts des trésoriers de l'extraordinaire des guerres et des adjoints qui leur avoient été donnés pour soutenir les dépenses de leurs exercices des années 1706 et 1707	61,705,827
Intérêts échus de ces différentes parties	27,991,665
Il étoit dû aux trésoriers de toute nature pour ordonnances et états non acquittés	102,366,833
Il avoit été consommé par avance sur les revenus de 1708, pour les dépenses de 1706 et 1707	54,833,833
Plus, sur les années 1709, 1710, 1711 et 1712	14,286,670
Emprunt fait à Gênes	2,000,000
Il étoit dû au sieur Bernard, pour avances faites pour les troupes, pour lesquelles il lui avoit été donné des billets des trésoriers de l'extraordinaire des guerres, qu'il a fallu remplacer	11,000,000
Aux frères Hogguer, pour les avances faites pour l'armée d'Italie en 1706, plus de	5,000,000
	482,844,661#
Les dépenses de l'année 1708, suivant les ordonnances	202,788,354
TOTAL	685,633,015#

Les fonds de l'année 1708 ayant été presque entièrement consommés par avance, il ne restoit de fonds libres de l'année 1708, déduction faite des charges et des assignations anticipées, que 20,388,338#

Il n'avoit été fait aucune disposition pour les vivres de la campagne.

Nul fonds pour les remontes et les recrues.

Tel étoit alors l'état des finances du Roi, des dettes de l'État et du fonds qui restoit pour satisfaire à toutes ces dépenses, lorsque M. Chamillart, chargé d'ailleurs du détail de la guerre, supplia le Roi de le décharger d'un fardeau qui devenoit tous les jours plus pesant. A quoi on peut ajouter que la rareté de l'espèce, les sommes considérables dues aux trésoriers et aux entrepreneurs, le défaut de payement des assignations, le discrédit des effets du Roi et l'usure qui se faisoit sur les billets de monnoie et sur toute sorte de papiers avoient mis les finances dans un état qui paroissoit sans remède.

Le Roi me nomma contrôleur général dans cette affreuse situation. Elle m'étoit assez connue; le peu de possibilité de satisfaire à tant de dépenses avec si peu de fonds me parut dans toute son étendue. Je sentis tous le poids d'une pareille commission; mais le Roi ne me laissa pas la liberté de lui représenter ce que je savois et ce que je connoissois de l'état de ses finances : il me prévint et s'expliqua nettement, me disant qu'il connoissoit parfaitement l'état de ses finances, qu'il ne me demandoit pas l'impossible; que, si je réussissois, je lui rendrois un grand service dont il me sauroit beaucoup de gré; si le succès n'étoit pas heureux, il ne m'imputeroit pas les événements.

Je crus devoir commencer cette difficile administration par un coup décisif, et qui, marquant au public que je connoissois l'ordre et l'économie d'une bonne régie, étoit seul capable de donner à l'espèce sa première circulation et de ranimer la confiance. Je compris que le Trésor royal, comme le centre de la finance, devoit recevoir tout le produit des revenus de S. M., et je m'attachai à l'y faire remettre à l'échéance de chaque payement.

Quatre raisons principales m'y déterminèrent :

Premièrement, pour engager les comptables à payer plus régulièrement qu'ils n'avoient fait;

Secondement, pour empêcher que ceux qui avoient pris des engagements pour le service ne fussent plus longtemps exposés à essuyer de longs retardements, ni privés par les mauvaises difficultés des comptables d'une partie de leurs intérêts, dont le retardement jusqu'alors avoit fait un tort considérable au crédit du Roi;

Troisièmement, parce qu'en faisant porter directement à la caisse du Trésor royal le produit des revenus de S. M., je redonnois à cette caisse un crédit éteint depuis longtemps, persuadé que le seul moyen de dissiper la supériorité usuraire que l'espèce avoit prise sur le papier, et de faire sortir l'espèce, étoit de faire voir au public beaucoup d'argent circuler dans la caisse du Roi;

Quatrièmement, je pensois à établir une régie certaine, et qui me mît en état de pourvoir aux dépenses les plus pressées, par la connoissance du fonds certain que j'aurois dans cette caisse suivant les bordereaux qui m'en seroient remis toutes les semaines et tous les mois.

Cet arrangement fut applaudi et eut tout l'effet qu'on en pouvoit attendre.

Pour parvenir à l'exécution de ce projet, il falloit rendre libres les fonds de l'année 1708, qui avoient été consommés entièrement par des assignations anticipées, lesquelles avoient été tirées pour les dépenses des années précédentes. Le Roi ordonna qu'elles seroient rapportées, et réassignées sur l'année 1709 : ce qui fut exécuté. La diminution des espèces qui avoit été annoncée pour le 1er mars 1708, et, successivement, dans les autres mois de la même année, détermina tous les porteurs d'assignations à les rapporter sans peine, pour éviter les diminutions qu'ils auroient souffertes, si on avoit pu les acquitter exactement.

Il faut observer que, ces fonds n'étant pas à beaucoup près suffisants pour fournir aux dépenses les plus pressées et les plus nécessaires, il fallut penser à augmenter le crédit et faciliter de nouveaux emprunts; et comme il avoit été ordonné, par un arrêt du 29 octobre 1707, que tous les payements ne pourroient être faits ni stipulés que les trois quarts en espèces et l'autre quart en billets de monnoie, le défaut de liberté dans les conventions qui se pouvoient faire entre le prêteur et l'emprunteur faisoit toujours resserrer de plus en plus l'espèce : le Roi permit, par arrêt du 27 février 1708, la liberté des stipulations. Cet arrêt et les diminutions annoncées causèrent un assez grand mouvement d'argent et donnèrent les moyens de soutenir les dépenses de cette année. Il fallut encore avoir recours à d'autres expédients. On créa, par quatre édits, 2,100,000# de rentes sur l'hôtel de ville, au denier seize, au principal de 33,600,000#. On créa aussi des augmentations de gages que les officiers des Compagnies supérieures et les officiers de police et de finance furent obligés de lever : ce qui produisit 11,400,000#. On fit aussi divers traités d'affaires extraordinaires, dont le total étoit de 36,000,000#.

Tous ces expédients produisirent avec peine les fonds pour les dépenses de la campagne : ce qui étonna les ennemis de la France, qui étoient persuadés que les finances étoient abandonnées comme insoutenables.

Le mauvais événement de la bataille d'Oudenarde et la prise de Lille firent retomber les affaires dans une nouvelle confusion et dans un embarras dont, avec raison, on pouvoit désespérer de se tirer.

Les ordonnances pour les dépenses de l'année 1708 ont monté à la somme de	202,788,354#
Il a été assigné sur divers fonds	184,423,036
Partant, reste à assigner	18,365,318#
Les fonds ordinaires et extraordinaires de l'année 1708 et des précédentes ont produit depuis le 20 février 1708	229,059,467#
Dont il a été consommé pour les dépenses de l'année 1708	184,423,036
Reste	44,636,431#

lesquelles ont été assignées pour les dépenses des années précédentes.

Le détail de tous ces arrangements compose un gros volume.

ANNÉE 1709.

La nécessité de continuer la guerre fit penser aux moyens de rétablir la confiance, et de faciliter la négociation des assignations qu'il falloit donner en payement aux banquiers, trésoriers, entrepreneurs et autres chargés de fournir les dépenses. On se proposa d'ordonner que les assignations qui avoient été tirées par avance sur les revenus de l'année seroient acquittées à leur échéance. Ce règlement, fait par un arrêt du 19 février 1709, eut d'abord tout le succès auquel on s'étoit attendu : les porteurs des assignations tirées par avance, voyant leur payement assuré, se déterminèrent à prêter aux trésoriers, aux munitionnaires et autres l'argent qu'ils recevoient du payement de leurs assignations; mais cette disposition changea bientôt après. La rigueur de l'hiver et la disette des grains firent resserrer l'argent plus que jamais. Cependant il falloit pourvoir aux dépenses de la guerre, assurer le prêt des troupes et leur subsistance, et remédier promptement à la cherté des grains dans tout le royaume.

Dans une si triste situation, on n'avoit pas la liberté de choisir des moyens qui pussent sûrement et promptement produire l'argent nécessaire pour les dépenses; il fallut prendre ceux dont on s'étoit servi dans les années précédentes, quoique le succès en fût fort douteux. On créa de nouvelles rentes sur l'hôtel de ville; on créa pareillement des augmentations de gages, qui furent attribuées à différents officiers, et on en fit des traités particuliers, afin de s'assurer des fonds comptants pour le payement des dépenses.

Les expédients ordinaires de finance auxquels d'abord on s'attacha auroient été une foible ressource, si, par un bonheur auquel on ne s'attendoit pas, les vaisseaux qui avoient été dans la mer du Sud n'étoient heureusement arrivés dans les ports de France. Leur chargement étoit très riche, et ils avoient dans leurs bords pour plus de 30,000,000 # de matières d'or et d'argent. On proposa aux intéressés dans leur chargement de porter aux hôtels des Monnoies toutes les matières et d'en prêter au Roi la moitié, pour laquelle on leur donna des assignations sur les recettes générales et l'intérêt à 10 p. 0/0; l'autre moitié leur fut payée comptant, pour le payement des équipages des vaisseaux et de ce qu'ils devoient aux marchands et autres qui leur avoient vendu les marchandises dont ils avoient composé le chargement de leurs vaisseaux pour être débitées au Pérou.

Les billets de monnoie subsistoient toujours et causoient un grand désordre dans le commerce. Il falloit travailler à les éteindre, ou se résoudre à voir manquer entièrement le payement des troupes et toutes les dépenses nécessaires de l'État.

On crut devoir profiter des matières qui se trouvoient en abondance dans les hôtels des Monnoies pour faire une refonte générale, et fabriquer de nouvelles espèces, différentes en poids des précédentes, et il fut ordonné, par édit du mois de mai de la même année 1709, que les louis d'or fabriqués en vertu de l'édit du mois d'avril précédent auroient cours pour 20 #, au lieu de 16 # 10s, et les écus pour 5 #, au lieu de 4 # 8s.

A la faveur de cette augmentation, on se proposa de remédier au mal que causoient les billets de monnoie. Pour cet effet, il fut ordonné qu'il seroit reçu dans les hôtels des Monnoies cinq sixièmes en espèces ou matières, et un sixième en billets de monnoie, pour être le tout payé comptant en nouvelles espèces.

Quatre raisons principales déterminèrent à faire la refonte générale.

La première étoit la facilité de pourvoir en espèces nouvelles au payement comptant de celles qui y seroient portées, les matières venues de la mer du Sud ayant fourni aux hôtels des Monnoies les fonds nécessaires;

La seconde, le retour qui se feroit des espèces de France qui avoient été portées dans les pays étrangers;

La troisième, le bénéfice qui s'y trouveroit pour le Roi,

Et la quatrième, l'application de ce bénéfice à l'extinction des billets de monnoie.

Ces différentes dispositions eurent un succès heureux : elles procurèrent des fonds pour le payement des armées, elles engagèrent les porteurs de billets de monnoie à mettre tout en usage pour se procurer cinq fois autant d'espèces ou de matières qu'ils avoient de billets de monnoie. Enfin, la refonte produisit l'extinction de 43,000,000 # de billets de monnoie et d'autres papiers, et rétablit la circulation des espèces.

On pourvut en même temps à faire convertir en nouvelles espèces, dans la Monnoie de Strasbourg, les anciennes espèces qui avoient été fabriquées en exécution de l'édit du mois d'octobre 1704 pour avoir cours seulement dans les provinces d'Alsace et de la Sarre. On fit aussi quelques traités pour le rachat de la capitation et quelques autres affaires extraordinaires jusqu'à la concurrence de 30,000,000 #.

La plus importante affaire, et celle qui donna plus de peine, fut celle de pourvoir à l'excessive cherté des grains, pour en fournir la quantité nécessaire pour la subsistance des armées.

On fit sur toutes les provinces une imposition de cinq cent cinquante-sept mille neuf cents sacs de grains, qui furent voiturés avec grande peine et beaucoup de risques dans les dépôts nécessaires pour les armées. Le prix en fut depuis 30 # jusqu'à 40 # le sac, qui ont été remboursés en plusieurs années sur les impositions des provinces qui les avoient fournis, et la dépense des vivres de cette année a passé 45,000,000 #.

Il falloit donner aussi attention à la ville de Paris et aux provinces qui se ressentoient de la disette des grains. On fit, pour cet effet, des marchés avec plusieurs particuliers pour en faire venir des pays étrangers. Il y en eut un pour faire venir de Barbarie et des îles de l'Archipel, dans les ports de Toulon, Marseille et Cette, cent vingt mille quintaux de blé froment, pour être ensuite conduits à Paris. On en fit un autre pour tirer des blés du Nord par Dantzick. Il y eut aussi divers autres traités pour faire venir des blés des pays étrangers.

On peut dire avec confiance que ces attentions non seulement empêchèrent l'excessive augmentation du prix des grains, mais même qu'elles produisirent une diminution du prix auquel les grains avoient été portés, aussitôt qu'on sut que ces traités avoient été faits.

Le malheureux état où étoit le royaume pendant l'année 1709 ne doit pas facilement s'effacer de la mémoire des hommes. Il fallut bien d'autres attentions pour encourager les sujets et pour pourvoir à la subsistance de Paris. Le Roi suspendit les exemptions des tailles accordées aux officiers créés depuis le 1er janvier 1689 dont la finance étoit au-dessous de 10,000 #. S. M., par arrêt du mois d'octobre 1709, accorda à ses peuples, sur le brevet de la taille de 1710, une diminution de 6,000,000 #, et, peu de temps après, en fixant les impositions de chaque généralité, elle accorda encore une autre diminution de près de 2,000,000 #.

Le Roi diminua pareillement les droits d'entrée sur les bœufs et moutons, et sur le vin.

Les ordonnances expédiées pour les dépenses de l'année 1709 montent à la somme de....	221,110,547 #
Les sommes assignées montent à........	199,148,926
Partant, reste à assigner...............	21,961,621 #
Pour payer ces dépenses, les revenus ordinaires de 1709 n'ont produit que.........	38,162,827 #
On a consommé par avance, sur les revenus des années à venir, jusques et compris 1717, par des assignations anticipées............	52,761,404
	90,924,231 #
Pour fournir le surplus des sommes assignées, on demanda plusieurs avances, tant aux fermiers des postes et du tabac, qu'à d'autres particuliers, qui montèrent à..............	7,337,195 #
Et on tira le reste des aliénations des do-	
A reporter..........	98,261,426 #

Report........	98,261,426#
maines et de la ferme du contrôle des actes, du rachat de la capitation des particuliers et de celle du clergé, du prêt et annuel, et de divers traités, jusqu'à la concurrence de........	100,887,500
TOTAL..............	199,148,926#

Une observation très importante à faire est que ces derniers fonds, de l'aliénation du contrôle des actes des notaires, du rachat de la capitation du clergé et du prêt et droit annuel, ne sont entrés que dans le cours des années 1710 et 1711, et que, pour parler juste, on fit subsister par une espèce de miracle les armées et l'État en l'année 1709, au moyen des avances qui furent faites par les fermiers, receveurs et autres, qui prêtèrent leur argent ou leur crédit, et qui ont été remboursés à mesure que ces différents fonds sont rentrés.

On tira aussi un grand secours du travail des Monnoies, qui produisirent un fonds actuel de 11,370,773#, qui furent employés utilement pour le payement des troupes.

ANNÉE 1710.

Le détail des moyens dont on s'est servi pour les dépenses des années 1708 et 1709 fait sentir quelle devoit être la difficulté, pour ne pas dire l'impossibilité, de trouver de nouvelles ressources pour les dépenses de la guerre, qui continuoit avec plus de vivacité que jamais après la prise de Tournay et le mauvais événement de la bataille de Malplaquet, qui fut suivi de la prise de Mons. Dans cette situation, je proposai au Roi, au mois de décembre 1709, de faire faire une régie, par douze receveurs généraux, de plusieurs affaires extraordinaires, et d'établir une caisse dans laquelle seroient portés les fonds, tant des affaires extraordinaires dont ils poursuivroient le recouvrement, que des fonds qu'on y pourroit faire entrer.

Les receveurs généraux donnèrent, en cette occasion, des preuves de bonne volonté pour le service. Ils déclarèrent qu'en se chargeant de la régie des affaires extraordinaires, ils ne prétendoient aucune remise ni bénéfice, et se contenteroient des intérêts des avances qu'ils pourroient faire, et qu'ils demandoient seulement que les frais du bureau de Paris et de ceux des provinces fussent payés par le Roi.

Ils établirent un bureau à Paris, avec un directeur et un caissier, et, pour donner du crédit à cette nouvelle forme de régie, laquelle prit d'autant plus de faveur que le public, qui étoit fort rebuté des traitants, vit que les recouvrements seroient faits sans frais et sans profit pour ceux qui en auroient la direction, on y fit entrer des fonds qui en sont sortis pour fournir aux dépenses : ce qui augmenta tellement le crédit de cette caisse, qu'on peut dire qu'elle a soutenu l'État jusqu'au mois d'avril 1715.

Les affaires extraordinaires dont les receveurs généraux furent chargés de faire la régie, et dont les fonds furent portés au bureau qui devoit être établi, furent:

1° Le rachat du prêt et de l'annuel;

2° Un denier d'augmentation de remise aux receveurs généraux et aux receveurs des tailles;

3° Des taxations ou augmentations de gages attribuées à tous les officiers comptables;

4° L'aliénation ou engagement du contrôle des actes des notaires;

5° L'affranchissement de la capitation du clergé.

Tous ces fonds extraordinaires ont produit près de 68,000,000#, sans aucune remise ni deux sols pour livre, et ces recouvrements ont été faits et remplis sans aucuns frais contre les redevables.

On peut observer ici que les affaires extraordinaires régies par les receveurs généraux ont produit 43,817,246#, dont la remise, sur le pied du sixième et des deux sols pour livre, auroit monté à 11,000,698#, qu'on a ménagés pour le Roi et pour les redevables.

Telle est l'origine de cette caisse de régie, dont la recette a été faite sur les quittances des gardes du Trésor royal et du trésorier des revenus casuels, pour en compter au Conseil seulement et à l'ordinaire, comme on fait les traitants.

Ces arrangements pris, il fallut penser à acheter des grains pour les vivres des armées.

Les intendants eurent ordre de faire des marchés; on dressa un état de ce qu'il en falloit, tant pour les troupes qui tiendroient garnison pendant le quartier d'hiver, que pour les armées assemblées. Il montoit à sept cent trente-trois mille sacs, qui coûtèrent plus de 35# le sac, et cette dépense, avec les frais de voiture jusqu'aux magasins, passoit 25,000,000#.

Les munitionnaires ne furent chargés que des équipages pour la voiture des vivres aux armées, de la mouture des grains, façon, cuisson et distribution du pain, dont la dépense fut considérable par rapport à la cherté des grains.

On peut remarquer combien l'excès du prix des grains pendant les années 1709 et 1710 a augmenté les dépenses par comparaison aux années précédentes.

Pendant cette même année 1710, le Roi fit des avances pour parvenir à la paix. M. le maréchal d'Huxelles et M. l'abbé de Polignac furent envoyés à Gertruydenberg, pour conférer avec les députés des États de Hollande. On sait que les conférences n'eurent aucun succès : la guerre continua, et, les ennemis ayant assiégé et pris Douay, Saint-Venant, Béthune et Aire, il fallut travailler à rechercher de nouveaux moyens pour continuer la guerre.

La situation de l'État ne pouvoit être plus pressante; l'épuisement total des ressources pratiquées dans les finances depuis vingt-deux ans faisoit plus que jamais désespérer de le soutenir.

Dans cette extrémité, on demanda des mémoires à diverses personnes, plusieurs des intendants des finances furent consultés, plusieurs des receveurs généraux et autres financiers furent appelés, et donnèrent différents mémoires. Il falloit s'assurer d'un fonds annuel, pendant la guerre, qui ne chargeât point les revenus du Roi comme tous les autres moyens dont on s'étoit servi auparavant. Après un examen long et exact, on ne put trouver d'expédient plus convenable que d'établir le dixième du revenu de tous les fonds, et généralement de tous les biens.

L'imposition en fut ordonnée par la déclaration du 7 octobre 1710. Cette levée étoit un remède extrême et violent. Les ennemis de la France se persuadèrent que l'établissement en seroit impossible; mais, ayant vu que tous les sujets se prêtoient aux besoins de l'État, et qu'il se faisoit paisiblement et sans résistance, ils regardèrent le dixième comme une ressource inépuisable pour la guerre.

On peut dire que c'est un des principaux motifs qui a déterminé les ennemis à faire la paix; ils s'en sont même assez expliqués pour ne laisser aucun lieu d'en douter.

On prit ensuite la résolution d'annuler toutes les assignations qui avoient été tirées par avance, et de les convertir en rentes sur l'hôtel de ville.

Les ordonnances expédiées pour les dépenses de l'année 1710 ont monté à........		225,847,281 #
Les sommes assignées jusqu'au 31 décembre 1713 montent à..	185,491,039 #	187,939,820
Il a été assigné, pendant l'année 1714, pour lesdites dépenses..............	2,448,781	
Partant, restoit à assigner, à la fin de 1714, des dépenses de 1710....................		37,907,461 #

La stérilité de l'année 1709 et les mauvaises récoltes des années qui l'ont suivie ayant causé une grande diminution sur les revenus du Roi, on ne put continuer de payer comme auparavant les arrérages des rentes constituées à l'hôtel de ville de Paris; on ne put même payer que six mois dans une année.

Ce retardement donnoit lieu d'appréhender quelques mouvements fâcheux des rentiers; néanmoins, le public, instruit qu'on employoit exactement tout le produit des fermes pour payer les rentes, et qu'on se donnoit des soins particuliers pour rassembler des fonds qui avoient été retenus dans les caisses des provinces par des commis auxquels on fit le procès, se prêta aux besoins de l'État et souffrit le retardement avec assez de soumission.

On fut même obligé de retarder le payement des gages des Compagnies supérieures. La cause de ce retardement a été connue; il n'est pas néanmoins inutile d'observer que le produit des fermes générales unies, qu'on estimoit, année commune, 46,000,000 # au moins, n'a monté en 1709 qu'à 31,000,000 #, en 1710 à 40,000,000 #.

ANNÉES 1711 ET 1712.

L'explication des fonds qui ont servi aux dépenses des années 1708, 1709 et 1710 fait connoître sensiblement quelle étoit la difficulté de trouver des ressources suffisantes pour continuer d'aussi grandes dépenses que celles qui ont été faites pendant ces trois années. L'établissement du dixième donnoit de grandes espérances; mais l'événement a justifié que le recouvrement des plus fortes années n'a pas monté à 24,000,000 #.

Le dixième des pensions et des autres dépenses qui se payent au Trésor royal, sujettes à la retenue du dixième, opéroit une diminution des dépenses, mais ne produisoit pas un fonds présent pour celles qu'il faut payer actuellement.

Il falloit donc penser à assurer des fonds qui pussent entrer successivement dans les caisses.

C'est le motif qui fit ordonner, par la déclaration du mois d'octobre 1710, la conversion en rentes de toutes les assignations tirées par avance sur les revenus de 1711, 1712 et 1713, et pour ôter tous les papiers qui empêchoient la circulation de l'argent.

On ordonna aussi, par la même déclaration, la conversion en rentes, tant des billets de monnoie qui subsistoient encore et des promesses à cinq ans faites au lieu des billets de monnoie annulés, que des billets d'emprunts faits par les trésoriers de l'extraordinaire des guerres et les adjoints qui leur avoient été donnés pour soutenir leur crédit, et des billets de subsistance donnés aux officiers des troupes, et généralement des autres papiers qui existoient alors.

La refonte des espèces ordonnée en 1709 avoit déjà procuré l'extinction de plus de 40,000,000 # de billets de monnoie et d'autres papiers.

On rendit libres, par ce moyen, les fonds qui avoient été consommés d'avance sur les années 1711, 1712 et 1713.

On compta avec les receveurs généraux des finances, et on visa leurs assignations, pour connoître ce qu'ils devoient de ces trois années.

Ces dispositions, quoique bonnes et nécessaires, causèrent un discrédit total aux assignations: de sorte que, pour assurer les dépenses de l'année 1711, et même de 1712, on fut obligé de faire remettre à la caisse des receveurs généraux, tenue par le sieur le Gendre, laquelle s'étoit accréditée par les fonds qui y entroient journellement, des assignations sur les receveurs généraux pour les fonds restant libres de la taille et de la capitation, et pour l'avance de 18,000,000 # qu'on engagea les receveurs généraux de faire sur le produit du dixième des biens-fonds, tant du quartier d'octobre 1710, que de l'année entière 1711. Ce produit étoit alors très incertain, et n'a pu monter, dans les dix-neuf généralités taillables, à 14,000,000 #.

Les gardes du Trésor royal ont remis, en exécution de ce projet, les assignations au sieur le Gendre, sur ses récépissés portant promesse de leur en payer la valeur en argent ou en quittances à leur décharge: ce qui a été régulièrement exécuté entre les caissiers du Trésor royal et le sieur le Gendre.

Il est nécessaire d'observer qu'au commencement de cette année 1711, le Roi ayant résolu d'assembler l'armée avant qu'il y eût de l'herbe pour fourrager, il donna ses ordres pour faire des magasins de fourrages secs qui pussent faire subsister les chevaux de la cavalerie pendant six semaines, et cette dépense extraordinaire, qu'il fallut payer comptant outre le courant des autres dépenses, a monté à 3,050,000 #, suivant l'ordonnance qui en a été signée par le feu Roi. Pour procurer avec solidité des fonds actuels à la caisse de régie, tant pour cette dépense de fourrages, que pour les autres, on obligea les receveurs généraux de payer en argent à la caisse de régie le montant des assignations des premiers mois de leurs exercices, et de faire leurs billets pour les derniers mois: ce qui a été régulièrement exécuté.

Les billets des receveurs généraux, étant faits pour des termes peu éloignés, furent négociés à un intérêt médiocre, et on évita par cet arrangement les escomptes qu'il auroit fallu passer aux banquiers et aux fournisseurs, si on leur avoit donné les assignations à négocier, comme on avoit fait en d'autres années.

On fit de plus entrer dans cette caisse, suivant le premier projet, sans traitants ni remises, et sans frais que ceux de la régie, les Dons gratuits des villes et le doublement des inspecteurs des boissons et des octrois, qui ont produit de net 3,068,065#.

Pour augmenter les fonds nécessaires à fournir aux dépenses toujours pressantes, on accepta, suivant l'ordre du feu Roi, quelques avances proposées par divers particuliers en argent, avec une partie en papier : ce qui procura un fonds actuel de 5,260,000#. Le papier accepté ne monta qu'à 823,000#, qui a été remboursé en assignations, sans intérêts.

Le feu Roi ayant convoqué une assemblée du clergé dans cette même année 1711, pour l'établissement du dixième, le clergé proposa de donner au Roi 8,000,000# pour en être déchargé, et cette offre fut acceptée.

Tous ces fonds ont produit près de 100,000,000#, qui ont servi aux dépenses de 1711 et 1712.

L'ordre de Malte et le clergé des évêchés de Metz, Toul et Verdun, et Perpignan, ont donné 142,000# pour être déchargés de l'établissement du dixième. La province d'Alsace et la ville de Strasbourg, 2,000,973#, pour en être pareillement déchargées. Voilà ce qui a été fait pour l'établissement ou pour la décharge du dixième.

L'établissement du dixième ne permettoit plus de faire des traités ni autres affaires extraordinaires; il falloit néanmoins d'autres expédients pour avoir de l'argent.

On avoit créé, par édit du mois de janvier 1712, des charges d'inspecteurs des finances, auxquels on avoit attribué des gages et des frais d'exercice. Pour en assurer le payement, on avoit ordonné, par arrêt du 26 janvier, une imposition de 3 deniers pour livre par augmentation sur le total de la taille, qui devoit produire 480,000# par an. Les charges n'ayant point été levées, on proposa de faire usage du produit de ces taxations et de créer des rentes sur les tailles au denier douze, pour le remboursement desquelles on affecta 300,000# par an, et ce remboursement devoit être fait de six mois en six mois. Ces rentes ne devoient point être perpétuées; elles devoient s'éteindre dans le courant de treize années. D'ailleurs, pour leur donner plus de crédit, on jugea qu'il ne falloit pas les confondre avec les autres rentes de l'hôtel de ville.

Ces motifs déterminèrent à préposer un homme de bonne réputation, et connu du public, pour faire la recette du principal, payer les arrérages d'année en année, et faire dans les temps prescrits les remboursements. Le sieur Bellanger, trésorier du sceau, fut choisi pour cette fonction. L'édit du mois de juin 1712, portant création de 500,000# de rentes à prendre par préférence sur tous les deniers des tailles, commet le sieur Bellanger pour faire la recette des principaux de la constitution, celle des fonds destinés pour payer les arrérages, et pour faire les remboursements. Par le même édit, le sieur Bellanger est chargé de remettre aux gardes du Trésor royal le fonds de la constitution, les quittances du payement des arrérages et des remboursements, pour en compter par eux à la Chambre des comptes.

Cette constitution de rentes, arrangée avec toutes les sûretés qu'on pouvoit donner aux acquéreurs, eut un succès prompt : ce qui donna lieu d'en faire trois autres qu'on expliquera dans les années 1713 et 1714, pendant lesquelles elles ont été faites.

Il restoit encore des billets de monnoie et des billets à cinq ans. Il avoit été ordonné, par arrêt du 30 novembre 1711, qu'ils demeureroient éteints et de nulle valeur au 1er mars 1712. Par arrêt du 6 février de la même année 1712, il fut permis, pendant le reste de ce mois, de les porter en rentes à la tontine en fournissant moitié en argent. Plusieurs négociants ayant eu avis de l'arrivée de quantité de matières d'argent qu'ils n'avoient pu faire porter aux Monnoies avant la diminution résolue pour le 1er février, on leur accorda, par cinq arrêts, le même prix qui avoit été fixé avant le 1er février, et leurs matières furent reçues, avec profit pour eux, jusqu'au 1er janvier 1713.

Enfin, au mois de décembre 1712, le Roi, pour avancer la conversion des espèces et matières qui restoient à porter aux hôtels des Monnoies, abandonna le profit de la conversion, et ordonna, par un arrêt du 6 décembre 1712, que les anciennes espèces et matières y seroient payées sur le pied de toute leur valeur.

Les ordonnances pour les dépenses de l'année 1711 ont monté à	264,012,881#
Mais, attendu qu'entre ces ordonnances, il y en avoit une de	46,165,094
pour la remise des exercices précédents, qui n'opère ni recette ni dépense actuelle, laquelle somme il faut déduire, reste	217,847,787#
C'est à quoi se trouvent monter toutes les ordonnances de dépense actuelle pour l'année 1711.	
Il a été assigné à compte desdites dépenses, jusqu'au 31 décembre 1713	167,076,582#
Partant, il restoit à assigner en 1714 et 1715, pour lesdites dépenses	50,771,163# (*sic*).

On ne détaille point tous les fonds qui ont été consommés pour les dépenses des deux années 1711 et 1712, afin d'éviter une explication qui seroit trop longue. Si on souhaite de la voir, on la trouvera dans les volumes qui ont été faits pour chacune de ces années, qui contiennent les recettes de toute nature et pareillement les dépenses ordonnées et faites pendant ces mêmes années.

Les ordonnances expédiées pour les dépenses de l'année 1712 ont monté à la somme de	240,379,947#
Les sommes assignées jusqu'au 31 décembre 1713 montent à	202,403,099
Partant, restoit à assigner pour lesdites dépenses, pendant les années 1714 et 1715, la somme de	37,976,848#

ANNÉE 1713.

On a vu, par le détail des expédients de finance auxquels on a été obligé d'avoir recours pendant les années précédentes, que des moyens forcés pour fournir à des dépenses immenses épuisoient toujours de plus en plus les ressources de l'État. Cependant la guerre continuoit : il falloit de nécessité faire de nouveaux projets pour les dépenses de la campagne de 1713.

On avoit fait différents arrangements pour donner du crédit aux assignations, en exécution de la déclaration du 12 septembre 1711, dans l'espérance d'une paix prochaine; on se proposoit de remettre les choses dans la règle ordinaire, et de faire payer par les gardes du Trésor royal directement les trésoriers de l'extraordinaire des guerres et autres, partie en argent ou en assignations, tant sur les fonds restant libres des années 1712 et 1713, que par avances sur les années 1714 et 1715.

Ce projet ne put être exécuté entièrement; on fut obligé d'avoir recours aux banquiers pour continuer de faire des remises pour le payement des troupes : ils prirent occasion de demander des escomptes et des intérêts sur les assignations qui leur avoient été remises par les gardes du Trésor royal.

On s'appliqua à chercher les moyens d'éviter cette perte, et, sur un édit du mois de janvier 1713, portant affranchissement des tailles, que dans la suite on ne jugea pas à propos d'exécuter, on engagea les receveurs généraux de faire des avances montant à 9,608,320#, dont ils ont été remboursés sur leurs recouvrements ordinaires.

On fit convertir les assignations données aux trésoriers et aux banquiers en billets des receveurs généraux pour le total, ou pour les deux tiers au moins, afin d'éviter les escomptes et les gros intérêts.

On avoit fait des traités pour les vivres des armées, et on avoit fait déposer dans les places frontières de Flandres deux cent trente mille sacs de grains, et à proportion en Alsace et en Dauphiné.

La paix avec l'Angleterre, les États d'Hollande, le roi de Prusse et le roi de Sicile fut signée le 11 avril; mais la guerre continuoit avec l'Empereur et l'Empire. Il fallut porter toutes les forces sur le Rhin : on prit Landau et Fribourg; mais il fallut faire une nouvelle dépense pour faire passer en Alsace les blés déposés dans les magasins de la frontière de Flandres, et en acheter du côté d'Alsace, pour faire subsister plus de cent cinquante mille hommes pendant la campagne.

Il falloit aussi trouver de nouveaux secours d'argent : on aliéna aux prévôt des marchands et échevins de Lyon le tiers des droits de la ferme du tiers-surtaux et quarantième de Lyon et autres en dépendants, moyennant 2,160,000#, qui furent payés en argent.

La création de 500,000# de rentes sur les tailles, au denier douze, avoit réussi, et les 6,000,000# auxquels montoit le principal avoient été payés en argent. Cette constitution étoit une espèce d'emprunt : le capital devoit être remboursé en treize années. On avoit engagé le clergé, en 1710 et en 1711, à faire de pareilles constitutions pour le rachat de la subvention ou capitation et du dixième; le public s'étoit porté avec empressement à en faire l'acquisition. Ces raisons déterminèrent à faire une deuxième aliénation de 500,000# sur les 2 s. pour livre de la taille, par un édit du mois de juillet 1713 : elle fut bientôt remplie.

On en fit une troisième au mois de décembre, qui fut remplie avec empressement.

Il est facile de comprendre combien tous ces expédients étoient encore éloignés de fournir les fonds nécessaires pour les dépenses. On proposa de créer 1,250,000# de taxations fixes et héréditaires à prendre sur les tailles, pour être attribuées aux officiers des bureaux des finances et des élections, aux subdélégués des intendants et aux maires et autres officiers des villes, même aux syndics et aux greffiers des rôles des tailles. Il y eut un édit, au mois d'octobre 1713, qui en ordonna la création, et, sur cet édit, il se fit des emprunts pour 14,000,000#, à 5 p. o/o, sur les billets du sieur le Gendre endossés des receveurs généraux.

La paix étoit faite avec une partie des puissances ennemies, et, quoique la guerre continuât avec l'Empereur et l'Empire, on espéroit avec raison qu'elle seroit bientôt terminée et que la paix deviendroit générale. Il falloit penser à deux choses bien différentes : soutenir la guerre, et travailler aux arrangements et aux projets nécessaires pour rétablir les finances quand la paix seroit conclue. On a vu les principales opérations faites pour soutenir la guerre; voici celles qui ont été commencées dans le cours de cette année dans la vue de rétablir les finances après la paix.

Le Roi fit cesser l'aliénation des domaines. La liberté du commerce fut rétablie avec l'Angleterre et la Hollande, et les vaisseaux de cette nation furent déchargés du droit de fret, qui se paye à raison de 50 s. par tonneau du port des vaisseaux. Le Roi supprima le doublement des droits attribués aux inspecteurs des boucheries, qui montoit à 3# par bœuf, et pour les autres bestiaux à proportion. Il supprima aussi le doublement des inspecteurs des boissons, qui se payoit à raison de 20 s. par muid.

On fit des fermes des premiers droits établis avant le doublement, dont le produit devoit, en un certain nombre d'années, acquitter toutes les finances qui avoient été payées pour l'engagement des premiers droits et du doublement; on supprima le doublement des péages, qui étoit fort à charge au commerce, et, pour rembourser les assignations tirées sur deux traités qui avoient été faits pour la jouissance du doublement des péages, on fit une ferme des droits sur les huiles, qui avoient été aliénés, et le produit en fut destiné pour acquitter les assignations restant à payer du traité du doublement des péages et la finance de l'aliénation des droits sur les huiles.

Le Roi ordonna une diminution de 3# sur le prix de chaque minot de sel vendu dans les greniers des gabelles de France et de Lyonnois, et de 40 s. dans ceux de Provence et Dauphiné; et ce à commencer du 1er octobre 1713.

Le contrôle des actes des notaires, depuis son établissement, avoit été incertain : il avoit reçu divers changements; en 1708, il avoit été affermé moyennant 2,200,000# par an, et il avoit été fait une avance de 2,400,000# en faisant le bail. Cette ferme fut aliénée en 1710 pour les besoins de l'État. En 1713, on proposa de la réunir et d'en faire un bail de 3,000,000# par an : pour le remboursement des adjudicataires, on créa sur la nouvelle ferme 1,500,000# de rentes au denier seize, et on destina 900,000# du produit de la ferme pour faire chaque année des remboursements des capitaux.

Tous ces arrangements paroissoient d'autant plus avantageux, qu'étant faits pendant que la guerre continuoit, ils ne causoient néanmoins aucun obstacle aux affaires qui avoient été faites pour soutenir la guerre, et qu'en supprimant ou réunissant, on trouvoit dans la matière même le fonds pour rembourser ce qui étoit dû par le Roi et pour augmenter considérablement ses revenus après l'acquittement des dettes.

Les rentes de l'hôtel de ville avoient été considérablement augmentées pour faire le fonds nécessaire pour retirer les billets faits pour le service de l'État, qui donnoient lieu à de grosses usures et nuisoient au commerce.

La stérilité de l'année 1709 et les mauvaises années qui l'ont suivie ayant causé, comme il a été remarqué précédemment, une grande diminution sur les revenus du Roi, on ne put continuer comme auparavant le payement des arrérages; on ne put même payer que six mois en une année, en sorte qu'il étoit dû deux années à la fin de 1713. Le Roi jugea à propos, pour assurer l'état des rentiers, de diminuer le cours des arrérages et d'en rétablir le payement tous les six mois comme avant 1709.

L'édit du mois d'octobre 1713 ordonna que toutes les rentes de l'hôtel de ville seroient converties en nouveaux contrats de rente au denier vingt-cinq, distinguant les rentes acquises à prix d'argent avant le 1er janvier 1702, dont le principal est conservé en entier, et les deux années d'arrérages jointes pour former le capital des nouveaux contrats. A l'égard des rentes acquises depuis le mois d'avril 1706, comme elles procédoient des billets de monnoie, billets à cinq ans et autres effets, l'édit les a réduits aux trois cinquièmes, auxquels on joignit les deux années d'arrérages. Cet arrangement causa un grand murmure; mais il a été exécuté exactement, et auroit été bien plus difficile, si on avoit attendu que la paix eût été générale. Il a produit une diminution de près de 14,000,000# de fonds qu'il auroit fallu payer tous les ans à l'hôtel de ville; il a assuré le sort des rentiers, et, par le retranchement des deux cinquièmes, il a produit une décharge pour l'État d'environ 135,000,000#.

Le règlement des rentes a été suivi de diverses autres réductions et a servi de règle et de base à ceux qui ont suivi.

Les ordonnances expédiées pour les dépenses de l'année 1713 ont monté à	211,697,672#
Les sommes assignées jusqu'au 31 décembre 1713 montent à	178,383,952
Partant, restoit à assigner à la fin de 1713	33,313,720#

Les sommes assignées pour les dépenses de 1713, pendant le courant de l'année, ont monté à	147,098,060#
Celles assignées pour les mêmes dépenses dans le courant de l'année 1714, à	31,285,892
	178,383,952#

Le détail des fonds qui ont été assignés est rapporté dans un volume fait pour en avoir une connoissance exacte, et pareil à ceux des années précédentes.

ANNÉES 1714 ET 1715.

Il n'y a point eu d'armées en campagne en 1714; mais la dépense des troupes a continué pendant toute l'année de même que pendant les années précédentes. Le traité conclu à Rastadt, le 6 mars, fut suivi du congrès tenu à Bade, où le traité solennel de paix entre le Roi, l'Empereur et l'Empire fut signé le 7 de septembre, et les ratifications échangées le 28 du mois d'octobre suivant.

Pendant toute l'année, il fallut, comme dans les précédentes, sans aucun fonds présent et par industrie, pourvoir à la dépense des troupes et de tout l'État. Le seul expédient dont on put se servir pour commencer les dépenses de l'année fut de faire usage de l'édit du mois d'octobre 1713, par lequel le Roi avoit ordonné l'aliénation d'un sol pour livre de la taille, et par lequel il avoit été attribué 1,250,000# de taxations aux officiers des bureaux des finances et des élections, et à plusieurs autres officiers, qui devoient produire une finance de 15,000,000#.

Pour épargner au Roi la remise du sixième, et aux particuliers les 2 s. pour livre en dehors et les frais ordinaires des traitants, S. M. agréa de mettre ce recouvrement en régie par les receveurs généraux, à la caisse du sieur le Gendre. Pour procurer des fonds plus promptement et par avance, il lui fut ordonné de faire des billets à différentes échéances, et aux receveurs généraux de les endosser. Ils ont été négociés à 5 p. o/o d'intérêt.

On engagea les receveurs généraux de faire une avance de 12,560,000# sur 1714.

Les billets du sieur le Gendre endossés par eux furent aussi négociés à 5 p. o/o d'intérêt.

Ces deux parties produisirent un crédit de 29,000,000#.

Au mois de mars, le Roi fit une nouvelle création de 500,000# de rente sur les tailles, et spécialement sur les 2 s. pour livre qui avoient été imposés par trois déclarations de 1705, 1706 et 1707, avec une destination de 300,000# pour faire des remboursements. Ç'a été la quatrième constitution de cette nature, qui produisit promptement un fonds de 6,000,000#.

Il avoit été donné plusieurs assignations depuis la déclaration du 7 octobre 1710; il en restoit d'autres tirées précédemment pour le service. Différents particuliers proposèrent de prendre, pour le remboursement de ces assignations, partie en billets du sieur le Gendre non endossés payables en argent à diverses échéances, partie en ses billets payables en promesses des gabelles et en rentes viagères au denier douze.

Ces propositions, rapportées au Roi, ayant paru avantageuses, il fut ordonné au sieur le Gendre de faire ses billets en exécution, payables sans intérêt.

Il étoit dû à Madame Royale de Savoie, aux électeurs de Bavière, de Cologne, aux sieurs Bernard et Hogguer, et à divers banquiers. Ils proposèrent de les assigner sur la caisse du sieur le Gendre. Les assignations furent tirées par le Trésor royal; le sieur le Gendre eut ordre de faire ses billets sans intérêt. Il en fit d'autres, pour partie de ces assignations, payables en promesses des gabelles et en rentes viagères.

Le sieur de Meuves, banquier, fit une avance de 6,000,000# pour les troupes, pour la valeur desquels le sieur le Gendre lui fit ses billets avec intérêt.

Plusieurs autres banquiers, agents de change, et divers particuliers ayant proposé de faire des avances partie en argent et partie en assignations tirées depuis la déclaration du 7 octobre 1710, on en fit le rapport au Roi, et, suivant ses ordres, on accepta différentes propositions; on en rejeta un plus grand nombre, parce qu'on n'accepta que celles qui parurent les plus avantageuses pour le Roi et les moins utiles aux proposants. Le Roi même s'expliqua assez nettement sur ces propositions, et dit que, si les proposants trouvoient quelque profit sur le papier, c'étoit au moins un bien pour son service de trouver de l'argent pour les dépenses, et d'acquitter en même temps des dettes.

Il faut observer qu'à l'égard de toutes les avances faites partie en argent et partie en papier, on n'a donné les intérêts que pour l'argent, et on n'en a point passé pour le papier.

On se proposoit d'acquitter les billets du sieur le Gendre non endossés des fonds qu'on feroit entrer dans sa caisse, et on auroit exécuté ce projet, si le temps et les conjonctures l'avoient permis. On fit entrer dans la caisse du sieur le Gendre tous les fonds dont on put s'aider pour les besoins des troupes et de l'État, entre autres celui de 1,600,000# destiné pour le remboursement des payeurs des rentes, et qui, étant resté inutile entre les mains du sieur de la Garde, auroit diminué du tiers par les rabais indiqués du prix des espèces; il fut employé à payer les gardes du corps et les autres troupes.

Des fermes unies, un million fut employé pour le comptant du Roi et autres dépenses pressées et privilégiées. Et si on entre dans les attentions que demandoit la situation fâcheuse des finances, on conviendra de deux choses: la première, qu'étant réduit aux seuls emprunts pour la manutention de l'État, il falloit un autre canal que celui des gardes du Trésor royal pour faire les négociations; la seconde, qu'on y a apporté toute l'économie et tous les ménagements possibles par rapport au temps et aux conjonctures des affaires générales.

On peut ajouter que cette caisse a été dirigée avec tant de soin et d'arrangement, que, par le crédit qu'on lui avoit donné, on a fourni aux dépenses nécessaires de l'État depuis le 1er janvier 1710 jusqu'au mois d'avril 1715, et que les efforts qu'il fallut faire pour trouver les fonds promis et qui furent délivrés à la fin de mars 1715, pour les dépenses qu'on va expliquer, dans un temps où l'argent commençoit à être fort resserré, ont été la cause qui a fait tomber le crédit de cette caisse, qu'on n'a pu relever dans l'espace de quatre mois qui se sont écoulés jusqu'à la mort du Roi.

Les dépenses extraordinaires faites aux mois de mars et avril 1715 pour les arrérages du subside ordinaire de l'électeur de Bavière	2,600,000#
Celui de Cologne	200,000
Le subside extraordinaire de Bavière pour le traité de 1714	2,000,000
Le subside de Suède	900,000
	5,700,000#

Les ordonnances signées par le Roi pour les dépenses de 1714 ont monté à	213,529,630#
Il a été assigné pendant ladite année	97,284,948
Partant, reste à assigner	116,244,682#

Les changements arrivés par la mort du Roi n'ont pas permis de rendre le travail parfait pour l'année 1714 et les huit premiers mois de 1715, tous les registres ayant été remis aux personnes qui ont été préposées pour l'administration des finances.

Les dépenses faites et ordonnées par le feu Roi pendant sept années, commencées le 1er janvier 1708 et finies le 31 décembre 1714, ont monté à la somme de	1,533,201,176#
Ce qui revient, année commune, à	219,023,027
Les revenus ordinaires, joints au dixième et à la capitation, n'ont produit, année commune, déduction faite des charges ordinaires, que	75,000,000
Sur ce pied, il manquoit tous les ans, pour remplir toutes les dépenses	144,023,027#
Pour trouver le fonds entier des sept années, il falloit	1,008,161,189
Tous les expédients d'avances d'assignations anticipées sur les années à venir, le bénéfice de la refonte des monnoies, le rachat de la capitation et du dixième du clergé, le rachat d'autres dixièmes, l'affranchissement des capitations de diverses Compagnies et de plusieurs particuliers, les aliénations, les constitutions de rentes, les traités et autres expédients de finances, n'ont pu produire que	691,660,368#
Il est resté dû à la fin de 1714	316,580,813

En exécution de la déclaration du 7 décembre 1715, portant que tous les billets faits pour le service de l'État seroient rapportés pour en faire la vérification et la liquidation, les propriétaires de tous ces billets les ont représentés à MM. les commissaires du Conseil, et, par la récapitulation de tous ceux qu'ils ont visés depuis le 20 décembre 1715 jusqu'au 31 janvier 1716, il s'est trouvé, savoir:

En promesses de la Caisse des emprunts	147,635,073#	179,920,034#
En billets du sieur le Gendre	32,284,961	
En ordonnances sur le Trésor royal	229,939,382	311,894,388
En assignations sur *idem*	81,955,006	
En billets de l'extraordinaire des guerres		52,319,513
En billets de la marine		8,960,695
Total		553,094,630#

Il faut déduire les deux derniers articles accolés, attendu qu'ils font partie des ordonnances ou des assignations sur le Trésor royal, et que, si les trésoriers en étoient payés, ils acquitteroient leurs billets; ci, à déduire	61,280,208#
Partant, il ne faut compter les billets visés que pour	491,814,422
Les dettes en papier qui existoient au 20 février 1708 montoient à	482,844,661
Ainsi, les billets faits pour le service de l'État subsistant au 1er septembre 1715 n'excèdent les dettes en papiers reconnues en 1708 que de	(*sic*) 8,970,361#

IMPRIMERIE NATIONALE.

On peut même faire une observation que, sur les 32,284,961# à quoi montent les billets du sieur le Gendre, il y en a pour près de 4,000,000# payables en rentes viagères ou en promesses des gabelles.

Il s'ensuit de l'exposition de toutes les dépenses faites pendant sept années :

1° Qu'il n'a pas été possible de les acquitter entièrement.

2° La comparaison des papiers subsistant au 1er septembre 1715 avec ceux qui existoient au 1er janvier 1708 prouve évidemment l'économie et l'arrangement avec lesquels les finances ont été administrées.

3° Les dépenses ont été plus fortes que pendant les années précédentes à cause de la stérilité de l'année 1709.

4° La gelée des oliviers, des noyers, des châtaigniers et des autres arbres portant fruits a été inestimable pour les provinces qui en ont souffert. La mortalité des bestiaux, les maladies populaires et les débordements des rivières ont causé des pertes immenses. Ces accidents avoient mis les peuples hors d'état d'acquitter toutes les impositions ordinaires et extraordinaires. Le feu Roi, en étant bien informé, jugea qu'il falloit accorder des décharges d'une partie des impositions; on les a expliquées. Outre ces décharges, le feu Roi fit remettre des sommes d'argent assez considérables aux évêques et aux intendants, pour assister les pauvres. Ces décharges et les fonds remis ont diminué d'autant les fonds dont on avoit besoin pour les dépenses de l'État.

5° On n'a pas laissé d'éteindre et de supprimer, nonobstant ces malheurs, les billets de monnoie et d'autres papiers et dettes reconnues au 1er janvier 1708, et, après avoir soutenu la dépense de sept campagnes remplies de mauvais événements, il ne s'en trouve, au 1er septembre 1715, que pour une somme presque égale au 1er janvier 1708.

6° Toutes les dépenses ordonnées par le Roi ont été réglées sans être concertées avec le contrôleur général; celles de la guerre, de la marine et des pensions, entre le Roi et MM. les secrétaires d'État, chacun pour leur département. Le contrôleur général étoit chargé de trouver des fonds, par tous moyens, pour fournir aux dépenses.

Étoit-il maître de refuser ou d'abandonner sa place? On se rapporte à ceux qui ont vu de près le gouvernement passé pour rendre, sur cet article, la justice qui est due à celui que le Roi avoit choisi pour un si pesant et si difficile ministère. Une réflexion bien plus forte, et à laquelle il n'y a point de réplique, est que la guerre étoit engagée et soutenue par des ennemis fort unis, fort aigris contre la France, et dont les desseins n'étoient pas moindres que de partager le royaume et d'en faire un pays de conquête pour eux. On sait le projet qu'ils avoient fait de se faire un chemin au travers de la France pour forcer le roi d'Espagne à abandonner ses États.

Le voyage de M. de Torcy à la Haye et les conférences de Gertruydenberg avoient fait connoître à toute l'Europe les desseins des ennemis et l'impossibilité où on étoit alors de faire la paix. Il falloit donc, de nécessité, soutenir la guerre. L'épuisement du royaume étoit connu; on n'avoit ni assez de moyens différents à choisir pour la soutenir, ni assez de temps pour délibérer; à peine avoit-on celui d'agir et de mettre en œuvre tous les moyens qui pouvoient, sans violence, produire de l'argent.

Le salut de l'État consistoit uniquement à faire la paix. Elle a été heureusement et glorieusement conclue, contre toute sorte d'espérance, et, bien loin de blâmer quelques moyens que la force, la nécessité ont obligé de mettre en usage, ne doit-on pas louer des ministres qui, dans des temps si malheureux et dans un état si chancelant, ont eu assez de courage pour n'être pas effrayés et pour continuer des efforts vifs et redoublés, qui ont enfin produit cette paix aussi nécessaire que désirée?

(Archives nationales, Papiers du Contrôle général, G7 1908.)

IX.

INTERROGATOIRE DE LA VEUVE LAFONTAINE.

L'an mil sept cent seize, le dix-neuf février, huit heures du matin, au greffe criminel de la Cour, par-devant nous, Thomas Dreux, conseiller du Roi en sa Cour de parlement, grande chambre d'icelle, commissaire en cette partie, assisté de Pierre-Claude Amyot, greffier criminel de la Cour, suivant l'arrêt du jour d'hier rendu à notre rapport sur le vu du procès criminel instruit au Châtelet contre Jeanne-Marie d'Outerbourg, veuve Lafontaine, et autres, jugé par sentence définitive du 14 novembre 1715, sur la requête de ladite Jeanne-Marie d'Outerbourg et sur les conclusions du procureur général du Roi, par lequel arrêt auroit été ordonné que ladite Marie-Jeanne d'Outerbourg seroit entendue par-devant nous dans les déclarations qu'elle peut avoir à faire, pour, ce fait, lesdites déclarations communiquées au procureur général du Roi et vues, être ordonné ce que de raison :

Avons fait extraire des prisons de la Conciergerie du Palais ladite Jeanne-Marie d'Outerbourg. Après serment par elle fait de dire vérité, lecture à elle faite dudit arrêt :

A dit se nommer Jeanne-Marie d'Outerbourg, veuve de Mathieu de Lafontaine, écuyer, chevalier de l'ordre royal et militaire de Saint-Louis, capitaine d'une compagnie franche de cent hommes entretenue pour le service du Roi, âgée d'environ quarante-sept ans, demeurant avant son emprisonnement sur le quai Malaquais, maison de la dame Dorat;

Laquelle nous a dit et déclaré qu'en l'année 1710, elle étant veuve du sieur Mathieu de Lafontaine, ayant quatre enfants, qui étoient des filles, le Roi ayant eu la bonté d'accorder une pension de 300# à elle, déclarante, en considération des services de défunt son mari, de laquelle il étoit dû à elle, déclarante, une année vers la fin de ladite année 1710, auquel temps, pour s'en faire payer plus aisément attendu la difficulté que l'on avoit d'être payé des trésoriers, elle en écrivit à M. Desmarets, ci-devant ministre et contrôleur général des finances, qui eut la bonté de donner ordre pour qu'elle fût payée; et depuis laquelle année, ledit sieur Desmarets eut la bonté de lui donner des ordres pour payer quelques ordonnances à des amis d'elle, déclarante; qu'entre lesdites ordonnances, le sieur Thibault Baurg, demeurant chez le nommé Allais, maître écrivain au coin du quai Peletier, pria elle, déclarante, de le faire payer de deux ordonnances de 800# chacune; et, pour y parvenir, elle, déclarante, alla à Fontainebleau, où elle parla audit sieur Desmaretz, contrôleur général, lequel donna à la déclarante un ordre pour le payement desdits deux ordres; et elle, déclarante, de retour à Paris, voulant donner au sieur Baurg ledit ordre de M. Desmaretz, il se trouva que lesdites deux ordonnances avoient été négociées; disant ledit Baurg qu'il avoit été en besoin d'argent; mais, ledit Baurg ayant encore une pareille ordonnance de 800#, à la prière dudit Baurg, la déclarante alla trouver M. Desmaretz, qui étoit de retour à Versailles, et, la déclarante lui ayant représenté que son premier ordre étoit demeuré inutile parce que lesdites deux ordonnances avoient été négociées, à l'instant M. Desmaretz fit délivrer à elle, déclarante, un ordre pour faire payer ladite ordonnance de 800#; en conséquence duquel ordre, elle, déclarante, fut au bureau de M. Bertin, qui donna à la déclarante le montant dudit ordre de 800#: cela si vrai, que, sur le registre dudit sieur Bertin, le nom de la déclarante doit s'y trouver écrit;

Que, depuis ce temps, ledit sieur Desmaretz a fait payer à la prière d'elle, déclarante, plusieurs ordonnances de pensions sur le Trésor royal, lesdites ordonnances, depuis 600# jusqu'à 2,000#;

Que, dans la même année 1711, plusieurs personnes ayant demandé à elle, déclarante, si elle ne pouvoit point, par son crédit, leur faire payer des billets de gabelles et de subsistance, elle, déclarante, leur dit qu'elle verroit; et, de fait, elle alla trouver M. Desmaretz, à qui elle en fit la proposition, et M. Desmaretz lui répondit que cela étoit très difficile, et surtout avec une femme, qui, pour l'ordinaire, n'a point de secret, et qu'en considération des services du mari d'elle, déclarante, il feroit ce qu'il pourroit pour lui faire plaisir: ce qui a fait qu'elle, déclarante, a commencé à recevoir des billets de gabelles et de subsistance, dont elle faisoit ses billets;

Que, la première semaine d'après la Quasimodo de l'année 1712, elle porta à M. Desmaretz, pour la première fois, en billets de subsistance, pour environ 70,000#, et a ainsi continué de porter à M. Desmaretz, de temps en temps, des billets de subsistance et de gabelles, et ce jusqu'au 2e février 1715, un mois avant l'emprisonnement d'elle, déclarante;

Que M. Desmaretz étoit convenu avec elle, déclarante, qu'elle prendroit lesdits billets de subsistance à quarante-cinq de perte et les billets de gabelles à vingt de perte; que M. Desmaretz envoyoit à elle, déclarante, en sadite maison, quai Malaquais, l'argent qui étoit nécessaire pour acquitter aux échéances les billets d'elle, déclarante; que les porteurs dudit argent disoient seulement: «Voilà pour acquitter une telle dette»;

Que, vers le mois d'août 1714, M. Desmaretz n'ayant point envoyé à elle, déclarante, en son temps l'argent qui devoit être payé au mois d'octobre suivant, il vint chez elle, déclarante, un porteur avec des sacs d'argent; et puis, une demi-heure après, il vint un monsieur à elle inconnu, suivi de deux laquais portant la livrée de M. Desmaretz; que ledit monsieur étoit de grandeur entre les deux tailles, visage pâle, ovale, plus maigre que gras, habillé de noir, l'épée au côté, perruque châtain-brun; que ledit monsieur portoit trois sacs d'or, et dans chacun desquels il y avoit mille louis, qu'il donna à elle, déclarante, lui disant que c'étoit pour payer les mémoires qu'elle devoit avoir de tel temps. Et ledit même monsieur vint encore par deux fois chez elle, déclarante, depuis la fin dudit mois de novembre jusqu'en décembre, et, à chacune desdites fois, apporta à elle, déclarante, deux sacs de mille louis chacun, et dit que c'étoit pour payer les mémoires. Et jusqu'au 30e novembre dudit an 1714, il a toujours été apporté à elle, déclarante, de l'argent de la part de M. Desmaretz pour payer les billets qu'elle, déclarante, lui avoit remis à l'ordinaire, étant convenu entre elle et M. Desmaretz, suivant que M. Desmaretz lui dit, de lui venir parler à mesure qu'elle avoit des effets amassés; et pour que personne ne s'aperçût de rien, lorsqu'elle, déclarante, parloit audit sieur Desmaretz, elle lui présentoit par manière de placet les billets, entre lesquels elle mettoit son compte ou bordereau, en lui disant seulement: «Monseigneur, je vous supplie d'avoir égard à ce que j'ai l'honneur de vous remontrer»; et la déclarante ensuite s'en retournoit; et que, quelques jours ensuite, elle recevoit par la poste ordinaire une lettre de M. Desmaretz, par laquelle il marquoit qu'il avoit trouvé le mémoire ou bordereau bon, ainsi que l'on peut voir par dix lettres qu'elle nous représente, lesquelles elle a seulement recouvrées, ayant brûlé toutes les autres, lesdites dix lettres sans signatures ni suscription, en date des 20 septembre, 2, 12 et 30 octobre, 18 novembre, 5 et 25 décembre 1714, 5 et 20 janvier et 10 février 1715; et ont été lesdites dix lettres missives de nous et de la déclarante paraphées *ne varientur*, et sont restées annexées au présent procès-verbal;

Que, depuis ledit jour du 30 novembre 1714, elle a continué de recevoir des billets, lesquels elle a portés à M. Desmaretz jusqu'au 2 février 1715, et que tous les billets qu'elle a portés au sieur Desmaretz depuis ledit jour du 30 novembre 1714 jusqu'audit jour du 2 février 1715, étant tous de gabelles, sans aucun de subsistance, montoient à la somme de 2,447,000#; lesquels billets sont restés entre les mains de M. Desmaretz, sans qu'il lui en ait renvoyé le montant en argent aux termes de leurs conventions, et que ce montant en argent est la somme de 1,958,000#, laquelle somme appartient aux personnes qui ont donné à elle, déclarante, leursdits billets des gabelles, lequel manque de payement est cause du procès qu'on lui fait aujourd'hui; et que, dans l'espérance que M. Desmaretz, qui a tous lesdits billets, lui rendroit ladite somme de 1,958,600#, elle a gardé le secret auquel M. Desmaretz l'avoit engagée jusqu'à ce présent jour, et même a payé jusqu'au dernier fonds de ce qui appartenoit à elle de Charanté(?) et à ses enfants;

Que, dans les interrogatoires qu'elle a subis au Châtelet, pour d'autant mieux garder le secret et ne le point faire deviner, elle a dit avoir mis tous les billets de gabelles entre les mains de deux personnes, quoique ce soit M. Desmaretz seul qui les a et les lui retient indûment; qu'elle déclare aujourd'hui le secret, et qu'elle ne l'auroit pas encore fait, si ce n'est que, depuis qu'elle est en la Conciergerie du Palais, elle a écrit à M. Desmaretz quatre ou cinq lettres, desquelles elle n'a reçu aucune réponse, et lui en a même fait rendre par d'autres particuliers, auxquels il a donné de mauvaises réponses: lesquels particuliers sont le sieur marquis d'Imécourt, lieutenant général des armées du Roi, et le sieur marquis d'Achy, tous deux créanciers de la déclarante; lesquels, le 16 décembre dernier, tous deux ensemble, portèrent à M. Desmaretz une lettre d'elle, déclarante, dans laquelle elle lui marquoit qu'elle étoit fort surprise de voir qu'il avoit eu le cœur de la voir dans la peine et de laisser venir jusqu'à un jugement sans la satisfaire, et qu'il ne seroit pas juste qu'elle pérît pendant qu'il lui devoit; que le temps pressoit, et qu'il étoit temps d'y songer. Ne se souvient pas du surplus de ladite lettre;

Que, le sieur d'Achy étant venu seul en la Conciergerie voir la déclarante, il lui a dit que M. Desmaretz, après avoir lu la lettre de la déclarante, avoit répondu qu'il ne la connoissoit pas; qu'il venoit tant de dames à son audience, qu'il ne la remettoit pas; qu'il pouvoit lui devoir comme il devoit à plusieurs autres, ou bien qu'elle pouvoit avoir acheté quelques contrats sur ses biens: si cela étoit, qu'il tâcheroit de la payer par lui ou par ses parents, s'il n'en avoit pas;

Que le sieur d'Achy a reporté une seconde lettre d'elle, déclarante, à M. Desmaretz, par laquelle elle lui marque qu'elle croit qu'il ne doit pas se plaindre d'elle après avoir gardé le secret aussi longtemps, et qu'elle croit qu'il n'y auroit personne au monde qui eût souffert pendant un an ce qu'elle a souffert, et qu'elle n'avoit encore parlé à aucune personne qu'auxdits sieurs d'Imécourt et d'Achy, et que ces deux personnes sont fort secrètes, tous les deux intéressés dans l'affaire, et M. le marquis d'Achy parent du gendre de la déclarante, et que s'il ne vouloit point absolument être connu dans cette affaire-là, qu'il n'étoit point sans amis ou quelque confident pour faire tenir à elle, déclarante, de l'argent par une main tierce; et s'il ne pouvoit pas le tout, qu'il tâchât de faire ce qu'il pourroit pour le présent; qu'elle tâcheroit de s'accommoder avec ses créanciers pour le reste, et que, puisqu'il ne vouloit pas être connu, il auroit pu prendre la peine de venir à quatre pas de la Conciergerie, en inconnu, demander le concierge, et qu'on l'auroit fait entrer sans que personne sût que ce fût lui. Et ne se souvient du surplus de sa lettre;

Que le sieur d'Achy est revenu trouver la déclarante et lui a dit qu'ayant donné cette seconde lettre à M. Desmaretz, laquelle ayant lue, il lui avoit répondu qu'il ne connoissoit point la déclarante, ajoutant: «Mais pourquoi ne la laisse-t-on pas sortir? Je pourrois peut-être la connoître, m'accommoder avec elle, si je lui dois.» Et dit ensuite qu'il savoit bien qu'elle, déclarante, étoit arrêtée et qu'un des créanciers de la déclarante étoit venu lui solliciter une lettre de cachet devant son emprisonnement: de laquelle réponse il s'ensuit que M. Desmaretz la connoissoit donc bien; que ledit sieur d'Achy lui dit encore que M. Desmaretz lui avoit répondu qu'il n'avoit jamais manié aucuns billets de gabelles et de subsistance: lequel fait elle déclare être faux, parce que plusieurs autres personnes ont eu affaire avec M. Desmaretz, desquelles elle indiquera les noms, qu'elle a quelque part dans un mémoire.

Ajoute que, depuis lesdites deux lettres, il est venu en la Conciergerie un homme, à elle inconnu, vêtu de noir, avec un manteau rouge, perruque blonde, qui l'ayant demandée, lui a dit, dans le cabinet des guichets, qu'il venoit de la part d'un de ses amis qui l'envoyoit pour dire à la déclarante que la personne que je savois bien avoit dit à son ami que, dans une quinzaine de jours, il pourroit me faire plaisir pour me tirer d'embarras; et que cependant elle n'a rien vu depuis cela.

Et a dit ne se pas souvenir quant à présent s'il y a d'autres circonstances.

Lecture faite de la susdite déclararation, a dit qu'elle y persiste, comme étant véritable, et a signé.

Signé : AUROY, greffier.

(Bibliothèque nationale, ms. Lancelot 61, f°s 116-119.)

X.

MÉMOIRE SUR LES FINANCES.

Janvier 1717.

Par édit du mois de décembre 1661, le feu Roi établit une Chambre de justice pour la recherche des finances depuis 1635.

Par édit du mois de décembre 1665, cette Chambre a été supprimée et abolie, et les financiers déchargés de toutes recherches en payant les taxes qui seroient comprises dans les rôles du Conseil, et il leur fut permis par cet édit d'entrer dans toutes les charges d'épée, celles des premières Compagnies de judicature et de finances, nonobstant tous arrêts contraires.

L'établissement de cette Chambre de justice a paru avoir plus de fondement et de prétexte qu'aucune autre.

Le Roi sortoit de minorité, pendant laquelle on avoit dissipé tous ses revenus, les domaines aliénés à vil prix, les fermes et les tailles abandonnées, diminuées et consommées pour le payement des rentes aliénées au denier trois, quatre, et au plus au denier huit; les parties casuelles sans produit, par un grand nombre de charges créées héréditaires, dont les gages, augmentations de gages et taxations, employés dans les états du Roi pour une finance, consommoient presque les revenus, qui étoient aussi diminués par toutes sortes d'exemptions et de privilèges; les remises des receveurs généraux et des traitants au tiers du produit, dont l'on ne comptoit pas de l'excédent, qui étoit encore consommé par des prêts, surprêts et non-valeurs, et payé en billets de l'Épargne.

M. Colbert, qui étoit pour lors chargé des finances, fit connoître au Roi que ce mal procédoit de la trop grande autorité des surintendants, du trop grand nombre de contrôleurs généraux, d'intendants des finances et des provinces, trésoriers de l'Épargne, et autres chargés de l'administration des finances, intéressés avec les financiers. Il proposa au Roi de supprimer tous ces officiers et d'établir le Conseil royal des finances, et, sur ce fondement solide, il rétablit les finances comme il les a laissées par sa mort en 1683 : les revenus suffisants et proportionnés aux dépenses, dans lesquelles il n'y avoit pas 20,000,000# de charges, y compris 8,000,000# de rentes sur l'hôtel de ville de Paris au denier dix-huit.

Cet arrangement, qui doit servir de règle et de base pour l'administration des finances, coûta vingt années de travail à M. Colbert, pendant lesquelles il s'appliqua particulièrement à rétablir le crédit et la confiance qu'il avoit perdus par l'établissement de la Chambre de justice sans en tirer le secours qu'il s'étoit proposé : ce qui donna lieu de croire qu'il ne l'avoit établie que pour perdre M. Foucquet.

Les finances sont demeurées dans l'ordre que M. Colbert les avoit laissées jusqu'en 1689, sans que l'on ait trouvé de prétexte de rien demander aux financiers que des avances pour soutenir les dépenses dans des temps incertains.

La première guerre étant survenue, M. de Pontchartrain, dans l'espérance d'une paix prochaine, se flatta de la soutenir par des créations de charges, augmentations de gages, rentes et autres moyens qui consommèrent partie des revenus, et enfin par l'établissement de la capitation, qui ne produisit pas ce qu'on en espéroit.

La paix étant faite en 1697, et M. de Chamillart étant fait contrôleur général en 1699, il n'imagina pas d'autre moyen, pour rétablir les revenus du Roi consommés pendant les huit années de guerre, que de taxer les financiers. Les inconvénients ordinaires et les suites d'une Chambre de justice ayant été examinés au Conseil, l'on crut qu'il étoit plus convenable de se réduire à demander aux traitants la moitié de leurs remises et profits dans les affaires extraordinaires : ce qui fut exécuté par l'édit de 1700, avec une espèce de règle et de proportion, et ne produisit pas néanmoins ce qu'il en avoit espéré.

L'on ne trouva pas de prétexte de comprendre dans cet édit les fermiers généraux, les receveurs généraux, trésoriers et autres comptables, munitionnaires, étapiers, fournisseurs, entrepreneurs et autres financiers, qui en furent déchargés ou exceptés par l'édit de 1701 et autres déclarations particulières.

Ces taxes cependant donnèrent un si grand discrédit au ministère de M. Chamillart, que, la seconde guerre ayant été déclarée en 1701, il fut obligé, pour la soutenir, de se servir des mêmes moyens qu'il avoit blâmés dans son prédécesseur, de forcer les financiers de rentrer dans les traités des affaires extraordinaires pour y donner du crédit, de rétablir la capitation, de faire les billets de monnoie, promesses à cinq ans, de tirer des assignations d'avance sur les revenus, de faire la réforme des monnoies, et demander des avances par les receveurs généraux.

Tous ces moyens ne rétablirent pas la confiance perdue; le discrédit augmenta par le manque de produit nécessaire aux dépenses et les mauvais événements de la guerre : ce qui obligea M. Chamillart de supplier le Roi de mettre M. Desmaretz en sa place, ce qu'il fit sur la fin de l'année 1708.

M. Desmaretz crut qu'il étoit préalable de reconnoître l'état où étoient pour lors les finances. Il en rendit compte au Roi et lui fit connoître la difficulté de continuer la dépense de la guerre, qui augmenta par la disette de l'année 1709 et les inondations, qui causèrent la mortalité d'hommes et de bestiaux qui firent abandonner les domaines et cesser la culture des terres.

Et voyant que tous les moyens dont on s'étoit servi dans les deux précédents ministères n'étoient plus praticables, il en proposa d'autres au Roi, qu'il crut plus convenables :

La suppression et conversion en rentes sur la Ville des assignations tirées d'avance sur les revenus, des billets de monnoie, promesses à cinq ans, billets de l'extraordinaire des guerres et autres papiers qui empêchoient la circulation de l'argent, dont une partie fut consommée dans la refonte des espèces, le rachat du prêt et annuel, et taxations attribuées aux officiers comptables.

Étant débarrassé de tous ces papiers par la déclaration du mois d'octobre 1710, par laquelle on rentra dans une partie du produit des impositions des années 1711, 1712 et 1713, on établit le dixième des biens-fonds, le rachat du prêt et annuel; on créa des rentes tournantes sur le clergé, les 2 s. pour livre de la taille et sur la ferme du contrôle des actes des notaires, et l'on mit tous ces fonds en régie, pour en tirer tout le produit au profit du Roi sans remises ni augmenter les charges de l'État.

Par tous ces moyens, le produit des impositions de 1714, 1715 et partie de 1716, le retranchement des rentes sur la Ville et réduction au denier vingt-cinq, on est parvenu [à suffire] aux dépenses les plus nécessaires jusqu'à la mort du Roi, au mois de septembre 1715, avant laquelle M. Desmaretz avoit rendu compte de la situation des finances à la paix et proposé les moyens de les rétablir.

Le projet étoit de remettre les revenus et les dépenses comme ils étoient en 1683, et de payer les dettes de l'État en plusieurs années. Il avoit fait faire une reconnoissance de ces dettes de toute nature, et il avoit fait rendre des édits et des déclarations pour en acquitter une partie sans donner atteinte au crédit.

Le ministère et la forme du gouvernement ayant changé à la mort du Roi, on a ordonné le *visa* et le retranchement du papier et le remboursement en billets d'État au denier vingt-cinq, la suppression de plusieurs offices et droits, dont la finance sera liquidée et l'intérêt payé au denier vingt-cinq, en attendant le remboursement.

On a fait l'augmentation des monnoies et établi une banque pour la circulation de l'argent.

Le bail des fermes a été renouvelé.

Le contingent des receveurs généraux a été fixé, et, depuis, une caisse générale établie pour y apporter tous les fonds. On leur a fait rendre des comptes de temps [en temps] jusqu'au 1er juillet 1716, et ordonné aux receveurs généraux, receveurs des tailles, et leurs commis, de tenir des registres-journaux.

La réimposition des restes, jusques et compris 1712, a été ordonnée dans plusieurs généralités, et l'on travaille au projet de la taille proportionnelle.

Et enfin on a établi la Chambre de justice contre les financiers, auxquels il a été ordonné de donner la déclaration de leurs biens, sur lesquels on arrête actuellement les rôles de taxes en exécution de la déclaration du mois de septembre dernier.

On a cru nécessaire de rappeler, le plus succinctement qu'il a été possible, ce qui s'est passé sur les finances dans le ministère de M. Colbert et des contrôleurs généraux qui ont rempli sa place jusqu'à la mort du Roi, et ce qui a été fait depuis, pour mettre en état ceux qui prendront la peine de l'examiner d'en faire une parallèle et juger du bon à suivre et du mauvais à éviter.

Et l'on se renfermera à faire quelques observations générales :

1° Que le modèle le plus parfait pour l'administration des finances est le ministère de M. Colbert : l'état où il les a laissées à sa mort en est la preuve;

2° Que le système de M. Colbert et de tous ceux qui lui ont succédé a été d'établir le crédit et la confiance, sans lesquels nulle opération n'est praticable en finance et en tout genre;

3° Que M. Colbert avoit perdu cette confiance par la Chambre de justice qu'il se crut obligé d'établir en 1661, et qu'il eut bien de la peine de rétablir pendant vingt ans de ministère;

4° M. de Chamillart perdit cette confiance et le crédit par les taxes qu'il fit en 1700, qu'il n'a pu rétablir pendant son ministère;

5° On craint que la Chambre de justice qu'on a établie au mois de mars 1716 n'ait les mêmes suites.

Quand même on se flatteroit de mettre les finances sur un pied à n'avoir point besoin de secours, il ne faut point anéantir le crédit et la confiance.

Il ne convient pas de ruiner et déshonorer les financiers, à moins qu'on ait un système certain pour s'en passer absolument; car les hommes ne peuvent travailler sans objet d'intérêt et d'honneur pour eux et leurs familles, et il paroît de la politique de ne les pas rendre odieux aux peuples.

Ils se croient plus maltraités qu'à la Chambre de justice de 1661.

On n'a trouvé aucun prétexte de les taxer jusqu'en 1688; ils ont rendu la moitié de leurs profits de la première guerre en 1700; les fermiers et les receveurs généraux ont travaillé en régie dans la dernière guerre.

Tout cela n'est point observé pour dispenser les financiers de contribuer au payement des dettes de l'État : cela est nécessaire, ils le doivent; mais on pouvoit les y obliger par d'autres moyens et sans injures, qui les persuadent qu'ils ne peuvent plus faire cette profession sans être déshonorés.

On convient qu'il auroit été à souhaiter que, sous les ministères depuis M. Colbert, on eût prévu la durée des deux dernières guerres, et que, pour subvenir aux dépenses, on eût établi d'abord la capitation et le dixième, ou autres impositions équivalentes et suffisantes aux dépenses, pour éviter les aliénations des revenus du Roi et se trouver à la fin de ces guerres au même état que lorsqu'elles ont été déclarées, en retranchant seulement les nouvelles impositions.

L'on ne prétend point blâmer tous les nouveaux arrangements que l'on a faits depuis la mort du Roi. On est même persuadé que ceux qui les font sont certains du bon effet qu'ils produiront, et qu'ils remédieront à tous les abus du passé.

Mais l'on ne peut disconvenir qu'ils renversent quant à présent toute la machine, que le commerce est entièrement détruit, que la confiance est entièrement perdue, que la finance devient une profession odieuse, et que l'expérience doit persuader qu'il faudra des années pour construire l'édifice qu'on vient d'abattre en un an par les fondements.

Cependant tout le système présent doit rouler sur le rétablissement des revenus du Roi comme ils étoient en 1683, et le payement des dettes de l'État sans donner de discrédit.

Ce projet est simple, et ne contient que deux parties.

Pour parvenir à l'exécution de la première partie, il n'y a qu'à rentrer, dès l'année présente 1717, dans les revenus ordinaires du Roi : ils sont à peu près les mêmes qu'ils étoient en 1683;

Séparer les revenus et les dépenses ordinaires des dettes de l'État;

Faire une reconnoissance exacte de ces dettes à la mort du Roi, ce qui en a été retranché ou payé depuis, et ce qui en reste dû au dernier décembre 1716;

Établir un bureau général à Paris où ces dettes seront visées, enregistrées et liquidées dans la forme qui sera prescrite;

Assigner des fonds certains, les moins à charge à l'État, pour les payer en principal et intérêts dans un certain nombre d'années;

Et, pour commencer ce payement, rendre un édit pour abolir la Chambre de justice à Paris et dans les provinces dans le dernier janvier 1717, réhabiliter les financiers et les comptables, ou du moins ceux dont on sera obligé de se servir, leur permettre, et à leurs enfants et héritiers, d'entrer dans toutes les charges d'épée, de judicature et de finance en conformité de la déclaration de 1665;

Donner un temps convenable à ceux qui sont taxés et qui le seront pour payer les sommes portées par les rôles, et dans les effets qui leur conviendront le mieux, à la décharge des dettes de l'État;

Ordonner que, dans le mois de février prochain 1717, le receveur général de la Chambre de justice et commissaire aux saisies réelles seront tenus de compter en recette, dépense et reprise des sommes qu'ils ont reçues depuis l'établissement de la Chambre de justice en exécution des arrêts rendus et rôles arrêtés au Conseil.

Dans le bureau qui sera établi pour l'enregistrement des dettes de l'État, il y aura un caissier général pour payer les dettes et recevoir le produit de la Chambre de justice et tous les autres fonds qui y seront assignés à cet effet.

On nommera à la régie de ce bureau quatre commissaires du Conseil, deux rapporteurs et quatre inspecteurs et administrateurs, d'un caractère à s'attirer la confiance du public;

Et le nombre des directeurs, caissier, contrôleurs, teneurs de livres et autres commis nécessaire pour l'administration et arrangement de ce bureau et de la caisse.

Deux ou trois déclarations suffiront pour l'exécution de ce projet.

Observations de M. Desmaretz sur le précédent mémoire.

28 janvier 1717.

Le mémoire contient une exposition courte, exacte, précise et véritable de l'administration des finances pendant les différents ministères des contrôleurs généraux qui ont été honorés de cette place depuis l'année 1660 jusqu'à la mort du feu Roi.

Il contient aussi une explication des opérations principales et les plus essentielles du nouveau ministère, et l'auteur en tire cette conséquence qu'on ne peut disconvenir qu'elles renversent, quant à présent, toute la machine.

Il propose ensuite ses vues et un projet qui consiste en deux points :

Le premier, de rétablir les revenus comme ils étoient en 1683; et le second, de payer les dettes.

Pour l'exécution du premier, rentrer dans les revenus ordinaires à commencer du 1er janvier 1717; régler les dépenses comme elles étoient en 1683, et faire passer toutes les recettes et dépenses par le Trésor royal;

Pour l'exécution du second, faire une reconnoissance exacte des dettes telles qu'elles étoient à la mort du Roi, ce qui en a été retranché ou payé et ce qui est encore dû au dernier décembre 1716;

Établir un bureau général à Paris, où les dettes seront enregistrées, visées et liquidées;

Assigner des fonds certains pour le payement des dettes en principal et intérêts dans un nombre d'années;

Abolir la Chambre de justice et donner une déclaration en faveur des financiers, pareille à celle du mois de décembre 1665.

Ce projet est bon. Le premier point est simple et conforme à l'ordre ancien : rien ne peut être meilleur que d'y revenir et de s'y tenir ferme; mais les revenus, qui sont les mêmes, sont diminués parce que le commerce est détruit. Il faut donc rétablir le commerce pour rendre aux revenus leur valeur ancienne; d'où il faut conclure que le point essentiel est de rétablir le commerce pour rétablir les revenus de la couronne.

Le second n'est pas facile : où trouver des fonds certains pour acquitter les dettes?

On ne peut disconvenir qu'une reconnoissance exacte des dettes, suivie d'un règlement équitable, pour les fixer sans faire souffrir aux créanciers une perte aussi forte que celle portée par les règlements faits depuis la Régence, et un arrangement de fonds connus et certains pour les acquitter ne soit le plus sûr moyen pour parvenir à rétablir la confiance et le crédit, qu'on a ruiné sur le principe qu'il n'étoit point nécessaire et qu'on ne vouloit plus en faire aucun usage. Mais on ne comprend pas qu'il soit possible de trouver ces fonds, et encore moins, dans un État comme la France, d'établir une sûreté suffisante pour donner au public une parfaite confiance.

La suppression et l'extinction de la Chambre de justice est nécessaire et ne peut être faite trop promptement pour commencer l'ouvrage du rétablissement du commerce, et rendre, s'il est possible, la circulation nécessaire aux espèces, qui est absolument interrompue dans tout le royaume.

(Dépôt des Affaires étrangères, France, vol. 137, f° 34 v° à 41.)

ADDITIONS.

I. Page 13, après le n° 33, ajoutez cette lettre :

Le Contrôleur général
à M. Pinon, intendant en Bourgogne.

(Mois de Mars 1708.)

«Je vous prie de m'envoyer le plus tôt que vous le pourrez les états que je vous demande de la province concernant votre intendance, département par département, conformément à l'instruction suivante : un état général de ses dettes, un autre des arrérages qu'elle en paye, un autre des revenus et des sommes qu'elle s'impose pour y satisfaire, le tout détaillé et circonstancié, pour que je sache ses dettes et à quels deniers elle a fait des emprunts; un autre état des dettes particulières de chaque ville et bourg, département par département, et un autre de leurs revenus, dans lesquels vous comprendrez les octrois patrimoniaux que S. M. leur a accordés, il y a environ vingt-trois ans, avec une formule des droits qui se lèvent dans icelles. Vous m'informerez pareillement de leurs valeurs, du jour de la levée d'iceux, de l'emploi qu'elles en ont fait et qu'elles en font actuellement, des autres octrois qu'on y a levés, l'emploi qu'on en a fait, et, s'ils se lèvent, de l'emploi que l'on en fait; un autre, de toutes les dettes des corps de métiers, et des revenus qu'ils ont pour satisfaire aux arrérages qu'ils en payent, ou s'ils se l'imposent entre eux pour y satisfaire, et à quels deniers ils ont fait leurs emprunts.

«Surtout vous prendrez bien garde que les élus de la province, que les maires et échevins des villes, et que les corps de métiers ne renflent leurs dettes et ne dissimulent leurs revenus. Vous leur enjoindrez de les reconnoître avec vos subdélégués, et de vous en envoyer un état au vrai et fidèle, à peine de 1,000# d'amende contre chacun des magistrats contrevenants qui les certifieront et qui les signeront, pour qu'en cas de désobéissance, ils soient contraints en leurs propres et privés noms, sans répétition : de laquelle peine vous les avertirez, pour qu'ils exécutent religieusement les intentions du Roi et qu'ils n'y contreviennent point. Vous ferez toutes diligences possibles pour m'informer au plus tôt de toutes ces choses.»

II. Page 22, après le n° 50, ajoutez cette note :

Les officiers de la sénéchaussée et du siége présidial de Carcassonne écrivent, le 7 juin 1708, au contrôleur général : «Sur le placet que nous avons pris la liberté de présenter à S. M. pour l'informer du désordre de notre Compagnie, sans officiers pour rendre la justice et sans aucun fonds pour payer les grosses dettes qui l'accablent, il vous a plu de renvoyer nos mémoires à M. de Bâville, qui vous a sans doute fait connoître les besoins pressants où nous étions de recevoir de la bonté du Roi quelque sorte de soulagement pour le rétablissement de ce corps. Nous sommes avertis que nos très humbles représentations n'ont produit qu'un renvoi à mondit sieur de Bâville de la connoissance de nos affaires avec nos créanciers : ce qui, en abrégeant leurs poursuites, leur procurera plutôt des condamnations qui entraîneront des grandes discussions sur nos biens, mais qui, sans d'autres secours, n'aboutiront pas au payement de nos dettes, par l'impuissance absolue où nous sommes de les acquitter. La diminution de l'évaluation desdits offices tombés aux parties casuelles, que S. M. veut aussi accorder, ne peut nous être d'aucune sorte d'utilité et n'excitera personne à les lever, à quelque bas prix que ce soit, tant que nos malheurs subsisteront, si elle n'a la bonté, en même temps, d'en faire en faveur de notre corps le don que nous avons pris la liberté de lui demander par notre placet, pour entrer par là en payement de nos dettes, qui vont à plus de 100,000#, et qui n'ont été contractées que pour les affaires du Roi. Le peu d'empressement qu'on a pour lever ces offices fait assez connoître que ce sont autant des (*sic*) pièces de non-valeur, dont S. M. ne retirera jamais aucune sorte de finance, si elle ne sert à relever ce siége. Il est à craindre que, privés de ce petit secours, nous ne soyons malheureusement obligés de faire bientôt la faillite que notre insolvabilité va causer, ne pouvant, en si petit nombre, faire nos fonctions, ni soutenir plus longtemps le fardeau accablant des dettes que nos confrères nous aidoient auparavant à porter. Notre misère ne nous permettant pas aussi de faire les frais d'un long voyage pour nous aller jeter aux pieds de S. M., nous ne pouvons que prendre la liberté de vous supplier très humblement, en nous procurant quelques secours efficaces pour nous mettre en règle avec nos créanciers, de conserver pour nos familles le moyen de les faire subsister, après toutes les démarches que notre zèle pour le service de S. M. nous a engagés à faire.»

IMPRIMERIE NATIONALE.

III. Page 23, après le n° 59, placez cette lettre :

Les Maire et Échevins de la ville de Tours
au Contrôleur général.

17 Mai 1708.

«Nous prenons la liberté de remontrer très humblement à Votre Grandeur qu'en exécution des ordres de Mgr de Chamillart, et attendu la misère du peuple et le grand nombre des privilégiés, nous avons recherché, cette année, avec plus d'exactitude que les précédentes, ceux qui avoient de véritables exemptions d'ustensiles; et, comme nous avons remarqué que, conformément aux édit et règlement, les gentilshommes demeurant en la ville qui n'ont ni charges, ni emploi dans les armées, ni enfants dans le service, ne doivent point jouir de cette exemption, nous les avons compris dans le rôle avec la participation de M. l'intendant, qui nous ajouta que c'étoit l'usage d'Angers, du Mans et des autres villes.

«Ces gentilshommes, qui devroient être trop contents d'avoir joui depuis la guerre de cette exemption par tolérance, se sont récriés contre [les] surtaxes, quoiqu'on ait eu l'attention de les faire très modiques, et se sont expliqués dans des termes peu mesurés. Nous sommes avertis qu'ils doivent se pourvoir, ou se sont déjà pourvus, pour en être déchargés. Nous supplions Votre Grandeur d'y faire l'attention que la chose mérite, et d'observer que le nombre des contribuables diminue tous les jours, que la dépense des prisonniers de guerre augmente les taxes, que les bourgeois ont été surchargés de logement cet hiver, et beaucoup fatigués depuis trois ans par une garde de trente-cinq hommes par jour pour la sûreté desdits prisonniers, joint l'inondation qui a ruiné tous les faubourgs de la ville et la plus grande partie des habitants, qu'on a été obligé de décharger : ce qui a fait une grande surcharge sur les autres.

«Ce sont ces considérations, joint aux ordres de S. M., qui nous ont engagés à ne faire grâce à personne. Nous suivrons, en cela comme en toutes autres choses, les ordres que Votre Grandeur nous prescrira.»

IV. Page 26, ajoutez à la note du n° 68 :

Voir surtout la lettre du 29 décembre 1708, de M. d'Esparbier, l'ancien subdélégué, qui se plaint d'être interdit depuis plus de quatre mois, et demande, s'il est coupable, à être jugé, mais prend à témoin de son innocence tous ceux qui l'ont employé et les principaux de la province; et celle du 5 mars 1710, où il remercie de ce qu'on l'a rétabli dans ses fonctions.

V. Page n° 32, n° 96, ajoutez au commencement de la note :

Le sieur de Coulanges avait écrit, le 30 mars 1708, au contrôleur général : «Ayant vu, par la lettre que vous avez écrite à Mme de Chamillart, que l'intention de Votre Grandeur étoit de faire subsister l'arrêt qui me fait sortir des sept traités généraux où j'avois intérêt, je ne suis plus occupé qu'à vous prouver mon respectueux dévouement en me soumettant entièrement à votre volonté, étant tout prêt de remettre à celui qui entre à ma place le brevet qu'il m'a fallu prendre au Trésor royal pour être incorporé dans tous lesdits traités. Pour cet effet, je viens d'arrêter des premières puissances de la cour qui devoient vous parler aussi en ma faveur pour le changement de cet arrêt, afin de ne vous plus fatiguer sur ce sujet.

«Je prends seulement la liberté de supplier Votre Grandeur d'avoir la charité d'envisager l'effet que me cause ce coup foudroyant, la perte du profit de ces sept affaires, le déshonneur et le tort que cela fait à mon crédit au bout de trente-deux ans que je travaille avec approbation et sans aucun reproche de qui que ce soit, ni de Messieurs les ministres, qui ont toujours été directement mes patrons depuis que Votre Grandeur eut la bonté de me donner mon premier emploi à Rouen sur la prière que vous en fit, et à Mme Desmaretz, Mme la comtesse de Soissons et feu M. d'Aquin, premier médecin du Roi, qui étoit oncle de mon épouse.

«J'ajoute à ces représentations que M. de Chamillart, de qui j'ai l'honneur d'être connu à fonds depuis vingt ans qu'il vint intendant à Rouen, m'obligea, il y a peu de temps, à lui déclarer quelle place je préférois d'avoir entre celle de fermier général ou de quelque bonne charge de receveur général des finances, et que, m'étant déterminé pour la place de fermier général, il eut la bonté de donner sa parole à Mme la comtesse de Gramont pour une des premières qui seroient à remplir.

«Cependant, presque dans le temps que je pouvois espérer cette occasion, il m'arrive un malheur qui change bien ma situation, à moins que Votre Grandeur, dont je connois depuis longtemps le bon cœur, ne se laisse toucher de compassion pour moi, et qu'elle n'ait la bonté de m'honorer à présent de sa protection par quelque effet éclatant, et qui puisse désabuser une infinité de gens d'affaires et d'autres qui sont surpris de mon sort.

«Enfin, j'espère tout de l'attention de Votre Grandeur sur mon état présent, vous assurant que je ne cesserai point de faire des vœux au ciel, avec ma famille, pour la conservation de votre santé.»

VI. Page 38, n° 119, ajoutez à la note :

Sur le bruit de la mort de M. de Harouys, M. le Camus, premier président de la Cour des aides, avait, dès le 19 juillet, demandé l'intendance pour son fils aîné (G7 1766).

VII. Page 50, note du n° 153.

La lettre de Boisguilbert est datée du 16 septembre, et non novembre. Voir, à l'Appendice, p. 653, le texte donné une seconde fois d'après la copie des bureaux du Contrôle général.

VIII. Page 57, ajoutez à la suite de la note du n° 176 :

M. de Bouville écrit d'Orléans, le 21 novembre suivant : « Vous savez que je ne suis parti de Versailles qu'avant-hier, et je reçois une lettre de M. de Dénonville par laquelle il me mande que vous êtes ministre d'État. Jugez de la joie qu'elle m'a donnée; mais faites réflexion à ce que j'eus l'honneur de vous dire dimanche qu'une personne m'avoit dit le matin : elle savoit apparemment la chose, et elle, ne voulant pas la dire, n'étoit pas fâchée que vous vous en doutassiez, étant persuadée que je ne manquerois pas de vous rendre compte de la conversation. Si vous la voyez, et que vous lui parliez de la rivière d'Eure, je vous supplie de lui marquer que vous êtes content de ce que j'ai fait sur cela; car, quoiqu'elle me marque bien de la bonté, une approbation comme la vôtre l'augmentera sans doute, et, dans l'occasion, elle pourroit peut-être en dire quelque chose au Roi..... Les blés sont diminués de prix en ce pays-ci, les deux derniers marchés. »

M. de Valincour écrit également au contrôleur général, pour le féliciter, le 22 novembre (G⁷ 568) : « Je crois que c'est au Roi et à l'État qu'il faudroit faire compliment sur votre nouvelle dignité. Elle sera assurément utile à l'un et à l'autre; mais, pour vous, elle ne servira qu'à vous faire voir de plus près combien celle de contrôleur général est dure et pénible dans un temps comme celui-ci. Cependant, comme l'usage est de vous en faire les compliments à vous-même, permettez-moi, s'il vous plaît, d'avoir l'honneur de vous assurer que j'en ai plus de joie dans le fonds de mon cœur que toutes les duchesses de la cour n'en mettront dans leurs paroles, sans même en excepter Mme la princesse d'Harcourt. J'aurois eu l'honneur de vous en aller assurer à la Marche, suivant la permission que vous m'en avez donnée; mais on m'assure qu'on n'y est plus reçu sans passeport et que vous avez mis des gardes sur les chemins depuis qu'ils sont infestés par M. de Gap..... »

M. l'évêque de Fréjus écrit aussi, le 1er décembre (G⁷ 542) : « Je me flatte que mes sentiments vous sont assez connus pour ne pas douter de la joie que j'ai de tous vos avantages. Vous êtes ministre plus tôt qu'aucun de vos prédécesseurs, et c'est une distinction qui doit vous faire plaisir; mais, de la manière que vous pensez, je suis très persuadé que la nouvelle de la paix vous en feroit infiniment plus. Vous êtes toujours dans les inquiétudes sur Messieurs vos enfants, et je vous assure que je les partage avec vous bien véritablement. Je compte de partir à la fin de cette année pour Paris, et je me fais par avance un sensible plaisir d'avoir l'honneur de vous voir..... »

IX. Page 58, ajoutez à la suite de la note du n° 178 :

Voir encore, sur les moyens de subsistance fournis à l'Agenais, les lettres du contrôleur général à M. de la Bourdonnaye, 10 octobre, et à M. l'évêque d'Agen, 16 septembre et 15 octobre, et les lettres de M. le Gendre, intendant à Montauban, 19 septembre et 28 novembre 1708.

X. Page 62, n° 193, ajoutez à la note :

Voir encore les lettres du principal Bardin, 11 juin et 3 août 1709; il se plaint que ni lui ni les professeurs de son collège n'ont été payés de leurs gages depuis plus d'un an.

XI. Page 65, ajoutez à la suite de la note du n° 200 :

Voir, sur le remplacement de M. de la Cassaigne par M. de Saint-Victor et sur l'administration du régiment de Touraine, les lettres de M. de Saint-Victor, du mois de novembre 1708. — Sur le recrutement de ce régiment, voir les lettres de M. du Croquet, subdélégué à Amiens, 29 août 1710, et de M. de la Coste, 22 janvier 1709; ce dernier demande des sous-lieutenances pour les hommes qui lui amènent des recrues. En apostille : « Bon. »

XII. Page 77, n° 238, ajoutez au commencement de la note :

Voir une lettre du président de Paris de la Brosse, 18 juin 1709.

XIII. Page 96, n° 297, ajoutez au commencement de la note :

M. de Bâville avait écrit, le 1er octobre 1708 : « Vous me faites l'honneur de me demander quelque affaire où on puisse trouver le fonds pour indemniser les patrons dont les barques destinées pour Peniscola ont été prises. Il y en a une dont le sieur Bonnier, qui est à Paris, m'a parlé, pour créer des offices [de] départeurs des tailles, qui me sembleroit assez bonne, tant pour faire ce fonds que pour payer pendant un temps considérable les troupes de cette province, et il me paroît que ce traité sera racheté par les États, ou qu'il pourra être exécuté, si l'assemblée n'en demande pas le rachat..... »

XIV. Page 99, ajoutez à la suite de la note du n° 304 :

Voir encore trois lettres du maréchal de Villeroy, 20 février, 5 mars et 3 avril.

XV. Page 126, n° 368, ajoutez au commencement de la note :

Le 17 septembre 1711, il demande, en raison des grandes réparations que le pont exige, à continuer de jouir de l'exemption du doublement des droits.

XVI. Page 143, ajoutez à la note du n° 395 :

M. de Richebourg écrit, le 31 janvier 1710, que l'arrêt de prohibition du 27 août 1709 s'exécute rigoureusement, et que, grâce aux démarches du duc de Luxembourg auprès des dames de condition, l'usage des toiles et étoffes peintes a cessé, au moins en public, pour le plus grand profit des toiles de Rouen. — Voir aussi une lettre de M. d'Argenson, lieutenant général de police à Paris, 16 janvier 1710, sur des saisies faites à Provins et à Troyes, à la suite de dénonciations.

XVII. Page 226, après le n° 583, placez la lettre suivante :

Le sieur Jacquin
à M. Clautrier, premier commis.

(Correspondance du premier commis, G[7] 833.)

2 Octobre 1709.

« La dernière fois que j'eus l'honneur de vous voir, vous me témoignâtes tant d'estime pour mes conférences de l'ordonnance des aides, et tant de désir et empressement de voir le dépouillement du tarif de 1664, que, depuis mon retour, j'y ai tellement travaillé que j'espère le finir devant la fin du mois courant. Je m'étois flatté qu'à votre dernier voyage à Paris vous me feriez l'honneur de venir voir cet ouvrage, ainsi que vous me le fîtes espérer; ce sera quand vos affaires vous le permettront. Je vous supplie me mander si vous avez eu la bonté de donner et de parler du mémoire que je vous mis entre les mains, à Mgr le Contrôleur général, au sujet de la conférence que je désirerois de faire de l'ordonnance des aides de Normandie, et son sentiment s'il y a lieu qu'il m'accorde la commission de Rouen marquée dans mon mémoire, pour laquelle il me fit l'honneur de me dire qu'il en parleroit à MM. les fermiers généraux, ajoutant que cette conférence lui feroit plaisir. Et comme je crois que MM. les fermiers généraux auront l'honneur d'aller samedi travailler avec Mgr le Contrôleur général, je vous supplie avoir la bonté de lui dire un mot en ma faveur, pour l'en faire ressouvenir. Je mets tous mes intérêts entre vos mains, étant tout dévoué et soumis à la volonté de Mgr le Contrôleur général, qui, m'ayant honoré de sa protection pendant dix ans dans les premiers emplois que j'ai eus dans ma jeunesse, aura bien la bonté de me l'accorder sur mes vieux ans*. »

* Le même lui écrit encore, le 17 janvier suivant (G[7] 834) : « Je prends la liberté de vous adresser l'incluse suivant la permission que vous m'en avez accordée. Vous verrez que, suivant votre conseil, je fais ressouvenir Mgr Desmaretz de la promesse qu'il me fit, le 9 du passé, au sujet de l'examen de mon ouvrage sur les cinq grosses fermes, et lui envoie copie du placet que j'eus pour lors l'honneur de lui présenter, vous suppliant, lorsque vous en ferez le rapport, de tâcher d'en obtenir la décision..... Comme MM. les fermiers généraux travailleront demain avec Monseigneur, il pourroit en nommer un pour examiner mon ouvrage. »

XVIII. Page 229, après le n° 590, placez la lettre suivante :

Le sieur Anisson, député du commerce,
à M. Clautrier, premier commis.

(Correspondance du premier commis, G[7] 833.)

8 Octobre 1709.

« Je vous rends mille grâces, Monsieur, de votre politesse et de la ponctualité avec laquelle vous avez eu la bonté de m'envoyer la copie de la lettre que j'avois écrite à Monseigneur sur la matière du tarif de 1664, dont les Hollandois demandent l'exécution, et par conséquent la révocation de tous les arrêts postérieurs qui ont augmenté les droits d'entrée portés par ce tarif. Il me paroît, par la réponse dont Monseigneur m'a honoré, et par celle que vous avez eu la bonté de me faire, qu'on ne m'a point entendu. Cela étant, il faut que ce soit ma très grande faute : je vais donc tâcher de me mieux expliquer, si je le puis. Voici la proposition que je prétends discuter.

« M. Mesnager croit que, si on accorde aux Hollandois l'exécution du tarif de 1664 en entier, cela fera grand tort à notre commerce par la raison que, dans ce tarif, le produit des pêches des Hollandois, comme les harengs et les morues, ne payent pas plus de droits d'entrée que le produit de nos propres pêches. Il en est de même pour les sucres qui viennent de nos colonies, lesquels ne payent pas plus de droits, par le même tarif, que les sucres qui viennent de la part de tous les étrangers. Or, par les arrêts postérieurs (pour empêcher que les Hollandois n'introduisissent dans le royaume leurs pêches et leurs sucres avec parité de ceux de nos sujets), on a augmenté les droits d'entrée sur les pêches et sur les sucres des étrangers, et c'est cette augmentation que les Hollandois veulent détruire en demandant aujourd'hui de nous réduire à l'exécution du tarif de 1664.

« M. Mesnager entend qu'on ne doit accorder cette demande aux Hollandois qu'en exceptant huit ou dix espèces de marchandises, sur lesquelles on laissera subsister l'augmentation des droits portée par les arrêts postérieurs. Et moi, qui crains que cette résistance de notre part pour soutenir les exceptions de M. Mesnager au tarif de 1664 n'empêche la conclusion de la paix, je soutiens qu'on peut accorder aux Hollandois le tarif de 1664 sans craindre que cette concession fasse tort à notre commerce, et je propose contre cela le remède suivant. Après qu'on aura accordé aux Hollandois l'exécution du tarif de 1664 (chose à laquelle ils s'acharneront bien plus fortement dans le traité de paix, qu'à obtenir une ville ou deux de plus pour la Barrière), il faudra diminuer sur les pêches des sujets du Roi et sur les sucres qui viennent de nos colonies les droits d'entrée du tarif de 1664, en sorte que les sujets payent moins pour ces deux choses que ne feront les étrangers. M. Mesnager objecte à cela que les Hollandois demanderont de jouir de cette même diminution de droits qu'on aura faite aux sujets, et cela en vertu de la clause ordinaire insérée dans tous les traités faits entre le Roi et eux, qu'on les traitera comme les propres sujets. A quoi je réplique que cette clause se doit entendre par rapport aux marchandises que les sujets du Roi reçoivent de l'étranger; mais elle ne peut point s'étendre sur l'industrie des propres sujets, comme nos pêcheurs, ni sur les marchandises qui viennent des terres de l'obéissance du Roi, comme sont celles de nos colonies.

«Je prétends donc faire voir que les Hollandois ne sauroient raisonnablement demander, à l'occasion de la diminution de droits que je propose, l'exécution de la clause générale portée par les traités de paix faits avec eux, qu'on les traitera comme les sujets. Or, il me paroît que je ne me suis point fait entendre à Monseigneur, puisqu'il me répond que je pense travailler au mémoire sur les exceptions qu'on peut faire en faveur des sujets du Roi à l'exécution du tarif de 1664. Je conçois, par là, qu'il désire que je lui fournisse des moyens pour nous défendre contre la demande des Hollandois, et ce n'est pas là ce que j'ai prétendu de discuter.

«Quant à vous, vous me mandez qu'il paroît que Monseigneur demande d'être éclairci des articles qui pourroient faire la matière d'une exception en faveur de notre nation dans le tarif de 1664.

«Vous voilà donc à peu près du même avis que Monseigneur, c'est-à-dire que vous avez pris ma lettre dans le même sens que lui, et ce n'est pas, avec le respect que je dois à Monseigneur, et avec la déférence que j'ai pour vous, ce que j'ai eu envie de discuter.

«Je prétends seulement faire voir que les Hollandois ne sauroient demander de jouir de la diminution que le Roi voudra faire à ses sujets au-dessous du tarif de 1664, pour nos pêches et nos sucres, nonobstant la clause insérée dans les traités faits avec eux, qu'on les traitera comme les sujets.

«Faites-moi la grâce de me dire si vous m'entendez mieux, pour le coup, que je ne me suis fait entendre par la lettre que j'ai écrite à Monseigneur, car inutilement ferois-je un mémoire sur une proposition qui ne seroit pas entendue. Obligez-moi donc, à la franquette, de me redresser et de me dire en quoi je ne suis pas intelligible; car, comme je suis plein de cette matière, je pourrois facilement m'équivoquer. Je vous demande mille pardons de l'embarras que je vous donne, et d'un temps précieux que je vous dérobe; mais, outre que vous avez des bontés pour moi, la matière me paroît si importante, qu'elle vaut bien le temps que nous y mettons.»

XIX. Page 230, n° 592, ajoutez à la note :

Voyez, sur la fâcheuse situation des Invalides, les lettres de M. de Monthiers, 8 juin et 9 juillet 1709.

XX. Page 252, n° 658, ajoutez à la note :

Sur la noblesse du Parlement de Tournay, voyez la lettre du premier président de Pollinchove, écrite de Cambray le 26 janvier 1713.

XXI. Page 275, n° 715, ajoutez à la note :

M. Boisot avait déjà fait la même demande et présenté les mêmes explications dans sa lettre du 26 décembre précédent (Chambre des comptes de Dôle, G[7] 1763). En apostille, de la main du contrôleur général : «Refusé. Leur dire que, si, dans six mois, ils ne vendent la charge, le Roi commettra à l'exercice.»

XXII. Page 296, après le n° 788, placez cette lettre :

M. d'Augen, major de la gendarmerie,
au Contrôleur général.

(Intendance de Flandre.)

7, 13 et 27 Juin 1710.

Il expose le pitoyable état de la gendarmerie.

« Depuis huit jours seulement, le corps est affoibli de plus de quatre-vingts gendarmes qui sont tombés malades, la plupart de la dysenterie causée par la mauvaise nourriture qu'ils ont eue; . . . . de la seule journée d'hier, il y en a vingt hors de service, et ce qui vous étonnera, c'est qu'il y a des brigades où il n'en reste pas davantage qui puissent monter à cheval. . . . . Je ne suis pas plus indulgent qu'un autre, et ne m'attendris sur les besoins du gendarme qu'autant que de raison; mais, quand je considère qu'après avoir . . . . . vécu depuis six ou sept mois dans une extrême indigence, il se trouve aujourd'hui réduit au point de n'avoir pas une chemise, non pas même de quoi la faire blanchir, je ne puis m'empêcher de le plaindre, au moins en secret. . . . . Il n'a pas de quoi acheter du sel pour mettre au pot, ni un sol pour boire de fois à autre ou un verre de bière ou une goutte d'eau-de-vie. Après cela, serez-vous étonné si, ne buvant que de méchante eau, la plupart du temps croupie, si, n'ayant à proprement parler qu'un quarteron de viande (car vous jugez bien, à la manière dont elle se distribue, que la prétendue demi-livre se réduit à cela), serez-vous étonné, dis-je, s'ils tombent tous malades? Vous ne croiriez peut-être pas, et rien n'est pourtant si vrai que, le vendredi, où on ne leur en donne point du tout, il faut qu'ils se passent au seul pain de munition. Souvenez-vous [que] le gendarme ne va ni à la maraude, ni à la picorée, plus malheureux en cela que le cavalier et le fantassin. . . . . Depuis le mois de novembre, tout est dû au gendarme, jusque-là. . . . . que j'ai été obligé, moitié par autorité, moitié par persuasion, de prendre le peu d'argent qu'avoient nos maréchaux de logis pour acheter au gendarme des marmites, cordes de fourrages, haches, serpes, sacs, havresacs, sans quoi il n'auroit pu camper*. . . . .»

* Le contrôleur général lui écrit le 23 et annonce un envoi de 30,000#.

XXIII. Page 314, n° 853, ajoutez à la note :

Voir encore deux mémoires de Clérion, 8 février 1709 et année 1709 (s. d.).

XXIV. Page 323, ajoutez à la note du n° 870 :

Voir, sur le jugement du procès de Clapeyron, une lettre de M. Lebret, intendant en Provence, 21 février 1712.

XXV. Page 380, après le n° 1076, placez cette lettre :

M. de Barrillon, intendant en Béarn,
au Contrôleur général.

23 Juin 1711.

Les députés de la noblesse aux États de Béarn désavouent un mémoire anonyme envoyé au contrôleur général sur les rapports de la noblesse avec le tiers-état pendant les sessions. Il est vrai que quelques dissensions se sont élevées au sujet des tailluquets; mais tout espoir d'accommodement n'est pas perdu. On aurait avantage aussi à rembourser les maires et lieutenants de maires; mais il est faux d'ajouter que, depuis la création de ces maires, le tiers état soit devenu plus insolent et refuse les abonnements; c'est le contraire qui est vrai.

XXVI. Page 409, n° 1164, ajoutez à la note :

Voir le placet de l'avocat le Noir, 28 novembre 1711.

XXVII. Page 451, n° 1311, ajoutez à la note :

Voir encore, sur l'évacuation de Dunkerque, la bataille de Denain, etc., les lettres du sieur Boutillier, 26, 28 et 29 juillet, 6, 9, 10 et 13 août 1712.

XXVIII. Page 479, après le n° 1420, placez cette lettre :

Le sieur le Lorier de Forteval,
lieutenant du prévôt général de Normandie,
au Contrôleur général.

Intendance de Caen (G[7] 218).

15 Mars 1713.

Au cours de l'instruction suivie contre sept faux-monnayeurs devant le siège de Bayeux, après avoir fait juger sa compétence au présidial de Caen, il a reconnu que quelques-uns des accusés étaient réclamés par des personnes de considération, et même par des officiers du siège, qui prétendent empêcher la condamnation. De plus, le concierge des prisons de Bayeux a déclaré, par acte signifié au greffe, qu'il ne se chargeait point de la garde des prisonniers : ce qui a obligé d'ordonner leur transfert dans les prisons du présidial de Caen et leur jugement par ce tribunal. Mais une partie des officiers du présidial nouveau ont refusé de reprendre une instruction commencée à Bayeux, à moins qu'elle ne leur fût déférée par un arrêt d'attribution, ou que M. le Chancelier ne les y autorisât. M. le Chancelier ayant répondu que les crimes de fausse monnaie regardaient uniquement la finance, et que, par conséquent, le contrôleur général pouvait seul prendre les ordres du Roi, il demande l'autorisation de faire procéder au jugement prévotal devant le présidial de Caen, sous la présidence de l'intendant, puisque cette ville est le siège de la Monnaie, que les accusés y sont transférés, et que le procès est déjà distribué à un des conseillers*.

* M. Nouët, avocat des finances, expose, le 4 avril, au contrôleur général, que, suivant la règle, les prévôts des maréchaux doivent faire juger leur compétence par le présidial le plus proche du lieu où s'est faite la capture, de même que les procès criminels vont au siège présidial ou royal le plus proche du lieu où le délit a été commis, sauf le cas où il est à craindre que les prisonniers ne soient enlevés en route. Dans le cas présent, le sieur de Forteval eût pu, la compétence une fois jugée à Caen, y procéder à l'instruction et au jugement; mais, ayant fait, une première fois, reconduire les prisonniers à Bayeux, et l'instruction étant commencée dans cette ville, il ne pouvait transférer l'affaire à Caen. « S'il y avoit des officiers du siège de Bayeux qui se fussent rendus suspects, ils pourroient être récusés, sans dépouiller le siège qui étoit saisi et avoit connu. Il seroit même d'une dangereuse conséquence de permettre pareille procédure à ces officiers, et, loin que l'acte signifié au greffe le 26 décembre puisse autoriser cette procédure, c'est, au contraire, ce qui peut la rendre plus suspecte, parce qu'il est difficile de présumer qu'il n'y ait pas de prisons sûres dans une ville comme Bayeux. En cet état, le Grand Conseil étant le juge des procédures faites par les prévôts des maréchaux, je croirois que, pour éviter la cassation, même peut-être une prise à partie, la voie la plus simple seroit que cet officier se pourvût par requête au Grand Conseil, expositive des faits contenus en sa lettre, et y obtînt arrêt par lequel, en confirmant sa procédure, il seroit ordonné, avec M. le procureur général, que le procès seroit jugé au présidial de Caen; et cela me paroîtroit plus régulier que de lui faire expédier un arrêt du Conseil portant attribution au présidial de Caen. »

XXIX. Page 530, après le n° 1608, placez cette lettre :

M. le duc DE GRAMONT, vice-roi de Navarre et Béarn,
AU CONTRÔLEUR GÉNÉRAL.

30 Mars, 23 Avril, 3 et 22 Décembre 1714.

Il réclame, dans une saisie faite au havre de Bayonne, la part qui lui revient comme propriétaire par hérédité de la coutume de cette ville, sur les toiles peintes et toiles de coton qui faisaient partie du chargement saisi, quoique M. de Courson ait prononcé le confiscation intégrale au profit des fermes générales.

XXX. Page 544, n° 1675, ajoutez à la note :

En Bretagne, la comtesse de Goësbriand obtint une suspension de poursuites pour tout ce qu'elle pouvait devoir des impositions générales de la province; mais cette surséance n'était que temporaire, et l'intendant reçut ordre de la laisser poursuivre, si elle ne se mettait en état de payer. (Lettre de M. de Montaran, trésorier général des États, 31 octobre 1714, avec apostille du contrôleur général.)

XXXI. Page 586, après le n° 1223, placez cette lettre :

Le sieur JOHN LAW
AU CONTRÔLEUR GÉNÉRAL.
(Lettres communes, G⁷ 597.)

9 Mai 1715.

« Dans l'audience que Votre Grandeur eut la bonté de me donner lundi, elle m'a paru être d'opinion de mettre les rentes des billets de la Caisse des emprunts à 4 p. o/o, et de faire les remboursements par voie de loterie. Je souhaite avoir l'honneur de parler à Votre Grandeur avant qu'elle ait pris sa résolution là-dessus.

«Si une telle ou une plus forte réduction est nécessaire pour le bien de l'État, ou pour l'arrangement des affaires du Roi, j'aurai plus de satisfaction à réduire ma dépense que de jouir de ce que ma rente présente me fournit. Mais je crains que l'épargne [que S. M.] pourroit faire par cette réduction ne soit balancée par le mauvais effet qu'elle produira dans le commerce. Si la même fin peut être obtenue par les moyens que je proposerai, le crédit et la confiance soutenus, il me paroît qu'elle doit être plus agréable au Roi que de venir à cette extrémité, qu'il fera plus pour l'intérêt du sujet et donnera une meilleure opinion des affaires de la France aux pays étrangers.

«Excusez la liberté avec laquelle mon zèle m'engage à écrire. Samedi, à l'heure que Votre Grandeur m'a marquée, j'aurai l'honneur de lui porter un mémoire sur ce que j'ai à offrir pour remédier aux désordres où se trouvent les effets royaux. J'espère qu'elle agréera et protégera l'affaire que j'ai en vue d'établir*.»

* Voir deux autres lettres des 2 et 10 juillet suivant (G⁷ 598).

LETTRES DU CONTRÔLEUR GÉNÉRAL AUX INTENDANTS,

TIRÉES DES REGISTRES DE LA CORRESPONDANCE DE MM. LEBRET.

(Bibliothèque nationale, mss français 8894, 8896 et 8899.)

LE CONTRÔLEUR GÉNÉRAL
aux Intendants.

5 Août 1710.

«Je vous envoie le brevet de la taille pour l'année prochaine 1711, à l'occasion de laquelle le Roi m'ordonne de vous écrire les observations suivantes :

«1° Que S. M. ne fera aucune diminution que sur la connoissance certaine que vous donnerez de l'état présent de votre département, et sur le plan que vous m'enverrez pour la distribuer par élection à celles qui en auront le plus besoin, tant par rapport aux pertes qu'elles ont souffertes, que pour mettre les contribuables en état de payer ce qu'ils doivent de leurs cotes et impositions des années précédentes et de la courante.

«Vous savez que la stérilité de l'année 1709 a dérangé toutes les impositions ordinaires de la taille, ustensile, capitation, fourrages, milice, fermes générales et particulières, affaires et impositions extraordinaires; qu'elle a aussi causé bien de la mortalité, l'abandon de plusieurs domaines et terres qui sont demeurés incultes, retardé la nomination des collecteurs, la confection des rôles, dont il en reste peut-être encore à faire de cette même année et de la présente par de faux bruits que des gens mal intentionnés ont répandus que le Roi remettroit les impositions, et la crainte que les collecteurs avoient de ne pouvoir en faire le recouvrement : ce qui a donné lieu de rendre plusieurs déclarations et arrêts qui dérogent en quelque manière aux règlements généraux.

«Pour prévenir de tels inconvénients et y apporter le remède convenable, S. M. veut qu'avant le département prochain, et pendant la présente récolte, vous fassiez une tournée dans votre généralité, et que, dans les principales villes de chaque élection et autres où vous le croirez nécessaire, vous y mandiez vos subdélégués, les officiers des élections et greniers à sel, les receveurs des tailles et commis des fermes, les commis des traitants des affaires extraordinaires, ceux de la régie, et les contrôleurs et les directeurs des entrepreneurs des étapes et fourrages.

«Vous ferez une récapitulation générale de tout ce qui se paye au Roi, dans votre département, des fermes, impositions ordinaires et extraordinaires, et affaires extraordinaires. Vous tâcherez d'en avoir le montant par année, depuis 1700, pour en connoître l'augmentation ou diminution et ce qui reste dû pour chacune de ces dix années. Vous ordonnerez aux receveurs des tailles de vous donner des états certifiés d'eux, contenant les restes qui leur sont dus par paroisse et par année, à commencer de l'année 1702 jusques et y compris l'année 1709, et ce qu'ils doivent encore à la recette générale sur chaque nature d'imposition et dans chacune année; ils marqueront les raisons pour quoi ces recouvrements n'ont pu se faire jusqu'à présent, et les moyens les plus convenables pour qu'on puisse les achever.

«Ils vous remettront un autre état contenant les impositions de 1710 et ce qui en aura été reçu par eux et payé à la recette générale jusques à la fin de juillet de ladite année 1710. Ils vous donneront enfin des états des frais de toute nature qu'ils auront faits sur chaque paroisse pendant chacune des quatre dernières années, et vous verrez avec eux les moyens pour diminuer, si faire se peut, lesdits frais, ou du moins pour qu'ils n'en fassent que d'utiles et qui puissent en avancer les recouvrements.

«Vous leur ordonnerez aussi de vous préparer de bons projets bien sûrs pour les impositions de l'année prochaine. Vous donnerez le même [ordre], bien précisément, aux officiers des élections.

«Vous vous ferez donner des états certifiés par les commis des traitants du montant de leur recette sur chaque traité, et des payements qu'ils ont faits. Vous demanderez de pareils états aux directeurs de la régie et à leurs contrôleurs. Vous vous ferez donner aussi, par les directeurs des étapes et des fourrages, des états à quoi monte leur consommation des années 1708, 1709 et 1710 par rapport au prix de leurs traités, ce qu'ils ont reçu à compte, et ce qui leur reste dû par chacune année et sur chaque nature d'entreprise.

«Vous marquerez en quoi consiste le commerce en général et en particulier, et vous me proposerez les moyens de le soutenir et de l'augmenter, s'il est possible, d'aider les manufactures où elles sont établies, et de soutenir les foires et marchés. Vous tâcherez par tous moyens de savoir la quantité de blés, grains, foins, vins, bestiaux et autres denrées qui seront dans votre département, et le prix; si vous en aurez suffisamment, et la quantité au-dessus dont vous pourriez aider les autres provinces, si elles en avoient besoin.

«Vous vous ferez donner un état, paroisse par paroisse, de tous les domaines abandonnés et terres incultes. Vous saurez à qui elles appartiennent. Vous vous informerez de la cause, si elle vient d'impuissance ou de mauvaise volonté, pour proposer et y apporter les remèdes convenables, cet article étant de la dernière importance.

«Sur l'état qui vous sera donné, par élections, villes et paroisses, de tout ce qui reste dû des impositions ordinaires et affaires extraordinaires, vous entrerez dans le détail, autant qu'il vous sera possible, pour en connoître la cause.

«Quand vous serez bien instruit de tout ce que dessus, vous m'en informerez, et vous m'enverrez votre avis pour la diminution que vous croyez nécessaire que S. M. accorde sur la taille, par élection, de laquelle vous ferez ensuite la répartition sur les paroisses qui en auront le plus de besoin.

«Vous savez que le recouvrement des impositions dépend de la juste répartition. Vous n'y sauriez donner trop d'attention. Ne la faites point, je vous prie, au sol la livre de l'imposition de l'année dernière, mais accordez les diminutions aux villes et paroisses qui en auront besoin sur les connoissances et mémoires en détail qui vous seront donnés dans la tournée que vous allez faire, et par rapport à l'état présent de chacune desdites villes et paroisses pour ce qu'elles doivent des années précédentes et de la courante, ayant égard d'ailleurs aux domaines abandonnés, aux terres incultes, à la récolte présente, et au nombre et à la force des habitants, à leur commerce, et autres circonstances observées ci-dessus.

«Vous aurez soin d'envoyer de bonne heure, et, au plus tard, dans le commencement de septembre, les ordres nécessaires dans chaque paroisse pour qu'il soit nommé par les habitants, dans les termes accordés par les règlements, de bons et solvables collecteurs, tant pour la taille de l'année prochaine, que pour le sel dans les greniers d'impôts.

«Il est à croire que, lorsque vous aurez remédié aux abus ci-dessus expliqués, les collecteurs se porteront d'eux-mêmes à faire leurs rôles promptement et à les faire vérifier.

«Vous enjoindrez aux élus de ne les point retenir, ni faire changer en faveur de ceux qu'ils protégent.

«Vous devez faire entendre aux propriétaires privilégiés que, si, bien loin de contribuer au recouvrement de la taille courante et de ce qui reste dû des années précédentes, d'aider leurs gens pour les payer, et de rétablir leurs domaines abandonnés, ils usent de mauvais moyens pour en enlever les récoltes et les bestiaux, vous ferez exécuter contre eux, à la rigueur, les dernières déclarations et arrêts qui ont été rendus au sujet, et vous en ferez faire des exemples particuliers, pour mettre les autres en règle.

«Quand vous aurez vu l'état de ce qui reste dû de la capitation des années précédentes et de la courante 1710, et que vous aurez donné les ordres pour les faire payer, je crois que vous devez faire un nouveau plan pour cette imposition en 1711; vous êtes le maître de cette imposition, et c'est par elle que vous pouvez soulager les paroisses et contribuables aux tailles.

«Après avoir imposé les gentilshommes et officiers, on rejette d'ordinaire le surplus du montant de la capitation, au sol la livre, sur tous les contribuables. Il conviendroit mieux d'imposer d'abord les officiers et privilégiés suivant le tarif à la rigueur, sans jamais en rien diminuer, et ensuite arbitrairement, les bons et principaux habitants des villes, bourgs et villages, par rapport à leurs facultés et commerce; et, pour ce qui resteroit encore à imposer, le répartir arbitrairement sur chaque paroisse suivant sa force et son pouvoir, pour y être imposé au marc la livre de la taille sur la partie des habitants qui ne se trouvent point officiers ni privilégiés, ni dans le nombre de ceux qu'on aura taxés personnellement comme de principaux et meilleurs habitants.

«Vous donnerez en même temps attention à l'affranchissement de la capitation, pour faire payer ce qui en reste dû; vous me proposerez les moyens d'y parvenir, et vous tâcherez que cette imposition ne soit point diminuée par les cotes affranchies.

«Vous êtes le maître aussi de l'imposition de l'ustensile: c'est par elle que vous pouvez encore, sur le plan général que vous aurez fait de la situation de toutes vos paroisses, soulager celles qui en auront besoin, sans en faire la distribution au sol la livre, ce qui ne convient point certainement.

«Vous m'enverrez un mémoire particulier de ce qui a été fait dans votre généralité pour les quartiers d'hiver de 1706, 1707, 1708, et ce dernier de 1709.

«Vous observerez de me marquer les régiments qui ont hiverné dans votre généralité, ce qui a été payé à chacun desdits régiments par la province pendant chaque quartier d'hiver, en distinguant ce qu'on a accordé pour chaque place de fourrage, de bien-vivre, de petit ustensile, aux cavaliers, dragons et soldats, et pour le logement de chaque officier, et si cela a été donné en tout ou partie sur le pied complet, ou seulement aux effectifs; comme aussi tout ce qui aura pu être donné en argent ou denrées concernant lesdites troupes, et même les remises accordées à ceux qui ont avancé les deniers desdites dépenses. Il vous sera aisé de former lesdits états sur les comptes rendus ou à rendre devant vous par ceux que vous avez préposés pour recevoir les deniers desdits quartiers d'hiver.

«S'il est resté des troupes pendant les quartiers d'été, vous me marquerez de même ce qu'il en a coûté à la province pour lesdites troupes, en quoi et comment, et vous me ferez un plan de l'arrangement du quartier d'hiver prochain, et de ce qu'il pourra coûter au Roi par rapport aux prix des denrées, qui doivent être beaucoup diminuées.

«Vous devez aussi vous arranger pour la milice. Vous savez qu'elle doit être fournie en hommes, ou l'imposition payée par les garçons sur-le-champ. Elle est militaire, et ne doit point s'imposer à l'ordinaire au sol la livre : il faut en faire un département particulier, qui puisse se lever promptement, pour faire les recrues dans le temps nécessaire.

«Vous me manderez dans quels termes les receveurs des tailles pourront faire le recouvrement de l'ustensile, fourrages et bien-vivre du quartier d'hiver. Vous savez que les receveurs généraux n'ont payé, cette année, cette imposition qu'en quinze mois, le quart en billets de monnoie. Je ne crois pas qu'ils puissent le faire en d'autres termes pour 1711, car il ne faut point que ces impositions militaires et extraordinaires retardent les payements de la taille et capitation, le Roi ayant besoin de tous ces secours en même temps.

«A l'égard des étapes, vous m'enverrez le montant de la consommation dans votre département de toutes les années de la présente guerre, et les prix. Vous ferez un projet par estimation des prix pour l'année 1711, dont il faudroit tâcher d'imposer le montant par extraordinaire.

«Vous me rendrez compte du produit de toutes les fermes du Roi dans votre département depuis 1700, et vous me proposerez les moyens de les soutenir.

«Sur le compte qui vous sera rendu de l'état présent des affaires extraordinaires, vous chercherez, avec les commis des traitants, les moyens de les finir et d'en ôter le nom, s'il est possible, dans votre département, et vous m'enverrez votre avis sur chacune [en] particulier.

«Vous donnerez une grande attention à ce qui reste à payer de la régie; vous devez travailler toutes les semaines un jour, avec les directeurs et contrôleurs de votre département, pour en avancer le recouvrement, et vous pouvez même vous servir d'eux dans l'exécution de ce projet, étant payés par le Roi et gens de confiance.

«J'ai compris dans cette lettre tout ce qui regarde la finance en général, afin que, dans votre travail et votre arrangement, vous ayez attention à ce que toutes ces affaires ne se croisent point, et que le Roi en puisse tirer les secours qu'il attend.»

Le Contrôleur général
à M. Lebret fils, intendant en Provence.

13 Août 1710.

«Je vous envoie des exemplaires d'un arrêt par lequel le Roi défend la fabrique, le débit et l'usage d'aucune étoffe à l'imitation de celles des Indes, pour que vous ayez à le faire afficher et publier. S. M. est persuadée que, dans l'interruption actuelle du commerce extérieur, il est plus nécessaire que dans aucun autre temps de procurer aux ouvriers de son royaume les moyens de fournir à la consommation intérieure et d'empêcher la sortie des espèces d'or et d'argent qui passent à ses ennemis pour la valeur de ces étoffes étrangères. Elle a voulu, par ce nouvel arrêt, ôter tout prétexte et occasion capables d'arrêter l'entière et parfaite exécution de celui du 27 août 1709 : à quoi elle vous exhorte de donner tous vos soins et toute votre attention. Il n'est pas moins important aussi de faire perdre aux nations étrangères qui suivent nos modes le goût des étoffes des Indes qu'elles préféreront, comme plus parfaites, à celles qui seront contrefaites dans le royaume, pendant que nous continuerons à nous servir de ces dernières et que nous voudrons leur en envoyer.»

Le Contrôleur général
à M. Lebret fils, intendant en Provence.

27 Octobre 1710.

«Vous aurez sans doute été déjà informé par le bruit public.... de la résolution que le Roi a prise de donner une nouvelle forme aux affaires de finance et de faire, par l'établissement du dixième des revenus procédant des fonds, un système suivant lequel chacun de ses sujets contribuera à proportion de ses forces aux besoins de l'État. S. M. a cru que ce projet ne pouvoit avoir aucun succès tant que la place se trouveroit chargée de la multitude de différents billets que la né-

IMPRIMERIE NATIONALE.

cessité l'avoit forcée d'introduire, et elle a jugé que rien n'étoit plus essentiel, pour rétablir la circulation, que d'en interdire totalement le cours, sans cependant en supprimer entièrement la valeur, et en leur procurant, au contraire, divers débouchements le moins désavantageux à ceux qui s'en trouvent porteurs que le malheur des temps le peut permettre. Cette matière est suffisamment en mouvement depuis les premiers jours de ce mois, et il y a tout lieu d'espérer qu'on en sentira bientôt l'utilité. Vous verrez, par l'édit que je joins à cette lettre, quelle doit être l'issue de ce qui reste sur la place des billets qui avoient été signés par les trésoriers généraux de l'extraordinaire des guerres pour le service de S. M., en exécution de la déclaration du 4 décembre 1708. Vous n'êtes pas moins informé, dans le pays où vous êtes, que nous le sommes ici, que la plus grande partie de ces billets se trouvent entre les mains de gens qui ont fait des gains immenses par le bas pied sur lequel ils les ont négociés. Les gens de cette espèce qui ont tiré des avantages si considérables de la calamité publique ne se trouveront pas néanmoins dans le cas de payer le dixième de leur revenu, parce que le denier ordinaire des constitutions ne leur a paru qu'un profit médiocre, et qu'ils n'ont osé acquérir d'autres fonds qui auroient trop promptement mis leur fortune en évidence. Ainsi, vous jugez bien qu'ils ne méritent pas grand ménagement dans la distribution des augmentations de gages dont il s'agit. Le point est de découvrir exactement ceux qui se sont enrichis par cette sorte de commerce, et de n'en laisser échapper aucun, s'il est possible. Pour cela, il est absolument nécessaire que vous vous informiez sous main de ceux qui s'en sont mêlés. Ce n'est pas une chose impossible, si vous vous adressez à des personnes de confiance, bien instruites des facultés et des différentes pratiques de ceux avec qui ils sont en liaison...... Je vous prie de travailler secrètement et le plus promptement qu'il vous sera possible sur cette matière, et de m'envoyer vos états aussitôt qu'ils seront dressés, afin que l'on en compose ici des rôles que je ferai arrêter au Conseil, et auxquels je crois qu'il est à propos que vous paroissiez n'avoir aucune part, afin que vous soyez en droit d'en poursuivre l'exécution avec plus de vivacité et moins de ménagement.....»

Le Contrôleur général
à M. Lebret fils, intendant en Provence.

20 Août 1711.

«Je vous ai écrit, le 5 août 1710, la lettre dont copie est ci-jointe, en vous envoyant le brevet de la taille de 1711. Vous m'avez envoyé l'état où étoit pour lors votre généralité, sur lequel le Roi a bien voulu accorder encore une diminution sur les tailles de 1711, presque aussi forte que celle qu'il avoit accordée en 1710 pour réparer le mal que la stérilité de 1709 avoit causé.

«J'ai différé de répondre à vos mémoires pour connoître l'effet de ces diminutions, dont je crois que vous avez fait la répartition avec toute l'attention nécessaire sur les paroisses qui avoient le plus souffert, et que vous les avez encore soulagées sur les impositions de la capitation et militaire, comme je vous l'avois marqué. Mais, aujourd'hui que la récolte de l'année présente paroît assez abondante pour contribuer au rétablissement des provinces, il est nécessaire de se mettre en état d'en profiter pour remettre dans le courant, s'il est possible, les recouvrements et les fermes; et, pour cet effet, il faut reprendre ce travail, si important pour le service de S. M. et le soulagement de ses peuples.

«Pour le mettre dans sa perfection, vous devez revoir les mémoires que vous m'avez envoyés, les réformes sur la situation présente de votre généralité, et le produit de la récolte, et me les envoyer avec votre avis sur l'imposition de la taille et le quartier d'hiver de l'année prochaine 1712.

«Observez, je vous prie, dans vos nouveaux mémoires, de me marquer ce qui reste encore dû de toutes les impositions ordinaires et extraordinaires de l'année courante et des précédentes; et comme ces restes ne peuvent provenir que des cotes perdues par mort, domaines abandonnés, ou autrement, entrez dans ce détail par paroisses, et même par cotes, afin que, sur la connoissance parfaite que vous en aurez, vous me proposiez les moyens les plus convenables, et les moins à charge au Roi et aux peuples, pour les faire payer.

«Donnez attention que tous les rôles de l'année courante soient faits, et, s'il y avoit quelques collecteurs qui n'y eussent pas satisfait, servez-vous de votre autorité pour les y obliger, cela étant d'un pernicieux exemple.

«Je vous ai demandé l'état de toutes les impositions ordinaires, extraordinaires et militaires depuis l'année 1700; je vous prie de me l'envoyer fort exact, et d'y comprendre particulièrement, dans les années 1710 et 1711, les impositions extraordinaires de la milice en hommes et en argent, et, pour leur subsistance, du petit ustensile ou bien-vivre, des fourrages de votre province, réimposition des fourrages de Dauphiné, pour les gardes des rivières, pour les ponts et chaussées, réparations de chemins, turcies et levées, impositions et voitures de grains, réimpositions pour abonnement de traités et affaires extraordinaires, octrois des villes, et généralement toutes autres impositions; depuis quel temps elles ont commencé, et quand elles doivent finir.

«Plusieurs receveurs généraux se plaignent de ce que les rôles de la capitation ne sont pas faits assez tôt pour porter le fonds au Trésor royal dans les termes qu'ils y sont obligés. Je vous prie de me mander en quel temps vous les remettez aux receveurs des tailles, et de m'envoyer un bordereau des sommes que vous avez imposées pour l'année 1711, afin que je puisse fixer certainement la partie qui en doit revenir au Trésor royal, déduction faite des doubles emplois, non-valeurs, modérations, remises et frais, et des affranchissements, dont vous m'enverrez aussi l'état de ceux qui ont payé et de ce qui en reste dû.

«L'on prétend qu'il est dû des sommes considérables de cette imposition, et particulièrement par la noblesse, qui en doit plusieurs années. Envoyez-moi un état séparé et en détail de ces restes, et marquez-moi ceux des gentilshommes qui ne payent point par impuissance ou par mauvaise volonté, afin d'y apporter le remède convenable.

«Je vous prie aussi de m'envoyer l'état de la consommation des étapes faite jusqu'à ce jour de l'année courante, et le montant de celle de chacune des années précédentes pendant la présente guerre, et de vous informer si les entrepreneurs généraux desdites étapes et les sous-étapiers ont payé exactement toutes les denrées qu'ils ont achetées dans la généralité. Il faut espérer que la récolte de l'année présente fera diminuer le prix de la ration pour l'année prochaine.

«Vous savez de quelle importance il est d'arrêter incessamment tous les rôles du dixième, de les remettre aux receveurs des tailles sur leur reconnoissance, et de retirer leurs soumissions pour les payer en douze mois au receveur général, suivant le modèle que je vous ai envoyé: après quoi vous devez travailler, pendant le département prochain, à la vérification de toutes les déclarations en exécution des arrêts qui ont été rendus, pour tâcher de porter le produit du dixième à sa juste valeur. Comme l'établissement de cette imposition ne fait que commencer, il est nécessaire d'en suivre le recouvrement journellement. C'est pourquoi vous ferez tenir par les receveurs des tailles, ainsi que je vous l'ai mandé, des registres, de vous paraphés, de cette recette, sur lesquels ils vous remettront, tous les quinze jours, des états, certifiés d'eux, de leur recette et des payements qu'ils feront à la recette générale, lesquels vous m'enverrez.

«Vous voyez que tous les receveurs des tailles sont présentement chargés de toutes les impositions de la taille, capitation, dixième des biens-fonds et de l'industrie, de l'ustensile, fourrages, milice, et autres impositions militaires et extraordinaires; qu'il leur est dû des sommes considérables des restes de l'année courante et des précédentes; et, comme le Roi n'a que ces fonds pour soutenir la guerre présente, vous devez comprendre de quelle importance il est de donner toute votre attention à l'imposition, et à trouver les expédients convenables pour les faire payer. Je vous ai déjà proposé de ne point faire les impositions extraordinaires au sol la livre, comme le plus sûr moyen de vous mettre en état de soulager les paroisses qui doivent des restes considérables, qui ont des cotes perdues, et où il y a des domaines abandonnés. Entrez, je vous prie, dans ce détail et dans les expédients, avec les receveurs des tailles, et donnez-leur toute la protection dont ils auront besoin, en leur faisant entendre que c'est pour les mettre en état, et à condition de payer aux receveurs généraux dans les mêmes termes qu'ils y sont obligés au Trésor royal.

«Après ces observations particulières, je vous prie d'exécuter tout ce qui est contenu dans ma lettre du 5 août 1710 sur les fermes. Vous devez entrer dans le détail du produit des aides et cinq grosses fermes, qui doit être considérable cette année, et des restes qui sont dus pour le sel, tant dans les greniers d'impôts que des ventes volontaires, qu'il faut tâcher de faire payer, pour les mettre dans le courant comme ceux de la taille et autres impositions.

«Le commerce ne mérite pas moins d'attention. Vous savez que c'est par le seul produit de la terre et de l'industrie que l'on peut tirer tous les secours dont on a besoin. Informez-vous donc très exactement du produit de la récolte de l'année présente, des prix des denrées et du débit qui s'en peut faire, du nombre des bestiaux dont on craint la diminution, des manufactures, et de ce qu'il conviendroit faire pour les soutenir et les augmenter, s'il est possible.

«Je vous répète, comme je vous ai marqué par ma lettre du 5 août 1710, que vous devez, dans votre travail et votre arrangement, observer que ces affaires ne se croisent point, et que le Roi en puisse tirer le secours dont il a besoin. S. M. en comprend si fort la conséquence, qu'elle m'a ordonné de lui rendre compte de votre travail journellement.....»

Le Contrôleur général à M. Lebret fils, intendant en Provence.

19 Mars 1713.

«Plusieurs étrangers imposés à la capitation ayant demandé d'être déchargés de leurs taxes, j'ai examiné soigneusement ce qui s'étoit pratiqué à leur égard, tant dans le recouvrement fait en exécution de la déclaration de 1695, que dans celui qui se continue actuellement en exécution de la déclaration de 1701, et j'ai remarqué qu'il n'avoit été établi sur cela aucune jurisprudence certaine, et que toutes les décisions qui ont été données dans les cas particuliers qui se sont présentés ont eu chacune leur application particulière: en sorte que, bien loin de donner en général aucun éclaircissement sur cette matière, elles m'ont engagé au contraire à examiner de nouveau les motifs qui y ont donné lieu. C'est ce qui m'a obligé de rendre compte au Roi en détail de tout ce qui s'est passé à cet égard depuis le premier établissement de la capitation dans le royaume jusques à présent; et S. M., pour prévenir tous les incidents qui pourroient retarder le recouvrement, a jugé que tous les étrangers qui ont un domicile actuel et ordinaire dans le royaume devoient être assujettis à la capitation, que ceux qui y possèdent des terres et biens-fonds devoient, à plus forte raison, y être imposés, lorsqu'ils y font une résidence actuelle au moins de six mois, et qu'à l'égard des Suisses et Genevois, dont les priviléges sont beaucoup plus étendus que ceux qui ont été accordés aux autres nations, ils devoient être exempts de cette imposition en quelque lieu du royaume qu'ils soient établis, à la réserve néanmoins de ceux qui sont pourvus d'offices, qui doivent payer la capitation par rapport aux charges qu'ils exercent.....»

TABLE ANALYTIQUE.

Les chiffres arabes renvoient aux numéros des pièces; suivis de l'italique *n*, ils se rapportent aux notes. L'indication App., suivie d'un chiffre arabe, renvoie à la page de l'Appendice; l'indication Add., suivie d'un numéro en chiffres romains ou d'un chiffre de page, à l'une des pièces insérées en addition (p. 689-699) après l'Appendice, et l'indication (*e*) à l'Errata. L'astérisque (*) indique les personnages qui figurent déjà dans les tomes I et II.

A

IMPRIMERIE NATIONALE.

B

C

D

E

F

G

H

I

IMPRIMERIE NATIONALE.

J

K

L

M

N

IMPRIMERIE NATIONALE.

O

P

IMPRIMERIE NATIONALE.

Q

R

S

IMPRIMERIE NATIONALE.

T

U

V

W

X

Y

Z

CORRECTIONS.

ERRATA DE LA CORRESPONDANCE.

N° 50, ajoutez en note la pièce II des Additions, page 689.

N° 55 *n*, ligne 3 en remontant, au lieu de *Bergeron*, lisez : *Bergerou*.

N° 68, ajoutez à la suite de la note la pièce IV des Additions, page 690.

N° 96, intercalez en tête de la note la pièce V des Additions, page 690.

N° 110, ligne 1re du 4e alinéa de la note, au lieu de *Vanrobais*, lisez : *Van Robais*.

N° 119, ajoutez à la suite de la note la pièce VI des Additions, page 690.

N° 132, date, au lieu de *1780*, lisez : *1708*.

N° 153, deuxième alinéa de la note. La lettre de Boisguilbert est du 16 septembre, et non novembre. Voir à l'Appendice, p. 658, le texte donné une seconde fois, d'après la copie des bureaux du Contrôle général.

N° 176, ajoutez à la suite de la note les pièces du n° VIII des Additions, p. 691.

N° 178, ligne 1re du 4e alinéa de la note, au lieu de *de Rosel*, lisez : *du Rozel*.

N° 178, ajoutez à la suite de la note les pièces du n° IX des Additions, page 691.

N° 193, ajoutez à la suite de la note les pièces du n° X des Additions, page 691.

N° 200, ajoutez à la suite de la note les pièces du n° XI des Additions, page 691.

N° 236, ligne 2, au lieu de *prince*, lisez : *duc*.

N° 238, intercalez en tête de la note la pièce du n° XII des Additions, page 691.

N° 265, ligne 13 de la colonne de droite, au lieu de *Piles*, lisez : *Pilles*.

N° 277, 4e alinéa de la note. La lettre du sieur Rochon a été, par erreur, reproduite une seconde fois à l'Appendice, p. 638, où elle est suivie de la copie du traité conclu par Pélissier et ses associés avec Jaquetti.

N° 282, ligne 3 de la note, au lieu de *Lallemand*, lisez : *Lallemant*.

N° 297, ajoutez à la suite de la note la pièce XIII des Additions, p. 691.

N° 304, ajoutez à la suite de la note les pièces du n° XIV des Additions, p. 691.

N° 314, ligne dernière de la note. La lettre de M. de Bouville est du 3 mars.

N° 346, ligne 1re du 11e alinéa de la note, au lieu de *lieutenant de Roi à Limoges*, lisez : *lieutenant général en Limousin*.

N° 354, date, au lieu de *Fresne*, lisez : *Fresnes*.

N° 368, intercalez en tête de la note la pièce XV des Additions, p. 691.

N° 395, ajoutez à la suite de la note les pièces du n° XVI des Additions, page 692.

N° 406, ligne 1 de la note 2, au lieu de *M. Vaubourg*, lisez : *M. de Vanbourg*.

N° 445, ligne 8, au lieu de *Duplan*, lisez : *du Plan*.

N° 540, ligne 5 en remontant de la note, au lieu de *Lefranc*, lisez *le Franc*.

N° 547, ligne 4 en remontant de la note, au lieu de *Demouchy*, lisez : *Demonchy*.

N° 591, ligne 16 en remontant de la note, au lieu de *Turgot de Saint-Clair*, lisez : *Turgot*.

N° 591, ligne dernière de la note, au lieu de *Turgot*, lisez : *Chauvelin*.

N° 592, ajoutez à la suite de la note la pièce XIX des Additions, page 693.

N° 599, ligne 8, au lieu de *États généraux*, lisez : *États-Généraux*.

N° 658, ajoutez à la suite de la note la pièce XX des Additions, p. 693.

N° 660, ligne dernière de la page 253, au lieu de *111*, lisez : *1711*.

N° 672, ligne 3 du 3e alinéa de la note, au lieu de *Razilly*, lisez : *Rasilly*.

N° 676, lignes 2 et 3 de la note, lire : *intendant en Auvergne, et M. de la Briffe, intendant à Caen le 6 janvier ; par M. Turgot, intendant à Moulins, le 7 janvier ; par M. Roujault.*

N° 696, ligne avant-dernière, ajoutez (*sic*) après *économe*.

N° 715, ajoutez à la suite de la note la pièce XXI des Additions, page 693.

N° 776, ligne avant-dernière de la note, au lieu de *Saint-Amant*, lisez : *Saint-Amand*.

N° 781, à la suscription, au lieu de *Casaux*, lisez : *Casaus*.

N° 789, ligne 2, au lieu de *Lenormant*, lisez : *Lenormand*.

N° 824, ligne 2, au lieu de *Goesbriant*, lisez : *Goesbriand*.

N° 853, ajoutez à la suite de la note les pièces du n° XXIII des Additions, page 694.

N° 859, ligne 3 de la note 1, au lieu de *Tilly*, lisez : *Thilly*.

N° 861, ligne 7, au lieu de *i a*, lisez : *il a*.

N° 865, 4° et 5° alinéas de la note. Les deux lettres insérées par erreur dans cette note ont été, en raison de leur importance, reproduites de nouveau à leur date, n°s 893 et 895.

N° 870, ajoutez à la suite de la note les pièces du n° XXIV des Additions, p. 694.

N° 875, ligne 1re du 4° alinéa de la note, au lieu de *Cannes*, lisez : *Cannet*.

N° 924, ligne 1re du 2° alinéa de la note, au lieu de *Cour des Comptes*, lisez : *Chambre des comptes*.

N° 932, ligne 29 de la colonne de droite de la note, au lieu de *pallées*, lisez : *palées*.

N° 936, ligne 1re de la note, au lieu de *Ymbercourt*, lisez : *Hymbercourt*.

N° 967, ligne 3 du 3° alinéa de la note, au lieu de *celles MM. Lescalopier*, lisez *celles de MM. Lescalopier*.

N° 1018, ligne 2, au lieu de *Goesbriant*, lisez : *Goesbriand*.

N° 1048, ligne 2, au lieu de *États généraux*, lisez : *États-Généraux*.

N° 1090, lignes 19 et 26, et ligne 9 en remontant, au lieu de *Sacerdoty*, lisez : *Sacerdotti*.

N° 1123, lignes 3 et 4 de la lettre, et lignes 6, 10 et 18 de la note, au lieu de *États généraux*, lisez : *États-Généraux*.

N° 1143, ligne avant-dernière de la note, au lieu de *Tullays*, lisez : *Tullaye*.

N° 1164, ajoutez à la suite de la note la pièce XXVI des Additions, p. 694.

N° 1178, ligne antépénultième, au lieu de *eaucoup*, lisez : *beaucoup*.

N° 1193, ligne antépénultième de la note 2. Le sieur le Chat de Boiscorbon était directeur des gabelles et des traites à Angers, et non fermier général.

N° 1196, ligne 4 de la note, au lieu de *Ducluzel*, lisez : *du Cluzel*.

N° 1311, ajoutez à la suite de la note les pièces du n° XXVII des Additions, page 694.

N° 1401, ligne 4, au lieu de *Douay*, lisez : *Douay*.

N° 1430, ligne 1re, au lieu de *Brosse*, lisez : *Brosses*.

N° 1539, ligne 2, au lieu de *toibettes*, lisez : *toilettes*.

N° 1623. Le destinataire de cette lettre, M. Colbert de Saint-Mar, était président au Parlement de Metz, et non à celui de Paris.

N° 1641, ligne 5, au lieu de *de mêmes. m'a fait*, lisez : *mêmes. Il m'a fait*.

N° 1642, ligne 7, au lieu de *Follikoffer*, lisez : *Sollikoffer*.

N° 1675, ajoutez à la suite de la note la pièce XXX des Additions, page 695.

N° 1694, ligne antépénultième de la note, au lieu de *urats*, lisez : *jurats*.

N° 1698, ajoutez *M. de la Briffe, intendant en Bourgogne*, au nombre des intendants à qui cette lettre fut envoyée.

N° 1716, lignes 1 et 2 de la note, au lieu de *sur commerce*, lisez : *sur le commerce*.

N° 1748, ligne 1 de la note, au lieu de *Turgot*, lisez : *Turgot de Saint-Clair*.

N° 1755, ligne 6 du dernier alinéa de la note, au lieu de *'office*, lisez : *l'office*.

ERRATA DE L'APPENDICE.

Page 601, titres, au n° IV, lisez : *d'une augmentation des espèces*; au n° VII, au lieu de *duc*, lisez : *maréchal*; au n° X, supprimez *de M. Desmaretz*.

Page 636, ligne 2 de la 1re colonne, au lieu de *Gomont*, lisez : *Gaumont*.

Page 644, ligne 2 du 3° alinéa de la 1re colonne, au lieu de *Delacroix*, lisez *de la Croix*.

Page 647, ligne 1 de la 1re col., au lieu de *Fayart*, lisez : *Fayard*.

Page 667, 1re colonne, ligne 7 de l'alinéa ACQUITS PATENTS, au lieu de *Laiez*, lisez : *Leslez*.

MINISTÈRE DE L'INSTRUCTION PUBLIQUE

ET DES BEAUX-ARTS.

COLLECTION

DE

DOCUMENTS INÉDITS

SUR L'HISTOIRE DE FRANCE.

I. — Chroniques, mémoires, journaux, récits et compositions historiques.

(1) ✶ 1. Chronique des ducs de Normandie par BENOIT, trouvère anglo-normand du XIIe siècle, publiée par Francisque MICHEL. — 1836-1844, *3 vol.*

✶ 2. Les familles d'outre-mer de DU CANGE, publiées par E.-G. REY. — 1869, *1 vol.*

(2) — 3. Histoire de la croisade contre les hérétiques Albigeois, écrite en vers provençaux, publiée par C. FAURIEL. — 1837, *1 vol.*

4. Histoire de la guerre de Navarre en 1276 et 1277 [chronique rimée], par Guillaume ANELIER de Toulouse, publiée par Francisque MICHEL. — 1856, *1 vol.*

✶ 5. Chronique de Bertrand Du Guesclin, par CUVELIER, trouvère du XIVe siècle, publiée par E. CHARRIÈRE. — 1839, *2 vol.*

✶ 6. Chronique du religieux de Saint-Denys, contenant le règne de Charles VI, de 1380 à 1422; publiée et traduite par L. BELLAGUET. — 1839-1852, *6 vol.*

7. Chroniques d'AMADI et de STAMBALDI [615-1458], publiées par R. DE MAS LATRIE. — 1891-1893, *2 vol.*

✶ 8. Mémoires de Claude HATON (1553-1582), publiés par F. BOURQUELOT. — 1857, *2 vol.*

9. Journal d'Olivier LEFÈVRE D'ORMESSON [1643-1672], publié par A. CHÉRUEL. — 1860-1861, *2 vol.*

(1) Les volumes précédés du signe ✶ sont presque épuisés.

(2) Les volumes précédés du signe — sont épuisés.

10. Mémoires de Nicolas-Joseph Foucault [1641-1718], publiés par F. Baudry. — 1862, 1 vol.

11. L'Estoire de la Guerre sainte, poème de la troisième croisade (1190), publié par G. Paris. — 1897, 1 vol.

II. — Cartulaires et recueils de chartes.

— 12. Cartulaire de l'abbaye de Saint-Père de Chartres, publié par B. Guérard. — 1840, 2 vol.

✱ 13. Cartulaire de l'abbaye de Saint-Bertin, publié par B. Guérard. — 1840, 1 vol.

14. Appendice au Cartulaire de l'abbaye de Saint-Bertin, publié par F. Morand. — 1867, 1 vol.

— 15. Cartulaire de l'église Notre-Dame de Paris, publié par B. Guérard, Géraud, Marion et Deloye. — 1850, 4 vol.

✱ 16. Cartulaire de l'abbaye de Saint-Victor de Marseille, publié par B. Guérard, Marion et Delisle. — 1857, 2 vol.

— 17. Cartulaire de l'abbaye de Redon en Bretagne, publié par A. de Courson. — 1863, 1 vol.

18. Recueil de chartes de l'abbaye de Cluny, formé par Aug. Bernard, publié par Alexandre Bruel; tomes I-V. — 1876-1894, 5 vol.

19. Cartulaires de l'église cathédrale de Grenoble, dits *Cartulaires de Saint-Hugues*, publiés par J. Marion. — 1869, 1 vol.

20. Cartulaire de Savigny, suivi du petit cartulaire de l'abbaye d'Ainay, publiés par Auguste Bernard. — 1853, 2 vol.

✱ 21. Cartulaire de l'abbaye de Beaulieu (en Limousin), publié par M. Deloche. — 1859, 1 vol.

22. Archives de l'Hôtel-Dieu de Paris (1157-1300), publiées par L. Brièle et E. Coyecque. — 1894, 1 vol.

✱ 23. Privilèges accordés à la couronne de France par le Saint-Siège [1224-1622, publiés par Ad. et J. Tardif]. — 1855, 1 vol.

24. Recueil des monuments inédits de l'histoire du Tiers-État (1re série, région du Nord), publié par Augustin Thierry. — 1850-1870, 4 vol.

— 25. Archives administratives de la ville de Reims [IVe-XIVe s.], publiées par P. Varin. — 1839-1848, 3 vol.

✱ 26. Archives législatives de la ville de Reims [XIIIe-XVIe s.], publiées par P. Varin. — 1840-1852, 4 vol.

✱ 27. Archives administratives et législatives de la ville de Reims; table générale des matières, par L. Amiel. — 1853, 1 vol.

III. — Correspondances et documents politiques ou administratifs.

28. Lettres de rois, reines et autres personnages des cours de France et d'Angleterre, depuis Louis VII jusqu'à Henri IV, tirées des archives de Londres par Bréquigny et publiées par J.-J. Champollion-Figeac. — 1839-1847, *2 vol.*

29. Rôles gascons, publiés par Francisque Michel et Ch. Bémont; tome I et supplément [1242-1255]. — 1885-1896, *2 vol.*

30. Les *Olim*, ou registres des arrêts rendus par la Cour du roi sous les règnes de saint Louis–Philippe le Long [1254-1318], publiés par le comte Beugnot. — 1839-1848, *4 vol.*

31. Règlements sur les arts et métiers de Paris, rédigés au XIIIe siècle sous le nom de Livre des métiers d'Étienne Boileau, publiés par G.-B. Depping. — 1837, *1 vol.*

32. Correspondance administrative d'Alfonse de Poitiers, publiée par Aug. Molinier; tome I [1268-1270]. — 1894, *1 vol.*

33. Paris sous Philippe le Bel, notamment d'après le rôle de la taille de Paris en 1291, publié par H. Géraud. — 1837, *1 vol.*

34. Procès des Templiers, publié par J. Michelet. — 1841, *2 vol.*

35. Mandements et actes divers de Charles V (1364-1380), publiés ou analysés par L. Delisle. — 1874, *1 vol.*

36. Itinéraires de Philippe le Hardi et de Jean sans Peur, ducs de Bourgogne (1363-1419), publiés par Ernest Petit. — 1888, *1 vol.*

37. Journal des États généraux de France tenus à Tours, en 1484, sous le règne de Charles VIII, Jehan Masselin, publié et traduit par A. Bernier. — 1835, *1 vol.*

38. Procès-verbaux des séances du Conseil de régence du roi Charles VIII (août 1484-janvier 1485), publiés par A. Bernier. — 1836, *1 vol.*

39. Procédures politiques du règne de Louis XII, publiées par R. de Maulde. — 1885, *1 vol.*

40. Négociations diplomatiques de la France avec la Toscane [1311-1610], documents recueillis par Giuseppe Canestrini et publiés par Abel Desjardins. — 1859-1886, *6 vol.*

41. Négociations diplomatiques entre la France et l'Autriche durant les trente premières années du XVIe siècle, publiées par A. Le Glay. — 1845, *2 vol.*

42. Négociations de la France dans le Levant [1515-1589], publiées par E. Charrière. — 1848-1860, *4 vol.*

43. Captivité du roi François Ier, par A. Champollion-Figeac. — 1847, *1 vol.*

— 44. Papiers d'État du cardinal DE GRANVELLE [1516-1565], publiés par Ch. WEISS. — 1842-1852, *9 vol.*

45. Lettres de Catherine DE MÉDICIS, publiées par Hector DE LA FERRIÈRE et BAGUENAULT DE PUCHESSE; tomes I-VI. — 1880-1897, *6 vol.*

✶ 46. Négociations, lettres et pièces diverses relatives au règne de François II, publiées par Louis PARIS. — 1841, *1 vol.*

✶ 47. Relations des ambassadeurs vénitiens sur les affaires de France au XVIe siècle, recueillies et traduites par N. TOMMASEO. — 1838, *2 vol.*

✶ 48. Procès-verbaux des États généraux de 1593, publiés par Aug. BERNARD. — 1842, *1 vol.*

✶ 49. Recueil des lettres missives de HENRI IV [1562-1610], publié par BERGER DE XIVREY et GUADET. — 1843-1876, *9 vol.*

✶ 50. Lettres, instructions diplomatiques et papiers d'État du cardinal RICHELIEU [1608-1642], publiés par AVENEL. — 1853-1877, *8 vol.*

— 51. Maximes d'État et fragments politiques du cardinal DE RICHELIEU, publiés par M. Gabriel HANOTAUX. — 1880, *1 vol.*

52. Négociations, lettres et pièces relatives à la Conférence de Loudun [1615-1616], publiées par BOUCHITTÉ [et LEVASSEUR]. — 1862, *1 vol.*

✶ 53. Correspondance de Henri d'Escoubleau DE SOURDIS, archevêque de Bordeaux, chef des conseils du roi en l'armée navale, publiée par Eugène SUE. — 1839, *3 vol.*

54. Lettres du cardinal MAZARIN pendant son ministère [1642-1661], publiées par A. CHÉRUEL et G. D'AVENEL. — 1872-1894, *8 vol.*

✶ 55. Correspondance administrative sous le règne de Louis XIV, recueillie par G.-B. DEPPING. — 1850-1855, *4 vol.*

56. Mémoires des intendants sur l'état des Généralités, dressés pour l'instruction du duc de Bourgogne. Tome I, Mémoire de la Généralité de Paris, publié par A. DE BOISLISLE. — 1881, *1 vol.*

— 57. Négociations relatives à la Succession d'Espagne sous Louis XIV [1662-1679], publiées par F. MIGNET. — 1835-1842, *4 vol.*

— 58. Mémoires militaires relatifs à la Succession d'Espagne sous Louis XIV [1701-1713], publiés par les lieutenants généraux DE VAULT et PELET. — 1835-1862, *11 vol.*, et atlas in-fol.

✶ 59. Correspondance des Contrôleurs généraux des Finances avec les Intendants des Provinces, publiée par A. DE BOISLISLE. — 1874-1898, *3 vol.*

✶ 60. Remontrances du Parlement de Paris au XVIIIe siècle, publiées par J. FLAMMERMONT; tomes I et II. — 1888-1895, *2 vol.*

IV. — Documents de la période révolutionnaire [gr. in-8°].

61. Recueil de documents relatifs à la convocation des États généraux de 1789, publié par A. Brette; tomes I et II. — 1894-1896, 2 *vol.*

62. Correspondance secrète du comte de Mercy-Argenteau avec l'empereur Joseph II et le prince de Kaunitz [1780-1790], publiée par A. d'Arneth et J. Flammermont. — 1889-1891, 2 *vol.*

63. Procès-verbaux du Comité d'instruction publique de l'Assemblée législative, publiés par J. Guillaume. — 1889, 1 *vol.*

64. Procès-verbaux du Comité d'instruction publique de la Convention nationale, publiés par J. Guillaume; tomes I-III. — 1891-1897, 3 *vol.*

65. Recueil des actes du Comité de salut public, publié par F.-A. Aulard; tomes I-X. — 1889-1895, 10 *vol.*, et table des tomes I-V, 1 *vol.*

66. Correspondance générale de Carnot, publiée par Ét. Charavay; tomes I, II et III. — 1892-1897, 3 *vol.*

V. — Documents philologiques, littéraires, philosophiques, juridiques, etc.

67. L'Éclaircissement de la langue française, par Jean Palsgrave [1530], publié par F. Génin. — 1852, 1 *vol.*

68. Les quatre livres des Rois, traduits en français du XIIe siècle, publiés par Leroux de Lincy. — 1841, 1 *vol.*

69. Le livre des Psaumes, ancienne traduction française, publié par Francisque Michel. — 1876, 1 *vol.*

70. Ouvrages inédits d'Abélard, publiés par Victor Cousin. — 1836, 1 *vol.*

71. Li livres dou Tresor, par Brunetto Latini, publié par P. Chabaille. — 1863, 1 *vol.*

72. Li livres de Jostice et de plet, publié par P. Chabaille. — 1850, 1 *vol.*

73. Le Mistère du siège d'Orléans, publié par F. Guessard et E. de Certain. — 1862, 1 *vol.*

74. Lettres de Peiresc [1602-1627], publiées par Ph. Tamizey de Larroque; tomes I-VI. — 1888-1896, 6 *vol.*

75. Lettres de Jean Chapelain [1632-1672], publiées par Ph. Tamizey de Larroque. — 1880-1883, 2 *vol.*

76. Documents historiques inédits tirés des collections manuscrites de la Bibliothèque royale, etc., publiés par Champollion-Figeac. — 1841-1848, 4 *vol.*, et table (1874), 1 *vol.*

77. Mélanges historiques, choix de documents [publiés par divers]. — 1873-1886, 5 *vol.*

VI. — Publications archéologiques.

78. Recueil de diplômes militaires, publié par L. Renier; 1re livraison. — 1876, 1 vol.

79. Étude sur les sarcophages chrétiens antiques de la ville d'Arles, par Edm. Le Blant. — 1878, 1 vol. in-fol.

80. Les sarcophages chrétiens de la Gaule, par Edm. Le Blant. — 1886, 1 vol. in-fol.

81. Nouveau recueil des inscriptions chrétiennes de la Gaule antérieures au VIIIe siècle, par Edm. Le Blant. — 1892, 1 vol.

82. Architecture monastique, par Albert Lenoir. — 1852-1856, 2 vol.

83. Étude sur les monuments de l'architecture militaire des Croisés en Syrie et dans l'île de Chypre, par Guillaume Rey. — 1871, 1 vol.

84. Monographie de l'église Notre-Dame de Noyon, par L. Vitet et D. Ramée. — 1845, 1 vol., et atlas in-fol.

85. Monographie de la cathédrale de Chartres [par Lassus et Amaury Duval]. Explication des planches par J. Durand. — 1867-1886, atlas in-fol., et 1 vol.

86. Notice sur les peintures de l'église de Saint-Savin, par P. Mérimée. — 1845, 1 vol. in-fol.

87. Statistique monumentale (spécimen). Rapport sur les monuments historiques des arrondissements de Nancy et de Toul, par E. Grille de Beuzelin. — 1837, 1 vol., et atlas in-fol.

88. Statistique monumentale de Paris, par Albert Lenoir. — 1867, 1 vol., et atlas in-fol.

89. Inscriptions de la France du Ve au XVIIIe siècle. Ancien diocèse de Paris, par F. de Guilhermy et R. de Lasteyrie. — 1873-1883, 5 vol.

90. Iconographie chrétienne. Histoire de Dieu, par Didron. — 1843, 1 vol.

91. Recueil de documents relatifs à l'histoire des monnaies frappées par les rois de France, depuis Philippe II jusqu'à François Ier, par F. de Saulcy; tome I [1179-1380]. — 1879, 1 vol.

92. Inventaire des sceaux de la collection Clairambault à la Bibliothèque nationale, par G. Demay. — 1885-1886, 2 vol.

93. Inventaire du mobilier de Charles V, roi de France [1380], publié par J. Labarte. — 1879, 1 vol.

94. Comptes de dépenses de la construction du château de Gaillon [1501-1509], publiés par A. Deville. — 1850, 1 vol., et atlas in-fol.

95. Comptes des bâtiments du Roi sous le règne de Louis XIV, publiés par J. Guiffrey; tomes I-IV. — 1881-1896, 4 vol.

VII. — Rapports, instructions, etc.

96. Rapports au Roi [par F. Guizot]. — 1835, *1 vol.*

97. Rapports au Ministre [par divers]. — 1839, *1 vol.*

98. Instruction du Comité historique des arts et monuments [par divers]. — 1839-1843 et 1857, 4 fasc., et *2 vol.*

99. Rapports au Ministre sur la Collection des documents inédits de l'histoire de France [par divers]. — 1874, *1 vol.*

100. Le Comité des travaux historiques et scientifiques; histoire et documents, par X. Charmes. — 1886, *3 vol.*

101. Dictionnaires topographiques des départements. — 1861-1891, *21 vol.*

1. Aisne, par Matton. — 1871.
2. Alpes (Hautes-), par Roman. — 1884.
3. Aube, par Boutiot et Socard. — 1874.
4. Calvados, par Hippeau. — 1883.
5. Cantal, par Amé. — 1897.
6. Dordogne, par A. de Gourgues. — 1873.
7. Drôme, par Brun-Durand. — 1891.
8. Eure, par le marquis de Blosseville. — 1878.
9. Eure-et-Loir, par L. Merlet. — 1861.
10. Gard, par Germer-Durand. — 1868.
11. Hérault, par Thomas. — 1865.
12. Marne, par Longnon. — 1891.
13. Mayenne, par Maître. — 1878.
14. Meurthe, par Lepage. — 1862.
15. Meuse, par Liénard. — 1872.
16. Morbihan, par Rosenzweig. — 1870.
17. Moselle, par E. de Bouteiller. — 1874.
18. Nièvre, par G. de Soultrait. — 1865.
19. Pyrénées (Basses-), par Raymond. — 1863.
20. Rhin (Haut-), par Stoffel. — 1868.
21. Vienne, par Rédet. — 1881.
22. Yonne, par Quantin. — 1862.

102. Répertoires archéologiques des départements. — 1861-1888, *8 vol.*

1. Alpes (Hautes-), par Roman. — 1888.
2. Aube, par H. d'Arbois de Jubainville. — 1861.
3. Morbihan, par Rosenzweig. — 1863.
4. Nièvre, par G. de Soultrait. — 1875.
5. Oise, par Woillez. — 1862.
6. Seine-Inférieure, par l'abbé Cochet. — 1872.
7. Tarn, par Crozes. — 1865.
8. Yonne, par Quantin. — 1868.

---

103. Bibliographie générale des travaux historiques et archéologiques publiés par les Sociétés savantes de la France, par R. de Lasteyrie, E. Lefèvre-Pontalis et E.-S. Bougenot; tomes I et II, et fasc. 1 du tome III. — 1888-1897, *3 vol.*

Sous presse.

1. Recueil de chartes de l'abbaye de Cluny, publié par Alex. Bruel; tome VI.
2. Rôles gascons, publiés par Ch. Bémont; tome II.
3. Correspondance administrative d'Alfonse de Poitiers, publiée par Aug. Molinier; tome II.
4. Documents relatifs aux comtés de Champagne et de Brie (XIIe-XIVe siècle), publiés par A. Longnon.
5. États généraux de Philippe le Bel, publiés par G. Picot.
6. Journaux du trésor de Philippe de Valois, publiés par J. Viard.
7. Lettres de Catherine de Médicis, publiées par Baguenault de Puchesse; tome VII.
8. Lettres du cardinal Mazarin, publiées par G. d'Avenel; tome IX.
9. Lettres de Peiresc, publiées par Ph. Tamizey de Larroque; tome VII.
10. Les Médailleurs français, du XVe siècle au milieu du XVIIe; documents publiés par F. Mazerolle.
11. Comptes des bâtiments du Roi sous le règne de Louis XIV, publiés par J. Guiffrey; tome V.
12. Missions archéologiques françaises en Orient aux XVIIe et XVIIIe siècles, documents publiés par H. Omont.
13. Remontrances du Parlement de Paris au XVIIIe siècle, publiées par J. Flammermont; tome III.
14. Recueil de documents relatifs à la convocation des États généraux de 1789, publié par A. Brette; tome III.
15. Procès-verbaux du Comité d'instruction publique de la Convention nationale, publiés par J. Guillaume; tome IV.
16. Recueil des actes du Comité de salut public, publié par F.-A. Aulard; tome XI.
17. Correspondance générale de Carnot, publiée par Ét. Charavay; tome IV.

---

18. Bibliographie générale des travaux historiques et archéologiques publiés par les Sociétés savantes de la France, par R. de Lasteyrie et E.-S. Bougenot; tome III, fascicule 2.

Imprimerie nationale. — Janvier 1898.